DAS LAND DER BIBEL
zur Zeit des
Neuen Testaments
Maßstab 1 : 1 600 000
0 10 20 30
Kilometer
I Römische Provinz Judäa (4 v. bis 6 n.Chr. Vierfürstentum des Archelaus)
Nordgrenze des eigentlichen Judäa
IIa u. IIb Vierfürstentum des Herodes Antipas (4 v. bis 39 n.Chr.)
III Vierfürstentum des Philippus (4 v. bis 34 n.Chr.)
IV Römische Provinz Syrien
V Vierfürstentum des Lysanias
VI Gebiet der Zehnstädte
Die Zahlen geben die Höhen in Meter an
Höhenschichten siehe Karte »Das Land der Bibel zur Zeit des Alten Testaments«
A
B
C
D
E
1
2
3
4
5
6
7
8
MITTELMEER
PHÖNIZIEN
Sidon
Sarepta
Tyrus
Ptolemaïs
Dora
Cäsarea
Apollonia
Joppe
Jamnia
Azotos
Aschkelon
Anthedon
Gaza
Rafia
Elusa
Malatha
Chalkis
Abila
Libanon-Gebirge
TRACHONITIS
BATANÄA
GAULANITIS
AURANITIS
ARABIEN
Nabatäer
IDUMÄA
JUDÄA
SAMARIEN
GALILÄA
PERÄA
DEKAPOLIS
Karmel
Scharon
Sebulon
See Semachonitis
Gischala
Chorazin
Julias
Betsaida
Kapernaum
Genezareth
See Genezareth
-209
Magdala
Tiberias
Jotapata
Kana
Sephoris
Nazareth
Tabor
Nain
Gaba
Gamala?
Hippos
Rafana?
Dion
Abila
Gadara
Skythopolis
Pella
Ginäa
Sebaste
Neapolis
Sychar
Garizim
Akrabatta
Antipatris
Alexandreion
Fasaelis
Arimathäa
Lydda
Modein
Gofna
Ephraim
Archelaïs
Jericho
Jordan
Emmaus
Kypros
Jerusalem
Betanien
Hyrkaneion
Betlehem
Herodeion
Betletefa
Betogabri
Hebron
Engadi
Masada
Qumran
Totes Meer
-392
Kallirhoë
Machärus
Medeba
Esebon
Livias
Abila
Herodeion
Philadelphia
Gadora
Amathus
Gerasa
Zoara
Moab
I
IIa
IIb
III
IV
V
VI
70
546
588
940
881
1016
821
997
1019
1065
1204
1208
1247
1940

Johannes
Nicolas
Maier

Bibel für Schwoba

Impressum

Herausgeber:
Haus der Volkskunst
Volkstanzgruppe Frommern
Schwäbischer Albverein
Ebinger Strasse 52-56
72336 Balingen
e-mail: info@schwaben-kultur.de
www.schwaben-kultur.de

ISBN-Nr. 978-3-920801-59-9

Verlag des Schwäbischen
Albvereins e.V.

Gesamtherstellung:
Süddeutsche Verlagsgesellschaft Ulm

Bild auf dem Einband:
Blick am frühen Morgen vom
Breitenstein auf die drei Kaiserberge
und die Limburg

Bildnachweis:
© 2007 Hans Georg Zimmermann -
typomage.de

Karten:
Bearbeitung Karl Elliger, Revision
Siegfried Mittmann (zuletzt 1997),
Gestaltung Deutsche Bibelgesellschaft,
Stuttgart und Kartographisches Institut
Helmut Fuchs, Leonberg, © 1963, 1978
und 1997 Deutsche Bibelgesellschaft,
Stuttgart

Bibel für Schwoba

Die schwäbische Bibelübersetzung von Rudolf Paul

Das Haus der Volkskunst, das von der Volkstanzgruppe Frommern in Balingen-Dürrwangen betrieben wird, ist das musisch-kulturelle Zentrum des Schwäbischen Albvereins. Die Pflege der Schwäbischen Kultur in all ihren Facetten ist hier Aufgabe und Verpflichtung.

Im Verlag, der im Haus der Volkskunst angesiedelt ist, erschienen wichtige Bücher, CD's und DVD's die zur Pflege und Erhalt des immateriellen Kulturerbes der Schwaben beitragen.

Pfarrer Paul hält jedes Jahr zur Kilbe in Dürrwangen seine »Schwäbische Kirch«. So lernte er die ausgezeichneten Musikanten der Volkstanzmusik Frommern kennen. Wir kamen ins Gespräch und erfuhren von Problemen mit der Herausgabe der bereits fertig übersetzten Bibel.

Es war und ist für uns daher eine Ehrensache, die »Bibel für Schwoba« in unserem Verlag herauszubringen.

Dabei verzichteten wir ganz bewusst auf jegliche Einflussnahme bei Text und Dialektgestaltung, weil wir große Achtung vor der in 25 jähriger Arbeit durch Pfarrer Rudolf Paul geleisteten Arbeit haben.

Da wir die große Aufgabe der Finanzierung des Projektes nicht allein schultern konnten, sind wir sehr glücklich, dass wir Unterstützer gefunden haben.

Wir danken ganz herzlich nachfolgenden Institutionen und Personen für Ihre großzügige Hilfe.

Manfred Stingel im Mai 2008

Dieses Werk wurde veröffentlicht mit freundlicher Unterstützung durch:

Förderverein Schwäbischer Dialekt e. V.
Zweckverband Oberschwäbische Elektrizitätswerke
Land Baden – Württemberg, Kultusministerium
Evangelische Gesellschaft Stuttgart
Heydt Verlag GmbH, Rottenburg
Herrn Artur Fischer, Waldachtal
Herrn Hannes Gerber, Kirchheim/Teck
Hauber Elektronik, Nürtingen
Herrn Wilhelm Hammer, Hüttlingen
Herrn Bernhard Wettemann
Herrn Wolfgang Zoll
Herrn Walter Jehle
Unbenannte Spender

D‘ Bibel ed nur für Schwoba

Geleitwort für die schwäbische Bibelübersetzung von Rudolf Paul

Dass der Bischof der Evangelischen Landeskirche in Württemberg „uf schwäbisch“ als ein so genannter „Neigschmeckter“ ein Geleitwort für die schwäbische Bibelübersetzung schreiben darf ... ist eine besondere Ehre.

Vor Ihnen liegt das Werk einer schwäbischen Bibelübersetzung, mit der ein Schwabe nach Johann Wolfgang von Goethe bei der Lektüre zum Eigentlichen kommt. „Jede Region liebt ihren Dialekt, sei er doch eigentlich das Element, in welchem diese Seele ihren Atem schöpfe“.

Mit der schwäbischen Bibel lernen Sie, liebe Lesende, zugleich auch den Menschenschlag eines Schwaben kennen, wiewohl Schwäbischexperten Wert darauf legen, dass es nicht nur wegen der geographischen Zuordnung deutliche Unterschiede gibt. Seinem ganzen Wesen nach scheut der Schwabe eigentlich das Extreme. Der manchmal raue Ton verbirgt nur tiefer gehende Gedanken und die latente Zerrissenheit der schwäbischen Seele. „So isch nô au wieder“ sagt der Schwabe und meint damit die Tatsache, dass alles mindestens zwei Seiten hat. Auf die Frage, was denn typisch schwäbisch sei, würde ein Schwabe antworten: „Zuerscht amol a bißle denka, ond no vielleicht wieder verwerfa ond no nomol denka ond no saga.“

Das Reden mit seiner Umwelt praktiziert der Schwabe dann auch eher auf der sprichwörtlichen Sparflamme. Dieses bedächtige Umgehen mit dem, wer man ist und was man hat, spiegelt sich in Sprache und Geste. Keine lange anhaltenden Gespräche, wo ein einziges „Jo“ oder „Noi“ ausreicht. Wozu auch die kostbare Zeit mit Schwatzen verbringen, wo man doch noch soviel schaffen könnte.

Rudolf Paul hat mit diesem Werk der Bibelübersetzung mächtig „gschafft“: Für die einen ist es „nur“ die Bibel auf schwäbisch – für die echten Schwaben aber ist es die herrlichste Sprache der Welt. Und sie machen damit deutlich, dass sie weit mehr können „außer Hochdeutsch“. So verwundert es deshalb auch nicht, dass die frohe Botschaft im Dialekt verkündet wird.

Wie es sich für einen württembergischen Pfarrer gehört, hat der im Vorland der Schwäbischen Alb Geborene die Bibel aus dem Urtext ins Schwäbische übersetzt, Satz für Satz. In den siebziger Jahren bereits übersetzte Rudolf Paul das Matthäusevangelium. Als dieser Text 1987 zum ersten Mal erschien, stellte sich bald auch der Erfolg ein. Dann nahm er sich weitere Bücher der Bibel vor, sieben an der Zahl. Dazu kamen CDs, die von namhaften Künstlern musikalisch mitgestaltet wurden. Nach der Veröffentlichung des gesamten Neuen Testaments und der Psalmen haben Sie nun – liebe Leserin, lieber Leser – die gesamte Bibel in einer Ausgabe in der Hand. Wer dieses Buch aufschlägt, wird mancher Wendung aus den Evangelien oder den Büchern Mose, die ihm und ihr aus dem Luthertext bekannt und vertraut sind, in einer neuen Bildhaftigkeit begegnen.

Doch eigentlich sollte man diese biblischen Texte auf Schwäbisch hören, so zu sagen live erleben. Gelegenheit dazu gibt es in den Mundartgottesdiensten in Mauren während des Sommerhalbjahrs. Da kommen die Leute aus dem ganzen „Ländle“ zusammen und Pfarrer Paul bringt die Farbe der Mundart ins Spiel, die Melodie, den heimatlichen Klang, und das tut den Seelen gut. Da blitzt auch immer wieder der Humor im besten Sinn hervor, es darf gelacht und auch geklatscht werden.

„De Schwäbisch Kirch ghert scho drzua. Dass onser Mundart net bloß für s Kabarett oder da Klamauk taugt, sondern durchaus ao für s Philosophiera ond sogar zom Kirch mitanander feira, des erfahret scho seit etliche Johr de selle, wo en d Kirch ganga. A manche altbekannte Gschicht aus dr Bibel ka oim ganz neu uffganga, wenn se em Dialekt doherkommt.“

In jeder Mundart ist das Heimatgefühl verwurzelt. Darum ist es wichtig, im Zeitalter der Globalisierung, in dem Menschen in vielen Dingen den großen Globalplayern ausgeliefert sind, ihnen eine Nische zu bieten, in der sie sich bergen und daheim fühlen können. Pfarrer Paul weiß natürlich, dass es kein einfaches Geschäft ist, ausgerechnet die Bibel in die Mundart zu übersetzen. Aber was er schwäbisch ausdrücken könne, das habe er auch verstanden, sagt er natürlich schwäbisch: „Was e schwäbisch saga ko, des han e ao vrstanda!“

Wie ein herrlicher, bunter Wiesenstrauß in unserer sonst so wohlgeordneten Welt sei das für ihn gewesen, so ein nicht schwäbischer Gottesdienstbesucher beim Abschied. Und der Schwabe ergänzt: „Gell, des goht oem direkt ens Herz nae!“

Damit ist das Werk von Pfarrer Paul dem Charakter des ~~Evangelium~~ sehr nahe: Gottes Botschaft will den Menschen zu Herzen gehen. Und wenn das Evangelium mit „D Bibel für Schwoba“ sowohl den Schwaben als auch allen anderen zu Herzen geht, dann ist das Ziel einer jeden Bibelübersetzung erreicht, jenseits aller Dialekte. Denn Gottes Sprache des Evangeliums ist eine weltumspannende und zugleich Menschen verbindende Sprache.

Frank Otfried July
Landesbischof

Zum Geleit

Wie kein anderes Buch hat die Heilige Schrift unsere Kultur beeinflusst, die Menschen umgetrieben in höchsten wissenschaftlichen Diskussionen ebenso wie im alltäglichen Leben. Die Bibel ist das Buch der Bücher, die Grundlage unseres christlichen Glaubens und Lebens – so oft gelesen und bedacht, ausgelegt und übersetzt in alle Sprachen und Kulturen. Wie es der Hebräerbrief von der Offenbarung des Alten Bundes sagt: „Vielmals und auf vielfältige Weise hat Gott geredet", so galt und gilt auch vom Lesen und Übersetzen der Schrift: In vielen verschiedenen Weisen ist das Wort immer neu zur Sprache zu bringen, soll es für die Menschen verschiedener Zeiten und Kulturen ein lebendiges Wort und das Wort des lebendigen Gottes sein, soll es in unserem Mund und in unserem Herzen (vgl. Dtn 30,14) sein.

Im Herzen aber, und erst recht im Mund, ist dem Schwaben nicht das Hochdeutsche, sondern seine eigene, geliebte Mundart. Nicht nur das: Hochdeutsch sprechen zu müssen, ist dem Schwaben im tiefsten Herzen irgendwie suspekt. Denn nur wenn er Schwäbisch schwätzt, ist der Schwabe ganz bei sich und offenbart seinem Gegenüber gleichsam den O-Ton seines Denkens – und also auch seines Glaubens.

Den gläubigen Liebhabern schwäbischer Mundart sind die Übersetzungen der Psalmen und Evangelien von Pfarrer Paul schon seit längerem ein Begriff. Durch die gute Aufnahme seiner Übersetzungen ermutigt, legt er nun das Neue Testament und die Psalmen auf Schwäbisch vor. Als schwäbischer Pfarrer gleichermaßen in der Heiligen Schrift wie im schwäbischen Dialekt erfahren, ist ihm eine wirklich eigenständige Übersetzung gelungen. Neue Facetten der biblischen Botschaft kommen darin zum Leuchten. Kraftvoller erscheint einem plötzlich jener Psalm, ergreifender jener Abschnitt der Evangelien, weicher diese Passage aus den Apostelbriefen – entsprechend der dem Schwäbischen eigenen Intensität des Ausdrucks.

Die vorliegende Übersetzung von Rudolf Paul erinnert damit an zwei große schwäbische Dichter, die sich die Übersetzung der biblischen und christlichen Botschaft in die schwäbische Mundart ebenfalls in meisterhafter Weise angelegen sein ließen: Zum einen an den „schwäbischen Cicero" Sebastian Sailer, den 1777 gestorbenen Obermarchtaler Prämonstratenserpater. Unter seinen Werken in schwäbischer Mundart, die jüngst neu herausgegeben worden sind, leuchtet als ein Juwel schwäbischer Frömmigkeit und schwäbischen Mutterwitzes seine „Schöpfung" (1796 unter dem Titel „Adams und Evas Erschaffung" von dem Weingartener Benediktinerpater Meingosus Gaelle als Oper vertont). Deren Charakter sprüht schon aus den ersten Worten, mit denen der Herrgott seinen Entschluß zur Schöpfung metaphysisch und meteorologisch begründet: „Nuits isch nuits und wird nuits weara, drom hoan i welle a Welt gebäre; grad um die Zeit, wo's nimmer viel schneit ond bessere Liftle geit. I be scho lengscht mit dem Wesen umgange, do denk i endlich: Will's goa im Frühling oafange..."

„D Bibel für Schwoba" erinnert mich als Bischof von Rottenburg freilich erst recht an den großen Sohn der Bischofsstadt am Neckar: Josef Eberle, alias Sebastian Blau (1901 – 1986), der nicht nur ein Meister der neulateinischen Dichtung, nach dem Krieg erster Herausgeber der „Stuttgarter Zeitung", Honorarprofessor und „poeta laureatus" der Ebenhard-Karls-Universität Tübingen war, sondern auch ein Meister schwäbischer Mundartdichtung. Seine Mundartgedichte blicken zief in die schwäbische Gemüts- und Seelenverfassung, sie schildern aber auch (etwa das „Wegge'taler Kripple“, „Dr Fronleichnamstag“ oder „Stondeleut“) in brillanter Weise, was und vor allem wie die Schwaben glauben. Als 1980 die „Einheitsübersetzung“ der Bibel herauskam, stieß sein feines Sprachempfinden sich daran heftig. Seine Kritik brachte er in Verse, die der „Bibel für Schwoba“ des evangelischen Pfarrers mit einem herzlichen Gruß das Geleit geben mögen:

„I hao' mol gsait vor langer Zeit:
es möchte ob deane Stondeleut
dr Teufel schier katholisch weara.
Iatz hoaßts de' Kropf vo' nuiem leere;
denn iatzt hend meine Glaubensbrüader
- Studierte, koane Soafarsiader! -
neudeutsch d Bibel übersetzt.
Liest dia dr Bapst, der deutsch jo schwätzt,
möcht r lutherisch weara.

Möge die schwäbische Übersetzung des Neuen Testamentes und der Psalmen „lutherische“ wie katholischen Lesern Genuß und geistlichen Gewinn bereiten.

Dr. Gebhard Fürst
Bischof von Rottenburg-Stuttgart

Geleitwort von Landesbischof Renz

Wenn ein Schwabe das Vorwort zu einer Bibelübersetzung eines Schwaben für Schwaben schreibt, dann kann das nur ganz persönlich sein. Ich bin in Neenstetten geboren, einem Dorf auf der Schwäbischen Alb zwischen Ulm und Heidenheim. Dort spricht man eine so eigene bodenständige Art von Schwäbisch, daß sie ein Leben lang herauszuhören ist, auch wenn ich Hochdeutsch oder Englisch spreche.

Daß es falsch ist, jede Art von Dialekt für eine minderwertige Sprache zu halten, brauche ich niemandem, der dieses Buch in der Hand hat, klar zu machen. Wer das Schwäbische für eine grobe Sprache hält, allenfalls geeignet für den Stammtisch, den Wochenmarkt oder das Bauerntheater, zeigt damit nur seine Unkenntnis. Wer dagegen sein Ohr für Untertöne und feinste Schattierungen des Ausdrucks öffnet, entdeckt im Schwäbischen viel mehr als Lautmalerei. Es gibt eine Sensibilität der Wortwahl und des Satzbaus, wie die Schriftsprache sie selten anbietet. Und zur Poesie ist der Dialekt fähig! Sonst hätten Dichter wie Johann Peter Hebel nicht alemannische, Fritz Reuter nicht plattdeutsche, Ludwig Thoma nicht bayerische Gedichte geschrieben. Es ist fast überflüssig, ein Beispiel für die poetische Kraft des Schwäbischen anzufügen - aber hier ist es: Sebastian Blau, ein Meister im Umgang mit dem Schwäbischen des Oberen Neckars. Er beschreibt in seinem Gedicht über das "Weggetaler Kripple, wie behutsam Maria das Kind in die Krippe legt:

"D'Maria, die Mueter, legt's Kindle zur Ruh
ond deckt's mit ama bowüllena Kopftüchle zu.

Das könnte man singen.

Aber damit renne ich offene Türen ein. Weil das Schwäbische ebenso zur großen Form wie zum zartesten Pinselstrich fähig ist, kann es Übersetzern nicht verboten sein, auch die Texte der Bibel in diese Sprache zu übertragen. Nach einer Reihe von einzelnen Bändchen mit biblischen Büchern legt Pfarrer Rudolf Paul nun ein ganzes Neues Testament vor, und dazu als Extra-Geschenk noch die Psalmen. Er ist in Kirchheim im Vorland der Schwäbischen Alb zur Welt gekommen und war Pfarrer im Filstal zwischen Göppingen und Geislingen und auch auf der Ostalb. Wer dieses Buch aufschlägt - und Sie haben das bereits getan, liebe Leserin, lieber Leser - wird Wendungen aus den Evangelien und Apostelbriefen, die aus dem Luther-Text bekannt sind, in einer neuen Bildhaftigkeit begegnen. Pfarrer Paul hat, wie es sich für einen württembergischen Pfarrer gehört, die Texte im Originalton vor sich gehabt und bei seiner Übersetzung auch Kommentare dazu befragt.

Nun hat geschriebenes Schwäbisch immer eine Einschränkung. Die lautgerechte Wiedergabe des gesprochenen Wortes ist ein Notbehelf - dazu reichen die Buchstaben des Alphabets in der Schriftsprache nicht. Vor allem, wer aus diesem Buch vorliest, wird die eigene Sprachmelodie und Intonation in den Text einbringen müssen - es sind Noten, nicht schon die Musik!

Und Schwäbisch klingt an verschiedenen Stellen des Landes jeweils anders. Pfarrer

Paul hat darauf verzichtet, Ausdrücke zu verwenden, die geographisch auf ein bestimmtes Gebiet beschränkt sind. Oft verläuft ja die Grenze, was Vokabular und Aussprache angeht, zwischen einzelnen Dörfern, nicht nur zwischen Regionen in Württemberg.

Also wird man sich einlesen und vor allem dem, was Schwarz auf Weiss dasteht, den richtigen Klang geben müssen. Dann kann diese Übersetzung uns die Botschaft, die darin enthalten ist, ganz nahe bringen.

Und das ist ja die Hoffnung, mit der jede Bibelübersetzung sich auf den Weg zu Lesern und Hörern macht: daß der, den das Neue Testament bezeugt, Menschen so nahe kommt wie eh und je. Was Jesus Christus einmal sagte und tat, kann uns Menschen von heute zu der Einsicht führen, daß er nicht aufgehört hat und nicht aufhören wird, dasselbe zu tun. Warum? Weil er lebendig ist.

Eberhardt Renz
Landesbischof

Vorwort:

Ein langer Weg hat zum Ziel geführt: Auch die Schwaben haben jetzt die ganze Heilige Schrift in ihrer Mundart. Gott hat mich gewürdigt, dieses Werk in jahrelanger Arbeit zu schaffen und zu vollenden. Für mich ist das eine große Ehre. Dazu hat ER mir Kraft, Gesundheit und die nötige Ausdauer geschenkt. Anfangs hatte ich nicht vor, die ganze Bibel ins Schwäbische zu übersetzen, sondern nur die wichtigsten Geschichten. Aber wo fängt man damit an und wo hört man auf? Und je länger ich daran gearbeitet habe, wurde mir diese Arbeit zur inneren Berufung, zumal ich in allen Gemeinden, mit denen ich „Schwäbischa Kirch" gefeiert und „Gschichta aus dr Bibel für Schwåba" vorgetragen habe, großen Zuspruch bekommen habe, diese Arbeit fortzuführen und abzuschließen. Damit ist es mir gelungen, in vielen Menschen die Freude am Wort Gottes neu zu wecken. Sicher ist daran so manches besser zu machen in Ausdruck und Stil, dazu möchte ich alle ermutigen, die mit der Mundart arbeiten und daran Freude haben. Ich verstehe diese Ausgabe als eine Arbeitsvorlage, die zum Verbessern einlädt. Jeder, der eine solche Bibel hat, sollte, wie weiland Martin Luther, ständig an der Verbesserung des Textes arbeiten. Und wer in der Gemeinde aus dieser Bibel vorliest, der soll es in dem Schwäbisch tun, das in seinem Heimatort gesprochen wird. Es ist unwahrscheinlich, was dieses intensive Eingehen auf das Wort der Bibel in uns bewirkt. Probieren Sie es selber aus. In diese Arbeit kann man auch die Gemeinde einbeziehen, Versuche habe ich schon gemacht, und es kamen sehr interessante Gespräche darüber zustande. Leider habe ich nicht mehr die Möglichkeit, einen ständigen Bibelkreis zu haben, in dem wir diese Gespräche fortsetzen könnten. Bei meiner Übersetzungsarbeit habe ich dankbar in andere Übersetzungen und Kommentare hineingeschaut, die mir dabei eine wertvolle Hilfe waren. Danken möchte ich auch allen denen, die mir im Gespräch hilfreiche Tips gegeben haben, vor allem Herrn Prof. Hermann Fischer, den ich jederzeit um Rat anrufen konnte und meiner Tochter Ingrid, die mir bei der Erstellung der Verweisstellen sehr viele Stunden geholfen hat. Was mir bei den Übersetzungsarbeiten besonders aufgefallen ist: der Gottesname JAHWE wird im Alten Testament fast sechstausendsechshundert Mal genannt. In den alten Lutherbibeln wurde das so umschrieben: der Herr HERR, ich habe es so dargestellt: dr Herrgott (JAHWE). Während der Begriff „Gott" einfach vom Hebräischen El oder Elohim übernommen ist. Damit wird der hohe Respekt vor dem Namen JAHWE zum Ausdruck gebracht, der in der jüdischen und christlichen Tradition nicht missbräuchlich benutzt werden darf. Dies gilt aber nicht nur, wie manche meinen, für das Fluchen, sondern vor allem auch für die Anrufung Gottes als Zeugen, wenn damit Lügen geschützt werden sollen. In der Verkündigung beider großen christlichen Kirchen wird der Gottesname JAHWE fast nie gebraucht. Dass der Name JAHWE aber so häufig vorkommt in den alttestamentlichen Schriften, hat mich sehr zum Nachdenken bewegt, dieser Prozess ist bei mir noch nicht abgeschlossen.

Möge dieses Werk vielen Menschen helfen, zur frohen Botschaft der Heiligen Schriften eine solche innere Nähe zu gewinnen und darin Frieden zu finden, wie es mir geschehen ist. Lob, Preis und Dank sei JAHWE, der in diesem Buch zu uns spricht.

Rudolf Paul
Im Jahr des Herrn 2007

Erklärung der Sonderzeichen für die Nasale:

Zur Bestimmung der Herkunft nasaler Laute benutze ich zwei Sonderzeichen:

- Für Herleitung aus a = å
- Für Herleitung aus anderen Vokalen = ô

Beispiel:

Mô	gôht	der	Må	nô?
Wo	geht	der	Mann	hin?
o	e		a	i

WIA ÄLLAS ÅGFANGA HÅT

S erste Buach Mose (Genesis)

Dr erste Tôel: D Urgschichta: 1. Mose 1 1 - 11 9

Wia d Welt gschaffa wôra ischd:
1 1 – 2 4a

1 Am Åfang håt Gott (Elohim) da
Hemmel ond d Erde gschaffa. 2D
Erde ischd selligsmål no a oeziga wüasta
Öde gwea, ond ganz donkl ischds gwea
auf am Urmeer ond dr Gaest von Gott
(Elohim) ischd über de Wasser gschwebt.
3Ond Gott (Elohim) håt gsprocha: Werd
Licht! onds ischd Licht wôra. 4Ond
Gott (Elohim) håt gseha, dass des Licht
guat gwea ischd ond r håt s Licht vom
Donkla gschieda. 5Ond Gott (Elohim)
håt s Licht Dag ghôeßa ond s Donkle
håt r Nacht ghôeßa. Ond s ischd Åbad
wôra ond s ischd Môrga wôra: a, erster
Dag. 6Ond Gott (Elohim) håt gsprocha:
s soll mittla en dene Wasser ebbas Fests
wera ond dia Wasser von anander
schôeda. 7Ond Gott (Elohim)håt des
Feste sich ausdehna lassa ond so dia
Wasser onter dera Feste von de Wasser
über dera Feste gschieda. So ischd s
gscheha. 8Ond Gott (Elohim) håt des
Feste Hemmel ghôeßa. Ond s ischd
Åbad wôra ond s ischd Môrga wôra:
a zwôeter Dag. 9Ond Gott (Elohim)
håt gsprocha: Des Wasser onter am
Hemmel soll sich an bestimmte Stella
sammla, dass mr s Trockene sieht. Ond
so ischd s gscheha. 10Ond Gott (Elohim)
hot s Trockene Land ghôeßa ond des,
mô sich s Wasser gsammelt håt, håt r
Meer ghôeßa. Ond Gott (Elohim) håt
gseha, dass des guat gwea ischd. 11Ond
Gott (Elohim) håt gesprocha: D Erde
soll Gras ond Kraut aufganga lassa, des
mô Såma traet ond Fruchtbaem, dia mô
auf ihr Art Frücht tragat auf dr Erde,
en dene mô ihr Såma dren ischd. Ond
so ischds gscheha. 12D Erde håt a saftigs
Gras ond Kraut aufspriaßa lassa, mô a
jedas saen ôegena Såma ghet håt ond
Baem, mô Frücht tragat, en dene mô
jeda ihran ôegena Såma en sich drenna
håt. Ond Gott (Elohim) håt gseha, dass
des guat gwea ischd. 13Ond s ischd Åbad
wôra ond s ischd Môrga wôra: a dritter
Dag. 14Ond Gott (Elohim) håt gsprocha:
s sollat Lichter sae an dr Hemmelsfeste
zom da Dag von dr Nacht schôeda,
dia sollat Merkzaeche sae zom Zeita
bestemma, Dag ond Jåhr 15ond sollat
Lichter sae an dr Hemmelsfeste, dass se
auf d Erde naleuchtat! Ond so ischd s
gscheha. 16Gott (Elohim) håt die zwôe
graoße Lichter gmacht: a graeßers
Licht, mô da Dag beherrscha soll, ond a
kloeners Licht, zom d Nacht beherrscha
ond Stern drzua. 17Ond Gott (Elohim)
håt se an d Hemmelsfeste gsetzt, dass
se auf d Erde leuchtat, Dag ond Nacht
beherrscha ond s Licht ond s Donkle
vonanander schôeda sollat. Ond Gott
(Elohim) håt gseha, dass des guat gwea
ischd. 19Ond s ischd Åbad wôra onds
ischd Môrga wôra: a vierter Dag. 20Ond
Gott (Elohim) håt gsprocha: Wusla soll
s Wasser von lauter lebendige Wesa,
ond Vögel sollat fliaga über dr Erde
an dr Hemmelsfeste! Ond so ischds
gscheha. 21Gott (Elohim) håt graoße
Seetier gmacht ond älle dia Lebewesa,
von dene mô s Wasser wemmlat, a jedas
auf sae Art ond Tierla mit Flügel, a jedas
auf sae Art. Ond Gott (Elohim) håt

gseha, dass des guat gwea ischd. [22]Ond Gott (Elohim) håt en saen Sega gea ond gsaed: Send no fruchtbar ond dent euch vrmehra ond dent s Wasser em Meer fülla, ond d Vögel sollat sich auf dr Erde vrmehra! [23]Ond s ischd Åbad wôra ond s ischd Môrga wôra: a fenfter Dag. [24]Ond Gott (Elohim) håt gsprocha: D Erde soll lebendige Tierla vôrbrenga, a jedas auf sae Art: Vieh ond Kriachtier ond Wild em Feld! Ond so ischds gscheha. [25]Gott (Elohim) håt älle dia vrschiedene Arta vom Wild ond vom Vieh ond von ällam, was auf am Erdboda romkriacht, gmacht. Ond Gott (Elohim) håt gseha, dass des guat gwea ischd. [26]Ond Gott (Elohim) håt gsaed: Lassat ons Menscha macha nach onseram Bild, so ähnlich wia mir; dia sollat herrscha über d Fisch em Meer ond d Vögel am Hemmel, über s Vieh ond ällas Wild ein Feld draußa ond über ällas, was auf am Boda romkriacht. [27]Ond Gott (Elohim) håt da Menscha nach saem Bild gschaffa, nach am Herrgott saem Bild håt r an gschaffa; als Må ond als Frao håt r se gschaffa. [28]Ond Gott (Elohim) håt se gsegnat ond zonen gsaed: Send fruchtbar ond dent euch vrmehra ond dent d Erde fülla ond dent se euch onterordna, ond dent herrscha über d Fisch em Meer ond d Vögel am Hemmel, über s Vieh ond über älle Tierla, mô sich auf am Erdboda regat! [29]Ond Gott (Elohim) håt gsaed: Guckat no, i gib euch älle Pflanza, mô Såma tragat, auf dr ganza Erde, ond älle Baem, dia mô Frücht hent mit Såma drenna, zom Essa. [30]Aber älle Tierla auf dr Erde ond älle Vögel onter am Hemmel ond ällam was romkriacht auf dr Erde, was en Schnaufer tuat, gib i ällas Greafuader zom Fressa. Ond so ischds gscheha. [31]Ond Gott (Elohim) håt ällas åguckt, was r gmacht ghet håt, ond guck no, s ischd richtig guat gwea. Ond s ischd Åbad wôra onds ischd Môrga wôra: dr sechste Dag.

2 So ischd dr Hemmel ond d Erde fertig wôra ond ällas, was drzuaghört. [2]Ond Gott (Elohim) håt am siebta Dag sae Werk fertiggmacht, des môn r gschaffa ghet håt ond r håt am siebta Dag ausgruhat von saem ganza Werk, des môn r gmacht håt. [3]Ond Gott (Elohim) håt da siebta Dag gsegnat ond an ghaeligt; weil då håt Gott (Elohim) ausgruaht von saene ganze Werk, môn r gschaffa ond fertiggmacht ghet håt. [4a]So ischds zuaganga, mô dr Hemmel ond d Erde entstanda send, mô se gschaffa wôra send.

Zom Vrgleicha: Kap. 1 Vers 1: 2,4b; Joh 1,1-3 • *Vers 14:* Ps 136,7-9 • *Vers 26: 2,7;* Ps 8,6-9; Eph 4,24; Kol 3,10 • *Vers 27:* 5,1f • *Vers 29:* 9,3 • Kap 2 *Vers 2:* Ex 20, 8-11.

S Paradies: 2 4b-25

Dåzmål, mô Gott (JAHWE Elohim) d Erde ond da Hemmel gmacht håt - [5]Sträucher auf am Feld håt s no koene gea auf dr Erde ond Kraut ischd ao no koes gwachsa auf am Feld; weil Gott (JAHWE Elohim) håt s no et regna lassa auf dr Erde ond s ischd ao no koe Mensch då gwea, zom s Land åbaua; [6]aber a Nebel ischd aufkomma aus dr Erde ond håt s Land ågfeuchtat. [7]Då håt Gott (JAHWE Elohim) da Menscha gmacht aus ama Dreckbolla vom Acker ond håt am saen Lebensodem en d Nås naeghaucht. So ischd der Mensch a lebendiga Seel wôra. [8]Nå håt Gott (JAHWE Elohim) en Garta en Eden Osta zua åglegt ond den Menscha naegsetzt, den môn r gmacht ghet håt. [9]Ond Gott (JAHWE Elohim) håt älle mögliche Baem aus am Boda wachsa lassa, oener schöner wia dr ander, ond gschmeckt håt des, ond da Lebensbaom mittla em Garta ond da Erkenntnisbaom, mô mr Guat ond Baes von anander onterschôeda kå, håt r ao wachsa lassa. [10]En Eden ischd dr

Ursprong vo ma Strom, mit dem kå mr
da ganza Garta bewässera, ond der tôelt
sich sell en vier Ärm: [11]Dr erste hôeßt
Pison, des ischd der, mô om s ganze Land
Hawila romfliaßt, mô s Gold geit. [12]Ond
des Gold von sell ischd de best Qualität.
Ond Bedolachharz fendat mr sell ao
ond da Schoham-Edelstoe. [13]Dr zwôete
Fluß hôeßt Gihon; der laoft om s ganz
Land Kusch rom. [14]Dr dritte Fluß hôeßt
Hiddekel (des ischd dr Tigris); der laoft
östlich von Assyria rom. Dr vierte Fluß
ischd dr Euphrat. [15]Ond Gott (JAHWE
Elohim) håt da Menscha gnomma ond
en den Garta Eden naegsetzt, dass an
der åbaua ond pflega tät. [16]Ond Gott
(JAHWE Elohim) håt dem Menscha
ågea ond gsaed: Du därfst von älle Baem
en dem Garta dåhanna essa; [17]bloß vom
Erkenntnisbaom von Guat ond Baes,
von dem därfst fae et essa; weil wann
da drvo isst, nå muaßt d sterba. [18]Ond
Gott (Elohim) håt gsaed: Des ischd et
guat, wann e den Menscha alloe laß. I
will am a Hilf macha, mô zon am paßt.
[19]Ond Gott (JAHWE Elohim) håt aus
Dreckbolla älle Tierla auf am Feld ond
älle Vögel am Hemmel knetat ond håt se
dem Menscha nôbråcht zom gucka, wia
der zo nen saga tät; ond so, wia der zo
nen saga tät, so solle se hôeßa. [20]Ond der
Mensch håt älle Viecher ond älle Vögel
am Hemmel ond älle Tierla auf am Feld
Nåma gea; aber für da Menscha håt r
koe Hilf gfonda, mô zon am paßt hätt.
[21]Nå håt Gott (JAHWE Elohim) den
Menscha en an ganz tiafa Schlåf senka
lassa, dass r aegschlåfa ischd. Ond r håt
am a Ripp rausgnomma ond dui Stell
zuwachsa lassa. [22]Ond Gott (JAHWE
Elohim) håt aus sellera Ripp, môn r dem
Menscha rausgnomma ghet håt, a Weib
baut ond håt se zon am nôbråcht. [23]Nå
håt der Mensch gsaed: Des ischd doch
Boe von maene Boener ond Flôesch von
maem Flôesch; dui muaß Männe hôeßa;
weil vom Må ischd se gnomma. [24]Drom
gôht a Må von saem Vadr ond saener
Muader fort ond hangt an sae Weib nô,
ond dia send nå mitanander oe Leib.
[25]Ond dia bôede, der Mensch ond sae
Weib, send nackat gwea ond hent sich
koe bißle gschämt.

Zom Vrgleicha: Vers 2,4b: 1,1 • *Vers 7:* 1,26f • *Vers 24:* Mt 19,5; Mk 10,8; Eph 5,31; 1Kor 6,16.

Dr Sündafall: 3 1-24

3 So henterlistig wia dui Schlang ischd
koe anders Tier auf am Feld maeh
gwea, mô Gott (JAHWE Elohim)
gmacht ghet håt, saed dui zo dem Weib:
Håt des Gott (Elohim) tatsächlich
gsaed, dass ihr von koem Baom en dem
Garta dåhanna essa därfat? [2]Nå håt des
Weib zo dera Schlang gsaed: Dia Frücht
von dene Baem em Garta därfat mir
wohl essa; [3]bloß von dene Frücht an
dem Baom mittla ein Garta håt Gott
(Elohim) gsaed: Essat nex drvo ond
langat se ao et å, dass r et sterba dent!
[4]Nå håt dui Schlang zo dem Weib gsaed:
Ihr sterbat ganz gwieß et; [5]weil Gott
(Elohim) wôeß nämlich, dass euch d
Aoga aufgangat, sobald r drvo gessa
hent ond r wissat, wia Gott (Elohim)
selber, was guat ischd ond was baes.
[6]Ond des Weib håt gseha, dass mr von
dem Baom guat essa könnt ond dass r
oen åmacht, wa'mr n åguckt, weil r oen
gscheit macha tät, ond se håt a Frucht
gnomma ond glei naebissa ond ihram
Må, der mô bei ra gwea ischd, håt se s ao
gea, ond der håt ao glei gessa. [7]Då send
dene bôede d Aoga aufganga ond se hent
gmerkt, dass se nackat gwea send, ond
hent Feigablättla zsemabonda ond sich
Schürz gmacht. [8]Mô s åbnads nå küahler
wôra ischd, hent se Gott (JAHWE
Elohim) em Garta spaziera laufa höra,
nå ischd der Mensch mit saem Weib
vrschlupft onter de Baem em Garta, weil
se sich et traut hent, am Herrgott ens

[15]Ond so machst d se: dreihondert Ella
machst d dui Arche en dr Länge, fufzg
Ella brôet ond dreißg Ella haoch; mit am
Ellamåß duast d messa. [16]Oba machst d
a Dachluk nae mit ra Ell em Quadrat,
ond a Tür machst d an dr Seite nae. A
Ontergschoß, en zwôeta ond en dritta
Stock machst d nae. [17]Weil guck, i laß
jetzt d Sintflut über d Erde komma,
dass ällas, was en Odem en sich håt,
omkommt onter am Hemmel; ällas, was
auf dr Erde ischd, soll wegsterba.[18]Aber
mit dir will e an Bund aufrichta: Du gôhst
en dui Arche nae, du ond daene Söh ond
dae Weib ond daene Söhnerenna mit dr.
[19]Ond von älle Tierla, von älle Wesa
nemmst d je a Pärle mit en d Arche nae,
dass da se bei dr am Leba hältst; a Måle
ond a Weible muaß des sae. [20]Von jeder
Vogelart ond vom Vieh ond von ällam,
was auf am Erdboda romkriacht, von
ällam soll emmer a Pärle mit dr nae, dass
se am Leba bleibat. [21]Ond du nemmst dr
von jedam Essa, was mr so isst, ond leg
dr en Vôrrat å, dass da mit en ebbas zom
Essa håsch. [22]Ond dr Noah håt s dao;
ganz wian am Gott (Elohim) ågeba håt,
so håt r s dao.

7 Ond dr Herrgott (JAHWE) håt zom
Noah gsaed: Gang en d Arche, du
ond dae ganza Sippschaft; weil i wôeß,
dass du a rechtschaffener Må bist en
dem ganza Gschlecht. [2]Von älle raene
Tierla nemmst sieba Måla ond sieba
Weibla, ond von de oraeneTierla emmer
oe Pärle, a Måle ond a Weible. [3]Ao von
de Vögel vom Hemmel emmer sieba
Måla ond Weibla, dass auf dr ganza
Erde dr Nåchwuchs am Leba bleibt.
[4]Weil en sieba Dag laß i vierzg Däg ond
vierzg Nächt lang auf d Erde raregna
was gôht ond laß älle Lebewesa môn
e gmacht han, wieder vom Erdboda
vrschwenda. [5]Ond dr Noah håt ganz
dao, wian am s dr Herrgott (JAHWE)
ågeba håt. [6]Dr Noah ischd sechshondert
Jåhr alt gwea, mô d Sinflut über d Erde
komma ischd. [7]Ond dr Noah ischd mit
saene Söh ond mit saem Weib ond saene
Söhnerenna vôr dera Flut en sae Arche
naeganga. [8]Von de raene ond de oraene
Tierla, von de Vögel ond von ällam, was
auf am Erdboda romkriacht, [9]ischd je a
Päärle, a Måle ond a Weible, zom Noah
en d Arche nae, wia s Gott (Elohim)
am Noah ågea ghet håt. [10]Ond nach
dene sieba Däg ischd des Wasser von
dr Sintflut über d Erde drher komma.
[11]Em sechshondertsta Jåhr vom Noah,
am siebzehnta Dag em zwôeta Monat,
an sellam Dag send älle Bronna von
dr graoßa Urflut aufbrocha ond am
Hemmel send d Fenster aufganga. [12]Ond
dr Rega ischd auf d Erde raprazlat,
vierzg Däg ond vierzg Nächt lang.
[13]Grad an sellam Dag ischd dr Noah
mit saene Söh, am Sem, am Ham ond
am Japhet, mit saem Weib ond saene
drei Söhnerenna en d Arche naeganga;
[14]sia ond älle vrschiedene Arta vom
Wild ond vom Vieh ond ällas, was auf
am Erdboda romkriacht, ond ao von de
Vögel, ällas was fliagt ond Flügel håt;
[15]dia send älle zom Noah en d Arche
naeganga, emmer zwôe von älle Wesa,
mô en Lebensodem en sich hent. [16]Ond
dia mô naeganga send, des ischd emmer
a Måle ond a Weible gwea von älle Wesa,
wian am Gott (Elohim) ågea ghet håt.
Ond dr Herrgott (JAHWE) håt henter
am zuagschlossa.

De graoß Fluat: 7 17 – 8 22
[17]Nå ischd d Sintflut über d Erde
komma, vierzg Däg lang, ond dia
Wasser send gstiega ond hent dui Arche
wegglupft ond dui ischd haoch über am
Erdboda gschwomma. [18]Ond dia Wasser
hent ohaemlich überhand gnomma ond
send gewaltig über am Erdboda ågstiega
ond d Arche ischd auf dene Wasser
drvogfahra. [19]Ond dia Wasser send

emmer mächtiger wôra über dr Erde, dass sogar de höchste Berg onter am Hemmel zuadeckt gwea send. [20]Fufzeah Ella haoch ischd s Wasser über da höchsta Berg ganga, dass da koen maeh gseha håsch. [21]Då ischd ällas onterganga, was sich auf am Erdboda gregt hât, an Vögel, an Vieh, an Wild ond an ällam, was auf am Boda romgwuslat ischd, ao älle Menscha. [22]Ällas, was Luft schnappt ond auf am Trockena glebt hât, ischd gstôrba. [23]So hât r älle Wesa auf am Erdboda ausgrottat: d Menscha, s Vieh von de Würm bis zo de Vögel am Hemmel, ällas ausgrottat von dr Erde; bloß dr Noah ischd übrig blieba ond was mit am en dr Arche gwea ischd. [24]Ond dia Wasser send auf dr Erde hondertfufzg Däg lang gstiega.

8 Nå hât Gott (Elohim) an da Noah denkt ond an ällas des Wild ond des Vieh, mô bein am en dr Arche dren gwea ischd. Ond Gott (Elohim) hât Wend aufkomma lassa, dia hent über d Erde blåsa, nå ischds Wasser gfalla; [2]ond dia Bronna von dr Urflut send zua ganga ond d Fenster am Hemmel ao ond am Rega ischd Aehalt bota wôra, [3]ond dia Wasser hent sich so langsam vrloffa von dr Erde. So hent dia Wasser nach hondertfufzg Däg agnomma, [4]ond am siebzehnta Dag vom siebta Monat ischd dui Arche auf ama Berg em Ararat aufbrommt ond festgsessa. [5]Dia Wasser send nå emmer weiter gsonka bis an da zehnta Monat; am ersta Dag vom zehnta Monat hent d Berg a bißle rausguckt. [6]Nach vierzeah Däg hât dr Noah des Fenster aufgmacht, des môn r oba nae gmacht ghet hât, [7]ond hât en Raba nausfliaga lassa; der ischd omananander gfloga, bis dia Wasser auf am Erdboda austricknat gwea send. [8]Nå hât dr Noah no sieba Dag gwartat; nå hât r a Taub nausglassa, zom gucka, ob sich dia Wasser vom Erdboda vrloffa hättat. [9]Weil aber dui Taub koe Plätzle gfonda hât, mô ihr Fuaß en Halt gfonda hätt, ischd se wieder zon am en d Arche komma; weil s ischd emmer no Wasser gwea auf dr ganza Erde. Nå hât r sae Håd nausgstreckt ond se packt ond rae gholt en d Arche. [10]Nå hât r nômål sieba Däg gwartat; nå hât r dui Taub nômål aus dr Arche nausfliaga lassa. [11]Dui ischd gega Åbad zon am zrückkomma, ond guck! se hât a frischs Ölblatt ein Schnabel ghet. Nå hât dr Noah gmerkt, dass sich dia Wasser vom Erdboda vrloffa ghet hent. [12]Nå hât r nômål sieba Däg gwartat ond hât dui Taub fliaga lassa; nå ischd se aber nemme zon am zrückkomma. [13]Em sechshondertersta Lebensjåhr vom Noah, am ersta Dag vom ersta Monat send die Wasser auf am Erdboda vrsickerat gwea. Nå hât dr Noah s Dach von dr Arche radao, ond guck! dr Erdboda ischd trocka gwea. [14]Am siebnazwanzigsta Dag vom zwôeta Monat ischd d Erde ganz trocka gwea. [15]Då hât nå Gott (Elohim) mit am Noah gsprocha ond gsaed: [16]Gang jetzat naus aus dr Arche, du ond dae Weib ond daene Söh ond daene Söhnerenna mit dr; [17]ond älle dia Tierla, mô bei dr send, älle Gschöpfla: Vögel, Vieh ond ällas, was auf am Erdboda rom kriacht, dia lässt d älle naus mit dr, dass se rom hopfat auf am Erdboda ond fruchtbar send ond sich vrmehrat auf dr Erde. [18]Nå ischd dr Noah nausganga mit saene Söh, mit saem Weib ond saene Söhnerenna. [19]Ao ällas Wild ond ällas Vieh, älle Vögel ond ällas, was auf am Erdboda romkriacht, die send naus aus dr Arche, oes wia s ander. [20]Dr Noah aber hât am Herrgott en Altar baut; nå hât r von älle raeneTierla gnomma ond von älle raene Vögel ond hât a Brandopfer bråcht auf dem Altar. [21]Ond dr Herrgott (JAHWE) hât den guata Duft grocha ond zo sich selber gsaed: En Zuakonft will e d Erde wega de Menscha nemme vrfluacha; was

en dene ihre Herza romgôht, des ischd baes von Jugend å. Ond ao schlaga will e se nemme, wia se lebat, so wian e s dao han. [22]Solang wia d Erde stôht, hört Saat ond Ernte, Frost ond Hitz, Sommer ond Wenter, Tag ond Nacht nemme auf.

Zom Vrgleicha: Kap. 8 Vers 13: 7,11 • **Vers 17:** 1,22.28 • *Vers 21:* 6,5.

Gott (Elohim) macht an Bund mit am Noah: 9 1-17

9 Ond Gott (Elohim) håt da Noah ond saene Söh gsegnat ond zo nen gsaed: Send fruchtbar ond dent euch vrmehra ond dent d Erde fülla! [2]Älle Tierla auf dr Erde sollat euch fürchta ond vôr euch vrschrecka ond ao älle Vögel am Hemmel ond ällas, was auf am Erdboda rom kriacht ond älle Fisch em Meer: Ällas ischd euch en d Händ glegt. [3]Älles, was sich regt ond lebt soll für euch då sae, dass r euch vrhalta könnat; wia ao s greane Kraut gib e euch ällas. [4]Bloß a Flôesch, mô no s Leba, mô s Bluat no dren ischd, des därfat r et essa. [5]Euer aeges Bluat (wann r s vrgiaßa dent), klag e ae; ob des a Tier ischd oder von de Menscha onter anander, a Menschaleba wird emmer aeklagt. [6]Wer s Bluat vo'ma Menscha vrgiaßa duat, dem sae Bluat soll ao von Menscha vrgossa wera; weil Gott (Elohim) da Menscha nach saem Bild gschaffa håt. [7]Ihr aber, send fruchtbar ond dent euch vrmehra, dent euch ausbrôeta auf dr Erde ond herrschat über se!

[8]Ond Gott (Elohim) håt zom Noah ond zo saene Söh gsaed: [9]I aber, guck, i richt en Bund auf mit euch ond mit eure Nåchkömmleng [10]ond mit älle lebendige Wesa, mô bein ich send, mit de Vögel, mit am Vieh ond mit am Wild ond ällam, was mit euch aus dr Arche rauskomma ischd. [11]I will mit euch en Bund aufrichta, dass niamåls maeh ällas Leba von de Wasser von ra Sintflut ausglöscht wera soll, ond gar nia maeh soll a Flut komma, mô de ganz Erde hemacht. [12]Ond Gott (Elohim) håt gsaed: Des ischd s Zôeche für den Bund, den mô i stifte zwischa mir ond euch ond älle Lebewesa mô bein ich send auf älle Zeita: [13]I stell maen Boga en d Wolka nae; der ischds Bundeszaeche zwischa mir ond dr Erde. [14]Emmer wann e Wolka über d Erde zieha laß ond mr den Boga sieht. [15]Nå will e an den Bund denka, der mô zwischa mir ond euch gschlossa ischd ond älle Lebewesa, dass s nia maeh a Sintflut geit, mô ällas Leba ausrottat. [16]Ond wann der Boga en de Wolka stôht, nå guck en å ond denk an den ewiga Bund von Gott mit ällam, was lebendig ischd auf am ganza Erdboda.

Zom Vrgleicha: Vers 1: 1,28; 9,7 • *Vers 3:* 1,29 • *Vers 6:* 1,26-28 • *Vers 7:* 9,1.

Sega ond Fluach vom Noah: 9 18-29

[17]Ond Gott (Elohim) håt zom Noah gsaed: DesZaeche richt i auf zwischa mir ond ällam, was auf am Erdboda lebt. [18]Em Noah saene Söh, dia mô aus dr Arche ganga send, send dr Sem, dr Ham ond dr Japhet gwea. Dr Ham ischd aber dr Vadr vom Kanaan. [19]Dia drei send am Noah saene Söh, ond von dene aus håt sich de ganz Erde bevölkerat. [20]Dr Noah, der mô Bauer gwea ischd, håt als erster en Wengert åbaut. [21]Ond môn r von saem Wae tronka ghet håt, ischdr blao gwea ond ischd nackat en saem Zelt drenna glega. [22]Wia nå dr Ham, dr Vadr vom Kanaan, saen nackata Vadr gseha håt, håt r s draußa saene bôede Brüader gsaed. [23]Nå håt dr Sem ond dr Japhet a Gwand gnomma ond hent s auf ihre Schultera glegt ond send hentersche nô ond hent ihran nackata Vadr zuadeckt, ond se hent ao et hentersche guckt, dass se jå ihran nackata Vadr et gseha hent. Mô nå dr Noah saen Balla ausgschlåfa

ghet håt ond vrfahra håt, was sae Jüngster
dao håt, 25håt r gsaed: Vrfluacht soll dr
Kanaan sae, Knecht von älle Knecht soll
r sae bei saene Brüader! 26ond weiter
håt r gsaed: Lob sei JAHWE, am Gott
(Elohey) vom Sem, aber dr Kanaan
soll sae Knecht sae! 27Viel Platz soll
Gott (Elohim) am Japhet vrschaffa,
dass r beim Sem en saene Zelt wohna
kå, aber dr Kanaan soll am a Knecht
sae! 28Dr Noah håt nach dr Sintflut no
dreihondertfufzg Jåhr glebt, 29ond dr
Noah ischd em ganza naehondertfufzg
Jåhr alt wôra; nå ischdr gstôrba.

Kabidl 10 ischd a Völkertafel vom Noah
saene Nåchkömmleng.

Dr Turmbau von Babel: 11 1-9

11 Selligsmål håt mr auf dr ganza
Welt en oener Språch gsprocha
ond für ällas de gleiche Wörter ghet.
2Nå send se Osta zua aufbrocha ond
hent em Land Sinear a Ebene gfonda
ond sell ågsiedlat. 3Nå hent se zoanander
gsaed: Auf gôhts, machat mr Bachstoe
ond dent dia brenna. Ond da Bachstoe
hent se als Stoe gnomma ond da Teer als
Speis. 4Ond se hent gsaed: Auf gôhts,
bauat mr a Stadt ond en Turm, der mô
bis en Hemmel nauf gôht; so machat
mr ons en Nåma, dass mr ons et auf am
ganza Erdboda vrstraeat!
5Nå ischd dr Herrgott (JAHWE)
ragfahra ond håt dui Stadt ond den
Turm åguckt, mô dia Menscha baut
hent. 6Ond dr Herrgott (JAHWE) håt
gsaed: Då guck no: des ischd oe Volk
ond se schwätzat en oener Språch, ond
des ischd erst dr Åfang von dem, was
dia doa wöllat; dene ischd bald nex
mae omöglich, was dia onternemmat.
7Auf gôhts, ge'mr na ond brenget en
ihr Språch durchananander, dass koener
maeh em andere sae Språch vrstôht!
8Ond dr Herrgott (JAHWE) håt se von
sell über da ganza Erdboda vrstraet, nå
hent se s aufgeba, dui Stadt zom baua.
9Deswega hôeßt mr se Babel, weil dr
Herrgott (JAHWE) sell d Språch von dr
ganza Welt durchananander bråcht ond se
von sell über da ganza Erdboda vrstraet
håt.

Dr zwôete Tôel: D Erzvädrgschichta: 11 10 – 36 43

Em Kap. **11** von Vers 10 å bis 32 kommt
dr Stammbaom vom Noah bis zom
Abraham.

D Beruafong vom Abram ond sae Wanderong nach Kanaan: 12 1-9

12 Nå håt dr Herrgott (JAHWE)
zom Abram gsaed: Gang
fort aus daem Land ond aus daener
Vrwandtschaft ond aus daem Vadr saem
Haus en des Land mô i dr zaeg. 2I mach
de zo ama graoßa Volk ond segna will
e de ao ond daen Nåma graoß macha,
ond du selber sollst a Sega sae. 3I will
dia segna, mô di segna dent, ond der mô
di vrwünscha duat, den will i vrfluacha.
Ond en dir sollat sich älle Gschlechter
auf am ganza Erdboda da Sega geba.
4Ond dr Abram ischd ganga, wian am
s dr Herrgott (JAHWE) ågeba håt, ond
dr Lot ischd mit am ganga. Dr Abram
ischd 75 Jåhr alt gwea, môn r von Haran
auszoga ischd. 5Ond dr Abram håt sae
Frao, d Sara ond da Lot, da Soh von saem
Bruader ond ällas Hab ond Guat, was se
gwonna ghet hent, ond ao dia Leut, mô
se en Haran kaoft ghet hent, ond se send
auszoga, dass se ens Land Kanaan ziaga
tätat, ond se send ens Land Kanaan
komma. 6Ond dr Abram håt des Land

durchzoga bis zor Orakelterebinthe bei
Sichem (des ischd a haeliger Baom oder
a Wahrsagebaom außerhalb vom Ort).
Selligsmål send d Kanaanäer em Land
gwea.
[7]Ond dr Herrgott (JAHWE) ischd am
Abram erschiena ond håt gsaed: Des
Land will i daene Nåchkömmleng
geba! Ond r håt sell en Altar baut für
da Herrgott (JAHWE), der môn am
erschiena gwea ischd. [8]Ond r ischd
aufbrocha en d Berg nae, von Bethel å
Osta zua, ond r håt sae Zelt aufbaut,
dass r Bethel em Westa ond Ai em
Osta liega ghet håt. Ond sell håt r am
Herrgott (JAHWE) en Altar baut ond
håt am Herrgott (JAHWE) saen Nåma
ågruafa. [9]Nå ischd dr Abram weiterzoga
ens Südland na.

Zom Vrgleicha: Vers 3: 18,18; 22,18; 28,14; Sir 44,21; Gal 3,6-18.

D Muader von älle Israelita ischd en Gfahr: 12 10-20

[10]Nå ischd a Hongersnot en dem Land
komma. Nå ischd dr Abram nach
Ägypten na zoga zom sell als Fremder
a Weile bleiba, weil dui Hongersnot
schwer auf dem Land glega ischd. [11]Môn
r fast an dr Grenz nach Ägypten gwea
ischd, håt r zo saener Frao, dr Sara,
gsaed: Guck, i wôeß, dass du a schös
Weib bist. [12]Wann d Ägypter de seahnat,
nå sagat dia: des ischd sae Frao! Nå
brengat se mi om, aber di lassat se leba.
[13]Sag doch, da seiest mae Schwester, dass
mr s wega dir guat gôht ond i für di am
Leba bleib! [14]Ond mô dr Abram nach
Ägypten komma ischd, hent d Ägypter
gseha, dass des a schös Weib gwea ischd.
[15]Ond dia Hofschranza vom Pharao hent
se gseha ond se vôr am Pharao drå über
ällas nae globt, ond des Weib ischd em
Pharao saen Palast bråcht wôra. [16]Am
Abram aber ischds guat ganga wega ra: r
håt Schåf ond Rendla kriagt ond Esel ond
Knecht ond Mägd ond Eselsstuata ond
Kamel. [17]Nå håt dr Herrgott (JAHWE)
da Pharao ond sae Familie mit ganz
schwere Plåga hoemgsuacht wega dr
Sara, am Abram saener Frao. [18]Aber dr
Pharao håt da Abram komma lassa ond
zon am gsaed: Was håsch d mr denn då
ådao? Wårom håsch mr denn et gsaed,
dass des dae Weib ischd? [19]Wårom håsch
gsaed: des ischd mae Schwester, dass i se
als Weib gnomma han? Ond jetzat: då
håsch dae Weib! nemm se ond gang!
[20]Ond dr Pharao håt an mit saener Frao
ond Hab ond Guat, was r ghet håt, per
Polezei abschiaba lassa.

Dr Abram ond dr Lot: 13 1-13

13 Ond dr Abram ischd von
Ägypten raufzoga, er ond sae
Frao ond sae Hab ond Guat, ond dr Lot
ao, ens Südland nauf. [2]Ond drAbram
ischd stoereich gwea an Vieh, an Silber
ond Gold. [3]Von oem Lager ischd r
weiterzoga zom andera vom Südland
bis nach Bethel, bis an den Platz nô,
mô schao am Åfang sae Zelt gstanda
ischd zwischa Bethel ond Ai, [4]då môn
r vôrher den Altar baut ghet håt, ond dr
Abram håt sell da Nåma vom Herrgott
(JAHWE) ågruafa. [5]Ond ao dr Lot,
der mô mit am Abram zoga ischd, håt
Schåf ghet, ond Rendla ond Zelt. [6]Ond
des Land håt s et traga, dass se bôede
zsemablieba wärat, se hent oefach zviel
ghet; drom hent se et beianander bleiba
könna. [7]Nå håt s åndauernd Händel
geba zwischa de Hirta vom Abram
saem Vieh ond de Hirta vom Lot saem
Vieh. Selligsmål hent Kanaanäer ond
Pheresiter em Land gwohnt.
[8]Nå håt dr Abram zom Lot gsaed:
Mir wöllat doch koene Händel, du
ond i, ond ao et zwischa maene Hirta
ond daene Hirta! schliaßlich se'mr jå
Brüader! [9]Leit et s ganz Land offa vôr
dr då? Gang doch vo'mr fort! Willst

d lenks, nå gang i rechts; ond willst d nach rechts, nå gang i lenks. [10]Nå håt dr Lot de ganz Gegend gnao åguckt ond gseha, dass s am Jordan dronta viel Wasser geba håt – des ischd gwea, no bevôr dr Herrgott (JAHWE) Sodom ond Gomorrha onterganga lassa håt -, wian a Garta vom Herrgott (JAHWE) ischd des gwea, wia Ägypten bis nom nach Zoar. [11]So håt sich dr Lot de ganz Jordanebene rausgsuacht ond ischd aufbrocha, Osta zua. Ond se hent sich trennt vonanander. [12]Dr Abram ischd en Kanaan blieba ond dr Lot håt sich en dene Städt dronta am Jordan ågsiedlat ond håt zeltat bis na nach Sodom.

Zom Vrgleicha: Vers 3: 12,8.

Am Herrgott sae Vrhaeßong an da Abram: 13 14-18

[13]Aber dia Leut en Sodom send koene Guate gwea ond hent schwer gfrevlat gega da Herrgott (JAHWE). [14]Mô dr Lot sich vom Abram trennt ghet håt, håt dr Herrgott (JAHWE) zom Abram gsaed: Laß no daene Aoga romganga von dem Platz aus, mô da stôhst, nach Norda ond nach Süda, nach Osta ond nach Westa: [15]Des ganze Land, mô da siehst, dir will e s geba ond daene Nåchkömmleng auf emmer ond ewig! [16]Ond daene Nåchkömmleng will e macha wia da Staob vom Erdboda; ond bloß wann oener da Staob vom Erdboda zähla kå, kån r ao daene Nåchkömmleng zähla. [17]Auf gôhts! Laof amål durchs ganz Land da långa ond da brôeta Weg, weil i dir des geba will.

[18]Ond dr Abram håt saene Zelt abbaut ond ischd loszoga ond r håt sich niederglassa an dr Terebinthe von Mamre bei Hebron, sell håt r en Altar baut für da Herrgott (JAHWE).

Zom Vrgleicha: Vers 15f: 15,7.18-21; 17,8; 26,2-5; 28,1 4. 13f; 35,12.

Dr Abraham wird zom Helda gmacht: 14 1-24

14 Kabidl 14 ischd a recht vrworrena Gschicht - i vrzähls frei: A Großkönig führt en Feldzug gega abtrünnige Vasalla, dia mô oefach koen Tribut maeh zahla wölla hent. En dr allgemaena Vrwirrong ischd dr Lot en Gfangaschaft gråta ond dr Abram håt an wieder rausghaoa. Tatsächlich ischd dui Gschicht aber später passiert ond mr håt se am Abraham nåchträglich zuagschrieba. Dådrmit håt mr hentadrae am Abraham a weltgeschichtlicha Bedeutong geba wölla, weil r ågeblich vier König von graoße Reich em Osta besiegt håt. Mit am Abraham, der mô dr Vadr vom Volk gwea ischd, håt mr natürlich ao s Volk selber gmoent ond am a ruhmreicha Vrgangahaet ådichtat, dass se en ihram Elend wenigstens en Trost ghet hent. Ond des ischd nå ao no bestätigt wôra durch a kultischa Handlong en dera Gschicht mit am Melchisedek en de Vers 17 bis 24.

Zom Vrgleich kå mr Richter 7, 16-22 lesa.

Gott schliaßt mit am Abram an Bund: 15 1-21

15 Dådrnåch ischd s Wort vom Herrgott (JAHWE) zom Abram komma e'ma Gsicht: Abram, du brauchst koe Angst et han, i ben dae Schild ond du kriagst amål an graoßa Loh. [2]Ond dr Abram håt gsaed: JAHWE, mae Herr, was geist d mr denn? Ich muaß amål aus dr Welt ganga ohne Kender, ond was i han, des kriagt ällas dr Eliëser von Damaskus! [3]Ond dr Abram håt gsaed: Guck, du håsch mr koen Nåchkomma geba, ond guck doch: a Sklav aus maem Haus erbt ällas. [4]Ond nå ischd a Wort vom Herrgott (JAHWE) zon am komma: Et der erbt amål von dr, noe, noe, dae aegener Soh kriagt amål ällas!

[5]Ond r ischd mit am naus ens Freie
ond håt gsaed: Guck amål nauf en da
Hemmel ond zähl dia Stern, kåsch d
des? Ond r håt zon am gsaed: So soll
dae Såma sae! [6]**Ond dr Abram håt am
Herrgott (JAHWE) vrtraut, ond des
håt r am ågrechnat als Gerechtigkaet.**
[7]Ond r håt zon am gsaed: I ben Gott
(JAHWE), der mô di aus Ur von de
Chaldäer rausgholt håt, dass e dir des
Land dåhanna als a Aegatom gib. [8]Ond
r håt gsaed: O Herr Gott (JAHWE),
mô drå soll e des denn merka, dass des
mir ghört? [9]Ond r håt am bota: Breng
mr a dreijähriga Kuah, a dreijähriga
Gôes ond en dreijähriga Hammel, a
Turteltaub ond a jongs Täuble. [10]Ond r
håt am ällas bråcht. Ond r håt se mittla
durchgschnitta ond dia Tôel anander
geganüber nôglegt, dia Vögel håt r
aber et vrschnitta. [11]Ond Geier send
ragstaoßa auf des Aas, aber dr Abram
håt s vrschaecht. [12]Mô nå d Sonn henta
na ischd, ischd dr Abram en an ganz
tiafa Schlåf gsonka, ond guck: a arger
Schrecka håt an packt. [13]Nå håt ER zom
Abram gsaed: Des muaßt d wissa, dass
daene Nåchkömmleng als Fremde lebat
en ama Land, des mô en et ghört; ond sell
müaßat se Sklava sae ond se werat onter
Druck gsetzt vierhondert Jåhr. [14]Aber
ao des Volk, dene mô se deana müaßat,
will i richta. Ond nå därfat se mit ra
reicha Beute sell abziah. [15]Aber du därfst
amål em Frieda zo daene Vädr ganga
ond e ma gsegnata Alter onter da Boda
bråcht wera. [16]Erst de viert Generatio
kommt wieder dåhanna her, weil s
Schuldamåß von de Amoriter ischd no
et voll. [17]Mô nå d Sonn voll honta gwea
ischd onds ganz Nacht gwea ischd,
guck! a Ofa håt qualmt ond a Fackel,
des ischd zwischa dene Flôeschbröckel
omanander gfahra. [18]An sellam Dag håt
dr Herrgott (JAHWE) mit am Abram
en Bund gschlossa ond gsaed: Daene
Nåchkömmleng kriagat von mir des
Land dåhanna, vom Bach von Agypten
bis an da graoßa Strom, da Euphrat: [19]d
Keniter, d Kerisiter ond d Kadmoniter,
[20]d Hethiter, d Pheresiter ond d
Rephaiter, [21]d Amoriter, d Kanaaniter, d
Girgasiter ond d Jebusiter.

Zom Vrgleicha: Vers 5: 13,16; 22,15-18; 26,4; 28,14
• *Vers 6:* Rö 4,3.9.22; Gal 3,6; Jak 2,23 • *Vers 14:*
Ex 12,35f • *Vers 18:* 13,15.

Dr Ismael kommt auf d Welt: 16 1-16

16 D Sara, am Abram sae Weib, håt
am koe Kend auf d Welt bråcht.
Aber se håt a ägyptischa Magd ghet,
dui mô Hagar ghôeßa håt. [2]Ond d Sara
håt zom Abram gsaed: Guck no, Gott
(JAHWE) håt mr s halt et geba, dass e
Kender kriag. Jetzat gang halt zo maener
Magd, vielleicht kriag e durch dui a
Kendle. Ond dr Abram håt auf d Sara
ghört. [3]Nå håt d Sara, em Abram sae
Weib, d Hagar gnomma, dui Ägyptere,
mô ihr Magd gwea ischd, dr Abram håt
selligsmål schao zeah Jåhr en Kanaan
gwohnt ghet, ond håt se ihram Må, am
Abram, als Nebafrao geba. [4]Ond der
ischd zo dera Hagar ganga, nå ischd se
en andere Omständ komma. Mô se des
gmerkt håt, dass se en andere Omständ
ischd, håt se auf ihr Chefe raguckt. [5]Nå
håt d Sara zom Abram gsaed: Des Orecht,
was mir gscheha ischd, des soll auf daen
Kopf komma! I selber han dr mae Magd
en da Arm nae glegt; ond jetzat, mô
se merkt, dass se en andere Omständ
ischd, guckt se auf me ra! dr Herrgott
(JAHWE) soll Richter sae zwischa dir
ond mir! [6]Dådruf håt dr Abram zor
Sara gsaed: Guck, dae Magd ischd en
daener Gwalt; dua halt mit ra, wia da
moenst. Mô nå d Sara se härter gnomma
håt, ischd se ra vrdloffa. [7]Nå håt se am
Herrgott sae Engel an dr Wasserquell
en dr Wüste troffa, an dr Quell auf am
Weg nach Schur, ond håt zon ra gsaed:

8Hagar, du bist dr Sara ihr Magd, mô
kommst her ond mô willst nô? Nå håt
se zor Antwort gea: Vôr maener Chefe,
dr Sara, hao e ab. 9Aber am Herrgott sae
Engel håt zon ra gsaed: Dreh om ond
gang wieder zo daener Chefe ond trags
halt, dass se hart ischd zo dr. 10Ond r håt
ra no a Vrhaeßong gmacht: I will daen
Såma ozählig macha, dass mr n nemme
zähla kå. 11Ond no maeh håt der Engel
vom Herrgott (JAHWE) zon ra gsaed:
Guck, du bist en andere Omständ, da
kriagst en Bua, dem geisch d da Nåma
»Ismael« (des hoeßt: Gott (JAHWE)
hört de), weil dr Herrgott (JAHWE)
håt auf dae Elend ghört. 12Der ischd
amål wian a Wildesel, der gega älle ond
älle gega den, ond älle saene Brüader
hockt der amål vôr d Nås nô. 13Ond se
håt den Gott (JAHWE), der mô mit ra
gredat håt, so ghôeßa: Du bist der Gott
(El), der mô mi sieht. Weil, håt se gsaed,
dåhanna han i dem nåchguckt, der mô
mi gseha håt. 14Drom hôeßt mr dui
Quell „d Quell von Lahai-roi“, dui mô
zwischa Kades ond Bered leit. 15Ond d
Hagar håt am Abram an Bua gebora,
ond dr Abram håt den Bua môn am d
Hagar gebora håt, Ismael ghôeßa. 16Dr
Abram ischd sechsaachtzg Jåhr alt gwea,
môn am d Hagar da Ismael gebora håt.
Zom Vrgleicha: Vers 1-16: 21,9-21.

D Beschneidong als Bundeszaeche:
17 1-27

17 Mô dr Abram naenanaenzg Jåhr
alt gwea ischd, då ischd am dr
Herrgott (JAHWE) erschiena ond håt
zon am gsaed: I ben dr allmächtige Gott
(El Schaddaj); gang daen Weg vôr mir
ond sei ganz ehrlich! 2I will zwischa mir
ond dir en Bund stifta ond di über älle
Maßa vrmehra. 3Nå ischd dr Abram auf
sae Gsicht nô gsonka ond Gott (Elohim)
håt mit am gsprocha ond gsaed: 4Guck,
des ischd mae Bund mit dr: Du wirst
amål dr Vadr von viele Völker. 5Du
hôeßt jetzat nemme Abram, Abraham
ischd dae Nåma von jetzt å; weil i di
zom Vadr von viele Völker mach. 6I will
de fruchtbar macha em Übermåß; i laß
de zo Völker wera, ond König kommat
von dr her. 7I richt en Bund auf zwischa
mir ond dir ond daene Nåchkömmleng
von Generatio zo Generatio als en ewiga
Bund, dass i dae Gott (Elohim) ben ond
der von daene Nåchkömmleng. 8Ond i
gib dir ond daene Nåchkömmleng des
Land, mô du als a Fremder dren glebt
håsch, s ganz Land Kanaan als a ewigs
Aegatom ond i will en a Gott (Elohim)
sae. 9Ond Gott (Elohim) håt weiter zom
Abraham gsaed: Aber du hältst mr maen
Bund, du ond daene Nåchkömmleng,
Generatio om Generatio.
10Des ischd mae Bund zwischa mir ond
euch ond daene Nåchkömmleng, mô
nach dir kommat, den môn ihr aehalta
sollat: Ällas, was männlich ischd bei
euch, soll beschnitta wera. 11An dr
Vôrhaut sollat r beschnitta wera. Des
soll a Zaeche sae für da Bund zwischa
mir ond euch. 12Mit acht Däg soll ällas
beschnitta wera, was männlich ischd
bei euch, Generatio om Generatio.
Ao dr Sklav, der mô em Haus gebora
ischd, wia der, mô vo'ma Fremda om
Geld kaoft wôra ischd, der mô et von
daener Sippschaft ischd: 13bôede sollat
beschnitta wera, der mô en daem Haus
gebora ischd wia der, den mô da om
Geld kaoft håsch. Des soll mae Bund
sae an euram Leib drå, a ewiger Bund.
14Oener mô aber et beschnitta ischd, was
nämlich männlich ischd - an dr Vôrhaut
- dem sae Leba soll ausgrottat wera aus
saene Volksgenossa: maen Bund håt r
brocha.
15Ond Gott (Elohim) håt zom Abraham
gsaed: Dae Weib Sarai sollst nemme
Sarai hoeßa. „Sara“ (Fürstin) soll jetzt
ihr Nåma sae. 16I will se segna, ond ao

von ihra gib e dr en Soh. I will se segna,
ond se soll zo Völker wera ond König
von Völker kommat amål von ra.
17Då håt sich dr Abraham aufs Gsicht
nôfalla lassa ond glacht ond bei sich
denkt: Ama Hondertjähriga soll no (a
Soh) gebora wera? Ond d Sara mit ihre
naezg Jåhr no a Kendle kriaga? 18Ond
dr Abraham håt zo Gott (Elohim)
gsaed: Ach wann doch bloß dr Ismael
vôr dir am Leba bleiba tät! 19Ond Gott
(Elohim) håt gsaed: Noe, noe, d Sara,
dae Weib, kriagt von dir en Bua, den
hoeßt d Isaak, ond i will maen Bund
mit am aufrichta, als en ewiga Bund mit
ehm ond saene Nåchkömmleng. 20Ond
ao weg'am Ismael han e de ghört: Guck,
i will an segna ond fruchtbar macha ond
ozählig. Zwölf Fürsta soll r amål zeuga,
ond i will an zo ama graoßa Volk macha.
21Aber maen Bund will e mit am Isaak
aufrichta, den mô d Sara von dr kriagt
om dui Zeit em nächsta Jåhr. 22Mô Gott
(Elohim) mit am Abraham gredat ghet
håt, ischd r vôr am aufgfahra. 23Nå håt dr
Abraham saen Soh, da Ismael, gnomma
ond älle Sklava, dia mô en saem Haus auf
d Welt komma send ond älle, môn r om
Geld kaoft ghet håt, ällas, was männlich
gwea ischd onter de Leut vom Abraham
saem Haus, ond håt ihr Vorhaut no am
gleicha Dag beschnitta, wian am s Gott
(Elohim) bota ghet håt. 24Dr Abraham
ischd naenanaenzg Jåhr alt gwea, môn
r an saener Vôrhaut beschnitta wôra
ischd. 25Sae Soh, dr Ismael, aber ischd
dreizeah Jåhr alt gwea, môn r an dr
Vôrhaut beschnitta wôra ischd. 26No
am selbiga Dag ischd dr Abraham ond
sae Soh Ismael beschnitta wôra, 27ond
ällas, was männlich gwea ischd en saem
Haus, der mô em Haus auf d Welt
komma ischd wia der, mô von Fremde
om Geld kaoft wôra ischd, älle send mit
am beschnitta wôra.

Zom Vrgleicha: Vers 8: 13,15; 15,18-21; 26,3-5; 28,3f; 35,12 • *Vers 16:* 18,10-14 • *Vers 19:* 18,10; 21,1-8.

Drei Männer beim Abraham: 18 1-33

18 Ond dr Herrgott (JAHWE) ischd
am an dr Terebinthe von Mamre
erschiena, môn r vôr am Aegang von
saem Zelt ghockt ischd, en dr hôeßesta
Zeit vom Dag. 2Wian r d Aoga aufgmacht
håt ond om sich guckt håt, guck, standat
då auf oemål drei Männer vôr am. Glei
môn r se gseha håt, ischd r en vom
Aegang von saem Zelt entgegagloffa
ond håt sich bis auf da Boda vrnaegt
3ond gsaed: Herr, han e Gnade gfonda
en daene Aoga, nå gang no et vrbei an
daem Knecht. 4Mr soll glei a bißle Wasser
brenga, dass r euch d Füaß wäschat, nå
liegat no a bißle nô onter dem Baom
dåhanna. 5I hol euch so lang en Bissa
Brot, dass r euch stärka könnat; ond
nå könnat r weiterganga. R send halt
amål bei euram Knecht vrbeikomma.
Dia hent gsaed: Dua no, wia da gsaed
håsch. 6Nå ischd dr Abraham schnell en
s Zelt zor Sara gspronga ond håt gsaed:
Nemm anandernåch drei Måß Mehl,
mach en Tôeg ond bach Kuacha! 7Ao zo
de Küah ischd r gloffa ond håt a zarts, a
schös Kälble gholt ond des saem Knecht
geba; der håt s auf am schnellsta Weg
ågrichtat.
8Nå håt r a dicka Milch ond a frischa
Milch gnomma ond des Kälble, môn r
ågrichtat ghet håt, ond håt s en nôgstellt;
ond r håt se sogar selber bedient onter
dem Baom, ond se hent gessa. 9Nå hent
se zon am gsaed: Mô ischd denn dae
Weib, d Sara? Då drenna em Zelt! Håt
r en zor Antwort geba. 10Nå håt r gsaed:
Übers Jåhr komm e wieder zo dr om dui
Zeit; nå håt dae Weib, d Sara, an Bua. D
Sara aber ischd henter am em Zeltaegang
gstanda ond håt des ghört. 11Dr Abraham
ond d Sara send aber schao alt gwea ond

hent schao etlich Jährla auf am Buckel
ghet, ond d Sara håt schao lang nemme
ihre Däg kriagt. [12]Nå håt d Sara so en
sich naeglacht ond denkt: Jetzat, môn e
so agschafft ben, soll i no a Lust han, ond
mae Må ischd ao schao so alt! [13]Nå håt
dr Herrgott (JAHWE) zom Abraham
gsaed: Wårom lacht denn d Sara ond
denkt: Sott i tatsächlich no a Muader
wera, môn e doch schao so alt ben?
[14]Geit s denn ebbas, was für da Herrgott
(JAHWE) omöglich wär? Übers Jåhr
om dui Zeit komm e wieder zo dr, nå
håt d Sara en Bua. [15]D Sara aber håt s
glaegnat: I han doch gar et glacht! weil
se s mit dr Angst zom doa kriagt håt.
Aber er håt gsaed: Eijå, du håsch wohl
glacht. [16]Nå send dia Männer aufgstanda
ond send sell fortganga. Dr Abraham
ischd no a Stückle mit en ganga, bis se
hent nagucka könna nach Sodom. Dr
Herrgott (JAHWE) aber håt denkt:
Soll e des am Abraham vrschweiga, was
e doa will? [18]Schliaßlich soll doch aus
am Abraham amål a graoß ond starks
Volk wera, ond älle Völker auf dr ganza
Erde dent sich amål mit saem Nåma
Sega wünscha. [19]Weil deswega han e an
rausgsuacht, dass r saene Söh ond saem
ganza Haus, des was nach am kommt,
s Gebot geit, dass se Obacht gebat auf
am Herrgott (JAHWE) saen Weg ond
Gerechtigkaet ond Recht ausüabat, dass
dr Herrgott (JAHWE) über an komma
lassa kå, was r am vrsprocha håt.
[20]Ond dr Herrgott (JAHWE) håt gsaed:
Arge Klaga kommat mr über Sodom
ond Gomorrha, des ischd schlemm ond
se send arg gwalttätig. [21]I will amål na
ond gucka, obs so ischd wia dia Klaga
vôr me komma send oder et, des muaß e
wissa. [22]Då drufnô hent sich dia Männer
omdreht ond send Sodom zua ganga. Dr
Abraham aber ischd no vôr am Herrgott
(JAHWE) drå standa blieba. [23]Ond
dr Abraham ischd vôr an nôgstanda
ond håt gsaed: Willst du tatsächlich en
Gerechta mit ama Gottlosa ombrenga?
[24]Vielleicht geits fufzg rechte Leut en
dr Stadt, willst dia ombrenga ond et
liaber dr ganza Ortschaft vrzeiha wega
dene fufzg rechte Leut då drenna?
[25]Des paßt doch gar et zo dr, dass da
des tätest, en rechtschaffena Menscha
mit ama Gottlosa omzbrenga, dass s am
rechtschaffena Menscha genao so ganga
tät wia am Gottlosa; noe, des paßt et zo
dr. Sottest du, mô du dr Richter über de
ganz Welt bist, et gerecht sae? [26]Nå håt dr
Herrgott (JAHWE) gsaed: Guat, fend e
en Sodom fufzg rechte Leut en dr Stadt,
nå will e wega dene dr ganza Ortschaft
vrzeiha. [27]Nå håt am dr Abraham zor
Antwort geba ond gsaed: Guck doch:
s kost me schao a Überwendong, mit
maem Herra ebbas zom reda, mô i doch
bloß Staob ond Äscha ben. [28]Vielleicht
sends fenf weniger als wia fufzg rechte
Leut; willst d nå wega dene fenf de ganz
Stadt ens Vrderba brenga? Nå håt r gsaed:
Wann e faefavierzg sell fend, nå will e se
et vrderba. [29]Ond nômål håt r mit am
gschwätzt ond zon am gsaed: Vielleicht
sends ao bloß vierzg då drenna. Er håt
gsaed: Ao wega dene vierzg dur e s et.
[30]Ond r håt gsaed: Herr, reg de et auf,
wann e nômål schwätz. S kå jå sae, dass
s ao bloß dreißg send, mô mr sell fend;
ond er håt gsaed: Ao wann s bloß dreißg
send, dur e s et. [31]Ond r håt gsaed: Guck
no, wia schwer mrs fällt, mit maem
Herra zom reda; vielleicht send s sogar
bloß zwanzg sell drenna. Ond ER håt
gsaed: I will se et ombrenga wega dene
zwanzg. [32]Ond r håt gsaed: Herr, werd
mr no et baes, wenn e nômål ebbas sag:
des könntat ao bloß zeah sae. Ond er håt
gsaed: I will se et ombrenga wega dene
zeah. [33]Nå ischd dr Herrgott (JAHWE)
fortganga, môn r mit am Abraham
gredat ghet håt, ond dr Abraham ischd
wieder zrückganga en saene Zelt.

Zom Vrgleicha: Vers 10: 17,15-21; 21,1-8 • *Vers 18:* 12,2f; 22,17f; 26,4; 28,14.

Sodom ond Gomorra gangat onter ond dr Lot wird grettat: 19 1-29

19 Ond dia zwôe Engel send åbnads
nach Sodom naekomma, dr Lot
ischd grad em Stadttôr von Sodom
gsessa. Môn r se gseha håt, ischd r glei
aufgstanda ond en entgega gloffa ond
håt sich mit am Gsicht bis auf da Boda
vrnaegt 2ond gsaed: Ach ihr Herra,
dent doch en euram Knecht saem Haus
aekehra ond bleibat über d Nacht då.
Wäschat euch d Füaß; môrga früah
könnat r nå wieder åneganga euran Weg.
Aber dia hent gsaed: Noe, mir wöllat
dåhanna auf dem Platz übernachta.
3Môn r en aber schier d Haut radao
håt, send se doch bein am aekehrt ond
en sae Haus raekomma, ond er håt
en a Essa nôgrichtat ond a ogsäuerts
Brot bacha, ond se hent gessa. 4Aber
eh dia nôglega send zom Schlåfa, hent
dia Männer von dr Stadt, Männer von
Sodom, s Haus omzenglat, Alte ond
Jonge, ällas mögliche Volk von weit her.
5Dia hent em Lot gschria ond gsaed: Mô
send dia Männer, mô haet åbad zo dr
komma send? Breng se raus, dass mr se
vrnaschat! 6Nå ischd dr Lot zo nen naus
vôr d Tür ond håt henter sich agschlossa
7ond gsaed: Ach liabe Brüader, dent
doch nex Baes! 8Guckat, i han zwôe
Töchter, die mô no nia ebbas mit ama
Må ghet hent, dia will e euch raus geba;
dent mit en, was r wöllat. Bloß dent mr
dene Männer nex, weil dia send halt
amål onter da Schutz von maem Dach
komma! 9Dia hent aber gschria: Mach
dass da fort kommst! ond weiter hent
se gsaed: Då kommt oener drher, a
Raegschmeckter, ond will glei da Richter
markiera. Bacht, dir de'mr no ebbas
schlemmers å als dene! Nå send se ganz
narrat auf den Må, auf da Lot, losganga
ond hent sich an dr Tür zschaffa gmacht
zom se aufbrecha. 10Aber dia Männer
hent nausglangt ond an ens Haus nae
zoga ond d Tür zua grieglat. 11Dia Kerle
aber vôr dr Tür draußa hent se mit
Blendhaet geschlaga, de Kloene ond de
Graoße, dass dia omasonst d Haustür
gsuacht hent. 12Nå hent dia Männer zom
Lot gsaed: Håsch d nômål ebber då?
Daene Söh ond Töchter, älle mô zo dr
gherat en dr Stadt, breng s weg dåhanna.
13Weil mir dui Stadt dåhanna von dr
Landkart ausradierat, då send nämlich
arge Klaga über dene ihr Gwalttätigkeit
vôr da Herrgott (JAHWE) komma;
drom håt dr Herrgott (JAHWE) ons
gschickt, dass mr en da Garaus machat.
14Nå ischd dr Lot nausganga ond håt
mit saene Tochtermänner gschwätzt,
dia mô hent saene Töchter heirata
wölla ond håt gsaed: Auf, machat dass r
fortkommat dåhanna! Weil dr Herrgott
(JAHWE) de ganz Stadt onterganga
läßt. Aber saene Tochtermänner hent
gmoent, der tät a Späßle macha. 15Mô nå
dr Hemmel am Môrga schao raot wôra
ischd, hent dia Engel da Lot åtrieba ond
gsaed: Auf gôhts, nemm dae Weib ond
daene bôede Töchter dåhanna, dass da
et en dr Lomperei von dera Stadt mit
draufgôhst. 16Môn r aber no zauderat
håt, hent an dia Männer oefach packt
ond sae Weib ond saene bôede Töchter
an dr Håd gnomma, weil an dr Herrgott
(JAHWE) håt vrschona wölla, ond s
naus zoga ond draußa glassa vôr dr
Stadt. 17Ond mô se s draußa ghet hent,
håt r gsaed: Los, rette dae Leba! Guck et
henter de ond bleib en dr ganza Gegend
nergads standa. Hao ab en d Berg, dass
da et drauf gôhst! 18Aber dr Lot håt
zon am gsaed: Herr, bloß et! 19Guck:
Dae Knecht håt doch Gnade gfonda en
daene Aoga, ond du håsch mr en graoßa
Gfalla dao, dass da mr s Leba grettat

håsch. Aber en d Berg kån e et abhaoa; s könnt me doch s Oglück überhola ond nå gengt e doch drauf. [20]Guck: d Stadt ischd et weit, då könnt e doch nô flüchta; se ischd jå eh ganz kloe. Laß me doch då nô flüchta ond vrschlupfa, nå könnt e ao am Leba bleiba. [21]Nå håt r zon am gsaed: Guck, i will dr ao en dem Stück nåchgeba ond dui Stadt et hemacha, von dera mô da gsaed håsch. [22]Rette de anandrnåch, i kå doch nex doa, bis da sell bist. Drom hôeßt mr dui Stadt „Zoar“ (Kleinigkeit).
[23]Ond grad mô d Sonn aufganga gwea ischd, ischd dr Lot nach Zoar naekomma. [24]Nå håt dr Herrgott (JAHWE) Schwefel ond Feuer auf Sodom ond Gomorrha rahagla lassa, vom Herrgott (JAHWE) em Hemmel ra, [25]ond håt so dia Städt ausglöscht ond de ganz Gegend ond älle Aewohner en dene Städt ond was auf de Äcker gwachsa ischd. [26]Aber am Lot sae Weib håt henter sich guckt ond ischd glei zo ra Salzsäul wôra. [27]Am andera Môrga ischd dr Abraham ganz bald aufgstanda ond an den Platz nôganga, môn r vôr am Herrgott (JAHWE) drå gstanda gwea ischd, [28]ond håt naguckt auf Sodom ond Gomorrha ond de ganz Gegend. Nå håt r da Qualm aufsteiga gseha von dera Gegend wia Qualm vo'ma Schmelzofa. [29]Mô Gott (Elohim) dia Städt en dr Jordanao ausradiert håt, då håt r an da Abraham denkt, ond r håt da Lot drvokomma lassa, môn r dia Städt ausradiert håt, mô dr Lot dren gwohnt ghet håt.

D Stammvädr von de Moabiter ond von de Ammoniter: 19 30-38

[30]Aber dr Lot ischd von Zoar naufzoga en d Berg ond håt sich sell ågsiedelt, weil r Angst ghet håt zom en Zoar bleiba. Ond r håt mit saene Töchter en ra Höhle gwohnt. [31]Nå håt de Älter zor Jüngera gsaed: Onser Vadr ischd schao alt ond s ischd em ganza Land koe Må maeh, der mô zon as komma könnt, wia s halt so dr Brauch ischd. [32]Komm, dem gebat mr a guats Waele, dass r oen sitza håt, nå schlåfat mr mit am, dass mr wenigstens durch onseran Vadr en Nåchwuchs hent. [33]So hent se en sellera Nacht ihran Vadr bsoffa gmacht, ond de Älter ischd zo ihram Vadr naegschlåfa, aber der håt et amål gmerkt, mô se nôglega ischd ond mô se aufgstanda ischd. [34]Am andera Môrga håt de Älter zor Jüngera gsaed: Guck, i han gerst Nacht mit maem Vadr gschlåfa. Machat mr an heut Nacht nômål bsoffa. Nå gôhst du ond schlåfst ao mit am, dass mr wenigstens von onseram Vadr en Nåchwuchs kriagat. [35]Ond se hent ihran Vadr ao sella Nacht mit Wae bsoffa gmacht.
Nå ischd de Jünger aufgstanda ond zon am naeglega ond der håt nex drvo gmerkt, mô se nôglega ischd ond ao et mô se wieder aufgstanda ischd. [36]So send am Lot saene bôede Töchter von ihram Vadr en andere Omständ komma. [37]De Älter håt en Soh kriagt ond håt an „Moab“ (Meab = vom Vadr) ghôeßa; der ischd dr Vadr von de Moabiter bis auf da heutiga Dag. [38]Ond de Jünger håt ao en Soh kriagt ond håt en „Ben Ammi“ (Soh von maem Vrwandta) ghôeßa; dr sell ischd dr Vadr von de Ammoriter bis auf da haetiga Dag.

Dr Abraham ond dr Abimelek: 20 1-18

20 Dr Abraham ischd aber von sell fortzoga ens Südland na ond ischd zwischa Kades ond Schur blieba. Môn r nå en Gerar gwea ischd, [2]håt r von saener Sara gsaed, se sei sae Schwester. Nå håt dr Abimelek, dr König von Gerar, ebber nô gschickt zom d Sara hola. [3]Aber en dr Nacht ischd Gott (Elohim) em Traom zom Abimelek komma ond håt zon am gsaed: Du bist glatt a Todaskandidat wega dem Weib, mô da då gnomma

håsch, des ischd nämlich d Frao vo ma
andera. 4Dr Abimelek håt aber no nex
mit ra ghet, drom håt r gsaed: Herr, willst
d tatsächlich Oschuldige ombrenga?
5Håt der et selber zo mr gsaed, se sei sae
Schwester? Ond sui håt ao gsaed, er sei
ihr Bruader. I han des mit ma saubera
Gwissa dao ond d Händ han e mr ao et
dreckat gmacht. 6Ond Gott (Elohim) håt
em Traom zon am gsaed: I wôeß wohl,
dass da des mit ama guata Gwissa dao
håsch, ond i han de selber drvo abghalta,
de gega me z vrsündiga; drom han e s
ao et zuaglassa, dass da se ålangst. 7Aber
jetzt gibst dem Må sae Weib zrück, weil
des a Prophet ischd, ond der kå nå für de
aestanda, dass da am Leba bleibst. Gibst
d se aber et zrück, nå kåsch druf ganga,
dass da mitsamt daene Leut stirbst.
8Am andera Môrga håt drAbimelek
sae ganz Gsend komma lassa ond håt
en des ällas ausbrôetat; nå hents dia
mit dr Angst z doant kriagt. 9Nå håt
dr Abimelek da Abraham komma lassa
ond zon am gsaed: Wårom håsch ons
des adao ond was han dr i ågstellt, dass
da mr a sotta Schuld aufglada håsch ond
maem Königreich? Was du mir ådao
håsch, des duat mr doch et! 10Ond no
maeh håt dr Abimelek zom Abraham
gsaed: Was håsch d aegentlich dådrmit
erraecha wölla, dass da des dao håsch?
11Dr Abraham håt am zor Antwort
geba: I han halt denkt, dåhanna geb
s koene gottesfürchtige Leut ond
dia tätat me ombrenga wega maem
Weib. 12Tatsächlich ischd se jå ao mae
Schwester, maem Vadr sae Tochter, mir
hent bloß et de gleich Muader; drom håt
se jå ao mae Weib wera könna. 13Mô me
Gott (Elohim) håt fortganga hôeßa von
maem Vadr saem Haus en d Fremde,
han e zo ra gsaed: Des muaßt d mir zliab
doa, dass da überall, mô mr nôkommat,
vo'mr saescht, i sei dae Bruader. 14Nå håt
dr Abimelek Schåf ond Küah gnomma
ond Knecht ond Mägd ond håt s am
Abraham gschenkt, ond sae Frao, d
Sara, håt r am ao zrückgeba. 15Ond dr
Abimelek håt gsaed: Guck, mae Land
stôht dr offa; bleib no, mô dr s gfällt.
16Ond zor Sara håt r gsaed: Guck, i gib
daem Bruader tausad Silberleng, dass dae
Ehr wieder hergstellt ischd vôr älle, mô
da bei dr håsch, so stôhst vôr älle wieder
recht då. 17Nå håt dr Abraham zom
Herrgott betat, ond Gott (Elohim) håt
da Abimelek ghôelt, sae Weib ond saene
Mägd, dass se wieder Kender kriagt
hent. 18Weil dr Herrgott (JAHWE) håt
jeder Muader ihran Schoß vrschlossa
ghet em Abimelek saem Haus wega dr
Sara, am Abraham saener Frao.

Zom Vrgleicha: Vers 1-18: 12,10-20; 26,1-11.

Dr Isaak kommt auf d Welt: 21 1-8

21 Dr Herrgott (JAHWE) aber håt
sich dr Sara ågnomma, wian r
s vrsprocha ghet håt, ond dao, wian
r s gsaed håt: 2D Sara ischd en andere
Omständ komma ond håt am Abraham
en Soh gebora en saem Alter om dui
Zeit rom, môn am Gott (Elohim) ågea
håt. 3Ond dr Abraham håt den Soh, der
môn am gebora wôra ischd, den môn am
d Sara gebora håt, Isaak ghôeßa. 4Ond
dr Abraham håt saen Soh, da Isaak,
beschnitta, môn r acht Dag alt gwea
ischd, wian am s Gott (Elohim) ågea
håt. 5Aber dr Abraham ischd hondert
Jåhr alt gwea, môn am sae Soh, dr Isaak,
gebora wôra ischd. 6Ond d Sara håt
gsaed: Gott (Elohim) håt me zom Lacha
bråcht! Wann des oener hört, der lacht
me jå aus. 7Ond se håt gsaed: Wer hätt
ao des am Abraham jemåls saga könna:
D Sara stillt a Kendle? Ond oenaweg
han am i auf saene alte Däg no en Bua
gebora. 8Ond des Kendle ischd gwachsa
ond abgstillt wôra; ond dr Abraham
håt natürlich a riesa Festessa vråstaltat
an dem Dag, mô dr Isaak abgstillt wôra

ischd.
Zom Vrgleicha: Vers 1: 17,15-22; 18,10-15.

D Hagar ond dr Ismael: 21 9-21

[9]Mô nå d Sara da Soh von dera
Ägyptere, dr Hagar, den mô dui am
Abraham gebora ghet håt, mit ihram
Bua, am Isaak, håt spiela seha, [10]håt
se zom Abraham gsaed: Dui Magd
dåhanna, dui jagst mr fae fort! Weil dr
Soh von dera Magd därf amåle et erba
mit maem Soh, mit am Isaak. [11]Des håt
am Abraham wega saem Soh natürlich
et behagt. [12]Aber Gott (Elohim) håt
zom Abraham gsaed: Des brauchst dr et
lôed doa lassa wega dem Bua ond wega
daener Magd. Horch no drauf, was d
Sara zo dr saed. Weil bloß nach am Isaak
soll dae Nåchkommaschaft amål hôeßa.
[13]Aber ao da Soh von dera Magd will
e amål zo ama Volk macha, weil r von
dir abstammt. [14]Ganz bald am andera
Môrga håt dr Abraham Brot gnomma
ond en Schlauch voller Wasser ond håt
s dr Hagar geba, ond den Bua håt ra auf
da Buckel gsetzt; so håt r s fortgschickt.
Nå ischd se ganga ond håt sich en dr
Wüste von Beerseba vrlaufa. [15]Mô nå
des Wasser en dem Schlauch ausganga
gwea ischd, håt se den Bua onter en
Busch nagschmissa, [16]nå ischd se ganga
ond geganüber nôgsessa, ogfähr en
Bogaschuß weit. Weil, håt se denkt: i kå
doch et mitågucka, wia der Bua stirbt.
So ischd se am geganüber ghockt; aber
der Bua håt ganz laut gheult. [17]Nå håt
Gott (Elohim) dem Bua sae Stemm
ghört ond dr Engel von Gott (Elohim)
håt dr Hagar vom Hemmel ronter
gschria ond zo ra gsaed: Was håsch denn,
Hagar? Brauchst koe Angst et han, Gott
(Elohim) håt dem Bua sae Stemm ghört.
[18]Stand auf, hol den Bua môn r liegt ond
nemm an ganz fest an d Håd; weil den
will i zo ma graoßa Volk macha. [19]Ond
Gott (Elohim) håt ra d Aoga aufganga
lassa, dass se a Wasserquell gseha håt. Nå
ischd se nôganga ond håt da Schlauch
voll gmacht ond dem Bua z trenka geba.
[20]Ond Gott (Elohim) ischd mit dem
Bua gwea. Ond r ischd gwachsa ond
håt en dr Wüste gwohnt ond ischd a
Bogaschütze wôra. [21]En dr Wüste Paran
håt r gwohnt, ond sae Muader håt am a
Weib bsôrgt von Ägypten.
Zom Vrgleicha: Vers 9-21: 16,1-16.

Dr Abraham macht mit am Abimelek an Bronnavrtrag: 21 22-34

[22]Selligsmål hent dr Abimelek ond
sae Feldhaoptmann, dr Pichol, zom
Abraham gsaed: Du kåsch doch doa was
da willst, Gott (Elohim) ischd emmer
mit dr. [23]Jetzt schwörst mr bei Gott
(Elohim), dass da mi ond maene Kender
ond Kendskender nia bscheißa duast.
So wian i guat gwea ben zo dr, so sollst
du ao zo mir sae ond zo dem Land, mô
da als a Fremder dren lebst. [24]Nå håt dr
Abraham gsaed: I schwör dr s. [25]Aber
dr Abraham håt da Abimelek zor Red
gstellt wega ra Quell, mô am Abimelek
saene Knecht mit Gwalt gnomma ghet
hent. [26]Då drauf håt dr Abimelek gsaed:
I wôeß fae et, wer des dao håt; du håsch
mr nex drvo gsaed ond i han ao bis haet
no nex drvo ghört. [27]Nå håt dr Abraham
Schåf ond Küah gnomma ond se am
Abimelek geba, ond dia zwôe hent a
Abkomma troffa. [28]Ond dr Abraham
håt von dene Lämmla sieba Stück auf
d Seit gstellt. [29]Nå håt an dr Abimelek
gfrågt: Was willst mit dene sieba Lämmla
dåhanna, mô da auf d Seit gstellt håsch?
[30]Nå håt r am zor Antwort geba: Dia
sieba Lämmla muaßt vo'mr ånemma,
dass se drvo zeugat, dass i den Bronna då
graba han. [31]Drom hôeßt mr den Platz
„Beerseba“ (Schwurbronna), weil se då
anander gschwora hent. [32]So hent se a
Abkomma troffa en Beerseba. Nå ischd
dr Abimelek ond sae Feldhaoptmann,

dr Pichol, aufbrocha ond se send ens
Philisterland zrück. 33Aber dr Abraham
håt en Beerseba a Tamariske åpflanzt
ond håt sell da Nåma vom Herrgott
(JAHWE) ågruafa, vom ewiga Gott
(El). 34Ond r ischd no a langa Zeit ein
Philisterland blieba als a Fremder.

Zom Vrgleicha: Vers 31: 26,33.

A harta Prob für da Abraham: 22 1-19

22 Mô dia Sacha vorbei gwea send,
håt Gott (Elohim) da Abraham
auf d Prob gstellt. R håt zon am gsaed:
Abraham! Då ben e! håt am der zor
Antwort geba. 2Saed r: Nemm daen
Bua, daen oenziga, mô da so arg mågst,
da Isaak, ond gang ens Land Morija ond
opfere an sell als a Brandopfer auf oem
von dene Berg, den môn e dr zaeg. 3Nå
håt dr Abraham am andera Morga en
äller Früah saen Esel packt ond saene
bôede Knecht ond da Isaak mitgnomma.
A Holz für des Brandopfer håt r schao
gspalta ghet. Ond r håt sich aufgmacht
ond ischd sell nô ganga, mô Gott
(Elohim) gsaed håt. 4Am dritta Dag håt
dr Abraham aufguckt ond von weitam
dui Stell gseha. 5Ond dr Abraham håt
zo saene Knecht gsaed: Ihr bleibat mit
am Esel då. I ond der Bua gangat sell nô
zom Beta. Nå kommat mr wieder zon
ich zrück. 6Nå håt dr Abraham Holz
gnomma fürs Brandopfer ond håt s saem
Bua, am Isaak, draufpackt, er selber håt
d Gluat ond s Messer gnomma, ond so
send dia bôede mitanander åneganga.
7Nå håt dr Isaak zo saem Vadr gsaed,
zom Abraham: Vadr! Ond r håt gsaed: Ja
Bua, was ischd? Ond r håt gsaed: Guck!
a Feuer he'mr ond a Holz; aber mô
ischd nå a Lämmle für s Opfer? 8Ond
dr Abraham håt gsaed: Gott (Elohim)
suacht sich schao a Lämmle raus fürs
Brandopfer, Bua. So send die bôede
mitanander åneganga. 9Ond se send an
den Platz komma mô Gott (Elohim)
ågeba håt, ond dr Abraham håt sell en
Altar baut ond des Holz naufbeigt; nå
håt r saen Bua, da Isaak, bonda ond
an auf da Altar glegt, oba nauf auf des
Holz. 10Ond dr Abraham håt sae Håd
ausgstreckt ond des Messer packt zom
saen Bua schlachta. 11Nå håt am Herrgott
(JAHWE) sae Engel am vom Hemmel ra
zuagschria: Abraham! Abraham! Er håt
am zor Antwort geba: Då ben e! 12Saed
der: Laß daene Händ von dem Bua ond
duan am nex å; weil jetzt wôeß e, dass
da a gottesfürchtiger Må bist, weil da
mr daen Bua, daen oenziga, et håsch
vrwaegera wölla. 13Wia nå dr Abraham
aufguckt håt, håt r en Hammel gseha,
der mô mit de Hörner en de Büsch
hanga blieba ischd. Ond dr Abraham
ischd nô ganga ond håt den Hammel
gholt ond an als Brandopfer anstatt
saem Bua g'opferat. 14Ond dr Abraham
håt den Platz „Gott (JAHWE) sieht“
ghoeßa; drom saed mr haet no: auf am
Berg „Gott sieht!“ 15ond am Herrgott
(JAHWE) sae Engel håt da Abraham a
zwôets Mål ågruafa vom Hemmel ra:
16Des schwör e bei mr selber, so spricht
Gott (JAHWE): Weil da des dao håsch
ond håsch mr daen Bua, daen oenziga,
et vrwaegert, 17drom will e de segna
ond daene Nåchkömmleng so ozählig
macha wia d Stern am Hemmel ond wia
da Såd am Strand vom Meer, ond daene
Nåchkömmleng sitzat amål em Tôr
von ihre Faend; 18ond em Nåma von
daem Stamm dent sich amål älle Völker
auf dr Erde Sega wünscha, weil da mr
gfolgt håsch. 19Nå ischd dr Abraham
zrück zo saene Knecht ond se hent sich
aufgmacht ond send mitanander nach
Beerseba, ond dr Abraham ischd en
Beerseba blieba ond håt sell gwohnt.

Zom Vrgleicha: Vers 17: 12,2f; 18,18; 26,4f; 28,14; Gal 3,16.

D Vers 20 bis 24 lassat mr weg. Des
ischd a Aufzählong vom Nahor saener
Nâchkommaschaft.

D Sara stirbt, dr Abraham kaoft an Friedhof: 23 1-20

23 D Sara ischd
hondertsiebanazwanzg Jåhr alt
wôra; so lang håt se glebt. [2]Nå ischd d
Sara gstôrba en Kirjath-Arba - des ischd
Hebron - em Land Kanaan. Nå ischd dr
Abraham naeganga zom d Leichaklag
om d Sara halta ond zom trauera. [3]Nå
ischd dr Abraham aufgstanda von
saener Tota ond håt zo de Hethiter
gsaed: [4]I ben a Raegschmeckter bei
euch ond a Fremder; gebat mr doch
a Plätzle für a Grabstell bein ich als
Aegatom, dass e mae Leich nausbreng
zom beerdiga. [5]D Hethiter hent am
Abraham zor Antwort geba: [6]Horch no,
was mr dr saga möchtat, Herr! Du bist
a Fürst von Gott (Elohim) mittla onter
ons; em vürnehmsta von onsere Gräber
kåsch dae Tota begraba. Koener von ons
verwaegert dir sae Grab, wann da dae
Tota drenn beerdiga willst. [7]Nå ischd
dr Abraham aufgstanda ond håt sich
vôr de Leut von dem Land bis auf da
Boda vrnaegt, vôr de Hethiter, [8]ond håt
zo nen gsaed: Wann r des wöllat, dass
e mae Tota nausbreng ond beerdige,
nå hörat auf me ond legat a guats Wort
ae für me beim Ephron, am Soh vom
Zohar, [9]dass r mr sae Höhle Machpela
geit, môn am ghört ganz henta an saem
Grondstück; om a guats Geld soll r mr
se geba für a Grabstell onter euch, als
Ôega. [10]Dr Ephron aber ischd mittla
onter de Hethiter gsessa. Nå håt dr
Ephron, dr Hethiter, am Abraham vôr
älle drå, dia mô ens Stadttôr komma
gwea send, gsaed: [11]Möchtest me doch
åhöra, Herr! Des Grondstück schenk
e dr; mitsamt dera Höhle schenk e drs,
vôr maene Landsleut drå schenk e dr s.
Beerdige no daeTota. [12]Nå håt sich dr
Abraham vôr dene Landsleut vrnaegt
[13]ond håt zom Ephron gsaed, so dass s
ao saene Landsleut ghört hent: Doch
bloß - bitte hör me å: i zahl des Geld
für des Grondstück, nemm s vom r å;
nå will e mae Tota sell begraba. [14]Dr
Ephron aber håt am Abraham zor
Antwort geba: [15]Möchtest me doch
åhöra, Herr! A Stückle Land, des håt
en Wert von vierhondert Lot Silber, was
ischd des schao zwischa mir ond dir?
Begrab no dae Tota. [16]Ond dr Abraham
håt am da Willa dao. Dr Abraham håt am
Ephron den Preis nôgwoga, mô der vôr
de Hethiter drå gsaed håt: vierhondert
Lot Silber nach dem Gwicht, wia s em
Handel üblich gwea ischd. [17]So ischd am
Ephron sae Grondstück bei Machpela
grad rom von Mamre, s Grondstück
mitsamt dr Höhle mit sämtliche Baem
auf am Grondstück mit ällam drom ond
drå rengsrom am Abraham zuagfalla
als am Aegner [18]vôr de Aoga von de
Hethiter, von älle mô ens Stadttôr
komma gwea send. [19]Nach dem håt
dr Abraham sae Weib, d Sara, en dera
Höhle begraba auf dem Grondstück
Machpela, grad nom von Mamre, des
ischd Hebron, em Land Kanaan. [20]So
ischd des Grondstück mitsamt dr
Höhle von de Hethiter als Grabstell em
Abraham sae Aegatom überganga.

Isaak ond Rebekka: 24 1-67

24 Dr Abraham aber ischd alt wôra
ond hochbetagt, ond dr Herrgott
(JAHWE) håt an en ällam reich gsegnat
ghet. [2]Nå håt drAbraham zom ältesta
Knecht en saem Haus gsaed, der mô ao
sae Vrwalter gwea ischd: Leg dae Håd
onter mae Hüft; [3]i will de schwöra lassa
bei JAHWE, am Gott (Elohey) vom
Hemmel ond am Gott (Elohey) von
dr Erde, dass da maem Soh koe Weib
nemmst von der Kanaaniter ihre Töchter,

bei dene mô e wohn. [4]Du gôhst en mae Hoemat ond en mae Vrwandtschaft ond sell holst d mr a Weib für maen Soh, da Isaak. [5]Nå håt der Knecht zon am gsaed: Ja wia? Wann des Weib aber et mit mr will en des Land dåhanna? Soll e nå daen Soh en des Land zrückbrenga, von dem mô du fortzoga bist? [6]Ond dr Abraham håt am zor Antwort geba: Onterstand de bloß et, maen Soh sell nô zrück zbrenga! [7]JAHWE, dr Gott (Elohey) em Hemmel, der mô mi aus maener Hoemat ond aus am Land von maener Vrwandtschaft weggholt håt, der mô zo mr gredat ond mr gschwora håt: Daene Nåchkömmleng will i des Land dåhanna geba, der schickt saen Engel vôr dr her, dass da sell a Weib für maen Soh kriagst. 8Wann aber des Weib et mit dr ganga will, nå bist von dem Eid vo'mr entbonda; aber maen Soh därfst mr et sell nôbrenga. [9]Nå håt der Knecht sae Håd am Abraham onter d Hüft glegt, von saem Herra, ond håt am gschwora, dass r des tät, was r zon am gsaed håt. [10]Nå håt der Knecht zeah Kamel von saem Herra gnomma ond håt von älle wertvolle Sacha ebbas aufglada ond ischd en Richtong Syria an da Euphrat aufbrocha en d Stadt vom Nahor. [11]Sell håt r dia Kamel lagera lassa, draußa vôr dr Stadt am Wasserbronna, åbnads grad om dui Zeit rom, mô d Fraoa raus kommat zom Schöpfa. [12]Ond r håt gsaed: O Herr (JAHWE), du Gott (Elohey) vo maem Herra, am Abraham, laß me doch haet Glück han ond sei guat zo maem Herra, am Abraham! [13]I stand jetzat dåhanna nô an den Bronna, wann dia Töchterla von dene Leut en dr Stadt rauskommat zom Wasser hola. [14]Des Mädle, zo dera môn e sag: Gäg daen Kruag ond laß me a bißle trenka, ond dui mô nå zo mr saed: Trenk! ond ao daene Kamel will e zsaufad geba - dui solls sae, mô da für daen Knecht, da Isaak, bestimmt håsch; an dem merk e, dass da zo maem Herra guat sae willst. [15]Der håt no et ausgschwätzt ghet, guck, då ischd schao d Rebekka rauskomma, am Bethuel sae Töchterle, der mô dr Milka ihr Soh gwea ischd, dr Frao vom Nahor, am Abraham saem Bruader; dui håt ihran Kruag auf dr Axel drher traga. [16]Des ischd a bildschös Mädle gwea ond sauber, no koener håt se ålanga därfa. Dui ischd nagstiega an d Quell ond håt ihran Kruag gfüllt ond ischd wieder raufgstiega. [17]Nå ischd ra der Knecht entgegagloffa ond håt gsaed: Laß me doch a bißle aus daem Kruag trenka. [18]Saed se: Trenk no, Herr! Ond se håt glei ihran Kruag nôgstellt ond am z trenka geba. [19]Ond mô se am gnuag z trenkad geba ghet håt, håt se gsaed: Komm, i schöpf dr ao gschwend für daene Kamel, bis se gnuag hent. [20]Ond se håt glei ihran Kruag en d Tränke naegleert ond ischd gspronga ond håt nômål Wasser gholt em Bronna für älle Kamel. [21]Der Må håt bloß gstaont ond gar nex gsaed dass r merka tät, ob am dr Herrgott (JAHWE) zo saener Raes Glück geba tät oder et. [22]Mô nå dia Kamel gnuag gsoffa ghet hent, håt der Må en goldena Nåsareng vo'ma halba Lot ond zwôe Armspanga mit zeah Lot gnomma. [23]Ond r håt gfrågt: Wem sae Tochter bist d denn? Sag mr s doch! Moenst d, dass mr en daem Vader saem Haus a Plätzle fendat zom Übernachta? [24]Saed se zon am: I ben am Bethuel sae Tochter, am Soh von dr Milka, den mô se vom Nahor ghet håt. [25]Nå håt se zon am gsaed: Mir hent Straoh ond Fuader grad gnuag ond ao Platz zom Schlåfa. [26]Nå håt sich der Må vrnaegt ond ischd vôr am Herrgott (JAHWE) nôgsonka [27]ond håt gsaed: Am Herrgott (JAHWE) sei Lob ond Dank, am Gott (Elohey) vo maem Herra, am Abraham, der mô sae Güate ond sae Treue et vo maem Herra gnomma håt! Mi håt dr Herrgott

(JAHWE) tatsächlich ens Haus vo
maem Herra saem Bruader bråcht! [28]Des
Mädle aber ischd gspronga ond håt ällas
em Haus von ihrer Muader vrzählt.
[29]D Rebekka håt no en Bruader ghet,
mô Laban ghôeßa håt. [30]Mô der den
Nåsareng gseha håt ond dia Spanga an
de Ärm von saener Schwester, ond wian
r håt sae Schwester Rebekka vrzähla
höra: So ond so håt der Må zo mr gsaed,
nå ischd dr Laban glei naus gsauat an da
Bronna zo dem Må; der ischd no emmer
bei saene Kamel am Bronna gstanda.
[31]Ond dr Laban håt zon am gsaed:
Komm no rae, du bist vom Herrgott
(JAHWE) gsegnat! Wårom bleibst d
denn draußa standa? I han s Haus schao
aufgraemt ond ao für dia Kamel Platz
gmacht. [32]Nå ischd der Må ens Haus
komma ond dr Laban håt dia Kamel
abghalfterat ond en Straoh ond Fuader
geba, ehm ond saene Leut håt r a Wasser
geba zom d Füaß wäscha; [33]nå håt r am
z essad nôglegt. Aber der håt gsaed: I iß
nex, bis e maen Auftrag erledigt han. Då
druf håt r gmoent: No zua! [34]Nå håt r
gsaed: I ben am Abraham sae Knecht.
[35]Gott (JAHWE) håt maen Herra reich
gsegnat, dass r stoereich wôra ischd;
r håt am Schåf ond Küah, Silber ond
Gold, Knecht ond Mägd, Kamel ond
Esel geba. [36]Ond d Sara, sae Weib, håt
am em Alter no an Bua gebora; dem håt
r sae Hab ond Guat vrmacht. [37]Jetzat håt
aber mae Herr en Eid vo'mr gnomma
ond gsaed: Du därfst maem Bua koe
Weib nemma von de Kanaaniter ihre
Töchter, môn i en dene ihram Land
wohn; [38]gang ens Haus vo maem Vadr
ond en mae Gschlecht, ond sell holst
d maem Soh a Weib. [39]I han zo maem
Herra gsaed: Wia, wann se nå et mit mr
ganga will? [40]Nå håt r zo mr gsaed: dr
Herrgott (JAHWE), vôr dem mô i mae
Leba gführt han, der schickt saen Engel
mit dr ond gibt dr Glück für dae Raes,
dass da für maen Bua a Weib mitbrengst
aus maem Gschlecht ond aus am Haus
vo maem Vadr. [41]Nå bist d frei von
daem Eid: wann da en mae Sippschaft
kommst ond mr gibt dr koena mit, nå
bist d frei von daem Eid. [42]Môn e nå haet
an da Bronna komma ben, han e gsaed:
O Herr (JAHWE), du Gott (Elohey)
vo maem Herra Abraham, wa'mer du
tatsächlich zo maner Raes Glück gibst,
dui môn i jetzat grad mach - [43]i stand
jetzat an den Bronna nô: des Mädle,
mô rauskommt zom Schöpfa, ond zo
dera môn i sag: Gib mr a bißle Wasser
aus daem Kruag zom trenka, [44]ond
dui mô nå zo mr saed: Trenk no, ond
ao für daene Kamel will e schöpfa, dui
soll des Weib sae, des mô dr Herrgott
(JAHWE) für da Soh vo maem Herra
bestemmt håt. [45]Ond no eh e nå mit mr
selber ausgschwätzt ghet han, guck, då
ischd ao schao d Rebekka rauskomma
mit ihram Kruag auf dr Axel, steigt en
da Bronna na ond schöpft. Nå han e
zo ra gsaed: Laß me trenka! [46]Ond glei
håt se da Kruag nôgstellt ond gsaed:
Trenk no, ond ao daene Kamel gib e z
saufad. So han e tronka ond se håt ao
de Kamel z saufad geba. [47]Ond i han se
gfrågt: Wem ghörst d denn? Nå håt se
mr zor Antwort geba: Am Bethuel, am
Soh vom Nahor, dem von dr Milka. Nå
han e ra den Reng an d Nås nô gmacht
ond dia Spanga an d Ärm, [48]ond nå han
e me vrnaegt ond ben vôr da Herrgott
(JAHWE) nôgsonka ond han am
Herrgott (JAHWE) s Lob geba, am Gott
(Elohey) vo maem Herra, am Abraham,
dass r mr da rechta Weg zaegt håt, dass
e am für saen Soh sTöchterle vo maem
Herra saem Bruader brenga kå. [49]Ond
jetzat: wöllat ihr maem Herra so güatig
sae ond treu, nå sagat mrs, dass e rechts
oder lenks gang. [50]Nå håt dr Laban ond
dr Bethuël gsaed: Des håt dr Herrgott
(JAHWE) so wölla! Mir könnat då

nex drzua saga, nex Rechts ond nex Schlechts. [51]Då håsch d Rebekka! Nemm se ond gang mit ra åne, dass se s Weib wird von daem Herra saem Soh, wias dr Herrgott (JAHWE) wölla håt.

[52]Mô dr Knecht vom Abraham ghört håt, was dia gsaed hent, håt r sich vôr am Herrgott (JAHWE) auf da Boda falla lassa; [53]nå håt r silberna ond goldena Schmuck ond Gwänder rausgholt ond håt s dr Rebekka geba, ao ihram Bruader ond ihrer Muader håt r kostbare Sacha geba. [54]Nå hent se gessa ond tronka, er ond dia Männer, mô bein am gwea send, ond send über d Nacht sell blieba. Mô se aber am andera Môrga aufgstanda send, håt r gsaed: Jetzt lassat me no ganga, dass e wieder zo maem Herra komm. [55]Aber ihr Bruader ond ihr Muader hent gmoent: Laß doch des Mädle no a Weile bei ons, wenigstens no zeah Dag; ond nå kåsch d åne gao. [56]Nå håt r zo nen gsaed: Haltat me no et auf, mô doch dr Herrgott (JAHWE) mae Raes håt so glenga lassa; lassat me ganga, dass e zo maem Herra komm. [57]Sagat dia wieder: Mir wöllat amåle des Mädle hola ond se selber fråga. [58]Drom hent se dr Rebekka gschria ond hent zon ra gsaed: Willst d mit dem Må dåhanna fortganga? Geit se zor Antwort: Jå, des will e. [59]Nå hent se sich von ihrer Schwester, dr Rebekka, ond von ihrer Milchmuader ond vom Abraham saem Knecht ond saene Leut vrabschiedat. [60]Ond se hent dr Rebekka no da Sega mitgeba ond zo ra gsaed: Du onser Schwester sollst zo vieltausad mål Tausad wera ond dae Gschlecht soll amål s Stadttôr von saene Faend gwenna! [61]Nå håt sich d Rebekka ond ihre Mägd aufgmacht; se send aufgsessa auf d Kamel ond send mit dem Må ganga. Ond der Knecht håt d Rebekka mitgnomma ond ischd ånezoga.

[62]Dr Isaak aber ischd en d Steppe zoga ond håt em Südland beim Bronna von Lahai-Roi gwohnt. [63]A ma schöna Dag ischd dr Isaak åbnads em Feld draußa spaziera ganga, zom a bißle nåchdenka. Ond môn r aufguckt håt, håt r Kamel drher komma seha. [64]Ond mô d Rebekka aufguckt ond da Isaak gseha håt, ischd se glei von ihram Kamel ragrutscht, [65]ond håt den Knecht gfrågt: Was ischd des für a Må sell, der mô ons auf am Feld entgega kommt? Der Knecht håt ra zor Antwort geba: Des ischd mae Herr. Nå håt se sich glei vrschleierat. [66]Aber der Knecht håt am Isaak glei ällas vrzählt, was r ausgrichtat håt. [67]Nå håt dr Isaak d Rebekka en sae Zelt naegführt ond håt se gheiratat ond r håt se ao ganz arg möga. So håt sich dr Isaak tröstat, mô sae Muader gstôrba ischd.

Zom Vrgleicha: Vers 5: 12,1.4 • *Vers 7:* 13,14-17; 15,17-21 • *Vers 15:* 11,27-32 • *Vers 60:* 22,17.

25 En de Vers 1 bis 6 stôht, dass drAbraham nômål gheiratat håt ond nå send saene Nebafraoa ond ihre Kender aufzählt.Nå gôhts weiter em Vers 7:

Dr Abraham stirbt ond wird beerdigt:

25 7-11

[7]Des ischd d Zeit vom Abraham saene Lebensjåhr, môn r glebt håt: hondertfenfasiebzg Jåhr. [8]Nå ischd r aegschlåfa. So ischd dr Abraham gstôrba emma schöna Alter, alt ischd r gwea ond gnuag håt r ghet ond ischd zo saene Stammasgenossa aeganga. [9]Ond saene Buaba, dr Isaak ond dr Ismael, hent an begraba en dr Höhle Machpela auf am Grondstück von dem Hethiter Ephron, em Zoar saem Soh, des mô grad rom von Mamre leit, [10]auf dem Grondstück, des mô dr Abraham von de Hethiter kaoft håt. Sell ischd dr Abraham ond sae Weib, d Sara, beerdigt. [11]Ond nach am Abraham saem Tod håt Gott (Elohim) saen Soh, da Isaak, gsegnat. Dr Isaak

aber håt am Bronna von Lahai-Roi
gwohnt.

En de Vers 12 bis 18 send am Ismael
saene Nåchkomma aufzählt, er selber,
dr Ismael, ischd hondertsiebenadreißg
Jåhr alt wôra, bis r gstôrba ischd. Der
håt ao zwölf Söh ghet, lauter aufsässige
Leut. S hôeßt, r sei älle saene Brüader
vôr d Nås nô ghockt.

Am Isaak saene Söh: 25 19-26
[19]Des ischd d Gschicht vom Isaak, am
Soh vom Abraham: dr Abraham håt da
Isaak zeugt. [20]Ond dr Isaak ischd vierzg
Jåhr alt gwea, mô n r dem Syrer Bethuël
von Mesopotamien sae Tochter als Weib
gnomma håt, a Schwester vom Laban,
amma Syrer. [21]Dr Isaak aber håt für sae
Weib zom Herrgott (JAHWE) betat,
weil se koene Kender håt kriaga könna.
Ond dr Herrgott (JAHWE) håt sich bitta
lassa, ond sae Weib, d Rebekka, ischd en
andere Omständ komma. [22]Nå hent sich
dia Kender en ihram Leib gstoßa, nå
håt se gsaed: Wann des so ischd, wårom
leb e nå? (Då håt se a Åhnong ghet auf
a Völkerfaendschaft.) Ond se ischd
nô ganga, zom da Herrgott (JAHWE)
fråga. [23]Ond dr Herrgott (JAHWE) håt
zon ra gsaed: Du håsch zwôe Völker en
daem Leib, ond zwôe Stämm dent sich
amål aus daem Schoß schaeda; oe Stamm
ischd am andere überlega, ond dr Ältere
ischd amål am Jüngera sae Knecht.
[24]Må s nå Zeit gwea ischd für d Geburt,
guck, då håt se Zwilleng em Leib ghet.
[25]Dr erst, mô raus komma ischd, håt
rötliche Håår ghet, am ganza Leib wia
en hååriga Mantel, ond mr håt an Esau
ghôeßa. [26]Drnåch ischd sae Bruader
rauskomma, der håt mit saem Händle
da Esau an dr Fersa ghoba, ond mr håt
an Jakob (Fersahalter) ghôeßa. Dr Isaak
aber ischd sechzg Jåhr alt gwea, mô dia
auf d Welt komma send.

Dr Esau vrkauft sae Erstgeburt an da Jakob: 25 27-34
[27]Ond dia Kerle send tüchtig gwachsa,
ond dr Esau ischd a gschickter Jäger
wôra, oener mô emmer em freia Feld
romgstrôeft ischd; dr Jakob aber ischd a
faener Må wôra, ond håt en Zelt gwohnt.
[28]Dr Isaak håt da Esau ärger möga, weil
r gern Wild gessa håt; dr Jakob aber
ischd dr Rebekka ihr Schätzle gwea.
[29]Må sich dr Jakob amål ebbas kocht
ghet håt, ischd dr Esau hondsmüad vom
Feld hoemkomma, [30]ond dr Esau håt
zom Jakob gsaed: Laß me doch schnell
ebbas von dem raota Zeugs då essa, von
dem Raota då; i ben nämlich ganz he.
Drom hôeßt r Edom (dr Raote). [31]Aber
dr Jakob håt gsaed: Zerst vrkaofst d mr
dae Erstgeburt! [32]Dr Esau håt am zor
Antwort geba: Guck, i gang schier ae vôr
Kohldampf, was han e nå von maener
Erstgeburt? [33]Saed dr Jakob: Zersta
schwörst mr! Ond r håt am gschwora
ond so am Jakob sae Erstgeburt vrkaoft.
[34]Nå håt dr Jakob am Esau Brot geba
ond dia Lensa; der håt gessa ond tronka
ond ischd glei wieder aufgstanda ond
drvo ganga. So wenig håt dr Esau von
saener Erstgeburt ghalta.
Zom Vrgleicha: Vers 33: Hebr 12,16f.

Dr Isaak ond dr Abimelek: 26 1-22
26 Då ischd über des Land a
Hongersnot komma, et dui mô
om d Zeit vom Abraham gwea ischd.
Drom ischd dr Isaak nach Gerar zoga
zom Philisterkönig, am Abimelek.
[2]Ond dr Herrgott (JAHWE) ischd
am erschiena ond håt zon am gsaed:
Gang et na uf Ägypten, bleib en dem
Land môn e dr ågib! [3]En dem Land
bleibst d als a Fremder; i gang mit dr
ond will de segna, weil dir ond daene
Nåchkömmleng will e älle dia Länder
geba ond so des wåhrmacha, was e daem
Vadr, am Abraham gschwora han: [4]I will

dae Gschlecht so ozählig macha wia d
Stern am Hemmel. Ond i will daene
Nåchkomma älle dia Länder geba, ond
mit daem Nåma dent sich amål älle
Völker auf dr ganza Erde Sega wünscha,
5weil dr Abraham drauf ghört håt, was
am i gsaed han ond ällas aeghalta håt
was s zom aehalta geba håt: maene
Gebot, maene Satzonga ond Gsetz. 6So
ischd dr Isaak en Gerar blieba. 7Må nå
dia Männer en dem Ort nach saener
Frao gfrågt hent, håt r gsaed: Des ischd
mae Schwester! weil r Angst ghet håt
zom saga: Des ischd mae Weib; sonst
könntat dia me ombrenga (håt r denkt),
dia Kerle em Ort, wega dr Rebekka,
weil se halt a blitz saubers Weib ischd.
8Môn r nå schao a Weile sell gwohnt
ghet håt, då håt dr Abimelek, dr König
von de Philister, zom Feaster nausguckt
ond gseha, wia dr Isaak mit saem Weib,
dr Rebekka, omanander gschmust håt.
9Nå håt dr Abimelek da Isaak komma
lassa ond zon am gsaed: Du, des ischd
doch dae Weib! Wia håsch nå saga
könna: Des ischd mae Schwester! Ond
dr Isaak håt zon am gsaed: I han halt
denkt, sonst müaßt e vielleicht wega ra
sterba! 10Då druf håt dr Abimelek zon
am gsaed: Was håsch d ons då ådao? Des
hätt doch ganz schnell passiera könna,
dass oener vom Volk sich an daem
Weib vrganga hätt, nå hättest a graoßa
Schuld auf ons bråcht. 11Då druf håt
dr Abimelek am ganza Volk ågordnat:
Wann mr oener den Må oder sae Weib
ålangt, der ischd a Todeskandidat. 12Dr
Isaak aber håt en dem Land ågsät ond
håt en sellam Jåhr hondertfach ernta
könna, weil am dr Herrgott (JAHWE)
saen Sega geba håt. 13So ischd der Må
reicher ond emmer reicher wôra, bis r
über älle Maßa reich gwea ischd; 14r håt
Schåfherda ghet ond Kuahherda ond a
riesa Gsend. Drom send am d Philister
neidig gwea. 15Aber älle Bronna, mô
saem Vadr saene Knecht graba ghet
hent, mô dr Abraham no glebt håt, dia
hent d Philister zuadeckt ond mit Dreck
gfüllt. 16Nå håt dr Abimelek zom Isaak
gsaed: s ischd besser, wann da von ons
weg ziagst, du bist ons viel z graoß wôra.
17So ischd dr Isaak von sell fortzoga
ond håt em Tal von Gerar glagerat ond
ischd sell blieba. 18Ond dr Isaak håt dia
Wasserbronna wieder aufgraba lassa, dia
mô saem Vadr Abraham saene Knecht
graba hent, mô dr Abraham no glebt håt,
dia mô d Philister zuagschüttat hent, mô
dr Abraham gstôrba gwea ischd, ond
r håt en wieder de gleiche Nåma geba
wia se sae Vadr schao ghôeßa ghet håt.
19Ond wia dia Knecht vom Isaak em Tal
graba hent, hent se sell en Bronna mit
ra Wasseråder gfonda. 20Aber dia Hirta
von Gerar hent mit am Isaak saene
Hirta gstritta ond behaoptat: Des ischd
onser Wasser! Nå håt r den Bronna
„Esek“ (Zank) ghôeßa, weil se sell Zank
mit am ågfanga hent. 21Nå hent se en
andera Bronna graba; om den hent se ao
gstritta, drom håt r den „Sitna“ (Streit)
ghôeßa. 22Nå ischd r von sell aufbrocha
ond håt nômål en Bronna graba, om den
hent se et gstritta, nå håt r an »Rehobot«
(Weiter Raom) ghôeßa ond gsaed: Jetzt
håt ons dr Herrgott (JAHWE) en weita
Raom vrschafft, dass mr em Land
wachsa könnat!

Zom Vrgleicha: Vers 1-11: 12,10; 20,1-18 • *Vers 3:* 15,18-21 • *Vers 4:* 15,5; 12,3; 18,18; 22,18; 28,14.

Dr Isaak en Beerseba: 26 23-35

23Ond r ischd von sell naufzoga nåch
Beerseba.
24Ond dr Herrgott (JAHWE) ischd am
en sellera Nacht erschiena ond håt gsaed:
I ben dr Gott (Elohey) von daem Vadr,
am Abraham; brauchst koe Angst et han,
weil i ben mit dr! I will de segna ond dae
Gschlecht vrmehra, am Abraham zliab,
der mô mae Knecht gwea ischd. 25Nå

håt r an dem Platz an Altar baut ond da
Nåma vom Herrgott (JAHWE) ågruafa.
Ond dr Isaak håt sell sae Zelt aufbaut
ond saene Knecht hent sell en Bronna
graba. 26Nå ischd zmål dr Abimelek zon
am komma von Gerar mit saem Fraend
Ahussat ond saem Feldhaoptmann
Pichol. 27Ond dr Isaak håt zon am
gsaed: Wårom kommat r zo mr, môn r
me doch et vrputza könnat ond me von
euch fortgschickt hent? 28Nå hent se
gsaed: Jetzt seahnat mr tatsächlich, dass
dr Herrgott (JAHWE) mit dr ischd;
drom he'mr denkt: Ob mr et en Vrtrag
macha könntat zwischa ons ond dir,
ond mir wöllat en Pakt mit dr schliaßa,
29dass da ons nex åduast, so wia ao mir
dir nex ådao hent ond s emmer guat mit
dr gmoent hent ond de em Frieda hent
ganga lassa. Du bist halt amål oener, den
mô dr Herrgott (JAHWE) segna duat.
30Nå håt r en a Essa grichtat, ond se
hent gessa ond tronka. 31Ond am andera
Môrga en äller Früah hent se anander
den Eid gschwora. Ond dr Isaak håt se
ganga lassa ond se hent sich friedlich
von am vrabschiedat. 32Am gleicha Dag
no send am Isaak saene Knecht komma
ond hent am gmeldat: Mr hent Wasser
gfonda. 33Nå håt r an „Sebua" ghôeßa
(des hôeßt: Eid). Drom hôeßt dui
Ortschaft „Beerseba" (Schwörbronna)
bis auf den Dag nô. 34Må dr Esau
vierzg Jåhr alt gwea ischd håt r d Judith
gheiratat, amma Hethiter, Beeri håt r
ghôeßa, sae Tochter ond d Basmath, ao
d Tochter vo'ma Hethiter, der håt Elon
ghôeßa. 35Dia send für da Isaak ond d
Rebekka a arger Kummer gwea.

Zom Vrgleicha: Vers 33: 21,31.

Dr Jakob brengt da Erstgeburtssega an sich: 27 1-40

27 Mô dr Isaak alt wôra ischd ond
saene Aoga trüab wôra send, dass
r fast nex mae gseha håt, håt r saen ältera
Soh, da Esau, komma lassa ond am gsaed:
Mae Soh! Der håt am zor Antwort geba:
Då ben e. 2Nå håt r gsaed: Guck, i ben alt
wôra ond wôeß et, wann e sterba muaß.
3Jetzat nemmst d daene Jagdsacha, da
Köcher ond da Boga, ond gôhst naus ens
Feld ond jagst mr a Wild; 4nå machst mr
en schöna Bråta, wôeßt jå, wian e s måg,
ond des brengst mr rae zom Essa, dass
dr mae Seel da Sega geit, ehn e stirb. 5D
Rebekka aber håt ghorcht ghet, wia dr
Isaak mit saem Soh Esau gschwätzt håt.
Mô nå dr Esau ens Feld naus ischd, zom
saem Vadr a Wild jaga, 6håt d Rebekka
zo ihram Soh Jakob gsaed: Du, i han
ghört, wia dae Vadr zo daem Bruader, am
Esau, gsaed håt: 7Breng mr a Wild ond
mach mr en schöna Bråta, dass e n iß, nå
will e dr da Sega geba vôr am Herrgott
(JAHWE), ehb e stirb. 8Also paß auf,
Bua, ond dua, was e dr sag: 9Gang naus
en d Herd ond hol mr sell zwôe schöne
Gôeßböckla; nå mach e daem Vadr en
schöna Bråta, wian r s måg. 10Des traest
daem Vadr nae, dass r ißt ond de segnat
tuat, ehb r stirbt. 11Aber dr Jakob håt
zo saener Muader, dr Rebekka, gsaed:
Denk doch, mae Bruader, dr Esau, ischd
doch ganz håårig ond i ben fatzaglatt!
12Wann s maem Vadr aefällt, nå tastet r
me ab, nå tät e dåstanda wia oener, der
mô s Michale mit am treiba will ond i
tät en Fluach über me brenga ond koen
Sega. 13Nå håt sae Muader zon am gsaed:
Der Fluach soll über mi komma, Bua!
Horch auf me ond breng mr s her. 14Nå
ischd r ganga ond håt dia Böckla gholt
ond saener Muader brå̊cht. Ond sae
Muader håt en guata Bråta gmacht, wia
s sae Vadr möga håt. 15Nå håt d Rebekka
am Esau sae Festgwand gnomma, dia
mô se von ihram ältesta Soh bei sich
em Haus ghet håt ond håt s am Jakob,
ihram jüngera Soh, åzoga. 16Ond dia
Fell von dene Gôeßböckla håt se am om
d Ärm ond om saen glatta Hals bonda.

[17]Nå håt se den Bråta, den mô se gmacht ghet håt, ihram Soh, am Jakob, en d Håd geba, ond a Brot. [18]Der ischd zo saem Vadr naeganga ond håt gsaed: Vadr! Der håt am zor Antwort geba: Då ben e. Wer bist du, mae Soh? [19]Ond dr Jakob håt zo saem Vadr gsaed: I ben dr Esau, dae Erstgeborener; i han dao, was da mr ågea håsch, sitz auf ond iß vo maem Wild, dass mr dae Seel da Sega geba kå! [20]Nå håt dr Isaak zo saem Soh gsaed: Bua, wia håsch des so schnell gfonda? Då druf håt r am zor Antwort geba: JAHWE, dae Gott (Elohey), håt mr s vôr da Boga komma lassa. [21]Nå håt dr Isaak zom Jakob gsaed: Bua, komm her, dass e de åreg, ob da s ao bist, mae Soh, dr Esau, oder ob da s et bist. [22]Nå ischd dr Jakob zo saem Vadr, am Isaak, nôganga, ond môn r an ågregt ghet håt, håt r gsaed: d Stemm ischd am Jakob sae Stemm, aber d Ärm send am Esau saene Ärm. [23]Ond r håt an et kennt; weil saene Ärm håärich gwea send wia d Ärm von saem Bruader Esau. Nå håt r am da Sega geba. [24]Ond r håt zon am gsaed: Bist d tatsächlich mae Soh, dr Esau? Ond r håt am zor Antwort geba: Jå, des ben e. [25]Nå håt r gsaed: Also, nå stell mr s nô, dass e s Wild vo maem Soh iß, dass dr mae Seel da Sega geba kå. Nå håt r s am nôgstellt, ond r håt gessa; ond r håt am ao an Wae bråcht ond r håt tronka. [26]Nå håt sae Vadr, dr Isaak, zon am gsaed: Bua, komm her ond gib mr an Kuß. [27]Ond r ischd nô ond håt am an Kuß geba. Nå håt r saene Klôeder grocha ond håt am da Sega geba ond gsaed: Guck, mae Soh, der riacht wias freie Feld, des mô dr Herrgott (JAHWE) gsegnat håt. [28]Gott (Elohim) soll dr vom Hemmelstao geba ond von dr Erde ihram Fett ond Korn ond Wae em Überfluß!

[29]Ganze Völker sollat dr amål Denst laesta ond Nationa sich vrnaega vôr dr! Sei a Herrscher über daene Brüader, ond daener Muader ihre Söh sollat sich vôr dr vrnaega! Vrfluacht ischd, wer di vrfluacht, ond en Sega håt a jeder, der mô di segna duat. [30]Mô nå dr Isaak grad fertig gwea ischd mit saem Sega über da Jakob ond dr Jakob kaom draußa gwea ischd von saem Vadr Isaak, ischd dr Esau vom Jaga hoemkomma; [31]der håt ao a guats Essa gmacht ond saem Vadr naetraga. Ond r håt zo saem Vadr gsaed: Auf Vadr, hock nô ond iß a Wild von daem Soh, dass mr dae Seel da Sega geba kå. [32]Aber sae Vadr, dr Isaak, håt zon am gsaed: Wer bist denn du? Der håt am zor Antwort geba: I ben doch dae Soh, dae Erstgeborener, dr Esau. [33]Nå ischd dr Isaak bis en d Seel nae vrschrocka ond håt gsaed: Ja wer ischd nå des gwea, der mô a Wild gjagt ond zo mr raebråcht håt? Grad eba han e schao gessa, eh da komma bist, ond i han am da Sega geba, ond des bleibt ao so. [34]Mô dr Esau des von saem Vadr ghört håt, håt r gheult ond gschria wia a kloes Kend ond zo saem Vadr gsaed: Gelt, Vadrle, du gibst mir ao en Sega! [35]Aber der håt zon am gsaed: Dae Bruader ischd auf a ganz henterlistiga Art komma ond håt dir daen Sega weggnomma. [36]Nå håt r gsaed: Et omasonst hôeßt mr den „Jakob“ (dr Henterlistige); der håt me jetzat schao zwôe Mål raeglegt. Zerst håt r mr d Erstgeburt gnomma, ond jetzat nemmt r mr ao no da Sega. Ond r håt gsaed: Håsch für mi koen Sega aufghoba? [37]Dr Isaak håt am Esau zor Antwort geba ond gsaed: Guck, i han an zom Herra über de gsetzt ond am älle saene Brüader als Knecht geba; mit Korn ond Wae han e an ausstaffiert. Was kå i då no für di doa, Bua? [38]Saed dr Esau zo saem Vadr: Håsch denn bloß den oena Sega, Vadr? Ond dr Esau håt ågfanga ond ganz laut gheult. [39]Nå håt am sae Vadr, dr Isaak, zor Antwort geba ond gsaed: Guck, weit weg von dera

Erde ihram Fett håsch du dae Wohnong
ond weit weg vom Hemmelstao.
40Von daem Schwert muast leba ond
daem Bruader muast d Denst laesta.
Aber s gschieht amål, wann d de
åstrengst, nå kåsch sae Joch von daem
Hals reißa.

Zom Vrgleicha: Vers 30-40: Hebr 12,16f.

Dr Jakob gôht nach Haran: 2741–2822
41Dr Esau hât natürlich auf da Jakob
a Sauwuat ghet wega dem Sega, den
môn am sae Vadr geba ghet hât. Ond
dr Esau hât so en sich nae gsaed: Bald
ischd Trauerzeit wega maem Vadr, nå
breng i maen Bruader Jakob om. 42Mô
des dr Rebekka nôtraga wôra ischd, was
dr Esau gsaed hât, hât se ihran jüngera
Soh, da Jakob, komma lassa ond zon
am gsaed: Guck, dae Bruader, dr Esau,
will sich an dr rächa ond de ombrenga.
43Horch auf me, Bua: Pack dae Sach ond
hao ab nach Haran zo maem Bruader,
am Laban, 44sell bleibst d a Weile, bis
sich dae Bruader wieder agregt hât, 45bis
daem Bruader sae Zôra nemme gega di
gôht ond r vrgessa hât, was da am ådao
håsch; nå schick e oen zo dr ond laß de
hola von sell. Wårom soll e euch bôede
an oem Dag vrliera?

Jetzat probierat mr ebbas aus ond dent amåle kombiniera, ob des et en ganz guata Senn geit, nå sieht mr ao besser, wia raffiniert dui Rebekka ihran Må en ihr Richtong bugsiert hât. Wann mr zrückgôht ens 26. Kabidl, då stôht en de Vers 34 ond 35:

„Mô dr Esau vierzg Jåhr alt gwea ischd, hât r d Judith gheiratat, ama Hethiter, Beeri hât r ghôeßa, sae Tochter ond d Basmath, ao d Tochter vo'ma Hethiter, der hât Elon ghôeßa. Dia send für da Isaak ond d Rebekka a arger Kummer gwea."

Ond Jetzat machat mr weiter em Text: Kabidl 27 Vers 46:

46Ond d Rebekka hât zom Isaak gsaed: s
ganz Leba ischd mr vrlôedat wega dene
Hethiterfraoa; wann dr Jakob jetzat ao
no so a Weib drherbrengt, oena von
dene Hethitermädla, a Hiasiga, was soll
e nå no auf dera Welt?

28 Nå hât dr Isaak da Jakob gruafa
ond hât an gsegnat ond zon am
gsaed: Gell, du nemmst mr koe Weib
von de Hiasige. 2Mach de auf da Weg
nach Padan-Aram, ens Haus vom
Bethuël, des ischd daener Muader ihr
Vadr, sell holst dr a Weib vom Laban
saene Töchter, des ischd dr Bruader von
daener Muader. 3Ond dr allmächtige
Gott (El) soll de segna, dass da fruchtbar
wirst ond de vrmehrst, dass da zo ra
Völkergemeinschaft wirst; 4da Sega vom
Abraham soll r dr geba, dir ond daene
Nåchkömmleng, dass da des Land, mô
da jetzat als a Fremder dren lebst ond
des mô Gott (Elohim) am Abraham geba
hât, als Aegatom übernemma kåsch.
5So hât dr Isaak da Jakob entlassa, ond
r ischd nach Padan-Aram zoga, zom
Laban, der mô dr Soh gwea ischd vom
Bethuël, dem Aramäer, ond dr Bruader
von dr Rebekka, dr Muader vom Jakob
ond Esau.
6Mô nå dr Esau gseha hât, dass dr Isaak
da Jakob gsegnat ond nach Padan-Aram
gschickt hât zom sich sell a Weib hola
- weil r an gsegnat hât ond am bota
hât: Du nemmst mr koe Weib von de
Kanaanäer, 7ond dass dr Jakob saem
Vadr ond saener Muader gefolgt hât ond
nach Padan-Aram zoga ischd, 8då hât dr
Esau gmerkt, dass sae Vadr, dr Isaak,
dia Mädla von Kanaan et so gern gseha
hât. 9Drom ischd dr Esau zom Ismael
nôganga ond hât zo dene Fraoa nô, dia
môn r schao ghet hât, ao no d Mahalath
gnomma, am Ismael sae Tochter, der

mô am Abraham sae Soh gwea ischd, d Schwester vom Nebajoth, als Weib.

Dr Traom von dr Hemmelslôeter:

28 10-22

[10]Dr Jakob ischd von Beerseba auszoga ond håt sich auf da Weg gmacht nach Haran. [11]Nå ischd r an en Platz komma ond håt sell übernachtat; weil d Sonn schao onterganga gwea ischd. Ond r håt von dem Platz en Stoe gnomma als Kopfkisse ond ischd zom Schlåfa an dem Platz nôglega. [12]Nå håt s am traemt, a Lôeter sei auf d Erde gstellt wôra, mô s ober End an da Hemmel nôgloent sei, ond d Engel von Gott seie dro nauf ond ragstiega.

[13]Ond guck: dr Herrgott (JAHWE) ischd vôr am gstanda ond håt gsaed: I ben JAHWE, am Abraham, daem Vadr sae Gott (Elohey), ond dr Gott (Elohey) vom Isaak; des Land, auf dem mô da de grad ausruhest, des will e dir ond daene Nåchkömmleng geba. [14]Ond daene Nåchkömmleng sollat so ozählig wera wia dr Staub auf dr Erde, ond ausbroeta duast de amål nach Westa ond Osta, nach Norda ond Süda ond mit daem Nåma ond mit am Nåma von daem Gschlecht dent sich amåle älle Völker auf dr ganza Erde Sega wünscha.

[15]Guck, i gang mit dr ond paß auf de auf überall, mô da ao nôgôhst, ond breng de zrück en des Land dåhanna. Weil i et von daener Seit gang, bis e ällas dao han, was e dr vrsprocha han. [16]Mô dr Jakob von saem Schlåf aufgwacht ischd, håt r gsaed: I han s Gefühl, an dem Platz dåhanna ischd der Herrgott (JAHWE), ond i han s et gwißt. [17]Ond r håt s mit dr Angst zdoant kriagt ond r håt gsaed: Ohaemlich ischd mr der Platz dåhanna! Då ischd nex anders als wia s Haus von Gott (Elohim), då ischd d Tür en da Hemmel nae!

[18]Am andera Môrga en äller Früah håt dr Jakob den Stoe gnomma, den môn r onter am Kopf ghet håt ond håt an als en Malstoe aufgrichtat ond håt an obadroba mit Öl gsalbt; [19]ond r håt den Platz „Bethel“ (Gotteshaus) ghôeßa. Früher aber håt der Platz Lus ghôeßa. [20]Nå håt dr Jakob a Gelübde dao ond gsaed: Wann Gott (Elohim) mit mr gôht ond auf me aufpaßt auf dem Weg, môn e jetzat gang, wann r mr Brot zom essa geit ond Klôeder zom åziaga [21]ond i wieder ohne Schada hoemkomm ens Haus von maem Vadr, nå soll JAHWE mae Gott sae, [22]ond der Stoe dåhanna, den môn e als en Malstoe aufgrichtat han, der soll a Haus für Gott (Elohim) wera, ond von ällam, was da mr gibst, will i dir ganz treu da Zehnta geba.

Zom Vrgleicha: Kap. 27 Vers 46: 26,34 • Kap 28 *Vers 3:* 17,6-8; 15 • *Vers 14:* 13,16;.12,3; 18,18; 22,18; 26,4.

Am Jakob saene Fraoa ond Söh:

29 1 – 30 24

29 Nå håt sich dr Jakob auf da Weg gmacht ond ischd ens Land em Osta gwandert. [2]Ond môn r om sich guckt håt, håt r em Feld an Bronna gseha; an dem send grad drei Schåfherda glagerat; an dem Bronna håt mr nämlich d Schåf tränkt; der Stoe auf dem Bronnaloch ischd aber arg graoß gwea. [3]Ond wann älle Herda sell beianander gwea send, nå håt mr den Stoe von dem Bronnaloch ra gwarglat ond d Schåf tränkt; ond nå håt mr den Stoe wieder auf des Bronnaloch dao. [4]Dr Jakob håt zo dene Leut gsaed: Maene Brüader, mô send r denn her? Dia hent am zor Antwort geba: Mir send von Haran. [5]Saed r zo nen: Kennat ihr da Laban, da Soh vom Nahor? Dia hent am zor Antwort geba: Freile kennat mr den. [6]Saed r: Gôht am s guat? Jå, s gôht am guat! hent dia gsaed: aber guck no, då kommt grad sae Mädle, d Rahel, mit de Schåf. [7]Saed r: s ischd jå no bald am Dag ond no et Zeit zoms Vieh naetreiba; tränkat dia Schåf ond nå lassat r s nômål auf d Wôed. 8 Nå hent dia zor Antwort geba: Des könnat mr et, bevôr et älle Herda beianander send; nå warglat mr da Stoe vom Bronnaloch ra ond mr tränkt d Schåf. 9 Wian r no mit en gschwätzt håt, ischd d Rahel mit ihram Vadr saene Schåf voll herkomma; weil dui håt s emmer ghüatat. 10 Mô aber dr Jakob d Rahel gseha håt, d Tochter von saem Onkel Laban, ond d Schåf von saem Onkel Laban, ischd r nô ond håt den Stoe von dem Bronnaloch ra gwarglat ond håt saem Onkel Laban saene Schåf tränkt. 11 Ond dr Jakob håt d Rahel küßt ond håt ågfanga ganz laut z heula. 12 Nå håt dr Jakob dr Rahel gsaed, dass r mit ihram Vadr vrwandt sei, r sei dr Soh von dr Rebekka. Nå ischd se aber gspronga ond håt s ihram Vadr vrzählt. 13 Mô dr Laban des vom Jakob ghört håt, von saener Schwester ihram Soh, nå ischd r am entgega gloffa, håt an en Arm gnomma ond küßt ond an en sae Haus gführt. Ond r håt am Laban sae ganza Gschicht vrzählt. 14 Nå håt dr Laban zon am gsaed: Jå, du bist vo maem Flôesch ond Boe. Ond r ischd en ganza Monat bein am blieba.

15 Nå håt dr Laban zom Jakob gsaed: Du bist doch mit mr vrwandt; du willst doch et omasonst bei mr schaffa? Sag mr, was da für en Loh willst. 16 Jetzat håt jå der Laban zwôe Mädla ghet; de älter håt Lea ghôeßa ond de jünger Rahel. 17 D Lea håt a bißle trüabe Aoga ghet, aber d Rahel håt halt a Figürle ghet ond a netts Gsichtle. 18 Ond dr Jakob håt d Rahel möga. Nå håt r gsaed: I schaff bei dr sieba Jåhr om dae jüngera Tochter, om d Rahel. 19 Nå håt am dr Laban zor Antwort geba: s ischd besser, i gib se dir, als dass e se a ma fremda Må gib; also bleib no bei mr. 20 So håt dr Jakob om d Rahel sieba Jåhr gschafft, ond dia send am vôrkomma wia a paar Däg, so arg håt r se möga. 21 Nå håt dr Jakob zom Laban gsaed: So jetzat gibst mr mae Weib - weil mae Zeit ischd rom - dass e zo ra gang. 22 Nå håt dr Laban älle Leut vom ganza Flecka aeglada ond a Festessa vråstaltat. 23 Aber am Åbad håt r sae Tochter, d Lea, gnomma ond håt se zon am naegführt ond er ischd zo ra ganga. 24 Ond dr Laban håt saener Tochter, dr Lea, sae Magd, d Silpa, zor Magd geba. 25 Am andera Môrga aber, guck, då ischd des d Lea gwea! Nå håt dr Jakob zom Laban gsaed: Was håsch d mir då ådao! Han e et om d Rahel bei dr gschafft? Wårom håsch d me jetzat so ågschmiert? 26 Nå håt am dr Laban zor Antwort geba: Bei ons ischd des et üblich, dass mr de Jünger vôr dr Ältera aus am Haus geit. 27 Jetzat machst d amåle mit dera d Festwoch fertig, nå wöllat mr dr ao no de andr geba om nômål sieba Jåhr, mô da no bei mr schaffst. 28 Dr Jakob håt des dao ond dui Woch voll gmacht. Nå håt am der ao no sae Tochter, d Rahel, als Weib geba. 29 Ond dr Laban håt sae Magd Bilha saener Tochter Rahel zor Magd geba. 30 Nå håt dr Jakob ao mit dr Rahel gschlåfa; d Rahel håt r aber ärger möga als wia d Lea. Ond nå håt r nômål sieba Jåhr bein am gschafft.

Von Kabidl 29 Vers 31 bis Kabidl 30 Vers 24 werat am Jakob saene zwölf Söh aufzählt ond mit welcher Frao r welchan Soh ghet håt.

LEA: Ruben, Simeon, Levi, Juda, Isaschar, Sebulon

RAHEL: Josef, Benjamin

SILPA: Gad, Asser

BILHA: Dan, Naphtali

Des send also d Stammvädr oder Stammesfürsta vom Volk Israel. Ond nå gôhts weiter em 30. Kabidl Vers 25:

Am Jakob sae Plån gega da Laban:
30 25-43

30 [25]Mô nå d Rahel da Josef kriagt
ghet håt, håt dr Jakob zom Laban
gsaed: Jetzt lässt d me no ganga, i möcht
gern hoem en mae Land zieha. [26]Gib
mr maene Fraoa om dia môn e bei dr
gschafft han, ond maene Kender, dass
e fortganga kå, da wôeßt jå selber, wian
e bei dr gschafft han. [27]Dr Laban håt
zon am gsaed: Wann da mr doch no en
Gfalla dätest! I han rausgfonda, dass
me dr Herrgott (JAHWE) gsegnat håt
wega dir. [28]Nå håt r no gsaed: Därfst
selber saga, was da für en Loh vo'mr
willst, i gib dr s nå. [29]Då druf håt r zon
am gsaed: Da wôeßt jå selber, wian e
me bei dr agrackerat han ond was aus
daene Herda onter maener Ålaetong
wôra ischd. [30]Håsch jå kaom ebbas ghet,
môn e komma ben; jetzat aber ischd s
ganz schö gwachsa ond dr Herrgott
(JAHWE) håt dr en reicha Sega geba,
seit e då ben. Aber jetzat muaß e ao
amål åfanga ond für mae ôeges Haus
sôrga. [31]Nå håt r gsaed: Ja was soll e dr
denn geba? Dådrauf håt am dr Jakob
zor Antwort geba: Du brauchst mr gar
nex geba. Wann da bloß des für me doa
willst, was e dr sag, nå will e daene Schåf
wieder wôeda ond hüata. [32]I will haet
no durch dae ganza Herde ganga; nå
kåsch du älle schwarze von de Lämmla
ond bei de Gôeßa de gscheckte ond de
gsprenklate bsonders doa, dia sollat nå
mae Loh sae. [33]Ond då drå siehst nå
en Zuakonft, dass e ehrlich ben: wann
da kommst, zom maen Loh ågucka,
nå kåsch ällas, was bei de Gôeßa et
gsprenklat oder gscheckt ischd, als von
mir gstohla ågucka. [34]Nå håt dr Laban
gsaed: Guat, so machat mr s, wia da
gsaed håsch! [35]Ond r håt no am gleicha
Dag älle gscheckte ond gesprenklate
Gôeßa, mô ao bloß a bißle ebbas weiß
drå gwea ischd, ond älle schwarze
Schåflämmer bsonders dao ond saene
Söh geba. [36]Ond r håt zwischa sich ond
am Jakob drei Dagmärsch Abstand
glegt; ond dr Jakob håt am Laban sae
übriga Herde gwôedat. [37]Nå håt dr
Jakob frische Ruata gnomma von weiße
Pappla, von Mandelbaem ond Platana
ond håt weiße Strôefa rausgschält, dass
s Weiße an de Ruata rausguckt håt; [38]nå
håt r dia gschälte Ruata en d Tränke
nae gstellt, mô dia Herda draus gsoffa
hent, vôr dia Viecher nô, ond dia send
hôeß gwea, wann se an d Tränke komma
send. [39]Nå send dia Viecher vôr dene
Ruata aufgspronga ond hent nåchher
Gstrôefte, Gsprenklate ond Gscheckte
gwôrfa. [40]Dia Lämmla aber håt dr Jakob
besonders dao. Ond r håt d Gsichter
von de Viecher gega de gstrôefte ond
schwarze em Laban saener Herde dreht.
So håt r sich a ôegena Herde aufbaut,
môn r et zom Laban saene Viecher
dao håt. [41]Jedes Mål, wann de starke
Viecher hôeß gwea send, håt dr Jakob
dia Ruata en d Tränke naegstellt vôr
d Aoga von dene Viecher nô, dass dia
vôr dene Ruata aufgspronga send; [42]ond
wann dia Viecher Häddala gwea send,
håt r se et nôgstellt. Nå håt dr Laban
nåchher lauter Häddala ghet ond dr
Jakob de starke Viecher. [43]Drom ischd
der Må ohaemlich reich wôra, dass r viel
Vieh ghet håt ond Mägd ond Knecht, ao
Kamel ond Esel.

Dr Jakob trennt sich vom Laban:
31 1 – 32 1

31 Nå håt r mitkriagt, dass am Laban
saene Söh gsaed hent: Dr Jakob
håt onseran Vadr om Hab ond Guat
bråcht ond von onseram Vadr saem
Sach håt r sich den Reichtom gschaffa.
[2]Ond dr Jakob håt am Laban em Gsicht
ågseha, dass r nemme so zon am aegstellt
gwea ischd wia drvôr. [3]Ond dr Herrgott
(JAHWE) håt zom Jakob gsaed: Gang

zrück ens Land von daene Vädr ond en
dae Vrwandtschaft; i will mit dr ganga.
[4]Nå håt dr Jakob oen nôgschickt ond håt
d Rahel ond d Lea ens Feld nauskomma
lassa zo saener Herde [5]ond håt zo nen
gsaed: I sieh s euram Vadr em Gsicht å,
dass r nemme so zo mr stôht wia früher;
aber maem Vadr sae Gott ischd mit mr
gwea. [6]Ihr wissat doch selber, wian e
mit äller Kraft bei euram Vadr gschafft
han. [7]Euer Vadr håt me ågschmiert ond
mr da Loh zeah Mål anderst gmacht;
aber Gott (Elohim) håt s et zuaglassa,
dass r mr gschadat håt. [8]Håt r gsaed: De
Gsprenklate ghörat dir, nå håt de ganz
Herde Gsprenklate gwôrfa. Ond wann
r gsaed håt: De Gstrôefte kriagst d, nå
håt de ganz Herde Gstrôefte gwôrfa.
[9]So håt Gott (Elohim) euram Vadr d
Herde genomma ond mir geba. [10]En dr
Schåfsbronst han i maene Aoga aufghoba
ond han em Traom gseha, wia dia Böck,
dia mô bei de Schåf aufgspronga send,
gstrôeft, gsprenklat ond scheckat gwea
send. [11]Ond dr Engel von Gott håt zo
mr gsaed emTraom: Jakob! ond i han
am zor Antwort geba: Då ben e.[12]Nå
håt der gsaed: Heb daene Aoga auf ond
guck, wia älle Böck, mô bei de Schåf
aufsprengat, gstrôeft, gsprenklat ond
scheckat send. I han nämlich ällas gseha,
was dr Laban mit dr ågstellt håt. [13]I
ben der Gott (El), der mô dir en Bethel
erschiena ischd, mô da en Malstoe
gsalbt håsch ond a Gelübde dao. Jetzat
machst d de auf ond gôhst fort aus dem
Land dåhanna ond gôhst zrück en dae
Hoemat ond en dae Vrwandtschaft. [14]Nå
hent am d Rahel ond d Lea zor Antwort
geba: Ja hent mr denn überhaopt no
en Åtôel ond a Erbguat em Haus von
onseram Vadr? [15]Guckt r ons et schao
als Fremde å? Der håt as vrkaoft ond s
Geld schao lang vrdao. [16]Drom ghört dr
ganz Reichtom, den mô Gott (Elohim)
onseram Vadr gnomma håt, jetzat ons
ond onsere Kender. Ond jetzat duascht
d ällas, was Gott (Elohim) zo dr gsaed
håt. [17]Nå håt sich dr Jakob aufgmacht,
håt saene Kender ond Fraoa auf d
Kamel glada [18]ond håt sae ganzs Vieh
fort trieba, sae Hab ond Guat ond ällas,
was r en Padan-Aram zsemagschärrat
håt, des håt r fortgschafft, dass r zo saem
Vadr, am Isaak, zieha könna håt. [19]Aber
dr Laban ischd grad beim Schåfschera
gwea, nå håt d Rahel ihram Vadr saen
„Theraphim“ (Hausgott) klaot.
[20]So håt dr Jakob da Laban von Syria
überlistat, dass r an et håt merka lassa,
dass r håt abhaoa wölla. [21]Ond r ischd
abghaoa, mit ällam, was am ghert håt,
håt r sich aufgmacht ond ischd über
da Euphrat nom ond ab en Richtong
Gilead en d Berg. [22]Drei Däg später
hent se am Laban nôtraga, dr Jakob sei
abghaoa. [23]Nå ischd r am mit saener
ganza Sippschaft nåchgjagt, sieba Däg
weit, ond r håt an en de Berg von Gilead
aufgspürt.
[24]Aber Gott (Elohim) ischd nachts em
Traom zom Laban von Syria komma
ond håt an gmåhnt: Onterstand de bloß
et, da Jakob ao bloß mit oem Wörtle
zor Red z stella! [25]Mô nå dr Laban da
Jakob aegholt ghet håt - dr Jakob håt
sae Zelt auf am Berg - aufbaut ghet ond
dr Laban em Gileadgebirge - [26]då håt
dr Laban zom Jakob gsaed: Was håsch
denn dao, dass da me so henterganga
ond maene Mädla fortgführt håsch als
ob dia Kriagsgfangene wäre? [27]Wårom
bist denn hehlenga abghaoa ond håsch
me henters Licht gführt ond nex zo mr
gsaed, nå hätt e de beglaeta könna mit
Musik ond gsonga hätt mr ao, mit Pauka
ond Harfaspiel. [28]Et amål maene Enkala
ond maene Mädla han e därfa zom
Abschied küssa. Des ischd ogschickt
von dr gwea. [29]I hätt gnuag Macht, dass
e dr des ganz übel hoemzahla könnt,
aber daem Vadr sae Gott (Elohey) håt

haet nacht zo mr gsprocha: Onterstand
de jå et, da Jakob ao bloß mit oem
Wörtle zor Red z stella! 30Jetzat bist d
halt fortzoga, då kå mr nex maeh macha,
weil da so Hoemwaeh ghet håsch; aber
wårom håsch d aegentlich maen Gott
(Elohay) klaot? 31Dr Jakob håt am zor
Antwort geba ond zom Laban gsaed:
I han Angst ghet, weil e denkt han, du
dätest mr daene Töchter wegnemma.
32Aber der, bei dem mô da daen Gott
(Eloheyka) fendest, der soll et am Leba
bleiba! Vôr dr ganza Vrwandtschaft
dåhanna ontersuachst ällas, was e bei mr
han, ond nemm an zo dr. Dr Jakob håt
doch gar et gwißt, dass an d Rahel klaot
håt. 33Nå ischd dr Laban em Jakob sae
Zelt nae ond ens Zelt von dr Lea ond
ens Zelt von dene zwôe Mägd, aber
gfonda håt r an et. Nå ischd r von dr
Lea ihram Zelt en dr Rahel ihrs ganga.
34Aber d Rahel håt jå den Theraphim
gnomma ond en da Kamelsattel naeglegt
ond ischd druf nôgsessa. Ond dr Laban
håt s ganz Zelt durch gsuacht ond an et
gfonda. 35Nå håt se zo ihram Vadr gsaed:
Mae Herr, reg de bitte et auf, weil e et
vôr dr aufstand, aber s gôht mr grad et
guat, wias halt bei ons Fraoa äls so ischd.
Oenaweg håt r ällas durchgstöberat,
aber den Theraphim håt r et gfonda.
36Nå ischd dr Jakob narrat wôra ond
håt mit am Laban Streit ågfanga. Ond
dr Jakob håt losglegt ond zon am gsaed:
Was han e denn vrbrocha, was han e
denn dao, dass da so gierig henter mr
her gwea bist? 37Jetzat håsch mae ganz
Zuigs durchgstöberat; ond was håsch
gfonda von daem Glomp? Auf, legs
dåhanna nô vôr daener ond maener
Vrwandtschaft, dass dia über ons Recht
sprecha dent! 38Zwanzg Jåhr ben i jetzat
bei dr; daene Schåf ond Gôeßa hent koen
Fehlwurf ghet, ond Böck von daener
Herde han e koene gessa. 39Wann wilde
Viecher ebbas grissa hent, des han e dir
et brenga därfa; des han i selber ersetza
müaßa, aus maener Tasch håsch du mir
des vrlangt, ob des am Dag oder en dr
Nacht abhanda komma ischd, des ischd
dir egal gwea. 40Dagnats ben e schier en
dr Hitz omkomma ond nachts en dr
Kälte, an en Schlåf hent maene Aoga et
amåle denka könna. 41Zwanzg Jåhr han
e jetzat bei dr gschuftat, vierzeah Jåhr
om daene bôede Mädla ond sechs Jåhr
om dae Herde, ond du håsch mr zeah
Mål da Loh anderst gmacht. 42Wann et
maem Vadr sae Gott (Elohey), dr Gott
(Elohey) vom Abraham ond der, den mô
dr Isaak gfürchtat håt, zo mr ghalta hätt,
du hättest me jetzat glatt mit leere Händ
ganga lassa; mae Elend ond des was i mit
maene Händ gschafft han, des håt Gott
(Elohim) gseha, ond der håt haet Nacht
Recht gsprocha.
43Nå håt am dr Laban zor Antwort geba
ond zom Jakob gsaed: Dia Töchter send
maene Töchter, dia Kender send maene
Kender, ond des Vieh ischd maeh Vieh,
ond ällas, was da dåhanna siehst, ghert
mir. Aber was kå i haet no für maene
Töchter doa oder für dene ihre Kender,
dia mô se auf d Welt bråcht hent?
44Jetzat komm halt, machat mr en Vrtrag
mitananander, i ond du; setzat mr en
Stoehaufa då nô als Zeuga zwischa mir
ond dir. 45Nå håt dr Jakob en Stoe als Mal
aufgrichtat. 46Ond dr Laban håt zo saener
Sippschaft gsaed: Lesat Stoe auf. Ond se
hent Stoe zsema klaubt ond en Haufa
gmacht ond hent då drauf a Mahlzeit
ghalta. 47Ond dr Laban håt an (en saener
Språch) „Jegar-Sahadutha“ ghôeßa, aber
dr Jakob håt „Gal-Ed“ (Steinhaufen des
Zeugnisses) zon am gsaed. 48Nå håt
dr Laban gsaed: Der Haufa dåhanna
ischd haet a Zeuge zwischa mir ond dir.
Drom håt r an „Gal-Ed“ ghôeßa 49ond
„Mizpa“ (Hochwacht), weil mr saed:
dr Herrgott (JAHWE) soll Wach halta
zwischa mir ond dir, wa'mr ananader

nemme seahnat. [50]Wann da jemâls maene Töchter schlecht behandla dätest oder andere Fraoa no zo maene Töchter drzua nemma dätest, ao wa'mr des bei ons et mitkriaga tät, nå ischd Gott (Elohim) dr Zeuge zwischa mir ond dir. [51]Nå hât dr Laban zom Jakob gsaed: Guck, der Stoehaufa dåhanna, ond guck, des Stoemal dåhanna, mô i zwischa dir ond mir aufgrichtat han - [52]der Haufa ischd Zeuge ond des Stoemal ischd Zeuge: I därf et über den Haufa ond über des Stoemal naus zo dir nom, ond du därfst et über den Haufa ond des Stoemal naus zo mir rom en ra baesa Absicht. [53]Dr Gott (Elohey) vom Abraham ond dr Gott (Elohey) vom Nahor soll Richter sae zwischa ons! Ond dr Jakob hât bei dem gschwora, den mô dr Isaak gfürchtat hât, sae Vadr. [54]Nå hât r a Opfer gschlachtat auf am Berg ond hât saene Vrwandte aeglada, s Mahl z halta. Ond mô se gessa ghet hent, send se über d Nacht auf dem Berg blieba. [55]Am andera Môrga no en äller Früah, hât dr Laban saene Enkala ond saene Töchter küßt ond gsegnat; nå ischd dr Laban fortganga, wieder hoem.

32 Ao dr Jakob hât sich auf da Weg gmacht;

Zom Vrgleicha: Kap. 31 Vers 13: 28,18.20.

Am Jakob saene Bota ond Gschenk für da Esau: 32 2-23

[2]Ao dr Jakob hât sich auf da Weg gmacht; zmål send am am Herrgott saene Engel vrkomma. [3]Mô dr Jakob dia gseha hât, hât r gsaed: des ischd am Herrgott sae Heerlager. Drom hât r den Platz „Mahanaim" (Lager) ghôeßa. [4]Ond dr Jakob hât Bota vôrausgschickt zo saem Bruader Esau ens Land Seïr, ens Gebiet von de Edomiter. [5]Ond r hât en da Befehl geba: So sollat ihr zo maem Herra, am Esau, saga: Dae Knecht, dr Jakob, läßt dr ausrichta: I ben beim Laban gwea en dr Fremde ond ben bis jetzat då blieba. [6]I han Rendvieh, Esel, Schâf, Knecht ond Mägd zsemabråcht, ond jetzat schick e maem Herra a Botschaft, dass e en daene Aoga Gnade fend. [7]Mô dia Bota vom Esau zrückkomma send zom Jakob, hent se gsaed: Mir send zo daem Bruader Esau komma; der kommt dr schao entgega mit vierhondert Leut. [8]Då hât s dr Jakob ganz arg mit dr Angst z doant kriagt ond s ischd am ganz flao wôra em Bauch. Drom hât r dia Leut, mô bein am gwea send, ond d Schâf ond s Vieh ond d Kamel en zwôe Lager aetôelt; [9]der hât sich nämlich denkt: Wann dr Esau auf oes von dene Lager trifft ond zuaschlägt, nå kå s ander emmer no abhaoa. [10]Ond dr Jakob hât gsaed: O Gott (Elohey) vo maem Vadr Abraham, ond Gott (Elohey) vo maem Vadr Isaak, Herr Gott (JAHWE), du håsch doch zo mr gsaed: Gang zrück en dae Land ond en dae Vrwandtschaft, i will dr Guats doa! -[11]I ben viel z greng für dae übergraoßa Barmherzigkaet ond dae Treue ond für ällas, was du an daem Knecht dao håsch. I ben jå bloß mit ama Stecka dåhanna über da Jordan ganga, ond jetzat ben e auf zwôe graoße Lager ågwachsa. [12]Rette me doch aus de Händ vo maem Bruader, dass e am Esau et en d Händ fall; i han nämlich Angst, dass r kommt ond me haot, d Muader mitsamt de Kender. [13]Du håsch doch gsaed: I will dr Guats doa ond dae Gschlecht ozählig macha wia da Sâd am Meer, den mô mr et zähla kå en saener Masse! [14]Ond r ischd en dera Nacht sell blieba. Nå hât r von saem Sach a Gschenk für saen Bruader Esau gnomma: [15]zwôehondert Gôesa und zwanzg Böck, zwôehondert Schâf ond zwanzg Schâfböck,[16]dreißg Kamel mit ihre Fohla, vierzg Küah ond zeah Farra, zwanzg Eselsstuata mit zeah

Fohla. [17]Ond r håt des saene Knecht übergeba, jeda Herde bsonders ond zo saene Knecht gsaed: Gangat vôr mr her ond lassat emmer en Abstand zwischa dene oenzelne Herda. [18]Ond am ersta håt r ågea: Wann dr mae Bruader Esau vrkommt ond r frågt de: Wem ghaerst d ond mô wit nô? Ond wem ghaerat dia Viecher dåhanna? [19]Nå saesch d: Daem Knecht, am Jakob; des ischd a Gschenk, môn r maem Herra, am Esau, schickt. Guck no, r kommt selber hentadrae. [20]S gleiche håt r ao zom zwôeta ond zom dritta gsaed ond zo älle, mô henter dene Herda drae gloffa send: So, wian es zon ich gsaed han, schwätzat r mit am Esau, wann r an treffat. [21]Sagat oefach: Guck, dae Knecht, dr Jakob, kommt selber hentadrae. R håt sich nämlich denkt: Mit dem Gschenk môn e vôraus schick, kån e n vielleicht versöhnlich stemma; ond erst nå will e am ens Gsicht gucka, vielleicht ischd r nå gnädig ond nemmt me auf. [22]So ischd des Gschenk vôrnadraus ganga; er selber ischd aber en dera Nacht em Lager blieba. [23a]No en dr Nacht ischd r nå aufgstanda ond håt saene bôede Fraoa ond saene bôede Mägd ond saene elf Buaba gnomma ond ischd mit en über d Furt vom Jabbok ganga.

Zom Vrgleicha: Vers 10: 31,3 • *Vers 13:* 32,10; 22,17; 28,14.

Am Jakob sae Kampf mit Gott: 32 23b-33

[23]br håts gnomma ond über da Bach nom dao; ao sae Hab ond Guat håt r nom dao. [24]Aber dr Jakob selber ischd alloe zrück blieba. Då håt a Må mit am gronga, bis s Môrgarot am Hemmel rauf komma ischd. [25]Mô der gmerkt håt, dass r et mit am fertig wird, håt r am auf s Hüftglenk ghaoa. Ond dr Jakob håt sae Hüftglenk vrstaucht, môn r mit am gronga håt. [26]Ond r håt gsaed: Laß me fahra; d Môrgaraete kommt rauf. Aber er håt gsaed: I laß de et - bloß wann da me segnest. [27]Nå håt der zon am gsaed: Wia hôeßt d denn? Jakob, håt r am zor Antwort geba. [28]Nå håt r gsaed: Du sollst nemme Jakob hôeßa, jetzat hôeßt du „Israel“ (Gottesstreiter). Weil du mit am Herrgott ond mit Menscha gstritta ond gwonna håsch. [29]Ond dr Jakob håt an gfrågt: Sag mr doch, wia da hôeßt? Aber der håt gsaed: Wårom frågst denn, wian e hôeß? Ond r håt am sell da Sega geba. [30]Ond dr Jakob håt den Platz „Pniel“ (Angesicht Gottes) ghôeßa; weil, so håt r sich gsaed: I han am Herrgott ens Gsicht naegucka därfa ond ben am Leba blieba. [31]Ond môn r an Pniel vorbei gwea ischd, ischd d Sonn aufganga; aber er ischd ghomplat wega saener Hüft. [32]Drom dent d Israelita bis auf da heutiga Dag den Muskel et essa, der mô über s Hüftglenk gôht, weil r da Jakob auf sae Hüftglenk ghaoa håt, auf den Muskel.

Dr Jakob ond dr Esau vrsöhnat sich wieder: 33 1-20

33 Mô dr Jakob nå aufguckt håt, håt r da Esau drher komma seha ond vierhondert Mann håt r bei sich ghet. Nå håt r d Kender auf d Lea ond d Rahel ond die zwôe Mägd vrtôelt, [2]ond dia Mägd mit ihre Kender håt r vôrna nôgstellt, drhenter d Lea mit ihre Kender, ond d Rahel mit am Josef zletzta. [3]Er selber ischd nå vôrnadraus ganga ond håt sich sieba Mål bis auf da Boda na vrnaegt, bis r zo saem Bruader nôkomma ischd. [4]Aber dr Esau ischd am entgegagspronga ond håt an en Arm nae gnomma ond ischd am om da Hals gfalla ond håt an küßt ond bôede hent Träna en de Aoga ghet. [5]Môn r nå richtig guckt håt ond dia Fraoa mit dene Kender gseha håt, håt r gsaed: Was send denn des für oene, mô da då bei dr håsch? Då drauf håt r am zor Antwort geba: Des send Kender, dia mô Gott (Elohim) daem Knecht aus Gnade gschenkt håt. [6]Ond dia Mägd send mit ihre Kender herkomma ond hent sich vrnaegt.

[7]Nå ischd ao d Lea herkomma mit ihre Kender ond se hent sich vrnaegt. Drnåch ischd dr Josef ond d Rahel komma ond hent sich vrnaegt. [8]Ond r håt gsaed: Was willst d denn mit dem ganza Heer, dem môn e vrkomma ben? Dådrauf håt r am zor Antwort geba: Dass e Gnade fend bei maem Herra. [9]Nå håt dr Esau gsaed: I han selber gnuag, Bruader; bhalt no, was da håsch. [10]Håt am dr Jakob zor Antwort geba: Aber etta! Wann e Gnade vôr dr gfonda han, nå nemmst d des Gschenk vo'mr å; weil i dr jå han ens Gsicht naegucka därfa, wia mr Gott (Elohim) ens Gsicht guckt ond du håsch me güatig aufgnomma. [11]Nemm doch des Sach å, was e dr bråcht han; Gott (Elohim) håt mr s ao bloß gnädig gschenkt, ond i han maeh wia gnuag. So håt r am d Haut radao, bis r s gnomma håt. [12]Ond dr Esau håt gsaed: Auf, geh mr fort dåhanna; i gang dr vôrnadraus. [13]Er aber håt zon am gsaed: Mae Herr wôeß doch, dass dia Kenderla no z kloe send ond i ao für dia Muaderschåf ond s Rendvieh sôrga muaß; tät mr s ao bloß oen Dag z arg åtreiba, nå tät mr de ganz Herde aeganga. [14]Mae Herr, gang doch oefach daem Knecht vôrnadraus. I komm gmüatlich hentadrae, so wia s Vieh ond dia Kender halt könnat, bis e zo maem Herra komm nach Seïr. [15]Nå håt dr Esau gsaed: Nå laß e dr a paar von maene Leut då. Des'schd doch onaetig! Håt r zor Antwort geba; wann e bloß Gnade fend vor maem Herra. [16]Nå håt sich dr Esau an sellam Dag wieder auf da Weg gmacht nach Seïr. [17]Aber dr Jakob ischd nach Sukkoth zoga ond håt sich a Haus baut; ond für sae Vieh håt r Ställ baut; drom hôeßt mr den Ort „Sukkoth" (Hütta). [18]Dådrnåch ischd dr Jakob wohlbehalta en dr Stadt Sichem åkomma, des ischd em Land Kanaan, môn r von Padan-Aram komma ischd, ond håt vor dr Stadt draußa a Lager gmacht. [19]Ond r håt des Grondstück kauft, môn r sae Zelt aufgschlaga ghet håt, vom Hemor saene Söh, der mô am Sichem sae Vadr gwea ischd, om hondert Goldstückla. [20]Sell håt r a Stoemal aufgrichtat ond en Altar baut ond an „El, Gott vom Israel" ghôeßa.

S Bluatbad von Sichem: 34 1-31

34 Am Jakob sae Tochter, d Dina, dui môn r mit dr Lea ghet håt, ischd amål ausganga ond håt dia Mädla em Land bsuacha wölla. [2]Mô nå dr Sichem, dr Soh von dem Hewiter, Hemor håt r ghôeßa, der ischd Landesfürst gwea, se gseha håt, håt r se packt ond vrgewaltigt. [3]R håt wohl dui Dina, am Jakob sae Tochter, en s Herz gschlossa ghet ond r håt se ao möga ond ra guat zuagredat. [4]Ond dr Sichem håt zo saem Vadr, am Hemor, gsaed: Mach mr doch a Brautwerbong für des Mädle! [5]Aber dr Jakob håt ghört, dass r saener Tochter Dina dui Schand ådao håt; aber weil saene Söh mit am Vieh grad auf am Feld gwea send, ischd dr Jakob ruhig gwea, bis se hoemkomma send. [6]Nå ischd dr Hemor, am Sichem sae Vadr, nausganga zom Jakob und håt mit am schwätza wölla. [7]Mô nå am Jakob saene Söh vom Feld hoemkomma send, hent se drvo ghört. Då send dia Kerle natürlich aufbraust ond arg narrat wôra, dass der so a Schandtat en Israel dao håt ond am Jakob saener Tochter Gwalt ådao håt; so ebbas håt doch et passiera därfa! [8]Aber dr Hemor håt mit en gschwätzt ond gsaed: Mae Soh, dr Sichem, hangt so an eurer Tochter, der tät sae Seel für se hergeba, gebat se am doch als Weib! [9]Dent euch doch ao mit ons vrschwägera: gebat ons

eure Töchter ond nemmat ihr onsere
Töchter, [10]ond bleibat bei ons, wohnat
dåhanna; des Land stôht euch offa:
bleibat då, dent euch om ond siedlat
euch å! [11]Ond dr Sichem håt nå zo ihram
Vadr ond ihre Brüader gsaed: Dent mr
doch den Gfalla! Was r vo mr vrlangat,
des gib e euch. [12]Ihr könnat no so en
graoßa Brautpreis vo'mr vrlanga ond
Gschenker, i gibs euch, wian r s vo'mr
vrlangat; bloß gebat mr om ällas en dr
Welt des Mädle zom Weib!
[13]Nå hent am Jakob saene Söh dem
Sichem ond saem Vadr, am Hemor, a
ganz henterlistiga Antwort geba, weil
r ihrer Schwester dui Schand ådao håt;
[14]ond hent zo nen gsaed: Für ons ischd
des oefach omöglich, dass mr onser
Schwester amma Må gebat, der mô
et amål beschnitta ischd; weil des bei
ons a Schand ischd. [15]Bloß onter dera
Bedingong könnat mir euch den Gfalla
doa, wann ihr gleich werat mit ons ond
ällas, was bei euch männlich ischd,
beschneida lassat. [16]Nå gebat mr euch
ao onsere Töchter ond mir nemmat
eure Töchter, ond mr wöllat nå ao bein
ich bleiba ond oe Volk (mit euch) wera.
[17]Wann r aber et dent, was mr von euch
wöllat ond euch et beschneida lassat, nå
nemmat mr onser Tochter ond gangat
weiter. [18]Des håt am Hemor ond saem
Soh, am Sichem, gfalla. [19]Ond der jonge
Kerle håt et lang gfacklat des zom doa;
weil am halt am Jakob sae Töchterle
arg gfalla håt, ond r håt ao en saener
Sippschaft s höchste Åseha ghet. [20]Nå
ischd dr Hemor ond sae Soh, dr Sichem,
onter s Stadttôr ganga ond hent zo
de Aewohner von ihrer Stadt gsaed:
[21]Dia Leut send jå friedlich gsonna,
lassat se no bei ons em Land wohna
ond sich omdoa; des Land håt jå en
älle Richtonga Platz gnuag. Mir wöllat
dene ihre Töchter als Fraoa nemma ond
dene onsere Töchter ao geba. [22]Aber dia
send halt bloß aeverstanda, dass se bei
ons wohnat ond ao oe Volk (mit ons)
werat, wann mir ällas, was männlich
ischd bei ons, beschneida lassat, so wia
sia ao beschnitta send. [23]Schliaßlich
gherat jå nå ihre Herda ons, ihr Hab
ond Guat ond ällas Vieh. Dent mr en
halt den Gfalla, dass se bein as bleibat.
[24]Nå hent se am Hemor ond saem Soh,
am Sichem, halt da Gfalla dao, älle mô
em Stadttôr aus ond aeganga send ond
hent sich beschneida lassa, ällas, was
männlich gwea ischd, älle mô en saener
Stadt aus- ond aeganga send. [25]Nach
drei Däg, mô d Schmerza am ärgsta
gwea send, hent zwôe vom Jakob saene
Söh, dr Simon ond dr Levi, dr Dina ihre
Brüader, a jeder sae Schwert gnomma,
oågfochta send se en d Stadt naekomma
ond hent ällas ombråcht, was männlich
gwea ischd. [26]Ao da Hemor ond saen
Soh, da Sichem, hent se ombråcht mit
am Schwert, d Dina hent se mitgnomma
aus am Sichem saem Haus ond send
drvo ganga. [27]Am Jakob saene Söh send
über de Vrwondate hergfalla ond hent
de ganz Stadt plünderat, weil se ihrer
Schwester dui Schand ådao ghet hent.
[28]Ihre Schåf ond s Rendvieh ond d Esel
ond was en dr Stadt ond auf am Feld
gwea ischd, hent se oefach gnomma,
[29]ihr Hab ond Guat, älle Kender ond
Fraoa hent se mitgnomma ond ällas,
was et niat- ond nagelfest gwea ischd
en de Häuser hent se plünderat. [30]Nå
håt dr Jakob zom Simeon ond zom
Levi gsaed: Ihr brengat me ens Oglück,
weil r me bei de Aewohner von dem
Land dåhanna vrhaßt machat, bei de
Kanaaniter ond Pheresiter, môn e doch
so wenig Leut han. Wann dia sich gega
me zsema dent, nå schlagat se me ond
rottat me samt maener Sippschaft aus.
[31]Aber dia hent am zor Antwort geba:
Soll der mit onserer Schwester wia mit
ra Hur omsprenga därfa?

Jetzat füagat mr dåhanna Kabidl 35 Vers 5 ae:
*„Nå send se aufbrocha; über dia Städt rengs rom aber ischd a Gottesschrecka komma, dass se am Jakob saene Söh et vrfolgt hent."
Zom Vrgleicha: Vers 30: 49,5-7.

Dr Jakob wieder en Beth-El:
35 1-15

35 Ond Gott (Elohim) håt zom Jakob
gsaed: Mach de auf ond gang nach
Bethel, sell bleibst ond då baust en Altar
für den Gott (El), der mô dr erschiena
ischd, mô da vôr daem Bruader, am Esau,
abghaoa bist. 2Nå håt dr Jakob zo saener
Sippschaft gsaed ond zo älle, mô bein
am gwea send: Älle fremde Götter, môn
r bein ich hent, kommat weg, machat
euch sauber ond ziagat andere Klôeder
å. 3Nå machat mr ons auf ond gangat
nauf uf Bethel; sell will e en Altar baua
für den Gott (El), der mô mr gholfa håt,
mô mr s dreckat ganga ischd ond der
mô mit mr ganga ischd auf maem Weg.
4Nå hent se am Jakob älle fremde Götter
(Elohey) geba, dia mô se bei sich ghet
hent ond ihre Ohrreng ond r håt ällas
vrgraba onter dera Therebinthe, dui mô
bei Sichem stôht. *6So ischd dr Jakob
nach Lus komma em Land Kanaan -
des ischd Bethel -, er ond älle dia Leut,
mô bein am gwea send. 7Ond r håt sell
en Altar baut ond håt den Platz „El-
Bethel" (Gott von Bethel) ghôeßa, weil
sich sell Gott (Elohim) vôr am offabart
håt, môn r vôr saem Bruader abghaoa
ischd. 8Nå ischd d Debora gstôrba, dr
Rebekka ihr Milchmuader ond ischd
beerdigt wôra onterhalb von Bethel
onter dr Ôech; dui håt r „Tränaôech"
ghôeßa. 9Ond Gott (Elohim) ischd
am Jakob nômål erschiena, môn r von
Padan-Aram komma ischd ond håt an
gsegnat. 10Ond Gott (Elohim) håt zon
am gsaed: Du hôeßt Jakob; aber du
sollst jetzat nemme Jakob hôeßa, dae
Nåma ischd jetzat Israel. Ond r håt an
Israel ghôeßa. 11Nå håt Gott (Elohim)
zon am gsaed: I ben dr Allmächtige, sei
fruchtbar ond vrmehr de. A Volk, sogar
viele Völker sollat von dir herkomma
ond König von dr abstamma. 12Ond des
Land, des môn e am Abraham ond am
Isaak geba han, des will e dir geba ond
daene Nåchkömmlcng will e s ao geba.
13Nå ischd Gott (Elohim) aufgfahra von
am an dem Platz, môn r mit am gredat
ghet håt. 14Dr Jakob håt nå an dem
Platz, môn r mit am gredat ghet håt, a
Stoemal aufgrichtat ond a Trankopfer
draufgossa ond Öl drübergossa. 15Ond
dr Jakob håt den Platz, mô ER mit am
gredat ghet håt, Bethel ghoeßa.
Zom Vrgleicha: Vers 7: 28,12-22 • *Vers 10:* 32,29; 15 • *Vers 12:* 13,14f; 15,17-21; 26,3f.

Am Benjamin sae Geburt, d Rahel stirbt: 35 16-20
16Nå send se von Bethel aufbrocha, nå
hättat se s bloß no a Stückle weit nach
Efrata ghet, nå håt bei dr Rahel d Geburt
aegsetzt. 17Ond dui Geburt ischd arg
schwer ganga, nå håt d Hebamm zo ra
gsaed: Sei no zfrieda, du håsch wieder a
Büable. 18Mô se nå ihr Seel ausghaucht
håt - weil se jå håt sterba müaßa -, håt
se n „Ben-Oni" (Schmerzenskend)
ghôeßa; aber sae Vadr håt an „Benjamin"
(Glückskend) ghôeßa. 19Ond d Rahel
ischd gstôrba ond am Weg nach Efrata
beerdigt wôra, des ischd Bethlehem.
20Ond dr Jakob håt auf ihram Grab a
Stoemal aufgrichtat. Des ischd s Stoemal
vom Rahelgrab bis auf da heutiga Dag.

Am Jakob saene Söh, dr Isaak stirbt:
35 21-29
21Nå ischd dr Israel weiterzoga ond
håt sae Zelt aufgschlaga geganüber von
Migdal-Eder. 22En dera Zeit, mô dr
Israel en dem Land gwohnt håt, ischd

dr Ruben zor Bilha ganga, zor Nebafrao
von saem Vadr, ond håt mit ra gschlåfa.
Mô des dr Israel erfahra håt, (håt r
drwega en arga Zôra kriagt). Dr Jakob
håt zwölf Söh ghet: [23]Dr Lea ihre Söh
send gwea: Dr Ruben, am Jakob sae
Erster, dr Simeon, dr Levi, dr Juda, dr
Issaschar ond dr Sebulon; [24]Dr Rahel
ihre Söh send dr Josef ond dr Benjamin
gwea; [25]Dr Bilha ihre Söh, dr Rahel ihrer
Magd, send dr Dan ond dr Naphthali
gwea; [26]Ond dr Silpa ihre Söh, dr Magd
von dr Lea, send dr Gad ond dr Asser
gwea. Des send am Jakob saene Söh, dia
mô en Padan-Aram gebora send.
[27]Ond dr Jakob ischd zo saem Vadr,
am Isaak, nach Mamre komma, nach
Kirjath-Arba - des ischd Hebron, mô
dr Abraham ond dr Isaak als Fremde
gwea send. [28]Dr Isaak aber ischd
hondertachtzg Jåhr alt wôra. [29]Nå ischd
dr Isaak abgschieda ond r ischd gstôrba
ond ischd zo saene Stammasgenossa
vrsammlat wôra, môn r alt gwea ischd
ond gnuag ghet håt vom Leba; ond
saene Söh, dr Esau ond dr Jakob, hent
an beerdigt.

Zom Vrgleicha: Vers 22: 49,3.

Em Kabidl **36** wird am Esau sae ganza Nåchkommaschaft aufzählt, des ischd halt ensofern entressant, dass då viele Fürstla ond kloene Stadtkönig drbei send, mit dene mô nåchher s Volk Israel sae liaba Not ghet håt.

3. Tôel: D Josefsgschicht: 1. Mose 37-50

Dr Josef ond saene Brüader: 37 1-36

37 Dr Jakob ischd nå en dem Land
blieba, mô schao sae Vadr als a
Fremder gwohnt håt, em Land Kanaan.
[2]Des ischd am Jakob sae Gschicht: Mô
dr Josef siebzeah Jåhr alt gwea ischd,
håt r mit saene Brüader d Schåf ghüatat
ond zwår als Kloeknecht bei de Söh von
dr Bilha ond dr Silpa, saem Vadr saene
Weiber. Ond dr Josef håt ällas saem
Vadr nôtraga, was mr über dia so gsaed
håt, ond des ischd jå nex Guats gwea.
[3]Aber dr Israel håt da Josef gerner möga
als älle saene andere Buaba, weil r halt
erst gebora ischd, môn r schao älter
gwea ischd, ond r håt am a Gwand
macha lassa mit Ärmel dren. [4]Mô nå
saene Brüader gseha hent, dass an ihr
Vadr ärger möga håt als älle saene andere
Buaba, send se faendselig gega an wôra
ond hent am koe fraendlichs Wort maeh
gönnt. [5]Nå håt dr Josef amål traemt
ond des håt r saene Brüader vrzählt.
[6]Ond r håt zo nen gsaed: Horchat amål
her, was mr s traemt håt! [7]Mir send em
Garbamacha gwea em Feld draußa; nå
håt sich auf oemål mae Garb aufgrichtat
ond ischd standa blieba, aber eure
Garba send rengsrom nôgstanda ond
hent sich vôr maener Garb vrnaegt. [8]Nå
hent saene Brüader zon am gsaed: Du
willst wohl onser König wera ond über
ons herrscha? Ond se hent no en ärgera
Hass auf an ghet wega saene Traem ond
saem Gschwätz. [9]Nå håt s am nômål
traemt ond des håt r ao saene Brüader
vrzählt ond gsaed: Guckat, i han nômål
traemt: d Sonn ond dr Mond ond elf
Stern hent sich vôr mr vrnaegt. [10]Des håt
r saem Vadr ond saene Brüader vrzählt.
Nå håt an sae Vadr vrschempft ond
håt zon am gsaed: Was håsch d denn
då wieder zsematraemt? Soll vielleicht
i ond dae Muader ond daene Brüader
komma ond vôr dir katzbuckla? [11]Ond
saene Brüader send am arg neidig gwea,

aber sae Vadr hât sich dui Sach gmerkt.
12Mô saene Brüader fortganga gwea
send, zom ihram Vadr saene Schâf
wôeda om Sichem rom, 13hât dr Israel
zom Josef gsaed: da wôeßt doch, daene
Brüader dent wôeda om Sichem rom.
Komm, i will de zo nen schicka. Då
drauf hât r gsaed: Då ben e.14Ond r hât
zon am gsaed: Gang nô ond guck wia s
stôht mit daene Brüader ond wias om d
Herde stôht, ond saesch mr ällas. So hât
r an nausgschickt vom Tal en Hebron
ond r ischd nach Sichem komma. 15Nå
hât an a Må troffa, wian r auf am Feld
romgsuacht hât. Der Må hât an gfrågt:
Was suachst d n dåhanna? 16Dem hât
r zor Antwort geba: Maene Brüader
suach e, kåsch mr et saga, mô se grad
hüata dent. 17Der Må hât gsaed: Dia send
dåhanna fortganga; i han ghört, wia se
gsaed hent: Geh mr uf Dotan omme. Nå
ischd dr Josef saene Brüader nåchganga
ond hât se bei Dotan gfonda. 18Mô se
an von weitam hent komma seha, hent
se en Mordåschlag auf an macha wölla,
19ond hent zoananander gsaed: Guckat no,
då kommt onser Traemer drher! 20Auf
gôhts, den brengat mr om ond schmeißat
an en a Zisterne nae ond nå sagat mr, a
wilds Viech häb an gfressa; nå seahnat
mr jå, was aus saeneTraem wird. 21Mô
des dr Ruben ghört hât, hât r probiert,
an vôr en z retta ond hât gsaed: an s Leba
gangat mr am fae et! 22Nå hât dr Ruben
zo nen gsaed: Bluat wird koes vrgossa!
Då, schmeißat an en dui Zistern då nae
en dr Wüste, aber dao wird am nex! r hât
an wölla vôr en retta ond an saem Vadr
zrückbrenga. 23Mô nå dr Josef zo saene
Brüader komma ischd, hent se am glei
sae Gwand ragrissa, des mit dene Ärmel
hât r åghet. 24Ond se hent an packt ond
en dui Zistern naegschmissa; aber dui
Zistern ischd leer gwea, s hât koe Wasser
dren ghet. 25Nå send se nôghockt ond
hent gvesperat. Mô se nå aufguckt hent,
ischd a Karawane drherkomma, des send
Ismaelita gwea von Gilead, dene ihre
Kamel send vollglada gwea mit Gommi,
Balsam ond Harz, dia send onterwegs
gwea uf Ägypten na. 26Nå hât dr Juda zo
saene Brüader gsaed: was tät ons des ao
nütza, wa'mer onseran Bruader zdaot
schlaga ond sae Bluat vrschärra dätat?
27Kommat, den vrscherblat mr liaber an
dia Ismaeliter, statt dass mr ons an am
vrgreifat; schliaßlich ischd r jå onser
Bruader ond von onseram Flôesch ond
Boe. Ond saene Brüader hent auf an
ghorcht. 28Nå send aber midianitische
Kaofleut vrbeikomma, dia hent da Josef
aus dera Zistern raufzoga. Ond dia hent
da Josef an dia Ismaeliter vrkaoft om
zwanzg Silberleng, ond se hent da Josef
nach Ägypten brâcht.
29Mô nå dr Ruben an dui Zistern
zrückkomma ischd, guck: nå ischd
dr Josef nemme en dr Zistern drenna
gwea. 30Nå hât r saene Klôeder vrrissa
ond ischd zo saene Brüader zrückganga
ond hât gsaed: Der Kerle ischd nemme
då! Mô soll e bloß nô? 31Nå hent se am
Josef sae Gwand gnomma ond hent an
Gôeßbock gmetzgat ond des Gwand en
des Bluat naetonkt.
32(Nå hent se des Ärmelgwand), - hent
se s ihram Vadr brâcht ond gsaed: Des
he'mr gfonda. Guck no gnao, ob des
daem Jonga sae Gwand ischd oder et.
33Môn r s åguckt ghet hât, hât r gsaed:
Des ischd maem Bua sae Gwand. A
wilds Viech hât an gfressa. Tatsächlich,
dr Josef ischd vrrissa. 34Ond dr Jakob hât
saene Klôeder vrrissa ond sich en Sack
om d Hüfta romdao; ond r hât lang, lang
trauert om saen Bua. 35Nå hent sich älle
saene Söh ond Töchter aufgmacht zom
an trösta. Aber r hât sich et trösta lassa
wölla ond gsaed: Noe, voller Trauer fahr
i nonter zo maem Bua ens Daotareich.
So hât sae Vadr om an gheult.
36Dia Midianiter hent aber da Josef

nach Ägypten vrkaoft an da Potifar, der ischd Kämmerer gwea beim Pharao ond Oberst bei dr Leibwach.

s Kabidl **38** håt aegentlich mit de Erzvädergschichta bloß am Rand ebbas z doant, s handlat von ra Frao, dui mô auf a recht zweifelhafta Art ihr Recht suacht ond fendat en dera Patriarchawirtschaft.

Dr Josef em Haus vom Potifar: 39 1-21

39 Mô se da Josef nach Ägypten na
brâcht ghet hent, håt an dr Potifar
kaoft, der ischd Kämmerer gwea beim
Pharao ond Oberst en dr Leibwach, a
Ägypter. Von dene Ismaeliter håt r an
kaoft, dia môn an sell nôbrâcht hent.
2Gott (JAHWE) ischd mit am Josef
gwea, ond s ischd am ällas, was r åglangt
håt, guat gråta, drom håt r ao em Haus
von saem Herra, dem Ägypter, bleiba
därfa. 3Mô sae Herr gmerkt håt, dass dr
Herrgott (JAHWE) mit am gwea ischd
ond dass am dr Herrgott (JAHWE)
ällas, was r en d Händ nemmt, ao
gråta läßt, 4håt dr Josef en graoßa Stoe
bein am em Brett ghet ond r ischd sae
Leibdiener wôra; ond r håt an über sae
Haus ond über sae ganzs Sach gstellt
ond håt am ällas åvrtraut. 5Ond von
dera Zeit å, môn r an über sae Haus
ond sae Hab ond Guat gstellt håt, håt
dr Herrgott (JAHWE) des Haus von
dem Ägypter gsegnat weg'am Josef, ond
am Herrgott (JAHWE) sae Sega ischd
auf ällam glega was r ghet håt em Haus
ond em Feld. 6Drom håt r ällas am Josef
überlassa ond håt sich om nex maeh
kümmerat neber am als om dia Speisa,
môn r gessa håt. Dr Josef aber ischd a
guat gwachses Mannsbild gwea ond håt
bildschö ausgseha. 7Nach dem håt sichs
gea, dass saem Herra sae Weib a Aog auf
da Josef ghet håt ond zon am gsaed håt:
Komm, schlâf mit mr! 8Aber dr Josef
ischd standhaft blieba ond håt zor Frao
von saem Herra gsaed: Guck doch, mae
Herr kümmerat sich neber mir om nex
mae em Haus, ond ällas, was r håt, des
håt r en mae Obhuat geba. 9Der ischd en
saem ôegena Haus et graeßer als wian i;
gar nex håt r vôr mr zrück ghalta außer
dir, weil du sae Weib bist. Wia sott i
no a so graoß Orecht doa ond gega da
Herrgott me vrsündiga? 10Ond obwohl
se jedan Dag auf da Josef naegschwätzt
håt, ischd r et drauf aeganga, dass r zo ra
naeglega wär zom ebbas mit ra hao. 11A
ma schöna Dag ischd dr Josef ens Haus
komma zom saem Gschäft nåchganga,
ond vom Gsend ischd ao neamerd då
gwea. 12Nå håt se an am Gwand packt
ond gsaed: Komm, lieg zo mr nô! Aber
er håt sae Gwand losglassa ond ischd aus
am Haus naus gflüchtat. 13Mô se gseha
håt, dass r sae Gwand en ihre Händ
zrückglassa håt ond zom Haus naus
gflüchtat gwea ischd, 14håt se s Gsend
zsema gschria ond zo dene gsaed: Då
guckat no, då håt r ons so en Hebräer
drher brâcht, dass der sae Müatle an ons
küahla könnt. Kommt der doch då rae
zo mr ond will zo mr ens Bett naeliega;
aber i han glei laut gschria. 15Ond môn r
mae Gschrôe ghört håt, håt r sae Gwand
neba mr liega lassa ond ischd zom Haus
naus gsauat. 16Ond se håt sae Gwand
neber sich liega lassa, bis sae Herr
hoem komma ischd. 17Nå håt se dem
de gleich Gschicht vrzählt ond gsaed:
Der hebräische Sklav dåhanna, den mô
da ons ens Haus raebrâcht håsch, der
håt sae Müatle an mr küahla wölla, der
ischd zo mr raekomma. 18Môn e aber mit
Schreia ågfanga han, håt r sae Gwand
neber mr liega lassa ond ischd zom
Haus naus gwetzt. 19Mô sae Herr dui
Sach von saener Frao ghört håt ond dui
gsaed håt: Des håt dae Knecht mit mr
dao, ischd r natürlich saumäßig narrat
wôra, 20ond r håt da Josef gnomma ond

an ens Gfängnis gschmissa, mô ao am
König saene Gfangene ghockt send.
Ond r ischd sell em Gfängnis blieba.
21Dr Herrgott (JAHWE) aber ischd
mit am Josef gwea ond håt an beliebt
gmacht, dass r beim Gfängniswärter en
Stoe ein Brett ghet håt.

Dr Josef em Gfängnis: 39 22 – 40 23

22So håt der Gfängniswärter da Josef älle
Gfangene en dem Gfängnis betreua lassa;
ällas, was sell passiert ischd, ischd über
da Josef gloffa. 23Der Gfängniswärter håt
sich om nex maeh kümmera braucha,
was der en de Händ ghet håt, weil dr
Herrgott (JAHWE) mit am gwea ischd;
ond dr Herrgott (JAHWE) håt ällas
gråta lassa, was r onternomma håt.

40 Nåch ra kloena Zeit hent dr
Mundschenk ond dr Bäck
vom König von Ägypten bei ihram
Herra, am König von Ägypten, ebbas
ågstellt. 2Nå ischd dr Pharao narrat
gwea auf saene zwôe Höfleng, über da
Obermundschenka ond da Oberbäcka,
3ond r håt se aesperra lassa em Haus
vom Obersta von dr Leibwach, en des
Gfängnis, mô dr Josef ao ghockt ischd.
4Ond dr Oberste von dr Leibwach håt en
da Josef zom Bediena geba; so send se a
Weile em Gfängnis gwea. 5Nå hent amål
bôede en oener Nacht en Traom ghet,
ond jeder Traom håt ebbas bsonders
bedeutat - dr Mundschenk ond dr Bäck
vom König von Ägypten, mô se em
Gfängnis ghockt send. 6Mô nå dr Josef
môrgnads zo nen naekomma ischd, håt r
gseha, dass die zwôe ganz gschlaga gwea
send. 7Nå håt r dia Höfleng vom Pharao
gfrågt, dia mô em Haus von saem Herra
aegsperrt gwea send: Wårom guckat
r denn haet môrga so komisch aus dr
Wäsch? 8Nå hent am dia zor Antwort
geba: s håt ons ebbas traemt, ond mr
hent koen, der mô ons saga kå, was des
bedeutat. Håt dr Josef zo nen gsaed: s
Traomdeuta stôht bei Gott (Elohim),
aber r könnat mr s jå amål vrzähla.
9Nå håt dr Obermundschenk am Josef
saen Traom vrzählt ond zon am gsaed:
Also mir håt s traemt, i sieh vôr mr
en Waestock 10ond an dem Waestock
send drei Schößleng gwea. Ond môn
r ågfanga håt mit austreiba, ischd r ao
schao voller Blüata gstanda ond saene
Trauba hent reife Beera kriagt. 11Ond i
han am Pharao saen Becher en dr Håd
ghet, ond i han dia Beera gnomma
ond ausdruckt em Pharao saen Becher
nae ond han am Pharao den Becher
nôghoba. 12Nå håt dr Josef zon am
gsaed: Des bedeutat: drei Schößleng
send drei Däg; 13en drei Däg erhebt dr
Pharao dae Haopt ond setzt de wieder
ae en dae Amt. Du gibst am Pharao
wieder saen Becher wia früher, mô da
no sae Mundschenk gwea bist. 14Aber
denk ao an me, wann dr s guat gôht ond
dua mr da Gfalla, dass da beim Pharao a
Wörtle für me aelegst, ond hilf mr, dass
e aus dem Haus dåhanna rauskomm. 15I
ben nämlich schandamäßig aus am Land
von de Hebräer entführt wôra, ond seit
e då ben, han e mr ao nex zschulda
komma lassa, dass se me aeglocht hent.
16Mô dr Oberbäck gseha håt, dass dr
Josef ebbas guats deutat håt, håt r zon
am gsaed: Ao mir håt s traemt, i han
drei Kretta auf maem Kopf traga. 17Em
ersta Kretta ischd ällas mögliche zom
Essa gwea, baches Zeugs für da Pharao;
aber d Vögel hent des aus dem Kretta
auf maem Kopf droba gfressa. 18Dr Josef
håt am zor Antwort geba ond gsaed:
Des bedeutat: Dia drei Kretta send drei
Däg; 19no drei Däg, nå erhebt dr Pharao
dae Haopt (von dr). Der läßt de an en
Galga nufknüpfa, ond d Vögel fressat s
Flôesch von dr weg.
20Ond am dritta Dag ischds passiert, am
Pharao saem Geburtstag håt r a Essa geba
für saene ganze Höfleng. Ond r håt vôr

älle drå s Haopt vom Obermundschenka ond s Haopt vom Oberbäcka erhoba. [21]Da Obermundschenka håt r wieder en sae Amt aegsetzt, dass r am Pharao wieder da Becher håt nôheba därfa. [22]Aber da Oberbäcka håt r nufknüpfa lassa; wias dr Josef deutat ghet håt. [23]Aber dr Obermundschenk håt nemme an da Josef denkt, der håt an glatt vrgessa.

Am Pharao sae Traom ond sae Deutong: 41 1-36

41 Zwôe Jåhr später håt dr Pharao en Traom ghet: r ischd am Nil gstanda [2]ond håt sieba schöne, fette Küah aus am Nil raussteiga seha, dia hent em Riedgras gwôedat. [3]Henter dene håt r aus am Nil sieba andere Küah raussteiga seha, wüascht hent dia ausgseha ond klepperdürr; dia send neber dia Küah am Nilufer nôgstanda. [4]Ond auf oemål hent dia wüaschte, klepperdürre Küah dia sieba schöne, fette Küah aufgfressa. Då drå ischd dr Pharao aufgwacht. [5]Nå ischd r wieder aegschlåfa ond håt nômål traemt: sieba Ähra send auf oem Halm gwachsa, dick ond schö. [6]Henter dene håt r sieba mickrige Ähra aufspriaßa seha, dia mô vom hôeßa Ostwend schao ågsengt gwea send. [7]Ond dia dürre Ähra hent dia dicke ond vole Ähra en sich naegschlonga. Nå ischd dr Pharao aufgwacht, ond guck, nå ischds a Traom gwea.

[8]Am andera Môrga ischd r ganz oruhig gwea. Drom håt r fortgschickt ond älle Wahrsager ond älle Gstudierte komma lassa, ond dene håt r saen Traom vrzählt; aber s ischd koener drbeigwea, der mô am Pharao hätt könna saen Traom deuta. [9]Nå håt dr Obermundschenk zom Pharao gsaed: I muaß haet drå denka, was e selligsmål ågstellt han. [10]Mô dr Pharao über saene Diener vrzürnt gwea ischd ond se em Haus vom Obersta von dr Leibwach håt aesperra lassa, mi ond da Oberbäck, [11]då hent mr bôede en dr gleicha Nacht en Traom ghet, i ond er; jeder håt en Traom ghet, der mô ebbas bsonders bedeutat håt. [12]Nå ischd sell a jonger Hebräer gwea, a Sklav vom Oberst von dr Leibwach; dem he'mr s vrzählt, ond der håt ons onsere Traem deutat, e ma jeda håt r saenTraom bsonders deutet. [13]Ond so wian r s gsaed håt, so ischds ao komma: i ben wieder en mae Amt aegsetzt wôra, ond ehn håt mr aufghenkt.

[14]Nå håt dr Pharao oen nôgschickt wega am Josef, ond mr håt an aus am Gfängnis gholt, des håt et schnell gnuag ganga könna. D Håår håt r sich gschwend no schneida lassa ond a anders Gwand åzoga, nå ischd r vôr da Pharao komma. [15]Nå håt dr Pharao zom Josef gsaed: I han en Traom ghet, ond neamerd kå mr s deuta; aber von dir hent se mr vrzählt, du könntest en Traom glei deuta, wenn d an hörst. [16]Dr Josef håt am Pharao zor Antwort geba ond gsaed: Mir stôht des et zua, aber Gott (Elohim) wird am Pharao schao saga, was guat ischd. [17]Nå håt dr Pharao am Josef vrzählt: Also mir håt s traemt, i stand am Nilufer. [18]Nå send aus am Nil sieba fette ond schöne Küah rausgstiega ond hent em Riedgras gwôedat. [19]Nach dene send sieba andere Küah raufgstiega, klepperdürr ond stenk häßlich ond mager; en ganz Ägypten han e sotte wüaschte et gseha. [20]Ond jetzat hent dia magere, stenk häßliche Küah dia sieba fette Küah aufgfressa, dia mô zersta då gwea send. [21]Ond wia se dia en sich naegfressa hent, håt mr dene gar nex ågseha, dass se se en sich naegschlonga ghet hent; dia send no grad so wüascht gwea wia drvôr. Nå ben e aufgwacht.

[22]Nå han e (nômål) traemt: sieba Ähra send auf oem Halm gwachsa, mast ond schö; [23]nach dene send sieba harte ond dünne Ähra aufgsprossa, dia mô dr

Ostwend schao ågsengt ghet håt, [24]ond
dia dünne Ähra hent dia sieba schöne
Ähra en sich nae gschlonga. Des han
e dene Wahrsager vrzählt, aber då håt
koener a Erklärong drfür ghet. [25]Nå håt
dr Josef zom Pharao gsaed: Dia Traem
vom Pharao bedeutat bôede s gleiche.
Gott (Elohim) håt am Pharao zaegt, was
r doa will. [26]Dia sieba schöne Küah send
sieba Jåhr, ond dia sieba Ähra send ao
sieba Jåhr; des kommt auf s gleiche raus.
[27]Dia sieba magere ond häßliche Küah,
mô nach en raufgstiega send, send sieba
Jåhr; ond ao dia sieba leere ond vom
Ostwend ågsengte Ähra send sieba
Hongerjåhr. [28]Des han e gmoent, môn e
zom Pharao gsaed han: Gott (Elohim)
håt am Pharao zaegt, was r doa will.
[29]Guck, jetzat kommat sieba Jåhr, mô
s en ganz Ägypten ällas en Hülle ond
Fülle geit. [30]Nåch dene kommat sieba
Hongerjåhr; då vrgißt mr, was mr en
Ägypten en Hülle ond Fülle ghet håt:
dr Honger frißt des Land auf, [31]dass
mr nex maeh spürt von dr ganza Fülle,
mô mr em Land ghet håt, vôr lauter
Hongersnot, dui mô hentadrae kommt;
dui kommt nämlich ganz arg. [32]Dass
aber dr Pharao glei zwôemål traemt håt,
des bedeutat, dass sich Gott (Elohim)
dui Sach ganz fest vôrgnomma håt ond
dass Gott (Elohim) des ao bald duat.
[33]Jetzat sott sich dr Pharao nach ama
gscheita ond weisa Må omgucka, ond
den über s Land Ägypten aesetza;
[34]ond dr Pharao muaß Aufseher über
s Land bstella ond en dene sieba guate
Jåhr da fünfta Tôel vom Land Ägypten
aetreiba. [35]Dia sollat ällas Korn, von
dene guate Jåhr, dia mô jetzat kommat,
en Kornhäuser sammla, dass dr Pharao
drüber vrfüaga kå; se sollat des Korn
en d Städt schaffa ond sell aufheba.
[36]Nå håt s Land en Vôrrat en dene
sieba Hongerjåhr, dia mô über s Land
Ägypten kommat, dass des Land et vôr
Honger omkommt.
Zom Vrgleicha: Vers 11: 40,5.

Am Josef sae Macht über Ägypten:
41 37-57
[37]Am Pharao håt des gfalla, was dr Josef
gsaed håt ond ao saene Denstleut. [38]Ond
dr Pharao håt zo saene Denstleut gsaed:
Ob mr wohl oen fenda dätat, en dem
mô so dr Gaest von Gott (Elohim) ischd
wia en dem då?
[39]Ond dr Pharao håt zom Josef gsaed:
Weil Gott (Elohim) di des ällas håt
erkenna lassa, geit s koen, der mô so
gscheit ischd ond so viel Weishaet håt
wia du. [40]Du bist jetzat über mae ganz
Haus gsetzt, ond was du saesch, des gilt
em ganza Volk; bloß om da Thron stand
i no über dr. [41]Nå håt dr Pharao zom
Josef gsaed: Guck, von jetzt å setz i di
ae über s ganz Land Ägypten. [42]Ond dr
Pharao håt saen Siegelreng vom Fenger
ra zoga ond am Josef an d Håd gsteckt
ond am kostbare Gwänder åzoga ond
nå håt r am a goldena Amtskette om
da Hals glegt. [43]Nå håt r an auf saem
zwôeta Waga fahra lassa ond mr håt vôr
am ausgruafa: Abrek! (Wahrschaenlich
hôeßt des: Auf d Knia mit euch!) So håt
r an über s ganz Land Ägypten aegsetzt.
[44]Ond dr Pharao håt zom Josef gsaed: I
ben dr Pharao, ond neamerd soll saene
Händ oder Füaß rega, ohne dass du
des willst, ond des gilt für s ganz Land
Ägypten. [45]Ond dr Pharao håt am Josef
en Nåma geba: Zofnat-Paneach håt r an
ghôeßa ond r håt am d Asenat als Frao
geba, am Potiferas sae Tochter, der ischd
Priaster gwea en On. So håt dr Josef
übers ganz Land Ägypten s Saga ghet.
[46]Dreißg Jåhr alt ischd dr Josef gwea, môn
r vôr am Pharao, am König von Agypta,
gstanda ischd. Ond dr Josef ischd vom
Pharao nausganga ond durchs ganz
Land Ägypten gfahra. [47]Des Land håt
en dene guate Jåhr Korn en Hülle ond

Fülle ghet. 48Nå håt r ällas Korn en dene sieba Jåhr, mô se Überfluß ghet hent, en Ägypten aesammla lassa ond håt des Korn en d Städt schaffa lassa. En a jeda Stadt håt r des Korn dao, des mô rengs rom auf de Felder gwachsa ischd. 49So håt dr Josef des Korn aufgspeicherat, ohaemlich viel, wia Såd am Meer, r håt s et amål maeh messa lassa; weil s halt so ohaemlich viel gwea ischd.

50Ond zwôe Söh send am Josef gebora wôra, no vôr dera Hongersnot; dia håt d Asenat auf d Welt bråcht, am Potiferas sae Tochter, der mô Priaster gwea ischd en On. 51Ond da ersta håt dr Josef Manasse ghôeßa, weil (so håt r gsaed): Gott (Elohim) håt me mae ganza schwera Zeit ond maem Vadr sae ganza Sippschaft vergessa lassa. 52Da zwôeta håt r Efraim ghôeßa, weil (so håt r gsaed): Gott (Elohim) håt me fruchtbar gmacht em Land vo'maem Elend. 53Mô dia sieba guate Jåhr em Land Ägypten rom gwea send, mô se ällas em Überfluß ghet hent, 54hent dia sieba Hongerjåhr ågfanga, wia s dr Josef gsaed håt, ond s ischd über älle Länder a Hongersnot komma, bloß en ganz Ägypten håt s Brot geba. 55Mô nå aber s Land Ägypten mit Hongera ågfanga håt, håt s Volk zom Pharao gschria wega Brot. Nå håt dr Pharao zo älle Ägypter gsaed: Gangat zom Josef! Was der zon ich saed, des dent r. 56Aber dui Hongersnot ischd über de ganz Erde komma. Nå håt dr Josef älle Kornhäuser aufgmacht ond de Ägypter Korn vrkaoft. Ond dui Hongersnot ischd emmer Schlemmer wôra em Land Ägypten. 57Ond de ganz Welt ischd zom Josef nach Ägypten komma zom Korn kaofa; weil des halt auf dr ganza Welt a schwera Hongersnot gwea ischd.

Am Josef saene Brüader kommat nach Ägypten: 42 1-38

42 Mô dr Jakob ghört håt, dass en Agypta Korn fôel sei, håt r zo saene Söh gsaed: Was guckat r anander å? 2I han s doch ghört, dass en Agypta dronta Korn fôel ischd. Gangat na ond kaofat sell Korn für ons, dass mr ebbas zom Leba hent ond et omkommat. 3Nå send am Josef saene Brüader, zeah Mann stark, uf Ägypten na ganga zom Korn kaofa. 4Aber da Benjamin, am Josef saen richtiga Bruader, håt dr Jakob et mit saene Brüader ganga lassa; weil r denkt håt, s könnt am am End ao ebbas passiera.

5So send mit dene Leut, mô då nô ganga send zom Korn kaofa, ao am Israel saene Söh gwea; weil em Land Kanaan ao a Hongersnot gwea ischd. 6Dr Josef aber håt em Land regiert ond håt am ganza Volk em Land Korn vrkaoft. Mô nå am Josef saene Brüader komma send, hent se sich vôr am bis auf da Boda na vrnaegt. 7Mô dr Josef saene Brüader gseha håt, kennt håt r se glei; aber r håt so dao, als dät r s et kenna ond håt se ganz schö ågranzt ond se gfrågt: Mô kommat n ihr her? Dia hent am zor Antwort geba: Aus am Land Kanaan, zom Korn kaofa. 8Dr Josef håt saene Brüader glei kennt, aber die ehn et. 9Då håt dr Josef an dia Traem denka müaßa môn r von en ghet håt. Ond r håt zo nen gsaed: Ihr send Spion! Ihr send bloß komma, zom d Schwachstella en onseram Land ausspioniera. 10Dådruf hent dia gsaed: A wa, niamåls, Herr! Daene Knecht send bloß komma zom Korn kaofa. 11Mir send älle d Söh von oem Må; mir send ehrliche Leut, daene Knecht send doch koene Spion. 12Då druf håt r zo nen gsaed: Nex då! Spioniera wöllat r. 13Nå hent se am zor Antwort geba: Mir dåhanna, daene Knecht, mir send zwölf Brüader gwea, ällas Söh von oem

Må em Land Kanaan. Dr Jüngst ischd
jetzt no bei onseram Vadr, ond oen
geit s nemme. 14 Aber dr Josef håt zo
nen gsaed: I bleib bei dem, was e euch
gsaed han: Spion send r. 15 Då drå stell
e euch auf d Prob: So gwieß dr Pharao
lebt, ihr kommat mr dåhanna et fort, bis
euer jüngster Bruader då her kommt.
16 Schickat oen von euch nô, dass r euran
Bruader holt; ihr andere bleibat so lang
gfanga. So prüaf i, ob ihr d Wåhrat sagat
oder et. Wann et, nå send r doch Spion,
beim Leba vom Pharao. 17 Då druf håt
r se mitanander drei Däg aesperra lao.
18 Am dritta Dag håt dr Josef zo nen
gsaed: Wann r am Leba bleiba wöllat,
nå dent r, was e euch sag - schliaßlich
ben i a gottesfürchtiger Må -: 19 Wann r
ehrliche Leut send, nå lassat r oen von
euch Brüader dåhanna em Gfängnis. Ihr
andere aber könnat ganga ond Korn für
eure Familia mitnemma, dass dia koen
Honger leida müaßat. 20 Nå brengat r
euran jüngsta Bruader zo mr, dass sich
s rausstellt, dass r d Wåhrat gsaed hent
ond ihr et sterba müaßat. Ond då send se
drauf aeganga. 21 Nå hent se onteranander
gsaed: Wahrhaftig, mir send gega
onseran Bruader schuldig wôra; weil mr
mit ågseha hent, wia der ons en saener
Seelanot åbettlat håt, aber mir hent nex
drauf geba. Då drwega kommt jetzat
dui Not über ons. 22 Dr Ruben håt nå
gsaed: Han e s euch et gsaed: Vrsündigat
euch et an dem Jonga! Aber ihr hent et
auf me ghört; ond jetzat seahnat r, wia
sae Bluat von ons aegforderat wird.
23 Dia hent natürlich et gwißt, dass dr
Josef ällas vrstanda håt; weil der jå per
Dolmetscher mit dene gschwätzt håt.
24 Nå ischd r von en weg ganga ond håt
heula müaßa. Nå ischd r zrückkomma
zo nen ond håt mit en gschwätzt; ond
r håt da Simeon von en weg gnomma
ond vôr ihre Aoga drå fessla lassa. 25 Då
drnåch håt r da Befehl geba, dass mr ihre
Säck mit Korn fülla soll ond jedam sae
Geld wieder en da Sack naedoa soll ond
en ao no gnuag zom Vespera auf da Weg
mitgeba soll. Des håt mr dao. 26 Aber dia
hent ihr Korn auf ihre Esel glada ond
send abzoga.
27 Mô nå en ra Herberg oener saen Sack
aufgmacht håt zom saen Esel füadera, håt
r sae Geld oba drauf em Sack liega seha.
28 Nå håt r zo saene Brüader gsaed: Mae
Geld ischd wieder då; dåhanna en maem
Sack ischd s. Nå ischd ens Herz en d
Hosatasch grutscht ond se hent anander
ganz vrschrocka åguckt ond gsaed: Was
håt ons då Gott (Elohim) ådao! 29 Mô
se nå hoemkomma send zo ihram Vadr
Jakob em Land Kanaan, hent se am ällas
vrzählt, was en vrkomma gwea ischd
ond hent gsaed: 30 Der Må sell, der mô
dr Herr ischd em Land, der håt ons
schwer akanzlat ond ons ens Gfängnis
gschmissa, wia wann mir Spion seie.
31 Nå he'mr zon am gsaed: Mir send
ehrliche Leut ond koene Spion. 32 Mir
send mitanander zwölf Brüader, Söh
von onseram Vadr; oener ischd nemme
då, ond dr Jüngst ischd jetzat no bei
onseram Vadr em Land Kanaan. 33 Jetzat
håt der Må, der Landesherr, zon as
gsaed: Då drå will e rausfenda, dass ihr
ehrliche Leut send: lassat oen von euch
Brüader bei mr ond nemmat gnuag Korn
mit, dass eure Familia koen Honger
leida müaßat. 34 Brengat mr aber euran
jüngsta Bruader her, dass e sieh, dass r
koene Spion send ond ehrliche Leut; nå
gib e euch euran Bruader wieder ond
ihr könnat euch frei em Land bewega.
35 Ond mô se d Säck ausgleert hent, guck,
nå håt a jeder da Beutel mit saem Geld
en saem Sack gfonda. Mô se aber, sia
ond ihr Vadr, dia Geldbeutel gseha hent,
hent se s mit dr Angst z doant kriagt.
36 Nå håt ihr Vadr Jakob zo nen gsaed:
Ihr brengat me om maene Kender, dr
Josef ischd nemme då, dr Simeon ischd

nemme då, ond jetzat wöllat r mr ao no
da Benjamin wegnemma; des muaß ällas
über mi komma. 37 Då håt dr Ruben drauf
gsaed: Wann e dr n et wieder breng, nå
därfst maene bôede Buaba ombrenga.
Laß mr n; i breng dr n ao gwieß wieder.
38 Aber, håt r gsaed: Mae Bua soll et mit
euch naganga; weil sae Bruader schao
daot ischd, ond er ischd alloe no übrig.
Wann am ebbas passiera tät auf am Weg,
nå tätat r maene graoe Håår vôr lauter
Kommer ens Daotareich nabrenga.

Zom Vrgleicha: Vers 9: 37,5-11.

Am Josef saene Brüader kommat zom zwôeta Mål nach Ägypten:

43 1 – 45 28

43 Aber dui Hongersnot ischd
schwer auf dem Land glega. 2 Mô
se nå des Korn gessa ghet hent, mô se
von Ägypten rauf bråcht ghet hent, håt
ihr Vadr zo nen gsaed: Gangat wieder
ond kaofat ons ebbas zom Essa. 3 Då
druf håt am dr Juda gsaed: Der Må håt
ons ausdrücklich vrwarnt: Kommat mr
nemme onter d Aoga, wann r euran
jüngsta Bruader et bein ich hent. 4 Wann
da onseran Bruader mitganga lassa
willst, nå gangat mr na ond kaofat dr
ebbas zom Essa. 5 Wann da n aber et
mitganga lassa willst, nå gangat mir
ao et; weil der Må håt zon as gsaed:
Kommat mr jå nemme onter d Aoga,
wann r euran Bruader et bein ich hent.
6 Nå håt dr Israel gsaed: Wårom hent r
mr ao des ådao ond dem Må gsaed, dass
r no en Bruader hent? 7 Då druf hent se
gsaed: Der Må håt so gnao nach ons ond
onserer Vrwandtschaft gforscht ond as
gfrågt: Lebt euer Vadr no? Hent r no
en Bruader? Nå he'mr am gsaed, wia s
stôht. Hent mir vielleicht wissa könna,
dass der saga dät: Brengat euran Bruader
her! 8 Nå håt dr Juda zo saem Vadr Israel
gsaed: Gib mr den Bua mit, nå machat
mr ons auf ond gangat na, dass mr ebbas
zom Leba hent ond et sterbat, mir ond
du ond onsere Kenderla. 9 I vrbürg me
selber für an, von maene Händ kåsch d
an vrlanga; wann e dr n nemme breng
ond an vôr daene Aoga nô stell, nå trag
i mae Lebdag d Schuld drfür. 10 Wa'mr
et so lang rom gmacht hättat, nå wärat
mr schao zwôe Mål wieder då. 11 Nå håt
ihr Vadr, dr Israel, zo nen gsaed: Wann s
schao sae muaß, nå machat r s so. Dent
von de beste Frücht em Land ebbas en
eure Säck nae ond brengat s dem Må als
a Gschenk: a bißle Balsam ond a bißle
Honig, Gommi ond Harz ond Pistazia
ond Mandla. 12 Ond nemmat s dopplate
Geld mit: Des Geld, mô wieder en eure
Säck oba drauf glega ischd müaßat r ao
mit zrück nemma; dia hent sich nämlich
sicher täuscht. 13 Ond nemmat euran
Bruader ond gangat wieder zo dem Må.
14 Ond Gott (El) dr Allmächtige, soll den
Må barmherzig sae lassa mit euch, dass
r euran Bruader wieder mit euch ganga
läßt ond da Benjamin. Aber i fühl me wia
a Wôesabua, jå, grad wia a Wôesabua,
so fühl e me. 15 Nå hent dia Männer des
Gschenk gnomma, ao s dopplate Geld
ond da Benjamin drzua ond hent sich
aufgmacht ond send na uf Ägypten ond
vôr da Josef nô treta. 16 Mô dr Josef da
Benjamin bei nen gseha håt, håt r zo
saem Hausverwalter gsaed: Führ dia
Männer ens Haus nae, metzge ebbas ond
richt s nô, dass se mit mr z Mittag essa
könnat. 17 Der Må håt dao, was dr Josef
ågea håt ond håt dia Männer em Josef
sae Haus naegführt. 18 Aber dia hent s
mit dr Angst z doant kriagt, weil se em
Josef sae Haus naegführt wôra send ond
hent gsaed: Der führt ons bestimmt
wega dem Geld då rae, des mô s erst Mål
wieder en onsere Säck naekomma ischd:
Dia wöllat wahrscheinlich über ons
herfalla ond Sklava aus ons macha ond
onsere Esel wegnemma. 19 Drom hent
se mit dem Hausverwalter vom Josef

no vôr dr Tür gschwätzt 20ond hent
gsaed: Liaber Herr, mir send schao amål
rakomma zom Korn kaofa. 21Mô mr nå
en d Herberg komma send ond onsere
Säck aufgmacht hent, guck, då ischd
jedam sae Geld em Sack oba drenna
gwea, onser Geld, dr ganze Betrag; des
he'mr jetzat wieder mitbråcht. 22Mr
hent aber no mae Geld drbei zom Korn
kaofa. Mir wissat fae et, wer ons onser
Geld wieder en onsere Säck naeglegt
håt. 23Dådruf håt der gsaed: Frieda mit
euch, hent no koe Angst et! Euer Gott
(Eloheykem) ond euram Vadr sae Gott
(Elohey) håt euch då en Schatz en eure
Säck naeglegt. Euer Geld han i kriagt.
Ond r håt da Simeon zo nen rausbråcht.
24Nå håt r dia Männer em Josef sae Haus
naegführt ond håt en Wasser geba zom
ihre Füaß wäscha, ond ihre Esel håt r ao
gfüaderat. 25Aber dia hent des Gschenk
nôgrichtat, bis dr Josef mittagnads
raekomma tät; weil se ghört hent, se
solle sell essa.
26Mô nå dr Josef hoemkomma ischd,
hent se am ihr Gschenk rae bråcht ond
hent sich vôr am auf da Boda gschmissa.
27Aber er håt se grüaßt ond gsaed: Gôht
s euram alta Vadr guat, von dem môn r
mr vrzählt hent? Lebt r no? 28Dådruf
hent am dia zor Antwort geba: Daem
Knecht, onseram Vadr, gôht s guat; r
lebt no. Ond se hent sich vrnaegt ond
auf da Boda gschmissa. 29Ond môn r
aufguckt håt ond da Benjamin gseha håt,
da Soh von saener Muader, håt r gsaed:
Ischd des euer jüngster Bruader, von
dem môn r mr vrzählt hent? Ond r håt
gsaed: Gott (Elohim) soll dr gnädig sae,
mae Soh! 30Nå ischd dr Josef schnell en
sae Kammer - weil am des ganz arg ans
Herz ganga ischd, môn r saen Bruader
gseha håt ond s graoße Heula håt an
packt. 31Ond môn r sae Gsicht gwäscha
ghet håt, ischd r wieder rauskomma ond
håt sich zsemagrissa ond ågea: Brengat
s Essa her! 32Ond mr håt ehm bsonders
auftraga ond ehne besonders ond dene
Ägypter, mô mit am gessa hent. Weil d
Ägypter därfat et mit de Hebräer essa,
då graust s de Ägypter drvôr. 33Mr håt se
aber grad ehm geganüber nô sitza lassa,
vom Ersta bis zom Jüngsta, ganz gnao
am Alter nåch; des håt dia Männer schao
gwonderat ond se hent sich åguckt. 34Nå
håt r en von saem Tisch dia faene Sacha
auftraga lassa; aber am Benjamin hent se
fenf mål so graoße Portiona auftraga wia
de andere. Ond se hent mit am tronka
ond send emmer lustiger wôra.

44 Nå håt dr Josef saem Hausvrwalter
ågea: Füll dene Männer d Säck mit
Korn, so viel se mitnemma könnat ond
leg jedam sae Geld oba en da Sack nae.
2Aber maen silberna Becher legst oba
em Jüngsta saen Sack nae samt am Geld
für sae Korn. Ond der håt dao, was am
dr Josef ågea håt. 3Mô s nå môrgnads
Dag wôra ischd, håt mr dia Männer mit
ihre Esel ganga lassa. 4Dia send no et
recht aus dr Stadt draußa gwea ond no
et weit komma, nå håt dr Josef zo saem
Hausverwalter gsaed: Auf, jag dene
Männer nåch, ond wann da se kriagt
håsch, nå saesch d zo nen: Wårom dent
ihr mir mae Güate mit Bosheit vergelta
ond maen silberna Becher mitlaufa lassa?
5Ischd des et der, mô mae Herr draus
trenkt ond aus dem môn r weissaga duat?
Des'schd fae a übls Stückle, was r euch
då glaestat hent. 6Môn r se nå aegholt
ghet håt, håt r so mit en gschwätzt. 7Dia
hent am zor Antwort geba: Wårom saed
mae Herr so ebbas? Ha des wär doch
s letzte, dass mir so ebbas tätat! 8Des
Geld, des mô mr en onsere Säck oba
dren gfonda hent, des hent mir doch
wieder mit bråcht aus am Land Kanaan,
wia sottat mir nå aus daem Herra saem
Haus Silber ond Gold mitganga hôeßa?
9Der von daene Knecht, bei dem mô s
gfonda wird, der ischd a Todaskandidat,

ond mir andere wöllat daene Sklava
sae.[10]Nå håt r zo nen gsaed: Guat, s gilt
wian r s gsaed hent: Der, bei dem môn
es fend, der ischd mae Knecht; ond
ihr andere gangat frei aus. [11]Ond ganz
schnell håt a jeder saen Sack auf da Boda
na glassa ond aufgmacht.[12]Er aber håt se
abgsuacht: beim Ältesta håt r ågfanga
ond beim Jüngsta aufghört; ond der
Becher håt sich em Benjamin saem Sack
gfonda. [13]Nå hent se Riß en ihre Klôeder
gmacht ond hent dia Säck wieder auf d
Esel glada ond send en d Stadt zrück
ganga. [14]Ond dr Juda ischd mit saene
Brüader em Josef sae Haus naeganga,
der ischd no då gwea, ond se hent sich
vôr am auf da Boda gschmissa. [15]Nå håt
dr Josef zo nen gsaed: Was hent r då bloß
dao? Hent r euch et denka könna, dass
a Må wian i Möglichkaeta håt, zom so
ebbas rausfenda? [16]Dr Juda håt am zor
Antwort geba: Was sollat mr bloß maem
Herra saga? Wia sollat mr saga ond was
kå ons rechtfertiga? Gott (Elohim) håt
daene Knecht ihr Schuld gfonda. Guck
no, mir send maem Herra saene Knecht,
mir ond der, bei dem mô mr den Becher
gfonda håt. [17]Då druf håt r gsaed: Des leit
mr fern, dass e so ebbas dät! Bloß der,
bei dem mô mr da Becher gefonda håt,
der soll mae Knecht sae; aber ihr andere
könnat em Frieda zo euram Vadr nauf
ganga! [18]Nå ischd dr Juda zon am nô
gstanda ond håt gsaed: Bitte, Herr, laß
daen Knecht no a Wort saga ond leih mr
dae Ohr ond bitte - kriag koen Zôra auf
daen Knecht; du bist doch schliaßlich
wia dr Pharao. [19]Mae Herr håt saene
Knecht gfrågt: Hent r no en Vadr oder
en Bruader? [20]Mir hent maem Herra zor
Antwort geba: Mr hent no en alta Vadr
ond an Bua, der môn am no em Alter
gschenkt wôra ischd; sae Bruader lebt
nemme; ond der ischd jetzat no alloe
von saener Muader übrigblieba, ond dr
Vadr hangt ganz arg an am. [21]Nå håsch
du zo daene Knecht gsaed: Brengat
an mit ra, i möcht an amål mit maene
aegene Aoga seha. [22]Aber mir hent
onseram Herra zor Antwort geba: Der
Bua kå et von saem Vadr weg; wann der
von saem Vadr wegganga dät, nå dät der
sterba. [23]Nå håsch du zo daene Knecht
gsaed: Wann euer jüngster Bruader
et mit euch herkommt, nå därfat r mr
nemme onter d Aoga komma. [24]Mô mr
nå zo daem Knecht, zo maem Vadr nauf
komma send, he'mr am mit daene Wort
des gsaed. [25]Mô onser Vadr nå gsaed
håt: Gangat nômål na zom a bißle Korn
kaofa, [26]nå hent mir gsaed: Mir könnat
et naganga. Bloß wann onser jüngster
Bruader mit därf, gangat mr na. Weil mir
dem Må nemme onter d Aoga komma
därfat, wann onser jüngster Bruader et
bein as ischd. [27]Nå håt dae Knecht, mae
Vadr, zo ons gsaed: Ihr wissat jå selber,
dass mr mae Weib bloß zwôe Buaba
gebora håt. [28]Dr oe ischd vo'mr ganga,
dass e mr han saga müaßa: r ischd grissa
wôra, ganz sicher, ond i han an bis haet
nemme gseha. [29]Nemmat r jetzat den
då ao no vo'mr weg, ond s passiert am
ebbas, nå brengat r maene graoe Håår
vôr lauter Jåmer ens Daotareich na.
[30]Ond jetzat, wann i zo daem Knecht,
zo maem Vadr, hoem kämt ond der Bua
wär et bein as, an dem môn r mit saener
ganza Seel hangt, [31]wann der sieht, dass
der Bua et bei ons ischd, nå stirbt der.
So dätat daene Knecht daem Knecht,
onseram Vadr, saene graoe Håår vôr
lauter Kommer ens Daotareich na
brenga. [32]Weil dae Knecht für den Bua
bürgt håt bei maem Vadr ond gsaed håt:
Wann e dr n et wiederbreng, nå will i
maener Lebdag vôr maem Vadr dui
Schuld traga. [33]Drom gib mr jetzt d
Erlaobnis, dass dae Knecht für den Bua
als Sklave vo'maem Herra då bleibt;
der Bua aber soll mit saene Brüader
naufganga. [34]Wia könnt i zo maem Vadr

naufganga, wann der Bua et bei mr wär?
I will den Jåmer et mit ågucka müaßa,
der mô über maen Vadr komma tät.
45 Nå hât dr Josef nemme länger
an sich halta könna vôr älle
drå, dia mô om an rom gstanda send,
ond r hât gschria: Machat älle, dass r
nauskommat! Nå ischd von saene Leut
koener maeh bein am gwea môn r sich
saene Brüader offabart hât, wer r ischd.
2Ond r hât ganz laut gheult, dass s sogar
dia Ägypter ghört hent ond des natürlich
glei em Pharao saem Haus omanander
gschwätzt hent. 3Ond dr Josef hât zo
saene Brüader gsaed: I ben dr Josef!
Lebt mae Vadr no? Aber saene Brüader
hent vôr lauter Schreck nex drauf
saga könna. 4Nå hât dr Josef zo saene
Brüader gsaed: Kommat doch nächer
her zo mr! Ond se send nå zon am. Nå
hât r gsaed: I ben dr Josef, euer Bruader,
den mô ihr nach Ägypten vrkaoft hent!
5Aber jetzat machat euch no koe Bang et
ond dent s euch et vôrschmeißa, dass r
me dåhanna her vrkaoft hent; weil zom
(viel) Leba retta hât mi Gott (Elohim)
euch vôrausgschickt. 6Zwôe Jåhr daurat
jetzat schao dui Hongersnot em Land,
ond no faef Jåhr geit des koe Ackera
ond koe Ernt. 7Deswega hât Gott
(Elohim) mi euch vôrausgschickt, zom
eure Nåchkömmleng absichera ond
viele von euch zom retta ond am Leba
halta. 8Drom hent et ihr mi dåhanna
hergschickt, aber Gott (Elohim); der hât
mi zom Vadr vom Pharao gmacht ond
zom Herra über sae ganzs Haus ond zom
Herrscher über s ganz Land Ägypten.
9Ond jetzat machat, dass r naufkommat
zo maem Vadr ond sagat am: Des läßt
dr dae Soh, dr Josef, ausrichta: Gott
(Elohim) hât me zom Herra über ganz
Ägypten gmacht. Komm ronter zo mr
ond vrlier koen Dag! 10Em Land Gosen
sollst d wohna ond en maener Nähe
sae, du ond daene Kender ond daene
Enkala, mitsamt daene Schåf ond daene
Rendviecher ond ällas, was dr ghört. 11I
sôrg sell für de; weil dui Hongersnot
daurat nômål faef Jåhr, dass da et arm
wirst, du ond dae ganza Sippschaft
ond ällas, was dr ghört. 12R seahnats jå
mit aegene Aoga, ond ao mae Bruader
Benjamin sieht s, dass i selber mit euch
schwätz. 13Ond vrzählat maem Vadr no,
zo was es bråcht han en Ägypten ond
ällas, was r gseha hent. Ond nå kommat
r auf am schnellsta Weg mit maem Vadr
dåhanna her. 14Nå ischd r saem Bruader
Benjamin om da Hals gfalla ond hât
gheult, ond ao dr Benjamin ischd am
am Hals ghangt ond hât gheult. 15Ond
r hât saene Brüader älle vrküßt ond
gheult ond se en Arm naegnomma. Erst
nå hent saene Brüader ao ebbas zon am
gsaed. 16Des ischd natürlich ao glei am
Pharao en saen Palast nom traga wôra:
Am Josef saene Brüader send komma!
Des hat da Pharao ond saene Höfleng
gfraet. 17Ond dr Pharao hât am Josef d
Åweisong gea, r soll saene Brüader saga:
So machat r s: Packat eure Esel ond
gangat hoem en s Land Kanaan. 18Nå
nemmat r euran Vadr ond eure Familia
ond kommat zo mr; i gib euch s Best,
was Ägypten biata kå, da Råhm vom
Land sollat ihr essa. 19Des hât r en ao no
saga lassa: So machat r s: Nemmat euch
Wäga mit von Ägypten für eure Kender
ond eure Fraoa ond brengat euran Vadr
dåhanna her. 20Ond lent euch euran
Hausrat et reua; weil s Best, was s Land
Ägypten biata kå, ghört nåchher euch.
21Dia Söh vom Israel hent des dao ond
dr Josef hât en Wäga mit geba auf am
Pharao saen Befehl nô; ond für da Weg
hât r en ao Vesper mitgeba. 22Ond a ma
jeda hât r a Festgwand gschenkt, aber am
Benjamin hât r dreihondert Silberleng
ond faef Festgwänder gschenkt. 23Grad
so hât r saem Vadr zeah Esel gschickt
mit am Besta von Ägypten aufglada,

ond zeah Eselsstuata mit Korn, Brot
ond (andere) Speisa für saen Vadr auf
da Weg. [24]Dådrmit håt r saene Brüader
entlassa ond se send fortganga; ond r håt
no zo nen gsaed: Händlat et onterwegs!
[25]So send se von Ägypten naufganga ond
zo ihram Vadr Jakob ens Land Kanaan
komma. [26]Ond se hent am gmeldat ond
gsaed: Dr Josef lebt no; der ischd sogar
dr Herr über ganz Ägypten. Aber sae
Herz ischd kalt blieba; weil r dene des
oefach et glaobt håt. [27]Nå hent se am
ällas vrzählt, was dr Josef zo nen gsaed
håt. Ond môn r dia Wäga gseha håt, mô
dr Josef mitgschickt håt, zom an hola,
då ischd dene ihr Vadr Jakob auf oemal
wieder ganz lebendig wôra. [28]Ond dr
Israel håt gsaed: s langt, dr Josef, mae
Bua, lebt no! I will nô ond an seha,
bevôr e stirb!

Zom Vrgleicha: Kap. 43 Vers 3: 42,15f.20 • *Vers 7:* 42,10-13.

Dr Jakob mit saener Familie en Ägypten: 46 1 – 47 12

46 Ond dr Israel ischd mit Hab,
ond Guat aufbrocha ond môn r
nach Beerseba komma ischd, håt r am
Gott (Elohey) von saem Vadr Isaak
a Opfer darbråcht. [2]Nå håt dr Israel
nachts a Erschaenong ghet ond då håt
Gott (Elohim) zon am gsaed: Jakob!
Jakob! Ond r håt zorAntwort geba:
Då ben e! [3]Ond r håt gsaed: I ben Gott
(El), dr Gott (Elohey) von daem Vadr.
Brauchst koe Angst et han, wann da
nach Ägypten na gôhst; sell will i di
nämlich zo ama graoßa Volk macha. [4]I
selber gang mit dr na uf Ägypten, ond
i führ de ao wieder rauf, ond dr Josef
därf dr d Aoga zuadrucka. [5]Nå håt sich
dr Jakob aufgmacht von Beerseba. Ond
am Israel saene Söh hent da Jakob, ihran
Vadr, ond ihre klaene Kender ond ihre
Fraoa auf dia Wäga nauf glupft, mô en
dr Pharao mitgschickt håt zom se hola.
[6]Ond se hent ihre Herda ond ällas, was
se em Land Kanaan ågschafft hent,
mitgnomma ond send so nach Ägypten
komma, dr Jakob ond sae ganza
Sippschaft mit am: [7]saene Söh ond saene
Enkala, saene Töchter ond saene Enkala,
ond saene ganze Nåchkömmleng håt r
mitbråcht nach Ägypten.

En de Vers 8 bis 27 werat nå älle aufzählt,
ond nå gôhts en Vers 27b so weiter:

[27b]Älle Seela vom Jakob saener Familie,
mô nach Ägypten komma send, send
siebzg gwea. [28]Ond da Juda håt r
vornadraus gschickt zom Josef, dass
r Åweisonga geba könnt, wann r en
Gosen åkomma tät. Ond se send ens
Land Gosen komma. [29]Nå håt dr Josef
saen Waga åspanna lassa ond ischd
nach Gosen gfahra, saem Vadr Israel
entgega; ond môn r an gseha håt, ischd
r am om da Hals gfalla ond håt ganz
lang gheult an saem Hals dranna. [30]Nå
håt dr Israel zom Josef gsaed: Jetzt kån
e ruhig sterba, môn e dae Gsicht gseha
han ond wôeß, dass da no lebst. [31]Nå
håt dr Josef zo saene Brüader gsaed ond
zor Familie von saem Vadr: I gang nauf
zom Pharao ond melde am ond sag zon
am: Maene Brüader ond maem Vadr sae
Familie, dia mô em Land Kanaan gwea
send, send zo mr komma. [32]Dia Männer
send Schäfer; dia treibat a Viehzucht,
ond ihre Schåf, ihre Rendviecher ond
ihr Hab ond Guat hent se mitbråcht.
[33]Wann euch dr Pharao komma läßt ond
frågt: Was hent r denn für Beruf? [34]Nå
sagat r: Daene Knecht send Viehzüchter
gwea von Kloe å, mir ond onsere Vädr,
dass r em Land Gosen bleiba därfat. Vôr
de Schäfer hent d Ägypter nämlich en
Aber.

47 Ond dr Josef ischd ganga ond
håt s am Pharao gmeldat ond
gsaed: Mae Vadr ond maene Brüader

send mit ihre Schåf ond Rendviecher
ond ihram Hab ond Guat aus am Land
Kanaan åkomma, ond jetzat send se
em Land Gosen. 2Von saene Brüader
håt r fenf mitgnomma; dia håt r am
Pharao vôrgstellt. 3Nå håt dr Pharao
zo saene Brüader gsaed: Was hent r
denn für Beruf? Nå hent dia am Pharao
zor Antwort geba: Daene Knecht send
Schäfer, wia schao onsere Vädr. 4Nå hent
se zom Pharao gsaed: Mir send komma,
dass mr als Fremde em Land wohnat;
weil daene Knecht fendat koe Wôed
maeh für ihre Schåf, so schwer ischd dr
Honger em Land Kanaan. Laß daene
Knecht halt em Land Gosen bleiba.
5Nå håt dr Pharao zom Josef gsaed: Dae
Vadr ond daene Brüader send also zo dr
komma. 6S Land Ägypten stôht dr offa.
Laß daen Vadr ond daene Brüader em
besta Tôel vom Land wohna; vo mir aus
könnat se em Land Gosen bleiba. Ond
wann da wôeßt, dass se tüchtige Leut
hent, nå setzt d dia als Aufsicht über
maene ôegene Herda ae.
7Nå håt dr Josef saen Vadr Jakob rae
bråcht ond an am Pharao vôrgstellt.
Ond dr Jakob håt da Pharao gsegnat.
8Ond dr Pharao håt da Jakob gfrågt:
Wiaviel Jährla håsch d denn schao
auf am Buckel? 9Ond dr Jakob håt
am Pharao zor Antwort geba: Schao
hondertdreißg Jåhr ben i jetzat auf dr
Wanderschaft durchs Leba. Kurz ischd
maeh Leba gwea ond viel leida han e
müaßa, ond des langt bei weitam et an
dia Jåhr nô, mô maene Vädr en ihrer
Erdawanderschaft gschenkt gwea send.
10Nå håt sich dr Jakob mit am Sega
vom Pharao vrabschiedat ond ischd
vom Pharao nausganga. 11Ond dr Josef
håt saem Vadr ond saene Brüader em
besta Tôel vom Land Platz zom Wohna
bsôrgt ond ao Aegatom em Land
Ägypten, em Gae om Ramses rom, wia
s dr Pharao ågea håt. 12Ond dr Josef håt
für saen Vadr ond saene Brüader ond
de ganz Familie von saem Vadr gsôrgt,
dass se emmer Brot ghet hent, soviel wia
Kender då gwea send.

Dr Josef vrwaltat Ägypten: 47 13-26

13S håt aber em ganza Land koe Brot
maeh geba; ond dui Hongersnot ischd
so arg gwea, dass s Land Ägypten ond s
Land Kanaan vôr Honger vrschmachtat
send. 14So håt dr Josef ällas Geld
zsammabråcht, mô mr em Land
Ägypten ond em Land Kanaan ghet håt
für des Korn, mô d Leut kaoft hent. Ond
dr Josef håt des ganze Geld em Palast
vom Pharao aglieferat. 15Mô nå em Land
Ägypten ond em Land Kanaan s Geld
ausganga ischd, send älle Ägypter zom
Josef komma ond hent gsaed: Gib ons
a Brot! Wårom willst d ons vôr daene
Aoga drå omkomma lassa? S Geld ischd
nämlich aus! 16Dr Josef håt gsaed: Gebat
euer Vieh her, nå gib e euch Brot drfür,
wann r koe Geld maeh hent. 17Nå hent
se am Josef ihr Vieh bråcht, ond r håt
en Brot drfür geba, für d Gäul, für d
Schåfherda, s Rendvieh ond d Esel. So
håt r für se gsôrgt, jedas Jåhr hent se ihr
Brot kriagt ond s Vieh ischd dr Preis
gwea. 18Mô nå s Jåhr romgwea ischd,
send se em nächsta Jåhr wiederkomma
ond hent zon am gsaed: Herr, mr könnat
dr s jå doch et vrhaemlicha: Geld he'mr
koes maeh, ond d Viehherda gherat
ao schao onseram Herra; mr könnat
onseram Herra nex anders maeh åbiata
als wia onseran Leib ond onsere Felder.
19Wårom sollat mr denn vôr daene
Aoga drå zgrond ganga, mir ond onsere
Felder? Kaof ons ond onsere Äcker om
Brot, nå wöllat mr mit onsere Äcker am
Pharao Denst laesta. Gib ons a Saatguat,
dass mr am Leba bleibat ond et sterba
müaßat ond onsere Äcker et vrkommat.
20So håt dr Josef für das Pharao älle
Äcker en Ägypten zsema kaoft; weil

dia Ägypter a jeder saene Äcker vrkaoft
hent, weil s dr Honger halt ganz arg
druckt håt, ond so håt nåchher s ganz
Land am Pharao ghert. [21]Aber s Volk håt
r am leibaega gmacht, vom oena End en
Ägypten bis ans ander.
[22]Bloß de Priaster ihre Äcker håt r et
kaoft; weil d Priaster hent vom Pharao
a fests Aekomma ghet, ond von dem
Aekomma vom Pharao hent die sich
vrhalta könna; drom hent dia ao et ihre
Äcker vrkaofa müaßa. [23]Ond dr Josef
håt zom Volk gsaed: I han euch ond
eure Äcker für da Pharao kaoft; då hent
r Saatkorn, dass r eure Äcker åbaua
könnat. [24]Aber von dr Ernt müaßat r
am Pharao da fenfta Tôel abliefera; de
andere vier Tôel könnat r bhalta, zom
eure Äcker wieder åbaua ond dass r
ebbas z essad hent samt euram Gsend
ond zom Essa für eure Kender. [25]Nå
hent se gsaed: Du håsch ons s Leba
erhalta! Wa'mr bloß Gnade fenda dent
vôr onserem Herra, nå wöllat mr am
Pharao gern Denst laesta. [26]So håt dr
Josef des zom Gsetz gmacht bis auf
da haetiga Dag nô für de Ägypter ihre
Äcker, dass se am Pharao da fenfta Tôel
von dr Ernt abliefera müaßat. Bloß de
Priaster ihre Äcker send et ens Aegatom
vom Pharao überganga.

Am Jakob saene letzte Åweisonga:
47 27 – 48 22

[27]Also ischd dr Israel em Land Ägypten
blieba, em Land Gosen; ond då hent
se sich ågsiedelt ond sich vrmehrt ond
send emmer maeh wôra. [28]Ond dr
Jakob håt no siebzeah Jåhr em Land
Ägypten glebt, so dass r em Ganza
hondertsiebenavierzg Jåhr alt wôra
ischd. [29]Mô s nå Zeit gwea ischd, dass dr
Israel håt sterba solla, håt r saen Soh, da
Josef, komma lassa ond håt zon am gsaed:
Wann da mr no en Gfalla doa willst, nå
leg dae Håd onter mae Hüft ond dua mr
des zliab ond aus Treue, dass da me et en
Ägypten begraba duast; [30]wann e jetzat
zo maene Vädr gang, nå brengst me fort
von Ägypten ond duast me en ihr Grab
nae. Nå håt r gsaed: I dua, was da saesch.
[31]Aber r håt gsaed: Schwör mr s! Ond r
håt ams gschwora. Nå håt sich dr Israel
en saem Bett vrnaegt.

48 Nach dem håt sichs gea, dass
am Josef vrmeldat wôra ischd:
Guck, dae Vadr ischd krank. Nå håt r
saene bôede Buaba, da Manasse ond
da Efraim, mitgnomma ond ischd zom
Jakob komma. [2]Ond mr håt am Jakob
gmeldat: Guck, dae Soh, dr Josef, kommt
zo dr. Nå håt sich dr Jakob zsammagrissa
ond ischd en saem Bett nôgsessa. [3]Ond
dr Jakob håt zom Josef gsaed: Gott
(El) dr Allmächtige ischd mr en Lus
erschiena, em Land Kanaan, ond håt me
gsegnat [4]ond zo mr gsaed: Guck, i will
de fruchtbar macha ond de vrmehra,
i will aus dir a ganza Völkerfamilie
macha ond daene Nåchkömmleng will e
des Land dåhanna als a ewigs Aegatom
geba! [5]Ond jetzat sollat daene bôede
Buaba, dia mô dr en Ägypten gebora
wôra send, no bevôr e zo dr komma ben
nach Ägypten, maene Söh sae; wia dr
Ruben ond dr Simeon sollat dr Manasse
ond dr Efraim als maene Söh gelta.
[6]Aber dia Kender, mô da nach dene
zeugt håsch, des sollat daene sae; auf
da Nåma von ihre Brüader sollat se auf
ihr Erbtôel bestimmt wera. [7]Môn e von
Padan (Mesopotamien) komma ben,
då ischd mr d Rahel gstôrba em Land
Kanaan, auf am Weg, s ischd bloß no a
Stückle gwea bis Efrat, ond i han se sell
am Weg nach Efrat beerdigt – des ischd
Bethlehem. [8]Mô nå dr Israel am Josef
saene Buaba gseha håt, saed r: Wer send
denn dia då? [9]Dr Josef håt saem Vadr zor
Antwort geba: Des send maene Söh, mô
mr Gott (Elohim) dåhanna gschenkt håt.
Nå håt r gsaed: Breng mr s her, dass e se

segne. [10]Am Israel saene Aoga aber send
altersschwach gwea ond r håt nex maeh
gseha. Ond r håt se ganz nåch zon am nô
gführt: nå håt r se en Arm naegnomma
ond küßt. [11]Nå håt dr Israel zom Josef
gsaed: Des hätt e et denkt, dass e dae
Gsicht nômål seha därf; ond jetzat håt
me Gott (Elohim) sogar daene Kender
seha lassa. [12]Nå håt se dr Josef von saene
Knia ronterzoga ond håt sich mit saem
Gsicht bis auf da Boda nonter vrnaegt.
[13]Nå håt dr Josef dia bôede gnomma,
da Efraim an saener rechta Håd lenks
vom Israel ond da Manasse an saener
lenka Håd rechts vom Israel ond håt se
ganz nåch zon am nôgführt. [14]Aber dr
Israel håt sae Rechta nausgstreckt ond
håt se am Efraim, der mô jünger gwea
ischd, auf da Kopf glegt ond sae Lenka
am Manasse auf da Kopf, då drzua håt r
d Ärm überkreuza müaßa; dr Manasse
ischd nämlich dr Erstgeborene gwea.
[15]Ond r håt da Josef gsegnat ond gsaed:
Der Gott (Elohim), vôr dem mô maene
Vädr, dr Abraham ond dr Isaak, ihran
Wandel gführt hent, der Gott (Elohim),
der mô mae Hirte gwea ischd maener
Lebdag bis haet, [16]der Engel, der mô
mi aus jeder Not rausgholt håt: der soll
dia Buaba segna, dass mae Nåma en
en weiterlebt ond dr Nåma von maene
Vädr, Abraham ond Isaak, dass se
wachsat ond ozählig werat auf dr Erde.
[17]Mô aber dr Josef gseha håt, dass sae
Vadr de recht Håd am Efraim auf da
Kopf glegt håt, håt am des gar et gfalla,
ond r håt d Håd von saem Vadr gnomma
ond vom Efraim saem Kopf auf am
Manasse saen Kopf romdoä wölla; [18]ond
dr Josef håt zo saem Vadr gsaed: Et so,
Vadr, des ischd dr Erstgeborene, leg dae
Rechta auf saen Kopf. [19]Aber sae Vadr
håt sich gwaegerat ond gsaed: I wôeß
des, mae Soh, i wôeß wohl. Ao der wird
amål zoma Volk, ond r ischd ao amål
a Graoßer; aber sae jüngerer Bruader
ischd amål graeßer als wia der, ond aus
saene Nåchkömmleng kommt amål a
ganza Völkerfamilie raus. [20]So håt r se
an sellam Dag gsegnat ond gsaed: Mit
euram Nåma duat mr sich amål en Israel
Sega wünscha ond saga: Gott (Elohim)
soll de so macha wia da Efraim ond da
Manasse! So håt r da Efraim am Manasse
vôrzoga. [21]Nå håt dr Israel zom Josef
gsaed: Guck, i muaß jetzt sterba; aber
Gott (Elohim) gôht mit euch ond der
brengt euch ao wieder en s Land von
eure Vädr. [22]Aber dir gib e als Vôrzug vôr
daene Brüader a Bergschulter (s handlat
sich om Sichem), dui han i de Amoriter
mit Schwert ond Boga abgnomma.

Zom Vrgleicha: Vers 3: 28,13f; 35,11f • *Vers 7:* 35,16-20.

Dr Jakobssega: 49 1 –28

49 Ond dr Jakob håt saene Söh
komma lassa ond gsaed:
Vrsammlat euch, dass e euch saga kå,
was euch am End vrkommt:
[2]Kommat zsamma, ihr Söh vom Jakob,
ond horchat auf da Israel, auf euran
Vadr!
[3]Ruben, du bist mae Erstgeborener, mae
Kraft, dr Erste aus maener Mannaskraft.
Überragend an Hohaet, überragend an
Kraft, [4]wia Wasser bist d übergschaemt,
du sollst dr Erste et sae: Weil da daem
Vadr auf s Bett gstiega bist, selligsmål
håsch d mae Bett entweiht!
[5]Simeon ond Levi send Brüader,
Frevelswerkzeug send ihre Schwerter.
[6]En dene ihram Rat will i et bleiba ond
mit ihrer Vrsammlong will i nex zom
doa han. Weil se en ihrer Wuat Männer
ombråcht hent ond em Übermuat hent
se Stier vrstemmlat.
[7]Vrfluacht ischd ihr Zôra, weil se sich
et en dr Gwalt hent, ond ihr Wuat, weil
se so grausam ischd. Vrtôela will e se en
Jakob ond se vrstraea en ganz Israel.
[8]Juda, di preisat daene Brüader! Dae

Hâd packt d Faend em Gnick, vôr dir
vrnaegat sich d Söh von daem Vadr.
[9]A jonger Löwe ischd dr Juda; vom
Raoba bist d graoß wôra, mae Soh.
R håt sich zsemakauerat wian a Löw,
wian a Löwamuader, wer will den ao
aufstöbera? [10]**Nia weicht s Szepter vom
Juda weg, ond ao dr Führerstab von
saene Füaß, bis dass sae Herrscher
kommt, dem mô älle Völker da
Gehorsam laestat.** [11]Der bendat saen
Esel an da Waestock nô ond an d Reba s
Fülle von dr Eselsstuat, em Wae wäscht
r sae Gwand ond em Traubabluat saen
Mantl.
[12]Saene Aoga send donkler als dr Wae
ond saene Zäh weißer als wia d Milch.
[13]Dr Sebulon wohnt am Ufer vom Meer,
ond mô d Schiff ålegat, ond saen Buckel
loehnt r an Sidon nô.
[14]Dr Issaschar ischd a bocksboeniger
Esel ond lagerat zwischa de Pferch.
[15]Ond môn r gseha håt, dass d Ruah
so schö ischd ond s Land so gmiatlich,
håt r saen Buckel kromm macha müaßa
zom Lasta traga ond a Fronknecht ischd
aus am wôra.
[16]Dr Dan vrhilft saem Volk zom Recht
wia no a Stamm en Israel. [17]Dr Dan
sei (wia) a Schlang am Weg, (wia) a
Hornotter auf am Pfad, mô da Gaul en
d Fessla beißt, dass dr Reiter hentersche
rahaglat.
[18]Auf dae Hilfe warte i, Gott
(JAHWE).
[19]Dr Gad - Räuberbanda machat am
z schaffa, aber er gôht en nåch ond
bleibt en auf de Fersa. [20]Em Asser sae
Brot ischd fett; sogar für d König håt r
Leckerbissa.
[21]Dr Naphtali - ischd a leichtfüaßigs
Reh, a Schöschwätzer ischd r. [22]A jonger
Obstbaom ischd dr Josef, a jonger
Obstbaom an ra Quell; seine Äst steigat
über d Mauer naus.
[23]Graezt hent se n ond auf an gschossa,
Pfeilschütza hent an ågfaendat; [24]aber
sae Boga ischd fest blieba ond glenkich
saene Ärm ond saene Händ, weil am dr
Starke vom Jakob gholfa håt, durch da
Nåma vom Israel saem Hirta, [25]durch
daem Vadr saen Gott (El), der soll
dr helfa, durch da Allmächtiga - der
soll de segna mit dr ganza Segensfülle
vom Hemmel droba, mit dr ganza
Segensfülle aus dr Fluat, mô dronta leit,
mit dr ganza Segensfülle aus de Brüst
ond Muaderschaeß. [26]Daem Vadr saene
Segnonga send reicher als d Segensfülle
von de ewige Berg, von dr Pracht von de
uralte Hügel. Des ällas soll am Josef auf
s Haopt komma, auf da Schôetel von
dem, mô onter saene Brüader gweiht
ischd! [27]Dr Benjamin ischd a reißender
Wolf; am Môrga frißt r saen Raob, ond
am Åbad vrtôelt r, was r erbeutat håt.
[28]Des send dia zwölf Stämm vom Israel,
ond des ischds, was ihr Vadr zo nen
gsaed håt.

Dr Jakob stirbt ond wird beerdigt:
49 28 – 50 13
Ond r håt se gsegnat; en jeda mit a ma
bsondera Sega. [29]Ond r håt en ågea ond
zo nen gsaed: Wann i jetzat zo maene
Stammasgenossa gang, nå dent r me bei
maene Vädr begraba en dera Höhle auf
dem Grondstück von dem Hethiter,
en Efron, [30]en dr Höhle von Machpela
geganüber von Mamre, em Land
Kanaan, des ischd des Grondstück, mô
dr Abraham von dem Hethiter, en Efron
kaoft håt als a Grabstell. [31]Sell hent se da
Abraham ond sae Weib, d Sara, begraba,
sell hent se da Isaak ond sae Weib, d
Rebekka, begraba, ond sell han i d Lea
begraba, [32]auf dem Grondstück mit
dera Höhle drauf, mô mr de Hethiter
abkaoft håt. [33]Mô nå dr Jakob saene
Söh älle dia Åweisonga geba ghet håt,
håt r saene Füaß auf s Bett zrückzoga.
Nå ischd r aegschlåfa ond zo saene

Stammesgenossa ganga.

50 Nå håt sich dr Josef aufs Gsicht
von saem Vadr rontergnaegt ond
über am gheult ond an küßt. 2Nå håt dr
Josef saene Diener, de Doktr, da Befehl
geba, zom saen Vadr aebalsamiera; ond
dia Doktr hent da Israel aebalsamiert.
3Då drüber send vierzg Däg romganga;
so lang hent se zom Aebalsamiera
braucht. Ond d Ägypter hent siebzg
Däg om an trauerat. 4Mô nå d Trauerzeit
rom gwea ischd, håt dr Josef zom
Pharao saem Hofstaat gsaed: Wann ihr
mi gern hent, nå send so guat ond legat
beim Pharao a Wort für me ae ond sagat
am: 5Mae Vadr håt me schwöra lassa ond
gsaed: Wann i jetzat stirb, nå beerdigst
me en maener Gruft, dui mô i mr em
Land Kanaan graba han. Drom will e nå
nauf ganga ond maen Vadr beerdiga ond
nå wieder zrückkomma. 6Dr Pharao håt
gsaed: Nå gang nauf ond beerdige daen
Vadr, wian r de håt schwöra lassa. 7Ond
dr Josef ischd naufganga, zom saen
Vadr beerdiga, ond älle Diener vom
Pharao send mit am ganga, de Älteste
vom Land Ägypten, 8drzua am Josef
sae ganga Sippschaft; bloß ihre kloene
Kender ond ihr Rendvieh ond d Schåf
hent se em Land Gosen glassa.
9Ao Wäga ond Reiter send mit am
naufzoga, ond des ischd a graoßer
Heerzug gwea. 10Mô se nå nach
„Goren-Atad“ (Dôrnatenne) komma
send, des leit über am Jordan drüba,
hent se sell a ganz graoßa ond feierlicha
Totaklag abghalta, ond r håt für saen
Vadr a Trauerfeier vråstaltat, sieba Däg
lang. 11Ond mô dia Leut em Land, dia
Kanaaniter, dui Trauerfeier en Goren-
Atad gseha hent, hent se gsaed: Då
machat d Ägypter a graoßa Trauerfeier,
drom hôeßt mr den Platz „Abel-
Mizraim“ (Ägyptertrauer); des leit über
am Jordan drüba. 12Ond saene Söh hent
mit am dao, wian r s en ågea håt: 13se
hent an ens Land Kanaan bråcht ond an
geganüber von Mamre en dera Höhle
auf dem Grondstück Machpela begraba,
des mô dr Abraham von dem Hethiter,
en Efron, als Grabstell zom Aegatom
kaoft håt.

Zom Vrgleicha:Kap. 49 Vers 32: 23,16-18.

Am Josef saene letzte Jåhr ond sae Tod: 50 14-26

14Mô dr Josef saen Vadr nå begraba
ghet håt, ischd r wieder nach Ägypten
zrückganga, er ond saene Brüader, ond
älle, mô mit am naufganga gwea send
zom saen Vadr begraba.
15Mô nå am Josef saene Brüader gseha
hent, dass ihr Vadr gstôrba gwea ischd,
hent se gsaed: Wia, wann jetzat dr Josef
baes auf ons ischd ond ons älles büaßa
läßt, was mr am ådao hent? 16Drom hent
se am Josef ausrichta lassa: Dae Vadr håt
da Befehl geba bevôr r gstôrba ischd:
17Des sagat r zom Josef: Jetzat vrzeih
halt daene Brüader ihre Schandtata ond
Sünda, dass se dr so übl mitgspielt hent.
Jetzat vrzeih ons halt onsere Schandtata,
mir dienat (doch ao) daem Vadr saem
Gott (Elohey). Aber dr Josef håt gheult,
mô se am des hent saga lassa. 18Nå send
saene Brüader selber nôganga ond send
vôr am nôgsonka ond hent gsaed: Då,
nemm ons als daene Knecht! 19Dr Josef
håt zo nen gsaed: Jetzt hent amål koe
Angst et! Ben i denn Gott (Elohim)?
20Ihr hent mr zwår übl mitspiela
wölla, aber Gott (Elohim) håt s Blättle
romdreht ond ebbas Guats draus
gmacht, ond des dao, was jetzat an da
Dag komma ischd: a graoß Volk håt r
am Leba erhalta. 21Jetzat hent mr no
koe Angst et! I sôrg schao für euch ond
eure Kenderla. Ond r håt se tröstat ond
ganz fraendlich mit en gschwätzt. 22So
ischd dr Josef en Ägypten blieba, er ond
saem Vadr sae Sippschaft, ond r ischd
hondertondzeah Jåhr alt wôra. 23Ond dr

Josef håt vom Efraim Nåchkömmleng
seha därfa bis en de dritt Generation;
ao d Söh vom Machir, am Manasse
saem Soh, send vom Josef als ôegene
Kender ågnomma wôra. 24Nå håt dr
Josef zo saene Brüader gsaed: Mae Zeit
ischd komma, dass e stirb; aber Gott
(Elohim) nemmt sich om euch å, der
führt euch amål aus dem Land dåhanna
nauf en des Land, môn r am Abraham,
am Isaak ond am Jakob gschwora håt,
dass se s kriaga dätat. 25Ond dr Josef håt
se schwöra lassa ond gsaed: Wann sich
Gott (Elohim) om euch ånemmt, nå
brengat r maene Überrest von dåhanna
mit nauf. 26Nach dem ischd dr Josef
gstôrba, mit hondertondzeah Jåhr; ond
mr håt an aebalsamiert ond håt an en
Ägypten en an Sarg naeglegt.

D BEFREIONG

S zwôete Buach Mose (Exodus)

D ISRAELITA EN ÄGYPTEN: Ex 11 - 11 10

D Nåchkomma vom Jakob en Ägypten: Ex 1 1-22

1 Des send de Israelita ihre Nâma,
mô mit am Jakob nach Ägypten
komma send, a jeder mit saener Familie:
2 Dr Ruben, dr Simeon, dr Levi ond
dr Juda, 3 dr Issachar, dr Sebulon ond
dr Benjamin, 4 dr Dan ond dr Naftali,
dr Gad ond dr Ascher. 5 Ond älle
mitanander send siebzg Seela gwea, mô
vom Jakob abgstammt send; aber dr
Josef ischd schao en Ägypten gwea.
6 Mô dr Josef nå gstôrba gwea ischd ond
ao älle saene Brüader ond dui ganza
Generatio von selligsmål, 7 hent sich dene
ihre Nåchkomma ohaemlich vrmehrt
ond send so stark wôra, dass s ganz Land
voler Israelita gwea ischd. 8 Nå ischd då a
neuer König über Ägypten komma, der
håt vom Josef nex maeh gwißt. 9 Der håt
zo saem Volk gsaed: „Guckat, des Volk
von dene Israelita, dia send stärker ond
maeh als wia mir. 10 Auf gôht s, wa mr s
gscheit åfangat, nå werat des et no maeh,
sonst könnt s sae, dass dia, wann a Kriag
ågôht, sich auf d Seit von onsere Faend
schlaga däte ond gega ons kämpfa ond
nå d Herra wäre en onseram Land.“
11 Nå hent d Ägypter Fronvögt über d
Israelita aegsetzt, zom se mit Frondenst
nadrucka. Ond se hent Pitom ond
Ramses baut als Vôrratsstädt für da
Pharao. 12 Aber je ärger d Ägypter s Volk
nadruckt hent, om so stärker ond maeh
send dia wôra ond hent sich mächtig
ausbrôetat, dass de Ägypter vôr de
Israelita s Graua komma ischd. 13 Nå hent
se d Israelita zom Sklavadenst zwonga
14 ond hent en s Leba herb gmacht mit
Schwerstarbaet em Loehma ond mit
Bachstoe ond mit ällam möglicha ond
omöglicha Gschäft em Feld draußa,
lauter Gschäfter, mô mr s mit Gwalt
drzua zwonga håt.
15 Ond dr König von Ägypten håt dene
hebräische Hebamma, de oe håt Schifra
ghôeßa ond de ander Pua, dia håt r
ågwiesa: 16 “Wann ihr dene hebräische
Fraoa bei dr Geburt helfat ond seahnat,
dass se en Bua hent, nå brengat an om,
ond wann s a Mädle ischd, nå könnat r
s leba lassa.“ 17 Aber dia Hebamma hent
a Ehrfurcht ghet vôr Gott (Elohim)
ond hent et dao, wia se dr König von
Ägypten ågwiesa håt, sondern hent dia
Büabla leba lassa. 18 Nå håt dr König
von Ägypten dia Hebamma komma
lassa ond håt zo nen gsaed: „Wårom
hent ihr des dao ond dia Büabla am
Leba glassa?“ 19 dia Hebamma hent
am Pharao zor Antwort gea: „Dia
hebräische Fraoa send et so wia de
ägyptische, dia send viel robuster; eh d
Hebamm då ischd, hent dia ihr Kendle
schao kriagt.“ 20 Aber Gott (Elohim)
håt s dene Hebamma guat ganga lassa,
ond s Volk håt sich weiter vrmehrt ond
ischd emmer stärker wôra. 21 Ond weil
dia Hebamma so gottesfürchtig gwea
send, håt Gott (Elohim) ihre Familia
mit Kender gsegnat. 22 Nå håt dr Pharao
sae ganz Volk ågwiesa ond gsaed: „Älle
Buaba, mô bei dene auf d Welt kommat,
schmeißat r glei en da Nil, aber d Mädla
lassat r am Leba.“

Dr Mose wird gebora ond grettat: Ex 2 1 - 14

2 Ond a Må aus am Levi saem Haus ischd nôganga ond håt a Levitin gheiratat. 2Ond dui Frao ischd en andere Omständ komma ond håt en Bua auf d Welt bråcht. Ond mô se gseha håt, dass r schö gwea ischd, håt se an drei Monat lang vrsteckt. 3Ond mô se n håt nemme länger vrstecka könna, håt se aus Bensa a Kästle gmacht, des håt se mit Loehma ond Teer vrpicht ond håt des Büable naeglegt; nå håt se s am Nilaufer en s Schilf gsetzt. 4Aber sae Schwesterle håt von weitams aufpaßt ond guckt, wian am s ganga dät. 5Nå ischd am Pharao sae Tochter an da Nil ra komma zom Bada. Solang ihre Denstmädla am Nil spazieragloffa send, håt se des Kästle mittla em Schilf hanga seha ond håt ihr Magd nôgschickt zom s hola. 6Ond mô se s aufgmacht håt ond des Kendle gseha håt - a Büable ischd s gwea, ond des håt gheult -, håt se Mitleid mit am ghet ond håt gsaed: „Des ischd oes von dene hebräische Kenderla.“ 7Nå håt s Schwesterle von dem Büable zor Tochter vom Pharao gsaed: „Soll e ganga ond dr a hebräischa Amme hola, dass se dr des Kendle stillt?“ 8Am Pharao sae Tochter håt zon ra gsaed: „Au ja, spreng schnell.“ Ond des Mädle ischd ganga ond håt ihr Muader gholt. 9Nå håt am Pharao sae Tochter zon ra gsaed: „Nemm den Bua mit ond still an; i gib dr ao ebbas drfür.“ Dui Frao håt den Bua mitgnomma ond an gstillt. 10Mô der Bua nå graoß gnuag gwea ischd, håt se an wieder am Pharao saener Tochter nôbråcht. Dui håt an als Soh ågnomma ond håt an Mose ghôeßa, weil, so håt se sich gsaed: I han an jå aus am Wasser rauszoga. (Des ischd d Bedeutong vom Nåma »Mose«) 11Später nå, mô dr Mose schao graoß gwea ischd, ischd r amål nausganga zo saene Landsleut ond håt zuaguckt, wia se ihran Frondenst glaestat hent. Nå håt r gseha, wia a Ägypter oen von saene hebräische Brüader ghaoa håt. 12Nå håt r sich nach älle Seita romguckt, ond môn r gseha håt, dass grad neamerd då gwea ischd, håt r den Ägypter zdaot ghaoa ond an glei em Såd vrschärrat. 13Môn r am andera Dag wieder naus ischd, hent grad zwôe Hebräer mitanander ghändlat, nå håt r zo dem mô em Orecht gwea ischd, gsaed: „Wårom haost du daen Kamerada?“ 14Der håt aber glei gsaed: „Wer håt denn di als Aufpasser ond Richter über ons bstellt? Willst mi vielleicht ao hemacha, wia gestern den Ägypter?“ Nå håt s dr Mose mit dr Angst zom doa kriagt, ond r håt sich gsaed: Dui Sach ischd wohl doch et vrbôrga blieba.

Dr Mose muaß abhaoa: Ex 2 15 - 22

15Ao dr Pharao håt ebbas von dera Gschicht läuta höra ond håt drauf gsonna, wian r da Mose aus am Weg schaffa könnt. Aber dr Mose ischd vôr am Pharao abghaoa ond håt em Land Midian bleiba wölla. Då ischd r an en Bronna nôghockt zom a bißle gruaba. 16Dr Priaster von de Midianiter håt sieba Töchter ghet; dia send komma ond hent Wasser gschöpft en dia Tränka nae, zom s Kloevieh von ihram Vadr saufa lassa. 17Nå send Hirta drherkomma ond hent se fortgjagt. Aber nå ischd dr Mose aufgstanda ond håt en gholfa ond håt ihre Viecher saufa lassa. 18Mô se nå zo ihram Vadr, am Reguël, hoemkomma send, håt der s gfrågt: „Wia kommt s, dass ihr haet schao då send?“ 19Dia hent am zor Antwort geba: „A Ägypter håt as gholfa gega dia Hirta; ond sogar helfa Wasserschöpfa ond d Viecher saufa lassa.“ 20Nå håt r zo saene Mädla gsaed: „Mô ischd r denn? Wårom hent r den Må sell glassa? Holat an her, dass r mit ons vesperat.“ 21Ond dr Mose håt sich entschlossa ond ischd bei dem Må blieba, ond der håt am Mose sae Tochter, d Zippora, geba. [22]Ond se håt an Bua auf d Welt bråcht, den håt r Gerschom ghôeßa, weil r sich gsaed håt: A Gast ben e wôra em fremda Land.

Zom Vrgleicha: Vers 22: 18,3

Dr Mose wird beruafa: Ex 2 23 - 4 17

[23]Zemlich lang drnåch ischd dr König von Ägypten gstôrba. D Israelita aber hent schwer gstöhnt onter ihram Frondenst. Ond der Hilfeschrae wega dem Frondenst ischd bei Gott (Elohim) åkomma. [24]Ond Gott (Elohim) håt dene ihr Gschrôe ghört, nå håt r an saen Bund denkt mit am Abraham, mit am Isaak ond mit am Jakob. [25]Ond Gott (Elohim) håt auf dia Israelita gseha ond håt sich om se kümmerat.

3 Dr Mose håt d Schåf ond d Gôesa von saem Schwiegervadr Jitro (des ischd dr Reguël) ghüatat, der ischd a Priaster von de Midianiter gwea. Nå håt r amål dia Viecher über d Steppe naustrieba ond ischd bis an da Horeb komma, am Berg von Gott (Elohim). [2]Då ischd am dr Engel vom Herrgott (JAHWE) erschiena en ra Feuerflamm, mô mittla aus ama Dôrnabusch rausgschlaga håt. Ond wian r nôguckt håt, då håt der Dornabusch zwår em Feuer brennt, aber vrbrennt ischd r et. [3]Nå håt dr Mose denkt: Des'schd doch aegaartig, då muaß e nô ond des amål gnaoer ågucka, wårom der Dôrnabusch et vrbrennt. [4]Ond dr Herrgott (JAHWE) håt gseha, dass der romkomma wölla håt zom gucka, nå håt an Gott (Elohim) aus dem Dôrnabusch raus ågruafa: „Mose! Mose!“ Der håt am zor Antwort geba: „Då ben e!“ [5]Nå håt r gsaed: „Komm et dåhanna her! Ziag daene Schuah von daene Füaß ra, weil der Platz, mô du jetzat stôhst, ischd a haeliger Boda.“ [6]Ond weiter håt r gsprocha: „I ben dr Gott (Elohoy) von daem Vadr, dr Gott (Elohoy) vom Abraham, dr Gott (Elohey) vom Isaak ond dr Gott (Elohey) vom Jakob.“ Nå håt dr Mose sae Gsicht zuadeckt, weil r Angst ghet håt vôr am Nôgucka zo dera Gotthaet (El Elohim). [7]Ond dr Herrgott (JAHWE) håt gsaed: „I han mr des Elend vo maem Volk en Ägypten wohl ågucket, ond ihre Klaga wega ihre Åtreiber han e ghört; jå, ond ihre Leida send mr ao bekannt. [8]I ben rakomma, zom se aus de Ägypter ihrer Gwalt reißa ond se aus dem Land nausführa en a schös ond weits Land; en a Land, mô Milch ond Honig fliaßt; en s Gebiet vom Kanaaniter, vom Hetiter, vom Amoriter, vom Perisiter, vom Hiwiter ond vom Jebusiter. [9]Ond jetzt guck no, dia Klaga von de Kender vom Israel send vôr me komma, i han ao gseha, wia hart dia Ägypter dia nadruckat. [10]Jetzat gôhst du! I schick de zom Pharao, dass du mae Volk, d Israelita, aus Ägypten rausführst.“ [11]Nå håt dr Mose zo Gott (El Elohim) gsaed: „Wer ben i schao, dass i zom Pharao ganga könnt ond dass i dia Kender vom Israel raushola könnt aus Ägypten?“ [12]Nå håt r aber gsaed: „I will mit dr ganga; ond då drå siehst, dass i s selber ben, der mô de gschickt håt: Wann du des Volk aus Ägypten rausführst, nå dent ihr an dem Berg dåhanna Gott (Elohim) vrehra.“ [13]Nå håt dr Mose zo Gott (El Elohim) gsaed: „Guck, wann i zo de Söh vom Israel komm ond zo dene sag: ‚Dr Gott (Elohey) von eure Vädr håt me zo euch gschickt, nå frågat dia mi: ‚Wia hôeßt r denn? - Was soll e nå dådrauf saga?“ [14]Nå håt Gott (Elohim) zom Mose gsaed: “I will der sae, der i sae will”. Ond r håt weiter gsaed: „Des richtest de Söh vom Israel aus: Dr ‚I will sae’ håt me zo euch gschickt.“ [15]Ond no weiter håt Gott (Elohim) zom Mose gsaed: „Des richtest de Söh vom Israel aus: Dr Herrgott (JAHWE), dr Gott (Elohey) von eure Vädr, dr

Gott (Elohey) vom Abraham, dr Gott (Elohey) vom Isaak, dr Gott (Elohey) vom Jakob hât me zon ich gschickt! Des ischd mae Nâma auf ewig, ond so soll mr mi åsprecha von oener Generatio zor andera. 16Gang ond vrsammle da Ältestarat von Israel ond sag zo nen: Dr Herrgott (JAHWE), dr Gott (Elohey) von eure Vädr ischd mr erschiena, dr Gott (Elohey) vom Abraham, dr Gott (Elohey) vom Isaak, dr Gott (Elohey) vom Jakob ond hât gsaed: I han euch em Aog bhalta ond gseha, was dia Ägypter mit euch ågstellt hent. 17Drom han e me entschlossa, dass e euch raushol aus dem Elend en Ägypten ond en s Gebiet vom Kanaaniter, vom Hetiter, vom Amoriter, vom Perisiter, vom Hiwiter ond vom Jebusiter führ, en a Land, mô Milch ond Honig fliaßt. 18Wann se auf de hörat ond da kommst mit de Älteste von Israel zom König von Ägypten, nå sagat r zon am: Dr Herrgott (JAHWE), dr Gott (Elohey) von de Hebräer, ischd ons begegnat, laß ons en Weg von drei Däg en d Wüste ganga, dass mr onseram Gott JAHWE opfera könnat! 19I wôeß aber, dass euch dr König von Ägypten et ganga läßt, wann r et durch a starka Macht drzua zwonga wird. 20Also streck i mae Hâd naus ond schlag dia Ägypter mit älle maene Wonder, môn i sell doa will, nå läßt r euch frei. 21I sôrg ao drfür, dass des Volk en de Aoga von de Ägypter guat ågseha ischd, ond wann r nå gangat, dass r nå et mit leere Händ von sell fort müaßat. 22Jeda Frao kå von ihrer Nâchbere und von ihrer Hausfrao Silber- ond Goldschmuck ond Klôeder vrlanga. Des gebat r eure Söh ond Töchter, so dent r d Ägypter ausplündera.

4 Nå hât am dr Mose zor Antwort geba ond gsaed: „Was ischd nå, wann dia mir et glaobat ond et auf me höra wöllat ond sagat: Niamâls ischd dir dr Herrgott (JAHWE) erschiena?« 2Dådrauf hât dr Herrgott (JAHWE) zon am gsaed: „Was håsch d denn då en daener Hâd?“ Saed r: „En Stecka.“ 3Ond r hât gsaed: „Schmeiß an auf da Boda!“ Nå hât an dr Mose auf da Boda gschmissa, nå ischd a Schlang aus am wôra, ond dr Mose ischd zrückgschreckt vôr ra. 4Nå hât dr Herrgott (JAHWE) zom Mose gsaed: „Streck dae Hâd naus ond pack se am Schwanz!“ Ond r hât sae Hâd nausgstreckt ond se packt, nå ischd se en saener Hâd wieder a Stecka wôra. 5“Dass dia glaobat, dass dir dr Herrgott (JAHWE) erschiena ischd, dr Gott (Elohey) von eure Vädr, dr Gott (Elohey) vom Abraham, dr Gott (Elohey) vom Isaak, dr Gott (Elohey) vom Jakob.“ 6Ond no weiter hât dr Herrgott (JAHWE) zon am gsprocha: „Steck dae Hâd en dae Brusttuach! Ond r hât sae Hâd en s Brusttuach naegsteckt; môn r se wieder rauszoga hât, guck, då ischd se vom Aussatz schnaeweiß gwea. 7Ond dr Herr hât gsaed: „Steck dae Hâd nômâl en dae Brusttuach nae“; ond r hât se nômâl en s Brusttuach naegsteckt; ond môn r se wieder rauszoga hât, ischd se wieder ganz normal gwea wia de ander Hâd. 8“Ond wann se dr et glaobat ond auf des erste Zôeche nô et horcha wöllat, nå glaobat se bestimmt auf s zwôete Zôeche nô. 9Wann se aber wega bôede Zôeche et glaoba ond auf de horcha wöllat, nå nemmst a Wasser aus am Nil ond leerst s auf s Trockene; nå wird des Wasser aus am Nil auf am Trockena zo Bluat.“ 10Nå hât dr Mose zom Herrgott (JAHWE) gsaed: „Bitte Herr, i ben koe guater Redner, des han i no nia könna, ond des kå i ao jetzat et, mô du mit daem Knecht sprichst, i han a schwers Maul ond a schwera Zong.“ 11Nå hât dr Herrgott (JAHWE) zon am gsaed: „Wer hât denn da Menscha mit ama Mund ausstaffiert, oder wer kå

macha, dass der stomm ischd oder taob, dass r ebbas sieht oder blend ischd, wann et i, dr Herrgott (JAHWE)? 12Jetzat gang halt: I will mit daem Mund sae ond dr beibrenga, was da zom saga håsch."
13Aber dr Mose håt gsaed: „Herr, bitte, schick doch, wen da willst." 14Nå håt dr Herrgott (JAHWE) an Zôrn auf da Mose kriagt ond håt gsaed: „Ischd et ao no dae Bruader då, dr Aaron, der Levit? I wôeß doch, dass der guat reda kå. Guck, der håt sich schao auf da Weg gmacht zom sich mit dr treffa, wann der de sieht, nå fraet der sich ohaemlich. 15Schwätz also mit am ond erklär am, was r saga soll; ond i selber will mit daem Mund ond mit saem Mund sae, ond i gib euch ao d Åweisonga, was r doa sollat. 16Der soll an daener Stell zom Volk reda ond dae Sprâchrohr sae, ond du bist en saene Aoga a Werkzeug von Gott (Elohim). 17Ond den Stecka dåhanna nemmst en d Håd, dass da dia Zôeche drmit duast."

Dr Mose gôht zruck nach Ägypten: Ex 4 18 - 31

18Nå ischd dr Mose wieder zo saem Schwiegervadr, am Jitro, zruck ond håt zon am gsaed: „I will zruck nach Ägypten zo maene Brüader ond gucka, ob se no lebat." Dådrauf håt dr Jitro gsaed: „Gang no em Frieda." 19Dr Herrgott (JAHWE) håt nämlich zom Mose en Midian gsaed: „Gang wieder zruck nach Ägypten; weil älle dia Leut, mô dr an s Leba wölla hent, send gstôrba." 20Nå håt dr Mose sae Frao ond saene Buaba gnomma ond håt s auf an Esel gsetzt ond ischd mit en nach Ägypten zruckganga, ond den Stecka von Gott (Elohim) håt r ao en d Håd gnomma. 21Dr Herrgott (JAHWE) håt nämlich zom Mose gsaed ghet: „Wann da nach Ägypten zruck kommst, nå muaßt d dr emmer älle Wonderzôeche vôr Aoga halta, dass da dia vôr am Pharao duast, aber i mach dem sae Herz so ôegasennig, dass r s Volk et ganga läßt. 22Nå saesch d zom Pharao: ‚So spricht dr Herrgott (JAHWE): Mae erstgeborener Soh ischd Israel. 23Ond i sag dr: Laß maen Soh ganga, dass r mr diena kå! Wann da des et zualäßt, nå breng i daen erstgeborena Soh om.
24Aber nå ischd am Mose onterwegs an dr Herberg dr Herrgott (JAHWE) vrkomma ond håt an ombrenga wölla. 25Nå håt d Zippora a Stoemesser gnomma ond ihram Bua d Vôrhaut weggschnitta ond håt saene Füaß drmit berührt ond gsaed: „A Bluatbräutigam bist d mr." 26Nå håt r an glassa. Selligsmål håt se „Bluatbräutigam" gsaed wega dr Beschneidong.
27Nå håt dr Herrgott (JAHWE) zom Aaron gsaed: „Gang en d Wüste am Mose entgega." Nå ischd r ganga ond håt an am Berg von Gott (Elohim) troffa ond an küßt. 28Ond dr Mose håt am Aaron ällas gsaed, was am dr Herrgott (JAHWE) ågea håt ond älle dia Zôeche, môn r an ghôeßa håt. 29Nå ischd dr Mose mit am Aaron nôganga, ond se hent a Vrsammlong mit de Älteste von de Israelita gmacht. 30Dr Aaron håt ällas bekannt geba, was dr Herrgott (JAHWE) zom Mose gsaed håt, ond r håt am Volk dia Zôeche zaegt. 31Nå håt s Volk glaobt; mô se ghört hent, dass sich dr Herrgott (JAHWE) om s Volk Israel ånemma dät ond gseha hätt, wia se nadruckt werat, nå hent se sich vrnaegt ond sich onterwôrfa.

Zom Vrgleicha: Vers 20: 18,3f.

Dr Mose beim Pharao: Ex 5 1 - 19

5 Nå ischd dr Mose ond dr Aaron zom Pharao ganga ond hent zon am gsaed: »Dr Herrgott (JAHWE), de Israelita ihr Gott (Elohey) läßt dr saga: ‚Laß mae Volk ganga, dass se mr en dr Wüste a Fest feiera könnat." 2Dådrauf håt dr

Pharao gsaed: „Wer ischd des, JAHWE, dass der mir ebbas zom saga hätt ond i drwega d Israelita ganga lassa müaßt? I kenn koen JAHWE, ond s fällt mr ao gar et ae, dass e wega dem d Israelita ganga laß.“ [3]Nå hent se gsaed: „De Hebräer ihr Gott (Elohey) ischd as vrkomma, laß ons doch ganga drei Dagmärsch weit en d Wüste naus, zom onseram Gott JAHWE opfera, dass r ons et mit dr Pest oder mit am Schwert hoemsuacht.“ [4]Nå håt dr König von Ägypten zon en gsaed: „Mose ond Aaron, wårom wöllat ihr obedengt s Volk von saener Ärbat aufhalta? Machat anandernåch, dass r euran Frondenst laestat!“ [5]Ond weiter håt dr Pharao gsaed: „So viel Leut send afanga em Land, ond nå wöllat ihr dia ao no vrguaba lao von ihram Frondenst?“ [6]Ond am gleicha Dag no håt dr Pharao nå saene Åtreiber ond de Aufpasser vom Volk Israel d Åweisong geba: [7]“Ab sofort werat dem Volk koene Straohhäckerleng maeh glieferat zom Bachstoe streicha wia seither, dia sollat selber nausganga ond ihr Straoh zsemaklauba. [8]Aber se müaßat gleich viel Bachstoe macha wia seither. Ihr därfat dene gar nex nåchlassa! Dia send nämlich stenkfaul. Drom schreiat se ao: ‚Lassat ons ganga ond onseram Gott opfera! [9]Machat dene Leut no s Leba schwer, nå hent se ebbas zom Schaffa ond koe Zeit maeh zom über des domm Gschwätz nåchdenka.“ [10]Nå send dia Åtreiber ond dia Aufpasser vom Volk Israel naus ond hent zo de Israelita gsaed: „Dr Pharao håt d Åweisong geba, dass mr euch koe Straoh maeh geba soll. [11]Gangat selber naus ond klaubat euer Straoh zsema, môn r s fendat; moenat bloß et, r briechte drwega weniger schaffa, (des kommt et en Fråg).“ [12]Nå håt sich s Volk en ganz Ägypten vrtôelt zom Straoh zsemaklauba ond Häckerleng macha. [13]Aber dia Åtreiber hent Druck gmacht ond gsaed: „Ihr müaßat an jedam Dag de gleich Laestong brenga wia vôrher, mô mr euch no s Straoh glieferat håt.“ [14]Ond am Pharao saene Åtreiber hent dia Aufpasser von de Israelita, mô se selber aegsetzt hent, vrhaoa ond zon en gsaed: „Wårom hent ihr euer vôrgschriebes Maß an Bachstoe haet et bråcht wia seither?“ [15]Nå send dia Aufpasser von de Israelita nae ond hent sich beim Pharao beklagt: „Wårom gôhst du so mit daene Knecht om?“ [16]Daene Knecht kriagat koene Häckerleng maeh, ond nå saed mr no: ‚Machat nôra, dass r Bachstoe machat! Ond nå werat daene Aufpasser no vrhaoa; so vrsündigst du de an daem Volk!“ [17]Aber der håt gsaed: „Elende Faulenzer send r! Faulenzer, liadrige! Drom sagat r ao: ‚Mir wöllat naus ond am JAHWE opfera. [18]Machat, dass r an euer Ärbat kommat, Straoh geit s koes, aber de vôrgschriebe Zahl von Bachstoe will e seha!“

[19]Då ischd dene Aufpasser vom Volk Israel klar wôra, wia übel se drå gwea send, weil mr en gsaed håt: De vôrgschriebe Zahl von Bachstoe müaße se liefera.

Dr Mose ischd ozfrieda, ond Gott geit am a Vrsprecha: Ex 5 20 - 6 13

[20]Mô se nå beim Pharao ganga gwea send, ischd en dr Mose ond dr Aaron vrkomma, dia send nämlich dågstanda ond hent auf se gwartat. [21]Nå hent dia Aufpasser zo dene bôede gsaed: „Dr Herrgott (JAHWE) soll euch hoemsuacha ond stråfa, weil ihr hent ons des aebrockat beim Pharao ond saene Höfleng, dass der as nemme schmecka kå, dem hent ihr s Schwert en d Håd geba, mit dem môn r ons ombrenga kå.“ [22]Nå håt dr Mose wieder da Herrgott (JAHWE) ågsprocha ond zon am gsaed: „Herr, wårom gôhst du so übel mit dem Volk dåhanna om? Zo was håsch d me

aegentlich gschickt? 23Seit i beim Pharao gwea ben ond en daem Nåma zon am gsprocha han, gôht der mit dem Volk emmer schlemmer om. Aber du håsch dae Volk no et grettat.«

6 Nå håt dr Herrgott (JAHWE) zom Mose gsaed: „Da wirst schao seha, was i mit am Pharao mach. Weil den zwengt a starka Håd, dass r s ganga läßt, jå, a starka Håd zwengt den so, dass r se sogar aus saem Land nausjagt.“ 2Nå håt Gott (Elohim) mit am Mose gsprocha ond zon am gsaed: „I ben JAHWE. 3I ben am Abraham, am Isaak ond am Jakob als dr allmächtige Gott (El-Schaddai) erschiena, aber maen Nåma JAHWE han e dene et offabar gmacht. 4I han ao en Bund mit en gschlossa ond han en vrsprocha, dass e en s Land Kanaan gib, mô se sich dren aufghalta hent. 5Ond i han ao dene Israelita ihre Klaga ghört, weil se von de Ägypter zom Frondenst zwonga werat, nå han e an maen Bund denka müaßa. 6Drom saesch d zo de Israelita: I ben JAHWE; i hol euch aus dem Frondenst dåhanna raus ond mach euch frei von dera Sklaverei. I streck maen Arm naus ond erlös euch mit a ma gwaltiga Stråfgericht. 7I nemm euch å als mae Volk ond will euer Gott (Elohim) sae. Ond ihr sollat des wissa, dass i, JAHWE, euer Gott (Eloheykem) ben, der mô euch aus dem Frondenst bei de Ägypter rausholt. 8Ond i breng euch en des Land, môn e am Abraham, am Isaak ond am Jakob gschwora han, dass se s vo mr kriagat. Des gib e euch als Ôegatom, i, dr Herr (JAHWE).“

9Dr Mose håt des de Israelita gsaed, aber dia hent gar et auf da Mose ghört, weil se wega dera schwera Schufterei ganz vrzagt gwea send. 10Nå håt dr Herrgott (JAHWE) zom Mose gsaed: 11“Jetzt gôhst nae zom Pharao ond saesch d dem König von Ägypten, r soll dia Israelita aus saem Land fortschicka!“ 12Dådrauf håt dr Mose zom Herrgott (JAHWE) gsaed: „Guck, wann et amål d Israelita auf me hörat, wia soll nå dr Pharao me åhöra wölla? Mô i drzua nô et guat Reda halta kå.“ 13Aber dr Herrgott (JAHWE) håt mit am Mose ond am Aaron gsprocha ond drauf bestanda, dass se de Israelita ond am Pharao, am König von Ägypten, saga müaße, dass sia da Auftrag hättat zom dia Israelita aus am Land Ägypten wegführa.

En de Vers 14 - 27 stôht dr Stammbaom vom Mose ond vom Aaron.

28An sellam Dag, mô dr Herrgott (JAHWE) mit am Mose gsprocha håt, 29håt r zom Mose em Land Ägypten gsaed: 29„I ben JAHWE“. Sag am Pharao, dem König von Ägypten, ällas, was i dr ågib.“ 30Nå håt dr Mose am Herrgott (JAHWE) zor Antwort gea: „Guck, i kå doch et guat reda, moenst d, då dät dr Pharao auf me höra?“

Zom Vrgleicha: Vers 30: 4,10; 6,12.

D ägyptische Plåga: Ex 7 1 - 11 10

7 Nå håt dr Herrgott (JAHWE) zom Mose gsaed: „Guck, i mach di für da Pharao zo ma Gott (Elohim) ond dae Bruader, dr Aaron, soll dae Prophet sae. 2Du besprichst ällas mit am, was i dr ågib, ond dr Aaron, dae Bruader, soll s nå am Pharao saga, dass der d Israelita aus saem Land ganga läßt. 3Aber i will da Pharao hartherzig macha ond no viel Zôeche ond Wonder doa em Land Ägypten. 4Aber dr Pharao wird nex drauf geba, ond i leg mae Håd an s Land Ägypten ond hol maene Heerschara, mae Volk Israel, mit schwere Stråfgericht aus am Land Ägypten raus. 5Nå werat d Ägypter zom spüra kriaga, dass i dr Herrgott (JAHWE) ben, wenn i mae Håd über Ägypten ausstreck ond d Israelita mittla aus dene raushol.“ 6Ond dr Mose

ond dr Aaron hent ällas so gmacht, wian en s dr Herrgott (JAHWE) ågea håt, jå, so hent se s dao. [7]Dr Mose ischd achzga gwea ond dr Aaron dreiaachzg Jåhr alt, mô se mit am Pharao vrhandlat hent.

[8]Ond dr Herrgott (JAHWE) håt zom Mose ond zom Aaron gsprocha: [9]"Wann dr Pharao zon ich saed: ‚Weisat euch aus durch a Wonder! nå saesch d zom Aaron: ‚Nemm daen Stecka ond schmeiß an vôr am Pharao nô, nå wird a Schlang aus am. [10]Mô dr Mose ond dr Aaron nå beim Pharao gwea send, hent se dao, was en dr Herrgott (JAHWE) ågea håt: Dr Aaron håt saen Stecka vôr da Pharao ond saene Denstleut nôgschmissa, ond s ischd a Schlang draus wôra. [11]Aber dr Pharao håt saene Weise ond d Zaoberer komma lassa, ond dia Zaoberkünstler, dia hent ao s Gleiche gmacht mit ihre Zaoberkonststückla: [12]A jeder håt saen Stecka nôgschmissa, ond nå send Schlanga draus wôra; aber am Aaron sae Stecka håt dene ihre Stäb en sich naegschlonga. [13]Aber dr Pharao ischd emmer hartherziger wôra, ond r håt et auf se ghorcht, wia s dr Herrgott (JAHWE) em vôraus gsaed håt.

[14]Nå håt dr Herrgott (JAHWE) zom Mose gsaed: „Am Pharao sae Herz ischd vrstockt, ond r läßt s et zua, dass des Volk ganga därf. [15]Gang môrga früah zom Pharao, wann r nausgôht an s Wasser, stand am Nilaufer vôr an nô, mit dem Stecka en dr Håd, aus dem mô a Schlang wôra ischd, [16]ond sag zon am: ‚JAHWE, de Hebräer ihr Gott (Elohey), håt me zo dr gschickt zom dr saga: Laß mae Volk ganga, dass se mr Gottesdenst haltat en dr Wüste. Bis jetzat håsch d no et horcha wölla. [17]So spricht dr Herrgott (JAHWE): An dem sollst merka, dass i dr Herrgott (JAHWE) ben: Guck, wann i mit dem Stecka en maener Håd dåhanna auf s Wasser em Nil hao, nå vrwandlat sich des en Bluat. [18]Ond d Fisch mitsamt dr Bruat em Strom gangat ae, ond dr Nil wird stenka, dass d Ägypter en Ekel drvôr hent, des Wasser aus am Nil zom trenka. [19]Ond dr Herrgott (JAHWE) håt zom Mose gsaed: „Sag zom Aaron: ‚Nemm daen Stecka ond streck dae Håd naus über älle Wasser en Ägypten, über ihre Flüß ond Bäch, über ihre Sümpf ond Hülba, dass se zo Bluat werat. So soll ao Bluat sae en älle Gelta ond Stoekrüag em Land Ägypten.“ [20]Dr Mose ond dr Aaron hent dao, was en dr Herrgott (JAHWE) ågea håt: r håt da Stecka vôr de Aoga vom Pharao ond saene Denstleut åghoba ond auf s Wasser vom Nil ghaoa, ond des ganz Wasser em Nil ischd zo Bluat wôra; [21]ond d Fisch mitsamt dr Bruat send aeganga, ond dr Nil håt gstonka, dass d Ägypter koe Wasser maeh aus am Nil hent trenka könna. Ond des Bluat håt sich über s ganz Land Ägypten ausbrôetat. [22]Dia ägyptische Zaoberer hent aber s Gleiche gmacht mit ihre Zaoberkonststückla, ond dr Pharao ischd hartherzig blieba, wia s dr Herrgott (JAHWE) em vôraus gsaed håt. [23]Nå håt sich dr Pharao romdreht ond ischd en sae Haus naeganga ond håt sich ao des et z Herza gnomma. [24]Ond se hent en ganz Ägypten rengs om da Nil rom überall nach Wasser graba zom Trenka; weil s Nilwasser hent se et trenka könna. [25]Des håt ganze sieba Däg daurat, mô dr Herrgott (JAHWE) da Nil gschlaga håt.

[26]Nå håt dr Herrgott (JAHWE) zom Mose gsaed: „Gang zom Pharao ond sag am: ‚Dr Herrgott (JAHWE) läßt dr saga: Laß mae Volk ganga, dass se mr Gottesdenst halta könnat! [27]Weigerst de ond läßst se et ganga, nå suach i dae Land mit Frösch hoem. [28]Dr Nil wemmlat nå vôr lauter Frösch, ond dia kriachat rauf ond kommat en dae Haus ond en dae Schlåfkammer ond auf dae Bett ond en d Häuser von daene Denstleut ond

von daem ganza Volk, en daene Bachöfa
ond daene Tôegtrög. 29Ao auf di ond an
dae Volk ond an älle daene Denstleut
kriachat dia Frösch nô."

8 Ond dr Herrgott (JAHWE) håt
zom Mose gsaed: „Sag zom Aaron:
‚Streck dae Håd naus mit daem Stecka
über d Flüß, übers Nildelta ond saene
Sompfgebiet, ond laß d Frösch über
ganz Ägypten komma!" 2Dr Aaron
håt sae Håd nausgstreckt über ällas
Wasser en Ägypten. Nå send dia Frösch
raufkomma, ond ällas ischd mit en vol
gwea en Ägypten. 3Aber dia Wahrsager
hent mit ihre Zaoberkonststückla s
gleiche dao ond hent Frösch über s ganz
Land Ägypten komma lassa. 4Nå håt dr
Pharao da Mose ond da Aaron komma
lao ond håt gsaed: „Betet zo JAHWE, r
soll mir ond maem Volk dia Frösch vom
Hals schaffa. Nå laß e ao dae Volk ganga,
dass se am JAHWE Schlachtopfer brenga
könnat." 5Nå håt dr Mose zom Pharao
gsaed: „Bestimm du, wann e für de beta
soll, dass dia Frösch aus daem Haus
ond bei daene Denstleut ond bei daem
Volk ausgrottat werat, ond bloß no em
Fluß übrig bleibat." 6"Glei môrga!" håt
dr Pharao gsaed. Dådrauf håt dr Mose
gsaed: „Wia da moenst. Dass d kapierst,
dass koener an JAHWE nôkommt -
onsern Gott (Eloheynu). 7Dia Frösch
scherat sich weg von dir ond daene
Häuser, ond ao von daene Denstleut ond
von daem Volk; bloß em Strom bleibat
se übrig." 8Mô dr Mose ond dr Aaron
nausganga gwea send beim Pharao,
håt dr Mose zom Herrgott (JAHWE)
gschria, dass r s befreia soll von dene
Frösch, môn r gega da Pharao aegsetzt
håt. 9Dr Herrgott (JAHWE) håt dao,
wia s dr Mose gsaed håt, ond dia Frösch
send aeganga en de Häuser, en de Höf
ond auf de Felder. 10Nå håt mr s überall
zo Häufa zsemadao, då håt s ganz Land
millionisch vrgstonka. 11Mô dr Pharao
gseha håt, dass s wieder Luft gea håt,
ischd sae Herz wieder vrstockt wôra,
ond r håt neme auf s ghorcht, wia s dr
Herrgott (JAHWE) gsaed håt. 12Ond
dr Herr (JAHWE) håt am Mose ågea:
"Sag am Aaron: ‚Streck daen Stecka
naus ond hao drmit auf da Boda en da
Staob, dass en ganz Ägypten Schnåka
draus werat." 13So hent se s gmacht. Dr
Aaron håt sae Håd nausgstreckt ond
mit saem Stecka auf da Boda ghaoa, dass
s gstaobt håt. Nå send Schnåka draus
wôra, dia send auf d Menscha ond auf
s Vieh ghockt. 14Dia Wahrsager hent mit
ihre Zaoberkonststückla ao Schnåka
macha wölla, hent s aber et nôbråcht.
Dia Schnåkaschwärm send auf de
Menscha ond auf am Vieh ghockt. 15Nå
hent dia Wahrsager zom Pharao gsaed:
„Des ischd dr Fenger vo ma Gott."
Aber dr Pharao ischd hartherzig blieba,
ond r håt nemme auf s ghorcht, wia
s dr Herrgott (JAHWE) gsaed håt.
16Dådrauf håt dr Herrgott (JAHWE)
zom Mose gsaed: „Stand môrga früah
ganz bald auf, wann dr Pharao ans
Wasser nausgôht, nå stôhst vôr an nô
ond saesch d: ;Dr Herrgott (JAHWE)
läßt dr saga: Laß mae Volk ganga, dass
se mr Gottesdenst halta könnat! 17Wann
da mae Volk nämlich et ganga läßst, nå
laß e auf di ond auf daene Denstleut
ond auf dae ganzs Volk ond auf daene
Häuser d Breama los, dass de Ägypter
ihre Häuser voler Breama send, sogar
dr Boda, mô se drauf standat. 18Aber an
sellam Dag mach e em Land Goschen
a Ausnåhm, mô mae Volk wohnt, då
send nå koene Breama. Då drå siehst
nå, dass i, JAHWE, mittla em Land ben.
19I mach also en Onterschied zwischa
daem ond maem Volk. Môrga passiert
s." 20So håt s dr Herrgott (JAHWE)
gmacht. Massahaft send Breama em
Pharao sae Haus komma ond en d
Häuser von saene Denstleut ond

über s ganz Land Ägypten. Am Land
ischd durch dia Breama a riesa Schada
ågrichtat wôra. [21]Nå håt dr Pharao da
Mose ond da Aaron komma lao ond
håt gsaed: „Gangat ond opferat doch
euram Gott dåhanna em Land!“ [22]“Des
gôht et,“ håt dr Mose drauf gsaed, „de
Ägypter graust s nämlich vôr dem, was
mir JAHWE opferat. Wann mir aber
ebbas vôr dene ihre Aoga opferat, mô
s de Ägypter drvôr graust, moenst d
et, dass dia ons nå stoeniga däte? [23]Mir
wöllat drei Dagmärsch weit en d Wüsta
naus, ond nå onseram Gott JAHWE a
Opfer brenga, wian r s ons ågea håt.“
[24]Nå håt dr Pharao gsaed: „I laß euch
ganga, dass r euram Gott JAHWE a
Opfer brenga könnat en dr Wüste. Aber
haoat mr jå et ab ond betat ao für mi.“
[25]Dådrauf håt dr Mose gsaed: „Guck, i
gang jetzat naus ond bet zom Herrgott
(JAHWE), dass môrga dia Breama vom
Pharao ond von saene Denstleut ond
von saem Volk weggangat. Bloß därf dr
Pharao et wieder sae Wort brecha ond s
Volk et ganga lassa, dass se am Herrgott
(JAHWE) a Opfer brenga könnat.“
[26]Dr Mose ischd nå vom Pharao ganga
ond håt zom Herrgott (JAHWE) betet.
[27]Ond dr Herrgott (JAHWE) håt dao,
wia s dr Mose gsaed håt, ond håt da
Pharao ond saene Denstleut ond sae
ganz Volk von dene Breama befreit,
dass koena übrigbliebа ischd. [28]Aber
ao desmål ischd dr Pharao hartherzig
blieba, ond r håt s Volk et ganga lassa.

9 Nå håt dr Herrgott (JAHWE) zom
Mose gsaed: „Gang zom Pharao
ond sag zon am: ‚De Hebräer ihr Gott
JAHWE läßt dr ausrichta: Laß mae Volk
ganga, dass se mr d Ehr geba könnat.
[2]Wann da de wieder waegerest zom
se ganga lassa ond se weiter dåbhälst,
[3]guck, nå legt dr Herrgott (JAHWE) sae
Håd auf dae Vieh em Feld draußa, auf
d Roß ond Esel, d Kamel ond Rendla,
d Schåf ond Gôesa, mit ganz schwere
Seucha. [4]Aber dr Herrgott (JAHWE)
macht en Onterschied zwischa am Vieh
von de Israelita ond am Vieh von de
Ägypter, bei de Israelita gôht nå et oe
Stückle ae. [5]Dr Herrgott (JAHWE) håt
ao schao gsaed, wann r s duat: Môrga
glei macht des dr Herrgott (JAHWE).“
[6]Ond dr Herrgott håt des am andera Dag
dao: S ganz Vieh von de Ägypter ischd
aeganga, aber von de Israelita ihram
Vieh ischd koe gotzigs Stückle aeganga.
[7]Nå håt dr Pharao oene nôgschickt zom
bei de Israelita gucka, aber då ischd
koe gotzigs Stückle he gwea. Aber dr
Pharao ischd stur blieba, ond r håt s
Volk et ganga lassa. [8]Nå håt dr Herrgott
(JAHWE) zom Mose ond zom Aaron
gsaed: „Jetzat nemmat r bôede Händ
vol mit Ruaß, ond dr Mose soll an vôr
de Aoga vom Pharao en d Luft nauf
schmeißa. [9]Der Ruaß gôht über am
ganza Land Ägypten ra, ond då kriagat
d Menscha ond s Vieh Ôeterbeula drvo,
ond dia gangat auf en ganz Ägypten.“
[10]Nå hent se den Ruaß gnomma ond vôr
am Pharao dranna en d Luft gschmissa;
ond an de Menscha ond am Vieh send
wüaste Blådera gwachsa ond aufplatzt.
[11]Dia Wahrsager hent wega ihre Beula
nemme vôr da Mose nôstao könna, dia
send wia älle Ägypter voler Blådera
gwea. [12]Ond dr Herrgott (JAHWE) håt
da Pharao no viel hartherziger gmacht,
dass r erst recht et auf s ghorcht håt, wia
s dr Herrgott (JAHWE) gsaed håt.
[13]Nå håt dr Herrgott (JAHWE) zom
Mose gsaed: „Môrga früah stôhst ganz
bald auf ond gôhst zom Pharao, stand
vôr an nô ond sag zon am: ‚De Hebräer
ihr Gott JAHWE läßt dr ausrichta: Laß
mae Volk ganga, dass se mr d Ehr geba
könnat. [14]Desmål laß e älle Plåga auf
oemål auf de los, auf di, auf daene Leut
ond auf dae Volk. Nå siehst d endlich,
dass sich mit mir koener auf dr ganza

Erde vrgleicha kå. [15]I hätt schao lang mae Håd auf de lega könna ond di ond dae Volk mit dr Pest stråfa. Ond du wärest vom Erdboda vrschwonda. [16]I han de aber am Leba glassa, dass da mae Macht zom spüra kriagst, ond dass mae Nåma auf dr ganza Erde bekannt wird. [17]Du markierst emmer no da Herra über mae Volk ond willst se et ganga lassa, [18]drom laß i môrga om dui Zeit en sotta Hagelschlag komma, wia s no koen gea håt, seit s Ägypten geit bis auf da haetiga Dag. [19]Ond jetzt schickst d daene Leut fort, zom dae Vieh en Sicherhaet brenga ond ällas, was dr em Feld draußa ghert. Weil ällas, was et onter Dach ischd, ob Mensch oder Vieh, gôht em Hagel zgrond ond stirbt.“ [20]Wer vom Pharao saene Leut vôr am Wort vom Herrgott (JAHWE) an Respekt ghet håt, der håt saene Knecht ond sae Vieh onter Dach brenga lassa. [21]Wer aber gmoent håt, r bräucht am Herrgott (JAHWE) sae Wort et ernst nemma, der håt saene Leut ond sae Vieh em Feld draußa glassa. [22]Nå håt dr Herrgott (JAHWE) zom Mose gsaed: „Streck dae Håd naus gega da Hemmel, dass en ganz Ägypten a Hagelschlag kommt auf d Menscha ond auf s Vieh ond auf ällas was em Feld draußa wächst en Ägypten.« [23]Ond dr Mose håt saen Stab gega da Hemmel naufgstreckt, ond dr Herrgott (JAHWE) håt s donnera ond hagla lao, furchtbare Gwitter ond Hagelschläg send auf s ganz Land Ägypten raganga. [24]Des ischd a Hagelschlag gwea mit Blitz ond Donner, wia mr s no nia vrlebt håt, seit s Volk Ägypten existiert håt. [25]Der Hagel håt ällas zsemaghaoa, was em Feld draußa gwea ischd, Menscha, Vieh ond ällas Gwächs. Sogar d Baem send zsemakracht. [26]Bloß em Land Goschen, mô d Israelita gwohnt hent, håt s et ghaglat. [27]Nå håt dr Pharao da Mose ond da Aaron komma lao ond håt zo nen gsaed: „Desmål be i schuldig. Dr Gott JAHWE ischd em Recht, ond i ond mae Volk, mir send Frevler. [28]Betat zo JAHWE für me. Dia Gwitter ond Hagelschläg vom Herrgott (Elohim), des langat. I laß euch ganga, ond r brauchat ao koen Frondenst maeh laesta.“ [29]Dr Mose håt am zor Antwort gea: „Sobald e aus dr Stadt draußa ben, will e maene Händ vôr am Herrgott (JAHWE) ausbrôeta, nå haerat dia Gwitter auf, ond s geit ao koene Hagelschläg maeh, dass du kapierst, dass d Erde JAHWE ghert. [30]Aber dass du ond daene Leut vôr JAHWE koe Ehrfurcht hent, des wôeß e gwieß.“ [31]Dr Flachs ond Gersta send he gwea; weil d Gerst håt grad Ähra ågsetzt, ond dr Flachs håt blühat. [32]Aber da Wôeza ond da Spelt håt s et zsemaghaoa, weil dia erst später außerkommat.

[33]Ond dr Mose ischd vom Pharao glei zor Stadt nausganga ond håt saene Händ vôr am Herrgott (JAHWE) ausbrôetat. Nå håt s Gwittera ond s Hagla aufghaert, ond gregnat håt s ao nemme em Land. [34]Mô dr Pharao gseha håt, dass dia Owetter aufghert hent, håt der glei wieder weitergmacht mit saem Sündiga ond ischd wieder hartherzig wôra, er ond saene Leut. [35]Ond dr Pharao ischd hartherzig blieba ond håt d Israelita et ganga lao, wia s dr Herrgott (JAHWE) durch da Mose håt ausrichta lassa.

10 Dådrauf håt dr Herrgott (JAHWE) zom Mose gsaed: „Gang zom Pharao! I han ehn ond saene Leut hartherzig gmacht, dass e dia Zôeche han bei nen doa könna [2]ond dass du daem Bua ond daem Enkale vrzähla kåsch, wian i dene Ägypter mitgspielt han ond was e bei dene für Zôeche dao han. Nå merkat ihr, dass i, JAHWE, dr Herr ben.“ [3]Nå ischd dr Mose ond dr Aaron zom Pharao ganga ond hent zon am gsaed: „De Hebräer ihr Gott

JAHWE läßt dr ausrichta: Wia lang
willst d aegentlich no warta, dass da mr
d Ehr geist? Laß mae Volk ganga, dass se
me vrehra könnat. 4Waegerst de wieder
ond läßt mae Volk et ganga, nå schick
e dr môrga Haeschrecka ens Land.
5Dia deckat nå da Boda so zua, dass mr
koen Acker maeh sieht. Dia fressat nå
des zsema, was dr Hagel übrigglao håt
ond fressat älle Baem kahl, mô no auf
de Felder wachsat. 6Ao daene Häuser
ond daene Leut ihre Häuser send nå
voler Haeschrecka. So ebbas hent daene
Väder ond Großväder bis haet no et
gseha, so weit se zrückdenka könnat
en dem Land dåhanna.“ Nå håt sich
dr Mose romdreht ond håt da Pharao
standa lassa.
7Dådrauf hent am Pharao saene Leut zon
am gsaed: „Wia lang soll des Oglück no
daura? Laß dia Leut doch ganga, dass
se ihran Gott JAHWE vrehra könnat.
Merkst denn emmer no et, dass ganz
Ägypten zgrond gôht?“ 8Nå hent se da
Mose ond da Aaron nômål zrückgholt,
ond r håt zo nen gsaed: „Gangat ond
vrehrat euran Gott JAHWE! Wer will
denn ällas mitganga?“ 9Geit am dr Mose
zor Antwort: „Mir älle wöllat ganga,
Alte ond Jonge, mit onsere Buaba ond
Mädla; ao d Schåf, Gôesa ond s Rendvieh
nemmat mr mit, mir feierat nämlich a
JAHWE-Fest, weil der mit ons gôht.“
10Nå håt dr Pharao zo nen gsaed: „Nå
gôht dr JAHWE mit euch grad so wenig
wian i euch ond eure Jonge ganga laß.
Mr sieht s doch, dass ihr ebbas Oguats
em Senn hent. 11Nex då, bloß d Männer
därfat ganga, zom da JAHWE vrehra,
des hent r wölla.“ Ond mr håt se vom
Pharao fortgjagt.
12Dådrauf håt dr Herrgott (JAHWE)
zom Mose gsaed: „Streck dae Håd über
Ägypten naus! Nå kommat Haeschrecka
ond fallat über ganz Ägypten her. Dia
fressat ällas, was grea ischd ond was dr
Hagel übrigglassa håt.“ 13Nå håt dr Mose
saen Stab über Ägypten nausgstreckt,
ond dr Herrgott (JAHWE) håt an ganza
Dag ond a Nacht en Ostwend blåsa lassa.
Bis am andera Môrga håt der Ostwend
dia Haeschrecka ens Land bråcht. 14Dia
Haeschrecka send über ganz Ägypten
hergfalla ond send en riesige Schwärm
auf s ganz Gebiet von Ägypten
nôghockt. No gar nia håt s so viel
Haeschrecka gea ond geit s ao nemme.
15Dia hent da Boda vom ganza Land
zuadeckt - då ischd ällas schwarz gwea
- ond hent ällas razekahl gfressa, was
vom Hagel no übrigblieba gwea ischd
an de Baem ond an de Ackerpflanza. Då
ischd en ganz Ägypten nex greas maeh
übrigblieba. 16Nå håt s am Pharao aber
pressiert zom da Mose ond da Aaron
hola lassa, ond håt zo nen gsaed: „I han
me gega euran Gott JAHWE vrsündigt
ond ao gega euch. 17Dent mr doch desmål
nômål vrzeiha ond betat zo euram
Gott JAHWE, dass r wenigstens dui
Todesgfahr an mr vrbeiganga läßt.“ 18Nå
ischd dr Mose vom Pharao nausganga
ond håt zom Gott JAHWE betat,
19ond dr Herrgott (JAHWE) håt den
Wend omschlaga lao en an ganz starka
Westwend, ond der håt dia Haeschrecka
fortblåsa ond ens Schilfmeer gschmissa.
En ganz Ägypten ischd koe gotzige
Haeschreck übrigblieba. 20Dr Herrgott
(JAHWE) håt aber da Pharao wieder
ganz hartherzig gmacht, dass r d Israelita
wieder et ganga lao håt.
21Nå håt dr Herrgott (JAHWE) zom
Mose gsaed: „Streck dae Håd naus
gega da Hemmel; nå wirds über ganz
Ägypten donkel, ond s wird kuahnacht.“
22Dr Mose håt sae Håd nausgstreckt
gega da Hemmel, ond schao ischd s
stockdonkel wôra en ganz Ägypten,
drei Däg lang. 23Mr håt anander nemme
gseha, ond koener ischd von saem Platz
aufgstanda drei Däg lang. Aber mô

d Israelita gwohnt hent, ischd s hell blieba. [24]Dådrauf håt dr Pharao da Mose komma lao ond zon am gsaed: „Gangat ond vrehrat euran Gott JAHWE, aber eure Schåf ond Gôesa ond euer Vieh bleibt mr då. Eure Jonge könnat vo mir aus ao mitganga.“ [25]Saed dr Mose: „Sogar du sottest ons Schlachtopfer ond Brandopfer mitgeba, dass mr s onseram Gott JAHWE darbrengat. [26]Drom gôht ao onser Vieh mit, koe Huaf därf zruckbleiba; weil dådrvo müaßat mr s nemma, was mr onseram Gott JAHWE vrehrat. Mir wissat jå no gar et, was ond wiaviel mr opfera müaßat, eh mr sell åkomma send.“ [27]Aber dr Herrgott (JAHWE) håt da Pharao wieder hartherzig gmacht, dass r s et håt ganga lao. [28]Ond dr Pharao håt zom Mose gsaed: „Gang mr bloß fort. Komm mr bloß nemme onter d Aoga. An dem Dag, mô da mr nômål onter d Aoga kommst, muaßt d sterba!“ [29]Ond dr Mose håt gsaed: „Recht håsch d! Des soll gelta! I komm dr nemme onter d Aoga.“

11 Ond dr Herrgott (JAHWE) håt zom Mose gsaed: „Oe Plåg schick e dem Pharao ond saem Land no, nå läßt r euch ganga. Ond wann r euch endlich ganga läßt, nå jagt r euch sogar no fort. [2]Laß em Volk ausschella, a jeder soll von saem Nåchber ond jeda von ihrer Nåchbere silberne ond goldene Sacha vrlanga.“ [3]Ond dr Herrgott (JAHWE) håt de Israelita bei de Ägypter a guats Åseha vrschafft. Ao dr Mose ischd bei de Ägypter ond ao beim Pharao saene Leut guat ågseha gwea.

[4]Dr Mose håt gsaed: „So spricht JAHWE: ‚Haet en dr halba Nacht gang i mittla durch Ägypten. [5]Nå stirbt a jeder, mô als erster gebora ischd en Ägypten, beim Erstgeborena vom Pharao fang e å, der mô auf saem Thron sitzt, ond gang weiter bis zom Erstgeborena von ra Magd, mô an dr Handmühle stôht, ond a jeder Erstleng vom Vieh. [6]Des geit a Gschrôe nô en ganz Ägypten, wia mr no koes ghört håt ond ao nemme hört. [7]Aber gega d Israelita därf no et amål a Hond mit dr Zong schlecka, weder gega en Menscha no gega a Stückle Vieh, dass r endlich kapierat, dr Herrgott (JAHWE) macht en Onterschied zwischa Ägypten ond Israel. [8]Nå kommat daene ganze Leut von ihre haoche Rösser ra, zom mir d Ehr geba ond zom saga: ‚Gangat doch fort, du selber ond dae Volk, mô henter dr stôht. Dådrnåch gang e.“ Ond r ischd vom Pharao wegganga mit a ma Haedazôra.

[9]Ond dr Herrgott (JAHWE) håt zom Mose gsaed: „Dr Pharao will et auf de horcha, dass e no maeh Wonder en Ägypten doa kå.“ [10]Dr Mose ond dr Aaron hent dia Wonder älle vôr de Aoga vom Pharao dao; aber dr Herrgott (JAHWE) håt da Pharao hartherzig gmacht, ond r håt d Israelita et aus saem Land ganga lao.

Zom Vrgleicha: Kap. 7,1: 4,15f • 9: 4,1-5 • *Kap. 11,2:* 3,22; 12,35f • *Vers 5:* 4,23.

DR AUSZUG AUS ÄGYPTEN:
Ex 121 - 1827

S Passafest wird aegsetzt:
EX 121 - 1316

12 Ond dr Herrgott (JAHWE) håt zom Mose ond zom Aaron en Ägypten gsaed: [2]“Der Monat då soll für euch dr erste Monat sae; von dem å zählat r d Monat em Jåhr. [3]Sag dr ganza Gemaende von Israel: Am zehnta Dag von dem Monat soll sich a jeder für sae Familie a Lamm nemma, für en jeda Haushalt oe Lamm. [4]Wann aber e ma Haus z wenig send für oe Lamm, nå soll r s mit saem Nåchber zsema nemma, der mô am nächsta bein am wohnt, wia s halt mit de Leut aufgôht, mô mitanander oe

Ägypten rausgholt ond ischd vôr dene Volksschara herganga.

13 Nach dem håt dr Herrgott (JAHWE) zom Mose gsaed: 2“An jeda Erstgeborena duast mir weiha! Ällas, was da Muaderschoß aufbricht en Israel ghert mir.“

3Nå håt dr Mose zom Volk gsaed: „Denkat emmer an den Dag, môn r von Ägypten aus dr Sklaverei fortzoga send; des ischd nämlich dr Herrgott (JAHWE) gwea, môn ich mit saener starka Håd sell rausgholt håt. Drom soll koener ebbas Ogsäuerts essa. 4Haet em Monat vom Ähraaustrieb (om März/ April rom) gangat r naus. 5Ond wann de dr Herrgott (JAHWE) ens Land vom Kanaaniter ond vom Hetiter ond vom Amoniter ond vom Hiwiter ond vom Jebusiter brengt, wian r s daene Vädr gschwora håt, a Land, mô Milch ond Honig fliaßat, nå führst den Brauch ae en dem Monat! 6Sieba Däg essat r ogsäuerts Brot, aber am siebta Dag ischd a Fest am Herrgott (JAHWE) zor Ehr. 7Ogsäuerts Brot soll mr sieba Däg lang essa. Ebbas Sauers soll mr et amål seha, ond en Sauertôeg soll mr en daem ganza Gebiet et fenda. 8An dem Dag vrzählst daem Soh: ‚Des ischd für des, was dr Herrgott (JAHWE) an mr dao håt, môn e von Ägypten raus ben, 9a Zaeche auf daener Håd ond als a Ådenka zwischa daene Aoga, dass am Herrgott (JAHWE) saene Åweisonga en daem Mund send. Des ischd nämlich dr Herrgott (JAHWE) gwea, der môn ich mit saener starka Håd aus Ägypten rausgholt håt. 10Drom hältst den Brauch ae, äll Jåhr om dui Zeit.

11Wann de nå dr Herrgott (JAHWE) ens Land vom Kanaaniter brengt, wian r s dir ond daene Vädr gschwora håt, ond dr s übergeba håt, 12nå sollst d ällas am Herrgott (JAHWE) darbrenga, was da Muaderschoß aufbricht, ond älle männliche Erstleng gherat am Herrgott (JAHWE). 13En Erstleng vo ma Esel duast mit a ma Schåf agelta, wann da n et agelta kåsch, nå brich am da Hals. Aber von daene Söh muaßt d en jeda Erstgeborena agelta. 14Ond wann de môrga dae Soh frågt: ‚Was bedeutat des?, nå saest am: Mit saener starka Håd håt ons dr Herrgott (JAHWE) von Ägypten aus dr Sklaverei rausgholt. 15Mô dr Pharao hartherzig blieba ischd ond as et ganga lao håt, håt dr Herrgott (JAHWE) älle Erstgeburta en Ägypten, von de Erstgeburta bei de Menscha bis zo de Erstleng beim Vieh, gschlaga. Wega dem opfere i am Herrgott (JAHWE) ällas männliche Vieh, mô da Muaderschoß aufbricht, ond maene erstgeborene Söh dur e agelta. 16Wia des Zaeche auf daener Håd ond des Ådenka zwischa daene Aoga soll dr des sae, weil des ischd nämlich dr Herrgott (JAHWE) gwea, môn ich mit saener starka Håd aus Ägypten rausgholt håt.“

Zom Vrgleicha: Kap.12,35f: 3,22; 11,2f; Ps 105,37

Durch s Schilfmeer: Ex 13 17 - 14 31

17Mô dr Pharao nå s Volk håt ganga lassa, håt Gott (Elohim) dia Israelita et durchs Philisterland glôetat, obwohl des nächer gwea wär. Gott (Elohim) håt sich nämlich denkt: Wann dia sehanat, dass då kämpft wird, nå reut s dia, ond se wöllat wieder omkaehra nach Ägypten. 18Drom håt se Gott (Elohim) en Omweg durch d Wüste ans Schilfmeer macha lao. Ond en ra Schlachtordnong send d Israelita von Ägypten ausgrückt. 19Dr Mose håt am Josef saene Boener mitgnomma, weil der selligsmål d Israelita håt schwöra lassa ond zo nen gsaed håt: „Wann sich Gott (Elohim) om euch ånemmt, nå nemmat maene Boener von dåhanna mit nauf.“ 20Nå send se von Sukkot aufbrocha ond hent en Etam a Lager baut am Rand von dr Wüste. 21 Ond dr Herrgott (JAHWE) ischd vôr en herganga am Dag en ra Wolkasäul, ond håt s gführt, ond en dr Nacht en ra Feuersäul zom en leuchta. So hent se könna Dag ond Nacht onterwegs sae. 22 Dui Wolkasäul ischd am Dag et vôr am Volk gwicha, ond d Feuersäul et en dr Nacht.

14 Ond dr Herrgott (JAHWE) håt zom Mose gsaed: 2 "Sag de Israelita, se solle omkehra ond vôr Pi-Hahirot zwischa Migdol ond am Meer ihr Lager baua. Geganüber von Baal-Zefon lagerat r am Meer. 3 Nå moent dr Pharao: D Israelita hent sich em Land vrloffa, jetzat håt se d Wüste aegschlossa. 4 Ond i will an nômål hartherzig macha, dass r en nåchjagt; nå will e am Pharao ond an seiner ganza Armee mae Herrlichkaet zaega, dass d Ägypter erkennat, dass i JAHWE ben." So hent se s nå gmacht.

5 Ond s ischd am König von Ägypten gmeldat wôra, dass s Volk abhaoa wöll. Nå håt dr Pharao ond saene Höfleng ihr Moenong über s Volk gänderat ond gsaed: „Wia he mir des bloß doa könna, dass mr dia Israelita aus onseram Frondenst hent ganga lao?" 6 Ond r håt saen Kampfwaga åspanna lao ond sae Kriagsvolk mitgnomma. 7 Sechshondert ausgsuachte Kampfwäga håt r mitgnomma ond was sonst no an Kampfwäga då gwea ischd en Ägypten, ond auf ama jeda drei Kämpfer. 8 Ond dr Herrgott (JAHWE) håt da Pharao hartherzig gmacht, da König von Ägypten, dass r de Israelita nåchgjagt ischd, aber dia send ganz zuavrsichtlich weiterzoga. 9 Ond dia Ägypter send en nåchgjagt mit Roß ond Kampfwäga samt dr Besatzong ond mit am Pharao saener ganza Armee ond hent s aegholt, wia se grad am Meer glagerat hent. Des ischd bei Pi-Hahirot vor Baal-Zefon gwea.

10 Mô dr Pharao näherkomma ischd, hent d Israelita aufguckt ond auf oemål dia Ägypter gseha, wia dia henter am ågrückt send. Nå hent s d Israelita mit dr Angst zdoant kriagt ond zom Herrgott (JAHWE) gschria 11 ond hent zom Mose gsaed: „Håt s denn en Ägypten koene Gräber gea, dass du ons en d Wüste holst zom Sterba? Wårom håsch ons des ådao, dass da ons von Ägypten rausgholt håsch? 12 He mr dr et schao en Ägypten gsaed: ‚Laß ons en Ruah! Mir wöllat Sklava bleiba bei de Ägypter; des ischd nämlich emmer no besser für ons, wa mr Sklava send bei de Ägypter, als dass mr en dr Wüste sterba müaßat. 13 Aber dr Mose håt zom Volk gsaed: „Jetzat hent amål koe Angst et! Bleibat standhaft ond guckat zua, wian euch dr Herrgott (JAHWE) haet rettat. So wian r dia Ägypter haet seahnat, so seahnat r dia gar nia maeh. 14 **Dr Herrgott kämpft für euch, ihr müaßat bloß ganz still sae."**

15 Nå håt dr Herrgott (JAHWE) zom Mose gsaed: „Was schreist d mr denn nåch? Sag de Israelita, se solle weiterganga. 16 Ond du heb daen Stab nauf ond streck dae Håd übers Meer ond spaltes ausanander, dass d Israelita auf am trockena Boda ens Meer naeganga könnat. 17 Aber i will dia Ägypter hartherzig macha, dass se henter en ao naegehnt. So will e am Pharao ond an saener ganza Streitmacht, an saene Kampfwäga ond Reiter mae Herrlichkaet zaega. 18 D Ägypter sollat erkenna, dass i JAHWE ben, wann e am Pharao, an saene Kampfwäga ond Reiter mae Herrlichkaet zaeg."

19 Dr Engel von Gott (Elohim), der mô de Israelita ihr Heer ågführt ghet håt, der ischd aufgstanda ond henta nom ganga, ond dui Wolkasäul vôr en ischd ao ans End hentere ganga. 20 Se ischd zwischa s Lager von de Ägypter

ond s Lager von de Israelita ganga. Då
ischd dui Wolk gwea ond ganz donkel
ischd s wôra, ond Blitz hent d Nacht
hell gmacht. So send se de ganz Nacht
anander et nächer komma. 21Mô dr Mose
nå sae Håd übers Meer nausgstreckt
håt, håt dr Herrgott (JAHWE) de ganz
Nacht s Meer durch en starka Ostwend
wegtrieba ond s Meer austricknat ond s
Wasser håt sich tôelt. 22Ond d Israelita
send mittla durchs Meer ganga auf am
Trockena, ond s Meer ischd wian a
Mauer rechts ond lenks von en gstanda.
23Dia Ägypter send en nåch, älle Rösser
vom Pharao, saene Kampfwagakolonna
ond saene Reiter bis en d Mitte vom
Meer nae. 24Om d Môrgawach rom håt
nå dr Herrgott (JAHWE) naguckt aus
dr Feuer- ond Wolkasäul auf de Ägypter
ihr Lager ond håt s durchananderbråcht.
25D Räder von ihre Wäga send wia
zuagmickat gwea ond r håt s kaom
nôrakomma lao. Nå hent dia Ägypter
gsaed: „Laß ons abhaoa vôr de Israelita,
weil dr Herrgott (JAHWE) kämpft auf
dene ihrer Seit gega Ägypten."
26Nå håt dr Herrgott (JAHWE) zom
Mose gsaed: „Streck dae Håd naus übers
Meer, dass d Wassermassa zrückfluatat
ond über d Ägypter naegangat ond ihre
Wagakolonna ond über ihre Reiter ond
se zuadeckt." 27Dr Mose håt sae Håd
übers Meer nausgstreckt, ond gega
Môrga zua ischd s Meer wieder an saen
alta Platz zrückganga, ond d Ägypter
send am ao no entgegagloffa. So håt dr
Herrgott (JAHWE) d Ägypter mittla
ens Meer naegschmissa. 28Des Wasser
ischd zrückkomma ond håt Wäga ond
Reiter zuadeckt, de ganz Armee vom
Pharao, älle, mô de Israelita ens Meer
nåch send. Koe gotziger von dene ischd
übrigblieba. 29Aber d Israelita send auf
am trockena Boda durchs Meer ganga,
ond s Wasser ischd rechts ond lenks
wian a Mauer dågstanda. 30So håt dr
Herrgott (JAHWE) an sellam Dag d
Israelita aus de Händ von de Ägypter
grettat. S Volk Israel håt d Ägypter daot
am Ufer romliega seha. 31Mô d Israelita
gseha hent, wia dr Herrgott (JAHWE)
dia Ägypter sae Gwalt håt spüra lassa,
hent se a Ehrfurcht kriagt vôr am
Herrgott (JAHWE) ond se hent an da
Herrgott (JAHWE), glaobt ond an da
Mose, saen Knecht.

Zom Vrgleicha: Kap. 13,19: Gen 50,25

Am Mose sae Liad: Ex 151-21

15 Selligsmål håt dr Mose mit de
Israelita des Liad am Herrgott
(JAHWE) zor Ehr gsonga; se hent
gsaed: „I seng des Liad am Herrgott
(JAHWE) zor Ehr, der ischd haoch
erhaba; Roß ond Kampfwäga håt r ens
Meer nae keit.
2Mae Stärke ond mae Lobliad ischd dr
Herr (Jah), ond r ischd mae Rettong
gwea, mae Gott (Eliy). Drom will e an
prcisa, da Gott (Elohey) vo maem Vadr
will e loba.
3A Kriagsmå ischd dr Herrgott
(JAHWE), JAHWE ischd sae Nåma.
4Am Pharao saene Kampfwäga ond sae
ganza Armee håt r ens Meer nae keit.
Saene Elitekämpfer send em Schilfmeer
vrsonka.
5D Fluata hent se zudeckt, wia Stoe håt
se s nazoga.
6Dae Rechta, JAHWE, ischd herrlich
ond stark; dae Rechta richtat da Faend
zgrond.
7En daener graoßa Hohaet håsch du
daene Gegner naghaoa. Mô da daen
Zôra mit saener Gluat losglassa håsch,
håt r s gfressa wia Stoppla.
8Ond mô da durch d Nås gschnoba
håsch, hent sich d Wasser ågstaot, wian
a Mauer send se dågstanda, sterrig mittla
em Meer.
9Nå håt dr Faend gsaed: Dene jag e nåch!
I überhol s! Då geit s a satta Beute zom

vrtôela! An dene still e mae Gier. I reiß
mae Schwert raus ond hao s zsema mit
maener Hâd.
10 Nå hâsch du daen Sturm blåsa lao, ond
s Meer hât s zudeckt. Wia Bleiklötz send
se en de Strudel vrsoffa.
11 Wer ischd denn so wia du onter de
Götter (Baelim), JAHWE? Wer ischd
so gewaltig ond haelig wia du, wer
vollbrengt sotte furchtbare Ruhmestata
ond Wonder?
12 Mô du dae Rechta nausgstreckt hâsch,
hât s d Erde vrschlonga.
13 En daener Güate hâsch du dae Volk
glôetat, des mô du grettat hâsch, mit
daener Allmacht lôetest d s en dae
haeliga Wohnstatt.
14 Mô de andere Volksstämm des ghört
hent, ischd s graoße Zittera über s
komma. D Philister hent s mit dr Angst
zdoant kriagt.
15 Då send dia Fürsta von Edom
vrschrocka, d Machthaber von Moab
hât s gschüttlat, ond d Aewohner von
Kanaan hât dr Muat vrlassa.
16 Angst ond Schrecka hât s überfalla, zo
Stoe send se wôra vôr daener Allmacht,
mô dae Volk, o Gott (JAHWE),
durchzoga ischd, bis dae Volk, des
mô du dr gschaffa hâsch, JAHWE,
durchgwea ischd.
17 Du hâsch se nôbrâcht ond aepflanzt
auf dem Berg, der mô dir ghert.
A Fondament hâsch glegt für dae
Wohnstatt, Herr (JAHWE), a Haeligtom
hent daene Händ gründat, Herr.
18 Dr Herrgott (JAHWE) regiert für
emmer ond ewig.
19 Mô nämlich dr Pharao mit Roß ond
Waga ond Reiter ens Meer nae ischd, då
hât dr Herrgott (JAHWE) s Meer über
s naefluata lassa, während d Israelita auf
am trockena Boda mittla durchs Meer
ganga send."
20 Nå hât d Mirjam, d Prophetin, am
Aaron sae Schwester, a Pauk en d Hâd
gnomma, ond älle Fraoa send mit
Paukaschlag ond Tanz henter ra her.
21 D Mirjam hât en vôrgsonga: „Sengat
am Herrgott (JAHWE) a Liad zor Ehr,
haoch ond erhaba ischd r! Roß ond
Waga hât r ens Meer gschmissa!"

Zom Vrgleicha: Vers 2: Ps 118,14; Jes 12,2.

Auf am Weg an da Sinai: Ex 1522 - 1716

22 Dr Mose hât nå d Israelita vom
Schilfmeer aufbrecha lao, ond se send
en d Wüste Schur komma. Drei Däg
send se en dr Wünste onterwegs gwea
ond hent koe Wasser gfonda. 23 Nå send
se uf Mara komma, aber des Wasser en
Mara hent se et trenka könna, weil s
ganz bitter gschmeckt hât. Drom hôeßt
der Flecka jå ao Mara (Bitterquella).
24 Nå hât s Volk ågfanga, gega da Mose
z maula ond hât gsaed: „Was solla mr
nå trenka?" 25 Der hât zom Herrgott
(JAHWE) gschria, ond dr Herrgott
(JAHWE) hât am a Holz zaegt. Des
hât r en dia Quella naekeit, nå ischd des
Wasser süaß wôra.
Sell hât r (JAHWE) für s Volk d Satzong
ond s Recht aufgstellt, ond sell hât r s
auf d Prob gstellt. 26 Ond r hât gsaed:
„Wann da auf JAHWE, daem Gott
(Elohim) sae Stemm, horchst ond duast,
was en saene Aoga recht ischd, wann da
auf saene Åweisonga horchst ond saene
Satzonga aehältst, nå schick e dr koena
von dene Krankata auf da Hals, môn
e de Ägypter gschickt han. **Währle, i,
JAHWE, ben dae Arzt."**
27 Nå send se auf Elim komma, då send
zwölf Quella ond siebzg Palma gwea,
då hent se nå am Wasser glagerat.

16 Dådrauf ischd de ganz Gemaende
von de Israelita en Elim aufbrocha
ond ischd en d Wüste Sin komma, dui
leit zwischa Elim ond am Sinaigebirge.
Des ischd am fufzehnta Dag em
zwôeta Monat nach ihram Auszug aus

Ägypten gwea. 2De ganz Gemaende
von de Israelita håt en dr Wüste an da
Mose ond an da Aaron nôgoschat. 3Dia
Israelita hent zo nen gsaed: „Wäre mr
doch en Ägypten durch am Herrgott
(JAHWE) sae Håd gstôrba, mô mr no
an de Flôeschhäfa ghockt send ond grad
gnuag Brot zom Essa ghet hent. Ihr hent
ons bloß en dui Wüste dåhanna gführt
zom ons älle mitanander vôr Honger
omkomma lassa.“ 4Nå håt dr Herrgott
(JAHWE) zom Mose gsaed: „I will ich
Brot vom Hemmel raregna lao. Ond s
Volk soll nausganga ond zsemaklauba,
was se für oen Dag brauchat. Nå siehn
e, ob se dent, was e sag oder et. 5Wann
se am sechsta Dag guckat, was se
zsemaklaubt hent, nå ischd des dopplat
so viel wia se sonst äll Dag aegsammlat
hent.“
6Nå håt dr Mose ond dr Aaron zo älle
Israelita gsaed: „Haet Åbad vrfahrat r,
dass des dr Herrgott (JAHWE) gwea
ischd, mô euch aus Ägypten rausgholt
håt, 7ond am Môrga seahnat r nå d
Herrlichkaet vom Herrgott (JAHWE),
der håt nämlich ghört, wia ihr gega
n romgoschat hent. Was send denn
mir schao, dass ihr gega ons maulat?“
8Ond weiter håt dr Mose gsaed: „Wann
euch dr Herrgott (JAHWE) åbnads a
Flôesch zom Essa geit ond môrgnads
Brot zom satt wera ond nå ao no euer
Romgoscherei gega sich åhöra muaß,
was send nå mir? Euer Gegosche gôht
et gega ons, des gôht gega da Herrgott
(JAHWE)“ 9Nå håt dr Mose zom
Aaron gsaed: „Sag dr ganza Gemaende
von de Israelita: ‚Då, standat nô vôr da
Herrgott (JAHWE); der håt nämlich
euer Maulerei ghört (sagat s am selber
en s Gsicht nae).“ 10Während nå dr
Aaron zor ganza Gemaende von de
Israelita gsprocha håt, hent se en d
Wüste nausguckt, då ischd auf oemål
en r a Wolk am Herrgott (JAHWE) sae
Herrlichkaet erschiena. 11Dr Herrgott
(JAHWE) håt zom Mose gsaed: 12“I han
dene Israelita ihr Maulerei ghört. Sag en:
Åbnads kriagat r Flôesch zom Essa, ond
môrgnads werat r satt vom Brot, dass
r kapierat, dass i, JAHWE, euer Gott
(Eloheykem) ben.“
13Am Åbad ischd nå a Flug Wachtla
komma ond em Lager nôghockt, ond
môrgnads ischd a Taoschicht rengs om s
Lager rom gwea. 14Mô sich dui Taoschicht
vrzoga ghet håt, guck, då ischd auf am
Boda en dr Wüste ebbas romglega, ganz
fae mit a ma Krüstle, fae wia dr Reifa auf
am Boda. 15Mô dia Israelita des gseha
hent, hent se zoanander gsaed: „man
hu?“ (Was ischd ao des?) Dia hent nämlich
et gwißt, was des ischd. Nå håt dr Mose
zo nen gsaed: „Des ischd des Brot, môn
ich dr Herrgott (JAHWE) zom essa geit.
16Ond so håt s dr Herrgott (JAHWE)
ågordnat: Klaubat so viel zsema, wia
a jeder zom Essa braucht, oen Gomer
(ogfähr 4 Liter) pro Nås nemmat r, soviel
wian r Seela em Zelt hent.“ 17So hent s d
Israelita gmacht ond zsemaklaubt, dr oe
maeh ond dr ander weniger. 18Nå håt mr s
mit am Gomer nåchgmessa, dass koener
zviel ond koener zwenig ghet håt, halt
so viel, wia a jeder braucht håt. 19Nå håt
dr Mose gsaed: „Dådrvo därfat r bis an
da Môrga nex übriglassa!“ 20Aber dia
hent am Mose et gfolgt, oene hent ebbas
drvo auf da Môrga aufghoba. Aber des
håt Mada zoga ond ischd vrfaulat. Nå
håt dr Mose a Stenkwuat auf s ghet.
21Ond se hent s äll Môrga zsemaklaubt,
a jeder so viel, wian r braucht håt;
wann aber d Sonnahitz gstocha håt,
nå ischd s zsemaschmolza. 22Ond am
sechsta Dag hent se dopplat so viel Brot
aegsammlat wia sonst, zwôe Gomer für
en jeda. Nå send älle Stammasfürsta von
dr Gemaende komma ond hent s am
Mose vrzählt. 23Der håt zo nen gsaed:
„Des ischd doch des, was dr Herrgott

(JAHWE) ågordnat håt: Môrga ischd
Sabbatfeier, a Haeligongfeier für da
Herrgott (JAHWE). Bachat, was r
bacha wöllat, ond kochat, was r kocha
wöllat; d Rest könnat r bis môrga en dr
Früah aufheba.“ 24Nå hent se bis an da
Môrga aufghoba, wia s dr Mose ågeba
håt, ond nex ischd vrfault ond nex håt
Mada zoga. 25Nå håt dr Mose gsaed:
„Des essat r haet, weil haet ischd Sabbat,
am Herrgott (JAHWE) zor Ehr. Haet
fendat r draußa nex. 26Sechs Däg därfat
r zsemaklauba, aber am siebta Dag
ischd Sabbat, då fendat r nex.“ 27Aber
am siebta Dag send natürlich oenaweg
vom Volk oene nausganga ond hent
zsemaklauba wölla, aber se hent nex
gfonda. 28Nå håt dr Herrgott (JAHWE)
zom Mose gsaed: „Wia lang wöllat ihr
euch aegentlich no waegera, maene
Gebot ond Åweisonga zom aehalta?
29Guckat her, dr Herrgott (JAHWE) håt
euch da Sabbat gstiftat; drom geit r euch
am sechsta Dag Brot für zwôe Däg.
Deswega soll a jeder drhoemda bleiba,
koener soll am siebta Dag von saem Ort
wegganga.“ 30Also, nå håt s Volk am
siebta Dag gfeierat. 31Ond s Haus Israel
håt des Brot Manna ghôeßa. Des ischd
weiß gwea wia Koriandersåma ond håt
gschmeckt wia Fladabrot mit Honig.
32Ond dr Mose håt gsaed: „Des ordnat dr
Herrgott (JAHWE) å: Oen Gomer vol
hebat r für de kommende Generationa
auf, dass se des Brot ågucka könnat,
môn ich i en dr Wüste zom Essa geba
han, môn e euch aus am Land Ägypten
rausgholt han.“ 33Ond zom Aaron håt
dr Mose gsaed: „Nemm en Kruag ond
leer oen Gomer Manna nae ond laß
an vôr am Herrgott (JAHWE) standa,
zor Aufbewahrong für de kommende
Generationa.“ 34Wia s dr Herrgott
(JAHWE) am Mose ågea håt, so soll
s dr Aaron vor s Bundasgsetz zor
Aufbewahrong nôstella. 35D Israelita
hent des Manna vierzg Jåhr lang gessa,
bis se an s Siedlongsgebiet komma send;
dia hent Manna gessa bis se an d Grenz
von Kanaan komma send. 36Oe Gomer
ischd a Zehntl vo ma Efa.

17 De ganz Gemaende von Israel
ischd nå von dr Wüste Sin
weiterzoga, von oem Lagerplatz zom
andera, wia s dr Herrgott (JAHWE)
jedas Mål ågea håt. En Refidim hent
se ihr Lager baut, aber då håt s koe
Wasser geba für s Volk zom trenka, 2nå
hent se mit am Mose Händel ågfanga
ond gsaed: „Gib ons Wasser, dass mr
trenka könnat!“ Aber dr Mose håt zo
nen gsaed: „Was händlat r mit mir? Was
stellat r da Herrgott (JAHWE) auf d
Prob?“ 3Mô aber s Volk en Durst auf
Wasser ghet håt, hent se gega da Mose
romgoschat ond gsaed: „Zo was håsch
d ons überhaopt aus Ägypten dåhanna
hergholt? Zom ons, onsere Kender ond
onser Vieh vrdursta lassa?“ 4Nå håt dr
Mose zom Herrgott (JAHWE) gschria
ond håt gsaed: „Was soll e bloß mit
dem Volk åfanga? Des daurat nemma
lang, nå stoenigat se me.“ 5Dr Herrgott
(JAHWE) håt am Mose zor Antwort
gea: „Gang vôr am Volk her ond nemm
a paar von de Älteste von Israel mit.
Nemm daen Stab en d Håd, mit dem mô
da auf da Nil ghaoa håsch, ond gang!
6Guck, i stand vôr dr auf dem Felsa am
Horeb, ond nå schlaest an den Felsa
nô, dass Wasser aus am rauskommt,
ond s Volk soll s trenka.“ Ond so håt
s dr Mose gmacht vôr de Aoga von de
Älteste von Israel dranna. 7Ond r håt
den Platz »Massa (Vrsuachong) ond
Meriba (Streit)« ghôeßa, weil d Israelita
da Herrgott (JAHWE) auf d Prob gstellt
hent, mô se gsaed hent: „Ischd jetzat dr
Herrgott (JAHWE) bein as oder et?“
8Ond dr Amalek ischd komma ond håt
mit Israel en Refidim kämpfa wölla, 9nå
håt dr Mose zom Josua gsaed: „Guck

für ons nach Männer ond kämpf mit
en gega da Amalek. I stand môrga mit
maem Stab en dr Håd oba auf dem
Buckel.“ 10 Dr Josua håt dao, was am dr
Mose ågea håt ond ischd gega da Amalek
åtreta. Dr Mose ischd mit am Aaron
ond am Hur drweilst auf den Hügel
naufgstiega. 11 Ond wann dr Mose sae
Håd nausgstreckt håt, send d Israelita
überlega gwea, aber wann r d Håd håt
nasenka lassa, håt dr Amalek d Oberhand
kriagt. 12 Mô am Mose d Händ låhm wôra
send, hent se an Stoeklotz gholt ond am
Mose nagschoba, dass r håt nôhocka
könna. Dr Aaron ond dr Hur hent am d
Ärm gstützt, oener rechts ond dr ander
lenks, dass saene Ärm obablieba send,
bis d Sonn onterganga ischd. 13 So håt dr
Josua da Amalek ond sae Heer mit am
scharfa Schwert gschlaga. 14 Nå håt dr
Herrgott (JAHWE) zom Mose gsaed:
„Schreib des auf zor Erinnerong en a
Buach ond schärf s am Josua ae! Weil,
i will am Amalek sae Ådenka onter am
Hemmel ausrotta.“ 15 Nå håt dr Mose
en Altar baut ond an »JAHWE, mae
Panier« ghôeßa. 16 Ond r håt gsaed: D
Håd an s Panier von JAHWE! Kriag
ischd zwischa JAHWE ond am Amalek
von oener Generation zor andera.

Zom Vrgleicha: Kap. 16,6: Num 11,31-33; Ps 78,26-29; 105,40; Weish 19,11f • 15: 16,4; Num 11,7-9; Dtn 8,3.16; Ps 78,24; Weish 16,20-28 • 35: Jos 5,12 • 17,7: Num 20,7-13; Dtn 32,51; 33,8; Ps 95,8; 106,32f.

Dr Jitro geit da Ratschlag, dr Mose soll Richter aesetza: Ex 18 1 - 27

18 Dr Jitro, der mô a Priaster von
de Midianiter gwea ischd, am
Mose sae Schwiegervadr, håt ällas ghört,
was dr Herrgott für da Mose ond für
s Volk Israel dao håt, dass dr Herrgott
(JAHWE) d Israelita aus Ägypten
rausgführt håt. 2 Då håt dr Jitro, am
Mose sae Schwiegervadr, am Mose sae
Frao Zippora, mô der zruckgschickt
ghet håt 3 mit ihre zwôe Buaba, dr oe
håt Gershom ghôeßa, weil r sich gsaed
håt: „I ben onter am Schutz gstanda e
ma fremda Land;“ 4 ond dr ander håt
Eliëser ghôeßa, weil r sich gsaed håt:
„Dr Gott (Elohey) vo maem Vadr ischd
mr a Hilf gwea, r håt me vôr am Schwert
vom Pharao grettat.“ 5 Dr Jitro, am
Mose sae Schwiegervadr, ischd also mit
am Mose saene Buaba ond saener Frao
zon am en d Wüste, mô der sae Lager
ghet håt am Berg von Gott (Elohim).
6 Ond r håt am Mose ausrichta lassa:
„I, dae Schwiegervadr Jitro komm
zo dr mitsamt daener Frao ond ihre
zwôe Buaba.“ 7 Nå ischd dr Mose saem
Schwiegervadr entgegaganga ond håt
sich vôr am vrnaegt ond an küßt. Nå
hent se sich gegaseitig gfrågt, wian en s
ao ganga dät, ond send ens Zelt nae.
8 Dr Mose håt nå saem Schwiegervadr
ällas vrzählt, was dr Herrgott (JAHWE)
am Pharao ond an de Ägypter dao håt
wega de Israelita, ond was se auf am Weg
ällas für Problem ghet hent, ond wia se
dr Herrgott (JAHWE) grettat håt. 9 Då
håt sich dr Jitro aber gfraet, dass dr
Herrgott (JAHWE) so viel Guats an de
Israelita dao håt, môn r se aus dr Gwalt
von de Ägypter befreit håt. 10 Ond dr
Jitro håt gsaed: Gott (JAHWE) sei Lob
ond Preis, weil r euch aus de Ägypter
ihre Händ ond aus de Händ vom Pharao
befreit håt! 11 Jetzat ischd mr klar, dass
dr Herrgott (JAHWE) graeßer ischd
als älle Götter (Elohim), weil grad då,
mô se so haochfährig gwea send, ischd
r en haushaoch überlega gwea. 12 Nå håt
dr Jitro, am Mose sae Schwiegervadr,
a Brandopfer ond Schlachtopfer für
Gott (Elohim) bråcht. Dr Aaron ond
älle Älteste von Israel send komma ond
hent mit am Mose saem Schwiegervadr
vôr Gott (Elohim) a Opfermahl ghalta.
13 Am andera Môrga ischd dr Mose

nôgsessa ond hât für s Volk Recht
gsprocha, ond d Leut send von môrgnads
bis an da Åbad vôr da Mose komma.
14Mô am Mose sae Schwiegervadr gseha
håt, was dr Mose für sae Volk ällas zom
doa ghet håt, håt r gsaed: „Was machst
dr für dae Volk für a Ärbat? Wårom
hockst alloe då nô, ond d Leut müaßat
von môrgnads bis en d Nacht nae
Schlanga stao bei dr?“ 15Nå håt dr Mose
saem Schwiegervadr zor Antwort gea:
„Dia Leut kommat zo mr, zom Gott
(Elohim) fråga. 16Wann dia nämlich en
Rechtsstreit hent, nå kommat se zo mir,
ond i triff a Entschaedong ond erklär
en, was en de Satzonga ond Åweisonga
von Gott (Elohim) stôht.“ 17Nå håt sae
Schwiegervadr gsaed: „Des ischd et
guat, wia du des machst. 18Du machst de
selber he mitsamt daene Leut, des ischd
viel z viel, des kåsch du niamåls alloe
schaffa. 19Horch her, i gib dr en Rat, ond
Gott (Elohim) ischd bestimmt ao bei dr.
Vrtritt du s Volk vôr Gott (Elohim) ond
breng ihre Streitereia vôr Gott (Elohim)
20ond gib en Onterricht über d Satzonga
ond Åweisonga ond zaeg en da Weg, mô
se drauf laofa sollat ond was se doa sollat.
21Du aber guckst om de rom em Volk
nach tüchtige ond gottesfürchtige ond
zuavrlässige Männer, mô et bloß auf da
ôegena Vortôel aus send, dia machst zo
ihre Vôrständ, zo Vôrständ über tausad,
über hondert, über fufzig ond über
zeah. 22Dia sollat jederzeit für s Volk als
Richter då sae. De graoße Sacha sollat
se vôr di brenga ond de kloenere selber
entschaeda; so machst dr s leichter, laß
dia doch ao helfa traga. 23Wann da des
duast ond Gott (Elohim) saed jå drzua,
nå kåsch d des ao schaffa, ond dia Leut
könnat ao zfrieda sae ond hoemganga.“
24Dr Mose håt auf saen Schwiegervadr
ghorcht ond ällas dao, was der gsaed
håt: 25Dr Mose håt sich tüchtige Männer
en ganz Israel rausgsuacht ond håt se
als Hauptleut über s Volk aegsetzt, als
Vôrständ über tausad, über hondert,
fufzg ond zeah. 26Dia send als Richter
emmer für s Volk dågwea. De schwere
Fäll hent se vôr da Mose bråcht ond
älle leichtere hent se selber entschieda.
27Nå håt dr Mose saen Schwiegervadr
vrabschiedat, ond der ischd wieder en
sae Hoemat zoga.

Zom Vrgleicha: Vers 3: 2,22.

AM BERG SINAI: Ex 19 1 - 40 38

19 **Dr Bundesschluß:** Ex 19 1 - 25
Am dritta Neumond, nachdem
d Israelita aus Ägypten rauszoga send
- auf da Dag nô send se en d Wüste
Sinai komma. 2En Refidim send se
abmarschiert ond en d Wüste Sinai
komma, sell hent se en dr Wüste a Lager
baut. Då hent d Israelita geganüber von
dem Berg glagerat.
3Dr Mose ischd zo Gott (Elohim)
naufgstiega. Nå håt am dr Herrgott
(JAHWE) vom Berg ra zuagruafa: „Des
saesch d am Jakob saener Sippschaft ond
de Israelita: 4,Ihr hent selber gseha, was
i an Ägypten dao han, môn e euch traga
han auf Adlersflügel ond euch dåhanna
her bråcht han zo mr. 5**Wann r aber
jetzat auf mae Stemm horchat ond
maen Bund aehaltat, nå send ihr onter
älle Völker mae bsonders Aegatom;
mir ghert nämlich de ganz Erde.** 6**Ond
ihr sollat für mi a Königreich von
Priaster wera ond a haeligs Volk.** Des
ischd mae Wort, ond des saesch d de
Israelita.“
7Nå ischd dr Mose ganga ond håt da
Ältestarat vom Volk aebstellt ond
håt en am Herrgott (JAHWE) sae
Wort ausgrichtat. 8Nå håt s ganz Volk
oestemmig zor Antwort gea: „Ällas,
was dr Herrgott (JAHWE) saed, wöllat
mr doa!“ Ond dr Mose håt am Herrgott

(JAHWE) dui Antwort vom Volk
weitergsaed. 9Dådrauf håt dr Herrgott
(JAHWE) zom Mose gsaed: „I komm
zo dr en ra dichta Wolk, dass s Volk
zuahöra kå, wann e mit dr red, dass se
ao zo dir emmer a Vrtraua hent.“ Nå
håt dr Mose am Herrgott (JAHWE)
ausgrichtat, was s Volk gsaed håt.
10Ond dr Herrgott (JAHWE) håt zom
Mose gsaed: „Gang zom Volk ond
ordne å, dass se sich haet ond môrga
haelig halta ond ihre Klôeder wäscha
sollat. 11Se sollat sich auf da dritta Dag
aerichta, weil am dritta Dag dr Herrgott
(JAHWE) vôr de Aoga vom ganza Volk
auf da Berg Sinai rontersteigt. 12Mach
om s Volk a Grenz rom ond sag en, se
solle sich jå hüata, da Berg nauf zom
steiga oder ao bloß saen Fuaß åzlanga.
A jeder, mô den Berg ao bloß ålangt,
muaß da Daod leida. 13Koe Håd soll den
Berg ålanga. Wann s oener trotzdem
duat, nå soll mr n stoeniga oder mit
Pfeil vrschiaßa; ob des a Tier ischd oder
a Mensch, dia därfat et am Leba bleiba.
Wann nå s Widderhorn blåsa wird,
därfat se auf da Berg raufkomma.“
14Dr Mose ischd nå da Berg nagstiega
zom Volk ond håt ågordnat, s Volk soll
sich haelig halta ond d Klôeder wäscha.
15R håt zom Volk gsaed: „Richtat euch
auf da dritta Dag ae! Langat mr koe
Frao å!“ 16Ond s ischd am dritta Dag en
äller Früah gscheha: s håt donnerat ond
blitzt. Dicke Wolka send om da Berg
ghangt, ond a gewaltiger Posaonaton
ischd aufklonga. S ganz Volk em Lager
håt zitterat ond bebt. 17Ond dr Mose
håt s nausgführt aus am Lager, Gott
(Elohim) entgega. Onta am Berg send se
standablieba. 18Dr ganz Berg Sinai ischd
voler Raoch gwea, weil dr Herrgott
(JAHWE) auf an rontergstiega ischd em
Feuer, ond sae Raoch ischd naufzoga
wia dr Raoch vo ma Schmelzofa,
ond dr ganz Berg håt bebt. 19Ond der
Posaonaton ischd emmer stärker wôra.
Dr Mose håt gredat ond Gott (Elohim)
håt am em Donner Antwort geba.
20Dr Herrgott (JAHWE) ischd auf da
Gipfel vom Berg Sinai rontergstiega, ond
r håt da Mose auf da Gipfel vom Berg
bstellt, ond dr Mose ischd naufgstiega.
21Nå håt dr Herrgott (JAHWE) zom
Mose gsaed: „Gang na ond warn s
Volk, dass se jå et probiera sollat, zom
Herrgott (JAHWE) z komma ond an
seha zom wölla; sonst däte viele von
en omkomma. 22Ond ao d Priaster,
mô nächer zom Herrgott (JAHWE)
herkommat, müaßat sich haelig ghalta
han, dass dr Herrgott (JAHWE) et a
Luck bei nen reißt.“ 23Ond dr Mose
håt zom Herrgott (JAHWE) gsaed: „S
Volk kå et auf da Berg Sinai naufsteiga,
du selber håsch ons jå aeblaet ond
gsaed: ‚Mach a Grenz om da Berg rom
ond erklär an für haelig.‘ 24Nå håt dr
Herrgott (JAHWE) zon am gsaed:
„Gang na ond komm mit am Aaron
wieder rauf. Aber d Priaster ond s Volk
sollat jå et probiera, dass se raufkommat
ond da Herrgott (JAHWE) seha wöllat,
dass r koe Luck bei nen reißa muaß!“
25Nå ischd dr Mose na zom Volk ond
håt en s ausgrichtat.

Zom Vrgleicha: Vers 5f: 1.Petr 2,9.

Zeah Gebot - oder: Dr Dekalog Ex 20 1 - 21

20 Ond Gott (Elohim) håt mit dene
Wort ällas gsaed: 2»**I ben JAHWE,
dae Gott, i han de aus Ägypten
rausgholt aus dr Sklaverei. 3Du sollst
koene andere Götter han neber mir.
4Mach dr koe Bild vo ma Gott, koe
Figur, weders von ebbas en de Hemmel,
no von ebbas auf dr Erde honta oder
von ebbas em Wasser onter dr Erde;
5onterwirf de n et, ond laeste n koen
Denst. I, JAHWE, ben nämlich dae
Gott (Eloheyka), ond a eifersüchtiger**

Gott (El), mô d Schuld von de Väder
an de Söhn hoemsuacht bis en de dritt
ond viert Generation von dene, mô
mi hassa dent, 6aber güatig ischd zo
tausad von dene, mô me mögat ond
maene Gebot aehaltat.
7Mit am Nåma von daem Gott
(Eloheyka), JAHWE, sollst et
Schendluader treiba, weil dr Herrgott
(JAHWE) spricht den et frei, mô mit
saem Nåma Schendluader treibt.
8Denk an da Sabbat ond halt an haelig!
9Sechs Däg kåsch d schaffa ond dae
ganza Ärbat macha; 10aber dr siebte
Dag ischd a Feierdag ond daem Gott
JAHWE gweiht. Då därfst überhaopt
koe Ärbat doa, du et ond ao dae Sohn
et, ao dae Tochter et, et amål daene
Knecht ond Mägd, ao dae Vieh et ond
dr Gastarbaeter ao et, der mô auf daem
Grond ond Boda schafft. 11Weil en
sechs Däg håt dr Herrgott (JAHWE)
da Hemmel, d Erde ond s Meer mit
am ganza Dromrom gschaffa, aber
am siebta Dag håt r ausgruaht. Drom
håt dr Herrgott (JAHWE) da Sabbat
als Feierdag gsegnat ond an haelig
ghalta.
12Gib daem Vadr ond daener Muader
d Ehr (was en zuastôht), **dass dae Zeit**
vrlängerat wird auf dem Ackerboda,
den mô dr dae Gott JAHWE geit.
13Du sollst et morda.
14Du sollst dae Ehe et brecha.
15Du sollst et stehla.
16Du sollst über daen Nächsta koene
falsche Aussaga macha.
17Du sollst et glustig sae auf daem
Nächsta sae Haus. Du sollst et glustig
sae auf daem Nächsta sae Frao, nach
saem Knecht ond saener Magd, ao et
nach saem Vieh ond saem Esel ond
ällam, was daem Nächsta ghert.«
18Ond s ganz Volk håt dia Donnerschläg
ond dia Blitz ond den Posaonaton
mitkriagt, ond wia dr Berg graocht håt,
nå hent se s mit dr Angst z doant kriagt
ond send von weitams standa blieba.
19Ond se hent zom Mose gsaed: „Red
du mit ons, mir horchat dr zua; aber
Gott (Elohim) soll et mit ons reda, dass
mr et sterba müaßat.“ 20Nå håt dr Mose
zom Volk gsaed: „Jetzat hent amål koe
Angst et! Gott (Elohim) ischd komma
zom euch auf d Prob stella, ob ihr ao
a Ehrfurcht vôr am hent, dass r euch
et vrsündigat.“ 21Ond s Volk ischd von
weitams standa blieba, ond dr Mose
ischd auf dui donkla Wolk zuganga, mô
Gott (Elohim) dren gwea ischd.

Zom Vrgleicha: Vers 2-18 II Dtn 5,6-22 • Vers 5: 23,24; Dtn 5,9; 13,3.

S Altargsetz: Ex 20 22 - 26

22Ond dr Herrgott (JAHWE) håt zom
Mose gsaed: „Des saesch d de Israelita:
‚Ihr hent selber gseha, dass i vom
Hemmel ra mit ich gredat han. 23Machat
euch neber mir koene Götter aus Silber
ond Gold. 24Mach mr an Altar vom
Ackerboda, ond auf dem brengst mr
daene Brandopfer ond Friedensopfer
dar, an Kloevieh ond an Graoßvieh. An
jedam Platz, môn i a Nåmensgedenka
für me halta will, komm i zo dr ond gib
dr maen Sega. 25Wann da mr an Altar aus
Stoener baust, nå bau an et aus ghauene
Stoequader; wann da mit a ma Môeßel
drå schaffst, entweihst an nämlich. 26Du
sollst ao et auf Stuafa an maen Altar
naufsteiga, dass dae Blöße et vôr am
aufdeckt wird.“

Zom Vrgleicha: Vers 25: Dtn 27,5f.

S Bundesbuach: Ex 21 1 - 23 33

21 Ond des send d Rechtsvôrschrifta,
mô da en vôrlega sollst:

Hebräische Sklava: 21 2 - 11

2Wann da an hebräischa Sklava kaofst,
der soll sechs Jåhr Sklave bleiba, em
siebta Jåhr soll r nå ohne Ablösong

freiglassa wera. 3Wann r alloe komma
ischd, soll r alloe ganga. Ischd r vrheirat,
nå soll sae Frao mit am ganga. 4Håt am
aber sae Herr a Frao geba ond dui håt
am Buaba ond Mädla gebora, nå soll d
Frao ond ihre Kender bei ihram Herra
bleiba, ond er därf alloe ganga. 5Geit aber
der Sklave a Erklärong ab: I måg maen
Herra, mae Frao ond maene Kender, i
will et als a freier Må fortganga, 6nå soll
an sae Herr vôr Gott (Elohim) treta
lassa, r soll am am Tür- oder Tôrpfosta
mit a ma Pfream sae Ohr durchstecha;
nå bleibt r für emmer sae Sklave.
7Vrkaoft oener sae Tochter als Sklavin, nå
soll se et entlassa wera wia andere Sklava.
8Håt r se für sich selber wölla ond se
gfällt am nemme, nå soll r se zrückkaofa
lassa. Aber r håt koe Recht drzua, dass
r se an Fremde vrkaofa könnt, weil r sae
Vrsprecha et aeghalta håt. 9Bestimmt r
se für saen Soh, nå muaß r se nach am
Töchterrecht ausstaffiera. 10Wann r sich
a andera Frao drzuanemmt, nå därf r se
mit am Essa ond bei de Klôeder ond en
de ehelicha Pflichta et em Nåchtôel sae
lassa. 11Geit r a dia drei Sacha et, nå därf
se ohne a Lösgeld als a Freia ganga.

Daotschlag ond Mord: Ex 21 12 - 14
12Wann oener oen so zsemahaot, dass
der stirbt, nå muaß mr den mit am Daot
stråfa. 13Håt r s aber et absichtlich dao
ond Gott (Elohim) håt s durch sae Håd
gscheha lassa, nå bestimm dr i a Plätzle,
môn r nôflüchta kå. 14Ond wann oener
so vrmessa ischd, dass r saen Mitmenscha
henterlistig ombrengt, den schaffst vo
maem Altar weg zom Sterba.

Mißhandlong von de Eltera: Ex 21 15
15Wann oener saen Vadr oder sae Muader
haot, der wird mit am Daot gstråft.
Zom Vrgleicha: Vers 15: Lev 20,9; Dtn
27,16.

Menscharaob: Ex 21 16
16Oener mô an Menscha raobt, egal ob
r an vrkaoft håt oder ob mr an no en
saener Gwalt fendat, wird mit am Daot
gstråft.

Entehrong von de Eltera: Ex 21 17
17Oener, mô saen Vadr oder sae Muader
vrfluacht, der wird mit am Daot gstråft.

Körperverletzong durch Menscha: Ex
21 18 - 27
18Ond wann Männer mitanander
Streit hent ond oener vrwondat saen
Mitmenscha mit a ma Stoe oder mit dr
Faust so, dass der zwår et stirbt, aber
doch bettlägerig ischd 19ond später
wieder aufstao ond draußa mit Krucka
omananderlaofa kå, nå soll mr den,
mô gschlaga håt, et stråfa, aber für da
Onterhalt ond für da Doktr muaß r
aufkomma. 20Haot oener saen Sklava
oder sae Sklavin mit ama Stecka so,
dass der oder dui stirbt, nå muaß des
grächt wera. 21Bleibt r no oen oder zwôe
Däg am Leba, nå soll mr an et stråfa,
schliaßlich gôht s jå om dem sae ôeges
Geld. 22Wann Männer mitanander raofat
ond drbei a schwangera Frao treffat,
dass dui a Fehlgeburt kriagt, aber koen
weitera Schada håt, nå soll der, mô s dao
håt, a Buaßgeld zahla, des mô dr Må
von dera Frao vrlangt; a Schiedsrichter
kå des festsetza. 23Geit s aber no maeh
Schada, nå gilt: Leba om Leba, 24Aog om
Aog, Zåh om Zåh, Håd om Håd, Fuaß
om Fuaß, 25Brandmål om Brandmål,
Wond om Wond, Streama om Streama.
26Haot oener saem Sklava oder saener
Sklavin a Aog raus, nå soll r an om des
Aog freilassa. 27Haot oener saem Sklava
oder saener Sklavin en Zåh nae, nå soll r
an oder sui om den Zåh freilassa.
Zom Vrgleicha: Vers 24: Lev 24,19f; Dtn 19,21; Mt
5,38.

Körpervrletzong durch Vieh:
Ex 21 28 - 32
[28]Ond wann a Rendle an Må oder a Frao staoßt, dass er oder sui stirbt, nå muaß mr des Rendle stoeniga ond sae Flôesch därf mr et essa; dr Besitzer von dem Rendle wird aber et gstråft. [29]Wann aber des Rendle schao vôrer staeßig gwea ischd ond der Besitzer håt et druf aufpaßt, obwohl mr am s gsaed håt, ond des staoßt an Må oder a Frao zdaot, nå muaß mr des Rendle stoeniga ond saen Besitzer ao ombrenga. [30]Wa mr am aber a Sühne aufgeba will, nå soll r soviel für sae Leba als Lösgeld zahla, wia mr von am vrlangt. [31]Staoßt des Rendle an Soh oder a Tochter, nå soll mr nach am gleicha Grondsatz vrfahra. [32]Wann des Rendle an Sklava oder a Sklavin staoßt, nå soll der Besitzer dene ihram Herra dreißg Silberschekel zahla, ond des Rendle soll mr stoeniga.

Schadaersatz bei fremde Viecher:
Ex 21 33 - 36
[33]Wann oener a Bronnaloch offa läßt oder an Bronna graba duat ond den et zuadeckt ond s haglat a Rendle oder a Esel nae, [34]nå soll der Bronnabesitzer dem Besitzer von dem Viech Schadaersatz zahla, des aegangene Viech ghaert nå dem Bronnabesitzer. [35]Wann oem sae Rendle s Rendle vo ma andera staoßt, dass des aegôht, nå soll mr des lebendige Viech vrkaofa ond da Preis auftôela; ond des aegangene Rendle soll mr ao auftôela. [36]Wann aber der Besitzer gwißt håt, dass sae Rendle schao vôrer staeßig gwea ischd ond oenaweg et drauf aufpaßt håt, nå muaß r des Rendle ersetza, Rendle für Rendle, des aegangene Rendle ghaert am nå.

Schadaersatz beim Diebstahl:
Ex 21 37 - 22 3
[37]Klaot oener a Rendle oder a Schåf ond metzgat des oder vrkaoft s, nå muaß der faef Rendla für des Rendle oder vier Schåf für des Schåf Schadaersatz laesta.

22 Vrtwischt mr en Dieb ond schlaet den so, dass r stirbt, nå geit s wega dem koe Bluatschuld. [2]Aber wann d Sonn schao aufganga ischd, nå ischd s a Bluatschuld. A Dieb muaß Schadaersatz laesta. Håt r nex, nå soll mr n om da Wert von dem, was r gstohla håt, vrkaofa. [3]Fendt mr des, was r gstohla håt, no lebendig bein am, ob des a Rendle ischd oder a Esel oder a Schåf, nå muaß r s Dopplate von dem Schadaersatz laesta.

Schadaersatz bei Schada durch s Vieh:
Ex 22 4
[4]Läßt oener sae Vieh em Feld oder em Wengert vo ma andera frei wôeda, ond des richtat Schada å, nå soll r mit am Besta von saem Acker oder saem Wengert da Schada wieder guatmacha.

Schadaersatz beim Feldbrand: Ex 22 5
[5]Wann a Feuer åzonda wird, ond s vrbrennt d Dôrnaheck oder a Garbahaufa oder gar s Korn, mô no auf am Halm stôht, nå muaß der da Schada zahla, mô s Feuer åzonda håt.

Haftong für fremds Ôegatom:
Ex 22 6 - 14
[6]Geit oener saem Fraend Geld oder andere Sacha en Vrwahrong, ond des wird dem aus saem Haus gstohla, nå muaß der Dieb, wa mr an vrtwischt, s Dopplate Schadaersatz laesta. [7]Schnappt mr da Dieb et, nå soll der Hausherr vôr am Gottesgericht (El-Elohim) aussaga, dass er sich et am andera saem Ôegatom vrgriffa håt. [8]Ischd ôem ebbas onterschlaga wôra, sei s a Rendle, a Esel, a Lämmle oder a Gwand oder sonst ebbas, ond der saed: „Des ischd s!“ Nå sollat bôede vôr s Gottesgericht (El-Elohim) komma mit ihram Streitfall,

ond der, mô schuldig gsprocha wird, muaß dem andera s Dopplate Schadaersatz zahla. [9]Geit oener saem Fraend an Esel, a Rendle, a Schåf oder a anders Viech zom hüata, ond s gôht am ae, oder s wird grissa oder wegtrieba, ohne dass des ebber sieht, [10]nå soll der beim Herrgott (JAHWE) schwöra, dass r sich et am Ôegatom von saem Nächsta vrgriffa håt. Dr Besitzer soll nå an sich nemma, was no då ischd, ohne dass dr ander Schadaersatz laesta muaß. [11]Wann s am aber gstohla wôra ischd, nå muaß r am Besitzer Schadaersatz laesta. [12]Ischd des Viech grissa wôra, nå soll r d Rest brenga zom s beweisa; nå muaß r koen Schadaersatz laesta. [13]Leiht sich oener a Tierle vo ma andera, ond des bricht an Haxa oder gôht ae, ond sae Besitzer ischd et drbeigwea, nå muaß r da Schada ersetza. [14]Ischd dr Besitzer aber drbeigwea, nå muaß dr ander koen Schadaersatz zahla. Wann s aber gmiatat ischd, nå ischd des em Miatpreis dren.

Vrführong von r a Jongfer:
Ex 22 15 - 16

[15]Vrführt oener a Jongfer, mô no et vrsprocha ischd, ond schlåft mit r a, nå muaß r da Brautpreis für se zahla ond se heirata. [16]Wann sich dera ihr Vadr aber weigerat ond se am et geit, nå muaß r am da ganza Brautpreis für a Jongfer zahla.

Todaswürdige Vrbrecha: Ex 22 17 - 19

[17]A Frao, mô zaoberat, därfst et am Leba lassa. [18]A jeder, mô mit a ma Tier Gschlechtsvrkehr håt, muaß ombråcht wera. [19]Oener, mô andere Götter als wia JAHWE Opfer darbrengt, vrfällt am Bann. Alloe JAHWE zor Ehr därf mr opfera.

Zom Vrgleicha: Vers 17: Lev 20,27; Dtn 18,10-12 • *Vers 18:* Dtn 27,21 • *Vers 19:* Dtn 13,3f. 13-16; 18,13.

Rechtsschutz für Abhängige:
Ex 22 20 - 26

[20]Ausländer soll mr et onter Druck setza ond drangsaliera, schliaßlich send ihr en Ägypten ao Ausländer gwea. [21]Witwa ond Wôesa därfat r et onter Druck setza. [22]Wann des oener duat, ond dui schreit zo mr, nå kåsch de drauf vrlassa, dass i des hör. [23]Nå kriag i an Zôrn, ond i laß euch durch s Schwert omkomma, dass eure Fraoa zo Witwa ond eure Kender zo Wôesa werat. [24]Wann da oem vo maem Volk, a ma Arma, der mô neber dr wohnt, a Geld leihst, nå sei koe Wucherer ond vrlang koen Zaes von am. [25]Nemmst oem saen Mantel als Pfand, nå gib am den zruck, ehb s Nacht wird, [26]der håt jå sonst nex zom Zuadecka en dr Nacht, wann s kalt ischd, då kå der doch et blutt dåliega. Wann der zo mir schreit, des hör i, ond i ben barmherzig mit am.

Zom Vrgleicha: Vers 24: Lev 25,36f; Dtn 23,20f.

Gotteslästerong ond Majestätsbelaedigong: Ex 22 27

[27]Gott (Elohim) därfst et vrächtlich macha, ond an Fürsta en daem Volk därfst et vrfluacha.

Erstlengsopfer: Ex 22 28 - 29

[28]Was daene Äcker ond daene Wengert brengat, des därfst et für de alloe bhalta. Da Erstgeborena von daene Söh sollst d mir geba. [29]Des gilt ao für daene Stier ond für daene Schåf. Sieba Däg lässt d se ihrer Muader, ond am achta Dag brengst d se mir.

Zom Vrgleicha: Vers 28: 34,17f; Dtn 15,19-23.

Grissene Viecher: Ex 22 30

[30]Als haelige Männer sollat ihr mir ghera, drom därfat r ao koe Flôesch essa, mô vo ma Raobtier grissa wôra ischd; des könnat r de Hond gea.

Zom Vrgleicha: Vers 30: Lev 17,15.

Ordnong für Rechtsvrfahra:
Ex 23 1 - 3

23 Falschaussaga därfst d em Gericht
et vôrbrenga. A ma Gwalttäter
därfst d als Zeuge et mit Falschaussaga
helfa. [2]Du därfst ao et mitdoa, wann d
Masse Orecht duat, ond em Rechtsstreit
därfst d et durch falsche Aussaga
d Wåhrat vrdreha, bloß weil s dr
Mehrhaet so gfällt. [3]Ao für en oefacha
Menscha därfst en saem Streitfall et
schöschwätza.

Zom Vrgleicha: Vers 3: Lev 19,15.

Dr Omgang mit am Faend: Ex 23 4 - 5
[4]Wann da siehst, dass sich daem Faend
sae Rendle oder sae Esel vrirrt håt, nå
breng am s zruck. [5]Wann da siehst, wia
daem Faend sae Esel onter saener Last
zsemabricht, nå laß an et alloe drmit,
sondern hilf am.

Vrbot von dr Rechtsbeugong:
Ex 23 6 - 8
[6]Ama Arma därfst sae Recht et vrdreha
en saem Rechtsstreit. [7]Mit ra vrlogena
Sach därfst mr du nex zom doa han.
Wann oener oschuldig ond em Recht
ischd, den därfst et om sae Leba brenga;
weil i nämlich da Schuldiga et freisprech.
[8]Laß de et bestecha. Bestechong macht
nämlich de Sehende blend ond dreht
dene s Wort em Maul rom, mô em Recht
send.

Rechtsschutz für Fremde: Ex 23 9
[9]An Fremda därfst et quäla. Wia s dem
zmuat ischd, des wissat r doch no,
schliaßlich send r doch selber Fremde
gwea en Ägypten.

Sabbatjåhr ond Sabbatfeier: Ex 23 10
- 12
[10]Sechs Jåhr därfst auf daem Acker
säa ond ernta. [11]Em siebta Jåhr lässt d
s brach liega ond gibst s frei, dass de
Arme en daem Volk sich drvo vrhalta
könnat; ond was no übrigbleibt, kå s
Wild em Feld fressa. So machst s ao mit
daem Wengert ond mit daene Ölbaem.
[12]An sechs Däg duast dae Ärbat, aber
am siebta Dag feierest, dass ao dae Ochs
ond dae Esel ausruha kå ond dr Soh von
daener Sklavin ond dr Fremdarbaeter
vrschnaufa kå.

Zom Vrgleicha: Vers 10: Lev 25,2-4 • *Vers 12:* 20,9f; Dtn 5,12-14.

Måhnong zor Treue: Ex 23 13
[13] Gebat acht auf ällas, was e euch gsaed
han. Da Nåma von andere Götter
(Elohim) därfst et åruafa, et amål über d
Lippa soll dr der komma.

Drei Haoptfest: Ex 23 14 - 17
[14]Dreimål em Jåhr feierest d mr a Fest.
[15]S Fest von de ogsäuerte Brot sollst
halta. Sieba Däg isst d ogsäuerts Brot,
wia e dr s ågea han em Monat Abib
(Ähramonat), weil da om dui Zeit aus
Ägypten auszoga bist. Ond mr soll mr
et mit leere Händ vôr s Gsicht komma.
[16]Nå kommt s Erntefest für d Erstleng
von daene Kornäcker ond am End vom
Jåhr, wann da dae ganza Ernt aegsammlat
håsch, s Fest für ällas, was em Feld
draußa zsemaglesa wird. [17]Dreimål
em Jåhr sollat sich älle Männer vôr am
Herrgott (JAHWE) seha lassa.

Zom Vrgleicha: Vers 14-17: 13,6f; 34,18-23.

Opfervôrschrifta: Ex 23 18 - 19
[18]Beim Schlachtopfer därf s Blut et über
s gsäuerte Brot laofa, ond s Fett vom
Opfer därf et bis an da Môrga liegableiba.
[19]S Best, d Erstleng von daem Acker,
brengst d en s Haus von daem Gott
JAHWE. A Gôesböckle därfst et en dr
Milch von saener Muader kocha.

Zom Vrgleicha: Vers 18: 34,25f.

Måhnonga zom Schluß: Ex 23 20 - 33

[20]Guck, i schick en Engel vôr dr her zom auf de aufpassa, der brengt de an den Platz nô, den môn e für de hergrichtat han. [21]Sei vôr am auf dr Huat ond horch auf sae Stemm ond sei et bockboenig gega an, der dät s euch et vrzeiha, wann r aufsässig wärat gega an, weil mae Nåma en dem gegawärtig ischd. [22]Horchst aber auf sae Stemm ond duast ällas, was e dr sag, nå ben i dr Faend von daene Faend ond dr Widersacher von daene Widersacher. [23]Wann mae Engel vôr dr hergôht ond läßt de zo de Amoriter, zo de Hetiter, zo de Perisiter, zo de Kanaaniter ond zo de Hiwiter ond Jebusiter komma, dass e s ausrotte, [24]nå därfst du dene ihre Götter (Elohim) et åbeta ond dene deana ond et doa was dia dent, sondern dene ihre Stoemäler reißt d a ond machst se he. [25]Ihr sollat nämlich am Herrgott (JAHWE) deana ond der segnat dae Brot ond daene Gwässer, ond nemmt älle Krankata von euch weg. [26]Koe Frao kriagt a Fehlgeburt oder ischd ofruchtbar en daem Land. Daene Däg mach i vollzählig. [27]I schick maen Schrecka vôr dr her ond breng jedes Volk durchanander, mô da nôkommst, dass älle daene Faend vôr dr abhaoat. [28]I laß a pånischa Angst vôr dr ausbrecha, dui jagd dia Hiwiter, Kanaaniter ond Hetiter vor dr her. [29]I vrjag s aber et glei em ersta Jåhr; sonst dät s Land vrkomma, ond s Wild könnt zo daem Schada überhand nemma. [30]Bloß so nåch ond nåch will e s emmer weiter drucka, bis da so viel Leut håsch, dass da s Land übernemma kåsch. [31]I setz d Grenza von daem Land fest vom Schilfmeer bis zom Philistermeer ond von dr Wüste bis an da Strom. I gib dr nämlich d Bewohner von dem Land en d Händ, dass da se vrtreibst von dr. [32]Du därfst mit dene ond mit ihre Götter (Eloheyhem) auf gar koen Fall a Bündnis schliaßa. [33]Dia sollat en daem Land gar et wohna bleiba, dass se de et zor Sünd gega mi vrführa könnat. Wann da nämlich dene ihre Götter (Eloheyhem) deana dätest, nå dätest dr selber en Strick dreha.

Zom Vrgleicha: Vers 24: 20,5; Dtn 5,59; 13,3 • *Vers 28:* Dtn 7,20; Jos 24,12.

Dr Bundesschluß: Ex 24 1 - 18

24 Ond zom Mose håt r gsaed: Steig nauf zom Herrgott (JAHWE), du ond dr Aaron, dr Nadab ond dr Abihu ond siebzg von de Älteste en Israel. Dent euch aber von weitams niederwerfa! [2]Dr Mose soll nå alloe nächer herkomma, aber dia sollat et nächer herkomma, ond s Volk soll ao et mit am raufkomma. [3]Drnåch ischd dr Mose komma ond håt am Volk en Bericht geba von älle Gebot ond Rechtsgrondlaga. Nå håt s ganz Volk oestemmig gsaed: "Ällas, was JAHWE gsaed håt, wöllat mr aehalta." [4]Nå håt dr Mose am Herrgott (JAHWE) saene Gebot älle aufgschrieba. Ganz bald am andera Môrga håt r onta am Berg an Altar baut ond zwölf Stoemäler für dia zwölf Stämm vom Volk Israel. [5]Ond r håt jonge Männer von de Israelita fortgschickt zom Brandopfer darbrenga ond für JAHWE jonge Stier als Friedensopfer schlachta. [6]Ond dr Mose håt d Hälfte von dem Bluat gnomma ond en dia Becka naegossa, mit dr andera Hälfte håt r om da Altar romgsprenglat. [7]Nå håt r s Bundasbuach gnomma ond s am Volk vôrglesa. Dådrauf hent se gsaed: Ällas, was JAHWE gsaed håt, wöllat mr aehalta ond am folga. [8]Ond dr Mose håt des Bluat gnomma ond s über am Volk vrsprenglat ond gsaed: Guckat her, des ischd s Bluat von dem Bund, den mô JAHWE mit euch gschlossa håt auf dr Grondlag von dera Satzong. [9]Nå ischd dr Mose ond dr Aaron, dr Nadab ond dr Abihu ond siebzg von de Älteste en Israel naufgstiega, [10]ond se hent da

Gott (Elohey) von Israel gseha. Dr
Boda onter saene Füaß ischd gwea wian
a Kachelboda aus Saphir, so klar wia dr
Hemmel selber. [11]Aber gega d Edelleut
von Israel håt r sae Håd et ausgstreckt,
dia hent Gott (Elohim) seha därfa, ond
se hent gessa ond tronka.
[12]Nå håt dr Herrgott (JAHWE) zom
Mose gsaed: „Steig rauf zo mr auf da Berg
ond bleib då, dass e dr dia Stoetafla gib,
dia Gsetz ond Gebot, môn e aufgschrieba
han, dass da se onterweisa kåsch.“ [13]Ond
dr Mose håt sich aufgmacht ond ischd
mit saem Ghilfa Josua auf da Berg von
Gott gstiega. [14]Aber zo de Älteste håt
r gsaed: „Bleibat då wega ons, bis mr
zruckkommat zon ich; dr Aaron ond dr
Hur send jå bein ich. Wer Rechtshändel
håt, kå jå zo dene ganga.“ [15]Mô dr Mose
auf da Berg naufkomma ischd, håt a Wolk
da ganza Berg zuadeckt. [16]Ond JAHWE
håt en saener Herrlichkaet auf am Berg
Sinai gwohnt. Schao sechs Däg hent dia
Wolka da Berg zuadeckt ghet, mon r am
siebta Dag da Mose aus dene Wolka raus
ågruafa håt. [17]Ond d Erschaenong vom
Herrgott (JAHWE) saener Herrlichkaet
håt auf dem Berggipfel wian a Feuer
ausgseha, mô ällas auffrißt. [18]Nå ischd
dr Mose mittla en dia Wolka naeganga
ond ischd voll da Berg naufgstiega. Ond
dr Mose ischd auf dem Berg vierzg Däg
ond vierzg Nächt blieba.

Ordnonga für s Haeligtom ond für da Kult: Ex 25 1 - 31 17

S Haeligtom ond saene Gerätschafta: Ex 25 1 - 27 21

25 Ond dr Herrgott (JAHWE) håt
zom Mose gsprocha ond gsaed:
[2]“Sag de Israelita, se solle für mi ebbas
zsemalega. A jeder soll geba, wian am s
sae Herz ågeit. [3]Des sollat se aesammla
von en: Gold ond Silber ond Erz, [4]ond
Hyazinth (blauer Purpur) ond Purpur
ond Karmesingfärbts ond Byssus
(faensta Laenwand) ond Stoff aus
Gôesawolle, [5]raotgfärbte Hammelhäut
ond Tahaschhäut (vielleicht Delphin-
oder Seehondfell?) ond Akaziahölzer,
[6]Öl für da Leuchter, Balsam für s
Salböl ond Raecherwerk, mô guat
riacht. [7]Onixstoe ond Zierstoe für da
Priasterschurz ond für d Lostasch. [8]Ond
se sollat mr a Haeligtom baua, dass e
mittla onter en wohna kå. [9]Genao nach
am Modell von dr Wohnong ond nach
am Modell von de Gerätschafta, môn e
dr zaeg, sollat r s macha.
[10]Machat a Truhe aus Akaziaholz,
zwôeahalb Ella lång, anderthalb Ella
brôet ond anderthalb Ella haoch; [11]dui
duasch d enna ond außa mit puram
Goldblech vrklôeda, ond oba machst
d rengsrom an echtgoldena Kranz nô.
[12]Ond nå giaßt d aus Gold vier Reng,
dia machst d an ihre vier Stolla nô, zwôe
Reng an dr oena Seit ond zwôe Reng an
dr andera Seit. [13]Nå machst d ao no Stanga
aus Akaziaholz ond vrklôedest se ao
mit Gold; [14]dia Stanga steckst auf bôede
Seita durch dia Reng an dera Truhe, dass
mr se drå traga kå. [15]En dene Reng von
dera Truhe sollat dia Stanga drenbleiba,
dia soll mr nemme rausziaga. [16]En dui
Truhe legst dia Gsetzasvôrschrifta
nae, mon e dr no gib. [17]Nå machst d a
Sühneplatt aus puram Gold, zwôeahalb
Ella lång ond anderthalb Ella brôet.
[18]Nå machst d a Päärle Keruba aus a ma
triebena Gold, mô da auf bôede Seita
von dera Sühneplatt raustrieba håsch.
[19]Oen Kerub machst d vom oena End
raus ond da andera vom andera End; an
bôede Enda von dera Sühneplatt machst
d dia Keruba nô. [20]Dia Keruba sollat

ihre Flügel nach oba ausbrôeta ond mit
ihre Flügel dui Sühneplatt abschirma.
Ihre Gsichter sollat zoanander gucka,
en Richtong Sühneplatt sollat se gucka.
21 Dui Sühneplatt setzt d auf dui Truhe
nauf. Ond dia Gsetzasvôrschrifta, môn
e dr no gib, legst d en dui Truhe nae.
22 Ond i will me dir offabar macha sell
ond von dera Sühneplatt aus zwischa
dene bôede Keruba, mô auf dera Truhe
mit de Gsetzasvôrschrifta standat, ällas
saga, was e durch di de Israelita åordna
will.
23 En Tisch machst d ao aus Akaziaholz,
zwôe Ella lång, oe Ell brôet ond
anderthalb Ella haoch. 24 Den vrklôedest
mit puram Goldblech ond rengsrom
machst d a Goldleist nô. 25 Nå machst
d a Aefassong, oe Håd brôet ond då
nômål a Goldleist rom. 26 Mach am vier
Goldreng an de vier Ecka an saene vier
Füaß nô. 27 Genao onter dr Aefassong
kommat dia Reng nô, dass mr dia Stanga
durchstecka kå zom da Tisch traga. 28 Dia
Stanga machst d aus Akaziaholz ond
vrklôedest se mit Gold! An dene soll
mr den Tisch traga. 29 Aus puram Gold
machst d ao dia Schüßla ond Schala
ond Kanna ond Opferschala, mô drzua
gherat, mô mr s Trankopfer draus giaßt.
30 Auf dem Tisch sollat ständig (frische)
Schaobrot vôr mir liega.
31 Nå machst d en Leuchter aus puram
Gold! Dr Fuaß, dr Schaft, saene Kelch,
Knospa ond Blüata sollat aus oem Stück
trieba sae. 32 Sechs Rohr gangat aus de
Seita naus, drei Leuchterrohr aus dr
oena Seit ond drei Leuchterrohr aus
dr andera Seit. 33 An jedam Rohr sollat
drei Kelch sae wia Mandelblüata ond -
knospa; so machst s an älle sechs Ärm
von dem Leuchter. 34 Ond am Schaft von
dem Leuchter machst d vier Kelch nô
wia Mandelblüata ond Knospa, 35 emmer
zwischa zwôe Ärm, wia se zwischa
dia sechs Ärm von dem Leuchter
naepassad. 36 Dia Knospa ond dia Rohr,
dr Schaft ond ällas soll aus oem Stück
trieba sae aus puram Gold. 37 Nå machst
d no sieba Lampa, ond dia setzt d so
auf den Leuchter, dass se nach vôrna
leuchtat. 38 Ao dia Liachtputzschera ond
Löspfanna mô drzuagherat sollat aus
puram Gold sae. 39 Aus oem Talent (41
kg) puram Gold soll mr den Leuchter
ond älle dia Gerätschafta macha. 40 Sieh
zua, dass da ällas so machst d, wia da s
auf am Berg gseha håsch.

26 Aber d Wohnong machst d
aus zeah Zeltbåhna aus Byssus
ond Hyazinth ond Purpur ond
Karmesingfärbtam, dia machst d mit
aegwobene Keruba. 2 Oe Zeltbåhn
soll achtazwanzg Ella lång ond vier
Ella brôet sae, älle Zeltbåhna sollat de
gleiche Måß han. 3 Faef Zeltbåhna sollat
emmer zsemaknöpft wera. 4 Nå machst
d Schlaofa aus Hyzinth an da Saom von
dene zsemaknöpfte Zeltbåhna nô, gradso
machst d s ao auf dr andera Seit. 5 Fufzg
Schlôefa machst d an dr oena Seit von
dene zsemaknöpfte Zeltbåhna nô, ond
fufzg Schlôefa machst d an dr Seit von
dene andere zsemaknöpfte Zeltbåhna
nô, dass dia Schlaofa genao geganüber
send. 6 Ond nå machst d fufzg Håka aus
Gold, dådrmit hängst d dia Zeltbåhna
ananander, dass des oe Wohnong geit.
7 Aus Gôesawolle machst d no Teppich
als Dach über dem Zelt, des machst d
aus elf Båhna. 8 Oe Båhn soll dreißg
Ella lång ond vier Ella brôet sae, älle
elf Båhna sollat s gleiche Måß han.
9 Faef von dene Båhna duasch d für
sich ananander knöpfa, ond dia sechs
andere ao für sich, ond de sechst Båhn
legsch d dopplat an dr vôrdera Seit vom
Zelt. 10 Ond am Saom von dene Båhna
machst d ganz außa fufzg Schlaofa nô,
ond auf dr andera Seit machst d ao fufzg
Schlaofa ganz außa nô. 11 Nå machst d
fufzg Håka aus Kupfer, dia Håka hängst

d en dia Schlaufa nae, dass dia zwôe Tôel a ganzs Zeltdach werat. [12]Des, was dia Zeltbåhna länger send, läßt d an dr hentera Seit vom Zelt überhanga. [13]Ond dui Ell, mô dia Zeltbahna auf bôede Seita länger send, läßt d überhanga, dass se überdeckt send. [14]Obadrauf machst d a Decke aus raotgfärbte Hammelfell ond als Abschluß då drüber nômål a Decke aus Tahaschhäut. [15]Nå machst d aufstellbare Diel für dui Wohnong aus Akaziaholz. [16]A jeder Diel soll zeah Ella lång ond anderthalb Ella brôet sae. [17]An jedan Diel kommat zwôe Zapfa nô, dass mr s zsemastecka kå. So machst d älle Diela für dui Wohnong. [18]Zwanzg Diel machst d für d Südseite. [19]Ond nå machst d vierzg Ständer aus Silber, zom die Diel onterbaua, onter jedan Diel zwôe Ständer direkt onter de Zapfa. [20]S Gleiche machst d auf dr Nordseite von dr Wohnong, ao zwanzg Diel standat [21]auf vierzg silberne Ständer, emmer zwôe für jedan Diel. [22]Ond für da hentera Tôel von dera Wohnong en Richtong Westa machst d sechs Diel. [23]Ond zwôe Britter machst d so en die zwôe Ecka em hentera Tôel von dr Wohnong nae, dass bôede mit ihre Eckbritter vrbonda send ond dia Ecka machat. [24]Dia müaßat ganz gleich sae ond von onta bis an da ersta Reng ganga. So soll mr s macha mit dene zwôe Britter an de Eckstück. [25]Acht Britter müaßat des sae mit ihre sechzeah Ständer, für jedas Britt zwôe. [26]Ond nå machst d no Riegel aus Akaziaholz, faef zo dene Diel auf dr oena långa Seit von dr Wohnong [27]ond faef zo de Diel auf dr andera långa Seit von dr Wohnong ond faef zo de Diel auf dr hentera Seit von dr Wohnong nach Westa, [28]Nå läßt d no en dr Mitte von dene Diel an Riegel durchlaofa von oem End bis ans ander. [29]Dia Diel duast d älle mit Gold vrklôeda ond dia Halteronga für dia Riegel machst d ao aus Gold. Ao dia Riegel vrklôedest d mit Gold. [30]Nå richtest d dui Wohnong so auf, wia dr s zaegt wôra ischd auf am Berg droba. [31]Nå machst d an Vôrhang aus Hyazinth ond Purpur ond Karmesingfärbtam ond vrzwirntam Byssus; den sollat dia Kunstweber macha mit Keruba. [32]Den hängst d an vier Säula aus Akaziaholz auf, dia mô mit Gold vrklôedat send ond goldene Nägel hent ond auf silberne Füaß standat. [33]Den Vôrhang hängst d an dene Håka auf ond dui Truhe mit de Gsetzasvôrschrifta stellst d henter den Vôrhang. Nå ischd der Vôrhang a Trennwand zwischa am Haeligtom ond am Ällerhaeligsta. [34]Ond nå legst d dui Sühneplatt auf dui Truhe mit de Gsetzasvôrschrifta em Ällerhaeligsta. [35]Aber den Tisch stellst d außerhalb von dem Vôrhang auf, ond den Leuchter geganüber von dem Tisch auf dr Südseite von dr Wohnong, ond da Tisch stellst d auf dr Nordseite nô. [36]Vôr da Aegang vom Zelt machst d an Vôrhang aus Hyazinth ond Purpur ond Karmesingfärbtam ond vrzwirntam Byssus; des soll a Buntweber macha. [37]Für den Vôrhang machst d faef Akaziasäula, mit Gold vrklôedat ond mit goldene Nägel, für dia giaßt d faef Ständer aus Kupfer.

27 Nå machst d da Altar aus Akaziaholz, faef Ella lång ond faef Ella brôet, viereckad soll der Altar sae ond drei Ella haoch. [2]An saene vier Ecka machst d Hörner so nô, dass s wia aus oem Stück ischd, ond nå vrklôedest ällas mit Kupferblech. [3]Ond saene Häfa zom d Äscha rausdoa, ond d Schaufla, saene Schala, Gabla ond Pfanna, des machst d ällas aus Kupfer. [4]Nå machst d ao no a Gitter, wian a Netz aus Kupfer, ond vier Reng aus Kupfer an saene vier Ecka nô. [5]Des Gitter machst d von henta onta an d Altaraefassong nô, dass des Gitter bis zor Hälfte vom Altar gôht. [6]Ond Stanga

machst d ao aus Akaziaholz für da Altar,
dia vrklôedest mit Kupferblech. 7Dia
Stanga soll mr en dia Reng naestecka,
dass dia Stanga auf bôede Seita drå send,
wa mr an draet. 8Aus Britter machst d
an, dass r enna hohl ischd; so wia dr s
auf am Berg zaegt wôra ischd, so machst
d an.
9Nå machst d da Vôrhof für dui
Wohnong: En Richtong Süda Matta
aus zwirntam Byssus, hondert Ella
lång auf dr oena Seit; 10zwanzg Ständer
mit Sockel aus Kupfer, d Nägel ond d
Querstanga machst d aus Silber. 11S
Gleiche auf dr Nordseite, hondert Ella
lång, zwanzg Ständer mit Sockel aus
Kupfer, d Nägel ond d Querstanga
aus Silber. 12En dr Brôete, Westa zua,
soll der Vôrhof fufzg Ella Matta han;
mit zeah Ständer mit Sockel. 13Ao
vôrna, Osta zua, soll d Brôete von
dem Vôrhof fufzg Ella hao; 14ond zwår
fufzeah Ella Matta für de oe Flanke mit
drei Ständer ond Sockel, 15ond auf dr
andera Seite gradso fufzeah Ella Matta
mit drei Ständer ond Sockel. 16Ond
am Aegang machst d a Abschirmong,
zwanzg Ella, aus Hyazynth, Purpur,
Karmesin ond zwirntam Byssus vom
Buntweber, drzua vier Ständer mit vier
Sockel. 17Älle Ständer om den Vôrhof
rom sollat silberne Querstanga ond
silberne Nägel, aber kupferne Sockel
han. 18Der Vôrhof soll hondert Ella lång
ond fufzg Ella brôet sae ond faef Ella
haoch, aus zwirntam Byssus, dia Sockel,
mô drzuaghaerat, sollat aus Kupfer sae.
19Älle Gerätschafta von dera Wohnong
für dia vrschiedene Denstlaestonga ond
älle Zelthäreng ond älle Häreng vom
Vôrhof sollat aus Kupfer sae.
20Ond du geist de Israelita da Befehl,
dass se dr s raenste Öl aus gstaoßene
Oliva brengat für da Leuchter, dass mr
då emmer brennende Lampa aufsetza kå.
21Em Zelt dr Begegnong außerhalb vom
Vôrhang, der mô vôr dr Bundaslade
ischd, sollat dr Aaron ond saene Söh
den Leuchter herrichta, vom Åbad bis
zom Môrga, vôr am Herrgott (JAHWE)
soll r brenna, als a ständiga Vrpflichtong
für älle Zeita ond Generationa von de
Israelita.“

Zom Vrgleicha: Kapitel 25,1-9: 35,4-10 • *Vers 10-22:* Kapitel 37,1-9 • *Vers 23-30:* Kapitel 37,10-16 • *Vers 31 - 40:* Kapitel 37, 17-24 • Kapitel 26,1-6: Kapitel 36,8-13 • *Vers 7-14:* Kapitel 36,14-19 • *Vers 15-25:* Kapitel 36,20-30 • *Vers 26-30:* Kapitel 36,31-34 • *Vers 31-37:* Kapitel 36,35-38 • Kapitel 27,1-8: Kapitel 38,1-7 • *Vers 9-19:* Kapitel 38,9-20 • *Vers 20 - 21:* Lev 24,2f.

De Priaster ihre Gwänder: Ex 28 1 - 43

28 „Ond du, laß daen Bruader Aaron
ond saene Söh aus dr Mitte von
de Israelita zo dr komma, dass r mir sein
Priasterdenst duat: dr Aaron, dr Nadab
ond dr Abihu, dr Eleasar ond dr Itamar,
am Aaron saene Söh. 2Für daen Bruader
Aaron lässt d haelige Gwänder näha
zo saener Würde (zom Zaeche für sae
Würde) ond zom Schmuck. 3Red mit
älle, mô von dr Kunst ebbas vrstandat,
dene mô i da Gaest von dr Weishaet geba
han, dia sollat am Aaron saene Gwänder
åfertiga zo saener Priasterweih. 4Ond
des send dia Gwänder, mô se macha
sollat: Lostasch, Omhang ond Mantel,
Leibrock en Flechtwerkmuster, Turban
ond a Schärpe. So sollat se für daen
Bruader Aaron ond saene Söh haelige
Gwänder macha, dass r für me da
Priasterdenst duat. 5Se sollat des Gold
nemma, da blaoa ond da raota Purpur,
Karmesin ond da zwirnta Byssus
vrwenda.
6Da Omhang sollat se aus Gold, am
blaoa ond raota Purpur, am Karmesin
ond am zwirnta Byssus en dr Machart
vom Kunstwirker näha. 7A Päärle
ågheftate Achselstück soll r hao, ond
zwår an saene bôede Seitaenda sollat se

mitanander vrbonda sae. 8Dia Bendel
zom Festmacha sollat de gleich Machart
han aus Gold, blauam ond raotam
Purpur, Karmesin ond zwirntam Byssus.
9Nå nemmsch d zwôe Karneolstoe, en
dia lässt d d Nåma von de Söh vom
Israel naegraviera, 10sechs Nåma auf
da oene Stoe ond de andere sechs auf
da andera Stoe, dr Rôeh nåch, wia se
gebora send. 11En dr Machart vom
Stoeschneider, em Siegelstich sollst en
dia bôede Stoe d Nåma vom Israel saene
Söh schneida ond se en Goldflechtereia
aefassa. 12Dia zwôe Stoe machst d an d
Achselstück von dem Omhang nô als
Gedächtnisstoe für d Israelita, so soll
dr Aaron ihre Nåma vôr da Herrgott
(JAHWE) traga auf saene Achselstück,
dass dr Herr an se denkt. 13Ond nå
machst d Goldfassonga 14ond zwôe
Kettala aus puram Gold, dia drehst
zsema wian a Schnur, ond dia gflochtene
Kettala machst d an dia Fassonga nô.
15Ond nå machst d a Lostasch en dr
gleicha Machart wia dr Omhang vom
Kunstweber, aus Gold, blauam ond
raotam Purpur, Karmesin ond zwirntam
Byssus sollst d se macha. 16Viereckad
soll se sae ond dr Stoff dopplat glegt, a
Spanne en dr Länge ond a Spanne en dr
Brôete. 17Då machst d vier Rôeha mit
Edelstoe drauf, en dr ersta Rôeh Rubin,
Topas ond Smaragd; 18en dr zwôeta Rôeh
Karfunkel, Saphir ond Jaspis; 19de dritt
Rôeh Achat, Hyazinth ond Amethyst;
20de viert Rôeh mit Chrysolit, Karneol
ond Onyx, dia duasch d en Gold aefassa
ond aesetza. 21Zwölf Stoe sollat des sae
nach de Nåma vom Israel saene Söh, auf
jedam Stoe soll dr Nåma von oem von
dene zwölf Stämm aegraviert sae vom
Stoestecher. 22An dui Lostasch machst d
aus puram Gold gflochtene Kettala nô.
23An dr Lostasch machst d zwôe goldene
Reng nô, an zwôe Ecka machst d dia
Reng nô; 24ond dia zwôe Goldschnür
machst d an dia Reng an de Ecka von
dera Lostasch nô; 25dia bôede andere
Zipfel von dene zwôe Goldkettala
machst d an dia bôede Fassonga an de
Achselstück von dem Omhang nô auf
dr vôrdera Seite. 26Nå machst d nômål
zwôe Goldreng ond nähst se an de
bôede Ecka am ennera Rand von dr
Lostasch nô, der mô gega da Omhang
zaegt. 27No zwôe Goldreng machst d
onta an de Achselstück vom Omhang
nô auf saener Vôrderseite, direkt an dr
Nåht, aber oberhalb von dr Schärpe.
28Dui Lostasch soll mr mit ihre Reng
an dia Reng vom Omhang mit r a blaoa
Purpurschnur nôbenda, dass se über dr
Schärpe vom Omhang bleibt ond sich
dui Lostasch et am Omhang vrschiaba
kå. 29Dr Aaron soll d Nåma vom Israel
saene Söh en dera Lostasch über saem
Herza traga, wann r ens Haeligtom
naegôht als a åhaltends Ådenka vôr
am Herrgott (JAHWE) saem Gsicht.
30Ond en dui Lostasch duasch d s Los
für s Licht ond s Los für s Recht nae,
dass se am Aaron auf am Herza liegat,
wann r am Herrgott (JAHWE) vôr s
Gsicht kommt. Ond dr Aaron soll da
Rechtsspruch für d Israelita ständig am
Herza traga vôr am Herra (JAHWE).
31Ond s Obergwandt zom Omhang
machst d ganz aus blaoam Purpur;
32ond oba soll s offa sae für da Kopf,
då machst d a Börtle rom, schö gwoba,
wia ama Lederpanzer, dass s et reißa
kå. 33Am ontera Saom machst d
rengsrom Granatäpfel aus blauam ond
raotam Purpur ond Karmesin nô, ond
drzwischa goldene Schella. 34Emmer a
Granatäpfel ond a goldena Schella em
Wechsel om da ganza Saom von dem
Obergwand rom. 35Ond dr Aaron soll s
emmer åziaga, wann r Priasterdenst håt,
dass mr s hört, wann r em Haeligtom
vôr Gott (JAHWE) aus- ond aegôht,
dass r et sterba muaß. 36Ond nå machst

Liter gstoßene Oliva vrschafft ischd, ond
als Trankopfer anderthalb Liter Wae auf
a Lamm. [41]S ander Lamm brengst d nå
gega Åbad, mit am Speisopfer ond am
Trankopfer machst d s wia môrgnads, als
a Beruhigongsopfer ond a Opferfeuer für
da Herrgott (JAHWE). [42]Des ischd für
älle Generationa jedan Dag s Brandopfer
am Aegang vom Begegnongszelt vôr am
Herrgott (JAHWE), mô i me offabara
will zom då mit dr reda. [43]Då will i me
de Israelita offabara, ond des wird haelig
durch mae Herrlichkaet. [44]So will i des
Begegnongszelt haelig macha ond da
Altar, ao da Aaron ond saene Söh mach
e haelig, dass se mr Priaster send. [45]Ond
i will en dr Mitte von de Israelita wohna
ond ihr Gott sae, [46]dass se erkennat, dass
i, JAHWE, der Gott ben, der må se aus
am Land Ägypten rausgholt håt, dass
e en ihrer Mitte wohn, i, JAHWE, ihr
Gott.

30 Ao an Altar machst d für s
Raecherwerk; den machst d aus
Akaziaholz, [2]oe Ell lång ond oe Ell
brôet, viereckad soll r sae ond zwôe
Ella haoch, saene Hörner sollat aus am
rausraga. [3]Den vrklôedest d mit puram
Gold, sae Deckplatt ond d Seitawänd
ond ao saene Hörner. Ond mach
rengsrom a Goldbörtle nô. [4]Onterhalb
von dem Goldbörtle machst d zwôe
goldene Reng nô an bôede Seita, mô
mr d Tragstanga durchstecka kå. [5]Dia
Tragstanga machst d ao aus Akaziaholz
ond vrklôedest s mit Gold. [6]Nå stellst d
an vôr da Vôrhang vôr dr Truhe mit de
Gsetzasvôrschrifta vôr dui Sühneplatt,
mô über de Gsetzasvôrschrifta leit,
môn e mit dr zsemakomma will.
[7]Ond dr Aaron soll dådrauf äll Môrga
Raecherwerk vrglosta, mô an guata
Duft macht, wann r d Lampa herrichtat,
soll r s raocha lassa. [8]Ao åbnads, wann
r d Lampa aufsetzt, soll dr Aaron s
Raecherwerk vrglosta lassa; des soll
a ständigs Raochopfer sae vôr am
Herrgott (JAHWE) von Generation
zo Generation. [9]Dådrauf därfat r koe
fremds Raecherwerk, koe Brandopfer,
koe Speisopfer darbrenga ond ao koe
Trankopfer draufgiaßa. [10]Oemål em
Jåhr soll dr Aaron an de Altarhörner
d Sühnong vôrnemma; mit am Bluat
vom Sühnopfer soll mr oemål em Jåhr
d Sühne durchführa von Generation zo
Generation. Des ischd hochhaelig für da
Herrgott (JAHWE).“
[11]Ond dr Herrgott (JAHWE) håt zom
Mose gsaed: [12]„Wann da d Israelita
zählst wega dr Musterong, nå soll von
dene a jeder a Lösgeld für sae Person
an da Herrgott (JAHWE) zahla, dass se
koen Schada hent wega dr Musterong.
[13]Jeder, mô gmusterat wird, soll en halba
Schekel (1 Schekel 11,5g; Halbschekel
6g) zahla (des ischd ogfähr dr Loh für
oen Dag), nach dr Gwichtsordnong
vom Haeligtom, zwanzg Gera (1 Gera
0,6g), a Halbschekel ischd s Hebopfer
für da Herrgott (JAHWE). [14]Älle, mô
zwanzg Jåhr ond drüber send ond
gmustert send, sollat des für da Herrgott
(JAHWE) geba. [15]Dr Reiche soll et
maeh ond dr Arme et weniger zahla als
en Halbschekel, wann r des Hebopfer
für da Herrgott (JAHWE) gebat. [16]Des
Lösgeld nemmst d von de Israelita für da
Denst em Begegnongszelt, des soll bei
de Israelita a Ådenka vôr am Herrgott
(JAHWE) sae als Sühne für ihre Seela.“
[17]Nå håt dr Herrgott (JAHWE) no gsaed:
[18]„Mach an Kupferkessel, ao sae Gstell
machst d aus Kupfer für Wäschonga; den
stellst d zwischa s Begegnongszelt ond
da Altar ond då duast Wasser nae. [19]Ond
dr Aaron ond saene Söh sollat sich d
Händ ond d Füaß drmit wäscha. [20]Wann
se en s Begegnongszelt naegangat, sollat
se sich mit Wasser wäscha, dass se et
sterbat. Ao wann se an da Altar tretat
zom ihran Denst laesta ond Feueropfer

vrbrennat. 21Emmer sollat se d Händ
ond d Füaß wäscha, dass se et sterbat,
des gilt für da Aaron ond saene
Nåchkomma en älle Generationa."
22Nå håt dr Herrgott (JAHWE) zom
Mose gsaed: 23„Du selber nemmst dr
de beste Balsamsorta, von faefhondert
Schekel Tropfamyrrhe, d Hälfte, also
zwôehondertfufzg Schekel Zimt,
zwôehondertfufzg Schekel Gwürzrohr
24ond faefhondert Schekel Zimtnelka,
nach am Schekelgwicht vom Haeligtom,
drzua sechs Liter Olivaöl, 25då machst d
a haeligs Salböl draus, a Mischong aus
Gwürz, wia s d Salbamacher machat,
des ischd a haeligs Salböl. 26Dådrmit
salbst d s Begegnongszelt ond d Truhe
mit de Gsetzasvôrschrifta, 27da Tisch
ond älle Gerätschafta, da Leuchter ond
saene Gerätschafta ond da Raecheraltar
28ond da Brandopferaltar mitsamt saene
Gerätschafta ond den Kessel samt am
Gstell. 29Wann da s gweiht håsch, nå
ischd ällas haochhaelig; a jeder, mô dranô
kommt, wird haelig. 30Ao da Aaron ond
saene Söh salbst d mr, dass se maene
Priaster send. 31Aber zo de Israelita
saesch d: ‚Des soll euch a haeligs Salböl
sae für mi bei älle eure Generationa.
32Des därf auf koen Menschaleib gossa
wera, ond en dera Mischong därfat r
koes macha; weil des haelig ischd, ond
ihr sollat s als haelig achta. 33A jeder,
mô so a Mischong zsemastellt ond an
Laia drmit salbt, soll aus saem Stamm
ausgrottat wera."
34Nå håt dr Herrgott (JAHWE)
no zom Mose gsaed: „Nemm dr
Balsam, Tropfharz ond Raecherklaoa,
Galbanum ond an raena Weihraoch,
von ällam gleich viel, 35då machst d
Raecherwerk draus, a Würzmischong,
wia s dr Salbamischer macht, gsalza
ond raen ond haelig. 36Des vrreibst
zo ma faena Pulver, ond då brengst d
ebbas drvo vôr d Gsetzasvôrschrifta em
Begegnongszelt, mô i de treffa will; des
soll euch als haochhaelig gelta. 37Ond
des Raecherwerk, mô da machst, soll dr
als am Herrgott (JAHWE) gweiht gelta,
des därfst für da Ôegavrbauch et en dr
gleicha Mischong macha;. 38Wer des
duat, bloß zom drå riacha, der soll aus
saem Stamm ausgmerzt wera."

Zom Vrgleicha: Kapitel 29,38: Num 28,1-10 • Kapitel 30,1-5: Kapitel 37,25-28 • Vers 10: Lev 16,18f • Vers 12: Kapitel 38,21 • vers 22-33: Kapitel 27,29.

Künstler ond Handwerker kriagat Aufträg: Ex 31 1 - 11

31 Nå håt dr Herrgott (JAHWE)
zom Mose gsaed: 2„Guck, i han
da Bezalel, am Uri saen Soh ond am Hur
saen Enkel, vom Stamm Juda mit saem
Nåma beruafa 3ond an mit am göttlicha
Gaest, mit Weishaet, mit Vrstand ond
Gschick für älle Aufgaba ausstaffiert,
4zom Enwürf macha ond ausführa en
Gold, Silber oder Kupfer 5ond aefassa
von Edelstoe ond mit Holzschnitzereia
ällas mögliche zom macha. 6Dem han
e da Oholiab, da Soh vom Ahisamach
vom Stamm Dan, an d Seit gstellt,
ond älle Kunstsachvrständige han e
künstlerischa Weishaet en s Herz geba,
dass se ällas so macha könnat, wian
e dr s gsaed han: 7s Begegnongszelt,
d Truhe für d Gsetzasvôrschrifta
ond dui Sühneplatt då drauf ond älle
Gerätschafta vom Zelt, 8da Tisch ond
saene Gerätschafta, da Leuchter aus
puram Gold mit saene Gerätschafta
ond da Altar für s Raecheropfer 9ond
da Brandopferaltar ond älle saene
Gerätschafta ond da Kessel mit saem
Gstell 10ond dia Denstgwänder ond dia
haelige Priastergwänder für da Aaron
ond dia Priastergwänder für saene Söh,
11des Salböl ond des Raecherwerk mit
saem Duft für s Haeligtom. Des sollat

dia ällas so macha, wian e dr s ågeba
han."

D Sabbatfeier: Ex 31 12 - 17
12Dr Herrgott (JAHWE) håt zom Mose
gsaed: 13Sag de Israelita: ,Ihr sollat ganz
gwieß maene Sabbatfeiera aehalta; des
ischd nämlich a Zôeche zwischa mir ond
euch für älle Generationa drfür, dass
i, dr Herrgott (JAHWE), euch haelig
mach. 14Feierat also da Sabbat, der soll
euch haelig sae. Wer den schändat, der
soll sterba; wann an dem oener schafft,
nå soll der aus saem Stamm ausgrottat
wera. 15Sechs Däg soll mr schaffa, aber
am siebta Dag ischd Sabbatruah, haelig
für da Herrgott (JAHWE). A jeder, mô
am Sabbat schafft, muaß mit am Daot
gstråft wera. 16Drom sollat d Israelita
da Sabbat feiera en älle Generationa
als Bund für älle Weltzeita. 17Des soll
zwischa de Israelita ond mir a Zaeche sae
für älle Zeita. En sechs Däg håt nämlich
dr Herrgott (JAHWE) d Hemmel ond d
Erde gschaffa, aber am siebta Dag håt r
gfeierat zom Vrschnaufa."

Zom Vrgleicha: Vers 15: Kapitel 20,9f; Dtn 5,12-14
• 17: Gen 2,2f.

S goldene Kalb: Ex 31 18 - 33 6
18Mô nå dr Herrgott (JAHWE) fertig
gwea ischd, mit am Mose zom reda, håt
r am Mose auf am Berg Sinai dia zwôe
Stoetafla mit de Gsetzasvôrschrifta
übergeba, mô Gott (Elohim) mit saem
Fenger gschrieba håt.

32 Mô s Volk nå gseha håt, dass dr
Mose emmer no et von dem Berg
rakomma ischd, hent se sich om da
Aaron vrsammlat ond zon am gsaed:
„Stand auf ond mach ons an Gott
(Elohim), der mô vôr ons hergôht, weil
der då, dr Mose, der Må, mô ons aus
Ägypten rausgholt håt - mir wissat jå
gar et, was mit dem passiert ischd." 2Nå
håt dr Aaron zo nen gsaed: „Nemmat
eure Fraoa, eure Söh ond Töchter ihre
goldene Ohrreng weg ond brengat mr s
her." 3Nå håt s ganz Volk saene goldene
Ohrreng wegdao ond am Aaron bråcht.
4Der håt s von en gnomma, mit a ma
Griffel håt r schao an Entwurf gmacht
ghet, nach dem håt r a Kalb gossa. Ond
se hent gsaed: „Des ischd dae Gotthaet
(Eloheyka) Israel, mô de aus Ägypten
rausgholt håt." 5Des håt dr Aaron
gseha, ond r håt an Altar drvôr baut ond
ausruafa lassa: „Môrga ischd a Fest für
da Herrgott (JAHWE)." 6Am andera
Môrga send se ganz bald aufgstanda
ond hent a Brandopfer darbråcht ond
a Friedensopfer; dådrnåch send se
nôghockt zom Essa ond Trenka, nå send
se aufgstanda ond hent ihran Spaß ghet.
7Nå håt dr Herrgott (JAHWE) zom
Mose gsaed: „Gang na, dac Volk, mô
da aus Ägypten rausgholt håsch, ischd
vrdôrba. 8Dia send jå schnell von dem
Weg gwicha, den mô nen i ågeba han.
Dia hent sich a goldes Kälble gossa
ond sich vôr am onterwôrfa ond am
Opfer bråcht ond gsaed: ,Des ischd dae
Gotthaet (Eloheyka) Israel, mô de aus
Ägypten rausgholt håt. 9No weiters
håt dr Herrgott (JAHWE) zom Mose
gsaed: „Des han e gseha, dass des Volk
då a halsstärrigs Volk ischd. 10Ond jetzat
läßt d me maen Zôra gega dia hao, dass
i dia ombreng. Aber aus dir mach e a
graoß Volk." 11Nå håt dr Mose saen Gott
(Elohim) JAHWE besänftigt ond gsaed:
„Herr (JAHWE), wårom kriagst d so an
Zôra auf dae Volk, mô da mit r a graoßa
Kraft ond daem starka Arm aus Ägypten
rausgholt håsch? 12Sollat d Ägypter
vielleicht saga: ,Der håt se en r a oguata
Absicht rausgholt, zom se en de Berg
vom Erdboda vrschwenda lassa? Laß
daen Zôrn fahra ond laß de s reua, was
da daem Volk håsch ådoa wölla. 13Denk
doch an da Abraham, an da Isaak ond an
da Israel, daene Knecht, wia da dene bei

dr selber gschwora ond vrsprocha håsch:
‚Wia d Stern am Hemmel will e eure
Nåchkomma vrmehra, ond des ganze
Land, von dem môn e euch vrzählt han,
will e eure Nåchkomma geba, ond des
soll dene für älle Zeita ghera.“ 14Nå håt
sich dr Herrgott (JAHWE) des Ohael
reua lassa, môn r saem Volk ådroht ghet
håt.
15Nå ischd dr Mose omkehrt ond da
Berg nagstiega, dia zwôe Tafla mit de
Gsetzasvôrschrifta en de Händ, dia
send auf bôede Seita henta ond vôrna
volgschrieba gwea. 16Dia Tafla send s
Werk von Gott (Elohim) gwea, ond dui
Schrift håt Gott (Elohim) aegraviert.
17Mô dr Josua des Gschrôe em Lager
ghört håt, saed r zom Mose: „Då
ischd a Kriagsgschrôe em Lager.“
18Aber der håt gsaed: „Des ischd koe
Kriagsgschrôe von Sieger ond ao et
von Besiegte, i hör då s Gschrôe vo ma
Wechselgsang.“ 19Môn r nå nächer an s
Lager nôkomma ischd ond des Kälble
gseha håt ond wia dia dromrom danzt
send, håt da Mose dr Zôrn packt, ond r
håt dia Tafla onta an dem Berg nôghaoa,
dass se ausanandergfahra send. 20Nå håt
r des Kälble, mô dia gmacht ghet hent,
gnomma ond en s Feuer naekeit ond zo
Pulver vrmahla ond auf s Wasser gstraet,
des hent d Israelita nå trenka müaßa.
21Aber zom Aaron håt r gsaed: „Was håt
dir des Volk dao, dass da a sotta Schuld
über s håsch komma lassa?“ 22Dr Aaron
håt drauf gsaed: „O Herr, laß de et vom
Zôrn mitreißa; du wôeßt jå selber, wia
oguat des Volk ischd. 23Dia hent zo mr
gsaed: „Mach ons an Gott (Elohim),
der mô vôr ons hergôht, weil der då,
dr Mose, der Må, mô ons aus Ägypten
rausgholt håt - mir wissat jå gar et, was
mit dem passiert ischd. 24Nå han e zo
nen gsaed: ‚Wer håt a Gold? Nå hent se
sich s weggrissa ond i han s en s Feuer
gschmissa, ond nå ischd des Kälble drbei
rauskomma.” 25Mô dr Mose gseha håt,
wia hemmongslos des Volk gwea ischd,
dr Aaron håt jå d Zügel schlôefa lassa
- ihre Widersacher hent sich natürlich
dådrüber gfraet -, 26nå ischd dr Mose
em Lagertôr auftreta ond håt gsprocha:
“Wer ischd für da Herrgott (JAHWE)?
Der soll zo mr herkomma!” Nå hent sich
älle Levita om an rom vrsammlat. 27Nå
håt r zo nen gsaed: “So spricht JAHWE,
dr Gott (Elohey) von de Israelita: ‚A
jeder soll sae Schwert romschnalla an
sae Hüft ond em Lager von oem Tôr
an s ander ganga, ond a jeder soll saen
Bruader ond saen Fraend ond saen
Vrwandta zdaotschlaga.“ 28Ond dia
Levita hent dao, was en dr Mose ågeba
håt. An dem Dag send om de dreitausad
Mann gfalla. 29Ond dr Mose håt zom
Volk gsaed: „Dent haet eure Händ fülla
(mit Opfergaba), a jeder om da Preis
von saem Soh, von saem Bruader, dass r
haet saen Sega auf euch lega kå.“
30Am andera Môrga håt dr Mose zom
Volk gsprocha: „Ihr hent euch ganz
schwer vrsündigt, aber jetzat möcht
e nômål zom Herrgott (JAHWE)
naufsteiga; vielleicht kån e a Sühne
schaffa für euer Sünd.“ 31Ond dr Mose
ischd wieder zom Herrgott (JAHWE)
komma ond håt gsaed: „Ach, des Volk
håt sich schwer vrsündigt, dia hent für
sich an Gott (Elohoy) gmacht aus Gold.
32Jetzat vrzeih en s halt, wann et, nå
streich me durch en daem Buach, mô
da gschrieba håsch.“ 33Ond dr Herrgott
(JAHWE) håt zom Mose gsaed: „I
streich bloß den aus maem Buach, der
mô sich gega me vrsündigt håt. 34Aber
jetzat gôhst nô ond führst des Volk då
nô, môn e dr s ågeba han. Mae Engel
gôht vôr dr her. Aber an dem Dag, môn
e abrechne, då suach e ihre Sünda an en
hoem.“ 35Ond dr Herrgott (JAHWE)
håt s Volk mit Ohael gschlaga, weil se
des Kälble åbetat hent, mô dr Aaron

gmacht håt.
33 Dr Herrgott (JAHWE) håt
zom Mose gsaed: „Gang jetzat
mit dem Volk, mô da aus Ägypten
rausgholt håsch, fort von dåhanna, en
des Land, môn e am Abraham, am Isaak
ond am Jakob gschwora han: ‚Daene
Nåchkomma will e s geba - [2]ond i
schick an Engel vôr dr her ond vrtreib
d Kanaaniter, d Amoriter ond d Hetiter
ond d Perisiter, d Hiwiter ond d Jebusiter
-, [3]en a Land, mô von Milch ond Honig
triaft. I selber gang aber et en eurer
Mitte mit nauf, weil du a halsstärrigs
Volk bist. Sonst könnt s sae, dass e euch
onterwegs ombreng.“ [4]Mô s Volk des
ghört håt, send se ganz traurig gwea,
ond neamerd maeh håt saen Schmuck
åglegt. [5]Dr Herrgott (JAHWE) håt
nämlich zom Mose gsaed ghet: „Ihr
send a halsstärrigs Volk. Wann e ao
bloß oen Aogablick en eurer Mitte mit
naufganga dät, müaßt e euch ombrenga.
Jetzat aber duast d daen Schmuck weg,
nå will e gucka, was e mit dr åfanga kå.“
[6]Drom hent d Israelita vom Berg Horeb
å koen Schmuck maeh traga.

Zom Vrgleicha: Kapitel 33,13: Gen 22,17; 26,4; 17,8.

Dr Bund wird nômål gschlossa:

Ex33 7 - 34 35

[7]Dr Mose håt nå aber des Zelt von då
å gnomma ond außerhalb vom Lager,
a Stück weg vom Lager, aufgschlaga,
ond håt s Begegnongszelt ghôeßa. Ond
so ischd s gscheha: Jeder, mô vôr da
Herrgott (JAHWE) håt komma wölla,
håt naus müaßa an s Begegnongszelt,
mô außerhalb vom Lager gstanda
ischd. [8]Ond wann dr Mose aus am Zelt
nausganga ischd, ischd s ganz Volk
aufgstanda, ond a jeder ischd vôr da
Aegang von saem Zelt nôgstanda, ond
se hent am Mose nåchguckt, bis r wieder
en s Zelt naeganga ischd. [9]Ond wann dr
Mose en s Zelt naeganga ischd, ischd dui
Wolkasäul rakomma ond an da Aegang
vom Zelt nôgstanda. [10]Wann nå s ganz
Volk dui Wolkasäul am Aegang vom
Zelt håt standa seha, send älle aufgstanda
ond hent sich a jeder vor am Aegang
von saem Zelt (vor lauter Ehrfurcht) auf
da Boda gschmissa. [11]Ond dr Herrgott
(JAHWE) håt mit am Mose onter vier
Aoga gredat, so, wia oener mit saem
Fraend redat. Nå ischd r wieder en s
Lager zrückganga, sae Diener Josua
drgega, dr Soh vom Nun, a jonger Må,
ischd et vom Zelt gwicha. [12]Ond dr Mose
håt zom Herrgott (JAHWE) gsaed:
„Guck, du saesch zwår zo mir, i soll des
Volk dåhanna nauf führa, aber du håsch
me no et wissa lassa, wen da mit mr
schicka willst, mô da doch gsaed håsch:
‚I wôeß daen Nåma, ond du håsch en
maene Aoga Gnade gfonda. [13]Also, wann
e Gnade gfonda han en daene Aoga, nå
laß me doch ao wissa, was da vôr håsch,
nå vrstand e besser, dass e Gnade gfonda
han en daene Aoga. Guck, des ischd
doch dae Volk.“ [14]Nå håt r gsaed: „Mae
Gsicht gôht mit, dass da ruhig bist.“
[15]Dr Mose håt drauf gsaed: „Wann dae
Gsicht et mitgôht, nå brauchst d ons
gar et naufschicka. [16]An was sott mr nå
seha, dass i ond dae Volk Gnade gfonda
hent en daene Aoga, wann et dådrå, dass
du mit ons gôhst ond dass i ond dae
Volk so vôr älle Völker auf am Erdboda
auszôechnat wir?“ [17]Nå håt dr Herrgott
(JAHWE) zom Mose gsaed: „Ao mô da
jetzat drom beta håsch, des will e doa,
weil da Gnade gfonda håsch en maene
Aoga ond weil i daen Nåma wôeß.“ [18]Nå
håt dr Mose gsaed: „Laß me doch dae
Herrlichkaet seha.“ [19]Dådrauf håt am dr
Herrgott zor Antwort geba: „I laß mae
ganza Pracht vôr dr vrbeiganga ond laß
maen Nåma ‚JAHWE vôr dr ausruafa: I
begnadige, wem i gnädig sae will, ond i
will me vrbarma, zo wem e barmherzig

ben.“ [20]Nå håt r no gsaed: „Mae Gsicht kåsch d et seha, weil koener am Leba bleibt, mô mi sieht.“ [21]Weiters håt dr Herrgott (JAHWE) gsaed: „Guck, neber mir ischd a Platz, stand då auf den Felsa nauf. [22]Wann nå mae Herrlichkaet vrbeigôht, nå stell e de en a Felsagrotte nae ond schirm de ab mit maene Händ, bis e vrbei ben. [23]Wann e nå mae Håd wegdua, nå därfst d me von henta seha, aber mae Gsicht därf neamerd seha.“

34 Ond no weiters håt dr Herrgott (JAHWE) zom Mose gsaed: „Hao dr zwôe Stoetafla zrecht, wia de erste, nå schreib e auf dia Tafla de gleiche Wort wia se auf de erste gstanda send, mô da ausananderfahra lassa håsch. [2]Mach de môrga früah fertig ond steig am Môrga auf da Sinai ond stand auf am Gipfel von dem Berg vôr me nô. [3]Ond s soll koener mit dr raufkomma, ond am ganza Berg soll sich koener seha lassa. Et amål d Schåf ond s Vieh soll an dene Berghäng wôeda.“

[4]Nå håt dr Mose zwôe Stoetafla zrechtghaoa, wia de erste gwea send. Ond am andera Môrga ischd r en äller Früah auf da Berg Sinai naufgstiega, wian an s dr Herrgott (JAHWE) ghôeßa håt, ond håt dia zwôe Stoetafla en d Håd gnomma. [5]Nå isch dr Herrgott (JAHWE) en de Wolka rakomma ond sell neber an nôgstanda ond håt da Nåma JAHWE ausgruafa. [6]Dr Herrgott (JAHWE) ischd nämlich vôr am Mose vrbeizoga ond håt vrkündigt: **„JAHWE, JAHWE, a gnädiger ond barmherziger Gott** (El), **langmüatig ond reich an Huld ond Treue, [7]sae Gnade bewahrt r en s tausendste (Gschlecht), Vrfehlong ond Abtrünnigkaet ond Sünda erträgt r, aber dass sich oener selber für oschuldig erklärt, des läßt r et zua. De Vädr ihr Schuld suacht r hoem an Kender ond Enkel bis en de viert Generation.“**

[8]Då håt sich dr Mose ganz schnell bis auf da Boda na vrnaegt. [9]Nå håt r gsaed: „Wann e Gnade gfonda han en daene Aoga, o Herr, nå gang doch mit en onserer Mitte. Herr, des ischd zwår a halsstärrigs Volk. Aber vrzeih ons doch onser Schuld ond Sünd ond mach ons zo daem Aegatom.“ [10]Dådrauf håt dr Herrgott gsaed: „Guck, i schliaß (schneide) an Bund: Vôr daem ganza Volk will i Wonderwerk doa, wia mr s auf dr ganza Erde ond bei älle Völker no et vrlebt håt. S ganz Volk, bei dem mô du bist, soll seha, was dr Herrgott (JAHWE) duat, weil des, was i mit dr doa will, des ischd furchtbar. [11]Halt de an des, was e dr haet ågib. Guck, i vrtreib vôr dr d Amoriter, d Kanaaniter, d Hetiter, d Perisiter, d Hiwiter ond d Jebusiter.

[12]Hüat de drvôr, dass da mit de Aewohner von dem Land Vrträg machst, wann da naekommst, sonst könnt des zo ma Fallstrick wera bein ich. [13]Statt dem reißat r dene ihre Altär ond ihre Stoemäler zsema, ond ihre Ascherapfosta haoat r om. [14]Lassat euch bloß et aefalla, dass r ra andera Gotthaet (El) huldigat außer am Herrgott (JAHWE). Dem sae Nåma bedeutat ao Eiferer. Gott (El) ischd a Eiferer. [15]Dass da mr jå mit de Aewohner von dem Land koene Vrträg machst. Dia hurat jå vôr ihre Götter ond brengat Schlachtopfer dar. Wann se de drzua aelada däte, nå könnt s sae, dass da von ihre Opfer essa dätest. [16]Ond wann da von ihre Töchter Fraoa für daene Söh nemma dätest, ond dia däte nå vôr ihre Götter romhura, nå könnt s passiera, dass se daene Söh vrführat, zom ao vôr de Götter romhura. [17]Götterbilder (Elohey) sollst dr ao koene giaßa. [18]S Fest vom ogsäuerta Brot sollst halta. Sieba Däg sollst d ogsäuerts Brot essa, wian e dr s ågeba han en dr Zeit vom Ähramonat, weil da em Ähramonat

von Ägypten rausganga bist. [19]A jeder, mô da Muaderschoß aufbricht, ghert mir, ällas, was männlich ischd en daener Herde, dr Aufbruch von de Rendla ond vom Lamm, [20]ond da Aufbrecher vom Esel duast auslösa mit a ma Lamm. Ond wann d an et auslösa kåsch, nå brich am da Nacka. Jedan erstgeborena Sohn sollst auslösa. Koener soll mr mit leere Händ vôr s Gsicht komma. [21]Sechs Däg kåsch d schaffa, aber am siebta Dag ischd a Ruah. Ao en dera Zeit, mô dr Acker bstellt wird ond en dr Ernt, wird mr d Ruah aeghalta. [22]S Wochafest feierat r mit de erste Frücht vom Wôeza ond s Wae- ond Obstlesefest an dr Jåhraswende.

[23]Dreimål em Jåhr sollat sich älle Männer vôr JAHWE, am Gott (Elohey) von Israel, seha lassa. [24]Wann i dia Volksstämm vôr euch vrtrieba ond euer Gebiet graeßer gmacht han, nå wird s koem aefalla, nach daem Land zom schiela, während du droba bist, zom de dreimål em Jåhr vôr JAHWE daem Gott (Elohey) seha lassa. [25]S Bluat vo maem Schlachtopfer därfst et mit am Gsäuerta zsema darbrenga. Ond vom Schlachtopfer am Passafest därf nex über Nacht übrigbleiba. [26]S Best von de Erstleng vom Acker brengst d en daem Herrgott (JAHWE) sae Haus. Gôesböckla därfst et en dr Milch von ihrer Muader kocha.“ [27]Weiters håt dr Herrgott (JAHWE) zom Mose gsaed: „Schreib dr dia Wort auf, weil dia send d Grondlag für maen Bund mit dir ond Israel.“ [28]Ond r ischd vierzg Däg ond vierzg Nächt beim Herrgott (JAHWE) blieba, ond r håt solang koe Brot gessa ond koe Wasser tronka. Ond r håt auf dia Tafla dia Bundassatzonga gschrieba, d Zeah Gebot.

[29]Mô dr Mose nå vom Berg Sinai rakomma ischd, håt r dia zwôe Gsetzastafla en de Händ ghet, dr Mose håt aber et gwißt, dass d Haut von saem Gsicht gstrahlt håt von saem Reda mit Gott. [30]Mô dr Aaron ond älle Israelita da Mose gseha hent, dass dem sae Gsicht gstrahlt håt, hent se Angst kriagt ond send et nächer herkomma. [31]Aber dr Mose håt s zo sich hergruafa, ond dr Aaron ond d Stammesfürsta send zon am herkomma, ond dr Mose håt mit en gsprocha. [32]Nå send älle Israelita herkomma, ond r håt en ällas weitergeba, was dr Herrgott (JAHWE) auf am Berg Sinai ågordnat håt. [33]Mô dr Mose nå aufghert håt mit en zom reda, håt r sae Gsicht zuadeckt. [34]Ond wann dr Mose naeganga ischd vôr da Herrgott (JAHWE), zom mit am reda, håt r sae Gsicht aufdeckt, bis r wieder rauskomma ischd; ond wann r rauskomma ischd, håt r de Israelita weitergeba, was r ghôeßa wôra ischd. [35]Dådrbei hent d Israelita gseha, wia am Mose sae Gsicht gstrahlt håt. Nå håt dr Mose sae Gsicht zuadeckt, bis r wieder naeganga ischd., zom mit am reda.

Zom Vrgleicha: Kapitel 34,6f: Kapitel 20,5f; Num 14,8; Dtn 5,9f • Vers18: Kapitel 23,15 • Vers 19: Kapitel 13,12f; 22,28f • Vers 21: Kapitel 20,9f; 23,12 • Vers 25: Kapitel 23,18f.

WIA D KULTVÔRSCHRIFTA ZOM HANDHABA SEND: EX 35 1 - 40 38

S Sabbatgsetz: Ex 35 1 - 3

35 Dr Mose håt nå de ganz Volkgemaenschaft von de Israelita vrsammlat ond zo nen gsaed: „Des håt dr Herrgott (JAHWE) ågordnat, dass mr s doa soll: [2]An sechs Däg sollat r euer Ärbat doa, aber am siebta Dag ischd Haeligong, Sabbatfeier, Ruhefeier für

da Herrgott (JAHWE). A jeder, mô då schafft, muaß sterba. [3]Am Sabbat därfat r en eure Häuser ao koe Feuer åzenda."

Zom Vrgleicha: Vers 2: Kapitel 20,9f; 31,15; Dtn 5,12 - 14.

Spenda für s Haeligtom: Ex 35 4 - 29

[4]Ond dr Mose håt zor ganza Volksgemaenschaft von Israel gsaed: „Des håt dr Herrgott (JAHWE) ågordnat: [5]Nemmat vo ma jeda a Abgab für da Herrgott (JAHWE). A jeder, mô en saem Herza drzua willig ischd, soll sae Hebopfer für da Herrgott (JAHWE) brenga: Gold, Silber ond Kupfer; [6]blaoa ond rota Purpur, von Karmesin, von Byssus ond von Gôesawolle; [7]rotgfärbte Fell von Schåfböck, Seehondsfell ond Akaziaholz; [8]Öl für da Leuchter ond Balsam für s Salböl ond dia Gwürz für s Raecherwerk; [9]Karneol ond Edelstoe für da Omhang ond d Lostasch. [10]Ond älle, mô d Herzensweishaet für d Kunst hent, sollat komma ond macha, was dr Herrgott (JAHWE) ågordnat håt: [11]Da Wohnplatz mit saem Zelt ond mit saener Decke ond mit saene Håka ond mit saene Diel, mit saene Riegel, mit saene Säula ond mit saene Sockel; [12]mit dr Truhe ond mit ihre Tragstanga, mit dr Sühneplatt ond mit am Vôrhang. [13]Mit am Tisch ond saene Tragstanga, ond mit älle saene Gerätschafta ond mit de Schaobrot; [14]da Leuchter mit saene Gerätschafta ond de Lampa ond s Öl für da Leuchter; [15]da Raecheraltar mit saene Tragstanga ond mit am Salböl ond am Raecherwerk ond mit am Vôrhang vom Aegang vom Zelt, [16]mit am Brandopferaltar ond am kupferna Gitterwerk dromrom, mit saene Tragstanga ond mit älle saene Gerätschafta, mit am Kessel ond saem Gstell, [17]dia Matta vom Vôrhof mit ihre Säula ond Sockel ond dui Matte für s Tôr vom Vôrhof; [18]dia Häreng von dr Wohnong ond dia Häreng vom Vôrhof samt de Strick; [19]mit de Denstgwänder für da Denst em Haeligtom ond dia haelige Gwänder für da Priaster Aaron ond dia Gwänder für saene Söh für s Priasteramt."

[20]Nå ischd de ganz Volksgemaende von Israel vom Mose wegganga. [21]Aber nå send se komma, a jeder, den mô sae Herz drzua åtrieba håt, ond a jeder, mô an williga Gaest ghet håt, ond hent des Hebopfer am Herrgott (JAHWE) bråcht, zom des Begegnongszelt macha, ond für den ganza Denst då dren ond für dia haelige Gwänder. [22]Männer ond Fraoa send komma, älle, mô ihr Herz drzua åtrieba håt, ond hent Spanga bråcht, Ohrreng, Siegelreng ond andere Schmuckstück, Halsketta, vrschiedene goldene Gfäß, ond a jeder håt vôr am Herrgott (JAHWE) a Schwengopfer aus Gold darbråcht. [23]Ond älle, mô an blaoa ond raota Purpur, Karmesin, Byssus ond Gôesawolle, raotgfärbte Fell von Schåfböck ond Seehondsfell ghet hent, hent s herbråcht. [24]Ond wer sae Abgab en Silber ond Kupfer håt brenga wölla, der håt se für da Herrgott (JAHWE) herbråcht. Ond wer Akaziaholz ghet håt zom Vrschaffa, der håt s bråcht. [25]Ond jeda Frao, mô mit am Herza drbei gwea ischd, håt ôegahändig gsponna ond håt des Gsponnene bråcht: da blaoa ond da rota Purpur, s Karmesin ond da Byssus. [26]Ond jeda Frao, mô mit am Herza drbei gwea ischd, håt mit viel Gschick Gôesawolle vrsponna. [27]Ond dia Stammesfürsta hent dia Karneolstoe bråcht ond dia Edelstoe für da Omhang ond d Lostasch [28]ond da Balsam ond s Öl für da Leuchter ond s Salböl ond für s Raecherwerk. [29]Älle Männer ond Fraoa, mô ihr Herz drzua åtrieba håt, hent an Beitrag glaestat zo irgend ra Ärbat, mô dr Herrgott (JAHWE) durch da Mose ågeba håt zom macha. Älle Israelita hent ebbas drzua gspendat.

Zom Vrgleicha: Vers 4-29: Kapitel 25,1-9.

Künstler ond Handwerker kriagat da Auftrag: Ex 35 30 - 36 7

30Nå håt dr Mose zo de Israelita gsaed:
„Guckat, dr Herrgott (JAHWE) håt da
Bezalel, da Soh vom Uri, der mô am Hur
sae Soh ischd, vom Stamm Juda, beruafa
31ond håt an mit saem göttlicha Gaest
ausgstattat, mit Weishaet, Gschick ond
Sachvrstand für jeda Aufgab: 32zom Plän
entwerfa ond zom Ausführa en Gold,
Silber ond Kupfer 33ond em Stoeschneida
zom aefassa, ond en dr Holzvrarbaetong,
zom ällas nach de Entwürf macha. 34Ao
zom Onterweisa håt r am en s Herz
geba, den ond da Oholiab, da Soh vom
Ahisamach vom Stamm Dan, 35dia håt
r mit Herzensweishaet ausstaffiert,
dass se jeda Ärbat vom Stoeschneider
bis zom Kunstweber ond Buntwirker
mit blaoam ond rotam Purpur, mit
Karmesin ond Byssus omganga könnat
ond ao weba. Dia vrstandat von ällam
ebbas ond könnat ao d Entwürf drzua
macha.

36 Dr Bezalel ond dr Oholiab
ond älle dia Männer, dene mô
dr Herrgott (JAHWE) Weishaet ond
Sachvrstand en s Herz geba håt zom
Plåna ond Ausführa von dene Arbaeta
für da Denst am Haeligtom, sollat ällas
so macha, wia s dr Herrgott (JAHWE)
ågordnat håt.“
2Dr Mose håt also da Bezalel, da Oholiab
ond älle Männer mit Sachvrstand, dene
mô dr Herrgott (JAHWE) Weishaet
en s Herz geba håt, zsemagruafa, an
jeda, der mô en saem Herza an Åtrieb
gspürt håt zom sich an d Ärbat macha
ond se ausführa. 3Vom Mose hent se
älle Opfergaba kriagt, mô d Israelita
zsematraga hent zom dia Arbaeta
ausführa, dass des Haeligtom hergstellt
wera kå. Dia hent am aber emmer
no äll Môrga Spenda bråcht. 4Dia
Sachvrständige, mô dia Arbaeta am
Haeligtom ausgführt hent, send nå älle
komma, a jeder von saener Ärbat weg,
môn r grad dao håt, 5ond hent zom Mose
gsaed: „Dia Leut brengat viel zviel, viel
maeh als wia naedig ischd für des, was dr
Herrgott (JAHWE) ågordnat håt zom
ausführa.“ 6Nå håt dr Mose ågordnat
ond em Lager ausruafa lassa: Männer
ond Fraoa brauche koe Arbaetsmaterial
für s Haeligtom maeh zsematraga, s sei
gnuag då! So håt mr drfür gsôrgt, dass
d Leut nex maeh brengat. 7s ischd aber
grad gnuag Material då gwea, dass mr
ällas håt macha könna.

Zom Vrgleicha: Kapitel 35,30 - 35: Kapitel 31,1-11

D Ausstattong vom Haeligtom: Ex 36 8 - 38 31

8Dia Sachvrständige von de Arbaeter
hent nå dui Wohnong aus zeah Zeltbåhna
aus zwirntam Byssus, aus blaoam ond
rotam Purpur ond Karmesin gmacht,
mit gwirkte Keruba dren. 9Jeda Zeltbåhn
ischd achtazwanzg Ella lång ond vier Ella
brôet gwea; älle Zeltbahna hent s gleiche
Måß ghet. 10Ond r håt faef Zeltbåhna
zsemabandlat ond de andere faef ao.
11Am Saom von dr äußersta Zeltbåhn håt
r Schlaofa aus blaoam Purpur nôgmacht,
s gleiche håt r auf dr andera Seite an
dr äußersta Zeltbåhn gmacht. 12Fufzg
Schlaofa håt r an da Saom von dr oena
Zeltbåhn nôgmacht ond fufzg Schlaofa
an da Saom vom andera Stück, so, dass
dia Schlaofa anander geganübergstanda
send. 13Nå håt r fufzg goldene Håka
gmacht ond dia Zeltbåhna mit dene
Håka zsemagheftat, dass dui Wohnong
oe ganza Aenhaet wôra ischd.
14S Zeltdach håt r aus Gôesawolle
gmacht, elf sotte Teppich håt r auf dui
Wohnong gmacht. 15A jeder Teppich
ischd dreißg Ella lång ond vier Ella brôet
gwea; älle elf Teppich hent s gleiche Måß

ghet. 16 Ond r hât faef Teppich für sich anananderghefṭat ond de andere sechs ao für sich. 17 Am Saom vom äußersta Teppich hât r fufzg Schlaofa nôgmacht ond am Saom vom äußersta Teppich auf dr andera Seite ao fufzg Schlaofa. 18 Nå hât r fuzg kupferne Håka gmacht zom des Zeltdach zsemahefta, dass s ao an oem Stück ischd. 19 Zom Schluß hât r für des Zeltdach a Decke gmacht aus rotgfärbte Fell von Schâfböck ond obadrüber no a Decke aus Seehondsfell.

20 Nå hât r dia Diel gmacht für dui Wohnong aus Akaziaholz zom aufstella. 21 A jeder Diel ischd zeah Ella lång ond anderthalb Ella brôet gwea. 22 An jedam Diel send zwôe Zapfa gwea zom zsemastecka; so hât r älle Diel für dui Wohnong gmacht. 23 Zwanzg Diel hât r für dui Wohnong auf dr Südseite gmacht. 24 Ond vierzg Sockel hât r aus Silber gmacht, je zwôe onter an jeda Diel als Ständer. 25 Für d Nordseite hât r ao zwanzg Diel gmacht; 26 ond ihre vierzg Sockel send aus Silber gwea, onter jedam Diel zwôe. 27 Für d Rückwand, Westa zua, hât r sechs Diel gmacht. 28 Ond zwôe Diel hât r für d Ecka an dr Rückwåd gmacht. 29 Dia send von onta rauf dopplat gwea ond mitananander vrbonda bis oba nô an den Reng; so hât r s für bôede Ecka gmacht. 30 Somit send des acht Diel gwea ond ihre sechzeah Silbersockel, onter jedam Diel zwôe. 31 Ond mr hât Riegel gmacht aus Akaziaholz, faef Stück für dia Diel en dr oena Seitawåd von dr Wohnong 32 ond faef Riegel für dia Diel von dr andera Seitawåd von dr Wohnong ond faef Riegel für dia Diel auf dr Rückseite, Westa zua. 33 Da mittlera Riegel hât r durchlaofend en dr Mitte von dene Diel gmacht, von oem End bis ans ander. 34 Dia Diel hât r mit Goldblech vrklôedat, ond dia Reng für d Riegel hât r aus Gold gossa, ond ao dia Riegel hât r mit Goldblech vrklôedat.

35 Nå hât r an Vôrhang gmacht aus blaoam ond raotam Purpur, Karmesin ond zwirntam Byssus; en Kunstwebereia mit Keruba. 36 Für den hât mr vier Säula gmacht aus Akaziaholz ond mit Goldblech vrklôedat; ao ihre Nägel send aus Gold gwea. Für dia hât mr vier Silbersockel gossa. 37 Für da Zeltaegang hât mr an Vôrhang aus blaoam ond rotam Purpur gmacht, mit Karmesin ond zwirntam Byssus en Buntwirkerei, 38 ond faef Säula drzua mit ihre Nägel; ihre Kapitell ond d Querstanga hât mr mit Gold vrklôedat; ihre faef Sockel aber send aus Kupfer gwea.

37 Nå hât dr Bezalel dui Truhe gmacht aus Akaziaholz, zwôeahalb Ella lång, anderthalb Ella brôet ond anderthalb Ella haoch. 2 Ond r hât se enna ond außa mit puram Gold vrklôedat ond a Goldbort rengsrom nôgmacht. 3 Nå hât r vier Goldreng gossa an dia vier Ecka nô, ond zwår zwôe Reng an dr oena Seite ond zwôe an dr andera Seite. 4 Ond nå hât r vier Stanga aus Akaziaholz gmacht ond mit Goldblech vrklôedat. 5 Dia Stanga hât r durch dia Reng an dr Seite von dera Truhe gsteckt, dass mr se då drå hât traga könna. 6 Nå hât r a Sühneplatt gmacht aus puram Gold, zwôeahalb Ella lång ond anderthalb Ella brôet. 7 Ond aus Gold hât r dia zwôe Keruba trieba, dia hât r an jedam End von dera Sühneplatt rausgschafft: 8 Da oena Kerub am oena End ond da andera Kerub am andera End, so hât r dia Keruba von saene zwôe Enda rausgschafft. 9 Dia Keruba hent ihre Flügel nach oba ausbrôetat, so hent se mit ihre Flügel dui Sühneplatt abgschirmt, ond se send mit am Gsicht zoanander gstanda; dui Sühneplatt hent se also vôr sich ghet.

10 Nå hât r den Tisch gmacht aus Akaziaholz, zwôe Ella lång, oe Ell brôet

ond anderthalb Ella haoch. [11]Den hât r
mit puram Gold vrklôedat ond rengsrom
a Goldbort nôgmacht. [12]Rengsrom
hât r no a Vrschlußleist nôgmacht, oe
Hådbrôet, ond an dui Vrschlußleist hât
r no a Goldbort draufgsetzt. [13]Nå hât r
vier Goldreng gossa ond hât s an de vier
Ecka über de Füaß nôgmacht. [14]Dia Reng
send direkt onter dr Vrschlußleist gwea,
dass mr dia Stanga hât durchstecka ond
den Tisch drå traga könna. [15]Nå hât r dia
Stanga aus Akaziaholz gmacht ond mit
Goldblech vrklôedat, zom den Tisch drå
traga. [16]Nå hât r no dia Gerätschafta für
den Tisch drzuagmacht, saene Schüßla
ond saene Opferschala ond saene Becher
ond Kanna für d Trankopfer - ällas aus
puram Gold.

[17]Nå hât r den Leuchter gmacht, aus
puram Gold trieba, da Fuaß ond da
Schaft; dia Kelch, Knospa ond Blüata
send aus oem Stück trieba gwea. [18]Ond
sechs Ärm send rausganga auf dr
Seite, drei Ärm auf dr oena Seite ond
drei Ärm auf dr andera Seite. [19]Drei
mandelblüataförmige Kelch mit r a
Knosp send an jedam von dene sechs
Ärm gwea, mô aus dem Leuchter
rauskomma send. [20]Am Leuchter selber
send aber vier mandelblüataförmige
Kelch mit Knospa drågwea: [21]Je oe
Knospa onta zwischa zwôe Ärm, eba
onter älle sechs Ärm, mô von dem
Leuchter rauskomma send. [22]Dia
Knospa ond Ärm send mit am Schaft oe
Aenhaet gwea; dr ganz Leuchter ischd
aus oem Stück vom pura Gold trieba
gwea. [23]Nå hât r saene sieba Lampa
ond Dochtschera ond s Feuerbecka aus
puram Gold trieba. [24]Aus oem Talent
(41 kg) puram Gold hât r den Leuchter
ond saene Gerätschafta gmacht.

[25]Ao da Raecheraltar hât r aus
Akaziaholz gmacht: oe Ell en dr Länge,
oe Ell en dr Brôete, quadratisch, ond
zwôe Ella haoch; saene Hörner send mit
am oe Aenhaet gwea. [26]Den hât r mit
puram Gold vrklôedat, sae Deckplatt
ond saene Wänd rengsrom ond ao saene
Hörner, ond rengsrom hât r a Goldbort
nôgmacht. [27]Nå hât r zwôe Päärla
Goldreng gossa ond an jeder Seite
onterhalb von dera Goldbort nôgmacht,
zom dia Stanga durchstecka, mô mr n drå
hât traga könna. [28]Dia Stanga hât r ao aus
Akaziaholz gmacht ond mit Goldblech
vrklôedat. [29]Ond r hât des haelige Salböl
ond a raens Raecherwerk zuaberaetat,
wia s d Salbamischer machat.

38 Nå hât mr da Brandopferaltar
gmacht aus Akaziaholz, faef Ella
en dr Länge, faef Ella en dr Brôete,
quadratisch, ond drei Ella haoch.
[2]Ond mr hât Hörner von saene vier
Ecka rausgmacht ond ällas mit Kupfer
vrklôedat. [3]Ond mr hât älle Gerätschafta
vom Brandopferaltar aus Kupfer gmacht,
d Kessel ond d Schaufla, d Schala ond
d Gabla ond d Kohlabecka. [4]Ond mr
hât an da Altar a Gitter nôgmacht, a
Netzgitter aus Kupfer, onterhalb von dr
Aefassong bis auf d halba Höhe, [5]ond
hât vier Reng gossa für dia vier Ecka von
dem Gitter, zom d Stanga durchstecka.
[6]D Stanga hât mr aus Akaziaholz gmacht
ond hât se mit Kupfer vrklôedat. [7]Ond
mr hât dia Stanga durch dia Reng an de
Altarseita gsteckt zom an traga, mr hât
an so gmacht, dass r enna hohl gwea
ischd.

[8]Da Kessel ond sae Gstell hât mr
aus am Kupfer von dene Fraoa ihre
Spiagl gmacht, mô am Aegang vom
Begegnongszelt Denst ghet hent.

[9]Nå hât mr da Vôrhof gmacht: An dr
Südseite dia Matta aus zwirntam Byssus,
hondert Ella lång, [10]samt ihre zwanzg
Ständer ond ihre zwanzg Sockel aus
Kupfer, ond dia Nägel ond Querstanga
aus Silber. [11]Ond an dr Nordseite
hondert Ella, ihre zwanzg Ständer mit
ihre Sockel aus Kupfer ond d Nägel ond

d Querstanga aus Silber. [12]Westa zua
fufzg Ella Matta mit ihre Ständer ond d
Sockel, ond d Nägel ond d Querstanga
aus Silber. [13]Osta zua fufzg Ella Matta,
[14]fufzeah Ella Überhäng an dr Seite,
ihre drei Ständer ond drei Sockel [15]ond
auf dr andera Seite gradso, auf bôede
Seita vom Vôrhoftôr send fufzeah Ella
Matta mit ihre drei Ständer ond ihre
Sockel. [16]Älle Matta vom Vôrhof send
aus zwirntam Byssus, [17]d Sockel von
de Ständer aus Kupfer ond dia Nägel
ond ihre Querstanga aus Silber, ond d
Kapitell send mit Silber vrklôedat, ond
ao d Ständer selber send vrsilberat.
[18]Dr Vôrhang am Vôrhoftôr ischd vom
Buntwirker gmacht aus blaoam ond
rotam Purpur, Karmesin ond zwirntam
Byssus, zwanzg Ella brôet ond faef Ella
haoch, wia de andere Matta am Vôrhof.
[19]Ond saene vier Ständer ond ihre vier
Sockel send aus Kupfer, d Nägel ond d
Querstanga aus Silber, ond d Kapitell
send mit Silber vrklôedat. [20]Älle
Zelthäreng für d Wohnong ond für da
Vôrhof rengsrom send aus Kupfer.
[21]Des ischd d Vrfüagong gwea für d
Wohnong von de Gsetzasvôrschrifta,
wia se dr Mose ågordnat håt, ond wia se
als Denst von de Levita ausgführt wôra
ischd durch da Itamar, am Aaron saem
Soh, der mô Priaster gwea ischd. [22]Ond
dr Bezalel, am Uri sae Soh, der mô a Soh
vom Hur gwea ischd vom Stamm Juda,
håt ällas so ausgführt, wia s dr Herrgott
(JAHWE) da Mose ghôeßa håt, [23]ond mit
am dr Oholiab, dr Soh vom Ahisamach
vom Stamm Dan als Stoeschneider ond
Kunstweber, als Buntwirker mit blaoam
ond raotam Purpur, mit Karmesin ond
mit Byssus. [24]Des Gold, mô für des
Werk am Haeligtom vrschafft wôra
ischd, ällas Gold, mô als Weihopfer
darbråcht wôra ischd, håt zsema
naenazwanzg Talent ond 730 Schekel
gwoga nach am Haeligtomsgwicht.
[25]Ond s Silber von de Gmusterte von
dr Gemaende håt hondert Talent ond
tausadsiebahondertfaefasiebzg Schekel
nach am haeliga Gwicht gwoga, [26]oen
Halbschekel pro Person, ond zwår an
halba Schekel nach am Gwicht vom
Haeligtom, für an jeda, mô zwanzg
Jåhr ond drüber gwea ischd ond zor
Musterong håt åtreta müaßa, des
send sechshondertdreitausadfaef-
hondertfufzg Mann gwea. [27]Hondert
Talent Silber håt mr braucht, zom
dia Sockel vom Haeligtom giaßa
ond dia Sockel vom Vôrhang,
hondert Sockel auf hondert Talent,
oe Talent für da Sockel. [28]Aus dene
tausadsiebahondertfaefasiebzg Schekel
håt mr dia Nägel gmacht ond håt dia
Kapitell vrsilberat ond mit Querstanga
vrbonda. [29]Des Kupfer, mô als Weihopfer
gspendat wôra ischd, håt siebzg Talent
gwoga ond zwôetausadvierhondert
Schekel. [30]Då håt mr d Sockel am
Aegang vom Begegnongszelt ond da
Altar aus Kupfer ond des Gitter, mô
då drå ischd, ond älle Gerätschafta
vom Brandopferaltar draus gmacht.
[31]Ond dia Sockel rengs om da Vôrhof
ond dia Sockel vom Vôrhoftôr ond älle
Zelthäreng von dr Wohnong ond dia
Häreng rengs om da Vôrhof ao.

Zom Vrgleicha: Kapitel 36,8-13: Kapitel 26,1-6 • Vers 14-19: Kapitel 26,7-14 • Vers 20-30: Kapitel 26,15-25 • Vers 31-34: Kapitel 26,26 - 30 • 35 - 38; 26,31 - 37 • 37,1 - 9: 25,10 - 22 • 10 - 16: 25,23-30 • Vers 17-24: Kapitel 25,31-39 • Vers 25-28: Kapitel 30,1-10 • Kapitel 29: Kapitel 30,22-33 • Kapitel 38,1-7: Kapitel 27,1-8 • Vers 9-20: Kapitel 27,9-19 • Vers 21-26: Kapitel 30,11-16.

D Priastergwänder werat gmacht:

Ex 39 1 - 31

39 Aus blaoam ond raotam
Purpur ond am Karmesin hent
se d Amtsgwänder für da Denst em
Haeligtom gmacht; dia haelige Gwänder

für da Aaron send so gmacht wôra, wia
s dr Herrgott (JAHWE) am Mose ågeba
håt. [2]Da Omhang håt mr aus Gold,
blaoam ond raotam Purpur, Karmesin
ond zwirntam Byssus gmacht. [3]Ond
dia Goldplatta hent se ganz dünn
austrieba ond Fäda draus gschnitta zom
Naewirka en da blaoa ond raota Purpur
ond en s Karmesin ond da Byssus als
Kunstwirkerei. [4]Ågheftate Achselstück
hent se am gmacht, mô mr an bôede
End zsemahefta könna håt. [5]Ond d
Schärpe ischd dranna gwea, dass des oe
Stück gwea ischd, en dr gleicha Machart
en Kunstwirkerei aus blaoam ond rotam
Purpur, Karmesin ond zwirntam Byssus,
wia s dr Herrgott (JAHWE) am Mose
ågeba håt. [6]Ond se hent dia Karneolstoe
en Goldfassonga aegsetzt, en dene mô
d Nåma von de Söh vom Israel (Jakob)
naegraviert gwea send. [7]Ond mr håt se
auf dia Achselstück vom Omhang gsetzt
als Gedenkstoe für am Israel saene Söh,
wia s dr Herrgott (JAHWE) am Mose
ågeba håt.
[8]D Lostasch håt mr gmacht wia da
Omhang en Kunstwirkerei aus Goldfäda,
blaoam ond raotam Purpur, Karmesin
ond zwirntam Byssus. [9]Quadratisch ond
dopplat hent se dui Lostasch gmacht,
oe Spanne en dr Länge, oe Spanne en
dr Brôete, dopplat glegt. [10]Då hent se
vier Rôeha Edelstoe draufgsetzt: de erst
Rôeh mit Rubin, Topas ond Smaragd,
[11]de zwôet Rôeh mit Türkis, Saphir
ond Onyx, [12]de dritt Rôeh mit Opal,
Achat ond Jaspis, [13]ond de viert Rôeh
mit Chrysolith, Karneol ond Nephrit,
en Gold aegfaßt. [14]Ond des send zwölf
Stoe gwea, en dia send d Nåma vom
Israel saene Söh aegraviert wôra, auf
jedam ischd dr Nåma von oem von de
zwölf Stämm gstanda. [15]Ond se hent
an dui Lostasch Kettala nôgmacht, wia
vom Sôeler dreht, aus puram Gold. [16]Nå
hent se zwôe Schlaofa aus Gold gmacht
ond dådrmit zwôe goldene Hülsa an dui
Lostasch nôgmacht. [17]Dia bôede Kettala
hent se an dene Hülsa an de Enda von dr
Lostasch ågheftat, [18]ond dia bôede andere
Enda hent se an de Achselstück vom
Omhang festgmacht auf dr Vôrderseite.
[19]Nå hent se nômål zwôe Goldreng
gmacht ond auf dr Ennaseit von dr
Lostasch, am ennera Rand, nôgheftat,
am Omhang zua. [20]No zwôe Goldreng
hent se onta an de Achselstück vom
Omhang festgmacht, an dr Nåht über
dr Schärpe vom Omhang. [21]Ond se hent
dui Lostasch mit ihre Reng an dia Reng
vom Omhang nôknüpft mit r a Schnur
aus blaoam Purpur, dass dui Lostasch
über dr Schärpe am Omhang åglega
ischd ond et vrrutscha håt könna auf am
Omhang, wia s dr Herrgott (JAHWE)
am Mose ågeba håt.
[22]Nå hent se s Obergwand gmacht für
da Omhang, ganz aus blaoam Purpur
gwebt, [23]oba ischd en dr Mitte a Öffnong
gwea, wia d Öffnong vo ma Lederpanzer,
an dui Öffnong håt mr an Saom
nôgmacht, dass se et håt aereißa könna.
[24]Ond am Saom von dem Obergwand
hent se Granatäpfel nôgmacht aus
blaoam ond raotam Purpur, Karmesin
ond zwirntam Byssus. [25]Då hent se
no Schella nôgmacht aus puram Gold
zwischa dene Granatäpfel rengsrom am
Saom von dem Obergwand, [26]emmer a
Schell, nå a Granatäpfel rengsrom am
Saom vom Obergwand, für da haeliga
Denst, wia s dr Herrgott (JAHWE) am
Mose ågeba håt.
[27]Nå hent se Leibröck gmacht, aus
Byssus gwoba, für da Aaron ond saene
Söh. [28]Da Turban aus Byssus ond d
Ziertüacher von de Turban aus Byssus
ond dia Laenawickelhosa aus zwirntam
Byssus [29]ond da Gürtel aus zwirntam
Byssus, blaoam ond raotam Purpur
ond Karmesin en Buntwirkerei, wia s
dr Herrgott (JAHWE) am Mose ågeba

håt.
[30]Ond se hent s Stirnblatt vom Weihmal
aus puram Gold gmacht, s haelige
Diadem, ond vom Siegelstecher
draufschreiba lassa: „Haelig von
JAHWE!“ [31]Des hent se mit r a Schnur
aus blaoam Purpur oba an da Turban
nôbonda, wia s dr Herrgott (JAHWE)
am Mose ågeba håt.

Zom Vrgleicha: Vers 1-31 II Kapitel 28,1-43.

S Haeligtom ischd fertig: Ex 39 32 - 43

[32]So ischd ällas fertig wôra an dr
Wohnong vom Begegnongszelt: D
Israelita hent ällas so gmacht, wia
s dr Herrgott (JAHWE) am Mose
ågeba håt. [33]Nå hent se dui Wohnong
zom Mose bråcht, des Zelt ond älle
Gerätschafta: saene Håka, saene Diel,
saene Riegel ond saene Säula ond
Sockel [34]ond d Decke aus raotgfärbte
Fell von Schåfböck ond d Decke aus
Seehondsfell ond da Vôrhang [35]ond
dui Truhe mit de Gsetzasvôrschrifta
mit de Tragstanga ond d Sühneplatt,
[36]da Tisch mit älle Gerätschafta ond d
Schaobrot, [37]da Leuchter aus puram
Gold mit saene Lampa en oener Rôeh
ond älle Gerätschafta ond s Öl für da
Leuchter. [38]Ond da Altar aus Gold ond
s Salböl, s Raecherwerk ond da Vôrhang
für da Aegang vom Zelt. [39]Da kupferna
Brandopferaltar mit saem Gitter aus
Kupfer, saene Tragstanga ond älle
Gerätschafta, da Kessel mit saem Gstell,
[40]d Matta für da Vôrhof mit de Gstell
ond Sockel ond d Matta für da Aegang
vom Vôrhof mit saene Sôel ond Häreng
ond älle Gerätschafta für da Kultdenst
en dr Wohnong vom Begegnongszelt:
[41]d Amtsgwänder für da Denst em
Haeligtom, dia haelige Gwänder für da
Aaron als Priaster, ond d Gwänder für
saene Söh em Priasterdenst. [42]Ällas hent
d Israelita so gmacht, wia s dr Herrgott
(JAHWE) am Mose ågeba håt. [43]Nå håt
dr Mose ällas åguckt ond festgstellt, se
hent ällas so gmacht, wia s dr Herrgott
(JAHWE) ågeba håt. Nå håt se dr Mose
gsegnat.

S Haeligtom wird aegweiht:
Ex 40 1 - 38

40 Ond dr Herrgott (JAHWE)
håt mit am Mose gsprocha ond
gsaed: [2]„Am ersta Dag vom ersta Monat
baust d Wohnong vom Begegnongszelt
auf, [3]nå stellst d dui Truhe mit de
Gsetzasvôrschrifta nae ond schirmst se
ab mit am Vôrhang. [4]Nå duast da Tisch
nae mit ällam, was drzuaghert ond da
Leuchter ond steckst saene Lampa auf.
[5]Nå stellst d da goldena Raecheraltar vôr
dr Truhe mit de Gsetzasvôrschrifta auf,
ond nå machst d da Vôrhang am Aegang
von dr Wohnong vom Begegnongszelt
nô. [6]Da Brandopferaltar stellst d
vôr am Aegang en d Wohnong vom
Begegnongszelt auf. [7]Ond da Kessel
stellst d zwischa m Begegnongszelt ond
am Altar auf ond duast Wasser nae. [8]Nå
richtest da Vôrhof rengsrom auf ond
hängst dia Matta nô. [9]Ond nå nemmst d
Salböl ond salbst d Wohnong ond ällas,
was drenna ischd, ond weihst se ond älle
ihre Gerätschafta, nå ischd se haelig. [10]Da
Brandopferaltar ond saene Gerätschafta
salbst d ao ond weih da Altar, nå ischd dr
Altar hochhaelig. [11]Nå salbt d da Kessel
samt am Gstell ond weihst an. [12]Nå lässt
d da Aaron ond saene Söh an da Aegang
vom Begegnongszelt treta ond wäscht se
mit Wasser [13]ond ziagst am Aaron saene
haelige Gwänder å, nå salbst d an ond
weihst an für da Priasterdenst. [14]Saene
Söh lässt d ao herkomma ond ziagst en
dia Leibröck å [15]ond salbst se so wia ihran
Vadr, dass se mir Priasterdenst laestat,
des soll gscheha, dass ihr Salbong zom
Priasteramt auf älle ihre Nåchkomma
für älle Zeita übertraga wird.“
[16]Dr Mose håt dao, was am dr Herrgott

(JAHWE) ågordnat håt. 17Em ersta
Monat vom zwôeta Jåhr am ersta Dag
ischd dui Wohnong aufgrichtat wôra.
18Dr Mose håt d Wohnong aufbaut,
zersta håt r dia Sockel nôgstellt ond dia
Diel naufglegt, d Riegel naezoga ond d
Säula aufgrichtat. 19Nå håt r s Zeltdach
über d Wohnong zoga ond d Decke
vom Zeltdach draufglegt, wia s dr
Herrgott (JAHWE) am Mose ågeba håt.
20Nå håt r d Gsetzasvôrschrifta gnomma
ond en dui Truhe naeglegt, d Tragstanga
naegsteckt ond d Sühneplatt auf d
Truhe glegt. 21Nå håt r dui Truhe en d
Wohnong naetraga ond håt den Vôrhang
nôgmacht, so håt r d Truhe mit de
Gsetzasvôrschrifta abgschirmt, wia s dr
Herrgott (JAHWE) am Mose ågeba håt.
22Nå håt r den Tisch em Begegnongszelt
an dr nördlicha Seite von dr Wohnong
außerhalb vom Vôrhang aufgstellt
23ond håt a Schicht von de Schaobrot
naufbeigt vôr am Herrgott (JAHWE)
saem Gsicht, wia s dr Herrgott
(JAHWE) am Mose ågeba håt. 24Nå
håt r da Leuchter em Begegnongszelt
geganüber von dem Tisch an dr südlicha
Seite von dr Wohnong aufgstellt 25ond
håt dia Lampa aufgsetzt vôr JAHWE,
wia s dr Herrgott (JAHWE) am Mose
ågeba håt. 26Nå håt r den goldena Altar
em Begegnongszelt vôr am Vôrhang
aufgstellt 27ond håt drauf graecherat mit
Raecherwerk, mô ganz guat duftat håt,
wia s dr Herrgott (JAHWE) am Mose
ågeba håt. 28Nå håt r da Vôrhang am
Aegang von dr Wohnong nôgmacht.
29Da Brandopferaltar håt r an da Aegang
vom Begegnongszelt nôgstellt ond håt
a Brandopfer ond a Speisopfer von
am aufsteiga lassa, wia s dr Herrgott
(JAHWE) am Mose ågeba håt. 30Nå håt
r da Kessel zwischa m Begegnongszelt
ond am Altar aufgstellt ond håt Wasser
naedao zom Wäscha. 31Ond dr Mose håt
da Aaron ond saene Söh draus gwäscha,
ihre Händ ond ihre Füaß; 32jedas Mål,
wann se en s Begegnongszelt naeganga
oder vôr da Altar treta send, hent se sich
gwäscha, wia s dr Herrgott (JAHWE)
am Mose ågeba håt.

33Zom Schluß håt r da Vôrhof rengs om
d Wohnong ond om da Altar aufrichta
lassa ond dia Matta am Aegang vom
Vôrhof nôghängt, so håt dr Mose des
ganza Werk fertiggmacht.

34Nå håt dui Wolk s Begegnongszelt ond
d Herrlichkaet von JAHWE acghüllt,
ond sae Erschaenong håt d Wohnong
ausgfüllt. 35Ond dr Mose håt et en s
Begegnongszelt komma könna, weil
dui Wolk drauf gstanda ischd ond am
Herrgott (JAHWE) sae Herrlichkaet d
Wohnong ausgfüllt håt. 36Emmer, wann
dui Wolk sich von dr Wohnong aufghoba
håt, send d Israelita weiterzoga, solang
se auf dr Wanderong gwea send. 37Wann
sich dui Wolk aber et aufghoba håt, send
se ao et aufbrocha, bis se sich wieder
aufghoba håt.

38Am Herrgott (JAHWE) sae Wolk
ischd nämlich dagnads über dera
Wohnong gstanda, ond nachts håt mr
ihran Feuerschae vor am ganza Haus
Israel gseha, so lang ihr Wanderschaft
daurat håt

S DRITTE BUACH MOSE

D Priastervôrschrifta (Levitikus)

OPFERVÔRSCHRIFTA FÜR S VOLK 1 8 – 5 26

Brandopfergsetz: 1 1-17

1 Ond dr Herrgott (JAHWE) håt da
Mose aus am Begegnongszelt raus
ågsprocha ond zon am gsaed: 2Red mit
de Israelita ond sag en: Wann oener von
euch am Herrgott (JAHWE) a Opfergab
darbrenga will, der soll s von saem
Graoßvieh oder von saem Kloevieh
brenga. 3Wann s a Brandopfer ischd
von Graoßvieh, nå soll s a aewandfreis
männlichs Rendle sae. Des soll r vôr da
Aegang vom Begegnongszelt brenga,
dass r vôr am Herrgott (JAHWE)
Gnade fendat. 4Nå soll r sae Håd dem
Opfertier auf da Kopf stemma, des wird
am gnädig ågrechnat ond vrschafft am
Sühne. 5Nå soll mr des jonge Rendle vôr
am Herrgott (JAHWE) saem Gsicht
metzga. Ond d Priaster, am Aaron saene
Söh, sollat des Bluat darbrenga ond
rengs om den Altar vrsprenza, mô am
Aegang vom Begegnongszelt stôht. 6Des
Opfertier soll mr ahäuta ond vrtôela.
7Nå sollat d Priaster, am Aaron saene
Söh, auf am Altar a Feuer macha ond
Scheiterholz auf des Feuer beiga. 8Ond
d Priaster, am Aaron saene Söh, sollat
dia Flôeschbrocka mitsamt am Kopf
ond am Nierafett auf dia Holzscheiter
lega, mô über dem Feuer auf am Altar
liegat. 9S Kuttelwerk ond d Haxa aber
soll mr em Wasser wäscha, nå soll dr
Priaster ällas auf am Altar em Rauch
aufsteiga lassa. Des ischd a Brandopfer,
a Opferfeuer zor Beschwichtigong, am
Herrgott (JAHWE) zor Ehr. 10Ond
wann sae Opfergab vom Kloevieh
ischd, von Schåf oder Gôesa, nå soll
r a männlichs Tier opfera, mô ohne
Fehl ischd. 11Des soll r an dr Nordseite
vom Altar metzga vôr am Herrgott
(JAHWE). D Priaster, am Aaron saene
Söh, sollat des Bluat darbrenga ond rengs
om den Altar vrsprenza. 12Ond r soll s
vrtôela en saene Brocka ond dr Priaster
soll s mitsamt am Kopf ond mit am
Nierafett auf dia Holzscheiter lega, mô
über dem Feuer auf am Altar liegat. 13S
Kuttelwerk ond d Haxa aber soll mr em
Wasser wäscha, nå soll dr Priaster ällas
auf am Altar em Rauch aufsteiga lassa.
Des ischd a Brandopfer, a Opferfeuer
zor Beschwichtigong, am Herrgott
(JAHWE) zor Ehr. 14Wann r aber vom
Federvieh am Herrgott (JAHWE) zor
Ehr a Brandopfer brenga will, nå soll
sae Opfergab von de Turteltauba oder
von de jonge Täubla sae. 15Dr Priaster
soll des Tierle an da Altar brenga ond
am da Kopf azwacka ond r solls auf am
Altar em Rauch aufsteiga lassa. S Bluat
soll r an dr Altarwåd ausbluata lassa.
16Ond da Kropf mitsamt de Federa
soll r wegdoa ond neber am Altar Osta
zua auf da Äschahaufa schmeißa. 17Nå
soll r an saene Flügel en Riss macha,
aber et wegreissa. So soll s dr Priaster
auf am Altar em Rauch aufsteiga lassa
auf am Holz über dem Feuer. Des
ischd a Brandopfer, a Opferfeuer
zor Beschwichtigong, am Herrgott
(JAHWE) zor Ehr.

Speisopfergsetz: 2 1-16

2 Ond wann ebber a Opfergab als
Speisopfer darbrengt am Herrgott

(JAHWE) zor Ehr, nå soll s aus ama ganz faena Mehl sae, des soll r mit Öl übergiaßa ond Weihraoch draufdoa [2]ond zo de Priaster, am Aaron saene Söh, brenga, ond dr Priaster soll von dem Mehl mit dem Öl ond dem ganza Weihraoch a Håd vol nemma ond s em Raoch aufsteiga lassa auf am Altar zor Beschwichtigong, am Herrgott (JAHWE) zor Ehr. [3]Was aber vom Speisopfer übrig bleibt, ghert am Aaron ond saene Söh als Hochhaeligs vom Herrgott (JAHWE) saene Feueropfer.

[4]Ond wann da a Opfergab als ebbas darbiata möchtest, was em Ofa bacha wôra ischd, nå nemmst d an ogsäuerta Kuacha aus Faenmehl mit Öl ågmacht, oder ogsäuerte Fladabrot mit Öl gstricha. [5]Wann dae Speisopfer ebbas ischd, mô auf dr Herdplatt bacha wôra ischd, nå soll s aus Faenmehl sae, mit Öl ågmacht ond ogsäuert, [6]des duast d aebrocka ond mit Öl übergiaßa. Des ischd a Speisopfer. [7]Wann dae Opfergab aber aus am Kochhafa kommt, nå machst d Faenmehl mit Öl å. [8]Ond des Speisopfer, mô da då draus gmacht håsch, am Herrgott (JAHWE) zor Ehr, des brengst d am Priaster, dass der s an da Altar brengt. [9]Ond der Priaster soll da Gedächtnisåtôel von dem Speisopfer weg doa ond em Raoch aufsteiga lassa zor Beschwichtigong, am Herrgott (JAHWE) zor Ehr. [10]Was aber vom Speisopfer übrig bleibt, ghert am Aaron ond saene Söh als Hochhaeligs vom Herrgott (JAHWE) saene Feueropfer. [11]Für jedas Speisopfer, mô ihr am Herrgott (JAHWE) zor Ehr darbrengat, därf nex Gsäuerts ond koe Art von Sauertôeg vrwendat wera ond jeda Art von Honig därfat r et aufraocha lassa em Opferfeuer am Herrgott (JAHWE) zor Ehr. [12]Als Erstlengsgab könnat r s am Herrgott (JAHWE) zor Ehr darbrenga, aber auf am Altar soll mr s et em Raoch aufsteiga lassa zor Beschwichtigong, am Herrgott (JAHWE) zor Ehr. [13]Ond jeda Opfergab von daem Speisopfer sollst d salza, s Bundessalz von daem Gott (Eloheyka) därf nia fehla; bei jedam Speisopfer duast d ao Salz darbrenga. [14]Ond wann da a Speisopfer darbrengst von de Erstlengsfrücht am Herrgott (JAHWE) zor Ehr, nå brengst am Feuer gröstate Ähra ond Grias vom Früahkorn dar als Erstleng von daene Speisopfer. [15]Då duast d a bißle Öl nô ond legst Weihraoch drauf; des ischd a Speisopfer. [16]Ond dr Priaster soll da Gedächtnisåtôel von dem Grias ond Öl mit dem Weihraoch aufraocha lassa als a Opferfeuer am Herrgott (JAHWE) zor Ehr.

Friedensopfergsetz: 3 1-17

3 Wann sae Opfer a Friedensopfer ischd ond r a Stückle vom Graoßvieh darbrengt, sei s männlich oder weiblich, nå soll r vôr am Herrgott (JAHWE) a Rendle ohne Fehl brenga. [2]Nå soll r sae Håd dem Opfertier auf da Kopf stemma ond s metzga vôr am Aegang vom Begegnongszelt. Ond d Priaster, am Aaron saene Söh, sollat des Bluat darbrenga ond rengs om da Altar vrsprenza. [3]Ond r soll von dem Friedensopfer als Opferfeuer am Herrgott (JAHWE) zor Ehr des ganze Fett om s Kuttelwerk rom ond des Fett, mô am Kuttelwerk hangt, [4]ond bôede Niera mitsamt am Fett, mô drå hangt, an de Lenda ond an de Leberlappa; an de Niera soll mr s weg schneida. [5]Ond am Aaron saene Söh sollats auf am Altar em Rauch aufsteiga lassa auf am Holz über dem Feuer. Des ischd a Opferfeuer zor Beschwichtigong, am Herrgott (JAHWE) zor Ehr. [6]Ond wann sae Opfergab vom Kloevieh als Friedensopfer am Herrgott zor Ehr ischd: sei s a männlichs oder a weiblichs

Tier - s soll ohne Fehl sae. 7Will r a Lamm als Opfergab darbrenga, nå soll r s vôr da Herrgott (JAHWE) brenga 8ond sae Håd auf da Kopf von saener Opfergab stemma ond s metzga vôr am Begegnongszelt, ond am Aaron saene Söh, sollat sae Bluat rengs om da Altar vrsprenza. 9Ond r soll von dem Friedensopfer am Herrgott (JAHWE) zor Ehr a Opferfeuer darbrenga: sae Fett, da ganza Fettschwanz, den soll r am Schwanzwirbel wegschneida ond aufpassa, dass r an et vrletzt; s Fett om s Kuttelwerk rom ond des Fett, mô am Kuttelwerk hangt, 10ond bôede Niera mitsamt am Fett, mô drå hangt, an de Lenda ond an de Leberlappa; an de Niera soll mr s weg schneida. 11Ond dr Priaster soll s auf am Altar em Rauch aufsteiga lassa am Herrgott (JAHWE) zor Ehr. 12Ond wann sae Opfergab a Gôes ischd, nå soll r s vôr da Herrgott (JAHWE) brenga 13ond sae Håd auf ihran Kopf stemma ond se metzga vôr am Begegnongszelt, ond am Aaron saene Söh sollat ihr Bluat rengs om da Altar vrsprenza. 14Ond r soll von dem Opfer am Herrgott (JAHWE) zor Ehr a Opferfeuer darbrenga: s Fett om s Kuttelwerk rom ond des Fett, mô am Kuttelwerk hangt, 15ond bôede Niera mitsamt am Fett, mô drå hangt, an de Lenda ond an de Leberlappa; an de Niera soll mr s weg schneida. 16Ond dr Priaster soll s auf am Altar em Raoch aufsteiga lassa zor Beschwichtigong, ällas Fett am Herrgott (JAHWE) zor Ehr. 17Des ischd d Satzong für älle Zeita für älle Generationa mô emmer ihr wohnat: Dass ihr a jeglichs Fett ond a jeglichs Bluat et essa därfat!

Sündopfergsetz für an Priaster: 4 1-12

4 Ond dr Herrgott (JAHWE) håt mit am Mose gsprocha ond gsaed: 2Red mit de Israelita ond sag en: Wann oener von euch aus Vrseha gega irgend a Gebot vom Herrgott (JAHWE) sündigt ond ebbas duat, was r et doa sott: 3Wann oener, mô zom Priaster gsalbt ischd sündigt ond brengt so s Volk en Schuld, nå soll r für sae Sünd a fehlerlos jongs Stierle darbrenga, am Herrgott zor Ehr als Sündopfer. 4Ond wann r den Jongstier an da Aegang vom Begegnongszelt brengt vôr da Herrgott (JAHWE), soll r sae Håd auf da Kopf von dem Jongstier stemma ond an nå vôr am Herrgott (JAHWE) metzga. 5Ond der gsalbte Priaster soll von dem Jongstier saem Bluat ebbas nemma ond en s Begegnongszelt brenga. 6Nå soll der Priaster saen Fenger en des Bluat tonka ond des Bluat sieba Mål vôr da Vôrhang ens Haeligtom vôr am Herrgott nôspritza. 7Ond der Priaster soll von dem Bluat ebbas an d Hörner vom Raochopferaltar em Begegnongszelt vôr am Herrgott (JAHWE) streicha, ond ällas andere Bluat von dem Jongstier soll r am Sockel vom Brandopferaltar am Aegang vom Begegnongszelt ausgiaßa. 8Ond s ganze Fett von dem Opferfarra soll r von am rausschäla: s Fett om s Kuttelwerk rom ond des Fett, mô am Kuttelwerk hangt, 9ond bôede Niera mitsamt am Fett, mô drå hangt, an de Lenda ond an de Leberlappa; an de Niera soll mr s weg schneida, 10so wia mr s am Opferstier vom Friedensopfer macht. 16Ond dr Priaster soll s auf am Brandopferaltar em Rauch aufsteiga lassa. 11Aber s Fell von dem Farra ond sae ganzs Flôesch samt am Kopf ond saene Haxa ond sae Kuttelwerk ond was en de Därm dren ischd, 12jå, mr soll da ganza Farra aus am Lager naus an en raena Ort brenga auf da Fettschutthaufa, då soll mr an auf Holzscheiter em Feuer vrbrenna.

ebber sündigt, dass r aus Vrseha ebbas duat, was gega am Herrgott (JAHWE) saene Gebot vrstoßt ond r hât s et gwißt ond vrsündigt sich dass r schuldig wird, [18]soll r an fehlerlosa Widder aus dr Herde für sae Schuld zom Herrgott (JAHWE) brenga, nach daem Richtwert als Schuldopfer. Der soll an für saen Irrtom entsühna, von dem môn r nex gwißt hât, nå wird am vrzieha. [19]Des ischd a Schuldopfer, weil r sich a gega da Herrgott (JAHWE) vrsündigt hât.

Schuldopfergsetz für a osozials Vrhalta: 5 20-26

[20]Ond dr Herrgott (JAHWE) hât mit am Mose gsprocha ond gsaed: [21]Wann ebber sich vrsündigt ond vôr am Herrgott ebbas vrotreut, endem r saem Nächsta laegnat, dass am der ebbas åvrtraut hätt oder was r hätt treuhänderisch vrwalta solla, oder was r mit Gwalt gnomma oder von saem Nächsta erpresst hât, [22]oder wann r ebbas Vrlores fendat ond s laegnat ond ao no an Maenaed schwört wega irgend ebbas, mit dem sich a Mensch vrsündiga kå: [23]Wann s so ischd, dass r sündigt ond sich schuldig macht, nå muaß r ällas zrück geba, was r graobt oder erpresst hât, oder des, was mr am zor Aufbewahrong åvrtraut hât, oder was r gfonda hât [24]oder für des, mon r falsch gschwora hât, muaß r ällas wieder hergeba ond drzua a Fenftel ond dem geba, mon r s gnomma hât, an dem Dag, mon r s Schuldopfer darbrengt.

[25]Nå soll r an fehlerlosa Schåfbock aus dr Herde für sae Schuld zom Herrgott (JAHWE) brenga, nach daem Richtwert als Schuldopfer.

[26]Der Priaster soll an für sae Sünd entsühna vor am Herrgott (JAHWE), nå wird am ällas vrzieha was r dao hât ond mon r sich drmit vrsündigt hât.

Zom Vrgleicha: *Vers 21-26:* Ex 22,6-14.

D OPFERVORSCHRIFTA FÜR D PRIASTER: 6 1 – 7 38

Brandopfer: 6 1-6

6 Ond dr Herrgott (JAHWE) hât mit am Mose gsprocha ond gsaed: [2]Gib am Aaron ond saene Söh d Åweisong ond sag en: Des ischd d Åweisong für d Brandopfer: S Brandopfer soll de ganz Nacht bis an da Môrga auf dr Gluat vom Altar bleiba, dass s Feuer auf am Altar emmer brenna bleibt. [3]Ond dr Priaster soll sae laenes Gwand åziaga ond laenene Wickelhosa om saen Leib doa. Nå soll r d Äscha weg doa, mô vom Brandopfer übrig blieba ischd durch s Feuer, ond se neba da Altar leera. [4]Nå soll r saene Gwänder ausziaga ond andere ådoa ond dui Äscha naustraga an an raena Platz außerhalb vom Lager. [5]Des Feuer auf am Altar soll emmer brenna ond nia ausganga. Dr Priaster soll äll Môrga Holz naufbeiga ond s Brandopfer obadrauf årichta ond s Fett als Friedensopfer soll r em Raoch aufsteiga lassa. [6]So soll auf am Altar s Feuer dauernd brenna ond nia ausganga.

Zom Vrgleicha: *Vers 3:* Ex 28,42f.

S Speisopfer: 6 7-11

[7]Ond des ischd d Åweisong für s Speisopfer: Oener vom Aaron saene Söh soll s vôr am Herrgott (JAHWE) an d Vôrderseite vom Altar brenga, [8]endem r a Håd vol nemmt vom faena Mehl vom Speisopfer ond vom Öl mitsamt dem ganza Weihraoch auf am Speisopfer ond soll s em Raoch aufsteiga lassa auf am Altar zor Beschwichtigong, am

Herrgott (JAHWE) zor Ehr. 9Was drvo
übrig bleibt, sollat dr Aaron ond saene
Söh essa. Als ogsäuerts Fladabrot sollat
se s essa, auf am haeliga Platz em Vôrhof
vom Begegnongszelt sollat se s essa.
10Mr soll s et mit Sauertôeg bacha. I gib
en ihran Åtôel von maene Feueropfer.
Des ischd Hochhaelig wia s Sündopfer
ond s Schuldopfer. 11Ällas, was männlich
ischd vom Aaron saene Kender soll s
essa. Des ischd s Recht für älle Zeita
ond Gschlechter an de Feueropfer vom
Herrgott (JAHWE). Jeder, mo se ålangt,
ghert zom Haeligtom.

Zom Vrgleicha: *Vers 7-11:* 2,1-13.

S Opfer bei dr Priasterweihe: 6 12-16

12Ond dr Herrgott (JAHWE) håt mit am
Mose gsprocha ond gsaed: 13Des ischd
d Opfergab vom Aaron ond saene Söh,
mô se am Herrgott (JAHWE) zor Ehr
darbrenga sollat am Dag, mô se gsalbt
werat: A Zehntel Efa vom faensta Mehl
als Speisopfer äll Dag, môrgnads ond
åbnads je d Hälfte. 14Auf dr Pfann soll
mr s nôrichta, guat durchgschafft sollst s
brenga, halbbacha als Brockaspeisopfer
sollst s darbrenga zor Beschwichtigong,
am Herrgott (JAHWE) zor Ehr. 15Ond
der Priaster, mô am Aaron saener
Stell von saene Söh gsalbt wird, soll s
vôrberaeta. Des ischd s Recht für älle
Zeita vom Herrgott (JAHWE). Als
Ganzopfer soll mr s aufraocha lassa.
16Jedas Speisopfer vo ma Priaster soll mr
als Ganzopfergab darbrenga. Då därf
nex drvo gessa wera.

S Sündopfer: 6 17-23

17Ond dr Herrgott (JAHWE) håt mit
am Mose gsprocha ond gsaed: 18Sag
am Aaron ond saene Söh: Des ischd d
Sündopferåweisong: An dem Platz, mô
s Brandopfer gmetzgat wird, soll mr ao
s Sündopfer metzga: Vôr am Herrgott
(JAHWE). Des ischd Hochhaelig. 19Der
Priaster, mô s Sündopfer darbrengt, soll
s essa, auf am haeliga Platz em Vôrhof
vom Begegnongszelt soll r s essa. 20Jeder,
mô des Opferfloesch ålangt, ghert zom
Haeligtom. Ond wann von saem Bluat a
Spritzer auf sae Gwand kommt, nå sollst
d des, mô der Spritzer draufkomma
ischd, ama haeliga Ort wäscha. 21Ond der
Lehmhafa, mô s dren kocht wôra ischd,
soll zsemaghaoa wera. Ond wann s e ma
Kupferkessel kocht wôra ischd, soll mr
an mit Såd putza ond sauber ausspüala
mit Wasser. 22Ällas, was männlich ischd
en de Familia von dr Priasterschaft soll
s essa. Des ischd Hochhaelig. 23Aber
von älle Sündopfer, mô mr ebbas vom
Bluat drvo ens Begegnongszelt bråcht
håt, zom Entsühna em Haeligtom, soll
mr nex essa. Des soll mr ällas em Feuer
vrbrenna.

Zom Vrgleicha: *Vers 17-23:* 4,1-35.

S Schuldopfer: 7 1-10

7 Ond des ischd d Åweisong für s
Schuldopfer. Des ischd Hochhaelig.
2An dem Platz, mô s Brandopfer
gmetzgat wird, soll mr ao d Sündopfer
metzga. Ond sae Bluat soll mr rengs
om da Altar romsprenza. 3Ond s
ganze Fett von am soll mr darbrenga,
da Fettschwanz ond s ganze Fett om s
Kuttelwerk rom ond des Fett, mô am
Kuttelwerk hangt, 4ond bôede Niera
mitsamt am Fett, mô drå hangt, an de
Lenda ond an de Leberlappa; an de
Niera soll mr s weg schneida, 5Ond dr
Priaster soll s auf am Brandopferaltar em
Rauch aufsteiga lassa als Feueropfer, am
Herrgott (JAHWE) zor Ehr. Des ischd
a Schuldopfer. 6Ällas, was männlich
ischd en de Familia von dr Priasterschaft
soll s essa am haeliga Ort. Des ischd
Hochhaelig. 7Für s Sündopfer gilt de
gleich Åweisong wia für s Schuldopfer,
bôedas ghert dem Priaster, der mô d
Entsühnong durchführt. 8Ond dem

Priaster, der mô für ebber a Brandopfer
darbrengt, ghert s Fell von dem
Brandopfertier, des môn r g'opferat håt.
9Aber älle Speisopfergaba mô em Ofa
bacha ond älle, mô em Kochhafa oder
auf dr Pfann zuaberaetat send, gherat
dem Priaster, der mô se darbrengt.
10Ond jeda Speisopfergab, mô mit Öl
ågmacht oder tricknat ischd, ghert am
Aaron saene Söh, oem wia am andera.

Zom Vrgleicha: *Vers 1-10:* 5,1-26.

S Friedensopfer: 7 11-21

11Ond des ischd d Åweisong für s
Friedensopfer, mô mr am Herrgott
JAHWE zor Ehr darbrenga soll: 12Wann
r s als Dankopfer darbrenga will, nå
soll r zom Schlachtopfer ogsäuerte
Kuacha, mit Öl ågmachte Fladabrot,
mit Ölaufstrich, ond Faenmehl mit
Öl ågmacht, als Kuacha darbrenga;
13drzua Kuacha ond Brot aus Sauertôeg,
so soll r sae Opfergab darbrenga zo
saem Friedensopfer. 14Ond r soll von
jeder Opfergab a Stück darbrenga als
Hebopfer für da Herrgott (JAHWE),
des ghert dem Priaster, der mô s Bluat
vom Friedensopfer vrsprenzt. 15Ond
s Flôesch von dem Friedensopfer
soll am Opferdag gessa wera, mr soll
nex aufheba auf da andera Môrga.
16Wann s a Gelübde oder a freiwilligs
Schlachtopfer ischd, an dem Dag, môn
r sae Opfer darbrengt, soll mr s essa,
ond wann ebbas übrig bleibt, kå mr
s am andera Dag no essa. 17Ond wann
von dem Schlachtopfer emmer no ebbas
übrig ischd, nå muaß mr s am dritta
Dag em Feuer vrbrenna. 18Wann aber
oener ao am dritta Dag no ebbas von
dem Opferflôesch isst, fendat der, mô s
darbrengt koe Gnade, ond s wird am et
als Opfer ågrechnat. Des ischd nämlich
vrdôrba. Wann oener des isst, der kriagt
s zom Spüra. 19Ond des Flôesch, mô mit
ebbas Oraens en Berührong komma
ischd, därf et gessa wera, des soll mr
em Feuer vrbrenna. Sonst därf a jeder,
der mô raen ischd, Flôesch essa. 20Aber
der, mô Flôesch vom Friedensopfer für
da Herrgott (JAHWE) isst, ond r håt
en Makel an sich, der wird ausgrottat
aus saem Volk. 21Ond wann oener mit
ebbas Oraens en Berührong kommt,
mit am Makel vo'ma Menscha oder
vo'ma oraena Tier oder mit ebbas, was
ganz scheußlich ischd ond isst vom
Friedensopferflôesch für da Herrgott
(JAHWE), der wird ausgrottat aus saem
Volk.

Zom Vrgleicha: *Vers 11-21:* 3,1-17.

Verbot vom Fett- ond Bluatgenuß: 7 22-27

22Ond dr Herrgott (JAHWE) håt mit am
Mose gsprocha ond gsaed: Schwätz mit
de Kender vom Israel ond sag en: 23Essat
koe Fett vom Rendvieh, von Schåf oder
Gôesa. 24Ond s Fett vo'ma Aas oder Fett
von grissene Viecher därfat r zwår zom
Schmiera nemma, aber essa därfat r s jå
et. 25Wer nämlich Fett isst von dem Vieh,
mô mr darbrengt als Feueropfer am
Herrgott zor Ehr, der wird ausgrottat
aus saem Volk. 26Essat ao koe Bluat en
älle eure Siedlonga, vom Gflügel oder
vom Vieh. 27A Jeder, mô irgend a Bluat
isst, der wird ausgrottat aus saem Volk.

Zom Vrgleicha: *Vers 24:* Ex 22,30 • *Vers 26:* Gen
9,4.

D Brandopfer: 7 28-38

28Ond dr Herrgott (JAHWE) håt mit
am Mose gsprocha ond gsaed: 29Schwätz
mit de Kender vom Israel ond sag en:
Der, mô a Friedensopfer darbrenga will
am Herrgott (JAHWE) zor Ehr, der soll
herbrenga, was am Herrgott (JAHWE)
vom Friedensopfer ghert. 30Saene aegene
Händ sollat am Herrgott (JAHWE)
des Feueropfer brenga: S Fett samt dr
Brust soll r brenga; mit dr Brust soll vôr

am Herrgott (JAHWE) a Weihegabe
schwenga (Schwengopfer). 31Ond der
Priaster soll s Fett auf am Altar aufraocha
lassa, dui Brust ischd aber für da Aaron
ond saene Söh. 32Ao da rechta Schenka
sollat r dem Priaster geba, der mô euer
Friedensopfer darbrâcht håt. 33Der, mô
s Bluat vom Friedensopfer darbrengt
ond s Fett vom Aaron saene Söh, dem
ghert dr rechte Schenka als Åtoel. 34D
Brust von dem Schwengopfer ond den
Schenka vom Åtoel han i von de Israelita
gnomma von ihre Friedensopfer, ond i
gib se am Aaron, dem Priaster ond saene
Söh als Dauerrecht von de Israelita.
35Des ischd dr Åtoel vom Aaron ond dr
Åtoel von saene Söh von de Israelita ihre
Feueropfer für da Herrgott (JAHWE),
mô en zuagsprocha wôra ischd an dem
Dag, mô ER se komma lassa håt, dass se
zo Priaster für JAHWE aegsetzt wôra
send. 36So håt s JAHWE ågordnat, an
dem Dag, môn r se gsalbt håt: dass en
d Israelita des als a Dauerrecht für älle
Zeita ond Gschlechter geba sollat. 37Des
ischd d Åweisong für s Brandopfer, für
s Speisopfer, für s Sündopfer ond für s
Schuldopfer ond für s Aesetzongsopfer
ond für s Friedensopfer, 38mô dr
Herrgott (JAHWE) da Mose ghôeßa
håt auf am Berg Sinai an dem Dag, môn
r de Israelita da Befehl geba håt, dass se
ihre Opfergaba am Herrgott (JAHWE)
zor Ehr darbrenga sollat en dr Wüste
Sinai.

D PRIASTERGSETZ: 8 1 – 10 20

D Priasterweihe: 8 1-36

8 Ond dr Herrgott (JAHWE) håt mit
am Mose gsprocha ond gsaed: 2Nemm
da Aaron ond saene Söh, dia Gwänder
ond s Salböl ond den Sündopferstier
ond dia zwôe Schåfböck ond den Kretta
mit de Fladabrot 3ond vrsammle de
ganz Gemaende vôr am Aegang vom
Begegnongszelt. 4Ond dr Mose håt dao,
was an dr Herrgott (JAHWE) ghôeßa
håt. Dådrauf håt sich d Gemaende am
Aegang vom Begegnongszelt vrsammlat.
5Nå håt dr Mose zor dr Gemaende
gsprocha ond gsaed: Des ischd am
Herrgott (JAHWE) sae Åweisong für
des, was zom doa ischd. 6Ond dr Mose
håt da Aaron ond saene Söh vôrtreta
lassa ond se mit Wasser gwäscha. 7Nå
håt r am (Aaron) da Leibrock ådao ond
am mit dr Schärpe an Gürtel åglegt ond
s Obergwand drüber dao ond s Efod
(Schulteromhang mit am Brustschild)
ond håt s mit de Bändel vom Efod fest
bonda. 8Ond r håt d Brusttasch nôbonda
ond håt en dui Brusttasch d Urim ond
Thummim (Licht ond Recht) nae glegt.
9Ond r håt am da Turban auf s Haopt
gsetzt ond an dr Vôrderseite s goldene
Stirnblatt von dr Haeligongsweihe nô
gmacht, wia s dr Herrgott (JAHWE)
da Mose ghôeßa håt. 10Nå håt dr Mose s
Salböl gnomma ond s Haeligtom gsalbt
ond ällas, was drenna gwea ischd ond
s so gweiht; 11ond r håt sieba Mål vom
Salböl an da Altar gsprenzt ond so da
Altar mitsamt älle Gerätschafta ond da
Kessel mitsamt am Gstell, zom weiha.
12Ond r håt am Aaron von dem Salböl
auf s Haopt gossa ond an so gweiht.
13Nå håt dr Mose am Aaron saene Söh
vôrtreta lassa ond en d Leibröck åzoga
ond mit dr Schärpe an Gürtel åglegt
ond en haoche Kappa aufgsetzt, wia s
dr Herrgott (JAHWE) da Mose ghôeßa
håt. 14Nå håt r den Sündopferstier gholt
ond dr Aaron ond saene Söh hent dem
Stier d Händ auf da Kopf gstemmt.
15Ond mr håt an gmetzgat. Nå håt dr

Mose des Bluat gnomma ond håt s mit
saem Fenger an d Hörner vom Altar
gstricha ond so da Altar graenigt ond
des Bluat om da Sockel vom Altar rom
nôgossa ond an so gweiht, endem r an
entsühnt håt. [16]Dådrauf håt r s ganze
Fett, mô am Kuttelwerk hangt, an de
Leberlappa ond bôede Niera mitsamt
ihram Fett, gnomma ond auf am Altar
aufraocha lassa. [17]Ond den Stier, mitsamt
saem Fell ond Flôesch ond was en de
Därm dren gwea ischd håt r außerhalb
vom Lager em Feuer vrbrennt, wia s dr
Herrgott (JAHWE) da Mose ghôeßa
håt. [18]Nå håt r den Brandopferwidder
herbrenga lassa ond dr Aaron ond
saene Söh hent dem Schåfbock d Händ
auf da Kopf gstemmt. [19]Ond mr håt
an gmetzgat. Nå håt dr Mose mit dem
Bluat rengs om da Altar rom gsprenzt
[20]ond den Widder ausanander ghaoa en
saene Rompfstück. Ond dr Mose håt
da Kopf mitsamt de Rompfstück ond
am Nierafett aufraocha lassa. [21]Aber s
Kuttelwerk ond d Haxa håt r em Wasser
gwäscha ond nå da ganza Schåfbock
auf am Altar aufraocha lassa. Des ischd
a Brandopfer zor Beschwichtigong, a
Feueropfer am Herrgott (JAHWE) zor
Ehr. Wia s dr Herrgott (JAHWE) da
Mose ghôeßa håt.
[22]Nach dem håt r den zwôeta Schåfbock
herbrenga lassa, da Aesetzongswidder.
Ond dr Aaron ond saene Söh hent dem
Widder d Händ auf da Kopf gstemmt.
[23]Den håt mr gmetzgat. Nå håt dr Mose
von saem Bluat gnomma ond am Aaron
an sae rechts Ohrläpple nôgstricha ond
an da Daoma von saener rechta Håd
ond an da graoßa Zaeha von saem rechta
Fuaß. [24]Ond r håt am Aaron saene Söh
vôrtreta lassa. Ond dr Mose håt en ebbas
von dem Bluat ans rechte Ohrläpple, an
da Daoma von ihrer rechta Håd ond an
d Zaeha von ihram rechta Fuaß nôdao.
Ond dr Mose håt mit dem Bluat rengs
om da Altar rom gsprenzt.
[25]Ond r håt s Fett gnomma, da
Fettschwanz mit samt am ganza Fett
mô em Kuttelwerk drenhangt ond d
Leberlappa ond bôede Niera mitsamt
ihram Fett ond da rechta Schlegel;
[26]drzua den Kretta mit am Fladabrot,
der mô vôr am Herrgott (JAHWE)
gstanda ischd. Nå håt r an ogsäuerta
Kuacha gnomma ond an Brotkuacha
mit Öl ond a Fladabrot ond håt s auf dia
Fettstück ond den rechta Schlegel glegt.
[27]Ond r håt s Ganze am Aaron ond
saene Söh en d Händ geba ond håt s hin-
ond herschwenga lassa als Weihegab
vôr am Herrgott (JAHWE). [28]Nå håt
en dr Mose wieder ällas aus de Händ
gnomma ond auf am Altar aufraocha
lassa samt am Brandopfer. Des ischd
a Aesetzongsopfer, a Feueropfer, am
Herrgott zor Ehr.
[29]Ond dr Mose håt d Brust gnomma ond
håt se als Schwengopfer vôr da Herrgott
(JAHWE) bråcht. Des håt dr Mose als
saen Åtoel von dem Aesetzongswidder
kriagt, wia s dr Herrgott (JAHWE) da
Mose ghôeßa håt. [30]Ond dr Mose håt
ebbas von dem Salböl gnomma ond von
dem Bluat auf am Altar ond håt s auf da
Aaron ond saene Gwänder gsprenzt,
ond über d Söh vom Aaron ond ihre
Gwänder. So håt r da Aaron mit saene
Gwänder ond saene Söh mit ihre
Gwänder (zo Priaster) gweiht. [31]Ond
dr Mose håt zom Aaron ond saene Söh
gsaed: Kochat des Flôesch am Aegang
vom Begegnongszelt. Ond då sollat r s
ao essa. Ao des Brot em Kretta von dr
Aesetzong, wia mir s ågordnat wôra
ischd em Spruch: Dr Aaron ond saene
Söh sollat s essa. [32]Was aber von dem
Flôesch ond von dem Brot übrig bleibt,
sollat r em Feuer vrbrenna. [33]Ond vom
Aegang am Begegnongszelt sollat ihr
sieba Däg et wegganga, bis an den Dag,
mô d Zeit von eurer Aeweihong vorbei

ischd, weil mr euch nämlich sieba Däg d Händ füllt. 34Wia s am haetiga Dag gmacht wôra ischd, so hât s dr Herrgott (JAHWE) ågordnat, so soll mr s ao en Zuakonft macha zo eurer Entsühnong. 35Bleibat also sieba Däg ond sieba Nächt am Aegang vom Begegnongszelt ond dent, was dr Herrgott (JAHWE) ågordnat hât, dass r et sterba müaßat, so ischd s mir ghôeßa wora. 36Ond dr Aaron ond saene Söh hent ällas dao, was dr Herrgott durch da Mose ågordnat hât.

Zom Vrgleicha: *Vers 1-36:* Ex 29,1-37 • *Vers 7:* Ex 28,4-43 • *Vers 31:* Ex 29,31-34.

S Weiheopfer vom Hohepriaster:

9 1-24

9 Am achta Dag hât dr Mose da Aaron ond saene Söh ond de Älteste von Israel zsemabstellt. 2Ond r hât zom Aaron gsaed: Nemm dr a Kälble, a jongs Rendle für a Sündopfer ond an Schâfbock für a aewandfreis Brandopfer, ond breng s vôr da Herrgott (JAHWE). 3Ond schwätz mit de Israelita ond sag en: Nemmat en Gôesbock als Sündopfer ond a Kalb ond a Lamm, älle oejährig ond aewandfrei als Brandopfer. 4Ond a Rendle ond en Schâfbock als Friedensopfer zom metzga vôr am Herrgott (JAHWE). Ao a Spreisopfer, mit Öl ågmacht. Haet will euch nämlich dr Herrgott (JAHWE) erschaena. 5Nå hent se, was dr Mose ågordnat hât, vôr s Begegnongszelt brâcht. Ond se send vôrtreta, de ganz Gemaenschaft ond hent sich vôr am Herrgott aufgstellt. 6Nå hât dr Mose gsaed: Des ischd am Herrgott (JAHWE) sae Åweisong für des, was zom doa ischd, dass euch d Herrlichkaet vom Herrgott (JAHWE) erschaena kå. 7Ond zom Aaron hât r gsaed: Tritt vôr da Altar ond richte dae Sündopfer ond dae Brandopfer nô ond schaff dr so Entsühnong für di ond de daenige. Ond nå richtest d Opfergab vom Volk her ond vrschaffst am Entsühnong, so wia s dr Herrgott (JAHWE) ågordnat hât. 8Ond dr Aaron ischd vôr da Altar treta ond hât des Sündopferkälble gmetzgat, mô für ehn selber gwea ischd. 9Ond saene Söh hent am s Bluat geba. Nå hât r saen Fenger en des Bluat tonkt ond an d Hörner vom Altar gstricha ond des Bluat om da Sockel vom Altar ausgossa. 10Ond s Fett ond d Niera ond d Leberlappa von dem Sündopfer hât r auf am Altar aufraocha lassa, wia s dr Herrgott (JAHWE) da Mose ghôeßa hât. 11Ond s Flôesch mitsamt am Fell hât r außerhalb vom Lager em Feuer vrbrennt. 12Nå hât r s Brandopfer gmetzgat. Ond am Aaron saene Söh hent am s Bluat dargeba, ond r hât s rengs om da Altar rom gsprenzt. 13Ond se hent am des Brandopfer en saene Rompfstücker mitsamt am Kopf geba. Des hât r auf am Altar aufraocha lassa. 14Ond mr hât s Kuttelwerk ond d Schlegel gwäscha. Des hât r über dem Brandopfer auf am Altar aufraocha lassa.

15Nå hât r d Opfergab vom Volk herbrenga lassa. Ond r hât den Sündopferbock für s Volk gnomma ond an gmetzgat ond als Sündopfer darbrâcht wia da ersta. 16Dådrauf hât r s Brandopfer herbrenga lassa ond s nach dr Vôrschrift hergrichtat. 17Ond r hât s Speisopfer herbrenga lassa ond hât a Hâd vol gnomma ond über am Altar aufraocha lassa, außer am Môrgabrandopfer. 18Nå hât r des Rendle gmetzgat ond den Schâfbock als Friedensopfer für s Volk. Ond saene Söh hent am s Bluat brâcht ond er hât s rengs om da Altar romgsprenzt. 19Ond dia Fettstück vom Rendle ond vom Schâfbock, da Fettschwanz ond bôede Niera mitsamt ihram Fett ond d Leberlappa, 20dia ganze Fettstück hent

se auf dia Bruststück glegt. Ond r håt
dia Fettstück am Altar zua aufraocha
lassa. 21Aber dia Bruststück ond da
rechta Schlegel håt dr Aaron vôr am
Herrgott (JAHWE) gschwonga, wia s
dr Mose ågordnat håt.
22Nå håt dr Aaron saene Händ aufghoba
über s Volk ond håt s gsegnat. Drnåch
ischd r ragstiega, nachdem r s Sündopfer,
s Brandopfer ond s Friedensopfer
darbråcht ghet håt. 23Ond dr Mose ischd
mit am Aaron en s Begegnongszelt
naeganga. Mô se wieder rauskomma
send, hent se s Volk gsegnat ond am
Herrgott (JAHWE) sae Herrlichkaet
ischd am ganza Volk erschiena. 24Ond
vom Herrgott (JAHWE) saem Gsicht
ischd Feuer ausganga ond håt des
Brandopfer auf am Altar mitsamt de
Fettstück vrzehrt. Mô des s Volk gseha
håt, send se en Jubel ausbrocha ond auf
ihr Gsicht nôgsonka.

Zom Vrgleicha: *Vers 8:* 8,14-21 • *Vers 16:* 1,10-13 • *Vers 17:* 2,1-16 • *Vers 18:* 3,1-17.

D Stråf für orechtmäßigs Opfer: 10 1-5

10 Am Aaron saene Söh, dr Nadab
ond dr Abihu, hent a jeder sae
Raecherpfann gnomma ond Feuer
naedao ond Raecherwerk drauf glegt
ond s vôr da Herrgott (JAHWE)
bråcht ond so a orechtmäßigs Opfer
darbråcht ond et so, wia ER s ågordnat
håt. 2Nå ischd vom Herrgott (JAHWE)
saem Gsicht a Feuer ausganga ond håt
se vrzehrt, dass se vôr am Herrgott
(JAHWE) gstôrba send. 3Ond dr Mose
håt zom Aaron gsaed: Des ischd s, was
dr Herrgott JAHWE) gmoent håt, môn
r gsprocha håt:
An dene, mô mr nåch standat, erweis
i me haelig, ond vôr am ganza Volk
vrherrliche i me.
Dr Aaron aber håt gschwiega. 4Dådrauf
håt dr Mose da Mischaël ond da
Elzafan, am Usiël saene Söh, des ischd
dr Onkel vom Aaron, hergruafa ond zo
nen gsaed: Kommat her! Tragat euran
Bruader vom Haeligtom weg, naus vôr s
Lager. 5Ond se send komma ond hent se
en ihre Leibröck vôr s Lager naus traga,
wia s dr Mose gsaed håt.

Dr Denst em Haeligtom: 10 6-20

6Ond dr Mose håt zom Aaron ond zo
saene Söh am Eleasar ond am Itamar
gsaed: Ihr därfat eure Håår et wirr
romhanga lassa ond eure Gwänder et
vrreißa, dass r et sterba müaßat ond sae
Zôrn über de ganz Gemaende kommt.
Aber eure Brüader, s ganz Haus Israel
därf heula über des Feuer, mô dr
Herrgott (JAHWE) åzonda håt. 7Ond
vom Aegang ens Begegnongszelt därfat
ihr et wegganga, dass r et sterba müaßat,
auf euch ischd nämlich s Salböl vom
Herrgott (JAHWE). Ond se hent sich
nach am Mose saener Red vrhalta.
8Dr Herrgott (JAHWE) håt zom Aaron
gsaed: 9Wae ond alkoholische Sacha
sollat ihr et trenka, du ond daene Söh,
wann r ens Begegnongszelt kommat,
dass r et sterba müaßat. Des ischd Gsetz
für älle Generationa: 10Dass ihr nämlich
onterschôeda sollat zwisch'am Haeliga
ond am Profana, zwisch'am Oraena ond
am Raena. 11Ond ihr sollat d Kender
Israel onterweisa en älle Satzonga, mô
en dr Herrgott (JAHWE) durch da
Mose vrkünda lassa håt. 12Ond dr Mose
håt zom Aaron ond zo saene übrig
bliebene Söh, am Eleasar ond am Itamar
gsaed: Nemmat des Speisopfer, mô vom
Herrgott (JAHWE) saene Feueropfer
übrig blieba ischd ond essat se als
Fladabrot neber am Altar, des ischd
Hochhaelig. 13Am haeliga Ort sollat r s
essa. Des ischd nämlich dr Åtoel, mô dir
ond daene Söh von de Feueropfer für da
Herrgott (JAHWE) zuastôht, so ischd
s mir ågeba wôra. 14Ao s Bruststück

vom Schwengopfer ond da Schlegel vom Hebopfer sollat r am raena Ort essa, du selber ond daene Söh ond daene Töchter als daen Åtoel ond da Åtoel von daene Söh an de Friedensopfer von de Israelita. [15]Den Schlegel vom Hubopfer ond des Bruststück vom Schwengopfer mitsamt de Fettstück vom Feueropfer sollat se zom Schwenga brenga als Weiheschwong vôr am Herrgott (JAHWE), des sei für di ond daene Söh a Recht für emmer ond ewig, wia dr Herrgott (JAHWE) ågordnat håt.

[16]Ond dr Mose håt da Bock vom Sündopfer gsuacht ond guck, nå ischd der vrbrennt gwea. Nå håt r an Zôra kriagt über da Eleasar ond da Itamar, am Aaron saene übrig bliebene Söh ond håt gsaed: [17]Wårom hent ihr des Sündopfer et gessa am haeliga Ort? Des ischd doch Hochhaelig, ond ER håt s euch geba, dass ihr dr Gemaende ihr Schuld wegnemma sollat durch d Entsühnong vôr am Herrgott (JAHWE). [18]Ihr Bluat ischd et ens Haeligtom bråcht wôra, ond s Flôesch hent r ao et gessa em Haeligtom, wian e s euch ghôeßa han. [19]Dådrauf håt dr Aaron zom Mose gsaed: Dia hent haet ihr Sündopfer mitsamt am Brandopfer vôr am Herrgott (JAHWE) darbråcht ond nå passiert mir so ebbas. Hätt e nå haet von dem Sündopfer essa solla? Ob des em Herrgott (JAHWE) saene Aoga guat gwea wär? [20]Mô des dr Mose ghört håt, ischd des en saene Aoga guat gwea.

D RAENHAETSGSETZ: 11 1 – 15 33

Raene ond oraene Tier: 11 1-47

11 Ond dr Herrgott håt mit am Mose ond am Aaron gsprocha ond zo nen gsaed: [2]Schwätzat mit de Israelita ond sagat en: Des send d Lebewesa mô ihr essa därfat von ällam Vieh auf dr Erde: [3]Älle Huaftier, mô gspaltene Klaoa hent ond Wiederkäuer send, därfat r essa. [4]Aber dia von de Wiederkäuer ond mit gspaltene Klaoa, s Kamel, des ischd zwår a Wiederkäuer, håt aber koene durchgspaltene Klaoa. Für euch sei s oraen. [5]Dr Klippdachs ischd zwår a Wiederkäuer, håt aber koene durchgspaltene Klaoa. Für euch sei r oraen. [6]Dr Has ischd zwår a Wiederkäuer, håt aber koene durchgspaltene Klaoa. Für euch sei r oraen. [7]D Sau håt zwår durchgspaltene Klaoa, ischd aber koe Wiederkäuer. Für euch sei s oraen. [8]Von dene ihram Flôesch därfat r nex essa ond ihr Aas et ålanga. Für euch sei s oraen.

[9]Aus am Wasser därfat r ällas essa, was Flossa håt ond Schuppa, aus am Meer ond aus de Flüss, des därfat r essa. [10]Aber ällas aus am Wasser, was koene Flossa ond koene Schuppa an sich håt, em Meer ond en de Flüss, ällas Gewimmel em Wasser ond älle Lebewesa em Wasser, des soll euch a Graus sae. [11]Ond a Graus sollat se bleiba für euch. Von ihram Flôesch därfat r nex essa ond vôr ihram Aas soll s euch ekla. [12]Ällas, was koene Flossa ond koene Schuppa håt em Wasser soll euch a Graus sae.

[13]Ond ekla soll s euch ao vôr dem Gflügel, mô mr et essa därf ond mô euch a Graus sae soll: dr Adler, dr Lämmergeier, dr Bartgeier, [14]dr Milan ond de vrschiedene Habicht. [15]älle Rabavögel. [16]D Adlereula ond d Kurzohreula ond d Langohreula ond de vrschiedene Falkaarta. [17]Ond da Kauz ond d Möwa ond da Uhu, [18]d Weißeula, d Klaeneula, d Fischadler [19]ond da Storch, da Reiher en saene vrschiedene Arta, da Wiedehopf ond d Fledermaus.

[20]Ao ällas Oziefer, mô Flügel håt ond
vier Füaß sei euch a Graus. [21]Von ällam
Oziefer mit Flügel mô vier Füaß håt
därfat r des essa, mô über de Füaß
zwôe Schenkel håt zom auf am Boda
rom hopfa. [22]Von dene könnat r d
Wanderhaeschrecka en ihre vrschiedene
Arta essa, ond d Fressgrilla en ihre
vrschiedene Arta, d Grashopfer en
ihre vrschiedene Arta. [23]Aber ällas, was
sonst no Flügel håt ond vier Füaß, soll
euch a Graus sae. [24]An dene (Viecher)
vroraenigat r euch, ond wer a Aas von
en ålangt, ischd oraen bis an da Åbad.
[25]Ond a jeder, mô ebbas von ihram
Aas aufhebt (oder traet), muaß saene
Gwänder wäscha ond ischd oraen bis an
da Åbad.
[26]Em Blick auf s Vieh: wann s zwår
Huaf, aber koene gspaltene Klaoa håt
ond ao koe Wiederkäuer ischd, ischd s
für euch oraen. A jeder, mô oes ålangt,
wird oraen. [27]Ond ällas, was auf Pfota
laoft onter de Vierfüaßler, ischd oraen
für euch. Jeder, mô a Aas von en ålangt,
ischd oraen bis an da Åbad. [28]Ond der,
mô a Aas von en traet, muaß saene
Gwänder wäscha ond ischd oraen bis an
da Åbad. Dia send für euch oraen.
[29]Ond des ischd für euch oraen, was auf
am Boda romkriacht: s Wiesale ond d
Maus ond d Aedechsa en ihre vrschiedene
Arta, [30]dr Gecko vrschiedene Echsaarta
ond dr Salamander ond s Chamäleon.
[31]Des send dia Kriachtier, mô für euch
oraen send. Wer so a daots Tier ålangt,
ischd oraen bis an da Åbad.
[32]Ond ällas, mô a daots Tier nauffällt
wann s omkommt, ischd oraen, ob s aus
Holz ischd oder a Gwand oder Leder
oder a Sack, ällas, mô mr drmit schafft,
muaß mr ens Wasser doa ond s ischd
oraen bis an da Åbad. [33]Aber jeder Kruag
oder Hafa, mô ebbas von en naefällt,
ällas, was dren ischd, wird oraen. Mr
muaß an zsemahaoa. [34]Ällas, was mr
essa kå, wird oraen, wann Wasser aus
so'ma Hafa oder Kruag nôkommt, ond
jedas Getränk wird oraen, wann s aus so
ama Kruag tronka wird. [35]Ond ällas, mô
a daots Tier nauffällt, wird oraen. A Ofa
oder a Herd muaß agrissa wera. Oraen
ischd s ond oraen soll s euch sae. [36]Aber
Quella ond Zisterna ond Staobecka
bleibat raen. Aber der, mô a daots Tier
dren ålangt, ischd oraen. [37]Ond wann
a sottigs Aas auf da Såma fällt von ra
Aussaat mô gsät wera soll, ischd r raen.
[38]Wann aber Wasser auf da Såma gleert
wird ond s fällt nå so a Aas drauf, nå
ischd r für euch oraen.
[39]Ond wann oes vom Vieh aegôht, mô
zom essa vôrgseha ischd, wer des ålangt,
ischd oraen bis an da Åbad. [40]Ond der,
mô von dem Aas ebbas isst, muaß saene
Gwänder wäscha ond r bleibt oraen bis
an da Åbad. Ao der, mô sae Aas aufhebt,
muaß saene Gwänder wäscha ond r
bleibt oraen bis an da Åbad.
[41]Was auf am Boda romkriacht, soll euch
a Graus sae, ond mr soll s et essa. [42]Ällas,
was auf am Bauch kriacht ond auf vier
Füaß kriacht bis zo de Vielfüaßler, ond
von ällam, was auf am Boda kriacht,
därfat r nex essa, dia send eklig. [43]Machat
euch et selber zom Graus durch des
ganze Kriachzeugs, mô sich då regt ond
dent euch et vroraeniga mit en, endem r
oraen wera dätat durch s. [44]I ben nämlich
dr Herrgott (JAHWE), euer Gott (Eloy).
Haeligat euch ond bleibat Haelige, weil
i haelig ben. Vroraenigat also et eure
Seela an dem ganza Kriachzeugs, mô
auf am Erdboda romkriacht. [45]I ben s
nämlich, JAHWE, der mô euch aus am
Land Ägypten rausgführt håt, dass e
euer Gott (Elohim) ben. Ond ihr sollat
Haelige sae, weil i haelig ben.
[46]Des ischd s Gsetz über s Vieh, d Vögel
ond älle Lebewesa em Wasser ond älle
Wesa, mô auf am Boda romkriachat,
[47]zom onterschôeda zwischa am Oraena

ond am Raena, zwischa am eßbara
Lebewesa ond dem Lebewesa, mô mr et
essa därf.
Zom Vrgleicha: *Vers 1-47:* Dtn 14,3-21a • *Vers 39:*
Ex 22,30

D Raenigong von de Wöchnerenna: 12 1-6

12 Ond dr Herrgott håt mit am
Mose gsprocha ond gsaed:
[2]Schwätz mit de Israelita ond sag en:
Wann a Frao Muader wird ond an Bua
auf d Welt brengt, nå ischd se sieba Däg
oraen, so wia se oraen sae muaß, wann
se ihr Regel håt. [3]Am achta Dag soll
mr s (des Büable) an saener Vôrhaut
beschneida. [4]Dreiadreißg Däg soll
se (dui Frao) drhoem bleiba für ihr
Raenigongsbluatong. Von ällam, was
gweiht ischd, därf se nex ålanga, ond
ens Haeligtom soll se ao et komma, bis
ihr Raenigongszeit rom ischd. [5]Kriagt se
aber a Mädle, nå ischd se zwôe Wocha
oraen wia wann se ihr Regel håt, ond se
soll sechsasechzg Däg drhoem bleiba,
bis ihr Raenigongszeit rom ischd. [6]Ond
wann ihr Raenigongszeit für da Bua oder
s Mädle rom ischd, soll se am Priaster a
oejährigs Lamm als Brandopfer, a jongs
Täuble oder a Turteltaub als Sündopfer
an da Aegang vom Begegnongszelt
zom Priaster brenga. [7]Der soll s vor am
Herrgott darbrenga zor Entsühnong, nå
ischd se raen von ihram Bluatfluß.
Des ischd s Gsetz für d Frao, wann se
an Bua oder a Mädle auf d Welt brengt.
[8]Wann se aber et für a Lamm aufkomma
kå, soll se zwôe Turteltauba oder zwôe
jonge Täubla brenga, oes als Brandopfer
ond oes als Sündopfer, ond der Priaster
soll se entsühna, nå ischd se raen.
Zom Vrgleicha: *Vers 3:* Gen 17,12 • *Vers 7:* Lk
2,24.

Dr Aussatz an Menscha: 13 1-46

13 Ond dr Herrgott håt mit am
Mose ond am Aaron gsprocha
ond zo nen gsaed: [2]Wann sich an dr
Haut vo'ma Menscha a Knötle oder a
Ausschlag oder a heller Flecka bildat
ond r entwicklat sich zom Aussatz,
nå soll mr n zom Aaron brenga, zom
Priaster, oder zo oem von saene Söh aus
am Priasterstand. [3]Der Priaster soll dia
Stella an dr Haut gnao ågucka, wann r
sieht, dass sell d Håår weiß wôra send
ond dui Stell tiafer ist als wia de ander
Haut, nå ischd s Aussatz. Wann des
dr Priaster sieht, nå soll r an für oraen
erklära. [4]Ond wann an saener Haut a
weißer Flecka ischd, aber et tiafer als de
ander Haut ond ao d Håår då drauf et
weiß wôra send, nå soll an dr Priaster
sieba Däg aeschliaßa. [5]Wann an nå am
siebta Dag dr Priaster wieder ågguckt
ond der Schada ischd so wia vôrher ond
s håt sich nex vränderat, nå soll r an
nômål sieba Däg aeschliaßa. [6]Ond wann
an der Priaster nach de zwôete sieba Däg
wieder ågguckt ond feststellt, dass dui
Stell vrblaßt ischd ond et weitergmacht
håt auf dr Haut, nå soll an dr Priaster
für raen erklära, weil s bloß a Ausschlag
ischd. Nå soll r saene Klôeder wäscha,
ond r ischd wieder raen. [7]Ond wann
sich der Ausschlag weiter ausbrôetat håt
auf dr Haut, nachdem r vom Priaster
ågguckt wôra ischd ond der an für raen
erklärt håt, soll r sich nômål am Priaster
zaega. [8]Guckt an der Priaster wieder
å ond stellt fest, der Ausschlag ischd
graeßer wôra auf dr Haut, nå muaß an
dr Priaster für oraen erklära, weil des
Aussatz ischd.
[9]Wann a'ma Menscha a aussätziga Stell
ischd, soll mr an zom Priaster brenga.
[10]Wann der Priaster a weißa Stell auf
dr Haut sieht, mô d Håår drauf weiß
wôra send ond sich a Knötle bildat håt
ond då ischd wilds Flôesch gwachsa,

[11]nå ischd des schao a alter Aussatz auf
saener Haut. Nå muaß an dr Priaster
für oraen erklära, aber an et aeschliaßa,
weil der schao oraen ischd. [12]Wann sich
aber der Aussatz über da ganza Leib
ausbrôetat ond de ganz Haut von dem
Übel befalla ischd vom Kopf bis an d
Füaß, ällas, was dr Priaster seha kå [13]ond
an der Priaster åguckt ond feststellt dass
sich der Aussatz über da ganza Leib
ausbrôetat håt, nå soll r an für raen
erklära; weil ällas weiß wôra ischd, ischd
r raen. [14]Wann r aber an dem Dag, môn
r an åguckt, wilds Flôesch an am fendat,
muaß r an für oraen erklära. [15]Ond
wann der Priaster des wilde Flôesch
åguckt, muaß r an für oraen erklära. Des
wilde Flôesch ischd nämlich oraen; des
ischd Aussatz. [16]Oder wann des wilde
Flôesch vrschwonda ischd ond s ischd
wieder weiß wôra, ond r kommt zom
Priaster, [17]ond der Priaster guckt an å
ond stellt fest, dass dui Stell wieder weiß
wôra ischd, nå soll r den Schada für raen
erklära; r ischd raen.
[18]Ond wann bei oem auf dr Haut a Ôesa
wachst ond s vrhôelt wieder, [19]ond s
bildat sich an dera Stell, mô der Ôesa
gwea ischd a weißs Mal oder a weißraoter
Flecka, nå soll r sich vom Priaster ågucka
lassa. [20]Ond wann der Priaster an åguckt
ond feststellt, dass d Haut an dera Stell
tiafer aussieht als drneba ond d Håår sell
weiß wôra send, nå soll r an für oraen
erklära, der Aussatz ischd en dem Ôesa
ausbrocha. [21]Wann s dr Priaster åguckt
ond feststellt: då ischd koe weißs Håår
ond aegsonka ischd s ao et gega de
ander Haut ond s wird blôecher, nå soll
r an sieba Däg aeschliaßa. [22]Ond wann
s weitermacht auf dr Haut, muaß an dr
Priaster für oraen erklära; nå ischd s a
aussätziga Stell. [23]Ischd der Hautflecka
an dera Stell aber zom Stillstand komma
ond håt et weiter gmacht, nå ischd s d
Narb von dem Ôesa, ond dr Priaster kå
an für raen erklära.
[24]Oder wann oener an saener Haut a
Brandvrletzong håt ond s wucherat
om dui Brandvrletzong rom ond wird
weiß-raetlich oder weiß, [25]wann s dr
Priaster åguckt ond feststellt, d Håår
send weiß wôra an dera Stell ond s ischd
ao tiafer wia d Haut drom rom. Nå håt
sich dr Aussatz en dera Brandvrletzong
bildat, ond dr Priaster muaß an für
oraen erklära; nå ischd s a aussätziga
Stell. [26]Wann aber dr Priaster feststellt:
då ischd koe weißs Håår an dera Stell
ond d Haut ischd ao et aegsonka ond
se ischd blôecher wôra, nå soll an dr
Priaster sieba Däg aeschliaßa. [27]Am
siebta Dag soll an dr Priaster wieder
ågucka. Håt s weitergmacht auf dr
Haut, nå muaß an dr Priaster für oraen
erklära; nå ischd s a aussätziga Stell.
[28]Ischd der Hautflecka an dera Stell aber
zom Stillstand komma ond håt et weiter
gmacht, ond ischd sogar blôecher wôra,
nå ischd s a Brandwond. Dr Priaster soll
an für raen erklära. Des ischd d Narb
von ra Brandwond.
[29]Wann a Må oder a Frao a Stell am
Kopf oder em Bart håt, [30]ond dr Priaster
guckt an å ond stellt fest, dass se tiafer
aussieht wia d Haut drom rom, ond
goldfarbene dünne Häärla send drå,
soll an dr Priaster für oraen erklära,
des send Flechta auf am Kopf oder em
Bart. [31]Ond wann dr Priaster dia Flechta
åguckt ond sieht, dass dia et tiafer send
als d Haut drom rom ond s send ao
koene schwarze Håår dren, nå soll dr
Priaster den mit dene Flechta sieba Däg
aeschliaßa. [32]Guckt dr Priaster am siebta
Dag des Leida å ond sieht, dass sich dia
Flechta et ausbrôetat hent ond ao koene
goldgelbe Håår druf gwachsa send ond
dia Stella et tiafer liegat als wia d Haut
drom rom, [33]nå därf r sich rasiera, aber
d Flechta soll r et rasiera. Dr Priaster
soll an nômål sieba Däg aeschliaßa.

34 Guckt nå dr Priaster dia Flechta
wieder am siebta Dag å ond stellt fest,
dia Flechta hent sich et ausbrôetat auf
dr Haut ond seahnat ao et tiafer aus
als d Haut rengs rom. Nå soll an dr
Priaster für raen erklära. Aber r muaß
saene Klôeder wäscha, nå ischd r raen.
35 Wann dia Flechta aber weiter machat,
nachdem r für raen erklärt wôra ischd,
36 ond dr Priaster guckt an wieder å ond
sieht, dass sich dia Flechta ausbrôetat
hent auf dr Haut, nå braucht r nemme
nach raetliche Håår suacha, der ischd
oraen. 37 Wann aber en saene Aoga dia
Flechta zom Stillstand komma send ond
schwarze Håår drå wachsat, nå send dia
Flechta ausghôelt ond r ischd raen. Dr
Priaster muaß an für raen erklära.
38 Wann bei ma Må oder bei ra Frao am
Leib weiße Flecka entstandat 39 ond dr
Priaster guckt s å ond stellt fest, dass des
blôeche weiße Flecka send, nå ischd des
a guatartiger Ausschlag, mô auf dr Haut
entstanda ischd, nå ischd r raen.
40 Wann ama Må d Kopfhåår rausgangat,
dass r am Henterkopf kahl wird, ischd
der raen. 41 Gangat am d Håår vôrna am
Kopf raus, dass r a Glatze kriagt, nå
ischd r raen. 42 Wann sich aber an saener
Glatze oder an dr Stirnglatze a raetlich
weißa Stell bildat, nå ischd an saener
Glatze dr Aussatz ausbrocha. 43 Wann
an dr Priaster nå åguckt ond sieht, dass
då a raetlich weißa Stell ischd, mô a
bißle haecher ischd an saener Glatze
ond aussieht wia dr Aussatz sonst auf
dr Haut, 44 nå ischd r aussätzig ond
oraen, ond dr Priaster muß an für oraen
erklära. Der håt da Aussatz am Kopf.
45 Ond a Aussätziger, mô des Leida
an sich håt, soll en vrrissene Klôeder
romlaofa ond saene Håår sollat wirr
romhanga ond da Bart soll r vrdecka,
ond schreia: Oraen! Oraen! 46 So lang
wia der Schada an am ischd muaß r
oraen sae, der ischd oraen ond muaß für
sich alloe bleiba. Außerhalb vom Lager
muaß r bleiba.

Dr Aussatz an Klôeder: 13 47-59

47 Wann an saem Gwand a aussätziga Stell
ischd, ama wollena oder ama Gwand
aus Flachs, 48 am gwebta oder gstrickta,
aus Laena oder Wolla, oder am Leder
oder an ällam, was aus Leder gmacht
ischd, 49 wann der Schada grealecht
oder raetlecht ischd em Gwand oder
em Leder oder em Gwebta oder em
Gstrickta oder ama Gegastand aus
Leder, des ischd a aussätziga Stell ond
muaß am Priaster zaegt wera. 50 Wann
dr Priaster den Schada åguckt håt, soll
r an sieba Däg aeschliaßa. 51 Guckt r den
Schada am siebta Dag wieder å ond stellt
fest, dass sich der Schada ausgweitat
håt em Gwand oder em Gewebe oder
em Strickwerk oder em Leder ond en
ällam, was mr aus Leder macha kå, nå
ischd dui Stell a fressender Aussatz. Der
ischd oraen. 52 Nå soll mr des Gwand
vrbrenna, oder des Gwebte oder
Gstrickte, ob Wolla oder Laena, oder s
Lederwerk, mô so a Stell dranna ischd;
weil des a fressender Aussatz ischd,
ond den muaß mr em Feuer vrbrenna.
53 Wann dr Priaster aber sieht, dass sich
der Schada et ausbrôetat håt em Gwand
oder em Strickwerk oder em Gewebe
oder em Lederwerk, 54 nå soll dr Priaster
åordna, dass ällas gwäscha wird, mô
so a Stell ischd, ond nå soll r s nômål
sieba Däg aeschliaßa. 55 Ond wann dr
Priaster des nômål åguckt, wann der
Schada gwäscha wôra ischd ond r sieht,
dass sich der Schada et ausgweitat håt en
saene Aoga, nå ischd s oraen ond muaß
mit Feuer vrbrennt wera, weil sich des
tiaf nae gfressa håt vôrna ond henta.
56 Ond wann dr Priaster sieht, dass dui
Stell, mô mr ausgwäscha håt, blôecher
wôra ischd, nå soll mr dui Stell aus dem
Gwand rausreissa, oder aus dem Leder

oder aus am Gwebta oder Gstrickta. 57Wa’mr aber sieht, dass en dem Gwand oder em Gewebe oder em Strickwerk oder em Lederzeug wieder ebbas durch kommt, nå muaß mr ällas vrbrenna, mô an Schada håt. 58Ond des Gwand oder Gewebe oder Strickwerk oder Lederzeug, mô gwäscha ischd ond der Schada ischd weg, muaß nômål gwäscha wera, nå ischd s raen.

59Des ischd s Gsetz über d Schäda durch da Aussatz an Klôeder, wollene, laenene, gwebte oder gstrickte ond an ällam Lederzeug, wia mr se für raen oder oraen erklära soll.

D Raenigongszeremonia für dia, mô vom Aussatz ghoelt wôra send: 14 1-32

14 Ond dr Herrgott håt mit am Mose gsprocha ond zon am gsaed: 2Des ischd s Gsetz für an Aussätziga am Dag von saener Raenigong: Mr soll an zom Priaster brenga. 3Dr Priaster soll zom Lager nausganga. Sieht dr Priaster, dass der Aussätzige von saem Aussatz ghôelt ischd, 4nå soll der Priaster åordna für den, mô sich raenigt, r soll für sich zwôe lebendige, raene Vögel nemma, ond Zedernholz ond karmesinfarbena Wolla ond Ysop. 5Ond der Priaster soll åordna, dass mr den oena Vogel metzga soll en an irdena Hafa über Wasser aus ra Quell. 6Den lebendiga Vogel soll r mitsamt dem Zedernholz ond dera karmesinfarbena Wolla ond dem Ysop en des Bluat von dem gmetzgata Vogel naetonka, der mô über dem Quellwasser gmetzgat wôra ischd. 7Ond r soll s sieba Mål über den sprenza, der mô sich vom Aussatz raenigt ond an so raeniga. Ond den lebendiga Vogel soll r em freia Feld fliaga lassa. 8Ond der, mô sich raenigt, soll saene Gwänder wäscha ond saene ganze Håår wegrasiera ond em Wasser bada, nå ischd r raen. Ond dådrnåch därf r wieder ens Lager komma, aber r muaß no sieba Däg aus saem Zelt draußa bleiba. 9Ond am siebta Dag soll r älle saene Håår wegrasiera, von saem Kopf, von saem Bart ond von saene Aogabraua, jå, saen ganza Håårwuchs soll r wegrasiera. Ond r soll saene Gwänder wäscha ond saen Leib bada em Wasser, nå ischd r raen.

10Ond am achta Dag soll r zwôe aewandfreie männliche Lämmer ond a aewandfreis weiblichs Lamm ond ond drei Zehntel aewandfreis Faenmehl als Speisopfer brenga, mit Öl ågmacht ond no a Kann Öl. 11Der Priaster, mô raenigt, soll den Må, der mô sich raenigt, ond dia Sacha vôr da Herrgott (JAHWE) stella am Aegang vom Begegnongszelt. 12Ond der Priaster soll des oene Lamm darbrenga als Schuldopfer mitsamt dera Kann Öl, ond r soll bôedas schwenga als Weiheschwong vôr am Herrgott (JAHWE). 13Ond r soll des Lamm metzga an dem Platz, mô mr s Sündopfer ond s Brandopfer metzgat, an dr Weihestätte. Weil so wia s Sündopfer, so ghert ao s Schuldopfer am Priaster, des ischd Hochhaelig. 14Ond dr Priaster soll von dem Schuldopferbluat ebbas nemma ond s dem an s Ohrläpple nô doa, mô sich raenigt, ond an saen rechta Daoma ond an da graoßa Zaeha von saem rechta Fuaß. 15Dådrnåch soll der Priaster ebbas aus dera Ölkann en sae ôegena lenka Håd nae doa. 16Nå soll r mit am Fenger von saener rechta Håd ebbas von dem Öl en saener lenka Håd vôr am Herrgott (JAHWE) sieba Mål nôspritza. 17Ond von dem übriga Öl en saener Håd soll der Priaster dem, mô sich raenigt ebbas an s rechte Ohrläpple ond an da Daoma von saener rechta Håd ond an da graoßa Zaeha von saem rechta Fuaß doa auf s Bluat von dem Schuldopfer. 18Ond s restliche Öl auf saener Håd soll der Priaster dem, mô sich raenigt auf s Haopt doa ond an so

entsühna vôr am Herrgott (JAHWE).
[19]Nå soll dr Priaster des Sündopfer nôrichta ond den, mô sich raenigt von saener Oraenhaet entsühna ond nå des Brandopfer metzga. [20]Ond dr Priaster soll des Brandopfer ond s Speisopfer auf am Altar darbrenga ond an so entsühna, nå ischd r raen.
[21]Wann r aber arm ischd ond et so viel aufbrenga kå, nå soll r bloß oe Lamm für sae Schuldopfer darbrenga zor Entsühnong, ond a Zehntel Faenmehl, mit Öl ågmacht. [22]Ond zwôe Turteltauba oder zwôe jonge Täubla, wian r s aufbrenga kå, ond soll oes als Sündopfer ond oes als Brandopfer darbrenga. [23]Des soll r am achta Dag von saener Raenigong zom Priaster brenga am Aegang vom Begegnongszelt vôr da Herrgott (JAHWE). [24]Nå soll der Priaster des Schuldopferlamm ond dui Ölkann nemma ond ällas vôr am Herrgott (JAHWE) schwenga. [25]Nå soll mr des Lamm metzga. Ond dr Priaster soll vom Blut von dem Opferlamm ebbas an s rechte Ohrläpple ond an da Daoma von saener rechta Håd ond an da graoßa Zaeha von saem rechta Fuaß doa. [26]Dådrnåch soll der Priaster ebbas aus dera Ölkann en sae ôegena lenka Håd nae doa. [27]Nå soll r mit am Fenger von saener rechta Håd ebbas von dem Öl en saener lenka Håd vôr am Herrgott (JAHWE) sieba Mål nôspritza. [28]Ond von dem übriga Öl en saener Håd soll der Priaster dem, mô sich raenigt ebbas an s rechte Ohrläpple ond an da Daoma von saener rechta Håd ond an da graoßa Zaeha von saem rechta Fuaß doa auf des Bluat von dem Schuldopfer. [29]Ond s restliche Öl auf saener Håd soll der Priaster dem, mô sich raenigt auf s Haopt doa ond an so entsühna vôr am Herrgott (JAHWE). [30]Nå soll mr oes von dene Täubla oder von dene Turteltauba oena, wian r s håt aufbrenga könna, [31]was r halt könna håt, s oene als Sündopfer, s ander als Brandopfer ond s Speisopfer darbrenga. So soll dr Priaster den, mô sich raenigt, entsühna vôr am Herrgott (JAHWE).
[32]Des ischd s Gsetz für an Aussätziga, wann r für sae Raenigong et so viel aufbrenga kå.

Zom Vrgleicha: *Vers 14:* 8,23; Ex 29,20.

Dr Aussatz an Häuser: 14 33-57

[33]Ond dr Herrgott håt mit am Mose ond am Aaron gsprocha ond zo nen gsaed: [34]Wann ihr ens Land Kanaan kommat, des, mô i euch als Aegatom gib, ond i laß ama Haus em Land von euram Aegatom an Aussatzschada entstanda, [35]nå soll der, dem mô des Haus ghert, am Priaster melda ond saga: an maem Haus ischd ebbas, des sieht mr nach Aussatz aus. [36]Ond dr Priaster soll des Haus ausräuma lassa, bevôr r kommt, zom dui Stell ågucka, dass et ällas oraen wird, was em Haus drenna ischd. Nå soll dr Priaster naeganga ond des Haus ågucka. [37]Wann r nå dui Stell åguckt ond festgstellt håt, dass då an de Wänd Stella send, mô an grealechta oder raetlechta Schemmer hent ond ausplattat send, [38]nå soll der Priaster zo dem Haus naus ganga ond s für sieba Däg zuaschliaßa. [39]Wann dr Priaster nå am siebta Dag kommt ond sieht, dass sich dui ågfressena Stell ausbrôetat, [40]nå muaß r åordna, dass dia Stoener, mô dia Stella drå send, rausbrocha wera müaßat, nå soll mr se vôr d Stadt naus an an oraena Ort schmeisa. [41]Ond em ganza Haus soll mr enna d Wänd akratza ond den akratzta Loehma vôr d Stadt naus an an oraena Ort schmeisa. [42]Nå sollat se andere Stoener an dera Stell naesetza ond en andera Loehma nemma zom vrputza. [43]Wann aber dia Fraßstella an dem Haus wieder rauskommat, nachdem mr dia Stoener austauscht ond

s Haus neu vrputzt hât, 44soll dr Priaster naeganga. Ond wann r sieht, dass des weitergfressa hât, nå ischd s a baesartiger Aussatz, ond s ischd oraen. 45Nå muaß mr s ganz Haus areissa ond d Stoener, s Holz ond da Putz nausführa vôr d Stadt ond ama oraena Platz nôkeia. 46Ond wer en so a Haus nae gôht, so lang wia s zuagschlossa ischd, der ischd oraen bis an da Åbad. 47Ond der, mô en dem Haus gschlåfa hât, der muaß saene Klôeder wäscha; ond der mô en dem Haus isst, muaß saene Klôeder wäscha.

48Wann aber der Priaster nae gôht ond sieht, dia Fraßstella send nemme rauskomma nach am Vrputza, nå soll r s für raen erklära, weil s en Ordnong ischd. 49Nå soll r zor Entsühnong von dem Haus zwoe Vögel nemma ond Zedernholz, karmesinfarbena Wolla ond Ysop. 50Ond r soll da oena Vogel metzga en an irdena Hafa über Wasser aus ra Quell. 51Ond r soll des Zedernholz ond da Ysop ond des Karmesingfärbte ond den lebendiga Vogel en des Bluat von dem gmetzgata Vogel naetonka, der mô über dem Quellwasser gmetzgat wôra ischd, ond sieba Mål an des Haus nôspritza. 52So soll r des Haus entsühna mit dem Bluat von dem Vogel ond mit dem Quellwasser ond mit dem lebendiga Vogel ond mit dem Zedernholz ond am Ysop ond mit dem Karmesingfärbta. 53Ond den lebendiga Vogel soll r em freia Feld fliaga lassa draußa vôr dr Stadt ond des Haus entsühna, nå ischd s raen.

54Des ischd s Gsetz über älle Arta vom Aussatz ond d Flechta, 55über da Aussatz an Klôeder ond am Haus, 56über d Mäler, Flechta ond weiße Flecka, 57dass mr Åweisonga hât über des, was raen ischd ond was oraen. Des ischd s Gsetz über da Aussatz.

D Oraenhaet bei de Männer: 15 1-18

15 Ond dr Herrgott hât mit am Mose ond am Aaron gsprocha ond zo nen gsaed: 2Schwätz mit de Israelita ond sag en: Wann a Må an saem Glied en Ausfluß hât, nå ischd r oraen. 3Ob sae Glied saen Ausfluß raus lässt oder ob s vrstopft ischd von saem Ausfluß, oraen ischd r en bôede Fäll. 4A Jedas Lager, mô der drauf leit oder ällas, môn r drauf nôhockt, ischd oraen. 5Ond jeder, mô dem sae Lager ålangt, muaß saene Klôeder wäscha ond r muaß em Wasser bada. Ond r bleibt oraen bis an da Åbad. 6Ond der, mô oemats nôhockt, mô der mit saem Ausfluß ghockt ischd, muaß saene Kloeder wäscha ond r muaß em Wasser bada. Ond r bleibt oraen bis an da Åbad. 7Ond der, mô oen mit ama Ausfluß ålangt, muaß saene Klôeder wäscha ond r muaß em Wasser bada. Ond r bleibt oraen bis an da Åbad. 8Ond wann oener, mô an Ausfluß hât oen åspuckt, muaß r saene Kloeder wäscha ond r muaß em Wasser bada. Ond r bleibt oraen bis an da Åbad. 9Ond ällas Reitzeug mô oener mit ama Ausfluß drauf reitat, wird oraen. 10Ond jeder, mô ebbas ålangt, was der onter sich hât, bleibt oraen bis an da Åbad. Ond der, mô so ebbas traet, muaß saene Klôeder wäscha ond r muaß em Wasser bada. Ond r bleibt oraen bis an da Åbad. 11Ond wann oener den, mô an Ausfluß hât, ålangt ond et vôrher saene Händ gwäscha hât, muaß saene Klôeder wäscha ond r muaß em Wasser bada. Ond r bleibt oraen bis an da Åbad. 12Ond an jeda irdena Hafa, mô der mit dem Ausfluß åglangt hât, muaß zsemaghaoa wera, ond jeda Gerätschaft aus Holz muaß em Wasser gspüalt wera.

13Ond wann sae Ausfluß vrganga ischd, soll r sieba Däg zähla von då å, mô s aufghert hât, nå soll r saene Kloeder wäscha ond em Wasser bada. Ond r

ischd raen. 14 Am achta Dag soll r zwôe
Turteltauba oder zwôe jonge Täubla
nemma ond drmit vôr da Herrgott
(JAHWE) komma am Aegang vom
Begegnongszelt ond s dem Priaster geba.
15 Ond der Priaster soll oes als Sündopfer
ond oes als Brandopfer darbrenga ond
an vôr am Herrgott (JAHWE) entsühna
wega saem Ausfluß.
16 Wann ama Må Såma abgôht, soll r em
Wasser bada ond r ischd oraen bis an
da Åbad. 17 Ond jedas Gwand ond jedas
Fell, mô der Såma nôkomma ischd,
muaß em Wasser gwäscha wera ond s
bleibt oraen bis an da Åbad.
18 Ond wann a Frao bei bei ma Må leit,
dem mô dr Såma abgôht, sollat bôede
em Wasser bada, ond se send oraen bis
an da Åbad.

D Oraenhaet bei de Fraoa: 15 19-33
19 Wann a Frao ihr Regel håt, bleibt se
sieba Däg oraen, ond a jeder, mô se
ålangt, ischd oraen bis an da Åbad. 20 Ond
ällas, mô se en dera Zeit drauf leit, ischd
oraen. Ond ällas, mô se drauf nô hockt,
wird oraen. 21 Ond jeder, mô ihr Lager
ålangt, muaß saene Klôeder wäscha ond
r muaß em Wasser bada. Ond r bleibt
oraen bis an da Åbad. 22 Ond der, mô
ebbas åglangt håt, mô se drauf ghockt
ischd, muaß saene Klôeder wäscha ond
r muaß em Wasser bada. Ond r bleibt
oraen bis an da Åbad. 23 Ao wann ebber
ebbas ålangt, mô auf ihram Lager leit
oder auf dem Gegastand, mô se drauf
ghockt ischd, ischd r oraen bis an da
Åbad. 24 Ond wann a Må bei ra Frao liegt
ond se kriagt drbei ihr Regel, nå ischd r
sieba Däg oraen, ond des Lager, môn r
drauf glega ischd, wird oraen.
25 Wann aber a Frao länger Bluatonga
håt ond außerhalb von ihrer Regel oder
über ihr Regel naus, nå ischd se en dera
ganza Zeit oraen, wia en dr Zeit von
ihrer Regel. 26 Jedas Lager, mô se drauf
leit solang se Bluatonga håt, ischd so
wia en dr Zeit von ihrer Regel; ond
jedas Gerät, mô se drauf hockt, ischd
oraen wia en dr Zeit von ihrer Regel.
27 Wer des ålangt, wird oraen, ond muaß
saene Klôeder wäscha ond r muaß em
Wasser bada. Ond r bleibt oraen bis an
da Åbad.
28 Wann aber ihre Bluatonga aufghert
hent, soll se sieba Däg zähla von då å, mô
s aufghert håt, nå gilt se als raen. 29 Am
achta Dag soll se zwôe Turteltauba oder
zwôe jonge Täubla nemma ond drmit
vôr da Herrgott (JAHWE) komma am
Aegang vom Begegnongszelt ond s dem
Priaster geba. 30 Ond der Priaster soll oes
als Sündopfer ond oes als Brandopfer
darbrenga ond se vôr am Herrgott
(JAHWE) entsühna wega ihre oraene
Bluatonga.
31 So sollat ihr d Israelita weiha gega ihr
Oraenhaet, dass se et sterbat durch ihr
Oraenhaet, mit dera se mae Wohnong
en ihrer Mitte vroraenigat.
32 Des ischd s Gsetz über oen, mô ama
Ausfluß leidat ond über den, dem mô dr
Såma abgôht ond durch des oraen wird,
33 ond über dia, mô en Ausfluß hent, sei
s a Må oder a Frao, ond über an Må, der
mô bei ra Oraena leit.

S RITUAL FÜR DA VRSÖHNONGSDAG: 16 1-34

16 Ond dr Herrgott håt mit am
Mose gredat, nachdem am Aaron
saene bôede Söh omkomma send, mô
se vôr da Herrgott nôtreta gwea send,
2 ond håt zon am gsaed: Sag daem
Bruader Aaron, dass r et jederzeit en
s Haeligtom naeganga kå henter da
Vôrhang vôr d Sühneplatt, mô auf dr

Truhe mit de Gsetzasvôrschrifta leit, sonst müaßt r sterba, wann i en r a Wolk auf dr Sühneplatt erschaen. [3]So soll dr Aaron en s Haeligtom aetreta: Mit a ma jonga Farra als Sündopfer ond a ma Schåfbock zom Brandopfer. [4]A gweihts Laenagwand soll r åhao ond Laenahosa mit a ma Laenagürtel, drzua an Turban auf am Kopf han aus Laena. Des send haelige Klôeder, dia soll r åziaga, wann r vôrher saen Leib em Wasser badat håt. [5]Nå soll r von dr Gemaende Israel zwôe Gôesböck als Sündopfer ond an Schåfbock als Brandopfer vrlanga. [6]Nå soll dr Aaron den Jongstier herbrenga lassa, der mô für ehn selber bestimmt ischd ond an darbrenga, dass r für sich ond saene Åghörige Sühne schafft. [7]Nå soll r dia bôede Böck nemma ond se vôr da Herrgott stella am Aegang vom haeliga Zelt. [8]Nå soll dr Aaron über dene zwôe Böck losa, oe Los für da Herrgott ond oe Los für da Asasel.

[9]Ond dr Aaron soll den Bock, mô für da Herrgott ausglost ischd herbrenga ond als Sündopfer darbrenga. [10]Aber der Bock, mô für da Asasel ausglost wôra ischd, soll lebendig vôr da Herrgott gstellt wera, dass über dem d Sühne vollzoga wird ond r nå zom Asasel en d Wüste naustrieba wird. [11]Ond dr Aaron soll den Farra vom Sündopfer für ehn selber herbrenga, dass r für sich selber ond für sae Haus Sühne schafft, ond r soll den Sündopferfarra metzga, der mô für ehn selber bestimmt ischd.

[12]Nå soll r d Raecherpfann mit dr Gluat von dem Altar wegnemma, mô vôr am Herrgott (JAHWE) stôht ond bôede Händ vol mit fae gstoßenam Raecherwerk henter da Vôrhang traga. [13]Ond r soll des Raecherwerk vôr am Herrgott (JAHWE) auf dui Gluat straea, dass dui Wolk von dem Raecherwerk d Sühneplatt, mô auf dr Truhe mit de Gsetzasvôrschrifta leit vrdeckt, ond r et sterba muaß. [14]Nå soll r Bluat von dem Farra nemma ond mit am Fenger auf d Oberfläche von dr Sühneplatt nôspritza ond an d Vôrderseite von dr Sühneplatt soll r sieba Mål mit am Fenger nôspritza von dem Bluat. [15]Nå soll r da Sündopferbock vom Volk metzga ond sae Bluat henter da Vôrhang brenga ond mit am Bluat s gleiche macha wia mit am Bluat von dem Stier: r soll s auf d Sühneplatt ond vôr d Sühneplatt nôsprenza. [16]So soll r Sühne schaffa für s Haeligtom wega de Israelita ihre Oraenhaeta ond wega älle Übertretonga, mit dene mô se sich vrsündigt hent, ond s gleiche soll r für s haelige Zelt macha, des mô mittla dren en ihre Oraenhaeta stôht.

[17]s därf aber koe Mensch em Begegnongszelt sae, wann r naegôht, zom em Haeligtom d Sühne schaffa, bis r wieder rauskommt. So soll r sich ond saene Åghörige ond dr ganza Gemaende Israel Sühne schaffa. [18]Nå soll r nausganga an den Altar, der mô vôr am Herrgott (JAHWE) stôht ond den ao entsühna: r soll Bluat nemma von dem Farra ond von dem Bock saem Bluat, des soll r an d Hörner vom Altar rengsrom nôstreicha. [19]Ond r soll mit saem Fenger sieba Mål Bluat auf an sprenza. Nå soll r an raeniga von de Israelita ihre Oraenhaeta ond an als gweiht erklära.

[20]Wann r so d Sühne für s Haeligtom, für s haelige Zelt ond für da Altar gschaffa håt, nå soll r den lebendiga Bock herbrenga. [21]Nå soll dr Aaron bôede Händ dem Bock auf da Kopf stemma ond über dem älle Vrschuldonga ond älle Übertretonga bekenna, mit dene sich d Israelita vrsündigt hent, ond soll se dem Bock auf da Kopf lega ond vo ma Må, der extra dådrfür bstellt ischd, en d Wüste nausjaga lassa. [22]So soll der Bock älle ihre Vrschuldonga auf sich en

d Wildnis naustraga, ond r soll an en dr
Wüste freilassa.
23Då drauf soll dr Aaron ens
Begegnongszelt naeganga ond dia
Laenagwänder ausziega, môn r åzoga
håt, môn r ens Haeligtom naeganga
ischd ond se sell nôlega. 24Nå soll r saen
Leib wäscha mit Wasser am haeliga Ort
ond saene aegene Gwänder åziaga, nå
soll r nausganga ond sae Brandopfer
ond s Brandopfer vom Volk darbrenga
ond so für sich ond für s Volk Sühne
schaffa. 25Ond s Fett vom Sündopfer
soll r aufraocha lassa auf am Altar.
26Aber der Må, der mô den Bock zom
Asasel nausbråcht håt, soll saene
Kloeder wäscha ond saen Leib em
Wasser bada, nå därf r wieder en s Lager
komma. 27Den Sündopferstier ond den
Sündopferbock, von dene mr s Bluat
zom Entsühna en s Haeligtom bråcht
håt, soll mr naus schaffa vôr s Lager. Då
soll mr s vrbrenna em Feuer, ihr Haut
mitsamt am Flôesch ond mit dem, was
en de Därm dren ischd. 28Ond der, mô
s vrbrennt, soll saene Klôeder wäscha
ond saen Leib em Wasser bada. Nå därf
r wieder ens Lager komma.
29Ond des soll euch als ewiga Satzong
gelta: Em siebta Monat am Zehnta
vom Monat sollat ihr eure Seela beuga
ond koenerlôe Ärbat doa, dr Hiasige et
ond ao dr Fremde et, der mô bein ich
schafft. 30An dem gschieht nämlich euer
Entsühnong, ond ihr werat graenigt
von älle eure Sünda. Vôr am Herrgott
(JAHWE) werat r raen. 31Für euch ischd
des a haeliger Feierdag, wia dr Sabbat,
beugat eure Seela. Des ischd a Satzong
für emmer ond ewig. 32D Entsühnong
soll der Priaster durchführa, den mr
gsalbt ond saene Händ gfüllt håt,
dass r an dr Stell von saem Vadr da
Priasterdenst vrsieht. Ond der soll dia
Laenagwänder, de haelige Gwänder
ådoa. 33Der soll s Haeligtom entsühna.
Ao s Begegnongszelt ond da Altar soll r
entsühna. Ond für d Priasterschaft ond
für s ganze Volk von dr Gemaende soll r
d Sühnong vrschaffa. 34Des soll bei euch
a Satzong sae für emmer ond ewig, dass
ihr oe Mål em Jåhr Sühne vrschaffat für
d Israelita für älle ihre Sünda. Ond mr
håt s gmacht, wia s Herrgott (JAHWE)
da Mose ghôeßa håt.

Zom Vrgleicha: *Vers 5:* 3,1-17 • *Vers 11:* Gen 9,4; Dtn12,23 • *Vers 15:* 11,40; Ex 22,30.

S HAELIGKAETSGSETZ: 17 1 – 46 46

Wia mr metzga soll ond was mit am Bluat gscheha soll: 17 1-16

17 Ond dr Herrgott håt mit am
Mose gredat ond gsaed: 2Schwätz
mit am Aaron ond saene Söh ond mit
älle Israelita ond sag en: Des håt dr
Herrgott (JAHWE) ågordnat: 3A jeder
aus am Haus Israel, mô en Ochsa oder
a Schåf oder a Gôes em Lager oder
außerhalb vom Lager metzgat, 4ond s
et an da Aegang vom Begegnongszelt
brengt zom s am Herrgott (JAHWE)
als Opfer darbrenga vôr am Herrgott
(JAHWE) saener Wohnong, dem sei s
als Bluatschuld ågrechnat, der Mensch
håt Bluat vrgossa, drom soll der Mensch
ausgrottat wera aus saem Volk, 5dass
d Israelita ihre Schlachtfest, mô se em
Feld draußa vråstaltat, am Herrgott
(JAHWE) brengat vôr da Aegang vom
Begegnongszelt zom Priaster, ond se
då als Friedensopfer für da Herrgott
(JAHWE) metzgat. 6Ond dr Priaster
soll des Bluat an da Altar vom Herrgott
(JAHWE) nôsprenza am Aegang
vom Begegnongszelt ond des Fett als

Beschwichtigongduft aufraocha lassa,
am Herrgott (JAHWE) zor Ehr. [7]Ond
se därfat ihre Schlachtopfer en Zuakonft
nemme de Bockschrata brenga, dene mô
se nåchghurt hent. Des soll en als ewiga
Satzong gelta für älle Generationa.
[8]Drom sollst d en saga: A jeder aus am
Haus Israel ond von de Schutzbürger,
mô bei nen lebat: Wer a Brandopfer oder
a Schlachtopfer darbrenga will [9]ond s
et an da Aegang vom Begegnongszelt
brenga will, zom s am Herrgott
(JAHWE) opfera, der wird ausgrottat
aus saem Volk.
[10]Ond wann jeder vom Haus Israel ond
von de Schutzbürger, mô bei nen lebat,
irgend a Bluat isst, gega den richte i mae
Gsicht ond rotte an aus aus saem Volk.
[11]Em Bluat ischd nämlich d Seel vom
Flôesch, ond i gib s euch für da Altar,
dass mr euch drmit Sühne schafft für
eure Seela, weil des Bluat durch dui
Seel d Sühne vrschafft. [12]Drom han i de
Israelita gsaed: Jeda Seel von euch därf
koe Bluat essa. Ond dr Schutzbürger,
mô bei euch lebt, därf ao koe Bluat essa.
[13]Ond jeder Israelit oder Schutzbürger,
mô bein ich lebt ond auf dr Jagd Wild
erbeutat oder Vögel, mô mr essa därf,
der soll sae Bluat auf da Boda laofa lassa
ond s em Boda vrschärra. [14]Weil nämlich
s Leba von jedam Lebewesa em Bluat
ischd. Dådrauf han e zo de Israelita
gsaed: s Bluat von jedam Flôesch därfat r
et essa! Weil s Leba von jedam Lebewesa
em Bluat ischd. Jeder mô des isst, wird
ausgrottat.
[15]Ond jeder, mô a gfalles oder grisses Tier
isst, ob des a Hiasiger oder a Fremder
ischd, muaß sae Gwand wäscha ond em
Wasser bada. Ond r bleibt oraen bis an
da Åbad, nå ischd r raen. [16]Wann r aber
et wäscht ond saen Leib badat, nå muaß
r sae Vrfehlong traga.

Vorschrifta für s Sexualvrhalta: 18 1-30

Vorwort: 18 1-5

18 Ond dr Herrgott håt mit am Mose
gredat ond gsaed: [2]Schwätz mit
de Israelita ond sag en: I ben JAHWE,
euer Gott. [3]Ihr sollat euch et so vrhalta,
wia s en Ägypten üblich ischd, mô ihr
gwohnt hent, ond ao et so, wia s em
Land Kanaan üblich ischd, mô i euch
nôführa will. Vrhaltat euch et nach dene
ihre Satzonga. [4]Nach maene Satzonga
sollat ihr leba ond euch nach maene
Vorschrifta richta. I ben JAHWE,
euer Gott. [5]Nach maene Satzonga ond
Vôrschrifta sollat ihr euch vrhalta.
Wer des duat, der lebt durch se. I ben
JAHWE.

Ozucht onter Vrwandte: 18 6-18

[6]Koener soll irgend ama Bluatsvrwandta
z'nah komma zom d Scham aufdecka. I
ben JAHWE. [7]D Scham von daem Vadr
ond d Scham von daener Muader därfst
du et aufdecka, des ischd dae Muader
ond då håsch du nex drå zom suacha.
[8]D Scham von daem Vadr saener Frao
(en dem Fall d Stiefmuader) därfst du
et aufdecka, des ischd nämlich daem
Vadr sae Scham. [9]Daener Schwester
ihr Scham, ob des d Tochter von daem
Vadr ischd oder d Tochter von daener
Muader (also Halbschwestera), ob em
Haus gebora oder außerhäusig, därfst
du et aufdecka. [10]Dr Enkelin von daem
Soh oder von daener Tochter ihr Scham
därfst du et aufdecka, dera ihr Scham
ischd nämlich dae Scham (oder: dae
Flôesch ond Bluat). [11]Dr Tochter von
daem Vadr saener Frao, mô daem Vadr
gebora ischd (von ra andera Frao als
daener Muader) gilt als dae Schwester,
ihr Blöße därfst du et aufdecka. [12]Daem
Vadr saener Schwester ihr Scham därfst
du et aufdecka, weil se mit daem Vadr

bluatsvrwandt ischd. [13]Daener Muader
ihrer Schwester ihr Scham därfst du
et aufecka, weil se mit daener Muader
bluatsvrwandt ischd. [14]D Scham von
daem Vadr saem Bruader därfst du et
aufdecka, saener Frao därfst et z'nàch
komma, weil se dae Tanta ischd. [15]Daener
Söhnere ihr Scham därfst du et aufdecka,
weil se d Frao von daem Soh ischd; ihr
Scham därfst d et aufdecka. [16]D Scham
von daem Bruader saener Frao därfst
du et aufdecka, weil des daem Bruader
sae Scham ischd. [17]D Scham von ra Frao
ond gleichzeitig mit ihrer Tochter därfst
du et aufdecka, ao d Tochter von ihram
Soh oder d Tochter von ihrer Tochter,
dia send leiblich vrwandt, ond des ischd
Bluatschand. [18]Du därfst et a Nebafrao
zo ihrer Schwester nemma ond ihr
Blöße aufdecka ond Vrkehr mit ra han,
solang dui lebt.

Andere Arta von Ozucht: 18 19-23
[19]Solang a Frao ihr Regel håt ond oraen
ischd, därfst d et zo ra ganga ond ihr
Blöße aufdecka. [20]Ond mit dr Frao
von daem Stammesgenossa därfst du
koen Vrkehr han, dass da de et an ra
vroraenigst.
[21]Von daene Kender därfst du koes am
Moloch als Opfer darbrenga, du därfst
nämlich da Nåma von daem Gott et
entweiha. I ben JAHWE.
[22]Mit ama Må därfst du et vrkehra wia
mit ra Frao, des ischd a Graus. [23]Mit
ama Tier därfst du koen Vrkehr han, des
dät de vroraeniga. Ond a Frao soll et vôr
a Tier nôstanda ond sich begatta lassa,
des ischd schändlich.
Zom Vrgleicha: *Vers 21:* 20,2-5

Måhnonga zom Schluß: 18 24-30
[24]Ihr sollat euch durch des ällas et
vroraeniga, mit dem ällam hent sich
nämlich dia Volksstämm vroraenigt, mô
i vôr euch vrtrieba han. [25]Ond s Land
ischd oraen wôra. I han sae Schuld an
am hoemgsuacht, dass s Land saene
Bewohner ausgspia håt. [26]Aber ihr
sollat maene Satzonga ond Vôrschrifta
aehalta ond von dene ganza Otata
nex doa, dr Hiasige genao so wia dr
Schutzbürger, mô bein ich lebt. [27]Dia
ganze Scheußlichkaeta hent nämlich dia
Bewohner von dem Land dao, mô vôr
euch då gwea send ond so ischd s Land
oraen wôra. [28](Passat auf), dass euch des
Land et genao so ausspeia muaß durch
euer Vroraeniga, wia dia, mô vôr euch
em Land gwea send. [29]Weil a jeder, mô
ebbas duat von dene Scheußlichkaeta,
soll ausgrottat wera aus saem Volk.
[30]Aber ihr sollat maene Åweisonga achta
ond nex doa von dene gräuliche Satzonga
vôr euch, dass r euch et vroraenigat. I
ben JAHWE, euer Gott.

KULTISCHE OND SOZIALE ÅWEISONGA: 19 1 – 37

Aelaetong: 19 1-2
19 Ond dr Herrgott (JAHWE) håt
mit am Mose gredat ond gsaed:
[2]Schwätz mit de Israelita ond sag en: Ihr
sollat Haelige sae, weil I, JAHWE, euer
Gott haelig ben.

D Ehrfurcht vor de Eltern: 19 3-4
[3]Jeder von euch soll saener Muader
ond saem Vadr en Ehrfurcht begegna.
Ond maene Feierdäg sollat r aehalta. I
ben JAHWE, euer Gott (Eloheykem).
[4]Wendat euch et irgendwelche Götter
(Elohim) zua ond giaßat euch koene
Götzabilder; I ben JAHWE, euer Gott
(Eloheykem).
Zom Vrgleicha: *Vers 3-4:* Ex 20,1-12; 23,12; 34,14-17.21; Dtn 5,6-16.

Dc richtig Acstcllong zom Friedensopfer: 19 5-8

[5]Wann r für da Herrgott (JAHWE) a Friedensopfer darbrengat, sollat r s für euer Begnadong schlachta. [6]An dem Dag, mô s gschlachtat wird, muaß s mr s ao essa ond am Dag drauf. Was bis an da dritta Dag übrig bleibt, muaß em Feuer vrbrennt wera. [7]Wann aber am dritta Dag no ebbas drvo gessa wird, nå ischd s otaoglich ond mr wird et begnadigt. [8]Ond der, mô s isst, muaß sae Vrfehlong traga, weil r des, was am Herrgott (JAHWE) gweiht gwea ischd, entweiht håt. So oener soll ausgrottat wera aus saem Volk.

Zom Vrgleicha: *Vers 5-6:* 7,14-18.

S Vrbot vom Afterbergla: 19 9-10

[9]Wann r eure Äcker abernta dent, nå schneidat s Korn et bis an da Rand von eure Äcker weg, ond d Ähra sollst d et auflesa. [10]Ao en daem Wengert sollst d et selber afterbergla oder dia Beera aufheba, mô beim Lesa nagfalla send: laß des de Arme ond de Schutzbürger übrig. I ben JAHWE, euer Gott (Eloheykem).

Sozials Vrhalta ond Nächstaliebe: 19 11-18

[11]Stehlat et, täuschat neamerd, ond lüagat anander et å. [12]Schwörat et auf maen Nåma zom Betrug, då dätest d nämlich da Nåma von daem Gott (Eloy) entweiha. I ben JAHWE, euer Gott. [13]Daen Mitmenscha därfst d et erpressa ond et ausraoba. Dr Daglöhner soll et ao no en dr Nacht bis an da Môrga om saen Loh bei dr schaffa. [14]An Taoba sollst d et vrspotta, ond ama Blenda nex en da Weg lega, môn r drüber stolpera könnt. Du sollst a Ehrfurcht han vor daem Gott (Eloheyka). I ben JAHWE. [15]Em Gericht därf nex vrfälscht wera. Kloene Leut sollst d et auf- oder abwerta ond de Graoße et vrherrlicha. Nach dr Wåhrat sollst d daene Volksgenossa richta. [16]Laß et zua, dass onter daene Volksgenossa oener vrlaemdat wird. Du därfst ao et gega s Bluat (Leba) von daem Nächsta auftreta. I ben JAHWE. [17]Du sollst en daem Herza koen Hass auf daen Bruader han. Weis an zrecht, dass da saenatwega koe Schuld auf de lädst. [18]An de Kender von daem Volk sollst d de et rächa oder en ebbas nåchtraga. Du sollst daen Mitmenscha so möga, wia da de selber mågst. I ben JAHWE.

Zom Vrgleicha: *Vers 11-12:* Ex 20,7.15f; 23,7 • *Vers 15-16:* Ex 23,3-7.

Vrbot von Mischonga: 19 19

[19]Maene Satzonga sollat r aehalta. Du sollst et zwôerloe Vieh mitanander kreuza ond auf daen Acker et zwôerloe Sama nausdoa ond ao koe Gwand åziaga, mô aus zwôerloe Garn gwebt ischd.

Ozucht mit dr Nebafrao vo'ma andera: 19 20-22

[20]Ond wann a Må mit ra Frao Vrkehr håt, mô als Sklavin ama andera Må als Nebafrao vrsprocha ischd, aber no et freikaoft wôra ischd ond ao no et frei glassa wôra ischd, muaß mr onterschaeda: se sollat et sterba, weil se no et frei glassa gwea ischd. [21]Er muaß aber als Schuldopfer an Schåfbock vôr da Herrgott (JAHWE) brenga an da Aegang vom Begegnongszelt. [22]Dr Priaster soll für an mit dem Schuldopferwidder vôr am Herrgott (JAHWE) entsühna, weil r sich vrsündigt håt, nå wird am sae Sünd vrgeba.

Zom Vrgleicha: *Vers 20:* Ex 21,7-9.

D Erstlengsfrücht: 19 23-25

[23]Ond sobald r en des Land kommat ond r pflanzat irgend an Fruchtbaom å, nå sollat r sae Frucht wian a obeschnittena Vôrhaut behandla. Drei Jåhr lang soll s euch so gelta, mr därf s et essa. [24]Ond

em vierta Jåhr soll sae ganza Frucht gweiht wera em Festjubel für da Herrgott (JAHWE). [25]Em fenfta Jåhr därfat r saene Frücht essa, dass r euch ao en Zuakonft saen Ertrag brengt. I ben JAHWE, euer Gott (Eloheykem).

Vrbot von fremde Kultbräuch: 19 26-31

[26]Ihr därfat nex essa, mô no a Bluat dren ischd. Ihr sollat koe Wahrsagerei ond ao koe Zaoberei treiba. [27]Ihr sollat euer Haopthåår et an de Spitza abronda, ond ao euran Bart sollat r außarom et stutza. [28]Für an Daota därfat r et euer Haut aeritza, ond ihr sollat ao koe Ätzschrift an euran Leib macha. I ben JAHWE. [29]Dae Tochter sollst d et entweiha, endem da se dr Ozucht preis gibst, dass et s ganze Land en Ozucht fällt ond voler Schand wird. [30]Maene Sabbatfeiera sollat r aehalta ond mae Haeligtom ehra. I ben JAHWE. [31]Ihr sollat koene Daotagôester beschwöra ond ao koene Wahrsager fråga, dass r euch an dene et vroraenigat. I ben JAHWE, euer Gott (Eloheykem).

D Ehrfurcht vor am Alter: 19 32

[32]Vôr ama graoa Haopt sollst d aufstanda ond an alta Menscha ehra, ond vôr daem Gott sollst a Ehrfurcht han. I ben JAHWE.

Vrhalta gega Fremde: 19 33-34

[33]Ond wann sich a Schutzbürger en daem Land aufhält, sollat ihr an et naducka. [34]Wian a Hiasiger soll der bei euch leba könna, mô als Schutzbürger bein ich ischd. Måg an wia da de selber mågst. Ihr hent nämlich selber als Schutzbürger em Land Ägypten glebt. I ben JAHWE, euer Gott (Eloheykem).

Ehrlichkaet: 19 35-36

[35]Handlat et ogerecht em Gericht, em Maß, em Gwicht ond em Hohlmaß. [36]A rechtmäßiga Wååg, rechtmäßige Gwichtstoe, a rechtmäßigs Litermaß sollat ihr vrwenda, so soll s sae. I ben JAHWE, euer Gott (Eloheykem), der mô euch aus am Land Ägypten rausgholt håt.

Schlußvrmåhnong: 19 37

[37]Ihr sollat älle maene Satzonga ond älle maene Rechtsvorschrifta aehalta ond drnåch leba. I ben JAHWE.

Todeswürdige Vrbrecha: 20 1-27

S Kenderopfer: 20 1-5

20 Ond dr Herrgott håt mit am Mose gredat ond gsaed: [2]Schwätz mit de Israelita ond sag en: Wer von de Israelita oder von saene Schutzbürger, mô en Israel lebat, oes von saene Kender am Molek (Moloch) geit, muaß sterba. S Volk vom Land soll an stoeniga. [3]Ond i richte mae Gsicht gega so an Må, ond i rotte an aus aus saem Volk, weil r sae Kend am Molek geba håt en dr Absicht, mae Haeligtom zom entweiha ond maen Haeliga Nåma dr Vroraenigong preisgeba. [4]Ond wann s Volk vom Land d Aoga zuadruckt vôr so ama Må, der mô von saene Kender oes am Molek hergeit, ond an am Leba lässt, [5]nå richte i mae Gsicht gega den Må ond gega sae ganza Sippschaft, ond rotte an aus mitsamt älle, mô henter am Molek herghurat hent, aus ihram Volk.

D Totabeschwörong ond Wahrsagerei: 20 6-8

[6]Ao der Mensch, mô sich an d Totabeschwörer ond an d Wahrsager wendat ond dene henterher hurat, gega den richte i mae Gsicht ond rotte an aus aus saem Volk. [7]Haeligat euch ond werat haelig. I ben JAHWE, euer Gott (Eloheykem). [8]Haltat euch an maene Satzonga ond lebat drnåch. I ben

JAHWE, der mô euch haeligt.
Zom Vrgleicha: *Vers 6:* 19,31.

D Elternvrfluachong: 20 9
[9]A Jeder, mô saen Vadr ond sae Muader
vrfluacht, muaß sterba. Weil r saen Vadr
ond sae Muader vrfluacht håt, leit a
Bluatschuld auf am.
Zom Vrgleicha: *Vers 9:* Ex 21,17.

Ehebruch: 20 10
[10]Oener, mô mit dr Frao von saem
Mitmenscha Ehebruch treibt, muaß
sterba, bôede, der Ehebrecher ond dui
Ehebrechere.
Zom Vrgleicha: *Vers 10:* Ex 20,14; Dtn 5,18.

Ozuchtvrbrecha: 20 11-17
[11]Ond a jeder, mô mit dr Frao von saem
Vadr (dr Stiefmuader) Vrkehr håt, der
håt d Blöße von saem Vadr gschändat
ond muaß sterba, bôede müaßat sterba,
weil Bluatschand auf en leit. [12]A Må,
der mô mit saener Söhnere Vrkehr håt,
muaß sterba, bôede müaßat sterba, weil
se Ozucht trieba hent ond d Bluatschand
auf en leit. [13]Wann oener mit ama Må
schlåft wia mit ra Frao, dent bôede a
Schandtat, bôede müaßat sterba, weil
d Bluatschand auf en leit. [14]Oener, mô
a Frao ond ihr Muader nemmt, duat a
Schandtat, mr soll ehn ond dia Fraoa
vrbrenna em Feuer, dass en eurer
Mitte koe Schand då ischd. [15]A Må,
der mô Vrkehr håt mit ama Vieh, der
muaß sterba, ond ao des Vieh müaßat r
ombrenga. [16]Ond jeda Frao, mô sich mit
ama Vieh paara will, muaß ombråcht
wera mitsamt dem Vieh. Dia müaßat
sterba, weil d Bluatschand auf en leit.
[17]Wann oener mit saener Halbschwester,
ob des saem Vadr oder saener Muader
ihr Tochter ischd, ond dia hent Vrkehr
mitanander, nå ischd des a Schandtat.
Dia müaßat bôede ausgrottat wera vôr
de Aoga von ihre Volksgenossa, weil r
mit saener Schwester Vrkehr ghet ond
Bluatschand auf sich glada håt.

Vrkehr mit ra Frao en ihrer Regel: 20 18
[18]Ond wann oener mit saener Frao
Vrkehr håt während ihrer Regelbluatong
ond so ihran Bluatfluß aufdeckt ond sui
ihran Bluatfluß aufdeckt, nå sollat bôede
aus ihram Volk ausgrottat wera.

D Ozucht mit Vrwandte: 20 19-21
[19]Mit dr Schwester von daener Muader
oder von daem Vadr därfst d koen Vrkehr
han. Wer des duat, der schändat sae
Bluatsvrwandta. Dia müaßat ihr Schuld
traga. [20]Ond wann oener mit saene Tante
Vrkehr håt, der schändat saen Onkel.
Dia müaßat ihr Schuld traga. Kenderlos
sollat se sterba. [21]Ond wann oener saem
Bruader sae Frao nemmt, des ischd a
Schandtat, der schändat nämlich saen
Bruader, kenderlos sollat se bleiba.

Schlußmåhnong: 20 22-26
[22]Ihr sollat älle maene Satzonga ond
älle maene Rechtsvôrschrifta aehalta
ond drnåch leba, dass euch des Land et
ausspeia muaß, en des i euch breng, dass
ihr dren wohnat. [23]Ond führat euran
Lebenswandel et nach de Satzonga
von dene Volksstämm, môn e vôr euch
vrtreib, dia dent nämlich ällas, mô s
mi drvôr eklat. [24]Ond zo euch han e
gsaed: Ihr sollat dene ihre Äcker erba,
i selber will s euch als Aegatom geba,
a Land, mô Milch ond Honig fliaßt. I
ben JAHWE, euer Gott (Eloheykem),
der mô euch von de (andere) Völker
ausgsondert håt.
[25]Ond ihr sollat onterschôeda zwischa
am raena ond am oraena Vieh, zwischa
raenam ond oraenam Federvieh. Ond
ihr sollat euch et selber abscheulich
macha durch s Vieh ond Federvieh ond
ällam, was auf am Boda rom kriacht,

von dem, was i ausgschieda han, dass s
für euch als oraen gilt.
[26]Ihr sollat mir Haelige sae, weil i haelig
ben. I ben JAHWE, ond i han euch
ausgsondert aus de andere Völker, dass
r mir gherat.

Zom Vrgleicha: *Vers 22-26:* 18,24-30.

Nåchtrag zor Totabeschwörong: 20 27
[27]A Må oder a Frao, mô an Totagôest
oder an Wahrsagegôest håt, muaß sterba.
Mr soll se stoeniga. Ihr Bluatschuld leit
auf en.

Vorschrifta für d Priaster: 21 1-24

S Vrhalta bei dr Beerdigong vo'ma Vrwandta: 21 1-6

21 Ond dr Herrgott håt mit am
Mose gredat ond gsaed: Schwätz
mit de Priaster, am Aaron saene Söh,
ond sag en: Ama Daota därf r sich et
vroraeniga onter saene Volksgenossa, [2]s
sei denn a Bluatsvrwandter: an saener
Muader, an saem Vadr, an saem Soh, an
saener Tochter ond an saem Bruader,
[3]ond an saener Schwester, wann se no
Jungfrao ond no et vrheiratat ischd ond
am deshalb nåch stôht. Då därf r sich
oraen macha. [4]Aber an ra vrheiratata
Schwester därf r sich et oraen macha,
sonst dät r sich entweiha. [5]An ihram
Haopt sollat se koe Glatze schera ond
da Rand von ihram Bart sollat se et
stutza ond an ihram Leib nex aeritza.
[6]Haelige sollat se sae für ihran Gott
(Eloheyhem) ond da Nåma von ihram
Gott (Eloheyhem) et entweiha; weil se
am Herrgott (JAHWE) d Feueropfer
darbrengat, s Brot von ihram Gott
(Eloheyhem), drom sollat se haelig sae.

Ehehendernis für Priaster: 21 7-8
[7]A Prostituierta oder a Frao, mô von
ihram Må vrstoßa wôra ischd, därfat se
et zor Frao nemma, weil r saem Gott
gweiht ischd, [8]ond du sollst an haelig
halta, weil r daem Gott (Elohayw) s
Brot darbrengt. Haelig soll r euch sae,
weil haelig ben i, JAHWE, der mô euch
haeligt.

D Stråf für ozüchtige Priasterstöchter: 21 9
[9]Wann sich d Tochter vo'ma Priaster
preisgibt durch Hurerei, entweiht
se ihran Vadr, em Feuer soll mr se
vrbrenna.

S Vrhalta vom Hohapriaster en Todesfäll: 21 10-12
[10]Aber der, mô dr Hohpriaster ischd
onter saene Brüader, auf dem sae Haopt
s Salböl gossa wôra ischd, ond dem mr
d Håd gfüllt håt beim Aeklôeda mit
de Gwänder, der soll sae Haopthåår
et losbenda ond saene Gwänder soll r
et aereissa. [11]Ond zo koem Leichnåm
därf r nôganga, an saem Vadr ond an
saener Muader därf r sich et vroraeniga.
[12]Ond aus am Haeligtom därf r et
nausganga, dass r s Haeligtom von
saem Gott (Elohim) et entweiht, weil s
Weihmal vom Salböl auf am ischd. I ben
JAHWE.

Ehehendernis für da Hohepriaster: 21 13-15
[13]R soll a Jongfrao zor Frao nemma. [14]A
Witwe oder a Vrstoßena oder oena, mô
schao schwach wôra ischd, oder a Hur
därf r et nemma. Sondern a Jongfrao
aus saem Volk soll r zor Frao nemma,
[15]dass r sae Nåchkommaschaft bei saene
Volksgenossa et entweiht. I ben haelig,
JAHWE, der mô an haeligt.

D Taoglichkaet für s Priasteramt: 21 16-23
[16]Ond dr Herrgott håt mit am Mose
gredat ond gsaed: [17]Schwätz mit am
Aaron ond sag am: Oener von daener

Nåchkommaschaft, mô a Behinderong
håt, soll et herkomma, zom s Brot von
saem Gott (Elohim) darbrenga. 18Jå,
a jeder Må, der mô a Behinderong an
sich håt, soll et herkomma, a Blender,
a Låhmer, koener, mô em Gsicht
vrostaltat ischd oder z lange Gliedmassa
håt; 19koener, mô en brochena Fuaß
oder Arm håt, 20oder a Buckliger oder
a Zwerg, oder oener mit fleckate Aoga,
oder oener mit Krätze oder Flechta
oder quetschte Hoda. 21Koener mô a
Behinderong an sich håt aus am Priaster
Aaron saener Nåchkommaschaft därf
herkomma, zom d Feueropfer für da
Herrgott (JAHWE) darbrenga. Wann r
an Schada an sich håt, soll r et herkomma
ond saem Gott (Elohayw) s Brot
darbrenga. 22Aber vom Brot von saem
Gott (Elohayw), vom Hochhaeliga ond
vom Gweihta därf r essa. 23Aber an da
Vôrhang därf r et komma ond et vôr da
Altar treta, weil r an Schada an sich håt,
dass r maene Haeligtümer et entweiht. I
ben JAHWE, der mô se haeligt.

Schluß: 21 24
24Des håt dr Mose am Aaron ond saene
Söh ond zo älle Israelita gsaed.

No maeh Vôrschrifta für da Genuß ond
d Darbrengong von Opfer: 22 1-33

Dr Ausschluß von Priaster von de Opfergaba: 22 1-9

22 Ond dr Herrgott håt mit am Mose
gredat ond gsaed: 2Schwätz mit
am Aaron ond saene Söh, ond sag en:
Se solle mit de haelige Opfergaba von
de Israelita vôrsichtig omganga, dass se
maen haeliga Nåma et entweihat. I ben
JAHWE. 3Sag en: Wann en Zuakonft
oener von eurer Nåchkommaschaft
herkommt zo de haelige Opfergaba von
de Israelita, während r oraen ischd, der
soll ausgrottat wera vôr maem Gsicht. I
ben JAHWE.
4A jeder vom Aaron saener
Nåchkommaschaft därf von de
Weihegaba nex mitessa, solang r
aussätzig ischd oder en Ausfluß håt,
bis r wieder raen ischd. Ond wer ebber
ålangt, mô sich ama Daota vroraenigt
håt, oder wer an Såmaerguß håt, 5oder
wer a Kriachtier åglangt håt, von dem mr
oraen wird, oder en Menscha, von dem r
oraen wird wega ra Oraenhaet, mô der
an sich håt – 6wer so ebbas ålangt, der
ischd oraen bis an da Åbad ond soll et
von de Weihegaba essa, außer r håt saen
Leib em Wasser badat. 7Aber wann d
Sonn onterganga ischd, nå ischd r raen.
Nå kån r von de Weihegaba essa, weil
des sae Brot ischd. 8Vo'ma gfallena oder
grissena Tier därf r et essa, weil r sich
dådrmit vroraenigt. I ben JAHWE. 9Se
sollat maene Åweisonga aehalta, dass se
koene Sünda auf sich ladat ond drwega
sterba müaßat, weil se s entweihat. I ben
JAHWE, der, mô se haeligt.

Dr Ausschluß von de Laia von de Opfergaba: 22 10-16

10Ond koe Laie därf essa von de gweihte
Opfergaba; dr Mitbewohner bei ama
Priaster ond sae Daglöhner därf et essa
von de gweihte Opfergaba. 11Wann aber
a Priaster von saem Geld an Sklava
kaoft, nå därf der drvo essa; ao dia
Sklava, mô en saem Haus gebora send,
därfat von saem Brot mitessa. 12Wann a
Priasterstochter an Laia heiratat, därf se
vom Hebopfer bei de Weihegaba nemme
mitessa. 13Ond wann a Priasterstochter
Witwe wird oder ihr Må vrstoßt se, ond
se håt koene Kender ond kommt wieder
ens Haus von ihram Vadr zruck wia en
ihrer Jugend, nå därf se von ihram Vadr
saem Brot wieder essa. Aber oener, mô
et drzuaghert, därf s et mitessa. 14Wann
ebber aus Vrseha von de Weihegaba
isst, nå soll r a Fenftel drzua doa ond

des mitsamt dr Weihegabe am Priaster
geba. [15]Dia (Priaster) därfat nämlich des
et entweiha lassa, was d Israelita als
Weihegaba für da Herrgott (JAHWE)
darbrengat, [16]ond se däte en (de Israelita)
Schuldvrfehlonga auflada durch dene ihr
Essa von de Weihegaba. I ben JAHWE,
der, mô se haeligt.

Wia s Opfervieh sae muaß: 22 17-25
[17]Ond dr Herrgott håt mit am Mose
gredat ond gsaed: [18]Schwätz mit am
Aaron ond saene Söh ond mit älle
Israelita ond sag en: A jeder vom Haus
Israel ond von de Schutzbürger en Israel,
wann r sae Opfergab darbrengt, sei s
wega ma Gelübde oder freiwillig, mô se
als Brandopfer darbrengat am Herrgott
(JAHWE) zor Ehr, [19]zo eurer Begnadong,
soll a aewandfreis männlichs Tier vom
Herdavieh, von de Lämmer oder von
de Gôesa darbrenga. [20]Ällas, was an
Schada håt, sollat r et darbiata, des dät
euch et zor Begnadong vrhelfa. [21]Ond
wann oener a Friedensopfer darbrengt
am Herrgott (JAHWE) zor Ehr, sei s
wega ma Gelübde oder freiwillig, für d
Begnadong muaß s aewandfrei sae, då
därf koe Schada drå sae. [22]Wann s blend
ischd oder s ischd ebbas brocha, wann
s vrwondat ischd oder ôetrige Stella,
Krätze oder Flechta håt, därfat r s et als
Feueropfer am Herrgott (JAHWE) zor
Ehr darbrenga auf am Altar. [23]Wann a
Rendle oder a Schåf Mißbildonga håt
oder onterentwicklat ischd, des därfst
d als freiwilligs Opfer brenga, aber für
a Gelübde wird s et zor Begnadong
ågrechnat. [24]Ihr därfat am Herrgott
(JAHWE) zor Ehr koe Tier mit
quetschte, gschlagene oder rausgrissene
oder weggschnittene Hoda brenga; so
ebbas sollat ihr en euram Land gar et
macha. [25]Ond vo'ma Fremda sollat ihr
s Brot von euram Gott (Eloheykem)
von dem ällam et darbrenga, då ischd
nämlich dene ihr Vrderbnis drå ond a
Fehler, drom kå s für euer Begnadong
et taoga.

Oenzelne Åweisonga für s Opfervieh:
22 26-30
[26]Ond dr Herrgott håt mit am Mose
gredat ond gsaed: [27]Wann a Rendle oder
a Lamm oder a Kitzle auf d Welt kommt,
nå soll s sieba Däg bei saener Muader
bleiba, ond vom achta Dag å wird s als a
Brandopfer am Herrgott (JAHWE) zor
Ehr ågnomma. [28]A Rendle oder a Schåf
sollat ihr et am gleicha Dag mitanander
metzga. [29]Ond wann r a Dankopfer am
Herrgott (JAHWE) zor Ehr ond zo
eurer Begnadong darbrengat, [30]Onå soll s
am gleicha Dag no gessa wera. Ihr därfat
nex drvo übrig lassa bis an da nächsta
Môrga. I ben JAHWE.
Zom Vrgleicha: *Vers 27:* Ex 22,29.

Schlußmåhnong: 22 31-33
[31]Ihr sollat maene Åweisonga aehalta
ond drnåch leba. I ben JAHWE.
[32]Ond ihr sollat maen haeliga Nåma et
entweiha, dass i em Volk Israel haelig
ghalta werd. I ben JAHWE, der mô
euch haeligt. [33]I han euch aus am Land
Ägypten rausgführt, dass e euer Gott
(Elohim) ben, i, dr Herrgott (JAHWE).

Festordnonga ond Feiervôrschrifta: 23 1 – 24 23

Aelaetong: 23 1-2
23 Ond dr Herrgott håt mit am
Mose gredat ond gsaed: Schwätz
mit de Israelita ond sag en: [2]Des send
am Herrgott (JAHWE) saene Festzeita,
dia sollat r als haelige Festvrsammlonga
ausruafa:

Dr Sabbat: 23 3
[3]Sechs Däg därfat r schaffa, aber

am siebta Dag ischd Ruah, des
ischd d Sabbatfeier, Vrkündigong
vom Haeliga (wahrschaenlich
Verkündigongsgottesdenst). Då muaß
jeda Ärbat onterbleiba. A Feier am
Herrgott (JAHWE) zor Ehr en älle eure
Åsiedlonga.

Zom Vrgleicha: *Vers 3:* Ex 20,8-11; 31,12-17; 35,2; Dtn 5,12-15.

S Passafest ond s Fest vom ogsäuerta Brot: 23 4-8

[4]Des send d Begegnongszeita vom
Herrgott (JAHWE), Vrkündigong
vom Haeliga, dia mô ihr ausruafa sollat
während ihrer Begegnongszeit: [5]Em
ersta Monat am vierzehnta Dag, åbnads,
ischd Passafeier am Herrgott (JAHWE)
zor Ehr. [6]Ond am fufzehnta Dag vom
gleicha Monat ischd s Fest vom ogsäuerta
Brot, am Herrgott (JAHWE) zor Ehr.
Då sollat ihr sieba Däg lang ogsäuerts
Brot (Fladabrot) essa. [7]Am ersta Dag
ischd Vrkündigong vom Haeliga für
euch. Då därfat r nex schaffa. [8]Ond sieba
Däg sollat r am Herrgott (JAHWE) zor
Ehr Feueropfer darbrenga. Am siebta
Dag ischd wieder Vrkündigong vom
Haeliga, då därfat r nex schaffa.

Zom Vrgleicha: *Vers 5:* Ex 12,2-11 • Vers 6: 23,15; 34,18.

D Erstlengsfrücht: 23 9-14

[9]Ond dr Herrgott håt mit am Mose
gredat ond gsaed: [10]Schwätz mit de
Israelita ond sag en: Wann ihr en des
Land kommat, mô i euch geba will
ond ihr sell d Ernte aebrengat, nå sollat
ihr de erst Garb von eurer Ernte am
Priaster brenga. [11]Der soll dui Garb
vôr am Herrgott (JAHWE) schwenga
zo eurer Begnadong. Am Dag nach
am Sabbat soll se dr Priaster schwenga.
[12]Ond an dem Dag, mô dr Priaster dui
Garb schwengt, sollat ihr a aewandfreis
oejährigs Lamm als Brandopfer am
Herrgott (JAHWE) zor Ehr darbrenga.
[13]Drzua sae Speisopfer: zwôe Zehntel
Faenmehl, mit Öl ågmacht als
Feueropfer am Herrgott (JAHWE) zor
Ehr, zor Beschwichtigong. Ond sae
Trankopfer: a Viertel Hin (1,65Liter).
[14]Aber Brot ond gröstate Körner ond
Graupa sollat r et essa bis an den Dag,
mô ihr euram Gott (Eloheykem) dia
Opfergaba darbrengat. Des ischd a
Satzong für emmer ond ewig ond für
älle eure Generationa überall, mô ihr
wohnat.

S Wochafest (Pfingstfest): 23 15-22

[15]Von dem Dag nach am Sabbat, mô n r dui
Garb als Schwengopfer darbrächt hent,
zählat r sieba vole Wocha. [16]Bis an da
Dag nach am siebta Sabbat sollat r zähla,
fufzg Däg; nå sollat r a neus Speisopfer
darbrenga am Herrgott (JAHWE) zor
Ehr. [17]Von eure Siedlonga sollat r Brot für
s Schwengopfer brenga. Zwôe Zehntel
aus Faenmehl mit Sauertôeg bacha als
Erstleng, am Herrgott (JAHWE) zor
Ehr. [18]Ond zo dem Brot sollat r sieba
aewandfreie oejährige Lämmer ond an
jonga Farra ond zwôe Schåfböck als
Brandopfer, am Herrgott (JAHWE) zor
Ehr, ond ihr Speis- ond Trankopfer als
Feueropfer zor Beschwichtigong für da
Herrgott (JAHWE) darbrenga. [19]Ond
als Sündopfer dent r an Gôesbock
nôrichta ond zwôe oejährige Lämmer als
Friedensopfer. [20]Ond dr Priaster soll se
samt am Erstlengsbrot als Schwengopfer
vôr am Herrgott (JAHWE) schwenga,
mitsamt dene zwôe Lämmer. Des
ischd gweiht am Herrgott zor Ehr
für d Priaster. [21]An dem Dag sollat r d
Vrkündigong vom Haeliga für euch
ausruafa. Då därfat r nex schaffa. Des
ischd a Satzong für emmer ond ewig
ond für älle eure Generationa überall,
mô ihr wohnat.
[22]Wann r eure Äcker abernta dent, nå

schneidat s Korn et bis an da Rand
von eure Äcker weg, ond d Ähra sollst
d et auflesa. Laß des de Arme ond de
Schutzbürger übrig. I ben JAHWE,
euer Gott (Eloheykem).

Zom Vrgleicha: *Vers 15:* Ex 23,16; 34,22 • Vers 22: 19,9f.

Dr Neujåhrsdag: 23 23-25

[23]Ond dr Herrgott håt mit am Mose
gredat ond gsaed: [24]Schwätz mit de
Israelita ond sag en: Em siebta Monat
am ersta Dag vom Monat soll a
Feierdag sae mit Gedächtnisblåsa (auf
am Widderhorn) zor Vrkündigong vom
Haeliga. [25]Då därfat r nex schaffa. Ond
r sollat a Feueropfer darbrenga, am
Herrgott, (JAHWE) zor Ehr.

S Vrsöhnongsfest: 23 26-32

[26]Ond dr Herrgott (JAHWE) håt mit
am Mose gredat ond gsaed: [27]Am zehnta
Dag em gleicha siebta Monat ischd dr
Vrsöhnongsdag, Vrkündigong vom
Haeliga für euch, då sollat r euch selber
demüatiga ond a Feueropfer darbrenga,
am Herrgott (JAHWE) zor Ehr. [28]An
dem Dag därfat r nex schaffa, weil då dr
Vrsöhnongsdag ischd, dass ihr Entsühnt
werat vôr am Herrgott (JAHWE). [29]A
Jeder, mô sich an dem Dag et demüatigt,
soll aus dr Volksgemaenschaft ausgrottat
wera. [30]Ond jeder, mô an dem Dag
irgend ebbas schafft, den rotte i aus
saener Volksgemaenschaft aus. [31]Ihr
sollat (an dem Dag) überhaopt nex
schaffa. Des ischd a Satzong für emmer
ond ewig ond für älle eure Generationa
überall, mô ihr wohnat. [32]Der Dag ischd
für euch a Sabbatruhefeier. Ond ihr
sollat euch selber demüatiga am naenta
Dag von dem Monat am Åbad. Von oem
Åbad bis an da nächsta Åbad sollat ihr
dui Feier halta.

Zom Vrgleicha: *Vers 26-32:* 16,2-34.

S Laobhüttafest: 23 33-36

[33]Ond dr Herrgott håt mit am Mose
gredat ond gsaed: [34]Schwätz mit de
Israelita ond sag en: Am fufzehnta Dag
vom siebta Monat ischd s Laobhüttafest
sieba Däg lang, am Herrgott, (JAHWE)
zor Ehr. [35]Am ersta Dag ischd
Vrkündigong vom Haeliga, då därfat r
nex schaffa. [36]Ond sieba Däg sollat r am
Herrgott (JAHWE) zor Ehr Feueropfer
darbrenga. Am achta Dag ischd wieder
Vrkündigong vom Haeliga für euch, ond
ihr sollat a Feueropfer darbrenga am
Herrgott (JAHWE) zor Ehr. Des ischd
a Feierdag, då därfat r nex schaffa.

Zom Vrgleicha: *Vers 34:* Ex 23,16; 34,22.

Schlußbemerkonga: 23 37-38

[37]Des send d Begegnongszeita vom
Herrgott (JAHWE), mô ihr ausruafa
sollat als Vrkündigong vom Haeliga, ond
zom Feueropfer darbrenga am Herrgott
JAHWE) zor Ehr: A Brandopfer,
a Speisopfer, a Schlachtopfer ond
a Trankopfer, jedas an saem Dag,
[38]abgseha vom Herrgott (JAHWE)
saene Sabbatfeiera ond abgseha von
eure Opfer wega ma Gelübde ond
abgseha von eure freiwillige Gaba, mô
ihr am Herrgott (JAHWE) zor Ehr
geba sollat.

Oenzelne Åweisonga für s Laobhüttafest: 23 39-44

[39]Am fufzehnta Dag vom siebta Monat,
wann r da Ertrag von euram Land
aesammlat, sollat ihr am Herrgott
(JAHWE) sae Fest feiera, sieba Däg lang.
Am ersta Dag ischd Feierdag ond am
achta Dag ischd Feierdag. [40]Am ersta Dag
sollat r Frücht von de Baem brenga ond
prächtige Palmawedel ond Zweig von
de Laobbaem ond von Bachwieda, ond
fraeat euch vôr am Herrgott (JAHWE),
euram Gott (Eloheykem) sieba Däg.
[41]Des sollat ihr jedas Jåhr sieba Däg

lang feiera vôr am Herrgott (JAHWE). Des ischd a Satzong für emmer ond ewig ond für älle eure Generationa. Em siebta Monat sollat r s feiera. [42]Sieba Däg sollat r en Laobhütta leba, jeder Sproß en Israel soll en de Laobhütta wohna, [43]dass älle Generationa wissat, dass i d Israelita en sotte Hütta wohna lassa han, môn e se aus am Land Ägypten rausgholt han, i, JAHWE, euer Gott (Eloheykem). [44]So hât dr Mose de Israelita d Begegnongszeita mit am Herrgott (JAHWE) vrkündigt.

Oenzelne Weisonga für da Leuchter ond da Tisch für d Schaobrot: 24 1-9

24 Ond dr Herrgott hât mit am Mose gredat ond gsaed: [2]Weis d Israelita å, dass se dr a raens Öl aus presste Oliva für da Leuchter brenga sollat, dass mr a ewigs Licht aufstecka kå. [3]Außerhalb vom Vorhang, der mô vôr am Gsetz ischd em Begegnongszelt, soll an dr Aaron so herrichta, dass r ständig vom Åbad bis an da Môrga vôr am Herrgott (JAHWE) leuchtat. Des ischd a Satzong für emmer ond ewig ond für älle eure Generationa. [4]Auf dem raena Leuchter soll r d Lampa aerichta für emmer vor am Herrgott (JAHWE). [5]Ond nå nemmst d Faenmehl ond bachst zeah Kuacha, aus zwôe Zehntel soll jeder Kuacha sae. [6]Dia legst d en zwôe Rôeha, sechs en jeder Rôeh auf da raena Tisch vôr am Herrgott (JAHWE). [7]Nå duast d auf jeda Schicht puran Weihraoch auf des Brot, der soll dr Gedenkåtôel sae, a Feueropfer, am Herrgott (JAHWE) zor Ehr. [8]An jedam Sabbat soll r s herrichta vôr am Herrgott (JAHWE) von de Israelita. Des ischd a Satzong für emmer ond ewig. [9]Des ghert am Aaron ond saene Söh, dia sollat s essa am haeliga Ort, als Hochhaeligs kommt am des zua von de Feueropfer vom Herrgott (JAHWE). Des ischd a Satzong für emmer ond ewig.

Zom Vrgleicha: *Vers 2-4:* Ex 25,31-40.

Gotteslästerong ond Gwaltvrbrecha: 24 10-23

[10]Då ischd dr Soh von ra Israelitin ond ama Ägypter, der mô bei de Israelita glebt hât, mit ama Israelita em Lager ananander gråta. [11]Ond der Soh von dera Israelitin hât da Nåma (vom Herrgott) glästerat ond gfluacht. Nå hent se an zom Mose bråcht, sae Muader hât Schelomit ghôeßa, am Debris sae Tochter, vom Stamm Dan. [12]Nå hent se n aegsperrt, bis en dr Herrgott (JAHWE) Bschôed geba dät. [13]Ond dr Herrgott hât mit am Mose gredat ond gsaed: [14]Dent den, mô gfluacht hât naus vôr s Lager. Ond älle, mô s ghört hent, sollat am ihre Händ auf da Kopf stemma ond nå soll an de ganz Gemaende stoeniga. [15]Ond de Israelita saesch d: A jeder, mô saem Gott (Elohayw) fluacht, muaß sae Sünd traga. [16]Wer da Nåma JAHWE lästert, muaß sterba, de ganz Gemaende soll an stoeniga. A Schutzbürger soll wia a Aehaemischer sterba, wann r saen Nåma lästert.

[17]Wann oener irgend an Menscha zdaot haot, muaß r sterba. [18]Ond der, mô a Tier ombrengt, muaß s zahla: Leba für Leba. [19]Wann oener ama andera an Schada åduat, dem soll mr s gleiche ådoa: [20]Bruch om Bruch, Aog om Aog, Zåh om Zåh. So wia der dem Menscha den Schada ådao hât, soll mr s ehm ao ådoa. [21]Wer a Stückle Vieh ombrengt, muaß s ersetza, ond der, mô an Menscha ombrengt, muaß sterba. [22]Bei euch soll bloß oe Recht gelta, für da Schutzbürger gleich wia für da Aehaemischa. I ben JAHWE, euer Gott (Eloheykem).

[23]Ond dr Mose hât mit de Israelita gredat, nå hent se den, mô gfluacht hât, vôr s Lager naus bråcht ond an sell gstoenigt. So hent d Israelita dao, was dr Herrgott

(JAHWE) da Mose ågwiesa håt.
Zom Vrgleicha: *Vers 15:* Ex 20,7; 22,27 • *Vers 17:* Ex 20,13; 21,12-20 • *Vers 20:* Ex 21,23-25; Dtn 19,21.

SABBATJÅHR OND JUBELJÅHR: 25 1-55

Aelaetong: 25 1
25 Ond dr Herrgott håt mit am
Mose auf am Berg Sinai gredat
ond gsaed:

S Brachjåhr: 25 2-7
[2]Schwätz mit de Israelita ond sag
en: Wann r en dem Land, mô i euch
geba will, åkomma send, nå soll des
Land a Sabbatfeier halta am Herrgott
(JAHWE) zor Ehr. [3]Sechs Jåhr därfst d
daen Acker aesäa, ond sechs Jåhr sollst d
daen Wengert pflega ond d Frücht ernta.
[4]Aber em siebta Jåhr soll dr Acker ruha,
am Herrgott (JAHWE) zor Ehr sollst d
daen Acker et aesäa ond daene Reba et
schneida; [5]Was nåchwächst von daener
Ernte, sollst d et ernta, ond d Trauba
von daene Waestöck sollst d et lesa. A
Jåhr soll Ruah sae für da Ackerboda.
[6]D Ruhezeit vom Ackerland soll euer
Nahrong sae, was då wächst, därfat
r essa, du ond dae Knecht ond dae
Magd ond dae Daglöhner ond dae
Schutzbürger, mô bei dr lebt, [7]ond dae
Vieh ond s Wild em Land, dr ganze
Ertrag ischd zom essa då.
Zom Vrgleicha: *Vers 2-7:* Ex 23,10f.

S Jubeljåhr: 25 8-31
[8]Ond du sollst sieba Sabbatjåhr zähla,
sieba Jåhr sieba Mål. So werat dia sieba
Sabbatjåhr für di naenavierzg Jåhr.
[9]Am zehnta Dag vom siebta Monat
sollst d Posaona schalla lassa. Am
Vrsöhnongsdag sollat r em ganza Land
Posaona schalla lassa. [10]Ond ihr sollat
s fufzigste Jåhr weiha, s ganze Jåhr.
Ond nå lassat r d Freihaet ausruafa für
älle Bewohner em Land. Jubel soll sae
für euch, weil r hoemkomma därfat, a
jeder en sae Aegatom ond jeder därf
en sae Sippschaft hoemkomma. [11]Als
Jubeljåhr soll euch des fufzigste Jåhr
gweiht sae. Då sollat ihr et säa ond et
ernta was nåchwächst ond et ablesa
vom Obeschnittena (Waestock). [12]Weil
s für euch als Jubeljåhr gweiht ischd,
sollat r vom Ackerfeld weg leba. [13]Em
gleicha Jubeljåhr därfat ihr, a jeder en
sae Aegatom zrück komma.
[14]Wann r ebbas an en Volksgenossa
vrkaofat oder ebbas kaofat vo'ma
Volksgenossa, därfat r anander et
åschmiera. Koener soll saen Bruader
über da Tisch ziaga. [15]Nach dr Zahl von
de Jåhr nach am Jubeljåhr sollst von
daem Volksgenossa kaofa, nach dr Zahl
von de Ernta soll r dr s vrkaofa. [16]Wann
s no viele Jåhr send, ischd dr Preis
haecher, ond wann s bloß no wenig Jåhr
send (bis zom nächsta Jubeljohr), ischd
dr Preis niederer; der vrkaoft dr nämlich
a bestimmta Zahl von Ernta. [17]Koener
soll saen Volksgenossa åschmiera,
sondern vor saem Gott (Eloheyka) a
Ehrfurcht han. I ben JAHWE, euer Gott
(Eloheykem). [18]Ihr sollat nach maene
Satzonga leba ond maene Åweisonga
aehalta, nå könnat r sicher em Land leba.
[19]Ond s Land gibt euch saene Frücht
ond ihr könnat essa, bis r satt send ond
en Sicherhaet leba.
[20]Ond wann r denkat: Was soll mr nå
em siebta Jåhr essa? Wa'mr et aesäa
därfat ond et ernta? [21]Nå will i euch em
sechsta Jåhr so segna, dass dr Ertrag für
drei Jåhr langat. [22]Em achta Jåhr dent r
nå wieder aesäa, ond då no von de alte
Vôrrät essa, bis en s naente, wann då dr

Ertrag kommt, solang langat eure alte Vôrrät. [23]Grond ond Boda därf et für emmer vrkaoft wera, des Land ghert nämlich mir, ond ihr send bloß Gäst ond Beisassa bei mir. [24]Ond em ganza Land von euram Grondbesitz müaßat ihr a Auflösongsrecht aeraema.

[25]Wann dae Bruader vrarmt ond r muaß ebbas von saem Grond ond Boda vrkaofa, nå soll sae nächster Vrwandter als sae Auslöser nôganga ond da Vrkaof von saem Bruader zrückkaofa. [26]Ond wann oener koen Löser håt, aber r håt s selber aufbrenga könna, dass r s håt kaofa könna, [27]nå soll r dia Jåhr seit am Vrkaof drzua rechna, ond da Restbetrag zrückerstatta an den Må, dem môn r s vrkaoft håt, dass r zrückkomma kå auf saen Grond ond Boda. [28]Ond wann r et gnuag aufbrenga kå für d Rückerstattong, nå bleibt des, was r vrkaoft håt beim Kaefer bis zom Jubeljåhr. Em Jubeljåhr wird s wieder frei ond r kå auf saen Grond ond Boda zrück ganga.

[29]Wann oener a Haus en ra Stadt mit ra Stadtmauer vrkaoft, håt r vom Vrkaof å oe Jåhr lang s Auflösongsrecht. Sae Auflösongsrecht ischd auf oe Jåhr aegschränkt. [30]Wann s ennerhalb von oem Jåhr et zrückkaoft wôra ischd, bleibt des Haus en dera Stadt mit dr Stadtmauer em Aegatom vom Kaefer, ao für saene Nåchkomma. Des wird em Jubeljåhr et frei. [31]Aber dia Häuser en Hofstella ond Dörfer, mô koe Stadtmauer hent, werat am Land zuagrechnat ond könnat emmer zrück kaoft wera, ond se werat em Jubeljåhr frei.

Sonderbestimmonga für d Levita: 25 32-34

[32]Was aber d Städt von de Levita ågôht, ihre Häuser ond Grondstück, stôht dene a Auslösongsrecht für emmer ond ewig zua. [33]Wann aber a Levit et zrück kaoft, nå wird a Haus, môn r vrkaoft håt, wann s zo ra Stadt en de Levita ihram Besitz ghert, em Jubeljåhr frei, weil dia Häuser en de Levitastädt send dene ihr Aegatom em Land von de Israelita. [34]Ao d Viehwôeda om dia Städt rom därfat et vrkaoft wera, weil des dene ihr Aegatom ischd für emmer ond ewig.

S soziale Vrhalta: 25 35-38

[35]Ond wann dae Bruader vrarmt ond sich nemme halta kå, nå gib am dae Onterstützong. Wian a Gast oder Beisass soll r neba dr leba. [36]Nemm koen Zaes von am, Wucherzaes schao gar et. Han a Ehrfurcht vôr daem Gott (Eloheyka) ond laß daen Bruader leba bei dr. [37]Vrlang koen Zaes, wann da am Geld leihst, ond für s Essa sollst d koen Aufschlag vrlanga: [38]I ben JAHWE, euer Gott (Eloheykem), der mô euch aus am Land Ägypten rausgholt håt, dass e euch s Land Kanaan gib ond euer Gott (Elohim) ben.

Zom Vrgleicha: *Vers 36:* Ex 22,24; Dtn 23,20.

Freilassa von israelitische Sklava: 25 39-43

[39]Ond wann dae Bruader neba dr vrarmt ond sich selber an di vrkaoft, sollst an du koen Sklavadenst doa lassa; [40]wian a Daglöhner, wian a Beisass soll r bei dr sae. Bis zom Jubeljåhr soll r bei dr schaffa. [41]nå soll r samt saene Kender von dr fortganga ond zo saener Sippschaft hoemganga ond auf da Grond ond Boda von saene Altvordere zrück ganga. [42]Des send nämlich maene Denstknecht, mô i aus am Land Ägypten rausgholt han, dia därfat et als Sklava vrkaoft wera. [43]Du sollst am ao koe harter Herr sae, sondern Ehrfurcht han vôr daem Gott (Eloheyka).

Zom Vrgleicha: *Vers 39-43:* Ex 21,2-11.

Sklava aus fremde Völker: 25 44-46

[44]Wann aber dae Knecht ond dae Magd

aus andere Volksstämm om euch rom bei dr bleiba wöllat, von dene könnat r Knecht ond Mägd kaofa. [45]Ao von de Beisassa ihre Kender, mô bein ich send, könnat r kaofa, ond aus ihrer Sippschaft, mô en euram Land gebora ischd, dia könnat euer Aegatom wera. [46]Ond ihr könnat se als Aegatom an eure Kender vrerba, für emmer därfat r se als Sklava halta, aber eure Brüader aus de Israelita därfat r et zom Frondenst zwenga.

S Freikaofsrecht von israelitische Sklava bei Fremde: 25 47-54

[47]Ond wann a Schutzbürger oder a Beisass sich s laesta kå, ond dae Bruader (aus am Volk Israel) vrkaoft sich dem Schutzbürger oder Beisassa, oder saener Nåchkommaschaft oder dr Sippschaft, [48]soll, nachdem r sich vrkaoft håt, s Auslösongsrecht für an gelta, ond oener von saene Brüader soll an auslösa, [49]oder sae Onkel oder sae Vetter soll an auslösa, oder sae nächster Vrwandter, oener von saener Sippschaft soll an auslösa. Oder r soll drom schaffa, dass r sich selber auslösa kå. [50]Ond r soll mit saem Kaefer rechna, von dem Jåhr å, mõn r sich vrkaoft håt bis zom Jubeljåhr. Dr Preis richtat sich nach de Jåhr, môn r als Daglöhner bein am schaffa soll. [51]Wann s no viele Jåhr send, nå soll r entsprechend d Auslösong zahla vom Geld, om des r kaoft wôra ischd. [52]Ond wann s bloß no a paar Jåhr send bis zom Jubeljåhr, nå soll r ao nåchrechna; saene Denstjåhr entsprechend soll r sae Auslösong zahla. [53]Wian a Lohnarbaeter Jåhr om Jåhr soll r bein am sae, r soll an et vôr daene Aoga hart åganga. [54]Ond wann r auf dui Art et ausglöst wird, nå därf r em Jubeljåhr ganga mitsamt saene Kender. [55]Mir gherat nämlich d Kender Israel, des send maene Denstknecht, mô i aus am Land Ägypten rausgholt han. I ben JAHWE, euer Gott (Eloheykem).

SEGA OND FLUACH: 26 1-46

Am Herrgott saene wichtigste Forderonga: 26 1-2

26 Ihr sollat euch koene Götzabilder macha, gschnitzte Figura ond Stoemäler sollat r et aufrichta bei euch, zom euch an dia wegschmeißa. I ben JAHWE, euer Gott (Eloheykem). [2]Ihr sollat maene Sabbatfeiera achta ond mae Haeligtom ehra. I ben JAHWE.

Zom Vrgleicha: *Vers 1:* 19,4; Ex 20,4; Dtn 5,8.

Dr Sega: 26 3-13

[3]Wann ihr nach maene Satzonga lebat ond maene Åweisonga aehaltat, [4]gib i euch Rega zor rechta Zeit, dass dr Erdboda saen Ertrag hergeba kå ond d Baem em Feld draußa ihre Frücht hergeba könnat. [5]Nå gôht s Drescha bei euch bis en d Waeles, ond d Waeles bis zom Säa. Ond ihr därfat euer Brot essa bis r satt send ond sicher en euram Land leba. [6]I schaff Frieda em Land, dass ihr ruhig schlåfa könnat ond euch neamerd en Schrecka aejagt. Ond i laß wilde Viecher aus am Land schaffa. Ond koe Schwert därf durch euer Land ganga. [7]Ihr vrfolgat eure Faend ond dia fallat vôr euram Schwert. [8]Faef von euch vrfolgat hondert, ond hondert von euch vrfolgat zeahtausad, ond eure Faend vrfallat vôr euch am Schwert. [9]Ond i will me zo euch halta ond euch fruchtbar macha ond euch vrmehra ond maen Bund mit euch aufrecht erhalta. [10]Ihr könnat nå vom alta (Korn) essa, von ferndich (vom letzta Jåhr), s Alte müaßat r vrbraucha, dass r Platz hent für s Neue. [11]I will mittla onter euch

mae Wohnong han, ond i han koen
Aber (Abnaegong) gega euch. [12]I ben en
eurer Mitte ond will euer Gott (Elohim)
sae, ond ihr därfat mae Volk sae. [13]I ben
JAHWE, euer Gott (Eloheykem). I
han euch aus Ägypten rausgholt, weg
vom Sklavastand. I han eure Jochstanga
abrocha, dass r aufrecht laofa könnat.
Zom Vrgleicha: *Vers 3-13:* Dtn 28,1-14.

Stråfa ond Fluach: 26 14-38
[14]Wann r aber et auf me horchat ond ao
et nach maene Åweisonga lebat, [15]ond
maene Satzonga et aehaltat, ond wann
r gega maene Rechtsordnonga en Aber
hent ond maene Gebot et gelta lassat
ond so maen Bund mit euch brechat,
[16]nå mach i s ao so. I suach euch hoem
mit Schrecka, mit dr Schwendsucht
ond mit Fiaber, dass euch s Aogaliacht
ond dr Schnaufer ausgôht. Nå säat ihr
euran Såma omasoscht naus, nå essat an
nämlich eure Faend. [17]Aber i richte mae
Gsicht gega euch, dass r vôr eure Faend
nôgschuckt werat, ond dia, mô euch
hassa dent, dia herrschat über euch. Ond
ihr haoat ab, bevôr euch ebber vrfolgt.
[18]Wann r mr nå emmer no et folga
wöllat, nå mach e weiter ond laß s no
sieba Mål ärger über euch komma wega
eure Sünda. [19]I brich euran trotziga
Haochmuat ond mach euran Hemmel
wia Eise ond euran Ackerboda wia Erz.
[20]Omasoscht setzat ihr euer Kraft ae,
weil dr Ackerboda koen Ertrag hergeit
ond auf de Baem wachst ao nex. [21]Ond
wann r bockboenig send ond et auf
me horcha wöllat, nå hao e nômål zua,
sieba Mål, wian r s vrdeant hent nach
eure Sünda. [22]Nå laß e de wilde Viecher
auf euch losganga em Feld draußa, zom
euer Land entvölkera ond euer Vieh
fressa, ond ihr so dezimiert werat, dass
mr auf dr Stråß neamerd maeh sieht.
[23]Ond wann r nå emmer no et pariera
wöllat ond bockboenig send, [24]nå gang e
no ganz anders mit euch om ond schlag
nômål sieba Mål zua für eure Sünda.
[25]Nå breng i s Schwert über euch, des
ischd d Bundesrache. Wann r euch nå en
eure Städt zrück ziagat, nå schick e euch
d Pest ond i gib euch eure Faend preis,
dass r dene en d Händ fallat. [26]Wann e
nå eure Brotvorrät vrderba laß, müaßat
zeah Fraoa en oem Bachofa euer Brot
bacha. Ond se tôelat euch s Brot so zua,
dass koener drvo satt wird.
[27]Ond wann r nå emmer no et pariera
wöllat ond bockboenig send, [28]nå laß
i maen Zôrn mit euch omganga ond
schlag nômål sieba Mål zua für eure
Sünda. [29]Nå fressat ihr s Flôesch von
eure Söh ond Töchter; [30]ond i mach eure
Kultstätta he ond rotte eure Raecheraltär
aus ond leg eure Leicha auf d Leicha von
eure Götza. Ond i han an Ekel vôr euch.
[31]Eure Städt gib i dr Vrwüastong preis
ond eure Haeligtümer hao e zsema, ond
von eure Beschwichtigongsopfer will e
nex maeh riacha. [32]I selber mach euer
Land so he, dass s sogar eure Faend,
mô då dren wohnat, drvôr graust.
[33]Ond euch vrstrae e en älle Völker.
Ond henter euch her laß e s Schwert
walta, dass euer Land bloß no a Öde
ischd, ond eure Städt Trümmerhäufa.
[34]Nå kriagt s Land saene Sabbatfeiera
ersetzt en dera Zeit, mô s vrödat då leit.
Während ihr em Land von eure Faend
sae müaßat, kå s Land zor Ruah komma
ond kriagt saene Sabbatfeiera ersetzt.
[35]De ganz Zeit, mô s vrödat då leit, därf
s ausruha, weil s bei eure Feierlichkaeta,
mô ihr no då gwohnt hent, et zor Ruah
komma ischd.
[36]Ond dia, mô von euch übrig blieba
send, mach e so ängstlich em Land
von ihre Faend, dass en s Raschla vom
trockena Laob so an Schrecka aejagt, wia
wann oener mit am Schwert henter en
her wär, obwohl då gar neamerd ischd.
[37]Nå haglat se überanander nae wia vôr

am Schwert, obwohl en koener nåch gôht, ond koener traut sich, vôr saene Faend auf zom standa. [38]So kommat ihr om bei de Völker, euch frisst s Land von eure Faend.

Zom Vrgleicha: *Vers 14-38:* Dtn 28,15-68.

Omkehr ond Vrgebong: 26 39-45

[39]Dia, mô von euch übrig blieba send, vrmoderat en de Länder von eure Faend wega ihre Vrfehlonga. Aber ao wega de Vrfehlonga von ihre Altvôrdere, mit dene vrmoderat se. [40]Nå gebat se ihre Vrfehlonga zua ond d Vrfehlonga von ihre Altvôrdere durch ihran Betrug, mit dem se me henterganga hent, ond ao, dass se bockboenig gwea send gega me, [41]dass i ao hart gwea ben gega se, ond se ens Land von ihre Faend han brenga lassa. Wann sich nå ihr obeschnittes Herz demüatigt ond se für ihre Vrfehlonga büaßat, [42]nå will i an maen Bund denka mit am Jakob ond an maen Bund mit am Isaak ond ao an maen Bund mit am Abraham ond mit am Land. [43]Aber s Land muaß von en vrlassa wera ond muaß dia Sabbatfeiera während saener Vrödong ersetzt kriaga. Ond ihr aegena Schuld müaßat se ao abtraga, weil se maene Åweisonga mißachtat ond maene Satzonga vrachtat hent. [44]Aber sogar då, mô se em Land von ihre Faend gwea send, han i se et so vrachtat ond eklig gfonda, dass e se ganz ombråcht hätt, endem e maen Bund mit en brecha dät. I ben nämlich JAHWE, ihr Gott (Eloheyhem). [45]I will en z guat an maen Bund mit ihre Vôrfahra denka, dia mô i vôr de Aoga von älle Völker aus am Land Ägypten rausgholt han, zom ihr Gott (Elohim) sae. I ben JAHWE.

Dr Schluß vom Haeligkaetsgsetz: 26 46

[46]Des send d Satzonga ond Rechtsvorschrifta ond Åweisonga, mô dr Herrgott (JAHWE) geba håt, zwischa sich ond de Israelita auf am Berg Sinai am Mose en d Händ.

D ABLÖSONG VON GELÜBDE OND WEIHEGABA: 27 1-34

Bei Persona: 27 1-8

27 Ond dr Herrgott håt mit am Mose gredat ond gsaed: [2]Schwätz mit de Israelita ond sag en: Wann oener a Gelübde aelösa will beim Herrgott (JAHWE) nach daem Richtwert für Persona, [3]nå soll dae Richtwert für an Må zwischa zwanzg ond sechzg Jåhr fufzg Silberschekel nach am Gwicht vom Haeligtom sae. [4]Für a Frao soll dr Richtwert dreißg Schekel sae. [5]Wann s a Jugendlicher ischd zwischa fenf ond zwanzg Jåhr, nå ischd d r Richtwert bei ma Bua zwanzg ond bei ma Mädle zeah Schekel. [6]Ischd s Kend zwischa oem Monat ond fenf Jåhr, nå ischd dr Richtwert für an Bua fenf ond für a Mädle drei Silberschekel. [7]Ond wann s ebber von sechzg å aufwärts ischd, nå ischd dr Richtwert für an Må fufzeah ond für a Frao zeah Schekel. [8]Ond wann r z arm ischd für daen Richtwert, nå soll mr an vôr da Priaster stella, ond dr Priaster soll an aeschätza nach dem, was der, mô des Gelübde abglegt håt, brenga kå, des soll dr Priaster werta.

Beim Vieh: 27 9-13

[9]Ond wann s a Stückle Vieh ischd, mô mr am Herrgott (JAHWE) als Opfer darbrenga kå, nå ischd ällas, was mr am Herrgott (JAHWE) gibt, haelig. [10]Des därf et ersetzt oder vrtauscht wera, a Schlechts für a Guats oder a Guats

für a Schlechts; wann aber oener doch
tauscht Vieh om Vieh, nå bleibat bôede,
s Oene ond s Aetauschte, gweiht für s
Haeligtom. [11]Ischd s aber a oraens Tier,
von dem mr koene Opfergaba für da
Herrgott (JAHWE) darbrenga därf, nå
soll mr des Tier vôr da Priaster stella.
[12]Dr Priaster soll entschaeda zwischa
taoglich ond otaoglich; wia s dr Priaster
aeschätzt, so soll s bleiba. [13]Wann s
oener auslösa will, nå soll r a Fenftel
vom Richtwert drauflega.

Bei Häuser: 27 14-15

[14]Wann oener sae Haus als Weihegabe
an da Herrgott (JAHWE) gibt, nå soll s
dr Priaster schätza zwischa taoglich ond
otaoglich; wia s dr Priaster aeschätzt, so
soll s bleiba. [15]Wann der, mô des Haus
als Weihegabe darbrâcht hât, sae Haus
wieder auslösa will, nå soll r a Fenftel
vom Richtwert drauflega, nå ghert s am
wieder.

Bei Grondstück: 27 16-24

[16]Wann oener sae Erbgrondstück am
Herrgott (JAHWE) weiht, nå soll dr
Richtwert nach dr Aussaat gwertat wera:
d Aussaat von oem Malter Gersta gilt als
fufzg Silberschekel. [17]Weiht r saen Acker
vom Jubeljåhr å, nå gilt der Schätzwert.
[18]Ond wann r sae Grondstück nach am
Jubeljåhr weiht, nå soll am dr Priaster
da Preis nach de Jåhr, mô s no bis zom
nächsta Jubeljåhr send berechna ond
entsprechend vom Richtwert abziaga.
[19]Ond wann der, mô des Grondstück
gweiht hât, s wieder auslösa will,
nå soll r a Fenftel vom Richtwert
drauflega, nå ghert s am wieder. [20]Ond
wann r s et auslösa will ond mr hât des
Grondstück ama andera vrkaoft, nå
kå s nemme ausglöst wera. [21]Nå ischd
des Grondstück, wann s em Jubeljohr
frei wird, a Weihegabe an da Herrgott
(JAHWE), wia a Banngrondstück ond
gôht ens Aegatom vom Priaster über.
[22]Wann oener am Herrgott (JAHWE) a
Grondstück weiht, des môn r kaoft hât
ond des et zo saem Erbguat ghert, [23]nå
soll am s dr Priaster von daem Richtwert
bis zom Jubeljåhr ausrechna, ond r
soll am gleicha Dag den Preis zahla als
Weihegabe an da Herrgott (JAHWE).
[24]Em Jubeljåhr gôht des Grondstück an
den zrück, von dem, môn r s kaoft hât,
der hât nämlich s Aegatomsrecht.

Zom Vrgleicha: *Vers 24:* 25,23-28.

S Schätzmaß: 27 25

[25]Dae ganzer Richtwert soll sich an s
Haeligtomsgwicht halta: Zwanzg Gera
send oe Schekel.

Sonderfäll: 27 26-33

[26]A Erstleng vom Vieh ghert am Herrgott
(JAHWE),den kå neamerd als Opfer
darbrenga; ob s a Rendle ischd oder a
Schåf, des ghert am Herrgott (JAHWE).
[27]Wann s aber vom oraena Vieh ischd,
soll mr s nach am Richtwert auslösa
ond no a Fenftel draufdoa. Wa'mr s et
auslösa will, nå soll mr s om da Richtwert
vrkaofa. [28]Aber vom Bannguat, mô
oener durch da Bann am Herrgott
(JAHWE) weiht, von ällam, was am
ghert, ob Menscha, Vieh oder Äcker von
saem Erbguat, des kå et vrkaoft oder
ausglöst wera. A jedas Bannguat ischd
Hochhaelig für da Herrgott (JAHWE).
[29]Was von Menscha als Bannguat vrfällt,
kå et ausglöst wera, des muaß sterba.
Sterba muaß s. [30]Ond jeder Zehnte vom
Land, von de Ackerfrücht ond von de
Frücht von de Baem, ghert am Herrgott
(JAHWE), des send Weihegaba für
da Herrgott (JAHWE). [31]Wann aber
oener an Tôel von saem Zehnta auslösa
will, nå soll r a Fenftel drauflega.
[32]Ond a jeder Zehnte an Graoß- oder
Kloevieh, ällas, was onter am Hirtastab
durch gôht, emmer s Zehnte wird am

Herrgott (JAHWE) gweiht. [33]Mr soll et onterschôeda zwischa Guate ond Schlechte, ond s ao et tauscha. Wann s aber oener austauscht, fallat bôede am Haeligtom zua ond därfat et ausglöst wera.

Dr Abschluß: 27 34

[34]Des send dia Gebot, mô dr Herrgott (JAHWE) am Mose geba håt für d Israelita auf am Berg Sinai.

S VIERTE BUACH MOSE

Aufzählonga (Numeri)

AUS AM PRIASTERGSETZ: 1 1 – 10 10

D Volks- ond Heeresordnong: 1 1-54

1 Ond dr Herrgott (JAHWE) håt mit am Mose gredat en dr Wüste Sinai em Begegnongszelt am ersta Dag vom zwôeta Monat em zwôeta Jåhr, seit se aus Ägypten auszoga send, ond r håt gsaed: [2]Machat a Bstandsaufnahm von älle Israelita, nach ihre Sippschafta, nach ihre Vädr mit ihre Familia, machat a Liste mit de Nåma von älle männliche Mitglieder nach ihrer Kopfzahl. [3]Ällas, was zwanzg Jåhr ond drüber ischd ond wehrfähig en Israel, dent r mustera für ihr Heer, du ond dr Aaron. [4]Ond en jedam Stamm soll euch oener von dene helfa, emmer s Familiaoberhaopt. [5]Des send d Nåma von dene, mô euch helfa sollat: für Ruben: dr Elizur, dr Soh vom Sedeur, [6]für Simeon: Schelumiël, dr Soh vom Zurisaddai; [7]für Juda: dr Nachschon, am Amminadab sae Soh; [8]für Issachar: dr Netanel, dr Soh vom Zuar; [9]Für Sebulon: dr Eliab, am Helon sae Soh; [10]Für am Josef saene Söh: für Efraim: dr Elischama, dr Soh vom Ammihud für Manasse: dr Gamliël, dr Soh vom Pedazur; [11]für Benjamin: dr Abidan, am Gidonis sae Soh; [12]für Dan: dr Ahiëser, dr Soh vom Ammischaddai; [13]für Asser: dr Pagiël, dr Soh vom Ochran; [14]für Gad: dr Elijasaf, dr Soh vom Dëuël; [15]für Naftali: dr Ahira, dr Soh vom Enan.

[16]Des send dia, mo aus dr Gemaende beruafa wôra send, d Fürsta von de Stämm von ihre Vädr, d Sippaschef en Israel.

[17]Dr Mose ond dr Aaron hent dia Männer, mô namentlich aufgführt wôra send so gnomma. [18]Ao de ganz Gemaenschaft hent se vrsammlat am ersta Dag vom zwôeta Monat, då hent dia sich en Lista aeschreiba lassa nach Sippavrbänd, Familie om Familie håt mr s aetraga am Nåma nåch älle Männer von zwanzg Jåhr aufwärts. [19]So wia s dr Herrgott (JAHWE) da Mose ghôeßa håt, so håt mr s gmusterat en dr Wüste Sinai.

Jetzt faß e zsamma:

[20+21]Stamm Ruben: 46 500 Mann
[22+23]Stamm Simeon: 59 300 Mann
[24+25]Stamm Gad: 45 650 Mann
[26+27]Stamm Juda: 74 600 Mann
[28+29]Stamm Issaschar: 54 400 Mann
[30+31]Stamm Sebulon: 57 400 Mann
[32+33]Josefssöh: Stamm Efraim: 40 500 Mann ond:
[34+35]Stamm Manasse: 32 200 Mann
[36+37]Stamm Benjamin: 35 400 Mann
[38+39]Stamm Dan: 62 700 Mann
[40+41]Stamm Asser: 41 500 Mann
[42+43]Stamm Naftali: 53 400 Mann

[44]Des send dia, mô vom Mose ond vom Aaron ond von de Stammesfürsta von Israel gmustert wôra send. Des send zwölf Stammesfürsta gwea, für jedan Stamm mit saener Familia oener. [45]Älle Israelita, mô aus ihre Familia gmusterat wôra send von zwanzg Jåhr aufwärts, mô wehrfähig gwea send, [46]ällas en ällam send s 603 550 Mann gwea, mô gmusterat wôra send. [47]Aber dia, mô aus am Stamm Levi gwea send, håt mr et mit de andere gmusterat.

[48]Ond dr Herrgott (JAHWE) håt mit

am Mose gredat ond gsaed: 49Bloß da Stamm Levi sollst d et mustera ond se et aeordna (em Heer von de) Israelita. 50Tôel d Levita ae für da Denst über d Wohnong von dr Bundessatzong ond über älle Gerätschafta, mô drzua gherat. Dia sollat d Wohnong traga ond älle Gerätschafta ond sollat se en Ordnong halta. Ond se sollat om d Wohnong rom lagera. 51Ond wann d Wohnong weitergôht, nå sollat se d Levita abbaua, ond wann d Wohnong lagert, nå sollat se d Levita aufbaua. Wann oener, mô et drzua ghert, dr Wohnong z nåch kommt, muaß r sterba. 52D Israelita sollat ihr Zelt en ihram Lager aufbaua, jeder bei saem Feldzaeche. 53Aber d Levita sollat om d Wohnong von dr Bundessatzong rom lagera, dass et a Zôrngericht über d Gemaende Israel kommt, deshalb müaßat d Levita s Brauchtom von dr Wohnong von dr Bundessatzong beachta.

54Ond d Israelita hent ällas genao so gmacht, wia s dr Herrgott (JAHWE) da Mose ghôeßa håt.

Zom Vrgleicha: *Vers 1-54:* 26,1-65.

D Ordnong em Lager ond auf am Marsch: 2 1-34

2 Ond dr Herrgott (JAHWE) håt mit am Mose ond mit am Aaron gredat ond gsaed: 2Älle Israelita sollat so lagera, dass a jeder onter saener Flagge bei de Feldzaeche von saener Familie ischd, em Kraes sollat se om s Begegnongszelt lagera. 3Osta zua soll sich dr Stamm Juda mit saener Flagge lagera, Schar om Schar; dr Fürst vom Stamm Juda ischd dr Nachschon, dr Soh vom Amminadab. 4Ond sae Heerschar håt 74 600 Mann. 5Drneba lagerat dr Stamm Issaschar; dr Fürst von Issaschar ischd dr Netanel, am Zuar sae Soh. 6Ond sae Heerschar håt 54 400 Mann. 7Nå kommt dr Stamm Sebulon; dr Fürst von Sebulon ischd dr Eliab, dr Soh vom Helon. 8Ond sae Heerschar håt 57 400 Mann. 9Älle Gmusterte em Heerlager vom Stamm Juda send 186 400 Mann, mô en Abtaelonga gordnat send, dia sollat zersta aufbrecha.

10Süda zua lagerat dr Stamm Ruben, Heerschar an Heerschar; dr Fürst von Ruben ischd dr Elizur, am Sedeur sae Soh. 11Ond sae Heer håt 46 500 Mann. 12Neba dem lagerat dr Stamm Simeon; dr Fürst von Simeon ischd dr Schelumiël, dr Soh vom Zurisaddai. 13Ond sae Heer håt 59 300 Mann. 14Nå dr Stamm Gad; dr Fürst vom Stamm Gad ischd dr Elijasaf, dr Soh vom Rëuël. 15Ond sae Heer håt 45 650 Mann. 16Älle Gmusterte em Heerlager vom Stamm Ruben send 151 450 Mann, Heerschar an Heerschar, dia sollat als zwôete aufbrechna.

17Nå soll s Lager von de Levita aufbrecha mit am Begegnongszelt, mittla zwischa de andere Heerlager, wia se lagerat, so sollat se ao aufbrecha, jeder an saem Platz onter saem Feldzaeche.

18D Flagge vom Stamm Efraim mit saene Heerlager leit westwärts. Dr Fürst vom Stamm Efraim ischd dr dr Elischama, dr Soh vom Ammihud. 19Ond sae Heer håt 40 500 Mann. 20Drneba lagerat dr Stamm Manasse; dr Fürst von Manasse ischd dr Gamliël, dr Soh vom Pedazur. 21Ond sae Heer håt 32 200 Mann. 22Ond dr Stamm Benjamin; dr Fürst vom Stamm Benjamin ischd dr Abidan, am Gidonis sae Soh. 23Ond sae Heer håt 35 400 Mann. 24Älle Gmusterte em Heerlager vom Stamm Efraim send 108 100 Mann, Heerschar an Heerschar, dia sollat an dritter Stell aufbrechna.

25Norda zua ischd s Lager vom Stamm Dan, Heerschar an Heerschar; dr Fürst vom Stamm Dan ischd dr Ahiëser, dr Soh vomAmmischaddai. 26Ond dem sae Heer håt 62 700 Mann. 27Neba dem håt dr Stamm Asser sae Lager; dr Fürst vom Stamm Asser ischd dr Pagiël, dr Soh vom Ochran. 28Ond sae Heer håt 41 500 Mann. 29Nå kommt dr Stamm Naftali; dr Fürst vom Stamm Naftali ischd dr Ahira, dr Soh vom Enan. 30Ond sae Heer håt 53 400 Mann. 31Älle Gmusterte em Heerlager vom Stamm Dan send 157 600 Mann, dia sollat als Letzte aufbrecha, nach ihre Feldzaeche gordnat.

32Des send de gmusterate Israelita nach ihre Familia, älle Gmusterate em Heerlager nach ihre Heerschara: 603 550 Mann. 33Aber d Levita send et mit de andere Israelita gmusterat wôra, wia s dr Herrgott (JAHWE) da Mose ghôeßa håt. 34Ond d Israelita hent genao des dao, was dr Herrgott (JAHWE) da Mose ghôeßa håt: Se hent ihre Lager so nach ihre Feldzaeche ausgrichtat, ond so send se ao aufbrocha, jeder nach saener Sippschaft ond bei saener Familie.

D Musterong von de Priaster- ond Levitagschlechter: 3 1 4 49

3 Des ischd am Aaron ond am Mose sae Gschlecht en dera Zeit, mô dr Herrgott (JAHWE) mit am Mose gredat håt auf am Berg Sinai. 2Ond des send d Nåma vom Aaron saene Söh: dr Erstgeborene ischd dr Nadab, ond nå dr Abihu, dr Eleasar ond dr Ithamar. 3Des send d Nåma vom Aaron saene Söh, mô zo Priaster gsalbt wôra send ond dene d Händ gfüllt wôra send für s Priasteramt. 4Aber dr Nadab ond dr Abihu send vôr am Herrgott (JAHWE) gstôrba, mô se en dr Wüste Sinai a orechtmäßigs Feueropfer vôr am Herrgott (JAHWE) darbråcht hent. Ond dia hent koene Söh ghet, nå håt dr Eleasar ond dr Ithamar als Priaster amtiert onter dr Aufsicht von ihram Vadr Aaron.

5Ond dr Herrgott (JAHWE) håt mit am Mose gredat ond gsaed: 6Laß da Stamm Levi åtreta, ond du sollst an (da Stamm Levi) vôr am Priaster Aaron bestätiga, dass se am helfa sollat en saem Amt. 7Se sollat saene Åweisonga befolga ond ehm ond dr ganza Gemaende deana vôr am Begegnongszelt em Denst an dr Wohnong (von dr Bundessatzong). 8Se sollat älle Gerätschafta em Begegnongszelt en Ordnong halta ond sich an ihran Denstplån halta für da Denst an dr Wohnong. 9Ond du sollst d Levita am Aaron ond saene Söh zuaweisa als Gschenk von de (andere) Israelita. 10Da Aaron ond saene Söh bstellst d zom Priasteramt. Der, mô herkommt ond et drzua ghert, soll sterba.

11Dr Herrgott (JAHWE) håt mit am Mose gredat ond gsaed: 12Guck, i han d Levita gnomma aus älle Israelita an dr Stell vo'ma jeda Erstgeborena von de Israelita, mô da Muaderschoß von saener Muader durchbrocha håt. D Levita gherat mir. 13Mir gherat nämlich älle Erstgeburta; an dem Dag, môn e älle Erstgeburta em Land Ägypten gschlaga han, han i mr älle Erstgeburta en Israel gweiht, von de Menscha ond ao vom Vieh. Mir gherat se, i ben JAHWE.

14Ond dr Herrgott (JAHWE) håt mit am Mose gredat en dr Wüste Sinai ond gsaed: 15Ordne d Söh vom Levi nach de Familia von ihre Stammvädr, nach ihre Sippa. Ällas, was männlich ischd vom Monatskend å aufwärts sollst d auflista. 16Dr Mose håt se aegordnat, wian am s dr Herrgott (JAHWE) ågwiesa håt.

17Ond des send d Nåma vom Levi saene Söh: Gerschon, Kehat ond Merari. 18D Nåma vom Gerschon saene Söh ond von ihre Sippschafta send: Libni ond Schimi, 19ond am Kehat saene Söh ond ihre Sippschafta send: Amram, Jizhar, Hebron ond Usiël, 20ond d Söh vom Merari ond saene Sippschafta hent Machli ond Muschi ghôeßa. Des send d Sippschafta vom Stamm Levi, nach ihre Familia g'ordnat.

21 Vom Gerschon stammat d Sippschaft
von de Libniter ond d Sippschaft von
de Simeiter ab. Des send d Sippa von
de Gerschoniter. 22 Dia, mô aufglistat
wôra send von de männliche Mitglieder
von oem Monat å aufwärts, send 7
500 Mann. 23 Dia Sippschafta von de
Gerschoniter hent henter dr Wohnong
(vom Bundesgsetz) Westa zua glagerat.
24 Ond dr Stammesfürst von de
Gerschoniter ischd dr Aljasaf, dr Soh
vom Laël. 25 Ond d Gerschoniter send
am Begegnongszelt zuaständig für: S
Wohnzelt mit am Dach ond da Vôrhang
am Aegang vom Begegnongszelt, 26 ond
für d Vôrhofsmatta ond da Vôrhang am
Aegang vom Vôrhof, der mô rengs om
d Wohnong ond om da Altar rom ischd
ond für d Spannsôel ond für da Auf-
ond Abbaudenst.
27 Vom Kehat stammat d Sippa von
de Amramiter ond d Sippa von de
Jihariter, d Sippa von de Hebroniter
ond d Sippa von de Usiëliter; des send
d Sippschafta von de Kehatiter gwea.
28 Dia, mô aufglistat wôra send von de
männliche Mitglieder von oem Monat å
aufwärts, send 8 600 Mann. Dia hent da
Haeliga Denst vrseha. 29 Dia Sippschafta
von de Kehatiter hent ihr Lager an dr
Südseite von dr Wohnong ghet. 30 Ond
dr Stammesfürst von de Kehatiter ischd
dr Elizafan, dr Soh vom Usiël. 31 Dene
ihr Aufgab ischd gwea: D Vrsôrgong
von dr Truhe für d Gsetzasvôrschrifta,
vom Tisch, vom Leuchter, von de Altär
ond älle haelige Gerätschafta, mô se
brauchat, ond für da Vôrhang vôr am
Haeligtom mit ällam, was drzua ghert.
32 Dr oberste Fürst über älle Stammesfürsta
ischd dr Eleasar, am Priaster Aaron sae
Soh. Der håt d Aufsicht über älle ghet,
mô am Haeligtom Denst vrrichtat
hent. 33 Vom Merari stammat d Sippa
von de Machliter ond d Sippa von de
Muschiter ab, des send d Sippschafta
von de Merariter. 34 Dia, mô aufglistat
wôra send von de männliche Mitglieder
von oem Monat å aufwärts, send 6 200
Mann. 35 Ond dr Stammesfürst von de
Merariter ischd dr Zuriël, dr Soh vom
Abihajil. Dia hent Norda zua von dr
Wohnong glagerat. 36 Dia send zuaständig
gwea für d Balka ond d Bodabretter, für
d Säula ond Füaß von dr Wohnong ond
älle Gerätschafta, mô drzuagherat, 37 ond
für d Säula rengs om da Vôrhof rom mit
ihre Füaß ond dr Vrspannong.
38 Aber vôr dr Wohnong, Osta zua vôr am
Begegnongszelt, gega da Sonnaaufgang
zua, håt dr Mose ond dr Aaron mit
saene Söh glagerat, dia hent da Denst am
Haeligtom vrseha, ällas, was de Israelita
auftraga wôra ischd. Wann a Obruafener
herkommt, der muaß sterba.
39 Älle, mô von de Levitastämm vom
Mose nach am Herrgott (JAHWE)
saener Åweisong aufglistat wôra send
von de männliche Mitglieder von oem
Monat å aufwärts, send 22 000 Mann.
40 Ond dr Herrgott (JAHWE) håt mit
am Mose gredat: Zähl älle männliche
Erstgeburta von de Israelita, vom
Monatskend å aufwärts, mit am Nåma
auf. 41 Ond d Levita nemmst mr als
Ersatz für älle Erstgeborene von Israel,
mir, JAHWE; ond vom Vieh von de
Levita nemmst d d Erstleng statt de
Erstleng von de Israelita ihram Vieh.
42 Ond dr Mose håt älle Erstgeburta
von de Israelita zählt, wian an s dr
Herrgott (JAHWE) ågwiesa håt.
43 Bei dera Zählong von de nåmentlich
festgstellte männliche Erstgeburta
vom Monatskend å aufwärts, send 22
273 rauskomma. 44 Ond dr Herrgott
(JAHWE) håt mit am Mose gredat ond
gsaed: 45 D Levita nemmst d mr als Ersatz
für älle Erstgeborene von Israel, mir,
JAHWE; ond vom Vieh von de Levita
nemmst d d Erstleng statt de Erstleng
von de Israelita ihram Vieh. Mir gherat

d Levita, mir, JAHWE. [46]Ond für d Auslösong von dene 273 erstgeborene überzählige Levita, [47]forderest d (von de Israelita) pro Kopf faef Silberschekel nach am Gwicht vom Haeligtom, da Schekel für zwanzg Gera. [48]Des Geld gibst d am Aaron ond saene Söh als Auslösong für de überzählige Israelita. [49]Ond dr Mose håt des Lösgeld von dene Überzählige zor Abgeltong gnomma. [50]1 365 Silberschekel nach am Gwicht vom Haeligtom håt dr Mose aegnomma von de erstgeborene Israelita. [51]Ond dr Mose håt des Lösgeld am Aaron ond saene Söh geba auf d Åweisong vom Herrgott (JAHWE), wia s dr Herrgott (JAHWE) da Mose ghoeßa håt.

4 Ond dr Herrgott (JAHWE) håt mit am Mose ond mit am Aaron gredat ond gsaed: [2]Nemm d Zahl von de Kehatiter onter de Levita auf nach ihre Sippa ond Familia, älle mô wehrtaoglich send, [3]zwischa dreißg ond fufzg Jåhr, für da Denst am Begegnongszelt. [4]Des ischd d Denståweisong für d Kehatiter am Begegnongszelt: Denst am Hochhaeliga. [5]Wann dr Aaron nae gôht ond saene Söh beim Aufbrecha, nå nemmat dia da Vôrhang vom Allerhaeligsta ronter ond deckat drmit d Truhe mit dr Bundessatzong zua. [6]Nå sollat se d Haut von ra Seekuah drüber lega ond a hyazinthblaus Tuach drüber ausbrôeta ond nå dia Tragstanga durchstecka. [7]Ond über da Tisch von de Schaobrot sollat se a hyazinthblaus Tuach ausbrôeta. Nå sollat se d Schüssla ond Schala, d Krüag ond Trankopferkanna nauf stella. Ond s Schaobrot soll ao drauf bleiba. [8]Nå sollat se a karmesinrots Tuach drüber spanna ond nå zuadecka mit dr Haut von ra Seekuah ond saene Tragstanga nô macha. [9]Ond se sollat a hyazinthblaus Tuach nemma ond da Leuchter samt saene Lampa ond Dochtschera ond Pfännla ond älle Ölkrüag, mô mr für sae Bedienong braucht, dren aewickla. [10]Ond sollat s mitsamt de Gerätschafta en d Haut von ra Seekuah nae doa ond auf d Tragbahr lega. [11]Om da goldena Altar sollat se a hyazinthblaus Tuach spanna ond an zuadecka mit dr Haut von ra Seekuah. Nå sollat se saene Tragstanga nô macha. [12]Nå sollat se älle Gerätschafta, mô mr zom Denst em Haeligtom braucht en a hyazinthblaus Tuach aeschlaga ond zuadecka mit dr Haut von ra Seekuah ond auf d Tragbahr lega. [13]Nå sollat se aus am Brandopferaltar d Äscha raus doa ond a purpurfarbes Tuach drüber spanna. [14]Ond se sollat älle saene Gerätschafta drauf lega, mô mr für da Altardenst braucht, d Pfanna, Gabla, d Schaufla ond Schala, halt älle Altargerätschafta. Nå sollat se d Haut von ra Seekuah drüber doa ond saene Tragstanga nô macha. [15]Erst wann dr Aaron ond saene Söh fertig send mit am Aepacka vom Haeligtom ond älle saene Gerätschafta beim Aufbrecha vom Lager, nå sollat d Kehatiter komma zom s traga. Aber se därfat s Haelige et berühra, sonst müaßat se sterba. Dr Trägerdenst ist de Kehatiter ihr Aufgab am Begegnongszelt. [16]Dr Priaster Eleasar, am Aaron sae Soh, håt d Vrantwortong für s Öl vom Leuchter ond für s Raecherwerk vom Beschwichtigongsduft, ond für s Dauerspeisopfer ond s Salböl, ond d Vrantwortong für de ganz Wohnong (von dr Bundessatzong), ond für ällas, was dren ischd an gweihte Sacha ond an Gerätschafta.

[17]Ond dr Herrgott (JAHWE) håt mit am Mose ond mit am Aaron gredat ond gsaed: [18]Passat mr auf, dass dia Sippschafta von de Kehatiter et ausgrottat werat aus am Stamm Levi. [19]Dass se am Leba bleibat ond et sterba müaßat, weil se s Haelige berührt hent, soll dr Aaron ond saene Söh komma ond jedam genao

saga, was r zom doa ond zom traga håt.
[20]Selber därfat se aber et nae ganga ond
beim Aepacka vom Haeliga zuagucka,
sonst müaßat se sterba.
[21]Ond dr Herrgott (JAHWE) håt mit am
Mose gredat ond gsaed: [22]Nemm d Zahl
von de Gerschoniter auf nach ihre Sippa
ond Familia, [23]zwischa dreißg ond fufzg
Jåhr, älle, mô denstpflichtig send, für da
Denst am Begegnongszelt. [24]Des ischd d
Denståweisong für d Gerschoniter was
se zom doa ond zom traga hent: [25]Wann
d Zeltbåhna von dr Wohnong ond vom
Begegnongszelt ragnomma werat: sae
Dach ond dia Seekuahhäut mô oba drauf
liegat ond dr Vôrhang vom Aegang ens
Begegnongszelt, [26]ond dia Vrhäng em
Vôrhof ond dr Vôrhang am Aegang vom
Vôrhof, mô om d Wohnong ond om
da Altar rom ischd mit dr Vrspannong
mitsamt älle Gerätschafta, mô se für
ihran Denst brauchat, ällas sollat se
doa, was dao wera muaß. [27]Nach de
Åweisonga vom Aaron ond saene Söh
sollat se ihran Denst vrrichta ond traga,
was en dia sagat. Ond ihr sollat euch
drom kümmera, was dia dent ond was
se tragat. [28]Des send d Aufgaba von de
Gerschoniter am Begegnongszelt ond
ihre Bsôrgonga. D Aufsicht über se håt
dr Priaster Itamar, dr Soh vom Aaron.
[29]Ao d Merariter sollst d auflista nach
ihre Sippa ond Familia, [30]zwischa dreißg
ond fufzg Jåhr, älle, mô denstpflichtig
send, für da Denst am Begegnongszelt.
[31]Des ischd d Denståweisong für d
Gerschoniter was se zom doa ond zom
traga hent: D Balka ond Bodabretter
von dr Wohnong ond ihre Säula ond
ihre Sockel, [32]ond d Vôrhofsäula
rengsrom ond ihre Sockel ond ihr ganza
Vrspannong, mitsamt de Gerätschafta,
mô se zor Bedienong brauchat. Ond
nach Merkmal sollat r d Gerätschafta
bei dr Aufbewahrong von dr Traglast
anander zuaordna. [33]Des ischd d Aufgab
von de Merariter, ällas, was se am
Begegnongszelt zom doa hent onter dr
Aufsicht vom Priaster Itamar, am Soh
vom Aaron.
[34]Dr Mose ond dr Aaron mit de
Stammesfürsta hent d Kehatiter
aufglistat, g'ordnat nach Sippschafta
ond Familia, [35]zwischa dreißg ond fufzg
Jåhr, älle, mô denstpflichtig send, für da
Denst am Begegnongszelt. [36]Ond dia, mô
aufglistat wôra send nach de Sippa send
2 750 Mann. [37]Des send de Aufglistate
aus de Familia von de Kehatiter, älle, mô
am Begegnongszelt Denst glaestat hent,
vom Mose ond vom Aaron aufglistat,
wia s dr Herrgott (JAHWE) da Mose
ghôeßa håt.
[38]Ao d Gerschoniter send aufglistat
wôra, Sippschaft om Sippschaft ond
Familie om Familie, [39]zwischa dreißg
ond fufzg Jåhr, älle, mô denstpflichtig
send, für da Denst am Begegnongszelt.
[40]Ond dia, mô aufglistat wôra send
nach de Sippa send 2 630 Mann. [41]Des
send de Aufglistate aus de Familia
von de Gerschoniter, älle, mô am
Begegnongszelt Denst glaestat hent,
vom Mose ond vom Aaron aufglistat,
wia s dr Herrgott (JAHWE) da Mose
ghôeßa håt.
[42]Ao d Merariter send aufglistat wôra,
Sippschaft om Sippschaft ond Familie
om Familie, [43]zwischa dreißg ond fufzg
Jåhr, älle, mô denstpflichtig send, für
da Denst am Begegnongszelt. [44]Ond
dia, mô aufglistat wora send nach de
Sippa send 3 200 Mann. [45]Des send
de Aufglistate aus de Familia von de
Merariter, älle, moô am Begegnongszelt
Denst glaestat hent, vom Mose ond
vom Aaron aufglistat, wia s dr Herrgott
(JAHWE) da Mose ghôeßa håt.
[46]Älle Aufglistate von de Levita, mô
vom Mose ond vom Aaron ond von
de Stammesfürsta aufglistat wôra send,
[47]zwischa dreißg ond fufzg Jåhr, älle,

mô naeganga send, für da Denst ond zom Traga am Begegnongszelt, [48]älle, mô aufglistat wôra send nach de Sippa, send 8 580 Mann. [49]Wia s dr Herrgott da Mose ågwiesa håt, ischd a jeder aetôelt wôra für des, was r zom doa ond zom traga håt. Jedam ischd sae Aufgab so zuagwiesa wôra, wia s dr Herrgott da Mose ghôeßa håt.

Zom Vrgleicha: Kap. 3 *Vers 4:* Lev 10,1-5 • *Vers 11-13:* 3,41-45; 8,15-19; Ex 13,11-15; 34,20 • *Vers 40-45:* 3,11-13.

D Ausweisong von de Oraene: 5 1-4

5 Ond dr Herrgott (JAHWE) håt mit am Mose gredat ond gsaed: [2]Gib de Israelita d Åweisong, dass se jedan aus am Lager fortschicka sollat, mô aussätzig ischd oder an Ausfluß håt oder sich ama Daota vroraenigt håt. [3]Ob des a Må ischd oder a Frao, schickat se naus aus am Lager, dass se et euer Lager vroraenigat, en dem mô i bei euch gegawärtig ben. [4]D Israelita hent s so gmacht wia s dr Herrgott (JAHWE) da Mose ghôeßa håt, ond hent se aus am Lager fortgschickt.

Schadaersatz ond Abgaba ans Haeligtom: 5 5-10

[5]Ond dr Herrgott (JAHWE) håt mit am Mose gredat ond gsaed: [6]Sag de Israelita: Wann a Må oder a Frao sich vrsündigat ond ebbas onterschlagat, mô am Herrgott (JAHWE) ghert ond so Schuld auf sich ladat, [7]nå sollat se zo ihrer Vrsündigong standa ond da vola Wert von dem ersetza, was se vrotreut hent ond no a Fenftel drauf lega ond s dem geba, môn r s schuldig ischd. [8]Wann aber koener då ischd, dem r Ersatz laesta könnt, nå gôht der Schuldbetrag an da Herrgott (JAHWE) für da Priaster, [9]außer dem Schåfbock, mit dem an dr Priaster entsühnt. [10]Gradso sollat älle Weihegaba, mô d Israelita am Priaster brenga lassat, für da Priaster sae.

S Eifersuchtsurtôel: 5 11-31

[11]Ond dr Herrgott (JAHWE) håt mit am Mose gredat ond gsaed: [12]Schwätz mit de Israelita ond sag en: Wann a Frao auf d schiafa Bahn gråtat ond ihram Må otreu wird [13]ond a anderer Vrkehr mit ra håt, ohne dass des ihr Må merkt ond s wird et entdeckt, obwohl se sich vroraenigt håt, s ischd ao koe Zeuge gega se då, weil mr se et vrtwischt håt, [14]ond s kommt a Eifersucht über an, dass r auf sae Frao eifersüchtig wird, weil se sich vroraenigt håt, oder r wird eifersüchtig, obwohl se sich et vroraenigt håt, [15]nå soll der Må sae Frao vôr da Priaster brenga ond s entsprechende Opfer für se mitbrenga: a Zehntel Efa Gerstamehl. R därf aber koe Öl drauf doa ond ao koen Weihraoch, des ischd nämlich a Eifersuchtsopfer, a Gedächtnisgab, zom a Schuld rausfenda. [16]Ond dr Priaster soll se herkomma ond vôr da Herrgott (JAHWE) nôstanda lassa. [17]Nå soll dr Priaster gweihts Wasser nemma ema irdena Gfäß, då soll r ebbas vom Staob auf am Boda von dr Wohnong nemma ond en des Wasser nae doa. [18]Nå soll se dr Priaster vôr da Herrgott (JAHWE) treta lassa ond ihre Håår aufmacha ond ra des Gedächtnisopfer en d Händ geba. Des ischd a Eifersuchtsopfer. Aber dr Priaster hebt des bittere Fluachwasser no en dr Håd. [19]Nå soll dr Priaster dui Frao schwöra lassa ond zon ra saga: Wann koe anderer als dae Må mit dir Vrkehr ghet håt ond du et en Oraenhaet ausgschwôeft bist ond du als daem Må onterstehend de et vroraenigt håsch, nå kå des Fluachwasser dir koen Schada ådoa. [20]Wann du aber als daem Må ontergebena Frao de vrganga ond vroraenigt håsch ond a anderer als dae Må mit dr Vrkehr ghet håt – [21]nå soll dr Priaster dui Frao da Droheid schwöra

lassa, endem r zo ra saed: Dr Herrgott
(JAHWE) soll de zom Fluach ond
zom Schwurwort en daem Volk macha,
endem r daene Hüfta aefalla lässt
ond dae Bauch åschwillt, 22wann des
Fluachwasser en daene Därm kommt,
dass dr Leib åschwillt ond d Hüfta
aefallat! Ond dui Frao soll saga: So soll s
gscheha! So soll s Gscheha! 23Nå soll der
Priaster den Fluach aufschreiba ond dui
Schrift en des bittere Wasser naewäscha.
24Nå soll r se des Fluachwasser trenka
lassa, dass des en se nae gôht ond ra arge
Schmerza macht. 25Nå soll dr Priaster
dera Frao des Eifersuchtsopfer aus de
Händ nemma ond s Speisopfer vôr am
Herrgott (JAHWE) schwenga ond des
auf da Altar lega. 26Nå soll r a Håd vol
von dem Speisopfer nemma, den Tôel,
mô als Gedächtnisåtôel bestimmt ischd
ond soll s auf am Altar aufraocha lassa
ond nå dui Frao des Wasser schlucka
lassa. 27Ond wann r se des Wasser håt
schlucka lassa, nå kriagt se ganz arge
Bauchschmerza, wann se sich vroraenigt
håt ond ihram Må otreu gwea ischd,
dass ihr Bauch åschwillt ond ihre Hüfta
aefallat, ond dera Frao ihr Nåma wird
em Volk zom Fluachwort. 28Wann
sich dui Frao aber et vroraenigt håt,
sondern raen ischd, nå duat s ra nex
ond se kå schwanger wera. 29Des ischd
s Eifersuchtsurtôel: Wann a Frao, mô
ihram Må onterstellt ischd, nebanaus
gôht ond sich vroraenigt, 30oder wann a
Må sae Frao vrdächtigt ond auf sae Frao
eifersüchtig ischd, nå soll r sae Frao vôr
da Herrgott (JAHWE) stella, ond dr
Priaster soll nach dene Åweisonga mit
ra vrfahra. 31Dr Må ischd nå von saener
Schuld frei, aber sae Frao muaß für ihr
Vrfehlong aestanda.

S Nasiräergelübde: 6 1-21

6 Ond dr Herrgott (JAHWE) håt mit
am Mose gredat ond gsaed: 2Schwätz
mit de Israelita ond sag en: Wann a
Må oder a Frao s bsondere Gelübde
ablegt, en dem r sich am Herrgott
(JAHWE) weiht, (also Nasiräer ischd)
3derjenige soll sich von Wae ond andere
Rauschgetränk fern halta; ao Essig vom
Wae oder von andere Rauschgetränk
därf r et trenka, überhaopt nex, was aus
Traubasaft gmacht ischd; ond Trauba
oder Zibeba soll r ao et essa. 4Solang r
onter saem Gelübde lebt, soll r nex essa
von ällam, was von Reba gmacht wird,
von de Kern bis zor Haut von de Beera.
5Solang r onter saem Gelübde lebt, soll
koe Schermesser an sae Haopt komma;
bis dui Zeit rom ischd, môn r sich am
Herrgott (JAHWE) gweiht håt, soll r
saene Håår frei wachsa lassa. 6Solang r
onter saem Gelübde lebt, soll r zo koem
Daota naeganga. 7Ao an saem Vadr
oder saener Muader, an saem Bruader
oder an saener Schwester därf r sich et
vroraeniga, wann oes von dene stirbt,
weil s Weihemal von saem Gott (Eloy)
auf saem Haopt ischd.
8Solang r onter saem Gelübde lebt,
ischd r am Herrgott (JAHWE) gweiht.
9Ond wann oener neba dem plötzlich
daot omfällt ond r drbei sae Haopt
oraen macht, nå soll r saene Håår an
dem Dag aschneida, môn r wieder raen
wird: Am siebta Dag soll r saene Håår
schneida. 10Ond am achta Dag soll r
zwôe Turteltauba oder zwôe jonge
Täubla zom Priaster an da Aegang
vom Begegnongszelt brenga. 11Ond dr
Priaster soll oena als Sündopfer ond
oena als Brandopfer nemma ond an
so entsühna, weil r sich an dem Daota
vroraenigt håt ond drwega sündig
ischd. Am gleicha Dag soll dr Priaster
sae Haopt wieder für raen erklära12ond
r soll sich wia vôrher für de gleich Zeit
am Herrgott (JAHWE) weiha, ond r
soll a oejährigs Lamm als Schuldopfer
darbrenga. Ond de vôrig Zeit ischd

vrfalla, weil sae Weihe vroraenigt wôra ischd.

13 Ond des ischd s Gsetz für an Gweihta: An dem Dag, mô sae Gelübde erfüllt ischd, soll mr an an da Aegang vom Begegnongszelt brenga. 14 Ond r soll sae Opfergab darbrenga am Herrgott (JAHWE) zor Ehr: a aewandfreis oejährigs männlichs Lamm als Brandopfer; a aewandfreis oejährigs weiblichs Lamm als Sündopfer; ond an aewandfreia Schåfbock als Friedensopfer. 15 Drzua an Kretta vol mit Fladabrot aus Faenmehl, Kuacha mit Öl ågmacht ond Flada mit Ölaufstrich ond s Speisopfer ond s Trankopfer. 16 Des soll dr Priaster vôr am Herrgott (JAHWE) darbrenga. Ond r soll sae Sündopfer ond sae Brandopfer herrichta. 17 Ond mit dem Schåfbock soll r sae Friedensopfer herrichta, am Herrgott (JAHWE) zor Ehr, samt dem Kretta mit dem ogsäuerta Fladabrot. Ond dr Priaster soll sae Speisopfer ond sae Trankopfer herrichta.

18 Ond der Gweihte soll am Aegang vom Begegnongszelt sae gweihts Haopt schera ond saene Håår auf des Feuer onter am Friedensopfer doa. 19 Nå soll dr Priaster an g'kochta Vôrderschlegel von dem Schåfbock nemma ond an Fladakuacha aus dem Kretta ond a Fladascheib. Des soll r dem Gweihta auf d Händ lega, nachdem der sae Weihemal abgschôra håt. 20 Ond dr Priaster soll ällas als Schwingopfer vôr da Herrgott (JAHWE) brenga. Des ischd a haeliga Gabe für da Priaster, samt dr Brust von dem Schwingopfer (Schofbock) ond am Henterschlegel. Ond nach dem därf der Gweihte wieder Wae trenka.

21 Des ischd s Gsetz für oen, der mô sich am Herrgott (JAHWE) weiht ond a Gelübde auf sich nemmt, sae Opfergab, abgseha von dem, was r sonst no kå; saem Gelübde entsprechend soll r handla, nach am Gsetz von saener Weihe.

Dr priasterliche Sega: 6 22-27

22 Ond dr Herrgott (JAHWE) håt mit am Mose gredat ond gsaed:

23 Schwätz mit am Aaron ond saene Söh ond sag en: So sollat r de Israelita saga ond se segna:

24 Dr Herrgott (JAHWE) soll de segna ond auf de aufpassa.

25 Dr Herrgott (JAHWE) soll sae Gsicht über dr strahla lassa ond dr gnädig sae.

26 Dr Herrgott (JAHWE) soll sae Gsicht über de erheba ond de en saen Frieda vrsetza.

27 So sollat se maen Nåma auf d Israelita lega, dass i se segne.

D Weihegaba von de Stammesfürsta: 7 1-88

7 An dem Dag, mô dr Mose d Wohnong (von dr Bundessatzong) fertig aufbaut, gsalbt ond gweiht håt mit älle Gerätschafta, ond da Altar mit älle saene Gerätschafta gsalbt ond gweiht håt. 2 Då send d Stammesfürsta von Israel ond d Sippaälteste, mô über dene standat, mô aufglistat wôra send, komma 3 ond hent ihre Gaba darbråcht vôr da Herrgott (JAHWE): sechs Planwäga vol ond zwölf Rendla, je oen Waga von zwôe Fürsta ond für jedan Fürsta oen Ochsa. Des hent se ällas vôr d Wohnong (von dr Bundessatzong) bråcht. 4 Ond dr Herrgott (JAHWE) håt mit am Mose gredat ond gsaed: 5 Nemm s von en å; des soll mr für da Denst am Begegnongszelt vrwenda. Gib s de Levita, jedam nach saem Denstauftrag. 6 Ond dr Mose håt dia Wäga ond dia Rendla gnomma ond s de Levita geba. 7 Zwôe Wäga ond vier Rendla håt r de Gerschoniter geba für ihre Aufgaba. 8 De Merariter håt r vier Wäga ond acht Rendla geba für ihre Aufgaba, am Priaster Itamar, am Aaron saem Soh, en d Händ. 9 Aber de Kehatiter håt r nex geba, weil dia beim Haeligtom

bloß Trägerdenst zom laesta hent.
10Ond dia Fürsta hent an dem Dag, mô
dr Altar gsalbt wôra ischd ihre Gaba
bråcht für d Aeweihong vom Altar ond
hent ihre Gaba vôr da Altar glegt. 11Ond
dr Herrgott (JAHWE) håt zom Mose
gsaed: An jedam Dag soll bloß oener von
de Stammesfürsta sae Aeweihongsopfer
für da Altar darbrenga. 12Am ersta Dag
håt dr Nachschon, am Amminadab sae
Soh, für da Stamm Juda sae Opfer bråcht.
13Sae Opfergab ischd a Silberschüssel
aus hondertdreißg Lot Silber, a silberna
Sprengschal, siebzg Lot schwer nach
am Gwicht vom Haeligtom, bôede vol
mit Faenmehl, mit Öl ågmacht für s
Speisopfer. 14Ond a goldena Schal, zeah
Lot schwer, vol mit Raecherwerk, 15an
jonga Stier, an Schåfbock ond a oejährigs
Lamm als Brandopfer, 16an Gôesbock
als Sündopfer. 17Ond als Friedensopfer
zwôe Rendla, faef Schåfböck, faef Böck
ond faef oejährige Lämmer. Des send am
Nachschon, am Soh vom Amminadab,
saene Opfergaba.
18Am zwôeta Dag ischd dr Natanel,
dr Soh vom Zuar, dr Stammesfürst
von Issaschar, komma. 19Der håt a
Silberschüssel aus hondertdreißg Lot
Silber bråcht, a silberna Sprengschal,
siebzg Lot schwer nach am Gwicht vom
Haeligtom, bôede vol mit Faenmehl,
mit Öl ågmacht für s Speisopfer. 20Ond
a goldena Schal, zeah Lot schwer, vol
mit Raecherwerk, 21an jonga Stier,
an Schåfbock ond a oejährigs Lamm
als Brandopfer, 22an Gôesbock als
Sündopfer. 23Ond als Friedensopfer
zwôe Rendla, faef Schåfböck, faef Böck
ond faef oejährige Lämmer. Des send
am Natanel, am Soh vom Zuar, saene
Opfergaba.
24Am dritta Dag ischd dr Eliab, dr Soh
vom Helon komma, dr Stammesfürst
von Sebulon. 25Der håt a Silberschüssel
aus hondertdreißg Lot Silber bråcht, a
silberna Sprengschal, siebzg Lot schwer
nach am Gwicht vom Haeligtom, bôede
vol mit Faenmehl, mit Öl ågmacht für s
Speisopfer. 26Ond a goldena Schal, zeah
Lot schwer, vol mit Raecherwerk, 27an
jonga Stier, an Schåfbock ond a oejährigs
Lamm als Brandopfer, 28an Gôesbock
als Sündopfer. 29Ond als Friedensopfer
zwôe Rendla, faef Schåfböck, faef Böck
ond faef oejährige Lämmer. Des send
am Eliab, am Soh vom Helon, saene
Opfergaba.
30Am vierta Dag ischd dr Elizur, dr Soh
vom Schedëur komma, dr Stammesfürst
von Ruben. 31Der håt a Silberschüssel
aus hondertdreißg Lot Silber bråcht, a
silberna Sprengschal, siebzg Lot schwer
nach am Gwicht vom Haeligtom, bôede
vol mit Faenmehl, mit Öl ågmacht für s
Speisopfer. 32Ond a goldena Schal, zeah
Lot schwer, vol mit Raecherwerk, 33an
jonga Stier, an Schåfbock ond a oejährigs
Lamm als Brandopfer, 34an Gôesbock
als Sündopfer. 35Ond als Friedensopfer
zwôe Rendla, faef Schåfböck, faef Böck
ond faef oejährige Lämmer. Des send
am Elizur, am Soh vom Schedëur, saene
Opfergaba.
36Am fenfta Dag ischd dr Schelumiël,
dr Soh vom Zurischaddai komma, dr
Stammesfürst von Simeon. 37Der håt a
Silberschüssel aus hondertdreißg Lot
Silber bråcht, a silberna Sprengschal,
siebzg Lot schwer nach am Gwicht vom
Haeligtom, bôede vol mit Faenmehl,
mit Öl ågmacht für s Speisopfer. 38Ond
a goldena Schal, zeah Lot schwer, vol
mit Raecherwerk, 39an jonga Stier,
an Schåfbock ond a oejährigs Lamm
als Brandopfer, 40an Gôesbock als
Sündopfer. 41Ond als Friedensopfer
zwôe Rendla, faef Schåfböck, faef Böck
ond faef oejährige Lämmer. Des send am
Schelumiël, am Soh vom Zurischaddai,
saene Opfergaba.
42Am sechsta Dag ischd dr Eljasaf, dr Soh

vom Dëuël komma, dr Stammesfürst
von Gad. 43 Der håt a Silberschüssel
aus hondertdreißg Lot Silber bråcht, a
silberna Sprengschal, siebzg Lot schwer
nach am Gwicht vom Haeligtom, bôede
vol mit Faenmehl, mit Öl ågmacht für s
Speisopfer. 44 Ond a goldena Schal, zeah
Lot schwer, vol mit Raecherwerk, 45 an
jonga Stier, an Schåfbock ond a oejährigs
Lamm als Brandopfer, 46 an Gôesbock
als Sündopfer. 47 Ond als Friedensopfer
zwôe Rendla, faef Schåfböck, faef Böck
ond faef oejährige Lämmer. Des send
am Eljasaf, am Soh vom Dëuël, saene
Opfergaba.
48 Am siebta Dag ischd dr Elischama,
dr Soh vom Ammihud komma, dr
Stammesfürst von Gad. 49 Der håt a
Silberschüssel aus hondertdreißg Lot
Silber bråcht, a silberna Sprengschal,
siebzg Lot schwer nach am Gwicht vom
Haeligtom, bôede vol mit Faenmehl,
mit Öl ågmacht für s Speisopfer. 50 Ond
a goldena Schal, zeah Lot schwer, vol
mit Raecherwerk, 51 an jonga Stier,
an Schåfbock ond a oejährigs Lamm
als Brandopfer, 52 an Gôesbock als
Sündopfer. 53 Ond als Friedensopfer
zwôe Rendla, faef Schåfböck, faef Böck
ond faef oejährige Lämmer. Des send
am Elischama, am Soh vom Ammihud,
saene Opfergaba.
54 Am achta Dag ischd dr Gamliël, dr Soh
vom Pedazur komma, dr Stammesfürst
von Menasse. 55 Der håt a Silberschüssel
aus hondertdreißg Lot Silber bråcht, a
silberna Sprengschal, siebzg Lot schwer
nach am Gwicht vom Haeligtom, bôede
vol mit Faenmehl, mit Öl ågmacht für s
Speisopfer. 56 Ond a goldena Schal, zeah
Lot schwer, vol mit Raecherwerk, 57 an
jonga Stier, an Schåfbock ond a oejährigs
Lamm als Brandopfer, 58 an Gôesbock
als Sündopfer. 59 Ond als Friedensopfer
zwôe Rendla, faef Schåfböck, faef Böck
ond faef oejährige Lämmer. Des send
am Gamliël, am Soh vom Pedazur, saene
Opfergaba.
60 Am naenta Dag ischd dr Abidan, dr Soh
vom Gidonis komma, dr Stammesfürst
von Benjamin. 61 Der håt a Silberschüssel
aus hondertdreißg Lot Silber bråcht, a
silberna Sprengschal, siebzg Lot schwer
nach am Gwicht vom Haeligtom, bôede
vol mit Faenmehl, mit Öl ågmacht für s
Speisopfer. 62 Ond a goldena Schal, zeah
Lot schwer, vol mit Raecherwerk, 63 an
jonga Stier, an Schåfbock ond a oejährigs
Lamm als Brandopfer, 64 an Gôesbock
als Sündopfer. 65 Ond als Friedensopfer
zwôe Rendla, faef Schåfböck, faef Böck
ond faef oejährige Lämmer. Des send
am Abidan, am Soh vom Gidonis, saene
Opfergaba.
66 Am zehnta Dag ischd dr Ahiëser, dr
Soh vom Ammischaddai komma, dr
Stammesfürst von Benjamin. 67 Der håt
a Silberschüssel aus hondertdreißg Lot
Silber bråcht, a silberna Sprengschal,
siebzg Lot schwer nach am Gwicht vom
Haeligtom, bôede vol mit Faenmehl,
mit Öl ågmacht für s Speisopfer. 68 Ond
a goldena Schal, zeah Lot schwer, vol
mit Raecherwerk, 69 an jonga Stier,
an Schåfbock ond a oejährigs Lamm
als Brandopfer, 70 an Gôesbock als
Sündopfer. 71 Ond als Friedensopfer
zwôe Rendla, faef Schåfböck, faef Böck
ond faef oejährige Lämmer. Des send am
Ahiëser, am Soh vom Ammischaddai,
saene Opfergaba.
72 Am elfta Dag ischd dr Pagiël, dr Soh
vom Ochran komma, dr Stammesfürst
von Ascher. 73 Der håt a Silberschüssel
aus hondertdreißg Lot Silber bråcht, a
silberna Sprengschal, siebzg Lot schwer
nach am Gwicht vom Haeligtom, bôede
vol mit Faenmehl, mit Öl ågmacht für s
Speisopfer. 74 Ond a goldena Schal, zeah
Lot schwer, vol mit Raecherwerk, 75 an
jonga Stier, an Schåfbock ond a oejährigs
Lamm als Brandopfer, 76 an Gôesbock

als Sündopfer. [77]Ond als Friedensopfer zwôe Rendla, faef Schåfböck, faef Böck ond faef oejährige Lämmer. Des send am Pagiël, am Soh vom Ochran, saene Opfergaba.

[78]Am zwölfta Dag ischd dr Achira, dr Soh vom Enan komma, dr Stammesfürst von Naftali. [79]Der håt a Silberschüssel aus hondertdreißg Lot Silber bråcht, a silberna Sprengschal, siebzg Lot schwer nach am Gwicht vom Haeligtom, bôede vol mit Faenmehl, mit Öl ågmacht für s Speisopfer. [80]Ond a goldena Schal, zeah Lot schwer, vol mit Raecherwerk, [81]an jonga Stier, an Schåfbock ond a oejährigs Lamm als Brandopfer, [82]an Gôesbock als Sündopfer. [83]Ond als Friedensopfer zwôe Rendla, faef Schåfböck, faef Böck ond faef oejährige Lämmer. Des send am Achira, am Soh vom Enan, saene Opfergaba.

[84]Des send de Stammesfürsta von Israel ihre Opfergaba zor Aeweihong vom Altar, an dem Dag, mon r gsalbt wora ischd: zwölf silberne Schüssla, zwölf silberne Sprengschala, zwölf goldene Schala; [85]Jeda Schüssel 130 Lot Silber, jeda Sprengschal 70 Lot Silber, s Silber von älle Gfäß zsema send 2 400 Lot nach am Gwicht vom Haeligtom. [86]Zwölf goldene Schala voler Raecherwerk, jeda zeah Lot schwer nach am Gwicht vom Haeligtom, ällas mitananander 120 Lot. [87]An Vieh für s Brandopfer send s: zwölf jonge Stierla, zwölf Schåfböck, zwölf oejährige männliche Lämmer samt de Speisopfer, mô drzua gherat ond zwölf Gôesböck als Sündopfer. [88]Ond für s Friedensopfer send s zsema: vierazwanzg Stierla, sechzg Schåfböck, sechzg Böck ond sechzg oejährige männliche Lämmer. Des ischd Opfergab zor Aeweihong vom Altar, môn r gsalbt wôra ischd.

D Begegnong vom Herrgott mit am Mose: 7 89

[89]Ond mô dr Mose ens Begegnongszelt naeganga ischd, zom mit am Herra reda, håt r sae Stemm von dr Sühneplatt her zo sich reda höra, mô auf dr Truhe mit dr Bundessatzong leit, zwischa dene bôede Cheruba raus; ond r håt mit am gsprocha.

D Bedienong vom Leuchter: 8 1-4

8 Ond dr Herrgott (JAHWE) håt mit am Mose gredat ond gsaed: [2]Schwätz mit am Aaron ond sag am: Wann da d Lampa auf da Leuchter steckst, nå achte drauf, dass dia sieba Lampa nach vôrna leuchtat. [3]Ond dr Aaron håt s so gmacht, r håt dia Lampa vôrna auf da Leuchter gsteckt, wia s dr Herrgott (JAHWE) da Mose ghôeßa håt. [4]Ond der Leuchter ischd so gmacht: Goldschmiedekunst vom Fuaß å, dr Schaft bis zo de Blüata aus Gold trieba, nach dem Bild, mô dr Herrgott (JAHWE) da Mose håt seha lassa, so håt r den Leuchter gmacht.

Zom Vrgleicha: *Vers 4:* Ex 25,31-36.40; 37,17-24.

D Weihe ond dr Denst von de Levita: 8 5-26

[5]Ond dr Herrgott (JAHWE) håt mit am Mose gredat ond gsaed: [6]Nemm d Levita aus am Volk Israel raus ond raenige se. [7]Ond so machst d dui Raenigong: Sprenz Entsühnongswasser über s. Ond sia selber sollat sich am ganza Leib rasiera ond ihre Gwänder wäscha ond sich raeniga. [8]Nå sollat se an jonga Stier nemma ond s Speisopfer, mô drzua ghert: Faenmehl, mit Öl ågmacht. An zwôeta Jongstier nemmst d als Sündopfer. [9]Ond nå lässt d d Levita vor am Begegnongszelt åtreta ond de ganz Gemaende Israel soll sich vrsammla. [10]Nå lässt d dia Levita vôr da Herrgott (JAHWE) treta, ond d Israelita sollat ihre Händ auf d Levita stemma. [11]Ond dr Aaron soll dia Levita weiha [12]als Weihegabe vôr am Herrgott

(JAHWE) von de Israelita, dass se für
da Denst vôr am Herrgott (JAHWE) då
send. Ond dia Levita sollat ihre Händ
auf da Kopf von dene Jongstier stemma.
Nå soll mr da oena als Sündopfer ond
da andera als Brandopfer darbrenga, am
Herrgott (JAHWE) zor Ehr, zom für d
Levita sühna.
[13]Nå lässt d Levita vôr da Aaron ond
saene Söh treta ond se als Weihegab an
da Herrgott weiha. [14]So sollst d d Levita
von de Israelita aussondera, dass se ganz
für mi då send.
[15]Erst nach dem därfat d Levita zom
Denst ens Begegnongszelt komma,
wann du se graenigt ond als Weihegab
gweiht håsch.
[16]Jå, mir send se übergeba von de Israelita
als Ersatz für älle Erstgeburta von Israel;
von älle, mo da Schoß von ihrer Muader
aufbrocha hent en ganz Israel, nemm
i se für mi. [17]Mir gherat nämlich älle
Erstgeborene en Israel von de Menscha
wia vom Vieh; an dem Dag, môn e em
Land Ägypten älle Erstgeburta gschlaga
han, han i se mir gweiht. [18]Ond i han d
Levita als Ersatz für älle Erstgeborene
en Israel gnomma, [19]ond han se am
Aaron ond saene Söh aus de Israelita
übergeba zom da Denst von de Israelita
am Begegnongszelt vrrichta ond für d
Israelita Entsühnong wirka, dass koe
Oglück über d Israelita kommt, wann
oener am Haeligtom z nåch kommt.
[20]Dr Mose ond dr Aaron ond de ganz
Gemaenschaft von Israel hent mit de
Levita genao des dao, was dr Herrgott
(JAHWE) da Mose ghôeßa håt, so hent
s d Israelita mit de Levita gmacht. [21]D
Levita hent sich entsündiga lassa ond
hent ihre Gwänder gwäscha; ond dr
Aaron håt se als Weihopfer vôr am
Herrgott (JAHWE) gweiht ond håt
se entsühnt zom se raeniga. [22]Nach
dem hent d Levita ihran Denst am
Begegnongszelt åtreta onter dr Aufsicht
vom Aaron ond saene Söh. So wia s
dr Herrgott da Mose ghôeßa håt für d
Levita, se hent se s dao.
[23]Ond dr Herrgott (JAHWE) håt mit
am Mose gredat ond gsaed: [24]Des gilt
für d Levita: Jeder Soh von fenfazwanzg
å aufwärts ischd für da Denst am
Begegnongszelt vrpflichtat. [25]Mit fufzg
Jåhr sollat se vom Denst zrücktreta
ond brauchat koen Denst maeh laesta.
[26]Aber mr därf saene Brüader helfa ond
aufpassa, dass dr Denstplån aeghalta
wird em Begegnongszelt, da aegentlicha
Denst sollat se aber nemme doa.
So sollst d s halta mit de Levita mit ihre
Ämter.

Zom Vrgleicha: *Vers 17:* 3,11-13; Ex 13,11-15.

Nåchtrag zor Passaordnong: 9 1-14

9 Ond dr Herrgott (JAHWE) håt mit
am Mose gredat en dr Wüste am
Sinai, em zwôeta Jåhr nach am Auszug
aus am Land Ägypten, em ersta Monat
ond håt gsaed: [2]D Israelita sollat s
Passa zo ra festgsetzta Zeit feiera. [3]Am
vierzehnta Dag den Monat om da Åbad
rom sollat r s halta zor festgsetzta Zeit;
nach älle Satzonga ond Ordnonga sollat
r s halta. [4]Ond dr Mose håt de Israelita
gsaed, se solle s Passa halta. [5]Ond se hent
s s Passa em ersta Monat am vierzehnta
Dag gega Åbad en dr Wüste am Sinai
ghalta; so wia s dr Herrgott (JAHWE)
da Mose ghôeßa håt, so hent s d Israelita
gmacht.
[6]Då send aber a paar Leut gwea, mô sich
ama Daota vroraenigt ghet hent, dass se
s Passa an dem Dag et hent halta könna,
dia send an dem Dag vôr da Mose ond da
Aaron treta. [7]Ond dia Männer hent zon
am gsaed: Mir send oraen, weil mr an
Leichnåm åglangt hent; wårom müaßat
mir jetzat drauf vrzichta, dass mir am
Herrgott (JAHWE) onsere Opfergaba
mit de andere Israelita zor bestimmta
Zeit darbrenga därfat. [8]Nå håt dr Mose

zo nen gsaed: Bleibat då standa, i will horcha, was dr Herrgott (JAHWE) für euran Fall åordnat. 9 Ond dr Herrgott (JAHWE) håt mit am Mose gredat ond gsaed: 10 Schwätz mit de Israelita ond sag en: Wann sich oener ama Daota vroraenigt håt, oder s ischd oener weit weg auf dr Rôes, nå soll r oenaweg s Passa halta für da Herrgott (JAHWE), 11 em zwôeta Monat am vierzehnta Dag åbnads sollat se s halta, mit Fladabrot ond Bitterkräuter sollat se s essa. 12 Ond se sollat nex drvo übrig lassa bis an da Môrga ond ao koene Knocha drvo brecha; nach dr Passaordnong sollat se s halta. 13 Aber der Må, der mô raen ischd ond et onterwegs gwea ischd ond vrsaemt, s Passa zom halta, der soll ausgrottat wera aus saene Volksgenossa, weil r sae Opfergab am Herrgott (JAHWE) et darbråcht håt zo saener bestimmta Zeit; der Må muaß sae Schuld traga. 14 Ond wann a Gast bein ich ischd ond s Passa für da Herrgott (JAHWE) halta will, nå soll r s nach dr Passaordnong halta ond nach saem Brauch, so soll r s halta. S soll bloß oe Satzong geba für da Gast grad so wia für da Hiasiga em Land.

Zom Vrgleicha: *Vers 1-14:* Ex 12,1-20.43-49.

D Wolkasäul über am Begegnongszelt:

9 15-23

15 Aber an dem Dag, mô d Wohnong von de Gsetzasvôrschrifta aufbaut wôra ischd, håt a Wolk s Begegnongszelt aeghüllt; ond vom Åbad bis an da Môrga håt auf dr Wohnong vom Gsetz a Feuer gleuchtat. 16 So ischd s nå emmer blieba: d Wolk håt s aeghüllt ond nachts håt s Feuer gleuchtat. 17 Ond jedas Mål, wann sich dui Wolk über am Begegnongszelt aufghoba håt, send d Israelita aufbrocha, ond då, mô se wieder rakomma ischd, hent d Israelita glagerat. 18 Auf am Herrgott (JAHWE) sae Åweisong send d Israelita aufbrocha, ond auf am Herrgott sae Åweisong hent d Israelita glagerat; solang wia d Wolk auf am Begegnongszelt blieba ischd, hent se glagerat.

19 Ond wann d Wolk für länger auf am Begegnongszelt blieba ischd, hent d Israelita dui Åweisong vom Herrgott (JAHWE) g'achtat ond send et aufbrocha. 20 Wann dui Wolk bloß a paar Dag auf am Begegnongszelt blieba ischd: Wia s dr Herrgott ågeba håt, hent se glagerat, ond wia s dr Herrgott (JAHWE) ågeba håt, send se aufbrocha. 21 S ischd ao vôrkomma, dass dui Wolk bloß vom Åbad bis an da Môrga blieba ischd, nå send se wieder aufbrocha. Ob s Dag gwea ischd oder Nacht, wann dui Wolk aufgstiega ischd, send se weiter zoga. 22 Oder dui Wolk ischd zwôe Dag oder en ganza Monat ond länger über am Begegnongszelt gstanda, nå hent d Israelita glagerat ond send et aufbrocha. Erst wann dui Wolk aufgstiega ischd, send se aufbrocha. 23 Auf am Herrgott sae Åweisong hent d Israelita glagerat, ond auf am Herrgott sae Åweisong send d Israelita aufbrocha. Dia hent am Herrgott saene Åweisonga befolgt, wian en s dr Herrgott (JAHWE) durch da Mose ågwiesa håt.

Zom Vrgleicha: *Vers 15-18:* Ex 40,34-38.

D Trompetasignal für d Gemaende:

10 1-10

10 Ond dr Herrgott (JAHWE) håt mit am Mose gredat ond gsaed: 2 Mach dr zwôe Trompeta aus Silber. Sauber ghämmert duast d s macha. Dia nemmst d, zom d Gemaende zsemaruafa ond zom s Zaeche für da Aufbruch geba. 3 Wann dia bôede blåsa werat, soll sich de ganz Gemaende vôr am Aegang vom Begegnongszelt bei dr aufstella. 4 Wann aber bloß oena blåsa wird, sollat sich d Stammesfürsta, d Haepter von Israel, bei dr treffa. 5 Ond wann ganz

laut trompetat wird, sollat dia Lager aufbrecha, mô Osta zua liegat. 6Ond wann zom zwôeta Mål laut trompetat wird, sollat dia Lager aufbrecha, mô Süda zua liegat; laut trompeta soll mr, wann se aufbrecha sollat. 7Wann d Gemaende sich vrsammla soll, soll mr blåsa, aber et laut schmettera. 8Ond am Aaron saene Söh, d Priaster, sollat dia Trompeta blåsa; ond des sollat ihr für älle Zeita ond en älle Generationa so halta. 9Ond wann r Kriag führat en euram Land gega an Faend, der mô euch nadrucka will, nå lent r d Trompeta schmettera, dass vôr am Herrgott (JAHWE) an euch denkt wird, ond ihr von eure Faend befreit werat 10Ao bei eure Siegesfeiera ond en de Festzeita ond am Monatsåfang sollat ihr d Trompeta blåsa bei eure Brandopfer ond bei eure Friedensopfer, dass an euch denkt wird vôr am Herrgott. I ben JAHWE, euer Gott (Eloy).

VOM SINAI ZOM JORDAN: 10 11 – 36 13

Dr Aufbruch vom Sinai: 10 11-36

11Em zwôeta Jåhr, em zwôeta Monat, am zwanzigsta Dag, håt sich d Wolk aufghoba von dr Wohnong von de Gsetzasvôrschrifta. 12Nå send d Israelita aufbrocha nach dr Lagerordnong aus dr Wüste am Sinai, ond dui Wolk håt sich en dr Wüste Paran nieder glassa.

13So send se zom ersta Mål aufbrocha, wian en s dr Herrgott (JAHWE) durch da Mose ågwiesa håt. 14Zersta ischd s Feldzaeche von de Judäer aufbrocha, Heerschar om Heerschar, dene ihr Åführer ischd dr Nachschon gwea, dr Soh vom Amminadab. 15S Heer vom Stamm Issaschar ischd vom Nethanel ågführt wôra, am Soh vom Zuar. 16S Heer vom Stamm Sebulon håt dr Eliab ågführt, dr Soh vom Helon. 17Mô nå d Wohnong abaut gwea ischd, send d Gerschoniter ond Merariter aufbrocha, dia hent d Wohnong traga. 18Nå ischd s Feldzaeche vom Ruben aufbrocha, Heerschar om Heerschar, dene ihr Åführer ischd dr Elizur gwea, dr Soh vom Schedëur. 19S Heer vom Stamm Simeon håt dr Schelumiël ågführt, dr Soh vom Zurischaddai. 20Ond dr Åführer vom Stamm Gad ischd dr Eljasaf, dr Soh vom Dëuël. 21Nå send d Kehatiter aufbrocha, dia , mô s Haeligtom traga hent. Ond mô se åkomma send, hent se d Wohnong aufbaut ghet. 22Nå ischd s Feldzaeche vom Efraim aufbrocha, Heerschar om Heerschar, dene ihr Åführer ischd dr Elischamar gwea, dr Soh vom Ammihud. 23Ond dr Åführer vom Stamm Manasse ischd dr Gamliël, dr Soh vom Pedazur. 24Ond dr Åführer vom Stamm Benjamin ischd dr Abidan, dr Soh vom Gidonis. 25Nå ischd s Feldzaeche vom Dan aufbrocha, Heerschar om Heerschar, dene ihr Åführer ischd dr Ahiëser gwea, dr Soh vom Ammischaddai. 26Ond dr Åführer vom Stamm Ascher ischd dr Pagiël, dr Soh vom Ochran. 27Ond dr Åführer vom Stamm Naftali ischd dr Achira, dr Soh vom Enan. 28Des ischd d Ordnong gwea, wia d Israelita aufbrocha send, Heerschar om Heerschar.

29Nå håt dr Mose zom Hobab, am Soh vom Midianiter Rëguël, der mô am Mose sae Schwiegervadr gwea ischd, gsaed: Mir gangat jetzt an den Ort, von dem mô ons dr Herrgott (JAHWE) vrsprocha håt: Den gib e euch! Komm doch mit, mir wöllat dr ebbas Guats doa, dr Herrgott (JAHWE) håt ons nämlich für Israel Glück vrsprocha.

30Aber der håt am zor Antwort geba: I
will et mit ganga, I gang liaber wieder en
mae Land ond zo maener Vrwandtschaft
zruck. 31Nå håt r (dr Mose) gsaed: Gang
doch et von ons weg, du kennst de doch
en dr Wüste aus ond wôeßt, mô mr
am besta lagera kå, du sollst für ons d
Aoga offa halta. 32Ond wann da mit ons
gôhst ond ons ällas des Guate, mô ons
d Herrgott (JAHWE) zuakomma lassa
will, gschenkt wird, nå lent mir ons ao
et lompa.
33Nå send se vom Herrgott (JAHWE)
saem Berg drei Dagmärsch weit
ganga, während d Truhe mit de
Gsetzasvôrschrifta drei Dagmärsch weit
vôr en herzoga ischd, zom an Lagerplatz
für se suacha. 34Ond am Herrgott
(JAHWE) sae Wolk ischd am Dag
über en gschwebt, mô se aus am Lager
weiterzoga send. 35Ond wann d Truhe
mit de Gsetzasvôrschrifta aufbrocha
ischd, nå håt dr Mose gsaed:
Stand auf, JAHWE, dass daene Faend
aufgschaecht werat vôr dir, ond dia
abhaoat, mô de hassa dent.
36Ond wann se Halt gmacht hent, håt
r (dr Mose) gsaed: Kehr bei ons ae,
JAHWE, bei de Tausadschafta von
Israel.

Zom Vrgleicha: *Vers 13-28:* 2,1-32 • Vers 35: Ps 68,2.

Dr Mose ond de Älteste: 11 1-35

11 Ond s Volk håt schwere Vorwürf
gmacht, des håt baes klonga en
de Ohra vom Herrgott (JAHWE).
Mô des dr Herrgott (JAHWE) ghört
håt, ischd r arg zôrnig wôra ond håt a
Feuer auf se naezonda, ond des Feuer
vom Herrgott (JAHWE) håt am Rand
vom Lager schao naegfressa. 2Nå håt s
Volk am Mose gschria. Ond dr Mose
håt sich beim Herrgott (JAHWE) für se
aegsetzt. Nå ischd des Feuer ausganga.
3Den Ort håt mr nå Tabera (Zündstadt)
ghôeßa, weil då am Herrgott (JAHWE)
sae Feuer bei nen naezonda håt.
4Aber dia fremde Leut, mô mit en ganga
send, hent en Glusta kriagt. Nå hent ao
d Israelita wieder rom gheult ond gsaed:
Wer soll as jetzt a Flôesch zom essa
geba? 5Mir denkat an dia viele Fisch, mô
mr en Ägypten ganz omasoscht hent
essa könna, an dia Gurka, Melona, an
da Laoch ond Zwiebel ond den schöna
Knoblaoch. 6Ond jetzat vrlechnat mr
ganz, nex ischd då von ällam, nex wia
des Manna kriagat mr zom seha.
7Des Manna ischd gwea wia dr
Koriandersåma ond håt ausgseha wia s
Bdellionharz. 8Dia Leut send rom gloffa
ond hent s zsemaklaubt ond vrmahla en
dr Mühle, oder e ma Mörser vrstampft
ond s em Hafa kocht ond Flada draus
gmacht, dia hent nå wia Ölkuacha
gschmeckt. 9Ond wann en dr Nacht
dr Tao auf s Lager ra komma ischd, nå
ischd ao s Manna ra gfalla.
10Dr Mose håt nå des Geheule vom
Volk ghört, von oener Sippschaft wia
dr andera, dia send em Aegang vôr ihre
Zelt ghockt ond hent gheult, ond wia dr
Herrgott (JAHWE) an Zôrn kriagt håt.
Ao em Mose saene Aoga ischd des übel
gwea. 11Nå håt dr Mose zom Herrgott
(JAHWE) gsaed: Wårom duast d des
daem Knecht å, ond wårom han i koe
Gnade gfonda en daene Aoga, dass da
mr de ganz Last von dem Volk auf da
Buckel legst. 12Ben i denn mit dem ganza
Volk schwanger gwea, oder han i s selber
zeugt, dass du zo mr saga könntest:
Trag s an daener Brust, wia d Pfleger an
Saegleng tragat, ens Land, mô da saene
Vädr vrsprocha håsch. 13Mô soll i für
des ganze Volk Flôesch her nemma?
Dia heulat mr d Ohra vol ond sagat:
Gib ons a Flôesch zom essa. 14I kå d Last
von dem ganza Volk et alloe traga, des
ischd z schwer für mi. 15Wann da mr des
aber ådoa willst, nå breng me liaber om,

wann da mr no gnädig gsonna bist, dass
e mae Elend nemma ågucka muaß.
16Nå håt dr Herrgott (JAHWE) zom
Mose gsaed: Breng mr siebzg Männer
von de Älteste en Israel, von dene mô
da sicher bist, dass se Älteste send em
Volk ond saene Führer, breng se ans
Begegnongszelt, då sollat se sich mit dir
aufstella. 17Nå komm i selber ronter ond
red mit dir, ond von dem Gaest, der mô
auf dir ischd, nemm e ond leg an auf dia,
dass dia mit dir d Last vom Volk tragat,
dass du se nemme alloe traga muaßt.
18Ond zom Volk saesch d: Haeligat euch
für môrga! Nå kriagat r Flôesch zom
essa. Ihr hent jå am Herrgott (JAHWE)
d Ohra vol gheult ond gsaed: Wer geit
ons bloß Flôesch zom essa, en Ägypten
ischd s ons besser ganga. Jå, dr Herrgott
(JAHWE) geit ich Flôesch, ond ihr sollat
s essa. 19Et bloß oen Dag sollat ihr essa
oder zwôe, et faef oder zeah, et zwanzg
Däg, 20sondern an ganza Monat lang
bis s euch zor Nås raushangt ond euch
åkotzt. Ihr hent nämlich da Herrgott
(JAHWE), der mô mittla onter euch
ischd, belaedigt ond vôr am romgheult:
Wårom send mir bloß aus Ägypten weg
ganga?
21Nå håt dr Mose gsaed:
Sechshonderttausad Mann z Fuaß håt
des Volk, bei dem, mô i leb, ond du
saesch: Dene gib i Flôesch, dass se an
ganza Monat lang äll Dag zom essa
hent 22Soll mr Schåf ond Rendla für se
metzga, dass mr gnuag für se håt? Oder
soll mr älle Fisch aus am Meer fanga,
dass se gnuag hent? 23Nå håt dr Herrgott
(JAHWE) zom Mose gsaed: **Ischd
vielleicht am Herrgott (JAHWE) sae
Arm z kurz? Jetzt zaeg e dr, ob mae
Vrsprecha wåhr ischd oder et.**
24Nå ischd dr Mose naus ganga ond
håt zom Volk gsprocha ond en gsaed,
was dr Herrgott vrsprocha håt. Ond
r håt dia siebzg Mann von de Älteste
em Volk komma lao ond se rengs oms
Zelt aufgstellt. 25Nå ischd dr Herrgott
(JAHWE) en dera Wolk rontergfahra
ond håt zon am gsprocha ond von
saem Gaest, der mô auf am (Mose)
gwea ischd, gnomma ond auf dia siebzg
Älteste glegt; ond mô der Gaest auf
dia komma ischd, hent se gweissagt,
aber nåchher hent se des nemme dao.
26Aber zwôe von dene Männer send em
Lager zrück bliaba, dr oene håt Eldad
ghôeßa ond dr ander Modad. Ao über
dia ischd dr Gaest komma, weil dia jå
ao aufgschrieba gwea send, aber se send
et nausganga ans Begegnongszelt, dia
hent em Lager profetisch gredat. 27Nå
ischd a Bua nausgloffa ond håt s am
Mose vrzählt: dr Eldat ond dr Medad
däte em Lager profetische Reda halta.
28Ond dr Josua, der mô schao als jonger
Kerle am Mose sae Diener gwea ischd
håt ågfanga ond gsaed: Mose, mae Herr,
vrbiat en s! 29Nå håt dr Mose zon am
gsaed: Willst du wega mir so eifrig sae?
Wer dät s geba, am Herrgott (JAHWE)
sae ganzs Volk wärat Profeta, weil dr
Herrgott (JAHWE) saen Gaest auf se
lega dät. 30Dådruf håt sich dr Mose mit
dene Älteste von Israel ens Lager zrück
zoga.
31Nå ischd a starker Wend vom
Herrgott (JAHWE) ausganga ond håt
Wachtla vom Meer rauf trieba. Dia håt
r oms Lager rom falla lassa, ogfähr an
Dagmarsch weit en jeda Richtong vom
Lager vrstraet, om de zwôe Ella haoch
über am Boda. 32Nå hent sich dia Leut
aufgmacht, da ganza Dag ond de ganz
Nacht ond nômål an Dag ond a Nacht
ond hent dia Wachtla aegsammlat. Oener,
mô wenig dao håt, håt emmer no zeah
Malter aegsackat, ond se hent se rengs
oms Lager ausglegt (zom Darra). 33Mô
se aber des Flôesch nå zwischa de Zäh
ghet hent, no eh s gessa gwea ischd, håt
dr Herrgott (JAHWE) an Zôrn kriagt

auf s Volk ond r håt s mit ra schwera Plåg
gschlaga. [34]Ond den Ort håt mr Kibrot-
Taawa (Giergräber) ghôeßa, weil mr sell
dia Leut beerdigt håt, mô so gierig gwea
send. [35]Von Kibrot-Taawa ischd s Volk
nå weiterzoga nach Hazerot. Ond se
send en Hazerot blieba.

Zom Vrgleicha: *Vers 4:* Ex 12,38 • *Vers 7:* Ex 16,13-26 • *Vers 11:* Ex 5,22; • *Vers 18:* 11,4f • *Vers 29:* Joel 3,1 • *Vers 31:* Ex 16,6-13.

D Mirjam ond dr Aaron werat aufsässig: 12 1-16

12 D Mirjam ond dr Aaron hent
gega da Mose gschwätzt, weil
r a kuschitischa Frao gnomma håt.
Der håt a Kuschitin gheiratat. [2]Ond
se hent gsaed: Håt denn dr Herrgott
(JAHWE) bloß alloe mit am Mose
gredat? Håt r et ao mit ons gredat?
Des håt dr Herrgott (JAHWE) ghört.
[3]Der Må, dr Mose ischd aber ganz
demüatig gwea, viel demüatiger als
älle dia Menscha, mô auf am Erdboda
romlaofat. [4]Ond dr Herrgott (JAHWE)
håt zom Mose ond zom Aaron ond zor
Mirjam gsaed: Gangat naus, ihr drei, ans
Begegnongszelt. Ond se send älle drei
nausganga. [5]Ond dr Herrgott (JAHWE)
ischd en ra Wolkasäul ronter gfahra.
Ond r ischd am Aegang vom Zelt standa
blieba ond håt Aaron ond Mirjam
gruafa. Nå send bôede nausganga. [6]Nå
håt r gsaed: Horchat her, was e sag!
Wann oener von euch a Profet ischd
vom Herrgott (JAHWE), dem gib i me
ema Gsicht zom erkenna ond red mit
am em Traom. [7]Mit maem Knecht Mose
ischd des anders, dem ischd nämlich
mae ganzs Haus åvrtraut. [8]Mit dem red
i von Mund zo Mund ganz offa ond et
en Rätsel, ond der därf s Abbild vom
Herrgott (JAHWE) seha. Wårom also
hent ihr euch et gscheut, gega maen
Knecht Mose zom schwätza? [9]Ond am
Herrgott (JAHWE) sae Zôrn ischd gega
se ågfacht, ond r ischd weg ganga.
[10]Ond mô dui Wolk über am Zelt weg
gwea ischd, guck, da ischd d Mirjam
weiß gwea wia dr Schnae vom Aussatz.
Ond mô sich dr Aaron nach dr Mirjam
romdreht håt, guck, då håt se da Aussatz
ghet. [11]Nå håt dr Aaron zom Mose gsaed:
Bitte, Herr, laß s ons doch et büaßa, dass
mr so domm rausgschwätzt ond ons
vrsündigt hent. [12]Laß se doch et sae wian
a daot geborena Früahgeburt, wann
se aus am Muaderschoß rauskommt
ond ihr Flôesch schao halber vrwest
ischd. [13]Nå håt dr Mose zom Herrgott
(JAHWE) gschria ond gsaed: Gott (El),
mach se doch wieder gsond! [14]Nå håt dr
Herrgott (JAHWE) zom Mose gsaed:
Hätt ra ihr Vadr ens Gsicht gspia, müaßt
se sich nå jetzt et sieba Dag schäma?
Se soll sieba Dag draußa vor am Lager
abgsondert bleiba; erst nach dem soll
mr se wieder aufnemma. [15]Nå ischd
d Mirjam sieba Dag abgsondert gwea
außerhalb vom Lager, ond s Volk ischd
et weiter zoga, bis d Mirjam wieder
aufgnomma wôra ischd. [16]Nå ischd s
Volk von Hazerot aufbrocha ond håt nå
en dr Wüste Paran glagerat.

D Kondschafter: 13 1 – 14 45

13 Ond dr Herrgott (JAHWE) håt
mit am Mose gredat ond gsaed:
[2]Schick Männer ens Land Kanaan zom
s Land auskondschafta, des mô i de
Israelita geba will, aus jedam Stamm
schickst d oen Må, lauter sotte, mô Fürsta
send bei nen. [3]Ond dr Mose håt se von
dr Wüste Paran aus losgschickt, wia s dr
Herrgott (JAHWE) ågordnat håt, lauter
Männer, mô Fürsta gwea send. [4]Ond so
hent se ghôeßa: aus am Stamm Ruben
dr Schammua, am Sakkur sae Soh, [5]aus
am Stamm Simeon dr Schafat, am Horis
sae Soh; [6]aus am Stamm Juda dr Kaleb,
am Jefunnes sae Soh; [7]aus am Stamm
Issaschar dr Jigal, am Josef sae Soh; [8]aus

am Stamm Efraim dr Hoschea, am Nun
sae Soh; 9aus am Stamm Benjamin dr
Palti, am Rafus sae Soh; 10aus am Stamm
Sebulon dr Gadiël, am Sodis sae Soh;
11aus am Josefsstamm Manasse dr Gadi,
am Susi sae Soh; 12aus am Stamm Dan dr
Ammiël, am Gemallis sae Soh; 13aus am
Stamm Ascher dr Setur, am Michael sae
Soh; 14aus am Stamm Naftali dr Nachbi,
am Wofsis sae Soh; 15aus am Stamm Gad
dr Gëuël, am Machis sae Soh. 16Des send
dene Männer ihre Nåma gwea, dia mô
dr Mose fortgschickt håt, zom s Land
auskondschafta. Da Hoschea aber,
am Nun saen Soh, håt dr Mose Josua
ghôeßa.

17Mô dr Mose dia gschickt håt, zom s
Land Kanaan auskondschafta, håt r zo
nen gsaed: Gangat nauf durch s Südland
ond steigat sell en d Berg nae, 18ond
guckat gnao nô, was des für a Land ischd
ond was des für a Volk ischd, mô sell
ågsiedlat ischd, ob des stark ischd oder
schwach, ob des wenig send oder viel.
19Guckat ao drnåch, wia des Land ischd,
mô dia dren wohnat, ischd dr Boda guat
oder schlecht, ond wia send d Städt,
lebat se en Wanderlager oder en feste
Städt; 20ond wia dr Ackerboda ischd, ob
fett oder mager, geit s Baem oder koene.
Machat euch stark ond brengat Frücht
mit aus dem Land. S ischd aber grad d
Zeit gwea von de erste Trauba.

21Nå send se nauf zoga ond hent des
Land auskondschaftat, von dr Wüste
Zin bis bis Rehob, mô s nach Hamath
nae gôht. 22Em Südland send se nauf
ganga, bis nach Hebron send se komma,
ond sell håt dr Ahiman, dr Scheschai
ond dr Talmai glebt, am Anak saene
Nåchkomma. Hebron ischd aber
schao sieba Jåhr vôr Zoan en Ägypten
baut wôra. 23Ond se send bis ens
Traubatal komma, sell hent se an Reba
weggschnitta mit ra Traub ond hent an
zo zwôet an ra Stang traga, ao a paar
Granatäpfel ond Feiga. 24Den Ort hôeßt
mr s Tal Eskol (Traubatal) wega dera
Traub, mô d Israelita sell weggschnitta
hent.

25Ond se send nach vierzg Däg vom
Auskondschafta von dem Land zrück
komma. 26Se send ganga ond zom Mose
ond zom Aaron komma ond zor ganza
Gemaende von de Israelita en d Wüste
Paran, nach Kades ond hent dr ganza
Gemaende vrzählt ond en dia Frücht
aus dem Land zaegt. 27Ond se hent en
vrzählt: Mir send en des Land komma,
mô du ons nôgschickt håsch, då fliaßt
wirklich Milch ond Honig, ond des
send d Frücht von sell. 28Bloß des Volk,
mô då dren wohnt, des ischd halt stark,
ond dia Städt send zom Tôel richtige
Festonga ond recht graoß. Ao am Anak
saene Nåchkomma he'mr sell gseha. 29Dr
Amalek hockt em Südland; dr Hetiter
ond dr Jebusiter ond dr Amoriter
hent sich en de Berg aegnistat, ond dr
Kanaaniter håt sich am Meer ond am
Jordan ågsiedelt. 30Ond dr Kaleb håt s
Volk beruhiga wölla, mô s gega da Mose
rombruddlat håt, ond r håt gsaed: Då
gangat mir nauf ond eroberat des Land,
des schaffat mir, dia zwengat mr.

31Aber dia Männer, mô mit am nauf
ganga gwea send, hent gsaed: Des
schaffat mir nia, dass mir gega des
Volk aufkommat, dia send viel z stark.
32Ond se hent hentarom bei de Israelita
Sacha vrzählt ond gsaed: Des Land, mô
mir dren rom gwanderat send zom s
auskondschafta, des ischd a Land, mô
saene Aewohner frisst, ond s ganze
Volk, mô mir sell gseha hent, send lauter
graoße Leut. 33Sogar Riesa he'mr sell
gseha, am Anak saene Nåchkomma aus
am Riesagschlecht, vôr dene send mir
wie Haeschrecka gwea, ond so send mir
ao en dene ihre Aoga gwea.

14 Nå håt de ganz Gemaende a
Gschrôe ågfanga, ond s ganz
Volk håt de ganz Nacht omanander
gheult. [2]Ond älle Israelita hent wieder
rombruttlat gega da Mose ond gega da
Aaron, ond älle hent zo nen gsaed: Wa'mr
doch bloß gstôrba wäre en Ägypten
dronta oder en dera Wüste dåhanna,
wa'mr doch bloß gstôrba wäre. [3]Wårom
will ons dr Herrgott (JAHWE) en des
Land nae brenga, bloß dass mr durch s
Schwert omkommat? Onsere Fraoa ond
Kender werat zor Beute! Wär s et viel
besser, mir däte wieder nach Ägypten
zrück ganga? [4]Ond se hent zo anander
gsaed: laß ons an Führer aesetza ond
wieder nach Ägypten ganga.
[5]Nå ischd dr Mose ond dr Aaron auf
sae Gsicht nôgsonka vôr dr ganza
Volksvrsammlong von dr Gemaende
Israel.
[6]Ond dr Josua, am Nun sae Soh ond
dr Kaleb, am Jefunnes sae Soh, dia mô
mit s Land auskondschaftat hent, hent
an Riss en ihre Klôeder gmacht (zom
Zaeche, dass sia dådrmit nex zom doa
han wöllat). [7]Ond se hent zor ganza
Volksvrsammlong gsaed: Des Land,
mô mir durchwandert hent zom s
auskondschafta, ischd a richtig guats
Land. [8]Wann dr Herrgott (JAHWE) an
ons en Gfalla fendat, nå lässt r ons ao en
des Land nae komma ond gibt s ons, a
Land, mô Milch ond Honig fliaßt. [9]Bloß
därfat r euch gega da Herrgott (JAHWE)
et aufloehna, ond vôr am Volk en dem
Land därfat r nia Angst han, dia send
nämlich onser Brot. Dene ihr Schutz
ischd von en gwicha, weil dr Herrgott
(JAHWE) mit ons ischd, därfat ihr vôr
dene koe Angst et han.
[10]Mô nå s ganz Volk se håt stoeniga
wölla, ischd am Herrgott (JAHWE)
sae Herrlichkaet dr ganza Gemaende
am Begegnongszelt erschiena. [11]Ond
dr Herrgott (JAHWE) håt zom Mose
gsaed: Wia lang will des Volk mi no
vrachta? Ond wia lang wöllat mr dia
emmer no et traua bei älle Zaeche, mô i
bei dene dao han? [12]I will se mit dr Pest
schlaga ond se enterba. Aber aus dir
mach e a Volk, mô graeßer ischd ond
stärker wia dia. [13]Dådrauf håt dr Mose
zom Herrgott (JAHWE) gsaed: Wann
dia en Ägypten dronta hörat, dass du
des Volk då mit daener Kraft raus gholt
håsch aus ihrer Mitte, [14]nå sagat dia de
Aewohner von dem Land då, se hätte
ghört, dass du, JAHWE bei grad dem
Volk bist ond de då seha lässt Aog en
Aog mit en. Dass du, JAHWE ond dae
Wolk über en stôhst en ra Wolkasäul am
Dag ond en ra Feuersäul en dr Nacht
vôr en her gôhst. [15]Wann du jetzat des
Volk wia oen Må ombrengst, nå sagat dia
Völker, mô des von dr ghört hent: [16]Weil
dr Herrgott (JAHWE) s et gschafft håt,
des Volk en des Land zom lôeta, môn
r en vrsprocha håt, drom håt r se en dr
Wüste abgschlachtat. [17]Also soll sich d
Kraft vo maem Herra (Adonai) als graoß
erweisa, wia da s gsaed håsch: [18]„I ben
dr Herrgott (JAHWE) ond i han viel
Geduld ond ben reich an Güate, Fehler
ond Irronga lass e ogstråft durchganga,
aber Sünder erklär e et für oschuldig,
ond suach de Vädr ihr Schuld hoem
an de Kender ond Enkel bis en de dritt
ond viert Generation.“ [19]Vrgib doch
dem Volk då sae Schuld nach dr Größe
von daener Huld ond so, wia da des
Volk vom Åfang en Ägypten å ertraga
håsch bis då her. [20]Nå håt dr Herrgott
(JAHWE) gsaed: I vrzeih s am, weil
me du bittest. [21]Aber so wåhr I leb,
ond vom Herrgott (JAHWE) saener
Herrlichkaet de ganz Erde ausgfüllt
wird: [22]Älle dia Männer, dia mô mae
Herrlichkaet gseha hent ond maene
Zaeche, mô i en Ägypten ond ao en dr
Wüste dao han ond dia , mô me schao
zeah Mål auf d Prob gstellt hent ond

emmer no nex auf mae Wort geba hent,
23obwohl dia des Land gseha hent, mô i
ihre Vädr zuagschwora han, koener von
dene, mô mi vrachtat hent, wird s nômål
seha. 24Aber mae Diener Kaleb, mit dem
ischd a anderer Gaest gwea ond r ischd
ganz henter mr gstanda, den laß e en des
Land komma, môn r gwea ischd, ond
saene Nåchkomma sollat s erba. 25Dr
Amalekiter ond dr Kanaaniter bleibt
en dr Ebene ågsiedelt. Machat môrga
kehrt ond gangat wieder auf da Weg ans
Schilfmeer.
26Weiter håt dr Herrgott (JAHWE)
mit am Mose ond am Aaron gredat
ond gsaed: 27Wia lang will dui baesa
Gemaende aegentlich no gega me
rommotza? Des Gemotze von dene
Israelita han e mr jetzt lang gnuag
åghört. 28Sag en: So wahr i leb – Spruch
von JAHWE – genao so, so wia ihr vôr
maene Ohra romgschwätzt hent, genao
so mach e s mit euch: 29En dera Wüste
dåhanna werat eure Leicha falla, ond
zwår älle von euch, mô gmustert wôra
send von zwanzg Jåhr å aufwärts, weil r
gega me romgmotzt hent. 30Ihr kommat
et en des Land, des mô i euch geba wölla
han zom dren wohna, außer am Kaleb,
am Soh vom Jefunnes ond am Josua, am
Soh vom Nun. 31Aber eure Kender, von
dene mô ihr gsaed hent, se däte zor Beute
wera, dia breng i nae, ond se werat des
Land kenna lerna, mô ihr vrachtat hent.
32Ond eure Leicha – ihr selber – werat
falla en dera Wüste dåhanna. 33Ond
eure Söh müaßat en dr Wüste wôeda,
vierzg Jåhr lang, ond d Folga von eurer
Treulosigkaet traga, bis eure Leicha en
dr Wüste vrwest send. 34**So viel Däg
wia ihr braucht hent, vierzg Däg, zom
des Land auskondschafta, so viel Jåhr
müaßat ihr eure Vrfehlonga traga, für
jedan Dag oe Jåhr, also vierzg Jåhr,
dass r kapierat, was des hôeßt: I ben
euch fremd.** 35I, JAHWE, han gsprocha:
Ganz sicher dua i des an dera ganza
baesa Gemaende då, mô sich dåhanna
en dr Wüste gega mi zsemagrottat håt,
vganga sollat se ond sterba dåhanna!
36Dådrauf send dia Männer, mô dr
Mose fortgschickt håt, zom des
Land auskondschafta, ond nå, mô se
zrückkoma send, de ganz Gemaende
zom rommotza ågstiftat hent, endem
se domms Zeugs vrbrôetat hent, 37dia
Männer, mô so domm über des Land
rausgschwätzt hent, send auf oen
Schlag daot vôr am Herrgott (JAHWE)
omgfalla. 38Aber dr Josua, dr Soh vom
Nun ond dr Kaleb, am Jefunnes sae Soh,
send am Leba blieba von dene Männer,
mô s Land auskondschaftat hent.
39Dr Mose håt des nå ällas de Israelita
vrzählt, nå ischd s Volk ganz arg traurig
gwea. 40Ganz bald am andera Môrga
hent se sich fertig gmacht zom en d
Berg nauf ganga, ond se hent gsaed: Då
se'mr, mir gangat jetzt nauf an den Ort,
von dem dr Herrgott (JAHWE) gredat
håt, weil, mir hent gsündigt. 41Nå håt
dr Mose gsaed: Wårom wöllat ihr am
Herrgott sae Åweisong übertreta? Des
glengt euch et! 42Gangat et då nauf, dr
Herrgott (JAHWE) ischd nämlich et
mit euch, dass ihr et nôgstoßa werat vôr
eure Faend, 43weil dr Amalekiter ond dr
Kanaaniter ischd sell, ond ihr fallat durch
s Schwert, weil r euch drvo abkehrt
hent, am Herrgott (JAHWE) nåch zom
folga, drom ischd dr Herrgott ao et mit
euch. 44Dia send nå doch so ôegasennig
gwea ond auf da Bergkamm naufgstiega,
aber d Truhe mit dr Bundassatzong vom
Herrgott (JAHWE) ond dr Mose send
et aus am Lager nausganga. 45Nå send
d Amalekiter ond d Kanaaniter, dia
mô sell oba en de Berg gwohnt hent,
rakomma ond über se hergfalla ond
hent se gschlaga ond send en bis nach
Horma nåchgjagd.

Zom Vrgleicha: *Vers 18:* Ex 34,6f; Ex 20,5; Dtn

5,9 • *Vers 28:* 14,2 • *Vers 31:* 14,3 • *Vers 36:* 1Kor 10,5.10.

Opfer ond Sühne: 15 1-41

15 Ond dr Herrgott (JAHWE) håt mit am Mose gredat ond gsaed: 2Schwätz mit de Israelita ond sag en: Wann ihr en des Land kommat, môn r euch åsiedla dent, ond des mô i euch geba will, 3ond ihr a Feueropfer darbrengat am Herrgott (JAHWE) zor Ehr, a Brandopfer oder a Schlachtopfer, zom a Gelübde erfülla oder als freiwilligs Opfer oder bei eure Begegnongszeita, zom an Beschwichtigongsduft vôrberaeta am Herrgott (JAHWE) zor Ehr, vom Rendvieh oder vom Kloevieh, 4nå soll der, mô sae Opfer darbrengt am Herrgott (JAHWE) zor Ehr, a Zehntel Faenmehl, ågmacht mit ama Viertel Öl, als Speisopfer darbrenga. 5Ond Wae als Trankopfer an Viertel Kruag sollst d nôrichta zom Brandopfer oder zom Schlachtopfer für jedas Lamm. 6Wann aber a Schåfbock g'opfert wird, nå sollst d als Speisopfer zwôe Zehntel Faenmehl mit ama Drittel Öl åmacha. 7Ond Wae als Trankopfer, an Drittel Kruag sollst d darbrenga als Beschwichtigongsduft am Herrgott (JAHWE) zor Ehr. 8Willst d aber an jonga Stier als Brandopfer oder als Schlachtopfer darbrenga, zom a Gelübde aelösa oder als Friedensopfer, am Herrgott (JAHWE) zor Ehr, 9nå soll mr zo dem Jongstier als Speisopfer aus drei Zehntel Faenmehl mit ama halba Kruag Öl ågmacht darbrenga. 10Ond Wae sollst d an halba Kruag als Trankopfer darbrenga. Des Feueropfer ischd dr Beschwichtigongsduft am Herrgott (JAHWE) zor Ehr.

11So soll mr s halta, wa'mr an Stier darbrengt oder an Schåfbock, a Lamm oder a Schåf oder a Goes – 12So wia d Zahl vom Vieh ischd, so soll ao s Speisopfer ond s Trankopfer sae. 13So soll s jeder Hiasige halta, wann r a Feueropfer darbrengt als Beschwichtigongsduft am Herrgott (JAHWE) zor Ehr. 14Ond wann a Gast bein ich ischd oder sonst oener, mô sich bein ich aufhält, der soll a Feueropfer darbrenga als Beschwichtigongsduft am Herrgott (JAHWE) zor Ehr, ond des soll r so macha wia ihr. 15Für de ganz Gemaenschaft gilt bloß oe Satzong, für euch wia für da Gast. Des gilt als Ordnong für älle Zeita ond für älle Generationa: Vôr am Herrgott ischd dr Gast gleich wia ihr.

16Oe Weisong ond oe Recht gilt, für euch wia für da Gast, mô bein ich ischd.

17Ond dr Herrgott (JAHWE) håt mit am Mose gredat ond gsaed: 18Schwätz mit de Israelita ond sag en:Wann ihr en des Land kommat, en des mô i euch naeführa will, 19ond ihr von saem Brot essat, nå sollat ihr a Hebopfer aesammla am Herrgott (JAHWE) zor Ehr. 20Vom ersta Tôeg sammlat r an Lôeb als Hebopfer, wia s Opfer von dr Tenne, so sollat r s sammla. 21Vom ersta Tôeg gebat r, am Herrgott (JAHWE) zor Ehr, s Hebopfer en älle Generationa.

22Ond wann r aus Vrseha oes von dene Gebot et aehaltat, mô dr Herrgott (JAHWE) am Mose geba håt, 23ällas, was euch dr Herrgott (JAHWE) durch da Mose ågwiesa håt, ågfanga an dem Dag, mô s dr Herrgott (JAHWE) ågwiesa håt für d Zuakonft ond für älle Generationa, 24so soll s gscheha, wann aus Vrseha a Irrtom gscheha ischd, ohne dass d Gemaende ebbas drvo gmerkt håt, nå soll de ganz Gemaende an jonga Stier als Brandopfer, als Beschwichtigongsduft, am Herrgott (JAHWE) zor Ehr, ond s Speisopfer ond s Trankopfer, mô drzua ghert nach dr Rechtsordnong, ond an Gôesbock als Sündopfer. 25Ond dr Priaster soll de ganz Gemaenschaft von de Israelita entsühna, nå wird en s vrzieha, weil s a Vrseha gwea ischd ond se selber ihr Opfer darbråcht hent als Feueropfer, am Herrgott (JAHWE) zor Ehr, ond ihr Sündopfer vôr am Herrgott (JAHWE) wega ihram Vrseha. 26So wird dr ganza Gemaenschaft von de Israelita vrzieha, ond am Gast en ihrer Mitte, weil s ganze Volk håt an dem Vrseha saen Åtôel.

27Wann sich aber a Oenzelner aus Vrseha vrsündigt, nå soll r a oejähriga Gôes als Sündopfer darbrenga. 28Ond dr Priaster soll dui Person wega ihrer Vrirrong aus Vrseha vor am Herrgott entsühna, nå wird ra vrgeba. 29Des gilt für da Israelita wia für da Gast en ihrer Mitte, s gibt bloß oe Weisong für da Irrtom aus Vrseha. 30Wann aber då oener vôrsätzlich sich vrgôht, sei s a Hiasiger oder a Gast, dass r da Herrgott (JAHWE) lästerat, der soll aus saem Volk ausgrottat wera. 31Der, mô am Herrgott (JAHWE) sae Wort et achtat ond saene Gebot übertritt, der muaß ausgrottat wera, sae Schuld lastat auf am.

32Mô d Israelita en dr Wüste gwea send, då hent se oen åtroffa, der mô am Sabbat Holz gsammlat håt. 33Ond dia, môn an beim Holz sammla vrtwischt hent, hent an vôr da Mose ond da Aaron ond de ganz Gemaende gschlôeft.

34Ond se hent an aegsperrt; s ischd nämlich no et entschieda gwea, was mit am passiera soll. 35Nå håt dr Herrgott (JAHWE) mit am Mose gredat: Der Må muaß sterba; de ganz Gemaende soll an vôr am Lager draußa stoeniga. 36Nå håt an de ganz Gemaende vôr s Lager naus gführt ond hent an gstoenigt, dass r gstôrba ischd, wia s dr Herrgott (JAHWE) da Mose ågwiesa håt.

37Ond dr Herrgott (JAHWE) håt mit am Mose gredat ond gsaed: 38Schwätz mit de Israelita ond sag en: se solle sich Zottla an ihre Klôederzipfel nômacha, sia ond ihre Nåchkomma, ond an dia Zottla sollat se a hyazynthfarbena Kordel nômacha. 39Dui Zottel soll für euch a Zaeche sae, dass ihr, wann r se seahnat, an älle Gebot vom Herrgott (JAHWE) denkat ond drnåch handlat, ond et des dent, mô s euch grad drnåch glustat ond dem nåch hurat, was r vor Aoga hent. 40Dass ihr drå denkat, dass r älle maene Åweisonga aehalta sollat ond so euram Gott (Eloheykem) haelig send. 41I ben JAHWE, euer Gott (Eloheykem), der mô euch aus am Land Ägypten raus gholt håt, dass e euer Gott (Eloheykem) ben. I, JAHWE, ben euer Gott (Elohim).

Zom Vrgleicha: *Vers 1-31:* Lev 6,17-7,18 • *Vers 35:* Ex 31,15; 35,2 • *Vers 38:* Mt 23,5.

Dr Aufruhr vom Korach, vom Datan ond vom Abiram: 16 1 – 17 28

16 Dr Korach, dr Soh vom Jizhar, Soh vom Kahat, Soh vom Levi, ond dr Datan ond dr Abiram, am Eliab saene Söh, am Pallus sae Soh, Soh vom Rubens, 2dia hent sich gega da Mose aufgloehnt, mit zwôehondertfuzg Gemaendefürsta ond Abgordnate aus dr Gemaendevrsammlong von de Israelita, lauter ågsehene Leut; 3dia hent sich zsema dao gega da Mose ond da Aaron ond hent zo nen gsaed: Jetzt langt s! De ganz Gemaende ischd nämlich haelig, weil dr Herrgott (JAHWE) bei nen ischd. Wårom send ihr nå so überheblich über am Herrgott (JAHWE) sae Gemaende? 4Mô des dr Mose ghört håt, ischd r auf sae Gsicht nô gsonka, 5ond r håt zom Korach ond saener ganza Gsellschaft gsaed: Môrga wird dr Herrgott (JAHWE) zaega, wer zon am ghert ond wer haelig ischd, dass r zon am nôkomma därf: Bloß den, mô ER auserwählt, lässt r zo sich nôkomma. 6Des dent r: Nemmat Raecherpfanna, dr Korach ond sae ganza Gsellschaft, 7ond dent Feuergluat nae ond legat

Raecherwerk drauf vôr am Herrgott
(JAHWE), môrga en dr Früah. Den, mô
dr Herrgott (JAHWE) auserwählt, der
ischd dr Haelige. Jetzt langats nämlich,
ihr Söh vom Levi!
8 Ond dr Mose håt zom Korach gsaed:
Horchat doch her, ihr Söh vom Levi:
9 Ischd s euch z wenig, dass euch dr Gott
(Elohey) von Israel aus dr Gemaende
Israel ausgsondert håt, dass am ihr näher
komma därfat zom da Kultdenst an dr
Wohnong vom Herrgott (JAHWE) doa,
ond vôr dr Gemaende zom standa ond
für se s Amt ausüaba? 10 Du ond älle daene
Brüader, am Levi saene Söh, håt r näher
an sich nô glassa, ond jetzt vrlangat r ao
no s Priasteramt? 11 Drom dent r euch
zsema gega da Herrgott (JAHWE), du
ond dae ganza Gsellschaft. Ond was
hent r gega da Aaron, dass gega den ao
rommotzat.
12 Nå håt dr Mose ebber gschickt, zom da
Datan ond da Abiram, am Elijab saene
Söh, komma lassa, aber dia hent gsaed:
Mir kommat et! 13 Langat s et, dass da
ons aus ama Land rauf gführt håsch, mô
Milch ond Honig fliaßt, zom ons en dr
Wüste omkomma lassa? Willst d ao no
da Herra über ons spiela, der mô sich
sogar saene Beamte selber raussuacht?
14 Du håsch ons schao gar et en a Land
komma lassa, mô Milch ond Honig
fliaßt, ond Äcker ond Wengert håsch
d ons ao et zom Erbguat geba! Willst d
dene Leut ao no d Aoga ausstecha? Mir
kommat et!
15 Då håt aber dr Mose a arga Wuat kriagt
ond r håt zom Herrgott (JAHWE)
gsaed: Nemm von dene koe Opfer å! Et
amål oen Esel han e dene weggnomma,
ond i han koem von dene ebbas ådao.
16 Ond dr Mose håt zom Korach gsaed:
Du ond dae ganza Gsellschaft kommat
môrga vôr da Herrgott (JAHWE)
– du ond sia ond dr Aaron. 17 Jeder
nemmt sae Raecherpfann ond legt
Raecherwerk drauf, ond brengat s
dar vôr am Herrgott (JAHWE), jeder
sae Raecherpfann, zwôehondertfufzg
Raecherpfanna; ao du ond dr Aaron,
jeder nemmt sae Raecherpfann. 18 Nå håt
a jeder sae Raecherpfann gnomma ond
håt Gluat nae dao ond Raecherwerk
nauf glegt; ond se hent sich am Aegang
vom Begegnongszelt aufgstellt, ao dr
Mose ond dr Aaron. 19 Auf des nô håt dr
Korach de ganz Gemaende gega se (da
Aaron ond da Mose) am Aegang vom
Begegnongszelt vrsammlat. Nå ischd
vôr dr ganza Gemaende d Herrlichkaet
vom Herrgott (JAHWE) erschiena.
20 Ond dr Herrgott (JAHWE) håt mit am
Mose ond am Aaron gredat ond gsaed:
21 Setzat euch ab von dera Gemaende,
weil i dia en oem Aogablick ausrotte.
22 Aber dia (dr Mose ond dr Aaron)
send auf ihr Gsicht nôgsonka ond hent
gsaed: O Gott (El), du Gott (Elohey)
vom Lebensgaest en äller Kreatur,
der Må dåhanna, a oenzelner sündigt,
ond du willst auf de ganz Gemaende
an Zôrn han? 23 Nå håt dr Herrgott
(JAHWE) mit am Mose gredat ond
gsaed: 24 Schwätz mit dr Gemaende ond
sag en: Vrschwendat aus am Omkraes
von de Wohnonga vom Datan ond vom
Abiram.
25 Nå ischd dr Mose aufgstanda ond zom
Datan ond zom Abiram nôganga, ond
de Älteste von Israel send mit ganga.
26 Ond r håt mit dr Gemaende gredat
ond håt gsaed: Vrschwendat von de Zelt
von dene frevelhafte Männer dåhanna,
ond langat mr nex å, was dene ghert,
sonst werat mitsamt dene ihre Sünda
weggrafft. 27 Auf des nô send se aus am
Bereich von de Wohnzelt vom Datan
ond vom Abiram weg ganga. Dr Datan
ond dr Abiram send raus komma ond am
Aegang von ihre Zelt gstanda mit ihre
Fraoa ond Söh mit ihre Kender. 28 Nå håt
dr Mose gsaed: Då drå sollat ihr erkenna,

dass dr Herrgott (JAHWE) mi gschickt håt, des ällas zom doa, ond dass des et aus maem Herza kommt: [29]Wann dia dåhanna sterbat, wia älle Leut sterbat, ond dia bloß trifft, was älle Menscha trifft, nå håt dr Herrgott (JAHWE) mi et gschickt. [30]Aber wann dr Herrgott (JAHWE) ebbas außerordentlich duat ond da Boda aufreißt ond dia mit ällam vrschlengt, was en ghert, dass dia lebendig nafahrat en d Onterwelt, nå sollat ihr erkenna, dass dia Männer då da Herrgott (JAHWE) vrspottat hent.

[31]Ond wian r mit saener Red fertig gwea ischd, håt sich dr Boda gspalta onter dene. [32]Ond dr Erde håt ihr Maul aufgrissa ond se vrschlonga mitsamt ihre Zelt, mitsamt jedam Menscha, der mô zom Korach ghert håt, mit ihram, ganza Hab ond Guat. [33]Ond se send mit ihram ganza Sach lebendig en d Onterwelt na gfahra, ond d Erde håt se zuadeckt. So send se aus dr Mitte von dr Gemaende vrschwonda. [34]Ond dia Israelita om se rom send mit ama riesa Gschrôe drvo gsauat, weil se gmoent hent: D Erde könnt ao ons vrschlenga. [35]Ond Feuer ischd vom Herrgott (JAHWE) ausganga ond håt dia zwôehondertfufzg Mann gfressa, mô des Raecherwerk darbrenga wölla hent.

17

Ond dr Herrgott (JAHWE) håt mit am Mose gredat ond gsaed: [2]Sag am Eleasar, am Soh vom Priaster Aaron, r soll dia Raecherpfanna aufheba aus dr Äscha ond d Gluat ausananderstraea, weil dia zom Haeligtom gherat. [3]Dia Raecherpfanna von dene, mô om ihr Leba gsündigt hent, soll mr zo Walzblech macha als Vrschalong om da Altar rom, weil dia hent se vôr da Herrgott (JAHWE) bråcht, drom send se haelig, ond se sollat a Måhnmal sae für d Israelita. [4]Nå håt dr Eleasar, dr Priaster, dia eiserne Raecherpfanna gnomma, mô dia Vrbrennte darbråcht hent ond håt se brôet klopft als Vrschalong om da Altar rom. [5]A Måhnmal für d Israelita, dass koener näher kommt, der mô et drfür en Fråg kommt, weil r koe Nåchkömmleng vom Aaron ischd, zom vôr am Herrgott (JAHWE) Raecherwerk darbrenga. Dass ams gôht, wia am Korach ond saener Gsellschaft, wia s dr Herrgott (JAHWE) durch da Mose åkündigt håt.

[6]Am andera Morga håt de ganz Gemaende Israel gega da Mose ond da Aaron gmotzt ond gsaed: Ihr, ihr hent am Herrgott (JAHWE) sae Volk ombråcht! [7]Mô sich d Gemaende gega da Mose ond da Aaron zsema dao håt ond se auf s Begegnongszelt zuaganga send, håt dui Wolk s Begegnongszelt zuadeckt, ond am Herrgott (JAHWE) sae Herrlichkaet ischd erschiena. [8]Nå ischd dr Mose ond dr Aaron an d Vôrderseit vom Begegnongszelt komma. [9]Ond dr Herrgott (JAHWE) håt mit am Mose gredat ond gsaed: [10]Machat, dass r wegkommat aus dera Gemaenschaft, dass e se augablicklich vrnichte! Nå send se auf ihre Gsichter nôgsonka. [11]Dådrauf håt dr Mose zom Aaron gsaed: Nemm d Raecherpfann ond dua a Gluat vom Altar drauf ond leg Raecherwerk drauf ond gang schnell zor Gemaende ond entsühn se, dr Zôrn ischd nämlich vom Herrgott (JAHWE) ausgfahra ond d Stråf håt schao ågfanga. [12]Nå håt dr Aaron dao, was an dr Mose ghôeßa håt ond ischd mittla onter d Gemaende gloffa; ond guck, d Plåg onter am Volk håt schao ågfanga. Ond r håt des Raecherwerk drauf dao ond so s Volk entsühnt. [13]Môn r nå zwischa de Daote ond de Lebendige gstanda ischd, ischd dui Plåg bremst wôra. [14]Von dera Plåg send vierzeahtausadsiebahondert daot gwea, außer dene, mô mit am Korach gstôrba send. [15]Ond dr Aaron ischd zom Mose zrück komma an da Aegang vom Begegnongszelt, mô dui

Plåg vorbei gwea ischd.
[16]Ond dr Herrgott (JAHWE) håt mit
am Mose gredat ond gsaed: [17]Schwätz
mit de Israelita ond nemm von jedam
oen Stab, von jedam Stamm an Stab, von
älle ihre Fürsta, ond schreib jedam saen
Nåma auf saen Stab.
[18]Aber am Aaron saen Nåma schreibst
d auf am Levi saen Stab, für jedas
Sippahaopt soll oe Stab sae. [19]Dia
legst d em Begegnongszelt vôr d
Bundessatzong, då, mô i mit euch
zsema komm. [20]Ond nå gschieht des:
Der Må, den mô i auserwähl, dem sae
Stab spriaßt aus. So will i dem Gemotze
von de Israelita gega euch a End macha,
weil mr des afanga lästig ischd. [21]So håt
s dr Mose de Israelita gsaed, ond älle
ihre Fürsta hent jeweils an Stab; pro
Fürst oen Stab, pro Fürst oen Stamm,
zwölf Stäb ond am Aaron sae Stab ischd
zwischa älla glega. [22]Nå håt dr Mose dia
Stäb vôr da Herrgott (JAHWE) nôglegt
em Zelt von dr Bundessatzong.
[23]Ond am andera Dag, mô dr Mose
ens Zelt von dr Bundessatzong nae
komma ischd, guck, då håt am Aaron
sae Stab, der für s Haus Levi, gspriaßt
ond Knospa austrieba ond blühat ond
Mandla send drå ausgreift gwea. [24]Nå
håt dr Mose älle Stäb vom Herrgott
(JAHWE) nausbråcht zo de Israelita.
Dia hent s gseha, ond jeder håt saen Stab
gnomma. [25]Ond dr Herrgott (JAHWE)
håt zom Mose gsaed:Leg den Stab vom
Aaron wieder vôr d Bundessatzong nô
zor Vrwahrong, als a Zaeche für älle
Widerspenstige, ond mach so a End
mit dem Gemotze, weil mr des afanga
lästig ischd, dass dia et sterba müaßat.
[26]Ond dr Mose håts so gmacht, wia s
dr Herrgott (JAHWE) ågordnat håt,
so håt r s gmacht. [27]Dådrauf hent d
Israelita zom Mose gsaed: Guck, mir
kommat om! Mir gangat z Grond! Älle
mitanander gangat mir z Grond!
[28]Jeder, mô nächer an d Wohnong
vom Herrgott (JAHWE) nô kommt,
muaß sterba! Sollat mir denn älle voll
omkomma?

Denst ond Loh für d Priaster ond Levita: 18 1-32

18 Ond dr Herrgott (JAHWE) håt
zom Aaron gsaed: Du ond daene
Söh ond s ganz Haus von daem Vadr mit
dr, ihr müaßat d Vrfehlong am Haeligtom
traga. Du ond daene Söh, ihr send
vrantwortlich für d Vrfehlonga en euram
Priasterstand. [2]Ond ao daene Brüader
aus am Stamm von euram Vadr Levi
laß mit dr herkomma. Aber se müaßat
sich an di halta ond dir deana, während
du ond daene Söh vôr am Zelt von dr
Bundassatzong euer Amt ausüabat. [3]Se
sollat sich nach daener Denstordnong
ond nach dr Ordnong vom Zelt richta,
aber an d Weihegerätschafta ond an
da Altar därfat se et nôtreta, dass se et
sterbat ond ihr ao et. [4]Ond se müaßat
sich an di halta, wann se da Denst am
Begegnongszelt bsôrgat ond ällas dent,
was am Zelt dr Brauch ischd. Oener,
mô et beruafa ischd, därf euch et nächer
komma. [5]Ond ihr sollat da Denst am
Haeligtom ond da Altardenst bsôrga,
dass en Zuakonft et wieder dr Zôrn
über d Israelita kommt. [6]Aber i, guckat,
i nemm eure Brüader, d Levita aus dr
Mitte von de Israelita, als am Herrgott
(JAHWE) Gweihte von euch, für da
Kultdenst am Begegnongszelt. [7]Du aber
ond daene Söh mit dr, ihr sollat euer
Priasteramt vrseha bei jeder Åglegahaet
vom Altar ond ennerhalb vom Vôrhang,
då ischd euer Denst. Als a Gschenk
stifte i euer Priastertom, aber oener, mô
et beruafa ischd, muaß ombråcht wera,
wann r z nåch kommt.
[8]Ond dr Herrgott (JAHWE) håt zom
Aaron gsaed: Guck, an di gib e d
Vrwaltong von älle maene Weihegaba

von de Israelita, ond was zrück bhalta
wera därf, ghert dir ond daene Söh
als Åtôel für älle Zeita. [9]Des ischd für
di dr Åtôel vom Hochhaeliga von
de Feueropfer: älle ihre Gaba für s
Speisopfer ond für älle ihre Sündopfer
ond für älle ihre Schuldopfer, mô se mir
darbrengat, vom Hochhaeliga ischd des
für di ond daene Söh bestimmt. [10]Als
Hochhaeligs sollst d s essa. Ällas, was
männlich ischd, därf s essa, guck s als
haelig å.
[11]Ao s Hebopfer von ihre Gaba ischd
für di, nämlich älle Hebopfer von de
Israelita gib e dir ond daene Söh ond
Töchter als Åtôel für älle Zeita. Jeder,
mô raen ischd en daem Haus därf s essa.
[12]Ällas ausgsuachte Frischöl ond ällas
ausgsuachte vom Most ond Korn, da
ersta Åtôel drvo, mô se am Herrgott
(JAHWE) zor Ehr hergebat, gib e
dir. [13]D Erstleng von ällam en ihram
Land, mô se darbrengat am Herrgott
(JAHWE) zor Ehr, soll für di sae. Jeder,
mô raen ischd en daem Haus därf s essa.
[14]Ällas Bannguat en Israel stôht dir zua.
[15]Älle Erstgeburta von älle Lebewesa,
mô mr am Herrgott (JAHWE) zor Ehr
darbrengt, ob Mensch oder Vieh, gherat
dir. Bloß d Erstgeburt von Menscha
muaßt d auslösa ond d Erstgeburta vom
oraena Vieh muaßt ao auslösa. [16]Ond
sae Auslösong: Was an Monat ond
drüber ischd, lässt d aeschätza nach am
Richtwert en Silber faef Schekel, nach
am Gwicht vom Haeligtom, des send
zwanzg Gera. [17]Bloß da Erstleng vom
Rendvieh oder vom Schåf oder von de
Gôesa därfst d et auslösa. Dia send am
Haeligtom gweiht, dene ihr Bluat sollst
d an da Altar nôsprenza, ond ihr Fett
sollst d als Feueropfer aufraocha lassa
als Beschwichtigongsduft, am Herrgott
(JAHWE) zor Ehr. [18]Aber ihr Flôesch
ghert dir, wia d Brust vom Schwengopfer
ond wia des vom rechta Henterschlegel
dir ghert. [19]Älle Hebopfer von de
Israelita ihre Weihegaba am Herrgott
(JAHWE) zor Ehr, gib e dir ond daene
Söh ond daene Töchter als Daueråtôel.
Des ischd a ewiger Salzvrtrag vôr am
Herrgott (JAHWE) für di ond dae
Gschlecht.
[20]Ond dr Herrgott (JAHWE) håt zom
Aaron gsaed: En dene ihram Land erbst
du nex ond du håsch ao koen Åtôel en
ihrer Mitte. I ben dae Åtôel ond dae
Aegatom onter de Israelita. [21]De Söh
vom Levi gib i ällan Zehnta en Israel
als Aegatom ond als Loh für ihran
Kultdenst, en dem se Denst laestat am
Begegnongszelt. [22]Von jetzt å sollat sich
d Israelita nemme am Begegnongszelt
nähera, dass se sich et vrsündigat ond
sterba müaßat. [23]D Levita sollat da
Denst am Begegnongszelt übernemma,
ond se send selber vrantwortlich, wann
se sich vrfehlat. Des ischd d Satzong
für älle Zeita ond Gschlechter. Aber se
sollat onter de Israelita koe Aegatom
han. [24]Weil da Zehnta von de Israelita,
der mô von de Israelita als Hebopfer am
Herrgott (JAHWE) zor Ehr darbråcht
wird, gib i de Levita als Aegatom. Drom
han e von en gsaed, se solle onter de
Israelita koe Aegatom han.
[25]Ond weiter håt dr Herrgott (JAHWE)
zom Mose gsaed: [26]Zo de Levita sollst d
aber saga: Wann ihr von de Israelita da
Zehnta nemmat, den gib e euch von dene
als euer Aegatom, nå sollat ihr då drvo
als Hebopfer am Herrgott da Zehnta
von dem Zehnta darbrenga. [27]Ond euer
Hebopfer wird euch ågrechnat wia s
Korn aus dr Tenne ond wia d Abfüllong
aus dr Kelter. [28]So sollat ao ihr s
Hebopfer für da Herrgott (JAHWE)
von älle Zehnte, mô ihr von de Israelita
kriagat, darbrenga; ond des Hebopfer
für da Herrgott (JAHWE) übergebat
r am Priaster Aaron. [29]Von ällam, was
euch geba wird, sollat ihr s Hebopfer

für da Herrgott (JAHWE) darbrenga,
ond zwår jeweils vom Erlesensta als
sae Weihegab. [30]Ond du sollst en saga:
Wann ihr so s Beste drvo als Hebopfer
darbrengat, nå wird s de Levita
ågrechnat wia d Aekünft von dr Tenne
ond wia d Aekünft von dr Kelter. [31]Ond
ihr därfat s an jedam Ort essa, ihr ond
eure Familia, weil des dr Loh ischd für
euran Denst am Begegnongszelt. [32]Wega
dem ladat ihr euch koe Schuld auf, weil
r s Erlesenste als Hebopfer darbrengat,
ond ihr entweihat et d Weihegaba von
de Israelita, sonst müaßtat r sterba.

S Raenigongswasser: 19 1-22

19 Ond dr Herrgott (JAHWE) håt
mit am Mose ond am Aaron
gredat ond gsaed: [2]Des ischd d Satzong
von dr Ordnong, mô dr Herrgott
(JAHWE) geba håt: Sag de Israelita,
se solle dr a raota Kuah brenga, a
aewandfreia, mô koen Fehler håt ond
no nia onter am Joch ganga ischd. [3]Ond
dui gebat r am Priaster Eleasar. Ond der
soll se aus am Lager naus brenga, ond
sell soll mr se vôr am metzga. [4]Nå soll
dr Priaster Eleasar mit saem Fenger
ebbas von ihram Bluat nemma ond
sieba Mål en Richtong Vôrderseite vom
Begegnongszelt spritza. [5]Ond nå soll
mr dui Kuah vôr saene Aoga vrbrenna,
ihr Haut ond ihr Flôesch samt am
Mist soll mr vrbrenna. [6]Nå soll der
Priaster Zedernholz nemma, Ysop ond
Karmesinwolla, ond des mittla en den
Brand von dera Kuah naeschmeisa. [7]Nå
soll der Priaster saene Klôeder wäscha
ond saen Leib em Wasser bada, ond nå
därf r ens Lager komma, aber r bleibt
oraen bis an da Åbad. [8]Ao der, mô dui
Kuah vrbrennt hôt, muaß saene Klôeder
wäscha ond saen Leib em Wasser bada.
Aber r bleibt oraen bis an da Åbad.
[9]Ond a raener Må soll d Äscha von
dera Kuah aesammla ond se außerhalb
vom Lager ama raena Ort nôlega, då
wird se aufghoba zor Beraetong vom
Raenigongswasser für d Gemaende
Israel, des ischd a Sündopfer. [10]Der, mô
dui Äscha von dera Kuah aegsammlat
håt, soll saene Klôeder wäscha, ond r
bleibt oraen bis an da Åbad.
Des ischd für d Israelita ond für da
Gast, der mô bein ich wohnt a Satzong
für älle Zeita: [11]Wer an Gstôrbena,
oder da Leichnåm von irgend ama
Menscha ålangt, der ischd für sieba Däg
oraen. [12]Der soll sich drmit (mit dem
Raenigongswasser) am dritta ond am
siebta Dag entsühna lassa, nå ischd r
raen. Ond wann r sich et entsühna lässt
am dritta ond am siebta Dag, nå ischd
r et raen. [13]A jeder, mô an Daota, da
Leichnåm vo'ma Gstôrbena ålangt ond
sich et entsühna lässt, der vroraenigt am
Herrgott (JAHWE) sae Wohnong, der
soll aus Israel ausgrottat wera, weil des
Raenigongswasser et auf an vrsprenzt
wôra ischd, ischd r oraen, ond oraen
bleibt r.
[14]Des ischd d Åweisong: Wann a Mensch
en saem Zelt stirbt, nå wird jeder, mô
en des Zelt nae gôht ond jeder, mô
en dem Zelt dren ischd für sieba Däg
oraen. [15]Ond jedas offene Gfäß, mô et
zuabonda ischd, ischd oraen.
[16]Ao jeder, mô em Feld draußa an Daota
fenda, der mô mit am Schwert ombråcht
wôra ischd oder oen, mô gstôrba ischd,
oder a Skelett oder a Grab ond des
ålangt, ischd sieba Däg oraen.
[17]Nå soll mr für den Vroraenigta von dr
Äscha von dera Sündopfervrbrennong
ebbas nemma ond Quellwasser drauf
doa e'ma Kruag. [18]Ond mr soll an Ysop
nemma, den soll a raener Må en des
Wasser tonka.
Nå soll r s Zelt ond älle Gerätschafta
ond älle Leut, mô en dem Zelt send,
åsprenza, ond ao den, mô des Skelett
oder den mit am Schwert ombråchta
oder den Gstôrbena oder des Grab

åglangt håt. [19]Ond der Raene soll den
Vroraenigta am dritta ond am siebta
Dag åsprenza ond an entsühna am siebta
Dag. Nå soll r saene Klôeder wäscha
ond saen Leib em Wasser bada. Ond
r bleibt oraen bis an da Åbad. [20]Ond
wann sich oener vroraenigt ond sich et
entsühna lässt, der soll ausgrottat wera
aus dr Gemaenschaft, weil r s Haeligtom
vom Herrgott (JAHWE) vroraenigt håt,
ond Raenigongswasser ischd ao et auf
an gsprenzt wôra, drom ischd r oraen.
[21]Des ischd für euch a Satzong für älle
Zeita. Ao der, mô des Raenigongswasser
sprenzt, soll saene Klôeder wäscha. Ond
der, mô s Raenigongswasser ålangt,
bleibt oraen bis an da Åbad. [22]Ond
ällas, was der Vroraenigte ålangt, ischd
vroraenigt, ond der Mensch, mô den
Vroraenigta ålangt, wird oraen bis an da
Åbad.

S Wasser aus am Felsa. D Mirjam ond dr Aaron sterbat: 20 1-29

20 Mô d Israelita nå em ersta Monat
en d Wüste Zin komma send,
ischd s Volk en Kadesch blieba. Sell
ischd d Mirjam gstôrba ond ischd sell
ao beerdigt wôra.
[2]Nå ischd für d Gemaenschaft koe
Wasser då gwea, nå hent se sich gega
da Mose ond da Aaron zsema dao.
[3]Ond s Volk håt mit am Mose romzerft
ond gsaed: Wäre mr doch bloß ao
omkomma, mô onsere Brüader vôr
am Herrgott (JAHWE) gstôrba send.
[4]Wårom hent ihr am Herrgott (JAHWE)
sae Gemaende en d Wüste komma
lassa, dass mr dåhanna sterbat mitsamt
onseram Vieh? [5]Ond wårom hent ihr
ons von Ägypten rauf gführt ond an
den schlemma Ort dåhanna bråcht, mô
mr et säa kå ond s koen Feigabaom,
koe Reb ond koene Granatäpfel geit?
Ond Wasser zom Trenka geits ao koes.
[6]Nå ischd dr Mose ond dr Aaron von
dr Gemaende wegganga an da Aegang
vom Begegnongszelt. Ond se send auf
ihre Gsichter nôgsonka. Nå ischd en am
Herrgott (JAHWE) sae Herrlichkaet
erschiena.
[7]Ond dr Herrgott (JAHWE) håt mit
am Mose gredat ond gsaed: [8]Nemm da
Stab ond vrsammle d Gemaenschaft, du
ond dr Aaron, dae Bruader, ond sagat
vôr ihre Aoga zo dem Felsa, dass r sae
Wasser hergeba soll, dass en du Wasser
aus dem Felsa raus brengst ond de ganz
Gemaenschaft ond ihr Vieh tränkst. [9]Nå
håt dr Mose den Stab vôr am Herrgott
(JAHWE) weg gnomma, so wian r s
ågwiesa wôra ischd. [10]Dr Mose ond dr
Aaron hent nå d Gemaende vôr dem
Felsa vrsammlat ond zo nen gsaed:
Horchat her, ihr Meuterer! Ob mir wohl
aus dem Felsa dåhanna für euch Wasser
rauslaofa lassa könnat? [11]Ond dr Mose
håt sae Håd nausgstreckt ond zwôe Mål
mit saem Stab an den Felsa nôghaoa.
Nå isch grad gnuag Wasser rausgflossa,
ond de ganz Gemaenschaft håt reichlich
trenka könna mitsamt ihram Vieh.
[12]Dådrauf håt dr Herrgott (JAHWE)
zom Mose ond zom Aaron gsaed: Weil
ihr mir et vrtraut hent ond me als Haelig
erwiesa hent vôr de Aoga von de Israelita,
könnat ihr d Gesamtgemaende et en des
Land komma lassa, mô i dene geba han.
[13]Des då ischd Meriba, Zankwasser, weil
då d Israelita mit am Herrgott (JAHWE),
der mô sich als Haelig an en erwiesa håt,
romzankt hent. [14]Nå håt dr Mose Bota
von Kadesch zom König von Edom
gschickt: Des saed dae Bruader Israel:
Du wôeßt om dia ganze Scherereia, mô
ons troffa hent: [15]Wia onsere Vädr nach
Ägypten na ganga send ond mir ganz
lang en Ägypten ågsiedelt gwea send
ond wia d Ägypter ons ond onsere Vädr
übel mitgspielt hent. [16]Då he'mr zom
Herrgott (JAHWE) gschria ond der
håt ons ghört ond ons an Bota gschickt,

ond der håt ons aus Ägypten raus gholt.
Guck, jetzt se'mr en Kadesch, ra Stadt
an dr Grenz zo daem Gebiet. 17Laß ons
doch durch dae Land durch ganga! Mir
wöllat et durch d Felder ond d Wengert
durch ganga ond ao koe Wasser aus eure
Bronna trenka. Da Königsweg wöllat
mr nemma ond et nach lenks oder rechts
von am abweicha, bis mr dae Gebiet
henter ons hent. 18Nå håt dr Edom
zon am gsaed: Du därfst et durch mae
Gebiet ganga, sonst komm e dr mit am
Schwert entgega. 19Nå hent d Israelita
zon am gsaed: Auf dr Stråß wöllat mr
nauf ganga, wa'mr onterwegs von daem
Wasser trenkat, i ond mae Vieh, nå gib
e dr da Kaofpreis drfür. Laß me bloß z
Fuaß durch ganga. 20Aber der håt gsaed:
Des kommt gar et en Fråg, du gôhst mr
då et durch! Nå ischd am dr Edom mit
viel Kriagsvolk mächtig entgega ganga.
21Weil sich dr Edom gwaegerat håt ond
de Israelita et erlaobt håt, durch sae
Gebiet zom ganga, send d Israelita vor
am ausgwicha.
22Mô se nå von Kadesch aufbrocha gwea
send, ischd de ganz Gemaenschaft von
de Israelita an da Berg Hor komma.
23Ond dr Herrgott (JAHWE) håt zom
Mose ond zom Aaron am Berg Hor,
em Grenzland von Edom, gsaed: 24Dr
Aaron soll jetzt aegholt wera zo saene
Volksleut, der därf nämlich et en des
Land nae komma, mô i de Israelita gib,
weil r aufmempfig gwea send gega mae
Åweisong beim Zankwasser. 25Nemm
da Aaron ond da Eleasar, saen Soh
ond steig mit en auf da Berg Hor. 26Nå
ziagst am Aaron saene Gwänder aus
ond ziagst se am Eleasar, saem Soh å.
Dr Aaron wird aegholt ond stirbt sell.
27Ond dr Mose håt gmacht, was an dr
Herrgott (JAHWE) ågwiesa håt ond
ischd mit en vor de Aoga von dr ganza
Gemaenschaft auf da Berg Hor gstiega.
28Ond dr Mose håt am Aaron saene
Gwänder auszoga ond se am Eleasar,
saem Soh åzoga. Dådrauf ischd dr
Aaron auf am Berggipfel gstôrba. Ond
dr Mose ond dr Eleasar send vom Berg
ragstiega. 29Nå håt de ganz Gemaende
gseha, dass dr Aaron gstôrba ischd, ond
s ganz Haus Israel håt dreißg Däg om
an gheult.

Zom Vrgleicha: *Vers 3-4:* 11,4-6; 14,1-4; 17,6-14 • *Vers 7-13:* Ex 17,3-7 • *Vers 14:* 21,21-24.

D kupferna Schlang. Kämpf onterwegs: 21 1-35

21 Mô dr König von Arad, dr
Kanaaniter, der mô em Negeb
gwohnt håt, ghört håt, dass d Israelita
auf am Weg von Atarim rauf komma
däte, håt r d Israelita ågriffa ond a paar
von en gfanga gnomma. 2Auf des nå
hent d Israelita am Herrgott (JAHWE)
a Gelübde abglegt ond gsaed: Wann
du ons des Volk en d Händ gibst, nå
vollstreckat mir an ihre Städt da Bann.
3Ond dr Herrgott håt d Israelita erhört
ond en d Kanaaniter en d Händ geba,
ond d Israelita hent da Bann an en
vollstreckt ond an ihre Städt. Drom håt
mr den Ort Horma (Bannong) ghôeßa.
4Nå send se vom Berg Hor en Richtong
Schilfmeer aufbrocha ond hent s Land
Edom omganga. Onterwegs send se
aber ganz muatlos wôra. 5Ond s Volk
håt gega Gott (Elohim) ond gega da
Mose gschwätzt: Wårom hent ihr ons
von Ägypten rauf bråcht zom Sterba en
dr Wüste, mô s koe Brot ond koe Wasser
geit? Ond des daolaose Brotzeugs
då kotzt ons å. 6Nå håt dr Herrgott
(JAHWE) gega s Volk Giftschlanga los
glassa, ond dia hent s Volk bissa, dass
viele von en gstôrba send von Israel.
7Auf des nô ischd s Volk zom Mose
komma ond se hent gsaed: Mir hent ons
vrsündigt, weil mr gega da Herrgott
(JAHWE) gschwätzt hent ond gega di.
Setz de beim Herrgott (JAHWE) für ons

ae, dass r dia Schlanga von ons weg duat.
Nå håt sich dr Mose für s Volk aegsetzt.
8 Dådrauf håt dr Herrgott (JAHWE)
zom Mose gsaed: Mach dr a Brandnatter
ond häng se an ra Signalstang auf, dass
a jeder, mô bissa wôra ischd, am Leba
bleibt, wann r se åguckt. 9 Nå håt dr
Mose a Schlang aus Kupfer gmacht
ond se an dera Signalstang aufghängt.
Nå ischd a jeder, mô bissa wôra ischd,
am Leba blieba, wann r auf dui Schlang
guckt håt.
10 Ond d Israelita send aufbrocha ond
hent en Obot glagerat. 11 Nå send se
von Obot aufbrocha ond hent en Ije-
Abarim ihr Lager aufbaut, mô östlich
von Moab leit. 12 Von sell send se
aufbrocha ond hent em Bachgrond vom
Sered glagerat. 13 Von då send se weiter
zoga ond hent über am Arnon drüba
glagerat, der mô en dr Wüste fliaßt
ond saen Ursprong em Gebiet von de
Amoriter håt. Dr Arnon ischd d Grenz
gwea zwischa Moab ond de Amoriter.
14 Drom hôeßt a Spruch em Herrgott
(JAHWE) saem Kriagsbuach: Waheb en
Sufa ond am Arnon saene Bäch 15 ond dr
Hang von de Bäch, mô sich zor Stadt Ar
nôziagt ond sich an d Grenz von Moab
nôloehnt. 16 Ond von sell zom Bronna.
Des ischd der Bronna, von dem mô dr
Herrgott (JAHWE) zom Mose gredat
håt: Vrsammle s Volk, i will en Wasser
geba. 17 Selligsmål håt Israel des Liad
gsonga: „Steig auf, Bronna, ruafat am
zua: 18 O Bronna, Fürsta hent an graba!
Edle vom Volk hent an ausghoba! Mit
am Führerstab! Mit ihre Stäb!“
Ond von Beer send se nach Matthana,
19 ond von Matthana nach Nahaliël, ond
von Nahaliël nach Bamot. 20 Ond von
Bamot ens Tal, des mô em Gebiet von
Moab leit, an dr Höhe vom Pisga, der
mô na guckt auf s Ödland.
21 Ond Israel håt Bota zom Sihon
gschickt, am Amoriterkönig ond am
saga lassa: 22 Laß me durch dae Gebiet
ganga! Mir wöllat et et abweicha durch
Feld ond Wengert, ond ao koe Wasser
trenka aus daene Bronna. Auf am
Königsweg wöllat mr bleiba bis mr ganz
durch dae Gebiet zoga send. 23 Aber dr
Sihon håt de Israelita koe Erlaobnis
geba zom sae Gebiet durchquera. Der
håt sae ganzs Kriagsvolk zsemazoga
ond ischd de Israelita entgega ganga
en dr Wüste. Ond r ischd nach Jahaz
komma ond håt gega d Israelita kämpft.
24 Aber d Israelita hent se mit ihre scharfe
Schwerter gschlaga ond sae Land bsetzt
vom Arnon bis an da Jabbok ond bis
zo de Ammoniter, weil d Grenz von de
Ammoniter ischd recht trotzig gwea.
25 Ond Israel håt älle dia Städt aegnomma
ond håt sich en dene Städt von de
Ammoniter ågsiedelt, en Heschbon ond
älle saene Nebaortschafta 26 Heschbon
ischd nämlich am Ammoniterkönig
Sihon sae Stadt gwea, ond der håt mit
am frühera König von Moab kämpft
ond am sae ganzs Land abgnomma.
27 Drom hôeßt s em Spottvers: „Kommat
nach Heschbon, aufbaut ond neu
gründat wird am Sihon sae Stadt.
28 Feuer ischd vom Sihon saener
Burg ausganga ond håt am Moab
sae Stadt gfressa ond d Herra von de
Arnonsberg.
29 Gnad Gott dir, Moab! Du bist
vrschwonda! Du Volk vom Kamosch.
Daene Söh håt r zo Flüchtleng gmacht
ond daene Töchter zo Gfangene vom
Amoriterkönig Sihon.
30 Jetzt hent mir se zsemagschossa;
Heschbon ischd vrschwonda bis Dibon.
Ond mir hent ällas vrwüastat bis nach
Nofach, des mô bei Medba leit.“
31 Ond Israel håt am Amoriter sae
Land besetzt. 32 Ond dr Mose håt Leut
fortgschickt, zom Jaser auskondschafta
lassa; ond se hent ihre Nebastädt
eroberat. Ond mr håt da Amoriter

enterbt, der mô sell gwea ischd.

33Nå hent se omdreht ond send da Weg nach Basan naufgstiega, mô en dr König Og von Basan entgegakomma ischd mit saem ganza Kriagsvolk zom Kampf nach Edreï. 34Ond dr Herrgott (JAHWE) hât zom Mose gsaed: Vôr dem brauchst d koe Angst et han, i gib dr n en d Händ mitsamt saem ganza Volk ond saem Land. Machat s mit am wia mit am Sihon, am König von de Amoriter, der mô en Heschbon ghockt ischd. 35Ond se hent an gschlaga ond saene Söh ond sae ganzs Kriagsvolk, ond mr hât koen oeziga drvo komma lassa, ond se hent sae Land erobert.

Zom Vrgleicha: *Vers 4-5:* 11,4-6; 14,1-4; 17,6-14; 20,2-6 • *Vers 11:* 33,44-48 • *Vers 21:* 20,14-21.

Dr Seher Bileam: 22 1 – 24 25

22 Nå send d Israelita aufbrocha ond hent en de Steppa vom Moab glagerat am Jordan geganüber von Jericho. 2Mô dr Balak, am Zippor sae Soh, gseha hât, was d Israelita de Amoriter ådao hent, 3hât s d Moabiter vôr am Volk graust, weil des so viele gwea send, ond se hent Angst ghet wega de Israelita. 4Ond se hent zo de Älteste von de Midianiter gsaed: Jetzt frisst ons der Haufa då ällas kahl, wia dr Ochs ällas, was grea ischd, frisst.

Dr Balak, am Zippor sae Soh, ischd selligsmål König von Moab gwea. 5Der hât Bota zom Bileam, am Soh vom Beor, nach Petor am Strom (Euphrat) gschickt, ens Land von saene Stammasgenossa, zom an ruafa lassa, ond hent am saga lassa: Guck, då ischd a Volk aus Ägypten komma, ond jetzt deckat dia s ganz Land zua. Dia hent sich jetzt bei mir geganüber aegnistat. 6Komm doch her ond vrfluach mr des Volk, des ischd mr nämlich viel z stark. Vielleicht kå e s nå schlaga ond aus am Land jaga. I wôeß nämlich: Wann du oen segnest, nå ischd der gsegnat, ond wann du oen vrfluachst, nå ischd der vrfluacht. 7Nå send de Älteste vom Moab ond de Älteste von Midian mit am Wahrsagerloh en de Händ zom Bileam ganga ond hent am gsaed, was en dr Balak aufgeba hât. 8Dr Bileam hât zo nen gsaed: Bleibat über Nacht då, nå gib e euch Bschôed, was mr dr Herrgott (JAHWE) saed. Nå send dia Höfleng von Moab beim Bileam blieba.

9Ond Gott (Elohim) ischd zom Bileam komma ond hât gsaed: Wer send dia Männer, mô då bei dr send? 10Ond dr Bileam hât zo dem Gott (Elohim) gsaed: Dr Balak, am Zippor sae Soh, dr König von Moab hât se zo mr gschickt. 11Guck, des Volk då, mô von Ägypten komma ischd, deckt s ganz Land zua. Gang her ond vrwünsch s, vielleicht kå e nå an Kriag gega s gwenna ond se fort jaga. 12Ond Gott (Elohim) hât zom Bileam gsaed: Du gôhst mr et mit dene, ond du vrfluachst mr des Volk et, des ischd nämlich a gsegnats Volk.

13Ganz bald am andera Môrga ischd dr Bileam aufgstanda ond hât zom Balak saene Höfleng gsaed: Gangat wieder en euer Land, dr Herrgott (JAHWE) waegerat sich nämlich, mi mit euch ganga z lassa. 14Nå hent sich dia Höfleng von Moab auf gmacht ond send zom Balak komma ond hent zon am gsaed: Dr Bileam hât sich gwaegerat zom mit ons ganga.

15Nå hât dr Balak no maeh ond wichtigere Leut gschickt als wia de vôrige. 16Mô dia zom Bileam komma send, hent se zon am gsaed: Dr Balak, am Zippor sae Soh, lässt dr ausrichta: Laß de doch et drvo abhalta, dass da zo mr kommst. 17I will dr a graoßa Belohnong geba; ällas, was da vrlangst, will e doa. Gang doch bloß her ond vrwünsch mr des Volk då. 18Nå hât dr Bileam am Balak saene Diener zor Antwort geba ond gsaed: Selbst

wann mr dr Balak sae ganzs Silber ond
Gold geba dät, könnt i am Herrgott
(JAHWE), maem Gott (Elohay) sae
Åweisong et überganga, weders em
Kloena no em Graoßa. 19Aber bleibat no
ihr ao då über Nacht, dass e vrfahr, was
mr dr Herrgott (JAHWE) en dera Sach
no zom saga håt. 20Nå ischd en dr Nacht
Gott (Elohim) zom Bileam komma ond
håt zon am gsaed: Wann dia Männer
komma send, zom de ruafa, nå mach
de auf ond gang mit en. Aber du därfst
bloß des doa, was dr i sag. 21Nå ischd
dr Bileam am andera Môrga aufgstanda
ond håt sae Eselsstuat gsattlat ond r ischd
mit dene Hofleut vom Balak ganga.
22Aber Gott (Elohim) håt an Zôra
kriagt, weil r so mitganga ischd. Ond am
Herrgott (JAHWE) sae Engel ischd an da
Weg nô gstanda zom sich am widersetza,
während r auf saener Eselsstuat gritta
ischd ond saene zwôe Buaba send drbei
gwea. 23Mô dui Eselsstuat am Herrgott
(JAHWE) saen Engel gseha håt, der mô
am Weg gstanda ischd ond sae Schwert
en dr Hâd ghet håt, ischd se vom Weg
gwicha ond ens Feld nae ganga. Nå håt
se dr Bileam ghaoa ond se wieder auf
da Weg zwonga. 24Nå ischd der Engel
vom Herrgott (JAHWE) en an Engpass
naegstanda en de Wengert, mô auf
bôede Seita a Mauer gwea ischd. 25Mô
dui Eselsstuat am Herrgott (JAHWE)
saen Engel gseha håt, ischd se so nåch
an dui Mauer nôganga, dass se am
Bileam saen Fuaß an d Mauer nôdruckt
håt. Nå håt r wieder auf se naedroscha.
26Nå ischd der Engel vom Herrgott
(JAHWE) nômål vôrnadraus ganga
ond ischd en a Engstell naegstanda, mô
s koe Ausweicha maeh geba håt nach
rechts oder lenks. 27Ond wieder håt dui
Eselsstuat am Herrgott (JAHWE) saen
Engel gseha ond ischd vôrna en d Knia
ganga. Nå ischd dr Bileam narrat wôra
ond håt mit am Stecka auf se naeghaoa.
28Auf des nô håt dr Herrgott dera
Eselsstuat s Maul aufgmacht ond se
håt zom Bileam gsaed: Was han i dir
dao, dass da me jetzt schao zom dritta
Mål haost? 29Nå håt dr Bileam zo dera
Eselsstuat gsaed: Weil da me zom Narra
hältst. Wann e jetzat a Schwert en dr
Hâd hätt, dät e de glatt ombrenga.
30Ond dui Eselsstuat håt zom Bileam
gsaed: Ben i et dae Eselsstuat, auf dera
mô du schao emmer gritta bist bis auf da
haetiga Dag? Ischd des jemåls mae Art
gwea, dass e me so gega de benomma
hätt? Nå håt r noe saga müaßa.
31Nå håt am dr Herrgott (JAHWE) d
Aoga aufgmacht ond r håt den Engel
vom Herrgott (JAHWE) gseha, der
môn am em Weg gstanda ischd mit am
Schwert en dr Hâd. Nå håt r sich bis auf
da Boda vrnaegt mit dr Stirn. 32Dådrauf
håt am Herrgott (JAHWE) sae Engel
zon am gsaed: Wårom håsch du dae
Eselsstuat ghaoa, ond des glei drei Mål?
Guck, i ben dr nåchganga zom ebbas
vrhendera; du bist nämlich überstürzt
aufbrocha, gega maen Willa. 33Mô dae
Eselsstuat mi gseha håt, ischd se mr
ausgwicha, ond des drei Mål. Wann dui
et vôr mr ausgwicha wär, nå hätt e di
ombråcht, aber sui am Leba glassa. 34Nå
håt dr Bileam zom Herrgott (JAHWE)
saem Engel gsaed: I han me vrsündigt,
i han jå et gwißt, dass mr du em Weg
gstanda bist. Aber jetzt, wann s en daene
Aoga et recht, ischd, nå gang e wieder
hoem. 35Nå håt dr Engel vom Herrgott
(JAHWE) zom Bileam gsaed: Gang no
mit dene Männer; aber du därfst mr
bloß des saga, was de i åweis. Nå ischd
dr Bileam mit dene Hofleut vom Balak
ganga.
36Mô dr Balak ghört håt, dr Bileam dät
komma, ischd r am entgega gfahra bis
nach Ar-Moab, des leit am Arnon direkt
an dr Grenz. 37Nå håt dr Balak zom
Bileam gsaed: Han i et zo dr gschickt

zom de herruafa lassa? Wårom bist d
nå et zo mr komma? Sott i dr vielleicht
koen Loh geba könna? 38Då drauf hât
dr Bileam zom Balak gsaed: Guck, jetzt
ben e doch zo dr komma. Aber kå i jetzt
ebbas saga? Des Wort, mô mir Gott
(Elohim) en da Mund legt, des muaß i
saga. 39Nå ischd dr Bileam mit am Balak
ganga ond se send nach Kirjat-Huzot
komma. 40Ond dr Balak hât Render
ond Schâf g'opferat, dia hât r am Bileam
gschickt ond dene Hofleut, mô bein am
gwea send. 41Am andera Môrga hât dr
Balak da Bileam mitgnomma ond an
naufgführt auf d Baalshöhe, von sell
aus hât r nom gucka könna zom Volk
(Israel).

23 Nå hât dr Bileam zom Balak
gsaed: Bau mr dåhanna sieba
Altär, ond richte mr sieba Farra ond
sieba Schâfböck nô. 2Ond dr Balak
hât dao, was an dr Bileam âgwiesa hât.
Ond dr Balak hât mit am Bileam auf
jedam Altar an Farra ond an Schâfbock
darbrâcht. 3Nå hât dr Bileam zom Balak
gsaed: Bleib neba daem Brandopfer
standa ond laß mi ganga. Vielleicht
begegnat mr dr Herrgott (JAHWE),
ond was r mr zaegt, des sag e dr nå. Ond
r ischd r auf da Gipfel ganga.
4Då ischd Gott (Elohim) am Bileam
begegnat ond der (dr Bileam) hât zon
am gsaed: Dia sieba Altär han e baut ond
auf jedam an Farra ond an Schâfbock
darbrâcht. 5Då drauf hât dr Herrgott
(JAHWE) am Bileam a Wort en da
Mund glegt ond gsaed: Gang wieder
zom Balak ond des saesch d am! 6Môn r
zon am komma ischd, guck, då ischd der
no neba saem Brandopfer gstanda mit
älle saene Hofleut. 7Nå hât r saen Spruch
gsaed: Von Aram hât me dr Balak gholt,
dr König von Moab, vom Ostgebirge:
Gang ond vrfluach mr da Jakob! Gang
doch ond droh de Israelita!
8Wia sott i oen vrwünscha, den mô Gott
(El) et vrwünscht? Ond wia soll i oem
droha, dem mô dr Herrgott (JAHWE)
et droht?
9Vom Gipfel aus siehn e s, ond von de
Hügel siehn e s ao. Guck, a Volk, mô
abseits wohnt ond sich et onter de
andere Völker mischt.
10Wer zählt da Staob vom Jakob ond
wer misst d Masse von Israel? Mae Seel
mâg sterba als a Gerechter! Ond maene
Nâchkomma sollat wera wia er.
11Då drauf hât dr Balak zom Bileam
gsaed: Was håsch mr du âdao! I han de
hola lassa zom maene Faend vrwünscha,
ond du håsch se gsegnat. 12Der hât am
zor Antwort geba ond gsaed: Muaß i
et saga, was mr dr Herrgott (JAHWE)
en da Mund legt? Muaß e me et då drå
halta?
13Nå hât dr Balak zon am gsaed: Komm,
mr gangat oemats anders nô, mô da des
Volk besser siehst. Du siehst dåhanna
bloß an kloena Tôel von dene, s Ganze
siehst d et, von sell aus vrfluachst mr
s nå! 14Ond r hât an mitgnomma auf
da Beobachtongsposta auf am Gipfel
vom Berg Pisga. Ao då hât r sieba
Altär baut ond sieba Farra ond sieba
Schâfböck darbrâcht. 15Ond dr Bileam
hât zom Balak gsaed: Bleib du dåhanna
standa bei daem Brandopfer, solang i
auf a Begegnong warte. 16Nå hât am dr
Herrgott (JAHWE) a Wort en da Mund
glegt ond gsaed: Gang wieder zom
Balak ond des saesch d am. 17Môn r zon
am komma ischd, guck, då ischd der
no neba saem Brandopfer gstanda mit
älle saene Hofleut. Ond dr Balak hât an
gfrâgt: Was hât dr Herrgott (JAHWE)
gsaed? 18Då drauf hât r saen Spruch
gsaed: Stand auf, Balak ond horch her!
Horch her, du Soh vom Zippor!
19Gott (El) ischd koe Mensch, dass r
lüaga dät; ond koe Menschasoh, dass
ams lôed dät, was r gsprocha hât. Soll
r et doa, was r gsaed hât, ond zo saem

Spruch et standa?
[20]Guck, i han da Auftrag zom segna
kriagt, drom han e gsegnat, ond i kå des
ao et rückgängig macha.
[21]Em Jakob sieht mr koe Übel ond
en Israel koe Ohael. Dr Herrgott
(JAHWE), ihr Gott Elohaw), ischd mit
am. Des Königsgeschmetter gilt ehm.
[22]Der Gott (El), mô se aus Ägypten raus
gholt håt, ischd für dia wia d Hörner
vo'ma wilda Bulla.
[23]Gega Jakob hilft koe Beschwörong
ond gega Israel koe Wahrsagerei! Jetzt
saed mr vom Jakob ond von Israel, was
Gott (El) mit en vollbrengt.
[24]Guck, a Volk, mô aufstôht wian a
Löwin ond wia a Löw aufsprengt ond
et wieder nô leit, bis s saen Raob gfressa
ond s Bluat von dene tronka håt, mô
durchbohrt wôra send.
[25]Då drauf håt dr Balak zom Bileam
gsaed: Wann da s schao et vrwünscha
därfst, nå sottest d s ao et segna. [26]Nå håt
dr Bileam am Balak zor Antwort geba
ond gsaed: Han e dr s et gsaed: Ällas,
was dr Herrgott (JAHWE) saed, des
muaß e doa.
[27]Saed dr Balak zom Bileam: Komm,
mr gangat nômål oemats anders nô,
vielleicht ischd s en de Aoga von Gott
(Elohim) richtig dass da mr s von sell aus
vrwünscha duast. [28]Nå håt dr Balak da
Bileam mitgnomma auf da Gipfel vom
Pegor, mô mr auf s Ödland nagucka kå.
[29]Nå håt dr Bileam zom Balak gsaed:
Bau mr dåhanna sieba Altär, ond richte
mr sieba Farra ond sieba Schåfböck
nô. [30]Ond dr Balak håt dao, was an dr
Bileam ågwiesa håt. Ond dr Balak håt
mit am Bileam auf jedam Altar an Farra
ond an Schåfbock darbråcht.

24 Dr Bileam håt aber gseha, dass
s am Herrgott (JAHWE) recht
ischd, wann r Israel segnat, ond r ischd
et wia de vôrige Mål ganga, zom Zaeche
suacha, sondern r håt en d Wüste naus
guckt. [2]Mô dr Bileam aufguckt ond d
Israelita gseha håt en dr Ordnong von
saene Volksstämm, ischd dr Gaest von
Gott (Elohim) über an komma. [3]Ond r
håt saen Spruch gsaed:
Des ischd dr Spruch vom Bileam, vom
Beor saem Soh, des saed der, dem mô
d Aoga aufganga send, [4]des ischd dr
Spruch von oem, der mô s Wort von
Gott (El) hört ond der d Offabarong
vom Allmächtiga sieht, nôgsonka ond
mit offene Aoga.
[5]Wia schö send daene Zelt, Jakob, ond
daene Wohnonga, Israel!
[6]Wia Bachaoa em Boga, wia Gärta am
Fluß entlang, ond wia Ôecha, vom
Herrgott (JAHWE) åpflanzt; wia
Zedera am Wasser entlang.
[7]Wasser rennt aus saene Schöpfoemer
ond sae Saat håt grad gnuag Wasser. Ond
erhabener als dr Agag ischd sae König,
so wird sae Königreich emmer stärker.
[8]Der Gott (El), mô se rausgholt håt aus
Ägypten ischd für dia wia d Hörner
vo'ma wilda Bulla. Der frisst dia
Volksstämm, mô se ågreifat ond haot
en d Knocha zsema ond vrbricht ihre
Pfeil.
[9]Der duckt sich wian a Löw, wia d
Löwin, wer schreckt s auf? Wer di
segnat, der ischd gsegnat – ond wer di
vrfluacht, der ischd vrfluacht!
[10]Nå håt dr Balak a Wuat auf da Bileam
kriagt ond håt en d Händ bätscht; ond
dr Balak håt zom Bileam gsaed: I han de
ruafa lassa, zom maene Faend vrfluacha,
ond du håsch se jetzt schao drei Mål
gsegnat. [11]Hao jetzt bloß ab en dae
Hoemat! I han de zo Ehra komma lao
wölla, aber dr Herrgott (JAHWE) håt
de von dr Ehr abghalta. [12]Då drauf håt
dr Bileam zom Balak gsaed: Han e s et
schao daene Bota gsaed, mô da zo mr
gschickt håsch: [13]Ond wa'mr dr Balak
sae ganzs Haus voll Silber ond Gold
geba dät, könnt i doch am Herrgott

(JAHWE) sae Åweisong et übertreta
ond ebbas Guats oder Baes doa nach
maem aegena Willa. Was dr Herrgott
(JAHWE) saed, des muaß i saga. [14]Ond
jetzt, môn e wieder zo maem Volk gang,
will e dr ao vrråta, was des Volk daem
Volk åduat en dr Zuakonft: [15]Ond r håt
mit saem Spruch ågfanga ond gsaed:
Des ischd dr Spruch vom Bileam, vom
Beor saem Soh, des saed der, dem mô d
Aoga aufganga send,
[16]des ischd dr Spruch von oem, der
mô s Wort von Gott (El) hört, ond am
Gewaltiga sae Gehaemnis kennt, ond
der d Offabarong vom Allmächtiga
sieht, nôgsonka ond mit offene Aoga.
[17]I sieh an, aber jetzt no et, i blick an,
aber no et so nåch: A Stern gôht auf aus
Jakob, ond a Zepter stôht aus Israel auf;
der haot da Moab an Schläfa nô ond älle
auf da Schôetel, mô sich wehrat.
[18]Odom wird zor Erbschaft, ond Sëir
wird saene Faend zom Erbtôel. Ond
Israel gwennt d Macht.
[19]Ond Jakob herrscht ond älle, mô aus
dr Stadt drvo kommat, werat vrnichtat.
[20]Ond môn r da Amalek gseha håt, håt
r saen Spruch gsaed: D Vôrhuat von
de Erdstämm ischd dr Amalek gwea,
aber sae Nåchkommaschaft ischd am
onterganga.
[21]Ond môn r d Keniter gseha håt, ischd
sae Spruch so gwea: Fest ischd dae
Wohnsitz, guat en de Felsa aegnistat.
[22]Dr Kain ischd am Vrderba preisgeba
– nemme lang, nå nemmt de dr Assur
gfanga.
[23]Hå håt r saen Spruch gsaed: Wer mâg
då no am Leba bleiba, wann Gott (El)
des ällas duat?
[24]Ond Schiff kommat vom Kittäerstrand,
dia zwengat Assur ond Eber, ao der gôht
onter.
[25]Då drauf ischd dr Bileam aufbrocha
ond ischd en sae Hoemat zrück ganga,
ond ao dr Balak ischd saener Weg
ganga.

Zom Vrgleicha: *Kap. 22 Vers 6:* 24,9; Gen 12,3; 27,29 • *Kap. 24 Vers 3:* 24,15f • *Vers 7:* 1Sa 15,8 • *Vers 9:* 22,6; Gen 12,3; 27,29 • *Vers 13:* 22,18 • *Vers 15-16:* 24,3f.

Dr Priaster Pinhas: 25 1-18

25 Mô d Israelita en Schittim
ågsiedelt hent, håt s Volk ågfanga,
sich mit de Fraoa von Moab aezlassa.
[2]Dia hent nämlich d Israelita zo de
Opferfest von ihre Götter aeglada, ond
dia hent gessa ond sich vôr dene Götter
vrnaegt. [3]So hent sich d Israelita mit am
Baal-Pegor aeglassa. Nå håt dr Herrgott
(JAHWE) a Wuat auf d Israelita kriagt.
[4]Ond dr Herrgott (JAHWE) håt zom
Mose gsaed: Nemm älle Haoptleut
vom Volk ond setz se für da Herrgott
(JAHWE) en d Sonn, dass sich am
Herrgott (JAHWE) sae gluathôeßer
Zôrn von Israel weg wendat. [5]Då drauf
håt dr Mose zo de Richter en Israel
gsaed: Jeder soll aus saener Mannschaft
dia ombrenga, mô sich mit am Baal-
Pegor aeglassa hent.
[6]Nå ischd oener von de Israelita komma
ond håt a Midianiterin zo saene Brüader
bråcht, vôr de Aoga vom Mose ond
vôr de Aoga von dr ganza Vrsammlong
von de Israelita, mô dia am Aegang
vom Begegnongszelt gheult hent. [7]Mô
des dr Pinhas gseha håt, dr Soh vom
Eleasar, der mô am Aaron sae Soh
gwea ischd, ischd r aus dr Vrsammlong
aufgstanda ond håt an Spiaß en d Håd
gnomma [8]ond ischd dem Israelita en da
Fraoaraom nåchganga ond håt bôede,
den Israelita ond dui Frao am Bauch
aufgspiaßt. So ischd dui Stråf über d
Israelita bremst wôra. [9]Aber an dera
Plåg send vierazwanzgtausad gstôrba.
[10]Ond dr Herrgott (JAHWE) håt mit
am Mose gredat ond gsaed: [11]Dr Pinhas,
am Eleasar sae Soh, der mô dr Soh
vom Aaron gwea ischd, håt maen Zôrn

abgwendat von de Israelita, endem r en
maem Eifer mittla nae gstoßa håt onter
se, dass i et älle Israelita vrnichtat han en
maem Eifer. 12Drom sag: Guck, i schliaß
an Friedensvrtrag mit dr! 13Der gilt für
ehn selber ond für saene Nåchkomma:
dia send für älle Zeita Priaster, weil
r sich für saen Gott (Elohayw) eifrig
aegsetzt håt, kån r für d Israelita ao
Sühne wirka.
14Der mit dera Frao von de Midianiter
aufgspiaßte Israelit håt Simri ghôeßa,
dr Soh vom Salus, ama Fürsta aus am
Stamm Simeon. 15Ond dui aufgspiaßta
Frao von de Midianiter håt Kosbi
ghôeßa, a Tochter vom Zurs, der mô
Sippachef en Midian gwea ischd.
16Ond dr Herrgott (JAHWE) håt zom
Mose gsaed: 17Gangat auf d Midianiter
los ond schlagat se! 18Dia hent sich
nämlich mit ihre Henterlistigkaeta
gega euch gstellt, mit dene, mô se
euch aeglullat hent mit am Pegor ond
dera midianitischa Fürstatochter ihrer
Schwester, mô aufgspiaßt wôra ischd
an dem Dag, mô dr Pegor gstråft
wôra ischd. 19Des ischd nach dera Plåg
passiert.

De zwôet Volkszählong: 26 1-65

26 Nå håt dr Herrgott (JAHWE)
mit am Mose ond mit am Priaster
Eleasar, am Aaron saem Soh, gredat ond
gsaed: 2Stellat d Kopfzahl von dr ganza
Gemaende Israel vom Zwanzgjähriga å
fest, aufwärts nach ihre Sippschafta, älle,
mô wehrfähig send für s Heer von Israel.
3Ond dr Mose ond dr Priaster Eleasar
hent mit en gschwätzt en de Steppa
von Moab am Jordan, geganüber von
Jericho, ond gsaed: 4Vom Zwanzgjähriga
å aufwärts, wia s dr Herrgott (JAHWE)
da Mose ghôeßa håt.
Des send dia Israelita, mô aus am Land
Ägypten raus komma send: 5Dr Ruben,
dr Erstgeborene vom Israel, saene Söh:
Dr Henoch, von dem kommt s Gschlecht
von de Henochiter; dr Pallu, von dem
kommat d Palluiter; 6vom Hezron,
von dem kommat Hezroniter; vom
Karmi kommat d Karmiter; 7des send
d Sippa vom Stamm Ruben. Dia hent
43 730 Gmusterate zsemabråcht. 8Ond
am Pallu saene Söh, dr Eliab. 9Ond am
Eliab saene Söh: dr Nemuël, dr Datan
ond dr Abiram. Des ischd der Datan
ond der Abiram, mô von dr Gemaende
gwählt wôra send, dia mô aber gega da
Mose ond da Aaron gmeuterat hent
en dr Gsellschaft vom Korach, mô se
mit am Herrgott (JAHWE) romzerft
hent,mô d Erde ihr Maul aufgrissa
10ond älle vrschlonga håt, ond de ganz
Gsellschaft omkomma ischd em Feuer,
zwôehondertfufzg Mann, ond so zo'ma
Måhnzaeche wôra send. 11Aber am
Korach saene Söh send et omkomma.
12Am Simeon saene Söh nach ihre
Sippschafta: vom Nemuël d Sippschaft
von de Nemuëliter; vom Jamin d
Sippschaft von de Jaminiter; vom
Jachin d Sippschaft von de Jachiniter;
13vom Serach d Sippschaft von de
Serachiter; vom Schaul d Sippschaft
von de Schauliter. 14Des send d Sippa
vom Stamm Ruben. Dia hent 22 200
Gmusterate zsemabråcht.
15Am Gad saene Söh nach ihre
Sippschafta: vom Zifjon d Sippschaft
von de Zifjoniter; vom Haggi d
Sippschaft von de Haggiter; vom Schuni
d Sippschaft von de Schuniter; 16vom
Osni d Sippschaft von de Osniter; vom
Eri d Sippschaft von de Eriter; 17vom
Arod d Sippschaft von de Aroditer; vom
Areli d Sippschaft von de Areliter. 18Des
send d Sippa vom Stamm Gad. Dia hent
40 500 Gmusterate zsemabråcht.
19Am Juda saene Söh nach ihre
Sippschafta: dr Er ond dr Onan, dia send
bôede em Land Kanaan gstôrba. 20Am
Juda saene Söh nach ihre Sippschafta

send gwea: vom Sela d Sippschaft von de
Selaniter; vom Perez d Sippschaft von de
Pereziter; vom Serach d Sippschaft von
de Serachiter. [21]Ond am Perez saene Söh
send gwea: vom Hezron d Sippschaft
von de Hezroniter; vom Hamul d
Sippschaft von de Hamuliter. [22]Des send
d Sippa vom Stamm Juda. Dia hent 76
500 Gmusterate zsemabråcht.
[23]Am Issaschar saene Söh nach ihre
Sippschafta send gwea: vom Thola d
Sippschaft von de Tholaiter; vom Puwa
d Sippschaft von de Puwaniter;
[24]vom Jasub d Sippschaft von de
Jasubiter; vom Simron d Sippschaft
von de Simroniter; [25]Des send d Sippa
vom Stamm Issaschar. Dia hent 64 300
Gmusterate zsemabråcht.
[26]Am Sebulon saene Söh nach ihre
Sippschafta send gwea: vom Sered d
Sippschaft von de Serediter; vom Elon d
Sippschaft von de Eloniter; vom Jahaleel
d Sippschaft von de Jahaleeliter; [27]Des
send d Sippa vom Stamm Sebulon. Dia
hent 60 500 Gmusterate zsemabråcht.
[28]Am Josef saene Söh nach ihre
Gschlechter Manasse ond Efraim send
gwea: [29]Am Manasse saene Söh: vom
Machir d Sippschaft von de Machiriter;
dr Machir ischd dr Vadr vom Gilead;
vom Gilead d Sippschaft von de
Gileaditer. [30]Des send am Gilead saene
Söh; vom Jeser d Sippschaft von de
Jeseriter; vom Helek d Sippschaft von de
Helekiter; [31]vom Asriel d Sippschaft von
de Asrieliter; vom Sichem d Sippschaft
von de Sichemiter; [32]ond vom Schemida
d Sippschaft von de Schemidaiter; vom
Hefer d Sippschaft von de Heferiter.
[33]Aber dr Zelofhad, dr Soh vom Hefer,
håt koene Buaba kriagt, sondern bloß
Mädla, dia hent Machla, Noa, Hogla,
Milka ond Tirza ghôeßa. [34]Des send d
Sippa vom Stamm Manasse. Dia hent 52
700 Gmusterate zsemabråcht.
[35]Am Efraim saene Söh nach ihre
Sippschafta send gwea: vom Schutelach
d Sippschaft von de Schutelachiter; vom
Becher d Sippschaft von de Becheriter;
vom Tahan d Sippschaft von de
Tahaniter. [36]Ond des send am Schutelach
saene Söh: vom Eran d Sippschaft von de
Eraniter. [37]Des send d Sippa vom Stamm
Efraim. Dia hent 32 500 Gmusterate
zsemabråcht. Des send am Josef saene
Söh nach ihre Gschlechter.
[38]Am Benjamin saene Söh nach ihre
Gschlechter: vom Bela d Sippschaft
von de Belaiter; vom Aschbel d
Sippschaft von de Aschbeliter; vom
Ahiram d Sippschaft von de Ahiramiter;
[39]vom Schufam d Sippschaft von de
Schufamiter; vom Hufam d Sippschaft
von de Hufamiter. [40]Ond am Bela saene
Söh send: dr Ard ond dr Naaman.
D Sippschaft von de Arditer ond d
Sippschaft von de Naamiter. [41]Des send
d Sippa vom Stamm Benjamin. Dia hent
45 600 Gmusterate zsemabråcht.
[42]Am Dan saene Söh nach ihre
Gschlechter: vom Suham d Sippschaft
von de Suhamiter. Des send d Sippa vom
Stamm Dan. [43]De ganz Sippschaft von
de Suhamiter håt 64 400 Gmusterate
zsemabråcht.
[44]Am Ascher saene Söh nach ihre
Gschlechter: vom Jimna d Sippschaft
von de Jimniter; vom Jiswi d Sippschaft
von de Jiswiter; vom Beria d Sippschaft
von de Beriiter. [45]Vom Beria saene
Söh: vom Heber d Sippschaft von de
Heberiter; vom Malkiël d Sippschaft
von de Malkiëliter. [46]Ond am Ascher sae
Tochter håt Serach ghôeßa. [47]Des send d
Sippa vom Stamm Ascher. Dia hent 53
400 Gmusterate zsemabråcht.
[48]Am Naftali saene Söh nach ihre
Gschlechter: vom Jachzeel d Sippschaft
von de Jachzeeliter; vom Guni d
Sippschaft von de Guniter; [49]vom Jezer d
Sippschaft von de Jezeriter; vom Schillem
d Sippschaft von de Schillemiter. [50]Des

send d Sippa vom Stamm Naftali. Dia hent 45 400 Gmusterate zsemabråcht.
51Des send dia, mô gmusterat wôra send aus älle Israelita: 601 730 Mann.
52Nå håt dr Herrgott (JAHWE) mit am Mose gredat ond gsaed: 53Dene tôelst d des Land zua als Aegatom nach dr Nåmaliste. 54Dene, mô maeh Nåma drauf standa hent, gibst d maeh, ond de kloenere Stämm gibst d weniger. Jedam (Stamm) saener Zahl entsprechend gibst d sae Aegatom. 55Aber s Land wird durch s Los zuatôelt, dass se nach de Nåma von ihre Stammvädr ihr Aegatom kriagat. 56Wia s Los bestimmt, so soll s Land onter de graeßere ond de kloenere Stämm zutôelt wera.
57Ond des send d Sippschafta vom Stamm Levi: vom Gerschon d Sippschaft von de Gerschoniter; vom Kehat d Sippschaft von de Kehatiter; vom Merari d Sippschaft von de Merariter.
58Des send d Sippa vom Levi: d Sippschaft von de Libniter; d Sippschaft von de Hebroniter; d Sippschaft von de Machliter; d Sippschaft von de Muschiter; d Sippschaft von de Korachiter. Dr Kehat aber ischd am Amram sae Vadr gwea. 59Ond am Amram sae Frao håt Jochebed ghôeßa, a Tochter vom Levi, mô schao en Ägypten auf d Welt komma ischd, dui håt am Amram da Aaron, da Mose ond d Mirjam auf d Welt bråcht.
60Am Aaron ischd dr Nadab, dr Abihu, dr Eleasar ond dr Itamat gebora wôra.
61Dr Nadab ond dr Abihu aber send gstôrba, mô se am Herrgott (JAHWE) a ogehörigs Feueropfer darbrenga wölla hent.
62Ond älle, mô gmusterat wora send, send 23 000 Mann gwea, ällas, was männlich gwea ischd, von oem Monat å aufwärts. Dia send nämlich et mit de andere Israelita gmusterat wôra, weil mr dene koe Erbguat onter de Israelita geba håt.
63Des send dia, mô vom Mose ond vom Priaster Eliasar gmusterat wôra send; dia hent nämlich d Israelita gmusterat en de Steppa von Moab, am Jordan, geganüber von Jericho. 64Von dene, mô dr Mose ond dr Aaron en dr Wüste Sinai gmusterat hent, ischd då koener maeh drbei gwea. 65Von dene håt nämlich dr Herrgott (JAHWE) gsaed: Dia müaßat älle en dr Wüste sterba. Ao et oener von dene ischd übrig blieba, außer am Kaleb, am Soh vom Jefunnes ond dr Josua, dr Soh vom Nun.

Zom Vrgleicha: *Vers 1-65:* 1,1-54 • *Vers 10:* 16,1-35 • *Vers 19:* Gen 38,3-10 • *Vers 33:* 27,1-11 *Vers 60:* 3,2-4; Lev 10,1-5 • *Vers 64:* 1,3 • *Vers 65:* 14,21-35.

D Erbordnong: 27 1-11

27 Nå send am Zelofhad, am Hefer saem Soh, der ischd dr Soh vom Gilead, der ischd dr Soh vom Machir, der ischd dr Soh vom Manasse, aus de Sippschafta vom Manasse, der ischd dr Soh vom Josef, dem Zelofhad saene Töchter Machla, Noa, Hogla, Milka ond Tirza hent se ghôeßa, dia send herkomma.
2Dia send vôr da Mose ond da Priaster Eleasar, ond vôr d Stammasfürsta ond de ganz Vrsammlong am Aegang vom Begegnongszelt komma ond hent gsaed: 3Onser Vadr ischd en dr Wüste gstôrba, aber håt et zo dera Gsellschaft ghert, dia mô sich gega da Herrgott (JAHWE) zsemadao håt mit am Korach, sondern der ischd wega saener ôegena Sünd gstôrba, aber der håt koene Söh henterlassa. 4Wårom soll jetzt dr Nåma von onseram Vadr aus saener Sippschaft gstricha wera, weil r koen Soh håt? Gebat ons an Grondbesitz onter de Brüader von onseram Vadr. 5Ond dr Mose håt ihr Rechtsåglegahaet vôr da Herrgott (JAHWE) bråcht. 6Ond dr Herrgott (JAHWE) håt mit am Mose gredat ond gsaed: 7Am Zelofhad saene Töchter

hent recht. Gib en a Grondstück als
Aegatom onter de Brüader von ihram
Vadr. 8Ond de Israelita saesch d: Wann
oener stirbt ond koen Soh håt, nå gebat
r sae Aegatom an sae Tochter. 9Ond
wann r ao koe Tochter ghet håt, nå
gebat r sae Aegatom an saene Brüader.
10Ond wann r ao koene Brüader håt,
nå gebat r sae Aegatom an d Brüader
von saem Vadr. 11Ond wann von saem
Vadr ao koene Brüader existierat, nå
gebat r sae Aegatom an saen nächsta
Bluatsvrwandta aus saener Sippschaft,
dass der s erbt. Des soll en Israel als
Rechtssatzong gelta, so wia s dr Herrgott
(JAHWE) da Mose ghôeßa håt.

Zom Vrgleicha: *Vers 1:* 26,33.

Am Josua sae Beruafong: 27 12-23

12Ond dr Herrgott (JAHWE) håt zom
Mose gsaed: Steig nauf en d Berg vom
Abarimgebirge ond guck dr des Land
å, des mô i de Israelita geba han. 13Ond
wann da s gseha håsch, nå wirst ao du
aegholt zo daene Volksgenossa, so wia
dae Bruader Aaron aegholt wôra ischd,
14weil r euch gega mae Åweisong en
dr Wüste Zin widersetzt hent bei dem
Gezerfe mit dr Gemaenschaft, mô ihr
vôr ihre Aoga drfür hättat zeuga solla
durch des Wasser, dass i dr Haelige ben.
Des ischd s Zankwasser bei Kadesch en
dr Wüste Zin.

15Ond dr Mose håt zom Herrgott
(JAHWE) gsaed: 16JAHWE, Gott
(Elohey) von älle Gaestwesa en älle
Lebewesa, könntest d et an Må bstella
über d Gemaenschaft, 17der vôr en her
gôht ond vôr en raekommt (ens Lager),
also oen, der mô se nausführt (en da
Kampf), ond der se wieder raeführt, dass
am Herrgott (JAHWE) sae Gemaende et
wian a Schåfherd ischd, mô koen Hirta
håt. 18Nå håt dr Herrgott (JAHWE)
zom Mose gsaed: Hol da Josua, am
Nun saen Soh zo dr her, des ischd a
Må, en dem dr Gaest ischd, ond auf den
stemmst d dae Håd. 19Ond nå stellst d
an vôr da Priaster Eleasar ond vôr de
ganz Volksvrsammlong ond gibst am
daene Åweisonga vôr ihre Aoga. 20Nå
gibst d am Åtoel an daener Würde, dass
am de ganz Gemaende Israel folgt. 21Nå
lässt d an vôr da Priaster Eleasar treta.
Der soll für an da Rechtsspruch durch s
Urim-Orakel abfråga vôr am Herrgott
(JAHWE), auf dem (Rechtsspruch)
sae Åweisong sollat se auszieha (en da
Kampf) ond auf sae Åweisong sollat se
wieder aezieha (ens Lager), er ond älle
Israelita mit am. 22Ond dr Mose håt
ällas dao, was an dr Herrgott (JAHWE)
ågwiesa håt. R håt da Josua gholt ond
vôr da Priaster Eleasar gstellt ond
vôr de ganz Gemaende. 23Ond r håt
saene Händ auf an gstemmt ond am da
Auftrag übergeba, so, wia s dr Herrgott
(JAHWE) durch da Mose ågordnat håt.

Zom Vrgleicha: *Vers 13:* 20,22-29 • *Vers 14:* 20,2-13; Ex 17,7 • *Vers 16:* 16,22; • *Vers 17:* Mt 9,36; Mk 6,34.

Opfer ond Fest: 28 1 – 30 1

28 Ond dr Herrgott håt mit
am Mose gredat ond gsaed:
2Befiehl de Israelita ond sag en: Maene
Opfergaba, mae Brot, mae Feueropfer,
maen Beschwichtigongsduft, sollat
se mir an maene Festdäg ganz
gwissahaft darbrenga. 3Sag en: Des
ischd s Feueropfer, mô ihr am Herrgott
(JAHWE) zor Ehr darbrenga sollat:
zwôe aewandfreie oejährige Lämmer
an jedam Dag als Dauerbrandopfer. 4S
oene Lamm richtest d am Môrga ond
s ander am Åbad her; 5Ond a Zehntel
Faenmehl als Speisopfer, ågmacht
mit ama Viertel Öl. 6Des ischd s
Dauerbrandopfer, mô am Berg Sinai
zom ersta Mål darbråcht wôra ischd, a
Beschwichtigongsduft als Feueropfer,
am Herrgott (JAHWE) zor Ehr. 7Ond

als Trankopfer, mô drzua ghert, nemmst d a Viertel Hin für jedas Lamm; ond des Trankopfer soll mr em Haeligtom ausgiaßa, am Herrgott (JAHWE) zor Ehr. 8 Ond s zwôete Lamm richtest en dr Åbadzeit nô, s Speisopfer machst d so wia am Môrga, ond wia s Trankopfer sollst d s Feueropfer darbrenga als Beschwichtigongsduft am Herrgott (JAHWE) zor Ehr. 9 Ond am Dag von dr Sabbatfeier: zwôe aewandfreie, oejährige Lämmer ond zwôe Zehntel Faenmehl als Speisopfer, ågmacht mit Öl ond s Trankopfer, mô drzua ghert. 10 Des ischd s Sabbatbrandopfer, zuasätzlich zom däglicha Brandopfer ond saem Trankopfer.

11 Ond an de Åfäng von jedam Monat sollat ihr a Brandopfer darbrenga, am Herrgott (JAHWE) zor Ehr: zwôe jonge Farra ond an Schåfbock ond sieba aewandfreie, oejährige Lämmer. 12 Ond drei Zehntel Faenmehl als Speisopfer, ågmacht mit Öl, zo dem oena Farra, ond zwôe Zehntel zo dem Schåfbock. 13 Ond je a Zehntel Faenmehl als Speisopfer, ågmacht mit Öl für je oe Lamm als Brandopfer, als Beschwichtigongsduft, a Brandopfer, am Herrgott (JAHWE) zor Ehr. 14 Ond s Trankopfer, mô drzua ghert: a halbs Hin Wae für jedan Farra, ond a drittel Hin zom Schåfbock, ond a Viertel Hin pro Lamm. Des ischd s Neumondbrandopfer an jedam Neumond em Jåhr.

15 Ond an Gôesbock soll mr als Sündopfer darbrenga samt am Trankopfer, mô drzua ghert, am Herrgott (JAHWE) zor Ehr.

16 Am vierzehnta Dag vom ersta Monat aber ischd s Passafest, am Herrgott (JAHWE) zor Ehr. 17 Ond am Fufzehnta Dag em gleicha Monat ischd a Fest; då soll mr sieba Däg lang ogsäuerts Fladabrot essa. 18 Am ersta Dag ischd d Vrkündigong vom Haeliga, då därfat r gar nex schaffa. 19 Aber als Feueropfer sollat r a Brandopfer darbrenga, am Herrgott (JAHWE) zor Ehr: zwôe jonge Farra, an Schåfbock ond sieba aewandfreie, oejährige Lämmer, 20 samt am Speisopfer, mô drzua ghert: drei Zehntel Faenmehl, ågmacht mit Öl für jedan Farra, ond zwôe Zehntel zom Schåfbock sollat r nôrichta. 21 Je oe Zehntel sollst d für jedas Lamm nôrichta, für dia sieba Lämmer. 22 Ond an Sündopferbock, zom euch entsühna. 23 Des sollat r ällas darbrenga, zusätzlich zom Môrgabrandopfer, des mô a Dauerbrandopfer ischd. 24 Wia des sollat r an jedam von dene sieba Däg Brot ond Feueropfer als Beschwichtigongsduft am Herrgott (JAHWE) zor Ehr darbrenga. Mit dem Dauerbrandopfer soll mr s darbrenga ond s Trankopfer, mô drzua ghert. 25 Ond am siebta Dag soll a Vrkündigong vom Haeliga für euch sae, då därfat r gar nex schaffa. 26 Ao an dem Dag, môn r d Erstleng darbrengat als a neus Speisopfer am Herrgott zor Ehr, während euram Wochafest soll d Vrkündigong vom Haeliga für euch sae, ao då därfat r gar nex schaffa. 27 Ond ihr sollat a Brandopfer als Beschwichtigongsduft am Herrgott zor Ehr darbrenga: zwôe jonge Farra, an Schåfbock ond sieba oejährige Lämmer. 28 Samt am Speisopfer, mô drzua ghert: drei Zehntel Faenmehl, ågmacht mit Öl für jedan Farra, ond zwôe Zehntel zom Schåfbock sollat r nôrichta. 29 Je oe Zehntel sollst d für jedas Lamm nôrichta, für dia sieba Lämmer. 30 Ond an Sündopferbock, zom euch entsühna. 31 Mit am Dauerbrandopfer soll mr s darbrenga ond s Trankopfer, mô drzua ghert.

29 Ond am ersta Dag vom siebta Monat soll d Vrkündigong vom Haeliga für euch sae, då därfat r gar nex schaffa. A Dag mit Jubelgeschmetter ischd des für euch. 2Ond ihr sollat a Brandopfer als Beschwichtigongsduft am Herrgott zor Ehr darbrenga: an jonge Farra, an Schåfbock ond sieba oejährige Lämmer. 3Samt am Speisopfer, mô drzua ghert: drei Zehntel Faenmehl, ågmacht mit Öl für jedan Farra, ond zwôe Zehntel zom Schåfbock sollat r nôrichta. 4Je oe Zehntel sollst d für jedas Lamm nôrichta, für dia sieba Lämmer. 5Ond an Sündopferbock, zom euch entsühna. 6Mit am Dauerbrandopfer soll mr s darbrenga ond s Trankopfer, mô drzua ghert, nach de Vôrschrifta, a Brandopfer als Beschwichtigongsduft am Herrgott zor Ehr.

7Ond am zehnta Dag vom siebta Monat soll d Vrkündigong vom Haeliga für euch sae, ond ihr sollat eure Seela beuga, då därfat r gar nex schaffa. 8Ond ihr sollat a Brandopfer als Beschwichtigongsduft am Herrgott zor Ehr darbrenga: an jonge Farra, an Schåfbock ond sieba oejährige Lämmer. 9Samt am Speisopfer, mô drzua ghert: drei Zehntel Faenmehl, ågmacht mit Öl für jedan Farra, ond zwôe Zehntel zom Schåfbock sollat r nôrichta. 10Je oe Zehntel sollst d für jedas Lamm nôrichta, für dia sieba Lämmer. 11Ond an Sündopferbock zom euch entsühna, extra zom Sündopfer, ond de dägliche Brandopfer mit saene Speis- ond Trankopfer.

12Ond am fufzehnta Dag vom siebta Monat soll d Vrkündigong vom Haeliga für euch sae, då därfat r gar nex schaffa, sondern då sollat ihr am Herrgott (JAHWE) zor Ehr sieba Däg lang a Fest feiera. 13Ond ihr sollat a Brandopfer als Beschwichtigongsduft am Herrgott (JAHWE) zor Ehr darbrenga: dreizeah jonge Farra, zwôe Schåfböck ond vierzeah aewandfreie, oejährige Lämmer. 14Samt am Speisopfer, mô drzua ghert: drei Zehntel Faenmehl, ågmacht mit Öl für jedan Farra, ond zwôe Zehntel zo dene zwôe Schåfbock sollat r nôrichta. 15Je oe Zehntel sollst d für jedas Lamm nôrichta, für dia vierzeah Lämmer. 16Ond an Sündopferbock zom euch entsühna, extra zom Sündopfer, ond de dägliche Brandopfer mit saene Speis- ond Trankopfer.

17Am zwôeta Dag: zwölf jonge Farra, zwôe Schåfböck ond vierzeah aewandfreie, oejährige Lämmer. 18Samt am Speisopfer, mô drzua ghert: drei Zehntel Faenmehl, ågmacht mit Öl für jedan Farra, ond zwôe Zehntel zo dene zwôe Schåfböck sollat r nôrichta, ihrer Zahl entsprechend nach de Vôrschrifta. 19Ond an Sündopferbock zom euch entsühna, extra zom Sündopfer, ond de dägliche Brandopfer mit saene Speis- ond Trankopfer.

20Ond am dritta Dag: elf jonge Farra, zwôe Schåfböck ond vierzeah aewandfreie, oejährige Lämmer. 21Samt am Speisopfer, mô drzua ghert: drei Zehntel Faenmehl, ågmacht mit Öl für jedan Farra, ond zwôe Zehntel zo de Schåfböck ond zo de Lämmer oe Zehntel sollat r nôrichta, ihrer Zahl entsprechend nach de Vorschrifta. 22Ond an Sündopferbock zom euch entsühna, extra zom Sündopfer, ond de dägliche Brandopfer mit saene Speis- ond Trankopfer.

23Ond am vierta Dag: zeah jonge Farra, zwôe Schåfböck ond vierzeah aewandfreie, oejährige Lämmer. 24Samt am Speisopfer, mô drzua ghert: drei Zehntel Faenmehl, ågmacht mit Öl für jedan Farra, ond zwôe Zehntel zo de Schåfböck ond oe Zehntel zo de Lämmer sollat r nôrichta, ihrer Zahl entsprechend nach de Vôrschrifta. 25Ond an Sündopferbock zom euch entsühna, extra zom Sündopfer, ond de dägliche Brandopfer mit saene Speis- ond Trankopfer.

26Ond am fufta Dag: nae jonge

Farra, zwôe Schåfböck ond vierzeah
aewandfreie, oejährige Lämmer. 27Samt
am Speisopfer, mô drzua ghert: drei
Zehntel Faenmehl, ågmacht mit Öl
für jedan Farra, ond zwôe Zehntel zo
de Schåfböck ond zo de Lämmer oe
Zehntel sollat r nôrichta, ihrer Zahl
entsprechend nach de Vôrschrifta.
28Ond an Sündopferbock zom euch
entsühna, extra zom Sündopfer, ond de
dägliche Brandopfer mit saene Speis-
ond Trankopfer.
29Ond am sechsta Dag: acht jonge
Farra, zwôe Schåfböck ond vierzeah
aewandfreie, oejährige Lämmer. 30Samt
am Speisopfer, mô drzua ghert: drei
Zehntel Faenmehl, ågmacht mit Öl
für jedan Farra, ond zwôe Zehntel zo
de Schåfböck ond zo de Lämmer oe
Zehntel sollat r nôrichta, ihrer Zahl
entsprechend nach de Vôrschrifta.
31Ond an Sündopferbock zom euch
entsühna, extra zom Sündopfer, ond de
dägliche Brandopfer mit saene Speis-
ond Trankopfer.
32Ond am siebta Dag: sieba jonge
Farra, zwôe Schåfböck ond vierzeah
aewandfreie, oejährige Lämmer. 33Samt
am Speisopfer, mô drzua ghert: drei
Zehntel Faenmehl, ågmacht mit Öl
für jedan Farra, ond zwôe Zehntel zo
de Schåfböck ond zo de Lämmer oe
Zehntel sollat r nôrichta, ihrer Zahl
entsprechend nach de Vôrschrifta.
34Ond an Sündopferbock zom euch
entsühna, extra zom Sündopfer, ond de
dägliche Brandopfer mit saene Speis-
ond Trankopfer.
35Ond am achta Dag soll Feierdag sae
bei euch, då därfat r gar nex schaffa.
36Ond ihr sollat a Brandopfer als
Beschwichtigongsduft am Herrgott
zor Ehr darbrenga: an jonge Farra, an
Schåfbock ond sieba oejährige Lämmer.
37Samt am Speisopfer, mô drzua ghert:
drei Zehntel Faenmehl, ågmacht mit
Öl für jedan Farra, ond zwôe Zehntel
zom Schåfbock sollat r nôrichta. Je
oe Zehntel sollst d für jedas Lamm
nôrichta, für dia sieba Lämmer nach
dr Zahl ond nach dr Vôrschrift. 38Ond
an Sündopferbock zom euch entsühna,
extra zom Sündopfer, ond de dägliche
Brandopfer mit saene Speis- ond
Trankopfer.
39Des ällas sollat r bei eure Fest darbrenga,
außer dem, was r an Brandopfer, Speis-
ond Trankopfer ond Friedensopfer
darbrengat wega ma Gelübde oder ao
freiwillig.

30 Ond dr Mose håt de Israelita ällas
so gsaed, wian an s dr Herrgott
(JAHWE) ågwiesa håt.

Zom Vrgleicha: *Kap. 28 Vers 2-8:* Ex 29,38-46.

Gsetz über d Gelübde: 30 2-17

2Ond dr Mose håt mit de Stammesfürsta
von de Israelita gschwätzt ond gsaed:
Des håt dr Herrgott (JAHWE) ågordnat:
3Wann a Må am Herrgott (JAHWE) a
Gelübde ablegt oder r an Eid schwört,
dass r enthaltsam sae will, nå därf r sae
Wort et brecha ond r soll ällas so aehalta,
wian r s vrsprocha håt.
4Ond wann a Frao am Herrgott
(JAHWE) a Gelübde ablegt oder r an
Eid schwört, dass se enthaltsam sae
will, solang se em Haus von ihram Vadr
ischd ond ledig ischd 5ond ihr Vadr hört
ihr Gelübde ond ihr Enthaltsamkaet,
mô se sich selber auferlegt håt ond
r schweigt drzua, nå geltat älle ihre
Gelübde ond ihr Enthaltsamkaet, mô
se sich selber auferlegt håt, gilt. 6Wann
ra s aber ihr Vadr an dem Dag, môn r
s ghört håt vrbiatat, nå geltat älle ihre
Gelübde ond ihr Enthaltsamkaet, mô
se sich selber auferlegt håt, et. Aber dr
Herrgott (JAHWE) vrzeiht ra s, weil
ra s ihr Vadr vrbota håt. 7Ond wann
se heiratat, solang se no onter dem
Gelübde oder ama vôreiliga Vrsprecha

bonda ischd, [8]ond ihr Må, wann r s
hört, drzua schweigt, nå geltat älle ihre
Gelübde ond ihr Enthaltsamkaet, mô se
sich selber auferlegt håt, gilt. [9]Wann aber
ihr Må an dem Dag, môn r drvo hört,
ra des vrbiatat, nå håt der ihr Gelübde
brocha ond ao ihr vôreiligs Vrsprecha,
mô se sich selber auferlegt håt. Aber dr
Herrgott (JAHWE) vrzeiht ra s.
[10]Aber s Gelübde von ra Witwe oder
von ra Vrstoßena, ällas, was dui sich
selber auferlegt, des gilt emmer. [11]Ond
wann se em Haus von ihram Må a
Enthaltongsgelübde ablegt ond drzua
schwört, [12]ond ihr Må hört s ond schweigt
drzua ond vrbiatat ra s et, nå gilt jedas
Gelübde ond jeda Enthaltsamkaet, mô
se sich selber auferlegt håt. [13]Wann aber
ihr Må an dem Dag, môn r drvo hört,
was se vrsprocha håt, ra des vrbiatat,
nå håt der ihr Gelübde brocha ond
ao ihr voreiligs Vrsprecha, mô se sich
selber auferlegt håt gilt nemme. Aber dr
Herrgott (JAHWE) vrzeiht ra s. [14]Jedas
Gelübde ond jedan Enthaltongsschwur
zor Selbstkasteiong kå ihr Må gelta lassa
oder aufheba. [15]Wann ihr Må bis an da
andera Dag drzua schweigt, nå lässt r
älle Gelübde oder Enthaltonga, mô se
sich selber auferlegt håt, gelta. So håt r
älle Gelübde oder Enthaltonga, mô se
sich selber auferlegt håt, bestätigt, weil
r drzua gschwiega håt an dem Dag,
môn r drvo ghört håt. [16]Wann r aber
später ra s doch vrbiatat, nå muaß er ihr
Schuld traga. [17]Des send d Satzonga, mô
dr Herrgott (JAHWE) durch da Mose
ågordnat håt zwischa ma Må ond saener
Frao, zwischa ma Vadr ond saener
Tochter en ihrer Jugend em Haus von
ihram Vadr.

Dr Midianiterkriag: 31 1-54

31 Ond dr Herrgott håt mit am
Mose gredat ond gsaed: [2]Räch
d Israelita an de Midianiter, nach dem
wirst d aegholt zo daene Volksgenossa.
[3]Nå håt dr Mose zo de Israelita gsaed:
Rüstat von eure Männer zom Heer.
Dia sollat gega d Midianiter ganga zom
d Rache vom Herrgott (JAHWE) an
Midian vollstrecka. [4]Aus jedam Stamm
von älle Stämm von Israel sollat r je
tausad Mann mit am Heer ausschicka.
[5]Ond se hent aus jedam Stamm tausad
Mann aezoga zom Heer: zwölftausad
für da Kriag ausgrüstate Männer. [6]Ond
dr Mose håt se zom Heer gschickt,
zsema mit am Priaster Pinhas, am Soh
vom Priaster Eleasar, der mô de Haelige
Gerätschafta ond dia Signaltrompeta
drbei ghet håt. [7]Ond se send gega d
Midianiter zom Kampf åtreta, so wia s
dr Herrgott (JAHWE) da Mose ghôeßa
håt, ond se hent ällas ombråcht, was
männlich gwea ischd. [8]Ao dia fenf
König von Midian hent se ombråcht, da
Ewi, da Rekem, da Zur, da Hur ond da
Reba. Ond da Bileam, da Soh vom Beor
hent se ao ombråcht mit am Schwert.
[9]Nå hent d Israelita d Fraoa von de
Midianiter mitsam ihre Kender gfanga
gnomma, ond ihr ganzs Vieh ond ihr
ganzs Hab ond Guat plünderat. [10]Ond
ihre Städt em ganza Siedlongsgebiet
ond älle ihre Zeltlager hent se mit Feuer
vrbrennt. [11]Des ganze Raobguat, mô se
aegnomma hent an Menscha ond Vieh,
[12]hent se zom Mose bråcht ond zom
Priaster Eleasar ond zor Gemaende von
de Israelita, de Gfangene, de ganz Beute,
en s Lager en de Steppa von Moab am
Jordan, geganüber von Jericho.
[13]Nå ischd en dr Mose ond dr Priaster
Eleasar ond älle Stammasfürsta
entgegaganga vôr s Lager naus. [14]Ond dr
Mose håt en Zôrn kriagt auf d Åführer
von de Tausendschafta ond d Åführer
von de Hondertschafta, mô se vom
Kriag zrück komma send.
[15]Ond dr Mose håt zo nen gsaed: Wårom
hent ihr ällas Weibliche am Leba glassa?

[16]Grad dia hent doch auf am Bileam
saen Råt d Israelita drzua bråcht,
weg'am Pegor am Herrgott (JAHWE)
otreu zom wera, dass (wega dene) am
Herrgott (JAHWE) sae Plåg über d
Gemaende komma ischd. [17]Brengat mr
sofort ällas, was männlich ischd bei de
Kender om ond jeda Frao, mô schao
mit ama Må gschlåfa håt, brengat r ao
om. [18]Aber älle Mädla, mô no nex mit
ama Må ghet hent, lassat r für euch am
Leba. [19]Ond ihr selber bleibat sieba
Däg draußa vôr am Lager, jeder, mô an
Menscha ombråcht oder an Gfallena
åglangt håt. Lent euch am dritta ond
am siebta Dag entsühna, ihr selber ond
eure Gfangene. [20]Ao älle Gwänder ond s
Lederzeug, ond ällas, was aus Ziegahåår
gmacht ischd ond älle Gerätschafta aus
Holz sollat r entsühna lassa.
[21]Ond dr Priaster Eleasar håt zo dene
Kriagsleut, mô aus am Kriag komma
send gsaed: Des ischd d Satzong vom
Gsetz, mô dr Herrgott (JAHWE)
da Mose ågwiesa håt: [22]Gold, Silber,
Kupfer, Eise, Zinn ond Blei, [23]ällas, was
durch s Feuer ganga kå, sollat r durch
s Feuer ziaga, nå ischd s raen. Aber
mr soll s ao mit am Raenigongswasser
entsühna. Aber ällas, was am Feuer et
standhält, sollat r durch s Wasser ganga
lassa. [24]Ond am siebta Dag sollat r eure
Klôeder wäscha, nå send r wieder raen,
nå därfat r wieder ens Lager komma.
[25]Ond dr Herrgott håt mit am Mose
gredat ond gsaed: [26]Stell mit am Priaster
Eleasar ond mit de Familiahaepter
fest, was r an Menscha ond an Vieh
ensgesamt erbeutat wôra ischd, [27]ond
gib oe Hälfte von dr Beute dene, mô da
Kriag gführt hent, ond de ander (Hälfte)
dr ganza Gemaenschaft. [28]Nå ziagst d a
Abgab für da Herrgott (JAHWE) von
dene Kriagsleut ae, mô em Kriag gwea
send: je oes von faefhondert von de
Menscha ond vom Vieh, von de Esel ond
vom Kloevieh. [29]Von dene ihrer Hälfte
nemmst d se ond gibst s am Priaster
Eleasar als Hebopfer vom Herrgott
(JAHWE). [30]Ond von dera Hälfte mô d
Israelita kriagt hent, nemmst d je oes von
fufzg, von Mensch ond vom Vieh, von
de Esel ond vom Kloevieh. Des gibst de
Levita, mô da Denst am Herrgott saener
Wohnong laestat.
[31]Dr Mose ond dr Priaster Eleasar
hent ällas so gmacht, wia s dr Herrgott
(JAHWE) da Mose ågwiesa håt. [32]Ond
d Kriagsbeute, dr Rest von dem, was d
Kriagsleut erbeutat hent an Kloevieh:
675 000; [33]an Herdavieh: 72 000; [34]ond
61 000 Esel; [35]drzua 32 000 Mädla,
mô no nex mit ama Må ghet hent. [36]D
Hälfte von dem, was dia kriagt hent,
mô em Kriag gwea send: 337 500 Schåf,
[37]dådrvo send 675 Schåf als Abgab an
da Herrgott (JAHWE) ganga; [38]ond 36
000 Rendla, dådrvo send 72 Render als
Abgab an da Herrgott (JAHWE) ganga;
[39]drzua 30 500 Esel, dådrvo send 61 Esel
als Abgab an da Herrgott (JAHWE)
ganga; [40]ond 16 000 Menscha, dådrvo
send 32 Seela als Abgab an da Herrgott
(JAHWE) ganga; [41]Ond dr Mose håt dia
Abgaba als Hebopfer für da Herrgott
(JAHWE) am Priaster Eleasar geba,
wia s dr Herrgott (JAHWE) da Mose
ågwiesa håt.
[42]Ond von dera Hälfte, mô dr Mose von
de Kriagleut ihram Åtôel de Israelita
geba håt [43]ond mô dr Gemaende
zuakomma ischd send s ao gwea: 337
500 Schåf; [44]ond 36 000 Rendla; [45]ond30
500 Esel; [46]ond 16 000 Menscha. [47]Von
dera Hälfte, mô d Israelita kriagt hent,
håt dr Mose je oes von fufzg gnomma,
von de Menscha wia vom Vieh, ond håt
s de Levita geba, dia mô da Denst am
Herrgott (JAHWE) saener Wohnong
laestat, wia s dr Herrgott (JAHWE) da
Mose ågwiesa håt.
[48]Nå send d Åführer von de

Tausendschafta vom Heer ond von de
Hondertaschafta zom Mose komma
[49]ond hent zon am gsaed: Daene Knecht
hent s Kriagsvolk durchzählt, mô ons
onterstellt ischd, ond s håt koener gfehlt.
[50]Drom brengat mr als Opfergab für da
Herrgott (JAHWE), was a jeder gfonda
håt an Goldschmuck: Armspanga
ond Armrôefa, Siegelreng, Ohrreng
ond andere Schmucksacha, zom ons
entsühna vôr am Herrgott (JAHWE).
[51]Ond dr Mose ond dr Priaster Eleasar
hent des Gold ond den Schmuck von
en gnomma. [52]Ond ällas, was zom
Hebopfer bestimmt wôra ischd, mô
dia Åführer von de Tausendschafta ond
von de Hondertschafta für da Herrgott
(JAHWE) abgeba hent, håt 16 750 Lot
gwoga. [53]Dia Mannschafta hent aber ao
für sich Beute gmacht. [54]Ond dr Mose
ond dr Priaster Eleasar hent des Gold
von de Åführer von de Tausendschafta
ond von de Hondertschafta ågnomma
ond ens Begegnongszelt bråcht als
Ådenka an d Israelita vôr am Herrgott
(JAHWE).

S Ostjordanland wird vrtoelt: 32 1-42

32 Dr Stamm Ruben ond dr Stamm
Gad hent riesige Viehherda ghet,
mô se no s Land Jaser ond s Land
Gilead ågucki hent, ischd en des guat
g'aegnat gwea für d Viezucht. [2]Nå send
se zom Mose ond zom Priaster Eleasar
ganga ond hent gsaed: [3]Atarod, Dibon,
Jasar, Nimra, Heschbon, Elale, Sebam,
Nebo ond Beon, [4]des Land, mô dr
Herrgott (JAHWE) vôr dr Gemaende
Israel gschlaga håt, ischd für d Viezucht
guat g'aegnat. Ond daene Knecht hent
(graoße) Viehherda [5]Ond se hent gsaed:
wa'mr Gnade gfonda hent en daene
Aoga, nå laß des Land daene Knecht
zuakomma; führ ons et über da Jordan.
[6]Nå håt dr Mose zo de Nåchkomma vom
Gad ond vom Rubens gsaed: Sollat eure
Brüader vielleicht en da Kriag ziaga, ond
ihr dätat dåhanna hocka bleiba? [7]Wårom
machat ihr aegentlich d Israelita muatlos,
bevôr se en des Land nomgangat, mô nen
dr Herrgott (JAHWE) geit? [8]Grad so
hent s ao eure Vädr schao gmacht, môn
e se von Kadesch-Barnea ausgschickt
han, zom des Land auskondschafta.
[9]Dia send bis ens Traubatal naufganga
ond hent s Land ôguckt, ond nô hent
se de Israelita da Schneid abkaoft, dass
se nemme en des Land nae wölla hent,
môn en dr Herrgott (JAHWE) geba
håt. [10]Drom håt dr Herrgott (JAHWE)
an sellam Dag an Zôrn kriagt, ond r
håt gschwora: [11]Von dene Leut, mô aus
Ägypten rauf komma send, von zwanzg
Jåhr aufwärts, sieht mr koener des Land,
des mô i am Abraham, am Isaak ond am
Jakob zuagschwora han, weil dia bloß
halbherzig henter mr gstanda send.
[12]Außer am Kaleb, am Soh vom Jefunnes,
dr Kenasiter, ond am Josua, am Nun sae
Soh, weil dia send kompromislos henter
am Herrgott (JAHWE) gstanda. [13]So håt
dr Herrgott (JAHWE) an graoßa Zôrn
auf d Israelita kriagt, dass r se vierzg Jåhr
en dr Wüste rom zieha lassa håt, bis dui
ganza Generation ausgstôrba ischd, mô
en de Aoga vom Herrgott (JAHWE)
dao hent, was baes gwea ischd. [14]Ond då
send ihr aufgstanda an dr Stell von euere
Vädr, a Männerbruat von Sünder, zom
am Herrgott (JAHWE) saen Zôrn gega
Israel no graeßer z macha. [15]Wann ihr
euch vom Nåchfolga abkehrat, nå lässt
r euch no länger en dr Wüste schmora,
ond ihr brengat des ganze Volk ens
Oglück.
[16]Nå send se zon am (Mose) nô ganga ond
hent gsaed: Mir wöllat dåhanna bloß
Pferch baua für onser Vieh ond Städt für
onsere Kender. [17]Aber mir selber wöllat
ons ao rüsta ond vôr de Israelita her
dene helfa, bis mr se en ihr Gebiet hent
komma lassa, während onsere Kender

zrück bleibat en befestigte Städt ond
vôr de Bewohner von dem Land sicher
send. [18]Ond mir gangat et eher hoem,
bis a jeder von de Israelita sae Erbtôel
kriagt hât. [19]Mir kriagat jå koen Besitz
über am Jordan drüba ond drüber naus,
sondern ons ischd dr Besitz östlich vom
Jordan zuagfalla. [20]Nå hât dr Mose zo
nen gsaed: Wann r des dent, dass r euch
vor am Herrgott (JAHWE) für da Kriag
rüsta dent, [21]nå soll ao a jeder von euch,
mô sich grüstat hât, da Jordan vôr am
Herrgott (JAHWE) überquera, bis r älle
saene Faend vôr sich her vrtrieba hât.
[22]Wann nå des Land vôr am Herrgott
(JAHWE) onterwôrfa ischd, nå könnat
r hoem ganga, ond r send osträflich vôr
am Herrgott (JAHWE) ond vôr Israel,
ond des Land bleibt euch als Aegatom
vôr am Herrgott (JAHWE). [23]Wann
r s aber et so macha wöllat, nå hent r
gsündigt gega da Herrgott (JAHWE),
ond nå müaßat r wissa, dass euch euer
Sündaschuld treffa wird. [24]Bauat jetzt
eure Städt für eure Kender ond d Pferch
für euer Vieh, aber was r vrsprocha
hent, müaßat r ao aehalta. [25]Nå hent dia
Haeptleng vom Stamm Gad ond vom
Stamm Ruben zom Mose gsaed: Daene
Knecht dent ällas so, wia s onser Herr
befiehlt. [26]Onsere Kender ond onsere
Fraoa, onser ganzer Viehbestand bleibt
då en de Städt von Gilead, [27]während
daene Knecht grüstat für s Heer mit
nom gangat vôr am Herrgott (JAHWE)
en da Kriag, so wia s mae Herr gsaed
hât.

[28]Nå hât dr Mose am Priaster Eleasar,
ond am Josua, am Nun saem Soh, ond
de Familiahaepter von de Stämm von
Israel wega dene d Åweisong geba,
[29]ond dr Mose hât zo nen gsaed: Wann
d Gadita ond d Rubenita, älle, mô vôr
am Herrgott (JAHWE) für da Kampf
grüstat send, mit euch über da Jordan
nom gangat, nå gebat r dene, wann des
Land von euch onterwôrfa ischd, s Land
Gilead als Aegatom. [30]Wann se aber
et grüstat mit euch gangat, nå müaßat
se mittla onter euch em Land Kanaan
åsiedla. [31]Nå hent am d Gaditer ond d
Rubeniter zor Antwort geba: So, wia s
dr Herrgott (JAHWE) zo daene Knecht
gsaed hât, so wird s gmacht. [32]Mir selber
gangat als Grüstate vôr am Herrgott
(JAHWE) ens Land Kanaan, dass ons
onser Grondbesitz als Aegatom bleibt
auf dr andera Seite vom Jordan. [33]Auf
des nô hât dr Mose de Gaditer ond
de Rubeniter ond am halba Stamm
Manasse, de Nåchkomma vom Josef,
s Reich vom Sihon, am König von de
Amoriter, ond s Reich vom König Og
von Basan, s Land ond älle Städt samt
ihre Gebiet rengsrom zuagsprocha.

[34]Ond d Gaditer hent Dibon ond Atarot
ond Aroër [35]ond Atrot-Schofan ond
Jaser ond Jogboha [36]ond Bet-Nimra ond
Bet-Haran zo Festonga ausbaut ond
Pferch für s Vieh hent se ao baut. [37]Ond
d Rubeniter hent kriagt: Heschbon,
Elale ond Kirjatajim [38]ond Nebo ond
Baal-Meon ond Sibma, dene hent se
andere Nåma geba.

[39]Ond am Machir saene Söh, am
Manasse saene Nåchkomma, send ganga
ond hent Gilead eroberat, ond se hent d
Amoriter draus vrtrieba. [40]Ond dr Mose
hât Gilead am Machir, am Nåchkomma
vom Manasse zuagsprocha ond der
hât sich dren ågsiedelt. [41]Ond dr Jaïr,
dr Soh vom Manasse ischd ganga ond
hât ihre Zeltdörfer aegnomma ond hât
se Zeltdörfer vom Jaïr ghôeßa. [42]Ond
dr Nobach ischd ganga ond hât Kenat
aegnomma mitsamt ihre Nebastädt
ond hât se nach saem Nåma Nobach
ghôeßa.

Zom Vrgleicha: *Vers 9:* 14,1-38 • *Vers 10-12:* 14,21-24.30f.

S Vrzaechnis von de Lagerstationa:
33 1-49

33 Des send d Wegstrecka von
de Israelita, auf dene se nach
Heerschara g'ordnat aus am Land
Ägypten auszoga send onter dr Führong
vom Mose ond Aaron: [2]Ond dr Mose håt
auf Weisong vom Herrgott (JAHWE)
dia Plätz aufgschrieba, von dene, mô se
jeweils aufbrocha send. Ond des send
d Wegstrecka von ihre Ausgangsplätz:
[3]Von Ramses send se em ersta Monat,
am fufzehnta Dag vom ersta Monat
aufbrocha. Am Dag nach dr Passafeier
send d Israelita mit erhobener Hand vôr
de Aoga von älle Ägypter aufbrocha,
[4]während d Ägypter älle dia Erstgeburta
beerdigt hent, mô dr Herrgott (JAHWE)
gschlaga håt. Ao onter dene ihre Götter
håt r Gericht ghalta.
[5]Ond d Israelita send von Ramses
aufbrocha ond hent en Sukkot glagerat.
[6]Ond se send von Sukkot aufbrocha ond
hent en Etam glagerat, am Rand von dr
Wüste. [7]Ond se send en Etam aufbrocha
ond hent an Boga gschlaga über Pi-
Hahirot, des leit geganüber von Baal-
Zefon, ond se hent vôr Migdol glagerat.
[8]Ond se send aus dr Gegend von Hahirot
aufbrocha ond mittla durchs Meer zoga
ond en d Wüste ganga. Drei Däg send
se en d Wüste von Etam nae ganga ond
hent en Mara glagert. [9]Ond se send von
Mara aufbrocha ond nach Elim komma.
En Elim send zwölf Bronna gwea
ond siebzg Palma, då hent se glagerat.
[10]Ond se send von Elim aufbrocha ond
hent am Schilfmeer glagerat. [11]Ond se
send vom Schilfmeer aufbrocha ond
hent en dr Wüste Sin glagerat. [12]Ond
se send aus dr Wüste Sin aufbrocha
ond hent en Dofka glagerat. [13]Ond se
send von Dofka aufbrocha ond hent
en Alusch glagerat. [14]Ond se send von
Alusch aufbrocha ond hent en Refidim
glagerat. Aber då håt s et gnuag Wasser
geba zom Trenka für s Volk. [15]Ond se
send von Refidim aufbrocha ond hent
en dr Wüste Sinai glagerat. [16]Ond se
send von dr Wüste Sinai aufbrocha ond
hent en Kibrot-Taawa glagerat. [17]Ond
se send von Kibrot-Taawa aufbrocha
ond hent en Hazerot glagerat. [18]Ond se
send von Hazerot aufbrocha ond hent
en Ritma glagerat. [19]Ond se send von
Ritma aufbrocha ond hent en Rimmon-
Perez glagerat. [20]Ond se send von
Rimmon-Perez aufbrocha ond hent en
Libna glagerat. [21]Ond se send von Libna
aufbrocha ond hent en Rissa glagerat.
[22]Ond se send von Rissa aufbrocha
ond hent en Kehelata glagerat. [23]Ond
se send von Kehelata aufbrocha ond
hent am Berg Schefer glagerat. [24]Ond
se send vom Berg Schefer aufbrocha
ond hent en Harada glagerat. [25]Ond se
send von Harada aufbrocha ond hent
en Makhelot glagerat. [26]Ond se send
von Makhelot aufbrocha ond hent en
Tahat glagerat. [27]Ond se send von Tahat
aufbrocha ond hent en Terach glagerat.
[28]Ond se send von Terach aufbrocha
ond hent en Mitka glagerat. [29]Ond se
send von Mitka aufbrocha ond hent
en Haschmona glagerat. [30]Ond se send
von Haschmona aufbrocha ond hent
en Moserot glagerat. [31]Ond se send
von Moserot aufbrocha ond hent en
Bene-Jaakan glagerat. [32]Ond se send
von Bene-Jaakan aufbrocha ond hent
en Hor-Gidgad glagerat. [33]Ond se send
von Hor-Gidgad aufbrocha ond hent
en Jotbata glagerat. [34]Ond se send von
Jotbata aufbrocha ond hent en Abrona
glagerat. [35]Ond se send von Abrona
aufbrocha ond hent en Ezjon-Geber
glagerat. [36]Ond se send von Ezjon-
Geber aufbrocha ond hent en dr Wüste
Zin glagerat, des ischd Kadesch. [37]Ond
se send von Kadesch aufbrocha ond
hent am Berg Hor, am Rand vom Land
Edom glagerat.

38 Sell ischd dr Priaster Aaron auf da Berg
Hor nauf gstiega auf d Åweisong vom
Herrgott (JAHWE). Då ischd r gstôrba
em vierzigsta Jåhr nach am Auszug von
de Israelita aus am Land Ägypten, am
ersta Dag vom fufta Monat. 39 Dr Aaron
ischd hondertdreiazwanzg Jåhr alt gwea,
môn r auf am Berg Hor gstôrba ischd.
40 Nå håt dr Kanaaniterkönig von Ara
em Südland ghört, dass d Israelita em
Åmarsch seie.
41 Ond se send vom Berg Hor aufbrocha
ond hent en Zalmona glagerat. 42 Ond
se send von Zalmona aufbrocha ond
hent en Punon glagerat. 43 Ond se send
von Punon aufbrocha ond hent en
Obot glagerat. 44 Ond se send von Obot
aufbrocha ond hent en Ije-Abarim
glagerat, em Grenzgebiet von Moab.
45 Ond se send von Ije-Abarim aufbrocha
ond hent en Dibon-Gad glagerat. 46 Ond
se send von Dibon-Gad aufbrocha ond
hent en Almon-Diblatajim glagerat.
47 Ond se send von Almon-Diblatajim
aufbrocha ond hent em Abarimgebirge
glagerat, vor Nebo. 48 Ond se send vom
Abarimgebirge aufbrocha ond hent en de
Steppa vom Moab, am Jordan glagerat,
geganüber von Jericho. 49 Am Jordan
hent se glagerat von Bet-Jeschimot bis
Abel-Schittim en de Steppa vom Moab.

Zom Vrgleicha: *Vers 3:* Ex 14,8 • *Vers 8:* Ex 14 • *Vers 38:* 20,22-29 • *Vers 40:* 21,1.

D Åweisonga für Landvrtoelong:

33 50 – 34 29

50 Ond dr Herrgott (JAHWE) håt mit
am Mose en de Steppa vom Moab, am
Jordan geganüber von Jericho, gredat
ond gsaed: 51 Schwätz mit de Israelita ond
sag en: Wann r über am Jordan drüba en
des Land Kanaan kommat, 52 nå sollat
r älle Bewohner von dem Land vôr
euch vrtreiba ond älle ihre Götzabilder
hemacha ond ihre Standbilder ond ihre
Kulthöha zrstöra. 53 Ond ihr sollat des
Land aenemma ond dren wohna, für
euch han i nämlich des Land bestimmt,
dass ihr s en Besitz nemmat. 54 Ihr sollat
s Land durch s Los an eure Sippschafta
nach ihrer Stärke vrtôela. De Graeßere
gebat r a graoßs Erbguat ond de Kloenere
a kloeners. Aber mô emmer s Los für
oen nô fällt, soll r s so nemma; nach eure
Stämm soll mr s euch zuatôela. 55 Wann r
aber dia Bewohner von dem Land et vor
euch vrtreibat, nå werat dia, môn r übrig
glassa hent, zo Dôrna en eure Aoga
ond zo Stachla en eure Flanka, ond dia
machat euch emmer Schwierigkaeta en
dem Land, mô ihr wohnat, 56 ond nå
werd i mit euch so omganga, wian e s
aegentlich mit dene vôrghet han.

34 Ond dr Herrgott (JAHWE) håt
mit am Mose gredat ond gsaed:
2 Gib de Israelita dui Åweisong: Wann
ihr en s Land Kanaan kommat, des ischd
des Land, mô euch zuafällt als Aegatom
en saene Grenza: 3 Euer Südseite gôht
von dr Wüste Zin Edom entlang, dass
euer südlicha Grenz em Osta am End
vom Salzmeer leit. 4 Nå soll se südlich
vom Skorpionapass entlang nach Zin
ganga ond südlich von Kadesch-Barnea
auslaofa ond nå weiter nach Addar-
Hazar bis nom nach Azmon. 5 Ond von
Azmon macht se an Boga an da Bach
von Ägypten ond soll am Meer auslaofa.
6 Ond euer Westgrenz ischd s graoße
Meer; also des ischd euer Westgrenz.
7 Ond des ischd euer Nordgrenz: Vom
graoßa Meer steckat r euer Grenz bis an
da Berg Hor ab. 8 Vom Berg Hor ziagat r
d Grenz bis an da Zuagang nach Hamat,
ond d Grenz laoft nå nach Zedat zua
aus. 9 Nå soll d Grenz weiter ganga
bis nach Sifron, ond bis Hazar-Enan
auslaofa. 10 Ond euer Ostgrenz steckat
r ab von Hazar-Enan bis Schefam.
11 Nå soll d Grenz von Schefam nåch
laofa nach Ribla, östlich von Ayin.
Ond nå soll d Grenz weiterlaofa an dr

Ostseite vom Kinneret-See. [12]Nå soll d
Grenz weiterlaofa an da Jordan ond am
Salzmeer auslaofa. Des ischd euer Land
en saene Grenza rengsrom.
[13]Ond dr Mose håt d Israelita ågwiesa:
Des ischd des Land, wia ihr s durch s
Los zuatôelt kriagat, wia s dr Herrgott
(JAHWE) åg'ordnat håt für dia
naenahalb Stämm. [14]Dr Stamm Ruben
mit saene Sippschafta ond dr Stamm
Gad mit saene Sippschafta ond dr halbe
Stamm Manasse hent ihr Erbtôel schao
kriagt, [15]dia zwôeahalb Stämm hent ihr
Erbtôel schao gnomma em Osta, auf dr
andera Seite vom Jordan geganüber von
Jericho.
[16]Ond dr Herrgott (JAHWE) håt mit
am Mose gredat ond gsaed: [17]Des send
dene Männer ihre Nåma, mô euch euer
Land als Aegantom zuatôela sollat: Dr
Priaster Eleasar ond dr Josua, am Nun
sae Soh. [18]Von jedam Stamm nemmat r
an Fürsta drzua, zom s Land vrtôela.
[19]Ond des send d Nåma von dene
Männer: für da Stamm Juda dr Kaleb,
am Jefunnes sae Soh; [20]für da Stamm
Simeon dr Schemuël, am Ammihud sae
Soh; [21]für da Stamm Benjamin dr Elidad,
am Kislon sae Soh; [22]für da Stamm
Dan dr Bukki, am Jogli sae Soh; [23]vom
Josef saene Nåchkomma für da Stamm
Manasse dr Hanniël, am Efod sae Soh;
[24]für da Stamm Efraim dr Kemuël, am
Schiftan sae Soh; [25]für da Stamm Sebulon
dr Elizafan, am Parnach sae Soh; [26]für da
Stamm Issaschar dr Paltiël, am Asan sae
Soh; [27]für da Stamm Ascher dr Ahihud,
am Schelomi sae Soh; [28]für da Stamm
Naftali dr Pedahel, am Ammihud sae
Soh; [29]Des send dia Männer, mô dr
Herrgott (JAHWE) vrpflichtat håt
zom de Israelita ihr Aegatom em Land
Kanaan zuatôela.

Zom Vrgleicha: *Kap. 33 Vers 51:* Ex 34,12 • *Vers 54:* 26,52-56 • *Kap. 34 Vers 14f:* 32,1-42.

D Levita- ond Asylstädt: 35 1-35

35 Ond dr Herrgott (JAHWE) håt
mit am Mose en de Steppa vom
Moab am Jordan, geganüber von Jericho
gredat ond gsaed: [2]Gib de Israelita dui
Åweisong: Gebat an d Levita von euram
Erbtôel Städt zom dren wohna. Ond
Wôeda rengs om dia Städt rom für ihr
Vieh gebat r ao an d Levita. [3]Dia Städt
sollat ihr Wohnsitz sae, ond dia Wôeda
send für ihr Vieh ond für ihr Hab ond
Guat ond für ällas, was se zom Leba
brauchat. [4]Dia Wôeda bei dene Städt,
môn r de Levita gebat, sollat von dr
Stadtmauer å nach außa rengsrom
tausad Ella naus ganga. [5]Ond ihr sollat
nach Osta naus zwôetausad Ella ond
an dr Südseite zwôetausad Ella ond an
dr Westseite zwôetausad Ella ond an dr
Nordseite zwôetausad Ella messa, dass
d Stadt en dr Mitte leit. Des soll mr en
für d Städt als Viehwôeda geba. [6]Ond
von dene Städt, mô ihr de Levita gebat,
bestimmat r sechs als Freistädt, mô der
nôflüchta kå, mô ebber ombråcht håt.
Ond zo dene gebat r en no zwôeavierzg
Städt. [7]Nå send s achtavierzg Städt mit
de Viehwôeda, mô drzua gherat, môn
r de Levita gebat. [8]De graeßere Stämm
von de Israelita sollat maeh Städt, ond
de kloenere Stämm von de Israelita sollat
weniger Städt von ihram Erbtôel abgeba,
jeder soll saem Erbtôel entsprechend
von saene Städt an d Levita abgeba.
[9]Ond dr Herrgott (JAHWE) håt mit
am Mose gredat ond gsaed: [10]Schwätz
mit de Israelita ond sag en: Wann
ihr über da Jordan ens Land Kanaan
gangat, [11]nå suachat r euch (zersta) dia
Städt raus, mô als Freistädt vôrgseha
send, dass oener, mô aus Vrseha ebber
ombråcht håt, sell nôflüchta kå. [12]Ond
dia Städt sollat für euch als Zuaflucht
diena vôr am Bluaträcher, dass der, mô
ebber ombråcht håt et sterba muaß,
bevôr r vôr dr Gemaenschaft gstanda

ischd zom Richterspruch. 13Ond s sollat sechs Freistädt sae als Onterschlupf für euch. 14Drei Städt gebat r auf dera Seite vom Jorda her, ond drei Städt em Land Kanaan, als Onterschlupf für euch. 15Für d Israelita ond für da Gast ond für da Schutzbürger onter euch sollat dia sechs Freistädt sae, als Onterschlupf zom Nôflüchta, wann oener aus Vrseha ebber ombrâcht hât.

16Wann r aber ebber mit ama eiserna Gegastand gschlaga hât, dass derjenige gstôrba ischd, nå ischd r a Mörder; ond a Mörder muaß ombrâcht wera. 17Ond wann r ebber mit ama handlicha Stoe gschlaga hât, mit dem mr ebber z daot haoa kå, dass derjenige gstôrba ischd, nå ischd r a Mörder; ond a Mörder muaß ombrâcht wera. 18Ond wann r ebber mit ama handlicha Holz gschlaga hât, mit dem mr ebber z daot haoa kå, dass derjenige gstôrba ischd, nå ischd r a Mörder; ond a Mörder muaß ombrâcht wera.

19Dr Bluaträcher soll den Mörder ombrenga, môn r an trifft, soll r an ombrenga.

20Ond wann r em Hass ebber nôgstoßa oder vôrsätzlich ebbas auf an gschmissa hât, dass derjenige gstôrba ischd, 21oder aus Faendschaft oen mit saener Hâd so haot, dass r stirbt, nå muaß der Schläger sterba, weil r a Mörder ischd. Dr Bluaträcher soll an ombrenga, môn r an trifft.

22Wann r aber aus Vrseha ohne faendlicha Absicht gstoßa oder ebbas auf an gschmissa hât, 23oder an Stoe, mit dem mr ebber ombrenga kå, ohne dass r denjeniga gseha hât, auf an falla lässt, dass r stirbt, des aber et aus Faendschaft dao hât ond dem ao nex Baes hât âdoa wölla, 24nå soll d Gemaende urtôela zwischa dem Schläger ond am Bluaträcher nach de Rechtsvôrschrifta. 25Ond d Gemaende soll den Totschläger aus de Händ vom Bluaträcher retta ond an zrück komma lassa en dui Freistadt, môn r nôgflüchtat ischd, ond då soll r dren bleiba, bis der Hohepriaster gstôrba ischd, den mr mit am haeliga Öl gsalbt hât. 26Wann der Totschläger aber aus am Bezirk von saener Freistadt naus gôht, 27ond dr Bluaträcher trifft an außerhalb vom Bezirk von saener Freistadt ond haot an zdaot, nå hât r koe Bluatschuld, 28weil r en saener Freistadt hätt bleiba solla, bis dr Hohepriaster gstôrba ischd. Aber wann dr Hohepriaster gstôrba ischd, nå därf der Totschläger wieder ens Land von saem Erbtôel. 29Des soll für älle Zeita als Rechtssatzong gelta en älle eure Wohnsitz.

30Jeder, mô ebber ombrâcht hât, ond des kå jemand bezeuga, muaß ao ombrâcht wera, aber wann s bloß oen Zeuga gibt, därf mr an et ombrenga. 31Ihr därfat ao koe Lösgeld ânemma für s Leba vo'ma Mörder, wann r schuldig gsprocha ischd für d Todassträf, der muaß ombrâcht wera. 32Ihr därfat ao koe Lösgeld ânemma von oem, mô en sae Freistadt gflüchtat ischd, dass r wieder en sae Land zrückganga kå ond sich åsiedla, bevôr dr Hohepriaster gstôrba ischd, 33dass r des Land, môn r dren wohnat et entweihat; Bluat entweiht nämlich s Land, ond des kå bloß entsühnt wera durchs Bluat von dem, der mô s vrgossa hât. 34Vroraenigat mr et des Land, môn r dren wohnat ond mô i en eurer Mitte wohn. I, JAHWE, ben s nämlich, i wohn mittla onter de Söh vom Israel.

Zom Vrgleicha: *Vers 1-34:* Ex 21,12; Jos 20,1-9; Dtn 19,1-10 • *Vers 30:* Dtn 17,6; 19,15

No maeh Erbrechtsbestimmonga:
36 1-13

36 Ond d Familiaoberhaepter von dr Sippschaft vom Gilead, am Soh vom Machir, der mô a Soh vom Manasse ischd, vom Josef saene

Sippschafta, send komma ond hent vôr
am Mose ond vôr de Stammasfürsta
von de Israelita gsprocha 2Ond se hent
gsaed: Dr Herrgott (JAHWE) håt maen
Herra ågwiesa, des Land de Israelita
durchs Los als Aegatom zom geba.
Mae Herr håt aber ao da Auftrag vom
Herrgott (JAHWE) kriagt, s Aegatom
von onseram Bruader Zelofhad an dem
saene Töchter zom geba. 3Wann dia
jetzat an Må aus ama andera Stamm von
de Israelita heiratat, nå dät jå dene ihr
Erbtôel vom Erbtôel von onsere Vädr
wegganga ond dem Stamm zuafalla, mô
se nae heiratat, ond mr müaßt s vom
Aegatom vom Stamm von onsere Vädr
wegstreicha. 4Wann nå s Jubeljåhr von
de Israelita kommt, nå dät ihr Erbtôel
zom Erbtôel von dem Stamm komma,
en den, mô se naegheiratat håt ond dät
am Erbtôel vom Stamm von onsere
Vädr vrlora ganga.
5Ond dr Mose håt auf d Åweisong vom
Herrgott (JAHWE) zo de Israelita
gsaed: Dia vom Josef saem Stamm hent
Recht. 6Des håt dr Herrgott (JAHWE)
für am Zelofhad saene Töchter ågordnat:
Dia sollat heirata wen se wöllat, aber
se sollat en a Familie vom Stamm von
ihram Vadr heirata, 7dass et s Erbtôel von
Israelita von oem Stamm auf da andera
übergôht; sondern d Israelita sollat a
jeder am Erbtôel vom Stamm von saene
Vädr festhalta. 8Ond älle Töchter, mô a
Aegatom e'ma Stamm von Israel erbat,
sollat an Må aus am Stamm von ihram
Vadr heirata, dass jeder Israelit em
Erbtôel von saene Vädr bleibt, 9ond et
s Erbguat von oem Stamm en da andera
übergôht, sondern jeder Stamm von
Israel soll an sae Erbtôel bonda sae.
10So, wia s dr Herrgott (JAHWE) da
Mose ghôeßa håt, so hent s am Zelofhad
saene Töchter gmacht. 11Ond d Machla,
d Tirza, d Mogla, d Milka ond d Noa, d
Töchter vom Zelofhad, hent ihre Vetterla
gheiratat. 12En d Sippschafta vom Stamm
Manasse, der mô am Josef sae Soh gwea
ischd, hent se nae gheiratat, so ischd ihr
Erbguat bei dem Stamm blieba, zo dem
mô d Sippschaft von ihram Vadr ghert
håt.
13Des send d Satzonga ond
Rechtsvôrschrifta, mô dr Herrgott
(JAHWE) de Israelita durch da Mose
en de Steppa vom Moab am Jordan geba
håt, geganüber von Jericho.

Zom Vrgleicha: *Vers 2:* 27,1-11.

dae Knecht ischd, der kommt nae. Mach am Muat, der soll s (s Land) nämlich de Israelita als Erbguat zuatôela. [39]Eure Kender, von dene mô ihr gsaed hent, se däte zor Beute wera, ond eure Söh, mô haet no et onterschôeda könnat zwischa Guat ond Baes, dia kommat sell no, ond an dia will e s geba, jå dia, dia sollat s erba. [40]Aber ihr, drehat euch ond brechat auf en Richtong Wüste, da Weg ans Schilfmeer. [41]Ond ihr hent zor Antwort geba ond zo mr gsaed: Mir hent ons gega da Herrgott (JAHWE) vrsündigt! Mir selber wöllat naufganga ond kämpfa, ganz so, wia s JAHWE, onser Gott ågordnat håt, ond r hent euch mit eure Waffa grüstat ond r hent s viel z leicht gnomma mit am Naufsteiga en d Berg. [42]Dådrauf håt dr Herrgott (JAHWE) zo mr gsaed: Sag en, se solle et naufganga ond kämpfa, i ben nämlich et en ihrer Mitte, dass r et zsemaghaoa werat vôr eure Faend. [43]Ond i han s euch gsaed, aber ihr hent nex druf geba ond send widerspenstig gwea gega am Herrgott (JAHWE) saene Oweisonga ond send en d Berg nauf ganga. [44]Ond d Amoriter, mô em Bergland ågsiedelt send, hent euch drvogjagt. Dia send euch nåchganga wian a Bienaschwarm ond hent euch ausanander trieba von Seïr bis Horma. [45]Ond môn r zrück komma send, hent r vôr am Herrgott (JAHWE) romgheult. Aber dr Herrgott (JAHWE) håt et auf euch ghört. [46]Nå send r zemlich lang en Kadesch blieba – de ganz Zeit, môn r (en dr Wüste) bleiba müaßa hent.

Zom Vrgleicha: *Vers 19-46:* 9,23; 13 - 14 • *Vers 19:* 29,1 • *Vers 29-31:* 20,2-4; • *Vers 31:* 29,1; Apg 13,18 • *Vers 33:* Ex 13,21f • *Vers 36:* Jos 14,6-15 • *Vers 37:* 3,23-27; 4,21f; 31,2 • *Vers 38:* 3,28; 31,6-8.23; Jos 1,2-9; 13,1-7 • *Vers 46:* Num 20,1.

Dr Zug ens Ostjordanland: 2 1-13

2 Nå he'mr kehrt gmacht ond send wieder auf da Weg ans Schilfmeer ganga, so wia me s dr Herrgott (JAHWE) ågwiesa håt, ond send recht lang oms Seïr-Gebirge rom gwanderat. [2]Nå håt dr Herrgott (JAHWE) zo mr gsaed: [3]Jetzt send r lang gnuag om dia Berg då rom gloffa! Drehat euch ond gangat en Richtong Norda! [4]Ond am Volk geisch d Åweisong: Ihr gangat jetzt durch s Gebiet von eure Brüader, de Nåchkomma vom Esau, dia mô en Seïr ågsiedelt send. Wann se vôr euch Angst hent, nå passat bloß auf, [5]fangat koene Händel mit en å, von dene ihram Land gib e euch koen Fuaß brôet her; i han am Esau nämlich s Bergland Seïr als Aegatom geba. [6]Proviant könnat r von en kaofa om Silber ond essa, ao Wasser sollat r von en kaofa om Silber ond trenka. [7]Weil JAHWE, dae Gott (Eloheyka), håt dae Ärbat reichlich gsegnat. Der håt auf dae Wanderong durch de graoß Wüste g'achtat. Vierzg Jåhr ischd JAHWE, dae Gott (Eloheyka) mit dr gwea, ond s håt dr an nex gfehlt. [8]So se'mr von onsere Brüader, am Esau saene Nåchkomma, dia mô en Seïr ågsiedelt send, weiter zoga, weg vom Weg durch d Araba, von Elat ond Ezjon-Geber. Mir send abdreht ond send da Weg an dr Wüste Moab entlang ganga. [9]Ond dr Herrgott (JAHWE) håt zo mr gsaed: Dreng et ae en Moab ond laß de et auf an Kampf mit en ae, weil e dr von dem saem Land nex geba will, Ar han e nämlich de Nåchkomma vom Lot als Aegatom geba. [10]Früher send då de Gräßliche gwea, a starks, a graoßs ond haoch gwachses Volk wia d Anakiter. [11]Dia håt mr ao als Riesa ågucktwia d Anakiter, aber d Moabiter sagat „de Gräßliche" zo nen. [12]En Seïr send früher ao d Horiter ågsiedelt gwea, aber d Nåchkomma vom Esau hent s eroberat ond se aufgrieba ond hent sich an ihrer Stell ågsiedelt, wia s d Israelita mit am Land von ihram Erbtôel gmacht hent, môn en dr Herrgott (JAHWE) geba håt. [13]Ond jetzt standat r auf ond gangat über da Bach Sared nom. Nå he'mr da Bach Sared überquert.

Zom Vrgleicha: *Vers 1-25:* Num 21,4.20 • *Vers 2-8:* Num 20,14-21 • *Vers 5:* Apg 7,5 • *Vers 7:* 8,4; 28,12; 29,4.

D Eroberong vom Ostjordanland:

2 14 – 3 17

[14]Dui Zeit, mô mr von Kadesch-Barnea å gwanderat send bis mr da Bach Sared überquert hent, send achtadreißg Jåhr gwea, bis des ganze Gschlecht von dene waffafähige Männer aus am Lager ausgstôrba gwea ischd, wian ens dr Herrgott (JAHWE) gschwora ghet håt. [15]Ond am Herrgott (JAHWE) sae Håd ischd gega se gwea ond håt se aufgstöberat em Lager bis älle ausgstôrba gwea send. [16]Ond mô nå älle Kriagsmanna aus am Volk gstôrba gwea send, [17]håt dr Herrgott (JAHWE) zo mr gsaed: [18]Du gôhst haet durch s Grenzgebiet vom Moab, Ar, [19]ond kommst ganz nåch an de Ammoniter vorbei. Dua en nex ond fang koene Händel mit en å, weil e dr von de Ammoniter ihram Land nex gib, des han e nämlich am Lot saene Nåchkomma als Aegatom geba. [20]Als Land von de Riesa gilt des ao, då hent früher ao Riesa dren gwohnt. Aber d Ammoniter hôeßat se d Samsummiter, [21]a Volk, graoß, stark ond haoch gwachsa wia d Anakiter. Aber dr Herrgott (JAHWE) håt se vôr en ausgrottat ond se enterbt, ond se hent sich an ihrer Stell ågsiedlat. [22]So wian r s ao für am Esau saene Nåchkomma gmacht håt, mô dia en Seïr ågsiedlat hent, då håt r d Horiter vôr en ausgrottat ond håt en dene ihr Land geba, dass dia an dene ihrer Stell sell gwohnt hent bis an den Dag. [23]Ao s Gleiche mit de Awiter, mô en ihre Höf bis nach Gaza ågsiedelt gwea send. D Kaftoriter, mô von Kaftor ausgwanderat send, hent se ausgrottat ond send an ihrer Stell sell blieba. [24]Standat auf! Brechat auf ond gangat über da Arnon nom. I übergib euch da Amoriter Sihon, da König von Heschbon mit saem ganza Land en daene Händ; fang å ond nemms ae ond kämpf mit am. [25]Von dem Dag å fang i å ond gib Angst ond Schrecka vôr dir en d Gsichter von älle Völker onter am Hemmel. Dass, wann se ao bloß ebbas von dr hörat, s graoße Beba kriagat ond sich vôr dir krümmat. [26]Nå han e aus dr Wüste Kedemot Bota zom König Sihon von Heschbon gschickt ond han am ganz friedlich saga lassa: [27]I will durch dae Gebiet ganga. Bloß auf dr Stråß will e ganga ond weders rechts no lenks drvo abweicha. [28]Was e zom Essa brauch, kåsch d mr om Silber vrkaofa, dass e Vrpflegong han. Ond Wasser gibst d mr ao om Silber, dass e zom Trenka han. Bloß durchganga will e z Fuaß, [29]so wia am Esau saene Nåchkomma, dia mô en Seïr ågsiedlat send, ond d Moabiter, dia mô en Ar wohnat, mr s erlaobt hent – bis e über da Jordan nom komm en des Land, des mô ons onser Gott (Eloheynu) JAHWE geba will. [30]Aber dr König Sihon von Heschbon håt ons et durch sae Land ganga lassa wölla, weil JAHWE, dae Gott (Eloheyka) håt am da Senn vrhärtat ond sae Herz vrstockt, zom an dir en d Händ geba, wia s jå ao gscheha ischd. [31]Då håt dr Herrgott (JAHWE) zo mr gsaed: Guck, i han jetzt dådrmit ågfanga, dass e dr da Sihon mitsamt saem Land en d Händ gib, fang å! nemm sae Land ao ae! [32]Ond dr Sihon ischd ons mit saem ganza Kriagsvolk zom Kampf entgega komma nach Jahaz. [33]Då håt an JAHWE, onser Gott (Eloheynu) ons en d Händ geba ond mir hent an gschlaga mitsamt saene

Söh ond saem ganza Kriagsvolk. [34]Ond en dera Zeit hent mir älle saene Städt aegnomma ond hent an jeder Stadt da Bann vollstreckt an Männer, Fraoa ond Kender; mir hent koen drvo komma lassa. [35]Bloß s Vieh he'mr für ons bhalta als Beute ond s Raobguat aus de Städt, mô mr aegnomma hent. [36]Von Aroër, des mô am Bachufer vom Arnon leit, ond von dera Stadt, mô am Bachtal leit bis uf Giled na ischd koe Festong gwea, mô mir et naekomma wäre. Des hât ons ällas JAHWE, onser Gott (Eloheynu) en d Händ geba. [37]Bloß am Land von de Ammoniter bist d et näher komma, ond ällam, was em Gebiet om da Bach Jabbok leit ond de Städt em Bergland ond ällam, was JAHWE, onser Gott (Eloheyka) å'gordnat hât.

3 Nå se'mr abdreht ond send da Weg nach Baschan nauf ganga. Sell ischd ons dr König Og von Baschan mit saem ganza Kriagsvolk entgegakomma, zom bei Edreï gega ons kämpfa. [2]Nå hât dr Herrgott (JAHWE) zo mr gsaed: Vôr dem brauchst d koe Angst et han, den gib e dir mitsamt saem Kriagsvolk ond saem ganza Land en d Händ. Ond nå machst d s so mit am, wia da s mit am Amoriterkönig Sihon gmacht håsch, der mô en Heschbon ghockt ischd. [3]Ond JAHWE, onser Gott (Eloheynu), hât ons ao da König Og von Baschan mit samt saem ganza Kriagsvolk en d Händ geba. Ond mir hent an gschlaga ond koen drvo komma lassa. [4]Ond mir hent en dera Zeit älle saene Städt aegnomma; sechzg Städt, da ganza Bezirk Argob, s Königreich vom Og von Baschan. [5]Des send lauter guat befestigte Städt gwea mit haoche Maura, dopplate Stadttôr mit Riegel, ond drzua dia ganze Dörfer em offena Land. [6]Mir hent da Bann an en vollstreckt, wia mr s mit am König Sihon von Heschbon gmacht hent, an jeder Stadt, an Männer, Fraoa ond Kender. [7]Aber s ganze Vieh ond Raobguat aus de Städt he'mr als Beute für ons bhalta.

[8]En dera Zeit he'mr s Land von dene bôede Amoriterkönig, mô über am Jordan drüba gwea send, ågfanga am Arnontal bis ens Hermongebirge, - [9]d Sidonier sagat zom Hermon „Sirjon", d Amoriter sagat „Senir" drzua - , [10]älle Städt auf dr Ebene droba ond ganz Gilead ond ganz Baschan, bis nach Salka, Edreï, d Städt vom Og saem Königreich em Baschan aegnomma. [11]Dr König Og vom Baschan ischd nämlich als oeziger vom Rest von de Rafaïter (Riesa) übrig blieba. Dem sae Bett ischd aus Eise gwea. Ischd s et des en Rabba vom Ammon saene Nåchkomma? Nae Ella en dr Länge ond vier Ella en dr Brôete nach Männerella. [12]Des Land hent mir en dera Zeit aegnomma. Von Aroër å, des mô am Bachtal vom Arnon leit, drzua d Hälfte vom Gileadgebirge ond saene Städt han i de Rubeniter ond de Gaditer geba. [13]Ond da Rest von Gilead ond da ganza Baschan, am Og sae Königreich, han e am halba Stamm Manasse geba, da ganza Bezirk vom Argob. Schliaßlich no da ganza Baschan, den mô mr s Rafaïterland hôeßt. [14]Dr Jaïr, am Manasse sae Soh, hât da ganza Bezirk vom Argob übernomma, drzua s Gebiet vom Geschuriter ond vom Maachiter ond hât am Baschan saen aegena Nåma geba: „Zeltdörfer vom Jaïr", so hôeßt s bis haet. [15]Am Machir han e Gilead geba. [16]Ond de Rubeniter ond de Gaditer han e s Gebiet von Gilead bis ens Arnontal, d Mitte vom Bach als Grenz bis an da Jabbok, der ischd d Grenz von de Ammoniter, [17]drzua d Araba mit am Jordan als Grenz, von See Kinneret bis ans Meer von dr Araba, am Salzmeer an de Steilhäng vom Pisga, Osta zua.

Zom Vrgleicha: *Kap. 2 Vers 15:* Ex 14,24 • *Vers 25:* 11,25; 28,10; Ex 15,14 • *Vers 26-37:* Num 18,21-

25; • *Vers 34:* 20,16-18 • *Kap. 3Vers 1-7:* Num 21,33-35 • *Vers 6:* 20,16-18 • *Vers 12-17:* Num 32; 17,8-13; Jos 13,15-33.

Vôrberaetonga zor Eroberong vom Westjordanland: 3 18-29

18Selligsmål han e euch ågwiesa ond
gsaed: JAHWE, euer Gott (Eloheykem)
gibt euch des Land dåhanna, dass r s
aenemmat. Jetzt gangat r gwappnat
nom vôr eure Brüader, de Israelita, vôr
de Wehrfähige. 19Bloß eure Fraoa ond d
Kender ond eure Viehherda – i wôeß,
dass r viel Vieh hent – dia sollat en eure
Städt bleiba, môn e euch geba han, 20bis
dr Herrgott (JAHWE) eure Brüader
a Ruah gschaffa håt, so wia euch, ond
dia ao des Land erbat, mô JAHWE,
euer Gott (Elaoy) dene geba will auf dr
andera Seite vom Jordan, nå kå a jeder
von euch wieder hoemganga en sae
Erbtôel, môn e euch geba han.
21Ond da Josua han e selligsmål ågwiesa
ond gsaed: Daene Aoga hent ällas gseha,
was JAHWE, euer Gott (Eloheykem)
an dene zwôe König dåhanna dao håt.
So macht s dr Herrgott (JAHWE) mit
älle Königreich, mô du då drüba nô
kommst. 22Hent no koe Angst vôr en,
weil JAHWE, euer Gott (Eloheykem)
kämpft für euch.
23Selligsmål han i da Herrgott (JAHWE)
om Gnade ågfleht: 24JAHWE, du bist
mae Herr, du håsch ågfanga ond daen
Knecht dae Macht ond dae starka Håd
seha lassa. Mô ischd denn a Gott (El)
em Hemmel ond auf dr Erde, der mô
so ebbas doa könnt ond sotte Heldatata
wia du? 25Laß me doch bitte mit nom
ganga ond me des prächtige Land über
am Jordan drüba seha, des herrliche
Bergland ond da Libanon. 26Aber dr
Herrgott (JAHWE) håt an Zôrn auf me
ghet wega euch ond håt me et erhört.
Sondern dr Herrgott (JAHWE) håt zo
mr gsaed: S langat! Sag mr nia mach
ebbas wega dera Sach då. 27Gang nauf
auf da Gipfel vom Pisga ond guck mit
daene Aoga nach West ond Nord ond
Süd ond Ost ond guck mit daene aegene
Aoga nom, du gôhst mr nämlich über da
Jordan dåhanna et nom. 28Setz da Josua
ae, stärk an ond mach an fest, der soll
nämlich vôr dem Volk då nomganga,
ond der soll en des Land zuasprecha mô
du bloß (von weitams) ågucka därfst.
29Ond mr send em Tal blieba geganüber
von Bet-Pegor.

Zom Vrgleicha: *Vers 18-20:* Num 32,16f; Jos 1,13 • *Vers 21-22:* 20,2-4 • *Vers 23-27:* 1, 37 • *Vers 27:* 34,1-3 • *Vers 29:* Num 25.

Måhnong ond Ausblick: 4 1-40

4 Ond jetzt, Israel, horchat auf d
Satzonga ond Rechtsvorschrifta, mô
i euch beibreng zom aehalta, dass r lebat
ond naekommat ond des Land erbat,
mô euch JAHWE, dr Gott (Elohey)
von eure Vädr, geba will. 2Dent nex
drzua zo dem Wort, môn e euch vrordne
ond nex drvo wegstreicha. Ihr sollat
d Gebot von JAHWE, euram Gott
(Eloheykem) aehalta, mô i euch gib.
3Eure Aoga hent gseha, was dr Herrgott
(JAHWE) weg'am Baal-Pegor dao håt.
De ganz Mannschaft, mô am Baal-Pegor
hentadrae gloffa ischd, håt JAHWE,
dae Gott (Eloheyka) aus daener Mitte
ausgrottat. 4Aber ihr hent euch an
JAHWE, euran Gott (Eloheyka) ghalta,
drom lebat r älle ao haet no.
5Guck, i han euch Satzonga ond
Rechtsvorschrifta beibråcht, so, wia me
s JAHWE, mae Gott (Elohay) ghôeßa
håt, dass ihr euch drå halta sollat en
dem Land, mô ihr nae kommat, zom s
aenemma. 6Dia sollat ihr bewahra ond
se aehalta. Des ischd euer Weishaet ond
euer Vrstand en de Aoga von de andere
Völker. Wann dia älle dia Satzonga
wahrnemmat, nå sagat se: Wirklich
a weisas Volk ond a Volksstamm mit

viel Aesicht. 7Mô ischd denn a graoßer
Volksstamm, mô saene Götter so nâch
bei sich håt, wia JAHWE, onser Gott
(Eloheynu) ischd, wann mir an åruafa
dent? 8Ond mô ischd so a graoßs
Volk, mô so gerechte Satzonga ond
Rechtsvorschrifta håt wia des Gsetz, mô
i euch haet vôrleg?
9Hüat de bloß ond nemm dae Seel en
acht wega daem Leba, vrgiß et, was da
mit daene aegene Aoga gseha håsch
ond laß dr des et aus am Senn komma
daener Lebdag. Vrzähl s daene Kender
ond daene Enkala. 10An dem Dag, mô
da vor JAHWE, daem Gott (Eloheyka)
gstanda bist am Horeb, mô dr Herrgott
(JAHWE) zo mr gsaed håt: Ruaf
mr des Volk zsema, dass e se maene
Åweisonga höra laß ond se lernat, dass
se a Ehrfurcht han sollat vôr mir äll
Dag, mô se auf dera Erde romlaofat,
ond des ao ihre Kender beibrengat.
11Ond ihr send her komma ond send
dågstanda onta am Berg, ond dr Berg
håt lichterloh brennt bis an da Hemmel,
ond då ischd s donkel gwea vôr lauter
Wolka ond Raochschwada. 12Nå håt dr
Herrgott (JAHWE) zo euch gredat aus
dem Feuer raus, a Stemm, sae Wort hent
r ghört, aber sae Gstalt hent r et gseha.
13Ond r håt euch sae Bundassatzong
vrkündigt ond euch drauf vrpflichtat,
dia Zehn Wort aezomhalta. Ond r håt se
auf zwôe Stoetafla gschrieba. 14Mi håt dr
Herrgott (JAHWE) seligmål ågwiesa,
euch Satzonga ond Rechtsvôrschrifta
beizombrenga, dass ihr se aehaltat en
dem Land, môn r nôgangat, zom s
aenemma.
15Hüatat euch ganz arg, wega euram
Leba – ihr hent jå überhaopt koe Gstalt
gseha an dem Dag, mô dr Herrgott
(JAHWE) am Horeb zo euch gredat håt
- 16dass r et ens Vrderba laufat ond euch
a Bild von irgend ama Götza machat,
a männlichs oder a weiblichs, 17oder
s Bild vo'ma Vieh mô s em Land geit,
oder s Bild vo'ma Vogel, der mô mit
saene Flügel am Hemmel rom fliagt,
18oder s Bild vo'ma Kriachtier auf am
Boda, oder s Bild vo'ma Fisch der mô
em Wasser onter dr Erde lebt. 19Ond
dass da daene Aoga et en da Hemmel
richtest ond d Sonne ond da Mond
ond d Stern ond s ganze Hemmelsheer
siehst ond de vrlôeta lässt, vôr dene nô
zom senka ond dene zom deana, mô
JAHWE, dae Gott älle andere Völker
onter am Hemmel zuatôelt håt. 20Aber
euch håt dr Herrgott (JAHWE) aus
am Schmelzofa en Ägypten rausgholt,
dass ihr sae Aegatomsvolk send, wia s
haet ischd. 21Dr Herrgott (JAHWE)
håt an Zorn auf me ghet wega euram
Gschwätz, ond r håt gschwora, dass i
et über da Jordan nom därf ond et en
des prächtige Land nae därf, des mô
JAHWE, dae Gott (Eloheyka) dir als
Aegatom geba will. 22I muaß en dem
Land dåhanna sterba ond gang et über
da Jordan nom; aber ihr kommat nom
ond nemmat des schöne Land ae.
23Hüatat euch, dass r den Bund et
vrgessat, mô JAHWE, euer Gott
(Eloheykem) mit euch gschlossa håt,
dass r euch a Figur schnitzat, mô a
Abbild ischd von irgend ebbas, was dr
JAHWE, dae Gott (Eloheyka), vrbota
håt. 24JAHWE, dae Gott (Eloheyka)
ischd nämlich a vrzehrends Feuer, r
ischd a eifersüchtiger Gott (El). 25Wann
da Kender ond Kendskender zeugst ond
ihr em Land schao altaegsessa send ond
euch vrsündigat, endem r Götzabilder
machat von irgend ra Gstalt ond dent,
was en de Aoga von JAHWE, daem
Gott (Eloheyka), baes ischd ond an
raezt – 26als Zeuga gega euch ruaf i haet
Hemmel ond Erde å – nå send r ganz
schnell wieder vrschwonda aus dem
Land, môn r jetzat nomgangat über da
Jordan, zom s aenemma. Nå bleibat r et

lang dren, sondern r werat ausgrottat.
[27]Ond dr Herrgott (JAHWE) vrstraet
euch onter de Völker, ond von euch
bleibat a paar übrig als Rest onter de
andere Völker, mô euch dr Herrgott
(JAHWE) nô führt. [28]Då dent r nå
Götter deana, mô a Machwerk send
von Menschahänd aus Holz ond Stoe,
dia mô nex seahnat ond nex hörat, nex
schmeckat ond nex riachat. [29]Nå werat
r a Vrlanga han nach JAHWE, euram
Gott (Eloheyka), ond da fendest an,
wann d an von ganzam Herza ond mit
daener ganza Seel suachst. [30]Wann dr s
dreckat gôht ond de des ällas trifft en
de letzte Däg, nå kehrst d wieder om zo
JAHWE, daem Gott, ond horchst auf
sae Stemm. [31]Gott (El) ischd barmherzig,
JAHWE, dae Gott (Eloheyka) lässt de
et falla, ond r lässt de ao et ens Vrderba
laofa, ond r vrgißt nia den Bund, môn r
mit daene Vädr gschwora håt.
[32]Fråg doch nåch, wia s früher gwea
ischd vôr daener Zeit, von dem Dag å,
mô Gott (Elohim) Menscha gschaffa
håt auf dr Erde, von oem End en de
Hemmel bis zom andera, ob jemåls so
ebbas Graoßs gscheha ischd oder dass
mr von so ebbas ghört hätt. [33]Ob jemåls
a Volk d Stemm von Gott (Elohim) aus
am Feuer raus reda ghört håt, so wia
s du ghört håsch ond am Leba blieba
bist. [34]Oder ob jemåls a Gott (Elohim)
probiert håt zom komma, ond sich a
Volk mittla aus ama andera Volk raus
zom hola mit Prüfonga, Zaeche ond
Wonder, mit Kriag ond mit starker, Håd
ausgstrecktam Arm ond durch graoße
Schrecka, so, wia s JAHWE, euer Gott
(Eloheykem) für euch dao håt vôr eure
Aoga en Ägypten? [35]Dir send d Aoga
aufgmacht wôra, dass da erkennst:
JAHWE ist Gott (Elohim) ond koener
sonst außer ehm. [36]Vom Hemmel ra håt
r de sae Stemm höra lassa, zom de en
Zucht nemma, ond auf dr Erde håt r de
sae graoßs Feuer seha lassa, ond saene
Wort håsch d aus dem Feuer ghört.
[37]Ond weil r daene Vädr möga håt, håt
r ihre Nåchkomma auserwählt ond de
onter saener Aufsicht mit saener graoßa
Kraft raus gholt aus Ägypten, [38]dass r
Völker, mô viel graeßer ond stärker send
wia du, vôr dir vrtreibt ond di en dene
ihr Land naebrengt, ond dir des Land
zum Aegatom geit, wia s grad gschieht.
**[39]Jå, haet sollst du s erkenna ond z
Herza nemma, dass JAHWE Gott
(Elohim) ischd droba em Hemmel ond
dronta auf dr Erde, ond sonst koener.**
[40]Ond du sollst saene Satzonga ond
Gebot aehalta, mô i dr haet gib, dass
dr s emmer guat gôht ond später daene
Nåchkomma ond du lang lebst en dem
Land, mô JAHWE, dae Gott (Eloheyka)
dr geba will für älle Zeita.

Zom Vrgleicha: *Vers 1-4:* 30,15-20 • *Vers 2:* Offb 22,18f • *Vers 3:* 29,1; Num 25,1-9 • *Vers 5:* 12,1; 31,13 • *Vers 7-8:* Rö 3,2 • *Vers 9-14:* 5,2-31; Ex 19 – 20; Dtn 5,24; 29,1; 31,13; 32,46 • *Vers 11-12:* Hebr 12,18f • *Vers 12:* Joh 1,18; 5,37; 6,46 • *Vers 15-19:* 5,8f • *Vers 19-20:* 32,8f; 17,2-5; 29,25 • *Vers 20:* 9,29; 1Kö 8,51 • *Vers 21:* 1,37 • *Vers 23:* 29,24 • *Vers 24:* 5,9; Hebr 12,29 • *Vers 25-28:* 28,15-68 • *Vers 26:* 30,18f; 31,28 • *Vers 28:* 27,15; 28,36; Ps 115,4-8; 135,15-18 • *Vers 29-31:* 30,1-10 • *Vers 31:* Gen 15,18 • *Vers 32-40:* 8,2-6 • *Vers 34:* 34,11 • *Vers 35:* Mk 12,32; 1Kor 8,4 • *Vers 37:* 10,15; • *Vers 38-39:* 18,12; 1Kor 8,4.

D Asylstädt em Ostjordanland: 4 41-43
[41]Selligsmål håt dr Mose auf dr andera
Seite vom Jordan drei Städt ausgschieda
Osta zua, [42]dass a jeder, mô ohne
Vorsatz ebber ombrengt, ohne dass r
vôrher mit am vrfaendat gwea ischd,
am Leba bleiba därf, wann r en oena
von dene nôflüchtat. [43]Des ischd Bezer
en dr Steppe, en dr Hochebene für d
Rubeniter; ond Ramot en Gilead für d
Gaditer ond Golan em Baschan für d
Manassiter.

Zom Vrgleicha: *Vers 41-43:* 19,1-10; Num 35,6-
15.

D VRKÜNDIGONG VOM GSETZ: 4 44 – 28 68

Ort ond Zeit: 4 44-49
44Also des ischd d Åweisong, mô dr
Mose de Israelita vôrglegt håt. 45Des
send d Vôrschrifta ond d Satzonga
ond d Rechtsvôrschrifta, mô dr Mose
de Israelita vrkündigt håt, mô se aus
Ägypten rauskomma send, 46jenseits vom
Jordan en dr Schlucht vôr Bet-Pegor em
Land vom Amoriterkönig Sihon, der mô
en Heschbon residiert håt, ond den, mô
dr Mose ond d Israelita gschlaga hent,
mô se aus Ägypten komma send. 47Ond
se hent sae Land aegnomma ond s Land
vom König Og von Baschan, s Land von
dene zwôe Amoriterkönig jenseits vom
Jordan, Osta zua, 48von Aroër am Rand
vom Arnontal bis ens Siongebirge, des
ischd dr Hermon – 49ond de ganz Araba
jenseits vom Jordan, Osta zua bis ans
Meer von dr Araba onterhalb von de
Pisgasteilhäng.

Dr Bund am Horeb: Zehn Gebot: 5 1-22
5 Ond dr Mose håt s ganze Volk Israel
zsemagruafa ond zo nen gsaed:
Horch her, Israel, dia Satzonga ond
Rechtsvôrschrifta, mô i euch haet en
eure Ohra sag, dia sollat ihr lerna ond
achta, dass r drnåch lebat.
2JAHWE, onser Gott (Eloheynu), håt
mit ons an Bund gschlossa am Horeb;
3Et bloß mit onsere Vädr håt JAHWE
den Bund gschlossa, sondern ao mit ons
selber, mit älle, mô haet no am Leba
send.
4Aog en Aog håt JAHWE mit euch
gredat am Berg mittla aus am Feuer.
5I ben selligsmål zwischa euch ond
JAHWE gstanda, zom euch am
Herrgott (JAHWE) sae Red vrkünda,
weil ihr vôr lauter Angst vôr dem Feuer
et auf da Berg nauf gstiega send, ond ER
håt gsaed:
6I ben JAHWE, dae Gott (Eloheyka),
der mô de aus am Land Ägypten
raus gholt håt, aus dr Sklaverei. 7Du
sollst neba mir koene andere Götter
(Elohim) han.
8Mach dr koe Schnitzbild, a Abbild
von irgend ebbas em Hemmel droba,
no von ebbas auf dr Erde, no von
ebbas was en de Wasser onter dr Erde
ischd. 9Bete se et å ond dien en et; weil
i, JAHWE, dae Gott (Eloheyka), ben
a Gott (El), mô eifrig hoemsuacht d
Schuld von de Vädr an de Kender bis
ens dritte oder vierte Glied von dene,
mô mi hassat; 10aber gnädig ischd bis
ens tausendste Gschlecht von dene, mô
me mögat ond maene Gebot aehaltat.
11Du sollst da Nåma JAHWE, von daem
Gott (Eloheyka) et zo Lug ond Trug
mißbraucha, dr Herrgott (JAHWE)
lässt nämlich den et ogstråft, mô saen
Nåma en da Dreck ziagt.
12Achte da Sabbat, halt an haelig, wia
de s JAHWE, dae Gott (Eloheyka)
ågwiesa håt.
13Sechs Däg sollst d schaffa ond dae
Sach erlediga, 14aber dr siebte Dag
ischd Sabbatfeier von JAHWE, daem
Gott (Eloheyka). Då därfst mr nex
schaffa, weders du, no dae Soh, no dae
Tochter, no dae Sklav, no dae Sklavin,
no dae Ochs ond dae Esel ond dae
ganzs Vieh ond ao dae Gast, der en
daene Stadttôr ischd, dass dae Knecht
ond dae Magd ausruha könnat wia du.
15Ond denk drå, dass da selber Sklave

gwea bist em Land Ägypten, ond dass de JAHWE, dae Gott (Eloheyka) von sell raus gholt håt mit starker Håd ond mit ausgstrecktam Arm. Drom håt de JAHWE, dae Gott (Eloheyka), ågwiesa, an dem Dag da Sabbat zom feiera.
16Gib daem Vadr ond daener Muader d Ehr (was se brauchat zom Leba), so wia de s JAHWE, dae Gott (Eloheyka), ghôeßa håt, dass da lang lebst ond dass dr s guat gôht en dem Land, mô JAHWE, dae Gott (Eloheyka), dr geit.
17Du sollst et morda! 18Du sollst dae Ehe et brecha! 19Ond stehla sollst d ao et! 20Ond du sollst gega daen Nächsta koe falschs Zeugnis aussaga! 21Ond du sollst daem Nächsta sae Frao et wölla! Ond en Gluschta auf daem Nächsta sae Haus, saen Acker, ond saen Knecht ond sae Magd, saen Ochsa ond saen Esel ond ällas, was dae Nächster håt, sollst ao et han.
22Dia Wort håt dr Herrgott (JAHWE) zor ganza Gemaendevrsammlong gsaed auf am Berg, mittla aus am Feuer raus ond aus de Wolka ond aus de Raochschwada raus mit ra gewaltiga Stemm, ond sonst nex. Nå håt r s auf zwôe Stoetafla gschrieba ond mir übergeba.

Zom Vrgleicha: *Vers 1:* 11,32; 12,1; 26,16 • *Vers 2-31:* Apg 7,38 • *Vers 3:* 28,69; 29,13f • *Vers 4-22:* Ex 19f,13 • *Vers 6-22:* Ex 20,2-18 • *Vers 10:* 11,1 • *Vers 13:* Ex 23,12; 34,21; Lk 13,14 • *Vers 14:* Mk 2,27; Lk 23,56 • *Vers 15:* 15,15; 16,12; 24,18.22; Apg 13,17 • *Vers 16-21:* Mt 19,18f; Lk 18,20; Rö 13,9 • *Vers 16:* Mt 15,4; Mk 7,10; Eph 6,2f • *Vers 17f:* Jak 2,11; Mt 5,21 • *Vers 5:* 12,1; 31,13 • *Vers 7-8:* Rö 3,2 • *Vers 9-14:* 5,2-31; Ex 19 – 20; Dtn 5,24; 29,1; 31,13; 32,46 • *Vers 18:* Mt 5,27 • *Vers 21:* Rö 7,7 6 • *Vers 22-27:* Hebr 12,18.

D Aesetzong vom Mose als Vrmittler vom Gsetz: 5 23-33

23Aber mô ihr dui Stemm aus dera Fensternis ghört hent, während dr Berg em Feuer brennt håt, då send ihr zo mr herkomma, eure Stammesfürsta ond de Älteste, 24ond r hent gsaed: Guck, JAHWE, onser Gott (Eloheynu), haet hent mir sae Herrlichkaet ond sae Größe gseha ond sae Stemm ghört mittla aus dem Feuer, mir hent vrlebt, wia Gott (Elohim) mit am Menscha gredat håt, ond der bleibt am Leba. 25Wårom sollat mir nå jetzt sterba? Des graoße Feuer frisst ons nämlich auf; wann mir no länger d Stemm von JAHWE, onseram Gott (Eloheynu) hörat, nå müaßat mr sterba. 26Wehler Mensch könnt a Stemm vom lebendiga Gott (Elohim) reda höra mittla aus am Feuer, so wia mir, ond dät am Leba bleiba? 27Gang du alloe nô ond horch, was JAHWE, onser Gott (Eloheynu) saed, ond nå saesch d ons ällas, was JAHWE, onser Gott (Eloheynu) gsaed håt. Nå wöllat mir s ons åhöra ond s ao doa. 28Mô nå dr Herrgott (JAHWE) ghört håt, was ihr gsaed hent, håt ER zo mir gsaed: I han ghört, was des Volk zo dr gsaed håt; s ischd schao recht, was se gsaed hent, s ischd guat so. 29Wann doch des ao bloß ihr Herzensåliega bleiba dät, dass se emmer a Ehrfurcht vôr mr hätte ond maene Gebot älle aehalta däte, dass en s guat ganga dät ond ihre Kender für älle Zeita. 30Gang ond sag en: Gangat wieder en eure Zelt! 31Aber du stôhst jetzt zo mr her, dass e dr s ganze Gsetz vrkündige, jedas Gebot ond d Satzonga ond Rechtsvorschrifta, mô da dene beibrenga sollst, dass se s aehaltat en dem Land, des mô nen i geba will als Erbtôel.
32Dia sollat r achta ond doa, wia s euch JAHWE, euer Gott (Eloheykem), ghôeßa håt. Då sollat r et lenks oder rechts drvo abweicha! 33Auf am ganza Weg, den mô euch JAHWE, euer Gott (Eloheykem), ågwiesa håt, sollat r laofa,

nemmt älle Krankata von dr, ond dia
üble Seucha, mô da von Ägypten no
kennst, lässt r auf di et komma, sondern
legt se auf dia, mô di hassa dent. [16]Ond du
reibst älle dia Völker auf, mô JAHWE,
dae Gott (Eloheyka) an de auslieferat.
Schon se et, ond auf gar koen Fall därfst
d oem von ihre Götter (Elohim) deana,
des dät dr zom Fallstrick wera.
[17]Wann da dr aber selber saesch: Dia
Völker send jå viel stärker wian i! Wia
soll i dia bloß erobera?
[18]Drom sollst d vôr dene koe Angst
et han, sondern denk emmer drå, was
JAHWE, dae Gott (Eloheyka) am
Pharao ond ganz Ägypten dao hât.
[19]Denk an dia graoße Prüafonga, mô
da mit daene aegene Aoga gseha hâsch,
ond an dia Zaeche ond Wondertata, ond
an dui starka Hâd ond den ausgstreckta
Arm, mit dem de JAHWE, dae Gott
(Eloheyka) raus gholt hât. Genao so
macht s JAHWE, dae Gott (Eloheyka)
mit älle dene Völker, vôr dene mô du
Angst hâsch. [20]Ond ao dui Vrzagthaet
schickt JAHWE, dae Gott (Eloheyka)
zo dene, bis dr letzte Rest vrnichtat
ischd, mô sich vôr dr vrsteckt hât.
[21]Du brauchst vôr dene et vrschrecka
ond zrück weicha! JAHWE, dae Gott
(Eloheyka) ischd ganz gwieß en daener
Mitte als graoßer ond furchtbarer
Gott (El). [22]Ond JAHWE, dae Gott
(Eloheyka) vrtreibt dia Volksstämm
vôr dr nâch ond nâch. Du därfst se et
z schnell ausrotta, sonst dät s Wild em
Feld draußa überhand nemma. [23]Aber
JAHWE, dae Gott (Eloheyka) geit se dr
preis ond r brengt se ganz durchanander,
bis se ausgrottat send. [24]Ond r geit dr ihre
König en d Händ ond du lässt dene ihre
Nâma vrschwenda onter am Hemmel.
Koener hält daem Åblick stand, bis da
älle ausgrottat hâsch.
[25]Ihre Schnitzbilder sollat r em Feuer
vrbrenna. Wann dia mit Silber oder
Goldblech überzoga send, nå wöllat s et,
ond nemmat s et an euch, sonst könntat
r dren vrstrickt wera, für JAHWE, daen
Gott (Eloheyka) ischd des nämlich a
Graus. [26]Ond so en Graus därfst d et en
dae Haus brenga, sonst dätest am gleicha
Bann vrfalla wia des ganze Glomp. Du
sollst an Ekel ond en Abscheu drvôr
han, des ischd nämlich Bannguat.

Zom Vrgleicha: *Vers 1-26:* Ex 23,20-33; 34,11-16; Ri 2,1-5 • *Vers 1-2:* 20,17f; Jos 10,40 • *Vers 1:* Apg 13,19 • *Vers 4:* 13,3; 28,14 • *Vers 5:* Ex 23,24; 34,13 • *Vers 6-8:* 10,15; 14,2.21; 26,18f; 28,9; Ex 19,2-6; 22,30; Rö 9,4; Tit 2,14; 1Petr 2,9 • *Vers 8-11:* 8,2-6 • *Vers 8-10:* 5,6-10 • *Vers 8:* Hos 11,1; Gen 15,18 • *Vers 9:* 11,1; 1Kor 1,9; 13,10 • *Vers 12-16:* 28,1-14 • *Vers 13:* 28,4; Lk 1,42 • *Vers 15:* 28,27; Ex 15,26 • *Vers 16:* 19,13 • *Vers 17-18:* 1,28-31; 20,2-4; 18,12 • *Vers 18:* 29,1 • *Vers 25-26:* Jos 7 • *Vers 25:* 7,5; 27,15.

Israel ond dr Reichtom: 8 1-20

8 Des ganze Gsetz, mô i de haet
drauf vrpflichte, sollat ihr achta ond
aehalta, dass r am Leba bleibat ond euch
vrmehrat ond des Land erbat, môn r
naekommat, mô dr Herrgott (JAHWE)
eure Vädr zuagschwora hât.
[2]Ond denk an den langa Weg, den mô
JAHWE, dae Gott (Eloheyka) de hât
ganga lassa, dia vierzg Jåhr en dr Wüste,
zom de zrechtbiaga ond de auf d Prob
stella, dass r sieht, wia da gsonna bist,
ob da saene Gebot aehalta dätest oder
et. [3]Ond r hât de boga ond de Honger
leida lassa, ond r hât de s Manna essa
lassa, des mô du et kennst hâsch ond
daene Vädr hent s ao et kennt, dass da
kapierst: **dr Mensch lebt et bloß alloe
vom Brot, sondern von ällam, was aus
am Mund von JAHWE kommt, lebt
dr Mensch.**
[4]Daene Klôeder send et vrschlissa ond
daene Füaß send et gschwolla en dene
vierzg Jåhr, [5]dass da erkennst en daem
Herza: So, wia oener saen Soh ziagt, so

ziagt di JAHWE, dae Gott (Eloheyka).
[6]Ond du sollst d Gebot von JAHWE,
daem Gott (Eloheyka) achta, endem da
auf saem Weg laofst ond a Ehrfurcht vor
am håsch.
[7]JAHWE, dae Gott (Eloheyka), lässt de
nämlich en a prächtigs Land komma,
a Land mit Wasserbäch, Quella ond
viel Grondwasser, mô en de Täler ond
an de Berghäng rauslaoft. [8]A Land mit
viel Wôeza ond Gersta, Reba, Feiga
ond Granatäpfel, a Land mit Ölbaem
ond Honig. [9]A Land, mô s et kärglich
zuagôht, wann da dae Brot isst, då fehlt
dr s an nex. A Land, mô en de Stoe
Erz ischd ond mô da aus de Berg Erz
raus graba kåsch. [10]Du kåsch essa bis
da satt bist ond JAHWE, daen Gott
(Eloheyka) preisa für des prächtige
Land, môn r dr geba håt. [11]Hüat de
aber drvôr, dass da JAHWE, daen Gott
(Eloheyka) vrgißt, ond saene Gebot
ond Rechtsvôrschrifta ond Satzonga et
aehältst, môn e de haet drauf vrpflichtat
han. [12]Ond wann da gessa håsch ond
satt wôra bist ond schöne Häuser baut
håsch ond dren wohnst [13]ond dae Vieh
ond dae Kloevieh sich vrmehrt håt ond
Silber ond Gold sich vrmehrt ond dae
Hab ond Guat emmer graeßer wird,
[14]nå paß bloß auf, dass dae Herz et
haochfährig wird ond du JAHWE, daen
Gott (Eloheyka) vrgißt, der mô de aus
am Land Ägypten rausgholt håt aus dr
Sklaverei; [15]der mô de durch de graoß
ond schrecklich Wüste gführt håt, mô
s Brandnattera geit ond Skorpion, ond
koe Wasser då; ond sell für de Wasser
aus am Kiesfelsa rausschiaßa lassa håt;
[16]der mô de en dr Wüste Manna essa
lassa håt, des mô daene Väder et kennt
hent, dass r de zrecht biagt ond de auf
d Prob stellt, zom dr für dae Zuakonft
ebbas Guats doa. [17]Möchtest vielleicht
en daem Herza saga: Mae Kraft ond
mae starka Håd håt mr des Vrmöga då
vrschafft? [18]Denk liaber an JAHWE,
daen Gott (Eloheyka), der håt dr
nämlich d Kraft geba, dass da dr des
Vrmöga håsch schaffa könna ond zom
saen Bund aehalta, môn r daene Vädr
gschwora håt, wia s jetzt gschieht.
[19]Aber wann da JAHWE, daen Gott
(Eloheyka) vrgessa dätest, ond andere
Götter (Elohim) nåchlaofa dätest,
ond dene deana dätest, ond de dene
onterwirfst, nå möcht e euch haet
ganz drenglich warna, nå dätat r ganz
zgrond ganga [20]wia dia Volksstämm,
mô dr Herrgott (JAHWE) vôr euch
zgrond ganga lassa håt, so dätat ihr ao
zgrond ganga, wann r et auf d Stemm
von JAHWE, euram Gott (Eloheykem)
ghorcht hent.

Zom Vrgleicha: *Vers 1:* 16, 20 • *Vers 2-6:* 4,32-40; 7,8-11; 10,20-22; 11,1-7; 29,1-8 • *Vers 2:* 13,4; Gen 22,1; Ex 15,25; 16,4; 20,20 • *Vers 3:* Ex 17; Num 11,4-9; Mt 4,4; Lk 4,4; 1Kor 10,3 • *Vers 4:* 2,7; 29,4 • *Vers 5:* Hebr 12,7 • *Vers 7-20:* 6,10-14; 11,10-15; 2Kö 18,32 • *Vers 15:* Num 21,4-9; Ex 17,1-7 • *Vers 18:* Gen 15,18 • *Vers 19-20:* 28,15-68; 30,19.

Warnong vor Selbstüberheblichkaet: 9 1-8

9 Horch her, Israel! Du gôhst haet
über da Jordan nom ond eroberest
Volksstämm, mô graeßer ond stärker
send wia du, graoße Städt mit
hemmelhaoche Stadtmaura. [2]A graoß
ond haochgwachses Volk, d Anakiter,
von dene mô da woeßt ond selber ghört
håsch: Wer kå de Anakiter standhalta?
[3]Des därfst d haet wissa, dass JAHWE,
dae Gott (Eloheyka), der ischd, mô vôr
dr nom gôht als a vrzehrends Feuer.
Der vrnichtat se ond onterwirft se
vôr dr, dass du se schnell erobera ond
ausrotta kåsch, so, wia s dr Herrgott
(JAHWE) dr vrsprocha håt. [4]Wann se
jetzt JAHWE, dae Gott (Eloheyka)
vôr dr her jagt, nå sag dr et en daem
Herza: Weil i so rechtschaffa ben, håt

me dr Herrgott (JAHWE) en des Land
då naegführt, zom s aenemma, drweilst
vrteibt s dr Herrgott (JAHWE) vôr
dr, weil se so frevelhaft send. 5Et wega
daener Rechtschaffahaet ond weil da
so gradlinig en daener Gsennong bist,
därfst Du en dene ihr Land naeganga ond
s aenemma. Sondern wega dene ihrer
Frevelhaftigkaet vrtreibt se JAHWE,
dae Gott (Eloheyka) ond enterbt se ond
macht des Wort wåhr, mô dr Herrgott
(JAHWE) daene Vädr gschwora håt,
am Abraham, am Isaak ond am Jakob.
6Des muaßt d also wissa, dass JAHWE,
dae Gott (Eloheyka), dir des prächtige
Land et geit zom Erbtôel wega daener
Rechtschaffahaet, du bist nämlich a
recht bockboenigs Volk. 7Denk drå,
ond vrgiß nia, wia da dr en dr Wüste
da Zôrn von JAHWE, daem Gott
(Eloheyka) zuazoga håsch, ågfanga an
dem Dag, mô da aus Ägypten rauszoga
bist bis r dåhanna her komma send.
Widerspenstig send r gega da Herrgott
(JAHWE) emmer gwea. 8Schao am
Horeb hent r da Herrgott (JAHWE)
so narrat gmacht, dass dr Herrgott
(JAHWE) euch en saem Zôrn ausrotta
wölla håt.

Zom Vrgleicha: *Vers 1-6:* 18,12 • *Vers 1-21,28;* 11,23 • *Vers 2:* 29,1; Num 13,32f • *Vers 3:* 6,19; 31,3; Hebr 12,29 • Vers *4-7:* 8,2-6 • *Vers 4-6:* Rö 10, 3; Phil 3,9 • *Vers 4:* 6,19.25; 8,17; Rö 10,6 • *Vers 5:* Gen 15,18 • *Vers 6:* 9,13; Ex 32,9; Apg 7,51 • *Vers 7:* 1,26.43; Num 20,10.24; Ez 20,8.13.21; Ps 78,17.40.56.

Dr Bundasbruch ond d Bundaserneuerong am Horeb:

9 9 – 10 11

9Mô i auf da Berg naufgstiega ben zom dia
Stoetafla en Empfang nemma, dia Tafla
mit dr Bundassatzong, von dem Bund,
mô dr Herrgott (JAHWE) mit euch
gschnitta håt, mô i vierzg Däg ond vierzg
Nächt auf dem Berg gwea ben ond koe
Brot gessa ond koe Wasser tronka han,
10då håt dr Herrgott (JAHWE) mir dia
zwôe Stoctafla übergeba, mô von Gott
(Elohim) mit saem Fenger gschrieba
wôra send, ond mô ällas draufgstanda
ischd, was dr Herrgott (JAHWE) am
Berg zo euch gsprocha håt aus dem
Feuer raus. 11Ond nach vierzg Däg ond
vierzg Nächt håt dr Herrgott (JAHWE)
mir dia zwôe Stoetafla übergeba, dia
Tafla mit dr Bundassatzong. 12Ond dr
Herrgott (JAHWE) håt zo mr gsaed:
Stand auf ond gang ganz schnell na, des
Volk, mô du aus Ägypten rausgführt
håsch, benemmt sich schlecht. Dia
send jå schnell von dem Weg gwicha,
mô i nen ågeba han, dia hent sich a
Gussbild gmacht. 13Ond dr Herrgott
(JAHWE) håt weiters zo mr gsaed: I
han mr des Volk åguckt, des ischd a arg
bockboenigs Volk. 14Laß ab vo'mr, dass e
se ausrotte, dass e ihran Nåma ausradier
onter am Hemmel! Aber di will e zo
ama mächtiga ond graoßa Volk macha,
graeßer wia dia! 15Nå han e omdreht
ond ben da Berg nagstiega mit dene
zwôe Stoetafla mit dr Bundassatzong
en de Händ. 16Nå han e s gseha: Ihr
hent euch vrsündigt gega JAHWE,
euran Gott (Eloheykem), ihr hent euch
a goldes Kälble gossa. Agwicha send r
von dem Weg, den mô euch dr Herrgott
(JAHWE) ågwiesa håt. 17Auf des nô han
i dia zwôe Stoetafla gnomma ond mit
bôede Händ nôgschmissa ond vôr eure
Aoga zsemakeit.

18Ond i ben vôr am Herrgott (JAHWE)
nôgsonka wia beim ersta Mål ond han
wieder vierzg Däg ond vierzg Nächt koe
Brot gessa ond koe Wasser tronka wega
älle eure Sünda, mô ihr dao hent, môn
r Sacha gmacht hent, mô em Herrgott
(JAHWE) saene Aoga Orecht gwea
send, ond môn r an drmit graezt hent.
19I han nämlich Angst om euch ghet em
Blick auf den Zôrn, mô dr Herrgott

(JAHWE) auf euch ghet håt zom euch
ombrenga. Aber dr Herrgott (JAHWE)
håt ao desmål auf me ghört. [20]Ao auf
da Aaron håt dr Herrgott (JAHWE)
so a Wuat ghet, dass r an ombrenga
wölla håt. I han selligsmål ao für da
Aaron betat. [21]Ond euer Sündawerk,
des Kälble, môn r gmacht hent, han
e gnomma ond ens Feuer gschmissa
ond so lang zsemagstampft, bis s Staob
gwea ischd, ond han sae Äscha en da
Bach gschmissa, der mô aus am Berg
rauskomma ischd.
[22]Ao en Tabera, en Massa ond en
Kibrot-Taawa hent r da Herrgott
(JAHWE) gega euch aufbråcht. [23]Ond
mô euch dr Herrgott (JAHWE) von
Kadesch-Barnea fortgschickt håt mit dr
Åweisong: Gangat nauf ond nemmat des
Land ae, mô i euch geba will! Då hent r
euch dr Åweisong von JAHWE, euram
Gott (Eloheykem), widersetzt, r hent
am et vrtraut ond hent auf saen Åruaf et
ghört. [24]Widerspenstig send r gwea gega
da Herrgott (JAHWE) von dem Dag å,
môn e von euch ebbas gwißt han.
[25]Drom ben e dia vierzg Däg ond dia
vierzg Nächt vôr am Herrgott (JAHWE)
nôgsonka, weil dr Herrgott gsaed håt,
dass r euch ausrotta will. [26]So han e
me beim Herrgott (JAHWE) für euch
aegsetzt ond gsaed: JAHWE, mae Herr,
vrdirb et dae Volk ond dae Aegatom,
des mô da freikaoft håsch mit daener
Macht, ond des mô da rausgholt håsch
aus Ägypten mit starker Håd. [27]Denk
an daene Knecht, an da Abraham, an da
Isaak ond an da Jakob! Achte doch et auf
dem Volk sae Bockboenigkaet, auf saen
Frevel ond auf sae Sündaschuld. [28]Dass
se en dem Land, mô du se rausgholt
håsch et saga könnat: JAHWE ischd
ofähig, zom se en des Land naeführa,
môn r en vrsprocha håt, ond weil r se
haßt, håt r se bloß rausgholt, zom se en
dr Wüste sterba lassa. [29]Des ischd doch
aber dae Volk, dae Aegatom, mô du mit
starker Håd ond mit am ausgstreckta
Arm rausgholt håsch.

10 Selligsmål håt dr Herrgott
(JAHWE) zo mr gsaed: Hao dr
zwôe Stoetafla zrecht, so wia de erste
gwea send, ond steig zo mr rauf auf da
Berg; mach ao a Truhe aus Holz! [2]Nå
schreib e auf dia Tafla de gleiche Wort
wia auf de erste Tafla, mô da zsemakeit
håsch, ond dia legst d en dui Truhe
nae. [3]Ond i han a Truhe gmacht aus
Akaziaholz ond zwôe Stoetafla zrecht
ghaoa, so wia de erste gwea send. Nå
ben e auf da Berg naufgstiega mit dene
zwôe Tafla en de Händ. [4]Ond r håt auf
dia Tafla de gleich Inschrift gmacht
wia auf de erste, dia zehn Wort, mô dr
Herrgott (JAHWE) zo euch am Berg
gsprocha håt aus am Feuer, am Dag
von dr Vrsammlong. Ond dr Herrgott
(JAHWE) håt se mir übergeba. [5]Nå han
e kehrt gmacht ond ben wieder da Berg
nagstiega ond han die Tafla en dui Truhe
naeglegt, môn e gmacht ghet han. Ond
då send se dren blieba, so wia me s dr
Herrgott (JAHWE) ågwiesa håt. [6]Ond
d Israelita send aufbrocha von Beerot-
Bene-Jaakan nach Moser. Sell ischd d r
Aaron gstôrba ond ischd ao sell beerdigt
wôra. Ond sae Soh, dr Eleasar ischd
an saener Stell Priaster wôra. [7]Von sell
send se nach Gudgod aufbrocha ond
von Gudgot nach Jotbata, des ischd a
Landschaft, mô viel Bachlaef send. [8]En
dera Zeit håt dr Herrgott (JAHWE) da
Stamm Levi ausgsonderat, zom d Truhe
mit am Bundasgsetz vom Herrgott
(JAHWE) traga, ond vôr am Herrgott
(JAHWE) Denst laesta ond en saem
Nåma zom segna bis auf den Dag nô.
[9]Drom ischd de Levita ao koe Åtôel ond
koe Aegatom bei ihre Brüader zuatôelt
wora. Dr Herrgott (JAHWE) ischd
sae Aegatom, so, wia s dr Herrgott
(JAHWE), dae Gott (Eloheyka), am

vrsprocha håt.
[10]Aber i ben wia s erste Mål vierzg Däg
ond vierzg Nächt auf am Berg gstanda.
Ond dr Herrgott (JAHWE) håt ao
des Mål auf me ghört: dr Herrgott
(JAHWE) håt de et zgrond richta wölla.
[11]Ond dr Herrgott (JAHWE) håt zo mr
gsaed: Stand auf ond gang vôr dem Volk
her, dass se en des Land naekommat ond
s aenemmat, môn e ihre Vädr gschwora
han, dass e s en gib.

Zom Vrgleicha: *Kap. 9 Vers 9-29:* Ex 32 • *Vers 9:* 5,22; Mt 4,2; Lk4,2 • *Vers 10-11:* 2Kor 3,3 • *Vers 10:* Ex 31,18; Apg 7,38 • *Vers 14:* Ex 32,10; Num 14,12 • *Vers 19:* Hebr 12,21 • *Vers 22:* Ex 17,2-7; Num 11 • *Vers 23:* 1,19-40; Num 13f • *Vers 26-29:* Ex 32,11-13; Num 14,13-19 • *Kap 10 Vers 1:* Ex 34,1 • *Vers 3-5:* Hebr 9,4 • *Vers 6-7:* Num 33,31-33; 20,22-29 • *Vers 8:* 17,9.18; 18,1.5; 21,5; 24,8; 27,9; 31,9 • *Vers 9:* 12,12; 14,27.29; 18,1f • *Vers 11:* Ex 32,34; 33,1.

Bundastreue ond Ernte: 10 12 – 11 21

[12]Ond jetzt, Israel, was JAHWE, dae
Gott (Eloheyka) von dr vrlangt: was
anders, als dass du vor JAHWE, daem
Gott (Eloheyka), a Ehrfucht håsch ond
auf älle saene Weg laofst ond an mågst
ond JAHWE, daem Gott (Eloheyka)
dienst, aus ganzam Herza ond aus
ganzer Seel, [13]endem da am Herrgott
(JAHWE) saene Gebot ond saene
Satzonga aehälst, môn e de haet drauf
vrpflichte, zo daem Besta? [14]Guck,
JAHWE, daem Gott (Eloheyka), gherat
d Hemmel über älle Hemmel ond d
Erde mit ällam, was drauf ischd. [15]Aber
bloß an daene Vädr ischd dr Herrgott
ghangt ond håt se möga, ond r håt ihre
Nåchkomma auserwählt aus älle Völker,
wia mr s haet no sieht.
[16]Ond ihr sollat d Vôrhaut von eure
Herza beschneida ond et länger
bockboenig sae. [17]Weil JAHWE, euer
Gott (Eloheykem), ischd der Gott
(Elohey) von de Götter (Elohim) ond
dr Herr von de Herra, dr graoße Gott
(El), dr Held ond dr Furchtbare, bei
dem s koe Åseha von Persona geit
ond der, mô obestechlich ischd. [18]Der
vrschafft de Wôesa ond de Witwa ihr
Recht ond r måg da Fremdleng ond
geit am Nahrong ond Klôedong. [19]Ao
ihr sollat da Fremdleng möga, weil ihr
selber Fremdleng gwea send em Land
Ägypten.
[20]Vôr JAHWE, daem Gott (Eloheyka),
sollst d a Ehrfurcht han, ond am deana,
ond an am hanga, ond bei saem Nåma
sollst d schwöra. [21]Er ischd dae Ruhm,
jå, er ischd dae Gott (Eloheyka), der
mô an dir graoße ond furchtbara Tata
dao håt, dia mô daene Aoga gseha hent.
[22]Siebzg Leut send daene Vôrfahra gwea,
mô se nach Ägypten naganga send, ond
jetzt håt JAHWE, dae Gott (Eloheyka),
de so zahlreich gmacht wia d Stern am
Hemmel.

11 Ond du sollst JAHWE, daen Gott
(Eloheyka) möga ond daener
Lebdag saene Bestimmonga ond saene
Satzonga ond saene Rechtsvôrschrifta
ond saene Gebot achta ond aehalta.
[2]Ihr vrstandat se haet, aber eure Kender
wissat et Bschôed, weil dia jå d Erziehong
von JAHWE, euram Gott (Eloheykem),
et mitgmacht hent, sae Graeße, sae
starka Håd ond saen ausgstreckta Arm
[3]ond saene Zaeche ond Tata: was r am
Pharao, am König von Ägypten mittla
en Ägypten ond saem ganza Land ådao
håt, [4]ond was r mit am Heer von Ägypten
gmacht håt, an saene Rösser ond an
saene Kampfwäga, môn r d Wasser
vom Schilfmeer über en zsema schlaga
lassa håt, mô se henter euch her ghetzt
send ond wian r se zgrond grichtat håt
bis auf da haetiga Dag. [5]Ond was r an
euch dao håt en dr Wüste, bis r dåhanna
her komma send. [6]Ond was r am Datan
ond am Abiram dao håt, de Söh vom
Eliab, der mô am Ruben sae Soh gwea

ischd, mô d Erde ihr Maul aufgrissa håt ond dia mitsamt ihre Häuser ond Zelt vrschlonga håt ond mit ihram ganza Tross, mittla en Israel. 7Währle, eure Aoga hent dia graoße Tata gseha, mô dr Herrgott (JAHWE) dao håt.

8Ond ihr sollat s ganze Gsetz aehalta, mô i euch haet drauf vrpflichte, dass r stark werat ond naekommat ond des Land aenemmat, mô ihr jetzt nom gangat, zom s erba. 9Ond dass r lang lebat en dem Land, von dem mô dr Herrgott (JAHWE) eure Vädr gschwora håt, dass r s ehne ond ihre Nåchkomma geba will, a Land, mô Milch ond Honig fliaßat. 10Des Land, mô du naekommst zom s erba ischd nämlich et so wia s Land Ägypten, von mô ihr auszoga send. Sell håsch d da Boda mit daene Füaß wässera müaßa wia en Gmüasgarta, wann ausgsät gwea ischd. 11Während des Land, mô ihr jetzt nom gangat zom s erba, a Land mit Berg ond Talaoa ischd; des trenkt vom Hemmelstao ond vom Regawasser, 12a Land, mô JAHWE, dae Gott (Eloheyka), sich drom kümmerat. Emmer håt JAHWE, dae Gott (Eloheyka), a Aog drauf, vom Åfang vom Jåhr bis zom End vom Jåhr. 13Wann r auf maene Gebot horchat, mô i euch haet drauf vrpflichte, dass r JAHWE, euran Gott (Eloheykem), mögat ond am deanat von ganzam Herza ond von ganzer Seel, 14nå geit r euram Land Rega zo saener Zeit, Herbstrega ond Früahlengsschauer, ond du kåsch dae Korn, daen Wae ond dae Öl raehola. 15Ond i gib daem Vieh sae Gras em Feld draußa, ond du kåsch essa bis da satt bist. 16Hüatat euch aber, dass mr euer Herz et vrführt, dass r (vom Weg) abweichat ond andere Götter (Elohim) deanat ond euch dene onterwerfat. 17Des dät da Herrgott (JAHWE) zôrnig macha, ond r dät da Hemmel zua schliaßa, dass koe Rega maeh komma ond dr Ackerboda nex maeh hergeba dät, ond ihr dätat schnell vrschwenda von dem guata Land, mô euch dr Herrgott (JAHWE) geit.

18Ihr sollat also maene Wort en euer Herz ond en euer Seel schreiba, ond se euch als Merkzaeche auf d Håd benda ond als Schmuck an euer Stirn. 19Ond ihr sollat se eure Kender beibrenga ond s en vrzähla wann da en daem Haus hockst ond wann da spaziera laofst, wann da ens Bett gôhst ond wann da aufstôhst. 20Schreib se an d Türapfosta von daem Haus nô ond en daene Stadttôr, 21dass ihr ond eure Kender lang lebat auf dem Erdaboda, den mô dr Herrgott (JAHWE) eure Vädr zuagschwora håt, so lang sich dr Hemmelt über d Erde wölbt.

Zom Vrgleicha: *Kap. 10 Vers 12f:* 6,4-25; 11,1 • *Vers 12:* Mi 6,8 • *Vers 15:* 7,6-8 • *Vers 16:* 9,6.13; Jer 4,4; Rö2,29 • *Vers 17:* 19,16; Apg 10,34; Rö 2,11; Gal 2,6; Eph 6,9; Kol 3,25; 1Tim 6,1; 1Petr 1,1; Offb 17,14 • *Vers 19:* Ex 22,20; 23,9 • *Vers 20-22:* 8,2-6 • *Vers 20:* 6,13 • *Vers 21:* 29,1 • *Vers 22:* Gen 46,27; Ex 1,5; Apg 7,14; Hebr 11,12 • *Kap. 11 Vers 1-7:* 8,2-6 • *Vers 1:* 5,1; 6,5; 7,9; 10,12; 11,13.22; 13,4; 19,9; 30,6.16.20 • *Vers 2/7:* 29,1 • *Vers 3:* Ex 7,15 • *Vers 4:* Ex 14f • *Vers 5:* Ex 16; Num 21 • *Vers 6:* Num 16 • *Vers 8:* 16,20 • *Vers 9:* 6,3 • *Vers 13-17:* 28 • *Vers 13:* 11,1 • *Vers 14:* Jak 5,7 • *Vers 17:* 28,23 • *Vers 18-20:* 6,6-9; 30,11-14.

D Aenåhm vom Land wird vrsprocha: 11 22-25

22Also wann ihr s ganze Gsetz aehaltat, môn e euch drauf vrpflichte, endem r JAHWE, euran Gott (Eloheykem), mögat ond auf älle saene Weg laofat ond an am hangat, 23nå enterbt dr Herrgott (JAHWE) älle dia Volksstämm då vôr euch weg, ond ihr nemmat graeßere ond mächtigere Volksstämm ae als wia dia. 24A jeder Ort, mô ihr euran Fuaß drauf setzat, ghert euch. Ågfanga en dr Wüste ond am Libanon, vom Eufrat-Strom bis ans Meer em Westa. 25Koener kå euch standhalta, JAHWE, euer Gott (Eloheykem), lässt Angst ond Schrecka vôr euch herganga em ganza Land, wann ihr naegangat, so, wian r s euch vrsprocha håt.

Zom Vrgleicha: *Vers 22-25:* 18,12; Jos 1,1-9 • *Vers 22:* 11,1 • *Vers 23:* 7,1; 1,28; 9,1 • *Vers 24:* 1,7; 19,8 • *Vers 25:* 2,25; 28,10.

Überlôetong: 11 26-33

[26]Guck, ich leg euch haet Sega ond Fluach vôr. [27]Da Sega geits, wann r auf d Gebot von JAHWE, euram Gott (Eloheykem), horchat, auf dia, môn e euch haet drauf vrpflichte. [28]Ond da Fluach, wann r et höra wöllat auf d Gebot von JAHWE, euram Gott (Eloheykem), horchat, ond abweichat von dem Weg, môn e euch haet ågwiesa han, ond andere Götter nåchlaufat, dia môn r no gar et kennat. [29]Ond wann de JAHWE, dae Gott (Eloheyka), en des Land komma lässt, zom s aenemma, nå sollst d da Sega auf am Berg Garizim vrkündiga, ond da Fluach auf am Berg Ebal. [[30]Send dia et über am Jordan drüba henter dr Stråß em Westa, en de Kanaaniter ihram Land, dia mô en dr Araba wohnat vôr am Rengwall, bei de Stoeôecha vom Rechtsweiser.]
[31]Wann ihr über da Jordan nomgangat, zom des Land aenemma, mô euch JAHWE, euer Gott (Eloheykem), geit, dass r s erbat ond euch dren åsiedlat, [32]nå sollat ihr en dem, was r dent, älle Satzonga ond Rechtsvôrschrifta aehalta, môn e euch haet drauf vrpflichtat han.

Zom Vrgleicha: *Vers 26-28:* 28 • *Vers 29:* 27,2-26 • *Vers 31-32:* 12 - 26 • *Vers 32:* 5,1.

D SAMMLONG VON DE DEUTERONOMISCHE GSETZ: 12 1 – 26 19

Aelaetong: 12 1

12 Des send d Satzonga ond Rechtsvôrschrifta, nach dene ihr leba sollat en dem Land, mô euch JAHWE, dr Gott (Elohey) von daene Vädr dir geit, zom s erba für de ganz Zeit, mô ihr auf am Erdboda lebat.

Zom Vrgleicha: *Vers 1:* 4,5; 5,1; 31,13.

Zrstörong von älle fremde Kultstätta: 12 *2-3*

[2]Ihr sollat älle dia Stätta zrstöra, mô dia Volksstämm, mô ihr eroberat, ihran Kultdenst trieba hent: auf de haoche Berg ond auf de Bückel ond onter jedam bsonders graoßa Baom. [3]Ihre Altär ond ihre Stoemäler haoat r zsema, ond ihre Kultpfähl vrbrennat r em Feuer, ond ihre gschnitzte Götzabilder hackat r zsema, ond ihre Nåma radierat r aus von dem Platz.

Zom Vrgleicha: *Vers 2:* 1Kö 14,23; 2Kö 16,4; 17,10; Jer 2,20; Hos 4,13 • *Vers 3:* 7,5.25; Ex 23,24; 34,13.

Für Israel geits bloß oe Kultstätte: 12 4-7

[4]An JAHWE, euram Gott (Eloheykem), sollat r s et so macha, [5]sondern om den Platz, mô JAHWE, euer Gott (Eloheykem), rausgsuacht håt bei oem von eure Stämm, zom saen Nåma aesetza als sae Wohnong, då sollat r euch drom kümmera, ond du sollst dort nôkomma.
[6]Ond sell sollat r eure Brandopfer nôbrenga, eure Schlachtopfer ond euran Zehnta ond s Hebopfer, eure Gelübde aelösa, ond eure Spenda ond d Erstleng vom Vieh ond vom Kloevieh. [7]Ond ihr sollat sell essa vôr JAHWE, euram Gott (Eloheykem). Ond ihr sollat euch über ällas fraea, was r mit eure Händ gschafft hent, ihr ond eure Familia, mô de JAHWE, dae Gott (Eloheyka), drmit

gsegnat håt.
Zom Vrgleicha: *Vers 4-28:* Ex 20,24; 2Kö 18,22; Joh 4,20 • *Vers 5:* 12,21; 14,24; 1Kö 9,3; 11,36; 2Kö 21,4.7; 1Kö 6,13; 8,12.

Dr Zeitpunkt für s Enkrafttreta: 12 8-12

[8]Machat s et so, wia s haet gschieht, dass
a jeder duat, was er grad für richtig hält,
[9]ihr send nämlich bis jetzt no gar et zor
Ruah komma ond zo dem Aegatom, mô
JAHWE, dae Gott (Eloheyka), dr geba
will. [10]Wann r nom komma send über da
Jordan ond euch åsiedlat en dem Land, mô
JAHWE, euer Gott (Eloheykem), euch
zuaaegnat, wann r euch Ruah schenkt
von älle eure Faend rengsrom ond ihr
en Sicherhaet sesshaft wôra send, [11]nå
sollat ihr an den Ort, mô JAHWE, euer
Gott (Eloheykem), rausgsuacht håt für
sich, zom saen Nåma dort wohna lassa,
ällas nôbrenga, was e euch ågwiesa han:
eure Brandopfer ond eure Schlachtopfer
ond euran Zehnta ond s Hebopfer, ällas
Ausgsuachte von eure Gelübde, môn r
am Herrgott (JAHWE) vrsprocha hent.
[12]Ond ihr sollat euch fraea vôr JAHWE,
euram Gott (Eloheykem), ihr ond eure
Söh ond eure Töchter ond eure Knecht
ond eure Mägd ond der Levit, der mô
en euram Ort wohnt, weil der jå koen
Åtôel ond Erbtôel bei euch håt.
Zom Vrgleicha: *Vers 10:* 2Sa 7,1.11; 1Kö 5,5 • *Vers 11:* 14,23; 16,2.6.11; 26,2; Jer 7,12 • *Vers 12:* 10,9.

Onterschôedong von Opfer ond Schlachtong: 12 13-19

[13]Hüat de, dass da daene Brandopfer
et an irgend ama Platz darbrengst,
mô du rausgsuacht håsch! [14]Sondern
ausschliaßlich an dem Ort, den mô dr
Herrgott (JAHWE) bei oem von daene
Stämm rausgsuacht håt, då sollst du
daene Brandopfer darbrenga, ond då
sollst ao ällas des doa, was e de ågwiesa
han. [15]Ansonsta kåsch d metzga ond
Flôesch essa überall en daene Ortschafta,
nach dem Sega, mô JAHWE, dae Gott
(Eloheyka), dr geba håt en älle daene
Ratstôr, dr Oraene wia dr Raene därf
s essa, wian a Gazell oder an Hirsch.
[16]Bloß s Bluat, des därfat r et essa, des
sollat r auf da Boda leera wias Wasser.
[17]En daene Ortschafta därfst d ao et vom
Zehnta essa, vom Korn, vom Wae ond
vom Öl, ao et d Erstleng von daem Vieh
ond von daem Kloevieh, ond jedas von
daene Gelübde, mô da vrsprocha håsch,
ond von daene Spenda ond Hebopfer;
[18]sondern vôr JAHWE, daem Gott
(Eloheyka), sollst d essa. An dem Ort,
den mô JAHWE, dae Gott (Eloheyka),
rausgsuacht håt für sich, du ond dae Soh
ond dae Tochter ond dae Knecht ond
dae Magd ond der Levit, ond an ällam,
was da mit daene Händ gschaffa håsch,
därfst d de fraea. [19]Hüat de ond laß da
Levita et em Stich, solang da auf daem
Boda lebst.
Zom Vrgleicha: *Vers 15-16:* 15,22f; 14,5 • *Vers 17-18:* 14,22-27 • *Vers 19: 14,27.*

S Bluat bei Opfer ond Schlachtonga: 12 20-28

[20]Wann JAHWE, dae Gott (Eloheyka),
dae Gebiet graeßer macht, so, wian r
s vrsprocha håt ond du saesch: I will
gern Flôesch essa! Weil da en Glusta
drauf håsch zom nach Herzenslust
amål Flôesch essa, nå iss Flôesch, so
viel en de nae gôht. [21]Wann der Ort,
den mô JAHWE, dae Gott (Eloheyka),
rausgsuacht håt, endem r saen Nåma
sell åbrengt, z weit weg ischd, nå därfst
d metzga von daem Vieh ond vom
Kloevieh, mô dr dr Herrgott (JAHWE)
geba håt, so, wian r s de ågwiesa håt.
Ond du därfst essa en daener Ortschaft
nach Herzenslust. [22]Bloß, eba so, wia mr
a Gazell oder an Hirsch isst, so därfst
d essa. Der, mô sich vroraenigt håt wia
dr Raene, mitanander sollat se s essa.

[23]Bloß, beherrsch de, dass da koe Bluat isst, weil s Bluat ischd d Seel, ond du sollst et d Seel mitsamt am Flôesch essa. [24]Des därfst d et essa, leer s auf da Boda wia s Wasser. [25]Des därfst d et essa, dass dr s guat gôht, dir ond daene Kender, weil da s Richtige dao håsch em Herrgott (JAHWE) saene Aoga. [26]Bloß daene Weihegaba, zo dene mô da vrpflichtat bist, ond daene Gelübde sollst d auflada ond an den Ort brenga, mô dr Herrgott (JAHWE) rausgsuacht håt.

[27]Dort sollst d daene Brandopfer darbrenga, s Flôesch ond s Bluat beim Altar von JAHWE, daem Gott (Eloheyka), ond s Bluat von daene Schlachtopfer soll ausgleert wera am Altar von JAHWE, daem Gott (Eloheyka). Ond s Flôesch därfst nå essa. [28]Bewahr dr s ond horch auf ällas, was e dr sag, dass dr s guat gôht, dir ond daene Kender für emmer, weil da duast, was Guat ond Recht ischd en de Aoga von JAHWE, daem Gott (Eloheyka).

Zom Vrgleicha: *Vers 20:* 19,8 • *Vers 21:* 12,5; 14,24 • *Vers 22-25:* 15,22f.

Kanaanäische Kultbräuch send vrbota: 12 29-31

[29]Wann JAHWE, dae Gott (Eloheyka), vôr dir dia Volksstämm ausrottat, mô da nôkommst, ond du dia enterbt håsch, ond en dene ihram Land åsiedelst, [30]nå hüat de, dass da et mit naezoga wirst en dene ihran Ontergang. Et dass da romsuachst nach dene ihre Götter (Eloheyhem) ond frågst: wia deanat denn dia Volksstämm ihre Götter (Eloheyhem)? I wills dene nåch macha! [31]So därfst d s mit JAHWE, daem Gott (Eloheyka), et macha; weil so, wia dia ihre Götter (Eloheyhem) deant hent, ischd des für da Herrgott (JAHWE) grauahaft, ond des haßt r. Dia hent sogar ihre Buaba ond Mädla für ihre Götter (Eloheyhem) em Feuer vrbrennt.

Zom Vrgleicha: *Vers 29-31:* 7 • *Vers 30:* Ex 23,33 • *Vers 31:* 18,9f; 2Kö 17,31; Jer 7,31; 19,5.

Des Gsetz därf et g'ändert wera: 13 1

13 Ihr sollat mae Gsetz Wort für Wort aehalta ond drnåch leba, ond nex drzua doa ond nex drvo wegstreicha.

Zom Vrgleicha: *Vers 1:* 4,2; Offbg 22,18.

D Åstiftong zom Abfall durch Profeta ond Traemer: 13 2-6

[2]Wann bei euch a Profet oder a Traemer auftritt ond r kündigt dr a Zaeche oder a Wonder å, [3]ond des Zaeche oder Wonder trifft ae, môn r dr åkündigt ond gsaed håt: Laß s ons amål mit dene andere Götter (Elohim) probiera, mô du no et kennst, ond dene deana. [4]Nå därfst auf gar koen Fall auf dem Profeta oder Traemer sae Wort horcha, JAHWE, dae Gott (Eloheyka), stellt euch nämlich auf d Prob zom rausfenda, ob ihr ao wirklich JAHWE, euran Gott (Eloheykem) mögat von ganzam Herza ond von ganzer Seel. [5]Henter JAHWE, euram Gott (Eloheykem), sollat ihr standa ond a Ehrfurcht vôr am han. Ond saene Gebot sollat r aehalta ond auf sae Stemm horcha ond am deana ond an am hanga. [6]Aber der Profet oder der Traemer soll sterba, weil r zom Abfall aufgruafa håt gega JAHWE, euran Gott (Eloheykem), der mô euch aus am Land Ägypten rausgholt ond euch aus dr Sklaverei befreit håt, ond zom de abbrenga von dem Weg, den mô JAHWE, dae Gott (Eloheyka), de ågwiesa håt, dass da drauf laofa sollst. Ond du sollst ällas, was baes ischd ausrotta aus daener Mitte.

Zom Vrgleicha: *Vers 2-19:* 5,6-9; Ex 22,19 • *Vers 2-4:* Mt 24,24; Mk13,22; 2Petr 2,1; Offbg 13,14 • *Vers 2:* Jer 23,25-32 • *Vers 3:* 7,4; 28,14 • *Vers 4:* 6,5; 8,2; 11,1; 1Kor 11,19 • *Vers 5:* 10,20; 2Kö 23,3 • *Vers 6:* 21,21; 1Kor 5,13.

D gehaema Åstiftong zom Abfall: 13 7-12

7Wann dae Bruader, dr Soh von daener Muader, oder dae Soh oder dae Tochter, oder dae Liablengsfrao oder dae Fraend, den mô da mågst wia de selber, de hehlenga vrführa will ond saed: Laß ons doch ao andere Götter (Elohim) nåchganga ond en deana, mô du ond daene Vädr no et kennat, 8Götter (Elohey) von dene Völker, mô en eurer Omgebong wohnat, nächer oder weiters weg von dr, von oem End von dr Erde bis ans ander, 9nå därfst d am auf koen Fall nåchgeba, et amål auf an höra sollst d nå. Du därfst ao koe Mitleid mit am han oder dass r de daurat, ond da sollst s ao et vrhaemlicha, 10sondern ombrenga sollst d an, zersta soll sich dae Håd gega den erheba, ond nå d Håd vom ganza Volk, 11endem da an stoenigst, dass r stirbt, weil r de vrführa wölla håt, zom de abspenstig macha von JAHWE, daem Gott (Eloheyka), der mô de aus am Land Ägypten rausgholt håt aus am Sklavahaus. 12Ganz Israel soll aufhorcha ond a Ehrfurcht kriaga, dass so ebbas Baes bei euch nemme vôrkommt.

Zom Vrgleicha: *Vers 7:* 13,3 • *Vers 9:* 19,13 • *Vers 10:* 17,7 • *Vers 12:* 21,21.

Dr Abfall von ra Stadt: 13 13-19

13Wann da hörst, dass en oenera von dene Städt, mô JAHWE, dae Gott (Eloheyka), dr geit zom dren wohna 14dass då Männer aus daener Mitte rauskomma, nexnutzige Kerle, mô ihre Mitmenscha en ihrer Stadt abspenstig gmacht hent, endem se gsaed hent: Laß s ond amål mit dene andere Götter (Elohim) probiera, mô du no et kennst, ond dene deana. 15Nå sollst d nåchforscha ond auskondschafta ond ganz gnao nåchfråga. Wann s nå gstemmt håt, was mr dr gsaed håt ond mr håt des Grausige dao bei euch. 16Nå sollst d älle Bewohner von dera Stadt mit am scharfa Schwert ombrenga, mit dr Schwertschneide sollst d da Bann an en vollstrecka an älle, mitsamt ihram Vieh. 17Ond s ganze Beuteguat aus dera Stadt sollst mittla auf am Märktplatz auf an Haufa schmeisa ond de ganz Stadt mitsamt dem ganza Zeugs em Feuer vrbrenna für JAHWE, daen Gott (Eloheyka). Ond se soll a Schutthaufa bleiba für emmer ond ewig, ond se soll nia maeh wieder aufbaut wera. 18Ond von dem Bannguat soll nex en daene Händ hanga bleiba, dass dr Herrgott (JAHWE) saen Zôrn von dr abwendat ond sich über de vrbarmt ond dr gnädig gsonna ischd ond de vrmehrt, so, wian r s daene Vädr gschwora håt, 19wann da auf d Stemm von JAHWE, daem Gott (Eloheyka), horchst ond älle saene Gebot aehälst, môn e de haet drauf vrpflichtat han, ond des duast, was en de Aoga von JAHWE, daem Gott (Eloheyka), Recht ischd.

Zom Vrgleicha: *Vers 14:* 13,3 • *Vers 115:* 19,18 • *Vers 16-17:* 20,16-18 • *Vers 17:* Jos 8,28 • *Vers 18:* Jos 7.

S Vrbot von kanaanäische Trauerbräuch: 14 1-2

14 Ihr send d Kender von JAHWE, euram Gott (Eloheykem), ihr sollat euch für an Daota koene Wonda aeritza ond koe Glatze schera zwischa eure Aoga; 2du bist nämlich a haeligs Volk von JAHWE, daem Gott (Eloheyka), ond di håt dr Herrgott (JAHWE) aus älle Völker auf am Erdboda auserwählt als sae Aegatomsvolk.

Zom Vrgleicha: *Vers 1-2:* Mt 5,45; Lk 6,35; 11,2 • *Vers 2:* 7,6; 26,18f; Tit 2,14; 1Petr 2,9.

Vrbotene Speisa: 14 3-21a

3Du sollst nex essa, was (am Herrgott) a Graus ischd. 4Von dem Vieh därfat r essa: Rend, Lamm, Schåf ond Gôesa, 5Damhirsch ond Gazella, Rehbock ond

Wildgôesa ond Wisent ond Wildschâf
ond Stoebock, [6]nämlich ällas Vieh, mô
gspaltene Klaoa ond gspaltene Huaf
hât ond Wiederkäuer ischd, des därfat
r essa. [7]Bloß des därfat r et essa von
de Wiederkäuer ond von dene, mô
gspaltene Klaoa hent, s Kamel ond da
Hasa ond da Klippdachs, obwohl dia
Wiederkäuer send ond koene gspaltene
Klaoa hent, dia sollat für euch als oraen
gelta. [8]Ond d Wildsau, dui hât zwâr
gspaltene Klaoa, aber se ischd koe
Wiederkäuer, drom ischd se oraen für
euch, ond ihr därfat ihr Flôesch et essa,
ond ihran Kadaver därfat r et ålanga.
[9]Ond des därfat von dem essa, was em
Wasser lebt: ällas, was Flossa hât ond
Schuppa, därfat r essa. [10]Was aber koene
Flossa ond Schuppa hât, därfat r et essa;
des soll euch als oraen gelta. [11]Älle raene
Vögel därfat r essa. [12] Ond des send dia,
môn r et essa därfat: da Aasgeier, da
Lämmergeier ond da Bartgeier [13]ond
da rota Milan ond da Habicht ond
de vrschiedene Bussardarta, [14]ond de
vrschiedene Rabavögel, [15]d Adlereul
ond d Kurzohreul ond d Langohreul
ond dia vrschiedene Falkaarta.
[16]Da Kauz ond da Uhu ond d Weißeul,
[17]d Kloeeul, da Fischadler, [18]Storch ond
Reiher, Wiedehopf ond Fledermaus
[19]ond ällas, was romfliagt an kloene
Vögel, des ischd für euch oraen ond
därf et gessa wera. [20]Ällas raene Gflügel
därfat r essa. [21a]Vo'ma Kadaver därfat r
überhaopt nex essa; am Schutzbürger,
der mô bei dr wohnt, kåsch des zom Essa
lassa oder s an en Ausländer vrkaofa; du
bist nämlich a haeligs Volk für JAHWE,
daen Gott (Eloheyka).

Zom Vrgleicha: *Vers 3-21a:* Lev 11,1-47 • *Vers 21a:* Ex 22,30; Dtn 7,6.

S Vrbot vom Fruchtbarkaetszaober: 14 21b

[21b]Koch nia a Gôesböckle en dr Milch
von saener Muader.

Zom Vrgleicha: *Vers 21b:* Ex 23,19; 34,26.

Jährliche Abgaba ans Haeligtom: 14 22-27

[22]Von daener Ernt sollst da Zehnta
geba von ällam, was äll Jåhr vom Feld
raekommt, [23]ond sollst vôr JAHWE,
daem Gott (Eloheyka), an dem Ort,
mô er auserwählt hât, zom saen Nâma
sell wohna lassa, da Zehnta von daem
Korn, von daem Wae ond von daem Öl,
ond von de d Erstleng von daem Vieh
ond vom Kloevieh essa, dass da lernst,
dass da äll Dag a Ehrfurcht han muaßt
vôr JAHWE, daem Gott (Eloheyka).
[24]Wann aber für di dr Weg z weit ischd,
zom ällas sell nô traga an den Ort, den
mô JAHWE, dae Gott (Eloheyka),
auserwählt hât, endem r saen Nâma
då åbrengt, ond JAHWE, dae Gott
(Eloheyka), de so gsegnat hât (dass da
den Zehnta et traga kåsch), [25]nå vrkaof
s! ond des Geld, mô da drfür kriagst,
bendest d zsema ond gôhst drmit an
den Ort, den mô JAHWE, dae Gott
(Eloheyka), für sich auserwählt hât.
[26]Des Geld gibst d aus für ällas, mô
dae Seel en Glusta drauf hât, für Vieh,
Kloevieh, für Wae ond Bier, für ällas,
was sich dae Seel wünscht, ond sell isst
d vôr JAHWE, daem Gott (Eloheyka),
ond da därfst de fraea, du ond dae ganzs
Haus! [27]Ond der Levit en daem Ort:
den därfst gar nia em Stich lassa, weil
der koen Åtôel ond koe Aegatom bei dr
hât.

Zom Vrgleicha: *Vers 22-27:* 12,17-19 • *Vers 23:* 12,11; 15,19-23 • *Vers 24:* 12,5.21 • *Vers 27:* 10,9.

Dr Zehnte für de Arme en jedam dritta Jåhr: 14 28-29

[28]Am End von drei Jåhr sollst d da
ganza Zehnta vom selbiga Jåhr rausgeba
ond en daem Ort henterlega. [29]Nå
soll dr Levit komma, weil der koen

Åtôel ond koe Aegatom bei dr håt,
ond dr Schutzbürger ond d Wôesa
ond d Witwa, mô en daener Ortschaft
wohnat, dia sollat essa ond satt wera,
dass de JAHWE, dae Gott (Eloheyka),
segnat bei ällam, was da mit daene Händ
schaffst.

Zom Vrgleicha: *Vers 28-29:* 26,12-15 • *Vers 29:* 10,9; 28,12.

S Erlaßjåhr: 15 1-6

15 Wann sieba Jåhr rom send, sollst
d Schulda erlassa. [2]Ond des ischd
d Erlaßbestimmong: Jeder Gläubiger
soll sae Darleha erlassa, des môn r saem
Nächsta glieha håt. Mr därf saen Nächsta
ond saen Bruader et onter Druck setza,
weil mr nämlich a Erlassjåhr ausgruafa
håt für da Herrgott (JAHWE). [3]An
Ausländer kåsch d onter Druck setza;
aber was da daem Bruader glieha håsch,
des sollst d am erlassa. [4]Aegentlich
sott s bei euch überhaopt koen Arma
geba, weil dr Herrgott (JAHWE)
segnat de reichlich en dem Land, des
mô JAHWE, dae Gott (Eloheyka),
dir geit als Aegatom ond Erbtoel.
[5]Allerdengs bloß, wann da auf d Stemm
von JAHWE, daem Gott (Eloheyka),
horchst ond s ganze Gsetz achtest ond
aehälst, mô e de haet drauf vrpflichte.
[6]Weil JAHWE, dae Gott (Eloheyka),
segnat de so, wian r s vrsprocha håt,
dass du viele Völker leiha kåsch, aber du
selber muaßt nex vrdlaehna; so kåsch du
über viele Volksstämm Macht ausüba,
aber dia könnat di et beherrscha.

Zom Vrgleicha: *Vers 1-11:* 15,9.12; 31,10; Ex 23,10f • *Vers 4-6:* 28,1-13 • *Vers 6:* 28,12.

Kredit für arme Israelita: 15 7-11

[7]Wann bei dir a Armer ischd, vielleicht
oener von daene Brüader en daener
Ortschaft en daem Land, mô JAHWE,
dae Gott (Eloheyka), dr geit, nå därfst
d et hartherzig sae ond daene Händ vôr
daem arma Bruader vrschliaßa, [8]sondern
du sollst daene Händ aufmacha vôr
daem Bruader ond am so viel leiha wian
r braucht, dass am gholfa ischd. [9]Hüat
de, dass en daem Herz et dr osennige
Gedanka aufkommt, mô da dr saesch: s
siebte Jåhr ischd nemme weit, dr Erlaß!
Dass da narrat auf daen arma Bruader
guckst ond da am nex geba dätest, dass
der gega de da Herrgott (JAHWE)
åruaft ond so a Schuld auf de komma
dät. [10]Gib am ebbas ond sei en daem
Herza et narrat, wann da am ebbas geist,
grad deswega segnat de doch JAHWE,
dae Gott (Eloheyka), bei ällam, was
da duast ond bei ällam, was da mit
daene Händ schaffst. [11]An Arme wird
s nämlich nia fehla em Land. Deswega
sag e dr: Mach daene Händ auf für daen
Bruader, für den, mô drangsaliert wird
ond den, mô arm ischd en daem Land.

Zom Vrgleicha: *Vers 7-8:* 1Joh 3,17 • *Vers 9:* 15,1 • *Vers 11:* Mt 26,11; Mk 14,7; Joh 12,8.

D Selbstvrsklavong: 15 12-18

[12]Wann sich dae Bruader, a Hebräer
oder a Hebräerin selber an de vrkaofa
will (als Schuldsklave), nå soll r dr sechs
Jåhr deana, aber em siebta Jåhr sollst d
an frei lassa. [13]Ond wann da an frei lässt,
nå därfst d an et mit leere Händ entlassa.
[14]Du sollst am von daem Kloevieh ond
von daener Tenne ond von daener Kelter
ebbas zuakomma lassa. So, wia JAHWE,
dae Gott (Eloheyka), di gsegnat håt, so
sollst am du ao geba. [15]Denk emmer drå,
dass du selber ao Sklave gwea bist em
Land Ägypten, ond dass de JAHWE,
dae Gott (Eloheyka), befreit håt. Drom
vrpflichte i de haet auf des Recht. [16]Saed
r aber zo dr: I will jå gar et von dr fort!
Weil r de måg ond dae Familie ond r
sich bei dr wohl fühlt, [17]nå nemmst
d da Pfream ond stichst d am durch s
Ohrläpple en d Tür. Dådrmit will r
für emmer dae Diener sae. Mit daener

Sklavin machst d s grad so. [18]S soll dr et schwer falla, wann da'n freilassa muaßt, der håt dr nämlich en dene sechs Jåhr, môn r für de gschafft håt, s Dopplate aebråcht vo'ma Daglöhner, ond JAHWE, dae Gott (Eloheyka), segnat de bei ällam, was da duast.

Zom Vrgleicha: *Vers 12-18:* Ex 21,2-11; Jer 34,8-22 • *Vers 12:* 15,1; Joh 8,35 • *Vers 15:* 5,15.

D Erstleng vom Vieh: 15 19-23

[19]Von jedam Erstleng von daem Vieh ond von daem Kloevieh sollst du s Männliche JAHWE, daem Gott (Eloheyka), weiha. Den Erstleng vom Rendvieh sollst d et zom Schaffa nemma, ond an Erstleng von de Schåf sollst d et schera. [20]Vôr JAHWE, daem Gott (Eloheyka), sollst d s essa Jåhr om Jåhr an dem Ort, den mô dr Herrgott (JAHWE) auserwählt, du ond dae ganzs Haus. [21]Aber wann a Tier en Fehler håt, låhm oder blend, oder sonst an Makel håt, nå därfst d s et metzga zor Ehr von JAHWE, daem Gott (Eloheyka), [22]des därfst d en daem Wohnort essa wia (s Flôesch von) Gazella oder vom Hirsch, dr Oraene ond dr Raene mitanander. [23]Bloß s Bluat därfst d et essa, leer s auf da Boda wia s Wasser.

Zom Vrgleicha: *Vers 19-23:* Ex 13,2.11-16; 22,29; 34,19 • *Vers 20:* 14,23 • *Vers 22-23:* 12,15f.22-25.

S Früahlengsfest: 16 1-8

16 Achte auf da Neumond vom Ähratreiba ond feiere s Paschafest zo Ehra von JAHWE, daem Gott (Eloheyka), weil beim Neumond vom Ähratreiba håt de JAHWE, dae Gott (Eloheyka), en dr Nacht aus Ägypten rausgholt. [2]Ond du sollst als Pascha zo Ehra von JAHWE, daem Gott (Eloheyka), Kloevieh ond Vieh metzga an dem Ort, den mô dr Herrgott (JAHWE) auserwählt håt, zom saen Nåma wohna lassa. [3]Iß nex Gsäuerts drzua! Sieba Däg drzua sollst Fladabrot essa, s Notstandsbrot – s håt nämlich arg pressiert, mô da aus am Land Ägypten håsch auszieha müaßa, dass da daener Lebdag an da Dag vom Auszug aus am Land Ägypten denkst. [4]Sieba Däg därf mr en daem ganza Wohngebiet koen Sauertôeg seha. Ond von dem Flôesch, mô da am Åbad vom ersta Dag opferest, soll nex über Nacht bis an da Môrga übrig bleiba. [5]Du därfst des Pascha et en irgend ra Ortschaft metzga, mô dr JAHWE, dae Gott (Eloheyka), geit, [6]sondern bloß an dem Ort, den mô JAHWE, dae Gott (Eloheyka), auserwählt håt, zom saen Nåma wohna lassa. Då sollst d s Pascha metzga am Åbad, wann d Sonn ontergôht, zo dera Zeit, mô da auszoga bist aus Ägypten. [7]Ond du sollst s kocha ond essa an dem Ort, den mô sich JAHWE, dae Gott (Eloheyka), auserwählt håt. Ond am Môrga kåsch d nå wieder aufbrecha ond hoemganga en daene Zelt. [8]Sechs Däg sollst d Fladabrot essa, am siebta Dag ischd Feierdag zo Ehra von JAHWE, daem Gott (Eloheyka), då därfst d nex schaffa.

Zom Vrgleicha: *Vers 1-17:* Ex 23,14-17; 34,18-26 • *Vers 1-8:* Lk 2,41; Ex 12; 2Kö 23,21 • *Vers 2:* 12,11 • *Vers 3-4:* 26,7; 12,11; 13,3-10; 23,18; 34,25; 1Kor 5,8 • *Vers 6:* 12,11.

S Wochafest: 16 9-12

[9]Sieba Wocha sollst d für de zähla. Wa'mr d Sichel am Halm åsetzt, sollst d åfanga mit am Zähla von dene sieba Wocha. [10]Nå sollst d s Wochafest feiera zo Ehra von JAHWE, daem Gott (Eloheyka), mit ra Spende, mô da geba kåsch, je nachdem de JAHWE, dae Gott (Eloheyka), gsegnat håt. [11]Ond du sollst de fraea vôr JAHWE, daem Gott (Eloheyka), du ond dae Soh ond dae Tochter ond dae Knecht ond dae Magd ond der Levit, der mô an daem

Ort wohnt, ond dr Gast ond d Wôesa ond d Witwe, mô en daener Mitte lebat, an dem Ort, den mô JAHWE, dae Gott (Eloheyka), auserwählt håt, zom saen Nåma wohna lassa. [12]Denk emmer drå, dass da Sklave gwea bist en Ägypten. Achte maene Satzonga ond leb drnåch.

Zom Vrgleicha: *Vers 9-11:* Apg 2,1; 1Kor 16,8 • *Vers 11:* 12,11 • *Vers 12:* 5,15.

S Laobhüttafest: 16 13-15

[13]S Laobhottafest sollst d sieba Däg feiera, wann da dae Korn raebråcht håsch ond dae Wae kelterat ischd. [14]Frae de an daem Fest, du ond dae Soh ond dae Tochter ond dae Knecht ond dae Magd ond der Levit, ond dr Gast ond d Wôesa ond d Witwe, mô en daener Mitte lebat, en daem Ort. [15]Sieba Däg sollst d feiera zo Ehra an dem Ort, den mô JAHWE, dae Gott (Eloheyka), auserwählt håt, weil JAHWE, dae Gott (Eloheyka), segnat de bei ällam, was da mit daene Händ schaffst, drom därfst de ao fraea.

Zom Vrgleicha: *Vers 14:* 26,11 • *Vers 15:* 28,12.

D Vrpflichtong zo Wallfahrta: 16 16-17

[16]Drei Mål em Jåhr soll sich dae ganzs Mannsvolk vôr JAHWE, daem Gott (Eloheyka), seha lassa, an dem Ort, den môn r auserwählt håt: Am Fest vom Fladabrot, am Wochafest ond am Laobhüttafest. Ond mr soll sich et mit leere Händ vôr am Herrgott (JAHWE) seha lassa. [17]Jeder soll soll geba was r kå dem Sega entsprechend, den mô JAHWE, dae Gott (Eloheyka), dr geba håt.

Zom Vrgleicha: *Vers 16:* Ex 23,14-17; 34,18-23.

S Vrhalta von de Richter en de Ortschafta: 16 18-20

[18]Richter ond Amtmänner sollst d dr bstella en älle daene Ortschafta, dia mô JAHWE, dae Gott (Eloheyka), dr geit für daene Stämm. Dia sollat em Volk Recht sprecha durch gerechte Urtôel. [19]Du sollst s Recht et nôbiaga wia da s grad brauchst, ond et s Åseha von ra Person ågucka ond de bestecha lassa; Bestechong blendat nämlich d Aoga von de Weise ond dreht am Rechtschaffena s Wort em Maul rom. [20]Gerechtigkaet, Gerechtigkaet sollst d åstreba, dass da lebst ond des Land erbst, mô JAHWE, dae Gott (Eloheyka), dr geit.

Zom Vrgleicha: *Vers 18-20:* 2Chr 19,5-7 • *Vers 18:* 1,15; 20,5-9; 29,9; 31,28 • *Vers 19-20:* Ex 23,1-3.6-8; Jak 2,9 • *Vers 20:* 6,18f; 8,1; 11,8; Jos 23,5.

S Vrbot von haednische Bräuch: 16 21-22

[21]Du sollst koen Kultpfahl aus irgend ama Holz neba da Altar von JAHWE, daem Gott (Eloheyka), nôpflanza. [22]Ond du sollst koe Stoemal bei dr aufrichta, des hasst nämlich JAHWE, dae Gott (Eloheyka).

Zom Vrgleicha: *Vers 21-22:* 12,3 • *Vers 21:* Ex 20,24; 1Kö 14,15; 2Kö 21,7; 23,6f • *Vers 22:* 1Kö 14,23; 2Kö 17,10.

S Vrbot von fehlerhafte Opfer: 17 1

17 Du sollst zo Ehra von JAHWE, daem Gott (Eloheyka), koen Ochsa oder a Schåf metzga, des mô an Fehler oder irgend ebbas Baes an sich håt, des wär für JAHWE, daen Gott (Eloheyka), a Graus.

Zom Vrgleicha: *Vers 1:* Mal 1,6-9

S Vrfahra beim Abfall zo Sterngötter: 17 2-7

[2]Wann en daener Mitte ennerhalb von daene Ortschafta, dia mô JAHWE, dae Gott (Eloheyka), dir geit, a Må oder a Frao gfonda wird, mô ebbas duat, was en de Aoga von JAHWE, daem Gott (Eloheyka), baes ischd, endem r saen Bund vrletzt, [3]endem r nô gôht ond andere Götter (Elohim) deant, ond r

onterwirft sich dene, sei s vôr dr Sonne oder vôr am Mond oder vôr am ganza Hemmelsheer, was i et åg'ordnat han:
[4]Wann dr des gmeldat wird ond du håsch s ghört, nå forsch ganz gründlich nåch ond guck, ob des wirklich stemmt, was mr dr nôtraga håt, ond dui gräuslicha Tat tatsächlich vrüabt wôra ischd en Israel,
[5]nå lässt d den Må oder dui Frao, weil se dui baesa Sach dao hent, an daene Stadttôr nausführa ond stoeniga, dass se sterbat.
[6]Aber bloß auf s Zeugnis von zwôe oder drei Zeuga soll a Vrurtôelter ombråcht wera. Wann bloß oe Zeuge gega an aussaed, därf r et zom Tod vrurtôelt wera.
[7]D Håd von de Zeuga soll sich als Erste gega an aufheba bei dr Vollstreckong (vom Urtôel), ond drnåch s ganze Volk. So sollst du s Baese aus daener Mitte ausrotta.

Zom Vrgleicha: *Vers 2-5:* 14,19; 13,2-19; 2Kö 17,16; 21,3.5; 23,4f; Dtn 29,24 • *Vers 4:* 19,18 • *Vers 6:* 19,15; Mt 18,16; Joh 8,17; 2Kor 13,1; 1Tim 5,19; Hebr 10,28 • *Vers 7:* 13,10; 21,21; Joh 8,7; 1Kor 5,13.

S sakrale Gerichtsvrfahra: 17 8-13

[8]Wann s e ma Rechtsstreit für de z schwierig wird (a gerechts Urtôel zom fenda) zwischa Bluat ond Bluat, zwischa Urtôel ond Urtôel, zwischa Schada ond Schada ond s kommt zom Streit en eurer Ortschaft, nå stôhst d auf ond gôhst an den Ort, den mô JAHWE, dae Gott (Eloheyka), sich auserwählt håt,
[9]ond gôhst zo de levitische Priaster ond zo dem Richter, der mô en dera Zeit amtiert ond den frågst d, ond der soll nå s Urtôel vrkünda.
[10]Ond an den Spruch hälst d de, den mô se dr vrkündat von dem Ort, den mô dr Herrgott (JAHWE) rausgsuacht håt, ond des beachtest d ond vrfährst d ganz so, wia se de s ågwiesa hent.
[11]Auf da Wortlaut von dera Åweisong ond nach dem Urtôel, mô dia vrkündat hent, handlest d. Von dera Entschaedong, mô se dr gmeldat hent, weichst d mr et nach lenks oder rechts ab.
[12]Der Må aber, der mô so vrmessa ischd, dass r et auf auf da Priaster horcht, der mô dort em Denst vor JAHWE, daem Gott (Eloheyka), stôht, oder auf da (obersta) Richter, der Må muaß sterba. So sollst du s Baese aus Israel ausrotta.
[13]Ond s ganze Volk soll s höra ond seha, dass se en Zuakonft nemme vrmessa send.

Zom Vrgleicha: *Vers 8-13:* 21,5; Ex 18,13-26; 2Chr 19,8-11 • *Vers 9:* 10,8; 19,17; 26,3 • *Vers 12-13:* 21,21; 20,2.

Dr König: 17 14-20

[14]Wann da en des Land naekommst, des mô JAHWE, dae Gott (Eloheyka), dir geba will, ond du s aenemmst ond dren åsiedlest, ond nå saesch: I will an König über me aesetza wia älle Volksstämm, mô om me rom send!
[15]Nå setz an König über de ae, aber bloß oen, den mô JAHWE, dae Gott (Eloheyka), sich erwählt. Aus dr Mitte von daene Brüader setzt d oen ae. An Ausländer, der mô et dae Bruader ischd, därfst d et über de aesetza.
[16]Bloß soll der et z'viel Rösser åschaffa, dass r et (auf da Gedanka kommt) s Volk nach Ägypten zrück zom führa ond sell maeh Schlachtrösser hola, dr Herrgott (JAHWE) håt nämlich gsaed: Ihr sollat auf dem Weg nia maeh zrück komma!
[17]Der soll ao et so viel Fraoa nemma, dass sae Herz et abtrünnig wird; Silber ond Gold soll r ao et zviel åhäufa.
[18]Ond wann r auf saem Königsthron sitzt, soll r sich a Abschrift von dera Åweisong en a Buach schreiba lassa onter dr Aufsicht von de levitische Priaster.
[19]Ond dui (Abschrift) soll bei am bleiba. Ond r soll äll Dag en saem Leba dren lesa, dass r lernt, a Ehrfurcht zom han vôr JAHWE, saem Gott (Elohaiw), em Aehalta ond Achta von älle Åweisonga ond Satzonga ond drnåch leba,
[20]dass sich sae Herz et über saene Brüader

erhebt ond r et abweicht von de Gebot nach lenks oder rechts, dass r lang lebt als König en saem Reich, er ond saene Söh, mitta en Israel.

Zom Vrgleicha: *Vers 14-20:* 1Sa 7,2-8,22; 10,18f; 12,1-25 • *Vers 15:* 1Sa 10,24; 16,1-13; 2Sa 5,1-3 • *Vers 16:* 28,68; Gen 25,2; 2Sa 8,4; 1Kö 10,26-29 • *Vers 17:* 1Kö 10,14-25; 11,1-8 • *Vers 18-20:* Jos 1,7-9; 1Kö 2,1-4 • *Vers 18:* 10,8; 31,9.26 • *Vers 20:* 5,32f.

S Aekomma von de Priaster: 18 1-8

18 De Priaster aus am ganza Stamm Levi soll et Åtôel ond Aegatom mit Israel geba wera, dia sollat vom Herrgott (JAHWE) saene Feueropfer ond von dem, was am gspendat wird, essa. 2Aegatom soll r (dr Stamm Levi) et han onter saene Brüader, JAHWE ischd sae Aegatom, so, wian r am s vrsprocha håt. 3Ond des ischd s Recht von de Priaster em Volk: Von de Schlachtopfer, ob vom Rendvieh oder vom Lamm soll mr an da Priaster da Bug ond d Kinnbacka ond da Maga geba. 4S Beste von daem Korn, von daem Most ond von daem Öl ond da Åfang von daener Schåfschur sollst d am geba, 5weil den JAHWE, dae Gott (Eloheyka), auserwählt håt aus älle daene Volksstämm, dass r em Nåma von JAHWE då stôht ond Denst duat, er ond saene Söh ihrer Lebdag. 6Wann a Levit aus oener von daene Ortschafta en Israel, môn r Gast ischd an den Ort kommt, den mô dr Herrgott (JAHWE) auserwählt håt, nå soll r komma, wian r Lust ond Fraed håt, 7ond Denst laesta em Nåma von JAHWE, saem Gott (Eloheyw), so wia älle saene Brüader vom Levitastand, mô dort vôr am Herrgott (JAHWE) standat. 8Älle sollat da gleicha Åtôel kriaga, egal was r håt von dem, was saene Vädr vrkaoft hent.

Zom Vrgleicha: *Vers 1-5:* 1Kor 9,13 • *Vers 1-2:* 10,8f; 1Sa 2,28 • *Vers 4:* 26,1-11; Ex 23,19 • *Vers 5:* 10,8 • *Vers 6-8:* 2Kö 23,9 • *Vers 6:* Ri 17,7; 19,1.

Zaoberer ond Profeta: 18 9-22

9Wann du en des Land naekommst, mô JAHWE, dae Gott (Eloheyka), dr geit, nå sollst d gar et lerna, was dia Volksstämm für Gräuslichkaeta machat. 10Bei dir soll s koen geba, der mô saen Soh oder sae Tochter durch s Feuer laofa lässt, koen Wahrsager, Wolkadeuter, Zaechadeuter oder Zauberer 11oder Bannsprecher oder oen, mô Daotagôester beschwört oder Hellseher oder Daote om Rat frågt; 12a jeder, mô so ebbas duat, ischd nämlich am Herrgott (JAHWE) a Graus, wega dene Gräuslichkaeta vrtreibt se nämlich JAHWE, dae Gott (Eloheyka), vôr dir. 13Du sollst ganz bei JAHWE, daem Gott (Eloheyka), sae. 14Dia Volksstämm, mô du aenemmst, horchat nämlich auf Wolkadeuter ond Wahrsager. Aber dir håt JAHWE, dae Gott (Eloheyka), des et erlaobt. 15An Profeta wia mi läßt JAHWE, dae Gott (Eloheyka), aus dr Mitte von daene Brüader aufstanda, auf den sollat r horcha. 16Ganz so, wia du am Horeb JAHWE, daen Gott (Eloheyka), gfrågt håsch am Vrsammlongsdag, mô da gsaed håsch: I will nemme auf d Stemm von JAHWE, maem Gott (Elohey), horcha. Ond des graoße Feuer will e ao nemme seha, dass e et sterba muaß. 17Ond dr Herrgott (JAHWE) håt zo mr gsaed: s ischd richtig, was dia sagat. 18An Profeta wia di will e aus dr Mitte von ihre Brüader aufstanda lassa. Ond dem leg i maene Wort en da Mund, dass r dene ällas saed, was an i åweis. 19Aber an Må, der mô et auf mae Wort horcht bei dem, was r en maem Nåma saed, den ziag i selber zor Rechaschaft. 20Ond a Profet, der mô sich åmaßt, en maem Nåma ebbas zom saga, was am i et auftraga han, oder em Nåma von andere Götter (Elohim) redat, der Profet muaß sterba. 21Aber wann du dr en daem Herza saesch: An was soll i des merka, dass der ebbas gsaed håt, mô et vom mô weit weg send von dr ond et zo de Städt von de hiasige Volksstämm gherat. [16]Aber en de Städt von dene Völker, mô dr JAHWE, dae Gott (Eloheyka), als Aegatom geit, därfst d nex am Leba lassa, was en Schnaufer duat. [17]Da Bann muaßt du vollstrecka am Hetiter ond am Amoriter, am Kanaaniter ond am Perisiter, am Hiwiter ond am Jebusiter, so wia de s JAHWE, dae Gott (Eloheyka), ågwiesa håt. [18]Dass dia euch et ihre Gräuslichkaeta beibrengat, mô se ihre Götter zor Ehr vråstaltat, ond ihr euch vrsündigat gega JAHWE, euran Gott (Eloheykem).

Zom Vrgleicha: *Vers 16-18:* 13,16f • *Vers 17-18:* 7,1-4 • *Vers 18:* 18,9.

D Schonong von de Baem: 20 19-20

[19]Wann da a Stadt für a längera Zeit belagerest, nå sollst d da Baombestand schona ond koe Axt an an lega, du kåsch von en essa, aber se et omhaoa. A Baom em Feld draußa ischd schliaßlich koe Mensch, dass da den belagera müaßtest. [20]Bloß dia Baem, von dene mô da wôeßt, dass des koene Ostbaem send, därfst aeschlaga, zom Belagerongsgerät baua gega dui Stadt, mô gega de kämpfa will, bis se fällt.

Mord durch an Obekannta: 21 1-9

21 Wann auf dem Ackerboda, den mô JAHWE, dae Gott (Eloheyka), dir geit zom s aenemma, oener gmordat aufgfonda wird, [2]sollat daene Älteste ond daene Richter naus ganga ond (da Weg) messa zo dene Städt, mô rengsrom von dera Stell liegat, mô mr den Daota gfonda håt. [3]Nå sollat en dera Stadt, mô am nächsta bei dem Daota leit, de Älteste von dera Stadt a jongs Rendle nemma, mit dem no et gschafft wôra ischd ond mo ao no et onter am Joch ganga ischd. [4]Ond dia Älteste von dera Stadt sollat des Rendle en an Talgrond brenga, der mô et bewirtschaftat wird ond sell dem Rendle em Bachbett s Gnick brecha. [5]Nå sollat d Priaster, am Levi saene Söh, herkomma; dia håt nämlich JAHWE, dae Gott (Eloheyka), auserwählt zom am deana ond zom segna em Nåma von JAHWE. Nach dene ihram Spruch soll ällas gscheha bei jedam Rechtsstreit ond bei jeder Vrletzong. [6]Ond älle Älteste von dera Stadt sollat zo dem Gmordata nôtreta ond ihre Händ über dem Rendle wäscha, dem, mô mr s Gnick brocha håt em Bachbett. [7]Ond se sollat em Wechsel saga: Onsere Händ hent des Bluat dåhanna et vrgossa, ond onsere Aoga hent s et gseha! [8]Schaff Sühne für des Volk Israel, des mô du freikaoft håsch, JAHWE! ond laß et oschuldigs Bluat auf dae Volk Israel komma. So wird durch dia (Priaster) dui Bluatschuld gsühnt. [9]Ond du kåsch des oschuldige Bluat aus daener Mitte wegschaffa, wann da des duast, was em Herrgott (JAHWE) saene Aoga richtig ischd.

Zom Vrgleicha: *Vers 1-9:* 5,17; 19,12 • *Vers 5:* 10,8; 17,8-13; 19,17 • *Vers 6-7:* Mt 27,24 • *Vers 7-9:* 19,10 • *Vers 9:* 21,21.

D Heirat mit kriagsgfangene Fraoa: 21 10-14

[10]Wann du en da Kampf gôhst gega daene Faend, nå geit se dr JAHWE, dae Gott (Eloheyka), en d Händ, ond du führst Gfangene weg, [11]ond da siehst bei de Gfangene a schöna Frao, ond du mågst se ond heiratest se, [12]nå nemm se mit en dae Haus, ond se soll ihr Haopt schera ond ihre Nägel schneida. [13]Ond se därf ihre Gfangenaklôeder ausziaga ond en daem Haus wohna, ond se därf an Monat lang om ihran Vadr ond om ihr Muader traura. Nach dem därfst d zon ra ganga ond se heirata ond se därf dae Frao sae. [14]Wann se dr aber nemme gfällt, nå lässt se frei, aber om Geld därfst se et vrkaofa. Du därfst ao et gwalttätig

mit ra omganga, weil du se gschwächt håsch.

S Erbrecht vom Erstgeborena:
21 15-17

[15]Wann a Må zwôe Fraoa håt, oena, môn r måg, ond oena, môn r et måg, ond bôede Söh von am kriagat, bôede, dui môn r måg ond dui, môn r zrück gsetzt håt, ond der von dr Zrückgsetzta ischd dr Erstgeborene, [16]nå soll s gscheha an dem Dag, mô s Erb an saene Söh auftôelt wird von dem, was am ghert, då kån r et da Soh von dera, môn r måg als da Erstgeborena behandla auf Kosta vom erstgeborena Soh von dera, môn r zrück gsetzt håt. [17]Noe, da erstgeborena Soh von dr Zrückgsetzta muaß r åerkenna ond am da dopplata Åtôel von ällam geba, was sich bein am fenda lässt, weil der dr Åfang von saener Mannaskraft ischd, ond der håt s Erstgeburtsrecht.

Zom Vrgleicha: *Vers 17:* Gen 49,3.

S Vrstoßa vom a Soh: 21 18-21

[18]Wann a Må an Soh håt, der mô bocksboenig ond widerspenstig ischd ond weder auf saen Vadr no auf sae Muader horcha will, ond en ao et folgt,wann se an vrhaoat, [19]nå sollat an sae Vadr ond sae Muader packa ond an nausbrenga vôr de Älteste von saener Stadt ens Tôr, [20]ond zo de Älteste von saener Stadt saga: Onser Soh då ischd bockboenig ond aufsässig ond folgt ons koen Stecka, der haot ällas auf da Kopf ond r ischd a Schluckspecht. [21]Nå sollat an älle Männer von saener Stadt stoeniga, dass r stirbt. So sollst du s Baese ausrotta aus daener Mitte, ond ganz Israel soll s höra, dass se a Ehrfurcht kriagat.

Zom Vrgleicha: *Vers 18-21:* 5,16; Ex 21,15.17 • *Vers 19:* 19,12 • *Vers 21:* 13,6.12; 17,7.12; 19,13.19; 21,9; 22,21f; 24,7; Ri 20,13.

D Bestattong vom a Vrbrecher:
21 22-23

[22]Ond wann ebber wega ma todaswürdiga Vrbrecha åklagt ond ombråcht wird, ond du hängst an auf am Holz, [23]nå soll sae Leich et über Nacht am Holz hanga bleiba. Noe, du sollst an beerdiga am gleicha Dag, weil a Ghenkter ischd vrfluacht von Gott (Elohim), du därfst auf koen Fall daen Boda, den mô JAHWE, dae Gott (Eloheyka), dr geit als Aegatom, vroraeniga.

Zom Vrgleicha: 22-23: Jos 8,29; Mt 27,57f; Joh 19,31 • *Vers 22:* Apg 10,39 • *Vers 23:* Gal 3,13.

Fundsacha: 22 1-3

22 Wann da siehst, dass daem Bruader sae Ochs oder sae Schåf vrdloffa ischd, nå sollst d et weggucka, sondern da sollst se zo daem Bruader zrück brenga. [2]Aber wann dae Bruader et en dr Nähe wohnt oder du kennst an gar et, nå nemmst s mit hoem, ond då soll s bleiba, bis s dae Bruader suacht, ond nå geischt d am s zrück. [3]So machst d s ao mit saem Esel ond mit saem Gwand ond mit ällam, was dae Bruader vrlaora håt ond du fendest s. Du därfst et so doa, als dät de s nex åganga.

Zom Vrgleicha: *Vers 1-3:* Ex 23,4.

Nåchberschaftshilfe: 22 4

[4]Du sollst et weggucka, wann daem Bruader sae Esel oder sae Ochs nôfällt auf am Weg. Du sollst am aufstanda helfa.

Zom Vrgleicha: *Vers 4:* Ex 23,5.

Kloedervorschrifta: 22 5

[5]A Frao därf koene Männerklôeder, ond a Må koene Fraoaklôeder traga, des ischd für JAHWE, daen Gott (Eloheyka), nämlich a Graus, wann des oener duat.

Vogelnester ausnemma: 22 6-7

[6]Wann da zuafällig auf ama Baom am Weg a Vogelnest siehst oder auf am Boda, mit Jonge dren oder mit Oer, ond d Muader hockt auf de Jonge oder auf de Oer, nå därfst d d Muader et von de Jonge weg nemma. [7]Nå lässt d d Muader fliaga ond de Jonge kåsch d nemma, dass dr s guat gôht ond da lang lebst.

Zom Vrgleicha: *Vers 7:* 5,16

Bauvôrschrift für Dächer: 22 8

[8]Wann da a neus Haus baust, nå machst d a Gländer oms Dach rom, dass da koe Bluatschuld auf dae Haus brengst, wann då oener nahaglat.

Zom Vrgleicha: *Vers 8:* 9,10.

Vrbot von Mischkultura: 22 9-11

[9]Du sollst en daem Wengert et zwôerloe åpflanza, sonst fällt de ganz Ernt ans Haeligtom mitsamt am Ertrag vom Wengert. [10]Du sollst et Ochs ond Esel mitananander vor da Pfluag spanna. [11]Du sollst koene Sacha åziaga aus ra Mischong von Wolla ond Flachs.

Zottla: 22 12

[12]Du sollst Zottla nômacha an de vier Zipfel von daem Omhang.

Zom Vrgleicha: *Vers 12:* Mt 23,5.

Schutzgsetz für Vrlaemdate ond Vrgewaltigte: 22 13-21

[13]Wann oener a Frao nemmt ond Omgang mit ra håt ond se nå nemme mâg, [14]ond r vrlaemdat se ond brengt se en an schlechta Ruaf, endem r saed: I han dui Frao dåhanna gnomma, ond môn e zo ra ganga ben, han e feststella müaßa, dass se koe Jongfer maeh gwea ischd! [15]Nå soll dr Vadr von dem Mädle ond ihr Muader da Jongferbeweis rausbrenga zo de Älteste em Stadttôr. [16]Ond dr Vadr von dem Mädle soll zo de Älteste saga: I han mae Tochter dem Må dåhanna zor Frao geba, ond jetzt mâg r se nemme, [17]ond vrlaemdat se ond saed: Dae Tochter ischd koe Jongfer maeh gwea! Aber då han e da Jongferbeweis vom maener Tochter! Ond se sollat s Betttuach von dr Haozichsnacht vôr de Aoga von de Älteste ausbrôeta. [18]Ond de Älteste von dera Stadt sollat den Må nemma ond an züchtiga. [19]Ond se sollat am a Geldstråf aufbromma: hondert Silbergwicht. Des sollat se am Vadr von dem Mädle geba, weil r über a israelitischa Jongfer an schlechta Ruaf brâcht håt, ond r soll se saener Lebdag als Frao bhalta, môn r et vrstoßa därf. [20]Stellt sich s aber raus, dass des wåhr ischd ond mr fendat koen Jongferbeweis für des Mädle, [21]nå sollat se des Mädle naus führa an da Aegang von ihram Vadr saem Haus, ond d Leut aus dr Stadt sollat se stoeniga, dass se stirbt, weil se für Israel ebbas schändlichs dao håt mit ihrer Hurerei em Haus von ihram Vadr. So sollst du s Baese ausrotta aus daener Mitte.

Zom Vrgleicha: *Vers 13-29:* 5,18.21 • *Vers 13-21:* 19,12 • *Vers 21:* 21,21; Gen 34,7; Jos 7,15; Ri 20,6.10; 2Sa 13,12; 1Kor 5,13.

Ehebruch mit ra vrheiratata Frao: 22 22

[22]Wann oener vrtwischt wird, wian r mit ra vrheitatata Frao schlåft, nå müaßat älle bôede sterba, der Må, der mô mit dera Frao gschlåfa håt ond dui Frao. So sollst du s Baese ausrotta aus daener Mitte.

Zom Vrgleicha: *Vers 22:* 21,21; Joh 8,5.

Gschlechtsvrkehr mit dr Vrlobta vo'ma andera: 22 23-27

[23]Wann a Jongfer mit ama Må vrlobt ischd ond se trifft sich mit oem en ra Stadt ond r schlåft mit ra, [24]nå sollat r bôede vôr d Stadttôr nausbrenga ond se stoeniga, dass se sterbat, des Mädle, weil

se et gschria håt en dr Stadt, ond der Må, weil r sich d Frao vo'ma andera gfüagig gmacht håt. So sollst du s Baese ausrotta aus daener Mitte. 25Wann der Må des vrlobte Mädle aber draußa em freia Feld åtrifft ond sich an ra vrgreift ond Gschlechtsvrkehr mit ra håt, nå muaß der Må alloe sterba, der mô Vrkehr mit ra ghet håt. 26Ond dem Mädle därfst d nex doa, des håt nex dao, was da Daot vrdeant hätt. Des ischd nämlich s Gleiche, wia wann oener saen Nächsta überfällt ond z daot haot. 27Wann der se em freia Feld åtroffa håt ond des vrlobte Mädle håt sich gwehrt ond gschria, nå ischd koener då gwea, môn ra gholfa hätt.

Zom Vrgleicha: *Vers 24:* 1Kor 5,13.

Vrkehr mit ra ovrlobta Froa: 22 28-29

28Wann oener a Mädle åtrifft, a Jongfer ond no et vrlobt, ond r packt se ond schlåft mit ra ond r wird vrtwischt, 29nå muaß der Må, der mô mit ra gschlåfa håt, am Vadr von dem Mädle fufzg Silberschekel zahla, ond se soll bein am bleiba als Frao, weil r se sich gfüagig gmacht håt. Ond r därf se saener Lebdag et fortschicka.

Zom Vrgleicha: *Vers 28-29:* Ex 22,15f.

Bluatschand: 23 1

23 Koener därf saem Vadr sae Frao (d Stiefmuader) heirata ond s Betttuach von saem Vadr aufdecka.

Zom Vrgleicha: *Vers 1:* 27,20; 1Kor 5,1.

D Vôraussetzonga für d Aufnåhm en d Gemaende: 23 2-9

2En d Gemaende vom Herrgott (JAHWE) därf koener aufgnomma wera, mô quetschte Hoda håt oder an saem Penis vrschnitta ischd. 3En d Gemaende vom Herrgott (JAHWE) därf koe Mischleng aufgnomma wera, sogar en dr zehnta Generation von saene Nåchkomma därf so oener et en d Gemaende vom Herrgott (JAHWE) aufgnomma wera. 4En d Gemaende vom Herrgott (JAHWE) därf koen Ammoniter oder a Moabiter aufgnomma wera, sogar en dr zehnta Generation von saene Nåchkomma därf oener von dene et en d Gemaende vom Herrgott (JAHWE) aufgnomma wera, des gilt für älle Zeita; 5weil dia euch et mit Brot ond Wasser entgega komma send, mô ihr von Ägypten raufkomma send, ond weil se da Bileam, am Beor saen Soh von Petor gega de donga hent en Mesopotamien, zom de vrfluacha. 6Aber JAHWE, dae Gott (Eloheyka), håt et drå denkt, da Bileam zom erhöra, ond JAHWE, dae Gott (Eloheyka), håt für di den Fluach en an Sega vrwandlat, weil JAHWE, dae Gott (Eloheyka), de måg. 7Du sollst dene ihran Frieda ond ihr Wohl et suacha, des gilt für älle Zeita. 8An Edomiter därfst d fae et vrachta, der ischd nämlich dae Bruader. Ao an Ägypter därfst d et vrachta, schliaßlich bist d als Gast en saem Land gwea. 9Ihre Nåchkomma en dr dritta Generation därfat en d Gemaende von JAHWE, daem Gott (Eloheyka), aufgnomma wera.

Zom Vrgleicha: *Vers 3:* 9,6; 11,1 • *Vers 5-6:* Num 22 – 24.

D Raenhaet em Heerlager: 23 10-15

10Wann da en a Heerlager gôhst, zom gega daene Faend kämpfa, nå sollst d de vôr ällam hüata, was baes ischd. 11Wann bei euch a Oraener ischd, weil am nachts ebbas passiert ischd, der soll vôr s Lager naus ganga ond et raekomma. 12Erst wann r åbnads em Wasser badat håt, därf r bei Sonnaontergang wieder ens Lager komma. 13Ond außerhalb vom Lager suachst d dr a Plätzle, mô da dae Notdurft vrrichta kåsch. 14Nå nemmst d an Spata mit ond grabst a Loch bevor da nô hockst, ond wann da fertig bist, nå deckst dae Gschäftle zua. [15]JAHWE, dae Gott (Eloheyka), gôht nämlich em Lager rom, zom de retta ond dr daene Faend en d Händ zom geba, nå soll dae Lager sauber sae ond haelig, dass r nex Oguats seha muaß ond sich von dr abwendat.

Flüchtleng därfat et ausglieferat wera: 23 16-17

[16]An Sklava, der mô bei saem Herra abghaoa ischd ond zo dr gflüchtat ischd, därfst d et an saen Herra ausliefera. [17]Der soll bei dr bleiba an dem Platz, môn r rausgruacht håt ennerhalb von daene Stadttôr, dass r sich wohlfühlt. Du därfst an et ausnutza.

Kultprostitution: 23 18-19

[18]Von de israelitische Fraoa därf mr koena a Tempelhur sae, ond von de israelitische Männer därf koener a Kultprostituierter sae. [19]Du därfst koen Huralohn ond koen Hondslohn zom Haus von JAHWE, daem Gott (Eloheyka), brenga für irgend a Gelübde, weil bôedas für JAHWE, daen Gott (Eloheyka), a Graus ischd.

Zom Vrgleicha: *Vers 18-19:* 1Kö 14,24; 15,12; 22,47; 2Kö 23,7.

Zensa: 23 20-21

[20]Du därfst von daem Bruader koen Zens vrlanga, Zens vom Geld, Zens von Lebensmittel, Zens von irgend ebbas, was mr vrzensa könnt. [21]Vo'ma Ausländer kåsch d Zens vrlanga, aber von daem Bruader därfst d koen Zens vrlanga, dass de JAHWE, dae Gott (Eloheyka), segna kå bei ällam, was da en d Händ nemmst, ond mit dem Land, mô da nôkommst, zom s aenemma.

Zom Vrgleicha: *Vers 20-21:* 15,3; Ex 22,24.

Gelübde: 23 22-24

[22]Wann da JAHWE, daem Gott (Eloheyka), ema Gelübde ebbas vrsprichst, sollst d s et aufschiaba mit am Aehalta, sonst dät s JAHWE, dae Gott (Eloheyka), von dr aefordera, ond du dätest a Schuld auf de lada. [23]Wann da aber sotte Vrsprecha vrmeidest, nå vrsündigst d de ao et. [24]Was dr über d Lippa kommt, des muaßt d achta ond ao aehalta was da JAHWE, daem Gott (Eloheyka), freiwillig vrsprocha håsch, ond was da mit daem Mund gsaed håsch.

Zom Vrgleicha: *Vers 22:* Mt 5,33.

Mundraob: 23 25-26

[25]Wann da en da Wengert von daem Nåchber kommst, därfst d Trauba essa so viel da mågst bis da satt bist, aber aesacka därfst d nex drvo. [26]Wann da durchs Korn von daem Nåchber gôhst, därfst d mit dr Håd Ähra ropfa, aber mit dr Sichel därfst d s Korn von daem Nåchber et weg schneida.

Zom Vrgleicha: *Vers 26:* Mt 12,1; Mk 2,23; Lk 6,1.

D Wiederaufnåhm von ra gschiedena Frao: 24 1-4

24 Wann oener a Frao nemmt ond heiratat se, ond se gfällt am nå nemme, weil r ebbas Åstößigs an ra gfonda håt, nå soll r ra an Schaedebriaf schreiba ond ra en d Håd geba ond se aus saem Haus fort schicka. [2]Wann se nå aus saem Haus auszoga ond zo ama andera Må ganga ischd, [3]ond der andere Må måg se ao et ond schreibt ra an Schaedebriaf ond geit ra n en d Håd ond schickt se fort aus saem Haus, oder wann der andere Må stirbt, der mô se zor Frao gnomma håt: [4]Nå kå se der erste Må, der mô se fort gschickt håt, et nômål zor Frao nemma, nachdem se vroraenigt wôra ischd, des wär vôr am

Herrgott (JAHWE) ebbas Gräuslichs. Du sollst des Land, mô dr JAHWE, dae Gott (Eloheyka), geit als Erbtôel, et dr Sünd vrfalla lassa.

Zom Vrgleicha: *Vers 1:* Mt 5,31; 19,7; Mk 10,4.

D Befreiong von frisch Vrheiratate vom Wehrdenst: 24 5

[5]Wann oener frisch vrheiratat ischd, soll r et mit am Kriagsheer ganga, ond mr soll an zo nex vrpflichta; der ischd freigstellt von saener Vrantwortong, dass r ganz für sae Haus då isch a ganzs Jåhr. Då soll r sich mit saener Frao fraea, môn r gnomma håt.

Zom Vrgleicha: *Vers 5:* 20,7.

Vrbotes Pfandguat: 24 6

[6]A Handmühle, oder ao bloß da obera Mahlstoe därf mr et pfända, weil mr nå s Leba als Pfand nemma dät.

Menscharaob: 24 7

[7]Wann ebber vrtwischt wird, wian r an Bruader von de Israelita mit Gwalt entführt ond (als Sklav) vrkaoft håt, nå muaß der Entführer sterba. So sollst du s Baese ausrotta aus daener Mitte.

Zom Vrgleicha: *Vers 7:* 19,19; 21,21; Ex 21,16; 1Kor 5,13.

Dr Aussatz: 24 8-9

[8]Pass guat auf, wann dr Aussatz ausbricht, ond achte genao auf d Åweisonga, mô euch d Priaster aus am Levitastand gebat, ond haltat euch drå. So, wian e s dene ågeba han, so sollat r s doa. [9]Denk drå, was JAHWE, dae Gott (Eloheyka), an dr Mirjam dao håt auf am Weg von Ägypten rauf.

Zom Vrgleicha: *Vers 8:* 10,8 • *Vers 9:* Num12.

Pfandgsetz: 24 10-13

[10]Wann dae Nächster vrgißt, irgend a Schuld bei dr zrück zom zahla, nå sollst d et en sae Haus ganga zom ebbas pfända. [11]Du sollst auf dr Stråß draußa standa bleiba, ond der Må, dem mô da ebbas glieha håsch, soll dr sae Pfand raus brenga auf d Stråß. [12]Ond wann der Må arm ischd, nå sollst et schlåfa ganga mit saem Pfand. [13]Du sollst am des Pfand bei Sonnaontergang zrück geba, dass r sich zuadecka kå mit saem Omhang ond r de segnat, ond du stôhst als a Rechtschaffener då vôr JAHWE, daem Gott (Eloheyka).

Zom Vrgleicha: *Vers 12-13:* Ex 22,25f.

Dr Loh für an Daglöhner: 24 14-15

[14]An arma ond bedürftiga Daglöhner aus daene Brüader oder von de Fremde en daem Land sollst d et ausbeuta. [15]Am gleicha Dag no sollst d am saen Loh geba, d Sonn soll et über am onterganga, weil r arm ischd ond s braucht für saen Lebensonterhalt, dass r et wega dir da Herrgott åruaft ond du de vrsündiga dätest.

Zom Vrgleicha: *Vers 14-15:* Mt 20,8; Mk 10,19; Jak 5,4; Mal 3,5.

Sippahaftong: 24 16

[16]**D Vädr sollat et mit am Daot büaßa für ihre Söh, ond Söh sollat et mit am Daot büaßa für ihre Vädr. A jeder muaß für saene Vrfehlonga selber mit am Daot büaßa.**

Zom Vrgleicha: *Vers 16:* 7,10; 2Kö 14,6; Ez 18.

Dr Omgang mit sozial Schwache: 24 17-18

[17]Du sollst s Gastrecht vom a Fremda ond vom a Wôesakend et vrbiaga, ond ra Witwe sollst d et ihr Gwand vrpfända. [18]Du sollst emmer drå denka, dass da Sklave gwea bist en Ägypten ond de JAHWE, dae Gott (Eloheyka), freikaoft håt von sell. Drom sag e dr, dass da des so macha sollst.

Zom Vrgleicha: *Vers 17-18:* Ex 22,20-23; 23,9 • *Vers 17:* 27,19 • *Vers 18:* 5,15.

A vrgessena Garb: 24 19
19Wann da dae Ernte vom Acker rae holst ond drbei em Feld draußa a Garb vrgißt, nå sollst d et omkaehra zom se hola. Laß se liega für da Fremda, für d Wôesa ond für d Witwa, dass de JAHWE, dae Gott (Eloheyka), segnat bei ällam, was daene Händ ålangat.
Zom Vrgleicha: *Vers 19:* 28,12.

S Afzabergla: 24 20-22
20Wann da daen Ölbaom aklopft håsch, nå sollst nemme d Äst absuacha. Laß s hanga für da Fremda, für d Wôesa ond für d Witwa, dass de JAHWE, dae Gott (Eloheyka), segnat bei ällam, was daene Händ ålangat. 21Wann da en daem Wengert Trauba liest, sollst koe Nåchles macha. Laß s hanga für da Fremda, für d Wôesa ond für d Witwa. 22Du sollst emmer drå denka, dass da Sklave gwea bist en Ägypten ond de JAHWE, dae Gott (Eloheyka), freikaoft håt von sell. Drom sag e dr, dass da des so macha sollst.
Zom Vrgleicha: *Vers 22:* 5,15.

Prügelstråf: 25 1-3
25 Wann zwischa de Leut a Rechtsstreit ausbricht ond se vôr s Gericht gangat ond mr über se urtôelt, nå sollat se an Rechtschaffena für rechtschaffa erklära ond an Schuldiga als an Schuldiga behandla. 2Ond so soll s gscheha: Wann der Schuldige d Prügelstråf vrdeant håt, nå soll an dr Richter nôlega ond am so viel Strôech geba lassa, wian r für sae Schuld vrdeant håt. 3Vierzg Strôech därf r an haoa lassa, maeh et, dass r am et aus Vrseha an Strôech z viel geit ond dae Bruader en daene Aoga vrächtlich gmacht wird.
Zom Vrgleicha: *Vers 3:* 2Kor 11,24.

Dr Ochs beim Drescha: 25 4
4Du sollst daem Ochsa beim Drescha et s Maul zuabenda.
Zom Vrgleicha: *Vers 4:* 1Kor 9,9; 1Tim 5,18.

D Schwågerehe: 25 5-10
5Wann Brüader beianander wohnat ond oener von en stirbt, ohne dass r an Soh hätt, nå soll d Frao von dem Vrstôrbena et auswärts ganga zo ama fremda Må. Ihr Schwåger soll zo ra ganga ond se für sich zor Frao nemma ond so d Schwågerehe mit ra aeganga. 6Ond dr Erstgeborene, mô se auf d Welt brengt, soll da Nåma von saem vrstorbena Bruader kriaga, dass dem sae Nåma et ausglöscht wird von Israel. 7Wann der Må aber sae Schwägere et heirata will, nå soll sae Schwägere naufganga ens Stadttor zo de Älteste ond saga: Mae Schwåger waegerat sich, da Nåma von saem Bruader en Israel zom erhalta: der will et d Schwågerehe mit mr aeganga. 8Nå sollat an de Älteste von saener Stadt komma lassa ond mit am schwätza. Wann aber oenaweg drauf bestôht ond saed: I will se et nemma! 9Nå soll sae Schwägere vôr de Aoga von de Älteste nôganga ond am da Schuah vom Fuaß raziaga ond am ens Gsicht spucka ond saga: So soll mr s mit dem macha, der mô saem Bruader sae Haus et baua will! 10Ond mr soll an en Israel „s Barfüaßerhaus" hôeßa.
Zom Vrgleicha: *Vers 5-10:* 19,12 • *Vers 5-6:* Mt 22,24; Mk 12,19; Lk 20,28.

Übergriff beim Streit: 25 11-12
11Wann zwôe Männer mitanander raofat, ond d Frao vom oena kommt, zom ihran Må aus dr Gwalt von dem Schläger befreia ond se packt an mit dr Håd an saem Gschlechtstôel, 12nå sollst d ra d Håd ahacka ond koe Mitleid mit ra han.
Zom Vrgleicha: *Vers 12:* 19,13.

Falschs Gwicht ond Maß: 25 13-16

[13]Du sollst en daem Beutel et zwôerloe Gwichstoe han, an graeßera ond an Kloenera. [14]Du sollst en daem Haus et zwôerloe Scheffel han, a graeßers ond a kloeners. [15]Vollständige Gwichtsstoe ond a rechtmäßigs Scheffel sollat bei dr sae, dass da lang lebst auf dem Boda, den mô dr JAHWE, dae Gott (Eloheyka), geit. [16]A Graus ischd a jeder bei JAHWE, daem Gott (Eloheyka), mô Orecht duat.

Am Amalek sae Schuld soll et vrgessa wera: 25 17 19

[17]Denk emmer drå, was dr Amalek dr dao håt auf euram Weg von Ägypten rauf. [18]Wia se de auf am Weg überfalla hent ond älle Nåchzügler, mô müad ond erschöpft gwea send von dr agschnitta hent, weil se koe Ehrfurcht vôr am Herrgott (JAHWE) ghet hent. [19]Wann dr JAHWE, dae Gott (Eloheyka), vôr älle daene Faend rengsrom Ruah vrschafft en daem Land, des mô dr JAHWE, dae Gott (Eloheyka), geit als Aegatom, wann da s aenemmst: Nå sollst d s Ådenka an da Amalek onter am Hemmel ausrotta! Vrgiß des gar nia!

Zom Vrgleicha: *Vers 17-19:* Ex 17,14; 1Sa 15 • *Vers 19:* 12,10.

D Erstlengsfrücht: 26 1-11

26 Wann da en des Land naekommst, mô dr JAHWE, dae Gott (Eloheyka), geit als Aegatom, ond da nemmst s ae ond siedlest dren å, [2]nå sollst d von jeder Frucht, mô dr Boda hergeit, d Erstleng von daem Land, des mô JAHWE, dae Gott (Eloheyka), dr geit, en an Kretta lega ond drmit an den Ort ganga, den mô JAHWE, dae Gott (Eloheyka), auserwählt, zom saen Nåma wohna lassa. [3]Ond nå gôhst d zo dem Priaster, der mô en dera Zeit amtiert ond saesch zon am: I breng haet d Meldong an JAHWE, daen Gott (Eloheyka), dass i en des Land komma ben, mô dr Herrgott (JAHWE) onsere Vädr vrsprocha håt, dass r s ons geba will. [4]Ond dr Priaster soll den Kretta nemma aus daener Håd ond an vôr da Altar von JAHWE, daem Gott (Eloheyka), nôstella. [5]Nå fangst d å ond saesch vôr JAHWE, daem Gott (Eloheyka):

A rom irrender Aramäer ischd mae Vadr gwea. Der ischd nach Ägypten na ganga ond ischd sell blieba mit ganz wenig Leut. Aber r ischd sell zo ama graoßa Volksstamm wôra, zahlreich ond mächtig. [6]D Ägypter hent ons schlecht behandlat ond ons nadruckt ond ons ausbeutat mit ama harta Frondenst. [7]Nå he'mr zo JAHWE gschria, am Gott (Elohey) von onsere Vädr. Ond JAHWE håt onser Schreia ghört ond onser Onterdrückong ond onser Elend ond Naot gseha. [8]Ond dr Herrgott (JAHWE) håt ons aus Ägypten rausgholt mit saener starka Håd ond mit saem ausgstreckta Arm, mit graoße Schrecka, mit Zaeche ond Wonder. [9]Ond r håt ons då her komma lassa an den Ort dåhanna, ond r håt ons des Land då geba, a Land, mô von Milch ond Honig überfliaßt. [10]Ond jetzt breng e d Erstleng von dr Frucht von dem Acker, mô mr du, JAHWE, geba håsch. Nå legst an no vôr JAHWE, daen Gott (Eloheyka), ond wirfst de vôr JAHWE, daem Gott (Eloheyka), nieder. [11]Du sollst de fraea an ällam Guata, was dr JAHWE, dae Gott (Eloheyka), geba håt, dir ond daem Haus; du ond dr Levit ond dr Fremdleng en daener Mitte.

Zom Vrgleicha: *Vers 1-11:* 14,22-27; 18,4; Ex 23,19; 34,26 • *Vers 2:* 12,10f • Vers 3: 17,9; 19,17 • *Vers 5-8:* Num 20,15f • *Vers 5:* Gen 12,10; 18,18; 46,3; 47,4 • *Vers 6-9:* 6,21-23 • Vers 6: Ex 1,11f; 5,9.23 • *Vers 7:* Ex 3,7.9 • *Vers 8:* Ex 3,19; 4,8f.21; 8,19; 15,11.16 • *Vers 9:* 6,3; Ex 3,8; 23,20 • *Vers 11:* 16,24.

S Gebet nach dr Alieferong vom Zehnta für de Arme: 26 12-15

[12]Wann da em dritta Jåhr, am Zehntjåhr,
da ganza Zehnta von daener Ernt
ganz auf d Seite dao ond für d Levita,
für de Fremde, für d Wôesa ond für d
Witwa aglieferat håsch, dass dia leba
könnat en daem Ort ond satt werat,
[13]nå sollst d vôr JAHWE, daem Gott
(Eloheyka), saga: I han älle Weihegaba
aus maem Haus weg gschafft ond s am
Levita, am Fremdleng, de Wôesa ond de
Witwa geba, wia da me s ågwiesa håsch
en daem Gebot. I han koes von daene
Gebot überganga ond koes vrgessa. [14]I
han nex drvo gessa en maener Trauer
ond nex drvo weg dao, môn e oraen
gwea ben. Ond i han nex drvo ama
Daota mit geba. I han ganz auf d Stemm
von JAHWE, maem Gott (Elohay),
ghört ond ällas dao, was da me ågwiesa
håsch. [15]Guck ronter von daener haeliga
Wohnong aus am Hemmel ond segne
dae Volk Israel ond den Ackerboda, mô
da ons geba håsch, so, wia da s onsere
Vädr vrsprocha håsch, a Land, mô von
Milch ond Honig überfliaßt.

Zom Vrgleicha: *Vers 12:* 14,28f • *Vers 15:* 28,8.

Dr Grond für d Aehaltong vom Gsetz: dr Bund: 26 16-19

[16]Am haetiga Dag vrpflichtat de
JAHWE, dae Gott (Eloheyka), nach
dene Satzonga ond Rechtsvôrschrifta
zom leba. Du sollst ällas achta ond
aehalta von ganzam Herza ond mit
daener ganza Seel.
[17]Du håsch haet JAHWE erklära lassa,
dass r dae Gott sae soll ond dass du auf
saene Weg laofa willst ond saene Satzonga
ond Gebot ond saene Rechtsvôrschrifta
achta ond auf sae Stemm höra willst.
[18]Ond dr Herrgott (JAHWE) håt di haet
erklära lassa, dass da sae Aegatomsvolk
sae willst, so, wian r dr s vrsprocha håt,
ond auf älle saene Gebot achta willst,
[19]ond dass r de über älle Volksstämm,
môn r gschaffa håt, setza will – zom
Lobpreis, zom Ruhm ond zor Zierde
– ond du a haeligs Volk für JAHWE,
daen Gott (Eloheyka), sae willst.

Zom Vrgleicha: *Vers 16:* 5,1 • *Vers 17-19:* 29,12; 2Sa 7,24 • *Vers 18-19:* 7,6 • *Vers 19:* Ex 28,1.9.

AUFGABA FÜR D ZEIT NACH DR JORDANÜBERQUERONG: 27 1-26

27 Dr Mose ond de Älteste vom
Volk hent ågordnat ond gsaed:
Achtat auf älle Gebot, môn e euch
haet åweis. [2]So soll s gscheha: An dem
Dag, môn r über da Jordan nom gangat
en s Land, mô JAHWE, dae Gott
(Eloheyka), euch geit, då richtest graoße
Stoener auf ond streichst se å mit Kalk.
[3]Auf dia schreibst d älle dia Åweisonga,
wann da nom gôhst, dass, wann da en
des Land kommst, mô dr JAHWE, dae
Gott (Eloheyka), geit, a Land, mô von
Milch ond Honig überfliaßt, so wia dr
s JAHWE, dr Gott (Elohey) von daene
Vädr, vrsprocha håt, [4]dass r nå, wann r
über da Jordan nomm kommat, dia Stoe
aufrichtat, wian e s euch haet befiehl,
auf am Berg Ebal. Ond streich se å mit
Kalk. [5]Ond sell baust d an Altar zo Ehra
von JAHWE, daem Gott (Eloheyka),
an Altar aus Stoe, du därfst et mit ama
Eise drå schaffa. [6]Aus obehaoene Stoe
sollst d den Altar für JAHWE, daen
Gott (Eloheyka), baua ond JAHWE,
daem Gott (Eloheyka), zor Ehr
Brandopfer drauf darbrenga. [7]Ond du
sollst Friedensopfer metzga ond sell
essa ond de fraea vor JAHWE, daem
Gott (Eloheyka). [8]Ond du sollst auf
dia Stoe älle Åweisonga sauber schreiba

ond aeritza.
[9]Ond dr Mose ond d Priaster vom
Levitastand hent zom ganza Volk Israel
gsaed: Horch her, Israel! Am haetiga
Dag bist du zom Volk von JAHWE,
daem Gott (Eloheyka), wôra. [10]Horch
auf d Stemm von JAHWE, daem Gott
(Eloheyka), endem da nach saene Gebot
ond saene Satzonga lebst, môn e de haet
drauf vrpflichte.
[11]Ond dr Mose håt an dem Dag am Volk
da Befehl geba ond gsaed: [12]Dia (Stämm)
sollat sich auf am Berg Garizim aufstella
zom s Volk segna beim Überquera vom
Jordan: Simeon ond Levi ond Juda
ond Issaschar ond Josef ond Benjamin.
[13]Ond dia (Stämm) sollat sich bei dr
Vrfluachong auf am Berg Ebal aufstella:
Ruben, Gad ond Ascher ond Sebulon,
Dan ond Naftali.
[14]Ond d Levita sollat åfanga ond über
de ganz Mannschaft von Israel ausruafa:
[15]Vrfluacht ischd der Må, der mô a
gschnitzts oder gosses Bild macht, mô
am Herrgott (JAHWE) a Graus ischd,
a Machwerk aus Menschahänd, ond des
hehlenga aufstellt. Ond s ganze Volk
soll Antwort geba ond saga: Amen!
[16]Vrfluacht ischd oener, der mô saen
Vadr ond sae Muader vrachtat! Ond s
ganze Volk soll Antwort geba ond saga:
Amen!
[17]Vrfluacht ischd oener, mô d Grenz
zo saem Nåchber vrschiabt! Ond s
ganze Volk soll Antwort geba ond saga:
Amen!
[18]Vrfluacht ischd oener, mô an Blenda
en Irre führt auf am Weg! Ond s ganze
Volk soll Antwort geba ond saga: Amen!
[19]Vrfluacht ischd oener, mô s Recht vom
Fremda, von Wôesa ond Witwa vrbiagt!
Ond s ganze Volk soll Antwort geba ond
saga: Amen! [20]Vrfluacht ischd oener, mô
mit dr Frao von saem Vadr schlåft, weil
r s Bettuach von saem Vadr aufdeckt
håt! Ond s ganze Volk soll Antwort
geba ond saga: Amen! [21]Vrfluacht ischd
oener, mô mit irgend ama Tier schlåft!
Ond s ganze Volk soll Antwort geba
ond saga: Amen! [22]Vrfluacht ischd
oener, mô mit saener (Stief-)Schwester
schlåft, mit dr Tochter von saem Vadr
oder mit dr Tochter von saener Muader!
Ond s ganze Volk soll Antwort geba
ond saga: Amen! [23]Vrfluacht ischd
oener, mô mit saener Schwiegermuader
schlåft! Ond s ganze Volk soll Antwort
geba ond saga: Amen! [24]Vrfluacht ischd
oener, mô saen Nächsta hehlenga z daot
haot! Ond s ganze Volk soll Antwort
geba ond saga: Amen! [25]Vrfluacht ischd
oener, mô sich bestecha lässt, zom an
oschuldiga Menscha ombrenga! Ond
s ganze Volk soll Antwort geba ond
saga: Amen! [26]Vrfluacht ischd jeder, mô
dia Åweisonga et aufrecht hält, endem
r drnåch lebt! Ond s ganze Volk soll
Antwort geba ond saga: Amen!

Zom Vrgleicha: *Vers 1-13:* Jos 8,30-35 • *Vers 1:* 5,23 • *Vers 4:* Joh 4,20 • *Vers 5-6:* Ex 20,25 • *Vers 9:* 7,6; 10,8; 26,17-19 • *Vers 10:* 28,1 • *Vers 11-13:* 11,29 • *Vers 15:* 4,16.28; 5,8; 7,25; 9,12; 31,29; Ri 17,2; 1Kö 14,9; 2Kö 17,16; 21,7 • *Vers 16:* 15,16; Ex 21,17; 2Sa 16,22; 1Kor 5,1 • *Vers 21:* Ex 22,18 • *Vers 24:* 5,17; Ex 21,12 • *Vers 25:* 19,10; Ex 23,8 • *Vers 26:* 2Kor 3,9; Gal 3,10.

DR ABSCHLUSS VON DR VRKÜNDIGONG VOM GSETZ: 28 1-68

Dr Sega für da Gehorsam: 28 1-14

28 Wann da auf d Stemm von
JAHWE, daem Gott (Eloheyka),
horchst, endem da älle saene Gebot
aehälst ond drnåch lebst, dia môn e
de haet drauf vrpflichte, nå erhebt de
JAHWE, dae Gott (Eloheyka), über
älle Volksstämm auf dr ganza Erde,

[2]ond älle dia Segnonga kommat über de ond erraechat de, weil da auf d Stemm von JAHWE, daem Gott (Eloheyka), ghört håsch: [3]Gsegnat bist d en dr Stadt, gsegnat bist d auf am Land. [4]Gsegnat ischd dae Leibasfrucht, ond d Frucht von daem Ackerboda ond d Frucht von daem Vieh, dr Wurf von daene Render ond von daem Kloevieh! [5]Gsegnat ischd dae Kretta ond dae Backtrog! [6]Gsegnat ischd dae Hoemkomma ond dae Ausgang! [7]Dr Herrgott (JAHWE) schlägt daene Faend vôr dr, mô gega de aufstandat. Auf oem Weg kommat se dr entgega, ond auf sieba Weg haoat se vôr dr ab. [8]Dr Herrgott (JAHWE) schenkt sae Segnong en daene Vorrät ond en ällas, was da mit daene Händ schaffst. Ond r segnat de en dem Land, des mô dr JAHWE, dae Gott (Eloheyka), geit. [9]Ond dr Herrgott (JAHWE) lässt sich a haeligs Volk aufstanda, so, wian r dr s zuagschwora håt, wann da d Gebot von JAHWE, daem Gott (Eloheyka), aehälst ond drnåch lebst, [10]wann älle Nationa auf dr ganza Erde seahnat, dass dr Nåma von JAHWE bei dr ågruafa wird, nå lernat se s Fürchta vôr dr. [11]Ond dr Herrgott (JAHWE) überhäuft de mit Guatam en daener Leibasfrucht ond en dr Frucht bei daem Vieh ond bei dr Frucht von daem Acker auf dem Boda, mô dr Herrgott (JAHWE) daene Vädr zuagschwora håt, dass r s dir geit. [12]Dr Herrgott (JAHWE) macht saen guata Schatz auf, da Hemmel, zom daem Land Rega geba zo saener Zeit ond ällas zom segna, was da en d Händ nemmst; nå kåsch d viele Völker ebbas leiha, aber du brauchst nex ausleiha. [13]Ond dr Herrgott (JAHWE) macht de zo ama Haopt ond et zo ama Schwanz. Ond du stôhst obadrå ond et ontadrå, wann da auf s Gebot von JAHWE, daem Gott (Eloheyka), horchst, môn e de haet drauf vrpflichte, dass da s aehälst ond drnåch lebst, [14]ond et abweichst von ällam, was e dr haet sag, weders nach rechts oder nach lenks ond andere Götter nåchlaofst ond dene deanst.

Zom Vrgleicha: *Vers 1-14:* Lev 26,3-13; Dtn 28,15-45; 7,12-16; 11,13-15; 30,16 • *Vers 1:* 26,19 • *Vers 4:* 7,13; 30,9; Lk 1,42 • *Vers 8:* 26,15 • *Vers 9:* 7,6; 26,18f • *Vers 10:* 2,25; 11,25; 2Sa 12,28; 1Kö 8,43; Jer 14,9 • *Vers 12:* 2,7; 14,29; 16,15; 24,19; 30,9; 15,6 • *Vers 14:* 7,4; 13,3.

Dr Fluach für da Ogehorsam: 28 15-68

[15]Wann da aber et horchst auf d Stemm von JAHWE, daem Gott (Eloheyka), ond älle saene Gebot ond Satzonga, môn e de haet drauf vrpflichte, et achtest ond drnåch lebst, nå kommat dia ganze Vrfluachonga über de ond eraechat de: [16]Vrfluacht bist d en dr Stadt ond vrfluacht auf am Land! [17]Vrfluacht ischd dae Kretta ond dae Backtrog! [18]Vrfluacht ischd dae Leibasfrucht ond d Frucht auf daem Acker, dr Wurf von daene Rendla ond von daem Kloevieh! [19]Vrfluacht bist, wann da hoem kommst ond vrfluacht, wann da fort gôhst! [20]Dr Herrgott (JAHWE) schickt da Fluach über de: Ofrieda ond Oruah bei ällam, was da en d Händ nemmst, bis da z'grond gôhst ond ganz schnell ausgrottat bist wega daene Schandtata, mit dene da me vrlassa håsch. [21]Dr Herrgott schickt dr d Pest auf da Hals, bis da ganz ausgrottat bist von dem Ackerboda, mô da nô gôhst, zom an aenemma. [22]Dr Herrgott (JAHWE) schlaet de mit dr Schwendsucht ond mit Fiaber ond mit Gluathitz ond Entzündonga, mit Dürre. Des setzt dr zua, bis da z'grond gôhst. [23]Ond d Hemmel über daem Kopf werat zo Erz ond dr Erdboda onter dr zo Eise. [24]Ond dr Herrgott (JAHWE) geit daem Land Såd ond Staob als Rega. Von de Hemmel kommt des auf de ra bis da z'grond gôhst. [25]Ond dr Herrgott (JAHWE)

geit de gschlaga vor daene Faend. Auf
oem Weg gôhst gega s naus, ond auf
sieba Weg haost d vôr en ab bei ihram
Åblick. Ond du wirst zom grausiga
(Beispiel) für älle Königreich auf am
ganza Erdboda. [26]Ond dae Leichnåm
wird zom Fraß für älle mögliche Vögel
ond für d Viecher auf am Erdboda ond
koener vrschaecht s. [27]Ond dr Herrgott
schlaet de mit ägyptische Oesa ond mit
Beula, mit Krätze ond Ruafa, mô du et
hôela kåsch. [28]Dr Herrgott (JAHWE)
schlaet mit Irrsenn ond mit Blendhaet
ond lässt dae Herz durchanader gråta,
[29]ond du tappst omanander am hella
Mittag, wian a Blender, der mô em
Donkla rom tappt, dass dr nex maeh
gråtat auf daem Weg. Ausplünderat ond
erpresst wirst äll Dag ond koener hilft dr.
[30]Mit ra Frao vrlobst d de, ond a anderer
Må nemmt se. A Haus baust d dr, aber
wohna därfst d et dren. An Wengert
pflanzt d å, aber von saene Frücht håsch
d nex. [31]Dae Ochs wird vôr daene Aoga
drå gmetzgat, ond du därfst nex drvo
essa. Dae Esel wird vôr daene Auga drå
klaot ond kommt nemme zo dr zrück.
Dae Kloevieh wird daene Faend geba
ond koener hilft dr. [32]Daene Söh ond
daene Töchter werat an a anders Volk
geba, ond daene Aoga müaßat s mit
åseha ond en nåchschmachta da ganza
Dag, ond du bist machtlos drgega. [33]D
Frücht von daem Ackerboda ond ällas,
was da vrdeanst, zehrt a Volk auf, des
mô du et kennst, ond du bist emmer dr
Ausbeutate ond Onterdrückte äll Dag.
[34]Ond du wirst wåhnsennig bei dem,
was daene Aoga mit åseha müaßat.
[35]Ond dr Herrgott schlaet de an de Knui
ond an de Schenkel mit baese Gschwür,
von dene mô da nemme gsond wirst von
de Fuaßsohla bis an da Schôetel. [36]Ond
dr Herrgott läß di ond daen König, den
mô da über de aesetza duasch zo ma
Volk brenga, des mô da et kennt håsch,
weders du, no daene Vädr. Ond sell wirst
andere Götter aus Holz ond Stoe deana
müaßa. [37]Ond du wirst zom Graua ond
zo Hohn ond Spott für älle dia Nationa,
mô de dr Herrgott (JAHWE) nô vrtreiba
wird. [38]Viel Saatguat straest du auf daen
Acker, aber da wirst wenig ernta, weil
s dr Haeschreck agfressa håt. [39]Wengert
legst d å ond schafftst se, aber Wae
trenkst du koen drvo ond da brengst
nex drvo rae, weil s dr Wurm he macht.
[40]Ölbaem håt s grad gnuag en daem
Gebiet, aber Öl kåsch d et ausgiaßa,
weil daene Oliva rafallat. [41]Söh ond
Töchter wirst d zeuga, aber dia bleibat
et bei dr, weil se gfanga gnomma werat.
[42]Daene Baem ond d Frücht von daem
Acker werat vom Oziefer he gmacht.
[43]Dr Fremde, der mô bei dr lebt, steigt
emmer haecher über de auf, während du
emmer tiafer absackst. [44]Der kå dr ebbas
leiha; aber du kåsch am nex leiha. Der
wird zom Haopt ond du zom Schwanz.
[45]Auf di kommat älle dia Vrwünschonga
ond vrfolgat de ond kommat über de,
weil da et ghört håsch auf d Stemm von
JAHWE, daem Gott (Eloheyka), ond
dia Gebot ond Satzonga et beachtat
håsch, mô ER de ghôeßa håt. [46]Ond dia
hangat nå als Zaeche ond Wonder an dr
für älle Zeita.
[47]Weil da JAHWE, daem Gott
(Eloheyka), et deant håsch mit Fraed
ond Dankbarkaet für ällas, was da em
Überfluß håsch, [48]wirst d daene Faend
deana müaßa, mô dr Herrgott (JAHWE)
gega de ausgschickt håt, en Honger
ond Durst, en Blöße ond en Mangel an
ällam. Ond r legt dr a eiserns Joch ens
Gnick bis da dro z'grond gôhst. [49]Ond
dr Herrgott brengt von weit her an
Volksstamm gega de, so wia dr Adler
raschiaßt; an Volksstamm, von dem, mô
du et amål d Språch vrstôhst. [50]A Volk
mit ama harta Gsicht, mô weder auf an
Greis no auf a Kend Rücksicht nemmt.

51 Ond der frisst d Frucht von daem Vieh
ond d Frücht von daem Acker ond lässt
für di nex übrig vom Korn, vom Wae
ond vom Öl, nex vom Wurf von daem
Vieh ond vom Kloevieh, bis r de zom
Vrschwenda bråcht håt. 52 Der belagerat
de en älle daene Städt, bis daene haoche
ond stabile Maura aefallat, mô da de so
sicher dren gfühlt håsch en daem Land.
Ond r belagerat de überall em dem
ganza Land, mô dr JAHWE, dae Gott
(Eloheyka), geba håt. 53 Ond du wirst en
dr Naot von dr Belagerong durch daene
Faend daene aegene Söh ond Töchter
essa, dia mô dr JAHWE, dae Gott
(Eloheyka), schenkt. 54 Dr wôechlichste
ond vrwöhnteste Må guckt nå neidig
auf saen Bruader ond sae Liablengsfrao
ond auf da Rest von saene Söh, môn r
übrig glassa håt, 55 ond will neamerd
ebbas vom Flôesch von saene Söh geba,
môn r essa will, weil mr nex für an übrig
lässt en dr Naot von dr Belagerong,
mô de dae Faend überall em Land
drmit fertig macht. 56 De vrwôechlichst
ond vrwöhntest Frao, mô no et amål
probiert håt, an Fuaß auf da Boda z
brenga, guckt neidig auf ihran Må ond
auf ihran Soh ond ihr Tochter, 57 wega
dera Nåchgeburt, mô zwischa ihre
Schenkel rauskommt ond auf ihre Söh,
mô se nå kriagt; weil se des hehlenga
essa will en dr Naot von dr Belagerong,
mô de dae Faend überall em Land drmit
fertig macht.

58 Wann da et nach dr Åweisong lebst, mô
en dem Buach dåhanna gschrieba stôht,
aus Ehrfurcht vôr dem glorreicha ond
furchtbara Nåma, von JAHWE, daem
Gott (Eloheyka), 59 nå kommt Schlag auf
Schlag über di ond daene Nåchkomma,
gewaltig ond hartnäckig, ond mit
schlemme Krankata ond Seucha. 60 Ond
r brengt s ganze Siachtom von Ägypten
über de, dass dr s drvôr graust, wann
da s an dr håsch. 61 Ao älle mögliche
Krankata ond Plåga, mô et em Buach
von dr Weisong gschrieba standat,
brengt dr Herrgott (JAHWE) über
de, bis da ausgrottat bist. 62 Ond bloß
no a kloena Menderhaet bleibt übrig
von ich, statt dass r so viele send wia
d Stern am Hemmel, weil da et ghört
håsch auf d Stemm von JAHWE, daem
Gott (Eloheyka). 63 So, wia dr Herrgott
(JAHWE) a Fraed drå ghet håt, euch
Guats zom doa ond euch zom vrmehra,
so wird dr Herrgott (JAHWE) nå
triomphiera, wann r euch vrnichtat ond
ausrottat. Jå, ihr werat rausgrissa aus dem
Ackerboda, mô da nô kommst zom an
aenemma. 64 Ond dr Herrgott (JAHWE)
vrstraet de onter älle Nationa auf dr
ganza Erde von oem End bis ans ander.
Ond du muaßt andere Götter deana, mô
weders du no daene Vädr kennst, dia
send aus Holz ond Stoe. 65 Ond onter
dene Volksstämm kriagst du koe Ruah,
ond da kriagst koe Plätzle, zom daene
Füaß ausruha; dr Herrgott (JAHWE)
geit dr sell a Herzbeba ond läßt daene
Aoga ond dae Seel vrschmachta. 66 Ond
daene Lebensbedengonga send emmer
en Gfahr vor dene. Ond du schrickst Dag
ond Nacht auf, weil da de nergads maeh
sicher fühla kåsch. 67 Am Môrga saesch:
Wann s no schao Åbad wär! Ond am
Åbad saesch: Wann s doch schao Môrga
wär! Wega dera scheiß Angst, en dera
mô da ständig leba muaßt, ond wega
dem, was daene Aoga mit åseha müaßat.
68 Ond dr Herrgott (JAHWE) brengt de
auf Schiff wieder nach Ägypten zrück,
auf dem Weg, von dem môn e zo dr
gsaed han: Du sollst an nia maeh wieder
seha. Schliaßlich müaßat r euch nå als
Sklava ond Sklavinna fôelbiata, aber s
geit koen, der mô euch kaofa will.

Zom Vrgleicha: *Vers 15-68:* Lev 26,14-38; Dtn 4,25-28; 8,19f; 11,16f; • *Vers 15-45:* 28,1-14 • *Vers 21:* 1Kö 8,37 • *Vers 23:* 11,17; 1Kö 8,35 • *Vers 25:* 1Kö 8,33 • *Vers 27:* 7,15; 28,60; Ex 9,9; Offbg 16,2

• *Vers 30:* 20,5-7 • *Vers 35:* Offbg 16,2 • *Vers 36:*
4,28; 17,15; 28,64; 2Kö 17,4-6; 25,7.11 • *Vers 37:*
1Kö 9,7 • *Vers 37:* 1Kö 9,7 • *Vers 48:* Jer 28,13f •
Vers 49: Jer 5,15; 1Kor 14,21 • *Vers 52:* Jer 5,17 •
Vers 53: 2Kö 6,28f; Jer 19,9 • *Vers 59-60:* 28,27 •
Vers 62: 1,10 • *Vers 63:* 30,9 • *Vers 64:* 28,36; Lk
21,24 • *Vers 68:* 17,16; Gen 26,2; Hos 8,13; 9,3.

DE LETZTE VRFÜAGONGA VOM MOSE: 28 69 - 32 52

[69]Des send d Wort von dr Bundassatzong,
mô dr Herrgott (JAHWE) am Mose
auftraga håt beim Bundasschluß mit
de Israelita em Land Moab außer dem
Bund, môn r mit en gschlossa håt am
Horeb.

Zom Vrgleicha: *Vers 69:* 5,2.

Rückblick: 29 1-8

29 Ond dr Mose håt ganz Israel
zsemagruafa ond zo nen gsaed:
Ihr hent ällas gseha, was dr Herrgott
(JAHWE) dao håt vôr eure Aoga mit
am Pharao en Ägypten ond an saene
Leut älle ond an saem Land: [2]Dia graoße
Prüafonga, mô daene Aoga gseha hent,
dia graoße Zaeche ond Wonder. [3]Aber bis
auf da haetiga Dag håt euch dr Herrgott
(JAHWE) no koe vrständigs Herz, ond
Aoga zom seha, ond Ohra zom höra
geba. [4]Drbei han e euch vierzg Jåhr lang
durch d Wüste gführt, då send eure
Klôeder et vrlompad, ond eure Schuah
an de Füaß send et mürb wôra. [5]Brot
hent r koes gessa, ond Most ond Wae
hent r ao et tronka, dass r kapiera sollat,
dass i JAHWE, euer Gott (Eloheykem)
ben. [6]Môn r dåhanna her komma send,
då ischd dr König Sihon von Heschbon
ond dr König Og von Baschan ons
entgega komma zom mit ons kämpfa,
aber mir hent se gschlaga, [7]ond hent en
ihr Land weg gnomma ond hent s am
Stamm Ruben ond am Stamm Gad ond
am halba Stamm Manasse als Erbtôel
geba. [8]Jetzt achtat auf d Bestimmonga
von dr Bundassatzong ond haltat se ae,
dass euch ällas glengt, was r dent.

Zom Vrgleicha: *Vers 1-8:* 8,2-6 • *Vers 1-3:* 1,19.31;
3,21; 4,3.9.35; 5,24; 7,18f; 10,21; 11,7; 29,16.21 •
Vers 3: Mt 13,14; Rö 11,8 • *Vers 4:* 2,7; 8,4 • *Vers
6-7:* 2,24 – 3,13 • *Vers 8:* Jos 1,7f.

Partner ond Inhalt vom Bund: 29 9-14

[9]Ihr send haet älle vor JAHWE, euran
Gott (Eloheykem), nôtreta, eure Åführer,
eure Stammasfürsta, eure Älteste ond
eure Listaführer, de ganz Mannschaft
von Israel; [10]eure Kender ond Fraoa ond
dae Fremdleng, der mô en daem Lager
ischd, ågfanga beim Holzmacher bis
zom Wasserträger, [11]zom en da Bund
mit JAHWE, daem Gott (Eloheyka),
aetreta, oder en saen Droh-Eid, mô
JAHWE, dae Gott (Eloheyka) haet mit
dr schliaßt, [12]zom de haet als sae Volk
aesetza ond dass ER dae Gott (Elohim)
sae will, so, wian r s dir vrsprocha ond
so, wian r s daene Vädr zuagschwora
håt, am Abraham, am Isaak ond am
Jakob. [13]Aber et bloß mit euch alloe
schliaß i den Vrtrag ond setz den Droh-
Eid en Kraft, [14]i schliaß an mit dene, mô
haet då send vôr JAHWE, euram Gott
(Eloheykem), ond ao mit dene, mô haet
et bei ons då send.

Zom Vrgleicha: *Vers 9:* 1,13; 5,23; 16,18; 33,5 •
Vers 10: Jos 9,27 • *Vers 12:* 26,17-19 • *Vers 13-14:*
5,3.

D Stråf für gehaeme Vôrbehalt beim Bundasschwur: 29 15-20

[15]Ihr wissat selber, wia mr em Land
Ägypten gwohnt hent ond wia mr mittla
durch dia Volksstämm ond ihr Gebiet
durch ganga müaßa hent. [16]Då hent r

ao dene ihre scheußliche Götzabilder ond ihre Götza aus Holz ond Stoe, aus Silber ond Gold gseha, mô dia ghet hent. 17Dass sich bloß koener von euch, a Må oder a Frao oder a Familie oder gar a Stamm, sae Herz abwendat von JAHWE, onseram Gott (Eloheynu), ond de Götter von dene Volksstämm deant. Onter euch därf s koe Wurzel geba, mô Gift ond Wermuat treiba lässt. 18Ond s därf et passiera, dass oener beim Höra vom Droh-Eid sich selber segnat ond denkt: Mir kå nex passiera, wann e en maem Herza vrstockt bleib, schliaßlich gôht a Bsoffener ao et mit dem z'grond, mô Durst håt. 19Dr Herrgott (JAHWE) ischd nämlich et gwillt, so oem zom vrzeiha; sondern am Herrgott (JAHWE) sae Zorn flammt auf ond sae Eifer gega den Må. Ond de ganze Fluachbestimmonga, mô en dem Buach då aufgschrieba send, dent an apassa, ond dr Herrgott (JAHWE) rottat saen Nåma aus onter am Hemmel, 20ond dr Herrgott (JAHWE) duat an aussondera zom Ohael von älle Stämm von Israel, so wia s en de Fluachbestimmonga von dr Bundassatzong vôrgseha ischd.

Zom Vrgleicha: *Vers 17:* Apg 8,23; Hebr 12,15 • *Vers 19-20:* 28,15-68; Offbg 22,18.

D Ådrohong von dr Vrtreibong:
29 21-28

21Nå wird a zuakünftiga Generation, eure Kender, mo nach euch herwachsat ond d Ausländer, mo von weit her aus ama Land kommat, saga, wann se dia Hoemsuachonga en dem Land seahnat ond dia Krankata, mit dene, mô se dr Herrgott (JAHWE) gschlaga håt: 22Schwefel ond Salz, de ganz Landschaft vrbrennt. Då kåsch d nex maeh säa ond zom Spriaßa brenga, ond då kåsch d ao nex maeh aufziaga an Pflanza, då sieht s aus, wia nach am Ontergang von Sodom ond Gomorra, Adma ond Zebojim, mô dr Herrgott (JAHWE) en saem Zôrn ond en saener Wuat zrstört håt. 23Nå werat älle Erdavölker fråga: Wega was håt dr Herrgott (JAHWE) des an dem Land dao? Was ischd dr Grond für den graoßa Zornausbruch? 24Nå werat se saga: Weil se da Bund von JAHWE, am Gott (Elohey) von ihre Väder vrlassa hent, den, môn r mit en gschlossa håt, môn r se aus am Land Ägypten raus gholt håt, 25ond andere Götter deant hent ond sich dene onterworfa hent. Götter, mô se gar et kennt hent ond dia, môn r en gar et zuagwiesa håt. 26So ischd dr Zôrn vom Herrgott (JAHWE) aufgflammt gega des Land, endem r da ganza Fluach über se bråcht håt, mô en de Fluachbestimmonga von dem Buach gschrieba standat. 27Jå, dr Herrgott (JAHWE) håt se rausgrissa von ihram Boda em Zôrn ond en dr Wuat ond Ärger ond se en a anders Land gschmissa, mô se haet no send.

28Was em Vrbôrgena leit, wôeß bloß JAHWE, onser Gott (Eloheynu). Was aber offabar ischd, des gilt für ons ond onsere Kender auf ewig: Dass mir ons nach am Wort vom Gsetz ausrichtat ond drnåch lebat.

Zom Vrgleicha: *Vers 21-27:* 1Kö 9,8f; Jer 5,19; 13,22; 16,10-13; 22,8f • *Vers 22:* Gen 14,2; 19,15-29; Jer 49,18; 50,40 • *Vers 24:* 4,23; 17,2; 31,16.20; Jos 7,11.15; 23,16; Ri 2,20; 1Kö 11,11; 2Kö 17,15.38; 18,12 • *Vers 25:* 4,19 • *Vers 28:* 32,34.

S Vrsprecha vom Hoemkomma:
30 1-10

30 Wann amål des ällas über de komma ischd, dr Sega oder dr Fluach, môn e dr vôrgstellt han, ond dr s z Herza nemmst mittla onter dene Volksstämm, mô de JAHWE, dae Gott (Eloheyka), nôvrstraet håt, 2ond da zo JAHWE, daem Gott (Eloheyka) omkehrst ond auf sae Stemm horchst en ällam, môn e de haet drauf vrpflichte, du

ond daene Kender, von ganzam Herza ond mit daener ganza Seel, 3nå dreht JAHWE, dae Gott (Eloheyka), für di s Blättle wieder rom ond vrbarmt sich über de ond sammlat de wieder zsema von älle dene Völker, mô de JAHWE, dae Gott (Eloheyka), nôvrstraet håt. 4Ond wann daene Vrsprengte bis ans End vom Hemmel vrirrt wärat, dät de von sell JAHWE, dae Gott (Eloheyka), aesammla ond von sell her hola. 5Ond JAHWE, dae Gott (Eloeka), läßt de en des Land komma, mô daene Vädr g'erbt hent, dass du s erbst, ond r macht de glücklicher ond zahlreicher, als wia s daene Vädr gwea send. 6Ond JAHWE, dae Gott (Eloheyka), beschneidat dae Herz ond s Herz von daene Nåchkomma, dass da JAHWE, daen Gott (Eloheyka), mågst von ganzam Herza ond mit daener ganza Seel, dass da am Leba bleibst. 7Ond JAHWE, dae Gott (Eloheyka), läßt älle dia Fluachbestimmonga über daene Faend komma ond über dia, mô de hassa dent ond de vrfolgt hent. 8Weil du selber omkehrt bist ond auf am Herrgott (JAHWE) sae Stemm horchst ond älle Gebot aehälst, môn e de haet drauf vrpflichte, 9nå wird dr JAHWE, dae Gott (Eloheyka), Überfluß geba bei ällam, was da mit daene Händ schaffst, bei daener Leibasfrucht, bei dr Frucht von daem Vieh, an dr Frucht von daem Ackerboda ond an daem Wohlstand. Weil sich dr Herrgott (JAHWE) wieder an dr fraet, so wian r sich an daene Vädr gfraet håt, 10weil du auf d Stemm von JAHWE, daem Gott (Eloheyka), horchst ond saene Gebot ond saene Satzonga aehälst, mô em Gsetzbuach gschrieba standat ond omkaehrst zo JAHWE, daem Gott (Eloheyka), von ganzam Herza ond mit daener ganza Seel.

Zom Vrgleicha: *Vers 1-10:* 4,29-31; Jer 29,10-14; 32,37-42 • *Vers 1:* 28,1-68 • *Vers 2:* 4,30 • *Vers 3:* 28,64 • *Vers 4:* Mt 24,31 • *Vers 6:* 10,16; 11,1; Rö 2,29 • *Vers 9:* 28,4.11f.63.

S Gsetz ischd et weit weg: 30 11-14

11Des Gsetz, mô i dir haet gib ond auf des i de haet vrpflichte, ischd et schwer zom begreifa für di, ond s ischd ao et weit weg von dr. 12S ischd et em Hemmel, dass da saga müaßtest: Wer steigt für ons en da Hemmel nauf ond holt s ra, zom s ons vrkündiga, dass mr ons drå halta könnat? 13Ond s ischd ao et über am Meer drüba, dass da saga müaßtest: Wer fährt für ons über s Meer nom ond holt s für ons rom, zom s ons vrkündiga, dass mr ons drå halta könnat? 14Noe, des Wort ischd ganz nåch bei dr, en daem Mund ond en daem Herza, dass da de drå hälst.

Zom Vrgleicha: *Vers 11-14:* Jer 31,31-34 • *Vers 11:* 1Joh 5,3 • *Vers 12-14:* Rö 10,6-10; Joh 3,13 • *Vers 14:* 6,6-9; 11,18-20; Rö 2,15.

Sega ond Fluach – Leba ond Daot: 30 15-20

15Guck, haet leg e dr s Leba ond s Hael vôr – ond da Daot ond s Ohael. 16I vrpflichte de haet drauf, dass da JAHWE, daen Gott (Eloheyka), mågst ond auf saene Weg gôhst ond saene Gebot aehälst ond de nach saene Satzonga ond Rechtsvôrschrifta richtest, dass da lebst ond de vrmehrst ond JAHWE, dae Gott (Eloheyka), de segnat en dem Land, mô da nô kommst, zom s aenemma.
17Wann sich aber dae Herz abwendat ond da et höra willst ond de vrlôeta läßt ond de andere Götter onterwirfst ond dene deanst, 18sag e dr haet: Dass r omkommat ond et lang lebat en dem Land, mô da haet nomgôhst über da Jordan, zom s aenemma. 19I ruaf haet da Hemmel ond d Erde als Zeuga å. Leba oder da Daot stell i euch haet vôr Aoga, da Sega oder da Fluach. Aber du sollst s Leba wähla, dass da lebst, du ond daene

Nåchkomma, [20]endem da JAHWE, daen Gott (Eloheyka), mågst, ond auf sae Stemm horchst ond an am hangst, weil ER dae Leba ischd. Er macht dae Leba länger auf dem Boda, den mô JAHWE, dae Gott (Eloheyka), daene Vädr zuagschwora håt, am Abraham, am Isaak ond am Jakob, dass r s en geba will.

Zom Vrgleicha: *Vers 15-20:* 4,1-4; 32,47 • *Vers 16:* 11,1; 28,1-14 • *Vers 17-18:* 28,15-68 • *Vers 18:* 8,19; • *Vers 19:* 4,26; 8,19; 31,28 • *Vers 20:* 11,1.

Dr Josua wird vom Mose als Nåchfolger aegsetzt: 31 1-8

31 Ond dr Mose håt vôr ganz Israel a Red ghalta [2]ond zo nen gsaed: I ben haet a Må von hondertzwanzg Jåhr. I kå nemme mit en da Kampf ganga. Ond dr Herrgott (JAHWE) håt ao zo mr gsaed: Du kommst et mit nom über da Jordan! [3]JAHWE, dae Gott (Eloheyka), gôht selber vôr dr nom, ond ER selber vrnichtat dia Volksstämm vôr dr, dass du se aenemma kåsch. Dr Josua gôht vôr dr nom, wia s dr Herrgott (JAHWE) gsaed håt. [4]Ond dr Herrgott (JAHWE) machts mit dene so, wian r s mit am Sihon ond am Og gmacht håt, dene Amoriterkönig ond mit ihram Land, môn r se ausgrottat håt. [5]Wann se dr Herrgott (JAHWE) an euch auslieferat, nå sollat r ällas so macha, wian e s euch ågeba han. [6]Send mr stark ond muatig! Hent mr koe Angst ond schreckat et vôr en zrück, JAHWE, dae Gott (Eloheyka), gôht nämlich mit dr, der lässt de et falla ond r vrläßt de ao et.

[7]Ond dr Mose håt da Josua beruafa ond håt vôr älle Israelita drå zon am gsaed: Sei stark ond sei muatig! Du führst des Volk då en des Land nae, mô dr Herrgott (JAHWE) ihre Vädr zuagschwora håt, dass r s en geit. Ond du sollst s en zuatôela. [8]Ond dr Herrgott (JAHWE) gôht vôr dr her, der ischd bei dr ond lässt de et falla ond vrlassa duat r de ao et. Also han mr koe Angst et ond sei et vrzagt!

Zom Vrgleicha: *Vers 2-6:* 20,2-4 • *Vers 2:* 1,37; 34,7 • *Vers 3:* 1,38; 9,3 • *Vers 4:* 7,1-4; 20,16-18; • *Vers 7-8:* 1,38; Hebr 4,8 • *Vers 8:* Hebr 13,5.

D Lesong vom Gsetz em Sabbatjåhr: 31 9-13

[9]Ond dr Mose håt dui Åweisong aufgschrieba ond håt se de Priaster geba, de Söh vom Levi, dia mô d Truhe mit de Bundasgsetz vom Herrgott (JAHWE) traga hent, ond an älle Älteste von Israel. [10]Ond dr Mose håt s ågwiesa ond gsaed: Nach sieba Jåhr, ennerhalb vom Erlaßjåhr, am Laobhüttafest, [11]wann ganz Israel zsema kommt, zom sich vôr JAHWE, daem Gott (Eloheyka), seha z lassa, an dem Ort, mô er auserwählt håt, sollst du dia ganze Weisonga då vôr älle Israelita vôrlesa. [12]Vrsammle s Volk, Männer wia Fraoa ond Kender ond daen Gast, der mô bei dr wohnt, dass se s hörat ond lernat, ond äll Dag a Ehrfurcht kriagat vôr JAHWE, euram Gott (Eloheykem), ond nach älle Wort von dera Weisong lebat. [13]Bsonders ihre Kender, dia mô no nex drvo wissat, sollat s höra ond lerna, äll Dag a Ehrfurcht zom kriaga vôr JAHWE, euram Gott (Eloheykem), mô ihr auf dem Boda lebat, môn r jetzt nomgangat über da Jordan, zom an aenemma.

Zom Vrgleicha: *Vers 9:* 5,23; 10,8; 17,18; 31,26 • *Vers 13:* 4,5; 12,1; 32,46.

Gott erschaent: 31 14-15

[14]Ond dr Herrgott (JAHWE) håt zom Mose gsaed: Guck, jetzt ischd für di d Zeit zom Sterba komma. Ruaf da Josua ond stellat euch em Begegnongszelt auf, dass e am da Auftrag gib! Dådrauf ischd dr Mose ond dr Josua nae ganga ond hent sich em Begegnongszelt auf gstellt. [15]Ond dr Herrgott (JAHWE) ischd en

em Zelt erschiena en dr Wolkasäul. Ond dui Wolkasäul ischd über am Aegang vom Zelt standa blieba.

Zom Vrgleicha: *Vers 14:* Ex 33,7-11.

D Offabarong vom Moseliad: 31 16-22

[16]Ond dr Herrgott (JAHWE) håt zom Mose gsaed: Wann du jetzt zo daene Vädr aegôhst, nå macht des Volk då en Aufstand ond hurt dene fremde Götter nåch en dem Land, mô se nô kommat. S vrläßt me ond bricht maen Bund, môn e mit am gschlossa han. [17]Nå flammt an dem Dag mae Zôrn auf gega se ond i vrlaß se ao ond vrbirg mae Gsicht vôr en ond s wird zom Fraß, endem s viele Übel ond Drangsal trifft. An dem Dag werat se saga: Håt ons des ganze Oglück deshalb troffa, weil onser Gott (Elohay) nemme en maem Ennersta ischd? [18]Aber i vrbirg an dem Dag mae Gsicht voll ganz wega dene viele Übel, mit dene se sich vrsündigt hent, mô se andere Götter nåchgloffa send. [19]Also schreibat jetzt des Liad für euch auf ond brengats de Israelita bei. Laß se s auswendig lerna, dass mr des Liad a Zeuge ischd gega d Israelita. [20]I laß se jetzt auf den Boda komma, môn e ihre Väder zuagschwora han, des fliaßt über von Milch ond Honig. Ond se essat ond werat satt, ond se werat fett. Ond nå wendat se sich andere Götter zua ond deanat en ond vrachtat me ond brechat maen Bund. [21]Wann se nå s Oglück ond viel Naot trifft, nå soll des Liad vor en als Zeuge aussaga, dass s et vrgessa wird em Mund von ihre Nåchkomma. I wôeß doch, wia dia gstrickt send, des gôht doch jetzt schao los, no ehb e se en des Land naebråcht han, môn e ihre Vädr zuagschwora han. [22]Ond dr Mose håt des Liad an sellam Dag aufgschrieba ond s d Israelita auswendig lerna lassa.

Zom Vrgleicha: *Vers 16:* 29,24; 32,12; Ex 34,15f; Ri 2,17; 8,27.33 • *Vers 17:* 32,20-30 • *Vers 19:* 32,1-43 • *Vers 20:* 29,24; 32,13-18 • *Vers 21:* 31,26; 32,23-25.

Am Josua sae Aesetzong durch Gott: 31 23

[23]Nå håt r (dr Herrgott) da Josua, da Soh vom Nun, bestätigt (zom Nåchfolger vom Mose) ond gsaed: Sei stark ond sei muatig! Du brengst mr d Israelita en des Land nae, mô i en zugschwora han. I selber ben bei dr!

Zom Vrgleicha: *Vers 23:* 1,38.

S Gsetz wird henterlegt: 31 24-29

[24]Mô dr Mose fertig gwea ischd mit am Aeschreiba von dene Åweisonga ens Buach ond ällas beianander gwea ischd, [25]håt dr Mose d Levita bstellt, dia mô d Truhe mit am Bundasgsetz vom Herrgott (JAHWE) traga hent ond gsaed: [26]Nemmat des Buach mit de Åweisonga ond legat s an d Seite von dr Truhe mit dr Bundassatzong von JAHWE, euram Gott (Eloheykem), dass s då emmer gega de Zeuge ischd. [27]I wôeß nämlich, wia bockboenig ond halsstärrich da bist. Guckat, schao jetzat, solang i no leb, send r widerspenstig gwea gega da Herrgott (JAHWE). Wia sollst nå erst sae, wann i daot ben? [28]Vrsammlat älle Älteste von eure Stämm ond eure Listaführer, dass i dene laut dia Weisonga en d Ohra sag ond drbei Hemmel ond Erde als Zeuga aufruaf gega se. [29]I wôeß nämlich, dass ihr nach maem Daot glatt ens Vrderba laofat ond abweichat von dem Weg, den mô i euch gwiesa han. Ond euch trifft en dr Zuakonft s Ohael, weil r des dent, was en de Aoga vom Herrgott (JAHWE) Orecht ischd, ond eure Händ bloß Vrdruß årichtat.

Zom Vrgleicha: *Vers 25-26:* 17,18; 31,9 • *Vers 26-27:* Joh 5,45; Dtn 31,12 • *Vers 27:* 9,6f.24 • *Vers 28:* 4,26; 5,23; 16,18; 30,19; 32,1 • *Vers 29:* 4,16.25; 9,12f; 27,15; 32,5.20.23.

S Moseliad: 31 30 – 32 44

30 Ond dr Mose håt dr ganza Vrsammlong von de Israelita des ganze Liad vollständig vôrtraga:

32 Horchat, ihr Hemmel, i will reda, de ganz Erde soll d Sprüch aus maem Mund höra.

2 Wia dr Rega soll mae Botschaft triafna! Wia dr Tao soll mae Vrsprecha riasla! Wia Regaschauer über da Pflanzawuchs ond wia dr Schnürlesrega über s Gras.

3 Da Nåma JAHWE will e vrkündiga. Gebat onseram Gott (Eloheynu) d Ehr.

4 O Felsa, vollkomma ischd sae Wirka, weil älle saene Weg send Recht! A treuer Gott, ohne Falsch, wahrhaftig ond gradlinig ischd r.

5 A entartats Gschlecht, dia mô nemme saene Kender send, ischd von am abgfalla.

6 Wagat ihr s, des am Herrgott (JAHWE) å zom doa? Du domms ond schmählichs Volk! Ischd r et dae Vadr, der de gschaffa håt, der de gmacht ond gründat håt?

7 Denk an d Urzeita! Denkat an d Zeita en dr Vrgangahaet von eure Gschlechter! Fråg daen Vadr, der soll dr s vrzähla, ond daene Älteste, dia könnat dr s saga.

8 Mô dr Höchste de Volksstämm ihr Erbtoel geba håt ond am Adam saene Kender von anander gschieda håt, då håt r Gebiet festglegt nach dr Zahl von de Söh vom Israel.

9 Aber am Herrgott (JAHWE) sae Åtoel ischd sae Volk, Jakob d Messschnur von saem Aegatom.

10 Em Steppaland ond en dr Öde, em Geheule von dr Wüste fendat r s. R wirbt om s, r geit Acht auf s, r hegt s ond pflegt s wia saen Aogäpfel.

11 Wian a Adler, der mô saen Horst aufstöberat ond nå über saene Jonge schwebt, saene Flügel ausbrôetat ond s aufnemmt ond auf saene Fittich drvotraet.

12 Dr Herrgott (JAHWE) alloe håt s glôetat, då ischd am koe fremder Gott (El) beigstanda.

13 ER lässt s über d Höha em Land fahra, ond s därf essa von de Erträg vom Acker ond håt s Honig schlecka lassa ond Öl aus de Felsa;

14 Mit Butter von de Küah ond mit Gôesamilch, ond mit am Besta aus de Aoa; mit Schåfböck aus Baschan, mit Gôesböck, mit Faemehl aus Wôeza. Ond da Traubasaft håsch d vrgora tronka.

15 Mô dr Jeschurun fett wôra ischd, håt r über d Sträng ghaoa, feist ond dick bist d wôra, richtig gmästat håsch d de! Glei håt sich s abgwendat von dem Gott (Eloha), der mô s gschaffa håt ond håt da Felsa von saem Hael ragmacht.

16 Eifersüchtig hent se n gmacht ond mit ihre oåständige Gräuslichkaeta vrdrossa.

17 Gôester hent se Opfer bråcht, mô koene Gotthaeta send, ond Götter, mô se vôrer et kennt hent, Neue, mô später drzua komma send ond mô eure Vädr no et kennt hent.

18 An den Felsa, der mô di zeugt håt, denkst d nemme, ond da vrgißt den Gott (El), der mô de gebora håt.

19 Dr Herrgott (JAHWE) håt s gseha ond vrwirft em Omuat saene Söh ond saene Töchter.

20 Håt r doch gsaed: I will mae Gsicht vôr en vrberga! I will seha, wia s mit dene weiter gôht! En dr Tat, des ischd a vrkehrts Gschlecht, dene ihre Kender kennat koe Treue!

21 Mit ama Ogott (B'lo-El) machat se me eifersüchtig ond machat me vrdriaßlich mit Nichtigkaeta. Aber i mach se eifersüchtig mit ama Ovolk, mit ama saudomma Volksstamm schür i ihran Omuat.

22 A Feuer schwelt en maem Zôrn ond sengt nå dia en dr ontersta Onterwelt å ond frisst d Erde ond ihran Ertrag, ond

sengt d Grondfesta von de Berg å.
23I häuf Oglück auf se ond vrschiaß älle
maene Pfeil gega se.
24Ausgmerglat vom Honger ond
aufgfressa vom Fiaberbrand ond schwere
Seucha, so laß i d Zäh von wilde Viecher
auf se los samt am Schlangagift.
25Von draußa entvölkerat se s Schwert
ond en de Stuba herrscht s blanke
Entsetza. Ob jonger Må oder jonga
Frao, ob Kend oder Greis (älle send
drå).
26I dät saga: Dia blås i weg, aus dr
Menschhaet radier i dene ihr Ådenka
aus!
27Wann e et d Schadafraed vom Faend
fürchta dät, dass ihre Onterdrücker des
vrkenna däte ond saga könnte: Des hent
onsere Händ dao, då håt dr Herrgott
(JAHWE) gar nex drmit zom doa!
28Des ischd nämlich a irrends Volk, dem
s an Rat fehlt ond an Aesicht.
29Wann se gscheit wärat, nå dätat se des
kapiera ond auf ihr End Acht geba.
30Wia könnt oener tausad vrjaga, ond
zwôe vrschaechat a graoßa Menge, wann
dia et ihr Felsa vrkaoft ond dr Herrgott
(JAHWE) se preisgeba hätt?
31Dene ihran Felsa kåsch d et mit
onseram Felsa vrgleicha, des müaßat se
selber zuageaba.
32Dene ihr Waestock stammt vom
Sodomer Waestock ab ond aus de
Wengert von Gomorra send ihre
Gifttrauba, dia hent ganz bittere Beera.
33Drachageifer ischd ihr Wae ond a
schädlichs Ottergift.
34Leit des et bei mir, vrsieglat en maene
gehaeme Schatztruha?
35S Vrfolga ond Stråfa ischd mae Sach! Zo
dera Zeit kommt ihr Fuaß ens Wanka.
Jå, dr Dag von ihram Oglück isch schao
nåch då, des kommt ganz schnell ond
stôht en kurz bevôr.
36Des ischd sicher: Dr Herrgott
(JAHWE) vrschafft saem Volk sae
Recht, ond über saene Diener vrbarmt
r sich. R sieht s jå, ihr Kraft ischd weg,
aus ischd s mit Ofreie ond mit Freie.
37Ond r wird saga: Mô send denn ihre
Götter (Eloheymo), dr Felsa, bei dem
mô se Zuaflucht gsuacht hent?
38Dia, mô s Fett von ihre Schlachtopfer
gessa hent ond da Wae von ihre
Trankopfer saufat, sollat se doch
aufstanda ond euch helfa! Dia sollat
euer Schirm sae!
39Seahnat r s jetzt: I ben s, ond bloß i,
neber mir geit s koene Götter (Elohim). **I
ben s, der mô daot macht ond lebendig.
I schlag Wonda ond i hôel se, ond des
reißt mir koener aus de Händ.**
40I heb mae Håd zom Hemmel ond sag:
So wåhr i ewig leb:
41Wann e mae Schwert gwetzt han ond
s Recht selber en d Händ gnomma han,
nå räch i me an maene Faend ond zahl s
dene hoem, mô me hassa dent.
42Maene Pfeil mach e bsoffa vom Bluat,
ond mae Schwert frisst sich ens Flôesch,
bsoffa vom Bluat von de Gfallene
ond Gfangene, ond vom Faend saem
Lockakopf.
43Jubilierat ihr Volksstämm saem Volk
zua: Weil ER s Bluat von saene Diener
rächt, ond an saene Onterdrücker üabt r
Rache ond entsühnt s Land von saenem
Volk.
44Ond dr Mose ischd komma ond håt des
ganze Liad am Volk en d Ohra gsaed. Er
ond dr Josua, am Nun sae Soh.

Zom Vrgleicha: *Vers 4:* Rö 9,14; 2Thess 3,3; Offbg 15,3; 16,5 • *Vers 5:* Mt 17,17; Lk 9,41; Apg 2,40; Phil 2,15; Mt 6,9; Lk 11,2; Joh 8,41 • *Vers 8:* Apg 17,27; Ps 82 • *Vers 15:* 33,5.26 • *Vers 16:* 1Kor 10,20; Offbg 9,20 • *Vers 20:* Mt 17,17; Lk 9,41 • *Vers 21:* Rö 10,19; 11,11; 1Kor 10,22 • *Vers 29:* Lk 19,42 • *Vers 31:* 1Sa 2,2 • *Vers 35-36:* Lk 21,22; Rö 12,19; Hebr 10,30; 1Thess 4,6 • *Vers 36:* 2Kö 14,26; Ps 135,14 • *Vers 39:* Jes 43,10-13 • *Vers 40:* Offbg 10,5f • *Vers 43:* Rö 15,10 G; Hebr 1,6; Offbg 6,10; 18,20; 19,2.

D Måhnong zor Belehrong von dr nächsta Generation: 32 45-47

45Mô dr Mose fertig gwea ischd mit saener Red ans Volk Israel, 46håt r no zo nen gsaed: Nemmat euch des z Herza, was e haet vôr euch bezeug, des sollat r eure Kender weitergeba, endem r euch selber ans Wort von dera Weisong haltat ond drnåch lebat. 47Des ischd koe onaedigs Wort, sondern des ischd euer Leba; durch des Wort könnat ihr lang leba auf dem Ackerboda, den môn r jetzt aenemmat, wann r über da Jordan nom gangat.

Zom Vrgleicha: *Vers 46:* 4,9; 31,13 • *Vers 47:* 4,1-4; 30,15-20.

Gott geit am Mose Åweisong für sae Sterba: 32 48-52

48An dem Dag håt dr Herrgott (JAHWE) zom Mose gsaed: 49Steig nauf ens Gebirge Abarim, auf da Berg Nebo, der mô em Land Moab geganüber von Jericho leit, ond guck dr s Land Kanaan å, des mô i de Israelita als Aegatom gib. 50Ond nå stirbst auf dem Berg, mô da nauf gstiega bist, ond wirst d aegholt zo daene Volksleut, so wia dae Bruader Aaron am Berg Hor gstôrba ond zo saene Volksleut aegholt wôra ischd: 51Dådrfür, dass r mitta onter de Israelita überheblich gwea send gega me an de Haderwasser von Kadesch en dr Wüste Zin ond me et als haelig vrehrt hent onter de Israelita. 52Jå, von geganüber därfst d dr des Land ågucka. Aber du kommst et nae en des Land, mô i de Israelita gib.

Zom Vrgleicha: *Vers 48-52:* Num 27,12-14; 33,47f; Apg 7,45 • *Vers 50:* Num 20,22-29 • *Vers 51:* Num 20,2-13.

DR SEGA VOM MOSE: 33 1-29

33 Ond des ischd der Sega, mit dem dr Mose, am Herrgott (Elohim) sae Må, d Israelita gsegnat håt, bevôr r gstôrba ischd.

Aelaetong: 33 2-5

2So håt r s gsaed: JAHWE ischd vom Sinai her komma ond ischd en aufgleuchtat von Seïr her. Vom Parangebirge her håt r ausgstrahlt, ond aus am Übermaß von saener Haeligkaet, aus saener Rechta kommt s Feuer vom Gsetz für se (d Israelita).

3Älle Nationa send am liab: älle saene Haelige send en daene Händ, so ao dia, mô überwältigt von dir vôr daene Füaß nô senkat. Mr lernt von daem Wort.

4A Weisong håt ons dr Mose bota, als Erbguat für d Gemaende vom Jakob.

5Ond r ischd König wôra für Jeschurun, mô sich d Haepter vom Volk vrsammlat hent aus älle Stämm von Israel.

Zom Vrgleicha: *Vers 2:* Ri 5,4; Ps 68,8; Mt 25,31; Jud 14 • *Vers 3:* Apg 20,32; 26,18; Eph 1,18 • *Vers 5:* 1,13; 29,9; 32,15.

Dr Sega über d Stämm: 33 6-25

6Ruben soll leba ond et sterba, ond saene Männer sollat et weniger wera.

7Ond des für Juda. R håt gsaed: Horch, JAHWE, auf d Stemm von Juda, breng an mit saem Volk nae (en des Land). Saene Händ sollat gnuag sae, wann du sae Hilfe bist vôr saene Faend.

8Ond für Levi håt r gsaed: Daene Tummim (Schlichtende) ond daene Urim (Lichtende) für dẹn Må, der dr treu ergeba ischd, den, mô da en Massa auf d Prob gstellt håsch, ond mit dem da gstritta håsch am Wasser von Meriba (Haderwasser); 9der, mô von saem Vadr ond saener Muader gsaed håt: i han se et gseha! Ond saene Brüader et kennt håt ond von saene Kender nex wissa wölla

håt. Dia hent nämlich dae Wort aeghalta
ond daen Bund bewahrt.
10Dia sollat Jakob dae Recht beibrenga
ond Israel daene Weisonga. Se legat s
Raecherwerk auf vôr daener Nås ond
Ganzopfer auf daen Altar.
11Dr Herrgott (JAHWE) soll sae Vrmöga
segna, ond was saene Händ dent, laß dr
s gfalla! Schmettere saene Aufsässige
ihre Lenda zsema ond dene, mô an hassa
dent, sobald se aufstandat.
12Für Benjamin håt r gsaed: Dr
Benjamin ischd am Herrgott (JAHWE)
sae Liableng! En Sicherhaet soll r bein
am wohna. Da ganza Dag ischd r sae
Schirm, ond zwischa saene Schultera
soll r wohna.
13Ond für Josaf håt r gsaed: JAHWE
segnat sae Land mit am Köstlichsta
vom Hemmel, vom Tao ond von de
Wasservôrrät en dr Tiafe (Grondwasser).
14Ond mit am Köstlichsta, was en dr
Sonne wächst, ond mit am Köstlichsta,
was en de Mond austreibt,
15ond mit am Erlesensta aus dr Bergwelt
ond mit de Kostbarkaeta aus de ewige
Hügel.
16Ond mit am Köstlichsta aus am Land
ond von saene Bewohner ond ihrer
Fülle. D Gnade von dem, mô en de
Dôrnabüsch lebt, soll am Josef auf s
Haopt komma ond auf da Schôetel
von dem, mô onter saene Brüader dr
Gweihte gwea ischd.
17Sae Stiererstleng ischd sae Pracht, der
håt Hörner wian a Wisent. Mit dene
staoßt r d Nationa na, älle mitananader,
bis ans End von dr Erde. Des send am
Efraim saene Zeahtausende ond dia
Tausende vom Manasse.
18Ond für Sebulon håt r gsaed: Frae de,
Sebulon, wann da ausfährst, ond du
Issaschar en daene Zelt!
19Nationa ruafat dia an da Berg (Zion),
då brengat se Haelsopfer dar. Dia saugat
da Überfluß aus am Meer ond holat
raus, was em Såd vrschärrat ischd.
20Ond für Gad håt r gsaed: Gsegnat
ischd der, mô am Gad Platz vrschafft;
wian a Löwin lagerat r ond reißt Arm
ond Schädel an sich.
21Ond r håt sich s Vôrderstück
rausgsuacht, weil då ischd s Schicksal
vom Richtstab aufbewahrt, môn r zo
de Haepter vom Volk komma ischd.
Haelvoll vôr JAHWE håt r ghandelt
nach de Rechtsvôrschrifta en Israel.
22Ond für Dan håt r gsaed: Dr Dan
ischd a jonger Löw, mô aus am Baschan
raussprengt.
23Ond für Naftali håt r gsaed: Naftali
ischd satt mit Gnade ond voler Sega
vom Herrgott (JAHWE). Meer ond
Mittag soll r erba!
24Ond für Ascher håt r gsaed: Dr
Gsegnatste von de Söh ischd Ascher!
Der soll dr Liableng von saene Brüader
sae ond saen Fuaß em Öl bada.
25Eise ond Erz sollat daene Riegel sae,
guat soll dr s ganga, so lang da lebst.

Zom Vrgleicha: *Vers 6-25:* Gen 49,3-27 • *Vers 8:* 1Sa 14,37-42 G; Ex 17; Num 20,2-13 • *Vers 9:* Ex 32,27-29; Mt 10,37; Lk 14,26 • *Vers 12:* 2Thess 2,13 • *Vers 16:* Ex 3,2-4.

Schluß: 33 26-29

26Koener ischd wia dr Gott (El) vom
Jeschurun, der, mô en da Hemmel fährt
als dae Helfer, en de Wolka von saener
Hohaet.
27A Schirmburg ischd dr Gott (El) vom
Ursprong. Von onterhalb (von dene
Wolka) gangat grenzalose Kräft aus. So
håt r vor dr daene Faend vrtrieba, endem
r gsaed håt: Vrnichte!
28So håt Israel sôrglos gwohnt, für
sich alloe d Quell vom Jakob, e'ma
Land voler Korn ond Wae, sogar saene
Hemmel triefnass vom Tao.
29Glücklichs Israel, wer kå sich mit dir
vrgleicha? Du Volk, siegreich durch
da Herrgott (JAHWE), der ischd dae

hilfreicher Schild ond s Schwert von daener Hohaet. Daene Faend werat ganz kloe vor dir ond du gôhst über ihre Åhöha.

Zom Vrgleicha: *Vers 28:* Gen 27,28.

DR MOSE STIRBT: 34 1-9

34 Dr Mose ischd aus de Steppa von Moab auf da Berg Nebo gstiega, auf da Gipfel vom Pisga geganüber von Jericho. Ond dr Herrgott (JAHWE) håt an s ganze Land seha lassa, von
Gilead bis nach Dan, 2ganz Naftali, s Gebiet von Efraim ond Manasse ond s ganze Land Juda bis ans Mittelmeer,
3ond da Negeb ond d Jordanaoa, d Senke von Jericho, dr Palmastadt bis
Zoar. 4Ond dr Herrgott (JAHWE) håt zon am gsaed: Des ischd des Land, mô i am Abraham, am Isaak ond am Jakob zuagschwora han, môn e gsaed han: Daene Nåchkomma will e s geba! I han de s ågucka lassa mit daene Aoga, aber
du gôhst et mit nom! 5Dådrauf ischd dr Mose gstôrba, am Herrgott (JAHWE) sae Knecht, em Land Moab, am Wort
von JAHWE entsprechend. 6Ond mr håt an en dr Schlucht em Land Moab beerdigt, geganüber von Bet-Pegor. Aber neamerd kennt sae Grab bis auf den Dag.
7Dr Mose ischd hondertzwanzg Jåhr alt gwea, môn r gstôrba ischd. Saene Aoga send et trüab wôra, ond sae (körperlicha)
Frische ischd et von am gwicha. 8D
Israelita hent dreißg Däg om da Mose trauerat en de Steppa von Moab, nå ischd Trauerzeit ond s Heula aus gwea.
9Ond dr Josua, dr Soh vom Nun ischd vom Gaest dr Weishaet erfüllt wôra, weil am dr Mose d Händ aufglegt ghet håt. Ond d Israelita hent auf an ghört ond dao, was dr Herrgott (JAHWE) da Mose ghôeßa håt.

Zom Vrgleicha: *Vers 1-3:* 3,27 • *Vers 4:* 1,37; 4,21f; 31,2 • *Vers 7:* Apg 31,2 • *Vers 8:* Num 20,29 • *Vers 9:* Num 27,18-23.

DR ABSCHLUß VON DE FENF BÜACHER MOSE: 34 10-12

10En Israel ischd nia maeh a Profet wia dr Mose aufgstanda, der mô da Herrgott (JAHWE) Aog en Aog håt seha därfa,
11mit älle Zaeche ond Wonder, mô an dr Herrgott (JAHWE) nach Ägypten gschickt håt zom se vôr am Pharao ond an älle saene Diener ond an saem ganza Land doa
12ond mit dr ganza Macht ond mit älle graoße Schreckenstata mô dr Mose vôr de Aoga von ganz Israel dao håt.

Zom Vrgleicha: *Vers 10:* Ex 33,11 • *Vers 11:* Num 12,6-8 • *Vers 12:* 4,34.

D Geschichte vom Gottesvolk

S Buach Josua

D AENÅHM VOM LAND: 1 1 – 12 24

Dr Befehl zom Aenemma vom Westjordanland: 1 1-18

1 Mô dr Mose, am Herrgott (JAHWE)
sae Knecht, gstôrba gwea ischd, håt
dr Herrgott (JAHWE) zom Josua, am
Soh vom Nun, der mô am Mose sae
Diener gwea ischd, gsaed: 2Mae Knecht
Mose ischd gstôrba. Jetzt stand auf
ond gang über da Jordan nom, du ond
des ganze Volk då, en des Land, mô
i de Israelita gib. 3Jeder Ort, mô eure
Fuaßsohla drauf tretat, gib e euch, wian
e s am Mose vrsprocha han. 4Von dr
Wüste ond vom Libanon å bis an da
graoßa Strom, da Eufrat, s ganze Land
von de Hetiter bis ans graoße Meer em
Westa soll euer Gebiet sae. 5Neamerd
kå vôr dir standhalta, so lang da lebst.
Wian e mit am Mose gwea ben, so ben
e ao mit dir. I laß de et falla ond laß de
et em Stich. 6Sei stark ond muatig! Du
sollst mr nämlich dem Volk då des Land
als Erbtôel geba, wian e s ihre Vädr
zuagschwora han, dass e s en gib. 7Bloß:
Sei stark ond muatig ond denk emmer
drå, dass da de an älle Åweisonga hälst,
mô dr Mose, mae Knecht, dr geba håt.
Weich et nach rechts oder lenks drvo ab,
dass da überall Erfolg håsch, mô da nô
gôhst. 8Da Text vom Gsetzbuach sollst
d emmer vôr de nôsaga, bei Dag ond
Nacht, dass da n achtest ond aehälst,
so wia s gschrieba stöht. Na glengt dr
nämlich ällas, was da duast ond da håsch
Erfolg. 9Han e de et ågwiesa: Sei stark
ond muatig! Fürcht de vôr neamerd ond
nex! Mit dir ischd nämlich JAHWE,
dae Gott (Eloheyka), bei ällam, was da
onternemmst.
10Nå håt dr Josua de Amtsleut vom Volk
da Befehl geba: 11Gangat durch s Lager
ond befehlat am Volk: Deckat euch ae
mit Proviant, en drei Dag gangat mr
nämlich dåhanna über da Jordan nom,
dass mr des Land aenemmat, mô euch
JAHWE, euer Gott (Eloheykem) gibt
als Aegatom. 12Ond zo de Rubeniter, de
Gaditer ond am halba Stamm Manasse
håt dr Josua gsaed: 13Denkat drå, was
euch dr Mose, am Herrgott (JAHWE)
sae Knecht, bota håt: JAHWE, euer
Gott (Eloheykem), vrschafft euch Ruah
ond r geit euch des Land dåhanna.
14Eure Fraoa ond Kender ond euer
Vieh könnat då bleiba en dem Land,
mô euch dr Mose auf dr andera Seite
vom Jordan zuagwiesa håt. Aber ihr
sollat mit eure streitbare Männer
bewaffnat vôr eure Brüader mit nom
ganga ond se onterstütza, 15bis en dr
Herrgott (JAHWE) ao Ruah vrschafft
håt ond eure Brüader wia ihr des Land
aegnomma hent, môn en JAHWE, euer
Gott (Eloheykem) gibt. Nå därfat r ao
zrück en s Land von eurem Aegatom,
des mô euch dr Mose, am Herrgott
(JAHWE) sae Knecht, em östlicha
Jordangebiet zuatôelt håt. 16Ond se hent
am Josua zor Antwort geba: Ällas, was
da ons ghôeßa håsch, wöllat mr doa,
ond mô du ons nô schickst, då gangat
mir ao nô. 17Genao so, wia mr auf da
Mose ghorcht hent, so wöllat mr ao auf
di horcha. Wann no JAHWE, dae Gott
(Eloheyka), so mir dir ischd, wian r mit
am Mose gwea ischd. 18A jeder, mô sich

daem Befehl widersetzt ond et auf dae Wort höra will, soll sterba. Bloß: Sei du stark ond muatig!

Zom Vrgleicha: *Vers 1:* Dtn 34,5 • *Vers 3:* Dtn 31,6.8 • *Vers 6:* Dtn 3,28 • *Vers 7:* Dtn 5,32; 29,8 • *Vers 11:* Dtn 3,12-29 • *Vers 12-18:* 4,12 • *Vers 13:* Num 32,20-29.

D Kundschafter en Jericho: 2 1-24

2 Ond dr Josua, am Nun sae Soh, håt von Schittim aus hehlenga zwôe Männer als Kundschafter los gschickt ond gsaed: Gangat ond guckat euch d Gegend om Jericho guat å! Ond dia send ganga ond ens Haus von ra Hur komma, dui håt Rahab ghôeßa, då hent se übernachtat. [2]S ischd aber am König von Jericho glei nôtraga wôra: Guck, haet Nacht send Männer von de Israelita komma zom s Land ausspioniera. [3]Nå håt dr König von Jericho zor Rahab gschickt ond ra saga lassa: Gib dia Männer raus, mô en dae Haus komma send; dia send nämlich bloß komma, zom s Land ausspioniera. [4]Nå håt dui Frao dia zwôe Männer gnomma ond vrschlupfa lassa; nå håt se gsaed: Sicher send då Männer zo mr komma, aber i han et gwißt, mô dia her send. [5]Mô mr grad s Stadttôr håt zua macha wölla, weil s Nacht wôra ischd, send dia Männer nå nausganga. I wôeß et, mô se nô send. Gangat en no schnell hentadrae, vielleicht kriagat r se no. [6]Aber se håt dia Männer auf s Flachdach nauf glassa, sell send se onter Flachsstengel vrschlupft, mô auf am Dach aufbeigt gwea send. [7]Nå send en dia Leut hentadrae en Richtong Jordan bis an d Furta. Ond s Stadttor hent se zua gmacht, mô se naus send.

[8]Dia (Israelita) send no et zom Schlåfa nôglega gwea, mô se wieder zo nen auf s Dach gstiega ischd [9]ond zo nen gsaed håt: I wôeß, dass euch JAHWE des Land geba håt, ond dass d Angst vôr euch auf ons gfalla ischd ond älle Aewohner em Land send wia glähmt vôr lauter Angst vôr euch. [10]Mir hent nämlich ghört, wia dr Herrgott (JAHWE) s Wasser em Schilfmeer vôr euch austricknat håt, môn r aus Ägypten komma send, ond was r mit dene zwôe Amoriterkönig Sihon ond Og über am Jordan drüba ågstellt hent, môn r an en da Bann vollstreckt hent. [11]Mô mr des ghört hent, ischd ons s Herz na grutscht, ond koener håt maeh da Muat aufbråcht zom gega euch åtreta, JAHWE, euer Gott (Eloheykem), ischd nämlich Gott (Elohim) em Hemmel droba ond auf dr Erde honta. [12]Ond jetzt schwörat mr bei JAHWE, weil i barmherzig zo euch gwea ben, dass ihr mit am Haus vo maem Vadr ao barmherzig omgangat, ond gebat mr a zuavrlässigs Zaeche drfür, [13]daß r maen Vadr, mae Muader, maene Brüader ond maene Schwestera ond ihre Ågherige am Leba lassat ond ons vôr am Daot retta wöllat. [14]Nå hent dia Männer zon ra gsaed: Mir bürgat mit onseram Leba für euch, wann ihr ons et vrråtat; wann ons nå dr Herrgott (JAHWE) des Land geit, nå send mir ao barmherzig mit dir ond zaegat dr, dass da de auf ons vrlassa kåsch. [15]Nå håt se se vom Fenster aus ama Sôel na glassa, ihr Haus ischd nämlich en d Stadtmauer nae baut gwea, ond se håt en dr Stadtmauer gwohnt. [16]Ond se håt en no gråta, se solle en d Berg ganga, dass se et ihre Vrfolger en d Händ laofat, ond se solle sell drei Däg vrschlupfa, bis dia Vrfolger wieder då send, ond erst nå solle se sich auf da Weg macha. [17]Nå hent dia Männer zon ra gsaed: Mir wöllat ons an den Eid halta, den mô da ons håsch schwöra lassa: [18]Guck, wann mir ens Land kommat, nå hängst d des raote Sôel då zo dem Fenster naus, mô da ons na glassa håsch, ond du muaßt daen Vadr ond dae Muader ond daene Brüader ond de ganz Hausgemaenschaft von daem Vadr

bei dir em Haus vrsammla. [19]Ond wer
zor Tür nausgôht aus daem Haus auf
d Strâß, dem sae Bluat kommt über sae
Haopt, ond mir send frei von Schuld;
aber von ällam, was bei dir em Haus
ischd, kommt s Bluat auf onser Haopt,
wann sich a Håd gega s richtat. [20]Aber
ao wann du ons vrråtest send mir frei
von dem Eid, mô da ons håsch schwöra
lassa. [21]Nå håt se gsaed: So soll s sae, wian
r s gsaed hent! Nå håt se dia Zwôe ganga
lassa ond des raote Sôel ens Fenster
bonda. [22]Ond dia send ganga ond en d
Berg komma, då send se drei Däg blieba,
bis ihre Vrfolger hoemkomma send ond
se überall gsuacht, aber et gfonda hent.
[23]Nå send dia zwôe Männer wieder aus
de Berg ragstiega ond send nomkomma
zom Josua, am Soh vom Nun, ond hent
am ällas vrzählt, was se vrfahra hent.
[24]Ond se hent zom Josua gsaed: Dr
Herrgott (JAHWE) håt ons tatsächlich
des ganze Land en d Händ geba, ond
d Aewohner em Land vrbôpperat vor
lauter Angst vôr ons.

Zom Vrgleicha: *Vers 1:* 6,22 • *Vers 10:* Ex 14,21 • *Vers 12:* 6,25 • *Vers 14:* 6,22.

Dr Übergang über da Jordan: 3 1-17

3 Dr Josua ischd en äller Früah
aufgstanda, ond se send en Schittim
aufbrocha ond send an da Jordan
komma, er ond ganz Israel. Sell hent
se übernachtat, bevôr se über da
Jordan nomganga send. [2]Nach drei
Däg send dia Amtsleut durch s Lager
ganga [3]ond hent am Volk bota: Wann
r seahnat, dass dia levitische Priaster d
Truhe vom Bundesgsetz von JAHWE,
euram Gott (Eloheykem), aufhebat, nå
brechat r auf von euram Standort ond
gangat ra hentadrae. [4]Aber passat auf,
dass r emmer en Abstand von ogfähr
zwôetausad Ella aehaltat; kommat ra et
näher, dass r da Weg wissat, den môn r
ganga sollat; ihr send sell jå no nia gloffa.
[5]Ond dr Josua håt zom Volk gsaed:
Haeligat euch! Môrga will JAHWE en
eurer Mitte Wonder doa. [6]Ond zo de
Priaster håt dr Josua gsaed: Hebat d
Truhe vom Bundesgsetz auf ond ond
gangat am Volk vôrnadraus. Nå hent
se d Truhe vom Bundesgsetz aufghoba
ond send am Volk vôrnadraus ganga.
[7]Ond dr Herrgott (JAHWE) håt zom
Josua gsaed: Haet fang e drmit å, dass
e de graoß mach vôr de Israelita, dass se
wissat: so wian e mit am Mose gwea ben,
so ben e ao mit dir. [8]Ond du geist dene
Priaster, mô d Truhe vom Bundesgsetz
tragat, d Åweisong: Wann r ans Ufer vom
Jordan kommat, nå bleibat r em Wasser
standa. [9]Dådrauf håt dr Josua zo de
Israelita gsaed: Kommat her ond horchat,
was euch dr Herrgott (JAHWE) zom
saga håt! [10]Ond dr Josua håt gsaed: An
dem sollat r erkenna, dass a lebendiger
Gott (El) en eurer Mitte ischd ond dass
der d Kanaaniter, d Hetiter, d Hiwiter,
Perisiter, d Girgaschiter, d Amoriter ond
d Jebusiter vôr euch vrtreibt. [11]Guckat,
d Truhe vom Bundesgsetz vom Herra
über de ganz Erde gôht vôr euch her
durch da Jordan. [12]Ond jetzt wählat r
zwölf Männer aus de Stämm, aus jedam
Stamm oen. [13]Wann nå d Füaß von dene
Priaster, mô d Truhe vom Bundesgsetz
vom Herra über de ganz Erde tragat,
ens Wasser vom Jordan steigat, nå reißt
dr Wasserstrom vom Jordan ab, ond des
Wasser, mô von oba her kommt staut
sich auf wian a Damm.
[14]Mô nå s Volk von ihre Zelt aufbrocha
ischd zom über da Jordan ganga, ond dia
Priaster, mô d Truhe vom Bundesgsetz
vôr am Volk traga hent, [15]mit de Füaß s
Wasser berührt hent – dr Jordan ischd
aber en dr Erntezeit überall über da
Uferrand gloffa -, [16]ischd des Wasser,
mô von oba zuagflossa ischd, standa
blieba wian a Damm, zemlich weit weg
von dr Stadt Adam, mô en dr Nähe

der håt sae Schwert blank zoga ghet. Dr Josua ischd auf an zuaganga ond håt zon am gsaed: Gherst du zo ons oder zo onsere Faend? [14]Ond der håt gsaed: Noe, sondern i ben dr Heerführer vom Herrgott (JAHWE) ond ben jetzt grad eba komma. Nå ischd dr Josua vôr am nôgsonka auf da Boda zom am huldiga, ond r håt zon am gsaed: Was håt mae Herr saem Knecht zom saga? [15]Ond der Heerführer von JAHWE håt zom Josua gsaed: Dua daene Schuah von daene Füaß ra; du stôhst nämlich auf ama haeliga Boda. So håt s dr Josua gmacht.

Zom Vrgleicha: *Vers 15:* Ex 3,5.

D Eroberong von Jericho: 6 1-27

6 Jericho ischd gschlossa gwea ond d Stadttôr send zua gwea vôr de Israelita, dass neamerd naus oder nae könna håt. [2]Nå håt dr Herrghott (JAHWE) zom Josua gsaed: Guck, i gib dr Jericho en d Händ, samt ihram König ond saene Kriagsleut. [3]Marschierat mit älle Kriagsmanna om d Stadt rom, oe Mål; des duast d sechs Däg lang. [4]Ond sieba Priaster sollat dia sieba Jubelposaona traga vôr dr Truhe. Ond am siebta Dag marschierat r sieba Mål om d Stadt rom ond d Priaster sollat d Posaona blåsa. [5]Ond wann r hörat, dass d Posaona an langa Ton gebat, sollat älle a Kriagsgschrôe åfanga, nå haglat d Stadtmauer ae ond s Volk soll naufsteiga, a jeder da grada Weg. [6]Nå håt dr Josua, am Nun sae Soh, d Priaster gruafa ond zo nen gsaed: Nemmat d Truhe vom Bundesgsetz auf, ond sieba Priaster sollat dia sieba Jubelposaona vôr dr Truhe vom Herrgott (JAHWE) hertraga! [7]Ond zom Volk håt r gsaed: Marschierat rengs om d Stadt rom ond de Bewaffnate sollat vôr dr Truhe vom Herrgott (JAHWE) hermarschiera.

[8]Ond se hent s gmacht, wia s dr Josua am Volk bota håt: Sieba Priaster hent dia sieba Jubelposaona vôr dr Truhe vom Herrgott (JAHWE) hertraga ond hent em Laofa dia Posaona blåsa. [9]Ond de Bewaffnate send vôr dene Posaonabläser herganga, ond d Nåchhuat ischd henter dr Truhe komma. [10]S Volk håt dr Josua aber ågwiesa: Machat mr koe Gschrôe ond lent mr eure Stemma et höra, koen Muckser därf mr höra von euch bis auf den Dag, mô i euch sag: Schreiat! Ond nå sollat r s Kriagsgschrôe macha.

[11]Ond d Truhe vom Herrgott (JAHWE) håt d Stadt oe Mål omrondat, nå send se wieder ens Lager komma ond hent übernachtat em Lager. [12]Ganz bald am andera Môrga ischd dr Josua aufbrocha, ond d Priaster hent d Truhe vom Herrgott (JAHWE) traga. [13]Ond sieba Priaster hent dia siaba Jubelposaona traga vôr dr Truhe vom Herrgott (JAHWE) ond de ganz Zeit dia Posaona blåsa. Ond de Bewaffnate send vôr en her zoga, ond d Nåchhuat ischd henter dr Truhe vom Herrgott (JAHWE) herganga, ond de ganz Zeit hent dia Posaona blåsa. [14]So hent se d Stadt am zwôeta Dag wieder oe Mål omrondat ond send ens Lager zrück ganga. So hent se s sechs Däg lang gmacht.

[15]Ond am siebta Dag hent se sich schao ganz bald en dr Môrgaraete aufgmacht ond send auf de gleich Art sieba Mål om d Stadt rom marschiert, wia se s ågwiesa gwea send. Bloß an dem Dag send se sieba Mål om d Stadt marschiert. [16]Ond beim siebta Mål hent dia Priaster d Posaona ganz laut blåsa, ond dr Josua håt zom Volk gsaed: Schreiat! Dr Herrgott (JAHWE) håt euch nämlich dui Stadt geba! [17]Ond d Stadt soll mit ällam, was dren ischd am Bann für JAHWE vrfalla sae. Bloß d Hur Rahab soll am Leba bleiba, sui ond älle, mô bein ra em Haus send, weil se dia Bota vrsteckt håt, mô mr naegschickt hent. [18]Aber hüatat euch bloß vôr am Bannguat, lent s euch bloß

et aefalla, dådrvo ebbas zom nemma ond so s Lager von de Israelita am Bann vrfällt ond ens Oglück kommt. [19]Ond ällas Silber ond Gold ond Kupfergerät ond Eise send ghaeligt für JAHWE ond sollat en da Schatz vom Herrgott (JAHWE) komma. [20]Auf des nô håt s Volk s Kriagsgschrôe ågfanga ond d Posaona hent gschmetterat. Mô s Volk da Posaonaschall ghört ond s Kriagsgschrôe ågfanga håt, ischd d Stadtmauer en sich zsemagstürzt ond s Volk ischd drüber gstiega en d Stadt nae, a jeder auf am schnellsta Weg. Ond se hent d Stadt aegnomma. [21]Ond se hent an ällam da Bann vollstreckt, was en dr Stadt gwea ischd mit am scharfa Schwert, ob Må oder Frao, Kend oder Greis, Ochs, Schåf oder Esel.

[22]Zo dene zwôe Männer, mô s Land auskondschaftat hent, håt dr Josua gsaed: Gangat ens Haus von dera Hur ond führat dui Frao mit älle ihre Ågherige von sell raus, wian ra s gschwora hent. [23]Nå send dia jonge Männer, dia Kondschafter nae ganga ond hent d Rahab, ihran Vadr ond ihr Muader, ihre Brüader ond älle ihre Ågherige rausgholt ond hent se draußa vôr am Lager von de Israelita onterbråcht. [24]D Stadt aber hent se vrbrennt mit ällam, was drenna gwea ischd; bloß s Silber ond s Gold ond kupferne ond eiserne Gerätschafta hent se en da Schatz vom JAHWE saem Haus bråcht. [25]So håt dr Josua d Hur Rahab ond d Hausgemaenschaft von ihram Vadr ond ällas, was drzua ghert håt, am Leba glassa; ond se ischd en Israel blieba bis auf den Dag, weil se dia Bota vrsteckt håt, mô dr Josua gschickt håt, zom Jericho ausspioniera.

[26]Selligsmål håt dr Josua schwöra lassa: Vrfluacht vor am Herrgott (JAHWE) ist der Må, der mô sich aufmacht ond dui Stadt Jericho wieder aufbaut, saen erstgeborena Soh soll s an kosta, wann r da Grondstoe legt, ond wann r d Stadttôr aesetzt, saen Jüngsta. [27]So ischd dr Herrgott (JAHWE) mit am Josua gwea, ond sae Ruaf ischd durchs ganze Land ganga.

Zom Vrgleicha: *Vers 18:* Lev 27,28 • *Vers 20:* Hebr 11,30 • *Vers 21:* 8,2 • *Vers 22:* 2,14 • *Vers 25:* 2,13.

Dr Kampf om Ai. Am Achan sae Diebstahl: 7 1-26

7 Aber von de Israelita hent oene vom Bannguat ebbas onterschlaga. Dr Achan, am Karmis sae Soh, der ischd a Soh vom Sabdis ond der wieder a Soh vom Serach aus am Stamm Juda, håt ebbas vom Bannguat gnomma. Nå ischd am Herrgott (JAHWE) sae Zôrn gega d Israelita aufgflammt.

[2]Nå håt dr Josua von Jericho aus Männer nach Ai gschickt, des leit bei Bet-Awen, östlich von Bet-El, ond håt zo nen gsaed: Gangat nauf ond guckat euch em Land om. Ond dia Männer send ganga ond hent sich en Ai omguckt. [3]Mô se nå wieder zom Josua komma send, hent se gsaed: Då muaß et s ganze Volk nauf, då langat zwôe- oder dreitausad Mann, zom des aenemma. Då brauchst d et s ganze Volk aufbiata, des send jå bloß a paar. [4]Nå send ogfähr dreitausad Mann nauf ganga. Aber dia send vôr dr Mannschaft von Ai abghaoa, [5]ond dia Männer von Ai hent ogfähr sechsadreißg Mann von en z daot gschlaga ond de andere hent se vôr am Stadttôr bis en d Stoebrüch vrfolgt ond se am Hang gschlaga. Då ischd am Volk s Herz nagrutscht ond se hent koen Schneid mae ghet. [6]Aber dr Josua håt sae Gwand vrrissa ond ischd mit am Gsicht vôr am Herrgott (JAHWE) saener Truhe auf da Boda gsonka bis an da Åbad, er ond de Älteste von Israel, ond se hent sich Staob auf s Haopt gstraet. [7]Ond dr Josua håt gsaed: Ach, mae Herr, JAHWE, wårom håsch du des Volk då aegentlich über

da Jordan komma lassa, zom ons en d Gwalt von de Amoriter geba ond zom ons vrnichta? O wärat mr doch bloß über am Jordan drüba bliaba! [8]Herr, i bitt de, was soll i bloß saga, nachdem d Israelita ihre Faend Fersageld geba hent? [9]Wann des d Kanaaniter ond de andere Aewohner von dem Land hörat, nå omzenglat dia ons ond rottat onseran Nåma von dr Erde aus. Was willst d nå für daen graoßa Nåma doa?

[10]Ond dr Herrgott (JAHWE) håt zom Josua gsaed: Stand auf! Wårom liegst d denn auf daem Gsicht? [11]Israel håt sich vrsündigt; se hent maen Bund übertreta, auf den e se vrpflichtat han ond hent ebbas vom Bannguat wegdao ond ao gstohla ond sogar ao gloga, ond s zo ihram ôegena Sach dao. [12]Drom kå Israel vôr saene Faend et standhalta, sondern muaß saene Faend Fersageld geba, so send se selber zom Bannguat wôra. I ben et weiter mit euch, wann ihr des Bannguat et aus eurer Mitte ausrottat. [13]Stand auf, weih s Volk ond sag en: Haeligat euch auf môrga! So spricht JAHWE, dr Gott (Elohey) von Israel: En eurer Mitte ischd Bannguat, Israel; du kåsch vor daene Faend et standhalta, bis r des Bannguat aus eurer Mitte weggschafft hent! [14]Môrga früah sollat r åtreta, Stamm für Stamm; ond der Stamm, den mô dr Herrgott (JAHWE) rausgreift, soll åtreta, Sippschaft für Sippschaft. Ond dui Sippschaft, mô dr Herrgott (JAHWE) rausgreift, soll åtreta, Haus für Haus; ond des Haus, mô dr Herrgott (JAHWE) rausgreift, soll åtreta Mann für Mann. [15]Ond der, mô mit dem Bannguat vrtwischt wird, der soll vrbrennt wera em Feuer, weil r da Bund vom Herrgott (JAHWE) übertreta ond so en Israel gfrevelt håt.

[16]Nå håt sich dr Josua ganz bald aufgmacht ond håt Israel nach saene Stämm åtreta lassa. Ond dr Stamm Juda ischd rausgriffa wôra. [17]Ond r håt d Sippschafta vom Stamm Juda åtreta lassa, ond s håt d Sippschaft vom Serach troffa. Nå håt r d Sippschaft vom Serach åtreta lassa Haus für Haus, ond s håt s Haus vom Sabdi troffa, [18]nå håt r dem sae Haus åtreta lassa Mann für Mann, ond s håt da Achan troffa, da Soh vom Karmis aus am Stamm Juda. [19]Ond dr Josua håt zom Achan gsaed: Mae Soh! Gib JAHWE, am Gott (Elohey) von Israel d Ehr ond gib am da Lobpreis, ond nå saesch d mr, was da dao håsch. Vrschweig mr nex! [20]Nå håt dr Achan am Josua zor Antwort geba ond gsaed: Wahrhaftig, i han gsündigt gega JAHWE, da Gott (Elohey) von Israel, ond des han e dao: [21]I han bei dr Beute an schöna Mantel aus Schinar gseha, drzua zwôehondert Schekel Silber ond an Goldbarra mit fufzg Schekel Gwicht, des håt mr so gfalla, dass e s gnomma han, ond guck, i han s en maem Zelt em Boda vrgraba, mit am Silber z onterst. [22]Ond dr Josua håt Bota gschickt, ond dia send ens Zelt ganga ond s ischd tatsächlich en saem Zelt vrgraba gwea ond s Silber z onterst. [23]Nå hent se ällas aus dem Zelt gholt ond s am Josua ond älle Israelita bråcht ond vôr am Herrgott (JAHWE) nôgleert.

[24]Nå håt dr Josua ond ganz Israel da Achan, am Serach saen Soh, des Silber ond den Mantel ond den Goldbarra ond saene Söh ond Töchter ond sae Vieh, saen Esel ond sae Kloevieh, mitsamt saem Zelt ond ällam, was am ghert håt - ganz Israel ischd drbei gwea - ond mr håt s naufbråcht ens Tal Achor. [25]Ond dr Josua håt gsaed: So wia du ons ens Oglück bråcht håsch, so brengt haet dr Herrgott (JAHWE) di ens Oglück. Ond ganz Israel håt an gstoenigt ond se em Feuer vrbrennt ond se (älle) gstoenigt. [26]Ond se hent an graoßa Stoehaufa auf an beigt, den kå mr haet no ågucka. Dr

Herrgott (JAHWE) aber håt von saem Zôrn abglassa. Drom hôeßt mr den Platz bis haet „Tal Achor“ (Oglückstal).

Zom Vrgleicha: *Vers 16:* 1Sa 10,20 • *Vers 26:* Jes 65,10; Hos 2,17.

D Vrnichtong von Ai: 8 1-29

8 Ond dr Herrgott (JAHWE) håt zom Josua gsaed: Brauchst koe Angst et han ond sei ao et vrzagt! Nemm s ganze Kriagsvolk ond mach de auf ond gang nauf uf Ai. Guck, i gib dr da König von Ai mitsamt saem Volk, saener Stadt ond saem Land en d Händ. [2]Nå machst d s mit am König von Ai so, wia da s mit Jericho ond saem König gmacht håsch, bloß dass r desmål d Beute ond ihr Vieh bhalta därfat. Ond henter dr Stadt legst an Henterhalt å. [3]Ond dr Josua håt sich aufgmacht ond s ganze Kriagsvolk ischd nach Ai zoga. Ond dr Josua håt de dreißgtausad beste Kämpfer rausgsuacht ond håt se en dr Nacht losgschickt [4]ond en bota: Guckat, dass r em Westa gega d Stadt an Henterhalt legat, aber gangat et z weit von dr Stadt weg ond haltat euch beraet. [5]I gang mit de andere, mô bei mr send, ond mir gangat gega d Stadt vôr. Wann se nå an Ausfall machat, wia s erst Mål, ons entgega, nå haoat mir vôr en ab. [6]Ond dia gangat ons nåch, bis mr se von dr Stadt wegglockt hent; dia sagat sich nämlich: Dia haoat vôr ons ab wia beim ersta Mål. Ond wann mir vôr en abhaoat, [7]nå machat ihr euch auf aus am Henterhalt, ond nemmat d Stadt ae, ond JAHWE, euer Gott (Eloheykem) gibt se euch en d Händ. [8]Wann r nå d Stadt aegnomma hent, nå zündat r glei ällas å; dent s nach dr Åweisong vom Herrgott (JAHWE)! Guckat, i han euch da Auftrag geba. [9]Då drauf håt se dr Josua entlassa, ond se send en den Henterhalt ganga ond hent sich zwischa Bet-El ond Ai aegnistat. Aber dr Josua ischd über d Nacht beim Volk blieba.

[10]Ganz bald am andera Môrga håt dr Josua s Volk gmusterat ond ischd mit de Älteste von Israel vôr am Volk her nach Ai nauf ganga. [11]Ond s ganze Kriagsvolk, mô bein am gwea ischd, dia send mit nauf zoga ond vôr d Stadt komma. Ond se hent Norda zua bei Ai glagerat, dass zwischa dene ond Ai a Tal glega ischd. [12]Nå håt r ogfähr faeftausad Mann gnomma ond håt se en da Henterhalt zwischa Bet-El ond Ai glegt, Westa zua von dr Stadt. [13]Ond se hent s Volk aufgstellt, s ganze Lager, mô em Norda von dr Stadt gwea ischd, ond d Nåchhuat em Westa von dr Stadt. Aber dr Josua ischd en sellera Nacht mittla en des Tal ganga.

[14]Mô des dr König von Ai gseha håt, send dia Männer aus dr Stadt en äller Früah ausgrückt, zom gega Israel kämpfa, dr König ond sae ganzs Volk, an da Vrsammlongsplatz vôr dr Steppe. Der håt aber et gwißt, dass dia henter dr Stadt an Henterhalt aufbaut hent. [15]Dr Josua aber ond ganz Israel hent sich von en schlaga lassa ond send en Richtong Wüste abghaoa. [16]Nå ischd s ganz Volk, mô no en dr Stadt gwea ischd, aufbota wôra, zom en nåchjaga, ond se send am Josua nåch ond hent sich so von dr Stadt weg locka lassa. [17]Ond et Oener ischd en Ai blieba ond en Bet-El, der mô et henter de Israelita her gwea wär; ond d Stadt hent se sperrangel weit offa standa lassa ond send de Israelita nåch. [18]Nå håt dr Herrgott (JAHWE) zom Josua gsaed: Zaeg mit daem Speer, den mô da en dr Håd håsch en Richtong Ai, i gib se dr nämlich en d Händ! Ond dr Josua håt mit saem Speer en Richtong Ai zaegt. [19]Ond dia, mô auf dr Lauer glega send, hent sich auf des Zaeche aufgmacht ond d Stadt aegnomma ond åzonda. [20]Mô dia Männer von Ai henterschë guckt hent, hent se gseha, wia aus dr Stadt Raoch aufgstiega ischd en da Hemmel. Ond

se hent koe Möglichkaet zom Abhaoa
ghet, et hentersche ond et vürsche. Ond
dia (Israelita), mô en d Wüste gloffa
gwea send, hent kehrt gmacht ond send
auf ihre Vrfolger los ganga. 21Mô dr
Josua ond ganz Israel gseha håt, dass dia
vom Henterhalt d Stadt aegnomma hent
ond dr Raoch aufgstiega ischd, hent se
kehrt gmacht ond dia Männer von Ai
gschlaga. 22Ond dia aus dr Stadt send en
entgega komma, dass dia mittla zwischa
d Israelita gråta send; dia send natürlich
von zwôe Seita auf dia nae ond hent se
gschlaga, bis koener maeh von en übrig
blieba ischd, der mô drvo komma wär.
23Ond da König von Ai hent se lebendig
gfanga gnomma ond zom Josua bråcht.
24Mô nå d Israelita älle Aewohner von
Ai em freia Feld , am Abhang, mô se
en nåchgjagd send, gfalla gwea send
durch d Schärfe vom Schwert, send se
älle nach Ai ganga ond hent ao då ällas
mit am scharfa Schwert ombråcht. 25An
sellam Dag håt s zwölftausad Daote
geba, Männer ond Fraoa, älle Leut von
Ai. 26Aber dr Josua håt sae Håd mit am
Speer so lang et zrück zoga, bis an älle
Aewohner von Ai dr Bann vollstreckt
gwea ischd. 27Bloß s Vieh ond s
Beuteguat aus dr Stadt håt Israel für sich
gnomma, wia s dr Herrgott (JAHWE)
da Josua ghôeßa håt. 28Ond dr Josua
håt Ai agfacklat ond an Trümmerhaufa
draus gmacht bis auf da haetiga Dag.
29Ond da König von Ai håt r ans Holz
hänga lassa, då ischd r ghangt bis an da
Åbad. Ond vôr am Sonnaontergang håt
dr Josua åg'ordnat, dass se sae Leich
vom Holz ra lassa solle. Nå hent se n
vôr s Stadttôr naus gschmissa ond an
graoßa Stoehaufa auf an beigt, der leit
då bis auf da haetiga Dag.

Zom Vrgleicha: *Vers 6:* 7,4 • *Vers 29:* Dtn 21,23.

Dr Bau vom Altar ond d Vrkündigong vom Gsetz: 8 30-35

30Selligsmål håt dr Josua für JAHWE,
da Gott (Elohey) von Israel, an Altar
baua lassa auf am Berg Ebal, 31so, wia
s dr Mose, am Herrgott (JAHWE) sae
Knecht, d Israelita ghôeßa håt, wia s em
Gsetzbuach vom Mose gschrieba stôht,
an Altar aus oghaoene Stoe, über dene,
mô no koe Eise gschwonga wôra ischd.
Ond se hent auf am Brandopfer am
Herrgott (JAHWE) zor Ehr aufraocha
lassa, ond se hent Friedensopfer
darbråcht. 32Ond r håt vôr de Aoga
von de Israelita auf dia Stoe a Abschrift
gschrieba vom Mose saem Gsetz, mô
der aufgschrieba håt. 33Ond ganz Israel
ond saene Älteste ond saene Beamte
ond saene Richter send auf bôede Seita
von dr Truhe gstanda, geganüber von
de levitische Priaster, mô am Herrgott
(JAHWE) sae Truhe mit am Bundasgsetz
traga hent, dr Fremde gradso wia dr
Aehaemische, oe Hälfte gega da Berg
Garizim, de ander am Berg Ebal zua, wia
s dr Mose, am Herrgott (JAHWE) sae
Knecht, ghôeßa håt, zom s Volk segna.
34Dådrnåch håt r älle Satzonga vom
Gsetz vôrglesa, da Sega ond da Fluach,
so wia s em Gsetzbuach gschrieba stôht.
35Von Ällam, was dr Mose bota håt, håt
koe oezigs Wort gfehlt, mô dr Josua am
ganza Volk vôrglesa håt, ao de Fraoa
ond Kender ond de Fremde, mô mit en
ganga send.

Zom Vrgleicha: *Vers 30:* Dtn 27,2-8 • *Vers 31:* Ex 20,25 • *Vers 32:* Ex 24,1-8 • *Vers 33:* Dtn 11,29; 27,12f.

De Gibeoniter ihr List: 9 1-27

9 Mô des dia König von dr andera
Seite vom Jordan ghört hent, en de
Berg ond em Tiafland ond am graoßa
Meer entlang bis nauf an da Libanon,
d Hetiter, d Amoriter, d Kanaaniter, d
Perisiter, d Hiwiter ond d Jebusiter, 2hent

se sich zsema dao, zom mitanander gega
da Josua ond d Israelita zom kämpfa.
3Mô aber d Aewohner von Gibeon ghört
hent, was dr Josua mit Jericho ond Ai
gmacht håt, 4hent se sich a List aefalla
lassa: se hent sich mit Proviant vrsôrgt
ond alte Säck gnomma für ihre Esel
ond alte, gflickte Waeschläuch, 5ond
hent alte, gflickte Schuah åzoga ond alte
Klôeder; ond ihr Brot ischd altbacha
gwea ond ganz hart ond brösalig. 6Nå
send se zom Josua ens Lager nach Gilgal
ganga ond hent zon am gsaed ond zo de
Männer von Israel: Mir kommat vo'ma
Land ganz weit von dåhanna, machat
doch an Vrtrag mit ons. 7Nå hent dia
Männer von Israel zo de Hiwiter gsaed:
Vielleicht wohnat ihr jå ao mittla onter
ons, wia soll i nå mit euch an Vrtrag
schliaßa? 8Aber dia hent zom Josua
gsaed: Mir send daene Knecht! Ond dr
Josua håt se gfrågt: Wer send ihr, ond
mô kommat r her? 9Dia hent am zor
Antwort geba: Aus ama Land von ganz
weit weg kommat daene Knecht, wega
am Nåma von JAHWE, daem Gott
(Eloheyka), mir hent nämlich ghört, was
der en Ägypten dao håt, 10ond was r mit
dene zwôe Amoriterkönig, mô auf dr
andera Seite vom Jordan gwohnt hent,
gmacht håt, mit am Sihon, am König von
Heschbon, ond mit am Og, am König
von Baschan en Aschtarot. 11Nå hent
onsere Älteste ond älle Aewohner von
onseram Land zon as gsaed: Nemmat
Vrpflegong mit auf da Weg ond gangat
en entgega ond sagat zo nen: Mir send
eure Knecht, machat doch an Vrtrag
mit ons! 12Onser Brot dåhanna ischd no
hôeß gwea, mô mr s en onsere Häuser als
Proviant gepackt hent an dem Dag, mô
mr aufbrocha send, zom zo euch ganga.
Guckat her, jetzt ischd s ganz trocka ond
vrbröslat; 13ond dia Waeschläuch då send
neu gwea, mô mr s agfüllt hent, guckat
no, se send he. Ond onsere Gwänder
ond d Sandala send ganz agrissa von
dem weita Weg. 14Nå hent dia Männer
ebbas von dem Proviant probiert, aber
bei JAHWE hent se koen Rat aegholt.
15Ond dr Josua håt en Frieda åbota ond
an Vrtrag mit en gschlossa, dass se am
Leba bleiba därfat. Ond d Fürsta von dr
Gemaenschaft hent en s gschwora.
16Aber drei Dag später, nachdem se den
Vrtrag mit en gschlossa ghet hent, hent
se vrfahra, dass dia ganz en dr Nähe
mittla onter en gwohnt hent. 17Nå send
d Israelita aufbrocha ond am dritta Dag
zo ihre Städt komma; des ischd Gibeon,
Kefira, Beerot ond Kirjat-Jearim gwea.
18Aber d Israelita hent dia Aewohner
et ombråcht, weil en s d Fürsta von
dr Gemaenschaft bei JAHWE, am
Gott (Elohey) von Israel, gschwora
hent, aber de ganz Gemaende håt sich
gega d Fürsta aufgregt. 19Nå hent älle
Fürsta zor Gemaende gsaed: Mir hent
s en gschwora bei JAHWE, am Gott
(Elohey) von Israel, drom därfat mr se
ao et ålanga. 20Aber des de'mr mit en,
weil mr se am Leba lassa müaßat, dass
et a Zôrn über ons kommt wega dem
Eid, mô mr en gschwora hent: 21Se sollat
am Leba bleiba, aber Holzmacher ond
Wasserträger für de ganz Gemaende
wera. Nå håt s d Gemaende so mit en
gmacht, wia s d Fürsta ågeba hent.
22Dådrauf håt dr Josua dia Gibeoniter
komma lassa ond mit en gschwätzt:
Wårom hent ihr ons ågschmiert ond
gsaed: „Mir send von ganz weit weg von
dåhanna“, môn r doch bei ons wohnat?
23Ond jetzt? Vrfluacht send r ond r
werat nia maeh aufhaera, dass r Knecht
send, Holzmacher ond Wasserträger für
s Haus von maem Gott (Elohey). 24Nå
hent se am Josua zor Antwort geba:
Daene Knecht håt mr vrzählt, dass
JAHWE, dae Gott (Eloheyka), saem
Knecht Mose bota håt, r soll euch des
ganze Land geba ond saene Bewohner

vôr euch ausrotta. Nå he'mr Angst ghet om onser Leba vôr euch ond hent s so gmacht. [25]Aber jetzt håsch d ons jå en de Händ. Mach halt mit ons, wia da moenscht, dass s recht ischd oder schlecht. [26]Ond r (dr Josua) håt s nå so å'gordnat: R håt se aus de Händ von de Israelita grettat, dass se se et ombrâcht hent. [27]Ond dr Josua håt se an sellam Dag zo Holzmacher ond Wasserträger für d Gemaende ond für da Altar vom Herrgott (JAHWE) gmacht, an dem Ort, môn r sich raussuacht, so ischd des bis an den Dag.

Zom Vrgleicha: *Vers 3:* 6,20f; 8,26.28 • *Vers 10:* Num 21,21-35 • *Vers 15:* 11,19.

Dr Kriag mit fenf Kanaaniterkönig:
10 1-27

10 Mô nå dr Adoni-Zekek, dr König von Jerusalem ghört håt, dass dr Josua Ai aegnomma ond da Bann an en vollstreckt håt – wian r s mit Jericho ond saem König gmacht håt, so håt r s ao mit Ai gmacht – ond dass d Aewohner von Gibeon mit de Israelita Frieda gschlossa hent ond bei nen hent bleiba därfa, [2]då håt r s mit dr Angst zom doa kriagt; Gibeon ischd nämlich a graoßa Stadt gwea, wia oena von de Königsstädt ond graeßer wia Ai, ond ihre Manna send erfahrene Kämpfer gwea. [3]Drom håt dr Adoni-Zedek, dr König von Jerusalem, Bota gschickt zom Hoham, am König von Hebron, zom Piram, am König von Jarmut, zom Jafia, am König von Lachisch, ond zom Debir, am König von Eglon, ond håt en ausrichta lassa: [4]Kommat rauf zo mr ond helfat mr, dass mr Gibeon schlagat; dia hent nämlich mit am Josua ond mit de Israelita Frieda gschlossa. [5]Nå hent se sich gsammlat ond send naufganga, dia fenf Amoriterkönig mit ihre Heerlager: Dr König von Jerusalem, dr König von Hebron, dr König von Jarmut, dr König von Lachisch ond dr König von Eglon. Ond se hent Gibeon belagerat ond gega se kämpft.

[6]Ond dia Männer von Gibeon hent zom Josua gschickt ond am ausrichta lassa: Laß daene Knecht et em Stich! Komm schnell rauf zon as, rett ons ond hilf ons; då send nämlich älle König von de Amoriter, mô em Bergland drhoem send, gega ons vrsammlat. [7]Nå ischd dr Josua mit saene Kriagsleut von Gilgal nauf zoga. [8]Ond JAHWE håt zom Josua gsaed: Hent mr koe Angst et, i gib se dr en d Händ, koener von dene kå dr standhalta! [9]Ond dr Josua ischd z'mål über se komma; nachdem r en dr Nacht von Gilgal rauf komma ischd. [10]Ond JAHWE håt se vôr de Israelita ganz irr gmacht, ond r håt en an schwera Schlag vrsetzt en Gibeon. Ond r ischd en nåchganga en Richtong auf d Stôeg von Bet-Horon ond håt se zrück gschlaga bis nach Aseka ond Makkeda. [11]Ond mô se abghaoa send vôr de Israelita am Abhang von Bet-Horon, håt dr Herrgott (JAHWE) graoße Stoener vom Hemmel auf se ra gschmissa bis nach Aseka, dass se omkomma send. Durch dia Hagelstoe send maeh omkomma als wia durch de Israelita ihre Schwerter.

[12]An sellam Dag, mô dr Herrgott (JAHWE) d Amoriter de Israelita preisgeba håt, håt dr Josua mit am Herrgott (JAHWE) gsprocha; nå håt r vôr älle Israelita gsaed: Sonne en Gibeon ond Mond em Tal von Ajalon bleib standa!

[13]Nå ischd d Sonne standa blieba ond dr Mond, bis r sich am Volk von saene Faend grächt håt. Stôht des et em Buach vom Rechtschaffena, dass d Sonne em Mittag standa blieba ischd ond s et eilig ghet håt zom onter ganga, fast en ganza Dag? [14]Ond gar nia, et vôrher ond et nåchher, håt dr Herrgott (JAHWE) so auf d Stemm vo'ma Menscha ghört, wia

då, mô dr Herrgott (JAHWE) für Israel
kämpft håt.
15 Nå ischd dr Josua ond ganz Israel wieder
ens Lager von Gilgal zrück ganga. 16 Dia
fenf König aber send abghaoa ond send
en dr Höhle von Makkeda vrschlupft.
17 Nå håt mr am Josua gmeldat: Mr håt
dia fenf König gfonda, dia send en dr
Höhle von Makkeda vrschlupft. 18 Dr
Josua håt s ågwiesa: Warglat graoße
Stoener vor da Höhlaaegang ond
stellat Männer drvôr, zom Wach halta.
19 Aber ihr andere bleibat et standa,
sondern jagad eure Faend nåch ond
schnappat ihr Nåchhuat! Lent se et en
ihre Städt komma, JAHWE, euer Gott
(Eloheykem) håt se euch nämlich en
d Händ geba. 20 Mô nå dr Josua ond d
Israelita dia ganz schwer gschlaga ghet
håt, bis dr letzte Må gfalla gwea ischd
– was då no drvo komma ischd, ischd en
dia feste Städt nae gflüchtat. 21 Nå ischd
s ganze Volk zom Josua ens Lager zrück
komma nach Makkeda, ond koener håt s
gwagt, gega d Israelita ebbas zom saga.
22 Ond dr Josua håt gsaed: Machat den
Höhlaaegang frei ond brengat dia fenf
König aus dr Höhle zo mr raus! 23 Des
hent se dao ond hent dia fenf König aus
dr Höhle zon am raus bråcht: da König
von Jerusalem, da König von Hebron,
da König von Jarmut, da König von
Lachisch ond da König von Eglon. 24 Mô
mr aber dia König zom Josua rausbråcht
håt, då håt dr Josua älle Männer von
Israel komma lassa ond zo de Åführer
von de Kriagsmanna gsaed: Kommat
her ond stellat dene König eure Füaß
auf d Häls! Nå send se herkomma ond
hent dene ihre Füaß auf d Häls gstellt.
25 Ond dr Josua håt zo nen gsaed: Hent
koe Angst et ond send mr et vrzagt!
Send stark ond bleibat fest! So machts
dr Herrgott (JAHWE) nämlich mit älle
eure Faend, gega dia, mô ihr kämpfat.
26 Nå håt se dr Josua z daot gschlaga ond
se an fenf Baem aufhänga lassa. Ond
an dene Baem send se bis an da Åbad
ghangt. 27 Mô d Sonn onterganga ischd,
håt dr Josua da Befehl geba, dass mr se
von de Baem ra hålt ond en dui Höhle
nae schmeißt, mô se dren vrschlupft
gwea send. Nå håt mr da Aegang mit
graoße Stoener zua beigt; dia send sell
no bis auf da haetiga Dag.

Zom Vrgleicha: *Vers 1:* 6,8; 9 • *Vers 10:* Ex 23,27; Ri 4,15; 1Sa 7,10 • *Vers 12:* Hab 3,11 • *Vers 13:* 2Sa 1,18 • *Vers 27:* Dtn 21,23.

D Eroberong von sechs Städt: 10 28-43

28 Ond Makkeda håt dr Josua no am
gleicha Dag aegnomma. Ond r håt se mit
am scharfa Schwert gschlaga ond ihran
König. Ond r håt an älle Lebewesa da
Bann vollstreckt, mô då dren gwea send
ond r håt koen oenziga drvo komma
lassa. Mit am König von Makkeda håt r
s gmacht wia mit am König von Jericho.
29 Nå ischd dr Josua ond ganz Israel von
Makkeda nach Libna ganga ond hent
gega Libna kämpft. 30 Ond dr Herrgott
(JAHWE) håt dia ao mitsamt ihram
König de Israelita en d Händ geba, ond
se hent ällas Lebendige, mô då dren gwea
ischd, mit am scharfa Schwert gschlaga;
ond r håt koen drvo komma lassa. Ond
mit ihram König hent se s gmacht wia
mit am König von Jericho. 31 Nå ischd dr
Josua ond ganz Israel von Libna nach
Lachisch zoga, ond håt s belagerat ond
s ågriffa. 32 Ond dr Herrgott (JAHWE)
håt de Israelita Lachisch en d Händ geba,
ond se hent s am zwôeta Dag aegnomma
ond se hent ällas Lebendige mit am
scharfa Schwert gschlaga, so wia se s en
Libna gmacht hent. 33 Selligsmål ischd dr
König Horam von Geser ågrückt ond
håt Lachisch helfa wölla, aber den håt
dr Josua mitsamt saem Kriagsvolk ao
gschlaga, ond se hent koen drvo komma
lassa. 34 Von Lachisch aus ischd dr Josua
ond ganz Israel nach Eglon zoga ond

håt s belagerat ond gega s kämpft. 35Ond se hent s no am gleicha Dag aegnomma ond s mit am scharfa Schwert gschlaga; an ällam, was glebt håt, mô då drenna gwea ischd, hent se an sellam Dag da Bann vollstreckt, so, wia se s en Lachisch gmacht hent. 36Von Eglon aus ischd dr Josua ond ganz Israel nach Hebron nauf zoga ond håt s ågriffa. 37Ond se hent s aegnomma ond hent s mitsamt ihram König ond älle ihre Städt ond ällam, was glebt håt, mit am scharfa Schwert gschlaga, ond se hent koen drvo komma lassa, so, wia se s mit Eglon gmacht hent. Ond se hent an ällam Lebendiga da Bann vollstreckt. 38Von då aus ischd dr Josua ond ganz Israel nach Debir ond håt s ågriffa. 39Ond se hent s aegnomma ond hent s mitsamt ihram König ond älle ihre Städt ond ällam, was glebt håt, mit am scharfa Schwert gschlaga. Ond se hent an ällam Lebendiga da Bann vollstreckt ond se hent koen drvo komma lassa; wia se s mit Hebron ond Libna ond ihre König gmacht hent, so hent se s ao mit Debir ond saem König gmacht. 40So håt dr Josua s ganze Land gschlaga: s Bergland ond da Negeb, s Tiafland ond saene Abhäng ond älle ihre König. Koen håt r drvo komma lassa, ond an ällam, was glebt håt, hent se da Bann vollstreckt, wian en s JAHWE, dr Gott (Elohey) von Israel bota håt. 41Ond dr Josua håt se von Kadesch-Barnea bis nach Gaza gschlaga, ond s ganze Land Gosen bis Gibeon. 42Ond älle dia König, mitsamt ihre Länder håt dr Josua auf oe Mål aegnomma; weil JAHWE, dr Gott (Elohey) von Israel, håt für Israel kämpft. 43Dådrnåch ischd dr Josua ond ganz Israel nach Gilgal ens Lager zrück ganga.

Dr Sieg über d König em Norda:

11 1-14

11 Mô aber dr König Jabin von Hazor drvo ghört håt, håt r Bota zom König Jobab von Madon, ond zom König von Schimron ond zom König von Achschaf 2ond zo de König, mô em Norda, en de Berg ond en dr Araba südlich von Kinneret, en dr Schefela ond auf de Höha von Dor em Westa, 3zo de Kanaaniter em Osta ond em Westa, zo de Amoriter, Hetiter ond Perisiter, zo de Jebusiter en de Berg ond de Hiwiter am Fuaß vom Hermon em Land Mizpe, gschickt. 4Ond dia send auszoga mit ihre Heerschara, a Volk, so zahlreich wia dr Såd am Meer, ond viele Ross ond Wäga. 5Älle dia König hent sich zsema dao ond send ågrückt ond hent mitanander glagerat an de Wasser von Merom, zom gega d Israelita kämpfa.

6Ond dr Herrgott (JAHWE) håt zom Josua gsaed: Vor dene brauchst d koe Angst han! Môrga om dui Zeit leg es se de Israelita älle daot vor d Füaß nô. Ihre Rösser machst d låhm ond ihre Kampfwäga vrbrennst d em Feuer. 7Nå ischd dr Josua mit am ganza Kriagsvolk komma ond håt se überfalla an de Wasser von Merom. 8Ond dr Herrgott (JAHWE) håt se de Israelita en d Händ geba, ond dia hent se gschlaga. Ond se hent se vrfolgt bis nach Sidon, dr Haoptstadt ond bis nach Misrefot-Majim ond bis en d Ebene von Mizpe em Osta. Dia hent se dermaßa gschlaga, dass et oener von dene übrig bliaba ischd. 9Nå håt dr Josua dao, was an dr Herrgott (JAHWE) ågwiesa håt: Ihre Rösser håt r låhm gmacht ond ihre Wäga håt r vrbrennt.

10Ond nå ischd dr Josua gleichzeitig omkaehrt ond håt Hazor aegnomma ond håt saen König mit am Schwert gschlaga; Hazor ischd nämlich früher d Haoptstadt von dene Königreich gwea.

[11]Ond se hent ällas, was glebt håt mit am scharfa Schwert gschlaga ond hent da Bann vollstreckt – nex ischd übrig blieba, was en Schnaufer dao håt. Ond Hazor hent se mit Feuer vrbrennt.

[12]Älle dia Königsstädt mit ihre König håt dr Josua aegnomma ond håt se mit am scharfa Schwert gschlaga ond håt da Bann an en vollstreckt, wia s dr Mose, am Herrgott (JAHWE) sae Knecht bota håt. [13]Bloß dia Städt, mô auf ihrer Åhöhe gstanda send, hent d Israelita et vrbrennt, bloß Hazor alloe håt dr Josua åzenda lassa. [14]Ond de ganz Beute aus dene Städt ond s Vieh hent d Israelita für sich gnomma; bloß d Leut hent se mit am scharfa Schwert ausgrottat. Se hent neamerd am Leba glassa.

Zom Vrgleicha: *Vers 1:* Ri 4,2.

S eroberte Land: 11 15 – 12 24

[15]So, wia s dr Herrgott (JAHWE) saen Knecht Mose ghôeßa håt, so håt s dr Mose da Josua ghôeßa, ond so håt s dr Josua gmacht. Mit koem Wort ischd der von dem abgwicha von dem, was dr Herrgott (JAHWE) da Mose ghôeßa håt.

[16]So håt dr Josua s ganze Land aegnomma: s Bergland ond da ganza Negeb, s ganze Land Goschen ond sae Tiafland ond d Jordansenke ond s Bergland von Israel ond sae Tiafland. [17]Von de kahle Berg, mô bis Seïr zua åsteigat, bis nach Baal-Gad em Libanontal am Fuaß vom Hermon. Ond älle ihre König håt r gfanga gnomma ond ombråcht. [18]Dr Josua håt zemlich lang gega älle dia König Kriag gführt. [19]Då håt s koe Stadt geba, mô mit de Israelita Frieda gschlossa hätt, bloß dia Hewiter, mô en Gibeon gwohnt hent. Ällas hent se em Kampf aegnomma. [20]Des ischd nämlich vom Herrgott (JAHWE) aus ganga, dass dia ihre Herza vrstockt hent ond obedengt da Kriag mit de Israelita wölla hent – dass mr da Bann an en vollstrecka ond se gnadalos ausrotta müaßa håt – so, wia s dr Herrgott (JAHWE) da Mose ghôeßa håt.

[21]Selligsmål ischd dr Josua ao über d Anakiter komma ond håt se ausgrottat aus am Bergland: von Hebron, von Debir, von Anab ond vom ganza Bergland von Juda ond vom ganza Bergland von Israel. An dene håt dr Josua samt ihre Städt da Bann vollstreckt. [22]Von dene Anakiter ischd em Land von de Israelita koener übrig blieba; bloß en Gaza, Gad ond Aschod send oene übrig blieba.

[23]So håt dr Josua s ganze Land aegnomma, wia s dr Herrgott zom Mose gsaed håt. Ond r håt s an Israel übergeba als Erbtôel, jedam Stamm saen Tôel; ond s Land ischd zor Ruah komma vom Kriag.

12 Ond des send dia König, mô d Israelita gschlaga ond ihr Land aegnomma hent am Jordan hüba, gega Sonnaaufgang, vom Flüssle Arnon bis an da Berg Hermon ond de ganz Jordansenke Osta zua: [2]Sihon, dr Amoriterkönig, der mô en Heschbon gwohnt håt ond von Aroër, des mô am Arnonufer leit, ond von dr Mitte em Bachtal ond dr Hälfte von Gilead bis zom Fluß Jabbok, der mô d Grenz zo de Ammoriter ischd, gherrscht håt, [3]ond von dr Jordansenke bis an da See Kinneret em Osta bis zom Meer en dr Senke, am Salzmeer, em Osta en Richtong auf Bet-Jeschimot ond em Süda am Fuaß von de Abhäng vom Pisga; [4]drzua s Gebiet vom König Og von Baschan, der mô no von de Riesa übrig blieba ischd ond en Aschtarot ond Edreï gwohnt håt [5]ond über s Bergland vom Hermon ond über Salcha ond über da ganza Baschan bis an d Grenz von de Geschuriter ond de Maachiter ond über s halbe Gebiet von Gilead bis zom Gebiet vom Sihon, am König von

Moab jenseits vom Jordan östlich von Jericho.
33Bloß am Stamm Levi håt dr Josua koen Erbbesitz geba; dene ihr Erbtôel ischd JAHWE, dr Gott (Elohey) von Israel, wian r s en vrsprocha håt.

Zom Vrgleicha: *Vers 15-32* Num 32, 1-42 • *Vers 22:* Num 22,5; 31,8 • *Vers 33:* 13,14; 18,7.

D Vrtoelong vom Westjordanland:

14 1-15

14 Ond des send d Gebiet, mô d Israelita em Land Kanaan als Erbtôel kriagt hent, môn en dr Priaster Eleasar ond dr Josua, am Nun sae Soh ond d Stammasfürsta von Israel zuatôelt hent. 2Durchs Los hent se en ihr Erbtôel zuatôelt, wia s dr Herrgott (JAHWE) da Mose ågwiesa håt, zom dene naenahalb Stämm geba. 3Dene zwôeahalb Stämm håt nämlich schao dr Mose ihr Erbtôel über am Jordan drüba geba. Aber de Levita håt r koen Erbtôel bei nen geba. 4Am Josef saene Nåchkomma hent nämlich zwôe Stämm bildat, Manasse ond Efraim; ond so hent se de Levita koen Gebietsåtôel em Land geba, sondern bloß Ortschafta, zom dren wohna ond dia Wôeda, mô drzua ghert hent für ihr Vieh ond ihr Hab ond Guat. 5Wia s dr Herrgott (JAHWE) da Mose ghôeßa håt, so hent s d Israelita gmacht ond s Land auftôelt.
6Nå send dia vom Stamm Juda vôr da Josua komma em Gilgal, ond dr Kenasiter Kaleb, dr Soh vom Jefunnes, håt zon am gsaed: Du wôeßt, was dr JAHWE zom Mose, am Må von Gott (Elohim) gsaed håt wega mir ond dir en Kadesch-Barnea. 7I ben vierzg Jåhr alt gwea, mô me dr Mose, am Herrgott (JAHWE) sae Knecht von Kadesch-Barnea aus losgschickt håt zom des Land auskondschafta. Ond i han am an Bericht geba, so wia mir s oms Herz gwea ischd. 8Ond während maene Brüader, mô mit mr nauf ganga gwea send, s Volk vrosicherat ond am Angst gmacht hent, ben i ganz treu zo JAHWE, maem Gott (Elohey) gstanda! 9Nå håt dr Mose an sellam Dag gschwora: Des Land, durch des mô daene Füaß ganga send, soll s Erbtôel sae für di ond daene Kender für älle Zeita, weil da so treu zo JAHWE, maem Gott (Elohey) gstanda bist! 10Ond jetzt, guck, dr Herrgott (JAHWE), håt me so, wian r s vrsprocha håt, am Leba glassa. Des ischd jetzt fenfavierzg Jåhr her, mô dr Herrgott (JAHWE) des zom Mose gsaed håt, ond mô d Israelita en dr Wüste romzoga send. Haet ben e fenfadachzg Jåhr alt. 11I ben haet no so guat beianander wia selligsmål, mô me dr Mose losgschickt håt; ond wia selligsmål ben i emmer no drbei, wann s oms Kämpfa gôht. 12Gib mr jetzt des Bergland då, von dem dr Herrgott (JAHWE) an sellam Dag gredat håt, du håsch jå selber ghört an dem Dag, dass Anakiter då seie ond graoße Stadtfestonga. Vielleicht ischd dr Herrgott (JAHWE) mit mr, dass i se vrtreiba kå, wia s dr Herrgott (JAHWE) gsaed håt. 13Nå håt dr Josua da Kaleb, am Jefunnes saen Soh gsegnat ond håt am Hebron als Erbtôel geba. 14Drom ischd Hebron bis auf da haetiga Dag s Erbtôel vom Kaleb, am Soh von dem Kenasiter Jefunnes wôra, weil r so treu zo JAHWE, am Gott (Elohey) von Israel ghalta håt. 15Ond Hebron håt früher Kirjat-Arba (Stadt vom Arba) ghôeßa, der ischd dr graeßte Må gwea von de Anakiter. Nach dem ischd dr Kriag vrbei gwea ond s Land ischd zor Ruah komma.

Zom Vrgleicha: *Vers 1:* Num 34,17 • *Vers 2:* Num 26,55 • *Vers 3:* 13,14.33; Dtn 10,9 • *Vers 4:* 21,32; 29,1-42 • *Vers 6:* Num 14,24; Dtn 1,36 • *Vers 7:* Num 13,6.30 • *Vers 8:* Num 14,24; 32,11f • *Vers 12:* 11,21 • *Vers 13:* 15,13-17; 21,12; Ri 1,20 • *Vers 14:* Num 32,12.

S Gebiet vom Stamm Juda: 15 1-63

15 Ond s Los für da Stamm Juda, vrtôelt auf saene Sippschafta, ischd s Gebiet en Richtong Edom, südlich von dr Wüste Zin, em äußersta Zipfel vom Süda. 2Ond ihr Südgrenz gôht vom End vom Salzmeer an era Zong vom Salzmeer entlang südwärts, ond ischd ausgloffa em Süda 3von dr Skorpionstôeg, nå nom nach Zin ond südlich von Kadesch-Barnea nauf an Hezron vrbei nach Addar nauf ond biagt om, Karka zua. 4Nå gôht se nom nach Azmon, vrlaoft weiter am Grenzbach zo Ägypten ond laoft am Meer aus. Des ischd d Südgrenz von Juda.

5D Grenz Osta zua ischd s Salzmeer bis zor Jordanmündong, ond d Grenz nach Norda gôht von dera Meerzong an dr Mündong vom Jordan aus; 6Nå ziagt sich s nauf nach Bet-Hogla ond vrlaoft nördlich von Bet-Araba vorbei. Nå ziagt sich's nauf an da Stoe vom Bohan, am Ruben saem Soh. 7Nå steigt d Grenz aus am Tal Achor Debir zua å ond biagt nordwärts Gelilot zua, des mô geganüber von dr Stôeg von Adummin leit, mô südlich vom Bach ischd; nå gôht se nom ans Wasser von En-Schemesch ond laoft naus an d Roggel-Quell. 8Nå steigt d Grenz å ens Tal Ben-Hinnom, südlich vom Gebirgszug vom Jebusiter, des ischd Jerusalem; nå steigt se nauf bis an da Gipfel von dem Berg, der mô westlich vom Hinnom-Tal am nördlicha End von dr Talebene von Efraim leit. 9Nå biagt d Grenz vom Berggipfel ab zor Neftoach-Quell ond gôht naus an da Berg Efron. Nå biagt se ab nach Baala, des ischd Kirjat-Jearim. 10Von Baala gôht d Grenz nach Westa an da Berg Seïr ond gôht nå an dr Nordflanke vom Berg von Jearim, des ischd Kesalon, entlang na uf Bet-Schemesch ond nom nach Timna. 11Nå gôht se naus zor Nordflanke von Ekron, biagt ab nach Schikkaron ond nom an da Berg Baala ond naus nach Jabneel. Nå laoft se am Meer aus. 12S graoße Meer ond d Küste ischd d Westgrenz. Des ischd s Gebiet von de Judäer rengs rom nach ihre Sippschafta.

13Aber am Kaleb, am Soh vom Jefunnes, håt dr Josua an Åtôel mittla onter de Judäer geba nach dr Åweisong, mô dr Herrgott (JAHWE) am Josua geba håt, nämlich Kirjat-Arba – dr Arba ischd dr Vadr vom Anak gwea, des ischd Hebron. 14Ond dr Kaleb håt von sell am Anak saene drei Söh, da Scheschai, da Ahiman ond da Talmai, vrtrieba. 15Ond r ischd nauf zoga gega d Aewohner von Debir. Debir håt aber früher Kirjat-Sefer ghôeßa. 16Ond dr Kaleb håt gsaed: Dem, mô über Kirjat-Sefer siegt ond s aenemmt, gib i mae Tochter Achsa als Frao. 17Nå håt dr Otniël d Stadt aegnomma, dr Soh vom Kenas, des ischd a Bruader vom Kaleb gwea. Ond dr Kaleb håt am sae Tochter Achsa zor Frao geba. 18Mô se nå zon am komma ischd, håt r se ågstiftat, se soll von ihram Vadr an Acker vrlanga. Ond se ischd von ihram Esel ragrutscht, nå håt se dr Kaleb gfrågt: Was fehlt dr denn? 19Nå håt se gsaed: Gib mr doch a Segensgab; du håsch me nämlich ens dürre Südland geba, nå gib mr ao Wasserstella. Nå håt r ra de obere ond de ontere Wasserquella geba.

20Des ischd s Erbtôel vom Stamm Juda, vrtôelt auf de oenzelne Sippschafta.

En de Vers 21-63 werat d Städt ond Ortschafta aufzählt ond wia se vrtôelt wôra send.

Zom Vrgleicha. *Vers 13-19:* 14,13-15; Ri 1,10-15 • *Vers 17:* Ri 3,29.

S Gebiet vom Josef saene Nochkomma: Kap. 16 ond 17

S Gebiet von de übrige Stämm: Kap. 18 ond 19

D Asylstädt: Kap 20

Zom Vrgleicha: *Vers 1-9:* Num 35,9-29; Dtn 19,1-10.

D Levitastädt: Kap. 21 1-42

Zom Vrgleicha: *Vers 1-3:* 14,4; Num 35,1-8 • *Vers 12:* 15,13.

D Ruah en dr neu gwonnena Hoemat: 21 43 – 22 9

21 43So hât dr Herrgott (JAHWE) de Israelita s ganze Land geba, wian r s ihre Vädr zuagschwora hât, ond se hent s aegnomma ond dren ågsiedelt. 44Ond dr Herrgott (JAHWE) hât en rengs rom Ruah vrschafft, wian r s ihre Vädr gschwora hât. Ond koener von älle ihre Faend hât vôr en Stand halta könna; älle ihre Faend hât en dr Herrgott (JAHWE) en d Händ geba. 45Nex von dem guata Wort, mô dr Herrgott (JAHWE) de Israelita vrsprocha hât, ischd ausblieba; ällas ischd so komma.

22 Seligsmål hât dr Josua d Rubeniter, d Gaditer ond da halba Stamm Manasse zo sich komma lassa 2ond zo nen gsaed: Ihr hent ällas aeghalta, was euch dr Mose, am Herrgott sae Knecht, bota hât ond r hent ao mir gfolgt en ällam, was e euch ågeba han. 3Ihr hent ao eure Brüader en dera ganza, langa Zeit bis haet et em Stich glassa ond euch emmer an d Weisonga von JAHWE, euram Gott (Eloheykem) ghalta. 4Jetzt aber hât JAHWE, euer Gott (Eloheykem), eure Brüader Ruah vrschafft, wian r s en vrsprocha hât. Jetzt därfat ihr ao wieder en eure Zelt zrück ganga, en des Land, mô euch ghert, des mô euch dr Mose, am Herrgott (JAHWE) sae Knecht über am Jordan drüba geba hât. 5Bloß achtat mr ganz gnao drauf, dass r emmer d Gebot ond Satzonga aehaltat, mô euch dr Mose, am Herrgott (JAHWE) sae Knecht, ghôeßa hât, dass r JAHWE, euran Gott (Eloheykem) mögat ond auf saene Weg laofat ond saene Gebot aehaltat ond an am hangat, zom am deana von ganzam Herza ond ganzer Seel. 6Nå hât se dr Josua gsegnat ond se entlassa, nå send se hoem ganga.
7Am oena halba Stamm Manasse hât no dr Mose em Baschan sae Erbtôel geba; dr andera Hälfte hât dr Josua sae Erbtôel onter ihre Brüader auf dr andera Seite vom Jordan em Westa geba. Ao dia hât dr Josua gsegnat, môn r se en ihre Zelt entlassa hât, 8ond r hât zo nen gsaed: Gangat jetzt hoem en eure Zelt mit reiche Schätz ond mit ohaemlich viel Vieh, mit Silber, Gold, Kupfer ond Eise, ond mit viele Gwänder; tôelat mit eure Brüader, was r bei eure Faend an Beute gmacht hent! 9So send d Rubeniter, d Gaditer ond dr halbe Stamm Manasse von de andere Israelita fortganga ond send von Schilo em Land Kanaan nach Gilead ganga, en ihr aeges Land, mô se sich ågsiedelt hent, wia s dr Herrgott (JAHWE) durch da Mose bota hât.

Zom Vrgleicha: *Vers 1:* Num 32,20-22; Dtn 3,18-20.

Dr Altar am Jordan: 22 10-34

10Nå send se nach Gelilot (Stoekraes oder Wallkraes) am Jordan komma, des leit no em Land Kanaan, då hent d Rubeniter, d Gaditer ond dr halbe Stamm Manasse sell am Jordan an schöna ond graoßa Altar baut. 11Ond d Israelita hent saga höra: Guckat, dia Rubeniter, d Gaditer ond dr halbe Stamm Manasse hent geganüber vom Land Kanaan bei Gelilot am Jordan an Altar baut jenseits von de Israelita ihram Gebiet. 12Mô des d Israelita ghört hent, hât sich glei de ganz Gemaende en Schilo vrsammlat, zom gega se mit am Kriagsvolk åganga. 13Ond d Israelita hent da Priaster Pinhas, da Soh vom Priaster Eleasar

zo de Rubeniter, de Gaditer ond da
halba Stamm Manasse em Land Gilead
gschickt 14ond zeah Stammasfürsta
von jedam Stamm von Israel oen; ond
a jeder ischd s Haopt vom Haus von
ihre Vädr gwea, von de Tausendschafta
von Israel. 15Mô dia nå zo de Rubeniter,
de Gaditer ond zom halba Stamm
Manasse komma send, hent se mit en
gredat ond gsaed: 16So lässt euch de
ganz Gemaende von JAHWE ausrichta:
Was soll der Treubruch då, den mô ihr
am Gott (Elohey) von Israel vråstaltat
hent, endem r euch haet von JAHWE
abwendat ond an Altar bauat, zom
gega da Herrgott (JAHWE) rebelliera?
17Langat dr Frevel von Pegor no et? Von
dem he'mr ons bis haet no et graenigt,
ond wega dem d Plåg über d Gemaende
von JAHWE komma ischd. 18Ond ihr
wöllat euch haet von JAHWE abwenda?
Nå richtat sich sae Zôrn môrga gega de
ganz Gemaende Israel. 19Aber wann
des Land, mô euch ghert, oraen ischd,
nå kommat rom en des Land, mô am
Herrgott (JAHWE) ghert, ond mô sich
d Wohnong vom Herrgott (JAHWE)
nieder glassa håt, ond siedlat bei ons å!
aber rebellierat et gega JAHWE! ond ao
et gega ons, endem r für euch selber an
Altar bauat, ohne dass r an da Altar von
JAHWE, onseram Gott (Eloheynu)
denkat. 20Ischd et sae Zôrn über de ganz
Gemaende Israel komma, mô dr Achan,
am Serach sae Soh, sich am Bannguat
vrgriffa ond s onterschlaga håt, obwohl
der bloß oe oenzelner Må gwea ischd?
Ond håt r et für saen Frevel sterba
müaßa?
21Dådrauf hent en d Rubeniter, d
Gaditer ond dr halbe Stamm Manasse,
zor Antwort geba, ond zo dene Åführer
von de Tausendschafta von Israel gsaed:
22Gott (El) von älle Götter (Elohim)
ischd JAHWE! Dr Gott von älle Götter,
JAHWE, wôeß, ond Israel soll s ao
wissa: Wann des als Rebellion oder aus
Otreue gega JAHWE passiert ischd, soll
r ons an dem Dag et helfa. 23Ob mir an
Altar baut hent, zom ons von JAHWE
abwenda, ond wann des gscheha ischd,
zom Brandopfer ond Spreisopfer drauf
dar zom brenga, oder wann s gscheha
ischd, zom Friedensopfer drauf dar zom
brenga, des soll dr Herrgott (JAHWE)
selber raus brenga. 24Mir hent ons
nämlich Sôrga drom gmacht, weil mr
gmoent hent, s könnt jå sae, dass en dr
Zuakonft eure Kender zo onsere Kender
sagat: „Was hent ihr denn mit JAHWE,
am Gott (Elohey) von Israel zom
schaffa? 25Schliaßlich håt dr Herrgott
(JAHWE) da Jordan als Grenz festglegt
zwischa ons ond euch, ihr Rubeniter
ond ihr Gaditer; für euch geit s koen
Åtôel an JAHWE.“ So könntat eure
Kender onsere Kender drvo abbrenga,
da Herrgott (JAHWE) zom vrehra.
26Drom he'mr denkt: Bauat mr doch
den Altar, et für Brandopfer ond et für
Schlachtopfer; 27sondern der soll Zeuge
sae zwischa ons ond euch ond onsere
Nåchkomma, dass mir da Kultdenst vôr
JAHWE mit onsere Brandopfer ond mit
onsere Schlachtopfer ond mit onsere
Friedensopfer laesta wöllat, dass eure
Kender amål et zo onsere Kender saga
könnat: „Für euch geit s koen Åtôel an
JAHWE.“ 28Ond mir hent ons denkt:
Wann se en Zuakonft so ebbas zo ons
oder onsere Nåchkomma saga däte, nå
könnte mir saga: Guckat euch doch den
Altar amål gnaoer å, den mô onsere Vädr
baut hent, der ischd et für Brandopfer
ond Schlachtopfer, sondern der ischd
bloß als Zeuge zwischa ons ond euch
då. 29Mit koem Gedanka hent mir drå
denkt, dass mir gega JAHWE rebelliera
ond ons haet von JAHWE abwenda
wöllat ond deshalb den Altar baua dätat
für Brandopfer, für Speisopfer ond für
Schlachtopfer, außerhalb vom Herrgott

(JAHWE) saem Altar, der mô vôr saener
Wohnong stôht.
[30]Mô dr Priaster Pinhas ond d Fürsta
von dr Gemaende ond dia Åführer von
de Tausendschafta von Israel, mô bein
am gwea send, ghört hent, was en dia
Rubeniter, dia Gaditer ond Manassiter
gsaed hent, ischd en des recht gwea.
[31]Ond dr Priaster Pinhas, dr Soh vom
Eleasar, håt zo de Rubeniter, zo de
Gaditer ond zo de Manassiter gsaed:
Haet ischd ons klar wôra, dass JAHWE
en onserer Mitte ischd, weil ihr koen
Treubruch gega JAHWE beganga hent.
Dådrmit hent ihr d Israelita aus de
Händ von JAHWE grettat. [32]Nå ischd
dr Pinhas, dr Soh vom Priaster Eleasar,
ond dia Fürsta, von de Rubeniter, von
de Gaditer, aus am Land Gilead zrück
ganga ens Land Kanaan zo de Israelita
ond hent dene an Bericht geba. [33]Des
ischd de Israelita recht gwea, ond d
Israelita hent Gott priesa, ond se hent
nemme drå denkt, gega d Rubeniter
ond Gaditer mit Gwalt vôr zom ganga
ond ihr Land zom vrwüasta, en dem se
gwohnt hent. [34]Ond d Rubeniter ond d
Gaditer hent den Altar „Wahrhaftiger
Zeuge zwischa ons! Weil JAHWE dr
wahre Gott (Elohim) ischd“ ghôeßa.

Zom Vrgleicha: *Vers 17:* Num 25 • *Vers 20:* 7,1-26.

D VRPFLICHTONG AUF JAHWE: 23 1 – 24 33

Am Josua sae Red an s Volk: 23 1-16

23 Ond nach ra langa Zeit, nachdem
dr Herrgott (JAHWE) de
Israelita vôr älle ihre Faend rengs
rom Ruah vrschafft ghet håt ond dr
Josua alt gwea ischd ond saene Jährla
auf am Buckel ghet håt, [2]håt dr Josua
ganz Israel aebstellt, saene Älteste,
Stammasfürsta, Richter ond Amtleut,
ond håt zo nen gsaed: I ben jetzt alt,
ond han a åsehnlichs Alter erraecht.
[3]Ihr hent ällas gseha, was JAHWE, euer
Gott (Eloheykem) dao håt an älle dene
Völker vôr euch; JAHWE, euer Gott
(Eloheykem) håt nämlich selber für euch
kämpft. [4]Guckat, i han euch dia übrige
Völker durch s Los zuatôelt, ama jeda
Stamm sae Erbtôel, aus älle dene Völker,
mô i ausgrottat han vom Jordan bis ans
graoße Meer em Westa. [5]Ond JAHWE,
euer Gott (Eloheykem) selber will se
(ao en Zuakonft) vôr eure Aoga vrtreiba
ond ausrotta, ond ihr nemmat ihr Land
ae, wia s euch JAHWE, euer Gott
(Eloheykem) vrsprocha håt. [6]Haltat
euch aber emmer fest drå, dass r ällas
aehaltat ond dent, was em Gsetzbuach
vom Mose gschrieba stôht, endem r et
drvo abweichat, et rechts ond et lenks!
[7]Vrmischat euch et mit dene Völker, mô
bei euch no übrig bliеba send. Mit am
Nåma von dene ihre Götter fangat r nex
å, bei dene sollat r et schwöra, ond en ao
et deana, ond euch dene et onterwerfa.
[8]Ihr sollat an JAHWE, euram Gott
(Eloheykem) hanga, so, wian r s bis auf
da haetiga Dag ghalta hent. [9]Drom håt
dr Herrgott (JAHWE) ao graoße ond
starke Völker vôr euch vrtrieba, ond
euch håt koener stand halta könna bis
auf den Dag. [10]Oener alloe von euch
kå tausad vôr sich her jaga; JAHWE,
euer Gott (Eloheykem) kämpft nämlich
selber für euch, wian r s vrsprocha håt.
[11]Drom denkat om eurer selber willa drå,
dass r JAHWE, euran Gott (Eloheykem)
mögat! [12]Wann r euch nämlich abwendat
ond drfür am Rest von dene Völker
hangat, dia mô bei euch no übrig blieba
send ond euch mit dene vrschwägerat,
dass r euch mitanander vrmischat, [13]nå
müaßat r wissa, dass JAHWE, euer

Gott (Eloheykem), dia Völker nemme vôr euch vrtreibt, sondern dia werat zor Schleng für euch ond zor Fall, zor Peitsch en eure Seita ond zom Stachel en eure Aoga, bis r vrschwonda send aus dem guata Land, des mô JAHWE, euer Gott (Eloheykem), euch geba håt. [14]Guckat, i gang haet da Weg von ällam Irdischa, ond ihr sollat von ganzam Herza ond mit eurer ganza Seel erkenna, dass von dene ganze, guate Zuasaga, mô euch JAHWE, euer Gott (Eloheykem) gmacht håt, koe oeziga ausblieba ischd; ällas ischd aetroffa; nex ischd ausblieba, ällas ischd aetroffa. [15]Ond so, wia ällas Guate aetroffa ischd, was JAHWE, euer Gott (Eloheykem) vrsprocha håt, so lässt dr Herrgott (JAHWE) ao ällas Übel über euch komma, bis r ausgrottat send aus dem guata Land, mô euch JAHWE, euer Gott (Eloheykem) geba håt, [16]wann ihr d Bundassatzong auf dui euch JAHWE, euer Gott (Eloheykem), vrpflichtat håt, übertretat ond andere Götter deanat ond euch dene onterwerfat, nå entflammt dr Zôrn von JAHWE gega euch, ond ihr send ganz schnell aus dem guata Land vrschwonda, des môn r euch geba håt.

Zom Vrgleicha: *Vers 13:* Num 33,55; Ri 2,3.

Dr Landdag en Sichem: 24 1-28

24 Ond dr Josua håt älle Stämm von Israel en Sichem vrsammlat ond håt de Älteste, d Fürsta, d Richter ond d Amtleut aebstellt. Ond se hent sich vôr Gott (Elohim) aufgstellt. [2]Ond dr Josua håt zom ganza Volk gsprocha ond gsaed: So spricht JAHWE, dr Gott (Elohey) von Israel: Jenseits vom Strom hent eure Vädr von Urzeita å gwohnt, dr Terach, dr Vadr vom Abraham ond vom Nahor, ond se hent andere Götter dient. [3]Då han i euran Vadr Abraham von dr andera Seite vom Strom gholt ond an durchs ganze Land Kanaan wandera lassa ond han sae Gschlecht vrmehrt ond am da Isaak geba. [4]Am Isaak aber han e da Jakob ond da Esau geba. Ond am Esau han e s Bergland von Seïr als Aegatom geba. Dr Jakob aber ond saene Söh send nach Ägypten na ganga. [5]Nå han e da Mose ond da Aaron gschickt. Ond i han Ägypten gschlaga mit dem, was e en saener Mitte dao han. Nach dem han e euch rausgholt. [6]Ond i han eure Vädr aus Ägypten raus gholt. Ond môn r ans Meer komma send ond d Ägypter eure Vädr mit Kampfwäga ond Reiter bis ans Schilfmeer nåchgjagd send, [7]då hent se zo JAHWE gschria; der håt zwischa euch ond d Ägypter a Finsternis komma lassa ond håt s Meer über se raebrecha lassa, ond des håt se zuadeckt. Ihr hent mit eure aegene Aoga gseha, was i de Ägypter ådao han. Dådrnåch hent r lang en dr Wüste glebt. [8]I han euch ens Land vom Amoriter bråcht, der mô über am Jordan drüba wohnt; ond mô se gega euch kämpft hent, han i se euch en d Händ geba, ond ihr hent ihr Land aegnomma, ond i han se vôr euch ausgrottat. [9]Då håt sich dr König Balak von Moab gega euch aufgmacht, dr Soh vom Zippor, ond gega Israel kämpft. Ond r håt da Bileam, da Soh vom Beor komma lassa, dass r euch vrfluacha soll. [10]Aber i han et auf da Bileam horcha wölla, sondern der håt euch emmer wieder segna müaßa, ond i han euch aus (am Balak) saene Händ grettat. [11]Ond mô ihr über da Jordan ganga ond nach Jericho komma send, då hent d Aewohner von Jericho gega euch kämpft, d Amoriter, d Perisiter, d Kanaaniter, d Hetiter, d Girgaschiter, d Hiwiter ond d Jebusiter, ond i han se euch en d Händ geba. [12]Ond i han Angst ond Schrecka vôr euch her gschickt, dia hent dia bôede Amoriterkönig vôr euch vrtrieba, - et dae Schwert ond ao et daene Bogaschütza. [13]Ond i han euch a Land geba, om des mô ihr euch koe Ärbat

S Richterbuach

D CHARAKTERISIERONG VON DR RICHTERZEIT: 1 1 – 3 6

D Eroberong von de Stammasgebiet für Juda ond Simeon: 1 1-21

1 Mô dr Josua gstôrba gwea ischd, hent d Israelita beim Herrgott (JAHWE) ågfrågt ond gsaed: Wer von ons soll zersta en da Kampf gega d Kanaaniter nauf ganga? 2Nå håt dr Herrgott (JAHWE) gsaed: Juda soll nauf ganga. Guck, i han des Land en saene Händ geba! 3Nå håt dr Juda zo saem Bruader Simeon gsaed: Gang mit mr nauf en mae Los, dass mr gega d Kanaaniter kämpfat, ond i gang nå mit dir en dae Los! Nå ischd dr Simoen mit am ganga. 4Mô nå d Judäer nauf ganga send, håt en dr Herrgott (JAHWE) d Kanaaniter ond d Perisiter en d Händ geba ond se hent se bei Besek gschlaga, zeahtausad Mann. 5Ond se send bei Besek auf da Adoni-Besek troffa ond hent mit am kämpft ond d Kanaaniter ond d Perisiter gschlaga. 6Nå ischd dr Adoni-Besek abghaoa, aber dia send am nåch ond hent an gschnappt ond hent am an bôede Händ d Daoma agschnitta ond an bôede Füaß de graoße Zaeha. 7Nå håt dr Adoni-Besek gsaed: Siebzg König mit aghaoene Daoma ond graoße Zaeha hent ihr Brot aufglesa onter maem Tisch; Was i dao han, so håt mr s Gott (Elohim) vrgolta! Ond se hent an nach Jerusalem bråcht, sell ischd r gstôrba. 8Nå hent d Judäer ao gega Jerusalem kämpft ond hent s aegnomma ond gschlaga mit am Schwert ond d Stadt åzonda. 9Dådrnåch send d Judäer na zoga en da Kampf gega dia Kanaaniter, mô em Bergland ond en dr Niederong gwohnt hent.

10Ond d Judäer send ao gega dia Kanaaniter vôrganga, mô en Hebron gwohnt hent - Hebron håt früher Kirjat-Arba ghôeßa - ond se hent Scheschai, Ahiman ond Talmai gschlaga. 11Von då send se gega d Bewohner von Debir ganga. Debir håt früher Kirjat-Sefer ghôeßa. 12Ond dr Kaleb håt gsaed: Wer Kirjat-Sefer schlägt ond aenemmt, dem gibt e mae Tochter Ascha zor Frao. 13Nå håt s dr Otniël aegnomma, am Kenas sae Soh, am Kaleb saem jüngera Bruader; ond r håt am sae Tochter Ascha zor Frao geba. 14Mô se nå zon am komma ischd, håt r se ågstiftat, se soll von ihram Vadr an Acker vrlanga, ond se ischd von ihram Esel ragrutscht. Ond dr Kaleb håt zon ra gsaed: Was fehlt dr denn? 15Dådrauf håt se zon am gsaed: Gib mr a Segensgschenk. Du håsch me ens Negeb (Südland oder Dürrland) geba, nå gib mr ao Wasserstella! Nå håt ra dr Kaleb s Obere ond s Ontere Becka geba.

16Ond d Söh vom Keniter Hobab, der mô am Mose sae Schwiegervadr gwea ischd, send mit de Judäer aus dr Palmastadt en d Wüste von Arad rauf zoga; dia hent sich nå bei de Amalekiter ågsiedelt. 17Dr Juda ischd nå mit saem Bruader Simeon weiter zoga ond se hent d Kanaaniter gschlaga en Zefat ond hent an dr Stadt da Bann vollstreckt; seither hôeßt dui Stadt Horma (Bann). 18Dr Juda håt ao Gaza ond sae Gebiet aegnomma ond Aschkelon ond sae Gebiet, ond Ekron ond sae Gebiet. 19Ond JAHWE ischd mit am Juda gwea ond r håt s Bergland aegnomma, dia Bewohner em Tal håt r nämlich et vrtreiba könna, weil dia eiserne Kampfwäga ghet hent. 20Ond

am Kaleb hent se Hebron geba, so wias
dr Mose gsaed håt. Der håt am Anak
saene drei Söh von sell vrtrieba. [21]Ond
dia Jebusiter, mô en Jerusalem gwohnt
hent, hent d Benjaminiter et vrdränga
könna; so lebat d Jebusiter neba de
Benjaminiter en Jerusalem bis auf da
haetiga Dag.

Zom Vrgleicha: *Vers 8:* Jos 10,40; 11,16-20 • *Vers 10-15:* Jos 15,13-19 • *Vers 13:* 3,9 • *Vers 16:* 4,11; 1Sa 15,6 • *Vers 17:* Dtn 20,13-17 • *Vers 20:* Jos 14,6-15; 11, 21 • *Vers 21:* Jos 15,63.

D Eroberong vom Stammasgebiet vom Josef saene Nåchkomma: 1 22-36

[22]Nå ischd ao am Josef sae Sippschaft
nach Bet-El nauf zoga, ond dr Herrgott
(JAHWE) ischd mit en gwea. [23]Mô nå
am Josef saene Nåchkomma Bet-El
auskondschaftat hent – früher håt dui
Stadt Lus ghôeßa - [24]då hent dia Späher
an Må aus dr Stadt rauskomma seha; zo
dem hent se gsaed: Zaeg ons doch, mô
mr am besta en d Stadt nae kommt, nå
wöllat mr mit dr gnädig omganga. [25]Nå
håt r en a Stell zaegt, mô mr nae könna
håt. Ond se hent d Stadt gschlaga mit am
Schwert, aber den Må ond sae Familie
hent se ganga lassa. [26]Der Må ischd nå
ens Land von de Hetiter zoga ond håt
sell a Stadt baut, ond håt se Lus ghôeßa;
so hôeßt se bis auf da haetiga Dag.
[27]Ond Manasse håt d Aewohner von
Bet-Schean ond von saene Vorort, ond
von Taanach ond saene Vorort, ond von
Dor ond saene Vôrort, ond von Jibleam
ond saene Vôrort, ond von Megiddo
ond saene Vôrort et vrtreiba könna. So
hent s dia Kanaaniter gschafft, dass se
em Land hent wohna könna. [28]Mô nå d
Israelita stärker wôra send, hent se dia
Kanaaniter zom Frondenst zwonga;
aber vrtreiba hent se se et könna.
[29]Ond Efraim håt d Aewohner von
Geser et vrtreiba könna, drom send
d Kanaaniter en ihrer Mitte en Geser
blieba.
[30]Sebulon håt d Aewohner von Kitron
ond dia von Nahalol et vrtreiba könna.
Drom hent d Kanaaniter mittla onter
en gwohnt, aber se send fronpflichtig
wôra.
[31]Ascher håt d Aewohner von Akko
ond d Aewohner von Sidon et vrtreiba
könna, ao dia von Mahaleb, Achsib,
Helba, Afek ond Rehob et. [32]Drom lebat
d Ascheriter mittla onter de aehaemische
Kanaaniter, weil se se et vrtreiba könna
hent.
[33]Naftali håt d Aewohner von Bet-
Schemesch ond d Aewohner von Bet-
Anat et vrtreiba könna ond wohnt
drwega mittla onter de Kanaaniter, mô
en dera Gegend blieba send, weil mr se
et håt vrtreiba könna. Aber d Aewohner
von Bet-Schemesch ond von Bet-Anat
send fronpflichtig wôra.
[34]D Amoriter hent aber d Daniter
ens Bergland vrdrängt ond hent se et
rakomma lassa en d Ebene. [35]So hent s d
Amoriter gschafft, zom en Har-Heres,
Ajalon ond Schaalbim zom bleiba; mô
aber d Sippschaft vom Josef stärker wôra
ischd, send se ao zom Frondenst zwonga
wôra. [36]S Gebiet von de Edomiter gôht
vom Skorpionastôeg bis nach Sela ond
no weiter nauf.

Zom Vrgleicha: *Vers 27:* Jos 17,11-13 • *Vers 29:* Jos 16,10 • *Vers 34:* 18,1.

A Engel von JAHWE erschaent: 2 1-5

2 Selligsmål ischd dr Engel vom
Herrgott (JAHWE) vom Gilgal nach
Bochim rauf komma. Ond r håt gsaed:
I han euch von Ägypten rauf gholt ond
en des Land bråcht, môn e eure Vädr
zuagschwora han. Ond i han gsaed: I
will maen Bund mit euch en Ewigkaet et
brecha. [2]Aber ihr sollat mit de Aewohner
von dem Land koene Vrträg schliaßa,
sondern ihre Altär sollat r areissa! Aber
ihr hent et auf me ghorcht. Was hent r

dao? [3]Drom sag e euch jetzt: I vrtreib
se et vôr euch! Dia sollat euch emmer
wieder Schwierigkaeta macha, ond ihre
Götter (Eloheyhem) werat euch zom
Fallstrick. [4]Mô der Engel vom Herrgott
(JAHWE) des zo de Israelita gsaed
ghet håt, ischd s ganze Volk en Träna
ausbrocha ond håt gheult. [5]Drom hent
se den Ort Bochim (Heuler) ghôeßa.
Ond se hent a Opfer für da Herrgott
(JAHWE) darbrâcht.

Zom Vrgleicha: *Vers 2:* Dtn 7,2-5 • *Vers 3:* Jos 23,13.

Dr Josua stirbt: 2 6-10

[6]Mô dr Josua s Volk entlassa håt, send
d Israelita a jeder en sae Erbtôel ganga,
zom s Land aenemma. [7]Ond s Volk håt
da Herrgott (JAHWE) vrehrt, solang
wia dr Josua glebt håt ond dia Älteste,
mô da Josua überlebt hent, då gwea send,
mô des graoße Werk gseha hent, mô dr
Herrgott (JAHWE) an Israel dao håt.
[8]Ond dr Josua, am Nun sae Soh, der mô
am Herrgott (JAHWE) sae Diener gwea
ischd, ischd gstôrba, môn r hondertzeah
Jåhr alt gwea ischd. [9]Ond mr håt an em
Gebiet von saem Erbtôel en Timnat-
Heres em Efraimgebirge nördlich vom
Berg Gaasch beerdigt. [10]Ond ao de ganz
Generation von saem Gschlecht send zo
saene Vädr vrsammlat wôra. Nach dene
ischd a andera Generation aufgwachsa,
dia hent vom Herrgott (JAHWE) nex
gwißt ond ao et, was r für Israel dao
håt.

Zom Vrgleicha: *Vers 7:* Jos 24,31; 11 • *Vers 9:* Jos 24,30.

D Beruafong von Richter: 2 11-23

[11]So hent dia Israelita dao, was en de
Aoga vom Herrgott (JAHWE) Orecht
gwea ischd, endem se de Baal deant
hent. [12]Ond se hent JAHWE, da Gott
(Elohey) von ihre Vädr vrlassa, der
mô se aus am Land Ägypten rausgholt
håt, ond send andere Götter (Elohim)
nâchgloffa, de Götter (Elohey) von
de Völker en ihrer Omgebong, ond
hent sich dene onterworfa, ond so da
Herrgott (JAHWE) belaedigt. [13]Mô se
da Herrgott (JAHWE) vrlassa hent ond
zom Baal ond dr Astarte ganga send,
[14]ischd am Herrgott (JAHWE) sae Zôrn
gega Israel aufgflammt, ond r håt se de
Raeber en d Händ falla lassa, dia hent
se ausplünderat. Ond r håt se an ihre
Faend en dr Omgebong vrkaoft, dass
se dene koen Widerstand maeh laesta
könna hent. [15]Sooft se en da Kriag zoga
send, ischd am Herrgott (JAHWE) sae
Håd gega se gwea zom Ohael, so wian
en s dr Herrgott (JAHWE) ådroht håt
ond wian en s dr Herrgott (JAHWE)
gschwora håt, ond s ischd emmer
enger für se wôra. [16]Ond dr Herrgott
(JAHWE) håt Richter aufstanda lassa,
dia hent se grettat aus de Händ von ihre
Plünderer. [17]Aber ao auf ihre Richter
hent se et ghorcht, sondern se hent sich
mit andere Götter (Elohim) aeglassa
ond hent dia åbetat. Dia send schnell
von dem Weg abgwicha, auf dem, mô
ihre Vädr ganga send em Höra auf
am Herrgott (JAHWE) saene Gebot.
Dia hent s et so ghalta. [18]Wann en nå
dr Herrgott (JAHWE) an Richter håt
aufstanda lassa, nå ischd dr Herrgott
(JAHWE) mit dem Richter gwea ond
håt se aus de Händ von ihre Faend
grettat, solang der Richter glebt håt. Dr
Herrgott (JAHWE) håt nämlich Mitleid
mit en ghet wega ihram Gejåmer über
ihre Faend ond Onterdrücker. [19]Aber
sobald der Richter gstôrba gwea ischd,
hent se s wieder ärger trieba als wia ihre
Vädr, endem se andere Götter (Elohim)
nâchgloffa send ond dene deant ond se
åbetat hent. Dia hent s oefach et lassa
könna en ihrer oegasenniga Art. [20]Nå
ischd am Herrgott (JAHWE) sae Zôrn
gega Israel aufgflammt, ond r håt gsaed:

Weil des Volk maene Bundassatzonga
übertreta håt, auf dia mô i ihre Vädr
vrpflichtat han ond se et auf me ghorcht
hent, 21will i koe oezigs von dene Völker
vôr en vrtreiba, mô dr Josua übrig glassa
håt môn r gstôrba ischd. 22Durch dia
soll Israel auf d Prob gstellt wera, ob
se auf am Herrgott (JAHWE) saem
Weg ganga wöllat wia ihre Vädr oder
et. 23Drom håt dr Herrgott (JAHWE)
dia Völker em Land glassa ond se et
vrtrieba – r håt se jå ao am Josua et en d
Händ geba ghet.

Zom Vrgleicha: *Vers 14:* Lev 26,17.

Fremde Völker bei de Israelita: 3 1-6

3 Ond des send dia Völker, mô dr
Herrgott (JAHWE) em Land glassa
håt, zom d Israelita auf d Prob stella,
älle, mô von dene Kämpf om Kanaan nex
gwißt hent. 2Bloß dass dia Generationa
von de Israelita wieder glernt hent, wia
mr Kriag führt, mô vom Kriag koe
Åhnong maeh ghet hent: 3dia fenf Fürsta
von de Philister ond älle Kanaaniter ond
Sidonier ond Hiwiter, mô en de Berg
vom Libanon gwohnt hent, vom Berg
Baal-Hermon bis nach Lebo-Hamat.
4Dia send då gwea, zom d Israelita auf
d Prob stella, ob se auf am Herrgott
(JAHWE) saene Gebot horcha dätat, auf
dia, mô dr Mose ihre Vädr vrpflichtat
håt. 5D Israelita hent also mittla onter de
Kanaaniter, Hetiter, Amoriter, Perisiter,
Hiwiter ond Jebusiter gwohnt. 6Se hent
dene ihre Töchter gheiratat ond hent
ihre Töchter dene ihre Söh als Fraoa
geba ond dene ihre Götter vrehrt.

Zom Vrgleicha: *Vers 1:* 2,21f • *Vers 3:* Jos 13,3.

DE OENZELNE RICHTER: 3 7 – 16 31

Otniël: 3 7-11

7D Israelita hent dao, was en de Aoga
vom Herrgott (JAHWE) schlecht gwea
ischd ond hent JAHWE, ihran Gott
(Eloheyhem) vrgessa ond d Baal ond
Astarta vrehrt. 8Nå ischd am Herrgott
(JAHWE) sae Zôrn gega Israel
aufgflammt, ond r håt se am Kuschan-
Rischatajim, am König von Aram en
Mesopotamien en d Händ falla lassa.
Ond d Israelita hent acht Jåhr lang am
Kuschan-Rischatajim deana müaßa. 9Nå
hent d Israelita zom Herrgott (JAHWE)
gschria, ond dr Herrgott (JAHWE) håt
für d Israelita an Retter aufstanda lassa,
ond der håt se befreit: Dr Otniël, am
Kenas sae Soh, am Kaleb saem jüngera
Bruader. 10Über den ischd dr Gaest von
JAHWE komma ond r ischd Richter
gwea en Israel ond vôr en en da Kriag
zoga. Ond dr Herrgott (JAHWE) håt
am da Kuschan-Rischatajim, da König
von Arma en d Händ geba, ond dr
Otniël håt da Kuschan-Rischatajim
onterwôrfa. 11Dådrauf håt s Land vierzg
Jåhr lang Ruah ghet. Nå ischd dr Otniël
gstôrba, dr Soh vom Kena.

Zom Vrgleicha: *Vers 9:* 1,13; Jos 15,17 • *Vers 10:* 6,24; 11,29; 13,25; 14,6.19; 15,14.

Ehud ond Schamgar: 3 12-31

12Ond wieder hent Israelita dao, was
en de Aoga vom Herrgott (JAHWE)
schlecht gwea ischd. Nå håt dr Herrgott
(JAHWE) da König Eglon von Moab
stark gmacht über Israel, weil se dao
hent, was en de Aoga vom Herrgott
(JAHWE) schlecht gwea ischd. 13Der
håt sich mit de Ammoniter ond de
Amalekiter vrbündat ond Israel
gschlaga ond d Palmastadt (Jericho)
aegnomma. 14Ond d Israelita hent am
König Eglon von Moab achtzeah Jåhr
lang deana müaßa. 15Nå hent d Israelita

zom Herrgott (JAHWE) gschria,
ond dr Herrgott (JAHWE) håt für d
Israelita an Retter aufstanda lassa, da
Ehud, am Gera sae Soh, a Benjaminiter;
des ischd a Lenkshänder gwea. Durch
den hent d Israelita ihran Tribut an da
König Eglon von Moab gschickt. [16]Nå
håt sich dr Ehud an zwôeschneidiga
Dolch gmacht, oe Ell lang, ond håt an
sich onter saem Gwand auf de recht
Hüft gschnallt. [17]So håt r am Eglon,
am König von Moab, da Tribut bråcht.
Dr Eglon ischd aber zemlich fett gwea.
[18]Ond mô dr Ehud da Tribut aglieferat
ghet håt, ond saene Träger entlassa håt,
[19]ischd r omkehrt von de Götterbilder,
mô en Gilgal gwea send, ond håt gsaed:
I han a Gehaembotschaft an di, o König!
Ond der håt gsaed: Send still! Ond dia,
mô om an rom gstanda send, hent von
am naus müaßa. [20]Ond dr Ehud ischd
zon am nae, während er alloe en saem
küahla Obergemach gsessa ischd, ond
dr Ehud håt zon am gsaed: I han a Wort
von Gott (Elohim) für de! Nå ischd r
von saem Thron aufgstanda. [21]Nå håt dr
Ehud mit dr lenka Håd saen Dolch von
saener rechta Hüfte packt ond an am
Eglon en da Bauch gstoßa, [22]daß nach dr
Kleng ao no s Heft naegfahra ischd ond
s Fett sich henter am Griff gschlossa
håt, der håt nämlich den Dolch et aus
dem saem Bauch raus zoga. Nå ischd r
zom Henterausgang naus ganga. [23]Ond
r ischd en d Halle naus ganga ond håt
d Tür vom Obergemach henter sich
vrrieglat. [24]Kaom ischd r draußa gwea,
nå send Diener komma, ond weil d
Tür ens Obergemach vrrieglat gwea
ischd, hent se gsaed: Wahrschaenlich
vrrichtat r sae Notdurft en dem küala
Gemach. [25]Ond se hent gwartat bis zom
Überdruß, aber der håt d Tür et auf
gmacht. Nå hent se da Schüssel gholt
ond aufgmacht, ond guck, då ischd ihr
Herr daot auf am Boda glega. [26]Aber
dr Ehud ischd abghaoa, solang dia no
gwartat hent. An de Götterbilder ischd r
schao vorbei gwea ond håt sich en Seïra
en Sicherhaet bråcht. [27]Môn r åkomma
ischd, håt r glei s Widderhorn blåsa lassa
em Bergland von Efraim, ond d Israelita
send mit am na gstiega von de Berg, ond
er vôrnadraus. [28]Ond r håt zo nen gsaed:
Kommat mit mr, dr Herrgott (JAHWE)
håt nämlich eure Faend, d Moabiter en
eure Händ geba! ond se send mit am na
ganga ond hent d Jordanfurta besetzt
nach Moab nom, ond hent neamerd
nom glassa. [29]Ond se hent selligsmål d
Moabiter gschlaga, ogfähr zeahtausad
Mann, lauter erfahrene Kriagsleut, ond
koener ischd drvo komma. [30]So hent sich
d Moabiter an sellam Dag de Isdraelita
onterwerfa müaßa, ond s Land håt
achtzg Jåhr lang Ruah ghet. [31]Nach dem
ischd dr Schamgar, dr Soh vom Anat,
auftreta. Der håt sechshondert Philister
mit ama Ochsastecka gschlaga, ond håt
so ao d Israelita grettat.

Zom Vrgleicha: *Vers 31:* 5,6.

Debora ond Barak: 4 1 – 5 31

Dr Sieg über da Sisera: 4 1-16

4 Mô nå dr Ehud gstôrba gwea ischd,
hent d Israelita wieder dao, was en de
Aoga vom Herrgott (JAHWE) schlecht
gwea ischd. [2]Drom håt se dr Herrgott
(JAHWE) an da Kanaaniterkönig Jabin
ausglieferat, der håt en Hazor regiert.
Dem sae Heerführer ischd dr Sisera
gwea, der håt en Haschoret-Gojim
gwohnt. [3]Nå hent d Israelita zom
Herrgott (JAHWE) gschria. Der håt
nämlich naehondert eiserne Kampfwäga
ghet ond håt d Israelita zwanzg Jåhr lang
onter Druck gsetzt. [4]Aber d Debora,
a Profetin, am Lappidot sae Frao, håt
en dera Zeit en Israel Recht gsprocha.
[5]Se håt ihran Sitz onter dr Deborapalm
zwischa Rama ond Bet-El ghet, em

Bergland von Efraim. Ond d Israelita
send zon ra naufkomma, zom sich Recht
sprecha lassa. 6Ond dui håt da Barak,
am Abinoam saen Soh aus Kedesch-
Naftali, zo sich komma lassa ond zon
am gsaed: JAHWE, dr Gott (Elohey)
von Israel, håt dr bota: Gang auf da Berg
Tabor ond nemm zeahtausad Mann von
Naftali ond Sebulon mit. 7Nå schiab dr
i da Sisera, am Jabin saen Heerführer
mitsamt saene Kampfwäga ond saem
Heer zo dr an da Bach Kischon ond
gib dr an en d Händ. 8Nå håt dr Barak
zon ra gsaed: Wann du mit mr gôhst, nå
gang e, wann da aber et mit mr gôhst, nå
gang i ao et! 9Ond se håt gsaed: Guat,
i gang mit dr! Aber nå gôht d Ehr von
dem Kriagszug, mô da onternemmst et
an di; sondern dr Herrgott (JAHWE)
geit da Sisera ra Frao en d Händ. Nå håt
sich d Debora aufgmacht ond ischd mit
am Barak nach Kedesch ganga. 10Ond
dr Barak håt Sebulon ond Naftali nach
Kedesch nauf bstellt, ond zeahtausad
Mann Fuaßvolk send mit naufganga,
ond d Debora ischd ao mit. 11Aber dr
Heber, der Keniter, der mô sich vom
Kain, vom Hobab saene Söh, der mô
am Mose sae Schwiegervadr gwea ischd,
trennt håt, der håt sae Zelt an dr Ôech
bei Zaanim en dr Nähe von Kedesch
aufgstellt ghet.
12Mô mr nå am Sisera gmeldat håt, dass
dr Barak, am Abinoam sae Soh, auf am
Berg Tabor aufzoga sei, 13håt dr Sisera älle
saene naehondert eiserne Kampfwäga,
ond s ganze Kriagsvolk von Haschoret-
Gojim an da Bach Kischon bstellt.
14Nå håt d Debora zom Barak gsaed:
Auf gôhts! Des ischd der Dag, mô dr
JAHWE da Sisera en d Händ geit! Dr
Herrgott (JAHWE) ischd schao vôr
dr her auszoga! Nå ischd dr Barak mit
saene zeahtausad Mann vom Berg Tabor
na gstiega. 15Ond dr Herrgott (JAHWE)
håt am Sisera saene Wäga ond sae ganzs
Heerlager durchanander bråcht mit am
scharfa Schwert vôr am Barak. Dr Sisera
ischd von saem Waga raghopft ond z
Fuaß abghaoa. 16Dr Barak ischd dene
Wäga ond dem Heerlager nåch bis nach
Haroschet-Gojim. Am Sisera sae ganzs
Heer ischd durch s scharfe Schwert
gfalla, då ischd koener übrig blieba.

Zom Vrgleicha: *Vers 2:* Jos 11,1 • *Vers 5:* Gen 35,8 • *Vers 11:* 1,16 • *Vers 15:* 5,20; Ex 23,27; Jos 10,10; 1Sa 7,10.

Dr Sisera stirbt: 4 17-24

17Aber dr Sisera ischd z Fuaß ens Zelt
von dr Jaël, dem Keniter Heber saener
Frao, gflüchtat, weil zwischa am König
Jabin von Hazor ond dr Familie von
dem Keniter Heber Frieda gwea ischd.
18D Jaël ischd rauskomma ond am Sisera
entgega ganga ond håt zon am gsaed:
Komm no rae, komm no rae, mae Herr,
brauchst koe Angst et han. Ond r ischd
zon ra nae ens Zelt, ond se håt an mit
ama Fell zuadeckt. 19Ond r håt zon ra
gsaed: Gib mr doch a bißle Wasser zom
trenka, i han an graoßa Durst! Nå håt
se da Milchschlauch aufgmacht ond
am des zom trenka geba ond an wieder
zuadeckt. 20Nå håt r zon ra gsaed: Stand
an da Aegang vom Zelt, ond wann ebber
kommt ond de frågt: Ischd ebber då?
Nå saesch d: Noe, då ischd neamerd!
21Ond d Jaël, am Heber sae Frao håt
an Zelthäreng gnomma ond se håt an
Hamer en d Håd gnomma ond ischd
hehlenga zon am nae gschlicha, ond håt
am den Häreng en d Schläf naeghaoa,
dass r em Boda gsteckt ischd; dr Sisera
ischd nämlich so he gwea, dass r ganz
fest aegschlåfa gwea ischd. So ischd r
gstôrba. 22Ond guck, dr Barak ischd
bei saener Vrfolgongsjagd nach am
Sisera drherkomma, ond môn am d Jaël
entgega komma ischd, håt se zon am
gsaed: Komm, i zaeg dr den Må, den mô
da suachst! Ond môn r nae ischd ond

guckt hât, ischd dr Sisera daot dåglega mit dem Häreng em Hirn.

23 So hât Gott (Elohim) da König Jabin von Kanaan demüatigt vôr de Israelita.

24 Ond d Faust von de Israelita ischd emmer schwerer auf am Jabin glega, am König von Kanaan, bis se da König Jabin von Kanaan ganz gschlaga ghet hent.

Zom Vrgleicha: *Vers 19:* 5,25.

S Debora-Liad: 5 1-31

5 Selligsmål hât d Debora ond dr Barak, am Abinoam sae Soh, gsonga:

2 Daß Åführer en Israel gführt hent ond s Volk beraet gwea ischd: Preisat JAHWE!

3 Horchat her, ihr König! Passat auf, ihr Fürsta! I will für da Herrgott (JAHWE) senga! I will spiela für JAHWE, da Gott (Elohey) von Israel!

4 JAHWE, mô du auszoga bist von Seïr ond über d Felder von Edom gschritta bist, hât d Erde bebt ond d Hemmel hent triefnat, ao d Wolka hent vom Wasser triefnat.

5 D Berg hent vor dir gwankt JAHWE, dr Sinai vôr dir, JAHWE, am Gott (Elohey) von Israel.

6 En dr Zeit vom Schamgar, am Soh vom Anat, en dr Zeit vom Jaël send d Strååßa wia ausgstôrba gwea; d Wanderer hent auf Zick-Zack-Wegla laofa müaßa.

7 Freie Siedlonga hent aufghört en Israel; dia hent aufghert, bis i, d Debora aufgstanda ben als Muader en Israel.

8 Neue Götter (Elohim) hât mr sich rausgsuacht, ond Streit hât s geba om (Plätz) en de Stadttôr. Hât mr då Schild ond Lanza gseha bei vierzgtausad en Israel?

9 Mae Herz ischd bei de Åführer en Israel, bei dene, mô sich freiwillig meldat em Volk! Preisat JAHWE!

10 Ihr, mô auf weiße Eselsstuata reitat ond auf prächtige Teppich sitzat ond auf am Weg laofat: Sengat!

11 Horch! Se jubilierat zwischa de Tränka, då sengat se vom JAHWE saene Haelstata an saener Bauraschaft en Israel. Då ischd am Herrgott (JAHWE) sae Volk na zoga an d Stadttor.

12 Wach auf! Wach auf, Debora! Wach auf! Wach auf, ond seng a Liad! Stand auf, Barak ond fang dia, mô di gfanga hent, Soh vom Abinoam!

13 Selligsmål hât oener, mô drvokomma ischd, s Volk zo graoßartige Laestonga zwonga, JAHWE hât en mir de Starke bezwonga!

14 Aus Efraim, ihr Wurzel hent se em Amalek ghet, send se dir nåch, Benjamin mit daene Heerschara; von Machir send daene Åführer rakomma, ond von Sebulon dia, mô da Amtsstab traga hent.

15 Ond maene Fürsta en Issaschar send mit dr Debora ganga, ond wia Issaschar, so ao dr Barak, ens Tal natraga von saene Füaß! En de Abtaelonga von Ruben hât mr lang überlega müaßa.

16 Zo was bist d zwischa de Sattelkretta ghockt, zom de Schalmeia über de Herda zuahöra? En de Abtaelonga von Ruben hât mr lang überlega müaßa.

17 Gilead hât sich auf dr andera Seite vom Jordan niederglassa, ond Dan, wårom lebt r fremd auf Schiff? Ascher ischd an dr Küste vom Meer ond an saene Buchta hocka blieba.

18 Sebulon ischd a Volk, des mô sae Leba aufs Spiel setzt, ond ao Naftali auf de Åhöha em Feld!

19 König send komma ond hent kämpft, d König von Kanaan hent kämpft en Taanach, an de Wasser von Megiddo, aber se hent koe Silber erbeutat.

20 Von de Hemmel her hent d Stern kämpft, von ihre Bahna her hent se gega da Sisera kämpft.

21 Dr Bach Kischon hât se fortgrissa, a Bach aus dr Vôrzeit, dr Bach Kischon. Tritt auf, mae Seel, mit Kraft!

22Selligsmål hent d Huaf von dr
galoppierenda Reiterei gstampft, von
ihre galoppierende Hengst.
23Vrfluachat da Meros! Håt a Bote vom
Herrgott (JAHWE) gsaed. Vrfluachat
saene Aewohner; weil se am Herrgott
(JAHWE) et gholfa hent, weil se am
Herrgott (JAHWE) et zor Hilfe komma
send gega d Helda.
24Onter älle Fraoa soll d Jaël priesa sae,
am Heber sae Frao, dem Keniter, priesa
von älle Fraoa em Zelt!
25Wasser håt r von ra wölla, Sahne håt se
am geba en ra edla Schal.
26Ihr Håd håt se ausgstreckt nach am
Zelthäreng ond mit dr Rechta nach am
Fäustel. Da Sisera håt se zdaot ghaoa
ond saen Schädel en Trümmer ghaoa
ond sae Schläf durchbôhrt.
27Vôr ihre Füaß ischd r zsemabrocha,
dåglega; vôr ihre Füaß ischd r
zsemabrocha, dåglega, vrnichtat,
zdaotghaoa.
28Zo ihram Fenster håt am Sisera sae
Muader nausguckt ond durch s Gitter
gjåmerat: Wårom kommt bloß sae Waga
et? Wårom hör i koene Marschtritt von
saene Kamerada?
29De gscheiteste von ihre Edelfraoa hent
ra zor Antwort geba, ond selber håt se
sich des ao emmer wieder gsaed:
30Sicher machat se a graoßa Beute ond
vrtôelats glei, oena oder zwôe Fraoa
für jedan Må! Bunte Stoff für da Sisera!
A bunts Tuach oder a dopplat bunt
Gwirkts für da Hals von dr Gemahlin!
31So müaßat älle daene Faend omkomma,
JAHWE! Aber dia, mô di mögat, send
wia d Sonne, wann se aufgôht en ihrer
Pracht. Nå håt s Land vierzg Jåhr lang
Ruah ghet.

Zom Vrgleicha: *Vers 4:* Dtn 33,2 • *Vers 6:* 3,31 • *Vers 25:* 4,19.

D Beruafong vom Gideon: 6 1-24

6 Ond d Israelita hent wieder dao, was
en de Aoga vom Herrgott (JAHWE)
schlecht gwea ischd. Nå håt se dr
Herrgott (JAHWE) sieba Jåhr lang en
d Händ von de Midianiter geba. 2Ond
mô d Midianiter d Israelita schwer
onterdrückt hent, hent sich d Israelita
em Bergland Schachtålaga baut, ond d
Höhla hent se zo Fluchtburga ausbaut.
3Aber emmer, wann d Israelita (ihre
Äcker) aegsät hent, send d Midianiter
ond d Amalekiter ond dia aus am
Osta gega se ågrückt. 4Ond se hent se
belagerat ond hent de ganz Ernt em
Land hegmacht bis uf Gaza na ond hent
koene Lebensmittel übrig glassa für d
Israelita, ao koe Schåf, koe Rendle ond
koen Esel. 5Dia send nämlich mit ihre
Viehherda ond mit ihre Zelt herkomma
ond send wia d Haeschrecka über s
Land hergfalla. Ozählig send dia selber
gwea ond ihre Kamel. Dia send ens
Land komma zom s he macha. 6So send
d Israelita wega de Midianiter emmer
ärmer wôra. Nå hent d Israelita zom
Herrgott (JAHWE) gschria. 7Ond mô
d Israelita zom Herrgott (JAHWE)
gschria hent wega de Midianiter, 8håt
dr Herrgott (JAHWE) an Profeta zo de
Israelita gschickt, der håt zo nen gsaed:
So spricht JAHWE, dr Gott (Elohey)
von Israel: I han euch aus Ägypten
rauf gholt ond euch aus am Sklavahaus
befreit. 9I han euch aus dr Gwalt von de
Ägypter befreit ond aus de Händ von
älle, mô euch Schwierigkaeta gmacht
hent, ond han se vôr euch vrtrieba ond
euch dene ihr Land geba. 10Ond i han
euch gsaed: I ben JAHWE, euer Gott
(Eloheykem)! Vrehrat et de Amoriter
ihre Götter, en dene ihram Land mô
ihr wohnat. Aber ihr hent et auf me
ghorcht.
11Ond a Bote vom Herrgott (JAHWE)
ischd komma ond onter dr Terebinte en

Ofra nôgsessa, mô am Abiësriter Joasch
ghert håt. Sae Soh, dr Gideon ischd grad
drbei gwea ond håt en dr Kelter Wôeza
klopft, zom an vôr de Midianiter en
Sicherhaet brenga. [12]Môn am nå a Bote
vom Herrgott (JAHWE) erschiena ischd,
håt der zon am gsaed: JAHWE ischd mit
dr, du starker Held! [13]Nå håt dr Gideon
zon am gsaed: Bitte, mae Herr, ischd dr
Herrgott (JAHWE) wirklich mit ons?
Wårom håt ons nå des ällas troffa? Ond
mô send dia ganze Wondertata, mô ons
onsere Vädr vrzählt hent, mô se gsaed
hent: Dr Herrgott (JAHWE) håt ons aus
Ägypten rauf gholt? Aber jetzt håt ons
dr Herrgott (JAHWE) vrwôrfa ond ons
de Midianiter en d Händ geba! [14]Nå håt
sich dr Herrgott (JAHWE) romdreht
ond gsaed: Gang du en daener Kraft
ond rette Israel aus dr Gwalt von de
Midianiter! I selber schick de! [15]Aber der
håt zon am gsaed: Bitte, mae Herr, mit
was soll i denn Israel retta? Guck, mae
Familie ischd doch de schwächst en ganz
Manasse ond i ben dr Jüngst em Haus
vo maem Vadr! [16]Nå håt dr Herrgott
(JAHWE) zon am gsaed: Weil i mit dr
ben, kåsch du d Midianiter schlaga wia
oen Må! [17]Dådrauf håt r gsaed: Wann i
Gnade gfonda han en daene Aoga, nå
gib mr doch a Zaeche, dass du s bist, der
mit mr redat. [18]Gang bitte et fort, bis e
wieder raus komm ond maene Gaba vôr
dr nôleg! Ond r håt gsaed: I bleib då, bis
da wieder kommst! [19]Ond dr Gideon
ischd ganga ond håt a Gôesböckle zrecht
gmacht ond a Efa Mehl für a Fladabrot.
S Flôesch håt r en an Kretta dao ond d
Brüah håt r en an Hafa gleert. Nå håt
r am s nausbråcht onter dui Terebinte
ond håt s am vôrgsetzt. [20]Nå håt der
Bote von Gott (Elohim) zon am gsaed:
Nemm des Flôesch ond des Fladabrot
ond legs auf den Felsa sell drüba. Ond
dui Brüah leerst aus! Ond r håt s dao.
[21]Nå håt am Herrgott (JAHWE) sae
Bote mit dr Spitz von dem Stab, môn
r en dr Hådghet håt, des Flôesch ond
die Fladabrot berührt, nå ischd aus
dem Felsa Feuer aufgstiega ond håt
des Flôesch ond dia Fladabrot vrzehrt.
Ond am Herrgott (JAHWE) sae Bote
ischd vrschwonda gwea. [22]Mô nå dr
Gideon gseha håt, dass des am Herrgott
(JAHWE) saen Bote gwea ischd, håt r
gsaed: O Waehdag mir, weil i doch grad
am Herrgott (JAHWE) saen Bota gseha
han Aog en Aog! [23]Aber dr Herrgott
(JAHWE) håt zon am gsaed: Friede sei
mit dr! Brauchst koe Angst et han, dass
da sterba muaßt. [24]Nå håt dr Gideon
an dera Stell an Altar baut JAHWE
zor Ehr, ond håt an: „JAHWE ischd dr
Frieda“ ghôeßa. Der Altar stôht haet no
en Ofra, dr Stadt von de Abiësriter.

Zom Vrgleicha: *Vers 11:* 8,22 • *Vers 14:* 1Sa 12,11; Hebr 11,32 • *Vers 16:* Ex 3,12 • *Vers 22:* Ex 33,20; Jes 6, 5.

Dr Baal-Altar wird hegmacht: 6 25-32

[25]En dera Nacht håt dr Herrgott zom
Gideon gsaed: Nemm daem Vadr saen
Lôetbulla ond den siebajähriga Stier
ond reiß den Altar vom Baal a, der mô
daem Vadr ghert, ond dui Aschera, mô
drneba stôht, haost d om. [26]Ond nå baust
d an Altar zo Ehra von JAHWE, daem
Gott (Eloheyka) auf am Gipfel von dera
Bergfestong då, nach dr Ordnong. Nå
nemmst d den Stier ond bengst d an als
Ganzopfer dar auf am Holz von dera
Aschera, mô da omhaost! [27]Dådrauf
håt dr Gideon zeah von saene Knecht
gnomma ond håt dao, was dr Herrgott
(JAHWE) zon am gsaed håt. Aber weil
r vôr saener Familie ond vôr de Leut
en dr Stadt Angst ghet håt, håt r s en
dr Nacht dao. [28]Am andera Môrga en
dr Früah hent d Leut aus dr Stadt den
Altar vom Baal agrissa ond d Aschera
drneba omghaoa vôrgfonda. Ond
der Stier ischd auf dem neu aufbauta

Altar darbråcht gwea. 29Ond se hent
zoanander gsaed: Wer håt ao des dao?
Ond mô se so gfrågt ond nåchgforscht
hent, hent se rausgfonda, dass des dr
Gideon, dr Soh vom Joasch, gwea ischd.
30Nå hent dia Männer aus dr Stadt zom
Joasch gsaed: Gib daen Soh raus! Der
muaß sterba, weil r da Altar vom Baal
agrissa ond dui Aschera omghaoa håt.
31Aber dr Joasch håt zo älle, mô om an
rom gstanda send gsaed: Wöllat ihr für
da Baal kämpfa? Oder wöllat r am helfa?
Der, mô für an kämpft, wird no vôr
am Môrga ombråcht. Wann des a Gott
ischd, nå soll r für sich selber kämpfa,
weil mr saen Altar agrissa håt. 32An dem
Dag håt mr an Jerubbaal ghôeßa, des
soll hôeßa: Dr Baal soll gega an kämpfa,
weil r saen Altar agrissa håt!

Zom Vrgleicha: *Vers 32:* 7,1.

S Zaeche von Gott vor dr Schlacht gega d Midianiter: 6 33-40

33Mô nå d Midianiter, d Amalekiter ond
dia aus am Osta sich zsema dao hent ond
romkomma send en d Jesreelebene ond
då ihr Heerlager aufbaut hent, 34ischd
dr Gaest vom Herrgott (JAHWE)
über da Gideon komma, ond r håt ens
Widderhorn stoßa lassa ond da Abiëser
aufgruafa, dass r mit am ganga soll.
35Ond r håt en ganz Manasse Bota
romgschickt, ond dia send ao mit ganga,
ond r håt Bota en Ascher ond Sebulon
romgschickt ond en Naftali, ond älle
send mitganga.

36Nå håt dr Gideon zo Gott (Elohim)
gsaed: Wann du Israel durch mae Håd
retta willst, wia da s vrsprocha håsch,
37guck, i leg dåhanna an Schepper auf d
Tenne: Wann auf dem Schepper alloe Tao
leit ond rengsrom auf am Boda ischds
trocka, nå wôeß e, dass du durch mae Håd
Israel retta willst, so wia da s vrsprocha
håsch! 38Ond so ischd s gscheha: Môn
r am andera Môrga aufgstanda ischd
ond den Schepper ausdruckt håt, ischd
a ganza Schal Wasser aus dem Schepper
rausdruckt wôra 39Nå håt dr Gideon zo
Gott (Elohim) gsaed: Sei et zôrnig gega
me, wann e nômål ebbas sag; i will s mit
dera Wolla nômål probiera! Dr Schepper
soll trocka bleiba ond rengsrom soll dr
Boda vom Tao nass sae! 40Ond Gott
(Elohim) håt s en dera Nacht so gmacht.
Dr Schepper ischd trocka gwea, ond dr
Boda dromrom ischd nass gwea vom
Tao.

Zom Vrgleicha: *Vers 34:* 3,10; 11,29; 13,25.

Dr Kampf gega d Midianiter: 7 1 - 8 3

7 Selligsmål håt sich dr Jerubaal -
des ischd dr Gideon - ganz bald
am Môrga aufgmacht, ond des ganze
Kriagsvolk, môn r drbei ghet håt, ond
se hent an dr Harod-Quell ihr Lager
aufbaut; s Lager von de Midianiter
ischd nördlich drvo am Hügel More
en dr Ebene glega. 2Då håt dr Herrgott
(JAHWE) zom Gideon gsaed: Du
håsch viel z viel Leut drbei, als dass i
dir d Midianiter en d Händ geba könnt.
Sonst könnte d Israelita ågeba ond saga:
Mir hent ons selber gholfa! 3Also, laß
jetzt ausruafa em Volk ond sag en: Wer
Angst håt, soll zrück ganga! So håt se
dr Gideon ausgschieda, ond vom Volk
send zwôeazwanzgtausad Mann zrück
ganga, ond bloß zeahtausad send übrig
blieba. 4Nå håt dr Herrgott (JAHWE)
zom Gideon gsaed: Des send emmer
no zviel!, gang mit en na ans Wasser, då
suach i se für de raus! Ond wann i sag:
Der soll mitganga! Nå soll der ao mit
dr ganga. Ond von jedam, môn e sag:
Der soll et mit! Der soll ao et mit ganga.
5Ond r håt s Volk nagführt ans Wasser,
ond dr Herrgott (JAHWE) håt zom
Gideon gsaed: An jeda, mô mit dr Zong
s Wasser schlabberat wian a Hond, den
stellst d auf Seite, ond an jeda, mô zom
trenka nôkniat ao. 6Nå sends dreihondert

Mann gwea, mô gschlabberat hent; älle
andere send zom trenka nôkniat. [7]Ond
dr Herrgott (JAHWE) håt zom Gideon
gsaed: Mit dene dreihondert Manna,
mô gschlabberat hent, will i euch retta
ond i gib Midian en dae Håd. De andere
sollat älle hoem ganga. [8]Ond se hent
da Proviant vom Volk an sich gnomma
ond ihre Widderhörner, de andere
Israelita håt r en ihre Zelt gschickt, bloß
dia dreihondert Manna håt r bei sich
bhalta.
S Lager von de Midianiter ischd
onterhalb von am em Tal glega. [9]Ond
en dr Nacht håt dr Herrgott (JAHWE)
zon am gsaed: Stand auf ond gang na ens
Lager, i gib se dr en d Håd! [10]Aber wann
da de et traust zom naganga, nå nemm
daen Knappa, da Pura mit na ans Lager,
[11]nå werat r höra, was dia sagat. Nå werat
daene Händ stark ond du gôhst na ens
Lager! Nå ischd r nagstiega mit saem
Knappa bis an da Rand vom Heerlager.
[12]Ond d Midianiter ond d Amalekiter
ond dia aus am Osta send ens Tal aegfalla
gwea wia d Haeschrecka, ond ozählig
viele Kamel hent se ghet wia dr Såd am
Meer. [13]Ond mô dr Gideon nokomma
ischd, håt grad oener ama andera an
Traom vrzählt ond gsaed: Guck, i han
an Traom ghet: A Brotlôeb aus Gersta
ischd ens Lager von de Midianiter
raegruglat komma, der ischd bis ans Zelt
komma ond håt s troffa ond omkeit,
dass ällas durchanander ghaglat ischd.
[14]Nå håt dr ander drauf gsaed: Des ischd
nex anders als wia dem Israelita Gideon,
am Soh vom Joasch sae Schwert. Dem
håt Gott (Elohim) Midian ond sae ganzs
Heerlager en d Händ geba!
[15]Mô dr Gideon ghört håt, wia der saen
Traom vrzählt håt ond wia des ausglegt
wôra ischd, håt r betat ond ischd ens
Lager von de Israelita zrück ganga ond
håt gsaed: Standat auf! Dr Herrgott
(JAHWE) geit euch s Lager von de
Midianiter en d Händ! [16]Ond r håt dia
dreihondert Manna en drei Abtaelonga
auftôelt ond en Widderhörner geba ond
ama jeda an Kruag mit ra (brennenda)
Fackel dren. [17]Ond r håt zo nen gsaed:
Guckat, was i dua, ond nå machat r mrs
nåch! Sobald i an da Rand vom Lager
komm, dent r was i mach. [18]Wann i ond
maene Leut en Widderhorn stoßat, nå
sollat ao ihr rengs oms Lager rom ens
Widderhorn stoßa ond schreia: Für
JAHWE ond für Gideon! [19]Mô nå dr
Gideon mit saene hondert Mann an da
Rand vom Lager komma ischd am Åfang
von dr mittlera Nachtwach - dia hent d
Wacha grad sich aufstella lassa - hent
se en d Hörner gstoßa ond gleichzeitig
dia Krüag zsemadepperat, mô se en
de Händ ghet hent. [20]Nå hent älle drei
Abtaelonga en d Hörner gstoßa ond
ihre Krüag zsemaghaoa ond mit dr lenka
Håd hent se d Fackla gschwonga ond en
dr Rechta d Hörner zom blåsa, ond se
hent gschria: Schwert für JAHWE ond
für Gideon! [21]Ond jeder ischd auf saem
Platz standa blieba rengs oms Lager
rom. Aber em Lager ischd ällas dronter
ond drüber ganga, ond se hent gschria
ond send abghaoa. [22]Ond während
se en dia dreihondert Widderhörner
gstoßa hent, håt dr Herrgott em Lager a
Durchananander ågrichtat, dass jeder auf
jedan mit am Schwert losganga ischd.
ond s Heer ischd abghaoa bis nach Bet-
Schitta, Zereda, Sefat-Abel-Mehola
ond Tabbat. [23]Nå ischd ganz Israel
von Naftali, von Ascher ond von ganz
Manasse aufgruafa wôra, ond se send de
Midianiter nåchgjagd. [24]Ond dr Gideon
håt Bota em ganza Bergland von Efraim
romgschickt ond ausrichta lassa: Gangat
na, de Midianiter entgega, ond schneidat
en da Weg ans Wasser ab bis Bet-Bara
ond bsetzat d Jordanfurta! Då send älle
Männer von Efraim aezoga wôra ond se
hent se vom Wasser agschnitta bis Bet-

Bara ond an da Jordan. 25Ond se hent
dia zwôe Midianiterfürsta, da Oreb
(Rab) ond Seeb (Wolf) gfanga gnomma;
nå hent se da Oreb am Rabafelsa ond da
Seeb an dr Wolfskelter ombråcht. Aber
d Köpf vom Oreb ond vom Seeb hent se
zom Gideon bråcht über da Jordan.

8 Nå hent dia Männer von Efraim zom
Gideon gsaed: Was håsch d ons då
ådao, dass da ons et gruafa håsch zom
gega d Midianiter kämpfa? Ond se hent
ganz arg mit am gstritta. 2Aber er håt
zo nen gsaed: Was han i schao dao em
Vrgleich zo euch? Ischd et d Nåchles
(Nachlese) von Efraim besser als wia d
Ernt vom Abiëser? 3En eure Händ håt
Gott (Elohim) dia Fürsta von Midian
geba, da Oreb ond da Seeb. Was han i
då em Vrgleich mit euch schao dao?
Môn r des gsaed håt, hent se sich wieder
beruhigt.

Zom Vrgleicha: *Kap. 7 Vers 1:* 6,32 • *Vers 3:* Dtn 20,8 • *Vers 25:* Ps 83,12 • *Kap. 8 Vers 1:* 12,1.

Dr Feldzug em Ostjordanland: 8 4-21

4Mô nå dr Gideon an da Jordan komma
ischd, ischd r mit saene dreihondert
Mann nom ganga, dia send ganz he
gwea von dera Vrfolgongsjagd. 5Nå håt
r zo dene Männer von Sukkot gsaed:
Gebat doch maene Leut a paar Lôeb
Brot, dia send nämlich ganz he. I vrfolg
grad da Sebach ond da Zalmunna, dia
Midianiterkönig. 6Nå hent dia Oberste
von Sukkot gsaed: Håsch d denn da
Sebach ond da Zalmunna schao en de
Händ, dass mr daene Leut a Brot geba
sollat? 7Nå håt dr Gideon gsaed: Wann
mr dr Herrgott (JAHWE) da Sebach
ond da Zalmunna en d Håd geba håt, nå
drisch e euer Flôesch mit Dôrna aus dr
Wüste ond mit Stechdistla. 8Nå ischd r
von sell nauf nach Penuël ond håt dene
s gleiche gsaed. Aber dia hent am de
gleich Antwort geba wia dia en Sukkot.
9Nå håt r ao zo dene Männer von Penuël
gsaed: Wann e gsond wieder komm, nå
reiß e euran Festongsturm dåhanna a.
10Dr Sebach ond dr Zalmunna send aber
mit ihram Heerlager en Karkor gwea, so
om de fufzeahtausad Mann. Des ischd
ällas gwea, was von dene aus am Osta
übrig blieba ischd; ens Land send aber
hondertzwanzgtausad Mann aedronga
gwea, lauter Schwertkämpfer. 11Dr
Gideon ischd nå auf am Beduinaweg
ostlich von Nobach ond Jogboha
naufganga ond håt des Heerlager
überfalla ond gschlaga, dia hent sich
nämlich zemlich sicher gfühlt. 12Dr
Sebach ond dr Zalmunna send abghaoa,
aber r (dr Gideon) ischd en nåchgjagd.
Ond r håt dia zwôe König von Midian,
da Sebach ond da Zalmunna gfanga
gnomma ond ihr ganzs Heer håt r
ausanander gschaecht.
13Mô dr Gideon, am Joasch sae Soh, nå
zrück komma ischd von dr Schlacht über
da Pass von Heres, 14håt r an jonga Kerle
von de Männer von Sukkot gschnappt
ond håt an ausgfrågt, ond der håt am
d Nåma von de Oberste ond von de
Älteste en Sukkot aufschreiba müaßa,
siebenasiebzg Männer. 15Ond r ischd
zo dene Männer von Sukkot komma
ond håt gsaed: Då ischd dr Sebach ond
dr Zalmunna, wega dene mô ihr me
vrspottat hent: Håsch d denn da Sebach
ond da Zalmunna schao en de Händ, dass
mr daene Leut a Brot geba sollat? 16Ond
r håt de Älteste von dr Stadt festnemma
lassa ond håt se vrdroscha mit Dôrna
aus dr Wüste ond mit Stechdistla. 17Da
Festongsturm von Penuël håt r areissa
lassa, ond dia Männer von dr Stadt håt
r ombråcht.
18Nå håt r zom Sebach ond zom
Zalmunna gsaed: Was send des für
Männer gwea, mô ihr auf am Tabor
ombråcht hent? Nå hent se gsaed: Dia
send so gwea wia du, jeder håt ausgseha
wia dr Soh vo'ma König! 19Nå håt r gsaed:

Des send maene Brüader gwea, d Söh von maener Muader. So wåhr JAHWE lebt, wann ihr se am Leba glassa hättat, nå dät i euch jetzt et ombrenga! [20]Nå håt zo saem Erstgeborena, am Jeter, gsaed: Stand auf ond schlag se zdaot! Aber der jonge Kerle håt sae Schwert et zoga, weil r no ängstlich gwea ischd, ond weil r halt no a Bua gwea ischd. [21]Nå håt dr Sebach ond dr Zalmunna gsaed: Stand doch selber auf ond schlag ons zdaot! A Må ischd so wia sae Kraft! Nå ischd dr Gideon aufgstanda ond håt da Sebach ond da Zalmunna ombråcht ond håt en dia Halbmondplättla weg gnomma, mô ihre Kamel an de Häls ghet hent.

Dr Gideon lehnt d Königswürde ab:

8 22-35

[22]Nach dem hent d Israelita zom Gideon gsaed: Regier du ons doch, du ond drnåch dae Soh ond nå wieder dem sae Soh, schliaßlich bist du s gwea, mô ons aus dr Gwalt von de Midianiter befreit håt. [23]Aber dr Gideon håt zo nen gsaed: I will et über euch herrscha, ond ao mae Soh soll et über euch herrscha. JAHWE soll euch regiera!

[24]Nå håt dr Gideon zo nen gsaed: Wann e mr von euch ebbas ausbitta därf: Gebat mr a jeder an Reng aus saener Beute! Dia Reng send nämlich aus Gold gwea, weil d Ismaelita goldene Reng traga hent. [25]Ond se hent gsaed: Des kriagst d gern! Nå hent se an Mantel ausbrôetat ond då håt jeder aus saener Beute an Reng naegschmissa. [26]Des Gold håt zsema tausadsiebahondert Goldschekel gwoga, ohne dia goldene Halbmondplättla ond Ohrreng ond Purpurgwänder von de Midianiterkönig, ond ohne dia Juwela, mô se ihre Kamel drmit gschmückt hent. [27]Dr Gideon håt an Efod (Losongs-Omschurz) macha lassa ond håt an en saener Stadt en Ofra aufgstellt ond ganz Israel håt Abgötterei drmit trieba. Des ischd für da Gideon ond sae Haus zom Fallstrick wôra.

[28]So send d Midianiter vôr de Israelita demüatigt wôra, dass se nemme aufrecht mit erhobenam Haopt hent leba könna, ond s Land håt vierzg Jåhr lang Ruah ghet, solang dr Gideon glebt håt. [29]Ond dr Jerubbaal, am Joasch sae Soh, ischd hoem ganga ond en saem Haus blieba. [30]Dr Gideon håt siebzg leibliche Söh ghet, weil r ao viele Fraoa ghet håt. [31]Ao sae Nebafrao, mô en Sichem gwohnt håt, håt an Soh von am kriagt, den håt r Abimelech ghôeßa. [32]Ond dr Gideon, am Joasch sae Soh, håt a guats Alter ghet, môn r gstôrba ischd, ond mr håt an em Grab von saem Vadr Joasch en Ofra, dr Abiësriterstadt, beerdigt. [33]Mô nå dr Gideon gstôrba gwea ischd, hent sich d Israelita wieder (vom Herrgott) abgwendat ond Abgötterei trieba mit de Baal, dia hent sogar an Bundasbaal zo ihram Gott (Elohim) gmacht. [34]Ond d Israelita hent et an JAHWE, ihran Gott (Eloheyhem) denkt, der mô se aus de Händ von älle ihre Faend rengsrom grissa håt. [35]Ond se send ao et dankbar gwea geganüber am Haus vom Jerubbaal-Gideon für ällas des Guate, môn am Israel zom vrdanka ghet håt.

Zom Vrgleicha: *Vers 31:* 9,1.

Dr Abimelech wird zom König gwählt:

9 1-6

9 Am Jerubbaal sae Soh, dr Abimelech ischd nach Sichem ganga zo de Brüader von saener Muader ond zor Sippschaft von saener Muader ond håt mit en gschwätzt ond gsaed: [2]Schwätzat doch mit älle Leut en Sichem ond sagat en: Was ischd besser für euch? Sollat siebzg Männer, älle Söh vom Jerubbaal über euch herrscha, oder dass oe Må regiert? Ond denkat drå, dass i von euram Flôesch ond Bluat ben! [3]Nå hent d Brüader von saener Muader mit de Leut

en Sichem gschwätzt, ond en mit saene Wort zuagredat, des håt am Sympatie aebråcht, weil se sich gsaed hent: Der ischd onser Bruader. [4]Ond se hent am siebzg Silberschekel aus am Tempel vom Bundas-Baal geba. Dådrmit håt dr Abimelech a übels Gsendel ågworba als Leibwach. [5]Nå ischd r nach Ofra ganga ond håt saene Brüader, am Jerubbaal saene Söh ombråcht, siebzg Männer auf oem Stoe. Bloß dr Jotam, dr jüngste Soh vom Jerubbaal ischd übrig blieba, der ischd nämlich vrschlupft. [6]Nå hent sich älle Leut von Sichem ond Bet-Millo onter dr Ôech von Sichem troffa ond hent da Abimelech zom König gmacht.

Zom Vrgleicha: *Vers 1:* 8,31 • *Vers 2:* Gen 2,23 • *Vers 4:* 8,33 • *Vers 5:* 8,35 • *Vers 6:* Gen 35,4; Jos 24,26.

D Fabel vom König über d Baem: 9 7-21

[7]Mô mr des am Jotam gmeldat håt, ischd r auf am Gipfel vom Berg Garizim gstanda, ond r håt ganz laut gschria ond gsaed: Horchat her! Ihr Bürger von Sichem, dass ao Gott auf euch hört!

[8]Vôr ra langa Zeit send d Baem ganga, zom an König über sich salba. Ond se hent zom Ölbaom gsaed: Sei du onser König!

[9]Aber der Ölbaom håt en zor Antwort geba: Soll i mae Fett aufgeba, mit dem, mô mr Götter ond Menscha ehrt, ond nôganga, dass e über de Baem schweb?

[10]Nå hent d Baem zom Feigabaom gsaed: Nå komm du ond sei onser König!

[11]Aber der Feigabaom håt en zor Antwort geba: Soll i vielleicht mae Süaße aufgeba ond mae kostbara Frucht, ond nôganga, dass e über de Baem schweb?

[12]Nå hent dia Baem zom Waestock gsaed: Nå komm du ond sei onser König!

[13]Aber der Waestock håt en zor Antwort geba: Soll i maen Wae lassa, der mô Götter ond Menscha fröhlich macht, ond nôganga, dass e über de Baem schweb?

[14]Nå hent älle Baem zom Dôrnabusch gsaed: Nå komm ond sei du onser König!

[15]Ond dr Dôrnabusch håt gsaed: Wann ihr me wirklich ond wahrhaftig zom König salba wöllat, nå kommat ond bergat euch en maem Schatta! Ond wann et, nå soll vom Dôrnabusch Feuer ausganga ond d Zedera auf am Libanon auffressa!

[16]Ond jetzt: Wann ihr wahrhaftig ond aufrichtig ghandelt hent, môn r da Abimelech zom König gmacht hent, ond wann des richtig ischd, was r am Jerubbaal ond saem Haus ådao ond am vrgolta hent, wian r s om euch vrdeant håt - [17]schliaßlich håt mae Vadr für euch kämpft ond sae Leba aegsetzt ond euch aus dr Gwalt von de Midianiter befreit. [18]Aber ihr hent haet gega s Haus vo maem Vadr rebelliert ond saene Söh ombråcht, siebzg Männer auf oem Stoe, ond hent da Abimelech, da Soh von saener Sklavin, über d Bürger von Sichem zom König gmacht, weil r euer Bruader ischd. [19]Wann ihr also haet wahrhaftig ond aufrichtig ghandelt hent am Jerubbaal ond an saem Haus, nå sollat r euch fraea am Abimelech ond der soll ao sae Fraed an euch han! [20]Wann et, nå soll Feuer ausganga vom Abimelech ond d Bürger von Sichem ond Bet-Millo auffressa. Ond von de Bürger von Sichem ond Bet-Millo soll Feuer ausganga ond da Abimelech fressa! [21]Nå håt sich dr Jotam aufgmacht ond ischd vor saem Halbbruader Abimelech nach Beer gflüchtat ond håt sich sell ågsiedlat.

Zom Vrgleicha: *Vers 53:* 2Sa 11,21.

Dr Kampf om Sichem: 9 22-49

[22]Mô dr Abimelech nå drei Jåhr lang über Sichem gherrscht ghet håt, [23]ischd von

Gott (Elohim) a oguater Goest zwischa
am Abimelech ond de Herra von
Sichem ausganga, ond se hent sich vom
Abimelech abgwendat. 24Des Orecht
an dene siebzg Söh vom Jerubbaal ond
ihr Bluat håt auf da Abimelech, ihran
Bruader, komma müaßa ond auf dia
Herra von Sichem, mô am gholfa hent,
môn r saene Brüader ermordat håt.
25Ond Bürger von Sichem hent am en
de Berg Leut en an Henterhalt glegt
ond jedan ausplünderat, môn en auf am
Weg vrkomma ischd. Des håt mr am
Abimelech gmeldat.
26Nå ischd dr Gaal komma, am Ebed sae
Soh ond saene Brüader, ond dia Herra
von Sichem hent Vrtraua zon am gfaßt.
27Ond se send nausganga ens Feld ond
hent Waeles ghalta en ihre Wengert
ond kelterat. Nå hent se a Wenzerfest
abghalta ond send en da Tempel von
ihram Gott (Eloheyhem) ganga ond
hent gessa ond tronka ond hent da
Abimelch vrfluacht. 28Ond dr Gaal,
am Ebed sae Soh håt gsaed: Wer ischd
schao dr Abimelech? Ond wer send mir
Sichemiter, dass mr dem deana sotte?
Ischd der et dr Soh vom Jerubbaal, ond
ischd et dr Sebul sae Vogt? Deanat liaber
de Männer vom Hamor, am Vadr von
Sichem! Wårom sotte mir dem då ao
deana? 29Wann i en dem Volk ebbas zom
saga hätt, i dät da Abimelech auf d Seit
schaffa. Ond zom Abimelech håt r gsaed:
Vrstärk doch dae Mannschaft ond rück
aus! 30Mô nå dr Sebul, dr Oberste en dr
Stadt ghört håt, was dr Gaal, am Ebed
sae Soh von sich geba håt, ischd r narrat
wôra, 31ond r håt Bota an da Abimelech
gschickt ond håt am ausrichta lassa:
Dr Gaal, am Ebed sae Soh ond saene
Brüader send nach Sichem komma, ond
dia hetzat de ganz Stadt gega de auf!
32Rück mit daene Leut no en dr Nacht
aus ond leg de mit dene em freia Feld
en an Henterhalt! 33Nå brichst d môrga
früah glei beim Sonnaaufgang auf ond
rückst d gega d Stadt å! Wann nå dr
Gaal mit saene Leut gega de ausrückt,
machst d mit am, wia sichs grad geit.
34Nå håt sich dr Abimelech mit saener
Mannschaft, môn r bei sich ghet håt,
no en dr Nacht auf gmacht ond se hent
sich en vier Abtaelonga bei Sichem en
an Henterhalt glegt. 35Mô nå dr Gaal,
am Ebed sae Soh rauskomma ond vôr
s Stadttôr nausganga ischd, ischd dr
Abimelech ond saene Leut aufgstanda
aus ihram Henterhalt. 36Mô dr Gaal
dia Männer gseha håt, håt r zom Sebul
gsaed: Guck, då steigat Leut von de
Berg ra! Nå håt dr Sebul zon am gsaed:
Du guckst da Schatta von de Berg für
Männer å! 37Aber dr Gaal håt et Luck
glassa ond gsaed: Ha guck doch, då
kommat Leut vom Nabel dr Welt ond
oe Abtaelong kommt von dr Orakel-
Ôech rom! 38Dådrauf håt dr Sebul zon
am gsaed: Mô bleibt jetzt dae graoßa
Gosch, mit dera mô da gsaed håsch: Wer
ischd schao dr Abimelech, dass mr dem
deana sotte? Då send jetzt dia Leut, über
dia mô da so vrächtlich herzoga håsch!
Rück jetzt aus ond kämpf mit en! 39Nå
ischd dr Gaal dene Bürger von Sichem
vôrnadraus ganga ond håt mit am
Abimelech kämpft. 40Aber dr Abimelech
håt an vôr sich her en d Flucht gjagd,
ond viele send gfalla bevôr se wieder
durchs Stadttôr naekomma send. 41Ond
dr Abimelech ischd wieder nach Aruma
zrück ganga; aber dr Sebul håt da Gaal
ond saene Brüader fortgjagd, dass se
nemme en Sichem hent bleiba könna.
42Am andera Môrga send d Leut ens
Feld naus ganga, ond des håt mr am
Abimelech gmeldat. 43Nå håt r sae
Mannschaft en drei Abtaelonga tôelt
ond håt em Feld an Henterhalt åglegt.
Môn r gseha håt, dass dia Leut aus dr
Stadt raus kommat, håt r se überfalla
ond zdaot gschlaga. 44Dr Abimelech

ischd mit saener Abtaelong vôrgstoßa
ond ischd am Aegang vom Stadttôr en
Stellong ganga, drweilst send de andere
Abtaelonga über dia Leut hergfalla, mô
em Feld draußa gwea send ond hent
se zdaot ghaoa. [45]Dr Abimelech hât da
ganza Dag gega d Stadt kämpft ond se
aegnomma, ond s Volk, mô dren gwohnt
hât, hât r ombråcht ond d Stadt zrstört,
ond nå hât r Salz drüber gstraet.
[46]Mô des dia Männer em Festungsturm
von Sichem ghört hent, send se ens
Tempelgwölb vom Bundasgott (El-
berit) ganga. [47]Nå hât mr am Abimelech
gmeldat, dass sich de ganz Mannschaft
von dr Burg von Sichem sell vrsammlat
hât. [48]Nå ischd dr Abimelech mit saener
ganza Mannschaft auf da Berg Zalmon
naufgstiega. Sell hât r a Axt gnomma
ond an Busch aghaoa ond auf da Buckel
gnomma. Nå hât r zo saene Leut gsaed:
Machat mr nåch, was r von mr gseha
hent, aber a bißle dalli! [49]Auf des nô hent
älle an Busch aghaoa ond send henter
am Abimelech drae ganga ond hent dia
Büsch auf des Gewölbe gschmissa ond
åzonda ond hent des Gewölbe über dera
Mannschaft agfacklat. So ischd de ganz
Mannschaft von dr Burg von Sichem
omkomma, om de tausad Männer ond
Fraoa.

Am Abimelech sae End: 9 50-57

[50]Nå ischd dr Abimelech nach Tebez
zoga, hât d Stadt belagerat ond se
aegnomma. [51]Aber mittla en dr Stadt
ischd a starker Wehrturm gstanda,
då send älle Männer ond Fraoa, älle
Bürger von dr Stadt naegflüchtat ond
hent henter sich zugrieglat ond send
auf s Dach von dem Festungsturm
naufgstiega. [52]Nå ischd dr Abimelech
bis an den Wehrturm vôrgrückt ond hât
gega an åkämpfa wölla. Ond môn r fast
am Aegang gwea ischd, zom an mit Feuer
åzünda, [53]hât am a Frao an Mahlstoe auf
da Kopf gschmissa ond saen Schädel
zsemaghaoa. [54]Nå hât r no schnell saem
Waffaträger gschria ond zon am gsaed:
Nemm dae Schwert ond breng me voll
om, dass mr mr et nåch saed: A Weib hât
an ombråcht! Nå hât an sae Waffaträger
agstocha, dass r gstôrba ischd.
[55]Mô d Israelita nå gseha hent, dass dr
Abimelech daot gwea ischd, send se
hoem ganga, a jeder en sae Ortschaft.
[56]So hât Gott (Elohim) des Vrbrecha
vom Abimelech, môn r an saem Vadr
dao hât, môn r saene siebzg Brüader
ombrenga lassa hât, auf an zrück falla
lassa. [57]Ond ao des Orecht von dene
Männer en Sichem, hât en Gott Elohim)
auf ihr aeges Haopt zrück falla lassa.
So ischd dr Fluach vom Jotam, am
Jerubbaal über se komma.

Zom Vrgleicha: *Vers 53:* 2Sa 11,21.

Tola ond Jaïr: 10 1-5

10 Nach am Abimelech ischd dr Tola
aufgstanda, dr Soh vom Puwa,
Soh vom Dodo, zom Israel befreia, a
Må aus Issaschar. Der hât en Schamir
gwohnt, em Bergland von Efraim. [2]Der
ischd dreiazwanzg Jåhr lang Richter
gwea über Israel. Nå ischd r gstôrba,
ond mr hât an en Schamir beerdigt.
[3]Nach dem ischd dr Jaïr aus Gilead
auftreta; der ischd zwôeazwanzg Jåhr
lang Richter gwea über d Israelita. [4]Der
hât dreißg Söh ghet, ond dia send auf
dreißg Esel gritta, dene hent dreißg Städt
ghert; dia hôeßat bis auf da haetiga Dag:
„Am Jaïr saene Zeltdörfer“, ond liegat
em Land Gilead. [5]Mô dr Jaïr gstôrba
ischd, hât mr an en Kamon beerdigt.

Zom Vrgleicha: *Vers 1:* Gen 46,13; Num 26,23 • *Vers 3.* Num 32,41; Dtn 3,14; Jos 13,30.

Wieder werat d Israelita onterdrückt: 10 6-16

[6]Ond d Israelita hent wieder dao, was
en de Aoga vom Herrgott (JAHWE)

schlecht gwea ischd, ond hent d Baal ond d Astarda ond d Götter von Aram, von Sidon ond Moab, von de Ammoniter ond von de Philister vrehrt ond JAHWE vrlassa ond am nemme dient. 7Nå ischd dr Zôrn von JAHWE gega d Israelita aufgflammt ond r håt se dr Gwalt von de Philister ond de Ammoniter ausglieferat. 8Dia hent se plågt ond onterdrückt achtzeah Jåhr lang, älle Israelita, mô über am Jordan drüba gwohnt hent em Land von de Amoriter, en Gilead. 9Nå send d Ammoniter über da Jordan rom komma, zom gega Juda, Benjamin ond s Haus Efraim Kriag führa, ond für d Israelita ischd s arg eng wôra. 10Nå hent d Israelita zom Herrgott (JAHWE) gschria ond gsaed: Mir hent ons gega de vrsündigt, weil mr onseran Gott (Eloheynu) vrlassa ond d Baal vrehrt hent. 11Nå håt dr Herrgott (JAHWE) zo de Israelita gsaed: Hent euch et d Ägypter, d Amoriter, d Ammoniter, d Philister, 12d Sidonier, d Amalekiter ond d Midianiter onter dr Fuchtel ghet, ond ihr hent zo mr gschria, ond i han euch aus ihrer Gwalt befreit? 13Aber ihr? Ihr hent me vrlassa ond andere Götter vrehrt, jetzt hilf e euch nemme! 14Gangat doch ond schreiat zo dene Götter (Elohim), für dia môn r mi vrlassa hent! Dia sollat euch retta en de Notzeita! 15Nå hent d Israelita zom Herrgott (JAHWE) gsaed: Mir hent ons vrsündigt! Mach mit ons, was dr gfällt, bloß befrei ons doch haet! 16Ond se hent älle fremde Götter aus ihrer Mitte fortgschafft ond JAHWE vrehrt. Nå håt an s Elend von de Israelita bis en d Seel nae daurat.

Dr Jiftach wird als Richter gwählt:
10 17 – 11 11

17Nå send d Ammoniter zsemazoga wôra ond hent em Gilead glagerat, ond d Israelita hent ihr Lager en Mizpa ghet. 18Nå hent de Oberste vom Gilead zo anander gsaed: Wer von onsere Männer könnt da Kampf gega d Ammoniter waga? Der soll dr Fürst über älle Aewohner vom Gilead wera!

11 Ond dr Jiftach aus Gilead ischd a starker Kämpfer gwea; der ischd dr Soh von ra Prostituirta gwea, ond dr Gilead ischd sae Vadr gwea. 2Der håt aber ao no Söh mit saener Frao ghet. Mô nå d Söh von saener Frao graoß gwea send, hent se da Jiftach fortgjagd ond zon am gsaed: Für di geits dåhanna em Haus von onseram Vadr nex zom erba, du gherst zon ra andera Frao! 3Nå ischd dr Jiftach vôr saene Brüader abghaoa ond håt em Land Tob gwohnt. Ond då hent sich Männer zon am gsellt, mô s mit de Gsetz et so gnao gnomma hent. 4A bißle später hent d Ammoniter gega d Israelita an Kriag ågfanga. 5Mô nå d Ammoniter gega d Israelita kämpft hent, send de Älteste vom Gilead nôganga zom da Jiftach aus am Land Tob hola. 6Ond se hent zom Jiftach gsaed: Komm zo ons ond sei onser Åführer, wa'mr gega d Ammoniter kämpfat! 7Aber dr Jiftach håt dene Älteste vom Gilead zor Antwort geba: Ischd s et so, dass ihr me en euram Hass aus maem Vadr saem Haus fortgjagd hent? Ond jetzt kommat r zo mr, môn r nemme naus seahnat aus dr Naot! 8Nå hent dia Älteste aus am Gilead zom Jiftach gsaed: Grad deswega se'mr jetzt zo dr komma. Ond wann da mit ons gôhst ond gega d Ammoniter kämpfst, nå sollst du über älle Aewohner vom Gilead s Oberhaopt sae! 9Nå håt dr Jiftach dene Älteste von Gilead zor Antwort geba: Wann ihr me zrück holat zom gega d Ammoniter kämpfa, ond dr Herrgott (JAHWE) geit se mr preis, nå will e euer Oberhaopt sae! 10 Nå hent dia Älteste aus am Gilead zom Jiftach gsaed: JAHWE ischd dr Richter zwischa ons, wann mir et dent, was du saesch! 11Auf des nô ischd dr Jiftach mit de Älteste

vom Gilead ganga, ond s Volk håt an
als Åführer aegsetzt. Aber dr Jiftach håt
älle saene Åglegahaeta en Mizpa vôr da
Herrgott (JAHWE) bråcht.

D Vrhandlong mit de Ammoniter:
11 29-40
12Nå håt dr Jiftach Bota zom
Ammoniterkönig gschickt ond håt
am ausrichta lassa: Was stôht zwischa
mir ond dir, dass du komma bist zom
gega mae Land Kriag führa? 13Nå håt
der Ammoniterkönig zom Jiftach
saene Bota gsaed: Weil Israel mae Land
weggnomma håt, mô se von Ägypten
raufkomma send, vom Arnon å bis an da
Jabbok, ond bis an da Jordan. Jetzt gib
mr s em Frieda zrück! 14Nå håt dr Jiftach
nômål Bota zom Ammoniterkönig
gschickt, 15ond håt am saga lassa: Des
lässt dr dr Jiftach ausrichta: Israel håt des
Land de Moabiter ond de Ammoniter
et weggnomma, 16sondern mô Israel
von Ägypten raufkomma ischd ond auf
saener Wanderong durch d Wüste bis
nach Kadesch komma ischd, 17håt Israel
Bota gschickt zom König von Edom ond
saga lassa: Mir möchtat gern durch dae
Land ganga! Aber dr König von Edom
håt ons koe Ghör gschenkt. Ao an da
König von Moab hent se Bota gschickt,
aber der håt ao et wölla. Nå ischd Israel
en Kadesch blieba. 18Nå ischd mr durch
d Wüste zoga ond håt s Land Edom
ond s Land Moab omganga ond ischd
so ens Land östlich vom Land Moab
komma. Ond se hent em jenseitiga Tôel
vom Arnon ihr Lager ghet ond send
gar et ens Gebiet von Moab komma,
weil dr Arnon jå d Gebietsgrenz von
Moab ischd. 19Ond nå håt Israel Bota
zom Sihon gschickt, am König von de
Amoriter, am König von Heschbon
ond håt am saga lassa: Mir möchtat gern
durch dae Gebiet en onser Land ganga!
20Aber dr Sihon håt et glaobt, dass Israel
bloß durch sae Gebiet zieha will, ond r
håt sae Kriagsvolk gsammlat ond håt bei
Jahaz sae Heerlager aufbaut ond gega
Israel kämpft. 21Aber JAHWE, dr Gott
(Elohey) von Israel håt da Sihon ond sae
ganz Kriagsvolk en d Gwalt von Israel
geba. Israel håt an gschlaga ond sae ganzs
Land aegnomma, mô d Amoriter dren
gwohnt hent. 22Dia hent s ganze Gebiet
von de Amoriter besetzt, vom Arnon
bis an da Jabbok ond von dr Wuste bis
an da Jordan. 23So håt JAHWE, dr Gott
(Elohey) von Israel d Amoriter vôr saem
Volk Israel entaegnat, ond du, du willst s
aus saem Aegatom vrtreiba? 24Ischd s et
so: Wen dae Gott, dr Kemosch, vrtreibt,
dem sae Aegatom nemmst du, ond wen
JAHWE, onser Gott (Elohenu) vôr
ons vrtrieba håt, dem sae Land nemmat
mir! 25Ond jetzt: Bist du besser als
wia dr König Balak von Moab, dr Soh
vom Zippor? Håt der vielleicht mit
Israel gstritta oder an Kriag gführt?
26Israel ischd dreihondert Jåhr lang en
Heschbon ond saene Nebaortschafta,
en Aroër ond saene Nebaortschafta ond
en älle Städt auf bôede Seita vom Arnon
gwea. Wårom hent ihr en dera ganza
Zeit dia Städt ons et weggrissa? 27I han
dir nex Orechts ådao, aber du duast
mr ebbas Baes å, weil da Kriag gega me
führst. JAHWE ischd haet dr Richter
zwischa Israel ond Ammon! 28Aber der
Ammoniterkönig håt et auf am Jiftach
sae Botschaft ghorcht.

Zom Vrgleicha: *Vers 18:* Num 21,13 • *Vers 19:* Num 21,21-31 • *Vers 25:* Num 22,2; Jos 24,9.

Am Jiftach sae Sieg: 11 29-40
29Nå ischd am Herrgott (JAHWE) sae
Gaest über da Jiftach komma, ond r ischd
durch Gilead ond Manasse nach Mizpa
zoga, ond von Mizpa aus ischd r gega d
Ammoniter ausgrückt. 30Ond dr Jiftach
håt am Herrgott (JAHWE) a Gelübde
abglegt ond gsaed: Wann du mir d

zon am gsaed: Von ällam, was e daener
Frao gsaed han, soll se sich enthalta: 14Se
soll von ällam, was am Waestock wächst
nex essa, ond Wae ond starke Sacha soll
se et trenka, ond nex oraens essa. Se soll
auf ällas achta, was e zon ra gsaed han.
15Nå håt dr Manoach zom Herrgott
(JAHWE) saem Bota gsaed: Mir möchtat
gern, dass da dåbleibst, mir wöllat dr
a Gôesböckle herrichta. 16Aber am
Herrgott (JAHWE) sae Engel håt zom
Manoach gsaed: Ao wann da me aelädst
kå i et von daem Brot essa; aber wann da
ebbas doa willst, nå richt a Brandopfer
her, am Herrgott (JAHWE) zor Ehr,
ond laß des aufsteiga! Dr Manoach håt
nämlich et gwißt, dass des am Herrgott
(JAHWE) sae Engel ischd. 17Ond dr
Manoach håt zom Herrgott (JAHWE)
saem Engel gsaed: Wia hôeßt du? Daß
mir, wann dae Wort aetrifft, dir d Ehr
geba könnat! 18Nå håt am Herrgott
(JAHWE) sae Engel zon am gsaed:
Wårom frågst du mi nach maem Nåma?
Der ischd doch wonderbar! 19Nå håt dr
Manoach des Gôesböckle gnomma ond
des Speisopfer ond håt s auf dem Felsa
aufsteiga lassa, JAHWE zor Ehr, der mô
Wonder duat. 20Mô nå d Flamma über
dem Altar hemmelwärts aufgstiega send,
ischd am Herrgott (JAHWE) sae Engel
en dene Flamma vom Altar aufgstiega,
während dr Manoach ond sae Frao
zuaguckt hent. Nå hent se sich mit am
Gsicht auf da Boda niedergworfa. 21Am
Herrgott (JAHWE) sae Engel aber ischd
am Manoach ond saener Frao nemme
erschiena. Nå ischd am Manoach klar
wôra, dass des am Herrgott (JAHWE)
sae Engel gwea ischd. 22Ond r håt zo
saener Frao gsaed: Mir müaßat sterba,
weil mr Gott (Elohim) gseha hent!
23Aber sae Frao håt am zor Antwort
geba: Wann ons dr Herrgott (JAHWE)
ombrenga wött, nå hätt r et a Brandopfer
ond a Speisopfer von ons ågnomma,
ond r hätt ons ao et ällas des seha ond
hôra lassa. 24Ond dui Frao håt a Büable
auf d Welt bråcht ond håt s Simson
ghôeßa. Der Bua ischd guat aufgwachsa
ond dr Herrgott (JAHWE) håt an
gsegnat. 25Ond dr Gaest von JAHWE
håt åfganga zom an treiba em Lager von
Dan, zwischa Zora ond Eschtaol.

Zom Vrgleicha: *Vers 4:* Num 6,2-21 • *Vers 5:* Jes 7,14 • *Vers 17:* Gen 32,30 • *Vers 22:* Ex 33,20; Jes 6,5 • *Vers 25:* 3,10; 6,34; 11,29; 1Sa 10,6.

Am Simson sae Haozich: 14 1-20

14 Nå ischd dr Simson amål nach
Timna naganga. Sell ischd am a
Mädle von de Philister aufgfalla. 2Môn
r wieder raufkomma gwea ischd, håt r
s saem Vadr ond saener Muader vrzählt
ond gsaed: I han en Timna a Mädle von
de Philister gseha. Gebat mr dui zor
Frao! 3Aber sae Vadr ond sae Muader
hent zon am gsaed: Geits denn onter
dene Mädla von daene Stammasbrüader
ond en daem ganza Volk koe Frao, dass
du dr a Frao von dene obeschnittene
Philister nehma muaßt? Nå håt dr
Simson gsaed: Nemm se mr, weil dui
gfällt mr halt ganz arg! 4Sae Vadr ond
sae Muader hent halt et gwißt, dass des
dr Herrgott (JAHWE) so gfüagt håt,
weil r gega d Philister an Ålaß gsuacht
håt. Selligsmål hent nämlich d Philister
über Israel gherrscht.
5Nå ischd dr Simson mit saem Vadr ond
mit saener Muader nach Timnat na.
Ond mô se an d Wengert von Timna
komma send, ischd a jonger Löwe
brüllend auf an los ganga. 6Nå ischd dr
Gaest von JAHWE über an komma ond
r håt den Löwa ausanander grissa wian a
kloes Böckle, ond r håt nex en de Händ
ghet. Saem Vadr ond saener Muader
håt r aber et gsaed, was r dao håt. 7Nå
ischd r naganga ond håt mit dera Frao
gschwätzt; ond se håt am Simson guat
gfalla. 8Môn r nå nach ra Zeit wieder

nôganga ischd, zom se heirata, ischd r vom Weg aboga zom nach am Aas von dem Löwa gucka; ond guck, nå ischd em Leib von dem Löwa a Benaschwarm gwea ond Honigwåba, [9]dia håt r rausgholt ond håt se en d Händ gnomma ond em åneganga drvo gessa. Ond saem Vadr ond saener Muader håt r ao ebbas drvo geba, ond dia hent ao gessa. R håt en aber et gsaed, dass r den Honig aus am Aas von dem Löwa rausgholt håt.
[10]Ond mô sae Vadr drzua komma ischd bei dem Mädle, håt r für da Simson a Gastmahl ausgrichtat, so wia s bei de jonge Männer sell dr Brauch ischd.
[11]Aber weil se Angst vôr am ghet hent, håt mr dreißg Brautwächter bstellt, môn an em Aog bhalta müaßa hent. [12]Zo dene håt dr Simson gsaed: I will euch a Rätsel aufgeba, wann r des en dene sieba Däg von dem Gastmahl rausbrengat ond mr d Lösong sagat, nå gib e euch dreißg Onterklôeder ond dreißg Festgwänder.
[13]Wann r s aber et rausbrengat, nå müaßat ihr mir dreißg Onterklôeder ond dreißg Festgwänder geba. Nå hent se zon am gsaed: Gib ons dae Rätsel auf, laß s ons höra! [14]Nå håt r gsaed: Vom Fresser kommt Essa, vom Starka kommt Süaße! Aber dia hent des Rätsel drei Dag lang et rausgfonda. [15]Ond am vierta Dag hent se zo dera Frao gsaed: Schwätz mit daem Må, dass r ons des Rätsel erklärt; sonst vrbrennat mr de mitsamt daener Familie. Oder håsch d ons aeglada zom ons arm macha?
[16]Nå håt dui Frao vom Simson bein am gheult ond zon am gsaed: Du håsch an Hass auf me ond mågst me gar et. Du håsch maene Landsleut a Rätsel aufgeba ond s et amål mir vrråta. Nå håt r ra zor Antwort geba : Guck, i han s jå et amål maem Vadr ond maener Muader gsaed – sott e s nå dir vrzähla? [17]Ond se håt bein am gheult bis an da siebta Dag, so lang, wia s Gastmahl daurat håt, nå håt r ra s vrråta, weil ams z domm wôra ischd, ond se håt des Rätsel ihre Landsleut gsteckt.
[18]Nå hent dia Männer aus dr Stadt am siebta Dag zon am gsaed, bevôr d Sonne onterganga ischd: Was ischd süaßer als wia Honig? Ond was ischd stärker als dr Löwe? Nå håt r zo nen gsaed: Wann ihr et mit maener Kuah g'ackerat hättat, nå hättat ihr mae Rätsel nia rausgfonda!
[19]Nå ischd am Herrgott (JAHWE) sae Gaest über an komma, ond r ischd na ganga nach Aschkelon ond håt sell dreißg Mann von en (de Philister) zdaot ghaoa. Dene håt r ihre Gwänder agnomma ond håt dene, mô des Rästel rausbråcht hent, dia Festgwänder geba. Nå ischd r voler Wuat naufganga ens Haus von saem Vadr. [20]Sae Frao håt sae Fraend kriagt, der mô Brautführer gwea ischd.

Zom Vrgleicha: *Vers 19:* 3,10.

D Ernte wird hegmacht: 15 1-8

15 Mô s nå Zeit gwea ischd zom da Wôeza ernta, håt dr Simson sae Frao bsuacht ond håt ra a Gôesböckle mitbråcht ond gsaed: I will zo maener Frao en d Kammer nae! Aber ihr Vadr håt s am et erlaobt. [2]Ond ihr Vadr håt gsaed: I han denkt, dass du an Hass auf se håsch, drom han e se daem Fraend geba. Aber då ischd jå no ihr jüngera Schwester, ischd dui et no viel schöner? Dui kåsch d an ihrer Stell han! [3]Nå håt dr Simson zo nen gsaed: Desmål ben e fae et drå schuld, wann e de Philister ebbas Baes ådua! [4]Ond dr Simson ischd ganga ond håt dreihondert Füchs gfanga; nå håt r Fackla gnomma ond emmer zwôe Füchs an de Schwänz zsemabonda ond a Fackel drzwischa dao. [5]Nå håt r dia Fackla åzonda ond dia Füchs en de Philister ihre Kornfelder gjagd. So håt r d Garba ond des Korn, mô no auf am Halm gstanda ischd, agfacklat samt de Wengert ond Ölbaem. [6]Mô nå d

Philister gfrågt hent, wer des dao hätt,
håt s ghôeßa: Dr Simson, dem Timniter
sae Tochtermå, weil der am sae Frao
gnomma ond saem Fraend geba håt. Nå
send d Philister naufganga ond hent se
mitsamt ihram Vadr em Feuer vrbrennt.
7Aber dr Simson håt zo nen gsaed:
Wann r des dent, nå gib i koe Ruah, bis
me an euch grächt han! 8Nå håt r en älle
d Boener kurz ond kloe ghaoa. Nå ischd
r naganga ond håt en dr Felsakluft von
Etam ghaust.

Dr Simson siegt bei Lehi: 15 9-20

9Nå send d Philister raufkomma ond hent
ihr Lager en Juda aufgschlaga ond hent
d Gegend von Lehi besetzt. 10D Männer
von Juda hent nå gfrågt: Wårom send ihr
zo ons raufkomma? Ond se hent gsaed:
Mir send raufkomma, zom da Simson
fessla ond so mit am omzganga, wia der s
mit ons gmacht håt! 11Nå send dreitausad
Mann aus Juda naganga an d Felsakluft
von Etam ond hent zom Simson gsaed:
Ischd dir et klar, dass d Philister über
ons herrschat? Was håsch d denn då
ågstellt? Nå håt r en zor Antwort geba:
I han dene bloß hoemzahlt, was se mir
ådao hent! 12Nå hent se zon am gsaed:
Mir send rakomma, zom de fessla ond
de an d Philister auszomliefera. Ond
dr Simson håt zo nen gsaed: Schwörat
mr, dass ihr me et selber zdaot schlagat.
13Ond dia hent am zor Antwort geba:
Noe, mir wöllat de bloß fessla ond dene
ausliefera, aber ombrenga wöllat mir de
et! Ond se hent an mit zwôe neue Strick
gfesslat ond hent an von dem Felsa
naufgführt. 14Môn r nach Lehi komma
ischd, send am d Philister mit ama riesa
Gschrôe entgega komma. Nå ischd am
Herrgott (JAHWE) sae Gaest über an
komma ond dia Strick om saene Ärm
send wia Bendfäda em Feuer ågsengt
von saene Händ gfalla. 15Ond r håt an
frischa Eselskinnbacka gfonda, den håt
r en d Håd gnomma ond tausad Mann
drmit zdaot ghaoa. 16Ond dr Simson håt
gsaed: Mit ama Eselskinnbacka han e se
vrdroscha; mit ama Eselskinnbacka han
e tausad Mann zdaot ghaoa. 17Môn r
des gsaed ghet håt, håt r den Kinnbacka
weggschmissa; drom hôeßt mr den Ort
Ramat-Lehi (Kinnbackahöhe).
18Ond môn r an arga Durst ghet håt,
håt r da Herrgott (JAHWE) ågruafa
ond gsaed: Du håsch durch daen
Knecht den graoßa Sieg gschenkt, ond
jetzt soll e vôr Durst sterba ond dene
Obeschnittene en d Händ falla? 19Nå
håt Gott (Elohim) a Zåhluck, mô em
Kinnbackafelsa gwea ischd, aufgspalta,
dass Wasser rauskomma ischd. Des håt
r tronka, ond saene Lebensgaester send
wieder aufgwacht. Drom hôeßt mr dui
Quell bei Lehi bis haet „Quell vom
Ruafer".
20Dr Simson ischd en dr Philisterzeit
zwanzg Jåhr lang Richter gwea en
Israel.

Zom Vrgleicha: *Vers 14:* 3,10 • *Vers 20:* 16,31.

Dr Simson en Gaza: 16 1-3

16 Nå ischd dr Simson amål nach
Gaza ganga, ond môn r sell a
Prostituierta gseha håt, ischd r zon
ra nae. 2Nå håt sich's bei den Leut en
Gaza romgsprocha: Dr Simson ischd
her komma! Nå send se romglongerat
ond hent an en der Nacht am Stadttôr
apassa wölla. Se hent sich ganz ruhig
vrhalta en dr Nacht ond hent sich gsaed:
Mir wartat, bis s Dag wird, nå brengat
mr an om! 3Ond dr Simson håt bis gega
zwölfa en dr Nacht gschlåfa. Nå ischd
r aufgstanda ond håt s Stadttôr mitsamt
de Pfosta ond Riegelbalka rausgrissa
ond auf da Buckel gnomma ond ischd
drmit auf den Berg nauf marschiert, der
mô geganüber von Hebron leit.

Simson ond Delila: 16 4-22

4Nach dem håt sich dr Simson en a Frao vrliebt em Tal Sorek, Delila håt se ghôeßa. 5Zo dera send d Philisterfürsta nauf komma ond hent zon ra gsaed: Schmier am Honig om s Maul ond nå frågst d an, môher des kommt, dass r so a Kraft håt ond mit was mr an herra könnt. Nå kriagst d von jedam von ons elfhondert Silberleng. 6Nå håt d Delila zom Simson gsaed: Vrråt mr doch, von was du so a riesa Kraft håsch ond mit was mr de fessla muaß, zom de herra. 7Dr Simson håt ra zor Antwort geba: Wa'mr me mit frische Darmsoeta fesslat, dia mô no et austricknat send, nå wir e schwach ond ben wia jeder andere Mensch! 8Nå hent r a d Philisterfürsta sieba frische Bogasôeta bråcht, mô no et austricknat gwea send, ond se håt an drmit gfesslat, 9während en ihrer Kammer a paar Männer glaurat hent. Nå håt se am gschria: Simson! Philister über dr! Nå håt r dia Sôeta fatza lassa wia ågsengte Wergfäda. So hent se et rausgfonda, môher r sae Kraft håt. 10Nå håt d Delila zom Simson gsaed: Guck, du håsch me ågschmiert ond mr ebbas vôrgschwendlat. Sag mr doch endlich, mit was mr de fessla kå. 11Nå håt r ra zor Antwort geba: Wa'mr me mit ganz neue Strick fesslat, mit dene mô mr no nex gschafft håt, nå wir e schwach ond ben wia jeder andere Mensch! 12Nå håt d Delila ganz neue Strick gnomma ond håt an drmit gfesslat. Nå håt se am gschria: Simson! Philister über dr! Während en ihrer Kammer a paar Männer glaurat hent. Aber der håt se wia Fäda von de Ärm grissa. 13Nå håt d Delila zom Simson gsaed: Guck, seither håsch d me ågschmiert ond mr ebbas vôrgschwendlat. Sag mr doch endlich, mit was mr de fessla kå. Nå håt r zon ra gsaed: Wann da dia sieba Locka auf maem Kopf mit de Kettfäda von daem Webstuahl vrknüpfst. 14Ond se håt se no festklopft mit am Pflock ond zon am gsaed: Simson! Philister über dr! Ond r ischd aufgwacht ond håt den Pflock vom Weberschiffle rausgrissa mitsamt am Kettbaom. 15Auf des nå håt se zon am gsaed: Wia kåsch du zo mr saga: I måg de, mô da doch gar koe Vrtraua zo mr håsch! Jetzt håsch d me schao drei Mål ågschmiert ond mr et gsaed, môher dae graoßa Kraft kommt. 16Ond weil se am äll Dag zuagsetzt ond an drängt ond am koe Ruah glassa håt, ischd r daotoglücklich wôra. 17Ond r håt ra sae Herz ausgleert ond zon ra gsaed: Auf mae Haopt ischd no nia a Schermesser komma, weil i Gott (Elohim) gweiht ben vom Muaderleib å. Wa'mr me schera dät, nå dät mae Kraft vo'mr weicha ond i wär wia jeder andere Mensch! 18Mô d Delila gmerkt håt, dass r sich desmål wirklich offabart håt, håt se zo de Philisterfürsta gschickt ond en ausrichta lassa: Kommat rauf, desmål håt mr sae ganzs Herz offabart! Ond dia Fürsta send zon ra raufkomma ond hent des Geld mitbråcht. 19Nå håt se da Simson auf ihre Knia aeschlåfa lassa ond am dia sieba Locka von saem Haopt agschôra; nå håt se an Må komma lassa. So håt se ågfanga ond an gschwächt, ond sae Kraft ischd emmer weiter von am gwicha. 20Nå håt se gschria ond zon am gsaed: Simson! Philister über dr! Nå ischd dr Simson vom Schlåf aufgwacht ond r håt sich gsaed: Då komm e desmål ao raus wia emmer, i schüttle me frei! Aber der håt no et gwißt, dass dr Herrgott (JAHWE) von am gwicha ischd. 21Nå hent an d Philister packt ond am d Aoga ausgstocha. Ond se hent an nach Gaza nabråcht ond an mit eiserne Ketta gfesslat, ond r håt em Gfängnis d Mühle dreha müaßa. 22Aber saene Håår send wieder gwachsa nachdem mr an gschôra håt.

Dr Simson stirbt en dr Gfangaschaft: 16 23-31
23Nå send amål d Philisterfürsta
zsemakomma zom a graoßs Opfer für
ihran Gott (Eloheyhem) Dagon ond a
Fraedafest vråstalta. Ond se hent gsaed:
Onser Gott (Eloheynu) håt ons onseran
Faend Simson en d Händ geba!
24Ond mô an s Volk gseha håt, hent
se ihran Gott (Elohehem) priesa ond
gsaed:
Onser Gott (Elohenu) håt ons onseran
Faend en d Händ geba, der mô onser
Land hegmacht ond viele von ons
ombråcht håt!
25Mô nå ihr Stemmong emmer besser
wôra ischd, hent se gsaed: Holat da
Simson her, dass r für ons saene Späßla
macht! Nå håt mr da Simson aus am
Gfängnis gholt ond an zom Spaß
vôrgführt, ond se hent an zwischa d
Säula gstellt. 26Nå håt dr Simson zo dem
jonga Kerle, der mô an hergführt håt,
gsaed: Laß me los, i will dia Säula ålanga,
auf dene mô s Haus aufbaut ischd, dass
e me drå heba kå! 27Des Haus ischd
aber vol gwea mit Männer ond Fraoa,
ond älle Fürsta von de Philister send
sell gwea, ond auf am Dach send ao no
ogfähr dreitausad Leut gwea, Männer
ond Fraoa, mô am Simson saene Späßla
hent seha wölla. 28Nå håt dr Simson da
Herrgott (JAHWE) ågruafa ond gsaed:
Mae Herr, JAHWE, denk doch an me
ond gib no des oene Mål Kraft, o Gott
(Elohim), dass e me wenigstens für oes
von maene zwôe Aoga an de Philister
rächa kå! 29Nå håt dr Simson dia zwôe
Haoptsäula, auf dene mô s ganza Haus
aufbaut gwea ischd, åpackt, de oe mit dr
rechta ond de ander mit dr lenka Håd,
ond håt se ausananderdruckt; 30Ond
dr Simson håt sich gsaed: Sei s drom,
wann ao mae Seel mit dene Philister
stirbt! Ond r håt sich mit saener ganza
Kraft naegstemmt. Ond s ganze Haus
ischd über dene Fürsta ond dene ganze
Leut, mô dren gwea send, zsemakracht.
So håt r en saem Sterba maeh Leut
ombråcht als wia en saem ganza Leba.
31Nå send saene Brüader ond sae ganza
Vrwandtschaft rakomma ond hent an
aufghoba ond nauftraga, ond an zwischa
Zora ond Eschtaol em Grab von saem
Vadr Manoach beigsetzt. Dr Simson
ischd zwanzg Jåhr lang Richter gwea en
Israel.

Zom Vrgleicha: *Vers 31:* 13,25; 15, 20.

NÅCHTRÄG: 17 1 – 21 25

S Haeligtom vom Micha: 17 1-13

17 Em Bergland von Efraim håt a
Må glebt, Micha håt r ghôeßa.
2Der håt zo saener Muader gsaed: Dia
elfhondert Silberleng, mô dr ebber
gnomma håt - du håsch jå drwega arg
gfluacht, ond sogar vor maene Ohra
håsch d den Fluach nômål gsaed - des
Geld ischd bei mir! I han s gnomma!
Nå håt sae Mudaer gsaed: Du bist a
Gsegnater vom Herrgott (JAHWE)!
3Ond r håt saener Muader dia elfhondert
Silberleng zrück geba. Ond sae Muader
håt gsaed: I han des Silber am Herrgott
(JAHWE) gweiht für maen Soh, zom
a gschnitzts oder gosses Bild draus
macha. Aber jetzt gib e dr s zerst amål
wieder zrück. 4Ond sae Muader håt
am des Silber zrück geba. aber der håt
s saener Muader wieder geba. Nå håt
sae Muader zwôehondert Silberleng
gnomma ond ama Goldschmied
geba; der håt a gschnitzts, mit Blech
überzoges Bild draus gmacht; des ischd
zom Micha ens Haus komma. 5So håt
dr Micha a Gotteshaus (Bet-Elohim)

ghet, ond r håt a Efod ond Terafim
(Hausgötter) gmacht ond oen von saene
Söh als Priaster ågstellt. 6Selligmål håts
en Israel no koen König geba ond jeder
håt gmacht, was r wölla håt.
7En Betlehem en Juda håt selligsmål
a jonger Må glebt aus am Gschlecht
Juda, a Levit, der ischd sell als Gast
gwea. 8Der Må ischd aus Betlehem
en Juda fort zoga ond håt sich oemats
niederlassa wölla, môn r ebbas gschickts
fenda dät. Wian r so åneganga ischd,
ischd r ao em Bergland von Efraim ens
Haus vom Micha komma. 9Dr Micha
håt an gfrågt: Mô kommst d her? Ond
der håt zon am gsaed: I ben a Levit ond
komm aus Betlehem en Juda, ond i ben
onterwegs ond suach ebbas, mô e me
niederlassa kå. 10Nå håt dr Micha zon
am gsaed: Nå bleib doch då ond sei mr
a Vadr ond a Priaster. I gib dr jedas Jåhr
zeah Silberleng ond d Ausstattong mit
Gwänder ond daen Lebensonterhalt.
11Ond der Levit ischd aevrstanda gwea
zom bei dem Må bleiba. Ond der håt den
Jonga wia an aegena Soh åguckt. 12Ond
dr Micha håt den jonga Må als Priaster
ågstellt, ond der ischd bein am em Haus
blieba. 13Ond dr Micha håt gsaed: Jetzt
wôeß e, dass mr dr Herrgott (JAHWE)
Guats duat, weil e jetzt an Levita zom
Priaster han.

Zom Vrgleicha: *Vers 6:* 18,1; 19,1; 21,25.

D Kondschafter aus Dan: 18 1-10

18 Selligsmål håt s en Israel no koen
König geba, ond dr Stamm Dan
ischd no drbei gwea, zom sich a Gebiet
als Erbtôel suacha, mô se sich åsiedla
könntat, bis då no ischd dene nämlich ihr
Erbtôel onter de Israelita no et zuagfalla
gwea. 2Nå hent d Daniter von ihram
Gschlecht fenf kampferfahrene Männer
aus Zora ond Eschtaol losgschickt, zom
s Land auskondschafta ond forscha, ond
hent zo nen gsaed: Gangat ond erforschat
des Land! So send se ens Bergland von
Efraim komma ond ans Haus vom
Micha, då hent se übernachtat. 3Mô
se beim Haus vom Micha gwea send,
hent se am Dialekt von dem jonga Må
gmerkt, dass des a Levit ischd ond se
send zon am nô ond hent an gfrågt: Wia
kommst du dåhanna her? Was duast du
dåhanna? Was håsch d zom doa? 4Ond r
håt zo nen gsaed: So ond so håt dr Micha
mit mr ausgmacht, ond r håt me ågstellt,
so ben e sae Priaster wôra. 5Nå hent se
zon am gsaed: Fråg doch amål bei Gott
(Elohim) nåch, dass mr wissat, ob onser
Weg erfolgreich ischd, auf dem mô mr
gangat! 6Ond r håt en zor Antwort geba:
Gangat no em Frieda, vôr am Herrgott
(JAHWE) ischd euer Weg en Ordnong!
7Nå send dia fenf Männer weiter ganga
ond nach Lajisch komma. Då hent se
gseha, dass d Leut sell en Sicherhaet
nach am sidonischa Recht glebt hent,
ruhig ond ohne Sôrga. Dene håts an
nex gfehlt, was s auf dr Erde geit, ond
neamerd håt en draegschwätzt ond sich
als Machthaber aufgspielt, d Sidonier
send weit weg gwea ond mit de Syrer
hent se ao nex zom doa ghet. 8Mô se
nå wieder zo ihre Brüader nach Zora
ond Eschtaol komma send, hent ihre
Brüader gfrågt: Was hent r rausgfonda?
9Nå hent se gsaed: Standat auf! Laß ons
gega dia naufganga. Des ischd nämlich
a schös Land! Was zögerat r no? Send
et so faul! Machat euch auf da Weg
ond nemmat des Land ae! 10Wann r
då nôkommat, fendat r a sorglos Volk
vôr, ond des Land ischd nach älle Seita
weitraemig, des geit euch Gott (Elohim)
en d Händ, a Gebiet, mô s an nex fehlt,
was s auf am Erdboda geit.

Zom Vrgleicha: *Vers 1:* 17,6; 1,34; Jos 19,47.

Dr Zug von de Daniter nach Lajisch: 18 11-31

11Nå send dia Daniter von Zora ond

Eschtaol aufbrocha, sechshondert
Mann onter Waffa. [12]Ond se send
naufzoga ond hent bei Kirjat-Jearim en
Juda ihr Lager aufgschlaga; drom saed
mr zo dem Platz haet no „Lager vom
Dan“. Des leit henter Kirjat-Jearim.
[13]Von sell aus send se ens Bergland von
Efraim zoga ond zom Haus vom Micha
komma. [14]Nå hent dia fenf Männer, mô
vôrher s Land auskondschaftat hent, zo
ihre Brüader gsaed: Wissat ihr ao, dass s
en dene Häuser då a Efod ond Terafim
ond a mit Metall überzoges Schnitzbild
geit? Jetzt denkat nåch, was r doa
sollat! [15]Nå send se sell nô ganga ond
send ens Haus von dem jonga Levita
komma em Haus vom Micha ond hent
an gfrågt, wian ams ganga dät. [16]Ond
dia sechshondert Mann von de Daniter
onter Waffa send am Hofaeganga standa
blieba, [17]während dia fenf Männer,
mô s Land auskondschaftat hent,
naeganga send. Dia hent des mit Metall
überzogene Schnitzbild ond des Efod
ond dia Terafim gnomma, während der
jonge Priaster bei dene sechshondert
bewaffnate Männer gstanda ischd. [18]Mô
dia ens Haus vom Micha aedronga
send ond des Schnitzbild, s Efod ond d
Terafim gnomma hent, håt der Priaster
zo nen gsaed: Was machat ihr då? [19]Ond
dia hent zon am gsaed: Schweig! Halt
dae Maul ond gang mit ons ond sei
onser Vadr ond Priaster! Was ischd
besser, wann du Priaster für s Haus
von oem oenziga Må bist, oder dass da
Priaster bist für an ganza Stamm ond
saene Gschlechter en Israel? [20]Nå håt
sich der Priaster gfraet ond r håt s Efod
ond dia Terafim ond des Schnitzbild
gnomma ond ischd rauskomma mittla
onter s Volk. [21]Nå send se aufbrocha ond
weiter zoga, d Kender, s Vieh ond ihre
wertvolle Sache send vôrnadraus ganga.
[22]Aber kaom send dia vom Micha saem
Haus weg gwea, hent se dia Männer aus
de Häuser oms Haus vom Micha rom
zsemagruafa ond dia Daniter vrfolgt.
[23]Dia hent de Daniter nåchgschria,
ond dia hent omdreht ond zom Micha
gsaed: Was ischd los? Wårom hent ihr
euch zsema dao? [24]Ond r håt gsaed:
Ihr hent maene Götter, môn i gmacht
han, gnomma mitsamt am Priaster ond
send fortganga. Was ischd nå für mi
no übrig? Ond nå sagat ihr: Was ischd
los? [25]Aber dia Daniter hent zon am
gsaed: Sag bloß nex maeh zo ons, sonst
könntat euch vrbitterte Männer schlaga
ond du brengst di ond dae Haus ens
Oglück! [26]Nå send dia Daniter weiter
zoga. Dr Micha håt aber aeseha müaßa,
dass dia stärker gwea send wia er, nå
håt r omdreht ond ischd wieder hoem
ganga. [27]Ond dia hent gnomma, was dr
Micha gmacht ghet håt ond den Priaster,
der mô bein am gwea ischd, ond hent
Lajisch überfalla, a ruhigs ond sorglos
Volk, ond hent se mit am Schwert
gschlaga ond d Stadt mit Feuer vrbrennt.
[28]Då ischd neamerd gwea, mô dene hätt
helfa könna, Sidon ischd nämlich weit
weg gwea, ond mit de Syrer hent se ao
koen Kontakt ghet; s ischd em Tal von
Bet-Rehob glega. Dia Daniter hent d
Stadt wieder aufbaut ond dren gwohnt.
[29]Ond se hent se Dan ghôeßa, nach
am Nåma von ihram Stammvadr Dan,
der mô am Israel (Jakob) sae Soh gwea
ischd. Aber früher håt dui Stadt Lajisch
ghôeßa. [30]Nach dem hent d Daniter
des Schnitzbild für sich aufgstellt, ond
dr Jonatan, dr Soh vom Gerschom, am
Manasse sae Soh, er ond saene Söh send
Priaster gwea em Stamm Dan bis an den
Dag, mô se en d Vrbannong komma
send. [31]Ond se hent des Schnitzbild,
mô dr Micha gmacht ghet håt, für sich
aufgstellt, då ischd s gstanda, solang en
Schilo des Gotteshaus gwea ischd.

Zom Vrgleicha: *Vers 27:* Jos 19,47 • *Vers 30:* 2Kö 15,29.

De Männer von Gibea ihr Schandtat:
19 1-30

19 Ond en dera Zeit, mô s no koen
König en Israel geba håt, ischd a
Må, a Levit als Fremder, ganz weit henta
em Bergland von Efraim gwea. Der håt
sich a Nebafrao von Betlehem en Juda
gnomma. [2]Aber sae Nebafrao håt sich
über an aufgregt ond ischd am drvogloffa
ond se ischd wieder ens Haus von ihram
Vadr nach Betlehem ganga. Sell ischd se
vier Monat lang blieba. [3]Nå ischd ra ihr
Må nåchganga ond håt ra guat zuareda
wölla, dass se wieder zon am komma
soll, ond r håt an Knecht ond a Päärle
Esel bei sich ghet. Môn r ans Haus von
ihram Vadr komma ischd ond der Vadr
von dem Mädle an gseha håt, håt r sich
gfraet ond ischd am entgega ganga.
[4]Ond sae Schwiegervadr håt an då
bhalta ond se hent gessa ond tronka ond
sell übernachtat. [5]Mô se am vierta Dag
môrgnads bald aufgstanda send zom
ganga, håt der Vadr von dem Mädle zo
saem Tochtermå gsaed: Stärk de vôrher
no ond iss an Bissa Brot, nå könnat r
ganga. [6]Nå send se blieba ond dia zwôe
hent mitananander gessa ond tronka. Nå
håt dr Vadr von dem Mädle zo dem Må
gsaed: Bleib doch nômål a Nacht då ond
laß dr s guat ganga! [7]Aber der Må ischd
aufgstanda ond håt ganga wölla, aber
sae Schwiegervadr håt koe Ruah geba,
nå ischd r halt nômål då blieba. [8]Ond
môn r sich am fenfta Dag håt auf da
Weg macha wölla, håt dr Vadr von dem
Mädle zon am gsaed: Stärk de vôrher
no! Ond se hent sich ganz vrschwätzt,
bis dr Dag fast rom gwea ischd, ond dia
zwôe hent mitananander gessa. [9]Nå ischd
der Må aufgstanda ond håt mit saener
Nebafrao ond saem Knecht ganga wölla.
Nå håt sae Schwiegervadr, dr Vadr von
dem Mädle zon am gsaed: Guck doch,
dr Dag nemmt schao ab ond bald ischd
s Åbad. Bleib doch då ond übernachte
ond lass dr s guat ganga! Môrga früah
kåsch d de emmer no auf da Weg macha
ond zo daene Zelt ganga.
[10]Aber der Må håt nemme über Nacht
bleiba wölla ond håt sich auf da
Weg gmacht ond ischd en d Gegend
geganüber von Jebus (Jerusalem)
komma; r håt a Päärle gsattlate Esel ond
sae Nebafrao ond saen Knecht bei sich
ghet. [11]Mô se nå bei Jebus gwea send,
ischd dr Dag schao zemlich weit honta
gwea. Nå håt der Knecht zo saem Herra
gsaed: Komm doch, mr gangat en dui
Jebusiterstadt nae ond übernachtat sell!
[12]Aber sae Herr håt zon am gsaed: Mir
kehrat et en ra Stadt von Fremde ae,
mô et zo Israel gherat, mir gangat no
weiter bis nach Gibea! [13]Ond r håt zo
saem Knecht gsaed: Komm, mr gangat
en oena von dene Ortschafta ond
übernachtat en Gibea oder en Rama!
[14]Nå send se weiter zoga; ond mô se
bei Gibea, des mô zo Benjamin ghert,
gwea send, ischd d Sonne onterganga.
[15]Drom send se sell abboga, zom über
Nacht nach Gibea naekomma. Ond
môn r naekomma ischd, ischd r auf am
Märktplatz standa blieba, aber då ischd
neamerd gwea, môn an en sae Haus håt
aufnemma wölla zom übernachta.
[16]Nå ischd a alter Må von saener Ärbat auf
am Feld komma; ond der Må ischd aus
am Bergland von Efraim gwea ond håt
als Fremder en Gibea gwohnt; dia Leut
en dem Flecka send aber Benjaminiter
gwea. [17]Mô der alte Må aufguckt håt
ond den Wanderer auf am Märktplatz
gseha håt, ischd r herkomma ond håt
gsaed: Mô gôhst d nå, ond mô kommst
d her? [18]Nå håt r am zor Antwort geba:
Mir racsat von Betlehem en Juda ens
henterst Eck vom Bergland Efraim; von
sell komm e her! I ben en Betlehem gwea
ond ben jetzt wieder auf am Hoemweg.
Aber dåhanna will me koener en saem
Haus aufnemma! [19]Obwohl i s Straoh

ond s Fuader für onsere Esel drbei han
ond Brot ond Wae für mi ond dae Magd
ond für den Knecht bei daene Diener; s
fehlt an nex! [20]Nå håt der alte Må gsaed:
Friede sei mit dr! aber was da brauchst,
des ischd mae Sach; auf dem Platz
då därfst d auf koen Fall übernachta.
[21]Ond r håt an en sae Haus gführt ond
håt Fuader gmischt für dia Esel ond håt
en d Füaß gwäscha, ond se hent gessa
ond tronka. [22]Während se sich s hent
guat ganga lassa, guck, då send Männer
aus dr Stadt komma, a Lompagsendel
ond hent s Haus omzenglat ond hent
wüast an d Tür bocklat ond zo dem alta
Må, dem mô des Haus ghert håt, gsaed:
Gib den Må raus, der mô en dae Haus
komma ischd; den wöllat mr vrnascha!
[23]Der Hausbesitzer ischd zo nen
nausganga ond håt zo nen gsaed: Bloß
et, maene Brüader! Dent doch nex Baes!
Der Må ischd als Gast en mae Haus
komma, drom därfat et so schändlich
mit am omganga! [24]Guckat, då ischd
mae Tochter, se ischd no Jungfrao ond
sae Nebafrao breng e euch raus, dia
könnat r euch gfüagig macha ond mit
en macha, was r wöllat; aber dem Må
därfat r nex Baes ådoa! [25]Aber dia Leut
hent et auf an höra wölla. Nå håt der
Må sae Nebafrao packt ond se zo nen
naus bråcht. Dia hent se vrgewaltigt
ond ihran Muatwilla mit ra trieba de
ganz Nacht bis an da Môrga. Erst mô
d Môrgaraeta raufgstiega ischd, hent se
von ra abglassa. [26]Mô dr Môrga åbrocha
ischd, ischd dui Frao zrück komma ond
vôr dr Haustür von dem Må, bei dem
mô ihr Herr gwea ischd, zsemabrocha
ond liega blieba, bis s hell wôra ischd.
[27]Mô nå am andera Môrga ihr Herr d
Haustür aufgmacht håt ond naus ganga
ischd, zom weiter ganga, guck, då ischd
sae Nebafrao am Hausaegang glega, mit
de Händ auf dr Schwell. [28]Nå håt r zon ra
gsaed: Stand auf, dass mr weiter gangat!
Aber se håt am koe Antwort geba. Nå
håt r se auf da Esel glada ond ischd
aufbrocha ond en sae Ortschaft ganga.
[29]Ond môn r hoemkomma ischd, håt
r a Messer gnomma ond sae Nebafrao
en zwölf Stücker ausanander gschnitta
ond dia Tôel em ganza Gebiet von Israel
omanander gschickt. [30]Ond a jeder, mô
des gseha håt, ischd vrschrocka ond håt
gsaed: So ebbas ischd no nia passiert,
ond so ebbas håt mr no nia gseha seit
dr Zeit, mô Israel aus am Land Ägypten
raufkomma ischd bis haet! Denkat
drüber nåch, schwätzat mitanander ond
sagat, was r denkat!

Zom Vrgleicha: *Vers 1:* 17,6 • *Vers 22-24:* Gen 19,4-11 • *Vers 29:* 1Sa 11,7 • *Vers 30:* Hos 10,9.

D Ratsvrsammlong en Mizpa: 20 1-10

20 Nå send älle Israelita, de
ganz Gemaende, von Dan bis
Beerscheba ond vom Land Gilead, wia
oe Må vôr am Herrgott (JAHWE) en
Mizpa zsemakomma. [2]Ond d Fürsta
von älle Volksstämm von Israel send
zor Vrsammlong vom Gottesvolk
komma, vierhonderttausad Mann
Fuaßvolk, bewaffnat mit Schwerter.
[3]D Benjaminiter aber hent ghört, dass
d Israelita nach Mizpa naufzoga seie.
Ond d Israelita hent gsaed: Sagats, wia
ischd dui Otat då passiert? [4]Nå håt
der Levit, dr Må von dera ermordata
Frao Antwort geba ond gsaed: I ben
mit maener Nebafrao nach Gibea en
Benjamin komma, zom sell übernachta.
[5]Nå hent sich d Männer von Gibea gega
me zsemadao ond hent en dr Nacht s
Haus omzenglat e'ma oguata Åsenna.
Dia hent me ombrenga wölla, ond
mae Nebafrao hent se gschändat, bis
se gstôrba ischd. [6]Nå han e mae Frao
gnomma ond en Stücker gschnitta ond
dia Stücker em Ganza Gebiet vom
Erbtôel von Israel romgschickt; dia hent
nämlich a gemaens Vrbrecha vrüabt, a

Schand für ganz Israel. [7]Jetzt send älle
Israelita då! Also tauschat euch aus ond
entschaedat dåhanna! [8]Nå ischd s ganze
Volk wia oe Må aufgstanda ond håt
gsaed: Koener von ons därf zo saem Zelt
ganga, koener därf hoemganga, [9]sondern
des wird gmacht mit Gibea: Mir rückat
gega d Stadt å, ond zwår nach am Los.
[10]Mir wählat aus älle Stämm von Israel
jeweils zeah Männer von hondert, ond
hondert von tausad ond tausad von
zeahtausad durchs Los aus. Dia sollat d
Vrpflegong für s Volk herschaffa, für dia
Leut, mô komma send, zom Gibea en
Benjamin ihr Schandtat vrgelta, mô se
en Israel dao hent.

Zom Vrgleicha: *Vers 1:* 21,1; 1Sa 7,5; 10,17.

Dr Aufmarsch vôr Gibea: 20 11-18

[11]So hent sich älle Männer von Israel wia
oe Må vôr dr Stadt vrsammlat. [12]Ond d
Stämm von Israel hent em ganza Stamm
Benjamin Männer romgschickt ond
ausrichta lassa: Was für a Frevel ischd
då bei euch passiert? [13]Gebat des üble
Gsendel von Gibea raus, dass mr se
ombrengat ond so den Frevel aus Israel
ausrottat. Aber dia Benjaminiter hent et
auf ihre Brüader, d Israelita horcha wölla.
[14]Dia send drfür aus ihre Städt, mô om
Gibea rom glega send, zsemakomma,
zom gega d Israelita kämpfa. [15]An dem
Dag hent sich von de Benjaminiter aus
dene Städt fenfazwangtausad fenfhondert
Mann mustera lassa, bewaffnat mit
Schwerter; ohne d Bürger von Gibea
send dia gmusterat wôra. [16]Von dem
ganza Kriagsvolk send siebahondert
Mann rausgsuacht wôra, lauter
Lenkshänder; dia hent älle håårgenao
mit dr Stocschleuder troffa, då ischd
koe Schuß drneba ganga. [17]Ao d
Männer von Israel hent sich mustera
lassa, ohne Benjaminiter send des
vierhonderttausad Mann gwea. Älle mit
Schwert bewaffnat, erfahrene Kämpfer.
[18]Ond se send aufbrocha ond nach Bet-
El nauf ganga. Ond se hent bei Gott
(Elohim) ågfrågt: Wer von ons soll zersta
naufganga, zom gega d Benjaminiter
kämpfa? Ond dr Herrgott (JAHWE)
håt gsaed: Juda soll da Åfang macha!
[19]Nå hent sich d Israelita am andera
Môrga aufgmacht ond hent vôr Gibea
glagerat. [20]Ond d Männer von Israel
send auszoga, zom gega d Benjaminiter
kämpfa, ond hent sich en Schlachtrôeha
gega Gibea aufgstellt. [21]Aber d
Benjaminiter hent an Ausfall gmacht
aus Gibea ond hent von de Israelita an
dem Dag zwôeazwanzgtausad Mann
überwältigt. [22]Aber d Israelita hent sich
nômål aufgrafft ond sich wieder zor
Schlacht aufgstellt wia am ersta Dag.
[23]Aber vôrher send d Israelita naufganga
ond hent vôr am Herrgott (JAHWE)
gheult bis an da Åbad. Ond se hent
da Herrgott (JAHWE) gfrågt: sollat
mr weitermacha mit am Kampf gega
onsere Brüader, d Benjaminiter? Ond dr
Herrgott (JAHWE) håt gsaed: Gangat
nauf zon am! [24]Mô nå d Israelita gega
d Benjaminiter am zwôeta Dag ågrückt
send, [25]send en d Benjaminiter ao am
zwôeta Dag entgegakomma ond hent von
de Israelita nômål achtzeahtausad Mann
überwältigt, lauter Schwertkämpfer.
[26]Nå ischd s ganze Volk Israel nach Bet-
El nauf ganga ond hent gheult ond send
sell blieba vôr am Herrgott (JAHWE),
ond se hent an dem Dag bis an da Åbad
gfastat ond Brandopfer ond Friedopfer
vôr am Herrgott (JAHWE) darbråcht.
[27]Nå hent d Israelita beim Herrgott
(JAHWE) wieder ågfrågt, ond sell ischd
d Truhe mit am Bundasgsetz von Gott
(Elohim) gwea en dera Zeit. [28]Ond dr
Pinhas, am Eleasar sae Soh, der mô
am Aaron sae Soh gwea ischd, håt da
Denst bei dr Bundestruhe vrseha en
dera Zeit - ond se hent gsaed: Sollat mir
nômål zom Kampf gega onsere Brüder,

d Benjaminiter, ausrücka, oder sollat
mr Abstand drvo nemma? Nå håt dr
Herrgott (JAHWE) gsaed: Gangat nauf,
môrga gib e se euch en d Händ!

Zom Vrgleicha: *Vers 28:* Num 25,7.

D Vrnichtong von de Benjaminiter:
20 29-48
29Auf des nô hent d Israelita rengs om
Gibea rom Henterhält åglegt. 30Nå send
d Israelita am dritta Dag wieder gega d
Benjaminiter zoga ond hent sich gega
Gibea en Schlachtrôeha aufgstellt, wia
bei de vôrige Mål. 31Ond d Benjaminiter
send nausganga zom auf s Volk treffa,
nå send se von dr Stadt agschnitta wôra.
Ond se hent ågfanga ond a paar vom
Volk zom schlaga wia bei de vôrige
Mål an de Strååßa,von dene mô oena
nach Bet-El naufgôht ond oena Gibea
zua em Feld, ogfähr dreißg Mann von
de Israelita. 32Nå hent d Benjaminiter
denkt: Dia machat mr fertig, wia bei de
erste Mål. Aber d Israelita hent gsaed:
Mir dent, als ob mr abhaoa däte ond
lockat se so von dr Stadt weg auf d Strååßa
naus! 33Nå håt de ganz Mannschaft von
Israel kurz vôr Baal-Tamar halt gmacht
ond sich wieder en Schlachtordnong
aufgstellt, ond dia aus am Henterhalt
send rauskomma aus ihre Vrsteck. 34Ond
zeahtausad ausgsuachte Kämpfer aus
ganz Israel send von vôrna gega Gibea
vôrgrückt ond hent en an harta Kampf
glieferat; aber dia hent gar et gmerkt,
wia s Ohael über se komma ischd. 35So
håt dr Herrgott (JAHWE) Benjamin
gschlaga vôr de Israelita, an dem Dag
send fenfazwanzgtausad ond hondert
Mann gfalla, lauter Schwertkämpfer.
36Nå hent d Benjaminiter aegseha, dass
se gschlaga send. D Israelita hent de
Benjaminiter weiter Gelände preis geba;
dia hent sich auf den Henterhalt vrlassa,
den mô se bei Gibea glegt hent. 37Der
Henterhalt ischd ischd aber ganz schnell
nach Gibea ausgschwärmt ond håt de
ganz Stadt mit am Schwert gschlaga.
38Dia Männer von Israel hent nämlich
mit dene em Henterhalt ausgmacht
ghet, dass se aus dr Stadt Raochzaeche
aufsteiga lassa sollat. 39Mô nå dia Männer
von Israel em Kampf kehrt gmacht
hent ond d Benjaminiter ågfanga hent,
a paar von de Israelita - ogfähr dreißg
Mann - zdaot gschlaga hent, weil se
denkt hent: Dia vrlierat wieder wia en
de Kämpf drvôr. 40Nå ischd auf oe Mål
des Zaeche, a Raochsäul aufgstiega aus
dr Stadt, ond mô dia Benjaminiter sich
omdreht hent, guck, då ischd de ganz
Stadt en Flamma aufganga. 41Mô nå
d Israelita wieder kehrt gmacht hent,
send d Benjaminiter ganz durchanander
gråta; weil se gmerkt hent, wia s Oglück
über se komma ischd. 42Nå hent se sich
vôr de Israelita abgwendat ond send en
Richtong Wüste abzoga, aber d Schlacht
ischd bei nen weiter ganga; ond dia, mô
aus de Städt komma send, hent se en d
Zang gnomma ond vrnichtend gschlaga.
43Se hent d Benjaminiter aekesslat ond se
von Noha vrfolgt ond nieder gmacht bis
en d Gegend östlich von Gibea. 44So send
von Benjamin nômål achtzeahtausad
Mann gfalla, lauter kampferprobte
Männer.
45Dr Rest ischd en d Wüste gflüchtat,
nach Sela-Rimmon. Ond d Israelita
hent Nåchles ghalta auf de Strååßa ond
nômål fenftausad Mann gschlaga. Nå
send se en no weiter nåch bis Gideom
ond hent då ao zwôetausad Mann
gschlaga. 46So send an dem Dag von
Benjamin ensgesamt fenfazwanzgtausad
Mann gfalla, lauter Schwertkämpfer,
bewährte Kämpfer. 47Bloß sechshondert
Mann hent sich absetza könna en d
Wüste ond send bis nach Sela-Rimmon
durchkomma; dia send vier Monat en
Sela-Rimmon blieba. 48Aber d Israelita
send zo de Benjaminiter zrück komma

ond hent mit am Schwert ällas gschlaga,
Menscha ond s Vieh, überhaopt ällas,
was en en d Fenger komma ischd; ond
älle Städt, mô se no vôrgfonda hent,
hent se agfacklat.

Zom Vrgleicha: *Vers 47:* 21,13.

Sôrga om da Rest von Benjamin:
21 1-9

21 D Israelita hent en Mizpa
gschwora ghet, dass neamerd
sae Tochter ama Benjaminiter zor Frao
geba därf. 2Ond s Volk ischd nach Bet-
El komma ond då bis an da Åbad vôr
Gott (Elohim) blieba ond nå håt s a
lauts Heula ond Klaga geba. 3Ond se
hent gsaed: Wårom JAHWE, du Gott
(Elohey) von Israel, ischd des en Israel
passiert, dass haet a ganzer Stamm von
Israel fehlt? 4Am andera Môrga hent se
en äller Früah sell an Altar baut ond hent
Brandopfer ond Friedopfer darbråcht.
5Ond d Israelita hent gsaed: Wer aus älle
Stämm von Israel ischd et mit komma
en d Vrsammlong vôr da Herrgott
(JAHWE)? Mr håt nämlich an feierlicha
Schwur glaestat, dass der, mô et mit nauf
kommt vôr JAHWE nach Mizpa, sterba
muaß. 6Ond s håt de Israelita loed dao
om d Benjaminiter, ihre Brüader, ond se
hent gsaed: Haet ischd a ganzer Stamm
von Israel aghackt wôra. 7Wia könnat
mr dene, mô übrig blieba send, Fraoa
vrschaffa, nachdem mr gschwora hent,
dass mr en onsere Töchter et zo Fraoa
geba wöllat? 8Ond se hent gfrågt: Ischd
vielleicht oener von de Stämm et vôr
JAHWE en Mizpa erschiena? Nå hent
se rausgfonda, dass aus Jabesch-Gilead
neamerd zor Vrsammlong komma
ischd. 9Nå håt mr s Volk gmusterat, nå
håt sich rausgstellt, dass aus Jabesch-
Gilead koener då gwea ischd.

Zom Vrgleicha: *Vers 1:* 20,1.

Dr Feldzug gega Jabesch-Gilead:
21 10-14

10Nå håt d Gemaende zwölftausad
Kämpfer sell nô gschickt mit am Befehl:
Gangat nô ond schlagat älle Aewohner
von Jabesch-Gilead mit am Schwert samt
de Fraoa ond Kender. 11Ond so wird s
gmacht: An ällam, was männlich ischd,
ond an jeder Frao, mô schao mit ama Må
gschlåfa håt, wird dr Bann vollstreckt.
12Ond se hent bei de Aewohner von
Jabesch-Gilead vierhondert Mädla
gfonda, mô no Jungfraoa gwea send, mit
dene mô no koe Må gschlåfa håt; dia hent
se ens Lager bråcht nach Schilo em Land
Kanaan. 13Nå håt de ganz Gemaende
nôgschickt ond mit de Benjaminiter
vrhandlat, mô en Sela-Rimmon gwea
send, ond hent en Frieda åbota. 14So send
d Benjaminiter selligsmål wieder zrück
komma, ond se hent en Fraoa geba, mô
se von de Fraoa en Jabesch-Gilead am
Leba glassa hent. Aber dia hent et ganz
für älle glangt.

Zom Vrgleicha: *Vers 13:* 20,47.

Dr Fraoaraob en Schilo: 21 15-25

15Ond s håt de Israelita lôed dao om
d Benjaminiter, weil dr Herrgott
(JAHWE) an Riß onter de Stämm von
Israel gmacht håt. 16Nå hent de Älteste
von dr Gemaende gsaed: Was könnat mr
doa, dass dia, mô übrig blieba send, zo
Fraoa kommat? D Fraoa en Benjamin
send jå ausgrottat. 17Ond se hent gsaed:
Wia könnat dia Benjaminiter, mô drvo
komma send, erhalta bleiba, dass et a
ganzer Stamm von Israel ausgrottat
wird? 18Mir könnat en jå onsere Töchter
et zo Fraoa geba. D Israelita hent
nämlich gschwora ghet: Vrfluacht ischd,
wer ama Benjaminiter a Frao geit! 19Nå
hent se gsaed: Då ischd doch äll Jåhr
a Fest für da Herrgott (JAHWE) en
Schilo dronta, nördlich von Bet-El ond
östlich von dera Stråß, mô von Bet-El

nach Sichem gôht, südlich von Lebona.
[20]Ond se hent d Benjaminiter ågwiesa:
Gangat ond machat en de Wengert an
Henterhalt! [21]Wann r nå seahnat, dass
dia Mädla von Silo rauskommat zom
Tanza, nå kommat r aus de Wengert raus
ond raobat euch a jeder a Frao aus dene
Mädla von Silo ond gangat ens Land
Benjamin. [22]Wann nå ihre Vädr oder
Brüader kommat zom mit euch händla,
nå sagat r: Vrzeihat ons! Weil et a jeder
von ons håt em Kriag a Frao gwonna,
ond ihr selber hent se en et geba könna,
sonst hättat r euch schuldig gmacht.
[23]So hents dia Benjaminiter gmacht,
se hent Fraoa gnomma, jeder oena
von dene Mädla, mô tanzt hent, ond
hent se graobt ond send en ihr Erbtôel
zrück ganga ond hent ihre Städt wieder
aufbaut ond dren gwohnt. [24]Ond ao d
Israelita send wieder ausanander ganga
en ihran Stamm ond ihr Sippschaft,
jeder en sae Erbtôel. [25]Selligsmål håts no
koen König en Israel geba, ond a jeder
håt gmacht, was r wölla håt.

Zom Vrgleicha: *Vers 25:* 17,6.

S Buach Rut

D Vôrgeschichte: 1 1-5

1 En dr Zeit, mô d Richter regiert hent,
ischd a Hongersnot über s Land
komma. Nå ischd a Må von Betlehem
en Juda mit saener Frao ond saene bôede
Söh fort, zom als Gast en de Felder von
Moab wohna. 2Der Må håt Elimelech
ghôeßa ond sae Frao Noomi, ond saene
Söh hent Machlon ond Kiljon ghôeßa;
des send Efratiter gwea aus Betlehem
en Juda, dia send en d Felder von Moab
zoga ond sell blieba. 3Dr Elimelech, dr
Må von dr Noomi ischd gstôrba, ond se
ischd mit ihre bôede Söh zrück blieba.
4Dia hent moabitische Fraoa gnomma,
d Orpa ond d Rut, ond hent sell ogfähr
zeah Jåhr glebt. 5Nå ischd ao dr Machlon
ond dr Kiljon gstôrba ond d Noomi
ischd alloe blieba, ohne ihran Må ond
ohne ihre bôede Söh.

Zom Vrgleicha: *Vers 1:* Ri 10,1-5; 12,7-15; 1Sa 7,15-17.

D Hoemkehr: 1 6-22

6Nå håt se sich mit ihre Söhnerenna
aufgmacht ond ischd aus de Felder von
Moab zruck ganga; se håt nämlich sell
ghört, dass sich dr Herrgott (JAHWE)
om sae Volk ågnomma ond am Brot
geba håt. 7So ischd se von dem Ort,
mô se gwohnt håt, fortganga, ond ihre
zwôe Söhnerenna send mit ra ganga.
Ond mô se auf am Weg gwea send,
zom ens Land Juda zruck ganga, 8håt d
Noomi zo ihre bôede Söhnerenna gsaed:
Gangat no wieder hoem, a jeda zo ihrer
Muader! Dr Herrgott (JAHWE) mög
euch sae Gnade erweisa, so, wia ihr se
onsere Vrstôrbene (Männer) ond an mir
erwiesa hent. 9Mög euch dr Herrgott
(JAHWE) schenka, da jeda von euch a
ruhigs Plätzle fendat an dr Seite vom a
Må! Ond se håt se küsst. Nå hent se laut
ågfanga mit Heula 10ond zon ra gsaed:
Noe, mir wöllat mit dir zo daem Volk
zrück ganga! 11Aber d Noomi håt gsaed:
Kehrat no om, maene Mädla! Wega was
wöllat ihr mit mr ganga? Han i vielleicht
no Söh em Leib, mô no eure Männer
wera könnte? 12Kehrat no om, maene
Mädla, gangat! I ben schao z alt, zom
nômål ama Må ghera. Ao wann e no
moena dät, i hätt no a Hoffnong, sogar
wann e haet Nacht mit ama Må schlåfa
dät ond nômål Söh kriaga dät, 13wöttat
ihr nå warta, bis dia graoß send? Wöttat
ihr euch so lang aeschliaßa ond ohne
an Må leba? Noe, noe, maene Mädla, s
duat mr bitter lôed om euch, dass mi am
Herrgott (JAHWE) sae Hådd so troffa
håt. 14Nå hent se no lauter gheult; nå
håt d Orpa ihr Schwiegermuader küsst
ond ischd ganga, aber d Rut ischd bein
ra blieba. 15D Noomi håt zon ra gsaed:
Guck, dae Schwägere ischd hoemganga
zo ihram Volk ond zo ihram Gott;
gang du doch ao mit daener Schwägere.
16Aber d Rut håt gsaed: Jetzt red mr
doch et ae, dass e de vrlassa ond von
dr omkehra soll. **Mô du nô gôhst, då
will i ao nôganga, ond mô du bleibst,
då will i ao bleiba; dae Volk ischd mae
Volk ond daene Götter (Elohyik) send
maene Götter (Elohayi)!** 17Mô du
stirbst, då will i ao sterba ond då beerdigt
sae! Dr Herrgott (JAHWE) soll mr des
ond sell ådoa, aber ons soll bloß dr Daot
schôeda! 18Ond mô se gseha håt, dass
se (d Rut) fest entschlossa gwea ischd,
mit ra zom ganga, håt se ra nemme zua
gredat. 19So send se mitanander ganga,
bis se en Betlehem åkomma send. Ond
mô se nach Betlehem naekomma send,
ischd de ganz Stadt aus am Häusle gwea
ond se hent gsaed: Ischd des et d Noomi?
20Aber se håt zo nen gsaed: Sagat nemme

Noomi (die Liebliche) zo mr, hôeßat me
liaber Mara (die Bittere), dr Allmächtige
håt me nämlich arg bitter gmacht.
[21]Reich ben e fort ganga ond arm håt me
dr Herrgott (JAHWE) zrück komma
lassa. Wårom sagat ihr nå Noomi zo
mr, mô doch dr Herrgott (JAHWE)
gega me zeugt ond mr dr Allmächtige
arg mitgspielt håt? [22]So ischd d Noomi
ond ihr Schwiegertochter Rut aus Moab
zrück komma aus de Felder von Moab,
ond se send nach Betlehem komma, mô
grad d Gerstaernte ågfanga håt.

D Rut auf am Boas saem Acker: 2 1-23

2 D Rut håt an Vrwandta ghet von
ihram Må; der Må ischd zemlich
reich gwea ond stattlich aus am
Gschlecht vom Elimelech, der håt Boas
ghôeßa. [2]Ama schöna Dag håt d Rut aus
Moab zor Noomi gsaed: Laß me doch
ens Feld naus ganga zom Ähralesa bei
ebber, mô mr guat gsonna ischd. Ond
se håt gsaed: Gang no, Mädle! [3]Nå ischd
se ganga ond håt auf am Acker henter
de Mäder Ähra glesa. Nå håt sich's so
gea, dass se grad auf am Boas saen Acker
komma ischd, der mô aus am Gschlecht
vom Elimelech gwea ischd. [4]Ond guck,
dr Boas ischd grad von Betlehem raus
komma ond håt zo dene Mäder gsaed:
JAHWE sei mit euch! Ond dia hent
gsaed: JAHWE soll de segna! [5]Nå håt
dr Boas saen Knecht, der mô d Mäder
beaufsichtigt håt, gfrågt: Wem ghert n
des Mädle då? [6]Der Knecht håt am zor
Antwort geba: Des ischd a jonga Frao
aus Moab, mô mit dr Noomi aus de
Felder von Moab komma ischd; [7]ond se
håt gsaed: I dät gern Ähra lesa zwischa
de Garba henter de Mäder! Ond se
ischd komma ganz bald am Môrga ond
håt s ausghalta bis jetzt, bloß ganz kurz
ischd se em Haus gwea zom vrschnaufa.
[8]Nå håt dr Boas zor Rut gsaed: Horch
her, Mädle, du brauchst auf koen andera
Acker ganga zom Ähra lesa, ond da
brauchst ao et weg ganga von dåhanna,
halt de no an maene Mädla. [9]Guck halt,
mô se grad schneidat, nå gôhst d henter
en drae. I han maene Kerle ågwiesa,
dass se de et ålanga därfat. Ond wann
da Durst håsch, nå gôhst d no an dia
Krüag, då kåsch d trenka, dia Knecht
schöpfat dr s raus. [10]Nå ischd se auf ihr
Gsicht nô gsonka ond håt sich bis auf
da Boda vrnaegt ond gsaed: Wia kommt
s, dass i en daene Aoga Gnade gfonda
han ond du so fraendlich zo mr bist,
mô i doch a Fremda ben? [11]Dr Boas
håt ra zor Antwort geba ond gsaed:
Mr håt mr vrzählt, was du ällas für dae
Schwiegermuader dao håsch, nachdem
dae Må gstôrba ischd: Wia da daen
Vadr ond dae Muader ond dae Hoemat
vrlassa håsch ond zo ama Volk ganga
bist, mô da vôrher et kennt håsch. [12]Dr
Herrgott (JAHWE) mög dr s vrgelta,
was da dao håsch, ond reicher Lohn
soll dr JAHWE, dr Gott (Elohey) von
Israel, geba, zo dem mô da komma bist
onter da Schutz von saene Flügel. [13]Nå
håt se gsaed: Du bist so guat zo mr, mae
Herr! Du håsch mr Trost geba ond mr
Muat gmacht, obwohl i et amål oena
von daene Mägd ben.
[14]Mô s nå Zeit zom Essa gwea ischd, håt
dr Boas zon ra gsaed: Komm her ond iss
mit ons ond tonk dae Brot en dui Soß.
Nå ischd se neba d Mäder nôghockt ond
r håt ra gröstate Körner geba, ond se håt
sich satt gessa ond håt no ebbas übrig
glassa. [15]Mô se nå wieder zom Ähralesa
aufgstanda ischd, håt dr Boas saene
Knecht ågwiesa: Se därf ao zwischa
de Garba klauba ond dent ra jå nex!
[16]Ond ziagat ab ond zua ebbas von de
Garba raus für se ond lent s liega, dass
se s aufklauba kå, vrschempfat se bloß
et drwega.
[17]So håt se auf dem Acker zsemaklaubt
bis an da Åbad; nå håt se s ausklopft, ond

des ischd ogfähr oe Efa Gersta gwea.
[18]Nå håt se s aufghoba ond en d Stadt
nae traga ond ihrer Schwiegermuader
zaegt, was se aufklaubt håt. Mô se nå ao
no rausgholt håt, was se vom Essa übrig
ghet håt, [19]håt ihr Schwiegermuader se
gfrågt: Mô håsch d denn haet glesa ond
gschafft? Der soll gsegnat sae, mô dr so
fraendlich gsonna gwea ischd. Ond se
håt ihrer Schwiegermuader vrzählt, bei
wem se gschafft håt, ond gsaed: Der Må,
bei dem môn i haet gschafft han, hôeßt
Boas. [20]Nå håt d Noomi zo ihrer Söhnere
gsaed: Gsegnat von JAHWE sei der, mô
sae Liebe de Lebendige ond de Daote et
vrsagt håt. Ond d Noomi håt no weiter
gsaed: Der Må ischd mit ons vrwandt,
der ghert zo onsere Auslöser. [21]Dådrauf
håt d Rut aus Moab gsaed: Der håt ao zo
mr gsaed: Halt de no an maene Knecht,
bis mr de ganz Ernt raebråcht hent.
[22]Nå håt d Noomi zo ihrer Söhnere Rut
gsaed: Des ischd guat, wann da mit saene
Mädla naus gôhst, nå kå dr schao auf
ama andera Acker koener ebbas ådoa.
[23]So håt se sich an dia Mädla vom Boas
ghalta mit am Ähralesa bis de ganz
Gersta- ond de ganz Woezaernt henna
gwea ischd. Ond nå ischd se bei ihrer
Schwiegermuader blieba.

D Rut auf am Boas saener Tenne:

3 1-15

3 Selligsmål hat ihr Schwiegermuader
Noomi zon ra gsaed: Mädle, i will
dr nå a Plätzle suacha, mô da dae Ruah
håsch, dass dr s guat gôht. [2]Dr Boas, mit
dem saene Mädla da beianander gwea
bist, ischd jå mit ons vrwandt. Guck,
der wôrflat haet Nacht d Gersta auf
dr Tenne. [3]Wäsch de ond ziag de nett ä
ond gang na auf d Tenne. Pass aber auf,
dass r de et kennt, bevôr r gessa ond
tronka håt. [4]Wann r nôleit, nå merk dr
d Stell, môn r leit. Nå gôhst d nô ond
deckst saene Füaß auf ond lieg sell nô;
der saed dr nå schao, was da doa sollst.
[5]Ond d Rut håt gsaed: I dua ällas, so,
wia da saesch. [6]Nå ischd se na ganga
auf d Tenne ond håt ällas dao, was ihr
Schwiegermuader gsaed håt. [7]Mô nå dr
Boas gessa ond tronka ghet håt ond guat
aufglegt gwea ischd, ischd r am Rand
vom Kornhaufa nôglega zom schlåfa.
Nå ischd se ganz lacs komma ond håt
da Platz an saene Füaß aufdeckt ond
ischd drzua nôglega. [8]Ond mittla en dr
Nacht ischd der Må vrschrocka ond r
håt sich vorbeugt, ond guck, nå ischd då
a Frao an saener Fuaßnat glega. [9]Saed r:
Wer bist denn du? Ond se håt am zor
Antwort geba: I ben d Rut, dae Magd!
Deck me doch zua mit daem Gwand, du
bist doch dr Auslöser. [10]Nå håt r gsaed:
Gsegnat sollst d sae von JAHWE, mae
Tochter! Du håsch dae Liebe jetzt no
besser zaegt als wia vôrher, weil da et de
jonge Kerle nåchgstiega bist, seiat s arme
oder reiche. [11]Ond jetzt, mae Tochter:
Brauchst koe Angst et han, ällas, was
da saesch, will e für de doa; schliaßlich
wôeß a jeder em Tôr vo'maem Volk, was
für a bravs Weib du bist. [12]Ond jetzt: S
stemmt, dass i a Auslöser ben, aber s
ischd nômål a Auslöser då, der mô näher
vrwandt ischd als wian i. [13]Jetzt bleibst d
voll då über d Nacht, ond môrga, wann r
de auslösa will, guat, nå soll r de auslösa,
ond wann r de et auslösa will, nå lös i
de aus, so wåhr JAHWE lebt. Lieg no
wieder nô bis an da Môrga. [14]Ond se
håt an saener Fuaßnat gschlåfa bis an da
Môrga. Nå ischd se aufgstanda no vôr
am Dag, dass mr no neamerd richtig
gseha håt. Ond r håt denkt: Hoffentlich
håt neamerd gseha, dass dui Frao auf d
Tenne komma ischd. [15]Ond r håt gsaed:
Gib mr daen Überwurf ond heb an fest!
Nå håt r ra sechs Maß Gersta nae dao
ond s ra auf da Buckel glada. Nå ischd r
en d Stadt ganga.

Zom Vrgleicha: *Vers 12:* Dtn 25,5f.

Dr Rat von dr Schwiegermuader: 3 16-18

16Mô se zo ihrer Schwiegermuader
komma ischd, håt dui se gfrågt: Wia sieht
s aus, Mädle? Ond se håt ra ällas vrzählt,
was der Må für se dao håt. 17Ond se håt
gsaed: Dia sechs Maß Gersta då håt r mr
geba ond zo mr gsaed: Du sollst et mit
leere Händ zo daener Schwiegermuader
hoemkomma! 18Nå håt d Noomi gsaed:
Bleib jetzt ruhig då, Mädle, bis da
vrfährst, wia dui Sach ausgôht. Der Må
geit nämlich koe Ruah, bis r dui Sach
zom End bråcht håt, ond zwår haet no.

D Vrhandlong em Tôr: 4 1-12

4 Dr Boas ischd drweilst en s Tôr
ganga ond ischd sell nôgsessa. Nå
ischd grad der Auslöser vorbei ganga,
von dem, mô dr Boas gschwätzt håt
ond r håt am gschria: He du! Komm
amål her ond hock då nô. Der ischd
komma ond nô ghockt. 2Nå håt r zeah
Männer von de Älteste von dr Stadt
gholt ond zo dene gsaed: Hockat amål
då nô. Ond se send nôghockt. 3Nå håt
r zo dem Auslöser gsaed: D Noomi,
mô aus de Felder von Moab zrück
komma ischd, will des Grondstück, mô
onseram Vrwandta Elimelech ghert håt,
vrkaofa. 4Jetzt han e mr denkt, i will
de drvo onterrichta ond dr vôrschlaga:
Kauf s en dr Gegawart von dene, mô
dåhanna sitzat ond en dr Gegawart
von de Älteste von maem Volk. Willst
d s auslösa, nå dua s; willst d s aber et
auslösa, nå sag mr s, dass e s wôeß; außer
dir ischd nämlich koe Auslöser då, ond
i komm erst nach dir. Der håt gsaed: I
will s auslösa! 5Nå håt dr Boas gsaed: An
dem Dag, mô du des Grondstück von dr
Noomi kaofst, muaßt d gleichzeitig ao
d Rut aus Moab drzua nemma, d Frao
von dem Vrstôrbena, zom da Nåma von
dem Daota auf saem Erbtôel wieder
aufleba lassa. 6Nå håt der Auslöser
gsaed: Nå kå i s et auslösa; sonst dät
e maem Erbtôel schada. Lös du für di
aus, was i auslösa sott, i kå s nämlich et
auslösa. 7Selligsmål ischd s en Israel dr
Brauch gwea, wann s drom ganga ischd,
dass mr ebbas ausglöst oder tauscht håt,
zom des Gschäft rechtskräftig macha: dr
oene håt saen Schuah auszoga ond an am
andera geba. Des ischd d Bestätigong en
Israel gwea. 8Ond der Auslöser håt zom
Boas gsaed: Kaof s für di! Ond r håt saen
Schuah auszoga. 9Ond dr Boas håt zo de
Älteste ond zom ganza Volk gsaed: Ihr
send mr haet Zeuga, dass i von dr Noomi
s ganze Hab ond Guat vom Elimelech
ond s ganze Hab ond Guat vom Kiljon
ond vom Machlon kaof. 10I kaof mr
ao d Rut von Moab, am Machlon sae
Witwe, als Frao, zom da Nåma von dem
Vrstôrbena auf saem Erbtôel wieder
aufleba lassa, dass dr Nåma von dem
Vrstôrbena et vrschwendat aus dr Mitte
von saene Brüader ond aus am Tôr
von saem Ort. Ihr send mr haet Zeuga.
11Ond älle Leut, mô em Tôr gwea send,
ond de Älteste hent gsaed: Mir send
Zeuga. Mög s dr Herrgott (JAHWE)
geba, dass dui Frao, mô en dae Haus
kommt, wird wia d Rahel ond d Lea, dia
mô bôede s Haus Israel baut hent. Ond
üab Macht aus en Efrata ond dae Nåma
soll gfeiert sae en Betlehem! 12Dae Haus
soll wera wia s Haus vom Perez, den mô
d Tamar am Juda gebora håt, durch dia
Nåchkomma, mô JAHWE dir von dera
jonga Frao geba mög.

Zom Vrgleicha: *Vers 3:* Lev 25,1-5; Jer 32,77f *Vers 6:* Dtn 25,7-10 *Vers 11:* Gen 29 – 31 *Vers 12:* Gen 38,29.

S gsegnate Kend: 4 13-17

13So håt dr Boas d Rut gnomma ond se
ischd sae Frao wôra. Ond môn r mit ra
gschlåfa håt, ischd ra s vom Herrgott
(JAHWE) gschenkt wôra, dass se

schwanger wôra ischd ond an Bua auf
d Welt bråcht håt. [14]Nå hent d Fraoa zor
Noomi gsaed: Lobpreis sei JAHWE,
der mô dr haet an Auslöser et vrsagt håt,
saen Nåma soll mr feiera en Israel! [15]Der
macht dae (kranka) Seel wieder gsond
ond vrsôrgt de em Alter. Dae Söhnere,
mô de ganz arg måg, håt an auf d Welt
bråcht, dui ischd für di doch maeh wert
als wia sieba Söh. [16]Ond d Noomi håt
des Kend gnomma ond ra s an Brust
glegt ond ischd sae Pflegere wôra. [17]Ond
d Nåchberna hent an Nåma ausgruafa
ond gsaed: A Soh ischd gebora für d
Noomi! Ond se hent saen Nåma gruafa:
Obed. Des ischd dr Vadr vom Isai, am
(König) David sae Vadr.

Dr Stammbaom: 4 18-22

[18]Des send am Perez saene Nåchkomma:
Dr Perez ischd dr Vadr vom Hezron,
[19]dr Hezron ischd dr Vadr vom Ram, dr
Ram ischd dr Vadr vom Amminadab,
[20]dr Amminadab ischd dr Vadr vom
Nachschon, dr Nachschon ischd dr
Vadr vom Salmon, [21]dr Salmon ischd dr
Vadr vom Boas, dr Boas ischd dr Vadr
vom Obed, [22]dr Obed ischd dr Vadr vom
Isai, dr Isai ischd dr Vadr vom David.

geganüber ischd omöglich gwea. Wann då ebber a Schlachtopfer darbrâcht hât ond s Flôesch kocht hât, nå ischd a Bursch vom Priaster mit ra dreizenkada Gabel en dr Håd komma 14ond hât en dem Kessel oder em Hafa oder em Becka oder en dr Schüssel romgstocherat. Ond ällas, was r mit dr Gabel rausgfischt hât, hât dr Priaster für sich gnomma. So hent se s mit älle Israelita gmacht, mô nach Schilo komma send. 15Sogar no eh se s Fett aufraocha lassa hent, ischd am Priaster sae Bursch komma ond hât zo dem, mô s Opfer darbrâcht hât gsaed: Gib Flôesch her zom Brâta für da Priaster, der will koe gsottes Flôesch von dr, sondern frischs. 16Wann nå der Må gsaed hât: mr muaß doch zersta s Fett aufraocha lassa, ond nå kåsch d nemma, was dae Herz begehrt, nå hât der gsaed: Noe, gib mr s glei! Wann et, nå nemm e s mit Gwalt. 17So hent sich dia Kerle emmer ärger vor JAHWE vrsündigt, weil se dene Männer ihre Opfergaba für JAHWE et g'achtat hent.

18Ond dr Samuel hât als Bua vôr JAHWE dient, ond r hât drbei an laenena Efod (Priasterschurz) åghet. 19Ond sae Muader hât am emmer wieder a klaes Obergwand gnäht, des hât se am jedas Mål mitbrâcht, wann se mit ihram Må nauf ganga ischd zom s Jåhrasopfer darbrenga. 20Nå hât dr Eli da Elkana ond sae Frao gsegnat ond gsaed: JAHWE soll dr no maeh Nâchkomma schenka von dera Frao für den, môn r von dir kriagt hât! Nå send se wieder hoem ganga. 21Tatsächlich hât sich JAHWE om d Hanna ågnomma ond se hât no drei Söh ond zwôe Töchter kriagt. Ond der Bua, dr Samuel ischd graoß wôra bei JAHWE.

22Ond dr Eli ischd recht alt wôra. Ond r hât ällas mitkriagt, was saene Söh älle Israelita ådao hent, ao dass se dia Fraoa, mô am Aegang vom Begegnongszelt vrsammlat gwea send, belästigt hent, 23ond r hât zo nen gsaed: Wårom dent ihr so baese Sacha, môn e dauernd von de Leut höra muaß? 24Noe, maene Söh, des ischd wirklich et guat, was e då em Herrgott (JAHWE) saem Volk über euch höra muaß. 25Wann a Mensch gega an Menscha sündigt, nå kå Gott (Elohim) Richter sae; wann aber a Mensch gega JAHWE sündigt, wer soll sich nå für an aesetza? Aber dia hent auf ihran Vadr nex geba; JAHWE hât nämlich da Entschluß gfaßt, dass r dia omkomma lassa will. 26Der Bua, dr Samuel aber ischd gwachsa ond ischd emmer beliebter wôra bei JAHWE ond bei de Menscha.

27Nå ischd a Må von Gott (Elohim) zom Eli komma ond hât zon am gsaed: So spricht JAHWE: Han i me et deutlich am Haus von daem Vadr offabart mô ihr en Ägypten gwea send am Haus vom Pharao? 28I han se mr sell aus älle Stämm von Israel für da Priasterdenst auserwählt, dass se an maen Altar nauf steigat zom Raecherwerk aufraocha lassa ond vor maene Aoga an Efod tragat, ond i han am Haus von daem Vadr älle Feueropfer von de Israelita geba. 29Wårom tretat ihr maene Schlachtopfer ond maene Speisopfer, dia mô i für mae Wohnong ågordnat han, mit de Füaß, ond wårom gibst du daene Söh maeh Ehr als mir, endem r euch mästat mit am Besta aus älle Opfergaba von maem Volk Israel? 30Drom spricht JAHWE, dr Gott (Elohey) von Israel:

I han zwår vrsprocha, dass dae Haus ond s Haus von daem Vadr für emmer vôr mir deana sollat. Aber jetzt lautat dr Spruch von JAHWE: Des gilt so nemme! Sondern: Wer mir d Ehr gibt, dem gib i ao d Ehr! Ond wer mi vrachtat, der vrdient koe Achtong! 31Guckat, s kommt a Zeit, då hack i daen Arm ond da Arm von daem Vadrhaus ab, dass s en daem Haus koen Alta maeh geit. 32Nå guckst d schiach auf ällas Guate, mô i an Israel dua; ond s geit en daem Haus koen Alta für älle Zeita. 33Bloß oen rotte i et weg vo maem Altar, wann e daene Aoga vrganga ond dae Seel vrschmachta laß. Aber dr ganze männliche Nåchwuchs von daem Haus muaß sterba. 34Ond des ischd für di s Zaeche, mô über daene zwôe Söh, da Hofni ond da Pinhas kommt: Dia sterbat bôede an oem Dag! 35Aber i laß mr an glaobwürdiga Priaster bstella. Der handelt nach maem Herza ond en maem Senn, dem bau i a bständigs Haus, der soll ao für emmer vôr maem Gsalbta herganga. 36Ond der, mô von daem Haus no übrig bleibt, der wird zon am komma ond sich om an Silberleng ond an Lôeb Brot onterwerfa ond drom bettla: Laß me doch mitdoa en oener von daene Priasterabtaelonga, dass e an Bissa Brot han!

Zom Vrgleicha: *Vers 15:* Lev 7,11-17.28-34 • *Vers 26:* Lk 2,52 • *Vers 28:* Dtn 18,1 • *Vers 30:* Ex 28,1 • *Vers 31:* 1Kö 2,27 • *Vers 34:* 4,11.

De erst Offabarong an da Samuel:

3 1-21

3 Der Bua, dr Samuel håt beim Herrgott (JAHWE) dient onter dr Aufsicht vom Eli. Offabaronga von JAHWE send en dera Zeit recht selta vôrkomma; von ra Erschaenong håt mr nex ghört. 2Nå ischd s gscheha: Ama Dag, mô dr Eli auf saem Platz glega ischd, saene Aoga send schao trüab wôra ond r håt nex maeh gseha. 3Aber d Lamp von Gott (Elohim) ischd no et ausganga gwea; ond dr Samuel ischd em Tempel von JAHWE glega, då, mô d Truhe von Gott (Elohim) gstanda ischd. 4Ond JAHWE håt da Samuel ågruafa, ond der håt gsaed: Då ben e! 5Nå ischd r zom Eli ganga ond håt gsaed: Då ben e! du håsch mr doch gschria! Aber der håt gsaed: I han dr et gschria! Gang no ond lieg wieder nô; ond r ischd ganga ond wieder nôglega. 6Ond JAHWE håt nomål gruafa: Samuel! Ond r ischd wieder aufgstanda ond zom Eli ganga ond håt gsaed: Då ben e! du håsch mr doch gschria! Aber der håt gsaed: I han dr et gschria! Gang no ond lieg wieder nô!

7Aber dr Samuel håt da Herrgott (JAHWE) no et kennt, ond a Wort von JAHWE ischd am no et offabart wôra. 8Ond JAHWE håt da Samuel zom dritta Mål ågruafa. Ond r ischd wieder aufgstanda ond zom Eli ganga ond håt gsaed: Då ben e! du håsch mr doch gschria! Nå håt dr Eli gmerkt, dass des JAHWE gwea ischd, mô dem Bua gruafa håt. 9Nå håt dr Eli zom Samuel gsaed: Gang ond lieg nô! ond wann r de wieder åruaft, nå saesch d: Red JAHWE, dae Diener hört de! Nå ischd dr Samuel wieder auf saen Platz nôglega. 10Nå ischd dr Herrgott (JAHWE) komma ond vôr an nô gstanda ond håt gruafa wia vôrher: Samuel! Samuel! Ond dr Samuel håt gsaed: Red JAHWE, dae Diener hört de! 11Nå håt dr Herrgott (JAHWE) zom Samuel gsaed: Guck, i will en Israel ebbas doa, dass jedam, mô des hört, d Ohra schepperat. 12An dem Dag laß i am Eli ällas wåhr wera, was e über sae Haus gsaed han vom Åfang bis ans End. 13I han s am ågsaed, dass i sae Haus für emmer richta will wega saener Vrfehlong, weil r gwißt håt, dass saene Söh Lästerer send, ond er håt s en et gwehrt. 14Ond i han am Haus Eli gschwora: Ob d Schuld vom Haus Eli durch a Opfer ond durch Gaba auf emmer gsühnt wera kå? 15Ond dr Samuel ischd bis môrgnads liega blieba, nå håt r d Türa vom JAHWE-Tempel aufgmacht. Dr Samuel håt natürlich Angst ghet, ebbas von dera Erschaenong am Eli zom saga. 16Nå håt dr Eli am Samuel gschria ond håt gsaed: Samuel, mae Soh! Der håt am zor Antwort geba: Då ben e! [17]Nå håt r an gfrågt: Was håt r zo dr gsaed? Vrschweig mr nex! Gott (Elohim) soll dr des ond sell ådoa, wann da mr irgend ebbas vrschweigst von dem, was r dr gsaed håt. [18]Nå håt am dr Samuel ällas vrzählt ond håt am nex vrschwiega. Nå håt dr Eli gsaed: Des ischd JAHWE! der soll doa, was en saene Aoga richtig ischd. [19]Ond dr Samuel ischd graoß wôra ond JAHWE ischd mit am gwea ond håt koes von saene Wort auf da Boda falla lassa. [20]Ond ganz Israel, von Dan bis nach Beerscheba håt erkannt, dass dr Samuel von JAHWE da Auftrag kriagt håt, a Profet zom sae. [21]Ond JAHWE ischd wieder en Schilo erschiena, JAHWE håt sich nämlich am Samuel durch sae Wort offabart.

Zom Vrgleicha: *Vers 2:* 4,15.

VRLUST OND RÜCKKEHR VON DR BUNDESTRUHE: 4 1 – 7 1

D Bundestruhe bei de Philister: 4 1 – 5 12

4 Ond am Samuel sae Wort håt für ganz Israel golta. Israel håt sich gsammlat zom gega d Philister Kriag führa, ond se hent om Eben-Eser (Stein der Hilfe) rom glagerat en Afek. [2]D Philister hent sich aufgstellt gega d Israelita ond hent se aegschlossa. Nå ischd Israel gschlaga wôra durch d Philister ond se hent en de Schlachtrôeha em freia Feld om de viertausad Mann ombråcht. [3]Mô nå s Volk ens Lager zrück komma ischd, hent de Älteste von Israel gsaed: Wårom håt JAHWE ons haet vôr de Philister gschlaga? Laß ons d Bundestruhe von JAHWE aus Schilo hola, dass r en onser Mitte kommt ond ons aus de Händ von onsere Faend rettat. [4]Auf des nô håt s Volk nach Schilo gschickt, ond se hent von sell d Bundestruhe von JAHWE Zebaot, der mô auf de Cherubim thront, weg traga. Ond am Eli saene zwôe Söh, dr Hofni ond dr Pinhas, hent d Bundestruhe von Gott (Elohim) beglaetat. [5]Mô nå d Bundestruhe von JAHWE ens Lager komma ischd, ischd ganz Israel en Jubel ausbrocha, dass von ihram Jubelgschrôe d Erde dröhnt håt. [6]Mô d Philister den Krach von dem Jubelgschrôe ghört hent, hent se gsaed: Was ischd ao des für a Gschrôe dåhanna em Lager von de Hebräer? Nå hent se vrfahra, dass d Bundestruhe von JAHWE ens Lager komma sei, [7]ond se hent s mit dr Angst zom doa kriagt, dia hent sich nämlich gsaed: Zo dene ischd Gott (Elohim) ens Lager komma! Ond se hent gsaed: Gnad ons, so ebbas ischd nämlich no nia passiert! [8]Gnad ons! Wer soll ons nå retta aus dr Gwalt von dene gewaltige Götter (Elohim)? Des ischd nämlich der Gott (Elohim), der mô d Ägypter mit älle mögliche Plåga gschlaga håt en dr Wüste! [9]Machat euch stark ond send mr echte Männer, Philister, sonst müaßat r de Hebräer Frondenst laesta, so wia dia euch Frondenst glaestat hent. Send mr echte Männer ond kämpfat! [10]Nå hent d Philister kämpft ond Israel ischd gschlaga wôra, ond se send a jeder en sae Zelt abghaoa. Des ischd a schwerer Schlag gega se gwea, dreißgtausad Mann vom Fuaßvolk send gfalla. [11]Ond ao d Bundestruhe von Gott (Elohim) hent se erbeutat, ond am Eli saene zwôe Söh, dr Hofni ond dr Pinhas send omkomma.

[12]Ond oener aus dr Schlachtrôeh von de Benjaminiter ischd durchkomma nach Schilo, mit vrrissene Klôeder ond Dreck auf am Kopf ischd r åkomma. [13]Môn r åkomma ischd, ischd dr Eli auf saem Stuahl neba dr Stråß gsessa ond håt Ausschao ghalta, der håt nämlich

Angst ghet om d Bundestruhe von
Gott (Elohim). Ond mô der Må nå
komma ischd ond en dr Stadt vrzählt
håt was passiert ischd, håt de ganz Stadt
aufgschria. [14]Ond mô dr Eli des laute
Gschrôe ghört håt, håt r gfrågt: Was håt
denn des Gschrôe zom bedeuta? Nå
håt sich der Må beeilt ond håts am Eli
vrzählt. [15]Dr Eli ischd aber achtanaezg
Jåhr alt gwea, ond saene Aoga hent
ganz starr guckt, weil r nex maeh gseha
håt. [16]Nå håt der Må zom Eli gsaed: I
komm aus dr Schlacht ond ben haet
abghaoa! Nå håt dr (dr Eli) gsaed: Wia
stôhts denn, mae Soh? [17]Nå håt am der
Må zor Antwort geba ond gsaed: Israel
ischd vôr de Philister abghaoa ond s
Volk håt an schwera Schlag aestecka
müaßa, ond ao daene zwôe Söh, dr
Hofni ond dr Pinhas, send omkomma.
Ond d Bundestruhe von Gott (Elohim)
ischd wegkomma. [18]Môn r des von dr
Bundestruhe von Gott (Elohim) gsaed
håt, ischd r (dr Eli) hentersche von saem
Stuahl rakippt neba am Tôr ond håt
s Gnick brocha, dass r gstôrba ischd.
Der Må ischd halt schao alt ond schwer
gwea. Vierzg Jåhr lang ischd r Richter
gwea en Israel.
[19]Aber sae Söhnere, am Pinhas sae
Frao ischd hoch schwanger gwea. Mô
se ghört håt, dass d Bundestruhe von
Gott (Elohim) weg komma ond ihr
Schwiegervadr ond ihr Må daot send,
ischd se nôgsonka ond håt a Kend
kriagt; d Weha send nämlich schao då
gwea. [20]Ond wia se em Sterba glega
ischd, hent dia Fraoa, mô bein ra gwea
send, gsaed: Brauchst koe Angst et
han, du håsch nämlich a Büable auf d
Welt bråcht! Aber se håt koe Antwort
drauf geba ond s gar et beachtat. [21]Ond
se håt des Büable Ikabod (vrlorena
Herrlichkaet) ghôeßa, endem se gsaed
håt: Vrschwonda ischd d Herrlichkaet
aus Israel, weil d Bundestruhe von
Gott (Elohim) vrlora ganga ischd
wega ihram Schwiegervadr ond ihram
Må. [22]Ond se håt gsaed: Vrschwonda
ischd d Herrlichkaet aus Israel, weil d
Bundestruhe von Gott (Elohim) vrlora
ganga ischd.

5 D Philister hent nå d Bundestruhe
von Gott (Elohim) gnomma ond von
Eben-Eser nach Aschdod bråcht. [2]Nå
hent d Philister d Bundestruhe von Gott
(Elohim) en da Dagon-Tempel bråcht
ond då neba da Dagon nôgstellt. [3]Mô nå
dia Leut von Aschdod am andera Môrga
komma send, ischd dr Dagon vor dr
Bundestruhe von JAHWE auf am Boda
glega mit am Gsicht nach onta. Ond se
hent da Dagon aufghoba ond wieder an
saen Platz nô gstellt. [4]Ond mô se am
andera Môrga en dr Früah aufgstanda
send, guck, då ischd dr Dagon wieder
auf saem Gsicht auf am Boda glega
vôr dr Bundestruhe von JAHWE, ond
dr Kopf ond bôede Händ send send
agschlaga auf dr Schwell glega, bloß
dr Rompf ischd von am übrig blieba.
[5]Drom dappat d Priaster ond älle, mô en
da Dagon-Tempel nae gangat, et auf d
Schwell vom Dagon en Aschdod bis auf
da haetiga Dag.
[6]Ond am Herrgott (JAHWE) sae
Håd ischd schwer auf de Aewohner
von Aschdod glega, endem r se ganz
durchananander bråcht håt ond se mit
Gschwür gschlaga håt, Aschdod ond
sae ganzs Omland. [7]Mô dia Leut von
Aschdod gseha hent, was då gwea ischd,
hent se gsaed: Dui d Bundestruhe vom
Gott (Elohim) von Israel muaß fort;
dem sae Håd leit nämlich schwer auf
ons ond onseram Gott (Eloheynu)
Dagon. [8]Ond se hent älle Fürsta von de
Philister zsematrommlat bei sich ond
se gfrågt: Was sollat mr denn doa mit
dera Bundestruhe vom Gott (Elohim)
von Israel? Ond dia (d Fürsta) hent
gsaed: Nach Gat soll dui Bundestruhe

von Gott (Elohim) von Israel omzieha.
Ond se hent d Bundestruhe von Gott
(Elohim) sell nô bråcht. [9]Mô se se aber
nôdao hent, håt d Håd von JAHWE
ao då ällas durchanander bråcht ond
dia Leut en dr Stadt kloene wia graoße
gschlaga mit dicke Beula.
[10]Nå hent se d Bundestruhe von Gott
(Elohim) nach Ekron gschickt. Mô
aber d Bundestruhe von Gott (Elohim)
nach Ekron komma ischd, hent d Leut
von Ekron gschria ond gsaed: Dia hent
d Bundestruhe vom Gott (Elohim)
von Israel bloß zo ons bråcht, weil se
ons ond onser Volk ombrenga wöllat.
[11]Nå hent se wieder älle Fürsta von
de Philister zsemagruafa ond gsaed:
Schaffat ons bloß dui Bundestruhe vom
Gott (Elohim) von Israel vom Hals, ond
dent se då nô, mô se nô ghert, dass se et
ons ond onser Volk ombrengt! S ischd
nämlich en dr ganza Stadt a Todasangst
gwea, weil d Håd von Gott (Elohim)
schwer auf ra glastat ischd. [12]Ond dia
Leut, mô et gstôrba send, send voler
Beula gwea, ond s Gschrôe om Hilfe
ischd aus dr Stadt bis en da Hemmel
dronga.

Zom Vrgleicha: *Kap 4 Vers 1:* 29,1 • *Vers 11:* 2,34; Ps 78,61 • *Vers 15:* 3,2 • *Vers 22:* Ps 78,61.

D Rückkehr von dr Bundestruhe: 6 1 – 7 1

6 D Bundestruhe von JAHWE ischd
sieba Monat em Land von de Philister
blieba. [2]Nå hent d Philister ihre Priaster
ond Wahrsager gruafa ond gsaed: Was
sollat mr mit dera Bundestruhe vom
Gott JAHWE macha? Sagat ons, wia mr
des åstella sollat, dass se hoem kommt.
[3]Dia (Priaster) hent en zor Antwort geba:
Wann ihr dui Bundestruhe vom Gott
(Elohim) von Israel wegschicka wöllat,
nå därfat r se et leer zrück schicka. Ihr
müaßat am a Sühnegschenk mitgeba, nå
werat r wieder gsond ond r kapierat ao,
wårom sae Håd et von euch lässt. [4]Aber
dia hent gsaed: Was für a Sühnegschenk
sollat mr am denn macha? Dia (Priaster)
hent en zor Antwort geba: Nach dr
Zahl von de Philisterfürsta fenf goldene
Beula ond fenf goldene Mäus, weil
nämlich älle dia Plåga troffa hent, ao
eure Fürsta. [5]Machat also Abbilder von
eure Beula ond von eure Mäus, dia mô
euer Land vrderbat, ond gebat am Gott
(Elohey) von Israel d Ehr! Vielleicht
macht r nå sae Håd leichter über euch
ond eure Götter (Eloheykem) ond euer
Land. [6]Wårom wöllat ihr hartherzig sae
wia d Ägypter ond dr Pharao hartherzig
gwea send? Ischd s et so, môn r saen
Muatwilla an en trieba håt, hent se se
ganga lassa müaßa, ond se hent ganga
könna? [7]Jetzt machat r an neua Waga
ond nemmat zwôe Milchküah, dia mô
no nia onter am Joch ganga send, nå
spannat r dia Küah vôr den Waga; dene
nemmat r d Kälbla weg ond brengat se
hoem. [8]Nå nemmat r d Bundestruhe von
JAHWE ond stellat se auf den Waga.
Ond dia Gfäß mit dem Gold von euram
Sühnegschenk legat r en a Kist drneba,
nå lent r se laofa. [9]Passat aber auf: Wann
r hoem gôht en Richtong von saem Land
nach Bet-Schemesch, nå ischd ER s gwea,
mô des graoße Oglück über ons bråcht
håt; wann et, nå wissat mr, dass ons et
sae Håd troffa håt, sondern dass des a
Zuafall gwea ischd, was bei ons passiert
ischd. [10]So hent s dia Leut gmacht, ond
se hent dia zwôe Milchküah gnomma
ond vôr den Waga gspannt, ond ihre
Kälbla hent se em Haus bhalta. [11]Nå
hent se d Bundestruhe von JAHWE auf
den Waga gstellt ond dui Kist mit dene
goldene Mäus ond mit dene goldene
Abbilder von dene Beula. [12]Dia Küah
send aber gradaus gloffa auf am Weg,
Bet-Schemesch zua; auf dr Stråß send
se gloffa ond hent andauernd brellt, dia
send et rechts ond et lenks agwicha von

dr Stråß. Dia Fürsta von de Philister
aber send en nåch ganga bis an d Grenz
von Bet-Schemesch. 13Ond von Bet-
Schemesch send grad oene draußa gwea
zom Wôeza schneida em Talgrond. Ond
mô se aufguckt ond dui Truhe gseha
hent, hent se sich ohaemlich gfraet.
14Mô der Waga ans Feld vom Joschua,
ama Må von Bet-Schemesch, komma
ischd, ischd r standa blieba. Sell ischd a
graoßer Stoe gwea; nå hent se des Holz
von dem Waga gspalta ond dia Küah als
Brandopfer für JAHWE aufsteiga lassa.
15Ond d Levita hent d Bundestruhe
von JAHWE ond dui Kist, mô drneba
gstanda ischd ond mô dia goldene Sacha
dren gwea send, auf den graoßa Stoe
gstellt. Ond dia Leut von Bet-Schemesch
hent an dem Dag Brandopfer aufsteiga
lassa ond Schlachtopfer darbråcht für
JAHWE. 16Ond dia fenf Philisterfürsta
hent zuaguckt, nå send se am gleicha
Dag no hoemganga nach Ekron.
17Ond des send dia goldene Beula, mô
d Philister als Sühnegschenk mitgeba
hent: Für Aschdod oena, für Gaza oena,
für Aschkelon oena, für Gat oena ond
oena für Ekron. 18Ond dia goldene Mäus
nach dr Zahl von älle Philisterstädt: für
fenf von de Fürsta, von dr Stadtfestong
bis zom Dorf vom Landvolk. Der
graoße Stoe, mô se d Bundestruhe von
JAHWE nauf gstellt hent, stôht no
bis auf da haetiga Dag am Acker vom
Joschua von Bet-Schemesch. 19Dr Herr
aber håt dia Leut von Bet-Schemesch
gstråft, weil se auf d Bundestruhe von
JAHWE guckt hent. Selligsmål håt r aus
am Volk siebzg Mann aus fenftausad
ombråcht. Nå håt s Volk trauert, weil dr
Herrgott (JAHWE) onter am Volk de
Leut so an schwera Schlag vrsetzt håt.
20Ond dia Leut von Bet-Schemesch hent
gsaed: Wer kå vôr JAHWE, dem Haeliga
Gott (Elohim) bestanda? Ond zo wem
soll r von ons aus ganga? 21Nå hent se
Bota gschickt nach Kirjat-Jearim ond de
Aewohner ausrichta lassa: D Philister
hent d Bundestruhe von JAHWE zrück
bråcht, kommat ra ond holat se zo euch
nauf!
7 Nå send dia Leut von Kirjat-Jearim
komma ond hent d Bundestruhe von
JAHWE ens Haus vom Abinadab bråcht
auf dr Åhöhe; ond se hent saen Soh, da
Eleasar gweiht, zom auf d Bundestruhe
von JAHWE aufpassa.

Zom Vrgleicha: *Kap 6 Vers 6:* Ex 8,28 • *Vers 19:* Num 4,20; 2Sa 6.6f • *Vers 21:* 1Chron 13,6; Ps 132,6.

SAMUEL OND SAUL: 7 2 – 15 35

Dr Samuel als Richter: 7 2-17

2Von dem Dag å, mô d Truhe en Kirjat-
Jearim blieba ischd, send zwanzg Jåhr
vrganga. Ond s ganze Haus Israel
håt gjåmerat ond sich an da Herrgott
(JAHWE) gwendat. 3Nå håt dr Samuel
zom ganza Haus Israel gsaed: Wann
ihr von ganzam Herza zom Herrgott
(JAHWE) omkehrat wöllat, nå schaffat
zerst amål dia fremde Götter (Elohey)
aus eurer Mitte fort ond dia Astarta
ond richtat euer Herz auf JAHWE ond
deanat ehm ganz alloe! Nå befreit der
euch aus dr Gwalt von de Philister. 4Nå
hent d Israelita dia Baal ond Astarta
fort gschafft ond bloß no JAHWE alloe
deant. 5Nå håt dr Samuel gsaed: Ganz
Israel soll sich en Mizpa vrsammla, nå
will e für euch zo JAHWE beta! 6Ond
se send en Mizpa zsema komma ond
hent Wasser gschöpft ond s vôr JAHWE
ausgossa. Ond se hent an sellam Dag
gfastat ond gsaed: Mir hent ons gega
JAHWE vrsündigt! Ond dr Samuel håt
de Israelita Recht gsprocha en Mizpa.
7Mô aber d Philister vrfahra hent, d

Israelita hätte sich en Mizpa vrsammlat, send d Philisterfürsta gega Israel nauf zoga. Ond des hent d Israelita ghört ond se hent Angst kriagt wega de Philister. 8Nå hent d Israelita zom Samuel gsaed: Hör bloß et auf, für ons JAHWE, onseran Gott (Eloheynu) åzomruafa, dass r ons retta soll aus de Händ von de Philister! 9Nå håt dr Samuel a Lämmle gnomma ond s JAHWE als Ganzopfer aufraocha lassa, ond dr Samuel håt zo JAHWE gschria für Israel ond JAHWE håt am Antwort geba. 10Ond während dr Samuel des Brandopfer aufraocha lassa håt, send d Philister gega Israel zom Kampf ågrückt, aber dr Herrgott (JAHWE) håt s ganz laut donnera lassa an sellam Dag über de Philister ond se ganz durchanander bråcht. Ond so send se gschlaga wôra vôr de Israelita. 11Ond dia Männer von Israel send von Mizpa ausgrückt ond send de Philister nåchgjagd bis onterhalb von Bet-Kar ond hent se gschlaga. 12Nå håt dr Samuel zwischa Mizpa ond Jeschana an Stoezacka aufgstellt ond an Eben-Ezer ghôeßa ond gsaed: **Bis dåhanna her håt ons JAHWE gholfa!** 13So send d Philister demüatigt wôra ond send seither nemme ens Gebiet von Israel komma. Ond am Herrgott (JAHWE) sae Håd ischd gega d Philister gwea, solang dr Samuel glebt håt. 14Nå send ao dia Städt, mô d Philister de Israelita agnomma hent, wieder an Israel zrück ganga, von Ekron bis nach Gat. Ao ihre Ländereia hent d Israelita de Philister aus de Händ grissa. Aber zwischa Israel ond de Amoriter ischd Frieda gwea.

15Dr Samuel ischd Richter gwea en Israel saener Lebdag. 16Ond r håt so, wias naedig gwea ischd, Jåhr für Jåhr d Ronde gmacht über Bet-El, am Gilgal ond Mizpa ond håt Recht gsprocha an älle dene Ortschafta en Israel. 17Nå ischd r zrück ganga nach Rama, då håt r nämlich a Haus ghet, ond då håt r ao Recht gsprocha für d Israelita. Ond r håt sell an Altar baut für JAHWE.

Zom Vrgleicha: *Vers 5:* 10,17; Ri 20,1 • *Vers 10:* 14,15; Ex 14,24; 23,27; Jos 10,10; Ri 4,15.

D Israelita wöllat an König: 8 1-22

8 Mô nå dr Samuel alt wôra ischd, håt r saene Söh als Richter aegsetzt über Israel. 2Sae Erstgeborener håt Joël ghôeßa, ond sae zwôeter Abija. Dia send Richter gwea en Beerscheba. 3Aber saene Söh send et saen Weg ganga, sondern se hent ihran Vortôel gsuacht ond sich bestecha lassa ond s Recht vrdreht. 4Nå hent sich älle Älteste von Israel vrsammlat ond send zom Samuel nach Rama komma 5ond hent zon am gsaed: Guck, du bist alt wôra, daene Söh aber gangat et daen Weg weiter. Setz doch an König über ons ae, der mô Recht spricht über ons, so wia s de andere Völker ao hent. 6Aber am Samuel håt des et gfalla, mô se gsaed hent: Gib ons an König, der mô Recht spricht über ons! Ond dådrauf håt dr Samuel zo JAHWE betat. 7Ond JAHWE håt zom Samuel gsaed: Horch auf d Stemm vom Volk en ällam, was se zo dr sagat, dia hent nämlich et di vrwôrfa, sondern se send et drmit aevrstanda, dass i ihr König sae soll! 8Ond ganz so, wia se s mit mir gmacht hent seit dem Dag, môn e se aus Ägypten rausgholt han, bis auf den Dag, endem se mi vrlassa ond andere Götter deant hent, so machat se s ao mit dir. 9Ond jetzt horch halt auf ihr Stemm, aber warn se ernsthaft ond sag en, was a König für Rechte håt, der mô über se herrscha soll.

10Dådrauf håt dr Samuel am Volk, des mô an König wölla håt, ällas gsaed, was am dr Herrgott (JAHWE) auftraga håt. 11Ond r håt gsaed: Des ischd s Recht von dem König, der mô über euch herrscha soll: Der därf eure Söh nemma, dass dia für

saen Waga ond saene Rösser då send ond
vôr saem Waga her laofat. 12Der macht
se zo Oberste von Tausendschafta ond
zo Åführer von Abtaelonga mit fufzg
Mann, zom saene Felder ackera ond d
Ernt rae hola, ond zom Kriagsgerät für
an macha ond d Gerätschafta für saene
Wäga. 13Eure Töchter därf r nemma zom
Salba mischa, zom kocha ond bacha.
14Eure Äcker ond eure Wengert ond eure
schöne Ölbaomôlaga därf r nemma ond
an saene Diener geba. 15Von Eure Ernta
ond Wengert nemmt r da Zehnta, zom
saene Höfleng ond Diener zahla. 16Ond
eure Knecht ond eure Mägd ond eure
beste jonge Männer ond eure Esel därf
r hola ond für sich schaffa lassa. 17Von
eure Schåfherda nemmt r da Zehnta,
ond ihr selber werat saene Knecht. 18An
dem Dag werat r schreia wega euram
König, den môn r für euch rausgsuacht
hent. Aber JAHWE wird euch an dem
Dag koe Antwort geba.
19Aber s Volk håt sich gwaegerat, auf da
Samuel zom horcha ond se hent gsaed:
Noe, a König soll ond regiera! 20Mir
wöllat s ao so, wia älle andere Völker!
Onser König soll über ons Recht
sprecha, der soll vôr ons en da Kriag
ziaga ond onsere Schlachta kämpfa. 21Dr
Samuel håt sich ällas vom Volk åghört
ond s am Herrgott (JAHWE) vôrtraga.
22Dådrauf håt JAHWE zom Samuel
gsaed: Horch auf ihr Stemm ond setz
an König für se ae. Nå håt dr Samuel zo
de Israelita gsaed: Gangat älle hoem, a
jeder en sae Stadt!

Zom Vrgleicha: *Vers 2:* 1Chr 6,13 • *Vers 5:* Dtn 17,14-20; Apg 13,20f • *Vers 7:* 10,19; Ex 15,18; Ps 74,12.

Dr Saul wird zom König gsalbt:

9 1 – 10 16

9 Seligmål ischd a Må aus am Stamm
Benjamin gwea, Kisch håt r ghôeßa,
a Soh vom Abiël, der ischd a Soh vom
Zeror gwea, ond der a Soh vom Bechorat,
ond der a Soh vom Afiach, a reicher
Benjaminiter. 2Der håt an Soh ghet, Saul
håt r ghôeßa, a stattlichs Mannsbild; s
håt koen schönera Må en Israel geba,
der ischd an ganza Kopf graeßer gwea
als wia s ganz Volk.
3Nå send amål am Kisch, am Vadr vom
Saul, saene Eselsstuata vrdloffa. Nå håt
dr Kisch zo saem Soh, am Saul, gsaed:
Nemm doch oen von de Knecht mit,
gang ond such dia Eselsstuata! 4Nå send
se durch s Bergland von Efraim zoga ond
durch s Gebiet von Schalischa gstrôeft,
hent aber nex gfonda. Nå send se durch
s Gebiet von Schaalim gloffa, då send
se ao et gwea. Nå send se durchs Land
Jemini ganga ond hent nex gfonda. 5Mô
se nå en d Landschaft von Zuf komma
send, håt dr Saul zo saem Knecht gsaed:
Komm, laß ons omdreha, sonst macht
sich mae Vadr no Sôrga om ons, statt
om dia Eselsstuata. 6Aber der (Knecht)
håt zon am gsaed: Sell drüba en dera
Stadt ischd a Gottesmå, ond der Må
håt a graoßs Åseha. Ällas, was der saed,
trifft ao ae! Komm, mr gangat zo dem
nô, vielleicht kå der ons saga, mô mr no
nôganga sollat. 7Nå håt dr Saul zo saem
Knecht gsaed: Gsetzt da Fall, mir däte
nôganga, was sollat mr nå dem Må mit
brenga? S Brot en onsere Tascha ischd
jå ausganga, ond a Gschenk für den
Gottesmå hent mr ao et drbei. 8Aber der
Knecht håt weiter gmacht ond zom Saul
gsaed: Guck her, i han no an Viertel-
Schekel Silber en dr Tasch, den gib e
dem Gottesmå, dass r ons Auskonft
geit. 9Früher håt mr en Israel gsaed,
wa mr ganga ischd zom Gott (Elohim)
fråga: Komm, mr gangat zom Seher!
Weil, zo dene, mô mr haet Profet saed,
håt mr früher Seher gsaed. 10Dådrauf
håt dr Saul zo saem Knecht gsaed: I
fend daen Vôrschlag guat! Komm, mr
gangat! Ond se send en dui Stadt ganga,

mô der Gottesmå gwea ischd. [11]Mô se
nå d Stôeg en d Stadt nauf send, hent se
a paar Mädla troffa, dia mô naus send,
zom Wasser hola; dia hent se gfrågt:
Ischd vielleicht dr Seher då? [12]Dia hent
en zor Antwort geba ond gsaed: Der
ischd då vôrna! Der ischd grad eba en d
Stadt rae komma, weil haet a Opferfest
für s Volk ischd, droba auf dr Åhöhe.
[13] Wann r glei en d Stadt nae gangat, nå
treffat r an vielleicht no, bevôr r auf d
Åhöhe nauf gôht zom essa. D Leut
essat nämlich et bevôr r då ischd, weil
der s Opfermahl segnat, erst nå essat de
gladene Gäst. Gangat no nauf, grad jetzt
werat r an fenda! [14]Nå send se weiter en
d Stadt nauf ganga. Ond mô se grad en
d Mitte von dr Stadt komma send, ischd
en dr Samuel entgega komma, wian r
håt auf Åhöhe steiga wölla.
[15]Dr Herrgott (JAHWE) håt aber am
Samuel am Dag, bevôr dr Saul komma
ischd a Offabarong ens Ohr geba ond
gsaed: [16]Môrga om dui Zeit schick e an
Må zo dr aus am Land Benjamin, ond
den salbst d zom Fürsta über mae Volk
Israel, dass der mae Volk aus de Händ
von de Philister befreit, i han nämlich
s Elend vo maem Volk gseha, weil sae
Gschrôe om Hilf zo mr dronga ischd.
[17]Mô dr Samuel da Saul gseha håt ond
JAHWE am Antwort geba håt: Guck,
des ischd der Må, von dem, môn e dr
gsaed han: Der soll mae Volk regiera!
[18]Nå ischd dr Saul em Tôr zom Samuel
nôganga ond håt gsaed: Sag mr bitte, mô
dr Seher wohnt! [19]Nå håt dr Samuel am
Saul zor Antwort geba ond gsaed: I ben
dr Seher! Steig vôr mr nauf auf d Åhöhe,
ihr sollat nämlich haet mit mr essa, ond
i will de am Môrga entlassa, ond dr
Auskonft geba über ällas, was dae Herz
bewegt. [20]Ond om dia Eselsstuata, mô dr
vôr drei Dag vrdloffa send, brauchst d
dr ao koene Gedanka macha; dia håt mr
schao gfonda. Schliaßlich ghert dir ond
am ganza Haus von daem Vadr ällas, was
kostbar ischd en Israel! [21]Nå håt am dr
Saul zor Antwort geba ond gsaed: Ben
i et a Benjaminiter, oener vom klaensta
Stamm en Israel? Ond mae Sippschaft
ischd de klaenst von älle em Stamm
Benjamin! Wårom saesch du so ebbas
zo mir? [22]Dr Samuel aber håt da Saul
ond saen Knecht gnomma ond an en d
Halle naegführt ond ganz oba nôgsetzt
bei de Gladene; des send ogfähr dreißg
Mann gwea. [23]Nå håt dr Samuel zom
Koch gsaed: Gib des Stück her, môn e
dr geba han ond zo dr gsaed han: Leg s
auf Seit! [24]Nå håt der Koch den Schlegel
bråcht ond vôr da Saul nôgstellt ond
gsaed: Des ischd übrig blieba, lang zua
ond iß! Môn e s Volk aeglada han håt mr
s auf Seite dao, dass du s mit de Gladene
essa kåsch. So håt dr Saul an dem Dag
mit am Samuel gessa. [25]Ond mô se von
dr Åhöhe wieder en d Stadt na ganga
send, håt mr am Saul auf am Dach a
Lager nôgrichtat, [26]ond r ischd nôglega
ond håt gschlåfa. Mô aber d Môrgaraete
aufgstiega ischd, håt dr Samuel zom Saul
auf s Dach nauf gschria: Stand auf! I will
de beglaeta. Nå ischd dr Saul aufgstanda
ond bôede, er ond dr Samuel send naus
ganga. [27]Während se nå am End von dr
Stadt nagstiega send, håt dr Saul zom
Samuel gsaed: Sag daem Knecht, r soll
vôraus ganga; ond du bleibst mr standa,
dass e dr s Wort von Gott (Elohim) sag,
mô für di bestimmt ischd!

10 Auf des nå håt dr Samuel da
Kruag mit am Salböl gnomma
ond an über saem Haopt ausgossa,
ond r håt an küsst ond gsaed: Haet
håt di JAHWE zom Fürsta über sae
Aegatom gsalbt! [2]Wann du haet von
mir weg gôhst, nå fendest d am Grab
von dr Rahel em Gebiet von Benjamin
en Zelzach zwôe Männer, dia sagat zo
dr: Dia Eselsstuata send gfonda wôra,
wega dene mô da onterwegs bist zom

se suacha. Aber dae Vadr denkt gar
nemme an dia Eselsstuata, sondern r
macht sich Sôrga wega euch, ond r saed:
Was soll e bloß doa wega maem Soh?
3Wann da nå von sell weiter gôhst ond
da kommst bis an d Tabor-Ôech, nå
kommat dr drei Männer entgega, dia
mô nauf gangat zom Gott (Elohim)
nach Bet-El. Oener traet a Böckle ond
oener traet drei Brotlôeb ond oener
traet an Waeschlauch. 4Ond dia frågat
de: Wia gôht dr s? ond se gebat dr zwôe
Brotlôeb, des därfst d von en ånemma!
5Nå kommst d nach Gibeat-Elohim, mô
d Weihesäula von de Philister standat.
Ond wann da sell en d Stadt nae kommst,
nå triffst d auf an kloena Haufa Profeta,
mô von dr Åhöhe rakommat; vôr dene
klengat Harfa ond Pauka ond Flöta ond
Zither, dia send en Ekstase. 6Nå kommt
dr Gaest von JAHWE über di ond du
gråtest mit dene en Ekstase, ond aus dir
wird a ganz anderer Mensch. 7Wann dia
Zaeche bei dr aetreffat, nå dua, was dr
vôr Händ kommt, Gott (Elohim) ischd
nämlich mit dr! 8Nå gôhst d no vôr mir
na uf Gilgal, ond guck, i komm zo dr
na zom Brandopfer aufraocha lassa
ond Friedensopfer darbrenga. Sieba
Däg wartest bis e zo dr komm ond dr
offabar, was da doa sollst!
9Mô sich dr Saul nå romdreht håt zom
vom Samuel ganga, håt Gott (Elohim) sae
Herz omgformt. Ond dia ganze Zaeche
send an dem Dag aetroffa. 10Ond mô se
nach Gibea komma send, guck, då ischd
am a Haufa Profeta entgega komma. Nå
ischd dr Gaest von Gott (Elohim) über
an komma ond r ischd en Ekstase gråta
mit dene. 11Mô nå älle dia, môn an schao
emmer kennt hent, gseha hent, wian r
mit dene Profeta en Ekstase gwea ischd,
hent d Leut zo anander gsaed: Was ischd
ao mit am Soh vom Kisch passiert?
Ischd dr Saul jetzt vielleicht ao a Profet?
12Nå håt oener von sell gsaed: Wer ischd
denn dene ihr Vadr? Von då kommt dui
Redensart: Ischd dr Saul jetzt vielleicht
ao a Profet?
13Mô nå d Ekstase aufghert håt, ischd
r auf d Åhöhe komma. 14Ond a Onkel
vom Saul håt saen Knecht gfrågt: Mô
send r gwea? Ond r håt gsaed: Dia
Eselsstuata he'mr gsuacht. Ond mô mr
se et gfonda hent, se'mr zom Samuel
ganga. 15Nå håt am Saul sae Onkel
gsaed: Vrzähl mr doch, was dr Samuel
zon ich gsaed håt! 16Nå håt dr Saul zo
saem Onkel gsaed: Der håt ons gsaed;
daß dia Eselsstuata då seie. Aber was dr
Samuel vom Königtom gsaed håt, des
håt r et vrzählt.

Zom Vrgleicha: *Kap. 9 Vers 21:* 15,17 • *Kap. 10 Vers 1:* 15,1 • *Vers 2:* Gen 35,19 • *Vers 6:* Ri 13, 25 • *Vers 8:* 11,14; 13,8 • *Vers 10:* 19, 20-24 • *Vers 12:* 19,24.

Dr Saul wird zom König gwählt:

10 17-27

17Dr Samuel håt nå s Volk zo JAHWE
nach Mizpa bstellt. 18Ond r håt zo de
Israelita gsaed: So spricht JAHWE, dr
Gott (Elohey) von Israel: I selber han
euch aus Ägypten raus gholt ond euch
aus de Händ von de Ägypter ond aus dr
Gwalt von älle dene König befreit, mô
euch en Bedrängnis bråcht hent. 19Aber
ihr hent haet euran Gott (Eloheykem)
vrwôrfa, der mô euch aus älle Übel
ond Drangsal grettat håt ond hent zon
am gsaed: Setz doch an König über
ons ae! Also stellat euch jetzt auf vor
JAHWE nach eure Stämm ond nach
eure Tausadschafta. 20Dådrauf håt dr
Samuel älle Stämm von Israel åtreta lassa
(zom auslosa), ond s Los håt da Stamm
Benjamin troffa. 21Ond môn r da Stamm
Benjamin åtreta lassa håt, Sipschaft om
Sippschaft, då håts am Matri sae Sippe
troffa; ond môn r d Sippschaft vom
Matri Mann für Mann åtreta lassa håt,
då håt s da Saul troffa, am Kisch saen

am Herrgott (JAHWE) sae Hâd gega
euch, wia gega eure Vädr.
[16]Ond jetzt kommat her ond guckat dia
graoßartige Tata, mô JAHWE vôr eure
Aoga vollbrenga will! [17]Ischd jetzt et
grad d Wôezaernt? I ruaf zo JAHWE,
dass r Gwitter schickt ond Rega, dass ihr
kapierat ond seahnat, dass ihr en de Aoga
von JAHWE a graoßa Boshaftigkaet
beganga hent, môn r für euch an König
vrlangt hent. [18]Ond dr Samuel hât
JAHWE âgruafa, ond JAHWE hât
Gwitter gschickt ond Rega an sellam
Dag, ond s ganz Volk hât Angst kriagt
vor JAHWE ond vôr am Samuel. [19]Ond
älle hent zom Samuel gsaed: Bitt für
daene Knecht zo JAHWE, daem Gott
(Eloheyka), dass mr et sterba müaßat,
weil mr zo älle onsere andere Sünda no
s Übel drzua dao, ond ao no an König
gforderat hent. [20]Dâdrauf hât dr Samuel
zom Volk gsaed: Hent no koe Angst et!
Ihr hent zwâr des ganze Orecht dao;
jetzt weichat halt nemme von JAHWE
ab, sondern deanat JAHWE von ganzam
Herza. [21]Weichat jâ et ab, dia nexnutzige
Götza könnat et helfa ond et retta, weil
se (absolut) nex send. [22]JAHWE will
nämlich sae Volk wega saem graoßa
Nâma et vrstoßa, weil r sich entschlossa
hât, dass r euch zo saem Volk macha
will. [23]Ond ao i weis des weit von mr,
dass e me gega JAHWE vrsündiga dät,
endem e aufhaera dät, für euch zom
beta ond euch da guata ond grada Weg
zom weisa. [24]Bloß: hent a Ehrfurcht vôr
JAHWE ond deanat am aufrichtig von
ganzam Herza; r seahnat doch, was für
graoße Tata r an euch dao hât. [25]Wann
r aber wieder s Baese dent, nâ werat r
samt euram König wegradiert.

Zom Vrgleicha: *Kap. 11 Vers 14:* 10,8 • *Kap. 12 Vers 1:* 8,6; 11,15 • *Vers 8:* Ex 3,7f • *Vers 9:* Ri 4,2; 10,7; 13,1; 3,12 • *Vers 10:* Ri 10,10 • *Vers 11:* Ri 6,14; 11,29; Hebr 11,32 • *Vers 12:* 11,1f; 8,19.

Am Saul sae Herrschaft: 13,1-22

13 Dr Saul hât dâdurch, dass r
König wôra ischd, a ganz andera
Gsennong kriagt, ond môn r zwôe Jâhr
König gwea ischd über Israel, [2]hât r sich
dreitausad Mann aus Israel rausgsuacht,
von dene send zwôetausad beim Saul
en Michmas ond auf am Berg en Bet-
El gwea, ond tausad beim Jonatan en
Gibea-Benjamin. Da Rest vom Volk
hât r entlassa, an jeda en sae Zelt. [3]Dr
Jonatan hât da Vogt von de Philister
ombrâcht, der mô en Geba gwea ischd.
Des hent d Philister ghört. Ond dr Saul
hât em ganza Land s Widderhorn blâsa
ond ausruafa lassa: D Hebräer sollat s
höra! [4]Ond ganz Israel hât se saga höra:
Dr Saul hât da Vogt von de Philister
ombrâcht ond Israel dâdrmit bei de
Philister en Vrruaf brâcht! Dâdrauf
hât sich s Volk zsema dao ond ischd
mit am Saul nach Gilgal ganga. [5]Ond
d Philister hent sich zom Kampf gega
Israel gsammlat, dreitausad Kampfwäga
ond sechstausad Reiter ond Fuaßvolk
wia dr Sâd am Meer. Dia send nauf
zoga ond hent bei Michmas, östlich von
Bet-Awen, ihr Lager aufbaut. [6]Mô nâ
d Israelita gseha hent, dass s eng für se
wird, mô des Kriagsvolk âgrückt ischd,
send se vrschlupft en Höhla ond andere
Schlupflöcher ond en de Felsaklüft
ond Grotta ond en Zisterna. [7]Ond d
Hebräer send ao über da Jordan nom
ganga ens Land Gad ond Gilead. Ond
dr Saul ischd no em Gilgal gwea, ond
des Volk, mô bein am gwea ischd, hât
sich recht ängstlich henter am bewegt.
[8]Nâ hât r sieba Däg gwartat, bis zor
Zeit, mô dr Samuel gsaed hât; aber dr
Samuel ischd et en da Gilgal komma.
Môn am nâ s Volk drvo gloffa ischd,
[9]hât dr Saul gsaed: Brengat s Brandopfer
ond dia Friedensopfer zo mr her! Nâ
hât r s Brandopfer aufsteiga lassa. [10]Môn
r grad fertig gwea ischd mit am aufsteiga

lassa vom Brandopfer, ischd dr Samuel komma, ond dr Saul ischd am entgega ganga, zom an grüaßa. [11]Ond dr Samuel håt gsaed: Was håsch d n dao? Dr Saul håt am zor Antwort geba: Môn e gseha han, dass mr s Volk drvo laoft ond sich vrstraet, ond du et komma bist zor ausgmachta Zeit, mô doch d Philister bei Michmas standat, [12]han e mr denkt: Jetzt kommat nå d Philister gega me ra nach Gilgal, no bevôr e JAHWE gnädig gstemmt han. Drom han e me überwonda ond han des Brandopfer aufsteiga lassa. [13]Nå håt dr Samuel zom Saul gsaed: Des ischd domm von dr gwea! Hättest d de an s Gebot von JAHWE, daem Gott (Eloheyka), ghalta, wian r de s ghôeßa håt! JAHWE hätt jetzt dae Königsherrschaft über Israel für emmer gfestigt. [14]Aber jetzt håt dae Königsherrschaft koen Bstand. JAHWE håt sich an Må nach saem Herza rausgsuacht, ond JAHWE håt den zom Führer über sae Volk bstellt, weil du et beachtat håsch, was de JAHWE ghôeßa håt.

[15]Nå håt sich dr Samuel auf gmacht ond ischd vom Gilgal nauf ganga nach Gibea-Benjamin. Ond dr Saul håt s Volk gmusterat, mô no bein am gwea ischd, so om de sechshondert Mann. [16]Dr Saul, sae Soh Jonatan ond saene Leut send no en Gibea-Benjamin gwea, während d Philister bei Michmas glagerat hent. [17]Nå send aus am Lager von de Philister drei Abtaelonga ausgrückt zom Plündera. Oe Abtaelong ischd en Richtong Ofra ganga, ens Gebiet von Schual. [18]De zwôet Abtaelong ischd en Richtong Bet-Horon ganga, ond de dritt Abtaelong ischd en Richtong von dem Gebiet über am Hyänatal ganga, mô mr nom sieht en d Wüste.

[19]Selligsmål håt mr em ganza Land Israel koen Schmied gfonda, weil sich d Philister gsaed hent: Sonst könnte sich d Hebräer Schwert ond Lanza macha lassa. [20]Ond d Israelita hent na ganga müaßa zo de Philister, zom ihr Pfluagschar, ihr Hack ond ihr Axt oder a anders Werkzeug scharf macha lassa. [21]Nå hent se halt an de Stoekanta ihre Pfluagschara, Hacka ond Dreizenka ond ihre Äxt scharf gmacht ond ihre Ochsastachel grad boga. [22]Mô s nå zom Kampf komma ischd, håt sich em ganza Volk, mô beim Saul ond beim Jonatan gwea ischd, koe Schwert, ond koe Speer gfonda. Bloß dr Saul ond sae Soh Jonatan hent jeder oes ghet.

Zom Vrgleicha: *Vers 8:* 10,8 • *Vers 13:* 10,8 • *Vers 14:* 16,1; Apg 13,22 • *Vers 19:* Ri 5,8.

Am Jonatan sae Heldatat:
13 23 – 14 15

[23]Nå ischd a Posta von de Philister ausgrückt an da Pass von Michmas.

14 Ond dr Jonatan, am Saul sae Soh, håt ama schöna Dag zo saem Waffaträger gsaed: Komm, laß ons nomganga zo de Philister ihram Vôrposta auf dr andera Seit. Saem Vadr håt r aber nex drvo gsaed. [2]Dr Saul ischd grad an dr Grenz von Gibea onter ama Granatäpfelbaom ghockt bei Migron. Ogfähr sechshondert Mann håt r bei sich ghet. [3]Ond dr Ahia, am Ahitub sae Soh, am Ikabod sae Bruader, dr Soh vom Pinhas, am Eli sae Soh, der mô Priaster von JAHWE en Schilo gwea ischd, håt s Efod (Priasterschild) traga. Ond s Volk håt et gwißt, dass dr Jonatan fortganga ischd. [4]Ond zwischa dene Päss, mô dr Jonatan durchganga wölla håt zo dene Vôrposta, ischd auf bôede Seita a Felszacka gwea, de oe håt Bozes ghôeßa ond de ander Senne. [5]Dr oene Felszacka ischd nördlich geganüber von Michmas ond dr ander südlich geganüber von Geba. [6]Ond dr Jonatan håt zo saem Waffaträger gsaed:Komm, mr gangat nom zom Vôrposta von dene

Obeschnittene då! Vielleicht handlat JAHWE für ons, weil **für JAHWE geits koe Hendernis, zom ons mit viel oder wenig helfa!** 7Sae Waffaträger håt gsaed: Dua, was da für richtig hälst! I ben drbei! 8Ond dr Jonatan håt gsaed: Guck, mir gangat jetzt nom zo dene Männer ond lassat ons seha. 9Wann se nå sagat: Bleibat standa, bis mr bein ich send! Nå bleibat mr an onseram Platz standa ond steigat et zo nen nauf. 10Ond wann se sagat: Steigat rauf zo ons! Nå gangat mr nauf, weil ons nå JAHWE dia en d Händ geba håt. Des soll onser Zaeche sae. 11Mô sich dia Zwôe nå am Vôrposta von de Philister hent seha lassa, hent dia Philister gsaed: Guckat, då send Hebräer aus ihre Löcher raus komma, mô se dren vrschlupft send. 12Nå hent dia Männer vom Wachtposta zom Jonatan ond saem Waffaträger nomgschria: Kommat no rauf zo ons, dass mr a Wörtle mitanander schwätzat! Nå håt dr Jonatan zo saem Waffaträger gsaed: Komm henter mr rauf, JAHWE håt se nämlich en d Händ von Israel geba. 13Nå ischd dr Jonatan auf Händ ond Füaß naufkletterat ond sae Waffaträger hentadrae. Ond se send vôr am Jonatan gfalla, ond sae Waffaträger håt henter am her älle ombråcht. 14Des ischd dr erste Schlag gwea vom Jonatan ond saem Waffaträger, ogfähr zwanzg Mann hent se gschlaga auf ama Feld vom a halba Môrga. 15Nå ischd s ganze Lager (von de Philister) vrschrocka ond em Feld ond em ganza Kriagsvolk ao. Dr Vôrposta ond dia Abtaelonga, mô zom Plündera ausgrückt send, hent zitterat. Nå ischd no a Erdbeba drzua komma als Gottesschrecka.

Zom Vrgleicha: *Kap. 14 Vers 15:* 7,10.

Dr Sieg über d Philister: 14 16-23

16Ond mô am Saul saene Späher en Gibea-Benjamin nomguckt hent, ischd då a hin ond her Gewusel gwea. 17Nå håt dr Saul zo saene Leut gsaed: Guckat amål nåch, wer von ons weg ganga ischd! Ond mô se guckt hent, håt dr Jonatan ond sae Waffaträger gfehlt. 18Nå håt dr Saul zom Ahia gsaed: Breng d Truhe von Gott (Elohim) her! D Truhe von Gott (Elohim) ischd nämlich selligsmål bei de Israelita gwea. 19Während dr Saul no mit am Priaster gredat håt, ischd des Gewusel em Lager von de Philister ämmer ärger wôra. Nå håt dr Saul zom Priaster gsaed: Laß s guat sae! 20Nå håt dr Saul sae ganzs Kriagsvolk zsematrommlat; ond mô se an da Kampfplatz komma send, hent se gseha, daß då a jeder gega jedan kämpft håt ond des a riesa Durchananader gwea ischd. 21Ond dia Hebräer, mô schao lang bei de Philister gwea ond mit dene ao en da Kriag zoga send, hent sich von en abgwendat ond hent zo de Israelita ghalta, mô beim Saul ond beim Jonatan gwea send. 22Mô dia Israelita, mô em Bergland von Efraim vrschlupft gwea send ghört hent, d Philister seie auf dr Flucht, send se en em Kampf nåchgjagd. 23So håt dr Herrgott (JAHWE) an sellam Dag d Israelita grettat. Ond dr Kampf håt sich bis nach Bet-Awen nazoga.

Dr Saul schwört: 14 24-46

24Ond mô de Israelita ihr Mannschaft an sellam Dag ganz agjagd gwea ischd, håt dr Saul am Volk gsaed: Vrfluacht ischd der Må, der mô Brot isst bis an da Åbad ond i Rache gnomma han an maene Faend! Ond s ganze Volk håt koe Brot gessa. 25En dera Gegend send aber en de Sträucher viele Emmanester gwea, mit Honigwåba dren. 26Mô nå s Kriagsvolk an dia Sträucher komma ischd, hent dia triaft von lauter Honig, aber då håt koener d Håd nausgstreckt zom schlecka, weil se den Fluach gfürchtat hent. 27Aber dr Jonatan håt des et ghört, dass sae Vadr s Kriagsvolk

schwöra lassa hât, ond r hât mit saem
Stecka en a Honigwâb naebôhrt ond se
agschleckt ond saene Aoga hent wieder
richtig gleuchtat. 28Nå hât a Må aus
am Kriagsvolk gsaed: Dae Vadr hât s
Kriagsvolk feierlich schwöra lassa ond
gsaed: Vrfluacht ischd der Må, der mô
haet ebbas isst! Aber s Kriagsvolk ischd
ganz müad gwea. 29Ond dr Jonatan
hât gsaed: Mae Vadr brengt s Land
ens Oglück! Guckat doch, wia maene
Aoga leuchtat, weil e bloß a bißle von
dem Honig gschleckt han! 30Wann des
Kriagsvolk åständig gessa hätt von dem,
was se von ihre Faend erbeutat hent,
wär nå d Niederlag von de Philister et
no viel graeßer wôra?
31Ond se hent an sellam Dag d Philister
von Michmas bis nach Ajalon gschlaga.
Nå ischd aber s Kriagsvolk ganz he
gwea. 32Auf des nô hât sich s Kriagsvolk
auf d Beute gstürzt, ond se hent
Kloevieh, Vieh ond Kälbla gnomma
ond nôgmetzgat, s Bluat ischd auf am
Boda rom gloffa, ond se hent gessa über
am Bluat. 33Nå hât mr am Saul gmeldat:
Guck, s Kriagsvolk vrsündigt sich gega
JAHWE, weil se über am Bluat essat!
Ond r hât gsaed: Ihr handlat treulos!
Warglat mr glei an graoßa Stoe dåhanna
her! 34Nå hât dr Saul gsaed: Gangat
onter s Volk ond sagat en: Jeder soll sae
Rend ond jeder sae Lamm zo mr her
brenga ond metzgat s dåhanna! Ond
nå essat r ond vrsündigat euch et gega
JAHWE, endem r über am Bluat essat!
Nå hât a jeder aus am Volk herbrâcht,
was r von saem Rend en dr Håd ghet
hât, ond se hent s no en dr Nacht gessa.
35Ond dr Saul hât für JAHWE an Altar
baut, des ischd dr erste Altar gwea, môn
r für JAHWE baut hât.
36Nå hât dr Saul gsaed: Laß ons no en dr
Nacht naganga henter de Philister her,
zom se ausplündera bis an da Môrga,
von dene lassat mr koen übrig! Dådrauf
hent se gsaed: Laß ons ällas doa, was da
für richtig hälst. Aber dr Priaster hât
gsaed: Laß ons zerst dåhanna vor Gott
(Elohim) treta! 37Ond dr Saul hât bei
Gott (Elohim) ågfrågt: Soll e na ganga
henter de Philister her? Gibst d se de
Israelita en d Händ? Aber r hât an sellam
Dag koe Antwort kriagt. 38Dådrauf hât
dr Saul gsaed: Lassat älle Oberste vom
Volk åtreta, dia sollat nåchforscha, von
was dui Sünd haet komma ischd! 39So
wåhr JAHWE lebt, der mô Israel rettat,
ao wann s durch maen Soh Jonatan
passiert ischd, nå muaß r sterba! Aber aus
am ganza Volk hât am koener a Antwort
geba. 40Nå hât r zo älle Israelita gsaed:
Ihr sollat auf de oe Seite treta; i aber ond
mae Soh Jonatan wöllat auf de ander
Seite treta. Ond s Volk hât gsaed: Dua,
was da für richtig hälst! 41Dådrauf hât
dr Saul zo JAHWE, am Gott (Elohey)
von Israel, gsaed: Wårom håsch du haet
daem Knecht koe Antwort geba? gib
ons volla Klarhaet. Nå isch dr Saul ond
dr Jonatan griffa wôra, aber s Volk ischd
frei ausganga. 42Ond dr Saul hât gsaed:
Laß s Los falla zwischa mir ond am
Jonatan, maem Soh. Då ischd dr Jonatan
griffa wôra. 43Dådrauf hât dr Saul zom
Jonatan gsaed: Sag mr, was da dao
håsch! Ond dr Jonatan hât am vrzählt,
dass r bloß a bißle Honig gschleckt häb
von saem Stecka. Då ben e, muaß e jetzt
sterba? 44Nå hât dr Saul gsaed: Gott
(Elohim) soll mr des ond sell ådoa! Jå,
du muaßt sterba, Jonatan! 45Dådrauf hât
s Volk zom Saul gsaed: Soll vielleicht dr
Jonatan sterba, durch den ischd doch
dui graoßa Rettong für Israel komma?
So wåhr JAHWE lebt: Koe Häärle soll
von saem Haopt auf da Boda falla, der
hât nämlich mit Gott (Elohim) zsema
gwirkt am haetiga Dag! So hent d
Israelita da Jonatan frei gsprocha, dass
r et hât sterba müaßa. 46Ond dr Saul hât
d Philister et weiter vrfolgt ond dia send

Saul nemme gseha bis r gstôrba ischd. Der håt om da Saul trauerat, weil s da Herrgott (JAHWE) greut håt, dass r da Saul zom König über Israel gmacht håt.

Zom Vrgleicha: *Vers 1:* 10,1 • *Vers 2:* Ex 17,8-16; Dtn 25,17-19 • *Vers 6:* Ri 1,16 • *Vers 7:* Gen 20,1; 25,18 • *Vers 17:* 9,21 • *Vers 19:* 28,18; 1Chr 10,13 • *Vers 23:* 16,1 • *Vers 28:* 28,17 • *Vers 29:* Num 23,19 • *Vers 35:* 19,18-24.

SAUL OND DAVID: 16 1 – 31 13

Dr David wird zom König gsalbt: 16 1-13

16 Ond JAHWE håt zom Samuel gsaed: Wia lang willst d aegentlich no om da Saul trauera, mô an i doch von saem Königtom über Israel vrwôrfa han? Mach dae Horn vol mit Öl ond gang! I schick de zom Isai nach Betlehem, i han mr nämlich onter dem saene Söh oen als König rausgsuacht! [2]Dådrauf håt dr Samuel gsaed: Wia könnt i då nôganga? Wann des dr Saul vrfährt, nå brengt me der om! Nå håt dr Herrgott (JAHWE) gsaed: Nemm a oejährigs Rendle mit ond sag: I ben komma, zom am Herrgott (JAHWE) a Opfer darbrenga! [3]Ond da Isai lädtst d zom Opfermahl ae, ond i selber lass de wissa, was da nå doa sollst. Den sollst d mr salba, môn e zo dr sag. [4]Nå håt dr Samuel dao, was dr Herrgott (JAHWE) an ågwiesa håt. Ond môn r nach Betlehem komma ischd, send de Älteste von dr Stadt vrschrocka, mô se an gseha hent, ond se hent gsaed: Bedeutat des ebbas Guats, dass da kommst? [5]R håt en zor Antwort geba: Frieda! I ben komma, zom für JAHWE a Opfer darbrenga! Haeligat euch ond kommat mit mr zor Opfermahlzeit! Ond r håt da Isai ond saene Söh ghaeligt ond se zom Opfer hergruafa. [6]Mô se komma send, håt r da da Eliab gseha ond sich denkt: Des ischd sicher am JAHWE sae Gsalbter! [7]Ond JAHWE håt zom Samuel gsaed: Guck et drauf, wia der aussieht ond wia graoß der gwachsa ischd, den han e aglehnt! **ER sieht nämlich et wia a Mensch, dr Mensch sieht bloß, was r vôr Aoga håt, aber JAHWE sieht auf s Herz!** [8]Nå håt dr Isai da Abinadab hergruafa ond an am Samuel vôrgstellt. Ond r håt gsaed: Ao den håt JAHWE et auserwählt! [9]Ond dr Isai håt da Schima komma lassa, ond r håt gsaed: Ao den håt JAHWE et auserwählt! [10]So håt dr Isai sieba von saene Söh zom Samuel komma lassa. Nå håt dr Samuel zom Isai gsaed: Dia håt JAHWE et auserwählt! [11]Ond nå håt dr Samuel da Isai gfrågt: Send des älle daene Buaba? Ond r håt am zor Antwort geba: Dr Jüngst ischd no übrig, der hüatat grad d Schåf! Nå håt dr Samuel nach am gschickt zom an hola lassa ond gsaed: Mir fangat mit am Opfermahl et å, bevôr r då ischd. [12]Nå håt r oen gschickt ond an hola lassa. R ischd a raotblonder Bua gwea ond håt schöna Aoga ghet ond ischd guat gwachsa gwea. Nå håt dr Herrgott (JAHWE) gsaed: Stand auf! Salb an! Der ischd s nämlich! [13]Ond dr Samuel håt sae Horn mit am Salböl gnomma ond håt an mittla onter saene Brüader gsalbt. Ond dr Gaest von JAHWE ischd auf da David komma ond ischd von då å auf am blieba. Ond dr Samuel ischd aufbrocha ond wieder nach Rama ganga.

Zom Vrgleicha: *Vers 1:* 13,14; 15,23 • *Vers 3:* 1Chr 11,3 • *Vers 10:* 17,12; 1Chr 2,13-15 • *Vers 12:* 17,42 • *Vers 13:* 2Sa 2,4; 5,3; Ps 89,21.

Dr David em Denst beim Saul: 16 14-23

14 Dr Gaest von JAHWE ischd vom Saul
gwicha, ond a baeser Ogôest håt an
plågt, der mô vom Herrgott (JAHWE)
komma ischd. 15 Nå hent am Saul saene
Diener zon am gsaed: Guck, a baeser
Ogôest von Gott (Elohim) plågt de!
16 Onser Herr mög doch daene Diener
saga, se sollat für de an Må suacha, der
mô guat auf dr Harfe spiela kå, wann
nå der baese Ogôest über de kommt, nå
soll der spiela, dass dr s wieder besser
gôht. 17 Ond dr Saul håt zo saene Diener
gsaed: Nå guckat nach oem, mô guat
spiela kå ond brengat an zo mr her! 18 Nå
håt a jonger Kerle gsaed: Guck, i han
vom Isai aus Betlehem an Soh gseha,
der vrstôht ebbas vom Soetaspiel, ond r
ischd tapfer ond a guater Kämpfer, der
kå guat reda ond sieht ao guat aus. Ond
JAHWE ischd mit am! 19 Ond dr Saul
håt an Bota zom Isai gschickt ond am
saga lassa: Schick mr daen Soh David,
der mô d Schåf hüatat. 20 Nå håt dr Isai
an Esel, zeah Brotlôeb, an Schlauch
Wae ond a Gôesböckle gnomma ond s
am Saul durch saen Soh David gschickt.
21 Dr David ischd nå zom Saul komma
ond vôr am gstanda, der håt an glei möga
ond håt an zo saem Waffaträger gmacht.
22 Ond dr Saul håt zom Isai gschickt ond
am ausrichta lassa: Laß doch da David
bei mr em Denst bleiba, der gfällt mr
nämlich ganz arg. 23 Wann nå der baese
Ogôest über da Saul komma ischd, nå
håt dr David sae Harfe gnomma ond am
vôrgspielt; nå ischd s am Saul leichter
wôra ond besser ganga, ond der Ogôest
ischd von am gwicha.

Zom Vrgleicha: *Vers 14:* 18,10; 19,9 • *Vers 22:* 18,2.

David ond Goliat: 17 1-58

17 Nå hent d Philister ihre Heerlager
zsemazoga ond sich bei Socho
gsammlat, des mô zo Juda ghert. Ond
se hent zwischa Socho ond Aseka en
Efes-Dammim ihr Lager aufbaut. 2 Dr
Saul ond sae Mannschaft aus Israel hent
sich ao gsammlat ond em Terebinthatal
glagerat. Ond se hent sich zor Schlacht
gega d Philister aufgstellt. 3 D Philister
send auf dr oena Seite auf am Berg
gstanda, ond d Israelita send auf dr
andera Seite auf am Berg gstanda, ond
drzwischa ischd s Tal glega.
4 Nå ischd aus am Lager von de Philister
dr Vorkämpfer vôrtreta, Goliat håt r
ghôeßa ond ischd aus Gat gwea. Sechs
Ella ond a Spanne graoß. 5 Der håt en
Helm aus Eise auf am Kopf ghet ond an
Schuppapanzer åghet. Der Panzer håt
fenftausad Schekel Erz gwoga. 6 Ond
aus Eise send saene Scheboeschena
gwea. Auf dr Schulter håt r an eiserna
Wurfspieß ghet. 7 Ond s Schaftholz von
saener Lanz ischd so dick gwea wian
a Weberbaom, ond d Spitz von saener
Lanz håt sechshondert Schekel Eise
gwoga. Ond a Schildträger ischd vôr
am her gloffa. 8 So ischd r nôgstanda ond
håt zo de Israelita nom gschria: Zo was
send ihr aegentlich aufmarschiert ond
hent euch zor Schlacht aufgstellt? Ben
i et dr Philister ond ihr am Saul saene
Knecht? Suachat oen von euch raus
ond der soll zo mr ra komma! 9 Wann
der mit mir kämpfa kå ond me schlägt,
nå werat mir eure Knecht; wann aber
i überlega ben ond an schlag, nå werat
ihr onsere Knecht ond müaßat ons
deana! 10 Ond weiters håt der Philister
gsaed: I lach me haet no z daot über
eure Schlachtrôcha! Gebat mr an Må,
dass mr mitanander kämpfat! 11 Mô dr
Saul ond ganz Israel dem Philister sae
graoßmauligs Gschwätz ghört hent,

send se vrschrocka ond hent saumäßig Angst ghet.

12 Dr David ischd dr Soh vom a Efratiter aus Betlehem gwea, der hât Isai ghôeßa ond hât acht Söh ghet; der hât en dr Zeit vom Saul schao a ganz åsehnlichs Alter ghet. 13 Am Isai saene drei älteste Söh send mit am Saul en da Kriag zoga: Dia drei, dr Eliab, dr Erstgeborene ond sae zwôeter, dr Abinadab ond dr dritte, dr Schima. 14 Dr David ischd aber dr Jüngste gwea. Also de drei Älteste send mit am Saul ganga. 15 Dr David ischd ab ond zua vom Saul weg ganga, zom s Kloevieh hüata von saem Vadr en Betlehem.

16 Der Philister ischd vierzg Däg lang jedan môrga ond jedan Åbad nôgstanda.

17 Nå hât dr Isai zo saem Soh David gsaed: Nemm doch für daene Brüader a Efa Röstkorn ond dia zeah Brotlôeb ond beng s daene Brüader ens Lager. 18 Ond dia zeah Käslôeb brengst am Obersta ond frågst an, wia s daene Brüader gôht ond lass dr a Pfand (Lebenszaeche) von daene Brüader geba. 19 Dr Saul ond de ganz Mannschaft von Israel ischd nämlich em Terebinthatal em Kampf mit de Philister. 20 Nå hât sich dr David en äller Früah aufgmacht, s Kloevieh hât r ama Hirta überlassa ond hât aufglada ond ischd ganga, wian an s dr Isai ghôeßa hât. R ischd grad ens Lager komma, mô s Heer en Schlachtordnong ausgrückt ischd. Ond se hent gschria: Auf! En da Kampf! 21 Ond Israel ond d Philister hent ihre Schlachtrôeha gega anander aufgstellt. 22 Nå hât dr David saene Gerätschafta am Trosswächter überlassa ond ischd en d Schlachtrôeha gspronga ond hât saene Brüader gfrågt, wian en s ganga dät. 23 Ond wian r no mit dene gschwätzt hât, ischd der Vorkämpfer, dr Goliat aus Gat raus komma aus de Rôeha von de Philister ond hât wieder a graoßa Gosch ghet, ond des hât dr David ghört.

24 Ond älle Manna von Israel send vôr lauter Angst abghaoa, mô se den gseha hent. 25 Ond dia Männer von Israel hent gsaed: Hent r den Kerle då gseha? Der ischd bloß rauf komma, zom d Israelita vrspotta. Wer den zdaot haot, den will d König reich macha ond am sae Tochter geba, ond s Haus von saem Vadr will r von de Steura befreia en Israel. 26 Nå hât dr David zo dene Männer, mô bein am gstanda send gsaed: Was kriagt der Må, der mô den Philister då zdaot haot ond so d Schand von Israel abwendat? Wer ischd schao der obeschnittene Philister då, dass der am lebendiga Gott (Elohim) saene Heerschara vrspotta därf? 27 Dia Manna hent am s gleiche gsaed: Des ond sell kriagt der, mô den zdaot haot! 28 Mô dr Eliab, sae älterer Bruader, ghört hât, wian r mit dene Männer gschwätzt hât, ischd r narrat wôra weg'am David ond hât gsaed: Wårom bist d då ra komma ond wer passt auf dia paar Schåf en dr Wüste auf? I kenn dae Überheblichkaet ond dae Boshaftigkaet. Du bist doch bloß komma, weil da da Kampf ågucka willst! 29 Dr David hât am zor Antwort geba: Was han e denn schao dao? Mr wird doch ao no a Wörtle saga därfa! 30 Ond r hât an standa lassa ond ischd zo andere nôganga ond hât dia s gleiche gfrågt, ond dia hent am de gleich Antwort geba wia de erste.

31 Mô sich des romgsprocha hât, was dr David gsaed hât, ischd des ao am Saul vrzählt wôra, ond der hât an hola lassa.

32 Nå hât dr David zom Saul gsaed: Wega dem Kerle då soll koe Mensch muatlos wera! Dae Knecht gôht nô ond kämpft gega den Philister då! 33 Nå hât dr Saul zom David gsaed: Du kåsch et zom dem Philister då ganga ond mit am kämpfa, du bist no a jonger Kerle, aber der då ischd a erfahrener Kämpfer von Jugend å. 34 Dådrauf hât dr David zom Saul gsaed: Dae Knecht hüatat für saen Vadr s Kloevieh. Wann nå a Löwe oder a Bär

komma ischd ond håt von dr Herde a
Lamm weg traga, [35]nå ben i henter am
drae ganga ond han an zdaot gschlaga
ond han s aus saem Maul grettat. Ond
wann r nômål aufgstanda ond auf me
losganga ischd, nå han e an am Bart
packt ond zdaot ghaoa. [36]Den Löwa wia
den Bära håt dae Knecht zdaot ghaoa;
ond dem obeschnittene Philister då soll
s grad so ganga, weil r am lebendiga
Gott (Elohim) saene Heerschara
vrspottat håt. [37]Ond dr David håt gsaed:
Dr Herrgott (JAHWE) håt me aus dr
Gwalt vom Löwa ond aus dr Gwalt
vom Bära grettat, der rettat me ao aus
de Händ von dem Philister då! Ond
dr Saul håt zom David gsaed: Also, nå
gang, JAHWE ischd mit dr! [38]Nå håt
dr Saul am David saen Waffarock åzoga
ond am an eiserna Helm aufgsetzt ond
am an Panzer åglegt. [39]Ond r håt am sae
Schwert rom ghängt über dr Rüstong,
nå håt r dren laofa wölla, des håt r
nämlich no nia ausprobiert. Nå håt dr
David zom Saul gsaed: i kå me en dem
Deng überhaopt et bewega, des ben
i et gwöhnt. Nå håt r ällas wieder ra
dao. [40]Ond r håt saen Stecka en d Håd
gnomma ond a paar glatte Stoener aus
am Bach gholt ond se en sae Hirtatasch
dao. Nå håt r sae Schleuder en d Håd
gnomma ond ischd auf den Philister zua
ganga.
[41]Der Philister ischd ao emmer näher
auf da David zua ganga; sae Schildträger
ischd vôr am her gloffa. [42]Ond mô
der Philister herguckt ond da David
gseha håt, håt r an vrspottat, weil r no
a jonger Kerle gwea ischd mit raote
Håår, ond guat ausgseha håt r ao. [43]Nå
håt der Philister zom David gsaed: Ben i
vielleicht a Hond, dass du mit ama Stecka
zo mr kommst? Ond r håt da David bei
saene Götter (Elohim) vrfluacht.
[44]Dådrauf håt der Philister zom David
gsaed: Komm her! Dass e dae Flôesch an
d Vögel am Hemmel ond am Viehzeug
em Feld vrfuadere! [45]Ond dr David håt
gsaed: Du kommst zo mir mit Schwert
ond Spiaß ond Speer, während i zo dir
komm em Nama von JAHWE Zebaoth,
am Gott (Elohey) von de Heerschara von
Israel, dia mô du vrspottat håsch! [46]Haet
lieferat JAHWE di en maene Händ aus,
i schlag de zdaot ond hao dr da Kopf ra
ond gib d Leicha von de Philister ihram
Lager de Vögel am Hemmel ond am
Viehzeug em Feld, dass älle auf dr ganza
Erde erkennat, dass s en Israel an Gott
(Elohim) geit, [47]ond dass des ganze Heer
erkennt, dass dr Herrgott (JAHWE) et
durchs Schwert ond mit Lanza rettat,
sondern JAHWE selber ischd dr Kampf,
ond der geit euch en onsere Händ!
[48]Ond mô sich der Philister aufgmacht
håt ond auf da David zuaganga ischd,
då ischd dr David aus dr Schlachtrôeh
rausgspronga ond auf den Philister
losganga. [49] Nå håt dr David en sae
Hirtatasch naeglangt ond an Stoe raus
gholt. Ond mit dr Schleuder håt r den
Philister an dr Stirn troffa, ond der Stoe
ischd am ens Hirn naegfahra, nå ischd
r mit am Gsicht auf da Boda ghaglat.
[50]So håt dr David mit saener Schleuder
ond ama Stoe den Philister gschlaga,
aber a Schwert håt dr David koes ghet.
[51]Nå ischd dr David om an rom gloffa
ond neber an nôgstanda ond håt am sae
Schwert aus dr Schaede grissa ond håt
am mit saem aegena Schwert da Kopf ra
ghaoa. Mô des de andere Philister gseha
hent, dass ihr Vorkämpfer daot gwea
ischd, send se abghaoa. [52]Ond dia Manna
von Israel ond Juda send aufgstanda
ond hent an Höllakrach vråstaltat ond
hent dia Philister vrfolgt bis nach Gat
ond vôr d Stadttôr von Ekron, ond
gfallene Philister send am Weg glega
von Schaarajim bis Gat ond Ekron. [53]Nå
send d Israelita zrück komma von ihrer
Hatz auf d Philister ond hent dene ihr

Lager ausplünderat. 54Nå håt dr David
da Kopf von dem Philister gnomma ond
an nach Jerusalem bråcht. Ond saene
Waffa håt r en sae Zelt glegt.
55Mô dr Saul gseha håt, wia dr David auf
den Philister losganga ischd, håt r zo
saem Feldherr Abner gsaed: Wem sae
Soh ischd n der Kerle då, Abner? Ond
dr Abner håt gsaed: So wåhr wia du, o
König lebst, i han koe Åhnong! 56Nå
håt dr König gsaed: Nå fråg du, wem
der Kerle ghert! 57Mô dr David nå zrück
komma ischd, nachdem r den Philister
zdaot ghaoa håt, ischd dr Abner komma
ond håt an mitgnomma zom Saul, mit
am Kopf von dem Philister en dr Håd.
58Ond dr Saul håt an gfrågt: Wem sae
Soh bist du, jonger Mann? Ond dr
David håt gsaed: I ben dr Soh von daem
Diener Isai aus Betlehem.

Zom Vrgleicha: *Vers 12:* 16,10 • *Vers 15:* 18,2 • *Vers 42:* 16,12 • *Vers 54:* 21,10.

Dr Jonatan ond dr David werat Fraend: 18 1-9

18 Mô dr David fertig gwea ischd
mit schwätza mit am Saul, håt dr
Jonatan da David ens Herz gschlossa
ond r håt an möga wia sae aeges Leba.
2Dr Saul håt da David an dem Dag zo
sich gnomma ond an nemme hoem zo
saem Vadr glassa. 3Ond dr Jonatan håt
mit am David an Vrtrag gmacht, weil r
an möga håt wia sae aeges Leba. 4Ond
dr Jonatan håt saen Mantel auszoga
ond an am David geba, ond sae Gwand
ond sae Schwert ond sogar saen Boga
ond saen Gürtel. 5Ond wann dr David
auszoga ischd, håt r bei ällam, was an
dr Saul ågwiesa håt, Glück ghet. Nå håt
an dr Saul zom Vôrgsetzta über saene
Kriagsleut gmacht. Ond r ischd beliebt
gwea beim ganza Volk ond ao beim Saul
saene Leut. 6Ond mô se hoemkomma
send vom David saem Kampf mit dem
Philister, send d Fraoa aus älle Städt
en ganz Israel raus komma ond hent
gsonga ond tanzt am König Saul entgega
mit Pauka, mit Jubelgschrôe ond mit
Triangla.
7Ond dia tanzende Fraoa hent gsonga:
Dr Saul håt Tausad gschlaga, aber dr
David Zeahtausad. 8Des håt da Saul
natürlich gwurmt ond r ischd narrat
wôra. Des Liad håt am gar et gfalla, ond r
håt gsaed: Am David hent se Zeahtausad
geba ond mir bloß Tausad; am End fällt
dem ao no s Königtom zua! 9Von dem
Dag å håt dr Saul da David voler Neid
åguckt.

Zom Vrgleicha: *Vers 2:* 16,22; 17,15 • *Vers 3:* 19,1; 20,8.17; 23,18; 2Sa 1,26; 21,7 • *Vers 6-7:* 21,12; 29,5.

Am Saul sae Faendschaft gega da David: 18 10-30

10Am andera Dag ischd über da Saul
wieder a Ogôest von Gott (Elohim),
komma, so arg, dass r bloß no em Haus
romdöberat håt. Dr David håt wia äll
Dag auf saener Harfe gspielt. Ond dr
Saul håt an Spiaß en dr Håd ghet. 11Zmål
ischd s am Saul ens Hirn gschossa:
Den spiaß e an d Wåd! Ond r håt den
Spiaß gschmissa. Aber dr David ischd
zwôe mål ausgwicha. 12Nå håt s dr Saul
vôr am David mit dr Angst zom doa
kriagt, weil (r gspürt håt) dr Herrgott
(JAHWE) ischd mit am, während r beim
Saul nemme gwea ischd. 13Drom håt dr
Saul da David nemme om sich rom han
wölla, ond r håt an zom Obersta über
a Tausendschaft aegsetzt. Ond r ischd
vôr am Kriagsvolk auszoga ond hoem
komma. 14Ond dr David håt bei ällam
Erfolg ghet, môn r ao nô ganga ischd,
ond dr Herrgott (JAHWE) ischd mit am
gwea. 15Mô dr Saul nå gseha håt, dass r so
viel Glück ghet håt, håt r Angst vôr am
kriagt, 16weil d Israelita ond d Judäer da
David älle möga hent, der ischd nämlich
emmer vôr en her ganga ond (glücklich)

mit en hoem komma.
[17]Nå håt dr Saul zom David gsaed: Guck,
då ischd mae ältesta Tochter, d Merab!
I gib se dr zor Frao, wann da tapfer
bist ond am Herrgott (JAHWE) saene
Kriag führst! Dr Saul håt sich nämlich
denkt: Maene Händ sollat am nex doa,
des werat schao d Philister bsôrga! [18]Nå
håt dr David zom Saul gsaed: Wer ben i
denn? Ond was ischd schao d Sippschaft
vo maem Vadr en Israel, dass i am König
sae Tochtermå wera könnt? [19]Mô s nå so
weit gwea ischd, dass dr David am Saul
sae Tochter Merab hätt kriaga solla, då
ischd se am Adriël aus Mehola geba
wôra. [20]Aber am Saul sae Tochter, d
Michal, håt da David möga. Mô mr des
am Saul nôtraga håt, ischd ams grad recht
gwea. [21]Dr Saul håt sich nämlich denkt:
I gib se am! Dui soll am zom Vrhängnis
wera, dass r de Philister en d Händ
fällt! [22]Ond dr Saul håt saene Höfleng
ågwiesa: Schwätzat hehlenga mit am
David ond sagat am: Guck, du gfällst am
König, ond saene Diener mögat de älle!
Werd doch am König sae Tochtermå!
[23]So hent am Saul saene Höfleng am
David en d Ohra gschmôechlat ond
am des gsaed. Aber dr David håt gsaed:
Moenat ihr vielleicht, des sei leicht, am
König sae Tochtermå zom wera, mô ich
doch arm ond obedeutend ben? [24]Dia
Höfleng hent am Saul vrzählt: Des ond
sell håt dr David gsaed! [25]Nå håt dr Saul
gsaed: Sagat am David: Am König leit
nex am Brautgeld, sondern an hondert
Vôrhäut von de Philister, zom an de
Faend vom König Rache nemma. Dr
Saul håt nämlich drmit grechnat, dass dr
David durch d Philister falla dät. [26]Mô
saene Höfleng am David vrzählt hent,
was dr Saul gsaed håt, ischd r zfrieda
gwea, dass r auf dui Art am König sae
Tochtermå wera könnt. [27]Ond nå håt
sich dr David auf da Weg gmacht mit
saene Manna ond håt bei de Philister
zwôehondert Mann gschlaga. Ond dr
David håt ihre Vôrhäut bråcht ond se
vollzählig am König vôrglegt, zom am
König sae Tochtermå wera. Ond dr Saul
håt am sae Tochter Michal zor Frao
geba. [28]Mô dr Saul gseha håt, dass dr
Herrgott (JAHWE) mit am David gwea
ischd ond sae Tochter Michal da David
möga håt, [29]håt r no maeh Angst vôr am
David kriagt, weil der so a guats Åseha
ghet håt. So ischd dr Saul am David sae
(ärgster) Faend wôra für emmer.
[30]Ond dia Philisterfürsta send emmer
wieder ågrückt; aber jedas Mål, wann
se komma send, ischd dr David
erfolgreicher gwea als älle Leut vom
Saul, so håt sae Nåma a emmer graeßers
Åseha kriagt.

Zom Vrgleicha: *Vers 10:* 16,14 • *Vers 11:* 20,33 • *Vers 19:* 2Sa 21,8 • *Vers 27:* 2Sa 3,14.

Dr Jonatan will vrmittla: 19 1-7

19 Nå håt dr Saul vôr saem Soh
Jonatan ond vôr älle saene Diener
romgschwätzt, dass r da David ombrenga
wöll. Aber dr Jonatan, am Saul sae Soh
håt da David ganz arg möga. [2]Ond dr
Jonatan håt des am David vrzählt ond
gsaed: Mae Vadr, dr Saul will dr ans
Leba! Paß môrga früah auf, vrschlupf
ond bleib en daem Vrsteck! [3]Ond i gang
mit maem Vadr naus ens Feld ond bleib
mit am sell standa, mô du vrschlupft
bist ond schwätz mit maem Vadr über
de; i sag dr s nå, was e vrfahra han. [4]Ond
dr Jonatan håt bei saem Vadr Saul für
da David gredat ond zon am gsaed:
Dr König sott sich et an saem Knecht
David vrsündiga, der håt sich nämlich
gega di ao et vrsündigt, ond was der
dao håt, ischd für di emmer guat gwea!
[5]Håt der et sae Leba aufs Spiel gsetzt,
môn r den Philister gschlaga håt? So
håt dr Herrgott (JAHWE) ganz Israel
grettat! Du håsch s selber gseha ond de
drüber gfraet! Wårom willst d de also

am oschuldiga Bluat vrsündiga ond da
David ombrenga ohne jedan Grond?
6Nå håt dr Saul auf da Jonatan ghorcht
ond gschwora: So wåhr JAHWE lebt,
r soll et ombråcht wera! 7Nå håt dr
Jonatan am David gschria ond håt am
ällas vrzählt. Nå håt dr Jonatan da David
zom Saul bråcht ond r ischd wieder bein
am blieba wia vôrher.

Zom Vrgleicha: *Vers 1:* 18,3 • *Vers 5:* 17,50.

Dr David flüchtat: 19 8-24
8Mô nå dr Kriag weiter ganga ischd,
håt ao dr David wieder gega d Philister
kämpft ond håt an schwera Schlag gega
se gführt, dass se vår am abghaoa send.
9Nå ischd a oguater Gôest von JAHWE
über da Saul komma, môn r en saem
Haus gsessa ischd ond saen Speer en
dr Håd ghet håt. Ond dr David håt auf
saener Harfe gspielt. 10Ond dr Saul håt
da David an d Wåd spiaßa wölla, aber
dr David ischd am Saul ausgwicha,
dass dr Speer en d Wåd nae gfahra
ischd. Dr David ischd nå abghaoa ond
en dr Nacht drvo komma. 11Nå håt dr
Saul saene Leut ans Haus vom David
gschickt, dass se an am andera Môrga
hätte ombrenga solla. Aber am David
sae Frao, d Michal håt an gwarnt ond
zon am gsaed: Wann du haet Nacht et
dae Haut rettest, nå brengat se de môrga
früah om! 12Ond d Michal håt an zom
Fenster naus glassa ond r ischd abghaoa
ond drvo komma. 13Nå håt d Michal
ihran Hausgott (Terapim)gnomma ond
håt an em David sae Bett naeglegt ond
a Gflecht aus Gôesahåår auf saen Kopf
dao ond an mit ama Gwand zuadeckt.
14Mô nå am Saul saene Leut komma
send zom da David hola, håt se gsaed:
Der ischd krank! 15Nå håt dr Saul nômål
saene Leut nô gschickt zom nach am
David gucka ond r håt gsaed: Brengat
an mitsamt saem Bett her, zom an
ombrenga! 16Mô nå dia Leut komma
send, hent se gmerkt, dass en dem Bett a
Hausgott (Terapim) leit mit am Gflecht
aus Gôesahåår om da Kopf. 17Nå håt dr
Saul zor Michal gsaed: Wårom håsch d
me so ågschmiert ond maen Faend drvo
komma lassa? Nå håt d Michal zom Saul
gsaed: Er selber håt zo mr gsaed: Laß
me ganga, sonst breng e de om! 18Aber
dr David ischd abghaoa ond ischd zom
Samuel nach Rama komma ond håt am
ällas vrzählt, was am dr Saul ådao håt.
Nå ischd r mit am Samuel ganga ond
se send em Profetahaus blieba. 19Nå
ischd am Saul nôtraga wôra: Guck, dr
David ischd em Profetahaus en Rama!
20Dådrauf håt dr Saul saene Leut nô
gschickt, zom da David hola lassa. Mô
dia nå de ganz Profetaschar en Ekstase
gseha hent ond da Samuel vôrna drå,
nå ischd über dia Leut vom Saul ao dr
Gaest von Gott (Elohim) komma, dass
dia ao en Ekstase gråta send. 21Mô mr
des am Saul gmeldat håt, nå håt r andere
von saene Leut gschickt, aber dia send
ao en Ekstase gråta. Nå håt r zom dritta
Mål von saene Leut oene gschickt, aber
dia send ao en Ekstase gråta. 22Nå ischd
r selber nach Rama ganga. Ond môn r
an da graoßa Bronna en Sechu komma
ischd ond då gfrågt håt: Mô ischd dr
Samuel ond dr David? Håt mr zon
am gsaed: Em Profetahaus en Rama.
23Môn r nå von sell ans Profetahaus en
Rama ganga ischd, håt an ao dr Gaest
von Gott (Elohim) packt ond r ischd en
Ekstase gråta, bis r ans Profetahaus en
Rama komma ischd. 24Nå håt sogar er
saene Klôeder auszoga ond ischd vôr
am Samuel en Ekstase gråta, ond r ischd
da ganza Dag ond de ganz Nacht nackat
då glega. Drom saed mr: Ischd dr Saul
vielleicht ao oener von de Profeta?

Zom Vrgleicha: *Vers 9:* 16,14 • *Vers 20-24:* 10,10-12 • *Vers 24:* 10,12.

Dr Jonatan hilft am David: 20 1-42

20 Ond dr David ischd aus am
Profetahaus en Rama abghaoa
ond hoem ganga, nå håt r zom Jonatan
gsaed: Was han e denn vrbrocha, mô
han e me vrganga oder vrsündigt an
daem Vadr, dass mr der so ans Leba
will? [2]Dr Jonatan håt am zor Antwort
geba: Des kå i mr et vôrstella! Du muaßt
doch et sterba! Guck, mae Vadr duat
nex graoßs oder kloes, ohne dass r mr s
saga dät! Wårom sott mae Vadr so ebbas
vôr mr vrschweiga? Då ischd sicher
nex drå! [3]Nå håt dr David gschwora
ond gsaed: Dae Vadr wôeß ganz genao,
dass du me guat leida kåsch, drom saed
r sich: Des därf dr Jonatan et wissa,
sonst wär r ganz arg traurig! Aber so
wåhr dr Herrgott (JAHWE) lebt ond
so wåhr wia du lebst, zwischa mir ond
am Daot ischd bloß a klaener Schritt!
[4]Ond dr Jonatan håt zom David gsaed:
Was moenst d, was kå i für de doa?
[5]Dådrauf håt dr David zom Jonatan
gsaed: Guck, môrga ischd Neumond,
då müaßt i obedengt neber am König
sitza beim Essa. Entlaß me drvo, dass
e em Feld draußa vrschlupfa kå bis an
da dritta Åbad. [6]Wann me nå dae Vadr
vrmißt, nå saesch d am: Dr David håt
sich vom r d Erlaobnis geba lassa, dass
r en sae Hoemat nach Betlehem ganga
därf, weil sell s Jåhrasopfer für sae ganza
Sippschaft statt fendat. [7]Wann r nå saed:
Guat! Nå stôht s guat om daen Knecht.
Wann r aber narrat wird, nå wôeßt d,
dass s Ohael a beschlossena Sache für an
ischd. [8]Also dua ebbas für daen Knecht,
du håsch d schliaßlich an JAHWE-Bund
mit daem Knecht gmacht. Ond wann
an mir irgend a Schuld ischd, nå breng
du me om! Zo was dätest d me nå no
zo daem Vadr brenga? [9]Dådrauf håt dr
Jonatan gsaed: Bloß et! Sott e nämlich
vrfahra, dass mae Vadr tatsächlich s
Ohael für di beschlossa håt, moenst d
vielleicht, des dät i dir et saga?
[10]Ond dr David håt zom Jonatan gsaed:
Wer dät mir des schao saga, wann dir
dae Vadr a harta Antwort geit? [11]Nå håt
dr Jonatan zom David gsaed: Komm,
laß ons naus ganga ens Feld! Ond se
send mitanander ens Feld naus ganga.
[12]Då håt dr Jonatan zom David gsaed:
Bei JAHWE, am Gott (Elohey) von
Israel: Wann e môrga om dui Zeit oder
übermôrga vo maem Vadr raus kriag,
dass s guat stôht für da David, nå schick
e ebber raus ond laß de s wissa! [13]Dr
Herrgott (JAHWE) soll am Jonatan des
ond sell ådoa: Wann mae Vadr a Ohael
über de brenga will, ond i dät dr s et
saga ond de entlassa, dass da em Frieda
ganga kåsch. Dr Herrgott (JAHWE) sei
mit dr, so wian r mit maem Vadr gwea
ischd. [14]Ond erweis mr bitte, solang i
am Leba ben, am Herrgott (JAHWE)
sae Barmherzigkaet, ond wann e
gstôrba ben, [15]nå reiß dae Gnade et für
emmer von maem Haus, ao wann dr
Herrgott (JAHWE) am David saene
Faend ausrottat vom Erdboda! [16]So håt
sich dr Jonatan mit am Haus vom David
vrbündat: Dr Herrgott (JAHWE) mög
sich an de Faend vom David schadlos
halta! [17]Ond weiters håt dr Jonatan da
David bei saener Liebe schwöra lassa;
der håt an nämlich möga wia sae aeges
Leba. [18]Nå håt dr Jonatan zon am gsaed:
Môrga ischd Neumond, då vrmisst
mr de, wann dae Platz leer bleibt.
[19]Übermôrga gôhst d ganz weit na an
den Platz, mô da vrschlupft bist an dem
Dag, mô des gwea ischd ond hock neba
den Stoe sell. [20]I schiaß nå drei Pfeil en
sae Nähe, wia wann e ebbas treffa wött.
[21]Ond na schick e den Jonga: Gang ond
suach dia Pfeil! Wann e nå zo dem Jonga
sag: Paß auf! Dia Pfeil liegat von dir aus
herzuas, hol an! Nå kommst d hoem, nå
stôht s nämlich guat für de, s passsiert dr
nex, so wåhr dr Herrgott (JAHWE) lebt.

[22]Ond wann e zo dem Jonga sag: Paß auf! Dia Pfeil liegat nôzuas von dr! nă gŏhst d, nå håt de nämlich dr Herrgott (JAHWE) weggschickt! [23]Was mir aber mitanander ausgmacht hent, du ond i, då ischd dr Herrgott Zeuge zwischa mir ond dir für älle Zeita. [24]Auf des nô ischd dr David em Feld draußa vrschlupft.
Mô nå dr Neumond komma ischd, ischd dr König zom Mahl an da Tisch nô gsessa. [25]Ond r ischd auf saen Platz an dr Wåd nô gsessa wia emmer, ond mô dr Jonatan aufgstanda ischd, ischd bloß no dr Abner neber am Saul gsessa, aber am David sae Platz ischd leer blieba. [26]An dem Dag håt dr Saul nex gsaed, weil r denkt håt: Mit dem ischd sicher ebbas passiert, dass r oraen wôra ischd, der ischd sicher oraen! [27]Mô am David sae Platz aber ao am Dag nach am Neumond leer blieba ischd, håt dr Saul zo saem Soh, am Jonatan gsaed: Wårom ischd am Isai sae Soh gestern ond haet et zom Essa komma? [28]Nå håt dr Jonatan am Saul zor Antwort geba: Dr David håt me om Urlaob gfrågt, dass r nach Betlehem kå! [29]Der håt gsaed: Laß me doch ganga, mir hent nämlich a Familiaopfermahl für ons en dr Stadt. Mae Bruader håt me extra aeglada! Wann da mr jetzt guat gsonna bist, nå möchte e jetzt ganga ond maene Brüader seha! Wega dem ischd r et zom Essa komma beim König. [30]Nå håt dr Saul a Sau-Wuat kriagt auf da Jonatan ond håt zon am gsaed: Du Soh von ra widerspenstiga Hur! Moenst d vielleicht, i dät et wissa, dass du de für da Soh vom Isai entschieda håsch, zo daener Schand ond zor Schand vom Schoß von daener Muader? [31]Des sag e dr: Solang dr Soh vom Isai auf am Erdboda lebt, håsch weders du, no dae Königtom Bstand. Ond jetzt schickst d glei ebber fort, dass mr an her holt zo mr, der ischd nämlich a Todaskandidat. [32]Dådrauf håt dr Jonatan zo saem Vadr, am Saul gsaed: Wårom soll der sterba? Was håt r denn dao? [33]Nå håt dr Saul saen Speer gnomma ond gega an gschmissa, zom an ombrenga. Nå håt dr Jonatan gwißt, dass s saem Vadr ernst drmit gwea ischd zom da David ombrenga. [34]Ond dr Jonatan ischd mit ra Sau-Wuat vom Tisch aufgstanda ond håt an dem zwôeta Dag vom Neumond nex gessa, weil r om da David traurig gwea ischd, ond weil an sae Vadr so ragmacht håt.
[35]Am andera Môrga ischd dr Jonatan ens Feld naus ganga, wian r s mit am David ausgmacht håt, ond a jonger Kerle ischd bein am gwea. [36]Ond r håt zo dem Kerle gsaed: Laof ond suach mr dia Pfeil, môn e abschiaß! Während der Kerle gspronga ischd, håt r da Pfeil über an naus gschossa. [37]Mô der Bua an dui Stell komma ischd, mô der Pfeil glega ischd, den môn r abgschossa håt, håt dr Jonatan dem Bua gschria ond gsaed: Leit der Pfeil et no weiter nôzuas von dir? [38]Ond dr Jonatan håt dem Bua nåchgschria: Mach zua ond stand et rom! Nå håt der Bua dia Pfeil zsemaglesa ond se saem Herra bråcht. [39]Aber der Bua håt nex gwißt; bloß dr Jonatan ond dr David hent gwißt, was los ischd. [40]Nå håt dr Jonatan dem Kerle saene Waffa geba ond håt zon am gsaed: Gang ond trag se en d Stadt. [41]Mô der Bua hoem ganga ischd, ischd dr David neba dem Stoe aufgstanda ond håt sich auf sae Gsicht gwôrfa ond sich drei Mål vrnaegt; ond se hent anander küsst ond jeder håt om saen Fraend gheult, dr David am ärgsta. [42]Ond dr Jonatan håt zom David gsaed: Gang em Frieda! Was mir zwôe em Nåma vom Herrgott (JAHWE) anander gschwora hent, då sei dr Herrgott (JAHWE) zwischa mir ond dir ond zwischa maene Nåchkomma ond daene Nåchkomma für älle Zeita!

Zom Vrgleicha: *Vers 8:* 18,3 • *Vers 30:* 23,17 • *Vers 33:* 18,11.

Dr David beim Ahimelech: 21 1-10

21 Dr David ischd nå aufgstanda
ond fort ganga, ond dr Jonatan
ischd hoem en d Stadt ganga. 2Mô dr
David nå nach Nob komma ischd zom
Priaster Ahimelech, ischd dr Ahimelech
vrschrocka, môn r am David begegnat
ischd ond håt an gfrågt: Wårom bist d
alloe ond håsch neamerd bei dr? 3Nå
håt dr David zom Priaster Ahimelech
gsaed: Dr König håt mr an Auftrag geba
ond zo mr gsaed: Des därf neamerd
wissa, wega was i de schick, ond was
des für a Auftrag ischd! Drom han e me
ao mit maene Leut ama bestimmta Ort
vrabredat. 4Ond jetzt, håsch du vielleicht
ebbas für me übrig? Fenf Brot vielleicht?
Nå gib se mr oder was da sonst grad
håsch. 5Der Priaster håt am David zor
Antwort geba: A gwöhnlichs Brot han
e grad et zor Hand, bloß a ghaeligts
Brot han e! Aber nå müaßat sich daene
Leut von Fraoa enthalta han. 6Nå håt
dr David zom Priaster gsaed: Ons send
Fraoa schao seit gestern ond vôrgestern
vrwehrt. Mô mr aufbrocha send, send d
Gerätschafta von maene Leut ghaeligt
gwea; wann des ao a gwöhnlichs
Onternehma ischd, ischd s doch durch d
Waffa ghaeligt. 7Nå håt am der Priaster
ghaeligte Brot geba, weil koe anders då
gwea ischd als dia Schaobrot, mô mr
vôr am Herrgott (JAHWE) wegnemmt,
wa'mr frische Brot auflegt an dem Dag,
mô mr de alte weg duat. 8Jetzt ischd aber
an dem Dag a Må sell gwea vom Saul
saene Leut, der ischd aegschlossa gwea
vôr am Herrgott (JAHWE), Doëg håt r
ghôeßa, a Edomiter, a Aufseher über am
Saul saene Hirta. 9Nå håt dr David da
Ahimelech gfrågt: Håsch du vielleicht
grad an Speer oder a Schwert då? I han
nämlich weder mae Schwert no andere
Gerätschafta mit nemma könna, weil
dui Åglegahaet vom König so drenglich
ischd. 10Ond dr Priaster håt gsaed: Dem
Philister Goliat sae Schwert, den mô da
em Terebinthatal zdaot gschlaga håsch,
guck, des leit aegwicklat ema Mantel
henter am Efod. Wann da des nemma
willst, nå nemm s! A anders han e
nämlich et då. Ond dr David håt gsaed:
S geit koe bessers, gib mr s!

Zom Vrgleicha: *Vers 2:* 22,9-19 • *Vers 5:* Lev 24,5-9; Ex 19,15 • *Vers 7:* Mt 12,3f • *Vers 10:* 17,50f.54.

Dr David en Gat, Adullam ond Mizpe:
21 11 – 22 5

11Nå ischd dr David no am gleicha
Dag aufbrocha ond ischd weg'am Saul
abghaoa, ond r ischd zom Achisch
komma, am König von Gat. 12Ond am
Achisch saene Diener hent zon am gsaed:
Ischd des et dr David, dr König von dem
Land? Ischd des et der, von dem mô
se gsonga hent bei ihre Raegatänz: Dr
Saul håt mit de saene Tausad gschlaga,
aber dr David mit de saene Zeahtausad!
13Da David håt des ganz oruhig gmacht
ond r håt s mit dr Angst zom doa kriagt
weg'am Achisch, am König von Gat.
14Drom håt r sich blöd gstellt vôr en ond
am Tôr romkritzlat ond Spucke en saen
Bart triala lassa. 15Nå håt dr Achisch zo
saene Diener gsaed: R seahnat doch, dass
des a Vrruckter ischd! Wårom brengat
r den zo mr her? 16Han i et grad gnuag
Vrruckte om me rom, dass r mr den ao
no drher brenga müaßat, dass r bei mir
vrruckt spielt? Soll der vielleicht ao no
en mae Haus komma?

22 Drom ischd dr David von sell
fort ganga ond drvo komma en
d Höhle von Adullam. Mô des saene
Brüader ond s ganze Haus von saem
Vadr ghört hent, send se zon am na
komma. 2Ond älle Mannsleut, mô en
Schwierigkaeta gwea send oder Schulda
ghet hent oder sonstwia vrzweifelt
gwea send, hent sich om an gschart,
ond er ischd ihr Haeptleng wôra. Nå
send ogfähr vierhondert Mann bein am

gwea. [3]Nå ischd dr David von sell nach
Mizpe en Moab ganga, ond r håt zom
König von Moab gsaed: Därf mae Vadr
ond mae Muader herkomma zo euch,
bis e wôeß, was Gott (Elohim) mit mr
vôr håt? [4]So håt r se dr Obhuat vom
Moabiterkönig überlassa, ond se send
bein am blieba, solang dr David en dr
Bergfestong gwea ischd. [5]Ond dr Profet
Gad håt zom David gsaed: Bleib et en
dr Bergfestong! Gang ens Land Juda!
Dådrauf ischd dr David fort ganga ond
nach Jaar-Heret.

Zom Vrgleicha: *Kap. 21 Vers 11:* 27,2; Ps 56,1 • *Vers 12:* 18,7 • *Vers 14:* Ps 34,1 • *Kap. 22 Vers 5:* 2Sa 24,11; 1Chr 29,29.

Am Saul sae Rache an de Priaster von Nob: 22 6-23

[6]Aber dr Saul håt drvo ghört; dr David
ond dia Männer, mô bein am gwea send,
send nämlich entdeckt wôra. Dr Saul
ischd grad en Gibea onter dr Tamariske
gsessa auf dr Åhöhe, saen Speer håt r
en dr Hâd ghet ond saene Diener send
älle om an rom gstanda. [7]Ond dr Saul
håt zo saene Diener, mô om an rom
gstanda send, gsaed: Horchat her, ihr
Benjaminiter! Will euch älle dr Soh vom
Isai Felder ond Wengert geba ond euch
aesetza als Åführer von Tausendschafta
ond von Hondertschafta, [8]daß r euch
älle gege me vrschwora hent? Ond
koener håt mr s gmeldat, dass sich mae
Soh mit am Soh vom Isai vrbündat håt.
Ond koener von euch håt sich om mi
Sôrga gmacht ond mr gsaed, dass mae
Soh saen Diener gega me als Faend
ågstiftat håt, wia mr s haet sieht! [9]Nå
håt dr Doëg, der Edomiter, der mô grad
neba de Diener vom Saul gstanda ischd,
gsaed: I han gseha, wia dr Soh vom
Isai nach Nob zom Ahimelech komma
ischd, am Soh vom Ahitub. [10]Ond der
håt für an da Herrgott (JAHWE) gfrågt;
Wegzehrong håt r am ao mitgeba ond
s Schwert vom Goliat, dem Philister.
[11]Auf des nô håt dr König Leut
nôgschickt, zom da Ahimelech, da Soh
vom Ahitub, da Priaster, komma lassa
ond s ganze Gschlecht von saem Vadr,
dia send Priaster gwea en Nob. Ond mô
se älle zom König komma gwea send,
[12]håt dr Saul gsaed: Horch amål her,
Soh vom Ahitub! Ond der håt gsaed:
Då ben e, Herr! [13]Nå håt dr Saul zon
am gsaed: Wårom hent ihr euch gega mi
vrschwora, du ond am Isai sae Soh, dass
da am Brot ond a Schwert geba ond für
an bei Gott (Elohim) ågfrågt håsch, dass
r sich gega me aufloehnt ond als Faend
gega me auftritt, wia mr s haet sieht?
[14]Nå håt dr Ahimelech am König zor
Antwort geba ond gsaed: Ond wer von
älle daene Knecht ischd so treu wia dr
David, dr Tochtermå vom König ond
Åführer von daener Leibwach, ond
vrehrt en daem ganza Haus? [15]Han i
haet vielleicht zom ersta Mål bei Gott
(Elohim) für an ågfrågt? Überhaopt
et! Drom mög dr König saem Diener
ond am ganza Gschlecht von maem
Vadr ao nex onterstella, dae Diener håt
nämlich von dem ällam nex gwißt, nex
graoßs ond nex kloes! [16]Nå håt dr König
gsaed: Du muaßt sterba, du ond s ganze
Gschlecht von daem Vadr! [17]Ond dr
König håt zo dene Laefer, mô bein am
gstanda send gsaed: Krôesat dia Priaster
von JAHWE ae ond brengat se om;
dia haltat nämlich ao zom David, ond
obwohl se gwißt hent, dass der abghaoa
ischd, hent se mr s et gmeldat. Aber dia
Diener vom König hent sich et traut, dia
Priaster von JAHWE åzomlanga ond
se om zom brenga. [18]Nå håt dr König
zom Doëg gsaed: Gang du ond breng
dia Priaster om! Nå ischd dr Doëg om
dia Priaster rom ganga ond håt an dem
Dag fenfaachzg Männer ombråcht, mô
s laenene Efod traga hent. [19]Ond Nob,
d Priasterstadt, håt dr König mit am

scharfa Schwert gschlaga, Männer ond
Fraoa, Kender ond Saegleng, Render,
Esel ond Schåf mit am scharfa Schwert.
[20]Bloß oe oeziger Soh vom Ahimelech,
am Soh vom Ahitub, Abjatar håt r
ghôeßa, håt sich en Sicherhaet bråcht
ond ischd zom David gflüchtat. [21]Ond
dr Abjatar håt am David gmeldat, dass dr
Saul dia Priaster von JAHWE ombråcht
håt. [22]Dr David håt aber zom Abjatar
gsaed: Des han e am gleicha Dag schao
gwißt, dass dr Doëg, der Edomiter, der
ischd jå då gwea, des am Saul vrråta dät.
I ben Schuld, dass älle aus daem Vadr
saem Haus hent sterba müaßa. [23]Bleib
bei mr ond han no koe Angst! Der mo
dir ans Leba will, der will mir ans Leba,
bei mir bist sicher.

Zom Vrgleicha: *Vers 9:* 21,8; Ps 52,2 • *Vers 20:* 23,6; Mk 2,26 • *Vers 23:* 1Kö 2,26.

Dr David en Keïla ond en dr Steppe Sif: 23 1-28

23 Selligsmål håt mr am David
gmeldat: Guck, d Philister
kämpfat grad gega Keïla ond plünderat
dene ihre Tenna! [2]Nå håt dr David
beim Herrgott (JAHWE) ågfrågt ond
gsaed: Soll i nôganga ond dia Philister
schlaga? Ond dr Herrgott (JAHWE)
håt zom David gsaed: Gang ond schlag
dia Philister ond rette Keïla. [3]Aber am
David saene Manna hent zon am gsaed:
Guck, mir müaßat schao dåhanna en
Juda Angst han! Wiaviel maeh erst,
wa'mr nach Keïla ganga sollat gega
de Philister ihre Kampftruppa? [4]Nå
håt dr David nômål beim Herrgott
(JAHWE) ågfrågt, ond JAHWE håt
am zor Antwort geba ond gsaed: Stand
auf! Gang na uf Keïla, i gib nämlich dia
Philister en daene Händ! [5]Ond dr David
ischd mit saene Manna nach Keïla ganga
ond håt gega d Philister kämpft ond
ihre Viehherda wegtrieba ond en an
schwera Schlag vrsetzt. So håt dr David
d Aewohner von Keïla grettat.
[6]Mô am Ahimelech sae Soh, dr Abjatar
zom David nach Keïla gflüchtat ischd,
håt r ao s Efod mit gnomma. [7]Nå ischd
am Saul gmeldat wôra, dr David sei nach
Keïla komma. Nå håt sich dr Saul gsaed:
Den håt mr Gott (Elohim) ausglieferat,
der håt sich nämlich selber gfanga,
môn r en a Stadt mit Tôr ond Riegel
ganga ischd. [8]Ond dr Saul håt sae ganzs
Kriagsvolk aufbota na uf Keïla, zom da
David ond saene Manna aekessla. [9]Mô
dr David gmerkt håt, was dr Saul gega
an em Schild führt, håt r zom Priaster
Abjatar gsaed: Breng s Efod her! [10]Ond
weiters håt r gsaed: JAHWE, Gott
(Elohey) von Israel! Dae Knecht håt
ghört, dass dr Saul nach Keïla komma
will ond d Stadt wega mir vrwüasta will!
[11]Werat d Bürger von Keïla mi dem en d
Händ ausliefera? Kommt dr Saul ra, wia
s dae Knecht ghört håt? Du, JAHWE,
Gott (Elohey) von Israel, laß s doch
daen Knecht wissa! Ond JAHWE håt
am zor Antwort geba: Der kommt!
[12]Nå håt dr David gsaed: Werat dia
Bürger von Keïla mi ond maene Männer
ausliefera an da Saul? Ond JAHWE håt
gsaed: Dia lieferat euch aus! [13]Nå ischd
dr David ond saene Manna, so om de
sechshondert, aufbrocha von Keïla ond
send en dr Gegend romzoga, wia s grad
gschickt gwea ischd. Ond mô mr am
Saul gmeldat håt, dr David sei fortganga
von Keïla, håt r saen Plan aufgeba.
[14]Ond dr David ischd en dr Steppe
auf dene Bergfestonga blieba ond håt
sich em Bergland ond en dr Wüste Sif
festgsetzt. Dr Saul håt an de ganz Zeit
gsuacht, aber Gott (Elohim) håt an et en
saene Händ falla lassa. [15]Dr David håt
aber gwißt, dass dr Saul bloß ausgrückt
ischd, weil r am ans Leba wölla håt.
Mô dr David en Horescha gwea ischd,
en dr Wüste Sif, [16]ischd dr Jonatan, am
Saul sae Soh aufbrocha ond zom David

nach Horescha ganga ond håt am Muat
gmacht ond an Gott (Elohim) åbefohla.
17 Ond r håt zom David gsaed: Brauchst
koe Angst et han, dr Saul, mae Vadr
fendat de nia! Ond du wirst König über
Israel! Ond nå ben i dr Zwôete nach dir,
des wôeß ao mae Vadr ganz genao. 18 Nå
hent sich dia Zwôe nômål vôr JAHWE
vrbündat. Ond dr David ischd en
Horescha blieba, ond dr Jonatan ischd
hoem ganga.
19 A paar Sifiter send aber nauf ganga
zom Saul nach Gibea ond hent am
vrzählt: Guck, dr David håt sich bei ons
vrsteckt en de Bergfesta von Horescha
auf dr Åhöhe von Hachila südlich von
Jeschimon. 20 Ond jetzt, o König, wann
dr s gfällt zom rakomma, nå komm ra!
Onser Sach ischd s nå, dia an da König
aus zom liefera! 21 Dådrauf håt dr Saul
gsaed: Ihr send gsegnat vom Herrgott
(JAHWE), weil r Mitleid mit mr hent!
22 Gangat ond passat weiter auf, môn r
sich aufhält! Mr håt mr nämlich gsaed:
Der ischd schlau ond führt sicher ebbas
em Schild! 23 Guckat ond forschat en älle
Schlupfwenkel, môn r dren vrschlupfa
könnt. Wann r ebbas sichers wissat, nå
kommat r wieder her, nå gang e mit euch
nô. Wann r nå tatsächlich em Land ischd,
nå fend an i onter älle Tausendschafta
von Juda. 24 Nå hent se sich auf gmacht
ond send vôr am Saul nach Sif ganga. Dr
David ond saene Manna send aber en dr
Steppe Maon gwea, en dr Araba südlich
von Jeschimon. 25 Nå håt sich dr Saul mit
saene Leut auf d Suache gmacht. Des håt
mr am David gmeldat, nå ischd r über d
Felsa nagstiega ond en dr Steppe Maon
blieba. Dr Saul håt des mitkriagt ond
ischd am en dr Steppe Maon nåchgjagd.
26 Dr Saul ischd mit saene Leut auf dr
oena Seite vom Berg gwea ond dr David
mit saene Manna auf dr andera Seite
vom Berg. Dr David håt sich nå beeilt,
zom aus dr Nähe vom Saul wegkomma,
ond dr Saul ischd mit saene Leut om da
Berg rom komma ond håt se schnappa
wölla. 27 Aber nå ischd a Bote zom Saul
komma ond håt gmeldat: Komm ganz
schnell, d Philister fallat über s Land
her! 28 Nå håt dr Saul aufghert, da David
zom vrfolga ond ischd ganga, zom gega
d Philister åtreta. Drom hôeßt mr den
Ort Sela-Machlekot (Toelongsfelsa).

24 Dr David respektiert s Leba vom Saul: 24 1-23

Dr David ischd nå von sell naufganga
ond en de Bergfestonga von En-Gedi
blieba. 2 Mô dr Saul von saener Jagd
auf d Philister zrück komma ischd, håt
mr am gmeldat: Guck, dr David ischd
en dr Steppe von En-Gedi. 3 Nå håt dr
Saul dreitausad Mann aus ganz Israel
rausgsuacht ond ischd los zoga, zom da
David ond saene Manna suacha, östlich
von de Stoebockfelsa. 4 Ond r ischd zo
Schåfpferch am Weg komma, då ischd
ao a Höhle gwea. Ond dr Saul ischd
naeganga zom sae Notdurft vrrichta;
aber dr David ond saene Leut send henta
en dera Höhle ghockt. 5 Nå hent am
David saene Männer zon am gsaed: Des
ischd der Dag, von dem mô dr Herrgott
(JAHWE) zo dr gsaed håt: Guck, i gib dr
daen Faend en d Händ ond du kåsch mit
am macha, was da willst. Ond dr David
ischd nôgschlicha ond håt hehlenga an
Zipfel vom Saul saem Mantel agschnitta.
6 Aber hentadrae håt am David s Gwissa
gschlaga, weil r hehlenga an Zipfel vom
Saul saem Mantel agschnitta håt. 7 Ond
r håt zo saene Männer gsaed: Schand
über mi vom Herrgott (JAHWE),
wann i gega maen Herra, am Gsalbta
von JAHWE, d Håd ausstrecka ond
dem ebbas ådoa dät, des ischd nämlich
dr Gsalbte vom Herrgott (JAHWE).
8 Nå håt r saene Männer vrschempft
ond en vrbota, gega da Saul ebbas zom
onternemma. Ond dr Saul ischd aus

dera Höhle nausganga ond håt sich
auf da Weg gmacht. 9Nå ischd ao dr
David aufgstanda ond am hentadrae aus
dr Höhle ganga ond håt am Saul nåch
gschria: Mae Herr, dr König! Ond mô
dr Saul henter sich guckt håt, håt sich
dr David bis auf da Boda vrnaegt ond
håt sich vôr am niedergwôrfa. 10Ond
dr David håt zom Saul gsaed: Wårom
horchst du auf s Gschwätz von dene
Leut, mô sagat: Guck, dr David will
dae Vrderba? 11Guck haet håsch d doch
mit daene aegene Aoga gseha, dass de
dr Herrgott (JAHWE) en maene Händ
geba håt en dera Höhle. Mô mr zo mr
gsaed håt, i soll de zdaot haoa, han i de
vrschont. I han mr gsaed: I will mae Hǻd
et an maen Herra lega, weil der doch dr
Gsalbte vom Herrgott (JAHWE) ischd.
12Ond guck no her, mae Vadr, siehst d
den Zipfel von daem Mantel en maener
Hǻd? I hätt de ao zdaot schlaga könna,
môn e den Zipfel von daem Mantel
agschnitta han! Wôeßt d s jetzt ond
siehst d s endlich ae, dass maene Händ
sauber send von Boshaftigkaet ond
Vrråt, ond i me an dir et vrsündigt han?
Aber du stellst mr nåch ond willst mr
ans Leba! 13Dr Herrgott (JAHWE) soll
Richter sae zwischa mir ond dir, ond dr
Herrgott (JAHWE) soll me an dir rächa,
aber mae Hǻd soll et gega de sae!
14Wia saed doch a alts Sprichwort: Dr
Frevel gôht vom Frevler aus, aber mae
Hǻd soll et gega de sae! 15Henter wem
ischd denn dr König von Israel her? Wem
jagst d denn nåch? Ama daota Hond,
ama oezelna Floh! 16So sei dr Herrgott
(JAHWE) Richter ond zwischa mir ond
dir ond soll entschaeda, der soll s ågucka
ond maen Rechtsstreit für me führa ond
mr mae Recht von dir vrschaffa.
17Mô dr David mit saener Red an da
Saul fertig gwea ischd, håt dr Saul gsaed:
Ischd des etwa dae Stemm, mae Soh
David? Ond r håt ågfanga ganz laut zom
heula. 18Ond r håt zom David gsaed: Du
bist viel maeh em Recht als wian i; du
håsch mir emmer Guats dao, aber i han
me baes gega de vrhalta. 19Du håsch haet
da Beweis bråcht, dass da mr Guats dao
håsch, mô me dr Herrgott (JAHWE) en
daene Händ ausglieferat håt ond du me
et ombråcht håsch. 20Wann oener saen
Faend gschickt vrtwischt ond lässt an nå
friedlich saen Weg ganga? Dr Herrgott
(JAHWE) soll dr s mit Guatam vrgelta,
was da haet an mr dao håsch. 21Ond jetzt
guck! I wôeß wohl, dass du König wirst
ond s Königtom en daene Händ Bstand
håt. 22Jetzt schwör mr bei JAHWE, dass
du maene Nåchkomma et ausrottest ond
maen Nåma et ausradierst von maem
Vadrhaus. 23Ond dr David håts am Saul
gschwora. Nå ischd dr Saul hoem ganga
ond dr David ischd mit saene Leut en d
Bergfestonga ganga.

Zom Vrgleicha: *Vers 7:* 26,9; 2Sa 1,14 • *Vers 15:* 26,20.

Dr David ond d Abigajil: 25 1-44

25 Ond mô dr Samuel gstôrba ischd,
hent sich älle Israelita vrsammlat
ond Totaklage ghalta. Ond mr håt an en
saem Haus en Rama beerdigt. Aber dr
David håt sich aufgmacht ond ischd en
d Steppe Paran ganga.
2Ond en Maon ischd a Må gwea, der håt
sae Åwesa en Karmel ghet. Der Må håt
an zemlich graoßa Aefluß ghet, der håt
nämlich dreitausad Schåf ond tausad
Gôesa ghet. Der håt grad saene Schåf
en Karmel gschert. 3Der Må håt Nabal
ghôeßa ond sae Frao Abigajil. Ond dui
Faro ischd recht gscheit gwea ond håt a
guata Figur ghet. Aber der Må ischd stur
gwea ond baesartig, a Kalebiter ischd r
gwea. 4Ond mô dr David en dr Wüste
ghört håt, dr Nabal dät grad saene Schåf
schera, 5håt dr David zeah jonge Männer
gschickt ond dene gsaed: Gangat nauf
nach Karmel ond kehrat beim Nabal ae,

grüaßat an en maem Nåma 6ond sagat:
So zom Leba! Ond Frieda sei mit daem
Haus, ond Frieda mit ällam, was da
håsch! 7I han ghört, dass da grad daene
Schåf scherst. Jetzt send jå daene Hirta
mit ihre Schåf bei ons gwea, mir hent en
nex ådao ond s ischd en ao nex abhanda
komma, solang se en Karmel gwea
send. 8Fråg no daene jonge Männer, dia
könnat s bestätiga. Also laß ao maene
jonge Leut Gunst fenda en daene Aoga,
mir send doch ama guata Dag komma.
Gib also daene Knecht ond daem Soh
David, was da grad håsch. 9Mô am
David saene Leut nå komma send, hent
se em Nåma vom David mit am Nabal
gschwätzt, wian ens dr David gsaed håt,
ond nå hent se gwartat. 10Aber dr Nabal
håt am David saene Knecht zor Antwort
geba: Wer ischd schao dr David? Wer
ischd schao am Isai sae Soh? Haetzdag
geit s grad gnuag Knecht, mô ihre Herra
drvo laofat. 11Soll i vielleicht mae Brot
ond mae Wasser, ond was e für maene
Scherer gmetzgat han an Leut geba, von
dene môn e no et amål wôeß, mô se
herkommat? 12Nå send am David saene
jonge Männer omdreht, ond mô se
zrück komma send, hent se am vrzählt,
was dr Nabal gsaed håt. 13Nå håt dr
David zo saene Manna gsaed: Dent eure
Gürtel mit am Schwert å! ond a jeder
håt sae Schwert romdao. Ao dr David
håt sae Schwert romdao. Ond se send
henter am David nauf ganga, om de
vierhondert Mann, ond zwôehondert
send bei de Gerätschafta blieba.
14En dr Zwischazeit håt a jonger Kerle dr
Abigajil, am Nabal saener Frao vrzählt:
Guck, dr David håt Bota gschickt aus
dr Steppe, zom onseran Herra grüaßa,
aber der håt se abblitza lassa. 15Drweilst
send dia Männer ganz fraendlich
zo ons gwea. Ond neamerd håt ons
vrschempft ond mr hent nia ebbas
vrmißt, solang mr bei dene gwea send
auf am Feld. 16Dia hent ons sogar Dag
ond Nacht gschützt ond hent a Mauer
om ons rom bildat, mô mr onsere Schåf
ghüatat hent bei nen. 17Jetzt überleg no
ond sieh zua, was da doa kåsch; sicher
ischd s Ohael über onseran Herra ond
über onser Haus beschlossa; aber der
ischd jå so baesartig, dass mr mit dem
überhaopt et vrnünftig schwätza kå.
18Nå håt d Abigajil schnell zwôehondert
Brotlôeb ond zwôe Waeschläuch ond
fenf zrechtgmachte Schåf, fenf Sea
Röstkorn, hondert Zibebakuacha ond
zwôehondert Feigakuacha gnomma
ond auf Esel glada. 19Ond se håt zo ihre
jonge Männer gsaed: Gangat mr vôraus!
Guckat, i komm euch glei nåch! Aber
ihram Må, am Nabal håt se nex gsaed.
20Mô se nå em (Sicht)Schutz vom Berg
auf ihram Esel ragritta ischd, ischd ra
auf oemål dr David mit saene Manna
entgega komma ond håt se troffa.
21Dr David håt grad gsaed ghet: Ganz
omasoscht han i ällas, was dem Må
ghert en dr Steppe draußa gschützt,
nex ischd vrmißt wôra von ällam, was
am ghert, ond der håt mr s Guate mit
Baesam vrgolta! 22Gott (Elohim) soll mr
des ond sell ådoa, wann e von ällam, was
männlich ischd, ao bloß oen übrig laß bis
an da Môrga. 23Mô d Abigajil da David
gseha håt, ischd se schnell von ihram
Esel ragstiega ond vôr am nôgsonka ont
håt sich bis auf da Boda vrnaegt. 24Se håt
sich am vôr d Füaß nôfalla lassa ond håt
gsaed: I ganz alloe ben schuldig! Laß
dae Magd doch mit dr schwätza! Ond
hör, was se dr zom saga håt. 25Mae Herr,
reg de doch et auf über den nexnutzíga
Kerle, da Nabal! So wian r hôeßt, so
ischd r ao: Nabal hôeßt r, ond Nabal
hôeßt: Torhaet! I, dae Magd, han dia
jonge Leut et gseha mô du gschickt
håsch, mae Herr! 26Ond jetzt, mae Herr,
so wåhr JAHWE lebt ond so wåhr du
lebst! Dr Herrgott (JAHWE) håt de

drå ghenderat, dass da Bluatschuld
auf de lädst ond dr selber hilfst; mögat
älle daene Faend so wera wia dr Nabal
ond älle, mô gega maen Herra Ohael
ausheckat. [27]Ond jetzt, dia Segensgaba,
mô dae Magd maem Herra mitbråcht
håt, soll mr daene jonge Männer
vrtôela, mô mit maem Herra komma
send! [28]Vrzeih doch daener Magd ihr
Vrsaemnis. Dr Herrgott (JAHWE) wird
maem Herra a bständigs Haus baua, weil
mae Herr am Herrgott (JAHWE) saene
Kriag führt, ond mr fendat an dir nex
Orechts, solang da lebst. [29]Ond wann
a Mensch aufstôht ond de vrfolgt ond
dr nach am Leba trachtat, nå sei s Leba
von maem Herra aebonda em Bündel
von de Lebendige bei JAHWE, daem
Gott (Eloheyka), aber s Leba von daene
Faend soll r mit dr Schleuder fortkeia.
[30]Wann nå dr Herrgott (JAHWE) maem
Herra ällas des Guate håt zuakomma
lassa, was r dr vrsprocha håt, ond di
zom Fürsta über Israel bstellt, [31]nå soll
des koe Stolperstoe für de sae oder dr
Ålaß für a schlechts Gwissa, dass da
ohne an Grond Bluat vrgossa ond dr
selber gholfa hättest. Wann dr aber dr
Herrgott (JAHWE) Guats duat, nå denk
ao an dae Magd! [32]Nå håt dr David zor
Abigajil gsaed: Lobpreis sei JAHWE,
am Gott (Elohey) von Israel, der mô
di haet gschickt håt zom mr begegna!
[33]Priesa soll ao dae Klughaet sae, ond
priesa sollst du sae, weil da me haet drå
ghenderat håsch, dass e en Bluatschuld
gråta wär ond mr selber gholfa hätt.
[34]Aber so wåhr JAHWE lebt, dr Gott
(Elohey) von Israel, der mô me drvo
abghalta håt, dir ebbas Baes åzomdoa:
Wann du mr et so schnell entgega
komma wärest, nå wär vom Nabal saene
Männer am andera Môrga koener maeh
übrig gwea! [35]Ond dr David håt von ra
ôgnomma, was se für an mitbråcht håt,
ond zon ra gsaed: Gang no em Frieda
nauf en dae Haus. Guck, i han auf de
ghorcht ond de gnädig aufgnomma.
[36]Mô d Abigajil nå zom Nabal komma
ischd, håt der en saem Haus a Gelage
vråstaltat wian a König, ond dr Nabal
ischd guat aufglegt gwea, weil r total
bsoffa gwea ischd. Drom håt se am ao
nex gsaed, koe Wörtle, bis an da Môrga.
[37]Aber am Môrga, môn r saen Rausch
ausgschlåfa ghet håt, håt am sae Frao
vrzählt, was passiert ischd. Nå håt sich
sae Herz em Leib zsemakrampft ond
r ischd wian a Stoe wôra. [38]Nach zeah
Dag håt dr Herrgott (JAHWE) da Nabal
gschlaga, dass r gstôrba ischd. [39]Mô dr
David ghört håt, dr Nabal sei daot, håt
r gsaed: Lobpreis sei JAHWE, der håt
maen Rechtsstreit gega da Nabal gführt,
wega saene Belaedigonga, ond r håt saen
Knecht vôr Orecht bewahrt, ond am
Nabal sae Boshaftigkaet håt dr Herrgott
(JAHWE) auf sae aeges Haopt komma
lassa. Ond dr David håt zor Abigajil
gschickt ond mit ra vrhandla lassa, zom
se heirata. [40]Mô am David saene Diener
zor Abigajil nach Karmel komma send
ond ra gsaed hent: Dr David håt ons
gschickt zom de für an abhola, dass da
sae Frao wirst! [41]Nå ischd se aufgstanda
ond håt sich mit am Gsicht bis auf da
Boda vrnaegt ond gsaed: Dae Magd
ischd beraet, de Knecht vo maem Herra
d Füaß zom wäscha! [42]Ond d Abigajil
håt sich schnell aufgmacht ond ischd
auf ihran Esel nauf gsessa, ond ihre fenf
Mägd hent se beglaetat; nå ischd se mit
am David saene Bota ganga ond am
David sae Frao wôra. [43]Dr David håt
sich vôrher schao aus Jesreel d Ahinoam
zor Frao gnomma, nå håt r zwôe Fraoa
ghet. [44]Aber dr Saul håt sae Tochter, d
Michal, am David sae Frao, am Palti
geba, am Soh vom Lajisch aus Gallim.

Zom Vrgleicha: *Vers 30:* 2Sa 5,2 • *Vers 42:* 2Sa 2,2 • *Vers 44:* 2Sa 3,14f.

**Dr David vrschont da Saul zom
zwôeta Mål:** 26 1-25

26 Nå send d Sifiter zom Saul nach
Gibea komma ond hent gsaed:
Dr David hält sich auf dr Åhöhe von
Hachila geganüber von Jeschimon auf!
2 Nå håt sich dr Saul glei aufgmacht
ond ischd nagstiega en d Sif-Wüste mit
dreitausad ausgsuachte Männer von
Israel, zom sell da David suacha. 3 Ond
dr Saul håt auf dr Åhöhe von Hachila
geganüber von Jeschimon sae Lager
aufgstellt, während dr David en dr Wüste
blieba ischd. Ond môn r gmerkt håt
dass am dr Saul wieder nåchganga ischd
en d Wüste, 4 håt dr David Kondschafter
losgschickt, ond dia hent ams ganz
sicher saga könna, dass dr Saul komma
ischd. 5 Ond r ischd aufbrocha ond an
den Ort komma, mô dr Saul sae Lager
ghet håt. Ond dr David håt den Platz,
mô dr Saul mit saem Feldherr Abner,
am Soh vom Ner, glega ischd, guat
überblicka könna. Dr Saul håt em Lager
gschlåfa, ond s Volk ischd rengs om an
rom glagerat. 6 Nå håt dr David zom
Hetiter Ahimelech ond zom Abischai,
am Soh von dr Zeruja, am Bruader vom
Joab, gsaed: Wer gôht (freiwillig) mit
mr na ens Lager vom Saul? Dr Abischai
håt glei gsaed: I gang mit dr na! 7 Mô dr
David ond dr Abischai en dr Nacht zom
Saul saene Leut komma ischd, då ischd
dr Saul mittla em Lager glega ond håt
gschlåfa, sae Speer ischd an dr Kopfnat
em Boda gsteckt. Ond dr Abner ond
saene Leut send rengs om an rom glega.
8 Nå håt dr Abischai zom David gsaed:
Gott (Elohim) håt dr haet daen Faend en
daene Händ geba! Laß me an jetzt an da
Boda nôspiaßa mit saem aegena Speer,
mit oem Stoß, an zwôeta brauch e et!
9 Aber dr David håt zom Abischai gsaed:
Breng an et om! Wer håt jemåls sae Håd
an da Gsalbta vom Herrgott (JAHWE)
glegt ond wär drmit ågstråft blieba?
10 Ond dr David håt gsaed: JAHWE
lebt! Alloe JAHWE därf an schlaga!
Dem sae Stond kommt ao no, mô der
sterba muaß, oder dass r em Kriag fällt!
11 Aber des sei mr fern, dass i mae Håd
an da Gsalbta vom Herrgott (JAHWE)
lega dät. Nemm jetzt saen Speer ond
saen Wasserkruag ond laß ons ganga!
12 Nå håt dr David am Saul saen Speer
ond saen Wasserkruag gnomma ond
ischd ganga. Koener håt s gseha ond
koener håt s gmerkt, ond koener ischd
aufgwacht, weil se dr Herrgott älle en
an Tiafschlåf falla lassa håt.
13 Mô dr David nå wieder auf dr andera
Seite vom Tal gwea ischd, ischd r auf
da Berggipfel gstanda mit ama graoßa
Abstand. 14 Nå håt dr David zom Saul
saene Leut ond zom Abner, am Soh vom
Ner nomgschria: Gibst mr koe Antwort,
Abner? Ond dr Abner håt zrück gschria:
Wer bist du, dass da am König schreist?
15 Ond dr David håt zom Abner gsaed:
Was bist du bloß für a Må, ond wer kå
sich mit dir en Israel vrgleicha? Wårom
håsch d et auf daen Herra, da König
aufpasst? S ischd nämlich oener aus am
Volk aedronga, zom da König, daen
Herra ombrenga! 16 Des ischd et guat,
was da dr då glaestat håsch! So wåhr dr
Herrgott (JAHWE) lebt, ihr send älle
Todaskandidata, weil r auf euran Herra,
am Herrgott (JAHWE) saen Gsalbta, et
aufpasst hent! Ond jetzt guck, mô ischd
denn am König sae Speer? Ond mô
ischd der Wasserkruag, mô an saener
Kopfnat gstanda ischd? 17 Nå håt dr Saul
da David an dr Stemm kennt ond gsaed:
Ischd des et dae Stemm, mae Soh David?
Ond dr David håt gsaed: Des ischd mae
Stemm, mae Herr, o König! 18 Ond nå
håt r gsaed: Wårom jagd mae Herr saem
Knecht nåch? Was han e denn vrbrocha?
Ond was hent maene Händ baes ågstellt?
19 Ond jetzt horch doch her, mae Herr,
mae König, was dae Knecht zom saga

hât: Wann de dr Herrgott (JAHWE) gega me aufgstachlat hât, nå soll mr am a Duftopfer darbrenga, wann s aber Menscha gwea send, soll r vrfluacht sae vôr am Herrgott (JAHWE), weil se me haet vrtrieba hent vom Herrgott (JAHWE) saem Erbtôel ond gsaed hent: Gang fort ond vrehr andere Götter (Elohim)! [20]Aber mae Bluat soll et en dr Ferne von JAHWE auf da Boda fliaßa; dr König von Israel ischd nämlich auszoga, zom an oenzelna Floh suacha, wia mr s Rebhuhn jagd en de Berg! [21]Dådrauf hât dr Saul gsaed: I han me vrsündigt! Komm zrück, mae Soh David, I will dr en Zuakonft nex maeh ådoa, weil dir haet mae Leba teuer gwea ischd. Guck, I han me domm vrhalta ond me schwer vrirrt! [22]Dr David hât am zor Antwort geba: Guck her! Då ischd am König sae Speer, schick oen von daene jonge Männer rom, zom an hola! [23]Aber dr Herrgott (JAHWE) vrgilt ama jeda sae Gerechtigkaet ond Treue; dr Herrgott (JAHWE) hât de nämlich haet en maene Händ geba, aber i han mae Håd et an da Gsalbta vom Herrgott (JAHWE) lega wölla. [24]Ond guck, so wia mir haet dae Leba teuer gwea ischd, so teuer mög mae Leba en de Aoga vom Herrgott (JAHWE) sae, ond r mög me retta aus älle Schwierigkaeta! [25]Nå hât dr Saul zom David gsaed: Gsegnat sollst d sae, mae Soh David! Du schaffst des sicher, du brengst s zom guata End! Ond dr David ischd weiter zoga, aber dr Saul ischd an saen Ort zrück ganga.

Zom Vrgleicha: *Vers 1:* 23,19; Ps 54,2 • *Vers 19:* Gen 8,2; 4,14.161 • *Vers 20:* 24,15 • *Vers 21:* 2Kö 1,13f.

Dr David bei de Philister: *27* 1 – 28 2

27 Dr David hât sich denkt: Ama schöna Dag brengt me dr Saul doch no om. S ischd am besta, wann e ens Land von de Philister gang. Vielleicht hert dr Saul nå auf, me durchs ganze Land zom vrfolga, ond i ben vôr am en Sicherhaet. [2]Also hât r sich aufgmacht ond ischd mit dene sechshondert Mann, må bein am gwea send, zom Achisch, am Soh vom Maoch, am König von Gat, nom ganga. [3]Ond r ischd beim Achisch blieba, er selber ond saene Leut, a jeder mit saener Familie, dr David mit saene zwôe Fraoa, dr Ahinoam aus Jesreel ond dr Abigajil aus Karmel, mô vôrher am Nabal sae Frao gwea ischd. [4]Mô nå am Saul gmeldat wôra ischd, dr David sei nach Gat abghaoa, hât r an nemme gsuacht. [5]Ond dr David hât zom Achisch gsaed: Wann da mr guat gsonna bist, nå gib mr an Platz en oener von daene Städt en daem Gebiet, dass e me sell åsiedla kå. Wårom sott dae Knecht ao en dr Haoptstadt wohna? [6]Nå hât am dr Achisch an sellam Dag Ziklag geba. Drom ghert Ziklag bis haet de König von Juda. [7]Ond dr David ischd a Jåhr ond vier Monat em Gebiet von de Philister blieba.

[8]Nå ischd dr David mit saene Leut nauf ganga ond em Gebiet von de Geschuriter, Geresiter ond de Amalekiter romgstrôeft; dia hent des Gebiet bewohnt von Schur bis nach Ägypten na. [9]Ond wann dr David des Land gschlaga hât, ischd koe Må ond koe Frao am Leba blieba. Ond r hât s Kloevieh ond s Graoßvieh, Esel ond Kamel ond Gwänder mitgnomma ond ischd wieder zom Achisch zrück komma. [10]Ond mô dr Achisch gfrågt hât: Mô hent r denn haet eure Raobzüg gmacht? Hât am dr David zor Anwort geba: Em Südland von Juda ond em Südland von de Jerachmeeliter, oder em Südland von de Keniter. [11]Aber Männer ond Fraoa hât dr David deshalb et am Leba glassa, dass dia et nach Gat hent komma könna ond vrmelda: Des ond sell hât dr David dao! Ond so ischd r mit ons omgspronga de ganz Zeit, môn

r em Gebiet von de Philister gwea ischd!
12Dr Achisch aber håt am David vrtraut,
weil r sich gsaed håt: Der håt sich bei
saem Volk en Israel an schlechta Ruaf
gmacht, drom muaß r jetzt für emmer
als Knecht bei mr bleiba.

28 Selligsmål hent d Philister ihre
Truppa zsemazoga zom gega d
Israelita Kriag führa. Nå håt dr Achisch
zom David gsaed: Gell, du wôeßt,
dass da mit daene Manna mit mr ens
Feldlager ganga muaßt. 2Nå håt dr David
zom Achisch gsaed: Guat, nå siehst d
jå selber, was dae Knecht kå! Ond dr
Achisch håt nå zom David gsaed: Guat,
nå setz e de als maen Leibwächter für
dui ganza Zeit ae.

Zom Vrgleicha: *Kap. 27 Vers 1:* 23,23 • *Vers 2:*
21,11-16 • *Vers 6:* 30,1 • *Vers 10:* 30,29.

Dr Saul gôht zor Daotabeschwörere en En-Dor: 28 3-25

3Dr Samuel ischd gstôrba gwea, ond ganz
Israel håt d Totaklag om an ghalta ond
an en saener Stadt, en Rama beerdigt. Dr
Saul håt aber älle Daotabeschwörer ond
Wahrsager aus am Land vrtrieba ghet.
4Ond d Philister hent sich gsammlat
ond bei Schunem ihr Lager aufbaut. Ao
dr Saul håt d Israelita gsammlat, ond dia
hent ihr Lager em Bergland von Gilboa
aufgschlaga. 5Mô nå dr Saul de Philister
ihr Heerlager gseha håt, ischd d Angst en
am hochgstiega ond r håt s Herzflattera
kriagt. 6Nå håt dr Saul beim Herrgott
(JAHWE) ågfrågt, aber dr Herrgott
(JAHWE) håt am koe Antwort geba,
weder durch Traem, no durchs Los, ond
ao et durch Profeta. 7Nå håt dr Saul zo
saene Diener gsaed: Suachat a Frao für
me, mô Môester ischd über d Gôester
von de Daote, dass e zo dera gang ond
se fråga kå! Saene Diener hent am zor
Antwort geba: en En-Dor ischd a Frao,
mô über d Daotagôester Môestere ischd.
8Nå håt sich dr Saul okenntlich gmacht
ond andere Sacha åzoga ond ischd mit
zwôe Männer nô ganga, ond se send en
dr Nacht åkomma ond r håt zo dera Frao
gsaed: Wahrsag mr durch da Daotagôest,
ond lass den raufkomma, môn e dr sag!
9Dådrauf håt dui Frao zon am gsaed:
Du wôeßt doch selber, was dr Saul dao
håt: dass r älle Daotabeschwörer ond
Wahrsager em Land ausgrottat håt.
Wårom legst d mr also a Schleng zom
me ombrenga? 10Nå håt ra dr Saul bei
JAHWE gschwora ond gsaed: So wåhr
JAHWE lebt, di soll koe Schuld treffa!
11Nå håt dui Frao gfrågt: Wen soll e für
de rauf komma lassa? Ond r håt gsaed:
Laß mr da Samuel rauf komma! 12Mô
dui Frao da Samuel gseha håt, håt se
ganz laut gschria ond zom Saul gsaed:
Wårom håsch du mi so henterganga? Du
bist doch dr Saul! 13Nå håt dr König zon
ra gsaed: Du brauchst koe Angst et han!
Sondern sag mr, was da siehst! Dui Frao
håt gsaed: I sieh an Gôest aus dr Erde
aufsteiga! 14Ond r håt se gfrågt: Wia sieht
r aus? Saed se: A alter Må kommt rauf,
aeghüllt en an Mantel. Nå håt dr Saul
gmerkt, dass des dr Samuel sei, ond r håt
sich bis auf da Boda vrnaegt ond sich
vôr am niedergwôrfa. 15Ond dr Samuel
håt zom Saul gsaed: Wårom håsch du
me aufgstört ond me raufkomma lassa?
Ond dr Saul håt gsaed: Om mi rom
wird's emmer enger, d Philister kämpfat
gega me ond Gott (Elohim) ischd von
mr gwicha, ond Antwort geit r mr ao et,
weders durch Profeta no durch Traem;
drom han e di ruafa lassa, dass du me
wissa lässt, was e doa soll. 16Dådrauf håt
dr Samuel gsaed: Ond wårom frågst d
nå mi, mô doch dr Herrgott (JAHWE)
von dr gwicha ond dae Faend wôra
ischd? 17Dr Herrgott (JAHWE) håt des
dao, was r dr durch mi håt ausrichta
lassa: Dr Herrgott håt dir s Königtom
weggrissa ond s an daen Kamerada, da
David geba. 18Weil du et auf da Herrgott

(JAHWE) ghorcht håsch ond et saen
grimmiga Zôrn vollstreckt håsch an
Amalek, wega dem håt des dr Herrgott
(JAHWE) haet an dr dao! [19]Ond r håt ao
Israel mit dir en d Händ von de Philister
geba; ond môrga bist du mitsamt daene
Söh bei mir (em Daotareich). Ao s
Heerlager von Israel geit dr Herrgott
(JAHWE) de Philister en d Händ! [20]Nå
ischd dr Saul en saener ganza Länga
auf da Boda gfalla vôr lauter Entsetza
über des, was am dr Samuel gsaed håt.
R håt ao koe Kraft maeh em Leib ghet,
weil r da ganza Dag ond de ganz Nacht
nex gessa håt. [21]Dådrauf ischd dui Frao
zom Saul nô ganga ond håt gseha, dass
r ganz durchananders gwea ischd, ond
håt zon am gsaed: Guck, dae Magd håt
dr gfolgt ond i han mae Leba aufs Spiel
gsetzt ond auf de ghorcht, was da gsaed
håsch zo mr. [22]Ond jetzt horch ao du
auf dae Magd ond laß dr vo'mr an Bissa
Brot geba ond iß, dass da wieder Kraft
håsch, wann da de wieder auf da Weg
machst. [23]Aber der håt sich gwaegerat
ond gsaed: I will nex essa! Aber nå hent
am saene Diener ond ao dui Frao koe
Ruah glassa, nå håt r sich's gfalla lassa.
Ond r ischd vom Boda aufgstanda ond
auf ihr Bett nôgsessa. [24]Ond dui Frao
håt a Mastkälble em Haus ghet, des håt
se schnell gmetzgat ond Mehl gnomma
ond an Tôeg knetat ond Fladabrot
bacha. [25]Des håt se am Saul ond saene
Diener vôrgsetzt ond se hent s gessa. Nå
send se aufbrocha ond no en dr Nacht
fort ganga.

Zom Vrgleicha: *Vers 3:* 25,1 • *Vers 8:* 1Chr 10,13 • *Vers 17:* 15,28 • *Vers 18:* 15,18f; Ex 17,14-16 • *Vers 19:* 31,6.

Dr David wird aus am Heer von de Philister entlassa: 29 1-11

29 Nå hent d Philister ihre ganze
Heerlager zsema zoga bei Afek,
während d Israelita an dr Quell bei
Jesreel ihr Lager ghet hent. [2]Mô nå d
Philisterfürsta mit ihre Hondertschafta
ond ihre Tausendschafta ågrückt send, dr
David ischd mit saene Manna ganz henta
gwea mit am Achisch, [3]hent dia Oberste
von de Philister gsaed: Was wöllat denn
dia Hebräer då? Dådrauf håt dr Achisch
zo dene Oberste von de Philister gsaed:
Des ischd doch dr David, am König Saul
von Israel sae Knecht, der ischd bei mir
schao Jåhr ond Dag! Ond i han bis haet
nex an dem auszomsetza ghet! [4]Aber dia
Oberste von de Philister send auf an (da
Achisch) narrat wôra ond hent zon am
gsaed: Schick den Må zrück, dass r auf
den Platz gôht, mô an du nôgstellt håsch.
Der soll et mit ons en da Kampf ganga
ond nå em Kampf onser Widersacher
wera! Mit was könnt der sich bei saem
Herra besser aeschmôechla als mit de
Köpf von onsere Männer? [5]Ischd des
et der David, von dem se em Raegatanz
sengat: Dr Saul håt mit de saene Tausad
gschlaga, aber dr David mit des saene
Zeahtausad?
[6]Dådrauf håt dr Achisch da David
komma lassa ond zon am gsaed: So
wåhr dr Herrgott (JAHWE) lebt, du
bist a rechtschaffener Må, ond mir wär
s recht, wann du mit mir em Lager aus-
ond aeganga dätest, i han nämlich nex
Baes an dr gfonda, seit da zo mr komma
bist bis haet. Aber de andere Fürsta ischd
s et recht. [7]Jetzt gang halt em Frieda
zrück, nå kåsch d nex doa, was de andere
Fürsta von de Philister et gfalla dät. [8]Nå
håt dr David zom Achisch gsaed: Was
han e denn ågstellt ond was håsch d
an daem Knecht gfonda seit dem Dag,
môn e onter daener Aufsicht stand bis
haet, dass e et mitkomma därf ond gega
d Faend von maem Herra, am König
kämpfa? [9]Nå håt dr Achisch am David
zor Antwort geba: I wôeß, du bist mr
guat wian a Engel von Gott (Elohim).
Aber de andere Philisterfürsta hent

gsaed: Der soll et mit ons en d Schlacht
ganga! 10Ond jetzt, brich môrga früah
auf mit dene Knecht von daem Herra,
mô mit dr komma send. Brechat môrga
auf, sobald s Dag wird, gangat r! 11Nå
håt sich ganz bald am andera Môrga dr
David auf gmacht mit saene Leut ond
se send ens Land von de Philister zrück
ganga. D Philister aber send nach Jesreel
nauf ganga.

Zom Vrgleicha: *Vers 6:* 18,7.

Am David sae Feldzug gega d Amalekiter: 30 1-31

30 Mô dr David nach drei Dag mit
saene Leut nach Ziklag komma
ischd, send d Amalekiter ens Südland
ond en Ziklag aebrocha gwea, hent
Ziklag überfalla ond vrbrennt. 2D Fraoa
ond ällas, was sell gwea ischd von Kloe
bis Graoß hent se gfanga gnomma
ond fort gführt; aber ombråcht hent
se neamerd. Nå hent se se fortgjagd
ond send ihran Weg weiter ganga. 3Mô
nå dr David mit saene Leut an d Stadt
nokomma ischd, guck, då ischd ällas
nabrennt gwea em Feuer, ond ihre
Fraoa ond ihre Kender send vrschleppt
gwea. 4Nå håt dr David ond dia Leut,
mô bein am gwea send, ågfanga heula,
bis se koe Kraft maeh zom heula ghet
hent. 5Ao dia zwôe Fraoa vom David,
d Ahinoam aus Jesreel ond d Abigajil,
am Nabal sae Frao aus Karmel send
vrschleppt gwea. 6Nå ischd s für da
David aber eng wôra, dia Leut hent an
nämlich stoeniga wölla, weil se ganz
vrzweiflat gwea send, a jeder wega saene
Kender. Nå håt sich dr David gstärkt en
JAHWE, saem Gott (Elohayw). 7Ond
dr David håt zom Priaster Abjatar,
am Soh vom Ahimelech gsaed: Breng
s Efod zo mr her! Ond dr Abjatar håt
am David s Efod bråcht. 8Ond auf des
håt dr David beim Herrgott (JAHWE)
ågfrågt: Soll e dera Bande nåchjaga? Kå
e se no aehola? Ond r håt gsaed: Jag en
nåch! Du holst se no ae ond kåsch älle
befreia! 9Nå ischd dr David mit dene
sechshondert Mann, mô bein am gwea
send aufbrocha, ond se send an da Bach
Besor komma. D Nåchzügler hent sell
a Rast aeglegt. 10Nå håt dr David mit
vierhondert Mann weiter gmacht mit
dr Vrfolgong, zwôehondert Mann send
z müad gwea, zom über da Bach Besor
nom ganga.
11Ond se hent an Ägypter em Feld
draußa åtroffa, den hent se zom David
bråcht ond am a Brot geba zom essa,
ond Wasser hent se am ao zom trenka
geba. 12Nå hent se am a Scheib vom
Feigakuacha geba ond zwôe dörrte
Trauba. Môn r gessa ghet håt, send
saene Lebensgaester wieder zon am
zrück komma, der håt nämlich drei Däg
ond drei Nächt nex gessa ond tronka
ghet. 13Nå håt dr David zon am gsaed:
Zo wem gherst d? Ond môher kommst
d? ond r håt gsaed: I ben a jonger Må
aus Ägypten ond ben als Sklav bei ama
Amalekiter; mae Herr håt me haet vôr
drei Däg dåhanna zrück glassa, weil e
krank gwea ben. 14Mir send ens Südland
von de Kreter ond ens Gebiet von Juda
ond ens Südland von Kaleb aedronga
ond hent Ziklag agfacklat. 15Nå håt
dr David gsaed: Kåsch d me zo dem
Raobgsendel nôführa? Ond der håt
gsaed: Schwör mr bei Gott (Elohim),
dass da me et ombrengst ond me ao
et auslieferest an maen Herra, nå führ
e de zo dera Raeberbande nô! 16Ond
r håt an nagführt. Ond guck, nå send
dia en dr ganza Landschaft vrstraet
omananderglega, hent gessa ond tronka
ond send omanander tanzt, wega dera
riesa Beute, mô se em Land von de
Philister ond em Land Juda zsemagstohla
hent. 17Ond dr David håt se gschlaga
vom ersta Môrgadämmera bis an da
Åbad vom nächsta Dag; ond koener

ischd drvo komma außer vierhondert
jonge Männer, mô auf Kamel drvo gritta
send. [18]Ond dr David hât ällas grettat,
was d Amalekiter gnomma ghet hent;
ao saene bôede Fraoa hât dr David
retta könna. [19]Ond nex hât gfehlt von
de Kloene oder Graoße, von de Söh
ond Töchter ond von dr Beute, mô mr
en weggnomma ghet hât. Ällas hât dr
David zrück brâcht. [20]Ond dr David
hât s ganze Kloevieh ond s Graoßvieh
gnomma ond da ganza Viehbestand vôr
sich her trieba ond gsaed: Des ischd
am David sae Beute! [21]Mô dr David nå
zo dene zwôehondert Mann komma
ischd, dia mô z müad gwea send zom
henter am David über da Bach Besor
nom ganga, dass mr se zrück glassa
hât, send dia am David ond saem Volk
entgega ganga. Ond mô dr David mit
dem Volk herkomma ischd, hât r sich
bei nen erkundigt, wian ens ganga dät.
[22]Nå hent a paar üble ond nexnutzige
Kerle von dene Manna, mô mit am
David ganga gwea send, gsaed: Weil dia
et mit ons ganga send, wöllat mir dene
ao nex geba von dera Beute, mô mr ons
wieder zrück gholt hent, sondern bloß
ama jeda sae Frao ond saene Kender,
dia sollat se mitnemma ond ganga.
[23]Nå hât dr David gsaed: So därfat ihr,
maene Brüader, et mit dem omganga,
was ons dr Herrgott (JAHWE) geba
hât! Der hât ons bewahrt ond ons des
Raobgsendel, mô über ons hergfalla
ischd, en d Händ geba. [24]Wer soll denn
auf euer Gschwätz horcha? Ischds et so,
dass dia, mô kämpfat, da gleicha Åtôel
kriagat wia dia, mô auf d Gerätschafta
aufpassat? Mitanander tôela sollat se!
[25]Ond des ischd seither so blieba ond
bleibt ao so! Des hât r zom Gsetz ond
Brauch gmacht en Israel bis auf den
Dag. [26]Ond mô dr David nach Ziklag
komma ischd, hât r von dr Beute an de
Älteste von Juda, mô saene Fraend gwea
send, ebbas gschickt ond en ausrichta
lassa: Guckat, då ischd a Gschenk aus
dr Beute vom Herrgott (JAHWE) saene
Faend! [27]An de Älteste en Bet-El, en
Ramat, Negeb, en Jattir, [28]en Aroër, en
Sifmot, en Eschtemoa, [29]en Karmel en de
Städt von de Jerachmeeliter, en de Städt
von de Keniter, [30]en Horma, en Bor-
Aschan, en Atach, [31]ond en Hebron,
ond an älle dia Ortschafta, mô dr David
auf saene Strôefzüg mit saene Männer
gwea ischd.

Zom Vrgleicha: *Vers 1:* 27,6 • *Vers 24:* Num 31,27
• *Vers 29:* 27,10.

S End vom Saul: 31 1-13

31 Mô nå d Philister gega Israel
kämpft hent, send dia Manna
von Israel vôr de Philister abghaoa,
ond viele send gfalla em Bergland von
Gilboa. [2]Ond d Philister hent da Saul
ond saene Söh vrfolgt ond hent am
Saul saene Söh ombrâcht, da Jonatan,
da Abinadab ond da Malkischua. [3]Om
da Saul rom ischd schwer kämpft wôra,
ond d Bogaschütza hent an ausgmacht
ond an schwer troffa. [4]Nå hât dr Saul
zo saem Waffaträger gsaed: Ziag dae
Schwert ond stich zua, sonst kommat
dia Vôrhäutige ond stechat me ab ond
treibat ihran Spaß mit mr! Aber sae
Waffaträger hât sich gwaegerat, weil
r sich gscheut hât. Nå hât dr Saul sae
Schwert gnomma ond sich naegstürzt.
[5]Mô sae Waffaträger gseha hât, dass dr
Saul daot gwea ischd, hât r sich ao en
sae Schwert gstürzt ond ischd mit am
gstôrba. [6]So ischd dr Saul ond saene drei
Söh ond sae Waffaträger ond älle saene
Manna am gleicha Dag mitanander
gstôrba. [7]Mô dia Israelita auf dr andera
Seite von dr Ebene ond en de Städt am
Jordan gseha hent, dass dia Männer von
Israel gflüchtat ond dr Saul ond saene
Söh daot send, hent se ihre Städt vrlassa
ond send abghaoa. Ond d Philister

hent sich dren aegnistat. [8]Am andera
Dag send d Philister komma zom de
Gfallene ausplündera, ond hent da Saul
ond saene drei Söh onter de Gfallene
gfonda em Bergland von Gilboa. [9]Nå
hent se am da Kopf ragschnitta ond am
sae Rüstong auszoga ond hent s rengs
em Philisterland romgschickt ond ihre
Götza ond ihram Volk d Siegasbotschaft
vrkündigt. [10]Sae Waffarüstong hent
se en da Tempel von dr Astarte glegt.
Aber saen Leichnåm hent se an dr
Mauer von Bet-Schean aufghängt. [11]Mô
nå d Aewohner von Jabesch-Gilead
ghört hent, was d Philister mit am Saul
gmacht hent, [12]send älle wehrtüchtige
Männer aufbrocha ond de ganz Nacht
durch marschiert ond hent am Saul saen
Leichnåm ond d Leichnåm von saene
Söh von dr Mauer von Bet-Schean
weggnomma. Ond se send nach Jabesch
komma ond hent se sell vrbrennt. [13]Nå
hent se ihre Boener gnomma ond se
onter dr Tamariske en Jabesch beerdigt,
nå hent se sieba Däg gfastat.

Zom Vrgleicha: *Vers 1-13* • 1Chr 10,1-12 • *Vers 5-6:* 28,19 • *Vers 11f:* 11,1-11; 2Sa 21,112.

S zwôete Buach Samuel

KÖNIG DAVID: 1 1 – 9 13

Dr David klagt om da Saul ond da Jonatan: 1 1-27

1 Mô dr David nach saem Sieg über
d Amalekiter zrück komma gwea
ischd ond sich zwôe Dag en Ziklag
aufghalta hât, 2dâ ischd am dritta Dag
aus am Lager vom Saul a Må komma
mit vrrissene Klôeder ond Dreck auf am
Kopf. Mô der zom David komma ischd,
hât r sich vôr am auf da Boda gschmissa
ond am ghuldigt. 3Dr David hât an
gfrågt: Mô kommst denn du her? Der
hât am zor Antwort geba: Aus am Lager
von Israel ben e drvo komma. 4Dr David
hât weiter gfrågt: Wia ischds ganga? Sag
mrs! Nå hât r gsaed: S Volk ischd aus
dr Schlacht drvogloffa ond viele send
gfalla vom Volk ond omkomma, ond
ao dr Saul ond sae Soh, dr Jonatan ischd
gstôrba! 5Nå hât dr David zo dem jonga
Kerla, der môn am dui Botschaft bråcht
hât gsaed: Môher wôeßt du, dass dr Saul
ond sae Sohn Jonatan daot send? 6Nå hât
der Kerle, môn am dui Botschaft bråcht
hât gsaed: I ben zuafällig ens Bergland
von Gilboa komma; nå han e gseha, wia
dr Saul auf saen Speer gstützt dågstanda
ischd, ond Kampfwäga ond Reiter
send auf an zuagstürmt. 7Nå hât r sich
romdreht, ond môn r me gseha hât, hât r
mr gschria. I han am zor Antwort geba:
Då ben e! 8Ond r hât me gfrågt: Wer bist
du? I han am zor Antwort geba: I ben a
Amalekiter. 9Nå hât r zo mr gsaed: Komm
her ond gib mr da Todesstoß, i han da
Starrkrampf kriagt, aber s Leba ischd
no en mr. 10Nå ben e nôganga ond han
am da Todesstoß vrsetzt; i han nämlich
gwißt, dass der saen Fall et überleba dät.
Nå han e den Stirnrôef auf saem Haopt
ond dui Armspang gnomma ond breng
s jetzt dåher zo maem Herra. 11Nå hât
dr David an sae Gwand griffa ond s
vrrissa, ond dia Männer, mô bein am
gwea send ao. 12Ond se hent Daotaklag
abghalta ond gheult ond gfastat bis an
da Åbad om da Saul ond om saen Soh
Jonatan ond oms Volk vom Herrgott
(JAHWE) ond oms Haus Israel, weil se
durchs Schwert gfalla send. 13Nå hât dr
David den jonga Kerla, der môn am dui
Botschaft bråcht hât gfrågt: Mô bist du
her? Ond r hât gsaed: I ben dr Soh vom
a Aewanderer aus Amalek! 14Dr David
hât zon am gsaed: Wia? Ond du håsch
de et gscheut, dae Håd gega da Gsalbta
vom Herrgott (JAHWE) zom richta
ond an ombrenga? 15Nå hât dr David
oen von saene jonge Männer her gruafa
ond zon am gsaed: Komm her ond
schlag an zdaot! Ond der hât an zdaot
gschlaga. 16Aber dr David hât no zon am
gsaed: Dae Bluat über dae Haopt! Du
selber håsch gega de zeugt, mô da gsaed
håsch: I han am Herrgott (JAHWE)
saen Gsalbta ombråcht!
17Nå hât dr David s Klageliad auf da Saul
ond auf saen Soh Jonatan ågstemmt.
18Ond r hât gsaed, zom d Judäer s
Bogaliad lehra, des mô em Buach von
de Redliche aufgschrieba ischd:
19D Stolz von Israel leit auf daene Åhöha
durchbôhrt! Wia send daene Helda
gfalla?
20Meldats et en Gat! Vrkündigats et
en de Gassa von Aschkelon! Dass
sich de Philister ihre Töchter et fraeat,
dass et jubilierat d Töchter von de
Obeschnittene!
21Ihr Berg en Gilboa, koe Tao ond koe
Rega soll auf euch ond euer Ackerland
falla für des Opfer. Weil då dr Schild

von de Starke en da Dreck zoga wôra
ischd, dr Schild vom Saul, wia wann der
et mit Öl gsalbt wôra wär.
[22]Vom Bluat von de Gfallene, vom Mark
von de Helda håt sich am Jonatan sae
Boga nia abschrecka lassa; ao am Saul
sae Schwert ischd nia ohne Erfolg zrück
komma.
[23]Dr Saul ond dr Jonatan, de Beliebte
ond Teure, em Leba ond em Sterba send
se et trennt. Se send schneller gwea wia
d Adler ond stärker wia d Löwa!
[24]Ihr Töchter von Israel, heulat om da
Saul, der mô euch mit Purpurgwänder
åzoga ond euch Goldschmuck an d
Gwänder gheftat håt!
[25]Wia send eure Helda em Kampf gfalla?
Dr Jonatan auf de Höha durchbôhrt!
[26]S ischd mr Lôed om de, mae Bruader
Jonatan, du bist mr emmer guat gsonna
gwea, dae Liebe ischd mr wertvoller
gwea als wia d Liebe von ra Frao!
[27]Wia send eure Helda gfalla? Dahin
send d Waffa vom Kampf.

Zom Vrgleicha: *Vers 4:* 1Sa 31,1-4 • *Vers 14:* 1Sa 24,7; 26,9 • *Vers 15-16:* 4,10.12 • *Vers 18:* Jos 10,13 • *Vers 26:* 1Sa 18,3.

Dr David wird König von Juda: 2 1-11

2 Nach dem håt dr David beim
Herrgott (JAHWE) ågfrågt: Soll e en
oena von de Städt en Juda naufganga?
Ond dr Herrgott (JAHWE) håt zon am
gsaed: Gang nauf! Ond dr David håt
gfrågt: Mô soll e nauf ganga? Dådrauf
håt ER gsaed: Nach Hebron! [2]Dr David
ischd also nach Hebron ganga mit
saene bôede Fraoa, dr Ahinoam aus
Jesreel ond dr Abigajil, am Karmeliter
Nabal saener Frao. [3]Ao saene Manna,
mô bein am gwea send, håt dr David
mit naufgnomma, jedan mit saener
Familie, ond se hent sich en dene Städt
om Hebron rom ågsiedelt. [4]Nå send dia
Männer von Juda komma ond hent sell
da David zom König übers Haus Juda
gsalbt.
Ond mô mr am David gmeldat håt, dass
d Aewohner von Jabesch-Gilead da
Saul beerdigt hent, [5]håt r Bota zo dene
Männer von Jabesch-Gilead gschickt
ond en ausrichta lassa: Ihr send am
Herrgott (JAHWE) saene Gsegnate, weil
r euram Herra, am Saul den Liebesdenst
erwiesa ond an beerdigt hent. [6]Ond
jetzt mög dr Herrgott (JAHWE) euch
ao Liebe ond Treue erweisa, ond ao
i will euch Guats doa, weil r des dao
hent. [7]Jetzt aber, zaegat eueran Muat
ond werat tüchtige (Kriags)Helda, dr
Saul euer Herr ischd daot; aber ao i ben
zom König über s Haus Juda gsalbt
wôra. [8]Aber dr Abner, em Ner sae Soh,
der mô beim Saul Feldherr gwea ischd,
håt am Saul saen Soh, da Isch-Boschet
mit nach Mahanajim bråcht, [9]ond an
sell zom König über Gilead, Ascher,
Jesreel, Efraim ond Benjamin ond über
ganz Israel gmacht. [10]Dr Isch-Boschet,
am Saul sae Soh ischd vierzg Jåhr alt
gwea, môn r König über Israel wôra
ischd, ond r håt zwôe Jåhr lang regiert;
bloß s Haus Juda ischd henter am David
gstanda. [11]Dr David ischd en Hebron
sieba Jåhr ond sechs Monat lang König
übers Haus Juda gwea.

Zom Vrgleicha: *Vers 2:* 1Sa 25,42f • *Vers 4:* 1Sa 16,13; 31,12f; 5,3 • *Vers 8:* 1Sa 14,50 • *Vers 10:* 4,5.

Kriag zwischa Israel ond Juda: 2 12 – 3 1

[12]Ond dr Abner, am Ner sae Soh, ischd
mit am Isch-Boschet, am Saul saem Soh
saene Männer von Manahajim nach
Gibeon zoga. [13]Ao dr Joab, dr Zeruja ihr
Soh, ond am David saene Knecht send
auszoga ond send am Teich von Gibeon
mit en zsematroffa. De oene send auf dr
oena Seite von dem Teich gwea ond de
andere auf dr andera Seite. [14]Nå håt dr
Abner zom Joab gsaed: Onsere Knappa

könntat doch a Kampfspiel vôr ons
aufführa! Nå håt dr Joab gsaed: Dia sollat
åtreta! [15]Nå hent se sich aufgstellt ond
mr håt se abzählt: zwölf für Benjamin
ond da Isch-Boschet, am Saul saen Soh,
ond zwölf vom David saene Leut. [16]Nå
håt jeder saen Gegner am Kopf packt
ond am s Schwert en d Seite grammt, so
dass älle mitanander gfalla send. Drom
hôeßt mr den Ort bei Gibeon: Helkat-
Hazzurim (Stoemesserfeld). [17]Då ischd
an sellam Dag aber a schwerer Kampf
draus wôra, ond dr Abner ond dia
Männer von Israel send vom David saene
Leut gschlaga wôra. [18]Ao dr Zeruja ihre
drei Söh send drbei gwea: dr Joab, dr
Abischai ond dr Asaël. Dr Asaël ischd
aber so flenk auf de Füaß gwea wian a
Gazell em Feld draußa. [19]Ond dr Asaël
ischd am Abner nåchgjagt ond ischd et
von am gwicha, et rechts ond et lenks.
[20]Nå håt sich dr Abner romdreht ond
zon am gsaed: Bist du s Asaël? Ond r håt
gsaed: Der ben e! [21]Nå håt dr Abner zon
am gsaed: Gang rechts oder lenks ond
mach de an oen von dr Mannschaft ond
nemm dr sae Rüstong! Aber dr Asaël
håt et von am ablassa wölla. [22]Nå håt
dr Abner nômål mit am gschwätzt ond
gsaed: Gang weg vo'mr! Wårom soll e
de auf da Boda na haoa? Wia könnt e
nå daem Bruader Joab no onter d Aoga
treta? [23]Aber der håt sich gwaegerat, von
am Abstand zom halta. Nå håt am dr
Abner mit am hentera End vom Speer
en da Onterleib gstoßa, dass der Speer
henta wieder rauskomma ischd, nå ischd
r auf dr Stell nôgfalla ond gstôrba. Ond a
jeder, mô an dui Stell komma ischd, mô
dr Asaël gfalla ischd, ischd standa blieba
ond still gwea. [24]Nå ischd dr Joab ond dr
Abisai am Abner nåchgjagt, ond d Sonn
ischd grad onterganga gwea, mô se nach
Gibeat-Amma komma send, des mô
am Weg en dr Steppe von Gibeon leit.
[25]Nå hent sich d Benjaminiter henter
am Abner zsemadao zo ra gschlossena
Truppe ond hent sich auf am Gipfel von
ra Åhöhe aufgstellt. [26]Ond dr Abner
håt zom Joab nomgschria: Soll denn a
Schwert ewig fressa? Ischd dir et klar,
dass des zo ama bittera End führa muaß?
Wann willst d endlich daene Leut da
Befehl geba, dass se von ihre Brüader
ablassa sollat? [27]Nå håt dr Joab gsaed:
So wåhr Gott (Elohim) lebt: Wann
da nex gsaed hättest, nå hättat maene
Leut erst am Môrga aufghert mit dr
Vrfolgong von ihre Brüader. [28]Nå håt dr
Joab s Widderhorn blåsa lassa. Nå ischd
s ganze Kriagsvolk standa blieba ond
ischd de Israelita nemme nåchgjagt ond
se hent aufghert mit kämpfa. [29]Dr Abner
ond saene Leut send nå de ganz Nacht
durch d Araba zoga ond über da Jordan
nomganga. Nå send se durch de ganz
Schlucht ganga ond nach Mahanajim
zrück komma. [30]Mô dr Joab aufghert håt
mit dr Vrfolgong vom Abner ond saene
Leut gsammlat håt, hent außer am Asaël
naezeah Mann vom David saene Knecht
gfehlt. [31]Aber am David saene Knecht
hent von de Benjaminiter ond vom
Abner saene Manna dreihondertsechszg
Mann zdaot gschlaga. [32]Ond se hent da
Asaël aufghoba ond an em Grab von
saem Vadr en Betlehem beerdigt. Nå
ischd dr Joab mit saene Leut de ganz
Nacht durchmarschiert ond send am
früha Môrga en Hebron åkomma.

3 Ond dr Kriag zwischa am Haus vom
Saul ond am Haus vom David håt
sich arg en d Länge zoga. Dr David ischd
emmer stärker wôra ond s Haus vom
Saul ischd emmer schwächer wôra.

Am David saene Söh, mô en Hebron gebora send: 3 2-5

[2]Ond am David send en Hebron Söh
gebora wôra. Sae Erstgeborener ischd
dr Amnon gwea von dr Ahinoam aus
Jesreel; [3]sae zwôeter, dr Kilab, von dr

dae Werk ond nach daem Herza håsch du älle dia graoße Tata vollbråcht ond daem Knecht offabart. [22]Drom bist du graoß, mae Herr, JAHWE! Koener ischd dir gleich, ond außer dir geit s koen Gott (Elohim) nach ällam, was mir ghört hent. [23]Ond wer ischd wia dae Volk Israel, s oenzige Volk auf dr Erde, für des a Gott (Elohim) nôganga wär, zom sich des Volk freikaofa ond am an Nåma zom macha, ond zom für des Volk graoße ond Ehrfurcht erregende Tata vollbrenga für dae Land, em Blick auf dae Volk, des mô du aus Ägypten freikaoft håsch, an Volksstämm ond ihre Götter (Elohim). [24]Du håsch dae Volk Israel dir zom Volk für emmer gründat, ond du, JAHWE, bist ihr Gott (Elohim) wôra. [25]Jetzt aber, JAHWE, Gott (Elohim), ällas, was du gsaed håsch über daen Knecht ond sae Haus, laß s für emmer gelta ond dua, was da gsaed håsch! [26]Dass dae Nåma graoß ischd für älle Zeita, ond mr saed: JAHWE Zebaoth ischd Gott über Israel, ond s Haus von daem Knecht David ischd fest gründat vôr dir! [27]Weil du selber, JAHWE Zebaoth, Gott (Elohey) von Israel, håsch daem Knecht offabart ond gsaed: I will dr a Haus baua. Drom håt dae Knecht a Herz gfaßt zom so zo dr beta! [28]Aber jetzt, mae Herr, JAHWE, du bist dr wahre Gott (Elohim) ond was du saesch, ischd d Wåhrat. Du håsch daem Knecht des Glück vrsprocha. [29]Also jetzt sei so guat ond segne s Haus von daem Knecht, dass s ewig vôr dir Bstand håt, weil du, Herr, JAHWE, håsch gsprocha, ond durch daen Sega wird s Haus von daem Knecht für emmer gsegnat sae!

Zom Vrgleicha: *Vers 1-29:* • 1Chr 17,1-27 • *Vers 2:* Ps 132,1-5; 1Kö 5,17; 8,16.27; 1Chr 22,8; Jes 66,1 • *Vers 8:* 5,2; 1Sa 16,11-13 • *Vers 9:* Gen 12,2 • *Vers 12:* 1Kö 8,20 • *Vers 13:* 1Kö 5,19; 6,12; Ps 89,4f; Jes 9,6 • *Vers 14:* Ps 89,27; 2,7; Hebr 1,5; Lk 1,32 • *Vers 15:* 1Sa 15,23.26.

Am David saene Sieg: 8 1-14

8 Nach dem håt dr David d Philister gschlaga ond se onterwôrfa. Ond dr David håt en dr Haoptstadt von de Philister s Heft en d Håd gnomma. [2]Ao d Moabiter håt r gschlaga ond håt se mit dr Messschnur gmessa; dia hent nebaanander auf da Boda nôliega müaßa, nå håt r zwôe Schnurlänga agmessa ond dia zdaot gschlaga, ond oe Schnurlänge håt r am Leba glassa. So send d Moabiter tributpflichtige Ontertana vom David wôra. [3]Nå håt dr David da Hadad-Eser gschlaga, da Soh vom König Rehob von Zoba, mô der auszoga ischd, zom sae Macht am Eufrat wieder herstella. [4]Von dem håt dr David siebzeahhondert Reiter ond zwanzgtausad Mann Fuaßvolk gfanga gnomma; ond r håt älle Rösser låhm gmacht bis auf hondert Rösser, môn r übrig glassa håt.

[5]Nå send d Syrer von Damaskus komma ond hent am Hadad-Eser, am König von Zoba helfa wölla; aber dr David håt von de Syrer zwôeazwanzgtausad Mann gschlaga, [6]ond dr David håt für d Syrer en Damaskus Fronvögt aegsetzt. So send d Syrer tributpflichtige Ontertana vom David wôra. Dr Herrgott (JAHWE) håt da David gwenna lassa, môn r nôganga ischd.

[7]Nå håt dr David de Soldata vom Hadad Eser ihre goldene Rondschild abgnomma ond se nach Jerusalem schaffa lassa. [8]Ond von Tebach ond Berotai, am Hadad-Eser saene Städt, håt dr König David viel Kupfererz mitgnomma. [9]Mô nå dr König Toï von Hamat ghört håt, dass dr David s ganze Heer vom Hadat-Eser gschlaga hätt, [10]håt r saen Soh Hadoram zom König David gschickt, zom an fråga, wian ams ganga dät ond am saene Glückwünsch

ausrichta, weil r gega da Hadad-Eser
kämpft ond an gschlaga hätt; dr Toï
håt nämlich ao gega da Hadad-Eser
Kriag gführt, ond r håt goldene ond
silberne ond bronzene Gerätschafta
mitbråcht. [11]Ao dia håt dr König David
am Herrgott (JAHWE) gweiht mit samt
dem Silber ond Gold, môn r von dene
ganze Volksstämm erbeutat håt, dia môn
r sich onterwôrfa håt; [12]von Aram ond
Moab, von de Ammoniter, de Philister,
von de Aamalekiter, ond d Beute vom
Hadad-Eser, am König Rehob von
Zoba saem Soh.
[13]So håt sich dr David an Nåma gmacht.
Ond môn r vom Sieg über d Syrer
zrückkomma ischd, håt r em Salztal
d Edomiter gschlaga, achtzeahtausad
Mann. [14]Ond r håt Fronvögt über Edom
aegsetzt, ond ganz Edom ischd am
David onterwôrfa wôra. Dr Herrgott
(JAHWE) håt da David gwenna lassa,
môn r nôganga ischd.

Zom Vrgleicha: *Vers 1-14:* • 1Chr 18,1-13 • *Vers 13:* Ps 60,2 • *Vers 14:* Num 24,18.

Am David saene Beamte: 8 15-18

[15]Ond mô dr David König wôra ischd
über ganz Israel, håt r en saem ganza Volk
für Recht ond Gerechtigkaet gsôrgt.
[16]Ond dr Joab, am Zeruja sae Soh, ischd
dr Heerführer gwea, ond dr Joschafat,
am Ahilud sae Soh ischd Kanzleirat
wôra. [17]Dr Zadok, am Ahitub sae Soh,
ond dr Abjatar, am Ahimelech sae Soh,
send Priaster gwea, ond dr Seraja ischd
dr Schreiber gwea. [18]Ond dr Benaja, am
Jojaida sae Soh, ischd Kommandeur
von de Kreter ond Pleter (Leibwach)
gwea. Ond am David saene Söh send em
Priasterrang gwea.

Zom Vrgleicha: *Vers 15-18:* • 20,23-26; 1Chr 18,14-17; 1Kö 2,27.

Am Jonatan sae Soh: 9 1-13

9 Selligsmål håt dr David gsaed: Ob
wohl vom Saul saem Haus no ebber
übrig blieba ischd? I dät am wega am
Jonatan no ebbas Guats doa! [2]Ond
zom Haus vom Saul håt a Diener ghert,
Ziba håt r ghôeßa, den hent se zom
David bstellt, ond dr König håt zon
am gsaed: Bist du dr Ziba? Der håt am
zor Antwort geba: Dae Knecht! [3]Nå
håt dr König gsaed: Ischd vom Saul
saem Haus vielleicht no oener übrig
blieba, dass e am göttlicha Huld erweisa
könnt? Dådrauf håt dr Ziba zom König
gsaed: Då ischd no a Soh vom Jonatan,
der ischd an bôede Füaß låhm. [4]Saed dr
König zon am: Mô ischd r? Dådrauf
håt dr Ziba gsaed: Guck, der ischd
em Haus vom Machir, am Soh vom
Ammiël en Lo-Dabar. [5]Nå håt dr König
David nôgschickt ond an aus am Haus
vom Machir, am Soh vom Ammiël en
Lo-Dabar hola lassa. [6]Mô nå dr Mefi-
Boschet, am Jonatan sae Soh, der mô dr
Soh vom Saul gwea ischd, zom David
komma ischd, ischd r auf sae Gsicht
nôgsonka ond håt am ghuldigt. Nå håt
dr David gsaed: Mefi-Boschet! Der håt
gsaed: Då ischd dae Knecht! [7]Dådrauf
håt dr David gsaed: Brauchst koe Angst
et han; i will barmherzig zo dr sae wega
daem Vadr Jonatan, ond i will dr älle
Felder von daem Großvadr Saul zrück
geba! Ond du därfst emmer an maem
Tisch essa! [8]Nå håt r sich vrnaegt ond
gsaed: Was ischd schao dae Knecht,
dass du de mit ama daota Hond wia mir
agibst? [9]Nå håt dr König da Ziba, am
Saul saen Knecht komma lassa ond zon
am gsaed: Ällas, was am Saul ond saem
ganza Haus ghert håt, gib e am Soh von
daem Herra. [10]Ond du sollst für an s
Land åbaua, du ond daene Söh ond daene
Knecht, ond d Ernte raebrenga, dass s
Haus von daem Herra emmer gnuag
zom leba håt. Aber dr Mefi-Boschet,

dr Soh von daem Herra, därf ständig an maener Tafel essa. Dr Ziba håt fufzeah Söh ond zwanzg Knecht ghet. [11]Ond dr Ziba håt zom König gsaed: Genao so, wia s mae Herr, dr König, saen Knecht ghôeßa håt zom doa, so wird s dae Knecht macha! Obwohl dr Mefi-Boschet an maener Tafel essa könnt wia oener vom König saene Söh! [12]Ond dr Mefi-Boschet håt a Büable ghet, der håt Micha ghôeßa; ond älle, mô em Ziba saem Haus glebt hent, send am Mefi-Boschet saene Knecht gwea. [13]Dr Mefi-Boschet håt nå en Jerusalem gwohnt ond håt an dr Königstafel saen ständiga Platz ghet; r ischd aber an bôede Füaß glähmt gwea.

Zom Vrgleicha: *Vers 2:* 16,1 • *Vers 3:* 4,4 • *Vers 5:* 17,27 • *Vers 6:* 19,25 • *Vers 7:* 19,29 • *Vers 9-11:* 19,20.

D GESCHICHTE VOM DAVID SAENER THRONFOLGE: 10 1 – 20 26; 1 Kön 1 1 – 2 46

Dr Kriag gega d Ammoniter ond Syrer: 10 1-19

10 Nach dem ischd dr König von de Ammoniter gstôrba, ond sae Soh, dr Hanun ischd an saener Stell König wôra. [2]Nå håt dr David gsaed: I will am Hanun zaega, dass e am guat gsonna ben, so wia sae Vadr mir guat gsonna gwea ischd. Ond dr David håt Diener mit ra Trostbotschaft nôgschickt wega saem Vadr. Mô nå am David saene Leute ens Land von de Ammoniter komma send, [3]hent de Oberste von de Ammoniter zom Hanun, ihram Herra, gsaed: Moenst Du vielleicht, dr David wött daen Vadr ehra, weil r Leut zo dr schickt mit ra Trostbotschaft? Der schickt saene Leut doch bloß, zom d Stadt ausforscha ond ausspioniera ond se nåchher he macha! [4]Nå håt dr Hanun am David saene Diener vrhafta ond de halbe Bärt ond ihre Klôeder abschneida lassa bis an da Steiß, ond se fortgjagt. [5]Mô mr des am David gmeldat håt, håt r en ebber entgega gschickt, ond weil se sich ganz arg gschämt hent, håt en dr König ausrichta lassa: Bleibat en Jericho, bis eure Bärt wieder nåchgwachsa send, ond nå kommat r zrück! [6]Mô nå d Ammoniter gmerkt hent, dass des am David mächtig gstonka håt, hent se gschickt ond d Syrer von Bet-Rehob ond von Zoba ågworba, zwanzgtausad Mann Fuaßvolk, ond da König von Maacha mit tausad Mann ond dia von Tob mit zwölftausad Mann. [7]Des håt dr David ghört, nå håt r da Joab mit am ganza Heer ond saene Helda nôgschickt. [8]Nå send d Ammoniter ausgrückt ond hent sich am Tôraegang en Schlachtordnong aufgstellt, während dia Syrer von Zoba ond Rehob ond dia Leut von Tob ond Maacha für sich em freia Feld gstanda send. [9]Mô dr Joab gseha håt, dass an dia von vôrna ond henta ågreifa wöllat, håt r a Auswahl von de beste Kämpfer en Israel troffa ond dia gega d Syrer aufgstellt. [10]Da Rest von saem Kriagsvolk håt r saem Bruader Abischai onterstellt, ond der håt se gega d Ammoniter aufgstellt, [11]ond r håt gsaed: Wann d Syrer stärker send als i, nå kommst d ond hilfst mr; ond wann d Ammoniter stärker send wia du, nå komm i ond hilf dir! [12]Sei stark ond lass ons tapfer aestanda für onser Volk ond für d Städt von onseram Gott (Elohey)! Dr Herrgott soll aber doa, was en saene Aoga richtig ischd! [13]So ischd dr Joab mit saene Leut gega d Syrer zom Kampf åtreta, ond dia send vôr am abghaoa. [14]Mô nå d Ammoniter gseha hent, dass

d Syrer abghaoa send, send dia ao vôr
am Abischai abghaoa ond hent sich en
d Stadt zrückzoga. Nå håt dr Joab von
de Ammoniter abglassa ond ischd nach
Jerusalem zrück ganga.
15Ond mô d Syrer gseha hent, dass se
von de Israelita gschlaga wôra send, hent
se sich wieder gsammlat. 16Dr Hadad-
Eser håt nå Bota gschickt ond håt dia
Syrer von jenseits vom Eufrat ausrücka
lassa, ond dia send onter am Schobach,
am Hadad-Eser saem Feldherra, nach
Helam komma. 17Mô se des am David
gmeldat hent, håt r ganz Israel gsammlat
ond ischd über da Jordan ganga ond
nach Helam komma; ond d Syrer hent
sich am David entgegagstellt ond mit
am kämpft. 18Aber d Syrer send send vôr
Israel abghaoa, ond dr David håt von de
Syrer d Mannschafta von siebahondert
Kampfwäga ond vierzgtausad Mann
Fuaßvolk gschlaga; ao da Schobach,
ihran Feldherra håt r so vrwondat, dass
r sell gstôrba ischd. 19Mô älle dia König,
mô am Hadad-Eser saene Vasalla gwea
send, von de Israelita gschlaga gwea
send, hent se Frieda gschlossa mit Israel
ond sich onterwôrfa. Ond d Syrer hent
Angst ghet, de Ammoniter nômål zom
helfa.

Zom Vrgleicha: *Vers 1-19:* • 1Chr 19,1-19 • *Vers 2:* 1Sa 11,1.

David ond Batseba: 11 1-27

11 So om da Jåhraswechsel, om dui
Zeit rom, mô Bota ausgschickt
wôra send, håt dr David da Joab ond
saene Knecht ond ganz Israel ausgschickt.
Dia hent s Land von de Ammoniter
vrnichtat ond Rabba belagerat. Aber dr
David ischd en Jerusalem blieba.
2Då ischd dr David amål åbnads
aufgstanda ond auf am Dach vom
Königspalast spaziera gloffa. Nå håt r
vom Dach aus a Frao gseha, mô grad
badat håt, ond des ischd a arg schöna
Frao gwea. 3Nå håt dr David nôgschickt
ond sich nach dera Frao erkundiga lassa,
ond mr håt gsaed: Des ischd d Batseba,
am Eliam sae Tochter, ond am Hetiter
Urija sae Frao. 4Nå håt dr David Bota
nôgschickt ond se hola lassa; ond mô
se zon am komma ischd, håt r mit ra
gschlåfa. Se håt sich aber grad von ihrer
Oraenhaet graenigt ghet, nå ischd se
wieder en ihr Haus zrück ganga. 5Nå
ischd dui Frao aber schwanger wôra,
ond se håt zom David gschickt ond am
David ausrichta lassa: I ben en andere
Omständ.
6Dådrauf håt dr David zom Joab
gschickt: Laß da Hetiter Urija zo mr
komma; ond dr Joab håt da Urija zom
David gschickt. 7Mô dr Urija zon am
komma ischd, håt dr David gfrågt, wia
s mit am Joab ond mit am Kriagsvolk
so gangat dät, ond wias em Kriag standa
dät. 8Nå håt dr David zom Urija gsaed:
Gang no en dae Haus ond wäsch dr d
Füaß! Ond mô dr Urija zom Palast
vom König nausganga ischd, håt mr
am a Gschenk vom König nåchtraga.
9Aber dr Urija ischd am Aegang vom
Königspalast mit älle Knecht von saem
Herra nôglega ond et en sae Haus ganga.
10Mô mr nå am David gmeldat håt: Dr
Urija ischd et en sae Haus naganga, håt
dr David zon am gsaed: Du kommst
doch von ra weita Raes, wårom bist d
nå et en dae Haus ganga? 11Dr Urija håt
aber zom David gsaed: D Truhe ond
Israel ond Juda wohnat en Hütta, ond
mae Herr, dr Joab ond d Knecht von
maem Herra lagerat auf am Boda em
Feld draußa, ond nå soll i en mae Haus
komma zom essa ond trenka ond mit
maener Frao schlåfa? So wåhr du lebst
ond so wåhr dae Seel lebt, des mach i
et. 12Dådrauf håt dr David zom Urija
gsaed: Nå bleibst haet no då, ond môrga

schick e de wieder zrück! Nå ischd
dr Urija an dem Dag no en Jerusalem
bliaba. Am andera Dag aber [13]hât an dr
David aeglada, zom bein am essa ond
trenka, ond hât an bsoffa gmacht. Am
Åbad ischd r nå nausganga ond ischd
wieder auf s Lager bei de Knecht von
saem Herra nôglega zom schlåfa. Aber
en sae Haus ischd r et naganga.
[14]Am Môrga hât nå dr David an Briaf
an da Joab gschrieba ond an am Urija
mitgeba. [15]En dem Briaf hât r aber
gschrieba: Stell da Urija vôrna nô, då
mô se am ärgsta kämpfat; nå gangat r
henter am weg, dass r zdaot gschlaga
wird ond stirbt. [16]Nå hât dr Joab bei dr
Stadtbelagerong da Urija an den Platz
gstellt, môn r gwißt hât, dass då starke
Gegner standat. [17]Mô nå dia Männer
aus dr Stadt an Ausfall gmacht hent ond
mit am Joab kämpft hent, send etlich
vom David saene Knecht gfalla ond
ao dr Urija, dr Hetiter ischd gstôrba.
[18]Nå hât dr Joab zom David gschickt
ond am ausrichta lassa, wia s en dem
Kampf zuaganga ischd. [19]Ond r hât dem
Bota da Befehl geba ond gsaed: Wann
da fertig bist mit daem Bericht über da
Kampf vôr am König, [20]ond r an Zôrn
kriagt ond de frågt: Wårom send r
denn so nåch an d Stadt nôgrückt zom
kämpfa? Hent r et gwißt, dass dia von
de Maura raschiaßat? [21]nå saesch d: Wer
hât denn da Abimelech, da Soh vom
Jerubbaal gschlaga? Hât et a Frao en
Tebez an Mahlstoe auf an nagschmissa,
dass r gstôrba ischd? Wårom send ihr so
nåch an d Mauer nôgrückt? Nå saesch
d: Ao dae Knecht Urija, der Hetiter
ischd daot! [22]Der Bote ischd ganga ond
hât am David ällas gmeldat, was am dr
Joab auftraga hât. [23]Nå hât der Bote
zom David gsaed: Dia Männer send
viel stärker gwea wia mir ond send gega
ons åganga bis ens freie Feld naus, aber
mir hent se wieder bis an da Tôraegang
zrückdrängt. [24]Nå hent d Bogaschütza
von dr Mauer ragschossa auf daene
Knecht, dass etlich vom König saene
Diener sterba müaßa hent, ond ao dae
Diener Urija, der Hetiter ischd daot!
[25]Nå hât dr David zo dem Bota gsaed:
Des richtest d am Joab aus: Des braucht
de et åfechta, s Schwert frisst då ond
sell. Vrstärk daen Kampf gega d Stadt
ond mach se he! So machst d am Muat!
[26]Mô am Urija sae Frao mitkriagt hât,
dass ihr Må Urija gstôrba ischd, hât se
Totaklag om ihran Må ghalta. [27]Sobald
wia d Trauerzeit rom gwea ischd, hât dr
David nôgschickt ond se en saen Palast
hola lassa, ond se ischd sae Frao wôra.
Ond se hât am an Soh gebora. Aber des,
was dr David dao hât, ischd en de Aoga
vom Herrgott (JAHWE) baes gwea.

Zom Vrgleicha: *Vers 1:* 12,26 • *Vers 4:* Ex 20,14.17; Dtn 5,18.21 • *Vers 21:* Ri 9,53f.

D Stråf für da David: 12 1-25

12 Nå hât dr Herrgott (JAHWE)
da Profeta Natan zom David
gschickt. Môn r komma ischd, hât r
zon am gsaed: En ra Stadt send zwôe
Männer gwea, dr oene reich ond dr
ander arm. [2]Der Reiche hât viel Kloe-
ond Graoßvieh ghet, [3]aber der Arme
hât außer ama Lämmle nex ghet, des hât
r kaoft ond graoßzoga. Des ischd bein
am mit saene Kender aufgwachsa. Von
saem Bissa hât s gessa ond von saem
Becher tronka ond ischd en saem Schoß
glega wian a Tochter. [4]Nå ischd zo dem
Reicha a Gast komma, ond den hât s
keit zom oes von saene Lämmer oder
saene Render nemma ond für den Gast
a Essa macha. Drom hât r dem Arma
sae Lämmle weggnomma ond s für den
Gast nôgrichtat.
[5]Dådrauf hât dr David an mords Zôrn
kriagt ond zom Natan gsaed: So wåhr
JAHWE lebt: der mô des dao hât ischd
a Todaskandidat. [6]Des Lamm soll r

vierfach ersetza, weil r des dao ond koe
Erbarma ghet håt. 7 Nå håt dr Natan
zom David gsaed: **Du bist der Må!** So
spricht JAHWE, dr Gott (Elohey) von
Israel: I selber han de zom König über
Israel gsalbt ond i han de aus dr Gwalt
vom Saul grettat. 8 Ond i han dr s Haus
von daem Herra geba ond d Fraoa von
daem Herra an daen Busa glegt, i han dr
s Haus Israel ond s Haus Juda geba, ond
wann des z wenig gwea wär, nå hätt e
dr no des ond sell drzua dao. 9 Wårom
håsch du am Herrgott (JAHWE) sae
Wort vrachtat ond ebbas dao, was mr gar
et gfällt? Da Urija, den Hetiter håsch d
mit am Schwert zdaot haoa lassa ond sae
Frao håsch d für di als Frao gnomma,
ond ehn håsch d durch s Schwert von de
Ammoniter ombrenga lassa! 10 Für des
soll s Schwert nemme von daem Haus
weicha für emmer, weil da me mißachtat
ond dem Hetiter Uria sae Frao für di
zor Frao gnomma håsch. 11 So spricht
JAHWE: Guck, i stifte en daem aegena
Haus Ohael gega de å. Ond i nemm dr
vôr daene Aoga daene Fraoa weg ond
gib se ama andera; ond der leit am hell
lichta Dag bei daene Fraoa. 12 Du håsch
des hehlenga dao, aber i mach des vôr
ganz Israel am hell lichta Dag! 13 Dådrauf
håt dr David zom Natan gsaed: I han me
gega da Herrgott (JAHWE) vrsündigt!
Nå håt dr Natan zom David gsaed: Ao
dr Herrgott (JAHWE) vrgibt dr dae
Sünd, du muaßt et sterba! 14 Aber weil du
da Herrgott (JAHWE) vôr daene Faend
durch dae Otat vrspottat håsch, muaß
der Soh, mô dr gebora wird, sterba.
15 Nå ischd dr Natan wieder hoem
ganga. Aber dr dr Herrgott (JAHWE)
håt des Kend, mô am Uria sae Frao
am David gebora håt, gschlaga, dass s
schwer krank wôra ischd. 16 Nå håt dr
David Gott (Elohim) aufgsuacht wega
dem Kend ond håt gfastat; ond wann r
hoemkomma ischd, håt r auf am blanka
Boda gschlåfa. 17 Nå send de Älteste von
saem Haus komma ond hent an bewega
wölla, dass r aufstanda soll vom Boda;
aber der håt et wölla, ond gessa håt r
ao nex mit en. 18 Am siebta Dag ischd
des Kend nå gstôrba. Am David saene
Diener hent sich aber et traut, am David
zom saga, dass des Kend gstôrba ischd.
Dia hent sich nämlich denkt: Mô des
Kend no glebt håt, he'mr am zuagredat,
ond r håt et auf ons ghorcht. Wia sollat
mr am nå saga: Dae Kend ischd daot?
19 Mô dr David nå gmerkt håt, dass
saene Diener mitanander romtuschlat
hent, håt r gwißt, dass sae Kend daot
gwea ischd. Ond dr David håt saene
Diener gfrågt: Ischd des Kend daot?
Dia hent am zor Antwort geba: S ischd
gstôrba! 20 Nå ischd dr David vom Boda
aufgstanda, håt sich gwäscha ond gsalbt
ond andere Klôeder åzoga ond ischd
en da Tempel vom Herrgott (JAHWE)
ganga ond håt sell betat. Nå ischd r en
saen Palast komma ond håt vrlangt, mr
soll am ebbas zom Essa brenga. 21 Nå
hent saene Diener zon am gsaed: Was
soll des hôeßa, was da dao håsch? Mô
des Kend no glebt håt, håsch d drwega
gfastat ond gheult. Jetzt ischd des Kend
daot ond du stôhst auf ond isst? 22 Nå håt
r gsaed: Mô des Kend no glebt håt, han e
gfastat ond gheult, weil e mr gsaed han:
Wer wôeß, vielleicht vrbarmt sich dr
Herrgott (JAHWE) ond lässt des Kend
am Leba. 23 Aber jetzt, mô s nemme lebt,
wårom sott e nå no fasta? Kå i s wieder
zrückhola? I gang wohl amål zon am,
aber s kommt zo mir nemme zrück.
24 Ond dr David håt sae Frao, d Batseba
tröstat, ond r ischd bein ra glega. Ond se
håt wieder an Soh auf d Welt brâcht, den
håt se Salomo ghôeßa. Ond dr Herrgott
(JAHWE) håt an möga, 25 ond r håt an
am Profeta Natan en d Obhuat geba,
der håt an Jedidja (JAHWEs Liebleng)
ghôeßa, wega am Herrgott (JAHWE).

Zom Vrgleicha: *Vers 6:* Ex 21,37 • *Vers 9:* 1Kö 15,5 • *Vers 10:* 13,28f; 18,14; 1Kö 2,24f • *Vers 11:* 16,22; 20,3 • Vers 13: Ps 51,2.

D Eroberong von Rabba: 12 26-31

[26]Dr Joab håt enzwischa gega Rabba, des
ischd d Haoptstadt von de Ammoniter
kämpft ond håt d Königsstadt
aegnomma. [27]Dådrauf håt dr Joab Bota
zom David gschickt ond am ausrichta
lassa: I han gega Rabba kämpft ond
bei dera Glegahaet ao d Wasserstadt
aegnomma. [28]Vrsammle doch da Rest
vom Volk ond belagere d Stadt ond
nemm se selber ae, dass et i se aenemm
ond mae Nåma über dr Stadt ausgruafa
wird. [29]Dr David håt also s ganze Heer
gsammlat ond ischd gega Rabba ågrückt
ond håt s gstürmt ond aegnomma. [30]Nå
håt r dene ihram König d Kron vom
Haopt gnomma, dui håt a Gwicht von
oem Talent Gold ghet, ond a kostbarer
Stoe ischd ao drågwea; des ischd nå am
David sae Kron gwea. Ond se hent a
graoßa Beute aus dr Stadt fortgschafft.
[31]Ond d Aewohner håt r rausgführt ond
an d Stoesäga gstellt ond an de eiserne
Spitzhacka ond an d Äxt ond hent se
Bachstoe forma lassa. So ischd r mit älle
Städt von de Ammoniter omganga. Nå
ischd dr David mit saem ganza Heer
wieder nach Jerusalem zrück ganga.

Zom Vrgleicha: *Vers 26:* 11,1 • *Vers 30-31:* 1Chr 20,2f.

Amnon ond Tamar: 13 1-22

13 Dådrnåch ischd des passiert: Dr
Abschalom, am David sae Soh,
håt a schöna Schwester ghet, Tamar
håt se ghôeßa, ond dr Amnon, ao am
David sae Soh (vrmuatlich von ra
andera Frao), håt sich en se vrliabt. [2]Dr
Amnon ischd ganz krank wôra wega
saener (Halb)Schwester Tamar, weil se
no Jongfer gwea ischd, håt ra dr Amnon
omöglich ebbas ådoa könna. [3]Dr Amnon
håt an Fraend ghet, Jonadab håt r ghôeßa,
a Soh vom David saem Bruader Schima;
ond der Jonadab ischd a gscheiter Må
gwea. [4]Der håt an gfrågt: Wårom bist
d denn äll Môrga so elend, Königssoh?
Willst d mr s et vrzähla? Dådrauf håt
dr Amnon zon am gsaed: I ben halt en
d Tamar, maem Bruader Aschalom sae
Schwester vrliebt. [5]Nå håt dr Jonadab
zon am gsaed: Lieg ens Bett nae ond
stell de krank. Ond wann dae Vadr
kommt zom nach dr gucka, nå saesch
d: Laß doch d Tamar, mae Schwester zo
mr komma, dass se ebbas zom Essa für
me nôrichtat, des Essa soll se vôr maene
Aoga macha, dass e ra zuagucka kå ond
i s aus ihre Händ essa kå. [6]Nå ischd dr
Amnon nôglega ond håt sich krank
gstellt. Mô dr König komma ischd zom
nach am gucka, håt dr Amnon zom
König gsaed: Laß doch mae Schwester
Tamar zo mr komma, dass se vôr maene
Aoga zwôe Herzkuacha bacha soll
ond i aus ihre Händ essa kå! [7]Nå håt
dr David zor Tamar ens Haus gschickt
ond ra ausrichta lassa: Gang doch ens
Haus von daem Bruader Amnon ond
mach am s Essa! [8]Nå ischd d Tamar
ens Haus von ihram Bruader Amnon
ganga. Während er dåglega ischd, håt
se da Tôeg gnomma ond knetat ond
vôr saene Aoga Herzkuacha bacha. [9]Nå
håt se d Pfann gnomma ond vôr am
ausgleert; aber der håt sich gwaegerat
zom essa. Ond dr Amnon håt gsaed:
Gangat älle naus vo'mr! [10]Nå håt dr
Amnon zor Tamar gsaed: Breng mr s
Essa en d Kammer, nå iss e aus daene
Händ! Nå håt d Tamar dia Herzkuacha
gholt, mô se gmacht ghet håt ond ihram
Bruader Amnon en d Kammer bråcht.
[11]Ond mô se am s Essa nôghoba håt, håt
r se packt ond zon ra gsaed: Komm, lieg
zo mr nô, mae Schwester! [12]Aber se håt
zon am gsaed: Noe, Bruader, entehr me
et, so ebbas duat mr et en Israel! Dua

mr doch koe sotta Schand å! [13]Mô sott i
denn nôganga mit maener Schand? Ond
du selber dätest en Israel als Schandtäter
dåstanda. Schwätz doch mit am König,
der dät me dir sicher et vrwaegera. [14]Aber
der håt et auf se horcha wölla. Ond weil
r stärker gwea ischd, håt r se gschändat
ond ischd zon ra nôglega. [15]Hentadrae
håt r an arga Hass auf se kriagt, ond
der Hass ischd no graeßer gwea wia
vôrher sae Liebe, ond dr Amnon håt
zon ra gsaed: Stand auf ond vrschwend!
[16]Ond se håt zon am gsaed: Bloß et!
Wann da me fortschickst wär des no a
viel graeßers Orecht, als des, was dr mr
schao ådao håsch! Aber der håt et auf
se ghorcht, [17]ond håt an jonga Kerle
gruafa ond zon am gsaed: Schick doch
dui då fort ond schliaß d Tür henter ra
zua! [18]Se håt aber a Ärmelklôed åghet,
wia s d Königtöchter ghet hent, wann
se no Jongfera gwea send. So håt se der
jonge Diener nausgführt ond henter
ra d Tür zuagschlossa. [19]Dådrauf håt d
Tamar Staob auf ihr Haopt gstraet ond
ihr Ärmelklôed vrrissa ond ihre Händ
auf da Kopf glegt ond ischd schreiend
drvogloffa. [20]Nå håt ihr Bruader
Abschalom zon ra gsaed: Ischd dae
Bruader Amnon bei dr gwea? Nå saesch
d jetzt nex, der ischd dae Bruader.
Nemm dr s et so z Herza. Ond d Tamar
ischd als a Vrlassena em Haus von ihram
Bruader Abschalom blieba. [21]Mô dr
König David dui Gschicht ghört håt,
ischd r zemlich narrat wôra. [22]Aber dr
Abschalom håt mit am Amnon von
då å nex maeh gschwätzt, weders em
Baesa, no em Guata. Dr Abschalom håt
nämlich saen Bruader Amnon ghasst,
weil r sae Schwester Tamar gschändat
håt.

Dr Abschalom rächt sich am Amnon:
13 23-37
[23]Zwôe Jåhr später håt dr Abschalom
en Baal-Hazor en dr Nähe von Efraim
saene Schåf schera lassa ond håt älle
Söh vom König drzua aeglada. [24]Dr
Abschalom ischd zom König ganga ond
håt gsaed: Guck, dae Knecht ischd grad
bei dr Schåfschur! Dr König ond saene
Diener könnte doch mit saem Knecht
dort nôganga! [25]Nå håt dr König zom
Abschalom gsaed: Noe, mae Soh, mir
könnat doch et älle mit då nôganga ond
dir zor Last falla! Ao môn r am schier
d Haut radao håt, håt r et mit wölla,
sondern håt an vrabschiedat. [26]Ond dr
Abschalom håt gsaed: Wann et, nå laß
doch wenigstens maen Bruader Amnon
mit ganga. Aber dr König håt an gfrågt:
Wårom soll der mit dr ganga? [27]Dr
Abschalom håt am aber d Haut radao,
nå håt r da Amnon ond älle Königssöh
mit ganga lassa. [28]Nå håt dr Abschalom
saene Knappa d Åweisong geba: Passat
auf! Wann dr Amnon vom Wae guat
drauf ischd, nå sag i zon ich: Haoat da
Amnon zdaot! Nå brengat r an om.
Angst brauchat r deswega koena han, i
gib euch jå selber da Befehl drzua! Send
stark ond hent Muat! [29]Am Abschalom
saene Leut hent dao, was r en befohla
håt. Nå send älle Söh vom König
aufgspronga ond auf ihre Maultier
drvogritta. [30]Ond mô se no auf am Weg
gwea send, ischd s schao bis zom David
durchdronga gwea: Dr Abschalom håt
älle Söh vom König zdaot ghaoa, et
oener ischd drvo übrig blieba! [31]Nå ischd
dr König aufgstanda ond håt sae Gwand
vrrissa ond sich auf da Boda gschmissa;
ao saene Diener, mô om an romgstanda
send, hent ihre Klôeder vrrissa. [32]Nå håt
dr Jonadab, am David saem Bruader sae
Soh, gsaed: Mae Herr soll et moena, s
seie älle Buaba, am König saene Söh
ombråcht wôra, sondern bloß dr Amnon
alloe wird daot sae; wia dr Abschalom
gsaed håt, håt r sich des vôrgnomma
an dem Dag, mô sae Schwester Tamar

treta! Wann a Schuld auf mr leit, nå soll
r me ombrenga. 33 Nå ischd dr Joab zom
König naeganga ond håt am s gsaed, ond
der håt da Abschalom ruafa lassa. Môn r
zom König naekomma ischd, håt r sich
vôr am König bis auf da Boda vrnaegt;
dådrauf håt dr König da Abschalom
küsst.

Zom Vrgleicha: *Vers 14:* Dtn 19,11-13 • *Vers 23:* 13,37 • *Vers 27:* 18,18.

Dr Abschalom macht an Aufstand:
15 1-12

15 Nach dem håt dr Abschalom
an Waga ond Rösser ågschafft
ond fufzg Mann, mô emmer vôr am
her gloffa send. 2 Ond môrgnads ischd
r neba da Weg ans Stadttôr nôgstanda,
ond emmer, wann ebber wega ra
Rechtsåglegahaet zom König wölla håt,
ischd dr Abschalom zon am nôganga ond
håt gsaed: Von wehlera Stadt kommst
du? Wann der nå gsaed håt: Dae Knecht
kommt aus ama Stamm von Israel!
3 Nå håt dr Abschalom zon am gsaed:
Guck, was du saesch isch jå recht ond
guat, aber beim König ischd neamerd,
mô de åhört! 4 Nå håt dr Abschalom
no gsaed: Wann mi oener als Richter
aesetza dät em Land, dass a jeder, mô an
Rechtsstreit håt, zo mr komma könnt!
I dät am schao zo saem Recht vrhelfa!
5 Ond wann ebber komma ischd ond
sich vôr am vrnaegt håt, håt r an ghoba
ond an vrküsst. 6 So håt s dr Abschalom
mit älle Israelita gmacht, mô wega ma
Schiedsspruch zom König komma send.
So håt dr Abschalom sich bei de Männer
von Israel aegschmôechlat.

7 Môn r nå vierzg wôra ischd, håt dr
Abschlom zom König gsaed: Laß me
doch ganga, dass e mae Gelübde aelös,
môn e am Herrgott (JAHWE) en
Hebron abglegt han! 8 Môn e en Geschur
en Syrien gwea ben, håt dae Knecht
nämlich a Gelübde abglegt ond gsaed:
Wann dr Herrgott (JAHWE) me zrück
führt nach Jerusalem, nå will e s beim
Herrgott (JAHWE) abdeana. 9 Dådrauf
håt dr König zon am gsaed: Nå gang
em Frieda! Nå håt r sich aufgmacht ond
ischd nach Hebron ganga. 10 Nå håt dr
Abschalom zo älle Stämm en Israel Bota
gschickt ond en ausrichta lassa: Wann r
da Schall vom Widderhorn hörat, nå
sollat r ausruafa: Dr Abschalom ischd
König en Hebron wôra! 11 Ond mit am
Abschalom send zwôehondert Mann
aus Jerusalem ganga, Gladene ond sotte,
mô oefältig mitganga send, weil se von
dr ganza Gschicht nex gwißt hent. 12 Dr
Abschalom håt ao da Ahitofel von Gilo
ruafa lassa, am David saen Berater, môn
r sae Opfer darbråcht håt. So ischd d
Vrschwörong emmer graeßer wôra,
ond emmer maeh Leut hent sich am
Abschalom ågschlossa.

Zom Vrgleicha: *Vers 1:* 1Kö,1,5 • *Vers 8:* 13,37f.

Dr David flüchtat aus Jerusalem:
15 13 – 16 14

13 Nå ischd oener komma ond håt am
David gmeldat: De Männer von Israel
ihr Herz stôht henter am Abschalom!
14 Nå håt dr David zo älle saene Knecht,
mô bein am en Jerusalem gwea send
gsaed: Machat euch auf! Mir müaßat
flüchta, mir hent koe Chance gega da
Abschalom. Machat euch glei auf da
Weg, sonst holt r ons ae ond brengt s
Ohael über ons ond schlägt d Stadt mit
am Schwert! 15 Nå hent am König saene
Leut zon am gsaed: Ganz wia onser Herr,
dr König, will, mir send daene Knecht!
16 So ischd dr König mitsamt saem ganza
Hofstaat auszoga. Aber dr König håt
zeah von saene Nebafraoa zrück glassa,
zom auf da Palast aufpassa.

17 So ischd dr König ond sae ganzs
Volk mit am auszoga, ond se hent sich
am letzta Haus aufgstellt. 18 Mô älle
Denstleut vôr am vorbeiganga send; ao

älle Kreter ond Pleter (d Leibwach) ond
älle Gatiter, dia sechshondert Mann, mô
von Gat mit am komma send; älle send
vôr am König vorbeimarschiert. [19]Nå
håt dr König zom Ittai aus Gat gsaed:
Wårom gôhst du ao mit ons? Kehr om
ond bleib beim König! Du bist doch a
Ausländer ond en dae Hoemat kåsch d
ao nemme zrück. [20]Gestern bist d zo ons
komma, då kån e dr jå et zuamuat, dass
da mit ons nô gôhst, mô mir nôgangat.
Kehr om ond nemm daene Brüader mit
en Liebe ond Treue! [21]Nå håt dr Ittai am
König zor Anwort geba ond gsaed: So
wåhr dr Herrgott (JAHWE) lebt ond
so wåhr mae Herr, dr König lebt: Bloß
an dem Ort, mô mae Herr, dr König
ischd, ob s en da Daot oder ens Leba
gôht, då ischd ao dae Diener! [22]Nå håt
dr David zom Ittai gsaed: Also, nå gang
vorbei! So ischd dr Ittai aus Gat mit
saene ganze Leut ond mit saem Troß
vorbei marschiert. [23]Ond s ganze Land
håt laut gheult, mô des Volk (am König)
vorbeimarschiert ischd. Nå ischd dr
König über da Bach Kidron nom ganga,
ond s ganze Volk ischd weiter zoga auf
am Weg en d Wüste.
[24]Då ischd ao dr Zadok drbei gwea ond
älle Levita, mô bein am gwea send, dia
hent d Bundestruhe von Gott (Elohim)
traga ond hent se sell nôgstellt, bis s
ganze Volk aus dr Stadt vollständig
vorbeizoga gwea ischd. [25]Aber dr
König håt zom Zadok gsaed: Breng d
Bundestruhe von Gott (Elohim) zrück
en d Stadt! Wann i Gnade fend en de
Aoga vom Herrgott (JAHWE), nå
brengt r mi ao wieder zrück, dass e ehn
selber ond sae Wohnong wieder seha
därf. [26]Saed r aber: Du gfällst mr nemme!
I ben då! Nå soll r mit mr macha, was
am gfällt! [27]Ond dr König håt zom
Priaster Zadok gsaed: Du bist dr Seher!
Gang em Frieda zrück en d Stadt, ao
dae Soh, dr Ahimaaz ond am Abjatar
sae Soh Jonatan, eure bôede Söh ao. [28]I
warte an de Furta en dr Steppe, bis von
euch a Botschaft kommt ond mr meldat,
was los ischd! [29]Dådrauf ischd dr Zadok
ond dr Abjatar mit dr Bundestruhe von
Gott (Elohim) omkehrt nach Jerusalem
ond se send sell blieba.
[30]Drweilst ischd dr David am Ölberg
naufganga ond håt gheult ond sae Haopt
zuadeckt. Barfuaß ischd r ganga ond
älle, mô mit am naufganga send, hent
gheult ond ihr Haopt zuadeckt. [31]Nå
håt mr am David ausrichta lassa: Ao dr
Ahitofel ischd beim Abschalom saene
Vrschwörer. Nå håt dr David gsaed: O
Herr, JAHWE, laß doch am Ahitofel
saen Rat ens Leere laofa!
[32]Nå ischd dr David auf da Berggipfel
komma, mô mr nach am Brauch Gott
(Elohim) åbetat, då ischd am auf oemål
dr Arkiter Huschai entgega komma, mit
vrrissene Klôeder ond Dreck auf am
Kopf. [33]Nå håt dr David zon am gsaed:
Wann du mit mr ganga dätest, wärst
bloß a Last für me; [34]wann da aber en d
Stadt zrück gôhst ond zom Abschalom
saesch: I will dae Knecht sae, o König!
Vôrher ben e dr Knecht von daem Vadr
gwea; aber jetzt will e dae Knecht sae!
Nå kåsch du für mi am Ahitofel saen Rat
ens Leere laofa lassa. [35]D Priaster Zadok
ond Abjatar send sell ao bei dr, nå kåsch
d ällas, was da em Haus vom König
hörst, de Priaster Zadok ond Abjatar
saga. [36]Dia hent sell ao ihre bôede Söh
bei sich, dr Zadok da Ahimaaz, ond dr
Abjatar da Jonatan; durch dia könnat r
mr ällas melda, was r hörat. [37]So ischd
dr Huschai, am David sae Fraend, en d
Stadt komma, mô grad dr Abschalom
en Jerusalem åkomma ischd.

16 Ond mô dr David grad a bißle
über da Berggipfel nomganga
gwea ischd, guck, då ischd am dr Ziba,
a Diener vom Mefi-Boschet, mit ama
Joch gsattelte Esel entgega komma.

Dia hent zwôehondert Brot, hondert
Dörrtrauba, hondert Buschel Frischobst
ond an Schlauch Wae glada ghet. [2]Nå
håt dr König zom Ziba gsaed: Was
håsch d n dådrmit vôr? Nå håt dr Ziba
gsaed: Dia Esel send für s Königshaus
zom Reita, s Brot ond Obst zom Essa
für d Diener ond dr Wae zom Trenka
für dia, mô en dr Wüste vrlechnat
send. [3]Nå håt dr König gsaed: Ond mô
ischd dr Soh von daem Herra? Saed dr
Ziba zom König: Guck, der ischd en
Jerusalem, weil r sich saed: Haet geit s
Haus Israel d Königsmacht vom maem
Vadr wieder mir! [4]Nå håt dr König zom
Ziba gsaed: Jetzt soll ällas, was am Mefi-
Boschet ghert, dir ghera! Nå håt dr Ziba
gsaed: I han me dir onterworfa! Laß me
Gnade fenda en daene Aoga, mae Herr,
o König! [5]Mô nå dr König David nach
Bahurim komma ischd, då ischd auf
oemål a Må aus dr Sippschaft vom Haus
Saul rauskomma, Schimi håt r ghôeßa,
a Soh vom Gera, ond håt de ganz Zeit
gfluacht, [6]ond Stoener gschmissa auf
da David ond älle Diener vom König
David, obwohl s ganze Kriagsvolk
rechts ond lenks vom König gwea ischd.
[7]Dr Schimi håt bei saener Fluacherei
gsaed: Hao ab! Hao ab! Du Bluathond!
Du Vrbrecher! [8]Dr Herrgott (JAHWE)
lässt de ganz Bluatschuld vom Haus Saul
auf di zrückfalla, du, der mô an saener
Stell König wôra ischd. Ond jetzt håt dr
Herrgott (JAHWE) d Königsherrschaft
daem Soh Abschalom en d Håd geba,
ond du bist em Oglück, weil da a Mörder
bist! [9]Nå håt dr Abischai, dr Zeruja ihr
Soh, zom König gsaed: Wårom soll der
daote Hond då maen Herra ond König
vrfluacha därfa? I gang nom ond mach
an an Kopf kürzer! [10]Aber dr König håt
gsaed: Was han i mit euch z schaffat, ihr
Söh von dr Zeruja? Wann der fluacht,
ond wann dr Herrgott (JAHWE) zon
am gsaed håt: Vrfluach da David! Wer
därf nå fråga: Wårom duast du des?
[11]Ond dr David håt zom Abischai ond
zo älle saene Diener gsaed: Guckat, mae
leiblicher Soh will mr ans Leba; om
wiaviel maeh jetzt der Benjaminiter?
Lent an en Ruah! Soll r fluacha, wann
s dr Herrgott (JAHWE) zon am gsaed
håt! [12]Vielleicht guckt dr Herrgott
(JAHWE) auf mae Elend ond geit mr
wieder Glück für den Fluach, der mô
me haet trifft! [13]Dr David ond saene
Männer send weiterzoga, während dr
Schimi auf dr Seite vom Berg nebaher
gloffa ischd ond de ganz Zeit gfluacht
ond Stoener ond Dreckbolla gschmissa
håt. [14]Nå ischd dr König ond saene Leut,
môn r bei sich ghet håt, an da Jordan
komma, ganz he send se gwea ond hent
sell a bißle vrschnauft.

Zom Vrgleicha: *Kap. 15 Vers 16:* 16,21; 20,3 • *Vers 31:* 17,14 • *Vers 32:* 1Kö 3,2 • *Vers 34:* 16,15; 1Chr 27,33 • *Kap. 16 Vers 3-4:* 19,25-31 • *Vers 5-12:* 19,17-24; 1Kö 2,8f.

Dr Abschalom en Jerusalem:

16 15 – 17 23

[15]Aber dr Abschalom ond s ganze
Kriagsvolk von dr Mannschaft von
Israel send en Jerusalem åkomma, ao
dr Ahitofel ischd bein am gwea. [16]Ond
mô der Arkiter Huschai, am David sae
Fraend, zom Abschalom komma ischd,
håt r zom Abschalom gsaed: Es lebe der
König! Es lebe der König! [17]Nå håt dr
Abschalom zom Huschai gsaed: Ischd
des dae Treue zo daem Fraend? Wårom
bist d et mit daem Fraend ganga? [18]Nå
håt dr Huschai zom Abschalom gsaed:
Noe! Sondern den, mô dr Herrgott
(JAHWE) auserwählt håt ond des Volk
ond älle Männer von Israel, zo dem gher
i ond bei dem bleib e! [19]Ond zwôetens:
Wem soll e denn deana? Doch am Soh!
Wian e daem Vadr dient han, so will e ao
für di då sae!

[20]Dådrauf håt dr Abschalom zom

Ahitofel gsaed: Gebat mr an Rat, was
mr doa sollat! 21 Nå håt dr Ahitofel zom
Abschalom gsaed: Gang zo de Nebafraoa
von daem Vadr, dia môn r zrück glassa
håt zom auf s Haus aufpassa. So vrfährt
ganz Israel, dass du de bei daem Vadr
vrhaßt gmacht håsch, ond älle, mô zo
dr haltat, werat sich für de stark macha.
22 Nå håt mr für da Abschalom auf am
Dach s Zelt aufbaut, ond dr Abschalom
ischd vôr de Aoga von ganz Israel zo
saem Vadr saene Nebafraoa ganga.
23 Wann nämlich dr Ahitofel selligsmål
an Rat geba håt, nå ischd des gwea, wia
wa'mr Gott (Elohim) gfrågt hätt; so håt
dr Rat vom Ahitofel beim David wia
beim Abschalom golta.
17 Ond dr Ahitofel håt no weiters
zom Abschalom gsaed: Laß me
zwölftausad Mann raussuacha, dass e
me aufmach ond am David nåchjag no
en dera Nacht. 2 I will über an komma,
solang r no müad ond matt ischd, ond
am an Schrecka aejaga. Nå wird sae ganzs
Volk, môn r bei sich håt, abhaoa, ond i
kå da König, wann r alloe ischd, schlaga.
3 Nå breng e dr s ganze Volk zrück, wia a
Braut zo ihram Må hoemgholt wird. Du
willst doch bloß dem oena Må ans Leba;
s ganze Volk aber soll ovrsehrt bleiba.
4 Der Vôrschlag håt am Abschalom ond
älle Älteste von Israel gfalla.
5 Nå håt dr Abschalom gsaed: Ruafat mr
no den Arkiter Huschai her, dass mr ao
no hörat, was der drzua saed! 6 Mô dr
Huschai zom Abschalom komma ischd,
håt dr Abschalom zon am gsaed: Des
ond sell håt dr Ahitofel gsaed. Sollat
mr doa, was r saed? Wann et, nå sags!
7 Nå håt dr Huschai zom Abschalom
gsaed: Desmål håt dr d Ahitofel koen
guata Rat geba. 8 Ond dr Huschai håt
weiters gsaed: Du kennst doch daen
Vadr ond saene Manna; des send harte
Kämpfer, dia schlagat zua wian a Bärin
em Feld draußa, dera mô mr ihre Jonge
weggnomma håt. Drzua kommt: Dae
Vadr ischd a Kriagsmå, der mô mit saene
Leut koe Nachtruah kennt. 9 Der håt sich
sicher en irgend ama Schlupfloch oder
en oener von dene Ortschafta vrsteckt.
Wann nå glei am Åfang von daene Leut
oene fallat ond des spricht sich rom, nå
hôeßt s glei: Am Abschalom saene Leut
hent oena auf da Deckel kriagt. 10 Nå
rutscht ao am tapfersta Kriager s Herz
en d Hosatasch; ao wann der a Löwaherz
håt, vrliert r da Muat; schliaßlich wôeß
jeder Israelit, dass dae Vadr a Held ischd
ond saene Leut lauter tapfere Manna.
11 Drom råt i dr: Vrsammle ganz Israel
von Dan bis nach Beer-Scheba, wia dr
Såd am Meer an Zahl, ond du selber
muaßt mit en da Kampf ganga. 12 Wa'mr
an nå an irgend ama Ort fendat, nå
fallat mr über an her, wia dr Tao auf da
Boda fällt, nå bleibt von ehm ond saener
Mannschaft et oener übrig. 13 Ond wann
r sich en a Stadt zrück ziagt, nå macht
ganz Israel an dera Stadt Sôeler fest, ond
se wird weggschlôeft bis an da Bach na,
dass då, mô se send, koe Stoele maeh
zom fenda ischd.
14 Nå håt dr Abschalom ond älle Männer
von Israel gsaed: Des ischd a guater
Vôrschlag vom Huschai, dem Arkiter,
der ischd besser wia der vom Ahitofel!
Dr Herrgott (JAHWE) håt nämlich
vrfüagt, dass am Ahitofel sae guater
Vôrschlag ens Leere laofa soll, weil dr
Herrgott (JAHWE) beschlossa håt,
Ohael über da Abschalom zom brenga.
15 Dådrnåch håt dr Huschai zo de
Priaster Zadok ond Abjatar gsaed: Des
ond sell håt dr Ahitofel am Abschalom
ond de Älteste von Israel vôrgschlaga,
ond des ond sell han i vôrgschlaga.
16 Schickat jetzt an Eilbota zom David
ond lassat am saga: Bleib et über Nacht
an de Furta en dr Wüste; gang glei über
da Jordan nom, dass et dr König ond s
ganze Volk, mô bein am ischd, aufgrieba

wird! [17]Dr Jonatan ond dr Ahimaaz aber
hent sich an dr Rogelquell aufghalta,
zo dene ischd a Magd ganga ond hât s
en gsaed. Ond dia send glei ganga ond
hent s am König David gmeldat. Dia
hent sich nämlich et seha lassa därfa
ond send drwega et en d Stadt komma.
[18]Aber a jonger Kerle hât se gseha ond
hât s am Abschalom nôtraga. Aber dia
bôede send schnell weiterganga ond
send ans Haus vo'ma Må en Baschurim
komma, der hât em Hof an Bronna
ghet. Då send se naegstiega, [19]ond d
Frao hât d Abdeckplåne gnomma ond
da Bronna zuadeckt ond hât Graupa
drübergstraet, dass mr nex maeh gseha
hât. [20]Mô am Abschalom saene Knecht
zo dera Frao ens Haus komma send,
hent se gfrågt: Mô ischd dr Achimaaz
ond dr Jonatan? Nå hât dui Frao zo
nen gsaed: Dia send nom ans Wasser!
Nå hent se gsuacht, aber koen gfonda.
Nå send se zrück nach Jerusalem. [21]Mô
se fort gwea send, send se wieder aus
am Bronna raufgstiega ond send ganga
ond hent am König David Meldong
gmacht ond se hent zom David gsaed:
Standat schnell auf ond gangat übers
Wasser nom; des ond sell hât nämlich
dr Ahitofel gega euch vôrgschlaga!
[22]Nå hât sich dr David aufgmacht ond
s ganze Volk, mô bein am gwea ischd,
ond hent da Jordan überquert; bis an da
Môrga hât koener gfehlt, der mô et über
da Jordan nomkomma wär.

[23]Mô aber dr Ahitofel gseha hât, dass
sae Rat et befolgt wôra ischd, hât r saen
Esel gsattelt ond ischd hoemganga en
sae Haus en saener Stadt. Ond r hât an
sae Haus Åweisonga geba, nå hât r sich
aufghängt, dass r gstôrba ischd. Ond r
ischd em Grab von saem Vadr beerdigt
wôra.

Zom Vrgleicha: *Kap. 16 Vers 15:* 15,37 • *Vers 21:* 15,16 • *Vers 22:* 12,11 • *Kap. 17 Vers 7:* 15,34 • *Vers 14:* 15,31 • *Vers 15-21:* 15,36.

Dr David trifft Vôrberaetonga für da Kampf: 17 24 – 18 5

[24]Dr David ischd schao en Mahanajim
gwea, mô dr Abschalom mit älle Israelita
da Jordan überquert hât. [25]Ond dr
Abschalom hât statt am Joab da Amasa
über s Heer gsetzt. Dr Amasa ischd dr
Soh vo'ma Ismaeliter gwea, Jeter hât r
ghôeßa, ond von dr Abigal, ra Tochter
vom Nahasch ond d Schwester vom
Joab saener Muader, dr Zeruja. [26]Ond
Israel hât mit am Abschalom em Land
Gilead glagerat.

[27]Mô nå dr David nach Manahajim
komma ischd, hât am dr Schobi, dr
Soh vom Nahasch aus Rabba, dr
Ammoniterstadt, ond dr Machir, dr
Soh vom Ammiël aus Lo-Dabar, ond
dr Gileaditer Barsillai aus Roglim,
[28]Feldbetta ond Decka ond Häfa ond
Wôezakörner ond Gerstakörner ond
Mehl ond Röstkorn ond Bohna ond
Lensa [9]ond Honig ond Butter ond Schâf
ond Käs hergschafft für da David ond
für s Kriagsvolk, mô bein am gwea
ischd, dass se ebbas zom Essa ghet
hent, dia hent sich nämlich gsaed: Des
Kriagsvolk hât Honger ond ischd müad
ond hât an Durst kriagt en dr Wüste.

18 Nå hât dr David des Volk, mô bein
am gwea ischd, gmusterat ond hât
Åführer aegsetzt über Tausendschafta
ond Åführer über Hondertschafta.
[2]Ond dr David hât s Volk en drei Tôel
auftôelt: S erste Drittel onter da Joab, s
zwôete onter da Abisai, am Soh von dr
Zeruja, am Joab saen Bruader, s dritte
onter da Ittai aus Gat. Nå hât dr König
zom Volk gsaed: I komm ao mit euch!
[3]Nå hât s Volk gsaed: Du sottest et mit
ons ganga; wann mir nämlich flüchta
müaßat, nå kümmert sich om ons
koener; ond wann d Hälfte von ons fällt,
kümmert sich om ons neamerd. Aber
du bist wia zeahtausad von ons, ond s
wär ao besser, wann du ons aus dr Stadt

raus zor Hilfe komma dätest. 4Nå håt dr König zo nen gsaed: Was ihr für richtig haltat, des will e doa! Ond dr König ischd neba s Tôr treta, während s Volk en Hondertschafta ond Tausendschafta auszoga ischd. 5Dr König håt aber am Joab ond am Abischai ond am Ittai da Befehl geba: Gangat mr gnädig mit dem jonga Må, am Abschalom om! Ond s ganze Volk håt ghört, wia dr König älle Åführer wega am Abschalom da Befehl geba håt.

Zom Vrgleicha: *Kap. 17 Vers 27:* 9,4; 19,32; 1Kö 2,7 • *Kap. 18 Vers 2f:* 15,19 • *Vers 5:* 18,12.

Dr Abschalom stirbt: 18 6-32

6Nå ischd s Volk nauszoga ens Feld gega Israel ond em Wald Efraim ischd s nå zom Kampf komma. 7D Israelita send vom David saene Leut gschlaga wôra ond hent schwer auf da Deckel kriagt; an dem Dag send zwanzgtausad von en gfalla. 8Ond der Kampf håt sich über de ganz Gegend ausgweitat, ond dr Wald håt an sellam Dag maeh vom Volk gfressa wia s Schwert. 9Nå ischd auf oemål dr Abschalom vôr am David saene Knecht auftaucht. Dr Abschalom ischd nämlich auf saem Maultier gritta. Ond des Maultier ischd onter de Äst von dr graoßa Terebinthe durchgloffa, nå hent sich saene Håår en de Äst von dr Terebinthe vrfanga, dass r zwischa Hemmel ond Erde ghangt ischd, des Maultier ischd nämlich onter am weggsauat. 10Des håt oener gseha ond s glei am Joab gmeldat ond gsaed: Guck, i han da Abschalom an dr Terebinthe hanga seha! 11Nå håt dr Joab zo dem Må, der môn am dui Meldong bråcht håt, gsaed: Guck, du håsch an gseha, wårom håsch d an nå et glei auf da Boda naghaoa? I hätt dr gern zeah Silberleng ond an Gürtel drfür geba! 12Nå håt der Må zom Joab gsaed: Ond wa'mr mr tausad Silberleng bar auf d Håd geba dät, i dät mae Håd et gega da Soh vom König ausstrecka, mir hent s nämlich älle ghört, wia dr König zo dir ond zom Abischai ond zom Ittai gsaed håt: Gebat mr acht auf den jonga Må, da Abschalom! 13Oder i hätt om mae Leba lüaga müaßa, so ebbas bleibt jå vôr am König et vrbôrga, ond du dätest, als wann de s Ganze nex åganga dät. 14Nå håt dr Joab gsaed: I kå me jetzt mit dir et aufhalta! Nå håt r drei Wurfspiaß en d Håd gnomma ond håt se am Abschalom ens Herz gstoßa, während r no lebendig mittla en dera Terebinthe ghangt ischd. 15Nå send zeah jonge Männer, am Joab saene Waffaträger, om an romgstanda ond hent da Abschalom zdaot ghaoa. 16Nå håt dr Joab s Widderhorn blåsa, ond s Volk håt mit dr Vrfolgong von de Israelita aufghert; dr Joab håt en nämlich Aehalt bota. 17Da Abschalom hent se gnomma ond an em Wald en a tiafa Gruab naegschmissa ond an graoßa Stoehaufa auf an gschichtat. Aber d Israelita send älle abghaoa, a jeder zo saene Zelt. 18Dr Abschalom håt zo saene Lebzeita an Gedenkstoe aufstella lassa, der mô em Königstal stôht, weil r sich gsaed håt: I han koen Soh, der mô maen Nåma em Ådenka halta könnt! So håt r den Gedenkstoe nach saem Nåma ghôeßa. Drom hôeßt der Stoe bis haet: Am „Abschalom sae Håd".

19Aber dr Ahimaaz, am Zadok sae Soh håt gsaed: Laß me schnell ganga, dass e am König dui guata Nåchricht melde, dass am dr Herrgott (JAHWE) zo saem Recht vrholfa håt gega d Gwalt von saene Faend! 20Nå håt dr Joab zon am gsaed: Du wärst an dem Dag koe Må mit ra froha Botschaft, aber du kåsch ama andera Dag wia haet a Botschaft brenga. Aber haet därfst Du et Bote sae, weil am König sae Soh daot ischd. 21Nå håt dr Joab zo'ma Kuschiter gsaed: Gang ond melde am König, was da gseha håsch! Der Kuschiter håt sich vôr am Joab vrnaegt, nå ischd r drvo gloffa. [22]Aber dr Ahimaaz, am Zadok sae Soh, håt weitergmacht ond zom Joab gsaed: Seis wia s will, i gang dem Kuschiter hentadrae! Nå håt dr Joab gsaed: Was willst d dem nåchlaofa, du håsch koe froha Botschaft zom brenga! [23] Seis wia s will, i gang! Nå håt r zon am gsaed: Nå laof halt! Nå ischd dr Ahimaaz auf am Weg en d Jordan-Aoa gloffa ond håt den Kuschiter überholt. [24]Dr David ischd en dr Tôrhalle gsessa, ond dr Wächter ischd auf s Dach naufgstiega. Môn r aufguckt håt, håt r an Må alloe sprenga seha. [25]Der Wächter håt s am König gmeldat. Dr König håt gsaed: Wann r alloe ischd, nå brengt r a guata Botschaft. Der Må ischd drweilst näher komma. [26]Aber der Wächter håt no an zwôeta Må herkomma seha ond håt ens Tôr naegschria: Då kommt nômål oener drher! Nå håt dr König gsaed: Des ischd ao oener mit ra guata Botschaft. [27]Nå håt dr Wächter gsaed: I moen, der erste laoft wia dr Ahimaaz, am Zadok sae Soh! Ond dr König håt gsaed: Des ischd a guater Må, der brengt ao a guata Botschaft! [28] Dr Ahimaaz ischd herkomma ond håt zom König gsaed: Frieda! Ond r håt sich bis auf da Boda vrnaegt vôr am König. Nå håt r gsaed: Lobpreis sei JAHWE, daem Gott (Eloheyka), der mô dia Männer preisgeba håt, mô ihre Händ gega maen Herra, da König erhoba hent. [29]Dr König håt aber glei gfrågt: Wia gôht s dem jonga Må, am Abschalom? Dr Ahimaaz håt drauf gsaed: I han en graoßa Auflaof gseha, mô dr Joab, am König sae Knecht, daen Knecht gschickt håt; aber was då gwea ischd, wôeß e et! [30]Dr König håt gsaed: Tritt ab ond stand dåhanna nô! Nå ischd r abtreta ond standa blieba. [31]Nå isch ao schao der Kuschiter komma ond håt gsaed: Mae Herr, dr König mög sich a guata Botschaft melda lassa, dr Herrgott (JAHWE) håt dr nämlich haet dae Recht vrschafft gega dia, mô ihre Händ gega de erhoba hent. [32]Nå håt dr König zo dem Kuschiter gsaed: Wia gôht s dem jonga Må, am Abschalom? Nå håt der Kuschiter gsaed: So, wia dem jonga Må, sott s älle Faend vo maem Herra, am König, ganga, ond älle, mô sich mit baesa Absichta gega di aufgloehnt hent.

Zom Vrgleicha: *Vers 12:* 18,5 • *Vers 31:* 17,14 • *Vers 18:* 14,27.

Dr David trauert om da Abschalom: 19 1-9a

19 Des håt da König hart troffa, ond r ischd naufganga ens Obergemach vom Stadttôr ond håt gheult. Ond em ganga håt r gsaed: Mae Soh Abschalom! Mae Soh Abschalom! Mae Soh! Abschalom! Wär i doch an daener Stall gstôrba, Abschalom! Mae Soh! Mae Soh! [2]Am Joab håt mr gmeldat: Guck, dr König heult ond trauert om da Abschalom. [3]So ischd an dem Dag aus am Sieg a Trauerdag wôra für s ganze Volk, s Volk håt nämlich an dem Dag ghört: Dr König grämt sich om saen Soh! [4]So håt sich s Volk an dem Dag drvo gschlicha ond ischd en d Stadt naeganga, wia sich a Kriagsvolk drvoschleicht, mô sich schämt, weil's en dr Schlacht abghaoa ischd. [5]Aber dr König håt sae Gsicht zuadeckt ond laut gschria: Mae Soh Abschalom! Abschalom, mae Soh! Mae Soh! [6]Nå ischd dr Joab zom König en da Palast komma ond håt gsaed: Du håsch haet älle daene Diener, mô dae Leba ond s Leba von daene Söh ond Töchter, ond s Leba von daene Fraoa ond Nebafraoa grettat hent, belaedigt, [7]endem da dia mågst, mô de hassa dent, ond dia hasst, mô de mögat. Du håsch ons haet nämlich zaegt, dass Haoptleut ond Ontertana dir nex geltat. Jå, jetzt wôeß e: Wann dr Abschalom no leba

dät ond mir älle wärat omkomma, des
wär dir grad recht! 8Aber jetzt stôhst d
auf ond gôhst naus ond sag daene Leut
ebbas fraendlichs. Weil, des schwör e
bei JAHWE: Wann da et nausgôhst,
bleibt haet Nacht koener von daene
Männer maeh bei dr, ond des wär für di
a graeßers Übel als wia ällas, was da seit
daener Jugend durchgmacht håsch. 9Nå
ischd dr König aufgstanda ond ischd
ens Tôr gsessa, ond mr håt am ganza
Volk saga lassa: Guckat, dr König sitzt
em Tôr! Nå ischd s ganze Volk vôr da
König komma.

Dr David gôht zrück nach Jerusalem:
19 9b-44
Mô Israel gflüchtat gwea ischd, a jeder
zo saene Zelt, 10hent se en älle Stämm
von Israel gstritta ond gsaed: Dr König
håt ons aus dr Gwalt von onsere
Faend grissa ond aus dr Gwalt von de
Philister. Ond jetzt ischd r aus am Land
gflüchtat vôr am Abschalom. 11Aber dr
Abschalom, den mô mir zom König
über ons gsalbt hent, ischd en dr Schlacht
gstôrba. Was zögerat r nå, da König
zrück zom hola? 12Ond dr König David
håt zom Zadok ond zom Abjatar, de
Priaster, gschickt ond en ausrichta lassa:
Schwätzat mit de Älteste von Juda ond
sagat en: Wårom wöllat ihr de letzte sae,
mô da König en saen Palast zrückführa
wöllat, mô doch bis zom König dronga
ischd, was gsaed wird, dass mr da König
en saen Palast zrück hola soll? 13Maene
Brüader, ihr send doch mae Flôesch ond
Boe! Wårom send ihr de letzte, zom da
König zrückführa? 14Ond zom Amasa
saed r: Bist du et mae Flôesch ond Boe?
Gott (Elohim) soll mr des ond sell ådoa,
wann du et bei mir für emmer am Joab
saener Stell dr Oberste vom Heer wirst!
15So håt dr David älle Männer von Juda
auf sae Seite bråcht, dass dia wia oe Må
zon am ghalta hent. Ond se hent am
König ausrichta lassa: Komm zrück, du
ond dae ganza Dienerschaft!
16Nå ischd dr König zrück komma,
ond môn r an da Jordan komma ischd,
då ischd am ganz Juda nach Gilgal
entgegakomma, zom da König über da
Jordan nüberführa. 17Nå ischd ao dr
Schimi aus Bahurim, am Gera sae Soh,
drherkomma ond mit de Männer von
Juda am König David entgega ganga.
18Ond tausad Mann aus Benjamin send
bein am gwea, ond ao dr Ziba, dr Diener
aus am Haus Saul, ond saene fufzeah
Söh ond saene zwanzg Knecht. Dia send
schao vôr am König am Jordan gwea.
19Dia send durch da Jordan gwatat ond
hent d Fähre zoga, zom s Haus vom
König nombrenga ond ällas zom doa,
was en saene Aoga guat ischd. Ond dr
Schimi, am Gera sae Soh ischd vôr am
König auf sae Gsicht nôgsonka, mô der
über da Jordan komma ischd. 20Ond r
håt zom König gsaed: Mae Herr mög
mr mae Schuld et årechna ond et drå
denka, was dae Knecht gfrevelt håt an
dem Dag, mô mae Herr ond König von
Jerusalem fortganga ischd, ond dr König
mög sich des et z Herza nemma. 21Dae
Knecht wôeß, dass r sich vrsündigt
håt: Jå, i han me vrsündigt. Aber guck,
i ben haet als erster vom Haus Josef
rakomma, zom maem Herra, am König
entgega ganga! 22Nå håt dr Abischai,
dr Soh von dr Zeruja gsaed: Muaß dr
Schimi et sterba, weil r am Herrgott
saen Gsalbta vrfluacht håt? 23Nå håt dr
David gsaed: Was han i mit euch zom
doa, ihr Zerujasöh, dass ihr mi haet auf
d Prob stella wöllat? Soll haet en Israel
ebber ombråcht wera? Mô i doch wôeß,
dass e ab haet wieder König ben en
Israel? 24Nå håt dr König zom Schimi
gsaed: Du muaßt et sterba! Des håt am
dr König gschwora.
25Ao dr Mefi-Boschet, am Saul sae Enkel,
ischd am König entgega ganga; der håt

saene Füaß ond saen Bart nemme pflegt
ond saene Klôeder et gwäscha von dem
Dag å, mô dr König ganga ischd, bis an
den Dag, môn r em Frieda hoemkomma
ischd. 26 Môn r nå von Jerusalem am
König entgega komma ischd, håt an dr
König gfrågt: Wårom bist du et mit mr
ganga, Mefi-Boschet? 27 Nå håt r gsaed:
Mae Herr, o König! Mae Knecht håt me
ågschmiert; dae Knecht håt an nämlich
ågwiesa: Sattle mr mae Eselsstuat, dass
e drauf mit am König reite, weil dae
Knecht doch låhm ischd! 28 Aber der
håt daen Knecht bei maem Herra ond
König vrlaemdat. Aber mae Herr, dr
König ischd wia a Engel von Gott
(Elohim). Also dua mit mr, was recht
ischd en daene Aoga! 29 Weil, obwohl s
ganze Haus vo maem Vadr, von maem
Herra ond König nex als wia da Daot
håt erwarta därfa, håsch du doch daen
Knecht zo dene nôsitza lassa, mô an
daem Tisch essat. Was hätt i då no für
a Recht, da König nômål åzomruafa?
30 Nå håt dr König zon am gsaed: Was
schwätzt n då raus? I han vrfüagt: Du
ond dr Ziba tôelat euch des Grondstück!
31 Nå håt dr Mefi-Boschet zom König
gsaed: Der kå ruhig s Ganze nemma,
wann no mae Herr, dr König, em Frieda
hoemkomma ischd en saen Palast!
32 Ao dr Barsillai aus Gilead ischd von
Roglim rakomma ond mit am König
bis an da Jordan ganga, ond håt sich
am Jordan von am vrabschiedat. 33 Dr
Barsillai ischd aber schao recht alt
gwea, a Må mit achzg Jåhr. Der håt da
König mit Proviant vrsôrgt, mô der
sich en Manahajim aufghalta håt; der
ischd nämlich zemlich reich gwea. 34 Dr
König håt zom Barsillai gsaed: Gang
mit mr nom, dass e für de en Jerusalem
sôrga kå! 35 Dådrauf håt dr Barsillai zom
König gsaed: Wiaviel Däg han i no zom
leba, dass i no mit am König nauf soll
nach Jerusalem? 36 I ben jetzt achzg Jåhr
alt, kå i då no onterschôeda, was guat
ond was schlecht ischd? Oder kå dae
Knecht no schmecka, was r isst ond
trenkt? Oder kå i no auf d Stemm von
de Sänger ond Sängerenna höra? Also zo
was soll dae Knecht nå saem Herra ond
König zor Last falla? 37 Bloß a Stückle
håt dae Knecht da König an da Jordan
beglaeta wölla. Wårom will me nå dr
König so reich belohna? 38 Laß doch
daen Knecht omkehra, dass i en maener
Stadt beim Grab von maem Vadr ond
maener Muader stirb. Aber dae Knecht,
dr Kimham, måg mit maem Herra, am
König nomzieha! Dua dem, was Guat
ischd en dane Aoga! 39 Nå håt dr König
gsaed: Nå soll dr Kimham mit mr ganga;
i will am doa, was dir gfällt ond ällas,
was dr du vo'mr wünschst, will e dr ao
doa! 40 Nå håt s ganze Volk da Jordan
überquert, ao dr König ischd übergsetzt.
Ond dr König håt da Barsillai küsst ond
an gsegnat, ond r ischd en sae Ortschaft
zrück ganga. 41 Ond dr König ischd nach
Gilgal weiterzoga ond dr Kimham ischd
mit am ganga. Ganz Juda håt da König
nomgführt ond d Hälfte von Israel.
42 Nå send auf oemål älle Männer von
Israel zom König komma ond hent zon
am gsaed: Wårom hent onsere Brüader,
d Mannschaft von Juda da König ond
sae Familie entführt ond über da Jordan
nom bråcht, ond ao am David saene
Leut? 43 Nå hent dia Männer von Juda
zo dene von Israel gsaed: Weil dr König
mit ons vrwandt ischd! Wårom regat ihr
euch überhaopt deswega auf? Hent mir
vielleicht vom König ebbas wegbissa?
Oder he'mr an für ons forttraga?
44 Aber dia Männer von Israel hent zo de
Judäer gsaed: Mir hent zeah Åtôel am
König, also ao beim David send mir de
Erstgeborene vôr euch. Wårom hent ihr
ons nå vrachtat? Ond hent et mir zersta
gsaed, dass mr onseran König wieder
zrück hola wöllat? Aber d Antwort von

dr Mannschaft von Juda ischd no ärger
gwea wia dui von de Israelita.

Zom Vrgleicha: *Vers 13:* Gen 2,23 • *Vers 17-24:* 16,5-12; 1Kö 2,8 • *Vers 25-31:* 9,6; 16,3f • *Vers 29-30:* 9,7.9-11 • *Vers 32:* 17,27.

Am Scheba sae Aufstand gega da David: 20 1-22

20 Jetzt ischd sell a oguater Mensch
gwea, Scheba hât r ghôeßa, a Soh
vom Bichri, a Benjaminiter. Der hât ens
Widderhorn gstoßa ond gsaed:
Mir hent doch am David koen Åtôel
ond ao koe Aegatom beim Soh vom
Isai. Gangat jeder en saene Zelt!
[2]Auf des nô send älle Männer von
Israel vom David saener Gfolgschaft
wegganga ond am Scheba, am Soh vom
Bichri nâchgloffa. Dia Männer von Juda
hent aber weiter zo ihram König ghalta,
vom Jordan bis nach Jerusalem.
[3]Mô dr David en saen Palast en Jerusalem
komma ischd, hât dr König dia zeah
Nebafraoa, môn r zrück glassa hât, zom
auf da Palast aufpassa, gnomma ond se
en a bsonders Haus brenga lassa ond se
sell vrsôrgt; aber r ischd nemme zo nen
ganga. So send se aegschlossa gwea bis se
gstôrba send, so wia Witwa, dene mô ihr
Må no lebt. [4]Nå hât dr König am Amasa
d Åweisong geba: Ruaf mr en drei Däg
d Mannschaft von Juda zsema, ond du
bist mr ao då! [5]Nå ischd dr Amasa ganga
ond hât Juda zsemaruafa lassa, aber r
hât d Zeit et aehalta könna. [6]Nå hât dr
David zom Abischai gsaed: Jetzt wird
für ons dr Scheba, am Bichri sae Soh,
no gfährlicher als wia dr Abschalom.
Nemm du daem Herra saene Knecht ond
jag am nâch, dass r sich et en befestigte
Städt aenista kå ond ons dia vôr de Aoga
wegschnappt.
[7]Nå send am Joab saene Manna mit
de Kereter ond Peleter ond älle Helda
ausgrückt, ond se send von Jerusalem
aus am Scheba, am Bichri saem Soh
nâchgjagt.
[8]Mô se nå beim graoßa Stoe von Gibeon
gwea send, ischd grad dr Amasa vôr
en åkomma gwea. Dr Joab hât aber
onter saem Gwand a Schwert am
Gürtel ghet, des mô mit dr Schaede an
dr Hüft festgmacht gwea ischd, dass s
rausgrutscht ond auf da Boda gfalla
ischd. [9]Ond dr Joab hât zom Amasa
gsaed: Gôht dr s guat, mae Bruader?
Nå hât dr Joab mit dr rechta Håd da
Amasa am Bart ghoba zom an küssa.
[10]Dr Amasa hât aber et auf des Schwert
g'achtat, mô dr Joab en dr Lenka ghet
hât, ond dr Joab hât s am en da Bauch
naeghaoa, dass saene Kuttla auf da Boda
rausquolla send, ond r hât koe zwôets
Mål zuastecha braucha, nå ischd dr
Amasa gstôrba. Ond dr Joab ond dr
Abischai, sae Bruader send weiter am
Scheba, am Bichri saem Soh nâchgjagt.
[11]Oener vom Joab saene Leut hât neber
am Amasa standa bleiba müaßa ond
schreia: Wer s mit am Joab hält ond
für da David ischd, der soll am Joab
nâch! [12]Dr Amasa aber hât sich mittla
auf dr Stråß en saem Bluat gwälzt. Mô
der Må gseha hât, dass älle Leut standa
blieba send, hât r da Amasa von dr
Stråß wegdao ond ens Feld glegt ond a
Gwand über an ausbrôetat, weil a jeder,
mô vorbeikomma ischd, standablieba
ischd. [13]Môn r an weggschafft ghet hât
von dr Stråß, send älle weitergloffa ond
mit am Joab am Scheba, am Soh vom
Bichri nâchgjagt.
[14]Der ischd durch älle Stämm von Israel
zoga bis nach Abel-Bet-Maacha. Ond
älle Bichriter hent sich gsammlat ond
send mit am ganga. [15]Aber se (dr Joab
ond saene Leut) send komma ond hent
an belagerat en Abel-Bet Maacha, ond
se hent an Belagerongswall gega d Stadt
aufghäuft, der mô bis an d Stadtmauer
ganga ischd, ond dia, mô beim Joab
blieba send, hent dui Mauer ontergraba,

zom sae aehagla lassa. [16]Nå håt a weisa
Frao aus dr Stadt gschria: Horchat her!
Horchat her! Sagat doch zom Joab:
Komm då her, dass e mit dr reda kå!
[17]Môn r zon ra herkomma ischd, håt dui
Frao gsaed: Bist du dr Joab? Dådrauf
håt r gsaed: Der ben e! Nå håt se zon
am gsaed: Horch her, was dr dae Maegd
zom saga håt! Nå håt r gsaed: I hör
de! [18]Dådrauf håt se gsaed: Früher håt
mr gsaed: Fråg doch bei Abel, ond so
ischd gschlichtat wôra. [19]I ben oena von
de friedlichste ond treueste en Israel,
willst du a ganza Stadt z'grond richta,
ond a Muader en Israel? Wårom willst
du s Erbtôel vom Herrgott (JAHWE)
hemacha? [20]Nå håt dr Joab gsaed: Des
soll mr fern sae, dass i vrschlenga ond
vrnichta dät! [21]Dådrom gôht s gar et,
sondern a Må aus am Bergland von
Efraim, Scheba hôeßt r ond ischd a Soh
vom Bichri, der håt sich gega da König
David aufgloehnt. Wann r den raus
gebat, nå rück i von dr Stadt ab! Nå håt
dui Frao zom Joab gsaed: Mir schmeisat
dr saen Kopf über d Mauer na! [22]Mô nå
dui Frao zom Volk en dr Stadt en ihrer
ganza Weishaet gsprocha håt, hent se
am Scheba, am Bichri saem Soh da Kopf
raghaoa ond an am Joab nagschmissa.
Nå håt r ens Widderhorn gstoßa, ond
se send von dr Stadt abzoga, a jeder
en saene Zelt. Ond dr Joab ischd zom
König nach Jerusalem ganga.

Zom Vrgleicha: *Vers 1:* 1Kö 12,16 • *Vers 3:* 12,11; 16,21f • *Vers 10:* 1Kö 2,5.

Am David saene Beamte: 20 23-26

[23]Dr Joab ischd selligsmål für s ganze
Heer von Israel zuaständig gwea,
ond dr Benaja, am Jojada sae Soh für
Kereter ond Peleter. [24]Dr Adoniram für
d Fronarbaeter, ond dr Joschafat, am
Ahilud sae Soh, ischd Kanzler gwea.
[25]Dr Schewa ischd Schreiber gwea, ond
dr Zadok ond dr Abjatar Priaster. [26]Ond
ao dr Ira, der Jaïriter, ischd Priaster gwea
beim David.

Zom Vrgleicha: *Vers 23-26:* • 8,16-18; 1Chr 18,14-17 • *Vers 23:* 1Kö 4,4.6.

NÅCHTRÄG: 21 1 – 24 25

De Gibeoniter ihr Rache ond dr Rizpa ihr Treue: 21 1-14

21 Zor Zeit vom David ischd
amål drei Jåhr henter anander
a Hongersnot gwea, Jåhr om Jåhr.
Selligsmål håt dr David da Herrgott
(JAHWE) aufgsuacht. Ond dr Herrgott
(JAHWE) håt gsaed: Auf am Saul ond
saem Haus leit a Bluatschuld, weil r d
Gibeoniter ombrenga lassa håt. [2]Nå håt
dr König d Gibeoniter zo sich bstellt ond
mit en gschwätzt. Aber d Gibeoniter
stammat et von de Israelita ab, sondern
vom Rest von de Amoriter. D Israelita
hent aber an Friedensvrtrag mit en ghet.
Trotzdem håt se dr Saul en saem Eifer für
Israel ond Juda ombrenga wölla. [3]Also
håt dr David zo de Gibeoniter gsaed: Was
kå i für euch doa? Ond mit was könnt e
euch Sühne vrschaffa, dass ihr s Erbtôel
von JAHWE wieder segnat? [4]Nå hent
d Gibeoniter zon am gsaed: Ons gôht
s et om Silber oder Gold bei Saul ond
saem Haus, ond s stôht ons ao et zua, en
Israel ebber omzbrenga. Dr David håt
gsaed: Was moenat ihr, dass e für euch
doa soll? [5]Nå hent se zom König gsaed:
Von dem Må, der mô ons aufgrieba håt
ond bloß drauf aus gwea ischd zom ons
ausrotta, dass von ons em ganza Gebiet
von Israel koener maeh übrig blieba
wär, [6]von dem saene Nåchkomma soll

mr ons sieba Männer geba, dass mir se
darbrengat vôr JAHWE em Gibea vom
Saul, am Auserwählta vom Herrgott
(JAHWE). Nå håt dr König gsaed: Dia
gib e euch! [7]Aber dr König håt da Mefi-
Boschet, am Jonatan saen Soh, der mô dr
Soh vom Saul gwea ischd, gschont wega
dem Eid bei JAHWE, den mô dr David
ond dr Jonatan mitananander gschwora
hent. [8]Aber dia zwôe Söh, mô d Rizpa,
am Aja sae Tochter, am Saul gebora
håt, da Armoni ond da Mefi-Boschet,
ond dia fenf Söh mô d Michal, am Saul
sae Tochter am Adriël, am Soh vom
Barsillai aus Mehola, gebora håt, [9]dia
håt r de Gibeoniter ausglieferat. Ond
dia hent se auf am Berg vôr am Herrgott
(JAHWE) darbråcht. So send älle sieba
auf oemål omkomma. Se send aber en
de erste Däg von dr Ernte, am Åfang
von dr Gerstaernte ombråcht wôra.
[10]Nå håt d Rizpa, am Ajas sae Tochter s
Trauergwand gnomma ond für sich auf
am Felsa ausbrôetat, vom Åfang von dr
Ernte, bis dr Rega vom Hemmel über
se (dia Daote) gossa håt, ond se håt et
zuaglassa, dass sich am Dag Vögel vom
Hemmel auf en niederglassa hent oder a
Tier aus am Feld bei Nacht. [11]Mô mr am
David gmeldat håt, was d Rizpa, am Aja
sae Tochter, am Saul sae Nebafrao, dao
håt, [12]ischd dr David ganga ond håt sich
d Boener vom Saul ond vom Jonatan,
saem Soh, von de Bürger von Jabesch-
Gilead geba lassa, dia mô se vom graoßa
Platz en Bet-Schean hehlenga wegdao
hent, mô se von de Philister aufghängt
wôra send an dem Dag, mô se da Saul
en Gilboa gschlaga hent. [13]R håt von sell
d Boener vom Saul ond vom Jonatan,
saem Soh, naufbrenga lassa.
Ao d Boener von dene, mô darbråcht
wôra send, håt mr gsammlat [14]ond se
mit de Boener vom Saul ond saem Soh
Jonatan em Land Benjamin en Zela, em
Grab vom Saul saem Vadr, am Kisch,
beerdigt. Mr håt ällas dao, was dr
König ågordnat håt, ond dådrnåch håt
sich Gott (Elohim) für s Land gnädig
stemma lassa.

Zom Vrgleicha: *Vers 2:* Jos 9,3.15.19 • *Vers 7:* 1Sa 18,3 • *Vers 8:* 3,7; 1Sa 18,19 • *Vers 12:* 1Sa 31,12f.

Am David saene Helda ond ihre Tata:
21 15-22

[15]Nå ischd s wieder amål zo ra Schlacht
komma zwischa de Philister ond de
Israelita. Dr David ischd mit saene Leut
nazoga ond se hent gega d Philister
kämpft, nå ischd dr David auf oemål
müad wôra. [16]Ond dr Ischbi aus Nob, a
Rafaïter, dem sae Lanz håt dreihondert
Schekel Erz gwoga, ond r håt a neus
Schwert am Gürtel ghet, der håt da
David ombrenga wölla. [17]Aber dr
Abischai, dr Zeruja ihr Soh, ischd am
David beigspronga ond håt den Philister
zdaot ghaoa. Seligsmål hent am David
saene Manna da David beschwora ond
gsaed: Du sottest nemme mit ons en da
Kampf nausganga, dass du d Leuchte
von Israel et auslöscha duast.
[18]Dådrnåch ischd s bei Gob nômål
zom Kampf mit de Philister komma.
Selligsmål håt dr Sibbechai aus Huscha
da Sippai ombråcht, der mô zo de
Rafaïter ghert håt.
[19]Nå ischd no d Schlacht bei Gob mit de
Philister gwea, mô dr Elchanan, am Jaïr
sae Soh aus Betlehem da Goliat aus Gat
zdaot gschlaga håt, dem sae Speer mô
wian a Weberbaom gwea ischd. [20]Ond
nå ischd s bei Gat nômål zom Kampf
komma. Då ischd a riesagraoßer Kerle
gwea, der håt an jeder Håd sechs Fenger
ond an jedam Fuaß sechs Zaeha ghet, em
Ganza vierazwanzg; der ischd ao vom
Rafa abgstammt. [21]Mô der d Israelita
vrspotta wölla håt, håt an dr Jonatan, dr
Soh vom David saem Bruader Schima,
zdaot ghaoa.
[22]Dia vier send en Rafa auf d Welt

komma, ond se send durch da David
ond von saene Leut gfalla.

Zom Vrgleicha: *Vers 18-22:* 1Chr 20,4-8.

S Dankgebet vom David: 22 1-51

22 Selligsmål, mô dr Herrgott
(JAHWE) da David aus de Händ
von älle saene Faend ond aus dr Gwalt
vom Saul grissa ghet håt, håt dr David am
Herrgott (JAHWE) des Liad gsonga.
2 So håt r gsaed: JAHWE, mae Felsa ond
mae Burg ond mae Retter.
3 Gott (Elohey) ischd mae Felsa, bei
dem han I mae Zuaflucht. Mae Schild
ond mae Hael, mae Festong ond mae
Zuaflucht, mae Retter, der me vôr älle
Gwalta rettat.
4 Priesa sei JAHWE! Ruaf i, ond von
maene Faend werd i befreit!
5 Todasbrandonga hent me omfluatat,
Strömonga vom Vrderba hent me
aufgschreckt.
6 Strick aus dr Onterwelt hent me
omzenglat ond Todasschlenga me
überfalla.
7 Wann e en Bedrängnis ben, ruaf e da
Herrgott (JAHWE) å ond schrei zo
maem Gott (Elohim). Der hört en saem
Palast mae Stemm ond mae Schreia
drengt en saene Ohra.
8 Då håt d Erde gwankt ond gschwankt,
d Grondfesta vom Hemmel bebat ond
zitterat, weil sae Zôrn aufgflammt
ischd.
9 Raoch steigt aus saener Nås auf ond
vrzehrends Feuer aus saem Mund,
glühende Kohla zündat von am aus.
10 Ond r lässt da Hemmel sich naega ond
steigt ronter em Wetterdonkla onter
saene Füaß.
11 R fährt auf am Kerub ond fliagt drher
ond erschaent auf de Flügel vom Wend.
12 R setzt Fensternis om sich rom ond
Wasserbrandong ond donkle Wolka als
Zelt.
13 Von saem Glanz brennat Feuergluata
vôr am.
14 Ständig donnerat s vom Hemmel
ra, JAHWE, dr Ällerhöchste lässt sae
Stemm höra.
15 R schickt Pfeil ond lässt se omanander
fahra wia d Blitz drherjagat.
16 Då håt mr s Bett vom Meer gseha
ond d Grondfesta vom Festland send
bloßglegt vom Herrgott (JAHWE)
saem Droha, vom Hauch ond Odem
aus saener Nås.
17 R langt aus dr Höhe ronter, packt me
ond ziagt me aus am graoßa Wasser
raus.
18 R reißt me von maem starka Faend
weg ond von maene Hasser, weil dia für
mi z'mächtig send.
19 Wann se mr am Dag vo maem Oglück
entgegatretat, nå ischd dr Herrgott
(JAHWE) mae Stütz.
20 Der führt me naus ens Weite, r reißt
me raus, weil r an Gfalla an mr håt.
21 Dr Herrgott (JAHWE) vrgilt mr nach
maener Gerechtigkaet, weil maene
Händ sauber send.
22 I halt me nämlich an da Weg vom
Herrgott (JAHWE) ond frevle et, endem
e von maem Gott (Elohim) abfalla dät.
23 I han sae Recht em Aog ond weich von
saene Satzonga et ab.
24 Nå ben e ganz für an då ond hüat me,
dass e me vrsündiga dät.
25 Drom håt mr dr Herrgott (JAHWE)
vrgolta nach maener Rechtschaffahaet
ond weil e raen ben en saene Aoga.
26 Mit ama Güatiga zaegst de du güatig,
mit ama Redlicha gôhst du redlich om,
27 mit ama Ehrlicha zaegst de du ehrlich
ond gega an Falscha falsch.
28 A onterdrückts Volk befreist du. Daene
Aoga richtat sich auf de Haochfährige
ond gibst en oena auf da Deckel.
29 Du bist wahrhaftig mae Leuchte,
JAHWE, ond JAHWE macht mae
Fensternis hell.
30 Mit dir stürm i an ganza Kriagshaufa.

Mit maem Gott (Elohim) spreng i über
Maura.
31Der Gott (El), vollkomma ischd sae
Weg, wahrhaftig am Herrgott (JAHWE)
sae Wort. A Schild ischd r für älle, mô
sich bein am bergat.
32Wer ischd denn Gott (El), als JAHWE
alloe, ond wer ischd a Felsa, als wia
onser Gott (Eloheynu) alloe?
33Der Gott (El) ischd mae Schutzburg,
mae Streitmacht, ond macht maen Weg
ganz frei,
34maene Füaß lässt r sprenga wia d
Hirsch ond stellt me auf d Höha.
35Der brengt maene Händ s Kämpfa bei
ond spannt da eherna Boga für maene
Ärm.
36Du gibst mr da Schild von daener
Freihaet, ond dae Güate macht me
graoß.
37Du gibst maem Schritt an weita Raom
ond lässt maene Knöchel et wôech
wera.
38I vrfolg maene Faend ond vrnichte se
ond hao se na, i kehr et om, bevôr et älle
gschlaga send.
39I vrnichte se ond hao se na, dass se
nemme aufstanda könnat, ond se fallat
onter maene Füaß.
40Du geist mr an Panzer mit Kraft zom
Kampf, ond geist dene oena auf da
Deckel, mô aufmümpfig send gega me.
41Maene Faend lässt du Fersageld geba
vôr mr, ond maene Hasser, dass e se
ausrotte.
42Dia guckat rom, aber då geits koen,
môn en helfa dät. Se schreiat zom
Herrgott (JAHWE), aber der erhört se
et.
43Ond i stampf se zo Staob, wia da Dreck
en de Gassa trapp e se zsema.
44Ond du rettest me aus de Kämpf
vo'maem Volk, ond bewahrst me als
Haopt von Volksstämm. Völker, mô i et
kennt han, müaßat mr jetzt deana.
45Fremde Menscha schmôechlat mr ond
folgat mr aufs Wort.
46Fremde Menscha werat mürb ond
kommat voler Angst aus ihre Festonga
raus.
47JAHWE lebt! Ond Lobpreis sei maem
Felsa! Gott (Elohim) ischd erhaba, dr
Felsa von maem Hael!
48Gott (El) geit mr Vrgeltong ond
onterwirft mr ganze Nationa,
49ond rettest me vôr maene Faend, ond
über dia, mô sich gega me auflochnat,
håsch d me gsetzt, vôr am Gwalttätiga
håschd me grettat.
50Drom preis e di, JAHWE, vôr älle
Volksstämm, ond daem Nåma spiel e
auf:
51Graoß machst d daem König d
Befreiong, ond Gnade håt r saem
Gsalbta erwiesa, am David ond saene
Nåchkomma für älle Zeita.
Zom Vrgleicha: *1-51:* • Ps 18,1-51.

Am David saene letzte Wort: 23 1-7

23 Des send am David saene letzte
Wort: Spruch vom David, am
Soh vom Isai, ond Spruch von dem Må,
der mô haochgstellt wôra ischd als dr
Gsalbte vom Jakob saem Gott (Elohey)
ond als Liablengsheld en de Liader von
Israel:
2Dr Gaest von JAHWE håt en mir gredat
ond sae Wort leit auf maener Zong.
3Dr Gott (Elohey) von Israel håt zo mr
gsprocha, gredat håt dr Felsa von Israel:
Wer gerecht über d Menscha herrscht,
wer en Ehrfurcht vôr Gott (Elohim)
herrscht,
4der ischd wia s Licht am Môrga, wann
d Sonne aufstrahlt ama Môrga ohne
Wolka, mô nach am Rega s Greazeug
aus am Boda spriaßa lässt.
5Ischd denn mae Haus et fest bei Gott?
Weil r an ewiga Bund mit mr gschlossa
håt, ischd ällas wohl g'ordnat ond
sicher. Mae ganzs Hael ond ällas, was e
mr gwünscht han, håt ER s et aufspriaßa

lassa?
6Aber s Haellose ischd wian a vrwehts
Dôrnagstrüpp! Des kåsch d et amål en
d Håd nemma,
7sondern mr sticht nae ond schmeist s
mit dr Lanz ens Feuer.

Am David saene Helda: 23 8-39
8Des send d Nåma von dene Helda, mô
zom David ghalta hent: dr Jischbaal, dr
Hachmoniter, s Haopt von Drei; der håt
sae Streitaxt gschwonga über achthondert
Mann ond se auf oe mål gschlaga. 9Nach
dem kommt dr Ahoachiter Eleasar, am
Dodo sae Soh, onter de drei Helda.
Der ischd beim David en Pas-Dammin
gwea, mô se d Philister vrspottat hent,
mô sell zom Kampf åtreta send. Ond se
hent d Mannschaft von Israel naufganga
lassa. 10Er selber aber ischd aufgstanda
håt auf d Philister naeghaoa, bis sae Håd
müad wôra ischd ond sich am Schwert
vrkrampft håt. So håt dr Herrgott
(JAHWE) an sellam Dag an graoßa
Sieg gwirkt. S Volk ischd nå henter
am wieder omkehrt, aber bloß zom d
Waffa plündera. 11Nach dem kommt dr
Harariter Schamma, dr Soh vom Ages.
Då hent sich amål d Philister en Lehi
gsammlat. Sell ischd a Lensaacker gwea.
Mô nå s Volk vôr de Philister abghaoa
ischd, 12ischd dr Schamma mittla en
den Acker naegstanda ond håt s Feld
behaoptat ond dia Philister gschlaga,
so håt dr Herrgott (JAHWE) an graoßa
Sieg gwirkt.
13Då send amål drei von dene dreißg
Haoptleut naganga ond send grad en dr
Erntezeit zom David en d Höhle von
Adullam komma. Ond a Spähtrupp
von de Philister håt en dr Rafaebene
glagerat. 14Dr David ischd selligsmål en
dr Bergfestong gwea, ond a Vôrposta
von de Philister ischd en Betlehem glega.
15Nå håt dr David an arga Durst kriagt,
ond r håt gsaed: Wer holt mr a Wasser
aus dera Zisterne von Betlehem, mô
am Tôr leit? 16Nå send dia drei Helda
ens Lager von dene Philister aedronga
ond hent Wasser aus dera Zisterne von
Betlehem gschöpft, mô am Tôr glega
ischd ond hent s zom David traga, aber
der håts et trenka wölla, sondern håt s
vôr am Herrgott (JAHWE) (als Opfer)
ausgossa 17ond gsaed: Dr Herrgott
(JAHWE) soll me bewahra, dass e des
dua! Ischd des et wia s Bluat von dene
Männer, mô nôganga send ond ihr Leba
aufs Spiel gsetzt hent? Ond r håt s et
trenka wölla. Des hent dia drei Helda
dao.
18Am Joab sae Bruader, dr Abischai, dr
Soh von dr Zeruja, ischd dr Åführer von
dene Dreißg gwea. Der håt saen Speer
über dreihondert Gfallene gschwonga
ond håt bei dene Drei an graoßa Nåma
ghet. Aber an dia ischd r et nôkomma.
20Dr Benaja aus Kabzeel, am Jojada
sae Soh, ischd a tapferer Må gwea. Der
håt am Ariël aus Moab saene bôede
Söh ombråcht; der ischd ao ama Dag,
mô Schnae gfalla ischd, en a Zisterne
naegstiega ond håt an Löwa zdaot ghaoa.
21An Ägypter håt r ao zdaot ghaoa, an
fürchterlicha Må. Der Ägypter håt an
Speer en dr Håd ghet, aber der ischd
mit ama Stecka zon am naganga ond håt
dem Ägypter den Speer rausgrissa ond
an mit saem ôegene Speer aufgspiaßt.
22Des håt dr Benaja dao, am Jojada sae
Soh, ond r håt a guats Åseha ghet bei de
dreißg Helda. 23Onter de Dreißg håt r
sae Åseha ghet; aber an dia Drei ischd r
et nôkomma. Ond dr David håt an über
sae Leibwach gsetzt.
24Zo dene Dreißg håt am Joab sae Bruader
Asaël ghert, dr Elhanan aus Betlehem,
am Dodo sae Soh, 25dr Schamma ond dr
Elika aus Scharod, 26dr Helez aus Pelet,
dr Ira aus Tekoa, am Ikkesch sae Soh,
27dr Abiëser aus Anatot, dr Sibbechai
aus Huscha, 28dr Ahoachiter Zalmon,

dr Machrai aus Netofa, [29]dr Helet aus
Netofa, am Baana sae Soh, dr Ittai aus
Gibea en Benjamin, am Ribai sae Soh,
[30]dr Hiddai aus Nahale-Gaasch, dr
Benaja aus Priaton, [31]dr Abialbon aus
Bet-Araba, dr Asmawet aus Bahurim,
dr Ahiam, [32]dr Eljachbar aus Schaalbon,
dr Jaschen aus Nun, [33]dr Schamma aus
Harar, dr Ahiam aus Harar, am Scharar
sae Soh, [34]dr Elifelet aus Maacha, am
Ahasbai sae Soh, dr Eliam aus Gilo, am
Ahitofel sae Soh, [35]dr Hezro aus Karmel,
dr Paarai aus Arab, [36]dr Jigal aus Zoba,
am Natan sae Soh, dr Mibhar aus Gad,
[37]dr Ammoniter Zelek, dr Nachrai aus
Beerot, am Joab sae Waffaträger, dr
Soh von dr Zeruja, [38]dr Ira aus Jattir, dr
Gareb aus Jattir [39]ond dr Hetiter Uria.
Zsema send s siebensdreißg gwea.

Zom Vrgleicha: *Vers 8-39:* • 1Chr 11,10-47.

Am David sae Volkszählong: 24 1-25

24 Ond am Herrgott (JAHWE)
sae Zôrn gega Israel ischd
nômål aufgflammt, ond r håt da David
aufgstachlat gega se, endem r gsaed håt:
Gang ond zähl Israel ond Juda. [2]Nå håt
dr König zom Joab, am Obersta vom
Heer, der mô bein am gwea ischd, gsaed:
Gang amål älle Stämm von Israel durch
von Dan bis nach Beer-Scheba ond
mustere s Volk, dass e wôeß, wia graoß d
Bevölkerong ischd. [3]Dådrauf håt dr Joab
zom König gsaed: Mög JAHWE, dae
Gott (Eloheyka), zo dem Volk hondert
mål so viel drzua doa, wia se selber send,
ond mae Herr ond König mög s nå mit
aegene Aoga seha därfa! Aber mae Herr,
dr König, wårom vrlangt r des? [4]Aber
dr König håt hartnäckig auf saem Befehl
an da Joab ond de andere Åführer vom
Heer bestanda. So hent dr Joab ond de
andere Åführer vom Heer vom König
weg müaßa, zom s Volk Israel mustera.
[5]Ond se send über da Jordan nomganga
ond hent bei Aroër ågfanga ond bei dr
Stadt, mô mittla em Tal leit. Nå send
se en Richtong Gad ond Jaser ganga,
[6]nå send se nach Gilead komma ond
ens Land von de Hetiter nach Kadesch.
Nå nach Dan ond von Dan nach Sidon.
[7]Ond se send en d Festong Tyrus ond
zo älle dene Städt von de Hiwiter ond
de Kanaaniter ganga. Nå send se en da
Negeb von Juda na nach Beer-Scheba.
[8]So send se durch s ganze Land zoga
ond send nach nae Monat ond zwanzg
Däg wieder en Jerusalem gwea. [9]Nå håt
dr Joab am König s Ergebnis von dr
Musterong übergeba: Des send en Israel
achthonderttausad Schwertkämpfer
gwea ond en Juda fenfhonderttausad.
[10]Aber nå håt am David doch s Gwissa
gschlaga, nachdem r s Volk håt mustera
lassa, ond dr David håt zom Herrgott
(JAHWE) gsaed: I han schwer gsündigt
mit dem, was e dao han! Aber jetzt,
JAHWE, nemm doch dui Schuld von
daem Knecht, des ischd nämlich recht
domm vo'mr gwea! [11]Mô dr David
am andera Môrga aufgstanda ischd, då
ischd schao a Botschaft vom Herrgott
(JAHWE) an da Profeta Gad, da Seher
vom David ganga gwea: [12]Gang ond sag
am David: So spricht JAHWE: Dreierlôe
leg dr haet vor: Suach dr oes drvo raus,
dass e s an dr dua! [13]Ond dr Gad ischd
zom David komma ond håt am des
vrzählt ond gsaed: Soll a dreijährIga
Hongersnot über dae Land komma
oder dass du drei Monat lang vôr daem
Faend flüchta muaßt ond de der vrfolgt
oder soll drei Däg d Pest en dae Land
komma? Jetzt überleg dr s guat, was e
dem saga soll, der mô me gschickt håt!
[14]Nå håt dr David zom Gad gsaed: Mir
wird's ganz bang! Laß ons doch lieber
am Herrgott (JAHWE) en d Händ falla,
dem sae Barmherzigkaet ischd nämlich
graoß! Aber en Menschahänd will e et
falla! [15]Nå håt dr Herrgott (JAHWE)
en Israel d Pest ausbrecha lassa vom

Môrga bis zom festgsetzta Zeitpunkt,
ond em Volk hent von Dan bis nach
Beer-Scheba siebzgtausad Menscha
sterba müaßa. [16]Mô der Engel sae Håd
gega Jerusalem ausgstreckt håt, zom
s ens Vrderba stürza, håt dr Herrgott
(JAHWE) nômål über des Ohael
nåchdenkt, ond r håt zo dem Engel, der
mô des Vrderba em Volk ågrichtat håt,
gsaed: S langat! Dua dae Håd ra! Am
Herrgott (JAHWE) sae Engel ischd
grad bei dr Tenne vom Jebusiter Arauna
gwea. [17]Mô dr David den Engel gseha
håt, der mô s Volk so gschlaga håt, håt r
zom Herrgott (JAHWE) gsaed: Guck, i
bens doch gwea, der mô gsündigt håt, i
han me vrfehlt, was hent denn dia Schåf
ond Gôesa dåhanna dao? Schlag doch
mi ond s Haus vo'maem Vadr!
[18]An sellam Dag ischd dr Gad zom
David komma ond håt zon am gsaed:
Gang nauf ond bau an Altar auf dr Tenne
von dem Jebusiter Arauna! [19]Dådrauf
ischd dr David, wia s dr Gad gsaed håt
naufganga, wia s dr Herrgott (JAHWE)
an ågwiesa håt. [20]Dr Arauna håt
nausguckt ond håt da König ond saene
Diener zo sich komma seha. Nå ischd
dr Arauna nausganga ond håt sich vôr
am König bis auf da Boda vrnaegt. [21]Nå
håt dr Arauna gsaed: Wårom kommt
mae Herr, dr König, zo saem Knecht?
Dådrauf håt dr David gsaed: Zom dr
dae Tenne abkaofa, dass e am Herrgott
(JAHWE) an Altar baua kå, dass dui
Plåg vom Volk abgwendat wird. [22]Nå
håt dr Arauna am König zor Antwort
geba: Mae Herr, dr König mög ällas
nemma, was guat ischd en saene Aoga!
Guck, då send Rendla zom Brandopfer
ond Dreschschlitta ond d Gschirr von
de Rendla als Brennholz. [23]Des ällas
håt dr Arauna am König geba wölla.
Ond dr Arauna håt zom König gsaed:
JAHWE, dae Gott (Eloheyka) sei dr
gnädig! [24]Aber dr König håt zom Arauna
gsaed: Noe, i will s von dr kaofa om
an (ehrlicha) Preis! I will für JAHWE,
maen Gott (Elohay) koe ozahlts Opfer
darbrenga! So håt dr David dui Tenne
ond s Opfervieh om fufzg Silberschekel
kaoft. [25]Nå håt dr David sell an Altar
baut für da Herrgott (JAHWE) ond
håt Brandopfer ond Friedensopfer
darbråcht. Ond dr Herrgott (JAHWE)
håt sich übers Land vrbarmt ond dui
Seuch ischd gwicha von Israel.

Zom Vrgleicha: *Vers 1-25:* • 1Chr 21,1-26

S erste Königsbuach

D GESCHICHTE VOM SALOMO: 1 1 – 11 43

Dr Kampf om d Nachfolge vom David: 1 1-27

1 Mô dr König David no alt gwea
ond en d Jåhr komma ischd, ischd
ams nemme warm wôra, ao wa'mr an
en Teppich aegwicklat håt. 2Nå hent
saene Diener zon am gsaed: Mr sott für
onseran Herra, da König, a jongs Mädle
suacha, a Jongfer, môn an bedient ond
pflegt, ond se soll an an nôschlupfa, nå
wird s onserem Herra, am König warm.
3Nå hent se em ganza Land Israel a netts
ond schös Mädle gsuacht, ond se hent
d Abischag aus Schunem gfonda ond
se zom König bråcht. 4Des Mädle ischd
bildhübsch gwea, ond se håt da König
bedient ond an pflegt, aber dr König håt
koen Vrkehr mit ra ghet.
5Aber dr Adonija, dr Haggit ihr Soh,
ischd recht überheblich gwea ond håt
gsaed: I werd König! Ond r håt sich
Kampfwäga ond Rösser ågschafft ond
fufzg Mann, mô vôr am herlaofa müaßa
hent. 6Sae Vadr håt an en saem ganza
Leba nia tadelt oder zon am gsaed:
Wårom duast du des? R ischd ao a
schös Mannsbild gwea, r ischd jå ao glei
nach am Abschalom auf d Welt komma.
7Ond r håt mit am Joab, am Soh von dr
Zeruja, vrhandlat ond mit am Priaster
Abjatar, ond bôede hent sich auf d Seite
vom Adonija gschlaga. 8Aber dr Priaster
Zadok ond dr Benaja, am Jojada sae Soh,
ond dr Profet Natan, ao dr Schimi, dr Reï
ond am David saene Helda hent sich am
et ågschlossa. 9Nå håt dr Adonija Schåf
ond Render ond Mastvieh gmetzgat
zom Opfermahl am Schlangastoe, der
mô neba dr Rogel-Quell leit. Ond r
håt älle saene Brüader, am König saene
Söh, drzua aeglada, ond älle Männer aus
Juda, mô königliche Beamte gwea send.
10Aber da Profeta Natan, da Benaja, d
Leibwach ond saen Bruader Salomo håt
r et aeglada.
11Nå håt dr Natan zor Batseba, am
Salomo saener Muader gsaed: Håsch du
et ghört, dass dr Adonija, dr Haggit ihr
Soh, König wôra ischd, ohne s Wissa
vom David, onseram König? 12Jetzt
komm, i gib dr an Rat, dass da dae Leba
ond s Leba von daem Soh Salomo rettest.
13Gang zom König David ond sag am:
Mae Herr ond König, håsch du et
selber daener Magd gschwora: Dae Soh
Salomo soll König sae nach mir, ond r
soll auf maem Thron sitza? Wia kommt
s nå, dass dr Adonija König wôra ischd?
14Ond während du no mit am König
redest, komm i ao drzua ond bestätige
daene Wort. 15Nå ischd d Batseba zom
König ens Gemach nae ganga. Dr
König ischd aber richtig alt wôra ond d
Abischag aus Schunam håt an bedient.
16D Batseba håt sich vrnaegt ond am
König ghuldigt, nå håt dr König zon ra
gsaed: Mô fehlt s? 17Dådrauf håt se zon
am gsaed: Mae Herr, du selber håsch
daener Magd gschwora bei JAHWE,
daem Gott (Eloheyka): Wahrhaftig, dae
Soh Salomo soll nach mir König wera,
ond r soll auf maem Thron sitza! 18Ond
jetzt? Guck, dr Adonija ischd König
wôra, ond du, mae Herr, wôeßt nex
drvo? 19Der håt Render, Mastvieh ond
a Menge Schåf gmetzgat ond r håt älle
Söh vom König aeglada, ao da Priaster
Abjatar ond da Obersta vom Heer, da
Joab; aber daen Knecht Salomo håt r
et aeglada. 20Aber auf di, mae Herr, o
König, richtat sich älle Aoga en Israel,
dass du en vrkündigst, wer nach maem

Herra ond König auf saem Thron sitza
soll! [21]Wann jetzt mae Herr, dr König en
d Ruah bei saene Vädr aegôht, nå muaß i
ond mae Soh Salomo s büaßa!
[22]Solang se no mit am König gredat håt,
ischd dr Profet Natan komma. [23]Ond
mr håt am König gmeldat: Guck, dr
Profet Natan ischd då! Mô dr Natan vôr
da König treta ischd, håt r sich bis auf da
Boda vrnaegt. [24]Nå håt dr Natan gsaed:
Mae Herr, o König, håsch du vrfüagt
ond gsaed: Dr Adonija soll nach mir
König sae, ond der soll auf maem Thron
sitza? [25]Der ischd nämlich haet naganga
ond håt Render, Mastvieh ond a Menge
Schåf gmetzgat ond håt älle Söh vom
König aeglada, ond de Oberste vom
Heer ond da Priaster Abjatar. Ond jetzt
essat se ond trenkat vôr am ond schreiat:
Es lebe dr König Adonija! [26]Aber mi,
daen Knecht, ond da Priaster Zadok ond
da Benaja, da Soh vom Jojada, ond daen
Knecht Salomo håt r et aeglada. [27]Wann
des von maem Herra, am König, so
vrfüagt wôra ischd, nå håsch du daene
Knecht et wissa lassa, wer nach maem
Herra ond König auf saem Thron sitza
soll.

Dr Salomo wird zom Thronfolger bstellt: 1 28-37

[28]Dådrauf håt dr König David gsaed:
Holat mr d Batseba her! Ond se ischd
raekomma vôr da König. [29]Nå håt dr
König gschwora ond gsaed: So wåhr
JAHWE lebt, der mô mae Leba aus älle
Bedrängnis grettat håt, [30]so wian e dr
s gschwora han bei JAHWE, am Gott
(Elohey) von Israel, môn e gsaed han:
Wahrhaftig, dae Soh Salomo soll nach
mir König sae ond an maener Statt auf
maem Thron sitza! Wahrhaftig des dur i
am haetiga Dag! [31]Nå håt sich d Batseba
bis auf da Boda vrnaegt ond gsaed:
Mae Herr, dr König David soll leba en
Ewigkaet!
[32]Nå håt dr König David gsaed: Holat mr
da Priaster Zadok ond da Profeta Natan
her ond da Benaja, am Jojada saen Soh!
[33]Mô dia vôr da König komma send, håt
dr König zo nen gsaed: Nemmat euram
Herra saene Kriagsknecht mit ond lassat
maen Soh Salomo auf maener Eselsstuat
reita ond führat an na an da Gihon! [34]Sell
sollat an dr Priaster Zadok ond dr Profet
Natan zom König von Israel salba. Nå
stoßat r ens Widderhorn ond ruafat: Es
lebe dr König Salomo! [35]Drnåch kommat
r henter am drae wieder rauf, ond er soll
komma ond auf maen Thron sitza, der
wird nämlich König an maener Statt,
weil i den bestimmt han zom Fürsta
über Israel ond über Juda! [36]Nå håt dr
Benaja, am Jojada sae Soh am König
zor Antwort geba: Amen! (So solls
sae), so mög JAHWE, dr Gott (Elohey)
vo'maem Herra, am König, saga: [37]So
wia dr Herrgott (JAHWE) mit maem
Herra, am König gwea ischd, so mög r
ao mit am Salomo sae! Saen Thron soll r
no graeßer macha als wia da Thron von
maem Herra, am König David.

Dr Salomo besteigt da Thron: 1 38-53

[38]Nå ischd dr Priaster Zadok, dr Profet
Natan ond dr Benaja, am Jojada sae Soh,
mit de Kereter ond de Peleter naganga.
Da Salomo hent se auf am König David
sae Eselsstuat gsetzt ond send mit am
an da Gihon ganga. [39]Ond dr Priaster
Zadok håt s Horn mit am Salböl aus am
Zelt gholt ond da Salomo gsalbt. Ond
se hent ens Widderhorn gstoßa ond s
ganz Volk håt gschria: Es lebe dr König
Salomo! [40]Ond s ganz Volk ischd henter
am drae naufzoga, ond dia Leut hent
auf Flöta gspielt ond so laut jubiliert,
dass von ihram Gschrôe schier dr Boda
aufborsta ischd.
[41]Des håt dr Adonija ond älle Gladene,
mô bein am gwea send, ghört. Dia send
grad fertig gwea mit ihram Festessa.

Mô dr Joab da Schall vom Widderhorn
ghört håt, ischd r stutzig wôra ond håt
gfrågt: Was ischd denn des für a lauts
Gschrôe en dr Stadt? 42Ond während
r no gredat håt, ischd dr Jonatan, am
Priaster Abjatar sae Soh komma. Nå håt
dr Adonija gschria: Komm rae, du bist
a gschickter Kerle, du brengst mr sicher
a guata Nåchricht! 43Aber dr Jonatan
håt am Adonija zor Antwort geba ond
gsaed: Em Gegatôel! Onser Herr, dr
König David håt da Salomo als König
aegsetzt. 44Dr König håt da Priaster
Zadok, da Profeta Natan, da Benaja,
am Jojada saen Soh ond Kereter ond d
Peleter mit am gschickt. Dia hent an auf
am König saener Eselsstuat reita lassa.
45Nå hent an dr Priaster Zadok ond dr
Profet Natan am Gihon zom König
gsalbt, nå send se mit ama graoßa Jubel
von sell nauf zoga, dass de ganz Stadt aus
am Häusle ischd. Des ischd der Krach
gwea, môn r ghört hent. 46Nå ischd dr
Salomo ao schao auf da Königsthron
gsessa! 47Am König saene Diener send
ao schao komma, zom onseram Herra,
am König David, ihre Glückwünsch
brenga, endem se sagat: Dae Gott
(Elohim) mög da Nåma vom Salomo no
glorreicher macha als wia daen Nåma!
Ond saen Thron graeßer macha als wia
daen Thron! Ond dr König håt sich auf
saem Lager vrnaegt. 48Jå, dr König håt
sogar gsaed: Lobpreis sei JAHWE, am
Gott (Elohey) von Israel, der mô s haet
so gfüagt håt, dass a Nåchfolger aus
maem Gschlecht auf maem Thron sitzt,
den mô i no mit maene aegene Aoga seha
därf! 49Nå send am Adonija saene Gäst
älle vrschrocka ond hent sich aufgmacht
ond send a jeder saen Weg ganga.
50Aber dr Adonija håt vôr am Salomo
Angst kriagt; drom håt r sich aufgmacht
ond håt sich an de Hörner vom Altar
festghoba. 51Ond mr håt am Salomo
gmeldat: Guck, dr Adonija håt Angst
vôr am König Salomo; drom ischd r
ganga ond hebt sich an de Hörner vom
Altar ond saed: Zerst soll mr dr König
Salomo schwöra, dass r saen Knecht et
mit am Schwert ombrenga lässt. 52Dr
Salomo håt gsaed: Wann r s ehrlich
moent, soll am koe Håår krümmt wera;
wann sich s aber rausstellt, dass r ebbas
Baes em Senn håt, nå muaß r sterba!
53Ond dr König Salomo håt gschickt
ond an vom Altar weg hola lassa. Môn
r komma ischd, håt r sich vôr am König
Salomo onterwôrfa. Aber dr Salomo håt
zon am gsaed: Gang en dae Haus.

Letzte Åweisonga vom David ond sae Sterba: 2 1-12

2 Mô nå beim David d Zeit komma
ischd zom sterba, håt r saen Soh
Salomo ågwiesa ond gsaed: 2I gang jetzt
da Weg von ällam Irdischa. Sei also stark
ond werd zo'ma Må! 3Ond halt de an d
Vrpflichtonga von JAHWE, daem Gott
(Eloheyka), ond wandle auf saene Weg,
dass da de an saene Satzonga, Gebot,
Gsetz ond Vôrschrifta hältst, wia se
em Gsetz vom Mose gschrieba standat,
dass ällas, was da duast ond mô da de
nôwendest, gedeihlich ausgrichtat ischd;
4Dass dr Herrgott saene Vrsprecha
aufrecht halta kå, môn r über mi gmacht
håt, môn r gsaed håt: Wann daene Söh
ihran Weg vôr mir en Treue von ganzam
Herza ond mit ihrer ganza Seel gangat,
fehlt s nia an Nåchkomma auf am Thron
von Israel!
5Du håsch ao selber vrlebt, was mr dr
Joab, dr Soh von dr Zeruja ådao håt,
wian r s mit dene bôede Heerführer,
am Abner, am Soh vom Ner, ond am
Amasa, am Soh vom Jeter, gmacht håt.
Der håt se ombråcht ond so mit Bluat,
des mô em Kriag vrgossa wôra ischd,
em Frieda gråcht ond oschuldigs Bluat
an da Waffagurt an saene Hüfta ond an
d Schuah an saene Füaß bråcht. 6Aber

du sollst nach daener Weishaet handla ond saene graoe Håår et em Frieda ens Daotareich komma lassa. [7]Aber de Söh vom Barsillai aus Gilaed duast mr dae Huld erweisa, dia sollat bei dene sae, mô an daener Tafel essat; dia send mr nämlich entgegakomma, môn e vôr daem Bruader Abschalom han flüchta müaßa. [8]Ond guck, nå ischd bei dir no dr Schimi, dr Soh vom Gera aus Bahurim en Benjamin. Der håt me zwår schwer vrfluacht an dem Dag, môn e nach Mahanajim gflüchtat ben, aber nå ischd r mr an da Jordan entgegakomma, ond i han am bei JAHWE gschwora: I laß de et ombrenga mit am Schwert! [9]Jetzt sottest an et ogstråft lassa, wann da a weiser Må bist, du wôeßt schao, was da mit am doa muaßt, dass da saene graoe Håår bluatig ens Daotareich schickst.

[10]Nå ischd dr David en d Ruah zo saene Vôrfahra aeganga, ond r ischd en dr Davidsstadt beerdigt wôra. [11]Dr David ischd vierzg Jåhr lang König über Israel gwea. En Hebron ischd r sieba Jåhr König gwea, ond dreiadreißg Jåhr ischd r en Jerusalem König gwea. [12]Mô dr Salomo auf am Thron von saem Vadr David gsessa ischd, håt sich sae Königsherrschaft emmer besser gfestigt.

Zom Vrgleicha: *Vers 5:* 2Sa 3,27; 20,10 • *Vers 7:* 2Sa 17,27-29 • *Vers 8:* 2Sa 16,5; 19,19-24.

S End vom David saene Gegner:

2 13-46

[13]Nå ischd d r Adonija, dr Haggit ihr Soh, zor Batseba, am Salomo saener Muader ganga. Ond se håt gsaed: Kommst d en ra friedlicha Absicht? Der håt gsaed: Frieda! [14]Nå håt r gsaed: I dät gern mit dr schwätza. Ond se håt gsaed: Om was gôht s? [15]Saed r: Du wôeßt jå, dass aegentlich mir d Königwürde zuagstanda wär ond dass ganz Israel drmit grechnat håt, dass i König wera dät. Aber d Königswürde ischd mir abhanda komma, weil se maem Bruader vom Herrgott (JAHWE) bestimmt wôra ischd. [16]Aber jetzt hätt e halt oe Bitt an de. Weis me et ab! Saed se zon am: Was soll s denn sae? [17]Saed r: Schwätz doch amål mit am König Salomo, di wird r jå wohl et abweisa, dass r mr d Abischag aus Schunem als Frao geba soll! [18]D Batseba håt am zor Antwort geba ond gsaed: Guat, i will mit am König über dae Åliega schwätza!

[19]Mô nå d Batseba zom König Salomo komma ischd, zom mit am über da Adonija schwätza, ischd dr König aufgstanda ond håt se begrüaßt ond sich vôr ra vrnaegt. Nå ischd r auf saen Thron nôgsessa ond håt für d Muader vom König an Thron neba sich nôstella lassa. Ond se ischd auf saener Rechta nôgsessa. [20]Nå håt se gsaed: I hätt a klaena Bitt an de, weis me et ab! Nå håt dr König zon ra gsaed: Bitte no, mae Muader, i will de et abweisa! [21]Nå håt se gsaed: Mr sott doch d Abischag von Schunem daem Bruader Adonija zor Frao geba! [22]Nå håt dr König Salomo saener Muader zor Antwort geba ond gsaed: Wia kommt s, dass du für da Adonija om d Abischag aus Schunem bittest? Bitte doch glei om d Königswürde für an, schliaßlich ischd r jå mae älterer Bruader ond r håt da Priaster Abjatar ond da Joab, dr Zeruja ihran Soh auf saener Seite. [23]Ond dr König Salomo håt bei JAHWE gschwora ond gsaed: Gott (Elohim) soll mr des ond sell ådoa! Des soll da Adonija s Leba kosta! [24]Ond jetzt, so wåhr JAHWE lebt, der mi aegsetzt ond auf da Thron vo'maem Vadr David gsetzt ond mir so a Haus gschaffa håt, so, wian r s vrsprocha håt: Dr Adonija muaß haet no sterba! [25]Dådrauf håt dr König Salomo da Benaja, da Soh vom Jojada naufgschickt, der håt an zdaot ghaoa, ond r ischd gstôrba.

26 Ond zom Priaster Abjatar håt dr König
gsaed: Gang nach Anatot auf daene
Äcker! Du bist zwår a Todaskandidat,
aber an dem Dag will e de et ombrenga
lassa, weil da am Herrgott (JAHWE) sae
Truhe vôr maem Vadr David hertraga
håsch, ond weil da bei ällam mitglitta
håsch, was mae Vadr håt leida müaßa!
27 So håt dr Salomo da Abjatar aus saem
Priasteramt für JAHWE fortgjagt, dass
sich s Wort vom Herrgott (JAHWE),
môn r über s Haus vom Eli en Schilo
gsprocha håt, erfüllt.
28 Des håt sich bis zom Joab romgsprocha,
dr Joab håt nämlich zom Adonija ghalta,
aber zom Abschalom håt r sich et ghalta
ghet. Dådrauf ischd dr Joab ens Zelt von
JAHWE gflüchtat ond håt sich an de
Hörner vom Altar fest ghoba. 29 Mô mr
des am König Salomo gmeldat håt, dr
Joab sei ens Zelt von JAHWE gflüchtat
ond dät am Altar standa, håt dr Salomo
da Benaja, am Jojada saen Soh ens Zelt
von JAHWE gschickt ond gsaed: Hao
an zdaot! 30 Mô dr Benaja ens Zelt von
JAHWE komma ischd, håt r zon am
(Joab) gsaed: So spricht dr König: Komm
raus! Der håt gsaed: Noe, i will dåhanna
sterba! Nå ischd dr Benaja ganga ond
håt am König gmeldat: Des håt dr Joab
gsaed ond håt mr des zor Antwort geba!
31 Dådrauf håt dr König zon am gsaed:
Nå dua, was r zo dr gsaed håt! Hao an
zdaot ond beerdige an, ond nemm so
des Bluat, mô dr Joab ohne an Grond
vrgossa håt von mir ond von maem Vadr
saem Haus. 32 Dr Herrgott (JAHWE) soll
sae Bluat auf sae aeges Haopt komma
lassa, weil r zwôe Männer ombråcht
håt, dia mô besser ond gerechter gwea
send als wia er, dia håt r ombråcht mit
am Schwert, ohne dass mae Vadr David
ebbas drvo gwißt håt: Da Abner, am
Ner saen Soh, da Feldherr von Israel
ond da Amasa, am Jeter saen Soh, da
Feldherr von Juda. 33 Dene ihr Bluat
soll für emmer auf am Joab sae Haopt
ond saene Nåchkomma falla. Aber
am David, saene Nåchkomma, saem
Haus ond saem Thron soll für emmer
dr Frieda vom Herrgott (JAHWE)
zuafalla. 34 Nå ischd dr Benaja, am Jojada
sae Soh, naufganga ond håt an ombråcht.
Ond mr håt an en saem Landguat en dr
Steppe beerdigt. 35 Dådrauf håt dr König
da Benaja, am Jojada saen Soh, am Joab
saener Stell als Heerführer aegsetzt, ond
da Priaster Zadok håt dr König an d
Stell vom Abjatar gsetzt.
36 Dådrauf håt dr König da Schimi
komma lassa ond håt zon am gsaed: Bau
dr a Haus en Jerusalem ond bleib då
zom dren wohna; du därfst nemme weg
ganga, weders då nô sell nô. 37 Wann da
nämlich weggôhst ond über da Kidron
nomgôhst: Merk drs guat! An dem Dag
muaßt d sterba ond dae Bluat kommt
auf dae aeges Haopt! 38 Nå håt dr Schimi
am König zor Antwort geba ond gsaed:
Guat! So wia s mae Herr, dr König
å'gordnat håt, so macht s dae Knecht! So
håt dr Schimi lang en Jerusalem gwohnt.
39 So om de drei Jåhr später send am
Schimi zwôe Sklava vrdloffa ond zom
Achisch, am Soh vom König Maacha
von Gat ganga. Mr håt am Schimi
gmeldat: Daene Sklava send en Gat. 40 Nå
håt sich dr Schimi aufgmacht, håt saen
Esel gsattlat ond ischd nach Gat ganga
zom Achisch zom saene Sklava suacha.
R ischd ganga ond håt se aus Gat zrück
gholt. 41 Aber des håt mr am Salomo
gsteckt, dass dr Schimi von Jerusalem
fortganga gwea ischd nach Gat ond
wieder zrück komma ischd. 42 Nå håt dr
König nach am Schimi gschickt ond an
komma lassa ond zon am gsaed: Han
i de et bei JAHWE schwöra lassa ond
de gwarnt, môn e dr gsaed han: Merk
dr s guat: An dem Dag, mô da då ond
sell nôgôhst, muaßt d sterba? Ond du
håsch zo mr gsaed: Guat, i hans ghört!

[43]Wårom håsch de et an des ghalta, was da bei JAHWE gschwora håsch, ond was e de ågwiesa han? [44]Ond weiters håt dr König zom Schimi gsaed: Du wôeßt selber, was da maem Vadr David für Boshaftigkaeta ådao håsch. Jetzt lässt dr Herrgott (JAHWE) dae Boshaftigkaet auf dae aeges Haopt zrückfalla! [45]Dr König Salomo aber sei gsegnat, ond dr Thron vom David soll für emmer vôr JAHWE fest standa. [46]Dådrauf håt dr König am Benaja, am Soh vom Jojada da Befehl geba; der ischd naus ond håt an zdaot ghaoa, ond r ischd gstôrba. Nå håt dr Salomo d Herrschaft fest en de Händ ghet.

Zom Vrgleicha: *Vers 26:* 1Sa 22,20-23 • *Vers 27:* 1Sa 2,30-36.

Dr Salomo heiratat: 3 1

3 Nå håt sich dr Salomo mit am Pharao, am König von Ägypten vrschwägerat, ond r håt am Pharao sae Tochter gheiratat ond håt se en d Davidsstadt bråcht, bis r sae Haus, ond s Haus für da Herrgott (JAHWE) ond d Mauer om Jerusalem rom fertig baut ghet håt.

Dr Salomo bittat om Weishaet: 3 2-15

[2]S Volk håt saenerzeit d Opfer no auf de Kulthöha darbråcht, weil für da Nåma JAHWE bis zo dera Zeit no koe Tempel baut wora ischd. [3]Dr Salomo håt aber da Herrgott (JAHWE) möga ond håt sich en de Satzonga von saem Vadr David bewegt; bloß auf de Kulthöha håt r Opfer dabråcht ond Raoch aufsteiga lassa.

[4]Ond dr König ischd nach Gibeon ganga zom dort Opfer darbrenga, weil des de graeßt Kulthöhe gwea ischd. Tausad Brandopfer håt dr Salomo auf dem Altar darbråcht. [5]En Gibeon ischd dr Herrgott (JAHWE) am Salomo em Traom erschiena ond Gott (Elohim) håt gsaed: Du därfst me drom bitta, was e dr geba soll! [6]Nå håt dr Salomo gsaed: Du håsch daem Diener David, maem Vadr, graoßa Güate erwiesa, weil r vôr dir en Treue ond en Rechtschaffahaet ond mit ra gradliniga Gsennong saen Wandel gführt håt, ond du håsch am dui graoßa Güate bewahrt, endem da am an Soh geba håsch, der mô haet auf saem Thron sitzt. [7]Ond jetzt, JAHWE, mae Gott (Elohey), du selber håsch daen Knecht zom König gmacht an dr Stell vo'maem Vadr David, drbei ben i no a jonger Bua ond wôeß et aus ond ae. [8]Dae Knecht ischd doch d Mitte von dem Volk, des mô dr du auserwählt håsch, des Volk ischd so graoß, dass mr s schwer zähla oder schätza kå. [9]Drom gib doch daem Knecht a hörends Herz zom Recht sprecha für dae Volk, ond zom Vrständnis von Guat ond Baes. Wer könnt sonst des mächtige Volk regiera? [10]Des håt am Herra gfalla, dass sich dr Salomo des ausbeta håt. [11]Drom håt Gott (Elohim) zon am gsaed: **Weil da dr des ausbeta håsch ond et a langs Leba oder om Reichtom oder oms Leba von daene Faend, sondern oms Vrständnis beim Åhöra von Rechtssacha, [12]gib e dr, was da dr ausbeta håsch, i gib dr a weisas ond vrständigs Herz, wia s vôr dir no koener ghet håt ond nach dir koener han wird.** [13]Aber ao des, mô da et drom beta håsch, gib e dr, Reichtom ond Ehr, so dass sich daener Lebdag koener von de andere König mit dir vrgleicha kå. [14]Ond wann da auf maene Weg gôhst ond maene Satzonga ond Gebot achtest, so wia dae Vadr David drauf ganga ischd, nå schenk e dr ao a langs Leba. [15]Mô dr Salomo aufgwacht ischd, håt r gmerkt, dass des a Traom gwea ischd. Ond r ischd nach Jerusalem komma ond vôr d Truhe von de Bundessatzonga treta ond håt a Brandopfer aufraocha lassa, ond r håt a Friedensopfer vôrberaetat ond für

sae Dienerschaft a Festessa geba.
Zom Vrgleicha: *Vers 4-15* • 2Chr 1,1-13

S salomonische Urtôel: 3 16-28
[16]Seligsmål send zwôe Fraoa, Dirna,
zom König komma ond send vôr an
treta. [17]Nå håt de oe Frao gsaed: Bitte,
mae Herr, i ond dui Frao då, mir wohnat
em gleicha Haus, ond i han neba ra em
Haus a Kendle kriagt. [18]Ond am dritta
Dag nach maener Geburt, håt ao dui
Frao då a Kendle kriagt, ond mir send
beianander gwea, außer ons zwôe ischd
neamerd em Haus gwea. [19]Aber des
Büable von dera Frao ischd en dr Nacht
gstôrba, weil se auf am glega ischd. [20]Nå
ischd se mittla en dr Nacht aufgstanda
ond håt maen Bua von maener Seite weg
gnomma, während dae Magd gschlåfa
håt, ond håt an an ihr Brust glegt, ond
ihran daota Bua håt se mir an d Brust
glegt. [21]Mô i nå am Môrga aufgstanda
ben zom maen Bua stilla, guck, nå isch
der daot gwea! Môn e an nå am Môrga
gnao åguckt han, nå isch des gar et der
Bua gwea, den mô i kriagt han. [22]Dådrauf
håt de ander Frao gsaed: Noe, dr
lebendige ischd mae Bua ond dr Daote
ischd daener! Aber dui håt gsaed: Noe,
sondern der Daote ischd dae Bua ond
mae Bua lebt! So hent se vôr am König
gstritta. [23]Nå håt dr König gsaed: Dui då
saed: Der lebendige Bua ischd maener
ond dae Bua ischd daot; ond de ander
saed: Noe, sondern dr daote ischd dae
Bua ond mae Bua ischd dr lebendige!
[24]Nå håt dr König gsaed: Brengat mr
a Schwert her! Nå hent se am König
a Schwert bråcht. [25]Dådrauf håt dr
König gsaed: Schneidat den lebendiga
Bua en zwôe Tôel ond gebat oe Hälfte
dr oena ond oe Hälfte dr andera! [26]Nå
håt dui Frao, dera mô des lebendige
Kend ghert håt, zom König gsaed, en
dera håt s nämlich ällas romdreht wega
ihram Büable: Bitte, mae Herr, gib ihra
des Kend, bloß brengs et om! Ond de
ander håt gsaed: Des soll weder mir no
dir ghera, schneidat zua! [27]Dådrauf håt
dr König gsaed: Gebat ra des lebendige
Büable ond brengat s et om, des ischd
nämlich sae Muader! [28]Mô nå ganz
Israel von dem Urtôel ghört håt, mit
dem dr König Recht gsprocha håt, hent
se an graoßa Respekt vôr am kriagt, weil
se gmerkt hent, dass göttlicha Weishaet
en am gwea ischd, zom Recht sprecha.

D Reichsvrwaltong: 4 1 – 5 8
4 Ond dr König Salomo ischd König
über ganz Israel gwea. [2]Ond des send
saene Beamte gwea, môn r onter sich
ghet håt: Dr Asarja, am Priaster Zadok
sae Soh. [3]Dr Elihoref ond dr Ahija,
am Schischa saene Söh, send Schreiber
gwea. Dr Joschafat, am Ahilud sae Soh,
ischd Kanzleirat gwea, [4]ond dr Benaja,
am Jojada sae Soh Oberster vom Heer;
dr Zadok ond dr Abjatar send Priaster
gwea; [5]ond dr Asarja, am Natan sae Soh
ischd Obervogt gwea, dr Sabud, am
Natan sae Soh ischd Priaster gwea ond
dr Fraend vom König. [6]Dr Ahischar håt
da Palast vrwaltat; ond dr Adoniram,
am Abda sae Soh, håt d Fronarbaeter
beaufsichtigt.
[7]Ond dr Salomo håt zwölf Vögt en ganz
Israel ghet, dia hent da König ond saen
Palast vrsôrga müaßa. [8]Ond des send
ihre Nåma: Dr Soh vom Hur, Vogt em
Bergland von Efraim. [9]Dr Soh vom Deker
en Makaz, Schaalbim, Bet-Schemesch,
Elon ond Bet-Hanan, [10]dr Soh vom
Hesed en Arubbot. Der håt Socho ond s
ganze Land Hefer onter sich ghet. [11]Am
Soh vom Abinadab ischd s Hügelland
von Dor onterstanda, der håt d Tafat, am
Salomo sae Tochter zor Frao ghet. [12]Dr
Baana, am Achilud sae Soh: Taanach,
Megiddo ond ganz Bet-Schean, des mô
bei Zaretan, onterhalb von Jesreel leit,
von Bet-Schean bis nach Abel-Mehoan,

bis jenseits von Jokneam. [13]Am Geber
sae Soh ischd Vogt en Ramot-Gilead
gwea. Der håt d Zeltdörfer vom Jaïr,
am Soh vom Manasse, onter sich ghet
em Gilead, ond dr Landstrich von
Argob em Baschan, sechzg graoße
Städt mit Maura ond eherne Tôrriegel.
[14]Dr Ahinadab, am Iddo sae Soh, en
Mahanaim; [15]dr Ahimaaz en Naftali, der
håt ao a Tochter vom Salomo, d Basemat,
zor Frao gnomma. [16]Dr Baana, am
Huschai sae Soh, en Ascher ond Bealot,
[17]dr Joschafat, am Paruach sae Soh, en
Issaschar, [18]dr Schimi, am Ela sae Soh,
en Benjamin. [19]Dr Geber, am Uri sae
Soh, em Gebiet von Gad, em Land vom
Amoriterkönig Sihon, ond vom König
Og von Baschan. Bloß oe Vogt ischd en
dera Landschaft gwea. [20]Juda ond Israel
ischd so zahlreich gwea wia dr Såd am
Meer. Ond se hent gessa ond tronka ond
send fröhlich gwea.

5 Ond dr Salomo ischd Herrscher
gwea über älle Königreich vom
Eufrat bis zom Land von de Philister
ond bis an Grenz von Ägypten; dia hent
Tribut zahlt ond am Salomo sae Leba
lang dient.
[2]Dr Salomo håt an oem Dag dreißg Kor
(1 Kor = 360 Liter) Faemehl ond sechzg
Kor Schrotmehl, [3]zeah Mastrender,
ond zwanzg Waederender ond hondert
Schåf, neba Hirsch, Gazella, Damwild
ond gmästatam Gflügel braucht. [4]Der
håt nämlich d Befehlsgwalt ghet über
s ganze Gebiet diesseits vom Strom
von Tifsach bis Gaza, über älle König
diesseits vom Strom; ond Frieda ischd am
von älle Seita rengsrom beschieda gwea.
[5]So håt Juda ond Israel sicher gwohnt,
a jeder onter saem Rebstock ond onter
saem Feigabaom, von Dan bis nach Beer-
Scheba, solang dr Salomo glebt håt. [6]Für
da Salomo håt s vierzgtausad Stallplätz
für saene Rösser für saen Fuhrpark ond
zwölftausad Reitgäul geba.
[7]Ond dia Vögt hent da König Salomo
ond älle, mô zo saem Tisch Zuatritt
ghet hent, vrsôrgt, jeder en saem Monat;
ond se hent s an nex fehla lassa. [8]Ond
d Gersta ond s Straoh für d Rösser ond
für d Zugtier hent se då nôbråcht, mô
mr s braucht håt; a jeder für den Ort,
môn r drfür zuaständig gwea ischd.
Zom Vrgleicha: *Vers 6:* 10,26; 2Chr 9,25.

Am Salomo sae Weishaet: 5 9-14
[9]Ond Gott (Elohim) håt am Salomo viel
Weishaet ond Aesicht gschenkt, ond
Herzensbildong, wia dr Såd am Meer.
[10]Ond am Salomo sae Weishaet ischd
graeßer gwea als wia d Weishaet von älle
Söh vom Osta ond wia d Weishaet von
Ägypten. [11]Jå, r ischd weiser gwea als
wia irgend a anderer Mensch, weiser als
wia dr Esrachiter Etan, als dr Heman, dr
Kalkol ond dr Darda, am Mahol saene
Söh. Ond sae Nåma ischd berühmt
gwea bei älle Völker rengsrom. [12]Ond
r håt dreitausad Beispielreda ghalta
ond tausadondfenf Liader gschrieba.
[13]Über Baem håt r gredat, von dr Zeder
em Libanon bis zom Ysop, der mô aus
dr Mauer wächst. Ao über s Vieh ond
über d Vögel, über d Kriachtier ond d
Fisch håt r gredat. [14]Ond aus älle Völker
ischd mr komma, zom am Salomo sae
Weishaet höra. Ond älle König auf dr
Erde hent vom Salomo saener Weishaet
ghört.
Zom Vrgleicha: *Vers 9:* Ps 139,18 • *Vers 11:* 1Chr
2,6; Ps 89,1.

D Vôrberaetonga für da Tempelbau:
5 15-32
[15]Dr König Chiram von Tyrus håt saene
Diener zom Salomo gschickt; der håt
nämlich ghört, dass mr an zom König
gsalbt håt an dr Stell von saem Vadr. Dr
Chiram ischd nämlich saener Lebdag
am David sae Fraend gwea. [16]Dådrauf
håt dr Salomo zom Chiram gschickt

ond am ausrichta lassa: [17]Du wôeßt doch selber vo'maem Vadr David, dass r koen Tempel håt baua könna für da Nåma von JAHWE, saem Gott (Elohey), wega dene Kriag, môn r rengsrom håt führa müaßa, bis am dr Herrgott (JAHWE) saene Faend onter d Füaß glegt håt. [18]Aber jetzt håt mr JAHWE, mae Gott (Elohay), rengsrom Ruah vrschafft. S geit koen Widersacher maeh ond koe baes Hendernis. [19]Drom denkt e drå, dass e jetzt am Nåma von JAHWE, maem Gott (Elohey), an Tempel baua kå, so wias dr Herrgott (JAHWE) maem Vadr David vrsprocha håt, môn r gsaed håt: Daen Soh setz i an daener Statt auf daen Thron, ond der baut da Tempel für maen Nåma! [20]Also gib jetzt d Åweisong, dass se mr Zedera schneidat em Libanon, ond maene Knecht helfat daene Knecht, ond da Loh für daene Knecht zahl e nach daene Åweisonga aus. Da wôeßt doch selber, dass bei ons koene Männer geit, mô em Holz macha so erfahra send wia d Sidonier.

[21]Mô dr Chiram am Salomo sae Botschaft ghört håt, håt r sich ganz arg gfraet ond gsaed: Lobpreis sae JAHWE am haetiga Dag, der mô am David an weisa Soh gschenkt håt für des graoße Volk. [22]Nå håt dr Chiram zom Salomo gschickt ond am ausrichta lassa: I han ghört, was da mr håsch ausrichta lassa. Daene Wünsch nach Zedern- ond Zypressahölzer führ e aus. [23]Maene Knecht schaffats vom Libanon na ans Meer, då lass e s zo Flöß zsemasetza ond ond nå brengat se s auf am Meer an den Ort, mô du s han willst. Sell nemm e s wieder ausananader, ond du kåsch s abhola lassa. Du geist mr drfür Lebensmittel für mae Haus! [24]Also håt dr Chiram am Salomo Zedern- ond Zypressaholz glieferat, so viel r braucht håt, [25]ond dr Salomo håt am Chiram zwanzgtausad Kor Wôeza als Vrpflegong für sae Haus geba ond zwanzg Kor kalt pressts Öl. Des håt dr Salomo am Chiram äll Jåhr glieferat.

[26]Ond dr Herrgott (JAHWE) håt am Salomo Weishaet geba, wian r s vrsprocha håt. Ond zwischa am Chiram ond am Salomo ischd Frieda gwea, ond se hent an Vrtrag mitananader gschlossa.

[27]Dr König Salomo håt nå en ganz Israel Fronarbaeter ausheba lassa. So hent dreißgtausad Mann Frondenst laesta müaßa. [28]Ond r håt se en da Libanon gschickt, jedan Monat zeahtausad em Wechsel, oen Monat send se em Libanon gwea ond zwôe Monat drhoem. Dr Adoniram ischd dr Fronvogt gwea. [29]Dr Salomo håt ao no siebzgtausad Lastträger ghet ond achzgtausad Stoehaoer en de Berg, [30]außer de Aufseher von de Vögt, des send ao no dreitausaddreihondert gwea, mô de Arbaeter Åweisonga geba hent. [31]Ond dr König håt graoße Stoe brecha lassa, kostbare Stoe, zom mit Quaderstoe s Fondament vom Tempel ålega. [32]Am Salomo saene Bauleut hent mit de Bauleut vom Chiram ond de Leut von Gebal s Holz ond d Stoe für da Tempelbau zuagrichtat.

Zom Vrgleicha: *Vers 15-32:* • 2Chr 2,2-17 • *Vers 19:* 2Sa 7,12.

Dr Tempelbau: 6 1-38

6 Em Jåhr vierhondertondachtzg nach am Auszug von de Israelita aus am Land Ägypten, em vierta Jåhr vom Salomo saener Herrschaft, em Monat Siw (Glanz), des ischd dr zwôete Monat, håt dr Salomo da Tempel für da Herrgott (JAHWE) ågfanga zom baua.

[2]Ond der Tempel, den mô dr König Salomo für JAHWE håt baua lassa, ischd sechzg Ella lång ond zwanzg Ella en dr Brôete ond dreißg Ella haoch gwea.

[3]Ond dr Flursaal an dr vôrdera Seite von dr Tempelhalle håt en dr Länge zwanzg Ella ghet, entsprechend dr Brôetfront vom Tempel, ond zeah Ella en dr Brôete

graoß Fachwissa ond an guata Vrstand
ghet, ond r ischd gschickt gwea bei
dr Ausführong von saene Arbaeta en
Bronze. Der ischd zom König Salomo
komma ond håt älle Arbaeta für an
ausgführt.
15Der håt zwôe Säula aus Erz (Bronze)
gformt (gossa), achtzeah Ella haoch ischd
de oe Säul gwea, ond a Messschnur von
zwölf Ella ischd om se rom ganga; der
zwôet Säul ischd ao so gwea. 16Ond r
håt zwôe Kapitell aus Erz gossa ond
oba drauf gsetzt. Fenf Ella send dia
zwôe Kapitell en dr Höhe gwea. 17Gitter
wia Gflecht ond Zottla an Schnür håt r
an dia Kapitell nôgmacht, mô auf dene
Säula gwea send, je sieba an boede
Kapitell. 18Ond r håt an dia Säula zwôe
Rôeha Granatäpfel auf des Gittergflecht
gsetzt, zom dia Kapitell vrziera. Des
håt r an bôede Kapitell nôgmacht.
19Ond dia Kapitell auf dene Säula hent
ao no Vrzieronga mit Lilia kriagt, aber
erst en dr Säulahalle, vier Ella haoch.
20Dia Kapitell über dene zwôe Säula
send oba übergstanda ond hent aus
dera Auswölbong rausguckt, mô quer
om des Gittergflecht romganga ischd.
Nå send dia zwôehondert Granatäpfel
en Rôeha rengs om dia zwôe Kapitell
romganga. 21Dia Säula håt r an dr
Vôrhalle vom Tempel aufstella lassa. De
recht Säul håt r aufgstellt ond se Jachin
(ER soll s festiga) ghôeßa, dådrnåch håt
r de lenk Säul aufgstellt ond se Boas (en
Trotzgwalt) ghôeßa. 22Ond zom Schluß
ischd der Liliakranz drå festgmacht
wôra, nå send dia Säula fertig gwea.
23Nå håt r s „Meer“ gmacht, zeah Ella von
oem Rand bis zom andera ond rond, fenf
Ella haoch, dreißg Ella Omfang håt mr
mit dr Messschnur gmessa. 24Onterhalb
vom Rand send Rankavrzieronga gwea,
zeah auf d Ell hent dia s Meer en zwôe
Rôeha omschlonga. Dia Ranka send glei
beim Guss mit naegschafft wôra. 25Des
Meer ischd auf zwölf Render gstanda,
drei hent nach Norda guckt, drei nach
Westa, drei nach Süda ond drei nach
Osta, ond ihre Hentertôel hent nach
enna guckt. 26Des Meer håt a Wandstärke
von ra Handbrôet ghet, ond dr Rand
ischd wian a Becherrand gformt gwea
wian a Lilie. Ond zwôetausad Bat (1 Bat
= 36 Liter) send naeganga.
27Nå håt r zeah fahrbare Gstell gmacht
aus Bronze; vier Ella håt jedas en dr
Länge ghet, vier Ella en dr Brôete ond
drei Ella haoch. 28Ond so send dia Gstell
gmacht gwea: Dia hent Querleista ghet
ond drzwischa Schrägleista. 29Ond auf
de Schrägleista send Löwa, Render ond
Kerub gwea, ond auf de Querleista oba
ond onta ao; ond auf de Vrsprossonga
ischd a Aufsatz gwea, ond onterhalb
von dene Löwa, Render ond Kerub
send Kranzgirlanda raghangt. 30Ond
vier Räder aus Bronze send an jedam
Gstell gwea an bronzene Achsa. Ond an
saene vier Ecka send Trägerplatta ågossa
gwea onterhalb vom Kessel ond då send
ao Kränz dråghangt. 31Ond sae Öffnong
ischd ennerhalb von dene Trägerplatta
gwea, nach oba oe Ell, ond dr Rand
ischd abgrondat gwea für da Aufsatz,
anderthalb Ella. Ond sogar auf ihrer
Öffnong send Schnitzereia gwea. Ond
ihre Leista send vierkantig gwea ohne
Abrondonga. 32Ond dia vier Räder send
onterhalb von de Querleista gwea, ond
d Halteronga von de Räder send am
Gstell åbråcht gwea. Jedas Rad ischd
anderthalb Ella haoch gwea. 33Dia Räder
send wia Wagaräder gmacht gwea, ihre
Halteronga ond ihre Felga, Spôecha
ond Naba, ällas ischd gossa gwea. 34Ond
vier Trägerplatta send festgossa an de
Ecka von jedam Gstell gwea. 35Ond
auf dem Gstell ischd a Aufsatz gwea,
a halba Ell haoch, rengsrom abgrondat
ond am Obertôel vom Gstell send Griff
an dene Querleista gwea. 36Ond auf dia

Oberflächa von de Griff ond auf dia
Leista håt r Kerubim, Löwa ond Palma
gschnitzt ond wia s Platz ghet håt, ao
Kranzgirlanda rengsrom. [37]So håt r dia
zeah Gstell en oem Guß nach am gleicha
Maß ond Zuaschnitt gmacht. [38]Nå håt
r zeah Kessel aus Bronze ågfertigt, en
jedan Kessel send vierzg Bat naeganga.
Jeder håt vier Ella Durchmesser ghet;
auf jedam von dene zeah Gstell ischd a
Kessel gstanda. [39]Ond r håt fenf Gstell
auf dr rechta Seite ond fenf auf dr lenka
Seite em Tempel aufgstellt. Ond s Meer
håt r südöstlich vom Tempel aufgstellt.
[40]Nå håt dr Chiram ao no d Häfa, d
Schaufla ond d Sprenzschala gmacht.
So håt dr Chiram älle saene Gwerk, môn
r für da König Salomo am Tempel zom
macha ghet håt, vollendat:
[41]Dia zwôe Säula, d Auswölbonga von
de Kapitell von dene Säula, dia Gflecht,
zom dia Auswölbonga an de Kapitell
vrziera, [42]dia vierhondert Granatäpfel
an bôede Gflecht an de Auswölbonga
von de Kapitell. [43]Drzua die zeah
Gstell ond dia zeah Kessel auf dene
Gstell. [44]Ond s Meer ond dia zwölf
Render onter am Meer. [45]Ond dia Häfa,
Schaufla ond Sprenzschala. Älle dia
Gerätschafta håt dr Chiram am König
Salomo aus polierter Bronze gmacht für
da Tempel vom Herrgott (JAHWE).
[46]En dr Jordanao håt se dr König giaßa
lassa en dr Tonerde zwischa Sukkot ond
Zaretan. [47]Ond dr Salomo håt älle dia
Gerätschafta nôglegt. Wega dera graoßa
Menge håt mr s Gwicht von dr Bronze
et festgstellt.
[48]Nå håt dr Salomo älle Gerätschafta
macha lassa, mô für am Herrgott
(JAHWE) saen Tempel gwea send, da
goldena Altar ond den goldena Tisch,
auf dem d Schaobrot glega send. [49]Dia
Leuchter, fenf zor Rechta ond fenf
zor Lenka, vor am Ällerhaeligsta, aus
faenstam Gold, ond da Blüatazierrat ond
dia Lampa ond Lichtschera aus Gold.
[50]D Becka ond Messer, d Sprenzschala
ond andere Schala ond Pfanna aus am
besta Gold. Ond d Angla an de Türflügel
em Ennersta em Ällerhaeligste send aus
Gold gwea.
[51]Mô ällas vollendat gwea ischd, was dr
König Salomo am Tempel für JAHWE
en Auftrag geba håt, då håt dr Salomo d
Weihegaba von saem Vadr David bråcht;
s Silber ond s Gold ond dia Gerätschafta
håt r en d Schatzkammer vom Herrgott
(JAHWE) saem Tempel glegt.

Zom Vrgleicha: *Vers 13-51:* • 2Chr 3,15-5,1 • *Vers 15:* 2Kö 25,17; Jer 52,21.

D Überführong von dr Bundestruhe: 8 1-13

8 Selligsmål håt dr Salomo de Älteste
von Israel, d Stammasfürsta ond älle
Oberhäupter von de Sippschafta en
Israel zom König Salomo komma lassa,
zom d Truhe mit de Bundassatzonga
vom Herrgott (JAHWE) nach Jerusalem
raufführa aus dr Davidsstadt - des ischd
Zion. [2]Ond älle Männer von Israel hent
sich beim König Salomo vrsammlat
em Monat Etanim - des ischd dr siebte
Monat. [3]Ond älle Älteste von Israel
send komma, ond d Priaster hent dui
Truhe traga. [4]Dia hent d Truhe von
JAHWE ond s Begegnongszelt ond älle
Gerätschafta vom Haeligtom, mô em
Zelt gwea send, nauftraga. D Priaster
ond Levita hent s traga. [5]Ond dr König
Salomo ond de ganz Gemaende Israel,
mô om an vrsammlat gwea ischd vôr
dr Bundestruhe, hent ozählig viele
Schåf ond Rendla gmetzgat, dass mr s
nemme zähla oder ausrechna könna
håt. [6]Nå hent d Priaster d Bundestruhe
vom Herrgott (JAHWE) an saen Platz
em Ällerhaeligsta gstellt onter d Flügel
von dene Kerubim. [7]Dia Kerubim hent
nämlich ihre Flügel über den Platz von
dr Bundestruhe ausbrôetat, so hent dia

Kerubim dui Truhe ond ihre Tragstanga von oba her abgschirmt. [8]Dia Tragstanga send aber so lang gwea, dass mr ihre Enda vôr am Ällerhaeligsta gseha håt; aber von draußa håt mr se et gseha. Då send se blieba bis auf da haetiga Dag. [9]En dera Truhe ischd nex gwea außer dene zwôe Stoetafla, mô dr Mose am Horeb naeglegt håt, dia Tafla mit dr Bundessatzong, mô JAHWE sich mit de Israelita vrbündat håt bei ihram Auszug aus am Land Ägypten. [10]Mô dia Priaster aus am Haeligtom rauskomma send, håt a Wolk am Herrgott (JAHWE) saen Tempel ausgfüllt, [11]dass dia Priaster et nôstanda könna hent zom ihran Denst vrseha, weil d Herrlichkaet von JAHWE da Tempel vom Herrgott (JAHWE) ausgfüllt håt. [12]Selligsmål håt dr Salomo gsaed:

JAHWE håt gsprocha, dass r em Donkla wohna will:

[13]I han dir a prächtigs Herrscherhaus baut, a Grondfeste für daen Wohnsitz für älle Zeita!

Zom Vrgleicha: *Vers 1-13:* • 2Chr 5,2-11; 6,1f.

Am König sae Åspråch: 8 14-21

[14]Nå håt sich dr König romdreht ond de ganz Gemaende Israel gsegnat, ond de ganz Gemaende Israel ischd gstanda. [15]Ond r håt gsaed: Lobpreis sei JAHWE, am Gott (Elohey) von Israel. Sae Håd håt dao, was r maem Vadr David vrsprocha håt, môn r gsaed håt: [16]Seit dem Dag, an dem, môn e mae Volk Israel aus Ägypten rausgholt han, han i en koem von älle Stämm von Israel a Stadt auserwählt, zom dort an Tempel für maen Nåma baua. Aber i han da David auserwählt, zom über mae Volk herrscha. [17]Maem Vadr David ischd s a Herzensåliega gwea, am Nåma JAHWE, am Gott (Elohey) von Israel, an Tempel zom baua. [18]Ond JAHWE håt zo maem Vadr David gsprocha ond gsaed: Du håsch s guat gmoent, dass da maem Nåma an Tempel håsch baua wölla. [19]Aber et du, sondern dae leiblicher Soh soll maem Nåma den Tempel baua! [20]Jetzt håt dr Herrgott (JAHWE) sae Vrsprecha wåhr gmacht, weil i an d Stell von maem Vadr David treta ond auf da Thron von Israel gsetzt wôra ben, so wia s dr Herrgott (JAHWE) vrsprocha håt. Ond i han am Nåma JAHWE, am Gott (Elohey) von Israel, den Tempel baut, [21]ond då dren an Platz gschaffa für d Truhe, en dera mô d Satzonga von dem Bund aufbewahrt werat, den mô dr Herrgott mit onsere Vôrfahra gschlossa håt beim Auszug aus am Land Ägypten.

Zom Vrgleicha: *Vers 14-21:* • 2Chr 6,3-11 • *Vers 17-19:* 2Sa 7,1-13.

S Weihegebet: 8 22-53

[22]Nå ischd dr Salomo vôr da Altar von JAHWE nôtreta vôr dr ganza Gemaende Israel ond håt saene Händ zom Hemmel ausbrôetat [23]ond betat: JAHWE, du Gott (Elohey) von Israel! S geit koen Gott (Elohim) em Hemmel droba ond auf dr Erde dronta, der mô so wia du da Bund ond d Gnade saene Knecht bewahrt, mô von ganzam Herza ihran Weg vôr dir gangat. [24]Du håsch dae Vrsprecha ghalta, mô da maem Vadr David gmacht håsch ond mit daene Händ haet erfüllt, was dae Mund vrsprocha håt. [25]Ond jetzt, JAHWE, du Gott (Elohey) von Israel, halt daem Knecht, maem Vadr David, was da am vrsprocha håsch, mô da gsaed håsch: S soll dr nia ama Nåchkomma vôr mir fehla, der mô auf am Thron von Israel sitzt, wann daene Söh ihran Weg vôr mir gangat, so wia du vôr mir daen Weg ganga bist. [26]Ond jetzt, du Gott (Elohey) von Israel, laß dae Wort wåhr wera, mô da zo daem Knecht, maem Vadr David, gsprocha håsch.

[27]Soll Gott (Elohim) wirklich auf dr Erde wohna? Guck, d Hemmel ond d

Hemmel über de Hemmel könnat di et
fassa, om wiaviel weniger der Tempel,
den mô i baut han? 28Mögst du de zom
Gebet ond Fleha von daem Knecht
wenda, JAHWE, mae Gott (Elohey),
ond horch auf s Ruafa ond Beta, mô dae
Knecht haet vôr de brengt, 29dass daene
Aoga wachat über des Haus bei Nacht
ond Dag, über den Ort, von dem du
gsaed håsch: Då soll mae Nåma wohna!
Horch auf des Gebet, mô dae Knecht an
dem Ort vôr de brengt! 30Horch doch
auf s Fleha von daem Knecht ond von
daem Volk Israel, mô s vôr de brengat
an dem Ort. Hör auf se em Hemmel,
mô du wohnst. Hör se ond vrzeih en!
31Wann sich a Må gega saen Nächsta
vrsündigt, ond mr macht am an Droh-
Eid zor Auflag, zom an vraediga, ond
r kommt her ond vrfluacht sich selber
vôr daem Altar en daem Haus, 32nå
mögst du des em Hemmel höra ond
aegreifa! Vrschaff daem Knecht Recht;
vrurtôel da Schuldiga ond laß auf an
selber zrückfalla, was r dao håt. Da
Rechtschaffena aber sprich frei ond
vrgilt am nach saener Rechtschaffahaet.
33Wann dae Volk Israel vo'ma Faend
gschlaga wird, weil se sich an dir
vrsündigt hent, ond wieder zo dir
omkehrt, daen Nåma bekennt ond om
dae Gnade bittat ond flehat en dem
Tempel då, 34nå erhör se em Hemmel
ond vrzeih daem Volk Israel saene
Sünda ond breng se zrück auf den Boda,
den mô da ihre Vädr geba håsch.
35Wann dr Hemmel vrschlossa bleibt ond
s et regnat, weil se sich gega di vrsündigt
hent, ond se nå an dem Ort betat ond
daen Nåma bekennat ond sich von ihrer
Sünd abkehrat, weil du se demüatigst,
36nä erhör se em Hemmel ond vrzeih
daene Knecht ond daem Volk Israel
saene Sünda; jå, du zaegst en doch den
guata Weg, auf dem se ganga sollat. Ond
gib en Rega über dae Land, des mô da
daem Volk zom Erbtôel geba håsch.
37Wann Hongersnaot über s Land
kommt, wann d Pest ausbricht, wann
Kornbrand s Getraede vrgilba lässt,
wann Haeschrecka ällas kahl fressat,
wann a Faend se bedrängt en oener
von ihre Städt, oder irgend a Krankat
ausbricht, 38was ao emmer nå a Mensch
von daem Volk Israel bittat oder fleht,
weil a jeder s Leida en saem Herza
spürt, ond saene Händ zo dem Tempel
då ausbrôetat, 39nå erhör se em Hemmel,
mô da wohnst ond vrzeih ond greif ae
ond vrgelt ama jeda so, wian r s vrdeant
håt. Du kennst doch sae Herz ond s
Herz von älle Menschakender; 40dass se
a Ehrfurcht vôr dr hent solang se lebat
auf dem Boda, mo du onsere Vädr geba
håsch.
41Ao Fremde, mô et aus daem Volk
Israel stammat, wann dia von weit her
kommat wega daem Nåma – 42dia hörat
nämlich sicher von daem graoßa Nåma
ond von daener starka Håd ond daen
ausgstreckta Arm. Wann der kommt
ond vôr dem Haus betat, 43nå erhör se
em Hemmel, mô da wohnst ond dua
ällas, mô de der Fremde drom bittat,
dass älle Völker auf dr Erde daen Nåma
zom fürchta lernat, wia dae Volk Israel,
ond zom erfahra, dass dae Nåma über
dem Tempel ausgruafa wird, den mô i
baut han.
44Wann dae Volk gega saene Faend en
da Kriag gôht auf dem Weg, auf den
du se gschickt håsch, ond se betat zom
Herrgott (JAHWE) en Richtong auf
dui Stadt, mô du auserwählt håsch, ond
nach dem Tempel, mô i für daen Nåma
baut han, 45nå erhör se em Hemmel, mô
da wohnst ond erhör ihr Beta ond ihr
Fleha ond vrschaff en ihr Recht.
46Wann se gega de sündigat – s geit jå
koen Menscha, der et sündigt – ond
du bist zôrnig auf se ond geist se am
Faend preis, dass se ihre Bedränger

gfanga wegführat en a ferns oder a
nähers Land, 47ond se gangat en sich en
dem Land, mô se gfanga send, ond se
flehat om Gnade zo dir em Land von
ihre Zwengherra ond sagat: Mir hent
ons vrsündigt ond mir hent ons vrfehlt,
mir send schuldig! 48ond se kehrat
wieder om zo dir von ganzam Herza
ond mit ihrer ganza Seel, em Land von
ihre Faend, mô se weggführt hent, ond
se betat zo dir en Richtong von ihram
Land, des mô du ihre Vôrfahra geba
håsch, ond d Richtong von dera Stadt,
mô du auserwählt håsch ond zo dem
Tempel, mô i für daen Nåma baut han,
49nå erhör se em Hemmel, mô da wohnst
ond erhör ihr Beta ond ihr Fleha ond
vrschaff en ihr Recht. 50Ond vrzeih
daem Volk, des mô gega di gsündigt håt,
ond en älle Vrfehlonga, mit dene se sich
an dir vrganga hent, ond lass se Erbarma
fenda vôr ihre Zwengherra, dass dia sich
über se vrbarmat. 51Des ischd doch dae
Volk ond dae Aegatom, dia, mô du aus
Ägypten rausgholt håsch, mittla aus am
Schmelzofa.
52Laß daene Aoga offa sae auf s Fleha
von daem Knecht ond auf s Fleha von
daem Volk Israel, dass en du zuahörst,
wann se de åruafat. 53Du håsch dr Israel
onter älle Erdavölker zom Aegatom
auserwählt, so wia da s am Mose, daem
Knecht en d Händ nae vrsprocha håsch,
mô da onsere Vôrfahra aus Ägypten
rausgholt håsch, o Herr, JAHWE!

Zom Vrgleicha: *Vers 22-52:* • 2Chr 6,12-40.

Dr Sega vom Salomo: 8 54-61

54Mô nå dr Salomo mit saem Beta ond
Fleha ans End komma ischd, ischd r
aufgstanda vôr am Altar, môn r nôkniat
gwea ischd ond saene Händ zom
Hemmel ausbrôetat håt, 55ond r ischd
nôgstanda ond håt de ganz Vrsammlong
von Israel gsegnat ond ganz laut
gsprocha: 56Lobpreis sei JAHWE, der
mô saem Volk Israel Ruah gschenkt håt,
so wian r s vrsprocha håt. Koe oezigs
Vrsprecha, môn r saem Knecht Mose
en d Håd nae gmacht håt, ischd oerfüllt
blieba. 57JAHWE, onser Gott (Elohenu)
sei mit ons, wian r mit onsere Vädr
gwea ischd! ER mög ons nia vrlassa
oder vrstoßa, 58sondern onsere Herza
zo sich zieha, dass mir ganz en saene
Weg onseran Wandel führat ond saene
Gebot, saene Satzonga ond Vrordnonga
aehaltat, môn r onsere Väder drauf
vrpflichtat håt. 59Laß dia Wort, mit dene
i vôr JAHWE treta ben, bei JAHWE,
onseram Gott (Elohenu) sae bei Dag
ond bei Nacht, dass r saem Knecht ond
saem Volk Israel Recht schafft, wia s an
jedam Dag erforderlich ischd, 60dass älle
Erdavölker erkennat: JAHWE ischd
Gott (Elohim) ond sonst koener! 61Ond
euer Herz soll vollständig bei JAHWE,
onseram Gott (Eloheynu) sae, zom
Lebenswandel nach saene Satzonga ond
em Halta von saene Gebot, wia s am
haetiga Dag gschieht!

Dr Abschluß von dr Feier: 8 62-66

62Ond dr König ond mit am ganz Israel
hent a Schlachtopfer darbråcht vôr
am Herrgott (JAHWE). 63Nå håt dr
Salomo als Friedensopfer für JAHWE
zwôeazwanzgtausad Rendla ond
hondertzwanzgtausad Schåf gmetzgat.
So håt dr König ond älle Israelita da
Tempel für JAHWE aegweiht. 64An
dem Dag håt dr König d Mitte vom
Vôrhof aegweiht, der mô vôr am
Tempel vom Herrgott (JAHWE) ischd,
môn r då s Brandopfer ond s Speisopfer
ond d Fettgaba von de Friedensopfer
darbråcht håt, weil der Bronzene Altar,
der mô vôr am Haeligtom stôht, z kloe
für dia viele Brandopfer ond Speisopfer
ond Fettgaba von de Friedensopfer gwea
ischd. 65So håt dr Salomo selligsmål mit
ganz Israel, des mô zo dera Vrsammlong

von Lebo-Hamat bis an da Grenzbach von Ägypten zsemakomma ischd, vôr JAHWE des Fest (Laobhüttafest) sieba Däg ond nômål sieba Däg, also vierzeah Däg lang gfeierat. [66]Am achta Dag håt r s Volk entlassa, ond se hent da König gsegnat ond send en ihre Zelt zrück ganga, fröhlich ond glücklich von ganzam Herza über ällas Guate, mô dr Herrgott (JAHWE) an saem Knecht David ond an saem Volk Israel dao håt.

Zom Vrgleicha: *Vers 62-66:* • 2Chr 7,4-10.

D Vrhaeßong für da Tempel: 9 1-9

9 Mô dr Salomo da Tempel für JAHWE ond da Königspalast fertig baut ghet ond ällas so ausführa lassa håt, wian r sich s gwünscht håt, [2]ischd am dr Herrgott (JAHWE) a zwôets Mål erschiena, so, wian r am en Gibeon erschiena gwea ischd. [3]Ond JAHWE håt zon am gsaed: I han dae Gebet ond dae Fleha ghört, mit dem da vôr me treta bist. Den Tempel, mô da baut håsch zom maen Nåma für emmer dren aesetza, den han i ghaeligt. Maene Aoga ond mae Herz sollat für älle Zeita dren sae. [4]Ond du, wann du daen Wandel so führst wia dae Vadr David, rechtschaffa ond gradlinig handelst ond maene Satzonga ond Gebot aehälst, [5]nå gib i am Thron von daem Königtom über Israel Bstand auf ewig, wian e s daem Vadr David vrsprocha han, môn e am gsaed han: Nia soll dr s ama Nåchkomma auf am Thron von Israel fehla! [6]Wann r euch aber von maener Nåchfolge abkehrat, ihr ond eure Nåchkomma ond maene Gebot ond Satzonga et beachtat, môn e euch geba han, ond ihr andere Götter deanat ond euch dene onterwerfat, [7]nå rotte i Israel aus von dem Land, môn e en geba han, ond den Tempel, môn e maem Nåma ghaeligt han, vrwirf e vôr maem Gsicht, ond Israel wird zom Gspött, mô älle Völker drüber lachat. [8]Ond der Tempel dåhanna wird zom Trümmerhaufa, ond an jeda, mô drå vrbeilaoft, frierts ond graust s, ond r saed: Wia kommts, dass dr Herrgott (JAHWE) dem Land ond dem Tempel dåhanna so mitgspielt håt? [9]Ond se werat saga: Weil se JAHWE, ihran Gott (Elohim) vrlassa hent, der mô ihre Vädr aus Ägypten rausgholt håt, ond sich an andere Götter ghalta ond sich dene onterwôrfa ond en deant hent, deswega håt dr Herrgott (JAHWE) des ganze Oglück über se bråcht.

Zom Vrgleicha: *Vers 1-9:* • 2Chr 7,11-22 • *Vers 2-3:* 3,4f • *Vers 5:* 2Sa 7,16.

Regierongsmaßnåhma vom Salomo: 9 10-28

[10]Dr Salomo håt zwanzg Jåhr an dene zwôe Häuser baut, am Tempel für JAHWE ond am Königspalast. [11]Hiram, dr König von Tyrus håt an drbei onterstützt mit Zedern- ond Zypressahölzer ond mit Gold, so viel r wölla håt. Selligsmål håt dr König Salomo am Hiram zwanzg Städt ond ihre Bezirk em galiläischa Land abtreta solla. [12]Mô nå dr Hiram von Tyrus rauskomma ischd, zom dia Städt ågucka, môn am dr Salomo geba håt, hent se am et gfalla. [13]Ond r håt gsaed: Was send ao des für Städt, mô du mr geba håsch, mae Bruader? Ond r håt s Kabul (schlechte Zahler) ghôeßa. So hôeßat se bis auf da haetiga Dag. [14]Ond dr Hiram håt am König hondertzwanzg Talent (1 Goldtalent = 49,11kg) Gold gschickt.

[15]Ond so ischds mit am Frondenst gwea: Zom da Tempel für JAHWE ond saen Palast ond da Millo (a Stadttôel von Jerusalem, mô aufgfüllt wôra ischd) ond d Maura von Jerusalem baua, ond Hazor, Megiddo ond Geser befestiga, håt dr König Salomo Fronarbaeter ausheba lassa. [16]Dr König von Ägypten, dr Pharao, ischd nämlich raufkomma ond

hât Geser aegnomma ond agfacklat,
dia Kanaaniter mô dren gwohnt hent,
hât r ombrenga lassa ond d Stadt als
Brautgschenkt saener Tochter geba,
mô se da Salomo gheiratat hât. [17]Aber
dr Salomo hât Geser ond s ontere Bet-
Horon wieder aufbaut, [18]ond Baala ond
Tamar en dr Steppe em Land. [19]Drzua
älle Vôrratsstädt, mô am Salomo ghert
hent, dia Städt für d Kampfwäga ond ihre
Mannschafta ond Reitereia, ond ällas,
was r en Jerusalem ond em Libanon ond
en saem ganza Herrschaftsgebiet hât
baua wölla. [20]Dr Rest von de Amoriter,
de Hetiter, de Peresiter, de Hiwiter ond
Jebusiter, mô et zo de Israelita ghert
hent, [21]dene ihre Nåchkomma, an dene
mô d Israelita et da Bann vollstrecka
könna hent, dia hât dr Salomo älle zom
Frondenst ausheba lassa; des ischd so
blieba bis auf da haetiga Dag. [22]Aber
von de Israelita hât dr Salomo koen zom
Sklava gmacht, sondern dia send sae
Streitmacht gwea ond saene Denstleut
ond saene Beamte, saene Heerführer ond
Offizier, saene Wagalenker ond Reiter.
[23]Dr Salomo hât fenfhondertfufzg Leut
aegsetzt als Beamte ond Aufseher, zom
dia Bauarbaeta überwacha.

[24]Mô am Pharao sae Tochter aus dr
Davidsstadt en ihr Haus naufzoga gwea
ischd, hât r da Millo ausbaua lassa.

[25]Ond dr Salomo hât äll Jåhr drei
Mål Brandopfer ond Friedensopfer
aufraocha lassa auf dem Altar, môn r für
da Herrgott (JAHWE) baua lassa hât,
ond r hât Raecheropfer darbråcht vôr
JAHWE ond da Tempel vollendat.

[26]Ao a Handelsflotte hât dr König
Salomo baua lassa en Ezjon-Geber, des
mô bei Elat am Ufer vom Schilfmeer
en Edom leit. [27]Dr Hiram hât für sae
Handelsflotte saene Leut gschickt,
erfahrene Seeleut, mô sich em Meer
auskennt hent, dia send mit am Salomo
saene Leut ausglaofa. [28]Ond se send
nach Ofir komma ond hent von sell
vierhondertzwanzg Talent Gold gholt
ond s am König Salomo bråcht.

Zom Vrgleicha: *Vers 10-28:* • 2Chr 8,1-18 • *Vers 15:* 2Sa 5,9.

D Königin von Saba: 10 1-13

10 Mô nå d Königin von Saba
am Salomo saen Ruaf em
Zsammahang mit am Nåma JAHWE
vrfahra hât, ischd se komma, zom an mit
Rästelfråga auf d Prob stella. [2]Se ischd
mit ama riesa Hofstaat nach Jerusalem
komma: Kamel hent Spezereia traga
ond viel Gold ond Edelstoe. Ond se
ischd zom Salomo komma ond hât mit
am über ällas gschwätzt, was se auf am
Herza ghet hât. [3]Nå hât ra dr Salomo
Antwort geba auf älle ihre Fråga. Då
hâts nex geba, was am König vrbôrga
blieba wär ond môn ra koe Antwort hätt
drauf geba könna. [4]Mô nå d Königin
von Saba am Salomo sae ganza Weishaet
gspürt ond den Palast gseha hât, mô
der baut hât, [5]ond dia Speisa an saener
Tafel, d Sitzordnong von saene Diener
ond wia saene Aufträger auftreta send
ond ihre Gwänder, ond saene Getränk,
ond sae Brandopfer, môn r em Tempel
vom Herrgott hât aufsteiga lassa, ischd
ra d Luft wegblieba. [6]Ond se hât zom
König gsaed: S ischd ällas wåhr, was e en
maem Land ghört han über daene Reda
ond über dae Weishaet! [7]Aber i han s et
glaoba wölla, bis e herkomma ben ond
mit maene aegene Aoga gseha han, ond
guck, mir hât mr et amål d Hälfte vrzählt.
Du übertriffst mit daener Weishaet ond
Güate ällas, was e von dr ghört han.
[8]Glücklich send daene Männer, glücklich
send daene Diener, mô bei dir em Denst
standat ond ständig dae Weishaet höra
därfat! [9]Lobpreis sei JAHWE, daem
Gott (Eloheyka), dem mô s gfalla hât, di
auf da Thron von Israel zom setza. Weil
dr Herrgott (JAHWE) Israel für emmer

måg, hât r di als König aegsetzt, zom Recht ond Gerechtigkaet üaba. [10]Nå hât se am König hondertzwanzg Talent Gold ond viele Spezereia ond Edelstoe gschenkt. So viel Balsam ischd nia maeh ens Land komma, wia d Königin von Saba am König Salomo geba hât.

[11]Ao am Hiram saene Schiff hent Gold aus Ofir bråcht, viel Sandelhölzer ond Edelstoe. [12]Ond dr König hât aus dem Sandelholz a Gländer für am Herrgott (JAHWE) saen Tempel ond für da Königspalast macha lassa, ond Zithera ond Harfa für d Sänger; so viel Sandelhölzer send nia maeh ens Land komma ond ao et gseha wôra bis auf den Dag. [13]Ond dr König Salomo hât dr Königin von Saba ällas geba, was se sich gwünscht hât, außer dem, was r ra als Königsgschenk geba hât. Schliaßlich ischd se mit ihram Hofstaat wieder en ihr Land ganga.

Zom Vrgleicha: *Vers 1-13:* • 2Chr 9,1-12.

Am Salomo sae Reichtom: 10 14-29

[14]Beim Salomo send äll Jåhr sechshondertsechsasechzg Talent Gold aeganga, [15]außer dem, was von de Karawanaleut ond von de Händler ond von älle arabische König ond von de Statthalter em Land aeganga ischd.

[16]Ond dr König Salomo hât zwôehondert Schild aus ghämmertam Gold macha lassa, jeder hât sechshondert Goldschekel (1 Goldschekel = 16,37g) gwoga (dr Schild also 9,82kg), [17]ond dreihondert kloenere Schild aus ghämmertam Gold, drei Mina (1 Goldmine = 818,6g) Gold hât r auf jedan klaena Schild auflega lassa. Dia hât r ens Libanonwaldhaus brenga lassa.

[18]Ond dr König hât an Thron, an graoßa Elfaboethron herstella lassa, ond den hât r mit Faengold überzieha lassa. [19]Sechs Stuafa ischd s zo dem Thron naufganga ond über am Thron ischd a ronds Dach gwea, mô henta befestigt gwea ischd. Auf bôede Seita vom Thronsitz send Armlehna gwea ond zwôe Löwa send neba de Armlehna gstanda (auf jeder Seite oener). [20]Ond zwölf Löwa send auf dene sechs Stuafa gstanda, auf jeder Seite sechs. So ebbas ischd no für koe anders Königreich gschaffa wôra.

[21]Ond älle Trenkbecher vom König Salomo send aus Gold gwea, ond älle Gfäß em Libanonwaldhaus send aus Gold gwea. Nex ischd aus Silber gwea, des hât mr zor Zeit vom Salomo et als wertvoll åguckt. [22]Dr König hât nämlich a Tarschischflotte auf am Meer ghet, zsema mit dr Flotte vom Hiram. Äll drei Jåhr send dia Tarschischschiff hoem komma ond hent Gold, Silber, Elfaboe, Affa ond Perlhenna mitbråcht.

[23]So ischd dr König Salomo graeßer wôra an Reichtom ond Weishaet als älle andere König auf dr Erde. [24]De ganz Welt hât da König Salomo seha wölla, zom sae Weishaet erfahra, môn am Gott (Elohim) ens Herz geba hât. [25]Ond a jeder hât am sae Gschenk bråcht, silberne ond goldene Gerätschafta, Gwänder, Waffa ond Spezereia, Rösser ond Maultier, Jåhr om Jåhr.

[26]Ond dr Salomo hât Kampfwäga ågschafft ond Reiter, dass r tausadvierhondert Kampfwäga ond zwölftausad Reiter ghet hât, dia môn r en de Wagastädt ghalta hât oder bei sich en Jerusalem. [27]Ond dr König hât s so weit bråcht, dass en Jerusalem so viel Silber gwea ischd wia Stoener, ond Zedernholz, so viel wia Maulbeerbaem en dr Ebene. [28]Ond d Rösser für da Salomo hât mr aus Ägypten ond Kilikien aegführt. Am König saene Händler hent se aus Kilikien gholt om bars Geld. [29]Oe Waga hât bei dr Aefuhr aus Ägypten sechshondert Silberschekel golta ond a Ross hondertfufzg. So hât mr s ao an d König von de Hetiter ond Aramäer

ausgführt.

Zom Vrgleicha: *Vers 14-28:* • 2Chr 9,13-28 • *Vers 26-29:* • 2Chr 1,14-17.

Dr Salomo bricht da Bund: 11 1-8

11 Dr König Salomo håt viele Fraoa möga neba dr Tochter vom Pharao: moabitische, ammonitische, edomitische, sidonische ond hetitische, 2aus dene Völkerschafta, von dene, mô dr Herrgott (JAHWE) zo de Israelita gsaed håt: Onter dia sollat ihr euch et mischa, ond dia sollat sich et onter euch mischa! Dia dätat euch nämlich bloß vrführa, dass ihr dene ihre Götter deanat. Dia håt dr Salomo ganz arg möga. 3So håt r siebahondert Haoptfraoa (Fürstatöchter) ghet ond dreihondert Nebafraoa. Saene Fraoa hent am sae Herz abspenstig gmacht. 4En saem Alter hent nå saene Fraoa sae Herz abspenstig gmacht zo andere Götter (Elohim), dass sae Herz nemme vollständig bei JAHWE, saem Gott (Elohey) gwea ischd wia s Herz von saem Vadr David. 5Ond dr Salomo håt dr Astarte ghuldigt, dr Göttin von de Sidonier, ond am Milkom, am Götza von de Ammoniter. 6Ond dr Salomo håt dao, was en de Aoga vom Herrgott (JAHWE) baes gwea ischd, ond r ischd nemme vollständig zo JAHWE gstanda wia sae Vadr David. 7Selligsmål håt dr Salomo für da Kemosch, de Moabiter ihran Götza, auf am Berg der mô östlich geganüber von Jerusalem leit, a Kulthöhe (Tempel) baut, ond für da Milkom, da Götza von de Ammoniter. 8Ond des håt r für älle saene ausländische Fraoa dao, dia mô ihre Götter (Eloheyhen) g'räuchert ond g'opfert hent.

Zom Vrgleicha: *Vers 2:* Ex 34,16; Dtn 7,3.

S Gericht wird åkündigt: 11 9-13

9Nå ischd dr Herrgott (JAHWE) arg zôrnig wôra über da Salomo, weil sich sae Herz von JAHWE, am Gott (Elohey) von Israel abgwendat håt, der mô am zwôe Mål erschiena ischd. 10Ond r håt am doch ausdrücklich gsaed ghet: r soll et andere Götter nåchlaofa! Aber der håt et drauf g'achtat, was an dr Herrgott (JAHWE) ghôeßa håt. 11Dådrauf håt dr Herrgott (JAHWE) zom Salomo gsaed: Weil s so aussieht, dass du de et an maen Bund hältst ond maene Satzonga et achtest, mô i dir geba han, reiß i d Königsmacht von dr ond gib se daem Knecht. 12Aber i dua s no et, solang du lebst, wega daem Vadr David, sondern erst daem Soh reiß e se aus de Händ. 13I will am aber et de ganz Königsmacht nemma, oen Stamm gib e daem Soh, wega maem Knecht David ond wega Jerusalem, des mô i auserwählt han.

Zom Vrgleicha: *Vers 9:* 3,4-15; 9,1-9.

Am Salomo saene Gegner: 11 14-40

14Nå håt dr Herrgott (JAHWE) an Widersacher gega da Salomo aufstanda lassa em Edomiter Hadad, der ischd a Nåchkömmleng vom König von Edom gwea. 15Mô nämlich dr David d Edomiter gschlaga håt ond sae Feldherr Joab naufzoga ischd, zom de Gfallene beerdiga, håt der en Edom ällas ombråcht, was männlich gwea ischd. 16Sechs Monat lang håt sich dr Joab ond ganz Israel en Edom aufghalta, bis r ällas Männliche en Edom ausgrottat ghet håt. 17Aber dr Hadad ond etlich Manna von de edomitische Soldata von saem Vadr send nach Ägypten abghaoa; dr Hadad ischd selligsmål no a kloener Bua gwea. 18Dia hent sich von Midian aufgmacht ond send nach Paran komma ond hent von Paran no andere Leut mitgnomma ond send nach Ägypten zom Pharao, am König von Ägypten, komma. Der håt am a Haus ond Lebensmittel geba ond a Stück Land. 19Ond dr Hadad håt so viel Gnade gfonda beim Pharao, dass

r am d Schwester von saener Gemahlin
Tachpenes zor Frao geba håt. [20]Ond
d Schwester von dr Tachpenes håt
am saen Soh Genubat gebora, ond d
Tachpenes håt an en dr Familie vom
Pharao aufzoga. So ischd dr Genubat
em Palast vom Pharao bei de Söh vom
Pharao aufgwachsa. [21]Mô nå dr Hadad
en Ägypten ghört håt, dass dr David en
d Ruah zo saene Vädr aeganga ischd, ond
dass dr Joab daot sei, dr Feldherr, håt dr
Hadad zom Pharao gsaed: Entlaß me,
dass e en mae Land gang! [22]Dr Pharao
håt drauf zon am gsaed: Was fehlt dr
denn bei mir, dass da en dae Land ganga
willst? Der håt gsaed: Nex fehlt mr, als
dass da me ganga lässt!
[23]Gott (Elohim) håt ao no an andera
Widersacher gega an (da Salomo)
aufstanda lassa, da Reson, an Soh
vom Eljadad, der mô von saem Herra,
am Hadad-Eser von Zoba abghaoa
gwea ischd. [24]Mô dr David d Aramäer
gschlaga håt, håt dr Reson Männer om
sich gschart ond ischd Åführer von ra
Freischärlerrotte wôra. Ond se send
nach Damaskus ganga ond hent sich sell
ågsiedelt. Nå hent se über Damaskus
gherrscht. [25]Ond der ischd a Widersacher
von Israel bliaba solang dr Salomo glebt
håt. Drzua ischd no des Ohael komma,
mô dr Hadad ågrichtat håt; der håt an
Hass auf Israel ghet ond håt als König
über Aram gherrscht. [26]Ao dr Jerobeam,
dr Soh vom Nebat, a Beamter vom
Salomo; der ischd a Efratiter gwea aus
Zereda, - sae Muader håt Zeruja ghôeßa
ond ischd Witwe gwea - håt sich gega
da König aufglehnt. [27]Ond des ischd dr
Grond gwea, dass der sae Håd gega da
König aufghoba håt: Dr Salomo håt da
Millo baut ond håt so a Luck zuagmacht
en dr Stadt von saem Vadr David. [28]Ond
dr Jerobeam ischd a tüchtiger Kämpfer
gwea. Ond dr Salomo håt gseha, dass
der jonge Må sae Ärbat guat gmacht
håt, ond r håt an zom Aufseher über
da ganza Frondenst vom Haus Josef
gmacht. [29]Selligsmål håt dr Jerobeam
amål von Jerusalem weg müaßa, då
ischd am onterwegs dr Profet Ahija
aus Schilo vrkomma. Der håt an neua
Mantel åghet; ond dia zwôe send alloe
em Feld draußa gwea. [30]Ond dr Ahija håt
den neua Mantel gnomma, môn r åghet
håt, ond håt an en zwölf Tôel vrrissa
[31]ond zom Jerobeam gsaed: Nemm dr
zeah Stücker; weil so spricht JAHWE,
dr Gott (Elohey) von Israel: Guck, i
reiss am Salomo d Königsmacht aus de
Händ ond gib dir zeah Stämm. [32]Aber
der oene Stamm bleibt am, wega maem
Knecht David ond wega Jerusalem,
dera Stadt, mô i aus älle Stämm von
Israel auserwählt han. [33]Dådrom, dass
se mi vrlassa hent ond sich dr Astarte
onterwôrfa hent, dr Göttin von de
Sidonier, ond am Kemosch, am Gott
von Moab, ond am Milkom, am Gott
von de Ammoniter, ond et auf maem
Weg blieba send, zom des doa, was en
maene Aoga Recht ischd, ond sich an
maene Satzonga ond Vôrschrifta zom
halta, wia sae Vadr David. [34]I nemm am
zwår et s ganze Königreich aus dr Håd
ond laß an für da Rest von saem Leba
Fürst sae, wega maem Knecht David,
den mô i auserwählt han, ond der maene
Gebot ond Satzonga aeghalta håt. [35]Aber
saem Soh will e s Reich nemma ond s dir
geba, dia zeah Stämm; [36]saem Soh will
e oen oeziga Stamm geba, dass maem
Knecht David für emmer a Leuchte
bleibt vôr mir en Jerusalem, dera Stadt,
mô i auserwählt han, zom maen Nåma
då aesetza. [37]Aber di will e nemma, dass
du herrscht über ällas, was dae Herz
begehrt ond König bist über Israel. [38]So
soll s sae, wann du auf ällas achtest, was
e de ghôeßa han ond da auf maene Weg
gôhst ond duast, was Recht ischd en
maene Aoga, ond maene Satzonga ond

mô gar koene Nåchkomma vom Levi
gwea send. [32]Ond dr Jerobeam håt auf
da fufzehnta Dag em achta Monat a
Fest ågsetzt, entsprechend dem Fest
en Juda, ond er ischd naufgstiega an da
Altar en Bet-El, zom dene Stierkälbla,
môn r gmacht håt, Opfer darbrenga.
Ond r håt en Bet-El Priaster ågstellt für
dia Kulthöha. [33]Ond am fufzehnta Dag
em achta Monat ischd r naufgstiega an
den Altar, môn r en Bet-El aufgstellt
håt, wian r sich s ausdenkt håt. Ond r
håt a Fest gstiftat für d Israelita. Ond
r ischd naufgstiega an da Altar zom
Raecheropfer darbrenga.

Zom Vrgleicha: *Vers 28:* Ex 32,4.

Dr ofolgsame Profet: 13 1-34

13 Ond guck, då ischd a Må von
Gott aus Juda nach Bet-El
komma mit ama Wort vom Herrgott
(JAHWE), mô dr Jerobeam grad am
Altar gstanda ischd zom Raecheropfer
darbrenga. [2]Der håt em Auftrag vom
Herrgott (JAHWE) gega da Altar gruafa
ond gsaed: Altar! Altar! So spricht
JAHWE: Guck! Am Haus David wird
a Soh gebora, der hôeßt Joschia. Der
schlachtat auf dir dia Priaster, mô auf
dene Kulthöha deanat, nå vrbrennt mr
auf dir Menschaboener. [3]Gleichzeitig
håt r auf den Dag a Wonderzaeche
åkündigt ond gsaed: Des ischd s Zaeche
drfür, dass dr Herrgott (JAHWE)
gredat håt: Der Altar dåhanna spaltat
sich, ond d Äscha auf am wird vrstraet.
[4]Mô dr König Jerobeam des Wort ghört
håt, mô der Profet gega den Altar en
Bet-El ausgruafa håt, håt dr Jerobeam
sae Håd über am Altar ausgstreckt ond
gsaed: Packat an! Nå ischd sae Håd
sterrig wôra, môn r gega an ausgstreckt
håt, ond r håt se nemme zrück ziaga
könna. [5]Ond dr Altar håt sich gspalta
ond d Äscha auf am Altar ischd vrstraet
wôra, wia s der Profet em Auftrag vom
Herrgott (JAHWE) åkündigt håt. [6]Nå
håt dr König ågfanga ond zo dem Profeta
gsaed: Besänftige doch JAHWE, daen
Gott (Eloheyka) ond bitt an für mi, dass
e mae Håd wieder braucha kå! Nå håt
der Må von Gott (Elohim) da Herrgott
(JAHWE) besänftigt, dass dr König sae
Håd wieder håt braucha könna ond se
wieder so gwea ischd wia drvôr. [7]Nå håt
dr König zo dem Må von Gott (Elohim)
gsaed: Komm mit mr en da Palast ond
stärk de, i will dr ao a Gschenk geba.
[8]Aber der Må von Gott (Elohim) håt
zom König gsaed: Ond wann da mr d
Hälfte von daem Palast geba dätest, i
dät et mit dr komma ond dät ao nex essa
ond trenka an dem Ort. [9]So ischd mr
nämlich durch am Herrgott (JAHWE)
sae Wort auftraga wôra: Du sollst nex
essa ond nex trenka ond et auf dem Weg
zrück komma, auf dem, mô da nôganga
bist. [10]Ond r ischd auf ama andera Weg
ganga ond ischd et auf dem Weg zrück
komma, auf dem, môn r nach Bet-El
komma ischd.
[11]En Bet-El håt a alter Profet gwohnt.
Mô dem saene Söh hoemkomma send,
hent am dia vrzählt, was der Må von
Gott (Elohim) an sellam Dag en Bet-
El dao ond was r zom König gsaed håt.
Mô se des ihram Vadr vrzählt hent,
[12]håt ihr Vadr zo nen gsaed: Mô ischd r
nôganga? Saene Söh hent am zaegt, auf
wehlam Weg der Må von Gott (Elohim)
aus Juda ganga ischd. [13]Nå håt r zo
saene Söh gsaed: Sattlat mr maen Esel!
Nå hent se am saen Esel gsattlat ond
r ischd aufgstiega, [14]ond dem Må von
Gott (Elohim) nåchgritta. Ond r håt
an troffa, môn r onter ra Ôech gsessa
ischd. Nå håt r zon am gsaed: Bist du
der Må von Gott (Elohim), der mô von
Juda komma ischd? Der håt am zor
Antwort geba: Der ben e! [15]Nå håt r
zon am gsaed: Gang mit mr hoem ond
iss ebbas! [16]Aber der håt gsaed: I kå et

mit dr hoemganga, i iss ao nex ond trenk nex an dem Ort dåhanna. 17S ischd mr nämlich durch am Herrgott (JAHWE) sae Wort auftraga wôra: Du sollst nex essa ond nex trenka ond et auf dem Weg zrück komma, auf dem, mô da nôganga bist. 18Nå håt r zon am gsaed: I ben doch ao a Profet wia du, ond a Engel håt em Auftrag vom Herrgott (JAHWE) zo mr gsaed: Nemm an mit hoem, dass r ebbas ißt ond ebbas trenkt. So håt r an ågloga. 19Nå ischd r omkehrt ond håt em Haus von dem Profeta gessa ond tronka.

20Ond wia se no am Tisch gsessa send, ischd a Wort vom Herrgott (JAHWE) an den Profeta, der mô den zrück gholt håt, erganga, 21ond håt dem Må von Gott (Elohim) aus Juda zuagruafa: So spricht JAHWE: Weil du de dr Åweisong von JAHWE, daem Gott (Eloheyka) widersetzt ond des Vrbot übertreta håsch, mô de JAHWE, dae Gott (Eloheyka) ghôeßa håt 22ond du zrückkomma ond gessa ond tronka håsch an dem Ort, von dem dr i gsaed han: Du sollst nex essa ond nex trenka! soll dae Leich et ens Grab von daene Vädr komma. 23Môn r nå gessa ond tronka ghet håt, håt am der Profet, der môn an zrück gholt håt, saen Esel gsattlat, ond r ischd ganga. 24Ond môn r ganga gwea ischd, håt an auf saem Weg a Löwe ågfalla ond an ombråcht. Nå ischd sae Leich auf am Weg glega, ond dr Esel ischd drneba gstanda. Ao der Löwe ischd no neba dera Leich gstanda. 25Ond dia Leut, mô sell vorbei gloffa send, hent dui Leich gseha, mô då auf am Weg glega ischd ond den Löwa drneba hent se ao gseha. Ond se hent s en dera Stadt, mô der alte Profet gwohnt håt, vrzählt. 26Wia nå der Profet, der môn an vom Weg zrück gholt håt, des ghört håt, håt r gsaed: Des ischd der Må von Gott (Elohim), der mô sich dr Åweisong vom Herrgott (JAHWE) widersetzt håt! Jetzt håt an dr Herrgott (JAHWE) dem Löwa preis geba ond der håt an vrrissa ond an ombråcht, wian ams dr Herrgott (JAHWE) gsaed håt. 27Nå håt r zo saene Söh gsaed: Sattlat mr maen Esel! Ond dia hent an gsattlat. 28Nå ischd r ganga ond håt sae Leich am Weg liegend gfonda, ond dr Esel ond der Löwe send drneba gstanda. Der Löwe håt den Leichnåm et gfressa ond ao den Esel et grissa. 29Nå håt der Profet den Leichnåm von dem Må von Gott (Elohim) aufghoba ond an auf saen Esel glegt, ond r håt an zrück bråcht en d Stadt von dem alta Profeta, zom d Totaklag für an halta ond an beerdiga. 30Ond r håt sae Leich en saem aegena Grab beerdigt, ond se hent om an klagt: Ach, mae Bruader! 31Môn r nå beerdigt gwea ischd, håt r zo saene Söh gsaed: Wann i amål stirb, nå beerdigat r mi ao en dem Grab, mô der Må von Gott (Elohim) beerdigt ischd, ond legat me neba saene Boener. 32Des Wort, mô der em Auftrag vom Herrgott (JAHWE) gega da Altar von Bet-El ond älle Tempel ond Kulthöha vrkündigt håt en de Städt von Samarien, des gschieht ao!

33Dr Jerobeam ischd ao nach dera Sach et von saem baesa Weg omkehrt, sondern håt weiter aus älle Bevölkerongstôel Priaster bstellt für dia Kulthöha. An jeda, mô s grad wölla håt, håt r zom Priaster gweiht, ond der ischd no Kultpriaster wôra. 34Des ischd am Haus vom Jerobeam als (schwera) Sünd ågrechnat wôra, drom ischd s vrnichtat ond vom Erdboda ausgrottat wôra.

Am Jerobeam sae kranks Kend:

14 1-18

14 Seligsmål ischd am Jerobeam sae Soh, dr Abija, krank wôra. 2Nå håt dr Jerobeam zo saener Gemahlin gsaed: Mach de auf ond vrklôede de, dass neamerd merkt, dass du am

Jerobeam sae Gemahlin bist, ond gang nach Schilo! Sell ischd dr Profet Ahija, der, mô von mr gweissagt hât, dass i König wera soll über des Volk då. 3Ond nemm zeah Brot ond Kuacha ond an Kruag Honig mit, ond gang zon am, der saed dr nå, was mit dem Bua wird. 4Nå hât am Jerobeam sae Frao des dao. Se hât sich aufgmacht ond ischd nach Schilo ganga ond ens Haus vom Ahija komma. Aber dr Ahija hât nex maeh gseha, weil saene Aoga altersstarr gwea send. 5Aber dr Herrgott (JAHWE) hât zom Ahija schao gsprocha ghet: Guck, am Jerobeam sae Frao kommt zo dr ond will wissa, was mit ihram kranka Bua gschieht. So ond so saesch d ra. Dui vrstellt sich, wann se zo dr kommt. 6Ond mô dr Ahija ihre Schritt ghört hât, mô von dr Tür her komma send, hât r gsaed: Komm rae, Gemahlin vom Jerobeam! Wårom vrstellst d de aegentlich, mô i dr doch ebbas Harts zom ausrichta han? 7Gang ond sag am Jerobeam: So spricht JAHWE, dr Gott (Elohey) von Israel: I han di aus dr Mitte von Israel erhoba han de zom Fürsta über mae Volk Israel aegsetzt 8ond i han s Königtom vom Haus David grissa ond dir geba, aber du bist et wia mae Knecht David, der hât nämlich maene Gebot aeghalta ond ischd mir von ganzam Herza nåchgfolgt ond hât bloß des dao, was en maene Aoga s Rechte gwea ischd. 9Aber du bist schlemmer gwea wia älle andere vor dir, du bist ganga ond håsch dr andere Götter gmacht ond Götzabilder ond mi dådrmit belaedigt, ond mr da Buckel nôgstreckt. 10Drom breng i jetzt Oglück über s Haus Jerobeam ond rotte vom Jerobeam ällas aus, was männlich ischd bis auf da letzta Må en Israel. Ond i feg s Haus Jerobeam weg, wia mr da Mist wegfegt bis zom letzta Rest. 11Wer vom Haus Jerobeam en dr Stadt stirbt, den sollat d Hond fressa, ond wer em Feld draußa stirbt, den sollat d Vögel onter am Hemmel fressa; so hât s dr Herrgott (JAHWE) gsprocha! 12Aber du, mach de auf da Weg ond gang hoem. Sobald daene Füaß d Stadt betretat, stirbt der Bua! 13Ond ganz Israel hält am Totaklage, ond mr beerdigt an; weil bloß der alloe vom ganza Gschlecht Jerobeam kommt en a Grab, weil bloß von dem a guats Wort an JAHWE, da Gott (Elohey) von Israel em Haus vom Jerobeam gfonda wôra ischd. 14Ond dr Herrgott (JAHWE) lässt an König über Israel aufstanda, der mô s Haus Jerobeam ausrottat! Des ischd der Dag, ond jetzt? 15Jetzt schlägt dr Herrgott (JAHWE) Israel, dass s schwankt wia dr Schilf em Wasser, ond r reißt Israel von dem guata Land, des môn r ihre Vädr geba hât ond vrstraet se jenseits vom Strom (Euphrat), weil se mit ihram Götzakult JAHWE belaedigt hent. 16ER geit Israel preis wega de Sünda vom Jerobeam, mit dene, môn r sich vrsündigt ond ao no Israel drzua vrführt hât. 17Nå hât sich am Jerobeam sae Gemahlin aufgmacht ond ischd ganga, ond se ischd nach Tirza komma. Mô se naeganga ischd über d Türaschwell, ischd der Bua gstôrba. 18Ond se hent an beerdigt ond ganz Israel hât über an klagt, wia s dr Herrgott (JAHWE) gsaed hât durch saen Knecht, da Profeta Ahija.

Zom Vrgleicha: *Vers 2:* 11,29-39 • *Vers 10:* 16,4; 21,21-24; 2Kö 9,8.

Dr Jerobeam stirbt: 14 19-20

19Was s sonst no zom saga geit über da Jerobeam, wian r kämpft ond als König regiert hât, ischd em Buach Chronik über d König von Israel aufgschrieba. 20Dr König Jerobeam hât zwôeazwanzg Jåhr lang regiert. Ond r ischd en d Ruah bei saene Vädr aeganga, ond sae Soh Nadab ischd an saener Statt König wôra.

Rehabeam von Juda: 14 21-31
[21]Rehabeam aber, am Salomo sae Soh,
ischd König en Juda gwea. Der ischd
oesavierzg Jåhr alt gwea, môn r König
wôra ischd, ond håt siebzeah Jåhr lang
regiert en Jerusalem, en dera Stadt, mô
sich dr Herrgott (JAHWE) auserwählt
håt aus älle Stämm von Israel, zom
dort saen Nåma aesetza. Ond sae
Muader håt Naama ghôeßa ond ischd
a Ammoniterin gwea. [22]Aber Juda håt
des dao, was en de Aoga vom Herrgott
(JAHWE) baes gwea ischd, ond se hent
an mit ihre Sünda ärger graezt als wia
ällas, was ihre Vädr dao hent. [23]Dia
hent nämlich ao für sich Kulthöha
baut ond Stoemäler ond Aschera auf
jedam Hügel ond onter jedam graoßa
Baom. [24]Ao Gweihte håt s em Land
geba. Dia hent älle Gräuslichkaeta dao,
wia dia Volksstämm, mô dr Herrgott
(JAHWE) vôr de Israelita vrtrieba håt.
[25]Em fenfta Jåhr vom König Rehabeam
ischd dr König Schischak von Ägypten
gega Jerusalem ågrückt. [26]Der håt d
Schätz vom Herrgott (JAHWE) saem
Tempel gnomma ond de ganze Schätz
aus am Königspalast. Ond älle goldene
Schild, mô dr Salomo håt macha lassa,
håt r ao mitgnomma. [27]Auf des nô
håt dr König Rehabeam an ihrer Stell
Schild aus Bronze macha lassa ond håt
se de Haoptleut von de Laefer geba,
dia mô da Aegang vom Königspalast
bewacht hent. [28]So oft dr König en da
Tempel vom Herrgott (JAHWE) ganga
ischd, hent se dia Laefer traga. Nå hent
se se wieder en da Wachraom von de
Laefer bråcht. [29]Was s sonst no zom
saga geit über da Rehabeam, was r dao
håt, ischd em Buach Chronik über d
König von Juda aufgschrieba. [30]Aber
zwischa'm Rehabeam ond am Jerobeam
ischd de ganz Zeit Kriag gwea. [31]Mô dr
Rehabeam en d Ruah bei saene Vädr
aeganga ischd, håt mr an bei saene Vädr
en dr Davidsstadt beerdigt. Ond sae
Muader håt Naama ghôeßa ond ischd a
Ammoniterin gwea. Ond an saener Statt
ischd sae Soh Abija König wôra.
Zom Vrgleicha: *Vers 21-31:* • 2Chr 12,9-16.

Abija von Juda: 15 1-8
15 Em achtzehnta Jåhr vom König
Jerobeam, am Soh vom Nebat,
ischd dr Abija König über Juda wôra.
[2]Drei Jåhr håt r en Jerusalem regiert
ond sae Muader håt Maacha ghôeßa, a
Tochter vom Abschalom. [3]Ond r håt
grad so an sündiga Lebenswandel gführt
wia sae Vadr, ond sae Herz ischd et
otôelt bei JAHWE, saem Gott (Elohey)
gwea wia s Herz von saem Urgroßvadr
David. [4]Bloß wega'm David håt nämlich
JAHWE, sae Gott (Elohey) (sae Haus)
bstanda lassa, dass r saen Soh nach ehm
håt aesetza könna ond Jerusalem weiter
Bstand håt. [5]Weil dr David s Rechte dao
håt en de Aoga vom Herrgott (JAHWE)
ond et abgwicha ischd von ällam, was
ER an ghôeßa håt en saem ganza Leba,
außer bei dera Gschicht mit am Hetiter
Urija. [6]Aber zwischa'm Rehabeam ond
am Jerobeam ischd de ganz Zeit Kriag
gwea, solang r glebt håt. [7]Was s sonst
no zom saga geit über da Abija, was r
dao håt, ischd em Buach Chronik über
d König von Juda aufgschrieba. Aber
zwischa'm Abija ond am Jerobeam
ischd de ganz Zeit Kriag gwea solang
r glebt håt. [8]Mô dr Abija en d Ruah zo
saene Vädr aeganga ischd, håt mr an bei
saene Vädr en dr Davidsstadt beerdigt.
Ond an saener Statt ischd sae Soh Asa
König wôra.
Zom Vrgleicha: *Vers 1-8:* • 2Chr 13,1-2.22-23 •
Vers 5: 2Sa 11,2-25.

Asa von Juda: 15 9-24
[9]Em zwanzigsta Jåhr vom König
Jerobeam en Israel ischd dr Asa König
von Juda wôra. [10]Oesavierzg Jåhr lang

hât r en Jerusalem regiert, ond sae Muader hât Maacha ghôeßa, a Tochter vom Abschalom. 11Ond dr Asa hât dao, was en de Aoga vom Herrgott (JAHWE) s Rechte gwea ischd, wia sae Urgroßvadr David. 12R hât dia Gweihte aus am Land fortgschafft ond älle Götzabilder, mô saene Väder gmacht hent. 13Sogar sae Muader Maacha hât r aus ihrer Stellong als Herrin entlassa, weil se für d Aschera a Schandbild aufstella lassa hât. Ond dr Asa hât ihr Schandbild hemacha ond em Kidrontal vrbrenna lassa. 14Bloß dia Kulthöha send et vrschwonda. Aber am Asa sae Herz hât otôelt am Herrgott (JAHWE) ghert, solang r glebt hât. 15R hât ao älle Weihegschenk von saem Vadr ond saene aegene Weihegaba en da JAHWE-Tempel brâcht: Silber ond Gold ond Gerätschafta.

16Aber zwischa'm Asa ond am Bascha, am König von Israel, ischd de ganz Zeit Kriag gwea solang se glebt hent. 17Bascha, dr König von Israel ischd gega Juda âgrückt ond hât Rama ausbaut (zor Festong), dass beim König Asa von Juda neamerd hât aus- oder aeganga könna. 18Nå hât dr Asa ällas Silber ond Gold, mô übrig blieba ischd en de Schatzkammera vom JAHWE-Tempel ond en de Schatzkammera vom Königspalast, ond hât s saene Diener geba. Ond dr König Asa hât se zom Ben-Hadad, am Soh vom Tabrimmon ond Enkel vom Hesjon, am König von Aram, gschickt, der mô en Damaskus gwea ischd, ond hât am saga lassa: 19Zwischa mir ond dir, zwischa maem Vadr ond daem Vadr ischd a Bündnis. I schick dr Silber ond Gold als Huldigongsgschenk. Lös dae Bündnis mit am Bascha, am König von Israel auf, dass r vo'mr abziagt. 20Dr Ben Hadad hât auf da König Asa ghört, ond r hât saene Heerführer gega d Städt von Israel gschickt ond hât Ijon, Dan, Abel-Bet-Maacha, ganz Kinneret ond s ganze Land Naftali am Erdboda gleich gmacht. 21Mô des dr Bascha ghört hât, då hât r aufghert mit am Ausbau von Rama ond ischd en Tirza blieba. 22Dr König Asa aber hât ganz Juda aufbota – då ischd koener freigstellt gwea - , dia hent dia ganza Stoener ond Balka weggschafft, mô dr Bascha Rama drmit ausbaua hât wölla. Mit dem Material hât dr König Asa Geba en Benjamin ond Mizpa ausbaut.

23Was s sonst no zom saga geit über da Asa, sae Tüchtigkaet, was r dao hât, ond dia Städt, môn r baut hât, ischd em Buach Chronik über d König von Juda aufgschrieba. Môn r alt wôra ischd, hât r kranke Füaß kriagt. 24Mô dr Asa en d Ruha bei saene Vädr aeganga ischd, hât mr an bei saene Vädr en dr Davidsstadt beerdigt. Ond an saener Statt ischd sae Soh Joschafat König wôra.

Zom Vrgleicha: *Vers 9-12:* • 2Chr 14,1-4 • *Vers 13-15:* • 2Chr 15,16-18 • *Vers 16-22:* • 2Chr 16,1-6.

Nadab von Israel: 15 25-32

25Ond dr Nadab, am Jerobeam sae Soh ischd König wôra über Israel em zwôeta Jåhr vom König Asa en Juda. Ond r hât zwôe Jåhr über Israel regiert; 26Ond r hât dao, was baes gwea ischd en de Aoga vom Herrgott (JAHWE) ond ischd da gleicha Weg ganga wia sae Vadr ond en saener Sünd, mit dera môn r Israel vrführt hât. 27Nå hât dr Bascha, dr Soh vom Achija aus am Stamm Issachar, a Vrschwörong gega an åzettelt, ond dr Bascha hât an en Gibbeton, des mô de Philister ghert, z'daot ghaoa, während dr Nadab ond ganz Israel Gibbeton belagerat hât. 28Dr Bascha hât an em dritta Jåhr vom König Asa von Juda ombrâcht ond ischd an saener Statt König wôra. 29Môn r nå König wôra ischd, hât r s ganze Haus Jerobeam ombrenga lassa. Der hât vom ganza

Haus Jerobeam koen am Leba glassa, so wia s dr Herrgott (JAHWE) durch saen Knecht Ahija von Schilo gsaed håt, [30]wega am Jerobeam saene Sünda, mit dene môn r sich selber ond Israel vrsündigt håt, ond drmit JAHWE, da Gott (Elohey) von Israel, belaedigt håt.
[31]Was s sonst no zom saga geit über da Nadab, was r dao håt, ischd em Buach Chronik über d König von Israel aufgschrieba. [32]Aber zwischa'm Asa ond am Bascha ischd de ganz Zeit Kriag gwea solang se glebt hent.
Zom Vrgleicha: *Vers 29:* 14,10f.

Bascha von Israel: 15 33 – 16 7

[33]Em dritta Jåhr vom König Asa von Juda ischd dr Bascha, am Achija sae Soh König über ganz Israel wôra en Tirza, für vierazwanzg Jåhr. [34]Ond r håt dao, was baes gwea ischd en de Aoga vom Herrgott (JAHWE) ond ischd da gleicha Weg ganga wia dr Jerobeam ond en saener Sünd, mit dera môn r Israel vrführt håt.

16 Då ischd an da Jehu, am Hanani saen Soh, a Wort vom Herrgott (JAHWE) gega da Bascha erganga, des håt gsprocha: [2]Dådrfür, dass i di aus am Staob rausghoba ond de als Fürst über mae Volk Israel aegsetzt han, aber du da Weg vom Jerobeam ganga bist ond mae Volk Israel zor Sünd vrführt håsch, dass se mi mit ihre Sünda belaedigt hent, [3]drom feg i da Bascha ond sae Haus weg, wian e s Haus vom Jerobeam, am Soh vom Nebat, weggfegt han. [4]Wer vom Haus Bascha en dr Stadt stirbt, den sollat d Hond fressa; ond wer em freia Feld stirbt, den fressat d Vögel onter am Hemmel.
[5]Was s sonst no zom saga geit über da Bascha, sae Tüchtigkaet, was r dao håt, ischd em Buach Chronik über d König von Israel aufgschrieba. [6]Mô dr Bascha en d Ruah bei saene Vädr aeganga ischd, håt mr an en Tirza beerdigt. Ond an saener Statt ischd sae Soh Ela König wôra. [7]Ond ao deshalb ischd am Herrgott (JAHWE) sae Wort durch da Profeta Jehu, da Soh vom Hanani an da Bascha ond sae Haus erganga, weil r an durch s Werk von saene Händ vrzürnt håt, so wia s Haus vom Jerobeam, aber ao, weil r des ausgrottat håt.
Zom Vrgleicha: *Vers 4:* 14,10f; 21,21-24; 2Kö 9,8.

Ela von Israel: 16 8-14

[8]Em sechsazwanzigsta Jåhr vom König Asa von Juda ischd dr Ela, am Bascha sae Soh, König von Israel wôra, ond håt en Tirza zwôe Jåhr regiert. [9]Nå håt sae Knecht Simri, der mô Befehlshaber über d Hälfte von de Kampfwäga gwea ischd, a Vrschwörong gega an åzettelt, während dr Ela em Haus vom Arza, am Palastvorsteher en Tirza, total bsoffa gwea ischd. [10]Nå ischd dr Simri komma ond håt an zdaot ghaoa. Des ischd em siebenazwanzigsta Jåhr vom König Asa von Juda gwea, ond r ischd König wôra an saener (Ela) Statt. [11]Môn r nå König wôra ond auf am Thron gsessa ischd, håt r glei s ganze Haus vom Bascha ombrenga lassa ond håt nex übrig glassa, was männlich gwea ischd, ond von saener ganza Vrwandtschaft ond saene Fraend. [12]So håt dr Simri s ganze Haus vom Bascha ausgrottat, wia s dr Herrgott (JAHWE) am Bascha durch da Profeta Jehu ausrichta lassa håt, [13]wega am Bascha ond saem Soh Ela saene Sünda, mit dene mô se sich selber ond Israel vrsündigt hent, ond drmit JAHWE, da Gott (Elohey) von Israel, belaedigt hent mit ihram Götzadenst.
[14]Was s sonst no zom saga geit über da Ela, was r dao håt, ischd em Buach Chronik über d König von Israel aufgschrieba.

Simri von Israel: 16 15-20
[15]Em siebenazwanzigsta Jåhr vom
König Asa en Juda ischd dr Simri sieba
Däg König en Tirza gwea. Während s
Kriagsvolk Gibbeton belagerat håt, des
mô de Philister ghert håt. [16]Aber mô s
Kriagsvolk em Lager ghört håt, dass dr
Simri a Vrschwörong åzettlat ond da
König ombråcht håt, ischd dr Omri, dr
Heerführer no am gleicha Dag em Lager
zom König über Israel gmacht wôra.
[17]Nå ischd dr Omri ond ganz Israel
von Gibbeton naufganga ond håt Tirza
aegschlossa. [18]Mô dr Simri gseha håt,
dass d Stadt aegnomma wôra ischd, håt
r sich en d Hofburg vom Königspalast
zrückzoga ond håt da Palast über sich
åzonda. So ischd r gstôrba [9]wega saene
Sünda, ond weil r dao håt, was baes
gwea ischd en de Aoga vom Herrgott
(JAHWE), ond r ischd da gleicha Weg
ganga wia dr Jerobeam ond en saener
Sünd, mit dera môn r Israel vrführt håt.
[20]Was s sonst no zom saga geit über
da Simri ond sae Vrschwörong, môn r
åzettelt håt, ischd em Buach Chronik
über d König von Israel aufgschrieba.
Zom Vrgleicha: *Vers 15:* 15,27.

Omri von Israel: 16 21-28
[21]Selligsmål håt sich s Volk Israel en
zwôe Parteia gspalta. Oe Hälfte vom
Volk ischd henter am Tibni gstanda,
am Ginat saem Soh, ond håt an zom
König gmacht, ond de ander Hälfte
ischd henter am Omri gstanda. [22]Nå håt
des Volk, mô henter am Omri gstanda
ischd, am Tibni, am Ginat saem Soh,
saene Åhänger überwältigt. Ond mô
dr Tibni gstôrba ischd, ischd dr Omri
König wôra.
[23]Em oesadreißigsta Jåhr vom König
Asa von Juda ischd dr Omri König wôra
über Israel für zwölf Jåhr, von dene håt
r sechs Jåhr en Tirza regiert. [24]Nå håt r
da Berg Samaria kaoft vom Schemer om
zwôe Talent Silber ond håt den Berg
zor Festong ausbaut ond håt dui Stadt
Samaria ghôeßa, nach am Nåma vom
Schemer, dem mô der Berg früher ghert
håt. [25]Ond dr Omri håt dao, was baes
gwea ischd en de Aoga vom Herrgott
(JAHWE). Ond r ischd no schlemmer
gwea als wia älle, mô vôr am gwea send.
[26]Ond r ischd da gleicha Weg ganga wia
dr Jerobeam, am Nebat sae Soh, en saene
Sünda, mit dene môn r Israel vrführt
håt, zom JAHWE, saen Gott (Elohey),
belaediga mit ihram Götzadenst.
[27]Was s sonst no zom saga geit über da
Omri, was r dao håt ond wia tüchtig r
gwea ischd, ischd em Buach Chronik
über d König von Israel aufgschrieba.
[28]Mô dr Omri en d Ruah bei saene Vädr
aeganga ischd, håt mr an en Samaria
beerdigt. Ond an saener Statt ischd sae
Soh Ahab König wôra.

Ahab von Israel: 16 29-34
[29]Dr Ahab, am Omri sae Soh, ischd König
über Israel wôra em achtadreißigsta
Jåhr vom König Asa von Juda. Ond dr
Ahab, am Omri sae Soh håt en Samaria
zwôeazwanzg Jåhr über Israel regiert.
[30]Ond dr Ahab, am Omri sae Soh, håt
dao, was baes gwea ischd en de Aoga
vom Herrgott (JAHWE). Ond r ischd
no schlemmer gwea als wia älle, mô vôr
am gwea send. [31]Då ischd no s mendeste
gwea, dass r am Jerobeam, am Nebat
saem Soh, saene Sünda weiter gmacht
håt. Der håt ao no am König Etbaal
von Sidonien sae Tochter zor Frao
gnomma. Ond r ischd ganga ond håt da
Baal vrehrt ond sich dem onterwôrfa.
[32]Ond r håt en Samaria für da Baal an
Altar ond an Tempel baut. [33]Ond dr
Ahab håt an Kultpfahl åfertiga lassa
ond håt no andere Sacha gmacht, mit
dene môn r JAHWE, da Gott (Elohey)
von Israel vrzürnt håt, viel ärger no als
wia älle, mô vôr am König gwea send

en Israel. [34]Saener Zeit håt dr Hiël aus
Bet-El Jericho wieder aufbaut. Des håt
an saen Erstgeborena kostat, môn r d
Fondament glegt håt, ond saen jüngsta
Soh, môn r d Stadttôr aegsetzt håt, wia s
dr Herrgott (JAHWE) durch da Josua,
am Nun saen Soh gsaed håt.

Zom Vrgleicha: *Vers 34:* Jos 6,26.

Dr Elija am Bach Kerit: 17 1-7

17 Ond dr Elija aus Tischbe en
Gilead håt zom Ahab gsaed: So
wåhr JAHWE, dr Gott (Elohey) von
Israel lebt, en dem saem Denst i stand:
En dem Jåhr geits koen Tao ond koen
Rega, wann i s et sag!
[2]Nå ischd s Wort vom Herrgott (JAHWE)
an an erganga: [3]Gang fort von dåhanna,
gang en Richtong Osta, ond vrschlupf
am Bach Kerit östlich vom Jordan! [4]Aus
am Bach kåsch d trenka, ond d Raba
han e ågwiesa, dass se de vrsôrgat. [5]Dr
Elija ischd ganga ond håt dao, was an dr
Herrgott (JAHWE) ågwiesa håt ond håt
sich em Tal vom Bach Kerit aufghalta,
östlich vom Jordan, [6]ond d Raba hent
am Brot ond Flôesch am Morga, ond
Brot ond Flôesch am Åbad bråcht, ond
aus am Bach håt r tronka. [7]Aber nach
a paar Dag ischd der Bach austricknat,
weil s em Land et gregnat håt.

Dr Elija en Sarepta: 17 8-24

[8]Nå ischd s Wort vom Herrgott
(JAHWE) an an erganga ond håt gsaed:
[9]Stand auf ond gang nach Sarepta, des
mô zo Sidon ghert, ond sell bleibst d!
I han sell a Witwe ågwiesa, se soll de
vrsôrga. [10]Ond r håt sich aufgmacht ond
ischd nach Sarepta ganga. Môn r ans
Stadttôr komma ischd, håt r a Witwe
gseha, mô grad Holz zsemaklaubt håt.
Zo dera håt r gsaed: Hol mr bitte a bißle
Wasser em Kruag, dass e trenka kå!
[11]Ond mô se ganga ischd, zom s hola,
håt ra nåchgschria: Breng mr ao glei an
Bissa Brot mit! [12]Dådrauf håt se gsaed:
So wåhr JAHWE, dae Gott (Eloheya)
lebt, i han nex Baches em Haus, sondern
bloß no a Håd vol Mehl em Kasta ond
a bißle Öl em Kruag. I klaub halt jetzt
no a paar Holzprügel zsema, nå gang e
hoem ond mach ebbas für mi ond maen
Bua, ond wa'mr s gessa hent, nå müaßat
mr halt sterba. [13]Nå håt dr Elija zon ra
gsaed: Mach dr no koene Sorga! Gang,
ond mach, was da gsaed håsch! Bloß,
mach zersta mir drvo a kloes Weckle ond
breng mr s raus. Ond für di ond daen
Bua machst d drnåch ebbas! [14]So spricht
nämlich JAHWE, dr Gott (Elohey) von
Israel: Dr Mehlkasta wird et leer, ond dr
Ölkruag vrsiegt et bis an den Dag, mô
dr Herrgott (JAHWE) auf d Erde regna
lässt! [15]Nå ischd se ganga ond håt dao,
was dr Elija gsaed håt. So hent se lang
zom essa ghet, sui ond er ond ihr Bua.
[16]Ond dr Mehlkasta ischd et leer wôra
ond dr Ölkruag ischd et vrsiegt, so wias
dr Herrgott (JAHWE) durch da Elija
vrsprocha håt.
[17]Nach dene Gschichta ischd dera Frao,
dr Hausfrao, ihr Bua krank wôra, ond
sae Krankat ischd so schlemm wôra,
dass r nemme gschnauft håt. [18]Nå håt se
zom Elija gsaed: Was stôht zwischa mir
ond dir, du Må von Gott (Elohim)? Du
bist komma, zom me an maen Fehltritt
måhna ond maen Bua sterba lassa! [19]Ond
r håt ra zor Antwort geba ond gsaed: Gib
mr daen Bua! Ond r håt ra den Bua aus
de Ärm gnomma ond håt an nauftraga
ens Oberstüble, môn r gwohnt håt, ond
håt an auf sae Bett glegt. [20]Nå håt r da
Herrgott (JAHWE) ågruafa ond gsaed:
JAHWE, mae Gott (Elohey)! Sottest
du wirklich ao über dui Witwe, bei dera
mô i Gast ben, Ohael beschlossa han,
dass da ihran Bua sterba lässt? [21]Nå håt
r sich drei Mål über den Bua ausgstreckt
ond da Herrgott ågruafa: JAHWE, mae
Gott (Elohey)! Laß doch da Gaest von

dem Bua wieder zrück komma en saen
Leib! 22Ond dr Herrgott (JAHWE) håt
auf am Elija sae Ruafa ghört, ond s Leba
ischd wieder en den Bua zrück komma.
23Nå håt dr Elija den Bua gnomma ond
an nagführt aus saem Oberstüble ens
Haus ond håt an saener Muader geba.
Nå håt dr Elija gsaed: Guck, dae Bua
lebt! 24Dådrauf håt dui Frao zom Elija
gsaed: Jetzt wôeß e, dass du a Må von
Gott (Elohim) ist ond dass s Wort von
JAHWE en daem Mund d Wåhrat
ischd.

S Gottesurtôel auf am Karmel: 18 1-46

18 Nach ra langa Zeit, em dritta Jåhr,
ischd am Herrgott (JAHWE) sae
Wort an da Elija erganga: Gang ond zaeg
de am Ahab, i will s nämlich regna lassa
auf dr Erde. 2Ond dr Elija ischd ganga
ond håt sich beim Ahab seha lassa.
D Hongersnaot ischd aber ganz arg
gwea en Samaria. 3Ond dr Ahab håt
saen Palastvôrsteher ruafa lassa, da
Obadja, der håt a graoßa Ehrfurcht
vôr am Herrgott (JAHWE) ghet. 4Mô
d Isebel am Herrgott (JAHWE) saene
Profeta ausrotta lassa håt, då håt dr
Obadja hondert Profeta vrsteckt ghalta,
je fufzg Mann en ra Höhle, ond håt se
mit Wasser ond Brot vrsôrgt. 5Nå håt dr
Ahab zom Obadja gsaed: Gang durchs
Land an älle Quella von Flüß ond an d
Bäch! Vielleicht fendat mr no a Gras,
dass mr onsere Rösser ond Maultier
am Leba halta könnat ond nex ausrotta
müaßat vom Viehbestand. 6Ond se hent
sich s Land auftôelt zom s durchstrôefa.
Dr Ahab ischd für sich alloe en de oe
Richtong ganga ond dr Obadja für sich
alloe en ra andera Richtong.
7Mô nå dr Obadja onterwegs gwea ischd,
ischd am dr Elija entgega komma. Môn
r an kennt håt, ischd r vôr an nôgsonka
ond håt gsaed: Bist du s tatsächlich,
Elija, mae Herr? 8Der håt zon am gsaed:
I ben s! Gang ond sag daem Herra: Dr
Elija ischd då! 9Dr Obadja håt am zor
Antwort geba ond gsaed: Was han i
vrbrocha, dass du daen Knecht am Ahab
en d Händ geist, dass me der ombrengt?
10So wåhr JAHWE, dae Gott (Eloheya),
lebt: S geit koe Volk oder Königreich,
en des mae Herr et gschickt hätt, zom
di suacha lassa. Wann se gsaed hent:
Der ischd nergads! Nå håt r des Reich
oder des Volk schwöra lassa, dass se de
wirklich et gfonda hent. 11Ond jetzt willst
du, dass i nôgang ond maem Herra sag:
Guck, dr Elija ischd då! 12Wann i jetzt
weg gang, ond am Herrgott (JAHWE)
sae Gaest dät di entrücka, wer wôeß mô
nô, ond i dät komma ond s zom Ahab
saga, ond der dät de et fenda, nå dät r mi
ombrenga. Drbei håt doch dae Knecht
von Jugend å a Ehrfurcht vôr JAHWE
ghet. 13Håt mr maem Herra vielleicht
et vrzählt, was i dao han, mô d Isebel
am Herrgott (JAHWE) saene Propheta
håt ombrenga lassa, dass i hondert
Profeta vrsteckt han, je fufzg Mann en
ra Höhle ond dia mit Brot ond Wasser
vrsôrgt han? 14Ond jetzt willst du, dass
i zo maem Herra gang ond sag: Guck,
dr Elija ischd då! Nå dät me der glatt
ombrenga. 15Nå håt dr Elija gsaed: So
wåhr JAHWE Zebaoth lebt, en dem
saem Denst i stand: Haet no tritt am i
onter d Aoga!
16Dådrauf ischd dr Obadja ganga
ond håt da Ahab gsuacht. Môn r am s
gsaed ghet håt, ischd dr Ahab am Elija
entgega ganga. 17Ond mô dr Ahab da
Elija gseha håt, håt r an ågschria: Bist
du s wirklich, du Vrderber von Israel?
18Dådrauf håt r (dr Elija) gsaed: Et i han
Israel ens Vrderba gstürzt, sondern du
ond s Haus von daem Vadr, weil r am
Herrgott (JAHWE) saene Gebot vrlassa
hent ond de Baal nåchgloffa send! 19Jetzt
schickst d mr Bota aus ond vrsammle
mr ganz Israel auf am Karmel, ao dia

vierhondertfufzg Profeta vom Baal. Ond
dia vierhondert Profeta von dr Aschera,
mo am Tisch von dr Isebel essat.
[20]Nå håt dr Ahab en ganz Israel
romgschickt ond dia Profeta auf da Berg
Karmel bstellt. [21]Nå ischd dr Elija vor
s ganze Volk treta ond håt gsaed: **Wia
lang wöllat ihr zwischa zwoe Seite
schwanka?** Wann JAHWE dr wahre
Gott ischd, nå standat ao zon am, ond
wann s dr Baal ischd, nå gangat mit dem!
Aber s Volk håt koe Wörtle zon am
gsaed. [22]Nå håt dr Elija zom Volk gsaed:
I ben alloe übrig blieba als Profet von
JAHWE, aber då send vierhondertfufzg
Profeta vom Baal. [23]Gebat ons jetzt
zwôe Stier; nå sollat dia sich oen drvo
raussuacha ond ausanander haoa en
Stücker ond auf ihran Holzhaufa lega,
aber koe Feuer drå åzünda; i richte da
andera Stier zua ond leg an auf maen
Holzhaufa, ond i zünde ao koe Feuer
drå å. [24]Nå ruafat ihr d Nåma von eure
Götter å, ond i ruaf da Nåma JAHWE
å, ond der Gott, mô mit Feuer Antwort
geit, der ischd dr wahre Gott. Nå håt
s ganze Volk zor Antwort geba ond
gsaed: So soll s sae!
[25]Nå håt dr Elija zo dene Baalsprofeta
gsaed: Suachat ihr euch zersta euran
Stier raus ond richtat an zua – ihr
send jå en dr Mehrzahl. Nå ruafat r
em Nåma von eure Götter, aber Feuer
därfat r et ålega. [26]Ond se hent den Stier
gnomma, mô mr en geba håt ond hent
an zuagrichtat, nå hent se da Nåma Baal
gschria vom Môrga bis en da Mittag ond
gsaed: O Baal, gib ons Antwort! Aber
då håt sich nex gregt, koe Stemm ond
koener, mô Antwort geba hätt. Nå send
se om den Altar romtanzt, den mô se
gmacht hent. [27]Ond en de Mittagsstonda
håt se nå dr Elija vrspottat ond gsaed:
Ihr müaßat lauter schreia! Des ischd
doch a Gott (Elohim), vielleicht ischd
r grad beschäftigt, oder r ischd austreta
oder vrraest. Vielleicht macht r ao
grad a Mittagsschläfle, nå wacht r auf!
[28]Dådrauf hent se no lauter gschria
ond hent sich nach ihram Brauch mit
Schwerter ond Lanza aegritzt, bis s
Bluat an en nagloffa ischd. [29]Mô nå dr
Mittag rom gwea ischd, send en Raserei
gråta bis om dui Zeit, mô mr s Speisopfer
darbrengt. Aber koe Laut ond koener,
mô Antwort geba hätt, ond koener, mô
se ghört hätt.
[30]Nå håt dr Elija zom Volk gsaed:
Kommat her zo mr! Nå ischd s ganze
Volk herkomma, ond r håt den Altar
vom Herrgott (JAHWE), den mô
se hegmacht hent, wieder hergstellt.
[31]Dådrzua håt dr Elija zwölf Stoener
gnomma nach dr Zahl von de Stämm
vom Jakob saene Söh, an den mô s Wort
vom Herrgott (JAHWE) erganga gwea
ischd ond gsaed håt: Du sollst Israel
hôeßa! [32]R håt also mit dene Stoe an Altar
baut für da Nåma JAHWE. ond r håt
an Graba romzoga, mô zwôe Sea (ogfähr
80 l) Saatguat naeganga send. [33]Nå håt r
s Holz naufbeigt, den Stier ausanander
ghaoa ond dia Stücker auf s Holz glegt.
[34]Nå håt r da Befehl geba: Füllat vier
Krüag mit Wasser ond leerat s über des
Brandopfer ond über s Holz! Nå håt r
gsaed: Dent s nômål! Ond se hent s zom
zwôeta Mål dao. Ond r håt gsaed: Dent
s no a dritts Mål! Ond se hent s a dritts
Mål dao. [35]Ond s Wasser ischd rengs om
da Altar romgloffa, ond ao da Graba
håt r mit Wasser auffülla lassa. [36]Om dui
Zeit aber, mô mr s Speisopfer darbrengt,
ischd dr Profet Elija vôrtreta ond håt
gsaed: O JAHWE, Gott (Elohey)
vom Abraham, vom Isaak ond von
Israel, haet wird mr erkenna, dass du
Gott (Elohim) bist en Israel ond i dae
Knecht, ond dass i auf dae Åweisong
des ällas dao han. [37]Gib mr Antwort,
JAHWE! Gib mr Antwort! Dass dia
Leut då erkennat, dass du, JAHWE, dr

ond Gold, ond ao daene Fraoa ond
daene Söh ausliefera sollst. [6]Môrga om
dui Zeit schick e maene Leut zo dr, dass
se daen Palast ond d Häuser von daene
Denstleut durchsuachat, ond ällas, was
en wertvoll aussieht, nemmat se ond
tragat s fort. [7]Nå håt dr König von
Israel de Älteste vom Land aeberuafa
ond gsaed: Erkennat selber ond merkat
r, dass der ebbas Übels ausgheckt håt?
Der håt von mir maene Fraoa ond maene
Söh vrlangt, ond mae Silber ond Gold,
ond i han am nex vrwaegert. [8]Nå hent de
Älteste ond s ganz Volk zon am gsaed:
Folg am et ond gib am auf koen Fall
dae Aevrständnis! [9]Ond r håt dene Bota
vom Ben-Hadad zor Antwort geba:
Sagat maem Herra, am König: Ällas,
was da von daem Knecht zersta vrlangt
håsch, will e doa; aber des kån e dr et
erlaoba. Nå send dia Bota ganga ond
hent s ihram Herra gmeldat. [10]Nå håt
dr Ben-Hadad nômål zon am gschickt
ond am saga lassa: D Götter sollat mr
des ond sell ådoa, wann dr Schutt von
Samaria langat, wann jeder von maener
Gfolgschaft ao bloß oe Håd voll drvo
nemmt. [11]Aber dr König von Israel håt
am zor Antwort geba: Der, mô sich
(zom Kampf) rüstat, soll sich et so rühma
wia der, mô vom Kampf abstôht. [12]Mô
dr Ben-Hadad dui Antwort ghört håt
– r ischd grad beim Trenka gwea mit de
andere König en de Zelt – håt r zo saene
Knecht gsaed: Auf, greifat å! nå hent se
d Stadt ågriffa.

[13]Nå ischd auf oemål a Profet zom
König Ahab von Israel komma ond håt
gsaed: So spricht JAHWE: Siehst d den
riesa Haufa då? Guck, i gib dr an haet
en d Händ, ond du wirst erkenna, dass
i dr Herrgott (JAHWE) ben! [14]Dådrauf
håt dr Ahab gsaed: Durch wen? Der håt
gsaed: So spricht JAHWE: Durch de
Landvögt ihre Leut. Nå håt r gfrågt: Ond
wer soll mit am Kampf åfanga? Geit am
der zor Antwort: Du! [15]Nå håt dr Ahab
dia Leut von de Landvögt gmusterat,
des send zwôehondertzwôeadreißg
Mann gwea. Ond nach dene håt r s
ganze Kriagsvolk von Israel gmusterat:
Siebatausad Mann. [16]Ond se send om
da Mittag rom ausgrückt, während
dr Ben-Hadad mit dene zwôeadreißg
König em Zelt gsoffa håt. [17]Dia Leut
von de Landvögt send zersta ausgrückt.
Nå håt mr zom Ben-Hadad gschickt
ond am ausgrichtat: Då send Männer
aus Samaria ausgrückt. [18]Aber der håt
gsaed: Fangat se lebendig, wann se en
friedlicher Absicht rauskommat, ond
wann se kämpfa wöllat, nå fangat r
se ao lebendig! [19]Mô dia Leut von de
Landvögt aus dr Stadt rauskomma send
ond s ganze Heer hentadrae komma
ischd, [20]då håt a jeder saen Må ens Aog
gfaßt ond håt den gschlaga, nå send
dia Aramäer abghaoa, ond d Israelita
send en nåchgjagt. Aber dr König Ben-
Hadad von Aram ischd auf ama Roß mit
no a paar Reiter nausgwitscht. [21]Ond dr
König von Israel ischd auszoga ond håt
Rösser ond Kampfwäga erbeutat ond so
de Aramäer an schwera Schlag vrsetzt.

[22]Nå ischd der Profet wieder zom König
von Israel komma ond håt zon am gsaed:
Gang ond vrstärk de (daene Truppa) ond
sieh zua, was da doa kåsch, weil oms
Jåhr kommt dr König von Aram wieder
rauf gega de! [23]Aber zom König von
Aram hent saener Berater gsaed: Dene
ihre Götter send Berggötter, deshalb
send dia stärker gwea wia mir. Wann mr
aber en dr Ebene gega se åtretat, nå se'mr
vielleicht stärker wia dia! [24]Aber du
muaßt dia König von ihre Posta wegdoa
ond an ihrer Stell Statthalter aesetza.
[25]Nå hebst a Heer aus, des mô so stark
ischd wia des, mô da vrlora håsch, ond
ao so viel Rösser ond Kampfwäga, ond
laß ons en dr Ebene gega se åtreta, då
send mir stärker wia dia!

Ond r håt auf se ghört. 26 Oms Jåhr håt
dr Ben-Hadad d Aramäer gmusterat
ond ischd raufzoga nach Afek en da
Kriag mit Israel. 27 Aber mô d Israelita
gmusterat ond vrsôrgt gwea send, hent se
sich aufgmacht en da Kampf. D Israelita
hent dene geganüber ihr Lager aufbaut
wia zwôe kloene Herda von Gôesa,
aber von de Aramäer ischd s Land
vol gwea. 28 Nå ischd der Må von Gott
(Elohim) komma ond håt zom König
von Israel gsaed: So spricht JAHWE:
Weil dia Aramäer moenat, JAHWE sei
a Berggott ond koe Gott von de Ebena,
gib i den ganza graoßa Haufa dåhanna
en daene Händ, dass ihr erkennat, dass
i dr Herrgott (JAHWE) ben! 29 Nå send
se sieba Däg anander geganüber glega en
ihre Lager. Am siebta Dag ischd s nå zor
Schlacht komma, ond d Israelita hent
vom aramäischa Fuaßvolk an oem Dag
honderttausad Mann ombråcht. 30 Dr
Rest ischd en d Stadt Afek gflüchtat,
aber d Stadtmauer ischd über dene
siebenazwanzgtausad Mann, mô übrig
blieba send, aeghaglat.
Ao dr Ben-Hadad ischd en d Stadt
naegflüchtat ond då von oem Raom en
da andera rom g'irrt. 31 Nå hent saene
Diener zon am gsaed: Guck, mir hent
ghört, dass d König von Israel gnädige
König seie. Laß ons doch Trauergwänder
åziaga ond mit Strick om da Hals zom
König von Israel nausganga. Vielleicht
lässt r de nå am Leba. 32 Ond se hent
Trauergwänder åzoga ond send mit
Strick om da Hals zom König von
Israel nausganga ond hent gsaed: Dae
Knecht Ben-Hadad spricht: Laß me
doch am Leba! Nå håt r gsaed: Ischd
r denn no am Leba? Der ischd mae
Bruader! 33 Ond dia Männer hent des
als a guats Zaeche ågucket ond hent des
gleich aufgriffa ond gsaed: Dae Bruader
ist dr Ben-Hadad! Nå håt r gsaed: Auf,
holat an raus! Nå ischd dr Ben-Hadad
zon am nausganga ond r håt an zo sich
auf da Waga steiga lassa. 34 Ond dr Ben-
Hadad håt zon am gsaed: Dia Städt,
mô mae Vadr daem Vadr weggnomma
håt, gib e dr zruck; du kåsch dr ao en
Damaskus Vrkaofsgassa ålega, wia s
mae Vadr en Samaria gmacht håt. Aber
mi lässt d ganga mit ama Vrtrag. Nå håt
r an Vrtrag mit am gmacht ond håt an
ganga lassa.
35 Nå håt oener von de Profetaschüaler
auf Åweisong vom Herrgott (JAHWE)
zo saem Kamerada gsaed: Hao me! Aber
der håt sich gwaegerat an zom haoa.
36 Nå håt r zon am gsaed: Weil da et auf
s Wort vom Herrgott (JAHWE) ghört
håsch, breng di a Löwe om, sobald da
von mir weg gôhst. Ond môn r von am
weg ganga ischd, håt an a Löwe ågfalla
ond gschlaga. 37 Nå håt der an andera
Må troffa ond zo dem gsaed: Hao
me bitte! Ond der Må håt an bluatig
gschlaga. 38 Nå ischd der Profet ganga
ond ischd am König en da Weg treta,
mit ra Aogabende håt r sich okenntlich
gmacht. 39 Mô nå dr König vorbei wölla
håt, håt an der ågredat ond gsaed: Dae
Knecht ischd mit en da Kampf zoga
gwea; då ischd a Må zo mr komma ond
håt an andera Må mitbråcht ond gsaed:
Pass auf den Må dåhanna auf, wann der
abhaot, nå zahlst du mit daem Leba
oder da muaßt mr a Silbertalent geba!
40 Während aber dae Knecht des ond sell
zom doa ghet håt, ischd der Gfangene
abghaoa. Nå håt dr König von Israel
gsaed: Du håsch dr dae Urtôel selber
gsprocha. 41 Nå håt r dui Aogabende
schnell wegdao ond dr König von
Israel håt gmerkt, dass des oener von de
Profeta gwea ischd. 42 Aber der håt zon
am gsaed: So spricht JAHWE: Weil du
den Må ganga lassa håsch, auf dem mae
Bann glega ischd, haftest du mit daem
Leba für an ond dae Volk für sae Volk.
43 Dådrauf ischd dr König von Israel

ganz schlecht glaont ond narrat en saen
Palast ganga. So ischd r nach Samaria
komma.

Zom Vrgleicha: *Vers 36:* 13,24.

Am Nabot sae Wengert: 21 1-29

21 Nach dene Sacha ischd des
passiert: Dr Nabot von Jesreel håt
en Jesreel neba am Palast vom Ahab, am
König von Samaria, an Wengert ghet. [2]Nå
håt dr Ahab zom Nabot gsaed: Gib mr
daen Wengert, dass e an als Gmüasgarta
ålega kå, der leit so gschickt neba maem
Palast. I gib dr an bessera Wengert drfür,
oder wann dr s liaber ischd, zahl e dr n
bar. [3]Dådrauf håt dr Nabot zom Ahab
gsaed: Dr Herrgott (JAHWE) soll me
bhüata, dass i s Erbtôel von maene
Vädr hergib! [4]Nå ischd dr Ahab wieder
ganz ozfrieda ond narrat en saen Palast
ganga, weil dr Nabot aus Jesreel zon am
gsaed håt: I gib dr doch et s Erbtôel von
maene Vädr. Ond r ischd auf sae Bett
glega ond håt wegguckt ond nex essa
wölla. [5]Nå ischd sae Frao, d Isebel zon
am raekomma ond håt zon am gsaed:
Wårom bist d den so ozfrieda ond willst
nex essa? [6]Ond r håt r a vrzählt ond
gsaed: Weil e mit am Nabot von Jesreel
gschwätzt han wega saem Wengert,
dass e am den zahla will, oder wann r
an andera drfür will, dass r den kriaga
dät. Aber der håt zo mr gsaed: Maen
Wengert kriagst d et! [7]Dådrauf håt sae
Frao, d Isebel zon am gsaed: Du bist s
doch, der mô über Israel herrscht! Stand
jetzt auf ond iss ebbas ond laß dr s guat
ganga! I gib dir da Wengert von dem
Jesreeliter Nabot.

[8]Ond se håt em Nåma vom Ahab Briaf
gschrieba an de Älteste ond Vürnehme,
mô mit am Nabot en dr Stadt gwohnt
hent. [9]En dia Briaf håt se naegschrieba:
Lassat a Fasta ausruafa ond lassat da
Nabot bei de Leut oba nôsitza. [10]Nå
lassat r zwôe nexnutzige Leut geganüber
von am nôsitza, dass dia gega an zeugat
ond sagat: Du håsch Gott (Elohim) ond
da König vrlästcrat! Nå führat r an naus
ond stoenigat an, dass r stirbt. [11]So hent
s dia Männer en saener Stadt gmacht,
de Älteste ond de Vürnehme, mô en
saener Stadt gwohnt hent, wian en s d
Isebel håt ausrichta lassa en ihram Briaf,
mô se en gschickt håt: [12]Se hent a Fasta
ausruafa lassa ond hent da Nabot ganz
oba nôsitza lassa vôr am Volk. [13]Nå send
dia zwôe nexnutzige Kerle komma ond
send am geganüber nôghockt ond hent
vôr älle Leut gega da Nabot zeugt ond
gsaed: Dr Nabot håt Gott (Elohim) ond
da König vrfluacht. Ond se hent an vôr
d Stadt nausgführt ond an gstoenigt,
dass r gstôrba ischd.

[14]Nå hent se zor Isebel gschickt ond ra
ausrichta lassa: dr Nabot ischd gstoenigt
wora ond r ischd daot. [15]Mo nå d Isebel
ghört håt, dr Nabot sei gstoenigt wôra
ond daot, håt se zom Ahab gsaed: Stand
auf ond übernemm dem Jesreeliter
Nabot saen Wengert, den môn r dr et
håt geba wölla om Geld; dr Nabot lebt
nämlich nemme, der ischd daot. [16]Mô
dr Ahab ghört håt, dass dr Nabot daot
sei, ischd r aufgstanda ond ischd en da
Wengert vom Nabot aus Jesreel naganga
zom an übernemma.

[17]Enzwischa ischd am Herrgott
(JAHWE) sae Wort an da Elija aus
Tischbe erganga: [18]Mach de auf ond gang
na zom König Ahab von Israel ond sag
am: So spricht JAHWE: Håsch d nach
daem Mord ao schao g'erbt? [19]Ond sag
am weiters: So spricht JAHWE: An
dera Stell, mô d Hond am Nabot sae
Bluat aufgschleckt hent, då werat se ao
dae Bluat aufschlecka! [20]Dådrauf håt dr
Ahab zom Elija gsaed: So, håsch d me
gfonda, mae Faend? Der håt drauf gsaed:
Jå, i han de gfonda, weil du de drzua
hergeba håsch zom doa, was en de Aoga
vom Herrgott (JAHWE) baes ischd! [21]I

breng s Oglück über de ond feg de weg.
Ond i rotte vom Ahab saem Gschlecht
ällas aus, was männlich ischd, ob
omündig oder mündig en Israel. [22]Ond i
gib dae Haus preis, wian e am Jerobeam,
am Nebat saem Soh, sae Haus preisgeba
han, ond am Bascha, am Soh vom Ahija,
sae Haus. [23]Ond ao über d Isebel spricht
JAHWE: D Hond sollat d Isebel fressa
an dr Stadtmauer von Jesreel. [24]Dia vom
Haus vom Ahab, mô en dr Stadt sterbat,
sollat d Hond fressa, ond dia, mô em
Feld draußa sterbat, sollat d Vögel onter
am Hemmel fressa!
[25]So, wia dr Ahab håt sich no koener
hergeba zom des doa, was en de Aoga
vom Herrgott Orecht ischd, ond sich
von saener Frao Isebel drzua vrführa
lassa. [26]Der håt richtig ekelhaft ghandelt
mit saener Götzadienerei, wia d
Amoriter, dia mô dr Herrgott vor de
Israelita vrtrieba håt.
[27]Mô des dr Ahab ghört håt, håt r saene
Klôeder vrrissa ond Trauergwänder
åzoga ond gfastat; der håt sogar em
Trauergwand gschlåfa ond ischd
romgloffa wian a g'klopfter Has. [28]Nå
ischd am Herrgott (JAHWE) sae Wort
an da Elija aus Tischbe erganga: Håsch
d des gseha, wia sich dr Ahab vôr mr
demüatigt håt? Weil r sich jetzt vôr
mr demüatigt håt, will e des Oglück et
schao zo saene Lebzeita komma lassa;
erst en dr Zeit von saem Soh will e des
Oglück über sae Haus brenga.

Zom Vrgleicha: *Vers 10:* Lev 24,16 • *Vers 21:* 14,10; 16,4; 2Kö 9,8 • *Vers 23:* 2Kö 9,36.

Dr Kriag mit de Aramäer, dr Ahab stirbt: 22 1-40

22 Drei Jåhr lang ischd a Ruha
gwea, ond s håt koen Kriag geba
zwischa Aram ond Israel. [2]Nå ischd em
dritta Jåhr dr König Joschafat von Juda
zom König von Israel naganga. [3]Då
håt dr König von Israel zo saene Leut
gsaed: Wissat ihr ao, dass Ramot-Gilead
ons ghert? Aber mir sagat nex drzua,
statt dass mr s am König von Aram aus
de Händ nemmat! [4]Ond nå håt r zom
Joschafat gsaed: Dätest mit mr ganga
en da Kriag gega Ramot-Gilead? Der
håt zom König von Israel gsaed: I gang
wia du, ao mae Volk wia dae Volk ond
maene Rösser wia daene Rösser!
[5]Weiters håt dr Joschafat zom König
von Israel gsaed: Fråg aber vôrher da
Herrgott (JAHWE). [6]Nå håt dr König
von Israel d Profeta, ogfähr vierhondert
Mann, vrsammlat ond zo nen gsaed:
Soll i gega Ramot-Gilead en da Kampf
ganga, oder soll e s bleiba lassa? Dådrauf
hent dia gsaed: Gang nauf! Dr Herr
geit s am König en d Håd! [7]Aber dr
Joschafat håt gsaed: Ischd då koe Profet
vom Herrgott (JAHWE), dass mr den
ao fråga könnat? [8]Nå håt dr König von
Israel zom Joschafat gsaed: No oener
ischd då zom JAHWE durch den fråga,
aber i hass den, weil r mr nia ebbas
günstigs profezeit, sondern nex wia
Ohael. Des ischd dr Micha, am Jimla sae
Soh. Nå håt dr Joschafat gsaed: So sott
dr König et reda. [9]Nå håt dr König von
Israel oen von de Beamte gruafa ond zon
am gsaed: Hol mr schnell da Micha, am
Jimla saen Soh her! [10]Ond dr König von
Israel ond dr Joschafat, dr König von
Juda, send a jeder auf saem Thron gsessa
ond hent ihre Königsgwänder åghet. Se
send auf dr Tenne vom Stadttôr von
Samaria gwea, ond älle Profeta hent vôr
en gweissagt. [11]Dr Zidkija, am Kenaan
sae Soh, håt sich eiserne Hörner gmacht
ond gsaed: Mit sotte kåsch d Aram
nastaoßa bis se aufgrieba send. [12]Ond
älle Profeta hent so profezeit ond gsaed:
Gang nauf nach Ramot-Gilead ond sei
erfolgreich, dr Herrgott (JAHWE) geit
se am König en d Håd!
[13]Ao der Beamte, der mô ganga ischd,
zom da Micha ruafa, håt am zuagredat

ond gsaed: Guck doch, älle Profeta hent oestemmig gsaed, dass s für da König günstig sei, jetzt schliaß de dene å ond vrkündige ao Glück! 14 Dådrauf håt dr Micha gsaed: So wåhr JAHWE lebt, bloß was dr Herrgott (JAHWE) zo mr saed, werd i reda! 15 Môn r nå zom König komma ischd, håt der zon am gsaed: Micha, soll i gega Ramot-Gilead en da Kampf ganga, oder soll e s bleiba lassa? Dr Micha håt am zor Antwort geba: Gang nauf ond sei erfolgreich! Dr Herrgott (JAHWE) geit s am König en d Håd! 16 Dådrauf håt dr König zon am gsaed: Wia oft muaß i di bitta, dass da mr nex wia d Wåhrat saesch? 17 Nå håt r gsaed: I han ganz Israel vrstraet em Bergland gseha, wia Schåf, mô koen Hirta hent. Ond JAHWE håt gsaed: Dia hent koen Herra maeh, nå sollat se hoemganga, a jeder em Frieda en sae Haus! 18 Dådrauf håt dr König von Israel zom Joschafat gsaed: Han e dr s et glei gsaed: der profezeit mr nex Guats, sondern emmer bloß Ohael. 19 Dr Micha håt weiter gsaed: Eba grad! Drom hör auf s Wort vom Herrgott (JAHWE): I han da Herrgott auf saem Thron sitza seha ond älle hemmlische Heerschara rechts ond lenks von am standa, 20 Ond dr Herrgott (JAHWE) håt gsaed: Wer will am Ahab so da Honig oms Maul schmiera, dass r nach Ramot-Gilead nauf gôht ond sell fällt? Dr oene saed des – ond dr ander sell. 21 Nå ischd dr Gaest vôrtreta ond ischd vôr da Herrgott (JAHWE) nôgstanda ond håt gsaed: I schmier am Honig oms Maul! Nå håt dr Herrgott (JAHWE) zon am gsaed: 22 Mit was? Nå håt r gsaed, i gang naus ond ben sae Lüagagôest em Mund von älle saene Propheta! Nå håt ER zon am gsaed: Schmier am no Honig oms Maul, du schaffst des ao. Gang ond dua s! 23 Ond jetzt guck! Grad jetzt håt dr Herrgott (JAHWE) an Lüagagôest älle daene Profeta en da Mund glegt. Aber JAHWE spricht s Ohael über dir aus! 24 Nå ischd dr Zidkija, am Kenaan sae Soh, herkomma ond håt am Micha an d Backa nôghaoa ond an ågschria: Wiaso soll dr Gaest von JAHWE von mir gwicha ond auf di überganga sae? 25 Dådrauf håt dr Micha zon am gsaed: Da wirst s nå an dem Dag schao seha, wann da von oem Zemmer ens nächste sprengst zom de vrstecka. 26 Aber dr König von Israel håt da Befehl geba: Nemm da Micha fest ond breng an zom Amon, am Stadthaoptmann ond zom Joasch, am Soh vom König, 27 ond meldat am: So spricht dr König: Schmeisat an ens Gfängnis ond haltat an knapp bei Wasser ond Brot, bis e wieder hoemkomm em Frieda. 28 Aber dr Micha håt drauf gsaed: Wann du zrückkommst em Frieda, nå håt et dr Herrgott (JAHWE) durch mi gsprocha. Ond weiters håt r gsaed: Hörats no, älle Völker!

29 Dådrauf ischd dr König von Israel mit am Joschafat, am König von Juda, nach Ramot-Gilead zoga. 30 Ond dr König von Israel håt zom Joschafat gsaed: Er dät sich für d Schlacht vrklôeda. Aber du kåsch ruhig daene Gwänder åbhalta. Nå håt sich dr König von Israel vrklôedat ond ischd so en da Kampf ganga. 31 Dr König von Aram håt aber dene zwôeadreißg Oberste von saene Kampfwäga da Befehl geba: Greifat neamerd å, weders Kloene no Graoße, als alloe da König von Israel. 32 Mô nå dia Oberste von de Kampfwäga da Joschafat gseha hent, hent se gmoent: Des kå bloß dr König von Israel sae! Ond se hent gwendat ond send auf an losganga. Ond dr Joschafat håt ganz laut gschria. 33 Ond mô dia Oberste gseha hent, dass des et dr König von Israel ischd, hent se von am abglassa. 34 Oener von dene Manna håt aber auf s Gratwohl saen Boga gspannt

ond håt da König von Israel zwischa de
Gurta ond am Brustpanzer troffa. Nå
håt r zo saem Wagalenker gsaed: Dreh
om ond breng me aus am Kampf naus,
i ben vrwondat. 35Weil aber an dem Dag
dr Kampf recht heftig wôra ischd, håt
sich dr König em Kampf gega d Aramäer
aufrecht em Waga ghalta, am Åbad ischd
r nå gstôrba, ond sae Waga ischd voler
Bluat gwea. 36Mô d Sonne onterganga
gwea ischd, håt mr em Lager ausruafa
lassa: Jeder en sae Stadt, ond jeder en sae
Land! 37Dr König ischd daot! Nå send
se hoemganga nach Samaria ond hent
da König en Samaria beerdigt. 38Mô mr
nå em Teich von Samaria saen Waga
ausgwäscha håt, hent d Hond sae Bluat
aufgschleckt, ond d Hura hent sich dren
badat, wia s am Herrgott (JAHWE) sae
Wort vôrher gsaed håt.
39Was s sonst no zom saga geit über da
Ahab ond was r dao håt, ond von dem
Elfaboehaus, môn r baut håt, des stôht
gschrieba en dr Chronik von de König
von Israel. 40Mô nå dr Ahab en d Ruah
zo saene Vädr aeganga ischd, nå ischd
sae Soh, dr Ahasja König wôra an saener
Statt.

Zom Vrgleicha: *Vers 4-35:* • 2Chr 18,1-34 • *Vers 4:* • 2Kö 3,7 • *Vers 19:* Jes 6,1-3 • *Vers 38:* 21,19.

Joschafat von Juda: 22 41-51

41Ond dr Joschafat, dr Soh vom Asa,
ischd König wôra von Juda em vierta
Jåhr vom König Ahab von Israel.
42Fenfadreißg Jåhr alt ischd r gwea,
môn r König wôra ischd, ond r håt
fenfazwanzg Jåhr en Jerusalem regiert.
Sae Muader håt Asuba ghôeßa ond ischd
a Tochter vom Schilhi. 43Ond r ischd en
ällam da Weg von saem Vadr Asa ganga.
Då ischd r et drvo abgwicha, endem r
dao håt, was en de Aoga vom Herrgott
(JAHWE) s Rechte gwea ischd. 44Bloß
dia Kulthöha send et vrschwonda, ond
d Leut hent ao weiter auf de Kulthöha
Opfer ond Raecheropfer darbråcht.
45Ond dr Joschafat håt mit am König
von Israel Frieda gschlossa.
46Was s sonst no zom saga geit über
da Joschafat, wia tüchtig r gwea ischd
ond was r dao håt, ond wian r kämpft
håt, des stôht gschrieba en dr Chronik
von de König von Juda. 47Ond r håt de
letzte von dene Gweihte, mô no aus dr
Zeit von saem Vadr übrig blieba send,
aus am Land gjagt. 48Selligsmål ischd en
Edom koe König gwea, a Statthalter håt
an vrtreta. 49Dr Joschafat håt ao wieder
a Tarschischflotte aufbaut, zom wieder
nach Ofir fahra ond Gold hola. Aber dia
Schiff send et gfahra, weil se en Ezjon-
Geber gstrandat send. 50Selligsmål håt
dr Ahasja, am Ahab sae Soh gsaed: Laß
doch maene Leut mit daene Leut auf
dene Schiff fahra; aber dr Joschafat håt s
et wölla. 51Mô nå dr Joschafat en d Ruha
zo saene Vädr aeganga ischd, håt mr an
en dr Davidstadt beerdigt ond sae Soh,
dr Joram ischd König wôra an saener
Statt.

Zom Vrgleicha: *Vers 41-51:* • 2Chr 20,31-21,1 • *Vers 47:* 15,12.

Ahasja von Israel: 22 52-54

52Dr Ahasja, am Ahab sae Soh, ischd
König über Israel wôra en Samaria em
siebzehnta Jåhr vom König Joschafat
von Juda, ond håt zwôe Jåhr lang über
Israel regiert. 53Der håt dao, was en de
Aoga vom Herrgott (JAHWE) baes
gwea ischd, ond r ischd da Weg von saem
Vadr ond da Weg von saener Muader
ganga ond da Weg vom Jerobeam, am
Nebat saem Soh, der mô Israel zor Sünd
vrführt håt. 54Ond r håt da Baal vrehrt
ond an åbetat, ond JAHWE, da Gott
(Elohey) von Israel belaedigt, ganz wia
s sae Vadr ao dao håt.

auf s Wasser ghaoa håt, hent sich dia Wasser nach bôede Seita tôelt, ond dr Elischa ischd nomganga.
[15]Mô des dia Profetaschüäler aus Jericho von geganüber aus gseha hent, hent se gsaed: Dr Gaest vom Elija ruaht auf am Elischa! Ond se send am entgega ganga ond hent sich bis auf da Boda vôr am vrnaegt. [16]Ond se hent gsaed: Guck, onter daene Knecht send fufzg starke Männer, dia könnte doch ganga ond daen Herra suacha. Vielleicht håt an dr Gaest von JAHWE entführt ond an auf oen von de Berg oder en ra Schlucht nôgsetzt! Nå håt r gsaed: R brauchat neamerd schicka! [17]Môn am dia aber schier d Haut radao hent, håt r gsaed: Also, nå schickat s halt! Nå hent se fufzg Mann losgschickt, ond dia hent an drei Däg gsuacht, aber se hent an et gfonda. [18]Mô se nå wieder zrückkomma send, während er (dr Elischa) no en Jericho gwea ischd, håt r zo nen gsaed: I han euch s doch glei gsaed, r brauchat et ganga.

Erste Tata vom Elischa: 2 19-25

[19]Ond d Leut en dr Stadt hent zom Elischa gsaed: Guck doch, d Stadt ischd doch guat glega, wia onser Herr sieht, aber s Wasser ischd ogsond, ond mr håt en onserer Gegend viele Fehlgeburta! [20]Nå håt r se ågwiesa: Brengat mr a neua Schüssel ond dent Salz nae! Des hent se dao. [21]Dådrauf ischd r nausganga an da Ursprong von dene Wasserlaef ond håt Salz naegschmissa ond drzua gsaed: So spricht JAHWE: I schaff dene Wasser Haelong. Des brengt neamerd maeh da Daot ond ao koene Fehlgeburta maeh! [22]Ond dia Wasser send gsond wôra bis auf da haetiga Dag nach dem Wort, mô dr Elischa gsprocha håt.
[23]Von sell ischd r nach Bet-El ganga. Ond em Naufsteiga send am a paar kloene Buaba aus dr Stadt raus vrkomma, dia hent sich über an lustig gmacht ond am nåchgschria: Komm rauf, Glatzkopf! Komm rauf, Glatzkopf! [24]Wian r sich romdreht ond se gseha håt, håt r se em Nåma vom Herrgott (JAHWE) vrfluacht. Nå send zwôe Bära aus am Wald rauskomma ond hent zwôeavierzg von dene Büabla vrrissa. [25]Aber er ischd von sell auf da Berg Karmel ganga ond ischd nå nach Samaria zrück komma.

Joram von Israel: 3 1-27

3 Ond dr Joschafat, håt en Samaria achtzeah Jåhr über Juda regiert, mô dr Joram, am Ahab sae Soh, König von Israel wôra ischd, ond r ischd zwölf Jåhr lang König gwea. [2]Der håt dao, was en de Aoga vom Herrgott (JAHWE) übel gwea ischd, aber et so, wia sae Vadr ond sae Muader. Ond r håt des Stoemal vom Baal, des mô sae Vadr macha lassa håt, wegschaffa lassa. [3]Aber an dene Sünda, mit dene dr Jerobeam, am Nebat sae Soh, d Israelita vrführt håt, håt r festghalta, ond et drvo glassa.
[4]Dr König Mescha von Moab håt Schåfzucht trieba, ond r håt am König von Israel (äll Jåhr) honderttausad Lämmer ond von honderttausad Schåfböck d Wolla aliefera müaßa. [5]Mô nå dr König Ahab gstôrba ischd, då ischd dr König von Moab vom König von Israel abgfalla. [6]Deswega ischd dr König Joram selligsmål von Samaria ausgrückt ond håt ganz Israel gmusterat. [7]Nå håt r zom König Joschafat von Juda gschickt ond am ausrichta lassa: Dr König von Moab ischd von mr abgfalla! Willst d mit mr en da Kriag gega Moab ganga. Dådrauf håt r gsaed: I gang mit! Wia du, so i! wia dae Volk, so mae Volk, maene Rösser, wia daene Rösser! [8]Der håt gsaed: Wehlan Weg nemmat mr? Dr Joschafat håt entschieda: Mir gangat durch d Wüste von Edom.
[9]Nå ischd dr König von Israel ond dr

König von Juda ond dr König von
Edom ausgrückt. Mô se sieba Däg
gwanderat gwea send, håt s an Wasser
gfehlt für s Heer ond für s Vieh, mô se
drbei ghet hent. [10]Nå håt dr König von
Israel gsaed: Gnad ons! Dr Herrgott håt
dia drei König zsemagruafa, zom se an d
Moabiter ausliefera. [11]Aber dr Joschafat
håt gfrågt: Ischd denn koe Profet vom
Herrgott (JAHWE) då, dass mr durch
den JAHWE fråga könnte? Oener
vom König von Israel saene Diener
håt am zor Antwort geba: Dr Elischa,
am Schafat sae Soh ischd då, der håt am
Elija s Wasser en d Händ gleert. [12]Nå håt
dr Joschafat gsaed: Bei dem ischd s Wort
vom Herrgott (JAHWE)!
Nå ischd dr König von Israel ond dr
Joschafat ond dr König von Edom zon
am naganga. [13]Aber dr Elischa håt zom
König von Israel gsaed: Was han i mit dir
z schaffat? Gang doch zo de Profeta von
daem Vadr ond zo de Profeta von daener
Muader. Dådrauf håt am dr König von
Israel zor Antwort geba: Des gwieß et!
Dr Herrgott (JAHWE) håt nämlich ons
drei König zsemagruafa zom ons dr
Gwalt von de Moabiter ausliefera! [14]Nå
håt dr Elischa gsaed: So wåhr JAHWE
Zebaot lebt, bei dem i em Denst stand:
Wann då et dr Joschafat, dr König von
Juda wär, nå dät e di et amål ågucka.
[15]Aber holat mr jetzt an Harfaspieler her!
Ond mô der Harfaspieler ågfanga håt
mit spiela, ischd am Herrgott (JAHWE)
sae Håd über da Elischa komma, [16]ond
r håt gsaed: So spricht JAHWE: Machat
en dem Bach dåhanna oe Zisterne neba
de andr! [17]Weil, so spricht JAHWE:
Ihr werat weders Wend no Rega seha.
Aber der Bach füllt sich mit Wasser,
dass ihr selber ond euer Vieh ond eure
Lasttier trenka könnat. [18]Aber des langt
am Herrgott (JAHWE) no et, der geit
euch nämlich d Moabiter en d Händ
[19]ond ihr schlagat jeda Festong ond jeda
Stadt, ond haoat de beste Baem om ond
vrstopfat älle Wasserquella, ond älle
guate Äcker dent r mit Stoener vrderba!
[20]Am Môrga, om dui Zeit, mô mr s
Spreisopfer darbrengt, ischd s Wasser
von Edom her komma, dass de ganz
Gegend mit Wasser überfluata ischd.
[21]Mô nå d Leut en Moab ghört hent,
dass dia König gega ihr Land ågrückt
send, ischd ällas aufbota wôra, was
Waffa traga könna håt, ond se hent sich
an dr Grenz aufgstellt. [22]Môrgnads nå,
mô d Sonne über am Wasser aufganga
ischd, hent dia Moabiter des Wasser
bluatraot gseha [23]ond se hent sich
gsaed: Des ischd Bluat! Dia König hent
sich gegaseitig ombråcht! Auf gôht
s, an d Beute, Moab! [24]Mô se aber ans
Lager von de Israelita komma send,
send d Israelita aufgstanda ond hent d
Moabiter gschlaga, ond se send vôr en
abghaoa. Ond d Israelita send en nåch
ond hent oen nach am andera von de
Moabiter gschlaga. [25]Ao d Städt hent se
hegmacht ond jedan Acker mit Stoener
volgschmissa ond älla Quella vrstopft
ond Obstbaem omghaoa, bis bloß no
Kir-Heres übrig blieba ischd. Des hent
d Schleuderer omzenglat ond beschossa.
[26]Mô dr König von Moab gseha håt, dass
der Kampf z hart für an wôra ischd, håt
r siebahondert Schwertkämpfer mit sich
gnomma ond håt gega da König von
Edom ausbrecha wölla, aber des håt r
et gschafft. [27]Nå håt r saen erstgeborena
Soh gnomma, der mô nach ehm hätt
König wera solla, ond håt an auf dr
Mauer als Brandopfer darbråcht. Auf
des nô ischd a graoßer Zôrn über Israel
entstanda, dass se abzoga ond wieder en
ihr Land ganga send.

Zom Vrgleicha: *Vers 2:* 1Kö 16,32 • *Vers 7:* 1Kö 22,4.

S Öl von dr Witwe: 4 1-7

4 Selligsmål håt oena von de Fraoa
von de Profetaschüaler da Elischa
om Hilfe ågruafa ond zon am gsaed:
Dae Knecht, mae Må ischd gstôrba.
Ond du wôeßt doch, dass dae Knecht
a Ehrfurcht vôr am Herrgott (JAHWE)
ghet håt. Aber jetzt ischd dr Glaebiger
komma ond will maene zwôe Kender
als Schuldsklava zo sich nemma. 2Nå
håt dr Elischa zon ra gsaed: Ond was
kå i für de doa? Sag mr, was håsch d no
em Haus? Se håt am zor Anwort geba:
Dae Magd håt gar nex maeh em Haus
als a Salbflasch mit Öl. 3Ond r håt zon
ra gsaed: Gang ond leih dr von älle
daene Nåchber leers Gschirr, aber et z
wenig! 4Nå gôhst d hoem ond schließ
d Tür henter dir ond daene Buaba zua
ond leer en jedas Gschirr nae; ond was
vol ischd, stellst d auf d Seite. 5Nå ischd
se von am fortganga ond s so gmacht:
se håt d Tür henter sich ond ihre Buaba
agschlossa. Dia hent ra s nôghoba ond
sui håt s naegleert. 6Mô älle Gschirr vol
gwea send, håt se zo ihrem Bua gsaed:
Gib mr no a Gschirr her! Aber der håt
gsaed: S ischd koe Gschirr maeh då! Nå
håt s Öl aufghert. 7Nå ischd se ganga
ond håt s dem Må von Gott (Elohim)
gsaed. Der håt gsaed: Gang ond vrkaof
des Öl ond zahl daene Schulda, nå kåsch
du ond daene Buaba leba von dem, was
übrig bleibt.

Dr Elischa weckt a daots Kend auf:
4 8-37

8Ama schöna Dag ischd dr Elischa nach
Schunem nomganga. Då håt a reicha Frao
gwohnt, dui håt an åghalta, r soll doch
bei ra essa. Seither håt r emmer bein ra
gessa, wann r sell vorbeikomma ischd.
9Ond se håt zo ihram Må gsaed: Guck, i
wôeß, dass des a Må von Gott (Elohim)
ischd, a Haeliger, der mô då emmer zo
ons romkommt. 10Laß ons doch oba a
kloena Kammer ausbaua ond sell a Bett,
an Tisch, an Stuahl ond an Leuchter für
an nacdoa.; wann r nå wieder zo ons
kommt, kån r då ausruha.
11Ond môn r ama Dag wieder komma
ischd, håt r en dera Kammer gschlåfa.
12Drnåch håt r zo saem Diener Gehasi
gsaed: Ruaf mr amål dui Schunamitin
her! Der håt se gruafa ond mô se vôr am
gstanda ischd, 13håt r zon am gsaed: Sag
ra doch: Guck, du håsch dr so viel Müah
geba für ons. Könnat mir ao ebbas für
di doa? Brauchst d a Fürspråch beim
König oder beim Heerführer? Dådrauf
håt se gsaed: I leb jå sicher en maem
Volk! 14Aber r håt gsaed: Was könnt e
nå sonst für de doa? Nå håt dr Gehasi
gsaed: Se håt halt koen Soh, ond ihr Må
ischd schao alt. 15Nå håt r gsaed: Ruaf se
her! Ond r håt se hergruafa, ond se ischd
en dr Tür standa blieba. 16Schliaßlich håt
r gsaed: Nächst Jåhr om dui Zeit håsch
du an Soh em Arm! Aber se håt gsaed:
Noe, mae Herr, Må von Gott (Elohim),
mach doch daener Magd nex vôr! 17Ond
se håt a Kend kriagt ond a Bua auf d
Welt bråcht zo dera Zeit, wian ra s dr
Elischa gsaed håt.
18Mô der Bua nå schao graeßer gwea
ischd, ischd r ama schöna Dag zo saem
Vadr naus ond zo de Schnitter, 19ond r
håt bei saem Vadr gheult: Mae Kopf!
Mae Kopf! Der håt zo oem von dene
jonge Männer gsaed: Trag an hoem zo
saener Muader! 20Der håt an aufghoba
ond zo saener Muader bråcht, ond r
ischd ra auf am Schoß gsessa bis an da
Mittag ond nå ischd r gstôrba. 21Nå
ischd se en des Oberstüble naufgstiega
ond håt an auf s Bett von dem Må von
Gott (Elohim) glegt ond håt henter am
zugschlossa ond ischd nausganga. 22Nå
håt se nach ihram Må gruafa ond gsaed:
Schick mr doch oen von de Knecht mit
ra Eselsstuat, i will schnell zo dem Må
von Gott ond komm glei wieder. 23Nå

håt r gfrågt: Wårom willst d denn grad
haet zon am ganga? S ischd doch koe
Neumond ond ao koe Sabbat? Aber se
håt gsaed: S ischd schao guat! 24Nå håt se
dui Eselsstuat gsattlat ond håt zo ihrem
Diener gsaed: Treib no guat å ond halt
me et auf beim Reita, bis e dr s sag!
25So ischd se ganga ond zo dem Må von
Gott (Elohim) komma auf am Berg
Karmel. Ond mô se der Må von Gott
(Elohim) von weitams gseha håt, håt r
zo saem Diener Gehasi gsaed: Guck, då
kommt dui Frao aus Schunam! 26Laof ra
entgega ond fråg se: Gôht dr s guat, ond
gôht s daem Må ond daem Bua guat?
Ond se håt gsaed: Guat gôhts! 27Aber
mô se zo dem Må von Gott (Elohim) auf
da Berg komma ischd, håt se saene Füaß
ghoba. Nå ischd dr Gehasi komma ond
håt se wegdrucka wölla, aber der Må
von Gott (Elohim) håt gsaed: Laß se,
se ischd doch traurig bis en d Seel nae!
Aber dr Herrgott (JAHWE) håt s vôr
mr vrbôrga ond me s et wissa lassa! 28Nå
håt se gsaed: Han i vielleicht von maem
Herra om an Soh beta? Han i et gsaed:
Mach mr koene falsche Hoffnonga?
29Dådrauf håt r zom Gehasi gsaed: Ziag
de å, nemm maen Stab mit ond gang!
Wann dr ebber vrkommt, nå grüaß an
et, ond wann de oener grüaßt, nå gib am
koe Antwort, ond leg maen Stab dem
Bua auf s Gsicht. 30Aber d Muader von
dem Bua håt gsaed: So wåhr JAHWE
lebt, ond so wåhr du lebst, i laß de
et! Nå ischd r aufgstanda ond henter
ra herganga. 31Mô dr Gehasi vôr en
nomkomma ischd, håt r den Stab dem
Bua aufs Gsicht glegt, aber då ischd koe
Laut gwea, nex håt sich gregt. Nå ischd
r omkehrt ond am (Elischa) entgega
ganga ond håt am vrzählt: Der Bua ischd
et aufgwacht!
32Ond dr Elischa ischd en des Haus
komma ond guck, der Bua ischd daot auf
saem Bett glega. 33Nå ischd r naeganga
ond håt d Tür henter sich ond dem
Kend zuagschlossa ond zom Herrgott
(JAHWE) betat. 34Nå ischd r auf den
Bua glega ond håt saen Mund auf dem
Bua saen Mund druckt ond saene Auga
auf dem Bua saene Auga ond saene
Händ auf dem Bua saene Händ. Wian r
so auf dem Bua glega ischd, då ischd der
Bua so langsam wieder warm wôra. 35Nå
ischd r wieder aufgstanda ond em Haus
hin- ond hergloffa, nå ischd r nômål nauf
ond håt sich über an beugt. Dådrauf håt
der Bua sieba Mål niasa müaßa, ond der
Bua håt d Aoga wieder aufgmacht. 36Nå
håt r da Gehasi gruafa ond an ågwiesa,
r soll dui Frao aus Schunam ruafa. Der
håt se gruafa, ond mô se raekomma
ischd, håt r zon ra gsaed: Då nemm daen
Bua! 37Nå ischd se komma ond am vôr
d Füaß nôgsonka ond håt sich bis auf
da Boda vrnaegt, nå håt se ihran Bua
gnomma ond ischd nausganga.

Zom Vrgleicha: *Vers 18-37:* 1Kö 17,17-24 • *Vers 34:* 1Kö 17,17,21; Apg 20,10.

S ogeniesbare Essa: 4 38-41

38Aber dr Elischa ischd nach Gilgal
zrück ganga, während dui Hongersnaot
emmer no em Land gwea ischd. Nå
send amål d Profetaschüaler vôr am
gsessa, nå håt r zo saem Diener gsaed:
Setz den graoßa Kessel auf ond koch
ebbas für d Profetaschüaler! 39Nå ischd
oener ens Feld nausganga zom Kräuter
sammla. Ond r håt a Rankagwächs
gfonda ond håt bittere Gurka en sae
Gwand gsammlat, so viel wia naeganga
send. Môn r hoemkomma ischd, håt
r s en den Kessel naeghoblat zo dem
Gmüas, dia hent des jå et kennt. 40Mô
se nå dene Männer s Essa rausgschöpft
ond dia s vrsuacht hent, ischd s Gschrôe
losganga: Dr Daot ischd em Kessel, o
Mann Gottas (Elohim)! Ond se hents et
essa könna. 41Nå håt s dr Elischa ågwiesa:
Holat a Mehl! Ond r håt s en da Kessel

dao ond gsaed: Gibs jetzt dene Leut! Nå hât s koen schlechta Gschmack maeh ghet em ganza Kessel.

D Brotvrmehrong: 4 42-44

[42]Nå ischd a Må aus Baal-Schalischa komma ond hât dem Må von Gott (Elohim) Erstlengsbrot brâcht, zwanzg Lôeb aus Gersta, ond Gmüas aus saem Garta en saem Sack. Ond r hât gsaed: Gibs daene Leut, dass se essat! [43]Nå hât sae Diener gsaed: Wia soll i des auf hondert Mann auftôela? Nå hât dr Elischa gsaed: Gibs dene Leut, dass se essat! So spricht JAHWE: Mr isst ond lässt übrig! [44]Nå hât r s en vôrgsetzt ond se hent gessa ond hent no übrig glassa, wia s dr Herrgott (JAHWE) gsaed hât.

D Haelong vom Naaman aus Aram: 5 1-27

5 Dr Naaman, am König von Aram sae Feldherr, hât a guats Åseha ghet bei saem Herra, ond r ischd ao sonst haoch ågseha gwea, weil dr Herrgott (JAHWE) durch den de Aramäer Sieg geba hât. Der Må ischd recht tapfer gwea, aber r hât an Aussatz glitta. [2]D Aramäer hent amål bei oem von ihre Strôefzüg a jongs Mädle aus am Land Israel vrschleppt. Des Mädle ischd nå beim Naaman saener Frao Denstmädle wôra. [3]Nå hât des Mädle zo ihrer Herrin gsaed: Wann doch mae Herr bei dem Profeta en Samaria wär, der könnt den Aussatz von am wegnemma! [4]Dådrauf ischd dr Naaman zo saem Herra ganga ond hât zon am gsaed: So ond so hât des Mädle aus am Land Israel gsaed. [5]Nå hât am dr König von Aram zor Antwort geba: Nå gang no, i schick an da König von Israel an Briaf! Nå ischd r ganga ond hât zeah Silbertalent, sechstausad Goldschekel ond zeah Festgwänder mitgnomma. [6]Ond r ischd mit dem Schreiba zom König von Israel ganga; då ischd drengstanda: Wann jetzt der Briaf då zo dir kommt, schick i da Naaman, maen Diener zo dir, dass du saen Aussatz von am wegnemmst! [7]Aber mô dr König von Israel den Briaf glesa hât, hât r sae Gwand vrrissa ond gsaed: Benn i vielleicht a Gott (Elohim), der mô daot ond lebendig macha kå? Dass der mir an Må schickt ond vrlangt, i soll saen Aussatz von am wegnemma. Merkat r s, der suacht bloß an Grond, zom Händel mit mr åfanga.

[8]Mô dr Elischa, dr Må von Gott (Elohim) ghört hât, dr König von Israel hätt sae Gwand vrrissa, hât r zom König gschickt ond am ausrichta lassa: Wårom håsch du daene Gwänder vrrissa? Laß an doch zo mir komma, dass r vrfährt: En Israel geits no an Profeta! [9]So ischd dr Naaman mit saene Rösser ond mit saem Kampfwaga komma ond vôr am Haus vom Elischa standa blieba. [10]Nå hât dr Elischa an Bota zon am gschickt ond am ausrichta lassa: Gang ond bade sieba Mål em Jordan, nå wird dae Leib wieder raen! [11]Aber dr Naaman ischd narrat wôra ond hât gsaed: I hätt jå wenigstens erwartat, dass r zo mr rauskomma dät ond zo mr nôstanda ond da Nâma von JAHWE, saem Gott (Elohey) åruafa ond sae Håd über mae kranka Stell bewega ond so da Aussatz wegnemma dät. [12]Send et dr Abana ond dr Parpar, dia Flüß en Damaskus, besser als älle Wasser en Israel? Kå i et en dene bada, dass e raen wir? Ond r ischd voler Zôrn fortganga. [13]Nå send saene Diener vôr an treta ond hent am zuagredat ond gsaed: Wann der Profet ebbas Graoß von dr vrlanga dät, hättest d des et dao? Om wia viel maeh jetzt, môn r bloß gsaed hât: Bad de, dass da raen wirst! [14]Dådrauf ischd r nagstiega en da Jordan ond sieba Mål ontertaucht, wian an s der Må von Gott (Elohim) ågwiesa hât. Nå ischd sae Haut wieder wôra wian a

Kenderbobbas, ond r ischd wieder raen
gwea.
[15]Nå ischd r wieder mit saener ganza
Gfolgschaft zo dem Må von Gott
(Elohim) zrück komma. Ond r ischd
vôr an nôtreta ond håt gsaed: Guck, i
han erkannt, dass s auf dr ganza Erde
koen Gott (Elohim) geit als en Israel.
Ond jetzt nemm no a Dankgschenk å
von daem Knecht. [16]Aber dr Elischa håt
am zor Antwort geba: So wåhr JAHWE
lebt, en dem saem Denst i stand, i
nemm nex! Ond obwohl r am schier d
Haut radao håt, håt r sich gwaegerat,
ebbas zom ånemma. [17]Dådrauf håt dr
Naamann gsaed: Wann da schao nex
nemma willst, nå laß doch zua, dass
daem Knecht Ackerboda mitgeba wird,
so viel wia zwôe Maultier traga könnat;
dae Knecht will nämlich en Zuakonft
koe Brandopfer ond Schlachtopfer
für andere Götter (Elohim) darbrenga
als wia alloe für JAHWE! [18]Aber om
oes bitt e da Herrgott (JAHWE) om
Nåchsicht mit saem Knecht: Wann
mae Herr, dr König, en da Tempel
vom Rimmon gôht zom beta, ond sich
drbei auf maen Arm stützt ond i nå em
Tempel vom Rimmon ao mit niederfall,
nå mög dr Herrgott (JAHWE) mir des
doch vrzeiha. [19]Nå håt dr Elischa gsaed:
Gang no em Frieda!
Mô nå dr Naaman schao a guats Stück
weit weg gwea ischd, [20]håt sich dr
Gehasi, dr Diener vom Må von Gott
(Elohim) denkt: Mae Herr håt den
Aramäer, da Naaman, gschont ond nex
von am ågnomma, was r mitbråcht håt.
So wåhr JAHWE lebt, i laof am nåch
ond hol ebbas von am. [21]So ischd dr
Gehasi am Naaman nåchgloffa. Ond
mô dr Naaman gmerkt håt, dass oener
henter am her laoft, ischd r von saem
Waga ragstiega ond am entgega gloffa
ond håt gsaed: S ischd doch ällas en
Ordnong? [22]R håt am zor Antwort geba:
Ällas en Ordnong! Mae Herr schickt
me, zom dr saga: Guck, grad send zwôe
Profetaschüaler vom Bergland Efraim
zo mr komma. Gib doch für dia zwôe
Silbertalent ond zwôe Festgwänder!
[23]Dådrauf håt dr Naaman gsaed: Nemm
no zwôe Talent! Des håt r am richtig
aufdrängt ond håt zwôe Silbertalent en
zwôe Beutel dao ond zwôe Festgwänder
drzua ond håt s zwôe Diener geba, dia
hent s vôr am hertraga. [24]Ond mô se
auf dr Höhe åkomma send, håt r s en
abgnomma ond håt s ens Haus bråcht.
Nå håt r dia Männer entlassa ond dia
send ganga. [25]Môn r nå vôr saen Herra
treta ischd, håt dr Elischa zon am
gsaed: Mô kommst d her, Gehasi? Nå
håt r gsaed: Dae Knecht ischd nergads
nôganga! [26]Aber dr Elischa håt zon am
gsaed: Ben i et em Gaest bei dr gwea,
mô oener von saem Waga ragstiega
ischd ond dr entgega ganga ischd?
Ischd s denn Zeit, zom Silber ånemma
ond Gwänder, ond Ölbaomålaga ond
Wengert ond Kloevieh ond Vieh ond
Knecht ond Mägd? [27]An dir ond an
daene Nåchkomma soll dr Aussatz vom
Naaman hafta bleiba für emmer! Môn r
nå von am wegganga ischd, ischd r vom
Aussatz weiß gwea wia Schnae.

S vrlorene Beil: 6 1-7

6 Nå hent amål dia Profetaschüaler
zom Elischa gsaed: Guck doch, der
Raom dåhanna, en dem mô mir vôr dr
sitzat, ischd z eng für ons. [2]Mir wöllat
an da Jordan ganga, ond jeder von ons
soll an Balka hola, dass mr für ons
dåhanna a Wohnong bauat. Nå håt r
gsaed: Gangat no! [3]Aber oener håt an
beta: Dua ons doch da Gfalla ond gang
mit daene Knecht mit! Schliaßlich håt
r gsaed: Also, i gang mit! [4]Ond r ischd
mit en ganga, ond se send an da Jordan
komma. Nå hent se dia Stämm omghaoa.
[5]Nå ischd oem beim Baomfälla d Kleng

von saem Beil vom Stiel weggfloga ond
ens Wasser nae. Nå håt r gschria: So a
Pech aber ao, mae Herr, ond i han s ao no
glieha! [6]Aber dr Elischa håt gfrågt: mô
ischd s denn nôgfloga? Ond r håt am dui
Stell zaegt. Nå håt dr Elischa an Stecka
weggschnitta ond an sell nôgschmissa.
So håt r des Eise zom Schwemma bråcht.
[7]Nå håt r gsaed: Hol dr s raus! Ond r håt
sae Håd nausgstreckt ond s gholt.

Am Profeta saene Gfangene: 6 8-23
[8]Ond dr König von Aram håt gega
Israel Kriag gführt. Nå håt r mit saene
Diener beratschlagt ond gsaed: An dera
bekannta Stell legat r an Henterhalt!
[9]Aber der Må von Gott (Elohim) håt
oen zom König von Israel gschickt ond
am ausrichta lassa: Hüat de, dass da an
dem Ort vorbei gôhst, då send nämlich
Aramäer ema Henterhalt. [10]Nå håt dr
König von Israel an den Ort Späher
nôgschickt, vôr dem an der Må von
Gott (Elohim) gwarnt håt, ond r ischd
sell auf dr Huat bliaba, ond des et bloß
oe Mål oder zwoe Mål. [11]Des håt am
König von Aram koe Ruha glassa, ond
r håt zo saene Diener gsaed: Könnat ihr
mir vielleicht saga, wer von de Onsrige
zom König von Israel hält? [12]Nå håt
oener von saene Diener zon am gsaed:
Von ons ischd des koener, mae Herr, o
König! Sondern dr Elischa, der Profet
en Israel saed am König von Israel sogar
Sacha, mô du en daener Schlåfkammer
schwätzt. [13]Dådrauf håt r gsaed: Gangat
ond guckat, môn r sich aufhält, dass e
nôschicka ond an vrhafta laß! Nå håt
mr am gmeldat: R ischd en Dotam.
[14]Nå håt r Rösser ond Kampfwäga ond
a starka Mannschaft nôgschickt ond d
Stadt omzengla lassa. [15]Mô nå am Morga
en äller Früah am Elischa sae Diener
aufgstanda ond nausganga ischd, håt r
des Heer gseha, mô d Stadt aekraest håt
mir Rösser ond Kampfwäga. Nå håt sae
Diener zon am gsaed: Gnad Gott, mae
Herr, was sollat mr doa? [16]Nå håt r gsaed:
Brauchst koe Angst et han, auf onserer
Seite standat maeh wia bei dene. [17]Ond
dr Elischa håt betat ond gsaed: JAHWE,
laß am doch d Aoga aufganga, dass r
sieht! Nå håt dr Herrgott (JAHWE)
dem Diener d Aoga aufganga lassa, ond
r håt gseha, dass dr ganze Berg vol gwea
ischd mit feurige Rösser ond Wäga, dia
mô da Elischa omgeba hent.
[18]Mô nå dia Aramäer gega an åtreta send,
håt dr Elischa zo JAHWE betat: Schlag
doch des Volk då mit Blendhaet. Nå
håt r s mit Blendhaet gschlaga, wia s dr
Elischa gsaed håt. [19]Nå håt dr Elischa zo
nen gsaed: Des ischd et dr rechte Weg
ond et de richtig Stadt. Kommat mit, i
zaeg euch da Weg zo dem Må, den mô
ihr suachat. Ond r håt se nach Samaria
gführt. [20]Mô se en Samaria drenna gwea
send, håt dr Elischa gsaed: JAHWE, laß
en d Aoga aufganga, dass se seahnat!
Ond mô nen dr Herrgott (JAHWE) d
Aoga håt aufganga lassa, hent se gseha,
dass se mittla en Samaria gwea send.
[21]Sobald dr König von Israel dia gseha
håt, håt r zom Elischa gsaed: Soll e
draeschlaga, mae Vadr? [22]Aber der
håt gsaed: Du sollst et draeschlaga.
Du haost doch dia ao et zdaot, mô da
mit daem Schwert ond Boga gfanga
nemmst! Setz en Brot ond Wasser vôr,
dass se essat ond trenkat, nå könnat se
zo ihram Herra ganga! [23]Nå håt r en a
graoßs Gastmahl geba, ond mô se gessa
ond tronka ghet hent, håt r se entlassa,
ond se send zo ihram Herra ganga. Von
då å hent d Aramäer koene Raubzüg
maeh em Land Israel gmacht.

D Rettong aus dr Hongersnaot:
6 24 – 7 20
[24]Ond später håt dr Aramäerkönig
Ben-Hadad, sae ganz Heer gsammlat
ond ischd gega Samaria ågrückt ond

håt d Stadt belagerat. 25Nå ischd en
Samaria durch dui Belagerong a graoßa
Hongersnaot entstanda, då håt nå a
Eselskopf achtzg Silberleng kostat, ond
a Viertel Kab (ogfähr 2,2 l) Taubamist
fenf Silberleng. 26Mô nå dr König von
Israel amål auf dr Stadtmauer romgloffa
ischd, ischd a Frao auf an zuaganga ond
håt an ågschria: Hilf doch, mae Herr, o
König! 27Aber er håt zon ra gsaed: Wann
dr dr Herrgott (JAHWE) et hilft, wia
soll dr nå i helfa? Vielleicht mit ebbas
von dr Tenne oder von dr Kelter? 28Nå
håt dr König zon ra gsaed: Was håsch d
denn? Nå håt se gsaed: Dui Frao då håt
zo mr gsaed: Gib mr daen Soh her, dass
mr an essat, môrga wöllat mr nå maen
Soh essa. 29So he'mr maen Bua kocht
ond gessa. Môn i aber am andera Dag
zon ra gsaed han: Gib mr daen Bua, dass
mr an essat! Håt se an vrsteckt. 30Mô dr
König des ghört håt, was dui Frao gsaed
håt, då håt r saene Gwänder vrrissa,
während r auf dr Mauer romgloffa ischd;
ond s Volk håt gseha, dass r dronter a
Trauergwand auf am blanka Leib åghet
håt. 31Ond r håt gsaed: Gott (Elohim)
soll mr des ond sell ådoa, wann dr
Elischa, am Schafat sae Soh, saen Kopf
bis haet åbad bhält.
32Dr Elischa ischd en saem Haus gsessa,
ond de Älteste send bein am gsessa, mô
dr König an Må vôr sich hergschickt
håt. Bevôr der Bote zon am komma
ischd, håt r zo de Älteste gsaed: Hent
r s gseha, dass der Soh vo'ma Mörder
då hergschickt håt zom mir da Kopf
rahaoa lassa? Passat auf! Wann der
Bote kommt, nå schliaßat r d Tür zua
ond stemmat euch mit dr Tür gega an.
Mr hört jå schao henter am d Füaß von
saem Herra drherstampfa. 33Während
r no gschwätzt håt mit en, ischd ao dr
König schao ragstiega zon am ond håt
gsaed: Des Ohael kommt vom Herrgott
(JAHWE)! was soll e då no weiter auf
da Herrgott (JAHWE) warta.
7 Dr Elischa håt am zor Antwort geba:
Horchat auf s Wort von JAHWE: So
spricht JAHWE: Môrga om dui Zeit
kostat oe Sea (ogfähr 13 l) Faemehl no
an Silberschekel ond zwôe Sea Gersta
ao bloß no oen Silberschekel auf am
Tôrmärkt von Samaria! 2Nå håt am der
Offizier, auf den sich dr König gstützt
håt, zor Antwort geba: Ond wann dr
Herrgott (JAHWE) Schleusa an da
Hemmel macha dät, wia sott des ao
zuaganga? Ond r håt gsaed: Da wirst s
schao seha, aber du wirst nex drvo essa!
3Då hent aber vier Männer, dia send
aussätzig gwea, draußa vôr am Tor glebt.
Dia hent zoanander gsaed: Was sollat
mr ao dåhanna bleiba bis mr sterbat!
4Wa'mr ao en d Stadt nae wötte, mô dr
Honger dren herrscht, nå müaßat mr
sell sterba. Ond wa'mr dåhanna bleibat,
müaßat mr ao sterba. Laß ons doch ens
Lager von de Aramäer ganga! Wann se
ons leba lassat, nå bleibat mr am Leba;
ond wann se ons ombrengat, nå sterbat
mr halt. 5Nå hent se sich aufgmacht
zwischa Dag ond siehst d me et ond
send ens Lager von de Aramäer ganga;
mô se bis ans End vom Lager komma
send, ischd då koe Mensch gwea. 6Dr
Herr håt nämlich em Lager von de
Aramäer da Krach vo'ma Wagazug ond
s Geschepper von Reiter ond da Krach
von ra graoßa Streitmacht höra lassa,
ond dia hent zoanander gsaed: Dr König
von Israel håt d König von de Hetiter
ond d König von Ägypten donga zom
über ons herfalla. 7So send se aufbrocha
ond send en dr Dämmerong abghaoa,
ihre Zelt, ihre Rösser ond Esel ond s
ganze Lager, wia s då gstanda ischd,
hent se em Stich glassa ond send oms
nackate Leba drvogsauat. 8Mô nå dia
Aussätzige ans End vom Lager komma
send, send se en oes von dene Zelt
naeganga, ond se hent gessa ond tronka,

ond hent Silber ond Gold aufghoba ond
Gwänder, ond send ganga ond hent s
vrgraba. Nå send se zrück komma ond
en a anders Zelt naeganga ond hent ao
von sell ällas mitgnomma ond vrgraba.
9 Nå hent se zoanander gsaed: Des ischd
et richtig, was mir då dent. Der Dag
dåhanna ischd doch a Dag mit ra froha
Botschaft. Wann mir schweigat ond
bis an da Môrga wartat, nå machat mr
ons schuldig. Auf gôht s, mir gangat
hoem ond meldat s em Königspalast.
10 Mô se nå åkomma send, hent se dr
Stadtwach zuagschria: Mir kommat aus
am Lager von de Aramäer, då ischd koe
Mensch maeh ond mr håt ao nex ghört
von ebber. Bloß d Rösser ond d Esel
standat åbonda då ond d Zelt so, wia se
dåstandat. 11 Ond dia Tôrhüater hent s
em Königspalast gmeldat.
12 Aber dr König ischd no en dr Nacht
aufgstanda ond håt zo saene Diener
gsaed: I sag euch, was dia Aramäer
gega ons vôr hent. Dia wissat, dass mir
Honger leidat, deswega send se aus
ihram Lager wegganga ond hent sich
em Feld vrsteckt, ond se sagat sich:
Wann dia aus dr Stadt rauskommat,
könnat mr se lebendig schnappa ond
en d Stadt naeganga! 13 Nå håt oener
von saene Diener drauf gsaed: laß ons
doch fenf von dene übrig bliebene
Rösser nemma, mô no då send. Solls
en ganga wia de andere von Israel, mô
draufganga send; dia schickat mr ond
guckat, was mit en passiert. 14 Nå hent
se zwôe Gspann Rösser gholt, ond dr
König håt se henter am Heer von de
Aramäer hergschickt ond gsaed: Gangat
ond passat auf! 15 Ond se send en bis
an da Jordan nåchganga, ond dr ganze
Weg ischd volglega mit Gwänder ond
Gerätschafta, mô dia Aramäer en ihrer
überstürzta Flucht weggschmissa hent.
Nå send dia Bota omkehrt ond hents am
König gmeldat. 16 Nå ischd s ganze Volk
aus dr Stadt rauskomma ond håt s Lager
von de Aramäer plünderat. Ond a Sea
Faemehl håt bloß no oen Silberschekel
kostat ond zwôe Sea Gerstaschrot
oen Silberschekel, wia s dr Herrgott
(JAHWE) gsaed håt.
17 Dr König håt den Offizier, auf den môn
r sich emmer gstützt håt, als Aufseher
über s Tôr bstellt. Ond dia Leut hent
an em Tôr zsematramplat, ond r ischd
gstôrba, wia s dr Elischa gsaed håt, mô
dr König zon am nakomma ischd. 18 So
ischd gscheha, was der Må von Gott
(Elohim) zom König gsaed håt: Môrga
om dui Zeit kostat oe Sea (ogfähr 13 l)
Faemehl no an Silberschekel ond zwôe
Sea Gersta ao bloß no oen Silberschekel
auf am Tôrmärkt von Samaria! 19 Då håt
der Offizier am Elischa zor Antwort
geba: Ond wann dr Herrgott (JAHWE)
Schleusa an da Hemmel macha dät, wia
sott des ao zuaganga? Ond r håt gsaed:
Da wirst s schao seha, aber du wirst nex
drvo essa! 20 So ischd s am jetzt ganga:
Dia Leut hent an em Tôr zsematramplat,
ond r ischd gstôrba.

D Sôrga om dui Frao aus Schunem:
81-6

8 Dr Elischa håt zo dera Frao, dera
môn r ihran Bua wieder lebendig
gmacht håt gsaed: Stand auf ond gang
mit de daene fort, ond bleib oemats, mô
da als Gast bleiba kåsch, dr Herrgott
håt nämlich a Hongersnaot åkündigt.
Se kommt schao ond daurat sieba Jåhr.
2 Nå håt sich dui Frao aufgmacht ond håt
dao, was ra der Må von Gott gsaed håt.
Se ischd mit ihre Ågherige fortganga
ond sieba Jåhr lang em Land von de
Philister blieba. 3 Ond mô dia sieba Jåhr
rom gwea send, ischd dui Frao aus am
Philisterland zrück komma, ond se
ischd zom König ganga wega ihram
Haus ond ihre Grondstück. 4 Dr König
håt aber grad mit am Gehasi gschwätzt,

am Diener vom Elischa ond håt gsaed: Vrzähl mr doch ällas vom Elischa, was der für graoßa Tata vollbråcht håt! 5Ond wian r am König grad vrzählt håt, wia dr Elischa den Daota wieder lebendig gmacht håt, ischd dui Frao raekomma, dera ihran Bua r wieder lebendig gmacht håt, ond jetzt zom König komma ischd wega ihram Haus ond wega ihre Grondstück. Nå håt dr Gehasi gsaed: Mae Herr, o König! Des ischd dui Frao ond ihr Soh, den mô dr Elischa wieder lebendig gmacht håt! 6Nå håt dr König dui Frao gfrågt, ond se håt s am vrzählt. Nå håt ra dr König an Kämmerer mitgschickt ond an ågwiesa: Sôrg drfür, dass se ällas wieder kriagt was ra ghert, ond ao da Ertrag von ihre Äcker von dem Dag å, mô se s Land vrlassa håt bis jetzt!

Zom Vrgleicha: *Vers 1:* 4,32-37.

Dr Elischa en Damaskus: 8 7-15

7Nå ischd dr Elischa nach Damaskus komma. Aber dr König Hadad von Aram ischd krank gwea, ond mr håt am gmeldat: Der Må von Gott (Elohim) ischd herkomma! 8Nå håt dr König da Hasaël ågwiesa: Nemm a Gschenk ond gang dem Må von Gott (Elohim) entgega ond fråg da Herrgott (JAHWE) durch an, r soll dr saga: Werd i von maener Krankat wieder gsond? 9Nå ischd am dr Hasaël entgega ganga, ond r håt ällerloe Kostbarkaeta aus Damaskus als Gschenk mitgnomma, a Last für vierzg Kamel. Môn r åkomma ischd, ischd r vôr an nôgstanda ond håt gsaed: Dae Soh, dr Ben-Hadad, dr König von Aram håt me gschickt zom dr saga: Werd i von maener Krankat wieder gsond? 10Nå håt dr Elischa zon am gsaed: Gang ond sag: Du wirst wieder gsond! Aber dr Herrgott (JAHWE) håt me seha lassa, dass r stirbt. 11Ond r håt ganz starr vôr sich nô gstiert ond håt schliaßlich gheult. 12Nå håt dr Hasaël gfrågt: Wårom heult mae Herr? Dådrauf håt r gsaed: Weil e wôeß, dass du de Israelita no viel Baes åduast. Du facklest ihre Festonga ab ond brengst ihre jonge Männer mit am Schwert om, du haost ihre Saegleng an d Wåd nô ond schlitzt schwangere Fraoa da Bauch auf! 13Dådrauf håt dr Hasaël gsaed: Was ischd denn dae Knecht, der Hond schao, dass r so gewaltige Sacha doa könnt? Nå håt dr Elischa gsaed: Dr Herrgott (JAHWE) håt me di als König über Aram seha lassa! 14Nå ischd r vom Elischa fortganga ond wieder zo saem Herra komma, der håt an gfrågt: Was håt dr Elischa zo dr gsaed? Nå håt r gsaed: Der håt zo mr gsaed, dass du wieder gsond wirst! 15Am andera Dag håt r a Bettdecke gnomma ond ens Wasser tonkt ond am auf s Gsicht glegt, dass r gstôrba ischd. Ond dr Hasaël ischd an saener Stell König wôra.

Zom Vrgleicha: *Vers 12:* 10,32f; Am 1,3.

Joram von Juda: 8 16-24

16Em fenfta Jåhr vom Joram, am Ahab saem Soh, am König von Israel, ischd dr Joram, am Joschafat sae Soh, König von Juda wôra. 17Mit zwôeadreißg ischd r König wôra ond håt acht Jåhr en Jerusalem regiert. 18Der ischd auf de Weg von de König von Israel ganga, wia s am Ahab sae Haus gmacht håt. Der håt nämlich a Tochter vom Ahab als Frao ghet, ond r håt dao, was en de Aoga vom Herrgott (JAHWE) baes gwea ischd. 19Aber dr Herrgott (JAHWE) håt Juda et ens Vrderba sturza wölla wega saem Knecht David, wian r s am vrsprocha håt, dass r am emmer a Leuchte aus saene Nåchkomma geba dät.

20En saener Zeit hent sich d Edomiter von Juda frei gmacht ond hent an (aegena) König aegsetzt. 21Nå ischd dr Joram nach Zaïr nom ganga mit saene Kampfwäga; no en dr Nacht håt r

dr Herrgott gsaed hât!
27 Mô des dr König Ahasja von Juda gseha hât, ischd r abghaoa en Richtong Bet-Gan. Aber dr Jehu ischd am nâchgjagt ond hât gschria: Den ao! vrschiaßat an auf saem Waga an dr Stôeg nach Gur, des mô bei Jiblam leit! Aber r ischd nach Megiddo durchkomma ond ischd sell gstôrba. 28 Nå hent an saene Diener auf ama Waga nach Jerusalem gführt ond an en saem Grab bei saene Vädr en dr Davidsstadt beerdigt. 29 Em elfta Jåhr vom Joram, am Soh vom Ahab, ischd dr Ahasja König von Juda wôra.

Zom Vrgleicha: *Vers 26:* 1Kö 21,19.

S End von dr Isebel: 9 30-37

30 Mô dr Jehu nach Jesreel komma ischd ond d Isebel des ghört hât, hât se ihre Aoga gschminkt ond ihran Kopf hergrichtat. Nå hât se zom Fenster nausguckt. 31 Ond mô dr Jehu durchs Tôr komma ischd, hât se gsaed: Gôht s am Simri guat, am Mörder von saem Herra? 32 Nå hât r zom Fenster naufguckt ond hât gsaed: Wer will zo mir halta? Då hent ao no zwôe oder drei Beamte zon am rausguckt, 33 zo dene hât r gsaed: Schmeißat se ra! Ond dia hent se nagschmissa, ond ihr Bluat ischd an d Wåd nôgspritzt ond an dia Rösser, mô se vrtramplat hent. 34 Nå ischd r naeganga ond hât gessa ond tronka; drnâch hât r d Åweisong geba: Guckat amål nach dera Vrfluachta dåhanna ond beerdigat se, schliaßlich ischd se a Königstochter gwea! 35 Aber mô se nausganga send zom se beerdiga, hent se nex maeh von ra gfonda als ihran Schädel ond ihre Füaß ond d Händ. 36 Nå send se wieder zrück komma ond hent s am gmeldat. Aber er hât nå drauf gsaed: Des ischd des Wort, mô dr Herrgott (JAHWE) durch saen Knecht Elija aus Tischbe ausrichta lassa hât: Em Feld draußa werat d Hond s Flôesch von dr Isebel fressa, 37 ond dr Leichnåm von dr Isebel soll zo Mist wera auf am Feld vôr Jesreel draußa, dass neamerd maeh saga kå: Des isch d Isebel!

Zom Vrgleicha: *Vers 31:* 1Kö 16,10 • *Vers 36:* 1Kö 21,23.

Dr Ontergang vom Haus Ahab: 10 1-17

10 Dr Ahab hât siebzg Enkelsöh en Samaria ghet. Nå hât dr Jehu Briaf gschrieba nach Samaria an de Oberste von dr Stadt, an de Älteste ond an d Erzieher vom Ahab saene Enkelsöh; då ischd drennagstanda: 2 Wann jetzt der Briaf zo euch kommt – ihr hent jå d Enkelsöh von euram Herra, d Kampfwäga ond d Rösser ond d Festong ond s Waffalager – 3 drom sollat ihr da besta ond zuavrlässigsta von de Söh von euram Herra raussuacha ond an auf da Thron von saem Vadr setza. Ond ihr sollat kämpfa für s Haus von euram Herra! 4 Aber dia hent Angst kriagt ond gsaed: Wann dem zwôe von de König et standhalta könna hent, wia sollat nå mir standhalta? 5 Nå hât dr Palastvôrsteher, dr Stadtoberste, d Älteste ond d Erzieher am Jehu ausrichta lassa: Mir send daene Knecht ond wöllat ällas doa, was du åordnest. Mir machat koen zom König! Mach du, was da für richtig hälst!
6 Dådrauf hât r an zwôeta Briaf gschrieba mit dr Åweisong: Wann ihr zo mir halta ond mir folga wöllat, nå kommat r môrga om dui Zeit nach Jesreel ond brengat d Köpf von de männliche Enkelkender von euram Herra mit. Aber dia Enkelsöh vom König send siebzg Mann gwea, dia send bei de Graoße en Jesreel gwea, ond dia hent se ao erzoga. 7 Mô nå der Briaf åkomma ischd, hent se dia Prinza packt ond se abgschlachtat, siebzg Mann. Nå hent se ihre Köpf en Kretta naebeigt, dia hent se zon am nach Jesreel gschickt. 8 Mô der Bote komma

ischd ond am gmeldat håt: Dia hent d
Köpf von dene Prinza bråcht! Nå håt r
gsaed: Beigat se auf zwôe Haufa an da
Aegang vom Stadttôr bis an da Môrga.
[9]Am andera Môrga ischd r nausganga
ond nôgstanda ond håt zom ganza Volk
gsaed: Euch trifft koe Schuld! Guckat, i
selber han a Vrschwörong åzettlat gega
maen Herra, ond i han an ombråcht!
Aber wer håt dia älle ombråcht?
[10]Erkennat jetzt, dass nex von dem, was
dr Herrgott (JAHWE) gega s Haus vom
Ahab vrkündigt håt, oerfüllt bleibt. Dr
Herrgott (JAHWE) håt des dao, was r
durch saen Knecht Elija åkündigt håt.
[11]Nå håt dr Jehu ällas, was vom Haus
Ahab no übrig blieba ischd, ao saene
Graoße, saene Vrtraute ond Priaster,
ombråcht, dass koener übrig blieba ond
drvokomma ischd.
[12]Dådrnåch håt sich dr Jehu aufgmacht
ond ischd nach Samaria ganga. Môn r
onterwegs bei Bet-Eked-Roïm gwea
ischd, [13]håt r am König Ahasja von
Juda saene Brüader troffa. Dia håt r
gfrågt: Wer send ihr? Dia hent am zor
Antwort geba: Mir send am Ahasja
saene Brüader ond gangat na, zom am
König saene Enkelsöh ond d Söh von dr
Herrin grüaßa. [14]Aber dr Jehu håt gsaed:
Packat se lebendig! Ond mr håt se packt
ond abgschlachtat ond en d Zisterne
von Bet-Eked gschmissa, zwôeavierzg
Mann, ond koener ischd übrig blieba.
[15]Môn r nå von sell weiterganga ischd,
håt r da Jonadab troffa, am Rechab saen
Soh, den håt r grüaßt ond an gfrågt: Bist
du zo mir so ehrlich wian i zo dir ehrlich
ben? Dådrauf håt dr Jonadab gsaed: Des
ischd so! Wann s so ischd, nå gib mr dae
Håd! Ond r håt am d Håd geba ond an
zo sich auf da Waga steiga lassa. [16]Nå håt
r gsaed: Gang mit ond nå siehst d maen
Eifer für da Herrgott (JAHWE)! ond
r håt an mitfahra lassa auf saem Waga.
[17]Nå ischd r nach Samaria komma ond
håt älle ombrenga lassa, mô vom Haus
Ahab sell no übrig gwea send. Dia send
ausgrottat wôra, wia s dr Herrgott
(JAHWE) durch da Elija åkündigt håt.

Zom Vrgleicha: *Vers 10:* 1Kö 21,18-24 • *Vers 15:*
Jer 35,1-11.

D Baalspriaster werat ausgrottat:
10 18-29

[18]Ond dr Jehu håt s ganze Volk vrsammlat
ond zo nen gsaed: Dr Ahab håt am Baal
z wenig deant, dr Jehu will am besser
deana! [19]Bstellat jetzt älle Profeta vom
Baal, älle saene Vrehrer ond älle saene
Priaster, ae zo mir! Koener soll fehla. I
will für da Baal a graoß Opferfest macha.
Der, mô fehlt, bleibt et am Leba! Dr Jehu
håt des aber ganz henterlistig åzettlat,
zom älle ausrotta, mô da Baal vrehrat.
[20]Nå håt dr Jehu gsaed: Beraetat für da
Baal a graoßa Festvrsammlong vôr. Ond
dia hent s ausruafa lassa. [21]Ond dr Jehu
håt en ganz Israel romschicka lassa, ond
älle send komma, mô da Baal vrehrt hent,
ond koener håt gfehlt, ond se send en da
Baalstempel naeganga, dass der gsteckt
vol gwea ischd. [22]Nå håt r da Vrwalter
von dr Klôederkammer ågwiesa: Gib
jedam Baalsvrehrer a Gwand raus. Der
håt dia Gwänder rausgeba. [23]Nå ischd
dr Jehu mit am Jonadab, am Soh vom
Rechab, en da Baalstempel naeganga
ond håt zo dene Baalsvrehrer gsaed:
Forschat nåch ond guckat, dass koener
von dene då ischd, mô da Herrgott
(JAHWE) vrehrat, sondern bloß dia, mô
da Baal vrehrat. [24]Nå send se naeganga,
zom Schlachtopfer ond Brandopfer
darbrenga.
Aber dr Jehu håt außa rom achtzg
Mann postiert ond zo nen gsaed: Der,
mô oen von dene drvokomma lässt,
mô i euch ausliefere, der haftat mr mit
saem Leba drfür. [25]Mô nå s Brandopfer
vorbei gwea ischd, håt dr Jehu zo saene
Laefer ond Haoptleut gsaed: Gangat

nae ond haoat se z daot! Ond lassat mr koen drvokomma! Ond dia Laefer ond Haoptleut hent mit am Schwert älle ombråcht ond nausgschmissa. [26]Nå hent se dia Stoemäler vom Baalstempel nausgschafft ond ällas vrbrennt. [27]Ond se hent dia Stoemäler vom Baal zsemaghaoa. Drnåch hent se da Baalstempel am Erdboda gleich gmacht ond an als Misthaufa henterlassa. Des ischd bis haet so blieba. [28]So håt dr Jehu da Baal ausgrottat aus Israel. [29]Aber von dene Sünda vom Jerobeam, am Nebat saem Soh, mit dene mô der Israel zor Sünd vrführt håt, håt dr Jehu et glassa, nämlich von dene goldene Stierkälbla en Bet-El ond Dan.

Vrschiedene Ågaba über da Jehu:

10 30-36

[30]Nå håt dr Herrgott (JAHWE) zom Jehu gsaed: Weil da dao håsch, was s Rechte en maene Aoga ischd, ond dao håsch, was i mr vôrgnomma han ond am Haus Ahab dao håsch, was i de ågwiesa han, sollat daene Nåchkomma bis en de viert Generation auf am Thron von Israel sitza. [31]Aber dr Jehu håt et drauf g'achtat, en de Weisonga von JAHWE, am Gott (Elohey), von Israel zom leba mit saem ganza Herza. R håt et Abstand gnomma vom Jerobeam saene Sünda, mit dene, môn r Israel zor Sünd vrführt håt.

[32]En dera Zeit håt dr Herrgott (JAHWE) ågfanga, Israel åzgreifa, dr Hasaël håt se überall em Gebiet von Israel ågreifa därfa. [33]Von de östliche Gebiet vom Jordan em ganza Gebiet vom Gilead: de Gaditer ond de Rubeniter ond de Manassiter, bis nach Aroër am Arnon, Gilead ond da Baschan håt r se gschlaga.

[34]Was s sonst zom saga geit vom Jehu, von ällam, was r dao håt ond wia tüchtig r em Kriag gwea ischd, des stôht en dr Chronik von de König von Israel gschrieba. [35]Ond dr Jehu ischd en d Ruah zo saene Vädr aeganga ond mr håt an en Samaria beerdigt, ond sae Soh Joahas ischd König wôra an saener Stell. [36]Dr Jehu ischd achtazwanzg Jåhr lang en Samaria König über Israel gwea.

Atalja: 11 1-20

11 Mô d Atalja, am Ahasja sae Muader, vrfahra håt, dass ihr Soh daot ischd, håt se ågfanga ond de ganz Nåchkommaschaft vom König ausgrottat. [2]Aber d Joscheba, am König Joram sae Tochter ond d Schwester vom Ahasja, håt da Joasch, am Ahasja saen Soh aus dr Mitte von de Königssöh entführt, dia mô mr ombrenga wölla håt, ond håt an hehlenga mit saener Amme en d Bettakammer bråcht. Då håt se an vrsteckt wega dr Atalja, dass r et ao ombråcht wera dät. [3]So ischd r bein ra em Herrgott (JAHWE) saem Tempel vrsteckt gwea sechs Jåhr, solang d Atalja als Königin über s Land gherrscht håt.

[4]Aber em siebta Jåhr håt dr (Priaster) Jojada gschickt ond de Oberste von dr Leibwach ond de Scharfschütza ond von de Laefer hola lassa. Ond mô mr se zon am en da Tempel vom Herrgott (JAHWE) naegführt håt, håt r an Vrtrag mit en gmacht ond se schwöra lassa em Herrgott (JAHWE) saem Tempel. Dådrauf håt r se da Königssoh seha lassa. [5]Ond r håt se ågwiesa: Des ischd euer Auftrag: Oe Drittel von dr Wach, mô am Sabbat drå ischd, soll da Königssoh bewacha, [6]oe Drittel soll am Tôr Sur ond oe Drittel soll am Tôr henter de Laefer standa. [7]Dia zwôe Abtaelonga, mô am Sabbat Wach hent em Herrgott saem Tempel, sollat beim König als Wacha standa. [8]Aber ihr standat om da König rom, jeder mit dr Waff en dr Håd. Wer en dia Rôeha naedrenga will, wird sofort ombråcht. Send mr

beim König wian r aus- ond aegôht.
[9]Dia Hondertschaftsführer hent ällas
dao, wia s dr Priaster Jojada åg'ordnat
håt. Jeder ischd mit saene Leut komma,
dia, mô zor Sabbatfeier komma send,
ond dia mô abtreta send, ond se send
zom Priaster Jojada ganga. [10]Ond dr
Priaster håt dene Hondertschaftsführer
d Spiaß ond d Schild vom König David
geba, dia mô em Herrgott (JAHWE)
saem Tempel gwea send. [11]Dia Laefer
hent sich aufgstellt mit de Waffa en de
Händ von dr rechta Tempelseite bis zo
lenka Tempelseite, zom Altar ond zom
Tempel nô, rengs om da König rom.
[12]Nå håt r da Königssohn rausführa
lassa. Ond r håt am da Stirnraef ond d
Insignia übergeba, so hent se an zom
König gmacht ond an gsalbt. Nå hent se
en d Händ bätscht ond gschria: Es lebe
dr König!
[13]Mô d Atalja des Gschrôe vom Volk
ghört håt, ischd se zom Volk em Tempel
vom Herrgott (JAHWE) ganga. [14]Nå
håt se da König auf am Grüst standa
seha, wia s dr Brauch gwea ischd, ond
dia Åführer von de Hondertschafta mit
ihre Leut neber am König. Ond älle send
voler Fraed gwea ond se hent Trompeta
blåsa ond jubiliert. Nå håt d Atalja ihre
Klôeder vrrissa ond gschria: Vrråt! Vrråt!
[15]Aber dr Priaster Jojada håt dia Åführer
von de Hondertschafta ågwiesa: Sorgat
drfür, dass se nausgôht, ond an jeda, mô
mit ra gôht, brengat r mit am Schwert
om! Ond dr Priaster håt gsaed: Se därf
et em Tempel vom Herrgott (JAHWE)
ombråcht wera! [16]Mô se nå an dr Aefahrt
zo dem Weg komma ischd, mô d Rösser
en da Königspalast gführt werat, hent se
se packt ond sell ombråcht.
[17]Nå håt dr Jojada zwischa JAHWE
ond am König ond am Volk an Bund
gschlossa, ond se hent vrsprocha, dass
se am Herrgott (JAHWE) sae Volk sae
wöllat. [18]Nach dem ischd s ganze Volk
en da Baalstempel ganga ond håt an
agrissa. Saene Altär ond saene Bilder
hent se vollständig zsemaghaoa ond
da Baalspriaster Matta hent se vôr de
Altär ombråcht. Dådrauf håt dr Jojada
Wacha aufstella lassa über da Tempel
vom Herrgott (JAHWE), [19]ond r håt dia
Åführer von de Hondertschafta ond d
Bogaschütza ond d Laefer ond s ganze
Volk herruafa lassa. Ond se hent da
König aus am Herrgott (JAHWE) saem
Tempel nausgführt ond hent an durchs
Laefertôr en da Königspalast gführt.
Sell ischd r auf da Thron von de König
gsessa. [20]Älle Leut em Land send froh
gwea ond d Stadt ischd ruhig blieba.
Aber d Atalja hent se mit am Schwert
ombråcht.

Zom Vrgleicha: *Vers 1-20:* • 2Chr 22,10-23,21 • *Vers 12:* Dtn 17,18.

Joasch von Juda: 12 1-22

12 Sieba Jåhr alt ischd dr Joasch
gwea, môn r König wôra ischd.
[2]Em siebta Jåhr vom Jehu ischd r
König wôra ond r håt vierzg Jåhr lang
en Jerusalem regiert. Ond sae Muader
håt Zibja ghôeßa ond ischd aus Beer-
Scheba gwea. [3]Ond r håt dao, was Recht
gwea ischd en de Aoga vom Herrgott
(JAHWE), en dera Zeit, mô sich dr
Priaster Jojada om an kümmerat håt.
[4]Bloß dia Kulthöha send et vrschwonda.
D Leut hent emmer no auf de Kulthöha
Opfer ond Raecheropfer darbråcht.
[5]Schliaßlich håt dr Joasch d Priaster
ågwiesa: Ällas Geld von de Weihegaba,
mô en da Tempel vom Herrgott
(JAHWE) bråcht wird, Geld, mô
oem durch Schätzong auferlegt wird,
ond ällas Geld, mô oener freiwillig en
da Tempel vom Herrgott (JAHWE)
brengt, [6]sollat d Priaster zo sich nemma,
jeder von saene Bekannte; ond se sollat
überall, mô am Tempel ebbas schadhafts
gfonda wird, ällas repariera! [7]Em

dreiazwanzigsta Jåhr vom König Joasch
hent dia Priaster dia Schäda am Tempel
no et en Ordnong bråcht ghet. [8]Nå håt
dr König Joasch da Priaster Jojada ond
de übrige Priaster komma lassa ond håt
zo nen gsaed: Wårom hent ihr dia Schäda
am Tempel no et en Ordnong brenga
lassa? Von jetzt å därfat ihr des Geld
von eure Bekannte nemme ånemma,
sondern müaßat s glei für d Renovierong
vom Tempel hergeba! [9]Dia Priaster send
drmit aevrstanda gwea, dass se koe Geld
maeh von de Leut ånemma därfat, aber
ao et für d Renovierong vom Tempel
zuaständig gwea send.
[10]Nå håt dr Priaster Jojada an Kasta
gnomma ond a Loch en da Deckel bohrt,
ond håt an rechts vom Altar nôgstellt.
Ond von älle, mô raekomma send en
da Tempel vom Herrgott (JAHWE),
hent d Schwellahüater ällas Geld, mô
mitbråcht wôra ischd, en den Kasta
dao. [11]Ond wann se gseha hent, dass
wieder viel Geld em Kasta gwea ischd,
hent se da Schreiber vom König gholt,
ond der ischd mit am Hohepriaster
komma, dia hent des Geld zählt, mô em
Herrgott (JAHWE) saem Tempel gwea
ischd. [12]Nå ischd des Geld abgwoga
dene Baumôester geba wôra, mô mit dr
Renovierong vom Herrgott (JAHWE)
saem Tempel beauftragt gwea send. Dia
hent s de Zemmerleut ond de andere
Bauleut, mô am Herrgott (JAHWE)
saem Tempel gschafft hent weitergeba,
[13]de Maurer ond Stoehaoer, ond ao zom
Åkaofa von Hölzer ond Bruchstoe, zom
ällas wieder fest macha, was baufällig
gwea ischd am Herrgott saem Tempel,
ond für ällas, was mr braucht håt, zom
da Tempel wieder en Ordnong brenga.
[14]Aber mr håt für da Tempel vom
Herrgott (JAHWE) koene Silberschala,
Lichtschera, Becka, Trompeta, ond ao
koene Gold- ond Silbergerätschafta
åfertiga lassa, [15]sondern mr håt ällas
dene Baumôester geba, mô da Tempel
vom Herrgott renoviert hent. [16]Mit
dene Baumôester håt mr et abgrechnat,
dene håt mr s Geld so auf d Håd geba,
weil des ganz zuavrlässige Leut gwea
send. [17]S Geld von de Schuldopfer ond
s Geld von de Sündopfer ischd et für da
Tempel vom Herrgott gnomma wôra;
des ischd de Priaster (für da Onterhalt)
zuagstanda.
[18]Selligsmål ischd dr König Hasaël von
Aram raufzoga ond håt Gat ågriffa
ond aegnomma. Môn r Åstalta gmacht
håt, dass r ao gega Jerusalem ganga
will, [19]håt dr Joasch, dr König von
Juda, sämliche Weihegaba, mô saene
Vôrgänger, dr Joschafat ond dr Joram
ond dr Ahasja gspendat hent, ond
saene aegene Weihegaba ond s ganze
Gold, mô en de Schatzkammera vom
Herrgott (JAHWE) saem Tempel ond
em Königspalast gwea ischd gnomma,
ond håt ällas an da König Hasaël von
Aram gschickt. Dådrauf ischd r von
Jerusalem abzoga.
[20]Was s sonst zom saga geit vom Joasch,
von ällam, was r dao ond onternomma
håt, des stôht en dr Chronik von
de König von Juda gschrieba. [21]Nå
hent saene Soldata an Aufstand gega
an åzettlat ond dia hent da Joasch
ombråcht em Haus vom Millo, mô
s nach Silla nagôht. [22]Dr Josaschar, a
Soh vom Schimat ond dr Josabad, am
Schomer sae Soh, bôede send saene
Diener gwea, dia hent an ombråcht. So
ischd r gstôrba ond mr håt an bei saene
Vädr en dr Davidsstadt beerdigt. Ond
sae Soh Amazja ischd König wôra an
saener Stell.

Zom Vrgleicha: *Vers 1-22:* • 2Chr 24,1-27 • *Vers 5:* Lev 27,1-8.

Joahas von Israel: 13 1-9

13 Em dreiazwanzigsta Jåhr vom
Joasch, am Ahasja saem Soh, am

König von Juda, ischd dr Joahas, am Jehu
sae Soh, König von Israel wôra. Der håt
siebzeah Jåhr en Samaria regiert. [2]Der
håt dao, was en de Aoga vom Herrgott
(JAHWE) baes gwea ischd, endem r an
Wandel gführt håt wia dr Jerobeam, am
Nebat sae Soh, der mô Israel zor Sünd
vrführt håt. Då ischd r et drvo abgwicha.
[3]Nå ischd am Herrgott (JAHWE) sae
Zôrn aufgflammt gega Israel ond r håt se
de ganz Zeit am Hasaël, am König von
Aram en d Händ geba ond en d Händ
vom Ben-Hadad, am Hasaël saem Soh.
[4]Mô aber dr Joahas da Herrgott
(JAHWE) besänftigt håt, ischd r von
JAHWE erhört wôra, weil r gseha håt,
wia d Israelita durch da König von
Aram en Bedrängnis gråta send. [5]Ond
dr Herrgott (JAHWE) håt de Israelita
an Helfer geba, dass se aus dr Gwalt
von de Aramäer rauskomma send ond
Israel wieder wia vôrher en ihre Zelt
wohna könna hent. [6]Aber von ihre
Vrsündigonga vom Haus Jerobeam,
send se et abgwicha, der mô Israel zor
Sünd vrführt håt, ond ao d Aschera
(Standbild von dr Aschera) ischd en
Samaria standa blieba.
[7]Am Joahas håt r (Gott) kaom no
Kriagsleut übrig glassa, bloß no fufzg
Reiter ond zeah Kampfwäga ond
zeahtausad Mann Fuaßvolk, so håt se
dr König von Aram zuagrichtat, ond se
wia da Staob zsematrappt.
[8]Was s sonst zom saga geit vom Joahas,
von ällam, was r dao ond onternomma
håt, ond wia tüchtig r gwea ischd, des
stôht en dr Chronik von de König von
Israel gschrieba. [9]Nå ischd r en d Ruah
zo saene Vädr aeganga, ond mr håt an en
Samaria beerdigt. Nå håt sae Soh Joasch
an saener Statt als König regiert.

Joasch von Israel: 13 10-13
[10]Em siebenadreißigsta Jåhr vom König
Joasch von Juda ischd dr Joasch, am
Joahas sae Soh, König von Israel wôra.
Der håt sechzeah Jåhr lang en Samaria
regiert. [11]Der håt dao, was en de Aoga
vom Herrgott (JAHWE) baes gwea
ischd, endem r an Wandel gführt håt wia
dr Jerobeam, am Nebat sae Soh, der mô
Israel zor Sünd vrführt håt.
[12]Was s sonst zom saga geit vom Joasch,
von ällam, was r dao ond onternomma
håt, ond wia tüchtig r gwea ischd em
Kampf gega da Amazja, da König von
Juda, des stôht en dr Chronik von de
König von Israel gschrieba. [13]Nå ischd dr
Joasch en d Ruah zo saene Vädr aeganga
ond dr Jerobeam ischd auf saen Thron
gsessa, ond mr håt da Joasch en Samaria
bei de König von Israel beerdigt.
Zom Vrgleicha: *Vers 12-13:* 14,15f.

Dr Elischa wird krank ond stirbt:
13 14-21
[14]Ond dr Elischa ischd krank wôra, ond
an dera Krankat håt r ao sterba müaßa.
Zo dem ischd dr König Joasch von
Israel naganga ond håt über am gheult
ond gsaed: Mae Vadr! Mae Vadr! Waga
von Israel ond sae Lenker! [15]Nå håt
dr Elischa zon am gsaed: Hol an Boga
ond Pfeil! Ond r håt am Boga ond Pfeil
bråcht. [16]Nå håt r zom König von Israel
gsaed: Nemm den Boga en d Håd! Ond
r håt den Boga en d Håd gnomma ond
dr Elischa håt saene Händ auf am König
saene Händ glegt [17]ond gsaed: Mach des
Fenster auf, mô nach Osta zua gôht!
Ond r håt s aufgmacht ond dr Elischa
håt gsaed: Schiaß! Nå håt r gschossa. Nå
håt r gsaed: A Siegerpfeil vom Herrgott
(JAHWE)! A Siegerpfeil gega Aram!
Du wirst Aram vrnichtend schlaga
en Afek! [18]Nå håt r gsaed: Nemm dia
Pfeil! Ond r håt se gnomma. Nå håt r
zom König von Israel gsaed: Klopf auf
da Boda! Nå håt r drei Mål klopft ond
nå håt r aeghalta. [19]Nå håt der Må von
Gott (Elohim) a Wuat auf an kriagt ond

gsaed: fenf oder sechs Mål zom klopfa
hät s golta, nå hättest d Aram bis zor
Vrnichtong gschlaga. Aber so schlägst d
Aram bloß drei Mål!
[20]Nå ischd dr Elischa gstôrba ond se hent
an beerdigt. En dem Jåhr send wieder
Raobzüg von Moab aus em Land gwea.
[21]Mô mr nå grad amål an Må beerdiga
wölla håt, hent se so an Raobzug gseha,
nå hent se den Må oefach ens Grab vom
Elischa naegschmissa ond send abghaoa.
Mô nå der Leichnåm mit de Boener vom
Elischa en Berührong komma ischd,
ischd der Må wieder lebendig wôra ond
ischd auf saene Füaß nôgstanda.

Zom Vrgleicha: *Vers 14:* 2,12 • *Vers 19:* 13,25.

Erfolg gega Aram: 13 *22-25*

[22]Aber dr Hasaël håt Israel z schaffat
gmacht, solang dr Joahas glebt håt. [23]Nå
håt sich dr Herrgott (JAHWE) vrbarmt,
weil r a Mitleid ghet håt mit en, ond r
håt sich en wieder zuagwendat wega
saem Bund mit am Abraham, mit am
Isaak ond mit am Jakob, ond weil r se
et ganz håt vrderba wölla, ond r håt
se ao et ganz vrwôrfa ghet vôr saem
Gsicht bis då nô. [24]Ond mô dr Hasaël,
dr König von Aram gstôrba ischd, håt
dr Ben-Hadad, sae Soh, an saener Stell
d Regierong übernomma, [25]von dem håt
dr Joasch, am Joahas sae Soh, dia Städt
wieder zrück eroberat, mô der saem
Vadr Joahas em Kriag weggnomma håt;
drei Mål håt an dr Joasch gschlaga ond
so de Israelita ihre Städt wieder zrück
gwonna.

Zom Vrgleicha: *Vers 25:* 1Kö 20,34.

Amazja von Juda: 14 1-22

14 Em zwôeta Jåhr vom Joasch,
am Joahas saem Soh, am König
von Israel, ischd dr Amazja, am
Joasch sae Soh, König von Juda wôra.
[2]Fenfazwanzg Jåhr alt ischd r gwea, môn
r König wôra ischd; ond naenazwanzg
Jåhr lang håt r en Jerusalem regiert. Sae
Muader håt Joaddan ghôeßa ond ischd
von Jerusalem gwea. [3]Der håt s Rechte
dao en de Aoga vom Herrgott. Aber
so, wia sae Ahnherr David ischd r doch
et gwea, sondern halt so, wia sae Vadr,
dr Joasch. [4]Bloß dia Kulthöha send et
abgschafft wôra, ond d Leut hent weiter
g'opferat ond graecherat auf dene
Kulthöha. [5]Môn r nå d Herrschaft fest
en de Händ ghet håt, håt r dia Diener
ombrenga lassa, mô saen Vadr ombråcht
hent.
[6]D Söh von dene Mörder håt r aber et
ombrenga lassa, weil em Buach von
de Weisonga vom Mose JAHWE d
Åweisong geba håt, mô s hôeßt: D Vädr
sollat et für ihre Söh ond d Söh et für
ihre Vädr mit am Daot gstråft wera,
sondern a jeder soll für saene aegene
Sünda sterba!
[7]Der håt em Salztal zeahtausad Mann
von de Edomiter gschlaga ond Sela (d
Felsaburg) aegnomma ond s Jokteel
(Gottesruine) ghôeßa, so hôeßt s bis
haet.
[8]Selligsmål håt dr Amazja Bota an da
König Joasch von Israel, da Soh vom
Joahasch, der mô am Jehu sae Soh gwea
ischd, gschickt ond håt am ausrichta
lassa: Komm her, dass mr anander ens
Gsicht guckat! (ons mitanander em
Kampf messat) [9]Dådrauf håt dr König
Joasch von Israel zom König Amazja
von Juda gschickt ond am saga lassa:
A Distel auf am Libanon håt dr Zeder
auf am Libanon an Bota gschickt ond ra
saga lassa: Gib dae Tochter maem Soh
zor Frao! Aber s Wild auf am Linanon
ischd über dui Distel gloffa ond håt
se vrtrappt. [10]Du håsch d Edomiter
gschlaga, ond jetzt bist d übermüatig
wôra. Bhalt daen Ruhm ond bleib
drhoem! Wårom willst de oglücklich
macha, dass da fällst ond ganz Juda
mit dr? [11]Aber dr Amazja håt et höra

wölla. Nå ischd dr König Joasch von
Israel aufzoga ond se hent sich bei Bet-
Schemesch mitanander gmessa, er ond dr
König Amazja von Juda. 12Aber d Judäer
send von de Israelita gschlaga wôra, ond
a jeder ischd abghaoa ond hoemganga.
13Da König Amazja von Juda, da Soh
vom Joasch (von Juda) ond Enkel vom
Ahasja, håt dr König Joasch von Israel
bei Bet-Schemesch gfanga gnomma
ond håt an nach Jerusalem mitgnomma.
Sell håt r d Stadtmauer vom Efraimtor
bis zom Ecktôr auf vierhondert Ella
schlôefa lassa. 14Ond r håt ällas Gold
ond Silber ond älle Gerätschafta
mitgnomma, mô em Herrgott (JAHWE)
saem Tempel ond en de Schatzkammera
vom Königspalast gwea send; drzua håt
r no Gôesla gnomma. Nå ischd r nach
Samaria zrückganga.
15Was s sonst zom saga geit vom Joasch,
von ällam, was r dao ond onternomma
håt, ond wia tüchtig r gwea ischd em
Kampf gega da Amazja, da König von
Juda, des stôht en dr Chronik von de
König von Israel gschrieba. 16Nå ischd dr
Joasch en d Ruah zo saene Vädr aeganga
ond mr håt da Joasch en Samaria bei de
König von Israel beerdigt.
17Aber dr Amazja, dr Soh vom König
Joasch von Juda, håt nach am Daot vom
Joasch, am Soh vom Joahas, am König
von Israel, no fufzeah Jåhr glebt. 18Was
s sonst zom saga geit vom Amazja, des
stôht en dr Chronik von de König von
Juda gschrieba. 19Gega den ischd en
Jerusalem a Vrschwörong åzettlat wôra,
nå ischd r nach Lachisch gflüchtat; aber
mr håt Leut henter am her gschickt
nach Lachisch ond håt an sell ombrenga
lassa. 20Ond mr håt an auf Rösser nach
Jerusalem bråcht, då ischd r bei saene
Vädr en dr Davidsstadt beerdigt wôra.
21Nå håt s ganze Volk von Juda da
Asarja, der ischd selligsmål sechzeah
Jåhr alt gwea, zom König gmacht an dr
Stell von saem Vadr Amazja. 22Der håt
Elat ausbaut ond håt s wieder zo Juda
zrück bråcht, nachdem dr König en d
Ruah zo saene Vädr aeganga ischd.

Zom Vrgleicha: *Vers 1-20:* • 2Chr 25,1-4.17-28 • *Vers 6:* Dtn 24,16; Ez 18,10-23 • *Vers 15-16:* 13,12f • *Vers 21-22:* 1Chr 26,1f.

Jerobeam II von Israel: 14 23-29

23Em fufzehnta Jåhr vom Amazja, am
Soh vom Joasch, am König von Juda,
ischd dr Jerobeam, dr Soh vom Joasch,
am König von Israel sae Soh, König über
Israel wôra für oesavierzg Jåhr. 24Der
håt dao, was en de Aoga vom Herrgott
(JAHWE) baes gwea ischd, endem r
an Wandel gführt håt wia dr Jerobeam,
am Nebat sae Soh, der mô Israel zor
Sünd vrführt håt. 25Der håt s Gebiet
von Israel wieder hergstellt von Lebo-
Hamat bis ans Meer von dr Araba, wia s
dr Herrgott (JAHWE) gsaed håt durch
saen Knecht Jona, da Soh vom Amittai
aus Gat-Hefer. 26Dr Herrgott (JAHWE)
håt nämlich des Elend von Israel gseha,
ao wann s widerspenstig gwea ischd; dass
se bis zom letzta Må am End gwea send,
ond koener då gwea ischd, mô se hätt
retta könna. 27Dr Herrgott (JAHWE)
håt nämlich et ådroht, dass r da Nåma
Israel ausrotta dät onter am Hemmel.
Drom håt r se grettat durch d Håd vom
Jerobeam, am Joasch saem Soh.
28Was s sonst zom saga geit vom
Jerobeam, von ällam, was r dao ond
onternomma håt, ond wia tüchtig r
gwea ischd em Kampf ond was von
Damaskus ond Hamat an Juda ond
Israel zrück erobert wôra ischd, des
stôht en dr Chronik von de König von
Israel gschrieba. 29Nå ischd dr Jerobeam
en d Ruah zo saene Vädr aeganga ond
mr håt an en Samaria bei saene Vôrfahra,
bei de König von Israel beerdigt. Ond
sae Soh Secharja ischd König wôra an
saener Stell.

Asarja (Usija) von Juda: 15 1-7

15 Em siebenazwanzigsta Jåhr vom Jerobeam, am König von Israel, ischd dr Asarja, am Amazja sae Soh, König von Juda wôra. 2Sechzeah Jåhr alt ischd r gwea, môn r König wôra ischd, ond zwôeafufzg Jåhr lang håt r en Jerusalem regiert. Sae Muader håt Jecholja ghôeßa ond ischd aus Jerusalem gwea. 3Der håt s Rechte dao en de Aoga vom Herrgott, so, wia sae Vadr, dr Amazja. 4Bloß dia Kulthöha send et abgschafft wôra, ond d Leut hent emmer no g'opferat ond graecherat auf dene Kulthöha. 5Aber dr Herrgott (JAHWE) håt da König mit Aussatz gschlaga bis r gstôrba ischd. Ond r håt ema bsondera Haus ganz für sich leba müaßa, während dr Jotam, am König sae Soh, Palastvôrsteher gwea ischd ond am Volk em Land Recht gsprocha håt.
6Was s sonst zom saga geit vom Asarja, ond was r ällas onternomma håt, des stôht en dr Chronik von de König von Juda gschrieba. 7Nå ischd dr Asarja en d Ruah zo saene Vädr aeganga ond mr håt an en dr Davidsstadt bei saene Vôrfahra beerdigt. Dådrauf ischd dr Jotam, sae Soh König wôra an saener Statt.

Zom Vrgleicha: *Vers 1-7:* • 2Chr 26,3-4.16-23 • *Vers 5:* 2Chr 26,21.

Secharja von Israel: 15 8-12

8Em achtadreißigsta Jåhr vom Asarja, am König von Juda, ischd dr Secharja, dr Soh vom Jerobeam, am König von Israel sae Soh, König über Israel wôra, sechs Monat håt r en Samaria regiert. 9Wia saene Vädr håt der dao, was en de Aoga vom Herrgott (JAHWE) baes gwea ischd, endem r an Wandel gführt håt wia dr Jerobeam, am Nebat sae Soh, der mô Israel zor Sünd vrführt håt. 10Gega den håt dr Schallum, am Jabesch sae Soh, a Vrschwörong åzettlat ond håt an en Jibleam ombråcht ond ischd an saener Stell König wôra.
11Was s sonst zom saga geit vom Secharja, des stôht en dr Chronik von de König von Israel gschrieba. 12So håt sich erfüllt, was dr Herrgott (JAHWE) am Jehu profezeit håt: Bis en d vierta Generation sollat daene Nåchkomma auf am Thron von Israel sitza. So ischd s gscheha.

Zom Vrgleicha: *Vers 12:* 10,30.

Schallum von Israel: 15 13-16

13Em naenadreißigsta Jåhr vom Usija, am König von Juda, ischd dr Schallum, dr Soh vom Jabesch, König über Israel wôra, oen Monat håt r en Samaria regiert. 14Gega den ischd dr Menahem, am Gadi sae Soh, von Tirza her aufzoga; môn r nach Samaria komma ischd, håt r da Schallum, am Jabesch saen Soh ombråcht, ond ischd an saener Stell König wôra.
15Was s sonst zom saga geit vom Schallum, ond von dera Vrschwörong, môn r åzettlat håt, des stôht en dr Chronik von de König von Israel gschrieba. 16Selligsmål håt dr Menahem von Tirza aus d Stadt Tifsach aegnomma ond älle Aewohner von dr Stadt ond dr ganza Omgebong ombråcht, weil se am s Tôr et aufgmacht hent. Der håt s aegnomma ond älle schwangere Fraoa da Bauch aufschlitza lassa.

Menahem von Israel: 15 17-22

17Em naenadreißigsta Jåhr vom Asarja, am König von Juda, ischd dr Menahem, dr Soh vom Gadi, König über Israel wôra, ond håt en Samaria zeah Jåhr lang regiert. 18Der håt dao, was en de Aoga vom Herrgott (JAHWE) baes gwea ischd, endem r an Wandel gführt håt wia dr Jerobeam, am Nebat sae Soh, der mô Israel zor Sünd vrführt håt. 19Selligsmål ischd dr Pul, dr König von Assur, über s Land komma. Nå håt dr Menahem

am Pul tausad Talent Silber drfür geba,
dass r am helfa soll, sae Herrschaft zom
befestiga. [20]Aber für des håt r auf älle
Israelita an Silberzaes glegt, älle reichere
Männer en saem Herrschaftsbereich hent
am König von Assur fufzg Silberschekel
zahla müaßa. Auf des nô ischd dr König
von Assur abzoga ond nemme em Land
blieba.
[21]Was s sonst zom saga geit vom
Menahem, was r dao ond onternomma
håt, des stôht en dr Chronik von de
König von Israel gschrieba. [22]Nå ischd
dr Menahem en d Ruha zo saene Vädr
aeganga ond sae Soh, dr Pekachja ischd
König wôra an saener Statt.

Pekachja von Israel: 15 23-26

[23]Em fufzigsta Jåhr vom Asarja, am
König von Juda, ischd dr Pekachja, dr
Soh vom Menahem, König über Israel
wôra, ond håt en Samaria zwôe Jåhr
lang regiert. [24]Der håt dao, was en de
Aoga vom Herrgott (JAHWE) baes
gwea ischd, endem r an Wandel gführt
håt wia dr Jerobeam, am Nebat sae Soh,
der mô Israel zor Sünd vrführt håt.
[25]Gega den håt sae Adjudant, dr Pekach,
am Remalja sae Soh, a Vrschwörong
åzettlat en Samaria, ond håt an em
Wehrturm vom Königspalast ombråcht
mit am Argob ond am Arje. Ond fufzg
Mann aus Gilead send ao bein am gwea.
So håt r an ombråcht ond ischd König
wôra an saener Statt.
[26]Was s sonst zom saga geit vom
Pekachja, was r dao ond onternomma
håt, des stôht en dr Chronik von de
König von Israel gschrieba.

Pekach von Israel: 15 27-31

[27]Em zwôeafufzigsta Jåhr vom Asarja,
am König von Juda, ischd dr Pekach,
dr Soh vom Remalja, König über Israel
wôra, ond håt en Samaria zwanzg Jåhr
lang regiert. [28]Der håt dao, was en de
Aoga vom Herrgott (JAHWE) baes
gwea ischd, endem r an Wandel gführt
håt wia dr Jerobeam, am Nebat sae Soh,
der mô Israel zor Sünd vrführt håt. [29]En
dr Zeit vom Pekach, am König von
Israel, ischd dr Tiglat-Pileser, dr König
von Assur, aufzoga. Der håt Ijon, Abel-
Bet-Maacha, Janoach, Kedesch, Hazor,
Gilead, Galiläa, s ganze Land Naftali,
aegnomma ond håt ihre Aewohner nach
Assur vrschleppt. [30]Aber dr Hoschea,
dr Soh vom Ela, håt gega da Pekach,
am Remalja saen Soh, a Vrschwörong
åzettlat. Der håt an ombråcht ond
ischd an saener Stell König wôra em
zwanzigsta Jåhr vom Jotam, am Usija
saem Soh.
[31]Was s sonst zom saga geit vom Pekach,
was r dao ond onternomma håt, des
stôht en dr Chronik von de König von
Israel gschrieba.

Jotam von Juda: 15 32-38

[32]Em zwôeta Jåhr vom Pekach, am Soh
vom Remalja, am König von Israel, ischd
dr Jotam, am Usija sae Soh, König über
Juda wôra. [33]Fenfazwanzg Jåhr alt ischd
r gwea, môn r König wôra ischd, ond
r håt sechzeah Jåhr lang en Jerusalem
regiert. Sae Muader håt Jeruscha ghôeßa
ond ischd a Tochter vom Zadok gwea.
[34]Der håt s Rechte dao en de Aoga
vom Herrgott so, wia sae Vadr, dr
Amazja. [35]Bloß dia Kulthöha send
et abgschafft wôra, ond d Leut hent
emmer no g'opferat ond graecherat auf
dene Kulthöha. Der håt s obere Tôr am
Herrgott (JAHWE) saem Tempel baut.
[36]Was s sonst zom saga geit vom Jotam,
ond was r ällas onternomma håt, des
stôht en dr Chronik von de König von
Juda gschrieba. [37]En dera Zeit håt dr
Herrgott (JAHWE) ågfanga, da König
Rezin von Aram ond da Pekach, am
Remalja saen Soh, gega Juda zieha zom
lassa. [38]Nå ischd dr Jotam en d Ruah zo

saene Vädr aeganga ond mr håt an en dr Davidsstadt bei saene Vôrfahra beerdigt. Dådrauf ischd dr Ahas, sae Soh König wôra an saener Statt.

Zom Vrgleicha: *Vers 32-38:* • 2Chr 27,1-9 • *Vers 19:* 1Kö 11,36.

Ahas von Juda: 16 1-20

16 Em siebzehnta Jåhr vom Pekach, am Remalja saem Soh, am König von Juda, ischd dr Ahas, am Jotam sae Soh, König von Juda wôra. 2Zwanzg Jåhr alt ischd r gwea, môn r König wôra ischd ond håt sechzeah Jåhr lang en Jerusalem regiert. Aber der ischd et so gwea wia sae Ahnherr David, ond r håt et dao, was en de Aoga vom Herrgott Recht gwea ischd, 3sondern r ischd da Weg von de König von Israel ganga ond håt sogar saen Soh durch s Feuer laofa lassa nach am greulicha Brauch von dene Volksstämm, mô dr Herrgott (JAHWE) vôr de Israelita vrtrieba håt. 4Ond r håt auf de Kulthöha ond auf de Hügel rengsrom ond onter graoßa Baem g'opferat ond g'raecherat. 5Selligsmål ischd dr König Rezin von Aram, ond dr Pekach, am Remalja sae Soh, dr König von Israel, gega Jerusalem zom Kriag aufzoga; ond se hent Ahas belagerat, hent s aber et stürma könna. 6Gleichzeitig håt dr König Rezin von Aram Elat wieder zo Aram bråcht ond d Judäer aus Elat vrtrieba. Ond d Edomiter send komma ond send bis haet sell åsässig blieba. 7Nå håt dr Ahas Bota an da Tiglat-Pileser, da König von Assur gschickt ond am ausrichta lassa: I ben dae Diener ond dae Soh! Komm rauf ond befrei me aus dr Gwalt vom König von Aram ond aus dr Gwalt vom König von Israel, dia mô gega me åtreta send. 8Ond dr Ahas håt s Silber ond s Gold gnomma, mô em Herrgott (JAHWE) saem Tempel ond en de Schatzkammera vom Königspalast gwea ischd, ond håt s als Huldigongsgschenk an da König von Assur gschickt. 9Dr König von Assur håt s ghört ond håt am gholfa ond ischd gega Damaskus ågrückt ond håt s aegnomma ond saene Bewohner nach Kir vrschleppt. Ond da Rezin håt r ombråcht. 10Mô nå dr König Ahas ganga ischd zom gega da Tiglat-Pileser, da König von Assur åtreta en Damaskus, håt r den Altar åguckt, mô en Damaskus gwea ischd. Dådrauf håt dr König Ahas zom Priaster Urija gschickt mit ama Bild ond am Bauplån zom Nåchmacha. 11Nå håt dr Priaster Urija an Altar baut, ganz gnao nach de Ågaba, mô dr König Ahas aus Damaskus gschickt håt, so håt s dr Priaster Urija gmacht, bevôr dr König Ahas zrückkomma ischd von Damaskus. 12Ond mô dr König zrückkomma ischd von Damaskus ond den Altar gseha håt, ischd r an den Altar nôganga ond zon am naufgstiega. 13Ond r håt sae Brandopfer ond sae Speisopfer aufraocha lassa ond sae Trankopfer ausgossa, ond nå håt r s Bluat von saem Friedensopfer an da Altar nôgsprenzt. 14Aber den bronzena Altar, der mô vôr am Herrgott (JAHWE) stôht, håt r von dr Vôrderseite vom Tempel wegbrenga ond nördlich von saem neua Altar aufstella lassa. 15Nå håt dr König Ahas da Priaster Urija ågwiesa: Auf dem graoßa Altar lässt d Môrgabrandopfer ond d Åbadbrandopfer ond d Brandopfer vom König mitsamt saem Speisopfer ond d Brandopfer von älle Leut em Land ond ihre Trankopfer aufraocha. Ond ällas Bluat von de Brandopfer ond von de Schlachtopfer sprenzt d an den Altar nô. Was mit dem bronzena Altar gschieht, muaß e mr no überlega. 16Ond dr Priaster Urija håt ällas dao, was an dr König Ahas ågwiesa håt. 17Nå håt dr König Ahas dia Vrschlußleista am Ontergstell wegmacha lassa ond da Kessel rausnemma lassa; ao s Meer håt r

von dene bronzene Stier ranemma lassa
ond s auf s Stoepflaster gsetzt. 18Ond d
Überdachong vom Sabbatgang, mô mr
an da Tempel nôbaut håt ond da äußera
Königsaegang håt r en da Tempel vom
Herrgott (JAHWE) nae vrlega lassa,
aus lauter Rücksicht auf da König von
Assur.
19Was s sonst zom saga geit vom Ahas,
ond was r ällas onternomma håt, des
stôht en dr Chronik von de König von
Juda gschrieba. 20Nå ischd dr Ahas en d
Ruah zo saene Vädr aeganga ond mr håt
an en dr Davidsstadt bei saene Vôrfahra
beerdigt. Dådrauf ischd dr Hiskija, sae
Soh, König wôra an saener Statt.

Zom Vrgleicha: *Vers 1-20:* • 2Chr 28,1-27.

D Eroberong von Samaria: 17 1-23

17 Em zwölfta Jåhr vom Ahas, am
König von Juda, ischd dr Hoschea,
am Ela sae Soh, König von Israel wôra.
Nae Jåhr lang håt r en Samaria regiert.
2Der håt dao, was en de Aoga vom
Herrgott (JAHWE) et Recht gwea ischd,
aber et wia d König von Israel, dia mô
vôr ehm gwea send. 3Gega den ischd dr
König Salmanassar von Assur aufzoga,
ond dr Hoschea ischd sae Ontertan wôra
ond håt Tribut an an zahlt. 4Mô aber dr
König von Assur vrfahra håt, dass dr
Hoschea an ra Vrschwörong betaeligt
gwea ischd, der håt nämlich an da So,
da König von Ägypten Bota gschickt
ond saene jährliche Tributzahlonga an
da König von Assur nemma glaestat,
nå håt an der vrhafta ond ens Gfängnis
schmeißa lassa. 5Nå ischd dr König von
Assur über s ganze Land hergfalla ond
vôr Samaria ågrückt, des håt r drei Jåhr
lang belagerat. 6Em naenta Jåhr vom
Hoschea håt r d Stadt aegnomma ond
håt d Israelita nach Assur vrschleppt.
Ond r håt se en Halach, ama Fluß en
Gosan ond en de Städt von de Meder
ågsiedelt.
7Israel håt sich nämlich gega JAHWE,
ihran Gott (Eloheyhem), vrsündigt,
der mô se aus am Land Ägypten aus
dr Gwalt vom Pharao, am König von
Ägypten, rausgholt håt: dia hent andere
Götter (Elohim) vrehrt. 8Ond se hent
nach de Satzonga von dene Volksstämm
glebt, mô dr Herrgott (JAHWE) vôr de
Israelita vrtrieba håt, ond nach dene, mô
d König von Israel selber gmacht hent.
9Ond Israel håt sich Sacha ausdenkt,
mô et recht send, gega JAHWE, ihran
Gott (Elohcyhem). Ond se hent
Kulthöha baut, überall en ihre Städt,
vom Wachturm bis zor Festong. 10Ond
se hent Stoemäler ond Kultpfähl für d
Aschera aufgstellt auf jedam haechera
Hügel, ond onter jedam graeßera Baom.
11Sell hent se Raecheropfer darbråcht
wia dia Volksstämm, mô dr Herrgott
(JAHWE) vôr en vrtrieba håt. Ond no
andere Sacha hent se trieba, mô se da
Herrgott (JAHWE) drmit belaedigt
hent. 12Ond se hent dene Götze deant,
von dene, mô dr Herrgott (JAHWE)
ausdrücklich gsaed håt: Des därfat
r auf koen Fall doa! 13Dr Herrgott
(JAHWE) håt Israel ond Juda emmer
wieder vrwarnt durch saene Profeta ond
Seher, ond en saga lassa: Kehrat om von
euram vrkehrta Weg ond achtat maene
Gebot ond Satzonga ond Weisonga,
mô i eure Vädr geba han durch maene
Diener, d Profeta! 14Aber dia hent et
gfolgt ond send sturköpfigt bliaba wia
ihre Vädr, dia mô et an JAHWE, ihran
Gott (Eloheyhem), glaobt hent. 15Ond
se hent saene Satzonga ond saen Bund
vrwôrfa, den môn r mit ihre Vädr
gschlossa håt, ond saene Warnonga hent
se en da Wend gschrieba, ond send liaber
am Nichtiga nåchgloffa wia dia Völker,
mô om se rom glebt hent, obwohl en
dr Herrgott (JAHWE) vrbota håt, s
dene nåch zom macha. 16Zersta hent se
älle Gebot von JAHWE, ihram Gott

(Eloheyhem) vrlassa, ond nå hent se zwôe Stierkälbla als Gussbilder gmacht ond a Aschera ond hent drzua no d Sternbilder am Hemmel åbetat ond da Baal vrehrt. [17]Ond ihre Söh ond Töchter hent se durch s Feuer laofa lassa ond Wahrsagerei ond Zaechedeuterei trieba, ond sich drfür hergeba, ällas zom doa, was en de Aoga vom Herrgott (JAHWE) baes gwea ischd, ond an zom belaediga. [18]Drom håt dr Herrgott (JAHWE) an graoßa Zôrn auf Israel kriagt ond r håt se vôr saem Gsicht wegdao. Nex ischd übrig blieba, wia alloe dr Stamm Juda. [19]Aber ao dr Stamm Juda håt sich et an d Gebot von JAHWE, ihram Gott (Eloheyhem) ghalta ond hent an Wandel gführt wia Israel, nach dene Satzonga, mô dia sich selber gmacht hent. [20]Drom håt dr Herrgott (JAHWE) älle Nåchkomma von Israel vrwôrfa ond håt se demüatigt ond se am Raobgsendel ausglieferat, bis r se ganz vôr saem Gsicht wegdao håt. [21]R håt nämlich Israel vom David saem Haus losgrissa, ond mô se da Jerobeam, am Nebat saen Soh, zom König gmacht hent, håt dr Jerobeam Israel abspenstig gmacht von dr Nåchfolge von JAHWE ond håt se zo graoße Sünda vrführt. [22]Nå hent d Israelita en älle Sünda vom Jerobeam ihran Lebenswandel gführt, mô der dao håt; ond se send oefach et drvo abgwicha, [23]bis dr Herrgott Israel von saem Gsicht vrbannt håt, wian r s durch saene Diener, d Profeta ådroht håt. So håt r Israel von saem Land weg vrschleppa lassa nach Assur, bis an da haetiga Dag.

Zom Vrgleicha: *Vers 15:* Jer 2,5 • *Vers 21:* 1Kö 11,31.

D Omsiedlong von dr Bevölkerong: 17 24-28

[24]Nå håt dr König von Assur Leut komma lassa aus Babel ond Kuta, Awa, Hamat ond Sefarwajim ond se en de Städt von Samarien åsiedla lassa statt de Israelita. So hent se Samarien übernomma ond sich en ihre Städt ågsiedelt. [25]En dr ersta Zeit, mô se sell gwohnt hent, hent se aber da Herrgott (JAHWE) et vrehrt. Nå håt dr Herrgott (JAHWE) Löwa onter en losglassa, dia hent etlich von en ombråcht. [26]Nå hent se zom König von Assur gsaed: Dia Volksstämm, mô du aus ihrer Hoemat weggführt ond en de Städt von Samaria ågsiedlat håsch, wissat et, wia se da Landasgott vrehra sollat, drom håt der Löwa gega se losglassa, ond dia hent oene ombråcht, weil se et gwißt hent, wia mr den Landasgott vrehrt. [27]Nå håt dr König von Assur da Befehl geba ond gsaed: Lassat oen von dene Priaster sell nô ganga, môn e von sell vrschleppt han; der soll nôganga ond sell wohna ond en beibrenga, wia mr den Landasgott vrehrt. [28]Nå ischd oener von dene Priaster zrück komma, mô aus Samarien vrschleppt wôra send. Der håt sich en Bet-El ågsiedelt ond håt se onterwiesa, wia se da Herrgott (JAHWE) vrehra sollat.

D Religion von dera neua Bevölkerong: 17 29-41

[29]Aber då håt jeder Volksstamm saen aegena Gott (Elohayw) gmacht ond en dene Kulthöha aufgstellt, mô d Samarier baut hent, jeder Volksstamm en dera Stadt, mô se gwohnt hent. [30]Dia Leut von Babel hent Bilder vom Sukkot-Benot gmacht, ond dia von Kuta hent Bilder vom Nergal ågfertigt. Ond dia von Hamat hent Bilder vom Aschima gmacht. [31]Ond d Awiter hent Bilder vom Nibhas ond vom Tartak gmacht. Ond dia von Sefarwajim hent ihre Kender em Feuer für da Adrammelech ond da Anammelech, de Götter (Elohey) von Sefarwajim als Brandopfer darbråcht. [32]Gleichzeitig hent se aber ao JAHWE gfürchtat ond hent von ihre aegene

Kulthöhapriaster oene aegsetzt, mô
auf de Kulthöha Denst glaestat hent.
33 Dia hent a Ehrfurcht vôr am Herrgott
(JAHWE) ghet ond drneba ihre Götter
(Eloheyhem) vrehrt, wia s üblich gwea
ischd en dene Volksstämm, von dene,
mô mr se weggholt håt.
34 Bis auf da haetiga Dag lebat dia nach
ihre alte Bräuch: Dia vrehrat et JAHWE
ond handlat et nach de vôrgschriebene
Satzonga ond Gebot, mô dr Herrgott
(JAHWE) am Jakob saene Nåchkomma
mit saem Nåma Israel aufgeba håt.
35 Dr Herrgott (JAHWE) håt nämlich
an Bund mit en gschlossa, ond en ao
vrbota ond gsaed: Ihr därfat et andere
Götter (Elohim) vrehra ond euch dene
onterwerfa ond en deana ond en koene
Opfer darbrenga! 36 Ihr sollat alloe da
Herrgott (JAHWE) vrehra, der mô
euch mit ra graoßa Kraft ond saem
ausgstreckta Arm aus am Land Ägypten
rausgholt håt, ond euch dem onterwerfa
ond am opfera! 37 Ond dia Satzonga
ond Rechtsvôrschrifta, Weisonga ond
Gebot, môn r euch vôrgschrieba håt,
sollat r äll Dag achta. Ond vôr andere
Götter (Elohim) sollat r koe Ehrfurcht
han. 38 Ihr sollat den Bund, môn e mit
euch gschlossa han, et vrgessa! Ond et
andere Götter vrehra! 39 Sondern alloe
JAHWE, euran Gott (Eloheykem)
sollat r fürchta, ond ER wird euch
retta aus dr Gwalt von älle eure Faend!
40 Aber dia hent am et gfolgt, sondern
se pflegat emmer no ihre alte Bräuch,
se hent a Ehrfurcht vôr am Herrgott
(JAHWE), ond gleichzeitig hent se ihre
Götza vrehrt, grad so ao ihre Kender
ond Enkel. So wia ihre Vädr handlat dia
bis auf da haetiga Dag.

D WEITERA GESCHICHTE VOM REICH JUDA: 18 1 – 25 30

Hiskija: 18 1-12

18 Em dritta Jåhr vom Hoschea,
am Soh vom Ela, am König
von Israel, ischd dr Hiskija, am
Ahas sae Soh, König von Juda wôra.
2 Fenfazwanzg Jåhr alt ischd r gwea,
môn r König wôra ischd, ond r håt
naenazwanzg Jåhr lang en Jerusalem
regiert. Sae Muader håt Abi ghôeßa ond
ischd aTochter vom Secharja gwea. 3 R
håt ao dao, was Recht gwea ischd en
de Aoga vom Herrgott (JAHWE), wia
ällas, was sae Stammvadr David dao håt.
4 Der håt d Kulthöha agschafft ond dia
Stoemäler zsemaghaoa ond d Aschera
omghaoa, ond r håt dui Kupferschlang
zsemaghaoa, mô dr Mose gmacht ghet
håt; d Israelita hent nämlich bis zo dene
Däg vôr dera Schlang Raecheropfer
darbråcht, ond mr håt se Nehuschtan
(Erzbold) ghôeßa. 5 Auf JAHWE, da
Gott (Elohey) von Israel håt r vrtraut
ond ischd am nåchgfolgt. Von älle König
von Juda ischd koener so gwea wia er, vôr
am et ond nach am ao et. 6 Der ischd am
Herrgott (JAHWE) ghangt ond ischd
et von am gwicha, endem r älle saene
Gebot aeghalta håt, mô dr Herrgott da
Mose ghôeßa håt. 7 So ischd dr Herrgott
(JAHWE) mit am gwea. En ällam, was r
onternomma håt, håt r Erfolg ghet. Ao
vom König von Assur håt r sich trennt
ond håt am nemme deant. 8 D Philister
håt r gschlaga bis nach Gaza ond sae
Omgebong, vom Wachturm bis zor
Stadtfestong. 9 Em vierta Jåhr vom König
Hiskija, s ischd s siebte Jåhr vom König
Hoschea gwea, am Ela saem Soh, am
König von Israel, ischd dr Salmanassar,
dr König von Assur raufkomma gega
Samaria ond håt s belagerat. 10 Nach drei
Jåhr håt r s zwonga. Em sechsta Jåhr
vom Hiskija, ond em naenta Jåhr vom
König Hoschea von Israel ischd Samaria

aegnomma wôra. [11]Ond dr König von Assur håt Israel nach Assur vrschleppt ond se en Halach ond am Habor, ama Fluß en Gosan ond en de Mederstädt ågsiedelt. [12]Des ischd gscheha, weil se et auf JAHWE, ihran Gott (Eloheyhem) ghört hent, ond saen Bund übertreta hent samt ällam, was en dr Mose, am Herrgott (JAHWE) sae Diener, ågeba håt ond et drnåch glebt hent.

Zom Vrgleicha: *Vers 1-3:* 2Chr 29,1f • *Vers 9-11:* 17,5f.

Dr Feldzug vom Sanherib gega Jerusalem: 18 13 – 19 37

Am Sanherib sae ersta Gesandtschaft: 18 13-37

[13]Em vierzehnta Jåhr vom König Hiskija ischd dr König Sanherib von Assur gega älle befestigte Städt en Juda ågrückt ond håt se aegnomma. [14]Nå håt dr König Hiskija von Juda zom König von Assur nach Lachisch gschickt ond am ausrichta lassa: I han an Fehler gmacht! Laß ab vo'mr! Was mr du auferlegst, will e traga! Nå håt dr König von Assur für da König Hiskija von Juda dreihondert Silbertalent ond dreißg Goldtalent festgsetzt. [15]Außerdem håt dr Hiskija ällas Silber, mô em Herrgott (JAHWE) saem Tempel ond en de Schatzkammera vom Königspalast gwea ischd, aliefera müaßa. [16]Selligsmål håt dr König Hiskija von Juda d Türaflügel von dr Tempelhalle von JAHWE ond dia Pfeiler, môn r selber mit Gold vrklôeda lassa håt, zsemahaoa lassa ond s Gold aglieferat an da König von Assur.

[17]Ond dr König von Assur håt saen Marschall ond da Erzkämmerer ond da Oberschenka von Lachisch aus zom König Hiskija mit ama starka Heer nach Jerusalem gschickt. Dia send naufzoga, ond mô se nach Jerusalem komma send, hent se sich an dr Wasserlaetong vom obera Teich an dr Walkerfeldstråß aufgstellt, [18]ond hent da König ruafa lassa. Nå ischd dr Palastvôrsteher Eljakim, am Hilkija sae Soh, dr Schreiber Schebna ond dr Joach, am Asaf sae Soh, am König sae Sprecher, zo nen nausganga.

[19]Ond dr Oberschenk håt zo nen gsaed: Richtat am Hiskija aus: So spricht dr Großkönig, dr König von Assur: Mô willst de du nå drauf vrlassa, dass da de so sicher fühlst? [20]Moenst du vielleicht, a bloßas Gschwätz sei Rat ond Kraft zom Kampf? Auf wen kåsch d de denn vrlassa, weil da de gega me aufloehnst? [21]Du vrläßt de auf des gkickte Röhrle, auf Ägypten, des mô jedan, mô sich drauf stütza will, en d Håd sticht ond se durchbôhrt. So gôht s älle, mô sich auf da Pharao, da König von Ägypten vrlassat! [22]Wann r mr aber saga wöllat: Mir vrlassat ons auf JAHWE, onseran Gott (Eloheynu)! Håt et dr Hiskija selber saene Kulthöha ond Altär agschafft ond zo Juda ond zo Jerusalem gsaed: Bloß vôr dem Altar dåhanna en Jerusalem sollat ihr åbeta? [23]Also guat, nå wette doch mit maem Herra, am König von Assur! I gib dir zwôetausad Rösser, wann du drzua emstand bist, d Reiter drfür zom stella! [24]Wia willst du ao bloß oen von maene Provinzhaoptleut, da grengsta, drvojaga? Du vrläßt de doch bloß auf d Ägypter mit ihre Kampfwäga ond Reiter! [25]Ond jetzt? Ben i vielleicht ohne am Herrgott (JAHWE) saen Willa då raufzoga zom den Ort vrwüasta? JAHWE håt mi ågwiesa: Gang nauf gega des Land dåhanna ond vrwüaste s! [26]Nå håt dr Elkaim, am Hilkija sae Soh, ond dr Schebna ond dr Joach zo dem Oberschenka gsaed: Schwätz doch mit daene Knecht aramäisch, des vrstandat mir guat. Ond schwätz dene Leut auf dr Mauer et auf judäisch en d Ohra! [27]Dådrauf håt der Oberschenk zo nen

gsaed: Håt me mae Herr vielleicht
gschickt zom des bloß daem Herra ond
dir zom saga, ond et ao dene Männer,
mô auf dr Mauer hockat ond ihr
aegena Scheiße essa ond ihran aegena
Sôech trenka müaßat? [28]Nå ischd der
Oberschenk aufgstanda ond håt ganz
laut gschria ond auf judäisch gsaed:
Horchat her, was euch dr Großkönig,
dr König von Assur zom saga håt:
[29]So spricht dr König: Lassat euch
vom Hiskija et åschmiera, der kå euch
nämlich et aus maener Gwalt retta!
[30]Ond lassat euch et vom Hiskija auf
da Herrgott (JAHWE) vtrösta, wann r
behaoptat: JAHWE wird ons retta ond
d Stadt wird et an da König von Assur
ausglieferat. [31]Horchat et auf da Hiskija!
So spricht dr König von Assur: Schliaßat
mit mir a Abkomma ond kommat raus
zo mir, nå kå a jeder von saem Rebstock
ond von saem Feigabaom essa ond aus
saener aegena Zisterne trenka, [32]bis i
komm ond euch en a Land hol, des wia
euer Land ischd, a Land voler Korn ond
Most, a Land voler Brot ond Wengert,
a Land voler Ölbaem ond Honig, dass
r lebat ond et sterba müaßat! Also
horchat et auf da Hiskija, der führt euch
bloß henter s Liacht, wann r behaoptat:
JAHWE wird ons retta! [33]Hent vielleicht
dia Götter von andere Völker a jeder
sae Land aus dr Gwalt vom König von
Assur grettat? [34]Mô send dia Götter von
Hamat ond Arpad? Mô send dia Götter
von Sefarwajim, Hena ond Awa? Hent
dia vielleicht Samaria vôr mir grettat?
[35]Wer von älle Götter en dene Länder
håt sae Land aus maener Gwalt befreit?
Ond jetzt soll ausgrechnat dr Herrgott
(JAHWE) Jerusalem vôr mir retta?
[36]Aber s Volk håt gschwiega, dr König
håt nämlich d Åweisong geba: Neamerd
geit dem a Antwort!
[37]Nå ischd dr Eljakim, am Hilkija sae
Soh, dr Palastvôrsteher, ond dr Schebna,
dr Schreiber ond dr Joach, am Asaf sae
Soh, dr Kanzler, zom Hiskija komma mit
vrrissene Klôeder ond hent am gmeldat,
was der Oberschenk gsaed håt.

Zom Vrgleicha: *Vers 13-37:* • Jes 36,1-22; 2Chr 32,1-19 • *Vers 17:* Jes 7,3.

Am König Hiskija sae Reaktion:

19 1-7

19 Mô des dr König Hiskija ghört
håt, håt r saene Gwänder vrrissa
ond håt a Trauergwand åzoga ond ischd
en da Tempel vom Herrgott (JAHWE)
ganga. [2]Ond r håt da Palastvôrsteher
Eljakim ond da Schreiber Schebna
mitsamt de Älteste von de Priaster em
Trauergwand zom Profeta Jesaja, am
Soh vom Amoz, gschickt. [3]Ond dia hent
zon am gsaed: So spricht dr Hiskija: A
Dag voler Naot ond Züchtigong ond
Schmach ischd der Dag. D Kender send
bis an da Muttermund komma, aber d
Fraoa hent koe Kraft maeh zom Gebära.
[4]Vielleicht hört JAHWE, dae Gott
(Eloheyka), ällas, was der Oberschenk
gsaed håt, den mô dr König von Assur
gschickt håt, zom da lebendiga Gott
(Elohim) vrspotta ond stråft an wega
saene Reda, mô JAHWE dae Gott
(Elohim) ghört håt! Also bet doch für
den Rest, mô no då ischd! [5]Mô nå dia
Diener vom König Hiskija zom Jesaja
komma send, [6]håt dr Jesaja zo nen gsaed:
Sagat euram Herra: So spricht JAHWE:
Du brauchst koe Angst et han wega
dem Gschwätz, mô da ghört håsch, mit
dem mô dia Knecht vom König von
Assur über mi glästerat hent! [7]Guckat,
i will am an Gôest schicka, dass r auf
a Gerücht hört ond en sae Land zrück
gôht. Ond nå laß an i durch s Schwert
falla en saem aegena Land.

Zom Vrgleicha: *Vers 1-7:* Jes 37,1-7 • *Vers 3:* Hos 13,13.

Am Sanherib sae zwôeta Gesandtschaft: 19 8-13

8Mô der Oberschenk zrück komma ischd, hât r da König von Assur em Kampf gega Libna vôrgfonda; der hât nämlich ghört, dass r von Lachisch abzoga ischd. 9Mô dr Sanherib vrfahra hât, dass dr Tirhaka, dr König von Kusch, en da Kriag gega an zoga sei, hât r nômål Bota an da Hiskija gschickt ond am ausrichta lassa: 10So sagat r am König Hiskija von Juda: Laß de von daem Gott (Eloheyka), auf den mô da de vrläßt, et aelulla wann r saed: Jerusalem fällt et en en d Gwalt vom König von Assur! 11Du håsch doch selber ghört, was d König von Assur an älle dene Länder dao hent, wia se da Bann an en vollstreckt hent, ond du moenst, da dätest drvokomma? 12Send vielleicht dia Volksstämm von ihre Götter grettat wôra, mô maene Vädr ausgrottat hent, Gosen, Haran ond Rezef ond dia Leut von Eden, mô en Telassar gwohnt hent? 13Mô ischd dr König von Hamat ond dr König von Arpat ond dr König von dr Stadt Sefawajim, Hena ond Awa?

Zom Vrgleicha: *Vers 8-13:* • Jes 37,8-13.

S Gebet vom König: 19 14-19

14Ond dr Hiskija hât den Briaf von dera Gsandtschaft gnomma ond an glesa. Nå ischd r nauf en da Tempel vom Herrgott (JAHWE) ond hât an vôr JAHWE ausbrôetat. 15Ond r hât vôr JAHWE betat ond gsaed: JAHWE, Gott (Elohey) von Israel, der mô über de Keruba thront, du bist Gott (Elohim), du ganz alloe über älle Königreich auf dr Erde. Du håsch Hemmel ond Erde gschaffa. 16Leih mr dae Ohr JAHWE ond hör! Mach daene Aoga auf ond guck! Hörst d am Sanherib sae Gschwätz, der mô sae Gsandtschaft hergschickt hât zom da lebendiga Gott (Elohim) vrspotta! 17S stemmt jå, JAHWE, dass d König von Assur dia Völker ond ihr Land vrheert 18ond ihre Götter (Eloheyhem) ens Feuer gschmissa hent; des send nämlich gar koene Gotthaeta (Elohim), sondern Machwerk von Menschahänd aus Holz ond Stoe, dia hent se natürlich he macha könna. 19Ond jetzt, JAHWE, onser Gott (Eloheynu), rette ons doch aus saener Gwalt, dass älle Königreich auf dr ganza Erde erkennat, dass du, JAHWE, dr oenzige Gott (Elohim) bist!

Zom Vrgleicha: *Vers 14-19:* • Jes 37,14-20.

Dr Jesaja vrspricht Hilfe durch Gott: 19 20-34

20Ond dr Jesaja, am Amoz sae Soh, hât zom Hiskija gschickt ond am ausrichta lassa: So spricht JAHWE, dr Gott (Elohey) von Israel: Was du weg'am König Sanherib von Assur zo mr betat håsch, des han i ghört.

21Ond des ischd am Herrgott (JAHWE) sae Antwort über den: D Jungfrao Tochter Zion vrachtat ond vrspottat de. D Tochter Jerusalem kå bloß ihr Haopt über (dae Dommhaet) de schüttla.

22Wen håsch du ällas vrlästerat ond gschmäht? Gega wen håsch du ällas gschwolla drhergschwätzt ond haochnäsig von oba raguckt? Gega da Haeliga von Israel!

23Durch daene Bota håsch du maen Herra vrspotta lassa ond gmoent: Mit dr Masse von maene Kampfwäga zweng i d Höha von de Berg, ond bôede Flanka vom Libanon, ond i mach an Kahlschlag em Zedernwald ond bei de schönste Zypressa, ond komm bis en de entlegenste Herberga an saener Grenz em Dickicht vom Waldrand.

24In han me küahlt mit fremde Wasser ond se tronka ond han onter maene Fuaßsohla älle Belagerongskanäl austrickna lassa.

25Håsch du s et ghört? Schao vôr lange Zeita han i s so gfügt ond vôr Urzeita

se ausdenkt. Jetzt han e s komma
lassa, dass du feste Städt hemacha ond
Trümmerhaufa draus macha müaßa
håsch.
[26]Ond ihre Aewohner send machtlos
gwea, vrschreckt ond demüatigt, send
wôra wia s Kraut em Feld draußa ond
s Greazeug, wia d Bensa auf de Dächer
ond (vom Gluathauch aus dr Wüste)
ågsengts Gras.
[27]I wôeß wann du ausruahst, wann da
fortgôhst ond wann da hoemkommst.
Ond i wôeß wia da gega me hetza
duast.
[28]Weil da gega me hetza duast ond i von
daem Übermuat ghört han, setz dr i
maen Håka en d Nås ond maen Zaom
ens Maul ond breng de auf dem Weg
zrück, auf dem mô da herkomma bist.
[29]Ond des ischd für di (Hiskija) s
Zaeche: Heuer isst mr, was von selber
nåchwächst, em nächsta Jåhr des, was
no aus de Wurzla wächst, ond em
dritta Jåhr säat ond erntat r wieder ond
pflanzat Wengert å ond essat wieder von
ihrer Frucht. [30]Ond was vom Haus Juda
drvokomma ond übrig blieba ischd,
schlägt onta wieder Wurzla ond setzt oba
Frucht å. [31]Von Jerusalem gôht nämlich
a Rest aus, ond vom Berg Zion dia, mô
grettat wôra send. D Leidaschaft von
JAHWE Zebaot bewirkt des. [32]Drom,
so spricht JAHWE über da König von
Assur: Der kommt en dui Stadt et nae,
ond der schiaßt ao koen Pfeil nae, ond
kå mit koem Schild gega se årenna. Der
macht ao koen Belagerongswall om se
rom. [33]Auf dem Weg, môn r komma
ischd, muaß r wieder zrück ganga. Aber
en d Stadt kommt der et nae! Spruch
von JAHWE! [34]I selber schütz dui Stadt
zom se retta, om maener selbst willa ond
om maem Knecht Davids willa.

Zom Vrgleicha: *Vers 20-34:* • Jes 37,21-35 • *Vers 26:* Ps 129,6 • *Vers 28:* Ez 38,4 • *Vers 30:* Ps 80,30.

D Stadt wird grettat: 19 35-37

[35]En dera Nacht no ischd a Engel von
JAHWE auszoga ond håt em Lager von
Assur hondertfenfaachtzgtausad Mann
ombråcht. Ond am andera Môrga send
älle daot gwea, lauter Leicha. [36]Nå ischd
dr König Sanherib von Assur aufbrocha
ond hoemganga ond r ischd en Ninive
blieba. [37]Môn r nå amål em Tempel von
saem Gott (Elohayw) Nisroch betat håt,
hent an saene Söh, dr Adramelech ond
dr Sarezer mit am Schwert ombråcht.
Nå hent se ens Land Ararat abhaoa
müaßa, ond am Sanherib sae Soh, dr
Asarhaddon ischd König wôra an saener
Stell.

Zom Vrgleicha: *Vers 35-37:* • Jes 37,36-38.

Dr Hiskija wird Krank: 20 1-11

20 Selligsmål ischd dr Hiskija auf da
Daot krank wôra; ond dr Profet
Jesaja, am Amoz sae Soh, ischd zon
am komma ond håt gsaed: So spricht
JAHWE: Breng dae Haus en Ordnong,
du liegst em Sterba ond kåsch nemme
leba! [2]Nå håt r sae Gsicht gega d Wåd
dreht ond håt zom Herrgott (JAHWE)
betat ond gsaed: [3]Ach JAHWE, denk
doch drå, wia i maen Lebenswandel en
Treue ond mit ama ehrlicha Herza vôr
dir gführt han ond emmer dao han, was
en daene Aoga guat gwea ischd. Ond
dr Hiskija håt ganz arg gheult. [4]Aber
dr Jesaja ischd no et aus dr ennera Stadt
draußa gwea, mô s Wort von JAHWE an
an erganga ischd: [5]Dreh om ond sag am
Hiskija, am Fürsta von maem Volk: So
spricht JAHWE, dr Gott (Elohey) von
daem Stammvadr David: I han dae Beta
ghört ond daene Träna gseha. Guck, i
will de hôela! En drei Dag gôhst d nauf
en da Tempel vom Herrgott (JAHWE).
[6]Ond i will zo daener Lebenszeit nômål
fufzeah Jåhr drzua doa. Ond aus dr
Gwalt vom König von Assur befrei e di
ond dui Stadt dåhanna. Ond i will dui

Stadt schütza om maener selbst willa
ond om maem Knecht Davids willa.
[7]Ond dr Jesaja håt gsaed: Brengat mr
amål an Feigakuacha her! Den hent se
gholt ond auf des Gschwür glegt, nå
ischd r gsond wôra. [8]Ond dr Hiskija
håt da Jesaja gfrågt: An was soll i seha,
dass dr Herrgott (JAHWE) me wieder
gsond macht ond i am dritta Dag en da
Tempel vom Herrgott (JAHWE) ganga
kå? [9]Nå håt dr Jesaja gsaed: Des soll dr
s Zaeche von JAHWE drfür sae, dass
JAHWE duat, was r vrsprocha håt: Soll
dr Schatta zeah Grad weiterganga oder
zeah Grad zrück ganga? [10]Dådrauf håt
dr Hiskija gsaed: Des ischd jå et schwer,
dass dr Schatta zeah Grad weitergôht!
Noe, dr Schatta soll zeah Grad zrück
ganga! [11]Ond dr Profet Jesaja håt
JAHWE ågruafa. Der håt da Schatta om
zeah Grad rückwärts ganga lassa an dr
Gradaetôelong von dr Sonnauhr vom
Ahas.

Zom Vrgleicha: *Vers 1-11:* • Jes 38,1-8; 2Chr 32,24-26.

D Gsandtschaft aus Babel: 20 12-21

[12]Selligsmål håt dr Merodach-Baladan,
am Baladan sae Soh, dr König von Babel,
Briaf ond a Gschenk an da Hiskija
gschickt, der håt nämlich ghört, dass dr
Hiskija krank sei. [13]Ond dr Hiskija håt
sich drüber gfraet ond håt (dene Bota)
s ganze Schatzhaus zaegt, mit am Silber
ond am Gold, ond mit de Spezereia ond
dem faena Öl, ond sae Zeughaus ond
ällas, was r an Vorrät ghet håt. S håt
nex geba en saem Palast ond en saem
Herrschaftsbereich, was dr Hiskija se
et hätt seha lassa. [14]Nå ischd dr Profet
Jesaja zom König Hiskija komma ond
håt an gfrågt: Was hent dia Männer då
gsaed ond mô send dia herkomma zo
dr? Dådrauf håt dr Hiskija gsaed: Dia
send von weit her komma, aus am Land
Babel! [15]Ond r håt weiter gfrågt: Was
hent dia en daem Palast gseha? Ond dr
Hiskija håt gsaed: Dia hent en maem
Palast ällas gseha! Då geits nex, was i dia
et hätt seha lassa en maene Vôrrät! [16]Nå
håt dr Jesaja zom Hiskija gsaed: Horch,
was dr JAHWE zom saga håt: [17]Guck, s
werat Zeita komma, då wird ällas, was
en daem Haus ischd ond was daene Vädr
ågsammlat hent, nach Babel forttraga;
nex bleibt übrig, spricht JAHWE!
[18]Ond von daene Söh, dia mô no von dir
zeugt werat, nemmat se oene mit, dass
se Höfleng send em Palast vom König
von Babel! [19]Nå håt dr Hiskija zom
Jesaja gsaed: Des Wort von JAHWE,
mô du mr vrkündigt håsch, ischd guat!
Oder vielleicht et? D Haoptsach ischd
doch, dass Frieda ischd ond Sicherhaet,
solang e no leb.

[20]Was s sonst zom saga geit vom Hiskija,
ond wia tüchtig r gwea ischd, ond wian r
da Teich ond d Wasserlôetong glegt ond
so s Wasser en d Stadt raebråcht håt, des
stôht en dr Chronik von de König von
Juda gschrieba. [21]Nå ischd dr Hiskija en
d Ruah zo saene Vädr aeganga ond dr
Manasse, sae Soh ischd König wôra an
saener Statt.

Zom Vrgleicha: *Vers 12-19:* Jes 39,1-8.

Manasse: 21 1-18

21 Zwölf Jåhr alt ischd dr Manasse
gwea, môn r König wora ischd,
ond r håt fenfafufzg Jåhr lang en
Jerusalem regiert. Sae Muader håt
Hefzi-Bah ghôeßa. [2]Der håt dao,
was baes gwea ischd en de Aoga vom
Herrgott (JAHWE), ond håt en dene
greusliche Bräuch weitergmacht von
dene Völker, mô dr Herrgott (JAHWE)
vôr Israel vrtrieba håt: [3]Der håt dia
Kulthöha wieder aufbaut, mô sae Vadr
Hiskija hegmacht håt. Am Baal håt r an
Altar baua lassa ond a Aschera, so wia s
dr König Ahab von Israel gmacht håt.
Ond r håt d Sternbilder åbetat ond dia

vrehrt. [4]Em Herrgott (JAHWE) saem
Tempel håt r ao sotte Altär baut, mô
dr Herrgott (JAHWE) doch gsaed håt:
En Jerusalem will i maen Nåma aesetza!
[5]Ond r håt en bôede Vôrhöf vom
Herrgott (JAHWE) saem Tempel Altär
baut für d Sternbilder. [6]Saen Soh håt r ao
durch s Feuer laofa lassa, håt Zaoberei
ond Wahrsagerei trieba; ao sonst håt r
viel dao, was en de Aoga vom Herrgott
(JAHWE) baes gwea ischd ond da
Herrgott (JAHWE) belaedigt håt.
[7]Sogar des Standbild von dr Aschera,
môn r macha lassa håt, håt r en dem
Haus aufstella lassa, von dem JAHWE
zom David ond zom Salomo, saem Soh
gsaed håt: En dem Haus dåhanna, ond
en Jerusalem, des mô i auserwählt han
aus älle Stämm von Israel, will i maen
Nåma aesetza für älle Zeita! [8]I will nia
maeh, dass Israel flüchta muaß von dem
Land, des mô i ihre Vädr geba han, aber
bloß, wann se drauf achtat, dass se nach
dene Weisonga lebat, mô en i geba han
durch maen Knecht Mose. [9]Aber dia
hent et gfolgt, ond dr Manasse håt se
vrführt, dass se no ärger gwea send wia
dia Völker, mô dr Herrgott (JAHWE)
vôr Israel vrtrieba håt.
[10]Nå håt dr Herrgott (JAHWE) durch
saene Diener, d Profeta, ond håt en saga
lassa: [11]Weil dr Manasse, dr König von
Juda, dia gräuliche Sacha dao håt, mô
ärger send wia des, was d Amoriter dao
hent, dia vôr en dågwea send, ond weil
r ao Juda mit saene Götza zor Sünd
vrführt håt, [12]drom spricht JAHWE, dr
Gott (Elohey) von Israel: Guck, i breng
Ohael über Jerusalem ond über Juda,
dass ama jeda, mô drvo hört, bôede
Ohra wegfliagat. [13]Ond i will über
Jerusalem d Messschnur von Samaria
lega ond d Wååg vom Haus Ahab. I
wisch Jerusalem aus, wia mr a Schüssel
auswischt ond auf s Gsicht dreht. [14]Ond
was übrig bleibt von maem Erbtôel
will e aufgeba ond se ihre Faend en d
Händ ausliefera, dass se älle ihre Faend
zom Raob ond zor Beute werat. [15]Des
ischd für ällas Baese, was se dao hent en
maene Aoga, ond me belaedigt hent von
dem Dag å, mô ihre Vädr aus Ägypten
rauszoga send bis auf da haetiga Dag.
[16]Ond viel oschuldigs Bluat håt dr
Manasse vrgossa, dass Jerusalem von
oem Rand bis an da andera vol gwea
ischd drmit, ganz abgseha von dera
Sünd, dass r Juda zor Sünd vrführt håt,
dass se ällas dao hent, was en de Aoga
von JAHWE Orecht gwea ischd.
[17]Was s sonst zom saga geit vom
Manasse, ond was r onternomma håt,
ond sae Sünd, des stôht en dr Chronik
von de König von Juda gschrieba. [18]Nå
ischd dr Manasse en d Ruha zo saene
Vädr aeganga ond r ischd em Garta von
saem Palast beerdigt wôra, em Garta
vom Usa. Ond dr Amon, sae Soh ischd
König wôra an saener Statt.

Zom Vrgleicha: *Vers 1-18:* • 2Chr 33,1-20 • *Vers 3:* 1Kö 16,33 • *Vers 4:* 1Kö 8,16 • *Vers 8:* 2Sa 7,10 • *Vers 18:* 2Chr 33,20.

Amon: 21 19-26

[19]Dr Amon ischd zwôeazwanzg Jåhr alt
gwea, môn r König wôra ischd, ond r
håt zwôe Jåhr en Jerusalem regiert. Sae
Muader håt Meschullemet ghôeßa ond
ischd a Tochter vom Haruz aus Jotba
gwea. [20]Wia sae Vadr Manasse håt r
dao, was en de Aoga vom Herrgott
(JAHWE) baes gwea ischd. [21]Ond r
ischd en ällam da gleicha Weg ganga wia
sae Vadr ond håt d Götza vrehrt, dene
mô schao sae Vadr deant håt ond håt sich
dene onterworfa. [22]So håt r JAHWE, da
Gott (Elohey) von saene Vädr vrlassa
ond ischd et en de Weg vom Herrgott
(JAHWE) ganga. [23]Nå hent am Amon
saene Diener a Vrschwörong gega an
åzettlat ond hent da König en saem
Palast ombråcht. [24]Aber s Landvolk håt

älle ombråcht, mô sich gega da König
Amon vrschwora hent, ond håt saen
Soh Joschija zom König gmacht an
saener Stell.
[25]Was s sonst zom saga geit vom
Amon, ond was r dao håt, des stôht
en dr Chronik von de König von Juda
gschrieba. [26]Ond mr håt an em Grab von
saem Vadr beerdigt, em Garta vom Usa;
ond dr Joschija, sae Soh ischd König
wôra an saener Statt.

Zom Vrgleicha: *Vers 19-24:* • 2Chr 33,21-25.

Joschija: 22 1-2

22 Dr Joschija ischd acht Jåhr alt
gwea, môn r König wôra ischd,
ond r håt oesadreißg Jåhr lang en
Jerusalem regiert. Sae Muader håt Jedida
ghôeßa ond ischd a Tochter vom Adaja
aus Bozkat gwea. [2]Der håt dao, was en
Aoga vom Herrgott (JAHWE) Recht
gwea ischd, ond r ischd en ällam da
Weg von saem Stammvadr David ganga
ond et drvo abgwicha nach rechts oder
lenks.

Zom Vrgleicha: *Vers 1-2:* • 2Chr 34,1-2.

S Gsetzbuach wird gfonda: 22 3-20

[3]Em achtzehnta Jåhr vom König
Joschija håt dr König da Schafan, da
Soh vom Azalja, der mô dr Soh vom
Meschullam gwea ischd, da Schreiber,
en da Tempel vom Herrgott (JAHWE)
gschickt, ond an ausrichta lassa: [4]Gang
nauf zom Hohepriaster Hilkija, r soll
des Silber abliefera, mô en da Tempel
vom Herrgott (JAHWE) bråcht wôra
ischd, des mô d Wachleut an dr Schwell
vom Volk aegsammlat hent. [5]Ond mr
soll s dene Baumôester em Herrgott
(JAHWE) saem Tempel geba für dia
Handwerker, mô am Herrgott saen
Tempel enstand setzat: [6]de Zemmerleut
ond de Bauarbaeter ond Maurer, ond
zom Åkaof von Hölzer ond Bruchstoe,
zom da Tempel ausbessera. [7]Mr soll mit
en des Geld et abrechna, mô mr en auf d
Håd geit, dia sollat auf Treu ond Glaoba
schaffa.
[8]Nå håt dr Hohepriaster Hilkija zom
Schreiber Schafan gsaed: I han em
Herrgott (JAHWE) saem Tempel s
Gsetzbuach gfonda. Nå håt dr Hilkija
des Buach am Schafan übergeba, ond
der håt s glesa. [9]Mô nå dr Schreiber
Schafan zom König komma ischd, håt
r am gmeldat: Daene Diener hent des
Geld vom Tempel rausgeba ond de
Baumôester geba, dia mô am Herrgott
saem Tempel d Aufsicht hent. [10]Nå
håt dr Schreiber Schafan am König
vrzählt: Dr Priaster Hilkija håt mr a
Buach übergeba! Nå håt s dr Schafan
am König vôrglesa. [11]Mô dr König
ghört håt, was en dem Buach stôht,
håt r sae Gwand vrrissa. [12]Ond r håt
am Priaster Hilkija, ond am Ahikam,
am Soh vom Schafan, am Achbor, am
Soh vom Micha, am Schreiber Schafan
ond am Saja, am König saem Diener d
Åweisong geba: [13]Gangat ond frågat da
Herrgott (JAHWE) für mi, für s Volk
ond für ganz Juda wega dem Buach, mô
mr gfonda håt! Am Herrgott (JAHWE)
sae Zôrn muaß gega ons jå gewaltig sae,
weil onsere Vädr et auf dia Weisonga
ghört hent, ond et dao hent, was då dren
gschrieba stôht.
[14]Nå ischd dr Priaster Hilkija, dr Ahikam,
dr Achbor, dr Schafan ond dr Asaja
zor Profetin Hulda ganga. Des ischd
am Vrwalter von dr Klôederkammer
Schallum sae Frao gwea, am Soh vom
Tikwa, der mô dr Soh vom Harha gwea
ischd, dui håt em neuera Stadttôel von
Jerusalem gwohnt, ond se hent mit ra
gschwätzt. [15]Nå håt se zo nen gsaed:
So spricht JAHWE, dr Gott (Elohey)
von Israel: Richtat dem Må aus, der mô
euch gschickt håt: [16]So spricht JAHWE:
Guckat, i breng Ohael über den Ort
dåhanna ond über saene Aewohner,

ällas, was en dem Buach ådroht ischd,
mô dr König von Juda glesa håt. 17Des
ischd d Strâf drfür, dass se me vrlassa
ond andere Götter Raecheropfer
darbråcht ond mi belaedigt hent mit
ihre ganze Machwerk; drom ischd mae
Zôrn aufgflammt gega den Ort, ond der
gôht ao et aus. 18Ond zom König von
Juda, der mô euch gschickt håt, zom da
Herrgott (JAHWE) fråga, dem sagat r:
So spricht JAHWE, dr Gott (Elohey)
von Israel: Durch dia Wort, mô da ghört
håsch, 19ischd dae Herz wôcch wôra
ond du håsch de beugt vôr JAHWE,
mô da ghört håsch, was i gsaed han
über den Ort dåhanna ond über saene
Aewohner, dass se zom Schreckensbild
ond zom Fluach wera sollat. Du håsch
dae Gwand vrrissa ond vôr mr gheult,
drom han i de erhört, Spruch von
JAHWE. 20Drom laß i di en d Ruah zo
daene Vädr aeganga, ond du wirst em
Frieda en daem Grab beerdigt. Daene
Aoga brauchat des ganze Oglück, mô
i über den Ort dåhanna breng, nemme
mit ågucka. Ond se hent s am König
ausgrichtat.

Zom Vrgleicha: *Vers 3-20:* • 2Chr 34,8-28.

Mißständ werat behoba: 23 1-27

23 Nå håt dr König Bota ausgschickt
ond älle Älteste von Juda ond
Jerusalem aebstellt. 2Ond dr König
ischd en da Tempel vom Herrgott
(JAHWE) naufganga, ond älle Männer
von Juda ond älle Aewohner von
Jerusalem send mitganga, ond d Priaster
ond Profeta, ond s ganze Volk, kloe ond
graoß, ond r håt en ällas vôrglesa aus
dr Bundessatzong, mô mr em Herrgott
(JAHWE) saem Haus gfonda håt. 3Nå
ischd dr König an dui Säul nôgstanda ond
håt vôr am Herrgott (JAHWE) an Bund
gschlossa: Saen Lebenswandel henter
JAHWE zom führa ond saene Gebot,
Vôrschrifta ond Satzonga zom achta
von ganzam Herza ond mit ganzer Seel,
ond dui Bundessatzong aezomhalta, mô
en dem Buach gschrieba stôht. Ond s
ganze Volk ischd zo dem Bund gstanda.
4Nå håt dr König am Hohepriaster
Hilkija ond am zwôeta Priaster ond
de Schwellawächter d Åweisong geba,
se solle älle Gerätschafta, mô mr für
da Baal ond d Aschera ond für d
Sternbilder gmacht håt, aus am Herrgott
saem Tempel nausschaffa; ond r håt se
draußa vôr Jerusalem auf de Terrassa
vom Kidrontal vrbrenna lassa, nå håt
mr ihr Äscha nach Bet-El bråcht. 5Ond
dia Götzapriaster, mô d König von
Juda aegsetzt hent zom Raecheropfer
darbrenga auf de Kulthöha en de
Städt von Juda ond en de Bezirk om
Jerusalem, håt r agsetzt, ond dia, mô
Raecheropfer darbråcht hent für da Baal,
für d Sonne ond da Mond ond für dia
ganze Sternbilder ond Tierkraeszaeche.
6Ond r håt d Aschera aus am Herrgott
(JAHWE) saem Tempel nausgschafft
an da Bach Kidron ond se zsemaghaoa
zo Staob ond vrbrennt. Nå håt r ihr
Äscha auf d Gräber vom Volk gleert.
7Nå håt r d Häuser von de Tempelhura
areißa lassa, dia mô beim Herrgott
(JAHWE) saem Tempel gwea send,
ond mô d Fraoa Schleier für d Aschera
gwoba hent. 8Ond älle Priaster aus de
Städt von Juda håt r weg gholt ond håt
dia Kulthöha vroraeniga lassa, mô dia
Priaster Raecheropfer darbråcht hent
von Geba bis nach Beer-Scheeba; ond
dia Bocksgstalta, mô am Tôrboga vom
Josua, am Stadtoberst, an dr lenka Seite
vom Stadttôr gwea send, håt r weghaoa
lassa. 9Dia Kulthöhapriaster hent et
an da Altar vôr JAHWE en Jerusalem
naufganga därfa. Aber se hent Fladabrot
bei Ihre Brüader essa därfa. 10Gradso håt
r ao da Opferfeuerplatz en dr Schlucht
von de Söh vom Hinnom oraen gmacht,
dass neamerd maeh saen Soh oder sae

Tochter für da Moloch durch s Feuer
laofa lassa könna håt. 11Ond dia Rösser,
mô d König von Juda dr Sonne gwidmat
hent, håt r vom Aegang em Herrgott
(JAHWE) saem Tempel, mô an dr Zell
vom Melech-Netan, am Kämmerer, am
Åbau gwea send, wegmacha lassa. Ond
dia Sonnawäga håt r vrbrenna lassa em
Feuer. 12Ao dia Ältär auf am Obergemach
vom Ahas, mô d König von Juda gmacht
hent, ond dia Altär, mô dr Manasse en
bôede Vôrhöf vom Herrgott (JAHWE)
saem Tempel håt macha lassa, håt dr
König zsemahaoa lassa. Ond r håt da
Schutt ganz schnell von sell wegschaffa
ond am Bach Kidron nôschmeißa
lassa. 13Ond dia Kulthöha östlich von
Jerusalem, auf dr Südseite vom Berg
Hamaschit (Vrderba), mô dr Salomo,
dr König von Israel, für d Astarte, d
Göttin von de Sidonier, für da Kemosch,
da Götza von de Moabiter, ond für da
Milkom, da Greuel von de Ammoniter,
baut håt, send entweiht wôra. 14Ond dia
Stoemäler håt r zsemaghaoa. Drzua håt
r d Kultpfähl von dr Aschera omghaoa
ond håt ihre Plätz mit Menschaboener
auffülla lassa.
15Ao da Altar von Bet-El, des
Höhahaeligtom, mô dr Jerobeam, am
Nebat sae Soh, baua lassa håt, ond an
dem r Israel zor Sünd vrführt håt, ao
den Altar ond des Höhahaeligtom håt
r agrissa ond ihre Stoener zo Staob
vrmahla, ond d Aschera håt r vrbrennt.
16Mô sich dr Joschija romdreht ond
dia Gräber gseha håt, mô sell auf am
Berg gwea send, håt r nôgschickt ond
dia Boener aus de Gräber hola lassa
ond se auf dem Altar vrbrennt ond an
dådrmit entweiht, wia s JAHWE durch
den Må von Gott (Elohim) ausrichta
lassa håt, môn r des vôrausgsaed håt vôr
am Altar en Bet-El. 17Ond r håt gfrågt:
Was ischd des für a Denkmal môn e då
sieh? Nå hent d Leut aus dr Stadt zon
am gsaed: Des ischd dem Må von Gott
(Elohim) sae Grabmal, der mô von
Juda raufkomma ischd ond genao des
vrkündigt håt, was du jetzt mit am Altar
von Bet-El gmacht håsch. 18Dådrauf håt
r gsaed: Lent an ruha! Neamerd soll d
Ruha störa vom Profeta, der mô von
Samaria komma ischd. 19Ond ao älle
Tempel auf de Kulthöha en de Städt von
Samarien, mô d König von Israel zor
Belaedigong baut hent, håt dr Joschija
wegdao ond håt s so mit en gmacht wia
mit dem en Bet-El. 20Ond dia Priaster
von dene Kulthöha håt r auf dene Altär
abschlachta ond ihre Boener drauf
vrbrenna lassa. Nå ischd r wieder nach
Jerusalem zrück ganga.
21Nå håt dr König für s ganze Volk
åg'ordnat: Feierat a Paschafest am
Herrgott (JAHWE) zor Ehr, nach dr
Åweisong en dr Bundessatzong en dem
Buach dåhanna! 22So a Paschafest ischd
nämlich nemme gfeiert wôra seit dr
Zeit, mô d Richter, dia mô Israel regiert
hent, ond en dr ganza Zeit, mô König
en Israel ond en Juda regiert hent. 23Erst
em achtzehnta Jåhr vom König Joschija
ischd en Jerusalem des Paschafest wieder
gfeiert wôra am Herrgott (JAHWE)
zor Ehr. 24Ao d Daotabeschwörer ond
Wahrsager ond Hausgötter ond Götza
ond älle Greuel, mô s em Land Juda ond
en Jerusalem geba håt, send vom Joschija
ausgrottat wôra, zom älle Åweisonga
ausführa, mô en dem Gsetzbuach
gschrieba standat, mô dr Priaster Hilkija
em Herrgott (JAHWE) saem Tempel
gfonda håt. 25Vôr am Joschija håt s koen
König geba, der mô so ehrlich em Herza
ond mit saener ganza Seel ond saener
ganza Kraft zo JAHWE omkehrt ischd,
ganz nach de Weisonga vom Mose. Ao
nach am Joschija ischd so oener nemme
aufgstanda.
26Aber dr Herrgott (JAHWE) håt saen
gewaltiga Zôrn nemme fahra lassa,

der mô gega Juda aufgflammt ischd wega dene ganze Kränkonga ond Belaedigonga vom Manasse. 27 Ond dr Herrgott (JAHWE) håt gsprocha: Ao Juda will i vôr maem Gsicht nemme seha, so, wian e Israel wegdao han; ond Jerusalem will e vrwerfa, dui Stadt, mô i auserwählt han, mitsamt dem Tempel, von dem, mô i gsaed han: Då soll mae Nåma gegawärtig sae!

Zom Vrgleicha: *Vers 1-3:* • 2Chr 34,29-33 • *Vers 13:* 1Kö 11,7 • *Vers 16:* 1Kö 13,2 • *Vers 21:* 2Chr 35,1 19 • *Vers 25:* Dtn 6,5.

Dr Joschija stirbt: 23 28-30

28 Was s sonst zom saga geit vom Joschija, ond was r vollbrâcht håt, des stôht en dr Chronik von de König von Juda gschrieba. 29 Zo saener Zeit ischd dr Pharao Necho, dr König von Ägypten, gega da König von Assur an da Euphratstrom zoga. Nå ischd am dr König Joschija entgega treta, aber der (dr Pharao) håt an bei Megiddo ombrâcht, môn r an gseha håt. 30 Nå hent an saene Diener auf am Waga daot nach Jerusalem brâcht ond hent an en saem Grab beerdigt. Nach dem håt s Landvolk da Joahas, am Joschija saen Soh gnomma ond an gsalbt ond so zom König gmacht an dr Stell von saem Vadr.

Zom Vrgleicha: *Vers 28-30:* • 2Chr 35,20-24; 36,1.

Joahas: 23 31-35

31 Dr Joahas ischd dreiazwanzg Jåhr alt gwea, môn r König wôra ischd, ond r håt drei Monat regiert en Jerusalem. Sae Muader håt Hamutal ghôeßa, am Jirmeja aus Libna sae Tochter. 32 Ond wia saene Vôrfahra håt der ällas dao, was en de Aoga vom Herrgott (JAHWE) baes gwea ischd. 33 Aber dr Pharao Necho håt an en Ribla em Land Hamat aegsperrt, dass r nemme König gwea ischd en Jerusalem, ond håt am Land a Geldstråf von honter Silbertalent ond oem Goldtalent aufbrommt. 34 Nå håt dr Pharao Necho da Eljakim, am Joschija saen Soh, an dr Stell von saem Vadr Joschija zom König gmacht, ond håt saen Nåma omgänderat en Jojakim, aber da Joahas håt r mitgnomma nach Ägypten, sell ischd r gstôrba. 35 Des Silber ond Gold håt dr Jojakim zwår aglieferat; aber r håt drfür Kopfsteuera aeführa müaßa, dass r des Silber auftreiba könna håt, mô dr Pharao Necho von am vrlangt håt.

Zom Vrgleicha: *Vers 32-35:* • 2Chr 36,2-4.

Jojakim: 23 36 – 24 7

36 Dr Jojakim ischd fenfazwanzg Jåhr alt gwea, môn r König wôra ischd, ond elf Jåhr lang håt r en Jerusalem regiert. Sae Muader håt Sebuda ghôeßa ond ischd a Tochter vom Pedaja aus Ruma gwea. 37 Ond wia saene Vôrfahra håt der ällas dao, was en de Aoga vom Herrgott (JAHWE) baes gwea ischd.

24 Zo saener Zeit ischd dr König Nebukadnezar von Babel raufzoga, ond dr Jojakim håt am deana müaßa, aber nach drei Jåhr ischd r wieder von am abgfalla. 2 Aber nå håt dr Herrgott (JAHWE) Raeberhorda von de Chaldäer, Aramäer, Moabiter ond Ammoniter auf an los glassa. Ond r håt se los glassa, zom Juda schlaga, wia s dr Herrgott (JAHWE) durch saene Diener, d Profeta håt åkündiga lassa. 3 Aber des ischd ällas bloß auf d Weisong von JAHWE über Juda komma, dass r se vôr saem Gsicht vrstoßa håt, wega älle dene Sünda, mô dr Manasse dao håt. 4 Ond ao wega dem oschuldiga Bluat, mô dr Manasse vrgossa håt, mô ganz Jerusalem voler oschuldigs Bluat gwea ischd, håt dr Herrgott (JAHWE) nemme vrzeiha wölla.

5 Was s sonst zom saga geit vom Jojakim, ond was r dao håt, des stôht en dr Chronik von de König von Juda gschrieba. 6 Dr

Jojakim ischd en d Ruah zo saene Vädr aeganga, ond sae Soh Jojachin ischd König wôra an saener Stell. [7]Dr König von Ägypten ischd nemme aus saem Land ausgrückt, weil am dr König von Babel ällas weggnomma håt, was am vom Grenzbach von Ägypten bis an da Eufratstrom ghert håt.

Zom Vrgleicha: *Kap 23 Vers 36 – Kap 24 Vers 6:* • 2Chr 36,5-8.

Jojachin: 24 8-17

[8]Dr Jojachin ischd achtzeah Jåhr alt gwea, môn r König wôra ischd, ond r håt drei Monat en Jerusalem regiert. Sae Muader håt Nehuschta ghôeßa ond ischd a Tochter vom Elnatan aus Jerusalem gwea. [9]Wia sae Vadr, håt r ällas dao, was en de Aoga vom Herrgott (JAHWE) baes gwea ischd. [10]Selligsmål send am König Nebukadnezar von Babel saene Truppa gega Jerusalem ågrückt ond hent d Stadt belagerat. [11]Ond mô dr König Nebukadnezar von Babel ond saene Diener d Stadt belagerat hent, [12]ischd dr König Jojachin von Juda, mit saener Muader ond saene Diener ond saene Fürsta ond Beamte nausganga, ond dr König von Babel håt an festgnomma em achta Jåhr von (vom Nebukadnezar) saener Herrschaft. [13]Nå håt r älle Schätz aus am Herrgott (JAHWE) saem Tempel ond aus am Königspalast nausgschafft. Ond älle goldene Gerätschafta, mô dr König Salomo, dr König von Israel, für am Herrgott (JAHWE) saen Tempel åfertiga lassa håt, håt r zsemahaoa lassa, so, wia s dr Herrgott (JAHWE) åkündiga lassa håt. [14]Nå håt r aus Jerusalem älle Fürsta ond älle wehrfähige Männer, zeahtausad Mann, vrschleppa lassa, ao älle Bauhandwerker, Zemmerleut ond Schlosser. Bloß dia, mô nex glernt hent, send zrück blieba. [15]Da Jojachin håt r ao nach Babel vrschleppt, ond am König sae Muader ond am König saene Fraoa ond saene Beamte. Ond d Fürsta vom Land håt r von Jerusalem nach Babel deportiert. [16]Ond älle Wehrfähige, siebatausad Mann, ond tausad Zemmerleut ond Schlosser, ällas kriagserfahrene Männer, håt dr König von Babel nach Babel vrschleppt. [17]Nå håt dr König von Babel da Mattanja, am Jojachin saen Onkel zom König gmacht ond håt saen Nåma g'ändert en Zidkija.

Zom Vrgleicha: *Vers 8-17:* • 2Chr 36,9-10.

Zidkija: 24 18 – 25 7

[18]Dr Zidkija ischd oesazwanzg Jåhr alt gwea, môn r König wôra ischd, ond r håt elf Jåhr lang en Jerusalem regiert. Sae Muader håt Hamutal ghôeßa ond ischd a Tochter vom Jirmeja aus Libna. [19]Der håt wia dr Jojachin ällas dao, was en de Aoga vom Herrgott (JAHWE) baes gwea ischd. [20]Ond weil dr Herrgott (JAHWE) über Jerusalem ond Juda vrzürnt gwea ischd, håt s soweit komma müaßa, dass r s ganz vrstoßa håt.

25 Em naenta Jåhr von saener Herrschaft, em zehnta Monat, ischd dr König Nebukadnezar von Babel mit saener ganza Streitmacht gega Jerusalem ågrückt ond håt s belagerat. Ond se hent rengsrom Belagerongswäll baut. [2]So ischd d Stadt bis ens elfte Jåhr vom König Zidkija belagerat wôra. [3]Am vierta Monat am naenta Dag ischd dr Honger en dr Stadt graoß wôra ond ao s Landvolk håt koe Brot maeh ghet, [4]nå ischd d Stadt aegnomma wôra ond älle Kriagsleut send en dr Nacht auf am Weg durchs Tôr von dr Doppelmauer gwea, des mô am Garta vom König leit, während d Chaldäer no rengs om d Stadt rom glega send. Nå send se abghaoa auf am Weg en d Araba. [5]Aber s Heer von de Chaldäer ischd am König nåchgjagt ond hent an en de Steppa von Jericho aegholt, ond saene Truppa send vrsprengt ond von am trennt wôra. [6]Nå

hent se da König gschnappt ond an zom
König von Babel nach Ribla bråcht ond
Gericht über an ghalta. [7]Am Tedikija
saene Söh håt mr vôr saene Aoga
abgschlachtat; ond da Zedikija håt mr
blenda ond en Ketta lega lassa. So hent
se an nach Babel bråcht.

Zom Vrgleicha: *Kap 24 Vers 18 – Kap 25 Vers 7:* •
2Chr 36,11-12; Jer 52,1-11.

S End vom Reich Juda: 25 8-26

[8]Am siebta Dag em fenfta Monat,
em naenzehnta Jåhr vom König
Nebukadnezar von Babel, ischd dr
Nebusaradan, dr Oberste vom König
von Babel saener Leibgarde nach
Jerusalem komma, [9]ond håt am Herrgott
(JAHWE) saen Tempel vrbrennt,
da Königspalast ond älle Häuser en
Jerusalem; ond jedas Graoßgebäude håt r
em Feuer vrbrennt. [10]Ond d Stadtmauera
hent dia chaldäische Truppa gschlôeft,
mô der Oberst von dr Leibgarde bei
sich ghet håt. [11]Ond da Rest von dr
Bevölkerong, mô zrück blieba ischd en
dr Stadt ond dia, mô zom König von
Babel übergloffa send, ond da Rest vom
Volk håt dr Nebusaradan, dr Oberste
von dr Leibwach, vrschleppt. [12]Bloß von
de Baura em Land håt der Oberste von
dr Leibgarde oene als Wengerter ond als
Ackerleut zrück glassa. [13]Dia bronzene
Säula em Herrgott (JAHWE) saem
Tempel, dia Fahrgstell ond s Eherne Meer
em Herrgott (JAHWE) saem Tempel,
hent se zsemaghaoa ond dia Chaldäer
hent d Bronze nach Babel traga. [14]Ao
d Hafa ond Schaufla ond Lichtschera
ond Schala, ond älle Gerätschafta aus
Bronze, mit dene, mô mr da Denst
vrrichtat håt, hent se mitgnomma.
[15]Ond dia Pfanna ond Sprenzer, ällas,
was aus Gold ond was aus Silber gwea
ischd, håt der Oberste von dr Leibwach
mitgnomma. [16]Dia zwôe Säula, s Meer
ond dia Fahrgstell, mô dr Salomo für
am Herrgott (JAHWE) saen Tempel
åfertiga lassa håt, d Bronze für dia ganze
Gerätschafta håt mr gar et wiega könna.
[17]Achtzeah Ella haoch ischd jeda von
dene Säula gwea, ond auf jeder ischd a
Kapitell gwea, fenf Ella haoch; ond des
Flechtwerk dromrom mit Granatäpfel
ischd ällas aus Bronze gwea.
[18]Ond dr Oberste von dr Leibwach
håt da ersta Priaster, da Seraja, ond da
Zefanja, da zwôeta Priaster ond dia drei
Schwellawächter mitgnomma. [19]Aus dr
Stadt håt r an Kämmerer, der mô über
d Kriagsleut gsetzt gwea ischd, ond
fenf Männer vom König saene Diener,
mitgnomma, dia send no en dr Stadt gwea,
ond da Schreiber vom Feldhaoptmann,
der mô s Landvolk für s Heer ausghoba
håt. Ond no andere sechzg Mann vom
Landvolk, mô no en dr Stadt gwea send.
[20]Dia håt dr Nebusaradan, dr Oberste
von dr Leibwach, mitgnomma ond håt
se zom König von Babel nach Ribla
bråcht. [21]Ond dr König von Babel håt
se en Ribla em Land Hamat köpfa lassa.
So ischd Juda aus saener Hoemat en d
Vrbannong gführt wôra.
[22]Ond über des Volk, mô zrück blieba
ischd em Land Juda, des mô dr König
Nebukadnezar von Babel übrig glassa
håt, håt r da Gedalja, am Ahikam saen
Soh ond Enkel vom Schafan, aegsetzt.
[23]Mô nå dia Truppaführer älle ond ihre
Leut ghört hent, dr Gedalja sei vom
König vom Babel aegsetzt wôra, send
se zom Gedalja nach Mizpa ganga,
dr Jischmael, am Netanja sae Soh, dr
Johanan, am Kareach sae Soh, dr Seraja,
am Tanhumet sae Soh aus Netofa, ond
dr Jaasanja, dem Maachiter sae Soh,
mit ihre Leut. [24]Ond dr Gedalja håt en
gschwora ond ihre Männer, ond zo nen
gsaed: Ihr brauchat vôr dene Beamte von
de Chaldäer koe Angst han. Bleibat em
Land ond deanat am König von Babel,
nå gôht s euch guat! [25]Aber em siebta

Monat ischd dr Jischmael, am Netanja sae Soh ond Enkel vom Elischama, aus am königlicha Gschlecht, ond mit am zeah Männer komma, dia hent da Gedalja ombråcht samt dene Judäer ond Chaldäer, mô bein am en Mizpa gwea send. 26Nå håt sich s ganze Volk, Kloene ond Graoße, samt de Truppaführer aufgmacht ond se send abghaoa nach Ägypten, dia hent nämlich Angst ghet vôr de Chaldäer.

Zom Vrgleicha: *Vers 8-21:* • 2Chr 36,17-21; Jer 52,12-27 • *Vers 22:* Jer 40,7 – 41,18.

Dr Jojachin wird begnadigt: 25 27-30

27Em siebenadreißigsta Jåhr von dr Vrschleppong vom Jojachin, am König von Juda, em zwölfta Monat am siebenazwanzigsta Dag, håt dr Ewil-Merodach, dr König von Babel, em Jåhr von saem Amtsåtritt, da König Jojachin von Juda begnadigt ond an aus am Gfängnis raus glassa. 28Ond r håt am guat zuagredat ond håt am saen Stuahl zuagwiesa über dene König, mô sonst no en Babel gwea send. 29R håt saene Gfängnisklôeder ausziaga därfa ond bein am am Tisch essa därfa, solang r glebt håt. 30Sae Onterhalt ischd am auf Dauer vom König bråcht wôra, jedan Dag, was r braucht håt, solang r glebt håt.

Zom Vrgleicha: *Vers 27-30:* • Jer 52,31-34.

S erste Buach Chronik

GSCHLECHTSREGISTER OND FAMILIALISTA: 1 1 – 9 44

D Nåchkomma vom Adam bis zom Abraham: 1 1 27

Zom Vrgleicha: *Vers 1-27:* • Gen 5,1-32; 10,2-29; 11,10-27

D Nåchkomma vom Abraham: 1 28-42

Zom Vrgleicha: *Vers 28-42:* • Gen 25,1-4.12-16; 36,4-28.

D Herrscher en Edom: 1 43-54

Zom Vrgleicha: *Vers 1-27:* • Gen 36,31-43.

D Söh vom Jakob: 2 1-2

Zom Vrgleicha: *Vers 1-2:* • Gen 35,23-26.

Dr Stamm Juda: 2 3 – 4 23

D Nåchkomma vom Juda: 2 3-9

Zom Vrgleicha: *Vers 3-9:* • Gen 38,3-7.27-30 • *Vers 5:* Gen 46,12 • *Vers 7:* Jos 7.

D Nåchkomma vom Ram: 2 10-17

Zom Vrgleicha: *Vers 10-15:* • Rut 4,19-22.

D Nåchkomma vom Kaleb: 2 18-24

Zom Vrgleicha: *Vers 22:* Ri 10,3.

D Nåchkomma vom Jerachmeel: 2 25-41

De zwôet Liste vom Kaleb saene Nåchkomma: 2 18-24

Zom Vrgleicha: *Vers 49:* Jos 15,16.

D Nåchkomma vom David: 3 1 24

Zom Vrgleicha: *Vers 1-4:* 2Sa 3,2-5 • *Vers 5-8:*2Sa 5,14-16 • *Vers 9:*2Sa 13,1-22 • *Vers 10-19:*Mt 1,7-12.

Oenzelne Familia vom Stamm Juda: 4 1-23

Dr Stamm Simeon: 4 24-43

Dr Stamm Ruben: 5 1-10

Dr Stamm Gad: 5 11-17

Dr Kriag mit Nåchberstämm: 5 18-22

5 [18]D Rubeniter ond d Gaditer
ond dr halbe Stamm Manasse,
was streitbare Männer gwea send
ond Schild ond Schwert traga ond
mit Pfeil ond Boga omganga könna
hent ond kampferprobt gwea send:
vieravierzgtausadsiebahondertsechzg
Mann, send em Heer ausgrückt. [19]Ond
se hent Kriag gführt gega d Hagariter
ond gega Jetur, Nafisch ond Nodab.
[20]Ond s ischd en gega dia gholfa wôra,
so dass d Hagariter ond ihre Vrbündate
en ihr Gwalt geba wôra send; dia hent
nämlich em Kampf zo Gott (Elohim)
gschria ond der håt sich bitta lassa von
en, weil se am vrtraut hent. [21]Ond se
hent dene ihre Herda weggführt. Ihre
Kamel: fufzgtausad; ond Kloevieh:
zwôehondertfufzgtausad; ond Esel:
zwôetausad; ond honderttausad
Menschaseela. [22]Viele send nämlich
gfalla, weil der Kriag von Gott (Elohim)
ausganga ischd. ond d Israelita hent sich
an ihrer Stell ågsiedelt ond send sell
blieba bis zo ihrer Vrschleppong.

Dr Stamm Ost-Manasse: 5 23-26

Dr Stamm Levi: 5 27-41

D Nåchkomma vom Levi saene drei Söh: 6 1-15

D Abstammong von de Sänger: 6 16-32
Dia Sänger håt dr David bstellt nachdem d Truhe mit de Gsetzastafla an festa Platz gfonda håt. Se hent ihran Denst vor am Offabarongszelt vrrichtat, bis dr Salomo da Tempel en Jerusalem baut håt.

D Aufgaba von de Levita ond Priaster: 6 33-34

6 33Ond ihre Brüader, d Levita send für
da Denst an dr Wohnong em Haus
von Gott (Elohim) då gwea. 34Aber dr
Aaron ond saene Nåchkomma send für
d Raecheropfer auf am Altar ond für
d Brandopfer auf am Altar zuaständig
gwea, ond zo jedam Denst em
Allerhaeligsta nach de Åweisonga vom
Mose, am Knecht von Gott (Elohim).

D Nåchkomma vom Aaron: 6 35-38

D Wohnsitz von de Levita: 6 39-66
Zom Vrgleicha: *Vers 39-66:* • Jos 21,3-39.

Dr Stamm Issaschar: 7 1-5

Dr Stamm Benjamin: 7 6-12

Dr Stamm Naftali: 7 13

Dr Stamm Manasse: 7 14-19

Dr Stamm Efraim: 7 20-29

Dr Stamm Ascher: 7 30-40

S zwoete Vrzaechnis vom Stamm Benjamin: 8 1-28

D Familie vom Saul: 8 29-40
Zom Vrgleicha: *Kap.8 Vers 29-38:* • 35-44.

Jerusalemer Familia nach am Exil: 9 1-18
Zom Vrgleicha: *Vers 1-18:* • Neh 11,3-19.

Levitische Denst: 9 19-34

D Familie vom Saul: 9 35-44
Zom Vrgleicha: *Vers 35-44:* • 8,29-38.

D GESCHICHTE VOM DAVID: 10 1 – 29 30

S End vom Saul: 10 1-14

10 Mô d Philister gega Israel kämpft
hent, send d Israelita vôr de
Philister abghaoa, ond viele Gfallene
send em Bergland von Gilboa romglega.
2Ond d Philister send am Saul ond saene
Söh nåchgjagt ond hent am Saul saene
Söh ombråcht, da Jonatan, da Abinadab
ond da Malkischua. 3Ond om da Saul
rom håt s an schwera Kampf geba, nå
hent an Bogaschütza entdeckt ond
an schwer vrwondat. 4Nå håt dr Saul
zo saem Waffaträger gsaed: Ziag dae
Schwert raus ond bôhr s en me nae,
dass et dia Obeschnittene kommat ond
ihran Muatwilla an mr auslassat! Aber
der Waffaträger håt des et könna, weil
r Angst ghet håt. Nå håt dr Saul selber
sae Schwert gnomma ond sich naefalla
lassa. 5Mô der Waffaträger gseha håt,
dass dr Saul daot ischd, håt r sich ao
en sae Schwert naefalla lassa ond ischd
gstôrba. 6So ischd dr Saul ond saene drei
Söh gstôrba; sae ganz Haus ischd mit
am omkomma. 7Mô dia Israelita em Tal
gseha hent, dass d Israelita abghaoa ond
dr Saul ond saene Söh daot send, hent se
ihre Städt vrlassa ond send gflüchtat. Nå
send d Philister komma ond hent dren
gwohnt.

8Mô nå am nächsta Môrga d Philister
komma send zom de Gfallene
ausplündera, hent se ao da Saul ond
saene Söh gfonda, dia mô em Bergland
von Gilboa gfalla send. 9Nå hent se am
sae Rüstong auszoga ond saene Waffa
gnomma ond am da Kopf raghaoa
ond hent ällas em Land romzaegt zom
ihre Götza ond ihram Volk da Sieg
vrkündiga. 10Am Saul sae Rüstong ond
saene Waffa hent se ens Haus von ihre
Götter (Eloheyhem) glegt ond saen
Kopf hent se an da Dragontempel
nôgnaglat. 11Mô nå d Aewohner von
Jabesch-Gilead ghört hent, was d
Philister mit am Saul ågstellt hent, 12send
älle Kriagserfahrene Männer aufbrocha
ond hent am Saul saen Leichnåm ond d
Leicha von saene Söh gholt ond se nach
Jabesch bråcht. Nå hent se ihre Boener
onter dr Terebinte en Jabesch beerdigt
ond nå hent se sieba Däg gfastat.
13So ischd dr Saul gstôrba wega saem
Treubruch, môn r gega da Herrgott
(JAHWE) beganga håt. Ond weil r s
Wort von JAHWE et g'achtat håt ond
an Totagaest om Auskonft gfrågt håt;
14aber JAHWE håt r et om Auskonft
gfrågt. Drom håt ER an sterba lassa ond
s Königtom an da David übergeba, da
Soh vom Isai.

Zom Vrgleicha: *Vers 1-12:* • 1Sa 31,1-13 • *Vers 11:*1Sa 11 • *Vers 13:*1Sa 15,1928,8-19.

D Ånerkennong vom David als König: 11 1-3

11 Nå send älle Stämm von Israel
zom David nach Hebron komma
ond hent gsaed: Mir send doch von
daem Flôesch ond Boe. 2Schao lang,
mô dr Saul no onser König gwea ischd,
håsch du Israel ens Feld ond wieder
hoem gführt. Zo dir håt nämlich dr
Herrgott (JAHWE) gsaed: Du hüatest
mae Volk Israel, ond du bist dr Führer
en Israel! 3So send also älle Älteste von
Israel zom König nach Hebron komma,
ond dr König David håt an Vrtrag mit
en gschlossa vôr am Herrgott (JAHWE)
ond se hent da David am Wort von
JAHWE gemäß durch da Samuel zom
König über Israel gsalbt.

Zom Vrgleicha: *Vers 1-3:* • 2Sa 5,1-3 • *Vers 3:*1Sa 16.

D Eroberong von Jerusalem: 11 4-9

4Selligsmål ischd dr König mit saene Leut
nach Jerusalem gega d Jebusiter zoga,
dia mô em Land gwohnt hent. 5Dia hent
zom David gsaed: Du kommst dåhanna
nia rae, aber dr David håt d Burg Zion
aegnomma. Jetzt ischd se d Davidsstadt.
6Dr David håt nämlich an dem Dag
gsaed: Jeder, mô d Jebusiter zerst schlägt
soll Haoptmann ond Åführer sae. Nå
ischd dr Joab, am Zeruja sae Soh nae
ond ischd Haoptmann wôra. 7Nå håt
dr David en dr Burg gwohnt ond r håt
se Davidsstadt ghôeßa. 8Ond dr David
håt rengsrom baua lassa, vom Millo
(Aufschüttong) å raewärts, während dr
Joab de übrig Stadt wieder aufbaut håt.
9Dr David ischd no emmer mächtiger
wôra, ond JAHWE Zebaoth ischd mit
am gwea.

Zom Vrgleicha: *Vers 4-9:* • 2Sa 5,6-10.

Am David saene Helda: 11 10-19

10Ond des send d Åführer von de
Helda, mô zom David ghert hent ond
sich treu zon am ghalta hent en saem
Königtom mit ganz Israel, zom an nach
am Wort vom Herrgott (JAHWE) zom
König macha. 11Des send d Nåma vom
David saene Helda: dr Jischbaal, dr
Hachmoniter, s Haopt von Drei; der håt
saen Spiaß gschwonga über dreihondert
Mann ond se auf oe mål gschlaga. 12Nach
dem kommt dr Ahoachiter Eleasar, am
Dodo sae Soh, onter de drei Helda.
13Der ischd beim David en Pas-Dammin
gwea, mô d Philister sell zom Kampf

åtreta send. Ond se hent d Mannschaft
von Israel naufganga lassa. Då ischd a
Gerstaacker gwea. Mô nå s Volk vôr de
Philister abghaoa ischd, [14]ischd r mittla
en den Acker naegstanda ond håt auf d
Philister naeghaoa. So håt dr Herrgott
(JAHWE) an sellam Dag an graoßa Sieg
gwirkt.
[15]Då send amål drei von dene dreißg
Haoptleut naganga ond send grad en dr
Erntezeit zom David en d Höhle von
Adullam komma. Ond s Heer von de
Philister håt en dr Rafaebene glagerat.
[16]Dr David ischd selligsmål en dr
Bergfestong gwea, ond a Vôrposta von
de Philister ischd en Betlehem glega.
[17]Nå håt dr David an arga Durst kriagt,
ond r håt gsaed: Wer holt mr a Wasser
aus dera Zisterne von Betlehem, mô
am Tôr leit? [18]Nå send dia drei Helda
ens Lager von dene Philister aedronga
ond hent Wasser aus dera Zisterne von
Betlehem gschöpft, mô am Tôr glega
ischd ond hent s zom David traga, aber
der håt s et trenka wölla, sondern håt s
vôr am Herrgott (JAHWE) (als Opfer)
ausgossa [17]ond gsaed: Gott (Elohay)
soll me bewahra, dass e des dua! Ischd
des et wia s Bluat von dene Männer, mô
nôganga send ond ihr Leba aufs Spiel
gsetzt hent? Ond r håt s et trenka wölla.
Des hent nå dia drei Helda dao.

Zom Vrgleicha: *Vers 10-19:* • 2Sa 23,8-17.

No maeh Helda vom David: 11 20-47

[20]Am Joab sae Bruader, dr Abischai,
ischd dr Åführer von dene Dreißg gwea.
Der håt saen Speer über dreihondert
Gfallene gschwonga ond älle ombråcht
ond håt bei dene Drei an graoßa Nåma
ghet. [21]Onter dene Dreißg ischd r haoch
ågseha gwea, ond r ischd ihr Oberster
gwea; aber an dia Drei ischd r et
nôkomma.
[22]Dr Benaja aus Kabzeel, am Jojada
sae Soh, ischd a tapferer Må gwea. Der
håt am Ariël aus Moab saene bôede
Söh ombråcht; der ischd ao ama Dag,
mô Schnae gfalla ischd, en a Zisterne
naegstiega ond håt an Löwa zdaot ghaoa.
[23]An Ägypter håt r ao zdaot ghaoa, an
fürchterlicha Må. Der Ägypter håt an
Speer wia an Weberbaom en dr Håd
ghet, aber der ischd mit ama Stecka zon
am naganga ond håt dem Ägypter den
Speer rausgrissa ond an mit saem aegene
Speer aufgspiaßt. [24]Des håt dr Benaja
dao, am Jojada sae Soh, ond r håt a guats
Åseha ghet bei de dreißg Helda. [25]Onter
de Dreißg håt r sae Åseha ghet; aber an
dia Drei ischd r et nôkomma. Ond dr
David håt an über sae Leibwach gsetzt.
[26]Zo dene Dreißg håt am Joab sae Bruader
Asaël ghert, dr Elhanan aus Betlehem,
am Dodo sae Soh, [27]dr Schammot aus
Harod, dr Helez aus Pelet, [28]dr Ira aus
Tekoa, am Ikkesch sae Soh, dr Abiëser
aus Anatot, [29]dr Sibbechai aus Huscha,
dr Ahoachiter Ilai, [30]dr Machrai aus
Netofa, dr Helet aus Netofa, am
Baana sae Soh, [31]dr Ittai aus Gibea en
Benjamin, am Ribai sae Soh, dr Benaja
aus Piraton, [32]dr Hiddai aus Nahale-
Gaasch, dr Abiël aus Bet-Araba, [33]dr
Asmawet aus Bahurim, dr Eljachbar
aus Schaalbon, [34]dr Jaschen aus Nun, dr
Jonatan aus Harar, am Schages sae Soh,
[35]dr Ahiam aus Harar, am Sachar sae Soh,
dr Elifal am Ur sae Soh, [36]dr Hefer aus
Mechera, dr Ahija aus Gilo, dr Hezro
aus Karmel, dr Naarai, am Esbai sae
Soh, [37]dr Ammoniter Zelek, dr Nachrai
aus Beerot, am Joab sae Waffaträger, dr
Soh von dr Zeruja, [38]dr Joël, am Natan
sae Bruader, dr Mibhar am Hagri sae
Soh, [39]dr Amoriter Zelek, dr Nachrei
aus Beerot, am Joab sae Waffaträger,
dr Soh von dr Zeruja, [40]Ira aus Jattir, dr
Gareb aus Jattir, [41]dr Hetiter Uria, dr
Sabad, am Achlai sae Soh, [42]dr Adina,
am Schisa sae Soh aus am Stamm Ruben
ond Åführer von dreißg Mann, [43]dr

Hanan, am Maacha sae Soh, dr Joschafat
aus Meten, 44dr Usija aus Aschtarot, dr
Schama ond dr Jëiël, am Hotam aus
Aroër saene Söh, 45dr Jediaël, am Schimri
sae Soh, ond sae Bruader Joha aus Tiz,
46dr Eliël aus Mashanajim, dr Jeribai ond
dr Joschawa, am Elnaam saene Söh, dr
Moabiter Jitma, 47dr Eliël, dr Obed ond
dr Jaasiël aus Zoba.

Zom Vrgleicha: *Vers 20-47:* • 2Sa 23,18-39

S dritte Vrzaechnis vom David saene Åhänger: 12 1-23

12 Ond des send dia, mô zom
David nach Ziklag komma
send, môn r vom Saul, am Soh vom
Kisch, no ausgschlossa gwea ischd,
ond des send dia Helda gwea, môn am
em Kampf gholfa hent. 2Dia send mit
Boga ausgrüstat gwea ond hent lenks
ond rechts Stoe schleudera könna ond
mit am Boga Pfeil abschiaßa. Vom Saul
saene Stammasbrüader aus am Stamm
Benjamin: 3Dr Haoptmann Ahiëser
ond dr Joasch, dr Soh vom Schemaa
aus Gibea, dr Jesiël ond dr Pelet, am
Asmawet saene Söh, dr Beracha ond
dr Jehu aus Anatot, 4dr Jischmaja aus
Gibea, a Held von dene dreißg ond
ihr Åführer, 5dr Jireja, dr Jahasiël, dr
Johanan ond dr Josabad aus Gedera,
6dr Elusai, dr Jerimot, dr Bealja, dr
Schemarja ond dr Schefatja aus Haruf,
7dr Elkana, dr Jischija, dr Asarel, dr
Joëser ond dr Jaschobam, dr Korachiter,
8dr Joëla ond dr Sebadja, am Jeroham
aus Gedor saene Söh.

9Ond von de Gaditer send zom David
überglaufa ond en d Bergfestong
en dr Wüste komma. Helda aus dr
Streitmacht, kampferprobte Manna mit
Schild ond Lanza, dia hent ausgseha
wia Löwa ond send flenk gwea wia d
Gazella en de Berg. 10Dr Eser ischd dr
Oberste gwea, dr Zwôete dr Obadja,
dr Eliab dr Dritte, 11dr Mischmanna dr
Vierte, dr Jirmeja dr Fenfte, 12dr Attai dr
Sechste, dr Eliël dr Siebte, 13dr Jochanan
dr Achte, dr Elsabad dr Naente, 14dr
Jirmeja dr Zehnte, dr Machbannai dr
Elfte. 15Dia send von de Gaditer komma,
Haoptleut em Heer, dr Kloenste über
hondert Mann, ond dr Graeßte über
tausad. 16Dia send em ersta Monat
durch da Jordan ganga, môn r bis über
d Ufer ågschwolla gwea ischd ond hent
älle Aewohner em Tal Osta ond Westa
zua en d Flucht gschlaga. 17Vom Stamm
Benjamin ond vom Stamm Juda send
ao oene zom David en d Bergfestong
komma. 18Nå ischd dr David nausganga
ond håt zo nen gsaed: Wann r friedliche
Absichta hent ond komma send, zom
mr helfa, nå ben e beraet, dass mr ons
vraenigat, wann r aber komma send,
zom me an maene Faend vrråta, obwohl
an maene Händ koe Orecht ischd, nå
soll dr Gott (Elohey) von onsere Vädr
urtôela ond euch zor Rechaschaft ziaga.
19Nå ischd dr Gaest über da Amasai, da
Obersta von de Dreißg, komma, ond r
håt gsaed: Om di, David, Soh vom Isai,
ond mit dir sei Frieda, Frieda für di ond
Frieda für daene Helfer, dir hilft nämlich
dae Gott (Eloheyka). Nå håt se dr David
aufgnomma ond se zo de Åführer en
saener Mannschaft drzuadao.

20Vom Stamm Manasse send ao oene
zom David überglaofa, môn r mit de
Philister gega da Saul en da Kampf
zoga ischd. Aber r håt de Philister et
gholfa, dene ihre Fürsta hent nämlich
beschlossa, dass se an weg schickat, weil
se sich gsaed hent: Des könnt ons Kopf
ond Kraga kosta, wann der wieder zo
saem Herra, am Saul überlaoft! 21Môn r
nå nach Ziklag ganga ischd, hent sich am
oene vom Stamm Manasse ågschlossa:
dr Adnach, dr Josabad, dr Jediaël, dr
Michael, dr Josabad, dr Elihu ond dr
Zilletai, d Åführer von de Tausadschafta
von Manasse. 22Dia hent am David gholfa

gega Raoberhorda, mô durchs Land gstrôeft send, des send nämlich lauter tapfere Männer gwea ond se send nå Åführer wôra em Heer. 23Äll Dag send nämlich oene zom David komma zom am helfa, bis r a graoß Heer beianander ghet håt, so graoß wia s Heerlager von Gott (Elohim).

Zom Vrgleicha: *Vers 20:* 1Sa 29.

Am David sae Heer en Hebron:
12 24-41

24Ond des send d Zahla von dene Manna, mô zom Denst em Heer beraet ond zom David nach Hebron komma send, zom am d Königswürde vom Saul übertraga nach am Wort vom Herrgott (JAHWE). 25Von Juda Schild ond Speerträger: sechstausadachthondert für s Heer ausgrüstate Männer. 26Von Simeon: siebatausadondhondert tapfere Männer. 27Von de Levita: viertausadsechshondert; 28drzua dr Jojada, dr Fürst vom Aaron saene Nåchkomma mit dreitausadsiebahondert Mann, 29ond dr Zadok, a jonger, tapferer Kämpfer, håt mit saener Familie zwôeazwanzg Åführer gstellt. 30Von Benjamin, am Saul saene Stammasbrüader, send dreitausad Mann komma. Aber de Maeste send beim Haus Saul blieba. 31Von Efraim: zwanzgtausadachthondert tapfere Manna, dia mô en ihre Familia a graoß Åseha ghet hent. 32Vom halba Stamm Manasse send achtzeahtausad Mann komma, dia mô nåmentlich bestimmt gwea send zom da David zom König macha. 33Ond von Issaschar send dia komma, mô gwisst hent, was d Stond gschlaga håt ond was då zom doa ischd en Israel: Zwôehondert von ihre Oberste mit älle ihre Stammasbrüader, mô ihram Befehl onterstanda send. 34Ond von Sebulon hent sich mit älle Waffa ond Gerätschafta, fufzgtausad Mann ohne Vôrbehalt aegordnat. 35Aus Naftali send tausad Åführer mit ihre siebenadreißgtausad Schild ond Lanzaträger komma. 36Von Dan hent sich achtazwanzgtausad tapfere Männer aegordnat. 37Von Ascher: Vierzgtausad kampferprobte Männer. 38Von dr andera Seite vom Jordan von Ruben, Gad ond am halba Stamm Manasse send honderzwanzgtausad Mann mit ihre Waffa komma. 39Des send ällas erfahrene Kriagsmanna gwea, mô sich en Schlachtordnong aufgstellt hent. Dia send mit ama ehrlicha Herza nach Hebron komma, zom da David zom König macha über ganz Israel; aber ao de übrige Israelita send sich aenig gwea, dass mr da David zom König macha soll. 40Ond se send drei Däg beim David blieba ond hent gessa ond tronka, ihre Stammasbrüader hent nämlich ällas für se bsôrgt. 41Ao dia, mô en dr Nähe gwohnt hent bis nach Issachar, Sebulon ond Naftali, hent Lebensmittel bråcht auf Esel, Kamel, Maultier ond Rendla, Nahrongsmittel aus Mehl, Feigakuacha, Traubakuacha, Wae ond Öl, ond jeda Menge Rendla ond Schåf; en Israel håt nämlich a riesa Fraed gherrscht.

D Überführong von dr Gsetzastruhe nach Jerusalem: 13 1-14

13 Ond dr David håt a Ratsvrsammlong mit saene Åführer von de Tausadschafta ond Hondertschafta ond mit de Fürsta abghalta. 2Nå håt dr David zor Vrsammlong von de Israelita gsaed: Wann s euch recht ischd ond s JAHWE, onseram Gott (Eloheynu), gfällt, nå schickat mr Bota zo onsere Brüader, mô no übrig blieba send en älle Länder von Israel, ond zo de Priaster ond Levita, mô en de Städt von ihre Wôeda wohnat, se solle sich älle bei ons vrsammla, 3dass mr d Truhe von onseram Gott (Eloheynu) zo ons rauf holat; en de Däg vom Saul

he'mr nämlich nex nach am gfrågt! 4 Nå
håt de ganz Vrsammlong zuagstemmt,
weil des en de Aoga vom Volk recht
gwea ischd.
5 Nå håt dr David ganz Israel vrsammlat
vom Schichor en Ägypten bis nach Lebo-
Hamat, zom d Truhe von Gott (Elohim)
von Kirjat-Jearim rauf hola. 6 Dr David
ischd mit ganz Israel nach Baala, ganga,
des ischd Kirjat-Jearim, des mô en Juda
leit, zom von sell d Truhe vom Gott
(Elohim) JAHWE abhola, der mô über
de Keruba thront, über dene mô sae
Nåma ausgruafa wôra ischd. 7 Ond se
hent d Truhe von Gott (Elohim) auf
ama ganz neua Waga aus am Abinadab
saem Haus abgholt; dr Usa ond dr
Achjo send den Waga gfahra. 8 Ond dr
David ond ganz Israel hent voler Fraed
vôr Gott (Elohim) tanzt ond gsonga zo
Zithera ond Harfa ond mit Pauka ond
Zimbla ond mit Trompeta. 9 Mô se bis
zor Tenne vom Kidon komma send, håt
dr Usa sae Håd nausgstreckt zom dui
Truhe heba, weil dia Rendla ausbrocha
send. 10 Nå ischd am Herrgott (JAHWE)
sae Zôrn aufgflammt gega da Usa, ond
r håt an gschlaga, weil r sae Håd nach
dr Truhe ausgstreckt håt, ond r ischd
vôr Gott (Elohim) gstôrba. 11 Dr David
håt sich ganz arg drüber aufgregt,
dass dr Herrgott (JAHWE) da Ussa
so weggrissa håt, ond r håt den Ort
Perez-Usa (Riss vom Usa) ghôeßa. 12 An
dem Dag håt dr David Angst vôr Gott
(Elohim) kriagt, ond r håt sich gsaed:
Wia kå i dui Truhe von Gott (Elohim)
zo mr brenga? 13 Ond dr David håt se
et zo sich en d Stadt vom David brenga
lassa, sondern håt se ens Haus vom
Obed-Edom brenga lassa. 14 Nå ischd
d Truhe von Gott (Elohim) drei Monat
lang em Haus vom Obed-Edom blieba;
ond dr Herrgott (JAHWE) håt s Haus
vom Obed-Edom gsegnat ond ällas, was
am ghert håt.

Zom Vrgleicha: *Vers 1-14:* • 2Sa 6,12-23.

S Königtom wird stärker: 14 1-7

14 Selligsmål håt dr König Hiram
von Tyrus Bota zom David
gschickt mit Zedernstämm, mit Maurer
ond Zemmerleut, zom a Haus für an
baua. 2 Då håt dr David begriffa, dass an
dr Herrgott (JAHWE) zom König über
Israel aegsetzt håt, ond dass s mit saem
Königtom aufwärts ganga ischd wega
saem Volk Israel. 3 Ond dr David håt sich
en Jerusalem no maeh Fraoa gnomma
ond Söh ond Töchter mit en zeugt.
4 Ond des send d Nåma von dene, mô
en Jerusalem gebora send: Dr Schima,
dr Schobab, dr Natan, dr Salomo,
5 dr Jibhar, dr Elischua, dr Elpelet, 6 dr
Nogah, dr Nefeg, dr Jafia, 7 dr Elischama,
dr Beeljada ond dr Elifelet.

Zom Vrgleicha: *Vers 1-7:* • 2Sa 5,11-16.

Dr Kriag gega d Philister: 14 8-17

8 Mô nå d Philister ghört hent, dr David
sei zom König über ganz Israel gsalbt
wôra, send se älle raufkomma ond hent
da David gfanga nemma wölla. Aber
dr David håt des vrfahra ond ischd en
entgega ganga. 9 Mô d Philister komma
ond em Tal Rephaïm romgstrôeft send,
10 håt dr David bei Gott (Elohim) ågfrågt
ond gsaed: Soll e dia Philister ågreifa
ond gibst du se mr en d Händ? Nå håt
dr Herrgott (JAHWE) zon am gsaed:
Gang nauf, i gib se en daene Händ! 11 Nå
send se naufzoga nach Baal-Perazim.
Sell håt dr David d Philister gschlaga,
ond dr David håt gsaed: Gott (Elohim)
håt durch mae Håd d Schlachtrôeha von
maene Faend durchbrocha, des ischd
wian a Dammbruch gwea! Drwega
hent se den Ort Baal-Perazim (Herr dr
Durchbrüch) ghôeßa. 12 D Philister hent
sell ihre Götter (Eloheyhem) liega lassa,
ond dr David håt da Befehl geba, dass
mr s em Feuer vrbrenna soll.

13Aber d Philister send nômål über des
Tal hergfalla. 14Nå håt dr David nômål
bei Gott (Elohim) ågfrågt. Ond Gott
(Elohim) håt am zor Antwort geba:
Gang et henter en her; biag ab ond
omgang se, dass da bei de Bakkabaem
an se nôkommst. 15Ond wann da en de
Baomwipfel ebbas hörst, mô sich åhört
wia wann ebber vorbeilaoft, nå rückst d
aus en da Kampf, Gott (Elohim) gôht
nämlich vôr dr her zom des Heerlager
von de Philister schlaga. 16Nå håt dr
David dao, was an Gott (Elohim)
ågwiesa håt, ond se hent s Heer von de
Philister gschlaga von Gibeon bis nach
Geser. 17So ischd am David sae Ruhm
en älle Länder ganga, ond dr Herrgott
(JAHWE) håt d Angst vôr am auf älle
Völker glegt.

Zom Vrgleicha: *Vers 8-17:* • 2Sa 5,17-25.

D Überführong von dr Gsetzastruhe en d Davidsstadt: 15 1-24

15 Ond r håt Häuser baut en dr
Davidsstadt ond ao an Platz
hergrichtat für d Truhe von Gott
(Elohim), ond sell a Zelt aufbaut. 2Nå
håt r d Åweisong geba, dass bloß Levita
d Truhe von Gott (Elohim) traga därfat,
weil dr Herrgott (JAHWE) d Levita
drzua auserwählt håt, d Truhe von
JAHWE zom traga, ond an für älle Zeit
bediena.
3Ond dr David håt ganz Israel
vrsammlat, zom d Truhe von JAHWE
nach Jerusalem brenga an den Platz,
môn r drfür hergrichtat håt. 4Nå håt
dr David d Nåchkomma vom Aaron
ond d Levita komma lassa. 5Vom
Kehat saene Söh: da Uriël, da Obersta,
ond saene Brüader, hondertzwanzg
Mann. 6Von de Nåchkomma vom
Merari: da Asaja, da Obersta ond
saene Brüader, zwôehondertzwanzg
Mann. 7Von de Nåchkomma vom
Gerschom: da Joël, da Obersta ond
saene Brüader, hondertdreißg Mann.
8Von de Nåchkomma vom Elizafa:
da Schemaja, da Obersta ond saene
Brüader, zwôehondert Mann. 9Von de
Nåchkomma vom Hebron: da Eliël,
da Obersta ond saene Brüader, achtzg
Mann. 10Von de Nåchkomma vom
Usiël: da Amminadab, da Obersta ond
saene Brüader, hondertzwölf Mann.
11Ond dr David håt d Priaster Zadok ond
Ebjatar ond d Levita Uriël, Asaja, Joël,
Schemaja, Eliël ond Amminadab zo sich
komma lassa 12ond en d Åweisong geba:
Ihr send d Oberhaepter von eure Familia
von de Levita. Haeligat euch, ihr selber
ond eure Brüader! Ond nå brengat r d
Truhe von JAHWE, am Gott (Elohey)
von Israel, an den Platz, den mô i für
an hergrichtat han! 13Weil ihr am Åfang
et drbei gwea send, håt JAHWE, onser
Gott (Eloheynu), en onsere Rôeha a
Bresche grissa, weil an mir et so gsuacht
hent, wia s Recht ischd. 14Nå hent sich
d Priaster ond d Levita ghaeligt, zom d
Truhe von JAHWE, am Gott (Elohey)
von Israel, naufbrenga. 15Nå hent d
Levita d Truhe von Gott (Elohim) mit de
Tragstanga auf d Schulter gnomma, wia
s dr Mose nach am Wort von JAHWE
ågordnat håt.
16Ond dr David håt de Oberste von
de Levita da Befehl geba, se solle ihre
Stammasbrüader, d Sänger mit ihre
Instrument: Harfa, Zithera ond Zimbla
aufstella, dass se mit ihram Gsang dr
Fraed an Ausdruck geba solle. 17Nå
hent d Levita da Henan aufgstellt, am
Joël saen Soh, ond von saene Brüader da
Asaf, am Berechja saen Soh, ond vom
Merari saene Söh, ihre Stammasbrüader,
da Etan, am Kuschaja saen Soh. 18Ond
mit dene ihre Brüader von dr zwôeta
Ordnong: dr Secharja, dr Jaasiël, dr
Schemiramot, dr Jehiël, dr Unni, dr
Eliab, dr Benaja, dr Mattitja, dr Elifelehu,
dr Mikneja, dr Obed-Edom ond dr Jëiël,

dia Torhüater. [19]Dia Sänger, dr Heman,
dr Asaf ond dr Etan hent mit bronzene
Zimbla Musik gmacht. [20]Dr Secharja,
dr Jaasiël, dr Schemiramot, dr Jehiël,
dr Unni, dr Eliab ond dr Benaja hent
Harfa gspielt auf alamitischa Art. [21]Ond
dr Mattitja, dr Elifelehu, dr Mikneja,
dr Obed-Edom, dr Jëiël ond dr Asasja
hent auf achtsôetige Leiera gspielt, zom
da Gsang beglaeta. [22]Ond dr Kenaja, dr
Oberste von de Levita, ischd für s Traga
vrantwortlich gwea ond håt d Aufsicht
ghet, weil r ebbas drvo vrstanda håt. [23]Dr
Berechja ond dr Elkana send Türhüater
gwea bei dr Truhe. [24]Ond d Priaster, dr
Schebanja, dr Joschafat, dr Netanel, dr
Amasai, dr Secharja, dr Benaja ond dr
Eliëser hent Trompeta blåsa vôr dr Truhe
von Gott (Elohim), ond dr Obed-Edom
ond dr Jechija send Türhüater gwea bei
dr Truhe.

Zom Vrgleicha: *Vers 15:* Num 7,9.

Dr Aczug von dr Gsetzas-Truhe: 15 25 – 16 3

[25]Dr David ond de Älteste von Israel
ond d Åführer von de Tausadschafta,
mô ganga send, zom d Truhe vom Bund
mit JAHWE aus am Haus vom Obed-
Edom hola, send voler Fraed gwea.
[26]Ond Gott (Elohim) håt dene Levita
d Truhe vom Bund mit JAHWE helfa
traga, nå hent se sieba Farra ond sieba
Schåfböck gopfert. [27]Ond dr David
håt a Gwand aus Byssus åghet, ond ao
dia Levita, mô d Truhe vom Bund mit
JAHWE traga hent, ond dia Sänger ond
dr Kenanja, dr Oberste beim Traga, ond
dr David håt nô a laenes Efod traga. [28]So
håt ganz Israel d Truhe vom Bund mit
JAHWE mit Jubel ond Posaonaklāng
ond mit Trompeta ond Zimbla, mit
Harfa- ond Zithermusik raufgholt.
[29]Ond mô d Truhe vom Bund mit
JAHWE an d Davidsstadt nôkomma
ischd, håt d Michal, am Saul sae Tochter
zom Fenster nausguckt; ond mô se da
König David gseha håt, wian r tanzt håt
ond romghopft ischd, håt se an en ihram
Herza vrachtat.

16 Nå håt mr d Truhe von Gott
(Elohim) en dr Mitte von dem Zelt
aufgstellt, des mô dr David extra drfür
aufstella lassa håt. Nå hent se Brandopfer
ond Friedensopfer darbråcht vôr Gott
(Elohim). [2]Mô nå dr David fertig gwea
ischd mit am Brandopfer ond am
Friedensopfer, håt r s Volk gsegnat em
Nåma von JAHWE, [3]ond r håt an älle
Israelita, Männer ond Fraoa, für jedan
an Lôeb Brot ond an Dattelkuacha ond
an Traubakuacha vrtôela lassa.

Zom Vrgleicha: *Kap. 15 Vers 25 –Kap. 16 Vers 3:*
• 2Sa 6,12-19.

Am David sae Lobliad: 16 4-36

[4]Ond dr David håt für da Denst vor dr
Truhe von JAHWE a paar von de Levita
als Kultdiener bstellt, dass dia JAHWE,
da Gott (Elohey) von Israel loba ond
preisa sollat: [5]Da Asaf als Obersta, ond
als saen Stellvrtreter da Sacharja. Da
Jaasiël, da Schemiramot, da Jehiël, da
Mattitja, da Eliab, da Benaja, da Obed-
Edom ond da Jëiël. Dia solle Harfa ond
Zithera spiela, ond dr Asaf d Zimbla.
[6]Ond d Priaster Benaja ond Jahasiël
sollat ständig d Trompeta blåsa vôr dr
Truhe vom Bund mit Gott (Elohim).
[7]An dem Dag håt dr David d Åweisong
geba, als Haoptsach JAHWE zom
huldiga durch da Asaf ond saene
Brüader:
[8]Dankat JAHWE! ruafat saen Nåma å
ond macht de Völker saene graoße Tata
bekannt!
[9]Sengat ond spielat am, ond denkat über
saene wonderbare Tata nåch!
[10]Rühmat euch mit saem haeliga Nåma,
ond jeder soll sich fraea, mô JAHWE
suacht!
[11]Suachat JAHWE ond sae Stärke,

suachat emmer wieder sae Gsicht!
12 Denkat an dia Wonder, môn r dao hât
ond dia Zaeche ond an dia Urtôel, môn
r vrkündigt hât.
13 Ihr Nâchkomma vom Israel, saem
Knecht, ihr Söh vom Jakob, saene
Auserwählte!
14 ER, JAHWE ischd onser Gott
(Eloheynu), über älle Länder stôht sae
Gericht.
15 Denkat emmer an saen Bund ond an
sae Wort, môn r an tausad Generationa
vrsprocha hât,
16 den môn r mit am Abraham gschlossa
hât, ond an den Eid, den môn r am Isaak
gschwora hât.
17 Ond r hât an für da Jakob als Satzong
aufgstellt ond für Israel als an ewiga
Bund.
18 ER hât gsaed: Dir gib e s Land Kanaan,
als Gebiet für euch als Aegatom.
19 Môn r no kloe gwea send an Zahl, a
kloena Menderhaet, hent r als Fremdleng
dren gwohnt,
20 ond r send no von oem Volk zom
andera zoga ond von oem Königreich
zom andera.
21 R hât s et zuaglassa, dass se von ebber
onterdrückt werat, ond hât wega en
König zrechtgwiesa:
22 Langat mr maene Gsalbte et å, ond
dent maene Profeta nex baes å!
23 Sengat JAHWE zor Ehr, de ganz Erde,
vrkündigat von Dag zo Dag sae Hael!
24 Vrzählat de Völker von saener
Herrlichkaet, bei älle Nationa saene
wonderbara Tata!
25 Graoß ischd JAHWE ond guat zom
loba, ond maeh zom fürchta als wia älle
Götter (Elohim).
26 Älle Götter (Elohey) von de Völker
send Götza, aber JAHWE hât da
Hemmel gschaffa.
27 Hohaet ond Würde send vôr saem
Gsicht, Macht ond Fraed an saem
Wohnsitz.
28 Gebat JAHWE, ihr Völkerschafta,
gebat JAHWE Ehr ond Macht!
29 Brengat JAHWE d Ehr von saem Nâma,
brengat Opfergaba dar ond kommat vôr
sae Gsicht! Onterwerfat euch JAHWE
en haelige Schmuckgwänder,
30 bebat vôr am, älle Länder auf dr Erde!
ER hât da Erdkraes gründat, dass r et
wankt.
31 D Hemmel sollat sich fraea ond d Erde
soll frohlocka, ond sagat bei älle Völker:
JAHWE ischd König!
32 S Meer soll brausa ond ällas, was s
füllt, s Feld soll jauchzga ond ällas, was
drauf ischd!
33 Ond d Baem em Wald sollat jubiliera
vôr JAHWE, **ER kommt nämlich,
zom d Erde richta!**
34 Preisat JAHWE, weil r guat ischd ond
sae Gnade ischd ewig!
35 Ond sagat: Hilf ons, du Gott von
onseram Hael, ond hol ons zsema ond
rette ons vôr de Völker! Mir preisat
daen haeliga Nâma ond rühmat ons,
dass mr di loba därfat.
36 Priesa sei JAHWE, dr Gott (Elohey)
von Israel, von Ewigkaet zo Ewigkaet!
Ond s ganze Volk hât gsaed: Amen ond
Lobpreis sei JAHWE!

Zom Vrgleicha: *Vers 8-22:* • Ps 105,1-15 • *Vers 23-33:* • Ps 96,1-13 • *Vers 34:* • Ps 106,1 • *Vers 35-36:* • Ps 106,47f.

Dr Gottesdenst en Jerusalem ond en Gibeon: 16 37-43

37 Ond dr David hât sell vôr dr Truhe vom
Bund mit JAHWE da Asaf ond saene
Stammasbrüader da ständiga Denst
vrseha lassa, was an jedam Dag naedig
gwea ischd; 38 ond da Obed-Edom, ond
saene Brüader, achtasechzg Mann. Dr
Obed-Edom, am Jedutun sae Soh, ond
dr Hosea send Tôrhüater gwea.
39 Ond dr Priaster Zadok ond saene
Brüader, send Priaster gwea an dr
Wohnong vom Herrgott (JAHWE),

auf dr Kulthöhe en Gibeon. [40]Då hent se äll Môrga ond äll Åbad Brandopfer JAHWE zor Ehr darbråcht auf am Brandopferaltar, ond ällas, was en de Weisonga gschrieba stôht, mô JAHWE d Israelita drauf vrpflichtat håt. [41]Ond mit en dr Heman ond dr Jedutun ond dr Rest von dene Auserwählte, mô nåmentlich bestimmt gwea send, da Herrgott (JAHWE) zom preisa: **Dankat am Herra, sae Gnade ischd ewig!**

[42]Dr Henan ond dr Jedutun hent Trompeta ghet ond Zimbla für d Musikanta, mô d Liader für Gott (Elohim) gspielt hent. Am Jedutun saene Söh send für s Tôr bstellt gwea. [43]Nå ischd s ganze Volk wieder hoem ganga, ond ao dr David ischd ganga, zom sae Hausgemaenschaft segna.

Zom Vrgleicha: *Vers 8-22:* 2Sa 6,19f.

D Vrhaeßong an da David: 17 1-15

17 Ond dr David håt nå en saem Haus gwohnt, nå håt r zom Profeta Natan gsaed: Guck, i wohn ema Haus aus Zedernholz, ond d Truhe vom Bund mit JAHWE stôht ema Zelt. [2]Nå håt dr Natan am David zor Antwort geba: Ällas, was da em Senn håsch, kåsch d doa, Gott (Elohim) ischd mit dr! [3]Aber nå ischd en dr Nacht s Wort von Gott (Elohim) an da Natan erganga: [4]Gang ond sag maem Knecht David: So spricht JAHWE: Et Du sollst mr des Haus baua, mô i dren wohna soll. [5]I han no en koem Haus gwohnt, seit dem Dag, môn e Israel raufgführt han bis zom haetiga Dag, ond i ben mitzoga von Zelt zo Zelt ond von Wohnong zo Wohnong. [6]Han i en dera ganza Zeit, môn e en Israel romzoga ben jemåls ao bloß oe Wörtle zo oem von dene Richter von Israel, dene mô i d Åweisong geba han, se solle mae Volk wôeda, gsaed: Wårom hent r mr koe Haus aus Zedernholz baut? [7]Ond jetzt saesch d maem Knecht David: So spricht JAHWE Zebaot: I han di von de Wôeda ond von de Schåfherda weggholt, dass du dr Fürst von maem Volk Israel wirst. [8]I ben überall mit dr gwea, mô da ao nôganga bist ond han älle daene Faend vôr dr ausgrottat. I will dr an Nåma macha wia da Nåma von de ganz Graoße auf dr Erde. [9]Ond i will maem Volk Israel an Raom geba ond s aepflanza, dass s då wohna soll ond von neamerd mae aufgschreckt wera därf, ond ruchlose Menscha sollat se nemme nadrucka wia früher, [10]seit dera Zeit, môn e Richter aegsetzt han en maem Volk Israel. Ond i will dr älle daene Faend onterwerfa, ond i han dr vrkündigt, dass dr Herrgott (JAHWE) dir a Haus baua will. [11]Ond wann nå amål dae Zeit rom ischd, dass da zo daene Vädr aegôhst, nå laß dr i aus daene Söh an Nåchfolger aufstanda ond dem sae Königtom ao festiga. [12]Der soll nå für mi a Haus baua ond i will saen Thron auf ewig festiga. [13]I will am Vadr sae, ond er soll mae Soh sae, ond i will mae Gnade et von am weicha lassa, wian e se von dem weicha lassa han, der mô vôr dir gwea ischd. [14]I will am Bstand geba en maem Haus ond en maem Königtom auf ewig, ond sae Thron bleibt fest gründat auf ewig!

[15]Dr Natan håt zom David genao so gredat, wian r s en saener profetischa Schao gseha håt.

Zom Vrgleicha: *Vers 1-15:* • 2Sa 7,1-17.

Am David sae Gebet: 17 16-27

[16]Nå ischd dr König David vôr JAHWE treta ond håt gsaed: Wer ben i, JAHWE, o Gott (Elohim), ond was ischd mae Haus, dass du mi so weit håsch komma lassa? [17]Ond des ischd no z wenig gwea en daene Aoga, o Gott (Elohim), ond du håsch über s Haus von daem Knecht für d ferna Zuakonft Zuasaga gmacht ond me ågucket wia oen, mô ganz haoch aufsteiga därf, JAHWE, o

Gott (Elohim). 18 Was könnt dr David då
no drzua doa, zom daen Knecht ehra?
Du selber kennst doch daen Knecht!
19 JAHWE, wega daem Knecht ond nach
daem großzüagiga Herz håsch du ällas
des Graoße dao ond daene graoße Tata
vrkündiga lassa. 20 **JAHWE, koener
ischd so wia du, ond s geit koen Gott**
(Elohim) **außer dir!** Nach ällam, was
mr mit onsere Ohra ghört hent. 21 Ond
wer ischd wia dae Volk Israel, oes auf dr
ganza Erde, dass Gott (Elohim) nôganga
ischd, zom sich a Volk loskaofa, ond
sich an Nåma zom macha durch graoße
ond furchtbare Tata, durch s Vrtreiba
von andere Völker vôr daem Volk, des
mô du von Ägypten ausglöst håsch.
22 Aber du håsch dae Volk Israel für di
auf ewig zom Volk bestimmt, ond du,
JAHWE, bist sae Gott (Elohim) wôra.
23 Ond jetzt, JAHWE, mög doch des
Wort, mô du über daen Knecht ond
sae Haus gsprocha håsch, wåhr wera
für emmer ond ewig. Ond machs so,
wia da gsaed håsch. 24 Nå wird sich ao
zuavrlässig rausstella, wia graoß dae
Nåma ischd en älle Zeita, so dass mr
saed: JAHWE Zebaot ischd dr Gott von
Israel! Ond s Haus von daem Knecht
David ischd fest gründat vôr dir! 25 Weil
du, mae Gott (Elohim), håsch daem
Knecht offabar gmacht, dass am du a
Haus baua willst; drom håt dae Knecht
ao da Muat drzua gfonda, vôr dir zom
beta. 26 Ond jetzt, JAHWE, du bist dr
Gott (Elohim), ond du håsch daem
Knecht des Guate zuagsprocha, 27 ond
jetzt håsch du ågfanga, s Haus von daem
Knecht zom segna, dass s für emmer
vôr dir Bstand håt. **Weil des, was du,
JAHWE, segnest, des ischd für emmer
gsegnat!**

Zom Vrgleicha: *Vers 6-27:* • 2Sa 7,18-29 • *Vers 24:* Ex 3,13-15.

Am David saene Sieg: 18 1-13

18 Dådrnåch håt dr David d Philister
gschlaga ond se onterwôrfa, ond
r håt Gat ond saene Nebaortschafta
weggnomma. 2 Nå håt r d Moabiter
gschlaga, dia send nå saene Ontertana
wôra ond hent am Tribut zahla müaßa.
3 Nå håt dr David da König Hadad-
Eser von Zoba gschlaga, des mô Hamat
zua leit, mô der auszoga ischd, zom
sae Macht am Eufrat stärka. 4 Ond dr
David håt tausad Kampfwäga von am
abgfanga ond siebatausad Reiter ond
zwanzgtausad Mann Fuaßvolk; ond r
håt dia Wagagspann hemacha lassa bis
auf hondert Kampfwäga.
5 Nå send d Aramäer komma von
Damaskus zom am König Hadad-Eser
von Zoba helfa; aber dr David håt von
de Aramäer zwôeazwanzgtausad Mann
gschlaga. 6 Ond dr David håt Posta
aegsetzt gega Aram ond Damaskus,
dia send nå saene Ontertana wôra ond
hent am Tribut zahla müaßa. Ond dr
Herrgott (JAHWE) håt am David
bei ällam gholfa, was r onternomma
håt. 7 Dr David håt dene Soldata vom
Hadad-Eser ihre goldene Rondschild
abgnomma ond håt se nach Jerusalem
brenga lassa. 8 Ond aus Tibhat ond Kun,
de Städt vom Hadad-Eser, håt dr David
ganz viel Bronze mitgnomma. Då draus
håt später dr Salomo s bronzene Meer
ond d Säula ond d Gerätschafta (für da
Tempel) macha lassa.
9 Mô dr König Togu von Hamat ghört
håt, dass dr David am König Hadad-
Eser von Zoba sae Streitmacht gschlaga
håt, 10 håt r saen Soh, da Hadoram zom
König David gschickt ond an grüaßa
lassa ond am Glück wünscha, weil r mit
am Hadad-Eser kämpft ond an gschlaga
håt. Dr Togu ischd nämlich ao em Kriag
mit am Hadad-Eser glega. Ond r håt
am vrschiedene Gerätschafta aus Gold,
Silber ond Bronze mitbråcht. 11 Ao dia

(Gerätschafta) håt dr König David am
Herrgott (JAHWE) gweiht, mitsamt
dem ganza Silber ond Gold, mô n r von
de Völker von Edom ond Moab ond
von de Ammoniter ond Philister ond
Amalekiter erbeutat håt.
[12]Ond dr Abischai, dr Zeruja ihr Soh,
håt em Salztal achtzeahtausad Mann
von de Edomiter gschlaga, [13]ond dr
David håt en Edom Statthalter aegsetzt,
dia send nå saene Ontertana wôra. Ond
dr Herrgott (JAHWE) håt am David bei
ällam gholfa, was r onternomma håt.

Zom Vrgleicha: *Vers 1-13:* • 2Sa 8,1-14 • *Vers 8:* 2Chr 4.

Am David saene Beamte: 18 14-17

Zom Vrgleicha: *Vers 14-17:* • 2Sa 8,15-18; 20,23-26.

Dr Kriag mit de Ammoniter ond Aramäer: 19 1 – 20 3

19 Nå ischd dr Ammoniterkönig
Nahasch gstôrba ond sae Soh ischd
an saener Stell König wôra. [2]Nå håt sich
dr David gsaed: I will am Nahasch saem
Soh, am Hanun mae Wohlwolla zaega,
wia sae Vadr ao mir sae Wohlwolla zaegt
håt, ond r håt Bota zon am gschickt zom
am s Beilaed aussprecha wega saem Vadr.
Mô nå am David saene Bota ens Land
von de Ammoniter komma send, zom
am Hanun s Beilaed aussprecha, [3]hent de
Oberste von de Ammoniter zom Hanun
gsaed: Moenst du vielleicht, dr David
wöll daem Vadr d Ehr geba vôr dir,
dass r dr Leut schickt, zom dr s Beilaed
aussprecha? Send saene Bota et aender
komma, zom s Land ausspioniera?
[4]Dådrauf håt dr Hanun am David saene
Leut festgnomma ond en dr Bärt schera
ond d Gwänder aschneida lassa bis
ans Hentertôel ond se so fortgschickt.
[5]Ond mr ischd ganga ond håt am David
gmeldat, was dene Männer passiert ischd,
ond r håt en oene entgegagschickt, weil
dia sich so gschämt hent. Ond dr König
håt en ausrichta lassa: bleibat en Jericho,
bis eure Bärt nåchgwachsa send, ond nå
könnat r wieder komma!
[6]Mô nå d Ammoniter gmerkt hent, dass
des am David mächtig gstonka håt, håt
dr Hanun ond d Ammoniter tausad
Talent Silber gschickt, zom bei de
Aramäer em Zwôestromland ond von
de Aramäer en Maacha ond von Zoba
Kampfwäga ond Reiter åwerba. [7]Ond
se hent zwôeadreißgtausad Kampfwäga
ond da König von Maacha mit saem
Kriagsvolk donga. Dia send komma
ond hent vôr Medeba glagerat. Ond
d Ammoniter hent sich ao aus ihre
Städt gsammlat ond send en da Kampf
zoga. [8]Mô des dr David ghört håt, håt
r da Joab mit saem ganza Heldaheer
nôgschickt. [9]Nå send d Ammoniter
ausgrückt ond hent sich vôr dr Stadt en
Schlachtrôeha aufgstellt, ond dia König,
mô drzuakomma send, hent sich a jeder
für sich em freia Feld draußa aufgstellt.
[10]Mô dr Joab gseha håt, dass an dia von
vôrna ond von henta ågreifa wöllat, håt
r aus dr Elitetruppe von de Israelita an
Tôel gega d Aramäer aufgstellt, [11]ond
da Rest vom Volk håt r saem Bruader
Abischai onterstellt, ond dia hent sich
gega d Ammoriter aufgstellt. [12]Ond r
håt gsaed: Wann d Aramäer stärker send
als mir, nå kommst d ond hilfst mr; ond
wann d Aramäer stärker send wia du,
nå komm i ond hilf dir! [13]Sei stark ond
laß ons stark sae für onser Volk ond für
d Städt von onseram Gott (Eloheynu),
ond JAHWE soll doa, was en saene
Aoga richtig ischd. [14]Nå håt dr Joab
mit saene Leut d Aramäer ågriffa, ond
dia send vôr am abghaoa. [15]Ond mô d
Ammoniter gseha hent, dass d Aramäer
abghaoa send, nå send dia ao vôr saem
Bruader Abischai abghaoa ond hent
sich en d Stadt zrück zoga. Nå ischd dr
Joab wieder nach Jerusalem ganga.

16Mô d Aramäer gseha hent, dass se von de Israelita gschlaga wôra send, hent se Bota an dia Aramäer gschickt, mô auf dr andera Seite vom Strom glega send, ond hent dia ausrücka lassa, dr Schobach ischd dr Oberste gwea em Heer vom Hadad-Eser, ond der ischd an dr Spitze gstanda. 17Mô mr des am David gmeldat håt, håt r ganz Israel gsammlat ond ischd über da Jordan ganga ond håt sae Heer gega se aufgstellt ond glei mit am Kampf ågfanga. 18Nå send d Aramäer vôr de Israelita abghaoa ond dr David håt von de Aramäer siebatausad Kampfwäga ond vierzgtausad vom Fuaßvolk gschlaga; ond da Schobach, da Obersta vom Heer, ombrenga lassa. 19Mô nå am Hadad-Eser saene Soldata gseha hent, dass se von de Israelita gschlaga wôra send, hent se mit am David Frieda gschlossa ond sich am onterwôrfa; ond se hent ao koe Lust maeh ghet, de Ammoniter zom helfa.

20 Om d Jåhraswende rom, en dera Zeit, mô d König Kriag führat, håt dr Joab d Streitmacht ens Feld gführt ond håt de Ammoniter ihr Land vrwüastat. Ond dr Joab håt Rabba belagerat. Dr David ischd drweilst en Jerusalem blieba. Ond dr Joab håt Rabba gstürmt ond s hegmacht. 2Ond dr David håt ihram König d Kron vom Haopt radao ond festgstellt, dass dui a Gwicht von oem Talent Gold ghet håt; ond a kostbarer Edelstoe ischd ao an ra gwea. Ond se ischd auf s Haopt vom David komma, ond r håt a graoßa Beute aus dr Stadt gschafft. 3Ond d Aewohner håt r abführa ond se an de Stoesäga schaffa lassa ond an de Spitzhacka. So håt r s mit älle Städt von de Ammoniter gmacht. Nå ischd dr David wieder mit saem Volk zrück nach Jerusalem ganga.

Zom Vrgleicha: *Kap. 19 Vers 1-20 – Kap. 20 Vers3:* • 2Sa 10,1-11,1; 12,30-31.

A paar Heldatata: 20 4-8

4Nå ischd s bei Geser wieder zo ama Kampf mit de Philister komma. Selligsmål håt dr Sibbechai aus Huscha da Sippai z daot gschlaga, der mô zo de Rafaïter ghert håt. Ond mr håt se onterworfa.

5Ond mô s nômål zom Kampf mit de Philister komma ischd, håt dr Elhanan, am Jaïr sae Soh, da Lachmi ombråcht, am Goljat aus Gat saen Bruader, der mô an Spiaß wian a Weberbaom ghet håt. 6Nå ischd en Gat nômål a Kampf gwea. Då ischd a riesiger Kerle auftreta, der håt an jeder Håd sechs Fenger ond an de Füaß sechs Zaeha ghet, em ganza vierazwanzg; des ischd ao oener von de Riesa gwea. 7Må der d Israelita vrspottat håt, ischd dr Jonatan, a Soh von saem Bruader Schima, nôganga ond håt an omghaoa. 8Des send dia Riesa gwea, mô en Rafa auf d Welt komma send; ond älle send se durch d Händ vom David ond saene Manna gfalla.

Zom Vrgleicha: *Vers 4-8:* • 2Sa 21,18-22.

Am David sae Volkszählong: 21 1-17

21 Ond dr Satan ischd aufgstanda gega Israel ond håt da David drzua vrlôetat, Israel zom zähla. 2Ond dr David håt zom Joab ond zo de Fürsta gsaed: Gangat ond zählat Israel von Beerscheba bis nach Dan ond gebat mr Bschôed, wia viel s send! 3Nå håt dr Joab gsaed: Mög dr Herrgott (JAHWE) hondert Mål so viel zo saem Volk drzua doa wia s send! Send dia et, mae Herr, o König, älle mitanander maem Herra saene Knecht? Wårom vrlangt mae Herr des? Wårom soll des für Israel zor Schuld gråta? 4Aber dr König ischd auf saem Befehl für da Joab bstanda. Nå ischd dr Joab halt ganga ond durch ganz Israel zoga ond wieder nach Jerusalem zrück komma. 5Ond dr Joab håt am David s Ergebnis von dr

Volkszählong bekanntgeba. Ganz Israel
håt tausad mål tausad ond honderttausad
kriagstaogliche Manna ghet, ond Juda
vierhondertsiebzgtausad kriagstaogliche
Manna. [6]Aber Levi ond Benjamin håt r
et gmusterat, weil am Joab am König sae
Befehl a Greuel gwea ischd.
[7]Ond des ischd en de Aoga von Gott
(Elohim) baes gwea, ond r håt Israel
drwega gschlaga. [8]Nå håt dr David zo
Gott (Elohim) gsaed: I han ganz arg
gsündigt mit dem, was e dao han! Aber
vrzeih doch daem Knecht dui Schuld, i
han arg ovrnünftig ghandelt! [9]Dådrauf
håt dr Herrgott (JAHWE) zom Gad,
am David saem Seher gsaed: [10]Gang zom
David ond sag am: So spricht JAHWE:
Dreierlôe leg e dr vôr, suach dr oes drvo
raus, ond des dur e dr å! [11]Nå ischd dr Gad
zom David ganga ond håt zon am gsaed:
So spricht JAHWE: Suach dr s raus:
[12]Entweder drei Jåhr lang Hongersnot
oder drei Monat lang Flucht vôr daene
Widersacher ond vôr am Schwert von
daene Faend, dass de s trifft, oder drei
Däg s Schwert von JAHWE ond d Pest
em Land, ond dass a Engel vom Herrgott
(JAHWE) em Ganza Gebiet von Israel
Ohael årichtat. Ond jetzt überleg dr s,
was e dem, der mô me gschickt håt, für
a Antwort geba soll! [13]Nå håt dr David
zom Gad gsaed: Mir ischd s ganz angst
ond bang! **I will liaber en d Händ vom
Herrgott (JAHWE) falla, der ischd
nämlich graoß ond barmherzig; aber
en Menschahänd will e et falla.**
[14]Nå håt dr Herrgott (JAHWE) a Pest
über Israel komma lassa, ond då send
siebzgtausad Mann von Israel drå
gstôrba. [15]Ond Gott (Elohim) håt an
Engel nach Jerusalem gschickt, zom
s vrnichta. Aber mô der mit saem
Zrstörongswerk ågfanga håt, håt s dr
Herrgott (JAHWE) gseha ond r håt sich
des Oglück reua lassa, ond r håt zo dem
Ohaelsengel gsaed: S langat! Her auf!
Der Engel von JAHWE ischd aber grad
bei dr Tenne vom Ornan, dem Jebusiter
gstanda. [16]Ond wia dr David aufguckt
håt, håt r da Engel von JAHWE
zwischa Erde ond Hemmel standa seha
mit am blanka Schwert en dr Håd gega
Jerusalem. Nå ischd dr David ond de
Älteste en ihre Trauergwänder auf ihr
Gsicht nôgsonka, [17]ond dr David håt zo
Gott (Elohim) gsaed: I ben s doch gwea,
mô d Åweisong zor Volkszählong geba
håt. Also ben doch i s, mô gsündigt
ond orecht ghandelt håt! Aber dia då, d
Schåfherde, was hent dia dao? JAHWE,
mae Gott (Elohay), heb doch dae Håd
gega mi ond s Haus vo'maem Vadr, aber
et gega dae Volk!

Zom Vrgleicha: *Vers 1-17:* • 2Sa 24,1-17.

D Festlegong vom Tempelplatz:

21 18-30

[18]Ond der Engel von JAHWE håt da
Gad ågwiesa, r soll am David ausrichta,
r soll für JAHWE an Altar aufrichta
auf dr Tenne vom Ornan, am Jebusiter.
[19]Nå ischd dr David aufgrond vom
Gad saem Wort, des mô der em Nåma
vom Herrgott (JAHWE) gsprocha håt,
naufganga. [20]Ond mô sich dr Ornan
romdreht ond den Engel gseha håt,
- saene vier Buaba, mô bein am gwea
send, hent sich vrsteckt – ond dr Ornan
ischd grad beim Drescha gwea. [21]Ond
mô dr David zom Ornan komma ischd
ond dr Ornan aufguckt ond da David
gseha håt, ischd r von saener Tenne
rakomma ond håt sich vôr am David
mit am Gsicht bis auf da Boda vrnaegt.
[22]Ond dr David håt zom Ornan gsaed:
Gib mr daen Tennaplatz, dass e an Altar
für JAHWE drauf bau! Gib mr n om da
volla Geldwert en Silber, dass dia Plåga
vom Volk abgwendat werat. [23]Nå håt
dr Ornan zom David gsaed: Nemm an!
Mae Herr, dr König mög mit am doa,
was en saene Aoga recht ischd! Guck,

i gib dr d Rendla zom Brandopfer
ond d Dreschwalza als Brennholz ond
da Wôeza für s Speisopfer, des gib e
dr ällas! 24Ond dr König David håt
am Ornan zor Antwort geba: Noe!
I will ällas om da volla Kaofpreis en
Silber von dr kaofa! I will dir et für da
Herrgott (JAHWE) wegnemma was dir
ghert ond selber omsonst a Brandopfer
darbrenga! 25Nå håt dr David am Ornan
für den Platz sechshondert Goldschekel
nôgwoga. 26Ond dr David håt für da
Herrgott (JAHWE) an Altar baut
ond Brandopfer ond Friedensopfer
darbråcht für JAHWE ond håt da
Herrgott (JAHWE) ågruafa, ond ER
håt am mit Feuer aus am Hemmel auf
am Brandopferaltar Antwort geba. 27Nå
håt dr Herrgott (JAHWE) dem Engel
da Befehl geba, r soll sae Schwert wieder
wegstecka.
28Selligsmål, mô dr David gmerkt håt,
dass an dr Herrgott (JAHWE) erhört
håt auf dr Tenne vom Jebusiter Ornan,
håt r dort no Opfer darbråcht.
29Ond am Herrgott (JAHWE) sae
Wohnstatt, mô dr Mose en dr Wüste
gmacht håt, ond dr Brandopferaltar
send selligsmål no auf dr Kulthöhe von
Gibeon gwea. 30Dr David håt s aber et
gwagt, vôr dem Altar Gott (Elohim)
zom suacha, weil r vôr am Schwert
vom Herrgott (JAHWE) saem Engel an
Haedarespekt ghet håt.

Zom Vrgleicha: *Vers 18-26:* • 2Sa 24,18-25 • *Vers 29:* Ex 36,8-38; 2Chr 1,3-5.

D Vorberaetong für da Tempelbau:
22 1-19

22 Nå håt dr David gsaed: Dåhanna
soll s Haus für JAHWE, da Gott
(Elohim), standa ond dr Altar für d
Brandopfer von Israel. 2Ond dr David
håt d Åweisong geba, dass mr de Fremde
em Land Israel vrsammla soll, ond r håt
Stoehaoer bstellt zom d Stoequader für
da Bau vom Haus für Gott (Elohim)
haoa. 3Ond r håt a Menge Eise zo Nägel
ond Klammera schmieda lassa für d
Tôrflügel ond drzua so viel Bronze, dass
mr s gar nemme wäga könna håt. 4Ond
Zedernstämm ohne Zahl; d Sidonier
ond d Tyrer hent am David jeda Menge
Zedernstämm glieferat. 5Dr David håt
nämlich denkt: Dr Salomo, mae Bua,
ischd no z kloe ond z schwach, aber
der Tempel für JAHWE soll saen Nåma
graoß macha zom Ruhm ond Glanz vôr
älle Länder. I will ällas für an (da Salomo)
vôrberaeta. So håt dr David viel Material
hergschafft, bevôr r gstôrba ischd.
6Ond r håt saen Soh, da Salomo zo sich
komma lassa ond håt an ågwiesa, r soll
da Tempel JAHWE zor Ehr, am Gott
(Elohey) von Israel, baua. 7Ond dr
David håt zo saem Soh Salomo gsaed:
Mae Soh, i han s aegentlich selber em
Senn ghet, am Nåma von JAHWE,
maem Gott (Elohay), a Haus zom baua.
8Aber nå ischd von JAHWE s Wort an
me erganga: Du håsch a Menge Bluat
vrgossa ond graoße Kriag gführt. Du
sollst maem Nåma koe Haus baua,
weil da vôr mir viel Bluat auf dr Erde
vrgossa håsch. 9Guck, du kriagst an
Soh, der ischd a ruhiger Må, ond i will
am Ruah vrschaffa vôr älle saene Faend
rengsrom; Salomo soll r hôeßa, ond
i will Israel Ruah ond Frieda geba en
saene Däg. 10Der soll für maen Nåma a
Haus baua; ond er soll mir a Soh sae, ond
i will am a Vadr sae ond will da Thron
von saener Königsherrschaft über Israel
festiga für sae Lebenszeit. 11Ond jetzt,
mae Soh, JAHWE sei mit dr, dass dr s
glengt, s Haus für JAHWE, daen Gott
(Eloheyka), zom baua, wia s ER von dir
vrsprocha håt. 12Bloß mög dr JAHWE
Vrstand ond Aesicht geba ond de über
Israel bstella, dass da de Weisonga von
JAHWE, daem Gott (Eloheyka), folgst!
13Nå wird dr ällas gråta, wann da dia

Satzonga ond Rechtsvôrschrifta aehälst,
mô JAHWE am Mose für Israel geba
håt. Sei stark ond muatig! Du brauchst
koe Angst et han ond et vrzaga! [14]Ond
guck, trotz maener Naot han i für den
Tempel von JAHWE honderttausad
Talent Gold ond tausad mål tausad
Talent Silber ond Bronze ond Eise so
viel, dass mr s nemme wäga kå, beraet
gstellt. Holz ond Stoe han e ao zuarichta
lassa, ond du kåsch no viel drzua doa.
[15]Nå håsch d ao no a ganz Heer von
Handwerker: Stoemetz ond Stoehaoer
ond Zemmerleut ond Sachvrständige
für älle mögliche Ärbata [16]en Gold,
Silber, en Bronze ond Eise ohne Zahl.
Also mach de ans Gschäft, JAHWE sei
mit dr!
[17]Nå håt dr David älle Fürsta en Israel
da Befehl geba, dass se saem Soh Salomo
helfa müaßat: [18]Ischd et JAHWE, euer
Gott (Eloheykem) mit euch gwea ond
håt euch Ruah vrschafft rengsrom?
Schliaßlich håt r d Bewohner vom Land
en maene Händ geba ond se send vôr
JAHWE ond vôr saem Volk onterwôrfa
wôra. [19]Drom richtat euer Herz ond
euran Senn drauf, JAHWE, euran Gott
(Eloheykem), zom suacha ond machat
euch auf ond bauat des Haeligtom für
da Gott (Elohim) JAHWE, dass mr d
Truhe vom Bund mit JAHWE ond de
haelige Gerätschafta en des Haus brenga
kå, mô für da Nåma JAHWE baut wera
soll!

Zom Vrgleicha: *Vers 7:* 2Sa 7 • *Vers 8:* 1Kö 5,17 7
• *Vers 10:* 17,12.

D Denstklassa von de Levita: 23 1-23

23 Mô nå dr David alt gwea ischd
ond gnuag ghet håt vom Leba,
håt r saen Soh Salomo zom König über
Israel gmacht. [2]Ond r håt älle Fürsta
von Israel ond d Priaster ond d Levita
vrsammlat.
[3]Ond mr håt d Levita von dreißg
Jåhr å aufwärts zählt, des send
achtadreißgtausad Mann gwea. [4]Von
dene hent vierazwanzgtausad d
Aufsicht über d Ärbat am Tempelbau
für JAHWE ghet, ond sechstausad
send Richter ond Amtleut gwea, [5]ond
viertausad Tôrhüater, ond viertausad
send bstellt wôra, zom da Herrgott
(JAHWE) preisa mit dene Instrument,
mô dr David macha lassa håt zom
lobpreisa.
[6]Ond dr David håt se aetôelt en
Abtaelonga nach de Söh vom Levi:
Gerschon, Kehat ond Merari.
[7]Bei de Gerschoniter: dr Ladan ond
dr Schimi. [8]Beim Ladan: dr Jehiël als
Oberhaopt, dr Setham ond dr Joël, drei
send s gwea. [9]Am Schimi saene Söh:
dr Schelomit, dr Hasiël ond dr Haran,
ao drei: des send d Familiaoberhaepter
vom Ladan gwea. [10]Ond am Schimi
saene Söh: dr Jachat, dr Sina, dr Jëusch
ond dr Beria. Des send am Schimi saene
vier Söh gwea. [11]Ond dr Jahat ischd s
Oberhaopt gwea ond dr Sisa dr Zwôete.
Aber dr Jëusch ond dr Beria hent bloß
a paar Söh ghet, drom hent se bloß oe
Familie ond oe Amtsklass bildat.
[12]Am Kehat saene Söh: dr Amram, dr
Jizhar, dr Hebron ond dr Usiël, zsema
vier. [13]Am Amram saene Söh: dr Aaron
ond dr Mose. Dr Aaron ond saene Söh
send ausgsondert wôra für da Denst
em Allerhaeligsta für älle Zeita, zom
Raecheropfer darbrenga vôr JAHWE
ond am deana ond en saem Nåma segna
für älle Zeita. [14]Was aber da Mose, da
Må von Gott (Elohim) ăgôht, dem saene
Söh send zom Stamm Levi grechnat
wôra. [15]D Söh vom Mose: dr Gerschom
ond dr Eliëser. [16]D Söh vom Gerschom:
dr Schubaël ischd s Oberhaopt gwea.
[17]D Söh vom Eliëser: dr Rehabja ischd
s Oberhaopt gwea; andere Söh håt dr
Eliëser et ghet. Dr Rehabja aber håt
viele Söh ghet. [18]D Söh vom Jizhar: dr

Schelomit ischd s Oberhaopt gwea. [19]D Söh vom Hebron: dr Jerija ischd s Oberhaopt gwea; dr Zwôete dr Amarja, dr Dritte dr Jahasiël, dr Vierte dr Jekamam. [20]D Söh vom Usiël: dr Micha ischd s Oberhaopt gwea, ond dr Jischija dr Zwôete.

[21]D Söh vom Merari: dr Machli ond dr Muschi. D Söh vom Machli: dr Eleasar ond dr Kisch. [22]Dr Eleasar håt koene Söh henterlassa, môn r gstôrba ischd, sondern bloß Töchter; ond dia hent am Kisch saene Söh, ihre Vetterla gheiratat. [23]D Söh vom Muschi: dr Machli, dr Eder ond dr Jeremot, zsema drei.

Zom Vrgleicha: *Vers 12:* 5,28f; 6,3 • *Vers 15:* Ex 18,3f • *Vers 21:* 6,4.

De Levita ihre Aufgaba: 23 24-32

[24]Des send am Levi saene Nåchkomma nach ihre Familia, d Familiaoberhaepter, wia se gmusterat wôra send nach ihre Nåma, Kopf für Kopf, mô em Tempel von JAHWE dient hent, von de Zwanzgjährige å aufwärts. [25]Dr David håt nämlich gsaed: JAHWE, dr Gott (Elohey) von Israel, håt saem Volk Ruah vrschafft ond wohnt jetzt en Jerusalem für älle Zeita. [26]Drom brauchat ao d Levita nemme s Zelt ond älle saene Gerätschafta für da Denst traga - [27]nach dr letzta Åweisong vom David send d Levita von de Zwanzgjährige å aufwärts zählt wôra - [28]sondern ihr Aufgab ischd an dr Seite vom Aaron saene Söh beim Tempeldenst, bei dr Aufsicht über d Vôrhöf ond d Kammera ond bei dr Raenigong von ällam Haeliga ond ällam, was s sonst no em Tempel zom doa geit, [29]ond se hent für d Schaobrot sôrga müaßa, für s Mehl zo de Speisopfer ond de ogsäuerte Fladabrot ond was en dr Pfann aegrührt wôra ischd, ond für s ausmessa von de Hohl- ond Längamaß. [30]Ond äll Môrga hent se komma müaßa zom da Herrgott (JAHWE) preisa ond am danka, ond s gleiche äll Åbad, [31]ond bei älle Darbrengonga von Brandopfer JAHWE zor Ehr an de Sabbat ond an de Neumond ond en de Festzeita en dr vôrgschriebena Zahl ständig vôr am Herrgott (JAHWE). [32]So sollat se d Wach am Offabarongszelt ond da Denst em Haeligtom bsôrga ond am Aaron ond saene Nåchkomma beim Denst em Herrgott (JAHWE) saem Haus helfa.

Zom Vrgleicha: *Vers 26:* Num 3,5-9.

D Denstklassa von de Priaster: 24 1-19

24 Am Aaron saene Nåchkomma send en Abtaelonga auftôelt gwea: am Aaron saene Söh: dr Nadab, dr Abihu, dr Eleasar ond dr Itamar. [2]Dr Nadab ond dr Abihu send no vôr ihram Vadr gstôrba, ond se hent koene Söh ghet; nå håt dr Eleasar ond dr Itamar ihre Ämter vrseha. [3]Ond dr David håt se mit am Zadok aus am Gschlecht vom Eleasar ond mit am Ahimelech aus am Gschlecht vom Itamar en ihre Denstabtaelonga aetôelt. [4]Nå håt sich s rausgstellt, dass aus am Gschlecht vom Eleasar maeh führongsstarke Männer gwea send als wia beim Itamar saene Nåchkomma. [5]Nå håt mr älle durch s Los aetôelt, weil s bei de Nåchkomma vom Eleasar wia bei de Nåchkomma vom Itamar haelige Amtsträger geba håt. [6]Dr Schreiber Schemaja, dr Soh vom Netanel, a Levit, håt se en Gegawart vom König ond de Fürsta ond de Priaster Zadok ond Abjatar, am Ahimelech saem Soh ond vôr de Familiaoberhaepter von de Priaster ond Levita aufgschrieba; emmer oe Familie ischd aus am Gschlecht Itamar ond zwôe aus am Gschlecht Eleasar ausglost wôra.

[7]S erste Los ischd auf da Jojarib gfalla, s zwôete auf da Jedaja, [8]s dritte auf da Harim, s vierte auf da Seorim, [9]s fenfte auf da Malkija, s sechste auf da Mijamin,

[10]s siebte auf da Koz, s achte auf da Abija,
[11]s naente auf da Jeschua, s zehnte auf da
Schechanja, [12]s elfte auf da Eljaschib, s
zwölfte auf da Jakim,
[13]s dreizehnte auf da Huppa, s vierzehnte
auf da Jeschebab, [14]s fufzehnte auf da
Bilga, s sechzehnte auf da Immer, [15]s
siebzehnte auf da Hesir, s achtzehnte
auf da Pizzez, [16]s naenzehnte auf da
Petachja, s zwanzigste auf da Jeheskel,
[17]s oesazwanzigste auf da Jachin,
s zwôeazwanzigste auf da Gamul,
[18]s dreiazwanzigste auf da Delaja, s
vierazwanzigste auf da Maasja. [19]Des
ischd ihr Amt gwea, wann se ihran Denst
åtreta hent em Herrgott (JAHWE) saem
Haus nach dr Vôrschrift von ihram
Vadr Aaron, wian an s JAHWE, dr Gott
(Elohey) von Israel, ågwiesa håt.

Zom Vrgleicha: *Vers 1:* 5,29 • *Vers 2:* Lev 10,1f.

D Levitaordnong: 24 20-31

[20]Ond was de übrige Levita ågôht: då send
am Amram saene Söh gwea: dr Schubaël,
am Schubaël sae Soh, dr Jechdeja; [21]vom
Rehabja saene Söh ischd dr Jischija dr
Oberste gwea; [22]von de Jizhariter: dr
Schelomit; von de Schelomiter dr Jahat,
[23]ond saene Söh dr Jerija, ond dr Amarja
dr zwôete, dr Jahasiël dr dritte ond dr
Jekaman dr vierte. [24]Am Ussiël saene
Söh: dr Micha; am Micha saene Söh: dr
Samir; [25]Dr Bruader vom Micha ischd
dr Jischija gwea. Zom Jischija saene Söh
håt dr Secherja ghert. [26]Am Merari saene
Söh, dr Machli ond dr Muschi ond d Söh
von saem Soh Jaasija. [27]Am Merari saene
Nåchkomma von saem Soh Jaasija: dr
Bani, dr Schoham, dr Sakkur ond dr
Ibri. [28]Zom Machli ghert: dr Eleasar, der
mô koene Kender ghet håt.
[29]Zom Kisch: dr Jerachmeel. [30]Am
Muschi saene Söh: dr Machli, dr Eder
ond dr Jerimot. Des send d Levita
nach ihre Familia gwea. [31]Dia hent ao
s Los gwôrfa wia ihre Genossa vom
Stamm Aaron, vôr am König David
ond am Zadok ond am Ahimelech ond
de Familiaoberhaepter von de Priaster
ond Levita, ond zwår d Familia vom
Oberhaopt von saem jüngsta Bruader.

Zom Vrgleicha: *Vers 20-31:* • 23,17-23.

D Denstklassa von de Sänger: 25 1-31

25 Ond dr David håt mit saene
Heerführer d Söh vom Asaf,
vom Heman ond vom Jedutun zom
Denst rausgsuacht, dia mô guat auf dr
Zither ond auf dr Harfe ond mit Zimbla
spiela könna hent. Ond des ischd d
Aufstellong von dene Männer, mô für
den Denst rausgsuacht wôra send: [2]Vom
Asaf saene Söh: dr Sakkur, dr Josef, dr
Netanja ond dr Asarela. Dia send onter
dr Laetong vom Asaf gstanda, der mô
begaestert nach dr Åweisong vom König
gspielt håt. [3]Am Jedutun saene Söh: dr
Gedalja, dr Zeri, dr Schimi, dr Jeschaja,
dr Haschabja ond dr Mattitja, zsema
sechs, hent onter dr Laetong von ihram
Vadr Jedutun begaestert Zither gspielt
zom Dank ond Lobpreis für JAHWE.
[4]Am Heman saene Söh: dr Bukkija,
dr Mattanja, dr Usiël, dr Schubaël, dr
Jerimot, dr Hananja, dr Hanani, dr
Eliata, dr Giddalti, dr Romamti-Eser,
dr Joschbekascha, dr Malloti, dr Hotir,
dr Mahasiot. [5]Des send älle Söh vom
Heman, am König saem Seher, nach de
Vrhaeßonga von Gott (Elohim), dass r
am sae Macht stärka dät. Gott (Elohim)
håt nämlich am Heman vierzeah Söh
ond drei Töchter gschenkt. [6]Dia hent
älle onter dr Laetong von ihre Vädr,
am Asaf, am Jedutun ond am Heman
zom Gsang em Tempel von JAHWE
mit Zimbla, Harfa ond Zithera gspielt
beim Kultdenst em Haus von Gott
(Elohim) nach dr Åweisong vom vom
König. [7]Ond des send mitanander
zwôehondertachtaachzg ausbildate
Sänger ond Musiker gwea. [8]Dia hent s

(JAHWE) håt da Salomo graoß wera
lassa vôr de Aoga von ganz Israel, ond r
håt saem Königtom a Hohaet geba, wia
se no koe König vôr am en Israel ghet
håt.

Dr Abschluß vom David saener Geschichte: 29 26-30

[26]Dr David, am Isai sae Soh, ischd König
von ganz Israel gwea. [27]Vierzg Jåhr lang
håt r Israel regiert; sieba Jåhr ischd r
König en Hebron gwea ond dreiadreißg
Jåhr en Jerusalem. [28]A guats Alter håt r
ghet, môn r gstôrba ischd, satt an Jährla,
an Reichtom ond Ehr. Ond nå ischd sae
Soh Salomo an saener Stell König wôra.
[29]D Geschichte vom König David, de
früher ond de später ischd aufzôechnat
end dr Geschichte vom Seher Samuel
ond en dr Geschichte vom Profeta Natan
ond en dr Geschichte vom Seher Gad.
[30]dia zaegat sae ganza Regierongszeit
auf ond sae Macht ond dia Zeita, mô
über ehn ond über Israel ond über älle
andere Königreich drüberganga send.

S zwôete Buach Chronik

D GESCHICHTE VOM KÖNIG SALOMO: 1 1 – 9 31

Am Salomo sae Bitte om Weishaet: 1 1-13

1 Salomo, dr Soh vom David, håt sae Königtom gfestigt, ond JAHWE, sae Gott (Elohaw) ist mit am gwea ond håt an graoß ond mächtig gmacht.
2Ond dr Salomo håt an älle Oberste von de Tausad- ond Hondertschafta, an d Richter ond an älle Fürsta en ganz Israel ond an d Familiaoberhaepter da Befehl nausganga lassa, 3dass de ganz Vrsammlong mit am zor Kulthöhe en Gibeon ganga soll. Sell ischd nämlich s Begegnongszelt mit Gott (Elohim) gstanda, des mô dr Mose, am Herrgott (JAHWE) sae Knecht, en dr Wuste gmacht håt. 4D Truhe von Gott (Elohim) håt dr David schao von Kirjat-Jearim raufbrenga lassa; dr David håt nämlich für se (d Truhe) en Jerusalem a Zelt aufschlaga lassa. 5Ao den bronzena Altar, den mô dr Bezalel, am Uri sae Soh ond Enkel vom Hur, gmacht ghet håt, håt r vôr dr Wohnstatt von JAHWE nôstella lassa. Ond dr Salomo ond d Volksgemaende hent ehn (JAHWE) gsuacht. 6Ond dr Salomo håt sell vôr am Herrgott (JAHWE) auf dem Altar, der mô zom haeliga Zelt ghert håt, Opfer darbråcht. Ond r håt tausad Opfer aufsteiga lassa.
7En dera Nacht ischd Gott (Elohim) am Salomo erschiena ond håt zon am gsaed: Wünsch dr ebbas, was e dr geba soll! 8Nå håt dr Salomo zo Gott (Elohim) gsaed: Du håsch maem Vadr David graoßa Gnade erwiesa ond håsch mi an saener Stell zom König gmacht. 9Jetzt, JAHWE, mae Gott (Elohim), laß des Wort wåhr wera, mô du maem Vadr David geba håsch; du håsch mi nämlich zom König gmacht über a Volk, des mô so zahlreich ischd wia dr Staub auf dr Erde. 10Nå gib mr ao d Weishaet ond d Aesicht, dass e vôr des Volk dåhanna nôstanda kå, wer könnt denn sonst dae graoßs Volk regiera? 11Nå håt Gott (Elohim) zom Salomo gsaed: Weil da des em Senn håsch, ond et nach Reichtom, Schätz ond Ehr ond om da Daot von daene Faend oder ama langa Leba vrlangt håsch, sondern für di Weisshaet ond Aesicht gwünscht håsch, dass da mae Volk regiera kåsch, über des, môn e de zom König gmacht han: 12D Weishaet ond d Aesicht soll dr geba sae, ond Reichtom ond Schätz ond Ehr gib e dr drzua, wia s no koe König vôr dir ghet håt, ond nach dir wird des ao koener maeh han! 13Nach dem ischd dr Salomo von dr Kulthöhe en Gibeon vom Begegnongszelt fortganga nach Jerusalem ond håt über Israel gherrscht.

Zom Vrgleicha: *Vers 1-13:* • 1Kö 3,4-15 • *Vers 4:* 1Chr 15 • *Vers 5:* Ex 38,1-7 • *Vers 8:* 1Ch 17 • *Vers 9:* Gen 13,16.

Dr Reichtom vom Salomo: 1 14-17

14Nå håt dr Salomo Kampfwäga ond Reiter für sich ågschafft, ond r håt tausadvierhondert Kampfwäga ond zwölftausad Reiter ghet, dia håt r en d Wagastädt vrlegt ond en d Omgebong vom König en Jerusalem. 15Ond dr König håt drfür gsôrgt, dass en Jerusalem Silber ond Gold då gwea ischd wia d Stoener, ond Zedern so viel wia Maulbeerfeigabaem en dr Niederong. 16D Rösser für da Salomo håt mr aus Ägypten aegführt; ond d Händler vom König hent se aus Koa gega Barzahlong

gholt. 17An Waga hent se aus Ägypten
om sechshondert ond a Ross om
hondertfufzg Silberschekel mitbråcht.
Ond mr håt ao mit älle König von de
Hetiter ond Aramäer Handel trieba.

Zom Vrgleicha: *Vers 14-17:* • 1Kö 10,26-29.

D Vorberaetonga für da Tempelbau:
1 18 – 2 17

18Ond dr Salomo håt d Åweisong geba,
dass mr an Tempel für da Nåma JAHWE
ond a Haus als saen Königspalast baua
soll.

2 Ond r håt siebzgtausad Mann als
Lastträger ond achtzgtausad Mann als
Stoehaoer en de Berg ausheba lassa ond
über dia håt r dreitausadsechshondert
Aufseher aegsetzt. 2Nå håt dr Salomo
zom König Hiram von Tyrus gschickt
ond am saga lassa: Wia da s mit maem
Vadr David ghalta håsch, ond am
Zedernstämm gschickt håsch, dass r
für sich a Haus håt baua könna zom
dren wohna, so machst d s ao mit mir;
3guck, i will für da Nåma von maem
Gott (Elohay) JAHWE a Tempelhaus
baua ond s ehm weiha. Då soll mr
wohlduftends Raecherwerk vôr ehm
aufsteiga lassa ond ständig Schaobrot
auflega ond äll Môrga ond äll Åbad
Brandopfer darbrenga, an de Sabbat,
an de Neumonddäg ond en de Festzeita
von JAHWE, onseram Gott (Eloheynu),
des ischd für Israel auf ewig Pflicht.
4Ond des Tempelhaus, mô i baua will,
soll graoß sae, onser Gott (Eloheynu)
ischd nämlich a Graoßer, graeßer als
wia älle Götter (Elohim). 5Aber wer hätt
d Kraft, zom a Tempelhaus für an baua,
weil an dr Hemmel ond äller Hemmel
Hemmel et fassa könnat? Ond wer ben
schao i, dass am i a Tempelhaus baua
will, ao wann e bloß Raecherwerk vôr
am aufsteiga lassa will?

6Nå schick mr doch an weisa Må, der
mô mit Gold, Silber, Bronze, Eise,
Purpur, Karmesin ond blaoam Purpur
omganga kå, ond oen, mô Schnitzereia
entwerfa kå ond s mit dene Künstler,
mô mir en Juda ond en Jerusalem hent,
ausführa kå, ond dia mô mae Vadr David
schao beraetgstellt håt. 7Ond schick mr
Zedern-, Zypressa- ond Sandelholz aus
am Libanon, i wôeß nämlich, dass daene
Leut sich auf s Holzschlaga vrstandat
em Libanon, ond guck, maene Leut
sollat daene Leut drbei helfa; 8dia sollat
mr viel Hölzer nôrichta, des Haus,
mô i baua will, soll nämlich graoßartig
ond wonderbar wera. 9Ond guck, dene
Holzhaoer gib e zor Vrpflegong für
daene Leut zwanzgtausad Kor (1Kor = 10
Bat: ca. 400 l) Wôeza, zwanzgtausad Kor
Gersta, zwanzgtausad Bat (1 Bat ca. 40 l)
Wae ond zwanzgtausad Bat Öl.

10Nå håt dr König Hiram von Tyrus am
Salomo gschrieba: Aus Liebe zo saem
Volk håt JAHWE di zom König über
s aegsetzt. 11Ond weiters håt dr Hiram
gschrieba: Lobpreis sei JAHWE, am
Gott (Elohey) von Israel, der mô da
Hemmel ond d Erde gschaffa håt, dass r
am König David an weisa Soh gschenkt
håt, der mô Vrstand håt ond Aesicht,
dass r für JAHWE a Tempelhaus ond
a Haus für sich selber als Königspalast
baua will. 12I schick dr an weisa Må mit
viele Fähigkaeta, nämlich da Hiram-
Abi, 13da Soh von ra danitischa Frao,
ond sae Vadr ischd a Tyrer gwea, der
mô sich auf Arbaeta en Gold ond Silber,
Bronze ond Eise, mit Stoe ond Hölzer,
mit Purpur ond Blaopurpur, mit Byssus
ond Karmesin, mit Schnitzwerk ond
Gravieronga zom entwerfa, ond Bauplän
macha, halt ällas, was am auftraga wird,
auskennt. Der soll mit daene Künstler
ond mit de Künstler von maem Herra,
am David, daem Vadr, zsemaschaffa.
14Den Wôeza ond d Gersta, s Öl ond
den Wae, von dem mae Herr ebbas
gsaed håt, mög r für saene Leut schicka.

15 Aber mir schneidat dr Hölzer aus am
Libanon zrecht, so viel wia da brauchst,
ond brengat se als Flöß auf am Meer
nach Jafo, ond du kåsch se nå nach
Jerusalem naufbrenga lassa.
16 Nå håt dr Salomo älle fremde
Männer, mô em Land Israel gwea
send, zähla lassa, dia mô ao sae Vadr
David håt zähla wölla, des send
hondertdreiafufzgtausadsechshondert
Mann gwea. 17 Von dene håt r
siebzgtausad Mann zo Lastträger ond
achtzgtausad Mann zo Stoehaoer en de
Stoebrüch ond dreitausadsechshondert
zo Aufseher gmacht, dia mô d Leut zom
Schaffa åghalta hent.

Zom Vrgleicha: *Kap 2 Vers 2-17:* • 1Kö 5,15-32 • *Vers 5:* 1Kö 8,27 • *Vers 12-13:* 1Kö 7,13f.

Dr Tempelbau: 3 1-7

3 Nå håt dr Salomo ågfanga mit am
Tempelbau für JAHWE auf am Berg
Morija, mô dr David, sae Vadr an Platz
herrichta lassa håt, auf am Davidsplatz,
auf dr Tenne vom Jebusiter Ornan. 2 Ond
r håt em zwôeta Monat am zwôeta Dag
em vierta Jåhr von saener Regierongszeit
ågfanga mit baua.
3 Ond des ischd d Grondlag vom Salomo
für da Hausbau von Gott (Elohim):
sechszg Ella nach am alta Ellamaß en dr
Länge, ond zwanzg Ella en dr Brôete.
4 Ond d Halle vôrna am Haopthaus ischd
nach dr Brôete vom Haus zwanzg Ella
gwea ond hondertzwanzg Ella haoch.
Ond r håt den Raom von enna ganz mit
Gold ausklôedat. 5 Ond s Haopthaus
håt r mit Zypressaholz austäfera ond
mit kostbaram Gold vrklôeda ond mit
Palma ond Ketta vrziera lassa. 6 Ond r håt
s Tempelhaus mit kostbare Stoe(platta)
vrschala lassa zor Zierde, ond s Gold
ischd Parwajimgold gwea. 7 So håt r s
Tempelhaus (enna), d Balka, d Schwella
ond saene Wänd ond saene Türa mit
Gold vrklôedat ond an de Wänd Keruba
naegraviera lassa.

Zom Vrgleicha: *Vers 1-7:* • 1Kö 6,1-22.29.

S Haeligtom: 3 8-14

8 Nå håt r s Haus für s Ällerhaeligste
gmacht. Sae Länge ischd dr Brôete
vom Haus entsprechend zwanzg Ella
lang gwea ond en dr Brôete zwanzg
Ella. Ond r håt s mit kostbaram Gold
von sechshondert Talent ausklôedat.
9 Ond s Gwicht von de Nägel håt
fufzg Goldschekel ausgmacht. Ao
d Obergemächer håt r mit Gold
ausklôedat.
10 Nå håt r em Ällerhaeligsta von de
Bildhauer zwôe Keruba macha lassa ond
mit Gold überzoga. 11 Ond d Flügel von
dene Keruba: ensgesamt ischd ihr Länge
zwanzg Ella gwea. Dr Flügel vom oena
ischd fenf Ella lang gwea ond ischd bis an
d Wåd ganga, ond dr Flügel vom andera
ischd ao fenf Ella gwea ond bis an da
Flügel vom ersta ganga; 12 ond dr Flügel
vom zwôeta Kerub mit fenf Ella ischd
auf dr andera Seite bis an d Wåd ganga,
während dr andere Flügel mit saene fenf
Ella bis an da Flügel vom ersta Kerub
ganga ischd. 13 D Flügel von dene Keruba
hent ausbrôetat mitanander zwanzg Ella
gmessa. Sia selber send auf ihre Füaß
gstanda mit am Gsicht zom Haeligtom.
14 Da Vôrhang håt r aus blaoam ond
rotam Purpur, Karmesin ond Byssus
gmacht ond Keruba naufsticka lassa.

Zom Vrgleicha: *Vers 8:* • 1Kö 6,19f • *Vers 10-13:* • 1Kö 6,23-28.

D Ausstattong vom Tempel: 3 15 – 5 1

15 An dr Vôrderseite vom Haus håt r
zwôe Säula aufstella lassa, fenfadreißg
Ella haoch, oba mit ama fenf Ella hoha
Kapitell. 16 Ond r håt kettaförmige
Girlanda åfertiga ond oba an dia
Säula nômacha lassa, drzua hondert
Granatäpfel an dene Girlanda befestigt.
17 Dia Säula håt r vôr am Tempel

aufgrichtat, oena rechts ond oena lenks.
De recht håt r Jachin ghôeßa ond de
lenk Boas.

4 Nå håt r an Altar aus Bronze macha
lassa, zwanzg Ella en dr Länge ond
zwanzg Ella en dr Brôete ond zeah
Ella haoch. 2Ond r håt s Meer giaßa
lassa aus Bronze, zeah Ella von oem
Rand bis an da andera ond rond, ond
fenf Ella haoch. Mit dr Schnur håt mr
an Omfang von dreißg Ella gmessa.
3Onterhalb vom Rand send rengsrom
Bilder von Rendla gwea, zeah Stück
auf d Ell, en zwôe Rôeha send se om
ganze Meer rom ganga ond send glei
mit naegossa wôra. 4Auf zwölf Rendla
ischd s gstanda; drei hent nach Norda
guckt, drei nach Westa, drei nach Süda
ond drei nach Osta. Ond s Meer ischd
obadrauf gwea, mit am Hentertôel
send se enna gega anander gstanda. 5Sae
Wandong ischd Faustdick gwea ond
sae Rand ischd wian a Becher gformt
gwea wian a Liliablüat. Dreitausad Bat
(hondertzwanzgtausad Liter) send naeganga.
6Ond r håt zeah Kessel gmacht, fenf
auf dr rechta Seite ond fenf auf dr lenka
Seite zom Wäscha; då håt mr ällas dren
agspüalt, was zom Brandopfer ghert
håt. Aber s Meer ischd für d Priaster
gwea zom sich dren wäscha.
7Nå håt r dia goldene Leuchter gmacht,
zeah Stück genao nach dr Vôrschrift; dia
håt r en d Tempelhalle naegstellt, fenf
auf dr rechta Seite ond fenf auf dr lenka
Seite. 8Ond r håt zeah Tisch gmacht
ond se en dr Tempelhalle aufgstellt,
fenf auf dr rechta Seite ond fenf auf dr
lenka Seite. Ond r håt hondert goldene
Sprengschala gmacht.
9Nå håt r da Vôrhof für d Priaster
gmacht ond a graoßa Aefassong ond
Türa für d äußera Omrandong. Ond ihre
Türa håt r mit Bronze vrklôedat. 10Ond
s Meer håt r an dr rechta Seite Süd-
Osta zua aufgstellt. 11Außerdem håt dr
Hiram Häfa, Schaufla ond Sprengschala
ågfertigt.
Nå ischd dr Hiram mit saem Auftrag
fertig gwea, den môn r vom König
Salomo am Haus für Gott (Elohim) kriagt
ghet håt: 12zwôe Säula mit beckaförmige
Kapitell oba auf de Säula, dia zwôe
Girlanda, zom dia Kapitell zuadecka;
13drzua dia vierhondert Granatäpfel
an dene zwôe Girlanda, zwôe Rôeha
Granatäpfel an jeder Girland; 14dia
zeah Gsteller ond dia zeah Kessel auf
dene Gsteller; 15Oe graoßs Meer ond
dia zwölf Rendla dronter. 16Dia Häfa,
Schaufla ond Sprengschala ond älle
andere Gerätschafta håt dr Hiram-Abi
am König Salomo für da Tempel von
JAHWE aus poliertam Bronze gmacht.
17Am Jordan dronta håt dr König ällas
giaßa lassa en dr dichta Tonerde zwischa
Sukkot ond Zereda. 18Ond dr Salomo håt
von älle Gerätschafta ganz viel macha
lassa; s Gwicht von dr Bronze håt mr
gar nemme feststella könna.
19Ond dr Salomo håt älle Gerätschafta
macha lassa, mô zom Haus von Gott
(Elohim) ghert hent: da goldena Altar,
dia Tisch für d Schaobrot. 20Ond dia
Leuchter mit ihre Lampa aus am besta
Gold, zom se nach dr Vôrschrift vôr
am Ällerhaeligsta åzünda, 21mit ihre
goldene Blüata, ond Lampa ond dia
zwôe Dochtschera aus am faensta Gold,
22ond dia Messer ond Sprengschala,
d Schüssla ond Raecherpfanna send
aus am faensta Gold gwea. Ond an de
Aegäng vom Haus send de ennere Türa
ens Ällerhaeligste aus Gold gwea.

5 Mô nå älle Gwerk fertig gwea send,
mô dr Salomo für da Tempel vom
Herrgott (JAHWE) håt macha lassa,
håt r d Weihegaba von saem Vadr
David naetraga lassa, ond s Silber ond
s Gold ond älle Gerätschafta håt r en
d Schatzkammera vom Haus von Gott
(Elohim) brenga lassa.

Zom Vrgleicha: *Kap 3 Vers 15 – Kap 5 Vers 1:* •
1Kö 7,13-51.

D Überführong von dr Bundestruhe:
5 2 – 6 2

[2]Selligsmål hât dr Salomo de Älteste
von Israel ond älle Stammasfürsta ond
d Oberhaepter von de Sippschafta en
Israel nach Jerusalem komma lassa, zom
d Bundastruhe mit JAHWE von dr
Davidsstadt, des ischd Zion, rauf brenga
lassa. [3]Ond älle Männer von Israel hent
sich beim König zom Fest vrsammlat,
des ischd em siebta Monat gwea. [4]Mô
nå älle Älteste von Israel då gwea send,
hent d Levita dui Truhe aufghoba [5]ond
hent se mit am Begegnongszelt ond mit
älle haelige Gerätschafta, mô em Zelt
gwea send, nauf traga, d Priaster ond
d Levita hent s traga. [6]Ond dr König
Salomo ond de ganz Gemaende Israel,
mô bein am vrsammlat gwea ischd,
hent vôr dr Truhe so viel Kloevieh
ond Graoßvieh gmetzgat, dass mr s
nemme zähla oder nâchrechna könna
hât. [7]Nå hent d Priaster d Truhe vom
Bund mit JAHWE an ihran Platz em
Ällerhaeligsta brâcht onter d Flügel von
dene Keruba. [8]Ond dia Keruba hent ihre
Flügel über dera Truhe ausbrôetat ond
hent so dui Truhe ond ihre Tragstanga
von oba her zuadeckt. [9]Dia Tragstanga
hent se so lang gmacht, dass mr ihre
Enda von dr Truhe aus an dr vôrdera
Seite grad no gseha hât, aber von außa
hât mr se et gseha; sell send se blieba
bis auf den Dag. [10]En dera Truhe ischd
außer dene zwoe Tafla, mô dr Mose am
Horeb naedao hât, nex drenna gwea.
Des send dia Tafla von dem Bund gwea,
mô JAHWE mit de Israelita gschlossa
hât bei ihram Auszug aus Ägypten.
[11]Mô nå dia Priaster aus am Haeligtom
rauskomma send – älle Priaster, mô
dågwea send, hent sich nämlich ghaeligt,
ohne auf ihre Abtaelonga zom achta
–[12]ond d levitische Sänger send an dr
Ostseite vom Altar gstanda, dr Asaf,
dr Heman ond dr Jedutun, ihre Söh
ond ihre Brüader, älle hent Gwänder
aus Byssus åghet, mit Zimbla ond
Harfa ond Zithera, ond hondertzwanzg
Priaster send bei nen gstanda ond
hent auf Trompeta blåsa. [13]Mô dia
mitanander blåsa ond gsonga hent, hât
sich des åghört, als däte dia mit oener
Stemm da Herrgott (JAHWE) loba ond
preisa; mô se mit ihre Trompeta, Zimbla
ond andere Musikinstrument ågfanga
ond da Herrgott (JAHWE) priesa hent,
**„ER ischd güatig, ond sae Gnade
währt ewig“**, hât a Wolk am Herrgott
(JAHWE) saen Tempel ausgfüllt. [14]Ond
dia Priaster hent wega dera Wolk et
standa bleiba könna zom ihran Denst
vrrichta, weil d Herrlichkaet von
JAHWE s Haus von Gott (Elihim)
ausgfüllt hât.

6 Nå hât dr Salomo gsaed: JAHWE
hât erklärt, dass r em Donkla wohna
will. [2]I han a Haus als Wohnong für di
baut ond an Ort für daen Wohnsitz für
älle Ewigkaeta.

Zom Vrgleicha: *Kap 5 Vers 2 – Kap 6 Vers 2:* • 1Kö
8,1-13 • *Kap 5 Vers 13:* Ps 106,1; 107,1; 136.

Am König sae Åspråch: 6 3-11

[3]Nå hât sich dr König romdreht ond
hât de ganz Gemaende Israel gsegnat,
während de ganz Vrsammlong dågstanda
ischd. [4]Ond r hât betat: Lobpreis sei
JAHWE, dr Gott (Elohey) von Israel,
der mit saene Händ ausgführt hât, was
r maem Vadr David vrsprocha hât, môn
r gsaed hât: [5]Von dem Dag ă, mô i mae
Volk aus am Land Ägypten rausgholt
han, han i en koem von de Stämm von
Israel a Stadt auserwählt, dass då a Haus
für maen Nåma als Wohnong baut wera
soll, ond i han koen Må auserwählt, der
mô Fürst sae soll über mae Volk Israel.
[6]Aber nå han e Jerusalem auserwählt,

dass då mae Nåma wohna soll, ond da David han e drfür auserwählt, dass r über mae Volk Israel herrscha soll. 7Ond mae Vadr David håt em Senn ghet, a Haus zom baua für da Nåma von JAHWE, am Gott (Elohey) von Israel. 8Aber dr Herrgott (JAHWE) håt zo maem Vadr David gsaed: Dass dr du vôrgnomma håsch, für maen Nåma an Tempel zom baua, då håsch d ebbas Guats em Senn. 9Aber et du sollst des Haus baua, sondern dae Soh, der mô aus daene Lenda kommt, der soll des Haus baua zor Ehr für maen Nåma! 10Ond jetzt håt JAHWE sae Wort wåhr gmacht, des môn r gsaed håt, ond i stand jetzt an dr Stell von maem Vadr David ond sitz auf am Thron ond han des Tempelhaus zo Ehra vom Nåma JAHWE, am Gott (Elohey) von Israel, baut. 11Ond i han d Truhe mit dr Satzong vom Bund mit JAHWE, den mô ER mit de Israelita gschlossa håt, dren aufgstellt.

Zom Vrgleicha: *Vers 3-11:* • 1Kö 8,14-21.

S Weihegebet: 6 12-42

12Nå ischd r vôr da Altar vom Herrgott (JAHWE) nôgstanda ond håt saene Händ ausbrôetat. 13Dr Salomo håt nämlich a Kanzel aus Bronze macha ond mittla em Vôrhof aufstella lassa: fenf Ella en dr Länge, fenf Ella en dr Brôete ond drei Ella haoch. Då ischd r naufgstanda ond vôr dr ganza Gemaendevrsammlong auf d Knia gsonka ond håt saene Händ gega da Hemmel ausbrôetat, 14ond håt gsaed: JAHWE, du Gott (Elohey) von Israel! S geit koen Gott (Elohim) em Hemmel ond auf dr Erde, der sich mit dir vrgleicha könnt, du håsch den Bund ond dae Gnade gwahrt an daene Knecht, dia mô vôr dir mit ama otôelta Herz ihran Wandel führat. 15Du håsch dae Vrsprecha ghalta, des mô da daem Knecht, maem Vadr David geba håsch. Du håsch s am mit daem Mund vrsprocha, ond mit daene Händ håsch s ausgführt, wia s haet sichtbar wôra ischd. 16Ond jetzt, o JAHWE, du Gott (Elohey) von Israel, halt ao des Vrsprecha, mô du daem Knecht, maem Vadr David geba håsch, mô du gsaed håsch: Nia soll dr s ama Må fehla, der mô vôr mir auf am Thron von Israel sitzt, wann daene Nåchkomma ihran Weg nach maene Weisonga gangat, wia du vôr mir ganga bist. 17Ond jetzt, o JAHWE, du Gott (Elohey) von Israel, mög dae Wort wåhr wera, des mô du daem Knecht David geba håsch.

18Aber soll denn Gott (Elohim) wirklich bei de Menscha auf dr Erde wohna? Guck, dr Hemmel ond dr Hemmel von älle Hemmel könnat di et fassa, geschweige denn des Tempelhaus dåhanna, mô i baut han! 19Ond du, wende du dae Gsicht am Gebet ond am Fleha von daem Knecht zua, o JAHWE, mae Gott (Elohay), ond hör auf s Schreia ond auf des Gebet von daem Knecht vôr dir. 20Lass daene Aoga über dem Haus dåhanna wacha bei Dag ond bei Nacht, über dem Ort, von dem du gsaed håsch, dass du daen Nåma då wohna lässt, zom auf des Gebet höra, des mô dae Knecht an dem Ort dåhanna betat. 21Ond hör auf s Fleha von daem Knecht ond von daem Volk Israel, mô se an dem Ort dåhanna zo dir beta werat! Jå, hör s doch von dem Ort aus mô du thronst em Hemmel, hör s doch ond vrzeih!

22Wann sich oener an saem Nächsta vrsündigt ond der vrfluacht an mit ama Droheid, ond r kommt mit dera Vrfluachong vôr daen Altar en dem Tempel dåhanna, 23nå hör an å vom Hemmel her ond greif ae, ond vrschaff daene Knecht ihr Recht, ond vrgelt am Frevler ond lass am saen Wandel auf s Haopt falla, ond vrhilf am Gerechta zo saem Recht, nach saener Gerechtigkaet.

24Ond wann dae Volk Israel vo'ma Faend gschlaga wird, weil se sich vôr dir

vrsündigt hent, ond se kehrat om ond
preisat daen Nåma ond betat ond flehat
vôr dir em dem Tempel dåhanna, 25nå
hör s doch vom Hemmel her ond vrzeih
daem Volk Israel sae Sünd, ond breng se
wieder zrück auf den Boda, den mô du
ihre Vädr geba håsch.
26Wann dr Hemmel vrschlossa bleibt
ond koe Rega fällt, weil se sich an dir
vrsündigt hent, ond se betat an dem Ort
dåhanna ond preisat daen Nåma ond
kehrat om von ihrer Sünd, weil du se
demüatigst, 27nå hör s doch vom Hemmel
her ond vrzeih daene Knecht ond daem
Volk, du gibst en doch d Weisong, wia
se auf am guata Weg ganga sollat, ond
gib en Rega auf dae Land, des mô du
daem Volk als Erbtôel geba håsch.
28Wann Honger ens Land kommt oder
d Pest, wann dr Kornbrand, dr Rost, d
Haeschrecka ond Mada fressat, wann
Faend se em aegena Land ågreifat,
oder älle mögliche Plåga ond Krankata
auftretat, 29Was nå ao emmer oener betat
ond fleht, sei s a Mensch oder ao dae
ganz Volk Israel, ond a jeder erkennt
saen Schada ond sae Leida, ond r brôetat
saene Händ aus auf des Haus dåhanna
zua, 30nå hör s doch vom Hemmel her,
von dem Ort, mô du thronst, ond vrzeih,
ond gib ama jeda, wian r s vrdient håt,
du kennst doch sae Herz – du ganz alloe
kennst doch s Herz von jedam Menscha
-, 31dass se a Ehrfurcht vôr dir hent ond
auf daene Weg gangat solang se lebat auf
dem Erdboda, den mô du onsere Vädr
geba håsch.
32Aber ao Fremde, mô et von daem Volk
Israel send, sondern vo'ma ferna Land
kommat wega daem graoßa Nåma ond
wega daener starka Håd ond wega daem
ausgstreckta Arm, ond wann se kommat
ond vôr dem Haus dåhanna betat, 33nå
hör s doch vom Hemmel her ond dua
ällas, om was de der Fremde bittat,
dass älle Völker auf dr ganza Erde daen
Nåma erkennat ond a Ehrfurcht vôr
dir kriagat, so wia dae Volk Israel, ond
wissat, dass dae Nåma über dem Tempel
dåhanna, den mô i baut han, ausgruafa
wôra ischd.
34Wann dae Volk gega saene Faend en
da Kriag ziagt auf dem Weg, auf dem
du se schickst, ond se betat en Richtong
auf dui Stadt dåhanna, dui mô du
auserwählt håsch, ond den Tempel, mô
i daem Nåma zur Ehr baut han, 35nå hör
doch vom Hemmel her ihr Beta ond
Fleha, ond vrschaff en ihr Recht!
36Wann se sich an dir vrsündigat – s geit
jå koen Menscha, der mô et sündigt
– ond du kriagst an Zôrn auf se ond
gibst se preis an ihre Faend, dass ihre
Widersacher se en a ferns oder nähers
Land gfanga wegführat, 37nå gangat se
en dem Land, en des mr se weggführt
håt, en sich ond kehrat om ond flehat zo
dir en dem Land, mô se gfanga send ond
sagat: Mir hent gsündigt, mir hent gfehlt
ond mir hent gfrevelt! 38Ond se kehrat
om zo dir von ganzam Herza ond von
ganzer Seel en dem Land, mô se gfanga
send, ond se betat en d Richtong von
ihram Land, des mô du ihre Vädr geba
håsch, ond en d Richtong von dera
Stadt, mô du auserwählt håsch ond von
dem Haus, mô i daem Nåma zor Ehr
baut han, 39nå hör doch vom Hemmel
her, von dem Ort mô du thronst ihr
Gebet ond ihr Fleha ond vrhilf en zo
ihram Recht, ond vrzeih daem Volk, des
mô gega de gsündigt håt.
40Ond jetzt, mae Gott (Elohay), lass doch
daene Aoga offa sae, ond daene Ohra
auf s Beta an dem Ort dåhanna achta.
41JAHWE, du Gott, erheb de zo daener
Wohnong, du ond d Truhe von daener
Macht! Daene Priaster, JAHWE, o Gott
(Elohim) sollat sich en Hael klôeda ond
daene Treue sollat sich fraea am Glück!
42JAHWE, du Gott (Elohim), weis daen
Gesalbta et ab! Denk an d Gnade, mô

du daem Knecht David erwiesa håsch.
Zom Vrgleicha: *Vers 12–40:* • 1Kö 8,22–52 • *Vers 41:* Ps 132,8-10 • *Vers 42:* Jes 55,3.

Dr Abschluß von dr Feier: 7 1-10

7 Mô dr Salomo mit saem Gebet
fertig gwea ischd, ischd Feuer
vom Hemmel rakomma ond håt des
Brandopfer ond dia Schlachtopfer
vrzehrt, ond d Herrlichkaet von
JAHWE håt s ganze Haus ausgfüllt,
[2]dass d Priaster et nae könna hent ens
Tempelhaus vom Herrgott (JAHWE),
weil d Herrlichkaet von JAHWE s
ganze Haus ausgfüllt håt. [3]Ond mô nå d
Israelita des Feuer rakomma seha hent,
ond dass d Herrlichkaet von JAHWE s
ganze Haus ausgfüllt håt, hent se sich
mit am Gsicht bis auf da Boda, auf des
Stoepflaster vrnaegt ond da Herrgott
(JAHWE) priesa: **Dr Herr ischd güatig
ond sae Gnade währt ewig!**
[4]Ond dr König håt mit am ganza Volk
a Schlachtopfer vôr JAHWE darbråcht:
[5]zwôeazwanzgtausad Rendla ond
hondertzwanzgtausad Schåf. So håt dr
König ond s ganze Volk s Haus von Gott
(Elohim) aegweiht. [6]D Priaster send auf
ihre Posta gstanda, ond d Levita hent
mit ihre Musikinstument von JAHWE,
dia mô dr König David håt macha lassa,
zom am Herrgott (JAHWE) danka,
gsonga ond gspielt, weil sae Gnade ewig
währt, mit Lobliader vom David; ond d
Priaster hent geganüber Trompeta blåsa,
ond ganz Israel ischd drbeigstanda. [7]Nå
håt dr Salomo da mittlere Tôel von
dem Hof, der mô vôr am Tempelhaus
von JAHWE glega ischd, môn r sell
dia Brandopfer ond Fettstück für d
Friedensopfer zuaberaetat håt, aegweiht;
auf den bronzene Altar, den mô dr
Salomo macha lassa håt, send nämlich
dia Brandopfer ond Speisopfer ond dia
Fettstück, et älle naufganga.
[8]Ond dr Salomo håt des Fest (s Laobhüttafest)
sieba Däg lang gfeierat, ond ganz Israel
mit am, a riesa Vrsammlong, mô von
Lebo-Hamat bis an da Grenzbach zo
Ägypten zsemakomma ischd. [9]Ond am
achta Dag hent se a Festvrsammlong
abghalta; d Aeweihong vom Altar hent
se nämlich sieba Däg lang gfeierat ond s
Fest (Laobhüttafest) håt sieba Däg daurat.
[10]Am dreiazwanzigsta Dag vom siebta
Monat håt r s Volk wieder en saene
Zelt entlassa, ond se send voler Fraed
ond Hoffnong hoem ganga, wega ällam
Guata, mô dr Herrgott (JAHWE) am
David ond am Salomo ond am ganza
Volk dao håt.
Zom Vrgleicha: *Vers 3:* 5,13 • *Vers 4-10:* • 1Kö 8,62-66.

D Vrhaeßong für da Tempel: 7 11-22

[11]So håt dr Salomo da Tempel für
JAHWE ond da Königspalast vollendat,
ond ällas, was r sich vôrgnomma
håt für s Haus von JAHWE ond für
saen Palast, vrwirklicht. [12]Nå ischd
am Salomo en dr Nacht dr Herrgott
(JAHWE) erschiena ond håt zon am
gsaed: I han dae Gebet erhört ond den
Ort dåhanna als Opferstatt auserwählt.
[13]Wann i da Hemmel vrschliaß, dass koe
Rega fällt, wann i Haeschrecka aufbiate,
zom s Land kahl fressa, oder d Pest
auf mae Volk loslass, [14]ond s demüatigt
sich nô mae Volk, über dem mae Nåma
ausgruafa wôra ischd, ond se betat ond
suachat mae Gsicht ond kehrat om von
ihram baesa Weg, nå will e se erhöra
vom Hemmel her ond ihr Sünd vrzeiha,
ond ihr Land wieder hôela. [15]Jetzt sollat
maene Aoga offa bleiba ond maene Ohra
aufpassa auf s Beta an dem Ort dåhanna.
[16]I han jetzt des Haus auserwählt ond
ghaeligt, dass mae Nåma auf ewig då
sei, maena Aoga ond mae Herz sollat
für älle Zeita dåhanna sae. [17]Ond wann
du vôr mir daen Weg gôhst wia dae
Vadr David, ond ällas duast, was i de

ghôeßa han ond maene Satzonga ond
Rechtsvôrschrifta achtest, 18nå will e
daen Königsthron aufrichta, wian e s
daem Vadr David vrsprocha han, môn
e zon am gsaed han: Nia soll dr s ama
Nåchkomma fehla, der mô vôr mir auf
am Thron von Israel sitzt! 19Aber wann
r euch von mir abwendat ond maene
Satzonga ond Gebot vrlassat, dia môn
e euch geba han, ond andere Götter
(Elohim) nåchlaofat ond euch dene
onterwerfat, 20nå reiß e euch raus aus
maem Ackerboda, den môn e euch geba
han, ond des Haus dåhanna, des môn e
maem Nåma gweiht han, vrstoß e von
maem Gsicht ond mach s zo Spott ond
Hohn onter älle Völker. 21Ond a jeder,
mô an dem Haus, des mô so erhaba
gwea ischd, vorbei gôht, soll vrschrecka
ond saga: Wårom håt des dr Herrgott
(JAHWE) dao an dem Land dåhanna,
ond an dem Haus då? 22Ond nå kriagt mr
zor Antwort: Weil se JAHWE, da Gott
(Elohey) von ihre Vädr vrlassa hent, der
mô se aus am Land Ägypten rausgholt
håt, ond sich an andere Götter (Elohim)
ghalta ond sich dene onterwôrfa ond en
dient hent, drom håt r des ganze Oglück
über se komma lassa.

Zom Vrgleicha: *Vers 11–22:* • 1Kö 9,1-9 • *Vers 13-14:* 6,26-28.

Vrschiedene Nåchrichta über da Salomo: 8 1-18

8 Ond am End von dene zwanzg Jåhr,
en dene, mô dr Salomo da Tempel
für JAHWE ond saen Palast baut håt,
2håt r ao dia Stadt ausbaut, môn am dr
Hiram überlassa håt, ond Israelita dren
wohna lassa.
3Nå ischd dr Salomo gega Hamat-
Zoba zoga ond håt s aegnomma. 4Ond
r håt Tadmor en dr Wüste ond älle
Vôrratsstädt en Hamat åglegt. 5Nå håt
r ao s obere ond ontere Bet-Horon als
Festonga ausbaut mit Maura, Tôr ond
Riegel. 6Ao Baala ond älle Vôrratsstädt,
môn am Salomo ghert hent, dia Städt für
d Kampfwäga ond ihre Mannschafta, d
Städt für d Reiterei vom Salomo, ond was
r sonst no en Jerusalem, auf am Libanon
ond en saem ganza Herrschaftsgebiet
baua wölla håt.
7Ond s ganze Volk, mô no von de
Hetiter, Amoriter, Perisiter, Hiwiter ond
Jebusiter übrigblieba ischd ond et zo de
Israelita ghert håt, 8ihre Nåchkomma,
mô em Land übrig blieba ond von de
Israelita et ausgrottat wôra send, håt dr
Salomo für da Frondenst ausheba lassa,
ond des ischd bis haet so blieba. 9Aber
von de Israelita håt dr Salomo neamerd
zom Frondenst zwonga für sae Werk,
sondern dia håt r als Kriagsvolk braucht,
ond als Åführer von saene Wagakämpfer,
ond als Åführer von saener Reiterei.
10Ond des send de oberste Beamte vom
König Salomo gwea: zwôehondertfufzg
mô s Volk beaufsichtigt hent.
11D Tochter vom Pharao håt dr Salomo
aus dr Davidsstadt raufbråcht en des
Haus, môn r extra für se baua lassa håt; r
håt sich nämlich gsaed: von maene Fraoa
soll koena em König David von Israel
saem Palast wohna, weil des a haeliger
Ort ischd, mô d Truhe vom Bund mit
JAHWE nôkomma ischd!
12Selligsmål håt dr Salomo Brandopfer
darbråcht, am Herrgott (JAHWE) zor
Ehr, auf dem Altar, den môn r vôr dr
Tempelhalle aufstella lassa håt, 13ond
zwår an de Sabbat ond Neumonddäg
håt r Opfer darbrenga lassa, ond en
de Festzeita drei Mål em Jåhr: am Fest
vom ogsäuerta Brot, am Wochafest ond
am Laobhüttafest. 14Ond r håt nach de
Åweisonga von saem Vadr David d
Abtaelonga von de Priaster zo ihram
Denst aetôelt, ond d Levita auf ihre
Posta für da Lobpreis ond da Denst bei
de Priaster, wia s an jedam Dag naedig
gwea ischd, ond d Tôrhüater nach ihre

Ordnonga, jeda an ihram Tôr, so håt
s nämlich dr David, dr Må von Gott
(Elohim) åg'ordnat. 15Då ischd mr en
koem Punkt von de Åweisonga vom
König abgwicha, was d Priaster ond d
Levita ågôht, ao bei de Schatzkammera
et. 16So ischd am Salomo sae Werk
fertig gstellt wôra, vom Dag von dr
Grondlegong vom Herrgott (JAHWE)
saem Tempel bis zor Vollendong vom
Herrgott (JAHWE) saem Tempelhaus.
17Selligsmål ischd dr Salomo nach
Ezjon-Geber ond nach Elot an dr Küste
vom Meer em Land Edom ganga. 18Dr
Hiram håt am durch saene Leut Schiff
ond Seemänner gschickt, dia send mit
am Salomo saene Leut nach Ofir gfahra
ond hent von sell vierhondertfufzg
Talent Gold gholt ond s am König
Salomo bråcht.

Zom Vrgleicha: *Vers 1-18:* • 1Kö 9,10-28.

D Königin von Saba: 9 1-12

9 Mô nå d Königin von Saba ghört
håt, was dr Salomo für an Ruaf håt,
ischd se nach Jerusalem komma mit ra
riasa Gfolgschaft ond mit Kamel, mô
kostbare Spezereia ond jeda Menge
Gold ond Edelstoe traga hent, zom da
Salomo auf d Prob stella mit Rätsel. So
ischd se zom Salomo komma ond håt
über ällas mit am gschwätzt, was se sich
vôrgnomma ghet håt. 2Ond dr Salomo
håt auf ällas a Antwort gwißt, då håt s
nex geba, was r hätt et erklära könna.
3Mô nå d Königin von Saba am Salomo
sae Weishaet ond saen Palast, môn r sich
baut håt, gseha håt, 4ond dia Speisa an
saener Tafel ond d Sitzplätz von saene
Beamte ond ihre Gwänder, ond saene
Mundschenka en ihre Gwänder, ond
saen Treppaaufgang, mô s en da Tempel
von JAHWE naufganga ischd, då ischd
ra d Luft wegblieba. 5Ond se håt zom
König gsaed: s ischd wirklich wåhr, was
e en maem Land ghört han über daene
Laestonga ond über dae Weishaet. 6I han
s et glaoba wölla, bis e s selber gseha
han mit maene aegene Aoga, ond guck,
et amål d Hälfte håt mr ons vrzählt
von dr Fülle von daener Weishaet. Du
übertriffst de selber mit dem, was e
von dr ghört han. 7Für daene Männer
ond für daene Knecht ischd des doch
a Glück, dass se ständig vôr dir standa
ond dae Weishaet höra därfat. 8Lobpreis
sei daem Gott (Eloheyka) JAHWE, der
mô an Gfalla an dr gfonda håt, dass r de
auf saen Thron als König gsetzt håt für
JAHWE, daen Gott (Eloheyka)! Weil
dae Gott (Eloheyka) Israel måg ond
am für emmer Bestand geba will, håt r
di zom König aegsetzt, dass du Recht
ond Gerechtigkaet üabst! 9Nå håt se am
König hondertzwanzg Talent Gold geba
ond jeda Menge Gwürz ond kostbare
Edelstoe; sotte guate Spezereia wia d
Königin von Saba am Salomo mitbråcht
håt, håt s no gar nia geba.
10Ond ao am Hiram saene Leut ond d
Leut vom Salomo, dia mô Gold von
Ofir gholt hent, hent Sandelholz ond
Edelstoe mitbråcht. 11Ond dr König håt
aus dene Sandelhölzer Treppa macha
lassa für am Herrgott (JAHWE) saen
Tempel ond für da königlicha Palast,
ond Zithera ond Harfa für d Sänger, wia
mr vôrher nia gseha håt em Land Juda.
12Ond dr König Salomo håt dr Königin
von Saba ällas gschenkt, was se sich
gwünscht håt, viel maeh als wia dia
Gastgschenk, mô se mitbråcht håt.
Nå ischd se omkehrt ond mit ihrer
Gfolgschaft wieder en ihr Land ganga.

Zom Vrgleicha: *Vers 1-12:* • 1Kö 10,1-13.

Am Salomo sae Reichtom: 9 13-28

13Des Gold, mô beim Salomo
äll Jåhr aeganga ischd, håt
sechshondertsechsasechzg Talent gwoga,
14außer dem, was d Karawanahändler
ond Krämer mitbråcht hent. Ao d

König von Arabien ond d Statthalter
vom Land hent am Salomo Gold ond
Silber bråcht.
15 Nå håt dr König Salomo zwôehondert
graoße Schild aus Gold hämmera lassa;
sechshondert Schekel Gold für jedan
Schild. 16 Ond dreihondert kloenere
Schild, aus Gold trieba; dreihondert
Goldschekel schwer ischd a jeder Schild
gwea, dia håt r ens Libanonwaldhaus
brenga lassa.
17 Außerdem håt dr König an graoßa
Thron aus Elfaboe macha ond an mit
puram Gold vrklôeda lassa. 18 Sechs
Stuafa ischd s naufganga an da Thron,
ond dr Schemel an dem Thron ischd
aegfasst gwea, ond Armlehna send auf
jeder Seite vom Thron gwea. Ond zwôe
Löwa send neba dene Armlehna gstanda.
19 Zwölf Löwa send auf bôede Seita von
dene sechs Stuafa gstanda; so ebbas
håt mr no für koe anders Königreich
gmacht.
20 Ao älle Trenkbecher vom König
Salomo send aus Gold gwea, ond älle
Gerätschafta em Libanonwaldhaus
send aus puram Gold gwea. Silber håt
mr en dr Zeit vom Salomo als wertlos
åguckt. 21 Dr König håt nämlich Schiff
ghet, mô mit am Hiram saene Leut nach
Tarschisch gfahra send, dia send äll drei
Jåhr komma ond hent Gold ond Silber,
Elfaboe, Affa ond Pfaua glada ghet.
22 So ischd dr König Salomo graeßer
wôra an Reichtom ond Weishaet als
älle andere König auf dr Erde. 23 Ond
älle König von dr Erde send zom
Salomo komma ond hent sae Weishaet
höra wölla, mô am Gott (Elohim) ens
Herz glegt håt. 24 Jeder håt am Gschenk
mitbråcht; silberne ond goldene Gfäß,
ond Gwänder, Waffa ond Gwürz,
Rösser ond Maultier, Jåhr für Jåhr.
25 Am Salomo hent viertausad Gspann
ghert, Rösser ond Wäga, ond zwölftausad
Reiter. Dia håt r en de Wagastädt ond bei
sich en Jerusalem ghalta. 26 Der håt über
älle König vom Eufrat bis zom Land
von de Philister ond bis an d Grenz von
Ägypten gherrscht. 27 Ond dr König håt
drfür gsôrgt, dass en Jerusalem so viel
Silber gwea ischd wia Stoe, ond Zedern
so viel wia Maulbeerfeigabaem en dr
Ebene. 28 D Rösser für da Salomo håt
mr aus Ägypten ond älle andere Länder
gholt.

Zom Vrgleicha: *Vers 13-28:* • 1Kö 10,14-28 • *Vers 25:* 1Kö 5,6; 10,26 • *Vers 26:* 1Kö 5,1 • *Vers 27-28:* 1Kö 10,27f.

Dr Salomo stirbt: 9 29-31

29 Was s sonst no zom saga geit vom
Salomo, de frühere ond spätere
Eraegnis, ischd en dr Geschichte vom
Profeta Natan aufgschrieba, ond en
de Profezeionga vom Seher Ahija aus
Schilo, ond en dr Weissagong vom Seher
Jedo über da Jerobeam, am Nebat saem
Soh. 30 Dr Salomo håt über ganz Israel
vierzg Jåhr lang regiert. 31 Nå ischd dr
Salomo zo saene Vädr aeganga ond mr
håt an en dr Stadt von saem Vadr David
beerdigt. Ond an saener Statt ischd sae
Soh, dr Rehabeam König wôra.

Zom Vrgleicha: *Vers 29-31:* • 1Kö 11,41-43.

D GESCHICHTE VON JUDA BIS ZOM ONTERGANG: 10 1 – 36 23

Dr Abfall von de zehn Nordstämm: 10 1 – 11 5

10 Dr Rehabeam ischd nach Sichem
ganga, weil ganz Israel en Sichem
zsemakomma ischd, zom an zom
König macha. 2 Aber mô dr Jerobeam,
am Nebat sae Soh, des ghört håt – der
ischd nämlich grad en Ägypten gwea,

weil r vôr am König Salomo abhaoa müaßa håt – ischd r von Ägypten zrück komma. [3]Mr håt nach am gschickt ond an herruafa lassa. Also dr Jerobeam ischd komma mit ganz Israel, zom mit am Rehabeam reda ond am zom saga: [4]Dae Vadr håt ons a harts Joch auf da Hals glegt, mach du ons den harta Frondenst von daem Vadr leichter ond des Joch, môn r ons aufglegt håt, nå wöllat mr dir deana! [5]Nå håt r (dr Rehabeam) en zor Antwort geba: Kommat en drei Däg wieder zo mr! Mô nå s Volk weg gwea ischd, [6]håt sich dr König Rehabeam mit dene Älteste, mô schao bei saem Vadr Salomo em Denst gstanda send, beråta ond håt zo nen gsaed: Was dätat ihr dem Volk dåhanna saga? [7]Dia hent zon am gsaed: Wann du guat bist zo dem Volk dåhanna, ond gnädig mit en omgôhst, ond fraendlich mit en redest, nå send dr dia emmer denstbar! [8]Aber der håt auf da Rat von dene Älteste pfiffa ond sich mit dene jonge Kerle beratschlagt, mô mit am aufgwachsa ond bein am em Denst gstanda send. [9]Dia håt r gfrågt: Was råtat ihr mr, was soll e dem Volk dåhanna für a Antwort geba, des mô zo mr gsaed håt: Mach ons des Joch leichter, des mô ons dae Vadr aufglegt håt. [10]Nå hent dia jonge Kerle, mô mit am aufgwachsa send, zon am gsaed: Zo dem Volk, mô zo dr gsaed håt: Dae Vadr håt onser Joch z schwer gmacht, mach du s ons leichter für ons! Des saesch d en: Mae kloener Fenger ischd dicker als maem Vadr saene Lenda! [11]Wann euch mae Vadr a schwers Joch aufglada håt, nå mach i s no schwerer. Mae Vadr håt euch mit Peitscha züchtigt, ond i züchtige euch mit Skorpiona (Peitscha mit mehrere Reahma, mô kloene Eisekugla mit Kralla drå send)!

[12]Mô nå dr Jerobeam mit am Volk am dritta Dag wieder komma ischd, wia s dr König gsaed håt: Kommat en drei Däg wieder zo mr! [13]då håt en dr König a harta Antwort geba ond da Rat von dene Älteste ganz außer acht glassa, [14]sondern des zo nen gsaed, was am dia jonge Kerle gråta hent: Mae Vadr håt euch a schwers Joch aufglada, i mach s no schwerer. Mae Vadr håt euch mit Peitscha züchtigt, ond i züchtige euch mit Skorpiona! [15]Dr König håt also et auf s Volk ghorcht; des ischd nämlich a Füagong von Gott (Elohim) gwea, dass des Wort von JAHWE wåhr wird, des môn r durch da Ahija von Schilo am Jerobeam, am Soh vom Nebat, håt saga lassa.

[16]Mô nå d Israelita gseha hent, dass en dr König koe Ghör geba will, håt s Volk am König ausrichta lassa:

Was hent mir für an Åtôel am David? Mir hent ao koe Erbtôel beim Soh vom Isai! Gangat en eure Zelt, Israel! Guck du no selber nach daem Haus, David!

Ond d Israelita send en ihre Zelt ganga. [17]Ond dr Rehabeam håt bloß über dia Israelita regiert, mô en de Städt von Juda gwohnt hent. [18]Ond mô dr König Rehabeam da Fronvogt Hadoram zo nen gschickt håt, hent se mit Stoe auf an gschmissa, dass r gstôrba ischd. Nå ischd dr König Rehabeam schnell auf saen Waga gstiega ond abghaoa nach Jerusalem. [19]So ischd Israel vom Haus David abgfalla, ond des ischd bis auf da haetiga Dag so blieba.

11 Ond dr Rehabeam ischd nach Jerusalem komma ond håt s ganze Haus Juda ond Benjamin vrsammlat, hondertachtzgtausad Mann, ausgsuachte Kämpfer, zom gega Israel kämpfa ond s Königtom für da Rehabeam zrückgwenna. [2]Nå ischd an da Schemaja, an Må von Gott (Elohim), s Wort von JAHWE erganga ond håt gsaed: [3]Sag am Rehabeam, am Salomo saem Soh, am König von Juda, ond zo älle Israelita en Juda ond Benjamin: [4]So

spricht JAHWE: Ihr gangat mr et en da
Kampf gega eure Brüader! Kehrat om
ond gangat wieder hoem! Des ischd von
mir so vrfüagt wôra! Ond se hent auf
s Wort von JAHWE ghorcht ond send
omkehrt von ihram Kriagszug gega da
Jerobeam.

Zom Vrgleicha: *Kap 10 Vers 1 – Kap 11 Vers 5:* • 1Kö 12,1-24 • *Kap 10 Vers 2:* 1Kö 11,26-40 • *Vers 15:* 1Kö 11,30-39.

Rehabeam: 11 5 – 12 16

[5]Ond dr Rehabeam ischd en Jerusalem
blieba ond hot dia Städt en Juda zo
Festonga ausbaut. [6]Dia Städt håt r
ausbaut: Betlehem, Etam, Tekoa, [7]Bet-
Zur, Socho, Adullam, [8]Gat, Marescha,
Sif, [9]Adorajim, Lachisch, Aseka, [10]Zora,
Ajalon ond Hebron, älle mô en Juda
ond en Benjamin glega send, älle zo
Festonga. [11]R håt dia Festonga stark
ausbaut ond håt Haoptleut über se
aegsetzt, ond Vorrät an Nahrongsmittel,
Öl ond Wae dren åglegt, [12]ond für jeda
Stadt Schild ond Lanza, ond håt se
richtig stark gmacht. So håt nå ganz
Juda ond Benjamin zon am ghert. [13]Ond
dia Priaster ond Levita, mô en ganz
Israel omanander gwohnt hent, send aus
älle Gebiet zon am komma. [14]D Levita
hent ihre Wôeda ond ihr Hab ond Guat
vrlassa ond send nach Juda ond nach
Jerusalem ganga, weil se dr Jerobeam
ond saene Söh aus am Priasterdenst für
JAHWE entlassa håt. [15]Dr Jerobeam håt
für saene Kulthöha ond Bocksdämona
ond Stierkälbla, môn r håt macha lassa,
selber Priaster bstellt. [16]Ond nach dene
(Levita) send aus älle Stämm von Israel
dia mitganga, mô ihr Herz auf JAHWE,
da Gott (Elohey) von Israel, ausgrichtat
ond an gsuacht hent, dia send nach
Jerusalem komma, zom am Herrgott
(JAHWE), am Gott (Elohey) von ihre
Vädr, zor Ehr, Opfer darbrenga. [17]Dia
hent s Königreich Juda vrstärkt ond am
Rehabeam, am Soh vom Salomo, sae
Herrschaft gfestigt für drei Jåhr. Drei
Jåhr lang send se nämlich da Weg vom
David ond vom Salomo mitganga.
[18]Ond dr Rehabeam håt d Mahalat, d
Tochter vom Jerimot, am David saem Soh
ond dr Abihajil, dr Tochter vom Eliab,
am Soh vom Isai, zor Frao gnomma.
[19]Mit dera håt r drei Söh ghet, da Jëusch,
da Schemarja ond da Saham. [20]Nach
dera håt r d Maacha zor Frao gnomma,
d Tochter vom Abschalom. Mit dera
håt r da Abija, da Attai, da Sisa ond da
Schelomit ghet. [21]Dr Rehabeam håt aber
d Maacha, am Abschalom sae Tochter,
ärger möga als älle saene andere Fraoa
ond saene Nebafraoa. Der håt nämlich
achtzeah Fraoa ond sechzg Nebafraoa
ghet ond achtazwanzg Söh ond sechzg
Töchter zeugt. [22]Ond dr Rehabeam
håt da Abija, da Soh von dr Maacha
als Oberhaopt ond Fürst onter saene
Brüader aegsetzt; r håt nämlich em Senn
ghet, den zom König zom macha. [23]Ond
r håt s recht gschickt gmacht, môn r älle
Gebiet en Juda ond Benjamin ond älle
Stadtfestonga an saene Söh vrtôelt håt,
ond r håt en grad gnuag Nahrongsmittel
zor Vrfüagong gstellt ond viele Fraoa
für se ågworba.

12 Mô nå am Rehabeam sae
Herrschaft gfestigt gwea ischd
ond r stark wôra ischd, ischd r mit ganz
Israel vom Herrgott (JAHWE) saene
Weisonga abgfalla. [2]Nå ischd em fenfta
Jåhr vom König Rehabeam dr König
Schischak von Ägypten gega Jerusalem
ågrückt, weil se am Herrgott (JAHWE)
otreu wôra send. [3]Mit zwölfhondert
Kampfwäga ond sechzgtausad Reiter
ond ama zahllosa Fuaßvolk ischd r
von Ägypten rauf komma: Libyer,
Sukkijiter ond Kuschiter. [4]Der håt dia
Festonga en Juda aegnomma ond ischd
bis nach Jerusalem vôrgrückt. [5]Nå ischd
dr Profet Schemaja zom Rehabeam

ond zo de Fürsta von Juda, dia mô
sich vôr am Schischak nach Jerusalem
zrückzoga hent, komma, ond håt zo
nen gsaed: So spricht JAHWE: Ihr
hent mi vrlassa, ond jetzt vrlaß i euch
ond laß euch am Schischak en d Händ
falla! [6]Nå hent sich d Fürsta von Israel
ond dr König demüatigt ond gsaed:
JAHWE ischd dr Gerechte! [7]Mô nå dr
Herrgott (JAHWE) gseha håt, dass dia
sich demüatigt hent, ischd s Wort von
JAHWE an da Schemaja erganga ond
håt gsaed: Se hent sich demüatigt, nå will
e se ao et vrderba; i will en bald Rettong
brenga, ond mae Zôrn soll sich et durch
da Schischak en Jerusalem ausgiaßa.
[8]Aber se sollat bei am Denst laesta, dass
se da Onterschied kenna lernat zwischa
am Denst bei mir ond am Denst bei
de irdische Königreich! [9]Nå ischd dr
Schischak, dr König von Ägypten gega
Jerusalem ågrückt ond håt d Schätz aus
am Herrgott (JAHWE) saem Tempel
ond d Schätz aus am Königspalast, ällas
håt r mitgnomma, ao dia Schild aus Gold,
mô dr Salomo macha lassa håt. [10]An dr
Stell von dene håt dr König Rehabeam
Schild aus Bronze macha lassa ond håt
se am Oberst von dr Leibwach, dia mô
da Aegang vom Königspalast bewacht
hent, übergeba. [11]Ond so oft dr König
en da Tempel vom Herrgott (JAHWE)
ganga ischd, hent an dia Laefer mit dene
Schild gschützt ond hent se nå wieder en
ihr Wachstub bråcht. [12]Weil r sich aber
demüatigt håt, håt dr Zôrn von JAHWE
wieder von am abglassa, ond r håot an et
ganz zgrond grichtat. Ond s håt en Juda
ao no guata Sacha geba.
[13]Ond dr König Rehabeam håt sich
wieder gfanga ond r håt en Jerusalem
regiert; der ischd nämlich oesavierzg Jåhr
alt gwea, môn r König wôra ischd, ond
siebzeah Jåhr håt r en Jerusalem regiert,
en dera Stadt, mô JAHWE aus älle
Stämm auserwählt håt, zom saen Nåma
dort nôlega. Sae Muader håt Naama
ghôeßa ond ischd a Ammoniterin gwea.
[14]R håt s Baese dao ond sae Herz et auf
JAHWE ausgrichtat.
[15]Was s sonst no zom saga geit vom
Salomo, de frühere ond spätere
Eraegnis, ischd en dr Geschichte vom
Profeta Schemaja aufgschrieba, ond en
de Profezeionga vom Seher Iddo. Ond
dia Kämpf zwischa am Rehabeam ond
am Jerobeam send de ganz Zeit gwea,
môn r glebt håt. [16]Nå ischd dr Rehabeam
zo saene Vädr aeganga ond mr håt an en
dr Davidsstadt beerdigt. Ond an saener
Statt ischd sae Soh, dr Abija König
wôra.

Zom Vrgleicha: *Kap 11 Vers 15:* 1Kö 12,28 • *Kap 12 Vers 9-16:* • 1Kö 14,21-31.

Abija: 13 1-23

13 Em achtzehnta Jåhr vom König
Jerobeam ischd dr Abija König
über Juda wôra. [2]Drei Jåhr håt r en
Jerusalem als König regiert. Sae Muader
håt Maacha ghôeßa ond ischd a Tochter
vom Uriël von Gibea gwea.
Ond Kriag ischd gwea zwischa am Abija
ond am Jerobeam. [3]Dr Abija håt den Kriag
mit ama Heer von vierhonderttausad
ausgsuachte Kämpfer ågfanga, während
dr Jerobeam achthonderttausad
kampferprobte Manna drgegagsetzt
håt. [4]Nå ischd dr Abija oba auf da Berg
Zemarajim, der mô em Bergland von
Efraim leit, nôgstanda ond håt gsaed:
Horchat her, Jerobeam ond ganz Israel!
[5]Wissat ihr et, dass JAHWE, dr Gott
(Elohey) von Israel, s Königtom von
Israel für emmer am David ond saene
Söh durch an Salzbund vrlieha håt?
[6]Aber dr Jerobeam, dr Soh vom Nebat
ond Knecht vom Salomo, am David saem
Soh, håt an Aufstand gmacht gega saen
Herra. [7]Om den hent sich nexnutzige
Leut gsammlat ond loehnat sich gega
da Rehabeam, am Salomo saen Soh auf;

dr Rehabeam ischd halt no a Bua gwea
ond schwach ond zaghaft ond hât sich
no et richtig gega se wehra könna. [8]Ond
jetzt moenat ihr, r könntat euch gega
s Königtom von JAHWE en de Händ
vom David saene Söh durchsetza, weil r
a graoßa Haufa Leut send ond goldene
Kälbla, mô dr Jerobeam als eure Götter
hât macha lassa, drbei hent. [9]Hent ihr
vielleicht et am Herrgott (JAHWE)
saene Priaster, am Aaron saene Söh, ond
d Levita vrstoßa, ond Priaster für euch
bstellt wia d Haedavölker? A jeder, mô
mit ama jonga Stier ond sieba Schâfböck
komma ischd, hât sich zom Priaster
weiha lassa könna für eure Götter
(Elohim), mô koene send. [10]Aber onser
Gott (Eloheynu) ischd JAHWE, mir
hent an et vrlassa; ond da Priasterdenst
vôr JAHWE vrrichtat d Nâchkomma
vom Aaron ond d Levita en ihre Ämter,
[11]dia brengat d Opfer dar am Herrgott
(JAHWE) zor Ehr, Brandopfer äll
Môrga ond jedan Åbad, ond duftende
Raecherwerk, dia schichtat d Schaobrot
auf da raena Tisch ond bedienat da
goldena Leuchter ond zündat jedan
Åbad saene Lampa å; mir haltat ons
nämlich an d Åweisonga vom Herrgott
(JAHWE), aber ihr hent an vrlassa.
[12]Guckat! An onserer Spitze stôht Gott
(Elohim) ond saene Priaster mit de
Kriagsposaona, zom gega euch (zom
Ågriff) blåsa. Ihr Nâchkomma vom
Israel, ihr därfat et gega JAHWE, da
Gott (Elohey) von eure Vädr, kämpfa,
ihr schaffat s nämlich et!
[13]Aber dr Jerobeam hât henter ihram
Rücka an Henterhalt lega lassa, dass se
d Israelita vôr sich ond henter sich ghet
hent. [14]Mô sich nå d Judäer romdreht
ond gseha hent, dass se von vôrna ond
von henta ågriffa werat, hent se zo
JAHWE gschria ond d Priaster hent ihre
Kriagstrompeta blåsa, [15]ond dia Manna
von Juda hent a Kriagsgschrôe ågfanga.
Ond solang d Mannschafta von de Judäer
s Kriagsgschrôe gmacht hent, hât Gott
(Elohim) da Jerobeam ond ganz Israel
gschlaga vôr am Abija ond Juda. [16]Nå
send d Israelita vôr de Judäer gflüchtat,
ond Gott (Elohim) hât se en ihre Händ
geba. [17]Ond dr Abija hât se mit saem
Kriagsvolk schwer gschlaga, dass von
Israel fenfhonderttausad kriagstüchtige
Manna gfalla send. [18]So send d Israelita
selligsmål demüatigt wôra, aber d
Judäer send stärker wôra, weil se sich
auf JAHWE, da Gott (Elohey) von ihre
Vädr, vrlassa hent. [19]Ond dr Abija hât da
Jerobeam vrfolgt ond am a paar Städt
weggnomma: Bet-El mit saene Vorstädt
ond Efron mit saene Vorort. [20]Solang
dr Abija glebt hât, ischd dr Jerobeam
nemme zor Macht komma, weil an dr
Herrgott (JAHWE) gschlaga hât, dass
r gstôrba ischd. [21]Aber dr Abija ischd
mächtig wôra; ond r hât sich vierzeah
Fraoa gnomma ond zwôeazwanzg Söh
ond sechzeah Töchter zeugt.
[22]Was s sonst no zom saga geit vom
Abija, saene Weg ond saene Reda, ischd
aufgschrieba em Midrasch (Erklärong)
vom Profeta Iddo. [23]Nå ischd dr Abija
zo saene Vädr aeganga ond mr hât an en
dr Davidsstadt beerdigt. Ond an saener
Statt ischd sae Soh, dr Asa König wôra.
En saener (am Abija saener) Regierongszeit
hât s Land zeah Jåhr lang Ruah ghet.
Zom Vrgleicha: *Vers 1-23:* • 1Kö 15,1-8.

Am Asa saene Erfolg: 14 1-14

14 Dr Asa hât dao, was en de Aoga von
JAHWE, saem Gott (Elohayw),
guat ond recht gwea ischd. [2]Der hât dia
fremde Altär ond Kulthöha fortgschafft
ond dia Standbilder zsemaghaoa ond
d Ascherapfähl omghaoa. [3]Ond r hât d
Judäer åghalta, se solle sich an JAHWE,
da Gott (Elohey) von ihre Vädr halta
ond saene Gebot ond Weisonga befolga.
[4]Ond r hât aus älle Städt en Juda dia

Kulthöha ond Sonnasäula wegschaffa lassa. S Reich håt sae Ruah ghet onter am.

[5]En Juda håt r d Städt zo Festonga ausbaua lassa, weil s Land en Ruah glebt håt ond koe Kriag gega an gführt wôra ischd. Dr Herrgott (JAHWE) håt am nämlich dui Ruah vrschafft. [6]Ond r håt zo de Judäer gsaed: Laß ons dia Städt dåhanna ausbaua mit Maura ond (Wehr-)Türm, Tôr ond Riegel! Nå leit s Land ruhig vôr ons, weil mir JAHWE, onseran Gott (Eloheynu) gsuacht hent, ond ER håt ons rengsrom Ruah vrschafft. So hent se viel baua könna.

[7]Dr Asa håt a Heer ghet mit dreihonderttausad Schild- ond Lanzaträger aus Juda, ond aus Benjamin zwôehondertachtzgtausad Schildträger ond Bogaschütza, lauter kampferprobte Männer. [8]Selligsmål ischd dr Kuschiter Serach mit ama Millionaheer ond dreihondert Kampfwäga gega dia ågrückt. Bis nach Marescha ischd r komma. [9]Dr Asa ischd am entgegazoga ond se hent sich em Tal Zefata en Schlachtordnong aufgstellt. [10]Ond dr Asa håt zo JAHWE, saem Gott (Elohayw), gschria ond håt gsaed: Außer dir, JAHWE, geits koen, der mô zwischa'ma Mächtiga ond ama Schwacha mit Kraft helfa könnt. Hilf ons, JAHWE, onser Gott (Eloheynu); mir vrlassat ons nämlich ganz auf di, ond en daem Nåma send mr gega den Heerhaufa dåhanna åtreta. JAHWE, du bist onser Gott (Eloheynu), koe Mensch kå sich vôr dir behaopta! [11]Nå håt dr Herrgott (JAHWE) dia Kuschiter gschlaga vôr am Asa ond vôr de Judäer, ond dia Kuschiter send abghaoa. [12]Dr Asa håt se mit saene Leut vrfolgt bis nach Gerar, ond von dene Kuschiter send so viele gfalla, dass nex maeh von en übrig blieba ischd, dia send nämlich vôr am Herrgott (JAHWE) ond saem Heerlager vrnichtend gschlaga wôra. Ond d Judäer hent reicha Beute drvotraga. [13]Nå hent se älle Städt en dr Omgebong von Gerar gschlaga; über dia ischd nämlich ao dr Schrecka vom Herrgott (JAHWE) komma; ond se hent älle dia Städt ausplünderat, då ischd a reicha Beute dren gwea. [14]Ond ao d Zeltlager bei de Herda hent se gschlaga ond s ganze Kloevieh ond d Kamel abtrieba, nå send nach Jerusalem zrück ganga.

Zom Vrgleicha: *Vers 1-4:* • 1Kö 15,9-12.

D Erneuerong vom Bund onter am Asa: 15 1-18

15 Nå ischd über da Asarja, am Oded saen Soh, dr Gaest von Gott (Elohim) komma, [2]ond r ischd zom Asa nausganga ond håt zon am gsaed: Hör me å, du Asa ond ganz Juda ond Benjamin! JAHWE ischd mit euch, wann ihr euch zon am haltat, ond wann r an suachat, nå will r sich von euch fenda lassa; wann r an aber vrlassat, nå vrläßt r euch ao! [3]A langa Zeit håt Israel ohne da wahra Gott (Elohey) glebt ond ohne dia Priaster, mô se onterwiesa hätte. [4]Aber en ihrer Not send se wieder zo JAHWE, am Gott (Elohey) von Israel, omkehrt ond hent an gsuacht, ond ER håt sich von en fenda lassa. [5]En dene Zeita håt mr et sicher aus- ond aeganga könna, weil a graoßa Oruah auf de Aewohner vom Land glega ischd. [6]Oe Land håt sich mit am andera romgschlaga ond oe Stadt mit dr andera, weil s Gott (Elohim) mit älle mögliche Schwierigkaeta durchanander bråcht håt. [7]Aber ihr send stark ond r därfat eure Händ et en da Schoß lega, ihr kriagat nämlich euran Loh für des, was r dent!

[8]Mô dr Asa dia Wort ghört håt ond s Profetawort vom Profeta Oded, håt r sich a Herz gfaßt ond håt voll älle Götzabilder fortgschafft aus am ganza Gebiet von Juda ond Benjamin ond

aus dene Städt, môn r em Bergland
von Efraim aegnomma håt. Ond r håt
da Altar von JAHWE, der mô vôr dr
Tempelhalle von JAHWE gstanda ischd,
neu macha lassa. [9]Nå håt r ganz Juda
ond Benjamin ond älle, mô als Fremde
aus Efraim, Manasse ond Simeon bei
nen gwohnt hent, vrsammlat, weil viele
von Israel zon am übergloffa send, mô
se gseha hent, dass JAHWE, sae Gott
(Elohayw) mit am gwea ischd. [10]Ond se
hent sich em dritta Monat em fufzehnta
Jåhr vom Asa saener Regierongszeit
en Jerusalem vrsammlat. [11]Ond se hent
JAHWE zor Ehr an sellam Dag von
dera Beute, mô se mit hoembråcht hent,
siebahondert Rendla ond siebatausad
Schåf g'opferat. [12]Ond se hent sich
feierlich vrpflichtat, sich von Herza
ond von ganzer Seel an JAHWE, da
Gott (Elohey) von ihre Vädr, zom halta.
[13]Ond jeder, mô sich et an JAHWE, da
Gott (Elohey) von Israel halta will, soll
ombråcht wera, ob Graoß oder Kloe,
ob Må oder Frao. [14]So hent se s JAHWE
ganz laut gschwora onter Jubel ond
Trompeta ond mit Hörnerklang. [15]Ond
älle Judäer hent sich gfraet über den Eid,
den mô se von ganzam Herza ond mit
ihram ganza Willa gschwora hent; ond
weil se da festa Willa ghet hent, EHN
zom suacha, håt ER sich ao von en fenda
lassa. Ond JAHWE håt en rengsrom
Ruah vrschafft.
[16]Dr König Asa håt ao sae Muader
(Großmuader), d Maacha, als Herrin
abgsetzt, weil se für d Aschera a
Schandbild macha lassa håt. Ond dr
Asa håt ihr Schandbild omghaoa ond
zsemaghaoa ond s em Bach Kidron
vrbrennt. [17]Aber dia Kulthöha send
halt et ganz aus Israel vrschwonda.
Aber am Asa sae Herz ischd sae ganzs
Leba lang otôelt blieba. [18]Ond r håt d
Weihegaba von saem Vadr ond saene
aegene Weihegaba ens Haus von Gott
(Elohim) bråcht, Gold ond Silber
ond Gerätschafta. [19]Ond bis zom
fenfadreißigsta Jåhr vom Asa saene
Regierongszeit håt s koen Kriag geba.

Zom Vrgleicha: *Vers 16-18:* • 1Kö 15,13-15.

Am Asa sae Kriag mit am Nordreich:

16 1-10

16 Em sechsadreißigsta Jåhr vom
Asa saener Regierongszeit ischd
aber dr König Bascha von Israel gega
Juda raufzoga ond håt Rama ausbaut,
dass neamerd maeh beim König Asa
von Juda håt aus- oder aeganga könna.
[2]Nå håt dr Asa Silber ond Gold aus
de Schatzkammera vom Herrgott
(JAHWE) saem Tempel ond aus am
Königspalast hola lassa ond s zom
Ben-Hadad, am König von Aram,
gschickt, der mô saen Regierongssitz
en Damaskus ghet håt, ond håt am
ausrichta lassa: [3]Zwischa mir ond dir
geit s a Abkomma wia schao zwischa
maem Vadr ond daem Vadr. I schick
dr Silber ond Gold! Gang also ond
lös dae Bündnis mit am König Bascha
von Israel auf, dass r von ons abziagt!
[4]Dr Ben-Hadad håt auf da König Asa
ghört ond håt saene Heerführer gega d
Städt en Israel gschickt, dia hent Ijon,
Dan ond Abel-Majim am Erdboda
gleich gmacht ond älle Vôrratshäuser
en de Städt von Naftali. [5]Mô des dr
Bascha vrfahra håt, nå håt r aufghert
mit am Ausbaua von Rama ond d Ärbat
aegstellt. [6]Ond dr König Asa håt ganz
Juda zsematrommlat ond håt dia Stoe
ond Balka forttraga lassa, mit dene, mô
dr Bascha Rama håt ausbaua wölla ond
håt Geba ond Mizpa drmit ausbaut.
[7]En dera Zeit ischd dr Seher Hanani
zom Asa, am König von Juda komma
ond håt zon am gsaed: Weil du de auf da
König von Aram gstützt häsch ond et auf
JAHWE, daen Gott (Eloheyka), drom
ischd s Heer vom König von Aram vor

em Nåma von JAHWE? [16]Dådrauf håt r gsaed: I han ganz Israel em ganza Bergland vrstraet gseha wia d Schåf, mô koen Hirta hent. Ond JAHWE håt gsaed: Dia hent koen Herra, se sollat älle hoemganga em Frieda! [17]Nå håt dr König von Israel zom Joschafat gsaed: Han e dr s et gsaed, dass mr der nia ebbas Guats profezeit, sondern emmer bloß ebbas Schlechts? [18]Aber dr Micha håt weitergredat: Also horchat auf s Wort von JAHWE! I han JAHWE auf am Thron sitza seha, ond s ganze Hemmelsheer ischd auf saener Rechta ond auf saener Lenka gstanda. [19]Ond JAHWE håt gsprocha: Wer will am Ahab, am König von Israel, aufschwätza, dass r naufganga ond bei Ramot-Gilead falla soll? Nå håt dr oene so ond dr ander so gschwätzt. [20]Nå ischd a Gôest vôr JAHWE nôtreta ond håt gsaed: I will s am aufschwätza! Ond JAHWE håt zon am gsaed: Mit was? [21]Ond r håt gsaed: I gang ond will a Lüagagôest sae em Mund von älle saene Profeta. Ond ER håt gsaed: Du bist drzua emstand, ond kåsch am des aufschwätza! Gang ond machs! [22]Ond jetzt, guck, JAHWE håt daene Profeta dåhanna an Lüagagôest en da Mund glegt, aber JAHWE håt Ohael über de gredat! [23]Nå ischd dr Zidkija, am Kenaana sae Soh, herganga ond håt am Micha oena an d Backa nôghaoa ond gsaed: Auf wehlam Weg soll denn dr Gaest von JAHWE von mir wegganga sae, zom aus dir reda? [24]Dådrauf håt dr Micha gsaed: Des siehst d nå an dem Dag, mô da von oener Kammer en de ander sprengst zom vrschlupfa! [25]Nå håt dr König von Israel gsaed: Nemmat da Micha ond brengat an zrück zom Amon, am Stadtoberst ond zom Prinz Joas, [26]ond sagat: So håt s dr König åg'ordnat: Setzat den då ens Gfängnis ond gebat am bloß Wasser ond Brot zom Essa, bis e em Frieda wieder komm. [27]Aber dr Micha håt gsaed: Wann du tatsächlich em Frieda zrückkomma dätest, nå håt JAHWE et durch mi gsprocha! Ond außerdem håt r no gsaed: Hörat s, älle Völker!

[28]Dådrauf ischd dr König von Israel mit am Joschafat, am König von Juda, gega Ramot-Gilead zoga. [29]Ond dr König von Israel håt zom Joschafat gsaed: I will me (als König) okenntlich macha ond so en d Schlacht komma; aber du bhälst daene Gwänder å! ond dr König von Israel håt sich okenntlich gmacht ond so send se en d Schlacht ganga. [30]Dr König von Aram håt aber saene Heerführer ågwiesa: Greifat neamerd å, weders Kloene, no Graoße, bloß alloe da König von Israel! [31]Mô nå dia Åführer von de Kampfwäga da Kampfwaga vom Joschafat gseha hent, hent se gmoent, des sei dr König von Israel ond hent an omzenglat, zom an ågreifa. Aber dr Joschafat håt gschria, ond JAHWE håt am gholfa, ond Gott (Elohim) håt se von am wegglockt. [32]Nå hent dia Åführer von de Kampfwäga gseha, dass des gar et dr König von Israel ischd, ond se send omkehrt ond hent von am abglassa. [33]Aber a Soldat håt oefach so mit saem Boga gschossa ond da König von Israel zwischa saem Schuppapanzer ond am Waffagschirr troffa. Nå håt r zo saem Wagalenker gsaed: Dreh om ond breng me aus am Kampf raus, i ben nämlich vrwondat. [34]Aber an dem Dag ischd s haoch herganga en dr Schlacht, ond dr König von Israel håt sich aufrecht ghalta auf saem Waga vôr de Aramäer bis an da Åbad. Ond mô d Sonne onterganga ischd, ischd r gstôrba.

19 Aber dr Joschafat, dr König von Juda, ischd ohne Schada hoemkomma nach Jerusalem. [2]Nå ischd dr Seher Jehu, am Hanani sae Soh, rauskomma ond vôr an nôtreta ond håt zom König Joschafat gsaed:

Håt des sae müaßa, da du dem Frevler
gholfa håsch, ond mågst du dia, mô
JAHWE hassat? Jetzt håsch d da Zôrn
von JAHWE auf de zoga. [3]Aber mr håt
ao ebbas Guats an dr gfonda, dass da
nämlich dia Ascherapfähl vrbrennt ond
ausgrottat häsch em Land ond dae Herz
auf JAHWE grichtat ond Gott (Elohim)
gsuacht håsch.

Zom Vrgleicha: *Kap 18 Vers 1-34:* • 1Kö 22,4-35 •
Vers 18: Jes 6,1-3 • *Vers 27:* Mi 1,2.

Dr Joschafat ordnat s Recht: 19 4-11

[4]Ond dr Joschafat ischd en Jerusalem
blieba. Nå ischd r aber nômål nausganga
onters Volk von Beer-Scheba bis ens
Bergland von Efraim ond hot s Volk
wieder zo JAHWE, am Gott (Elohey)
von ihre Vädr zrückgführt. [5]R håt en älle
Städt von Juda Richter aegsetzt, en älle
Stadtfestonga Stadt für Stadt. [6]Ond r håt
zo dene Richter gsaed: Guckat ganz gnao,
was r dent, ihr urtôelat et em Auftrag
von Menscha, sondern em Auftrag von
JAHWE, ER ist bei euch, wann r Recht
sprechat. [7]D Ehrfurcht vor JAHWE
soll über euch sae! Haltat s Recht ae
ond dent drnåch; bei JAHWE, onseram
Gott (Eloheynu) geit s nämlich koe
Orecht ond koe Åseha von Persona ond
koe Bestechlichkaet! [8]Ao en Jerusalem
håt dr Joschafat von de Levita ond von
de Priaster ond Familiaoberhaepter en
Israel etlich für s Gericht von JAHWE
bstellt für d Rechtsstreitigkaeta onter
de Aewohner von Jerusalem. [9]Ond r
håt en d Åweisong geba: So sollat r s
halta en Ehrfurcht vor JAHWE, en
Treue ond mit ama otôelta Herz: [10]Bei
jedam Rechtsstreit, mô vôr euch kommt
von eure Brüader, mô en ihre Städt
wohnat, ob s jetzt om Bluatvrgiaßa oder
Bluatschuld gôht, oder om a Åweisong,
a Satzong oder om Rechtsåsprüch,
nå sollat ihr se måhna, dass se sich et
vrschuldat vôr JAHWE ond sae Zôrn
über euch kommt ond eure Brüader. So
sollat r s halta, dass r et schuldig werat!
[11]Guckat, dr Oberpriaster Amarja ischd
euer Vôrgsetzter en älle Åglegahaeta von
JAHWE, ond dr Sebaja, am Jischmael
sae Soh, dr Fürst aus am Haus Juda,
ischd für älle Åglegahaeta vom König
zuaständig. Ond als Amtsleut send d
Levita für euch då. Send muatig ond
handlat, ond JAHWE sei mit euch en
ällam Guata.

Am Joschafat saene Sieg: 20 1-30

20 Nach dem send d Moabiter ond
d Ammoniter ond mit en no
oene von de Maoniter gega da Joschafat
zom Kampf ågrückt. [2]Nå send Bota
komma ond hent am Joschafat gmeldat:
Då kommt a graoßer Heerhaufa vom
jenseitiga Tôel am Meer von Aram,
ond guck, dia send schao en Hazezon-
Tamar, des ischd En-Gedi. [3]Nå håt s dr
Joschafat mit dr Angst zom doa kriagt,
ond r håt saen Blick ganz auf JAHWE
grichtat ond r håt a Fasta für ganz Juda
åg'ordnat. [4]Ond d Judäer hent sich
vrsammlat, zom da Herrgott (JAHWE)
om saen Beistand bitta; ao aus älle Städt
en Juda send se komma, zom JAHWE
bitta. [5]Ond dr Joschafat ischd vôr d
Vrsammlong von Juda ond Jerusalem
em Herrgott (JAHWE) saem Tempel,
em neua Vôrhof, nôgstanda [6]ond håt
gsaed: JAHWE, du Gott (Elohey) von
onsere Vädr! Bist du et dr Gott (Elohim)
em Hemmel ond Herrscher über älle
Königreich ond Völker? Ond ischd et
en daene Händ d Macht ond Gwalt,
mô neamerd drgega standhalta kå?
[7]Håsch du, onser Gott (Eloheynu) et d
Aewohner von dem Land dåhanna vôr
daem Volk Israel vrtrieba ond ihr Land
de Nåchkomma vom Abraham, daem
Fraend, für ewig geba? [8]Ond se hent
dren gwohnt ond hent für daen Nåma a
Haeligtom dren baut ond gsaed: [9]Wann

Ohael über ons kommt, s Schwert,
Stråfa ond d Pest oder a Hongersnot, nå
wöllat mir vôr des Tempelhaus dåhanna
komma ond vôr di, weil dae Nåma en
dem Tempelhaus wohnt, ond mir wöllat
zo dir schreia en onserer Not, dass du ons
hörst ond ons rettest. 10Guck, ond jetzt
kommat d Ammoniter ond d Moabiter
ond dia aus am Bergland von Seïr. Du
håsch s et zuaglassa, dass d Israelita,
mô se aus am Land Ägypten komma
send, durch dene ihr Land zom ganga,
sondern mr ischd om se romganga ond
håt se et ausgrottat. 11Guck, jetzt lassat se
s ons büaßa ond kommat, zom ons aus
daem Erbtôel vrtreiba, des mô du ons
geba håsch. 12Onser Gott (Eloheynu),
willst d et Gericht über se abhalta? Mir
send et stark gnuag gega des riesa Heer
dåhanna, des mô då gega ons årückt,
ond mir wissat et, was mr doa sollat,
drom guckat mr ganz auf di!
13Ond ganz Juda ischd vôr am Herrgott
(JAHWE) gstanda, sogar d Fraoa mit
ihre Kender ond Söh. 14Ond dr Gaest
von JAHWE ischd über da Jahasiël, da
Soh vom Secharja, da Soh vom Benaja,
da Soh vom Jëiël, am Mattanja saen Soh,
an Levita von de Nåchkomma vom Asaf,
komma. 15Ond der håt gsaed: Passat auf,
ihr Judäer älle ond ihr Aewohner von
Jerusalem ond du König Joschafat! So
spricht JAHWE zo euch: Ihr brauchat
koe Angst et han, ond ihr brauchat ao
et vrzaga vôr dem graoßa Heerhaufa
dåhanna, der Kampf ischd et euer Sach,
sondern d Sache von Gott (Elohim).
16Môrga steigat r gega se na! Guck, dia
kommat rauf über d Stôeg von Ziz, ond
ihr treffat auf se am End vom Tal vôr dr
Wüste Jeruël. 17Ihr brauchat et kämpfa.
Stellat euch bloß auf ond guckat zua,
wia euch dr Herrgott (JAHWE) hilft,
Juda ond Jerusalem! Hent no koe Angst
et ond vrzagat et! Môrga sollat r en
entgega ganga, ond JAHWE ischd mit
euch! 18Ond dr Joschafat håt sich bis auf
da Boda vrnaegt, ond ganz Juda ond
d Aewohner von Jerusalem send vôr
JAHWE nôgsonka ond hent JAHWE
åbetat. 19Nå send dia Levita aus am
Gschlecht vom Kehat, am Korach saene
Nåchkomma komma, zom JAHWE, da
Gott (Elohey) von Israel, mit mächtige
Stemma preisa.
20Ganz bald am nächsta Môrga hent se
sich aufgmacht ond send en d Wüste
Tekoa ganga. Ond mô se nauszoga
send, ischd dr Joschafat nôgstanda
ond håt gsaed: Horchat her, Juda ond
ihr Aewohner von Jerusalem! Vrtrauat
JAHWE, euram Gott (Eloheykem), ond
r werat s durchstanda; ond vrtrauat auf
saene Profeta, nå schaffat r s! 21Nå håt r
sich mit am Volk vrabredat ond Sänger
bstellt für JAHWE zom Lobpreis en
haelige Schmuckgwänder, dia send
vôr am kampfgrüstata Heer herzoga
ond hent gsonga: **Preisat JAHWE,
weil sae Gnade emmer ond ewig gilt!**
22Ond während se mit ihram Jubel- ond
Lobgsang ågfanga hent, håt dr Herrgott
(JAHWE) faendselige Mächt gega d
Ammoniter ond d Moabiter ond dia aus
am Bergland von Seïr, dia mô gega Juda
rakomma send, losglassa ond se send
gschlaga wôra. 23Nå send d Ammoniter
ond d Moabiter auf dia aus am Bergland
von Seïr losganga zom se ausrotta ond
hemacha, ond mô se mit dene aus am
Bergland von Seïr fertig gwea send,
hent se sich gegaseitig abgschlachtat.
24Mô nå d Judäer auf d Höhe en dr
Wüste naufkomma send ond nach dene
Heerhaufa guckt hent, guck, nå send då
überall Leicha auf am Boda romglega,
ond koener ischd drvokomma. 25Nå
ischd dr Joschafat ond sae Volk komma
zom Beute macha, ond se hent bei dene
Leicha a Menge Vieh ond Kostbarkaeta
gfonda, ond se hent so viel Beute gmacht,
dass se s schier et forttraga könna hent.

Drei Däg lang hent se plünderat, so viel
ischd då gwea. [26]Ond am vierta Dag hent
se sich em Tal Berecha (Lobpreis) troffa
ond hent sell da Herrgott (JAHWE)
priesa; drom hôeßt mr den Ort
Lobpreistal bis auf da haetiga Dag. [27]Nå
send älle Manna von Juda ond Jerusalem
ond dr Joschafat an dr Spitze voler
Fraed nach Jerusalem zrück ganga, weil
en dr Herrgott (JAHWE) Fraed über
ihre Faend gschenkt håt. [28]Ond se send
nach Jerusalem komma mit Harfa ond
Zithera ond mit Trompeta zom Tempel
vom Herrgott (JAHWE). [29]Aber dr
Schrecka vôr Gott (Elohim) ischd über
älle Königreich ond Länder komma,
mô se ghört hent, dass JAHWE gega d
Faend von Israel kämpft håt. [30]So håt dr
Joschafat em Frieda regiera könna, weil
am sae Gott (Elohayw) rengsrom Ruah
vrschafft håt.

Zom Vrgleicha: *Vers 6:* 1Chr 28,12 • *Vers 9:* 6,28 • *Vers 10:* Dtn 2,4-19 • *Vers 20:* Jes 7,9 • *Vers 21:* Ps 136,1.

Dr Joschafat schliaßt an Vrtrag mit am Ahasja von Israel: 20 31-37

[31]So håt dr Joschafat über Juda regiert.
Fenfadreißg Jåhr alt ischd r gwea, môn
r König wora ischd, ond fenfazwanzg
Jåhr håt r en Jerusalem regiert. Sae
Muader håt Asuba ghôeßa ond ischd a
Tochter vom Schilhi gwea. [32]Ond r ischd
da gleicha Weg ganga wia sae Vadr Asa
ond et drvo abgwicha, ond r håt emmer
dao, was en de Aoga von JAHWE guat
gwea ischd. [33]Bloß dia Kulthöha send
emmer no et ganz vrschwonda, ond s
Volk ischd emmer no et ganz mit am
Herza beim Gott (Elohey) von ihre
Vädr gwea.
[34]Was s sonst no zom saga geit über da
Joschafat vom Åfang bis zom End, guck,
des ischd en dr Chronik vom Jehu, am
Hanani saem Soh, aufgschrieba, dui
mô ens Buach von de König von Israel
aufgnomma wôra ischd.
[35]Ond drnåch håt sich dr Joschafat, dr
König von Juda, mit am Ahasja, am
König von Israel vrbündat; des ischd
recht gottlos gwea, môn r des dao håt.
[36]R håt a Abkomma mit am gschlossa
zom Schiff baua, dia mô nach Tarschisch
fahra solla hent. Dia Schiff hent se en
Ezjon-Geber baut. [37]Nå håt dr Eliëser,
am Dodawa sae Soh, aus Marescha, gega
da Joschafat profezeit ond gsaed: Weil de
du mit am Ahasja vrbündat håsch, bricht
JAHWE dae Machwerk ausanander.
Ond dia Schiff send gstrandat ond hent
nemme nach Tarschisch fahra könna.

Zom Vrgleicha: *Vers 31-37:* • 1Kö 22,41-50.

Joram: 21 1-20

21 Nå ischd dr Joschafat zo saene
Vädr aeganga, ond mr håt an en
dr Davidsstadt bei saene Vädr beerdigt.
Ond sae Soh, dr Joram ischd an saener
Statt König wôra. [2]Ond r håt Brüader
ghet, Söh vom Joschafat: da Asarja, da
Jehiël, da Secharja, da Asarja, da Michael
ond da Schefatja, des send ällas Söh gwea
vom Joschafat, am König von Israel.
[3]Ond ihr Vadr håt en viele Gschenk
gmacht an Silber ond Gold ond andere
Kostbarkaeta, ond mit Stadtfestonga en
Juda, aber s Königtom håt r am Joram
übertraga, weil der dr Erstgeborene gwea
ischd. [4]Mô nå dr Joram s Königtom von
saem Vadr übernomma ghet håt ond s
gfestigt gwea ischd, håt r saene Brüader
älle mit am Schwert ombrenga lassa ond
ao no a paar von de Fürsta von Israel.
[5]Zwôeadreißg Jåhr alt ischd dr Joram
gwea, môn r König wôra ischd ond
acht Jåhr håt r als König en Jerusalem
regiert. [6]Der ischd da Weg von de König
von Israel ganga, ond r håt s gmacht wia
s Haus vom Ahab, der håt nämlich a
Tochter vom Ahab zor Frao ghet, ond r
håt dao, was en de Aoga vom Herrgott
(JAHWE) baes gwea ischd. [7]Aber dr

Herrgott (JAHWE) håt s Haus vom
David et vrderba wölla wega dem Bund,
môn r mit am David gschlossa ond am
vrsprocha håt, dass r ehm ond saene Söh
für emmer a Leuchte (Fortbestand) geba
will.
8En saene Däg håt sich Edom von Juda
losgsaed ond hent sich an aegena König
aegsetzt. 9Nå ischd dr Joram mit saene
Fürsta ond mit älle saene Kampfwäga
gega se ågrückt; ond en dr Nacht håt r
dia Edomiter, môn an mit saene Åführer
ond Kampfwäga omzenglat hent
gschlaga. 10Aber d Edomiter hent sich
von de Judäer befreit bis zom haetiga
Dag. Ao Libna ischd von am abgfalla
en dera Zeit, weil r JAHWE, da Gott
(Elohy) von saene Vädr vrlassa håt.
11Ond r håt wieder Kulthöha aegführt em
Bergland von Juda ond håt d Aewohner
von Jerusalem zor Abgötterei vrführt
ond Juda auf Abweg vrlôetat.
12Nå ischd vom Profeta Elija a Schreiba
bein am aeganga, då håt s dren ghôeßa:
So spricht JAHWE, dr Gott (Elohey)
von daem Vadr David: Weil da et auf
am Weg von daem Vadr Joschafat ganga
bist ond auf de Weg vom Asa, am König
von Juda, 13sondern auf am Weg von
de König en Israel, ond håsch Juda
ond d Aewohner von Jerusalem zor
Abgötterei vrlôetat, so wia s Haus vom
Ahab d Leut zor Abgötterei vrlôetat
håt, ond weil da drzuanô daene Brüader,
s ganze Haus von daem Vadr ombråcht
håsch, dia mô doch viel besser gwea
send wia du, 14drom will de dr Herrgott
(JAHWE) mit schwere Schläg gega
dae Volk ond gega daene Söh ond gega
daene Fraoa ond dae ganz Hab ond Gut
hoemsuacha. 15Ond du selber muaßt viel
leida an ra Krankat en daene Därm, bis
dass über Jåhr ond Dag daene Därm
rauskommat.
16Ond JAHWE håt gega da Joram da
Zôrn von de Philister ond von dene
Araber, mô an dr Seite von de Kuschiter
gwea send, aufgweckt, 17ond se hent
Juda überfalla ond hent en Hab ond
Guat weggnomma, ällas, was se em
Königspalast gfonda hent; ao saene Söh
ond saene Fraoa hent se mitgnomma.
S ischd am koe Soh bliaba außer am
Joahas, am jüngsta von en. 18Nach dem
ällam håt an dr Herrgott (JAHWE) en
saene Därm mit ra ohaelbara Krankat
gschlaga. 19Ond nach Jåhr ond Dag, mô
dia zwôe Jåhr romgwea send, send durch
dui Krankat saene Därm rausquolla,
dass r onter furchtbare Schmerza
gstôrba ischd, ond sae Volk håt koe
Ehrafeuer für an åzonda, wia se s für
saene Vädr gmacht hent. 20Zwôeadreißg
Jåhr alt ischd r gwea, môn r König wôra
ischd, ond acht Jåhr håt r regiert en
Jerusalem. Ond môn r ganga ischd, håt
neamerd om an gheult, ond se hent an
en dr Davidsstadt beerdigt, aber et en de
Königsgräber.

Zom Vrgleicha: *Vers 1:* • 1Kö 22,51 • *Vers 5-12:* 2Kö 8,16-24 • *Vers 7:* 1Kö 11,36.

Ahasja: 22 1-9

22 Nå hent d Aewohner von
Jerusalem saen jüngsta Soh, da
Ahasja zom König gmacht an saener
Stell. De Ältere hent jå dia Raeberhorda,
mô mit de Araber ens Lager komma
send, z daot ghaoa. So ischd dr Ahasja,
am Joram sae Soh, König von Juda
wôra. 2Zwôeazwanzg Jåhr alt ischd dr
Ahasja, dr Soh vom Joram, gwea, môn
r König von Juda wôra ischd, ond oe
Jåhr håt r en Jerusalem regiert. Sae
Muader håt Atalja ghôeßa ond ischd a
Enkale vom Omri gwea. 3Ao der ischd
auf de Weg vom Haus Ahab ganga; sae
Muader håt an nämlich beråta ond an
zor Gottlosigkaet vrlôetat.
4Ond r håt dao, was en de Aoga vom
Herrgott (JAHWE) baes gwea ischd,
wia s Haus Ahab; dia hent an nämlich

beråta, mô sae Vadr gstôrba gwea ischd
ond an so ens Vrderba gstürzt.
5Nach dene ihram Ratschlag ischd r
ao mit am Soh vom Ahab, am König
von Israel, am Joram, en da Kriag gega
da Hassaël, da König von Aram, nach
Ramot-Gilead en da Kriag zoga. Aber
d Aramäer hent da Joram gschlaga.
6Dådrauf ischd r zrückkomma nach
Jesreel, zom saene Blessura auskuriera
lassa, dia mô se am en Rama bei saene
Kämpf mit am Hassaël gschlaga hent.
Selligsmål ischd dr Ahasja, am Joram
sae Soh, dr König von Juda naganga
zom da Joram, am Ahab saen Soh en
Jesreel bsuacha, weil der krank gwea
ischd. 7Aber Gott (Elohim) håt da
Ontergang vom Ahasja schao beschlossa
ghet, môn r zom Joram komma ischd;
môn r nämlich zom Joram komma
ischd, ischd r mit am nausganga zom
Jehu, am Soh vom Nimsi, den mô dr
Herrgott (JAHWE) gsalbt håt zom s
Haus Ahab ausrotta. 8Ond mô dr Jehu
s Stråfgericht am Haus Ahab ghalta håt
ond sell de Oberste von Juda ond d Söh
von de Brüader vom Ahasja, dia mô
beim Ahasja em Denst gstanda send,
åtroffa håt, håt r se ombrâcht. 9Nå håt
r da Ahasja suacha lassa, ond se hent an
gschnappt, môn r en Samaria vrschlupft
ischd, ond mr håt an zom Jehu bråcht,
ond der håt an ombråcht. Nå hent se an
beerdigt, dia hent sich nämlich gsaed:
Des ischd a Enkel vom Joschafat, der
mô von ganzam Herza JAHWE gsuacht
håt! Nå ischd em Haus Ahasja koener
maeh gwea, der mô s Königtom hätt
übernemma könna.

Zom Vrgleicha: *Vers 2-9:* • 2Kö 8,25-29; 9,27f • *Vers 7:* 2Kö 9,21 • *Vers 8:* 2Kö 10,12-14.

Atalja: 22 10 – 23 21

10Mô no d Atalja, am Ahasja sae
Muader, gseha håt, dass ihr Soh daot
gwea ischd, ischd se aufgstanda ond håt
da Befehl geba: Weg mit am königlicha
Nåchwuchs vom Haus Juda! 11Aber d
Joscheba, d Tochter vom König, håt da
Joasch, da Soh vom Ahasja gnomma ond
an hehlenga fortgschafft aus dr Mitte
von dene Prinza, mô mr hätt ombrenga
solla, ond håt an mit saener Milchmuader
en dr Bettakammer vrsteckt. So håt an d
Joscheba, d Tochter vom König Joram,
d Frao vom Priaster Jojada, vrsteckt
– se ischd nämlich d Schwester vom
Ahasja gwea – vôr dr Atalja, dass an dui
et ombrenga könna håt. 12Ond r ischd
bei nen em Tempel von Gott (Elohim)
vrsteckt blieba sechs Jåhr lang, solang
wia d Atalja s Land regiert håt.

23 Aber em siebta Jåhr håt sich dr
Jojada a Herz gfaßt ond håt sich
mit de Åführer von de Hondertschafta,
mit am Asarja, am Soh vom Jeroham,
mit am Jischmaël, am Soh vom Johanan,
mit am Asarja, am Soh vom Obed,
mit am Maascja, am Soh vom Adaja,
ond mit am Elischafat, am Soh vom
Sichri, vrbündat. 2Dia send en Juda
romzoga ond hent aus älle Städt von
Juda d Levita ond d Familiaoberhaepter
von Israel gsammlat ond send mit
en nach Jerusalem komma. 3Ond de
ganz Vrsammlong håt em Tempel von
Gott (Elohim) an Bund mit am König
gschlossa. Ond r (dr Jojada) håt zo nen
gsaed: Guckat, dr Königssoh, der soll
als König regiera wia s dr Herrgott
(JAHWE) über d Nåchkomma vom
David gsaed håt! 4Ond des müaßat r
doa: Oe Drittel von euch Priaster ond
Levita, mô d Wach am Sabbat håt, gôht
als Tôrhüater an d Schwella, 5s zwôete
Drittel besetzt da Königspalast, ond
s letzte Drittel gôht an s Tôr Jesod,
ond s ganze Volk soll en de Höf vom
Tempel von JAHWE bleiba. 6Ond ens
Tempelhaus von JAHWE därf neamerd
nae außer de Priaster ond Denstleut von
de Levita; dia därfat als Gweihte nae.

Aber d Volksmenge soll d Vôrschrifta
von JAHWE aehalta. [7]D Levita sollat da
König rengsrom omgeba mit Waffa en
de Händ. Ond wer en s Tempelhaus nae
will, soll ombråcht wera. Ond se sollat
emmer beim König sae wann r aus- ond
aegôht. [8]D Levita ond älle Judäer hent
ällas so gmacht, wia se s dr Priaster
Jojada ågwiesa håt: Jeder ischd mit saene
Leut komma, mit dene, mô am Sabbat
aufzoga send wia mit dene, mô am
Sabbat abzoga send; dr Priaster Jojada
håt nämlich koena von dene Abtaelonga
entlassa. [9]Ond dr Priaster Jojada håt an
d Åführer von dene Hondertschafta dia
Speer ond Schild ond d Köcher, mô am
König David ghert hent, ond mô em
Tempelhaus von Gott (Elohim) glagert
wôra send, ausgeba. [10]Ond r håt s ganze
Kriagsvolk mit Spiaß en dr Håd von
dr Südseite vom Tempel bis zom Altar
ond von då aus bis zom Nordeck rengs
om da König rom aufgstellt. [11]Nå hent
se da Königssoh rausgführt ond hent
am s Diadem aufgsetzt ond s Gsetz
en d Händ geba ond an so zom König
gmacht. Dr Jojada ond saene Söh hent
an gsalbt, ond nå hent se gruafa: Es lebe
der König!
[12]Mô nå d Atalja des Gschrôe vom
Volk ghört håt, des mô sell zsemagloffa
ischd ond am König zuagjubelt håt,
ischd se zo de Leut beim Tempelhaus
von JAHWE nôganga. [13]Nå håt se da
König am Säulaaegang standa seha ond
d Fürsta ond Trompeter om da König
rom, ond dr König ond s Volk aus am
ganza Land send fröhlich gwea ond hent
Trompeta blåsa ond gsonga ond drzua
auf ihre Instrument gspielt. Nå håt d
Atalja ihre Klôeder vrrissa ond gschria:
Vrschwörong! Vrschwörong! [14]Aber
dr Priaster Jojada håt de Åführer von
dene Hondertschafta, mô d Streitmacht
befehligt hent, da Befehl geba: Brengat
se naus durch d Schlachtrôeha, ond
jeder, mô mit ra ganga will, soll mit am
Schwert ombråcht wera! Dr Priaster håt
nå gsaed: Brengat se et em Tempel von
JAHWE om! [15]Ond se hent Händ an
se glegt, ond mô se an da Aegang vom
Rosstôr am Königspalast komma send,
hent se se sell ombråcht.
[16]Nå håt dr Jojada an Bund zwischa
ehm ond am Volk ond am König
gschlossa, dass se s Volk von JAHWE
sae wöllat. [17]Ond s ganze Volk ischd
zom Baalstempel ganga ond håt an
agrissa ond saene Altär ond Götzabilder
hent se zsemaghaoa, ond da Mattan, da
Baalspriaster hent se zdaot ghaoa vôr
dene Altär.
[18]Dådrauf håt dr Jojada Wacha bstellt
für s Tempelhaus von JAHWE, durch
dia Priaster ond Levita, mô dr David
für da Tempeldenst aetôelt håt für s
Haus von JAHWE, ond zom Opfer
darbrenga vôr JAHWE, wia s gschrieba
stôht en de Åweisonga vom Mose, mit
Jubel ond Gsang nach am David saene
Åweisonga. [19]Ond r håt d Torhüater für
s Tempelhaus von JAHWE bstellt, dass
jå koener naekommt, der mô auf irgend
a Art oraen ischd. [20]Nå håt dr Jojada dia
Hondertschaftsführer ond de Vürnehme
ond Fürsta über s Volk ond s ganze Volk
aus am Land gnomma ond da König
nagführt vom Tempel von JAHWE.
Ond se send durch s obere Tor en da
Königspalast komma ond hent då da
König auf da Königsthron gsetzt, [21]ond s
ganze Volk em Land håt sich gfraet, ond
d Stadt ischd ruhig blieba; aber d Atalja
hent se mit am Schwert ombråcht.

Zom Vrgleicha: *Kap 22 Vers 10 – Kap 23 Vers 21:* • 2Kö 11,1-20 • *Kap 23 Vers 11:* Dtn 17,18.

Joasch: 24 1-27

24 Sieba Jåhr alt ischd dr Joasch
gwea, môn r König wôra ischd,
ond vierzg Jåhr håt r en Jerusalem
regiert. Sae Muader håt Zibja ghôeßa

ond ischd von Beerscheba gwea. 2Dr
Joasch håt dao, was en de Aoga von
JAHWE recht gwea ischd, solang dr
Priaster Jojada glebt håt. 3Dr Jojada håt
zwôe Fraoa für an rausgsuacht ond r håt
Söh ond Töchter zeugt.
4Nå ischd s am wichtig gwea, am
Herrgott (JAHWE) saen Tempel zom
renoviera. 5Ond r håt d Priaster ond d
Levita zsemakomma lassa ond zo nen
gsaed: Gangat en de Städt von Juda rom
ond sammlat aus ganz Israel Geld, zom
da Tempel vom Herrgott (JAHWE)
herrichta lassa äll Jåhr, ond machat mr
nôra. Aber dia Levita hent s et eilig
ghet. 6Nå håt dr König da Oberpriaster
Jojada komma lassa ond an gfrågt:
Wårom håsch du von de Levita et
vrlangt, dass se von Juda ond Jerusalem
dia Abgaba aebrengat, mô dr Mose,
am Herrgott (JAHWE) sae Knecht,
ond d Volksgemaende von Israel für s
Zelt von dr Bundasurkunde beschlossa
hent. 7Dui gottlosa Atalja ond ihre Söh
hent nämlich em Tempel von Gott
(Elohim) aebrocha ond hent älle haelige
Gerätschafta aus am Herrgott (JAHWE)
saem Tempel für da Baalskult aegsetzt.
8Nå håt dr König d Åweisong geba, mr
soll an Kasta macha ond den außa am
Aegang vom Herrgott (JAHWE) saem
Tempel aufstella. 9Ond mr håt en Juda
ond en Jerusalem ausruafa lassa, dass
mr komma soll ond JAHWE zor Ehr
dia Abgaba brenga soll, mô dr Mose,
am Herrgott (JAHWE) sae Knecht,
en dr Wüste de Israelita zor Auflag
gmacht håt. 10Nå hent sich de Obere
ond s ganze Volk gfraet ond se send
komma ond hent Geld en den Kasta
naegschmissa bis r vol gwea ischd. 11Ond
jedas Mål, wann d Levita den Kasta
en d königlicha Vrwaltong bråcht ond
guckt hent, ob gnuag Geld em Kasta
ischd, håt dr Schreiber vom König ond
dr Beauftragte vom Hohepriaster den
Kasta ausgleert ond hent an wieder
an saen Platz nôgstellt. Des hent se äll
Dag dao ond hent auf dui Art viel Geld
aegsammlat. 12Nå håt dr König ond dr
Jojada des Geld dene Bauführer geba,
mô über dia Arbaeta am Herrgott
(JAHWE) saem Tempel d Aufsicht
ghet hent, ond dia hent Stoemetza ond
Zemmerleut donga zom da Tempel von
JAHWE renoviera, ond ao Eise- ond
Kupferschmied, zom am Tempel von
JAHWE d Schäda beseitiga. 13Ond dia
Werkmôester hent guat gschafft, dass
d Renovierong nôraganga ischd, ond
se hent da Tempel von Gott (Elohim)
nach de alte Plän wieder hergrichtat ond
standfest gmacht. 14Mô se nå drmit fertig
gwea send, hent se da Rest von dem Geld
am König ond am Jojada bråcht, ond mr
håt Gerätschafta drvo macha lassa für
da Denst am Herrgott (JAHWE) saem
Tempel, Kult- ond Opfergerät, Schala
ond andere Gfäß aus Gold ond Silber.
Ond solang dr Jojada glebt håt, send
em JAHWE-Tempel ständig äll Dag
Opfer darbråcht wôra. 15Ond dr Jojada
ischd alt wôra ond håt gnuag ghet mit
saene hondertdreißg Jåhr, ond r ischd
gstôrba. 16Mr håt an en dr Davidstadt
bei de König beerdigt, weil r en Israel
viel Guats dao håt, ao für Gott (Elohim)
ond da Tempel.
17Mô nå dr Jojada gstôrba gwea ischd,
send d Fürsta von Juda komma ond
hent am König ghuldigt; selligsmål
håt dr König auf se ghorcht. 18Ond se
hent da Tempel von JAHWE, am Gott
(Elohey) von ihre Vädr, vrlassa, ond
hent de Aschera ond de Götzabilder
deant. Nå ischd dr Zôrn über Juda ond
Jerusalem komma wega ihrer Schuld.
19Ond ER håt Profeta zo nen gschickt,
zom se zor Omkehr zo JAHWE åhalta;
dia hent se vrmåhnt, aber se hent et
auf se ghört. 20Nå ischd dr Gaest von
Gott (Elohim) über da Secharja, da Soh

vom Priaster Jojada, komma; der ischd vôr s Volk treta ond håt zo nen gsaed: So spricht Gott (Elohim): Wårom übertretat ihr am Herrgott (JAHWE) saene Gebot, dass r koe Glück maeh hent? Weil ihr JAHWE vrlassa hent, håt ER euch vrlassa! [21]Nå hent sich dia gega an vrschwora ond hent an auf da Befehl vom König gstoenigt em Vôrhof vom Herrgott (JAHWE) saem Tempel. [22]Ond dr König Joasch håt et drå denkt, wiaviel Guats am Secharja sae Vadr Jojada für an dao håt. Ond r håt da Soh ombrenga lassa. Ond em Sterba håt r gsaed: JAHWE mög s seha ond aefordera!

[23]Ond om Neujåhr rom ischd s Heer von de Aramäer gega an ågrückt; ond se send nach Juda ond Jerusalem komma ond hent älle Oberste vom Volk ombråcht ond ihr ganza Beute am König von Damaskus bråcht. [24]S Heer von de Aramäer ischd bloß mit ra kloena Mannschaft komma, aber JAHWE håt a graoßs Heer en ihre Händ geba, weil se JAHWE, da Gott (Elohey) von ihre Vädr vrlassa hent. Ond am Joasch hent se s Stråfgericht vollstreckt. [25]Ond mô se von am ganga send, hent se an schwer krank zrückglassa. Nå hent saene Diener a Vschwörong gega an åzettlat wega saener Bluatschuld am Soh vom Priaster Jojada ond hent an auf saem Bett ombråcht. So ischd r gstôrba ond se hent an en dr Davidsstadt beerdigt, aber et en de Königsgräber. [26]Ond des send d Vrschwörer gega an gwea: dr Sabad, dr Soh von dr Schimeat, aus Ammon, ond dr Josabad, dr Soh von dr Schomer aus Moab. [27]Was aber sae Söh ågôht ond dia viele Profetasprüch über an ond da Neubau vom Tempel, des stôht gschrieba en de Erklärongа zom Buach von de König. Ond sae Soh, dr Amazja ischd an saener Stell König wôra.

Zom Vrgleicha: *Vers 1-27:* • 2Kö 12,1-22 *Vers 6:* Ex 30,12-16; 38,24-26 • *Vers 20:* 15,2.

Amazja: 25 1-13

25 Dr Amazja ischd fenfazwanzg Jåhr alt gwea, môn r König wôra ischd, ond r håt naenazwanzg Jåhr en Jerusalem regiert. Sae Muader håt Joaddan ghôeßa ond ischd von Jerusalem gwea. [2]Ond r håt dao, was en de Aoga von JAHWE recht gwea ischd, aber et mit ama otôelta Herza. [3]Môn r nå d Herrschaft fest en de Händ ghet håt, håt r dia Diener ombrenga lassa, mô saen Vadr, da König ombråcht hent. [4]Aber ihre Söh håt r et sterba lassa, sondern, wia s gschrieba stôht en de Weisonga vom Mose, mô dr Herrgott (JAHWE) ågwiesa håt: D Vädr sollat et für ihre Söh ond d Söh et für ihre Vädr sterba müaßa, sondern a jeder soll für saene aegene Sünda sterba!

[5]Nå håt dr Amazja Juda vrsammlat ond se nach ihre Sippschafta aufstella lassa, ond d Åführer von de Tausadschafta ond d Åführer von de Hondertschafta von ganz Juda ond Benjamin åtreta lassa; ond môn r älle über Zwanzgjährige ond drüber gmusterat håt, send s dreihonderttausad kriagstüchtige Manna mit Speer ond Schild gwea. [6]Ond aus Israel håt r no honderttausad kampferprobte Manna denga lassa om hondert Silbertalent. [7]Aber von Gott (Elohim) ischd a Må zon am komma ond håt zon am gsaed: O König! Des Heer von Israel soll et mit dr ganga, JAHWE ischd nämlich et mit Israel ond mit dene Efraimiter. [8]Sondern komm du, handle ond sei stark zom Kampf! Gott (Elohim) könnt de strauchla lassa vôr am Faend, bloß Gott (Elohim) håt nämlich d Macht zom helfa ond zom strauchla lassa! [9]Nå håt dr Amazja zo dem Må von Gott (Elohim) gsaed: Was ischd nå mit dene hondert Talent, môn e für des Heer von Israel zahlt han? Nå

håt der Må von Gott (Elohim) gsaed: Am
Herrgott (JAHWE) ischd s möglich, dir
viel maeh wia des zom geba! [10]Dådrauf
håt dr Amazja dui Heerschar, mô von
Efraim zon am komma ischd, aussondera
lassa ond hoemgschickt. Nå send se
natürlich narrat gwea auf d Judäer ond
send voler Wuat hoemganga. [11]Ond dr
Amazja håt sich stark zaegt ond sae
Volk ågführt. R ischd ens Salztal zoga
ond håt von dene von Seïr zeahtausad
Mann gschlaga. [12]Ond zeahtausad hent
d Judäer lebendig gfangagnomma ond
hent se auf a Felsaspitz naufgführt ond
sell nagstaoßa, dass se älle omkomma
send. [13]Aber dia Söldner, mô dr Amazja
zrückgschickt håt, dass se et mit am
en da Kampf ganga send, hent d Städt
en Juda überfalla von Samaria bis nach
Bet-Horon ond hent dreitausad Mann
ombråcht ond a graoßa Beute gmacht.

Zom Vrgleicha: *Vers 1-4:* • 2Kö 14,1-6 • *Vers 4:* Dtn 24,16; Ez 18,10-20 • *Vers 7:* 19,2; 20,37.

Am Amazja sae Übermuat ond sae Daot: 25 14-28

[14]Mô nå dr Amazja von saem Sieg über
d Edomiter hoemkomma ischd, håt
r d Götter (Elohey) von Seïr für sich
aufstella lassa ond sich dene onterwôrfa
ond vôr en Raecheropfer darbråcht. [15]Nå
håt dr Herrgott (JAHWE) an graoßa
Zôrn auf da Amazja kriagt ond håt an
Profeta zon am gschickt, der håt zon
am gsaed: Wårom wendest du de an dia
Götter von dem Volk, dia mô ihr Volk et
vôr dir grettat hent? [16]Aber während der
zon am gredat håt, håt am dr Amazja zor
Antwort geba: Håt di vielleicht ebber
zom Berater vom König bstellt? Halt de
zrück, oder soll mr de haoa? Nå håt der
Profet aufghert ond gsaed: I wôeß, dass
Gott (Elohim) beschlossa håt, di zom
vrnichta, weil da des dao håsch ond et
auf maen Rat ghört håsch!
[17]Dådrauf håt sich dr König Amazja
von Juda beråta ond nå håt r Bota zom
Joasch, am Soh vom Joahas ond Enkel
vom Jehu, da König von Israel, gschickt,
ond am ausrichta lassa: Komm her, dass
mr ons ens Gsicht guckat (mitanander em
Kampf messat)! [18]Ond dr Joasch, dr König
von Israel, håt am Amazja, am König
von Juda zor Antwort geba lassa: Dr
Dôrnabusch em Libanon håt zor Zeder
em Libanon gschickt ond saga lassa:
Gib dae Tochter maem Soh zor Frao!
Aber s Wild em Feld vom Libanon ischd
drübergloffa ond håt den Dôrnabusch
zsematramplat. [19]Du moenst: I han
Edom gschlaga, ond nå bist d übermütig
wôra ond willst no maeh Ruhm. Bleib no
drhoem en daem Palast! Wårom willst d
de en an Streit aelassa ond de ens Oglück
stürza, dass da fällst ond Juda mit dr?
[20]Aber dr Amazja håt et höra wölla; Gott
(Elohim) håt s nämlich so gfüagt, dass r
se de Faend auslieferat, weil se sich an d
Götter (Elohey) von Edom ghalta hent.
[21]Nå ischd dr König Joasch von Israel
ågrückt ond se hent sich mitanander
gmessa en Bet-Schemesch, des mô zo
Juda ghert håt. [22]Ond Juda ischd von
Israel gschlaga wôra ond se send en
ihre Zelt abghaoa. [23]Aber da Amazja, da
König von Juda, da Soh vom Joasch ond
Enkel vom Joahas, håt dr König Joasch
von Israel en Bet-Schemesch gfanga
gnomma ond nach Jerusalem bråcht.
Nå håt r d Stadtmauer von Jerusalem
vom Efraimtôr bis ans Ecktôr schlôefa
lassa, a Luck von vierhondert Ella,
[24]ond håt ällas Gold ond Silber ond älle
Gerätschafta, mô em Tempel von Gott
(Elohim) bei Obed-Edom gfonda wôra
send, ond d Schätz em Königspalast
mitgnomma, drzua ao no Gôesla, ond
ischd nach Samaria zrück ganga.
[25]Dr Amazja, dr Soh vom Joasch, dr
König von Juda, håt nach am Tod vom
Joasch, am Soh vom Joahas, am König
von Israel, no fufzeah Jåhr glebt. [26]Was s

sonst no zom saga geit vom Amazja ischd vom Åfang bis zom End aufgschrieba em Buach von de König von Juda ond von Israel. [27]Ond von dera Zeit å, mô dr Amazja von JAHWE abgfalla ischd, håt mr en Jerusalem a Vrschwörong gega an åzettlat. Nå ischd r nach Lachisch gflüchtat; aber mr ischd henter am her gwea ond håt an sell ombrenga lassa. [28]Nå håt mr an auf an Waga glegt ond an bei saene Vädr en dr Davidsstadt beerdigt.

Zom Vrgleicha: *Vers 17-28:* • 2Kö 14,8-20 • *Vers 24:* 1Chr 26,15.

Usija (Asarja): 26 1-23

26 Ond s ganze Volk von Juda håt da Usija gnomma, der mô selligsmål grad amål sechzeah Jåhr alt gwea ischd, ond håt an zom König gmacht an dr Stell von saem Vadr Amazja. [2]Der håt Elat zor Festong ausbaut, des håt r wieder zo Juda zrückbråcht ghet, nachdem sae Vadr zo saene Vaeder aeganga gwea ischd. [3]Dr Usija ischd sechzeah Jåhr alt gwea, môn r König wôra ischd, ond r håt zwôeafufzg Jåhr en Jerusalem regiert. Sae Muader håt Jecholja ghôeßa ond ischd von Jerusalem gwea. [4]Ond r håt dao, was en de Aoga von JAHWE recht gwea ischd, so, wia s schao sae Vadr Amazja gmacht håt. [5]S ischd am wichtig gwea, Gott (Elohim) zom suacha, solang dr Secharja glebt håt, der môn an en dr Ehrfurcht vôr Gott (Elohim) onterwiesa håt. Ond solang r JAHWE gsuacht håt, håt am Gott (Elohim) ao ällas glenga lassa. [6]Ond r ischd gega d Philister en da Kriag zoga ond håt d Stadtmauer von Gat, Jabne ond Aschdod gschlôeft ond om Aschdod rom ond sonst bei de Philister Stadtfestonga baut. [7]Gott (Elohim) ischd am beigstanda gega d Philister ond gega dia Araber, mô en Gur-Baal gwohnt hent, ond gega d Meüniter. [8]Ond d Ammoniter hent an da Usija Tribut zahlt ond sae Nåma ischd bis nach Ägypten dronga, weil r emmer mächtiger wôra ischd. [9]En Jerusalem håt dr Usija Wehrtürm baut auf am Ecktôr ond auf am Taltôr ond am Winkel, ond håt ällas befestigt. [10]Ao en dr Wüste håt r Wehrtürm baua ond viele Zisterna aushaoa lassa, der håt nämlich viel Vieh ghet; ond en de Niederonga ond en dr Ebene håt r viele Ackerbaura ond Wengerter ågsiedelt, r håt nämlich a Fraed ghet am Ackerbau. [11]Dr Usija håt ao a kampferprobts Heer ghet, mô en Abtaelonga ausgrückt ischd en ra Zahl, mô dr Staatsschreiber Jëiël ond dr Amtmann Maaseja festglegt håt nach ihrer Musterong onter dr Aufsicht vom Hananja, ama Obersta vom König. [12]Älle Familiaoberhaepter en dr Kriagsmannschaft send zwôetausadsechshondert gwea. [13]Onter dene ihram Befehl send dreihondertsiebatausadfenfhondert Mann gstanda, kampfberaet, mô stark gnuag gwea send, am König gega d Faend beizomstanda. [14]Dr Usija håt des ganze Heer mit Schild ond Lanza, mit Helm ond Schuppapanzer ond Boga ond Schleuderstoe ausgrüstat. [15]En Jerusalem hent se Kriagsmaschena erfonda, mô mr auf de Wehrtürm ond auf de Zinna aufgstellt håt, mit dene håt mr mit Pfeil ond mit graoße Stoener schiaßa könna. So ischd sae Nåma weit naus dronga, weil am wonderbar gholfa wôra ischd, dass r so stark wôra ischd.

[16]Aber môn r nå so mächtig gwea ischd, ischd r überheblich wôra ond håt d Treue brocha zo JAHWE, saem Gott (Elohayw), ond r ischd en da Tempel von JAHWE naeganga ond håt auf am Altar Raecheropfer darbråcht. [17]Nå ischd am dr Priaster Asarja mit achzg Priaster von JAHWE, lauter wackere Männer, nåchganga; [18]Dia send am König Usija entgegatreta ond hent zon am gsaed:

Dir stôht s et zua, JAHWE zor Ehr Raecheropfer darzombrenga, sondern bloß de Priaster, de Nâchkomma vom Aaron, dia mô für da Opferdenst gweiht send! Gang naus aus am Haeligtom, du håsch d Treue brocha. Des macht dr koe Ehr vôr JAHWE, daem Gott (Elohim)! [19]Nå ischd dr Usija narrat wôra, wian r nå a Raecherpfann zom Raechera en dr Hâd ghet håt. Ond môn r en saener Wuat auf dia Priaster losganga wölla håt, ischd an saener Stirn dr Aussatz ausbrocha vôr de Aoga von dene Priaster em Tempel von JAHWE neber am Raecheraltar. [20]Ond mô an dr Oberpriaster Asarja ond de andere Priaster âguckt hent, ischd an saener Stirn dr Aussatz ausbrocha gwea. Nå hent se an von sell wegbrâcht, ond ao er selber håt s eilig ghet mit am nauskomma, weil an dr Herrgott (JAHWE) gschlaga håt. [21]So ischd dr König Usija a Aussätziger blieba, bis an den Dag, môn r gstôrba ischd, ond r håt als Aussätziger ema abgsonderta Haus gwohnt, weil r vom Tempel von JAHWE ausgschlossa gwea ischd, während sae Soh, dr Jotam über da Palast gstellt gwea ischd ond am Volk em Land Recht gsprocha håt.

[22]Was s sonst no zom saga geit vom Usija vom Åfang bis zom End, des håt dr Profet Jesaja, dr Soh vom Amoz aufgschrieba. [23]Ond dr Usija ischd zo saene Vädr aeganga, ond mr håt an bei saene Vädr em freia Feld bei de Königsgräber beerdigt; dia hent nämlich gsaed: Des ischd a Aussätziger. Ond sae Soh, dr Jotam ischd König wôra an saener Stell.

Zom Vrgleicha: *Vers 1-23:* • 2Kö 14,21-22; 15,1-7.

Jotam: 27 1-9

27 Fenfazwanzg Jåhr alt ischd dr Jotam gwea, môn r König wôra ischd, ond sechzeah Jåhr lang håt r en Jerusalem regiert. Sae Muader håt Jeruscha ghôeßa ond ischd a Tochter vom Zadok gwea. [2]Ond r håt dao, was en de Aoga von JAHWE recht gwea ischd. R håt so ghandelt wia sae Vadr, bloß dass r et en da Tempel von JAHWE aedronga ischd. Aber s Volk håt s emmer no schlemm trieba. [3]Der håt s Obere Tôr am Tempel von JAHWE baut ond an dr Mauer vom Ofel håt r ao viel baut. [4]Ond em Bergland von Juda håt r Städt ausbaut, ond en de Wälder håt r Burga ond Wehrtürm baut. [5]Ond r håt an Kriag gführt gega da König von de Ammoniter ond håt über an gsiegt. Nå hent d Ammoniter en dem Jåhr hondert Talent Silber ond zeahtausad Kor Wôeza ond zeahtausad Kor Gersta Tribut zahlt. Den Tribut hent d Ammoniter ao no em zwôeta ond dritta Jåhr zahlt. [6]So håt sich am Jotam sae Macht gfestigt, weil r standhaft saen Weg vor JAHWE, saem Gott (Elohayw) ganga ischd.

[7]Was s sonst no zom saga geit vom Jotam ond von älle saene Kriag ond was r onternomma håt, des stôht gschrieba em Buach von de König von Israel ond von Juda. [8]Fenfazwanzg Jåhr alt ischd r gwea, môn r König wôra ischd, ond sechzeah Jåhr lang håt r en Jerusalem regiert. [9]Ond dr Jotam ischd zo saene Vädr aeganga, ond mr håt an en dr Davidsstadt beerdigt, ond sae Soh, dr Ahas, ischd an saener Statt König wôra.

Zom Vrgleicha: *Vers 1-9:* • 2Kö 15,32-38 • *Vers 2:* 26,16.

Ahas: 28 1-15

28 Dr Ahas ischd zwanzg Jåhr alt gwea, môn r König wôra ischd, ond sechzeah Jåhr lang håt r en Jerusalem regiert. R håt et dao, was en de Aoga von JAHWE recht gwea ischd wia sae Ahnherr David, [2]sondern r ischd da Weg von de König von Israel ganga ond håt ao Gussbilder für d Baal macha

lassa. 3Ond r håt em Tal Ben-Hinnom
Raecheropfer darbråcht ond saene
Kender vrbrenna lassa em Feuer, nach
am grausiga Brauch von dene Völker, mô
dr Herrgott (JAHWE) vôr de Israelita
vrtrieba håt. 4Ond r håt auf de Kulthöha
ond Åhöha Raecheropfer darbråcht ond
onter jedam graoßa Baom.
5Nå håt an JAHWE, sae Gott (Elohayw),
am König von Aram en d Händ geba; dia
hent an gschlaga ond a graoßa Zahl von
saene Leut gfanga gnomma ond se nach
Damaskus bråcht; ond ao am König
von Israel ischd r en d Händ geba wôra,
ond der håt an ganz gewaltig gschlaga.
6Ond dr Pekach, Am Remalja sae Soh,
håt an oem Dag hondertzwanzgtausad
Mann, lauter tapfere Manna, gschlaga,
weil se JAHWE, da Gott (Elohey) von
ihre Vädr vrlassa hent. 7Ond dr Sichri,
a Held von Efraim, håt da Maaseja,
am König saen Soh, ombråcht ond da
Asrikam da Palastvôrsteher, ond da
Elkana, da Zwôeta nach am König. 8D
Israelita hent von ihre Stammasbrüader
zwôehonderttausad Fraoa, Buaba ond
Mädla gfanga gnomma ond viel Beute
gmacht, ond ällas nach Samaria bråcht.
9Sell ischd a Profet von JAHWE gwea,
Oded håt r ghôeßa, der ischd rauskomma
ond vôr s Heer treta, des mô grad nach
Samaria zrückkomma ischd, ond håt zo
nen gsaed: Guckat, durch da Zôrn von
JAHWE, am Gott (Elohey) von eure
Vädr, über Juda, håt r se euch en d Händ
geba ond ihr hent en eurer Wuat so viele
von en ombråcht, dass s zom Hemmel
schreit. 10Ond jetzt wöllat ihr dia Leut
aus Juda ond Jerusalem zwenga, dass
se eure Sklava ond Sklavinna wera
sollat. Standat ihr vielleicht et ao en dr
Schuld geganüber JAHWE, euram Gott
(Eloheykem)? 11Also horchat auf me ond
lassat dia Gfangene zrückganga, dia mô
ihr von eure Brüader weggführt hent;
sonst kommt am Herrgott (JAHWE)
sae Zorn ao über euch! 12Nå send a
paar Männer von de Oberste en Efraim
aufgstanda: dr Asarja, am Johanan sae
Soh, dr Berechja, am Meschillemot sae
Soh, dr Jehiskija, am Schallum sae Soh,
ond dr Amasja, am Hadlai sae Soh, ond
send vôr dia, mô von ihram Kriagszug
hoemkomma send, nôtreta, 13ond hent
zo nen gsaed: Ihr sollat dia Gfangene
et dåhanna her brenga! Wöllat r denn
zo dera Schuld, mô mir ons geganüber
am Herrgott (JAHWE) schao aufglada
hent, no a neue Schuld ond Sünda
drzuadoa? Onser Schuld ischd doch
schao graoß gnuag ond dr Zôrn lastat
auf Israel! 14Dådrauf hent dia bewaffnate
Kämpfer dia Gfangene ond ihr ganza
Beute vôr de Befehlshaber ond dr
ganza Vrsammlong freigeba. 15Ond dia
Männer, mô nåmentlich drzua bestimmt
wôra send, hent sich om dia Gfangene
ågnomma: se hent älle, mô nackat gwea
send, Klôeder ond Schuah geba aus dr
Beute. Se hent en Essa geba ond Trenka
ond hent de Schwache von en gsalbt ond
se auf Esel gsetzt ond nach Jericho, en d
Palmastadt zo ihre Brüader bråcht. Nå
send se nach Samaria zrück ganga.

Zom Vrgleicha: *Vers 1-8:* • 2Kö 16,1-5.

D Schwierigkaeta durch Assur:
28 16-27

16Selligsmål håt dr König Ahas an da
König von Assur om Hilfe gschickt.
17D Edomiter send ao wieder komma
ond hent Juda gschlaga ond Gfangene
weggführt. 18Ond Philister hent d Städt
en dr Niederong ond en dr Südsteppe
von Juda überfalla ond hent Bet-
Schemesch, Ajalon, Gederot, Socho mit
saene Vôrort, Timna mit saene Vôrort
ond Gimso mit saene Vôrort aegnomma
ond sich sell aegnistat. 19Dr Herrgott
(JAHWE) håt nämlich Juda demüatigt
weg'am Ahas, am König von Juda, weil
der en Juda a liaderlichs Wesa aufkomma

lassa håt ond JAHWE geganüber otreu
wôra ischd. [20]Nå ischd dr Tiglat-Pileser,
dr König von Assur gega an rauf komma
ond håt am z'schaffa gmacht statt am z
helfa. [21]Dr Ahas håt nämlich da Tempel
von JAHWE ond da Königspalast ond
saene Fürsta ausgraobt ond ällas am
König von Assur geba, aber der håt
am oenaweg et gholfa. [22]Ond sogar en
dene schwierige Zeita håt dr Ahas mit
saener Treulosigkaet gega da Herrgott
(JAHWE) weitergmacht. [23]R håt de
Götter (Elohim) von Damaskus Opfer
darbråcht, dia môn an gschlaga hent
ond håt gsaed: Wahrhaftig, d Götter
(Elohim) von de König von Aram, dia
helfat en; dene will i ao Opfer darbrenga,
dass se mr helfat. Aber dia hent bloß
drzua gholfa, dass er ond ganz Juda
gstrauchlat ond gfalla send. [24]Nå håt dr
Ahas älle Gerätschafta aus am Tempel
von Gott (Elohim) zsemaghaoa ond håt
d Aegäng en da Tempel vom Herrgott
(JAHWE) zuaschliaßa lassa ond håt
sich Altär baua lassa en älle Ecka von
Jerusalem. [25]En jeder oenzelna Stadt
en Juda håt r Kulthöha aerichta lassa
zom andere Götter (Elohim) Opfer
darbrenga. So håt r JAHWE, da Gott
(Elohey) von saene Vädr belaedigt.
[26]Was s sonst no zom saga geit von am,
ond ällas, was r dao håt von Åfang bis
zom End, stôht gschrieba em Buach von
de König von Juda ond von Israel. [27]Ond
dr Ahas ischd zo saene Vädr aeganga ond
ischd en dr Stadt, en Jerusalem beerdigt
wôra; mr håt an et en de Königsgräber
von Israel beerdigt. Nå ischd sae Soh, dr
Hiskija an saener Stell König wôra.

Zom Vrgleicha: *Vers 16-27:* • 2Kö 16,7-19.

D Aelaetong zor Geschichte vom Hiskija: 29 1-2

29 Dr Hiskija ischd fenfazwanzg
Jåhr alt gwea, môn r König wôra
ischd, ond r håt naenazwanzg Jåhr lang
en Jerusalem regiert. Sae Muder håt
Abi ghôeßa ond ischd a Tochter vom
Secharja gwea. [2]R håt dao, was en de
Aoga von JAHWE recht gwea ischd wia
sae Ahnherr David.

Zom Vrgleicha: *Vers 1- 2:* • 2Kö 18,1-3.

D Wiederherstellong vom Kult:
29 3-36

[3]Glei em ersta Monat vom ersta Jåhr
von saener Regierong, håt r d Tôr
vom Herrgott (JAHWE) saem Tempel
wieder aufmacha ond wieder herrichta
lassa. [4]Nå håt r d Priaster ond d Levita
komma lassa ond håt se auf am Platz
em Osta vrsammlat. [5]Ond r håt zo
nen gsaed: Horchat her, ihr Levita!
Haeligat euch ond haeligat da Tempel
von JAHWE, am Gott (Elohey) von
eure Vädr, ond schaffat ällas was oraen
ischd aus am Haeligtom naus! [6]Onsere
Vädr send nämlich otreu gwea ond
hent dao, was en de Aoga von JAHWE
baes gwea ischd, ond hent an vrlassa.
Se hent ihr Gsicht von dr Wohnong
vom Herrgott (JAHWE) abgwendat
ond ra da Buckel zaegt. [7]Ao d Tôr vom
Tempel hent se zuagmacht ond d Lampa
ausglöscht, ond koene Raecheropfer
maeh darbråcht ond koene Brandopfer
ens Haeligtom vom Gott (Elohey)
von Israel raufbråcht. [8]Drom ischd
ao dr Zôrn von JAHWE auf Juda
ond Jerusalem gfalla ond håt se zom
Schreckgspenst ond zom Entsetza ond
zom Gspött gmacht, wian r s mit eure
aegene Aoga seahnat. [9]Ond guck, wega
dem send onsere Vädr durch s Schwert
gfalla ond onsere Fraoa ond Kender
hent en d Gfangaschaft ganga müaßa.
[10]Ond jetzt han i mr vôrgnomma, mit
JAHWE, am Gott (Elohey) von Israel,
an Bund zom schliaßa, dass sich sae
Zôrn wieder von ons abwendat. [11]Maene
Söh, jetzt därfat r et nåchlässig sae, weil
euch nämlich JAHWE auserwählt håt,

zom ehm deana; ihr sollat saene Diener
sae ond ehm Raecheropfer darbrenga.
12Nå send dia Levita aufgstanda: dr
Mahat, am Amasai sae Soh, ond dr
Joël, am Asarja sae Soh, ond von de
Kehatiter ihre Nåchkomma: dr Kisch,
am Abdi sae Soh ond dr Asarja, am
Jahallelel sae Soh, vom Merari saene
Nåchkomma: dr Joach, am Simma
sae Soh, ond dr Eden, am Joach sae
Soh, von de Gerschoniter; 13dr Schimri
ond dr Jëiël von de Nåchkomma vom
Elizafan; dr Secharja ond dr Mattanja
vom Asaf saene Nåchkomma; 14dr Jehiël
ond dr Schimi von de Nåchkomma vom
Heman; dr Schemaja ond dr Usiël vom
Jedutun saene Nåchkomma. 15Dia hent
ihre Stammasbrüader vrsammlat ond
sich ghaeligt ond send nach am Befehl
vom König naeganga ond hent nach de
Vôrschrifta von JAHWE da Tempel von
JAHWE graenigt. 16Nå send d Priaster
en da Tempel von JAHWE komma
zor Raenigong; se hent ällas, was oraen
gwea ischd, nausgschafft aus am Tempel
von JAHWE en da Vôrhof; ond d
Levita hent ens abgnomma ond an da
Kidronbach bråcht. 17Am ersta Dag vom
ersta Monat hent se mit dr Raenigong
ågfanga, ond am achta Dag vom Monat
send se fertig gwea.
18Nå send se zom König Hiskija naeganga
ond hent zon am gsaed: Mir hent s ganze
Tempelhaus von JAHWE graenigt, da
Brandopferaltar ond älle Gerätschafta,
mô drzuagherat, da Schaobrottisch ond
älle Gerätschafta, mô drzuagherat. 19Ao
älle Gerät, mô dr König Ahas en saener
Regierongszeit entweiht håt, môn r sich
vrsündigt håt, he'mr wieder hergrichtat
ond graenigt; guck, då standat se vôr am
Altar von JAHWE!
20Nå ischd dr König Hiskija ganz bald
aufgstanda ond håt de Oberste von dr
Stadt vrsammlat ond ischd zom Tempel
von JAHWE naufganga. 21Ond se
hent sieba Stier, sieba Schåfböck, sieba
Lämmer ond sieba Gôesböck bråcht
als Sündopfer für s Königreich ond für
s Haeligtom ond für Juda. Nå håt r d
Nåchkomma vom Aaron, d Priaster,
ågwiesa, se auf am Altar von JAHWE
als Opfer darzombrenga. 22Nå håt mr
dia Render gmetzgat, ond dia Priaster
hent s Bluat aufgfanga ond hent s an
da Altar nôgsprenzt. Ond se hent dia
Schåfböck gmetzgat ond s Bluat an
da Altar nôgsprenzt; ond se hent dia
Lämmer gmetzgat ond s Bluat an da
Altar nôgsprenzt. 23Nå hent se dia Böck
für s Sündopfer vor da König ond vôr
d Volksgemaende bråcht ond ihre Händ
auf ihre Köpf gstützt, 24ond dia Priaster
hent se gmetzgat ond hent mit ihram
Bluat da Altar entsündigt, ond zom für
ganz Israel Sühne wirka; dr König håt
nämlich für ganz Israel des Brandopfer
ond des Sündopfer ågordnat. 25Ond r håt
d Levita sich em Tempel von JAHWE
aufstella lassa mit Zimbla, mit Harfa
ond Zithera, nach dr Åweisong vom
David ond saem Seher, ond vom Profeta
Natan. Dia Åweisonga send nämlich
von JAHWE durch d Profeta erganga.
26Ond d Levita hent sich mit am David
saene Instrument ond d Priaster mit
Trompeta aufgstellt. 27Nå håt dr Hiskija
se ågwiesa, s Brandopfer auf am Altar
aufsteiga zom lassa, ond gleichzeitig
mit am Brandopfer håt dr Gsang am
Herrgott (JAHWE) zor Ehr ågfanga ond
dia Trompeta, onter dr Laetong von de
Instrument vom David, am König von
Israel. 28Ond de ganz Volksgemaende
håt sich niedergwôrfa, der Gsang ond
d Trompeta hent so lang musiziert bis
des Brandopfer fertig gwea ischd. 29Mô
nå des Brandopfer fertig gwea ischd,
håt sich dr König ond älle, mô bein am
vrsammlat gwea send, nôkniat ond hent
åbetat. 30Nå håt dr König Hiskija ond d
Fürsta d Levita ågwiesa, JAHWE zom

preisa mit am David ond am Profeta
Asaf saene Wort, ond se hent voler
Fraed da Lobpreis ågstemmt ond sich
vrnaegt ond åbetat.
[31]Nå håt dr Hiskija ågfanga ond
gsaed: Jetzt hent r euch am Herrgott
(JAHWE) gweiht! Tretat her ond
brengat Schlachtopfer ond Dankopfer
en da Tempel von JAHWE! Nå håt
d Volksgemaende Schlachtopfer ond
Dankopfer bråcht, ond a jeder, mô willig
gwea ischd, håt Brandopfer darbråcht.
[32]Dia Brandopfer, mô d Vrsammlong
gspendat håt, send siebzg Rendla,
hondert Schåfböck ond zwôehondert
Lämmer; des ischd ällas JAHWE zor Ehr
als Brandopfer darbråcht wôra. [33]Drzua
an haelige Opfergaba: sechshondert
Rendla ond dreitausad Schåf. [34]S send
bloß z wenig Priaster dågwea, zom
älle Opfertier ahäuta. Nå hent en ihre
Stammasgenossa, d Levita, gholfa, bis
ällas fertig gwea ischd ond bis sich d
Priaster ghaeligt hent; d Levita hent
sich nämlich maeh Müah geba, sich zom
haeliga wia d Priaster. [35]Aber s send ao
viele Brandopfer gwea, mô mr neba de
Fettstück von de Friedensopfer ond bei
de Trankopfer håt darbrenga müaßa. So
ischd dr Denst am Tempel von JAHWE
wieder hergstellt wôra. [36]Dr Hiskija ond
s ganze Volk hent sich gfraet über des,
was Gott (Elohim) für s Volk beraetat
håt; des ischd nämlich schneller ganga
als wia dia s gmoent hent.

Zom Vrgleicha: *Vers 3-36:* 2Kö 18,4-8 • *Vers 25:* 1Chr 16,4-6.

D Paschafeier: 30 1 31 1

30 Nå håt dr Hiskija an ganz
Israel ond Juda Bota gschickt
ond Briaf gschrieba an Efraim ond
Manasse, dass se zom Tempel von
JAHWE en Jerusalem komma sollat,
zom a Paschafest feiera, JAHWE, am
Gott (Elohey) von Israel zor Ehr. [2]Ond
dr König håt mit saene Fürsta ond dr
ganza Volksgemaende en Jerusalem
beschlossa, des Paschafest em zwôeta
Monat abzomhalta. [3]Se hent s nämlich
et en dera Zeit macha könna, weil sich
dia Priaster et gnuag ghaeligt ghet hent,
ond ao no et s ganze Volk en Jerusalem
vrsammlat gwea ischd. [4]Des håt am
König ond dr ganza Volksvrsammlong
gfalla, [5]ond se hent beschlossa, en ganz
Israel von Beer-Scheba bis Dan bekannt
z macha, se solle älle komma zom a
Paschafest, JAHWE, am Gott (Elohey)
von Israel zor Ehr, feiera en Jerusalem.
Dia hent s nämlich no et so gmacht, wia
s vôrgschrieba gwea ischd.
[6]Nå send dia Eilbota mit de Briaf vom
König ond saene Fürsta durch ganz
Israel ond Juda zoga ond hent nach
am Befehl vom König vrkündigt: Ihr
Israelita, kehrat om zo JAHWE, am
Gott (Elohey) vom Abraham, vom Isaak
ond vom Israel, dass ER sich wieder
dene zuawendat, mô aus dr Gwalt von
de König von Assur drvokomma send.
[7]Send et wia eure Vädr ond eure Brüader,
dia mô JAHWE, am Gott (Elohey) von
ihre Vädr, d Treue brocha hent, dia
môn r drwega zom Schreckbild gmacht
håt, wian r s sehat! [8]Jetzt send amål et
halsstärrig wia eure Väder. Gebat am
Herrgott (JAHWE) d Håd ond kommat
en sae Haeligtom, des mô ER für emmer
gweiht håt, ond deanat JAHWE, euram
Gott (Eloheykem), dass sae Zôrn
von euch abläßt. [9]Wann ihr nämlich
zo JAHWE omkehrat, nå werat eure
Brüader ond Söh Erbarma fenda vor
ihre Entführer, ond zrückkomma en
des Land dåhanna. JAHWE, euer Gott
(Eloheykem) ischd nämlich gnädig ond
barmherzig ond will sae Gsicht et von
euch abwenda, wann r zon am zrück
kommat.
[10]So send dia Eilbota von oener Stadt
zor andera zoga en Efraim ond Manasse

ond bis nach Sebulon; aber mr hât se ausglacht ond vrspottat. [11]Bloß a paar Männer von Ascher, Manasse ond Sebulon hent sich demüatigt ond send nach Jerusalem komma. [12]Ao über Juda ischd d Hâd von Gott (Elohim) gwea, dass se oemüatig d Åweisong vom König ond de Fürsta befolgt hent nach am Wort von JAHWE. [13]Nå hât sich en Jerusalem a graoßa Volksmenge vrsammlat, zom s Fest von de ogsäuerte Brot em zwôeta Monat feiera, des ischd a riasa Volksvrsammlong gwea. [14]Nå hent se zerst amål dia Altär fortgschafft, mô no en Jerusalem romgstanda send, ond hent se en da Kidronbach gschmissa. [15]Ond drnåch hent se am vierzehnta Dag vom zwôeta Monat s Paschaopfer gschlachtat; dia Priaster ond Levita hent sich gschämt ond hent sich ghaeligt ond send komma ond hent Brandopfer darbrâcht em Tempel von JAHWE. [16]Ond se hent sich nach de Vôrschrifta vom Mose, am Må von Gott (Elohim), aufgstellt auf ihre Posta; dia Priaster hent des Bluat aus de Händ von de Levita gnomma ond hent drmit gsprenzt. [17]En dr Vrsammlong send nämlich viele gwea, mô sich no et gweiht ghet hent; nå hent dia Levita dia Paschalämmer für älle dia gmetzgat, mô no et raen gwea send, zom se für JAHWE weiha. [18]Viele em Volk, vôr ällam dia von Efraim, Manasse, Issaschar ond Sebulon, hent sich nämlich et graenigt, sondern hent s Paschaopfer et nach dr Vôrschrift gessa, aber dr Hiskija hât für se betat ond gsaed: JAHWE, dr Güatige, mög s jedam vrzeiha, [19]mô s em Senn hât, da Gott (Elohim) JAHWE, da Gott von saene Vädr zom suacha, wann ao et en dr Raenhaet, wia sich s für s Haeligtom ghert! [20]Ond JAHWE hât auf da Hiskija ghört ond hât s Volk ovrsehrt glassa. [21]So hent d Israelita, mô en Jerusalem zsemakomma send, s Fest von de ogsäuerte Brot sieba Däg lang gfeierat mit ra graoßa Fraed, ond d Levita ond d Priaster hent vor JAHWE Dag om Dag mit de Instrument ganz laut s Lobliad für JAHWE gsonga. [22]Ond dr Hiskija hât sich ganz herzlich bei de Levita bedankt, weil se ihran Denst für JAHWE so guat vrseha hent, ond se hent dui Festzeit sieba Däg lang genossa, mô se Friedensopfer gschlachtat ond JAHWE, da Gott (Elohey) von ihre Vädr priesa hent. [23]Nå hât de ganz Volksgemaenschaft beschlossa, nômål sieba Däg zom feiera, ond se hent nômål sieba Däg lang a Fraedafest gfeiert. [24]Dr Hiskija, dr König von Juda, hât nämlich dr Gemaende tausad Stier ond siebatausad Schâf spendiert; ond d Fürsta hent dr Gemaende nômål tausad Stier ond zeahtausad Schâf spendiert, ond viele Priaster hent sich (für des Fest) gweiht. [25]So hât sich de ganz Gemaendevrsammlong von Juda gfraet, ond d Priaster ond d Levita, ond de ganz Volksgemaende, mô aus Israel komma ischd, ond d Fremdleng, mô aus am Land Israel komma send ond dia, mô en Juda gwohnt hent. [26]En Jerusalem ischd a graoßa Fraed gwea, weil seit de Däg vom Salomo, am David saem Soh, am König von Israel, hât s so ebbas en Jerusalem nemme geba. [27]Zom Schluß send dia levitische Priaster aufgstanda ond hent s Volk gsegnat, ond ihr Gebet ischd erhört wôra, des ischd bis en d Wohnong von saener Haeligkaet em Hemmel dronga.

31 Mô des ällas vorbei gwea ischd, send älle Israelita, mô dågwea send, nauszoga en d Städt von Juda ond hent dia Malstoe zsemaghaoa ond dia Aschera omghaoa ond dia Höhahaeligtümer ond Altär hegmacht en ganz Juda, Benjamin, Efraim ond Manasse, bis ällas hegwea ischd. Ond nå send älle Israelita en ihr Besitztom en ihre Städt hoemganga.

Zom Vrgleicha: *Kap 31 Vers 1:* 2Kö 18,4.

D Neuordnong vom Tempeldenst:

31 2-21

[2]Dådrauf håt dr Hiskija dia Abtaelonga von de Priaster ond de Levita nach ihr Denstklassa auftôelt, jedan nach dr Ordnong von saem Denst, wia s für d Priaster ond für d Levita vôrgschrieba gwea ischd, für s Brandopfer ond für d Friedensopfer, für da Gsang ond da Lobpreis en de Tôr von de Lager von JAHWE.

[3]Dr Beitrag vom König aus saem Vrmöga ischd für d Brandopfer am Môrga ond für d Brandopfer am Åbad, an de Sabbat ond an de Neumond ond en de Festzeita gwea, wia s en dr Weisong von JAHWE gschrieba stôht.

[4]Ond r håt s Volk von Jerusalem ågwiesa de Priaster ond Levita ihran Åtôel, der môn en zuastôht, zom geba, dass se ganz für d Onterweisong em Gsetz då sae könnte. [5]Mô dui Åweisong bekanntgeba wôra ischd, hent d Israelita d Erstleng vom Korn, vom Wae ond Öl, Honig ond älle Frücht vom Feld, ond da Zehnta von ällam en graoße Menga bråcht. [6]Ond dia Israelita ond Judäer, mô en de Städt von Juda gwohnt hent, hent ao da Zehnta vom Vieh ond Kloevieh ond da Zehnta von de Weihegaba für JAHWE, ihran Gott (Eloheyhem), bråcht ond s haufaweis zsemaglegt. [7]Em dritta Monat hent se mit dene Häufa ågfanga, ond em siebta Monat hent se drmit aufghert. [8]Nå ischd dr Hiskija ond saene Fürsta komma, ond mô se dia Häufa gseha hent, hent se da Herrgott (JAHWE) priesa ond sae Volk Israel. [9]Mô nå dr Hiskija d Priaster ond d Levita gfrågt håt wega dene Häufa, [10]håt am dr Oberpriaster Asarja vom Haus Zadok zor Antwort geba: Seit mr ågfanga håt, dia haelige Abgaba en da Tempel von JAHWE zom brenga, hent mir ons emmer satt essa könna, ond s ischd sogar no viel übrig blieba; JAHWE håt nämlich sae Volk so gsegnat, dass so viel übrig blieba ischd. [11]Nå håt dr Hiskija em Tempel von JAHWE Vôrratskammera aerichta lassa. [12]Ond se hent dia haelige Abgaba ond dia Zehntabgaba ganz gwissahaft sell nô bråcht. Ond dr Konanja ischd dr Aufseher gwea über d Vôrratskammera ond sae Bruader, dr Schimi, sae Stellvrtreter. [13]Ond dr Jehiël, dr Asasja, dr Nahat, dr Asaël, dr Jerimot, dr Josabad, dr Eliël, dr Jismachja, dr Mahat ond dr Benaja, send en als Beamte auf d Åweisong vom König beigstanda. [14]Ond dr Kora, am Jimna sae Soh, dr Levit, dr Hüater am Osttôr, ischd über de freiwillige Gaba, mô für Gott (Elohim) gspendat wôra send, aegsetzt wôra, zom dia haelige Abgaba für JAHWE ond d hochhaelige Weihegaba ånemma. [15]Ond als Beistand: dr Eden, dr Minjamin, dr Jeschua, dr Schemaja, dr Amarja ond dr Schechanja, dass ihre Amtsbrüader en de Priasterstädt, de Graoße wia de Kloene en de Abtaelonga ihr Åtôel zuagwiesa wôra ischd.

[16]Ama jeda mitsamt saene Nåchkomma, wia se aetraga gwea send als männlich, von drei Jåhr å aufwärts, älle, mô en da Tempel von JAHWE komma send, was a jeder braucht håt, zom saen Denst vrrichta, en dem Amt ond Denst von saener Abtaelong. [17]Ond d Priaster send nach ihre Familia ond d Levita , ågfanga von Zwanzgjährige å aufwärts, nach ihre Denstaufträg ond Abtaelonga registriert wôra; [18]mr håt se aetraga mit älle Kloekender, Fraoa, ihre Söh ond Töchter, nach ihrer Hausgemaenschaft, weil se sich ganz gwissahaft haeliga müaßa hent für ihran Denst. [19]Für am Aaron saene Nåchkomma, d Priaster, mô auf de Wôedeflächa von ihre Städt gwohnt hent, send en jeder Stadt

nåmentlich Männer bstellt wôra, mô älle männliche Åghörige von de Priaster ond älle Levita, mô auf dr Liste gstanda send, ihre Åtôel geba müaßa hent.
[20]So håt s dr Hiskija en ganz Juda gmacht; ond r håt dao, was recht ond guat ond wåhr vôr JAHWE, saem Gott (Elohayw) gwea ischd. [21]Ond en ällam, was r ågfanga håt em Denst am Haus von Gott (Elohim) nach dr Weisong ond nach de Gebot onternomma håt, saen Gott (Elohayw) zom suacha, håt r von ganzam Herza dao ond ischd drmit guat gfahra.

Zom Vrgleicha: *Vers 6:* Num 18,8-32.

Am Sanherib sae Feldzug gega Jerusalem: 32 1-23

32 Nach dene Eraegnis ond dene Beweis vom Hiskija saener Treue ischd dr Sanherib, dr König von Assur ågrückt. R håt Juda überfalla ond d Stadtfestonga belagert ond se aenemma wölla. [2]Mô dr Hiskija gseha håt, dass dr Sanherib komma ischd zom Jerusalem ågreifa, [3]håt r mit saene Fürsta ond Helda beschlossa, dia Quella außerhalb von dr Stadt zom vrstopfa, ond dia hent am drbei gholfa. [4]Mr håt viel Leut zsematrommlat, ond dia hent dia Quella vrstopft ond den Bach, der mô mittla durch s Land gflossa ischd. Ond se hent sich denkt: Wårom soll dr König von Assur, wann r kommt, ao so viel Wasser vorfenda? [5]Ond r (dr Hiskija) håt sich stark gmacht ond d Mauer gfestigt, mô beschädigt gwea ischd. Ond r håt dia Wehrtürm haecher macha lassa ond d Außamauer håt r vrstärkt ond s Millo befestigt en dr Davidsstadt ond jeda Menge Wurfspiaß ond Schild macha lassa. [6]Ond r håt Befehlshaber über s Volk aegsetzt ond håt dia om sich vrsammlat auf dem freia Platz vôr am Stadttôr. Då håt r en Muat gmacht ond zo nen gsaed: [7]Send stark ond hent Muat, ihr brauchat vôr neamerd Angst han ond vôr am König von Assur brauchat r ao et vrschrecka ond vôr saene Heerhäufa, môn r bei sich håt! Mit ons ischd nämlich maeh als wia bei dem! [8]Bei dem send Ärm aus Flôesch, aber mit ons ischd JAHWE, onser Gott (Eloheynu), zom ons helfa ond onseran Kriag führa! Ond s Volk håt sich auf s Wort vom Hiskija, am König von Juda, vrlassa.
[9]Nach dem håt dr Sanherib, dr König von Assur, saene Diener nach Jerusalem gschickt zom Hiskija, am König von Juda ond älle Aewohner von Jerusalem, während er selber no vôr Lachisch glega ischd mit saener ganza Streitmacht, ond håt am ausrichta lassa: [10]So spricht Sanherib, dr König von Assur: Auf was vrlassat ihr euch, dass r en dr Festong en Jerusalem bleibat? [11]Håt euch vielleicht dr Hiskija drzua vrlôetat, zom euch am Honger ond am Durst preisgeba dass r sterbat, ond håt r behaoptat: JAHWE, onser Gott (Eloheynu) wird ons retta aus dr Gwalt vom König von Assur? [12]Håt et grad seller Hiskija saene Kulthöha ond saene Altär fortschaffa lassa ond zo Jerusalem gsaed: Ihr sollat euch bloß vôr oem oeziga Altar niederwerfa ond auf dem Opfer darbrenga? [13]Wissat ihr et, was i ond maene Vädr dene Völker en de andere Länder ådao han? Hent vielleicht dene ihre Götter (Elohim) ihre Länder aus maene Händ reissa könna? [14]Mô ischd onter älle Götter (Elohim) von dene Völker, an dene, mô maene Vädr da Bann vollstreckt hent, oener, der mô sae Volk aus maener Håd hätt reissa könna? Wia sott nå euer Gott euch aus maener Gwalt retta könna? [15]Lent euch no vom Hiskija nex aufschwätza ond euch et vrführa! Glaobat am nex! S geit nämlich koen Gott vo'ma Volk oder Königreich, der mô sae Volk aus maene Händ oder aus de Händ von

maene Vädr retta könnt, geschweige
den euer Gott! Ao der kå euch et aus
maener Gwalt retta! [16]Ond no maeh
hent saene Diener gschwätzt gega
JAHWE, da Gott (Elohim) ond gega da
Hiskija, saen Knecht. [17]Sogar an Briaf håt
gschrieba zom gega JAHWE, da Gott
(Elohey) von Israel lästera, mô s dren
ghôeßa håt: So wia dia Götter (Elohey)
von de andere Völker ond Länder ihr
Volk et aus maene Händ grissa hent, so
reißt ao dr Gott (Elohey) vom Hiskija
sae Volk et aus maene Händ! [18]Ond se
hent ganz laut auf Judäisch zom Volk
von Jerusalem naufgschria, des mô
auf dr Mauer gstanda ischd, zom se en
Angst ond Schrecka vrsetza, dass se d
Stadt leichter aenemma könnte. [19]Ond
se hent über da Gott (Elohey) von
Jerusalem gschwätzt wia über d Götter
(Elohey) von de andere Völker, dia mô
s Machwerk aus Menschahänd gwea
send. [20]Nå håt dr Hiskija ond dr Profet
Jesaja, am Amoz sae Soh, betat ond
zom Hemmel gschria. [21]Dådrauf håt dr
Herrgott (JAHWE) an Engel gschickt,
der håt älle Kämpfer ond Åführer ond
Oberste em Lager vom König von
Assur vrnichtat, dass r mit Schempf ond
Schand abziaga müaßa håt en sae Land.
Ond môn r en da Tempel von saem Gott
(Elohayw) komma ischd, hent an sell a
paar von saener aegena Bruat mit am
Schwert ombråcht. [22]So håt JAHWE da
Hiskija ond d Aewohner aus dr Gwalt
vom Sanherib, am König von Assur
grettat, ond aus dr Gwalt von älle Faend
rengsrom. [23]Nå hent viele Opfergaba
für JAHWE nach Jerusalem bråcht ond
Kostbarkaeta für da Hiskija, da König
von Juda ond r håt a graoßs Åseha
gwonna bei älle Völker.

Zom Vrgleicha: *Vers 1-23:* • 2Kö 18,13-19,37; Jes 36 und 37.

Weitere Nåchrichta über da Hiskija:
32 24-33

[24]En dene Däg ischd dr Hiskija auf da
Daot krank wôra; nå håt r zo JAHWE
betat, ond der håt am a Wonderzaeche
geba. [25]Aber dr Hiskija ischd et dankbar
gwea für dui Wohltat, mô an am
gscheha ischd, sondern sae Herz ischd
haochfährig wôra, dass a Zôrn (von Gott)
über an komma ischd ond über Juda
ond Jerusalem. [26]Nå håt sich dr Hiskija
demüatigt für saen Hochmuat ond den
von de Aewohner von Jerusalem; nå
ischd dr Zôrn von JAHWE et über se
komma, solang dr Hiskija glebt håt.
[27]Ond am Hiskija ischd a graoßer
Reichtom ond viel Pracht zuagfalla;
ond r håt saene Schatzkammera gfüllt
mit Silber ond Gold ond kostbare
Edelstoe ond mit teure Spezereia ond
mit Schild ond kostbare Kriagsgerät.
[28]Ond r håt Spaecher åglegt für s Korn
ond Most ond Öl, ond Stallonga für s
Vieh ond Stallonga für da Herdabetrieb.
[29]Ond Städt håt r sich baut ond sich
graoße Herda an Kloevieh ond Render
zuaglegt, Gott (Elohim) håt am nämlich
an graoßa Besitz geba. [30]Dr Hiskija
ischd s ao gwea, der mô da Abfluß vom
Gihon absperrt ond s Wasser Westa zua
en d Davidsstadt naglôetat håt; r ischd
recht erfolgreich gwea bei ällam, was
r dao håt. [31]So ischd s ao gwea, mô de
babylonische Oberste ihr Gsandschaft
zon am gschickt hent zom an nach
dem Wonderzaeche fråga, mô em Land
gscheha ischd, då håt an Gott (Elohim)
macha lassa, zom an auf d Prob stella
ond sae Gsennong vrfahra.
[32]Was s sonst no zom saga geit über da
Hiskija ond saene fromme Tata, guck,
des stôht en dr Vision vom Profeta
Jesaja, am Amoz saem Soh, gschrieba
em Buach von de König von Juda ond
Israel.

Zom Vrgleicha: *Vers 24-26:* • 2Kö 20,1-11 • *Vers*

31: 2Kö 20,10-19.

Manasse: 33 1-20

33 Dr Manasse ischd zwölf Jåhr
alt gwea, môn r König wôra
ischd, ond r håt fenfafufzg Jåhr lang
en Jerusalem regiert. 2Der håt dao, was
en de Aoga von JAHWE baes gwea
ischd, r håt ghandlat nach de gräuliche
Sitta von dene Völker, mô dr Herrgott
vôr de Israelita vrtrieba håt. 3Ond
r håt dia Höhahaeligtümer wieder
aufbaua lassa, dia mô sae Vadr Hiskija
areissa lassa håt; für d Baal håt r Altär
aufbaua lassa ond Aschera gmacht ond
håt s ganze Hemmelsheer åbetat ond
am deant. 4Sotte Altär håt r sogar em
Tempel von JAHWE aufrichta lassa,
von dem dr Herrgott (JAHWE) gsaed
håt: En Jerusalem soll mae Nåma
wohna für emmer ond ewig. 5Ao für s
Hemmelsheer håt r en bôede Vôrhöf
vom Herrgott (JAHWE) saem Tempel
Altär baua lassa. 6Ond r håt saene Söh
durch s Feuer laofa lassa em Tal Ben-
Hinnom, ond Zaoberei trieba, Magie
ond håt Todabeschwöronga gmacht.
Der håt ällas dao, was en de Aoga von
JAHWE baes gwea ischd ond an zom
Zorn graezt håt. 7Ond r håt a Standbild
vo'ma Götza macha lassa ond des em
Haus von Gott (Elohim) aufgstellt, von
dem mô Gott (Elohim) zom David ond
zo saem Soh Salomo gsaed håt: En des
Haus dåhanna en Jerusalem, des mô i
aus älle Stämm von Israel auserwählt
han, will i maen Nåma setza für ewig;
8ond i will da Fuaß von Israel nemme
weicha lassa von dem Land, des mô i
für ihre Vädr bestimmt han, wann se
ällas aehaltat ond dent, was en i durch
da Mose bota han, nach am Gsetz, de
Satzonga ond Rechtsvôrschrifta! 9Aber
dr Manasse håt Juda ond d Aewohner
von Jerusalem zom Baesa vrführt, no
maeh als wia dia Völker, mô JAHWE
vôr de Israelita vrtrieba håt. 10Nå håt
JAHWE zom Manasse ond saem Volk
gredat, aber dia hent am koe Ghör
geba.
11Nå håt dr Herrgott (JAHWE) d
Heerführer vom König von Assur gega
se årücka lassa. Dia hent da Manasse
gfanga gnomma ond hent an en
eiserne Ketta glegt ond an nach Babel
vrschleppt. 12Môn r nå so en dr Naot
gwea ischd, håt r sich vôr JAHWE, saem
Gott (Elohayw) beugt ond vôr am Gott
(Elohey) von saene Vädr. 13Ond r håt zon
am betat ond an bittat, ond ER håt sae
Gebet erhört ond an zrückbrenga lassa
nach Jerusalem, zo saem Königssitz; nå
håt dr Manasse kapiert, dass JAHWE dr
wahre Gott (Elohim) ischd.
14Nå håt r an dr Davidsstadt a äußera
Mauer baut, westlich vom Gihontal bis
ans Fischtôr, dass r da Ofel omschlossa
håt; r håt se zemlich haoch gmacht.
Ond r håt für s Heer Oberste en älle
Stadtfestonga von Juda vrlegt. 15Nå håt
r dia fremde Götter ond des Standbild
aus am Tempel fortgschafft ond älle
Altär, môn r auf am Tempelberg ond
en Jerusalem baua lassa håt, ond håt
se vôr d Stadt nausgschmissa. 16Ond
nå håt r da Altar von JAHWE wieder
herrichta lassa ond håt Friedensopfer
ond Dankopfer drauf darbråcht, ond
de Judäer åg'ordnat, dass se bloß no
JAHWE, da Gott (Elohey) von Israel
vrehra sollat. 17Aber s Volk håt emmer
no auf de Kulthöha Opfer darbråcht,
allerdengs ihram Gott (Eloheyhem)
JAHWE zor Ehr.
18Was s sonst no zom saga geit vom
Manasse ond sae Gebet zo saem Gott
(Elohayw), ond was dia Seher, dia mô em
Nåma von JAHWE, am Gott (Elohey)
von Israel, drzua gsaed hent, guck, des
stôht en dr Geschichte von de König
von Israel. 19Ond sae Gebet, wia des
erhört wôra ischd ond älle saene Sünda

ond sae Otreue, ond dia Plätz, môn r
Kulthöha baua lassa ond Aschera ond
Götzabilder aufstella lassa håt, bevôr r
sich demüatigt håt, guck, des stôht en de
Gschichta von de Seher gschrieba. [20]Dr
Manasse ischd zo saene Vädr aeganga
ond mr håt an em Garta von saem Haus
beerdigt; ond sae Soh, dr Amon, ischd
König wôra an saener Stell.
Zom Vrgleicha: *Vers 1-20:* • 2Kö 21,1-18 • *Vers
3:* 31,1 • *Vers 4:* 1Kö 9,3 • *Vers 7:* 1Kö 9,3 • *Vers
8:* 2Sa 7,10.

Amon: 33 21-25
[21]Zwôeazwanzg Jåhr alt ischd dr Amon
gwea, môn r König wôra ischd, ond
zwôe Jåhr lang håt r en Jerusalem
regiert. [22]Ond r håt dao, was en de Aoga
von JAHWE baes gwea ischd, wia sae
Vadr Manasse. Ond vôr dene ganze
Götzabilder, mô sae Vadr Manasse
macha lassa håt, håt dr Amon Opfer
darbråcht ond se vrehrt. [23]Aber vôr
JAHWE håt r sich et demüatigt wia sae
Vadr Manasse, sondern dr Amon håt no
maeh Schuld auf sich glada. [24]Nå hent
sich saene Diener gega an vrschwora
ond hent an en saem Palast ombråcht.
[25]Nå håt s Landvolk älle ombråcht, mô
sich gega da König Amon vrschwora
hent, ond hent saen Soh, da Joschija
zom König gmacht an saener Stell.
Zom Vrgleicha: *Vers 21-35:* • 2Kö 21,19-24.

Am Joschija sae Kampf gega da Götzadenst: 34 1-28
34 Dr Joschija ischd acht Jåhr alt
gwea, môn r König wôra ischd,
ond r håt oesadreißg Jåhr lang en
Jerusalem regiert. [2]Der håt dao, was en
de Aoga von JAHWE recht gwea ischd;
ond r ischd da Weg von saem Ahnherra
David ganga ond dådrvo et nach rechts
oder lenks abgwicha.
[3]Em achta Jåhr von saener Regierong – r
ischd selligsmål no a jonger Kerle gwea
– håt r ågfanga, da Gott (Elohey) von
saem Ahnherra David zom suacha, ond
em zwölfta Jåhr håt r drmit ågfanga,
Juda ond Jerusalem von de Kulthöha
ond Aschera ond gschnitzte ond gossene
Götzabilder zom säubera. [4]Ond se hent
vôr saene Aoga dia Baalsaltär agrissa
ond dia Sonnasäula, mô auf en gstanda
send, zsemaghaoa; ond dia Aschera
ond Schnitzbilder ond Gussbilder
zsemagmahla ond da Kutter auf d Gräber
von dene nôgstraet, mô se vrehrt hent.
[5]Ond d Boener von ihre Priaster håt r
auf ihre Altär vrbrennt ond so Juda ond
Jerusalem graenigt. [6]Ao en de Städt von
Manasse ond Efraim ond Simeon bis
nach Naftali, auf ihre Plätz [7]håt r d Altär
agrissa ond d Aschera ond Götzabilder
zsemaghaoa ond zsemagmahla. Ond
älle Sonnasäula håt r em ganza Land
Israel omghaoa; nå ischd r wieder nach
Jerusalem zrück ganga.
Zom Vrgleicha: *Vers 21-25:* • 2Kö 22,1-2.

S Gsetzbuach wird gfonda: 34 8-28
[8]Em achtzehnta Jåhr von saener
Regierong, môn r s Land ond da Tempel
graenigt ghet håt, håt r da Schafan, am
Azalja saen Soh, ond da Stadtobersta
Maaseja ond da Kanzler Joach, da Soh
vom Joahas, en da Tempel von JAHWE,
saem Gott, gschickt, zom an renoviera.
[9]Ond se send zom Hilkija komma, am
Hohepriaster, ond hent am des Geld
bråcht, mô d Leut ens Haus von Gott
(Elohim) bråcht, ond d Levita, dia
Schwellahüater, aegsammlat hent von
de Manassiter ond Efraimiter ond älle
andere Israelita ond von älle Judäer ond
Benjaminiter ond von de Aewohner von
Jerusalem. [10]Dia hent s de Werkmôester
geba, dene, mô d Bauaufsicht ghet hent,
ond dia hent s de Arbaeter geba, dia
mô am Tempel gschafft hent, zom d
Schäda ond d Riss ausbessera. [11]Ond se
hent ao de Zemmerleut ond de Maurer

ebbas geba, zom ghaoene Stoe kaofa
ond Baomstämm für d Balka, ond für
neue Dächer von dene Bauwerk, mô
d König von Juda hent vrfalla lassa.
12Dia Bauleut hent ganz zuavrlässig
gschafft, als Aufsicht send d Levita
Jahat ond Obadja bstellt wôra von
de Nåchkomma vom Merari, ond dr
Secharja ond dr Meschullam vom Kehat
saene Nåchkomma. Ond dia Levita, mô
Instrument spiela könna hent, 13håt mr
über d Lastträger gstellt ond über älle
Arbaeter bei de oenzelne Denstlaestonga;
andere Levita send Schreiber gwea,
Amtsleut ond Tôrhüater.
14Mô se nå des Geld rausgnomma hent,
mô en da Tempel von JAHWE bråcht
wôra ischd, håt dr Priaster Hilkija s
Gsetzbuach von JAHWE aus de Händ
vom Mose gfonda. 15Nå håt dr Hilkija
zom Schafan gsaed: I han em Tempel
von JAHWE s Gsetzbuach gfonda!
Ond r håt am Schafan des Buach
übergeba. 16Ond dr Schafan håt des
Buach am König bråcht ond håt am
König gmeldat: Ällas, was du daene
Knecht auftraga håsch, dent se! 17Ond
se hent des Geld, mô mr em Tempel
von JAHWE gfonda håt, ausgleert ond
s de Aufseher ond Werkmôester geba.
18Nå håt dr Schreiber Schafan am König
no gsaed: Dr Priaster Hilkija håt mr a
Buach mitgeba! Ond dr Schafan håt vôr
am König draus vôrglesa.
19Mô dr König dia Wort aus am Gsetz
ghört håt, håt r saene Klôeder vrrissa.
20Nå håt dr König am Hilkija ond
am Ahikam, am Soh vom Schafan,
am Abdon, am Soh vom Micha, am
Schreiber Schafan ond am königlicha
Diener Asaja, da Befehl geba: 21Gangat
ond frågat da Herrgott (JAHWE) für
mi ond für da Rest von Israel ond Juda
wega dem, was en dem Buach stôht,
des mô mr gfonda håt; dr Zôrn von
JAHWE, der mô über ons komma ischd,
weil onsere Vädr s Wort von JAHWE et
g'achtat hent, ond et dao hent, was den
dem Buach dåhanna gschrieba stôht!
22Nå ischd dr Hilkija mit dene Männer,
mô dr König drzua bestimmt hôt, zor
Profetin Hulda ganga, am Vôrsteher
von dr Klôederkammer Schallum, am
Soh vom Tokhat ond Enkel vom Hasra,
saener Frao, dui mô en Jerusalem gwohnt
håt em zwôeta Stadtviertel, ond hent ra
s vrzählt. 23Ond se håt en zor Antwort
geba ond gsaed: So spricht JAHWE,
dr Gott (Elohey) von Israel: Sagat
dem Må, der mô euch zo mr gschickt
håt: 24So spricht JAHWE: Guck, i will
Ohael über den Ort dåhanna brenga
ond über saene Aewohner; ond zwår
älle dia Fluachwort, mô en dem Buach
aufgschrieba send, mô mr am König
von Juda draus vôrglesa håt. 25Dia hent
me nämlich vrlassa andere Götter vrehrt
ond en Opfer darbråcht, zom mi raeza
mit ällam, was se mit ihre Händ ågstellt
hent; drom håt sich mae Zôrn über den
Ort dåhanna ergossa, ond der gôht ao
et aus. 26Zom König von Juda aber, der
mô euch gschickt håt zom da Herrgott
(JAHWE) fråga, sollat r saga: So spricht
JAHWE, dr Gott (Elohey) von Israel:
Du håsch mae Wort ghört. 27Nå ischd
dae Herz wôech wôra ond du håsch
de demüatigt vôr Gott (Elohim), mô
da mae Wort ghört håsch über den Ort
dåhanna, ond über saene Aewohner,
ond du håsch de vôr mir demüatigt
ond daene Klôeder vrrissa ond gheult
vôr mir, des han i ao ghört, Spruch von
JAHWE! 28Guck, i laß de zo daene Vädr
aeganga, ond du sollst em Frieda en
daem Grab ruha. Daene Aoga brauchat
des Oglück nemme mitåseha, mô i über
den Ort dåhanna komma lass ond über
saene Aewohner! Des hent se am König
ausgrichtat.

Zom Vrgleicha: *Vers 8-28:* • 2Kö 22,3-20.

D Bundaserneuerong: 34 29-33

[29]Nå håt dr König an älle Älteste von Juda ond Jerusalem Bota gschickt ond se aebstellt. [30]Ond dr König ischd naufganga en da Tempel von JAHWE, ond mit am älle Männer von Juda ond d Aewohner von Jerusalem, ao d Priaster ond d Levita ond s ganze Volk, Graoße ond Kloene, ond r håt en ällas vôrglesa, was en dem Bundasbuach gstanda ischd, mô mr em Tempel von JAHWE gfonda håt. [31]Nå ischd dr König aufgstanda von saem Platz ond håt vôr am Herrgott (JAHWE) den Bund gschlossa: mit JAHWE zom ganga ond saene Gebot ond saene Zeugnis ond saene Satzonga von ganzam Herza ond mit saener ganza Seel aezomhalta, ond dia Wort zom doa, mô en dr Bundassatzong gschrieba standat. [32]Ond r håt älle, mô en Jerusalem gwea send ond en Benjamin, dem Bund mit Gott (Elohim), am Gott (Elohey) von ihre Vädr, beitreta lassa. [33]Ond dr Joschija håt dia greuliche Bilder aus älle Gebiet von de Israelita fortschaffa lassa, ond älle, mô en Israel glebt hent, håt r åghalta, dass se JAHWE, ihram Gott (Eloheyhem) deana sollat. En saener Zeit send se nemme von JAHWE, am Gott (Elohey) von ihre Vädr abgwicha.

Zom Vrgleicha: *Vers 29-33:* • 2Kö 23,1-3.

D Paschafeier: 35 1-19

35 Nå håt dr Joschija en Jerusalem a Paschafest gfeiert, JAHWE zor Ehr. Ond se hent s Paschaopfer am vierzehnta Dag em ersta Monat gmetzgat. [2]Ond r håt d Priaster zo ihram Denst åtreta lassa ond håt en Muat gmacht zo ihram Denst em Tempel von JAHWE. [3]Nå håt r zo dene Levita, dia mô en ganz Israel Onterricht ghalta hent, ond dia JAHWE gweiht gwea send, gsaed: Brengat dui haeliga Truhe en des Tempelhaus, mô dr Salomo, am David sae Soh, dr König von Israel, baut håt. Des ischd koe Last maeh auf eurer Schulter! Jetzt deanat r JAHWE, euram Gott (Eloheykem) ond saem Volk Israel! [4]Rüstat euch nach am Haus von eure Vädr nach Abtaelonga, wia s en dr Schrift vom David, am König von Israel, ond en dr Schrift von saem Soh Salomo festglegt ischd. [5]Tretat em Haeligtom en de Gruppa vom Haus von eure Vädr ond eure Brüader aus am Volk zom Denst å, emmer als oe Abtaelong von de Levita. [6]Ond metzgat s Paschaopfer ond haeligat euch ond rüstat euch für eure Brüader, zom ällas so macha, wia s JAHWE durch da Mose übermittelt håt!

[7]Dr Joschija håt für des Volk, mô sich aegfonda håt, Schåf, Lämmer ond jonge Gôesla spendiert, ällas für s Paschaopfer für dia, mô då gwea send, dreißgtausad an dr Zahl, ond dreitausad Rendla; des ischd ällas aus am König saem Besitz komma. [8]Ond saene Fürsta hent freiwillig für s Volk, für d Priaster ond für d Levita spendiert. Dr Hilkija, dr Secharja ond dr Jechiël, d Vôrsteher vom Haus von Gott (Elohim), hent de Priaster für s Paschaopfer zwôetausadsechshondert Schåf ond dreihondert Rendla geba. [9]Dr Konanja ond saene Brüader, dr Schemaja ond dr Netanel, dr Haschabja, dr Jëiël ond dr Josabad, d Vôrsteher von de Levita, hent für d Levita fenftausad (Schåf) ond fenfhondert Rendla für s Paschaopfer gschenkt. [10]Nå ischd dr Denst aufgstellt wôra ond jeder Priaster ischd auf saem Platz gstanda, ond d Levita bei ihre Abtaelonga nach dr Åweisong vom König. [11]Nå hent se Paschaopfer gmetzgat ond d Priaster hent des Bluat vrsprenzt, mô mr en übergeba håt, während d Levita aghäutat hent. [12]Dia Stücker, mô für s Brandopfer bestimmt gwea send, hent se auf d Seit glegt ond hent se de Familiagruppa vom Volk geba, dass mr s JAHWE

darbrenga soll, wia s em Buach vom Mose vôrgschrieba ischd; so hent se s ao mit de Rendla gmacht. 13Nå hent se s Paschaopfer nach dr Vôrschrift auf am Feuer bråta, ond d Weihegaba hent se en de Kessel ond en de Häfa ond Schüssla kocht ond hent s anandernåch de Leut vom Volk bråcht. 14Dådrnåch hent se s für sich ond für d Priaster hergrichtat, dia Priaster aus dr Nåchkommaschaft vom Aaron send nämlich mit dr Darbrengong von Brandopfer ond de Fettstück bis en d Nacht nae beschäftigt gwea. Drom hent s d Levita für sich ond für d Priaster aus de Nåchkomma vom Aaron extra nôgrichtat. 15Ond d Sänger, am Asaf saene Nåchkomma, send auf ihram Posta gwea nach dr Åweisong vom David, vom Asaf, vom Heman ond vom Jedutun, am königlicha Seher, ond d Tôrhüater send an ihre zuagwiesene Tôr gstanda. Dia hent ihran Posta et vrlassa braucha, ihre Stammasgenossa, d Levita, hent s nämlich für se hergrichtat. 16So ischd an dem Dag dr ganze Denst für JAHWE greglat wôra, dass mr s Pascha feiera ond Brandopfer auf am Altar von JAHWE håt darbrenga könna nach dr Åweisong vom König Joschija. 17Selligsmål hent dia Israelita, mô sich aegfonda hent, s Paschafset ond s Fest vom Ogsäuerta Brot sieba Däg lang gfeiert. 18So a Paschafest håt mr en Israel seit dr Zeit vom Profeta Samuel nemme gfeiert. Ond koener von de König von Israel håt so a Paschafest ausgrichtat, wia s dr Joschija ond d Priaster ond d Levita ond ganz Juda ond Israel mit de åwesende Israelita ond de Aewohner von Jerusalem gfeiert hent. 19Des Paschafest håt mr em achtzehnta Jåhr vom Joschija saener Regierongszeit gfeiert.

Zom Vrgleicha: *Vers 1-19:* • 2Kö 23,21-23 • *Vers 12:* Lev 3,8-11 • *Vers 13:* Ex 12,8.

S End vom Joschija: 35 20-27

20Mô dr Joschija des ällas fertigbråcht ond da Tempel wieder hergrichtat håt, ischd dr Necho, dr König von Ägypten ågrückt, ond håt bei Karkemisch am Eufrat kämpfa wölla. Dr Joschija ischd am entgegatreta. 21Dr sell håt aber Bota zon am gschickt ond am ausrichta lassa: Was han i mit dir zom schaffa, König von Juda? I komm jå haet et gega di, sondern gega des Herrscherhaus, mô gega mi Kriag führt, ond Gott (Elohim) håt gsaed, i soll me beeila! Lass also ab von dem Gott (Elohim) der mô mit mir ischd, dass r et s Vrderba über de brengt! 22Aber dr Joschija håt et von am abglassa, sondern håt da Kampf mit am gsuacht, ond håt et auf des ghört, was Gott (Elohim) durch da Necho gsaed håt. Ond r ischd en dr Ebene von Megiddo en da Kampf zoga. 23Nå hent d Bogaschützа auf da König Joschija gschossa, nå håt dr König zo saene Soldata gsaed: Brengat me von dåhanna weg, i ben schwer vrwondat. 24Nå hent an saene Soldata vom Kampfwaga ronterghoba ond an auf an andera Waga glegt ond an nach Jerusalem bråcht. Då ischd r gstôrba ond ischd bei saene Vädr beerdigt wôra, ond ganz Juda ond Jerusalem håt om da Joschija trauert. 25Dr Jeremia håt a Klageliad auf da Joschija gsonga. Ond älle Sänger ond Sängerinna hent en ihre Klageliader vom Joschija gsonga bis auf da haetiga Dag, ond mr håt se zom festa Brauch en Israel gmacht; dia send en de Klageliader aufgschrieba.

26Was s sonst no zom saga geit über da Joschija ond saene fromme Tata, dia mô ganz dem entsprocha hent, was en de Weisonga von JAHWE gschrieba stôht, 27ond sae Geschichte vom Åfang bis ans End, guck, des ischd aufgschrieba em Buach von de König von Israel ond Juda.

Zom Vrgleicha: *Vers 20-24:* • 2Kö 23,28-30.

Joahas: 36 1-4

36 Dådrauf håt s Landvolk da Joahas, am Joschija saen Soh, gnomma, ond hent an zom König gmacht an dr Stell von saem Vadr en Jerusalem. 2Dr Joahas ischd dreiazwanzg Jåhr alt gwea, môn r König wôra ischd, ond drei Monat håt r en Jerusalem regiert. 3Nå håt an dr König von Ägypten als König en Jerusalem abgsetzt ond am Land a Geldstråf von hondert Silbertalent ond oem Goldtalent aufbrommt. 4Ond dr König von Ägypten håt da Eljakim, saen Bruader (da Bruader vom Joahas) zom König von Juda ond Jerusalem gmacht ond saen Nåma omg'änderat en Jojakim. Aber saen Bruader Joahas håt dr Necho mitgnomma nach Ägypten.

Zom Vrgleicha: *Vers 1-4:* • 2Kö 23,30-35.

Jojakim: 36 5-8

5Dr Jojakim ischd fenfazwanzg Jåhr alt gwea, môn r König wôra ischd, ond elf Jåhr lang håt r en Jerusalem regiert. Ond r håt dao, was en de Aoga von JAHWE, saem Gott (Elohayw) baes gwea ischd. 6Gega den ischd dr Nebukadnezar, dr König von Babel aufzoga ond håt an en Ketta glegt ond nach Babel bråcht. 7Ao von de Gerätschafta aus am Tempel von JAHWE håt dr Nebukadnezar oene mitgnomma ond en saen Palast en Babel bråcht.

8Was s sonst no zom saga geit über da Jojakim ond saene frevelhafte Tata, môn r beganga håt, ond was sonst no passiert ischd, guck, des stôht ällas gschrieba em Buach von de König von Israel ond Juda. Ond sae Soh, dr Jojachin ischd König wôra an saener Statt.

Zom Vrgleicha: *Vers 5-8:* • 2Kö 23,36f; 24,5f.

Jojachin: 36 9-10

9Dr Jojachin ischd achtzeah Jåhr alt gwea, môn r König wôra ischd, ond drei Monat ond zeah Däg lang håt r en Jerusalem regiert. Ond r håt dao, was en de Aoga von JAHWE, saem Gott (Elohayw) baes gwea ischd. 10Om da Jåhraswechsel rom håt dr König Nebukadnezar zon am gschickt ond an mit de kostbarste Gerätschafta aus am Tempel von JAHWE nach Babel brenga lassa; ond r håt da Zidkija, saen Bruader, zom König von Juda ond Jerusalem gmacht.

Zom Vrgleicha: *Vers 9-10:* • 2Kö 24,8-17.

Zidkija: 36 11-16

11Dr Jojachin ischd oesazwanzg Jåhr alt gwea, môn r König wôra ischd, ond elf Jåhr lang håt r en Jerusalem regiert. 12Ond r håt dao, was en de Aoga von JAHWE, saem Gott (Elohayw) baes gwea ischd; r håt sich vôr am Profeta Jeremia et demüatigt, der mô em Auftrag vom Herrgott (JAHWE) gredat håt. 13Nå håt r sich gega da König Nebukadnezar aufgloehnt, der môn an bei Gott (Elohim) schwöra lassa håt. R ischd halsstärrig wôra ond hartherzig ond ischd et omkehrt zo JAHWE, am Gott (Elohey) von Israel. 14Ao älle Åführer von de Priaster ond s Volk hent sich emmer ärger vrsündigt mit Greueltata wia de andere Völker ond hent da Tempel von JAHWE vroraenigt, den mô ER en Jerusalem gweiht håt. 15Emmer wieder håt JAHWE, dr Gott (Elohey) von ihre Vädr, Bota zo nen gschickt, weil r Mitleid mit saem Volk ghet håt ond saener Wohnong. 16Aber dia hent dia Bota von Gott (Elohim) vrspottat ond sae Wort vrachtat, bis zor Weißgluat hent se da Herrgott (JAHWE) gega sae Volk aufbråcht, dass s koe Vrgebong maeh möglich gwea ischd.

Zom Vrgleicha: *Vers 11-16:* • 2Kö 24,18-20.

S End vom Reich Juda: 36 17-21
[17]Nå håt ER da König von de Chaldäer gega se aufmarschiera lassa. Der håt ihre jonge Kämpfer en ihram Haeligtom mit am Schwert ombråcht; ond r håt koen vrschont, weders Jonge Kerle no Mädla ond Greis ond Altersschwache, - ällas håt ER en saene Händ geba.
[18]Ond älle graoße ond kloene Gerätschafta aus am Tempel von Gott (Elohim) ond d Schätz aus am Tempel von JAHWE ond d Schätz aus am Königspalast ond von saene Fürsta, ällas håt mit gnomma nach Babel.
[19]Ond se hent da Tempel von Gott (Elohim) agfacklat ond d Stadtmauera von Jerusalem gschlôeft, ond älle ihre Paläst hent se em Feuer aufganga lassa ond älle wertvolle Gfäß hegmacht.
[20]Ond älle, mô vôr am Schwert drvokomma send, håt r nach Babel vrschleppt, då hent se ehm ond saene Söh als Sklava deana müaßa, bis s Perserreich zor Herrschaft aufkomma isch.
[21]So håt sich s Wort von JAHWE durch da Jeremia erfüllt: Bis s Land saene Sabbat ersetzt kriagt håt, dia môn am zuagstanda send; en dr ganza Zeit, mô s brach dåleit, håt s Ruah – bis siebzg Jåhr rom send.

Zom Vrgleicha: *Vers 17-21:* • 2Kö 25,8-21 • *Vers 21:* Jer 27,7.

Dr Åfang von dr Wiederherstellong von Israel: 36 22-23
[22]Em ersta Jåhr vom König Kyrus von Persien håt sich s Wort von JAHWE durch da Profeta Jeremia erfüllt: JAHWE håt da Gaest vom Kyrus, am König von Persien aufgweckt, ond r håt en saem ganza Königreich mündlich ond schriftlich vrkündiga lassa:
[23]So spricht Kyrus, dr König von Persien: Älle Königreich auf dr Erde håt mir JAHWE, dr Gott (Elohey) em Hemmel, geba ond ER selber håt mir da Auftrag geba, für ehn en Jerusalem en Juda a Tempelhaus zom baua. Wer onter euch zo saem Volk ghert, mit dem sei JAHWE, sae Gott (Elohayw), ond r soll naufganga.

Zom Vrgleicha: *Vers 22-23*: • Esra 1,1-3.

S Buach Esra

D HOEMKEHR VON DE JUDA OND DR WIEDERAUFBAU VOM TEMPEL: 1 1 – 6 22

D Erlaobnis zom Hoemganga ond zom Tempelbau: 1 1-11

1 Em ersta Jåhr vom König Kyrus
von Persien håt sich erfüllt, was
JAHWE durch da Jeremia vrkündigt
håt. JAHWE håt da Gaest vom Kyrus,
am König von Persien åtrieba, dass
r überall en saem ganza Königreich
mündlich ond schriftlich vrkündiga
lassa håt: 2So spricht Kyrus, dr König
von Persien: Älle Königreich auf dr
Erde håt JAHWE, dr Gott (Elohey)
em Hemmel, mir geba, ond r håt mir
da Auftrag geba, an Tempel für an zom
baua en Jerusalem, des mô en Juda leit.
3Wer ao emmer zo saem Volk ghert
– sae Gott (Elohayw) sei mit am – der
soll naufganga nach Jerusalem en Juda
ond soll helfa baua am Tempelhaus für
JAHWE, am Gott (Elohey) von Israel,
des ischd der Gott (Elohim), der mô en
Jerusalem vrehrt wird.
4Ond a jeder, mô no übrig blieba ischd,
den sollat dia Männer en dem Ort, môn
r åsässig wôra ischd als Fremdleng,
onterstütza mit Silber ond Gold, mit
bewegliche Sacha ond Vieh, ond mit
freiwillige Spenda für s Haus von Gott
(Elohim) en Jerusalem! 5Nå hent sich
dia Familiaoberhaepter von Juda ond
Benjamin ond d Priaster ond d Levita
aufgmacht, jeder, den mô dr Gaest
von Gott (Elohim) åtrieba håt zom
naufganga ond da Tempel von JAHWE
en Jerusalem baua. 6Ond älle, mô om se
rom gwohnt hent, hent se onterstützt
mit ällam möglicha, mit Silber ond
Gold, mit Vieh ond Kostbarkaeta ond
freiwillige Spenda. 7Ond dr König
Kyrus håt dia Gerätschafta aus am
Tempel von JAHWE raushola lassa,
mô dr Nebukadnezar en Jerusalem
mitgnomma ond en da Tempel von
saem Gott (Elohayw) bråcht håt.
8Kyrus, dr König von Persien håt se
raushola lassa ond se am Schatzmôester
Mitredat übergeba, ond der håt se am
Scheschbazzar, am Fürsta von Juda,
nôzählt. 9Ond des ischd ihr Zahl: dreißg
goldeneBecka,zwôetausadnaenazwanzg
silberne Becka, 10dreißg goldene Becher,
zwôetausadvierhondertzeah silberne
Becher ond tausad andere Gerät, 11em
ganza an goldene ond silberne Gerät
fenftausadvierhondert. Des ällas håt
dr Scheschbazzar mit raufbråcht, môn
r mit de Vrschleppte von Babel nach
Jerusalem zrück komma ischd.

Zom Vrgleicha: *Vers 1-3:* • Neh 7,6-38.

Vrzaechnis von de Laia, mô zrückkomma send: 2 1-35

Zom Vrgleicha: *Vers 1-35:* • 2Kö 25,8-21 • *Vers 21:* Jer 27,7.

Vrzaechnis von de Priaster ond Levita, mô zrückkomma send: 2 36-63

Zom Vrgleicha: *Vers 36-63:* • Neh 7,39-65 • *Vers 43:* 8,20 • *Vers 55:* 1Kö 9,20f • *Vers 61:* 2Sa 17,27; 19,32 • *Vers 63:* Lev 2,3; 6,9-11; 7,66-10.33-35; Ex 28,30.

D Volkszählong: 2 64-70

Zom Vrgleicha: *Vers 64-70:* • Neh 7, 66-72.

Dr Åfang vom Kult ond vom Tempelbau: 3 1-13

3 Mô nå dr siebte Monat ågfanga
håt – d Israelita send schao en ihre
Ortschafta gwea -, håt sich s Volk en

Jerusalem vrsammlat wia oe Må. [2]Ond dr Jeschua, am Jozadak sae Soh, håt sich mit saene Brüader, de Priaster, ond mit am Serubbabel, am Schealtiël saem Soh ond saene Brüader, aufgmacht zom da Altar vom Gott (Elohey) von Israel wieder aufbaua, zom Brandopfer drauf darbrenga, wia s em Gsetz vom Mose, am Må von Gott (Elohim), vôrgschrieba ischd. [3]Ond se hent da Altar an saem alta Platz wieder aufbaut, dia hent nämlich Angst ghet vôr manche Völker em Land, ond se hent Brandopfer darbråcht JAHWE zor Ehr am Môrga ond am Åbad. [4]Nå hent se s Laobhüttafest gfeiert, so wia s vôrgschrieba ischd, ond Dag für Dag a Brandopfer darbråcht en dr gsetzlich vôrgschriebena Zahl, an jedam Dag so, wia s festgsetzt ischd. [5]Ond drnåch ao s ständige Brandopfer an de Neumond ond en de JAHWE ghaeligte Festzeita, ond älle freiwillige Opfer, mô für JAHWE gspendat wôra send. [6]Am ersta Dag vom siebta Monat hent se ågfanga mit am Opfer Darbrenga JAHWE zor Ehr, aber für da Tempel von JAHWE ischd dr Grondstoe no et glegt gwea. [7]Se hent aber de Stoehaoer ond de Zemmerleut Geld geba, ond de Handwerker Essa ond Trenka ond Öl für d Sidonier ond d Tyrer, dass se Zedernholz vom Libanon über s Meer nach Jafo brenga sollat; des håt en dr König Kyrus erlaobt.

[8]Ond em zwôeta Jåhr, nachdem se beim Tempel von Gott (Elohim) en Jerusalem åkomma send, em zwôeta Monat hent dr Serubbabel, am Schealtiël sae Soh, ond dr Jeschua, am Jozadak sae Soh, ond älle ihre Brüader, d Priaster ond d Levita, ond älle, mô aus dr Gfangaschaft nach Jerusalem komma send, sich ans Gschäft gmacht, ond se hent älle Levita, von Zwanzgjährige å aufwärts, zor Aufsicht bstellt über d Ärbat am Tempel von JAHWE. [9]Dr Jeschua ond saene Söh ond Brüader, dr Kadmiël ond saene Söh von Juda, ond am Hodawja saene Söh send mitanander åtreta, zom dia ålôeta, mô d Arbaeta am Haus von Gott (Elohim) ausführat, drzua no d Söh vom Henadad mit ihre Söh ond Brüader, d Levita. [10]Ond mô d Bauleut da Grondstoe für da Tempel von JAHWE glegt hent, hent sich d Priaster en ihre Amtstrachta mit Trompeta aufgstellt, ond d Levita, d Nåchkomma vom Asaf, mit Zimbla, zom Lobpreis auf JAHWE, nach dr Åweisong vom David, am König von Israel. [11]Ond se hent da Lobpreis ågstemmt mit Danksagong für JAHWE: **ER ischd güatig ond sae Gnade währt ewig über Israel!** Ond s ganze Volk håt aegstemmt en da Festjubel ond da graoßa Lobpreis auf JAHWE, weil jetzt dr Grondstoe für da Tempel von JAHWE glegt wôra ischd. [12]Viele von de alte Priaster ond Levita ond von de Familiaoberhaepter, mô da frühera Tempel no gseha hent, hent bei dr Grondstoelegong von dem Tempel ganz laut gheult; ond viele send fröhlich en lautan Jubelschall ausbrocha. [13]Mr håt des Jubelgschrôe vom Volk gar et von dera lauta Traurigkaet onterschôeda könna, weil der Jubel so laut gwea ischd, dass mr s no ganz weit ghört håt.

Zom Vrgleicha: *Vers 2:* Ex 27,1-8; Lev 6,2 • *Vers 3:* Ex 29,38-42 • *Vers 4:* Num 29,12-38 • *Vers 7:* 1Kö 5,20-29 • *Vers 10:* 1Chr 25 • *Vers 11:* 2Chr 5,13; Jer 33,11 • *Vers 12:* Hag 2,3.

D Störong beim Tempelbau: 4 1-16

4 Mô nå d Widersacher von Juda ond Benjamin ghört hent, dass dia Hoemkehrer an Tempel zor Ehr von JAHWE, am Gott (Elohey) von Israel bauat, [2]send se zom Jerubbabel ond zom Jeschua ond zo de Familiaoberhaepter komma ond hent gsaed: Mir wöllat euch helfa baua, mir vrehrat nämlich euran Gott (Eloheykem) grad so wia

ihr, ond opferat am seit dr Zeit vom
König Assarhaddon von Assur, der
mô ons dåhanna her bråcht håt. 3Nå
håt en dr Serubbabel ond dr Jeschua
ond de andere Familiaoberhaepter zor
Antwort geba ond gsaed: Des ziehmt
sich et, dass mir mit euch zsema den
Tempel für onseran Gott (Eloheynu)
bauat, sondern mir bauat den Tempel für
JAHWE, da Gott (Elohey) von Israel,
alloe, so wia s ons Kyrus, dr König von
Persien ghôeßa håt! 4Aber nå håt s Volk
em Land dia Judäer muatlos gmacht ond
se vom Baua abschreckt. 5Ond se hent
sogar d Ratgeber kaoft, zom ihran Plan
hentertreiba, des ischd so ganga en dr
ganza Zeit vom Kyrus, am König von
Persien, bis zor Regierong vom Darius,
am König vonn Persien. 6Während dr
Regierong vom Ahasveros (Xerxes),
glei am Åfang von saener Herrschaft,
hent se a Åklag gega d Aewohner von
Juda ond Jerusalem gschrieba.
7Ond en dr Zeit vom Arthahsastha
(Artaxerves) håt dr Bischlam, dr Mitredat,
dr Tabeel ond saene Amtsgenossa an
da Artaxerves, da König von Persien
gschrieba. Der Briaf ischd aramäisch
gschrieba gwea ond ens Aramäische
übersetzt wôra. 8Dr Kanzler Rechum
ond dr Schreiber Schimschai hent an da
König Artaxerves wega Jerusalem an
Briaf gschrieba wia folgt: 9Rechum, dr
Kanzler, ond Schimschai, dr Schreiber
ond älle ihre Genossa, de persische
Richter ond Beamte, dia Leut von
Arak, von Babel ond von Susa, 10ond
de übrige Völker, mô dr graoße ond
erlauchte Asenappar weggführt ond en
de Städt von Samarien ond em übriga
Gebiet jenseits vom Strom ågsiedelt
håt. 11Ond des ischd d Abschrift von
dem Briaf, mô se am gschickt hent: An
Artaxerves, da König, von daene Diener
von jenseits vom Strom. 12Ond jetzt sei
s am König gmeldat, dass dia Judäer, mô
von dir raufkomma ond zo ons nach
Jerusalem komma send, dui rebellischa
ond baesa Stadt wieder aufbauat, dia
richtat d Maura wieder auf ond besserat
d Fondament aus. 13So sei s am König
gmeldat: Wann dui Stadt wieder aufbaut
ischd ond ihre Maura wieder standat,
nå zahlat dia Judäer koen Tribut, koene
Steuera ond koen Wegzoll maeh, ond des
wird für s Aekomma vom König sicher
schädlich sae. 14Jetzt ischd aber s Salz
vom Palast ao onser Salz; drom ziehmt
sich s et, dass mir mitåguckat, wia am
König Schand gmacht wird. Deswega
schickat mir am König Bschôed, 15daß
mr en dr Chronik von daene Vädr
nåchguckt, ond en dera Chronik fendest
d bestimmt Aeträg mô mr feststella kå:
Dui Stadt ischd a rebellischa Stadt; se
håt de König ond saene Provinza Schada
zuagfüagt ond schao emmer Aufruhr
ågstiftat, deswega ischd dui Stadt ao
zrstört wôra. 16Mir lassat also da König
wissa, dass dui Stadt, wann se wieder
aufbaut wird ond ihre Maura wieder
standat, nå håsch du koen Åtôel maeh
an de Länder jenseits vom Strom.

Zom Vrgleicha: *Vers 2:* 2Kö 17,24-41.

S Bauvrbot für da Tempel: 4 17-24

17Nå håt dr König zor Antwort geba:
An Rehum, da Befehlshaber, ond
da Schreiber Schimschai ond ihre
Genossa, mô en Samaria ond de übrige
Gebiet jenseits vom Strom wohnat,
maen Gruaß! 18Des Schreiba von euch
ischd mir vôrglesa wôra. 19Ond i han
åg'ordnat, dass mr nåchforscha soll, ond
mr håt rausgfonda, dass sich dui Stadt
schao emmer gega d König aufgloehnt
håt ond Aufruhr ond Empörong en ra
gmacht wôra send. 20Mächtige König
hent über Jerusalem regiert ond über älle
Länder jenseits vom Strom gherrscht,
ond Tribut, Steuera ond Wegzoll håt mr
en zahla müaßa. 21Gebat also da Befehl,

dass mr dene Männer s Weitermacha vrwehrt ond dass dui Stadt et aufbaut wird, bis i da Befehl drzua gib! 22 Passat auf, dass r en dera Sach et nåchlässig send, dass et a graoßer Schada entstôht zom Nåchtôel von de König.

23 Mô nå d Abschrift vom Schreiba vom König Artaxerxes vôr am Rehum ond am Schreiber Schimschai ond saene Genossa vrlesa wôra ischd, send dia glei nach Jerusalem zo de Judäer ganga ond hent se mit Gwalt an ihrer Ärbat ghenderat. 24 Auf des nô håt mr d Ärbat am Tempelhaus von Gott (Elohay) en Jerusalem aegstellt ond ällas håt gruhat bis zom zwôeta Jåhr von dr Regierong vom König Darius von Persien.

Dr Tempelbau gôht weiter: 5 1-17

5 Ond dr Profet Haggai ond dr Profet Sacharja, am Iddo sae Soh, hent de Judäer, mô en Juda ond en Jerusalem gwohnt hent, em Nåma vom Gott (Elohim) von Israel, der mô über en waltat, profezeit. 2 Nå håt sich dr Serubbabel, am Schealtiël sae Soh, ond dr Jeschua, am Jozadak sae Soh, aufgmacht ond hent wieder ågfanga mit baua am Tempel von Gott (Elohaw) en Jerusalem. Ond d Profeta von Gott (Elohaw) hent en gholfa. 3 En dera Zeit ischd dr Tattenai, dr Statthalter vom Gebiet über am Strom, ond dr Schetar-Bosnai mit ihre Amtsleut komma ond hent zo nen gsaed: Wer håt euch ågwiesa, des Haus dåhanna zom baua ond des Material zom nemma? 4 Ond se hent weiter gfrågt: Wia hôeßat dia Männer, mô des Haus bauat? 5 Aber auf dia Älteste von de Judäer send d Aoga von ihram Gott (Elahom) grichtat gwea, dass mr s et am weitermacha ghenderat håt, bis mr an Bericht an da Darius gschickt ond auf a Antwort gwartat håt.

6 Des ischd d Abschrift von dem Briaf, mo dr Tattenai, dr Statthalter von dr andera Seite vom Strom ond dr Schetar-Bosenai mit saene Amtsleut, d Perser von dr andera Seite vom Strom an da König Darius gschrieba hent: 7 Se hent an Bericht gschickt, en dem ischd gstanda: An Darius, da König, Friede sei mit dr! ond viele Grüaß. 8 Am König sei s gmeldat, dass mir durch d Provinz Juda ganga send bis an da Tempel vom graoßa Gott (Elahaw). Då ischd drå baut wôra mit Stoequader ond en d Wänd håt mr Holzbalka naegschafft; dia Arbaeta send sauber ausgführt wôra ond se send guat nôraganga. 9 Nå he'mr dia Älteste gfrågt ond zo nen gsaed: Wer håt euch ågwiesa, des Haus dåhanna zom baua ond des Material zom nemma? 10 Ond ao nach ihre Nåma hem'mr se gfrågt, dass mr dr melda könnat, wer bei dene vôrna drå stôht. 11 Aber dia hent ons zor Antwort geba ond gsaed: Mit send Diener vom Gott (Elah) em Hemmel ond auf dr Erde, ond mir bauat den Tempel wieder auf, der mô vôr viele Jåhr dåhanna gstanda ischd, ond den mô a graoßer König von Israel baut ond fertiggstellt håt. 12 Aber weil onsere Vädr da Gott (Eloha) em Hemmel vrzürnt hent, håt r se am Nebukadnezar, am König von Babel, am Chaldäer, en d Händ geba, ond der håt des Haus areissa lassa ond onser Volk nach Babel vrschleppt. 13 Aber em ersta Jåhr vom König Kyrus von Babel håt der d Åweisong geba, des Haus von Gott (Elaha) wieder zom baua. 14 Dia Gerätschafta, mô em Haus von Gott (Elaha) gwea send, aus Gold ond Silber, mô dr Nebukadnezar aus am Tempel en Jerusalem mitgnomma håt nach Babel, håt dr Kyrus wieder rausgeba ond ama Må übergeba, der hôeßt Scheschbazzar, ond håt an als Statthalter aegsetzt. 15 Zo dem håt r gsaed: Nemm dia Gerätschafta ond breng se en da Tempel en Jerusalem, ens Haus von Gott (Elaha), dass des

wieder an dr alta Stell aufbaut wird!
[16]Dådrauf håt seller Scheschbazzar d
Fondament åglegt von dem Haus von
Gott (Elaha) en Jerusalem ond seither
wird bis jetzt drå baut, aber s ischd no
et fertig.
[17]Ond jetzt, wann s am König recht
ischd, nå sott mr en de Schatzhäuser
vom König dort en Babel nåchforscha,
ob s wåhr ischd, dass dr König von
Babel d Åweisong geba håt, des Haus
von Gott (Elaha) en Jerusalem wieder
aufzombaua. Dr König mög ons nå
wissa lassa, wian r sich entschieda håt.

Zom Vrgleicha: *Vers 1:* Hag 1,1-11; Sach 4,9 • *Vers 5:* 1Kö 8,29 • *Vers 11:* 1Kö 6-8.

Dr König onterstützt da Weiterbau: 6 1-12

6 Nå håt dr König Darius da Befehl
geba, mr soll em Schatzhaus, mô
en Babel ao d Büacher aufbewahrt
werat, nåchforscha. [2]Ond en dr Festong
Achmeta, dui mô en dr Provinz Medien
leit, håt mr a Schriftroll gfonda, ond då
ischd a Urkunde dren gwea, en dera håt
s ghôeßa: [3]Em ersta Jåhr vom König
Kyrus håt dr König Kyrus an Befehl
ausgeba über des Haus von Gott (Elaha)
en Jerusalem: Des Haus soll baut wera
als an Ort, mô Opfer darbråcht werat.
Auf saene Fondament soll mr s wieder
aufbaua; sechzg Ella haoch ond sechzg
Ella brôet soll s sae. [4]Drei Schichta sollat
aus graoße Stoequader ond oe Schicht
soll aus neue Holzbalka sae, d Kosta
werat vom Königshaus übernomma.
[5]Ond ao dia Gerätschafta aus am Haus
von Gott (Elaha), aus Silber ond Gold,
mô dr Nebukadnezar aus am Tempel en
Jerusalem mitgnomma ond nach Babel
bråcht håt, soll mr zrückbrenga en da
Tempel en Jerusalem an ihran Platz, ond
se dort niederlega en dem Tempel von
Gott (Elaha).
[6]Ond jetzt, Tattenai, Statthalter vom
Gebiet über am Strom, ond Schetar-
Bosnai mit daene Amtsleut, de Perser
von dr andera Seite vom Strom, bleibat
sell weg ond haltat euch raus! [7]Überlassat
d Arbaeta am Haus von Gott (Elaha)
am Statthalter von de Judäer ond de
Älteste von de Judäer, dass dia des
Haus von Gott (Elaha) wieder an saem
alta Platz aufbauat. [8]Ond i han euch
ao ågwiesa, was ihr doa sollat mit de
Älteste von de Judäer, dass dia des Haus
von Gott (Elaha) baua könnat: Aus de
Aekünft vom König, des hôeßt: von de
Tributzahlonga von dr andera Seite vom
Strom sollat dene Männer pünktlich ihre
Kosta auszahlt wera, dass se et en Vrzug
kommat. [9]Ond was se sonst brauchat an
jonge Stier ond Schåfböck ond Lämmer
zo de Brandopfer für da Gott (Elah)
em Hemmel, Wôeza, Salz, Wae ond
Öl, nach de Ågaba von de Priaster en
Jerusalem, des soll mr en Dag für Dag
okürzt geba, [10]daß se am Gott (Elah) em
Hemmel Duftopfer darbrengat ond für
s Leba vom König ond saene Söh betat.
[11]Ond i han ao da Befehl geba, dass ama
jeda, mô maen Befehl et achtat, a Balka
aus saem Haus grissa ond r då drå pfählt
ond aufghängt wird, ond sae Haus zo
ama Trümmerhaufa gmacht wird. [12]Aber
der Gott (Alah), der mô saen Nåma
sell wohna lässt, mög jedan König ond
jedas Volk stürza, mô nach dem Haus
von Gott (Elaha) en Jerusalem sae Håd
ausstreckt zom s he macha. I, Darius,
han den Befehl geba, ond so soll r
ausgführt wera!

D Vollendong vom Bau ond d Tempelweihe: 6 13-22

[13]Dr Tattenai, dr Statthalter vom Gebiet
über am Strom, ond dr Schetar-Bosnai
mit saene Amtsleut, hent sich ganz gnao
an d Åweisonga en dem Briaf vom König
Darius ghalta ond ällas so gmacht. [14]Ond
de Älteste von de Judäer hent weiterbaut

ond se send guat weiterkomma durch da Zuaspruch vom Profeta Haggai ond am Sacharja, am Soh vom Iddo. Se hent den Bau wiederhergstellt nach de Åweisonga vom Gott (Elah) von Israel ond nach am Befehl vom Kyrus ond vom Darius ond am König Artaxerxes von Persien. [15]Ond se send mit dem Haus fertig wôra am dritta Dag vom Monat Adar, des ischd em sechsta Jåhr vom König Darius saener Regierongszeit gwea. [16]Ond d Israelita, d Priaster ond d Levita ond dr Rest von dene, mô aus am Exil hoemkomma send, hent voler Fraed d Aeweihong vom Haus von Gott (Elaha) gfeiert, [17]ond se hent zor Aeweihong vom Haus von Gott (Elaha) hondert Stier, zwôehondert Schåfböck, vierhondert Lämmer als Opfer darbråcht ond drzua zwölf Gôesböck als Sühnopfer, nach dr Zahl von de Stämm von Israel. [18]Ao d Priaster hent se wieder nach ihre Abtaelonga aufgstellt ond d Levita nach ihre Klassa für da Denst vôr Gott (Elaha) en Jerusalem, nach de Vôrschrifta em Buach Mose.

[19]Ond dia, mô aus am Exil zrückkomma send, hent am vierzehnta Dag vom ersta Monat s Paschafest gfeiert. [20]Dia Priaster ond Levita hent sich nämlich älle graenigt ghet, dass älle raen gwea send. Ond se hent s Paschaopfer für älle, mô em Exil gwea send gmetzgat ond für ihre Brüader, d Priaster ond für sich selber. [21]Ond älle Israelita hent mit gessa, mô aus am Exil hoemkomma send, ond älle, mô sich von dr Oraenhaet von dene Völker em Land, mô zo nen überglaofa send, abgsondert ond sich an JAHWE, da Gott (Elohey) von Israel ghalta hent. [22]Sieba Däg lang hent se s Fest vom ogsäuerta Brot gfeiert voler Fraed, weil en dr Herrgott (JAHWE) dui Fraed gmacht håt endem r en s Herz vom König von Assur zuagwendat håt, dass r en gholfa håt bei de Arbaeta am Haus von Gott (Elohim), am Gott (Elohey) von Israel.

Zom Vrgleicha: *Vers 14:* 5,1; 7,19-24 • *Vers 16-17:* 1Kö 8,1f.62-65 • *Vers 17:* 2Chr 29,20 bis 32 • *Vers 18:* 1Chr 24,19 • *Vers 20:* 2Chr 35,10-15.

ESRA OND D NEUORDNONG VON DR GEMAENDE EN JERUSALEM: 7 1 – 10 44

Esra, dr Gsetzaslehrer: 7 1-10

7 Nach dene Eraegnis onter dr Regierong vom König Artaxerxes von Persien ischd dr Esra, am Seraja sae Soh, ond Enkel vom Asarja, Urenkel vom Hilkija, [2]Ur-Ur-Enkel vom Schallum, Ur-Ur-Ur-Enkel vom Zadok, Ur-Ur-Ur-Ur-Enkel vom Ahitub, [3]Ur-Ur-Ur-Ur-Ur-Enkel vom Amarja, Ur-Ur-Ur-Ur-Ur-Ur-Enkel vom Asarja, Ur-Ur-Ur-Ur-Ur-Ur-Ur-Enkel vom Merajot, [4]Ur-Ur-Ur-Ur-Ur-Ur-Ur-Ur-Enkel vom Serachja, Ur-Ur-Ur-Ur-Ur-Ur-Ur-Ur-Ur-Enkel vom Usi, Ur-Ur-Ur-Ur-Ur-Ur-Ur-Ur-Ur-Ur-Enkel vom Bukki, [5]Ur-Ur-Ur-Ur-Ur-Ur-Ur-Ur-Ur-Ur-Ur-Enkel vom Abischua, Ur-Ur-Ur-Ur-Ur-Ur-Ur-Ur-Ur-Ur-Ur-Ur-Enkel vom Pinha, Ur-Ur-Ur-Ur-Ur-Ur-Ur-Ur-Ur-Ur-Ur-Enkel vom Eleasar, Ur-Ur-Ur-Ur-Ur-Ur-Ur-Ur-Ur-Ur-Ur-Enkel vom Hohepriaster Aaron. [6]Seller Esra ischd von Babel rauf komma. R ischd a Gstudierter gwea ond håt sich em mosaischa Gsetz guat auskennt, des mô JAHWE, dr Gott (Elohey) von Israel, rausgeba håt. Ond dr König håt am ällas geba, was r braucht håt, weil am Herrgott (JAHWE) sae Håd über am gwea ischd.

7Ond a Tôel von de Israelita, von de
Priaster ond Levita, von de Sänger, de
Tôrhüater ond Tempeldiener, send mit
am nach Jerusalem komma. 8R ischd em
fenfta Monat, em siebta Jåhr vom König
(Artaxerxes) nach Jerusalem komma.
9Am ersta Dag vom ersta Monat ischd r
aufbrocha von Babel, ond am ersta Dag
vom fenfta Monat ischd r en Jerusalem
åkomma, weil saem Gott (Elohaw) sae
güatiga Håd über am gwea ischd. 10Am
Esra ischd nämlich des am wichtigsta
gwea, dass r d Weisonga von JAHWE
studiert håt zom se selber doa ond en
Israel lehra als Satzong ond (gültigs)
Recht.

Zom Vrgleicha: *Vers 1:* 1Chr 5,29-40.

Dr zwôete Befehl zor Rückführong: 7 11-23

11Ond des ischd d Abschrift von dem
Briaf, mô dr König Artaxerxes am
Priaster Esra, dem gstudierta Gelehrta
von de Gebot ond Satzonga von JAHWE
für Israel, mitgeba håt: 12Artaxerxes,
dr König über älle König, an Esra, da
Priaster,da Gelehrta em Gsetz vom Gott
em Hemmel, ond so weiter. Ond jetzt
13han i da Befehl rausgeba, dass a jeder
vom Volk Israel, von de Priaster ond
Levita, mô mit dr nach Jerusalem ganga
will, ganga kå! 14Weil du vom König
ond saene sieba Rät gschickt wirst zom
en Juda ond en Jerusalem ontersuacha,
ob s då nach de Satzonga von daem
Gott (Elahak) zuagôht, dia mô du drbei
håsch, 15ond ao zom des Silber ond Gold
überbrenga, des mô dr König ond saene
Rat beraet send, für da Gott (Eloha) von
Israel, der mô en Jerusalem wohnt, her
zom geba, 16ond ällas Silber ond Gold,
mô da en dr ganza Provinz Babel kriaga
kåsch, ond de freiwillige Spenda, mô s
Volk ond d Priaster für da Tempel von
ihram Gott (Elahom) en Jerusalem
spendierat. 17Von dem Geld sollst du
ganz gwissahaft Stier, Schåfböck ond
Lämmer ond älle Speis- ond Trankopfer
aekaofa ond s darbrenga auf am Altar
em Haus von euram Gott (Elahakom)
en Jerusalem. 18Ond was für di ond für
daene Brüader an Silber ond Gold übrig
bleibt, des könnat r nach am Willa von
euram Gott (Elahakom) vrwenda, 19Aber
dia Gerät, mô dr für da Gottasdenst em
Haus von daem Gott (Elahak) übergeba
werat, sollst d vor daem Gott (Elah) en
Jerusalem abgeba. 20Ao was da sonst
no brauchst für s Haus von daem Gott
(Elahak), was da für Ausgaba håsch,
des kriagst d aus dr Schatzkammer vom
König. 21Ond von mir, Artaxerxes, am
König, ischd dr Befehl ausgeba wôra
an älle Schatzmôester jenseits vom
Strom: dass ällas, was dr Priaster Esra,
dr Gelehrte em Gsetz, des mô von Gott
(Elah) em Hemmel komma ischd, von
euch vrlangt, ganz pünktlich geba wera
soll, 22ond zwår bis zo hondert Talent
Silber, ond Wôeza bis zo hondert Kor,
ond Wae bis zo hondert Bat, ond Öl bis
zo hondert Bat, ond jeda Menge Salz.
23Ällas, was dr Gott (Elah) em Hemmel
befiehlt, soll eifrig für s Haus vom Gott
(Elah) em Hemmel gliefert wera, et dass
dr Zôrn aufkommt über da König ond
saene Söh.

Zom Vrgleicha: *Vers 14:* Est 1,14 • *Vers 15:* 2Makk 3,2 • *Vers 20:* 6,9.

Neue Åweisonga: 7 24-28

24Ond ao des wird euch bekannt gmacht,
dass von älle Priaster ond Levita, Sänger,
Tôrhüater ond Tempeldiener am Haus
von Gott (Elaha), koe Tribut, Steuer
ond Wegzoll vrlangt wera därf.
25Aber du, Esra, setz nach dr Weishaet
von daem Gott (Elahak), dui mô du bei
dr håsch, Richter ond Beamte ae, dia
mô em ganza Volk jenseits vom Strom
Recht sprechat für älle, mô d Gsetz von
daem Gott (Elahak) kennat, ond dene,

mô s no et kennat, sollat ihr s beibrenga. 26Ond a jeder, der mô s Gsetz von daem Gott (Elahak) ond s Gsetz vom König et aehält, soll ganz gnao drnåch vrurtôelt wera, sei s zom Tod, oder zor Vrbannong oder zor Geldstråf oder Gfängnis.

27Lobpreis sei JAHWE, am Gott (Elohey) von onsere Vädr, der mô des am König ens Herz geba håt, da Tempel von JAHWE en Jerusalem so zom vrherrlicha, 28ond mir d Gunst vom König ond von saene Rät ond von älle mächtige Obere vom König zuagwendat håt! So han e Muat gfaßt, weil d Håd von JAHWE, maem Gott, über mr gwea ischd, ond i han Familiaoberhaepter aus Israel gsuacht, mô mit mr naufganga wölla hent.

S Vrzaechnis von de Hoemkehrer:
8 1-20

Zom Vrgleicha: *Vers 2:* Num 25,7-13; 1Chr 5,29f; 24,1-4 • *Vers 20:* 2,43-54; 1Chr 9,2.

Dr Bericht über d Raes: 8 21-36

8 21Nå han e sell am Fluss bei Ahawa a Fasta ausruafa lassa, dass mr ons vôr onseram Gott (Eloheynu) demüatigat, ond om a glücklicha Raes für ons ond onsere Familia ond onser Hab ond Guat zom bitta. 22I han me nämlich gschämt, da König om Beglaetong durch bewaffnate Männer ond Reiter zom bitta als Schutz vôr Faend auf onserer Raes, weil mir zom König gsaed hent: D Håd von onseram Gott (Eloheynu) wacht über älle, mô an suachat, zo ihram Besta, aber sae Macht ond sae Zôrn stôht gega dia, mô an vrlassat! 23Nå he'mr gfastat ond onseran Gott (Eloheynu) en dera Sach beta, ond ER håt sich von ons bitta lassa.

24Ond i han von de oberste Priaster zwölf ausgsondert, drzua da Scherebja ond da Haschabja ond mit dene no zeah von ihre Brüader. 25Dene han e s Silber ond s Gold nôgwoga ond d Gerät, ond d Weihegaba für da Tempel von onseram Gott (Eloheynu), mô gstiftat wôra send vom König ond saene Rät ond saene Oberste ond von ganz Israel, mô sell gwea ischd. 26I han ällas gwoga ond han en sechshondertfufzg Talent Silber, an silberne Gerät hondert Talent ond hondert Talent Gold übergeba, 27drzua zwanzg goldene Becher em Wert von tausad Darika ond zwôe kostbare Gerät aus polierter Bronze, kostbar wia Gold. 28Ond i han zo nen gsaed: Ihr send für JAHWE ghaeligt, ond dia Gfäß send haelig, ond des Silber ond des Gold send Spenda für JAHWE, da Gott (Elohey) von eure Vädr. 29Send mr wachsam ond passat guat drauf auf, bis r s vôr da Obersta von de Priaster ond Levita ond vôr de Familiaoberhaepter von Israel en Jerusalem en de Kammera vom Tempel von JAHWE nôwägat. 30Nå hent dia Priaster ond d Levita des gwogene Gwicht an Silber ond Gold ond an Gerätschafta gnomma zom s nach Jerusalem brenga, ens Haus von onseram Gott (Eloheynu).

31Nå se'mr am zwölfta Dag vom ersta Monat vom Fluss bei Ahawa aufbrocha, zom nach Jerusalem ganga, ond d Håd von onseram Gott (Eloheynu) ischd über ons gwea ond håt ons vôr Faend ond Wegelagerer grettat auf onseram Weg. 32Ond mr send nach Jerusalem komma ond send sell drei Däg blieba. 33Aber am vierta Dag ischd des Silber ond des Gold ond dia Gerätschafta em Tempel gwoga ond en d Obhuat vom Priaster Meremot, am Soh vom Uria, übergeba wôra; bei dem ischd ao dr Eleasar, am Pinhas sae Soh gwea, ond d Levita Josabad, am Jeschua sae Soh ond dr Noadja, am Binnui sae Soh. 34Ällas ischd nåchgwoga ond nåchzählt wôra, ond mr håt ällas aufgschrieba.

35Dia, mô aus dr Gfangaschaft komma
send, hent am Gott (Elohey) von Israel
Brandopfer darbrâcht: zwölf Stier für
ganz Israel, sechsanaenzg Schâfböck,
siebenasiebzg Lämmer ond zwölf
Gôesböck als Sündopfer, ällas als
Brandopfer für JAHWE. 36Nå hent se
d Befehl vom König de Satrapa vom
König ond de Statthalter von jenseits
vom Strom übergeba, ond dia hent nå
s Volk ond s Haus von Gott (Elohim)
onterstützt.

Zom Vrgleicha: *Vers 22:* • Neh 2,9 • *Vers 36:* 5,17; 7,11-26.

S Verbot von Mischeha: 9 1-4

9 Mô des erledigt gwea ischd, send d
Fürsta zo mr komma ond hent gsaed:
S Volk Israel ond ao d Priaster ond d
Levita hent sich et von de Völker em
Land ond ihre Greueltata distanziert,
von de Kanaaniter, de Hetiter, de
Perisiter, de Jebusiter, de Ammoniter, de
Moabiter, de Ägypter ond de Amoriter.
2Dia hent nämlich von dene ihre
Töchter oene für sich ond für ihre Söh
zo Fraoa gnomma, ond so håt sich dr
haelige Såma mit dene Völker em Land
vrmischt, ond d Fürsta ond d Vôrständ
send bei dera Otreue vôrnadraus ganga.
3Môn e des ghört han, han e mae Gwand
vrrissa ond maen Mantel ond han mr d
Håår graoft ond da Bart ond ben ganz
gschlaga dåghockt. 4Ond älle dia hent
sich bei mr vrsammlat, mô sich vôr am
Wort vom Gott (Elohey) von Israel
gfürchtat hent wega dem Treubruch von
dene Hoemkehrer. Ond i ben bis zom
Speisopfer am Åbad no ganz gschlaga
dåghockt.

Zom Vrgleicha: *Vers 1:* Dtn 7,1-4; 23,3f • *Vers 2:* Mal 2,10-12; 7Neh 13,23-28; Jes 6,13.

Am Esra sae Bußgebet: 9 5-15

5Om d Zeit vom Speisopfer am Åbad
rom ben e aufgstanda von maener
Buaßüabong, en dera, môn e mae
Gwand ond maen Mantel vrrissa han,
ond ben auf maene Knia gsonka ond
han maene Händ zo JAHWE, maem
Gott (Elohey) ausbrôetat. 6Ond i han
gsaed: Mae Gott (Elohay), I schäm
me ond trau me et, maene Aoga auf di
zom richta, mae Gott (Elohay)! Onsere
Otata send ons nämlich über da Kopf
gwachsa, ond onser Vrschuldong ischd
bis an da Hemmel nauf gwachsa. 7Seit de
Däg von onsere Vädr bis auf da haetiga
Dag send mir en ra graoßa Schuld,
onsere König ond onsere Priaster send
wega onsere Otata an d König von dene
Länder preisgeba wôra durch s Schwert,
durch Gfangaschaft ond Plünderong,
ond durch da Spott, so wia an dem Dag.
8Ond jetzt ischd ons an kloena Aogablick
s Erbarma von JAHWE, onseram Gott
(Eloheynu) widerfahra, môn r no
Grettate von ons übrig glassa ond ons an
festa Halt am Ort von saem Haeligtom
geba håt, onser Gott (Eloheynu) håt
onsere Aoga wieder leuchta lassa ond
ons a bißle Lebenskraft geba en onserer
Knechtschaft. 9Mir send zwår Knecht,
aber onser Gott (Eloheynu) håt ons en
onserer Knechtschaft et vrlassa, ond
håt ons d Gunst von de König von
Persien zuagwendat. Ond r håt ons
wieder Lebenskraft geba, zom s Haus
von onseram Gott (Eloheynu) wieder
aufbaua ond saene Ruina wieder her zom
stella, ond ons en Juda ond Jerusalem a
Schutzmauer geba.
10Ond jetzt, was sollat mir nach dem
ällam saga, onser Gott (Eloheynu)? Mô
mr doch daene Gebot vrlassa hent, 11dia
mô du durch daene Diener, d Profeta
erlassa håsch, endem da gsaed håsch: Des
Land, mô ihr naeziagat zom s aenemma,
ischd a oraens Land durch d Oraenhaet
von de Völker en dene Länder, wega ihre
Greueltata, mit dene, mô se s von oem
End zom andera mit ihrer Oraenhaet

vol gmacht hent. 12Deswega sollat ihr
eure Töchter et dene ihre Söh geba ond
dene ihre Töchter et eure Söh. Ond
suachat et dauernd ihran Frieda ond ihr
Glück, dass r stark werat ond d Güater
vom Land genießat ond an eure Kender
für älle Zeita vrerba könnat.
13Ond nach ällam, was über ons håt
komma müaßa wega onsere baese Tata
ond onserer graoßa Schuld – aber du,
onser Gott (Eloheynu), håsch ons
vrschont, obwohl mr s et vrdient hent
wega onsere Vrgeha, ond håsch ons dia
Grettate bråcht - 14sotte mir nå wieder
daene Gebot übertreta, dass mr ons
mit dene Völker vrmischat, dia mô dia
Greueltata dåhanna dent? Dätest du
då et wieder an Zôrn gega ons kriaga
ond ons so ausrotta, dass et amål mae
a Rest von ons übrig bleiba dät? 15O
JAHWE, du Gott (Elohey) von Israel,
du bist gerecht ond håsch ons als Rest
von Grettate übrig glassa, wia mr s haet
sieht. Mit standat vôr dir mit onserer
Schuld! S ischd jå gar et möglich, vôr dir
so zom bestanda!

Zom Vrgleicha: *Vers 11:* Lev 18,22-27; Dtn 7,1.3; Ez 36,17; 37,25.

D Auflösong von de Mischeha: 10 1-17

10 Ond während dr Esra also betat
håt ond onter Träna sae Bekenntnis
abglegt ond sich niedergwôrfa håt vôr
am Tempel von Gott (Elohim), håt sich
a ganz graoßa Gemaende aus Israel
vrsammlat, Männer ond Fraoa ond
Kender. Ond s Volk håt ganz arg gheult.
2Nå håt dr Schechanja, am Jehiël sae Soh,
oener vom Elam saene Nåchkomma,
s Wort gnomma ond zom Esra gsaed:
Mir send otreu gwea gega onseran Gott
(Eloheynu), mir hent fremde Fraoa
gheiratat von dene Völker em Land!
Aber s geit oenaweg no Hoffnong für
Israel en dera Åglegahaet. 3Laß ons jetzt
an Bund schliaßa mit onseram Gott
(Eloheynu), ond ons vrpflichta, dass mr
älle fremde Fraoa ond dia Kender, mô
von dene gebora send, entlassat nach
am Rat von maem Herra ond von dene,
mô a Ehrfurcht hent vôr de Gebot von
onseram Gott (Eloheynu), ond nach am
Gsetz vrfahrat. 4Stand auf! Du muaßt
s doa, mir send drbei! Sei stark ond
handle! 5Nå ischd dr Esra aufgstanda
ond håt de Oberste von de Priaster ond
von de Levita ond ganz Israel schwöra
lassa, dass mr nach dem Wort vrfährt,
ond se hent s gschwora. 6Nå håt dr Esra
saen Platz vôr am Tempel von Gott
(Elohim) vrlassa ond ischd en d Kammer
vom Johanan, am Soh vom Eljaschib
ganga. Då ischd r naeganga ond håt koe
Brot ond koe Wasser åglangt, weil r so
traurig gwea ischd über d Treulosigkaet
von dene Hoemkehrer.
7Nå håt mr en ganz Juda ond Jerusalem
ausruafa lassa, dass sich älle Hoemkehrer
en Jerusalem vrsammla solle. 8Ond a
jeder, der mô et ennerhalb von drei
Däg komma dät, so hätte s de Oberste
beschlossa, dem dät mr sae ganz Hab
ond Guat banna, ond er selber dät aus
dr Gemaende von de Hoemkehrer
ausgschlossa wera. 9Nå hent sich älle
Männer von Juda ond Benjamin en
Jerusalem vrsammlat nach drei Däg, des
ischd em naenta Monat am zwanzigsta
Dag gwea. Ond s ganze Volk ischd auf am
Vôrplatz am Tempel von Gott (Elohim)
gsessa ond håt zitterat wega dera Sach
ond ao, weil s gregnat håt. 10Ond dr
Priaster Esra ischd aufgstanda ond håt
zo nen gsaed: Ihr send otreu gwea,
weil r fremde Fraoa gheiratat hent, ond
hent so d Schuld von Israel no graeßer
gmacht. 11Ond jetzt: Gebat JAHWE,
am Gott (Elohey) von eure Vädr d Ehr
ond dent, was ER von euch will: trennat
euch von dene fremde Völker em Land
ond von eure fremde Fraoa! 12Nå håt
de ganz Vrsammlong mit lauter Stemm

gsaed: So wia du s gsaed håsch müaßat
mir handla! 13Aber s Volk ischd zahlreich
ond s ischd Regazeit, då kå mr et lang
em Freia bleiba, ond dui Åglegahaet kå
mr et en oem oder zwôe Dag regla, mir
hent nämlich en dera Sach viel gsündigt!
14Onsere Oberste sollat d Vrsammlong
vrtreta, ond a jeder, mô en onsere Städt
wohnt ond a fremda Frao håt, soll zo ra
festglegta Zeit mit de Älteste von jeder
Stadt ond ihre Richter komma, bis dr
Zôrn von onseram Gott (Eloheynu)
wega dera Åglegahaet vrganga ischd.
15Aber dr Jonatan, am Asaël sae Soh
ond dr Jachseja, am Tikwa sae Soh, send
drgega gwea; ond dr Meschullam ond
dr Levit Schabbetai hent se onterstützt.
16Aber dia Hoemkehrer hent s so
gmacht ond dr Priaster Esra håt Männer
rausgsuacht, von jeder Sippschaft a
Familiaoberhaopt, dia send namentlich
bestimmt wôra, ond dia hent am ersta
Dag vom zehnta Monat a Sitzong
abghalta, zom ällas ontersuacha. 17Ond
am ersta Dag vom ersta Monat send se
fertig gwea mit älle dene Männer, mô
fremde Fraoa ghet hent.

Zom Vrgleicha: *Vers 6:* Neh 13,4 • Vers 8: 7,26.

D Liste von de Betroffene: 10 18-44
Zom Vrgleicha: *Vers 18:* 2,36-39 • *Vers 19:* Lev 5,14-19 • *Vers 25-43:* 2,3-35.

S Buach Nehemia

DR WIEDERAUFBAU DURCH DA NEHEMIA: 1 1 – 6 9

Am Nehemia sae Gebet: 1 1-11

1 Reda vom Nehemia, am Soh vom
Hachalja. Em Monat Kislew, em
zwanzigsta Jåhr vom König Artaxerxes,
ben i en dr Festong Susa gwea. [2]Ond
då ischd dr Hanani komma, oener von
maene Brüader, er ond a paar Männer
von Juda. I han se gfrågt, wia s de Juda
gangat dät, dene, mô drvokomma send
ond von de Vrschleppte übrig blieba
send, ond wia s en Jerusalem ganga dät.
[3]Ond dia hent zo mr gsaed: Dia, mô
übrig blieba send, lebat sell en dr Provinz
en ra graoßa Naot ond en Schand; ond d
Stadtmauer von Jerusalem ischd agrissa
ond saene Tôr håt mr vrbrennt. [4]Môn e
des ghört han, ben e nôghockt ond han
gheult. I ben traurig gwea etlich Däg,
han gfastat ond betat zom Gott (Elohey)
em Hemmel. [5]I han gsaed:
Ach, JAHWE, du Gott (Elohey) em
Hemmel, du graoßer ond furchtbarer
Gott (El), du hälst daen Gnadabund ae
mit älle, mô an mögat ond saene Gebot
aehaltat! [6]Laß doch dae Ohr aufmerka
ond daene Aoga offa sae zom höra auf s
Gebet von daem Knecht, des mô i jetzt
vôr dir bet Dag ond Nacht für d Israelita,
daene Knecht, ond bekenn d Sünda
von de Israelita. Mir hent gsündigt vôr
dir, ond ao s Haus von maem Vadr håt
gsündigt. [7]Mir hent ons ganz baes an dir
vrganga ond d Gebot ond d Satzonga
ond d Rechtsvôrschrifta, mô du daem
Knecht Mose geba håsch, et aeghalta.
[8]Denk doch an des Wort, des mô du
daem Knecht Mose auftraga håsch, mô
da gsaed håsch: Wann ihr treulos werat,
nå vrstrae i euch onter d Völker; [9]wann
r aber wieder omkehrat ond maene
Gebot aehaltat ond drnåch lebat – nå
sammle i se wieder ae, ond wann se bis
ans End von de Hemmel vrsprengt
send, ond breng se wieder an den Ort,
den mô i auserwählt han, dass då mae
Nåma wohnt.
[10]Se send doch daene Knecht ond dae
Volk, des mô du mit daener graoßa
Kraft ond mit daener starka Håd befreit
håsch. [11]Ach, mae Herr, laß doch dae
Ohr aufmerka auf s Gebet von daem
Knecht ond von daene Knecht, dia mô
a Ehrfurcht hent vôr daem Nåma! Ond
lass s haet glenga ond lass an Erbarma
fenda vôr dem Må dåhanna! I selber ben
doch dr Mundschenk vom König gwea.

Zom Vrgleicha: *Vers 1:* Est 1,2f; Da 8,2 • *Vers 3:* Esra 4,21-24 • *Vers 4:* Esra 9,3 • *Vers 5:* Da 9,4 • *Vers 8-9:* Dtn 30,1-4 • *Vers 10:* Dtn 9,29.

Dr Nehemia kommt zrück: 2 1-10

2 Ond s ischd em Monat Nissan
em zwanzigsta Jåhr vom König
Artaxerxes gwea, mô dr Wae vôr am
gstanda ischd ond i han an am König
geba. aber i han drbei et guat ausgseha.
[2]Nå håt dr König zo mr gsaed: Wårom
siehst d denn so schlecht aus? Du bist
mr doch hoffentlich et krank? Noe,
des ischd s et, sondern di druckt ebbas!
Aber i han ganz arg Angst ghet. [3]Ond
i han zom König gsaed: Dr König soll
ewig leba! Wia sott i ao et schlecht
ausseha, mô doch dui Stadt, en dera mô
maene Vädr beerdigt send, vrwüastat
dåleit ond ihre Stadttôr vrbrennt send
em Feuer! [4]Nå håt mr dr König zor
Antwort geba: Was hättest d denn gern?
Nå han e zo Gott (Elohey) em Hemmel
betat. [5]Ond nå han e zom König gsaed:
Wann s am König gfällt ond dae Knecht
vôr dir vrtrauenswürdig ischd: Daß du
mi nach Judäa schickst en d Stadt, mô d
Gräber von maene Vädr send, dass i se

wieder aufbau!
[6]Nå håt dr König me gfrågt, ond sae
Gemahlin ischd neber am gsessa: Wia
lang soll nå dae Raes daura bis da
wieder zrück kommst? Ond dr König
ischd aevrstanda gwea ond i han am a
bestimmta Zeit gsaed, ond r håt me
gschickt. [7]Nå han e zom König gsaed:
Wann s am König gfällt, nå mög r mr
Briaf mitgeba an d Statthalter jenseits
vom Strom, dass se me nach Judäa
durchziaha lassat. [8]Ond ao an Briaf an
da Asaf, da Aufseher vom königlicha
Wald, dass mr der Holz gibt für d Tôr
von dr Burg, mô zom Tempelhaus ghert,
ond für d Stadtmauer, ond für des Haus,
mô i aezieha soll. Ond dr König håt mr
s genehmigt, weil maem Gott (Elohay)
sae güatiga Håd über mr gwea ischd.
[9]Ond i ben zo dene Statthalter jenseits
vom Strom komma ond han en dia
Briaf vom König geba. Dr König håt
mr ao Haoptleut ond Reiter zom
Schutz mitgeba. [10]Mô nå dr Sanballat, dr
Horoniter ond dr Tobija von Ammon
des ghört hent, send se grantig gwea,
dass då a Må komma ischd zom sich om
s Wohl von de Israelita kümmera.

Zom Vrgleicha: *Vers 7:* Esra 4,10f; 7,11 • *Vers 9:* Esra 8,22.

Dr Entschluß zom Mauerbau: 2 11-20

[11]So ben e nach Jerusalem komma ond
ben drei Däg sell blieba, [12]ond han me
en dr Nacht aufgmacht ond han bloß a
paar Männer mitgnomma, i han ao no
neamerd gsaed, was mr Gott (Elohay)
ens Herz geba håt für Jerusalem zom
doa; i han ao koe Tier mitgnomma
außer dem, môn e drauf gritta ben.
[13]Ond i ben en dr Nacht durch s Taltôr
nausgritta ond nå an dr Drachaquell
vorbei ans Misttôr ond han ällas ganz
gnao ontersuacht, mô d Maura von
Jerusalem agrissa ond ihre Tôr vrbrennt
gwea send. [14]Nå ben e ans Quellatôr
ond an da Königsteich nomgritta. Då
ischd koe Platz maeh gwea, môn e mit
maem Tier durchkomma wär. [15]Nå ben
e en dr Nacht s Tal naufgstiega ond
han dia Maura ågucki, nå ben e wieder
omdreht ond ben durch s Taltôr wieder
hoemkomma. [16]Aber dia Vôrsteher hent
et gwißt, mô i nôganga gwea ben ond
was i vôrghet han; i han nämlich de Juda
no nex gsaed, weders de Priaster, no de
Vürnehme, no de andere, mô für des
Werk vrantwortlich gwea send. [17]Aber
nå han e zo nen gsaed: Ihr sehat doch des
Elend, en dem mr dåhanna dren steckat,
dass Jerusalem vrwüastat ischd ond d
Stadttôr vrbrennt send em Feuer. Also
laß ons d Stadtmaura von Jerusalem
wieder aufbaua, dass mr et länger s
Gspött send. [18]Nå han e en vrzählt,
wia d Håd von maem Gott (Elohay) so
güatig über mr gwea ischd ond was dr
König zo mr gsaed håt. Dådrauf hent se
mr zor Antwort geba: Mir send beraet,
also laß ons baua!
[19]Mô aber dr Sanballat, dr Horoniter
ond dr Tobija, der ammonitische Knecht
des ghört hent ond dr Araber Geschem,
hent se ons vrspottat ond ganz vrächtlich
zon as gsaed: Was soll ao des wera, was
ihr då dent? Wöllat r euch vielleicht
gega da König aufloehna? [20]Nå han en i
zor Antwort geba: Dr Gott (Elohey) em
Hemmel lässt s ons glenga, ond mir send
saene Knecht machat ons ans Werk ond
bauat; aber ihr hent koen Åtôel ond koe
Årecht ond koe Ådenka en Jerusalem.

Zom Vrgleicha: *Vers 11:* Esra 8,32 • *Vers 13:* 3,13-15; 12,31-34.37 • *Vers 19:* Esra 4,23.

Dr Bericht über da Mauerbau: 3 1-32

Då wird aufzählt, wer für was zuaständig gwea ischd.

Zom Vrgleicha: *Vers 1:* Jer 31,38-40; Neh 12,31-39 • *Vers 15:* 2Kö 20,20; Joh 9,7 • *Vers 25:* Jer 32,2 • *Vers 29:* Ez 40,6.

Dr Spott von de Faend: 3 33-38

3 33 Mô nå dr Sanballat ghört håt, dass mir d Mauer aufbauat, ischd r narrat wöra ond håt sich saumäßig g'ärgert ond håt ågfanga über d Juda zom spotta. 34 Ond r håt vôr saene Brüader ond am Heer von Samaria gsaed: Was machat denn dia Schwächleng von Juda dåhanna? Wöllat se schao pflästera? Wöllat se schao metzga zom Opfer? Wöllat se s schao fertig macha an oem Dag? Oder wöllat se vielleicht dia Stoe aus dem vrkohlta Trümmerhaufa dåhanna wieder lebendig macha? 35 Ond dr Tobija von Ammon ischd neber am gstanda ond håt gsaed: Laß dia doch baua! Wann då a Fuchs naufhopft, nå haglat ihr Stoemauer wieder om!

36 Hör doch, onser Gott (Elohenu), wia mir zom Gspött wôra send, laß en ihre Schmähonga auf ihran aegena Kopf falla ond gib se dr Plünderong preis ema Land, mô se Gfangene send! 37 Deck ihre Otata ond ihr Sünd et zua vôr dir, weil se onsere Bauleut belaedigt hent.

38 Aber mir hent an dr Mauer weiter baut, ond bald ischd se bis zor Hälfte zua gwea, ond des hôt da Eifer vom Volk zor Ärbat ågstachlat.

Zom Vrgleicha: *Vers 33:* 2,10.19 • *Vers 37:* Jer 18,23.

Störonga von außa: 4 1-17

4 Ond mô dr Sanballat ond dr Tobija ond dia Araber ond d Ammoniter ond d Aschdoditer ghört hent, dass Fortschritt gmacht werat bei dr Wiederherstellong von dr Stadtmauer von Jerusalem, ond dia Brescha en dr Mauer wieder gschlossa wôra send, håt se a arga Wuat packt. 2 Ond se hent sich mitanander vrschwora zom naufganga, ond mit Jerusalem an Kriag åfanga ond a Vrwirrong stifta. 3 Aber mir hent zo onseram Gott (Eloheynu) betat ond Wachposta aufgstellt gega se Dag ond Nacht zom Schutz vôr dene. 4 Nå hent dia Judäer gsaed: Dia Lastträger hent koe Kraft maeh, des ischd viel z viel Schutt, so kå mr dui Mauer et baua. 5 Aber onsere Widersacher hent denkt: Dia sollat nex merka ond nex seha bis mir mittla naefahrat ond se zdaot haoat ond mit dem Gschäft dåhanna a End machat. 6 Aber dia Judäer, mô en dene ihrer Nåchberschaft gwohnt hent, send komma ond hent ons emmer wieder vrzählt: Aus älle Ortschafta rengsrom, däte se gega ons årücka. 7 Nå han e onterhalb von dr Mauer an de offene Stella s Volk aufgstellt nach de Sippschafta mit Schwerter, Spiaß ond Bogaschütza. 8 Ond i han se gmusterat, nå ben e aufgstanda ond han zo de Vürnehme ond zo de Vôrsteher ond zom Rest vom Volk gsaed: Vôr dene brauchat ihr koe Angst han! Denkat an onseran graoßa ond furchtbara Herra ond kämpfat für eure Brüader, für eure Söh ond Töchter, für eure Fraoa ond eure Häuser!

9 Mô nå onsere Faend ghört hent, dass mir gmerkt hent, was se vôr hent, ond Gott (Elohim) ihre Plän vreitelt håt, (send se wieder abzoga) ond mir send wieder an d Mauer ganga, a jeder an sae Gschäft. 10 Von dem Dag å håt bloß no d Hälfte von maene Leut an onseram Werk gschafft, ond de ander Hälfte håt mit Lanza, Schild, Boga ond Panzer Wach gschoba, ond de Obere send henter am ganza Haus von Juda gstanda. 11 Ond dia Bauleut an dr Mauer ond d Lastträger hent mit oener Hâd ihr Ärbat gmacht ond en dr andera hent se ihre Waffa ghet. 12 Ond von de Bauhandwerker håt a jeder sae Schwert an de Hüfta ghet, ond der, mô s Horn blåsa håt, ischd neber mr gstanda. 13 Ond i han zo de Vürnehme ond zo de Obere ond zom Rest vom ganza Volk gsaed: Des Werk ischd graoß ond weitlaefig, ond mir send

auf dr ganza Mauer vrtôelt ond weit
ausanander. [14]An dem Platz, von dem aus
r da Hörnerschall hörat, müaßat r euch
om ons schara. Onser Gott (Eloheynu)
kämpft für ons! [15]So he'mr an dem
Werk gschafft, während oe Hälfte mit
de Waffa dågstanda ischd von dr
Môrgaraete å bis d Stern aufganga send.
[16]En dera Zeit han e ao zom Volk gsaed:
A jeder soll mit saene Leut en Jerusalem
übernachta, dass se en dr Nacht Wach
haltat ond am Dag für s Werk då send.
[17]Weder i no maene Brüader, weders
maene Leut no d Wachmannschafta,
mô bei mr gwea send, ischd aus saene
Klôeder rauskomma; ond a jeder håt sae
Waff an dr Seite ghet.

Zom Vrgleicha: *Vers 14:* Ex 14,14.

Ofrieda em aegena Lager: 5 1-13

5 Nå håt s a riesa Gschrôe em Volk
geba ond von ihre Fraoa über ihre
jüdische Brüader. [2]De oene hent gsaed:
Mir müaßat onsere Kender vrpfända,
dass mr a Korn kriagat zom essa ond
leba könnat! [3]Andere hent gsaed: Mir
müaßat onsere Äcker ond d Wengert
ond onsere Häuser als Pfand geba, dass
mr Korn kriagat en dr Hongersnaot!
[4]Ond nômål andere hent gsaed: Mir hent
auf onsere Äcker ond Wengert Geld
aufnemma müaßa, dass mr am König
Steura zahla könnat. [5]Ond jetzt: Mir send
doch aus am gleicha Flôesch ond Bluat
wia onsere Brüader, ond onsere Kender
send wia dene ihre Kender! Aber mir
müaßat onsere Kender zo Schuldsklava
erniedriga, ond von onsere Töchter
send schao oene zo Leibaegene gmacht
wôra, ond mir könnat nex drgega doa,
weil onsere Äcker ond Wengert schao
andere Leut gherat!
[6]Då håt me d Wuat packt, mô se mr des
vrzählt hent. [7]Ond I han mr überlegt
was e doa könnt. Nå han e de Vürnehme
ond d Vôrständ zor Red gstellt ond zo
nen gsaed: Wia könnat ihr Eure Brüader
mit euram Wucher so onter Druck
setza? Ond i han a graoßa Vrsammlong
aeberuafa. [8]Nå han e zo nen gsaed: Mir
hent von onsere jüdische Brüader, dia mô
an andere Völker vrkaoft wôra send, so
viel mr könna hent, von dene freikaoft.
Ond ihr wöllat eure aegene Brüader
vrkaofa, dass se nå wieder an ons vrkaoft
werat? Nå hent se gschwiega, weil se
nex maeh hent saga könna. [9]Dådrauf
han e gsaed: Was ihr dao dent, des ischd
et guat! Sottat ihr et en dr Ehrfurcht vôr
onseram Gott (Eloheynu) leba wega de
Faend en de andere Völker ihram Spott?
[10]Ao i, maene Brüader ond maene Leut
hent en Geld ond Korn glieha. Streichat
mr doch oefach onsere Forderonga!
[11]Gebat en haet no ihre Äcker, Wengert,
ihre Ölbaem ond ihre Häuser zruck, ond
streichat ihre Schulda an Geld, an Korn
an Wae ond Öl! [12]Nå hent se gsaed: Mir
gebat ällas zruck ond treibat nex von en
ae. So machat mr s, wia du s gsaed håsch!
Nå han e d Priaster gruafa ond han se
schwöra lassa, dass se s ao wirklich dent.
[13]Ond nå han e no da Bausch vo'maem
Gwand ausgschüttlat ond gsaed: So soll
Gott (Elohim) an jeda ausschüttla aus
saem Haus ond aus saem Vrmöga, der
mô sich et an dui Abmachong hält, dass
r ao ausgschüttlat ond leer ischd! Ond
de ganz Gemaende håt „Amen“ gsaed,
ond se hent da Herrgott (JAHWE)
priesa. Ond se hent s nå so gmacht.

Zom Vrgleicha: *Vers 1:* Jer 34,8-16 • *Vers 2:* 2Kö 4,1; Mt 18,25 • *Vers 5:* Lev 25,39.43 • *Vers 8:* Lev 25,47f • *Vers 9:* Lev 25,35-37 • *Vers 11:* Dtn 15,1f.

Dr Nehemia als Statthalter: 5 14-19

[14]Von då å, mô mr mi zom Statthalter em
Land Juda gmacht håt, des hôeßt vom
zwanzigsta Jåhr vom König Artaxerxes
bis zo saem zwôeadreißigsta Jåhr, also
zwölf Jåhr, han i ond maene Brüader

auf s Aekomma vo'ma Statthalter
vrzichtat. 15De frühere Statthalter, mô
vôr mir drå gwea send, dia hent s Volk
schwer belastat ond hent äll Dag vierzg
Silberschekel für Wae ond Brot aetrieba,
ao ihre Leut hent s Volk ausbeutat. Aber
i han aus Ehrfurcht vôr Gott (Elohim) et
so ghandelt. 16Ond i han ao mitgschafft
an dr Mauer ond Håd åglegt, ond mir
hent ao no koen Acker kaoft ond älle
maene Leut send bei dr Ärbat drbei
gwea. 17Ond dia Judäer ond d Vôrsteher,
sogar dia, mô von andere Völker zo ons
komma send, hent an maem Tisch gessa.
18Dådrfür håt mr jedan Dag zom kocha
an Ochsa ond sechs ausgsuachte Schåf
ond Gflügel braucht, ond i han äll zeah
Däg a Menge Wae auf da Tisch gstellt.
Aber i han oenaweg da Onterhalt
vo'ma Statthalter et ågfordert, weil s
Volk durch da Frondenst schao gnuag
belastat gwea ischd.
19Rechne mr s doch å, mae Gott (Elohay),
was e dem Volk ällao an Guatam dao
han.

Zom Vrgleicha: *Vers 19:* 6,14; 13,14.31;Ps 132,1.

D Faend werat abgwehrt: 6 1-19

6 Ond mô dr Sanballat ond dr Tobija
ond dr Araber Geschem ond onsere
andere Faend ghört hent, daß i d Mauer
wieder aufbaut han ond koe Luck maeh
blieba ischd, obwohl d Tôrflügel en de
Stadttôr no et aegsetzt gwea send, 2håt
dr Sanballat ond dr Geschem zo mr
gschickt ond mr ausrichta lassa: Komm,
laß ons en Kefirim en dr Ebene von Ono
zsemakomma. Aber dia hent mr ebbas
Baes ådoa wölla. 3Nå han e Bota zo nen
gschickt ond en saga lassa: I han viel zom
doa ond kå drwega et nakomma. Wårom
sott ao d Ärbat liega bleiba, bloß weil i
weg ganga ond zo euch nakomma dät?
4Dia hent vier mål en dera Åglehahaet
zo mr gschickt ond i han en jedas Mål
de gleich Antwort geba. 5Nå håt dr
Sanballat zom fufta Mål saen Diener
zo mr gschickt mit ama offena Briaf en
dr Håd. 6Då ischd drengstanda: Onter
de Völker gôht rom, ond dr Geschem
bestätigt s: Du willst mit de Juda abfalla
ond håsch deswega d Mauer aufbaut ond
du willst ihr König wera, wia se sagat.
7Ond ao Profeta hättest d ågstellt, dia
mô von dir en Jerusalem ausruafa sollat:
Er ischd dr König! Des wird sicher ao
dr König mitkriaga. Also komm, dass
mr mitanander beratat. 8Nå han e zon
am gschickt ond am ausrichta lassa:
Gar nex ischd gscheha von dem, was
du behaoptest; des håsch dr du selber
ausdenkt! 9Dia älle hent ons nämlich
Angst aejaga wölla; dia hent nämlich
gmoent: dia werat aufhera mit schaffa,
nå wird s ao et fertig. Aber i han nå erst
recht maene Händ gregt.
10Ond i ben ens Haus vom Schemaja
komma, am Soh vom Delaja ond
Enkel vom Mehetabel, der ischd grad
vrhenderat (en profetischer Ekstase)
gwea ond håt gsaed: Laß ons em Haus
von Gott (Elohim) zsemakomma ond
d Türa vom Tempel zuaschliaßa, dia
wöllat nämlich en dr Nacht komma
ond de ombrenga! 11Aber i han gsaed:
Sott a Må wia i abhaoa? Ond könnt a
Må wia i en da Tempel naeganga ond
am Leba bleiba? I gang då et nae! 12I han
nämlich gspürt, dass et Gott (Elohim)
den gschickt håt, sondern dass r mr
des profezeit håt, weil an dr Tobija ond
dr Sanballat donga hent. 13Dia hent an
donga, dass i vôr lauter Angst me so
vrhalta ond me so vrsündiga dät ond
sia mir nå ebbas Übels nåchsaga könnte
ond me hentadrae no vrspotta. 14Mae
Gott (Elohay), denk drå, was dr Tobija
ond dr Sanballat mir ådao hent, ond ao d
Profetin Noadja ond de übrige Profeta,
dia mô mir hent Angst aejaga wölla.
15Nach zwôeafufzg Däg, am
Fenfazwanzigsta vom Monat Elul,

ischd d Mauer fertig gwea. [16]Mô des älle onsere Faend ghört hent, hent s älle Völker rengsrom mit dr Angst zom doa kriagt ond ihr Übermuat ischd en vrganga, ond se hent erkenna müaßa, dass mir des Werk mit dr Hilfe von onseram Gott (Eloheynu) vollbrâcht hent.
[17]En dera Zeit hent viele von de Vürnehme aus Juda Briaf an da Tobija gschrieba, ond von dem send ao viele Briaf zo nen komma. [18]En Juda send nämlich viele durch an Eid an an bonda gwea, weil r dr Schwiegersoh vom Schechanja, am Arach saem Soh, gwea ischd, ond sae Soh, dr Johanan, håt am Meschullam, am Berechja saem Soh, sae Tochter gheiratat. [19]Ond se hent sogar von saene guate Aegaschafta vôr mr gschwärmt ond hent am nôtraga, was i gsaed han. Ond dr Tobija håt mr ao Briaf gschrieba ond mr Angst macha wölla.

Zom Vrgleicha: *Vers 2:* Esra 2,33 • *Vers 6:* Esra 4,11-16 • *Vers 11:* Num 18,7; 2Chr 26,16-20 • *Vers 12:* Jer 23,15-17.

ORDNONGA OND REFORMA: 7 1 – 13 31

D Mauer wird fertig gmacht: 7 1-3

7 Mô nå d Mauer fertig gwea ischd, han e d Tôr aegsetzt ond mr håt Tôrhüater ågstellt, ond d Sänger ond d Levita håt mr ao ågstellt. [2]Nå han e maen Bruader Hanani ond da Burgvogt Hananja über Jerusalem als Vôrsteher beauftragt, der håt nämlich als zuavrlässig golta ond r håt Ehrfurcht vôr Gott (Elohim) ghet. [3]Ond i han zo nen gsaed: D Stadttôr von Jerusalem sollat et aufgmacht wera, bevôr d Sonne hôeß schaent, ond solang se no am Hemmel stôht, soll mr se wieder zuamacha ond vrriegla. Ond mr soll Wacha aesetza aus dr Aewohnerschaft von Jerusalem, jedan auf saen Posta geganüber von saem Haus.

D Liste von de Laea: 7 4-38

[4]Jetzt ischd d Stadt aber recht weitlaefig gwea, ond no wenig Aewohner send dren gwea ond no koene neu baute Häuser. [5]Nå håt mr s mae Gott (Elohay) ens Herz geba, daß e de Vürnehme ond d Vôrsteher ond s Volk zsemagruafa han, daß se sich en Familialista aetraga lassat. Ond i han a Familiavrzaechnis gfonda mô dia drengstanda send, mô schao früher zrück komma send.
[6-38]Laealiste.

Zom Vrgleicha: *Vers 6-38:* • Esra 2,64-70.

Liste von de Priaster ond Levita: 7 39-65

Zom Vrgleicha: *Vers 39-65:* • Esra 2,36-63 • *Vers 65:* Lev 6,9-11; Ex 28,30.

D Volkszählong: 7 66-72

[66]De ganz Gemaende send ensgesamt zwôeavierzgtausaddreihondertsechzg Leut gwea, [67]außer ihre Sklava ond ihre Sklavinna, des send siebatausaddreihondertsiebenadreißg Seela gwea. Ond se hent zwôehondertfenfavierzg Sänger ond Sängerinna ghet. [68]Ond se hent siebahondertsechsadreißg Rösser ond zwôehondertfenfavierzg Maultier, an Kamel vierhondertfenfadreißg ond sechstausadsiebahondertzwanzg Esel ghet. [69]Ond a Tôel von de Familiaoberhaepter hent für s Werk gspendat. Dr Statthalter håt für da Bauschatz tausad Drachma en Gold, fufzg Sprengschala ond dreißg Gwänder für d Priaster geba ond fenfhondert Silberschekel. [70]Von de Familiaoberhaepter hent a paar für da

Bauschatz zwanzgtausad Golddrachma
ond zwôetausadzwôehondert
Silberschekel geba. [71]S übrige Volk
håt zwanzgtausad Golddrachma
ond zwôetausad Silberschekel ond
siebenasechszg Priastergwänder
gstiftat.
[72]Ond d Priaster ond d Levita ond d
Tôrhüater ond d Sänger ond etlich vom
Volk ond d Tempeldiener ond ganz
Israel hent en ihre Städt gwohnt. Em
siebta Monat send d Israelita schao en
ihre Städt gwea.

Zom Vrgleicha: *Vers 66-72-65:* • Esra 2,64-70.

D Onterweisong em Gsetz: 8 1-12

8 Ond s ganze Volk håt sich wia oe Må
vôr am Wassertôr vrsammlat, ond se
hent zom Gelehrta, zom Esra gsaed, r
soll des Gsetzbuach vom Mose hola, des
mô dr Herrgott (JAHWE) de Israelita
geba håt. [2]Am ersta Dag vom siebta
Monat håt dr Priaster Esra d Weisong
vor d Gemaende bråcht, vôr Männer
ond Fraoa, vor älle mô s vrstanda hent.
[3]Ond r håt dene Männer ond Fraoa
ond älle, mô s vrstanda hent, draus
vôrglesa auf am Platz vôr am Wassertôr
vom früha Môrga bis an da Mittag. S
ganze Volk håt aufmerksam am Gsetz
zuaghört. [4]Dr Esra, dr Gelehrte, ischd
auf ama Holzturm gstanda, den mô mr
extra dådrfür baut håt. Ond neber am
ischd rechts dr Matthitja, dr Schema,
dr Anaja, dr Urija, dr Hilkija ond dr
Maaseja gstanda, ond lenks dr Pedaja,
dr Mischaël, dr Malkija, dr Haschum,
dr Haschbaddana, dr Secharja ond dr
Meschullam. [5]Dr Esra håt des Buach vôr
de Aoga vom ganza Volk aufgmacht;
der ischd nämlich haecher gstanda wia s
Volk. Ond môn r s aufgmacht håt, ischd
s ganze Volk aufgstanda. [6]Nå håt dr Esra
JAHWE, da graoßa Gott (Elohim),
priesa, ond s ganze Volk håt mit
aufghobene Händ g'antwortat: Amen!
Amen! Ond hent sich beugt ond auf da
Boda niedergwôrfa vôr JAHWE. [7]Ond
ao d Levita Jeschua, Bani, Scherebja,
Jamin, Akkub, Schabbetai, Hodija,
Maaseja, Kelita, Asarja, Josabad,
Hanan ond Pelaja, hent d Leute em
Gsetz onterwiesa, während d Leut auf
ihram Platz blieba send. [8]So hent se
aus am Gsetzbuach von Gott (Elohim)
vôrglesa ond s ao ausglegt, ond se hent
s vrstanda.
[9]Ond dr Statthalter Nehemia, dr Priaster
ond Gelehrte Esra ond d Levita, mô s
Volk onterwiesa hent, dia hent zom
ganza Volk gsaed: Der Dag ischd
JAHWE, euram Gott (Eloheykem)
haelig! Send mr et traurig ond heulat et!
Dia Leut hent nämlich älle gheult, mô
se s Gsetz ghört hent. [10]Nå håt r zo nen
gsaed: Gangat ond essat ebbas guats ond
trenkat süaße Sacha, ond gebat ao dene
ebbas, mô nex hent; der Dag ischd am
Herra haelig, då sollat ihr et traurig sae; **d
Fraed von JAHWE ischd nämlich euer
Schutzburg.** [11]Ond d Levita hent s Volk
beruhigt ond gsaed: Send still, des ischd
a haeliger Dag, då sollat ihr et traurig
sae! [12]Nå ischd s ganze Volk ganga zom
essa ond trenka ond an andere austôela,
ond zom a graoß Fraedafest macha; dia
hent nämlich kapiert was mr en gsaed
håt.

Zom Vrgleicha: *Vers 1:* Esra 3,1; 7,6 • *Vers 6:* 5,13; 1Chr 16,36 • *Vers 10:* Dtn 14,29; 26,12.

S Laobhüttafest: 8 13-18

[13]Am zwôeta Dag hent sich d
Familiaoberhaepter vom Volk samt de
Priaster ond Levita beim Gelehrta Esra
vrsammlat, zom no maeh Aesichta über
s Gsetz gwenna. [14]Nå hent se em Gsetz,
des mô dr Herrgott (JAHWE) durch
da Mose ågordnat håt, gfonda, dass d
Israelita an dem Fest em siebta Monat
en Laobhütta wohna solle. [15]Ond se
hent s en älle Städt ond en Jerusalem

ausruafa ond bekannt macha lassa:
Gangat en d Berg ond holat Zweig
vom edla ond vom wilda Ölbaom, von
Myrta, Palma ond andere Hölzer mit
ama dichta Laob, dass mr Laobhütta
draus macht wia s gschrieba stôht. 16Ond
s Volk ischd nauszoga. Ond se hent s
mitbrâcht ond Laobhütta draus gmacht,
a jeder auf saem (Flach)Dach ond en de
Höf von ihre Häuser ond en de Vôrhöf
vom Tempel von Gott (Elohim) ond
auf de Plätz vôr am Wassertôr ond vôr
am Efraimtôr. 17De ganz Gemaende
von dene, mô zrückkomma send aus
dr Gfangaschaft, hât Laobhütta gmacht
ond dren gwohnt; seit dr Zeit vom
Josua, am Soh vom Nun, hent d Israelita
bis an den Dag koe Laobhüttafest maeh
gfeiert. Drom hent se a graoßa Fraed
ghet. 18Ond Dag für Dag hât dr Esra
aus am Gsetzbuach von Gott (Elohim)
vôrglesa, vom ersta bis zom letzta Dag.
Sieba Däg lang hent se des Fest gfeierat,
ond am achta Dag ischd nach am Brauch
d Festvrsammlong gwea.

Zom Vrgleicha: *Vers 14:* Lev 23,40-42 • *Vers 18:* Lev 23,36.

Dr Bußgottesdenst: 9 1-5

9 Am vierazwanzigsta Dag von dem
Monat send d Israelita zo'ma Fasta
zsemakomma, en Sackgwänder ond
mit Staob auf am Kopf. 2Ond älle
Nâchkomma vom Israel hent sich
von ällam fernghalta, was fremd gwea
ischd; ond se send vôrtreta ond hent
ihre Sünda beichtat ond d Schuld von
ihre Vädr. 3Nå send se von ihre Plätz
aufgstanda ond mr hât en drei Stond
lang aus am Gsetzbuach von JAHWE,
ihram Gott (Eloheyhem), vörglesa. Ond
drei Stond hent se beichtat ond sich vor
JAHWE, ihram Gott (Eloheyhem),
niedergwôrfa. 4Auf dr Tribüne von
de Levita ischd dr Jeschua, dr Bani,
dr Kadmiël, dr Schebanja, dr Bunni,
dr Scherebja, dr Bani ond dr Kenani
aufgstanda ond hent laut zo JAHWE,
ihram Gott (Eloheyhem), gschria.
5Ond d Levita Jeschua, Kadmiël,
Bani, Haschabneja, Scherebja, Hodija,
Schebanja ond Petachja hent gsaed:
Standat auf ond preisat JAHWE, euran
Gott (Eloheykem), von Ewigkaet zo
Ewigkaet! Daen herrlicha Nâma soll mr
preisa, der mô erhaba ischd über jedan
Preis ond Ruhm.

Zom Vrgleicha: *Vers 2:* Esra 10,11f • *Vers 5:* Da 3,26.

S Bußgebet: 9 6-37

6Du, o JAHWE, bist s ganz alloe, du
håsch da Hemmel ond äller Hemmel
Hemmel gschaffa ond ihr Heer, d Erde,
ond ällas was drauf ischd, d Meer ond
ällas was dren ischd. Ond du erhälst
ällas am Leba, ond s Hemmelsheer betat
di å. 7Du, JAHWE, bist Gott (Elohim),
der mô da Abram auserwählt ond aus
Ur en Chaldäa rausgführt ond am da
Nâma Abraham geba hât. 8Du håsch sae
Herz treu gfonda vor dir ond an Bund
mit am gschlossa, saene Nâchkomma
s Land vom Kanaaniter, vom Hetiter,
vom Amoriter, Perisiter, Jebusiter ond
Girgaschiter zom geba. Ond du håsch
dae Wort ghalta, weil du gerecht bist.
9Du håsch s Elend von onsere Vädr en
Ägypten gseha ond ihran Notschrae
am Schilfmeer ghört 10ond Zaeche ond
Wonder gwirkt am Pharao ond an saene
Leut ond am Volk en saem Land. Du
håsch nämlich gwißt, wia vrmessa dia
mit Israel omganga send, ond du håsch
dr an Nâma gmacht, wia mr s haet sieht.
11Ond s Meer håsch d vôr en tôelt, dass
se em Trockena hent durchlaofa könna;
aber ihre Vrfolger håsch d en d Tiafe
grissa wia an Stoe en mächtige Wasser.
12Durch a Wolkasäul håsch d se gführt
am Dag ond durch a Feuersäul durch
d Nacht, zom ihran Weg hell macha,

den se hent ganga solla. [13]Ond auf da
Berg Sinai bist du rontergstiega ond
håsch mit en gredat vom Hemmel her
ond en richtige Rechtsvôrschrifta ond
zuavrlässige Weisonga, guate Satzonga
ond Gebot geba. [14]Ond daen haeliga
Sabbat håsch d en zuagsprocha; Gebot
ond Satzonga ond d Weisong håsch d
en durch daen Knecht Mose geba. [15]Du
håsch en Brot vom Hemmel geba für
ihran Honger, ond Wasser håsch d aus
am Felsa rauskomma lassa für ihran
Durst ond se ågwiesa, se solle ganga
ond des Land aenemma, des mô en du
zuagschwora håsch.
[16]Aber onsere Vädr hent vrmessa
ghandelt ond send halsstärrig gwea ond
hent et auf daene Gebot ghört. [17]Se hent
sich gwaegerat zom folga ond hent et
an dia Wonder denkt, mô du an en dao
håsch. Ond se send bockig gwea ond
hent sich en ihrer Widerspenstigkaet
en da Kopf gsetzt, dass se wieder zrück
wölle en ihr Knechtschaft. **Aber du bist**
a Gott (Eloah), der mô vrzeiht, gnädig
ond barmherzig ischd ond viel Geduld
håt ond reich an Gnade ischd, ond
håsch se et vrlassa. [18]Sogar mô se sich a
Kälble gossa ond gsaed hent: Des ischd
dae Gott (Eloheyka) der mô de aus
Ägypten rausgführt håt, ond ao sonst
lästerliche Sacha gmacht hent. [19]Aber
du en daem graoßa Erbarma håsch se
et vrlassa en dr Wüste; dui Wolkasäul
ischd et von en gwicha am Dag zom se
auf ihram Weg lôeta, ond dui Feuersäul
en dr Nacht, zom ihran Weg hell macha,
auf dem se hent ganga solla. [20]Ond du
håsch en daen guata Gaest geba, zom se
vrständig macha, ond dae Manna håsch d
en et entzoga, ond Wasser håsch d en ao
geba für ihran Durst. [21]Vierzg Jåhr håsch
du für se gsôrgt en dr Wüste, ond se hent
nia Mangel ghet, ihre Klôeder send et
ausanandergfalla ond ihre Füaß send et
ågschwolla. [22]Då håsch d en Königreich
ond Völker geba ond en zuatôelt. Ond
se hent s Land vom König Sihon von
Heschbon aegnomma ond s Land vom
König Og von Baschan. [23]Ond ihre
Nåchkomma håsch du so zahlreich
gmacht wia d Stern am Hemmel ond
se en des Land komma lassa, mô da
ihre Vädr vrsprocha håsch, dass sia s
amål kriaga däte. [24]Nå send ihre Söh
komma ond hent des Land aegnomma
ond du håsch d Aewohner von dem
Land vôr en onterwôrfa, d Kanaaniter,
ond du håsch se en ihr Gwalt geba
mitsamt ihre König, ond dia hent mit
dene macha könna, was se wölla hent.
[25]Ond se hent Stadtfestonga aegnomma
ond an fruchtbara Boda. Ond se hent
Häuser en Besitz gnomma voler Güater,
ausghaoene Zisterna, Wengert ond
Ölbaem ond Obstbaem grad gnuag. Se
hent gessa ond send satt ond fett wôra
ond hent gschwelgt en daene reiche
Güater.
[26]Aber nå send se widerspenstig wôra
ond hent sich gega de aufgloehnt ond
hent auf daene Weisonga pfiffa, ond
daene Profeta hent se ombråcht, dia mô
se vrwarnt hent zom se zo dir zrück
brenga, ond se hent lästerliche Sacha
gmacht. [27]Nå håsch du se ihre Faend en
d Händ geba; dia hent se onter Druck
gsetzt. En dera Zeit, mô se onter Druck
gsetzt wôra send, hent se zo dir gschria,
ond du håsch se vom Hemmel her
ghört ond håsch en en daener graoßa
Güate Retter gschickt, dia mô se aus
dr Gwalt von ihre Faend grettat hent.
[28]Aber sobald se wieder a Ruah ghet
hent, hent se wieder baese Sacha gmacht
vôr dir ond du håsch se wieder ihre
Faend en d Händ geba, dass dia über se
herrschat. Ond wieder send se omkehrt
ond hent zo dr gschria, ond du håsch
se vom Hemmel her erhört ond håsch
se en daem Erbarma viele Mål grettat.
[29]Ond du håsch se vrmåhnt, ond håsch

se zo daene Weisonga zrückführa wölla,
aber dia send so vrmessa gwea, dass se
et auf daene Gebot g'achtat hent, ond
hent sich gega daene Rechtsvôrschrifta
vrsündigt, durch dia dr Mensch doch
sicher leba därf; se send widerspenstig
ond halsstärrig gwea ond hent et höra
wölla. 30Ond du håsch viele Jåhr Geduld
mit en ghet ond håsch se gwarnt durch
daen guata Gaest, durch d Profeta,
aber dia hent dr koe Ghör gschenkt.
Nå håsch se en d Gwalt von ihre
Nåchbervölker geba. 31Aber en daener
graoßa Barmherzigkaet håsch du se et
ganz ausrotta lassa ond se et ganz vrlassa,
weil du a gnädiger ond barmherziger
Gott (El) bist.
32Ond jetzt, onser Gott (Eloheynu),
du graoßer Gott (El), du starker ond
furchtbarer, du hälst daen Gnadabund
ae, achte et greng dui ganza Müahsal,
mô ons troffa håt, onsere König ond
Fürsta, onsere Priaster ond Profeta,
onsere Vädr ond dae ganz Volk, seit dr
Zeit von de König von Assur bis haet.
33Du bist gerecht bei ällam, was über
ons komma ischd; du bist treu gwea,
aber mir hent übel dao. 34Ond onsere
König, onsere Oberste, onsere Priaster
ond onsere Vädr hent daene Weisonga
et befolgt ond hent et auf daene Gebot
g'achtat ond auf daene Måhnonga, mit
dene du se vrmåhnt håsch. 35Se hent dir
et dient en ihram Königtom, obwohl du
se mit reiche Güater ausgstattat håsch
ond dem fruchtbara Land, môn en du
geba håsch, ond hent sich et von ihram
oguata Treiba bekehrt. 36Drom send
mir haet Knecht, ond des Land, mô du
onsere Vädr geba håsch, dass se saene
Frücht ond saene Güater geniasa därfat,
guck, mir send Knecht en am. 37Ond
sae Ertrag macht dia König reich, mô
du über ons gsetzt håsch wega onsere
Sünda, ond se herrschat über onsere
Leiber ond über onser Vieh wian en s
grad passt, ond mir send en ra graoßa
Naot.

Zom Vrgleicha: *Vers 6:* Dtn 6,4; 10,14 • *Vers 7:* Gen 11,31; 12,1-3 • *Vers 8:* Gen 15,18-21 • *Vers 9:* Ex 3,7 • *Vers 10:* Ex 18,11; Dtn 6,22 • *Vers 11:* Ex 14f • *Vers 16-17:* Num 14,1-4 • *Vers 17:* Ex 34,6 • *Vers 18:* Ex 32,4 • *Vers 21:* Dtn 8,4 • *Vers 22:* Num 21,21-35 • *Vers 23:* Dtn 1,10f; Jos 12 • *Vers 25:* Dtn 6,10f; 32,15 • *Vers 27:* Ri 2,14-19; 3,9 • *Vers 28:* Ps 106,43 • *Vers 29:* Sach 7,11f • *Vers 30:* Jer 7,25f; 44,4-6 • *Vers 32:* Da 9,4 • *Vers 37:* Dtn 28,31; Jes 1,7; Klgl 5,4.13-15.

D Vrpflichtong auf s Gsetz: 10 1-40

10 Drom wöllat mir ons fest
vrpflichta ond schreibat des
auf. Ond auf dr vrsieglata Urkunde
onterschreibat onsere Fürsta, onsere
Levita ond onsere Priaster.
2-29Aufzählong von de onterschriebene
Nåma.
30Ond älle schliaßat sich ihre führende
Brüader å ond vrpflichtat sich onter Eid
ond Schwur, dass se s Gsetz von Gott
(Elohim), des mô ons durch da Mose, da
Knecht von Gott (Elohim) geba ischd,
achtat ond drnåch lebat ond älle Gebot
von JAHWE, onseram Herra, saene
Rechtsvôrschrifta ond saene Satzonga
aehaltat
31ond onsere Töchter et an d Völker
em Land gebat ond ihre Töchter et für
onsere Söh nemmat. 32Ond wann dia
Völker aus am Land am Sabbat kommat
ond älle mögliche Wara ond Korn
vrkaofa wöllat, nå nemmat mir dene am
Sabbat oder sonst ama haeliga Dag nex
ab. Mir vrzichtat en jedam siebta Jåhr
auf d Erträg vom Boda ond auf jeda
Schuldforderong. 33Ond mir vrpflichtat
ons, em Jåhr an Drittelschekel für da
Denst em Haus von onseram Gott
(Eloheynu) zom geba: 34für d Schaobrot,
für s dägliche Speisopfer ond s dägliche
Brandopfer, für d Opfer an de Sabbat,
Neumonddäg ond Fest, für d Weiheopfer

ond d Sündopfer, mit dene mr für Israel Sühne schafft, ond für älle Vrrichtonga em Haus von onseram Gott (Eloheynu). [35]Ond mr hent onter de Priaster, de Levita ond onter am Volk, ausglost, wer wann von de oenzelne Familia s Holz en da Tempel von onseram Gott (Eloheynu) brenga muaß, dass mr s Feuer auf am Altar von JAHWE, onseram Gott (Eloheynu) onterhalta kå, wia s en de Weisonga vôrgschrieba ischd. [36]Außerdem brengat mir jedas Jåhr d Erstleng vom Acker ond d Erstleng von älle Baomfrücht ens Haus von JAHWE, [37]onsere erstgeborene Söh ond von onseram Vieh, wia s en dr Weisong vôrgschrieba ischd. Ond d Erstleng von onsere Render- ond Schåfherda sollat ens Haus von onseram Gott (Eloheynu) bråcht wera für dia Priaster, mô em Haus von onseram Gott (Eloheynu) Denst hent. [38]Ond s Beste von onseram Mehl ond von de Frücht von onsere Baem, vom Wae ond vom Öl brengat mir für d Priaster en d Vôrratskammera em Haus von onseram Gott (Eloheynu), ond da Zehnta vom Acker gebat mr für d Levita. Ond d Levita erhebat selber en älle Ortschafta, mô mir d Felder åbauat, da Zehnta. [39]Wann d Levita da Zehnta aetreibat, soll a Priaster, oener vom Aaron saene Nåchkomma, drbei sae. Dia Levita sollat nå den Zehnta vom Zehnta en d Vôrratskammera em Haus von onseram Gott (Eloheynu) brenga. [40]En dia Vôrratskammera brengat nämlich d Israelita ond d Levita ihre Abgaba an Korn ond Most ond Öl; sell send ao d Gerätschafta vom Haeligtom ond dia Priaster, mô ihran Denst dent, ond d Tôrhüater ond d Sänger. Em Haus von onseram Gott (Eloheynu) soll s an nex fehla.

Zom Vrgleicha: *Vers 29:* Esra 6,21; Neh 8,2f • *Vers 31:* Esra 9,1f; 10,2-11; Ex 34,16; Dtn 7,1-3 • *Vers 32:* Jer 17,19-22; Neh 13,15-20; Ex 23,10f; Dtn 15,1-3 • *Vers 33:* Ex 30,13; Mt 17,24 • *Vers 35:* 13,31; Lev 6,5 *Vers 36:* Num 18,12-32 • *Vers 37:* Ex 13,2.13 • *Vers 38:* Num 15,20f; Dtn 14,22; Num 18,26-32 • *Vers 40:* Jer 40,10.

D Liste von de Aewohner von Jerusalem: 11 1-19

Zom Vrgleicha: *Vers 1:* 7,4 • *Vers 3-19:* • 1Chr 9,2-17 • *Vers 10-11:* 1Chr 9,10f..

D Bestimmonga für d Åsiedlong:
11 20-36

11 [20]Dr Rest von Israel, d Priaster ond d Levita, ischd en älle Städt von Juda blieba, a jeder auf saem Erbtoel. [21]Ond d Tempeldiener hent auf am Ofel gwohnt, dr Ziha ond dr Gischpa send ihre Vôrsteher gwea. [22]Dr Aufsichtsbeamte von de Levita en Jerusalem ischd dr Usi gwea, am Bani sae Soh ond Enkel vom Haschabja ond Urenkel vom Mattanja ond Ur-Urenkel vom Micha, ama Nåchkomma vom Asaf, dia mô beim Kultdenst em Haus von Gott (Elohim) gsonga hent. [23]Für dia håt nämlich a königlicha Vôrschrift golta, wer was an de oenzelne Däg zom senga ghet håt. [24]Ond dr Petachja, am Meschesabel sae Soh, oener vom Serach.-, am Juda saem Soh - saene Nåchkomma, ischd am König zor Hand ganga en älle Åglegahaeta, mô s Volk åganga send. [25]Ond etlich von de Nåchkomma vom Juda hent draußa en de Flecka ond Weiler en Kirjat-Arba ond saene Ortschafta ond en Dimona ond saene Ortschafta ond en Kabzeel ond saene Ghöft gwohnt, [26]en Jeschua, Molada ond Bet-Pelet, [27]en Hazar-Schual ond Beerscheba ond saene Ortschafta, [28]en Ziklag ond Mechona ond saene Ortschafta, [29]en En-Rimmon, Zora, Jarmut, [30]Sanoach, Adullam ond de zuagherige Ghöft, en Lachisch ond en saener Markong ond en Aseka ond saene Ortschafta. Se send also von

Beerscheba bis ens Hinnomtal ågsiedelt
gwea.
[31]Ond vom Stamm Benjamin hent sich
etlich en Geba, Michmas ond Asa, en
Bet-El ond saene Ortschafta ågsiedelt,
[32]ond en Anatot, Nob, Ananeja, [33]Hazor,
Rama, Gittajim, [34]Hadid, Zeboim,
Neballat, [35]Lod ond Ono ond em Tal
von de Werksleut. [36]Von de Levita send a
paar Abtaelonga von Juda zo Benjamin
komma.

Lista von Priaster- ond Levitafamilia:
12 1-26

D Aeweihong von dr Stadtmauer:
12 27-43

12 [27]Bei dr Aeweihong von dr
Stadtmauer von Jerusalem
håt mr d Levita en ihre Ortschafta
bsuacht ond se nach Jerusalem bråcht
zom zor Aeweihong a Fraedafest mit
Danksagonga ond Gsang, mit Zimbla
ond Harfa ond mit Zithera feiera. [28]Nå
hent sich d Sänger aus am Omfeld von
Jerusalem ond aus de Ghöft von Netofa
aegfonda. [29]Ond aus Bet-Gilgal ond aus
dr Omgebong von Geba ond Asmawet;
dia Sänger hent sich nämlich rengs
om Jerusalem rom Ghöft åglegt. [30]D
Priaster ond d Levita hent sich graenigt;
nå hent se s Volk graenigt ond nå d Tôr
ond Mauer.
[31]Nå han e d Fürsta von Juda auf d
Mauer naufsteiga lassa ond han zwôe
graoße Festchör aufstella lassa. Dr oene
ischd oba auf dr Mauer nach rechts bis
zom Misttôr gstanda. [32]Henter dem drae
ischd dr Hoschaja komma mit dr oena
Hälfte von de Fürsta von Juda. [33]Nå
ischd dr Asarja, dr Esra, dr Meschullam,
dr Juda, [34]dr Benjamin, dr Schemaja ond
dr Jirmeja komma; [35]ond von de Priaster
ihre Söh hent oene Trompeta blåsa:
dr Secharja, am Jonatan sae Soh ond
Enkel vom Schemaja, ond Urenkel vom
Mattanja ond Ur-Urenkel vom Michaja
ond Ur-Ur-Urenkel vom Sakkur ond
Ur-Ur-Ur-Urenkel vom Asaf, [36]ond
saene Brüader Schemaja, Asarel, Milalai,
Gilalai, Maai, Netanel; Juda ond Hanani
mit de Musikinstrument vom David,
am Må von Gott (Elohim), ond dr
Esra, dr Gelehrte ischd en vôrnadraus
ganga. [37]Ond se send weiterzoga über s
Quellatôr ond nå gradaus d Staffla nauf
zor Davidsstadt ond da Aufgang zor
Mauer nauf ond oberhalb vom David
saem Haus bis ans Wassertor em Osta.
[38]Dr zwôete Festchor ischd auf dr lenka
Seite gloffa, ond i ben hentadrae mit dr
andera Hälfte von de Fürsta oba auf dr
Mauer oberhalb vom Ofaturm bis zor
brôeta Mauer; [39]nå weiter oberhalb vom
Efraimtôr über s alte Tôr ond über s
Fischtôr, da Turm vom Hananel ond
da Turm von de Hondert vorbei bis
ans Schåftôr, ond am Wachtôr send se
standa blieba. [40]Ond dia zwôe Festchör
hent sich em Haus von Gott (Elohim)
aufgstellt, ond i ao mit dr Hälfte von
de Fürsta, [41]ond d Priaster Eljakim,
Maaseja, Mijamin, Michaja, Eljoënai,
Secharja ond Hananja mit Trompeta.
[42]Ond dr Maaseja ond dr Schemaja,
Eleasar, Usi, Johanan, Malkija, Elam
ond Eser (Levita) hent sich mit de
Sänger höra lassa, ond dr Jisrachja ischd
ihr Chorlaeter gwea. [43]An dem Dag
hent se graoße Schlachtopfer darbråcht,
ond se hent sich mächtig gfraet, weil en
Gott (Elohim) a graoßa Ftraed gmacht
håt.; ao d Fraoa ond d Kender hent sich
gfraet, ond mr håt da Jubel en Jerusalem
no ganz weit ghört.

Zom Vrgleicha: *Vers 27:* Esra 3,10 • *Vers 30:* Esra 6,20 • *Vers 31:* 2,13-15; 3,1-3 • *Vers 36:* 2Chr 29,25-27 *Vers 43:* Esra 6,17.

D Ordnong von de haelige Abgaba:
12 44-47
[44]An dem Dag håt mr ao Männer bstellt

als Aufsicht über d Vôrratskammera
ond über d Abgaba, d Erstleng ond
d Zehnte, dass se dia von de Felder je
nach de Äcker von de Städt då dren
sammlat, dia mô nach de Vôrschrifta
de Priaster ond Levita zuagstanda send.
Juda håt nämlich a Fraed ghet am Denst
von de Priaster ond Levita. [45]Dia hent
da Denst vôr ihram Gott (Eloheyhem)
ond da Raenigongsdenst vrseha, ao
d Sänger ond d Tôrhüater hent ihran
Denst nach de Åweisonga vom David
ond saem Soh Salomo vrseha. [46]Schao en
dr Zeit vom David ond vom Asaf en dr
alta Zeit håt s Chorlaeter geba, dia mô
Lob- ond Dankliader für Gott (Elohim)
gsonga hent. [47]Ond ganz Israel håt en
dr Zeit vom Serubbabel ond en dr Zeit
vom Nehemia de Sänger ond Tôrhüater
ihre Åtôel geba, so viel se Dag für Dag
braucht hent. Ond se hent haeliga Gabe
darbråcht für d Levita, ond d Levita
hent de Nåchkomma vom Aaron ihre
haelige Gaba bråcht.

Zom Vrgleicha: *Vers 44:* 10,39f; 13,10-18 • *Vers 45:* 1Chr 16,4f.

Weitere Reforma vom Nehemia:
13 1-14

13 En dera Zeit håt mr am Volk aus
am Buach vom Mose vôrglesa,
ond då håt mr dui Stell gfonda, mô s
hôeßt, dass koe Ammoniter ond koe
Moabiter en d Gemaende von Gott
(Elohim) aufgnomma wera därf, ond
des gilt für emmer ond ewig. [2]Dia send
nämlich de Israelita et mit Brot ond
Wasser entgega komma, sondern r (dr
König Balak von Moab) håt da Bileam
gega se donga, dass der se vrfluacha soll,
aber onser Gott (Eloheynu) håt den
Fluach en an Sega vrwandelt.
[3]Nachdem se Gsetz ghört hent, håt mr
ällas Mischvolk aus Israel ausgschieda.
[4]Früher håt aber dr Priaster Eljaschib d
Aufsicht über d Vôrratskammera vom
Haus von onseram Gott (Eloheynu)
ghet, a Vrwandter vom Tobija, [5]ond der
håt a graoßa Kammer für an aerichta
lassa. Då håt mr früher s Speisopfer,
da Weihraoch, d Gerätschafta ond da
Zehnta vom Korn, Wae ond Öl glagerat,
was de Levita, Sänger ond Torhüater
nach dr Vôrschrift zuagstanda ischd, ond
d Abgaba für d Priaster. [6]Aber während
des gscheha ischd, ben i et en Jerusalem
gwea; em zwôeadreißigste Jåhr vom
König Artaxerxes von Babel, ben i zom
König komma, ond nach aeniger Zeit
han i beim König om Urlaob beta. [7]Ond
môn e wieder nach Jerusalem komma
ben, han e des Ohael gmerkt, des mô dr
Eljaschib ågrichtat håt zom Tobija saene
Gonsta, môn r en de Vôrhöf vom Haus
von Gott (Elohim) a Kammer aegrichtat
håt. [8]Des håt mr gar et gfalla ond i han
am Tobija sae ganz Zuigs nausgschmissa
aus dera Kammer. [9]Nå han e åg'ordnat,
dass dia Kammera graenigt werat, ond
i han d Gerätschafta vom Haus von
Gott (Elohim), d Speisopfer ond da
Weihraoch wieder zrückbrenga lassa.
[10]I han ao no vrfahra, dass d Levita ihre
Åtôel et kriagt hent ond dass drwega
jeder wieder auf sae Landsitz ganga
sei, d Levita ond d Sänger ond dia, mô
Denst ghet hent. [11]Nå han e d Vôrsteher
zor Red gstellt ond gsaed: Wårom ischd
s Haus von Gott (Elohim) vrlassa?
Ond i han se wieder gsammlat ond auf
ihre Posta gstellt. [12]Ond ganz Juda håt
da Zehnta vom Korn, Wae ond Öl en
d Vôrratskammera bråcht. [13]Ond zor
Aufsicht über d Vôrratskammera han
e da Priaster Schelemja aegsetzt ond da
Schreiber Zadok ond da Levita Pedaja.
Ond da Hanan, am Sakkur saen Soh
ond Enkel vom Mattanja han e am an d
Seite geba, dia send nämlich zuavrlässig
gwea, dia hent d Aufgab ghet, an ihre
Brüader zom vrtôela.
[14]Denk drå, mae Gott (Elohay), ond

lösch maene guate Tata et aus, dia mô i
am Haus von maem Gott (Elohay), dao
han ond für saene Diener.

Zom Vrgleicha: *Vers 1:* Dtn 23,4-6 • *Vers 4:* 2,19;
12,44 • *Vers 7:* Mt 21,12 • *Vers 9:* 12,30 • *Vers 10:*
12,47 • *Vers 12:* 10,38 • *Vers 14:* 5,19.

D Sabbatordnong: 13 15-22

[15]En dera Zeit han i en Juda Leut gseha,
mô d Kelter treta hent ond Korn
raebråcht ond auf Esel glada hent, ond
ao Wae, Trauba ond Feiga ond andere
Lasta hent se am Sabbat nach Jerusalem
raebråcht. Ond i han se vrwarnt, weil se
an dem Dag Lebensmittel vrkaoft hent.
[16]Ao Tyrer mô sell gwohnt hent, hent
Fisch ond vrschiedene Wara am Sabbat
an d Judäer ond en Jerusalem vrkaoft.
[17]Nå han e de Obere von Juda zor Red
gstellt ond zo nen gsaed: Wia könnat
ihr so ebbas Oguats zualassa, dass dr
Sabbatdag entweiht wird? [18]Hent s
et eure Vädr ao so gmacht ond håt et
grad deswega onser Gott (Eloheynu)
des ganze Ohael auf dui Stadt dåhanna
komma lassa? Ond ihr brengat da
Zôrn gega Israel no ärger auf, weil r da
Sabbat entweihat! [19]Ond sobald s an de
Stadttôr von Jerusalem ågfanga håt mit
donkel wera, no vôr am Sabbat, han e d
Stadttôr schliaßa lassa ond d Åweisong
geba, dass erst nach am Sabbat wieder
aufgmacht wera därf. Ond i han extra
no von maene Leut oene an de Stadttôr
aufpassa lassa, dass am Sabbat koene
Lasta raekomma könnat. [20]Nå hent dia
Händler ond Vrkaefer mit ihre Wara
außerhalb von Jerusalem übernachtat, oe
oder zwôe Mål. [21]Aber i han se vrwarnt
ond zo nen gsaed: Wårom übernachtat
ihr vôr dr Mauer? Wann r des nômål
dent, laß e euch vrhafta! Von då å send se
nemme komma am Sabbat. [22]Ond i han
de Levita d Åweisong geba, dass se sich
raeniga ond als Wachposta an d Stadttor
nôstanda sollat ond aufpassa, dass mr da
Sabbat haelig hält. Denk ao då drå, mae
Gott (Elohay) ond vrbarmt de über me
nach daener graoßa Barmherzigkaet.

Zom Vrgleicha: *Vers 15-16:* 10,32; Jer 17,19-27 •
Vers 22: 12,30.

S Mischehavrbot: 13 23-31

[23]En dera Zeit han e ao Judäer gseha, mô
mit Fraoa aus Aschdod, Ammon ond
Moab vrheiratat gwea send. [24]Von dene
ihre Kender håt d Hälfte asdoditisch
gschwätzt oder wie d Språch von dem
betreffenda Volk gwea ischd, aber
Jüdisch hent se et vrstanda. [25]Nå han e
mit en gstritta ond han se vrfluacht ond
a paar von dene Männer vrhaoa ond
en d Håår grauft ond han se bei Gott
(Elohim) beschwora: Ihr därfat eure
Töchter et dene ihre Söh geba, ond ihr
därfat dene ihre Töchter et eure Söh
geba! [26]Håt et grad dr Salomo, dr König
von Israel, sich dådrmit vrsündigt? Ond
doch håt s onter dene viele Völker koen
König geba wia ehn. Der ischd bei saem
Gott (Elohayw) beliebt gwea, ond Gott
(Elohim) håt an drom zom König über
ganz Israel gmacht. Aber ao den hent
saene ausländische Fraoa zom Sündiga
vrführt! [27]Ond von euch muaß e höra,
dass ihr s gleiche graoße Orecht dent
ond treulos send gega onseran Gott
(Eloheynu), endem r ausländische Fraoa
heiratat.
[28]Ond oener von de Söh vom Jojada, am
Elaschib saem Soh, ischd dr Tochtermå
von Sanballat von Horon gwea; aber
den han e drvo gjagt. [29]Vrgiß en s et,
mae Gott (Elohay), daß se s Priastertom
ond da Bund von de Priaster ond Levita
vroraenigt hent.
[30]So han e se von ällam Fremda graenigt
ond han Denstordnonga aufgstellt für
d Priaster ond d Levita, für jedam saen
Denst. [31]Ond für d Holzlieferong han e d
Zeita festgsetzt ond für d Erstlengsgaba.
Denk drå, mae Gott (Elohay) und halt

mr s z guat!

Zom Vrgleicha: *Vers 23:* Esra 9,1f • *Vers 25:* Dtn 7,3 • *Vers 26:* 1Kö 11,1-8; 10,23; 2Sa 12,24f • *Vers 28:* Lev 21,14 • *Vers 29:* Num 25,12; Mal 2,8 • *Vers 31:* 10,35; 13,14; 5,19.

S Buach Ester

D ESTER WIRD KÖNIGIN: 1 1 – 2 23

S Festmahl em königlicha Palast: 1 1-9

1 Des ischd en dr Zeit vom Artaxerxes
passiert – des ischd der Artaxerxes,
der mô von Indien bis Äthiopien König
gwea ischd über hondertsiebenazwanzg
Länder. 2In dene Däg ischd dr König
Artaxerxes auf saem Königsthron en dr
Burg Susa gsessa. 3Em dritta Jåhr von
saener Herrschaft håt r für älle saene
Fürsta ond saene Diener a Gastmahl
geba, mô ao d Heerführer von Persien
ond Medien, d Edelleut ond de Oberste
von de Provinza drbei gwea send.
4Dådrbei håt r ao saen Reichtom ond
d Herrlichkaet von saem Königreich
ond da Glanz ond d Pracht von saener
Majestät viele Däg lang – hondertachzg
Däg seha lassa. 5Ond mô dia Däg vorbei
gwea send, håt dr König für s ganze
Volk, mô en dr Burg Susa glebt håt,
vom Graeßta bis zom Kloensta, sieba
Däg lang em Palasthofgarta vom König
a Festmahl geba. 6Då håt mr faene
Laenatüacher, weiße ond purpurblaue,
mit Kordla aus Byssus ond raotam
Purpur an silberne Reng an Marmorsäula
aufghängt; ond dicke Polster gold- ond
silberfarbene send auf am Mosaikboda
aus Edelstoe ond weißam Marmor ond
Perlmuaderstoe ond donklam Marmor
glega. 7Ond tronka håt mr aus goldene
Becher, mô ganz vrschieda ausgseha
hent, ond dr Wae aus am königlicha
Keller ischd reichlich gflossa. 8Ond
mr håt neamerd vôrschrieba, wiaviel
r trenka därf; dr König håt nämlich
saene Haus- ond Hofmaester ågwiesa,
dass a jeder doa könn was r wöll. 9Ao
d Königin Waschti håt für d Fraoa em
Palast vom König Artaxerxes a Fest
vråstaltat.

Dr König Artaxerxes vrstoßt sae Frao: 1 10-22

10Mô nå dr König Artaxerxes am siebta
Dag von saem Fest åzonda gwea ischd
vom Wae, håt r da Mehuman, da Biseta,
da Harbona, da Bigta, da Abagta, da Setar
ond da Karkas, saene sieba persönliche
Kämmerer, ågwiesa, 11se solle d Königin
Waschti vôr da König brenga mit ihram
königlicha Diadem, zom de Völker ond
ihre Fürsta ihr Schöhaet vôrführa, se
ischd nämlich bildschö gwea. 12Aber d
Königin Waschti håt sich gwaegert zom
komma auf da Befehl vom König, den
môn r ra durch saene Beamte überbrenga
lassa håt. Nå ischd dr König narrat wôra
ond a Sauwuat håt an packt.
13Nå håt dr König mit de Weise
gschwätzt, dia mô sich en de Zeita
auskennt hent (Sternkundige), so håt mr
nämlich am König saene Åglegahaeta
vôr d Gsetz- ond Rechtsgelehrte brâcht.
14Ond dia, môn r emmer om sich rom
ghet håt, dr Karschena, dr Schetar, dr
Admata, dr Tarschisch, dr Meres, dr
Marsena ond dr Memuchan, dia sieba
Fürsta von Persien ond Medien, dia
hent an ständiga Zuagang zom König
ghet ond dia send ao d Vôrständ em
Reich gwea, håt r gfrâgt: 15Was soll
nach am Gsetz mit dr Königin Waschti
gscheha, weil se d Åweisong vom König
Artaxerxes, môn ra durch d Kämmerer
überbrâcht wôra ischd, et befolgt håt?
16Nå håt dr Memuchan vôr am König
ond vor de Fürsta gsaed: Et bloß gega
da König, sondern ao gega älle Fürsta
ond älle Völker, mô en de Länder vom
König Artaxerxes wohnat. 17Was sich dui
glaestat håt, des wird nämlich ao bei älle
Fraoa bekannt wera, ond dia machat nå

ihre Männer vrächtlich, wann se sagat:
Dr König Artaxerxes håt dr Königin
Waschti da Befehl geba, dass se zon am
komma soll, aber se ischd et komma.
[18]Von haet å werat nå dia Fürstinna von
Persien ond von Medien mo des ghört
hent, was d Königin gsaed håt, des de
Fürsta vom König vôrhalta, ond des
brengt nex wia Ärger ond Vrdruss.
[19]Wann s am König recht ischd, mög r an
königlicha Erlaß rausgeba ond den bei
de Perser ond Meder aufnemma, dass d
Waschti am König Artaxerxes nemme
onter d Aoga treta därf, ond dr König
mög ihran Rang ra andera geba, dui
mô besser ischd wia sui. [20]Wann nå der
Erlass vom König en saem ganza Reich,
des mô jå recht graoß ischd, ghört wird,
nå werat ao älle Fraoa ihre Männer
respektiera, von de Graoße bis zo de
Kloene! [21]Dui Red håt am König ond
saene Fürsta gfalla, ond dr König håt s
gmacht, wia s dr Memuchan gsaed håt;
[22]r håt Briaf en älle königliche Länder
gschickt, an jedas Land en saener Schrift
ond an jedas Volk en saener Språch, dass
a jeder Må ao dr Herr en saem Haus
ischd.

Zom Vrgleicha: *Vers 22:* 3,12; 8,9.

Dr Entschluß vom König: 2 1-4

2 Nach dera Gschicht, mô am König
Artaxerxes sae Wuat wieder vrraocht
gwea ischd, håt r wieder an d Waschti
denkt ond an des, was se dao ond was
mr über se beschlossa håt. [2]Ond dia
Höfleng, mô da König bedient hent,
hent gsaed: Mr sott für da König jonge
Mädla suacha, dia mô ao guat ausseahnat.
[3]Dr König mög en älle Länder von saem
Reich Amtsleut åweisa, dass dia älle
schöne jonge Fraoa en d Burg Susa ens
Fraoahaus brengat ond en d Obhuat
vom königlicha Aufseher über d Fraoa
übergeba sollat; ond mr soll en geba,
was se für ihr Schöhaetspfleg brauchat.
[4]Ond des Mädle, mô am König am
besta gfällt, soll sae Königin wera an dr
Waschti ihrer Stell. Des håt am König
gfalla ond nå håt r s so gmacht.

D Ester am Königshof: 2 5-14

[5]En dr Burg Susa ischd a judäischer Må
gwea, Mordechai håt r ghôeßa, a Soh
vom Jaïr ond Enkel vom Schimi ond
Urenkel vom Kisch, aus am Stamm
Benjamin, [6]der mô mit de Vrbannte aus
Jerusalem vrschleppt wôra ischd, mô dr
König Jojachin vom babylonischa König
Nebukadnezar en d Gfangaschaft gführt
wôra ischd. [7]Der ischd dr Vormund gwea
von dr Hadassa, des ischd d Ester, d
Tochter von saem Onkel; dui håt nämlich
koen Vadr ond koe Muader maeh ghet.
Des ischd a bildhübschs Mädle gwea
ond håt a tolla Figur ghet. Mô ihr Vadr
ond ihr Muader gstôrba send, håt se dr
Mordechai als Tochter ågnomma. [8]Mô
nå der Befehl vom König bekannt wôra
ischd, håt mr viele Mädla en d Burg Susa
bråcht ond am Hegai en d Obhuat geba,
då håt mr ao d Ester en da Königspalast
gholt ond am Hegai en d Obhuat geba,
am Aufseher über d Fraoa. [9]Des Mädle
håt am glei gfalla ond r håt se möga;
ond r håt ra glei ällas zuakomma lassa,
was se für d Schöhaetspfleg braucht håt,
ond ao guate Portiona zom Essa ond
drzua sieba ausgsuachte Dienerinna aus
am Königspalast. Ond r håt se mit ihre
Dienerinna en de schönste Raem vom
Fraoahaus bråcht. [10]D Ester håt aber
nex drvo vrzählt, aus welcham Volk se
kommt ons aus welcham Gschlecht.
Dr Mordechai håt se nämlich ågwiesa,
se soll neamerd ebbas saga. [11]Ond dr
Mordechai ischd äll Dag vôr am Hof
vom Fraoahaus auf ond ab ganga, dass
r emmer auf am Laofenda wär, wia s
dr Ester gôht ond was mit ra gschieht.
[12]Wann nå a Mädle an d Rôeh komma
ischd, dass se zom König Artaxerxes nae

müaßa håt, nachdem se zwölf Monat lang d vôrgschriebena Pfleg für d Fraoa kriagt håt – so lang håt s nämlich daurat mit dr Vôrberaetong, sechs Monat mit Myrthaöl ond sechs Monat mit Balsam ond andere Schöhaetsmittala für d Fraoa. 13Erst nå håt so a Mädle zom König naedärfa-, ond mr håt ra ällas mitgeba aus am Fraoahaus, was se wölla håt zom mitbrenga en da Königspalast. 14Am Åbad ischd se naeganga, ond am Môrga ischd se ens Fraoahaus zrück ganga, aber en s zwôete, onter d Obhuat vom königlicha Kämmerer Saasgas, am Aufseher über d Nebafraoa; dui håt nå nemme zom König nae därfa, außer wann se am König gfalla håt ond r se ausdrücklich vrlangt håt.

Zom Vrgleicha: *Vers 7:* 8,1 • *Vers 14:* 4,11.

D Ester wird Königin: 2 15-20

15Mô nå d Ester, am Abihail sae Tochter, ond von ihram Onkel Mordechai, der mô se als sae Tochter ågnomma håt, an d Rôeh komma ischd, zom König nae z ganga, håt se nex vrlangt außer dem, was ra dr Hegai, am König sae Kämmerer, gråta håt. Ond älle, mô d Ester gseha hent, send begaesterat von ra gwea. 16So håt mr d Ester zom König Artaxerxes en da Königspalast gholt em zehnta Monat, des ischd dr Monat Tebet, em siebta Jåhr von saener Herrschaft. 17Ond dr König håt d Ester maeh möga als wia älle andere Fraoa drvôr, ond se håt sae Gunst ond sae Zuanaegong gwonna, maeh wia älle andere Mädla; ond r håt ra s königliche Diadem auf s Haopt gsetzt ond håt se zor Königin gmacht an dr Stell von dr Waschti. 18Nå håt dr König a graoß Festmahl für saene Fürsta ond saen Hofstaat geba. Ond für saene Länder håt r an Steuererlaß vrfüagt ond håt königliche Spenda vrtôelt. 19Mô mr dia jonge Fraoa zom zwôeta Mål vrsammlat håt, ischd dr Mordechai grad em Tôr vom Königspalast gsessa. 20D Ester håt aber nex von ihram Volk ond von ihrer Abstammong vrzählt, wia se s dr Mordechai ågwiesa håt; d Ester håt am Mordechai nämlich emmer no so gfolgt, wia då, mô se no bein am gwea ischd.

A Vrschwörong wird aufdeckt: 2 21-23

21En dene Däg, mô dr Mordechai em Tôr vom Königpalast gsessa ischd, send zwôe Hofbeamte vom König, dr Bigtan ond dr Teresch, dia mô zo de Tôrhüater ghert hent, narrat gwea ond hent d Händ an da König Artaxerxes lega wölla. 22Des håt dr Mordechai mitkriagt ond håt s dr Königin Ester vrzählt, ond d Ester håt s am König gsaed ond drbei am Mordechai saen Nåma gsaed. 23Nå ischd dui Sach ganz gnao ontersuacht wôra, ond weil sich s als richtig rausgstellt håt, send bôede aufghängt wôra; ond des håt mr en dr Chronik von de König aufgschrieba.

Zom Vrgleicha: *Vers 21:* 6,1f.

DR HAMAN WILL D JUDÄER OMBRENGA: 3 1-15

Dr Racheplan: 3 1-6

3 Nach dene Gschichta håt dr König Artaxerxes da Haman von Agag, am Hamedata saen Soh, bsonders auszôechnat ond an über älle saene andere Fürsta gsetzt. 2Ond älle Diener vom König, mô em königlicha Tôr gwea send, hent vôr am Haman d Knia beugt ond hent sich niedergwôrfa, weil des dr König so åg'ordnat håt. Aber dr Mordechai håt d Knia et beugt ond håt sich ao et niedergwôrfa. 3Nå hent am

König saene Diener, dia mô em königlicha
Tôr gwea send, zom Mordechai gsaed:
Wia kommst du drzua, am König sae
Gebot zom übertreta? [4]Des hent se
äll Dag zon am gsaed, aber der hât et
drauf ghört. Nå hent se s am Haman
gmeldat, weil se seha wölla hent, ob der
mit saene Argument durchkommt; der
hât en nämlich gsaed, dass er a Judäer
sei. [5]Mô nå dr Haman gseha hât, dass dr
Mordechai vôr am et seine Knia beugt
ond niedergfalla ischd, hât dr Haman
a mords Wuat kriagt. [6]Aber s hât am
et glangt, dass r am Mordechai alloe
ans Leba ganga dät; mr hât am nämlich
vrzählt, zo wehlam Volk dr Mordechai
ghert, drom hât dr Haman älle Judäer
em Reich vom Artaxerxes ausrotta wölla
– s ganze Volk vom Mordechai.

Dr Plån zor Ausrottong: 3 7-11
[7]Em ersta Monat, am Monat Nisan, em
zwölfta Jåhr vom König Artaxerxes
hât mr vôr de Aoga vom Hanan s Pur
gwôrfa, des ischd s Los über de oenzelne
Däg ond Monat, ond s Los ischd auf da
dreizehnta Dag vom zwölfta Monat, am
Monat Adar gfalla. [8]Ond dr Haman hât
zom König Artaxerxes gsaed: S geit då
a Volk, des ischd onter älle Länder von
daem Reich vrstraet; dia hent andere
Gsetz als wia älle andere Völker, ond
am König saene Gsetz haltat se et ae.
Dr König kå des et dulda, dass des dene
durchgôht. [9]Wann s am König recht
ischd, sott mr an Befehl rausgeba zom
se ausrotta. Nå könnt e zeahtausad
Silbertalent daene Vollzugsbeamte en
d Händ geba zom s end d königlicha
Schatzkammer brenga. [10]Nå hât dr
König saen Siegelreng radao ond hât
an am Haman, am Soh vom Hammedat
aus Agag geba, am Faend von de Judäer.
[11]Ond dr König hât zom Haman gsaed:
Des Silber soll dr gschenkt sae ond des
Volk drzua, mach drmit, was dr gfällt!
Zom Vrgleicha: *Vers 7:* 9,24 • *Vers 8:* Num 23,9;
Dtn 4,5-8 • *Vers 10:* Gen 41,42.

Dr Erlaß: 3 12-15
[12]Nå hât mr am dreizehnta Dag vom ersta
Monat de königliche Schreiber aebstellt,
ond mr hât ällas für d Provinzfürsta ond
d Statthalter en älle Länder vom König
aufgschrieba, was dr Haman befohla
hât. Des hât mr en dr Schrift ond Språch
von jedam oenzelna Volk em Nâma
vom König Artaxerxes gschrieba ond
mit am Siegelreng vom König vrsieglat.
[13]Dia Schreiba send nå per Eilbota en
älle königliche Provinza gschickt wôra,
ond då ischd dren gstanda, mr soll älle
Judäer ombrenga ond ausrotta, von de
kloene Buaba bis zom Greis, Kender
ond Fraoa, älle auf oen Dag, nämlich
da dreizehnta vom zwölfta Monat, am
Monat Adar, ond ihr Hab ond Guat als
Beute nemma. [14]Oe Abschrift von dem
Schreiba ischd en jeda oenzelna Provinz
gschickt ond als Gsetz en älle Länder
vröffentlicht wôra, dass älle Völker für
den Dag beraet sae sollat. [15]Dia Eilbota
send nå abzoga ond hent sich nach am
königlicha Befehl beeilt ond der Erlaß
ischd en dr Burg Susa ausgeba wôra.
Während dr König ond dr Haman a
Sauferei vråstaltat hent, ischd d Stadt
Susa en hella Aufregong gråta.
Zom Vrgleicha: *Vers 13f:* Gen 45,8.

D GFAHR WIRD ABGWENDAT: 4 1 – 7 10

D Ester soll vrmittla: 4 1-17
4 Mô des dr Mordechai vrfahra hât,
was då passiert ischd, hât r saene
Klôeder vrrissa ond en Sack ond Äscha
en dr Stadt draußa a lauts Klagegschrôe
ågfanga. [2]So ischd r bis ans Königstôr

komma; s ischd nämlich et erlaobt gwea,
ema Trauergwand durch s Königstôr
zom ganga. [3]Ao en älle Provinza, mô
der königliche Erlaß nôkomma ischd,
håt bei de Judäer a graoßa Trauer
gherrscht mit Fasta ond Heula ond
Klaga, ond viele hent sich a Lager aus
Sackgwänder gmacht ond Äscha gstraet.
[4]Nå send dr Ester ihre Dienerinna ond
Höfleng komma ond hent ra s vrzählt
ond se håt am ganza Leib zitterat. Ond
se håt am Mordechai Klôeder gschickt
zom åziaga, ond r soll sae Sackgwand
wegdoa, aber r håt s et ågnomma. [5]Nå
håt d Ester da Hatach gruafa, oen vom
König saene Kämmerer, der mô zom
Denst für se ågstellt gwea ischd, ond håt
am da Auftrag geba da Mordechai zom
fråga, was los sei ond wårom r sich so
vrhalta dät. [6]Dådrauf ischd dr Hatach
zom Mordechai auf da Stadtplatz naus
ganga, der mô vôr am Königstôr glega
ischd. [7]Ond dr Mordechai håt am
ällas vrzählt, was am vrkomma ischd
ond håt ganz gnaoe Ågaba gmacht
über des Silber, mô dr Haman für d
königlicha aSchatzkammer vrsprocha
håt für d Ausrottong von de Judäer.
[8]Ond a Abschrift von dera Vrordnong
zor Ausrottong von de Judäer, mô
en Susa vröffentlicht wôra ischd, håt
r am ao geba, dass r an dr Ester zaega
ond ra ällas saga soll, ond se soll zom
König ganga ond an om Gnade åfleha
für ihr Volk. [9]Nå ischd dr Hatach
komma ond håt dr Ester vrzählt, was
dr Mordechai gsaed håt. [10]Ond d Ester
håt am Hatach da Auftrag geba, am
Mordechai auszomrichta: [11]Älle Diener
vom König ond s Volk en älle Provinza
vom König wissat, dass für an jeda, ob
Må oder Frao, mô ogruafa zom König
en da ennera Hof gôht, s gleiche Gsetz
gilt: Der wird ombråcht! Mit oener
Ausnåhm, der, dem mô dr König sae
goldes Zepter entgegastreckt, der bleibt
am Leba. Aber i ben schao dreißg
Däg lang nemme zom König gruafa
wôra. [12]Ond mr håt am Mordechai
vrzählt, was d Ester gsaed håt. [13]Ond
dr Mordechai håt dr Ester ausrichta
lassa: Denk bloß et, du dätest von älle
Judäer alloe mit am Leba drvokomma,
weil da em Königspalast bist. [14]Wann
du nämlich en dera Zeit schweigst, nå
kommt d Befreiong ond Rettong für d
Judäer von ra andera Seite, ond du, ond
s Haus von daem Vadr kommt om. Ond
wer wôeß, ob du et grad wega dera Zeit
zor Königswürde komma bist? [15]Ond
d Ester håt am Mordechai zor Antwort
geba ond gsaed: [16]Gang ond vrsammle
älle Judäer, mô en Susa send ond fastat
für me, dass r nex essat ond trenkat drei
Däg ond drei Nächt lang. Ond ao i faste
mit maene Dienerinna auf de gleich Art;
ond dådrnåch gang e zom König nae,
obwohl des gega s Gsetz ischd. wann e
nå omkomm, nå komm e halt om. [17]Ond
dr Mordechai ischd ganga ond håt ällas
so gmacht, wian am s d Ester auftraga
håt.

Zom Vrgleicha: *Vers 11:* 5,2; 8,4.

D Audienz beim König: 5 1 4

5 Am dritta Dag håt d Ester ihre
königliche Gwänder åzoga
ond ischd en da ennera Hof vom
Königspalast gstanda, geganüber vom
Königspalast. Ond dr König ischd auf
saem Königsthron gsessa em Thronsaal
geganüber vom Aegang. [2]Mô dr König
nå d Königin Ester em Hof håt standa
seha, håt se Gnade gfonda vôr saene
Aoga, ond dr König håt den goldena
Zepter, den môn r en dr Håd ghet håt,
nôgstreckt. Nå ischd d Ester vôrtreta
ond håt den Zepter vôrna an dr Spitz
ågregt. [3]Ond dr König håt zon ra gsaed:
Was håsch d denn, Ester, o Königin,
ond was fehlt dr? Ond wanns s halbe
Königreich wär, i dät dr s geba! [4]Nå håt

d Ester gsaed: Wann s am König recht ischd, mög dr König ond dr Haman haet komma zo dem Festmahl komma, mô i für an vôrberaetat han.

Zom Vrgleicha: *Vers 1f:* 4,11 • *Vers 3:* 5,6; 7,2; 0,12; Mk 6,23.

D Aeladong zom Festmahl bei dr Ester: 5 5-8

5 Ond dr König håt gsaed: Holat ganz schnell da Haman her, dass mr dr Ester ihran Wunsch erfüllat! Ond d König ischd mit am Haman zo dem Festessa ganga, mô d Ester vôrberaetat håt. 6 Beim Wae håt nå dr König zor Ester gsaed: Was hättest d den gern? I gib dr s! bis zor Hälfte vom Königreich kåsch dr wünscha, ond da kriagst s! 7 Nå håt am d Ester zor Antwort geba ond gsaed: Mae Bitte ond mae Wunsch ischd: 8 Wann e Gnade gfonda han vôr am König, ond wann s am König recht ischd, dass r mr geba will om was an i bitt, ond maen Wunsch zom erfülla, nå mög dr König ond dr Haman komma zo dem Festmahl, mô i für an vôrberaeta will, nå will i môrga doa, was dr König gsaed håt.

Dr Haman will sich am Mordechai rächa: 5 9-14

9 An dem Dag ischd dr Haman ganz fidel ond guat glaont aus am Haus ganga; aber môn r em Tôr vom Königspalast da Mordechai gseha håt, ond der et vôr am aufgstanda ischd ond am ao koen Respekt zaegt håt, håt dr Haman auf da Mordechai a Sauwuat kriagt. 10 Aber dr Haman håt an sich ghalta ond ischd hoem ganga ond håt nach saene Fraend ond nach saener Frao, dr Seresch gschickt. 11 Nå håt r bei dene ågeba mit saem riesa Reichtom ond mit saene viele Kender, ond wian an dr König graoß gmacht ond über älle Fürsta ond königliche Diener gsetzt håt. 12 Ond nå håt dr Haman gsaed: Außer mir håt d Königin Ester neamerd zom Festessa mit am König aeglada, des mô se vôrberactat håt. Ond môrga ben e ao von ra mit am König aeglada wôra. 13 Aber des langt mr ällas et, solang e den Judäer Mordechai em Tôr vom Königspalast hocka sieh! 14 Nå håt sae Frao, d Seresch ond älle saene Fraend zon am gsaed: Mr könnt doch an Galga macha, fufzg Ella haoch, nå saesch d môrga früah zom König, dass mr da Mordechai drå naufknüpfa sott, ond nå gôhst d mit am König lustig zo dem Festmahl. Des håt am Haman gfalla ond r håt den Galga macha lassa.

Dr Haman muaß am Mordechai d Ehr geba: 6 1-14

6 En sellera Nacht håt dr König et schlåfa könna. Nå håt r da Befehl geba, mr soll am s Buach von de Denkwürdigkaeta (s Chronikbuach) brenga, ond mr håt am draus vôrglesa. 2 Ond då håt mr dren aufgschrieba gfonda, wia dr Mordechai da Bigtan ond da Teresch gmeldat håt, dia zwôe Hofbeamte vom König, mô zo de Tôrhüater ghert hent, dia mô mitanander da König Artaxerxes ombrenga wölla hent. 3 Ond dr König håt gfrågt: Was håt dr Mordechai für a Auszôechnong dådrfür kriagt? Nå hent am König saene Höfleng gsaed: Der håt gar nex kriagt! 4 Ond dr König håt gfrågt: Wer ischd em Hof draußa? Dr Haman ischd aber grad vom äußera Hof vom Königspalast raekomma, zom am König saga, mr soll da Mordechai aufhänga an dem Galga, den môn r für an håt aufrichta lassa. 5 Ond dia Diener hent zom König gsaed: Guck, dr Haman stôht em Hof draußa! Ond dr König håt gsaed: R soll raekomma! 6 Nå ischd dr Haman raekomma, ond dr König håt an gfrågt: Was soll mr ama Må doa, den mô dr König gern bsonders ehra will?

Dr Haman håt gmoent: Wem könnt dr
König a graeßera Ehr zuakomma lassa
als wia mir? 7Nå håt r zom König gsaed:
Dem Må, den dr König bsonders ehra
will, 8sott mr a königlichs Gwand brenga,
oes mô dr König schao selber åghet håt,
ond a Ross mit am königlicha Schmuck
auf am Kopf, auf dem dr König schao
selber gritta ischd. 9Des Gwand ond des
Ross soll mr oem von de vürnehmste
Fürsta vom König übergeba, ond der
soll den Må, den dr König bsonders
ehra will, auszôechna ond an auf dem
Ross über da Stadtplatz führa ond vôr
am ausruafa lassa: So gschieht s dem Må,
den mô dr König ehra will! 10Dådrauf
håt dr König zom Haman gsaed: Hol
schnell des Gwand ond des Ross, ond
mach ällas so wia da s gsaed håsch mit
dem Judäer Mordechai, der mô em Tôr
vom Königspalast sitzt. Lass nex weg
von dem, was da vôrgschlaga håsch.
11Nå håt dr Haman des Gwand ond des
Ross bråcht ond håt s am Mordechai
ådao ond håt an über da Stadtplatz reita
ond vôr am ausruafa lassa: So wird s mit
dem Må gmacht, den mô dr König ehra
will! 12Dådrnåch ischd dr Mordechai ens
Tôr vom Königspalast zrück komma,
aber dr Haman ischd hoemganga ond
ganz gschlaga gwea ond håt sae Haopt
zudeckt. 13Ond dr Haman håt saener
Frao Seresch ond saene Fraend ällas
vrzählt, was am passiert ischd. Nå hent
saene Berater ond sae Frao gsaed: Wann
dr Mordechai, vôr dem dae Absturz
schao ågfanga håt, zom Volk von de
Judäer ghert, nå kåsch du gar nex gega
an ausrichta, sondern du kommst voll
ganz zom Absturz. 14Ond während
se no mit am gschwätzt hent, send
königliche Höfleng komma ond hent an
zo dem Festmahl abgholt, mô d Ester
vôrberaetat håt.

Zom Vrgleicha: *Vers 2:* 2,21-23.

S End vom Haman: 7 1-10

7 Dr König ischd also mit am Haman
zo dem Festmahl von dr Königin
Ester komma. 2Ond dr König håt ao
am zwôeta Dag beim Waegelage zor
Ester gsaed: Was ischd dae Bitte, Ester,
o Königin? Ond i gib dr s! Ond was
wünscht d dr? I gib dr s! Bis zor Hälfte
vom Königreich kåsch d dr wünscha,
ond da kriagst s! 3Ond d Königin Ester
håt am zor Antwort geba ond gsaed:
Wann e Gnade gfonda han en daene
Aoga, o König, ond wann s am König
recht ischd, nå schenk mir mae Leba
für mae Bitte ond maem Volk für maen
Wunsch. 4Mir send nämlich vrkaoft
wôra, i ond mae Volk, zom ons ausrotta
ond ombrenga ond ausradiera. Ond
wa'mr ons bloß als Sklava ond Sklavinna
vrkaoft hätt, nå dät e gar nex saga; weil
s nå d Naot et wert wär, dass mr da
König drmit belästigt! 5Nå håt dr König
Artaxerxes zor Königin Ester gsaed:
Wer ischd des ond mô ischd der, mô sich
so ebbas aefalla lässt zom doa? 6Dådrauf
håt d Ester gsaed: Der Må, der Faend ond
Bedränger ischd dr Haman, der baese
dåhanna! Nå ischd dr Haman vôr am
König ond vôr dr Königin vrschrocka.
7Ond dr König ischd en saener Wuat
aufgstanda ond von dem Gelage naus
en da Garta vom Palast ganga, während
dr Haman dågstanda ischd ond om sae
Leba gfleht håt bei dr Ester, dr Königin,
weil r gseha håt, dass sae Ontergang
beim König beschlossena Sache gwea
ischd. 8Mô nå dr König wieder aus am
Schloßgarta raekomma ischd en da Saal,
mô des Gelage stattgfonda håt, ond
gseha håt, dass dr Haman auf des Polster
nôgsonka ischd, mô d Ester drauf glega
ischd, håt dr König gsaed: Will r jetzt
ao no dr Königin Gwalt ådoa en maem
aegena Haus? Des håt r kaom gsaed
ghet, nå hent se am Haman glei an Sack
über da Kopf dao. 9Ond dr Harbona,

oener von de Hofbeamte, håt vôr am König gsaed: Då stôht schao a Galga, den håt dr Haman für da Mordechai macha lassa, der mô doch ebbas gmeldat håt, was für da König guat gwea ischd, der stôht vôr am Haman saem Haus fufzg Ella haoch! Ond dr König håt gsaed: Hängat an drå auf! [10]Nå hent se da Haman an dem Galga aufghängt, môn r für da Mordechai håt macha lassa. Ond am König sae Zôrn håt sich wieder glegt.

Zom Vrgleicha: *Vers 2:* 5,6.

D JUDÄER WERAT GRETTAT: 8 1 – 10 3

Dr Mordechai wird befördert ond d Ester håt a neua Bitte: 8 1-6

8 Am gleicha Dag no håt dr König Artaxerxes dr Königin Ester am Haman, dem Faend von de Judäer, sae Haus gschenkt. Ond dr Mordechai ischd vom König empfanga wôra, d Ester håt am nämlich gsaed, wia der mit ra vrwandt sei. [2]Ond dr König håt saen Siegelreng, den môn r am Haman wegnemma lassa håt, radao ond am Mordechai geba. Ond d Ester håt da Mordechai zom Vrwalter vom Haman saem Haus gmacht. [3]Ond d Ester håt nômål vôr am König gredat, se ischd vôr saene Füaß nôgsonka ond håt gheult ond an ågfleht, r soll doch des Ohael, des mô dr Haman von Agag gega d Judäer em Senn ghet håt, von en abwenda. [4]Dådrauf håt dr König dr Ester saen goldena Zepter entgegastreckt, ond d Ester ischd aufgstanda ond vôr da König nôtreta. [5]Ond se håt gsaed: Wann s am König recht ischd ond i Gnade gfonda han en saene Aoga, ond am König mae Vôrschlag guat dünkt, nå mög dr König den schriftlicha Erlaß vom Haman, am Soh vom Hammedat von Agag, den mô der rausgeba håt zom d Judäer en älle Provinza vom König ausrotta, rückgängig macha. [6]Wia könnt i dem Ohael zuagucka, des mô mae Volk treffa dät? Ond wia könnt i zuagucka, wia mae Volksstamm zgrond gôht?

Maßnåhma zor Rettong von de Judäer: 8 7-17

[7]Nå håt dr König Artaxerxes zor Königin Ester ond zom Judäer Mordechai gsaed: Guckat, i han dr Ester am Haman sae Haus geba, ond ehn han e am Galga aufhänga lassa, weil r sae Håd an d Judäer lega wölla håt. [8]Jetzt setzat ihr doch selber wega de Judäer a Schreiba auf wia ihr denkat, dass s em Nåma vom König recht ischd, ond sieglat s mit am Siegelreng vom König; a Schreiba em Nåma vom König, des mô mit am Siegelreng vom König gsiegelt ischd, kå nemme rückgängig gmacht wera. [9]Nå håt mr am König saene Schreiber gruafa, des ischd em dritta Monat, em Monat Siwan, am dreiazwanzigsta Dag gwea, då håt mr ällas gschrieba, was dr Mordechai ågeba håt wega de Judäer, ond an d Provinzfürsta ond Statthalter ond de Oberste von dene hondertsiebenazwanzg Provinza von Indien bis Kusch gschickt, ond zwår für jedas Land en saener aegena Schrift ond für jedas Volk en saener aegena Språch ond ao an d Judäer en ihrer Språch. [10]Ond r håt s em Nåma vom König Artaxerxes gschrieba ond mit am Siegelreng vom König gsiegelt ond durch Eilbota auf Rösser vom königlicha Gstüat überall nôgschickt. [11]En dem Erlaß håt dr König de Judäer en jeder Stadt erlaobt, dass se sich zsemadoa ond für ihr Leba aestanda

därfat, ond älle bewaffnate Streitmächt
en jedam Land ond en jedam Volk zom
vrnichta ond ombrenga ond ausrotta,
samt ihre Fraoa ond Kender, ond ihr
Hab ond Guat als Beute zom nemma.
[12]Ond des soll en älle Provinza vom
König Artaxerxes saem Reich an oem
Dag gscheha: am dreizehnta Dag vom
zwölfta Monat, des ischd dr Monat
Adar.
[13]A Abschrift von dem Erlaß ischd als
Gsetz für jeda oenzelna Provinz als
Vrfüagong ausgeba wôra, dass d Judäer
sich für den Dag beraet halta sollat,
zom sich an ihre Faend rächa! [14]Dia
Eilbota auf ihre königliche Rösser send
auf am König saen Befehl schnellstens
losgritta, ond des Gsetz ischd ao en dr
Burg Susa vröffentlicht wôra. [15]Mô dr
Mordechai vom König nausganga ischd,
hât r a königlichs Gwand aus blaoam
Purpur ond Laena âghet ond an graoßa,
goldena Turban, ond an Omhang aus
Byssus ond raotam Purpur; ond de ganz
Stadt Susa hât jubiliert ond sich gfraet.
[16]Bei de Judäer ischd lauter Glück ond
Fraed ond Jubel ond Ehr gwea. [17]Ond
en älle Länder ond Städt, mô am König
sae Erlaß nôkomma ischd, ischd bei
de Judäer Fraed ond Jubel ausbrocha,
ond se hent Gastmähler ond Festessa
vrâstaltat. Ond viele aus dene Völker
en dene Länder hent sich als Judäer
ausgeba, weil d Angst vôr de Judäer
über se komma ischd.

D Rache von de Judäer an ihre Faend: 9 1-19

9 Em zwölfta Monat, am Monat Adar,
am dreizehnta Dag, mô am König
sae Wort ond sae Gsetz hätt durchgführt
wera solla, des ischd der Dag gwea, an
dem mô d Faend von de Judäer ghofft
hent, se däte se en ihr Gwalt brenga,
hât sich s Blättle dreht ond d Judäer
hent ihre Faend onter d Fuchtel kriagt.
[2]Dâ hent sich d Judäer en älle Städt
ond Provinza vom König Artaxerxes
zsemadao zom Hâd âlega an dia, mô
auf ihr Ohael ausgwea send. Dene hât
koener standghalta, weil dr Schrecka
vôr en ischd über älle Völker komma.
[3]Ond älle Provinzfürsta ond Statthalter
ond Beamte vom König, hent d Judäer
onterstützt, weil se Angst vôr am
Mordechai ghet hent. [4]Dr Mordechai hât
nämlich em Palast vom König a graoß
Åseha ghet ond sae Ruaf ischd durch älle
Provinza ganga, der Mâ, dr Mordechai
ischd nämlich emmer mächtiger wôra.
[5]So hent d Judäer älle ihre Faend mit
am Schwert gschlaga ond ombrâcht ond
vrnichtat, ond mit ihre Hasser send se
omganga, wian en s grad passt hât. [6]En
dr Burg Susa hent d Judäer fenfhondert
Mann ombrâcht ond ausgrottat. [7]Ond
da Parschandata, da Dalfon, da Aspata,
[8]da Porata, da Adalja, da Aridata, [9]da
Parmaschta, da Arisai, da Aridai ond
da Wajesata, [10]am Judafaend Haman
ond Soh vom Hammedata saene zeah
Söh, hent se ombrâcht, aber an ihram
Hab ond Guat hent se sich et vrgriffa.
[11]Mô mr nâ an dem Dag am König
gmeldat hât, wiaviele en dr Burg Susa
ombrâcht wôra send, [12]hât dr König zor
Königin Ester gsaed: En dr Burg Susa
hent d Judäer a Bluatbad âgrichtat ond
fenfhondert Mann ombrâcht ond am
Haman saene zeah Söh. Was mögat dia
en de andere Provinza âgrichtat han?
Was möchtest d jetzt, dass e dr s gib?
Ond was häsch d no auf am Herza, dass
mr dr s erfüllt? [13]Nâ hât d Ester gsaed:
Wann s am König recht ischd, sott mr
de Judäer ao môrga no erlaoba, dass se
en dr Burg Susa nach dem Erlaß, der
mô für haet gilt, weitermachat; ond am
Haman saene Söh soll mr aufhänga.
[14]Ond dr König hât da Befehl geba,
dass des so gmacht wera soll; ond mr
hât an entsprechenda Erlaß rausgeba,

ond am Haman saene zeah Söh håt mr
aufghängt. 15Ond d Judäer hent sich
ao am vierzehnta Dag em Monat Adar
zsemadao ond hent en Susa nômål
dreihondert Mann ombråcht, aber an
ihre Güater hent se sich et vrgriffa. 16Ao
de übrige Judäer, mô en de Provinza
vom König gwohnt hent, hent sich
zsemadao ond ihr Leba vrtaedigt ond
sich Ruah vrschafft vôr ihre Faend, ond
se hent fenfasiebzgtausad von ihre Faend
ombråcht, aber an ihre Güater hent se
sich et vrgriffa. 17Des ischd am dreizehnta
Dag vom Monat Adar gscheha, ond då
drauf hent se sich am vierzehnta Dag em
gleicha Monat ausgruaht ond a Festessa
vråstaltat. 18Aber dia Judäer en Susa hent
sich am dreizehnta ond am vierzehnta
Dag von dem Monat zsemadao ond nå
am fufzehnta Dag ausgruaht ond ihr
Festessa vråstaltat. 19Wega dem feierat
d Judäer auf am Land en de Ortschaft
am vierzehnta Dag em Monat Adar a
Festmahl zor Fraed ond Gelage, ond då
schickat se sich gegaseitig Esspaket.

D Aeführong vom Purimfest: 9 20-32
20Dr Mordechai håt dia Eraegnis
aufgschrieba ond an älle Judäer, mô en
de Provinza vom König Artaxerxes, an
dia en dr Nähe ond en dr Ferne, an Briaf
gschickt, 21ond håt en d Auflag gmacht,
dass se äll Jåhr da vierzehnta Dag vom
Monat Adar ond da fufzehnta Dag zom
Feierdag macha sollat, 22weil d Judäer an
dene Däg vôr ihre Faend Ruah kriagt
hent, ond dem Monat entsprechend,
mô sich ihr Kummer en Fraed ond ihr
Trauerdag en an Fraedadag vrwandlat
håt. Des sollat se feiera als Festdäg mit
Essa ond Trenka ond sich gegaseitig,
ond ao de Arme Esspaket zuakomma
lassa. 23So hent d Judäer ågfanga, des als
Brauch zom doa, was en dr Mordechai
aufgschrieba håt. 24Weil dr Haman, am
Hammedat sae Soh aus Agag, d Judäer
ghasst ond drwega vôrghet håt, älle
Judäer omzbrenga ond s Pur, des ischd
s Los gwôrfa håt zom se aufreiba ond
ombrenga, 25d Ester aber vôr da König
treta ischd ond der da Befehl geba ond
durch an schriftlicha Erlaß bekannt
macha lassa håt, dass am Haman sae
henterlistiger Åschlag, den môn r sich
ausdenkt håt gega d Judäer, auf sae aeges
Haopt zrückfalla soll, ond er ond saene
Söh an da Galga ghängt wera sollat,
26deswega hôeßt mr dia Däg Purim
nach am Wort Pur. Wega dem, was en
dem Briaf gstanda ischd ond wega dem,
was se selber vrlebt ond vrfahra hent,
27hent sich d Judäer vrpflichtat ond s zor
ovrbrüchlicha Satzong erklärt für sich
ond ihre Nåchkomma ond älle, mô sich
åschliaßa däte, äll Jåhr dia zwôe Däg
zom feiera nach dr geltenda Vôrschrift
ond zor festgsetzta Zeit. 28Dia Däg sollat
em Gedächtnis bleiba ond gfeiert wera
bei älle Generationa ond Gschlechter en
älle Provinza ond Städt. Dia Purimdäg
sollat gar nia bei de Juda aufhera ond ihr
Ådenka bei ihre Nåchkomma soll nia
onterganga. 29Aber d Königin Ester, am
Abihail sae Tochter, ond dr Mordechai,
hent a zwôets Schreiba vrfasst weg'am
Purimfest, zom dui Festvôrschrift
bestätiga. 30Des hent se an älle Judäer
en dia hondertsiebenazwanzg Provinza
em Reich vom König Artaxerxes
gschickt mit Glück- ond Segenswünsch,
31se solle sich dia Purim-Däg zo de
festgsetzte Zeita zor Pflicht macha, wia
s dr Judäer Mordechai ond d Königin
Ester bestimmt hent, ond wia se für sich
selber ond für ihre Nåchkomma ao d
Ålaetong zom Fasta ond zor Wehklag
festglegt hent. 32Ond der Erlaß von dr
Ester håt dia Purim-Vôrschrifta zom
Gsetz gmacht, ond mr håt ällas en ra
Urkunde aufgschrieba.

Bericht über am Artaxerxes sae Regierongszeit ond am Mordechai sae Stellong: 10 1-3

10 Dr König Artaxerxes håt
selligsmål s Land ond d Insla
mit Frondenst belastat. [2]Aber ällas,
was r glaestat håt en saener Herrschaft
ond Gwalt, ond de gnaoe Ågaba über
dia Ehrabezeugonga für da Mordechai
ond wian r an graoß gmacht håt, ischd
aufgschrieba en dr Chronik von de
König von Medien ond Persien.
[3]Dr Mordechai, der Judäer ischd
nämlich am Rang nåch glei nach am
König Artaxerxes komma, ond r håt bei
de Judäer a graoß Åseha ghet ond ischd
bei saene Stammasbrüader recht beliebt
gwea, weil r emmer s Wohl von saem
Volk em Aog ghet håt ond ao für da
Frieda für saene Nåchkomma gsprocha
håt.

S Buach Ijob

DR RÅHMA: 1 1 - 2 10

Am Ijob sae Rechschaffahaet: 1 1-5

1 Em Land Uz ischd a Må gwea, Ijob håt
r ghôeßa. Der Må ischd rechtschaffa
ond gradlinig gwea ond håt a Ehrfurcht
vôr Gott (Elohim) ghet ond ällas Baese
håt r gmieda. [2]Sieba Söh ond drei Töchter
send am gebora wôra. [3]An Vieh håt der
siebatausad Schåf ond Gôesa ghet ond
dreitausad Kamel ond faefhondert Joch
Rendla ond faefhondert Eselsstuata ond
a graoß Gsend. Der håt a graeßers Åseha
ghet als wia älle, mo em Osta gwohnt
hent. [4]Saene Söh hent rôehom Festessa
gfeirat en ihre Häuser, a jeder an saem
Geburtsdag. Då hent se ao emmer zo
ihre drei Schwestera gschickt ond dia
aeglada, zom mit en essa ond trenka.
[5]Wann nå dia Däg von dene Festessa
rom gwea send, håt dr Ijob nôgschickt
ond se ghaeligt. Då ischd r ganz eifrig
dren gwea, en äller Früah håt r so viele
Brandopfer darbråcht, wian r Kender
ghet håt. Dr Ijob håt sich nämlich gsaed:
Vielleicht hent sich maene Buaba jå
vrsündigt ond ennerlich gfluacht. So håt
s dr Ijob jedas Mål gmacht.

Zom Vrgleicha: *Vers 1:* Ex 14,14-20; Gen 22,12

Zwôe harte Proba: 1 6 - 2 10

Dr Reichtom gôht vrlaora: 1 6-22

[6]A ma schöna Dag send d Söh von de
Götter (Elohim) komma ond send vôr
da Herrgott (JAHWE) nôgstanda, dr
Satan ischd ao mit en gwea. [7]Ond dr
Herrgott (JAHWE) håt zom Satan
gsaed: Mô kommst denn du her? Ond
dr Satan håt am Herrgott (JAHWE)
zor Antwort gea: I ben kreuz ond
quer über de ganz Erde gstrôeft. [8]Ond
dr Herrgott (JAHWE) håt zom Satan
gsaed: Håsch d ao maen Knecht Ijob
em Aog ghet? So geit s auf dr ganza
Erde koen maeh, so rechtschaffa ond
gradlinig, so ehrfürchtig vôr Gott
(Elohim), ond meidat ällas, was baes
ischd. [9]Nå håt dr Satan zom Herrgott
(JAHWE) gsaed: Ischd dr Ijob vielleicht
omasonst so gottasfürchtig? [10]Håsch an
et du selber ond sae Haus ond ällas was r
håt rengsrom onter daen Schutz gstellt.
Was r en d Händ gnomma håt, håsch du
gsegnat ond sae Hab ond Guat håt sich
über s ganz Land ausbrôetat. [11]Aber leg
doch amål daene Händ auf ällas, was r
håt ond taste s å; da wirst seha, daß r dr
ens Gsicht nae fluacht.
[12]Ond dr Herrgott (JAHWE) håt zom
Satan gsaed: Also, ällas was r håt soll en
daener Håd sae! Aber ehn selber langst
d mr et å! Nå ischd dr Satan am Herrgott
(JAHWE) aus de Aoga ganga.
[13]Ond s ischd wieder a Dag gwea, mô
saene Söh ond Töchter em Haus von
ihram ältesta Bruader gessa ond Wae
tronka hent; [14]mô a Bot zom Ijob
komma ischd ond gsaed håt: s Rendvieh
ischd am Ackera gwea ond d Eselsstuata
hent drneba grast, [15]nå send d Sabäer
drherkomma ond hent s forttrieba
ond hent dia Knecht mit ihre scharfe
Schwerter ombråcht ond i ben als
oenziger drvokomma zom dr s melda.
[16]Solang der no vrzählt håt, kommt a
anderer ond saed: A Feuer von Gott
(Elohim) ischd vom Hemmel ragfalla
ond håt daene Schåf ond Gôesa mitsamt
de Knecht åzonda ond vrbrennt ond i ben
als oenziger drvokomma zom dr s melda.
[17]Solang der no vrzählt håt, kommt a
anderer ond saed: Chaldäer send en drei
Rotta über d Kamel hergfalla ond hent
s mitgnomma ond hent dia Knecht mit
ihre scharfe Schwerter ombråcht ond i

ben als oenziger drvokomma zom dr s
melda.
[18]Solang der no vrzählt håt, kommt
a anderer ond saed: Daene Söh ond
Töchter send beim Essa ond Trenka
gwea em Haus von ihram ältesta Bruader,
[19]guck, då ischd a ohaemlicher Sturm
von dr Wüste romkomma, der håt des
Haus an saene vier Ecka packt, nå ischd
s über dene jonge Leut zsemakracht,
daß se omkomma send, ond i ben als
oenziger drvokomma zom dr s melda.
[20]Nå ischd dr Ijob aufgstanda ond håt
sae Obergwand vrrissa ond saen Kopf
kahlgschora. Nå ischd r auf da Boda
gsonka ond håt åbetat [21]ond gsaed:
Nackat ben e aus am Schoß von maener
Muader rauskomma, ond nackad muaß
e wieder ganga. Dr Herrgott (JAHWE)
håt s geba, dr Herrgott (JAHWE) håt
s gnomma, Lobpreis sei am Nåma
JAHWE.
[22]En dem ällam håt sich dr Ijob mit
koem Wort vrsündigt ond nex Åstößigs
gega Gott gsaed.

Zom Vrgleicha: *Vers 6:* Sach 3,1f; • *Vers 21:* Jes 44,2

Dr Ijob wird krank: 2 1-10

2 Ond wieder send a ma schöna Dag d
Söh von de Götter (Elohim) komma
ond send vôr da Herrgott (JAHWE)
nôgstanda, dr Satan ischd ao mit en
gwea. [2]Ond dr Herrgott (JAHWE) håt
zom Satan gsaed: Mô kommst denn
du her? Ond dr Satan håt am Herrgott
(JAHWE) zor Antwort gea: I ben kreuz
ond quer über de ganz Erde gstrôeft.
[3]Ond dr Herrgott (JAHWE) håt zom
Satan gsaed: Håsch d ao maen Knecht
Ijob em Aog ghet? So geit s auf dr
ganza Erde koen maeh, so rechtschaffa
ond gradlinig, so ehrfürchtig vôr Gott
(Elohim), ond meidat ällas, was baes
ischd ond r hält sich emmer no treu en
saener Rechtschaffahaet, obwohl me du
ågstiftat håsch zom an durchanander
brenga ohne jedan Grond. [4]Dr Satan håt
am Herrgott (JAHWE) zor Antwort
gea: Haut om Haut! Om sae Leba gibt
dr Mensch ällas her. [5]Aber leg amål dae
Hådd an saene Boener ond an saen Leib,
da wirst seha, daß r dr ens Gsicht nae
fluacht. [6]Ond dr Herrgott (JAHWE)
håt zom Satan gsaed: Also, r ischd en
daene Händ! Aber sae Leba vrschonst
d mr. [7]Nå ischd dr Satan am Herrgott
(JAHWE) aus de Aoga ganga ond håt
da Ijob von Kopf bis Fuaß mit ganz
schlemme Ôesa plågt. [8]Ond dr Ijob
håt en Scherba gnomma ond sich drmit
kratzt ond ischd en d Äscha naeghockt.
[9]Nå håt sae Frao zon am gsaed: Bleibst d
emmer no bei daener Rechtschaffahaet?
Vrfluach daen Gott (Elohim) ond stirb!
[10]Nå håt r zon ra gsaed: Du schwätzt
drher wia de törichte Weiber. Wa'mr s
Guate von Gott (Elohim) ånemmat, sott
mr nå et ao s Baese ånemma? Bei dem
ällam håt sich dr Ijob et vrsündigt mit
saene Lippa.

D STREITREDA: 2 11 - 31 40

Dr Ijob kriagt Bsuach von saene Fraend: 2 11-13

[11]Ond am Ijob saene drei Fraend hent
von saem Oglück ghört ond se send
komma, a jeder von saem Flecka: dr
Elifas von Teman, dr Bildat von Schuach
ond dr Zofar von Naama. Dia hent
mitanander ausgmacht, daß se nôgangat
zom an bedaura ond trösta.
[12]Mô se an von Weitams gseha hent,
(ischd r so entstellt gwea, daß) se an et
kennt hent, ond se hent ganz laut ågfanga

z heula ond a jeder håt sae Obergwand
vrrissa ond se hent Staob über sich ond
auf ihre Köpf gschmissa. 13Nå send se
zon am auf da Boda nôghockt sieba
Däg ond sieba Nächt, ond koener håt
ao bloß oe Wörtle zon am gsaed, weil
se gseha hent, daß r vôr Schmerza schier
aeganga ischd.

Zom Vrgleicha: *Vers 11:* Bar 3,23

Am Ijob sae Klag

S Leba ischd a Last: 3 1-26

3 Mô dr Ijob nå endlich s Maul
aufgmacht håt, håt r den Dag
vrfluacht, môn r gebora ischd. 2Ond dr
Ijob håt gsaed:
3Der Dag soll ausglöscht sae, mô i auf
d Welt komma ben ond dui Nacht, mô
mr gsaed håt: A Bua ischd auf d Welt
komma.
4Der Dag soll em Donkla bleiba, daß
dui Gotthaet (Elowah) då droba et nach
am frågt, koe Liacht soll auf an falla.
5D Finsternis ond am Daot sae
Schatta sollat an aefordera ond donkle
Wolka sollat sich über an ausbrôeta.
Vrfinsterong am Dag, daß s oem graust.
6Sella Nacht - em Donkla soll se
vrschwenda - dui soll sich bloß et
aerôeha en d Däg vom Jåhr ond en de
Monat soll mr n ao et mitzähla.
7Guck, sella Nacht soll ofruchtbar bleiba
ond koe Jubel soll aufkomma. 8Vrfluacha
sollat an d Dagvrhexer, dia mô wissat,
wia mr da Leviatan aufweckt.
9Ihre Stern sollat donkl bleiba en dr
Dämmerong, auf s Licht soll se warta,
aber komma soll s et, et amål d Strahla
von dr Môrgaraete soll se seha.
10Weil se et maener Muader da Schaoß
zuagschlossa ond s Lôed vôr maene
Aoga vrbôrga håt.
11Wårom ben e et glei gstôrba, môn
e auf d Welt komma ben - omkomma
wian e aus am Leib von maener Muader
rauskomma ben?
12Wårom han e auf Knia sitza ond an
Brüst sauga därfa?
13Nå dät e dåliega ond wär still, dät
schlåfa ond hätt mae Ruah
14bei König ond Ratsherra, mô sich
Grabmäler bauat,
15oder mit Fürsta, dia mô so viel Gold
hent, daß se ihre Häuser drmit volmacha
könntat.
16Oder i wär nemme då wian a
Fehlgeburt, mô mr vrschärrat håt, wia
Kendla, mô nia s Liacht gseha hent.
17Sell tobat ao d Frevler nemme, ond dia
kommat zor Ruah, bei dene, mô d Kraft
nåchglassa håt.
18Ao de Gfangene hent ihr Ruah vôr am
Gschrôe von ihre Åtreiber.
19Ob oener a Kloener ischd oder a
Graoßer, des ischd sell egal, ond a Sklav
ischd von saem Herra frei.
20Zo was geit r a ma Elenda Licht ond
Leba dene, mô bis en d Seel nae vrbittert
send -
21dia mô auf da Daot wartat, ond der
kommt et - dia suachat an maeh als wia
Schätz?
22Dia däte sich fraea bis zom Jubel, wann
se bloß a Grab fenda dätat -
23zo was a Licht dem Må, dem sae Weg
em Vrbôrgena leit ond vôr dem sich d
Gotthaet (Elowah) rengsrom absperrt?
24Vôr maem Brot kommt s Stöhna ond
wian a Wasserfall kommt mae Gschrôe
aus mr raus.
25Was e nämlich gfürchtat han, des ischd
über me komma, ond des, mô mr s drvôr
graust håt, des håt me troffa.
26I han no koen Frieda gfonda, no koe
Rast ond koe Ruah, ond schao ischd dr
nächste Schlag komma.

Zom Vrgleicha: *Vers 1-12:* Jer 20,14-18 • *Vers 11:* 10,18f ; Koh 4,2 ; 6,3 • *Vers 14:* Jes 14,9-11 ; Ez 32,18-32 • *Vers 16:* Ps 58,9 • *Vers 23:* Klg 3,2 • *Vers 24:* Ps 42,4 • *Vers 25:* Spr 10,24.

Am Elifas sae ersta Red: 4 1 - 5 27

D Vrgeltong: 4 1-11

4 **Nå håt dr Elifas von Teman ågfanga ond gsaed:**

[2]Wahrschaenlich ischd dr s et recht,
wa'mr ebbas zo dr saed, aber s geit
Sacha, dia muaß mr oefach saga.
[3]Guck, du håsch so viele onterwiesa ond
müade Händ wieder stark gmacht.
[4]Daene Wort hent dia aufgrichtat, mô
am Strauchla gwea send ond kraftlose
Knia håsch d en Halt gea.
[5]Ond jetzt, mô s über de selber kommt
gibst auf, ond mô de s selber trifft, då
vrstôhst d Welt nemme.
[6]Ischd dae Gottesfurcht et dae
Zuavrsicht, dae Hoffnong et dae
rechtschaffener Lebenswandel?
[7]Denk amål nåch: Mô ischd denn a
Oschuldiger omkomma? Ond mô send
Gradlinige zgrond ganga?
[8]Môn e nôguck: Dia, mô Orecht ackerat
ond Elend säat, dia erntat s ao.
[9]Von dr Gotthaet (Elowah) ihram
Odem gangat se zgrond ond von saem
Wuatschnauba vrgangat se.
[10]S Löwabrülla ond s Faucha von de
Jongkatza - schao naeghaoa send de
Löwa ihre Zäh.
[11]Dr Löw gôht ae weil koe Beute då
ischd ond dr Löwin ihre Jonge laofat
drvo.

Zom Vrgleicha: Vers 7: Spr 12,21 • Vers 10: Spr 28,15

Dr Traom: 4 12-21

[12]Ganz hehlenga ischd a Wort zo mr
komma ond håt mr en s Ohr gflüsterat.
[13]Em Grüabla über maene Traem, wann
Tiafschlåf d Menscha überfällt;
[14]då ischd Angst ond s graoße Beba über
me komma, daß ällas an mr zitterat håt:
[15]A Wendhauch ischd mr über s Gsicht
gfahra ond jedas Håår am ganza Leib
håt sich gstellt:
[16]Då stôht a Gstalt vôr maene Aoga - i
han se et kennt - a Gesäusel hör e ond
a Stemm:
[17]Ischd ao a sterblichen Mensch vôr
Gott (Elowah) gerecht? Ischd a Må raen
vôr saem Schöpfer?
[18]Guck, der traut ao saene Diener et ond
saene Engel onterstellt r, daß se sich irra
könnat.
[19]Erst recht dia, mô en Lehmhütta
wohnat, dia mô em Staob gründat send
ond wia d Motta vrdruckt werat.
[20]Vom Môrga bis an da Åbad werat se
naghaoa ond gangat zgrond, ohne daß
des oener merkt.
[21]Wird vielleicht et ihr Zeltstrick
rausgrissa daß ihr Zelt aehaglat - nå
sterbat se, aber se wissat gar et, wian en
gschieht.

Zom Vrgleicha: *Vers 13:* 33,15 • *Vers 16:* 1Kö 19,12 • *Vers 17:* Ps 143,2.

Dr Mensch ischd vrantwortlich: 5 1-7

5 Schrei doch! vielleicht ischd oener
då, mô dr a Antwort geit. Ond an
wehlan Haeliga willst de wenda?
[2]An Narra brengt dr Omuat om ond an
Ovrständiga dr fanatische Eifer.
[3]Wohl han e an Narra Wurzla schlaga
seha ond doch han e glei sae Wohnong
vrwünscha müaßa.
[4]Saene Kender send weit drvo entfernt,
daß se grettat werat. Em Tôr werat se
onterdrückt ond helfa duat en koener.
[5]Sae Ernt frißt dr Honger auf, sogar
aus de Dôrnahecka holt r s raus ond dr
Boshafte nemmt am sae ganza Kraft.
[6]Aus am Boda gôht koe Orecht auf ond
vom Acker spriaßt koe Ohael,
[7]sondern dr Mensch selber macht s Ohael,
haoch naus fliagat d Flammakender.

Zom Vrgleicha: *Vers 1:* Ps 89.6 • *Vers 4:* Ps 109,10 • *Vers 7:* Gen 3,17-19

D Onterwerfong onter da Herrgott:
5 8-27
8Aber i dät me an Gott (El) wenda ond
vor Gott (Elohim) mae Sach ausbrôeta,
9der mô ebbas Graoß duat, was mr gar
et erforscha kå ond Wonder, mô mr et
zähla kå,
10der Rega über d Erde vrtôelt ond de
Äcker ond Wiesa Wasser geit,
11der de Kloene oba nôsitza läßt ond de
Trauernde glücklich sae läßt.
12De Arglistige ihre Plän läßt r vrbrösla
ond läßt nex gråta, was se en d Händ
nemmat.
13De Obergscheite fangt r en ihrer ôegena
Arglist, daß se von ihre agschlagene
Ratschläg selber gstürzt werat,
14daß se am hella Dag en d Finsternis
gråtat ond am Mittag em Donkla
romdappat.
15Aber der rettat de Kloene vôr dene
ihrer Schwertgosch ond de Arme vôr de
Mächtige.
16So kå ao a Schwacher a Hoffnong han
ond d Falschhaet muaß ihr Maul halta.
17Guck, glückselig ischd der Mensch,
der mô von Gott (Elowah) zrechtgwiesa
wird. S wird guat sae, wann da am
Allmächtiga saene Weisonga et
vrachtest.
18Der vrwondat ond vrbendat, der haot
zsema ond saene Händ hôelat.
19En sechs Naet rettat r de, ond en sieba
därf de koe Ohael ålanga.
20En dr Hongersnaot kaoft r de frei vom
Daot ond em Kriag aus dr Gwalt vom
Schwert.
21Du bist vôr üble Nåchreda sicher, vôr
dr Gwalt brauchst de et fürchta, wann
se drherkommt.
22Über Vrheeronga ond Honger kåsch
du lacha ond vôr de wilde Viecher em
Land brauchst d koe Angst et han.
23Weil da mit de Stoeklötz em Bund bist
ond mit de Viecher em Feld draußa lebst
du em Frieda.
24Ond da wôeßt, daß dae Zelt em Frieda
stôht ond du håsch da Überblick ond s
fehlt dr nex.
25Du wirst s erfahra, daß sich dae Såma
vrmehrt, daene Nåchkomma wia s
Kraut vom Erdboda.
26Ond du kommst em rüstiga Alter zom
Grab, wia mr d Garba raebrengt zo
ihrer Zeit.
27Guck des hent mir rausgfonda, so
ischd s! Hör s ond merk dr s!

Zom Vrgleicha: *Vers 9:* 9,10 • *Vers 11:* 1Sa 2,7f • *Vers 14:* Joh 12,35 • *Vers 16:* Ps 107,42 • *Vers 17:* Ps 94,12 • *Vers 18:* Dtn 32,39 • *Vers 20:* Ps 33,19 • *Vers 21:* Ps 12,3-5 • *Vers 23:* Jes 11,6-8 ; Hos 2,20 • *Vers 25:* Dtn, 4.11.

Am Ijob sae Gegared: 6 1 - 7 21

Sae schwers Los: 6 1-13
6 Dr Ijob håt zor Antwort gea ond
gsaed: 2Wa'mr doch bloß maen
Kummer wiega ond mae Oglück drzua
en d Wågschal lega könnt!
3Des ischd jetzt schwerer wia dr Såd am
Meer, drom ben e ao ganz durchanander
mit dem, was e sag.
4Am Allmächtiga saene Pfeil steckat
nämlich no en mr ond ihr Gift håt sich
en maen Gaest naegsaugt. D Schrecka
von Gott (Elowah) machat me ganz irr.
5Schreit vielleicht a Wildesel, wann r
Gras gnuag håt, oder brellt a Ochs,
wann r em Fuader stôht?
6Ißt mr vielleicht ebbas Fads ogsalza, oder
håt s Ôeweiß für sich an Gschmack?
7Mae Seel wehrt sich drgega, des zom
henterfråga. S kommt mr ällas vôr wian
a vrdôrbes Brot.
8O wann doch komma dät, was i mr
wünsch ond dät mr Gott geba, was e
hoff:
9Daß s Gott (Elowa) gfalla dät, daß r me
ombrengt, sae Håd heba, daß r mr da
Fada abschneidat.

10Des wär mr a echter Trost ond i dät en
maem Schmerza, môn r me et schont, no
romjucka - weil e am Haeliga sae Wort
et vrlaegnat han.
11Mô nemm e d Kraft her zom ausharra,
wann kommt mae End, daß e wôeß, wia
lang e no Geduld han muaß?
12Ischd denn d Kraft aus de Stoe mae
Kraft? Ond ischd mae Leib aus Eise?
13Kån e mr denn selber gar nemme helfa
- ond han e jeda Rettong vrschaecht?

Zom Vrgleicha: *Vers 4:* Ps 38,3 ; 88,16.

D Enttäuschong über d Fraend:

6 14-30

14A ma guata Fraend vrwaegerat mr
sae Mitleid et ond vrläßt dådrmit d
Ehrfurcht vôr am Allmächtiga.
15Aber maene Brüader send treulos wian
a Bach, wia s Bett von übergloffene
Sturzbäch,
16mô trüab send vom Eiswasser, mô dr
Schnae drüber schmilzt.
17Wann nå d Hitz kommt, vrlechnat se,
ond wann s hôeß wird, nå vrdonstat se
ond da siehst nex maeh von en.
18Nå kommat se von ihram Weg
ab ond vrlaofat sich ens Leere ond
vrschwendat.
19D Karawana von Tema hent nach en
Ausschao ghalta, d Wanderzüg von Saba
hent auf s ghofft,
20aber se send zgrond ganga, weil se
drauf vrtraut hent. Mô se nôkomma
send, ischd d Enttäuschong då gwea.
21So send ihr jetzt für mi: Ihr guckat des
Furchtbare å ond r frierat.
22Han i denn zom ich gsaed: Gebat mr
ebbas von euram Sach ond zahlat mr
ebbas?
23Rettat me aus de Händ vo maem
Faend? Ond kaofat me frei aus dr Gwalt
vom Tyranna?
24Sagat mr s ond i halt mae Maul - wann
e me irr, nå sagat s.
25Wia könnt des oen kränka, wa'mr
ebbas gradraus saed? Was wöllat r denn
tadla?
26Wöllat r d Ausdrucksweis tadla? Aber
da Vrzweifelta lent r gega da Wend
åschreia.
27Ihr dätat no om a Wôesakend losa ond
euran Fraend vrscherbla.
28Horchat mr doch endlich zua ond
guckat me å, ob i euch ens Gsicht nae
älüga könnt.
29Kehrat doch om, daß et no ebbas
Orechts passiert. Kehrat om, i ben
emmer no em Recht.
30Han i wirklich a Orecht auf dr Zong
ond merkt mae Gaoma nemme, was mr
schadat?

Zom Vrgleicha: *Vers 15:* Jer 15,18 • *Vers 19:* Jes
21,14.

D Naot em Leba: 7 1-10

7 Ischd am Menscha sae Los auf dr
Erde et dr Frondenst? Send saene
Däg et wia dia vo'ma Daglöhner?
2Wian a Sklav, der mô nach am Schatta
lechzgat ond a Daglöhner, mô auf saen
Loh wartat, so ischd r.
3So han e monatlang omasonst glebt
ond müahselige Nächt send mr zuatôelt
wôra.
4Wann e nôlieg muaß e mr saga: Wann
kån e wieder aufstanda? Ond wann sich
s nausziagt bis an da Åbad, kån e s et
vrwarta, bis s Nacht wird.
5Mae Leib vrfault ond ischd ganz
vrkrustat, ond mô s vrnarbt ischd, platzt
s wieder auf.
6Maene Däg vrfliagat schneller als wian
a Weberschiffle ond vrschwendat en dr
Hoffnongslosigkaet.
7Denk drå, daß mae Leba bloß a Hauch
ischd ond maene Aoga nia maeh a Glück
seha därfat.
8Koe Aog sieht me, mô nach mr gucka
will; wann daene Aoga me suachat, nå
geit s me nemme.
9A Wolk löst sich auf ond vrschwendat,

so kommt ao koener wieder, mô en s
Daotareich nagstiega ischd.
10Der kommt nia maeh en sae Haus
zrück ond sae Ort sieht an ao nia maeh.

Zom Vrgleicha: *Vers 1:* 14,14 • *Vers 4:* Koh 2,23 ; Sir 40,5 • *Vers 6:* Ps 39,6 ; Jes 38,12 • *Vers 7:* Ps 78,39 • *Vers 9:* Weish 2,4.

D obegreiflicha Hoemsuachong:
7 11-21

11Drom will e mr ao et selber s Maul
vrbiata ond en dr Angst vo maem Herza
ond en maener vrbitterta Seel klaga.
12Ben i s Meer oder a Ogeheuer, daß da
gega me a Wach aufstellst?
13Wann e mr sag: Mae Bett soll me trösta,
mae Lager soll mr s leichter macha,
14nå vrschrickst d me mit Albtraem ond
jagst mr Angst ae mit Nachtgsichter.
15Liaber dät e vrsticka ond dr Daot wär
mr liaber als wia maene Schmerza.
16I måg nemme, i leb jå sowiaso et ewig.
Laß me en Ruah, maene Däg send eh
bloß no a Hauch.
17Was ischd dr Mensch, daß da so viel
von am hälst ond dae Herz auf an
richtest,
18wann d an äll Môrga hoemsuachst ond
an åndauernd auf d Prob stellst?
19Wann guckst endlich amål vo'mr weg
ond läßt me, bis e ällas gschluckt han?
20Han e gsündigt, was kån e dir åhao,
du Menschahüater? Wårom håsch d me
zo daener Zielscheib gmacht, daß e mr
selber zor Last wôra ben?
21Wårom vrgibst d mr maene Sünda et
ond läßt maene Vrfehlonga durchganga?
Jetzt lieg e nämlich en da Erdboda nae,
ond wann da me suachst, nå geit s me
nemme.

Zom Vrgleicha: *Vers 15:* Tob 3,6 • *Vers 16:* Ps 144,4 • *Vers 17:* Ps 144,3 • *Vers 18:* Ps 17,3 ; 139 • *Vers 19:* Ps 39,14.

Am Bildat sae ersta Red: 8 1-22

S Gsetz von dr Vrgeltong: 8 1-7

8 Nå håt dr Bildat von Schuach druf
gsaed:
2Wia lang willst no so a Gschwätz
vråstalta? Bloß wian a starker Wend
kommat Sprüch aus daem Maul.
3Duat vielleicht Gott (El) s Recht
beuga, oder vrdreht dr Allmächtige d
Gerechtigkaet?
4Wann daene Kender sich gega an
vrsündigt hent, nå håt r s dui Supp
auslöffla lassa, mô se sich selber aebrockt
hent.
5Aber du selber sottest Gott (El) suacha
ond da Allmächtiga åfleha,
6wann da ehrlich ond redlich bist, nå
regt r sich für de ond stellt s Recht auf
dae Wohnong wieder her.
7Nå isch des, was da vôrher ghet håsch
bloß a bißle gwea von dem, was dr nå
ghert.

Zom Vrgleicha: *Vers 3:* 34,10-12 ; Dtn 32,4.

Was d Erfahrong lehrt: 8 8-22

8Fråg dia, mô vôr ons dågwea send
ond achte auf des, was dene ihre Vädr
rausgfonda hent.
9Mir send doch bloß von gestern ond
wissat gar nex; a Schatta send onsere
Däg auf dera Erde.
10Lernst d denn gar nex von en ond sagat
se dr nex aus ihre Herza?
11Wachsat Papyrusstauda mô koe Sompf
ischd? Oder Riedgras ohne Wasser?
12S spriaßt kaom ond ischd no lang et
reif zom schneida - ond doch vrdorrats
vôr am andera Gras.
13So send dene ihre Weg, mô Gott
(El) vrgessat ond d Hoffnong von de
Gottlose vrgôht.
14Der setzt sae Vrtraua en Spennafäda
ond Spennawetta send sae Sicherhaet.
15Der loent an sae Haus nô, ond des hält
et stand, r will sich drå heba, nå bleibt s

et standa.
16 Der stôht em volla Saft en dr Sonn,
sae Garta wird von saene Zweig
überwucherat;
17 em Geröll vrflechtat sich saene Wurzla
ond klammerat sich an de Stoebrocka
fest.
18 Wa'mr n rausreißt von saem Platz, nå
saed der: I han de no nia gseha.
19 Guck, so löst sich sae Lebensweg auf
ond aus am Staob spriaßat andere nåch.
20 Guck, Gott (El) vrwirft an
Rechtschaffena et ond oen, mô baes
gsonna ischd, hebt r et fest.
21 Nå läßt r daen Mund lacha ond daene
Lippa jubiliera.
22 Dia, mô de hassat, müaßat sich schäma,
ond de Gottlose ihr Zelt geit s nemme.

Zom Vrgleicha: *Vers 8:* 15,18 • *Vers 13:* Spr 10,28 • *Vers 22:* Ps 6,12 ; Spr 14,11.

Am Ijob sae Gegared: 1 1 - 10 22

Am Herrgott sae Macht: 9 1-13

9 Nå håt am dr Ijob zor Antwort geba
ond gsaed:
2 I wôeß guat, daß des so ischd: Gega
Gott (El) kå a Mensch nia em Recht
sae.
3 Wann r mit am rechta wöllt, hätt r auf
tausad Fråga et oe Antwort.
4 Gott, der em Herza weise ischd ond
kraftvoll ischd en saener Macht, - wer
will gega den ăganga ond drbei ovrsehrt
bleiba?
5 Der vrsetzt Berg ond eh dia s merkat,
håt r s en saem Zôrn omgschmissa.
6 D Erde läßt r beba ond wegrutscha daß
ihre Grondpfeiler wacklat.
7 Der spricht zor Sonn ond dui gôht et
auf ond r vrsieglat d Stern.
8 Ganz alloe håt r d Hemmel ausgspannt
ond schreitat auf de Woga em Meer
drher.
9 Da graoßa Bär am Hemmel macht r, da
Orion, s Siebagstirn ond d Kammera em
Süda.
10 Der duat de graeßte Sacha, mô koener
erforscha kå ond ozählige Wondertata.
11 Guck, der gôht an mr vorbei ond i sieh
an et, der schwebt vorbei ond i merk s
et.
12 Rafft r oen weg, wer will am s wehra?
Wer will zon am saga: He, was duast du
då?
13 Gott (Eloah) bremst saen Zôrn et,
onter dem hent sich ao am Rahab saene
Helfer naduckt.

Zom Vrgleicha: *Vers 2:* Ps 143,2 • *Vers 5:* Ps 46,3 ; Jes 13,13 • *Vers 7:* Bar 3,34f • *Vers 9:* Am 5,8 • *Vers 10:* 5,9 • *Vers 11:* 23,8f • *Vers 12:* Weish 12,12 • *Vers 13:* 26,12 ; Ps 89,11.

Am Menscha sae Ohnmacht: 9 14-35

14 Wia könnt am i nå Red ond Antwort
standa ond überhaopt de richtige Wort
vôr am fenda?
15 Selbst wann e em Recht wär, könnt e
et drgega halta ond müaßt maen Richter
om Gnade åfleha.
16 Ao wann e an åruafa dät, r soll mr a
Antwort geba, i glaob et, daß r me åhöra
dät.
17 Der, mô em Sturm nach mr schnappt
ond grondlos viele Wonda zuafüagt.
18 Der mr koe Zeit zom Vrschnaufa läßt
ond me satt macht mit bitteram Laed.
19 Gôht s om d Kraft vom Starka? - Dui
ischd då. Oder gôht s om s Recht? Wer
soll an vôrlada?
20 Wär e em Recht, nå dät me mae Mund
schuldig sprecha, wär e rechtschaffa, dät
r an kromma Hond aus mr macha.
21 I ben rechtschaffa, aber i kenn me
selber nemme, i will ao nemme leba.
22 S ischd doch ällas egal, drom kăn e
saga: ob schuldig oder oschuldig, er läßt
s zgrond ganga.
23 Wann a Gôeßel om s Nomgucka oen
he macht, nå macht r sich lustig, weil de
Oschuldige so zaghaft send.
24 Ist a Land en d Händ vo'ma Frevler

gfalla, nå deckt r saene Richter s Gsicht
zua - wann et er, wer soll s nå dao han.
25Maene Däg vrrennat schneller als wian
a Laefer, se flüchtat ond hent nex Guats
gseah.
26Se glôetat vorbei wia Schilfkähn, wia
dr Geier über saener Beute krôest.
27Sag e mr: Vrgessa will e mae Klagerei
ond nemme so traurig draegucka,
28nå graust mr s vor lauter Schmerza; i
wôeß jå, daß da me et osträflich ausseha
läßt.
29I muaß jå doch schuldig sae, zo was
gib e mr nå no Müah?
30Wann e me em Schnae wäscha dät ond
maene Händ mit Laoga raeniga,
31nå dätest du me en d Gruab naetonka,
daß sich sogar maene Klôeder vôr mr
ekla dätat.
32Des ischd nämlich koe Mensch wian
i, daß e dem Red ond Antwort standa
könnt, nå könnt mr jå mitanander vôr s
Gricht ganga.
33S geit koen Schiedsrichter zwischa ons,
der mô saene Händ auf ons bôede lega
könnt.
34Daß r doch sae Ruat vo'mr nemma dät
ond i koe Angst maeh han briecht vôr
saem Schrecka.
35Nå dät e mae Sach saga ond hätt koe
Angst maeh vôr am, in han mr nämlich
nex vôr zom schmeisa.

Zom Vrgleicha: *Vers 22:* Koh 9,2 • *Vers 25:* Weish 25,9 • *Vers 30:* Ps 51,9; Jes 1,18; Jer 2,22 • *Vers 32:* Koh 6,10 • *Vers 34:* 13,21.

Am Ijob saene Klaga: 10 1-22

10 I han gnuag vom Leba. Jetzt laß
e maener Klag an freia Laof aus
maener vrbitterta Seel
2ond will Gott (Eloah) saga: Du willst
me doch et vrdamma? Sag mr, wårom da
mit mr händlest.
3Was håsch d n drvo, daß da me nadruckst
ond des, was da mit daene Händ gschaffa
håsch, wegschmeisa duast, aber über de
Frevler ihre Plän leuchtest?
4Håsch du vielleicht menschliche Aoga
ond siehst, wia d Menscha sehat?
5Oder ischd dae Zeit wia d Däg von de
Menscha ond daene Jåhr wia d Däg vo
ma Må,
6daß da nach maener Schuld frågst ond
guckst, ob da et doch a Sünd an mr
fendest,
7obwohl da gnao wôeßt, daß i oschuldig
ben ond me neamerd aus daene Händ
reißa könnt?
8Daene Händ hent mi gmacht ond
rondrom gschaffa, ond nå håsch de auf
oemål romdreht ond machst me he.
9Denk doch drå, wia da me aus Loehma
gmacht håsch, ond nå willst me wieder
zo Staob wera lassa?
10Håsch d me et nôgleert wia d Milch
ond me wia en Käs grenna lassa?
11Mit Haut ond Muskla håsch d me åzoga
ond mit Boener ond Sehna vrflochta.
12Leba ond Gnade håsch d mr gschenkt
ond dae Fürsorg håt maen Gaest
bhüatat.
13Aber des håsch d en daem Herza
vrbôrga - i wôeß, du håsch s em Senn
ghet:
14Wann e schuldig wir, håsch d auf me
aufpassa wölla, daß e wega maem Fehler
et osträflich bleib.
15Wann e schuldig wir, nå Gnad Gott
mir. Bleib e aber ohne Schuld, nå därf e
oenaweg koen Grattel kriaga. Guck de
satt an maener Schmach ond guck auf
mae Elend, wia s haochschiaßt.
16Ond wann s so wär, nå dätest me jaga
ond de wieder wondermächtig an mr
zaega.
17Neue Zeuga dätest gega me
aufmarschiera lassa ond daem Omuat
über me Luft macha ond emmer neue
Horda auf me losganga lassa.
18Wårom håsch d me bloß aus am
Muaderleib rauszoga? Aeganga hätt e
solla, no eh me oener gseha håt.

[19]Nå wär e, als hätt me s nia gea, vom
Muaderleib glei ens Grab.
[20]Send vielleicht meine Däg et recht
wenig, her also auf ond laß me en Ruah,
daß e wenigstens no a bißle a Fraed
han,
[21]bevôr e gang ond nemme zrückkomm
ens Land von dr Finsternis ond vom
Donkel,
[22]en s Land, kuahnacht vom Schatta
aus am Daotareich, mô s koe Ordnong
geit, ond wann s aufleuchtat, nå bleibt s
emmer no wia s Urdonkel.

Zom Vrgleicha: *Vers 4:* 1Sa 16,7 • *Vers 7:* 33,9 • *Vers 8:* Gen 2,7 • *Vers 10:* Ps 139,13.15 • *Vers 16:* Jes 38,13 • *Vers 18:* 3,11-16 ; Koh 4,2 • *Vers 20:* 7,7 ; 14,1; Ps 39,14 • *Vers 21:* 16,22 ; Ps 49,20.

Am Zofar sae ersta Red: 11 1-20

Am Herrgott sae Größe: 11 1-12

11 Ond dr Zofar von Naama håt
ågfanga ond gsaed:
[2]Muaß des Gsalbader ohne a Antwort
bleiba ond soll der Schwätzer recht
han?
[3]Bei daem Gefasel kå a Må nex maeh
saga, ond nå moenst d ao no, du
könntest romspotta, aber koener därf
mit dr schempfa.
[4]Du sacst: Mae Botschaft ist raen, i ben
emmer ganz ehrlich gwea - en daene
Aoga.
[5]Wann doch bloß amål Gott (Eloah)
selber saene Lippa bewega ond ebbas
gega de saga dät
[6]ond dr amål saene vrbôrgene Weishaeta
vrständlich macha dät, nå dätest ao
kapiera, daß Gott (Eloah) de daene
Fehler vrgessa läßt.
[7]Moenst du vielleicht, da könntest da
Urgrond von Gott (Eloah) rausfenda
oder am Allmächtiga sae Vollkommahaet
kapiera?
[8]Dia mô haecher send als wia dr Hemmel
- was willst d macha? Tiafer als wia d
Höll - was wôeßt denn du?
[9]Viel länger als s Maß von dr Erde ond
broeter wia s Meer:
[10]Wann r drherkommt ond gfanga
nemmt ond vrsammlat, wer soll an
aufhalta?
[11]Der kennt nämlich de nexnutzige Leut
ond sieht ihr Orecht ond achtat drauf.
[12]Ao a hohlköpfiger Kerle kå vrständig
wera ond wann oener wian a Wildesel
auf d Welt komma ischd.

Zom Vrgleicha: *Vers 6:* 32,13 ; Sir 4,18 • *Vers 7:* Ps 139,17 • *Vers 8:* Ps 139,8 • *Vers 12:* 39,5-8.

Am Menscha sae Aufgab: 11 13-20

[13]Wann du dae Herz auf ehn ausrichtest
ond daene Händ nach am ausstreckst -
[14]bäbt dr a Orecht an de Händ, nå dua s
weg ond laß nex Falschs en daene Zelt
wohna.
[15]Nå därfst ao dae Gsicht wieder seha
lassa ohne Fehl ond da dätest wieder
fest auf de Füaß standa ond briechtest
koe Angst maeh hao.
[16]Nå vrgißt d ao, was da durchgmacht
håsch ond dätest so wenig drå denka,
wia ans Wasser, mô vrronna ischd.
[17]Ond heller als wia dr Mittag gôht dr s
Leba wieder auf ond s Donkle wird wia
dr Môrga.
[18]Ond du håsch wieder a Zuavrsicht,
weil da wieder hoffa därfst - kåsch d
ruhig rengsrom gucka ond bist sicher,
wann da nôleist zom Schlåfa.
[19]Ond då leist nô ond s geit koen, mô de
aufschrickt ond viele wöllat sich bei dr
aeschmôechla.
[20]Aber de Frevler ihre Aoga schmachtat
drvo, weil koener von en drvokommt
ond als Hoffnong bleibt en bloß, daß se
ihre Seela aushauchat.

Zom Vrgleicha: *Vers 16:* Ps 58,8 • *Vers 17:* 17,12.

Am Ijob sae Gegared: 12 1 - 14 22

Gott schweigt: 12 1-6

12 Nå håt am dr Ijob zor Antwort geba ond gsaed:
2Wahrhaftig, jå, ihr send mr de Rechte ond mit euch stirbt d Weishaet aus.
3I han grad so viel Vrstand wia ihr ond ben et mender als wia ihr. Ond bei wem dät mr des et ao fenda?
4Zom Gspött von maene Nåchber ben e halt wôra, weil e Gott (Eloah) ågruafa han ond der håt me åghört. Dr Gerechte ond Rechtschaffene wird emmer zom Gspött.
5Am Oglück Vrachtong - des ischd am Sôrglosa sae Gsennong - a Tritt hentadrae für den, mô schao ens Strauchla gråta ischd.
6De Gwaltmenscha ihre Zelt stört koener, ond dia, mô Gott (El) vrzürnat, moenat se seie sicher, wann se a Gotthaet (Eloah) en de Händ hent.

Zom Vrgleicha: *Vers 3:* 13,2 • *Vers 5:* Ps 123,4.

Am Herrgott sae obegreiflichs Walta: 12 7-25

7Aber fråg doch s Vieh, dia brengat dr s bei, d Vögel am Hemmel sollat dr s melda,
8oder horch am Boda ond laß de belehra oder von de Fisch em Meer.
9Wer von älle dene dät des et wissa, daß se dr Herrgott (JAHWE) mit saene Händ gschaffa håt.
10En dem saene Händ ischd doch dr Odem von ra jeda Seel ond dr Lebensgaest von älle Lebendige.
11Muaß et s Ohr d Wort prüafa, wia dr Gaoma s Essa vrkostat?
12Bei de Alte fendat mr Weishaet, a langs Leba brengt Erfahrong.
13Bei ehm alloe ischd echta Weishaet ond Stärke, bei ehm ischd Rat ond Aesicht.
14Wann der ebbas areißt, des wird nemme aufbaut, schliaßt r oen ae, dem macht koener maeh auf.
15Staot r a Wasser, nå vrsickerat s - läßt r s frei, nå onterspüalt s da ganza Boda.
16Bei ehm ischd d Macht ond s Hael; ehm ghert der, mô sich irrt ond der, mô en d Irre lôetat.
17Ratsherra stellt r bloß ond Richter brengt r zor Vrzweiflong.
18De König ihr Autorität stellt r en Fråg ond bendat an Gürtel om ihre Lenda.
19D Priaster läßt r barfuaß laofa ond uralte Gschlechter läßt r falla.
20Bewährte Sprecher entziagt r s Wort ond raobt de Alte da Vrstand.
21Über de Edle leert r sae Vrachtong aus ond macht de Starke da Gürtel auf.
22S Vrborgene deckt r aus am Donkel auf ond brengt aus dr Finsternis ällas ans Licht.
23Ganze Völker geit r ihr Graeße ond läßt se wieder vrganga. Volksstämm läßt r sich ausweita ond nå führt r s fort.
24De Obere em Land nemmt r da Schneid ond läßt se en dr weglosa Wüste romirra,
25daß se wia em Donkla romdappat ohne a Licht ond läßt se omanander schwanka wia en Bsoffena.

Zom Vrgleicha: *Vers 10:* Weish 7,16 • *Vers 11:* 34,3 • *Vers 13:* Spr 8,14 ; Da 2,20 • *Vers 14:* Ps 127,1; Jes 22,22 • *Vers 19:* Lk 1,52 • *Vers 21:* Ps 107,40.

De Fraend ihr leers Gschwätz: 13 1-12

13 Guck, des ällas håt mae Aog gseha, mae Ohr håt s ghört ond i han mr s gmerkt.
2Was ihr wissat, wôeß e selber, i ben jå et dümmer wia ihr.
3Aber i will mit am Allmächtiga reda ond dät gern amål mit Gott (El) rechta.
4Ihr send nämlich Lugabeutel ond ällas andere als wia Ärzt.
5Wann r endlich eure Goscha halta dätat, des könnt mr für euch no als Weishaet gelta lassa.
6Horchat doch zua, was e euch zom

saga han zo maener Rechtfertigong ond auf d Streitreda von maene Lippa.

7 Wöllat ihr für Gott (El) Falschaussaga macha ond mit Lugena für an zeuga?

8 Wöllat r parteiisch sae für an oder Gott (El) saen Rechtsstreit führa?

9 Wia dätat ihr ausseha, wann r amål bei euch nach am Rechta gucka dät? Moenat r, den könntat r henters Licht führa wia d Menscha?

10 Der dät euch schao en d Mangel nemma, wann r hehlenga parteiisch send.

11 Dät euch sae Hohaet et Angst macha ond sae Schrecka auf euch falla?

12 Was ihr zom bedenka gebat send Sprüch aus Äscha, eure Schutzschild send Schild aus Loehma.

Zom Vrgleicha: *Vers 2:* 12,3.

Dr Ijob vrtaedigt sae Oschuld:

13 13-28

13 Send ruhig ond lassat ab vo'mr, daß e mae Sach selber sag. Nå soll auf me komma was måg.

14 Mein Leib will e zwischa d Zähn nemma ond mae Leba en d Händ nemma.

15 Soll r me doch ombrenga, i warte drauf. Aber maene Weg will e am doch darlega.

16 Schao des muaß mr helfa, weil vôr sae Gsicht kommt koener, mô Dreck am Stecka håt.

17 Horchat her, was e zom saga han ond was e vôr eure Ohra erklära will.

18 Auf gôht s! I ben für d Ausanandersetzong vôrberaetat ond wôeß, daß e em Recht ben.

19 Wer ischd s denn, mô mit mr streita will? Nå dät e liaber s Maul halta ond sterba.

20 Bloß, zwôerlei därfst d mr et ådoa, nå vrschlupf e ao et vôr daem Gsicht:

21 Daß da daene Händ von mr abziagst ond i Angst han muaß vôr daem Schrecka.

22 Nå schrei mr ond i gib dr Antwort oder i red ond du gibst mr Antwort.

23 Wiaviel Vrfehlonga ond Sünda han e denn? Sag mr mae Schuld ond môn e me vrsündigt han.

24 Wårom vrsteckst d dae Gsicht vôr mr ond guckst me als daen Faend å?

25 Willst me wian a vrwehts Laob vrschrecka ond a leers Straoh wegblåsa?

26 Bitternis vrschreibst mr ond läßt me d Sünda aus maener Jugend büaßa.

27 Maene Füaß legst en da Block ond beobachtest älle maene Weg ond zôechnest maene Fuaßabdrück nåch.

28 Wia dr Moder vrfällt r, wian a Klôed, mô d Motta vrfressat.

Zom Vrgleicha: *Vers 24:* Ps 44,25; 88,15; Ijob 33,10 • *Vers 25:* Ps 83,14 • *Vers 26:* Ps 25,7 • *Vers 27:* 33,11 • *Vers 28:* Ps 39,12; Jes 50,9; 51,8.

Dr Ijob håt koe Hoffnong maeh:

14 1-22

14 Dr Mensch, von ra Frao auf d Welt bråcht, håt wenig Däg, ond dia send no voler Oruah.

2 Wian a Bleamle gôht r auf ond vrwelkt, r vrfliagt wian a Schatta ond nex bleibt von am.

3 Auf so oen håsch du no a Aog ond brengst an vôr s Gericht mit dr.

4 Wer geit schao zua, daß a Raener vo ma Oraena kämt? Et oener.

5 Wann saene Däg festgetzt send ond saene Mond, steckt am du s Ziel, über des, môn r et nauskommt -

6 nå guck doch weg von am, daß r zor Ruah kommt ond sich über saen Dag fraea kå wian a Daglöhner.

7 Sogar für an Baom geit s no a Hoffnong, wann der omgsägt ischd, nå treibt r wieder aus ond saene Schößleng bleibat et aus.

8 Wann saene Wurzla en dr Erde alt werat ond sae Stompa em Boda vrmoderat,

9 vom Wasserduft spriaßt r wieder ond

macht Zweigla wian a Setzleng.
[10]Aber wann a Må stirbt, nå leit r kraftlos
då. Vrschôedat a Mensch - mô bleibt r
nå?
[11]D Wasser vrschwendat aus am Meer
ond dr Strom ischd austricknat ond
vrsiegt:
[12]Dr Mensch leit nô ond stôht nemme
auf; bis dr Hemmel vrgôht, wachat dia
nemme auf ond werat ao et aufgweckt.
[13]Dätest me doch em Daotareich vrberga
ond vrstecka bis dae Zôra vrraocht ischd
ond mr a Zeit zuatôela, bis da wieder an
me denkst.
[14]Wann a Må stirbt, wird r nå wieder
lebendig? Äll Dag vo maem Frondenst
dät e warta, bis e aglöst wir.
[15]Du dätest schreia ond i gäbt dr a
Antwort. Nach dem, was da mit daene
Händ gschaffa håsch, dätest de sehna.
[16]Wann da ao maene Schritt zähla dätest,
aber auf maene Sünda dätest nemme so
arg achta.
[17]Vrsieglat e'ma Beutel wär mae
Abtrünnigkaet ond maene Vrfehlonga
dätest zuabäbba.
[18]Aber a Berg, mô ens Rutscha kommt,
vrbröslat ond a Felsa stürzt ab von saem
Platz.
[19]Stoener vrreibt s Wasser ond a Platzrega
schwemmt da Boda weg; so machst du
de Menscha ihre Hoffnonga he.
[20]Du zwengst oen für emmer, ond r
gôht drvo ond du treibst an mit a ma
entstellta Gsicht fort.
[21]Legat saene Kender a Ehr ae, nå wôeß
r s et, vrkommat se, nå merkt r s et.
[22]Bloß sae Leib macht am no Schmerza,
ond sae Seel ischd traurig om sich
selber.

Zom Vrgleicha: *Vers 1:* 10,20; Ps 39,5 • *Vers 2:* Ps 90,5f; Koh 6,12 • *Vers 4:* 4,17; 15,14; 25,4; Ps 51,7 • *Vers 5:* Ps 39,6; 139,16 • *Vers 6:* Ps 39,14 • *Vers 7:* 19,10; Jes 6,13 • *Vers 10:* Koh 3,21 • *Vers 11:* Jes 19,5 • *Vers 13:* Jes 26,20 • *Vers 14:* 7,1 • *Vers 16:* 10,6 • *Vers 20:* 21,21.

Am Elifas sae zwôeta Red: 15 1-35

Älle Menscha send Sünder: 15 1 16

15 Nå håt dr Elifas von Teman
ågfanga ond gsaed:
[2]Därf vielleicht a Weiser a wendiga
Antwort geba? Ond füllt r sich saen
Bauch mit Ostwend?
[3]Ond rechta mit a ma nutzlosa Gschwätz,
mit Wort, mô koem ebbas helfat.
[4]Aber du vrletzt sogar d Ehrfurcht ond
machst d Ådacht vôr Gott (El) he.
[5]Dae Schuld lehrt nämlich dae Maul
ond schwätza duast schao wia de
Henterlistige.
[6]Dae aegener Mund spricht de schuldig
- et i, ond daene aegene Lippa zeugat
gega de.
[7]Bist du vielleicht als erster Mensch auf
d Welt komma ond vôr de Berg gschaffa
wôra?
[8]Håsch d vielleicht glosnat em Rat von
Gott (Eloah) ond d Weishaet für di
pachtat?
[9]Was wôeßt du, was mir et ao wüßte?
Was håsch du schao vrstanda, was ons
et ao vrtraut wär?
[10]Ao bei ons ischd oener, mô alt ond
grau ischd, no älter wia dae Vadr.
[11]Ischd dir dr Trost von Gott z wenig ond
des Wort, mô gnädig mit dr omgôht?
[12]Was läßt sich dae Herz so fortreißa
ond wårom glotzat daene Aoga so baes,
[13]daß da dae Wuat an Gott (El) nausläßt
ond sotte Redensarta aus daem Maul
fahrat.
[14]Was ischd schao a Sterblicher, daß r
raen wär ond oener, mô vo'ma Weib
gebora wôra ischd, daß der em Recht
sae könnt?
[15]Et amål saene Haelige kå der vrtraua
ond ao d Hemmel send en saene Aoga
et raen,
[16]geschweige denn a Abschaom von
Mensch, a vrdôrbener, der mô Orecht
sauft wia s Wasser.

Zom Vrgleicha: *Vers 7:* Sir 49,16; Spr 8,25 • *Vers 8:* Jes 40,13; Jer 23,18 • *Vers 9:* Rö 11,34 • *Vers 10:* 32,7 • *Vers 14:* 4,17; 14,4 • *Vers 17:* 14,4 • *Vers 16:* 34,7.

A Frevler håt koe Hoffnong: 15 17-35

17I will dr s zaega, horch her, nå vrzähl e
dr, was e gseha han,
18was de Weise sagat ond was en ihre
Vädr et vôrenthalta hent,
19dene alloe ischd s Land gschenkt wôra,
då håsch d koen Raegschmeckta dren
gseha:
20Dr Frevler quält sich saener Lebdag,
ond am Gwalttätiga isch d Zahl von
saene Jährla vrbôrga.
21Scheußliche Stemma gellat en saene
Ohra, ond mittla em Frieda kommt dr
Vrderber über an.
22Der kå et hoffa, daß r em Donkla drvo
komma dät, der ischd für s Schwert
aufghoba.
23Nå schwôeft r nach Brot omananander
ond suacht, mô oes ischd, ond r wôeß,
daß a rabaschwarzer Dag auf an wartat.
24Angst ond Schrecka drengat auf an nae
wian a König, der mô an Sturmågriff
macht.
25Weil r sae Håd gega Gott (El) ghoba
håt ond am Allmächtig Trutz bota
26ond halsstärrig gega an ågrennt ischd
mit saene dicke Schildbuckel.
27Sae Gsicht ischd fett wôra ond an
Schmerbauch håt r ao ågsetzt.
28En ausglöschte Städt håt r sich ågsiedlat
en Häuser, mô neamerd mach wohnt
ond aus dene mô Trümmerhaufa wera
sollat.
29Reich wird der et, sae Hab ond Guat
håt koen Bstand ond sae Vrmöga brôetat
sich et über s Land aus.
30Aus dr Finsternis kommt der et drvo,
sae Schößleng vrdôrrat en dr Gluat ond
em Hauch aus am von Gott vrgôht r.
31Der soll bloß et auf a Trugbild traua,
sonst ischd r bschissa ond dr Trug ischd
sae Loh.
32No eh sae Dag kommt, vrwelkt r, ond
r kommt auf koen greana Zweig.
33Wia dr Waestock greane Trauba falla
läßt ond dr Ölbaom saene Blüata.
34A Gottlosa Sippschaft ischd nämlich
ofruchtbar ond s Feuer frißt de
Bestechliche ihre Zelt.
35Dia send schwanger mit Müahsal ond
brengat bloß Ohael en d Welt; aus dene
ihram Bauch kommt bloß Orecht.

Zom Vrgleicha: *Vers 18:* 8,8; Dtn 32,7 • *Vers 21:* 18,11 • *Vers 25:* Ps 75,6 • *Vers 27:* Ps 73,7 • *Vers 31:* 20,6f • *Vers 35:* Ps 7,15; Jes 59,4; Gal 6,8.

Am Ijob sae Gegared: 16 1 - 17 16

De loedige Tröster: 16 1-5

16 Dr Ijob håt am zor Antwort geba
ond gsaed:
2Des han e ällas schao oft gnuag
ghört; lôedige Tröster send ihr älle
mitananander.
3Håt des wendig Gschwätz ao amål a
End? Oder was raezt de denn zo daene
Widerwort?
4I könnt grad so rausschwätza wia ihr,
wann ihr an maener Stell wärat. I könnt
ao über euch schöschwätza ond da Kopf
über euch schüttla.
5I dät euch ao mit dr Gosch Muat macha
ond mae Maul et zrückhalta zom euch
trösta.

Am Herrgott sae ogerechter Ågriff: 16 6-17

6Sag e ebbas, des lenderat maen Schmerza
et; laß e s bleiba, nå gôht r ao et weg.
7Jetzt håt aber ER me fertig gmacht ond
ällas durchananderbrächt, was om me
rom ischd.
8Mae Siachtom ischd zom Zeuga gega
me wôra ond vrklagt me ens Gsicht
nae.
9Sae Zôrn håt me vrrissa ond ischd mr

nåchgjagd, mit de Zäh håt r me ågfletscht
ond maem Widersacher saene Aoga hent
me ågfonklat.
10S Maul hent se gega me aufgrissa ond
haoat me mit schempfiera an d Backa
nô; richtig zsemagrottat hent se sich
gega me.
11An en richtiga Spitzbua håt me Gott
(El) ausglieferat, de Frevler en d Händ
geba.
12I han a friedlichs Leba ghet, nå håt r
me z Grond grichtat. En dr Anka håt r
me packt ond naghaoa; a Zielscheib håt
r aus mr gmacht.
13Saene Pfeil zischat mr om d Ohra.
Gnadalos bôhrt r durch maene Niera
ond leert mae Galla auf da Boda.
14Von oener Bredull brengt r me en
de ander ond gôht auf me los wian a
Kriagsknecht.
15Aus Sacklaewand han e mr a Gwand
auf d Haut gnäht ond mae Horn (Kraft)
en da Staob senka lassa.
16Mae Gsicht ischd ganz raot vom viela
Heula ond auf maene Aogadeckel leit dr
Schatta vom Daot,
17obwohl an maene Händ koe Orecht
bäbbt ond mae Gebet ehrlich ischd.

Zom Vrgleicha: *Vers 9:* 18,14 • *Vers 12:* Klgl 3,11 • *Vers 13:* 6,4 • *Vers 17:* 33,9.

Dr Zeuge em Hemmel: 16 18-22
18O Erde, deck mae Bluat et zua ond laß
mae Schreia et zor Ruah komma.
19Guck, schao jetzt lebt em Hemmel a
Zeuge, oener mô für me bürgt.
20Dia, mô me vrspottat, send maene
Fraend, mit Träna en de Aoga guck e auf
zo maem Gott (Eloah),
21daß r dem Må sae Recht vrschafft vôr
Gott (Eloah), ond zwischa dem Menscha
ond saem Fraend.
22S send jå bloß no a paar Jährla ond i
gang auf dem Weg, von dem mr nemme
zrückkommt.

Zom Vrgleicha: *Vers 18:* Ps 9,13; Offbg 6,10 • *Vers 19:* 19,25 • *Vers 22:* 10,21.

D Klag vo ma Vrspottata: 17 1-10
17 Mae Gaest ischd mürb wôra,
maene Däg send ausglöscht, mir
bleibat bloß no Gräber übrig.
2Ischd s et so: bloß no dr Spott ischd om
me rom; maene Aoga hent gnuag von
dene ihre Händel.
3Setz doch an Bürga für me bei dr ae;
wer dät mr sonst no an Handschlag
gelta lassa.
4Du håsch nämlich dene ihr Herz vôr dr
Aesicht vrschlossa, drom därfst d en ao
da Triumph et lassa.
5Wega ma Åtôel vrråtat oener saen
Fraend ond dem saene Kender müaßat
zuagucka ond vrschmachta.
6Ond r håt me zom Gspött nôgstellt vôr
de Völker ond i ben zo oem wôra, dem
mô jeder ens Gsicht speia därf.
7Maene Aoga send trüab wôra vôr lauter
Gram ond maene Gliedmaßa send bloß
no a Schatta.
8De Aufrichtige fendat des entsetzlich
ond de Ehrliche regat sich auf über dia
Frevler.
9Dr Gerechte gôht saen Weg ond der,
mô saubere Händ håt gwennt an Kraft.
10Aber ihr, kommat nå älle wieder her, i
fend jå doch koen Weisa bein ich.

Zom Vrgleicha: *Vers 1:* Ps 143,4 • *Vers 6:* 30,9 • *Vers 8:* Jes 52,15.

Am Vrzweifelta sae Naot: 17 11-16
11D Zeit gôht an maene Plän vorbei, dia
send vrrissa, so wia ao maene Wünsch,
môn e em Herza ghet han.
12D Nacht wöllat se mr zom Dag macha,
Licht dät komma von dr Finsternis.
13Was han i no für a Hoffnong? D
Onterwelt wird mae Haus ond en dr
Finsternis stôht mae Bettlad.
14Zom Grab sag e: Du bist mae Vadr!
Mae Muader mae Schwester! Sag e zo
de Würm.

[15]Mô geit s denn für mi no a Hoffnong,
ond mae Glück - wer sieht s denn no?
[16]Gangat se mit mr zsema en d Onterwelt,
nå senkat mr mitanander en da Staob.

Zom Vrgleicha: *Vers 12:* 11,17; Joh 8,12 • *Vers 13:* Ps 88,19 • *Vers 14:* Sir 10,11 • *Vers 15:* 19,10.

Am Bildat sae zwôeta Red: 18 1-21

Dr Bildat vrtaedigt sich: 18 1-4

18 Nå håt dr Bildat von Schuach
druf gsaed:
[2]Herat doch endlich auf mit dem
Gschwätz; laß ons vrnünftig sae ond nå
richtig mitanander reda.
[3]Wårom werat mir g'achtat wia s Vieh
ond geltat als domm en eure Aoga?
[4]Du machst de selber he en daener
Wuat, sollat vielleicht wega dir älle s
Land vrlassa ond a Felsa von saem Platz
weicha?

Am Frevler sae Schicksal: 18 5-21

[5]Aber s Licht vom Frevler gôht aus ond
d Gluat von saem Feuer geit et hell.
[6]En saem Zelt håt sich s Licht vrdonklat,
d Lampa über am vrschwelat.
[7]Sae starker Schritt wird emmer kloener
ond r saene ôegene Plän brengat an zom
Strauchla.
[8]Saene Füaß treibat an ens Netz ond r
laoft über s Flechtwerk.
[9]R bleibt mit de Fersa en de Fallstrick
hanga ond d Schlenga lent an nemme
fahra.
[10]A Strick ischd für an em Boda
vrschärrat ond auf saem Weg ischd a
Fall aufbaut.
[11]Rengsrom vrschrickt r vôr grausige
Sacha ond dia hetzat an auf Schritt ond
Tritt.
[12]Sae Kraft ischd ausghongerat ond
s Vrderba wartat bloß druf, daß r
ausrutscht.
[13]Des frißt am d Haut von de Gliedmaßa
ond saene Glieder frißt zom Tôel dr
Erstleng vom Daot.
[14]Aus saem Zelt wird r rausgrissa, môn
r sich dren sicher gfühlt håt ond r wird
vôr da König vom Graua gjagd.
[15]Von dem wohnt nex maeh en saem
Zelt ond då, môn r gwea ischd, straet
mr Schwefel nô.
[16]Von onta vrdorrat saene Wurzla ond
oba vrtricknat sae G'äst.
[17]Sae Ådenka vrschwendat aus am ganza
Land ond an saen Nåma ond an sae
Gsicht denkt neamerd maeh.
[18]Mr stoßt an vom Licht ens Donkle
ond vrjagd an vom Erdboda.
[19]Dem bleibt koe Kend ond koe
Nåchkömmleng en saem Volk, an dem
Platz, mô der als Gast gwea ischd, ischd
koener drvokomma.
[20]Über saen Richtdag schaurat s dia em
Westa ond dia em Osta packt s Grausa.
[21]Jå, so goht s mit de Häuser von de
Frevler ond de Plätz von de Gottlose.

Zom Vrgleicha: *Vers 5:* Ps 18,37; Spr 4,12 • *Vers 8:* 22,10; Ps 35,7f; 140,6 • *Vers 11:* 15,21; Weish 17,10-14 • *Vers 14:* Ps 52,7 • *Vers 15:* Dtn 29,22; Ps 11,6; Jes 34,9 • *Vers 17:* Ps 9,6; 34,17; Spr 10,7 • *Vers 19:* Ps 37,28; 109,13.

Am Ijob sae Gegared: 19 1-29

Dr Ijob weist dia Schmähonga zrück: 19 1-5

19 Då håt aber dr Ijob druf gsaed:
[2]Wia läng wöllat r mae Seel
aegentlich no plåga ond me mit euram
Gschwätz fertigmacha?
[3]Zeah Mål hent r me schao gschompfa
ond schämat euch nå et amål für eure
Belaedigonga.
[4]Ond wann e tatsächlich früher gfehlt
hätt, nå wär des doch ganz alloe mae
Sach.
[5]Hättat ihr nå en Grond, zom euch über
me stella ond mr maene Schandtata zom
beweisa?

Am Herrgott sae obegreiflichs Vrhalta: 19 6-12

6 Kapierat doch endlich, daß me Gott (Eloah) orecht gstråft ond me mit saem Fangstrick aegwicklat håt.

7 Guck, i schrei „Gwalt“ - ond koener geit mr a Antwort; i schrei om Hilfe ong kriag koe Recht.

8 Maen Weg håt r zuagmaurat, daß e et weiter komm; auf maene Stôega läßt r Donkelhaet falla.

9 Mae Ehr håt r vo’mr gnomma ond mr d Kron vom Haopt grissa.

10 Rengsrom håt r me fertig gmacht ond d Hoffnong aus mr rausgrissa wia en Baom.

11 Sae Zôrn ischd gega me ausbrocha ond r guckt me als saen Faend å.

12 Saene Kriagshorda kommat mitanander auf me zua ond belagerat mae Zelt.

Zom Vrgleicha: *Vers 7:* Klgl 3,7-99; Hab 1,2 • *Vers 9:* 29,14 • *Vers 10:* 14,7f • *Vers 11:* 33,10.

D Fraend ond Vrwandte werat am fremd: 19 13-22

13 Maene Brüader haltat sich fern vo’mr ond maene Bekannte send mr fremd wôra.

14 Maene Vrwandte wöllat nex maeh vo’mr wissa ond maene Bekannte ond

15 frühere Gäst hent me vrgessa. Ond für mae Gsend ben i a Fremder; en dene ihre Aoga ben i wian a Ausländer.

16 I han maem Knecht gschria, der håt mr et amål a Antwort gea; den muaß i regelrecht åbettla.

17 Mae Denka ischd maem Weib zwider ond maene Jonge hent an Ekel vôr mr.

18 Sogar de kloene Buaba send frech zo mr; stand e auf ond sag ebbas zon en, nå lachat se me aus.

19 Ao dia, mit dene môn e an vrtraulicha Omgang ghet han, gangat mr aus am Weg ond dia, môn e emmer möga han, send jetzt gega me.

20 An maene Boener hangt bloß no Haut ond Flôesch omanander, bloß mit dr Haut an maene Zähn ben e drvokomma.

21 Hent Erbarma mit mr, maene Fraend, hent Erbarma, mi håt nämlich d Håd von Gott (Eloah) ågregt.

22 Wårom vrfolgat ihr me wia wann r Gott (El) wärat ond könnat et satt wera von maem Flôesch?

Zom Vrgleicha: *Vers 13:* Ps 31,12; 38,12; 69,9; 88.18 • *Vers 19:* Ps 41,10; Sir 6,8.

Am Ijob sae Hoffnong ond sae Vrtraua: 19 23-29

23 O wann doch bloß oener aufschreiba dät, was e sag ond ällas en a Buach naeschreiba,

24 mit a ma Griffel aus Eise ond Blei ond s für emmer en an Felsa naemôeßla.

25 Aber i wôeß, daß mae Erlöser lebt, ond als dr Letzte über am Staub aufstôht.

26 Ond obwohl mae Haut en Fetza an mr rahangt ond mae Flôesch gschonda ischd, werd i maen Gott (Eloah) seha.

27 Was e selber sieh mit maene aegene Aoga ond et als an Fremda, dådrnåch vrzchrat sich maene Niera em Leib.

28 Wann ihr sagat: Wia sollat mr an packa ond d Wurzel vom Sachvrhalt en am fenda?

29 Nå fürchtat für euch selber s Schwert; - weil nämlich purs Gift send dia Vrfehlonga, mô s Schwert stråft, daß r wissat: s geit a letzta Gerechtigkaet.

Zom Vrgleicha: *Vers 25:* 16,19 • *Vers 29:* Ps 58,12.

Am Zofar sae zwôeta Red: 20 1-29

Am Ijob sae grondloser Vôrwurf: 20 1-3

20 Nå håt am dr Zofar von Naama zor Antwort gea ond gsaed:

2 Drom zwengt me mae Oruah, daß e a Antwort gib ond drwega han e graoße

Sorga.
3 I muaß mr åhöra, wian e vrschempft
wir, daß e me schäma sott, aber aus
maener Aesicht geit dr Gaest Antwort:

Am Frevler sae Schicksal: 20 4-29
4 Des wôeßt d jå wohl, was seit je her
gwea ischd, seits s Menscha auf dr Erde
geit,
5 daß dr Jubel von de Baese nia lang
daurat, a Gottloser håt bloß a kurza
Fraed.
6 Wann ao sae Stolz bis an da Hemmel
gôht ond sae Graoßkopf bis en d
Wolka,
7 wia sae Scheißdreck vrgôht der für
emmer, ond dia, môn an gseha hent
frågat: ja mô ischd r denn?!
8 Wian a Traom vrfliagt der, von dem
fendest d nex maeh, vrschaecht wian a
Nachtgsicht.
9 Des Aog, mô den gseha håt, sieht an
nemme ond sae Platz nemmt an nemme
wahr.
10 Saene Jonge müaßat bei de Arme bettla
ond saene Händ müaßat sae Vrmöga
zrückgeba.
11 Wann ao saene Gliedmaßa gstrotzt
hent vôr jugendlicher Kraft, dia müaßat
oenaweg mit am en da Staob liega.
12 Wann am d Boshaftigkaet em Maul
süaß schmeckt ond r se onter saener
Zong vrsteckt
13 ond r sichs aufspart ond et rausläßt
ond s am Gaoma aufhebt:
14 En saener Kuttel vrwandlat sich des
Brot ond zo Schlangagift wird s en am
dren.
15 Dia Güater, mô deren sich naegschlonga
håt, muaß r wieder nauskotza, aus saem
Ranza treibt am s Gott (El) naus.
16 Schlangagift saugt r en sich nae ond dr
Biß von dr Otter brengt an om.
17 Der därf sich nemme fraea am Åblick
von Bäch ond Flüß, en dene mô Honig
ond Milch fliaßat.
18 Was r zsemagrafft håt muaß r wieder
hergeba ond kå s et schlucka, ond an
dem, was r sich aetauscht håt, kån r sich
et fraea.
19 Weil r Arme nadruckt ond liega lassa
håt; ond Häuser an sich bråcht håt, môn
r selber et baut håt.
20 Da Hals håt der et vol kriagt, aber
dådrmit kommt der et drvo.
21 Dem saener Fressgier ischd koener
nausganga, drom håt dem sae Guat ao
koen Bstand.
22 Bei ällam, was r em Überfluß håt, wird
s am eng wann d Gwalt vom Elend über
an kommt.
23 So passiert s: Daß r saen Ranza
volkriagt, schickt ER am sae Zorngluat
ond läßt s en saen Lebenssaft naeregna.
24 Haot r ab vôr de Waffa aus Eise, nå
durchbôhrt an dr Boga aus Erz.
25 Henta guckt des Gschoß raus ond
a Blitz schlägt am en d Galla. S Graua
gôht über am auf.
26 Ällas, was r em Donkla vrsteckt håt,
frißt a Feuer, des mô koener åzonda håt,
des frißt no da Letzta, mô aus saem Zelt
drvokomma ischd.
27 Dr Hemmel deckt sae Schuld auf ond
d Erde stôht gega an auf.
28 Dr Profit von saener ganza
Hausgemaenschaft wird drvogschlôeft
am Dag von saem Zôrn.
29 Des ischd dr Loh von Gott (Elohim)
für da Frevler, des håt am Gott (El)
zuagsprocha.

Zom Vrgleicha: *Vers 6:* Ps 37,35 • *Vers 8:* Ps 73,20 • *Vers 12:* Spr 20,17; Sir 40,30 • *Vers 16:* Dtn 32,33 • *Vers 18:* Ps 109,16 • *Vers 22:* 21,17 • *Vers 26:* 15,23.34 • *Vers 29:* 27,13.

Am Ijob sae Gegared: 21 1-34

D Bitte om Geduld: **21** 1-6

21 Dr Ijob håt am zor Antwort geba
ond gsaed:
2 Horchat amål auf mae Wort ond des

måg euch a Trost sae:
[3]Haltat s aus, daß e selber ao ebbas sag, nåcher könnat r spotta.
[4]Gilt mae Klaga viellcicht de Menscha? Oder han i koen Grond, daß e d Geduld vrlier?
[5]Guckat her zo mr ond vrschreckat ond hebat euch amål selber s Maul zua.
[6]Wann e nämlich dådrå denkt vrschrick e selber ond dr ganz Leib fangt mr å z beba.

Zom Vrgleicha: *Vers 4:* 6,26 • *Vers 5:* 29,9; 40,4.

Am Frevler sae Glück: 21 7-21

[7]Wårom därfat d Frevler am Leba bleiba ond werat alt ond ihr Kraft nemmt ao no zua?
[8]Ihr Nåchwuchs ischd fest gründat ond ihre Sprößleng hent an guata Stand en ihre Aoga.
[9]Ihre Häuser lebat em Frieda ohne jedan Schrecka ond am Herrgott (Elohim) sae Ruat trifft se et.
[10]So oem sae Farra bockat auf ond des klappt emmer, sae Kuah kalbat ond vrwirft sich et.
[11]Ihre Buaba lent se naus wia d Lämmer ond ihre Jonge hopfat omanander.
[12]Dia sengat zor Pauk ond zor Zither ond fraeat sich am Flötaspiel.
[13]Em Glück gangat dene ihre Däg rom ond se gangat en äller Ruah ens Daotareich.
[14]Zo Gott (El) sagat dia: Bleibt ons vom Leib, von daene Weg wöllat mir gar nex wissa.
[15]Was ischd schao dr Allmächtige, daß mr dem ao no deana sotte? Ond was he'mr drvo, wa'mr an bittat?
[16]Aber dia hent ihr Glück et en de ôegene Händ! I denk et so wia d Frevler.
[17]Wia oft gôht de Frevler ihr Lichtle aus ond s Ohael kommt über s ond r tôelt en saene Fangstrick aus en saem Zôrn.
[18]Nå werat se wia dr Hächsel, mô dr Wend naeblåst oder wia d Sprae, mô em Sturm drvofliagt.
[19]Gott (Eloah) hebt sae Ohael für dem saene Söh auf ond zahlt am s so hoem daß r s merkt.
[20]Mit saene aegene Aoga soll der saen Ontergang seha ond vom Allmächtiga saem Zôrn soll r trenka.
[21]Was soll am an dem saener Familie no liega wann d Zahl von saene Mond agschnitta ischd?

Zom Vrgleicha: *Vers 7:* Ps 73,3-12; Jer 12,1f; Am 6,5 • *Vers 13:* Ps 73,3 • *Vers 14:* 22,17; Ps 95,10 • *Vers 15:* Mal 3,14 • *Vers 17:* 18,5 • *Vers 18:* Ps 1,4 • *Vers 20:* Ps 75,9 • *Vers 21:* 14,21f; Koh 9,5.

Dr schaenbare Trost: 21 22-34

[22]Will vielleicht oener Gott (El) Erkenntnis beibrenga, ehm, der mô sogar de Erhabene vrurtôelt?
[23]Dr oene stirbt glücklich, en ällam sôrglos ond em Frieda;
[24]Saene Trög send voler Milch ond s Mark en saene Boener ischd gsond;
[25]ond dr sell stirbt mit Bitterkaet em Herza ond håt nia em Glück sae Brot gessa.
[26]Beianander liegat se onter am Boda ond bôede werat von de Würm gfressa.
[27]Guck, i kenn eure Gedanka ond euer falschs Spiel, môn r mit mr treibat,
[28]Ihr sagat nämlich: Mô ischd am Fürsta sae Haus ond mô ischd am Frevler sae Zelt?
[29]Hent r am End dia et gfrågt, mô vorbei komma send ond auf ihre Zaeche g'achtat?
[30]Daß nämlich a Baeser auf da Dag von saem Vrhängnis aufghoba wird, daß mr s weg brengt für da Dag vom überschaemenda Zôrn.
[31]Wer saed am ens Gsicht nae, was r für an Lebenswandel gführt håt ond wer vrgilt am, was r dao håt?
[32]Auf da Friedhof brengt mr'n ond hält Wacht an saem Grab.
[33]A Wohltat send am de feuchte Scholla

am Bach. Älle Menscha machat an Zug
henter am her ond ozählige vôrnadraus.
34 Ond ihr wöllat me trösta mit euram
wendiga Gschwätz? Von eure Antworta
bleibt bloß Treulosigkaet übrig.

Zom Vrgleicha: *Vers 22:* Jes 14,13 • *Vers 26:* Koh 9,2f • *Vers 30:* Rö 2,3-6.

Am Elifas sae dritta Red: 22 1-30

Am Ijob saene ågebliche Schandtata: 22 1-11

22 Nå hât dr Elifas von Teman
wieder ågfanga ond gsaed:
2 Kå denn a Mensch für Gott (El)
an Nutza han? An Nutza brengt a
Vrständiger bloß sich selber.
3 Ischd des am Allmächtiga sae Sach,
wann du gerecht bist? Oder was hât
r drvo, wann du daen Weg osträflich
gôhst?
4 Weist r de wega daener Ehrfurcht
zrecht ond rechtat deswega mit dr?
5 Ischd et dae Boshaftigkaet so graoß
ond daene Vrfehlonga ohne End?
6 Du håsch nämlich daene Brüader ohne
an Grond pfändat ond de Nackate ihr
Häs auszoga.
7 Koen Schluck Wasser håsch d für an
Ausdôrrata übrig ghet ond am Hongriga
håsch d a Stückle Brot vrwaegerat.
8 Ond: Am Mächtiga ghert s Land ond
dr Ågsehene hockt fest drauf.
9 Witwa håsch d leer ausganga lassa ond
de Wôesa hât mr d Ärm brocha
10 Drom send ao lauter Fallstrick om de
rom ond plötzlich schrickt de s Graua.
11 Oder siehst d denn d Finsternis et, da
Wasserschwall, der mô de naziaga will?

Zom Vrgleicha: *Vers 3:* Lk 17,7-10 • *Vers 6:* Ex 22,25f; Dtn 24,12f • *Vers 7:* Jes 58,7; Ez 18,7; Mt 25,42 • *Vers 9:* Ex 22,21f • *Vers 10:* 18,8-11; 19,6 • *Vers 11:* Ps 69,2f.

Dr allwissende Gott: 22 12-20

12 Ischd Gott (Eloah) et so haoch wia dr
Hemmel? Ond guck, s Haopt von de
Stern, wia dia über ällas nausragat?
13 Nå saesch du: Was wôeß denn Gott?
Will der vielleicht durch d Wolka a
Urtôel fenda?
14 D Wolka send om an rom, då sieht der
nex, der laoft am Horizont spaziera.
15 Laofst du auf am alta Weg weiter, auf
dem mö d Frevler gloffa send,
16 dia mô schao vôr dr Zeit weggrafft
wôra send - a Wasserstrom hât ihran
Grond weggspüalt?
17 Dia hent zo Gott (El) gsaed: bleib
as vom Leib! Ond: Was kå ons dr
Allmächtige schao doa?
18 Während ER ihre Häuser mit Guatam
gfüllt hât. Ond: De Frevler ihr Rat sei
mr fern.
19 De Gerechte seahnat s ond fraeat sich
ond dr Schuldlose spottat über s:
20 Tatsächlich, onsere Widersacher send
vrnichtat ond was von en übrig bleibt,
frißt s Feuer.

Zom Vrgleicha: *Vers 12:* Jes 40,26 • *Vers 13:* 35,13; Ps 73,11; Jes 29,15 • *Vers 14:* Sir 24,15; Jer 23,23f • *Vers 17:* 21,14 • *Vers 19:* Ps 58,1.

D Måhnong zom Omdenka ond zor Demuat: 22 21-30

21 Vrtrag de doch wieder mit ehm ond
mach Frieda mit am! Des kommt dr auf
älle Fäll z'guat.
22 Nemm doch å, was r dr saed ond
nemm dr s z Herza.
23 Wann da zom Allmächtiga
zrückkommst, nå baut r de wieder auf,
ond wann da ällas Orecht aus daem Zelt
nausduast.
24 Schmeis dae Gold en da Dreck ond
daene Ophir en da Bach zo de Kiesel,
25 nå wird dr Allmächtige dae Gold ond s
faenste Silber für de.
26 Nå kåsch de vom Allmächtiga vrwöhna
lassa ond Gott (Eloah) wieder en d Aoga
gucka.
27 Du betest ond der erhört de ond du

löst daene Gelübde ae.
28Was da dr vôrnemmst, des glengt dr ao
ond über daene Weg strahlt s Licht.
29Am Haochfähriga geit r oena uf da
Deckel, aber oen, der mô vôr am auf da
Boda guckt, dem hilft r.
30Oen, mô ohne Schuld ischd, rettat r;
weil du raene Händ håsch.

Zom Vrgleicha: *Vers 26:* 27,10 • *Vers 29:* Ps 18,28; Jes 2,11-17; Lk 1,52f; 1Petr 5,5.

Am Ijob sae Gegared: 23 1-24 25

Dr Ijob schreit nach Gott, am Richter: 23 1-17

23 Dr Ijob håt am zor Antwort geba
ond gsaed:
2Ao haet muaß e mit maene Klaga
drgegahalta; maene Händ send wia
glähmt vôr lauter Stöhna.
3Wann e an doch bloß fenda dät, daß e
zon am ganga könnt.
4I dät gern vôr saem Gsicht maen
Rechtsfall vôrbrenga ond selber maene
Beweis åtreta.
5Nå dät e saene aegene Wort höra, was
ER gega me vôr z'brenga håt ond des ao
vrstanda.
6Dät r nå mit saener ganza Allmacht mit
mr rechta? Noe, der dät grad auf me
aufpassa.
7Nå dät a Ehrlicher mit am rechta ond i
dät für emmer mae Recht durchbrenga.
8Guck, wann e vürsche gang, nå ischd r
et då, gang e hentersche, nå merk e nex
von am,
9gang e lenks, nå siehn e n et, ob r ebbas
duat; biag e rechts ab, nå sieh e n ao et.
10Aber ER wôeß, wehlan Weg i laof. Dät
r me auf d Prob stella, i dät glänza wia
s Gold.
11En saener Spur ischd mae Fuaß ganga,
saen Weg han e aeghalta ond ben et drvo
gwicha.
12Was d Gebot von saene Lippa ågôht,
då han i me emmer drå ghalta ond ben
nia von saene Satzonga abgwicha.
13Aber Er bleibt bei dem oena - wer will
an drvo abhalta? Was sae Herz begehrt
- ER duat s.
14Was r für mi bestimmt håt, des
vollendat r ao, ond då håt r no viel
derartigs em Senn.
15Drom ben e ao so vôr am vrschrocka
ond han an riesa Respekt vôr am.
16Gott (El) selber håt me s Fürchta glehrt
ond dr Allmächtige vrschrickt me.
17Vrgang i et vôr lauter Finsternis ond
ischd et ällas donkel om me rom?

Zom Vrgleicha: *Vers 4:* 9,14 • *Vers 8:* 9,11; Ps 139,7-10 • *Vers 10:* Ps 17,3; 139,1-6; Weish 3,6 • *Vers 11:* Ps 17,5 • *Vers 13:* Jes 55,10f; Ps 115,3 • *Vers 15:* Ps 119,120.

De Sünder ihr Übermuat: 24 1-17

24 Wårom håt dr Allmächtige koene
Stråfzeita festglegt? Wårom sehat
dia, mô an kennat, saene Gerichtsdäg
et?
2Dia vrruckat Grenzstoe, raobat ganze
Herda ond wôedat s selber.
3De Wôesa ihre Esel treibat se weg ond
pfändat ra Witwe ihr letzta Kuah.
4De Arme jagat se vom Weg ra ond de
Elende müaßat sich vôr en vrkriacha.
5Guck, dia send wia d Wildesel en dr
Wüste, so dent dia wann se auf Nahrong
aus send en dr Steppe für ihre Jonge.
6Nachts schneidat se auf andere ihre
Äcker s Korn ond em Wengert vom
Frevler dent se afterbergla.
7En dr Nacht schlåfat se nackat ohne
Klôeder ond hent nex zom Zuadecka en
dr Kälte.
8Von de Platzrega en de Berg send se
ganz aufgwôecht ond schlupfat onter
d Felsa na, weil se sonst koen Schutz
hent.
9A Wôesakend hent se dr Muader von
dr Brust weggrissa ond da Saegleng vo
ma Arma hent se als Pfand gnomma.
10Nackat, ohne Klôeder müaßat se

romlaofa ond hongrig Garba traga.
11Henter de Maura (vom Wengert) dent
se Öl pressa ond d Kelter treta ond
müaßat Durst leida.
12Von dr Stadt her stöhnat Männer ond
d Seela von de Gmordate schreiat om
Hilfe, aber Gott (Eloah) achtat et auf
des Orecht.
13Andere send Aufrührer gega s Licht
gwea, saene Weg kennat dia et ond
bleibat et en saener Spur.
14No bevôr s Dag wird stôht dr Mörder
auf zom Arme ond Elende ombrenga
ond en dr Nacht schleicht dr Dieb
omanander.
15Ond dr Ehebrecher laurat uf d
Dämmerong ond denkt: då sieht me
koener ond r hebt sich a Tuach vôr s
Gsicht.
16Em Donkla bricht mr en Häuser ae;
am Dag schliaßat se sich ae, weil se s
Licht scheuat.
17Dr Môrga ischd nämlich für dia älle
mitanander dr Schatta vom Daot, weil
se mit de Schreckgspenster vom Daot
saem Schatta vrtraut send.

Zom Vrgleicha: *Vers 2:* Dtn 27,17 • *Vers 3:* Dtn 24,17 • *Vers 4:* Dtn 15,11 • *Vers 7:* Dtn 24,12f • *Vers 12:* Offbg 6,10f • *Vers 13:* 38,15; Joh 3,20; Eph 5,8-14 • *Vers 14:* Ps 10,8f • *Vers 15:* Spr 7,9f.

De Frevler ihr End: 24 18-25

18Auf am Wasser ischd der hopfaleicht;
vrfluacht send ihre Äcker em Land; a
Kelterer gôht då nemme en da Wengert.
19Dürre ond Hitz lent s Schmelzwasser
vom Schnae vrdonsta; ens Daotareich
mit dene, mô sich vrsündigt hent.
20Dr Muaderleib vrgißt an; d Mada
lent sichs guat gao an am. Nia maeh
denkt oener an den. S Orecht wird
ausananderbrocha wian a Stückle Holz,
21wann sich oener mit ra Ofruchtbara
aeläßt, mô koene Kender kriagt ond se
ausnutzt ond dr Witwe Schada åduat.
22Ond doch läßt ER sae Kraft an
Mächtiga no et spüra, wann so oener
aufstôht, nå därf r sich em Leba et en
Sicherhaet wiega:
23ER läßt se sich zwår sicher fühla ond
sich dren ausruha, aber saene Aoga
guckat ganz gnao auf ihran Weg.
24Wann se ao bloß a bißle haoch kommat,
send se schao weg, dia werat naduckt
ond wia älle weggrafft, wia mr de Ähra
da Kopf aschneidat.
25Ischd s vielleicht et so? Wer will me
en Lugabeutel hôeßa ond mae Red
hemacha?

Zom Vrgleicha: *Vers 24:* 30,4.

Am Bildat sae dritta Red

Älle Menscha send Sünder: 25 1-6

25 Nå håt dr Bildat von Schuach
druf gsaed:
2Dr Herrscher, Schreck ischd bei dem,
mô Frieda schafft en saener Höhe.
3Wer will a Zahl ågeba für saene
Heerschara ond über wem gôht sae
Licht et auf?
4Wia könnt ao då a Mensch vôr Gott
gerecht sae? Ond wia kå oener, mô von
ra Frao auf d Welt brächt wôra ischd ao
raen sae?
5Guck, no et amål dr Mond glänzt ond
ao d Stern send et raen en saene Aoga.
6Geschweige denn a Sterblicher, der
Wurm, ond am Adam sae Kend, a Mad.

Zom Vrgleicha: *Vers 4:* 4,17; 15,14.

Am Ijob sae Gegared: 26 1-27 23

A leers, vrloges Gschwätz: 26 1-4

26 Dr Ijob håt am zor Antwort geba
ond gsaed:
2Sauber, wia du a ma Schwacha auf d
Füaß hilfst ond a ma Ohmächtiga Muat
machst.
3Wia du dene Ratschläg gibst, mô et
so gscheit send (wia du) ond daene
übergscheite Aesichta vrbrôetest.

[4]Wem håsch d n daene Reda vôrtraga
ond wem sae Gaest gôht von dr aus?

Am Allmächtiga sae Graeße: 26 5-14

[5]De Vrstôrbene wendat sich vôr Angst,
mô onterhalb vom Wasser ihr Wohnong
hent.
[6]S Daotareich leit blutt vôr am ond dr
Abgrond håt nex zom Zuadecka.
[7]Über am Norda spannt r d Leere ond d
Erde hangt då drå auf, mô nex ischd.
[8]S Wasser vrdichtat r en de Wolka ond d
Wolka platzat et ausanander.
[9]Da Åblick von saem Thron vrsperrt r
ond brôetat saene Wolka om an rom.
[10]Auf am Wasser håt r a Grenz zoga bis
då nô, mô sich s Licht ond Finsternis
schôedat.
[11]D Pfeiler von de Hemmel schwankat
ond werat starr vor saene Drohonga.
[12]Mit saener Kraft håt r s Meer ruhig
gmacht ond mit saener Aesicht håt r da
Rahab (a Ogeheuer) gschlaga.
[13]Durch saen Hauch wird dr Hemmel
klar, mit saene Händ håt r d Schlang
durchbôhrt, mô se abhaua wölla håt.
[14]Guck, des ischd bloß dr Saom von
saene Weg ond wian a Geflüster, so hörat
mir sae Wort - aber d Donnersprâch von
saener Allmacht, wer kå des begreifa?

Zom Vrgleicha: *Vers 6:* Ps 139,8.11f; Spr 15,11 • *Vers 10:* Gen 1,7.14 • *Vers 12:* 7,12; 9,13; Jes 51,9f • *Vers 13:* Jes 27,1 • *Vers 14:* Sir 43,32.

Dr Ijob saed saene Fraend, daß r oschuldig ischd: 27 1-6

27 Ond dr Ijob håt weitergmacht
ond gsaed:
[2]So wåhr Gott (El) lebt, der mô mr mae
Recht weggnomma håt, dr Allmächtige,
der mô mae Seel bitter gmacht håt:
[3]Solang wian e no schnaufa kå ond dr
Odem von Gott (Eloah) en maener Nås
ischd,
[4]soll mr koe Orecht über d Lippa komma
ond mae Zong nex Falschs saga.
[5]Aber daß e euch Recht geba dät, då ben
e weit weg drvo; bis e drvo muaß laß i
mr mae Ehrlichkaet et nemma.
[6]An maener Rechtschaffahaet halt i fest
ond laß et los; mae Gwissa håt an koem
von maene Däg ebbas auszomsetza.

Zom Vrgleicha: *Vers 2:* 34,5f • *Vers 3:* 33,4; Gen 2,7 • *Vers 5:* 33,9.

D Frevler gangat onter: 27 7-23

[7]Wia am Frevler, so soll s maem Faend
ganga ond maem Gegner wia am
Ogerechta.
[8]Was håt a Gottloser schao für a
Hoffnong, wann r am End ischd - wann
Gott (Eloah) sae Seel von am vrlangt?
[9]Ob Gott (El) dem sae Schreia hört,
wann d Naot über an kommt?
[10]Oder kå sich der am Allmächtiga
aufrichta ond därf r jederzeit Gott (El)
åruafa?
[11]I will euch saga, was d Macht von Gott
(El) ischd ond euch et vrhehla was dr
Allmächtige em Senn håt.
[12]Guck, ihr hent s doch selber gseha,
wårom schwätzat r nå so domm drher?
[13]Des ischd dr Loh für en Frevler bei
Gott (El) ond s Erbtôel vom Gwalttätiga,
môn r vom Allmächtiga kriagt:
[14]Håt r viel Söh, des ischd für s Schwert,
ond saene Nåchkömmleng werat et satt
an Brot.
[15]Dia, mô übrigbleibat, reißt d Pest ens
Grab ond saene Witwa heulat et om an.
[16]Wann r Silber zsemaschärrat wia
Dreck ond sich Gwänder åschafft wia
Loehma -
[17]der richtat s zwår nô, aber dr
Rechtschaffene ziagt s å ond s Silber
vrtôelt dr Oschuldige.
[18]Wia Mottafraß håt r sae Haus baut ond
wian a Wächterhäusle.
[19]Als a Reicher leit r nô, aber des bleibt
et so - kaom macht r d Aoga auf, nå
ischd nex maeh då.
[20]Wia s Wasser kommt s Grausa über

an ond en dr Nacht reißt an a Wendhos
fort.
21Dr Ostwend reißt an weg ond r kommt
om ond fegt an weg von saem Platz
22ond läßt am gnadalos d Brocka om d
Ohra fliega, vôr saener Gwalt muaß r
abhaoa.
23Mr klatscht über am mit de Händ ond
ER pfeift an von saem Platz.

Zom Vrgleicha: *Vers 10:* 22,26 • *Vers 13:* 20,29 • *Vers 15:* Ps 78,64 • *Vers 17:* Koh 2,26; Sir 11,18; 14,4 • *Vers 18:* 8,14.

S Liad von dr Weishaet: 28 1-28

D Weishaet ischd über ällas erhaba: 28 1-19

28 Für s Silber geit s en Fundort
ond für s Gold en Platz, mô mr
s läutera duat.
2Eise holt mr aus am Erdboda ond aus
am Erz schmilzt mr s Kupfer.
3Dr Donkelhaet ischd a Grenz
gsetzt ond bis ens Letzte wird ällas
ausgforscht em Gstoe vom Donkel ond
am Daotasschatta.
4Mr baut Schächt mit Fremdarbaeter,
Vrgessene, mô koen Boda onter de Füaß
hent, dia hangat völlig en dr Luft ond
werat hin- ond hergrissa fern von dr
Menschawürde.
5Dr Erdboda, mô s Brot drauf wächst,
wird en de ontere Schichta vom Feuer
aufgwuahlat.
6Dr Saphir hat saen Platz en dene Stoe,
mô ao Goldstaob dren ischd.
7Des ischd a Stôeg, mô koe Greif kennt
ond no koe Falkaaog gseha håt.
8No nia ischd då a Edelwild druf gloffa
oder a Löw.
9Kies wird abbaut ond ganze Berg werat
bis an da Grond durchgwuahlat.
10En d Felsa treibt mr Stolla nae, ond s
Aog sieht de kostbarste Sacha.
11Sickerwasser wird gfaßt ond was dren
vrbôrga ischd wird ans Licht bråcht.
12Aber mô fendat mr d Weishaet? Ond
mô ischd dr Ort, mô mr d Aesicht
fendat?
13A Sterblicher kennt ihran Wert et
ond bei de Lebendige läßt se sich ao et
fenda.
14D Urtiafe saed: en mir ischd se et! Ond
s Meer saed: nergads en mir!
15Mit Gold kå mr se et kaofa ond ao et
mit Silber aufwäga.
16Mr kå se et mit Ophirgold abgelta oder
mit am kostbarsta Karneol oder Saphir.
17Vrgleicha kå mr se schao gar et mit
Gold ond Glas oder gar aetauscha gega
de faenste Goldschala ond Becher.
18Ganz zom schweiga von Koralla ond
Kristall, gar et drå zom denka. Weisshaet
ischd maeh wia älle Schätz.
19Mit am Chrysolith aus Äthiopien
ond mit am raensta Gold kå mr se et
abgelta.

Zom Vrgleicha: *Vers 1:* Weish 6,22; Sir 24 • *Vers 12:* Sir 1,6; Bar 3,15 • *Vers 13:* Bar 3,29-31 • *Vers 17:* Weish 7,9.

Am Herrgott sae Weg: 28 20-28

20Aber d Weishaet, mô kommt se her
ond mô ischd dr Ort von dr Aesicht?
21Vôr de Aoga von ällam Lebendiga
ischd se nämlich vrbôrga ond vôr de
Aoga von de Vögel am Hemmel ischd
se vrsteckt.
22Dr Abgrond ond dr Daot sagat: onsere
Ohra hent ebbas läuta höra.
23Gott alloe wôeß da Weg zon ra, bloß
er kennt ihran Ort.
24Bloß ER håt da Überblick von oem
End zom andera ond sieht ällas, was em
Hemmel vôr sich gôht.
25Môn r am Wend sae Gwicht zuatôelt
håt ond am Wasser sae Maß.
26Môn r am Rega Grenza gsetzt ond da
Weg vom Wirbelsturm festglegt håt.
27Selligsmål håt r da Überblick ghet
ond håt s durchzählt, se ausgrüstat ond
ausgforscht.

[28]Ond nå håt r zom Menscha gsaed: Guck, d Ehrfurcht vôr Gott ischd Weishaet ond s Baese vrmeida ischd Aesicht.

Zom Vrgleicha: *Vers 23:* Spr 2,6; 8,27-30; Bar 3,37 • *Vers 13:* Ps 88,19 • *Vers 25-26:* Weish 11,20; Jes 40,12-14 • *Vers 26:* Ps 135,7 • *Vers 27:* Sir 1,8f • *Vers 28:* Spr 1,7; 8,13; Sir 1,1.11.21.

Am Ijob sae Schlußred: 29 1-31 40

A gsegnata Vrgangahaet: 29 1-25

29 Nå håt dr Ijob nômål ågfanga ond gsaed:
[2]O daß e doch bloß so wär wia en de frühere Monat, wia en dene Däg, mô Gott (Eloah) no auf me aufpaßt håt.
[3]Môn r sae Licht no über mr håt leuchta lassa ond i en saem Licht durchs Donkel ganga ben.
[4]Wian e gwea ben, môn e auf dr Höhe vo maem Leba gwea ben ond no aevrnehmlich mit am Herrgott en maem Zelt glebt han,
[5]mô dr Allmächtige no bei mr gwea ischd ond i maene Jonge om me romghet han,
[6]ond i d Füaß en dr Buttermilch badat han ond s Öl aus de Felsa gloffa ischd.
[7]I ben durchs Tôr en d Burgstadt naufganga ond han mr en Platz aegrichtat auf am Märkt;
[8]wann me de Jonge gseha hent, send se auf d Seit ganga ond de Alte send vôr mr aufgstanda ond standa blieba.
[9]De Obere hent ihr Wort zrückghalta ond sich s Maul zuaghoba.
[10]De Fürsta ischd s Wort em Maul stecka blieba ond d Zong ischd en an da Gaoma nôbäbbt.
[11]Dia, mô mr zuaghört hent, hent me glückselig priesa, ond dia, mô me gseha hent, send maene Zeuga wôra,
[12]daß i an Arma, der mô om Hilfe gschria håt, rausghaoa han ond a Wôesakend, dem mô neamerd gholfa håt.
[13]Dr Sega vom Vrlorena ischd auf me komma ond s Herz von dr Witwe han e jubla lassa.
[14]En Rechtschaffahaet han e me aeklôedat ond se ischd mr gstanda wian a Mantel ond dr Turban aus Gerechtigkaet.
[15]Aoga ben i für de Blende gwea ond Füaß für de Låhma.
[16]De Hilfsbedürftige ben i a Vadr gwea; wann a Obekannter Rechtshändel ghet håt, nå han i des ganz gnao prüaft.
[17]Am Baesa han e d Kinnlada brocha ond am sae Beute aus de Zäh grissa.
[18]Ond i han mr denkt, daß e amål em Nest stirbt, wann e maene Däg ozählig wia da Såd gmacht han.
[19]Mae Wurzel gôht jå bis ens Wasser ond dr Tao ischd über d Nacht en maene Zweig.
[20]Mae Åseha bleibt emmer neu bei mr ond d Spannkraft vo maem Bogaarm dät sich emmer vrjünga.
[21]Auf mi hent se ghorcht ond ausgharrt ond still auf maen Ratschlag gwartat.
[22]Nach mir håt koener maeh ebbas gsaed ond maene Reda send en nagloffa wia Öl.
[23]Dia hent auf me gwartat wia auf da Rega ond hent s Maul aufgsperrt wia nach am Lenzrega.
[24]Wann se sich et traut hent, han e s åglächlat ond s Leuchta en maem Gsicht håt en guat dao.
[25]I han bestimmt, was zom doa ischd ond ben oba drå gsessa. Wian a König en saem Kriagsheer han e gwohnt, wia oener, der mô de Trauernde beistôht.

Zom Vrgleicha: *Vers 3:* Ps 18,29 • *Vers 4:* 1,10 • *Vers 5:* Ps 127,3-5; 128,3 • *Vers 6:* 20,17 • *Vers 8:* Lev 19,32 • *Vers 9:* 21,5; Weish 8,12 • *Vers 12:* 6,14; Ps 72,12; Jes 11,4 • *Vers 14:* 19,9; Ps 132,9; Jes 59,17 • *Vers 16:* Spr 29,7 • *Vers 23:* Dtn 32,2 • *Vers 24:* Spr 16,15.

D Gegawart ischd schrecklich: 30 1-31

30 Aber jetzt lachat me dia aus, mô
viel jünger send als wian i, dene
ihre Vädr wäre s et wert gwea, daß e s
mit maene Hirtahond hätt laofa lassa.
2 Was hätt e ao mit dene ihre Händ åfanga
solla, dia hent doch koe Kraft ghet.
3 Ofruchtbare Hongerleider send des,
mô am dürra Land no romnagat ond an
dr Öde.
4 Dia sammlat s Okraut onter de Büsch
ond Ginsterwurzla send ihr Brot.
5 Von dr Gemaenschaft send se vrjagd
wôra ond mr schreit en nåch wia a ma
Dieb.
6 An de Böschonga von de Bäch hausat
se en Drecklöcher onter de Felsa.
7 Onter de Büsch schreiat se omanander
ond em Gstrüpp kommat se zsema.
8 A Lompagsendl ond Leut, mô
überhaopt koen Wert hent, dia, mô mr
aus am Land nauspeitscht håt.
9 Aber jetzt ben i dene ihr Spottliad
wôra und muaß für dene ihr Gschwätz
herhalta.
10 Dia meidat me ond gangat mr aus am
Weg ond scheuat sich et, vôr mr nô zom
speia.
11 Weil r (Gott) maen Strick aufgmacht
ond me naduckt håt, lent dia wega mir
oefach d Züagel schiaßa.
12 Zo maener Rechta stôht a Bruat gega
me auf ond båhnt gega mi da Weg von
ihram Vrderba.
13 Maen Weg hent se aufgrissa ond
vrhelfat mr zo maem Oglück, ond
neamrd henderat se drå.
14 Wia durch a brôeta Schneise kommat
dia, wian a Trümmerwalz.
15 Älle Schrecka hent sich gega me kehrt,
wia vom Wend vrblåsa ischd mae ganza
Herrlichkaet ond wian a Nebel ischd
mae Hilf vrfloga.
16 Aber jetzt vrlaoft mae Seel en mr dren
ond s Elend håt me packt en dene Däg.
17 Nachts bôhrt me s en de Boener ond d
Schmerza nagat an mr, daß e koe Ruah
fend.
18 Vor lauter Gwalt wird mae Gwand
okenntlich ond ziagt mr d Gurgel zua
wian a Hemmadkraga.
19 En da Dreck håt r me gschmissa, daß e
wia Staob ond Äscha wôra ben.
20 I schrei zo dr ond du gibst mr koe
Antwort. I stand då ond du guckst me
et amål å.
21 Du håsch de gega me zom grausama
Faend gwandlat ond streitest mit daene
starke Händ gega me.
22 Du lupfst me auf da Sturm nauf ond
läßt me drvoblåsa daß mr ällas vrgôht.
23 I wôeß jå: du willst me en da Daot
treiba, då nô, mô sich älle Lebendige
amål treffat.
24 Daß r doch nach ra Ruine et ao no d
Händ naustreckt? Oder schreit oener et
wann r ontergôht?
25 Oder han e et gheult om den, mô harte
Däg håt ond håt sich mae Seel et om da
Arma grämt?
26 I han auf ebbas Guats ghofft, aber s
Baese ischd komma; auf s Licht han e
gwartat, aber komma ischd d Nacht.
27 En mr dren kochts ond i fend koe
Ruah; Däg voler Elend send auf me
zuakomma.
28 Voler Trauer komm i drher, mir schaent
koe Sonna maeh, en dr Gemaende stand
e auf ond schrei om Hilfe.
29 I ben für d Schakal a Bruader wôra
ond a Fraend von de Straußa.
30 Mae Haut ischd ganz schwarz wôra
ond maene Boener send en dr Hitz
vrbrennt.
31 Mae Harfaspiel ischd zom Trauerliad
wôra ond mae Flöt zor Stemm für dia,
mô heula müaßat.

Zom Vrgleicha: *Vers 9:* Ps 69,13; Klgl 3,14 • *Vers 12:* Ps 106,6 • *Vers 21:* 34,6 • *Vers 22:* Ps 109,23 • *Vers 30:* Ps 119,83; Klgl 3,4.

Nômål saed dr Ijob, daß r vôr Gott oschuldig ischd: 31 1-34

31 Mit maene Aoga han e an Pakt
gschlossa, wia sott e nå a jonga
Frao ågucka?
2Was dät mr nå Gott (Eloah) von oba
zuatôela ond was wär mae Los (Erbtôel)
vom Allmächtiga en dr Höhe?
3Wär des et s Verderba für da Übeltäter
ond s Ohael für den, mô frevelhaft
handlat?
4Sieht ER et maene Weg ond zählt sogar
älle maene Schritt?
5Ben i jemåls mit Lugena omganga oder
send maene Füaß zo Trüagereia ganga?
-
6ER soll me wiega auf de Wåågschala
vom Recht, nå merkt r ao, daß e ehrlich
ben.
7Dät mae Schritt vom Weg abweicha ond
mae Herz maene Aoga nåchganga, oder
an maene Händ ebbas hanga bleiba -
8Nå will e säa ond a anderer måg s essa,
ond maene Sprößleng mögat entwurzelt
wera.
9Hätt sich mae Herz wega ra Frao zom
Narra macha lassa ond i dät vôr dr Tür
vo maem Nächsta auf dr Lauer liega -
10nå soll mae Frao für an andera s Korn
mahla ond andere sollat mit ra schlåfa.
11Des wär jå Ozucht ond a Fall für da
Richter zom vrurtôela.
12A Feuer wär des, mô bis zom
Ontergang frißt ond mae Hab ond Guat
vrdirbt.
13Wann e maem Knecht ond maener
Magd ihr Recht et g'achtat hätt, wann s
amål ebbas geba håt,
14was dät e nå, wann sich Gott (El)
aufmacht ond sich selber då drom
kümmerat, was sott e nå saga?
15Håt maeSchöpfer et den ao gschaffa
em Muaderleib - ischd s et oener, mô
ons em Muaderleib gschaffa håt?
16Hätt i a ma Arma ebbas vrwaegerat
was r naedig håt, ond d Aoga von ra
Witwe schmachta lao -
17iss i mae Brot alloe ond dät a ma
Wôesakend nex drvo geba?
18Der håt me doch von Kend å aufzoga
wian a Vadr ond me von Muaderleib
åglôetat.
19Oen mô Naot leidat kån e gar et seha
ohne Klôeder ond daß a Armer koe
Zuadeckats håt.
20Der håt me gsegnat, môn r sich en dr
Wolla von maene Lämmer gwärmt håt.
21Han i jemåls gega a Wôesakend ebbas
onternomma, weil e em Tôr en Vôrtôel
drvo ghet hätt?
22Nå soll mr glei d Schulter vom Nacka
falla ond dr Arm em Schulterglenk
auskugla.
23A Schrecka dät als a Oglück von Gott
(El) über me komme ond i könnt vôr
saener Erhabahaet et standhalta.
24Hätt e jemåls auf s Gold mae Zuavrsicht
gsetzt ond zom faensta Gold gsaed: du
bist mae Sicherhaet -
25ond me gfraet, daß e viel drvo han
ond daß e mit maene Händ mächtig viel
erraecht han?
26Han i jemåls s Licht gseha, wia s
strahlt ond da Mond, wia der prächtig
drherkommt,
27daß sich mae Herz hehlenga håt becirca
lassa, daß e dene Kußhändla zuagwôrfa
hätt -
28ao des wär et recht, weil e dådrmit
Gott (El) då droba vrlaegnat hätt.
29Wär e schadafroh gwea über s Oglück
von oem, der mô me haßt, ond me gfraet
hätt, mô an ebbas baes troffa håt -
30ond maem Maul et vrbota hätt zom
sich vrsündiga ond saem Leba en Fluach
aufhalsa.
31Hent et dia Leut en maem Zelt emmer
gsaed: Wer ischd von saem Flôesch et
satt wôra?
32Koe Fremder håt jemåls draußa schlåfa
müaßa, sae Tür ischd emmer für an
Wanderer offa.

[33]Hätt e, wia s Menschaart ischd, maene
Schandtata vrhaemlicht ond mae Schuld
en maener Brust vrbôrga,
[34]weil e me vôr dene viele Leut gscheut
hätt ond Angst ghet hätt, daß me maene
Sippa drwega vrachtat, nå dät e mae
Maul halta ond et zor Tür nausganga.

Zom Vrgleicha: *Vers 1-34:* Ps 26 • *Vers 1:* Sir 9,5; Mt 5,27-29 • *Vers 4:* Ps 139,2 • *Vers 9:* Spr 7 • *Vers 11:* Dtn 22,22-24; Spr 6,32-35 • *Vers 13:* Ex 21,2f; Lev 25,39; Jer 34,8f • *Vers 15:* Spr 17,5 • *Vers 16:* 22,9; Tob 4,7-11; Jes 58,7; Mt 25,35f • *Vers 24:* Ps 49,7; 52,9; Spr 11,28; Sir 31,5-10 • *Vers 26:* Dtn 4,1; Jer 8,2; Ez 8,16 • *Vers 29:* Spr 24,17; Mt 5,43-48 • *Vers 33:* Ps 32,5.

Dr Ijob wartat auf a Antwort von Gott: 31 35-40

[35]Wann s doch bloß ao oen geba dät,
mô auf me hört! »Des onterschreib e«,
dät mr dr Allmächtige zor Antwort
geba. Oder a Urkunde, mô mae Gegner
gschrieba håt.
[36]Dät e dui et auf dr Schulter traga oder
als Kranz oms Haopt benda?
[37]Jedan Schritt dät e am vôrher åsaga
ond am wian a Fürst näher komma.
[38]Schreit mae Acker ond heulat saene
Furcha em Ganza gega me,
[39]wann e saen Ertrag ohne a Entgeld
gessa han ond saen Vôrbesitzer en dr
Seel traurig gmacht han,
[40]nå sollat statt Wôeza Distla wachsa
ond statt dr Gersta Stenkkraut. Am End
ischd dr Ijob mit saene Reda.

AM ELIHU SAENE REDA: 32 1 - 37 24

Am Elihu sae ersta Red: 32 1 - 33 33

D Selbstvôrstellong: 32 1-22

32 Nå hent dia drei Männer aufghert
ond am Ijob koe Antwort maeh
geba, weil der en saene aegene Aoga
gerecht gwea ischd.
[2]Nå ischd dr Elihu, am Barachel von
Busi aus am Gschlecht vom Ram sae Soh
narrat wôra. Auf da Ijob ischd r narrat
gwea, weil der sich selber für gerechter
ghalta håt als wia Gott (Elohim).
[3]Ond ao über saene drei Fraend håt r
sich aufgregt, weil dia nex maeh saga
könna hent zom an ens Orecht setza.
[4]Dr Elihu håt aber gwartat bevôr r ebbas
gsaed håt, weil dia älter gwea send wia
er.
[5]Mô dr Elihu nå gseha håt, daß dia drei
Männer nex gscheits maeh zom saga
hent, ichd r narrat wôra.
[6]Ond dr Elihu, dr Soh vom Barachel
von Busi håt losglegt ond gsaed:
I ben zwår no jong ond ihr send alt, drom
han e me zrückghalta, weil e me gscheut
han, euch zom saga, was e wôeß.
[7]I han mr gsaed: s Alter måg reda ond
d Erfahrong aus viele Jåhr soll ihr
Weishaet onter Beweis stella.
[8]Aber s ischd dr Gaest em Menscha
ond dr Hauch vom Allmächtiga, mô an
aesichtig macht.
[9]De Alte hent et emmer Weishaet, ond
d Greis wissat ao et emmer was Recht
ischd.
[10]Drom sag e jetzt: horchat her, ao i han
ebbas zom saga.
[11]Guckat, i han gwartat, bis ihr mit eure
Reda fertig send ond i han gnao aufpaßt
auf eure Argument, ob r de richtige
Wort fenda dätat.
[12]I han de ganz Zeit guat aufpaßt, aber
koener håt da Ijob widerlega könna,
koener håt auf saene Wort de richtig

Antwort geba.
[13]Sagat bloß et: En Weishact he'mr
entschieda: Gott (El) soll an stråfa, et a
Mensch.
[14]Mi hent saene Wort et troffa ond mit
eure Argument will am i et antworta.
[15]Aegschüchterat standat se då ond
sagat gar nex mae, dene send d Wörter
ausganga.
[16]Ond nå soll i warta, wann dia nex mae
sagat ond dåstandat, weil en nex mae
aefällt?
[17]I han då ao ebbas drzua zom saga ond
will weitergeba, was e wôeß.
[18]I ben nämlich vol bis obano mit
Argument ond dr Gaest en mr dren
drängt me drzua.
[19]Guckat, mae Leib ischd wia dr Wae,
mô no et ågstocha ischd, wia neue
Schläuch ischd r am Bersta.
[20]I muaß reda, sonst vrreißt me s, i muaß
s Maul aufmacha ond Antwort geba.
[21]I guck et auf d Person ond schmier ao
neamerd Honig oms Maul.
[22]I vrstand me ao et auf Lobhudeleia,
sonst dät me mae Schöpfer bald
wegraffa.

Zom Vrgleicha: *Vers 6:* Ps 119,100 • *Vers 7:* 15,10; Sir 25,4-6 • *Vers 8:* Spr 2,6 • *Vers 9:* Weish 4,8 • *Vers 13:* 11,6 • *Vers 19:* Jer 20,9; Mt 9,17.

Am Ijob saene Argument werat zsammagfaßt: 33 1-13

33 Drom horch doch her, Ijob ond
hör, was e dr zom saga han.
[2]Guck, jetzt mach e s Maul auf ond laß
mae Zong am Gaoma reda:
[3]Maene Wort kommat aus a ma redlicha
Herz ond maene Lippa sagat dr ganz
ehrliche Weishaeta.
[4]Dr Gaest von Gott (El) håt me gschaffa
ond dr Odem vom Allmächtiga håt mr s
Leba aeghaucht.
[5]Wann da kåsch, nå halt drgega, stell de
ond sag mr s ens Gsicht nae.
[6]Guck, ich stand zo Gott (El) wia du
ond ben genaoso aus a ma Dreckbolla
gmacht.
[7]Du brauchst vôr mir koe Angst han
ond i will de ao et onter Druck setza.
[8]Du håsch doch vôr maene Ohra drå
gsaed ond i hör de no guat saga:
[9]Raen ben e ond ohne Tadel, ehrlich ben
e ond oschuldig.
[10]ER suacht ebbas, daß r mr Vôrwürf
macha kå ond guckt me als saen Faend
å.
[11]Maene Füaß legt r en da Block ond
guckt ganz gnao auf maen Weg.
[12]Guck, då bist d et em Recht, des sag
dr i; Gott (Eloah) ischd nämlich graeßer
wia dr Mensch.
[13]Wårom håsch d aegentlich mit am
gstritta, weil r dr koe Antwort auf dae
Gschwätz geba wölla håt?

Zom Vrgleicha: *Vers 4:* Gen 2,7 • *Vers 6:* 10,8 • *Vers 9:* 10,7; 16,17; 23,10; 27,5 • *Vers 10:* 13,24; 19,11 • *Vers 11:* 13,27.

Dr Herrgott gibt vielerlôe Zaeche: 33 14-33

[14]Gott (El) redat nämlich auf oe Art
ond auf a zwôeta, ond mr achtat gar et
drauf:
[15]Em Traom ond em Nachtgsicht, wann
dr Mensch en an Tiafschlåf fällt, em
Schlummer auf saem Bett,
[16]då macht r am Menscha s Ohr auf
ond jagd am an Schrecka ae mit saener
Warnong,
[17]zom da Menscha von saene Otata
zrückhalta ond am Må saen Übermuat
austreiba
[18]ond sae Seel vôr dr Gruab zom retta
ond sae Leba, daß r et ens offene Messer
laoft.
[19]Ao wann r Schmerza håt auf saem
Lager ischd des a Måhnong ond s Reissa
en saene Gliedmaßa,
[20]ond s setzt am so zua, daß am s Essa
nemme schmeckt ond r et amål sae
Leibspeis maeh måg.

21 Sae Leib zehrt aus, daß mr s nemme
mitågucka kå ond d Boener standat am
naus, wia mr s no nia an am gseha håt.
22 Sae Seel gôht auf d Gruab zua ond sae
Leba zo de Daotaengel.
23 Wann s nå für an an Bota geit, en
Dolmetscher, oen von tausad, zom dem
Menscha saga, was für an recht ischd
24 ond sich über an vrbarma ond saga dät:
Rette an, daß r et en d Gruab fährt, i han
s Lösgeld für an gfonda.
25 Sae Leib soll wieder blüha wia en dr
Jugend ond wieder wera wian a jonger
Kerle.
26 Der betat zo Gott (Eloah), ond der
ischd am gnädig ond läßt an wieder ens
Gsicht gucka em (Kult-)Jubel, då gibt r
am Menscha sae Menschawürde.
27 Nå sengt r vôr de Leut ond saed: I han
gsündigt ond s Recht vrdreht; aber ER
håt mr et nach maener Schuld vrgolta.
28 Mae Leba håt R vôr am Nafahra en
d Gruab bewahrt ond i därf wieder s
Lebenslicht seha.
29 Des ällas duat Gott (El) zwôemål oder
dreimål mit am Menscha,
30 daß r sae Seel vôr dr Gruab rettat ond
vom Lebenslicht erleuchtat wird.
31 Paß auf, Ijob, sei ruhig ond horch, was
e dr sag.
32 Wann s no a Argument geit, nå sag mrs!
Sag s no, i will dr jå gern recht geba.
33 Wann aber et, nå hörst du mir zua;
schweig, nå will e mit dr d Weishaet
üaba.

Zom Vrgleicha: *Vers 15:* 4,12-16 • *Vers 19:* Spr 3,12 • *Vers 20:* Ps 107,18 • *Vers 21:* 19,20 • *Vers 25:* Ps 103,5 • *Vers 30:* Ps 56,14.

Am Elihu sae zwôeta Red: 34 1-37

Am Ijob sae Vrwegahaet: 34 1-9

34 Ond dr Elihu håt wieder ågfanga
ond gsaed:
2 Horchat her, ihr Weise ond ihr
Vrständige, leihat mr euer Ohr.
3 S Ohr prüaft doch s Wort, so wia dr
Gaoma s Essa schmeckt.
4 Nå lent ons ontersuacha, was Recht
ischd ond mitanander rausfenda, was
guat ischd.
5 Dr Ijob saed nämlich er sei em Recht,
aber Gott hätt am sae Recht gnomma,
6 lüaga sollt r gega sae Recht, der Pfeil
håb gsessa, obwohl er et schuldig sei.
7 Wer ischd so a Må, der mô s Gspött
trenkt wia s Wasser
8 ond nôgôht ond mit de Übeltäter
gemaensama Sache macht ond Omgang
håt mit de Frevler.
9 Der saed nämlich: Des nützt a ma
Menscha gar nex, wann r mit Gott (El)
guat Fraend ischd.

Zom Vrgleicha: *Vers 3:* 12,11 • *Vers 6:* 9,15 • *Vers 7:* 15,16.

Dr Allmächtige ichd gerecht: 34 10-15

10 Drom horchat mr zua, ihr Männer
mit Vrstand! Des ischd doch arg weit
hergholt, daß Gott (El) ogerecht handlat
ond daß dr Allmächtige frevelhaft wär.
11 Noe, der vrgilt am Menscha sae Handla,
jedam so, wia s sae Lebenswandel
vrdient.
12 Då geit s gar koen Zweifel drå, Gott
(El) duat nia ebbas Orechts ond dr
Allmächtige vrdreht ao s Recht et.
13 Wer håt am (Menscha) denn sae Erde
åvrtraut ond s ganz Erdarond nôgstellt?
14 Wann der bloß an sich selber denka
dät, nå dät r saen Lebensodem wieder
en sich naesauga,
15 aeganga müaßt nå ällas, was lebt ond
dr Mensch dät wieder zo Staub wera.

Zom Vrgleicha: *Vers 11:* Ps 62,13; Spr 24,12; Sir 16,14 • *Vers 12:* Gen 18,25 • *Vers 14-15:* Ps 104,29f; Gen 2,7; Koh 3,20; Gen 3,19.

Am Herrgott sae Macht: 34 16-24

16 Wann da bloß an Fonka Vrstand håsch,
nå horch guat zua, was e dr sag, Wort
für Wort.

[17]Kå vielleicht oener regiera, dem mô s
Recht vrhaßt ischd? Oder willst d den,
mô sich en saener Macht bewährt håt
åklaga?
[18]Den, der mô zom König saga kå: Du
Nexnutz, ond zom Machthaber: Du
Gaoner,
[19]der mô auf Amts- ond Würdaträger
koe Rücksicht nemma muaß ond an
Höhergstellta et bevôrzugt geganüber a
ma Kloena, weil ER mit saene Händ älle
gschaffa håt.
[20]Dia sterbat ganz plötzlich mittla en
dr Nacht, de Graoßkopfate werat auf d
Seit gschafft ohne daß ebber da Fenger
kromm macha muaß.
[21]Saene Aoga guckat nämlich auf jedan
Menschaweg ond sehat jedan Schritt.
[22]So donkel kå koe Nacht ond koe
Finsternis sae, daß då a Übeltäter dren
vrschlupfa könnt.
[23]Koe Mensch wôeß nämlich, wann r
vôr Gott (El) saen Richterstuahl treta
muaß.
[24]Gwaltherrscher brengt ER om, ond då
braucht r et amål a Ontersuachong ond
setzt andere auf ihran Stuahl.

Zom Vrgleicha: *Vers 17:* Rö 3,5 • *Vers 18:* Jes 40,23f • *Vers 19:* Sir 35,16 • *Vers 21:* Jer 32,19; Hebr 4,13 • *Vers 22:* Ps 139,12 • *Vers 24:* Da 2,21.

Am Herrgott sae Recht: 34 25-37

[25]Weil Gott (El) wôeß, was dia dent,
läßt r se über Nacht falla ond se send
erledigt.
[26]Onter de Frevler bätscht r s na a ma
Platz, mô älle zuagucka könnat,
[27]weil se von am gwicha send ond von
saene Weg nex kapiert hent.
[28]So ischd de Arme ihr Gschrôe vôr an
komma ond r håt de Onterdrückte ihr
Gschrôe erhört.
[29]ER ischd s aber, mô still hält, wer will
an åklaga? Vrbirgt R sae Gsicht, wer kån
an no wahrnemma, bôede geganüber, a
ma Volk wia a ma Menscha?
[30]Daß et a Gottloser regiert ond am Volk
zom Vrderba wird.
[31]Håt jemåls oener zo Gott (El) gsaed:
I ben überheblich gwea, i will nex baes
mae doa.
[32]Ond des, was e selber et sieh, zaeg mr
s du! Wann e Orecht dao han, des will e
nemme doa,
[33]soll ER nå en daem Senn vrgelta, bloß
weil du s vrwôrfa håsch? Du muaßt
nämlich wähla ond et i, ond wann da
ebbas wôeßt, nå sag s.
[34]Gscheite Leut werat mr saga ond a
echter Weiser, mô mr zuahorcht:
[35]Dr Ijob redat em Ovrstand, der
schwätzt wia oener, mô gar nex kapiert
håt.
[36]Daß doch dr Ijob für emmer auf d Prob
gstellt wera dät, weil r rausschwätzt wia
d Frevler.
[37]Zo saene Sünda nô ischd r ao no
aufsässig. Mittla onter ons håt r a
Schandmaul ond hält Reda gega Gott
(El).

Zom Vrgleicha: *Vers 19:* Weish 12,2.

Am Elihu sae dritta Red: 35 1-16

Am Herrgott sae Überlegahaet: 35 1-8

35 Ond wieder håt dr Elihu ågfanga
ond gsaed:
[2]Hälst d des für richtig, wann da saesch:
I ben vôr Gott (El) em Recht?
[3]Wann da frågst: Was hilft mr s, was han
e drvo, daß e me von dr Sünd fernhalt?
[4]I will dr a Antwort geba ond ao daene
Fraend:
[5]Guck an da Hemmel, wia haoch dia
Wolka fliagat.
[6]Wann da sündigst, was kå s am schada,
ond wann s no so viel Schandtata send,
was soll am s ausmacha?
[7]Håsch d de bewährt, was gibst d am?
Oder was kriagt r von dr?
[8]So oem wia dir schadat dae Frevel ond a
ma Menscha gilt dae Rechtschaffahaet.

Zom Vrgleicha: *Vers 3:* 7,20 • *Vers 7:* 22,3; Lk
17,10.

Am Herrgott sae Geduld: 35 9-16
9Weil so viele då send, mô se
nadruckat, schreiat se om Hilfe vôr de
Graoßkopfate.
10Aber koener håt gsaed: Mô ischd der
Gott (El), mô me gschaffa håt ond ons
Lobliader schenkt en dr Nacht,
11der mô ons maeh beibrengt als wia
älle Viecher auf dr Erde ond ons
maeh Weishaet gibt als de Vögel am
Hemmel?
12Nå schreiat se, aber ER geit en
koe Antwort wega de Baese ihram
Übermuat.
13A Larifarigschwätz hört sich Gott (El)
gar et å, dr Allmächtige achtat då et amål
drauf.
14Ao wann da saesch, da dätest an et
seha, s Urtôel dät bei ehm liega ond du
wartest drauf!
15Aber jetzt, mô sae Zorn et stråft ond
ER auf da Frevel et bsonders achtat
16reißt dr Ijob s Maul auf ond schwätzt
raus ohne Senn ond Vrstand.

Zom Vrgleicha: *Vers 13:* 22,13.

Am Elihu sae vierta Red: 36 1 - 37 24

Über am Herrgott sae Vrgeltong:
36 1-14
36 Ond dr Elihu håt weitergmacht
ond gsaed:
2Wart a bißle, i sag dr no ebbas, i kå dr
über Gott (Eloah) no maeh saga.
3Was e wôeß, hol e von ganz weit her, daß
e maem Schöpfer sae Recht vrschaff.
4Was e sag, ischd et gloga, vôr dr stôht
nämlich oener mit a ma vollkommena
Wissa.
5Guck, Gott (El) ischd mächtig ond
vrschmäht koen, gewaltig ischd r en
saener Herzenskraft.
6An Gottlosa läßt r et am Leba; aber de
Arme vrschafft r ihr Recht.
7An Gerechta läßt r et aus de Aoga. So
ischd s ao mit de König: dia håt r für
emmer auf da Thron gsetzt, mô se graoß
send.
8Ond wann se gfanga ond en Ketta liegat,
ond åbonda send en de Elendsstrick,
9nå saed r en, was se falsch gmacht hent
ond wia se sich überhoba hent.
10R macht en d Ohra auf für a Vrwarnong
ond saed en, daß se sich von ihram
Orecht abwenda sollat.
11Wann se folgat ond am deanat, nå
därfat se ihre Däg em Glück ond ihre
Jåhr em Frieda vrbrenga.
12Folgat se et, nå laofat se ens Messer
ond gangat z'grond em Ovrstand.
13Gsennongslompa hegat en Zôra ond
schreiat et om Hilfe, wann se dren
gfanga send.
14Dia sterbat en dr Jugend, wia d
Lustknaba, so hent se a Leba.

Zom Vrgleicha: *Vers 7:* Da 4,14 • *Vers 8:* 2Chr
33,11-13; Ps 107,10.

Über s Leida: 36 15-21
15An Elenda rettat ER durch sae Leida,
ond macht durch d Quala sae Ohr auf.
16Ao di will ER aus am Racha von dem
reißa, mô dr Druck macht, ens Weite
ohne jeda Aeengong. Dae Tisch ischd
deckt mit lauter guate Sacha.
17Urtôelst aber wian a Frevler, nå schlägt
d Gerechtigkaet mit ihram Urtôel zua.
18Laß de et von daener Wuat vrlôeta
wann s Schicksal zuaschlägt, ond ao et
vo'ma graoßa Lösgeld.
19Hilft dr vielleicht dae Gschrôe
aus dr Naot raus, oder daene ganze
Åstrengonga?
20Du sottest de ao et nach dr Nacht
sehna, mô ganze Völker von ihram Platz
fortgangat.
21Paß auf, daß da de et am Ohael
zuawendest ond des am Leida vôrziaga
dätest.

Am Herrgott sae Graeße: 36 21-33
22Guck, Gott (El) ischd erhaba en saener Kraft, wer könnt oen so onterweisa wia ER?
23Wer will am saen Weg vôrschreiba oder zon am saga: Du duast Orecht?
24Sieh zua, daß da sae Werk lobst, mô d Menscha drvo gsonga hent.
25Älle Leut staunat drüber, a Sterblicher sieht s bloß von weitams.
26Guck, Gott (El) ischd erhaba ond mir könnat et amål d Zahl von saene Jåhr rausfenda.
27Der ziagt nämlich d Wassertropfa nauf ond seihat se zo Regaschauer,
28mô aus de Wolka tropfnat auf dia viele Menscha.
29Wer vrstôht s, wia ER saene Wolka ausspannt ond s donnera läßt en saem Zelt?
30Guck, über des ällas brôetat ER sae Licht aus ond holt a Hülle für d Wurzel vom Hemmelsmeer.
31Währle, dådrmit vrsôrgt r d Völker ond geit en s Essa em Überfluß.
32En saene Händ håt r Blitz, ond dia treffat ao, wann an oener ågreifa will.
33Sae Donner kündigt an å, der mô da Zôrn åhaezt gega d Falschhaet.

Zom Vrgleicha: *Vers 22:* Ps 95,3; Da 2,47 • *Vers 23:* Jes 40,13; Rö 11,33f • *Vers 26:* Ps 145,3 • *Vers 27:* 28,25f • *Vers 29:* Ps 18,10-15 • *Vers 31:* Ps 104,13f.

Über am Herrgott sae Macht: 37 1-13
37 Grad wega dem kriag e s Herzrasa ond s klopft mr bis an da Hals.
2horchat guat nå auf sae Stemm, auf des Donnergrolla, mô von saem Mund herkommt.
3Onter älle Hemmel läßt ER saene Lichtblitz los bis an d Enda von dr Erde;
4ond hentadrae kracht dr Donner dass s knallt, des ischd d Stemm von saener Hohaet ond saene Blitz hält r et zrück, wann auf sae Stemm ghört wird.
5Gott (El) donnert mit saener Stemm wonderbar, ond r schafft graoße Sacha, von dene mô mir gar nex wissat.
6So saed r zom Schnae: Laß de auf d Erde falla! Ond Regagüß ond Platzrega standat en saener Macht.
7Auf jedam Menscha saene Händ setzt r sae Siegel, daß se erkennat, daß se sae Werk send.
8Ond s Wild vrschlupft en a Vrsteck ond bleibt en saener Höhle.
9Aus dr Kammer kommt d Wendsbraut ond von de Nordwend d Kälte.
10Vom Hauch von Gott (El) kommt s Eis ond d Weite von der Wasserflächa ischd starr.
11Ao d Wolka lädt r mit Nässe auf ond aus de Wolka straet r s Wetterleuchta.
12Dia fliagat omanander, wia ER se lôetat, ond ällas, was r ågeit, dent se em ganza Erdakraes.
13Sei s als Zuchtruat, nå hilft s dr Erde, sei s als Sega, emmer richtat ER s aus.

Zom Vrgleicha: *Vers 2:* Ps 29 • *Vers 4:* Ps 29,3f • *Vers 5:* 5,9 • *Vers 7-8:* Ps 104,19-23 • *Vers 10:* Ps 147,17.

Über d Ehrfurcht vôr Gott: 37 14-24
14Horch her, Ijob! Sei still ond guck auf d Wonder von Gott (El).
15Wôeßt du vielleicht, wia Gott (Eloah) saene Åweisonga geit, daß s wetterleuchtat aus saene Wolka?
16Vrstôhst Du ebbas drvo, wia d Wolka schwebat, oder von dem saene Wonderwerk, der mô an Wissa vollkomma ischd?
17Grad du, dem mô d Klôeder schao z hôeß werat, wann s Land onter am Südwend brüatat.
18Kåsch du mit ehm d Wolka ausbrôeta, daß se wian a gossener Spiegel fest werat?
19Laß ons wissa, was mr am saga sollat, mir hent nämlich nex zom vôrbrenga

vôr lauter Finsternis.
20Muaß mr s am vrzähla, daß i reda will,
wann ER gsaed håt, a Må soll vrnichtat
wera?
21Ond jetzt: Grad håt mr s Licht et seha
könna - d Wolka hent s vrdonklat - nå
pfeift a Wend drher ond fegt s weg.
22Vom Norda kommt a goldener Glanz,
om Gott (Eloah) rom ischd a furchtbara
Herrlichkaet.
23Da Allmächtiga erraechat mir et, ehn,
der mô an Kraft ond Recht überragend
ischd ond reich an Gerechtigkaet; s
Recht vrdreht der nia.
24Drom fürchtat sich d Menscha vôr am,
weil r ao dia et åguckt, mô em Herza
weise send.

Zom Vrgleicha: *Vers 16:* Spr 8,28 • *Vers 18:* Gen 1,6 • *Vers 22:* Ex 24,16.

AM HERRGOTT SAE ANTWORT: 38 1 - 41 26

Am Herrgott sae ersta Red

Fråga zom Schöpfongsgehaemnis:
38 1 - 40 2

**38 Nå håt dr Herrgott (JAHWE)
am Ijob aus am Gwitter raus
Antwort geba ond gsaed:**
2Wer ischd s denn, mô da Ratschluß
vrdonklat mit saem leera Gschwätz?
3Schnall dr da Gürtel om d Lenda wian a
Må: i will de fråga, ond du belehrst me.
4Mô bist denn gwea, mô i d Erde gründat
han? Sag mr s, wann da ebbas wôeßt.
5Wer håt ihre Maß festglegt - du wôeßt
doch ällas - oder wer håt d Meßschnur
über se ausgspannt?
6En was send ihre Sockel naegsenkt,
oder wer håt ihran Eckstoe glegt,
7mô d Môrgastern mitanander gjublat
ond d Kender von Gott (Elohim) alle
gjauchzgat hent?
8Wer håt mit dopplate Tôr s Meer
aegschlossa, mô s aus am Muaderschoß
von dr Erde rausgsprudlat ischd?
9Mô i d Wolka als Gwand om s romglegt
han ond s Wetterdonkel als Wendel,
10ond am a Grenz zoga han ond an
Riegel vôrgschoba mit dopplate Tôr
11ond gsaed han: Bis dåhanna kommst
mr her, ond et weiter! Då sollat sich
daene stolze Wella brecha!
12Håsch du en daem Leba jemåls am
Môrga bota, dr Môrgaraete ihran Platz
ågwiesa,
13daß se da Rand von dr Erde packa ond
de Schuldige rausschüttla solle?
14Se vrändert sich wia dr Ton onter am
Siegel, om dia stôhts wia om a Gwand,
15de Gottlose wird ihr Licht entzoga
ond ihr Übermuat wird brocha.
16Bist du bis an d Quella vom Meer
komma ond håsch d da Urgrond en dr
Tiafe erforscht?
17Send für di am Daot saene Tôr offabar
wôra ond håsch d ens Daotadonkel
naeguckt?
18Håsch d an Überblick ghet über d
Weita von dr Erde? Sags, wann da ällas
wôeßt.
19Mô ischd dr Weg en d Wohnong vom
Licht? Ond mô håt d Finsternis ihran
Platz,
20daß da se en ihr Gebiet aeweisa dätest
ond ra da Weg en ihr Haus zaegst.
21Du wôeßt s jå, da bist jå selligsmål auf
d Welt komma, ond alt gnuag bist ao.
22Bist d bis zo de Schnaespôecher komma
ond håsch d Hagelspôecher gseha,
23dia môn e für d Drangsalszeita
aufghoba han ond für da Dag vom
Kampf ond Kriag?
24Mô ischd jetzt dr Weg an dem sich s
Licht tôelt ond mô sich dr Ostwend
über d Erde ausbrôetat?

[19]Des ischd dr Erstleng gwea auf am Weg
von Gott (El), der mô s gschaffa håt, der
håt am ao sae Schwertgebiß geba.
[20]Was en de Berg wächst, kommt am
ällas zua ond s Wild spielt em freia Feld
draußa.
[21]Onter de Lotosbüsch leit s nô ond
vrschlupft em Schilf ond em Sompf,
[22]Lotosbüsch gebat am Schatta ond d
Weida am Bach rengsrom.
[23]Wann dr Strom åschwillt, regt sich des
et auf ond bleibt ganz ruhig, ao wann
am s Wasser bis ans Maul gôht.
[24]Wer kå des an de Aoga packa ond mit a
ma Pfream a Loch en d Nås bohra.
[25]Kåsch du ama Krokodil mit Strick ond
Håka sae Zong nadrucka?
[26]Kåsch du a Sôel om sae Nås rombenda
ond mit a ma Håka sae Kinnlad
aehåka?
[27]Moensch d, des dät de om Gnade åfleha
oder dr ebbas schmôechelhafts saga?
[28]Macht s en Vrtrag mit dr, daß s für
emmer bei dr schafft wian a Knecht?
[29]Willst mit am spiela wia mit a ma
Vögale oder s für daene Mädla åbenda?
[30]Fuggerat daene Jagdkumpana drom
zom s an Händler vrtôela?
[31]Kåsch du sae Haut mit Speer spicka
ond saen Kopf mit ra Harpune?
[32]Leg no Håd an s ond denkt an en
Kampf - des duast du nia maeh!

41 Guck, schao d Hoffnong en an
täuscht, beim bloßa Ågucka haot
s de om.
[2]So vrwega ischd koener, daß r den
aufwecka dät; wer könnt dem ao
standhalta?
[3]Wer ischd s, der soll doch vôr me
nôstanda daß am i ebbas vrgelta dät.
Was onter älle Hemmel ischd, s ghert
doch mir.
[4]I will s et vrschweiga, wia überlega der
ischd, wia graoß ond mächtig r ischd
ond wia guat r baut ischd.
[5]Wer håt am je sae Panzergwand
aufgmacht ond ischd an saen
Doppelzaom nôkomma?
[6]Wer könnt am da Racha aufsperra? Om
saene Zähn rom lagerat de pur Angst.
[7]Stolz wia d Rôeha von Schild, gschlossa
ond dicht wia vrsieglat.
[8]So stôht oener am andera, då kommt
koe Lüftle durch.
[9]Oener haftat am andera ond koener
trennt sich vom andera.
[10]Wann der niast, nå strahlt Licht auf
ond saene Aoga send wia d Môrgaraete.
[11]Aus saem Racha fahrat Fackla raus
ond vrspritzat Feuerfonka.
[12]Aus saene Nåsalöcher qualmt s raus
wia aus ama Kessel auf am Bensafeuer.
[13]Sae Odem zendat Kohla å ond Flamma
kommat aus saem Racha.
[14]Auf saem Nacka leit Kraft ond de pur
Angst gôht vôr am her.
[15]Saene Muskla send am wia ågossa, då
geit s koe Wanka.
[16]Sae Herz ischd stoehart ond fest wia
dr Onterstoe en dr Mühle.
[17]Wann der aufstôht, schreckat sogar
d Götter (Elim) zrück ond wissat vôr
Angst et mô nô.
[18]Trifft an a Schwert, des richtat nex aus;
Lanza, Pfeil ond andere Gschoß prallat
von am ab.
[19]Eise achtat der wia s Straoh, ond
Bronze wia morschs Holz.
[20]Vôr ama Pfeil gôht der et drvo ond d
Stoe aus dr Schleuder send für den wia
d Sprae.
[21]Wia d Stoppla send für den d Keula
ond r lacht über s Klirra von Lanza.
[22]Onter sich håt r Zacka von Scherba
ond fährt wian a Dreschschlitta über da
Schlick.
[23]Wia em Kessel läßt r s Meer em
Strudel siada ond macht aus am Meer en
Salbasud.
[24]R läßt a Spur henter sich leuchta,
mr könnt grad moena, d Fluat sei aus
Greisahåår.

[25]Auf onserer Erde läßt sich nex mit dem vrgleicha, mô gschaffa ischd ohne Angst.
[26]Ällas was Haoch ischd guckt r å; König ischd r über älle edle Raobtier.

Zom Vrgleicha: *Kap. 40 Vers 13:* Num 16,31-34 • *Vers 25:* Jes 27,1; Ez 32,2 • *Vers 26:* Ez 29,4 • *Kap. 41 Vers 12:* Offbg 9,17.

Dr Ijob kehrt om ond onterwirft sich: 42 1-6

42 Nå håt dr Ijob am Herrgott (JAHWE) zor Antwort geba ond gsaed:
[2]I han aegseha, daß du ällas kåsch ond für di nex z schwierig ischd, was dr du vôrgnomma håsch.
[3]Wer ischd des, mô da Rat vrneblat ohne Vrstand? Drom han i domm rausgschwätzt über Sacha, môn e et vrstanda han, weil se mr z haoch gwea send.
[4]Horch mr doch zua, i will mit dr reda - i fråg de ond du brengst mr bei, was e et wôeß.
[5]I han bloß vom Hörasaga ebbas von dr gwißt, aber jetzt han e de mit aegene Aoga gseha.
[6]Drom widerruaf e ällas ond bereu s en Staob ond Äscha.

Zom Vrgleicha: *Vers 3:* 38,2.

DR RAHMA: 42 7-17

Am Ijob sae Rechtfertigong: 42 7-9

[7]Mô dr Herrgott (JAHWE) des zom
Ijob gsaed ghet håt, håt dr Herrgott
(JAHWE) zom Elifas von Teman gsaed:
I han a Wuat auf di ond daene zwôe
Fraend, ihr hent nämlich et richtig von
mir gredat wia mae Knecht, dr Ijob. [8]Jetzt
nemmat r sieba jonge Stierla ond sieba
Schåfböck ond gangat zo maem Knecht
Ijob ond brengat a Brandopfer für euch
dar; ond mae Knecht Ijob soll für euch
bitta; bloß auf den will e nämlich achta,
daß e euch et ebbas ärgers ådua, weil ihr
et richtig von mr gredat hent, wia mae
Knecht Ijob. [9]Nå ischd dr Elifas von
Teman, dr Bildat von Schuach ond dr Zofar von Naama ganga ond hent dao, was en dr Herrgott (JAHWE) ågea håt, ond dr Herrgott (JAHWE) håt da Ijob erhört.

Dr Ijob kriagt a neus Glück: 42 10-17

[10]Ond dr Herrgott (JAHWE) håt für da
Ijob s Blättle romdreht, môn r für saene
Fraend Fürbitt aeglegt håt. Ond dr
Herrgott (JAHWE) håt am Ijob nômål
so viel geba, wian r vôrher ghet håt. [11]Nå
send älle saene Brüader ond Schwestera ond saene ganze alte Bekannte zon am komma ond hent en saem Haus mit am gessa. Se hent am zaegt, daß se Mitleid mit am hent ond an tröstat wega dem ganza Oglück, mô dr Herrgott (JAHWE) über an komma lassa håt. Ond jeder håt am da Wert vo'ma Lämmle zahlt ond an goldena Reng geba.
[12]Ond dr Herrgott (JAHWE) håt da Ijob
en saem spätera Leba no maeh gsegnat
als vôrher. Der håt nå vierzeahtausad
Schåf ghet, sechstausad Kamel, tausad
Joch Rendvieh ond tausad Esel. [13]Sieba
Buaba ond drei Mädla håt r ao no kriagt.
[14]De erst håt r Jemima (Täuble) ghôeßa, de zwôet Kezia (Zimtbluat) ond de dritt Keren-ha-puch (Schminkhornle).
[15]Em ganza Land håt s koene schönere
Fraoa geba als am Ijob saene Mädla.
Ihr Vadr håt en ao a Erbtôel geba onter
ihre Brüader. [16]Dr Ijob håt von då å no
hondertvierzg Jåhr glebt; r håt saene
Kender ond Enkala seha därfa, vier
Generationa. [17]Ond dr Ijob ischd uralt
gstôrba ond r håt richtig gnuag ghet vom Leba.

Zom Vrgleicha: *Vers 10:* Jak 5,11 • *Vers 15:* Ps 144,12 • *Vers 16:* Ps 128,6 • *Vers 17:* Gen 25,8.

Dr Psalter

S ERSTE PSALMABUACH: - PSALM 1 - 41

Wia dr Mensch glücklich wird

1 A glücklicher Må ischd oener, der
mô et auf Gottlose hört ond et auf
da Weg von Sünder gråtat ond ao et zo
dene nôhockt, mô bloß spotta können,
2aber a Fraed håt am Herrgott (JAHWE)
saene Åweisonga ond dia liest ond sich
selber vôrsaed Dag ond Nacht.
3Den kå mr mit a ma Baom vrgleicha,
der mô an Wasserbächla nôgsetzt ischd
ond då äll Jåhr saene Frücht brengt ond
saene Blätter vrwelkat ao et. Der kå
ålanga was r will, emmer wird ebbas
Guats draus.
4D Frevler send aber et so, noe, dia send
wia d Sprae, mô dr Wend vrblåst.
5Drom könnat Frevler ao et em Gricht
nôstanda ond Sünder et
en dr Gemaende von de
Rechtschaffene.
6Weil dr Herrgott (JAHWE) wôeß om
de Rechtschaffene ihre Weg, aber de
Frevler ihr Wandel gôht ens Vrderba.

Zom Vrgleicha: *Vers 1:* 26,4f; Spr 4,14 • *Vers 2:* 112,1; Jos 1, • *Vers 3:* 92,13; Jer 17, • *Vers 4:* 35,5; Job 21,18 • *Vers 6:* 119,1; Spr 10,28.

Am Herrgott sae König ond d Völkerwelt

2 Was soll der Aufruhr en de Völker,
ond en de Nationa denkat se sich
ganz omasonst ebbas aus?
2D König von dr Erde muckat auf ond
Fürsta dent sich zsema gega da Herrgott
(JAHWE) ond gega saen Gsalbta.
3Von dene lassat mr as nemme am Bändel
romführa ond ihre Strick schmeißat mr
weg!
4Der em Hemmelsthron lacht bloß; dr
Herr spottat halt über s.
5Aber der saed en nå s Naetig en saem
Zôrn ond en saener Wuat jagt r en an
Schrecka ae:
6I selber han maen König gweiht auf am
Zion, maem haeliga Berg!
7Was dr Herrgott (JAHWE) åg'ordnat
håt, will e bekanntgeba: Der håt zo mr
gsaed: Du bist mae Soh, i selber han de
haet zeugt!
8Kåsch d älle Völker vo mr vrlanga - i
gib dr s als Erbtôel ond als
Aegatom d Erde bis an ihre Enda.
9Hao älle zsema mit ra Eisestang, kei se
zsema wia Häfa.
10Auf gôht s, ihr König, nemmat Vrnunft
å! Lent ich warna, ihr Richter von dr
Erde!
11Deanat am Herrgott (JAHWE)
ehrfürchtig, ond dent am d Füaß küssa
mit Beba,
12dass r koen Zôra auf euch håt ond r
omkommat mit dem, was r vôr hent;
weil sae Zôrn könnt ganz schnell
komma. Glücklich könnat älle sae, môn
am trauat.

Zom Vrgleicha: *Vers 1:* Offbg 11,18; Apg 4,25f • *Vers 2:* Offbg 19,19 • *Vers 4:* 59.9 • *Vers 7:* 89,27f; Apg 13,33; Hebr 1,5; 5,5 • *Vers 8-9:* 72,8; Offbg 2,26f • *Vers 9:* 110,5f; Offbg 12,5; 19,15.

A guats Gottvrtraua

3 A Psalm vom David, môn r håt vôr
am Absalom abhaoa müaßa.
2Ach JAHWE, i han so viel Faend, ond
so viel send gega me!
3De maeste sagat vo mr: Dem kå ao Gott
(Elohim) nemme helfa. Sela.
4Aber du, JAHWE, bist wia a Schild om
me rom, mae Ehr ond läßt me wieder
aufgucka.
5Wann e zo JAHWE schrei, nå erhört r
me von saem haeliga Berg. Sela.

6I ben nôglega ond han a Schläfle gmacht,
- i ben aufgwacht, weil dr Herrgott
(JAHWE), der hebt me.
7I brauch koe Angst et han vôr dene
viele Tausad, mô me belagera dent.
8O JAHWE, stand auf ond hilf mr, mae
Gott (Elohay)!
Weil du haost älle maene Faend an d
Backa nô, dass d Frevler Zäh speiat.
9Dr Herrgott (JAHWE) ischd a Hilf!
Laß daen Sega auf dae Volk komma.
Sela.

Zom Vrgleicha: *Vers 1:* 2Sa 15 • *Vers 2:* 25,19 • *Vers 4:* 7,11; 18,3; 33,20; 84,12; 115,9-11; Gen 15,1; Dtn 33,29; Spr 30,5; Sir 34,16 • *Vers 6:* 4,9 • *Vers 7:* 27,3 • *Vers 9:* Jona 2,10.

A Gebet uf d Nacht

4 Em Dirigenta. Mit Sôetaspiel. A
Psalm vom David.
2Erhörst me, wann e de åruaf, du mae
gerechter Gott (Elohey)? - Mô mrs
zeng wôra ischd, då håsch du mr Platz
gschaffa. Erbarm de ond hör mae Beta!
3Ihr Herra, wia lang wöllat r mae Ehr no
durch da Dreck ziaga, graoßkopfat ond
vrloga send r? Sela.
4Begreifat doch endlich, dass mr dr
Herrgott (JAHWE) a graoßa Gnade
erwiesa håt. JAHWE hört me, wann e
an åruaf.
5Heckat no ebbas aus en eure Herza
- aber herat auf mit euram Orecht!
Motzat no, wann r em Nest send - aber
haltat eure Goscha! Sela.
6Brengat a rechts Opfer ond hent
Vrtraua zo JAHWE!
7Viele sagat: Wer laßt as denn ebbas
Guats seha? Sae Gsicht leuchtat ons
nemme!
8Du JAHWE, håsch mir viel maeh Fraed
en mae Herz geba als wia dene, ao wann
dia maeh Korn hent ond Most.
9Em Frieda schlåf i ae, sobald e nôlieg;
weil du me sicher sae läßt en maener
Wohnong, ao wann e ganz alloe ben.

Zom Vrgleicha: *Vers 5:* Eph 4,26 • *Vers 6:* 51,19.21; 1Petr 2,5 • *Vers 7:* 31,17; 44,4; 67,2; 80,4; Num 6,25f • *Vers 9:* 3,6.

Am Herrgott sae Gerechtigkaet soll komma

5 Em Dirigenta. Mit Flöta. A Psalm
vom David.
2O liaber Gott (JAHWE), horch, was e
dr sag, s fällt mr arg schwer!
3Hörst me, wian e zo dr schrei, o mae
König ond mae Gott, wian e de åfleha
dua.
4En äller Früah hörst d doch, wian e
schrei, JAHWE; ond ganz bald richt e
dr a Opfer nô ond guck, ob e de sieh.
5Weil des dir et gfällt, wann gfrevlat wird;
ond Oguate därfet et bei dr bleiba.
6Prahlhansl därfet dr et onter d Aoga
treta; Übeltäter mågst gar et.
7D Lugabeutel läßst du zgrond ganga.
Bluatsauger ond Beutelschneider send
am Herrgott (JAHWE) a Graus.
8Aber i därf nae en dae Haus; weil du
gnädig bist därf i vôr daem haeliga
Templ ganz ehrfürchtig zo dir beta.
9Liaber Gott (JAHWE), gell du lôetest
me en daener Gerechtigkaet wega dene,
mô gega me send; du duast mr d Stoe
aus am Weg.
10Da kåsch de auf nex vrlassa, was dia
sagat; dia send durch ond durch
boshaft. A Gosch hent se wian a Grab,
ond schmierat de Leut Honig oms
Maul.
11Laß s buaßa, o Gott (Elohim), ond
naehagla en ihre ôegene Gruaba, mô se
andere graba hent! Gib en da Laufpaß,
dene Frevler; dia send jå doch åndauernd
widerspenstig.
12Laß älle sich fraea, mô auf di traua
dent, dass se emmer jubla könnat ond
jauchza onter daem Schirm, weil se daen
Nåma em Herza hent.
13Weil du, JAHWE, de Gerechte daen
Sega gibst; wian a Schild gibt en dae

Gnade en Schutz.

Zom Vrgleicha: *Vers 3:* 44,5; 84,4 • *Vers 4:* 88,14; Weish 16,28 • *Vers 5:* 34,17 • *Vers 6-7:* Spr 6,16-19 • *Vers 8:* 26,8; 138,2 • *Vers 9:* 25,4 • *Vers 10:* Rö 3,13.

A Notschrae, wa mr ågfochta wird

6 Für da Dirigenta: A Psalm vom David zom Vôrsenga mit ama achtsôetiga Instrument.
2O JAHWE, stråf me no et en daem Zôrn ond schlag me et en daener Wuat!
3Vrbarm de, JAHWE, i gang sonst zgrond, mach me gsond, Herr, i spür an jeda Knocha.
4Bis en d Seel nae ben e vrschrocka, aber du, JAHWE, wia lang soll des no so ganga?
5O JAHWE, dreh de doch wieder zo mr rom ond rette mae Seel; hilf mr doch, daener Gnade zliab!
6Weil mr em Daot et an di denkt; em Daotareich saed dr koener an Dank!
7Vôr lauter Seufza ben e ganz he; pätschnass ischd mae Krankalager vom Schwitza, mae Bett ischd ganz feucht vom Heula.
8Mae Aog wird ganz trüab vom Seelaschmerz ond matt, weil mr so viel nåchstella dent.
9Vrschwendat älle, ihr Lompa! Dr Herrgott (JAHWE) håt nämlich ghört, dass e so laut gheult han!
10Ghört håt r mae Bittla ond Bettla, JAHWE nemmt mae Beta å.
11Mit Schempf ond Schand sollat älle maene Faend zgrond ganga ond a graoßer Schrecka soll s hart treffa; nå lassat se glei vo mr!

Zom Vrgleicha: *Vers 2:* 38,2; Jer 10,24 • *Vers 3:* Jer 17,14 • *Vers 4:* 13,2f; 42,6 • *Vers 6:* 30,10; 88,11-13; 115,17; Sir 17,27; Jes 38,18; Bar 2,17 • *Vers 9:* 119,115; Mt 7,23 • *Vers 11:* 35,4; 40,15.

Dr Herrgott ischd a gerechter Richter

7 Dr David klagt em Herrgott (JAHWE) sae Lôed, weg'am Kusch, dem Benjaminiter, saem Gschwätz.
2O JAHWE, mae Gott (Elohay), bei dir suach e en Onterschlupf; rette me vôr maem Vrfolger;
3der packt me sonst wian a Löw ond vrreißt me, weil mr koener hilft ond me rettat.
4O JAHWE, mae Gott (Elohay), wann e des dao han ond a Orecht an maene Händ bäbbt,
5wann e maem Fraend ebbas Baes ådao han oder dem ebbas weggnomma han, der mô mr jetzat ohne en Grond nåchstellt,
6nå soll me dr Seelafaend vrfolga ond me schnappa, nå soll r mae Leba auf da Boda nadrucka ond mae Ehr en da Dreck treta. Sela.
7Stand auf, JAHWE, en daem Zôrn! Dua ebbas gega d Wuat vo'maene Faend! Sei wachsam über mr, mô da doch s Gericht åg'ordnat håsch,
8nå werat d Völker om di rom vrsammlat; aber du sitzst auf daem hoha Thron über älle.
9Dr Herrgott (JAHWE) ischd dr Richter über de Völker. Vrschaff mr mae Recht, JAHWE, nach maener Gerechtigkaet ond Oschuld!
10Mach a End mit dr Boshaet von de Frevler, aber da Gerechta machst d stark! Gerechter Gott (Elohim), prüaf ällas auf Herz ond Niera!
11Über mir ischd Gott (Elohim) dr Schild, der mô dia rettat, mô s ehrlich moenat.
12Dr Herrgott (JAHWE) ischd a ganz gerechter Richter ond a Gott, mô
jedan Dag stråfa kå.
13Håt då doch wieder oener sae Messer gwetzt ond da Boga gspannt ond auf ebber zielt.

[14]Aber dr Schuß ischd nach henta
losganga, ond s håt an selber troffa mit
feurige Pfeil.
[15]Guck no, bloß Ohael håt der em Senn
ond gôht mit Orecht schwanger, dass
bloß Lugena drbei rauskommat.
[16]A Loch håt r graba ond da Boda
ausghöhlt; nă ischd r naeghaglat en sae
ôeges Loch.
[17]Sae Ohael kommt am selber auf da
Kopf, auf saen Schädel sae aegener
Frevel.
[18]Am Herrgott (JAHWE) sag i maen
Dank, weil r gerecht ischd - ond a
Lobliad seng i auf da Nåma vom
Ällerhöchsta!

Zom Vrgleicha: *Vers 3:* 17,12 • *Vers 4-5:* Job 31,7-34 • *Vers 6:* 143,3 • *Vers 7:* 9,20 • *Vers 9:* 18,21-27 • *Vers 10:* 26,2; Jer 11,20; 17,10; 20,12; Offbg 2,23 • *Vers 11:* 3,4 • *Vers 13:* 11,2 • *Vers 14:* Jes 50,11 • *Vers 15:* Job 15,35; Jes 59,4 • *Vers 16:* 9,16; 35,7f; 57,7; Spr 26,27; Koh 10,8 • *Vers 18:* 19,12; 18,50; 3ß,5; 57,8f; 68,5.33; 71,23; 92,2; 104,33; 135,3; 138,2; 146,2.

Dr Schöpfer ond sae Herrlichkaet em Menscha

8 Für da Chorlaeter zom Vôrsenga mit
dr Gittit.
[2]JAHWE, onser Herr, wia herrlich ischd
dae Nåma auf dr ganza Welt! Dae Glanz
leit auf älle Hemmel.
[3]Aus am Mäule von omündige Kenderla
ond Saegleng håsch dr du a Bollwerk baut
wega daene Faend, dass dr Faendschaft
ond dr Rachgier a End gsetzt wird.
[4]Wann e daene Hemmel åguck, was
daene Fenger gschaffa hent, da Mond
ond d Stern, oefach so nôgsetzt:
[5]Was ischd doch dr Mensch, dass du an
an denkst ond a Kend vom Menscha,
dass du de drom ånemmst?
[6]Bloß a kloes bißle grenger als wia Engel
håsch d an gmacht, mit Ehr ond Åseah
håsch d am a Kron aufgsetzt.
[7]Über ällas håsch d an zom Herra gmacht,
was du mit daene Händ gschaffa håsch,
ällas håsch d am onter d Füaß glegt:
[8]Schåf ond Rendviecher auf dr oena Seit,
ond s Wild em Feld draußa drzua,
[9]d Vögel am Hemmel ond d Fisch
em Meer - ond ällas, was em Wasser
omananderschwemmt.
[10]JAHWE, onser Herr, wia herrlich
ischd dae Nåma en dr ganza Welt!

Zom Vrgleicha: *Vers 3:* Mt 21,16 • *Vers 5:* 144,3 • *Vers 5-7:* Gen 1,26-28; Hebr 2,6-8; 1Kor 15,27; Eph 1,22.

Dr Herrgott hilft de Arme ond dene, mô schlecht behandlat werat

9 Für da Dirigenta: A Psalm vom
David zom Vôrsenga nach dr
Melodie »Schöna Jugend«.
[2]I sag dr en ganz herzlicha Dank,
JAHWE, ond älle Wonder will e vrzähla,
mô da dao håsch.
[3]Jubla ond jauchza will e über di ond a
Lobliad auf daen Nåma senga, du, dr
Ällerhöchste!
[4]Weil maene Faend send abghaoa,
nôghaglat ond omkomma send se vôr
daem Gsicht.
[5]Du håsch mae Recht ond maen Streit
gführt, en dr Grichtsvrhandlong bist du
a ganz gerechter Richter.
[6]Haedavölker håsch du zrechtgwiesa, d
Frevler gschlaga ond ihre Nåma uf älle
Zeita von dr Liste gstricha.
[7]Dr Faend ischd gschlaga, bloß Trümmer
send von am übrigblieba, der saed nex
maeh. An dia Städt, mô du flachglegt
håsch, denkt koener maeh.
[8]Aber JAHWE bleibt ond zwår für
emmer; saen Richterstuahl håt r schao
aufgstellt.
[9]De ganz Erde onterstôht saener
Gerechtigkaet, ond älle Völker spricht r
Recht, wias sae muaß!
[10]So ischd dr Herrgott (JAHWE) a
Schutzburg für älle, mô onterdrückt
werat, a Festong en älle Notzeita.

[11]Drom trauat dir älle, mô daen Nâma kennat; weil du koen em Stich läßt, der mô di suacht, JAHWE.
[12]Sengat JAHWE, der mô auf am Zion saen Thron håt; vrkündigat saene Tata bei älle Völker.
[13]Weil der, mô d Bluatschuld rächt, der denkt an dia, mô zon am gschria hent ond vrgißt s et.
[14]Sei mr gnädig, o JAHWE, guck, wia dreckat mr s gôht durch maene Neidhammel; du hebst me doch auf ond duast me nômål weg vom Daotapförtle,
[15]dass e en de Stadttôr von dr Tochter Zion daene Ruhmestata vrzähla kå ond jubla über dae Hilf.
[16]Dia Haedavölker send en ihre aegene Gruaba naeghaglat ond en ihre aegene Netz send ihre Füaß hangablieba.
[17]Dr Herrgott (JAHWE) håt s en aber zaegt, agrechnat håt r mit en. En dem was r dao håt, håt sich dr Frevler selber gfanga. Zwischaspiel - Sela.
[18]Sollat doch dia Frevler älle mitanander en d Höll nafahra – älle Haedavölker, mô vrgessat, wer dr Herr ischd.
[19]De Arme send nämlich et für emmer vrgessa, ond de Elendige ihr Hoffnong ischd et uf ewig vrschwonda.
[20] JAHWE mach de auf, dass dr Mensch et Oberwasser kriagt; dass d Haedavölker daem Gericht onterstanda bleibat.
[21]Vrschrick se bis en d Seel nae, dass se kapierat, dass se bloß Menscha send.

Zom Vrgleicha: *Vers 2:* 138,1 • *Vers 9:* 96,13 • *Vers 12:* 108,4 • *Vers 13:* Job 34,28 • *Vers 14:* 30,4; 49,16; 56,14; 68,21; 71,20; 86,13; 116,8; Weish 16,13; Jona 2,7 • *Vers 16:* 7,16 • *Vers 20:* 7,7.

Klaga ond Hoffnong - Dr Übermuat von de Frevler

10 O JAHWE, du bist so weit fort, wârom läßt de denn et seha en de schlechte Zeita?
[2]De Elendige müaßat leida onter de Frevler ihram Übermuat; gfanga sollat se wera en dem saene Spitzbuabereia.
[3]Dr Frevler ischd ao no stolz uf saene Lompereia, guat gao läßt sichs dr Raffer. En saem Übermuat pfeift der auf JAHWE.
[4]Der kå mir gar nex wölla, s geit nämlich gar koen Gott (Elohim) - des moent der.
[5]Was der duat, då wird emmer ebbas draus. Ganz haoch droba, weit von am weg ischd dae Richta, saene Faend älle mitanander, dia huastet der bloß å.
[6]En saem Herza saed der sich: Niamåls komm i maeh ens Wanka, ond d Naot ischd für emmer vrbei.
[7]Nex wia Fluacha håt der em Maul, Lug ond Trug. Sae Schandmaul richtat nex wia Ohael ond Vrderba å.
[8]En de Höf laurat r auf oschuldige Leut ond brengt s om, mô s koener sieht. Saene Aoga gangat bloß rom, zom a arms Opfer suacha.
[9]Wian a Löw hockt r en de Büsch auf dr Lauer, dass r so en Elendiga en saem Netz fanga kå.
[10]R duckt sich ganz zsema, nå haot r zmål mit de Pranka zua ond aus ischds mit de Oglückliche.
[11]En saem Herza saed r sich: Dr Herrgott håt s vrgessa, wegguckt håt r, des sieht der nemme.
[12]Mach de auf, JAHWE, greif doch ae ond vrgiß et de Elendige!
[13]Wårom därf a Frevler Gott (Elohim) lästera ond moena, des sei dir ällas egal?
[14]Du blickst des wohl, weil du doch ällas Elend ond da ganza Jammer siehst ond ao amål ällas en d Händ nemmst; de Arme vrtrauat s dir å. A Hilf bist du de Wôesakender.
[15]Brich am Frevler ond am Baesa da Arm; zahl am sae Lomperei hoem, dass nex maeh übrigbleibt drvo.
[16]Dr Herrgott (JAHWE) ischd dr König

auf älle Zeita; d Haeda send
vrschwonda aus saem Land.
17D Sehnsucht håsch du erhört, JAHWE,
von dene, mô ällas hent erdulda müaßa;
du machst se sicher em Herza, dass da
se hörst;
18ond de Wôesakender ond Onterdrückte
ihr Recht vrschaffst.
Dr Mensch soll nia maeh dr Schrecka
sae auf dr Erde.

Zom Vrgleicha: *Vers 4:* 14,1 • *Vers 7:* Rö 3,14 • *Vers 8:* 11,2 • *Vers 9:* 17,12 • *Vers 11:* 64,6; 73,11; 94,7; Job 22,13f; Jes 29,15; Ez 8,12; 9,9 • *Vers 16:* 24,7-10 • *Vers 18:* 68,6; 146,9; Ex 22,21; Dtn 10,18.

Dr Herrgott ischd mae Schutz

11 Für da Dirigenta. Vom David. -
An da Herrgott (JAHWE) ben
e nôgschlupft. Wia könnat r nå zo mr
saga: Hao ab en d Berg - wian a Vogel!
2Weil guck no: D Frevler spannat da
Boga, ond da Pfeil hent se schao aufglegt
zom auf dia schiaßa, mô s ehrlich
moenat.
3Wann d Grondpfeiler omgrissa werat,
was kå nå a Gerechter no ausrichta?
4Dr Herrgott (JAHWE) ischd en saem
haeliga Tempel. JAHWE - em Hemmel
stôht sae Thron. Saene Aoga gangat über
de ganz Erde - mit oem Blick erfaßt r d
Menschakender.
5Dr Herrgott (JAHWE) prüaft da
Gerechta wia da Frevler. En Gwalttätiga
måg r gar et.
6Auf da Frevler läßt r feurige Kohla ond
Schwefel raregna, ond da Gluatwend
müaßat se schmecka als en Loh.
7Dr Herrgott (JAHWE) ischd nämlich
gerecht ond r måg s, wann s gerecht
zuagôht; dia mô s ehrlich moenat, därfat
am vôr d Aoga komma.

Zom Vrgleicha: *Vers 2:* 7,13; 10,8; 37,14.32; 64,4f; 119,95 • *Vers 4:* Hab 2,20 • *Vers 6:* 140,11; Gen 19,24; Job 18,15.

Gega d Falschhaet

12 Für da Dirigenta. Zom Vôrsenga
mit ama achtsôetiga Instrument.
A Psalm vom David.
2JAHWE, hilf, weil de rechtschaffene
Leut send crledigt. Was Treue ischd,
wôeß koe Mensch maeh.
3Lüaga dent se wia druckt mitanander,
aalglatt ond henterlistig schwätzat se
aus ihram gspaltena Herza.
4Ausrotta soll dr Herrgott (JAHWE)
älle glatte Goscha, mô so haochgstocha
drherschwätzat,
5dia mô sagat: Mit dr Gosch se mir stark,
weil mir ebbas zom Saga hent, ons kå
nämlich koener!
6Weil de Elendige nadruckt werat ond
de Arme stöhna müaßat, mach i me auf,
saed JAHWE, i breng dem s Hael, der
mô vrachtat wird.
7Am Herrgott (JAHWE) saene Reda
send lauter, wia Silber, des mô sieba Mål
aegschmolza wôra ischd.
8 Du, o JAHWE, hältst se ae, ond bhüat
ons vor dem Gsendel auf emmer
9wann ao lauter Frevler om ons rom send
ond bloß no Gemaenhaeta aufkommat
bei de Menscha.

Zom Vrgleicha: *Vers 2:* 14,3; Mi 7,2 • *Vers 3-5:* 15,2f; 28,3; 52,4-6; 55,22; 116,11; 120,2f; Job 5,21; Jes 59,3f; Jer 9,7 • *Vers 7:* 18,31; 19,8f; 119,140; Spr 30,5.

Wia lang no?

13 Für da Dirigenta. A Psalm vom
David.
2Wia lang no, o JAHWE? Willst d me
ganz vrgessa? Wia lang no willst d me
nemme ågucka?
3Wia lang soll e mr no Sôrga macha om
mae Seel? Ond Angst hao en maem
Herza Dag ond Nacht? Wia lang soll
mae Faend no auf me ragucka?
4Guck doch her ond hör me å, o
JAHWE, mae Gott (Elohay)! Mach
maene Aoga wieder klar, dass e et en da

Daot nomschlåf!
5 Dass mae Faend et ågeba kå ond saga: I han an zwonga! ond maene Kontrahenta sich fraeat, weil i schwanka tät.
6 Aber i, i trau ganz auf dae Gnade! Mae Herz jubiliert, weil du mr hilfst! I seng a Lobliad auf JAHWE, dass r mr so viel Guats dao håt.

Zom Vrgleicha: *Vers 2:* 6,4; 42,10; 89,47; Klgl 5,20; Hab 1,2.

Gottlosigkaet ond Torhaet ischd oes

14 Für da Dirigenta. Vom David. A Tor saed sich: An Gott (Elohim) geit s et! Baes send se ond vrdôrba; ond koener duat ebbas Guats.
2 Dr Herrgott (JAHWE) guckt vom Hemmel ra auf d Menschakender, ond r guckt, ob no oener so viel Vrstand håt, dass r nach am Herrgott frågt.
3 Aber dia send älle abtrennig ond vrkomma; då duat koener ebbas Guats, et amål a gotziger.
4 Hent denn dia Lompa älle koe Aeseha, dia mô mae Volk fressat, wia mr a Brot vesperat? Aber da Herrgott (JAHWE) ruafat dia et å.
5 Aber nå trifft s a Millionsschrecka, weil Gott (Elohim) bei de Aufrichtige ischd.
6 An euram ôegena Plån gega en Arma gangat r zgrond, weil JAHWE dem sae Burg ischd.
7 Ach wann doch bloß vom Zion für Israel s Hael komma tät! Wann dr Herrgott (JAHWE) s Schicksal von saem Volk wendat, nå jublat dr Jakob ond Israel fraet sich.

Zom Vrgleicha: *Vers 1-7 II* Ps 53,1-7 • *Vers 1-3:* Rö 3,10-12 • *Vers 1:* 10,4; Jes 32,6; Mi 7,2 • *Vers 2:* 33,13-15 • *Vers 3:* 12,2; Gen 6,12 • *Vers 4:* Mi 3,3 • *Vers 7:* 126,1f; Jes 35,10.

Wer en s Haeligtom naedärf

15 A Psalm vom David. JAHWE, wer därf en daem Zelt bleiba? Ond wer därf auf daem haeliga Berg wohna?
2 Wer en acwandfreia Lebenswandel führt ond ganz gerecht ischd ond d Wåhrat saed von Herza,
3 wer sae Zong hüata kå ond saen Mitmenscha et vrlaemdat ond am nex Baes åduat ond ao saem Nåchber et schandlich duat.
4 Wer en Ausgstoßena nex gelta läßt, aber dene d Ehr gibt, mô da Herrgott (JAHWE) fürchta dent; wer zo saem Wort stôht, ao wann r en Schada drvo håt;
5 wer sae Geld et om Zaesa vrpompt ond ao koe Gschenk ånemmt gega en Oschuldiga. Wer des duat, der kommt nia ens Wanka.

Zom Vrgleicha: *Vers 2-3:* 12,3-5 • *Vers 5:* Ex 22,24; 23,8.

A schös Erbtôel

16 A kloena Kostbarkaet vom David. Bewahr me Gott (El), zo dir flücht e nô!
2 I han zom Herrgott (JAHWE) gsaed: Mae Herr bist ganz alloe du! Mae Glück kommt bloß von dir!
3 Nach de Haelige auf dr Erde håt ra Vrlanga, dass r an dene saen ganza Haelswilla vrherrlicha duat.
4 Graoße Schmerza müaßat se aushalta, weil de andere (d Götzadiener) se abwerba wöllat (für da Götzakult). Aber i will dene ihr Bluatopfer et darbrenga ond ao ihre Nåma et über d Lippa brenga.
5 JAHWE ischd mae Hab ond Guat, mae Schicksal bestimmst alloe du.
6 D Meßschnur ischd mr auf en kostbara Boda gfalla, jå, mae Erbtôel gfällt mr wohl.
7 I preis JAHWE, der håt mr gråta, ond nachts måhnt me mae ennera Stemm.
8 Ständig han e da Herrgott (JAHWE) vor Aoga; wann der mr an dr Rechta

bleibt, nå geit s für mi koe Wanka.
9Drom fraet sich mae Herz ond mae Seel bricht en Jubel aus - ond ao mae Leib därf sicher sae.
10Weil du mae Leba et an da Daot preisgibst ond et zualäßt, dass dae Haeliger en d Gruab nagucka muaß.
11Du zaegst mr da Weg en s Leba. Fraed ischd en Hülle ond Fülle vôr dir ond Wonne en daener Rechta auf ewig!

Zom Vrgleicha: *Vers 2:* 73,25 • *Vers 5:* 23,5 • *Vers 6:* 73,26 • *Vers 8-11:* Apg 2,25-28 • *Vers 10:* Apg 2,31; 13,35 • *Vers 11:* 25,4.

A Oschuldiger schreit om Hilfe

17 A Gebet vom David. O JAHWE, mae Gerechtigkaet, horch me å, merkst wiane schrei, nemm mae Gebet å, i moen s ganz ehrlich.
2Von dir gôht mae Recht aus ond daene Aoga seahnat, was Recht ischd.
3Du prüafst mr s Herz, ontersuachs en dr Nacht ond stellst me auf d Prob, då fendest nex Schlemms ond mae Maul laß i et laofa.
4Bei dem was Menscha dent, gang i drvo aus, dass du s letzte Wort drüber håsch, ond des bewahrt mi vôr aegene Gwalttätigkaeta.
5I will en daene Glôes laofa ond et wanka.
6I schrei zo dir, o Gott (El), weil du me hörst; leih mr dae Ohr ond horch, was e dr sag.
7Erweis mr dae Güate als a Wonder, du bist dene ihr Haeland, mô bei dir Schutz suachat vôr dene, mô gega dae Recht aufmuckat.
8Paß auf me auf wia auf daen Aogäpfel ond laß me onter daene Flügel naschlupfa
9vôr de Frevler, mô mr Gwalt ådao hent, vôr maene Faend, dia mô me omzenglat hent.
10Ihr Herz hent se vrschlossa ond a recht graoßa Gosch hent se.
11Se passat me a - jetzat omzenglat se me, dia wöllat nex anders als wia mi auf da Boda nahaoa,
12wian a Löw, ganz gierig auf s Reißa, wian a jonger Löw en de Büsch laurat.
13Mach de auf, JAHWE, gang am entgega, mach an fertig ond rette me vôr am Frevler mit daem Schwert,
14a grausamer Daot von daene Händ, JAHWE, a grausamer Daot soll ihram Åtôel am Leba a End macha.
Mit dem was du dene zuatôelt håsch, hätte dia grad gnuag ond ihre Jonge tätat ao no satt wera ond dia könnte da Rest sogar no ihre Kender henterlassa.
15Aber i will dae Gsicht seha en dr Gerechtigkaet, ond wann e aufwach an daener Gstalt satt wera.

Zom Vrgleicha: *Vers 3:* 139,1; Job 7,18; 23,10 • *Vers 4-5:* Jiob 23,11f • *Vers 7-8:* 36,8; 57,2; 61,5; 63,8; 91,4; Ex 37,9; Mt 23,37 • *Vers 8:* Dtn 32,10; Sach 2,12 • *Vers 12:* 7,3; 10,9; 22,14.22; 35,17; 57,5; 58,7 • *Vers 14:* 73,12 • *Vers 15:* Num 12,8; Offbg 22,4.

A Dankliad für an Sieg

18 Für da Dirigenta. Vom Herrgott (JAHWE) saem Knecht. Vom David, der håt JAHWE des Liad gsonga an dem Dag, môn an dr Herrgott (JAHWE) saene Faend ond am Saul aus de Händ grissa håt.
2Ond r håt gsaed: I will naufgucka zo dir, JAHWE, du bist mae Kraft,
3mae Felsagrond, mae Burg, mae Retter, mae Gott (Eliy), mae Schutz, môn e me druf vrlassa kå, mae Schild ond mae Hael.
4Total festgnaglat schrei i zom Herrgott (JAHWE) ond der håt me von maene Faend grettat.
5Daotaswella send schao über me naeganga ond s Vrderba håt me wian a Strom mitreißa wölla.
6Schlenga aus dr Onterwelt hent me naziaga wölla ond dr Daot håt mr Falla

gstellt.
7 En dera Angst han e zo JAHWE
gschria - ond gschria han e zo maem
Gott (Elohay). Ond er håt aus saem
Templ mae Stemm ghört - mae Gschrôe
ischd am en d Ohra dronga.
8 Nå håt d Erde gwankt ond gschwankt,
en ihre Grondfesta håt d Erde bebt, ällas
håt gwacklat en saem Zôrn.
9 Raoch ischd aus saener Nås komma -
Feuer håt r gspia - ond glühende Kohla
send von am weggspritzt.
10 Da Hemmel håt r raboga ond ischd
ragfahra mit donkle Wolka onter de
Füaß.
11 Auf am Cherub ischd r ragfahra ond
drhergfloga, auf Sturmflügel ischd r
gschwebt.
12 En d Nacht håt r sich aeghüllt, en
donkle Wolka wia en a Zelt.
13 Aus dem Glanz mô vôr am herganga
ischd, håt s en Wolkabruch mit Hagel
ond glühende Kohla geba.
14 Da Donner håt dr Herrgott (JAHWE)
em Hemmel rolla lassa, so håt dr
Höchste sae Stemm höra lassa.
15 Saene Pfeil håt r ganz gstraet
nausgschossa ond Blitz gschleuderat
ond romjaga lao.
16 Då håt mr en de tiafste Stella em Meer
nagseha, d Grondfesta von dr Erde send
offa dåglega, vôr daem Schelta, JAHWE,
vôr am Sturmschnauba en daem Zôrn.
17 Oba raglangt håt r ond me packt ond
rauszoga aus am graoßa Wasser,
18 vo maem Faend håt r me weggrissa,
der ischd fae stark gwea ond von dene,
mô me hassa dent ond viel zstark gwea
send für mi.
19 Dia hent me überfalla, môn e grad em
Oglück gwea ben, aber dr Herrgott
(JAHWE) ischd mr a Stütz gwea.
20 Rausgholt håt r me en d Weite, befreit
håt r me, weil e am gfall.
21 Dr Herrgott (JAHWE) håt mr mae
Gerechtigkaet vrgolta, weil e saubere
Händ han.
22 I han me nämlich am Herrgott
(JAHWE) saene Weg ghalta ond ben
maem Gott (Elohay) et otreu wôra.
23 Saene Gsetz standat mr emmer vôr
Aoga ond saene Gebot han i no nia
abgwiesa.
24 Ohne jedan Tadel han i vôr am glebt
ond Frevel leit mr sowieso fern.
25 Drom håt mr dr Herrgott (JAHWE)
mae Gerechtigkaet vrgolta ond weil en
saene Aoga maene Händ sauber send.
26 A ma Fromma bist du gnädig ond a ma
Aufrichtiga treu.
27 Ama Raena bist du raen, aber a ma
Vrdrehta kommst du ao vrdreht.
28 Jå, du hilfst de arme Leut, aber de
Graoßkopfate holst d ra von ihre haoche
Rösser.
29 Du bist mae Licht, JAHWE, ond
machst mr mae Nacht hell, mae Gott
(Elohay).
30 Jå, mit dir kån e Festonga omreißa,
ond mit maem Gott (Elohay) hopf i
über jeda Mauer.
31 Gott (El) - sae Weg ischd vollkomma,
s Wort von JAHWE ischd ohne jedas
Falsch. A Schild ischd r für älle môn am
traua dent.
32 Wer ischd denn no Gott (Elowah)
außer JAHWE? Ond wer ischd a Felsa?
Doch bloß onser Gott (Eloheynu).
33 Gott (El), der geit mr rondrom Kraft, r
håt maen Weg gmacht ohne jedan
Tadel.
34 Maene Füaß macht r wia von de
Gemsla, dass e auf d Berg ganz leicht
naufkomm.
35 Maene Händ brengt r s Kämpfa bei,
dass maene Ärm en eherna Boga
spanna könnat.
36 Mit daener Hilf håsch mr du en Schild
geba, dae Rechta håt me stark gmacht -
ond wia da mr zuagredat håsch, des håt
mr richtig guat dao.
37 Du håsch für maen Schritt viel Platz

gschaffa, ond maene Knöchel hent en
Halt.
[38]So han e maene Faend nåchjaga könna
ond se kriagt - nă ben e et omkehrt, bis
e s niedergmacht ghet han.
[39]I han s zsemagschlaga, dass se nemme
aufstao könna hent; älle send se mr onter
d Füaß gfalla.
[40]Du geist mr rondrom Kraft für da
Kampf ond håsch maene Faend onter
me nazwonga.
[41]Maene Faend hent vôr mr abhaoa
müaßa, ond dia mô me hassa dent, han e
vrnichta könna.
[42]Gschria hent se - aber då håt koener
gholfa - zo JAHWE, aber der håt s et
ghört.
[43]Zo Staob han e s aufgrieba vôr am
Wend, vrtrappt han e s, wia da Dreck uf
dr Gass.
[44]Du håsch mr rausgholfa aus de
Machtkämpf em Volk ond mi aegsetzt
als Haopt von Haedavölker.
Ond Leut, mô i no gar et kennt han,
send maene Ontertåna wôra.
[45]Mô se bloß vo mr ghört hent, hent se
sich glei onterwôrfa.
[46]De Fremde ihre Söh, vrschmachta ond
zittera dent se vôr Angst, wann se aus
ihre Maura rauskommat.
[47]JAHWE lebt! - mae Felsagrond - i
preis an: Haoch erhaba ischd dr Gott
(Elohey) vo maem Hael!
[48]Gott (El) - Rache håt r mr zuaglassa
ond Völker onter me zwonga.
[49]Vôr maene Faend en ihrer Wuat håt r
me grettat ond me über älle gstellt, mô
en Aufstand gega me gmacht hent. De
Frevler håt r me aus de Händ grissa.
[50]Drom will e de preisa onter älle Völker,
JAHWE, ond daem Nåma a
Lobliad senga.
[51]Saem König ischd ra graoßa Hilf gwea
ond Gnade håt r walta lassa
saem Gsalbta: David ond saene
Nåchkomma auf ewig.

Zom Vrgleicha: *Vers 18,1-51*II 2Sam 22,1-51 • *Vers 3:* 92,16; 27,5; 31,3; 3,4 • *Vers 5:* 42,8 • *Vers 5-7:* 116,3f • *Vers 8:* 68,9 • *Vers 9:* 97,3; Ex 19,18 • *Vers 10-17:* 144,5-7 • *Vers 11:* 99,1; 104,3 • *Vers 14-15:* 77,18f • *Vers 16:* 77,17; Ex 15,8 • *Vers 17:* 32,6; 144,7 • *Vers 20:* 31,9 • *Vers 28:* Job 22,29 • *Vers 29:* Job 29,3 • *Vers 31:* 25,5; 12,7; 3,4; Spr 30,5 • *Vers 32:* Jes 44,8; Ps 92,16 • *Vers 34:* Hab 3,19; Jes 58,14 • *Vers 35:* 144,1 • *Vers 37:* Job 18,7 • *Vers 41:* 21,13 • *Vers 44:* 2,8 • *Vers 46:* Mi 7,17 • *Vers 47:* 92,16 • *Vers 48:* 144,2 • *Vers 50:* 108,4; 7,18; Rö 15,9 • *Vers 51:* 20,7; 89,29f; 144,10.

Dr Herrgott offabart sich am Hemmel ond auf dr Erde

19 A Für da Dirigenta. A Psalm vom
David.
[2]D Hemmel vrzählat wia herrlich dr
Herrgott ischd, ond d Hemmelsfeste
vrkündigt, was er mit saene Händ
gschaffa håt.
[3]Oe Dag saed s zom andera ond oe Nacht
geit dr nächsta weiter was se wôeß.
[4]Ohne a Wort ond ohne Red, koener
hört ihr Stemm.
[5]En älle Länder klengt des naus, ihr
Språch bis ans End von dr Welt. Dr
Sonn håt ra Zelt gmacht am Hemmel
droba;
[6]wian a Bräutigam ischd se (d Sonn),
der mô aus saener Kammer kommt ond
fraet sich wian a Held, dass se ihr Bahn
laofa kå. [7]Vom End am Hemmel gôht se
aus ond laoft wieder bis ans End - ond
nex kå sich vor ihrer Hitz vrberga.

B [8]Am Herrgott (JAHWE) sae Gsetz
ischd vollkomma ond a Labsal für d
Seel.
Auf am Herrgott (JAHWE) sae Zeugnis
kåsch d de vrlassa, ond des geit de
Oefältige Weishaet.
[9]Am Herrgott (JAHWE) saene
Åordnonga send rechtschaffa ond gebat
a Fraed ens Herz.
Am Herrgott (JAHWE) sae Gebot ischd

ehrlich ond geit en klara Durchblick.
10Am Herrgott (JAHWE) sae Wort
ischd haelig ond stôht fest auf ewig. Am
Herrgott (JAHWE) saene Recht send d
Wåhrat ond en jedam Fall gerecht;
11dia send viel wertvoller als wia
Gold, sogar als wia viel faes Gold;
ond viel süaßer no als wia Honig ond
Wåbasaem.
12Ao läßt sich dae Knecht von en warna;
der mô s aehält kriagt en guata Loh.
13 A Vrseha - wer merkt des schao?
Vrzeih mr, wann e Fehler mach môn e
gar et merk.
14Bhüat daen Knecht vôr de Frevler
ond laß dia jå et über an herrscha; nå
ben e osträflich ond bleib sauber vom
Orecht.
15Laß dr mae Red gfalla ond laß zua,
dass mae Herz ond maene Senn zo dir
durchdrengat, JAHWE, mae Felsagrond
ond mae Haeland.

Zom Vrgleicha: *Vers 2:* 50,6; Sir 43,1f • *Vers 5:* Rö 10,18 • *Vers 8-9:* 12,7 • *Vers 11:* 119,72 • *Vers 15:* 92,16.

A Gebet für da König

20 Für da Dirigenta. A Psalm vom David.
2JAHWE soll de erhöra an dem Dag,
mô da en a Not kommst. Dr Nåma
vom Jakob saem Gott (Elohey) soll de
schütza.
3Vom Haeligtom aus soll r dr helfa ond
vom Zion aus Beistand geba. Sela.
4An älle daene Opfergaba soll r denka
ond was da schao für Brandopfer bråcht
håsch.
5Geba soll r dr, was dae Herz will - ond
was da dr vôrnemmst soll klappa.
6Nå wöllat mr jubla über dae Hael
ond über da Nåma von onseram Gott
(Eloheynu) jauchzga. JAHWE soll dr
ällas erfülla was da bitta duast.
7Jetzat wôeß e s ganz gwieß, dass dr
Herrgott (JAHWE) saem Gsalbta
hilft.
Von saem haeliga Hemmel ra erhört r an
mit saener starka Rechta.
8Selle moenat, se seie stark mit ihre
Kampfwäga ond Schlachtrösser - aber
mir send s, weil mr da Nåma von
JAHWE onseram Gott (Eloheynu)
åruafa dent.
9Dia send raghaglat ond gfalla, aber
mir hent ons aufgrichtat ond send
nôgstanda.
10JAHWE, hilf am König! Erhör ons an
dem Dag, mô mr schreiat.

Zom Vrgleicha: *Vers 2:* Spr 18,10 • *Vers 5:* 21,3; 37,4 • *Vers 7:* 18,51 • *Vers 8:* 33,16f; 147,10f; Dtn 10,1; Jdt 9,7; Spr 21,31; Jes 31,1; Hos 1,7.

A Dankgebet für am König saene Sieg

21 Für da Dirigenta. A Psalm vom David.
2JAHWE, dr König fraet sich über dae
Macht ond über dae Hael - der jublat
laut.
3Saen Herzenswonsch håsch am du
wåhrgmacht, ond was r vôr dir über
d Lippa bråcht håt, des håsch d am et
vrwaegerat. Sela.
4Jå, du bist am mit ama reicha Sega
entgegakomma ond håsch am a Kron
aus Gold aufs Haopt gsetzt.
5Om Leba håt r de beta, du håsch am s
geba, a langs Leba auf emmer ond ewig.
6Ganz berühmt ischd r wôra, weil am du
gholfa håsch. Glanz ond Gloria håsch
du auf an glegt.
7Du håsch an zom Sega gsetzt auf ewig
ond an vôr daem Gericht mit Fraed
ausgfüllt.
8Dr König setzt sae Vrtraua nämlich
en JAHWE ond durch am Höchsta sae
Güate geits für den koe Wanka.
9Daene Händ sollat jedan Faend fenda
ond dae Rechta an jeda mô de hassa
duat.
10Wann du kommst, nå vrgangat dia wia

e ma feuriga Ofa, dae Feuer zehrt dia
auf ond s Feuer frißt se.
[11]Dene ihr Angstmacherei fegst du naus
vom Erdboda ond ihre Nåchfolger aus
de Menschakender.
[12]Wann dia ao a Ohael gega de åzettlat
hent, ihre Lompereia hent se doch et
ausrichta könna.
[13]Weil du dia en d Flucht schlägst ond
en mit daem Boga mittla ens Gsicht
naezielst.
[14]Mach de auf, JAHWE, en daener
Macht, dass mr sengat ond spielat auf
daene graoßa Tata.

Zom Vrgleicha: *Vers 3:* 20,5 • *Vers 4:* 132,18 • *Vers 5:* 61,7; 1Kö 3,14 • *Vers 7:* Gen 12,2; 48,20; 1Chr 17,27 • *Vers 11:* 109,13.

Rettong aus dr Gottvrlassahaet

22 Für da Dirigenta. Nach dr
Melodie vo ma Jagdliad. A Psalm
vom David.
[2]O mae Gott (Eliy), mae Gott (Eliy),
wårom håsch du mi vrlassa? Auf mae
Schreia bleibst mr fern.
[3]I schrei am Dag, aber du geist mr koe
Antwort ond en dr Nacht ond breng
drbei koe Aog zua.
[4]Ond doch bist du dr Haelige, mô über
am Lob von Israel saen Thron håt.
[5]Schao onsere Vädr hent dir traut, dir
hent se traut ond du håsch en gholfa.
[6]Zo dir hent se gschria ond send befreit
wôra, dir hent se vrtraut ond se hent s
braucha et bereua.
[7]Aber i ben a Wurm ond koe Mensch,
s Gspött von älle Leut ond em Volk
vrachtat.
[8]Älle mô me seahnat, spottat über me, se
ziagat d Nås nuf ond schüttlat da Kopf:
[9]Der håt s auf JAHWE aglada, nå soll
am der ao helfa ond an retta, wann r n
måg.
[10]Du håsch me maener Muader aus
am Schoß zoga ond me an ihr Brust
nôschlupfa lassa.
[11]Auf di ben e gstellt von Muaderleib å,
vom Muaderschoß å bist du mae Gott!
[12]Laß me et em Stich, weil d Angst
kommt auf me zua, ond koener hilft
mr.
[13]Mächtige Farra send om me rom, de
Stärkste von Basan omzenglat me.
[14]Da Racha reißat se gega me auf - wia d
Löwa mô brüllat ond reißat.
[15]I ben wian a ausgleerts Wasser, maene
Gliedmaßa lösat sich auf ond mae Herz
ischd wia Wachs wôra, vrschmolza en
mr dren.
[16]Austricknat wia a Scherba ischd mae
Gurgl, d Zong bäbbt mr am Gaoma; en
da Daotasstaob håsch me naeglegt.
[17]Lauter Hond send om me rom, ond
a Bande von Frevler omzenglat me. D
Händ ond d Füaß hent se mr gfesslat.
[18]Sämtliche Knocha kån e zahla; aber dia
gaffat bloß ond glotzat auf me ra.
[19]Maene Klôeder vrtôelat se onter sich
ond om mae Gwand dent se losa.
[20]Aber du, JAHWE, bleib mr et fern!
Mae Kraft, mach schnell ond hilf mr.
[21]Rette mae Leba vôr am Schwert, ond
vôr de Hond, s oenzig, was e no han.
[22]Reiß me em Löwa aus am Racha ond
am Büffel von de Hörner. - Du håsch
me erhört. -
[23]Vrkündiga will e daen Nåma maene
Brüader ond di preisa mittla en dr
Gemaende.
[24]Dia mo a Ehrfurcht hent vôr JAHWE,
dia preisat an, gebat am d Ehr, ihr älle
mitanander, mô vom Jakob abstamma
dent, ond zitterat no älle vôr am, ihr
Israelita.
[25]Weil er håt a ma Arma sae Elend et
vrachtat ond an vrstoßa, ond wegguckt
håt r ao et, mô der gschria håt, der håt
des ghört.
[26]Dir han e s zom vrdanka, dass e en dr
graoßa Gemaende a Lobliad senga kå
ond maene Gelübde aelösa kå vôr dene,
mô a Ehrfurcht vôr am hent.

27 Elendige sollat essa ond satt wera, ond
dia, mô nach JAHWE frågat, dia sollat
an ao preisa. Euer Herz soll aufleba auf
ewig.
28 Då drå sollat se denka ond omdreha
von älle Wenkl en dr Welt ond sich ehm
beuga älle Haedavölker.
29 Weil am Herrgott (JAHWE) stôht
s Königreich zua, er herrscht über d
Völker.
30 Ehn ganz alloe dent amål älle åbeta,
mô schao en dr Erde schlåfat; vôr ehm
dent se amål älle ihre Knia beuga, mô
en da Staob nagfahra send ond ihr Leba
hent könna et erhalta.
31 Maene Kender sollat am deana ond
vom Herra vrzähla ihre Enkala.
32 Vrzähla sollat se saene Haelstata dene,
mô jetzat no gar et auf d Welt komma
send. Weil er håt ällas vollbråcht!

Zom Vrgleicha: *Vers 2:* Mt 27,46 • *Vers 4:* Jes 6,3 • *Vers 5-6:* 25,2f • *Vers 7:* Job 25,6; Jes 41,14; 53,3 • *Vers 8:* 109,25; Mt 27,39 • *Vers 9:* Weish 2,18-20; Mt 27,43 • *Vers 10:* Jes 44,2.24 • *Vers 11:* 71,6 • *Vers 12:* 22,20; 35,22; 38,22f; 40,14; 71,12 • *Vers 14:* 17,12; 1Petr 5,8 • *Vers 16:* Joh 19,28 • *Vers 19:* Mt 27,35; Joh 19,23f • *Vers 20:* 22,12 • *Vers 22:* 17,12; 2Tim 4,17 • *Vers 23:* 22,26; 9,15; 26,12; 35,18; 40,10f; 107,32; 109,30; 111,1; Hebr 2,12 • *Vers 25:* 66,13 • *Vers 27:* 69,33 • *Vers 28:* Jes 45,22; Tob 13,13 • *Vers 29:* 24,7-10 • *Vers 31-32:* 48,14; 71,18; 78,3-6; 102,19; 145,4.

Dr guate Hirt

23 A Psalm vom David.
Dr Herrgott (JAHWE) ischd mae
Hirt, fehla duat mr s an nex.
2 En saftige Wiesa läßt r me lagera, an
ruhige Wässerla führt r me nô.
3 Mae Seel frischd r emmer wieder auf, r
führt me auf de richtige Weg, des ischd r
saem Nåma schuldig.
4 Ao wann e durch en donkla Talgrond
wandere, brauch i koe Ohael fürchta,
weil du bei mr bist; dae Stecka ond dae
Prügel machat me sicher.
5 Du deckst da Tisch für me vôr maene
Faend drå (ond dia därfat mr nex doa).
Ond nå salbst mr ao no s Haopt mit Öl,
da Becher schenkst mr bis an da Rand
ae.
6 Lauter Güate ond Glück gangat mit
mr äll Dag en maem Leba, ond i will
maener Lebdag voll bleiba em JAHWE
saem Haus.

Zom Vrgleicha: *Vers 1:* 80,2; 95,7; Gen 48,15; Jes 40,11; Ez 34,2; Mi 7,14; Joh 10,11 • *Vers 2:* Ez 34,13-15; Offbg 7,17 • *Vers 3:* 25,4; Spr 4,11 • *Vers 4:* Jes 50,10 • *Vers 5:* 36,9; 92,11; 16,5 • *Vers 6:* 27,4; 42,3; 63,3; 65,5; 84,3-5.11.

Dr Herrgott hält Aezug em Templ

24 A Psalm vom David. JAHWE
ghert d Erde mit ällam drom
ond drå, s Festland ond dia mô druf
wohnat.
2 Weil er håt s em Urmeer gründat ond
über am Wasser baut.
3 Wer därf naufsteiga auf am Herrgott
(JAHWE) saen Berg? Ond wer därf en
saen haeliga Platz naetreta?
4 Wer koe Orecht an de Händ ond
a oschuldigs Gmüat håt, wer et uf
Lompereia ausgôht ond et falsch
schwört:
5 Der kriagt amål en Sega vom Herrgott
(JAHWE) ond Gerechtigkaet von dem
Gott (Elohey), der mô ao sae Helfer
ischd.
6 Des send dia, mô no nåch JAHWE
ebbas frågat, ond gern zo dir kommat,
dir vôr s Gsicht nô, Gott vom Jakob.
Sela.
7 Gangat ganz weit auf, ihr uralte Pforta,
dass dr Ehrakönig aeziah kå!
8 Wer ischd denn der Ehrakönig?
JAHWE, dr Stärkste, dr Held! JAHWE
ischd dr Held em Kriag!
9 Gangat ganz weit auf, ihr uralte Pforta,
dass dr Ehrakönig Aezug halta kå!
10 Wer ischd denn der Ehrakönig?
Des ischd JAHWE, dr Herr über älle

Heerschara - ER ischd dr Ehrakönig! Sela.

Zom Vrgleicha: *Vers 1:* 50,12; 89,12; 95,5; 136,6; Ex 9,29; Dtn 10,14; Jes 42,5; 1Kor 10,26 • *Vers 3-6:* 118,19f • *Vers 6:* 27,8 • *Vers 7-10:* 10,16; 22,29; 29,10; 47,8f; 93,1; 96,10; 97,1; 98,6; 99,1; 145,11; 146,10; Ex 15,18; Jes 52,7.

A Gebet om Vrzeihong ond Wegweisong

25 Vom David. JAHWE, du bist mae Hoffnong, mae Seel erhebt sich zo maem Gott.
[2]Auf di ganz alloe setz i mae Vrtraua, laß me et zgrond ganga, dass maene Faend sich d Händ et über mr reiba könnat!
[3]Koener gôht zgrond, wann r auf di warta duat; aber d Verräter gangat leer aus.
[4]Liaber Gott (JAHWE), zaeg mr daene Weg ond breng mr bei, wiane auf daene Stôegla ganga kå!
[5]Laß me en daener Treue wandla, weil du bist der Gott (Elohey), von dem mô mir s Hael kommt ond äll Dag hoff e auf di.
[6]Denk doch drå, JAHWE, wia barmherzig ond wia gnädig da bist, ond des bist d doch schao ewig so!
[7]Denk et an maene Jugendsünda, denk an me en daener Barmherzigkaet, i vrlaß me ganz auf dae Güate, liaber Gott (JAHWE).
[8]JAHWE ischd güatig ond gerecht; drom brengt r oen, der mô sich vrloffa håt, ao wieder auf da rechta Weg.
[9]Ond de Rechtlose hilft r em Gericht, dass se ihr Recht kriagat, ond brengt en bei, wia se saene Weg vrstanda könnat.
[10]Älle saene Stôega send guat ond treu, für dia, mô sich an saen Bund ond an saene Gsetz halta dent.
[11]Gib daem Nåma d Ehr, JAHWE, ond vrzeih mr mae Schuld, dui ischd recht graoß.
[12]Wia stôht s om en Må, wann r da Herrgott (JAHWE) ernst nemmt? Dem zaegt r da rechta Weg, môn r ganga kå.
[13]Ond er selber wohnt, môn am s guat gôht, ond saene Jonge erbat s Land.
[14]Dene, mô da Herrgott (JAHWE) ernst nemmat, schenkt r ao sae Vrtraua, ond r läßt se saen Bund vrstanda.
[15]Maene Aoga guckat emmer auf JAHWE; weil mr der emmer d Füaß aus de Schlenga ziagt.
[16]Guck me å ond sei mr gnädig, weil i ben alloe, ond s gôht mr ao et guat.
[17]D Angst krampft mr s Herz zsema, nemm doch den Druck vom r, dass e wieder schnaufa kå.
[18]Siehst et, wia dreckat mr s gôht, vrzeih mr doch älle maene Sünda.
[19]Guck doch, wiaviel Faend i han, ond wia se me hassat, dia scheuat vôr nex maeh zrück.
[20]Schütz doch mae Leba ond rette me; laß me et zgrond ganga, weil i vrtrau bloß dir!
[21]I will ao ganz oschuldig ond ehrlich mae Leba führa; weil i bloß auf di hoff, JAHWE.
[22]O Gott (Elohim), mach doch s Volk Israel frei, stand en bei en ihrer Not.

Zom Vrgleicha: *Vers 1:* 86,4; 143,8 • *Vers 3:* Jes 49,23 • *Vers 4:* 5,9; 16,11; 27,11; 86,11; 119,30.35; 128,1; 139,24; 143,8; Job 21,14 • *Vers 7:* Job 13,26 • *Vers 10:* Tob 3,2 • *Vers 12:* 32,8 • *Vers 13:* 37,9.29 • *Vers 15:* 123,1f; 141,8f • *Vers 16:* 86,16; 119,132 • *Vers 19:* 3,2 • *Vers 20:* 86,2 • *Vers 22:* 130,8.

A Oschuldiger braucht an Beistand

26 Vom David. Vrschaff mr mae Recht, JAHWE, i ben nämlich rechtschaffa maen Weg ganga. En da Herrgott (JAHWE) han e mae Vrtraua gsetzt, då håt s koe Wackla geba!
[2]Kåsch d me auf d Prob stella, JAHWE, auf Herz ond Niera.
[3]s ischd mr emmer vor Aoga gstanda, wia guat da zo mr bist, ond von daener Wåhrat han e me emmer lôeta lassa.

4 Mit falsche Leut han e me nia aeglassa,
ond zo de Schaehaelige ben e glei gar et
naeganga.
5 Dene Gsennongslompa ihre
Vrsammlonge send mr zwider ond zo
de Frevler be e et amåle nôghockt.
6 En Oschuld wäsch i maene Händ ond
halt me an daen Altar
7 zom laut ema Lobliad älle daene
Wonder weitersaga.
8 Am gernsta ben e en daem Haus, weil
då dae Herrlichkaet wohnt.
9 Gell, mae Seel duast mr et mit de Sünder
wegraffa ond mae Leba mit de Mörder,
10 dia mô Bluat an de Händ hent ond
emmer d Håd aufhebat (sich bestecha
lent).
11 Aber i gang maen Weg ohne dass e
schuldig werd. Erlös me ond sei mr
gnädig!
12 I han en festa Grond onter de Füaß: a
dankbars Lobliad auf JAHWE.

Zom Vrgleicha: *Vers 1:* 59,4f • *Vers 2:* 7,10; 17,3; 139,23 • *Vers 3:* 119,1; 86,11 • *Vers 4-5:* 1,1 • *Vers 6:* 73,13; Dtn 21,6f; Mt 27,24 • *Vers 8:* 27,4 • *Vers 9:* 28,3 • *Vers 10:* Ex 23,8 • *Vers 12:* 22,23.

A Oschuldiger vrtraut auf da Herrgott ond klagt am sae Laed

27 Vom David. JAHWE ischd mae
Licht ond mae Hael, vôr wem
sott e nå no Angst hao? JAHWE ischd
für mae Leba wian a Burg, i brauch koen
mae fürchta!
2 Wann üble Kerle über me herfallat,
wann se me vrreißa wöllat - JAHWE
maene Faend ond Widersacher - stolpera
ond nôhagla müaßat se.
3 Ond wann me a ganz Heer belagera
duat, kennt mae Herz koe Angst et.
Sogar wann se en Kriag mit mr åfangat,
i bleib ganz ruhig.
4 Bloß om oes bitt e da Herrgott
(JAHWE), des hätt e halt gern: dass e
wohna därf em Herrgott (JAHWE)
saem Haus maener Lebdag ond seha
därf, wia fraendlich JAHWE ischd ond
ällas ågucka em saem Templ.
5 Weil er geit mr en Onterschlupf en
saener Hütte a ma ganz oglücklicha
Dag.
Onter am Schutz von saem Zelt schirmt
r me ab, auf en Felsa stellt r me nauf.
6 Jetzat kån e da Kopf wieder naufdoa
über maene Faend om me rom. En saem
Zelt will e maene Opfer brenga, Opfer
voler Fraed ond Jubl. Senga ond spiela
will e am Herrgott (JAHWE).
7 Horch her, JAHWE, i schrei ganz laut:
Sei mr gnädig ond erhör me.
8 Mae Herz hält dr dae aeges Wort vôr:
Kommat doch zo mir! (wann euch ebbas
fehlt). Drom komm i zo dir, JAHWE.
9 Dreh dae Gsicht et vo mr weg, weis
daen Knecht et ab en dr Wuat! Bloß du
kåsch mr doch helfa. Schiab me et weg
ond gang et fort vo mr, Gott (Elohey),
du bist mae Hael!
10 Dr Vadr ond d Muader vrlassat me -
JAHWE, zo dir därf e komma.
11 Zaeg mr daen Weg, JAHWE ond
führ me auf ra ebena Stråß wega maene
Faend!
12 Gell, du gibst me et dr Willkür von
maene Gegner preis, weil falsche Zeuga
lüagat gega me, zom Orecht doa hent
dia gar koene Hemmonga.
13 Ach, wann i et maener Sach ganz
sicher wär, dass e bei de Lebendige am
Herrgott (JAHWE) sae Güate seha
dürft!
14 Setz dae Hoffnong en da Herrgott
(JAHWE)! Fest ond stark soll dae
Herz sae! Ond hoff auf da Herrgott
(JAHWE)!

Zom Vrgleicha: *Vers 1:* 97,11; 56,5; Mi 7,8 • *Vers 2:* Job 19,22 • *Vers 3:* 3,7 • *Vers 4:* 23,6 • *Vers 5:* 31,21 • *Vers 8:* 24,6; 105,4; Dtn 4,29 • *Vers 10:* Jes 49,15 • *Vers 11:* 25,4 • *Vers 12:* 35,11 • *Vers 13:* 52,7; 56,14; 116,9; 142,6; Jes 38,11 • *Vers 14:* 31,25.

Oener schreit om Hilfe ond bedankt sich

28 Vom David. Di ruaf e å, JAHWE,
mae Felsagrond. Du därfst de et
oefach wegdreha vo mr ond nex saga.
Wann du nex saesch, nå gôht mr s wia
dene, mô en d Gruab nafahrat!
2 Hör me, i fleh de å! I schrei zo dr ond
streck maene Händ nach dr aus, nach
daem haeligsta Haeligtom!
3 Raff me et weg mit de Frevler ond
mit dem Lompapack, mô vôrnarom
fraendlich duat bei de Nåchber, aber em
Herza de schlemmsta Sacha ausheckat!
4 Gib en s so, wia se s dao hent ond nach
ihre Lompereia! Was se ågstellt hent
mit ihre Händ des vrgiltst d en, wia se
s vrdient hent!
5 Weil dia et druf achtat, was dr Herrgott
(JAHWE) duat, ond was der schafft mit
saene Händ. Drom haot r s na auf da
Boda, dass se nemme aufstanda könnat.
6 JAHWE sei Lob ond Dank, dass r mae
lauts Fleha ghört håt.
7 JAHWE ischd mae Macht ond mae
Schild, mae Herz traut auf an. Mir ischd
gholfa wôra, drom jauchzgat mae Herz,
ond maen Dank sag e mit ama Lobliad.
8 D Stärke von saem Volk ischd JAHWE
selber - ond dr Schutz ond s Hael von
saem Gsalbta.
9 Hilf daem Volk ond gib daem Erba
daen Sega, führ se auf d Wôed ond trag
s en älla Ewigkaet!

Zom Vrgleicha: *Vers 1:* 92,16; 143,7 • *Vers 2:* 134,2; Da 6,11 • *Vers 3:* 26,9; 62,5; Spr 26,24-28 • *Vers 4:* 62,13 • *Vers 5:* Jes 5,12f • *Vers 9:* 29,11; Dtn 9,29.

Dr Herrgott zaegt sich em Gwitter

29 A Psalm vom David. Gebat
JAHWE, ihr Gottwesa (Eliym),
gebat JAHWE d Ehr ond d Macht!
2 Gebat JAHWE d Ehr von saem Nåma,
senkat nieder vôr JAHWE saener
haeliga Erschaenong.
3 JAHWE sae Stemm hört mr über d
Wasser! Dr herrliche Gott (El) JAHWE
läßt s über gewaltige Wasser donnera!
4 JAHWE sae Stemm klengt mächtig,
JAHWE sae Stemm ischd majestätisch!
5 JAHWE sae Stemm haot d Zedera
zsema, d Zedera auf am Libanon fetzt
JAHWE ausanander.
6 Der läßt da Libanon romhopfa wian
a Kälble, ond da Sirjon wian an jonga
Büffel.
7 JAHWE sae Stemm läßt Fonka
nausfahra.
8 JAHWE sae Stemm läßt d Wüste
wackla,
a Erdbeba macht dr JAHWE en dr
Wüste Kadesch.
9 JAHWE sae Stemm läßt Hirschküah
vrwerfa ond d Gôesa kreißa. Ond en
saem Palast schreit ällas: Ehre!
10 Dr Thron von JAHWE stôht auf dr
Flut, då drauf sitzt JAHWE als König
en älle Ewigkaeta.
11 JAHWE soll saem Volk Kraft geba!
Sae Volk soll r mit Hael segna!

Zom Vrgleicha: *Vers 1:* 103,20f • *Vers 2:* 96,8f • *Vers 3-4:* Job 37,4 • *Vers 6:* 114,4; Dtn 3,8f • *Vers 10:* 24,7-10; Bar 3,3 • *Vers 11:* 28,9.

A Dankliad für da Lebensretter

30 A Psalm. A Liad zor Templweih.
Vom David.
2 I will de preisa, JAHWE, du håsch me
rauszoga ond håsch maene Faend koe
Schadafraed über me han lassa.
3 JAHWE, mae Gott, i han de ågfleht
- ond du håsch me gsond gmacht.
4 Du JAHWE, du håsch mae Seel aus am
Daotareich raufgholt ond mi en s Leba
zrückgruafa, mittlaraus aus dene, mô en
d Gruab nafahrat.
5 Sengat JAHWE, ihr saene Fromme,
ond preisat sae haeligs Ådenka!
6 Sae Zôrn ischd bald vorbei, aber gnädig
ischd ra Leba lang. Åbnads ischd s
graoße Heula, aber môrgnads ischd d

Fraed wieder då.
[7]Mô mr s guat ganga ischd han e denkt:
Mi kå nex maeh omschmeißa!
[8]Wa mr JAHWE guat gsonna ischd,
stand i auf a ma Felsagrond! Aber mô da
dae Gsicht vôr mr vrbôrga håsch, ben e
doch vrschrocka!
[9]Zo dir, JAHWE, han e gschria, ond
maen Herra han e ågfleht:
[10]Was håsch d vo maem Bluat, wann e en
d Gruab nafahr? Kå dr a Staob dankbar
sae ond weitersaga, wia treu da bist?
[11]Horch, JAHWE, ond vrbarm de!
JAHWE, sei mae Helfer!
[12]Maene Klaga håsch du en an Fraedatanz
vrwandlat, aus maem Trauergwand
håsch du a Festgwand gmacht,
[13]dass mae Herz dir a Lobliad sengt ond
i nemme ruhig sae kå,
weil i maen Gott JAHWE ewig preisa
will.«

Zom Vrgleicha: *Vers 1:* Esra 6,16; 1Makk 4,36-54 • *Vers 3:* Ex 15,26 • *Vers 4:* 9,14 • *Vers 5:* 7,18; 97,12 • *Vers 6:* Jes 54,7f • *Vers 10:* 6,6 • *Vers 12:* 126; Jes 61,3.

Gottvrtraua lohnt sich

31 Für da Dirigenta. A Psalm vom
David.
[2]Bei dir, JAHWE, ben e ontergschlupft,
laß me et zgrond ganga! Rette me en
daener Gerechtigkaet!
[3]Leih mr dae Ohr ond hilf mr ganz
schnell! Du muaßt mr wia a Schutzhöhle
em Felsa, wia a Burg sae, des hilft mr!
[4]Du bist nämlich mae Felsahöhle ond
mae Burg. Für daen Nåma, JAHWE,
lôet ond führ me.
[5]Hol me raus aus dem Netz, mô se
mr hehlenga gstellt hent; weil du mae
Rettong bist.
[6]En daene Händ leg i maen Gaest; du,
JAHWE, mae treuer Gott (El), bist mae
Erlösong!
[7]Du håsch en Haß auf dia, mô sich an
nexnutzige Götza haltat. Aber i setz
mae Vrtraua auf JAHWE.
[8]I will jauchzga ond me fraea über dae
Güate, dass da mae Elend gseha ond de
maener Seelanot ågnomma håsch,
[9]dass da me et maene Faend håsch en d
Händ falla lassa, ens weite Feld håsch d
maene Füaß gstellt.
[10]Sei mr gnädig, JAHWE, in han nämlich
Angst! Maene Aoga send schao ganz
trüab vôr lauter Kummer. I ben fix ond
fertig.
[11]Jå, mae Leba vrgôht em Jammer ond
em Stöhna maene Jährla. Mae Kraft
vrfällt em Elend, ond maene Boener
werat klepprich.
[12]Vôr älle maene Faend ben e zom Gspött
wôra, maene Nåchber a Belastong ond
maene Bekannte a Schrecka. Wann se
me auf dr Stråß seahnat, gangat se auf d
andera Seit nom.
[13]Dia hent me schao lang vrgessa,
wia wann e gstôrba wär; i ben wian a
Scherba.
[14]I hör doch, wia se über me tuschlat -
nex wia Graua - rengsrom - se vrhechlat
me ond sennierat, wia se me ombrenga
könntat.
[15]Aber i, JAHWE, i trau auf di. I sag: Du
bist mae Gott (Elohay).
[16] En daene Händ leit mae Zuakonft.
Rette me aus de Händ von maene Faend
ond Vrfolger!
[17]Laß dae Gsicht leuchta über daem
Knecht; hilf mr en daener Güate!
[18]JAHWE, laß me et zgrond ganga,
drom ruaf e di å; d Frevler sollat zgrond
ganga - ens Daotareich sollat se nafahra
ond nex maeh saga könna.
[19]Brengs zom Schweiga, dia Lugabeutel,
mô gega da Gerechta von oba ra a frecha
Gosch hent.
[20]Wia reich ischd dae Güate, JAHWE,
mô da gspart håsch für dia, mô a
Ehrfurcht vôr dr hent, ond mô da vôr
de Leut drå dene zuakomma läßst, mô
dir vrtraua dent.

21Du gibst en Schutz vôr daem Gsicht,
då hent d Vrlaemdonga von de Leut koe
Chance. Du vrbirgst se en ra Hütte vôr
de Haderlompa.
22I preis JAHWE, weilr mr so wonderbar
gnädig gwea ischd en ganz baese Zeita.
23En maener Vrzweiflong han e gmoent:
I ben vrstoßa vôr daene Aoga. Aber du
håsch mae Fleha ghört, môn e ganz laut
zo dr gschria han.
24Ihr Fromme älle mitananden, ihr
müaßat curan Herrgott (JAHWE)
möga! Wer treu ischd, stôht onter am
Schutz von JAHWE.
Aber oem, mô so arg von oba ra ischd,
zahlt r s schwer hoem. 25Send stark ond
vrlierat da Muat et, älle mitanander, mô
auf JAHWE hoffa dent!

Zom Vrgleicha: *Vers 2-4:* 71,1-3 • *Vers 3:* 102,3 • *Vers 4:* 92,16; 23,3 • *Vers 5:* 25,15; 140,6 • *Vers 6:* Lk 23,46; Apg 7,59 • *Vers 8:* 9,3 • *Vers 9:* 18,20 • *Vers 10:* 6,8 • *Vers 10-11:* 38,11 • *Vers 11:* 6,3 • *Vers 12:* 38,12; 41,10; 44,14f; 55,13f; 69,9.12f; 79,4; 88,9.19; 89,42; Iob 19,13-19 • *Vers 14:* 41,6; Jer 20,10 • *Vers 15:* 140,7 • *Vers 16:* 139,16 • *Vers 17:* 4,7 • *Vers 21:* 27,5; Iob 5,21 • *Vers 23:* Jona 2,5 • *Vers 24:* 62,13 • *Vers 25:* 27,14.

D Sündavrgebong ischd a Glück

32 Vom David. A Belehrong.
Glückselig ischd der, dem mô sae
Frevl vrgeba ischd, ond dem mô saene
Vrfehlonga zudeckt wôra send!
2Glücklich ischd der Må, dem mô
JAHWE koe Vrschulda årechnat, ond
der mô et falsch ischd en saem Herza!
3Môn e s vrschwiega han, send mr d
Boener vrschmachtat, ond da ganza Dag
han e romgstöhnt.
4Weil Dag ond Nacht dae Håd auf mr
glastat ischd, ben e ganz vrlechnat ond d
Zong ischd mr am Gaoma bäbbt wia em
hôeßesta Sommer. Sela.
5Drom han e vôr dir maene Vrfehlonga
zuageba, ond mae Schuld et vrhaemlicht.
I han mr gsaed: Jetzat beichtest am
Herrgott (JAHWE) daene Schandtata.
Nå håsch mr du d Schuld von maene
Vrfehlonga vrgeba.Sela.
6Drom soll a jeder Fromme zo dir beta
en dera Zeit*, môn r (di) fenda kå.
(*Stunde der göttlichen Gegenwart im
Festkult.>A.Weiser<)?
7Du bist mae Schutz, ond bewahrst me
vör dr Not. Mit lauter Schild om me
rom rettest me. Sela.
8I will drs beibrenga ond dr da Weg
zaega, den mô da ganga sollst, ond dr
råta. I han a Aog auf de!
9Sei et bockboenig wian a Gaul ond a
Esel, ohne Hirn em Schädel, dia mô mr
bloß mit Zaom ond Zügel bändiga kå.
Anderst kommat dia doch gar et zo dr
her.
10A Frevler håt viele Schmerza; aber
wann oener en JAHWE sae Vrtraua
setzt, der därf sae Güate rengs om sich
rom vrspüra.
11Fraeat euch über JAHWE, ond
jauchzgat, ihr Gerechte, ond jublat,
wann r s ehrlich moenat!

Zom Vrgleicha: *Vers 1:* 65,4; 78,38; 85,3; 103,3; Jes 1,18; 38,17; Jer 31,34; 1Joh 1,9 • *Vers 1-2:* Rö 4,7f • *Vers 4:* 38,3; 102,5f • *Vers 5:* 38,19 • *Vers 6:* 66,12 • *Vers 8:* 25,12; 119,1; 33,18 • *Vers 11:* 33,1.

Dr JAHWE ischd dr Schöpfer ond Herr über de ganz Welt

33 Jublat, ihr Gerechte über
JAHWE, rechtschaffene Leut
ischd dr Lobpreis a Vôrrecht.
2Preisat JAHWE mit dr Leier, spielat
am auf dr Harfe mit zeah Sôeta!
3Sengat am a neus Liad; ond lent d Sôeta
fröhlich klenga!
4Weil am JAHWE sae Wort ischd d
Wåhrat, då kåsch d de ganz fest drauf
vrlassa.
5Er måg d Gerechtigkaet ond s Recht,
vom JAHWE saener Güate lebt de ganz
Erde.
6Durch am JAHWE sae Wort send älle

Hemmel gmacht s Sternaheer håt r mit saem Odem nôghaucht.
[7]Der faßt s Wasser vom Meer wia ema Schlauch zsema ond spôecherat d Urfluta en saene Kammera.
[8]De ganz Erde soll a Ehrfurcht han vôr JAHWE, zittera sollat älle Bewohner von dr ganza Welt.
[9]Weil des was er spricht, des gschieht ao; ond wian r s befohla håt, so ischds dågstanda.
[10]JAHWE läßt et passiera, was d Haedavölker beschliaßat, der macht en an Strich durch d Rechnong.
[11]Aber dr Ratschluß von JAHWE stôht auf ewig, was der en saem Herza ausdenkt, des gilt auf emmer ond ewig.
[12]Des Volk därf sich glücklich preisa mô JAHWE saen Gott (Elohayw) hôeßa kå - dui Nation, mô er sich zom Erbtôel rausgsuacht håt!
[13]JAHWE sieht vom Hemmel ra auf älle Menscha.
[14]Von saem festa Thron aus sieht der älle Menscha auf am ganza Erdboda.
[15]Schliaßlich håt er en jå da Vrstand ond s Herz ausbildat, ond r paßt ao auf, was se dent.
[16]Ama König nützat viel Soldata gar nex; ond a Held kå sich ao mit saener Kraft et retta.
[17]Ao mit Rösser kån r nex gwenna, dene ihr Kraft brengt koe Rettong.
[18]Aber JAHWE håt dia em Aog, mô a Ehrfurcht vôr am hent, ond dia mô auf sae Güate hoffa dent,
[19]dass r se vôr am Daot rettat ond en dr Hongersnot am Leba hält.
[20]Onser Seel harrat en JAHWE. Weil der ischd ons a Hilf ond a Schild.
[21]Weil an ehm fraed sich onser Herz ond traua dent mr saem Nåma.
[22]Dae Güate laß über ons walta, JAHWE, so wia mir ao auf di hoffa dent.

Zom Vrgleicha: *Vers 1:* 32,11; 92,2 • *Vers 2:* 92,4 • *Vers 3:* 40,4; 96,1; 98,1; 144,9; 149,1; Jdt 16,1.13; Jes 42,10; Offbg 5,9; 14,3 • *Vers 5:* 119,64 • *Vers 6:* Gen 1,6-8.14-18; Joh 1,3 • *Vers 7:* Iob 38,8-11 • *Vers 8:* 67.8 • *Vers 9:* 148,5; Gen 1,3-26; Sir 39,16; Jes 48,13 • *Vers 10-11:* Spr 19,21 • *Vers 11:* Jes 40,8; 46,10 • *Vers 12:* 144,15; Ex 19,6; Dtn 7,6 • *Vers 13-15:* 14,2; 102,20; 2Chr 16,9; Iob 34,21; Sir 15,18f • *Vers 15:* 94,9-11 • *Vers 16-17:* 20,8; 1Sa 14,6; 17,45-47 • *Vers 18:* 32,8; 34,16; Sir 34,19 • *Vers 19:* 37,19; Iob 5,20 • *Vers 20:* 3,4; 115,9-11 • *Vers 22:* 90,17.

Oener mô grettat wôra ischd, ischd dankbar ond hot ebbas glernt

34 Vom David. Môn r sich vôr am Abimelech blöd gstellt håt, dass an der fortgjagt håt, ond r ischd nå ganga.
[2]Preisa will e JAHWE zo jeder Zeit, emmer will am i a Lobliad senga.
[3]Voler Stolz ischd mae Seel auf JAHWE; de Arme sollat s höra ond sich fraea.
[4]Preisat mit mr JAHWE, ond lassat ons mitanander saen Nåma haochhalta.
[5]I han JAHWE gsuacht, nå håt r me erhört ond me aus maene Ängst rausgrissa.
[6]Auf ehn müaßt r gucka, nå strahlat r, ond r brauchat euer Gsicht et vrstecka.
[7]Då håt so a Armer gschria, ond JAHWE håt an ghört ond håt am rausgholfa aus saene Kalamitäta.
[8]Dr Engel von JAHWE ischd rengs om dia rom, mô a Ehrfurcht vôr am hent ond rettat s.
[9]Schmeckat ond guckat, so guat ischd JAHWE! Glückselig ischd a Må, wann r zon am nôflüchtat!
[10]Hent a Ehrfurcht vôr JAHWE, ihr, saene Haelige! Weil dia, mô a Ehrfurcht vôr am hent, dene fehlt s an nex!
[11]Reiche müaßat darba ond Honger leida, aber dia, mô JAHWE suachat, dene fehlt s an gar nex!
[12]Kommat no her, Kenderla, ond horchat her! I will euch d Ehrfurcht vôr JAHWE beibrenga!

13Wer möcht gern guat leba ond glücklich
sae?
14Der soll sae Gosch halta ond koe falschs
Zuigs drherschwätza über andere.
15Halt de fern von Boshaftigkaeta ond
dua ebbas Guats, suach da Frieda ond
streb drnåch!
16D Aoga von JAHWE achtat gnao auf
de Gerechte ond saene Ohra wann se
schreiat.
17S Gsicht von JAHWE stôht gega d
Sünder, dass r ihr Ådenka em Land
ausrotta duat.
18De Gerechte schreiat, ond JAHWE hört
ond rettat s aus älle Schwierigkaeta.
19 JAHWE ischd bei dene, mô s Herz
brocha ischd, ond r hilft dene, mô ganz
niedergschlaga send en ihram Gmüat.
20A Gerechter muaß viel leida, aber
JAHWE hilft am aus ällam raus.
21Der paßt sogar auf saene Boener auf,
dass mr am jå koes bricht.
22En Frevler brengt sae ôeges Ohael om,
ond wann oener Gerechte hassa duat,
der muaß des büaßa.
23Dr Herrgott (JAHWE) erlöst saene
Knecht ihre Seela, ond koener muaß
ebbas büaßa, wann r am sae Vrtraua
geit.

Zom Vrgleicha: *Vers 1:* 1Sa 21,11-16 • *Vers 2:* 145,2 • *Vers 7:* 91,15 • *Vers 8:* 35,5f; 91,11; Gen 32,2f; Ex 14,19 • *Vers 9:* 1Petr 2,3 • *Vers 11:* Lk 1,53 • *Vers 13-17:* 1Petr 3,10-12 • *Vers 15:* 37,27; Spr 3,7; Hebr 12,14 • *Vers 16:* 33,18 • *Vers 17:* 109,15; Iob 18,17 • *Vers 19:* 51,19; 145,18 • *Vers 20:* 2Kor 1,5.

Gebet gega grausame Faend

35 Vom David. Streit, JAHWE, gega
dia mô mi bekämpfa dent, mach
an Kriag gega dia, mô mit mr Kriag
ågfanga hent!
2Nemm Schild ond Waffa ond stand auf,
dass da mr hilfst.
3Schweng da Speer onds Beil gega dia,
mô me vrfolgat! Sags zo maener Seel: I
hilf dr!
4Schäma sollat sich dia, mô mr ans Leba
wöllat ond zom Gspött wera; hentersche
ganga ond strauchla sollat dia, mô mr
ebbas Baes wöllat.
5Wia d Sprae em Wend sollat se wera,
wann dr Engel von JAHWE auf s
naegôht!
6Kuahnacht ond glitschig soll ihr Weg
sae ond dr Engel von JAHWE soll s
jaga.
7Wega nex ond wiedernex hent se mr
a Fall gstellt, ond a Gruab hent se mr
graba.
8Dia soll dr Teufel hola aeh se s merkat;
em ôegena Netz sollat se sich fanga ond
en ihr ôegena Gruab naehagla!
9Aber i will jubla über JAHWE ond me
fraea, dass r mr hilft.
10Maene ganze Gliedmaßa sollat saga:
JAHWE, wer könnt so sae wia du? Weil
du doch en Schwacha en Sicherhaet
brengst vôr am Starka ond en Arma vôr
saem Räuber!
11Frevelhafte Zeuga tretat auf; dia wöllat
mr ebbas åhänga, môn e nex drvo
wôeß.
12Mit Boshaeta vrgeltat se mr, was e
Guats dao han, sogar ans Leba wöllat
se mr.
13Drbei han i s Trauergwand åzoga, mô
dia krank gwea send, mit Fasta han e me
romplågt - o dass doch mae Gebet zo
mr zrückkämt en mae Brust! -
14Wia wann s maem Fraend oder maem
Bruader gelta tät. I ben en schwarze
Klôeder romgloffa, wia wann e om mae
Muader en Trauer wär.
15Ond jetzat, môn e gfalla ben, då fraeat
dia sich ond se dent sich gega me zsema,
dass se mr no en Tritt gebat. Wildfremde
Leut, von dene môn e koen kenn dent
sich wega mir zuablenzla - dia herat
nemme auf mit ihre Lästereia.
16Dia henterlistige Schandmäuler könnat
bloß d Zäh gega me blecka.
17Herr, wia lang willst d dr des no

ågucka? Rette mae Leba vôr dene Schreier, s oenzig was e no han vôr dene Löwa!
18Danke will e dr saga en dr graeßsta Vrsammlong, ond vôr älle Leut seng e dae Lob!
19Laß et zua, dass des vrloge Pack über mi jubla därf, ond dass dia, mô me hassa dent, obwohl se gar koen Grond drfür hent, mi mit ihram Geblenzel vrspotta därfat.
20Weil des was dia sagat, des dient et am Frieda. Ond gega dia mô still send em Land heckat dia ganz henterlistige Vrlaemdonga aus.
21Gega mi reißat se ao d Gosch auf ond schreiat: Ha, mir hents doch selber gseha!
22JAHWE, du håsch s gseha, schweig et drzua, Herr, laß me jetzat bloß et em Stich!
23Stand auf, wach auf für mae Recht, vrtritt mae Sach, mae Gott (Elohay) ond mae Herr.
24Vrschaff mr Recht nach daener Gerechtigkaet, JAHWE, mae Gott (Elohay), laß dia et jubla über me.
25Laß et zua, dass dia sich selber saga könnat: Ha, des duat mr guat! Laß et zua, dass se saga könnat: Den he'mr fertiggmacht!
26Dia sollat sich älle schäma, z Grond ganga sollat dia, mô schadafroh send über mae Oglück! Schempf ond Schand auf dia, mô auf me ragucka wöllat.
27Fraea sollat sich älle, mô mr Gerechtigkaet wünschat, dia sollat emmer saga: Graoß ischd JAHWE, der will emmer bloß s Best für saen Knecht!
28Mae Zong soll dae Gerechtigkaet vrkünda, dae Lobliad äll Dag!

Zom Vrgleicha: *Vers 4:* 40,15 • *Vers 5:* 1,4; 83,14; 34,8 • *Vers 6:* 73,18; Jer 23,12 • *Vers 7:* Jer 18,20 • *Vers 7-8:* 7,16; Iob 18,8f • *Vers 10:* 71,19; 77,14; 89,7f; 113,5; Ex 15,11 • *Vers 11:* 27,12; Mt 26,59f • *Vers 12:* 38,21; 109,5; Jer 18,20 • *Vers 13:* 109,4 • *Vers 17:* 17,12 • *Vers 18:* 22,23 • *Vers 19:* 25,19; 69,5; Joh 15,25 • *Vers 21:* 40,16; Klgl 2,16 • *Vers 22:* 38,22; Hab 1,13; Ps 22,12 • *Vers 26:* 40,15 • *Vers 27:* 40,17 • *Vers 28:* 71,15.

De Gottlose ihr Boshaftigkaet ond am Herrgott sae Güate

36 Für da Dirigenta. Vom Knecht von JAHWE, David.
2Schuld duat e ma Gottlosa guat tiaf en saem Herza dren. En dem saene Aoga geits koe Ehrfurcht vôr Gott (Elohim).
3Weil der vrharmlost vôr sich selber (da Weg), wian r sae Schuld suacha ond aufdecka könnt.
4Was r saed, ischd vrstonka ond vrloga, ond r håt s schao lang aufgeba, ebbas Gscheits ond Guats zom doa.
5Der bleibt em Nest ond heckt bloß Lompereia aus, der gôht koen guata Weg, der scheut vôr de schlemmste Sacha et zrück.
6JAHWE, dae Güate gôht so weit wia dr Hemmel, ond dae Wåhrat so weit wia d Wolka fliagat.
7Dae Gerechtigkaet ischd wia d Berg von Gott (El), dae Recht wia s Urmeer. De Menscha ond de Tierla hilfst du,
8JAHWE, wia kostbar ischd dae Güate! Zo dir kommat d Menschakender, onter daene Flügel schlupfat se na ond schnecklat an de nô.
9Dia lent sichs guat gao en daem reicha Haus, am Bächle von daene Wohltata läßt du se trenka.
10Jå, bei dir ischd dr Ursprong vom Leba, en daem Licht därfat mir s Licht seha.
11Erhalt dae Güate für dia, mô di kennat; ond dae Gerechtigkaet dene, mô ganz ehrlich send em Herza!
12Laß et zua, dass a Übermüatiger mir en Tritt geba därf ond a Frevler mi ålanga ond vrjaga kå!
13Beba ond falla müaßat d Frevler,

nôhagla, dass se nemme aufstanda
könnat.

Zom Vrgleicha: *Vers 2:* 14,1; Rö 3,18 • *Vers 5:* Mi 2,1 • *Vers 6:* 57,11; 108,5 • *Vers 8:* 17,7f • *Vers 9:* 65,5; 46,5 • *Vers 10:* 16,11; 97,11; Jer 2,13; Joh 4,14.

Belehrong über am Herrgott sae Gerechtigkaet

37 Vom David. Reg de et auf wega
de Boshafte, vrzürn de et weg'am
Lompapack.
2 Weil dia ganz schnell vrdôrrat wia s
Gras ond vrwelkat wia s grea Kraut.
3 Hoff auf JAHWE ond dua ebbas Guats,
bleib em Land ond sei ehrlich.
4 Wann da dae Lust an JAHWE suachst,
nå geit r dr, was dae Herz begehrt.
5 Befiehl JAHWE daene Weg å ond
vrtrau am, der richtat ällas für de aus.
6 Wian a Licht läßt der dae Gerechtigkaet
aufganga ond dae Recht wia d
Mittagssonn.
7 Sei still vôr JAHWE ond wart auf an!
Sei et eifersüchtig, wann oem, der mô
Lompereia ausheckt, ao no ällas guat
gôht!
8 Laß de vom Zôrn ond von dr Wuat et
mitreißa; sei et narrat, sonst duast d am
End no ebbas, was dr lôed duat.
9 Weil de Oguate werat ausgrottat, aber
dia mô auf JAHWE hoffat, dene ghört
amål s ganz Land.
10 Des daurat nemme lang, nå ischd dr
Gottlose vrschwonda; ond guckst d,
môn r gwea ischd, nå ischd nex maeh
dă.
11 Aber de Arme ghört amål s Land ond
se werat ihr Fraed han am Überfuß von
saem Hael.
12 Arge Boshaftigkaeta heckt a Frevler
gega en Gerechta aus, ond r bleckt saene
Zäh gega an.
13 Aber dr Herr lacht an aus, weil der
wôeß, dass sae Dag nemme weit ischd.
14 Ihr Schwert reißat de Gottlose raus
ond spannat ihran Boga, de Arme
ond Schwache wöllat se niedermacha,
ombrenga dia, mô ehrlich ihran Weg
gangat.
15 Aber ihr Schwert sticht en ihr aeges
Herz ond ihre Boga werat vrbrocha.
16 Des bißle, was a Gerechter håt, ischd
besser als de Gottlose ihr Überfluß.
17 Weil de Gottlose ihr Macht wird
brocha, aber de Gerechte onterstützt
JAHWE.
18 JAHWE kennt de Oschuldige ihr Zeit,
dene ihr Erbtôel gilt für älle Zeita.
19 Dia gangat et zgrond en schlechte
Zeita, ond en dr Hongersnot werat dia
satt.
20 Weil de Gottlose kommat om, ond d
Faend von JAHWE - wia d Pracht von
de Aoa vrgangat dia - wia dr Raoch lösat
dia sich auf.
21 Dr Gottlose muaß ebbas vrdlaehna
ond kå s et zrückzahla, aber dr Gerechte
kå no vrschenka ond hergeba.
22 Dene, mô dr Herr segna duat, ghört
s Land, aber dia môn r vrfluacht, dia
werat ausgrottat.
23 JAHWE lôetat ama Må saene Schritt,
ond wann am sae Weg gfällt, nå
onterstützt r an ao.
24 Wann r stolperat, nå fliagt r et nô, weil
an JAHWE an dr Håd hebt.
25 I ben jong gwea ond alt wôra, aber nia
han i an Gerechta vrlassa gseha oder
saene Kender om a Brot bettla.
26 Äll Dag håt der ebbas zom Vrschenka
ond Ausleiha, ond saene Kender send
andere a Sega.
27 Nemm Abstand vom Baesa ond dua
ebbas Guats, nå håsch d dae Wohnong
auf emmer ond ewig.
28 Weil JAHWE måg s Recht, ond saene
Gerechte läßt der et em Stich. D Frevler
werat für emmer ausradiert, ond de
Gottlose ihre Kender werat ausgrottat.
29 De Gerechte ghört amål s Land, dass
se für emmer dren wohna därfat.

30 Aus am Mund vo ma Gerechta spricht
d Weishaet ond sae Zong vrkündat s
Recht.
31 Der håt d Åweisonga von saem Gott
em Herza, drom geit s bei dem koe
Wanka.
32 Dr Gottlose passt da Gerechta a ond
will an ombrenga.
33 Aber JAHWE läßt an et en dem saene
Fenger, ond r läßt et zua, dass r vrdammt
ond vrurtôelt wird.
34 Hoff auf JAHWE ond bleib auf saem
Weg, nå macht r de würdig zom s Land
erba; ond da därfst zuagucka, wia de
Gottlose ausgrottat werat.
35 I han gseha, wia sich a Gottloser
aufblåsa håt, der ischd nôgstanda wian
a Zeder, brôetmächtig.
36 Môn e nå wieder vrbeikomma ben - då
ischd der weg gwea, gsuacht han e nach
am - aber von dem håsch d nex maeh
gseha.
37 Bleib oschuldig ond reputierlich, nå
därfst am End s Hael seha.
38 De Agschlagene werat älle mitanander
ausgrottat, ond de Gottlose hent koe
Zuakonft.
39 De Gerechte ihr Hilf kommt von
JAHWE, zo dem könnat se en dr Not
emmer ganga.
40 JAHWE hilft en ond rettat s, bei de
Gottlose haot r s raus ond hilft en, weil
se ihr ganzs Vrtraua en an setza dent.

Zom Vrgleicha: *Vers 1:* Spr 23,17; 24,19 • *Vers 2:* 90,5f • *Vers 4:* 20,5 • *Vers 5:* 119,1; 55,23; Spr 3,5; 16,3 • *Vers 6:* Iob 11,17; Spr 4,18 • *Vers 8:* Eph 4,26 • *Vers 9:* 25,13 • *Vers 10:* Iob 20,8f • *Vers 11:* Mt 5,5 • *Vers 13:* 59,9; Iob 18,20 • *Vers 14: 11,2* • *Vers 16:* Spr 15,16; 16,8 • *Vers 17:* 10,15 • *Vers 19:* 33,19 • *Vers 20:* 68,3 • *Vers 22:* Spr 2,21f • *Vers 24:* 145,14; Spr 24,16 • *Vers 27:* 34,15; Am 5,14 • *Vers 29:* 25,13; Jes 60,21 • *Vers 30:* Spr 10.31 • *Vers 31:* 40,9 • *Vers 32:* 11,2 • *Vers 35:* 92,8 • *Vers 35-36:* Iob 20,6f • *Vers 39:* 46,2.

A Klag en dr Krankat ond en dr Schuld

38 A Psalm vom David. Zom
Raochopfer.
2 JAHWE, stråf me et en daem Zorn,
ond hao me et en daener Wuat!
3 Weil daene Pfeil schwirrat auf me ra,
ond dae Håd leit schwer auf mr.
4 An maem Leib ischd nex gsonds maeh
wega daem Zürna, an maene Boener
ischd nex maeh ganz wega maener
Sünd.
5 Weil maene Vrfehlonga wachsat mr
über da Kopf, wian a schwera Last
druckat se me zsema.
6 Stenka ond ôetera dent maene Wonda,
wega maener ôegena Blödhaet.
7 I ben ganz durchanander ond komm
schao ganz kromm drher; da ganza Dag
laof e traurig omanander.
8 En de Lenda ischd ällas brandig bei mr,
s ischd nex maeh gsond an maem Leib.
9 I han oefach koe Kraft maeh ond ben
ganz gschlaga, s ischd oefach zviel, i kå
bloß no schreia.
10 Herr, mae ganzs Vrlanga leit offa vôr
dr, ond mae Seufza ischd dr doch et
vrbôrga blieba.
11 I han ganz arg s Herzklopfa ond koe
Kraft maeh, ond mae Aogalicht ischd
vrloscha.
12 Maene Fraend, ao dia send vo mr
gwicha, ond maene Åghörige gangat mr
aus am Weg.
13 Dia, mô mr nach am Leba trachtat,
hent mr Schlenga ausglegt, ond dia, mô
mae Oglück wöllat, machat mitanander
aus, wia se mr schada könnat, da ganza
Dag.
14 Aber i ben wian a Taobstommer, der
mô nex hört ond nex saga kå.
15 I ben wia oener, der mô nex hört ond
auf nex a Antwort wôeß.
16 Weil auf di harr i, JAHWE, du gibst d
Antwort, Herr, mae Gott (Elohay).
17 I sag mr nämlich: Dia sollat koen

Grond hao, zom sich über me fraea;
wann mae Fuaß wanka tät, dass dia sich
über me graoßmacha däte!
[18]I ben jå uf maen Sturz gfaßt, ond maen
Schmerza han e dauernd vôr Aoga.
[19]Jå, i stand zo dem, was e dao han, ond
ben traurig über mae Vrfehlong.
[20]Dia mô gar koen Grond hent zom gega
me sae, des send aeflußreiche Leut
ond viele hent en sennlosa Haß auf me.
[21]Mit Schlechtigkaeta vrgeltat se mr s
Guate, narrat send se auf me, weil e me
an s Guate ghalta han.
[22]Vrlaß me et, JAHWE, mae Gott, gang
et weg vo mr!
[23]Komm, hilf mr, ganz schnell, Herr, du
bist mae Hael!

Zom Vrgleicha: *Vers 2:* 6,2 • *Vers 3:* 32,4; Iob 6,4 • *Vers 5:* 40,13; Esr 9,6 • *Vers 11:* 31,10 • *Vers 12:* 31,12 • *Vers 13:* 35,20 • *Vers 17:* 13,5; 35,19 • *Vers 19:* 32,5; 51,5; 2Sa 12,13; Iob 31,33; Spr 28,13; Hos 14,3; Jak 5,16 • *Vers 21:* 35,12 • *Vers 22-23:* 22,12.

Renga om Hoffnong em vrgänglicha Leba

39 Em Dirigenta. A Psalm vom
David für da Jedutun.
[2]I han mr vorgnomma, dass e aufpaß,
was e sag, dass e me et vrsündige mit
maener Zong; i will mae Maul em Zaom
halta, solang a Gottloser vôr mr stôht.
[3]Stomm ond still ben e gwea - ond han
koe Glück ghet. Mae Schmerza ischd
emmer graeßer wôra.
[4]Richtig hôeß ischd mr s wôra em Herza,
wian a Feuer håt des brennt - nå han es
oefach saga müaßa:
[5]Laß me mae End wissa, JAHWE, ond
wia lang e no leba därf, dass e wôeß, wia
vrgänglich dass e ben.
[6]Guck, bloß a Handbrôet håsch mr du
maene Däg gsetzt, wia gar nex ischd mae
Leba vôr dir. Jå, a Hauch ischd ällas, was
sich Mensch hôeßt. Sela.
[7]Bloß wian a Traombild kommt r drher,
wega nex macht r en riesa Zaober, r
hamsterat ällas zsema ond wôeß et amål,
wer s kriagt.
[8]Ond jetzat, auf was hoff i, Herr? Mae
Hoffnong gilt ganz alloe dir.
[9]Hilf mr gega älle, mô gega me
aufstandat, laß me et zom Gspött wera
bei de Narra.
[10]I sag jetzat nex maeh ond halt mae
Maul, weil du s willst.
[11]Nemm doch dae Plåg vo'mr, i vrgang
jå onter daener wuchtiga Håd.
[12]Wann du en Menscha wega saener
Schuld stråfa duast, nå machst d dem
sae ganza Pracht he wia a Mott; bloß a
Hauch ischd a jeder Mensch! Sela.
[13]Hör doch mae Gebet, JAHWE,
vrnemm mae Schreia, schweig et zo
maene Träna! Weil i ben a Fremdleng
bei dr, a Raegschmeckter, wia älle maene
Vädr!
[14]Guck weg vo'mr, dass e froh wera kå,
bevor e gang ond nemme då ben.

Zom Vrgleicha: *Vers 5:* 90,12 • *Vers 6-7:* 90,9f; 109,23; 144,4; Iob 7,6f; 14,2; Jak 4,14 • *Vers 7:* 49,18 • *Vers 12:* Iob 13,28 • *Vers 13:* 119,19; Lev 25,23; Hebr 11,13; 1Petr 2,11 • *Vers 14:* Iob 7,19; 10,21; 14,6.

A Dankliad ond a Notschrae

40 Em Dirigenta. Vom David. A
Psalm.
[2]I han auf JAHWE ghofft, ond me et
drvo abbrenga lassa, ond er håt sich zo
mr gnaegt ond mae Schreia ghört.
[3]Aus a ma grausiga Loch håt r me
rauszoga, aus am Dreck ond Schlick ond
maene Füaß auf en Felsagrond nôgstellt,
dass e wieder en guata Stand ghet han.
[4]A neus Liad håt r mr en da Mund glegt -
a Lobliad auf onseran Gott (Eloheynu).
Des sollat viele seha ond a Ehrfurcht
kriaga ond JAHWE traua.
[5]Der kå sich glücklich preisa, mô sae
Vrtraua ganz auf JAHWE setzt, ond
et en dia, mô andere onter Druck setza
dent, ond ao et en d Lugabeutel.

6Du håsch viel nôbrâcht, JAHWE, daene
Wonder ond wia da daene Plän mit ons
håsch! Gar nex kå mr mit dir vrgleicha.
Wöllt e ällas vrkündiga ond drvo ebbas
saga, s ischd oefach et zom Zähla.
7Schlachtopfer ond Opfergaba håsch
d et wölla, aber d Ohra håsch d mr
aufgmacht. Brand- ond Sündopfer håsch
d et vrlangt!
8Nå han e gsaed: Guck, i komm! Em
Buach stôht vo mr gschrieba,
9was e z doant han: Was du willst, mae
Gott (Elohay), des han e gern,
ond daene Åweisonga trag e em Herza.
10I han me gfraet, dass e dae Gerechtigkaet
en ra graoßa Vrsammlong han vrkündiga
könna. Då han i gar koe Blatt vôr s Maul
gnomma, des wôeßt d doch.
11Dae Gerechtigkaet ischd et bloß tiaf en
maem Herza vrbôrga. Wia treu du bist
ond wia da hilfst, des sag i, i mach ao
koen Hehl aus daener Gnad ond Wåhrat
vôr dr ganza Gemaende.
12Aber du, JAHWE, gell du schliaßt me
von daem Erbarma et aus; dae Gnad ond
dae Wåhrat bhüatat me ällaweil.
13Weil ozählige Leida send om me rom.
Maene aegene Sünda hent me aegholt; i
kå nemme aufgucka. Des send maeh als
wian e Håår auf am Kopf han, ond en
Schneid han e ao koen maeh.
14O JAHWE, sei mr doch gnädig ond
rett me; komm ond hilf mr!
15Dia sollat en Schmach ond Schand
onterganga, mô mr ans Leba wöllat.
Drvogao sollat se mit Schempf ond
Schand, dia mô mr bloß Oglück
wünschat.
16Dr Schrecka soll s packa vôr Schand,
dia mô schreiat: Ha! Ha!
17Frohlocka ond sich über di fraea sollat
sich älle, mô di suacha dent. Älle, mô
wöllat, dass en du hilfst, dia sollat saga:
Graoß ischd JAHWE!
18Aber i ben elendig ond arm - dr Herr
denkt an me - . Du bist mae Hilf ond
mae Retter, mae Gott (Elohay), ziag s et
naus.

Zom Vrgleicha: *Vers 3:* 69,15f • *Vers 4:* 33,3 • *Vers 5:* 1,1; Jer 17,7 • *Vers 6:* 139,17f • *Vers 7-9:* Hebr 10,5-7 • *Vers 7:* 50,7-15; 51,18f; 69,31f; 1Sa 15,22; Jes 1,11; Jer 6,20; Am 5,22 • *Vers 9:* 37,31; Joh 4,34 • *Vers 10:* 22,23 • *Vers 13:* 38,5 • *Vers 14:* 22,12 • *Vers 14-18* II Ps 70,1-6 • *Vers 15:* 35,4 • *Vers 16:* 35,21 • *Vers 17:* 35,27.

Von de Faend henterlistig vrfolgt

41 Em Dirigenta. A Psalm vom
David.
2Wohl dem, der mô sich om de Kloene
ond Arme ånemmt. Den rettat JAHWE
am Oglücksdag.
3R hält an am Leba, dass r glücklich
priesa wird em Ländle. Der lieferat an
niamåls saene Faend ans Messer.
4JAHWE ischd am a Stütz auf saem
Siachbett, sae ganz Krankabett wird
anderst.
5So han e gsaed: JAHWE, sei mr gnädig!
Mach me gsond, weil gega di han e me
vrsündigt!
6Maene Faend sagat schlemme Sacha
über me: Wann gôht der endlich ae, dass
sae Nåma ausglöscht ischd?
7Ond wann r uf Bsuach kommt, nå
schwätzt r vrloges Zeugs drher, der
suacht lauter Boshaftigkaeta zsema ond
vrzählts uf dr Gass omanander.
8Ond nå tuschlat se über me, dia
mô me hassa dent ond denkat bloß
Schlechtigkaeta vo'mr.
9S Oglück soll am schada, der mô
dåhanna leit, soll nemme aufstao.
10Ao mae bester Fraend, dem môn e no
traut han, mae Brot håt r no gessa, ond
jetzat spielt r sich auf gega me.
11Aber du, JAHWE, sei gnädig ond
breng me wieder auf d Füaß, dass e en
ällas hoemzahla kå!
12Då drå siehn e, dass da me mågst, dass
mae Faend koe Schadafraed über me
han därf.

[13]Aber mir bist a Stütz, weil e oschuldig ben, drom därf e ao vôr daem Gsicht standa bleiba uf ewig.
[14]Lob ond Preis sei JAHWE, am Gott von Israel, en älle Ewigkaeta! So solls sae. Amen.

Zom Vrgleicha: *Vers 2:* Spr 14,21; Mt 5,7 • *Vers 5:* 6,3 • *Vers 6:* 22,7f; 44,14f; 71,7; 89,51; 102,9; 109,25; 123,3f • *Vers 10:* 31,12; Obd 7; Joh 13,18 • *Vers 14:* Neh 9,5.

S ZWOETE PSALMABUACH: - PSALM 42 - 72

S Vrlanga nach am Haeligtom, mô dr JAHWE wohnt

42 Em Dirigenta. A Liad von de Korahita.
[2]Wian a Hirschkuah en austricknate Bächla nach am Wasser schärrat, so lechzgat mae Seel nach dir, JAHWE.
[3]Mae Seel hât an Schmacht nach Gott (Elohim), nach am Gott (El) vo maem Leba. Wann kån e komma ond Gott (Elihim) ens Gsicht gucka.
[4]Träna send mae Essa wôra Dag ond Nacht, da ganza Dag sagat se zo mr: Mô ischd denn jetzat dae Gott (Eloheyka), ha?
[5]Då drå muaß e denka ond mr en d Seel naesaga: wian e ens Zelt vom Herrlicha aezoga ben, em Haus von Gott (Elohim) em Jubl ond dankbar - ema festlicha Aufzug.
[6]Was bist denn so aufglöst, mae Seel, ond stöhnst en de nae? Harr doch auf Gott (Elohim); i dank am s nå, dass r mae Hilf ischd.
[7]Mae Seel en mr dren löst sich ganz auf, drom denk e an di - ganz von weitam, en dera Gegend em Hermon, mô d Jordanursprüng send ond vom Berg Misar aus.
[8]Oe Sturzfluat schreit dr andera em Rauscha von de Wildwasser. Daene ganze Brecher ond Wella send über me naeganga.
[9]Dagnats guck e omanander nach JAHWE, ond nachts nach saener Güate.
En mr drenna seng e a Gebet zom Gott vo'maem Leba.
[10]I sag zo Gott (El), zo maem Felsa: Wårom håsch me denn vrgessa? Wårom muaß i traurig sae, ond me von maene Faend fertigmacha lassa?
[11]Obwohl e ganz gschlaga ben ond maene Boener nemme spür, treibat maene Widersacher ihran Spott mit mr, da ganza Dag sagat se zo mr: Mô ischd denn jetzat dae Gott (Eloheyka), ha?
[12]Was bist denn so aufglöst, mae Seel ond stöhnst en de nae? Harr doch auf Gott (Elohim); i dank ams nå, dass r mae Hilf ischd ond mae Gott (Elohay)!

Zom Vrgleicha: *Vers 2-3:* 63,2; 84,3; 143,6 • *Vers 3:* 27,4 • *Vers 4:* 80,6; 102,10; Iob 3,24 • *Vers 5:* 122,1 • *Vers 6:* 62,6 • *Vers 8:* 18,5; 32,6; 69,2f.16; 88,8.18; 124,4f; Iob 22,11; Jona 2,4.6 • *Vers 10:* 92,16 7 • *Vers 11:* 42,4; 79,10; 115,2; Joel 2,17; Mi 7,10.

43 Mach dr selber a Bild vo mr, Gott (Elohim), ond rechte du für me ond hilf mr raus vôr dem oguata Volk! Rette me vôr dene henterlistige ond boshaftige Menscha.
[2]Weil du bist dr Gott (Elohey), mae Schutz! Wårom håsch me denn vrstoßa? Wårom muaß e traurig sae, ond me von maene Faend fertigmacha lassa?
[3]Schick doch dae Licht ond dae Wåhrat, dass se me lôetat ond me an daen haeliga Berg ond en daene Wohnonga brengat.
[4]Nå komm e an daen Altar zo Gott (Elohim) ond frae me. I tät jubla ond

danka mit ra Leier, Gott (Elohim), mae
Gott (Elohay).
5Was bist denn so aufglöst, mae Seel ond
stöhnst en de nae? Harr doch auf Gott
(Elohim); i dank am s nå, dass r mae Hilf
ischd ond mae Gott (Elohay)!

Zom Vrgleicha: *Vers 3:* 97,11.

A Klagliad vom Herrgott saem Volk

44 Em Dirigenta. Von de Korahita.
A Liad.
2Gott (Elohim), mit onsere ôegene Ohra
he mr s ghört, de Alte hent s ons vrzählt:
Was du früher dao håsch, wia du en de
alte Zeita mit daene aegene Händ
3ganze Völker vrtrieba ond sia aepflanzt
håsch; ganze Nationa håsch d ausglöst
ond sia håsch d sich ausbrôeta lassa.
4Weil dia hent jå et mit ihram ôegena
Schwert des Land aegnomma, dia send
et stark gnuag gwea für en Sieg, noe, dae
Rechta ond dae Kraft ond s Licht von
daem Gsicht; weil en du guat gsonna
gwea bist.
5Du bist mae König o Gott (Elohim)! du
håsch am Jakob sae Rettong ågordnat.
6Mit dir machat mir onsere Gegner
nieder, en daem Nåma tramplat mr se
zsema.
7Auf maen Boga vrlaß e me liaber et,
ond mae Schwert hilft mr ao nex;
8aber du gibst ons da Sieg über onsere
Faend ond läßt dia zgrond ganga, mô
ons hassa dent.
9Mir rühmat ons mit Gott (Elohim)
äll Dag ond send daem Nåma äwl
dankbar.
10Ond oenaweg håsch d ons vrwôrfa
ond Schand über ons komma lassa, ond
bist et mit onsere Heer gwea.
11Du håsch ons abhaoa lassa vôr onsere
Faend, dass dia mô ons hassa dent, hent
könna plündera.
12Du håsch ons wian a Schlachtvieh
hergeba, ond as en älle Völker vrstraet.
13Du håsch dae Volk vrkaoft om en
Äpfel ond a Ôe ond håsch gar nex drbei
gwonna.
14A Schand håsch d aus as gmacht vôr
onsere Nåchber, zom Gspött ond Hohn
en dr ganza Gegend.
15Zom Dackel håsch as gmacht vôr de
Völker, dia schüttlat bloß no da Kopf
über as.
16Äll Dag stôht mr dui Schand vôr Aoga,
i kå me nergads maeh seha lassa
17weg'am Gschrôe von dene
Schandmäuler, ond weil se me bloß no
faendselig åglotzat.
18Des ischd ällas über as komma, aber
mir hent de et vrgessa ond daen Bund
mit ons et vrråta.
19Onser Herz ischd dr et otreu wôra
ond mr send koe Schrittle von daem
Weg gwicha,
20weil da ons zo de Schakal en d Wüste
gschickt håsch, ond as ganz en d Nacht
nadonkt håsch.
21Wann mir onseram Gott (Eloheynu)
saen Nåma vrgessa hätte ond onsere
Händ nach ama fremda Gott (El)
ausgstreckt hätte,
22dät Gott (Elohim) des vielleicht et
merka? Der kennt doch onser Herz bis
auf da Grond na.
23Jå, wega dir werat mir äll Dag ombråcht,
mr guckt as wia Schlachtvieh å.
24Wach auf! Was schlåfst denn, Herr?
Wach auf ond vrstoß ons et auf ewig!
25Wårom vrsteckst d dae Gsicht, ond
vrgißt onser Elend ond onser Drangsal?
26Jå, mir send ganz en da Staob nadruckt,
richtig en da Dreck naedonkt.
27Stand auf ond hilf ons! Ond erlös ons
om daener Güate willa.

Zom Vrgleicha: *Vers 2:* 78,3; Dtn 4,9; 2Sa 7,22f • *Vers 3:* 78,55; 80,9 • *Vers 4:* Dtn 8,17f; Jos 24,12; 4,7 • *Vers 5:* 5,3 • *Vers 6:* 60,14 • *Vers 10:* 60,12 • *Vers 11:* Dtn 28,25 • *Vers 12:* Dtn 28,64 • *Vers 13:* Jes 52,3 • *Vers 14:* 79,4; 80,7 • *Vers 23:* Rö 8,36 • *Vers 24:* 74,1; 83,2 • *Vers 25:* 89,47; Iob 13,24 • *Vers 26:* 7,6; 119,25.

A Liad für am König sae Haozich

45 Em Dirigenta. Nach dr Melodie
»D Lilia«.Von de Korahita. A
Liebasliad.
2 Mir wirds ganz warm om s Herz
von dem, was e saga will; i will mae
Liad senga für da König! Dådrbei soll
mae Zong wia dr Griffel vo ma flenka
Schreiber sae.
3 Du bist dr Schönst von älle Menscha,
holde Sacha håsch d gsaed; drom håt de
ao Gott (Elohim) auf ewig gsegnat.
4 Schnall dr dae Schwert rom, du Held!
Dae Hohaet ond Pracht soll dae
Schmuck sae!
5 Stand ae für d Wåhrat, für de Arme ond
für s Recht! Nå hent d Leut en Respekt
vôr dem, was da duast.
6 Daene spitzige Pfeil sollat d Völker
abschrecka ond de Faend vom König da
Schneid abkaofa!
7 Dae Thron, Gott (Elohim), stôht auf
emmer ond ewig, mit daem Zepter sollst
schlichta als a gerechter Herrscher!
8 Du mågst s Recht ond håsch en Haß
auf da Frevl; drom håt de ao Gott
(Elohim), dae Gott (Eloheyka), gsalbt
zom Herrscher vor daene Kamerada.
9 Nach Myrrhe ond Aloe schmeckat
daene Gwänder. Am Sôetaspiel därfst de
fraea aus Paläst, mô mit Elfaboe vrziert
send.
10 A Königstöchterle kommt dr entgega
als Gemahlin an dae rechta Seit, em
Goldschmuck von Ophir.
11 Horch her, Töchterle, guck ond leih
mr dae Ohr: Vrgiß dae Volk ond s Haus
von daem Vadr!
12 Wann dr König a Vrlanga håt auf
dae Schöhaet - r ischd jå dae Herr - nå
vrnaeg de vôr am.
13 D Leut von Tyrus kommat mit
Gschenker; ond de reichste Völker
wöllat sich guat mit dr stella.
14 Ihr ganza Pracht send en Gold gfaßte
Koralla.
15 En bunte Gwänder klôedat führt mr se
zom König. Brautjongfera kommat mit
ra ond ihre Fraendenna beglaetat se.
16 Mr führt se em Fraedajubel en da
Palast nae.
17 An d Stell von daene Vädr tretat daene
Söh, ond du kåsch se en dr ganza Welt
als Fürsta aesetza!
18 Daen Nåma will e von oener Generatio
zor andera bekannt macha, drom sollat
d Völker di preisa auf ewig!

Zom Vrgleicha: *Vers 7-8:* Hebr 1,8f • *Vers 11:* Gen
12,1 • *Vers 15:* Ez 16,10-13 • *Vers 17:* 2Chr 21,3.

Dr JAHWE ischd a festa Burg

46 Em Dirigenta. Von de Korahita.
A Liad.
2 Gott (Elohim) ischd für ons a Zuaflucht
ond a Schutz, als a Hilf håt r sich en
Notzeita bestens bewährt.
3 Drom he'mr ao koe Angst et, ond wann
dr Boda wacklat ond d Berg mittla ens
Meer naehaglat;
4 måg sae Wasser gurgla ond schäuma,
mögat d Berg beba vôr saem Übermuat.
Sela.
5 A Strom mit saene Ärm macht am
Herrgott saener Stadt a Fraed; sae
Wohnong håt dr Höchste haelig
gmacht.
6 Wann Gott (Elohim) bei ra ischd, nå kå
nex schiaf ganga; Gott (Elohim) hilft ra
schao am früha Môrga.
7 Völker tobat ond Königreich gråtat
ens Wanka; donnera duat s ond d Erde
vrgôht!
8 Dr JAHWE Zebaoth ischd mit ons, a
Burg ischd für ons am Jakob sae Gott.
Sela.
9 Kommat no ond guckat, was dr
JAHWE ällas gschaffa håt, wian r Angst
ond Schrecka om sich vrbrôetat!
10 Der steuerat d Kriag auf dr ganza Welt,
d Boga bricht r ausanander, aus de Spiaß
macht r Kloeholz, ond d Kampfwäga
schmeißt r ens Feuer.

11Nemmat Abstand ond erkennat, dass
i Gott (Elohim) ben, i stand über de
Völker ond über dr Erde!
12JAHWE Zebaoth ischd mit ons, a Burg
ischd für ons am Jakob sae Gott.
Sela.

Zom Vrgleicha: *Vers 2:* 37,39; 61,4 • *Vers 3:* 75,4; Iob 9,5f • *Vers 6:* 90,14; 2Kö 19,35 • *Vers 9:* 66,5 • *Vers 10:* 76,4; Jes 2,4; Ez 39,9f • *Vers 11:* 83,19.

Dr König von älle Völker

47 Em Dirigenta. Von de Korahita.
A Psalm.
2Ihr Völker, bätschat älle en d Händ!
Jauchzgat Gott (Elohim) begaesterat
zua!
3Weil dr JAHWE, dr Höchste ischd
furchtbar, a graoßer König über de ganz
Erde.
4Der håt ons Völker onterwôrfa ond ons
Nationa onter d Füaß dao.
5Onser Erbtôel håt r ons selber
rausgsuacht - am Jakob sae ganzer Stolz,
den måg r. Sela.
6 Gott (Elohim) ischd naufgstiega
em Jubelgschrôe, dr Herr mit
Posaunaschall.
7Sengat onseram Gott (Elohim), sengat!
Sengat onseram König, sengat!
8Weil Gott (Elohim) ischd dr König
über de ganz Erde - sengat am a schös
Liad.
9König ischd Gott (Elohim) wôra über
älla Völker, Gott (Elohim) sitzt auf saem
haeliga Thron.
10D Fürsta von de Völker hent sich
vrsammlat mit am Volk vom Abraham
saem Gott (Elohey); weil Gott (Elohim)
gherat de Vrantwortliche en dr Welt; der
stôht haushaoch über älle.

Zom Vrgleicha: *Vers 3:* 95,3 • *Vers 4:* 2,8 • *Vers 5:* Dtn 32,9 • *Vers 6:* 68,19; 98,6 • *Vers 8-9:* 24,7-10 • *Vers 9:* Jer 10,7 • *Vers 10:* 87,4-6.

A Jubelliad auf d Haeliga Stadt

48 A Liad. A Psalm von de
Korahita.
2Graoß ischd JAHWE ond über ällas
soll mr n loba en dr Stadt von onseram
Gott (Eloheynu), auf am Berg von saem
Haeligtom.
3Sae haeliger Berg überragt ällas ond
ischd dr schönst Åblick für de ganz Welt;
dr Berg Zion, weit droba em Norda,
ischd am graoßa König sae Stadt.
4Gott (Elohim) en ihre Burgtürm ischd
ihr Schutz.
5Weil guck: König hent sich zsemadao
ond send mitanander ågrückt.
6Dia hent bloß naufguckt - ond send glei
vôr Schrecka starr wôra ond Hals über
Kopf drvogsauat.
7Zitterat hent se wia Espalaob, ond
Angst hent se ghet wian a jongs Mädle,
mô ihr ersts Kendle kriagt.
8De graeßte Schiff brechat ausanander
durch daen Ostwend.
9Wia mr s ghört hent, so he'mr s ao gseha
en dr Stadt von JAHWE Zebaoth, en dr
Stadt von onseram Gott (Eloheynu),
Gott (Elohim) håt se ganz fest gründat
auf ewig. Sela.
10Mir stellat ons dae Gnade vôr Aoga,
o Gott (Elohim), mittla en daem Templ
dren.
11So, wia dae Nåma, o Gott (Elohim) so
gôht ao dae Ruhm bis ans End von dr
Welt: Mit Hael ischd dae Rechta gfüllt.
12Dr Berg Zion fraet sich, ond d Töchter
von Juda send fröhlich über dae
Gerechtigkaet.
13Machat en Omzug om da Zion rom!
Zählat, wiavl Türm r håt!
14Konzentrierat euch auf saene Maura
ond guckat saene Türm ganz gnao å,
dass r euram Nåchwuchs drvo vrzählat:
15Dass Gott (Elohim), onser Gott
(Eloheynu) auf emmer ond ewig ischd:
Der ischd s, mô ons lôeta tuat!

Zom Vrgleicha: *Vers 2:* 95,3; 96,4; 145,3 • *Vers 3:*

50,2; 78,68f; Jes 14,13; Klgl 2,15 • *Vers 4:* 46,6 • *Vers 5:* Ri 5,19 • *Vers 7:* Ex 15,14 • *Vers 8:* Jes 2,16 • *Vers 11:* 113,3; Mal 1,11 • *Vers 12:* 97,8 • *Vers 13:* 122,3; Jes 26,1 • *Vers 14:* 22,31f • *Vers 15:* 102,28.

Reich sae ischd et ällas

49 Em Dirigenta. Von de Korahita.
A Psalm.
[2]Horchat her, ihr Völker älle, passat auf
älle, mô en dera Welt wohna dent,
[3]ihr oefache Leut wia d Herrabüabla,
Reiche wia ao Arme!
[4]D Weishaet will e euch vrkünda, ond d
Aesichta aus maem Herza.
[5]Am Weishaetsspruch will i mae Ohr
leiha ond zor Leier mae Gehaemnis
aufdoa.
[6]Wårom muaß i me fürchta en baese Däg,
mô bloß no dr Frevl von de Geldsäck
om me rom ischd,
[7]dia mô bloß en ihr Vrmöga s Vrtraua
setzat ond mit ihram Reichtom
protzat?
[8]Aber freikaofa kå sich koener, koener
kå beim Herrgott s Lösgeld für sich
aufbrenga -
[9]viel z teuer ischd dr Preis für sae Seel;
des muaß r aufgeba für emmer,
[10]- dass r moent, er tät ewig leba ond
müaßt nia en d Gruab naegucka.
[11]Noe, noe, mr sichts doch: ao de
Weise sterbat. Mitanander gôht dr
Dommlenger ond dr Narr zgrond. Ond
se henterlassat andere ihr Vrmöga.
[12]A Grab ischd ihr letzsta Hütte ond ihr
Wohnong uf ewig. Ond wann se no so
viel Land gher hent.
[13]Aber dr Mensch en saener Aebildong
denkt et drå, dass r ischd wian a Stückle
Vieh, des mô mr oefach weg duat.
[14]So gôht s dene, dia mô bloß sich selber
kennat; des ischd dene ihr Schicksal, mô
sich selber gern schwätza hörat.
[15]Wian a Schåfherd, so wôedat s dr
Daod, en d Onterwelt fahrat se na.
[16]Aber Gott (Elohim) befreit mae Seel
ond reißt me aus dr Höllagwalt!
[17]Des braucht de gar et åfechta, wann
oener reich wird ond sae Haus emmer
protziger herricht.
[18]Wann der stirbt, nemmt der ao nex
mit, saene Schätz gangat ao et mit am.
[19]Mâg der sae Seel em Leba no so preisa,
ond sich selber vôrmacha, wia guat am
s gôht -
[20]zo saene Altvordere muaß der oenaweg,
dia mô koe Licht maeh seahnat uf ewig.
[21]Aber dr Mensch en saener Aebildong
denkt et drå, dass r ischd wian a Stückle
Vieh, des mô mr oefach wegtuat.

Zom Vrgleicha: *Vers 2-3:* Spr 8,4 • *Vers 5:* 78,2 • *Vers 7:* 52,9; Iob 31,24f; Jer 9,22 • *Vers 8-9:* Spr 11,4; Mt 16,26 • *Vers 11:* Koh 2,16; Ps 49,18 • *Vers 12:* Koh 12,5 • *Vers 13:* 3,19 • *Vers 15:* 55,16 • *Vers 16:* 9,14; 16,10; 73,24; Hos 13,14; Gen 5,24 • *Vers 17-18:* Sir 11,18f • *Vers 18:* 49,11; 39,7; Koh 2,18.21f; 5,14; 6,2; Sir 11,18; Lk 19,20; 1Tim 6,7 • *Vers 20:* Iob 10,21f.

JAHWE kommt zom Richta

50 A Psalm vom Asaf. JAHWE,
dr Gott (El) von älle Götter
(Elohim), sprich ond ruaft d Erde vom
Sonnaaufgang bis zo ihram Ontergang.
[2]Vom Zion, dr schönsta Kron, strahlt r;
[3]onser Gott kommt, der schweigt et.
Feuer frißt sich vôr am her ond om an
rom blåst a gewaltiger Wend.
[4]Am Hemmel ond dr Erde ruaft r zua,
dass r sae Volk richta will:
[5]Vrsammlat mr maene Fromme, dia mô
maen Bund gschlossa hent beim Opfer!
[6]Ond älle Hemmel sollat sae
Gerechtigkaet vrkünda, dass er a Gott
(Elohim) ischd, der mô für s Recht
stôht. Sela.
[7]Horch her, mae Volk, jetzat red i,
Israel, i ben gega di Zeuge! I ben Gott
(Elohim), dae Gott (Eloheyka).
[8]Et wega daene Schlachtopfer klag e de
å, han e daene Brandopfer doch ständig
vôr Aoga.

[9]En Stier von daem Haus will e gar et, ond ao koene Böck aus daene Pferch!
[10]Schliaßlich ghert mr doch s Wild em Wald ond älle Tierla an de Berghäng.
[11]I kenn älle Vögel auf dr Höh; was romwuslat em Feld ghert mir.
[12]Wann e Honger hätt, nå tät e s dir et saga, weil schliaßlich mir de ganz Erde ghert ond ällas was drauf ischd.
[13]Moenst d vielleicht, i wöllt s Flôesch von Farra essa, ond s Bluat trenka von de Böck?
[14]Breng am Gott (Elohim) a Dankopfer ond lös daene Gelübde ae.
[15]Du därfst me åruafa, wann da en a Not gråtest, nå will e de retta, ond du därfst mr d Ehr geba!
[16]Zom Frevler aber spricht Gott (Elohim): Wia kommst du drzua, auf maene Satzonga z pocha ond mae Bundasrecht überhaopt ens Maul znemma;
[17]mô du doch von Zucht überhaopt nex hältst ond mit maem Wort ganz leichtfertig omgôhst.
[18]Wann da oen klaoa siehst, duast de zsema mit am, ond bei Ehebrecher gôhst aus ond ae.
[19]Dae Gosch läßst laufa wia se will, dae Schandmaul richtat nex wia Schada å.
[20]Lauter Schlechtigkaeta saesch d über daen Bruader, vrloges Zeugs schwätzt d drher über daener Muader ihran Bua.
[21]Des håsch du dao; wann i nex saga tät, nå dätest du no moena, i sei ao so oener wia du. I sag dr s em Guata, überleg dr s nômål:
[22]Überlegats euch guat, wann r ao Gott (Elowah) vrgessa hent, wann der zuahaot, nå bleibt nex maeh von euch übrig!
[23]Wer a Dankopfer brengt, der geit mr d Ehr. Wer rechtschaffa saen Weg gôht, den laß i mae Hael seha.

Zom Vrgleicha: *Vers 1:* Dtn 10,17 • *Vers 2:* 48,3 • *Vers 3:* 97,3f; Jes 63,19; Da 7,10 • *Vers 4:* Dtn 32,1; Jes 1,2 • *Vers 5:* Ex 24,4-11 • *Vers 6:* 19,2; 97,6 • *Vers 7:* Ex 20,2 • *Vers 7-15:* 40,7 • *Vers 12:* 24,1 • *Vers 14:* 119,108; 66,13; Hebr 13,15 • *Vers 15:* 91,15 • *Vers 16:* Rö 2,17-24 • *Vers 23:* 50,14; 91,16.

A Bußpsalm

51 Für da Dirigenta. A Psalm vom David.
[2]Mô dr Profet Natan zon am komma ischd, môn r vôrher mit dr Batseba ebbas ghet håt.
[3]Sei mr gnädig, Gott (Elohim), sei güatig zo mr, en daener graoßa Barmherzigkaet, lösch mr maene frevlhafte Tata aus.
[4]Wäsch mae Schuld ganz vo'mr weg ond mach me sauber vo maene Vrfehlonga!
[5]I wôeß guat, was e dao han, ond mae Vrfehlong han e ständig vôr Aoga.
[6]An dir ganz alloe han e me vrsündigt ond dao, was du niamåls guat hôeßa kåsch; dae Wort muaß doch recht bhalta ond du muaßt sauber dåstanda em Gericht.
[7]Guck: i ben schao als a Schuldiger auf d Welt komma, weil me mae Muader en Sünda empfanga håt.
[8]Guck: d Wåhrat mô tiaf drenna leit gfällt dir ond hehlenga brengst mr dae Weishaet bei.
[9]Mach maene Sünda weg mit ama Ysopwedel (des kå mr mit ama Weihwasserwedel vrgleicha), dass e sauber wir, wäsch me, dass e no weißer wir als wia dr Schnae!
[10]Laß me a Lebensfraed vrleba, dass maene Boener jauchzgat, dia mô du zsemaghaoa håsch.
[11]Guck weg von maene Sünda ond lösch mae ganza Schuld aus!
[12]Schaff en mir dren, Gott (Elohim), a raens Herz, ond gib mr an neue, an standhafta Gaest enna nae.
[13]Jag me et aus daene Aoga ond nemm daen haeliga Gaest et weg vo'mr!
[14]Laß me wieder d Fraed vrfahra an

daener Hilf ond stand mr bei, dass e
daem Gaest folga kå.
15 Nå will e de Frevler daen Weg beibrenga,
dass d Sünder zo dir omkehrat.
16 Rette me vôr am Bluatgericht, o
Gott (Elohim), du Gott (Elohey)
vo'maem Hael, dass mae Zong über dae
Gerechtigkaet jauchzga kå!
17 Herr, mach mr d Lippa auf, dass mae
Mund daen Ruhm vrkündiga kå!
18 Weil an Schlachtopfer fendest du koen
Gfalla, ond wann e a Brandopfer brenga
tät, du wöttesch s et amål.
19 Schlachtopfer, für Gott (Elohim),
ischd a brochener Gaest; a gschlages
ond broches Herz, o Gott (Elohim), des
schiabst du et weg.
20 Dua en daener Gnade am Zion
ebbas Guats, bau doch d Maura von
Jerusalem!
21 Nå håsch d wieder en Gfalla an rechte
Opfer, ond Farra därf mr ao wieder auf
daen Altar brenga.

Zom Vrgleicha: *Vers 2:* 2Sa 12 • *Vers 3:* Lk 18,13 • *Vers 5:* Jes 59,12 • *Vers 6:* Rö 3,4 • *Vers 7:* Iob 14,4; Joh 3,6 • *Vers 9:* Num 19,18; Jes 1,18 • *Vers 10:* 6,3 • *Vers 12:* Ez 36,26f • *Vers 13-14:* Rö 8,9.14-16 • *Vers 18:* 40,7 • *Vers 19:* 34,19; Jes 57,15; 66,2; Da 3,39 • *Vers 20:* 147,2 • *Vers 21:* 4,6.

D Stråf kommt über an reicha Gwaltmenscha

52 Für da Dirigenta. A Liad vom
David.
2 Mô dr Doëg von Edom komma ischd
ond am Saul åzaegt håt, dass dr David
zom Ahimelek ens Haus naeganga sei.
3 Was protzest denn mit daener
Boshaftigkaet omananeder, du Tyrann,
gega en Fromma äll Dag?
4 Oguate Sacha denkst dr du aus,
dae Gosch ischd wian a Schwert, du
Drecksack, du liadriger.
5 De schlemmste Lompereia send dir
liaber als wia ebbes Guats, ond de ärgste
Lugena als wia d Wåhrat. Sela.
6 Ällas hemacha, då håsch du a Fraed drå,
du henterlistiger Schwätzer, du!
7 Aber Gott (El) macht di ao no fertig,
ond zwår für emmer, der mistat daen
Saustall aus en daem Zelt; der reißt de
aus dr Welt von de Lebendige raus!
Sela.
8 De Gerechte seahnat des ond frierat
ond se lachat über an:
9 Då guckat no, des ischd der Kerle,
der mô von Gott (Elohim) nex wissa
wölla håt, der mô gmoent håt, mit saem
dreckata Geld könnt r ällas macha;
môn r mit saene oguate Machaschafta
drzuakomma ischd.
10 Aber i ben wian a Olivabaom, der mô
ausschlägt em Haus von Gott (Elohim).
I vrlaß me auf emmer ond ewig ganz auf
d Gnade von Gott (Elohim).
11 I will de preisa auf ewig, weil du des
dao håsch. I hoff auf daen Nåma, dass r
güatig ischd, vôr daene Fromme.

Zom Vrgleicha: *Vers 2:* 1Sa 22,9f • *Vers 4:* 59,8 • *Vers 4-6:* 12,3-5 • *Vers 5:* Jer 9,4; Joh 3,19f • *Vers 7:* 27,13; Iob 18,14 • *Vers 8:* 58,11; 91,8; Iob 22,19 • *Vers 9:* 49,7 • *Vers 10:* 92,13-16 • *Vers 11:* 54,8.

53 ischd fast Wortgleich mit **14**

Zom Vrgleicha: *Vers 1-7 II Ps* ***14***

A Bedrohter schreit om Hilfe

54 Für da Dirigenta. Mit Soetaspiel.
A Liad vom David.
2 Mô d Zifiter komma send ond am Saul
gmeldat hent: Dr David ischd bein as
vrschlupft.
3 Hilf mr, o Gott (Elohim), durch daen
Nåma, vrschaff mr mae Recht mit
daener Macht!
4 Gott (Elohim), erhör doch mae Gebet,
ond horch, was e dr sag!
5 Weil ganz überhebliche Leut send gega
me aufgstanda, ond gwalttätige Kerle
wöllat mr ans Leba. Dia frågat nex nach
Gott (Elohim). Sela.
6 Guck, Gott (Elohim) hilft mr, mae

Herr hält me am Leba.

7 Des Oglück soll auf maene Faend zrückfalla! Mach se fertig, du bist mr doch treu.

8 Nå will e dr gern Opfer brenga, ond daem Nåma danka, dass r so güatig ischd.

9 Dass r me grettat håt aus äller Not ond mae Aog nagucka därf auf maene Faend.

Zom Vrgleicha: *Vers 2:* 1Sa 23,19; 26,1 • *Vers 5:* 86,14 • *Vers 6:* 118,7 • *Vers 7:* 143,12 • *Vers 8:* 52,11 • *Vers 9:* 59,11; 91,8; 92,12; 112,8; 118,7.

A Klagliad über falsche Brüader

55 Für da Dirigenta. Mit Sôetaspiel. A Liad vom David.

2 O Gott (Elohim), hör mae Gebet ond gang et weg, wann e klaga muaß!

3 Achte auf me ond erhör me, i gang schier ae vôr lauter Kummer.

4 I han en Schock, wia maene Faend romtobat ond wia der Frevler auf me naegôht. Dia überhäufat me mit Ohael ond gangat wia vrruckt auf me los.

5 Vôr lauter Angst druckt mr s s Herz zsema, i stand Todasängst aus.

6 S graoße Flattera ischd über me komma ond s kalte Grausa håt me packt.

7 Nå han e denkt: Wann e bloß Flügel hätt wian a Taub, i tät drvofliaga an a ruhigs Plätzle.

8 Guck: ganz weit fort tät e fliaga, en dr Wüste tät e bleiba. Sela.

9 Drvo sprenga möcht e an a sichers Plätzle vôr am Gwittersturm.

10 Breng s durchananderr, Herr, laß an jeda ebbas anders rausschwätza. Weil i sieh bloß no Gwalttätigkaeta ond Streitereia en dr Stadt.

11 Dia schleichat Dag ond Nacht auf de Maura rom, ond richtat bloß Ohael drenna å ond Elend.

12 S Vrderba wohnt en de Gassa ond dr Märkt ischd bloß no Lug ond Trug.

13 Wann me bloß mae Faend schmäha tät, des könnt e no aushalta. Wann oener mô me hassa duat, a domma Gosch an me nô hätt, dem tät e halt aus am Weg ganga.

14 Aber noe, du, a alter Fraend ond Kamerad,

15 mô mr doch mitananderr de größt Fraed ghet hent en dr Templgemaendschaft von Gott (Elohim).

16 Dr Daotamå soll s hola, dass se lebig en d Höll nafahrat; weil dia bloß voler Boshaftigkaeta send.

17 Aber i will zo Gott (Elohim) schreia, JAHWE soll mr helfa.

18 Åbnads ond môrgnads ond em Mittag will e klaga ond heula. Ond ER håt me ghört,

19 ond håt mr zom Glück s Leba grettat. Weil a paar Bogaschütza send emmer nächer an me nôkomma.

20 Dr Ismael ond dr Jaalam ond d Bewohner von de Ostgebiet, bei dene geits koen Gfangenatausch ond koe Ehrfurcht vôr Gott (Elohim).

21 Der håt gega saen Fraend d Hånd erhoba, ond dådrmit saen Bund entweiht.

22 No glatter als wia Butter ischd dem sae Gschwätz gwea, ond doch håt r bloß en Kriag em Senn ghet. Dem sae Gschwätz ischd dr nagloffa wia Öl, aber des send Dolch gwea, dia send gsessa.

23 Leg JAHWE daene Sorga nô, der hält de auf de Füaß! Der läßt s niamåls zua, dass a Gerechter ens Wanka kommt.

24 Aber du, Gott (Elohim), du läßt dia en de tiafst Gruab nahagla. Dia Bluatsauger ond Ausbeuter brengat ihr Leba et amål uf d Hälfte. Aber i trau bloß no dir!

Zom Vrgleicha: *Vers 8:* Jer 9,1 • *Vers 10:* Jer 5,1; 6,6; Zef 3,1 • *Vers 13-14:* 31,12 • *Vers 14:* Jer 9,3.7; Mt 26,21-24 • *Vers 16:* 49,15; Num 16,33; Jes 5,14 • *Vers 20:* 93,2 • *Vers 22:* 57,5; 62,5; 64,4 • *Vers 24:* 102,25 • *Vers 23:* 37,5; 1Petr 5,7.

Dr Trost vo ma Vrfolgta

56 Für da Dirigenta. Melodie: »A
Taub auf ferne Terebintha«.Vom
David. A Liad. Môn an d Philister en
Gat gschnappt ghet hent.
2 Sei mr gnädig, Gott (Elohim), weil oene
ganz gierig auf me send! Da ganza Dag
ganget se richtig faendselig uf me nae.
3 Maene Faend kochat vor Wuat auf
me. Des send fae ganz viel, mô gega me
kämpfat.
4 Aber i hoff bloß auf di! –
5 Auf Gott (Elohim) setz i mae Hoffnong,
nå brauch e koe Angst maeh han. Was
kå mr nå a Sterblicher no doa?
6 Da ganza Dag vrhechlat se ond dent
ratschlaga. Ihre ganze Plän gangat bloß
gega mi. Zo maem Vrderba
7 laurat se, spionierat omanander ond
passat ganz gnao auf, was e dua, wia se
mr am besta ans Leba könnat.
8 Achte amål ganz gnao auf dene ihran
Frevl! Em Zôrn kåsch d dia nahaoa, o
Gott (Elohim)!
9 Mae Elend håsch du aufgschrieba,
ond maene Träna send en daem Kruag
aufghoba.
10 Wann e di åruaf, nå gangat maene
Faend hentersche. Nå wôeß e ao, dass
dr Gott (Elohim) auf maener Seit ischd.
11 Bei Gott (Elohim), sae Wort preis i; bei
JAHWE, sae Wort preis i:
12 Auf Gott (Elohim) vrtrau i ond han koe
Angst et; was könnat mr nå Menscha no
ådoa?
13 O Gott (Elohim), i ben dr no a Gelübde
schuldig; i will dr Dankopfer zahla.
14 Weil mr du s Leba grettat håsch ond
maen Fuaß håsch d et stolpera lassa,
dass e maen Lebenswandel vôr Gott
(Elohim) führ, em Lebenslicht.

Zom Vrgleicha: *Vers 1:* 1Sa 21,11f • *Vers 5:* 27,1; 118,6; Jes 51,12; Mt 10,28; Rö 8,31 • *Vers 9:* 2Kö 20,5 • *Vers 10:* 124,1f; Rö 8,31 • *Vers 13:* 66,13 • *Vers 14:* 9,14; 116,8f; Iob 33,30.

Von Faend vrfolgt, vom Herrgott bhüatat

57 Für da Dirigenta. Vom David. A
Liad. Môn r vôr am Saul en dr
Höhle vrschlupft ischd.
2 Sei mr gnädig, o Gott (Elohim), sei mr
gnädig, bei dir ischd mae Leba sicher,
onter daene Fügel schlupf i nonter, bis
s Oglück vorbei ischd.
3 I schrei zo Gott (Elohim), zom
Höchsta, zo dem Gott (El), der mô ao
für me aestôht.
4 Sae Hilf soll r mr vom Hemmel
raschicka, dass sich älle schäma müaßat,
mô mr ans Leba wöllat. Sela.
5 I komm mr vôr wia bei de Löwa, dia
mô Menschaflôesch fressa wöllat. Dene
ihre Zäh send wia Spiaß ond Pfeil, ond
ihr Gosch wian a Schwert.
6 Gott (Elohim), du bist erhaba über da
Hemmel! Dae Herrlichkaet soll über dr
ganza Welt erschaena.
7 Maene Füaß hent se a Netz gstellt
ond mae Seel hent se nadrucka wölla; a
Gruab hent se mr graba, aber då send se
selber naeghaglat. Sela.
8 Mae Herz ischd ganz zfrieda, o Gott
(Elohim), mae Herz ischd ganz ruhig. I
will senga ond spiela.
9 Wach auf, mae Ehr! Wach auf, Leier
ond Harfe! I will d Môrgaraete wecka!
10 I will dr danka, Herr, vôr älle Völker,
ond für di spiela vôr de Nationa.
11 Weil dae Güate ischd graoß bis an da
Hemmel, ond dae Treue gôht bis an d
Wolka!
12 Gott (Elohim), du bist erhaba über da
Hemmel! Dae Herrlichkaet soll über dr
ganza Welt erschaena!

Zom Vrgleicha. *Vers 1:* 1Sa 22,1; 24,4 • *Vers 2:* 17,7f • *Vers 5:* 17,12; 55,22; 59,8 • *Vers 7:* 140,6; 7,16 • *Vers 8-12* II 106,2-6 • *Vers 8:* 7,18 • *Vers 9:* Iob 38,12 • *Vers 10:* 7,18; 108,4 • *Vers 11:* 36,6.

Gega ogerechte Herra

58 Für da Dirigenta. Vom David. A Liad.

[2]Dent ihr wirklich gerecht urtôela, dent ihr rechtschaffa d Menschakender richta?

[3]Noe, euch ischd nex haelig em Land, dr Gwalttätigkaet lent ihr freia Laof mit eure Händ.

[4]Abartig send d Frevler ond agwicha vom Muaderleib å, seit se auf dr Welt send lüagat se bloß.

[5]Wian a Giftschlang send dia, wian a taoba Schlang, dui mô ihre Ohra auf Durchzug gstellt håt,

[6]weil se et auf d Stemm vom Beschwörer horcha will, auf oen der mô sich auskennt mit de Zaobersprüch.

[7]O Gott (Elohim), hao en d Zäh en d Gosch nae! Hao en s Gebiß zsema, dene Löwa, o JAHWE!

[8]Vrsickera sollat se wia a Rinnsal, vrwelka, wia s Gras am Weg.

[9]Wian a Schneck em ôegena Rotz vrgôht, wia d Fehlgeburt vo'ma Weib d Sonn et sieht!

[10]No eh ihre Dorna zo'ma Busch wachsat, wian a Okrautgstrüpp fegt r s weg.

[11]A Gerechter fraet sich, wann r d Rache sieht, nå wäscht r saene Füaß em Bluat von de Frevler.

[12]Ond d Leut sollat saga: Jå, a Gerechter kriagt saen Loh! Jå, s geit no en Gott (Elohim), der mô s letzte Wort håt auf dr Erde.

Zom Vrgleicha: *Vers 3:* Mi 2,1 • *Vers 5:* 140,4; Dtn 32,33 • *Vers 7:* 3,8; 17,12 • *Vers 8:* Iob 11,16; Weish 16,29; Ps 90,5f • *Vers 9:* Iob 3,16 • *Vers 10:* Iob 27,21; Nah 1,10 • *Vers 11:* 52,8; 68,24 • *Vers 12:* Iob 19,29; Mal 3,18.

A Vrfolgter schreit om Hilfe

59 Für da Dirigenta. Vom David. A Liad. Mô dr Saul sae Haus håt bewacha lassa, zom an ombrenga.

[2]Mae Gott (Elohay), rette me vôr maene Faend, ond bhüat me vôr maene Widersacher!

[3]Rette me vôr de Lompa ond hilf mr vôr de Bluatsauger.

[4]Weil guck no: se passat me a, aeflußreiche Leut stellat mr nåch, obwohl e gar nex orechts dao han.

[5]I ben völlig oschuldig; aber dia kommat drhergschossa ond bauat sich vôr mr auf. Wach auf ond han a Aog auf me.

[6]Ond du, JAHWE Zebaoth, wach auf, suachs hoem, älle Völker! Gib dene treulose Frevler koen Pardo.

[7]Dia kommat äll Åbad ond jaulat omanander wia d Hond ond schwadronierat en dr Stadt rom.

[8]Guck: dia gôeferat mit am Maul, a richtiga Schwertgosch hent dia. Des kåsch dr nemme mitåhöra.

[9]Aber du, JAHWE, du lachst halt über s, du kåsch se auf da Arm nemma.

[10]Mae Schutz, auf di harr i, weil du, Gott (Elohim), bist mae Burg.

[11]Mae Gott (Elohey) kommt mr entgega mit saener Güate, Gott (Elohim) läßt me auf maene Faend nagucka.

[12]Breng s et om, dass mae Volk des nia vrgißt, jag s ausanander mit daener Kraft ond onterwirf s! Laß et zua,

[13]dass dia mit ihrer Gosch no ebber naereita könnat. Dia fangat sich selber en ihrer graoßkotziga Art, ond en ihre Lugena ond ihrer wüasta Fluacherei.

[14]Laß daen Zôrn über s komma, dass koener übrigbleibt! Nå kapierat se endlich, dass Gott (Elohim) dr Herr ischd en Jakob, bis an s End von dr Welt. Sela.

[15]Äll Åbad kommat dia wieder ond jaulat omanander wia d Hond ond schwadronierat en dr Stadt rom.

[16]Dia laofat omanander ond suachat ebbas zfressat, ond wann se et gnuag kriagat, nå bleibat se über d Nacht då.

[17]Aber i will a Lobliad auf dae Macht

senga ond môrgnads über dae Güate
jauchzga; weil du bist mae Burg wôra,
- zo dir kåne nôflüchta wa'mr s dreckat
gôht.
18 Mae Schutz, dir seng e a Liad, weil du,
Gott (Elohim), du bist mae Burg!
Mae gnädiger Gott (Elohey)!

Zom Vrgleicha: *Vers 1:* 1Sa 19,11 • *Vers 4-5:* 26,1 • *Vers 8:* 52,4; 55,22 • *Vers 9:* 2,4; 37,13; Weish 4,18 • *Vers 10:* 9,10f • *Vers 11:* 54,9 • *Vers 13:* Spr 12,13; 18,7 • *Vers 14:* 83,19 • *Vers 17:* 90,14.

Nach a ma vrlorena Kriag

60 Für da Dirigenta. Nach dr
Melodie »Lilie«. A Zeugnis. Vom
David. Zom Belehra.
2 Môn r gega d Syrer von Mesopotamien
ond gega d Syrer von Zoba Kriag gführt
hât ond dr Joab omkehrt ischd ond d
Edomiter gschlaga hât - zwölftausad
Mann.
3 Gott (Elohim), du håsch as vrwôrfa
ond brocha, du håsch en Zôrn auf as
ghet - mach ons doch wieder gsond!
4 Du håsch d Erde beba lassa ond
aufgrissa - mach dia Riss wieder zua,
weil ällas ens Wanka kommt.
5 Grausame Sacha hât dae Volk vrleba
müaßa, ond Taomelwae håsch d as zom
Trenka geba.
6 Richt doch für dia, mô a Ehrfurcht vôr
dr hent, a Zaeche auf, dass se sich vôr de
Bogaschützа retta könnat. Sela.
7 Dass wenigstens daene Fraend no
grettat werat; hilf mit daener Rechta!
Erhör ons!
8 Gott (Elohim) hât en saem Haeligtom
gsprocha: Des ischd mae Triumph,
Sichem wird vrtôelt, ond s Sukkottal
wird ausgmessa!
9 Mir ghert Gilead ond Manasse! Efraim
ischd dr Schutz vo'maem Haopt, ond
Juda mae Zepter!
10 Am Moab sae Meer (s Tote Meer)
ischd mae Wäschschüssel! Auf Edom
schmeiß e maen Schuah! Ond über de
Philister ihr Land will e jauchzga!
11 Wer hilft mr en d Festong nae, ond wer
gôht mit mr uf Edom?
12 Håsch du as et vrwôrfa, o Gott
(Elohim), ond bist et mit onsere Heer
ens Feld zoga?
13 Rette ons vôr onsere Faend, weil
Menscha könnat ons nemme helfa.
14 Mit am Herrgott könntat mr s schaffa,
wann der onsere Faend natramplat.

Zom Vrgleicha: *Vers 2:* 2Sa 8,3.13 • *Vers 5:* 75,9; Jes 51,17 • *Vers 7-14* II 108,7-14 • *Vers 9:* Gen 49,10 • *Vers 10:* Jes 11,14 • *Vers 12:* 44,10 • *Vers 14:* 44,6.

Gebet für da König

61 Für da Dirigenta. Mit Soetaspiel.
Vom David.
2 Horch, o Gott (Elohim), wian e schrei,
achte auf mae Gebet!
3 Vom End von dr Erde å schrei i zo dir,
mae Herz ischd nämlich ganz vrzagt.
Auf an Felsa nauf, der mô für mi z haoch
ischd, führ me då nauf!
4 Weil du bist mae Zuaflucht wôra, a
fester Turm vôr am Faend.
5 I möcht so gern a Gast sae en daem
Zelt auf ewig, ond an de nôschlupfa em
Schutz von daene Flügel. Sela.
6 Weil du, o Gott (Elohim), håsch mae
Gelübde ghört, du kommst dene ihre
Wünsch entgega, mô a Ehrfurcht vôr
daem Nåma hent.
7 Gib am König zo saene Däg no viel
drzua! Ond laß de spätere Generationa
an sae Herrschaftszeit denka!
8 Dass r vor Gott (Elohim) saem Gsicht
ewig auf am saem Thron sitzt. Huld ond
Gnade sollat an bhüata!
9 Nå will i saem Nåma a Lobliad senga
ond mae Vrsprecha aelösa Dag om
Dag.

Zom Vrgleicha: *Vers 3:* 27,4f • *Vers 4:* 71,3; Spr 18,10 • *Vers 5:* 17,7f • *Vers 7:* 21,5; 72,5 • *Vers 8:* 89,5.30.34.37 • *Vers 9:* 7,18; 66,13.

Stillsae vôr am Herrgott

62 Für da Dirigenta. Nach »Jedutun«.
A Psalm vom David.
2 Bloß alloe zo Gott (Elohim) wird mae
Seel ganz still; weil von ehm kommt mr
mae Hilf.
3 Bloß er ischd mae Felsa ond mae Helfer,
mae Burg. I komm nemme ens Wanka.
4 Wia lang wöllat r denn no älle
mitanander auf oen Må losganga,
årenna, wia gega a Wåd, mô nåchgeit
ond a Mauer, mô aehaglat?
5 Jå, dia plånat, wia se oen uf s Kreuz
lega könnat, vrlocka tätat se oen gern.
Mit dr Gosch dent se, wia wann se oen
segna tätat, aber en ihram Herza drenn
vrfluachat se oen.
6 Bloß alloe zom JAHWE wird mae Seel
ganz still; weil von ehm kommt mae
Hoffnong.
7 Bloß er ischd mae Felsa ond mae Helfer,
mae Burg. I komm nemme ens Wanka.
8 Auf Gott (Elohim) stôht mae Hilf ond
mae Ehr. Bei Gott (Elohim) ischd mae
Felsa, mae Schutz, môn e nôflüchta kå.
9 Vrtrauat doch auf an, de ganz
Volksgemaenschaft! Dent euer Herz vôr
am ausbrôeta! Zo Gott (Elohim) könnat
mr emmer komma. Sela.
10 Bloß a Hauch send d Menschakender,
a graoßa Luge d Herrabüabla. Auf dr
Wåågschal schnalzat dia nauf wia nex,
weil se als Menscha überhaopt koe
Gwicht hent.
11 Vrlassat euch et auf s Onterdrücka
ond moenat bloß et, r tätat mit Raobzüg
ebbas gwenna. Wann dr Reichtom
zuanemmt, nå erwartat nex drvo.
12 Oemål håt Gott (Elohim) gsprocha, då
draus han e zwôe Sacha glernt:
Dass s en Schutz bloß bei Gott (Elohim)
geit
13 ond dass bloß du, Herr, gnädig bist.
Weil du vrgiltst a ma jeda so, wian r s
vrdient håt.

Zom Vrgleicha: *Vers 2:* 37,7; Jes 30,15 • *Vers 5:* 28,3 • *Vers 6:* 42,6; Mi 7,7 • *Vers 8:* 3,4; 92,16 • *Vers 9:* Jes 26,4 • *Vers 10:* 39,6f; Jes 40,15 • *Vers 11:* Mt 19,22; Lk 12,15-21; 1Tim 6,17 • *Vers 12:* Iob 40,5 • *Vers 13:* 28,4; 31,24; 91,8; 94,2.23; 2Sa 3,39; Iob 34,11; Klgl 3,64; Jer 50,29; Rö 2,6; 2Tim 4,14.

Sehnsucht nach Gott

63 A Psalm vom David, môn r en dr
Wüste Juda gwea ischd.
2 Gott (Elohim), mae Gott (Eliy), di
suach e; mae Seel håt an richtiga Durst
nach dir. Mae Leib vrschmachtat nach
dr wian a ausdôrrater Acker.
3 So han e em Haeligtom nach dr guckt,
dass e dae Macht ond dae Herrlichkaet
sieh.
4 Weil dae Güate ischd besser als wia s
Leba. Maene Lippa sollat di preisa.
5 So will e de preisa maener Lebdag ond
en daem Nåma d Händ naufheba zo dr.
6 So wian e vom Fett ond vom Mark satt
wir ond mae Mund übergôht vôr lauter
Jubel ond Fraed.
7 Wann e em Bett lieg ond über dc
nåchdenk, wann e et schlåfa kå ond über
de sennier:
8 Du bist tatsächlich mae Rettong gwea
ond onter daene Flügel fühl i me wohl.
9 Mae Seel hangt ganz arg an dr, dae
Rechta håt me ghoba.-
10 Aber dia, mô mr ohne jedan Grond an
s Leba wöllat, dia müaßat en de tiafst
Höll nafahra.
11 Dia werat am Schwert überlassa, a
Beute für d Schakal send dia amål.
12 Aber dr König därf sich en Gott
(Elohim) fraea, a jeder mô bein am
schwöra kå, därf sich ebbas druf aebilda;
- weil nämlich de Lugabeutel nå s Maul
gstopft wird.

Zom Vrgleicha: *Vers 1:* 1Sa 23,14 • *Vers 2:* 42,2f • *Vers 3:* 26,8 • *Vers 6:* 23,5; 43,4 • *Vers 7:* 119,148; Jes 26,9 • *Vers 8:* 17,7f • *Vers 12:* 21,2; 107,42.

Am JAHWE sae Stråf für d Frevler

64 Für da Dirigenta. A Psalm vom
David.
2 Horch, o Gott (Elohim), ganz laut
muaß e klaga! Bewahr mae Leba vôr
furchtbare Faend.
3 Breng me en Sicherhaet vôr dene baese
Leut ihre Åschläg, vôr dem, was dia
henterlistige Lompa aushecka dent.
4 Dia machat ihre Goscha scharf wian
a Schwert, ond mit ihram giftiga
Gschwätz schiaßat se ihre Pfeil
5 aus am Hentrhalt auf an Oschuldiga;
z mål schiaßat se - aber seahna duast
koen.
6 Dia heckat ihran oguata Plå aus, grabat
Löcher ond stellat Falla; nå sagat se no:
S sieht as jå koener!
7 Wer kå schao blicka, was mir hehlenga
ausmachat? Was mr denkt ond wia s
en oem aussieht, des wôeß jå sowieso
koener!
8 Aber Gott (Elohim) håt s troffa mit
am Pfeil, z mål send se selber vrwondat
gwea.
9 Der håt s über ihr ôeges Gschwätz
stolpera lassa; speiübel wird s oem, wa
mr dia åguckt.
10 Nå kriagat auf oemål älle Leut en
Respekt ond sagat: des håt Gott (Elohim)
dao; nå vrstandat se ao, was r duat.
11 A Gerechter därf sich en JAHWE
fraea! Älle, mô s ehrlich moenat en
ihram Herza, dia därfat sich rühma!

Zom Vrgleicha: *Vers 4:* 55,22 • *Vers 5:* 11,2 • *Vers 6:* Spr 1,11f; Ps 10,11.

A Danklied für ällas Guate an Leib ond Seel

65 Für da Dirigenta. A Psalm vom
David. A Liad.
2 Dir alloe stôht s Lobliad zua, Gott
(Elohim), auf am Zion; ond dir muaß
mr saene Vrsprecha aehalta,
3 weil du Gebet erhöra duast! Zo dir
kommat älle Menscha
4 ond brengat ihre Sündalasta. Mô
ons onsere Vrfehlonga z arg druckat,
schenkst as du d Vrgebong.
5 Der kå sich glücklich preisa, dem mô
du d Erlaobnis geist, dass r bei dir en de
Vôrhöf wohna därf!
Stärka därfat mr ons an ällam was då
ischd en daem Haus - haelig ischd dae
Templ.
6 Mit furchtbare Tata gibt ons dae
Gerechtigkaet a Antwort, du Gott
(Elohey), der onser Hael ischd! Du bist
ao d Zuavrsicht bis an älle Weltenda ond
bis zo de entfernteste Insla!
7 Der mô d Berg gründat håt en saener
Kraft, ond sae Stärke wia en Gürtel om
sich rom håt,
8 der mô s Brausa von de Meer dämpfa
kå, ond s Schäuma von de Brecher - ond
s Völkertoba.
9 Nå hent d Aewohner von älle Weltenda
a Ehrfurcht kriagt vôr dem, was du dao
håsch - s Môrga- ond s Åbadland läßt
du jubla.
10 Du håsch s Land hoemgsuacht mit
Überfluß, übrreich håsch du s gsegnat.
- Dr Strom von Gott (Elohim) ischd
voler Wasser; du läßt en s Korn gråta.
Jå, so richtest du s nô:
11 Du machst saene Furcha feucht ond
saene Scholla glatt; du wôechnest s auf
mit am Rega ond segnest, was wächst.
12 Du setzst am Jåhr d Kron auf mit daem
Sach, aus daene Spura laoft s Fett raus.
13 Jauchzga dent d Aoa en dr Steppe,
ond dr Jubel ischd wian a Gürtel om d
Åhöha rom.
14 D Wôeda hent a Gwand aus Herda,
ond d Täler standat voll em Korn. Dia
jublat sich zua ond sengat.

Zom Vrgleicha: *Vers 4:* 32,1 • *Vers 5:* 23,6; 36,9 • *Vers 8:* 89,10; Iob 38,11; Jes 17,12 • *Vers 10-11:* 104,10-15; Joel 2,22-24 • *Vers 13:* 96,12.

A Hymne von dr befreita Gemaende ond a Vrsprecha vo ma Oezechta

66 Für da Dirigenta. A Liad. A
Psalm. De ganz Welt soll Gott
(Elohim) zuajauchzga!
[2]Sengat, wia herrlich sae Nåma ischd!
Gebat am d Ehr von saem Nåma!
[3]Sagat zo Gott (Elohim): Wia furchtbar
send daene Tata! Vôr daener gewaltiga
Macht müaßat daene Faend Bückleng
macha.
[4]De ganz Welt soll sich dir onterordna
ond a Lobliad senga auf daen Nåma!
Sela.
[5]Kommat her ond guckat, was Gott
(Elohim) dao håt, då könnat d Menscha
bloß no ehrfürchtig staona!
[6]Der håt aus am Meer a trockes Land
gmacht - dass dia per pedes durch da
Strom hent laofa könna. Sell wölla mr
ons über an fraea!
[7]Ewig herrscht r mit saenera Macht.
Saene Aoga guckat ganz gnao nô bei
de Völker; Abspenstige könnat då koen
Aufstand riskiera.
[8]Ihr Völker, machat onseram Herrgott d
Aufwartong ond sengat sae Lobliad so,
dass r s ao hört.
[9]Der håt onser Seel ens Leba bråcht,
ond drfür gsôrgt, dass onser Fuaß et ens
Wanka gråta ischd.
[10]Weil du håsch as schao auf d Prob
gstellt, Gott (Elohim), håsch as gläuterat,
wia mr s Silber läutera duat.
[11]Du håsch as schao en Schwierigkaeta
bråcht, ond as ganz schöne Päckla auf
da Buckel glada.
[12]Du håsch as Leut auf am Kopf
romtrampla lassa; durch s Feuer ond
durch s Wasser se mr ganga. Aber du
håsch as rausgholt en d Freihaet!
[13]I komm en dae Haus mit Brandopfer,
ond lös dr maene Vrsprechonga ae,
[14]dia môn e dr en maener Not gmacht
han.
[15]Brandopfer von fette Schåf breng e dr;
ond ao da Opferduft von Schåfböck,
Küah ond Gôesböck richt e dr ao nô.
Sela.
[16]Kommat älle her ond horchat, was
e euch vrzähl, ihr älle, mô a Ehrfurcht
hent vôr Gott (Elohim), was der an
maener Seel ällas dao håt!
[17]I han an ågruafa mit maem Mund - en
Lobpreis han e auf dr Zong ghet.
[18]Hätt e ebbas Orechts em Senn ghet, nå
hätt me dr Herr gar et åghört.
[19]Aber Gott (Elohim) håt me åghört,
ond drauf g achtat, wian e an ågfleht
han.
**[20]Lob ond Preis sei Gott (Elohim)! Mae
Gebet håt r et vrwôrfa, ond sae Gnade
et vo mr gnomma.**

Zom Vrgleicha: *Vers 1:* 98,4; 100,1 • *Vers 5:* 46,9 • *Vers 6:* Ex 14,21f; Jos 3,16f • *Vers 9:* 121,3 • *Vers 10:* Jes 48,10; Spr 17,3 • *Vers 12:* Jes 43,2 • *Vers 13-14:* 22,26; 50,14; 61,9; 76,12; 116,14.18; Num 30,3; Jona 2,10 • *Vers 18-19:* Spr 29,9; Joh 9,31.

Älle Völker sollat da JAHWE preisa

67 Für da Dirigenta. Mit Sôetaspiel.
A Psalm. A Liad.
[2]Gott (Elohim), sei as gnädig ond segne
as, laß dae Gsicht bei ons leuchta, Sela.
[3]dass mr auf dr Erde daen Weg erkennt,
ond onter älle Völker dae Hael.
[4]Preisa sollat de d Völker, Gott (Elohim)!
Di preisa älle Völker!
[5]D Nationa sollat sich fraea ond jubla,
weil dae Gericht über d Erde gerecht
ischd; du richtest d Völker, wia se s
vrdient hent ond d Nationa, du führst
se auf dr Erde! Sela.
[6]Preisa sollat de d Völker, Gott (Elohim)!
Di preisa älle Völker!
[7]S Land håt ällas hergeba. Gott (Elohim),
onser Gott (Eloheynu) håt as gsegnat!
[8]Gott (Elohim) håt as gsegnat; ond älle
Enda von dr Welt sollat a Ehrfurcht vôr
am han!

Zom Vrgleicha: *Vers 2:* 4,7 • *Vers 5:* 98,9 • *Vers 7:* 85,13.

A Hymnus auf s Erschaena von Gott (Elohim)

68 Für da Dirigenta. Vom David. A
Psalm. A Liad.
2 Gott (Elohim) erhebt sich. Nå fahrat
saene Faend ausanander. Ond dia, mô
an hassa dent, vrziagat sich vôr saem
Gsicht.
3 Wia dr Raoch em Wend vrgôht, wia
s Wachs am Feuer vrlaoft, so vrgangat
d Frevler vôr am Gsicht von Gott
(Elohim).
4 Aber de Gerechte fraeat sich ond
jubilierat vôr am Gsicht von Gott
(Elohim), se jauchzgat vor Fraed.-
5 Sengat vôr Gott (Elohim)! Spielat saem
Nåma! Jubilierat über den, mô auf de
Wolka fährt! Preisat saen Nåma ond
jubilierat vôr am!
6 A Vadr von de Wôesa, a Åwalt von de
Witfraoa ischd Gott (Elohim) en saener
haeliga Wohnong.
7 Gott (Elohim) ischd s, der mô sotte
hoembrengt, mô em Stich glassa wôra
send, ond de Gfangene ens fruchtbare
Land nausführt. Bloß de Widerborstige
müaßat en dr Dürre bleiba.
8 Gott (Elohim), mô du auszoga bist
vôr daem Volk, bist du durch d Wüste
gschritta, Sela
9 då håt d Erde bebt, d Hemmel hent
triaft vôr Gott (Elohim) – am Sinai, am
Gott (Elohey) von Israel.
10 Rega grad gnuag håsch du, o Gott
(Elohim), ausgleert. Dae ausdôrrats
Erbland - du läßt s wieder aufleba.
11 Dae Leibvolk håt sich dren
niedergIassa, en daener Güate håsch du
de Arme wieder aufgmonterat, o Gott
(Elohim)!
12 Dr Herr håt en Spruch rausbråcht:
Fraoa, sagat dui Fraedabotschaft weiter:
De graeßte Heerschara -
13 mitsamt ihre König haoat ab, flüchtat!
En de Häuser vrtôelt mr d Beute:
14 Wöllat r zwischa de Pferch hocka?
Taubaflügel, mit Silber überzoga, ond
ihre Federa mit ågloffenam Gold.
15 Mô dr Allmächtige sell dia König
vrstraet håt, håt s auf am Zalmon
gschnia.
16 A Berg von Gott (Elohim) ischd dr
Berg vom Baschan! Oe ganz haocher
Gipfl ischd dr Berg vom Baschan!
17 Was guckat r so schiach, ihr haoche
Gipfl, auf den Berg, mô sich Gott
(Elohim) als saen Herrschaftssitz
rausgsuacht håt, mô JAHWE auf ewig
saen Thron håt?
18 Waga von Gott (Elohim)! Zeahtausad
mål Tausad - ganz erhaba ischd dr Herr
komma - vom Sinai en s Haeligtom.
19 Du bist naufzoga auf d Åhöha,
ond håsch Gfangene gmacht, ond
Huldigongsgaba håsch d ao en Empfang
gnomma!
20 Priesa sae soll dr Herr, Dag om Dag!
Traga duat r ons, Gott (Elohim) ischd
onser Hael! Sela.
21 Gott (El) ischd a Gott (El) mô ao hilft,
ond JAHWE ischd dr Herr, der mô ao d
Weg zom Daot onter sich håt!
22 Ganz gwieß schmetterat Gott (Elohim)
saene Faend da Schädel nae, der ziagt en
da Schôetel nåch, mô moenat, se müaße
ällas doa, was ER vrbota håt!
23 Dr Herr håt gsprocha: Von Baschan
hol e s zruck, aus am tiafsta Meer hol
e s raus,
24 dass da d Füaß em Bluat von daene
Faend bada kåsch, ond s daene Hond
aufschlecka dent.
25 Mr håt s gseha, wia da Aezug ghalta
håsch, Gott (Elohim), da Aezug vo
maem Gott (Eliy), vo maem König ens
Haeligtom:
26 D Sänger vôrnadraus, hentadrae d
Sôetaspieler - ond en dr Mitte jonge
Mädla mit Pauka.
27 En Chôr hent se Gott (Elohim) priesa
- JAHWE aus dr Festgemaende Israel.
28 Då ischd dr Benjamin, kloe, aber ihr

Herrscher! D Fürsta von Juda mit ihre Schara! D Fürsta von Sebulon, d Fürsta von Naftali!

29 Gott (Elohim), du håsch dae Macht zaegt, mô du o Gott (Elohim) für ons aegstanda bist

30 von daem Templ aus über Jerusalem! Dir sollat d König mit Gschenker ihr Aufwartong macha.

31 Lehr des Tier em Schilf Mores, des Ruadl von mächtige Leut, dia Herra von de Völker; Trapp s na, dia mô bloß am Silber en Gfalla hent! Jag s ausanander, dia mô a Fraed hent am Kriag!

32 Mr soll bronzene Gerät von Ägypta brenga, ond dr Kusch soll saene Händ zo Gott (Elohim) aufheba!

33 Ihr Königreich auf dr Erde, sengat Gott (Elohim) zor Ehr, spielat am Herra! Sela.

34 Ehm, der mô über d Hemmel wegfährt, dia mô von Åfang å gwea send! Guck, der läßt ebbas von sich höra mit saener gewaltiga Stemm!

35 Gebat Gott (Elohim) d Macht! Über Israel herrscht sae Hohaet ond sae Macht über de Wolka.

36 Furchtbar herrscht Gott (Elohim) von saem Haeligtom aus; dr Gott (El) von Israel, Macht ond Gwalt gibt r am Volk. Gott (Elohim) sei Lob ond Preis!

Zom Vrgleicha: *Vers 2:* Num 10,35; Jes 33,3 • *Vers 3:* 92,10 • *Vers 5:* 7,18; 18,11; Dtn 33,26; Jes 19,1 • *Vers 6:* 10,18 • *Vers 7:* 146,7 • *Vers 8:* Ex 13,21; Dtn 33,2 • *Vers 9:* 18,8; 77,19; 97,4; 99,1; 104,32; 114,6f; Ex 19,18; Ri 5,4f; Sir 16,18f; Jes 63,19; Hab 3,6 • *Vers 12:* Jes 52,7 • *Vers 14:* Ri 5,16.23 • *Vers 15:* Ri 9,48 • *Vers 17:* 132,13; Ez 43,7 • *Vers 18:* 2Kö 6,17 • *Vers 19:* 47,6; Eph 4,8-10 • *Vers 20:* 145,2; Jes 46,3f; 63,9 • *Vers 21:* 9,14 • *Vers 24:* 58,11; 1Kö 21,19; 22,38 • *Vers 25:* 24,7; 2Sa 6,13-15 • *Vers 26:* 149,3; 2Sa 6,5 • *Vers 28:* Ri 20,43-48; Jes 8,23 • *Vers 29:* 80,2 • *Vers 31:* Ez 29,2f • *Vers 32:* 72,10; Jes 18,7; 45,14; Apg 8,27 • *Vers 33:* 7,18.

S Leida vom eifriga Gottesknecht

69 Für da Dirigenta. Nach »Lilia«. Vom David.

2 Hilf mr, o Gott (Elohim), s Wasser stôht mr schao am Hals!

3 Em tiafa Schlick ben e aegsonka ond han koen Halt maeh. S Wasser ischd emmer tiafer wôra; d Fluat gôht über me nae.

4 I be ganz he vôr lauter Schreia, mae Gurgel ischd ganz hôeser; ond maene Aoga laufat schier aus, vom Harra auf maen Gott (Elohay).

5 Des send maeh als wian i Håår uf am Kopf han, dia mô me hassa dent, obwohl se gar koen Grond drzua hent. Viel Aefluß hent dia, mô mae Vrderba wöllat, maene durch ond durch vrlogene Faend. I soll für ebbas Schadaersatz laesta, was e gar et gnomma han.

6 O Gott (Elohim), du ganz alloe wôeßt, was e vrschuldat han, ond maene Vrfehlonga send dr et entganga.

7 Et dass wega mir dia z grond gangat, mô auf di hoffa dent, JAHWE Zebaoth! Et dass wega mir sich dia schäma müaßat, mô no ebbas nåch dr frågat, Gott (Elohey) von Israel!

8 Weil wega dir muaß i Schmach traga, ond vôr Schand mae Gsicht zuadecka.

9 Wian a Fremder ben i für maene Brüader ond maener Muader ihre Buaba kennat me nemme.

10 Weil dr Eifer om dae Haus håt me ganz aufzehrt; ond wann se über di blöd drherschwätzat, nå trifft des mi genauso.

11 I han me selber gstråft mit Fasta, nå hent se me bloß ausglacht.

12 Nå han e als Gwand en Sack ådao - då hent se a Spottliad draus gmacht.

13 Em Tôr schwätzat se über me, ond beim Saufa sengat se vo mr.

14 Aber i bet zo dir, JAHWE, en ra Zeit mô dr s gfällt, o Gott (Elohim)! erhör me doch en daener graoßa Güate, mit

daener zuavrlässiga Hilf!
15 Ziag me aus dem Sompf dåhanna, dass
e et vrsenk, hol me aus dem Wasser
raus!
16 Et dass des Wasser über me naegôht,
ond me nareißt ens Tiafe! Et dass dia da
Deckel auf s Bronnaloch dent!
17 Erhör me, JAHWE, ond sei so guat,
erbarm de über me ond guck her zo
mr!
18 Vrsteck dae Gsicht et vôr daem Knecht,
mir ischd s nämlich hemmelangst; hilf
mr doch ganz schnell!
19 Komm doch zo mr ond befrei me;
schao wega maene Faend, hol me doch
raus!
20 Du wôeßst doch, wia mr s gôht, ond
wia maene Widersacher send, des wôeßt
d ao!
21 Dui Schand bricht mr s Herz, ganz
krank håt me des gmacht. Moenst, då
hätt ao bloß oener a Mitleid mit dr, koe
Spur! Oder dass ao bloß oener a guats
Wörtle für de hätt, et oener.
22 Giftigs Zuigs hent se mr zom Essa geba
ond Essig z trenkat für maen Durst.
23 Dene soll ihr ôegenr Tisch zor Fall
wera, ond ihre Opferorgia zom Strick!
24 D Aoga sollat en trüab wera, dass se nex
maeh seahnat, ond d Hüftglenk sollat en
nausschnappa, dass se drherwacklat uf
emmer.
25 Laß s no daen Zôrn spüra ond dae
Wuat soll s treffa!
26 Ihr Lagerplatz soll a Öde wera, dass en
ihre Zelt koener maeh wohna kå!
27 Weil dia oen, mô du schao gnuag
gschlaga håsch, ao no vrfolgat ond plågat
oen, der mô schao gnuag Schmerza håt,
no extra.
28 Häuf en no auf ihr Schuld no maeh
Schuld druf, dass se von daener
Gerechtigkaet nex hent.
29 Aus am Lebensbuach sollat dia
ausglöscht sae, ond bei de Gerechte
sollat dia et aufgschrieba sae.
30 Aber i ben arm ond muaß leida; dae
Hilf, o Gott (Elohim), soll me bhüata!
31 Da Nåma von Gott (Elohim) will i
loba e ma Liad, preisa will e an mit a ma
Dankliad.
32 Weil des gfällt JAHWE besser als wia
Rendla, als wia Farra mit Hörner ond
Klaoa.
33 Guckat no, ihr Arme, ond fraeat euch,
ihr, mô Gott (Elohim) suachat, euer
Herz soll aufleba!
34 Weil JAHWE horcht auf de Arme ond
saene Gfangene vrachtat r ao et.
35 Dr Hemmel ond d Erde müaßat an
loba, d Weltmeer ond ällas was dren
romschwemmt!
36 Weil Gott (Elohim) hilft am Zion, ond
am Juda baut r Städt, dass mr sell wohna
ond ebbas hao kå.
37 D Kender von saene Knecht erbat des
amål; ond dia, mô saen Nåma gern hent,
dia könnat sell bleiba.

Zom Vrgleicha: *Vers 2-3:* 42,8 • *Vers 3:* 40,3 • *Vers 4:* Jes 38,14 • *Vers 5:* 35,19; Joh 15,25 • *Vers 8:* 44,23; Jer 15,15 • *Vers 9:* 31,12 • *Vers 10:* 119,139; Joh 2,17; Rö 15,3 • *Vers 12:* Klgl 3,14 • *Vers 13:* Iob 30,9 • *Vers 14:* 102,14; Jes 49,8 • *Vers 15:* 40,3 • *Vers 16:* 42,8; Gen 29,3 • *Vers 18:* 102,3; 143,7 • *Vers 21:* Klgl 1,2 • *Vers 22:* Klgl 3,15; Mt 27,34.48 • *Vers 23-24:* Rö 11,9f • *Vers 26:* Apg 1,20 • *Vers 27:* 71,11; Jes 53,4 • *Vers 29:* 139,16; Ex 32,32; Jes 4,3; Da 7,10; 12,1; Mal 3,16; Lk 10,20; Phil 4,3; Offbg 3,5; 20,12 • *Vers 32:* 40,7 • *Vers 33:* 22,27 • *Vers 36:* 51,20; Jes 44,26; Ez 36,10 • *Vers 37:* Jes 65,9.

70 ischd a Wiederholong von **40** 14 - 18

Schiab me et weg, wann e alt wir

71 Bei dir, JAHWE, han e a Zuaflucht
gfonda; laß mae Hoffnong et
omasonst sae!
2 En daener Gerechtigkaet rett me, laß
me drvokomma, leih mr dae Ohr ond
hilf mr!
3 Sei mr a Felsa zom Nôflüchta, a stabila
Burg, mô mr hilft. Jå, a Felsa ond a fester

Grond bist du für mi!
[4]Mae Gott (Elohay), laß me drvokomma
aus am Gottlosa saene Händ, aus am
Frevler ond Ausbeuter saener Faust!
[5]Weil du bist mae Hoffnong, JAHWE,
mae Herr, i vrtrau dr schao von kloe å.
[6]Seit e uf dr Welt ben, han e me auf di
gstützt, vom Muaderleib å bist du mae
Schutz; ond dir håt mae Lobliad schao
emmer golta.
[7]Für en mancha ben i wian a Wonder
gwea, aber du bist mr a mächtiga
Zuaflucht gwea.
[8]I han de bloß loba könna, da ganza
Dag, nia ischd mr des z viel gwea.
[9]Schiab me et uf d Seit wann e alt wir;
wann s abwärts gôht mit maener Kraft,
nå gang et fort vo mr!
[10]Weil maene Faend schwätzat über me;
ond dia, mô mr ans Leba wöllat, dent
mitanander vrhechla
[11]ond nå sagat se: Gott (Elohim) håt an
vrlassa; gangat am nåch ond packat an,
dem hilft nämlich koener maeh!
[12]O Gott (Elohim), gell du gôhst et weg
vo mr! Mae Gott (Elohay), hilf mr ganz
schnell!
[13]Uf da Deckel müaßat se oena kriaga,
dia mô s auf me agseha hent, a Schand
soll s sae für dia, mô bloß mae Oglück
wöllat!
[14]Aber i harr aus ond will gucka, dass
dae Ruhm emmer graeßer wird.
[15]I will da ganza Dag vrzähla von daener
Gerechtigkaet ond von daem Helfa,
- i wôeß schao gar nemme, wia oft des
gwea ischd.
[16]I därf Aezug halta, weil dr Herrgott
ebbas graoß a mr dao håt, drom preis i
ao ganz alloe dae Gerechtigkaet!
[17]O Gott (Elohim), von kloe å han e
von dir glernat, ond bis uf da Dag nô
vrkündige i daene Wonder!
[18]Ao wann e alt ond grao wir, o Gott
(Elohim), vrlaß me et, dass e vrkündiga
kå, was dae Arm dao håt, älle Kender,
Enkel ond Urenkel, dae Kraft,
[19]ond dae Gerechtigkaet, o Gott
(Elohim), bis ganz oba nô. Was du ällas
dao håsch, Gott (Elohim), wen sott mr
ao mit dir vrgleicha könna?
[20]Du håsch as Not ond Elend vrleba
lassa, schlemme ond oguate Sacha, - aber
du håsch as ao wieder lebendig gmacht!
Du håsch me wieder auf d Füaß gstellt,
môn e total am Boda zrstört gwea ben.
[21]Gib mr a graeßers Åseha ond komm
wieder zo mr, dass da me tröstest!
[22]Nå will e de ao preisa mit am
Harfaspiel, ond dae Treue preisa, mae
Gott (Elohay)! I spiel dr auf dr Leier,
Haeliger von Israel!
[23]Jubel kommt mr von de Lippa ond aus
dr Seel, dui mô du erlöst håsch.
[24]Ao mae Zong soll da ganza Dag
von daener Gerechtigkaet reda! Dass
Schand über s komma ischd, dass se sich
schäma müaßat, dia mô mr bloß Oglück
gwonscha hent.

Zom Vrgleicha: *Vers 1-2:* 31,2f • *Vers 3:* 92,16 • *Vers 4:* 140,2 • *Vers 6:* 22,11 • *Vers 7:* 31,12; Jes 52,14 • *Vers 9:* Jes 46,4 • *Vers 11:* 3,3; 22,9; 69,27 • *Vers 12:* 22,12 • *Vers 13:* 35,4 • *Vers 15:* 35,28 • *Vers 18:* 22,31f • *Vers 19:* 40,6; 72,18; 86,8 • *Vers 20:* 9,14 • *Vers 22:* Jes 6,3; 43,3 • *Vers 23:* 7,18 • *Vers 24:* 40,15.

A Gebet om da Sega für da König

72 Vom Salomo. Gott (Elohim), laß
da König en daem Senn Recht
sprecha ond da Königssoh en daener
Gerechtigkaet!
[2]dass r ganz gerecht ischd, wann r dae
Volk richta duat ond ao de Elendeste zo
ihram Recht kommat.
[3]D Berg sollat s Hael traga für s Volk
ond d Bückala d Gerechtigkaet.
[4]De Elendeste em Volk soll r ihr Recht
vrschaffa, de Ärmste helfa ond de
Gwalttätige natonka.
[5]Leba soll r, so lang wia d Sonn schaent,
so lang wia dr Mond leuchta duat - von

oener Generatio zor andera.
[6]Wian a Rega soll r sae en de Wiesa,
wann a Guß da Boda åfeuchta duat.
[7]En saener Zeit soll d Gerechtigkaet
spriaßa ond ällas Hael - bis s koen Mond
maeh geit.
[8]Jå, von oem Meer bis ans ander soll r
herrscha, vom Strom (Eufrat) bis an s
End von dr Welt.
[9]Dia mô gega an send, müaßat sich
vôr am beuga, saene Faend da Dreck
aufschlecka!
[10]D König von Tarsis ond de Insla sollat
Gschenk brenga, d König von Scheba
ond Saba sollat am Tribut zahla!
[11]Jå, älle König sollat am huldiga, älle
Völker sollat am Denst laesta.
[12]Weil der en Arma retta duat, wann
r schreit, en Elenda ond oen, dem mô
sonst koener maeh hilft.
[13]Mit de Arme ond Schwache håt der a
Erbarma; de Arme rettat r s Leba.
[14]Von dr Onterdrückong ond dr Gwalt
macht r ihr Leba frei, weil en saene Aoga
jedas Leba en Wert håt.
[15]Leba soll r, ond mr soll am Gold von
Saba geba! Jå, äll Dag soll mr für an beta
ond an segna!
[16]S soll emmer maeh Korn em Land sae
als mr braucht; bis en d Berg nauf soll s
rauscha! Wia dr Libanon soll sae Frucht
spriaßa, sae Korn soll gråta wia s Kraut
em Acker!
[17]Saen Nåma soll mr nia vrgessa; so
lang wia d Sonn schaent, soll sae Nåma
spriaßa! Da Sega sollat se sich mit am
geba, älle Völker sollat an preisa!
[18]A Sega ischd JAHWE, dr Gott (Elohey)
vom Israel, dr oezig mô Wonder doa kă;
a Sega ischd sae wonderbarer Nåma en
älle Ewigkaeta; sae Herrlichkaet soll sich
auf dr ganza Erde ausbrôeta! Amen, so
soll s sae!
Då send am David, am Soh vom Isai,
saene Gebet aus.

Zom Vrgleicha: *Vers 2:* 2Sa 23,3; Spr 31,8f • *Vers 4:* 10,18 • *Vers 5:* 61,7; 89,37f • *Vers 8:* Sach 9,10 • *Vers 9:* Jes 49,23; Mi 7,17 • *Vers 10:* 68,32; 1Kö 10,1-13; Jes 60,9 • *Vers 11:* 2,8; 47,9 • *Vers 12-13:* Iob 29,12 • *Vers 14:* 9,13; 116,15 • *Vers 15:* 61,7f • *Vers 16:* Jes 27,6; Am 9,13 • *Vers 17:* 21,7; Gen 12,3; 22,18 • *Vers 18:* 41,14; 136,4 • *Vers 19:* Jes 6,3; Num 14,21.

S DRITTE PSALMABUACH: - PSALM 73 - 89

Beim Herrgott sae langt

73 A Psalm vom Asaf. Lauter Güate
ischd Gott (Elohim) zo ma
Aufrechta, zo dene, mô a raens Herz
hent.
[2]Aber om a Häärle wärat maene Füaß
ausgrutscht, ond beinåh wär e en s
Strauchla komma;
[3]weil e eifersüchtig gwea ben auf d
Prahlhansl, môn e gseha han, wia guat s
de Gottlose gôht:
[4]Leida hent dia koene, gsond ond kernig
ischd ihr Leib.
[5]Müahselig brauchat dia et sae, ond sich
plåga wia andere Leut ao et.
[6]Haochfährigkaet ischd dene ihr
Schmuck, ond Gwalttätigkaet ihr
Gwand.
[7]Ihr fetts Leba triafnat von Schuld, ond
ihre Herza laofat uber von Boshaeta.
[8]Se ziagat ällas en da Dreck, von oba ra
schwätzat se domms Zuigs.
[9]Wia wann ihr Gosch vom Hemmel
schwätza dät, so soll auf dr Erde ällas
gelta was dia sagat.
[10]Drom laoft s Volk dene nåch, ond saugt
ihr Gschwätz ganz gierig en sich nae.
[11]Dia sagat sogar: Was soll Gott (El)

schao wissa? Wia wann der ebbas wissa
dät.
12Guck, so send de Gottlose, dia hent
Glück ond emmer no maeh Macht!
13Ganz omasonst han e mae Gwissa
sauber ghalta ond maene Händ en
Oschuld gwäscha
14ond oenaweg ben e plågt wôra da
ganza Dag, äll Môrga han e glei oena uf
da Deckel kriagt.
15Wann e denkt hätt: Jetzat schwätz e ao
so wia dia, guck, nå hätt e jå s Herkomma
von daene Kender vrråta!
16Ond i han romsenniert zom des
vrstanda - en maene Aoga ischd des a
Sauerei gwea!
17Bis e zo Gott (Elohim), zo saem
Haeligtom komma ben, nå han e kapiert,
wia s mit dene ausgôht.
18Jå, auf an glitschiga Boda stellst du
dia ond en ihre ôegene Falla läßt d se
naedabba.
19Om s Nomgucka send dia zom
Schrecka wôra! Vrschwonda ond
vrganga send se wia nex.
20Wian a Traom, wann d aufwachst,
weg ischd, wann d aufstôhst, wôeßt nex
maeh drvo.
21Môn e bitter gwea ben em Herza, ond
mi des enna dren schier aufgfressa håt -
22då ben i hirnvrnaglt ond vrbôhrt gwea,
wian a Ochs ben i vôr dr gwea.
23Aber jetzat bleib i äwel bei dr, du hebst
mae rechta Håd ganz fest.
24Du lôetest me mit daene Ratschläg,
ond am End nemmst me mit en dae
Herrlichkaet.
25Wen hätt e denn sonst no em Hemmel?
Ond außer dir will e nex auf am
Erdboda!
26Wann ao mae Leib ond d Seel vrgôht
- mae Felsagrond ond mae (guater) Tôel
ischd Gott (Elohim)!
27Weil guck: dia mô von dr weichat, dia
vrgangat; ond dia kommat om, mô dr
otreu werat.
28Aber i - wann du bei mr bist – des
ischd mr s Wichtigst; en JAHWE han i
mae Vrtraua gsetzt, dass e ällas vrzähl,
was du duast.

Zom Vrgleicha: *Vers 2:* 37,1; Jer 12,1 • *Vers 3-12:* Iob 21,7-13 • *Vers 6:* 17,10 • *Vers 7:* Iob 15,27; Jer 5,28 • *Vers 11:* 10,11 • *Vers 12:* 17,14 • *Vers 13:* 26,6; Mal 3,14 • *Vers 14:* Iob 7,18 • *Vers 19:* 49,15 • *Vers 20:* Iob 20,8 • *Vers 23:* 121,5; Rö 8,35-39 • *Vers 24:* 16,10; 49,16 • *Vers 26:* 142,6; Num 18,20; Dtn 10,9; Klgl 3,24.

Trauer über s Haeligtom

74 A Liad vom Asaf. O Gott
(Elohim), wårom håsch du as uf
ewig vrwôrfa? Wårom håsch d so en
Zorn auf d Schåf von daenera Wôed?
2Denk doch an dae Gemaende, mô du
dr schao vor dr Zeit gschaffa håsch, mô
du dr zom Stammguat erlöst håsch an
da Berg Zion, mô du drauf wohnst!
3Lupf daene Füaß ond gang an den ewiga
Trümmerhaufa! Ällas håt dr Faend em
Haeligtom hegmacht.
4Daene Widersacher vrführat a
Saugschrôe en daem Haus ond hent ihre
Fahna dren aufgstellt.
5Dia hent ghaust wia d Axt em Wald.
6Daene Schnitzereia hent se mit Beil ond
Hacka zsemaghaoa.
7Åzonda hent se dae Haeligtom, bis
auf da Grond na d Wohnong von daem
Nåma vrdôrba.
8Dia hent sich gsaed: Dia rottat mr aus!
Ond hent em ganza Land d Gotteshäuser
vrbrennt.
9An nex maeh sieht mr, dass du då bist,
ond Profeta geit s ao koene maeh; koener
kå saga, wia lang des no so ganga soll.
10Wia lang no, o Gott (Elohim), därf dae
Widersacher lästera, ond dr Faend daen
Nåma en da Dreck ziaga?
11Wårom hältst de so zrück? Wårom
fährst et oefach drenae?
12Aber du Gott (Elohim) bist mae König,
schao von Urzeita her, ond duast auf

dera Erde bloß ao ällas, was helfa kå.
13 Du håsch s Meer tôelt mit daener Kraft
ond de Dracha ihre Köpf gspalta über
de Wasserfluata.
14 Du håsch am Leviathan saene Köpf
zsemaghaoa, ond s de Hai zom Fraß
nôgschmissa.
15 Quella ond Bäch håsch sprudla lassa
ond graoße Ström trockaglegt.
16 Dir ghert dr Dag ond ao d Nacht; du
håsch de Stern ond dr Sonn ihran Platz
ågwiesa.
17 Du håsch auf dr Erde älle Zona
festglegt; am Sommer ond am Wenter d
Zeit aetôelt.
18 Denk doch drå: Dr Faend lästerat, o
JAHWE! Ond a saudomms Volk ziagt
daen Nåma en da Dreck.
19 Gib de oschuldige Gmüater et de
Hyäna preis; ond vrgiß et uf ewig de
Elendige ihr Leba.
20 Denk an da Bund, weil d Schlupflöcher
em ganza Land send voler Stöhna ond
Gwalttätigkaeta!
21 Laß en Onterdrückta et schändlich
drvoschleicha müaßa, laß de Arme ond
Elendige daen Nåma preisa.
22 Auf gôht s, o Gott (Elohim), nemm
dae Sach selber en d Händ ond denk
drå, wia de dia Dommbeitl durch da
Dreck zoga hent.
23 Vrgiß et des Gschrôe von daene
Widersacher, ond wia daene Faend
omananander tobat ond koe End fendat.

Zom Vrgleicha: *Vers 1:* 77,8; 80,5 • *Vers 2:* Ex 15,17; Dtn 7,6; Ps 76,3 • *Vers 7:* 2Kö 25,9; Jes 64,10 • *Vers 8:* Klgl 2,9 • *Vers 11:* Jes 52,10 • *Vers 13:* Ex 14,21f; Ps 89,11; Jes 51,9f • *Vers 15:* Ex 17,6; Jos 3,16 • *Vers 16:* 104,19.

Dr JAHWE ischd gerecht

75 Em Dirigenta. A Psalmliad vom
Asaf.
2 Lob ond Preis sei dir, o Gott (Elohim).
Wer daen Nåma ågruafa håt, der kå
Wonder vrzähla.
3 Wann mae Zeit då ischd, nå halt i a ganz
gerechts Gricht.
4 Ond wann de ganz Erde en s Wanka
kommt, samt älle mô druf wohnat, da
Grond han i glegt! Sela.
5 I han zo de Kraftprotza gsaed: Bildat
euch no nex ae! Ond zo de Frevler:
Gangat no et z weit!
6 Eure Baem wachsat ao et en da
Hemmel, hent koe so a graoßa Gosch
gega onseran Felsa.
7 Weil et vom Osta ond et vom Westa
ond ao et vom Sinai kommt ebbas für
euch.
8 Noe, Gott (Elohim) ischd dr Richter!
Da oena vrsetzt r na ond da andera
nauf.
9 Jå, en Becher håt JAHWE en dr Håd
mit a ma saura gäriga Wae dren; den
geit r oem năch am andera; sogar d Hefa
müaßat se saufa; älle Frevler auf dr Erde
müaßat trenka.
10 Aber i will de ganz Zeit jubla, ond am
Jakob saem Gott aufspiela.
11 Der bätscht de Frevler ihr
Gwalttätigkaet na, dass de Gerechte d
Macht en d Händ kriagat.

Zom Vrgleicha: *Vers 4:* 24,2; 104,5; 1Sa 2,8 • *Vers 5:* 1Sa 2,3 • *Vers 6:* 94,4 • *Vers 7:* Jer 3,23; Mt 24,23-28 • *Vers 8:* 1Sa 2,7; Da 2,21 • *Vers 9:* 60,5; Iob 21,20; Jer 25,15f; Hab 2,16.

Dr Herrgott ischd dr Sieger

76 Für da Dirigenta. Mit
Sôetainstrument. A Psalmliad
vom Asaf.
2 Gott (Elohim)kennt mr en Juda, en
Israel håt r en graoßa Nåma.
3 En Salem ischd sae Zelt gstanda ond auf
am Zion sae Haus.
4 Sell håt r d Boga samt de Brandpfeil
hegmacht, mitsamt de Schild ond
Schwerter ond dem ganza Kriagsglomp.
Sela.
5 Du bist furchtbar, herrlicher no als wia
de ewig Bergwelt.

6Gfanga send de muatigste Kämpfer,
aegschlåfa send se, dia Helda ond koener
håt maeh en Fenger kromm gmacht.
7Wann du drohst, o Gott (Elohey) vom
Jakob, nå ischd Roß ond Reiter låhm.
8Du bist furchtbar! Wer soll då no
Bstand hao vôr daem mächtiga Zôrn?
9Vom Hemmel ra saest du daen
Richterspruch; de ganz Erde schrickt
zsema ond kå nex maeh saga,
10mô Gott (Elohim) mit saem Gricht
ågfanga håt, zom de Elendeste auf dr
Erde helfa. Sela.
11Jå, sogar d Wuat von de Menscha ischd
für di no a Ehr; ond dr Rest von de
Völker muaß de no feiera.
12Legat Gelübde ab ond dent s aehalta
vôr JAHWE euram Gott (Elohim)! Älle
saene Nåchber sollat am mit Gschenker
huldiga.
13Der geit dene selbstherrliche Fürstla
en Dämpfer ond lehrt dia König auf dr
ganza Erde Mores.

Zom Vrgleicha: *Vers 3:* 87,2; 132,13 • *Vers 4:* 46,10; Judit 9,7 • *Vers 6:* 2Kö 19,35; Jer 51,39.57 • *Vers 8:* Dtn 1,21; Nah 1,6 • *Vers 12:* 66,13.

I Denk drå, was dr JAHWE dao håt

77 Für da Dirigenta. Nach am Jedutun. A Psalm vom Asaf.
2I schrei so laut e ko zo Gott (Elohim). I
schrei zo Gott (Elohim),
dass r me åhört.
3Mô mr s dreckat ganga ischd, han e da
Herra gsuacht; i wir ao et müad, d Händ
nach am auszstrecka. Mae Seel kå sich et
beruhiga.
4Wann e an Gott (Elohim) denk, nå
kommt mr s Heula; wann e nåchdenk,
nå vrzag e voll ganz. Sela.
5I breng koe Aog maeh zua; ganz
durchanander ben e ond kå nex maeh
saga.
6I denk an de alte Zeita en frühere Jåhr
zruck.
7I sennier nachts omananeder ond überleg
mr ond i sag mr: Denk nômål ganz gnao
nåch!
8Will denn dr Herrgott uf ewige Zeita
vrstoßa, will r gar nemme gnädig sae?
9Ischd s am End aus mit saener Güate?
Håt r koe Wort maeh übrig uf älle
Zeita?
10Håt dr Herrgott vrgessa, dass r gnädig
ischd, oder em Zôrn sae Vrbarma
aufhöra lassa? Sela.
11Ond i han gsaed: Des duat mr lôed,
dass dr Höchste so anderst wôra ischd.
12I denk drå, was dr Herrgott (JAHWE)
dao håt, i denk an daene Wonder von
früher.
13Nåchdenka will e, wia da gschaltat ond
gwaltat ond was da ällas dao håsch.
14O Gott (Elohim), dae Weg ischd haelig.
Wer ischd denn so a graoßer Gott (El)
wia onser Gott (Elohim)?
15Du bist der Gott (El), mô Wonder
duat, ond en älle Völker håsch du dae
Macht bewiesa!
16Du håsch durch dae Macht dae Volk
grettat, am Jakob ond am Joseph saene
Kender. Sela.
17D Wasserfluata hent de gseha, o Gott
(Elohim), d Wasserfluata hent de gseha
ond Angst kriagt; sogar d Chaosfluata
send vrschrocka.
18Aus de Wolka håt s gossa wia mit
Oemer, ond donnerat håt s en de Wolka,
ond daene Pfeil send romgflitzt.
19Grollat ond donnerat håt s em Gwitter,
Blitz hent da ganza Erdkraes hell
gmacht, Erdbeba hent da Boda wackla
lassa.
20Durch s Meer ischd dae Weg ganga
ond dae Stôeg durch graoße Wasser;
aber koener håt dae Spur gfonda.
21Du håsch dae Volk gführt wian a
Schåfherd durch da Mose ond da
Aaron.

Zom Vrgleicha: *Vers 3:* 50,15; 88,2 • *Vers 5:* 119,148 • *Vers 6:* 143,5 • *Vers 8:* 113,2; 74,1; 85,6; 89,47; Klgl 3,31 • *Vers 10:* Jes 49,14f • *Vers 11:* Mal

3,6 • *Vers 13:* 143,5 • *Vers 14:* 18,31f; 35,10 • *Vers 15:* 98,1 • *Vers 16:* Neh 1,10 • *Vers 17:* 18,16; 114,3; Nah 1,4 • *Vers 18:* 18,15 • *Vers 18-19:* Hab 3,9-11 • *Vers 19:* 68,9; 97,4 • *Vers 20:* Neh 9,11; Jes 43,16; 51,10 • *Vers 20-21:* Ex 14,21-31 • *Vers 21:* 78,52; Jes 63,11-14; Mi 6,4.

A Gschichtsstond

78 A Liad vom Asaf. Horchat amål
her, s ganz Volk, was e zom Saga
han, leihat mr euer Ohr, dass mae Wort
nae kå.
2I will mae Maul aufmacha ond maen
Spruch saga, ond Gschichta vrzähla von
ganz früher.
3Was mir schao ghört ond vrstanda
hent, mô onsere Vädr ons selligsmål ao
vrzählt hent,
4des wöllat mir ihre Jonge ao et
vrschweiga, ond de nächste Generationa
weitersaga: Was dr Herrgott (JAHWE)
ällas dao håt ond von saener Macht, ond
ao was für Wonder r äls dao håt.
5Wian r sich em Jakob a Zeugnis geba
håt, ond en Israel a Gsetz rausgeba håt,
ond onsere Vädr da Auftrag geba håt,
des ihre Jonge beizbrenga;
6dass dia, mô hentadraekommat, des
lernat, dia Kender, mô no uf d Welt
kommat, dass dia ao nôstandat ond ihre
Kender vrzahlat,
7ond dia auf Gott (Elohim) ihr Vrtraua
setzat ond et vrgessat, was Gott (El)
an en dao håt ond saene Gebot aehalta
dent
8ond et so werat wia ihre Vädr,
a hågabüaches ond bockboenigs
Gschlecht, a charakterlosa Sippschaft,
mô em Herza nia Gott (El) treu gwea
ischd.
9Dia Efraimita, mô als Bogaschütza
ausgrüstat gwea send, send an sellam
Dag, mô s en d Schlacht ganga ischd,
drvogsauat.
10Da Bund mit Gott (Elohim) hent se et
aeghalta, ond om sae Gsetz hent se sich
glei gar et gschert.
11Was ER an en dao håt hent se vrgessa
ond saene Wonder, mô se hent seha
därfa, ao.
12Vôr ihre Vädr drå håt r Wonder dao en
Ägypta dronta auf de Felder von Zoan:
13Då håt r s Meer tôelt ond älle
durchbrâcht, des Wasser ischd gstanda
wian a Mauer.
14Dagnats håt r s glôetat mit ra Wolk, ond
de ganz Nacht mit a ma hella Feuer.
15En dr Wüste håt r Felsa gspalta ond
håt se wia mit ra Sturzfluat naßgmacht.
16Bächla håt r aus de Stoe sprudla lassa
ond Wasser wia en Strom fliaßa.
17Aber dia hent grad weitergmacht
ond sich an am vrsündigt, ond hent
da Höchsta em ausdürrta Land no
vrzürnt.
18En ihre Herza hent se Gott (El) no
rausgforderat ond bloß des zom Essa
vrlangt, was se möga hent.
19Dia hent gsaed: Ischd Gott (Elohim)
ao emstand, dass r ons en dr Wüaste en
Tisch deckt?
20Guck, der håt wohl auf den Felsa
ghaoa, dass Wasser rauskomma ischd
ond Bächla gflossa send - aber kå der ao
a Brot geba, oder saem Volk a Flôesch
herschaffa?
21Des håt dr Herrgott (JAHWE) ghört
ond ischd zôrnig wôra; nå håt s Feuer
geba en Jakob, ond a Zôrn über d
Israelita ischd aufkomma,
22weil se et an Gott (Elohim) glaobt hent
ond et druf vrtraut hent, dass ER hilft.
23Nå håt r de Wolka droba ågeba ond d
Hemmelstüra ufgmacht
24ond håt Manna auf s raregna lassa ond
håt en Hemmelskorn geba.
25De Starke ihr Brot håt a jeder gessa, z
essad hent se grad gnuag ghet.
26Da Ostwend håt r losglassa, ond
mit saener Kraft håt r da Südwend
hergholt;
27nå håt r Flôesch auf s raregna lassa wia

Staob ond Vögel raflattera wia Såd.
28 Mittla ens Lager håt r s naefliaga lassa,
rengsrom om sae Wohnong.
29 Nå hent se gessa ond send satt wôra
drvo; was se wölla hent, håt r en geba.
30 Da Hals hent se et vol kriagt, kaot hent
se nå uf bôede Backa,
31 nå håt Gott (Elohim) en Zôrn auf se
kriagt. Von ihre Åführer håt r ao oene
ombråcht, ond am Israel saene jonge
Kämpfer nôgmäht.
32 Aber dia hent grad so weitergmacht,
ond von saene Wonder überhaopt nex
ghalta.
33 Nå håt r ihre Däg em hui vrflattera
lassa, ond ihre Jährla em Schrecka.
34 Wann r s am Schlawittich ghet håt,
nå hent se an ästemiert ond nach Gott
(Elohim) gfrågt.
35 Nå hent se drå denkt, dass Gott
(Elohim) ihr Felsgrond ond dr höchste
Gott (El) ihr Retter ischd.
36 Aber Lug ond Trug hent dia en dr
Gosch ond uf dr Zong ghet,
37 weil se em Herza et fest zon am gstanda
send ond weil se saem Bund otreu gwea
send.
38 Aber er ischd barmherzig gwea, ihr
Schuld håt r en vrgeba ond håt s et
ausgrottat. Oft håt r sich saen Zôrn
vrhoba ond håt sae Wuat et nausglassa.
39 R håt halt drå denkt, dass se bloß
Menscha send, a Hauch, der mô oe für
ällemål vrgôht.
40 Wia oft send se en dr Wüste bockboenig
gwea ond hent an en dr Steppe domm
ågoschat!
41 Emmer wieder hent se Gott (Elohim)
auf d Prob gstellt, ond da Haeliga von
Israel traurig gmacht.
42 Då ischd koe Gedanka maeh drå gwea,
wian r s mit saener Håd von ihre Faend
grettat håt,
43 wian r saene Zaeche dao håt en
Ägypten, ond saene Wonder en Zoan;
44 môn r ihre Flüß en Bluat vrwandlat
håt, ao d Bächla, dass koener maeh håt
trenka könna;
45 Mucka håt r en gschickt, dia hent s
schier gfressa, ond Frösch, mô ällas
vrdôrba hent.
46 Ihr Ernt håt r de Nager geba, ond de
Haeschrecka ihr Aekomma.
47 Ihre Waestöck håt r en vrhagla
lassa, ond ihre Maulbeerbaem mit
Riesagraupel hegmacht.
48 Ihre Viecher håt r an dr Pest aeganga
lassa, ond ihr Ziefer an Seucha.
49 Saen ganza Zôrn håt r en s naefahra
lassa, de ganz Narratei ond Wuat ond
teuflische Mächt: a Bande von lauter
Ohaelsbrenger.
50 Nå håt r saem Zôrn freian Laof
glassa ond ihre Seela nemme vom
Sterba vrschont ond ihr Leba dr Pest
preisgeba.
51 Älle Erstgeburta håt r gschlaga en
Ägypta, d Erstleng von ihrer Kraft em
Ham (Nåma für Ägypta) saene Zelt.
52 Wia d Schåf håt r sae Volk rausgführt
ond se durch d Wüste glôetat wian a
Herde.
53 Ganz sicher håt r s gführt, Angst hent
se koena hao braucha, ihre Faend håt
nämlich s Meer zuadeckt.
54 En sae haeligs Land håt r s bråcht,
an den Berg, môn r mit saener Rechta
eroberat håt.
55 Vôr en her håt r dia Völker vrjagt (mô
då gwohnt hent), ond håt ihr Land onter
en vrlost als a Erbtôel, ond en ihre Zelt
håt r d Stämm von Israel wohna lassa.
56 Aber dia hent Gott (Elohim) emmer
wieder auf d Prob gstellt ond hent saene
Gsetz et aeghalta.
57 Dia send genaoso treulos abgfalla wia
ihre Vädr, Vrsager send s gwea, wian a
lommalicher Boga.
58 Mit ihre Opferplätz hent se an g'ärgerat,
ond mit ihre Götzabilder graezt.
59 Mô des Gott (Elohim) ghört håt, ischd
r ganz arg vrzürnt gwea, ond håt Israel

ganz ond gar sich selber überlassa.
60 Sae Wohnong en Silo håt r aufgeba,
des Zelt, môn r bei de Menscha gwohnt
håt.
61 Sae Macht (d Bundeslade) håt r fanga
lassa, ond sae Pracht (ao d Bundeslade)
de Faend en d Händ gspielt.
62 Sae Volk håt r an s Schwert gliefferat
ond ischd über sae Erbtôel vrzürnt
gwea.
63 Saene jonge Kämpfer håt s Feuer
gfressa, ond saene jonge Mädla håt
koener a Brautliad gsonga.
64 Saene Priaster send mit am Schwert
ombråcht wôra ond ihre Witwa hent et
amål trauera därfa.
65 Nå ischd dr Herr aufgwacht wia oener,
mô schlåfa duat, wian a Held, der mô
saen Rausch ausgschlåfa håt.
66 Ond r håt saene Faend zrückgschlaga,
dass koe Hond maeh ebbas von en
ågnomma håt.
67 Am Josef saene Nåchkomma håt r auf
d Seit dao, ond dr Stamm Efraim ischd
ao et en Fråg komma.
68 Da Stamm Juda håt r rausgsuacht, da
Berg Zion, den håt r möga.
69 Sell håt r saen Templ nôbaut, wia en da
Hemmel, wia d Erde, môn r uf emmer
ond ewig gründat håt.
70 Da David håt r sich rausgsuacht, als
saen Knecht, von de Schåfpferch håt r
an weggholt,
71 von de Muaderschåf håt r an weggholt,
zom saem Jakob sae Volk uf d Wôed
führa ond Israel, sae Erbtôel.
72 Ond r håt s ganz ehrlich gführt ond a
gschickts Händle håt r drbei ghet.

Zom Vrgleicha: *Vers 2:* 49,5; Mt 13,35 • *Vers 3:* 44,2 • *Vers 3-6:* 22,31f • *Vers 5:* 147,19 • *Vers 8:* Dtn 32,5f.20 • *Vers 12:* Num 13,22 • *Vers 13:* Ex 14,21f • *Vers 14:* Ex 13,21 • *Vers 15f:* Ex 17,6; Num 20,11 • *Vers 17:* Ez 20,13 • *Vers 18:* 106,14; Ex 16,3 • *Vers 21:* Num 11,1 • *Vers 23:* Mal 3,10 • *Vers 24:* Ex 16,4.14f; Joh 6,31 • *Vers 25:* 105,40 • *Vers 30:* Num 11,33 • *Vers 32:* Num 14,11 • *Vers 33:* Num 14,22f • *Vers 34:* Num 21,7; Jes 26,16 • *Vers 35:* 92,16 • *Vers 36f:* Jes 29,13 • *Vers 37:* 95,10 • *Vers 38:* Ex 32,14; Num 14,20; Jes 48,9; Hos 11,8f • *Vers 39:* 103,14-16; Iob 7,7 • *Vers 40:* Dtn 9,22 • *Vers 41:* 71,22 Zom Vrgleicha: *Vers 2:* 37,1; Jer 12,1 • *Vers 42:* 106,21 • *Vers 43:* 135,9; 78,12 • *Vers 44:* Ex 7,17-21 • *Vers 45:* 8,17-20 • *Vers 46:* Ex 10,4-15 • *Vers 47:* Ex 9,18-25 • *Vers 48:* Ex 9,3-7 • *Vers 50:* Ex 9,8-10 • *Vers 51:* 105,36; 135,8; 136,10; Ex 12,29 • *Vers 52:* 77,21 • *Vers 53:* Ex 14,19-31 • *Vers 54:* 114,2; Ex 15,17 • *Vers 55:* 44,3; Jos 24,8-13 • *Vers 57:* Hos 7,16 • *Vers 58:* Dtn 32,16.21 • *Vers 60:* 1Sa 1,3; Jer 7,12 • *Vers 61:* 1Sa 4,11.22 • *Vers 63:* Jer 7,34 • *Vers 64:* 1Sa 4,11; Iob 27,15 • *Vers 66:* 1Sa 5,6-12 • *Vers 68:* 2Chr 6,6 • *Vers 69:* 48,3 • *Vers 70-71:* 89,21; 1Sa 16,11-13; 2Sa 7,8.

Haeda send en s Haeligtom naeganga

79 A Psalm vom Asaf. O Gott
(Elohim), Haeda send oefach
en dae Erbtôel naeganga, daen haeliga
Templ hent se entweiht, ond aus
Jerusalem en Trümmerhaufa gmacht.
2 D Leicha von daene Knecht hent se
de Vögel zom Fraß nôgschmissa, ond
s Flôesch von daene Haelige de wilde
Viecher em Feld.
3 Ihr Bluat hent se wia Wasser vrgossa
rengs om Jerusalem rom, ond koener
ischd då gwea zom se vrgraba.
4 Onsere ganze Nåchber se mr zom
Gspött wôra, Schempf ond Schand bei
älle rengsrom.
5 Wia lang no, o Gott (JAHWE), willst
no baes sae mit ons ond daen Eifer wian
a Feuer brenna lassa?
6 Laß doch dae Wuat an de Haedavölker
naus, dia mô di no gar et kennat, ond an
dene Königreich, mô mit daem Nåma
nex em Senn hent.
7 Weil dia hent da Jakob gfressa ond sae
Wohnong zemaghaoa.
8 Denk doch et emmer bloß an onsere
Altvôrdere ihr Schuld! Komm doch
ganz schnell mit daem Erbarma zo ons,
weil ons gôht s ganz dreckat.

[9]Hilf as doch, o Gott (Elohey), onser Hael, des macht doch daem Nåma älla Ehr! Rett ons, ond vrzeih ons, was mr dao hent, des bist d daem Nåma oefach schuldig!
[10]Wårom sollat ao d Haeda saga könna: Mô ischd nå jetzat ao dene ihr Gott (Eloheyhem)? Laß dia Haeda vôr onsere Aoga drå dae Rache schmecka für des Bluat, mô se an daene Knecht vrgossa hent!
[11]Dene Gfangene ihr Stöhna soll vôr di komma, mit daem mächtiga Arm kåsch du dia am Leba halta, mô schao am Daod ens Aog gucka müaßat!
[12]Gib s onsere Nåchber siebafältig uf da Deckel, für den Spott, mô se mit dr trieba hent!
[13]Aber mir send dae Volk, Schåf von daenera Wôed, emmer ond ewig wöllat mr dir danka, ond daen Ruhm weitersaga von oener Generatio zor andera.

Zom Vrgleicha: *Vers 1:* 2Kö 25,8-10; Klgl 1,10 • *Vers 2:* Jer 7,33 • *Vers 2-3:* 1Makk 7,17 • *Vers 3:* Jer 14,16 • *Vers 4:* 31,12; Zef 2,8 • *Vers 5:* 89,47 • *Vers 6:* Sir 36,1-6; Ps 14,4 • *Vers 6-7:* Jer 10,25 • *Vers 9:* Ez 20,44; 36,22 • *Vers 10:* 42,11; Joel 4,21 • *Vers 11:* 102,21 • *Vers 12:* 137,7-9 • *Vers 13:* 95,7.

Komm ond hilf ons doch

80 Für da Dirigenta. Melodie: Lilien. A Zeugnis. Vom Asaf. A Psalm.
[2]Du Hirt vom Israel, horch her, du håsch doch da Joseph glôetat wian a Schåfherd! Du sitzst auf daem Cherubathron, erschaen
[3]vôr am Efraim, vôr am Benjamin ond am Manasse! Weck dae Heldakraft auf ond komm ond hilf ons!
[4]Liaber Gott (Elohim), stell ons wieder auf d Füaß, laß ons dae Gsicht leuchta, des hilft ons.
[5]O Gott (JAHWE Zebaoth), wia lang willst no baes sae mit ons, obwohl s ganz Volk zo dr betat?
[6]Tränabrot geist d en zom Essa, ond Träna lässt d se trenka em Übermaß.
[7]Du läßt zua, dass onsere Nåchber sich om ons streita dent ond onsere Faend ons vrspotta därfat.
[8]Liaber Gott (JAHWE Zebaoth), stell ons wieder uf d Füaß, laß ons dae Gsicht leuchta, des hilft ons.
[9]En Ägypta håsch du en Rebstock ausgraba, ganze Völker håsch d vrjagt ond an aepflanzt.
[10]Du håsch am Platz gmacht, ond r håt sich aegwurzlat ond s ganz Land ausgfüllt;
[11]ganze Häng send onter saem Schatta gstanda, ond saene Ranka send an de Zedera von Gott (El) nauf.
[12]Bis ans Meer håt der nagrankat ond bis an da Strom na mit saene Schößleng.
[13]Wårom håsch d denn saene Maura aufgrissa, dass a jeder, mô drherkommt, wegzopfa kå?
[14]D Wildsäu kommat aus am Wald ond fressat drenrom, ond d Viecher kommat vom Feld rae ond wôedat ällas ab.
[15]O liaber Gott (Elohim) Zebaoth, komm doch wieder zruck! Guck doch ra vom Hemmel auf den Rebstock
[16]ond den Wengert, mô dae Rechta åglegt håt - ond den Soh, mô da aufzoga håsch.
[17]Dia môn an vrbrennt ond hegmacht hent, sollat vrbôppera vôr daem wüatiga Gsicht!
[18]Leg daene Händ auf den Menscha auf daener Rechta, zom Schutz auf den Menschasoh, den mô da selber aufzoga håsch.
[19]Aber mir weichat et von dr. Laß ons leba, mr wöllat ao daen Nåma åruafa!
[20]Liaber Gott (Elohim) Zebaoth, stell ons wieder uf d Füaß, laß ons dae Gsicht leuchta, des hilft ons.

Zom Vrgleicha: *Vers 2:* 23,1; 95,7 • *Vers 4:* 85,5; 4,7 • *Vers 6:* 42,4 • *Vers 7:* 44,14 • *Vers 9:* Jer 2,21 • *Vers 11-12:* Dtn 11,24 • *Vers 13:* 89,41f • *Vers 17:* Ez 15,2-4.

A Festliad

81 Für da Dirigenta. Vom Asaf a
Liad zom Senga uf dr Gittit.
2 Jauchzgat Gott (Elohim) zua, der ischd
onser Kraft, jublat am Jakob saem Gott
(Elohey) no zua!
3 Fangat no å mit Senga, lent d Pauka
knalla, dia schöne Lauta ond ao d Harfa
klenga!
4 Am Neumond stoßat r ens Horn, ond
am Vollmond blåsat r zom Fest.
5 So will s dr Brauch en Israel, ond so
stôht s em Gsetz vom Jakob saem Gott
(Elohim).
6 Als a Gsetz håt ER s ågordnat für da
Josef, mô der gega da Ägypter åtreta
ischd. A Språch hör e, môn e no nia
ghört han: 11b Mach an weit auf, daen
Mund, dass e an fülla kå!
7 I han am d Last vom Buckel gnomma,
ond saene Händ brauchat koen Kretta
maeh traga.
8 En dr Not håsch d zo mr gschria, ond
i han de rausgholt; Em Donnergrolla
han e dr a Antwort geba. Aber du
håsch gmoent, da müaßtest me am
Haderwasser auf d Prob stella. Sela
9 Horch her, mae Volk, laß dr s saga:
Israel, wann da doch bloß oe Mål auf
me höra dätest!
10 Koe anderer Gott (El) soll bei dr sae
ond en dr Fremde sollst koen andera
Gott (El) åbeta!
11 I ben JAHWE, dae Gott, der mô de
aus Ägypta rausgholt håt.
12 Aber mae Volk horcht et auf mae Wort
ond Israel håt nex vo mr wissa wölla.
13 Nå han e se ihrer ôegasenniga Sturhaet
überlassa, dass se hent doa könna, was
se grad ao wölla hent.
14 Wann doch mae Volk ao bloß a bißle
auf me höra dät, ond dr Israel auf maem
Weg laofa dät!
15 Mit dene ihre Faend wär i schnell
fertig, ond ihre Widersacher dät e bloß
d Faust zaega!
16 Dia mô en Haß uf s hent, müaßte
vôr en katzbuckla, uf ewig hätte dia en
Respekt vôr en.
17 S best Wôezamehl dät e dene geba, ond
Honig aus am Felsa bis se satt send.

Zom Vrgleicha: *Vers 4:* 23,24; Num 10,10 • *Vers 7:* Ex 1,14; 6,6 • *Vers 8:* Ex 17,1-7; Num 20,13; Ps 95,8 • *Vers 10-11:* Ex 20,2f • *Vers 12:* 95,7 • *Vers 13:* Jer 7,24 • *Vers 15:* 66,3 • *Vers 17:* 147,14; Dtn 32,13.

Dr Herrgott richtat

82 A Psalm vom Asaf. Gott
(Elohim) stôht en dr Vrsammlong
von de Götter (Elohim), mittla dren
onter de Götter (Elohim) macht r en
Gerichtsdag:
2 Wia lang no wöllat ihr aegentlich orecht
richta ond d Frevler ao no bevôrzuga.
Sela.
3 Vrtaedigat de oefache Leut ond d
Wôesa, vrhelfat de Elendige zo ihram
Recht ond dene, mô nex hent!
4 Rettat doch en Kloena ond Arma aus
dr Gwalt von de Frevler!
5 Dia hent doch koen Vrstand ond
koe Aeseha, em Donkla tappat dia
omanander. Dene muaß jå dr Boda
onter de Füaß wackla.
6 I han denkt, ihr seie Götter (Elohim)
ond Söh vom Höchsta älle mitanander.
7 Aber des sag e euch: Ihr sterbat genaoso
wia d Menscha, ond haglat wian a
schmarotzater Beamter ganz von oba
ra.
8 O Gott (Elohim), mach de auf ond halt
Gricht über d Erde, weil dir doch älle
Völker ghcrat als a Erbtôel.

Zom Vrgleicha: *Vers 1:* 136,2f; 1Kö 22,19 • *Vers 2:* 58,3 • *Vers 3:* Ex 23,6; Dtn 1,17; Jes 1,17 • *Vers 6:* Joh 10,34 • *Vers 8:* 67,5.

Gega faendliche Nåchber

83 A Liad. A Psalm vom Asaf.
2 O liaber Gott (Elohim), då kåsch
d fae nemme still bleiba, då därfst d

nemme drzua schweiga ond nex saga, o
Gott (El)!
3 Guck no, wia daene Faend romtobat,
ond dia, mô en Haß auf de hent, stellat
d Nås nuf.
4 Ganz henterfötzige Vrschwöronga
machat dia gega dae Volk ond heckat
gega daene Schützleng ebbas aus.
5 Dia sagat: Auf gôht s! des Volk rotta
mr aus, dass koem maeh dr Nåma Israel
aefällt!
6 Då dren send se sich oenig wôra, dass
se sich gega di zsemadent:
7 Dia Leut von Edom ond Moab, d
Ismaeliter ond d Hagariter,
8 dr Gebal ond dr Ammon ond dr
Amalek, d Philister samt de Aewohner
von Tyrus.
9 Ao dr Assur ischd drzuaganga, zom am
Lot saene Jonge helfa. Sela.
10 Mach s mit en wia mit am Sisera, wia
mit am Jabin am Bach Kischon,
11 wia mit de Midianiter bei En-Charod,
mô da mit dene da Acker dongat håsch.
12 Mach dene ihre Edelleut wia da Oreb,
ond wia da Seeb ihre Fürstla,
13 dia mô ao gsaed hent: Dem Gott
(Elohim) nemma mr sae Land weg!
14 O Gott, mach se wian a Distl, wia d
Sprae em Wend!
15 Wian a Waldbrand, der mô d Häng
nufrasslat,
16 so gôhst en nåch mit daem Wetter ond
jagst en mit daem Sturm en Schrecka
ae.
17 Breng Schand über s, dass se koener
maeh åguckt, dass se endlich ebbas nach
dr frågat, o Gott (JAHWE).
18 Dia sollat sich uf ewig schäma ond
vrschrecka, vrrecka sollat se an ihrer
ôegena Schand!
19 Dass se endlich merkat, dass du Gott
(JAHWE) ganz alloe dr Höchste bist
über de ganz Welt.

Zom Vrgleicha: *Vers 3:* 35,20 • *Vers 6:* 2,2 • *Vers 10:* Ri 7,23-25; Jes 9,3; 10,26; Ri 4,15f • *Vers 12:* Ri 7,25; 8,21 • *Vers 14:* 35,5 • *Vers 19:* 46,11; 59,14; 100,3; Dtn 4,39; Jes 43,10; Da 3,45.

Vor am Haeligtom

84 Für da Dirigenta. A Psalm von
de Korahita zom Senga mit dr
Gittit.
2 Daene Wohnonga måg i ganz arg,
JAHWE Zebaoth!
3 Mae Seel lechzgat ond will obedengt
em Herrgott (JAHWE) saene Vôrhöf
nae. Mae Herz ond mae Leib schreiat
nåch am lebendiga Gott (El).
4 Ao dr Vogel håt a Häusle gfonda ond
a Schwalb ihr Nest, zom ihre Jonge
naedoa, - bei daene Altär, JAHWE
Zebaoth, mae König ond mae Gott
(Elohay).
5 Glückselig send dia, mô en daem Haus
wohna ond di äll Dag loba därfat. Sela.
6 A glücklicher Må ischd oener, mô
sich bei dir sicher fühla därf, - mit ama
graoßa Vrtraua em Herza
7 gangat se durch s Bakatal ond machat
en Quelltopf draus - ond dr zeitliche
Rega brengt da Sega.
8 Dia wanderat ond kriagat emmer maeh
Kraft ond därfat Gott (Elohim) scha auf
am Zion.
9 JAHWE Zebaoth, horch doch auf mae
Beta, leih mr dae Ohr, du Gott (Elohey)
vom Jakob! Sela.
10 O Gott (Elohim), guck no auf onsern
Schild (König); guck daem Gsalbta ens
Gsicht!
11 Weil oe Dag en daene Vôrhöf ischd
besser als wia tausad drhoem. Liaber auf
dr Türaschwell liega em Haus vo maem
Gott (Elohay), als wia en de Frevler ihre
Zelt hausa.
12 Weil a Sonn ond a Schild ischd dr
Herrgott (JAHWE), Gnad ond Ehr
geit r; ebbas Guats vrweigerat r ama
Gerechte ao et.
13 JAHWE Zebaoth, glückselig ischd der
Må, der mô en di sae Vrtraua setzt.

Zom Vrgleicha: *Vers 3:* 27,4 • *Vers 4:* 5,3 • *Vers 5:* 23,6 • *Vers 10:* 89,19 • *Vers 11:* 27,4 • *Vers 12:* 3,4.

Dr Herrgott spricht vom Hael

85 Für da Dirigenta. A Psalm von de
Korahita.
2Liaber Gott (JAHWE), du bist daem
Land gnädig gsonna gwea, du håsch am
Jakob sae Gschicht nômål romdreht,
3ond daem Volk sae Schuld vrgeba, ond
älle ihre Sünda zuadeckt. Sela.
4Daen Zôrn håsch d lassa fahra, ond dae
Wuat vrraocha lassa.
5Laß ons wieder ebber sae, du Gott
(Elohey), onser Haeland! ond sei bitte
nemme baes mit ons.
6Willst d denn ewig mit ons vrzürnt sae?
Ond daen Zôrn von oener Generatio
auf de ander nomtraga?
7Willst ons et wieder leba lassa, dass sich
dae Volk über de fraea kå?
8Laß ons dae Güate seha, o liaber Gott
(JAHWE), ond schenk ons dae Hael.
9I will losna, was dr Herrgott (JAHWE)
saed. Saed r nex von Hael zo saem Volk
ond saene Gerechte? Dia sollat et ohne
a Hoffnong bleiba!
10Tatsächlich, sae Hilf für de Gerechte
läßt nemme lang auf sich warta. Dass
sae Herrlichkeit wieder en onseram
Land wohnt.
11Güate ond Treue treffat sich, d
Gerechtigkeit ond dr Frieda dent sich
küssa.
12Treue spriaßt wieder aus am Boda ond
d Gerechtigkaet blüat vom Hemmel ra.
13Ao saen Sega geit dr Herrgott
(JAHWE) ond onser Land geit wieder
ebbas her.
14D Gerechtigkaet lauft vôr am her ond
s Hael målt saene Spura.

Zom Vrgleicha: *Vers 2:* Jer 31,23 • *Vers 3:* 32,1 • *Vers 5:* 80,4 • *Vers 6:* 77,8; 79,5 • *Vers 9:* Jer 29,11 • *Vers 11:* 61,8; 89,15 • *Vers 12:* Jes 45,8 • *Vers 13:* 67,7 • *Vers 14:* Jes 58,8.

A Hilfeschrae

86 A Gebet vom David. Leih mr dae
Ohr, liaber Gott (JAHWE), ond
erhör me! Weil i ben elendig ond han ao
nex.
2Schon mae Leba, i will ao fromm ond
guat sae; hilf doch daem Knecht, der mô
dir ganz vrtraut.
3Du bist doch mae Herr, sei mr gnädig, i
ruaf de doch äll Dag å.
4Gib daem Knecht wieder a Fraed am
Leba, weil mae Seel möcht ganz zo dir,
mae Herr.
5Weil du, Herr, du bist güatig ond
möchtest vrgeba, voler Gnade bist gega
älle, mô di åruafa dent.
6Liaber Gott (JAHWE), horch doch auf
mae Beta ond merkst et, wia ernsthaft i
de åfleh?
7Am Dag, wann s naedig ischd, schrei e
zo dir, weil e wôeß, du erhörst me.
8Liaber Herr, di kå mr mit koem von de
Götter (Elohim) vrgleicha, koener kå
des, was du nôbrengst.
9Älle Völker werat no komma ond vôr
dir nôsenka ond daem Nåma d Ehr
geba, o Herr.
10Weil du bist graoß ond duast Wonder,
du ganz alloe bist Gott (Elohim)!
11Breng mr bei, dass e auf daem Weg
gang, dass e dir treu bleib; gib mr des en
s Herz, dass e emmer a Ehrfurcht han
vôr daem Nåma!
12I will dr ao emmer von Herza dankbar
sae ond maener Lebdag daem Nåma d
Ehr geba,
13weil dae Güate so graoß ischd über
mr ond du mae Leba aus dr tiafsta
Unterwelt rausgholt håsch.
14O liaber Gott (Elohim), freche Kerle
standat gega me auf, a Bande von
Gwalttätige wöllat mr an s Leba, dia
hent mit dir gwieß nex em Senn.
**15Aber du, Herr, bist a barmherziger
ond gnädiger Gott (El), du håsch viel
Geduld ond Güate ond Treue.**

16Guck me wieder å ond sei mr gnädig! Gib daem Knecht dae Kraft ond hilf daener Magd ihram Soh.
17Guck me wieder å ond sei mr gnädig, laß ebbas an mr gscheha, als a Haelszaeche! Dass dia, mô me hassa dent, sich schäma müaßat, wann se saehnat, dass du, liaber Gott (JAHWE), mr hilfst ond me aufrichtest.

Zom Vrgleicha: *Vers 4:* 25,1; 143,8 • *Vers 7:* 50,15 • *Vers 9:* 22,28; Offbg 15,4 • *Vers 11:* 25,4; 26,3; Joh 14,6 • *Vers 13:* 9,14 • *Vers 14:* 54,5 • *Vers 15:* 116,5 • *Vers 16:* 25,16.

Zion ischd am Herrgott sae Stadt

87 A Psalm von de Korahiter, a Liad. Auf haelige Berg ischd se ganz fest gründat.
2Da Zion mit saene schöne Stadttôr måg dr Herrgott (JAHWE) ärger als wia älle Wohnörtla vom Jakob.
3En de höchste Tö lobat se de, du Stadt vom Herrgott. Sela.
4I denk an Ägypta ond Babel vôr dene, mô me kennat; oder ao an Philistäa, Tyrus ond Kusch, von dene gilt: Sell ischd der ond der uf d Welt komma.
5Aber Zion ischd d Muader (von älle), oener wia dr ander ischd sell uf d Welt komma. Ond er selber, dr Höchste, håt se aufbaut.
6Beim Aufschreiba zählt dr Herrgott (JAHWE) d Völker auf: Der ischd då uf d Welt komma (ond der sell).
7Ond d Sänger ond d Tänzer sengat: Älle maene Quella send en dir (Zion). Ond des bedeutat: Egal mô dia gebora send, älle gherat zo daem Volk.

Zom Vrgleicha: *Vers 2:* 76,3; 78,68 • *Vers 4-5:* Jes 19,24f • *Vers 6:* Jes 4,3 • *Vers 7:* 149,3; Jes 12,3.

Alloe ond vrlassa

88 A Liad. A Psalm von de Korachiter. Für da Dirigenta.A Liad vom Heman, dem Esrahiter.
2O liaber Gott (JAHWE), mae Haeland,
Dag ond Nacht schrei e zo dir.
3Mae Beta soll vor de komma, leih maem Klaga dae Ohr!
4An Leida fehlt mr s wirklich et, ond mae Leba håt s nemme weit en s Daotareich.
5I gher schao zo dene, mo en d Gruab nagfahra send, i ben als Må mit maener Kraft am End. (Vielleicht a Aussätziger?)
6Bei de Daote muaß e hausa wia de Daodgschlagene, mô em Grab liegat, - an dia, mô du ao nemme denkst, ond mô du ao nex maeh en de Händ håsch.
7Du håsch me en de onterst Gruab vrsetzt, en d Nächte ond ganz tiaf na.
8Dae Wuat macht mr arg z schaffa, ällas gôht wia Woga über me nae. Sela.
9Maene Fraend håsch d gega me aufghetzt, dass se nex maeh vo mr wissa wöllat. Gfanga ben e ond kå et raus.
10Maene Aoga suachat en Ausweg aus am Elend. Zo dir, liaber Gott (JAHWE), schrei e da ganza Dag, ond streck maene Händ nach dr aus.
11Duast an de Daote ao no a Wonder? Oder standat gar d Schatta auf ond dent de preisa? Sela.
12Vrzählt mr em Grab von daener Güate - ond von daener Treue bei de Daote?
13Kapiert mr daene Wonder en dr Nächte ond dae Gerechtigkaet em Land, mô ällas vrgessa ischd?
14Aber i schrei zo dir, liaber Gott (JAHWE); glei môrgnads kommt mae Beta zo dr:
15Liaber Gott (JAHWE), wårom håsch d mae Seel vrstoßa, wårom guckst d me nemme å?
16Elend ond sterbenskrank von Kloe å ben i; oe Schrecka kommt nåch am andera, i kå nemme.
17Dae Zôrn ischd über me naeganga, daene Schrecka hent me ganz hegmacht.
18Wia s baese Wasser gangat se om me rom ond omzenglat me de ganz Zeit.

19 Du håsch maene Fraend ond Nåchber gega me aufghetzt; Was mir vrtraut ischd? Des ischd d Nacht.

Zom Vrgleicha: *Vers 2:* 77,3 • *Vers 3:* 17,6; 119,170 • *Vers 4:* Iob 17,1; 33,22 • *Vers 5:* 143,7 • *Vers 8:* 42,8 • *Vers 9:* 31,12 • *Vers 11-13:* 6,6 • *Vers 14:* 5,4 • *Vers 15:* Iob 13,24 • *Vers 16:* Iob 6,4; 20,25 • *Vers 18:* 42,8 • *Vers 19:* 31,12; Iob 17,13.

Am David sae Königtom,

Erwählong ond Vrwerfong

89 A Liad vom Ethan, dem Esrachiter.

2 A ewigs Liad will e senga vom Herrgott (JAHWE) saener Gnade, ond an älle Generationa von daener Treue weitersaga.

3 Weil du håsch gsprocha: Auf ewig ischd mae Güate baut, so fest wia dr Hemmel stôht mae Treue.

4 I han en Bund gschlossa mit maem Auserwählta, maem Knecht David han e gschwora:

5 En älle Ewigkaeta soll dae Nåchkommaschaft bleiba ond für älle Gschlechter bau i daen Thron auf! Sela.

6 Ond dr Hemmel preist daene mächtige Wonder, o Herr (JAHWE), ond dae Treue en dr Gemaenschaft von de Haelige.

7 Weil wer kommt am Herrgott (JAHWE) gleich en de Wolka, ond dr wehl von de Götter (Elohim) könnt sich mit am Herrgott (JAHWE) messa?

8 Gott (Elohim)ischd gfürchtat bei de Haelige, graoß ischd r ond fürchtig über älle, mô om an rom send.

9 JAHWE du Gott (Elohey) Zebaoth, wer ischd denn schao so wia du? Dae Macht ond dae Treue send rengs om de rom.

10 Du herrest s wilde Meer, wann saene Woga haoch gangat - du machst se ruhig.

11 Du håsch da Rahab (a Chaosmacht) zom Aas gmacht, ond mit daem starka Arm daene Faend vrstraet.

12 Dir ghert dr Hemmel ond ao d Erde, de ganz Welt mit ällam was drzuaghert - du håsch s ågfanga.

13 Da Norda ond da Süda håsch du gschaffa, dr Tabor ond dr Hermon preisat daen Nåma.

14 En daem Arm ischd Heldakraft, stark ischd dae Hâd, dae Rechta håsch aufghoba!

15 **Gerechtigkaet ond Recht send d Grondlaga von daem Thron, Güate ond Treue håsch du vôr Aoga.**

16 Glückselig ischd des Volk, mô wôeß, wem s zuajublat! Liaber Gott (JAHWE), dia standat em Licht von daene Aoga.

17 Äll Dag fraeat sich dia über daen Nåma ond haltat dae Gerechtigkaet haoch.

18 Weil auf dae Stärke könnat se sich ebbas z guathalta, ond durch dae Güate därfat mir wieder aufgucka.

19 Weil am Herrgott (JAHWE) ghert onser Schild (Heerführer), ond am Haeliga en Israel onser König.

20 Selligsmål håsch du e ma Gsicht daem Haeliga erklärt: A ma Helda han e d Kron aufgsetzt ond aus am Volk oen auserwählt.

21 Maen Knecht David han i gfonda, mit maem haeliga Öl han e an gsalbt.

22 Drom halt an i ao fest en dr Hâd, jå, ond mae Arm geit am Kraft.

23 Den därf koe Faend überfalla, ond koe Schender nadrucka.

24 Saene Faend schlag i zsema ond dia, môn an hassa dent, hao e ogspitzt en da Boda nae.

25 Mae Treue ond mae Güate gangat mit am, durch maen Nåma stôht der guat då.

26 Sae Hâd därf r auf s Meer lega ond sae Rechta auf d Flüß.

27 Åruafa därf r me ond saga: Du bist mae Vadr, mae Gott (Eliy) ond Felsagrond ond Halt!

28 Ond i mach an zom Aersta vo maene

Söh, zom graeßta König auf am ganza
Erdboda.
29 Auf emmer ond ewig bleibt am mae
Gnade, ond mae Bund bleibt am treu.
30 An Nåchkomma soll s am nia fehla für
saen Thron, äll Dag, so lang dr Hemmel
stôht.
31 Wann saene Jonge maene Åweisonga
vrlassat ond mae Recht nemme aehalta
dent,
32 wann se maene Satzonga a Schand
machat ond maene Gebot et achta dent
-
33 nå leucht en i hoem mit am Stecka ond
mit Hieb zahl en ihr Schuld.
34 Aber mae Gnade nemm e et von en
ond an dr Treue laß e s et fehla.
35 Maen Bund will e et entweiha ond zo
dem, was e gsaed han, stand e.
36 Oes han e bei mr selber gschwora: dass
e da David niamåls em Oklara laß.
37 Sae Nåchkommaschaft soll ewig bleiba
- sae Thron wia d Sonn vôr mr sae.
38 Wia dr Mond soll r uf ewig bleiba -
ond so lang wia s Wolka geit. Sela.
39 Aber nå håsch d doch vrwôrfa ond
vrstoßa, ond de mit daem Gsalbta
vrzürnt.
40 Da Bund mit daem Knecht håsch d
aufglöst ond sae Kron en da Dreck falla
lassa.
41 Saene Maura håsch älle gschlôeft, saene
Burga am Erdboda gleich gmacht.
42 A jeder, mô drhergloffa ischd, håt an
plünderat, vor dr ganza Nåchberschaft
håt r sich blamiert.
43 Saene Faend håsch d Oberhand glassa
ond en a Fraed gmacht.
44 Sogar sae Schwert håsch am romdreht,
dass r em Kriag koen Stich maeh gmacht
håt.
45 Du håsch am da Zepter vrbrocha ond
saen Thron omgschmissa.
46 Ond ganz alt håsch an ausseha lassa,
a baesa Schand ischd des für an gwea.
Sela.
47 Wia lang no, liaber Gott (JAHWE),
willst de uf ewig vrstecka? Ond daen
Zôra brenna lassa wian a Feuer?
48 Denk doch, wian e drvo muaß für
emmer! Håsch du denn d Menscha
gschaffa für nex ond wieder nex?
49 Dr wehl Må lebt denn ond sieht koen
Daot, ond könnt sae Leba retta aus de
Klaoa von dr Höll? Sela.
50 Mô ischd denn dae Gnade von früher
blieba, o Herr, mô da am David bei
daener Treue gschwora håsch?
51 Herr, denk doch drå, wia sich dae
Knecht blamiert håt, ond wia mr dr
Spott von de Nåchbervölker en s Herz
sticht.
52 Daene Faend ziagat me drmit auf, Herr
(JAHWE), ond machat daem Gsalbta
saene Spura zom Gspött.
53 Lobpreis sei Gott (JAHWE) en
Ewigkaet. Amen.

Zom Vrgleicha: *Vers 2:* Jes 63,7 • *Vers 4:* 132,11; 2Sa 7,8-16 • *Vers 5:* Apg 2,30 • *Vers 7:* 29,1 • *Vers 7-9:* 35,10; 136,2f • *Vers 8:* Iob 1,6 • *Vers 10:* 65,8; Mt 8,26 • *Vers 11:* 74,13f; Iob 26,12 • *Vers 12:* 24,1 • *Vers 15:* 97,2; 85,11 • *Vers 16:* 47,2 • *Vers 19:* 84,10 • *Vers 20-21:* 1Sa 13,14; 16,13 • *Vers 21:* 78,70; Apg 13,22 • *Vers 22:* Jes 42,1 • *Vers 25:* 1Sa 2,10 • *Vers 26:* 72,8 • *Vers 27-28:* 2,7; 2Sa 7,14 • *Vers 28:* Kol 1,15.18; Offbg 1,5 • *Vers 29:* 18,51; Jes 55,3 • *Vers 30:* 61,8; 2Sa 7,16 • *Vers 33:* 2Sa 7,14 • *Vers 34:* Jer 31,36f • *Vers 38:* 72,7; Sir 43,6 • *Vers 41-42:* 80,13 • *Vers 42:* 31,12 • *Vers 47:* 77,8; 79,5 • *Vers 47-48:* 90,9f • *Vers 51:* 41,6 • *Vers 52:* Hebr 11,26.

S VIERTE PSALMABUACH: - Psalm 90 - 107

Dr Mensch ischd vrgänglich

90 A Gebet vom Mose, am Må von
Gott (Elohim). Herr, du bist
schao von je her für ons a Fluchtburg
gwea!
2 No eh d Berg gschaffa wôra send ond d
Erde ond d Welt, bist du schao då gwea,
Gott (El), seit älle Ewigkaeta!
3 Du brengst d Menscha wieder zrück
zom Staob ond saesch: Kommat wieder,
Menschakender!
4 Weil tausad Jåhr send vôr dir wia dr
gestrig Dag, wann r rom ischd, wian a
Nachtwach.
5 Du säst se Jåhr om Jåhr naus; wia s Gras
send se, mô nåchwächst.
6 Môrgnads spriaßt s ond wachst s, ond
åbnads ischd s vrwelkt ond dürr.
7 Jå - mir schwendat weg von daem Zôrn,
ond dae Wuat jagt ons en Schrecka ae.
8 Onsere Sünda stellst du dr vôr Aoga,
ond onsere gehaeme Fehler ens Licht
von daem Gsicht.
9 Jå, onsere Däg vrgangat en daener
Wuat, onsere Jährla schwendat zo ma
Seufzger.
10 **Siebzg Jåhr alt wera mr, ond wann s
guat gôht achtzg, ond s Schönst drå
ischd Müahsal ond Trug. Jå, schnell
ischd s vrbei, om s Nomgucka.**
11 Wer wôeß haet no, was dae Zôrn für
Folga håt, ond wer håt en Respekt vôr
daener Wuat?
12 Dass mr onsere Däg zählat, des breng
as bei, dass onser Herz mit Weishaet
gsegnat wird.
13 Komm doch wieder, o Gott (JAHWE),
wia lang willst no warta? Ond vrbarm
de über daene Knecht.
14 Laß ons doch bald wieder von daener
Gnade satt wera, dass mr ons wieder
fraea könnat ond jubla onser Lebdag.
15 Mach ons so viel Däg a Fraed, wia da s
ons håsch schlecht ganga lassa,
ond so viel Jåhr, wia mr em Oglück
gwea send.
16 Laß daene Knecht seha, was du duast,
ond ihre Jonge dae Herrlichkaet.
17 Am Herrgott sae Güate soll über
ons walta ond ebbas Guats macha aus
dem, was mr en d Händ nemmat, jå, laß
glenga, was mr en d Händ nemmat!

Zom Vrgleicha: *Vers 3:* 146,4 • *Vers 4:* 2Petr 3,8 • *Vers 5-6:* 37,2; 58,6; 102,12; 103,15; Iob 14,2; Jes 40,6f • *Vers 8:* 109,15; Hos 7,2 • *Vers 9-10:* 39,6; 89,48; 102,12; 109,23; 144,4; Iob 7,6.16; 14,1f; Koh 6,12; Weish 2,5 • *Vers 10:* Gen 6,3; Sir 18,9 • *Vers 12:* 39,5f • *Vers 14:* 46,6; 143,8; Klgl 3,23 • *Vers 16:* Jes 5,12.

Onter am Schutz vom Herrgott

91 Wer en Onterschlupf beim
Höchsta håt ond beim Allmächtiga
bleiba därf,
2 der soll zom Herrgott (JAHWE) saga:
Mae Schlupfwenkel ond mae Burg, mae
Gott, auf di kån e me vrlassa!
3 Der ischd s nämlich, mô de aus am
Netz vom Vogler retta duat, vôr am
henterlistiga Zaoberspruch.
4 Mit saene Schwenga geit r dr en
Schutz, ond onter saene Fittich därfst
naschlupfa. Sae Treue ischd a Schild ond
Wehr.
5 Angst brauchst d koena han vôr am
Nachtschreck, ao et vôr Pfeil, mô
dagnads drherpfiffa kommat,
6 ao vôr dr Pest et, mô em Donkla
gschlicha kommt, ond vôr de Seucha en
dr Mittagshitz.
7 Ond wann tausad neber dr omkommat
ond zeahtausad an daener Rechta - di
trifft s et -
8 kåsch d de druf vrlassa, mit daene aegene
Aoga därfst des seha ond zuagucka, wia
s de Frevler hoemzahlt wird.

[9]Weil dr Herrgott (JAHWE) dae
Onterschlupf ischd ond du da Höchsta
zo daem Schlupfwenkel gmacht håsch.
[10]Koe Ohael kommt auf di zua, ond koe
Plåg därf ao bloß en dae Nähe komma.
[11]Weil r saene Engel aufbota håt zom auf
de aufpassa, mô ao emmer da nôgôhst.
[12]Auf de Händ tragat dia de, dass da
koen Fuaß an en Stoe nôhaost.
[13]Über Löwa ond Schlanga laufst d nom,
ond kåsch Löwa ond Dracha vrtrappa.
[14]Weil r me måg, duan e an retta, ond gib
am en Schutz, weil r maen Nåma wôeß.
[15]I erhör an, wann r me åruaft, i hilf am,
wann s am dreckat gôht, i hao an raus
ond gib am sae Ehr!
[16]I mach an satt mit a ma langa Leba,
ond laß an mae Hael seha!

Zom Vrgleicha: *Vers 2:* 18,3 • *Vers 3:* 124,7 • *Vers 4:* 17,7f • *Vers 5:* Spr 3,25 • *Vers 6:* Jer 15,8 • *Vers 7:* Dtn 7,15 • *Vers 8:* 54,9; 62,13 • *Vers 10:* Iob 5,19.24 • *Vers 11:* 34,8; Hebr 1,14 • *Vers 11-12:* Mt 4,6 • *Vers 12:* Spr 3,23 • *Vers 13:* Lk 10,19 • *Vers 14:* 9,11; 119,132 • *Vers 15:* 50,15; Sach 13,9 • *Vers 16:* 50,23.

Dr Herrgott ischd gerecht

92 A Psalm. A Liad uf da Sabbat.
[2]Des ischd a faena Sach, am
Herrgott (JAHWE) Dankschö zom
saga, ond auf daen Nåma a Lobliad zom
senga, du, dr Höchste.
[3]Môrgnads von daener Gnade vrzähla
ond en dr Nacht von daener Treue,
[4]auf ra zeahsôetiga Laute ond auf ra
Harfe, ond mit ra Leier.
[5]Weil du håsch mr a ganz arga Fraed
gmacht mit dem, was da für me dao
håsch, ond was da mit daene Händ dao
håsch, då kån e bloß drüber staona.
[6]Wia graoßartig ischd ällas was du dao
håsch, o Herr (JAHWE)! Ond wia
tiafgründig send daene Gedanka.
[7]A Esel merkt des natürlich et ond a
Dommer kapiert s et.
[8]Mögat de Gottlose spriaßa wia s Gras
ond älle Vrbrecher ihr Klee blüha - des
gschieht doch bloß, dass dia auf emmer
ond ewig ausglöst werat.
[9]Aber du bleibst dr Höchste auf ewig.
[10]Weil des ischd wåhr, daene Faend, o
Herr, tatsächlich, daene Faend müaßat
omkomma. Älle Vrbrecher werat
vrjagt.
[11]Aber mi håsch d stark gmacht wia en
Büffel ond a ganz frischs Öl auf me
triafa lassa.
[12]Maene Aoga därfat auf maene
Vrlaemder nagucka, ond maene Ohra
horchat, was maene Widersacher
vrzählat.
[13]Dr Gerechte wächst wian a Palm, der
stôht då wian a Zeder auf am Libanon.
[14]Dia mô em Herrgott (JAHWE) saem
Haus åpflanzt send, spriaßat en de
Vôrhöf von onseram Gott (Eloheynu).
[15]No em Alter send dia fruchtbar, dia
bleibat saftig ond grea,
[16]dass se vrzählat, wia gerecht JAHWE
ischd, mae Felsagrond, an dem ischd
koe Otädale.

Zom Vrgleicha: *Vers 2:* 33,1-3 • *Vers 6:* 104,24; 139,17f • *Vers 7:* Weish 13,1 • *Vers 8:* 37,35f • *Vers 10:* 68,2f; 125,5 • *Vers 11:* 23,5 • *Vers 12:* 54,9 • *Vers 13:* 1,3 • *Vers 14:* 52,10 • *Vers 16:* 18,3; 18,47; 19,15; 28,1; 31,4; 42,10; 62,8; 78,35; 94,22; 95,1; 144,1; Gen 49,24; Dtn 32,4.15.18.37.

Dr Herrgott ischd König

93 JAHWE ischd König, mit
ällam was drzuaghert, jå, mit
Überlegahaet håt r sich åzoga; Macht
ischd sae Leibgürtel. D Erde håt r fest
gründat, dass nex mae wanka kå.
[2]Von Åfang å stôht dae Thron felsafest,
von Ewigkaet her bist du! [3]Wassermassa
send komma, o Gott (JAHWE),
Wassermassa hent sich austobt;
Wassermassa hent en Krach gmacht.
[4]Über dem gewaltiga Krach von dene
Wassermassa, no viel mächtiger als
wia de ganz Meeresbrandong stôht

am Herrgott (JAHWE) sae Macht
obadrüber.
[5]Auf des, was du saesch, kå mr sich
felsafest vrlassa. Daem Haus stôht a
ehrfürchtiger Respekt zua, liaber Gott
(JAHWE), für älle Zeita.

Zom Vrgleicha: *Vers 1:* 24,7-10; 75,4; 104,5 • *Vers 2:* 9,8; 90,2 • *Vers 3-4:* 29,10 • *Vers 5:* 19,8.

Dr Rachegott

94 O Gott (JAHWE), du Vrgelter,
du Rachegott, laß de seha!
[2]Mach de auf, Weltarichter, zahl de
Haochfährige hoem, was se dao hent.
[3]Wia lang no, o Gott (JAHWE), sollat
dia Frevler, wia lang no sollat sich dia
Frevler ens Fäustle lacha?
[4]Dia schwätzat ihre Frechhaeta
drher, prachtiera dent dia Lompa älle
mitanander.
[5]Dae Volk, o Gott (JAHWE), dent dia
natrappa, ond was dir ghert, druckat se
z onterst na.
[6]Witwa ond Fremde brengat se om ond
vrwürgat d Wôesakender.
[7]Dia sagat: Des sieht doch dr Herrgott
(JAHWE) et; ond am Jakob sae Gott
(Elohey) merkt des schao gar et.
[8]Send doch vrnünftig, ihr stompfsennige
Dackel onter de Leut, ihr Sempel, wann
werat r endlich gscheit?
[9]Sott ausgrechnat der, mô euch Ohra
wachsa läßt, et höra? Ond der, mô euch
d Aoga gmacht håt, sott der nex seha?
[10]Ausgrechnat dr Lehrmôester von älle
Völker sott et stråfa könna? Der, mô
de Menscha ällas beibrengt, sott koe
Erkenntnis han?
[11]Dr Herrgott (JAHWE) kennt de
Menscha ihre Gedanka, der wôeß guat,
dass dia gar nex send.
[12]Der Må kå sich glücklich preisa, mô en
dae Schual därf ond daene Åweisonga
lerna.
[13]Der håt sae Ruah vôr schlechte Zeita,
bis am Frevler s Grab gschauflat wird.
[14]Weil dr Herrgott (JAHWE), der
vrstoßt sae Volk et ond sae Aegatom
läßt r nia em Stich.
[15]Då könnat r euch drauf vrlassa:
Richter wird wieder a Gerechter, ond
a guats End nemmt s bei dene, mô a
rechtschaffena Gsennong hent.
[16]Wer dät mr denn helfa gega dia
Lompa? Ond ischd gega dia Vrbrecher
auf meiner Seit?
[17]Wa mr dr Herrgott (JAHWE) et gholfa
hätt - nå wär mae Seel schao lang auf am
Friedhof draußa.
[18]Môn e denkt han: Jetzat kommt mae
Fuaß ens Strauchla, då han e an daener
Gnade a Stütz ghet.
[19]Han e an Haufa Sôrga ghet, nå håt me
dae Trost aufgrichtat.
[20]Du håsch doch mit am Baesa saem
Richterstual nex zom doa, der mô s
Recht vrdreht ond Ohael schafft.
[21]Dia trachtat am Gerechta nåch am Leba
ond dent oschuldigs Bluat vrurtôela.
[22]Aber dr Herrgott (JAHWE) ischd mae
Burg ond mae Gott (Elohay) ischd dr
Felsa, môn e vrschlupfa kå.
[23]Der zahlt en ihre Gemaenhaeta hoem
ond läßt s en ihre aegene Boshaftigkaeta
omkomma. JAHWE, onser Gott
(Eloheynu), läßt s omkomma.

Zom Vrgleicha: *Vers 1:* Dtn 32,35; Nah 1,2 • *Vers 2:* Jer 51,56; Ps 62,13 • *Vers 4:* 75,6 • *Vers 6:* Ex 22,21f; Ez 22,7 • *Vers 7:* 10,11 • *Vers 8:* Spr 1,22; 8,5 • *Vers 9:* 33,15; Ex 4,11; Spr 20,12 • *Vers 11:* 1Kor 3,20 • *Vers 12:* 119,71; Iob 5,17 • *Vers 14:* 1Sa 12,22 • *Vers 17:* 115,17 • *Vers 18:* 145,14 • *Vers 19:* 2Kor 1,4f • *Vers 22:* 92,16 • *Vers 23:* 7,17; Spr 5,22, Ps 62,13.

A Vrmåhnong em Aeneganga

95 Auf gôht s, lent as am Herrgott
(JAHWE) zuajubla ond jauchzga
auf da Felsagrond von onseram Hael.
[2]Lent as dankbar sae, wa mr vôr an
nôtreta dent ond Lobliader auf an
senga.

[3]Weil dr Herrgott (JAHWE) ischd a
graoßer Gott (El), a König über älle
Götter (Elohim).
[4]De tiafste Stella von dr Erde håt der en
dr Håd, ond Berggipfel gherat am ao.
[5]S Meer ghert am, weil r s gmacht håt ond
s Land håt r mit saene Händ gschaffa.
[6]Gangat aene, lent as nôsenka ond as
vrnaega ond da Herrgott (JAHWE)
ästemiera, der môn as gschaffa håt.
[7]Weil der ischd onser Gott (Eloheynu),
ond mir send sae Volk, d Schåf uf saener
Wôed. Haet ischd s Zeit zom erkenna,
was er duat! Wann r doch bloß sae
Stemm höra dätat!
[8]Dent doch et eure Herza vrhärta, wia
selligsmål en Meriba, wia an sellam Dag
en Massa en dr Wüste,
[9]mô eure Vädr gmocnt hent, se müaße
me auf d Prob stella, obwohl se gseha
hent, was i dao han.
[10]Vierzg Jåhr lang håt mr s graust vôr
dera Sippschaft, ond e han mr gsaed: Des
Volk kå doch et ganz bacha sae, wann dia
macn Weg emmer no et kapiert hent.
[11]Drom han e mr em Zôrn gschwora:
Dia solle bei mir koe Ruah et fenda.

Zom Vrgleicha: *Vers 1:* 92,16 • *Vers 2:* 100,2 • *Vers 3:* 47,3; 48,2; 96,4; 99,2; 113,4; 136,2f; 145,3; Iob 36,22 • *Vers 5:* 24,1 • *Vers 7:* 100,3 • *Vers 7-11:* Hebr 3,7-11.15; 4,1-10 • *Vers 8:* 81,8 • *Vers 9:* Num 14,22; Dtn 6,16 • *Vers 10:* Num 14,30.34; Dtn 32,5.20; Iob 21,14 • *Vers 11:* Num 14,22f; Ps 132,14; Ez 20,15.

Dr Herrgott ischd dr König

96 Sengat am Herrgott (JAHWE) a
neus Liad, de ganz Welt soll am
Herrgott (JAHWE) senga!
[2]Sengat am Herrgott (JAHWE) ond
dent saen Nåma ästemiera. Vrzählat äll
Dag von saem Hael!
[3]Vrzählat bei de Haeda von saener
Herrschaft ond bei älle Völker von
saene Wonder.
[4]Weil dr Herrgott (JAHWE) ischd
graoß, mr kån an et gnuag loba, über älle
Götter (Elohim) muaß mr n fürchta.
[5]Weil de Haedavölker ihre Götter
(Elohey) taogat älle mitanander nex;
aber dr Herrgott (JAHWE) håt da
Hemmel gmacht.
[6]Sae Hohaet ond sae Pracht gangat
vôr am her, Macht ond Glanz en saem
Haeligtom.
[7]Ihr Gschlechter von älle Völker,
brengat am Herrgott (JAHWE), brengat
am Herrgott (JAHWE) euer Ehr ond
Macht!
[8]Brengat am Herrgott (JAHWE) d Ehr
für saen Nåma! Brengat eure Ehragaba,
wann r en saene Vôrhöf raekommat!
[9]Lent euch vôr am Herrgott (JAHWE)
nôfalla, wann sae Haeligkaet erschaent.
Bebat vôr am, älle Länder!
[10]Dent älle Völker vrkündiga: Dr
Herrgott (JAHWE) ischd König! Des
ischd a Tatsach: Der håt de ganz Welt
so gründat, dass s koe Wanka geit!
Ond der richtat älle Völker nach saener
Gerechtigkaet!
[11]Dr Hemmel soll sich fraea ond d Erde
soll jauchzga! S Meer soll rauscha mit
ällam, was dren ischd.
[12]S Feld soll jubla samt ällam, was druf
wächst, ao d Baem em Wald sollat
jubiliera
[13]vôr am Herrgott (JAHWE), weil der
kommt, der kommt ganz gwieß zom d
Erde richta. De ganz Welt richtat der
ganz gerecht, ond älle Völker mit saener
Wåhrat.

Zom Vrgleicha: *Vers 1-13:* 1Chr 16,23-33 • *Vers 1:* 33,3 • *Vers 3:* 108,4 • *Vers 4:* 48,2; 95,3 • *Vers 7-9:* 29,1f • *Vers 10:* 24,7-10; 75,3f • *Vers 11:* 98,7 • *Vers 12:* Jes 55,12 • *Vers 13:* 98,9; 9,9; Apg 17,31.

Dr Herrgott ischd König

97 Dr Herrgott (JAHWE) ischd
König! De ganz Erde kå jubla!
Älle Ensla, so viel s ao geit, sollat sich
fraea.

2Donkle Wolka send rengs om an
rom, Gerechtigkaet ond Recht send s
Postament für saen Thron.
3Feuer gôht vôr am drher ond vrbrennt
saene Widersacher rengsrom.
4Saene Blitz machats daghell en dr Welt,
de ganz Erde sieht s ond bebt.
5D Berg vrschmelzat wia s Wachs vôr
am Herra über de ganz Welt.
6D Hemmel vrzählat von saener
Gerechtigkaet ond älle Völker därfat sae
Herrlichkaet seha.
7Då gangat älle z grond, mô Bilder
åbeta dent ond mit ihre Götza ågebat.
Älle Götter (Elohim) müaßat am d Ehr
geba.
8Auf am Zion hört mr s ond fraet sich,
d Gemaende en Juda jublat, weil daene
Richtersprüch ganz gerecht send, Herr
(JAHWE).
9Du bist nämlich dr Höchste auf dr
ganza Welt ond stôhst hemmelhaoch
über älle Götter (Elohim).
10Dr Herrgott (JAHWE) môg dia,
mô en Haß hent auf ällas Baese, saene
Rechtschaffene hält r am Leba ond reißt
s de Gottlose aus de Händ.
11Licht strahlt auf en Rechtschaffena
ond a Fraed dene, mô em Herza redlich
send.
12Ihr Rechtschaffene, fraeat euch über
da Herrgott (JAHWE) ond preisat saen
haeliga Nåma!

Zom Vrgleicha: *Vers 1:* 24,7-10 • *Vers 2:* 89,15 • *Vers 3:* 18,9 • *Vers 4:* 77,19 • *Vers 5:* 68,3; Mi 1,4 • *Vers 6:* 50,6 • *Vers 8:* 48,12 • *Vers 9:* 93,19; 95,3; 136,2f • *Vers 10:* 121,7f • *Vers 11:* 27,1; 43,3; 112,4; Spr 13,9; Jes 58,10; Joh 8,12 • *Vers 12:* 30,5.

S Hael kommt zo älle

98 A Psalm. Sengat am Herrgott
(JAHWE) a neus Liad, r håt
nämlich Wonder dao! Sae Rechta håt
gholfa ond sae haeliger Arm.
2Dr Herrgott (JAHWE) håt sae Hael
bekannt gmacht; vôr de Aoga von älle
Völker håt r sae Gerechtigkaet offabar
gmacht.
3An sae Güate ond Treue håt r denkt
am Haus Israel geganüber; de ganz Welt
håt s gseha, wia onser Gott (Eloheynu)
hilft.
4Jublat am Herrgott (JAHWE) zua, de
ganz Welt! Fraeat euch, jauchzgat ond
spielat!
5Sengat am Herrgott (JAHWE) zor
Leier, spielat auf dr Leier ond sengat
laut drzua!
6Mit Posaona ond Hörnla machat Musik
ond jubilierat vôr am König.
7S Meer soll brausa mit ällam, was
drenromschwemmt, de ganz Erde
mitsamt älle, mô druf wohnat.
8D Flüß sollat en d Händ bätscha ond d
Berg mitanander jauchzga
9vor am Herrgott (JAHWE), der kommt
nämlich, weil der kommt, zom d Erde
richta. Der richtat d Welt ganz gerecht
ond d Völker mit saem Maß.

Zom Vrgleicha: *Vers 1:* 33,3; Jes 59,16; 63,5 • *Vers 6:* 24,7-10 • *Vers 7:* 96,11 • *Vers 8:* 96,12f • *Vers 9:* 96,13; 67,5.

Dr Herrgott ischd Haelig

99 Dr Herrgott (JAHWE) ischd
König - d Völker zitterat vôr am.
Sae Thron stôht über de Cheruba - ond
d Erde bebt.
2Dr Herr (JAHWE) ischd graoß en Zion
ond erhaba über älle Völker.
3Daen Nåma soll mr preisa, daen graoßa
ond furchtbara Nåma! Haelig ischd r!
4A Starker ischd König, der mâg s Recht!
Du håsch d Rechtsgrondlaga gschaffa!
Recht ond Gerechtigkaet em Volk vom
Jakob hergstellt!
5Gebat JAHWE onseram Gott
(Eloheynu) d Ehr! Dent an åbeta vôr
saem Fuaßschemel! Haelig ischd r!
6Dr Mose ond dr Aaron send saene
Priaster gwea, dr Samuel onter dene,
mô saen Nåma ågruafa hent. Se hent

zom Herrgott (JAHWE) gruafa - ond ER hât se erhört.
[7]En dr Wolkasäul hât r s âgsprocha; ond dia hent saene Gebot ond Satzonga aufgschrieba, môn r en geba hât.
[8]JAHWE, onser Gott (Eloheynu), du hâsch se erhört. Du bist en a Gott gwea, der môn en vrzieha hât; aber für ihre Otata hâsch se gstrâft.
[9]Gebat onseram Gott JAHWE d Ehr! Dent an âbeta an saem haeliga Berg. Haelig ischd onser Gott JAHWE!

Zom Vrgleicha: *Vers 1:* 24,7-10; 80,2 • *Vers 2:* 48,2; 95,3 • *Vers 3:* 111,9 • *Vers 5:* 132,7 • *Vers 6:* Jer 15,1 • *Vers 7:* Ex 33,9; Num 12,5 • *Vers 8:* Ex 32,11; 34,7.

Am Herrgott sae Volk hält Aezug

100 A Psalm zom Dankopfer. Jauchzgat am Herrgott (JAHWE) zua, de ganz Welt.
[2]Deanat am Herrgott (JAHWE) voler Fraed! Kommat vôr an her mit a ma Lobliad!
[3]Erkennat, dass JAHWE Gott (Elohim) ischd! Der hât ons gschaffa, ond mir send sae Aegatom, sae Volk ond d Herde uf saener Wôed!
[4]Gangat nae zo saene Tôr mit Dankliader, en saene Vôrhöf mit Lobliader! Dent am danka ond gebat saem Nâma d Ehr.
[5]Weil dr Herrgott (JAHWE) ischd güatig, ewig ischd sae Gnade ond sae Treue von oener Generatio zor andera.

Zom Vrgleicha: *Vers 2:* 95,2 • *Vers 3:* 83,19; 95,7; Jes 64,7 • *Vers 5:* 107,1.

Wia dr König sae Richteramt vrstôht

101 A Psalm vom David. Von dr Gnade ond vom Recht will e senga, ond dir, Herr (JAHWE), aufspiela!
[2]Aufpassa will e, dass e selber âständig leb,ehrlich will e sae vôr mr selber! En maem Haus soll s redlich zuaganga.
[3]Nexnutzige Sacha will e gar et seha. I haß des, wa mr sich ebbas z schulda komma läßt; dâ bleibt emmer ebbas an oem hanga!
[4]A falschs Herz, des sei mr fern, von orechte Sacha will e ao nex wissa!
[5]Wer saem Mitmenscha hentarom ebbas Orechts nâchsaed, dem hilf e so, dass am s Schwätza für emmer vrgôht. Wann oener auf andere naguckt ond sich em Herza ebbas aebildat, des ischd mr ganz arg zwider!
[6]Maene Aoga suachat de Ehrliche em Land, dia will e om me rom han; wer âständig ischd, der därf bei mr Denst laesta.
[7]I will koen en maem Haus seha, mo sich kaofa läßt. Wer vrloga drherschwätzt, hât en maene Aoga koen Wert.
[8]Äll Morga mach i en jeda Frevler em Land oschädlich, dass e aus am Herrgott (JAHWE) saener Stadt älle Gsennongslompa ausrotte!

Zom Vrgleicha: *Vers 1:* 7,18 • *Vers 2:* 26,11f • *Vers 5:* Spr 21,4 • *Vers 6:* Spr 14,35 • *Vers 8:* Jer 21,12; Zef 3,5; Spr 20,26.

A Vrzagter macht sich Hoffnonga

102 So betat oener em Elend, wann r ganz vrzagt ischd ond vôr am Herrgott (JAHWE) saen Kummer nôleert.
[2]O Herr (JAHWE), horch auf mae Beta, ond laß mae Gschrôe zo dr durch.
[3]Guck et weg vo mr, mô mr s haet so dreckat gôht! Leih mr dae Ohr, wann e zo dr schrei ond erhör me bald.
[4]Maene Däg vrgangat wia dr Raoch, maene Boener brennat wia Feuer.
[5]Enna drenn fühl e me wia vrdôrrats ond âgsengts Gras, dass e et amâl maeh ans Essa denk.
[6]Ganz he ben e vo maem lauta Geächze, i be bloß no Haut ond Boener.
[7]I komm mr vôr wian a Rab en dr Wüste, oder wian a Uhu en ra Ruine.
[8]Schlâfa kon e ao et, i komm mr vôr

wian a Vögale, mô ganz alloe uf am
Dach romzwitscherat.
9Da ganza Dag schmälat me maene
Faend; ond vrspotta dent se me, wann
se mit maem Nåma fluachat.
10I iß schao Äscha wia s Brot, meine
Träna laofat en s Trenka nae
11vôr daem arga Zôrn, weil du håsch me
naufbrācht ond nagschmissa.
12Dr Schatta wird ao emmer länger en
maene Däg, vrdôrra duan e wia s Gras.
13Aber du, Herr (JAHWE), dae Thron
stôht ewig ond dae Nåma bleibt.
14Willst de et aufmacha ond de über da
Zion vrbarma, s ischd doch höchsta Zeit,
zom am gnädig sae, de richtig Stond wär
doch då.
15Jå, daene Knecht dätat s gern wieder
aufbaua, ond se heulat, weil ällas en
Trümmer leit -.
16Nå kriagat d Haedavölker wieder en
Respekt vôr saem Nåma: JAHWE! Ond
d König von dr ganza Welt vôr daener
Herrlichkaet.
17Weil dr Herrgott (JAHWE) baut da
Zion wieder auf, nå erscheint r wieder
en saem ganza Glanz.
18De Vrlassene ihre Gebet hört r wieder
å ond vrachtet ihr Beta et.
19Des soll mr aufschreiba für de nächst
Generatio, dass a ganz neugschaffes
Volk da Herrgott (JAHWE) preist,
20wann r von saener haeliga Höhe, vom
Hemmel auf d Erde raguckt,
21zom de Gfangene ihr Gejåmer åhöra
ond dia zom erlösa, mô am Daot gweiht
nend,
22dass se en Zion da Nåma JAHWE
preisat ond an en Jerusalem lobat,
23wann von älle Völker oene då send
ond ihre Herrschafta, zom am Herrgott
(JAHWE) deana.
24Auf dem Weg håt mae Kraft schwer
nåchglassa, des håt me a paar Jährla vo
maem Leba kostat.
25Jetzat muaß e saga: O mae Gott (Eliy),
reiß me doch et mittla aus am Leba! Du
lebst doch über älle Generationa naus!
26Du håsch vôr älle Zeita d Erde gründat,
da Hemmel håsch mit daene Händ
gmacht.
27Des ällas vrgôht amål, aber du bleibst,
des löst sich ällas auf wian a alts Gwand.
Du wechslest dia wian a Klôed - dia
vrschwendat,
28aber du bleibst emmer dr Gleiche, ond
daene Jåhr nemmat koe End.
29Daene Knecht ihre Kender bleibat
wohna, ond ihre Jonge hent en dir ihr
Grondlag.

Zom Vrgleicha: *Vers 3:* 31,3; 69,18; 143,7 • *Vers 4:* 38,8f • *Vers 6:* Job 19,20 • *Vers 9:* 41,6 • *Vers 10:* 42,4 • *Vers 12:* 90,9f • *Vers 13:* 145,13; 135,13; Klgl 5,19 • *Vers 14:* 69,14 • *Vers 17:* 51,20; Jes 60,1 • *Vers 19:* 22,31f • *Vers 20:* 11,4; 33,13 • *Vers 21:* 79,11 • *Vers 23:* Jes 60,3-10, Lk 13,29f • *Vers 24:* 89,46 • *Vers 25:* 55,24 • *Vers 26-28:* Jes 51,6-8; Hebr 1,10-12 • *Vers 28:* Hebr 13,8 • *Vers 29:* 69,36f.

Lob Gott, mae Seel, da Herra

103 Vom David. Lob, mae Seel, da
Herra (JAHWE), ond ällas en
mr dren, saen haeliga Nåma!
2 Lob, mae Seel, da Herra (JAHWE),
ond vrgiß et, was r dr Guats dao håt.
3Dae ganza Schuld vrgibt r dr ond hôelt
de von älle daene Bresta,
4dae Leba erlöst r vom Vrderba ond
setzt dr mit saener Gnade no a Kron auf
ond mit saener Barmherzigkaet.
5Em Guata macht r daene alte Däg no
satt, dass da de wieder jong fühlst wian
a Adler.
6Mit saene Tata vollbrengt dr Herr s
Hael ond vrschafft älle, mô nadruckt
werat, ihr Recht.
7Da Mose håt r saene Weg wissa lassa,
ond d Israelita, was r doa will.
8Barmherzig ond gnädig ischd dr Herr
(JAHWE), viel Geduld håt r ond ischd
ganz reich an Güate.
9Der will doch et emmer bloß romrechta

mit ons, ond onsere Sünda will r ons ao et ewig nåchtraga.

10 Der sprengt et mit ons om, wia mr s aegentlich onsere Vrfehlonga nåch vrdeant hätte ond vrgilt ons ao et nach onserer Schuld.

11 Noe - so haoch wia dr Hemmel über dr Erde stôht, so haoch stôht sae Güate über dene, mô a Ehrfurcht vôr am hent.

12 So weit fort wia dr Sonnaaufgang vom Sonnaontergang ischd, so weit fort läßt r onsere Sünda von ons sae.

13 Wian a Vadr sich om saene Kender vrbarmt, so vrbarmt sich dr Herrgott (JAHWE) über dia, mô a Ehrfurcht vôr am hent.

14 Der wôeß doch ganz guat, was mir für Gschöpfer send, ond r denkt ao drå, dass mir bloß Staob send.

15 Dr Mensch - wia Gras send saene Däg; wia d Bleamla em Feld draußa, so blüaht r.

16 Wann dr Gluathauch drüber blåst - nå send se weg, ond des Plätzle, mô se gstanda send, wôeß nex maeh von en.

17 Aber am Herrgott (JAHWE) sae Güate ischd ewig, ond sae Hael gôht über Kendskender -

18 über dia, mô a Ehrfurcht hent vôr am ond saen Bund aehalta dent ond ao an saene Gebot denkat bei dem, was se dent.

19 Dr Herrgott (JAHWE) håt saen Thron em Hemmel baut ond sae Herrschaft regiert s Weltall.

20 Lobat da Herrgott (JAHWE), ihr, saene Botschafter, ihr starke Helda, mô sae Wort ausführa dent!

21 Lobat da Herrgott (JAHWE), ihr, älle saene Heerschara, saene Knecht, mô saen Willa dent.

22 Lobat da Herrgott (JAHWE), ihr, saene Gschöpf, überall en saem Reich! Lob Gott (JAHWE), mae Seel, da Herra!

Zom Vrgleicha: *Vers 2:* Dtn 4,9 • *Vers 3:* 32,1; Ex 15,26 • *Vers 5:* Job 33,25; Jes 40,31 • *Vers 6:* 146,7 • *Vers 7:* 90,16 • *Vers 8:* 116,5 • *Vers 9:* Jes 57,16; Jer 3,12 • *Vers 11:* 36,6; Jes 55,9 • *Vers 13:* 145,9; Jdt 16,15; Lk 15,11-24 • *Vers 14:* 146,4 • *Vers 15:* 90,5f • *Vers 16:* Job 7,10 • *Vers 17:* Ex 20,6; Lk 1,50 • *Vers 18:* 25,10 • *Vers 20-22:* 29,1; 148,2-4 • *Vers 22:* 145,10; Da 3,57.

A Lobliad auf da Schöpfer

104 Lob JAHWE, mae Seel! JAHWE, mae Gott, wia bist du graoß! Pracht ond Hohaet ischd dae Gwand;

2 Licht håsch d wia en Mantel om de rom, der mô da Hemmel ausspannt wian a Zeltdach,

3 ond em Wasser auf Balka saen Hochsitz stellt. Der mô sich Wolka zom Waga macht, ond auf de Flügel vom Wend drherfährt;

4 der mô Wend zo saene Bota macht ond Feuer ond Blitz zo saene Knecht.

5 Der mô d Erde auf ihre Postament gründet håt, dass se nia maeh ens Wanka kommt.

6 S Urmeer håt se zuadeckt wian a Gwand, sogar über de Berg ischd s Wasser gstanda.

7 Vôr daem Machtwort send se gwicha, wia vom Donner vrschaecht.

8 Se send en de Berg aufgstiega ond en d Täler nagloffa: då nô, mô du s bestimmt håsch.

9 Du håsch a Grenz festglegt, über dui därfat se et nom; dia kommat nia maeh, zom d Erde zuadecka!

10 Der mô Quella en d Täler naschickt - zwischa de Berg laofat se na,

11 se gebat älle Tierla em Feld z trenka, d Wildesel löschat ihran Durst.

12 D Vögel vom Hemmel lebat an en, aus de Zweigla hörst d, wia se sengat.

13 Der mô d Berg von saem Hochsitz aus trenka läßt, von dr Nässe en daene Vôrratskammera (Wolka) wird d Erde satt.

[14]Der mô s Gras spriaßa läßt für s Vieh
ond Saatguat für da Ackerbau von
de Menscha, dass r Brot aus dr Erde
rausbrengt
[15]ond Wae, mô sich s Menschaherz drå
fraea kå. Dass r sae Gsicht glänza lassa
kå vom Öl ond Brot am Menscha sae
Herz stark macht.
[16]Am Herrgott (JAHWE) saene Baem
standat voll em Saft, dia Zedera, môn r
auf da Libanon naufpflanzt håt,
[17]mô dVögel dren nista dent, dr Storch,
mô en Zypressa haust.
[18]De haoche Berg gherat de Stoeböck ond
en de Felsa vrschlupfat Klippdächs.
[19]Du håsch da Mond gmacht zom d Zeit
drnåch aetôela; ond d Sonn wôeß ao,
wann se onterganga muaß.
[20]Wann du s donkel wera läßst, nå wird s
Nacht; ond nå wird s em Wald lebendig,
wann d Tierla rauskommat.
[21]D Löwa brellat vor Honger ond wöllat
von Gott (El) ebbas zom Fressa.
[22]Wann d Sonn aufgôht, nå vrziagat se
sich ond schlåfat en ihre Höhla.
[23]Nå kommt dr Mensch raus an sae
Ärbat, ond duat sae Dagwerk bis an da
Åbad.
[24]Was håsch du et ällas gschaffa, o Herr
(JAHWE)! Du håsch ällas wohlweislich
aegrichtat; de ganz Erde ischd vol mit
daene Schöpfonga.
[25]Då ischd s Meer: graoß, weit ond brôet;
då wemmlat s dren, des kåsch et zähla,
graoße ond kloene Tierla.
[26]Schiff fahrat då druf rom; a Ogeheuer
håsch ao gmacht, zom drmit spiela.
[27]**Dia älle wartat auf di, dass du en ihr
Essa gibst wann s Zeit ischd.**
[28]Gibst en du ebbas, nå pickat se s auf;
machst d daene Händ auf, nå kriagat se
älle gnuag.
[29]Vrsteckst d dae Gsicht vôr en, nå
send se ganz vrwetterat; nemmst en da
Schnaufer, nå gangat se ae ond werat
wieder zo Staob.
[30]Schickst daen Odem zon en, nå werat
se wieder gschaffa. Du machst d Äcker
wieder fruchtbar.
[31]Am Herrgott (JAHWE) sae Ehr soll
ewig bleiba! Fraea soll r sich an saene
Schöpfonga!
[32]Wann der d Erde bloß åguckt, nå bebt
se; ond wann r d Berg åregt, nå raochat
se.
[33]I will am Herrgott (JAHWE) senga,
solang e leb ond maem Gott (Elohay)
aufspiela, solang e då ben.
[34]Mögat am maene Gedicht gfalla;
i frae me ganz arg en maem Herra
(JAHWE)!
[35]Vrschwenda sollat d Sünder von
dr Erde ond Gottlose soll s nemme
geba! Lob JAHWE, mae Seel! Preisat
JAHWE! Halleluja!

Zom Vrgleicha: *Vers 1:* 40,17 • *Vers 2:* Job 9,8; Jes 40,22; 44,24 • *Vers 3:* 18,11; 68,5 • *Vers 4:* Hebr 1,7 • *Vers 5:* 75,4 • *Vers 7-9:* Spr 8,29 • *Vers 9:* Job 38,8-11; Jer 5,22; Gen 9,11-15 • *Vers 10:* 74,15 • *Vers 12:* Ez 31,6-9 • *Vers 13:* 65,10f; 36,31 • *Vers 14:* 147,8f • *Vers 15:* Ri 9,13; Koh 10,19; Sir 31,27 • *Vers 19:* 74,16; Sir 43,6-8 • *Vers 21:* 17,12; Job 38,39 • *Vers 22:* Job 37,8 • *Vers 24:* Spr 8,22-31 • *Vers 25:* Sir 43,25 • *Vers 26:* 107,23 • *Vers 27-28:* 145,15f • *Vers 27:* 136,25 • *Vers 29:* 30,8; 146,4 • *Vers 30:* Gen 2,7 • *Vers 32:* 144,5 • *Vers 33:* 7,18; 146,2 • *Vers 34:* 19,15.

Dr Herrgott hält, was r vrspricht

105 Dankat am Herrgott
(JAHWE)! Dent saen Nåma
ausruafa! Was ER duat, des vrzählat r
älle Völker!
[2]Sengat am ond spielat am auf! Vrzählat
von älle saene Wonder!
[3]Dass r saen haeliga Nåma kennat, då
könnat r euch ebbas drauf aebilda.
A jeder kå sich fraea, mô da Herrgott
(JAHWE) suacht.
[4]Frågat nach am Herrgott (JAHWE)
ond nach saener Macht, suachat emmer
zerst sae Gsicht (om Råt fråga bevor mr

ebbas duat).
[5]Denkat drå, was r schao für Wonder
dao håt, ond Zaeche, wia saene Urtôel
ausgfalla send.
[6]Ihr Kender von saem Knecht Abraham,
Söh von saem Erwählta, am Jakob.
[7]Er, dr JAHWE, ischd onser Gott, saem
Gericht onterstôht de ganz Welt.
[8]Ewig denkt r an saen Bund, - auf tausad
Generationa gilt sae Wort -
[9]môn r mit am Abraham gschlossa, ond
am Isaak gschwora håt.
[10]Für da Jakob håt r an als Satzong
aegrichtat ond für Israel als an ewiga
Bund.
[11]Des stôht dren: Dir will e s Land
Kanaan geba als Erbtôel für euch
zuagmessa!
[12]Mô s no et viel gwea send, bloß a paar,
ond als Fremde em Land
[13]ond en de vrschiedene Stammasgebiet
romzoga send, von oem Land en s
ander,
[14]håt r s koem zuaglassa, dass r s hätt
onterdrücka därfa, ond r håt dia König
gwarnt wega en:
[15]Langat mr bloß dia et å, môn i han
salba lassa, ond dent mr maene Profeta
nex å!
[16]Môn ra Hongersnot en s Land håt
komma lassa, ond ao nex maeh en de
Schuira gwea ischd,
[17]håt r en Må vôr en drausgschickt: dr
Josef ischd vrkaoft wôra als a Sklav.
[18]An de Füaß hent se n gfesslat ond am
en Eisereng om da Hals glegt -
[19]bis an den Dag, mô saene Weissagonga
aetroffa send, mô am Herrgott (JAHWE)
sae Wort gscheha ischd.
[20]Nå håt r en König gschickt, der môn
an freiglassa håt, en Herrscher über
Völker, môn an befreit håt.
[21]Der håt an über sae Haus als Herr
aegsetzt, als Herrscher über saene ganze
Ländereia,
[22]dass r saene Minister en saem Senn
belehra soll ond saene Senatora
onterweisa.
[23]Nå send d Israelita uf Ägypta komma,
dr Jakob håt s Gastrecht ghet em Ham
saem Land.
[24]Dr Herrgott håt sae Volk mächtig
åwachsa lassa, dass s stärker wôra ischd
als wia dia, mô s onterdrückt hent.
[25]Nå håt r ihr Gsennong romdreht, dass
se sae Volk ågfanga hent zom hassa, so
richtig henterfötzig send se mit saene
Knecht omganga.
[26]Nå håt r da Mose, saen Knecht,
nôgschickt, ond da Aaron, den môn r
sich rausgsuacht ghet håt.
[27]Dia hent saene Zaeche gsetzt ond
Wonder dao em Ham saem Land.
[28]A Finsternis håt r en gschickt, dass s
kuahnacht wôra ischd; aber dia hent nex
uf sae Wort geba.
[29]Ihre Gwässer håt r en Bluat vrwandlat
ond sämtliche Fisch aeganga lassa.
[30]Ihr Land håt gwemmlat vôr lauter
Frösch - bis en d Paläst vom König nae.
[31]Der håt gsprocha - ond ällas ischd
voler Oziefer gwea, Schnåkaschwärm
em ganza Land.
[32] Hagla lassa håt r s statt regna, Blitz
hent s Land åzonda.
[33]D Reba ond d Feigabaem håt s vrhaglat
ond d Baem em ganza Land send
ausananderbrocha.
[34]Der håt gsprocha - ond Haeschrecka
send komma, Werra ozählig viel,
[35]dia hent ällas ratzekahl gfressa em
Land, s Gras ond ällas, was gwachsa
ischd.
[36]Ond z guaterletzt håt r em ganza Land
sämtliche Erstgeburta gschlaga, ihran
ganza Stolz en saener Mannaskraft.
[37]Nå håt r se (d Israelita) ganga lassa,
Silber ond Gold hent se mitkriagt, so
viel se hent traga könna, då håt s für
koen a Wanka geba en ihre Stämm.
[38]D Ägypter send froh gwea, dass se
ganga send, weil en d Angst vôr en en d

Knocha gfahra ischd.
39Nå håt r s en ra Wolk osichtbar
gmacht ond en mit Feuer en dr Nacht
gleuchtat.
40Mô se an beta hent, håt r Wachtla
komma lassa, ond mit Brot vom
Hemmel håt r se satt gmacht.
41Da Felsa håt r aufganga lassa - nå ischd
s Wasser rausgsprudlat ond ischd wian a
Strom en d Wüste nausgloffa.
42Weil r an sae haeligs Wort denkt håt,
des môn r am Abraham geba håt, saem
Knecht.
43Ond r håt sae Volk nausgführt voler
Fraed, ond dia môn r sich rausgsuacht
håt, dia hent gjublat.
44Nå håt r en d Länder von andere
Völker geba, was dia mit ihrer Ärbat
gschaffa hent, håt dene nåchher ghert,
45dass se saene Gebot aehalta däte
ond sich an saene Åweisonga haltat.
Halleluja.

Zom Vrgleicha: *Vers 1-15:* 1Chr 16,8-22; 108,4 • *Vers 3:* Dtn 4,29 • *Vers 4:* 27,8 • *Vers 8:* 111,5; Dtn 7,9 • *Vers 9:* Gen 17,1-21; 26,3 • *Vers 11:* Gen 12,7; 15,18 • *Vers 12:* Dtn 26,5 • *Vers 14:* Gen 12,17; 20,3.7 • *Vers 16:* Gen 41,54 • *Vers 17:* Gen 37,28; 45,5 • *Vers 18:* Gen 39,20 • *Vers 19-22:* Gen 41,38-45 • *Vers 23:* Gen 46,1-7; 47,11 • *Vers 24:* Ex 1,7.12 • *Vers 25:* Ex 1,9-11.15-22 • *Vers 26:* Ex 3,10; 4,14-16 • *Vers 28:* Ex 10,21-29 • *Vers 29:* Ex 7,14-25 • *Vers 30:* Ex 7,26-8,11 • *Vers 31:* Ex 8,12-28 • *Vers 32-33:* Ex 9,13-35 • *Vers 34-35:* Ex 10,1-20 • *Vers 36:* 78,51 • *Vers 37:* Ex 12,35f • *Vers 38:* Ex 12,33 • *Vers 39:* 78,14 • *Vers 40:* 78,24; Ex 16,2-36; Weish 16,20 • *Vers 41:* 78,15; Ex 17,1-7 • *Vers 44-45:* Dtn 4,37-40.

Dr Herrgott ischd treu, ao wann d Israelita treulos send

106 Halleluja! Dent am Herrgott
(JAHWE) Dank saga, weil r
güatig ischd; jå, ewig ischd sae Huld.
2Wer könnt ao ällas vrzähla, was dr
Herrgott (JAHWE) dao håt ond saga,
wia berühmt der ischd?
3Glücklich send dia, mô sae Recht gelta
lassat, ond dia, mô emmer ganz gerecht
send.
4Denk ao an ons, Herr (JAHWE), wia
da dae Volk mågst, suach ons hoem mit
daener Hilf,
5dass mr seha därfat, wia glücklich
daene Auserwählte send, dass mr ons
mitfraea därfat mit daem Volk ond mit
de Daenige ons ao preisa könnat.
6Mir hent ons vrsündigt mitsamt onsere
Vädr, Orecht he mr dao ond gfrevlat!
7Onsere Vädr en Ägypta hent gar nex
von daene Wonder kapiert. Dia hent
et denkt wia graoß dae Güate ischd,
am Schilfmeer hent se sogar gega da
Höchsta aufgmuckat.
8Aber der håt en gholfa, schao wega
saem Nåma, zom sae Macht zaega.
9Der håt s Schilfmeer gschompfa - ond
schao ischd s austricknat, durch s Wasser
håt r s laofa lassa wia durch d Wüste.
10So håt r s grettat aus de Händ vom
Schender, aus de Händ von ihram Faend
håt r s erlöst.
11Ond s Wasser ischd über ihre Vrfolger
naeganga, då ischd koe gotziger
drvokomma.
12Nå hent se am glaobt, was r gsaed håt
ond hent a Lobliad auf an gsonga.
13Aber bald hent se wieder vrgessa, was
r dao håt, dia hent nemme warta könna,
was r en råta dät.
14Ond en dr Wüste hent se omanander
gierat zom Gott (El) en dr Öde auf d
Prob stella.
15Nå håt r en geba, was se wölla hent, bis
se s zom Kotza gfonda hent.
16Nå send se eifersüchtig wôra auf
da Mose em Lager, auf da Aaron, am
Herrgott (JAHWE) saen Haeliga.
17Nå ischd dr Erdboda aufganga ond håt
da Datan vrschlonga, ond am Abiram
sae Bande ischd dren vrschwonda.
18Ond a Feuer håt dui Bande vrbrennt, d
Flamma hent dia Frevler aufgfressa.

[19]A Kälble hent se gmacht am Horeb
ond des Gußbild åbetat.
[20]Ihr Herrlichkaet hent se aetauscht gega
a Stierbild, mô Gras frißt.
[21]Gott (El), der mô se grettat håt, hent
se vrgessa, der mô graoße Wonder en
Ägypten dao håt
[22]ond Wonder em Land vom Ham, ond
wian r am Schilfmeer aegriffa håt.
[23]Nå håt r denkt, r sott älle ombrenga,
wann dr Mose et gwea wär - sae
Auserwählter. Der ischd vôr am en da
Riß treta ond håt saen Zôrn nômål vom
Ombrenga wegbråcht.
[24]Vrschmäht hent se des kostbare Land,
weil se saem Wort et traut hent.
[25]En ihre Zelt hent se omanandergmault,
ond hent gar nex druf geba, was dr
Herrgott (JAHWE) gsaed håt.
[26]Nå håt r sae Håd naufdao gega se, zom
se nôhaoa en dr Wüste,
[27]ond zom ihre Nåchkomma en älle
Völker vrstraea, zom se en älle Länder
vrtôela.
[28]Nå hent se sich am Baalsgötza vom
Berg Peor onterworfa ond hent Flôesch
gessa von de Daotaopfer.
[29]Mit ällam, was se dao hent, hent
se an vrzürnt, nå ischd d Plåg über s
raebrocha.
[30]Aber dr Pinehas ischd nôgstanda ond
håt a Gericht ghalta, des håt dera Plåg
Aehalt bota.
[31]Des ischd am guatgschrieba wôra, von
oener Generatio zor nächsta uf ewig.
[32]Nå hent se an am Haderwasser vrzürnt,
drom ischd s am Mose dreckat ganga
wega dene,
[33]dia hent an nämlich so narrat gmacht,
dass r oüberlegt a paar oguate Sacha
gsaed håt.
[34]Dia Völker hent se ao et ausgrottat wia
se s dr Herrgott (JAHWE) ågwiesa håt.
[35]Drfür hent se sich mit de Haeda
vrmischt ond dene ihre Bräuch
ågnomma.
[36]Nå hent se ao no dene ihre Götza
deant; des ischd en ao zom Vrhängnis
wôra.
[37]Sogar ihre Buaba hent se g'opferat ond
ihre Mädla für d Götza,
[38]oschuldigs Bluat hent se vrgossa,
dass s ganz Land von dera Bluatschuld
entweiht wôra ischd.
[39]Vroraenigt hent se sich mit dem, was
se dao hent, weil, was se dao hent, a
Huragschäft gwea ischd.
[40]Nå håt dr Herrgott (JAHWE) en arga
Zôrn kriagt auf sae Volk, ond r håt sae
Aegatom bloß no widerwärtig ågucka
könna.
[41]Ond r håt se de Haedavölker en d
Händ geba, dass dia über s gherrscht
hent, mô en Haß auf se ghet hent.
[42]Ao ihre Faend hent en schwer z schaffa
gmacht ond s nadruckt mô se könna
hent.
[43]Wia oft håt r se grettat; aber dia send
bockboenig gwea ond hent nex auf
saene Ratschläg geba, bis se ganz uf da
Hond komma send en ihrer Schuld.
[44]Nå hent se an wieder daurat môn r ihr
Gschrôe ghört håt.
[45]Ond r håt wieder an saen Bund mit en
denkt, nå håt s an gria, weil r oefach viel
z gnädig ischd.
[46]Ond r håt se Erbarma fenda lassa bei
älle, mô se als Gfangene gwea send.
[47]Hilf ons doch, Herr (JAHWE), onser
Gott (Eloheynu), ond laß ons wieder
zsemafenda aus älle Haedavölker, dass
mr daem haeliga Nåma danka könnat,
ond ons für dae Herrlichkaet glücklich
preisa.
[48]Gsegnat sei JAHWE, dr Gott (Elohey)
von Israel, auf emmer ond ewig! Ond s
ganz Volk soll Amen saga! Halleluja!

Zom Vrgleicha: *Vers 1:* 107,1 • *Vers 2:* Joh 21,25 • *Vers 3:* Jes 56,1f • *Vers 6:* Lev 26,40; Da 9,5 • *Vers 7:* 78,11-17 • *Vers 8:* Ez 39,25 • *Vers 9:* Ex 14,21f; Jes 63,11-14 • *Vers 12:* Ex 14,31; 15,1-21 • *Vers 14:* 78,18; Num 11,4-6 • *Vers 16:* Num 16,1-3 •

Vers 17-18: Num 16,31-35 • *Vers 19-20:* Ex 32,1-6 • *Vers 20:* Jer 2,11; Rö 1,23 • *Vers 21:* 78,42 • *Vers 23:* Ex 32,11-14 • *Vers 24:* Num 14,2-4 • *Vers 26:* Num 14,23.29 • *Vers 27:* Lev 26,33; Ez 20,23 • *Vers 28:* Num 25,1-3 • *Vers 30:* Num 25,7-11 • *Vers 31:* Num 25,12f • *Vers 32:* Num 20,2-13 • *Vers 34-36:* Dtn 7,1-5; Ri 1,18-2,5 • *Vers 36:* Ri 2,11-13 • *Vers 37-38:* Lev 18,21 • *Vers 38-39:* Num 35,33f • *Vers 40-42:* Ri 2,14f • *Vers 43:* Ri 2,16 • *Vers 45:* Lev 26,42 • *Vers 46:* Esr 9,9 • *Vers 47-48:* 1Chr 16,35f.

S FENFTE PSALMABUACH: - Psalm 107 - 150

A Dankliad von erlöste Menscha

107 Dent am Herrgott (JAHWE)
Dank saga, der ischd so güatig;
jå, ewig ischd sae Gnade.
[2]So sollat dia saga, mô dr Herrgott
(JAHWE) erlöst håt, dia, môn r aus dr
Onterdrückong befreit håt,
[3]ond dia, môn r aus älle Länder gsammlat
håt, vom Osta ond vom Westa, vom
Norda ond vom Süda.
[4]Dia send en dr Wüste romg'irrt, en dr
Öde ond hent koe Möglichkaet ghet,
zom oemats onterschlupfa,
[5]Honger hent se ghet ond en Durst,
ganz vrlechnat send se gwea;
[6]Nå hent se zom Herrgott (JAHWE)
gschria en ihrer Naot, ond der håt s nå
rausgholt aus ihrer Angst,
[7]ond auf da rechta Weg bråcht, dass se
ebbas gfonda hent, mô se hent bleiba
könna.
[8]Dia sollat am Herrgott (JAHWE)
ao danka für sae Güate ond für saene
Wonder, môn r an de Menscha duat,
[9]dass r dia vrlechnate Seela et håt vrdôrra
lassa ond da Honger mit gute Sacha
gstillt håt.
[10]Dia mô em Donkla hent hocka müaßa,
gfanga em Elend ond en Eise glegt,
[11]weil se gega Gebot von Gott (El)
trotzt hent ond auf am Höchsta saene
Ratschläg nex geba hent;
[12]nå håt r s leida lassa bis se kloe wôra
send, bis se am Boda glega send ond en
koener maeh gholfa håt;
[13]ond nå zom Herrgott (JAHWE)
gschria hent en ihrer Naot, der mô s nå
rausgholt håt aus ihrer Angst
[14]ond aus am Donkla grissa ond ihre
Fessla aufbrocha håt -
[15]dia sollat am Herrgott (JAHWE)
ao danka für sae Güate ond für saene
Wonder, môn r an de Menscha duat.
[16]Dass r dia Eisetüra aufbrocha ond dia
Eiseriegel zsemaghaoa håt.
[17]Dia mô krank wôra send von ihram
Lotterleba ond für ihre Lompereia
büaßa müaßa hent,
[18]dass ens schlecht wôra ischd, wann se
bloß a Essa gseha hent ond kurz vôr am
Akratza gwea send;
[19]ond nå zom Herrgott (JAHWE)
gschria hent en ihrer Naot, der mô s nå
rausgholt håt aus ihrer Angst
[20]ond en sae Wort gschickt håt, zom se
wieder gsond macha ond se nômål håt
drvokomma lassa -
[21]dia sollat am Herrgott (JAHWE)
ao danka für sae Güate ond für saene
Wonder, môn r an de Menscha duat.
[22]Dia sollat Dankopfer brenga ond voler
Fraed vrzähla, was ER dao håt.
[23]Dia, mô mit Schiff auf am Meer gfahra
send ond sell auf am graoßa Wasser
Handel trieba hent,
[24]dia hent ao gseha, was dr Herrgott
(JAHWE) dao håt ond saene Wonder
auf am Meer.
[25]Mit saem Wort håt der en Sturm
ågfacht, der mô d Wella haushaoch
auftürmt håt;
[26]dia send bis en da Hemmel nufganga

ond na bis en d Höll, dass dia schier
gstôrba send vôr Angst.
27Dia håt s rombeutlat, dass se gschwankt
hent wia bsoffa, dass se nemme gwißt
hent, was se no doa sollat;
28nå hent se zom Herrgott (JAHWE)
gschria en ihrer Naot, der håt s nå
rausgholt aus ihrer Angst.
29Der håt aus dem Sturm a leichts Lüftle
gmacht, ond s Meer ischd wieder ruhig
wôra.
30Nå hent se sich gfraet, mô s wieder
ruhig gwea ischd, ond r se då nôbråcht
håt, mô se nô hent wölla.
31Dia sollat am Herrgott (JAHWE)
ao danka für sae Güate ond für saene
Wonder, môn r an de Menscha duat.
32Dia sollat an vôr am ganza Volk preisa
ond vôr am Ältestarat rausstella.
33Der håt aus Wasserström a Wüste
gmacht ond aus Oasa a dürrs Ödland,
34aus am besta Ackerboda a Salzsteppe,
weil dia Bewohner so oguat gwea send.
35Aus dr Wüste macht der a
Teichlandschaft ond aus a ma dürra
Ödland Oasa.
36De Hongrige håt r sell wohna lassa,
ond dia hent nå Städt baut zom dren
wohna.
37Dia hent d Felder aegsät ond hent
Wengert åglegt, dia hent en dr Ernt nå
ihre Frücht bråcht.
38Ond er håt se gsegnat ond se hent sich
zemlich vrmehrt, ao am Vieh håt r s et
fehla lassa.
40Dia Fürsta håt r mit Vrachtong gstråft
ond håt se en dr weglosa Öde romirra
lassa,
(absichtlich vertauscht V 40 und 39)
39dass se agnomma hent ond schwächer
wôra send onter dene Lasta vom Oglück
ond Jåmer.
41Aber de Arme håt r vôr am Elend en
Acht gnomma ond håt saene Sippschafta
wian a Schåfherd vrmehrt.
42De Fromme seahnat des ond hent a
Fraed drå, älle Boshaftigkaeta muaß s
Maul gstopft wera.
43Wer a bißle Weishaet håt, der soll
sich des merka ond sich am Herrgott
(JAHWE) saene Wohltata z Herza
nemma.

Zom Vrgleicha: *Vers 1:* 106,1; 118,1.29; 136,1f.26 • *Vers 3:* Jes 43,5f • *Vers 4:* Dtn 8,15 • *Vers 5:* Jes 49,10 • *Vers 6:* 50,15 • *Vers 9:* Jes 55,1; Lk 1,53 • *Vers 10:* Job 36,8f • *Vers 11:* 146,43; Spr 1,25 • *Vers 14:* Jes 42,7.16 • *Vers 16:* Jes 45,2 • *Vers 18:* Job 6,6f; 33,20 • *Vers 20:* Weish 16,12; Mt 8,8 • *Vers 23-24:* Sir 43,24f • *Vers 25:* Jona 1,4 • *Vers 27:* Spr 23,34 • *Vers 28:* Jona 1,14f • *Vers 29:* 65,8; Mt 8,26 • *Vers 32:* 22,23 • *Vers 33:* Jes 42,15; 50,2 • *Vers 34:* Gen 19,24-26; Dtn 29,22; Sir 39,23 • *Vers 35:* Jes 41,18 • *Vers 36:* Ez 36,35 • *Vers 37:* Jes 65,21 • *Vers 38:* Dtn 7,13f • *Vers 40:* Job 12,21.24 • *Vers 41:* 113,7 • *Vers 42:* Job 22,19; 5,16; Ps 63,12.

108 Ischd zsemagsetzt aus **57** 8-12 ond **60** 7-14

A Vrfolgter vrwünscht saene Faend

109 Für da Dirigenta. Vom David.
A Psalm. Gott (Elohey), dir
seng i mae Lobliad, schweig et,
2dia hent nämlich wieder ihr gottlos
s Schandmaul gega me aufgrissa! Mit
ihrer vrlogena Gosch hent se henta
romgschwätzt,
3mit ihre giftige Redensarta machat se a
richtiga Treibjagd auf me, obwohl se gar
koen Grond drfür hent.
4Für mae Guatmüatigkaet ziagat se me
durch da Dreck, aber i bet für se.
5Mae Guatmüatigkaet vrgeltat se mr mit
Boshaftigkaeta ond mae Liebe mit Haß.
6Der muaß vôr en Richter, aber vôr
an zahlta, ond sae Vrtaediger soll an
åklaga!
7Beim Gericht muaß der als Frevler
dåstanda ond sae Gebet als a Vrbrecha.
8Saene Däg müaßat zählt sae ond sae
Stellong muaß a anderer kriaga;
9saene Jonge sollat Wôesa wera ond sae

Weib a Witib!
[10]Saene Jonge sollat romstraena ond
bettla, von ihre Trümmerhäufa drvogjagt
wera.
[11]Dr Wucherer soll an om Hab ond
Guat brenga ond Fremde sollat an
ausplündera, was r von saener Ärbat
håt.
[12]Der soll koen maeh fenda, mô no
em Guata an an denkt, oder mit saene
Wôesa a Erbarma håt.
[13]Sae Nåchwuchs soll vrrecka, schao en
dr nächsta Generatio soll s dem saen
Nåma nemme geba!
[14]Ao d Schuld von saene Altvôrdere soll
mr dem årechna, ond saener Muader
ihre Vrfehlonga därfat nia ausglöscht
wera.
[15]Des soll ällas am Herrgott (JAHWE)
gwärtig sae, dass r ihr Ådenka von dr
Erde ausrotta soll.
[16]Weil r nia drå denkt håt, ao amål ebbas
Guats zom doa, ond liaber a ma Arma
ond Elendiga nåchgstellt håt ond en
Hoffnongslosa en da Selbstmord trieba
håt.
[17]Dr Fluach ischd am glega - der soll
jetzat auf an komma; vom Sega håt r nex
ghalta - der soll am jetzat fernbleiba.
[18]Dr Fluach ischd dem wian a Gwand,
wia Wasser soll r en an naelaofa ond wia
Öl en saene Boener!
[19]Wian a Gwand soll r am sae, des môn r
åziagt, ond wian a Gürtl, den môn r om
sich romduat.
[20]Des vrzählat maene Vrkläger ond dia,
mô Boshaftigkaeta gega me vrbrôeta
dent.
[21]Aber du, JAHWE, mae Herr, sei du
mit mr, des bist d daem Nåma schuldig!
I vrtrau daener Güate, hilf mr!
[22]I ben elendig ond arm, mae Herz
krampft sich ganz zsema e mr.
[23]Mit mir gôht s uf s End zua, i ben bloß
no a Schatta vo mr selber, vrrecka duan
e wian a Haeschreck.
[24]Maene Knia send ganz wôech vom
Fasta, mae Gstalt ischd schao ganz
agmagerat.
[25]Zom Gspött ben e dene wôra, wann se
me seahnat, könnat dia bloß no da Kopf
schüttla.
[26]Hilf mr, Herr (JAHWE), mae Gott
(Elohay)! Hol me raus en daener
Güate!
[27]Ond laß dia merka, dass des daene
Händ send, dass du JAHWE des gwea
bist.
[28]Laß se fluacha, wann no du segnest.
Schand soll auf maene Widersacher
komma, aber dae Knecht soll sich fraea
därfa.
[29]Schmach ond Schand sollat maene
Vrkläger ihre Klôeder sae, so wia mr en
Mantel åziagt.
[30]I will am Herrgott (JAHWE) ganz arg
danka mit maem Mund ond an vôr am
Volkshaufa loba en de höchste Tön.
[31]Weil der auf dr Seite vom Arma stôht
ond am hilft vôr dene, mô sich a Urtôel
über an åmaßa dent.

Zom Vrgleicha: *Vers 1:* 35,22; 83,2 • *Vers 2:* 31,19 • *Vers 4-5:* Spr 17,13; Ps 35,12f • *Vers 8:* Apg 1,20 • *Vers 9:* Ex 22,23; Jer 18,21 • *Vers 10:* Job 5,4f • *Vers 11:* Job 20,18 • *Vers 12-13:* Jes 14,21 • *Vers 13:* 21,11 • *Vers 14:* Ex 20,5 • *Vers 15:* 90,8; 34,17 • *Vers 18:* Num 5,24 • *Vers 23:* 39,6f • *Vers 25:* 41,6 • *Vers 27:* 64,10 • *Vers 28:* Jes 65,13f; Lk 6,27f • *Vers 29:* Jer 20,11 • *Vers 30:* 22,23.

Dr Priasterkönig

110 Vom David. A Psalm. A Spruch
vom Herrgott (JAHWE) für
maen Herra: Sitz an mae rechta Seit nô,
bis e dr daene Faend zom Fuaßscheml
gmacht han!
[2]Dae mächtigs Zepter soll JAHWE vom
Zion ausstrecka! Herrsch mittla onter
daene Faend!
[3]Om di rom standat Adlige an dem Dag,
mô du an d Macht kommst. Auf haelige
Berg, aus am Schaoß vom Môrgarot han

i di wia en Tao entstanda lassa.
[4]Dr Herrgott (JAHWE) håt gschwora,
ond s reut an et: Du bist a Priaster auf
emmer genao so wia dr Melchisedek!
[5]Dr Herr ischd über daener Rechta! Der
haot dia König na. An saem Zôrndag
[6]hält der sae Gericht ab. Mit Leicha füllt
r d Täler auf, ond haot d Schädel zsema
em freia Feld.
[7]R trenkt aus am Bächle am Weg:drom
kån r ao sae Haopt erheba.

Zom Vrgleicha: *Vers 1:* Mt 22,44; Apg 2,34f; Hebr 1,13; 8,1; 10,12f; 12,2 • *Vers 3:* 2,7 • *Vers 4:* Gen 14,18; Hebr 5,6 • *Vers 5-6:* 2,9.

A Ådenka am Herrgott saene Wonder

111 Halleluja. Preisa will e da
Herrgott (JAHWE) von
Herza, bei de Fromme ond en dr
Gemaende.
[2]Graoß send am Herrgott (JAHWE)
saene Wondertata, des könnat älle ao
vrleba, mô a Fraed drå hent.
[3]Erhabahaet ond Pracht strahlt r aus ond
sae Gerechtigkaet stôht auf ewig.
[4]A Ådenka an saene Wonder håt r
gstiftat; gnädig ond barmherzig ischd
JAHWE.
[5]Dene, mô a Ehrfurcht vor am hent, håt
s am Essa nia gfehlt; an saen Bund denkt
r nämlich zo älle Zeita.
[6]Was sae Aegreifa bewirkt håt, ischd
saem Volk klar wôra, môn r en s
Aegatom von de Haedavölker geba håt.
[7]Treue ond Recht send s Werk aus saene
Händ, auf saene Åweisonga kå mr sich
vrlassa;
[8]Dia geltat für älle Zeita ond send
aezhalta en äller Treu ond Redlichkaet.
[9]Sae Volk håt r befreit ond en Bund
mit en gschlossa, der mô auf ewig gilt.
Haelig ischd sae Nåma ond vrlangt a
Ehrfurcht.
[10]**Mit dr Ehrfurcht vôr am Herrgott
(JAHWE) fangt dWeishaet å. Wer
sich då drå hält, fährt et schlecht. Sae
Åseah stôht auf ewig.**

Zom Vrgleicha: *Vers 1:* 22,23 • *Vers 4:* Ex 12,1-28; Ps 116,5 • *Vers 5:* 105,8; 145,15 • *Vers 9:* 130,8; Jer 32,40 • *Vers 10:* Spr 1,7; 9,10.

Ehrfurcht vôr am Herrgott macht glücklich

112 Halleluja! Glücklich ischd
oener, mô da Herrgott
(JAHWE) fürchtat ond an saene
Åweisonga a graoßa Fraed håt.
[2]Saene Nåchkomma hent amål ebbas
zom saga em Land; A Sega leit auf am
Gschlecht von de Rechtschaffene.
[3]Wohlstand ond Reichtom send en saem
Haus, ond sae Gerechtigkaet stôht fest
auf ewig.
[4]Em Donkla strahlt de Fromme a Licht
auf, güatig ond barmherzig ischd dr
Gerechte.
[5]Guat stôht s om oen, mô schenka ond
leiha kå, ond bei saene Gschäft s Recht
gelta läßt.
[6]Der kommt nämlich nia ens Wanka, a
Gerechter håt emmer a guats Ådenka
auf ewig.
[7]Vôr a ma baesa Gschwätz braucht der
koe Angst han; sae Herz bleibt fest em
Vrtraua auf JAHWE.
[8]Beharrlich ischd sae Herz, der håt koe
Angst et - bis r naguckt auf dia, môn am
nåchstella dent.
[9]Zo de Arme ischd r spendabel, sae
Gerechtigkaet stôht fest auf ewig; sae
Åseha stôht haoch em Kurs.
[10]A Gottloser sieht des ond des pfupferat
an; der bleckt d Zäh ond vrgôht schier
vôr Neid. De Frevler wird a Strich
durch d Rechnong gmacht.

Zom Vrgleicha: *Vers 1:* 1,1f; 128,1 • *Vers 2:* Spr 20,7 • *Vers 3:* 128,2 • *Vers 4:* 97,11; 116,5 • *Vers 5:* Job 29,12f • *Vers 6:* Spr 10,7 • *Vers 8:* 54,9 • *Vers 9:* Spr 22,9; 2Kor 9,9.

A Lobliad auf da Herrgott

113 Halleluja! Preisat da Herrgott
(JAHWE), ihr, saene Knecht,
dent saen Nåma, JAHWE, preisa.
2Gsegnat soll dr Nåma JAHWE sae von
haet bis en älle Ewigkaeta!
3Von då, mô d Sonn aufgôht bis sell, mô
se ontergoht, soll dr Nåma JAHWE
priesa sae!
4Über älle Völker ischd dr Herrgott
(JAHWE) erhaba, über da Hemmel ragt
sae Herrlichkaet naus.
5aWer ischd denn wia JAHWE,
6bem Hemmel ond auf dr Erde,
5bder mô ganz oba saen Thron håt
6aond doch ganz en d Tiafe nasieht?
(5ab und 6ab absichtlich ausgetauscht)
7Der mô da Grengsta aus am Staob
aufrichta duat ond da Arma aus am
Dreck raushollt,
8dass r zo de Obere nôsitza därf, zo de
Fürsta von saem Volk.
9Der geit ra kenderlosa Frao s Hausrecht
- wian ra fröhlicha Muader von Buaba.
Halleluja!

Zom Vrgleicha: *Vers 1:* 135,1 • *Vers 4:* 95,3; 148,13 • *Vers 5:* 35,10 • *Vers 6-7:* Jes 57,15 • *Vers 7-8:* 1Sa 2,8 • *Vers 9:* 1Sa 2,5; Jes 54,1; Lk 1,57f.

S Schilfmeerwonder

114 Mô s Volk Israel von Ägypta
auszoga ischd, am Jakob sae
Sippschaft aus am fremdsprâchiga Volk,
2då ischd Juda sae Haeligtom wôra, ond
Israel sae Königreich.
3Des håt s Meer gseha ond ischd
gflüchtat, dr Jordan håt sich zruckzoga.
4D Berg send romghopft wie d
Schåfböck, ond d Bückel wia d Lämmla
uf dr Wôed.
5Was håsch d denn, Meer, dass da abhaost,
ond du, Jordan, dass da zrucklaofst?
6Was hopfat r omanander wia d
Schåfböck, ihr Berg, ihr Bückel wia d
Lämmla uf dr Wôed?
7Wann dr Herr vom ganza Land
erschaent, wann dr Gott (Elowah) vom
Jakob erschaent,
8nå wird aus a ma Felsa a Teich, ond aus
am Kies sprudlat a frischa Quell.

Zom Vrgleicha: *Vers 1:* Ex 12,41 • *Vers 2:* Ex 19,6; Jer 2,3; Dtn 7,6 • *Vers 3:* 66,6 • *Vers 4:* 29,6 • *Vers 6-7:* 68,9 • *Vers 8:* 78,15f; Jes 48,21.

Am Herrgott alloe stôht d Ehr zua

115 Et ons, Herr (JAHWE), et
ons, daem Nåma gib d Ehr,
daem Nåma ond daener Treue z liab!
2Wårom sollat denn d Haedavölker
saga: Mô ischd r denn ao, ihr Gott
(Eloheyhem)?
3Onser Gott (Eloheynu) ischd em
Hemmel, ond ällas, was der will, des
duat r ao.
4Dene ihre Götza send bloß Silber ond
Gold, a Machwerk von Menschahänd.
5Dia hent a Maul, aber schwätza könnat
se et; Aoga hent se ond seahnat nex.
6Ohra hent se, aber höra dent se nex; a
Nås hent se ond schmeckat nex.
7Dia hent Händ ond könnat nex heba;
Füaß hent se, ond könnat et laofa, ond
koe Muckser kommt dene aus am Hals.
8Genao so sollat ao dia wera, mô s
gmacht hent, ond a jeder, mô dene sae
Vrtraua schenkt.
9Aber Du, Haus Israel, vrtrau du am
Herrgott (JAHWE)! Der ischd euer
Helfer ond euer Schutz.
10Haus Aaron, vrtrauat am Herrgott
(JAHWE)! Der ischd euer Helfer ond
euer Schutz.
11Ihr älle, mô a Ehrfurcht vôr JAHWE
hent, vrtrauat ao auf da Herrgott
(JAHWE)! Der ischd euer Helfer ond
euer Schutz.
12Dr Herr (JAHWE) håt an ons denkt,
ER will ons segna. R soll s Haus Israel
segna! R soll am Aaron sae Haus segna!
13R soll älle segna, mô JAHWE fürchta
dent - de Kloene ond de Graoße.
14Dr Herrgott (JAHWE) soll euch

vrmehra, euch ond eure Kender!
15 Gsegnat send ihr von JAHWE, der mô da Hemmel ond d Erde gschaffa håt!
16 Dr Hemmel ischd am Herrgott (JAHWE) sae Hemmel, aber d Erde håt r de Menscha geba.
17 Et de Daote preisat da Herra (JAH), koe gotziger von dene, mô en d Stille nagfahra send.
18 Aber mir, mir wöllat da Herrgott (JAH) preisa, von jetzt å bis en älle Ewigkaeta.
Halleluja!

Zom Vrgleicha: *Vers 1:* Ez 36,22f • *Vers 2:* 42,11 • *Vers 3:* 135,6; Job 23,13; Weish 12,18 • *Vers 4-8:* 135,15-18; Dtn 4,28; Weish 15,15; Jes 44,9-11; Bar 6,3.7 • *Vers 9-11:* 33,20; 3,4; 118,2-4 • *Vers 14:* 127,3; Dtn 1,11 • *Vers 15:* 134,3 • *Vers 16:* 8,7; Gen 1,28 • *Vers 17:* 6,6; 94,17.

A Dankliad von oem, mô nômål drvorkomma ischd

116 I måg da Herrgott (JAHWE), weil der håt s ghört, môn e ganz laut zon am gschria han.
2 Jå, sae Ohr ischd auf mi grichtat gwea an dem Dag, môn e gschria han.
3 Dr Daot håt me schao en saem Fangnetz ghet, a Angst håt me packt, wia wann e schao en dr Höll wär; i ben schier gstôrba, so vrzweiflat ben e gwea.
4 Då han e da Nåma vom Herrgott (JAHWE) ågruafa: Ach JAHWE, rett doch mae Leba!
5 Gnädig ischd JAHWE ond gerecht, ond onser Gott (Eloheynu) ischd ao barmherzig!
6 Dr Herrgott (JAHWE) paßt auf dia auf, mô sich et selber helfa könnat; mir håt r ao gholfa, môn e schwach gwea ben.
7 Sei no wieder ganz ruhig, mae Seel, dr Herrgott (JAHWE) håt doch ällas guat gmacht!
8 Jå, du håsch mae Leba vôr am Daot grettat, maene Aoga hent et heula braucha, mae Fuaß ischd et ausgrutscht!
9 I därf vôr JAHWE en s Land von de Lebendige naeganga.
10 I han glaobt, drom kon e jetzat ao saga: Fix ond fertig ben e gwea;
11 en maener Angst han e gsaed: D Leut send älle Lugabeutel!
12 Wia kån e me beim Herrgott (JAHWE) bloß revanchiera für ällas, was r Guats an mr dao håt?
13 Da Haelsbecher will e heba ond am Herrgott (JAHWE) saen Nåma aufleba lassa!
14 Was e JAHWE vrsprocha han, des halt e ao ae ond zwår vôr älle Leut drå.
15 Em Herrgott (JAHWE) saene Aoga ischd s Leba von saene Fromme ganz wertvoll.
16 Ach, Herr (JAHWE), i ben doch dae Knecht! I ben dae Knecht, a Soh von daener Magd; du håsch maene Fessla aufgmacht!
17 I will dr ao a Dankopfer brenga ond am Herrgott (JAHWE) saen Nåma ausruafa.
18 Was e JAHWE vrsprocha han, des halt e ao ae ond zwår vôr älle Leut drå
19 en de Vôrhöf vom Herrgott (JAHWE) saem Haus, mittla en Jerusalem!
Halleluja!

Zom Vrgleicha: *Vers 3-4:* 18,5-7; Jona 2,3 • *Vers 5:* 86,15; 103,8; 111,4; 112,4; 145,8; Ex 34,6; Mi 7,18 • *Vers 8:* 9,14; 56,14 • *Vers 9:* 27,13. • *Vers 11:* 12,3; Rö 3,4 • *Vers 14:* 66,13 • *Vers 15:* 72,14 • *Vers 18:* 66,13.

Lobat da Herrgott älle Völker

117 Lobat JAHWE, älle Völker! Dent an preisa, älle Nationa!
2 Weil sae Güate ischd mächtig über as ond am Herrgott (JAHWE) sae Treue hört niamåls auf. Halleluja!

Zom Vrgleicha: *Vers 1:* Rö 15,11.

I muaß et sterba; i därf leba

118 Dent am Herrgott (JAHWE)
ao danka, môn r doch so
fraendlich
ischd. Jå, sae Güate daurat emmer ond
ewig!
2Des sollat d Israelita saga: Jå, sae Güate
daurat emmer ond ewig!
3D Aaroniter sollat saga: Jå, sae Güate
daurat emmer ond ewig!
4Älle, mô vôr JAHWE a Ehrfurcht hent,
sollat saga: Jå, sae Güate daurat emmer
ond ewig!
5Mô mr s z eng wôra ischd, han e zom
Herrgott (JAH) gschria; der håt me
ghört ond mr Platz gschaffa.
6Dr Herr (JAHWE) ischd bei mr, drom
han e ao koe Angst maeh. Was könnat
mr Menscha schao åhao!
7Dr Herr (JAHWE) ischd bei mr ond
hilft mr; drom kån e auf dia nagucka,
mô me hassa dent.
8An da Herrgott (JAHWE) nôschlupfa
ischd besser, als wia zo de Menscha
Vrtraua han.
9An da Herrgott (JAHWE) nôschlupfa
ischd besser, als wia sich auf Herra
vrlassa.
10Älle Haedavölker he me omzenglat
ghet, em Herrgott (JAHWE) saem
Nåma han e s aber abwehra könna.
11Omzenglat hent se me, jå, richtig
omzenglat ben e gwea, em Herrgott
(JAHWE) saem Nåma han e s aber
abwehra könna.
12Wia d Wefzga send se auf me nae,
brennt hent se wian a Feuer en de Dôrna,
em Herrgott (JAHWE) saem Nåma han
e s aber abwehra könna.
13Ganz arg ben e gstaoßa wôra, dass
e nôhagla sott, aber JAHWE håt mr
gholfa.
14Mae Stärke ond mae Liad ischd dr
Herr (JAH), mae Rettong ischd r wôra.
15En Jubelgsang ond Siegasliader hört
mr aus de Zelt von de Gerechte: Am
Herrgott (JAHWE) sae Rechta siegt!
16Am Herrgott (JAHWE) sae Rechta
ischd erhaba! Am Herrgott (JAHWE)
sae Rechta siegt!
17I brauch et sterba, i därf leba ond
vrzähla, was dr Herrgott (JAH) dao
håt.
18Schwer håt me dr Herr (JAH) gstråft,
aber an da Daot håt r me et preisgeba.
19Machat mr s Tôr von dr Gerechtigkaet
auf! Då will e Aezug halta ond am
Herrgott (JAH) danka!
20Des ischd am Herrgott (JAH) sae Tür
- Gerechte haltat då Aezug.
21I will dr danka, dass da me ghört håsch
ond mr zor Rottong wôra bist.
**22Der Stoe, den mô d Bauleut
weggschmissa hent, aus dem ischd a
Eckstoe wôra.**
**23So håt s dr Herrgott (JAHWE)
gscheha lassa - en onsere Aoga ischd
des a Wonder.**
24Den Dag håt dr Herrgott (JAHWE)
gmacht, laß ons jubla ond dren
jauchzga!
25Ach Herr (JAHWE), hilf as doch! Ach
Herr (JAHWE), laß s doch guat gao!
26Gsegnat soll sae, wer em Nåma vom
Herrgott (JAHWE) Aezug hält! Mir
gebat euch vom Herrgott (JAHWE)
saem Haus aus da Sega.
27Gott (El) ischd JAHWE! Er soll ons
Licht geba! Bendat s Festopfer mit
Strickla bis an d Hörner vom Altar.
28Mae Gott (Eliy) bist du, i will dr danka!
Mae Gott (Elohay), ganz haochhalta
will e de!
29Dent am Herrgott (JAHWE) ao danka,
môn r doch so fraendlich ischd; jå, sae
Güate daurat emmer ond ewig!

Zom Vrgleicha: *Vers 1:* 107,1 • *Vers 2-4:* 115,9-13; 135,19f • *Vers 6:* 56,5; Hebr 13,6 • *Vers 7:* 54,6.9 • *Vers 8-9:* 62,6; 146,3; Jer 17,5 • *Vers 12:* Dtn 1,44 • *Vers 13:* 129,1f • *Vers 14:* Ex 15,2; Jes 12,2 • *Vers 17:* 6,6 • *Vers 18:* 2Kor 6,9 • *Vers 19-20:* Jes 26,2 • *Vers 22:* Jes 28,16; Apg 4,11; 1Petr 2,7 • *Vers 22-*

23: Neh 6,16; Mt 21,42 • *Vers 26:* Mt 21,9; 23,39 • *Vers 29:* 107,1.

S Gehaemnis ond Wonder vom Herrgott saene Åweisonga - oder s goldene Alphabet

119 A Wohl dene, mô ihran Weg
ohne Tadel em Herrgott
(JAHWE) saene Åweisonga laofat.
2Wohl dene, mô sich an saene Vôrschrifta
halta dent ond an ehrlich von Herza
suachat!
3Dia mô ao koen Frevel em Senn hent
ond en saene Weg laofat!
4Du håsch selber daene Ordnonga
rausgeba, dass mr sich ao ganz gnao drå
hält.
5Ach, dass i doch ao so standhaft wär,
dass e me so an daene Satzonga halta
dät!
6Nå gäb s für mi ao koene Schwierigkaeta,
wann e älle daene Åweisonga em Aog
hätt.
7I will dr ganz ehrlich drfür danka, dass
e daene gerechte Åordnonga lerna därf.
8Daene Satzonga will e aehalta; laß me
no et em Stich!

B 9Wia kå a jonger Må saen Weg otadalig
gao? Bloß wann r sich ganz an dae Wort
hält.
10I moen s ganz ehrlich: laß me et weicha
von daener Ordnong.
11I will dae Wort em Herza han, dass e jå
nex dua, was dir et gfalla könnt.
12Du, JAHWE, sollst gsegnat sae! Breng
mr doch daene Satzonga bei!
13Maene Lippa sollat älle Åweisonga,
mô von daem Mund ausganga send,
aufzähla.
14So laofa, wia s en daene Åweisonga
stôht, des macht mr maeh Fraed, als wia
ällas, was mr kaofa kå.
15Über daene Ordnonga will e
nåchdenka, ond auf daene Stôegla
Obacht geba.
16An daene Satzonga han i mae Fraed
dae Wort will e et vrgessa.

C 17Dua daem Knecht ebbas Guats, dass
e leba kå, nå will e ao dae Wort aehalta.
18Mach mr d Aoga auf, dass e sieh, was
en daem Gsetz für Wonder steckat.
19Bloß a Gast ben i auf dera Erde, laß
daene Ordnonga et vôr mr vrbôrga sae.
20Mae Seel vrgôht schier vôr lauter
Vrlanga nach daene Satzonga de ganz
Zeit.
21Du håsch dene Freche ådroht, dass älle
vrfluacht send, mô von daene Åweisonga
abweichat.
22Nemm d Schmach ond d Schand
vo mr weg; i halt me doch an daene
Ordnonga!
23Ao wann de Obere dåhockat ond
gega me vrhandlat, dae Knecht denkt
oenaweg nåch über daene Satzonga.
24Jå, daene Åweisonga send mae Fraed,
auf den Råt will e et vrzichta.

D 25I lieg fix ond fertig am Boda,weck
mit daem Wort maen Lebensgaest
wieder auf!
26I han dr vrzählt, wia mr s ganga ischd.
Du håsch me ăghört. Breng mr daene
Satzonga bei!
27Laß me da Senn von daene Ordnonga
richtig begreifa, dass e über daene
Wonder nåchdenka kå.
28I vrgang schier vôr lauter Kummer;
stell me wieder auf d Füaß mit daem
Wort.
29Mit Lugena schaffa? Den Weg halt mr
vom Leib, schenk mr dae Gnade liaber
mit daem Gsetz.
30Treue - des ischd mae Weg, daene
Åweisonga will i.
31I richt me ganz nach daene Vôrschrifta,
Herr (JAHWE), laß me et zgrond
ganga!
32I laof maen Weg nach daene Satzonga,
weil du mi des vrstanda läßt.

E 33Herr (JAHWE), laß me daene Satzonga richtig vrstanda, dass e se aehalta kå bis e am End da Loh drfür kriag.
34Gib mr a Aeseha, dass e daene Åweisonga wahr ond me ganz ehrlich drå halt.
35Führ me auf dr Stôeg von daene Ordnonga, weil då han e Gfalla drå.
36Laß me ganz daene Åweisonga zuagnaegt sae, ond et zor Habgier.
37Wend maene Aoga weg, dass e nexnutzigs Zuigs gar et åguck; schenk mr dae Gnade mit daem Wort.
38Gib daem Knecht, was da am vrsprocha håsch, ond was älle gilt, mô a Ehrfurcht vôr dr hent.
39Laß et zua, dass e bloßgstellt wir, då graust mr s drvôr; daene Ordnonga send nämlich guat.
40Guck, i wart auf daene Åweisonga, laß me wieder aufleba durch dae Gerechtigkaet!

F 41Laß me dae Gnade spüra, Herr (JAHWE), dae Hael, wia da s gsaed håsch,
42dass e dem Schandmaul zruckgeba kå, i vrlaß me då ganz auf dae Wort.
43Ond nemm mr bloß d Wåhrat et aus am Maul, i hoff nämlich auf dae Urtôel!
44I will dae Gsetz äwel aehalta, auf emmer ond ewig
45So han i a freia Bahn, weil e me jå an daene Weisonga halt.
46I vrzähl ao vor König von daem Gsetz, då han i gar koene Hemmonga.
47I han halt ao a Fraed an daem Gsetz, weil e s ganz arg måg.
48I streck maene Händ zo dir nauf ond denk über daene Satzonga nåch.

G 49Denk drå, was da daem Knecht vrsprocha håsch, mô da me håsch druf hoffa lao!
50Des ischd mae Trost en maem Elend, dass me dae Wort aufrichta duat.
51Freche Kerle treibat ihran Spott mit mr, aber mi brengat se et weg von daene Åweisonga.
52Wann e an dae Gsetz aus graoe Zeita denk, Herr (JAHWE), des macht me emmer ganz ruhig.
53A Wuat packt me wega de Gottlose, weil se daene Ordnonga aufgebat.
54Daene Satzonga send für mi richtige Liader wôra em fremda Haus, môn e leba muaß.
55Sogar en dr Nacht no denk i an daen Nåma, Herr (JAHWE), ond halt daene Åweisonga ae.
56Des ischd für mi a Gschenk, dass e dae Gsetz achta därf.

H 57Dr Herrgott (JAHWE) ischd mae Tôel. I han vrsprocha, dass e sae Wort aehalte.
58Ganz ehrlich suach i dae Güate, sei mr gnädig, wia da mr s vrsprocha håsch.
59I denk nåch über maen Weg ond richt maene Füaß auf daene Ordnonga aus.
60I beeil me ond will et vrsaema, dass e daene Gebot halt.
61De Gottlose hent Fallstrick om me rom baut, aber deshalb vrgiß i dae Gsetz et.
62Mittla en dr Nacht stand i auf, zom de preisa für daene gerechte Richtersprüch.
63A Fraend ben i für älle, mô a Ehrfurcht hent vôr dr ond sich nach daene Åweisonga richta dent.
64Von daener Guate, ô Herr (JAHWE), ischd de ganz Erde ausgfüllt, breng mr daene Satzonga bei!

I 65Du håsch daem Knecht ebbas Guats dao, JAHWE, wia da s vrsprocha håsch.
66Breng mr doch de richtig Aesicht ond Erkenntnis bei, weil i me nämlich auf daene Gebot vrlaß.

67Ehb e naduckt wôra ben, ben e no
osicher gwea, aber jetzat halt e me ganz
an dae Wort.
68Du bist guat ond was da duast ischd ao
guat, breng mr daene Satzonga bei!
69Freche Kerle dichtat Lugena über
me, aber i halt me ganz ehrlich an dae
Gsetz.
70Em Gmüat send dia stompfsennig wian
a Schmalzhafa, aber i han mae Fraed an
daem Gsetz.
71Für mi ischd des ganz guat gwea, dass
e naduckt wôra ben, dass e glernt han,
wia daene Åweisonga gmoent send.
72D Åweisonga aus daem Mund se'mr
liaber als wian a paar Tausad Gold- ond
Silberstückla.

K 73Mit daene Händ håsch me du
gschaffa ond bildat; gib mr s Aeseha,
dass e daene Gebot lerna muaß!
74Dia mô a Ehrfurcht hent vôr dir,
seahnat me ond fraeat sich, dass i me
jetzat auf dae Wort vrlaß.
75I wôeß jå, JAHWE, dass daene Urtôel
gerecht send ond dass des en Ordnong
gwea ischd, mô da me gstråft håsch.
76Laß me wieder mit daener Güate
trösta, wia da s daem Knecht vrsprocha
håsch.
77Laß me dae Erbarma spüra, dass e leba
kå, weil daene Åweisonga send mae
graeßta Fraed!
78Dia freche Kerle sollat z Grond ganga,
mô me mit ihre Lugena ramacha wöllat,
schließlich denk i doch dauernd bloß
über daene Åweisonga nåch.
79Dia mô vôr dir a Ehrfurcht hent ond
daene Åweisonga aehaltat, dia sollat no
zo mr komma.
80I halt me ganz gnao an daene Satzonga,
dass jå koe Schand über me kommt.

L 81I han a ganz args Vrlanga, dass mr
du hilfst, ond i vrtrau ao ganz auf dae
Wort.
82Maene Aoga gangat rom ond suachat
daen Spruch: Wann hilfst mr denn?
83I gang ae wian a Waeschlauch, mô em
Raoch hangt, aber daene Satzonga vrgiß
e et.
84Wiavl Däg bleibat mr no? Bis maene
Vrfolger dae Urtôel trifft?
85Ausgrechnat dia Lompa hent mr
Fallgruaba baut, mô mit koem Gedanka
an daene Åweisonga denkat.
86Älle daene Gebot send d Wåhrat; aber
dia vrfolgat me mit ihre Lugena, hilf mr
doch!
87Om a Häärle hätte se me fertig gmacht
em Ländle, aber i laß me et abbrenga
von daene Ordnonga.
88Laß me von daener Güate leba, dass e
weiter für di zeuga kå!

M 89Ewig bleibt, Herr (JAHWE), dae
Wort, des håt saen festa Grond em
Hemmel,
90älle Generationa lebat von daener
Treue. Du håsch d Erde gründat ond se
stôht fest.
91Nach daem Gsetz laoft ällas ab bis auf
den Dag, weil ällas zo daener Vrfüagong
stôht.
92Wann e en daem Gsetz koen Halt
gfonda hätt, nå wär e em Elend
vrkomma.
93Daene Ordnonga vgiß i niamåls, weil
då mae Leba dren abgsichert ischd.
94I gher dir, hilf mr doch; i will doch
ganz en daene Ordnonga leba.
95Frevler passat me a, zom me hemacha,
aber i gib auf daene Satzonga acht.
96Bei ällam was vollkomma ischd, geit s
Grenza, aber daene Gebot gangat weit
über ällas naus.

N 97I måg daene Ordnonga ganz arg, da
ganza Dag gangat se mr em Kopf rom.
98Dae Gebot macht me maene Faend
überlega an Weishaet, weil mr s emmer
gegawärtig ischd.

99 I wôeß sogar maeh als wia maene
Lehrer, weil daene Vôrschrifta send mr
dauernd em Senn.
100 I han maeh Aesichta als wia mancher
Alte, weil mae ganzs Denka von daene
Ordnonga ausgôht.
101 An jeda baesa Weg vrbiat i maene
Füaß, dass e ganz daem Wort folg.
102 Von daene Ordnonga weich i et ab,
weil du selber håsch me onterwiesa.
103 No süaßer send daene Weishaeta
maem Gaoma, no maeh als wia dr Honig
en maem Maul.
104 Aus daene Ordnonga gwenn i
Aesichta, drom han e an Haß uf älle
kromme Sacha.

O 105 Dae Wort ischd wian a Leuchter
für maen Fuaß, a Licht für maen Weg.
106 I han mr s gschwora ond will s ao
halta, dass e me ganz an dae gerechta
Ordnong halt.
107 I muaß grad arg ontadurch, Herr
(JAHWE), laß me leba, wia da mr s
vrsprocha håsch.
108 Laß dr mae Lobliad gfalla, o Herr
(JAHWE), ond breng mr daene
Ordnonga bei.
109 Mae Leba han i emmer en de Händ,
aber daene Åweisonga vrgiß i deshalb
et.
110 Gottlose legat Schlenga für me aus,
aber i laß et ab von daene Ordnonga.
111 Daene Åweisonga send mae Erbtôel
uf ewig, weil i då mae Fraed drå han.
112 I will me gern an daene Ordnonga
halta, des zahlt sich nämlich am End
doch aus.

P 113 Sotte, mô et wissat, was se wöllat,
mâg e gar et, aber daene Åweisonga mâg
e gern.
114 Du bist mae Schirm ond mae Schild,
auf dae Wort vrlaß i me ganz.
115 Haoat ab vo mr, ihr Lompa, i will
maem Gott (Elohay) saene Gebot
aehalta!
116 Heb me ganz fest, wia da s vrsprocha
håsch, dass e leb, ond laß me et zgrond
ganga, weil e auf di hoff!
117 Heb me ganz fest, dass e fend, was
mr hilft, nå will e me ständig an daene
Satzonga fraea.
118 Du vrwirfst älle, mô von daene
Satzonga abständig werat, weil ällas Lug
ond Trug ischd, was se dent.
119 Für Schlacka guckst du älle Gottlose
em Land å, drom han i daene Zeugnis
so gern.
120 Vôr lauter Ehrfurcht vôr dir kriag i a
Geshaut, daene Urtôel fürcht e ao.

Q 121 I halt me an s Recht ond will
gerecht sae; laß me et en de Händ von
maene Onterdrücker.
122 Vrbürg de für daen Knecht zom
Guata, dass me de Graoßkopfate et
nadrucka könnat.
123 Maene Aoga guckat ganz sehnsüchtig
nach daem Hael, ond nach dr Bestätigong
für dae Gerechtigkaet.
124 Sei gnädig mit daem Knecht ond
breng mr daene Satzonga bei!
125 Dae Knecht ben e, gib mr s Aeseha,
dass e vrstand, was mit daene Zeugnis
gmoent ischd.
126 S wird Zeit, dass dr Herrgott
(JAHWE) selber aegreift, dia hent
nämlich dae Gsetz brocha.
127 Über ällas mâg i daene Gebot, die send
viel maeh wert als wia s faenste Gold.
128 Drom nemm i s ganz gnao mit daene
Vôrschrifta, jedan vrlogena Weg haß e.

R 129 A Wonderwerk ischd dae Gsetz,
drom halt i me drå fest.
130 Dae Wort vrstanda brengt Erleuchtong,
ond Oefältige kriagat a Aeseha.
131 I mach s Maul ganz weit auf ond
vrlechne schier, weil e a args Vrlanga
han uf daene Åweisonga.
132 Guck me å ond sei gnädig mit mr, wia

s dene zuastôht, mô daen Nâma mögat!
[133]Mach me ganz sicher durch daene
Vrsprecha ond laß koe Orecht über me
herrscha.
[134]Mach me frei von dr Onterdrückong
durch Menscha, i will me bloß nach
daene Ordnonga richta.
[135]Laß dae Gsicht leuchta über daem
Knecht ond breng mr daene Satzonga
bei.
[136]Aus maene Aoga rennat Bächla, weil
sich neamerd om daene Åweisonga
schert.

S [137]Du bist ganz gerecht, Herr
(JAHWE), ond richtig send daene
Urtôel.
[138]En Gerechtigkaet håsch du daene
Gsetz erlassa ond bist dr selber treu
blieba drbei.
[139]Dr Eifer frißt me auf, weil maene
Faend vrgessat, was du saesch.
[140]Ganz lauter ischd dae Wort, so mâg s
dae Knecht.
[141]I ben zwâr gar nex ond achta duat me
ao koener, aber daene Ordnonga vrgiß i
drwega et.
[142]Dae Gerechtigkaet ischd emmer
em Recht, ond dae Åweisong ischd d
Wåhrat.
[143]Mô d Naot ond s Elend me troffa
hent, han e me oenaweg über daene
Gebot gfraet.
[144]Daene Vôrschrifta send emmer
gerecht; gib mr a Aeseha, dass e leba kå.

T [145]I schrei aus am tiafsta Herza, gib mr
a Antwort! I will doch daene Vôrschrifta
aehalta.
[146]I ruaf de å, hilf mr doch; nå will e ao
daene Satzonga folga.
[147]Wann s môrgnads Dag wird stand i
auf ond schrei, ond hoff, dass sich dae
Wort erfüllt.
[148]Sogar Nachts wach e auf ond denk
nåch über ällas, was da vrsprocha
håsch.
[149]Hör doch gnädig auf mae Schreia!
Laß me leba mit daem Urtôel.
[150]S kommat mr oene emmer näher ond
vrfolgat me ganz henterlistig, dia hent
mit daem Gsetz nex em Senn.
[151]Aber du bist bei mr, Herr (JAHWE),
ond ällas, was du saesch, ischd d
Wåhrat.
[152]Schao lang wôeß i aus daene Zeugnis,
dass du dia für ewig gelta läßt.

U [153]Guck doch mae Elend å ond hilf mr!
Weil i han doch dae Gsetz et vrgessa.
[154]Vrtritt me em Gricht ond hilf mr, laß
me nach daem Spruch leba.
[155]De Frevler soll s Hael fernbleiba, weil
dia nach daene Satzonga nex frågat.
[156]Dae Erbarma ischd oendlich, o Herr
(JAHWE), laß me leba von daem
Recht.
[157]I han viel Faend ond sotte, mô mr
ebbas wöllat, aber von daene Ordnonga
weich i drom et ab.
[158]I sieh dia Vrräter, dia kotzat me å, weil
se von daem Wort nex haltat.
[159]Guck doch, wian i dae Gsetz mâg,
Herr (JAHWE), laß me von daener
Güate leba.
[160]Dae Wort zsemagfaßt - des ischd
d Wåhrat, ond uf ewig stôht dae
Gerechtigkaet ond dae Recht.

V [161]Graoßkopfate vrfolgat me ohne en
Grond, aber i fürcht me bloß vôr daem
Wort.
[162]I frae me über dae Urtôel wia oener,
der mô ebbas gwonna håt.
[163]Lugena haß i, vôr dene eklat mr s, aber
daene Åweisonga han e gern.
[164]Äll Dag preis e di sieba Mål wega
daene gerechte Urtôel.
[165]En reicha Frieda hent dia, mô daene
Åweisonga mögat
ond a Oglück trifft dia ao et.
[166]I warte auf dae Hael, o Herr

(JAHWE),
ond dua, was daene Gebot sagat.
167 Mae Seel hält sich an daene Ordnonga,
i måg se ganz arg.
168 I halt daene Ordnonga ond Vorschrifta
ae; du wôeßt jå maen Weg ond siehst
ällas.

W 169 Hör me å, was e dr zom klaga han,
o Herr (JAHWE), laß me nach daem
Wort leba.
170 Laß me maene Bitta vôr dr saga, nach
daem Urtôel hilf mr.
171 Vom Lobliad sollat maene Lippa
übersprudla, weil du mr daene Satzonga
beibrengst.
172 Mae Zong soll über dae Treue senga,
weil älle daene Gebot ganz gerecht
send.
173 Laß mr daene Hand zom Helfa
komma, weil i me ganz auf daene
Ordnonga vrlaß.
174 Dass du mr hilfst, des dät e mr halt
ganz arg wünscha, o Herr (JAHWE),
ond daene Åweisonga send mae ganza
Fraed.
175 Mae Seel soll leba ond di preisa, ond
daene Urtôel sollat mr helfa.
176 I ben vrirrt wian a vrdloffes Schäfle,
suach doch daen Knecht! Weil i daene
Gebot nia vrgiß!

Zom Vrgleicha: *Vers 1-3:* 1,1f.6; 26,3; 32,8; 37,5; 139,3; 142,4; 143,10; Tob 4,19; Spr 4,11 • *Vers 19:* 39,13 • *Vers 21:* Dtn 27,26; Jer 11,3 • *Vers 25:* 44,26 • *Vers 29:* 119,104 • *Vers 30:* 25,4 • *Vers 35:* 25,4 • *Vers 46:* Mt 10,18 • *Vers 55:* 119,62.148; 63,7 • *Vers 62:* 119,55 • *Vers 64:* 33,5 • *Vers 70:* 17,10 • *Vers 71:* 94,12 • *Vers 72:* 119,103.127; 19,11 • *Vers 73:* Job 10,8 • *Vers 81:* 130,5 • *Vers 82:* 123,2 • *Vers 83:* Job 30,30 • *Vers 89:* Jes 40,8 • *Vers 91:* 148,6 • *Vers 95:* 11,2 • *Vers 97:* 1,2 • *Vers 100:* Weish 4,8f • *Vers 101:* Spr 1,15; 4,27 • *Vers 103:* 119,72 • *Vers 104:* 119,29.128 • *Vers 105:* Spr 6,23; Joh 8,12; 2Petr 1,19 • *Vers 108:* 19,15; 50,14.23 • *Vers 110:* 140,6 • *Vers 113:* 1Kö 18,21 • *Vers 115:* 6,9; 139,19 • *Vers 119:* Jes 1,25 • *Vers 120:* Job 4,14f; 23,15 • *Vers 127:* 119,72 • *Vers 128:* 119,104 • *Vers 132:* 25,16; 86,16; 91,14 • *Vers 134:* 125,3 • *Vers 135:* 4,7 • *Vers 136:* Esr 9,3f • *Vers 139:* 69,10 • *Vers 140:* 12,7 • *Vers 148:* 119,55 • *Vers 158:* 139,21 • *Vers 160:* Joh 17,17 • *Vers 166:* Gen 49,18 • *Vers 168:* Spr 5,21 • *Vers 170:* 88,3; 79,11 • *Vers 176:* Jes 53,6; Jer 50,6; Lk 15,4-7.

15 Wallfahrts- oder Stufaliader Psalm 120 - 134

A Hilfeschrae gega Vrlaemder

120 A Wallfahrtsliad. Zom
Herrgott (JAHWE) han e
gschria en maener Naot, der håt me
åghört!
2 O Herr (JAHWE), hilf mr gega dia
Lugabeutel,dia lüagat, wann se d Gosch
aufmachat!
3 Was geit r dr denn? Was duat r dr? Du
vrlogena Schwertgosch?
4 Scharfdenglate Kriagspfeil ond
Holzkohla vom Gensterstrauch!
5 Des ischd et guat gwea, dass e als
Fremder en Mesek gwea ben, dass e
en de Zelt vom Stamm Kedar* gwohnt
han. *a Beduinastamm, mô auf Raob
aus gwea ischd.
6 Schao viel zlang wohnt i bei Leut,dia
mô koen Frieda hao könnat.
7 I han mit dene über da Frieda ond über
d Wåhrat gschwätzt, aber dia hent bloß
Händel em Senn.

Zom Vrgleicha: *Vers 1:* Jona 2,3 • *2:* 12,3-5; Sir 51,2 • *4:* 140,11 • *6:* 35,20; 140,3 • *7:* Rö 12,18.

Dr Herrgott hilft mr

121 A Wallfahrtsliad. I laß maen
Blick en d Berg naeschwôefa.
Môher soll für mi a Hilf komma?
2 A Hilf kommt für mi vom Herrgott
(JAHWE), der håt da Hemmel ond d
Erde gmacht.
3 Der läßt daen Fuaß et strauchla, ond
schlåfa duat dae Hirt ao et.

4 Guck no, dr Hirt von Israel, der schlåft
et ond dosat ao et vor sich nô.
5 Dr Herrgott (JAHWE) ischd dae Hirt,
dr Herrgott (JAHWE) isch dr Schatta
über daener rechta Håd!
6 Am Dag sticht de koe Sonn ond en dr
Nacht koe Mond.
7 Dr Herrgott (JAHWE) bhüat de vor
ällam Übel, dae Leba bhüatat r.
8 Dr Herrgott (JAHWE) soll de bhüata,
daen Ausgang ond daen Aegang von
jetzt å ond auf ewig!

Zom Vrgleicha: *Vers 2:* 124,8 • *3:* 66,9; 1Sa 2,9 • *4:* 1Kö 18,27 • *5:* 16,8; 73,23 • *6:* Jes 25,4; 49,10 • *7-8:* Num 6,24-26 • *7:* 97,10 • *8:* Dtn 28,6; Tob 5,17.

A Gruass an Jerusalem

122 A Wallfahrtsliad vom David.
S håt me gfraet, mô mr zo mr
gsaed håt: Mir machat a Pilgerfahrt em
Herrgott (JAHWE) sae Haus!
2 Nå send onsere Füaß en daene Stadttôr
gstanda, Jerusalem!
3 Jerusalem ischd baut als a Stadt,
rengsrom mit dicke Maura.
4 Då pilgerat d Stämm nô, am Herrgott
(JAH) saene Stämm! Für d Israelita
ischd des a Gsetz, sell am Herrgott
(JAHWE) saen Nåma zom preisa.
5 Sell standat nämlich d Richterstüahl;
ond dr Thron vom David saem Haus.
6 Betat om da Frieda für Jerusalem; em
Frieda könnat dia leba, mô di mögat!
7 S Hael soll en daene Maura wohna, ond
dr Frieda en daene Paläst.
8 Wega maene Brüader ond Fraend
wünsch dr i s Hael.
9 Wega onseram Herrgott (JAHWE)
saem Haus, will e oms Ällerbest für de
bitta.

Zom Vrgleicha: *Vers 1:* 42,5; Jes 2,3 • *3:* 48,13f • *4:* Dtn 16,16 • *5:* Dtn 17,7f; 1Kö 7,7; 2Chr 19,8 • *7:* Tob 13,14 • *9:* 26,8; 128,5.

A Gebet om Hilfe

123 A Wallfahrtsliad. Zo dir guck
i nauf,dae Thron stôht em
Hemmel.
2 Guck no: so wia de Knecht ihre Aoga
ihram Herra auf d Händ guckat, ond
wia dr Magd ihre Aoga ihrer Chefe auf
d Händ guckat, so guckat onsere Aoga
auf onseran Herrgott (JAHWE), bis r a
Erbarma mit ons håt.
3 Han Erbarma mit as, o Herr (JAHWE),
vrbarmt de! Mr hent jetzat grad gnuag
drvo, dass mr vrachtat werat.
4 Zom Hals hangt as des raus, dass
dia Graoßkopfate as vrspotta dent
ond des blöde Gschwätz von dene
Haochfährige.

Zom Vrgleicha: *Vers 1:* 141,8; 1Kö 8,30 • *2:* 25,15; 119,82 • *3:* 41,6; Neh 3,36.

Dr Helfer en dr Naot

124 A Wallfahrtsliad vom David.
Wär dr Herrgott (JAHWE)
et für as aegstanda - so sollat d Israelita
saga - ,
2 wär dr Herrgott (JAHWE) et für as
aegstanda mô Menscha auf as losganga
send,
3 dia hätte ons lebendig aufgfressa, mô
dene ihr Wuat so richtig kocht håt.
4 S Haochwasser hätt as fortgspüalt, dr
Wildbach hätt as überschwemmt.
5 Nå hätt as s Wildwasser mitgrissa, des
håt bloß so gurglat.
6 Dr Herrgott (JAHWE) sei priesa, dass
r as et losglassa håt, dene ihre gierige
Zäh zom Fraß!
7 Mir send mit am Leba drvokomma, wian
a Vogel aus am Netz vom Vogelfänger. s
Netz ischd vrrissa - ond mir send frei! -
8 Em Nåma vom Herrgott (JAHWE)
send mir grettat, der håt da Hemmel
ond d Erde gmacht.

Zom Vrgleicha: *Vers 3:* Spr 1,12 • *4:* 42,8 • *7:* Spr 6,5 • *8:* 121,2.

Dr Herrgott hilft de Saenige

125 A Wallfahrtsliad. Dia, mô auf
da Herrgott (JAHWE) trauat,
send wia dr Berg Zion, der mô et wanka
duat ond uf ewig stôht.
2 Rengs om Jerusalem send Berg rom; so
ischd ao dr Herrgott (JAHWE) om sae
Volk rom jetzat ond en Ewigkaet.
3 Des bleibt et so, dass des gottlose
Zepter auf am Erbtôel von de Gerechte
lastat, dass am End ao no de Gerechte
ihre Händ nach am Frevel langa dätat.
4 Dua de Guate ebbas Guats, Herr
(JAHWE), ond dene, mô s ganz ehrlich
moenat.
5 Aber dia, mô auf ihre kromme Weg
laofa wöllat, soll dr Herrgott (JAHWE)
fahra lassa samt de Gsennongslompa.
Heil über Israel!

Zom Vrgleicha: *Vers 1:* Spr 10,30 • *2:* Dtn 32,10; Mt 28,20 • *3:* 119,34 • *4:* 18,26f • *5:* 92,10.

Tränasaat

126 A Wallfahrtsliad. Mô dr
Herrgott für da Zion s Blättle
romdreht håt, des ischd gwea wia wa mr
traemt hätte.
2 Då he mr s Lacha nemme vrheba könna
ond dr Jubel håt as mitgrissa! Då hent se
bei de Haedavölker gsaed: Dr Herrgott
(JAHWE) håt a graoß Wonder an en
dao!
3 Dr Herrgott (JAHWE) håt a graoß
Wonder an ons dao; då he mr ons ganz
arg drüber gfraet!
4 Herr (JAHWE), dreh doch s Blättle
ao für ons rom, wie dia Bachla em
Sudland!
5 Dia mo Träna en de Aoga hent beim
Säa, därfat mit Jubel ernta.
6 Mr gôht Schritt für Schritt onter Träna
ond keit saen Såma naus - mr kommt
hoem, mr kommt em Jubel ond traet
saene Garba.

Zom Vrgleicha: *Vers 1:* 14,7 • *2:* Job 8,21; Ez 36,36 • *3:* Lk 1,49 • *4:* Dtn 30,3 • *5-6:* Jes 25,8f; Bar 4,23; Mt 5,4; Joh 16,20; Offbg 21,4; Joh 12,24.

Am Herrgott sae Sega ischd ällas

127 A Wallfahrtsliad. Vom Salomo.
Wann dr Herrgott (JAHWE)
et s Haus baut, nå ischd de ganz Ärbat
omasoscht von dene, mô baua dent!
Wann dr Herrgott (JAHWE) et auf d
Stadt aufpaßt, nå kå dr Wächter lang
gucka ond merkt nex.
2 Ganz omasoscht ischd s ao, dass r so
bald aufstanda dent ond bis en d Nacht
nae wuahlat bis r nôhocka könnat zom
endlich euer herb vrdients Brot essa -
weil dene, môn r mâg, geit r s nämlich
em Schlåf.
3 Guck no: (Gsonde) Buaba send a
Gschenk vom Herrgott (JAHWE),
ond Kendersega ischd a frei gschenkter
Loh.
4 Wia d Pfeil en de Händ vo ma Helda so
send d Kerle en dr Jugend.
5 A Må kå sich glücklich preisa, wann r
mit en saen Köcher gfüllt håt! (Wann
r viel Buaba håt.) Wann der mit saene
Faend em Stadttôr vrhandlat, håt der de
bessere Karta.

Zom Vrgleicha: *Vers 1:* Job 12,14 • *1f:* Mt 6,25-34 • *2:* Spr 3,24-26; 10,22; Sir 11,11 • *3:* 115,14; 128,3; Gen 33,5 • *5:* Job 5,4.

Dr Haussega

128 A Wallfahrtsliad. Hael für en
jeda, der mô a Ehrfurcht håt
vôr am Herrgott (JAHWE), ond auf
saene Weg laoft!
2 Was daene Händ gschafft hent, des
därfst d ao vrbraucha! Hael dir! Guat
stôht s om de.
3 Dae Weib ischd wian a master Rebstock
en daem Haus drenna; wia jonge
Ölbaemla send daene Jonge rengs om
da Tisch rom.
4 Jå, so en Sega håt a Må, wann ra Ehrfurcht
håt vôr am Herrgott (JAHWE).
5 Dr Herrgott (JAHWE) soll de segna

vom Zion aus, dass da daener Lebdag s
Glück von Jerusalem seha därfst!
6 Ond guck, ao daene Enkala därfst seha!
Frieda sei mit Israel!

Zom Vrgleicha: *Vers 1:* 112,1 • *2:* 112,3 • *3:* 127,3; Job 29,5; Ps 144,12 • *5:* 134,3 • *5-6:* Gal 6,16 • *6:* Job 42,16.

Naot ond Rettong

129 A Wallfahrtsliad. Arg
zuagsetzt hent se mr oft von
Kloe å, - des soll s Volk Israel saga -
2 arg zuagsetzt hent se mr oft von kloe å,
aber se hent me et zwonga!
3 Uf maem Buckel hent se g'ackerat ond
longe Furcha zoga.
4 Gerechter Gott (JAHWE)! - der håt
dene Gottlose ihre Strick aghaoa!
5 'Zgrond ganga müaßat älle ond
hentersche abhaoa älle, mô en Haß auf
da Zion hent!
6 Dia send wia s Gras auf de Dächer mô
dr Ostwend vrdôrrat,
7 dr Mähder kriagt då koe Händle vol
drmit ond vom Garbabenda kå då schao
gar koe Red sae.
8 Då saed ao koener em Vrbeigao: Dr
Herrgott (JAHWE) soll de segna!
oder: Mir segnat euch em Nåma von
JAHWE!

Zom Vrgleicha: *Vers 2:* 118,13; Joh 16,33 • *3:* 66,12; Jes 51,23 • *6:* Jes 37,27 • *8:* Rut 2,4.

En ra arga Naot

130 A Wallfahrtsliad. Von ganz
tiaf dronta schrei i zo dir, Herr
(JAHWE)!
2 Herr, hör doch auf mae Stemm! Vrstopf
daene Ohra et vôr maem lauta Schreia.
3 Wann du Sünda årechna dätest, Herr
(JAH), - Herr, wer könnt nå dir no en
d Aoga gucka?
4 Währle, bei dir ischd d Vrgebong, dass
mr a Ehrfurcht vôr dr kriagt.
5 I hoff auf di, Herr (JAHWE), mae Seel
hofft ond wartat auf daen Haelsspruch!
6 Mae Seel ischd auf da Herra ausgrichtat,
no mae als wia dr Nachtwächter auf da
Môrga. No mae als wia dr Nachtwächter
auf da Môrga wartat,
7 soll s Volk Israel auf da Herrgott
(JAHWE) warta! Weil bloß beim
Herrgott (JAHWE) ischd d Gnade ond
ao d Erlösong für viele!
8 Jå, der erlöst amål s Volk Israel von
saene ganze Sünda.

Zom Vrgleicha: *Vers 1:* Jona 2,3 • *2:* 5,2f • *3:* 143,2; Nah 1,6 • *4:* 32,1; Jes 55,7; Mi 7,18 • *5:* 119.81 • *6:* Jes 21,11 • *7-8:* 25,22; Mt 1,21 • *7:* Jes 30,18.

Sae wian a Kend

131 A Wallfahrtsliad. Vom David.
Liaber Gott (JAHWE), i will
et oba naus, ond von oba ragucka will e
ao et. I möcht nex graoßartigs wera, was
über maeh Vrmöga nausganga dät.
2 Noe - i ben ganz ruhig ond zfrieda
wian a Kendle; mô grad tronka håt bei
saener Muader, so ben i ao gstillt en
maener Seel.
3 Israel, setz dae Hoffnong en JAHWE,
von haet å bis en älle Ewigkaeta!

Zom Vrgleicha: *Vers 1:* Sir 3,21; 23,4; 1Petr 5,5 • *2:* 62,2 • *3:* 130,7.

Dr David ond dr Zion werat auserwählt

132 A Wallfahrtsliad. Herr
(JAHWE), denk no an da
David, wia der sich håt plåga müaßa,
2 môn r am Herrgott (JAHWE) gschwora
håt, ond am Jakob saem Starka vrsprocha
håt:
3 I gang erst wieder en mae Wohnzelt nae
ond en mae Bett,
4 i gönn maene Aoga koen Schlåf ond laß
maene Aogadeckel et zuafalla,
5 bevôr e et en Platz gfonda han für
JAHWE, a Wohnong für am Jakob saen
Starka.
6 Jå, en Efrata he mr ebbas von ra (dr
Bundeslade) ghört, ond en de Felder en

Jaar he mr se gfonda.
7 Auf! Geh mr en sae Wohnong ond lent
as nôsenka vôr saem Fuaßschemel!
8 Auf, Herr (JAHWE), an en Platz, mô da
dae Ruah håsch! Du ond dae mächtiga
Bundeslade!
9 Daene Priaster sollat Gerechtigkaet
als Gwand åziaga, ond daene Fromme
sollat jubiliera!
10 Weis daem Knecht David zliab daen
Gsalbta et ab. (Oener vom David saene
Nåchkomma.)
11 Dr Herrgott (JAHWE) håt am David
gschwora, ond von dem Eid gôht r et
ab: König aus daene Nåchkomma setz
i auf daen Thron!
12 Wann daene Söh maen Bund aehaltat
ond maene Satzonga, môn en i beibreng,
nå sollat ao dene ihre Söh auf emmer auf
daem Thron sitza bleiba!
13 Dr Herrgott (JAHWE) håt nämlich da
Zion rausgsuacht, då will r sae Wohnong
han.
14 An dem Platz han i mae Ruah auf
emmer, då will i wohna, då gfällt mr s!
15 Sae Brot will e reich segna, dass ao de
Arme emmer satt werat.
16 Saene Priaster kriagat Gerechtigkaet
als Gwand, ond saene Fromme sollat
jubiliera!
17 Sell will i am David sae Macht
ausbaua, für maen Gsalbta han i a Licht
aufgstellt.
18 Saene Faend mach i a Gwand aus
Schand, aber auf saem Haopt glänzt sae
Kron.

Zom Vrgleicha: *Vers 3-5:* 2Sa 7,1f; 1Chr 28,2 • *6:* 1Sa 7,1; 2Sa 6,2 • *7:* 99,5 • *8:* Num 10,35f • *8-10:* 2Chr 6,41f • *9:* Job 29,14 • *11:* 89,4f • *13:* 68,17; 76,3; 78,68 • *14:* 1Kö 8,13 • *16:* 132,9; Jes 61,10 • *17:* 1Kö 11,36; Lk 1,69.

Dr Sega von ra echta Bruaderschaft

133 A Wallfahrtsliad. Vom David.
Guck no, wia guat ond schö
ischd s doch, wann Brüader (em Frieda)
mitanander hausat!
2 Des ischd wian a köstlichs Salböl auf
am Haopt, des mô en da Bart nalaoft,
em Aaron saen Bart, der mô bis an da
Saom von saem Gwand nawallat.
3 Wia dr Tao vom Hermon rafällt auf s
Bergland vom Zion. Weil sell dr Herrgott
(JAHWE) saen Sega nôgschickt håt: Sae
Leba en Ewigkaet.

Zom Vrgleicha: *Vers 1:* Gen 13,8 • *2:* Ex 29,7; 30,25.30 • *3:* Dtn 28,8.

A Lobliad en dr Nacht

134 A Wallfahrtsliad. Auf gôhts,
preisat JAHWE, ihr älle, mô
am Herrgott (JAHWE) diena dent! Dia
mô nachts em Herrgott (JAHWE) saem
Haus standat!
2 Streckat eure Händ nauf zom Haeligtom
ond preisat JAHWE!
3 Vom Zion aus soll de dr Herrgott
(JAHWE) segna, der mô da Hemmel
ond d Erde gmacht håt.

Zom Vrgleicha: *Vers 1:* 135,1f • *2:* 28,2 • *3:* 128,5; 115,15.

JAHWE ischd alloe dr wahre Gott

135 Halleluja! Preisat JAHWE,
da Nåma JAHWE! Preisat
an, ihr, am Herrgott (JAHWE) saene
Knecht!
2 Dia mô em Herrgott (JAHWE) saem
Haus standat, en de Vôrhöf von onseram
Gott (Elohcynu) saem Haus!
3 Preisat JAHWE, weil dr Herr (JAHWE)
so güatig ischd! Spielat für saen Nåma,
weil r so fraendlich ischd!
4 Dr Herrgott (JAHWE) håt da
Jakob auserwählt, ond Israel zo saem
Aegatom.
5 Jå, i sieh des guat, dass dr Herrgott
(JAHWE) graoßmächtig ischd, onser
Herr stôht über älle Götter (Elohim)!
6 Was dr Herrgott (JAHWE) will, des
duat r ao, ob des em Hemmel oder
auf dr Erde ischd, em Meer oder en de

tiafste Stella!
7Der brengt d Wolka drher vom
hentersta End auf Erda, ond läßt Blitz
em Gwitter romfahra, da Sturm läßt r
aus saene Kammera blåsa.
8D Erstgeburta von de Ägypter håt r
gschlaga, vom Menscha bis zom Vieh.
9Wonder ond Zaeche håt r dao gega da
Pharao ond saene ganze Ontertåna.
10Viel Völker håt der gschlaga ond
mächtige König sterba lassa:
11Da König Sihon von de Amoriter, da
König Og von Baschan, ond älle König
von Kanaan.
12Ond aus dene ihram Land håt ra
Erbtôel gmacht, a Erbtôel für sae Volk
Israel.
13JAHWE, dae Nåma stôht auf
ewig! JAHWE, a Ådenka für älle
Generationa!
14Jå, dr Herrgott (JAHWE) vrschafft
saem Volk sae Recht, ond r håt a
Erbarma mit älle saene Ontertåna.
15De Haeda ihre Götza send bloß
Silber ond Gold, a Machwerk von
Menschahänd.
16A Maul hent se, aber saga könnat se
nex, Aoga hent se, aber seahna dent se
nex.
17Se hent Ohra, hörat aber nex, ond en
Lebensodem hent se ao et en sich!
18Dia mô s gmacht hent, solle grad so sae
wia dia, ond a jeder, mô dene vrtraut.
19Ihr vom Haus Israel, preisat JAHWE!
Ihr vom Haus Aaron, preisat JAHWE!
20Ihr vom Haus Levi, preisat JAHWE!
Dia, mô a Ehrfurcht hent vôr am
Herrgott (JAHWE), preisat JAHWE!
21Vom Zion sei dr Herrgott (JAHWE)
priesa, der mô en Jerusalem wohnt!
Halleluja!

Zom Vrgleicha: *Vers 1:* 113,1 • *4:* 33,12 • *5:* 95,3; 136,2f • *6:* 115,3 • *7:* Jer 10,13; Job 37,9 • *8:* 78,51 • *9:* 78,42-51 • 10-*12:* 136,17-22; Num 21,21-24.33-35 • *12:* Jos 11,23 • *13:* 102,13 • *14:* Dtn 32,36 • *15-18:* 115,4-6.8 • *19-20:* 115,9-11.

A Dankliad für am Herrgott saene Tata

136 Dankat am Herrgott
(JAHWE), weil r so güatig
ischd, jå, sae Güate stôht auf ewig!
2Dankat am Gott (Elohey) über älle
Götter (Elohim), jå, sae Güate stôht auf
ewig!
3Dankat am Herra über älle Herra, jå,
sae Güate stôht auf ewig!
4Graoße Wonder håt der alloe dao, jå,
sae Güate stôht auf ewig!
5Da Hemmel håt r mit viel Weishaet
gmacht, jå, sae Güate stôht auf ewig!
6D Erde håt r über de Wasser festgmacht,
jå, sae Güate stôht auf ewig!
7Graoße Lichter håt r gschaffa, jå, sae
Güate stôht auf ewig!
8D Sonn zom da Dag regiera, jå, sae
Güate stôht auf ewig!
9Da Mond für d Nacht, jå, sae Güate
stôht auf ewig!
10Der mô d Ägypter gschlaga håt en ihre
Erstgeborene, jå, sae Güate stôht auf
ewig!
11Ond Israel sell rausgholt håt, jå, sae
Güate stôht auf ewig!
12Mit ra starka Håd ond am ausgstreckta
Arm, jå, sae Güate stôht auf ewig!
13S Schilfmeer håt r ausanandertôelt, jå,
sae Güate stôht auf ewig!
14Ond d Israelita mittla durchlaufa lassa,
jå, sae Güate stôht auf ewig!
15Ond da Pharao mitsamt saem Heer en
s Schilfmeer trieba. Jå, sae Güate stôht
auf ewig!
16Sae Volk håt r durch d Wüste gführt,
jå, sae Güate stoht auf ewig!
17Mächtige König håt r gschlaga, jå, sae
Güate stôht auf ewig!
18Ond herrliche König sterba lassa, jå,
sae Güate stôht auf ewig!
19Da Amoriterkönig Sihon, jå, sae Güate
stôht auf ewig!
20Ond da König Og von Baschan, jå, sae
Güate stôht auf ewig!

[21]Ond ihr Land håt r zom Erbtôel
gmacht, jå, sae Güate stôht auf ewig!
[22]Zom Erbtôel von saem Knecht Israel!
jå, sae Güate stôht auf ewig!
[23]Der håt an ons denkt, mô mr nadruckt
wôra send, jå, sae Güate stôht auf ewig!
[24]Ond ons von onsere Faend weggrissa,
jå, sae Güate stôht auf ewig!
[25]Der geit ällam, was lebt, sae Essa; jå,
sae Güate stôht auf ewig!
[26]Dankat Gott em Hemmel, jå, sae
Güate stôht auf ewig!

Zom Vrgleicha: *Vers 1:* 107,1 • *2:* 82,1; 86,8; 89,7-9; 95,3; 97,9; 135,5; Ex 18,11; Dtn 10,17; Da 2,47 • *4:* 72,18; Ex 15,11 • *5:* Spr 3,19; Jer 10,12 • *6:* 24,2 • *7-9:* Gen 1,14-18; Jer 31,35 • *10:* 78,51 • *11-15:* 78,52f • *17-22:* 135,10-12 • *21:* 44,3 • *23:* Lk 1,48 • *24:* 106,43f; Lk 1,71 • *25:* 145,15f.

An de Wasser von Babylon

137 An de Wasserström von Babel
se mr ghockt ond hent gflennt,
wa mr an da Zion denkt hent.
[2]An de Pappla sell he mr onsere Harfa
nôghängt.
[3]Jå, onsere Aufpasser hent as zwonga
zom Senga ond dia môn as nadruckt
hent zom Jubiliera: Sengat doch oes von
eure Zions-Liader!
[4]Wia sott ao des zuaganga: A JAHWE-
Liad em fremda Land?
[5]Sott e di je vrgessa, Jerusalem, nå soll
mae Rechta vrdôrra.
[6]D Zong soll mr an da Gaoma nôbäbba,
wann e et an di denk! Wann mir
Jerusalem et wichtiger ischd als wia mae
schönsta Fraed!
[7]Herr (JAHWE), denk am Edom saene
Söh am Oglücksdag von Jerusalem, mô
dia gschria hent: Ällas aereißa! Ällas
aereißa bis uf da Grond na!
[8]Ihr Aewohner von Babel, ihr Vandala,
wohl dem, der môn ich s hoemzahlt!
[9]Wohl dem, der mô daene Kender packt
ond an d Felsa nôhaot!

Zom Vrgleicha: *Vers 1:* Ez 3,15; Klgl 3,48 • *2:* Klgl 5,14 • *5:* Jer 51,50 • *6:* 22,16 • *7:* Klgl 4,21f; Ez 25,12-14; 35; Obd 8-15 • *8:* Jes 14,22; Jer 50; 51 • *9:* Jes 13,16.18; Hos 14,1; Rö 12,19.

Dr Herrgott ischd güatig ond treu

138 Vom David. I dank dr von
ganzam Herza, vôr de Götter
(Elohim) seng i a Lobliad auf de!
[2]Vôr daem haeliga Templ senk e nô
ond dank daem Nåma für dae Treue
ond Güate! Du håsch nämlich daen
Nåma ond dae Wort über älle Hemmel
nausghoba.
[3]Môn e zo dr gschria han, då håsch d
me ghört, ond håsch mae Seelakraft
gstärkt.
[4]Dir, JAHWE, sollat älle König en dr
Welt dankbar sae, wann se ghört hent,
was du zom saga håsch.
[5]Vom Herrgott (JAHWE) saene
Möglichkaeta sollat se senga, weil am
Herrgott (JAHWE) sae Herrlichkaet
ischd graoß.
[6]Dr Herrgott (JAHWE) stôht über ällam
ond håt doch ao s Niedere em Aog. En
Stolza kennt der schao von weitams.
[7]Wann e ao emmer Angst hao muaß, du
läßt me leba - obwohl maene Faend a
Sauwuat auf me hent! Du streckst dae
Håd aus, dae Rechta hilft mr.
[8]Dr Herrgott (JAHWE) brengt s für me
zo ma guata End! JAHWE, dae Güte
stôht auf ewig! Laß et fahra, was daene
Händ gschaffa hent.

Zom Vrgleicha: *Vers 1:* 7,18; 9,2; 111,1 • *2:* 5,8; Da 6,11 • *4:* 68,33; Jes 2,3 • *6:* Jes 57,15; Lk 1,51f • *7:* 23,4.

Wia dr Herrgott kennt me koener

139 Für da Dirigenta. A Psalm
vom David. Herr (JAHWE),
du brengst ällas über me raus ond
kennst me,
[2]ob e nôhock oder aufstand, des wôeßt
du, schao von weitams merkst d, was e
denk.

[3]Mae Laofa oder Ausruah - du guckst
ganz gnao nô, was e doa will, wôeßt du
schao lang.
[4]Jå, et oe Wörtle leit mr uf dr Zong, mô
du, Herr (JAHWE), et schao wüßtest.
[5]Du bist henta ond vôrna ond paßt auf
me auf, daene Händ håsch d auf me
glegt.
[6]Dass e des wissa därf, des duat mr
oefach guat; so guat, dass e s gar et fassa
kå.
[7]Mô könnt i ao nô vôr daem Gaest, mô
nôflüchta, wann du me ågucksts?
[8]Dät e en da Hemmel naufsteiga - då
bist d schao; mach e mr a Lager en dr
Onterwelt - nå bist d ao då!
[9]Gengt e nô, mô d Môrgaraete rufkommt
(en da äußersta Osta) ond dät henter
am Horizont em Meer rakomma (em
äußersta Westa) -
[10]nå dät sogar sell dae Håd me heba ond
mr dae Rechta en Halt geba.
[11]Dät e saga: Donkl soll s om me rom
wera, ond d Nacht soll mae Licht sae!
[12]nå wär s Donkle et donkl vôr dr, ond d
Nacht wär hell wia dr Dag.
[13]Jå, du bist s, mô maene Niera gschaffa
håt, ond me gwoba håt em Muaderleib.
[14]I ben dr dankbar, dass da me so
wonderbar gschaffa håsch! Wonderbar
ischd ällas, was du gschaffa håsch! Des
spür i en maener tiafsta Seel.
[15]Vo maem Ennersta ischd dir nex
vrbôrga blieba, môn i em Gehaema
entstanda ben, a kunstvolls Gebilde em
tiafsta Vrbôrgena.
[16]Schao als Embrio hent daene Aoga
me gseha! Jeder Dag ischd en dae
Buach aetraga! A jeder Dag ischd schao
vôrausdenkt, no bevôr überhaopt oener
då ischd.
[17]Für mi aber - wia schwer send daene
Gedanka, o Gott (El)! Wia ofaßbar,
wa'mr älle zsemanemmt!
[18]Wöllt e s zähla, des wäre no maeh wia
dr Såd! Wär e am End (mit zähla) - i wär
no emmer bei dr!
[19]O Gott, dätest doch da Frevler
ombrenga! O ihr bluatrünstige Kerle,
haoat doch ab vo mr.
[20]Dia mô über di bloß vrloges Zeugs
schwätzat, ond sich lächerlich vôr dr
aufblåsat.
[21]Sott e dia et hassa, Herr (JAHWE), mô
di hassa dent, ond me et ekla vôr dene,
mô nex auf de gebat?
[22]Dia hass i mit a ma ganz obändiga
Hass, des send ällas maene Faend!
[23]Stell me auf d Prob, Gott (El), ond
guck mr en s Herz nae! Prüaf me ond
vrstand me, wian e s moen.
[24]Ond guck, ob e auf a ma abgöttischa
Weg ben, ond lôet me auf daem uralta
Weg (zo dir).

Zom Vrgleicha: *Vers 1:* 33,15; 44,22; Jer 12,3 • *2:* 2Kö 19,27; Job 321,4 • *5:* Job 1,10 • *6:* 92,6; 131,1; Rö 11,33 • *7-10:* Job 23,8f; Sir 16,17f; Jer 23,23f; Am 9,2f • *8:* Job 11,8 • *9:* Jona 1,3 • *11-12:* Job 26,6; 34,22; Da 2,22 • *13-15:* Job 10,8-11; Weish 7,1f • *15:* Job 1,21 • *16:* 69,29; Job 14,5 • *17:* 92,6; Job 11,7 • *18:* 40,6; Sir 18,5-7 • *19:* 119,115 • *23:* 17,3; 26,2 • *24:* 25,4.

Hilf mr, Herr, vôr baese Leut

140 Für da Dirigenta. A Psalm
vom David.
[2]Hilf mr, JAHWE, vôr baese Leut, bhüat
me vôr gwalttätige Kerle,
[3]vôr dene, mô baese Sacha en ihre Herza
aushecka dent ond äll Dag Streitereia
åzettlat!
[4]Dia mô omananderzünglat wia d
Schlanga, ond ihr Gift vrspritzat wian
a Otter.
[5]Bhüat me, JAHWE, vôr de Frevler ihre
Händ, bhüat me vôr gwalttätige Kerle,
vôr dene, mô me von de Füaß reißa
wöllat!
[6]Haochfährige Leut stellat mr hentarom
Falla; a Fangnetz hent se für me ausglegt
ond Holzfalla neba maem Weg aufgstellt.
Sela.

7 I sag zo JAHWE: Du bist mae Gott
(Eliy); Horch doch, Herr (JAHWE),
wia laut e schrei!
8 JAHWE, mae Herr, mae starker Helfer,
du schirmst mr s Haopt ab am Dag, mô
kämpft wird.
9 Herr (JAHWE), laß et gscheha, was
dr Frevler will! Laß am et glenga, was r
ausgheckt hât.
10 Laß et zua, dass dia om me rom auf me
ragucka könnat. Ihr baes Gschwätz soll
s selber treffa.
11 Laß feurige Kohla auf se rahagla,
schmeiß se en s Feuer nae, en Löcher,
dass se nemme aufstao könnat!
12 A Schandmaul kå sich et halta em
Ländle, a gwalttätiger Kerle - s Ohael
soll an jaga.
13 Jetzat wôeß e, dass dr Herrgott
(JAHWE) aestôht für de Elende ond de
Arme zo ihram Recht vrhilft.
14 Jå, de Gerechte dankat s amål daem
Nåma, ond de Rechtschaffene wohnat
vôr daene Aoga.

Zom Vrgleicha: *Vers 2:* 71,4 • *4:* 55,22; 58,5; Rö 3,13 • *6:* 57,7; 141,9; 142,4; Job 18,8 • *7:* 31,15 • *10:* 7,17 • *11:* 11,6; 120,4; Num 16,31f • *13:* 9,19; 34,7 • *14:* 11,7.

Hilf mr gega d Frevler

141 A Psalm vom David. Herr
(JAHWE), i schrei zo dir, hilf
mr ganz schnell! Horch doch auf mae
Stemm, wann e zo dr schrei!
2 Mae Beta soll sae wian a Raochopfer,
ond wann e d Händ naufheb wian a
Speisopfer auf d Nacht.
3 Herr (JAHWE), stell en Wachposta vor
mae Maul nô, ond oen zom s Därle vo
maene Lippa hüata.
4 Laß et zua, dass mae Herz e ma baesa
Gschwätz nåchgeit ond frevelhafte
Sacha duat mit üble Leut zsema, oder
dass e ao bloß ebbas von dene ihre
Delikatessa probier.
5 Soll me a Gerechter haoa ond a
Rechtschaffener gôeßla, des ischd besser
als dass mr a Gottloser s Haopt salba
duat. Mae Beta hört et auf, trotz dene
ihre Boshaftigkaeta.
6 Däte dia ihre ôegene Richter en d
Händ falla, nå dätat se merka, was für a
Wohltat s Wort vo ma Gerechta ischd.
7 Wia wann Felsa berstat ond d Erde
aufwuahlat, so werat dene ihre Boener
en da Höllaschlond nackeit.
8 Jå, Gott (JAHWE), mae Herr, di ganz
alloe han i vôr Aoga! Dir alloe vrtrau
e; giaß mae Seel et aus. (Gmoent ischd
d Bluatseel - oder dass s Leba em Bluat
sei.)
9 Bhüat me vôr de Schlenga, mô se mr
glegt hent ond vôr dene Lompa ihre
Falla.
10 Des frevelhaftig Gsendel soll en saene
ôegene Gruaba naehagla, drweil i jedas
Mål vôr dene drvokomm.

Zom Vrgleicha: *Vers 2:* 134,2; Ex 30,7f; Num 28,4; Judit 9,1 • *3:* 39,2; Jak 3,5f • *5:* Spr 9,8; 27,5f • *8-9:* 25,15 • *9:* 140,6 • *10:* 7,16.

Koener frågt nach maem Leba

142 A Lehrgedicht vom David,
môn r en dr Höhle gwea ischd,
a Gebet.
2 I schrei laut zom Herrgott (JAHWE),
ganz laut schrei i am Herrgott (JAHWE)
om Hilf.
3 Maene Sôrga leg e am oefach nô, ond
sag am, mô me s druckt.
4 Wann e oefach koen Mumm maeh han,
nå wôeßt du, wia mr s gôht. Hent se
mr doch tatsächlich wieder a Boe stella
wölla.
5 Dreh e me nach rechts ond guck, då
will me koener kenna. I han d Hoffnong
aufgeba, koener frågt maeh nach maem
Leba.
6 Drom schrei e zo dir, Herr (JAHWE);
i sag dr: Du alloe bist mae Hoffnong!
Durch di alloe han i no en Åtôel am
Leba.

7 Hör doch mae Flenna! I ben schao
ganz schwach. Hilf mr gega dia, mô me
vrfolga dent; die se mr nämlich viel z
stark.
8 Hol me raus aus dem Gfängnis, dass
e daem Nåma danka kå! De Gerechte
wartet nämlich drauf, dass da mr ebbas
Guats duast.

Zom Vrgleicha: *Vers 1:* 63,1 • *4:* 143,4; 140,6 • *6:* 91,2; 73,26; 27,13 • *8:* 88,9.

Vrschon me ond hilf mr

143 A Psalm vom David. Herr
(JAHWE), hör doch auf mae
Beta,
ond horch, wian e de åfleha dua! Gib
mr a Antwort, du bist doch treu ond
gerecht.
2 Gang no et ens Gericht mit daem
Knecht! Weil a Lebendiger kå vôr dir
niamåls gerecht sae.
3 Dr Faend gôht mr nämlich nåch, der
will mr s Leba zsematrampla, ganz en s
Abseits håt der me druckt, (i ben so guat
wia daot).
4 Mae Kampfgaest ischd mr ganz
abhanda komma ond a Kraft han e ao
koena maeh.
5 I denk no drå, wia s früher gwea ischd,
nå fällt mr wieder ae, was du ällas dao
håsch.
6 I streck maene Händ zo dir nauf, mae
Seel vrlechnat nach dir wian a vrdôrrater
Acker! Sela.
7 Herr (JAHWE), erhör me doch bald!
I vrgang schier. Wann e dr nemme en s
Gsicht gucka därf, nå kåsch d me glei uf
da Friedhof nausdoa.
8 Laß me glei am Môrga dae Güate
vrfahra, i vrlaß me nämlich ganz auf de.
Laß me wissa, wehlan Weg e ganga soll!
Weil mae Seel ganz zo dir will.
9 Rett me vôr maene Faend, Herr
(JAHWE)! Du bist mae Rettong.
10 Breng mr bei, wian e daen Willa
ausleba kå, weil du bist nämlich mae
Gott! Dae guater Gaest soll me lôeta auf
a ma grada Weg.
11 Für daen guata Nåma, Herr
(JAHWE), schenk mr s Leba! Hilf mr
mit daener Gerechtigkaet aus maene
Schwierigkaeta.
12 Ond mach en daener Güate maene
Faend fertig; laß älle omkomma, mô mr
s Leba schwer machat; weil i ben doch
dae Knecht.

Zom Vrgleicha: *Vers 2:* 130,3; Job 4,17; 9,2; 25,4; Koh 7,20 • *3:* Klgl 3,6 • *4:* 142,4; Job 17,1 • *5:* 77,6-13 • *6:* 42,2 • *7:* 69,18; 102,3; 28,1; 88,5 • *8:* 90,14; 25,1f • *10:* 119,1 • *12:* 54,7.

A Bittgebet vom König

144 Vom David. Am Herrgott
(JAHWE) sei preis, der ischd
mae Felsagrond, maene Händ håt der s
Kämpfa beibråcht ond maene Fäust da
Kriag.
2 Mae Stärke ond mae Burg, mae Festong
ond mae Helfer, mae Schild, dem môn
e ao traua kå, der håt mr ganze Völker
onterwôrfa.
3 Herr, was ischd dr Mensch schao,
dass an du überhaopt ästemierst, ond a
Menschakend, dass du an s denkst?
4 Dr Mensch ischd wian a Hauch, saene
Däg gehnt vrbei wian a Schatta.
5 Herr (JAHWE), naeg daen Hemmel
ond steig ra! Reg d Berg å ond laß se
raocha!
6 Fahr mit daene Blitz drzwischa ond jag
s ausanander; schiaß daene Pfeil uf s ond
breng s durchananander.
7 Streck doch dae Håd zo mr ra ond reiß
me aus riesa Wassermassa ond rett me
vôr fremde Herra,
8 dia mô bloß Lugena em Maul hent, ond
mit dr Rechta falsche Eid schwörat!
9 Gott (Elohim), i will dr a ganz neus
Liad senga; auf ra zeahsôetiga Harf spiel
e dr vôr!
10 Der mô de König s Hael schenkt, der
rettat ao saen Knecht, da David. Vom

Schwert, des mô bloß Ohael brengt
[11]reiß me zruck ond rett me vôr fremde
Herra, dia mô bloß Lugena em Maul
hent, ond mit dr Rechta falsche Eid
schwörat.
[12]Gib onsere Söh Hael wia de Pflänzla,
mô en ihre Früahbeet wachsa dent.
Onsere Töchterla solle sae wia Ecksäula,
mô für en Palast gschnitzt send!
[13]Onsere Kornhäuser solle vol sae, ond
von ällam Eßbara ebbas då hao. Onsere
Herda solle sich tausadfältig vrmehra,
ond zeahtausadfältig auf onsere Felder.
[14]Onser Rendvieh soll rond ond fett
sae, ohne Fehl ond Tadel ond sich et
vrwerfa. Koene Angstschrôe soll mr en
onsere Gassa höra.
[15]So ischd a Volk glücklich, wann s so
gôht! A Glück ischd s für des Volk, mô
JAHWE zom Gott (Elohayw) hât.

Zom Vrgleicha: *Vers 1:* 18,35; 92,16 • *2:* 3,4; 18,3.48 • *3:* 8,5; Job 7,17 • *4:* 39,6f; 90,9 • *5-7:* 18,10-17 • *5:* 104,32; Jes 63,19 • *9:* 33,3 • *10:* 18,51 • *12:* 128,3; Job 42,15 • *13:* 107,37f • *15:* 33,12.

Dae Königreich ischd a ewigs Reich

145 A Lobliad vom David. I will
de ganz arg vrehra, mae Gott
(Elohay), du König, ond daen Nâma auf
emmer ond ewig preisa!
[2]Äll Dag will e de preisa ond daen Nâma
auf emmer ond ewig loba.
[3]Graoß ischd JAHWE, mr kån an et
gnuag preisa! Koener kå saga, wia graoß
r wirklich ischd.
[4]Oe Generatio soll dr nächsta vrzähla,
was du dao håsch; ond saga, wia mächtig
daene Tata gwea send.
[5]Dia sollat beschreiba, was für a Glanz
auf daener Hohaet leit, ond drüber
nåchdenka, was daene Wonder zom
bedeuta hent.
[6]Wia gewaltig daene furchtbare Tata
send, då sollat se drüber reda, ond von
daene graoße Tata vrzähla.
[7]Vôr ällam sollat se drå denka, wia
graoß dae Güate ischd, ond jubla über
dae Gerechtigkaet.
[8]Gnädig ond barmherzig ischd JAHWE,
geduldig ond über ällas güatig.
[9]Güatig ischd JAHWE zo älle; vrbarma
duat s an über älle saene Gschöpfer.
[10]Preisa soll di, Herr (JAHWE), ällas,
was du gschaffa håsch, ond daene
Gerechte sollat de segna.
[11]Über d Herrlichkaet von daem
Königreich sollat se reda, ond von
daener Heldakraft,
[12]dass d Menschakender dae Kraft
kennalernat, ond ao da herrlicha Glanz
von daem Königreich.
[13]Dae Königreich ischd a ewigs Reich, dae
Herrschaft gôht über älle Generationa!
Dr Herr (JAHWE) stôht zo ällam, was
r vrsprocha hât, ond r ischd güatig bei
ällam, was r duat.
[14]Dr Herrgott (JAHWE) hebt älle, mô
em Falla send; ond r läßt dia aufrecht
nôstao, mô naduckt wôra send.
[15]**Älle Aoga guckat auf di, du geist en
ihr Essa, wann s Zeit ischd.**
[16]**Du machst d Hâd auf ond ällas, was
lebt, wird satt von daener Wohltat.**
[17]Dr Herrgott (JAHWE) kå ganga môn
r will, emmer ischd r gerecht, ond güatig
ischd ällas, was r duat.
[18]Ganz nåch ischd dr Herr (JAHWE)
bei älle, mô zon am schreiat, bei älle
mô s ehrlich moenat, wann se zon am
schreiat.
[19]Dia mô a Ehrfurcht vôr am hent,
kriagat ällas von am; der hört, wann se
zon am schreiat ond hilft en.
[20]Dr Herrgott (JAHWE) bhüatat älle,
môn an mögat; aber de Gottlose rottat
r älle aus.
[21]Mae Mund soll am Herrgott (JAHWE)
sae Lobliad senga, dass ällas, was lebt,
saen haeliga Nâma preist, auf emmer
ond ewig.

Zom Vrgleicha: *Vers 2:* 34,2; 68,20 • *3:* 95,3 • *4:* 78,4 • *8:* 116,5 • *9:* 103,13; Weish 11,24 • *10:* 103,22

• *11-13:* 24,7-10 • *14:* 94,18; 146,8 • *15-16:* 104,27f; 136,25 • *16:* Mt 6,25f • *17:* Dtn 32,4 • *18:* Dtn 4,7; Jes 55,6; 58,9; Jer 29,13 • *19:* 34,18; Spr 10,24; Joh 9,31 • *20:* Ri 5,31 • *21:* Sir 39,35.

Lob mae Seel da Herra

146 Halleluja! Lob mae Seel da Herra (JAHWE)!
2I will da Herrgott (JAHWE) loba solang e leb, maem Gott (Elohay) will e aufspiela, solang e då ben.
3Dent euch et bei de Herra absichera, des send ao bloß Menscha mit aegrenzte Möglichkaeta.
4Wann der da Gaest aufgibt, nå gôht der ao en d Erde, am gleicha Dag, nå ischd s aus mit saene Plän!
5Oem sae Glück ischd s, wann am Jakob sae Gott am hilft, der mô sae Hoffnong en JAHWE setzt,
6der håt da Hemmel ond d Erde gmacht, s Meer ond ällas, was dren romschwemmt. Der ischd treu auf ewig.
7De Onterdrückte vrschafft der ihr Recht, de Hongrige geit r ihr Brot. Dr Herrgott (JAHWE) macht de Gfangene frei.
8Dr Herrgott (JAHWE) geit de Blende ihr Aogalicht, dr Herrgott (JAHWE) läßt dia aufrecht nôstanda, mô naduckt werat. Dr Herrgott (JAHWE) måg gerechte Leut.
9Dr Herrgott (JAHWE) bhüatat d Ausländer! Wôesakender ond Witwa hält r am Leba, aber d Frevler läßt r en d Irre laofa.
10Dr Herrgott (JAHWE) herrscht als König auf ewig, dae Gott (Elohayik), o Zion, uf älle Zeita. Halleluja!

Zom Vrgleicha: *Vers 2:* 7,18; 104,33 • *3:* 118,8f • *4:* 90,3; 103,14; 104,29; Gen 3,19; Job 10,9; Koh 12,7 • *5:* Jer 17,7 • *6:* Apg 4,24; 14,15 • *7:* 103,6; 68,7; Jes 62,1 • *8:* 145,14 • *9:* 10,18 • *10:* 24,7-10.

Graoss ischd dr Herr

147 Halleluja! Jå, des ischd guat, onseram Herrgott (JAHWE) aufzspiela! Jå, des ischd schö, wa mr a Lobliad åstemmt!
2Dr Herrgott (JAHWE) baut Jerusalem auf - dia mô vrstraet send von Israel, dia sammlat r wieder ae.
3Brochene Herza macht r wieder gsond, ond vrbendat ihre Wonda.
4Der saed, wiavl Stern sae müaßat, ond wôeß ao, wia se hôeßat.
5Graoß ischd onser Herr ond reich an Kraft, sae Weishaet ischd über jedas Maß.
6De Elende hilft dr Herrgott (JAHWE) wieder auf d Füaß, aber d Frevler läßt r Dreck fressa.
7Machat am Herrgott (JAHWE) en Wechselgsang, ond spielat drzua auf dr Leier für onseran Gott.
8Der macht da Hemmel zua mit Wolka, ond läßt s regna auf dr Erde. Gras läßt r spriaßa en de Berg, ond Saatguat für da Ackerbau von de Menscha.
9Em Vieh geit r sae Fuader, ond de jonge Raba, om was se schreiat.
10Kriagsrösser gfallat am gar et, ond an dr Kraft von Kriagsmänner håt r koe Fraed.
11A Fraed håt JAHWE an dene, mô a Ehrfurcht vôr am hent ond mô auf sae Güate harra dent.
12Jerusalem, preis da Herrgott (JAHWE)! Ond du, Zion, preis daen Gott (Elohayik) drfür,
13dass r d Riegelbalka an daene Stadttôr fest macht, ond daene Söh, mô bei dr send, segna duat.
14Der vrschafft daem Land da Frieda, ond macht de satt mit fettam Wôeza.
15Saene Gebot schickt r auf d Erde, dia laofat ganz schnell.
16Der läßt s schneia wia Wollaflöckla, wia d Äscha straet r da Rauhreif naus.
17Sae Eis läßt r wia Gschoß drherkomma,

vôr saem Frost gfriert s Wasser.
18Nå schickt r sae Wort ond läßt s taoa,
nå läßt ra Lüftle streicha - ond s Wasser
rieslat wieder.
19Am Jakob håt r sae Wort vrkündigt,
saene Satzonga ond sae Recht am Volk
Israel.
20Des håt r et jedam Volk gschenkt, ond
sae Recht håt r s ao et glehrt. Halleluja!

Zom Vrgleicha: *Vers 1:* 92,2 • *2:* 51,20; Jes 11,12; Jer 31,10 • *3:* Job 5,18; Jes 61,1; Jer 33,6 • *4:* Jes 40,26; Bar 3,34f • *5:* 145,3; Jes 40,28 • *6:* 145,14; 75,8; Lk 1,52 • *8:* 104,11-14; Job 5,10; Jer 14,22; Joel 2,23 • *9:* Job 38,41; Lk 12,24 • *10-11:* 20,8; 1Sa 16,7 • *12:* Jer 33.10f • *14:* 81,17 • *15:* 33,9; Weish 18,15 • *15-18:* Job 38,20-30 • *17:* Job 37,10 • *19-20:* Dtn 4,8 • *19:* 78,5.

Lob em Hemmel ond auf dr Erde

148 Halleluja! Preisat JAHWE
vom Hemmel ra, lobat an en
dr Höh!
2Lobat an, älle saene Engel, lobat an, sae
ganz Hemmelsheer!
3Lobat an, Sonne ond Mond, lobat an,
älle helle Stern!
4Lobat an, ihr Hemmel über älle
Hemmel, ond dia Hemmelsmeer über
am Hemmel!
5Dia sollat da Nåma JAHWE, loba; weil
so, wian r s bota håt, so send se gschaffa
wôra!
6Er håt se entstanda lassa für emmer ond
ewig, ond håt en a Ordnong geba - dui
därfat se et übertreta.
7Lobat da Herrgott (JAHWE) von dr
Erde her, ihr Seedracha ond Urwirbel,
8Feuer ond Hagl, Schnae ond Nebel,
Sturmwend, der mô saene Befehl
ausrichtat,
9ihr Berg ond älle Bückl, ihr Obstbaem
ond älle Zedera,
10s Wild ond ällas Vieh, Schlanga ond
gfiederats Ziefer ond Vögel,
11Erdakönig ond älle Nationa, Fürsta
ond älle Richter auf dr Erde,
12jonge Männer ond Fraoa, Alte mitsamt
de Jonge,
13dia älle sollat am Herrgott (JAHWE)
saen Nåma preisa, weil sae Nåma ganz
alloe über ällam stôht. Sae Hohaet stôht
über am Hemmel ond dr Erde.
14Der håt saem Volk a Geltong vrschafft
- a Lobliad für älle saene Gerechte,
für d Israelita - für des Volk, mô ganz
nåch zon am kommt. Halleluja!

Zom Vrgleicha: *Vers 1-2:* Lk 2,13f • *1-4:* 103,20-22; Job 38,7 • *5:* 33,9 • *6:* 119,91; Jer 31,35f • *9:* Jes 44,23 • *14:* Dtn 4,7.

Lobliad über s Weltgericht

149 Halleluja! Sengat am Herrgott
(JAH) a neus Liad, JAHWE
zor Ehr soll s Lob schalla en dr
Gemaende von de Rechtschaffene!
2D Israelita sollat sich fraea an ihram
Schöpfer, d Söh vom Zion sollat
jauchzga über ihran König!
3Mit Raegatänz sollat se saen Nåma
vrehra, ond mit Pauka ond Leiera drzua
senga!
4Dr Herrgott (JAHWE) ischd nämlich
saem Volk gnädig, de Hilflose håt r s
Hael wian a Kron aufgsetzt.
5De Rechtschaffene solle jauchzga em
Ehraglanz, ond nå jubiliera em Bett.
6Da Lobpreis auf JAHWE em Mund ond
en dr Hård a zwieschneidigs Schwert,
7zom Vrgeltong üaba an de Haedavölker,
ond d Nationa zom stråfa;
8zom ihre König gfesslat abführa ond
ihre Fürsta en eiserne Ketta z lega;
9zom Urtôela über s nåch am
gschriebena Recht. Des ischd a
Ehr für älle saene Rechtschaffene.
Halleluja!

Zom Vrgleicha: *Vers 1:* 33,3 • *2:* 100,3; 24,7-10 • *3:* 68,26; 81,3 • *4:* Jes 62,4 • *6:* 2Makk 15,27.

Halleluja!

150 Halleluja! Lobat JAHWE en
saem Haeligtom! Lobat an en

dr Festong von saener Macht!
[2]Lobat an für saene mächtige Tata! Lobat
an wega saener gewaltiga Größe!
[3]Lobat an mit Hörnerklang! Lobat an
mit Harfa ond Leira!
[4]Lobat an mit Pauka ond Raegatänz!
Lobat an mit Sôetaspiel ond Schalmeia!
[5]Lobat an mit Zimbala! Lobat an mit
graoße Zimbla!
[6]Ällas was Odem håt, soll da Herrgott
(JAH) loba! Halleluja!

Zom Vrgleicha: *Vers 1:* Da 3,53 • *3-5:* 2Sa 6,5 • *4:* 149,3 • *6:* Offbg 5,13.

Sprichwörter

AELAETONG: 1 1-7

1 D Sprüch vom Salomo, am Soh vom
David, König en Israel:
2 zom Kennalerna von Weishaet ond
Zucht ond dass mr vrständlich reda kå,
3 dass mr Belehronga ånemmt ond
gscheiter wird, Gerechtigkaet,
Rechtschaffahaet ond Gradlinigkaet,
4 dass mr dene, mô no koe Erfahrong
hent, Lebensweishaeta weitergibt,
Erkenntnis an jonge Menscha, dass se
besser abschätza könnat.
5 Dr Weise soll sae Wissa weiterbilda
ond der, mô Vrstand håt soll lerna, wia
mr mit de Leut omgôht,
6 Beispiel ond Ådeutonga ond Rätsel von
de Weise soll r vrständlich macha.
7 Mit dr Ehrfurcht vôr JAHWE fangt d
Erkenntnis å, bloß de Domme moenat,
se brauche von dr Weishaet ond dr
Zucht nex halta.

Zom Vrgleicha: *Vers 5:* 9,9 • *Ver 7:* 9,10; Ps 111,10; Sir 1,14.

A SAMMLONG VON WEISHAETSLEHRA: 1 8 - 9 18

A Warnong vôr Vrführong ond Oerfahrahaet: 1 8 - 3 35

8 Horch auf d Belehronga von daem
Vadr ond weis d Åweisonga von daener
Muader et von dr!
9 Dia send nämlich für dae Haopt a
schöner Kranz ond a Schmuckkette für
daen Hals.
10 Mae Soh, wann Frevler dr ebbas åbiatat
zom mitdoa, dua s et!
11 Wann se sagat: Gang mit ons! Mir
passat oen ab ond lent an bluata! Ond
wöllat grondlos an Oschuldiga apassa!
12 Mir wöllat s wia d Onterwelt lebendig
vrschlenga, ganz mit Haut ond Håår,
wia dia, mô en d Gruab na fahrat.
13 Mir wöllat reicha Beute macha
ond onsere Häuser ausstatta mit am
Beuteguat.
14 Schmeis dae Los zo ons rae, mit dene
ällas en oen Sack nae.
15 Mae Soh! Mit dene gôhst mr et, brems
daen Fuaß vôr dene ihre Weg.
16 Dene ihre Füaß laofat nämlich am
Baesa nåch, se könnat s et vrwarta zom
Bluat vrgiaßa.
17 S håt nämlich gar koen Wert, wa'mr
vôr de Aoga von de Vögel a Netz
aufspannt.
18 So passat dia ihr ôeges Bluat ab ond
gangat sich selber ans Leba.
19 So gôht s älle, mô bloß auf da Profit
gierig send: der nemmt dem s Leba, mô
ebbas håt.
20 D Weishaet schreit auf dr Gass, über d
Plätz läßt se ihr Stemm schalla.
21 Haoch auf de Maura schreit se, an de
Stadttôr hält se ihre Reda.
22 Wia lang, ihr Oefaltspensel gfällt
euch no euer Oefältigkaet, hent de
Dommdreiste an ihrer Dreistigkaet
en Gfalla ond hassat de Domme d
Erkenntnis?
23 Horchat auf mae Zrechtweisong, nå
will e maen Gaest für euch ströma lassa
ond euch maene Wort wissa lassa
24 Weil i gschria han ond ihr euch
gwaegerat hent, i euch d Håd nôgstreckt
han ond koener håt s gmerkt,
25 wann ihr älle maene Ratschläg fahra
lassa hent ond maene Onterweisonga et
wölla hent,

26nå will i ao über euer Oglück lacha,
spotta, wann euer Ohael kommt
27ond euer Vrderba wian a Owetter
drher kommt, wann Naot ond Drangsal
über euch kommat.
28Nå werat se nach mr schreia, aber i gib
en koe Antwort, ond nach mr suacha,
aber me et fenda.
29Weil se an Haß auf d Erkenntnis hent
ond von dr Ehrfurcht vôr am Herrgott
(JAHWE) nex wissa wölla hent,
30von maene Ratschläg nex ghalta hent
ond jeda Onterweisong von mir en da
Wend gschlaga hent,
31sollat se essa, was se sich aebrockt
hent ond von ihre aegene Ratschläg satt
wera.
32Ihr Abtrünnigkaet brengt de Oefältige
da Daot ond d Selbstsicherhaet ischd de
Narra ihr Vrderba.
33Wer aber auf mi horcht, kå sicher leba
ond braucht sich koene Sôrga macha
wega ma Oglück.

Zom Vrgleicha: *Vers 8:* 6,20 • *Vers 16:* Jes 59,7; Rö 3,15 • *Vers 20:* 8,1-3; Sir 24,1f.

2 Mae Soh, wann da maene Wort
ånemmat ond dr maene Gebot
merkst,
2dae Ohr auf d Weishaet achta läßt, dae
Herz am Vrständnis zuanaegst,
3wann da gar dr Aesicht schreist ond s
Vrständnis åsprichst,
4wann da nach ra suachst wia nach
Silber ond wia nach vrbôrgene Schätz
Nåchforschonga åstellst,
5nå wirst ao Ehrfurcht vôr am Herrgott
(JAHWE) vrstanda ond Erkenntnis von
Gott (Elohim) fenda.
6JAHWE gibt nämlich Weishaet, aus
saem Mund kommat Erkenntnis ond
Aesicht.
7De Rechtschaffene läßt r s glenga ond
dene, mô an osträflicha Lebenswandel
führat, ischd r a Schild.
8R hüatat da Weg vom Recht ond paßt
auf dia auf, mô ehrlich send.
9Nå kapierst d, was Recht ond
Gerechtigkaet ischd ond dass
Gradlinigkaet a guater Weg ischd.
10Nå kommt Weishaet en dae Herz ond
Erkenntnis duat daener Seel guat.
11Bsonnahaet läßt de wachsam sae ond
Aesicht läßt de vorsichtig sae:
12Weil se de rettat vor am baesa Weg ond
vôr Leut, mô falsche Sacha behaoptat,
13ond auf am falscha Weg send zom auf
donkle Weg laofa,
14mô sich fraeat, wann se ebbas Baes
doa könnat; dia klatschat Beifall, wann
s richtig henterhältig zuagôht,
15ond selber kromme Weg gangat ond
auf d schiafa Bohn gråtat; -
16weil se de rettat vor am fremda Weib,
vôr dr Raegschmeckta, mô süaß drher
schwätzt,
17ond da Jugendfraend em Stich läßt ond
da Bund von ihram Gott (Eloheyha)
vrgißt -
18dera ihr Haus sackt nämlich na en da
Daot ond ihr Weg ens Daotareich.
19Älle, mô zo dera naegangat, kommat
nemme raus ond erraechat et da Weg
zom Leba.
20Dass du also auf am Weg von de Guate
gôhst ond de an da Pfad von de Gerechte
hälst!
21De Rechtschaffene werat nämlich
em Land wohna ond de Ehrliche dren
bleiba,
22aber d Frevler werat aus am Land
ausgrottat ond de Treulose werat aus
am rausgrissa.

Zom Vrgleicha: *Vers 7:* Ps 3,4 • *Vers 16:* 6,24-35; 7,5 • *Vers 18:* 5,5 • *Vers 21:* Ps 37,11; Mt 5,5.

3 Mae Soh, vrgiß gar nia mae Åweisong,
maene Gebot bewahr mr em Herza,
2dia brengat dr nämlich a langs Leba
ond guate Jåhr ae, ond guat ganga duat
dr s ao.
3Güate ond Treue sollat de et vrlassa,

bend dr s om da Hals ond schreib s auf
d Tafel von daem Herza,
4nå håsch d ao s Åseha ond d
Ånerkennong em Herrgott saene Aoga
ond bei de Menscha.
5Vrtrau am Herrgott (JAHWE) mit
daem ganza Herza, ond vrlaß de bloß et
auf daen Vrstand.
6Denk an Gott auf älle daene Weg, nå
macht r daene Pfad eba.
7Halt de et selber für weise en daene
Aoga; sei ehrfürchtig vor JAHWE ond
meid mr s Baese.
8Des duat daem Leib guat ond ischd a
Labsal für daene Boener.
9Gib JAHWE d Ehr mit daem Vrmöga
ond mit de Erstleng von ällam, was da
erntest.
10nå werat daene Scheura übervol ond
en daene Keltera laoft dr Most über.
11Mae Soh, vrachte et am Herrgott
(JAHWE) saene Zrechtweisonga ond
reg de et auf, wann r de amål stråft.
12Weil den, mô dr Herrgott (JAHWE)
måg, den weist r ao zrecht, wian a Vadr
saen Soh, dem r guat gsonna ischd.
13Glück ischd s für an Menscha, der
mô Weishaet gfonda håt ond für an
Menscha, der mô Aesicht gwonna håt.
14Was am des aebrengt ischd viel
wertvoller als wia Silber ond Gold.
15D Weishaet ischd wertvoller als wia
Koralla ond daene ganze Schätz wiegat
se et auf.
16A langs Leba ischd en ihrer Rechta, en
ihrer Lenka Reichtom ond Ehr.
17Ihre Weg send milde Weg ond ihre
Strôega cond Frieda.
18A Lebensbaom ischd se für dia, mô
sich drå haltat, ond glücklich send dia,
mô sich drå hebat.
19Dr Herrgott (JAHWE) håt durch sae
Weishaet d Erde gründat ond d Hemmel
durch sae Aesicht festgmacht.
20Durch sae Wissa send d Quella
aufgspronga ond d Wolka triafat vom
Tao.
21Mae Soh, laß mr s jå et aus de
Aoga, bewahr dr d Omsicht ond d
Bsonnahaet,
22des gibt dr Leba ond ischd a Schmuck
für daen Hals.
23Nå gôhst ganz sicher auf daem Weg
ond dae Fuaß kommt et ens Strauchla.
24Liegst d nô, brauchst d koe Angst
han, bist d aegschlåfa, nå håsch d guate
Traem.
25Vôr ama gäha Schrecka brauchst de
et fürchta ond vôr am Donderwetter,
wann s über d Frevler kommt.
26Dr Herrgott (JAHWE) ischd nämlich
dae Zuavrsicht ond rettat daen Fuaß vôr
am Fangeise.
27Waegere de et, dass da dem, mô an
Åspruch drauf håt, Guats duasch, solang
da s en dr Hȧd håsch.
28Sag et zo daem Nächsta: Gang jetzt
ond komm môrga wieder, nå gib e dr s,
mô da s doch glei könntest.
29Denk dr gega daen Nächsta nex Baes
aus, solang der friedlich neba dr wohnt.
30Mach koen Hader mit ama Menscha,
wann da koen Grond drzua håsch ond r
dr nex Baes ådao håt.
31Sei auf an Gwalttäter et neidig ond laß
de auf dem saene Weg gar et ae.
32Für da Herrgott (JAHWE) ischd a
krommer Hond a Graus, der håt bloß
an Omgang mit de Rechtschaffene.
33Am Herrgott (JAHWE) sae Fluach leit
auf am Haus vom Frevler, aber s Haus
vom Gerechta segnat r.
34Wann s om Spötter gôht, dene spottat
r, aber de Demüatige schenkt r sae
Gnade.
35De Weise kommat zo Ehra, aber de
Törichte gangat en Schanda drvo.

Zom Vrgleicha: *Vers 2:* 4,10 • *Vers 3:* Ps 85,11 • *Vers 4:* 1Sa 2,26; Lk2,52 • *Vers 15:* 8,11 • *Vers 23:* Ps 91,5-12 • *Vers 27:* Sir 4,1-10 • *Vers 28:* Jak 2,15f • *Vers 34:* Jak 4,6; 1Petr 5,5.

Gosch ond Händ, mô oschuldigs Bluat
vrgiaßat.
[18]A Herz, mô oguate Sacha ausheckt,
Füaß, mô ällam Schlechta nåchsauat.
[19]A falscher Zeuge, mô lüagt ond oen,
mô zwischa saene Brüader Händel
åzettlat.

Zom Vrgleicha: *Vers 1:* 11,15; 17,18; 20,16; Sir 29,14-20 • *Vers 6:* 30,25 • *Vers 10:* 24,33f • *Vers 13:* 10,10.

D Treue en dr Ehe: 6 20 - 7 27

[20]Mae Soh, bewahr dr s Gebot von daem
Vadr, ond gib d Åweisong von daener
Muader et auf.
[21]Wend dr s emmer oms Herz ond bend
dr s om da Hals,
[22]dass se emmer bei dr send, wann da
gôhst, wann da nôliegst, sollat se auf de
aufpassa, wann da aufwachst, sag dr s
vôr.
[23]A Lamp ischd nämlich s Gebot, ond d
Åweisong a Licht, ond a Weg zom Leba
send Zucht ond Ordnong:
[24]dass da de hüatest vôr am Nächsta
saener Frao ond vôr dr Auswärtiga ihre
Schmôechlereia.
[25]Vrlang et nach ihrer Schöhaet en daem
Herza ond laß de et fanga, wann se dr
zuablenzlat.
[26]Bei ra Hur gôht s om an Lôeb Brot (für
ihre Kender), bei dr Frao vo ma andera
Må aber gôht s om s (ewige) Leba.
[27]Kå mr onter am Mantel a Feuer traga,
ohne dass saene Klôeder Feuer fangat?
[28]Oder laoft ebber auf glühende Kohla,
ohne dass saene Füaß ågsengt werat?
[29]So gôht s dem, mô zo saem Nåchber
saener Frao gôht, koener därf se ogstråft
ålanga.
[30]Mr därf ao an Dieb et grengschätzig
behandla, wann r stiehlt, bloß weil r so
an arga Honger håt.
[31]Vrtwischt mr an, nå muaß r siebafachan
Ersatz laesta ond muaß ällas hergeba,
was r håt.
[32]Aber wer mit ra Vrheiratata Ehebruch
treibt, der ischd et ganz bacha, des duat
bloß oener, mô sich selber ombrenga
will.
[33]Schläg ond Schand brengts am ae, ond
sae Schand wäscht am koener weg.
[34]Håt nämlich a Må aus Eifersucht
a Wuat em Bauch, nå kennt der koe
Gnade wann r sich rächt.
[35]Der will ao koe Geld, so viel kåsch d
dem gar et schenka, dass der nåchgeit.
7 Mae Soh, gib Obacht auf mae Red
ond bewahr dr maene Åweisonga.
[2]Achte auf maene Åweisonga, dass da
lebst ond hüate was e dr sag wia daene
Aogäpfel.
[3]Bend se dr om d Fenger ond schreib se
dr auf d Tafel von daem Herza.
[4]Sag zor Weishaet: Du bist mae
Schwester! Als Vrwandta guckst d
Aesicht å,
[5]dass se de schützt vor dr fremda Frao,
vôr dr Auswärtiga, mô vrführerisch
rausschwätzt.
[6]Môn e en maem Haus zom Fenster
nausguckt han durch d Gitter,
[7]då han e bei dene jonge Leut oen gseha,
der håt überhaopt koe Erfahrong ghet
ond ischd a bißle oefältig gwea.
[8]Der ischd über d Gass nom am Eck ond
direkt auf ihr Haus zuaganga,
[9]åbnads zwischa Dag ond siehst me et,
mô s Nacht wôra ischd.
[10]Då kommt am a Frao entgega, åzoga
wian a Hur ond håt an ganz agschlaga
åguckt.
[11]Gael ischd se ond scharf, ihre Füaß
haltats em Haus et aus.
[12]Oemål ischd se draußa auf dr Gass, nå
wieder auf de Plätz ond laurat an jedam
Eck.
[13]Dui packt an ond küßt an ond saed mit
a ma kecka Gsicht zon am:
[14]I han me zo a ma Haelsopfer vrpflichtat
ond haet lös e mae Gelübde ae.
[15]Drom ben e nausganga, dir entgega,

dass e de suach ond jetzt han e de
gfonda.
16Mit schöne Teppich ond bunte
Tüacher aus Ägypten han e mae Bett für
de nôgrichtat.
17An guata Duft aus Myrrhe, Aloe ond
Zimt han e auf s Bett gspritzt.
18Komm, laß ons ananander fraca bis en
da Mörga ond mitananander schmusa.
19Mae Må ischd nämlich et drhoem, der
ischd auf a weita Raes ganga.
20Da Geldbeutel håt r mitgnomma,
r kommt erst am Vollmond wieder
hoem.
21So håt se an mit viel Reda vrführt ond
mit ihram glatta Gschwätz rombråcht.
22Nå ischd r mit ra ganga wian a Ochs, der
mô zom Metzger gôht, ond wia gfesslat
zor Züchtigong gôht der Sempel,
23bis am a Pfeil d Leber vrreißt; wian a
Vogel, mô em Netz hanga bleibt ond et
amål merkt, dass s om sae Leba gôht.
24Ond jetzt Buaba, horchat auf me ond
achtat drauf, was e euch sag.
25Laß niamåls dae Herz auf dene ihran
Weg gråta, vrirr de et auf dene ihre
Stôega.
26S send nämlich arg viele Agstochene,
mô dui ens Strauchla bråcht håt, dui håt
viele auf am Gwissa.
27Dera ihr Haus ischd a Weg en
d Onterwelt, dia gangat na ens
Daotareich.

Zom Vrgleicha: *Kap 7 Vers 5:* 2,16; 6,24 • *Vers 24:* 1,8; 4,1; 5,7 • *Vers 27:* 5,5; 9,18.

D Weishaet ischd a Gschenk von Gott: 8,1–9,18

8 D Weishaet ruaft, ond d Aesicht
meldat sich zom Wort:
2Droba auf dr Höhe an dr Wegkreuzong
håt se sich aufgstellt,
3seitlich vom Stadttôr, am Aegang von
dr Burgstadt schreit se laut:
4Euch Männer ruaf e å, ond mae Stemm
richtat sich an älle Menschakender.
5Ihr Oefältige, nemmat Vrstand å, ond
ihr Domme, werat vrnünftig.
6Horchat her, i moen s ganz ehrlich ond
i sag ao bloß, was recht ischd.
7Jå, d Wåhrat saed mae Zong, s Orecht
ischd maene Lippa a Graus.
8Rechtschaffa ischd ällas, was e sag, då
geit s gar nex Henterfotzigs ond ao nex
kromms.
9Für oen, mô Vrstand håt, ischd des ällas
richtig, ond rechtschaffa für den, mô
Erkenntnis gfonda håt.
10Wichtiger ischd, dass r euch belehra
lassat, als dass r Silber ånemmat, ond
Erkenntnis send wichtiger als wia
Gold.
11Weishaet ischd nämlich besser als wia
Koralla, ond älle Kostbarkaeta kåsch d
et mit ra vrgleicha.
12I, d Weishaet, wohn bei dr Klughaet
ond han viel Erfahronga ond a graoßs
Wissa.
13Ehrfurcht han vôr Gott (JAHWE)
hôeßt: ällas Baese hassa; haochfährig sac
ond auf andere ragucka ond baese Weg
ond oem s Wort em Maul romdreha, des
hass e.
14Bei mir ischd Rat ond Tat, i han d
Aesicht ond ao d Macht.
15Durch mi hent d König ihr Herrschaft,
ond Machthaber entschaedat, was Recht
ischd.
16Durch mi regierat Fürsta ond
Amtsträger ond älle gerechte Richter.
17I måg dia, mô mi mögat, ond dia, mô
me suachat, dia fendat me ao.
18Bei mir ischd Reichtom ond Ehr,
stattlichs Vrmöga ond Gerechtigkaet.
19Mae Frucht ischd besser als wia Gold
ond Faengold ond mae Aekomma besser
als wia s faenste Silber.
20I komm auf am gerechta Weg drher,
mittla auf am Pfad vom Recht,
21zom dene, mô me mögat, bleibende
Güater vrerba ond dass e ihre
Schatzkammera füll.

22Dr Herrgott (JAHWE) håt me ganz am Åfang von saene Weg gschaffa, als ällerersts Werk von saener Schöpfong selligsmål.
23Vôr dr Zeit ben i aegsetzt wôra, vôr ällam was auf dr Erde ågfanga håt.
24Då ischd no koe Urmeer gwea, mô i gebora ben, ao no koene Quella, mô Wasser rausgsprudlat ischd.
25No eh d Berg aegsenkt wôra send ond vôr de Hügel ben i gebora.
26Môn r no koe Erde gmacht ghet håt ond no koene Felder, no et amål de erst Staobschicht,
27môn r da Hemmel baut håt, ben i då gwea. Môn r da Erdkraes festglegt håt über dr Tiafe,
28môn r d Wolka oba nôgmacht håt ond d Quella en dr Tiafe stark gmacht håt,
29ond am Meer saene Grenza gsteckt håt ond sae Wasser et über da Rand nausganga därfa håt, môn r d Fondament von dr Erde festglegt håt,
30då ben i bein am gwea als sae Pflegleng, ond i ben äll Dag sae Fraed gwea ond han vôr am gspielt.
31I han gspielt auf saem Erdkraes ond han mae Fraed ghet an de Menschakender.
32Drom also, Kender, horchat auf me! Ällas Glück dene, mô maene Weg aehaltat.
33Horchat auf maene Måhnonga ond werat weise ond stellat eure Ohra et auf Durchzug.
34Hael dem Menscha, mô auf me horcht, zom äll Dag an maene Türa Wach halta ond maene Türapfosta hüata.
35Wer mi nämlich fendat, håt s Leba gfonda ond r håt am Herrgott (JAHWE) saen Gfalla.
36Wer mi aber vrfehlt, duat saener Seel Gwalt å. Älle, mô mi hassa dent, mögat da Daot.

9 D Weishaet håt ihr Haus baut ond ihre sieba Säula zrecht ghaoa.
2Ihr Vieh håt se gmetzgat, ihran Wae gmischt ond ao ihran Tisch schao deckt.
3Se håt ihre Denstmädla nausgschickt zom aelada oba auf dr Stadtburg:
4Wer no koene Erfahronga håt, soll komma. Wem s no an dr Herzensbildong fehlt, den will se åreda:
5Kommat ond essat von maem Brot ond trenkat von dem Wae, môn e für euch gmischt han.
6Haerat auf mit eurer Oefältigkaet ond lebat, ond gangat auf am grada Weg vom Vrstand!
7Wer an Dommdreista tadlat, håt nex wia Schand drvo, ond wer an Frevler en da Senkel stellt, wird bloß drfür gscholta.
8Tadle nia an Zuchtlosa, der haßt de bloß drfür. Tadlest an Weise, der måg de drfür.
9Gib a ma Weisa Onterricht, nå wird r no weiser! Belehr an Gerechta, ond r wächst en saem Wissa.
10Mit dr Ehrfurcht vôr Gott (JAHWE) fangt d Weishaet å, ond s Haelige erkenna ischd Vrstand.
11Durch mi werat nämlich daene Däg viel maeh ond dae Leba nemmt zua an Jährla.
12Bist d weise, des kommt dr selber z guat; bist d dommdreist, nå muaßt d Folga selber traga.
13D Frao Torhaet ischd a gaels Weib, bloß auf Vrführong aus ond håt koe Scham em Leib.
14So hockt se vor ihrer Haustür e'ma Sessel droba en dr Stadt,
15ond macht d Leut å, mô då vorbeikommat ond ao dia, mô auf am grada Weg laofat:
16Wer håt no koe Erfahrong, der soll raekomma! Ond oen, bei dem s no an dr Herzensbildong fehlt, zo dem saed se:
17A gstohles Wasser schmeckt süaß, ond a hehlenga mitgnommes Brot schmeckt bsonders guat.
18Aber der wôeß natürlich et, dass

sell Gspenster send, mô dui aus am
Daotareich beschwora hât.

Zom Vrgleicha: *Kap. 8 Vers 1:* Sir 24,1• *Vers 11:* 3,15 • *Vers 16:* Weish 6,20 • *Vers 18:* Weih 8,5 • *Vers 22:* Weih 8,2-4 • *Vers 27-28:* Ijob 28,24-27 • *Kap. 9 Vers 3:* 8,2 • *Vers 10:* 1,7 • *Vers 12:* 11,17 • *Vers 18:* 7,27.

DE ERST SPRUCHSAMMLONG VOM SALOMO: 10 1 - 22 16

10 Sprüch vom Salomo
A weiser Soh macht saem Vadr a
Fraed, aber om an törichta Soh grämt
sich sae Muader.
[2]Schätz, mô orecht erwôrba send, helfat
oem et, aber Gerechtigkaet rettat vom
Daot.
[3]An Rechtschaffena läßt dr Herrgott
(JAHWE) et hongera, am Frevler sae
Habgier schiabt r uf d Seit.
[4]Arm wird oener, mô mit lommalige
Händ schafft, aber fleißge Händ machat
reich.
[5]Em Sommer brengt a gscheiter Soh sae
Sach rae, aber der, mô d Ernt vrschlâft,
ischd a Schand für de Saene.
[6]Sega leit auf am Haopt vom
Rechtschaffena, aber dr Frevler hât nex
wia Ohael em Maul.
[7]Am Rechtschaffena sae Ådenka
bleibt em Sega, am Frevler sae Nåma
vrmoderat.
[8]Der, mô em Herza weise ischd, lebt
nach de Gebot; dr Dommschwätzer
stolperat über saene aegene Füaß.
[9]Wer ehrlich ond aufrecht saen Weg
gôht, ischd auf dr sichera Seit; wer
kromme Sacha macht, wird irgend amål
vrtwischt.
[10]Wer mit de Aoga zuablenzlat, macht
bloß Ärger, dr Dommschwätzer
stolperat über saene aegene Füaß.
[11]Dr Mund vo'ma rechtschaffena
Menscha ischd wian a Lebensquell, aber
dr Frevler hât nex wia Ohael em Maul.
[12]Aus am Haß kommat Händel, aber d
Liebe deckt d Übertretonga zua.
[13]Auf de Lippa vo'ma vrständiga
Menscha fendat mr Weishaet, aber am
Ovrständiga ghert dr Stecka auf da
Buckel.
[14]Dr Weise hält sich mit saem Wissa
zrück, wann dr Narr s Maul aufmacht,
nå kå nex Guats drbei rauskomma.
[15]Am Reicha saene Güater send für den
a festa Burg, de Arme gangat en ihrer
Armuat onter.
[16]Dr Loh vo'ma Rechtschaffena
Menscha langt am für s Leba, am Frevler
sae Aekomma für d Sünd.
[17]Dr Weg zom Leba ischd s, wann sich
oener en Zucht hält; aber wer sich nex
saga läßt, gôht irr.
[18]Wer saen Haß vrsteckt, ischd a
Heuchler, ond wer Vrlaemdonga
romschwätzt, ischd a Narr.
[19]**Mô viel gschwätzt wird, wird ao viel
gsündigt, aber wer sae Maul em Zaom
hält, ischd gscheit.**
[20]Kostbars Silber ischd am rechtschaffena
sae Reda, am Frevler sae Vrstand taogt
wenig.
[21]Am Rechtschaffena saener Red könnat
sich d Leut aufrichta, aber de Domme
sterbat am Mangel an Herzenstakt.
[22]Am Herrgott (JAHWE) sae Sega
macht reich, då brengt ao de aege Müah
nex drzua.
[23]A ma Domma machts Spaß ebbas
Orechts zom doa, dr Vrständige fraet
sich an dr Weishaet.
[24]Mô s a ma Frevler drvôr graust,
des kommt über an, aber was sich de
Rechtschaffene wünschat, des kriagat
se ao.
[25]Mô s Wetter naegfahra ischd, geit s
koen Frevler maeh; aber dr Gerechte
hât saen festa Stand.
[26]Was Essig für d Zähn ond Raoch für
d Aoga, des ischd a Faulenzer für dia,

môn am en Auftrag geba hent.
[27]D Ehrfurcht vôr Gott (JAHWE)
vrlängerat s Leba, aber de Frevler wird s
kürzer gmacht.
[28]De Rechtschaffene ihr Hoffnong ischd
d Fraed, aber de Frevler ihr Hoffnong
vrgôht.
[29]Dr Herrgott (JAHWE) ischd für an
Rechtschaffena a fester Schutz, für an
Frevler aber s Vrderba.
[30]A Gerechter kommt nia ens Wanka,
aber d Frevler werat en dem Land nia
wohna..
[31]Aus am Reda vom Gerechta spriaßt d
Weishaet, aber dem, mô s Wort vrdreht,
wird d Zong agschnitta.
[32]D Reda vom Gerechta gfallat de
Menscha; aber d Frevler schwätzat bloß
vrdrehts Zeugs drher.
Zom Vrgleicha: *Vers 10:* 6,13; 16,30 • *Vers 13:*
19,29; 2,3 • *Vers 24:* Ps 7,4-6; Weish 11,16 • *Vers
25:* Mt 7,24-27.

11 A falscha Wååg ischd für da
Herrgott (JAHWE) a Graus, aber
a ehrlichs Gwicht gfällt am wohl.
[2]Mô dr Übermuat kommt, då kommt ao
d Schand, aber bei de Bescheidene ischd
d Weishaet.
[3]De Redliche werat von ihrer Ehrlichkaet
glôetat, aber de Treulose werat von ihrer
aegena Falschhaet zrgrond grichtat.
[4]Vrmöga nützt gar nex am Dag vom
Zôrn, aber Gerechtigkaet rettat vôr am
Daot.
[5]Am Rechtschaffena macht sae
Gerechtigkaet da Boda eba, aber dr
Frevler kommt durch sae aegena
Boshaftigkaet om.
[6]De Redliche rettat ihr aegena
Gerechtigkaet, aber de Treulose werat
en ihrer aegena Habgier gfanga.
[7]Wann dr Frevler stirbt, nå ischd s aus
mit saener Hoffnong, d Hoffnong en
sae Manneskraft gôht zgrond.
[8]Dr Gerechte wird aus dr Naot grissa
ond an sae Stell muaß dr Gottlose treta.
[9]Mit saem Schandmaul will dr
Heuchler saen Nächsta vrderba, aber
durch ihr Erkenntnis rettat sich de
Rechtschaffene.
[10]Wanns de Gerechte guat gôht, fraet
sich de ganz Stadt, ond wann d Frevler
ontergangat, geits en Jubel.
[11]Durch da Sega von de Rechtschaffene
gôhts mit dr Stadt aufwärts, aber
durch de Frevler ihr Gschwätz wird se
hegmacht.
[12]Wer saen Nächsta vrächtlich macht,
ischd domm, aber a vrnünftiger Mensch
hält sae Maul.
[13]Wer jedas Getratsche romschwätzt,
vrråtat ao Gehaemnis, aber a
zuavrlässiger Mensch hält saene Sacha
vrtraulich.
[14]Mô koe rechta Führong då ischd, fällt
a Volk ausanander, aber mô viele guate
Ratgeber då send, ischd ao dr Erfolg
då.
[15]Ganz baes ischd s, wa'mr für en
Fremda bürgt, wer da Handschlag haßt,
ischd auf dr sichera Seit.
[16]A holda Frao gwennt an Åseha, ond dr
Fleißige kommt ao zo ebbas.
[17]A Güatiger Mensch duat sich ao
amål ebbas Guats, aber a Hartherziger
schneidat sich ens ôegene Flôesch.
[18]Dr Frevler vrschafft sich en vrlogena
Profit, aber der, mô Gerechtigkaet sät,
håt an bleibenda Gewinn.
[19]Wahra Gerechtigkaet führt en s Leba,
aber der, mô am Baesa nåchjagt, gôht en
da Daot.
[20]Am Herrgott (JAHWE) send dia a
Graus, mô em Herza falsch send; aber
dia, mô an ehrlicha Wandel führat, dia
gfallat am.
[21]D Håd druf: s Baese bleibt et ogstråft!
Aber am Gerechta saene Nåchkomma
bleibat grettat.
[22]Wian a goldener Reng em Rüaßel von
ra Wildsau, so ischd a schös Weib mô

koen Åstand em Leib håt.
[23]A rechtschaffener Mensch wünscht
sich bloß Glück, aber de Frevler ihr
Hoffnong führt ens Zôrngericht.
[24]S geit oene, dia gebat großzügig her
ond kriagat emmer no ebbas drzua, ond
sotte, mô geizig send, mô s et åbråcht
ischd, ond drbei emmer ärmer werat.
[25]Oener, mô gern andere segnat, wird
satt drvo, ond wer andere zom Trenka
gibt, dem fehlt s nia am frischa Wasser.
[26]Wer Korn zruckhält, den vrfluachat d
Leut; dem, mô s auf da Märkt brengt,
kommt dr Sega auf s Haopt.
[27]Der, mô nach am Guata strebt, der
strebt nach am Wohlgfalla, aber der, mô
s Baese ausheckt, den trifft s selber.
[28]Wer saem Reichtom vrtraut, der fällt
drmit uf d Nås; aber wia s Laob, so
spriaßat de Gerechte.
[29]Wer sae Haus durchanander brengt,
erbt Wend, ond so a Depp wird Sklav
bei a ma vrnünftiga Menscha.
[30]D Frucht vo ma rechtschaffena
Menscha ischd a Lebensbaom, Seela
gwennt dr Weise.
[31]Wohl vrgolta wird am Gerechta auf dr
Erde, aber de Frevler ond Sünder erst
recht.

Zom Vrgleicha: *Vers 1:* Dtn 25,13-16 • *Vers 13:* 20,19; Sir 27,17 • *Vers 14:* 13,10; Sir 37,7-14 • *Vers 15:* 6,1-5 • *Vers 17:* 9,12 • *Vers 19:* 12,28; Dtn 30,15 • *Vers 21:* 16,5; Ps 112,2 • *Vers 24:* Ps 37,21f • *Vers 29:* Koh 2,11 • *Vers 31:* 1Petr 4,18.

12 Wer Zucht måg, måg ao d
Erkenntnis, wer s aber haßt, dass
r sich ebbas saga lassa soll, der ischd
domm.
[2]Dr Guate fendat beim Herrgott
(JAHWE) Gfalla, aber an Henterhältiga
vrdammt r.
[3]A Mensch kå durch Frevel et bstanda,
aber d Wurzel vom Rechtschaffena
kommt et ens Wanka.
[4]A tüchtiga Frao ischd für ihran Må a
Kron, aber wia dr Wurmfraß en saene
Boener a schandbara.
[5]De Rechtschaffene zielat en ihre
Überlegonga auf s Recht, d Frevler
sennat bloß auf Lug ond Trug.
[6]De Frevler ihr Gschwätz will Bluat
seha, aber de Aufrichtige ihr Gsennong
rettat se.
[7]Wann d Frevler nagstaoßa werat, nå
siehst von dene nex maeh, aber s Haus
von de Rechtschaffene stôht felsafest.
[8]Nach dem, was a Må kapiert håt, wird r
globt, aber der, mô vrschrobene Åsichta
håt, blamiert sich.
[9]S ischd besser, wa'mr beschaeda bleibt
ond sae Sach schafft, als dass mr sich
wichtig macht ond koe Brot håt.
[10]Dr Rechtschaffene wôeß, was sae Vieh
braucht, aber s Herz von de Frevler
ischd grausam.
[11]Wer saen Acker bstellt, håt emmer
a Brot; wer aber nexnutzige Sacha
nåchsauat, dem fehlt s am Vrstand.
[12]Was d Frevler wöllat, ischd a Netzwerk
von de Baese, aber de Rechtschaffene
wurzlat em festa Grond.
[13]En dr Vrfehlong beim Reda liegt a baesa
Fall, aber dr Rechtschaffene kommt aus
am Schlamassel raus.
[14]Was dr Mund vo'ma Må fruchtat, von
dem wird r em Guata satt; was d Händ
vo'ma Menscha reifa lassat, des kommt
zon am zrück.
[15]A Dommer moent emmer, r sei auf am
rechta Weg, wer aber auf an guata Rat
horcht, der ischd gscheit.
[16]A Dommer zaegt glei, dass r narrat
ischd; wer aber a oguata Bemerkong
überhort, der ischd gscheit.
[17]Wer d Wåhrat saed, ischd Zeuge für s
Recht, aber a falscher Zeuge macht an
Betrug.
[18]Mancher håt a richtiga Schwertgosch
ond vrletzt dauernd de andere, aber de
Weise ihr Zong ischd haelsam.
[19]A Zuavrlässiger Mund håt emmer

Bstand, aber bloß en Aogablick a vrlogena Gosch.
20 Dia, mô baese Sacha ausheckat, send en ihre Herza et aufrichtig, aber dia, mô zom Frieda råtat, bei dene ischd d Fraed.
21 De Rechtschaffene trifft koe Ohael, aber d Frevler hent nex wia Oglück.
22 A Graus send am Herrgott (JAHWE) vrlogene Reda, aber dia, mô treu send, dia gfallat am.
23 A gscheiter Mensch hält sich mit saem Wissa zrück, aber a Dommer schreit sae Dommhaet naus.
24 Am Fleißiga saene Händ kriagat d Herrschaft, aber lässige müaßat Frondenst laesta.
25 Sôrga druckat an Må en saem Herza, aber a guats Wort macht an wieder froh.
26 A Gerechter guckt, dass r a fetta Wôed kriagt, aber dr Frevler gôht saen Weg en d Irre.
27 Mit Lässigkaet fangt mr koe Wild, aber kostbare Sacha kriagt oener, mô fleißig ischd.
28 Auf am gerechta Weg ischd s Leba, aber de Domme ihr Weg gôht en da Daot.

Zom Vrgleicha: *Vers 4:* 31,11f • *Vers 10:* Dtn 25,4; Sir 7,22 • *Vers 11:* 28,19 • *Vers 18:* Ps 57,5.

13 A weiser Soh, des ischd d Erziehong von saem Vadr, aber a Drischlag läßt sich nex saga.
2 Was guate Wort fruchtat, des kå oener gniaßa; aber de Treulose send bloß auf Gwalttätigkaeta aus.
3 Wer sae Zong hüatat, bewahrt sae Leba; aber der, mô s Maul aufreißt, brengt s Vrderba über sich.
4 Drauflos wünscht sich, mô nex ischd, dr Faulenzer; aber dr Fleißige schafft ond sae Sach gråtat guat.
5 A vrloges Gschwätz haßt dr Rechtschaffene; aber dr Frevler will ällas en da Dreck ziaga.
6 D Gerechtigkaet schützt an Rechtschaffena; aber d Frevlerei brengt auf d schiafa Bahn.
7 Mancher duat, als ob r reich wär, ond nex ischd då; ond andere dent, wia wann se arm wäre, ond hent doch ganz schö viel.
8 S Lösgeld für sae Leba kå dr Reichtom sae; aber ama Arma droht koener.
9 De Gerechte ihr Licht strahlt fröhlich; aber de Frevler ihr Licht gôht aus.
10 En saem Übermuat richtat dr Leichtfuaß bloß Händel å; aber bei dene, mô da Rat suachat, ischd ao Weishaet.
11 Was schnell zsemagrafft ischd, vrschwendat ao schnell; aber wer sich Zeit läßt beim aesammla, wird reich.
12 A nôzogena Hoffnong macht s Herz krank; aber wann Erwartonga aetreffat, des ischd wian a Lebensbaom.
13 Wer s Wort mißachtat, håt an graoßa Schada drvo; aber der, mô d Gebot achtat, dem wird s vrgolta.
14 D Lehra vo'ma Weisa send a Lebensquell, zom am Daot saene Fangstrick ausweicha.
15 Guate Aesichta brengat Äseha; aber de Treulose ihr Weg gôht ens Vrderba.
16 Oener mô hell ischd em Kopf, denkt ebbas bei dem, was r duat; aber dr Hamballe vrzapft bloß Blödsenn.
17 A oguater Bot brengt nex wia Oglück, aber a treuer Bot brengt a Hilf.
18 Armuat ond Schand håt oener drvo, wann r sich nex saga läßt; aber der, mô sich en Tadel gfalla läßt, kriagt d Ehr.
19 Wann des aetrifft, was mr sich gwünscht håt, des duat dr Seel guat; aber a Graus ischd s für an Hamballe, wa'mr s Baese läßt.
20 Wer an Omgang håt mit Weise, der wird selber weise; aber der mô bloß mit Halbdackel Vrkehr håt, dem gôht s dreckat.
21 D Sünder vrfolgt s Ohael; aber de

Rechtschaffene wird mit am Guata
vrgolta.
22 A guater Mensch läßt saene Kender ond
Enkala erba; aber für da Rechtschaffena
wird am Sünder sae Sach aufghoba.
23 Viel Nahrong ischd em Acker von de
Arme; aber durch Ogerechtigkaet wird
dene manchs gnomma.
24 Wer saen Stecka schont, haßt saen Soh;
aber der, mô an måg, nemmt an ao en d
Zucht.
25 Dr Gerechte kå emmer essa, bis r
gnuag håt; aber em Bauch von de Frevler
knurrats vôr Kohldampf.

Zom Vrgleicha: *Vers 14:* 14,27 • *Vers 22:* Ijob 27,13-17 • *Vers 24:* 29,17

14 De Fraoa håt ihr Weishaet s Haus
baut, aber d Dommhaet reißt s
wieder zsema mit de aegene Händ.
2 Der, mô an grada Weg gôht, der håt a
Ehrfurcht vôr am Herrgott (JAHWE),
aber der, mô an kromma Weg gôht, der
schert sich et om an.
3 Am Narra spriaßt dr Hochmuat aus am
Maul; aber a Weiser kå sae Zong hüata.
4 Mô s koene Rendla gibt, kå mr nex en
d Fuaderkripp doa, aber an guata Ertrag
gibt s durch d Kraft vom Stier.
5 A ehrlicher Zeuge lüagt et, aber a
falscher Zeuge flüsterat saene Lugena
hentarom ae.
6 Måg a Dommdreister nach Weishaet
suacha, mô koena ischd, a'ma Vrständiga
fällt d Erkenntnis et schwer.
7 Gang a'ma törichta Må aus am Weg,
von dem kåsch d nex gscheits lerna.
8 D Weishaet vo ma Gscheita ischd, dass
r auf saen Weg achtat; aber de Narra ihr
Dommhaet ischd, dass se sich selber
ebbas vôrmachat.
9 D Narra setzat sich dreist über d
Schuld weg, aber de Ehrliche hent a
guats Vrhältnis zoanander.
10 S Herz alloe wôeß om saene Problem,
ond ao en sae Fraed mischt sich neamerd
nae.
11 De Frevler ihr Haus wird ausgrottat,
aber de Aufrechte ihr Haus blühat auf.
12 Manch oener moent, r sei auf a'ma
grada Weg, aber am End führt r en da
Daot.
13 Ao em Lacha kå a Herz leida, ond d
Fraed kå em Kummer enda.
14 Von saem Weg wird der satt, mô
abgwicha ischd, a guater Må aber von
dem, was r ischd.
15 A oefältiger traut jedam Gschwätz,
aber dr Kluge paßt auf, môn r nôgôht.
16 A Weiser ischd vorsichtig ond vrmeidat
s Baese, aber dr Narr will mit am Kopf
durch d Wåd (Wand).
17 Dr Zôrnigel handlat en saener
Wuat oüberlegt; aber oen, mô bloß
Liadrichkaeta ausheckt, den haßt mr.
18 De Oefältige gebat bloß ihr Dommhaet
weiter, aber de Gscheite ihr Schmuck
ischd Erkenntnis.
19 De Baese müaßat sich vôr de
Guate ducka, ond d Frevler vôr de
Rechtschaffene ihrer Tür.
20 Ao bei saem Nåchber ischd a Armer
vrhaßt, aber a Reicher håt viele Fraend.
21 Der, mô saen Nåchber et achtat, der
vrsündigt sich, aber wohl dem, mô sich
über an Elenda vrbarmt.
22 Gangat dia et irr, mô baese Sacha
ausheckat? Aber Güate ond Treue für
dia, mô Guats dent.
23 Mô gschafft wird, då gibt s ao Überfluß,
aber s bloße Gschwätz brengt nex wia
Mangel.
24 Für an Weisa ischd sae Reichtom wian
a Kron, aber d Dommhaet vom Narra
bleibt Dommhaet.
25 A ehrlicher Zeuge rettat Leba, aber
der, mô Lugena romschwätzt, ischd a
Vrräter.
26 Der, mô a Ehrfurcht håt vôr am
Herrgott (JAHWE), der därf sich sicher
fühla, ao für saene Kender ischd des a
Zuaflucht.

[27]D Ehrfurcht vôr am Herrgott (JAHWE) ischd a wahra Lebensquell, so weicht mr de Fangstrick vom Daot aus.
[28]Je maeh a Volk wächst, omso graeßer ischd am König sae Åseha, aber wann s emmer weniger wird, nå gôht s mit saener Herrschaft auf s End zua.
[29]Oener, mô geduldig ischd, zaegt, dass r ebbas em Kopf håt, aber dr Zôrnigel treibt sae Dommhaet auf d Spitz.
[30]Leba für da Leib ischd a zfriedes Herz, aber d Eifersucht ischd dr Wurmfraß en de Boener.
[31]Der, mô an Kloena nadruckt, vrspottat den, môn an gschaffa håt; aber der gibt am d Ehr, mô sich über an Arma vrbarmt.
[32]Durch sae aegena Boshaftigkaet kommt dr Frevler ens Vrderba, aber no em Sterba ischd dr Rechtschaffene gebôrga.
[33]A Aesichtiger bewahrt sae Weishaet still em Herza, aber was a Narr en sich håt, des wird offabar.
[34]D Gerechtigkaet läßt a Volk graoß sae, aber a Schand ischd, wann a Volk sich vrsündigt.
[35]An weisa Diener håt a König gern, aber an schandbara trifft sae Zôrn.

Zom Vrgleicha: *Vers 3:* 26,3 • *Vers 12:* 16,25; Sir 21,10; Mt 7,13 • *Vers 19:* Lk 16,24-31 • *Vers 20:* 19,4; Sir 13,21-23 • *Vers 21:* Mt 5,7 • *Vers 27:* 13,14 • *Vers 16:* 17,5.

15 A milda Antwort dämpft d Wuat, aber a harts Wort macht narrat.
[2]De Weise ihr Zong läßt Erkenntnis ågnehm wera, aber bei de Narra sprudlat bloß Dommhaeta raus.
[3]Am Herrgott (JAHWE) saene Aoga send überall; dia seahnat s Baese wia s Guate.
[4]A Zong, mô em Zaom ghalta wird, ischd wian a Lebensbaom, aber a boshafta Zong füagt am Gaest Wonda zua.
[5]Dr Narr läßt sich von saem Vadr nex saga, aber der, mô sich zrechtweisa läßt, ischd klug.
[6]Am Gerechta sae Haus ischd wian a Schatzkammer, aber beim Frevler saem Aekomma ischd ällas durchanander.
[7]Am Weisa saene Lippa gebat Erkenntnis von sich, aber de Narra ihr Herz ischd haltlos.
[8]Am Herrgott (JAHWE) graust s vôr de Frevler ihre Opfer, aber de Rechtschaffene ihre Gebet hört r gern.
[9]Am Frevler sae Weg ischd für Gott a Graus, aber den måg r, mô sich für d Gerechtigkaet aesetzt.
[10]Den, mô da grada Weg vrläßt, trifft a harta Stråf; der, mô sich nex saga lassa will, gôht zgrond.
[11]S Daotareich ond d Höll liegat offa vôr Gott, om wia viel maeh d Herza von de Menschakender.
[12]Dr Spötter måg s gar et, wa'mr an zrecht weist, drom hält sich der ao et zo de Weise.
[13]A frohs Herz macht ao a fröhlichs Gsicht, aber wann s Herz traurig ischd, des druckt oem auf s Gmüat.
[14]A vrständigs Herz suacht d Erkenntnis, aber dr Narr kå bloß saudomm rausschwätza.
[15]Für an Oglücklicha send älle saene Däg trüabselig, aber dem, mô a fröhlichs Herz håt, ischd jeder Dag wian a Festessa.
[16]S ischd besser, wa'mr wenig håt ond en dr Ehrfurcht vôr Gott lebt, als wian a graoßer Reichtom ond mr håt koe Ruah.
[17]A Krautessa mit Liebe ischd besser als wian a Ochsabråta mit Haß.
[18]A Hitzkopf fangt überall Händel å, aber a Guatmüatiger stiftat Frieda zwischa de Streithansel.
[19]Am Faulenzer sae Weg ischd wian a Dôrnagstrüpp, aber am Rechtschaffena sae Weg ischd eba.
[20]A weiser Soh macht saem Vadr a

Fraed, bloß a törichter Mensch vrachtat
sae Muader.
21A domms Gschwätz macht dem
a Fraed, mô koe Aesicht håt, aber a
aesichtiger Mensch gôht saen grada
Weg.
22Mô mr et mitanander vrhandlat,
gangat Plånonga et auf; mô viele sich
mitanander beråtat, gôht s ao guat.
23Wa'mr a guata Antwort geba kå, des
mach oem a Fraed; a guats Wort zor
rechta Zeit - des duat guat.
24Am Vrständiga sae Lebensweg gôht
aufwärts, dass r dr Onterwelt ausweicha
kå.
25Am Haochfähriga sae Haus reißt dr
Herrgott (JAHWE) om, aber dr Witwe
ihran Grenzstoe richtat r wieder auf.
26A Graus send für da Herrgott
(JAHWE) am Baese saene Gedanka,
aber als raen geltat für an fraendliche
Reda.
27Der, mô durch Ausbeutong Profit
macha will, brengt sae aeges Haus
durchananader, aber der, mô Schmiergeld
haßt, der kå leba.
28Dr Gerechte überlegt mit Herz, was
r für Antworta gibt, aber beim Frevler
kommat bloß Boshaftigkaeta aus am
Maul.
29Gott ischd de Frevler fern, aber de
Gerechte ihre Gebet erhört r.
30Strahlende Aoga machat am Herz a
Fraed ond a guata Botschaft frischt da
ganza Leib auf.
31A Ohr, mô ao für Ermåhnonga offa
ischd, håt ao em Kraes von de Weise an
Platz.
32Wer Zucht vrwirft, der vrachtat sich
selber, aber wer sich ebbas saga läßt, bei
dem wächst dr Vrstand.
33D Ehrfurcht vôr am Herrgott
(JAHWE) ischd d Onterweisong
zor Weishaet, ond vôr dr Ehr stôht d
Demuat.

Zom Vrgleicha: *Vers 8:* 21,27; Sir 7,9 • *Vers 11:* Ps 139,8; Sir 4218 • *Vers 13:* Sir 13,25f • *Vers 16:* 17,1; Ps 37,16 • *Vers 23:* 25,11 • *Vers 15:* Dtn 19,14 • *Vers 27:* Jes 1,23 • *Vers 28:* 19,28.

16 Dr Mensch kå sich em Herza viel
überlega, aber was r nå saed, des
kommt vom Herrgott (JAHWE).
2A jeder moent, was er duat sei en
Ordnong, aber d Gaester prüaft dr
Herrgott (JAHWE).
3Leg ällas, was da duast auf da Herrgott
(JAHWE), nå hent daene Plän ao
Erfolg.
4Dr Herrgott (JAHWE) håt ällas für an
bestimmta Zweck gschaffa, ao da Frevler,
für den Dag, mô s Ohael kommt.
5A Graus ischd für da Herrgott
(JAHWE) a jeder mit a ma stolza Herz,
d Håd druf: so oener bleibt et ogstråft.
6Mit Liebe ond Treue wird Schuld
zuadeckt, durch d Ehrfurcht vôr am
Herrgott (JAHWE) weicht mr am Baesa
aus.
7Wann am Herrgott (JAHWE) d Weg
vo'ma Menscha gfallat, nå läßt r ao dem
saene Faend mit am Frieda schliaßa.
8Liaber wenig aber gerecht, als wia a
graoßs Aekomma durch Orecht.
9**Dr Mensch denkt sich em Herza saen**
Weg aus, aber dr Herrgott (JAHWE)
lenkt saen Schritt.
10A Spruch em Nåma vom Herrgott
(JAHWE) kommt am König von de
Lippa, am Recht kå sich sae Mund et
vrganga.
11Wååga ond de richtige Wåågschala
send am Herrgott (JAHWE) sae Sach,
sae Werk send ao älle Gwichtsstoe em
Beutel.
12Frevelhaftigkaeta send am König a
Graus; dr Thron stôht nämlich bloß
durch Wahrhaftigkaet fest.
13Wahrhaftige Reda gfallat am König,
ond wer gradlinig redat, den måg r ao.
14Am König sae Zôrn, des send am Daot
saene Bota, aber a weiser Må macht an

Menscha überheblich, aber vôr dr Ehr stôht d Demuat.

13 Wer Antwort geit, bevôr r zuaghorcht håt - Dommhaet ischd des für an ond a Schand.

14 A mannhafter Gaest hält ao sae Krankat aus, aber a vrzagts Gmüat, wer soll des traga?

15 A vrständigs Herz trachtat nach Weishaet ond am Weisa sae Ohr suacht nach Erkenntnis.

16 D Freigebigkaet vo'ma Menscha vrschafft am Platz ond führt an bis zo de Graoße nô.

17 Der, mô zersta vôr am Gricht auftritt, håt recht, aber nå kommt sae Widersacher ond stellt an en Fråg.

18 S Los macht a End mit am Rechtsstreit ond brengt zwischa de Mächtige a Entschaedong.

19 A verråtener Bruader ischd vrschlossener als wian a Festong, so a Hader ischd härter als wia dr Riegel vo'ma Palast.

20 Jeder kriagt d Frücht von saem Reda sattsam zom schmecka, was drbei rauskommt, muaß r selber auslöffla.

21 Daot ond Leba send en dr Gwalt von dr Zong, wer dui em Zaom hält, der därf ihr Frucht essa.

22 Wer a Frao gfonda håt, der håt Glück ghet ond am Herrgott (JAHWE) sae Wohlwolla kriagt.

23 Ganz onterwürfig redat dr Arme, aber dr Reiche geit am a harta Antwort.

24 S geit Kumpel, dia brengat oen ens Vrderba; s geit aber ao Fraend, mô oen mögat ond åhänglicher send als wian a Bruader.

Zom Vrgleicha: *Vers 8:* 26,22 • *Vers 9:* 28,24 • *Vers 10:* Ps 61,4 • *Vers 11:* 10,15 • *Vers 12:* 16,18; 15,33 • *Vers 13:* Sir 32,7-9 • *Vers 16:* 17,8; 21,14 • *Vers 18:* 16,33.

19 A Armer, der mô saen Weg ehrlich gôht, ischd besser als wia oener, mô vrloga drherschwätzt, der ischd nämlich a Narr.

2 Schao oüberlegt ebbas wölla ischd et guat; ond wer hastig ischd mit de Füaß, der tritt leicht fehl.

3 Sae aegena Dommhaet vrdirbt am Menscha saen Weg, aber über da Herrgott (JAHWE) regt r sich auf.

4 Vrmöga vrschafft oem viele Fraend, wird sae Vrmöga weniger, nå vrduftat ao d Fraend.

5 A falscher Zeuge bleibt et ogstråft, ond wer d Wåhrat vrdreht, kommt et drvo.

6 Oen, mô a bsonders Åseha håt, hofierat viele, ond a jeder will dr Fraend vo'ma graoßherziga Menscha sae.

7 An Vrarmta hassat älle saene Brüader; ond saene Fraend bleibat erst recht von am weg. Jagt r dem nåch, was mr am amål vrsprocha håt - des gilt nemme.

8 Der, mô sae Leba gern håt, geits sich ao Müah om a Herzensbildong; wer Aesicht gwennt ischd drbei, dass r sae Glück fendat.

9 A falscher Zeuge bleibt et ogstråft, ond wer d Wåhrat vrdreht, kommt et drvo.

10 Am Narra bekommts et guat, wann am s z guat gôht, ond ama Sklava no viel weniger, wann r über saen Fürsta herrscha will.

11 D Aesicht vo'ma Menscha zaegt sich an saener Geduld, ond s ischd am a Ehr, wann r amål a Vrfehlong überseha kå.

12 Wia s Knurra vo'ma Löwa ischd am König sae Zôrn, aber wia dr Tao auf am Gras ischd sae Gunst.

13 A Oglück für saen Vadr ischd a dommer Soh, ond wia s ständige Tropfna vom odichta Dach ischd a nörgaligs Weib.

14 Haus ond Vrmöga send s Erbtôel von de Vädr, aber a vrständiga Frao kommt vom Herrgott (JAHWE).

15 Faulhaet läßt oen feste schlåfa, ond a nåchlässiger Mensch muaß Honger leida.

16 Wer auf d Gebot achtat ond sich drå

hält, der bewahrt sae Leba, aber wer et
auf saen Weg achtat, muaß sterba.
17Wer an Arma onterstützt, der leiht am
Herrgott (JAHWE), ond der vrgilt am,
was r Guats duat.
18Züchtige daen Soh, solang no
Hoffnong auf Besserong då ischd, aber
laß dr et aefalla, an omzbrenga.
19Dr Jähzorn wird gstråft, aber wann da
de då naemischt, machst d ällas bloß no
schlemmer.
20Horch auf an guata Rat ond laß de
zrecht weisa, dass d für d Zuakonft
weise wirst.
21A Mensch håt viele Plän em Herza,
aber bloß am Herrgott (JAHWE) sae
Ratschluß hält ao stand.
22A güatiger Mensch ischd dr Liebe
wert, ond a Armer ischd besser als wian
a Lugabeutel.
23D Ehrfurcht vôr am Herrgott
(JAHWE) brengt s Leba, mr wird satt
ond kå guat schlåfa, ond koe Übel
suacht oen hoem.
24Wann a Faulenzer sae Håd en d
Schüssel streckt, brengt r se et amål
zrück ens Maul.
25Langst d am Spötter oena, nå wird dr
Oefältige gscheit, weist mr an Vrständiga
zrecht, nå lernt r sogar Aesicht.
26Wer saen Vadr haot ond sae Muader
fortjagt, ischd a schändlicher ond
vrkommener Soh.
27Wann da s aufgibst, de zrechtweisa z
lassa, mae Soh, nå vrirrst d de von dr
wahrhaftiga Lehr.
28A nexnutziger Zeuge vrspottat s
Recht, ond beim Frevler kommt nex
wia Orecht aus am Maul.
29Für d Spötter send schao d Stråfa
beraet, ond Hieb auf da Buckel von de
Narra.

Zom Vrgleicha: *Vers 1:* 28,6 • *Vers 3:* Sir 15,11-20 • *Vers 4:* 14,20; Sir 13,21 • *Vers 5:* 21,28 • *Vers 12:* 16,14 • *Vers 13:* 27,15 • *Vers 24:* 26,15 • *Vers 25:* 26,15 • *Vers 25:* 21,5 • *Vers 28:* 15,28 • *Vers 29:* 10,13.

20 Dr Wae ischd a Spötter, ond dr
Schnaps a Krakeler, wer dådrvo
romdurmlat wird nia gscheit.
2Wia s Knurra vom Löwa ischd am
König sae Zôrn, wer den vrzürnt, der
spielt mit saem Leba.
3Dem, mô sich aus älle Händel raushält,
ischd s a Ehr; aber a jeder Narr goschat
glei los.
4Em Herbst will dr Faule et ackera, nå
suacht r en dr Ernt ebbas ond s ischd
nex då.
5A tiafs Wasser ischd dr Ratschluß em
Herza vo'ma Må, ond der, mô ebbas em
Kopf håt, der schöpft an rauf.
6Viele Leut gebat mit ihrer Güate å, aber
mô fendest oen, auf den da de vrlassa
kåsch?
7Dr Rechtschaffene gôht saen Weg
osträflich, dem saene Kender soll s guat
ganga.
8Dr König sitzt auf saem Richterstuahl;
der schôedat mit saene Aoga ällas Baese
aus.
9Wer kå schao von sich saga: I han mae
Herz lauter ghalta, i ben von älle Sünda
raen?
10Zwôerlôe Gwicht ond zwôerlôe Maß
- bôedas ischd am Herrgott (JAHWE)
a Graus.
11Schao an saem Spiela sieht mr bei ama
Bua, ob r amål gradlinig ond rechtschaffa
ischd.
12A höhrends Ohr ond a sehends Aog
- bôedas håt dr Herrgott (JAHWE)
gschaffa.
13Laß et da Schlåf dae liabsta
Beschäftigong sae, sonst wirst d arm;
halt daene Aoga offa, nå håsch d emmer
dae Brot.
14Saumäßig liadrig! Saed dr Kaefer; aber
wann r fort gôht, nå geit r å wia günstig
r aekaoft håt.
15Geit s ao Gold ond Koralla en Massa,

aber dr kostbarste Schmuck send weise Lippa.

16 Nemm am sae Gwand, der håt nämlich für an Fremda bürgt, ond wega Fremde läßt d an pfända.

17 Schmeckt oem s gstohlene Brot bsonders guat; am End håt r s Maul voler Kies.

18 Wa'mr sich beråta duat, hent d Plän ao Erfolg, drom soll mr saen Kampf überlegt führa.

19 Dr Schwätzer vrråtat jedas Gehaemnis, drom laß de mit koem ae, der mô sae Maul et halta kå.

20 Wer saen Vadr ond sae Muader vrfluacht, dem sae Licht gôht aus en donkle Zeita.

21 Auf ama Vrmöga, mô mr am Åfang schnell zsemagrafft håt, leit am End koe Sega.

22 Sag nia: I zahl dr s Baese hoem! Warte auf da Herrgott (JAHWE) der hilft dr ond rettat de.

23 A Graus send am Herrgott (JAHWE) zwôerlôe Gwischtstoe, ond falsche Wåågschala kån r gar et leida.

24 Ama Må saen Schritt lenkt dr Herrgott (JAHWE), wia könnt ao dr Mensch saen Weg begreifa?

25 Für an Menscha ischd des wian a Fallstrick, wann r oüberlegt Gelübde laestat ond sichs hentadrae anders überlegt.

26 A weiser König wôrflat d Frevler raus ond läßt da Dreschschlitta übers wegfahra.

27 A Licht vom Herrgott (JAHWE) ischd am Menscha sae Odem, des leuchtat en de henterste Herzkämmerla nae.

28 Güate ond Treue bewahrat da König, ond r gründat saen Thron auf Güate.

29 Dr Stolz von de jonge Männer ischd ihr Kraft ond de Alte ihr Schmuck send graoe Håår.

30 Bluatige Streahma machat an Baesa besser, ond Hieb raenigat d Kammera en saem Herza.

Zom Vrgleicha: *Vers 1:* 23,29-35; Sir 31,25-30 • *Vers 2:* 16,14; 19,12 • *Vers 8:* 20,26 • *Vers 10:* 16,11 • *Vers 13:* 6,6-11 • *Vers 16:* 27,13 • *Vers 19:* 11,13 • *Vers 22:* Sir 28,1-6; Rö 12,17-21 • *Vers 23:* 16,11 • *Vers 25:* Ri 11,29-40 • *Vers 28:* Ps 61,8.

21

Em Herrgott (JAHWE) saene Händ ischd s Herz vom König wian a Wasserbächle, der lôetat s, wia ER will.

2 Jeder Mensch moent, saene Weg seie älle richtig, aber s ischd dr Herrgott (JAHWE), mô d Herza prüaft.

3 S Recht aehalta ond gerecht sae ischd am Herrgott viel wichtiger als wia Opfer.

4 Haochmüatige Aoga ond a maßlosas Herz, was dådrbei rauskommt ischd Sündaschuld.

5 Am Fleißiga saene Plän brengat am da Überfluß; aber der, mô s so eilig håt (mit am Profit macha), der håt am End bloß Vrlust.

6 Dr Erwerb von Reichtümer mit vrlogenam Gschwätz ischd a Jaga nach am Wend für dia, mô da Daot suachat.

7 De Frevler ihr Gwalttätigkaet reißt se selber mit fort, weil se oms Vrrecka et doa wöllat, was recht ischd.

8 Oener, mô viel Schuld auf sich glada håt, laoft auf vrschlongene Weg, aber am Ehrlicha sae Weg ischd gradlinig.

9 Liaber auf am Dach hausa als wia mit ra Beißzang vo'ma Weib em gleicha Haus.

10 Am Frevler sae Seel will nex wia s Baese; en dem saene Aoga fendat sae Nåchber koe Mitleid.

11 Wa'mr en Dommdreista stråft, nå wird dr Oefältige weise, ond wann r auf an Weisa achtat, nå gwennt r sogar Erkenntnis.

12 A Gerechter håt Recht, wann r am Frevler sae Haus beobachtat ond an selber ens Oglück laofa läßt.

13 Wer vôr am Arma saene Ohra zua

macht fendat ao koe Ghör, wann r selber
amål om Hilfe schreia muaß.
14 A Gschenk, hehlenga gmacht, läßt da
Zôrn vrraocha, a vrstohles Gschenk
onter dr Håd de ärgst Wuat.
15 Für an Rechtschaffena ischd s a
Fraed, wann gerecht durchgriffa wird;
an Übeltäter vrsetzt des en Angst ond
Schrecka.
16 Wer vom aesichtiga Weg abweicht, der
landat bald em Gspensterreich.
17 Der mô emmer en Saus ond Braus lebt,
bei dem fehlt s bald an ällam; ond wer
da Wae ond Duftöl måg, wird et reich.
18 Dr Frevler muaß als Lösgeld für da
Rechtschaffena herhalta ond dr Treulose
für da Gerechta.
19 Liaber en dr Wüste leba als wia mit
ama händelsüchtiga ond griasgrämiga
Weib.
20 Kostbare Schätz ond Öl send em Haus
vom Weisa, aber a dommer Mensch
vrplemperat ällas.
21 Wer auf Gerechtigkaet ond Liebe aus
ischd, der fendat s Leba, Gerechtigkaet
ond Ehr.
22 Dr Weise steigt en d Stadt von de
Kämpfer ond läßt d Festong aehagla,
mô se sich druf vrlassa hent.
**23 Wer s Maul hält ond sae Zong
hüatat, vrspart sich selber viel Naot
ond Elend.**
24 An aufblåsena Vrmessena hôeßt mr
an Spötter - der handlat e'ma maßlosa
Übermuat.
25 Dr Faulenzer kommt en saene aegene
Wünsch om, weil saene Händ pardu nex
doa wöllat.
26 Da ganza Dag giert dr Habgierige
omanander; aber dr Gerechte kå ao
ebbas hergeba, ond r ischd et geizig
drbei.
27 De Frevler ihr Opfer ischd a Graus,
erst recht, wann s mit Hentergedanka
drher bråcht wird.
28 A falscher Zeuge muaß vrschwenda,
aber dr Ohrazeuge därf sae Sach saga.
29 Dr Frevler trotzt oem frech ens Gsicht,
aber dr Rechtschaffene gôht gradlinig
saen Weg.
30 Koe Weishaet, koe Vrstand ond
koe Ratschlag gilt vôr am Herrgott
(JAHWE).
31 S Ross ischd für da Kampfdag
hergrichtat; aber dr Erfolg leit beim
Herrgott (JAHWE).

Zom Vrgleicha: *Vers 2:* 16,2 • *Vers 3:* Ps 51,18f; Hos 6,6 • *Vers 9:* 25,24 • *Vers 11:* 19,25 • *Vers 14:* 17,23 • *Vers 22:* 24,5; Koh 9,14-18 • *Vers 27:* 15,8 • *Vers 28:* 28,5.9.

22 A guater Nåma ischd maeh wert
als wian a graoßer Reichtom, ond
a ehrbars Åseha ischd besser als wia
Silber ond Gold.
2 Reiche ond Arme vrkommat ananader;
gschaffa håt se bôede dr Herrgott
(JAHWE).
3 Dr Gscheite sieht s Oglück komma ond
weicht am aus, aber de Oefältige gangat
nô ond guckat ond müaßat s büaßa.
4 Dr Loh für d Demuat, nämlich d
Ehrfurcht vôr am Herrgott (JAHWE),
ischd Reichtom, Ehr ond Leba.
5 Fanghåka ond Schlenga liegat auf am
Weg vom Falscha; wer auf sae Leba
achtat, der hält sich drvo fern.
6 Üab mit daem Bua den Weg ae, den
môn r ganga soll, nå weicht r ao em
Alter et drvo ab.
7 Dr Reiche håt de Arme en saener Gwalt,
ond dr Schuldner ischd am Glaebiger
sae Knecht.
8 Wer Orecht sät, der muaß Oglück ernta,
ond mit am Stecka von saem Übermuat
haert s auf.
9 Wer güatig draeguckt, der wird gsegnat,
weil r von saem Brot ebbas an Arme
hergibt.
10 Jag da Spötter zom Kuckuck, nå gangat
ao d Händel, ond dr Hader ond s Streita
haerat auf.

[11]Wer a oschuldigs Gmüat håt, den måg
dr Herr, ond den, mô oen mit saene
Reda für sich aenemma kå, der håt da
König zom Fraend.
[12]Am Herrgott (JAHWE) saene Aoga
wachat über an Aesichtiga, aber am
Treulosa sae Gschwätz fegt r weg.
[13]Dr Faulenzer saed: Draußa ischd
a Löw, i könnt jå mittla auf dr Stråß
ombråcht wera.
[14]A tiafa Gruab ischd de fremde Weiber
ihr Gschwätz, ond der haglat nae, auf
den mô dr Herrgott (JAHWE) an Zôrn
håt.
[15]Wann d Dommhaet am Bua em Herza
steckt, nå treibt se dr Stecka wieder aus
am naus.
[16]Wer an Arma nadruckt, macht an
reicher, gibst d am Reicha ebbas, des
macht an ärmer.

Zom Vrgleicha: *Vers 2:* 29,13 • *Vers 3:* 27,12 • *Vers 13:* 26,13.

REDA VON WEISE: 22 17 - 24 33

A Sammlong von Sprichwörter: 22 17 - 23 11

[17]Leih mr dae Ohr ond horch, was e dr
sag; nemm dr maene Lehra z Herza.
[18]S ischd guat für de, wann da s en dr
bhälst, nå kommst d nia en Vrlegahaet,
was da saga sollst.
[19]Dass da dae Vrtraua en da Herrgott
(JAHWE) setzt, lehr e dr haet daen
Weg, grad bsonders dir.
[20]Han e dr et schao vôrgestern
guate Ratschläg ond Belehronga
aufgschrieba,
[21]dass da zuavrlässig d Wåhrat saga
kåsch, wann da gfrågt wirst.
[22]Nemm nia ama Schwacha ebbas weg,
weil r schwach ischd, ond druck an
Elenda em Gericht et ao no na.
[23]Dr Herrgott (JAHWE) ischd nämlich
dene ihr Rechtsåwalt, ond der nemmt
dene s Leba, mô dia ausraobat.
[24]Mach dr an Jähzorniga nia zom Fraend
ond laß de mit koem Hitzkopfata ae,
[25]dass da de et an saene Methoda
gwöhnst ond dr selber Schlenga legst
für dae Leba.
[26]Sei koener von dene, mô sich durch
Handschlag für andere vrpflichtat ond
für dene ihre Schulda bürgat;
[27]wann da nå et zahla kåsch, holat se dr s
Bett onter am Arsch weg.
[28]Vrruck nia alte Grenzstoe, mô daene
Vädr gsetzt hent.
[29]Siehst d oen, mô en saem Beruf gschickt
ischd - der soll beim König schaffa, für
Grenge ischd der z schad.

23 Wann da bei ama Graoßa am
Tisch hockst zom Essa, nå achte
drauf, wen da vôr dr håsch,
[2]ond heb dr dae Messer an d Gurgel,
wann da a Gierhals bist.
[3]Vrlang et saene Leckerbissa; des könnt
dr schlecht aufstaoßa.
[4]Gib dr koe Müah om daen Reichtom
ond laß daen Vrstand walta.
[5]Willst d nach am (Reichtom) gucka, nå
ischd r vrschwonda; der håt sich nämlich
Flügel gmacht ond ischd en da Hemmel
gfloga.
[6]Iß nia a Brot bei ama Neidhammel
ond laß de et gluschta nach saener
Leibspeis.
[7]Der ischd nämlich berechnend. Der
saed: Iß ond trenk! Aber sae Herz ischd
et bei dr.
[8]Daen Bissa, mô da grad gessa håsch,
muaßt d ausspeia, (dass r dr et em Hals
stecka bleibt), ond dae fraendlicha Red
hättest dr spara könna.
[9]Ama Domma brauchst glei gar nex
saga, der geit eh nex drom.
[10]Vrruck nia alte Grenzstoe ond en d
Felder von Wôesa gôhst d mr et nae.
[11]Dene ihr Helfer ischd stark, der nemmt
dene ihr Sach selber en d Händ.

Zom Vrgleicha: *Kap. 22 Vers 23:* Jes 1,17f • *Vers*

26: 6,1-3; 20,16 • *Vers 28:* 23,10 • *Kap. 23 Vers 1-13:* Sir 31,12-21 • *Vers 10:* 22,28.

Måhnonga: 23 12-35
12Breng dae Herz dr Onterweisong entgega ond daene Ohra aesichtige Reda.
13Vrspar daem Bua et d Züchtigong, wann da dem mit am Stecka a paar henta drauf haost, stirbt der då et drå.
14Da haost an zwår mit am Stecka, aber da rettest an vôr am Vrderba.
15Mae Soh, wann dae Herz weise ischd, nå fraet des ao mi.
16En mir dren ischd ällas voler Jubel, wann du bloß des saesch, was recht ischd.
17Dae Herz soll et eifrig nach de Sünder suacha, sondern jederzeit nach dr Ehrfurcht vôr am Herrgott (JAHWE).
18Nå nemmt ällas a guats End ond dae Hoffnong ischd et omasonst gwea.
19Horch her, mae Soh ond werd weise, ond laß dae Herz auf am grada Weg laofa.
20Gang et mit dene, mô Wae saufat ond Flôesch en sich naefressat.
21Säufer ond Fresser werat nämlich arm ond ihr Vrschlåfahaet ziagt en Lompa å.
22Horch auf daen Vadr, der mô de zeugt håt, ond vrachte et dae Muader, wann se alt wôra ischd.
23Kaof dr Wåhrat, aber vrkaof et Weishaet ond Zucht ond Ordnong.
24Fraea kå sich dr Vadr vo'ma Gerechta; der mô an weisa Soh håt, därf sich ao druber fraea.
25Dae Vadr soll sich fraea ond dae Muader, mô de auf d Welt bråcht håt.
26Horch her, mae Soh ond laß daene Aoga auf maene Weg achta.
27A tiafa Gruab ischd nämlich a Hur ond wian a engs Bronnaloch a Raegschmeckta.
28Dui laurat wian a Raeber ond sôrgt drfür, dass d Vrräter emmer maeh werat.
29Mô ischd Weh ond Ach? Wer ischd Habgierig? Wer suacht d Händel? Wer vrklagt andere? Wer håt bluatige Streahma für nex? Wer håt Veigala am Aog?
30Dia, mô bis en d Nacht nae beim Wae hockat, dia mô kommat zom da Mischwae probiera.
31Guck da Wae et å, wann r em Becher so rosig glänzt, der laoft dr na wia Öl,
32aber hentadrae beißt r wian a Schlang, wian a Otter vrspritzt r sae Gift.
33Daene Aoga seahnat weiße Mäus ond du schwätzt saudomms Zeugs drher.
34Du fühlst de wia oener, mô auf am Meer romschauklat ond drbei auf am Masta droba hockt.
35Se hent me vrmoblat, aber i han koene Schmerza ghet. Se hent me vrhaoa ond i han s no et amål gmerkt. Wann wach e endlich auf, dass e mr wieder oen naeleer.

Zom Vrgleicha: *Vers 13:* 13,24; 19,18; 22,15; 29,15.1; Sir 30,1-13 • *Vers 18:* 24,14 • *Vers 21:* Sir 18,33 • *Vers 22:* 1,8; 30,17; Sir 3,1-16 • *Vers 23:* 4,7 • *Vers 27:* 22,14 • *Vers 28:* 7,12 • *Vers 30:* 20,1.

24 Sei mr et neidig auf baese Menscha ond moen et, da müßtest bei nen sae.
2Dene ihr Herz suacht d Gwalt ond se hent nex wia Ohael zom saga.
3Durch Weishaet wird a Haus baut und mit Vrstand wird s gründat,
4ond saene Kammera werat durch Aesicht gfüllt mit kostbare ond wertvolle Sacha.
5Dr Weise kå mach als wia dr Starke, ond dr Vrständige ischd am Kraftprotz überlega.
6Mit Überlegong gwennst d nämlich da Kampf ond dr Erfolg leit en dr graoßa Zahl von Berater.
7Ama Narra ischd d Weishaet viel z

haoch, em Ältestarat macht der koe
Maul auf.
[8]Wer emmer bloß s Baese em Kopf
håt, den hôeßt mr en Sauhond ond
Gwaltigel.
[9]Was dr Narr ausheckt ischd d Sünd, ond
a Graus für älle Leut ischd dr Spötter.
[10]Håsch d Schwäche zaegt am Dag, mô s
hôeß herganga ischd, nemmt dr koener
maeh Festigkaet ab.
[11]Rette dia, mô mr zom Ombrenga
schlôeft, ond dia, mô an da Galga
schwankat - mach de für se stark.
[12]Sag bloß et: Då he'mir gar nex drvo
gwißt! Der, mô d Herza prüaft, der
merkt des, ond der, mô dae Leba em
Aog håt, der wôeß des, ond der vrgilt
am Menscha nach dem, was r dao håt.
[13]Iß Honig, Bua, der ischd guat, ond
was aus de Waba rauslaoft, ischd süaß
für daen Gaoma.
[14]Wôeßt d: so ischd ao d Weishaet für
dae Seel. Wann da se fendest, nå håsch d
ao a Zuakonft ond dae Hoffnong ischd
et omasonst.
[15]Dua mr et wian a Frevler an Gerechta
vôr saem Haus apassa, ond mach am ao
sae Onterkonft et he.
[16]Wann nämlich a Gerechter sieba Mål
nôfällt, stôht der ao sieba Mål wieder
auf, aber d Frevler stürzat ens Oglück.
[17]Frae de et, wann dae Faend fällt, ond
wann r ens Strauchla kommt, soll dae
Herz et jubiliera,
[18]dr Herrgott (JAHWE) könnt s seha -
ond des gfällt am gar et - ond nå saen
Zôrn von am abwenda.
[19]Reg de et auf über de Baese ond ao et
über d Frevler.
[20]Für dia geits nämlich koe Zuakonft,
ond irgend wann gôht bei dene s Licht
aus.
[21]Han a Ehrfurcht vôr am Herrgott
(JAHWE) ond vôr am König, Bua. Mit
dene, mô koen Respekt hent, läßt de gar
et ae.
[22]Dene ihr Vrderba kommt nämlich
ganz schnell, ond ovrhofft s Ohael über
dia, mô koen Respekt hent. Wer wôeß?

Zom Vrgleicha: *Vers 1:* Ps 37,1 • *Vers 5:* 21,22 • *Vers 6:* 11,14; 20,18 • *Vers 16:* Ps 37,24 • *Vers 21:* 1Petr 2,17.

Weishaetssprüch: 24 23-34

[23]Ao dia Sprüch stammat von Weise. Vôr
am Gricht parteiisch sae ischd et guat.
[24]Wer zom Frevler saed: Du bist em
Recht, den vrfluachat d Völker, ond d
Nationa wünschat an zom Teufel.
[25]Aber dene, mô für s Recht aestandat,
dene gôhts guat, ond dr Sega ond s
Glück kommat en zua.
[26]D Lippa küßt, wer a klara Antwort
geit.
[27]Dua zersta draußa dae Ärbat ond
bstell daen Acker, ond drnåch baust dr
dae Haus.
[28]Sei et ohne an Grond Zeuge gega daen
Nåchber ond sag nex orechts.
[29]Sag nia: Was der mir dao håt, des duan
e dem ao! Dem vrgilt e Gleiches mit
Gleicham!
[30]I ben am Acker vo'ma Faulenzer
vrbeigloffa ond am Wengert vo'ma
Narra,
[31]ond guck, ällas ischd voler Okraut
gwea, Distla send gwucherat ond s
Mäuerle ischd aegrutscht gwea.
[32]I han mr s åguckt ond mr so maene
Gedanka gmacht ond mr Lehra draus
zoga:
[33]No a bißle schlåfa, a bißle ånedösa,
a bißle d Händ en da Schaoß lega ond
vrschnaufa -
[34]ond schao kommt d Armuat über
de wian a Strolch ond d Naot wian a
Raeber.

Zom Vrgleicha: *Vers 23:* 28,21 • *Vers 28:* Ex 20,16; Dtn 5,20 • *Vers 29:* 20,22 • *Vers 33-34:* 6,10f.

DE ZWÔET SALOMONISCHA SPRUCHSAMMLONG: 25 1 - 29 27

25 Ao des send Sprichwörter
vom Salomo, ond dia hent am
König Hiskia von Juda saener Männer
zsematraga.
2 Ischd s d Ehr von Gott (Elohim), dass
r a Åglegahaet zuadeckt, nå ischd s am
König sae Ehr, a Åglegahaet gnao zom
ontersuacha.
3 Da Hemmel en saener Höhe ond d Erde
en ihrer Tiafe ischd so oergründlich wia
am König sae Herz.
4 Duat mr d Schlacka vom Silber weg, nå
kå am Goldschmid ebbas draus glenga.
5 Duat mr da Frevler weg vor am
König, nå stôht sae Thron fest en dr
Gerechtigkaet.
6 Gib nia å vôr am König, ond stand et
auf da Platz von de Graoße nô.
7 S ischd nämlich besser, mr saed zo dr:
Ruck då rauf! als dass mr de vôr ama
andera Fürsta rastuaft. Wann daene
Aoga ebbas gseha hent,
8 gang bloß et glei drmit vôr s Gricht,
was willst d denn macha, wann de dae
Nåchber am End bloß stellt.
9 Daen Streit mit daem Nåchber sollst d
mit dem selber aushandla, ond gib nia s
Gehaemnis vo'ma andera preis,
10 dass der, mô s hört, de et zor Red stellt
ond nåcher s Gschwätz über de et zor
Ruah kommt.
11 Wia goldene Äpfel auf silberne Schala
ischd a Wort, mô zor richtiga Zeit
gsprocha wird.
12 A goldener Reng ond a kostbara
Halskette - des ischd a weiser Måhner
ama hörenda Ohr.
13 Wia küahler Schnae en dr Sommerhitz
ischd a zuavrlässiger Bot für den, môn
an gschickt håt, der frischt d Seel von
saem Herra auf.
14 Wia Wolkadonst ond Wend ohne Rega
ischd oener, mô ågibt, was r ällas kå ond
nex duat.
15 Mit langatmige Reda kå mr an Richter
wôech macha, ond a milda Zong bricht
Boener.
16 Håsch d Honig gfonda, nå iß, soviel
dr guat duat, sonst wirst an lôed ond da
muaßt speia.
17 Mach de rar em Haus von daem
Nåchber, sonst wird r de lôed ond kå de
nemme schmecka.
18 A Schlegel ond a Schwert ond a
spitziger Pfeil, so ischd oener, mô saem
Nåchber falsche Sacha nåch saed.
19 A hohler Zåh ond a schwankender
Fuaß, so ischd dr Vrräter an dem Dag,
mô s drauf åkommt.
20 Wia Essig auf Laoge, oder wia oener,
mô en dr Kälte d Klôeder ausziagt, ischd
oener, mô ama vrzagta Herza Liader
vôrsengt.
21 Håt dae Faend Honger, nå gib am Brot,
håt r Durst, nå gib am Wasser;
22 so legst d am feurige Kohla auf s Haopt
ond dr Herrgott (JAHWE) vrgilt dr s.
23 Dr Nordwend brengt Rega, ond a
henta-rom-Gschwätz vrdriaßliche
Gsichter.
24 Liaber e ma Eckle auf am Dachboda
hausa als wia mit ama händelsüchtiga
Weib em Haus.
25 Wia kalts Wasser en ra vrlechnata
Gurgel - so ischd a guata Nåchricht aus
ama fremda Land.
26 Wian a trüaba Quell ond a vrdôrbener
Bronna, so ischd a Gerechter, wann r
vôr ama Frevler ens Wanka kommt.
27 Zviel Honig essa ischd et guat; drom
sei sparsam mit Ehrabezeugonga.
28 A Stadt mit ra gschlôefta Mauer, so
ischd a Må, wann r sich et en dr Gwalt
håt.

Zom Vrgleicha: *Vers 2:* 16,10 • *Vers 5:* 16,2 • *Vers 6:* Sir 13,9f • *Vers 7:* Lk 14,7-11 • *Vers 11:* 15,23 •

Vers 21: Rö 12,20 • *Vers 24:* 21,9.

26 Wia dr Schnae em Sommer ond
dr Rega en dr Ernt, so paßt s ao
et, an Narra zom ehra.
2 Wian a Spatz romflatterat ond a Schwalb
drvo fliagt, so ischd a grondloser Fluach,
der trifft et ae.
3 Für s Roß d Peitsch, für da Esel da
Zaom, ond am Narra da Stecka auf da
Buckel.
4 Gib am Narra koe Antwort, wia s sae
Dommhaet vrdient hätt, dass da de dem
et gleich stellst.
5 Gib am Narra so a Antwort, wia s sae
Dommhaet vrdient, sonst hält r sich
selber für weise.
6 Der hackt sich selber d Füaß ab ond
muaß viel Schada leida, mô saene Åliega
durch an Narra vôrtraga läßt.
7 Lommalig wia d Schenkel vo'ma Låhma
ischd a Weishaetsspruch em Maul vo'ma
Narra.
8 Der, mô ama Narra d Ehr geit ischd
wia oener, mô saen Stoe an d Schleuder
nôbendat.
9 Wian a Dôrnaruat en de Händ vo'ma
Bsoffena, so ischd a Weishaetsspruch
em Maul vo'ma Domma.
10 A Schütz mô älle åschiaßt, mô
vrbeikommat, so ischd oener, mô en
Narra oder en Landstreicher vrdengt.
11 Wian a Hond, der mô wieder frißt,
was r gspia håt, so ischd dr Narr, der mô
sae Dommhaet emmer wieder von sich
geit.
12 Wann da oen siehst, der mô sich selber
für an Weisa hält, nå wôeßt d, dass s für
an Domma maeh Hoffnong geit.
13 Dr Faulenzer saed: A Löw ischd
onterwegs, a Raobtier ischd en de
Strååßa!
14 Wian a Tür en de Zapfa, so dreht sich
dr Faulenzer en saem Nest.
15 Wann dr Faulenzer sae Håd en d
Schüssel gstreckt håt, nå ischd r z müad,
zom se wieder an sae Maul nôheba.
16 A Faulenzer hält sich für gscheiter als
wia sieba sotte, mô ebbas vrnünftigs
zom saga hent.
17 Wia oener, mô an straenenda Hond an
de Aohra packt, ischd oener, mô sich en
Händel naemischt, môn an nex ågangat.
18 Wian a Vrrückter, der mô mit
Brandgschoß ond Pfeil om sich schiaßt
ond Leut ombrengt,
19 so ischd oener, mô saene Mitmenscha
täuscht ond nå saed: i han bloß a Späßle
gmacht.
20 Mô koe Holz maeh ischd, gôht s Feuer
aus; mô koe Vrlaemder maeh då ischd,
haerat ao d Händel auf.
21 Kohla schürat d Gluat ond Holz s
Feuer ond a Streithammel schürt da
Streit.
22 Am Hetzer sae Gschwätz ischd wian a
Leibspeis, des laoft dr na wia Öl.
23 Silberglasur über Tonscherba - so send
glatte Reda aus ama boshafta Herz.
24 En saene Reda vrstellt sich oener, mô
en Haß en sich håt, aber en sich drenna
ischd r haemtückisch.
25 Wann der fraendlich mit dr schwätzt,
nå trau am et über da Weg, der håt
nämlich sieba Boshaftigkaeta en saem
Herza.
26 Mäg der saen Haß en saener
Schaehaeligkaet vrberga, vôr dr
Gemaende kommt sae Boshaet doch
raus.
27 Wer a Gruab aufgrabt, haglat selber
nae, ond wer an Stoe aufewarglat, auf
den ruglat r selber ra.
28 A vrlogena Gosch håt en Haß auf
dia, mô se schao natonkt håt, ond a
Schaehaeligs Gschwätz brengt oen ens
Vrderba.

Zom Vrgleicha: *Vers 3:* 10,13 • *Vers 4:* Sir 22,13 • *Vers 11:* 2Petr 2,22 • *Vers 12:* 29,20 • *Vers 13:* 22,13 • *Vers 15:* 19,24 • *Vers 20:* Sir 28,10-12 • *Vers 22:* 18,8 • *Vers 27:* Ps 7,16; Sir 27,25f.

27 Rühm de et am Môrga, wann da
no et wôeßt, was dr Dag brengt.
2 A anderer soll de wohl loba, aber et dae
aegener Mund - a Fremder, aber niamåls
daene aegene Lippa.
3 A Stoe ischd schwer ond dr Såd ischd
a Last, aber dr Vrdruß über en Narra
ischd schwerer als wia bôedas.
4 Dr Zôrn ischd grimmig ond d Wuat kå
oen mitreißa, aber wer kå sich vôr dr
Eifersucht retta.
5 A Offener Tadel ischd besser als wian a
Liebe, von dera mô mr nex sieht.
6 Am Fraend saene Schläg send guat
gmoent, aber am Hasser saene Küss
send schaehaelig.
7 A Satter tramplat mit saene Füaß sogar
auf am Honig rom; aber am Hongriga
schmeckt sogar s Bittere süaß.
8 Wian a Vogel, der mô aus am Nest
fort fliagt, so ischd ischd oener, mô aus
saener Hoemat fort gôht.
9 Am Salböl ond am Raecherwerk
fraet sich s Herz, ond ama Fraend sae
Ehrlichkaet macht d Seel stark.
10 Daen Fraend, der mô schao daem Vadr
sae Fraend gwea ischd, gib et auf, nå
muaßt nia zo daem Bruader ens Haus
ganga, wann dr s amål schlecht gôht. A
guater Nåchber en dr Nähe ischd besser
als wian a Bruader en dr Ferne.
11 Sei weise, Bua, ond mach maem Herz
a Fraed, nå kån e nämlich oem, der mô
me vrspotta will, s Naedig saga.
12 Dr Gscheite sieht s Oglück komma
ond brengt sich en Sicherhaet, aber de
Oefältige laofat grad drenae ond müaßat
s büaßa
13 Nemm am sae Gwand, der håt nämlich
für an Fremda bürgt, wega Fremde
kåsch d bein am pfända.
14 Wer saen Nåchber schao am hella
Môrga viel z laut grüaßt, dem kå mr s
als Fluach auslega.
15 A ständigs Tropfna vo'ma odichta
Dach em Platzrega ond a händelsüchtigs
Weib - oes ischd wia s ander:
16 Wer dia aufhalta will, der will da Wend
heba ond mit saene Händ Öl greifa.
17 Eise schleift mr am Eise, ond a
Må schärft da Charakter von saem
Nächsta.
18 Wer an Feigabaom pflegt, der därf
ao saene Frücht essa, ond wer für saen
Herra då ischd, der kriagt d Ehr.
19 Wia sich em Wasser s Gsicht spiaglat,
so ischd s Herz vom Menscha dr Spiagel
für da Menscha.
20 S Daotareich ond d Onterwelt send
oersättlich, ond am Menscha saene Aoga
werat ao et satt.
21 Dr Schmelztiegel für s Silber ond dr
Ofa für s Gold, aber über da Menscha
urtôelt mr nach saem Åseha.
22 Wann da an Narra mit am Staeßel
vrstampfst em Mörser mit de Graupa,
sae Dommhaet dät et vrganga.
23 Achte drauf, wia daene Schåf ond
Gôesa ausseahnat ond paß guat auf uf
daene Herda.
24 Reichtom bleibt et für älle Zeita ond
a Vrmöga et von oener Generation zor
andera.
25 Ischd s Hae agrechat ond s frische Gras
kommt raus, nå kå mr ao en de Berg d
Kräuter sammla,
26 nå geit s ao gnuag Lämmer für daene
Klôeder ond mit am Preis für d Böck
kåsch d Äcker kaofa
27 ond haufagnuag Gôesamilch für
dae Nahrong ond für d Nahrong von
daener Familie ond da Onterhalt von
daem Gsend

Zom Vrgleicha: *Vers 1:* Lk 12,19f • *Vers 3:* Sir
22,15 • *Vers 11:* Ps 119,42 • *Vers 12:* 22,3 • *Vers 13:*
20,16 • *Vers 15:* 19,13 • *Vers 20:* 30,15f; Jes 5,15.

28 Dr Frevler haot ab, ao wann
am koener nåch gôht; aber a
Gerechter därf sich sicher sae wian a
Löw.
2 Durch d aegena Schuld kriagt a Land

AM AGUR SAENE WORT: 30 1 - 14

30 Am Agur sae Red, des ischd dr Soh vom Jake aus Massa. Dr Ausspruch vo'ma Må, der mô sich viel Müah geba håt (om Gott): I han mr viel Müah geba; (Gott), ond ben am End.
2 I ben nämlich z domm, als dass i als a Mensch gelta könnt, ond Vrstand han e gar koen.
3 Weishaet han i nia glernt, so dass e von de Haelige irgend ebbas wissa könnt.
4 Wer ischd en da Hemmel nauf- ond wieder ragstiega? Wer faßt da Wend en saene Händ zsema? Wer wicklat s Wasser en sae Gwand? Wer håt d Enda von dr Welt festgsetzt? Wia hôeßt der ond wia sae Soh? Wann du s wôeßt?
5 A jedas Wort von Gott (Elowah) ischd gläuterat; a Schutzschild ischd r für dia, mô auf an hoffat.
6 Dua nex drzua zo saene Wort, dass r de et zrechtweisa muaß ond du als a Lugabeutel dåstôhst.
7 Om zwôerlôe möchte e de bitta - Vrsag mr s et, bevôr e stirb:
8 Falschhaet ond a vrloges Gschwätz halt mr fern. Armuat ond Reichtom brauchst d mr et geba; laß mr des zuakomma, was für me då ischd,
9 dass e et zom Vrlaegner wir, wann e satt wôra ben ond nå sag: Wer ischd schao dr Herrgott (JAHWE)? Ond dass e et zom Dieb wir, wann s amål knapp ischd, ond me nå vrgreif am Nåma vo'maem Gott (Elohay).
10 Vrlaemde nia an Sklava bei saem Herra, dass r de et vrfluacht ond da s nå büaßa muaßt.
11 A Gschlecht, mô saen Vadr vrfluacht ond sae Muader et segnat,
12 a Gschlecht, mô sich selber für raen hält aber da Dreck et von sich weggwäscha håt;
13 a Gschlecht, mô überheblich auf de andere raguckt,
14 a Gschlecht - Schwerter send saene Zäh ond Messer sae Gebiß, zom de Elende von dr Erde wegfressa ond de Arme von dr Menschaet.

Zom Vrgleicha: *Vers 3:* 9,10 • *Vers 4:* Ijob 38,1-35 • *Vers 5:* Ps 18,31 • *Vers 9:* Sir 5,1-3.

ZAHLASPRÜCH: 30 15-33

15 Zwoe Töchter håt dr Bluategel: Gib her! Gib her!
Drei send s, mô et gnuag kriagat, ond vier sagat nia: s ischd gnuag!
16 D Onterwelt ond dr ofruchtbare Muaderschoß, d Erde, mô et gnuag vom Wasser kriagt, ond s Feuer, mô nia saed: s ischd gnuag!
17 A Aog, mô saen Vadr vrspottat ond s et naedig håt, saener Muader zom folga, des sollat d Raba aushacka ond de jonge Geier fressa.
18 Drei Sacha se'mr z haoch ond vier kapier e et:
19 Da Weg vom Adler am Hemmel, da Weg von dr Schlang auf am Felsa, dr Weg vom Schiff em Meer ond dr Weg vom Må zo saener jonga Frao.
20 So ischd dr Weg von ra ehebrecherischa Frao: se ißt, wischt sich s Maul ab ond saed: I han doch nex orechts dao!
21 Onter drei zitterat d Erde, onter vier hält se s et aus:
22 Onter ama Sklava, wann der zom Herrscher wird, onter ama Narra, wann am s z guat gôht,
23 onter oenera, mô vrsetzt wôra ischd ond nå an Må kriagt håt, ond onter ra Magd, wann se von ihrer Herrin ebbas erbt.

24 Vier send de Kloenste auf dr Erde ond
send doch de Gscheiteste:
25 D Åmôesa send a schwachs Völkle,
aber dia bsôrgat sich ihr Fuader em
Sommer.
26 D Klippdachs send koe starks Volk,
aber dia richtat sich ihr Haus en de Felsa
ae.
27 Koen König hent d Haeschrecka
aber dia gangat en g'ordnate Rôeha
mitanander vôr.
28 D Aedechsa kåsch d mit de Händ
fanga, ond doch fendest se ao en de
Königspaläst.
29 Drei send s, mo stattlich drher kommat
ond vier hent an stolza Gang:
30 Dr Löwe, dr Held onter am Wild, der
weicht vôr koem aus;
31 Dr Gockeler, mô stolz drher kommt,
oder dr Gôesbock; ond dr König, wann
r vôr saem Volk auftritt.
32 Wann da graoßartig auftreta bist ond
de blamiert håsch, ond wann da drüber
nåchdenkst - halt dae Maul!
33 D Milch schlaga geit Butter ond Druck
auf d Nås brengt Bluat raus, ond Druck
auf da Zôrn brengt nex wia Streit.

Zom Vrgleicha: *Vers 25:* 6,6-8 • *Vers 26:* Ps 104,18.

WORT AN DA LEMUEL: 31 1 - 9

31 Wort an da Lemuel, da König
von Massa, wian an sae Muader
onterwiesa håt.
2 Was soll e dr saga, Bua, du bist aus
maem Leib komma, ond horch, Bua, für
di han e a Gelübde aglegt.
3 Vrschwende dae Kraft et an Fraoa;
gang ao et mit auf de Weg von dene, mô
König ens Wanka brengat.
4 Für d König, Lemuel, schickt sich s et,
Wae z trenka, ond für d Fürsta schickt
sich s et, starke Sacha zom vrlanga.
5 Sonst trenkt oener ond vrgißt drbei,
was s Gsetz ischd, ond dät de Elende ihr
Recht vrdreha.
6 Gebat starke Getränk dene, mô vrlora
send ond da Wae dene, mô en dr Seel
vrbittert send.
7 Dia mögat trenka ond ihr Armuat
vrgessa ond nemme an ihr Oglück
denka.
8 Mach de zom Sprecher für de Stomme
ond für de Schwache ihr Recht.
9 Mach de zom Sprecher für d
Gerechtigkaet ond vrschaff de Elende
ond Arme ihr Recht.

Zom Vrgleicha: *Vers 2:* 1Sa 1,11 • *Vers 5:* Koh 10,16.

S LOB FÜR A TÜCHTIGA FRAO: 31 10 - 31

10 A tüchtiga Frao - wer fendat so oena?
Dui ischd maeh wert als wia älle Perla.
11 Dera ihr Må kå sich von ganzam Herza
auf se vrlassa, am Aekomma fehlt s då
nia.
12 Dui duat am ihr Leba lang bloß Guats
ond nia ebbas Baes.
13 Se sôrgt für d Wolla ond da Flachs ond
schafft emmer mit fleißige Händ.
14 Se ischd wia d Handelsschiff, von
überall brengt se ebbas für da Onterhalt
drher.
15 Sogar mittla en dr Nacht stôht se nå
auf ond gibt ihre Leut s Essa ond reglat
s Dagwerk für s Gsend.
16 Se überlegt ond kaoft an Acker, ond

von dem, was se mit ihre Händ schafft, en Wengert.
[17]Se macht om ihre Hüfta an Gürtel mit Kraft ond legt kräftig mit de Ärm los.
[18]Se wôeß, dass se Erfolg håt ond läßt ao en dr Nacht s Licht et ausganga.
[19]Nach am Spennrädle langat ihre Händ ond hebat d Spendel.
[20]Ganz liab ischd se zo de Elende ond håt ao für de Arme emmer offene Händ.
[21]Für ihre Leut håt se koe Angst wann s amål schneit, weil ihre Leut älle dopplat zom åziaga hent.
[22]Decka näht se sich selber, Byssus ond Purpur send ihre Gwand.
[23]En de Tôrhalla ischd ihr Må ågseha, wann r em Ältestarat vom Land sitzt.
[24]Se webt Tüacher ond vrkaoft s, ond selber gmachte Gürtel brengt se am Händler.
[25]Kraft ond Åseha send ihr Gwand; se lacht über da môrgiga Dag.
[26]Wann se ebbas saed, nå saed se s so dass s jeder vrstôht ond für an jeda håt se a fraendlichs Wort.
[27]Se håt em Haus emmer ällas em Blick ond ihr Brot ißt se et en dr Faulhaet.
[28]Ihre Söh standat auf ond lobat ihr Glück ond ihr Må kå se et gnuag loba:
[29]S geit viele Töchter, mô ao tüchtig send, aber du übertriffst se älle!
[30]Dr (weibliche) Raez ischd trüagerisch ond d Schöhaet vrgôht, aber a Frao, mô a Ehrfurcht håt vôr am Herrgott (JAHWE), därf mr ao loba.
[31]Gebat ra, was se vrdeant håt! Was se glaestat håt, soll mr ao en de Tôrhalla loba.

Zom Vrgleicha: *Vers 15:* 27,27.

S Buach Kohelet

DR BUACHTITEL: 1 1

1 Am Kohelet, Soh vom David, König
en Jerusalem saene Wort.

Zom Vrgleicha: *Vers 1:* 1,12; Spr 1,1; 1Kö 8,1.

VORSPRUCH: 1 2 - 3

2 Nichtig ond flüchtig, håt dr Kohelet
gsaed, nichtig ond flüchtig ischd ällas.
3 Was håt denn dr Mensch von saener
ganza Ärbat ond Müahsal onter dr
Sonne?

Zom Vrgleicha: *Vers 2:* 12,8; Ijob 7,16; Ps 39,6; 62,10; Rö 8,20 • *Vers 3:* 2,11.18-22; 3,9; 5,15-1; 9,9.

WECHSEL, DAUER OND VRGESSA: 1 4 - 11

4 Oe Generation gôht ond oe Generation
kommt, aber d Erde bleibt standa.
5 D Sonne gôht auf, ond d Sonne gôht
onter ond strebt då nô, mô se wieder
aufgôht.
6 R weht nach Süda ond dreht nach
Norda, r dreht ond dreht ond weht, dr
Wend, ond weil r sich dreht, kommt r
wieder zrück.
7 Älle Flüß fliaßat en s Meer - ond s Meer
wird et vol. Då, mô d Flüß nô fliaßat,
fliaßat se emmer wieder nô.
8 Älle Wort gebat sich Müah, aber koe
Mensch kå s richtig saga. S Aog kå sich
et satt seha ond s Ohr kå et gnuag höra.
9 Was oe Mål passiert ischd, passiert
wieder, ond was dao wôra ischd, duat
mr wieder. S gibt gex ganz Neus onter
dr Sonne.
10 Manchmål saed mr wohl: Guck dr des
å, des ischd neu! Aber des håt s schao
lang füher amål geba.
11 An dia, mô früher då gwea send, denkt
koener maeh, ond ao an dia, mô nach
ons kommat - ao an dia denkt koener
maeh von dene, mô zletzta då send.

Zom Vrgleicha: *Vers 4-11:* 3,11-15 • *Vers 4:* Sir 14,18; • *Vers 8:* 5,9; 18,17; Spr 27,20 • *Vers 9:* 3,15; 6,10; 4,13-16 • *Vers 11:* 2,16; 9,5.

DR MENSCH ISCHD ET VOLLKOMMA - OND GOTT KÅ MR ET DURCHSCHAOA: 1 12 - 3 15

12 I, dr Kohelet, ben König über Israel
en Jerusalem wôra. 13 Nå han e mr
vôrgnomma, dass e en Weishaet ällas
nåchforscha ond ontersuacha will, was
onter am Hemmel gschieht. Des ischd a
lôedigs Onterfanga, mô Gott (Elohim)
de Menscha da Auftrag drzua geba håt,
dass se sich drmit romplåga sollat. 14 I
han ällas åguckt, was onter dr Sonne
gschieht, ond guck: ällas ischd nichtig
ond a Hascha nach am Wend.
15 Was kromm ischd, kå et grad wera;
ond was et då ischd, kå mr et zähla.
16 I han mr denkt: Guck, i ben jetzt
graeßer ond han maeh Weishaet als wian
a jeder, der mô vôr mir Herrscher gwea

ischd en Jerusalem, ond maeh Herz håt
viel Aesicht en Weishaet ond Erkenntnis
gwonna. 17So han e mr vôrgnomma, dass
e erkenna will, was Weishaet ischd ond
was Vrblendong ond Dommhaet ischd.
Nå han e aegseha, dass ao des a Hascha
nach Wend ischd.
18Mô viel Wissa ischd, ischd ao viel
Vrdruß, ond wer maeh vrstôht, muaß
ao maeh leida.
2 I han mr denkt: Probier s doch mit
dr Fraed ond laß dr s guat ganga!
Ond guck: ao des ischd nex gwea!
2Vom Lacha han e saga müaßa: blöd!
Ond von dr Fraed: Was kå dui schao
ausrichta?

Zom Vrgleicha: *Kap. 1 Vers 13:* 3,10; 8,9.16f; 5,13 • *Vers 14:* 2,11; 4,4 • *Vers 15:* 7,13; Spr 27,22 • *Vers 16:* 2,9; 1Kö 5,9f • *Vers 17:* 2,12; 7,25; 8,16f • *Vers 18:* 2,23; 5,16; Spr 22,15 • *Kap. 2 Vers 1:* 2,3.10.24; 3,12; Weish 2,6 • *Vers 2:* Spr 14,13; 20,1; 23,29-35.

S menschliche Glück durch Weltgestaltong: 2 3-11

3I han mr denkt, i bad amål em Wae -
aber mae Vrstand hätt en Weishaet d
Lôetong bhalta solla - ond drbei amål
nach dr Dommhaet z langa zom gucka,
was guat ischd für da Menscha ond was
se doa sollat onter am Hemmel, so lang
se lebat. 4I han graoße Sacha glaestat,
Häuser baut ond Wengert åpflanzt.
5I han Gärta ond Ålaga baua lassa ond
älle mögliche Fruchtbaem nae pflanzt.
6I han Wasserteich åglegt, zom Wasser
en da Wald lôeta, dass d Baem wachsa
könnat.
7I han Sklava kaoft ond Sklavinna, ond
ao sotte he'mr ghert, mô em Haus auf d
Welt komma send. Ao Herda, Rendla,
Schåf ond Gôesa, von ällam han i maeh
ghet als wia älle, mô vôr mir en Jerusalem
gwea send.
8I han Silber ond Gold gsammlat ond
Schätz von andere König ond Länder.
I han Sänger ond Sängerenna ågschafft
ond was s Herz begehrt: Fraoa ond
nômål Fraoa.
9So ben i graeßer ond reicher wôra als
a jeder, mô vôr mir en Jerusalem gwea
ischd. Ao mae Weishaet ischd mr erhalta
blieba. 10Ond was ao emmer maene
Aoga wölla hent, han e dene et enthalta.
I han maem Herz koe Fraed vrwehrt.
Mae Herz håt sich über ällas gfraet, ond
des ischd mae Åtoel gwea an dr ganza
Müah. 11Aber mon e ällas ågucket han,
was e mit maene Händ gschaffa han ond
was mr des für Omständ gmacht håt,
bis e ällas ghet han, ischd mr klar wôra:
ao des ischd nichtig ond a Hascha nach
am Wend. S geit koen Gewinn onter dr
Sonne.

Zom Vrgleicha: *Vers 3:* 2,1 • *Vers 4:* 1Kö 7; HL 8,11 • *Vers 5:* HL 4,13 • *Vers 6:* Neh 2,14; • *Vers 7:* 1Kö 10,5; 5,3; 8,63; 10,23 • *Vers 8:* 1Kö 10,21; 5,1-8; 2Sa 19,36; 1Kö 11,3 • *Vers 9:* 1,16; 1Kö 10,23; 5,9-14 • *Vers 10:* 2,1.24; 3,12.22; 5,17f; 8,15; 9,6-9; 11,7-10 • *Vers 11:* 1,3.

Bildong ond Besitz send et ällas: 2 12-23

12Nå han e ågfanga ond d Weishaet ond
d Vrblendong ond d Narrhaet gnaoer
åzgucka. Was kå der Mensch no doa,
der mô nach am König kommt? Was
mr et schao lang dao håt. 13Ond i han
gseha, dass d Weishaet geganüber dr
Dommhaet em Vortôel ischd, wia s
Licht em Vortôel gega d Donkelhaet
ischd.
14Dr Weise håt Aoga em Kopf, aber dr
Narr dappt em Donkla.
Aber nå han e ao rausgfonda, dass bôede
s gleiche Schicksal treffa kå. 15Nå han e
mr denkt: wia dem Narra kå s ao mir
ganga. Zo was ben i nå so weise wôra?
Ond i han mr gsaed, dass ao des nichtig
gwea ischd. 16An da Weisa denkt mr
nämlich später grad so wenig wia an
da Narra. Weil en dene Däg, mô no
kommat, send bôede vrgessa. Ond dr

Weise stirbt genao so, wia dr Narr. [17]Nå
han e an Haß auf s Leba kriagt, weil
ällas, was mr duat auf dr Erde, schlecht
ischd: ällas ischd nichtig ond a Hascha
nach am Wend.
[18]Ond i han an Haß kriagt auf mae ganzs
Hab ond Guat, für des môn e me so ens
Zeug glegt han, weil e s dem überlassa
muaß, der mô nach mir kommt. [19]Ond
wer wôeß, ob des a Weiser oder a Narr
ischd? Ond doch vrfüagt der amål über
mae ganzs Sach, für des mô i mae ganza
Kraft ond maen Vrstand aegsetzt han
onter dr Sonne. Ao des ischd nichtig.
[20]So ben e zom Ergebnis komma, dass
e an ällam zweifla muaß, môn e me so
drfür aegsetzt han. [21]Weil: då kommt a
Mensch mit Vrstand ond Aesicht ond
mit viel Gschick zo saem Sach, ond
nå muaß r s ama Menscha überlassa
als Erbtôel, der mô koen Fenger drfür
kromm gmacht hât. Ao des ischd nichtig
ond a graoßs Übel. [22]Was hât denn dr
Mensch von saem ganza Schaffa ond
Streba mit saem Vrstand, môn r sich
drmit schendat onter dr Sonne,
[23]wann sae ganz Leba nex wia Leida
ischd ond sae Aesatz am bloß Vrdruß
aebgrengt, ond sae Herz no et amål en
dr Nacht a Ruah fendat? Ao des ischd
nichtig.

Zom Vrgleicha: *Vers 12:* 1,17; 7,25 • *Vers 13:* 6,8 • *Vers 14:* 8,1; 10, 3,19; 9,2f; Ijob 9,22 • *Vers 15:* 7,16 • *Vers 16:* 1,11; 9,5; Weish 2,4; Ps 49,11 • *Vers 17:* 5,12; 6,1f • *Vers 18-19:* 2,12; 6,1-7; Ps 39,7 • *Vers 18:* 1Kö 12,1-17 • *Vers 21:* 6,2; Sir 11,18f • *Vers 22:* 1,3 • *Vers 23:* 1,18; 5,16; 8,16f; 11,10; Ijob 7,1-4.

Am Herrgott sae Handla en saener Vollkommahaet ond Odurchschaobarkaet: 2 24 - 3 15

[24]Für an Menscha geit s nex Bessers,
als dass r ißt ond trenkt ond sich s guat
ganga läßt bei äller Plågerei. Aber ao des
kommt aus de Händ von Gott (Elohim),
wian e gseha han. [25]Wer könnt denn essa
ond trenka wann et i?
[26]Dem Menscha, môn am gfällt, gibt
r Weishaet ond Vrstand ond Fraed,
da Sünder aber läßt r aesammla ond
zsemakratza, dass r s nå dem geba muaß,
mô Gott gfällt. Ao des ischd nichtig ond
a Hascha nach am Wend.
3 Ällas hât sae (bestimmta) Zeit, ond
a (günstiga) Zeit geit s für a jeda
Åglegahaet onter am Hemmel:
[2]Zeit zom Gebära ond Zeit zom Sterba,
Zeit zom Pflanza ond Zeit zom Okraut
rausreißa,
[3]s Ombrenga hât sae Zeit ond Zeit zom
Hôela, Zeit zom Aereißa ond Zeit zom
Aufbaua,
[4]Zeit zom Heula ond Zeit zom Lacha,
Zeit zom Klaga ond Zeit zom Tanza,
[5]Zeit zom Stoe wegschmeißa ond Zeit
zom Stoe aesammla.
Schmusa hât sae Zeit ond sich vom
Schmusa fernhalta hât sae Zeit,
[6]Suacha hât sae Zeit ond Vrliera hât sae
Zeit, Zeit zom Aufheba ond Zeit zom
Wegschmeißa,
[7]Zeit zom Vrreißa ond Zeit zom Näha,
Zeit zom Schweiga ond Zeit zom Reda,
[8]Zeit für d Liebe ond Zeit zom Hassa,
Zeit für da Kriag ond Zeit für da
Frieda.
[9]Was hât der drvo, mô ebbas duat, ond
der, mô sich Müah geit? [10]I ha'mr s
åguckt, was Gott (Elohim) de Menscha
geba hât zom sich drmit plåga: [11]Ällas
hât r so gmacht, dass s zo saener Zeit
schö ischd. Ao d Weltzeit hât r de
Menscha ens Herz geba, bloß so, dass
dr Mensch des, was Gott (Elohim) duat,
et vom Åfang bis zom End begreifa kå.
[12]I han kapiert, dass dia nex gscheiters
zstand brengat, als sich zom fraea ond
sich s guats ganga z lassa em Leba.
[13]Ond wann a Mensch ißt ond trenkt bei
saener ganza Schenderei ond sich ebbas
Guats duat, nå ischd des ao a Gschenk
von Gott (Elohim).

[14]I han erkannt: ällas, was Gott (Elohim) duat, ischd endgültig - då kåsch d nex drzua doa ond nex drvo wegdoa. So håt s Gott (Elohim) gmacht, dass mr a Ehrfurcht vôr am håt. [15]Was oe Mål passiert ischd, ischd schao lang wieder passiert, ond was amål gschieht, ischd schao lang amål passiert. Aber Gott (Elohim) suacht, was vrschwonda ischd.

Zom Vrgleicha: *Kap. 2 Vers 24:* 2,10 • *Vers 25:* 9,1 • *Vers 26:* 7,26; Ijob 27,16f; Spr 13,22; 28,8 • *Kap. 3 Vers 1:* 3,17; 8,5f; 9,11f; Ps 31,16 • *Vers 2:* 7,17; Ijob 5,26; Jes 28,23-29 • *Vers 7:* Spr 15,23 • *Vers 8:* 9,1 • *Vers 9:* 1,3 • *Vers 10:* 1,13 • *Vers 11:* 11,5; 3,14f; 7,14.23-29; 8,16f; Ps 139,13-18 • *Vers 13:* 2,24f • *Vers 14-15:* 1,4-11 • *Vers 14:* Spr 30,6; Sir 18,6; 42,21 • *Vers 15:* Sir 5,3.

D GRONDÜBEL EN DR WELT: 3 16 - 4 16

Ogerechtigkaet beim Gricht: 3 16-22

[16]Ond weiters han e onter dr Sonne gseha: Då, mô d Urtôel gsprocha werat, ischd s Orecht nôkomma, ond zor Gerechtigkaet d Ogerechtigkaet. [17]I ha'mr gsaed: Da Gerechta ond da Frevler richtat Gott (Elohim). Zeit geit s nämlich für jeda Åglegahaet, ao für des, was sell (vôr am Gricht) gschieht. [18]Über d Menscha han e mr denkt: Gott (Elohim) håt se aussortiera wölla ond nå håt r seha müaßa, dass dia für anander de raenste Viecher send. [19]De Menscha ihr Schicksal ischd jå wia s Schicksal von de Viecher; oe Schicksal hent se bôede. Bôede müaßat sterba ond älle hent da gleicha Lebensgaest, då håt dr Mensch am Tier nex vôraus. Nichtig send se älle. [20]Älle gangat an oen Ort. Älle send se aus Staob wôra ond älle werat wieder zo Staob. [21]Wer wôeß denn, ob de Menscha ihr Gaest nach oba steigt ond dr Gaest von de Viecher en d Erde na gôht? [22]So han e aegseha, dass s nex Bessers geit, als dass sich dr Mensch fraet bei dem, was r duat. Des ischd sae Tôel. Wer will an sonst drzua brenga, dass r sich fraet über des, was nach am kommt?

Zom Vrgleicha: *Vers 16-22:* 8,12b-15 • *Vers 16:* 5,7 • *Vers 17:* 3,1; 11,3 • *Vers 19:* 2,14; Ps 49,13.21 • *Vers 20:* 6,6; 12,7; Gen 2,1; 3,19; Ps 103,14; 104,29; 146,4; Ijob 34,14f; Sir 17,1; 40,11 • *Vers 22:* 2,10; 6,12.

Ausbeutong ond Konkurrenzkampf: 4 1-6

4 Nå han e wieder de ganz Onterdrückong gseha, mô onter dr Sonne gschieht: D Träna von dene, mô onterdrückt werat, ond koener ischd då, mô nen an Trost geit. Aus de Händ von dene, mô se onterdrückat, kommt nex wia Gwalt, ond koener ischd då, mô nen an Trost geit. [2]Då han e de Daote glücklich priesa: dia mô schao lang gstôrba send, hent s besser als wia dia, mô no lebat; [3]ond no besser send dia drå, mô no nia existiert hent, dia, mô ällas des Baese, mô onter dr Sonne gschieht, nia hent seha müaßa. [4]Ond i han gseha, dass em Grond dr Neid vom oena auf da andera dr Åtrieb für de ganz Ärbat ond da ganza Erfolg ischd, ao des ischd nichtig ond a Hascha nach am Wend.

[5]Dr Narr legt saene Händ enananderond frißt sae ôeges Flôesch.

[6]A Håd vol Ruah ischd besser als bôede Händ voler Ärbat ond Hascha nach am Wend.

Zom Vrgleicha: *Vers 1:* 5,7 • *Vers 2:* 7,2; Ijob 3,20-23 • *Vers 3:* 6,3-5; Jer 20,18 • *Vers 5:* Spr 6,10; 24,33 • *Vers 6:* Spr 15,16; 16,8; 17,1.

Dr Mensch, wann r alloe dåstôht: 4 7-12

[7]Ond wieder han e ebbas nichtigs gseha
onter dr Sonne: [8]då ischd oener alloe,
der håt neamerd, koen Soh ond koen
Bruader - ond macht sich Müah ohne
End, ao sae Aog kå sich et satt seha am
Reichtom. Aber für wen schend i me ab
ond vrsag mr selber ebbas Guats? Ao des
ischd nichtig ond a lôediga Plåg. [9]Zwôe
hent s besser als wia oener; dia hent doch
an guata Loh für ihr Müah. [10]Fallat se nô,
nå kå oener am andera wieder aufhelfa.
O Waehdag ama Oenzelgänger, wann
der nôfällt ond s ischd koener då, môn
am aufhilft. [11]Ao wann zwôe beianander
liegat, nå gwärmat dia sich - wia soll s
aber ama Oenzelna warm wera?
[12]Ond wann oener ao an Oenzelna
nazwengt, aber zwôe haltat mitananander
stand. Ond a dreifacha Schnur fazt et so
leicht ausananander.

Zom Vrgleicha: *Vers 8:* 1,8; 5,9; Spr 27,20; Koh 2,18-20 • *Vers 11:* 1Kö 1,1-4.

D Leut wissat et, was se wöllat: 4 13-16

[13]A jonger Mensch, arm aber mit
Weishaet, ischd besser drå als wian a
König, wann r alt ischd ond domm,
oener, mô stur ischd ond sich nex maeh
saga läßt;
[14]aus am Gfängnis ischd r auf da Thron
komma, obwohl r arm auf d Welt komma
ischd, mô der nå König gwea ischd.
[15]I han gseha, dass älle, mô lebat onter
dr Sonne, auf dem Jonga saener Seite
gstanda send, der mô sae Nåchfolger
wôra ischd. [16]Då ischd koe End gwea
von dem ganza Volk, bei ma jeda, mô
bei dene vôrna drå gstanda ischd. Aber
dia, mô später komma send, hent koe
Fraed maeh an am ghet. Ao des ischd
nichtig ond a Hascha nach am Wend.

Zom Vrgleicha: Vers 13-16: Sir 11,1-6 • Vers 13: Spr 17,2 • Vers 16: 1,9 11.

RATSCHLÄG FÜR S RELIGIÖSE VRTHALTA: 4 17 – 5 6

Höra, Opfera ond Reda em Gottesdenst: 4 17 – 5 2

[17]Gib acht auf daene Füaß, wann da en
s Haus von Gott gôhst. Gang nô zom
Höra, des ischd besser, als wann d Narra
Schlachtopfer darbrengat. Dia kapierat
nämlich gar et, wann se ebbas Orechts
dent.
5 Sei et vôrlaut mit daem Maul, ond
dae Herz soll et vôreilig sae, wom
ebbas vôr Gott (Elohim) brenga. Gott
(Elohim) ischd em Hemmel, ond du
bist auf dr Erde. Drom mach ao et viel
Wort.
[2]Mô viel Gschäft ischd, wird ao viel
traemt. Wer viel redat, der fangt ao å,
domm raus zom schwätza.

Zom Vrgleicha: *Kap. 4 Vers 17 – Kap. 5 Vers 2:* Jak 1,19 • *Kap. 4 Vers 17:* 1Sa 15,22; Spr 15,7; Hos 6,6 • *Kap. 5 Vers 2:* 10,14; Spr 10,19.

Gelübde: 5 3-6

[3]Wann da Gott (Elohim) a Gelübde
duast, nå lös s ao ae, ond laß dr et z viel
Zeit drmit; an de Narra gfällt am nämlich
gar nex. Was da vrsprichst, muaßt d ao
aehalta.
[4]Besser da vrsprichst gar nex, als dass da
viel vrsprichst ond s nåcher et achalst.
[5]Laß et zua, dass de dae Maul en Schuld
brengt, ond sag et vôr am Bota (von
Gott), s sei ausvrseha passiert. Wårom
soll sich Gott (Elohim) über des, was da
saesch vrzürna ond s Werk von daene
Händ vrgråta lassa?
[6]Mô viel Traem send ond viel Wort, ischd

ao viel Nichtigs; du sollst a Ehrfurcht
han vôr Gott (Elohim).

Zom Vrgleicha: *Vers 3-6:* Spr 20,25; Sir 18,22f • *Vers 3:* Num 30,30; Dtn 23,22 • *Vers 5:* Lev 4f; Num 15,22-31; 35,9-25.

ÜBER ARMUAT OND REICHTOM: 5 7 – 6 10

Beamtaherrschaft: 5 7-18

7 Wann da siehst, wia em Land draußa
de Arme onterdrückt ond en ihr Recht
ond d Gerechtigkaet vrwaegerat werat,
då brauchst de gar et drüber wondera.
Über an Hoha håt a Höherer d Kontroll
ond no Höhere über älle bôede.
8 Ond a Vortôel für jedas bewohnte Land
ischd, wann s an aegena König håt.

Zom Vrgleicha: *Vers 7:* 3,16; 4,1; Ex 23,6-9.

Dr Reichtom nutzt gar nex: 5 9-11

9 Wer s Geld måg, håt nia z viel drvo;
ond wer am Reichtom hangt, kriagt nia
gnuag. Ao des ischd nichtig.
10 Mô viel Güater send, send ao viel, mô s
aufzehrat, ond was håt dr Besitzer drvo
außer am Nåchseha?
11 Süaß ischd dr Schlåf vom Arbaeter, ob
r viel oder wenig gessa håt, aber dass dr
Reiche emmer satt ischd, des läßt an et
schlåfa.

Zom Vrgleicha: *Vers 9:* 1,8; 4,8 • *Vers 10:* Spr 19,6.

Reichtom kå mr ao vrliera: 5 12-16

12 A ganz graoß Übel han e gseha onter
dr Sonne: Då håt oener saen Reichtom
gspart für da Notfall. 13 Aber der
Reichtom ischd durch a Oglück vrlora
ganga, ond der håt an Soh, dem kån r
nex maeh henterlassa. 14 Wian r aus am
Leib von saener Muader rauskomma
ischd, nackat, so muaß r wieder ganga.
Ond nex håt r von saener Plågerei, was
r mitnemma könnt, wann r ganga muaß.
15 Ao des ischd a args Übel: Genao so,
wia oener komma ischd, muaß r wieder
ganga. Ond was håt r nå drvo, wann r
sich aplågt håt für da Wend 16 ond saener
Lebdag em Donkla Trüabsal blåsa muaß
ond viel Vrdruß håt, krank ischd ond a
Wuat em Bauch håt?

Zom Vrgleicha: *Vers 12:* 2,17 • *Vers 14:* Ijob 1,21; Ps 49,117f; 1Tim 6,7 • *Vers 16:* 2,23.

Mit am Reichtom nex åfanga:
5 17 – 6 2

17 Was e als guat åguckt han: s ischd schö,
wa'mr guat essa ond trenka kå ond ebbas
seha därf von saener Ärbat, mit dera
mô mr sich onter dr Sonne plåga muaß
saener Lebdag en dera Zeit, mô oem
Gott (Elohim) geba håt. Des stôht doch
ama jeda als saen Åtôel zua. 18 Ond wann
Gott (Elohim) ama Menscha Reichtom
ond Vrmöga geba håt ond s am möglich
gmacht håt, drvo z leba ond saen Åtôel
drvo z traga ond sich zom fraea an saem
ganza Sach, nå ischd des a Gschenk von
Gott (Elohim). 19 Der braucht et drå
denka, wia kurz sae Leba ischd, weil am
Gott (Elohim) Fraed ens Herz gibt.
6 S geit a Übel, des han e onter dr
Sonne gseha ond des lastat schwer
auf de Menscha: 2 Då ischd oener, dem
geit Gott (Elohim) Reichtom, Vrmöga
ond Åseha, dem fehlt s an nex, was
r sich no wünscha könnt; aber Gott
(Elohim) erlaobt am et, des ao zom
geniaßa, sondern a Fremder zehrt s auf.
Des ischd nichtig ond a args Leida.

Zom Vrgleicha: *Kap. 5 Vers 17:* 6,1-9 • *Kap 6 Vers 1-9:* 2,18-23 • *Vers 2:* Lk 12,20.

A langs Leba ond Reichtom ohne Fraed: 6 3-5
3Wann a Må hondert Kender zeuga dät
ond lang leba ond stoealt wera dät, aber
nex von saem ganza Sach hätt, sogar
wann r et amål en d Gruab nae gucka
müaßt, nå dät i saga: A Fehlgeburt håt
s besser wia der. 4Weil: en Nichtigkaet
ischd se komma, ond em Donkla gôht
se drvo, ond em Donkla bleibt ihr Nåma
vrbôrga.
5Ao d Sonne håt se et gseha ond et kenna
glernt. Sui håt a Ruah, er et.

Zom Vrgleicha: *Vers 3:* 4,3; Ijob 3,10-16; Jer 20,17 • *Vers 5:* 4,6.

A langs Leba en Armuat ond ohne Fraed: 6 6-10
6Ond wann oener zwôetausad Jåhr glebt
ond nex Guats gseha hätt – gangat et älle
an da gleicha Ort? 7De ganz Plågerei
vom Menscha ischd für saen Bauch
– ond doch wird sae Honger nia gstillt.
8Was håt denn dr Weise am Narra
vôraus? Was håt dr Narr für an Nutza
drvo, wann r vrstôht zom leba?
9S ischd doch besser, mr kă des geniaßa,
was mr vôr Aoga håt als dass mr
schlamaula muaß. Ao des ischd nichtig
ond a Hascha nach am Wend. 10Was
gwea ischd, ischd am Nåma nåch schao
lang bekannt, ond mr wôeß ao, was a
Mensch ischd ond dass der et rechta kå
mit dem, mô stärker ischd als wia er.

Zom Vrgleicha: *Vers 10:* 1,9; Gen 1; Am 3,2; Jer 1,5; Ijob 9; Weish 12,12.

ALTE SPRUCHWEISHAETA - KRITISCH ÅGUCKT: 6 11 – 9 6

Aelaetong: 6 11-12
11S geit viel Wort, mô s Nichtige no
aufblåsat. Was håt dr Mensch drvo?
12Wer wôeß schao, was für da Menscha
guat ischd em Leba, en dera kurza Zeit
von saem flüchtiga Leba, môn r wian
a Schatta vrbrengt? Wer könnt am
Menscha saga, was nach ehm kommt
onter dr Sonne?

Zom Vrgleicha: *Vers 12:* 3,22; 7,14; 8,7.13; 9,9; 10,14; 1Chr 29,15; Ps 39,7; Ijob 14,1.

Zom Thema: Berühmthaet: 7 1-4
7 A guater Ruf ischd besser als a
guater Duft – ond der Dag, mô mr
stirbt ischd besser als der, mô mr auf d
Welt kommt.
2S ischd besser, mr gôht en a Haus, mô
trauert wird, als en a Haus, mô mr feirat;
då sieht mr nämlich s End vo ma jeda
Menscha, ond dr Lebendige nemmt sich
des z Herza.
3S ischd besser, mr ischd vrdriaßlich als
dass mr lacht, wa'mr schlecht aussieht,
kå s nämlich bloß besser wera.
4S Herz vom Weisa ischd em Trauerhaus,
am Narra sae Herz isch då, mô gfeierat
wird.

Zom Vrgleicha: *Vers 1:* Spr 22,1; Sir 41,11-13 • *Vers 2:* 11,9-12,7; Sir 7,36 • *Vers 3:* 1Kor 3,10f.

Zom Thema: Bildong: 7 5-7
5S ischd besser, mr hört an Weisa
schempfa, als wia d Narra johla.
6S Lacha von de Narra ischd nämlich wia
s Geprassel von de Dornaruata onter am
Hafa. Aber ao des ischd nichtig.
7Weil: Erpressong macht an Weisa zom
Narra, ond Bestechong brengt oen om
da Vrstand.

Zom Vrgleicha: *Vers 5:* Spr 13,1; 15,32 • *Vers 7:* Ex 23,8; Dtn 16,19.

Zom Thema: Zrückhaltong ond am Alta hanga: 7 8-10

[8]Dr Ausgang von ra Sach ischd besser als wia ihr Åfang gwea ischd, s ischd besser, mr ischd langmüatig als wia haochfährig.

[9]Reg de et z schnell auf, d Narra hent nämlich da Vrdruß so en sich.

[10]Sag nia: Wia kommt s, dass früher ällas viel besser gwea ischd wia haet? Des zeugt nämlich et von Weishaet.

Zom Vrgleicha: *Vers 8:* Spr 24,20 • *Vers 9:* Spr 22,24.

Zom Thema: Wissa wia mr lang leba kå: 7 11-18

[11]Wissa ischd so guat wia Besitz ond a Vôrtôel für dia, mô d Sonne seahnat.

[12]Weil: em Schatta von dr Weishaet zom sae ischd wia em Schatta vom Geld; aber dr Vôrtôel von dr Weishaet ischd: d Weishaet hält oen am Leba.

[13]Guck å, was Gott (Elohim) gschaffa håt: wer kå des grad macha, was der kromm gmacht håt?

[14]Frae de am Dag, mô dr s guat gôht, ond am Dag, mô dr s et guat gôht denkst d drå: ao den håt Gott (Elohim) gmacht, wia da andera; weil des, was en Zuakonft ischd, kå dr Mensch et wissa.

[15]I han boedas gseha en maene flüchtige Däg: då ischd a Rechtschaffener, der mô trotz saener Gerechtigkaet z Grond gôht, ond då ischd a Frevler, der mô lang
lebt en saener Boshaftigkaet. [16]Sei mr et
überfromm ond gib de et übermäßig weise. Wårom willst d de selber z Grond
richta? [17]Sei mr et z oft ogerecht ond sei koe Narr. Wårom willst d vôr dr Zeit
sterba? [18]Guat ischd s, wann da s oene duast, ond s andere et lässt. Der, mô a Ehrfurcht håt vôr Gott (Elohim), wird bôedam gerecht.

Zom Vrgleicha: *Vers 11:* Spr 16,16 • *Vers 12:* Spr 3,1f.13-18 • *Vers 13:* 1,15 • *Vers 14:* 3,11; Ijob 2,10; Sir 11,14 • *Vers 15:* 8,14; 9,1f; Ps 73,12-14; Ijob 21,7 • *Vers 16:* 2,15; Lk 18,9-14 • *Vers 17:* 3,2 • Vers 18: Spr 10,27.

Zom Thema: Wissa als Schutz: 7 19-22

[19]D Weishaet macht an Weisa stärker als wia zeah Machthaber en dr Stadt.

[20]Koe Mensch en dera Welt ischd so gerecht, dass r bloß Guats duat ond
nia sündigt. [21]Horch et auf ällas, was gschwätzt wird, nå hörst d ao et, wia dae Knecht domms Zeugs über de vrzählt.

[22]Schliaßlich wôeßt jå ao, wia da selber oft über andere gschwätzt håsch.

Zom Vrgleicha: *Vers 19:* 9,16; Spr 21,22; 24,5 • *Vers 20:* 1Kö 8,46; Ps 14,3; Ijob 15,14-18; Rö 1,18-3,20; 5,12; 1Joh 1,8.

Zom Thema: Überlieferts Wissa ond Wissa aus Beobachtonga: 7 23 – 8 1a

[23]Ällas des han e mit dr Weishaet probiert. I han gsaed: I will gscheit wera! Aber d Weishaet ischd mr fern blieba.

[24]Fern ischd, was gwea ischd ond tiaf, so tiaf, wer könnt se fenda?

[25]I han mr vôrgnomma, dass e Weishaet ond Aesichta suach ond Vrstand, dass e rausfend, Orecht ischd Dommhaet ond
Ovrstand ischd Vrblendong. [26]Ond nå
fend e: D Frao ischd no bitterer als wia dr Daot, se ischd a Schleng, ihr Herz a Netz ond ihre Händ Fessla.

Der, mô Gott (Elohim) gfällt, der kommt vôr ra drvo, aber dr Sünder wird von ra gfanga.

[27]Guck, des han e gfonda, saed dr Kohelet: Ällas en ällam fendat sich d
Erkenntnis, [28]dass i ständig gsuacht, aber nex gfonda han. Onter tausad han e oen gotziga Må gfonda, aber bei dene älle han e koe Frao gfonda.

[29]Bloß des han e gfonda: dass Gott (Elohim) da Menscha recht gschaffa håt, aber dia suachat emmer no maeh Erkenntnis.

8 Wer ischd so weise, ond wer vrstôht emmer, was Sache ischd ond kå ällas

erklära?
Zom Vrgleicha: *Kap 7 Vers 24:* 1,1; 3,11 • *Vers 25:* Ri 16,4-21; Spr 2,16-19; 5,2-6; Koh 2,26; Spr 22,14 • *Vers 27:* 1,2; 12,8 • *Kap. 8 Vers 1a:* 2,14; Spr 16,13f.

Zom Thema: Weise ond König: 8 1b-4

1bD Weishaet vom Menscha lässt sae
Gsicht strahla, ond r guckt ao nemme
so streng.
2I sag dr: Am Befehl vom König muaßt
d folga, du håsch am nämlich bei Gott
(Elohim) gschwora. 3Gang et vôreilig
von am weg, laß de auf nex schlechts ae,
der kå nämlich ällas doa, was r will. 4Am
König sae Wort ischd nämlich mächtig.
Wer könnt ao zo dem saga: Was machst
d n då?
Zom Vrgleicha: *Vers 3:* 10,4; Spr 20,2.

Zom Thema: Schicksal vom weisa Gerechta ond vom domma Frevler: 8 5-12a

5Wer sich an Åweisonga hält, dem
passiert nex Schlemms, ond am Weisa
sae Herz kennt Zeit ond Gericht.
6Für ällas, was mr duat, geit s Zeit ond
Gericht, weil d Boshaftigkaet vom
Menscha leit schwer auf am.
7Koener wôeß, was gschieht; wer könnt
s am ao saga, was wera will.
8Koe Mensch håt da Wend en dr Gwalt,
so, dass r da Wend aufhalta könnt, ond
koener håt d Macht über den Dag, môn
r stirbt, ond s geits koe Freistellong
em Kriag, ond Orecht kå saen Täter et
retta.
9Des ällas han e gseha, ond i han auf ällas
g'achtat, was onter dr Sonna dao wôra
ischd: a Zeit, en dera mô dr Mensch
Macht ghet håt über da Menscha, ischd
ganz schlecht gwea für an. 10Nå han e
no gseha, wia Frevler beerdigt wôra
send ond ihr Ruah hent; aber dia, mô
rechtschaffa glebt hent, vom Haeliga Ort
weg müaßa hent ond en dr Stadt vrgessa
wôra send. Ao des ischd nichtig.
11Weil über de baese Tata et glei s Urtôel
vollstreckt wird, kriagat d Leut Lust, no
maeh Baes zom doa.
12aWeil a Frevler duat hondert Mål ebbas
Baes ond lebt doch lang.
Zom Vrgleicha: *Vers 5-6:* 3,1 • *Vers 5:* Spr 19,16 • *Vers 6:* 2,17; 6,1 • *Vers 7:* 6,12 • *Vers 8:* Spr 30,4; Koh 9,12 • *Vers 9:* 1,13 • *Vers 10:* Ijob 21,27-34.

Weiterführong: 8 12b-15

12bAber i wôeß: Für dia, mô a Ehrfurcht
hent vôr Gott (Elohim) ischd s guat,
dass se a Ehrfurcht vôr am hent.
13Ond für da Frevler ischd s et guat, ond
wia dr Schatta lebt der et lang, wann r
koe Ehrfurcht håt vôr Gott (Elohim).
14Ond no ebbas Nichtigs passiert auf dr
Erde: s geit Gerechte, dene gôht s, wia
wann se Frevler wäre, ond s geit Frevler,
dene gôht s, wia wann se Gerechte wäre.
Då han e mr gsaed: Ao des ischd nichtig.
15Nå han e d Fraed priesa; weil: für da
Menscha geits nex Guats onter dr Sonne
außer essa ond trenka ond sich fraea.
Des soll mit am ganga bei saener Plåg
en dr Zeit von saem Leba, môn am Gott
(Elohim) gschenkt håt onter dr Sonne.
Zom Vrgleicha: *Vers 12b-15:* 3,16-22 • *Vers 12 13:* Ps 37,17-20; Spr 10,27 • *Vers 13:* 6,12 • *Vers 14:* 7,15; Ps 73,2-12; Jer 12,1 • *Vers 15:* 2,10.

Zom Thema: Grenza von dr Erkenntnis: 8 16 – 9 6

16Môn e mr vôrgnomma han, Weishaet
zom vrstanda ond zom beobachta, was
ällas so gschieht auf dr Erde – Dag ond
Nacht han e maene Aoga koen Schlåf
gönnt – 17då han e an ällam, was Gott
(Elohim) gschaffa håt gseha, dass dr
Mensch gar et ällas begreifa kå, was
onter dr Sonne gschieht, ao wann r sich
åstrengt, ällas raus zom fenda, r schafft s
oefach et. Wann dr Weise ao saed, r dät s
rausfenda, r schafft s et.

9 Des han e mr ällas z Herza gnomma
zom ällas klära: De Gerechte ond de
Weise ond des, was se dent, stôht en de
Händ von Gott (Elohim). Sei s Liebe,
sei s Haß – dr Mensch vrstôht nex drvo,
ällas, was vôr en leit ischd nichtig. [2]S
trifft nämlich älle s gleiche Schicksal: da
Gerechta ond da Frevler, da Guata ond
da Baesa, da Raena ond da Oraena, den,
mô Opfer darbrengt ond den, mô et
opferat; wia am Guata, so gôht s ao am
Sünder, dem, mô schwört wia dem, mô
a Scheu håt zom schwöra. [3]Des ischd
schlemm, bei ällam, was onter dr Sonne
passiert, dass älle s gleiche Schicksal trifft.
Aber s Herz von de Menscha ischd jå
ao voler Boshaftigkaet, ond Vrblendong
ischd en ihre Herza ihrer Lebdag ond
drnåch – ao bis zo de Daote. [4]Aber wer
nå zo de Lebende ghert, kå no hoffa, a
lebendiger Hond håt s nämlich besser
als wian a daoter Löw.
[5]De Lebende wissat nämlich, dass se
sterba müaßat, aber de Daote wissat
gar nex. Dia hent koen Loh maeh ond
neamerd denkt maeh an se. 6Ihr Liebe,
ihr Haß ond ihr Eifersucht send schao
lang vorbei ond für emmer hent dia nex
maeh mit dem zom doa, was onter dr
Sonne passiert.

Zom Vrgleicha: *Kap. 8 Vers 16-17:* 1,8.13.17; 2,23; 3,11; 11,5; Sir 18,5 • *Kap. 9 Vers 1:* 7,15; 2,24; 3,8 • *Vers 2:* 2,14; 7,15 • *Vers 3:* 8,11 • *Vers 5:* 1,11 • *Vers 6:* 2,10.

AM KOHELET SAENE RATSCHLÄG: 9 7 – 12 8

Fraed ond a kraftvolls Handla: 9 7-10

[7]Also auf gôhts: iss dae Brot mit Fraed
ond trenk mit ama froha Herza daen
Wae; Gott (Elohim) håt des nämlich
schao lang zuagstanda. [8]Daene Klôeder
sollat emmer weiß sae, ond an Öl auf
daem Haopt soll s et fehla. [9]Geniaß s
Leba mit dera Frao, mô da mågst, äll
Dag en daem vrgänglicha Leba. Des
ischd dae Åtôel em Leba ond bei daener
Ärbat ond Plåg onter dr Sonne. [10]Ällas,
was dr onter d Händ kommt, des duast,
so guat da s kåsch. Då, mô da nô gôhst,
em Daotareich geits nämlich nex maeh
zom doa ond nex zom plåna, koe Wissa
ond koe Weishaet.

Zom Vrgleicha: *Vers 7:* 2,10 • *Vers 9:* Spr 5,18.

Zuafall ond Zeit: 9 11-12

[11]Weiters han e gseha onter dr Sonne:
Et de Schnelle gwennat da Wettlaof ond
et d Helda da Kampf, ao et de Weise s
Brot ond et de Vrständige Reichtom
ond de Aesichtige d Gunst. Älle trifft
nämlich ihr Zeit ond dr Zuafall.
[12]Drzua kommt, dass dr Mensch sae Zeit
et kennt: Wia d Fisch ens haemtückische
Netz gråtat, wia d Vögel, mô gfanga
werat, so werat d Menscha vrstrickt en
ihrer Zeit vom Oglück, wann s plötzlich
über se kommt.

Zom Vrgleicha: *Vers 11-12:* 3,1 • *Vers 11:* Spr 16,9; Rö 9,6.

Wissa ond Macht: 9 13-18

[13]Ao des Beispiel von Weishaet onter
dr Sonne han e gseha, ond des han e
zemlich wichtig gfonda: [14]Då ischd
amål a kloena Stadt gwea mit wenig
Aewohner, gega dui ischd a graoßer
König åganga, der håt se aegschlossa
ond håt mords Belagerongstürm gega
se aufgrichtat. [15]Nå håt r en dera Stadt
an arma, weisa Må gfonda, ond der håt
mit saener Weishaet dui Stadt grettat.
Aber neamerd håt an den Arma denkt.
[16]Nå han e mr denkt: Weishaet ischd
besser als wia Stärke, aber auf am Arma

sae Weishaet achtat koener ond koener
horcht druf, was der saed.
17 Auf a ruhig vôrtragena Red von Weise
hört mr eher als wia auf s Gschrôe vo'ma
Herrscher onter am Tôr.
18 Weishaet ischd besser als wia
Kriagswerkzeug, aber a Oezechter mô
fehl gôht, kå viel Schada årichta.

Zom Vrgleicha: *Vers 16:* 7,19; Spr 24,5; Sir 13,22 • *Vers 17:* 8,1-3; Spr 21,22.

Dommhaet: 10 1-3

10 Henige Mucka lent s Öl vom
Salbamischer gära ond stenka.
Maeh Gwicht als wia Weishaet ond
Ehrwürdigkaet håt a bißle Dommhaet.
2 Dr Weise håt saen Vrstand an saener
Rechta, dr Narr håt saen Vrstand an
saener Lenka.
3 Ond wann dr Narr onterwegs ischd,
fehlt s am an Vrstand. Er selber aber
moent vo ama jeda: der ischd aber
domm.

Zom Vrgleicha: *Vers 2:* 2,14.

Gelassahaet: 10 4

4 Wann dr Herrscher amål sauer auf
de ischd, nå gib daen Posta et glei auf;
Gelassahaet macht nämlich manchan
Fehler wett.

Zom Vrgleicha: *Vers 4:* 8,2-4.

Ogerechtigkaeta am Hof: 10 5-7

5 Då geit s a Übel, môn e onter dr Sonne
gseha han, a Fehler, mô haoptsächlich
von de Machthaber ausgôht:
6 D Dommhaet wird en hohe Ämter
agsetzt, ond Fähige müaßat onta
bleiba.
7 I han Sklava haoch auf am Roß hocka
seha ond Fürsta, mô wia d Sklava z Fuaß
hent laofa müaßa.

Zom Vrgleicha: *Vers 6:* Spr 30,22.

Gfahra laurat: 10 8-9

8 Wer a Gruab grabt, kå selber naehagla,
ond wer a Mauer omschmeist, kå von ra
Schlang bissa wera.
9 Wer Stoe bricht, der kå sich drå vrletza;
wer Holz spaltat, der lebt gfährlich.

Zom Vrgleicha: *Vers 8:* Ps 7,16; 9,16; 35,8; 57,7; Spr 26,27; Sir 27,26.

Wia mr s Wissa åwendat: 10 10-11

10 Wann s Eise stompf ischd ond mr
schleift s et, nå braucht mr maeh Kraft.
Wa'mr ebbas bei dr Ärbat denkt, kå des
bloß von Vortôel sae.
11 Wann a Schlang vôr dr Beschwörong
beißt, nå håt dr Schlangabeschwörer
koen Nutza von saener Konst.

Zom Vrgleicha: *Vers 11:* Sir 12,13.

Dr Ogebildate: 10 12-15

12 Am Weisa brengt sae Red Åseha, am
Narra sae Gschwätz aber brengt an en
Schwierigkaeta.
13 Zersta schwätzt r domm raus ond nå
vrrennt r sich emmer maeh en saener
Vrblendong. 14 Ond dr Narr schwätzt viel.
Dr Mensch wôeß nia, was no passiert,
ond was en dr Zuakonft gschieht, wer
soll s am ao saga? 15 Da Domma macht
sae Plågerei müad, der fendat no et amål
da Weg en d Stadt nae.

Zom Vrgleicha: *Vers 12:* Spr 10,32; 15,2; Sir 21,16 • *Vers 14:* 5,2; 6,12.

Dr Königshof ond s Schicksal vom Volk: 10 16-17

16 O Waehdag dir, Land, wann dae König
no a Bua ischd ond wann daene Fürsta
schao am Môrga schmausat.
17 Wohl dir, Land, wann dae König a
Edler ischd ond wann daene Fürsta zor
rechta Zeit essat, als Vrantwortliche ond
et wia d Säufer.

Zom Vrgleicha: *Vers 16:* Jes 3,4; 5,11; Spr 31,4-7.

Faulhaet: 10 18

18 Ischd oener faul, nå hangat bald bein
am d Deckabalka durch, legt r d Händ

en Schoß, nå tropfnats bald durchs
Dach.
Zom Vrgleicha: *Vers 18:* Spr 20,4.

Geld: 10 19
19 Zom sich ebbas Guats doa macht
mr a Festessa, ond dr Wae macht s
Leba fröhlich, ond s Geld macht ällas
möglich.
Zom Vrgleicha: *Vers 19:* Ps 104,15.

Vom Reda über de Mächtige: 10 20
20 Et amål en Gedanka sollst d daen
König vrfluacha ond en dr Schlåfstub da
Reicha! D Vögel am Hemmel könntat
nämlich dae Red forttraga, ond was
Flügel håt, könnt dae Wort vrråta.

Berechenbarkaet ond Oberechenbarkaet von dr Zuakonft: 11 1-3
11 Schick dae Brot auf s Meer: des
fendest d wieder, ao wann s lang
daura kå.
2 Tôel mit sieba oder acht, da wôeßt
nia, was no für Oglück kommat auf dr
Erde.
3 Wann d Wolka schwer am Hemmel
hangat, nå regnat s auf d Erde. Ond fällt
a Holz nach Süda oder nach Norda – mô
s Holz ao nôfällt, då bleibt s liega.
Zom Vrgleicha: *Vers 3:* 3,17.

Tatkräftigs Handla: 11 4-8
4 Wer auf da Wend achtat, sät et, ond wer
nach de Wolka guckt, der erntat et.
5 Wia da da Weg vom Wend et kennst
ond s Werda vom Kend em Muaderleib,
so wôeßt d ao et, was Gott (Elohim)
duat, der mô ällas gschaffa håt. 6 Am
Môrga fangst d å mit am Säa ond bis an
da Åbad lass daene Händ et ausruha! Da
wôeßt nämlich et, was drvo aufgôht, ob
des oder sell, oder ob bôedas gleich guat
gråtat.
7 Süaß ischd s Licht, ond de Aoga duat s
guat, wann se d Sonne seha därfat.
8 Wann dr Mensch viele Jåhr lebt, soll
r sich drüber fraea, r soll aber ao drå
denka, dass s viele donkle Däg geit.
Ällas, was kommt, ischd nichtig.
Zom Vrgleicha: *Vers 5:* 3,11; 8,17; Ps 139,15.

Fraed en dr Jugend em Blick auf s Alter ond da Daot: 11 9 – 12 7
9 Frae de jonger Må, en daener Jugend,
ond dae Herz soll sich fraea en daene
jonge Däg. Gang daen Weg mit Vrstand
ond mit offene Aoga! Ond mach dr klar,
dass de Gott (Elohim) amål über ällas
zor Rechaschaft ziagt.
10 Halt dae Herz frei von Vrdruß, ond
halt daen Leib vom Übel fern. D Jugend
ond schwarze Håår send nämlich
vrgänglich.
12 Denk an daen Schöpfer en daener
Jugend, bevôr de baese Däg
kommat ond Jåhr, von dene da saga
muaßt: dia gfallat mr gar et!
2 Bevôr d Sonne finster wird ond s Licht
ond dr Mond ond d Stern, ond d Wolka
wieder kommat nach am Rega.
3 Wann d Wächter em Haus zitterat ond
de starke Männer sich vrkrümmat, d
Müllersfraoa ausruhat, weil bloß no a
paar då send ond s donkel wird bei dene,
mô zo Fenster naus guckat,
4 ond d Türa auf d Gass naus zua
gmacht werat. Wann dr Mühle ihr
Geklapper laeser wird ond haoch, wia
s Vogelgezwitscher ond älle Liader
vrklengat.
5 Schao vôr ama kloena Buckel håt mr
Angst ond dass mr auf am Weg stolpera
könnt. Ond dr Mandelbaom blüaht,
ond dr Haeschreck wird schwer (vom
Fressa), ond d Kaper bricht auf. Dr
Mensch gôht nämlich en sae ewigs Haus,
ond durch d Gassa gôht dr Leichazug.
6 Bevôr dr Silberfada reißt ond d
goldena Schal vrplatzt ond dr Kruag
an dr Quell bricht ond s Schöpfrad

ausananderbrocha en d Zisterne naefällt
[7]ond dr Staob wieder en d Erde
zrück gôht, wia s gwea ischd, ond dr
Lebensodem zrück gôht zo dem Gott
(Elohim), der mô an geba hăt.

Zom Vrgleicha: *Kap. 11 Vers 17 – Kap. 12 Vers7:* 7,1-4 • *Kap 11 Vers 10:* 2,23 • *Kap. 12 Vers 5:* Sir 25,20a • *Vers 7:* 3,20f.

Råhmavers: 12 8
[8]Flüchtig ond nichtig, hăt dr Kohelet
gsaed, des ällas ischd flüchtig.

Zom Vrgleicha: *Vers 8:* 1,2.

ZWÔE NÅCHWORT VON DE HERAUSGEBER: 12 9 – 14

S erste Nåchwort: 12 9-11
[9]Dr Kohelet ischd et bloß a Weiser gwea,
der hăt ao am Volk Erkenntnis vrmittlat.
Der hăt zuaghorcht ond prüaft ond
viele Sprüch richtig gstellt. [10]Dr Kohelet
hăt ao nach ăgnehme Wort gsuacht ond
wåhre Wort aufgschrieba.
[11]De Weise ihre Reda send wia
Ochsatreiber, ond wia naeghaoene
Nägel send Spruchsammlonga. Dia send
von oem Hirta geba wôra.

Zom Vrgleicha: *Vers 9:* 1Kö 5,12.

S zwôete Nåchwort: 12 12-14
[12]Ond då drüber naus, Bua, laß de
warna! S nemmt koe End mit am
Büacher schreiba, ond viel studiera
macht da Leib müad. [13]Am End von ra
Red hörat mr des ällas: Han a Ehrfurcht
vôr Gott (Elohim) ond halt saene Gebot
ae! Des soll a jeder Mensch doa. [14]Für
ällas, was mr duat, ziagt ons amål Gott
(Elohim) zor Rechaschaft, ao über des,
was em Vrbôrgena gschieht, ob s guat
ischd oder baes.

Zom Vrgleicha: *Vers 13:* 3,14; 5,6; 7,18; Dtn 10,12; Spr 1,7; Sir 1,13 • *Vers 14:* 11,9.

S Hoheliad

1 Am Salomo sae schönsts Liad.
2 Küss soll r mr geba von saene Küss mit am Mund; dae Liebe ischd nämlich besser als wia Wae.
3 Daene Salba hent an prima Duft; wian a frischs Salböl ischd dae Nåma; drom mögat de d Mädla.
4 Ziag me mit dr! Laß ons nôra macha! Dr König håt me en sae Kammer mitgnomma. Mir wöllat jubla ond ons an dr fraea; dae Liebe no maeh preisa als wia da Wae. Se hent recht daß se de mögat.
5 Schwarz ben e zwår, aber doch schö, ihr Töchter von Jerusalem, wia d Zelt von Kedar ond de Salmäer ihre Zeltdecka.
6 Guckat me et å, weil e fast schwarz ben, weil me d Sonne so braon gmacht håt. Maener Muader ihre Söh send narrat auf me gwea ond hent me Wengert hüata lassa, aber an aegena Wengert han e et hüata därfa.
7 Sag mr, du, den mô mae Seel mâg, mô da daene Herda wôeda läßt, mô da s om da Mittag rom lagera läßt, dass e et romirra muaß bei de Herda von daene Kollega.
8 Wann da s et wôeßt, du Schönsta onter de Fraoa, nå laof bloß en de Spura von dr Herde ond wôede daene Kitzla bei de Hirta ihre Lager.
9 Mit ra Stuat am Pharao saem Waga vrgleich e de, mae Geliebta.
10 Schö send daene Bäckla zwischa de Ohrreng ond dae Hals mit Korallaschnür.
11 Goldketta wölla mr dr macha mit Silberperla drå.
12 Solang dr König an dr Festtafel bleibt, gibt mae Narde ihran Duft her.
13 A Myrrhabüschale ischd mae Geliebter für mi, mô zwischa maene Herzer hangt.
14 Wian a Cypertraubablüat ist für mi mae Geliebter en de Wengert von En-Gedi.
15 Wirklich schö bist d, mae Geliebta, jå, du bist schö; daene Auga send wia Tauba.
16 Ao du bist schö, mae Geliebter, ond lieblich. Ond frischs Laob ischd onser Bett.
17 D Balka en onseram Haus send Zedera ond onsere Sparra send Wacholder.

Zom Vrgleicha: *Vers 2:* 4,10 • *Vers 4:* 4,10 • Vers 12: 1,3.

2 I ben a Narziss em Scharon, a Lilie en de Täler.
2 Wian a Lilie onter de Distla, so ischd mae Fraendin onter de Mädla.
3 Wian a Äpfelbaom zwischa de Waldbaem, so ischd mae Schatz onter de andere Kerle; en saem Schatta sitz e gern, ond sae Frucht ist süaß für maen Gaoma.
4 En d Waestub håt r me mitgnomma, sae Schild über mr hôeßt: Liebe.
5 Stärkat me mit Rosinakuacha ond lassat mr s guat ganga mit Äpfel, i ben nämlich richtig liebaskrank.
6 Sae Lenka ischd onter maem Kopf ond sae Rechta streichlat me.
7 I beschwör euch, ihr Töchter von Jerusalem, bei de Gazella oder bei de Hirsch em Feld draußa: weckat et auf ond störat et d Liebe, bis ra s gfällt.
8 Horch! Mae Geliebter! Guck, då kommt r, kletterat über d Berg ond hopft über d Häng na.
9 Mae Geliebter ischd wian a Gazell oder a jonger Hirsch. Guck, då stôht r henter onserer Mauer, r guckt durch d Fenster ond durch d Gitter.
10 Mae Geliebter fangt å ond saed zo mr: Stand auf, mae Geliebta, mae Schöna,

ond komm raus!

11 Guck, dr Wenter ischd vorbei, der Rega ziagt ab ond gôht vorbei.

12 D Bleamla kommat außer am Boda, jetzt ischd s Zeit zom Senga! Ond d Turteltauba hent ao ågfanga mit ihram Gurra.

13 Am Feigabaom kriagat d Feiga schao a Färble, d Reba blühat ond duftat. Stand auf, mae Geliebta, mae Schöna ond komm raus!

14 Mae Täuble en de Felsaklüft, em Vrsteck am Steilhang. Laß me dae Gstalt seha ond dae Stemm höra. Dae Stemm ischd süaß ond dae Gstalt ischd lieblich.

15 Fangat ons d Füchs, de kloene Füchsla, dia machat da ganza Wengert he, onsere Wengert send grad em Blüha.

16 Mae Geliebter ghert mir. Ond i gher ehm, der wôedat onter de Lilia.

17 Wann dr Dag vrgôht ond d Schatta länger werat, kommst d her, mae Geliebter, wian a Gazell oder a jonger Hirsch en de Balsamberg.

Zom Vrgleicha: *Vers 6:* 8,3 • *Vers 7:* 3,5; 5,8; 8,4 • *Vers 12:* 1,3.

3 Auf maem Bett en dr Nacht han e den gsuacht, mô mae Seel måg, i han an gsuacht ond et gfonda.

2 I will aufstanda ond de ganz Stadt durchstöbera, d Stråßa ond d Plätz, i will den suacha, den mô mae Seel måg. I han an gsuacht ond et gfonda.

3 Aber mi hent d Nachtwächter gfonda, dia mô en d Stadt aufpassat. Den mô mae Seel måg, hent ihr den gseha?

4 Kaom ben e an dene vorbei gwea, nå han e den gfonda, den mô mae Seel måg, i han an ganz fest ghoba ond an nemme losglassa, bis e an zo maener Muader ens Haus bråcht han, en d Kammer von dera (Frao), mô mi auf d Welt bråcht håt.

5 I beschwör euch, ihr Töchter von Jerusalem, bei de Gazella oder bei de Hirsch em Feld draußa: weckat et auf ond störat et d Liebe, bis ra s gfällt.

6 Was ischd des, was då rauf kommt aus dr Wüste, wia Rauchsäula, ond duftat nach Myrrhe ond Weihraoch ond älle Gwürz vom Kaofmå?

7 Guck, des ischd am Salomo sae Sänfte, sechzg Helda send om an rom, lauter Helda von Israel.

8 Älle tragat Schwerter ond send kampferprobt. Jeder håt sae Schwert an dr Seit gega Überraschonga en dr Nacht.

9 A Sänfte håt sich dr König baua lassa aus Hölzer vom Libanon.

10 D Stolla aus Silber ond d Lehne aus Gold, d Sitzfläche a Kisse aus Purpur; enna mit Edelstoe ausglegt.

11 Ihr Töchter von Jerusalem, kommat raus ond guckat: dr König Salomo mit dr Kron, môn am sae Muader aufgsetzt håt am Dag von saener Haozich, an dem Dag, môn r sich von Herza gfraet håt.

Zom Vrgleicha: *Vers 1:* 5,6 • *Vers 3:* 5,7 • *Vers 4:* 8,2 • *Vers 5:* 2,7; 5,8; 8,4 • *Vers 6:* 6,10; 8,5.

4 Du bist schö, mae Geliebta, jå, du bist wirklich schö! Daene Aoga glänzat wia Tauba henter daem Schleier vere. Daene Håår send wian a Herde von lauter Gôesa, dia mô von de Berg en Gilead rasprengat.

2 Daene Zähn send wian a Herde von frisch gschorene Schåf, mô von dr Schwemme raufkommat; dia hent älle Zwilleng ond koes ischd ohne Lämmer.

3 Wian a karmesinraota Schnur send daene Lippa ond dae Göschle ischd lieblich, daene Schläfa wia dr Riß ema Granatäpfel henter daem Schleier vere.

4 Wia dr Turm vom David ischd dae Hals, en Rôeha aufbaut; tausad Schild hangat drå, lauter Rondschild von de Helda.

5 Daene bôede Herzer send wia zwôe Kitzla, Gazellazwilleng, mô onter Lilia wôeda dent.

[6]Wann dr Dag vrgôht ond d Schatta länger werat, gang i an da Myrrhabuckel ond an da Weihraochberg.
[7]Ällas an dr ischd schö, mae Geliebta, koe Tädale ischd an dr.
[8]Komm mit mr vom Libanon, mae Braut! Komm mit mr vom Libanon ra! Steig ronter vom Amanakopf, vom Gipfel vom Senir ond vom Hermon, mô d Löwa hausat ond d Panther en de Berg.
[9]Du håsch mae Herz aufgweckt, mae Schwester ond Braut, du håsch me vrzauberat mit oem Blick von daene Aoga, ond wia da mit daener Halskette gspielt håsch.
[10]Wia schö ischd dae Liebe, mae Schwester ond Braut, wia guat duat dae Liebe, maeh als wia Wae, ond dr Duft von daene Salba maeh als wia jeder Balsam.
[11]Vom Honigsaem triafat daene Lippa, mae Braut, Honig ond Milch ischd onter daener Zong ond daene Klôeder schmeckat wia dr Duft vom Libanon.
[12]A vrrieglater Garta ischd mae Schwester ond Braut, a vrrieglater Bronna ond a vrsiegelta Quell.
[13]Daene Schößleng wachsat zo'ma Park mit Granatäpfel ond köstliche Frücht, Zypressa ond Narda.
[14]Narda ond Safran, Aloe, Kalmus ond Zimt, samt älle Weihraochbaem, Myrrhe ond Aloe samt am besta Balsam.
[15]A Gartaquell, a Bronna mit lebendigam Wasser, mô vom Libanon raströmt.
[16]Auf, Nordwend komm, ond Südwend, blås durch maen Garta, daß saene Düft strömat. Mae Liebster soll en saen Garta komma ond von saene köstliche Frücht essa.

Zom Vrgleicha: *Vers 1:* Gen 24,65; HL 6,5 • *Vers 2:* 6,6 • *Vers 3:* 6,7 • *Vers 5:* 7,4 • *Vers 10:* 1,2.4.

5 I komm en maen Garta, Schwester Braut, i han maene Myrrha ond maen Balsam zopft ond han maene Wåba mitsamt am Honig gessa. Essat, maene Fraend, ond trenkat ond fraeat euch an dr Liebe.
[2]I han gschlåfa, aber mae Herz ischd wach gwea - horch, då klopft mae Geliebter. Mach mr auf, mae Schwesterherz, mae Täuble. Mae Kopf ischd ganz naß vom Tao, von maene Locka tropfnat dr Môrgatao.
[3]Mae Hemmad han e schao ra dao, soll e s wieder åziaga? I han mr d Füaß gwäscha, soll e s wieder dreckat macha?
[4]Mae Geliebter håt sae Håd durch d Luk en dr Tür gstreckt; nå ben e z ennerst ganz aufgregt wôra.
[5]Nå ben e aufgstanda, zom maem Geliebta aufmacha; môn e da Riegel åglangt han, hent maene Händ von Myrrhe triaft ond maene Fenger von flüssiger Myrrhe.
[6]I han maem Geliebta aufgmacht, aber mae Geliebter ischd fort ganga. I ben ganz außer mr gwea, môn e am nåchganga ben. I han an gsuacht, aber i han an et gfonda, i han am gschria, aber der håt mr koe Antwort geba.
[7]Nå hent me d Wächter gfonda, mô se ihr Ronde gmacht hent, dia hent me ghaoa ond vrletzt; nå hent mr d Mauerwächter s Kopftuach ragrissa.
[8]I bitt euch ganz drenglich, ihr Töchter von Jerusalem: wann r maen Geliebta fendat, nå sagat am, daß i ganz krank ben vôr lauter Liebe.
[9]Was håt denn dae Geliebter andere Liebhaber vôraus, du schönsta onter de Fraoa? Was håt dae Geliebter de andere vôraus, daß da ons so drenglich åflehst?
[10]Mae Fraend ischd weiß ond raot, vôr etlich Tausad auszôechnat.
[11]Sae Haopt ischd Gold ond Faegold, saene Locka send Dattelrispa, rabaschwarz.
[12]Saene Aoga send wia Tauba an Wasserbächla, mô en dr Milch badat

ond em Vola hockat.
13 Saene Backa send wian a Balsamgarta,
mô Gwürzkräuter wachsat. Saene Lippa
send wia Lilia, mô von lauter Myrrhe
triafat.
14 Saene Ärm send goldene Walza, mô
mit Chrysolith ausglegt send, sae Leib a
Elfaboeplatt, mit Saphir ausglegt.
15 Saene Schenkel send Alabastersäula,
auf goldene Sockel gründat, ausseha duat
r wia dr Libanon mit saene auserlesene
Zedern.
16 Sae Gaoma ischd lauter Süaße , a
richtiger Wonnepfropfa. So ischd mae
Geliebter ond mae Fraend, ihr Töchter
von Jerusalem.

Zom Vrgleicha: *Vers 6:* 3,1 • *Vers 7:* 3,3 • *Vers 8:* 2,7; 3,5.

6 Mô ischd dae Geliebter nôganga, du
Schönsta onter de Fraoa? En wehla
Richtong ischd r ganga, daß mr an mit
dr suachat?
2 Mae Geliebter ischd en saen Garta
ganga, en d Balsambeet, zom sell wôeda
ond Lilia zopfa.
3 I gher maem Geliebta, ond mae
Geliebter ghert mir, der mô onter de
Lilia wôedat.
4 Schö bist d, mae Geliebta, wia Thirza, d
Gnadastadt, lieblich wia Jerusalem ond
Furcht erregend, wia Trugbilder.
5 Mach mr koene Aoga maeh, des håt
me nämlich ganz durchanander bråcht.
Daene Håår send wian a Herde von
Gôesa, mô vom Gilead rasprengat.
6 Daene Zähn send wian a Herde von
Muaderschåf, mô von dr Schwemme
raufkommat, ond älle hent Zwilleng,
koes ischd då ohne Jonge.
7 Daene Schläfa seahnat aus wia dr Riß
ema Granatäpfel henter daem Schleier
vere.
8 Sechzg Königinna ond achtzg
Nebafraoa ond zahllose Mädla send s.
9 Aber bloß oena ischd mae Täuble, mae
Vollkommena, als oenziga ischd se no
bei ihrer Muader, d Auserwählta von
dera, mô se auf d Welt bråcht håt. Mô de
andere Mädle se gseha hent, hent se se
priesa, ao d Königinna ond d Nebafraoa
hent se globt:
10 Wer ischd dui, mô då raguckt wia d
Môrgaraete, schö wia dr Vollmond,
strahlend wia d Sonne, ond Furcht
erregend, wia Trugbilder.
11 En da Nussagarta ben e nagstiega zom
nach de Palmasprossa gucka, ond zom
gucka, ob d Waestöck schao treibat ond
ob d Granatäpfel blühat.
12 Då, i kenn me selber nemme, ond i
wôeß et, wia s zuaganga ischd, då ischd
mr s gwea, als wann e ema Waga vo'ma
edla Fraend sitza dät.

Zom Vrgleicha: *Vers 2:* 4,12-16 • *Vers 3:* 2,16 • *Vers 4:* 6,10 • *Vers 5:* 4,1 • *Vers 6:* 4,2 • *Vers 7:* 4,3 • *Vers 10:* 6,4 • *Vers 11:* 7,13.

7 Dreh de, dreh de, Schulamit! Dreh
de, dreh de, daß mr de ågucka
könnat! Wårom wöllat ihr d Schulamit
ågucka, als ob se a Tänzere wär em
Soldatalager?
2 Wia schö ischd dae Gang en de Sandala,
du Fürstatochter. D Rondonga an
daene Hüfta send wia Spanga, von
Künstlerhänd gschaffa.
3 Dae Schoß ischd a ronder Becher - am
edla Mischwae solls am et fehla. Dae
Leib ischd a Wôezahaufa, mit Lilia
omsteckt.
4 Daene bôede Herzer send wia zwôe
Kitzla, Zwilleng von ra Gazell.
5 Dae Hals ischd wian a Elfaboeturm.
Daene Aoga wia d Teich en Hesbon
am Tor Bat-Rabbim. Dae Nås ischd
wia dr Turm auf am Libanon, der en d
Richtong nach Damaskus zaegt.
6 Dae Haopt sieht von oba aus wia dr
Karmel, wia Purpur send daene Håår; a
König håt sich en de Locka gfanga.
7 Wia schö bist d ond wia lieblich, mae

Geliebta, du mae Mädle!
[8]Gwachsa bist d wian a Palm ond daene
Herzer send wia Trauba.
[9]I han mr gsaed: auf dui Palm will e
naufsteiga ond nach ihre Rispa langa.
Daene Herzer send für mi wia Trauba
ond dae Odem wia Äpfelduft,
[10]ond dae Gaoma wia edler Wae. A
Wae, der mô maem Geliebta wia Öl
nalaoft, no em Schlåf schmatzgat r mit
de Lippa.
[11]I gher maem Geliebta, ond der håt a
Vrlanga nach mr.
[12]Komm, maeh Liabster, laß ons naus
ganga ens Land ond über Nacht en de
Dörfer bleiba.
[13]Nå ganga mr môrgnads bald en d
Wengert ond guckat, ob d Waestöck
schao treibat, ob d Blüata schao
aufgangat ond ob d Granatbaem blühat.
Då will e dr nå mae Liebe schenka.
[14]D Liebasäpfel duftat, ond vôr onserer
Tür send köstliche Frücht, neue ond alte,
für di,mae Gliebter, han e se gspart.

Zom Vrgleicha: *Vers 4:* 4,5 • *Vers 12:* 2,10 • *Vers 13:* 6,11.

8 O wärst d doch mae Bruader, den
mae Muader an ihrer Brust gsoga
håt. Dät e de draußa auf dr Stråß treffa,
i dät de küssa, ond neamerd könnt mr s
übelnemma.
[2]I dät de zo maener Muader ens Haus
brenga, du müaßtest me lehra, ond i dät
dr an Wae zom trenka geba, der mô mit
Granatäpfelsaft gwürzt ischd.
[3]Sae Lenka ischd onter maem Kopf ond
sae Rechta streichlat me:
[4]I beschwör euch, ihr Töchter von
Jerusalem: wårom wöllat ihr d Liebe
wecka ond se störa eh ra s gfällt?
[5]Wer ischd des, mô då rauf kommt aus
dr Wüste, an ihran Geliebta nôgloehnt?
Onter dem Äpfelbaom han e de gweckt,
då håt de dae Muader empfanga, ond då
ischd dae Muader en Weha glega, mô se
de auf d Welt bråcht håt.
[6]Leg me wia a Siegel auf dae Herz, wia an
Siegelreng an daen Arm, dr Daot ischd
so stark wia d Liebe, ond so mächtig
wia d Onterwelt ischd d Leidaschaft;
ihre Gluata send Feuersgluata, mächtige
Flamma.
[7]Graoße Wasser könnat d Liebe et
löscha, ond Wasserström könnat se et
wegspüala. Wann oener sae Hab ond
Guat hergeba dät om d Liebe, den dät
mr bloß auslacha.
[8]Mir hent a kloes Schwesterle, mô no
koene Herzer håt. Was sollat mr mit
onserer Schwester macha an dem Dag,
mô mr om se wirbt?
[9]Ischd se wian a Mauer, nå machat mr
an silberna Mauerkranz drauf, ischd se
aber wian a Tür, nå rammla mr se zua
mit Zederbohla.
[10]I ben a Mauer, ond maene Herzer send
wia Türm, so ben e en saene Aoga oena,
mô zfrieda ischd.
[11]Dr Salomo håt en Baal-Hamon an
Wengert ghet. Den Wengert håt r de
Wächter übergeba; für d Frucht aus dem
Wengert dät am a jeder tausad Silberleng
zahla.
[12]Maen Wengert han e vôr mr. Dia Tausad
gönn e dr, Salomo, ond zwôehondert
dene, mô sae Frucht hüatat.
[13]Du, mô en de Gärta wohnst, de andere
losnat auf dae Stemm - laß de höra:
[14]Gang schnell fort, mae Geliebter, sei
wian a Gazell oder a jonger Hirsch en
de Balsamberg.

Zom Vrgleicha: *Vers 3:* 2,6 • *Vers 4:* 2,7; 3,25; 5,8 • *Vers 14:* 2,17.

S Buach Jesaja

1. Tôel

Dr erste Jesaja: 1 1 - 39 8

Reda über Juda ond Jerusalem
Aus dr Frühzeit vom Profeta: 1 9 - 12 6

Aelaetong: 1 1

1 A profetischa Schao vom Jesaja, Soh
vom Amoz, môn r über Juda ond
Jerusalem gseha håt en de Däg von de
judäische König Usia, Jotham, Ahas
ond Hiskia.

Zom Vrgleicha: *Vers 1:* Mi 1,1.

Am Volk sae Otreue: 1 2-4

2 Horchat, ihr Hemmel, ond horch
auf, Erde! Weil dr Herrgott (JAHWE)
spricht: Kender han e aufzoga ond ebbas
wera lassa, aber dia send vo'mr abgfalla.
3 A Ochs kennt saen Herra ond dr Esel
da Fuadertrog von saem Herra; aber
Israel håt koe Aeseha, mae Volk håt
koen Vrstand.
4 O Waehdag, dem sündiga Volk, dem
schuldbeladena Gschlecht, dera Bruat
von baese Leut, von vrgråtene Söh. Dia
hent da Herrgott (JAHWE) vrlassa ond
da Haeliga von Israel vrschmäht ond am
da Buckel zuadreht.

Zom Vrgleicha: *Vers 2:* 23,4 • *Vers 3:* 30,9

D Folga von dr Sünd: 1 5-9

5 Mô soll mr euch no nôhaua, weil r
emmer no aufmupfig send? Dr ganz
Kopf ischd wond ond s Herz ischd
siach:
6 von Kopf bis Fuaß koe hôela Stell: bloß
Beula ond Streama ond frische Wonda,
et sauber gmacht, et vrbonda ond et mit
Öl aufgwôecht.
7 Euer Land: a ôeziga Wüste, eure Städt
en Schutt ond Äscha. Was eure Äcker
hergebat, essat Fremde auf. A Wüste
ischd des, wia en Sodom.
8 Ond d Tochter Zion ischd übrigblieba
wian a Laobhütte em Wengert, wian a
Wächterhäusle em Gurkaacker, wian a
omzenglata Stadt.
9 Hätt ons dr Herrgott (JAHWE
Zebaoth) et an Rest übrig glassa, nå wär
s ons ganga wia dene en Sodom ond en
Gomorra.

Zom Vrgleicha: *Vers 8:* 24,20 • *Vers 9:* Gen 19,1-29.

Dr falsche ond dr wahre Gottesdenst: 1 10-17

10 Horchat auf am Herrgott (JAHWE)
sae Wort, ihr Fürsta von Sodom! Merkat
euch d åweisonga von onseram Gott
(Eloheynu), du Volk von Gomorra!
11 Was soll i mit eure viele Schlachtopfer
åfanga? Spricht dr Herrgott (JAHWE).
I han dia Brandopfer von Widder ond
s Fett von Mastkälber, s Bluat von
Farra, Lämmer ond Böck satt - i måg s
nemme.
12 Wann kommat r mr endlich vôr s
Gsicht zom me seha? Wer håt von euch
vrlangt, dass r maene Vôrhöf vrtrampla
sollat?
13 Brengat et länger nichtige Gschenk
drher, Raochopfer, mô mr a Graus send.
Neumond ond Sabbat, Vrsammlonga
aeberuafa - Frevel ond Feierdäg, des
måg e et.

14 Eure Fest ond Vrsammlonga send mr vrhaßt; richtig lästig send se mr wôra; i ben s lôed, se no zom leida.

15 Ond wann r eure Händ ausbrôetat, nå guck i weg von euch; ond wann r no so viel beta dent, i hör mr s et å. Eure Händ send nämlich voler Bluat.

16 Wäschat euch ond raenigat euch! Haerat auf mit euram oguata Treiba, schaffat mr s aus de Aoga. Haerat auf, baese Sacha z macha.

17 Lernat, wia mr Guats duat! Frågat nach am Recht ond helfat dene, mô onterdrückt werat. Kämpfat oms Recht für d Wôesakender ond vrhelfat dr Witwe zo ihram Recht.

Zom Vrgleicha: *Vers 11:* Am 5,21-23 • *Vers 17:* Am 5,24.

Gott rechtat mit saem Volk: 1 18-20

18 Kommat doch her ond laß ons mitanander rechta, spricht JAHWE: Wann eure Sünda raot send wia Scharlach, sollat se weiß wera wia dr Schnae; Wann se raot send wia dr Purpur, sollat se wera wia Wolle?

19 Wann ihr willig send ond folgat, nå därfat r vom Guata em Land leba.

20 Wann r euch aber waegerat ond bockig send, nå frißt euch s Schwert, des håt dr Herrgott (JAHWE) nämlich gsaed.

S Gericht über Jerusalem: 1 21-31

21 Wia håt des passiera könna, dass a treua Stadt, auf am Recht baut, mô d Gerechtigkaet dren wohnt, zor Hur wôra ischd ond jetzt d Mörder s Saga hent?

22 Dae Silber ischd zo Bleischlacka wôra ond dae Wae vrpantscht.

23 Daene Fürsta send Aufrührer ond Handlanger von de Dieb. Se lassat sich gern schmiera ond wartat drauf, dass mr en graoße Gschenk macht. Für d Wôesakender setzat dia sich et ae ond dr Witwe ihr åspruch kommt gar et bis zo dene durch.

24 Drom spricht JAHWE Zebaoth, dr Starke en Israel: Gnad euch! I will me schadlos halta an maene Widersacher ond me an maene Faend rächa.

25 I will mae Håd gega de richta ond daene Schlacka schmilz e mit Laugasalz aus ond daene Bleiklompa werat fort dao.

26 I gib dr wieder Richter wia früher ond Berater wia am åfang. Nå hôeßt mr de wieder a Festong vom Recht, a treua Stadt.

27 Zion wird durch s Recht ausglöst ond dia, mô zrückkommat durch d Gerechtigkaet.

28 Aber älle Abtrünnige ond Sünder werat nabätscht, ond dia, mô da Herrgott (JAHWE) vrlassat, kommat om.

29 Ihr müaßat euch schäma wega de Terebintha (Gottesbaem oder Kultbaem), zo dene mô s euch so nô ziagt, ond raot wera wega dene Gärta, mô s euch so guat dren gfällt.

30 Jå, ihr werat so wian a Terebinthe, an dera mô s Laob vrwelkt ond wian a Garta, mô koe Wasser håt.

31 Nå wird dr Starke zom Werg, ond des, was r duat ischd dr Fonka, mô bôedas vrbrennt, ond neamerd ischd då, mô s löscht.

Zom Vrgleicha: *Vers 22:* Ez 22,18 • *Vers 225:* Ez 22,18f; Mal 3,3; Spr 25,4 • *Vers 29:* 65,3.

Jerusalem ischd dr Mittelpunkt em messianischa Reich: 2 1-5

2 Des ischd s Wort, mô dr Jesaja, dr Soh vom Amoz, über Juda ond Jerusalem empfanga håt:

2 Am End von dr Zeit gschieht s: Då stôht dr Berg mit am Haus vom Herrgott (JAHWE) fest gründat als Haopt über älle Berg; ond älle Volksstämm strömat nô,

3 ond viele Nationa machat sich auf ond sagat: Kommat, laß ons naufganga auf

da Berg vom Herrgott (JAHWE), ens
Haus vom Jakob saem Gott (Elohey),
ond ons belehra lassa über saen Weg
ond dass mir no auf saene Stôeg laofat.
**Vom Zion gôht nämlich d Weisong
aus, ond am Herrgott (JAHWE) sae
Wort kommt von Jerusalem.**
**4Ond ER spricht Recht über d Völker,
ond ER gibt d Weisonga für d Nationa.
Nå könnat dia ihre Schwerter
omschmieda zo Pluagschara ond ihre
Spiaß zo Håpa** (Rebmesser). **Nå gôht
koe Volk mae auf s ander los mit am
Schwert, dia lernat gar nemme, wia
mr Kriag führt.**
5Haus vom Jakob, auf gôhts, laß ons
onseran Weg em Licht vom Herrgott
(JAHWE) ganga.

Zom Vrgleicha: *Vers 2:* Mi 4,1-3 • *Vers 3:* 51,4 • *Vers 4:* Joël 4,10

Am Gott JAHWE sae Dag: 2 6-22
6Aber du håsch dae Volk, s Haus vom
Jakob, vrstoßa; des ischd nämlich
voler Wahrsagerei aus am Osta ond
Zaechedeuterei wia d Philister, ond se
hent viel z viel Fremde em Land.
7Ond saene Schätz an Silber ond Gold
send emmer graeßer wôra, des nemmt
koe End. Ond sae Land ischd voler
Rösser wôra ond d Kampfwäga nemmat
koe End.
8Ond sae Land ischd voler Götza wôra.
Älle betat des å, was se mit ihre Händ
selber gschaffa hent, was ihre Fenger
gmacht hent.
9Aber d Menscha werat nadruckt ond a
Må wird demüatigt, des vrzeihst en du
et.
10Gang ond vrziagt de en d Felsa ond
grab de em Staob ae vôr am Herrgott
(JAHWE) saem Schrecka ond vôr am
Glanz von saener Hohaet.
11Dia, mô so überheblich guckat, werat
natonkt, ond dr Männerstolz naduckt,
an dem Dag ischd alloe dr Herrgott
(JAHWE) erhaba.
12Am JAHWE Zebaoth sae Dag kommt
über ällas Stolze ond Erhabene, ond
ällas, was graoß sae will, muaß sich
beuga - , ER kommt
13über älle Zedera auf am Libanon ond
über älle ôecha von Basan,
14über älle Berg, de haoche ond de
kloenere,
15über jedan haocha Turm ond über jeda
stabila Mauer,
16über älle Schiff aus Tharsis ond älle
Luxussegler.
17Då wird de Menscha ihr
Haochfährigkaet natonkt ond dr
Männerstolz kriagt saen Dämpfer,
an dem Dag ischd alloe dr Herrgott
(JAHWE) erhaba.
18Ond s ganze Götzaowesa
vrschwendat.
19Vrkriachat euch en de Felsaklüft
ond en de Erdlöcher vôr am Herrgott
(JAHWE) saem Schrecka ond vor am
Glanz von saener Hohaet, wann r sich
aufmacht, dass de ganz Erde an Schrecka
kriagt.
20An dem Dag schmeist dr Mensch
saene silberne ond goldene Götza weg,
dia môn r sich håt macha lassa, zom s de
Auwerder (Maulwürf) ond Fledermäus
nôkeia zom se åbeta,
21dass se sich bei dene en de Felsaklüft
ond Spalta vrkriacha könnat vôr am
Gsicht vom Herrgott (JAHWE), wann
der en saener Majestät ond em Glanz
von saener Herrlichkaet kommt, zom d
Erde mit saem Schrecka beba lassa.
22Lassat doch ab vom Menscha; en
saener Nås ischd bloß a Luftle, für was
kåsch d den ao halta?

Zom Vrgleicha: *Vers 7:* 31,1 • *Vers 9:* 2,11.17; 5,15 • *Vers 10:* 2,19.21 • *Vers 11:* 2,9.17; 5,15 • *Vers 13:* Sach 11,2 • *Vers 14:* 30,25 • *Vers 16:* Ps 48,8 • *Vers 17:* 2,9.11; 5,15 • *Vers 19:* 2,10 • *Vers 21:* 2,10.

De Obere werat wegdao: 3 1-15

3 Guckat no, dr Herr, JAHWE
Zebaoth nemmt von Jerusalem
ond Juda Stütz ond Stab (Menschliche
Autoritäta), [jedan Vôrrat an Brot ond
jedan Vôrrat an Wasser],
2 da Helda ond da Kämpfer, da Richter
ond da Profeta, da Hellseher ond da
Ältesta,
3 da Haoptmann ond da ågsehena, da
Berater ond da Weisa, da Zaoberer
ond den, mô sich mit Beschwöronga
auskennt.
4 Ond i mach en Buaba zom Fürsta ond
Muatwillige sollat über se herrscha.
5 Nå gôht s Volk aufananander los, jeder
gega jedan, Må gega Må, ond se werat
emmer dreister, de Jonge gega de Alte,
de Kloene gega de Vrantwortliche.
6 Nå packt oener em Haus von saem Vadr
saen Bruader ond saed zon am: du håsch
doch no en Mantel, du muaßt obedengt
onser åführer sae, den Trümmerhaufa
dåhanna muaßt du en d Händ nemma.
7 Aber der saed an dem Dag: I ben doch
et då zom d Wonda vrbenda! En maem
ganza Haus ischd koe Brot ond ao koe
Mantel. Machat me bloß et zom Fürsta
über des Volk!
8 Weil nämlich Jerusalem ond Juda
gstrauchlat send, weil ihr frechs Maul
ond des, was se dent, gega da Herrgott
(JAHWE) ischd ond se am ens Gsicht
nae trotzat.
9 Ihre freche Gsichter send Zeugnis gega
s, mit ihre Sünda gebat se no å wia dia en
Sodom ond vrhehlat nex. Gnad dene, dia
brengat selber s Faß von ihram Oglück
zom Überlaofa.
10 Wohl dem, mô gerecht ischd, dem gôht
s guat, ond r därf von dem ao guat leba,
was r duat.
11 Gnad Gott am Frevler, dem gôht s
nämlich schlecht, dem wird ao vrgolta,
was r andere åduat.
12 O mae Volk, saene åtreiber send
Leutschender, ond Weiber herrschat
drüber. O mae Volk, daene Führer send
Vrführer, ond dia Weg, mô du drauf
laofa sollst, hent dia ganz durchananander
bråcht.
13 Dr Herrgott (JAHWE) stôht beraet
zom Rechtsstreit, ER stôht då, zom
über sae Volk urtôela.
14 Dr Herrgott (JAHWE) kommt zor
Grichtsvrhandlong mit de Älteste ond
Fürsta von saem Volk: Ihr, ihr hent da
Wengert ausplünderat, eure Häuser
send vol mit dem, was r de Arme gstohla
hent.
15 **Was ischd mit euch aegentlich los,
dass ihr mae Volk so en da Dreck
tretat ond de Arme s Gsicht nemmat?
Spricht JAHWE Zebaoth.**

Zom Vrgleicha: *Vers 1:* Lev 26,26 • *Vers 4:* Koh 10,16 • *Vers 12:* 9,15 • *Vers 15:* Am 2,6.8.

De haochfährige Fraoa von Jerusalem: 3 16 – 4 1

16 Ond JAHWE håt gsprocha: Weil
d Töchter von Zion so haochfährig
send ond mit ama gstreckta Hals
drherkommat ond mit de Aoga andere da
Kopf vrdrehat ond wia d Zirkusgäul mit
am Fuaßschmuck klepperat, 17 macht mae
Herr dene ihran Grend voler Grätze ond
ihr Stirn macht dr Herrgott (JAHWE)
kahl. 18 An dem Dag nemmt mae Herr
da Schmuck weg: d Fuaßspanga, d
Stirnbänder ond Möndla, 19 d Ohrreng
ond d Armbänder ond d Schleier, 20 d
Kopftüacher ond d Schrittkettala ond
d Brusttüacher ond d Riachfläschla
ond d Amulett, 21 d Siegelreng ond d
Nåsareng, 22 d Festklôeder ond d Mäntel
ond d Omhäng ond d Täschla, 23 d
Taschaspiagala ond d Hemmadla ond d
Turban ond d Überwürf.
24 Ond des gschieht: statt Balsam moderat
s, ond statt ama Gürtel geit s an Strick,
statt am Lockakopf a Glatze ond statt
am Galaklôed an Rupfasack, Brandmal

statt Schöhaet.
25Daene Manna fallat durchs Schwert,
ond daene Helda en dr Schlacht.
26Ond klaga ond traura dent ihre Pforta
ond ausplünderat hockat se auf am
Boda.

4 An dem Dag schnappat sich sieba
Fraoa oen Må ond sagat: Mir essat
onser ôeges Brot ond kaofat onsere
Klôeder selber, wa'mr bloß daen Nâma
ånemma därfat. Schaff ons onser Schand
vom Hals.

Zom Vrgleicha: *Kap.3 Vers 16:* 32,9-14.

D Rettong von dene, mô übrig blieba send: 4 2-6

2An dem Dag wird des, was dr Herrgott
(JAHWE) spriaßa lässt zor Zier ond
zor Ehr, ond d Frucht vom Land zom
Stolz ond Schmuck für dia en Israel, mô
drvokomma send. 3Ond was übrig bleibt
en Israel ond en Jerusalem no då ischd,
soll haelig hôeßa; ällas, was en Jerusalem
zom Leba aetraga ischd. 4Wann mae
Herr da Oflat von de Töchter von Zion
agwäscha håt ond d Bluatschuld von
Jerusalem aus ihrer Mitte weggspüalt
durch an Läuterongssturm, durch an
Gerichtssturm, (der mô ällas Oguate
wegfegt), 5nå schafft dr Herrgott
(JAHWE) über am ganza Berg Zion
ond über saene Vrsammlongsplätz
a Raochwolk am Dag ond Nachts a
Feuersäul als Abschirmong mit saener
Herrlichkaet. 6Ond a Laobdach geit nå
da Schatta vôr dr Hitz am Dag, ond an
Onterstand vôr Owetter ond Rega.

Zom Vrgleicha: *Vers 5:* Ex 13,21f

S Liad vom Waeberg: 5 1-7

5 Lent me senga vo maem Fraend, s
Liad vo maem liabsta Fraend saem
Wengert. Mae Fraend håt an Wengert
ghet en ra guata Hanglag.
2Den håt r gschårt ond d Stoe rausklaubt
ond mit raote Edelreba åpflanzt. An
Turm håt r ao naebaut ond a Kelter
rausghaoa. Nå håt r drauf gwartat, dass
r am guate Trauba brenga dät, aber der
håt nex wia vrriaslate Beera bråcht.
3Jetzat, ihr Bürger von Jerusalem ond
ihr Männer von Juda, urtôelat zwischa
mir ond maem Wengert.
4Was hätt e denn für maen Wengert
no doa solla, was e et schao dao hätt?
Wårom han e drauf gwartat, dass r mr
Trauba brenga dät, ond der håt mr nex
wia vrriaslate Beera bråcht.
5Jetzt will e saga, was e doa will an maem
Wengert: i mach sae Schutzheck weg,
dass mr an abwôeda kå, ond sae Mauer
laß e schlôefa, dass älle dren romtrampla
könnat.
6I laß an vrkomma, då wird nemme dren
gschnitta ond ghackt, dass d Dôrna ond
d Distla dren aufgangat. Ond de Wolka
vrbiat e, dass se naeregnat.
7Dr Wengert von JAHWE Zebaoth
ischd nämlich s Haus Israel, ond d
Männer von Juda send sae Lustgarta.
ER håt ghofft auf Rechtsspruch – ond
was ischd gwea? Rechtsbruch! Ond
auf Bundestreu – ond was ischd gwea?
Hilfegschrôe!

Zom Vrgleicha: *Vers1- 7:* Mt 21,33-43 • *Vers 2:* 27,2-4; Jer 2,21 • *Vers 6:* 7,23-25.

Wehruaf über Rücksichtslosigkaet ond Leichtsenn: 5 8-24

8O Waehdag dene, mô oe Haus ans
ander nô bauat, ond oen Acker an da
andera nô machat, bis koe Platz mae då
ischd ond ihr bloß no alloe Grond ond
Boda hent em Land.
9En maene Ohra håt JAHWE Zebaoth
naegsaed: Viele Häuser, ao graoße ond
schöne werat leer standa ond vrkomma.
10Weil zeah Môrga Wengert brengat et
maeh als wia oen Oemer, ond dr Malter
Såma oen Scheffel.
11O Waehdag dene, mô schao am hella
Môrga åfangat mit saufa ond bis en d

Nacht nae sich mit Wae vol laofa lent.
[12]Då werat mit Zithera ond Harfa, mit
Pauka ond Flöta ond mit Wae Saufgelage
vråstaltat, aber was dr Herrgott
(JAHWE) mit saene Händ gschaffa håt,
då guckat dia gar et nô.
[13]Drom muaß mae Volk en d Vrbannong,
weil saene Führer koen Vrstand hent,
ond saene ågsehene send Hongerleider,
ond s niedere Volk vrlechnat vôr Durst.
[14]Drom reißt d Onterwelt ihran gieriga
Racha weit auf ohne jedas Maß, ond
nafahra muaß ihr ganza Pracht ond
Herrlichkaet mit ihram Krach ond
Getue von dene.
[15]Nå wird dr Mensch naduckt ond dr
Må wird demüatigt ond s ischd aus mit
am Nagucka auf andere.
[16]**Aber JAHWE Zebaoth zaegt sich
erhaba em Gericht, ond dr haelige
Gott (El) erweist sich haelig durch
Gerechtigkaet.**
[17]Ond Lämmer grasat wia auf ihrer
Wôed, ond en de Trümmerhaufa werat
d Schåf fett.
[18]O Waehdag dene, mô s Orecht her
ziagat mit Strick aus Lug ond Trug, ond
s Lotterleba wia mit Wagasôel,
[19]dene, mô sagat: r soll no nôramacha mit
dem, was r doa will, r soll s anandernåch
doa, dass mr s seahnat. Dr Ratschluß
vom Haeliga en Israel soll no komma,
dass mr an vrfahrat.
[20]O Waehdag dene, mô s Baese guat
ond s Guate schlecht hôeßat, ond dene,
mô d Finsternis zo Licht ond Licht zo
Finsternis vrdrehat, ond dene, mô aus
bitter süaß ond aus süaß bitter machat.
[21]O Waehdag dene, mô sich selber für
Weise haltat ond ihrer Moenong nåch
gscheit send.
[22]O Waehdag dene, mô Helda send em
Wae saufa, ond dene Männer, mô sich so
guat auf s Waepantscha vrstandat
[23]ond sich bestecha lent, zom am
Schuldiga Recht geba, ond am
Rechtschaffena sae Recht absprecha.
[24]Drom: Wia s Feuer d Stoppla frißt ond
s dürre Gras en de Flamma zsemahockt
– so ischd dene ihr Wurzel wia Moder
ond ihr Blüat flatterat nauf wia dr Staob,
weil se am JAHWE Zebaoth saene
Weisonga agwiesa ond am Haeliga en
Israel sae Wort vrlästerat hent.

Zom Vrgleicha: *Vers 9:* 6,11 • *Vers 12:* Ijob 21,12; Am 6,5f • *Vers 14:* Hab 2,5 • *Vers 15:* 2,9,11.17 • *Vers 21:* Spr 3,7; Rö 12,16 • *Vers 23:* Ex 23,7; Spr 17,15 • *Vers 24:* Joël 2,5; Ijob 18,16.

D assyrischa Invasion wird ågsaed:
5 25-30

[25]Drom håt dr Herrgott (JAHWE)
an graoßa Zôrn kriagt gega sae Volk,
ond r håt sae Håd ausgstreckt ond
zuagschlaga, dass d Berg bebt hent, ond
ihre Leicha send en de Gassa glega wia
dr Dreck. Aber bei dem ällam ischd sae
Zôrn et vrraocht ond sae Håd ischd
emmer no ausgstreckt.
[26]Ond r stellt a Feldzaeche auf für s Volk
en dr Ferne, ond r pfeift se her vom
Erdarand. Ond guck: dia kommat ao
ganz schnell.
[27]Då ischd koe Müader drbei ond
koener, mô drher wankt, der dosat et
vôr sich nô ond schlåft ao et ae. Koem
gôht dr Lendaschurz auf ond koem d
Schuahnestel.
[28]Saene Pfeil send messerscharf ond saene
Boga älle gspannt. D Huaf von saene
Rösser send hart wia Kieselbatza ond
saene Wagaräder wia dr Sturmwend.
[29]Sae Brella ischd wia vo'ma Löwa ond
wian a jonger Löw brellt r los. Der
knurrt ond packt sae Beute ond schlôeft
se drvo, ond koener kån am s wegreißa.
[30]Ond r donnerat über an nae an dem
Dag wia s Meer mit saem Brausa. Ond
mr guckt über d Erde: då ischd nex wia
Finsternis, vôr lauter Angst ziagt s oem
ällas zsema, ond Licht, mô vrdonklat
ischd vôr lauter Wolka.

Zom Vrgleicha: *Vers 26:* 7,18;Jer 5,15 • *Vers 30:* 8,22.

Am Profeta sae Beruafong: 6 1 - 13

6 En dem Jåhr, mô dr KönigUsija
gstôrba ischd, han i da Herra gseha,
wian r auf a ma haocha ond erhabena
Thron gsessa ischd, ond d Saem von
saene Gwänder hent d Tempelhalle
ausgfüllt. [2]Serafim send über am gstanda.
A jeder håt sechs Flügel ghet: Mit zwôe
hent se ihr Gsicht zuadeckt, mit zwôe d
Füaß, ond mit zwôe send se gschwebt.
[3]Dia hent anander zuagruafa:
**Haelig, haelig, haelig ischd JAHWE
Zebaoth, sae Herrlichkaet füllt de
ganz Erde.**
[4]D Fondament hent bebt von dera
Stemm, mô mr då ghört håt, ond s Haus
ischd voler Raoch gwea.
[5]Nå han e gsaed: Hilfe! I ben vrlora! I
ben a Mensch mit oraene Lippa ond leb
e ma Volk mit oraene Lippa. Ond maene
Aoga hent da König JAHWE Zebaoth
gseha. [6]Ond oener von dene Seraphim
ischd zo mr hergschwebt, en glühenda
Stoe håt r en dr Håd ghet, môn r mit r a
Greifzang vom Altar gholt håt. [7]Nå håt
r maen Mund drmit berührt ond gsaed:
Guck, des håt daene Lippa berührt, ond
dae Schuld ischd von dr gwicha ond dae
Sünd ischd gsühnt.
[8]Då han e am Herra sae Stemm ghört,
wian r gsaed håt: Wen soll e denn
schicka? Wer soll für ons ganga? Nå han
e gsaed: I ben då, schick mi! [9]Nå håt r
gsaed:
Gang ond sag dem Volk: Horchat guat
zua, aber vrstandat nex! Ond guckat
ganz gnao nô, aber erkenna sollat r nex!
[10]Mach s Herz von dem Volk då fett
(oempfendlich) ond mach ihre Ohra
taob ond bäbb en d Aoga zua, dass se
nex maeh seahnat mit ihre Aoga, ond
nex maeh hörat mit ihra Ohra, dass ihr
Herz zo koener Aesicht maeh kommt
ond omkehra kå, dass er s wieder hôela
dät.
[11]Nå han e gsaed: Mae Herr, wia lang soll
des so ganga? Ond er håt zor Antwort
geba:
Bis dass d Städt vrwüastat ond koene
Aewohner maeh då send, ond d Häuser
menschaleer dåstandat, ond s Ackerland
bloß no a Wüste ischd, [12]ond dr Herrgott
(JAHWE) dia Menscha weit forttrieba
håt, ond s Land leer ond vrlassa dåleit.
[13]Wann nå bloß no a Zehntel då ischd,
nå wird s nômål vrwüastat, so wia bei r
a Terebinthe ond bei r a ôech bloß no dr
Stompa standa bleibt, wa mr s omsägt.
A haeliger Såma ischd nå der Stompa.

Zom Vrgleicha: *Vers 9:* Mt 13,14f par; Joh 12,39-41; Apg 28,25-27 • *Vers 11:* 5,9.

D Weissagong über da Immaenuel: 7 1-25

7 En dr Zeit vom Ahas, am Soh vom
Jotham, der ischd am Usijas sae Soh
gwea, König von Juda, då ischd dr Rezin,
dr König von Aram ond dr Pekach,
am Remalja sae Soh, König von Israel,
gega Jerusalem gstürmt, aber se hent s
et aenemma könna. [2]Nå ischd am Haus
vom David gmeldat wôra: Dr Aram
håt sae Lager en Efraim aufgschlaga,
nå håt dr König s Herzflattera kriagt
ond ao s Volk, wia d Baem em Wald
vor am Sturmwend. [3]Ond dr Herrgott
(JAHWE) håt zom Jesaja gsaed: Gang
doch mit daem Soh, am Schear-Jaschub
(a Rest kehrt om), am Ahas entgega ans
End von dr Wasserlôetong am obera
Teich auf d Walkerfeldstråß [4]ond saesch
zom am: Paß auf ond halt de ruhig!
Brauchst koe Angst et han, ond dae
Herz braucht et vrzaga vôr dene zwôe
raochende Fackelstompa wega dr Wuat
vom Rezin ond vom Aram ond vom
Remalja saem Jonga! [5]Dr Aram, dr
Efraim ond am Remalja sae Jonger hent
zwår ebbas Baes gega de gsponna ond

gsaed: 6Mir gangat nauf gega Juda, dene
jagat mr an Schrecka ae ond kassierat s,
nå machat mr am Tabeal saen Soh zom
König.
7Aber mae Herr JAHWE håt gsprocha:
So gôht s et, des kommt überhaopt et
en Fråg!
8S Haopt von Aram (Syrien) ischd
nämlich Damaskus, ond dr Kopf
en Damaskus ischd dr Rezin. En
fenfasechzg Jåhr ischd Efraim erledigt
ond håt als Volk aufghert zom existiera.
9Ond s Haopt von Efraim ischd Samaria
ond dr Kopf en Samaria ischd dr Soh
vom Remalja. Wann r s et glaobat, nå
bleibat r ao et!
10Ond weiters håt dr Herrgott
(JAHWE) durch da Jesaja am Ahas
saga lassa: 11Vrlang vom Herrgott
(JAHWE) a Zaeche aus dr Onterwelt
oder von haoch droba! 12Aber dr Ahas
håt gsaed: I vrlang gar nex ond i will ao
da Herrgott (JAHWE) et auf d Prob
stella. 13Nå håt dr Jesaja gsaed: Horchat
her, ihr vom David saem Haus: Langat
s euch et, dass r s de Mensch z'viel sae
lassat, müaßat r s ao no maem Gott
(Elohim) z'viel wera lao? 14Drom gibt
euch dr Herr von sich aus a Zaeche:
**Guck, a jongs Mädle kommt en andere
Omständ ond kriagt an Bua, ond
dem geit se da Nåma Immanuel** (bei
ons ischd Gott). 15Der ißt Butter ond
Honig, bis r alt gnuag ischd, dass r Guat
ond Baes von anander onterschôeda kå.
16Weil, no bevôr der Bua s vrstôht, zom
s Baese vrwerfa ond s Guate zom doa,
ischd des Land ruiniert, vôr dem saene
zwôe König dr s kalte Grausa kommt.
17Dr Herrgott (JAHWE) läßt aber über
di ond über dae Volk ond über s Haus
vom daem Vadr Däg komma, wia mr s
nemme vrlebt håt, seit sich Efraim von
Juda trennt håt durch da König von
Assur.
18An sellam Dag läßt dr Herrgott
(JAHWE) d Schnåka drherpfeifa
vom ontera Niltal, ond d Emma aus
Assyrien. 19Dia kommat ond hockat
en de Schluchta ond Felsaklüft ond
Dôrnahecka ond auf älle Viehtränka
überall nô. 20An dem Dag schert dr
Herr mit am Schermesser, des môn r
jenseits vom Fluß donga håt em König
von Assur, d Håår auf am Kopf ond d
Schamhåår, ao da Bart rasiert r ab.
21An dem Dag kå oener halt a Kuah
ond zwôe Gôesa aufziaga. 22Ond von
dr Milch, mô dia hergebat, kå mr
Butter essa. Jå, Butter ond Honig ißt
nå a jeder, mô emmer em Land ao übrig
blieba ischd. 23An dem Dag ischd jedas
Grondstück, mô tausad Rebstöck om
tausad Silberleng standat, mit Dôrna
ond Distla überwucherat. 24Mit Pfeil
ond Boga kommt mr då nô, weil s ganz
Land voler Dôrna ond Distla ischd.
25Ond auf älle Häng, mô mr mit dr Hack
durchschafft, gôht koener maeh nae,
vôr lauter Angst vôr am Dôrnagstrüpp.
Då treibt mr d Öchsa ond Schåf nae, dia
vrtrappat s nå.

Zom Vrgleicha: *Vers 1:* 2Kö 16,5-9 • *Vers 3:* 36,2 • *Vers 9:* 28,16; 30,15; 2Chr 20,20 • *Vers 14:* Mt 1,23; Lk 1,31; Mi 5,2 • *Vers 16:* 8,4 • *Vers 18:* 5,26.

Dr Profet kriagt an Soh: 8 1-4

8 Ond JAHWE håt zo mr gsaed:
Nemm dr a graoßa Tafel ond schreib
mit ama Griffel en guat lesbarer Schrift:
Für da Maher-Schalal-Hasch-Bas (Eil
zor Beute-Schneller Raob).
2Ond i han mr zuavrlässige Zeuga
bstellt, da Priaster Urija ond da Sacharja,
am Jeberechja saen Soh. 3Nå ben e zor
Profetin ganga, dui ischd en andere
Omständ komma ond håt an Bua kriagt.
Ond dr Herrgott (JAHWE) håt gsaed:
Gib am da Nåma „Maher-Schalal-
Hasch-Bas" (Eil zor Beute-Schneller Raob).
4No bevôr der Bua nämlich Babba ond
Mamma saga kå, draet mr da Reichtom

von Damaskus ond d Beute von Samaria
vôr am König von Assyrien her.
Zom Vrgleicha: *Vers 4:* 7,16.

Warnong vor Oglaoba ond Otreue:
8 5-23
5Ond dr Herrgott (JAHWE) håt no
weiter gsprocha ond zo mr gsaed:
6Weil des Volk dia Wasser aus dr
Schiloachlôetong vrachtat håt, dia mô
so sachte laofat, ond vôr lauter Angst
vôr am Rezin, am Remalja saem Soh,
schier vrgôht, 7drom läßt mae Herr dia
starke Wassermassa vom Euphrat über
se raufkomma, [da König von Assyrien
mit saener ganza Pracht]. Der kommt
rauf wia s Hochwasser ond wird ällas
überfluata. 8Der fährt über ganz Juda nae
ond überschwemmt s ond überfluatat s,
dass r de Leut bis an da Hals gôht. Ond
saene Schwenga deckat s Land en saener
ganza Brôete zua, Immanuel.
9Schlagat zua, ihr Völker ond
vrschreckat! Horchat no auf, älle, mô
en dr Ferne auf dr Erde send: Dent euch
no rüsta – ond wartat auf euran Sturz!
Dent euch no rüsta – ond wartat auf
euran Sturz!
10Machat no Plän! – dia gangat en d Hos.
Machat Veraenbaronga, dia kommat gar
et z'stand! Bei ons ischd nämlich Gott
(El).
11So håt nämlich dr Herrgott (JAHWE)
zo mr gsaed, mô me sae Håd packt ond
me vôr dem Volk saem Weg gwarnt håt:
12Hôeßat et ällas a Vrschwörong, mô s
Volk Vrschwörong drzua saed, ond vôr
dem, was dene Angst aejagt, brauchat
ihr koe Angst han, ond ao et drvôr
vrschrecka.
13Da Herr Zebaoth (JAHWE Zebaoth)
haltat r haelig, der soll euer Ehrfucht sae
ond euer Schrecka.
14ER wird zom Haeligtom ond zom
åstoß ond zom Felsa, an dem, mô
mr en s Strauchla kommt, für bôede
Häuser von Israel, zom Klappnetz ond
zom Stellholz für dia, mô en Jerusalem
wohnat.
15Viele stolperat, haglat nô ond gangat
he, se vrstrickat ond vrfangat sich.
16Bende dui göttlicha Weisong zsema
(zo ra Schriftroll) ond vrsiegle se für
maene Schüaler.
17Ond i warte auf da Herrgott (JAHWE),
der mô sae Gsicht vôr am Haus Jakob
vrbirgt, ond hoff auf an.
18Guck, i ond dia Kender, mô mr dr
Herrgott (JAHWE) geba håt, mir send
Zaeche ond Måhnmal en Israel vom
Herr Zebaoth (JAHWE Zebaoth), der
mô auf am Berg Zion wohnt.
19Wann se zon ich sagat: Frågat
doch d Gôester von de Daote ond d
Wahrsagegôester, dia mö flüsterat ond
vôr sich nö murmlat! Soll a Volk et d
Götter von saene Ahna fråga ond sich
für de Lebende an de Daote wenda?
20(Nå gebat en zor Antwort): (So viel)
zor Weisong ond zor Offabarong:
Des Wort saed mr zo dene, für dia s
koe Môrgaraete maeh geit. 21Der laoft
omanander, vrdrossa ond hongrig. Ond
wann r Honger håt, nå wird r narrat
ond vrfluacht saen König ond saen Gott
(Elohayw). R guckt nach oba 22ond
guckt auf d Erde, (ond was sieht r):
Nex wia Naot ond Elend, mr ischd en
Drangsal ond Finsternis vrstoßa.
23Aber s bleibt et emmer donkel für dia,
mô en dr Naot send, wia en de frühere
Zeita, môn r s Land Sebulon vrschmäht
håt ond s Land Naftali. So brengt r
d Straß am Meer, s Ostjordanland, s
Haedagebiet, zo Ehra.
Zom Vrgleicha: *Vers 12:* 1Petr 3,14f • *Vers 14:* Rö
9,32f • *Vers 15:* 28,13 • *Vers 18:* Hebr 2,13 • *Vers
22:* 5,30 • *Vers 23:* Mt 4,13-16.

S graoße Licht: 9 1-6
9 S Volk, mô em Donkla saen Weg
ganga muaß, därf a hells Licht

seha, ond über dene, mô em Land dr
Finsternis wohnat, strahlt s Licht.
2Reich machst du da Jubel ond schenkst
a graoßa Fraed. Älle fraeat sich vôr dir,
wia mr sich en dr Ernt fraet, ond wia mr
jublat, wa'mr d Beute vrtôelt.
3Weil du s Joch, mô s druckt, ond s
Tragholz auf saener Schulter mitsamt
am Stecka von saene Åtreiber aknickst
wia am Dag vom Midian.
4A jeder Soldatastiefel, mô mit
Tschingdrassabum drherkommt, ond
jeder Mantel, mô durch Bluat gschlôeft
ischd, wird em Brand zom Feuerfraß.
**5Ons ischd nämlich a Kend gebora, a
Soh ischd ons geba, ond d Herrschaft
kommt auf dem saene Schultera.
Ond mit sotte Nâma ruaft mr an:
„Dr Wunderbare", „dr Ratgeber",
„Gott", „Held", „ewiger Vadr",
„Friedensfürst".**
6Sae Herrschaft weitat sich aus ond
dr Frieda ohne a End über am Thron
vom David ond saener Königsmacht,
zom se festiga ond stütza durch Recht
ond Gerechtigkaet, von jetzt å bis en
Ewigkaet duat des dr Herr Zebaoth
(JAHWE Zebaoth) en saem Eifer.

A Stråfgericht über s Nordreich wird ågsaed: 9 7-20

7Gega s Haus Jakob håt dr Herr Zebaoth
(JAHWE Zebaoth) a Red ghalta, ond
auf s Haus Israel (Nordreich, Samiara)
ischd s raganga,
8dass s ganz Volk kapiera soll, Efraim
ond älle, mô en Samaria wohnat ond so
von oba ra ågebat:
9Bachstoemaura send aeghaglat, aber
mir bauat s mit Stoequader wieder auf.
Maulbeerfeigabaem send agholzt wôra,
aber mir forstat mit Zedera wieder auf.
10Nå håt dr Herrgott (JAHWE) saen
Faend Rezin stark gmacht ond saene
Faend gega s ghetzt,
11d Aramäer von Osta ond d Philister
von Westa, dia hent mitanander Israel
gierig aufgfressa. Aber bei dem ällam
ischd sae Zôrn no et vrraocht ond sae
Håd ischd emmer no ausgstreckt.
12Aber s Volk håt sich et omdreht zo
dem, mô s gschlaga håt; dia hent nach
am Herr Zebaoth (JAHWE Zebaoth)
nex gfrågt.
13Nå håt dr Herrgott (JAHWE) von
Israel Kopf ond Schwanz aghaoa, Palma
ond Bensa an oem Dag:
14Älteste ond Ratsleut, des ischd dr
Kopf, dr Schwanz send (de falsche)
Profeta, dia mô bloß Lugena vrzapfat.
15D Führer von dem Volk send Vrführer;
ond dia, mô sich von dene lôeta lent,
gangat en d Irr.
16Drom kå sich mae Herr et über saene
jonge Männer fraea, ond sich über saene
Witwa ond Wôesa et vrbarma, weil se
älle Frevler send ond baesartig. A jeder
schwätzt gottlos drher. Aber bei dem
ällam ischd sae Zôrn no et vrraocht ond
sae Håd ischd emmer no ausgstreckt.
17S Ôrecht håt wia Feuer brennt, des mô
sich durch Dôrna ond Distla frißt ond
em Wald s Onterholz åzendat, dass s en
Raochschwada drvofliagt.
18Durch am Herr Zebaoth (JAHWE
Zebaoth) saen Zôrn ischd s Land
vrbrennt; s Volk ischd wia dr Feuerfraß
wôra; koener vrschont saen Bruader.
19Mr håt rechts gfressa ond ischd
hongrig blieba, ond mr håt lenks gfressa
ond ischd et satt wôra. A jeder frißt sich
s Flôesch von saem Arm.
20Dr Manasse gega da Efraim, dr Efraim
gega da Manasse, ond bôede mitanander
haoat auf da Juda nae. Aber bei dem
ällam ischd sae Zôrn no et vrraocht ond
sae Håd ischd emmer no ausgstreckt.

Zom Vrgleicha: *Vers 11:* 9,16.20; 5,25 • *Vers 13:* 19,15 • *Vers 115:* 3,12.

Drohong gega de ogerechte Richter: 10 1-4

10 O Waehdag dene, mô ogerechte Satzonga aufsetzat, ond de Schreiberleng, mô mit ihre Vrfüagonga de Leut zor Last werat,
[2]dass sich de Arme s Recht nemme laesta könnat ond de Schwache ihr Recht vôrenthalta wird; dass en d Witwa ausglieferat send ond se de Wôesa no Letzte wegnemma könnat.
[3]Was wöllat r nå an dem Dag doa, môn r hoemgsuacht werat, ond bei dem Donderwetter, mô då von weitams herkommt? Zo wem wöllat r flüchta, dass r a Hilfe kriagat, ond mô wöllat r euran Reichtom nôretta?
[4]Wer sich då et bei de Gfangene naduckt, der leit nåcher bei dene, mô z daot gschlaga wôra send. Aber bei dem ällam ischd sae Zôrn no et vrraocht ond sae Håd ischd emmer no ausgstreckt.

D Vrnichtong von Assur wird ådroht: 10 5-34

[5]O Waehdag, Assur, am Stecka vo'maem Zôrn, der mô dr Prügel ischd von maener Wuat en ihrere Händ.
[6]Gega a vrdorbes Volk schick e an, ond lass an los ganga auf des Volk, môn e a Wuat drauf han, dass r Beute macht ond s ausraobt ond s zsematrappt wia da Dreck auf dr Stråß.
[7]Aber Assur denkt et so, des håt ebbas ganz anders em Senn, des will he macha ond Völker ausrotta, ond zwår em graoßa Stil.
[8]Des saed nämlich: Ischd et a jeder von onsere Stammasfürsta a König?
[9]Ischd s et Kalno wia Karchemis ganga, et Harmath wia Arpad ond et Samaria wia Damaskus?
[10]Wia mae Håd de Götza ihre Königreich glangt håt, bei dene mô s no viel maeh gschnitzte Puppa geit als wia en Jerusalem ond en Samaria.
[11]Kån e nå et mit Jerusalem ond saene Schnitzpuppa omsprenga wian e mit Samaria ond saene Götza omgspronga ben?
[12]Wann mae Herr amål sae ganz Werk auf am Zion ond an Jerusalem vollendat, nå suacht r da König von Assur en saem größawåhnsenniga Gehabe ond saener domma Überheblichkaet hoem.
[13]Der håt nämlich gsaed: Des han i älles mit maener aegena Kraft ond Weishaet dao; i ben nämlich gscheit. I han d Grenza zwischa de Völker weg graemt ond ihre Vôrrät plünderat, ond Mächtiga von ihram Thron ra gholt.
[14]Wian a Vogelnest håt mae Håd da Reichtom von de Völker ausgnomma, ond wia mr vrlassene ôeer zsemarafft, so han i de ganz Erde zsemagrafft. Då håt koener mit de Flügel gschlaga, då håt ao koener da Schnabel aufgsperrt ond en Piepser dao.
[15]Geit ao a Axt å gega den, mô mit ra haot? Oder blåst sich a Säg gega den auf, mô mit ra sägt? Des ischd, wia wann a Stecka den schwenga dät, der môn an lupft, oder wann dr Stecka den heba dät, der mô et aus Holz ischd.
[16]Drom schickt dr Herr Zebaoth (JAHWE Zebaoth) en saene fette Gebiet d Schwendsucht, ond onter saener Pracht bricht Feuer aus, a Feuersbrunst.
[17]Ond s Licht von Israel wird zom Feuer, ond sae Haeliger zor Flamm ond vrbrennt se an oem Dag mitsamt ihre Sträucher ond ihram Dôrnagstrüpp.
[18]Ond de ganz Pracht von saene Wälder ond Garta wird mit Stompf ond Stiel, Seel ond Leib he gmacht, wian a Kranker vrsiacht.
[19]Ond was von de Baem en saem Wald übrig bleibt, kåsch d leicht zähla, des kå sogar a Kend aufschreiba.
[20]An dem Dag gschieht s: Dr Rest von Israel ond was drvo komma ischd vom Haus Jakob vrläßt sich nemme auf den,

mô se haot, sondern se vrlassat sich auf
da Herrgott (JAHWE), da Haeliga von
Israel.
21A Rest kehrt om, dr Rest vom Jakob,
zom starka Gott (El).
22Wann ao dae Volk Israel ischd wia
dr Såd am Meer, s ischd bloß a Rest
mô omkehrt. D Vrnichtong ischd
beschlossena Sache, se kommt wia s
Hochwasser mit dr Gerechtigkaet.
23Jå, dr Herr Zebaoth (JAHWE Zebaoth)
vollstreckt sae beschlossena Vrnichtong
mittla auf dr Erde.
24Drom, so håt mae Herr, dr Herr
Zebaoth (JAHWE Zebaoth) gsprocha:
Du, mae Volk, mô auf am Zion wohnt,
brauchst koe Angst et han vôr Assyrien,
des mô de mit am Prügel haot ond saene
Ruata wia d Ägypter über dr schwengt.
25Bloß no a kloes Weile, nå ischd mae
Wuat vrbei ond richtat sich gega dia ond
reibt s auf.
26Ond dr Herr Zebaoth (JAHWE
Zebaoth) schwengt gega s d Gôeßel,
wia selligsmål, môn r d Midianiter am
Rabafelsa gschlaga håt, ond saen Stab
streckt r über s Meer aus en Richtong
Ägypten.
27An dem Dag gschiehts: Von daener
Schulter fällt sae (de Assyrer ihr) Last
ond sae Joch wird von daem Hals grissa.
Ond s Joch wird ausananderbrocha vôr
de Aoga vom Kriagshelda.
28Schao kommt r auf Ajath zua ond gôht
über Migron weiter, en Michmas håt r
saen Troß glassa.
29Se gangat durch d Schlucht, en Geba
wöllat se übernachta. Rama kriagt s
graoße Zittera, ond Gibea, am Saul sae
Stadt, gôht auf d Flucht.
30Schrei so laut da kåsch, Tochter Gallim!
Horch her, Laischa! Gib am Antwort,
Anatoth!
31Madmena håt sich drvo gmacht, d
Aewohner von Gebim send gflüchtat.
32Haet stôht der no en Nob ond schwengt
sae Håd gega da Berg von dr Tochter
Zion, gega d Höhe von Jerusalem.
33Guck, dr Herr, dr Herr Zebaoth
(JAHWE Zebaoth), haot d Äst ab mit
schrecklicher Gwalt. Ond de Höchste
von de Haoche werat omghaoa, ond
des, was aufragt, wird zrecht gstutzt.
34S Dickicht em Wald wird mit am Eise
agschlaga, ond dr Libanon fällt durch an
Mächtiga.

Zom Vrgleicha: *Vers 9:* 36,18-20; 2Kö 18,34f • *Vers 15:* Rö 9,20f • *Vers 21:* Rö 9,27f • *Vers 26:* Ri 7,25; Ex 14,16.26 • *Vers 27:* 9,3; 14,25.

S messianische Reich wird åkündigt: 11 1-16

11 A Ruat kommt aus am
Baomstompa vom Isai, ond a
Zweig von saene Wurzla traet Frücht.
2Auf dem leit dr Gaest von JAHWE,
dr Gaest von dr Weishaet ond vom
Vrstand, dr Gaest vom Rat ond von dr
Kraft, dr Gaest von dr Erkenntnis ond
dr Ehrfurcht vôr JAHWE.
3Ond sae Wohlgfalla håt saen Grond
en dr Ehrfurcht vôr am Herrgott
(JAHWE); ond der urtôelt et nach dem,
was r vôr Aoga håt, oder was am z Ohra
komma ischd.
4Sondern en dr Gerechtigkaet hilft r
de Hilflose zo ihram Recht, ond für
de Arme tritt r ganz entschieda ae. Da
Onterdrücker haot r mit am Stecka von
saem Wort, ond da Frevler läßt r sterba
durch da Hauch von saene Lippa.
5Gerechtigkaet ischd dr Gürtel om
saene Hüfta ond Treue dr Halt von
saene Lenda.
6Ond dr Wolf ischd Gast bei de Lämmer,
ond dr Panther schlåft bei de Böckla.
Kalb ond Jonglöw wôedat beianander,
ond a kloener Bua hüatat s.
7Kuah ond Bär werat Fraend mitanander,
ond ihre Jonge spielat mitanander; dr
Löwe frißt Stroh wian a Kuah.
8Dr Saegleng spielt am Schlupfloch von

dr Otter, ond an dr Höhle nemmt a kloes
Kend d Kreuzotter en sae Händle.
[9]Nex Baes ond nex Oguats passiert
maeh auf maem ganza haeliga Berg: d
Erde ischd nämlich voler Erkenntnis
von JAHWE, wia von Wasser, mô da
Meeresgrond deckat.
[10]An dem Dag gschieht s: Dr Zweig
aus dr Wurzel vom Isai stôht då als a
Feldzaeche für d Nationa, d Völker
pilgerat då nô, sae Niederlassong ischd
Herrlichkaet.
[11]An dem Dag hebt mae Herr zom
zwôeta Mål sae Håd, dass r da Rest
von saem Volk frei kaoft, der mô von
Assyrien ond Ägypten, von Patros, von
Äthiopien ond Elam, von Sinear, von
Hamat ond von de Insla em Meer übrig
blieba ischd.
[12]Ond r stellt de Völker a Feldzaeche auf,
dass r dia, mô aus am Volk Israel vrstraet
send, wieder zsemabrengt, ond dia, mô
von Juda aus vrstraet wôra send aus älle
vier Richtonga, wieder herbrengt.
[13]Nå muaß d Eifersucht auf Efraim
weicha, ond d Faendschaft wird
ausgrottat. Nå ischd Efraim nemme
neidig auf Juda, ond Juda duat Efraim
nex maeh.
[14]Nå gangat se em Flug en Richtong
Meer, über d Häng na zo de Philister
ond dent mitanander d Söh vom
Môrgaland ausplündera. Nach Edom
ond Moab streckat se d Händ naus, ond
d Ammoniter werat en hörig.
[15]Ond wia dr Herrgott (JAHWE) da
Meeresarm von Ägypten gspalta håt, so
schwengt r nå sae Håd über da Euphrat
mit dr Gwalt von saem Sturm ond macht
sieba Bäch draus, dass mr en Sandala
durchlaofa kå.
[16]So entstôht a Stråß für da Rest von
saem Volk, der mô von Assyrien
übrigbleibt, wia s oena geba håt, mô
Israel aus Ägypten auszoga ischd.
Zom Vrgleicha: *Vers 4:* Ps 72,4; «Thess 2,8 • *Vers 6-7:* 65,25 • *Vers 9:* Hab 2,14 • *Vers 10:* Rö 15,12.

S Dankliad von dene, mô grettat wôra send: 12 1-6

12 An dem Dag saesch Du: i dank dr
JAHWE, du bist mit mr vrzürnt
gwea. Dae Zôrn håt sich gwendat ond
jetzt tröstest me.
[2]Guck, Gott (El) ischd mae Hael! I han
Vrtraua ond vrzag et. Mae Kraft ond
mae Stärke ischd nämlich Gott (JAH).
Jå, ER ischd mae Hael.
[3]Ihr werat voler Fraed Wasser schöpfa
aus de Haelsquella.
[4]An dem Dag sagat ihr: Dankat am
Herrgott (JAHWE). Ruafat saen Nåma
å, vrzählat älle Völker, was r dao håt.
Vrkündat, dass sae Nåma erhaba ischd.
[5]Sengat am Herrgott (JAHWE) a
Lobliad, weil r graoße Tata volbråcht
håt, sagat s dr ganza Welt.
[6]Jubilierat ond jauchzgat ihr Aewohner
vom Zion, dr Haelige von Israel ischd
graoß en daener Mitte.
Zom Vrgleicha: *Vers 2:* Ex 15,2; Ps 118,14.

REDA ÜBER OENZELNE VÖLKER: 13 1 – 23 18

S Gericht uber Babel:
13 1 – 14 23

Dr Ontergang von Babel: 13 1-22

13 Des ischd dr Spruch über Babel,
den mô dr Jesaja, dr Soh vom
Amoz, gseha håt:
[2]Auf am kahla Berg richtat s Feldzaeche
auf, schreiat laut zo nen, wenkat mit de
Händ, dass se komma sollat durch s Tôr
von de Fürsta.
[3]I han selber maene Gweihte aufbota,

ond zom Zôrngericht maene Helda
aufgruafa, dia mô maener Hohaet
huldiga dent.
4Horch, en de Berg hört mr da Krach
von viele Kriagsheer. Horch, ganze
Königreich kommat då zsema, s
Waffageklirr von viele Nationa, mô
sich då vrsammlat. Dr Herr Zebaoth
(JAHWE Zebaoth) musterat s Heer für
da Kriag.
5Dia kommat von weit her, vom
Hemmelsrand, dr Herrgott (JAHWE)
ond d Werkzeug von saem Zôrn, zom
de ganz Erde vrderba.
6Heulat! Am Herrgott (JAHWE) sae
Dag ischd nåch då! als Gwalt vom
Allmächtiga kommt r.
7Drom werat älle Händ müad, ond jedas
Herz vrzagt.
8Se werat schockiert, von Krämpf ond
Schmerza werat se packt; wia oena, mô
a Kend kriagt wendat se sich. Oener
starrt da andera å mit ama feuerraota
Gsicht.
9Guck! Am Herrgott (JAHWE) sae Dag
kommt grausam, mit Wuat ond ama
hôeßa Zôrn, zom d Erde vrwüasta ond
ihre Sünder rottat r von ra aus.
10Då lassat nå d Stern am Hemmel ond d
Sternbilder ihr Licht et strahla! D Sonne
ischd donkel, wann se raus kommt ond
dr Mond läßt sae Licht ao et leuchta.
11I suach d Boshaet auf dera Welt hoem
ond an de Frevler ihr Schuld. Ond mit
am Übermuat von de Stolze mach i a
End, ond de Gwaltherrscher vrpaß i an
Dämpfer.
12An sterblicha Menscha mach i
kostbarer als Faegold, ond da Menscha
wertvoller als Ofirgold.
13Drom laß i da Hemmel zittera ond
d Erde beba, dass Erdrutsch ällas
vränderat am Dag vom Herr Zebaoth
(JAHWE Zebaoth) saener Wuat ond
saem hôeßa Zôrn.
14Ond aufgschaechte Gazella ond wian
a aufgschreckta Schåfherd, mô koener
hüatat, so sprengt a jeder zo saem Volk,
ond a jeder flüchtat en sae Land.
15Wann då nå oener gfonda wird, der
wird glei vrstocha, ond a jeder, mô
gfanga gnomma wird, stirbt durch s
Schwert.
16Ond ihre Kender werat vôr ihre Aoga
an Wåd nô ghaoa, ihre Häuser plünderat
ond ihre Fraoa gschändat.
17Guck, i hetz d Meder auf se, dia gebat
nex auf Silber, ond vôr am Gold hent dia
koen Respekt.
18Ond mit ihre Kampfboga vrschiaßat se
de jonge Männer, ond für d Leibesfrucht
kennat dia koe Erbarma, et amål d
Kender vrschonat dia.
19Ond Babel, dr Zierde von älle
Königreich ond s Schmuckstück von de
Chaldäer ihrer Pracht, gôht s wia Sodom
ond Gomorra, mô se Gott (Elohim)
zrstört håt.
20Für emmer ond ewig bleibt des
obewohnt, neamerd siedlat sich dort no
å von Generatio zo Generatio. Et amål
Nomada zeltat då no, ond koe Hirt läßt
då no sae Herde lagera.
21Bloß no s Viehzeug aus dr Wüste
füllt dene ihre Häuser ond Eula, bloß
no Strauß ond Dämona hopfat då
omanander.
22Schakal hausat en saene Burga ond
Wölf en saene Paläst. Dene ihr Zeit
ischd komma, ond saene (Babels letzte)
Däg ziagat sich nemme nô.

Zom Vrgleicha: *Vers 1-22:* 21,1-10; 47,1-15; Jer 50f; Offbg 17f • *Vers 5:* Jer 50,25 • *Vers 6:* Joël 1,15 • *Vers 10:* Mt 24,29 • *Vers 15-16:* 2Kö 8,12; Ps 137,9 • *Vers 19:* Jer 49,18 • *Vers 20:* 34,10-15 • *Vers 21:* 34,14; Jer 50,39.

Spottliad auf da König von Babel:
14 1-21

14 Dr Herrgott (JAHWE) vrbarmt
sich über da Jakob ond Israel
erwählt r nômål, zom se wieder auf

ihran Grond ond Boda setza. Ond
Schutzbürger schliaßat sich dene å ond
lebat em Haus Jakob. 2Völker nemmat
se ond brengat s en ihr Hoemat, ond
s Volk Israel nemmt se em Herrgott
(JAHWE) saem Land zo Knecht
ond Mägd als Leibaegene. So haltat
se dia gfanga, bei dene mô se en dr
Gfangaschaft gwea send, ond herrschat
über ihre Zwengherra. 3An dem Dag,
mô dr dr Herrgott (JAHWE) Ruah
vrschafft håt von daene Leida ond von
daener harta Knechtschaft, 4kåsch du
des Spottliad über da König von Babel
senga ond saga:
Aus ischd s mit am Tyranna, d
Onterdrückong håt a End!
5Dr Herrgott (JAHWE) håt am Frevler
saen Stecka abrocha ond da Stab von de
Gwaltherrscher,
6der, mo d Völker gschlaga håt em Zôrn,
ond nemme aufghert håt drmit, ond
ganze Nationa en dr Wuat natreta ond
se gnadalos vrfolgt håt.
7Jetzt ischd a Ruah ond de ganz Erde kå
ausgruaba, se brechat en Jubel aus.
8Über di fraeat sich sogar d Wacholder
ond Zedera auf am Libanon: Seit du
nôglega bist zom schlåfa, kommt koener
maeh då rauf zom ons omhaoa.
9Em Daotareich håt s wega dir an
Aufruhr geba, mô du bloß en d Nähe
komma bist. Wega dir hent se de Daote
ihre Gôester aufgweckt, d Lôethammel
von de Völker auf dr Erde håt r von ihre
Thron aufgschaecht.
10Älle schreiat de å ond sagat: Ao du bist
schwach wôra wia mir, du bist jetzat nex
anders als wia mir!
11Ens Daotareich ischd dae Stolz
naghaglat ond dae Harfaklang. D Mada
send dae Bett ond d Würm deckat de
zua.
12Wia bist d denn vom Hemmel gfalla,
du Môrgastern? Wia håt s de naghaoa,
du Sieger über d Völker?
13Du håsch gmoent: I steig en da
Hemmel nauf, no über de Stern von
Gott (El) richte i maen Thron auf, auf
am Berg (mô sich d Götter vrsammlat)
em äußersta Norda.
14I steig auf d Wolka ond mach me am
Höchsta gleich.
15Aber du wirst ens Daotareich
nagstürzt, en de ällertiafst Höll.
16A jeder, mô de sieht, glotzt de å ond
saed: Ischd des der Kerle, der mô d Erde
beba lassa håt ond ganze Königreich håt
zittera lassa?
17Der, mô d Erde zor Wüste gmacht
håt, ond ganze Städt aegrissa, ond saene
Gfangene nia hoem glassa håt?
18Älle König von de Völker liegat en
Ehra, a jeder en saem Haus,
19aber du bist weggschmissa, fern von
daem Grab, wian a haßlicha Mißgeburt,
zuadeckt mit sotte, mô zdaotgschlaga
wôra send ond mit am Schwert
durchbôhrte, wian a vrtramplats Aas.
Mit dene, mô zo de Stoe en dr Gruab
nafahrat,
20geit s für di koe Vraenigong (em Grab),
du håsch nämlich dae Land ruiniert, ond
dae aeges Volk ombråcht. Drom soll en
Ewigkaet neamerd maeh da Nåma von
dem Vrbrecher ond saener Bruat saga.
21Richtat saene Söh d Schlachtbank nô
für d Schuld von ihre Vädr, dass dia nia
maeh aufstandat ond d Welt eroberat,
ond d Erde mit Städt vol machat.

Zom Vrgleicha: *Vers 1:* 61,5 • *Vers 11:* Am 5,23 •
Vers 13: Jer 51,53.

D Zrstorong von Babel: 14 22-23
22I stand gega dia auf! Spricht dr Herr
Zebaoth (JAHWE Zebaoth), ond rotte
von Babel aus da Nåma ond da Rest,
Sproß ond Stamm! Spricht dr Herr
Zebaoth (JAHWE Zebaoth).
23I machs zom Platz für Wasservögel
ond zo Sompfland, i feg se weg mit am
eiserna Besa! Spricht dr Herr Zebaoth

(JAHWE Zebaoth).
Zom Vrgleicha: *Vers 22:* Ijob 18,19 • *Vers 23:* 34,11.

Gericht über andere Völker: 14 24 - 21 17

D Vrnichtong vom assyrischa Heer wird åkündigt: 14 24-27

24 So håt dr Herr Zebaoth (JAHWE Zebaoth) gschwora: So, wia i mr s vôrgnomma han, so gschieht s, ond so, wia i s beschlossa han, kommt s z'stand!
25 I hao da Assyrer en maem aegena Land zsema ond vrtrapp an auf maene Berg, dass sae Joch von en weicht ond sae Last von ihre Schultera gnomma wird.
26 Des ischd dr Ratschluß, mô für de ganz Erde gilt, ond des d Håd, über älle Völker ausgstreckt.
27 Dr Herr Zebaoth (JAHWE Zebaoth) håt s so beschlossa, wer will s vrhendera? Ond sae Håd ischd ausgstreckt, wer will se zrückbiaga?
Zom Vrgleicha: *Vers 25:* 9,3; 10,27.

S Gericht über d Philister wird åkündigt: 14 28-32

28 En dem Jåhr, mô dr König Ahas gstôrba ischd, ischd dr folgende Ausspruch erganga:
29 Frae de bloß et, Philistäa, dass der Stecka vrbrocha ischd, der mô di ghaoa håt! Aus dr Wurzel von dr Schlang fährt nämlich a Otter, ond dera ihr Frucht ischd a Dracha mit Flügel.
30 Auf maener Wies wôedat de Ärmste von de Arme, ond de Bedürftige därfat en Sicherhaet lagera; ond dae Wurzel laß e am Honger sterba, der brengt ao da Rest om.
31 Heul, Pfort! Schrei, Stadt! Vrboppere, ganz Philistäa! Vom Norda her raocht s nämlich, ond von dene, mô då aufbota send, laoft koener drvo.
32 Was soll mr de Bota von dene Haedavölker zor Antwort geba?: Dr Herrgott (JAHWE) håt da Zion gründat, ond då hent de Elende von saem Volk a Zuaflucht!
Zom Vrgleicha: *Vers 29:* 30,6.

S Gericht über Moab wird åkündigt: 15 1 - 16 14

15 Ausspruch über Moab: Über Nacht ischd Ar-Moab am Erdboda gleich gmacht wôra! Jå, en oener Nacht ischd Kir-Moab am Erdboda gleich gmacht wôra! Ausglöscht!
2 D Tochter Dibon ischd nauf gstiega en da Opfertempel zom Heula; auf Nebo ond auf Medeba klagt Moab; älle Köpf send kahl gschôra ond älle Bärt agschnitta.
3 En saene Gassa laofat se en Säck omanander, auf saene Dächer ond Märktplätz heult ällas ond löst sich en Träna auf.
4 Hesbon ond Elale schreiat, dass mr s sogar en Jahaz hört. Drom zitterat d Kämpfer von Moab ond send bis en d Seel nae vrzagt.
5 Mae Herz schreit auf wega Moab. Saene Flüchtleng kommat bis nach Zoar, am dritta Eglat. Jå, d Stôeg nach Luhit steigt mr heulend nauf! Jå, ond auf am Weg nach Horonajim jåmerat se über des Oglück!
6 Jå, d Wasser von Nimrim werat zor Wüste; s Gras ischd vrdôrrat ond s Kraut, då ischd nex greas maeh då.
7 Drom tragat se des, was en übrig blieba ischd ond was se vrspart hent über da Pappelbach (vrmuatlich d Grenz zwischa Moab ond Edom) fort.
8 Jå, s Gezeter gôht über d Grenza von Moab naus, bis nach Eglajim hört mr s Gejåmer ond bis Beer-Elim.
9 Weil d Bäch von Dibon voler Bluat send. Aber i breng über Dibon no a graeßers Oglück: en Löwa für dia Moabiter, mô

drvokomma send ond für da Rest von
Adma.

16 Schickat vom Landesfürsta
Lämmer (als Abgaba) von de
Felsa en dr Wüste zom Berg von dr
Tochter Zion!
2 Ond so gschieht s: Wian a flüchtiger
Vogel, wian a aufgschaechts Nest send
d Töchter von Moab an de Furta vom
Arnon.
3 Vrschaff ons an Rat, triff (endlich) a
Entschaedong! Mach daen Schatta wia d
Nacht am hella Mittag, vrsteck dia, mô
gflüchtat send, ond vrråte d Flüchtleng
et.
4 Sei a Schutzmacht für dia Moabiter,
mô vrtrieba wora send! Biat en an
Onterschlupf å, wann Vrfolger kommat.
Wann nå dr Onterdrücker am End ischd
ond dia vrschwonda send, mô s Land
ruiniert hent,
5 nå wird a Gnadathron aufgrichtat, ond
auf dem sitzt nå beständig em Zelt vom
David a Richter, der mô gerecht ischd
ond s Recht gelta läßt ond d Wåhrat.
6 Mir hent vom Moab saem Hochmuat
ghört, der mô so graoßkotzig drher
kommt, von saener Haochfährigkaet
ond saem Übermuat, von saem vrlogena
Gschwätz.
7 Drom jåmerat Moab über Moab, oener
über da andera. Om da Zibebakuacha
von Kir-Heres heulat se, ond send ganz
niedergschlaga.
8 Weil d Wengert von Heschbon send
vrtricknat, ond dr Rebstock von Sibma
ischd vrdôrrat. Stammesfürsta hent
ihre Edelreba vrtrappt, dia mô bis nach
Jaeser naganga send ond bis en d Wüste
naus, ihre Ranka send bis ans Meer na
gwucherat.
9 Drom heul i mit Jaeser om d Rebstöck
von Sobma, ond giaß mit maene Träna
Hesbon ond Eleale, weil auf daen Herbst
ond dae Ernt ischd s Hurragschroe (von
daene Faend) gfalla.
10 D Fraed ond dr Jubel send aus de
Fruchtgärta vrschwonda, ond aus de
Wengert hört mr koene fröhliche Lieder
maeh, ond en dr Kelter wird koe Wae
maeh aegstampft. Aus ischd s mit am
Jubelgschrôe.
11 Drom dreht mrs ennerlich ällas rom
wega Moab, wian a Zither klagt s en mr
om Kir-Heres.
12 Wann nå Moab kommt ond sich auf de
Opferhöha viel Müah geit ond en saem
Haeligtom betat, nå nützt des dene gar
nex.
13 Den Spruch håt dr Herrgott (JAHWE)
selligsmål zo Moab dao.
14 Jetzt spricht dr Herrgott so: En drei
Jåhr - ond dia send wia d Jåhr vo'ma
Daglöhner - ischd d Macht ond Pracht
von Moab en d Bedeutongslosigkaet
abgsonka, ond was drvo übrig blieba
ischd, kåsch d vrgessa.

Zom Vrgleicha: *Kap 15 Vers 2:* 16,12 • *Vers 3:* Jer 48,38 • *Vers 4:* Jer 48,34 • *Vers 5:* Jer 48,4f • *Kap 16 Vers 1:* 2Kö 3,4 • *Vers 4:* 29,20 • *Vers 5:* 9,6; Jer 23,5 • *Vers 6:* Jer 48,29-39 • *Vers 11:* Jer 48,36 • *Vers 14:* 21,16.

S Gericht über Damaskus ond über s Nordreich Israel wird åkündigt:

17 1-11

17 Ausspruch über Damaskus:
Guck, Damaskus geit s als
Stadt bald nemme ond s wird zom
Trümmerhaufa.
2 Vrlassa send d Städt om Aroër, dia
kriagat d Herda zom wôeda; dia könnat
sell lagera, ond neamerd stört se drbei.
3 Ond s Bollwerk von Efraim
vrschwendat ond mit am s Königreich
von Damaskus, ond mit dem, was übrig
bleibt von Aram, gôht s wia mit dr
Macht von de Israelita, spricht dr Herr
Zebaoth (JAHWE Zebaoth).
4 So gschiehts an dem Dag: Am Jakob
sae Macht wird emmer grenger, ond s
Fett an saem Leib magerat ab.

haelsams Schlaga, nå bekehrat se sich zo
JAHWE, ond er läßt sich bitta von en
ond macht se gsond. [23]An dem Dag gôht
a Stråß von Ägypten nach Assyrien; nå
könnat d Assyrer nach Ägypten ond
d Ägypter nach Assyrien komma. Nå
könnat d Ägypter mit de Assyrer zsema
da Herrgott (JAHWE) vrehra. [24]An
dem Dag ischd Israel dr Dritte em Bund
mit Ägypten ond Assyrien, a Sega en
dr Mitte vom Erdkraes, [25]weil dr Herr
Zebaoth (JAHWE Zebaoth) saen Sega
drzua geit ond saed: Gsegnat sei mae
Volk Ägypten, ond s Werk von maene
Händ, Assur, ond Israel, mae Aegatom.

Zom Vrgleicha: *Vers 15:* 9,13.

D Ägypter ond d Kuschiter werat vrschleppt: 20 1-6

20 En dem Jåhr, mô dr Erbprinz
nach Aschdod komma ischd
em Auftrag vom assyrischa König
Sargon, ond gega Aschdod kämpft ond
s aegnomma håt, [2]en dera Zeit håt dr
Herrgott (JAHWE) durch da Jesaja, da
Soh vom Amoz gsaed: Gang ond dua da
Sack (Buasgwand) von daene Hüfta ond
dua d Schuah ra von daene Füaß. Des
håt r dao ond ischd nackat ond barfuaß
romgloffa. [3]Ond dr Herrgott (JAHWE)
håt gsprocha: So, wia mae Knecht Jesaja
nackad ond barfüaßig ganga ischd, drei
Jåhr lang, als a Zaeche ond Måhnwort
über Ägypten ond Kusch: [4]so treibt
dr König von Assyrien de Gfangene
aus Ägypten ond de Vrschleppte aus
Kusch weg, Jonge ond Alte, nackad ond
barfuaß, blutt am Arsch, zor Schand von
de Ägypter. [5]Nå send se ganz schockiert
ond schämat sich wega Kusch, mô se
sich Hoffnonga gmacht hent, ond wega
de Ägypter, mit dene mô se so ågeba
hent. [6]Ond d Küstabewohner sagat an
dem Dag: So sieht s mit dene aus, von
dene mô mir Hilfe erwartat hent, dass
se ons vôr am König von Assyrien retta
sollat. Wia sollat nå mir drvo komma?

Nomål wird s Gericht über Babel åkündigt: 21 1-10

21 Ausspruch über d Wüste am
Meer: wia d Stürm en dr Negev-
Wüste romfegat, so kommt s aus dr
Wüste, aus am furchtbara Land:
[2]A harta Offabarong han e gseha: Dr
Raeber ischd a Raeber, ond dr Zrstörer
ischd a Zrstörer! Komm rauf, Elam!
Belagere Medien! Ällam Seufza wega
dene mach i a End!
[3]Wega dem krampft mr s ällas zsema,
Weha hent me packt wian a Frao, wann
se a Kendle kriagt. Ganz schockiert ben
e von dem, was e ghört ond gseha han.
[4]Mir ischd s ganz durmalig em Kopf, ond
s vrschüttlat me richtig. D Dämmerong,
mô mr sonst richtig guat duat, håt r mr
zom Schrecka gmacht.
[5]Mr deckt da Tisch ond legt d Polster
nô, ißt ond trenkt! Auf ihr Fürsta, salbat
da Schild!
[6]So håt nämlich mae Herr zo mr
gsprocha: Gang ond stell an Späher auf!
Der soll melda, was r sieht!
[7]Sieht r Kriagswäga ond Gspann mit
Rösser, an Zug mit Esel ond Kamel, nå
soll r ganz gnao nôgucka ond sich ganz
konzentriera.
[8]Nå håt r gschria wian a Löwe: Herr,
i stand schao da ganza Dag auf maem
Posta ond halt Wach äll Nacht.
[9]Guck, då kommt a Reiterzug ond mit
Gspann! Nå håt oener ågfanga ond
gsaed: Babel ischd gfalla! Babel ischd
gfalla! Ond älle gschnitzte Götterbilder
send auf am Boda zsemaghaoa wôra!
[10]Du, mae zsemadrosches ond natretes
Volk, was e vom Herr Zebaoth
(JAHWE Zebaoth) ghört han, des han
euch vrkündigt.

Zom Vrgleicha: *Vers 2:* 33,1 • *Vers 5:* Dan 5 • *Vers 9:* Jer 51,8; Offbg 14,8; 18,2.

Ausspruch über Edom: 21 11-12
[11]Zo mir schreit oener von Seïr her: Wächter, wia lang ischd s no Nacht? Wächter, wia lang ischd s no Nacht?
[12]Saed dr Wächter: Dr Môrga ischd schao då, aber s ischd no Nacht! Wann r s gnao wissa wöllat, nå kommat halt nômål!

S Gericht über Arabien wird åkündigt: 21 13-17
[13]Ausspruch über d Steppe: En de Büsch von dr Steppe brengat r d Nacht zua, Karawana von de Dedaniter!
[14]Brengat oem, mô Durst håt, Wasser entgega, ihr Aewohner von Tema! Gangat de Flüchtleng mit Brot entgega!
[15]Dia send nämlich vôr de Schwerter gflüchtat, vôr de blanke Schwerter ond de gspannte Boga ond vör dr Wucht von de Kämpf.
[16]Weil, so håt mae Herr zo mr gsprocha: No oe Jåhr, (hart) wia s Jåhr vo'ma Daglöhner, nå ischd s aus mit dr Macht von Kedar; [17]von de Bogaschütza en Kedar bleibat bloß no a paar übrig, des håt JAHWE, dr Gott (Elohey) von Israel gsaed.

S Gericht über Jerusalem: 22 1-25

De ovrbesserliche Aewohner von Jerusalem: 22 1-14

22 Ausspruch über s Tal von de Aegebonga: Was ischd denn los mit dir, dass r älle auf d Dächer nauf gstiega send,
[2]du Stadt vol mit Gedränge, lebensfroha Stadt mit ihre fröhliche Fest? Daene Daotgschlagene send et durch s Schwert omkomma ond et em Kampf gfalla.
[3]Daene Führer send älle abghaoa. Ohne an Bogaschuß håt mr s älle gfanga. Ond dia, mô mr aufgriffa håt, send älle gfanga gnomma wôra, ao wann se no so weit gflüchtat send.
[4]Drom han e gsaed: Guckat weg, i muaß nämlich ganz arg heula, r brauchat euch gar et åstrenga, ihr könnat me et trösta über da Ontergang von dr Tochter von maem Volk.
[5]Vom Herr Zebaoth (JAHWE Zebaoth) kommt nämlich a Dag, mô ällas durchanander gråtat ond natreta wird, voler Schrecka. Em Tal von de Aegebonga werat d Maura gschlôeft ond dr Berg wird gstürmt.
[6]Ond Elam håt Männer mit am Köcher auf Kampfwäga ond Reiter, ond Kir håt da Schild blank gmacht.
[7]Daene schönste Täler send vol mit Kampfwäga, ond d Reiter send gega s Tôr en Stellong ganga.
[8]So håt r Juda an dem Dag da Schutz weggnomma, ond du håsch nach de Waffa guckt em Waldhaus.
[9]Ond nach de Riss en de Maura hent r guckt, ond des send viel gwea; ond s Wasser hent r gsammlat em ontera Teich,
[10]ond d Häuser hent r zählt ond agrissa, zom mit de Stoe behelfsmäßig d Mauer flicka.
[11]Nå hent r a Sammelbecka zwischa zwôe Maura gmacht für s Wasser aus am alta Teich. Aber auf den hent r et guckt, der mô des ällas gmacht håt; ihr hent et auf den guckt, der mô des aus dr Ferne steurat.
[12]Ond mae Herr, dr Herr Zebaoth (JAHWE Zebaoth) håt an dem Dag aufgruafa zom Heula ond Klaga, ond sich d Köpf kahlschera lassa ond sich en Säck aeklôeda.
[13]Aber was ischd? Jubel ond Fraed, Render schlachta ond Schåf metzga, Flôesch essa ond Wae trenka – Laß ons essa ond trenka, môrga se'mr älle he!
[14]Aber dr Herr Zebaoth (JAHWE Zebaoth) håt mir en d Ohra offabart: Der Frevel kå euch et vrgeba wera bis r sterbat. So håt mae Herr, dr Herr

Zebaoth (JAHWE Zebaoth) gsprocha.

Zom Vrgleicha: *Vers 1:* 22,5 • *Vers 5:* 22,1 • *Vers 11:* 2Kö 20,20; Sir 48,17 • *Vers 13:* 1Kor 15,32.

Dr Schebna wird abgsetzt: 22 15-19

15 So hât mae Herr, dr Herr Zebaoth (JAHWE Zebaoth) gsprocha: Auf, gang zo dem Vrwalter då, zom Schebna, der mô da Palast vrwaltat, ond sag am: 16 Was håsch d n då, ond wen håsch då, dass da dr a Grab håsch aushaoa lassa? Du läßt då droba a Grab rausmôeßla für de? 17 Guck, dr Herrgott (JAHWE) bätscht de na ond macht a Päckle aus dr! 18 Der rollt de ae ond macht an Ball aus dr ond kickt de ens weite Land naus, mô s nach älle Seita offa ischd. Då stirbst d, nå kommat daene Ehrawäga, du Schandflecka em Haus von daem Herra. 19 I jag de von daem Posta ond reiß de aus daem Stand.

Zom Vrgleicha: *Vers 15:* 36,3.11.22.

Dr Eljakim wird aegsetzt: 22 20-25

20 An dem Dag beruaf i maen Knecht Eljakim, da Soh vom Hilkija, 21 dem ziag e daen Leibrock å ond häng am dae (Amts)Schärpe rom, ond dae Amt leg e dem en d Händ! Ond der ischd nå a Vadr für d Aewohner von Jerusalem ond für s Haus Juda. 22 Ond i leg am da Schlüssel vom Davidshaus auf d Schulter, ond der kå aufmacha, ond koener därf zuaschliaßa, ond der kå zuaschliaßa, ond koener därf aufmacha. 23 I schlag den nae als an Pfeiler an ra sichera Stell; ond er wird zom Ehrathron für s Haus von saem Vadr.

24 Nå hangt s ganze Gwicht von saem Vadrhaus an am, d Sprößleng ond d Wildsprößleng, älle Gerätschafta, von de kloene Krüagla bis zo de graoße Schüssla. 25 An dem Dag, so spricht JAHWE Zebaoth, kracht der Pfosta, der mô am sichera Platz naegschlaga ischd, na ond haglat om, ond de ganz Last, mô an am hangt, gôht z Bruch. So håt s dr Herrgott (JAHWE) gsaed.

Zom Vrgleicha: *Vers 22:* Mt 16,19; Offbg 3,7.

S Gericht über Tyrus ond Sidon: 23 1-18

23 Ausspruch über Tyrus: Heulat, ihr Tarsisschiff, weil euer Hafastadt ischd am Erdboda gleich! Mô se von Cypern hoemkomma send, hent se s vrfahra.

2 Send still, ihr Küstabewohner, ihr Kaofleut von Sidon,

3 mô haufaweis über s Meer fahrat, dia mô ihran Profit aus dem zoga hent, was dr Nil ond saene Åwohner rausgwirtschaftat hent.

4 Schäm de, Sidon! S Meer saed nämlich ond d Seefestong: I ben et en Weha glega ond han et gebora ond ao koene jonge Männer aufzoga ond jonge Mädla!

5 Wann se des en Ägypten vrfahrat, nå gôht s graoße Zittera å wia beim Hörasaga en Tyrus:

6 Fahrat nom nach Tarsis! Heulat, ihr Küstabwohner!

7 Ischd des vielleicht euer fröhlicha Stadt, mô von åfang å då gwea ischd? Dene ihre Füaß, mô überall nôkomma send ond Niederlassonga gründat hent?

8 Wer håt des beschlossa über Tyrus, des mô Krona vrtôelt håt, ond dera ihre Kaofleut Fürsta gwea send ond ågseha auf dr ganza Erde?

9 Dr Herr Zebaoth (JAHWE Zebaoth) håt des beschlossa, zom dene ihr Haochfährigkaet ond Protzerei preisgeba, ond dia auf dr ganza Welt ehrbare Herra zom blamiera.

10 Fahr no durch dae Land wia dr Nil, Tochter Tarsis, s geit koen Hafa ond koe Werft maeh!

11 Sae Håd håt r ausgstreckt über s Meer ond håt Königreich zittera lassa. Dr Herrgott (JAHWE) håt da Befehl geba

über Kanaan, saene Festonga sollat he
gmacht wera.
12Ond r håt gsaed: Du därfst de nia
maeh fraea, du vrgewaltigta jonga Frao,
Tochter Sidon! Auf gohts! Gang nom
nach Cypern! Ao sell kriagst d koe
Ruah.
13Guck, des ischd s Land von de Chaldäer,
a Volk, mô gar nemme existiert. D
Assyrer hent an Flottastützpunkt draus
gmacht. Dia hent Belagerongstürm
baut ond ihre Paläst am Erdboda gleich
gmacht.
14Heulat! Ihr Tarsisschiff, weil euer
Festong he ischd!
15An dem Dag gschiehts: siebzg Jåhr fällt
Tyrus en Vrgessahaet, so lang wia s Leba
vo'ma König. Aber nach siebzg Jåhr
gôht s mit Tyrus so, wia s em Huraliadle
hôeßt:
16Nemm dae Zither! Strôef durch d
Stadt, du vrgessena Hur! Mach s guat
mit daener Zither ond seng ao viel, dass
mr wieder an de denkt!
17Aber nach siebzg Jåhr suacht dr
Herrgott (JAHWE) Tyrus hoem, nå
kommt se wieder zo saem Huraloh.
Ond se treibt wieder Hurerei mit älle
Königreich auf am ganza Erdboda.
18Aber ihr Profit ischd nå am Herrgott
(JAHWE) gweiht. Der wird et
aufghäuft ond et aufghoba, sondern der
kommt dene z guat, mô ihr Leba vôr am
Herrgott (JAHWE) führat*, dass dia
sich satt essa ond sich ågmessa åziaga
könnat. *Tempelpersonal

Zom Vrgleicha: *Vers 1:* 23,14; 2,16 • *Vers 4:* 1,2 • *Vers 8:* Offbg 18,23 • *Vers 14:* 23,1; 2,16 • *Vers 17:* Offbg 17,2.

D JESAJA-APOKALYPSE: 24 1 – 27 13

S Weltgericht wird åkündigt: 24 1-23

24 Guck, dr Herrgott (JAHWE)
macht d Erde leer ond he, der
dreht ällas rom ond vrstraet ihre
Bewohner.
2Nå wird dr Priaster wia dr oefache Må,
dr Knecht wia sae Herr, d Magd wia ihr
Herrin, dr Kaefer wia dr Vrkaefer, dr
Leiher wia dr Vrleiher, dr Glaebiger wia
dr Schuldner.
3Durchg'ackerat ischd d Erde ond total
ausplünderat, bis nex maeh då ischd. So
håt JAHWE gsprocha.
4Vrdôrrat ond vrwelkt ischd d Erde,
vrfalla ischd de ganz Welt. Ao de Obere
en dera Welt vrschmachtat.
5D Erde ischd entweiht onter ihre
Bewohner, ond weil se d Åweisonga
übertreta hent ond vom Recht abgwicha
send, hent se da ewiga Bund brocha.
6Drom frißt a Fluach d Erde, ond dia,
mô drauf wohnat, müaßat s büaßa.
Drom schwendat d Menschaet emmer
maeh ond von de Sterbliche bleibat
wenig übrig.
7Aus ischd s mit am Wae, d Reba
vrwelkat, ond älle, mô so fröhlich gwea
send, klagat.
8Dr Jubel mit de Handpauka håt
aufghert, ond dr laute Frohsenn håt a
End, ond d Fraed am Zitherspiel.
9Beim Wae wird nemme gsonga, de
Trenker schmeckt dr Schnaps herb.
10Abrocha ischd d öda Stadt, jedas Haus
gschlossa, neamerd kommt nae.
11En de Gassa klagat se om da Wae,
jeda Fraed ischd vrganga, dr Jubel ischd
vrschwonda aus am Land.
12En dr Stadt ischd bloß no s blanke
Entsetza ond a Trümmerhaufa übrig, s
Stadttôr ischd he.
13Nå gôht s auf dr Erde zua onter de
Völker wia wann d Olivabaem aklopft
send, beim Afzgabergla, wann d Ernt

vorbei ischd.
[14]Vom Meer her hört mr Stemma, dia
jubilierat über d Hohaet von JAHWE:
[15]Drom gebat en Osta am Nâma JAHWE
d Ehr, auf de Insla em Meer am Nâma
JAHWE, Gott (Elohey) von Israel.
[16]Vom Erdarand hât mr Lobgsäng ghört
zor Vrherrlichong vom Gerechta. Aber
i han mr gsaed: Aus ischd s! aus ischd s
mit mr! O Waehdag mir: Lompa send
ond bleibat Lompa.
[17]S Graua, d Gruab ond s Garn kommat
über de, Erdabewohner!
[18]Der, mô vôr am Graua drvosauat,
haglat en d Gruab nae, ond der, mô aus
dr Gruab raus kommt, vrfangt sich em
Garn! Weil d Schleusa en dr Höhe gangat
auf ond d Erde bebt en de Grondfesta.
[19]D Erde kracht ausanander, ällas wankt
ond schwankt ond kracht ausanander.
[20]D Erde durmlat omananander wian
a Bsoffener ond schauklat wian a
Hängematte, ond schwer lastat ihr
Frevel auf ra, se haglat nô ond stôht
nemme auf.
[21]An dem Dag suacht dr Herrgott
(JAHWE) s Heer en dr Höhe ond auf dr
Höhe hoem, ond d König auf dr Erde.
[22]Dia werat zsematrieba ond aegsperrt
en dr Gruab. Ond se werat aegschlossa
onter Vrschluß, ond erst nach viele Däg
zor Rechaschaft zoga.
[23]Nå schämt sich dr Mond, dass r raot
wird, ond Sonne wird blaß, weil dr Herr
Zebaoth (JAHWE Zebaoth) König wôra
ischd auf am Zion ond en Jerusalem,
ond vôr saene Älteste en Herrlichkaet.

Zom Vrgleicha: *Vers 4:* 33,9; Jer 12,4; 23,10; Am 1,2 • *Vers 5:* Jer 2,9 • *Vers 13:* 17,6 • *Vers 17:* Jer 48,43f • *Vers 20:* 1,8 • *Vers 23:* 60,19.

Dank für da Ontergang von dr faendlicha Stadt: 25 1-5

25 JAHWE, du bist mae Gott
(Elohay); i will de rühma ond
daen Nâma preisa. Du håsch Wonder
vollbråcht, daene Ratschlüss send von
je her zuavrlässig ond wåhr.
[2]Du håsch dui Stadt zo ama Stoehaufa
gmacht, ond d Festong zor Ruine, da
Palast von de Fremde (Herra) håsch d so
zuagrichtat, dass dia nia maeh aufbaut
werat.
[3]Drom gebat dir starke Völker d Ehr,
ond d Städt von gwalttätige Völker
müaßat Angst hao vôr dir.
[4]Weil du a Schutzburg für de Schwache,
ond für de Arme en ihrer Naot a
Zuaflucht gwea bist, a Dach vôr am
Owetter ond a Schatta vôr dr Hitz. De
Gwalttätige send nämlich en ihrer Wuat
wian a Gwitter em Wenter,
[5]ond wia d Hitz em dürra Land. De
Fremde ihram Spektakel gibst du an
Dämpfer wia dr Hitz durch da Schatta
von Wolka, ond de Tyranna ihran
Siegasjubel läßt du aufhera.

S Festmahl auf am Berg Zion: 25 6-8
[6]Ond dr Herr Zebaoth (JAHWE
Zebaoth) richtat auf dem Berg a üppigs
Festessa nô für älle Nationa, mit
ausgsuachte Wae, mit fette ond markige
Speisa, mit Wae, mô d Hefa azoga
ischd.
[7]Ond r duat auf dem Berg dui Hülle
weg, mit dera mô d Haedavölker
zuadeckt send, ond dui Decke, mô über
älle Völker ausbrôetat ischd.
[8]**Da Daot vrnichtat r auf ewig. Ond
mae Herr, JAHWE wischt älle Träna
von de Gsichter, ond d Schand von
saem Volk auf dr ganza Erde nemmt
r weg; so håt dr Herrgott (JAHWE)
gsprocha.**

Zom Vrgleicha: *Vers 8:* Hos 13,14; 1Kor 15,26.54; Offbg 7,17.

Dr Dank für d Vrnichtong von Moab: 25 9-12
[9]An dem Dag werat se saga: Guckat,
des ischd onser Gott (Elohey), auf den

he'mr onser Hoffnong gsetzt, dass r ons
hilft! Des ischd JAHWE, auf den hent
mir ghofft. Laß ons fröhlich sae ond
jubiliera über sae Hilfe.
[10]Jå, am Herrgott (JAHWE) sae Håd
liegt auf dem Berg; ond Moab wird
an saem Ort natreta, wia s Stroh en da
Misthaufa naetreta wird.
[11]Wann der ao mit de Händ ruaderat
wian a Schwemmer, tonkt r den, wann
r aufekomma will, na mitsamt saem
Haochmuat, då könnat sich saene Händ
no so wehra.
[12]Ond daene haoche Festongsmaura
schlôeft r, läßt se aehagla, bis se am
Erdboda gleich send.

Siegesliad: 26 1-6

26 An dem Dag sengt mr en Juda des
Liad: Mir hent a starka Stadt. Zom
Schutz baut r Maura ond Vôrwerk.
[2]Machat d Tôr auf, dass a rechtschaffes
Volk aezieha kå, des mô ao d Treue
hält.
[3]Dene, mô a festa Gsennong hent,
schenkst du daen Frieda, weil se dir
vrtrauat.
[4]Vrtrauat für emmer auf da Herrgott
(JAHWE), jå, weil JAHWE ischd a
ewiger Felsa.
[5]D Bewohner auf dr Höhe droba håt r
nagschmissa, a aufragenda Stadt håt r
am Erdboda gleichgmacht, zo Staob.
[6]De Arme laofat drüber weg ond de
Elende vrtrappat da Rest.

Zom Vrgleicha: *Vers 2:* Ps 118,19f • *Vers 5:* 25,12.

A Liad auf am Herrgott sae Gerechtigkaet. 26 7-19

[7]Am Rechtschaffena sae Weg ischd
gradlinig; du machst am Gerechta saen
Weg eba.
[8]Mir wartat auf di JAHWE, ao auf am
Weg von daem Gericht; nach daem
Nåma ond nach daem ådenka håt d Seel
a Vrlanga.
[9]Mae Seel vrlangt nach dir en dr Nacht,
ond mae Gaest håt Sehnsucht nach dr;
weil d Erdabewohner lernat s Recht
kenna, wann du mit daem Gericht über
d Erde kommst.
[10]Dät a Gottloser begnadigt wera bevôr
r da Richterspruch ghört håt, nå dät r nia
s Recht kenna lerna. Sogar em Land, mô
s gerecht zuagöht, duat der Orecht ond
achtat et auf am Herrgott (JAHWE) sae
Hohaet.
[11]JAHWE, dae Håd ischd erhoba, aber
dia seahnat s et, aber se werat s seha ond
sich schäma! Dr Eifer om dae Volk ond
s Feuer gega daene Faend soll se fressa.
[12]JAHWE, aber ons sprichst d daen
Frieda zua, wia da ällas für ons dao
håsch, was mir erraecht hent.
[13]JAHWE, onser Gott (Eloheynu),
außer dir hent ons no andere Herra
beherrscht; aber mir kennat bloß daen
Nåma.
[14]Daote werat et wieder lebendig, ond
dia, mô gstôrba send, standat nemme
auf. Drom håsch du se hoem gsuacht
ond ausradiert, dass neamerd maeh an
se denkt.
[15]Zom Volk håsch d emmer maeh drzua
dao, JAHWE, drzua dao håsch d zom
Volk ond de vrherrlicht ond d Grenza
vom Land ausgweitat.
[16]JAHWE, en dr Drangsal hent se de
gsuacht, ond mô da se züchtigt håsch,
hent se ganz laut gschria.
[17]Wia a Schwangera, mô kurz vor dr
Geburt stôht ond sich wendat ond en
de Weha schreit, so send ao mir gwea en
daene Auga, JAHWE.
[18]Mir send schwanger gwea ond hent
ons gwonda, aber mô mr gebora hent,
ischd s Wend gwea. Mir hent s Land
et befreit ond Erdabewohner send ao
koene rauskomma.
[19]Daene Daote werat leba ond maene
Leicha standat auf! Wachat auf ond
jubilierat ihr Staobbewohner. Dae Tao

blanke Entsetza, wa'mr kapiert, was drhenter steckt.
[20]S Bett ischd nämlich z kurz, zom sich dren lång macha, ond d Decke ischd z schmal, zom sich dren aewickla.
[21]Weil so, wia am Berg Perazim stôht dr Herrgott (JAHWE) auf, ond wia em Tal bei Gibeon tobt r ond vollbrengt sae Tat, - a seltsama Tat! Ond sae Werk - a befremdlichs Werk!
[22]Ond jetzt herat r auf mit euram frecha Gschwätz, sonst werat eure Fessla bloß no fester. Weil, des han e von maem Herra, am Herr Zebaoth (JAHWE Zebaoth), ghört: was beschlossa ischd über d Erde, des wird vollendat!

Zom Vrgleicha: *Vers 16:* 7,9; Rö 9,33; 10,11; 1Petr 2,6 • *Vers 19:* 28,9 • *Vers 21:* 2Sa 5,17-25; Jos 10,10-14 • *Vers 22:* 10,23.

S Beispiel vom Baura: 28 23-29

[23]Losnat her ond horchat auf mae Stemm! Passat auf ond achtat auf mae Red!
[24]Ackerat dr Ackermå vielleicht da ganza Dag, dass r säa kå? Hackt ond eggt r saen Acker de ganz Zeit?
[25]Ischd s et so: wann r an eba gmacht håt, nå straet r Dill ond Kemmich, ond brengt da Wôeza ond d Gersta en Strôefa aus, ond an da Rand da Spelt?
[26]So håt am s sae Gott (Elohayw) beibråcht, dass r s richtig macht.
[27]Da Dill drischt mr nämlich et mit am Dreschschlitta, ond mit am Wagarad fährt mr et über da Kemmich, sondern da Dill klopft mr mit am Stecka ond da Kemmich mit am Dreschflegel.
[28]Vrmahlt mr vielleicht s Korn (beim Drescha)? Noe, mr drischt et so lang drauf nae ond treibt da Waga ond d Rösser drüber, bis s vrmahla ischd.
[29]Ao des ischd vom Herr Zebaoth (JAHWE Zebaoth) ausganga; sae Rat ischd wonderbar ond sae Omsicht ischd graoß.

Zom Vrgleicha: *Vers 29:* 9,5.

D Belagerong ond d Rettong von dr Stadt: 29 1-8

29 O Waehdag dir, Ariël, Ariël, du Stadt, mô früher dr David sae Lager ghet håt. Dent no oe Jåhr zom andera, ond d Fest hent ihran Kraeslaof.
[2]Nå drangsalier i Ariël, dass se stöhnat ond jåmerat, nå wird se für mi erst a Ariël (Gottesherd oder Opferaltar).
[3]I mach an Belagerongsreng om de ond laß Schanza baua gega de.
[4]Nå kåsch du bloß no vom Boda aus am Staob rauf hôeßer schwätza, des klengt nå wia d Stemm vo'ma Gspenst aus ra Erdhöhle.
[5]Ond wia faener Staob ischd nå dr Haufa von daene Fremdherrscher ond wia d Sprae, mô drvowirblat. Nå gschiehts
ganz plötzlich en oem Aogablick: [6]Vom
Herr Zebaoth (JAHWE Zebaoth) wirst d hoemgsuacht mit Donnergedröhn ond Kracha, mit Sturm ond Owetter ond Feuerflamma, mô om sich fressat.
[7]Nå passiert s wia ema Traomgsicht: dr ganze Völkerhaufa, mô gega Ariël kämpft håt, ond älle, mô gega ehn ond sae Bergfestong zoga send ond an drangsaliert hent; [8]des ischd nå, wia
wann a Hongriger traemt, r dät essa, ond wann r aufwacht, ischd sae Bauch leer, ond wia wann a Durstiger traemt, r dät trenka, ond wann r aufwacht, ischd r ganz vrlechnat ond schmachtat; so gôht s dene ganze Völkerhaufa, mô da Berg Zion ågreifat.

Zom Vrgleicha: *Vers 1:* 2Sa 5,6-8 • *Vers 6:* 30,30.

D Vrblendong vom Volk: 29 9-16

[9]Starrat no nô ond vrschreckat, machat euch selber ebbas vôr ond werat voll ganz blend! Ihr send bsoffa, aber et vom Wae! Ihr durmlat omanander, aber et vom Schnaps!

10Dr Herrgott (JAHWE) håt nämlich
über euch an Gaest ausgossa, der mô
euch en an Tiafschlåf vrsetzt. Ond r håt
euch d Aoga (Profeta) vrschlossa, ond
eure Häupter (Seher) zuadeckt.
11Ond d Weissagonga send für euch
zo'ma vrsiegelta Buach wôra. Wa'mr
des oem gibt, der mô lesa kå ond saed
zo'n am: lies des amål vôr! Nå saed der: I
kå et, des ischd doch vrsieglat!
12Wa'mr aber des Buach oem gibt, der
mô et lesa kå ond saed: Lies des vôr! Nå
saed der: I kå doch gar et lesa!
13Nå håt mae Herr gsaed: Weil des Volk
då bloß mit am Maul zo mr kommt
ond bloß mit dr Gosch mir d Ehr geit,
aber mit am Herza gar et bei dr Sach
ischd, ond d Ehrfurcht vôr mir bloß no
auswendig glernte Sprüch send,
14drom mach i weiter mit dem Volk då,
dass dia sich wonderat, wonderbare
Wonder, dass dene Gscheite Leut ihr
Weishaet vrgôht, ond de Obergscheite
ihr Klughaet.
15O Waehdag dene, mô vôr am Herrgott
(JAHWE) ihre Plånonga vrberga wöllat
ond mit ihre Machaschafta em Donkla
bleibat ond moenat: Wer sieht as schao
ond wer kennt as?
16O vrkehrta Welt! Ischd vielleicht dr
Loehma wia dr Töpfer zom achta, dass
a Werkstück zo dem, mô s gmacht håt
saga dät: der håt me gar et gmacht, ond
s Bild von saem Bildner saga dät: der
vrstôht doch nex?

Zom Vrgleicha: *Vers 9:* 28,7 • *Vers 10:* 19,4 • *Vers 14:* 1Kor 1,19 • *Vers 16:* 45,9; Jer 18,1-6; Rö 9,20f.

Frieda ond Glück für Israel: 29 17 24

17No a kloes Weile, nă wird aus am
Libanon wieder a fruchtbarer Garta,
ond da Fruchtgarta kå mr als Park
ågucka.
18An dem Dag hörat de Taobe s Wort
aus dr Schrift, ond de Blende ihre Aoga
seahnat sogar em Donkla bei dr Nacht.
19Ond dia, mô nadruckt wôra send,
hent wieder a Fraed am Herrgott, ond
de Ärmste onter de Menscha jauchzgat
über da Haeliga en Israel.
20Nå ischd s nämlich aus mit de Tyranna,
ond d Spötter send ao erledigt, ond älle
mô weiter Orecht doa wöllat, werat
ausgrottat
21ond dia, mô andere als Vrbrecher
nôstellat, dia mô am Richter, der em Tôr
sitzt, Falla stellat ond s Recht vrdrehat
gega an Oschuldiga.
22Drom - so spricht dr Herrgott
(JAHWE), der mô da Abraham grettat
håt, zom Haus vom Jakob: Dr Jakob
gôht nemme z Grond ond sae Gsicht
muaß nemme blôech wera.
23Wann saene Kender nämlich seahnat,
was i mit maene Händ bei nen dao han,
nă haltat dia maen Nāma haelig, nă haltat
dia da Haeliga vom Jakob haelig ond
hent a Ehrfurcht vor am Gott (Elohey)
von Israel.
24Ond dia, mô em Gaest vrwirrt send,
nemmat Vrstand å, ond dia, mô rom
maulat, lent sich belehra.

Zom Vrgleicha: *Vers 17:* 32,15 • *Vers 20:* 16,4.

D Nutzlosigkaet vom Bündnis mit de Ägypter: 30 1-7

30 O Waehdag, ihr bockboenige
Kerle! Ausspruch vom Herrgott
(JAHWE): Plän schmieda ohne mi, ond
Bündnis aeganga, mô et en maem Senn
send ond nex wia Schuld auf Schuld
häufa?
2Dia gangat nach Ägypten nonter,
ohne mi z fråga ond wöllat sich onter
da Schutz vom Pharao stella, sich em
Schatta von Ägypten berga.
3Aber dr Schutz vom Pharao wird euch
zor Schand ond dr Schatta von Ägypten
zom Hohn.
4Ao wann saene Fürsta en Zoan gwea
send ond saene Bota nach Chanes
komma send.

[5]A jeder ischd enttäuscht wôra von dem
Volk, mô nen nex nützt ond nex hilft,
sondern bloß a Schempf ond Schand
ischd.
[6]Ausspruch über d Viecher em Negeb:
Em Land, mô Naot ischd ond Drangsal,
mô Löwa ond Löwinna herkommat,
Ottera ond fliagende Dracha, brengat
se auf am Esel ihre Güater ond auf am
Höcker von Kamel ihre Schätz zo dem
Volk, mô nen nex nützt,
[7]nach Ägypten, hôeßa Luft ischd dene
ihr Helfa ond nex anders. Drom hôeß
i des: D Rahab, mô zor Otätigkaet
vrdammt ischd.

Zom Vrgleicha: *Vers 1:* 31,1; 2Kö 18,21; Jer 2,18.

D Stråf für s trotzige Volk: 30 8-17

[8]Gang jetzt ond schreib s vôr dene drå
auf a Tafel ond trags en a Buach ae, dass
s auf an künftiga Dag ond für älle Zeita
bezeugt ischd:
[9]Dia send nämlich a widerspenstigs
Volk, vrlogene Kerle, Söh, mô et höra
wöllat auf am Herrgott (JAHWE) saene
åweisonga.
[10]Dia sagat zo de Seher: Ihr braucht für
ons nex seha! Ond zo de Weissager: Ihr
brauchat ons et saga, was recht ischd!
Mir wöllat bloß höra, was ons gfällt!
Sagat ons ebbas Schös!
[11]Nemmat s no et so gnao mit am grada
Weg, gangat ao amål a bißle nebanaus,
aber vrschonat ons mit am Haeliga von
Israel!
[12]Drom; so spricht dr Haelige von Israel:
Weil ihr des Wort vrwôrfa hent ond
euch auf kromme Sacha ond Lompereia
vrlassat ond euch ao no drauf stützat,
[13]ischd für euch dui Schuld wian a
baufälliga haocha Mauer, mô jedan
Aogablick aehagla kå.
[14]Ond se bricht ausananander wian wann
a Töpfer an Kruag zsemahaot, dass mr
koen Scherba maeh fendat, mit dem mr
no a Gluat aus Herd schärra oder Wasser
schöpfa könnt aus dr Zisterne.
[15]**So spricht mae Herr, JAHWE, dr
Haelige von Israel: Em Omkehra ond
en dr Ruah liegt euer Rettong, em
Still-Sae ond Vrtraua fendat r Kraft.
Aber ihr hent jå et wölla!**
[16]Ihr hent noe gsaed! Auf Rösser wöllat
mir rasa! Nå rasat doch! Aber drvo!
Auf Rennpferd wöllat mir reita! Drom
machat eure Vrfolger mit euch a Renna!
[17]Tausad von euch haoat ab, wann oener
euch droht, ond wann fenf drohat, nå
haoat r älle mitananander ab, bis bloß no
a paar übrig bleibat wian a Pfahl auf am
Gipfel, wia s Fähnlaen auf am Berg.

Zom Vrgleicha: *Vers 9:* 1,4 • *Vers 10:* Am 2,12; 7,12f • *Vers 17:* Dtn 32,30.

D Begnadigong vom Volk: 30 18-26

[18]Ond trotz ällam wartat dr Herrgott
(JAHWE) drauf, dass r euch begnadiga
kå, ond drom stôht r ao auf, zom sich
über euch vrbarma. A Gott (Elohey)
vom Recht ischd nämlich JAHWE, a
Glück für älle, mô auf an harrat.
[19]Du Volk, mô auf am Zion en Jerusalem
wohnt – du muaßt et heula! Dr Herr
ischd dr gnädig, wann da zon am om
Hilfe schreist; kaom dass r s hört, geit r
dr schao Antwort!
[20]Ond mae Herr gibt euch Brot ohne
Naot ond Wasser ohne Drangsal. Nå
isch dae Lehrer nemme em Vrborgena,
ond daene Aoga könnat daen Leher
emmer seha,
[21]ond daene Ohra hörat Weisonga, mô
de von henta lôeta dent: des ischd dr
Weg, auf dem gangat r, ob s nach rechts
oder nach lenks gôht.
[22]Nå entweihat ihr eure silberbeschlagene
Götza ond eure vrgoldate Gußbilder
ond schmeisat se fort wia Kutter, ond
da saesch: naus mit dem Glomp!
[23]Nå gibt r daener Saat, mô da auf daen
Acker säst, Rega, ond s Korn, mô dr
Acker draet, stôht fett ond üppig då.

Dae Vieh wôedat an dem Dag en weite
Aoa.
24Ond d Ochsa ond d Esel, mô dr da
Acker omtreibat, därfat Mischfuader
fressa ond Salz schlecka, a aufgschochats
Fuader.
25Ond auf jedam haocha Berg ond auf
jedam Hügel send Wassergräba am Dag
vom graoßa Morda, mô d Wehrtürm
aefallat.
26Nå schaent dr Mond so hell wia d
Sonne, ond s Sonnalicht ischd sieba Mål
heller, wia s Licht von sieba Däg auf
oe Mål, an dem Dag, mô dr Herrgott
(JAHWE) da Schada von saem Volk
vrbendat, ond dia Wonda, môn r am
gschlaga håt, hôelt.

Zom Vrgleicha: *Vers 18:* Ps 2,12 • *Vers 25:* 2,14.

S Gericht über Assur: 30 27-33

27Guckat, dr Nåma JAHWE kommt von
weit her, en ama brennenda Zôrn kommt
r wuchtig drher. Saene Lippa gremmig
ond sae Zong wian a vrzehrends Feuer.
28Sae Odem ischd wian a Sturzbach,
mô bis an da Hals gôht, zom d Völker
durchbeutla en (ihre aegena) Lugena,
wia e'ma Zaom, mit dem mô d Völker
en Irre glôetat werat.
29Nå sengat ihr Liader wia en dera
Nacht, mô mr sich haeligt auf s Fest. Nå
fraeat r euch wian a Flötaspieler, der mô
auf da Berg vom Herrgott (JAHWE),
auf da Felsa von Israel, gôht.
30Då läßt JAHWE sae mächtiga Stemm
höra ond zaegt, wia sae Arm rafährt.
Em Zôrn ond em vrzehrenda Feuer
kommt a Wolkabruch mit Gwitter ond
Hagelschlag.
31Vôr am Herrgott (JAHWE) saener
Stemm schrickt Assyrien zsema, wann
ER mit dr Ruat draehaot.
32Ond jedas Mål, wann d Ruat vom
Herrgott (JAHWE) auf an nagôht, nå
klopft r auf dr Pauk ond mit Zithera
da Takt zom Tanz (Kampf), wann r mit
Schwongopfer-Kämpf gega se kämpft.
33Für dia ischd nämlich schao längst d
Feuerstell nôgrichtat, ao für da König
ischd se nôgrichtat, bsonders tiaf ond
brôet håt mr für den da Holzstoß
gmacht, Holzscheiter send gnuag då. Am
Herrgott (JAHWE) sae Odem zündat
an å wian a Schwefelflammastrom.

Zom Vrgleicha: *Vers 27:* 29,6 • *Vers 30:* 30,27; 29,6.

A neua Warnong vor Ägypten: 31 1-3

31 O Waehdag dene, mô nach
Ägypten nagangat, dass en dia
helfa sollat, ond sich auf Rösser ond
Kampfwäga vrlassat, weil dia so viel
drvo hent ond a graoßa Reiterei. Aber
auf da Haeliga von Israel guckat se et,
ond da Herrgott (JAHWE) frågat se et.
2Aber der ischd ao weise ond laßt Ohael
über s komma, ond sae Wort nemmt r
et zrück. R stôht auf gega des Haus von
Vrbrecher ond ihre Helfershelfer.
3D Ägypter send nämlich ao Menscha
ond koene Götter (Elohim), ihre Rösser
send Flôesch ond Bluat ond koe Gaest.
Ond wann dr Herrgott (JAHWE) sae
Håd ausstreckt, nå strauchlat dr Helfer,
ond der, dem mô gholfa wera soll, fällt,
dia gangat älle mitananander z'grond.

Zom Vrgleicha: *Vers 1-3:* 30,1-7.

JAHWE kämpft für dia, mô treu send:
31 4-9

4So håt dr Herrgott (JAHWE) zo mr
gsprocha: so wian a Löwe knurrat ond a
jonger Löwe über saener Beute knurrat,
wa'mr älle Hirta gega an aufbota håt, der
vrschrickt et vôr dene ihram Gschrôe,
so ischd dr Herr Zebaoth (JAHWE
Zebaoth), wann r zom Kampf auf da
Berg Zion ond saene Höha rakommt.
5Wia d Vögel mit ihre Schwenga, so will
dr Herr Zebaoth (JAHWE Zebaoth)
Jerusalem abschirma, s schütza ond
befreia, vrschona ond retta.

6Kehrat om, ihr Söh von Israel, zo dem, von dem r so tiaf abgfalla send.
7An dem Dag schmeist a jeder saene vrsilberte ond vrgoldate Götza weg, mô euch eure sündige Händ gmacht hent.
8Ond Assur fällt, aber et durchs Schwert von Männer, ond s Schwert, aber et von Menscha, frißt an. Ond se haoat ab vôr dem Schwert, ond saene jonge Männer müaßat Frondenst laesta.
9Ond dia, môn r sich drauf vrlassa håt, vrgangat vôr Angst ond Schrecka, ond saene Fürsta gangat von dr Fåhn. Ausspruch vom Herrgott (JAHWE), der mô a Feuer håt auf am Zion ond an Gluatofa en Jerusalem.

Zom Vrgleicha: *Vers 7:* 2,20.

S Reich von dr Gerechtigkaet: 32 1-8

32 Guckat: A König kommt ond regiert en Gerechtigkaet, ond d Fürsta müaßat sich ans Recht halta.
2Ond a jeder ischd nå wian a Wendschutz ond wian a Schutzhütte vôr am Wolkabruch, wia Wasserbäch em Ödland ond wia dr Schatta vo'ma graoßa Felsbrocka em austricknata Feld.
3Nå send d Aoga von de Sehende nemme zuabäbbt, ond de Hörende werat aufpassa.
4De Übereifrige lernat zom onterschôeda ond zom erkenna, ond d Stotterer könnat klar ond deutlich schwätza.
5An Frevler hôeßt mr nå nemme an ehrawerta Herra, ond an Gaoner hält mr nemme für vürnehm.
6Weil a Frevler schwätzt frevelhaft raus, ond em Herza heckt der bloß Orecht aus. Was r duat ischd niederträchtig, ond über JAHWE schwätzt r bloß vrloges Zuigs drher. Da Hongriga läßt r darba ond da Durstiga vrschmachta.
7Am Gaoner saene Werkzeug send Schlechtigkaet, der håt bloß henterlistige Gedanka em Kopf zom de kloene Leut mit saem vrlogena Gschwätz ens Vrderba ziaga, ao wann a Armer saed, was Recht ischd.
8Aber a edler Mensch denkt edel ond tritt für s Edle ae.

Zom Vrgleicha: *Vers 1:* 11,3-5; Jer 23,5 • *Vers 3-5:* 6,9f.

De leichtsennige Fraoa: 32 9-14

9Ihr sôrglose Fraoa, standat auf ond horchat auf mae Stemm! Ihr vrtrauensselige Töchter, schenkat maener Red a Ghör!
10Über Jåhr ond Dag werat r zittera! Nå ischd s aus mit dr Waeles, ond a Obsternt geit s ao nemme.
11Zitterat no, ihr Sôrglose ond bebat, ihr Vrtrauensselige! Ziagat euch aus ond machat euch blutt ond dent euch an Gürtel om d Lenda!
12Klopfat euch an d Brust ond klagat om eure schöne Felder ond om eure üppige Rebstöck!
13Om da Acker vo maem Volk, der mô em Dôrnagstrüpp vrwilderat, om älle Lusthäuser en dr fröhlicha Stadt.
14Dr (Königs)Palast ischd nämlich vrlassa, aus dr Stadt hörst d nex maeh. D Wehrålaga ond dr Turm send zo Schlupfwenkel wôra für a langa Zeit. D Wildesel ond s Vieh fraeat sich drüber ond wôedat dren.

Zom Vrgleicha: *Vers 9-14:* 3,16-4,1 • *Vers 9:* Am 4,1-3;.6,1.

Dr Gaest wirkt aus dr Höhe: 32 15-20

15Bis über ons dr Gaest aus dr Höhe ausgossa wird: Nå wird aus dr Wüste a Baomwies, ond aus dr Baomwies wird a richtiger Wald.
16Nå wohnt en dr Wüste s Recht, ond d Gerechtigkaet waltat en de Obstgärta.
17Ond d Gerechtigkaet schafft da Frieda, ond d Frucht vom Recht ischd Sicherhaet ond Ruah auf ewig.
18Nå lebt mae Volk en Friedensaoa, en

sichere Behausonga ond auf sôrgalose Rastplätz.
[19]Ond während s en da Wald naehaglat ond dr Wald aefällt ond Stadt niedergmacht wird,
[20]hent ihr s Glück, dass r am Wasser säa därfat ond am Vieh ond de Esel freian Laof geba könnat.

Zom Vrgleicha: *Vers 15:* 29,17 • *Vers 17:* 30,15 • *Vers 18:* 33,20.

Wehruaf über d Faend: 33 1

33 O Waehdag dir, du Vrwüaster, der mô selber et wôeß, was des hôeßt, wa'mr vrwüastat wird, ond Raeber, der selber no nia ausgraobt wôra ischd. Wann da fertig bist mit am Hemacha, nå wirst selber vrwüastat, ond wann da gnuag graobt håsch, nå wirst d selber ausgraobt.

A Gebet en dr Naot: 33 2-6

[2]JAHWE, sei ons gnädig! Auf di hoffat mr. Sei du äll Môrga onser Arm ond onser Befreiong en dr Zeit, mô mr drangsaliert werat.
[3]Vôr am Krach vom (Kampf)Getöse flüchtat ganze Völker, wann du de auf machst, haoat d Nationa nach älle Seita ab.
[4]Då wird Beute zsemagrafft, wia d Haeschrecka raffat; wia d Schrecka romsprengat, so sprengt mr druf los.
[5]Erhaba ischd JAHWE, en dr Höhe wohnt r ond håt da Zion mit saem Recht ond Gerechtigkaet ausgfüllt.
[6]Aber du gôhst sichere Zeita entgega, reich an Hael, an Weishaet ond Erkenntnis; d Ehrfurcht vôr JAHWE ischd dae Schatz.

Zom Vrgleicha: *Vers 15:* 1,21.

D Vrödong vom Land: 33 7-9

[7]Guck, d Löwakämpfer (Gotteskrieger) schreiat draußa, ond d Friedensbota heulat bitterlich.
[8]D Landstråßa send vrkomma, neamerd kommt maeh durch. Der (dr Vrwüster) håt da Bund brocha, d Städt vrkomma lassa, Menscha geltat dem gar nex.
[9]S Land vrkommt ond vrdôrrat, dr Libanon schämt sich ond stirbt ab, d Scharon-Ebene ischd vrsteppt, Baschan ond Karmel standat kahl då.

Zom Vrgleicha: *Vers 7:* 29,1f; 22,4 • *Vers 8:* Ri 5,6 • *Vers 9:* 24,4; Am 1,2.

s Gericht über d Sünder: 33 10-16

[10]Jetzt stand i auf, spricht JAHWE, jetzt richt i me auf ond stand nô!
[11]Ihr send schwanger mit Hae ond brengat Stoppla auf d Welt, euer Geschnaube ischd a Feuer, mô euch selber auffrißt.
[12]Ond ganze Völker werat zo Kalk vrbrennt, wia aghaoene Dôrnabüsch vrbrennat se em Feuer.
[13]Horchet her, ihr en dr Ferne, was i dao han, ond erkennat ihr en dr Nähe mae Stärke!
[14]En Zion kriagat d Sünder s mit dr Angst zom doa, ond d Frevler fangat å z zittera: wer kå s denn bei dem furchtbara Feuer aushalta ond bei dera Gluathitz?
[15]Oener, mô rechtschaffa lebt ond d Wåhrat saed, wer et saen Profit von andere erpreßt, wer liaber d Händ schüttlat, als dass r Bestechongsgeld ånemma dät, wer saene Ohra zuahebt, dass r koene Mordplän mitåhört, ond saene Aoga zuamacht, dass r nex Baes åguckt,
[16]der därf auf de Höha wohna, Felsaburga send sae Zuaflucht, sae Brot ischd am geba, ond sae Wasser gôht nia aus.

Zom Vrgleicha: *Vers 10:* Ps 12,6 • *Vers 14:* Dtn 4,24; Hebr 12,29 • *Vers 15:* Ps 15; 24,3-5.

A bessera Zuakonft: 33 17-24

[17]Da König en saener Schöhaet därfat daene Aoga seha, dia sehat ens weite Land naus.

[18]Dae Herz denkt an dui schrecklicha
Zeit zrück: Mô ischd oener, der mô
s aufgschrieba håt? Mô oener, der s
bewertat? Ond wer håt d Türm zählt?
[19]Des freche Pack siehst d nå nemme,
des Volk mit saener donkla Språch, mô
koener vrstôht ond dem Gelalle, mô da
nex drvo kapierst.
[20]Guck auf Zion, dui Stadt, mô mir
onsere Fest feierat. Daene Aoga seahnat
Jerusalem als a sichera Wohnong, als a
Zelt, mô nemme wanderat, saene Pfosta
ziagt mr nemme raus, ond von saene
Spannstrick fazt koener maeh ab.
[21]Då ischd nämlich a Mächtiger: mit ons
ischd JAHWE. Des ischd no a Ort mit
brôete Wassergräba ond Flüß; aber då
fährt koe Ruaderschiff drauf ond ao koe
Prunkschiff.
[22]JAHWE ischd nämlich onser Richter,
JAHWE gibt ons sae Gsetz, JAHWE
ischd onser König, ond ER befreit ons!
[23]Dae Taowerk hangt lommalig ra, des
kå et amål maeh am Masta en Halt geba,
ond dae Flagge ischd et gstreckt. Nå
wird Beute vrtôelt, ond sogar de Låhme
könnat sich sich am Plündera betaeliga.
[24]Nå saed von dene, mô sell wohnat
koener maeh: i ben krank. Dem Volk,
mô då wohnt sae Schuld ischd nämlich
abtraga.

Zom Vrgleicha: *Vers 20:* 32,18.

S Gericht über Edom wird åkündigt:

34 1-17

34 Kommat her, ihr Völker, zom
höra, ond ihr Nationa, passat
auf! D Erde soll zuahöra ond was drauf
lebt, dr Erdkraes ond ällas, was drauf
wächst!
[2]Dr Herrgott (JAHWE) håt nämlich a
Wuat auf älle Völker ond an Zôrn auf
dene ihre Heerschara, r håt se mit am
Bann belegt ond se zom Abschlachta
freigeba.
[3]Ond dia, mô z daotgschlaga wôra send,
werat nausgschmissa, ond ihre Leicha
stenkat furchtbar ond aus de Leichaberg
triaft s Bluat,
[4]ond ihre Hügel lösat sich auf. Wian
a Schriftroll rollt sich dr Hemmel
zsema ond sae ganzs Heer vrwelkt,
wia s Laob vom Rebstock vrwelkt
oder a zsemagschromplata Feig am
Feigabaom.
[5]Am Hemmel zaegt sich mae Schwert.
Guck, auf Edom fährt s ra, zom Gericht
auf des Volk, môn e mit am Bann belegt
han.
[6]A Schwert håt dr Herrgott (JAHWE),
des ischd voler Bluat ond triaft von Fett,
vom Lämmerbluat ond von de Böck,
ond vom Nierafett von de Hammel. En
Bozra ischd nämlich a Schlachtopfer für
da Herrgott (JAHWE) ond a graoßs
Abschlachta em Land Edom.
[7]Då fallat nå d Wildochsa mit de Farra
samt de Stier, ihr Land ischd volgsaugt
mit Bluat ond s Erdreich mit Fett.
[8]Weil an dem Dag dr Herrgott (JAHWE)
Rache üabt, ond a Jåhr lang abrechnat
weg'am Kriag mit Zion.
[9]Nå vrwandlat sich saene Bäch en Pech
ond sae Erdboda en Schwefel, ond sae
Land wird zom brennenda Pech.
[10]Dag ond Nacht gôht des et aus, ond
für a langa Zeit steigt dr Qualm von
am auf. Für Generationa bleibts liega
ond vrwilderat, dass neamerd maeh
durchkommt.
[11]Dohla ond Igel nemmat s ae, Uhu ond
Raba hausat dren. Ond er spannt sae
Meßschnur »Öde« drüber, ond saen
Senkel »Leere«.
[12]Ihre Fürsta - a Königtom geits då
nia maeh! Schreit mr. Mit saene ganze
Fürstahäuser ischd s aus.
[13]Ihre Paläst send mit Dôrnagstrüpp
überwucherat, Brennnessla ond Distla
wachsat en ihre Burga, då hausat Schakal
dren, ond d Straußa bauat sich Nester
aus am Gras.

[14]Då treffat sich Wüstaspuk ond
Küstaspuk, ond dr Bocksfüaßer schreit
saem Kumpel zua: bloß sell macht d Lilit
(a Nachtgspenst) Rast, bloß då fendat se
an Rastplatz.
[15]Sell nistat dui Sprongnatter ond legt
ihre ôeer ond brüatat s aus ond pflegt se
en ihram Schutz. Bloß no Geier sammlat
sich sell, a Weible ond ihre Genossa.
[16]Forschat em Herrgott (JAHWE) saem
Buach ond lesat s: Koes von dene wird
vrmisst; JAHWE håt s bota, ond sae
Gaest håt s vrsammlat.
[17]ER selber håt s Los für se gwôrfa
ond sae Håd håt ens mit dr Meßschnur
zuatôelt: auf ewig werat se s besitza ond
von Generation zo Generation sell ihran
Wohnsitz han.

Zom Vrgleicha: *Vers 3:* Joël 2,20 • *Vers 10-15:* 13,20-22 • *Vers 11:* 14,23; Zef 2,14 • *Vers 13:* Hos 9,6; Jes 35,7 • *Vers 14:* 13,21.

S Hael durch an Messias wird vrsprocha: 35 1 - 10

35 D Wüste ond s vrtricknate Land
sollat sich fraea, d Steppe soll
jubiliera ond blüha wia Krokusla.
[2]An Blüatateppich soll se ausbrôeta ond
jubiliera ond jauchza. D Herrlichkaet
vom Libanon wird ra geba ond d Pracht
vom Karmel ond von dr Scharonebene.
Dia därfat am Herrgott (JAHWE) sae
Herrlichkaet seha ond onseram Gott
(Eloheynu) sae Pracht.
[3]Machat eure lommalige Händ wieder
stark ond eure wôeche Knia.
[4]Sagat dene, mô em Herza vrzagt send:
Machat euch stark! Ond hent koe Angst
ut! Guckat, euer Gott (Eloheykem)
kommt zor Rache; Gott (Elohim), der
mô euch vrgilt, der kommt ond rettat
euch.
[5]Nå gangat de Blende d Aoga auf ond d
Ohra von de Taobe.
[6]Dr Låhme hopft rom wian a jonger
Hirsch ond am Stomma sae Zong
jauchzgat. En dr Wüste kommt aus de
Klufta Wasser raus ond en dr Steppe
fliaßat Bäch.
[7]Em gluathôeßa Såd geits Teich ond em
vrdôrrata Land sprudlat Quella. Då, mô
sich jetzt d Schakal romtreibat, wachst
Schilf ond Bensa.
[8]A Sträß kommt då nô, dui hôeßt mr
»da Haeliga Weg«. Koener, mô sich
vroraenigt håt, därf då drauf laofa. Ond
ER gôht vôr en den Weg, dass ao a
Ovrständiger et irr ganga kå. [9]Då ischd
koe Löw oder a anders Raobtier, då siehst
d koes. Bloß dia, mô erlöst send, laofat
då. [10]Ond dia, mô dr Herrgott (JAHWE)
befreit håt, dia därfat zrückkomma, dia
kommat voler Jubel nach Zion. Ewiga
Fraed ischd über dene ihre Haepter,
Fraed ond Wonne kommat über s, ond
Schmerz ond Kummer gangat drvo.

Zom Vrgleicha: *Vers 3:* Hebr 12,12 • *Vers 10:* 51,11.

GSCHICHTLICHER ÅHANG: 36 1 - 39 8

De erst Gsandtschaft vom Sanherib: 36 1-22

36 Em vierzehnta Regierongsjåhr
vom König Hiskija ischd dr
Sanherib, dr König von Assyrien raufzoga
gega älle feste Städt en Juda ond håt se
eroberat. [2]Nå håt dr König von Assyrien
da Erztruchsess Ranschake von Lachis
aus nach Jerusalem zom König Hiskia
mit ra graoßa Streitmacht gschickt, der
håt sich an dr Wasserlaetong vom obera
Teich an dr Walkerfeldsträß aufgstellt.
[3]Nå ischd dr Palastvôrstcher Eljakim,
dr Soh vom Hilkija, dr Schreiber Sebna
ond dr Kanzler Joah, dr Soh vom Asaph,
zon am naus ganga.
[4]Dr Ranschake håt zo nen gsaed:
Sagat doch am Hiskija: So spricht dr
Großkönig, dr König von Assyrien:

Was geit dir denn so a Zuavrsicht, dass da de so sicher fühlst? 5Moenst d vielleicht, a bloßs Gschwätz sei schao gnuag Strategie ond Macht für da Kampf? Also, auf wen vrläßt d de, dass da von mr abtrünnig wôra bist? 6Guck, du vrläßt de auf des aknickte Röhrle då, auf Ägypten, des mô jedam en d Håd nae fährt, mô sich drauf stütza will ond sich nae bôhrt. So gôhts jedam, mô sich auf da Pharao, da König von Ägypten vrläßt. 7Aber wann du zo mr saga willst: Mir vrlassat ons auf onseran Gott (Eloheynu) JAHWE! - ischd des et der, von dem dr Hiskija saene Kultstätta ond Altär agschafft håt ond zo de Juda ond zo Jerusalem gsaed håt: Bloß no vôr dem Altar då sollat ihr åbeta! 8Auf gôht s, wette doch mit maem Herra, am König von Assyrien: i gib dr zwôetausad Rösser wann du emstand bist, d Reiter drfür zom stella! 9Wia willst du nå ao bloß an kloena von maene Statthalter von maem Herra zrückschmeißa? Ond du vrläßt d de auf Ägypten wega dene ihre Kampfwäga ond Reiter? 10Ond schließlich: ben i vielleicht ohne da Willa von JAHWE raufkomma gega des Land, zom s ruiniera? JAHWE håt mc s selber ghôeßa: gang gega des Land ond mach s he! 11Nå håt dr Eljakim, dr Sebna ond dr Joah zom Ranschake gsaed: Schwätz doch mit daene Knecht Aramäisch, des vrstandat mir, ond schwätz mit ons et jüdisch vôr de Ohra vom Volk, des mô auf dr Mauer stôht. 12Nå håt en dr Ranschake zor Antwort geba: Håt mi vielleicht mae Herr zo daem Herra ond zo dir gschickt, zom des saga, ond et ao zo dene Männer, mô auf dr Mauer hockat ond bei euch ihr aegena Scheiße fressat ond ihran Sôech trenkat? 13Ond dr Ranschake ischd vôrtreta ond håt ganz laut auf Jüdisch gschria: Horchat her, was euch dr Großkönig, dr König von Assyrien zom saga håt: 14So spricht dr König: Lassat euch vom Hiskija et an dr Nås rom führa, der kå euch nämlich nemme retta. 15Lassat euch vom Hiskija et auf JAHWE vrtrösta, wann r saed: Dr Herrgott (JAHWE) rettat ons, der läßt dui Stadt et en d Händ vom König von Assyrien falla. 16Horchat bloß et auf da Hiskija! So håt nämlich dr König von Assyrien gsaed: Machat an Friedensvrtrag mit mr ond kommat raus zo mr. Nå kå a jeder wieder von saem Rebstock ond von saem Feigabaom essa, ond a jeder kå s Wasser aus saener aegena Zisterne trenka, 17bis e komm ond euch en a Land mitnemm, des mô so ischd wia euer Land, a Land vol mit Korn ond Most, a Land, vol mit Brot ond Wengert. 18Lassat euch vom Hiskija et irr macha, wann r saed: dr Herrgott (JAHWE) rettat ons! Hent vielleicht dene Völker ihre Götter (Elohey) dene ihre Länder grettat aus de Händ vom König von Assyrien? 19Mô send dia Götter von Hamat ond Arpad? Mô send dia (Götter) von Sefarwajim? Hent dia vielleicht Samaria vôr mir grettat? 20Wehler von dene Götter (Elohey) en dene ganze Länder håt sae Land aus maene Händ grettat, dass jetzt JAHWE Jerusalem aus maener Håd retta sott? 21Dia hent s Maul ghalta ond am koe Antwort geba. Dr König håt en nämlich da Befehl geba: Gebat am koe Antwort!

22Nå ischd dr Palastvorsteher Eljakim, dr Soh vom Hilkija, dr Schreiber Sebna ond dr Kanzler Joah, am Asaph sae Soh mit vrrissene Klôeder zom Hiskija ganga ond håt am gmeldat, was dr Ranschake gsaed håt.

Zom Vrgleicha: *Vers 1-22:* 2Kö 18,13-37; 2Chr 32,1-19 • *Vers 6:* Ez 29,6f.

Am König Hiskija sae Reaktion: 37 1-7

37 Mô dr König Hiskija des ghört håt, håt r saene Klôeder vrrissa

ond en Sack ådao ond ischd en da Tempel vom Herrgott (JAHWE) ganga. [2]Ond r håt da Palastvôrsteher Eljakim ond da Schreiber Sebna ond de Älteste von de Priaster en Sackgwänder zom Profeta Jesaja, am Soh vom Amoz, gschickt [3]ond am gsaed: Dr Hiskija läßt dr saga: A Dag voler Angst, Züchtigong ond Schand ischd des; Kenderla send nämlich bis an da Durchbruch komma, aber zom Gebära langt d Kraft nemme. [4]Vielleicht hört s dae Gott (Eloheyka) JAHWE, was dr Ranschake saed, den mô sae Herr, dr König von Assyrien gschickt håt, zom da lebendiga Gott (Elohim) vrspotta, ond weist an zrecht wega dene Reda, mô dae Gott (Eloheyka) JAHWE ghört håt. Ond du betest für da Rest, mô no då ischd.

[5]Mô na dia Diener vom König Hiskija zom Jesaja komma send, [6]håt dr Jesaja zo nen gsaed: So sagat r euram Herra: So spricht JAHWE: Vôr dem Gschwätz mô da ghört håsch von dene Buaba vom König von Assyrien, mô se mi drmit vrlästerat hent, brauchst d koe Angst han. [7]Guck, dem gib e an Gôest ae, dass r a Gschwätz hört ond en sae Land zruck gôht. Ond en saem aegena Land laß e an durch s Schwert falla.

Zom Vrgleicha: *Vers 1-7:* 2Kö 19,1-7 • *Vers 3:* Hos 13,13.

De zwoet Gsandtschaft vom Sanherib: 37 8-13

[8]Mô dr Ranschake nå zrück komma ischd, håt r da König von Assyrien em Kampf gega d Stadt Libna åtroffa; r håt nämlich ghört, dass r (dr Sanherib) von Lachis azoga ischd.

[9]Nå håt r (dr Sanherib) uber da Thirhaka, da König von Äthiopien saga ghört: der ischd aufmarschiert zom gega de kämpfa! Nå håt r wieder Bota zom Hiskija gschickt mit am Auftrag: [10]So sagat r am Hiskija, am König von de Judäer: Laß de no von daem Gott (Eloheyka) et vrlôeta, dass da de auf an vrläßt ond moenst: Jerusalem fällt et am König von Assyrien en d Händ. [11]Da håsch doch selber ghört, was d König von Assyrien mit älle Länder gmacht håt, zom da Bann an en vollstrecka, ond du willst grettat wera? [12]Send vielleicht dia Völker, mô maene Vädr ausgrottat hent, von ihre Götter (Elohey) grettat wôra? Gosan, Haran; Rezeph ond dia Leut von Eden en Thelassar? [13]Mô ischd denn dr König von Hamath ond dr König von Arpad, dr König von Sefarwajim, von Hena ond Iwa?

Zom Vrgleicha: *Vers 8-13:* 2Kö 19,8-13.

Am König Hiskija sae Gebet: 37 14-20

[14]Ond dr Hiskija håt dia Briaf aus de Hand von dene Bota gnomma ond glesa. Nå ischd r naufganga en da Tempel vom Herrgott (JAHWE) ond håt s vôr JAHWE ausbrôetat. [15]Ond dr Hiskija håt zom Herrgott (JAHWE) betat ond gsaed: [16]JAHWE Zebaoth, du Gott (Elohey) von Israel, mô über de Cheruba thront, du alloe bist dr Gott (Elohim) für älle Königreich auf dr Erde. [17]Leih mr dae Ohr, JAHWE ond hör me å! Mach daene Aoga auf, JAHWE, ond guck! Hör dr des Gschwätz å von dem Sanherib, der mô Bota gschickt håt zom da lebendiga Gott (Elohim) vrspotta. [18]S ischd jå wåhr, JAHWE, dia König von Assyrien hent älle Völker ond ihr Land hegmacht, [19]ond ihre Götter (Eloheyhem) en s Feuer gschmissa; des send nämlich gar koene Götter (Elohim) gwea, sondern bloß s Machwerk von ihre Händ aus Holz ond Stoc, drom hent se s ao hemacha konna. [20]Ond jetzt, JAHWE, onser Gott (Eloheynu), rette ons aus saene Händ, dass älle Königreich auf dr ganza Erde erkennat, dass du, JAHWE, dr oezige bist.

Zom Vrgleicha: *Vers 14-20:* 2Kö 19,14-19.

Göttlicha Hilfe wird vrsprocha:
37 21-35
[21]Nå håt dr Jesaja, am Amoz sae Soh,
zom Hiskija gschickt ond am saga lassa:
So spricht JAHWE, dr Gott (Elohey)
von Israel: Was da von mir ausbeta
håsch wega'm Sanherib, am König von
Assyrien, han e ghört!
[22]Ond des ischd s Wort, mô JAHWE
über an spricht: Über di lacht r! D jonga
Frao spottat über de, d Tochter Zion!
Henter dir her kå d Tochter Jerusalem
bloß no da Kopf schüttla:
[23]Gega wen håsch d gspottat ond
glästerat, gega wen haochfährig
drhergschwätzt ond auf wen na guckt?
Gega da Haeliga von Israel!
[24]Durch daene Soldata håsch d maen
Herra gschmäht ond gsaed: Mit maene
viele Kampfwäga fahr i en d Berg nauf
bis en de letzte Wenkel vom Libanon
ond holz da Zedernwald ab ond saene
schönste Zypressa, ond gang durch bis
zom höchsta Gipfel en d Sträucher von
dr Baomgrenz.
[25]I han nach Wasser graba ond tronka,
onter maene Fuaßtritt send d Flußlaef
austricknat en Ägypten.
[26]Håsch s no et ghört? Schao lang han i
des so vrfüagt ond vôr Urzeita so plant;
jetzt han e s komma lassa, dass du feste
Städt zo Stoehäufa macha müaßa håsch.
[27]Ihre Aewohner hent sich et wehra
könna, en Angst ond Schrecka send se
z'grond ganga. Wia s Gras ond s Kraut
em Feld draußa, wia s Gras auf de
Dächer ond s vrdôrrate Korn.
[28]I wôeß, wann da aufstôhst ond wann da
nôhockst, ond wann da hoem kommst,
ond wia da gega me aufbegehrt håsch.
[29]Ond weil da gega mr tobst ond mr dae
Übermuat z Ohra komma ischd, ziag e
dr en Reng durch d Nås ond a Gebiss
ens Maul ond führ de auf am gleicha
Weg zruck, mô da komma bist.
[30]Ond des soll für Di (Hiskija) a Zaeche
sae: Heuer ißt mr, was von selber
nåchwächst, em nächsta Jåhr des, was
wild wächst; em dritta Jåhr säat ond
erntat, legat Wengert å ond essat von
ihrer Frucht. [31]Ond was vom Haus Juda
drvokomma ond übrig blieba ischd,
macht onta wieder Wurzla ond setzt oba
Frücht å. [32]Von Jerusalem gôht a Rest
aus ond sotte, mô drvokomma send
vom Berg Zion, gangat ens Land naus.
Des håt dr Eifer von JAHWE Zebaoth
vollbråcht. [33]Drom håt dr Herrgott
(JAHWE) gega da König von Assyrien
gsprocha: Der kommt et en dui Stadt
nae ond koen Pfeil därf der nae schiaßa,
mit koem Schild gega se årenna ond
koen Wehrdamm gega se aufschippa.
[34]Auf dem Weg, môn r komma ischd,
gôht r zruck, aber en dui Stadt kommt
mr der et nae, spricht JAHWE. [35]I selber
schütz dui Stadt ond hilf ra, wega mir
selber ond wega maem Knecht David.

Zom Vrgleicha: *Vers 21-35:* 2Kö 19,20-34 • *Vers 27:* Ps 129,6.

D Stadt wird grettat: 37 36-38
[36]Nå ischd am Herrgott (JAHWE) sae
Bote losganga ond håt em Lager von de
Assyrer hondertfaefaachzgtausad Mann
z'daot gschlaga. Ond mô se am andera
Môrga aufbrecha wölla hent, send älle
daot gwea, lauter Leicha. [37]Nå ischd
dr Sanherib, dr König von Assyrien
aufbrocha ond abzoga ond ischd
hoemganga nach Ninive ond sell blieba.
[38]Ama schöna Dag, môn r em Nisroch-
Tempel betat håt, hent an saene Söh, dr
Adrammelech ond dr Sarezer mit am
Schwert ombråcht ond send abghaoa
ens Land Ararat. Nå ischd an saener
Stell sae Soh, dr Asarhaddon König
wora.

Zom Vrgleicha: *Vers 36-38:* 2Kö 19,35-37.

No maeh Nåchrichta über da Jesaja ond da Hiskija: 38 1 - 39 8

Am Hiskija sae Krankat: 38 1-8

38 En selle Däg ischd dr Hiskija auf
da Daot krank wôra; nå ischd dr
Profet Jesaja, dr Soh vom Amoz, zon
am ganga ond håt gsaed: So spricht
JAHWE: Bstell dae Haus, du muaßt
nämlich sterba ond kommst nemme auf
d Füaß. 2Nå håt sich dr Hiskija gega d
Wåd romdreht ond håt da Herrgott
(JAHWE) ågfleht 3ond gsaed: Ach
JAHWE, denk doch drå, dass i mae
Leba ganz treu ond mit ama åtôelta
Herza vôr dir gführt han ond bloß dao
han, was en daene Aoga guat ischd.
Ond dr Hiskija håt ganz laut gheult.
4Ond nå ischd an da Jesaja a Wort von
JAHWE erganga: 5Gang zom Hiskija
ond sag am: so hat JAHWE gsprocha,
dr Gott (Elohey) von daem Vadr David:
I han dae Beta ghört ond daene Träna
gseha! Guck, i gib dr zo daene Däg no
fufzeah Jåhr drzua. 6Ond aus de Händ
vom König von Assyrien will e di ond
dui Stadt retta ond dui Stadt ao schützа.
7Ond des soll dr a Zaeche sae von
JAHWE, dass dr Herrgott (JAHWE)
zo saem Wort stôht, des môn r gsprocha
håt: 8Guck, i lass an dr Sonnauhr vom
Ahas da Schatta, mô naganga ischd, om
zeah Grad zrücklaofa. Nå ischd d Sonne
om zeah Grad zrück glaofa, mô se schao
henter sich ghet håt.

Zom Vrgleicha: *Vers 1-8:* 2Kö 20,1-6.

Am Hiskija sae Danklied: 38 9-20

9Schriftstück vom Hiskija, am König
von Juda, môn r krank gwea ischd ond
von saener Krankat wieder gsond wôra
ischd:
10I han denkt, i müaßt mittla en maem
Leba durch s Tôr ens Daotareich ganga
für da Rest vo maem Leba.
11I han denkt, i därf da Herrgott (JAH,
JAH) nemme seha em Land von de
Lebendige ond koen Menscha maeh
seha bei de Erdabewohner.
12Maeh Haus ischd abrocha ond
fortgwanderat vo'mr wian a Hirtazelt.
Mae Leba han e auf d Roll bråcht wia
dr Weber, aus am Rohma schneidat r
me raus. Dag ond Nacht håsch d me
preisgeba.
13Bis an da Môrga han e om Hilfe gschria.
Wian a Löw knackt r maene Boener.
Dag ond Nacht håsch d me preisgeba.
14Wian a Schwälble han e rompiepst ond
wian a Täuble gurrat. I han mr schier d
Aoga aus am Kopf guckt nach dir, mae
Herr, i ben ganz arg en dr Naot hilf mr!
15Was hätt e ao doa solla ond zon am
saga? Er selber håt s doch dao! I soll
maene Jåhr bis ans End durchwandera
über d Bitterkaet von maener Seel weg.
16O mae Herr, von dem lebt mr, då dren
ischd s Leba von maem Gaest, so läßt d
me wieder gsond wera ond leba.
17Wohl zom Hael håt mr d Bitterkaet
herhalta müaßa, ond du håsch mae Seel
vôr dr Gruab vrschont, weil da maene
ganze Vrfehlonga henter de gschmissa
håsch.
18Aus dr Onterwelt kå de koener preisa,
ond dr Daot gibt dr koe Lob; ond dia,
mô en d Gruab nagfahra send, harrat et
auf dae Gnade.
19Bloß dia, mô lebat, de Lebendige
könnat de so loba, wia i des haet dua.
A Vadr vrzählt s saene Söh weiter, was s
mit daener Treue auf sich håt.
20JAHWE, komm, zom me retta! Ond
mae Sôetaspiel soll klenga äll Dag von
onseram Leba em Herrgott (JAHWE)
saem Haus.

Zom Vrgleicha: *Vers 12:* 2Kor 5,1; 2Petr 1,13f; Ijob 7,6 • *Vers 17:* Ps 103,3f; Mi 7,19 • *Vers 18:* Ps 6,6 • *Vers 19:* Dtn 4,9.

A Nåchtrag zor Krankat vom Hiskija: 38 21-22

[21]Ond dr Jesaja håt gsaed: Brengat an
Tôeg aus Feiga ond dent an auf des
Gschwür, dass r gsond wird. [22]Ond dr
Hiskija håt gsaed: Was ischd nå s Zaeche,
dass e wieder naufganga därf ens Haus
vom Herrgott (JAHWE)?

Zom Vrgleicha: *Vers 21:* 2Kö20,7f.

D Gsandschaft aus Babel: 39 1-8

39 En dera Zeit håt dr Merodach-
Baladan, am Baladan sae Soh, dr
König von Babel, an Briaf ond Gschenk
an da Hiskija gschickt, weil r ghört håt,
dass r krank gwea ond wieder gsond
wôra ischd. [2]Ond dr Hiskija håt sich
drüber gfraet ond håt dene Bota sae
Schatzhaus zaegt, s Silber ond s Gold
ond saene Vôrrät an Balsam ond Faenöl
ond s ganze Zeughaus mit ällam, was en
dene Spaecher gwea ischd. S håt gar nex
geba en saem Haus ond en saem ganza
Reich, was en dr Hiskija et zaegt hätt.
[3]Nå ischd dr Profet Jesaja zom Hiskia
ganga ond håt zon am gsaed: Was hent
dia Männer gsaed? Ond môher send
dia zo dr komma? Dr Hiskija håt am
zor Antwort geba: Aus ama ferna Land
send dia zo mr komma, aus Babel. [4]Ond
r håt weiter gfrågt: Was hent dia en
daem Haus gseha? Geit am dr Hiskija
zor Antwort: Ällas, was en maem Haus
ischd hent se gseha; s gibt nex, was e
dene en maene Spaecher et zaegt hätt.
[5]Nå håt dr Jesaja zom Hiskija gsaed:
Horch, was dr JAHWE Zebaoth dr
saga läßt: [6]S kommat Zeita, då wird
ällas, was en daem Haus ischd ond
was daene Vädr bis haet zsematraga
hent, nach Babel fortbråcht; då bleibt
nex drvo übrig, spricht JAHWE. [7]Ond
von daene Söh, mô von dr abstammat,
von daene Sprößleng macht mr a paar
zo Hofbeamte em Palast vom König
von Babel. [8]Nå håt dr Hiskija zom
Jesaja gsaed: Des Wort vom Herrgott
(JAHWE), mô da mr ausgrichtat håsch,
ischd guat. Ond r håt sich denkt: Wann
no so lang Frieda ond Sicherhaet ischd,
so lang i leb.

Zom Vrgleicha: *Vers 1-8:* 2Kö 20,12-19.

II. TÔEL
DR ZWÔETE JESAJA (DEUTEROJESAJA): 40 1 - 55 13

AELAETONG: D RÜCKKEHR WIRD VRSPROCHA: 40 1-11

40 Tröstat, tröstat mae Volk! Spricht
euer Gott (Eloheykem).
[2]Redat Jerusalem guat zua ond
vrkündigat ra: ihr Frondenst ischd
vorbei ond ihr Schuld ischd abtraga,
weil se aus de Händ vom Herrgott
(JAHWE) dopplat gstråft wôra ischd.
[3]A Stemm schreit: Bahnat en dr Wüste
an Weg für da Herrgott (JAHWE).
Ebnat en dr Steppe a Stråß für onseran
Gott (Eloheynu)!
[4]Jedas Tal soll aufgfüllt wera ond d
Berg ond d Hügel soll mr absenka;
was buckalig ischd wird Flachland ond
Felsbrocka werat eba gmacht.
[5]Nå wird am Herrgott (JAHWE) sae
Herrlichkaet offabar, ond ällas, was
lebt, wird s seha! Des håt sae Mund
gsprocha.
[6]A Stemm saed: Vrkündige s! ond i han
gsaed: Was soll e denn vrkündiga? Ällas
Sterbliche ischd wia s Gras ond sae
ganza Pracht wian a Blom em Feld.
[7]Wia s Gras vrdôrrat ond d Blom

vrwelkt, wann am Herrgott (JAHWE)
sae Odem drüber weht. Sicher, wia Gras
ischd s Volk.
8S Gras vrdôrrat ond d Blom vrwelkt,
aber onseram Gott (Eloheynu) sae Wort
bleibt en älle Ewigkaeta!
9Steig nauf auf da hoha Berg, du Botin von
dr Fraed, Zion! Laß dae Stemm kraftvoll
schalla, Jerusalem, du Fraedabotin! Sag
s ganz laut, ond Angst brauchst d koena
han! Sag de Städt von Judäa: Då, guckat,
euer Gott (Eloheykem)!
10Guckat, dr Herr, JAHWE, kommt mit
Macht! Sae Arm herrscht mächtig. Sae
Loh kommt mit am ond was r gwonna
håt, gôht vôr am her.
11Wian a Hirt wôedat r sae Herde, en
saem Arm sammlat r d Lämmer ond traet
se en saem Brusttuach, d Muaderschåf
lôetat r ganz sachte.

Zom Vrgleicha: *Vers 2:* Jer 16,18 • *Vers 3:* Mt 3,3; Mk 1,3; Lk 3,4-6; Joh 1,23; Jes 62,10 • *Vers 6-7:* Ps 102,15; Jak1,10; 1Petr 1,24f • *Vers 8:* Ps 119,89 • *Vers 10:* 62,11; Offbg 22,12.

Dr Herr über d Geschichte: 40 12-17
12Wer håt mit hohle Händ s Meer gmessa
ond da Hemmel mit dr Spanne bestimmt,
ond mit am Drittelmaß da Staob von dr
Erde? Ond wer håt mit dr Wååg d Berg
gwoga ond auf dr Wåågschal d Hügel?
13Wer könnt da Gaest vom Herrgott
(JAHWE) bestimma ond wer sae Berater
sae, den môn r onterweisa dät?
14Mit wem håt r sich beråta, dass r am
Aesicht geba hätt ond wer håt an belehrt
über da rechta Weg, ond wer dät an da
Weg von dr Erkenntnis ond de Aesichta
wissa lassa?
15Guck, d Völker send wian a Tropfa
am Oemer ond wia dr Staob auf de
Wåågschala geltat se; guck, d Insla
wiegat et maeh als wian a Sådkörnle.
16Ond em Libanon ischd et amål gnuag
für s Brennholz, ond sae Wild langt et
für d Opfer.
17Älle Völker send vôr ehm wia nex, als
nichtig ond wesalos geltat se vôr am.

Dr ovrgleichliche Gott: 40 18-26
18Ond mit wem wöllat ihr Gott (El)
vrgleicha? Ond was für a Abbild wöllat
r von am macha?
19Dr Handwerker giaßt a Götzabild, dr
Goldschmied überziagt s mit Gold ond
macht silberne Kettala drzua.
20Wer et viel geba kå, nemmt a Holz, mô
et morsch wird ond suacht an gschickta
Handwerker, der môn am a Figur macht,
mô et wacklat.
21Merkat r s et? Hörat r s et? Håt mr
s euch et von åfang å gsaed? Hent r s
et kapiert, seit d Erde gründat wôra
ischd?
22Der, mô über am Erdarond throNt, vôr
dem d Erdabewohner wia Haeschrecka
send, der, mô da Hemmel ausspannt
wian an Flor ond an ausspannt wian a
Zelt zom dren wohna,
23der, mô Fürsta z'grond richtat ond
Richter bedeutongslos macht -
24kaom send se aepflanzt, kaom ausgsät,
kaom hent ihre Sprößleng em Boda
Wurzla gschlaga, då håt r se schao
åghaucht, ond se send vrdôrrat, ond dr
Strum håt se vrblåsa wia d Sprae.
25Mit wem wöllat r me also vrgleicha,
dass i so wär wia der? Frågt dr Haelige.
26Guckat auf! En d Höhe richtat eure
Aoga ond guckat: Wer håt dia gschaffa?
Der, mô ihre Heer zählt ond rausführt
ond se älle mit am Nåma aufruaft, vôr
dem saener Machtfülle ond Stärke därf
koener fehla.

Kraft für de Müade: 40 27-31
27Wårom saesch du, Jakob, wårom
redest du, Israel: Mae Weg ischd vôr
am Herrgott (JAHWE) vrbôrga, ond
mae Recht gôht an maem Gott (Elohay)
vorbei?
28Wôeßt du et, oder håsch d s no et ghört:

Küstaländer.
5So håt dr Gott (El) JAHWE gsprocha,
der mô da Hemmel gschaffa ond
ausgspannt håt, der mô d Erde gfestigt
håt ond ällas, was drauf wächst, ond am
Volk mô drauf lebt da Odem geba håt
ond ällam, was lebt, da Lebenshauch
aegeba håt:
6I, JAHWE, i ruaf de ens Hael, i heb dae
Håd ond pass auf de auf, ond i mach
mach de zor Vrpflichtong für s Volk,
zom Licht für d Völker,
7zom de Blende d Aoga aufmacha,
Gfangene aus de Gfängnis raus zom
hola, ond dia, mô em donkla Kerker
hockat.
8I ben JAHWE, des ischd mae Nåma,
mae Ehr gib i koem andera ond maen
Lobpreis schao gar et de Götzabilder.
9Dia frühere Sacha, guck, dia send
aetroffa; i vrkünd jetzt ebbas ganz Neus.
No eh s spriaßt, lass e s euch höra.

Zom Vrgleicha: *Vers 4:* Mt 12,18-21; 3,17; Jes 51,4 • *Vers 4:* 51,4 • *Vers 6:* 41,9; 49,6.8; Lk 2,32 • *Vers 8:* 48,11 • *Vers 9:* 48,6.

DR AUSZUG AUS BABEL WIRD VRSPROCHA: 42 10 – 44 23

Am JAHWE sae Sieg: 42 10-17
10Sengat JAHWE zor Ehr a neus Liad,
saem Ruhm vom Erdarand her! Ihr älle,
mô auf am Meer fahrat, ihr Insla ond
älle, mô drauf wohnat!
11Jubiliera soll d Wüste ond ihre Städt, d
Zeltdörfer, mô Kedar dren wohnt! Jubla
sollat dia, mô en de Felsaklufta hausat,
von de Gipfel sollat se ra schreia.
12Dia sollat am Herrgott (JAHWE) d
Ehr geba ond saen Ruhm auf de Insla
vrkünda.
13JAHWE hält Auszug als Held, als
Kämpfer weckt r da Kampfeifer, gega
saene Faend läßt r da Schlachtruaf
schmettera ond zaegt sich heldahaft.
14I han lang gschwiega, i ben stomm
gwea ond han an me ghalta. Jetzt will
e schreia ond stöhna wia oene, mô a
Kendle kriagt, schnaufa ond nach Luft
schnappa.
15I trickne d Berg ond d Hügel aus
ond lass ällas was grea ischd vrdôrra.
Ond i lass d Ström vrlanda ond d Teich
austrickna.
16Blende führ i auf Weg, mô se et kennat
ond auf Stôegla, mô en obekannt send
lass e s laofa. D Finsternis vor ihre Aoga
mach e zo Licht ond was holprig ischd,
mach e eba. Des send Wort, mô i en Tata
omgsetzt han, des lass i mr et nemma.
17Älle müaßat weicha ond gangat
z'grond en Schmach ond Schand, mô
ihr Vrtraua en Götza setzat ond zo de
Gußbilder sagat: Ihr send onsere Götter
(Eloheynu).

Zom Vrgleicha: *Vers 10:* Ps 33,3 • *Vers 16:* 40,4 • *Vers 17:* Ps 97,7.

Israel ischd dr blende ond taobe Knecht vom Herrgott: 42 18-25
18Ihr taobe Siacha, horchat her! Ond
ihr Blende, guckat her, dass r ebbas
seahnat!
19Wer ischd blend, wann et mae Knecht?
Ond wer ischd taob wia mae Bot, den
mô i schick? Wer ischd so blend wia der,
mô mr vrtraut ischd ond so taob, wia
am Herrgott (JAHWE) sae Knecht?
20Du håsch so viel gseha ond auf nex
g'achtat, ond so viel ghört ond doch nex
mitkriagt.
21JAHWE håt om saener Gerechtigkaet
willa sae Gsetz graoß ond herrlich
macha wölla.
22Aber jetzt ischd s a ausgraobts ond
ausplünderats Volk, en Löcher gfesslat
ond en Gfängnis gsteckt. Zom Raob

send se wôra, ond då ischd koener mô
da Raob zrückreißt ond saed: Gib s
wieder her!
23 Wer von euch hört des ond achtat
drauf, dass r s für später wôeß?
24 Wer håt Jakob am Plünderer preisgeba
ond Israel an d Raeber? Ischd des et
JAHWE gwea, gega den mr gsündigt
hent ond auf dem saem Weg mir et hent
ganga wölla, ond auf saene åweisonga
nex geba hent?
25 Nå håt r sae Zôrngluat en dr Wucht
vom Kriag über se ausgossa – om dia
rom håt ällas lichterloh brennt, aber dia
hent s et amål gmerkt, r håt s ågsengt,
aber dia hent nex kapiert.

Zom Vrgleicha: *Vers 20:* 6,9.

Israel kommt hoem: 43 1-7

43 Ond jetzt, so spricht JAHWE,
dae Schöpfer, Jakob, ond der, mô
de gformt håt, Israel: **Han koe Angst
et, i han de nämlich ausglöst! I han
de mit daem Nåma gruafa, du gherst
mir!** (Gmoent ischd Israel).
2 Wann da durch s Wasser gôhst, ben i bei
dr, ond durch Ström, dia überfluatat de
et. Wann da durch Feuer gôhst, vrsengt
de s et ond d Flamma brennat de et å!
3 I ben nämlich JAHWE, dae Gott
(Eloheyka), dr Haelige von Israel, dae
Retter. I gib an daener Stell Ägypten als
Lösgeld, ond Kusch ond Seba drzua.
4 Weil du en maene Aoga teuer bist ond
wertvoll, ond i de måg, gib i Länder für
di her ond Völker für dae Leba.
5 Han koe Angst et, i ben bei dr! Vom
Osta will i daene Kender hoembrenga
ond de em Westa aesammla.
6 Zom Norda sag e: Gib her! Ond zom
Süda: Du hälst mr koen zrück! Breng
mr maene Söh aus dr Ferne ond maene
Töchter von de Erdaränder!
7 An jeda, mô mit maem Nåma gruafa
wird, han i zo maener Ehr gschaffa ond
gformt.

Zom Vrgleicha: *Vers 5:* 41,10 • *Vers 7:* Jer 14,9.

Gott ischd dr oezige Retter: 43 8-13

8 Führat s vôr, des blende Volk, obwohl
se Aoga hent, ond dia Taobe, obwohl se
Ohra hent.
9 Älle Völker sollat sich vrsammla ond d
Nationa zsema komma. Wer hätt des bei
dene åkündigt? Ond wer könnt ebbas
saga über des, was früher vrkündigt
wôra ischd?
10 Ihr send maene Zeuga, so spricht
JAHWE, ond mae Knecht, den mô i
auserwählt han, dass r erkennat ond mr
glaobat ond s aesehat, dass i s ben. Vôr
mir ischd koe Gott (El) gschaffa wôra,
ond nach mir geit s ao koen.
11 I, i ben JAHWE, ond außer mir ischd
koe Retter.
12 I selber han s (Hael) vrkündigt ond
höra lassa, då ischd koe Fremder
(Retter) bein ich gwea. ihr selber send
maene Zeuga, spricht JAHWE, dass i
Gott (El) ben.
13 Ao en Zuakonft ben i s, ond koener kå
mir ebbas aus de Händ reißa; i schaff,
wer will me drå hendera?

Zom Vrgleicha: *Vers 9:* 48,3.

Dr Weg durch d Wüste: 43 14-21

14 So håt JAHWE gsprocha, euer
Auslöser, dr Haelige von Israel: Wega
Euch schick i nach Babel ond lass älle
Riegel (von de Gfängnis) rausfalla, (d.h.
i treib se als Flüchtleng naus)...nach
Chaldäa, ...en de Schiff bleibt ihr Jubel.
(Vrdorbener Text).
15 I ben JAHWE, euer Haeliger, dr
Schöpfer ond König von Israel.
16 So håt JAHWE gsprocha, der mô em
Meer an Weg geba håt, ond an Pfad
durch gewaltige Wassermassa.
17 Der, mô Roß ond Waga rausgführt
håt, Streitmacht ond Befehlsgewaltige
mitanander, då liegat se ond standat
nemme auf, ausglöscht send se, wian a

Docht vrglostat.
18Denkat nemme an des, was früher
gwea ischd, ond achtat et auf s Vôrige.
19Guck, i schaff jetzt ebbas Neus! S
sprießt schao auf! Merkat r s et? Sogar
en dr Wüste leg i an Weg å, ond durch d
Öde Wasserläuf.
20S Wild em Feld draußa vrehrt me,
Schakal ond jonge Straußa, weil e en
dr Wüste Wasser geba han ond en dr
Steppe Bäch, dass e maem Volk zom
Trenka gib,
21maem auserwählta Volk, des mô i für
me selber gschaffa han, dass se maen
Ruhm vrkündigat.

Zom Vrgleicha: *Vers 18:* 65,17 • *Vers 19:* Offbg 21,5 • *Vers 21:* 1Petr 2,9.

D Schuld von Israel ond am Herrgott sae Gnade: 43 22-28

22Aber mi håsch d et ågruafa, o Jakob,
ond wega mir håsch d dr koe Müah
geba, o Israel.
23Du håsch mr koe Lamm als Brandopfer
darbråcht oder zom me ehra mit daene
Schlachtopfer. I han dr s et schwer
gmacht mit Speisopfer ond de et om
Weihraoch åganga.
24Du håsch für mi koe Silber om
Würzrohr ausgeba braucha, ond mit am
Fett von daene Schlachtopfer me satt
macha müaßa.
Du bist mr aber zor Last wôra mit daene
Sünda, mit daene Vrfehlonga han e me
romplåga müaßa.
25I, i selber ben s doch, der mô daene
Vrfehlonga ausradiert, wega mir selber
han e an daene Sünda nemme denkt.
26Laß me drå denka, dass mr mitanander
rechta wöllat, vrzähl, dass da Recht
bhälst.
27Schao dae Urahn håt sich vrsündigt,
ond daene Vrtreter hent sich ao gega me
aufgloehnt.
28Drom han e de Amtsträger ihr
Immunität aufghoba ond Jakob am
Bann ausglieferat ond Israel dr Schand.

Zom Vrgleicha: *Vers 25:* 44,22.

D Ausgiaßong vom Gaest: 44 1-5

44 Aber jetzt horch her, Jakob,
mae Knecht, Israel, den mô i
auserwählt han.
2So håt JAHWE, dae Schöpfer, gsprocha,
der mô de schao em Leib von daener
Muader bildat håt ond dr hilft: Du
brauchst koe Angst et han, mae Knecht
Jakob ond du Jeschurun (Israel), den
mô i auserwählt han.
3I leer nämlich Wasser auf s vrdôrrate
Land ond mach Bächla ens Trockene. I
giaß maen Gaest auf daene Nåchkomma
ond maen Sega auf daene Kender.
4Nå spriaßat se wia s Schilfgras am Wasser
ond wia d Pappla an de Wassergräba.
5Der saed nå: i gher zo JAHWE, ond
seller geit sich am Jakob saen Nåma,
a anderer schreibt auf sae Håd: „für
JAHWE“ ond kriagt da Ehranåma
Israel.

Dr ewige ond oenzige Gott: 44 6-8

6So spricht JAHWE, dr König von Israel
ond sae Erlöser, JAHWE Zebaoth: I ben
dr Erste ond i ben dr Letzte, ond außer
mir geits koe Gotthaet (Elohim).
7Ond wer ischd wia i? Der soll vôrtreta
ond s saga, der soll s ausruafa ond mir
darlega. Wer håt seit i mae Volk aegsetzt
han von åfang å ond de kommende
Generationa vôrausgsaed, was en
Zuakonft gschieht? Se sollats doch
saga.
8Vrschreckat et ond hent mr ao koe
Angst et! Han e s euch et schao lang
vôrausgsaed ond ågmeldat? Ihr send
maene Zeuga: Geit s außer mir no an
Gott (Elowha) oder an Felsa? Des dät
i wissa.

Zom Vrgleicha: *Vers 6:* 41,4 • *Vers 7:* 41,23.

Dia, mô Götzabilder machat, taogat nex: 44 9-20
9Dia, mô Götzabilder machat, taogat
älle nex, ond ihre Schätzla nützat en
nex. Ond ihre Zeuga seahnat nex ond
wissat nex, dass se z‘grond gangat.
10Wer formt an Gott (El) ond giaßt an
Götza, wann r koen Nutza drvo håt?
11Guckat, älle saene Kumpana müaßat
sich schäma, dia, mô s machat, send
doch ao bloß Menscha; laß dia no
zsemakomma ond nôstanda, dia kriagat
an Schrecka ond müaßat sich schäma.
12Dr Schmied macht an en dr Kohlagluat
hôeß ond klopft an mit am Hammer
zrecht mit saem starka Arm, des macht
an hongrig ond kraftlos, ond weil r koe
Wasser trenkt, wird r müad.
13Dr Holzschnitzer spannt a Messschnur
ond reißt s ă mit am Stift. Mit
Schnitzmesser ond Stechbeutel schafft
r s raus ond macht a Figur vo ma Må, a
Prachtstück vo‘ma Menscha dass s ema
Tempel wohnt.
14Zom Schnitza nemmt mr Zedern, ond
mr nemmt Stoeôecha ond Terebinta, dia
läßt mr stark wera em Wald. Mr pflanzt
Nådelhölzer ond dr Rega macht se
graoß.
15Dr Mensch nemmt s zom Feuer macha
ond gwärmt sich drå ond r haezt da
Backofa drmit zom Brot bacha. Ao
macht r sich an Gott (El) draus ond betat
den å, oder a Götzabild ond vrnaegt sich
drvôr.
16D Hälfte vrbrennt r em Feuer; auf dr
andera Hälfte bråtat r Flôesch ond ißt
sich an saem Bråta satt, gwärmt sich ao
ond saed: s wird mr ganz warm, i spür
des Feuer.
17Ond aus am Rest macht r an Gott (El),
saen Götza, vôr dem vrnaegt r sich bis
auf da Boda ond betat an å ond saed zon
am: Rette me, du bist doch mae Gott
(Eliy)!
18Dia kapierat nex ond hent ao koe
Aeseha, dene ihre Aoga send zuabäbbt
ond seahnat nex, ond ihre Herza send
bockboenig ond hent koe Aescha.
19R denkt et nåch ond håt koen Vrstand
ond koe Aesicht, dass r saga dät: d Hälfte
han e em Feuer vrbrennt ond Brot bacha
auf saene Kohla, Flôesch han e bråta ond
gessa. Aus am Rest mach e an Götza ond
vrnaeg me vôr ama Holzklotz?
20Wer Äscha hüatat, der ischd bschissa;
den håt sae Herz vrführt. Der kå sae
Leba et retta, weil r et zuageba kå, dass
sich sae Rechta ama Trugbild hebt.

Zom Vrgleicha: *Vers 12-17:* Jer 10,3f.

D Erlösong von Israel: 44 21-23
21Denk drå, Jakob, ond Israel, du bist
nämlich mae Knecht! I han de gschaffa,
du bist mae Knecht, Israel, du därfst me
et vrgessa.
22Wia an Nebel han i daene Vrfehlonga
weggwischt ond wia Wolka daene
Sünda. Kehr om zo mir, i han de nämlich
ausglöst.
23Jubilierat, ihr Hemmel, dr Herrgott
(JAHWE) håt nämlich ghandelt!
Frohlockat, ihr Tiafa von dr Erde!
Brechat en Jubel aus ihr Berg, du
Wald mit älle Baem, weil dr Herrgott
(JAHWE) håt Jakob ausglöst, ond en
Israel will r sich vrherrlicha.

Zom Vrgleicha: *Vers 22:* 43,25 • *Vers 23:* 49,13; 55,12; Ps 96,11-13; Jes 49,3.

D BEFREIONG DURCH DA KYRUS WIRD ÅKÜNDIGT: 44 24 - 48 22

D Beruafong ond d Aufgab vom Kyrus: 44 24 - 45 8
24So håt JAHWE gsprocha, dae Erlöser,
der mô de schao vom Muaderleib å

gformt håt: I, JAHWE ben s, der mô
ällas macht, ganz alloe han i da Hemmel
ausgspannt ond d Erde ausbrôetat - wer
ischd då bei mr gwea?
25Der de Schwätzer ihre Wahrzaeche
ausanander bricht ond d Wahrsager
ganz domm dåstanda läßt, der de Weise
zom Omdenka brengt ond ihr Wissa et
guat ausseha läßt.
26Der s Wort von saem Knecht ausführt
ond da Plån von saene Bota vollendat,
dia mô sagat von Jerusalem: des wird
bewohnt! Ond von de Städt en Juda: dia
werat baut! Ond saene Trümmer richte
i wieder auf!
27Der, mô zor Wassertiafe spricht:
Trickne aus! Ond daene Wasserström
leg i trocka!
28der zom Kyrus saed: Mae Hirt! Ond
ällas, was i will, des führt der aus, ond
zwår endem r von Jerusalem saed:
des wird aufbaut ond dr Tempel wird
wieder gründat.
45 So håt dr Herrgott (JAHWE) zo
saem Gsalbta, am Kyrus gsprocha:
den môn r bei saener Rechta gnomma
håt, zom am Völker onterwerfa ond de
König da Gürtel von de Hüfta nemm
(se entwaffne), vôr am d Türa aufmach
ond d Stadttôr sollat et vôr am gschlossa
bleiba:
2I selber gang vôr dr her ond mach d
Rengmaura eba. I hao d Eisebschläg
von de Stadttôr ausanander ond nemm
de eiserne Riegel ausanander.
3Ond gib dr dia Schätz aus donkle
Kammera ond Vôrrät aus de Vrsteck,
dass da erkennst, dass i JAHWE ben,
der mô di mit daem Nåma gruafa håt, dr
Gott (Elohey) von Israel.
4Wega maem Knecht Jakob ond Israel,
maem Auserwählta han e de mit daem
Nåma ågruafa ond dr Ehratitel geba,
obwohl du mi et kennt håsch.
5I ben JAHWE, ond koener sonst, außer
mir geit s koen Gott (Elohim). I gib dr
an Gürtel (i bewaffne de), obwohl du
me et kennt håsch.
6Dass mr erkennt vom Sonnaaufgang bis
zom Sonnaontergang, dass s außer mir
koen geit: I ben JAHWE ond koener
sonst,
7der s Licht bildat ond d Donkelhaet
schafft, der s Hael bewirkt ond s Ohael
schafft, i ben JAHWE, der mô des ällas
wirkt.
8Lents tropfna ihr Hemmel von oba,
ond aus de Wolka soll Gerechtigkaet
regna. D Erde soll aufganga ond Hael
aufspriaßa lassa. I, JAHWE, han s
gschaffa.

Zom Vrgleicha: *Kap 44 Vers 24:* 44,2; Ijob 9,8 • *Vers 26:* Am 3,7 • *Vers 28:* 2Chr 36,23; Esra 1,1-4 • *Kap 45 Vers 3:* 41,25 • *Vers 6:* 59,19; 45,18 • *Vers 7:* Am 3,6.

Gega de Ozfriedene ond Zweifler:
45 9-13

9O Waehdag dem, mô mit saem Schöpfer
romzerft, a Scherba onter irdene
Scherba! Saed vielleicht dr Loehma zom
Häfner: Was machst'n då? ond: an daem
Werk ischd koe Henkel drå?
10 O Waehdag dem, mô zom Vadr
saed: Was håsch d zeugt? Ond zo
saener Muader: Was håsch d auf d Welt
bråcht?
11So håt JAHWE gsprocha, dr Haelige
von Israel ond sae Schöpfer: Ihr frågat
mi was kommt. Maene Söh, s Werk
von maene Händ, müaßat r schao
mir überlassa, oder wöllat r mr då
Vôrschrifta macha?
12I selber han d Erde gmacht ond da
Menscha auf ra gschaffa. Maene Händ
send s gwea, mô da Hemmel ausgspannt
hent ond sae ganzs Heer aufbota håt.
13I selber han oen (da Kyrus) aufgstellt
en Gerechtigkaet, dem ebne i saene
Weg, ond der soll mae Stadt aufbaua
ond maene Vrbannte freilassa, aber
et om Geld oder Gschenker, so håt dr

JAHWE Zebaoth gsprocha.
Zom Vrgleicha: *Vers 9:* 29,16; Jer 18,6;
Rö 9,20f.

D Huldigong von de Haedavölker: 45 14-25

14 So hât JAHWE gsprocha: dr Profit
aus am Frondenst von de Ägypter
ond dr Handelsprofit von de Kuschita
(Äthiopier) ond d Sebäer, dia
graoßgwachsene Männer werat zo dr
komma ond daene Leibaegene sae.
En Ketta laofat se henter dr her ond
onterwerfat sich dir ond se werat zo dr
beta: Bloß bei dir ischd Gott (El) ond
sonst geit s koene Götter (Elohim).
15 Währle, du bist a gehaemnisvoller
Gott (El), du Gott (Elohey) von Israel,
dr Befreier.
16 Schmach ond Schand kommt über älle,
mô Götzabilder gmacht hent.
17 Aber Israel wird befreit durch JAHWE
zor Freihaet en Ewigkaet ond wird et
enttäuscht sae oder z'grond ganga für
älle Zeita.
18 Weil so hât JAHWE, der mô da
Hemmel gschaffa hât, gsprocha, ER, dr
Gott (Elohim); der mô d Erde gmacht
ond se gründat hât, et als Wüste hât r
se gschaffa, sondern zom dren wohna: I
ben JAHWE, ond sonst koener!
19 I han et em Vrbôrgena gredat e'ma
donkla Eck von dr Erde. I han et zom
Jakob saene Nåchkomma gsaed: Ihr
suachat me omsonst! I, JAHWE sag
was recht ischd ond gradlinig.
20 Vrsammlat euch ond kommat!
Kommat ganz nåch her, ihr, mô aus de
Völker drvokomma send! Dia, mô ihre
Holzklötz von Götzabilder romtragat,
hent nex kapiert, dia betat a Götzabild
å, mô nen et helfa kå.
21 Machat s bekannt, brengat s vôr,
ratschlagat mitananander: Wer hât des ällas
schao lang vrkündigt ond vôrausgsaed?
Ben des et i gwea, JAHWE? Ond außer
mir geit s koe Gotthaet (Elohim)! An
haelvolla ond rettenda Gott (El) geit s
koen außer mir!
22 Wendat euch zo mir ond lent euch
befreia von äller Herra Länder; i ben
nämlich Gott (El) ond sonst koener.
23 I han bei mr selber gschwora ond
mae Mund hât d Wåhrat gsaed, a
unwiderruflichs Wort: Vôr mir beugt
sich jedas Knia ond a jeda Zong soll
schwöra:
24 Alloe durch JAHWE ben i sicher - so
saed mr - ond han e Gerechtigkaet ond
Kraft. Aber älle, mô sich widersetzat,
müaßat zon am komma ond sich
schäma.
25 Durch JAHWE kommat älle
Nåchkomma von Israel zo ihram Recht
ond dent sich preisa.
Zom Vrgleicha: *Vers 16:* 41,11 • *Vers 18:* 45,6 •
Vers 19: 48,16 • *Vers 23:* Rö 14,11; Phil 2,10f.

De babylonische Götza werat gstürzt: 46 1-7

46 Dr Bel bricht zsema, dr Nebo leit
kromm am Boda. Ihre Götzabilder
werat am Vieh ond de Lastesel aufglada.
Was ihr vôrher romtraga hent, wird am
müada Lastvieh draufpackt.
2 Dia hent sich kromm glegt bis se
aebrocha send, aber ihr Last hent
se et retta könna. Dia send mit en d
Gfangaschaft gwanderat.
3 Horchat auf mi, ihr vom Haus Jakob
ond dr Rest von Israel, älle, mô mir
aufglada send vom Muaderleib å,
ond von mir traga wôra send vom
Muaderschoß å.
4 Bis en s Alter ben i dr gleiche ond will
euch traga bis r alt ond grao werat: i han
s dao ond will s doa, euch traga ond
retta.
5 Mit wem wöllat r mi vrgleicha ond
gleichstella? Ond wöllat r me åpassa
dass mr ons gleich send?
6 Då leerat se Gold aus ihre Beutel ond

wägat Silber auf dr Wåg, se dengat Goldschmied, zom en Gott (El) draus macha ond senkat vôr am auf d Knia zom an åbeta.

7 Se nemmat an auf d Schulter ond tragat an an saen Platz; då stôht r ond weicht et von dr Stell. Schreit oener zon am, nå kriagt r von dem koe Antwort ond r hilft am ao et aus saener Naot.

Zom Vrgleicha: *Vers 1:* Jer 50,2 • *Vers 3-4:* 63,9 • *Vers 4:* Ps 71,18 • *Vers 5:* 40,18.

Dr Kyrus ischd am Herrgott sae Werkzeug: 46 8-13

8 Denkat drå ond achtat drauf, ihr Treulose ond nemmat s euch z Herza!

9 Denkat drå, was früher golta håt von dr Vôrzeit her: dass i Gott (El) ben ond sonst koener. I ben Gott (El) ond koener ischd so wian i,

10 von åfang å sag i, wia s ausgôht, ond seit Urzeita, was no et gscheha ischd. I sag euch: mae Ratschluß stôht fest, ond was e mr vôrgnomma han, des ziag i ao durch.

11 Vom Osta han i en Greifvogel her gruafa, vom ferna Land den Må rausgsuacht, den môn e drzua brauch. Wian e s åkündigt han, so lass e s gscheha, wian e s plånt han, so ziag e s durch.

12 Horchat auf me, ihr Sturköpf, mô no weit weg send vom Hael:

13 I han mae Hael ganz nåch herbråcht, s ischd nemme weit weg, ond mae Hilfe ziagt sich nemme naus. I Breng Zion d Befreiong ond mae Herrlichkaet Israel.

Zom Vrgleicha: *Vers 9:* 43,18 • *Vers 10:* 41,22f.26; 44,7; Ps 115,3.

Dr Sturz von Babel: 47 1-15

47 Steig ra ond hock en da Staob Jongfer Babel, Mädle! Hock auf da Boda, ohne Thron, du Chaldäertochter. Jetzt hôeßt mr de nemme d Zarta ond d Faena.

2 Nemm d Mühle ond mahl s Mehl! Ra mit am Schleier ond d Schleppe glupft, mach daene Füaß blutt ond laof durch s Wasser.

3 Dae Scham wird aufdeckt, dass mr dae Schand sieht. I räch me jetzt ond då kommt mr koener drzwischa,

4 Ausspruch von onserm Auslöser, JAHWE Zebaoth ischd sae Nåma, dr Haelige von Israel.

5 Hock nô ond halt s Maul, gang naus en d Nacht, du Chaldäertochter. En Zuakonft hôeßt mr di nemme »Herrin über Königreich«.

6 I ben vrzürnt gwea über mae Volk ond han mae Erbtôel entweiht, en dem es dir en d Händ geba han. Aber du håsch de et über s vrbarmt, sogar de alte Leut håsch d no gschonda mit schwere Lasta.

7 Du håsch gmoent: I bleib für emmer d Herrin. Du håsch dr des et z Herza gnomma ond drå denkt, wia s ausgôht.

8 Ond jetzt horch her, du wollüstigs Weib, mô so sicher auf saem Thron hockt ond moent: I ben s, ond sonst neamerd! I bleib doch et als Witwe ond ohne Kender hocka!

9 Aber bôedas trifft de an oem Dag: dass da ohne Kender ond als Witwe dåstôhst; wia dr Blitz aus haeteram Hemmel trifft de s, då helfat dr ao daene Zauberkonststückla ond Zaubersprüch nex,

10 mô da de en daener Boshaftigkaet sicher gfühlt ond gmoent håsch: s sieht me jå koener! Dae Klughaet ond dae Wissa hent de vrführt, dass da en daem Herza gsaed håsch: I ben s ond neamerd sonst!

11 Aber jetzt kommt a Ohael über de, mô da et wegzaubera kåsch, ond s Vrderba kommt über de, des kåsch d et wegwischa, ond dae Ontergang kommt schneller als wia du gucka kåsch.

12 Komm doch her mit daene Bannsprüch ond Zaubereia, mit dene mô da de von

Kloe å agcba håsch! Vielleicht kåsch d
jå helfa, vielleicht kåsch d no ebber en
Schrecka aejaga!
13Du håsch de agrackerat mit daene
viele Ratgeber: sollat se doch komma
ond de retta, dia mô da Hemmel kennat
ond nach de Stern guckat ond dr an
jedam Neumond sagat, was auf de zua
kommt.
14Dia send wia Straoh wôra, mô s Feuer
vrbrennt, dia könnat et amål ihr aeges
Leba vôr dr Feuersgluat retta - des
ischd et wian a Kohlafeuer, mô mr sich
drå gwärma kå, koe Feuer zom dranô
hocka.
15So gôht dr s mit daene ganze Zauberer,
mit dene mô de ageba håsch von Kloe
å. Dia, mit dene mô da Handel trieba
håsch, hent sich älle drvo gmacht,
koener kå dr maeh helfa.

Zom Vrgleicha: *Vers 2:* Nah 3,5 • *Vers 8:* Zef 2,15; Offbg 18,7 • *Vers 9:* 47,12 • *Vers 12:* 47,9; Dna 2,2.

Gott beweist sich durch Weissagonga: 48 1-11

48 Horchat her, ihr vom Haus
Jakob, mô am Israel saen Nåma
tragat ond aus de Wasserquella von Juda
stammat, ond beim Nåma JAHWE
schwörat ond sich zom Gott (Elohey)
von Israel bekennat, aber et wahrhaftig
ond aufrichtig.
2Von dr haeliga Stadt hent se nämlich
ihran Nåma, ond auf da Gott (Elohey)
von Israel vrlassat se sich: JAHWE
Zebaoth hôeßt r.
3Schao früher han i allas vôrausgsaed,
was kommt; aus maem Mund ischd s
ausganga, dass se s hent höra könna.
Plötzlich han e ghandelt ond s ischd
aetroffa.
4Weil i gwißt han, wia stur ond
bockboenig du bist, dass dae Anka
(Nacka) eiserne Sehna håt ond dae Stirn
aus Erz ischd,
5han e dr s em Vôraus gsaed, bevôr s
komma ischd, sonst dätest d am End
no saga: mae Götzabild håt s dao, mae
gschnitzter oder gossener Gott håt mr
s ågeba.
6Du håsch s ghört - då, guck dr ällas å!
wöllat r s jetzt et weiter saga? Von jetzt
å laß e de ebbas Neus höra, ond zwår
Gehaemnis, von dene mô da nex gwißt
håsch.
7Jetzt erst send se gschaffa ond et vôr
Zeita, ond vôr am haetiga Dag håsch d
nex drvo ghört, dass da et saga kåsch:
des wôeß e schao lang.
8Noe, du håsch des weders ghört no
gwißt, du håsch no nia a Ohr drfür ghet,
i han nämlich gwißt, wia treulos du bist,
dass mr de »Abtrünnig von Muaderleib
å« hôeßt.
9Maem Nåma z guat vrheb i maen Zôrn,
ond maem Ruhm z guat vrschon e de,
dass e de et ausrotte.
10I han de aegschmolza, aber et zom
Silber aus dr macha, i han de prüaft em
Schmelzofa vom Elend.
11Mir z liab - mir z liab dur e s, wia dät
sonst mae Nåma entweiht wera, aber i
gib mae Ehr koem andera.

Zom Vrgleicha: *Vers 3:* 43,9 • *Vers 6:* 42,9 • *Vers 10:* Dtn 4,20 • *Vers 11:* 42,8.

Dr Kyrus ischd am JAHWE sae Beauftragter: 48 12-16

12Jakob, horch auf me, ond Israel, den
mô i beruafa han: I ben s, dr Erste ond
dr Letzte.
13Håt et mae Håd d Erde gründat ond mae
Rechta da Hemmel ausgspannt? I han s
ågruafa ond älle send se dågstanda!
14Vrsammlat euch alle ond horchat!
Wer von dene (Götza) håt des jemåls
vrkündat? Der, den mô dr Herrgott
(JAHWE) måg, der vollstreckt saen
Willa an Babel ond sae Macht an de
Chaldäer.
15I, i han s vrkündigt, ond i han an

beruafa, i han an komma lassa ond am
Erfolg geba.
16 Kommat her zo mr ond horchat: Von
åfang å han i nia em Vrbôrgena gredat,
von dr Stond å, mô s passiert ischd, ben
i drbei gwea. Ond jetzt håt mae Herr,
JAHWE, me gschickt ond saen Gaest.

Zom Vrgleicha: *Vers 12:* 44,6 • *Vers 13:* Ps 33,9 • *Vers 16:* 45,19.

D Lehra aus dr Vrgangahaet: 48 17-19

17 So spricht JAHWE, dae Erlöser, dr
Haelige von Israel: I, JAHWE, ben dae
Gott (Eloheyka), der dr beibrengt, was
guat ischd für de ond de auf dem Weg
führt, mô da ganga sollst.
18 Dätest d doch bloß auf maene Gebot
achta, dae Frieda wär wian a Strom ond
dae Hael wia d Wella em Meer.
19 Daene Nåchkomma wärat ozählig wia
dr Såd ond d Sprößleng aus daem Leib
wia d Såmakörnla, nia ausgrottat ond
nia glöscht wär dae Nåma vôr maem
Gsicht.

Zom Vrgleicha: *Vers 18:* Dtn 5,29 • *Vers 19:* Gen 22,17.

A glücklichs Hoemkomma von Babel: 48 20-22

20 Gangat raus aus Babel, haoat ab vor de
Chaldäer! Vrkündat s mit Jubelschall!
Dent s vrbrôeta bis ans End von dr
Erde! Sagat: JAHWE håt saen Knecht
Jakob ausglöst;
21 ond dia hent koen Durst leida müaßa,
mô se durch d Wüste zoga send, der håt
en nämlich aus de Felsa Wasser riasla
lassa, da Felsa håt r gspalta, ond Wasser
ischd gflossa.
22 Koen Frieda für d Frevler, håt dr
Herrgott (JAHWE) gsaed.

Zom Vrgleicha: *Vers 20:* 52,11; Jer 51,6; Offbg 18,4 • *Vers 21:* Ex 17,6 • *Vers 22:* 57,21.

S ZWÔETE LIAD VOM GOTTESKNECHT: 49 1-9

49 Horchat mr zua, ihr Küstaländer
ond passat auf, was e euch sag, ihr
Nationa en dr Ferne: vom Muaderleib å
håt me dr Herrgott (JAHWE) beruafa,
ond vom Muaderschoß å maen Nåma
gsaed.
2 Maen Mund håt r zo ama scharfa
Schwert gmacht; em Schatta von saener
Håd me vrbôrga ond me zo ama scharfa
Pfeil en saem Köcher vrsteckt.
3 Ond r håt zo mr gsaed: Du bist mae
Knecht, Israel, an dem i mae Herrlichkaet
zaega will.
4 Aber i han gmoent: ganz omasonst han
e me gschonda, für nex ond wieder nex
mae Kraft vrdao. Ond doch: mae Recht
stôht bei JAHWE ond dr Loh für mae
Ärbat bei maem Gott (Elohay).
5 Ond jetzt spricht JAHWE, der, mô
me schao em Muaderleib zo saem
Knecht bildat håt, dass i Jakob zon am
zrückbrenga soll ond Israel zon am
hoembrenga - en de Auga von JAHWE
ben i g'ehrt, ond mae Gott (Elohay)
ischd mae Schutz.
6 Ond r håt gsaed: Des ischd mr no z
wenig, dass du mae Knecht bist ond
bloß d Stämm vom Jakob aufrichtest
ond dia vrstraete Israelita wieder hoem
brengst. Drom mach e di zom Licht für d
Haedavölker, dass sich mae Freihaet bis
an d Grenza von dr Erde ausbrôetat.
7 So spricht JAHWE, dr Befreier von
Israel, sae Haeliger zo dem, mô von
älle vrachtat wird, zom Sklava von de
Tyranna: König sollat s seha ond Fürsta
aufstanda ond nôsenka vôr JAHWE,
der mô treu ischd, dr Haelige von Israel,
der mô di erwählt håt.
8 So spricht JAHWE: En dr Gnadazeit

han e dr Antwort geba ond am Dag von
dr Befreiong hilf e dr, ond i pass auf de auf
ond mach de zom Bundesbeauftragta,
zom s Land wieder aufbaua ond dia
vrwüstate Erbstück wieder auftôela.
9 Zom de Gfangene saga: Kommat raus!
Ond zo dene en dr Finsternis: Lent euch
seha!

Zom Vrgleicha: *Vers 2:* Offbg 19,15; Jes 51,16 • *Vers 4:* 1Kor 15,58 • *Vers 6:* 42,6; Apg 13,47 • *Vers 8:* 2Kor 6,2.

D WIEDERHERSTELLONG VOM ZION: 49 9b - 50 3

S Wonder vom Hoemkomma: 49 9b-13
Am Weg sollat se wôeda ond an de
Kahlhäng ihre Wôeda macha.
10 Honger ond Durst brauchat se et leida,
dr Gluatwend ond d Sonn dent en nex,
weil der s an Wasserquella nôführt, mô
sich über s vrbarmt.
11 Älle Berg mach e zo Weg ond maene
Stråßa werat aufgfullt (dass se eba
werat).
12 Nå kommat se von ganz weit her, de
oene von Norda ond Westa, de andere
vom Siniterland.
13 Jubilierat, ihr Hemmel, ond jauchzgat o
Erde, fraeat euch, ihr Berg! Dr Herrgott
(JAHWE) håt sae Volk tröstat ond sich
über saene Elende vrbarmt.

Zom Vrgleicha: *Vers 10:* Offbg 7,16 • *Vers 11:* 40,4 • *Vers 12:* Lk 13,29 • *Vers 13:* 44,23.

Am Herrgott sae Trost für Zion: 49 14 - 50 3
14 Aber Zion håt gsaed: JAHWE håt me
vrlassa, ond mae Herr håt me vrgessa!
15 Vrgißt vielleicht a Frao ihr Kendle, a
Muader ihran leiblicha Soh? Aber wann
dia ao ihre Kender vrgessa däte, i vrgiß
de et!
16 Guck, en maene Händ han e de
aezôechnat: daene Maura han e emmer
vôr Aoga.
17 Daene Söh kommat schao her ond dia,
mô de gschonda ond he gmacht hent,
send am Abhaoa.
18 Mach daene Aoga auf ond guck,
was om de rom gschieht: von überall
kommat se zo dr. So wåhr i leb!
Ausspruch von JAHWE, dia älle sollst
dr du als Schmuck ådoa ond sollst de
mit en schmücka wian a Braut.
19 Jå, daene Ruina, daene Trümmerhäufa
ond dae henigs Land, du wirst jetzt z
eng für daene Aewohner, seit daene
Zrstorer weg send.
20 Daene Söh aus dr Zeit, mô da alloe
gwea bist, sagat nå: Ruck nôra, s ischd
mr z eng, i brauch Platz, dass e nôsitza
kå.
21 Nå frågst de en daem Herza: Mô
kommat dia her? Maene Kender håt mr
mr gnomma? In han koene Kender maeh
kriagt ond ben vrstoßa ond vrtrieba
gwea. Ond dia, wer håt dia aufzoga? I
ben doch alloe übrig blieba, mô send dia
nå gwea?
22 So håt mae Herr, JAHWE gsprocha:
Guck i will mit maener Håd zo de
Haedavölker zaega ond zo de Nationa
mae Panier aufrichta. Nå brengat se
daene Söh auf am Arm drher ond daene
Töchter tragat se auf de Schultera.
23 Ond König send daene Pfleger ond
Fürstinna daene Kendsmägd. Mit am
Gsicht senkat dia vôr dr auf da Boda
ond schleckat dr da Staob von de Füaß.
Nå kapierst, dass i, JAHWE, der ben, an
dem dia et enttäuscht werat, mô auf an
harra dent.
24 Kå mr vielleicht ama Starka sae Beute
rausreißa oder kommt a rechtschaffener

Gfangener vôr dem drvo?
[25]Jå, so håt JAHWE gsprocha: Ao de Gfangene sollat ama Starka weggnomma wera ond am Gwalttätiga sae Beute kommt drvo! Mit daem Faend streit i selber ond befrei daene Kender.
[26]Dia, mô de quält hent laß e ihr ôeges Flôesch fressa ond ihr ôeges Bluat sollat se trenka wia da Most. Nå müaßat älle erkenna, dass i, JAHWE dae Befreier ond Auslöser ben, dr Starke vom Jakob.
50 So håt JAHWE gsprocha: Mô ischd eurer Muader ihr Schaebriaf, mit dem, mô i se entlassa hätt? Oder mô ischd a Glaebiger, an den mô i euch vrkaoft hätt? Guckat! Ihr send wega eure Vrfehlonga vrkaoft ond wega eurer Abtrünnigkaet ischd euer Muader fortgschickt wôra.
[2]Wårom ischd koener då gwea, mô i komma ben? Wårom håt koener a Antwort geba, môn e gschria han? Ist vielleicht mae Håd z kurz zom euch erlösa? Oder han i koe Kraft mae, zom euch retta? Drbei brauch i bloß schempfa, nå tricknat s Meer aus ond aus Wasserström wird a Wüste, dass ihre Fisch vrfaulat, weil se koe Wasser hent ond vrdurstat.
[3]I ziag am Hemmel schwarze Trauerklôeder å ond mach an zua mit Sacklaena.

Zom Vrgleicha: *Kap. 49 Vers 15:* 1Kö 3,26; Jer 31,20 • *Vers 18:* 60,4 • *Vers 20:* 54,1 • *Vers 22:* 62,10; 60,4 • *Vers 23:* 60,16; Ps 72,9 • *Vers 26:* 60,16 • *Kap. 50 Vers 1:* Dtn 24,1 • *Vers 2:* 59,1 • *Vers 3:* Offbg 6,12.

S DRITTE LIAD VOM GOTTESKNECHT: 50 4-9

[4]Mae Herr, JAHWE, håt mr d Zong vo ma Jünger geba, dass e de richtige Wort fend, zom dia aufbaua, mô koe Kraft maeh hent. *Äll Môrga läßt r mae Ohr wach wera, dass e hör, wia d Jünger hörat.* [5]Mae Herr, JAHWE, håt mr s Ohr aufdao ond i ben et widerspenstig zrückgwicha. [6]Da Buckel han e dene nôghoba, mô me ghaoa hent ond maene Backa dene, mô mr da Bart rausgrissa hent. Mae Gsicht han e et vrsteckt, wann se me gschmäht ond ågspia hent. [7]Aber mae Herr, JAHWE, hilft mr, drom gang e ao et zgrond. Drom mach e mae Gsicht stoehart ond wôeß, dass e et zgrond gang. [8]Mae Rechtsbeistand ischd en dr Nähe, wer will nå mit mr streita? Laß ons mitanander nôganga! Wer mit mr rechta will, der soll no herkomma! [9]Guck, mir stôht mae Herr, JAHWE, bei. Wer ischd des, mô me åschuldiga will? Guck, dia vrbröslat wian a Gwand, mô d Motta vrfressa hent.

Zom Vrgleicha: *Vers 6:* Mt 26,67f • *Vers 7:* Ez 3,8f • *Vers 9:* 51,8.

MUAT ZOM VRTRAUA: 50 10 - 52 12

Am Herrgott sae mächtiga Hilf: 50 10 - 51 8

[10]Der von euch, mô a Ehrfurcht håt vôr JAHWE, soll auf d Stemm von saem Knecht horcha. Der, mô em Dunkla laofa muaß ond koen Lichtblick håt, der soll auf da Nåma JAHWE vrtraua ond sich auf saen Gott (Elohayw) vrlassa.
[11]Guckat, älle von euch, mô a Feuer åzendat ond sich mit Brandpfeil

ausrüstat, gangat nae en d Gluat von
dem Feuer ond de Brandpfeil, môn r
selber åzonda hent. Von maener Håd
gschieht euch des; zor Qual müaßat r
nôliega.
51 Horchat auf mi, wann r auf d
Gerechtigkaet aus send ond da
Herrgott (JAHWE) suachat! Guckat
auf den Felsa, aus dem môn r ghaoa
send ond auf den Bronnaschacht, aus
dem r bôhrt send.
2Guckat auf da Abraham, euran
Stammvadr ond auf d Sara, mô euch
auf d Welt bråcht håt; den han e als
an Oenzelna beruafa, an gsegnat ond
vrmehrt.
3JAHWE tröstat nämlich Zion ond
vrbarmt sich über älle ihre Trümmer
ond macht ihr Wüste zom Garta Eden
ond aus dr Steppe saen Garta. Wonne
ond Fraed werat då dren gfonda, Lob-
ond Dankliader.
4Horchat mr willig zua, mae Volk ond
ihr Nationa horchat her! Von mir gangat
Weisonga aus, ond mae Recht als a Licht
für d Völker.
5Mae Gerechtigkaet ischd ganz nåch
då, mae Rettong ischd onterwegs ond
maene Ärm urtôelat über d Völker.
Auf mi wartat d Küstaländer, auf maen
(gerechta) Arm wartat se.
6Richtat eure Aoga auf da Hemmel ond
guckat auf d Erde dronta! Dr Hemmel
vrgôht nämlich wian a Raochwolk, d
Erde vrbröslat wian a alts Gwand, ond
ihre Bewohner sterbat weg wia d Mucka,
aber mae Gnade stôht für emmer ond
ewig ond mae Gerechtigkaet hert er
auf.
7Horchat her, ihr, mô wissat, was Recht
ischd, du Volk, des maene Weisonga
em Herz dren håt: Hent koe Angst
drvôr, wann euch oener auf d Schipp
nemma will ond vôr saene spöttische
Redensarta.
8Wian a alts Gwand fressat den d Motta,
ond wia d Wolla d Schaba. Aber mae
Gerechtigkaet bleibt ewig, ond mae
Hael bis en älle Generationa.

Zom Vrgleicha: *Kap. 50 Vers 10:* 9,1 • *Kap 51 Vers 1:* 51,7 • *Vers 4:* 2,3; 42,6; 49,6 • *Vers 5:* 42,4 • *Vers 7:* 51,1; Mt 5,11 • *Vers 8:* 50,9.

Dr starke Arm von JAHWE: 51 9-16

9Wach auf! Wach auf! Ziag dae Kraft å,
du Arm von JAHWE! Wach auf! Wia
en de alte Zeita, bei de Gschlechter en dr
Urzeit. Bist du s et gwea, der mô Rahab
zsemaghaoa ond da Dracha aufgspiaßt
håt?
10Bist du s et gwea, der mô s Meer
austricknat håt, dia Wasser von dr
Chaosfluat? Der mô durch s tiafe Meer
da Weg bahnt håt, dass de Erlöste hent
durchlaofa könna?
11So kommat dia hoem, mô JAHWE
ausglöst håt, dia kommat em Jubel
nach Zion ond a ewiga Fraed ischd om
ihr Haopt: Fraed ond Wonne ischd en
gschenkt, Kummer ond stöhna müaßat
flüchta.
12I selber, i selber bens, mô euch tröstat:
Wer bist denn du, dass da Angst
ghet håsch vôr ama Menscha, der mô
sterblich ischd, ond vôr Menscha, mô
vrgangat wia s Gras?
13Du vrgißt JAHWE, daen Schöpfer, der
mô da Hemmel ausspannt ond d Erde
gründat. En Angst ond Schrecka håsch d
dauernd vôr daem Onterdrücker saener
Wuat glebt, môn r sich ågstellt håt zom
de vrnichta. Mô ischd denn jetzat d
Wuat von daem Onterdrücker?
14Bald wird dr Krommgschlossene
entfesslat, dass r et en dr Gruab stirbt,
am Brot fehlt s am nå ao nemme.
15I selber, JAHWE, dae Gott (Eloheyka)
ben s, der mô s Meer aufpeitscht, dass
saene Wella tobat; JAHWE Zebaoth
ischd sae Nåma.
16I han dr maene Wort en da Mund glegt
ond de em Schatta von maener Håd

bôrga, môn e da Hemmel ausgspannt
ond d Erde gründat ond zo Zion gsaed
han: Du bist mae Volk.

Zom Vrgleicha: *Vers 9:* 52,1; Ijob 26,12f; Ps 89,11 • *Vers 10:* Ex 4,21f • *Vers 11:* 35,10 • *Vers 15:* Jer 31,35 • *Vers 16:* 59,21; 49,2; Hos 2,25.

Am Herrgott sae Zôrnbecher: 51 17-23

[17]Reiß de zsamma! Reiß de zsamma!
Stand auf, Jerusalem! Du håsch da
Zôrnbecher aus dr Håd von JAHWE
austronka, da Rauschbecher håsch d
gsoffa ond ausgsürflat.
[18]Då ischd koener gwea von dene, mô
se auf d Welt bråcht håt, der mô se hätt
führa könna, koener, mô se an dr Håd
gnomma hätt von älle Kender, mô se
graoß zoga håt.
[19]Bôedas håt de troffa - aber wem håt
s lôed dao om de? D Vrwüastong ond
Zrstörong, dr Honger ond s Schwert -
wer gibt dr en Trost?
[20]Daene Söh send ohnmächtig omgfloga
ond send en de Gassa romglega, wia
d Antilopa em Stellnetz ghangt send,
troffa vom Herrgott (JAHWE) saem
Zôrn ond vom Schelta von daem Gott
(Elohayik).
[21]Drom laß dr saga, du Ärmsta, du
Bsoffena, aber et vom Wae:
[22]So håt dae Herr, JAHWE, dae Gott
(Elohayik), der mô für sae Volk kämpft,
gsprocha: I han dr da Rauschbecher ond
da Zôrnbecher aus de Händ gnomma,
dass d an en Zuakonft nemme trenka
brauchst.
[23]I gib an jetzt daene Onterdrücker en d
Händ, dia mô zo dr gsaed hent: Buck de,
dass mr über de nom laofa könnat! Ond
du håsch da Buckel kromm gmacht bis
auf da Boda, dass dia a Gass ghet hent
zom über de nomlaofa.

Zom Vrgleicha: *Vers 17:* Jer 25,15-19; Ps 60,5; 75,9; Offbg 16,19.

S neue Hael für Zion: 52 1-12

52 Wach auf! Zion, wach auf! Ziag
de å mit daener Macht! Ziag
daene Prachtgwänder å, Jerusalem, du
haeliga Stadt. En Zuakonft soll koe
Obeschnittener ond koe Oraener zo dr
nae ganga.
[2]Schüttle da Staob ab ond stand auf,
du Gfangena, Jerusalem. Mach daene
Halsfessla weg, du Gfangena, Tochter
Zion!
[3]So håt JAHWE gsprocha: Omsonst
send r vrkaoft wôra, ond et om Silber
werat r ausglöst.
[4]So håt nämlich JAHWE, mae Herr,
gsprocha: Nach Ägypten ischd mae
Volk en dr Vôrzeit na ganga, zom sell
als Gast leba. Ond Assur håt s ohne an
Grond onterdrückt.
[5]Ond was muaß e jetzt vrleba?
Ausspruch von JAHWE: Mr håt mae
Volk gnomma ozahlt, saene Zwengherra
schreiat omanander: Ausspruch von
JAHWE, ond mae Nåma wird äll Dag
glästerat.
[6]Drom soll mae Volk an dem Dag maen
Nåma erkenna, soll erkenna, dass i s ben,
der mô spricht: Guck her, då ben e!
[7]*Wia gern sieht mr doch d Füaß von
dene, mô vrkündigat: s ischd Frieda!*
Von dene mô a guata Botschaft brengat
ond sagat: Ihr send frei. Von dene mô
zom Zion sagat: Dae Gott (Elohayik)
håt d Königsherrschaft åtreta.
[8]Horch! Daene Wächter schreiat ganz
laut ond brechat en Jubel aus. Aog en
Aog därfat se nämlich zuagucka, wia
dr Herrgott (JAHWE) auf da Zion
zrückkommt.
[9]Fraeat euch ond jubilierat mitanander,
ihr Trümmer von Jerusalem, weil ER
tröstat sae Volk ond löst Jerusalem aus.
[10]Frei zaegt håt JAHWE saen haeliga
Arm vôr de Aoga von älle Völker, dass
mr bis ans End von dera Welt saene
Haelstata seha kå.

11Fort, fort! Gangat fort von sell! Langat
nex oraens å! gangat weg aus ihrer Mitte!
Raenigat euch, ihr, mô am JAHWE
saene Gerätschafta tragat.
12Ihr gangat nämlich ohne Hast weg, ihr
flüchtat et, sondern JAHWE gôht vôr
euch her, ond euer Nåchhuat ischd dr
Gott (Elohey) von Israel.

Zom Vrgleicha: *Vers 1:* 51,9; Offbg 21,27 • *Vers 3:* 45,13; 1Petr 1,18 • *Vers 5:* Rö 2,24 • *Vers 8:* Num 14,14 • *Vers 10:* Ps 98,1-3 • *Vers 11:* 48,20; 2Kor 6,17 • *Vers 12:* Ex 12,11; Dtn 16,3; Jes 58,8.

S VIERTE LIAD VOM GOTTESKNECHT: 52 13 – 53 12

13Guckat, mae Knecht håt Erfolg, der
steigt auf ond kommt ganz oba nô ond
wird sae Macht zaega.
14Viele send vôr am vrschrocka, so
furchtbar entstellt håt der ausgseha, gar
nemme menschlich, ganz anderst als
andere Menscha.
15So vrsetzt der viele Haedavölker ens
Staona. Wega dem pressat König ihre
Lippa zsema, was dene nämlich koener
gsaed håt, des müaßat se jetzt mitågucka,
ond was se nia ghört hent, vrfahrat se
jetzt.

53 Wer håt dem glaobt, was ons
vrkündigt wôra ischd? Ond am
Herrgott (JAHWE) sae Macht, wem
ischd se offabart wôra?
2Ond so ischd r vôr saene Aoga aufganga
wian a Schößleng ond wia d Wurzel aus
am dörra Boda. *Koe guata Gstalt håt r*
ond nex dargstellt, r håt et so ausgseha,
dass r oem gfalla hätt.
3*Vrachtat ischd r gwea ond von de*
Menscha vrlassa, a Må voler Schmerza
ond Krankata, wia oener, vôr dem mr
weggucka muaß, so vrachtat ischd r
gwea, dass r bei ons nex gôlta håt.
4*Aber grad der håt onsere Krankata*
traga ond onsere Schmerza auf sich
glada, ond mir hent an für oen ghalta,
der mô von Gott (Elohim) gstråft ond
gschlaga ond naduckt wôra ischd.
5*Drweilst ischd r wega onsere Otata*
aufgspiaßt ond wega onsere Vrfehlonga
gschlaga, züchtigt wôra ischd r, dass mir
em Frieda leba könnat, ond durch saene
Wonda ischd ons s Hael geba.
6*Mir älle hent ons wia d Schåf vrloffa,*
a jeder ischd saen aegena Weg ganga,
aber JAHWE håt an von onserer Schuld
treffa lassa.
7*Gschonda ischd r wôra, ond er håt*
sich dronter buckt ond saen Mund et
aufgmacht wian a Lämmle, mô auf d
Schlachtbank gführt wird ond wian
a Schåf, des mô vôr am Scherer koen
Muckser maeh duat.
8*Aus dr Haft ond aus am Gericht ischd*
r rausgnomma wôra, aber wer aus saem
Gschlecht denkt drå, dass r aus am Land
von de Lebendige raus grissa wôra ischd,
môn r doch von dr Abtrünnigkaet von
maem Volk ganz alloe da Schada ghet
håt?
9*Bei Frevler ond Vrbrecher håt mr am*
sae Grab geba môn r gstôrba ischd,
obwohl der nia ebbas Orechts dao håt
ond koe gotzigs vrloges Wort en saem
Mund gwea ischd.
10*JAHWE aber håt sae völligs*
Zsemabrecha wolla, weil r sae Leba
als Schuldopfer aegsetzt håt, dass r
Nåchkomma kriagt ond a langs Leba
håt, ond dr Plån von JAHWE durch
saene Händ vollbråcht wird.
11*Weil sae Seel sich so viel Müah geba*
håt, därf r sich satt seha: durch sae
Erkenntnis macht mae Knecht viele zo

Gerechte ond trägt ihre Vrfehlonga.
[12]Drom gib am i åtôel an Viele ond mit de Machthaber tôelt r d Beute, weil r sae Leba g'opfert håt ond zo de Vrbrecher zählt wôra ischd, môn r doch d Sünda von de Viele traga håt ond en dr Fürbitte für de Abtrünnige aegstanda ischd.

Zom Vrgleicha: *Kap. 52 Vers 14:* Weish 5,2 • *Vers 15:* Rö 15,21 • *Kap 53 Vers 1:* Joh 12,38; Rö 10,16 • *Vers 2:* 11,1.10 • *Vers 4:* Mt 8,17 • *Vers 5:* 1Petr 2,24f • *Vers 6:* 56,11 • *Vers 7:* Apg 8,32f; Offbg 5,6.12; 13,8 • *Vers 9:* 1Petr2,22 • *Vers 11:* Da 12,3; Rö 5,19 • *Vers 12:* Rö 4,25; Lk 22,37; Hebr 9,28; Joh 1,29; Rö 5,16; 1Petr 2,24.

D VRHAESSONG VOM GLÜCK EM NEUA ZION: 54 1 - 55 5

Am Herrgott sae Sega für s Volk: 54 1-10

54 Frae de, du Ofruchtbara, mô koe Kend kriagt håt! Frae de, jubilier ond jauchzge, du, mô no nia Weha ghet håt! Oena mô vrlassa ischd håt mae Kender als wian a Vrheirata, hat JAHWE gsprocha.

[2]Weite da Platz en daem Zelt aus, spann daene Zelttüacher aus, spara brauchst d et! Mach d Zeltlaena länger ond hao d Pfosta tiafer nae!

[3]Du weitest de nämlich nach rechts ond nach lenks aus, daene Nächkomma erbat von de Volksstämm ond siedlat en zrstörte Städt neu å.

[4]Du brauchst koe Angst han, da könntest de blamiera. Ond schäma brauchst de ao et, du wirst et zom Gspött! D Schand von daener Jugendzeit kåsch d vrgessa, ond d Schmach von daener Witwaschaft vrgißt d ganz schnell!

[5]Dae Schöpfer ischd nämlich dae Må, JAHWE Zebaoth ischd sae Nåma, ond dae Auslöser dr Haelige von Israel, Gott (Elohey) von dr ganza Erde hôeßt mr an.

[6]Wian a vrlassena ond bis en d Seel nae trauriga Frao håt de JAHWE zrück gruafa, d Frao aus dr Jugendzeit, wia könnt se vrwôrfa sae? Håt dae Gott (Elohim) gsprocha.

[7]A kloes Weile han e de alloe glassa, aber e'ma graoßa Erbarma hol e de wieder hoem.

[8]Ema Ausbruch von Zôrn han e mae Gsicht für an Aogablick vôr dr vrbôrga, aber weil e dr emmer guat gsonna ben, han e me über de vrbarmt, spricht JAHWE, dae Auslöser.

[9]So wia selligsmål beim Noah nach am graoßa Wasser: då han e gschwora, dass d Wasser wia beim Noah nia maeh über d Erde komma sollat, so han e gschwora, dass e nemme mit dr vrzürnt sae will ond dr ao nemme droha will.

[10]D Berg mögat nämlich weicha ond d Hügel wanka, aber mae Huld weicht nia maeh von dr, ond mae Friedensbund wankt et, spricht JAHWE, der mô a Erbarma håt mit dr.

Zom Vrgleicha: *Vers 1:* Gal 4,27; Jes 62,4 • *Vers 5:* Hos 2,18 • *Vers 7:* Ps 30,6 • *Vers 8:* 60,10 • *Vers 9:* Gen 9,8-17 • *Vers 10:* Ez 34,25; 37,26.

S neue Jerusalem: 54 11-17

[11]Du Ärmsta, em Sturm Bewegta, mô ohne Trost dåstôht: I leg daene Grondmaura en Edelstoe ond daene Fondament auf Saphir,

[12]ond aus Rubin mach e daene Zinna ond daene Stadttôr aus Karfunkel ond daene Grenzstoe aus Juwela.

[13]Ond älle daene Söh send amål am Herrgott (JAHWE) saene Jünger ond lebat lang em Frieda.

[14]Du stôhst fest gründat auf dr Gerechtigkaet, du kåsch de frei wissa von Onterdrückong ond brauchst koe

Angst han, dass dr ebber Schwierigkaeta
macht.
15Ond wann de oener trotzdem ågreift,
nå håt r s et von mir, ond der mô als
Fremder bei dr ischd, fällt dr zua.
16Guck, i selber han da Schmied gschaffa,
der mô s Feuer åblåst ond auf sae Art
a Werkzeug macht. I han aber ao da
Vrderber gschaffa zom he macha.
17Koe Waff, mô gega di gschmiedat wôra
ischd, kå dr ebbas ådoa, ond a jeda Zong,
mô Rechtshändel mit dr åfanga will,
kåsch du widerlega. Des ischd s Erbtôel
von älle, mô JAHWE dienat, ond ihr
Recht von mir, spricht JAHWE.

Zom Vrgleicha: *Vers 11-12:* Tob 13,17; Offbg 21,18-21 • *Vers 13:* Joh 6,45 • *Vers 14:* Ps 91,10.

S ganz Volk håt åtôel am Hael: 55 1-5

55 Auf gôht s, ihr durstige Seela!
Gangat her ans Wasser! Ao wer
koe Silber håt, därf komma! Ao wann
r koe Silber hent, kommat no! Kaofat
ond essat. Kaofat Korn, Milch ond Wae
ohne Geld.
2Wårom zahlat ihr Geld für ebbas, was
gar koe Nahrong für euch ischd ond
euran sauer vrdeanta Loh für des, was
euch et satt macht? Horchat no, horchat
auf mi, dass r ebbas Guats zom Essa
hent ond euer Seel vom Besta kriagt.
3Leihat mr euer Ohr ond kommat her
zo mr! Horchat auf me, dass eure Seela
auflebat! I will an ewiga Vrtrag mit euch
schliaßa, nach dr gleicha Gnade, môn e
am David vrsprocha han.
4Den han e zom Zeuga gmacht für älle
Völker, zom Fürsta ond Herrscher über
ganze Nationa.
5Völker, mô da no gar et kennst, ruafst
mr du her, ond Haedavölker, mô di
et kennat, werat zo dir herlaofa wega
JAHWE, daem Gott (Eloheyka), am
Haeliga von Israel, weil r de vrherrlicht
håt.

Zom Vrgleicha: *Vers 1:* Joh 7,37; Offbg 22,17 • *Vers 3:* 61,8; 2Chr 6,42; Apg 13,34.

EPILOG: MÅHNONG ZOR OMKEHR OND ZOM VRTRAUA AUF AM HERRGOTT SAE WORT: 55 6-13

6*Suachat JAHWE, so lang r sich fenda*
läßt, ruafat an å, solang r en dr Nähe
ischd!
7A Gottloser soll saen Weg vrlassa ond
dr Frevler soll aufhera, mit saem Ohael
aushecka ond omkehra zo JAHWE, dass
r sich über an vrbarmt ond am vrgibt,
onser Gott (Eloheynu) ischd nämlich
großzügig em Vrgeba.
8*Maene Gedanka send nämlich et eure*
Gedanka, ond eure Weg send et maene
Weg; Ausspruch von JAHWE.
9*Weil so haoch wia dr Hemmel über dr*
Erde ischd, so haoch send maene Weg
über eure Weg ond maene Gedanka
über eure Gedanka.
10*So wia dr Rega ond dr Schnae vom*
Hemmel rakommt ond nemme dort nô
zruckgôht, ohne dass r d Erde tränkt
ond se aufkaema ond aufspriaßa läßt,
ond am Sämå Saatguat geba håt ond
Brot dem, mô s ißt -
11*so gschieht s ao mit maem Wort, des*
mô aus maem Mund raus kommt, des
kommt et leer zo mir zruck, ohne dass
s des ausrichtat, was i wölla han, ond
erraecht håt, zo was i s gschickt han.
12Ihr werat nämlich voler Fraed Auszug
halta ond em Frieda werat r glôetat. D
Berg ond Hügel jubilierat ond fraeat
sich vôr euch ond d Baem em Feld
draußa bätschat en d Händ.

13Statt am Dôrnagstrüpp wachsat Wachholder ond statt de Brennnessla Myrtha. Des wird a Ehramal für JAHWE, a Zaeche auf Dauer, mô nia ausglöscht wera kå.

Zom Vrgleicha: *Vers 10:* 2Kor 9,10 • *Vers 12:* 44,23 • *Vers 13:* 56,5.

III.TÔEL
DR DRITTE JESAJA (TRITTOJESAJA): 56 1 - 66 24

VRHAESSONG AN FREMDE OND KENDERLOSE: 56 1-8

56 So håt JAHWE gsprocha: Hüatat s Recht ond sôrgat für Gerechtigkaet! Mae Rettong ischd em Komma, nå wird mae Gerechtigkaet offabar.
2Glücklich ischd der Mensch, der mô des duat ond der Soh vom Menscha, der mô sich drå hält, der mô da Sabbat et preisgibt ond saene Händ sauber hält von baese Sacha.
3Ond a Fremder, mô sich JAHWE ågschlossa håt, soll et behaopta: JAHWE will me von saem Volk absondera! Ond a Vrschnittener soll et saga: guck, i ben a dörrer Baom.
4Währle, so håt JAHWE gsprocha: Dene Vrschnittene, mô maene Sabbat aehaltat ond sich des raussuachat, was mir gfällt, ond sich an maen Bund haltat,
5dene setz i en maem Tempel ond en maene Wänd a Denkmal ond gib en an Nåma, des ischd besser als wia Söh ond Töchter. An ewiga Nåma gib i ama jeda, der mô nia ausgrottat wera soll.
6Ond de Fremde, mô sich JAHWE ågschlossa hent zom am deana ond da Nåma JAHWE mögat ond saene Knecht werat: älle, mô da Sabbat et preis gebat ond sich an maen Bund haltat,
7dia laß i an maen Haeliga Berg komma ond laß se froh sae en maem Bethaus, ond ihre Brandopfer ond Schlachtopfer laß e mr gfalla auf maem Altar. Mae Haus soll nämlich a Bethaus für älle Völker hôeßa.
8So ischd dr Ausspruch von JAHWE, maem Herra, der mô de Vrstraete von Israel sammlat: I sammle no viel maeh zo dene, mô schao vrsammlat send.

Zom Vrgleicha: *Vers 2:* 58,13 • *Vers 5:* 55,13 • *Vers 7:* Mk 11,17 • *Vers 8:* Ps 147,2.

A DROHONG GEGA D FÜHRER VOM VOLK: 56 9 - 57 13

9Ihr Viecher em Feld draußa, älle mitanander, kommat ond fressat, ihr Viecher em Wald!
10Saene Spähe send Blende ond merkat nex. Des send harmlose Hond, mô et amål maeh bella könnat, dia strackat rom ond dösat vôr sich nô ond traemat.
11Aber dia Hond send en Wirklichkaet gierige Viecher, mô et gnuag kriaga könnat. Ond selbst d Hirta könnat et aufpassa. Då macht a jeder, was r will ond jeder ischd bloß auf saen ôegena Vortôel aus. Nå sagat se:
12Kommat her! I hol en Wae, nå le'mr ons vollaofa! Môrga soll s sae wia haet, bloß no schöner!

57 Dr Gerechte kommt om, ond koe Menschaseel nemmt sich des

z Herza. Ond Rechtschaffene werat
weggrafft ond neamerd kümmerat
sich drom, dass vôr de Boshafte drå dr
Gerechte vrschwendat.
2En da Frieda aeganga dent dia, ond auf
ihre Lager ausruha därfat dia, mô da
grada Weg ganga send.
3Ond ihr, kommat her ihr Hexasöh, du
Bruat von Ehebrecher ond Hura!
4Über wen wöllat r euch lustig macha?
Ond über wen wöllat r s Maul aufreissa
ond d Zong rausstrecka? Send ihr
et selber Vrbrecherkender ond a
Lugabruat?
5Mô romgaelat onter de Götterôecha
ond onter jedam greana Busch ond ihre
Kender metzgat (opferat) en de
Felsaklufta?
6En de Steilwänd en dr Schlucht
erfüllt sich dae Schicksal. Sell håsch d
Trankopfer nôgossa ond Speisopfer
darbråcht, soll i des zualassa?
7Auf am haocha Berg droba håsch d
dae Lager aufgschlaga. Nå bist d auf
da Gipfel gstiega zom a Schlachtopfer
darbrenga.
8Ond henter dr Tür ond am Pfosta
håsch dr a Merkmal nô gmacht. Jå, weit
weg von mir håsch d dae Nest aufdeckt
ond brôet gmacht ond oene kaoft, mô
da gern om de rom ghet håsch, weil dr
ihr Kraft imponiert håt.
9Zom Moloch bist d ganga mit Duftöl
ond håsch Salba ågrührt, nå håsch d
daene Herold bis en de fernste Länder
gschickt ond bist sogar ens Daotareich
na gstiega.
10Du bist müad wôra von daene viele
Wanderonga, aber da håsch nia gsaed:
i steck auf! Sondern da håsch emmer
wieder Kraft en de Glieder ghet, drom
bist d et schwach wôra.
11Vôr wem håsch d de aegentlich gscheut
ond Angst ghet, dass da gloga håsch?
Aber an mi håsch d nemme denkt ond
dr ao koe Gwissa gmacht. Ischd s et
so: weil i gschiega han, ond zwår schao
recht lang - drom håsch d koe Ehrfurcht
maeh vôr mr?
12I will aber dae Gerechtigkaet ond dae
Machwerk offabar macha, ond des nützt
dr gar nex.
13Wann da schreist, sollat de doch daene
viele Götza retta: aber dia vrblåst dr
Wend, a Lüftle fegt dia weg. Aber der,
mô sich en mir birgt, dem ghert s Land
ond der erbt da Haeliga Berg.

Zom Vrgleicha: *Kap. 56 Vers 9:* Jer 12,9 • *Vers 11:* 53,6 • *Kap 57 Vers 1:* Mi 7,1 • *Vers 13:* 60,21; 65,9.

A VRHAESSONG FÜR DE RECHTSCHAFFENE: 57 14-21

14Ond nå saed r: Füllat s auf! Füllat s
auf! Båhnat an Weg! Raemat maem Volk
jedan åstoß aus am Weg!
15Weil so spricht dr Hohe ond Erhabene
auf saem ewiga Thron, der mô »dr
Haelige« hôeßt: I wohn als Haeliger auf
dr Höhe, aber i ben bei de Demüatige
ond Gschlagene, dass e dene, mô naduckt
werat ihram Gaest a neus Leba aehauch
ond de Gschlagene Muat mach.
16I will nämlich et ohne a End händla
ond ewig vrzürnt sae. Sonst dät ihr
Gaest vôr mr vrschmachta, môn e dia
Seela doch selber gschaffa han.
17Wega dr Schuld, môn r en saener
Habgier auf sich glada håt, han e an
gschlaga ond em Zorn mae Gsicht vôr
am vrbôrga, nå ischd r treulos saen
aegena Weg ganga.
18Saene Weg han e gseha, ond i will
an wieder gsond macha ond an lôeta
ond am Trost geba, des hôeßt: saene
Trauernde
19schafft r Frucht mit de Lippa: Friede!

Friede sei mit de Ferne ond mit dene,
mô nâch då send! Spricht JAHWE, ond:
i mach an wieder gsond!
20Aber de Gottlose send wia s aufpeitschte
Meer, mô nia zor Ruah kommt, ond
saene Wasser ruadlat emmer wieder da
Schlamm ond da Dreck rauf.
21Koen Frieda kriagat de Gottlose,
spricht mae Gott (Elohay).

Zom Vrgleicha: *Vers 14:* 40,3; 62,10 • *Vers 15:* Ps 113,5-9; Jes 66,1f; Ps 51,19 • *Vers 16:* Ps 103,98; Jer 3,12 • *Vers 19:* Eph 2,17 • *Vers 20:* Jer 49,23 • *Vers 21:* 48,22.

D VORBERAETONG AUF S KOMMENDE HAEL: 58 1 - 59 21

Echta ond falscha Frömmigkaet: 58 1-14

58 Schrei aus vollam Hals, halt de
et zruck! Laß dae Stemm wian
a Posaon schalla ond vrkündige maem
Volk sae Treulosigkaet ond am Haus
vom Jakob saene Sünda.
2Dia suachat me nämlich äll Dag ond
wöllat maene Weg kenna lerna. Wian
a Volk, mô gerecht glebt hât ond vom
Recht von saem Gott (Elohayw) nia
abgwicha ischd, so vrlangat dia von
mir Gerechte Urtôel ond wöllat, das i
wieder ganz nâch zo nen komm.
3Zo was fastat mir aegentlich, wann du s
et siehst? Mir hent ons selber demüatigt
ond du nemmst koe Notiz drvo?
Guckat, ihr gangat an eure Fastdag eure
Gschäfter nâch ond eure Arbaeter setzat
r onter Druck.
4Ihr fastat nämlich zo Händel ond Zank
ond schlagat frevelhaft mit dr Faust
zua. So, wia ihr haet fastat, fendat euer
Stemm droba en dr Höhe koe Ohr.
5Soll des a Fasta sae, mô mir gfällt: a
Dag, mô a Mensch sich selber demüatigt
ond da Kopf hanga läßt wia d Bensa
ond en Sack ond Asche gôht - soll des a
Fasta sae ond a Dag, mô beim Herrgott
(JAHWE) an åklang fendat?
6Ist et viel maeh des a Fasta, wia i s måg:
ogerechte Fessla aufmacha, d Strick
vom Joch weg doa, ond Onterdrückte
en d Freihaet entlassa ond a jedas Joch
knacka.
7Ischd s et des: dass da am Hongriga
dae Brot brichst ond arme Hoematlose
en dae Haus komma läßt? Wann da
oen nackat siehst, dem ebbas zom
åziaga gibst ond de daene Brüader et
vrwaegerest?
8Nå bricht dae Licht å wia d Môrgaraete
ond daene Wonda vrhôelat schnell; dae
Gerechtigkaet gôht vôr dr her ond am
Herrgott (JAHWE) sae Herrlichkaet
schließt de en sich ae.
9Nå kåsch d schreia, ond dr Herrgott
(JAHWE) gibt dr a Antwort, ond
wann da om Hilfe schreist, saed r: I
ben doch då! wann du en daem Omfeld
Onterdrückong weg duast ond aufherst,
mit am Fenger auf ebber zom zaega ond
mit daem Hentaromgschwätz,
10am Hongriga dae Brot tôelst ond a
nabeugta Seel satt machst, nå strahlt
dae Licht auf en dr Finsternis ond dae
Donkelhaet wird hell wia dr Mittag.
11Ond dr Herrgott (JAHWE) lôetat de
ständig ond macht de sogar en dr Wüste
no satt ond macht daene Gliedmaßa
stark. Ond du bist nå wian a Garta, en
dem mô s gnuag Wasser gibt ond wian a
Quell, mô emmer sprudlat.
12Ond dia Trümmer aus dr Vôrzeit werat
von daene Jonge wieder aufbaut ond d
Grondmaura von vrgangene Gschlechter

baust du wieder auf. Nå hôeßt mr de:
Breschavrmaurer ond Wiederhersteller
von de Pfad zor Wiederåsiedlong.
[13]Wann da am Sabbat daen Fuaß
zrückhälst ond et daem Gschäft nåch
gôhst an maem haeliga Dag ond da
Sabbat a Wohltat hôeßt ond am Herrgott
(JAHWE) saen Dag Ehradag; wann
da an so en Ehra hälst, dass da koene
Gäng machst ond koe Gschäft ond nex
vrhandlest,
[14]nå därfst de laba an JAHWE ond i laß
de über d Höha von dr Erde reita ond
lass de s Erbguat von daem Vadr Jakob
geniaßa. Des hât dr Herrgott (JAHWE)
vrsprocha.

Zom Vrgleicha: *Vers 1:* Mi 3,8 • *Vers 4:* Ex 21,18 • *Vers 7:* Mt 25,35f • *Vers 8:* 52,12 • *Vers 9:* 30,19; 65,24 • *Vers 11:* Jer 31,12 • *Vers 12:* 61,4; Am 9,11 • *Vers 14:* Ijob 22,26; Ps 37,4.

Hendernis für s kommende Hael:

59 1-21

59 Guckat her! Am Herrgott
(JAHWE) sae Arm ischd et z
kurz, dass r et helfa könnt, ond sae Ohr
ischd et so taob, dass r nex maeh höra
dät.
[2]Sondern eure Otata send s, mô euch
von euram Gott (Eloheykem) trennat,
ond eure Sünda lassat an sae Gsicht
vôr euch vrberga, dass r euch et åhöra
muaß.
[3]Weil eure Händ bluatvrschmiert send
ond eure Fenger mit Orecht; eure Lippa
schwätzat vrloga drher ond euer Zong
flüsterat falsche Behaoptonga ae.
[4]Koener moent s ehrlich mit saene
Aussaga ond koener rechtat om d
Wåhrat; mr vrläßt sich auf Nichtigkaeta
ond hält eitle Reda. Mr gôht mit Ohael
schwanger ond brengt Frevel auf d
Welt.
[5]ôeer von Kreuzottera brüatat se aus
ond spennat Fäda wia d Spenna; wer
von dene ihre ôeer ißt, der muaß sterba;
vrdruckt mr oes, nå kriacht a Otter
raus.
[6]Ihre Fäda werat nia zo ma Gwand,
ond mit ihre Machwerk kå mr sich et
zuadecka. Ihre Machaschafta send s pure
Ohael ond ihre Händ send gwalttätig.
[7]Ihre Füaß sprengat am Baesa nåch ond
könnat s et vrwarta zom oschuldigs
Bluat vrgiaßa. Ihre ganze Plånonga
send henterhältig ond baes, mô se gwea
send, hent se Zrstörong ond Vrheerong
henterlassa.
[8]Da Friedensweg kennat dia et, auf ihre
Glôes gibt s koe Recht, ihran Weg hent
se so kromm gmacht, dass koener, mô
den gôht, no ebbas von Frieda wôeß.
[9]Drom bleibt ao s Recht fern von ons,
ond d Gerechtigkaet kå ons nemme
erraecha. Mir harrat auf s Licht, aber s
bleibt donkel, mir wartat auf da hella
Dag, ond hent onseran Wandel doch en
dr Nacht.
[10]Mir tappat an dr Wad entlang wia de
Blende, als ob mr koene Aoga hätte, so
tastat mr omanander. Am hella Mittag
stolperat mr wia en dr Dämmerong ond
send en dr Nacht wia de Daote.
[11]Mir brommat älle wia d Bära ond gurrat
wia d Tauba. Mir hoffat auf s Recht, aber
s kommt et, ond auf d Rettong, aber se
bleibt ons fern.
[12]Weil nämlich onsere Abtrünnigkaeta
so viel send ond onsere Sünda, mô gega
ons zeugat. Des ischd ons ällas bewußt
ond mir kennat ao onsere Vrfehlonga:
[13]dass mr treulos send ond da Herrgott
(JAHWE) vrlaegnat hent ond onseram
Gott (Eloheynu) et nåchgfolgt send,
mr schwätzt von Gwalttätigkaet ond
Aufruhr, ischd schwanger mit Lug ond
Trug em Herza.
[14]So wird s Recht vrdrängt ond d
Gerechtigkaet bleibt fern, d Wåhrat
ischd auf am Märktplatz gstolperat
ond d Rechtschaffahaet kå sich et
durchsetza.

[15]Drom wird d Wåhrat vrmißt ond
oener, mô sich gega s Baesa auflehnt,
wird ausplünderat. Ond dr Herrgott
(JAHWE) håt s gseha, ond en saene
Aoga ischd des baes gwea, dass koe
Gerechtigkaet dågwea ischd.
[16]Ond r håt gseha, dass koe Mensch
gwea ischd - ond r håt gstaont, dass då
koener gwea ischd, mô då drzwischa
ganga wär: drom håt sae Arm befreia
müaßa ond sae Gerechtigkaet håt am
drbei gholfa.
[17]D Gerechtigkaet håt r åzoga wia en
Panzer ond da Helm von dr Freihaet
håt r sich auf s Haopt gsetzt ond Rache
als Gwand åzoga ond saen Eifer als
Mantel.
[18]Wia s a jeder vrdient håt, so håt r vrgolta:
grimmig saene Widersacher, Vrgeltong
saene Faend. Bis en d Küstaländer håt r
mit Vrgeltong hoemzahlt.
[19]Mr wird da Nåma JAHWE em Westa
fürchta ond vom Sonnaaufgang å sae
Herrlichkaet, der kommt nämlich wian
a aeg'engter Strom, den mô am Herrgott
(JAHWE) sae Odem åtreibt.
[20]Aber für Zion kommt r als Retter
ond für dia, mô sich em Jakob von ihre
Sünda abwendat gilt dr Spruch vom
Herrgott (JAHWE):
[21]Ond des ischd maenerseits mae Bündnis
mit dene, spricht JAHWE: Mae Gaest,
der mô auf dir leit, ond maene Wort, mô
dr i en da Mund glegt han, dia sollat et
aus daem Mund weicha, ond ao et aus am
Mund von daene Nåchkomma, ond et
aus am Mund von de Nåchkomma von
daene Nåchkomma, håt ER gsprocha,
von jetzt å bis en älle Ewigkaeta.

Zom Vrgleicha: *Vers 1:* 50,2 • *Vers 2:* 1,15 • *Vers 4:* Ijob 15,35; Ps 7,15 • *Vers 7:* Spr 1,16; Rö 3,15-17 • *Vers 10:* Dtn 28,29 • *Vers 12:* Jer 14,7 • *Vers 16-17:* 63,5; Weish 5, 16-20 • *Vers 18:* 66,6 • *Vers 19:* 45,6; Ps 102,16 • *Vers 20:* Rö 11,26f • *Vers 21:* 51,16; Jer 1,9.

DE ZUAKÜNFTIG HERRLICHKAET VOM ZION: 60 1 - 62 12

D Völkerwallfahrt ens neue Jerusalem:
60 1-22

60 Erheb de! Leuchte! Dae Licht
ischd nämlich erschiena ond am
Herrgott (JAHWE) sae Herrlichkaet
ischd über dr aufgstrahlt.
[2]Weil guck, d Finsternis deckt no d Erde
zua ond Donkelhaet d Nationa. Aber
über dir strahlt JAHWE auf ond sae
Herrlichkaet läßt sich über dir seha.
[3]Ond Völker machat Wallfahrta zo
daem Licht ond König zo dem Glanz,
mô über dir strahlt.
[4]Mach daene Aoga auf ond guck om de:
ällas ischd vrsammlat ond kommt zo dr.
Daene Söh kommat aus dr Ferne, ond
daene Töchter werat auf am Arm drher
traga.
[5]Då guckst d ond strahlst, dae Herz
bebt vor Fraed ond gôht ganz weit auf,
auf di kommt nämlich dr Reichtom aus
am Meer zua ond s Vrmöga von ganze
Völker kommt zo dr.
[6]A Haufa Kamel kommat dr ens Land,
Dromedar von Midian ond Efa, von
Saba kommat se älle ond brengat Gold
ond Weihraoch drher ond vrkündat am
Herrgott (JAHWE) saene Ruhmastata.
[7]Älle Schåfherda von Kedar sammlat
sich bei dir, d Schåfböck von Nebajot
standat dr zor Vrfüagong, älle steigat als
willkommes Opfer zo maem Altar ond i
will maen prächtiga Tempel vrherrlicha.
[8]Wer send dia, mô då drherfliegat wia d
Wolka ond wia d Tauba en ihre Schläg?
[9]Jå, auf mi wartat Schiff, de ganz Flotte
von Tarsis vôrnadraus, kommat ond
brengat daene Söh aus dr Ferne, ihr

Silber ond Gold brengat se mit, JAHWE
zor Ehr, am Haeliga von Israel, weil r de
herrlich gmacht håt.
10 Ond Fremde bauat daene Maura ond
ihre König send dr ao denstbar. I han de
zwår em Zôrn gschlaga, aber en maener
Gnade han e me über de vrbarmt.
11 Daene Stadttôr werat am Dag ständig
offa ghalta, ond en dr Nacht schliaßt mr
dia et zua, dass d Völker ihran Reichtom
raetraga könnat onter dr Lôetong von
ihre König.
12 Weil des Volk ond des Königreich, mô
dir et deana will, gôht onter, ond dia
Völker werat völlig vrnichtat.
13 De ganz Pracht vom Libanon kommt
zo dr, Zypressa, Ulma ond Fichta,
mitanander vrzierat mae Haeligtom ond
zom den Platz ehra, mô maene Füaß
ausruhat.
14 Bücklengs gangat d Söh von dene, mô
de onterdrückt hent, auf de zua, ond
älle, mô de vrachtat hent, schmeisat
sich vôr dir auf da Boda ond hôeßat de:
»am Herrgott (JAHWE) sae Stadt«, am
»Haeliga von Israel sae Zion«.
15 Statt dass da a Vrlassena ond Vrhassta
bist ond de neamerd bsuacht håt, setz i
de ae zom Stolz auf ewig, zor Wonne
für älle Generationa.
16 Du därfst d Milch von älle Völker
sauga ond vom Überfluss von de König
trenka, nå erkennst d, dass i, JAHWE,
dae Retter ben ond dae Auslöser, dr
Starke vom Jakob.
17 Statt Erz lass i Gold komma ond
statt Eise Silber, statt am Holz Erz ond
statt Stoener Eise. Da Frieda setz e als
Aufpasser über de ae ond Gerechtigkaet
als daen Herra.
18 En Zuakonft hört mr en daem Land nex
mach von Gwalttätigkaet, von Omsturz
ond Zrstöronga en daem Gebiet, daene
Maura hôeßt du »Rettong« ond daene
Stadttôr »Ruhm«.
19 D Sonne ischd nå nemme dae Licht
am Dag, ond dr Mondglanz leuchtat
dr nemme en dr Nacht; sondern
JAHWE ischd nå für emmer dae Licht
ond dae Gott (Elohayik) zo daener
Vrherrlichong.
20 Dae Sonne gôht nemme onter ond
dae Mond vrschwendat nemme, weil
JAHWE dae ewigs Licht ischd, ond
daene Trauerdäg send vorbei.
21 Dae Volk send jetzt lauter
Rechtschaffene ond werat für emmer
des Land besitza als Sprößleng von
maener åpflanzong, als Werk von maene
Händ, zo maener Ehr.
22 Aus am Kloensta wird a Tausendschaft
ond aus am Grengsta a starks Volk.
I, JAHWE, wills zo saener Zeit
beschlaeniga.

Zom Vrgleicha: *Vers 1:* Offbg 21,23 • *Vers 3:* 2,2-5, Offbg 21,24 • *Vers 4:* 49,18; 66,12 • *Vers 5:* Offbg 21,24 • *Vers 6:* Ps 72,10; Mt 2,11 • *Vers 9:* 55,5 • *Vers 10:* 61,5; 54,8 • *Vers 11:* Offbg 21,25f • *Vers 13:* 41,19 • *Vers 14:* Offbg 3,9 • *Vers 15:* 62,4 • *Vers 16:* 49,23; 66,11; 49,26 • *Vers 18:* Jer 6,7 • *Vers 21:* 57,13; 65,9; Mt 5,5; Jes 61,3.

D froha Botschaft vom JAHWE saem Gsalbta: 61 1-10

61 Maem Herra JAHWE sae Gaest
ischd auf mr, weil JAHWE håt
me gsalbt ond ausgschickt, zom dene a
froha Botschaft brenga, mô em Elend
send, ond zom dia gsond macha, mô am
a brochena Herz leida müaßat. Ond d
Freihaet auszomruafa für de Gfangene
ond dene, mô Fessla traga müaßat, dass
se befreit werat.
2 Ond a Gnadajåhr vom Herrgott
(JAHWE) auszomruafa ond an Dag,
mô ällas vrgolta wird, dass e älle, mô
traurig send, tröste.
3 Nå wird für älle, mô traurig send vom
Zion, ågordnat, dass se an Kopfschmuck
kriagat statt dr Äscha ond Fraedaöl statt
am Trauergwand, Lobgsang statt Trüabsal
ond mr hôeßt se: „Gerechtigkaetsbäum”

ond „Herrgottsgärtle", zo saener Vrherrlichong.

4 Ond was aus dr Vôrzeit en Trümmer leit, bauat dia wieder auf, ond was ihre Vôrfahra vrwüastat hent, machat se neu ond lent vrwüastate Städt von frühere Generationa wieder aufleba.

5 Ond Fremde standat zor Vrfüagong zom eure Schåf ond Gôesa hüata, ond Fremde schaffat auf eure Äcker ond en eure Wengert.

6 Ond euch hôeßt mr: „Priaster von JAHWE", ond „Amtsdiener von onseram Gott" (Eloheynu) saed mr zon ich. Von andere Völker ihram Reichtom därfat ihr leba ond en ihr åseha euch nae vrändera.

7 Statt euram dopplata Maß an Schempf ond Schand därfat se jubla über ihran åtôel, dass se en ihram Land a Doppalmaß an Fraed erbat, môn en auf Dauer zuatôelt wird.

8 I ben nämlich dr JAHWE, der mô s Recht måg ond da Raob ond Betrug haßt. Ond i gib en ihran Loh, wia se vrdient hent, en dem ben e ganz treu; an ewiga Bund will e mit en schneida.

9 Ond bei de Haedavölker sollat ihre Nåchkomma bekannt sae ond ihre Sprößleng bei älle Nationa. A jeder, mô dia sieht, muaß åerkenna, dass des a Gschlecht ischd, mô dr Herrgott (JAHWE) gsegnat håt.

10 I frae me en JAHWE, mae Seel därf sich fraea über maen Gott (Elohay), weil r me åzoga håt mit Haelsgwänder ond mit am Gerechtigkaetsmantel omhüllt. Wian a Bräutigam an priasterlicha Kopfschmuck ålegt ond d Braut sich mit ihram Schmuck schö macht.

11 Weil so, wia d Erde ihr Gwächs spriaßa läßt ond wia a Garta saene Kaemleng aufganga läßt, so läßt mae Herr, JAHWE, Gerechtigkaet ond Ruhm aufganga vôr älle Haedavölker.

Zom Vrgleicha: *Vers 1:* Lk 4,18f; Jes 58,6 • *Vers 2:* 34,8; 63,4 • *Vers 3:* 60,21 • *Vers 4:* 58,12 • *Vers 5:* 60,10 • *Vers 6:* Ex 19,6; 1Petr 2,5.9; Offbg 1,6; 20,6 • *Vers 8:* Ps 37,28; Jes 55,3 • *Vers 9:* 65,23 • *Vers 10:* 41,16; Offbg,21,2.

Am Herrgott sae vrherrlichta Stadt:

62 1-12

62 Weg'am Zion därf i et schweiga, ond wega Jerusalem kå i et ruhig sae, bis sae Gerechtigkaet wian a Lichtglanz rausbricht ond ihr Hael wian a brennenda Fackel.

2 Nå seahnat d Völker dae Recht ond älle König dae Ehr, ond mr gibt dr en neua Nåma, den mô am Herrgott (JAHWE) sae Mund prägt.

3 Nå wirst d a prächtiga Kron en de Händ vom Herrgott (JAHWE) sae ond a königlichs Diadem en de Händ von daem Gott (Elohayik).

4 Mr hôeßt de nemme länger »d Vrlassena« ond dae Land hôeßt mr nemme länger »Wüste«, sondern mr saed »mae Fraed« zo dr, ond zo daem Land »Vrmählta«, weil JAHWE håt en Gfalla an dr gfonda ond dae Land wird mit am vrmählt.

5 Wia a jonger Må a jonga Frao heiratat, so heiratat di der, mô de aufbaut håt, ond wia sich a Bräutigam über sae Braut fraet, so fraet sich dae Gott (Elohayik) auf di.

6 Auf daene Maura, Jerusalem, han e Wächter bstellt, dia sollat Dag ond Nacht et schweiga. Ihr, mô da Herrgott (JAHWE) drå erennera sollat, für euch därf s koe Rast geba.

7 Ond lent am koe Ruah, bis r Jerusalem gründat ond aesetzt als Lobpreis auf dr Erde.

8 JAHWE håt gschwora bei saener Rechta ond bei saem starka Arm: Nia maeh gib i daene Faend dae Korn zom Essa, ond lass Fremde daen Most trenka, om den, mô da dr so viel Müah geba håsch.

9 Noe, dia, mô s Korn raebråcht hent, dia

sollat s ao essa ond JAHWE preisa. Ond
dia, mô gherbstat hent, sollat an ao trenka
en de Höf von maem Haeligtom.
[10]Ziehat ae! Ziehat ae durch d Stadttôr!
Ebnat am Volk an Weg ae. Füllat s auf
ond båhnat d Stråß! Raemat d Stoener
aus am Weg. Richtat a Wegmal auf für
d Völker!
[11]Guck, JAHWE håt von sich höra lassa
bis ans End von dr Erde: Sagat dr Tochter
Zion: Guck, dae Freihaet kommt, ond
was r gwonna håt, ischd bein am ond sae
Erwerb gôht vôr am her.
[12]Ond mr hôeßt se: »s Haelige Volk«
ond »Ausglöste von JAHWE«! ond di
hôeßt mr »Gsuachta« ond »Stadt, mô
nia maeh vrlassa wird«.

Zom Vrgleicha: *Vers 2:* Offbg 2,17; 3,12 • *Vers 4:* 54,1; 60,15 • *Vers 5:* 65,19 • *Vers 8-9:* 65,21f • *Vers 10:* 40,3; 57,14; 49,22 • *Vers 11:* Mt 21,5; Jes 40,10.

VÖLKERGERICHT OND S ENDZEITLICHE HAEL: 63 1 - 66 24

S Gericht über d Völker wird åkündigt: 63 1-6

63 Wer ischd denn des, mô aus Edom
drher kommt, en raotfleckate
Klôeder von Bozra? Der Prächtige
en saene Gwänder, mô so kraftvoll
schreitat? I ben s, der mô Gerechtigkaet
vrkündigt ond d Macht håt zom retta!
[2]Wårom ischd dae Gwand so raot, wia
von oem, mô d Torkel stampft?
[3]I alloe han d Torkel gstampft, då ischd
von koem Volk oener drbei gwea. I han
s zsematrappt en maem Zôra ond en
maener Wuat aegstampft, dass ihr Saft
auf maene Klôeder gspritzt ischd ond
maene Gwänder vrsaut håt.
[4]I han nämlich an Dag em Senn ghet,
môn e Rache üab ond s Jåhr für mae
Auslösong ischd komma.
[5]I han om me guckt, då ischd weit ond
brôet koe Helfer gwea, ond s håt me
gwonderat, dass me koener onterstützt
håt. Nå håt mr mae Arm helfa müaßa
ond mae Wuat håt me onterstützt.
[6]So han e en maem Zôrn ganze Völker
zsematrappt ond en maener Wuat han e
se bsoffa gmacht ond ihran Saft auf da
Boda laofa lassa.

Zom Vrgleicha: *Vers 3:* Offbg 14,20; 19,15.13 • *Vers 4:* 34,8; 61,2 • *Vers 5:* 59,16.

S Volk betat Gott, r soll erschaena: 63 7 - 64 11

[7]I möcht drå denka, wia gnädig sich
JAHWE zaegt håt, am Herrgott
(JAHWE) saene Ruhmestata ond
überhaopt ällas, was ons dr Herrgott
(JAHWE) erwiesa håt ond sae reicha
Güate geganüber am Haus Israel en
saener Barmherzigkaet ond übergraoßa
Gnade.
[8]Ond r håt gsaed: Se send doch mae
Volk, Söh, mô s et laegnat. Ond r ischd
ihr Retter wôra,
[9]mô s eng wôra ischd für se, ischd et
a Herold komma, sae Gsicht håt se
grettat. En saener Liebe ond saener
Barmherzigkaet håt r se selber ausglöst,
se ghoba ond traga äll Dag en dr
Vôrzeit.
[10]Aber dia send widerspenstig gwea ond
hent saen Haeliga Gaest traurig gmacht.
Nå håt r sich gwandelt ond ischd ihr
Faend wôra ond håt gega s kämpft.
[11]Då ischd en wieder aegfalla, wia s all
Dag en dr Vôrzeit gwea ischd beim
Mose: Mô ischd der, mô sae Volk vom
Meer rausholt mit am Hirta von saene
Schåf? Mô ischd der, mô saen Haeliga
Gaest en sae Ennersts glegt håt?
[12]Der, mô mit saem starka Arm am
Mose saener rechta Seite gwea ischd

ond s Meer tôelt håt, zom sich an ewiga
Nåma macha?
13 Durch d Wassermassa håt r se
durchgführt wian a Roß durch d Wüste,
ond dia send et gstrauchlat.
14 Wia s Vieh en s Tal na gôht, so håt se
dr Gaest von JAHWE zor Ruah trieba,
zom dr an graoßa Nåma macha.
15 Guck ra vom Hemmel ond von daener
herrlicha Wohnong! Mô ischd dae Eifer
ond dae Macht? Mô ischd dae graoß
Mitleid ond dae Erbarma? Halt de doch
et fern von ons.
16 Du bist doch onser Vadr; dr Abraham
wôeß nex von ons ond dr Israel kennt
ons et; du, JAHWE, bist onser Vadr,
»onser Erlöser« hôeßt mr di von Urzeita
å.
17 Wårom läßt d s zua, dass mir vom Weg
irrat? Ond machst ons hartherzig, dass
mr koe Ehrfurcht maeh hent vôr dr.
Komm doch zrück wega daene Knecht
ond daene Stämm, dia mô dae Aegatom
send.
18 Wårom tramplat de Gottlose durch
daen Tempel ond machat dae Haeligtom
he?
19 Wårom send mir so wôra wia sotte, mô
no nia onter daener Herrschaft gstanda
send, als hätte mr no nia daen Nåma
traga? *Reiß doch da Hemmel auf ond
komm ronter, dass d Berg bebat vôr dir.*

64 *Komm wian a Feuer, mô Reisig
åzendat, wian a Feuer, mô s
Wasser zom Siada brengt, dass daene
Faend dae Nåma bekannt wird ond vôr
dir d Völker zittera müaßat.*
2 Du duast fürchterliche Tata, mô koener
drmit rechnat. Du bist rontergstiega,
ond d Berg hent vôr dr bebt.
3 Seit Urzeita håt mr no nia vrnomma
ond no nia ghört, ond no koe Aog håt
ebbas gseha vo'ma Gott (Elohim) außer
dir, mô des für oen duat, mô auf an
harrt.
4 Du kommst dem entgega, mô sich an
daem Recht fraet ond sich drå hält, ond
dene, mô auf daene Weg an de denkat.
Guck, du selber bist vrzürnt gwea, mô
mr gsündigt hent ond von dr abgfalla
send. Ond doch se'mr grettat wôra.
5 Ond mir älle mitnanander send wia
dr Oraene wôra ond onser ganza
Gerechtigkaet wian a bluatvrschmierts
Gwand; wia s Laob vrwelkat mr älle,
ond onsere Schandtata blåsat ons weg
wia dr Wend.
6 Då håt koener maeh daen Nåma ågruafa,
koener håt sich aufraffa könna, zom sich
an dir heba, weil du dae Gsicht vôr ons
vrbôrga håsch ond ons en dr Gwalt von
onserer Schuld vrganga lassa håsch.
7 Ond jetzt, JAHWE, du bist doch onser
Vadr, mir send dr Loehma ond du bist
dr Häfner, ond mir älle send s Werk von
daene Händ.
8 JAHWE sei doch nemme so arg mit
ons vrzürnt ond denk nemme an onser
Schuld, guck her: Mir älle send doch dae
Volk!
9 Daene Haelige Städt send zor Wüste
wôra, Zion ischd Wüste wôra ond
Jerusalem ischd am Erdboda gleich.
10 Onser Haeligtom ond herrlicher
Tempel, mô onsere Vädr di priesa hent,
ischd em Feuer vrbrennt, ond älle onsere
Kostbarkaeta send ruiniert.
11 Kåsch du då no an de halta, JAHWE,
kåsch d då no schweiga ond ons bis zom
äußersta naducka?

Zom Vrgleicha: *Kap. 63 Vers 7:* Ps 89,2 • *Vers 9:* 46,3f • *Vers 11:* Hebr 13,20 • *Vers 13:* Ps 106,9 • *Vers 15:* Dtn 26,15; Jes 64,11 • *Vers 18:* Offbg 11,2 • *Kap. 64 Vers 3:* 2Sa 7,22; 1Kor 2,9 • *Vers 11:* 63,15.

Gega d Götzadiener: 65 1-16d

65 I wär für dia zuagänglich gwea,
mô et nach mr gfrågt hent; i hätt
me von dene fenda lassa, mô me et
gsuacht hent. I ben då! i ben då! han e
zo ama Volk gsaed, des mô maen Nåma

nia ågruafa håt.
2 Äll Dag han e bôede Händ nausgstreckt
zo ama widerspenstiga Volk, mô koen
guata Weg gôht nach ihram aegena
Gusto,
3 nach Leut, mô me ständig ens Gsicht
nae belaedigat, endem se en de Gärta
opferat ond auf Bachstoe raecherat.
4 Mô en de Gräber hockat ond en
Höhla übernachtat. S Flôesch von Säu
essat se ond hent d Brüah von oraene
Flôeschsorta en ihre Schüssla.
5 Dia sagat: Bleib mr vom Leib, komm
mr et näher, i ben für di nämlich haelig,
sotte send wia Qualm en maener Nås
ond a Feuer, mô äll Dag brennt.
6 Guckat, des ischd bei mir ällas
aufgschrieba, i schweig nemme, bis e s
dene hoemzahlt han, i zahl en s so hoem,
wia se s vrdeant hent.
7 So håt JAHWE gsprocha: Weil dia auf
de Berg Raecheropfer bråcht ond mi
en de Hügel vrspottat hent, will i dene
ihran Loh zahla, wia se s vrdeant hent.
8 So håt JAHWE gsprocha: Wia mr saed,
wann Saft en dr Traub ischd: vrdirb se
et, weil då Sega dren ischd! So mach e
s wega maene Knecht, dass e et ällas he
mach.
9 I lass aus am Jakob Nåchkomma
wachsa ond von Juda oen, mô maene
Berg erbt. Ond maene Auserwählte
nemmat s Land en Besitz ond maene
Knecht wohnat dren.
10 Nå wird d Scharon-Ebene zor
Schåfwôed ond s Achor-Tal ischd dr
Lagerplatz für s Vieh von maem Volk,
des mô nach mr frågt.
11 Aber ihr, mô JAHWE vrlassa hent
ond maen Haeliga Berg vrgessa ond
am Glücksgott da Tisch deckt ond am
Schicksalsgott da Kruag gfüllt hent,
12 für euch han e s Schwert bestimmt,
ihr älle müaßat euch ducka zom
Abschlachta: Weil ihr, môn e euch
gruafa han, hent ihr mir koe Antwort
geba. Môn e mit euch gredat han, hent
ihr gar et zuaghört, sondern ihr hent
ällas dao, was et recht ischd en maene
Aoga ond euch für des entschieda, was
mir et gfällt.
13 Drom, so håt mae Herr, JAHWE
gsprocha: Guckat, maene Knecht sollat
essa ond ihr müaßat hongera. Guckat,
maene Knecht sollat trenka ond ihr
müaßat Durst leida! Guckat, maene
Knecht därfat sich fraea ond ihr müaßat
euch schäma.
14 Guckat, maene Knecht därfat jubiliera
vôr Wonne ond ihr müaßat schreia vôr
lauter Herzwaeh ond vôr Vrzweiflong
heula.
15 Ond eure Nåma müaßat r als
Fluachwort henterlassa für maene
Auserwählte: Soll de dr Herr von älle
Herra, JAHWE ombrenga! aber maene
Knecht kriagat an andera Nåma.
16 Dass der, mô sich segnat em Land, der
segnat sich beim treua Gott (Elohey)
ond wer schwört em Land, der schwört
beim treua Gott (Elohey).

Zom Vrgleicha: *Vers 1-2:* Rö 10,20f • *Vers 9:* 57,13; 60,21 • *Vers 10:* 33,9; 1Chr 27,29 • *Vers 12:* 34,2; 66,4; Jer 7,13.27.

S endzeitliche Hael: 65 16c-25

16c Vrgessa ischd, was früher Naot
gmacht håt, då siehst nex maeh drvo. 17 I
ben drbei, dass e an neua Hemmel ond
a neua Erde schaff, nå denkt mr nemme
an des, was vôrher gwea ischd, des dät
koem maeh aefalla. 18 Ihr därfat euch
fraea ond jubiliera auf ewig über des, was
i schaff. Guck, i mach nämlich aus (dem
trauriga) Jerusalem Jubel ond aus saene
(niedergschlagene) Aewohner Fraed.
19 I jubilier über Jerusalem ond frae me
über mae Volk. Då soll mr koen maeh
laut heula höra ond koe Klagegschrôe.
20 Då geit s koe Butzale mae, mô bloß
no a paar Däg lebt ond koen Greis, der
mô et saene vole Däg vrlebt. Då gilt

nämlich oener, mô mit hondert stirbt als Jonger, ond wann oener et (mendestens) hondert wird, nå gilt r als a Vrfluachter. 21 Dia bauat Häuser ond wohnat dren ond legat Wengert å ond lebat von ihre Frücht. 22 Dia bauat et, dass andere dren wohnat ond åpflanza dent se ao et, dass andere da Nutza drvo hent. So alt wia d Baem sollat se en maem Volk wera. Ond von dem, was maene Auserwählte mit ihre Händ gschaffa hent, sollat se ao leba. 23 Dia brauchat nemme omasonst schaffa ond ao koene Kender maeh auf d Welt brenga, dass se bald wieder sterbat. Dia send nämlich a Generatio, mô vom Herrgott (JAHWE) gsegnat wird ond ihre Kender bleibat en erhalta. 24 Ond eh se me åruafat, gib en i Antwort; ond solang se no redat, han i s schao erhört. 25 Dr Wolf ond s Lamm wôedat mitananander ond dr Löw frißt Straoh, wia s Rendviech; aber dr Schlang ihr Brot ischd dr Staob. Koener duat maeh ebbas Baes ond koe Vrbrecha passiert maeh auf maem ganza Haeliga Berg, håt dr Herrgott JAHWE gsaed.

Zom Vrgleicha: *Vers 16c:* 43,18 • *Vers 17:* 66,22; Offbg 21,4 • *Vers 20:* Sach 8,4 • *Vers 21-22:* 62,8f; Ps 128,2 • *Vers 23:* 61,9 • *Vers 24:* 58,9 • *Vers 25:* 11,6f; Gen 3,14; Jes 11,9.

D Beschreibong von dr Endzeit:

66 1-24

66 So spricht JAHWE: Dr Hemmel ischd mae Thron ond d Erde ischd dr Schemel für maene Füaß! Was soll des für a Haus sae, mô ihr mir baua wöllat? ond was für a Platz soll des sae, mô i ausruha könnt?

2 Des hent doch ällas maene Händ gschaffa, so wia s wôra ischd, saed dr Herrgott (JAHWE). I han an Elenda ond Gschlagena em Blick, der mô ennerlich brocha ischd ond vôr maem Wort zitterat.

3 Oener, mô a Kuah metzgat, an Menscha ombrengt, ama Hond s Gnick bricht ond als Opfer s Bluat von ra Sau darbrengt ond drbei Weihraoch aufsteiga läßt ond Orecht guat hôeßt, der vrehrt ao Götzabilder: Wia dia sich ihre aegene Weg raussuachat ond sich an ihre Götzabilder fraeat,

4 so frae i me drå, dass e se plåg ond en des zuakomma lass, môn ens drvôr graust. Weil i dia gruafa han ond koener håt mr a Antwort geba ond i han mit en gredat, ond dia hent gar et zuaghört. Aber des, was en maene Aoga baes ischd, des hent se dao, ond für des, was mir et gfällt, hent se sich entschieda.

5 Horchat auf am Herrgott (JAHWE) sae Wort, ihr, mô a Ehrfurcht hent vôr saem Wort. Eure Brüader, mô euch hassat ond euch wega maem Nåma ausgschlossa hent, dia hent gsaed: Euer JAHWE soll sich no vrherrlicha, dass mr euer Fraed ao ågucka könnat! Aber dia gangat z Grond.

6 Horchat! Krach aus dr Stadt! Horchat! Gschrôe aus dr Tempelhalle! Horchat! D Stemm von JAHWE, wian r s saene Faend hoemzahlt!

7 No bevôr d Weha aegsetzt hent, håt se schao gebora. No bevôr d Weha über se komma send, håt se a Büable auf d Welt bråcht.

8 Wer håt so ebbas ghört? Wer håt so ebbas schao gseha? Ischd a Land jemåls an oem Dag gebora? Ischd a Volk auf oe Mål auf d Welt komma? Kaom send bei dr Zion d Weha då, håt se schao ihre Kender auf d Welt bråcht.

9 Sott i vielleicht da Schoß aufbrecha ond nå et gebära lassa? Spricht JAHWE, wann i s Gebära schaff, soll e s nå wieder zuaschliaßa? Håt dae Gott (Elohayik) gsaed.

10 Fraeat euch mit Jerusalem ond jauchzgat en dr Stadt, älle, mô se mögat. Fraeat euch über se, älle, mô traurig über se gwea send.

[11]Dass r euch satt saugat am Überfluß
vom Trost en ihrer Brust ond euch
volsürflat an dr Brust von ihrer
Herrlichkaet.
[12]Weil, so spricht JAHWE: Guckat, i
lôete da Frieda zo ra nô wia an Strom,
ond de Völker ihran Reichtom wia an
rauschenda Bach. Ihre Kender nemmt
mr auf da Arm ond schauklat se auf de
Knia.
[13]Wia oen sae Muader tröstat, so tröste
i euch selber; en Jerusalem werat r
tröstat.
[14]Ihr werat s seha ond euer Herz fraet
sich, ond eure Boener werat wieder
aufspriaßa wia s Gras, ond am Herrgott
(JAHWE) saene Händ zaegat sich saene
Knecht erkenntlich, ond sae Zôrn an
saene Faend.
[15]Weil guck, JAHWE kommt em Feuer,
ond wian a Sturmwend send saene
Wäga, dass r sae Zôrngluat nausläßt ond
saene Drohonga em Feuer.
[16]JAHWE hält nämlich sae Gericht ab
mit Feuer ond Schwert, ond s send viele,
mô s trifft.
[17]Dia, mô sich für d Gartaweiha
raenigat ond haeligat ond oem en
dr Mitte (ama Priaster) nâchlaofat,
dia, mô Schweinefloesch essat ond
andere scheußliche Sacha ond Mäus,
älle mitanander gangat se z Grond,
Ausspruch von JAHWE.
[18]Was ihre Tata ond Plän âgôht, ischd s
so weit komma, dass i d Völker von älle
Sprâcha zsemakomma laß, dass se mae
Herrlichkaet seha därfat.
[19]Durch dia setz i a Zaeche ond schick
a paar von dene, mô drvokomma send
zo de Haedavölker, nach Tarschisch,
Pul ond Lud, dia spannat da Boga über
Tubal ond Jawan bis an de fernste Küsta,
dia mô von mir no nia ebbas ghört ond
mae Herrlichkaet et gseha hent. Dia
vrkündigat mae Herrlichkaet onter dene
Völker. [20]Ond dia werat eure Brüader aus
älle Haedavölker herführa als Opfergaba
an JAHWE, auf Ross ond Wäga ond en
Sänfta ond auf Maultier ond Dromedar,
auf maen Haeliga Berg nach Jerusalem,
spricht JAHWE, so wia d Israelita ihre
Opfergaba en raene Schala en s Haus
vom Herrgott (JAHWE) brengat.
[21]Ond von dene suach i mr oene raus als
Priaster ond Levita, spricht JAHWE.
[22]Wia dr neue Hemmel ond de neu
Erde, mô i schaffa will, vôr maene Aoga
Bstand hent, spricht JAHWE, so hent
ao eure Nâchkomma ond eure Nâma
Bstand.
[23]Ond an jedam Neumond ond an jedam
Sabbat kommt de ganz Welt, zom sich
vôr maem Gsicht niederwerfa, spricht
JAHWE.
[24]Ond se gangat naus, zom d Leicha von
dene Menscha âgucka, mô abtrünnig
gwea send. Dene ihr Wurm stirbt et ond
ihr Feuer gôht et aus, ond se send für de
ganz Welt a Graus.

Zom Vrgleicha: *Vers 1:* Apg 7,49f • *Vers 4:* 65,12 • *Vers 6:* 59,18 • *Vers 7:* Offbg 12,2.5 • *Vers 11:* 60,16; 49,23 • *Vers 12:* 30,28; 60,4 • *Vers 16:* Jer 25,31 • *Vers 17:* 65,3f; Ez 8,10f • *Vers 22:* 65,17; Offbg 21,1 • *Vers 23:* Sach 14,16 • *Vers 24:* Jdt 16,17; Mk 9,48.

Jeremia

GERICHTSWORT ÜBER JERUSALEM OND JUDA: 1 1 – 25 14

Überschrift: 1 1-3
1 Des send am Jeremia, am Soh vom
Hilkija, aus dr Priasterschaft von
Anatot em Land Benjamin, saene Reda.
[2]An den ischd am Herrgott (JAHWE)
sae Wort erganga en dr Zeit vom König
Joschija von Juda, am Amon saem
Soh, em dreizehnta Jåhr von saener
Regierong. [3]Ond zor Zeit vom Jojakim,
am Joschija saem Soh, König von Juda,
bis ans End vom elfta Jåhr vom Zidkija
von Juda, am Joschija saem Soh, mô em
fenfta Monat Jerusalem en d Vrbannong
ganga müaßa håt.

Dr Jeremia wird zom Profeta beruafa:
1 4-10
[4]Ond am Herrgott (JAHWE) sae Wort
ischd an mi erganga ond håt gsaed:
[5]No bevôr i di em Muaderleib bildat
han, han i de kennt, ond eh da aus am
Muaderschoß rauskomma bist, han i
de ghaeligt ond de zom Profeta für d
Völker bestimmt! [6]Ond i han gsaed:
Ach, mae Herr, JAHWE, guck, i
vrstand nex vom Reda halta, i ben jå no
a Bua! [7]Aber dr Herrgott (JAHWE) håt
mr zor Antwort geba: *Sag et: I ben jå*
no a Bua; weil mô emmer i di nôschick,
sollst du des saga, was i de hôeß! [8]*Du*
brauchst vôr neamerd Angst han, I ben
nämlich mit dr zom de retta! Spruch von
JAHWE. [9]Ond dr Herrgott (JAHWE)
håt sae Håd ausgstreckt ond maen
Mund berührt, ond JAHWE håt zo mr
gsaed: Guck, i leg dir maene Wort en da
Mund! [10]Guck her! I bstell de haet über
Völker ond Königreich, zom Rausreißa
ond zom Areißa, zom Vrderba ond zom
Hemacha, zom Baua ond zom Pflanza!
Zom Vrgleicha: *Vers 5:* Jes 49,1; Gal 1,15 • *Vers 8:*
1,19; 30,11.

Zwôe Visiona: 1 11-19
[11]Ond s Wort von JAHWE ischd
folgendermaßa an me erganga: Was
siehst du, Jeremia? Ond i han gsaed: An
Zweig vom Mandelbaom siehn e! [12]Ond
JAHWE håt zo mr gsaed: Du håsch
richtig gseha; i pass nämlich selber auf
mae Wort auf, wia s ausgführt wird!
[13]Nå ischd s Wort von JAHWE a zwôets
Mål an me erganga: Was siehst d? ond i
han gsaed: I sieh an dampfenda Kessel,
mit dr Vôrderseite von Norda her zo
mir! [14]Ond JAHWE håt zo mr gsaed:
Von Norda kommt s Ohael siedig hôeß
über älle Aewohner em Land! [15]I ruaf
nämlich älle Stämm vom Nordreich!
Spruch von JAHWE, dass se kommat
ond a jeder saen (Richter) Stuahl an de
Stadttôr aufstellt, gega älle saene Maura
rengsrom, ond gega älle Städt von Juda.
[16]Ond i sprich nå maene Urtôel über
se (d Judäer) wega ihre Boshaftigkaeta,
weil se me vrlassa ond andere Götter
(Elohim) vrehrt ond d Machwerk von
ihre aegene Händ åbetet hent. [17]Aber
du sollst an Gürtel om daene Hüfta doa
ond nôstanda, ond dene ällas saga, was
i selber de åweis! Du brauchst vôr dene
et vrschrecka, sonst laß i de vôr dene
vrschrecka! [18]I selber mach di haet zor
Festong ond zo ra Säul aus Eise ond
zor eiserna Mauer gega des ganze Land,
gega d König von Juda ond ihre Fürsta,
gega saene Priaster ond gega s Volk em
Land. [19]Dia werat zwår gega de kämpfa,

aber ausrichta könnat se nex gega de,
weil i mit dr ben zom de retta! Spruch
von JAHWE.

Zom Vrgleicha: *Vers 14:* 4,6; 6,1.22; 50,41 • *Vers 18:* 15,20.

S treulose Volk: 2 1-37

2 Ond s Wort von JAHWE ischd
folgendermaßa an me erganga: 2Gang
ond schrei Jerusalem en d Ohra ond sag
en: So spricht JAHWE: I denk drå, wia
brav du en daener Jugend gwea bist, ond
an d Liebe en daener Brautzeit, wia da
mr nåchganga bist durch d Wüste, em
Land, mô et gsät wird. 3Haelig ischd für
JAHWE Israel gwea wia d Esrtleng von
dr Ernte: Wer dådrvo isst, macht sich
schuldig, ond s Ohael kommt über an!
Spruch von JAHWE.
4Horchat auf s Wort von JAHWE, ihr
vom Haus Jakob ond älle Gschlechter
von Israel! 5So spricht JAHWE: Was
hent eure Vädr an Orecht an mir
gfonda, dass se von mr gwicha ond am
Wendhauch nåchgloffa ond am vrfalla
send? 6ond nemme gfrågt hent: Mô
ischd JAHWE, der mô ons aus am Land
Ägypten rausgholt håt, ond ons durch
d Wüste ganga lassa håt, em dürra Land
durch Steppa ond Schluchta, a Land
mô koener freiwillig durch gôht oder
dren wohnt. 7Ond i han euch en a Land
bråcht, des mô wian a Garta ischd, dass
r euch an saene Frücht ond Güater
fraeat; aber ihr send komma ond hent
mae Land vroraenigt, ond mae Aegatom
hent r zom Ekel gmacht. 8D Priaster
hent et gfrågt: Mô ischd JAHWE? ond
d Hüater vom Gsetz hent mi et kennt,
ond ihre Hirta send vo'mr abgfalla, ond
ihre Profeta hent em Nåma vom Baal
profezeit ond send dene nåchgloffa,
mô et helfat. 9Drom muaß e no weiter
mit euch rechta, Spruch von JAHWE,
ond i rechte no mit eure Enkel ond
Urenkel. 10Gangat doch nom auf d Insla
von de Kittäer ond guckat euch om,
oder nach Kedar, ob jemåls so ebbas
gscheha ischd: 11Håt jemåls a Volk saene
Götter (Elohim) vrtauscht? Drbei send
des no et amål Götter (Elohim)! Aber
mae Volk håt sae Herrlichkaet gega
oen tauscht, der mô et amål helfa kå.
12Schaurat, ihr Hemmel, wega dem ond
werat starr vör Entsetza, Spruch von
JAHWE. *13A zwôefachs Orecht håt mae*
Volk nämlich dao: Mi hent se vrlassa, d
Quell vom lebendiga Wasser, ond håt
brüchige Zisterna graba, mô et amål s
Wasser halta könnat.
14Ist Israel vielleicht a Sklave, oder
ofrei gebora? Wårom ischd s nå zom
Raob wora 15über dem mô d Löwa
brüllat? Sae Land hent se zom Ödland
gmacht ond saene Städt agfacklat bis
koe Mensch maeh sell glebt håt! 16Ao d
Söh von Memfis ond Tachpanhes werat
dr no da Schôetel abwôeda! 17Håsch dr
des vielleicht et selber aebrockt, mô da
JAHWE, daen Gott (Elohayik) vrlassa
håsch schao en dera Zeit, môn r de auf
am Weg glôetat håt? 18Ond jetzt? Was
håsch d drvo, wann da nach Ägypten
laofst zom Wasser aus am Nil trenka,
oder wann da nach Assur laofst zom
Wasser aus am Eufrat trenka? 19Dae
aegena Boshaftigkaet stråft de, ond
dae Treulosigkaet züchtigat de. Kapier
endlich ond sieh ae, wia schlecht ond
bitter s ischd, dass da JAHWE, daen
Gott (Elohayik) vrlassa håsch; du håsch
koen Respekt vôr mir. Spruch von maem
Herra, JAHWE Zebaot.
20Du håsch schao emmer dae Joch
brocha ond daene Fessla vrrissa; du
håsch gsaed: I dean neamerd! Drbei
bist d auf jeder kloena Åhöhe ond onter
jedam graeßera Baom nôglega wian a
Hur! 21I han de als a edla Reb åpflanzt
als a echts Gwächs. Ond wia håsch du
de dreht, dass a fremder, agschlagener
Wildleng aus dr wôra ischd. 22Du kåsch

de wäscha wia da willst, mit Sôefalaoge
ond sonst ebbas, dae Schuld bleibt a
Schandflecka vôr mir. Spruch von maem
Herra, JAHWE. 23Wia kommst du drzua
zom saga: I han me et vroraenigt, ond
de Baal ben i et hentadrae gloffa? Guck
doch dae Treiba em Tal å, ond kapier
endlich, was da dao håsch. Du bist wian
a leichtfüaßiga kreuz ond quer laofenda
Kamelstuat. 24A Wildeselsstuat, mô an d
Wüste gwöhnt ischd, en ihrer brünftiga
Gier schnappt se nach Luft. Wer könnt
ihr Gier bremsa? Jeder, mô se suacht,
fendat se en ihram (Bronft)Monat.
25Schon daene Füaß, dass se et wond
werat, ond dae Gurgel, dass se koen
Durst kriagt. Ond du saesch: S ischd et
omasonst! I måg nämlich de Fremde ond
gang en nåch! 26Wia sich a Dieb schäma
muaß, wa'mr an vrtwischt, so muaß
sich s Haus Israel schäma, sia selber,
ihre König ond Beamte, ihre Priaster
ond Profeta. 27Dia sagat zom Holz:
Du bist mae Vadr! ond zom Stoe: Du
håsch me auf d Welt bråcht! Se drehat
mr da Buckel zua ond et s Gsicht; aber
wann se en d Naot gråtat, nå schreiat
se: Stand auf ond hilf ons! 28Mô send
denn daene Götter (Eloheyka), mô da
dr selber gmacht håsch? Sollat dia doch
aufstanda ond dr helfa, wann s Oglück
kommt! Du håsch doch so viel Götter
(Eloheyka), wia da Städt håsch, Juda!
29Wårom suachat ihr Streit mit mr? Ihr
älle mitanander send mr doch otreu
wôra! Spruch von JAHWE. 30Omsonst
han e eure Söh züchtigt, dia hent sich
et belehra lassa. Euer Schwert håt eure
Profeta gfressa wian a hongriger Löwe.
31Ond ihr, s gegawärtige Gschlecht!
Guckat, was euch JAHWE zom saga
håt! Ben i denn für Israel zor Wüste
wôra, oder a Land en Finsternis?
Wårom saed mae Volk: Mir wöllat frei
sae, ond nemme zo dir komma! 32Vrgißt
vielleicht a jonga Frao ihran Schmuck,
ond a Braut ihre Bänder? Aber mae
Volk håt me vrgessa seit ra langa Zeit.
33Wia guat fendest du daen Weg, wann
da Liebe suachst? Drom håsch d de ao
an älle Schlechtigkaeta gwöhnt auf daem
Weg. 34Sogar an daene Säum bäbbt Bluat
von arme, oschuldige Seela, mô du et
grad beim Aebrecha vrtwischt håsch.
35Ond du saesch: Mi trifft koe Schuld,
ER håt sich doch em Zorn von mr
abkehrt! Aber i gang mit dr ens Gericht
weil da saesch: I han et gsündigt! 36Wia
leichtfertig änderest du daen Weg, du
wirst von Ägypten genao so enttäuscht
wia von Assur. 37Ao von dort muaßt du
fortganga mit de Händ auf am Kopf.
Dr Herrgott (JAHWE) håt nämlich an
Widerwilla gega älle, mit dene de du
absichera willst, då wirst d koe Glück
han!

Zom Vrgleicha: *Vers 2:* Hos 2,17 • *Vers 13:* 17,13 • *Vers 15:* 4,7 • *Vers 21:* Jes 5,1-4 • *Vers 27:* 7,24; 32,33 • *Vers 28:* Dtn 32,37f; Ps 3,8; Jer 11,12.

Dr Bundasbruch als Ehebruch: 3 1 13

3 Wann a Må sae Frao entlässt ond se
von am weg gôht ond wird d Frao
vo'ma andera, gôht der vielleicht wieder
zon ra zrück? Dät då et s ganze Land
oraen wera? Aber du håsch mit viele
Kerle romghurt ond nå moenst d, da
könntest wieder zo mir zrück komma!
Spruch von JAHWE. 2Mach daene
Aoga auf ond guckt rengsrom über
sämtliche Åhöha, mô håsch du et überall
romghurt? An de Weg bist d ghockt ond
håsch auf se gwartat wian a Steppaaraber,
ond håsch s Land entweiht mit daener
Hurerei ond mit daener Schlechtigkaet.
3Nå håt dr Rega aufghert, ond Spätrega
ischd ao koener komma. Ond du håsch
d Stirn von ra Hur ond moenst, du
hättest koen Grond zom de schäma!
4Ond jetzt schreist d zo mr: Mae Vadr,
du bist mae Vrtrauter von Jugend å!
5Will r mr vielleicht für emmer baes sae

ond mr s nåchtraga auf ewig? So håsch
du s gsaed ond gleichzeitig Orecht dao,
ond moenst ao no, då dätest d drmit
durchkomma.
[6]Ond JAHWE håt zo mr gsprocha en dr
Zeit vom König Joschija: Håsch d des
gseha, was des treulose Weib Israel dao
håt? Dui gôht auf jedan haocha Berg ond
onter jedan graoßa Baom zom romhura!
[7]I han denkt: Wann se des ällas dao håt,
nå kommt se wieder zo mr zrück; aber
se ischd et zrück komma. Ond des håt
ihr treulosa Schwester Juda gseha. [8]Ond
se håt ao gseha, dass i Israel, des treulose
Weib, wega ihram Ehebruch vrstoßa
ond ra da Schaedebriaf geba han; aber
auf ihr treulosa Schwester Juda håt des
gar koen Aedruck gmacht, sondern se
ischd ao ganga ond håt romghurt. [9]Ond
mit ihrer leichtfertiga Hurerei håt se s
Land entweiht ond håt mit Holz ond
Stoe d Ehe brocha. [10]Ond ao bei ällam
ischd ao dui treulosa Schwester Juda
et von ganzam Herza zo mir zrück
komma, sondern bloß zom Schaen.
[11]Ond JAHWE håt zo mr gsaed: Israel,
dui Treulosa, stôht gerechter då als wia
dui treulosa Juda. [12]Gang ond schrei des
Norda zua, was e dr gsaed han: Komm
zrück, Israel du Treulosa! Spruch von
JAHWE, i guck euch nemme em Zôrn å,
i ben güatig, Spruch von JAHWE, i han
koen Groll auf ewig. [13]Aber dae Schuld
muaßt d erkenna! Du bist von JAHWE,
daem Gott (Elohayik), abgfalla ond
bist überall onter jedam graoßa Baom
fremde Götter nåchgloffa ond håsch
auf mi überhaopt nemme ghört. Spruch
von JAHWE.

Zom Vrgleicha: *Vers 1:* Dtn 24,1-4 • *Vers 2:* Hos 4,13 • *Vers 6:* Ez 23 • *Vers 8:* Dtn 24,1-3.

A bessera Zuakonft: 3 14-18

[14]Kehrat om, ihr abtrünnige Söh! Spruch
von JAHWE. I ben euer Herr. I hol euch,
oen von jeder Stadt ond zwôe von oem
Gschlecht, ond breng euch nach Zion.
[15]I gib euch Hirta nach maem Herza, dia
wôedat euch mit Aesicht ond Vrstand.
[16]Ond ihr werat en dera Zeit fruchtbar
sae ond euch vrmehra. Spruch von
JAHWE. Nå saed koener mach: Am
Herrgott (JAHWE) sae Bundestruhe!
Koener kommt maeh auf den Gedanka,
ond neamerd denkt maeh drå, se zom
suacha, ond a neua wird ao nemme
gmacht. [17]En dera Zeit werat se zo
Jerusalem „Thron von JAHWE“ saga!
Ond älle Völker werat sich en Jerusalem
beim Nåma von JAHWE vrsammla,
ond nemme en ihrer Vrstockthaet am
Baesa nåchlaofa. [18]En dera Zeit wird s
Haus Juda samt am Haus Israel aus am
Norda en des Land hoem komma, mô i
eure Vädr als Erbtôel geba han.

Omkehr durch Buße: 3 19 – 4 4

[19]I han mr Gedanka gmacht, wian e de
aesetza soll onter de Söh, ond will dr a
kostbars Land geba, a herrlichs Erbtôel
onter de Völker. I han denkt, du dätest
„mae Vadr“ zo mr saga ond de nia maeh
vo'mr abkehra. [20]Aber wian a Frao für
ihran Fraend d Treue bricht, so hent ihr
mir d Treue brocha vom Haus Israel,
Spruch von JAHWE.
[21]Auf de kahle Höha hört mr s Geheule
ond Fleha von de Söh von Israel, weil
se ihre Weg vrdreht ond JAHWE, ihran
Gott (Eloheyhem) vrlassa hent.
[22]Kehrat om, ihr treulose Söh, i will
euer Treulosigkaet hôela! Då se'mr! Mir
kommat zo dir, weil du, JAHWE, onser
Gott (Eloheynu) bist!
[23]Währle, Lug ond Trug send dia
Kulthöha ond dr Krach auf de Berg.
Währle, bei JAHWE, onseram Gott
(Eloheynu) ischd d Freihaet von Israel.
[24]D Schand håt aufgfressa, was onsere
Vädr von onserer Jugend å gschaffa
hent: ihr Kloevieh ond ihr Vieh, ihre
Söh ond ihre Töchter.

25En onserer Schand müaßat mr liega
ond onser Schmach deckt ons zua, weil
mr ons gega JAHWE, onseran Gott
(Eloheynu) vrsündigt hent, mir selber
ond onsere Vädr von Jugend å bis auf
da haetiga Dag. Ond mr hent ons von
JAHWE, onseram Gott (Eloheynu) nex
saga lassa.

4 Wann du omkehra willst; Israel,
Spruch von JAHWE, därfst d wieder
komma, ond wann da daene Götza vôr
mr wegschaffst, brauchst d ao nemme
romirra.
2Ond wann da ehrlich schwörst,
wahrhaftig, en Recht ond Gerechtigkaet:
So wåhr JAHWE lebt, nå werat sich
Völker mit ehm (saem Noma) segna,
ond sich preisa, dass se an kennat.
3So spricht nämlich JAHWE zo jedam
Må von Juda ond von Jerusalem: Ackerat
a neus Feld ond säat et en d Dôrna!
4Beschneidat euch für JAHWE, ond
machat d Vôrhaut von eure Herza weg,
ihr Männer von Juda ond ihr Aewohner
von Jerusalem, dass mae Zôrn et
ausbricht wia Feuer, des mô koener
maeh löscha kå, wega eure schlechte
Tata.

Zom Vrgleicha: *Kap. 4 Vers 2:* 5,2; 12,16 • *Vers 3:* Hos 10,12 • *Vers 4:* Dtn 10,16; Jer 21,12.

Dr Kriag em Land: 4 5-31
5Meldat s en Jerusalem ond stoßat ens
Widderhorn em Land ond schreiat s
laut ond sagat: Sammlat euch! Gangat
nae en eure Festonga!
6Hebat s Banner zo Zion nô, ond brengat
euch en Sicherhaet, bleibat et standa, i
selber breng nämlich s Ohael von Norda
her, an totala Zsammabruch.
7Dr Löwe ischd aus saem Dickicht
rauskomma, dr Völkervrderber ischd
aufbrocha von saem Ort, zom dae Land
zor Wüste macha. Daene Städt werat am
Erdboda gleichgmacht ond entvölkert.
8Aus dem Grond sollat r Trauerklôeder
åziaga ond klaga ond heula! Am
Herrgott (JAHWE) sae Zôrngluat ischd
nämlich von ons et gwicha!
9An sellam Dag gschieht des, Spruch von
JAHWE: Da König ond saene Fürsta
vrläßt dr Muat, ond d Priaster standat
då wia vom Blitz troffa, ond d Profeta
send vrschreckt!
10Ond i han denkt: Ach, mae Herr,
JAHWE! Håsch du dem Volk en
Jerusalem ebbas vôrgmacht, mô da
gsaed håsch: Frieda ischd für euch! Ond
drweilst gôht ons s Schwert ans Leba.
11En dera Zeit wird mr zo dem Volk ond
zo Jerusalem saga: A Gluathauch aus de
Berg en dr Wüste weht gega d Tochter
von maem Volk; et zom Wôrfla ond
Putza (vomKorn);
12a ganz anderer Wend kommt då drher,
jetzt halt i selber Gericht über se!
13Guck, wia Wolka steigt r auf, ond wia
dr Sturm send saene Wäga, saene Rösser
send schneller als wia dr Adler. Gnad
ons, mir send vrlora!
14Wäsch dae Herz vom Baesa, Jerusalem,
dass da grettat wirst! Wia lang sollat
daene frevelhafte Gedanka no en dr
bleiba?
15Horch! A Stemm kommt aus Dan,
a Ohaelsbotschaft aus de Berg von
Efraim:
16Brengat s de Völker ens Gedächtnis,
ond vrkündigat s en Jerusalem:
Belagerer kommat aus am ferna Land
ond machat gega d Städt von Juda ihr
Kriagsgschrôe!
17Wia d Feldschütza lagerat se rengs om
d Stadt rom, weil se widerspenstig gega
me gwea ischd, Spruch von JAHWE.
18Dae aegener Lebenswandel ond daene
aegene Tata hent dr des aebråcht. Dae
aegena Boshaftigkaet håt dr s aebrockt,
dass s jetzt so bitter om de stôht ond drs
ans Herz gôht.
19Mae Bauch! Mae Bauch! I wir kromm

vôr Schmerza! Mae Herz klopft mr bis
an da Hals! I hör da Schall von Hörner
ond Kriagsgschrôe!
20„Schlag auf Schlag“ schreiat se, s ganze
Land wird vrwüastat. Auf oe Mål send
maene Zelt he, em Aogablick maene
Zeltbåhna.
21Wia lang muaß i no muaß i dui
Fahn seha ond wia lang muaß i den
Trompetaschall höra?
22Wia domm ischd doch mae Volk, mi
kennat se et, oefältige Kender send se
ond ohne Vrstand. Wia mr s Baese duat,
des wissat se, aber auf s Guate vrstandat
se sich et!
23I han d Erde åguckt: wüast ond leer
ischd se gwea. I han an da Hemmel
naufguckt: Ihr Licht ischd weg gwea!
24I han d Berg åguckt: Dia hent bebt ond
älle Hügel håt s durchgschüttlat.
25I han nôguckt: Då ischd koe
Mensch gwea ond älle Vögel send
drvogflatterat.
26I han guckt: Dr Fruchtgarta ischd
Wüste gwea, ond älle saene Städt send
he gwea, zrstört durch s Nôgucka von
JAHWE, durch saen Zôrn.
27So spricht JAHWE: S ganze Land soll
zor Wüste wera; aber ganz mach e am
da Garaus et!
28Då drüber trauert d Erde ond dr
Hemmel droba wird schwarz; i han
gsprocha ond s reut me et, i han da
Beschluß gfaßt ond kehr et om.
29Vom Krach von de Reiter ond
Bogaschütza flüchtat s ganze Land, se
gangat en d Büsch ond en d Felsaklüft.
Vrlassa ischd d Stadt ond koe Mensch
wohnt maeh dren.
30Aber du? Was duast du? Was ziagst d
Purpurklôeder å, dass da de schmückst
mit Goldschmuck, ond daene Aoga mit
Schminke graoß machst? Du machst de
omasonst schö, daene Freier eklat sich
vôr dr ond trachtat dr nach am Leba.
31I hör nämlich s Gschrôe von oenera,
mô a Kendle kriagt, d Angstschrôe
von ra Erstgebärerin, s Gschrôe von dr
Tochter Zion. Se schnappt nach Luft ond
streckt d Händ naus: Gnad Gott mir!
Mae Seel gôht onter Mörder zgrond!

Zom Vrgleicha: *Vers 5:* 8,14 • *Vers 23:* Gen 1,2 •
Vers 27: 5,10.18.

A schwera Schuld: 5 1-31

5 Strôefat durch d Gassa von
Jerusalem, guckat ond erkennat ond
suachat auf saene Plätz, ob r ao bloß
oen Må fendat, der mô s Recht aehält
ond d Wåhrat suacht! Nå will e dr
Stadt vrzeiha! 2Aber dia sagat: „So wåhr
JAHWE lebt!“ ond schwörat drbei
falsch. 3JAHWE, send daene Aoga et auf
Treue aus? Du håsch se gschlaga, aber
des håt en nex ausgmacht, du håsch se
aufgrieba, aber dia hent sich gwaegerat,
dae Erziehong zom ånemma. Härter
wian a Felsaklotz ischd ihr Schädel, ond
se wöllat et omkehra. 4Ond i han denkt,
bloß de Kloene seie so domm, weil se
am Herrgott (JAHWE) saen Weg et
vrstandat, ond s Recht von ihram Gott
(Eloheyhem).
5I will doch liaber zo de Graoße ganga
ond mit dene reda, weil dia am Herrgott
(JAHWE) saen Weg kennat, ond s Recht
von ihram Gott (Eloheyhem). Aber
ao dia hent s Joch brocha ond d Strick
vrrissa, ond zwår älle mitanander. 6Drom
soll se dr Löwe aus am Wald reißa, ond
dr Wolf aus dr Steppe se vrderba. Dr
Leopard passt se vôr ihre Städt a, ond
jeder, mô rauskommt wird vrrissa.
Vielseitig send ihre Übertretonga ond
riesig ihr Treulosigkaet. 7Wårom sott i
dir vrzeiha? Daene Söh hent me vrlassa
ond hent bei Götza gschwora. I han se
aegschwora, aber dia hent Ehebruch
trieba ond hent sich en de Hurahäuser
romtrieba. 8Volgfressene, gaele Hengst
send se wôra, a jeder wieherat nach dr
Frao von saem Nåchber.

9Soll i so ebbas durchganga lassa?
Spruch von JAHWE, ond an so ama
Volk et Rache nemma? 10Steigat nauf en
ihre Terassa ond machat s he, aber ganz
da Garaus därfat r et macha. Hackat d
Reba von de Rebstöck, weil dia et zom
Herrgott (JAHWE) gherat. 11Dia hent
me treulos vrlassa, s Haus Israel ond s
Haus Juda, Spruch von JAHWE.
12Da Herrgott (JAHWE) hent se
vrlaegnat ond sogar gsaed: Den geit
s doch gar et! Ond s wird ao koe
Übel über ons komma. Schwert oder
Honger kriagat mir et zom seha. 13Ond
dia Profeta werat zo Luft, ond s Wort
(von Gott) ischd et en dene! Dene soll
s selber so ganga! 14Drom, so spricht
JAHWE, Gott (Elohey) Zebaot: Weil
ihr so rausgschwätzt hent, mach i maene
Wort en daem Mund zo Feuer ond des
Volk dåhanna zo Holzscheiter, dass se
drvo vrzehrt werat.
15Guck, i breng a Volk aus dr Ferne über
euch, Haus Israel, Spruch von JAHWE,
a urständigs Volk, a Volk mô s schao von
jeher geba håt, a Volk, von dem saener
Språch du et vrstôhst was s saed. 16Sae
Köcher ischd wian a offes Grab, des
send ällas Helda! 17Des isst dae Ernte
ond dae Brot, dia fressat daene Söh ond
daene Töchter, des frisst daene Schåf
ond daene Render, des isst daene Trauba
ond daene Feiga, des macht mit am
Schwert daene Städt ond Festonga am
Erdboda gleich, en dia du dae Vrtraua
gsetzt håsch. 18Aber ao en dene Däg
mach e euch et da Garaus, Spruch von
JAHWE.
19Ond wann r euch nå frågat: Wårom
håt JAHWE, onser Gott (Eloheynu),
ons des ällas ådao, nå sollst d zo nen
saga: So, wia ihr mi vrlassa ond fremde
Götter (Elohey) deant hent en euram
aegena Land, so müaßat r Fremde
deana ema Land, des mô euch et ghert.
20Vrkündigat des em Haus Jakob ond
lent s höra en Juda: 21Horch her, du
domms Volk ohne Vrstand: Aoga hent
r, aber seha dent r nex, ond Ohra hent
r, aber höra dent r nex! 22Hent r denn
gar koe Ehrfurcht vôr mir? Spruch von
JAHWE, oder kommt euch et s Zittera å
vôr maem Gsicht? Han i et am Meer aus
Såd d Grenza gsetzt, als ewiga Schrank,
mô s et überschreita därf? Saene Wella
überschlagat sich ond brandat drgega å,
ond saene Woga rauschat, aber se därfat
et drüber nausganga. 23Aber des Volk håt
a widerwärtigs ond abspenstigs Herz,
dia hent sich abgwendat ond send drvo
ganga. 24Dia hent sich et selber gsaed:
Laß ons ehrfürchtig sae vôr JAHWE,
onseram Gott (Eloheynu), der mô ons
da Rega geit, ond zwår da Früahrega
ond da Spätrega zo saener Zeit, d Wocha
von dr Erntezeit, ällas hält r für ons ae!
25Eure Vrfehlonga hent (dui Ordnong)
gstört, ond eure Sünda hent s Guate von
euch zrückghalta. 26En maem Volk geits
viele baese Leut; dia duckat sich na ond
laurat wia dr Vogelfänger ond stellat de
Leut Falla zom se fanga. 27Wia ihr Kretta
vol ischd mit Vögel, so send ihre Häuser
vol mit Raobguat; drom send se ao reich
ond graoß wôra. 28Fett send se ond
volgfressa. Ihr baes Gschwätz sprudlat
bloß so von en raus. Für s Recht von
de Wôesakender setzat dia sich et ae als
Sachwalter, dass se ihr Recht ao kriagat,
ond für de Arme ihr Recht schao gar et.
29Soll i des vielleicht durchganga lassa?
Spruch von JAHWE, ond me an so ama
abartiga Volk et rächa?
30Schaurige ond abscheuliche Sacha
passierat en dem Land: 31D Profeta
weissagat vrloges Zeugs, ond d Priaster
herrschat auf aegena Faust. Ond mae
Volk måg des sogar so! ond was dent r,
wann s jetzt aus ischd drmit?

Zom Vrgleicha: *Vers 2:* 4,2 • *Vers 5:* 2,20 • *Vers 8:* Ez 22,11 • *Vers 9:* 5,29; 9,8 • *Vers 10:* 5,18; 4,27 • *Vers 15:* 6,22 • *Vers 19:* 16,10-13 • *Vers 21:* Jes 6,9f

• *Vers 28:* Dtn 32,15 • *Vers 29:* 5,9.

Kriagsgfahr als Stråf: 6 1-15

6 Vrschwendat aus Jerusalem, ihr Leut
von Benjamin! Ond stoßat en Tekoa
ens Horn, ond richtat über Bet-Kerem
s Hochzaeche (Fluchtsignal) auf. Vom
Norda droht nämlich s Ohael her, dr
totale Zsammabruch. [2]D Schöna ond
Vrwôechlichta, d Tochter Zion, i lösch
se aus. [3]Hirta kommat zon ra mit ihre
Herda ond schlagat rengsrom ihre Zelt
auf, ond a jeder wôedat sae Gebiet ab.
[4]Weihat euch zom Kampf gega se!
Standat auf ond laß ons naufganga am
Mittag! Gnad ons, schao naegt sich dr
Dag, ond d Schatta werat länger am Åbad
zua. [5]Standat auf! Laß ons naufganga en
dr Nacht ond ihre Paläst he macha.
[6]So spricht JAHWE Zebaot: Holzat da
Wald ab ond bauat an Sturmwall gega
Jerusalem! Des ischd nämlich a Stadt,
mô d Onterdrückong herrscht! [7]Wia d
Wänd vo'ma Bronna Wasser raussprudla
lassat, so lässt se ihr Boshaftigkaet
sprudla. Då hört mr bloß no von Gwalt
ond Orecht, ond i han nex wia Quälereia
ond Mißhandlonga vôr Aoga. [8]Laß de
warna, Jerusalem, dass sich mae Seel
et von dr losreißt, sonst mach e de zor
Wüste, zom obewohnta Land.
[9]So håt JAHWE Zebaot gsprocha: A
gründlichs Afzgabergla wia em Wengert
soll mr am Rest von Israel halta. Suach
mit de Händ ällas ab, wia dr Wengerter
an de Reba. [10]Wem soll e s no saga, ond
wen soll e warna, dass se auf me hörat?
Guck, taob send ihre Ohra, dia nemmat
nex meh wahr. S Wort vom Herrgott
(JAHWE) ischd en zom Hohn wôra, des
passt en gar et. [11]Dr gluatige Zôrn vom
Herrgott (JAHWE) ischd en mr dren, i
kå me schier et bremsa. Laß an raus auf
d Kender, mô auf dr Gass spielat ond
auf dui Klicke von jonge Leut, mô då
beianander hockat; der packt ao Fraoa
ond Männer, sogar Greis ond ganz Alte.
[12]Ihre Häuser gangat an andere über, ao
d Äcker samt de Fraoa. I streck nämlich
mae Håd aus gega d Bewohner von
dem Land, Spruch von JAHWE. [13]Dia
älle mitanander, vom Kloensta bis zom
Graeßta send doch bloß auf da Reibach
aus; vom Profeta bis zom Priaster nex
wia Lug ond Trug. [14]Mit dem Schada,
mô se en maem Volk ågrichtat hent,
machat dia sich's leicht, dia sagat halt:
Frieda! Frieda! Aber s ischd koe Frieda!
[15]Schäma sottat dia sich wega ihre
Greueltata. Aber dia schämat sich et, då
send dia gar et fähig drzua. Drom fallat
se mit älle, mô fallat en dera Zeit, mô i
se hoemsuach, då strauchlat se, håt dr
Herrgott (JAHWE) gsaed.

Zom Vrgleicha: *Vers 1:* 4,9 • *Vers 13:* 8,10-12.

S trotzige Jerusalem: 6 16-26

[16]So spricht JAHWE: Standat an d Weg
nô ond guckat ond frågat nach de Pfad
en dr Vôrzeit, mô dr guate Weg ischd
ond gangat drauf, dass r a Ruah fendat
für eure Seela! Aber dia sagat: Danke,
koe Entresse. [17]Ond i han Wärter über
euch aufgstellt: Achtat auf da Schall
vom Widderhorn! Ond dia hent gsaed:
Des entressiert ons et. [18]Drom horchat
her, ihr Völker, erkennat dui Zeugin
(Gemaendevrsammlong), mô gega se stôht.
[19]Horch her, Erde: I selber breng
s Ohael über des Volk dåhanna als
Frucht von ihre Plän, weil se auf maene
Wort et ghört ond maene Åweisonga
vrachtat hent. [20]Was soll e mit dem
Weihraoch aus Saba ond mit dene guate
Gwurz aus ferne Länder åfanga? Eure
Brandopfer gfallat mr et, ond eure
Schlachtopfer måg e et.
[21]Drom, so spricht JAHWE: Guckat, i
schmeiß dem Volk dåhanna Stolperstoe
en da Weg, dass se drüber stolperat, d
Vädr mitsamt ihre Söh, dr Aewohner
ond sae Nåchber gangat mitanander

zgrond. 22So spricht JAHWE: Guck, a Volk aus am Land em Norda kommt, ond a graoßer Volksstamm aus de entfernteste Erdtôel bricht auf. 23Dia kommat mit Boga ond Wurfspeer, grausam ond gnadalos. Dia machat an Krach wia s Meer ond reitat auf Rösser, ausgrüstat zor Schlacht gega di, Tochter Zion! 24Mir hent s läuta höra vom Hörasaga, nå hent onsere Händ schlapp gmacht, d pura Angst håt ons packt, ond mr hent s Zittera kriagt wian a Frao, mô a Kendle kriagt. 25Gangat et naus ens Feld, ond machat euch et auf da Weg; då droht euch s Schwert vom Faend – s kalte Graua rengsrom. 26Ziag dae Trauergwand å, Tochter von maem Volk ond wälz de em Staob! Trauere om daen Oenziga en bittere Klaga, weil dr Vrwüaster kommt über ons!

Zom Vrgleicha: *Vers 19:* Jes 1,2 • *Vers 20:* Ps 40,7 • *Vers 22:* 50,41-43 • *Vers 26:* Am 8,10.

Dr Profet als Prüafer vom Volk:
6 27-30

27Zom Prüafer han e de bstellt en maem Volk als a Bollwerk, dass da saen Wandel erkennst ond prüafst. 28Des send de Entartatste von de Entartate, mô lauter Vrlaemdonga von sich gebat, hart wia Bronze ond Eise send se, älle mitanander Vrbrecher! 29Dr Blåsbalga schnauft, aber aus am Feuer kommt bloß Blei, omasonst prüaft dr Schmelzer em Feuer; de Baese lassat sich et ausschôeda! 30„Vrschmähts Silber“ hôeßt mr s, weil se dr Herrgott (JAHWE) vrwôrfa håt.

D Tempelred: 7 1-15

7 Des ischd s Wort, mô von JAHWE an da Jeremia erganga ischd:
2Stand nô em Tôr vom Herrgott (JAHWE) saem Haus! Då vrkündigst d des Wort ond saesch: Horchat auf s Wort vom Herrgott (JAHWE) ganz Juda ond älle, mô durch dia Stadttôr raekommat, zom JAHWE åbeta! 3So spricht JAHWE Zebaot, dr Gott (Elohey) von Israel: Brengat euran Lebenswandel ond euran Omgang mitanander en Ordnong, nå will e euch wohna lassa an dem Ort dåhanna! 4Vrlassat euch et auf a vrloges Gschwätz, wann se sagat: Då ischd am Herrgott (JAHWE) sae Tempel! Då ischd am Herrgott (JAHWE) sae Tempel! Då ischd am Herrgott (JAHWE) sae Tempel! 5Bloß wann ihr euran Lebenswandel änderat ond nach am Recht handlat onteranander, 6wann r da Fremda et onterdrückat ond d Wôesakender ond d Witwa, ond koe oschuldigs Bluat vrgiaßat an dem Ort dåhanna, ond et andere Götter (Elohim) nåchlaofat zo euram aegena Schada, 7nå laß i euch wohna an dem Ort dåhanna, en dem Land, des mô i eure Vädr zom Aegatom geba han von Urzeita å bis en Ewigkaet. 8Guckat! Ihr vrlassat euch auf a vrloges Gschwätz, aber des brengt euch nex! 9Wia? Stehla, Morda ond Ehebrecha, falsch Schwöra, am Baal Opfer darbrenga, ond andere Götter (Elohim) nåchlaofa, môn r et amål kennat, 10ond nå kommat ihr ond tretat mir vôr s Gsicht nô en dem Haus dåhanna, über dem mae Nåma ausgruafa ischd, ond sagat: Mir send grettat! Zom gradso weitermacha mit eure Greuslichkaeta? 11Ischd denn en eure Aoga des Haus, über dem Mae Nåma ausgruafa ischd, a Raeberhöhle wôra? Guat! Nå guck i s ao so å! Spruch von JAHWE. 12Gangat doch amål nach Schilo, an den Ort, mô i am Åfang maen Nåma wohna lassa han, ond guckat, was e dådrmit gmacht han wega dene Boshaftigkaeta von maem Volk Israel! 13Ond jetzt, ihr hent des ällas ao dao, Spruch von JAHWE, ond i ben et müad wôra ond han euch emmer wieder ågsprocha, aber ihr hent et ghört, ond i han euch gruafa ond ihr hent mr koe

Antwort geba! [14]Deswega mach i mit dem Haus, über dem, mô mae Nåma ausgruafa ischd, ond auf des, mô ihr euch vrlassat, ond mit dem Ort, den mô i eure Vädr geba han, s gleiche wia mit Schilo. [15]Ond i vrstoß euch vôr maem Gsicht, wian e älle eure Brüader vom Efraim saem Gschlecht vrstoßa han!

Zom Vrgleicha: *Vers 1-15:* • 26,1-19 • *Vers 3:* 26,13 • *Vers 9:* Hos 4,2 • *Vers 11:* Mt 21,13 • *Vers 12:* 26,6 • *Vers 14:* 9,10 • *Vers 15:* 2Kö 17,18.23.

De Abtrünnige werat vrwôrfa: 7 16-20

[16]Aber du sollst für des Volk et beta, ond et für se fleha em Gebet ond me et drangsaliera wega dene, i erhör de nämlich et! [17]Siehst d vielleicht et, was dia treibat en de Städt von Juda ond en de Gassa von Jerusalem? [18]D Kender klaubat s Holz zsema, d Vädr zündat s Feuer å, ond d Fraoa knetat da Tôeg, zom Opferkuacha bacha für d Hemmelskönigin. Andere Götter (Elohim) schenkat se Trankopfer ae, zom mi belaediga! [19]Belaedigat se dådrmit et mi, Spruch von JAHWE, oder ischd des gar ihr aegena Schand? [20]Drom, so spricht mae Herr, JAHWE: Guck, mae Zôrn ond mae Wuat giaßt sich aus über den Ort dåhanna, auf Mensch ond Tier ond d Baem em Feld draußa ond auf d Frucht vom Ackerboda, då brennt s ond des gôht et aus.

Zom Vrgleicha: *Vers 16:* 11,14 • *Vers 18:* 19,13; 44,17.

Folgsamkaet statt Opfer: 7 21-28

[21]So spricht JAHWE Zebaot, dr Gott (Elohey) von Israel: Beigat no eure Brandopfer auf eure Schlachtopfer nauf ond essat Opferflôesch! [22]I han nämlich eure Vädr wega Brandopfer ond Schlachtopfer koene Åweisonga geba, môn e se aus am Land Ägypten rausgführt han. [23]Aber i han en gsaed: Horchat auf mae Stemm, nå will i euer Gott (Elohim) sae, ond ihr sollat mae Volk sae! Ond gangat en ällam auf maem Weg, den môn e euch gwiesa han, dass euch s guat gôht! [24]Aber dia hent et auf me ghört ond hent mr koe Ohr glieha, sondern hent nach de baese Ratschläg von ihre Herza glebt ond hent mr da Buckel nôgstreckt ond et ihr Gsicht. [25]Von dem Dag å, mô eure Vädr aus Ägypten rausganga send, bis auf da haetiga Dag, han i emmer ond emmer wieder älle maene Knecht, d Profeta, zo euch gschickt. [26]Aber dia hent et auf me ghört ond hent koe Ohr für me ghet, sondern send stur blieba ond hent s no ärger trieba als wia ihre Vädr. [27]Du saesch en des jetzt ällas, aber dia horchat et auf de, ond du ruafst se å, aber dia gebat dr koe Antwort! [28]Drom saesch d en: Des ischd des Volk, mô et håt auf d Stemm von JAHWE, saem Gott (Elohey), hora wölla ond sich nex saga lassa håt. D Wåhrat ischd gstôrba, ganz aus ihram Mund vrschwonda!

Zom Vrgleicha: *Vers 22:* Am 5,25 • *Vers 23:* Lev 26,12 • *Vers 25:* 25,4; 44,4.

D Greuel vom Götzadenst: 7 29 – 8 3

[29]Schneid dr d Håår ab ond schmeiß se fort, ond stemm a Klageliad å auf de Höha; dr Herrgott (JAHWE) håt de nämlich vrwôrfa ond des Gschlecht, dem mô sae Zôrn gilt, vrstoßa. [30]D Söh von Juda hent ällas dao, was en maene Aoga baes ischd, Spruch von JAHWE. Dia hent en dem Haus, über dem mô mae Nåma ausgruafa ischd, ihre Scheusal aufgstellt, zom s entweiha! [31]Ond se hent d Kulthöhe vom Tofet em Tal Ben-Hinnom baut, zom ihre Söh ond Töchter em Feuer vrbrenna, was i gar nia ågwiesa han ond was mr ao gar nia en da Senn komma wär. [32]Drom kommat Däg, Spruch von JAHWE, då schwätzt koener maeh vom Tofet oder Tal Hinnom, sondern vom Mordtal,

ond em Tofet beerdigt mr de Daote,
weil sonst koe Platz maeh då ischd.
33Ond d Leicha von dem Volk dåhanna
deanat de Vögel onter am Hemmel ond
am Viehzeug em Feld draußa zom Fraß,
ond koener schaecht se drvo. 34Ond i laß
en de Städt von Juda ond en de Gassa
von Jerusalem da Jubel von Fröhlichkaet
ond Fraed aufhera, ond d Stemm vom
Bräutigam ond d Stemm von dr Braut,
weil s Land zor Wüste wird.
8 En dera Zeit, Spruch von JAHWE,
wird mr d Boener von de König
ond Fürsta von Juda, d Boener von
de Priaster ond Profeta, ond d Boener
von de Aewohner von Jerusalem aus de
Gräber raushola, 2ond se vrstraea vôr dr
Sonne ond vôr am Mond ond am ganza
Hemmelsheer, des mô se so möga ond
vrehrt hent, dene, mô se nächgloffa send,
ond mô se gfrågt ond åbetat hent; dia
werat nemme aegsammlat ond beerdigt.
Dia sollat zo Dong auf am Ackerboda
wera. 3Ond dia, mô übrig blieba send
von dem baesa Gschlecht, wäre liaber
daot als lebendig an dene Ort, überall
då, mô i se nôvrstoßa han, Spruch von
JAHWE Zebaot.

Zom Vrgleicha: *Kap. 7 Vers 30:* 32,34f • *Vers 31:* 19,5-7 • *Vers 34:* 16,9; 25,10; 33,11; Bar 2,23 • *Kap. 8 Vers 1:* Bar 2,24 • *Vers 2:* Dtn 4,19.

Abkehr ond Strâf: 8 4-23

4Du sollst zo nen saga: So spricht
JAHWE: Oener mô nôfällt, stôht
der et wieder auf? Oder wann sich
oener abkehrt, kehrt der et wieder
om? 5Wårom wendat sich des Volk ab,
des Jerusalem då? Dia bleibat stur en
ihrer Abkehr ond en Lug ond Trug
ond waegerat sich, omzkehra! 6I han
acht geba ond ghört: dia schwätzat
grondfalschs Zeugs drher, ond koener
bereut sae Boshaftigkaet, nå sagat se ao
no: Was han i denn dao? A jeder wendat
sich dådrvo ab en saem Laof, wia d
Rösser em Kampf drvostürmat. 7Sogar
dr Storch am Hemmel kennt saene Zeita,
ond Turteltauba, Schwalba ond Drossla
haltat ihr Zeit zom zrückkomma ae, aber
maeh Volk kennt d Rechtsordnonga
vom Herrgott (JAHWE) et. 8Wia
könnat ihr bloß saga: Mir send weise,
ond s Gsetz von JAHWE ischd mit
ons? Aber d Schreiberleng hent s mit
ihre vrlogene Griffel zo Lug ond Trug
gmacht. 9Dia Weise müaßat sich schäma,
dia send gfanga en ihre vrwirrte Lehra.
Guck, dia hent am Herrgott (JAHWE)
sae Wort vrachtat, was ischd des nå für a
Weishaet? 10Drom gib i dene ihre Fraoa
andere, ihre Äcker an d Eroberer. Weil
se vom Kloensta bis zom Graeßta bloß
auf da Profit aus send; vom Profeta bis
zom Priaster send älle auf Lug ond Trug
aus. 11Ond da Schada von dr Tochter von
maem Volk wöllat se mit ihram Spruch:
Frieda! Frieda! Hôela, aber då ischd koe
Frieda! 12Schäma müaßat se sich wega
ihre Greueltata. Aber dia schämat sich
et. Des Wort „Scham“ kennat dia gar
et. Drom müaßat se mit de andere falla,
en dera Zeit, mô se hoemgsuacht werat,
strauchlat se! Spruch von JAHWE.
13Will e bei nen ernta, Spruch von
JAHWE, nå send koene Trauba am
Rebstock, ond send koene Feiga am
Feigabaom, ond s Laob ischd vrwelkt,
ond i gib se dene, mô über se wegsteigat
(se zwengat). 14Zo was hockat mr då?
Sammlat euch ond gangat en d Festonga
nae, då werat mr zom Schweiga bråcht,
JAHWE, onser Gott (Eloheynu) håt
ons nämlich zom Schweiga bråcht ond
geit ons giftigs Wasser zom trenka, weil
mr gega JAHWE gsündigt hent. 15Auf
Frieda he'mr ghofft, aber då ischd nex
Guats maeh – auf a Zeit, mô mr sich
wieder erhola kå, aber då ischd nex
wia dr blanke Schrecka. 16Von Dan her
hört mr s Schnaufa von de Rösser, vom
Wiehera von saene Hengst bebt d Erde.

Se kommat ond fressat s Land ond
saen Ertrag, d Stadt, ond dia, mô dren
wohnat. [17]Weil guckat, i schick euch
Giftschlanga, dia mô mr et beschwöra
kå, dia sollat euch beissa, Spruch von
JAHWE.
[18]Kummer ischd en mr aufgstiega, mae
Herz ischd ganz krank. [19]Horch! D
Tochter von maem Volk schreit om
Hilfe aus am ferna Land: Ischd denn dr
Herrgott (JAHWE) et en Zion? Oder
ihr König? Wårom bloß hent dia mi
graezt mit ihre Götterbilder ond Götza
aus dr Fremde? [20]Vorbei ischd d Ernte,
dr Herbst ischd vorbei, aber ons ischd
et gholfa wôra! [21]Dr Zsammabruch von
dr Tochter von maem Volk håt me ganz
traurig gmacht, i ben fix ond fertig, ond
s kalte Graua håt me packt. [22]Geits denn
koen Balsam en Gilead, ischd denn
koe Dokter maeh dort? Wårom wird d
Tochter vo'maem Volk et gsond? [23]Wer
geit maem Haopt gnuag Wasser, dass
maene Aoga zo Tränaquella wera däte,
dass i Dag ond Nacht über de Gfallene
von dr Tochter von maem Volk heula
könnt?

Zom Vrgleicha: *Vers 14:* 4,5 • *Vers 22:* 46,11.

D Klag über Juda: 9 1-25

9 Wer geit mr en dr Wüste a
Nachtquartier für an Raesenda?
Nå dät i mae Volk vrlassa ond von am
wegganga. Des ischd nämlich a ganz
ehebrecherischa Gsellschaft von Vrräter.
[2]Ond se spannat ihre Zonga wia an Boga;
Lug ond Trug herrschat em Land ond et
d Treue, oe Vrbrecha jagt s ander, aber
mi kennat se et! Spruch von JAHWE.
[3]Jeder soll sich vôr saem Nåchber hüata,
ond koener soll saem Bruader traua!
Weil a jeder Bruader bscheist, ond jeder
Nåchber vrlaemdat. [4]Jeder täuscht saen
Nåchber ond saed et d Wåhrat. Ihrer
Zong hent se s Lüaga beibråcht ond
se drehat oem s Wort em Maul rom.
[5]Du hockst mittla dren em Nest von
Vrråt. En ihrer vrräterischa Gsennong
waegerat se sich, mi z kenna! Spruch
von JAHWE.
[6]Drom, so spricht JAHWE Zebaot: I
will se schmelza ond prüafa; wia sott e
sonst omganga mit dr Tochter von maem
Volk? [7]A tödlicher Pfeil ischd ihr Zong,
vrräterisch schwätzt ihr Maul raus;
ganz friedlich schwätzt mr mit saem
Năchber, aber em Herza stellt mr am a
Fall. [8]Sott e se wega dene Sacha et stråfa?
Spruch von JAHWE, oder me an so ama
abartiga Volk et rächa? [9]Auf de Berg will
i a Heula ond Klaga åganga lassa, ond
auf de Aoa en dr Steppe a Klageliad,
ällas ischd vrfalla, neamrd gôht maeh
drüber, ond mr hört koen Mukser vom
Vieh. Von de Vögel onter am Hemmel
bis zom Wild ischd ällas gflüchtat, ällas
ischd fort ganga. [10]I will aus Jerusalem
an Trümmerhaufa macha, mô d Schakal
dren hausat, ond aus de Städt von Juda
mach e a Wüste, mô neamerd maeh leba
kå. [11]Wer ischd der Må, der mô so viel
Weishaet håt, dass r des vrstôht? Ond
zo wem håt am Herrgott (JAHWE)
sae Mund gsprocha, dass r vrkündiga
kå, wårom des Land håt zgrond ganga
müaßa ond zor Wüste vrkomma ischd,
mô neamerd maeh durch gôht?
[12]Ond dr Herrgott (JAHWE) håt gsaed:
Weil se sich et an maene Weisonga
ghalta hent, môn e en geba han, ond
et auf mae Stemm ghört hent, ond et
drnåch glebt hent. [13]Ond weil se stur en
ihre Herza de Baal nåchgloffa send, wia
se s von ihre Vadr gwohnt gwea send.
[14]Drom – so spricht JAHWE Zebaot,
dr Gott (Elohey) von Israel: Guck, i gib
dem Volk dåhanna Wermuat zom essa
ond giftigs Wasser zom trenka. [15]I will
se onter Völker vrstraea, mô weder sia
selber, no ihre Vädr kennt hent, ond will
s Schwert henter en drae schicka, bis se
aufgrieba send.

[16]So spricht JAHWE Zebaot: Bsennat
euch! Ruafat d Klageweiber ond lassat
se komma, ond schickat zo weise Fraoa,
dass se kommat. [17]Se sollat schnell
komma ond d Wehklaga über ons
åstemma, dass onsere Aoga von Träna
überfliaßat ond onsere Wimpera von
Wasser triefnat. [18]Von Zion hört mr s
Klageliad: Wia send mir vrwüastat! Wia
ischd d Schand über ons komma, mir
hent s Land vrlassa müaßa, weil se onsere
Wohnonga agrissa hent. [19]Jå, horchat
no her, ihr Fraoa, auf am Herrgott
(JAHWE) sae Wort, eure Ohra sollat s
Wort aus saem Mund aufnemma, ond
lehrat eure Töchter s Klageliad, ond jeda
Frao soll ihrer Nåchbere d Daotaklag
beibrenga: [20]Dr Daot ischd durch onsere
Fenster raegstiega en onsere Paläst. Der
rafft spielende Kender von dr Strååß weg,
ond jonge Leut von de Plätz.
[21]So spricht JAHWE: D Leicha von de
Leut liegat wia dr Mist auf de Felder, wia
d Garba henter am Schnitter, ond koener
sammlat se ae. [22]So spricht JAHWE:
*A Weiser soll sich et saener Weishaet
rühma, a Starker soll sich et saener Kraft
rühma, ond a Reicher soll et mit saem
Reichtom protza!* [23]*Sondern wann sich
oener rühma will, nå dådrmit, dass r
Aesicht håt ond mi erkennt ond wôeß: I,
JAHWE, ben s, der mô Gnade ond Recht
ond Gerechtigkaet auf dr Erde ausüabt,
an sotte han i nämlich an graoßa Gfalla.*
Spruch von JAHWE. [24]Guck, s kommat
nämlich Däg, Spruch von JAHWE, då
ziag i älle, mô an dr Vôrhaut beschnitta
send, zor Rechaschaft: [25]Ägypten, Juda,
Edom, Ammon, Moab ond älle mit
agschnittene Håår, mô en dr Wüste
wohnat; bei mir geltat nämlich älle
Völker als obeschnitta, ond älle vom
Haus Israel hent a obeschnittes Herz.

Zom Vrgleicha: *Vers 3:* 12,6; Ps 41,10; Mi 7,5 • *Vers 8:* 5,8.29 • *Vers 10:* 26,18 • *Vers 14:* 8,14; 23,15 • *Vers 15:* 49,37 • *Vers 21:* 16,4; 25,33 • *Vers 23:* 1Kor 1,31; 2Kor 10,17.

Gott ond d Götzabilder: 10 1-16

10 Horchat her, was dr Herrgott
(JAHWE) euch über s Haus
Israel zom saga håt: [2]So spricht JAHWE:
Ihr sollat da Lebenswandel von de
Haedavölker et ånemma! Ond vôr
dene Zaeche am Hemmel brauchat r et
vrschrecka, ao wann de andere Völker
drvôr vrschreckat. [3]Dene Völker ihre
Gsetz taogat nex. A Stückle Holz, mô
mr em Wald ghaoa håt, a Machwerk aus
de Händ vom Schnitzer mit am Messer.
[4]Mit Silber ond Gold a bißle vrziert, mit
Nägel ond mit am Hammer machat se
s fest, dass se et wacklat. [5]Dia seahnat
aus wia Vogelschaecha em Gurkafeld,
schwätza könnat se ao et, ond mr
muaß se traga, weil se selber et laofa
könnat. Vôr dene brauchat r doch koe
Angst han, so wenig dia euch ebbas doa
könnat, könnat se ebbas Guats doa.
[6]Dir, JAHWE, ischd koener gleich! Du
bist graoß, ond mächtig ischd dae Nåma!
[7]Wer sott vôr dir koe Ehrfurcht han, o
König über älle Völker? Jå, des stôht
dir zua, ist doch onter älle Weise onter
de Völker, ond en älle ihre Königreich
koener wia du!
[8]Ond älle mitanander brennat se,
domm send se ond belanglos, a Zucht
aus ihre Wahnvôrstellonga aus Holz.
[9]Plattgwalzts Silber von Tarschisch ond
Gold aus Ofir, Machwerk von Schnitzer
ond Goldschmied. Purpurblao ond
Purpurraot send ihre Klôeder, aber halt
s Werk von Fachleut.
[10]Aber JAHWE ischd wahrhaftig Gott
(Elohim), lebendiger Gott (Elohim) ond
ewiger König. Vôr saem Zôrn bebt d
Erde, ond d Völker könnat saem Droha
et standhalta.
[11]Also sagat en: Dia Götter, mô weders
da Hemmel, no d Erde gschaffa hent,
dia sollat vrschwenda vom Erdboda

ond onter am Hemmel! [12]Der, mô mit
saener Kraft d Erde gschaffa ond mit
saener Weishaet da Erdakraes gründat
ond durch sae Aesicht da Hemmel
ausgspannt håt, [13]läßt sae Stemm wia
Donnerhall schalla, ond lässt s Wasser
onter de Hemmel aufwalla, ond r lässt
Wolka aufsteiga von de Erdaränder mit
Blitz ond Rega, ond da Wend lässt r aus
saene Kammera komma. [14]Då stôht dr
Mensch mit saem Wissa domm då, dr
Goldschmied mit saem Götzabild muaß
sich schäma. Saene Bilder send nämlich
Lug ond Trug, då ischd koe Schnaufer
dren. [15]Nichtigkaeta send se, Spottbilder,
wann dia hoemgsuacht werat, gangat se
glei zgrond. [16]Aber so ischd der et, mô
am Jakob sae Åtôel ischd, der ischd dr
Schöpfer vom Weltall, ond Israel ischd
dr Stamm von saem Aegatom, sae Nåma
ischd JAHWE Zebaot

Zom Vrgleicha: *Vers 3:* Jes 44,12-17 • *Vers 4:* Bar 6 • *Vers 12-16:* • 51,15-19 • *Vers 13:* Ps 135,7 • *Vers 14:* Jes 45,16.

Klag ond Bitta: 10 17-25

[17]Pack dae Glomp zsema, du Stadt en dr
Belagerong! [18]Weil, so spricht JAHWE:
Guck, desmål schleudere i d Aewohner
aus dem Land dåhanna ond treib se so
en d Enge, dass se me fendat! [19]Gnad
mir wega maem Zsammabruch! A Qual
ischd mae Wond; aber i han denkt: Des
ischd halt mae Leida, des muaß e traga.
[20]Mae Zelt ischd vrwüastat, ond älle
maene Zeltstrick send agfatzt. Maene
Kender send vo'mr ganga ond nemme
då. Ond koener baut mr mae Zelt wieder
auf ond spannt d Zelttüacher drüber.
[21]Domm send d Hirta gwea, weil se
JAHWE et gsuacht hent, deswega hent
se ao koe Aesicht ghet, ond ihre Herda
send vrstraet wôra. [22]Horch! Was hört
mr? Guck, von Norda her hört mr a
gewaltigs Dröhna. Se machat d Städt von
Juda zor Wüste, a Gehege für d Schakal.
[23]I wôeß, JAHWE, dass dr Mensch saen
Weg et bestimma kå, dr Wanderer saen
Schritt et ausrichta kå. [24]Züchtige me,
JAHWE, nach daener Gerechtigkaet,
aber et en daem Zôrn, sonst bleibt nex
mach vo'mr übrig. [25]Giaß daen Zôrn aus
über dia Völker, mô di et kennat, ond
über dia Gschlechter, mô daen Nåma
et åruafat, dia hent nämlich da Jakob
gfressa ond an aufgrieba, ond saene
Wôeda hent se vrwüastat.

Zom Vrgleicha: *Vers 19:* 14,17; 30,12 • *Vers 22:* 9,10; 26,18 • *Vers 24:* 30,11.

Dr Bundasbruch: 11 1-17

11 Des Wort ischd von JAHWE an
da Jeremia erganga: [2]Horchat auf
d Wort von dem Bund dåhanna! Du
sollst se de Männer von Juda ond de
Aewohner von Jerusalem vrkundiga
[3]ond zo nen saga: So spricht JAHWE,
dr Gott (Elohey) von Israel: Vrfluacht
ischd der Må, der mô et auf d Wort
von dem Bund dåhanna hört, [4]dia, mô
i eure Vädr ghôeßa han an dem Dag,
môn e se aus am Land Ägypten, aus
am Schmelzofa rausgholt ond zo nen
gsaed han: Horchat auf mae Stemm ond
dent ällas, was i euch åweis, nå send ihr
mae Volk ond i will euer Gott (Elohim)
sae. [5]Nå will i den Eid aelösa, den môn
e eure Vädr gschwora han: dass e en a
Land geba will, mô Milch ond Honig
fliaßt, so, wia ihr s haet hent. Nå han
e am zor Antwort geba ond gsaed: So
sei s, JAHWE! [6]Nå håt dr Herrgott
(JAHWE) zo mr gsaed: Vrkündige älle
dia Wort en de Städt von Juda ond en de
Gassa von Jerusalem ond sag: Horchat
auf d Wort von dem Bund dåhanna
ond lebat drnåch! [7]I han eure Vädr
ganz aedrenglich vrmåhnt von dem
Dag å, môn e se aus am Land Ägypten
rausgholt han bis an da haetiga Dag,
emmer wieder han e se vrmåhnt ond
gsaed: Horchat auf mae Stemm! [8]Aber

dia hent et ghört ond koe Ohr für me ghet; ond a jeder håt en dr Vrstockthaet von saem baesa Herza glebt. Ond so han e ällas über se komma lassa, was e en dem Bund åkündigt han, weil se an et aeghalta hent. [9]Ond JAHWE håt zo mr gsaed: Då geits a Vrschwörong en Juda ond bei de Aewohner von Jerusalem! [10]Dia send wieder en de alt Leier von ihre Vädr naegråta, dia mô ao et auf mae Wort hent höra wölla, ond se laofat ao andere Götter (Elohim) nåch zom en deana. So håt s Haus Israel ond s Haus Juda maen Bund brocha, den môn e mit ihre Vädr gschlossa han.

[11]Drom, so spricht JAHWE: Guck, i will Oglück über se brenga, dem könnat se et drvolaofa, ond wann se nå zo mr schreiat, nå erhör i se nemme. [12]Nå werat d Städt von Juda ond d Aewohner von Jerusalem ganga ond zo ihre Götter (Elohim) schreia, dene mô se ihre Raecheropfer darbrâcht hent, aber dia könnat en et helfa en dr Zeit von ihram Oglück. [13]Weil, so zahlreich wia daene Städt send daene Götter (Eloheyka), Juda, ond so viel wia Gassa en Jerusalem send, hent r Altär baut zor Schand, Altär zom für da Baal opfera. [14]Aber du sollst et für des Volk dåhanna beta ond et åfanga mit Fleha; i erhör se nämlich et, wann se zo mr schreiat en ihrer Naot.

[15]Was håt mae Fraend no en maem Haus vrlaora? Ist s ihr henterlistigs, vrloges Spiel von de Graoße gega da Fürsta vom Haeligtom, dass se von dr wegziaga müaßat wega daener Schlechtigkaet? Nå kåsch d jubiliera. [16]„Saftig greaner Ölbaom, guat gwachsa“, so håt de dr Herrgott (JAHWE) ghôeßa. Mit ama graoßa Krach håt r a Feuer über dr åzonda, jetzt send saene Äst wüast. [17]Ond JAHWE Zebaot, der mô de pflanzt håt, der håt s Übel auf de gsprocha wega dr Boshaftigkaet vom Haus Israel ond vom Haus Juda, dia mô me graezt hent mit ihre Opfer für da Baal.

Zom Vrgleicha: *Vers 4:* Lev 26,12; Dtn 26,17f • *Vers 7-8:* 7,25f • *Vers 8:* 18,12; 25,4 • *Vers 13:* 2,28 • *Vers 14:* 7,16; 14,11.

Mordplän gega da Jeremia: 11 18-23

[18]Ond dr Herrgott (JAHWE) håt me s wissa lassa, ond i han selligsmål erkannt, r håt me ihr Treiba durchschaoa lassa. [19]I selber ben wian a zahms Lämmle gwea, des mô zom Metzga gführt wird, ond i han et gwißt, dass dia gega me Plän gschmiedat hent: Laß ons den Baom no em Saft vrderba ond an ausrotta aus am Land von de Lebendige, an saen Nåma soll neamerd maeh denka! [20]Aber JAHWE Zebaot richtat en Gerechtigkaet, ond prüaft Herz ond Niera. I därf dae Rache an dene seha, weil i ehm mae Sach åvrtraut han. [21]Drom håt dr Herrgott (JAHWE) über dia Männer von Anatot, dia mô mr ans Leba wölla ond gsaed hent: Du sollst nemme em Nåma von JAHWE weissaga, sonst stirbst d von onsere Händ! [22]Drom håt JAHWE Zebaot gsprocha: Guck i zahl ens hoem: dia jonge Männer sollat durch s Schwert sterba, ihre Söh ond Töchter sollat vôr Honger sterba. [23]Von dene soll koe Rest übrig bleiba, i laß nämlich Ohael komma über dia Männer von Anatot en dem Jåhr, mô se hoemgsuacht werat.

Zom Vrgleicha: *Vers 19:* Jes 53,7 • *Vers 20:* 20,12; Ps 7,10.

Dr Profet en seelischer Not: 12 1-6

12 Du håsch Recht, wann i mit dr Händel åfang, aber i muaß oenaweg mit dr rechta. Wårom glengt de Frevler ihr Weg, ond wårom könnat dia so sicher leba en ihrer Treulosigkaet? [2]Du håsch se aepflanzt, ond se hent sich aegwurzlat ond gangat ao auf ond brengat Frucht. Du bist bei nen em Mund, aber ennerlich bist en fern.

[3]Aber du, JAHWE, du kennst me, du
durchschaost me ond prüafst mae Herz
ond wôeßt, dass s bei dir ischd. Reiß
se weg wia s Kloevieh zom metzga
ond haelige se auf da Dag vom graoßa
Morda. [4]Wia lang soll des Land no
trauera ond s Gras em Feld draußa
vrdôrra? Weil saene Bewohner boshaft
send, ischd s Vieh ond d Vogelwelt
weggrafft, weil se sich sagat: Der sieht
für ons koe Zuakonft maeh! [5]Wann du
als Fuaßgänger laofst ond glei müad
wirst, wia willst d nå mit de Rösser om
d Wett sprenga. Ond wann da de bloß
ema friedlicha Land sicher fühlst, wia
willst d nå durchkomma em Buschland
vom Jordan? [6]Sogar daene Brüader ond
s Haus von daem Vadr vrhaltat sich dir
geganüber treulos, dia schreiat ao laut
henter dr drae. Dene kåsch d et traua, ao
wann se fraendlich mit dr schwätzat.

Zom Vrgleicha: *Vers 1:* Ps 73,3-12; Ijob 21,7-13 • *Vers 6:* 9,3.

Gott klagt über sae Land: 12 7-13

[7]I han mae Haus vrlassa ond mae
Aegatom vrwôrfa, ond han da Liableng
von maener Seel saene Faend en d
Händ geba. [8]Mae Aegatom ischd mr
wôra wian a Löwe em Wald. Des håt
Laut gega me geba, drom han e s hassa
müaßa. [9]Wian a bunter Raobvogel ischd
mae Aegatom für me wôra, om des sich
d Geier sammlat. Auf gôhts, vrsammlat
ällas Viehzeug em Feld zom Fraß. [10]Viele
Hirta hent maene Wengert vrwüastat
ond maene Grondstück vrtramplat;
ond se hent mae kostbarsts Grondstück
zor schrecklichsta Wüste gmacht. [11]Zor
Wildnis hent se s gmacht, vrwahrlost leit
s vôr mr. S ganze Land ischd vrwahrlost,
aber des nemmt sich koener z Herza.
[12]Über älle Kahlhöha send se hergfalla
als Vrwüaster. Am Herrgott (JAHWE)
sae Schwert frisst sich von oem End
em Land bis ans ander. Koe Mensch kå
maeh em Frieda leba. [13]Dia hent Wôeza
gsät, ond Dôrna hent se g'erntat. Se
hent sich agrackerat ond koen Nutza
drvo ghet. Ond se schämat sich wega
eure Ernta vôr am Herrgott (JAHWE)
saener Zôrngluat.

Zom Vrgleicha: *Vers 9:* Jes 56,9.

Gericht oder Hael für d Nåchber: 12 14-17

[14]So spricht JAHWE über älle maene
baese Nåchber, dia, mô s Erbtôel åtastat,
des mô i maem Volk Israel als Aegatom
geba han: Guck, i reiß se weg aus ihram
Land, ond s Haus Juda reiß e aus ihrer
Mitte weg. [15]Ond wann es se ausgreutat
han, will e me wieder über se vrbarma
ond se zrück brenga, an jedan en sae
Erbtôel ond en sae Hoemat. [16]Ond wann
se nå wirklich lernat, wehlan Weg mae
Volk zom ganga håt, dass se bei maem
Nåma schwörat: So wåhr JAHWE
lebt! Wia se maem Volk beibråcht hent,
beim Baal zom schwöra, so sollat se
mittla onter maem Volk aufbaut wera.
[17]Wann se aber et folga wöllat, nå werd
i a sottigs Volk vollends ganz rausreissa
ond vrnichta, Spruch von JAHWE.

Zom Vrgleicha: *Vers 16:* 4,2.

Dr vrdôrbene Gürtel: 13 1-14

13 So håt dr Herrgott (JAHWE) zo
mr gsaed: Gang ond kaof dr an
laenena Gürtel, ond den legst d dr om
d Hüfta, aber laß an et naß wera. [2]Ond
i han den Gürtel kaoft, wia s JAHWE
zo mr gsaed håt ond han an om d Hüfta
romdao. [3]Nå ischd s Wort von JAHWE
zom zwôeta Mål an me erganga ond håt
gsaed: [4]Nemm den Gürtel, den mô da
kaoft ond dr om d Hüfta romdao håsch,
ond mach de auf da Weg an da Eufrat,
sell vrsteckst d an ema Felsaspalt! [5]Ond i
ben ganga ond han an am Eufrat vrsteckt,
wia me s dr Herrgott (JAHWE) ghôeßa
håt. [6]Nach ra längera Zeit håt JAHWE

zo mr gsaed: Stand auf ond gang an da
Eufrat ond hol den Gürtel, von dem
e de ågwiesa han, da sollest an sell
vrstecka! 7Ond i ben an da Eufrat ganga
ond han den Gürtel von sell gholt, môn
e an vrsteckt ghet han, ond guck, der
Gürtel ischd vrdôrba gwea ond håt zo
nex maeh taogt. 8Nå ischd s Wort von
JAHWE an me erganga ond håt gsaed:
9So spricht JAHWE: Genao so werd i
da graoßa Haochmuat von Juda ond
da Haochmuat von Jerusalem vrderba.
10Des baese Volk dåhanna waegerat
sich, auf maene Wort zom horcha; des
håt saen Wandel en dr Sturhaet von
ihre Herza ond laoft andere Götter
(Elohim) hentadrae ond se vrehrat se
ond onterwerfat sich dene, drom soll
s en ganga wia dem Gürtel, der mô zo
nex maeh taogt. 11I han wölla, dass sich
s ganze Haus Israel ond s ganze Haus
Juda so an me åschmiagt wia der Gürtel
an d Hüfta von dem Må, Spruch von
JAHWE, ond so mae Volk zom Ruhm
für maen Nåma wird ond zo Lob ond
Ehr, aber dia hent et ghört. 12Ond jetzt
saesch d en: So spricht JAHWE, dr Gott
(Elohey) von Israel: Jeder Schlauch
wird mit Wae gfüllt! Ond wann se zo
dr sagat: Moenst d vielleicht, mir däte et
wissa, dass jeder Schlauch mit Wae gfüllt
wird? 13Nå saesch d zo nen: So spricht
JAHWE: Guckat i füll älle Aewohner
von dem Land ab, dass se bsoffa send,
dia König, mô auf am David saem Thron
sitzat, d Priaster ond Profeta ond älle
Aewohner von Jerusalem. 14I hao en d
Köpf zsema, d Vädr mit de Söh, Spruch
von JAHWE, ond schon se et, ohne
Mitleid ond Erbarma laß i me nemme
drvo abhalta, dia zom vrnichta.

Zom Vrgleicha: *Vers 10:* 11,8 • *Vers 13:* Jes 51,17.

Warnong vôr am Haochmuat: 13 15-17

15Horchat her ond passat auf! Werat mr
et haochmüatig, jetzt redat nämlich dr
Herrgott (JAHWE)! 16Gebat JAHWE,
euram Gott (Eloheykem) d Ehr, eh s
Nacht wird, ehn r d Füaß nôhaoat en de
donkle Berg. Ihr wartat auf s Licht, aber
ER macht s duster, zappaduster. 17Wann
r aber et drauf hörat, nå muaß mae Seel
em Vrbôrgena über euran Haochmuat
heula ond bittere Träna vrgiaßa, ond
maene Aoga fliaßat über von Träna,
weil am Herrgott (JAHWE) sae Herde
weggführt wird.

Zom Vrgleicha: *Vers 17:* 14,17.

Drohenda Wegführong: 13 18-19

18Sag zom König ond zor Herrin: Sitzat
ganz weit na! Eure Häupter ischd ihr
prächtiga Kron abhanda komma! 19D
Städt em Negeb send gschlossa wôra,
ond neamerd macht auf. Ganz Juda
muaß en d Vrbannong, älle mitanander!

D Schändong von Jerusalem: 13 20-27

20Guckat auf ond guckat, wia se von
Norda her kommat! Mô bleibt dui
Herde, mô dr åvrtraut gwea ischd,
dae prächtiga Aufzucht? 21Was willst
denn saga, wann dia als Herra über de
gsetzt werat, mô du selber als daene
Vrtraute ausbildat håsch? Kriagst d
då et Bauchwaeh wian a Frao, mô a
Kendle kriagt? 22Ond wann da de frågst:
Wårom håt me des bloß ällas troffa? Nå
sottest d wissa: Wega daener übergraoßa
Schuld ischd dae Schlaeer glupft wôra
ond daene Füaß bloßgstellt. 23Änderat
vielleicht a Schwarzer sae Hautfarb oder
a Leopard saene Strôefa? Nå könntat ihr
euch doch ao zom Guata bessera, môn r
doch ans Baese gwöhnt send. 24Aber so
vrstrae e euch wia d Stoppla, mô vom
Wend wegfliagat en dr Wüste. 25Des
ischd dae Los, dae Loh, von mir dir
zuatôelt, Spruch von JAHWE, weil da
me vrgessa ond auf Lug ond Trug gsetzt
håsch. 26Jetzt lupf e daen Schleier bis

übers Gsicht nauf, dass dae ganza Schand
sichtbar wird. [27]Daene Ehebrechereia,
dae Lustgewieher, daene Schandtata,
dae Hurerei. Auf de Kulthöha ond em
Feld draußa han e daene Greuel gseha.
O Waehdag dir, Jerusalem, weil da de
et raeniga willst, wia lang soll des no so
ganga?

Zom Vrgleicha: *Vers 22:* Ez 16,37 • *Vers 27:* 5,8.

De graoß Dürre: 14 1-9

14 Nå ischd s Wort vom Herrgott
(JAHWE) an da Jeremia erganga
wega dera Dürre ond håt gsaed: [2]Juda
trauerat, saene Tôr vrfallat ond senkat
traurig auf da Boda, ond aus Jerusalem
hört mr s Klagegschrôe aufsteiga. [3]Ihre
Vürnehme schickat ihre Diener nach
Wasser; dia kommat an d Zisterna, aber
se fendat koe Wasser ond gangat mit
leere Krüag hoem. Se schämat sich ond
send vrschreckt ond deckat sich s Haopt
zua. [4]Wega am Ackerboda machat se
sich Sôrga, weil schao lang koe Rega
maeh gfalla ischd em Land. Drom send
d Ackerbaura traurig ond deckat ihr
Haopt zua. [5]Sogar d Hirschkuah vrläßt
ihr neugebores Kälble, weil se nex greas
maeh fendat. [6]Ond d Wildesel standat
auf kahle Höha ond schnappat nach
Luft wia d Schakal. Ihre Aoga vrsagat,
weil s koe Kräutle maeh geit. [7]Wann
onsere Sünda gega ons zeugat, nå greif
ae, JAHWE, wega daem Nåma; jå, mir
send oft treulos gwea ond hent ons gega
de vrsündigt.
[8]Du Hoffnong von Israel, Retter en dr
Naot, wårom bist du wian a Fremder
em Land, ond wian a Wanderer, der mô
sae Zelt aufgstellt håt zom übernachta?
[9]Wårom bist du wian a vrschrockener
Må, wian a Held, der mô et helfa kå? Du
bist doch en onserer Mitte, JAHWE,
ond dae Nåma ischd über ons ausgruafa
wôra, du därfst ons doch et alloe lassa!

Zom Vrgleicha: *Vers 2:* Joel 1,10-12.

Von Gott vrwôrfa: 14 10-18

[10]So spricht JAHWE zo dem Volk då:
Des hent se gern: romschwôefa von oem
zom andera, då schonat se ihre Füaß et.
Aber des gfällt am Herrgott (JAHWE)
gar et. Jetzt denkt r an ihr Schuld
ond suacht ihre Sünda hoem. [11]Ond
JAHWE håt zo mr gsaed: Du sollst
für des Volk då et beta ond om Gnade
bitta. [12]Ao wann se fastat hör i et auf ihr
Ruafa. Ond wann se a Brandopfer ond
Opfergaba darbrengat, gfällt mr des et.
Mit am Schwert, mit Honger ond Pest
mach i a End mit dene. [13]Nå han e gsaed:
Ach, mae Herr, JAHWE, guck doch,
d Profeta sagat zo nen: Ihr werat koe
Schwert seha, ond dr Honger kommt
et über euch, sondern an ständiga
Frieda gib e euch an dem Ort. [14]Aber
JAHWE håt zo mr gsaed: Täuschong
weissagat dia Profeta en maem Nåma,
aber dia han i gar et gschickt ond i han
en ao koen Auftrag geba ond no et amål
mit en gredat! Vrlogene Visiona ond
haednische Wahrsagereia ond selber
ausdenkts Zeugs schwätzat dia drher.
[15]Drom redat JAHWE über dia Profeta,
dia ågeblich en maem Nåma weissagat,
obwohl i se gar et gschickt han, ond
selber sagat: „Schwert ond Honger
kommat et en des Land!“ grad dia
Profeta werat durch Schwert ond
Honger omkomma! [16]Aber des Volk,
dem mô se gweissagt hent, wird en de
Gassa von Jerusalem romliega, nôgmäht
von Honger ond Schwert, ond neamerd
ischd då, mô se beerdigt, sia selber, ihre
Fraoa ond ihre Söh ond Töchter, so leer
i ihr aegena Boshaet über se aus. [17]Ond
des saesch d en: Maene Aoga fliaßat
über von Träna Dag ond Nacht ond
därfat et ausruha; weil über d Jungfrao,
d Tochter, mae Volk, a graoßs Vrderba
raebrocha ischd, se ischd schwer krank
gwea. [18]Wann e nausgang ens Feld ond
guck, lauter Gfallene durchs Schwert!

Ond wann e en d Stadt nae komm ond
guck, lauter Kranke vôr Honger! Ao d
Profeta ond d Priaster wanderat aus en
a Land, des mô se et kennat.

Zom Vrgleicha: *Vers 11:* 7,16; 11,14 • *Vers 14:* 27,14f; 29,8f • *Vers 17:* 13,7.

D Klaga vom Volk: 14 19-22

[19]Håsch du denn Juda ganz vrwôrfa?
Ond eklats de vôr Zion? Wårom håsch
du ons so gschlaga, dass s für ons koe
Hôelong maeh geit? Mir wartat auf
Frieda, aber då kommt nex Guats, auf a
Zeit, mô ällas wieder guat wird, aber då
ischd nex wia Schrecka. [20]JAHWE, mir
erkennat onsere Vrfehlonga ond Sünda,
ao dia von onsere Vädr, jå, mir hent gega
de gsündigt. [21]Vrschmäh ons et wega
daem Nåma, ond mach am Thron von
daener Herrlichkaet koe Schand. Denk
an daen Bund mit ons ond trenn de et
von ons. [22]Geits bei dene nexnutzige
Götza von de Haedavölker vielleicht
oen, der mô Rega spenda kå? Oder
lässt s dr Hemmel gar von selber regna?
Bist des et du, JAHWE, onser Gott
(Eloheynu)? Ond mir harrat auf di, du
selber håsch doch des ällas gmacht.

Zom Vrgleicha: *Vers 19:* 8,15.

S oabänderliche Stråfgericht: 15 1-4

15 Ond dr Herrgott (JAHWE) håt
zo mr gsaed: Ond wann dr Mose
ond dr Samuel vôr me nô treta däte,
könnt sich mae Seel dem Volk då et
zuanaega! Schick se mr aus de Aoga, dia
sollat ganga! [2]Ond wann se de frågat: Mô
sollat mr denn nôganga? Nå saesch d en:
So spricht JAHWE: Wer zor Pest ghert
zor Pest, wer zom Schwert ghert zom
Schwert, wer zom Honger ghert zom
Honger, ond wer zor Gfangaschaft ghert
zor Gfangaschaft! [3]Vier Arta von Plåga
biat e gega se auf, Spruch von JAHWE:
S Schwert zom ombrenga, d Hond zom
wegzerra, d Vögel am Hemmel ond s
Wild em Feld draußa zom fressa ond
vrtilga. [4]Ond i mach se zom Schrecka für
älle Königreich auf am ganza Erdboda,
wega am Manasse, am Soh vom Hiskija,
am König von Juda, für ällas, was r en
Jerusdalem dao håt.

Zom Vrgleicha: *Vers 2:* 43,11 • *Vers 3:* Ez 14,21 • *Vers 4:* 2Kö 21,1-16.

S End von Jerusalem: 15 5-9

[5]Wer wird di schao schona, Jerusalem
ond Mitleid mit dr han? Ond wer wird
komma ond de fråga, wia dr s gôht?
[6]Du selber håsch me vrwôrfa, Spruch
von JAHWE, ond mr da Buckel zaegt,
nå han i mae Håd nausgstreckt gega de
ond de vrnichtat; i bens lôed, me über
de z vrbarma.
[7]I sortier se mit dr Wôrfel aus en de
Stadttôr em Land, ond han mae Volk
kenderlos gmacht ond se omkomma
lassa, weil se von ihre baese Weg et
omkehrt send.
[8]S håt mae Witwa geba wia Såd am Meer;
i han über de Jonge ihre Müader an
Vrwüaster gschickt am hella Mittag ond
han urplötzlich Angst ond Schrecka auf
se falla lassa.
[9]Dui, mô sieba Kender auf d Welt
bråcht håt, vrwelkt, haucht ihr Leba
aus; dera ihr Sonne ischd schao bei Dag
onterganga, se ischd en Schand gfalla
ond håt sich schäma müaßa. Ond ihran
Rest gib e am Schwert preis vôr ihre
Faend, Spruch von JAHWE.

Zom Vrgleicha: *Vers 7:* Mt 3,12.

Am Profeta sae Klag: 15 10-21

[10]Gnad mir, mae Muader, dass du me
gebora håsch, an Må, der mô mit am
ganza Land en Zank ond Streit leba
muaß! I han neamerd ebbas ausglieha
ond von neamerd ebbas glieha, ond
oenaweg vrfluachat me älle. [11]I han zom
Herrgott (JAHWE) gsaed: Han i dir et
em Guata deant? Han I de et ågfleht en

de Zeita vom Ohael ond en dr Zeit von
dr Drangsal vôr de Faend? 12Haot mr
vielleicht Eise zsema, Eise vom Norda
ond Bronze? 13Dae Vrmöga ond daene
Schätz gib i dr Plünderong preis, aber et
zom Gegawert, sondern für älle daene
Sünda ond zwår en älle daene Gebiet. 14I
laß de von daene Faend vrschleppa en
a Land, des mô du et kennst, gega euch
wird nämlich a Feuer åzonda en maem
Zôrn, gega euch wird s åzonda!
15Du selber, JAHWE, wôeßt s! denk an
me ond paß auf me auf! Vrschaff mr mae
Recht gega dia, mô me vrfolgat! Vrheb
daen Zôrn ond raff me et weg. Denk drå,
was e wega dir schao ällas durchmacha
müaßa han. 16Send s daene Wort gwea,
mô komma send, nå han e s vrschlonga,
dae Wort ischd mr zor Wonne ond
zor hella Herzensfraed wôra, weil dae
Nåma über mir ausgruafa wôra ischd:
JAHWE, Gott (Elohey) Zebaot! 17I ben
nia em Kraes von dene ghockt, mô Witz
klopfat ond drüber lachat; em Blick auf
dae Macht ben e für mi alloe dåghockt,
weil du me mit Omuat ausgfüllt
håsch. 18Wårom ischd mae Schmerz a
Dauerzuastand ond mae Wond hôelt
et ond will et guat wera? Sottest du am
End für mi zom vrtricknata Bach oder
zor Fata morgana wera?
19Drom håt JAHWE gsaed: Wann
da omkehrst, nå lass e de wieder
zrückkomma vôr mae Gsicht ond du
därfst vôr mr standa. Ond wann da
ebbas Guats zom saga håsch ond nex
Gemaens, nå därfst d mae Mund sae.
Dia sollat sich dir zuawenda; aber du
sollst de dene et zuawenda! 20I mach de
dem Volk geganüber zor festa Mauer aus
Erz. Ond dia legat sich mit dr å, aber dia
könnat nex gega de ausrichta; i selber
ben nämlich mit dr, zom de befreia ond
retta, Spruch von JAHWE. 21Ond i rette
de aus dr Gwalt von de Übeltäter ond
aus dr Gwalt von de Gwalttätige.

Zom Vrgleicha: *Vers 10:* 20,14 • *Vers 17:* 16,8 •
Vers 20: 1,18f.

Am Jeremia sae Aensamkaet – als Zaeche für Israel: 16 1-9

16 Ond s Wort von JAHWE ischd
an me erganga: 2Du sollst dr koe
Frao nemma ond koene Söh ond koene
Töchter han an dem Ort dåhanna!
3Weil so spricht JAHWE über dia Söh
ond Töchter mô an dem Ort dåhanna
gebora werat ond über ihre Müader,
mô se auf d Welt bråcht hent ond über
ihre Vädr, mô se zeugt hent en dem
Land då: 4An qualvolle Krankata werat
se sterba, neamerd klagt om se ond
neamerd beerdigt se; zom Dong auf de
Äcker sollat se wera, omkomma durch
Schwert ond durch Honger, ond ihre
Leicha werat zom Fraß für d Vögel
onter am Hemmel ond s Wild em Feld
draußa. 5So håt JAHWE gsprocha:
Gang en koe Haus, aus dem mô a
Jåmergschrôe kommt, ond gang et zom
Klaga ond et zom s Beilaed bezeuga
zo nen, weil i maen Frieda von dem
Volk då weggnomma han, Spruch von
JAHWE, mae Güate ond mae Erbarma.
6Ond sterba werat de Graoße ond de
Kloene en dem Land dåhanna, ond se
werat et beerdigt, ond koener hält a
Trauerfeier für se ab, koener ritzt sich
aus Trauer für se ac, ond neamerd lässt
sich für se da Kopf kahlschera. 7Koem
wird s Trauerbrot brocha zom an trösta
wega ma vrstôrbena Ågheriga, ond am
da Trostbecher wega saem Vadr oder
saener Muader geba. 8Gang ao et en a
Haus nae, mô se Gelage vråstaltat, zom
dren bleiba ond mit en essa ond trenka.
9Weil so spricht JAHWE Zebaot, dr
Gott (Elohey) von Israel: Guckat! I
laß an dem Ort dåhanna vôr eure Aoga
ond no en eure Däg Jubelgschrôe ond
Fraedagsäng aufhera, da Fraedagsang
vom Bräutigam ond von dr Braut.

Zom Vrgleicha: *Vers 4:* 9,21; 25,33 • *Vers 6:* 47,5
• *Vers 9:* 7,34.

D Gründ für Gericht: 16 19-21
10Wann da nå dem Volk dåhanna des
ällas vrkündigest ond se de nå frågat:
Wårom håt JAHWE des graoße Ohael
über ons ausgsprocha? Was he'mr denn
vrbrocha ond was ischd onser Sünd, mit
dera mir ons gega JAHWE, onseran
Gott (Eloheynu) vrsündigt hent? 11Nå
geist d en zor Antwort: Des ischd
dådrfür, dass me eure Vädr vrlassa hent,
Spruch von JAHWE, ond andere Götter
(Elohim) hentadrae gloffa send ond
dene deant ond se vrehrt hent, ond weil
se mi vrlassa hent ond maene Weisonga
et beachtat hent. 12Ond ihr selber send
no schlemmer gwea wia eure Vädr. Ond
guckat! A jeder von euch gôht doch en
dr Vrstockthaet von saem baesa Herza
drher ond hört koe bißle auf mi. 13Drom
putz i euch aus dem Land då naus, en
des Land, des mô euch ond eure Vädr
obekannt ischd. Sell därfat r andere
Götter (Elohim) deana Dag ond Nacht,
weil i euch då koe Erbarma maeh schenk.
14Drom guckat! S kommat Zeita, Spruch
von JAHWE, då saed mr nemme: So
wåhr JAHWE lebt, der mô Israel aus
am Land Ägypten rausgholt håt!
15Sondern: So wåhr JAHWE lebt, der
mô Israel vom Land em Norda ond von
älle Länder môn r se nô vrstoßa håt,
zsemaholt, ond se zrückkomma lässt
auf ihran Boda, den môn e ihre Vädr
geba han.
16Guckat! I schick zo viele Fischer,
Spruch von JAHWE, ond dia sollat se
rausfischa. Ond nå schick e zo viele Jäger,
dia sollat se wegjaga von älle Berg ond
Hügel ond aus de Felsaklufta. 17Maene
Aoga guckat nämlich auf älle ihre Weg,
nex ischd vôr maene Aoga vrbôrga, ond
ihr Schuld bleibt et obekannt vôr mir.
18So will e für da Åfang zerst amål ihr
Schuld ond Sünd dopplat hoemzahla,
weil se mae Land preisgeba hent durch
s Aas von ihre Scheusäler ond mae
Aegatom mit ihre elende Götza gfüllt
hent.

Zom Vrgleicha: *Vers 10:* 5,19 • *Vers 13:* Dtn
28,64.

D Völker werat bekehrt: 16 19-21
19JAHWE, mae Stärke ond mae Schutz,
mae Zuaflucht am Dag von dr Drangsal.!
Zo dir werat d Völker komma von älle
Enda von dr Erde ond saga: Lug ond
Trug hent ons onsere Vädr henterlassa,
nexnutzige Götza, von dene mô
koener an Nutza ghet håt. 20Wia kå
sich a Mensch selber Götter (Elohim)
macha? Des send doch gar koene Götter
(Elohim). 21Drom guck! I will se desmål
mae Macht ond mae Stärke erkenna
lassa, ond se erkennat, dass mae Nåma
JAHWE ischd.

D Sünd ond d Stråf für Juda: 17 1-4
17 D Sünd von Juda ischd
aufgschricba mit ama Griffel aus
Eise, aegraviert mit ra Diamantspitz
auf dr Tafel von ihram Herza ond en d
Hörner von ihre Altär, 2dass ao ihre Söh
no an ihre Altär ond Ascherabilder, an
de graoße Baem ond auf de Åhöha em
Bergland denkat. 3Bergbewohner em
freia Feld, dae Vrmöga ond älle daene
Schätz gib i dr Plünderong preis, daene
Åhöha für daene Sünda en älle daene
Gebiet! 4Ond du muaßt ao selber dae
Erbtôel loslassa, des mô i dr geba han,
ond i mach de zom Sklava von daene
Faend en dem Land, mô du no gar et
kennst, weil ihr maen Zôrn åzonda hent,
der mô für emmer brennt.

Zom Vrgleicha: *Vers 3:* 15,13 • *Vers 4:* 15,14.

Fluach oder Sega: 17 5-8
5So spricht JAHWE:Vrfluacht ischd
der, mô sich auf Menscha vrläßt, ond

auf Flôesch sae Macht aufbaut, ond von JAHWE sae Herz abwendat! 6 Der stôht då wian a kahler Busch en dr Steppe ond sieht nia ebbas Guats auf sich zuakomma, ond r muaß en vrbrennte Gegenda en dr Wüste hausa, em vrzalzena Boda, mô koener leba kå. *7 Gsegnat ischd der, mô auf JAHWE vrtraut, ond dem sae Hoffnong JAHWE ischd! 8 Der ischd wian a Baom, der mô am Wasser pflanzt ischd ond am Bach saene Wurzla ausbrôetat, ond koe Angst han muaß vôr dr Hitz, ond sae Laob ischd saftig grea, ond Dürrejåhr machat dem gar nex aus, der brengt emmer sae Frucht.*

Zom Vrgleicha: *Vers 8:* Ps 1,3.

Weishaetssprüch: 17 9-11

9 Abgründig ischd s Herz en ällam ond ohaelvoll. Wer soll sich då auskenna? 10 I, JAHWE erforsch s Herz ond prüaf d Niera, ond i gib ama jeda, was r vrdeant håt nach de Frücht von saene Tata. 11 A Rebhuhn, mô ausbrüatat, was s et glegt håt, so ischd der Mensch, mô saen Reichtom et durch Rechtschaffahaet erwirbt. En dr Hälfte von saene Däg muaß r an hergeba ond stôht am End als dr Domme då.

Zom Vrgleicha: *Vers 10:* Ps 7,10; Rö 2,6.

S Gebet vom vrfolgta Profeta: 17 12-18

12 A herrlicher Thron, erhaba von Åfang å, ischd dr Ort von onseram Haeligtom. 13 Du, Hoffnong von Israel, JAHWE, älle, mô di vrlassat, gangat zgrond, dia mô von mr weichat, werat en da Staob gschrieba, weil se de lebendig Wasserquell, JAHWE, vrlassa hent. *14 Mach me gsond, JAHWE, nå ben e gsond! Rette me, nå ben e grettat, du bist nämlich mae ganza Hoffnong!*

15 Guck, dia sagat zo mr: Mô ischd denn daem JAHWE sae Wort? Soll r s doch komma lassa! 16 I han de aber nia dränglat weg'am Ohael, ond nia da Oglücksdag hergwünscht, du wôeßt s. Was bei mir über d Lippa komma ischd, des leit offa vôr daene Aoga. 17 Werd mr et zom Ontergang. Du bist doch mae Zuaflucht am Dag vom Oglück! 18 Maene Vrfolger sollat sich schäma, aber i gang et zgrond. Dia sollat vrschrecka, aber i et. Laß da Oglücksdag über se komma ond laß se dopplat zsemabrecha.

Zom Vrgleicha: *Vers 12:* 3,17 • *Vers 13:* Joh 8,6; Jer 2,13 • *Vers 15:* Jes 5,19.

D Sabbathaeligong: 17 19-27

19 So håt JAHWE zo mr gsprocha: Gang ond stand ens Tôr von daene Volksgenossa, mô d König aus- ond aegangat ond en älle Tôr von Jerusalem, 20 ond sag en: Horchat auf s Wort von JAHWE, ihr König von Juda ond ganz Juda, ond älle Aewohner von Jerusalem, älle, mô durch dia Tôr då raekommat. 21 So spricht JAHWE: Hüatat euch om euer Leba, dass r am Dag vom Sabbat a Last tragat ond durch d Stadttôr von Jerusalem raebrengat. 22 Ihr därfat am Dag vom Sabbat ao koe Last aus eure Häuser naustraga, ond ao sonst koe Ärbat doa. Ihr sollat da Dag vom Sabbat haeliga als Ruhefeier, wian e s eure Vädr ågwiesa han. 23 Aber dia hent et gfolgt ond hent mr koe Ohr glieha ond hent da Nacka stärrig gmacht ond hent et gfolgt ond ao koe Zucht ågnomma. 24 Aber wann ihr tatsächlich auf me horchat, Spruch von JAHWE, dass r koene Lasta aus dr Stadt naustragat am Dag vom Sabbat, ond da Sabbatdag als Ruhefeier haeligat ond koenerloe Ärbat dent, 25 nå werat durch d Stadttôr von dera Stadt dåhanna König ond Fürsta auf am David saem Thron sitza. Dia fahrat auf Wäga ond reitat auf Rösser, sia selber ond ihre Fürsta, d Männer von Juda ond d Aewohner von Jerusalem, ond dui Stadt dåhanna wird für emmer bewohnt bleiba. 26 Ond se

kommat aus de Städt von Juda ond aus
dr Omgebong von Jerusalem ond aus
am Land Benjamin ond aus dr Schefela,
aus am Bergland ond vom Negeb her,
zom Brandopfer ond Schlachtopfer
ond Opfergaba ond Weihraoch ond
Dankopfer darbrenga, zom Herrgott
(JAHWE) saem Haus. 27Wann r aber et
auf me hörat, zom da Dag vom Sabbat
haeliga ond koene Lasta zom traga, ond
am Dag vom Sabbat durch d Stadttôr
von Jerusalem raezbrenga, nå zünd i ihre
Stadttôr å, ond des frisst ao d Paläst von
Jerusalem ond des gôht nemme aus.

Zom Vrgleicha: *Vers 21:* Neh 13,15-22 • *Vers 22:* Ex 20,8; Dtn 5,12 • *Vers 25:* 22,4.

S Beispiel vom Häfner: 18 1-17

18 Des Wort ischd an da Jeremia von
JAHWE erganga: 2Stand auf ond
gang na ens Haus vom Häfner, sell laß e
de mae Wort höra! 3Ond i ben naganga
ens Haus vom Häfner, ond guck
der håt grad an saem Häfnergschirr
(Töpferscheib) gschafft. 4Wann am nå
a Gschirr en de Händ vrgråta ischd,
nå håt r halt aus dem Loehma a anders
Gschirr draus gmacht, des mön am
gfalla håt. 5Ond s Wort von JAHWE
ischd an me erganga ond håt gsaed: 6Kå
i s vielleicht mit euch et so macha wia
der Häfner då, Haus Israel? Spruch
von JAHWE. Guck, wia dr Loehma
en de Händ vom Häfner, so send ihr en
maene Händ, Haus Israel. 7Oe Mål red
i über a Volk ond gega a Reich, dass e
s ausrotta ond vrnichta ond onterganga
lassa will. 8Aber wann des Volk, dem
môn e des ådroht han, sich von saener
Boshaftigkaet abkehrt, nå lass e me s
Ohael reua, môn e über se brenga wölla
han. 9A anders Mål red e über a Volk
ond über a Königreich, dass e s aufbaua
ond åpflanza will. 10Ond wann s duat,
was en maene Aoga baes ischd ond et
auf mae Stemm horcha will, nå reut me s
Guate, was e dene han doa wölla. 11Ond
jetzt, sag dene Männer von Juda ond zo
de Aewohner von Jerusalem: So spricht
JAHWE: Guck, i denk über an Plan
nåch, wian e Ohael über euch brenga
soll. Kehrat doch om, a jeder von saem
baesa Lebenswandel ond besserat eure
Weg ond eure Tata! 12Aber dia sagat:
Mach dr koene falsche Hoffnonga! Mir
dent, was mir wöllat, ond a jeder duat,
was r en saem vrstockta Senn doa will!
13Drom, so spricht JAHWE: Frågat
doch amål bei de Haedavölker, ob mr
jemåls so ebbas ghört håt. Schauderhaft
ischd ällas, was d Jungfrao Israel duat!
14Vrschwendat vielleicht von de Felsa
em Gebiet vom Libanon dr Schnae,
oder vrsickerat dia kalte ond fliaßende
Wasser aus am Osta? 15Aber mae Volk
håt me vrgessa ond opferat de Götza.
Se stolperat auf ihre Weg ond laofat en
de Weg aus dr Vôrzeit, Weg, mô et amål
aeg'ebnat send. 16I Mach ihr Land zom
Schrecka ond zom Gspött für emmer.
A jeder, mô då vorbei kommt, friert
ond kå bloß da Kopf schüttla. 17Wia dr
Ostwend, so vrstrae e se vôr de Faend. I
laß se da Buckel seha ond et mae Gsicht
am Dag, mô s Vrderba über se kommt.

Zom Vrgleicha: *Vers 6:* Jes 45,9; Rö 9,21 • *Vers 7:* Ez 33,11-20 • *Vers 12:* 6,16; 11,8 • *Vers 16:* 19,8; 49,17; 50,13.

Dr Jeremia bittat om Stråfa für saene Gegner: 18 18-23

18Aber dia sagat: Komm, laß ond gega
da Jeremia ebbas aushecka! D Weisonga
gangat am Priaster nia aus, ond am Weisa
dr Rat, ond ao am Profeta et s Wort. Auf
gôht s! den schlagat mr mit saem aegena
Wort, mr muaß bloß aufpassa, was r
saed. 19Paß du auf me auf, JAHWE, ond
horch, was maene Gegner sagat. 20Soll
mr denn s Guate mit Baesam vrgelta?
Dia hent mr a Fallgruab graba. Denk
doch drå, wian e vôr dr gstanda ben

ond a Wort für se aeglegt han, zom daen
Zôrn von en abwenda. [21]Drom gib ihre
Kender am Honger preis ond liefere se
dr Gwalt vom Schwert aus! Ihre Fraoa
sollat kenderlos bleiba ond zo Witwa
wera! Ihre Männer soll d Pest hola ond
ihre jonge Männer sollat en dr Schlacht
durch s Schwert omkomma. [22]S Gschrôe
soll mr aus ihre Häuser höra, wann du
d Raeberbanda über se komma lässt!
Dia hent nämlich a Fallgruab für me
graba ond Schlenga ausglegt für maene
Füaß. [23]Aber du, JAHWE, kennst ihre
Mordplän gega me. Vrzeih en ihr Schuld
ond ihre Sünda et ond lösch s et aus
vôr daem Gsicht, laß se falla vôr daem
Gsicht! Machs mit en en dr Zeit von
daem Zôrn.

Zom Vrgleicha: *Vers 23:* Lk 23,34.

Drohreda ond ihre Folga: 19 1 – 20 6

19 So håt JAHWE gsprocha: Gang
ond kaof an irdena Kruag, nå
nemmst a paar von de Älteste aus am
Volk ond da Ältesta von de Priaster
mit, [2]ond nå gôhst d naus ens Tal Ben-
Hinnom am Aegang vom Scherbatôr,
ond sell vrkündigst d des, was i zo dr sag.
[3]Ond du sollst saga: Horchat auf s Wort
von JAHWE, ihr König von Juda ond
ihr Aewohner von Jerusalem! So spricht
JAHWE Zebaot, dr Gott (Elohey) von
Israel: Guck, i breng Oglück über den
Ort dåhanna, dass ama jeda, mô des hört,
d Ohra schellat. [4]Weil se me vrlassat ond
den Ort dåhanna vrfremdat hent, ond
andere Götter (Elohim) Raecheropfer
darbråcht hent, dia mô weders sia
selber, no ihre Vädr, no d König von
Juda kennt hent, ond se hent den Ort
då mit oschuldigam Blut vol gmacht.
[5]Für da Baal hent se Kulthöha baut, mô
se ihre Kender am Baal als Brandopfer
darbråcht hent, was i nia von en vrlangt
ond mô i gar nia ebbas drvo gsaed han
ond was mr et amål en da Senn komma
wär.
[6]Drom guck, Spruch von JAHWE, s
kommat Zeita, då hôeßt mr den Ort
nemme Tofet (Ofaplatz) oder Tal Ben-
Hinnom, sondern Mordtal! [7]Ond i werd
da Rat von Juda ond von Jerusalem an
dem Ort dåhanna vrhendera. I laß se
durch s Schwert falla vôr ihre Faend
ond durch dia, môn en nach am Leba
trachtat; ihre Leicha gib e de Vögel
onter am Hemmel ond am Wild em
Feld draußa zom Fraß. [8]Ond dui Stadt
dåhanna mach e zom Schrecka ond
zom Gspött. A Jeder, mô vorbeigôht,
vrschrickt ond duat über älle ihre Plåga
spotta. [9]I laß s so weit komma, dass se s
Flôesch von ihre Kender essat, ond oener
isst s Flôesch vom andera, en dr Angst
ond Drangsal, dene mô se ausgsetzt
send durch ihre Faend ond durch dia,
môn en nach am Leba trachtat. [10]Ond nå
haost d den Kruag zsema vôr de Aoga
von dene Männer, mô mit dr gangat.
[11]Ond nå sollst d zo nen saga: So spricht
JAHWE Zebaot: Genao so hao i des
Volk ond dui Stadt zsema, wia mr an
irdena Kruag zsema haot, dass mr an
nemme zsema bäbba kå. Ond em Tofet
muaß mr Daote beerdiga, weil sonst koe
Platz maeh då ischd zom Beerdiga. [12]So
mach e s mit dem Ort dåhanna, Spruch
von JAHWE, ond mit saene Aewohner,
dass dui Stadt am Tofet (Ofaplatz) gleich
ischd. [13]Ond d Häuser von Jerusalem ond
d Häuser von de König von Juda werat
oraen, wia dr Tofet, älle Häuser, mô
auf de Dächer Raecheropfer darbråcht
wôra send für s Sternaheer ond mô se
für fremde Götter Trankopfer ausgossa
hent.
[14]Mô nå dr Jeremia vom Tofet komma
ischd, môn an dr Herrgott (JAHWE)
nôgschickt ghet håt zom Profezeia,
ischd r en da Vôrhof vom Herrgott
(JAHWE) saem Haus ganga ond håt
zom ganza Volk gsaed: [15]So spricht

JAHWE Zebaot, dr Gott (Elohey) von
Israel: Guck, i ben komma, zom über
dui Stadt ond ihre Nebastädt des ganze
Ohael brenga, môn e ra ådroht han; weil
dia halsstärrig send ond et auf maene
Wort horchat.

20 Mô nå dr Priaster Paschhur, am
Immer sae Soh, ond Oberaufseher
em Herrgott (JAHWE) saem Haus,
ghört håt, was dr Jeremia profezeit håt,
[2]håt r an schlaga ond en da Block spanna
lassa, der mô am obera Benjamintôr em
Tempelhaus vom Herrgott (JAHWE)
gwea ischd. [3]Mô nå dr Paschhur da
Jeremia rausglassa håt aus am Block, håt
dr Jeremia zon am gsaed: Dr Herrgott
hôeßt de nemme Paschhur, sondern
„Schrecka vom ganza Omkraes“. [4]Weil:
So spricht JAHWE: Guck, i mach de
zom Schrecka für de selber ond für älle
daene Fraend, ond se werat falla durch s
Schwert von ihre Faend, ond du muaßt
s mit daene aegene Aoga mitåseha. Ond
ganz Juda gib e am König von Babel en
d Händ; der führt älle weg nach Babel
ond läßt se mit am Schwert zdaot haoa.
[5]Ond da ganza Schatz von dera Stadt
dåhanna ond ihr ganz Vrmöga ond ihre
Kostbarkaeta, ond älle Vôrrät von de
König von Juda gib e ihre Faend en d
Händ. Ond dia plünderat se aus ond
nemmat ällas mit ond brengats nach
Babel. [6]Aber du, Paschhur, ond älle
daene Hausgenossa, ihr gangat en d
Gfangaschaft; du kommst nach Babel
ond då stirbst d, sell wirst d beerdigt
mitsamt daene Fraend, dene mô da
vrloga gweissagt håsch.

Zom Vrgleicha: *Kap. 19 Vers 5-6:* 7,31-33 • *Vers 8:* 18,16 • *Vers 9:* Lev 26,29; Dtn 28,53 • *Vers 11:* 7,32 • *Vers 13:* 32,29 • *Kap. 20 Vers 3:* 20,10; 6,25; 46,5; 49,29; Ps 31,14.

S Profetaschicksal: 20 7-18

[7]Du håsch me überredat, JAHWE, ond
i han me überreda lassa; du bist mr z
stark gwea ond håsch me zwonga; i ben
a Lachnummer wôra äll Dag, a jeder
spottat über me. [8]So oft e ebbas sag, muaß
e schreia: Gwalt ond Onterdrückong
muaß e schreia, weil mr am Herrgott
(JAHWE) sae Wort da ganza Dag zor
Schand ond zom Spott wôra ischd. [9]Wann
e mr gsaed han: I denk oefach nemme
an an, ond i sag ao nex maeh en saem
Nâma, nå håt s en maem Herza brennt
wia Feuer en mr dren. I han me plågt,
dass e s aushalt, aber i han s et könna. [10]I
hör doch, wia se hentarom schwätzat,
grauahaft, rengsrom! – Zaegat an å! mir
zaegat an å! älle maene Fraend passat
auf, ob e ens Strauchla gråt: Vielleicht kå
mr an überreda, dass mr am beikommat,
nå rächat mr ons an am.

[11]Aber JAHWE ischd bei mr wian
a gewaltiger Held, drom strauchlat
maene Vrfolger ond könnat nex gega me
ausrichta. Se schämat sich, weil se koen
Erfolg hent. Ihr Schand ischd für emmer
ond wird et vrgessa. [12]Ond JAHWE
Zebaot prüaft da Gerechta auf Herz ond
Nicra. I därf dae Rache an en nå seha,
weil i maen Rechtsstreit dir åvrtraut
han. [13]Sengat JAHWE zor Ehr, preisat
JAHWE! der håt nämlich am Arma sae
Leba aus dr Gwalt von de Übeltäter
grettat. [14]Vrfluacht soll der Dag sae, an
dem mô i gebora ben, der Dag, an dem
me mae Muader auf d Welt bråcht håt,
der ischd et gsegnat. [15]Vrfluacht soll der
Må sae, der mô maem Vadr vrkündigt
håt: du håsch an Soh kriagt! Môn r
sich ao no drüber gfraet håt. [16]Dem
Dag soll s ganga wia dene Städt, mô dr
Herrgott (JAHWE) gnadalos vrnichtat
håt, ond s an et amål greut håt. Der
soll Klagegschrôe höra am Môrga ond
Kriagsgschrôe am Mittag, [17]weil r me et
glei em Muaderleib ombråcht håt, dass
mr mae Muader zom Grab wôra wär
ond se auf ewig schwanger blieba wär.
[18]Wårom bloß ben aus maener Muader

ihram Schoß rauskomma, dass e Müahsal ond Gram mit åseha muaß, dass maene Däg en Schand vrganga send.

Zom Vrgleicha: *Vers 12:* 11,30 • *Vers 14:* Ijob 3,1-12; Jer 15,10.

Dr Åfang von dr Belagerong von Jerusalem: 21 1-10

21 Des Wort von JAHWE ischd an da Jeremia erganga, mô dr König Zidkija da Paschhur, am Malkija saen Soh, ond da Priaster Zefanja, am Maaseja saen Soh, zon am gschickt ond am ausrichta lassa hât: [2]Fråg doch für ons da Herrgott (JAHWE), dr König Nebukadnezzar von Babel führt nämlich Kriag gega ons. Vielleicht duat JAHWE für ons oena von saene Wondertata, ond r gôht fort von ons. [3]Nå hât dr Jeremia gsaed: Richtat am Zidkija aus: [4]So spricht JAHWE, dr Gott (Elohey) von Israel: Guck, i laß d Kriagsgerät en eure Händ sich gega euch dreha, mit dene mô ihr gega da König von Babel ond gega d Chaldäer kämpfat, dia mô euch belagerat außerhalb von dr Stadtmauer, ond hol se älle mitanander en d Stadt rae. [5]Ond i selber will gega euch kämpfa mit dr ausgstreckta Hâd ond mit am starka Arm, ond mit ama grimmiga Zôrn. [6]Ond i schlag d Aewohner von dera Stadt dåhanna, Mensch ond Vieh. An ra graoßa Pest werat se sterba. [7]Ond drnåch, Spruch von JAHWE; gib e da Zidkija, da König von Juda ond sae ganza Dienerschaft ond s Volk ond dia, mô übrig blieba send en dr Stadt, von dr Pest, vom Schwert, vom Honger, en d Gwalt vom König Nebukadnezzar von Babel ond en d Händ von ihre Faend, ond en d Händ von dene, mô en ans Leba wöllat. Ond der schlägt se mit am scharfa Schwert, der macht sich erbarmongslos über se her ond vrschont koen, ond Mitleid hât der schao gar et.
[8]Ond zo dem Volk dåhanna sollst d saga: So spricht JAHWE: I gib euch da Weg zom Leba ond da Weg zom Daot vôr. [9]Wer en dera Stadt bleibt, der stirbt durch s Schwert ond durch Honger ond Pest; ond der, mô nausgôht ond zo de Chaldäer überlaoft, dia mô euch belagerat, der bleibt am Leba, ond sae Leba bleibt am als Beute. [10]I han mae Gsicht zom Baesa ond et zom Guata auf dui Stadt grichtat, Spruch von JAHWE, am König von Babel wird se en d Händ geba, ond der vrbrennt se mit Feuer.

Zom Vrgleicha: *Vers 9:* 38,2.

D Botschaft an d Regierong: 21 11-14

[11]Ond zom Haus vom König von Juda: Horchat auf s Wort von JAHWE, [12]Haus vom David! So spricht JAHWE: Richtat am Môrga nach am Recht ond rettat den, mô ausgraobt wôra ischd aus dr Gwalt von saem Onterdrücker, dass mae Zôrn et ausbricht wia Feuer ond se vrbrennt ond koener då ischd, mô se löscht, wega eure Schlechtigkaeta. [13]Guck, i komm zo dir, dui mô en dr Talmulde em Felsagebirge über dr Ebene wohnt, Spruch von JAHWE! dia, mô sagat: Wer will gega ons rakomma? Ond wer soll schao en onsere Häuser raekomma? [14]I will euch hoemsuacha nach dr Frucht von eure Tata, Spruch von JAHWE, ond i zünd euch å mit Feuer en euram Wald, ond des frisst de ganz Omgebong auf!

Zom Vrgleicha: *Vers 12:* 22,3; 4,4 • *Vers 14:* 50,22.

S Drohwort em Königspalast: 22 1-9

22 So hât JAHWE gsprocha: Gang na ens Haus vom König von Juda ond sag am des Wort, [2]ond sag: Horch auf s Wort von JAHWE, König von Juda, du, der mô auf am Thron vom David sitzt, du ond daene Diener ond dae Volk, des mô durch dia Stadttôr raegôht: [3]So spricht JAHWE: Sôrgat für Recht ond Gerechtigkaet, ond helfat dem, mô ausplünderat wôra ischd aus

dr Gwalt von saem Onterdrücker; ond d
Fremdleng, d Wôesa ond d Witwa sollat
r et onterdrücka, ond vrgiaßat mr koe
oschuldigs Bluat an dem Ort dåhanna!
4Wann r euch an des Wort haltat ond
drnåch dent, nå werat durch d Tôr von
dem Haus König Aezug halta, dia mô
auf am Thron vom David sitzat, mit
Wäga ond Rösser, sia selber ond ihre
Diener ond ihr Volk. 5Wann r aber et auf
des Wort då horcha wöllat, i schwör s bei
mir selber, Spruch von JAHWE, nå wird
des Haus dåhanna zom Trümmerhaufa.
6So spricht JAHWE über s Königshaus
von Juda: A Gilead bist du für mi, dr
Haoptgipfel vom Libanon, wann et, nå
mach e de zor Wüste, zo obewohnbare
Städt. 7Ond i weih gega de Vrderber, an
jeda mit saene Waffa ond Gerätschafta,
dia holzat dr daene schönste Zedera ab
ond schmeisat se ens Feuer. 8Ond viele
Völker werat an dera Stadt dåhanna
vorbei ganga ond anander fråga: Wårom
håt dr Herrgott (JAHWE) so ebbas
dao mit dera graoßa Stadt dåhanna?
9Nå werat se saga: Weil se da Bund
mit JAHWE, ihram Gott (Eloheyhem)
vrlassa ond sich andere Götter (Elohim)
onterwôrfa ond en deant hent!

Zom Vrgleicha: *Vers 3:* 21,12 • *Vers 4:* 17,25.

Gega da Schallum: 22 10-12

10Heulat et om an Daota, ond trauerat et
om an! Heulat liaber ganz bitterlich om
den, der mô fort müaßa håt, der kommt
nämlich nemme zrück, der sieht sae
Hoemat nemme. 11So spricht Gott (El)
JAHWE über da Schallum, am Joschija
saen Soh, da König von Juda, der mô
dr Nåchfolger von saem Vadr Joschija
ischd, ond wegganga müaßa håt von
dem Ort dåhanna, dass der nia maeh
dåhanna her zrückkommt. 12Weil der an
dem Ort, mô mr an nô vrschleppt håt,
stirbt ond des Land dåhanna nia maeh
wieder sieht.

Gega da Jojakim: 22 13-19

13O Waehdag dem, der mô sae Haus
et en Gerechtigkaet baut ond saene
Gemächer durch Orecht, der mô saen
Mitmenscha omasonst schaffa lässt
ond am saen Loh et auszahlt! 14der mô
sich saed: I bau mr a graoß Haus mit
viel Platz en de Zemmer, ond r macht
viele Fenster nae ond täferat ällas
aus mit Zedernholz ond lässt ällas en
Mennigraot ausmåla. 15Bist d wega dem
König wôra, dass da mit Zedern protza
kåsch? Håt dae Vadr et ao gessa ond
tronka, aber der håt ao für Recht ond
Gerechtigkaet gsôrgt? Ond s ischd am
guat ganga drbei. 16Der håt ao de Arme
ond Schwache zo ihram Recht vrholfa.
Hôeßt des et mi erkenna? Spruch von
JAHWE. 17Aber daene Aoga ond dae
Herz send bloß auf daen aegena Vôrtôel
aus, ond send gierig, oschuldigs Bluat
zom vrgießa, ond auf Onterdrückong
ond d Leut ausquetscha. 18Drom so
spricht JAHWE über da Jojakim, da
Soh vom Joschija, da König von Juda:
Dir heult koener nåch ond saed: Ach,
mae Bruader ond ach, mae Schwester!
Koener heult dr nåch ond saed: Ach,
onser Herr! Ach, saene Majestät! 19Wia
an Esel, so vrgrabt mr an. Mr schlôeft
an naus ond schmeißt an vôr d Stadttôr
von Jerusalem naus.

Zom Vrgleicha: *Vers 13:* Mi 3,10; Lev 19,13 • *Vers 17:* 2Kö 24,1-4 • *Vers 18:* 34,5 • *Vers 19:* 36,30.

Dr Fall von Jerusalem: 22 20-23

20Steig nauf auf da Libanon ond schrei!
Ond em Baschan laß dae Stemm höra.
Ond schrei vom Abarim, dass älle
daene Fraend gfalla send! 21I han dr
zuagredat, mô da no sicher sae könna
håsch; aber du håsch gsaed: des will
e gar et höra! Des ischd dae Art gwea
von Jugend å, weil da nia auf me höra
wölla håsch. 22Älle daene Hirta wird dr
Wend wôeda, ond daene Fraend müaßat

fort en d Gfangaschaft. Nå muaßt d de
schäma ond gôhst z grond wega daene
ganze Boshaftigkaeta. [23]Du wohnst auf
am Libanon ond håsch de en de Zedera
aegnistat. Wia mågst du jåmera, wann d
Schmerza über de kommat, wia d Weha
über oena, mô a Kendle kriagt.

Gega da Jojachin: 22 24-30
[24]So wåhr i leb, Spruch von JAHWE,
selbst wann dr Jojachin, dr Soh vom
Jojakim, dr König von Juda, a Siegelreng
an maener Rechta wär, i dät de rareißa.
[25]I gib de dene en d Händ, mô dr ans
Leba wöllat, ond en d Händ von dene,
vôr dene mô du Angst håsch, ond
en d Händ vom Nebukadnezzar, am
König von Babel, ond en d Händ von
de Chaldäer. [26]I schmeiß de mitsamt
daener Muader, mô de auf d Welt bråcht
håt, en a anders Land, môn r et gebora
send, ond sell werat r sterba. [27]Aber
en des Land, mô se gern zrückkomma
däte, kommat dia nia maeh. [28]Ischd denn
der Må, dr Jojachin, so a erbärmlicha
Flasch, mô neamerd maeh måg? Wårom
wird der fortgschmissa, er selber ond
sae Nåchkommaschaft, en a Land, des
mô se et kennat? [29]O Land, Land, Land,
horch auf s Wort von JAHWE! [30]So
spricht JAHWE: Schreibat den Må auf
als kenderlos, als an Må, der mô saener
Lebdag koe Glück ghet håt, selbst saene
Nåchkomma werat s et schaffa, dass
oener von en auf da Thron vom David
kommt ond wieder über Juda zom
herrscha!

Zom Vrgleicha: *Vers 24:* 2Kö 24,8-16.

Dr Davidssproß: 23 1-8
23 Gnad dene Hirta, dia mô d
Herda von maener Wôed zgrond
ganga lassat, dass se ausanander laofat!
Spruch von JAHWE. [2]Drom so spricht
JAHWE, dr Gott (Elohey) von Israel
über dia Hirta, mô mae Volk wôedat:
Ihr selber hent mae Herde vrstraet ond
ausanander trieba ond euch nemme
drom kümmerat. Guckat, i suach an
euch eure boshafte Tata hoem, Spruch
von JAHWE. [3]Ond i selber sammle
da Rest von maener Herde aus älle
Länder, môn e se nô vrstoßa han, ond
breng se wieder auf ihre Wôeda; då
sollat se fruchtbar sae ond sich wieder
vrmehra. [4]Nå setz e Hirta über se ae, dia
mô se wôedat, dass se koe Angst maeh
han brauchat, ond nemme vrschrecka
müaßat ond koes von en vrmißt wird,
Spruch von JAHWE.
[5]Guck, s kommat Däg, Spruch von
JAHWE, då will i am David an gerechta
Sproß aufwecka; der soll als König
herrscha ond weise regiera ond für Recht
ond Gerechtigkaet sôrga em Land. [6]En
saener Zeit wird Juda befreit, ond Israel
kå sicher leba, ond des ischd dr Nåma,
mit dem se an ruafa werat: JAHWE
– onser Gerechtigkaet! [7]Drom guckat,
s kommat Zeita, Spruch von JAHWE,
då saed mr nemme: „So wåhr JAHWE
lebt, der mô Israel aus am Land Ägypten
rausgholt håt“. [8]Sondern: So wåhr
JAHWE lebt, der mô d Nåchkomma
vom Haus Israel raufgführt håt vom
Land em Norda, ond von älle Länder,
môn e se nô vrstraet han. Ond se sollat
wieder en ihram aegena Land wohna.

Zom Vrgleicha: *Vers 1:* 10,21 • *Vers 4:* 3,15 • *Vers 5-6:* 33,15f; Jes 16,5; 32,1; Sach 3,8 • *Vers 7-8:* 16,14f.

Gega de falsche Profeta: 23 9-32
[9]Über d Profeta: Mir bricht s Herz
en dr Brust, ällas an mr zitterat; i ben
wia bsoffa, wia oener, dem mô dr Wae
en da Kopf gstiega ischd, em Blick auf
da Herrgott (JAHWE) ond sae haeligs
Wort. [10]Des Land ischd nämlich voler
Ehebruch, wega am Fluach vrdôrrat
s Land, ond send d Wôeda en dr
Steppe austricknat. Ihr Weg ischd

baes, ond d Aufrichtigkaet ischd ao et ihr Stärke. 11 Ao d Profeta ond Priaster send gwissalos, sogar en maem Haus fend e ihr Schlechtigkaet, Spruch von JAHWE.

12 Drom soll en ihr Weg zom glitschiga Pfad wera, en d Finsternis werat se nausgstoßa ond rutschat aus ond haglat nô. I breng Ohael über se em Jåhr von dr Hoemsuachong, Spruch von JAHWE. 13 Ond bei de Profeta en Samaria han e widerwärtige Sacha gseha, dia hent em Nåma vom Baal gweissagt ond mae Volk Israel en d Irre gführt. 14 Aber bei de Profeta en Jerusalem han e grauahafte Sacha gseha: Dia brechat d Ehe ond send Lugabeutel, ond se onterstützat d Übeltäter, dass se et omkehrat von ihrer Schlechtigkaet. Dia send für mi wia Sodom ond Gomorra. 15 Drom spricht JAHWE Zebaot über d Profeta: Guckat, i laß euch Wermuat essa ond giftigs Wasser trenka, weil sich von de Profeta en Jerusalem d Gottlosigkaet über s ganze Land ausbrôetat håt.

16 So spricht JAHWE Zebaot: Horchat et auf dia Profeta, dia mô euch weissagat! Dia schmierat euch Honig oms Maul ond faslat von Visiona, mô se sich selber ausdenkt hent, aber se redat et em Auftrag vom Herrgott (JAHWE). 17 Dia sagat zo dene, mô mae Wort vrachtat: JAHWE håt gsaed: Frieda soll bei euch sae! Ond zo jedam, mô en saener Starrköpfigkaet vrharrt, sagat se: S kommt koe Übel über euch! 18 Jå, wer von dene håt denn an vrtraulicha Omgang mit JAHWE ond håt Aesicht, weil r sae Wort hört? Wer håt aufpasst ond auf sae Wort ghorcht? 19 Guckat, a Sturm fährt vom Herrgott (JAHWE) saener Zôrngluat aus ond a Wirbelsturm fegt de Frevler über d Köpf weg. 20 Am Herrgott (JAHWE) sae Zôrn hört et auf, bis r dao håt, was r sich vôrgnomma håt. Des werat r am End von de Däg vrstanda. 21 I han dia Profeta et ausgschickt, sondern sia selber ond oenaweg laofat se; i han et zo nen gsprocha, aber dia weissagat oenaweg. 22 Wann dia doch an vrtraulicha Omgang mit mr hättat ond no drfür sorga däte, dass mae Volk auf maene Wort horcht, ond se zor Abkehr von ihram baesa Weg ond ihre schlechte Tata bewega däte.

23 Ben i denn bloß a Gott (Elohey) en dr Nähe, Spruch von JAHWE, ond et ao en dr Ferne? 24 Könnt sich ao a Må vrstecka, ond i könnt an et seha? Spruch von JAHWE! ben et i s, der mô da Hemmel ond d Erde ausfüllt? Spruch von JAHWE.

25 I han ghört, was dia Profeta vrzapfat, mô en maem Nåma vrloga weissagat ond behaoptat: I han an Traom ghet, mir håt s traemt! 26 Wia lang no soll des ganga? Hent dia tatsächlich ebbas em Senn, dia Profeta, mô Lugena weissagat ond ihr Zeugs, mô se sich selber ausdenkt hent? 27 dia mô moenat, se könnte mit ihre Traem, mô se anander vrzählat, maen Nåma bei maem Volk vrgessa lassa, so, wia ihre Vädr da Nåma vom Baal vrgessa hent. 28 Der Profet, mô an Traom ghet håt, der vrzählt halt an Traom, ond der, mô mae Wort håt, der soll mae Wort wahrhaftig weitersaga. Was håt s Straoh mit am Wôeza zom doa? Spruch von JAHWE.

29 *Ischd mae Wort et wia Feuer, ond wian a Hammer, der mô Felsa zsemaschmetterat?* 30 Drom gang i jetzt gega d Profeta, Spruch von JAHWE, dia, mô anander maene Wort stehlat! 31 Guck, i gang an dia Profeta, Spruch von JAHWE, dia mô ihr ôegena Zong brauchat, zom Sprüch macha. 32 Guck, i gang gega dia Profeta, mô mit ihre vrlogene Traem weissagat, Spruch von JAHWE, dia vrzählat ihre Traem ond vrführat mae Volk mit ihre Lugena ond ihram domma Gschwätz. Aber i han dia et rausgsuacht ond en ao koen Auftrag

geba, ond se hent für des Volk koen Nutza, Spruch von JAHWE.

Zom Vrgleicha: *Vers 10:* 12,4; Jes 24,6 • *Vers 15:* 9,14 • *Vers 16:* 14,14 • *Vers 18:* Jes 40,13; 1Kö 22,19-23 • *Vers 19-20:* 30,23f.

D Last vom Herrgott: 23 33-40

33Ond wann de des Volk dåhanna, oder
a Profet oder a Priaster frågt: Was håt
s mit dr Last vom Herrgott (JAHWE)
auf sich? Nå sollst d zo nen saga: Ihr
selber send dui Last, ond i will euch
abwerfa, Spruch von JAHWE. 34Ond
sei s dr Profet oder dr Priaster oder
s Volk, jeder, mô saed: „A Last von
JAHWE“, den will i hoemsuacha samt
saem Haus. 35So soll a jeder zo saem
Nåchber ond a jeder zo saem Bruader
saga: Was håt dr Herrgott (JAHWE) für
a Antwort geba, ond was håt JAHWE
gsaed? 36Aber des Wort „Lastspruch von
JAHWE“ sollat ihr et saga, weil sonst
jedam Må sae aeges Wort zor Last wird,
ond weil ihr s Wort vom lebendiga Gott
(Elohim), JAHWE Zebaot, onseram
Gott (Eloheynu) vrdreht hent. 37So soll
mr zom Profeta saga: Was für a Antwort
håt dr dr Herrgott (JAHWE) geba, ond
was håt JAHWE gsprocha? 38Wann
ihr aber von dr Last vom Herrgott
(JAHWE) schwätzat, håt dr Herrgott
(JAHWE) drüber gsaed: Weil ihr des
Wort „Lastspruch von JAHWE“ emmer
wieder sagat, obwohl i zo euch gschickt
han zom euch ausrichta: Ihr sollat et
saga: „Lastspruch von JAHWE“, 39drom
lupf e euch ond schmeiß euch ond dui
Stadt, môn e euch ond eure Vädr geba
han, weg aus maene Aoga, 40ond i leg
a ewiga Schand auf euch ond a ewiga
Schmach, mô mr nemme vrgessa soll!

Zom Vrgleicha: *Vers 40:* 20,11.

Zwôe Kretta mit Feiga: 24 1-10

24 JAHWE håt me a Gsicht seha
lassa: Då send zwôe Kretta mit
Feiga vôr am Tempel von JAHWE
gstanda. Des ischd gwea, nachdem dr
König Nebukadnezzar von Babel da
Jojachin, am Jojakim saen Soh, da König
von Juda ond d Amtsleut von Juda
ond da Schmied ond da Schlosser von
Jerusalem vrschleppt ond nach Babel
bråcht hent. 2Em oena Kretta send guate
Feiga gwea, a früha Sort ond em andera
Kretta send ganz liadrige Feiga gwea, dia
håt mr et essa könna, so liadrig send dia
gwea. 3Ond JAHWE håt zo mr gsprocha:
Was siehst d, Jeremia? Ond I han gsaed:
Feiga! De guate Feiga send richtig guat,
ond de schlechte send so liadrig, dass mr
s et amål essa kå. 4Nå ischd s Wort von
JAHWE an me erganga ond håt gsaed:
5So spricht JAHWE, dr Gott (Elohey)
von Israel: Wia auf dia guate Feiga, so
erkenn i dia Vrbannte aus Juda, môn
e von dem Ort dåhanna ens Land von
de Chaldäer gschickt han, em Guata å.
6I richte maene Aoga em Guata auf se.
Ond i laß dia zrückkomma en des Land
då, ond will se aufbaua ond et vrnichta,
se aepflanza ond et rausreißa. 7Ond i
will en a Herz geba, des mô se erkenna
läßt, dass i, JAHWE, dr Herr ben. Se
sollat mae Volk sae, ond will für se då
sae als ihr Gott (Elohim), wann se von
ganzam Herza zo mr zrück kommat.
8Aber wia de schlechte Feiga, dia mô so
liadrig send, dass mr s et essa kå, Spruch
von JAHWE, so will i mit am Zidkija,
am König von Juda omganga, mit saene
Amtsleut ond am Rest von Jerusalem,
mit dene, mô em Land übrig blieba
send, ond mit dene, mô en Ägypten
wohnat. 9I mach se zom Schreckbild
für älle Königreich auf dr ganza Erde,
zo Schempf ond Schand, zom Gspött
ond Fluach an älle Ort, môn e se no
vrstoß. 10I schick s Schwert gega se, da
Honger ond d Pest, bis se von dem
Land vrschwonda send, des môn e ihre
Vädr geba han.

Zom Vrgleicha: *Vers 1:* 2Kö 24,14-16 • *Vers 6:* 1,10; 31,28 • *Vers 7:* 31,33; 30,22; Lev 26,12; Dtn 26,17f • *Vers 8:* 29,17 • *Vers 9:* 15,4.

S drohende Exil: 25 1-14

25 Des Wort, des mô em vierta Jåhr vom Jojakim, am Soh vom Joschija, am König von Juda, ond em ersta Jåhr vom König Nebukadnezzar von Babel an da Jeremia erganga ischd, [2]ond des dr Jeremia zom ganza Volk Juda ond zo älle Aewohner von Jerusalem gsaed håt: [3]Seit am dreizehnta Jåhr vom Joschija, am Amon saem Soh, am König von Juda, bis zom haetiga Dag, also dreiazwanzg Jåhr lang ischd s Wort von JAHWE an mi erganga. Ond i han s euch weitergeba ohne dass e müad wôra wär, aber ihr hent et ghört. [4]Ond dr Herrgott (JAHWE) håt emmer wieder saene Diener zo euch gschickt, d Profeta. Aber ihr hent et ghört ond koe Ohr für an ghet zom horcha. [5]I han emmer wieder gsaed: Kehrat doch om von euram baesa Weg ond eure schlechte Tata, dass r wohna bleiba därfat en dem Land, des mô dr Herrgott (JAHWE) euch ond eure Vadr geba håt für emmer! [6]Ond sauat et andere Götter (Elohim) hentadrae zom en deana ond euch dene zom onterwerfa, ond raezat me et zom Zôrn durch dia Machwerk von eure Händ, dass e euch nex baes ådoa muaß. [7]Aber ihr hent et auf me ghört, Spruch von JAHWE, ond me zom Zôrn graezt durch d Machwerk von eure Händ, zo euram aegena Oglück. [8]Drom, so spricht JAHWE Zebaot: Weil ihr auf maene Wort nex geba hent, [9]guck, drom hol e älle Sippschafta vom Norda, Spruch von JAHWE, ond laß zom König Nebukadnezzar von Babel, maem Knecht, schicka, ond laß se über des Land dåhanna komma ond über älle, mô dren wohnat, ond über älle Völker dromrom. I vrnichte se, ond mach se zom Schreckbild ond zom Gspött ond zom Trümmerhaufa für emmer. [10]I laß älle Liader von Fraed ond Wonne vrschwenda, ond d Stemm vom Bräutigam ond von dr Braut. Da Ton von dr Mühle ond s Licht aus de Lampa. [11]Ond des ganze Land dåhanna wird zor Wüste, ond dia Volksstämm müßat am König von Babel siebzg Jåhr lang deana. [12]Wann dia siebzg Jåhr nå rom send, nå will i, Spruch von JAHWE, am König von Babel ond an saem Volk ihr Schuld hoemsuacha, ao am Land von de Chaldäer, ond s für emmer zor Wüste macha. [13]Ond i laß über des Land ällas komma, was e åkündigt han, ällas, was en dem Buach gschrieba stôht, was dr Jeremia über dia Völker profezeit håt. [14]Dia werat nämlich ao mächtige Völker ond graoße König deana müaßa. ond i vrgilt en nach ihre Werk ond nach dem, was se dao hent mit ihre Händ.

Zom Vrgleicha: *Vers 1:* 36,1 • *Vers 4:* 11,7; 26,5; 44,4 • *Vers 10:* 7,34 • *Vers 12:* 29,10 • *Vers 14:* 27,7.

D AELAETONG ZO DE GERICHTSWORT ÜBER D VÖLKER: 25 15-38

Dr Zôrnbecher für d Völker: 25 15-19

[15]So håt JAHWE, dr Gott (Elohey) von Israel gsprocha: Nemm den Becher mit dem Zôrnwae dåhanna aus maener Håd, ond laß älle Volksstämm draus trenka, zo dene môn e de schick. [16]Dass se trenkat ond romtôrklat ond en Panik ausbrechat vôr am Schwert, des môn i zwischa se schick! [17]Ond i han den Becher aus dr Håd vom Herrgott (JAHWE) gnomma

ond han älle Volksstämm draus trenka
lassa, zo dene, mô me dr Herrgott
(JAHWE) nôgschickt håt: [18]Jerusalem
ond d Städt en Juda, ond ihre König ond
Amtsleut, zom se zor Wüste macha, zom
Schreckbild ond zom Gspött ond zom
Fluach, wia s haet no ischd, [19]da Pharao,
da König von Ägypten, saene Höfleng
ond saene Fürsta, ond saem ganza Volk
[20]ond am ganza Völkergemisch ond älle
König vom Land Uz ond älle König
vom Philisterland ond Aschkelon
ond Gaza ond Ekron ond de Rest
von Aschdod, [21]Edom, Moab ond d
Ammoniter, [22]älle König von Tyrus, älle
König von Sidon ond d König von de
Insla jenseits vom Meer, [23]Dedan, Tema,
Bus ond älle, mô gstutzte Håår hent,
[24]älle König von Arabien ond älle König
von dene Mischvölker, mô en dr Wüste
lebat, [25]älle König von Simri, von Elam
ond Medien, [26]ao älle König von de
Nordvölker, dia en dr Nähe ond dia en
dr Ferne, oen nach am andera, ond älle
Königreich, mô auf am Erdboda send;
ao dr König von Scheschach (Babel) soll
nach en trenka. [27]Sag zo nen: So spricht
JAHWE Zebaot, dr Gott (Elohey)
von Israel: Trenkat ond werat bsoffa,
ond kotzat ond haglat nô ond standat
nemme auf vôr dem Schwert, des môn
e zwischa euch naeschickt! [28]Ond
wann se den Becher aus daener Håd et
ånemma wöllat zom trenka, nå saesch
d zo nen: So spricht JAHWE Zebaot:
Ihr kommat oms Trenka et rom! [29]Weil
guckat: En dera Stadt, über dera mae
Nåma ausgruafa ischd, fang e å mit am
Ohael, ond ihr moenat, an euch dät d
Stråf vorbei ganga? Noe, ihr bleibat
et ogstråft; i ruaf nämlich s Schwert
über älle Erdabewohner, Spruch von
JAHWE Zebaot.

Zom Vrgleicha: *Vers 17:* Jes 51,17.

S Gericht über d Völker: 25 30-38

[30]Aber du sollst en des ällas profezeia
ond zo nen saga: JAHWE schreit aus
dr Höhe, aus dr Wohnong en saem
Haeligtom ond lässt sae Stemm ganz
laut höra, mr hörts en dr ganza Gegend.
Wia oener, mô d Kelter tritt, sengt r an
Fraedagsang über älle Erdabewohner.
[31]Mr hört s bis an d Enda von dr Erde, dr
Herrgott (JAHWE) führt an Rechtsstreit
mit älle Völker. R hält Gericht über de
ganz Menschhaet. De Gottlose geit r am
Schwert preis, Spruch von JAHWE.
[32]So spricht JAHWE Zebaot: Guckat, s
Ohael gôht von Volk zo Volk, a graoßer
Sturm bricht aus von de Grenza von dr
Erde. [33]Ond dia, mô vôr am Herrgott
(JAHWE) gfalla send, liegat von oem
End von dr Erde bis zom andera.
Neamerd klagt om se ond se werat et
amål aegsammlat ond ao et beerdigt.
Dia werat zo Dong auf am Ackerboda.
[34]Heulat, ihr Hirta, schreiat ond warglat
auf am Boda rom, ihr Herra über d
Herda. Eure Däg send zählt, môn r
gmetzgat werat ond falla müaßat ond
vrsprengt werat. Nå fahrat r ausanander
wian a kostbarer Kruag. [35]Nå geits koe
Fluchtmöglichkaet maeh für d Hirta,
ond d Herra von dr Herde kommat
ao nemme drvo! [36]Horch! Wia d Hirta
schreiat ond d Herra von dr Herde
heulat, weil dr Herrgott (JAHWE) ihre
Woeda hegmacht håt. [37]Vrdôrrat send
dia friedliche Aoalandschafta vôr am
Herrgott (JAHWE) saener Zôrngluat.
[38]Der kommt aus saem Busch raus
wian a Löwe; ihr Land ischd zo ama
Schreckbild wôra durch sae gewaltigs
Schwert ond durch sae Zôrngluat.

Zom Vrgleicha: *Vers 30:* Ps 29; Joel 4,16; Am 1,2
• *Vers 33:* 9,21.

GERICHTSWORT ÜBER ISRAEL OND JUDA: 26 1 – 29 32

D Tempelred: 26 1-19

26 Am Åfang von dr Regierongszeit
vom Jojakim, am Soh vom
Joschija, am König von Juda, ischd s
Wort von JAHWE erganga: 2So spricht
JAHWE: Tritt em Hof vom Herrgott
(JAHWE) saem Haus auf ond sag zo
älle Judäer, dia mô zom Åbeta ens Haus
vom Herrgott (JAHWE) kommat, ällas,
was i de ågwiesa han zom en saga; ond
då sollst du koe Wort drvo weglassa!
3Vielleicht horchat se ond kehrat om, a
jeder von saem schlechta Weg, dass me s
Ohael reua könnt, môn e mr vôrgnomma
han, dass e s über se komma lassa will
wega ihre oguate Tata. 4Ond sag en:
So spricht JAHWE: Wann r et auf me
horchat ond et nach maene Åweisonga
lebat, môn e euch geba han, 5wann r
et auf d Wort von maene Knecht, de
Profeta horchat, dia môn i emmer wieder
zo euch gschickt han, 6nå mach e s mit
dem Haus wia mit Schilo, ond mach
dui Stadt dåhanna zom Fluachwort bei
älle Erdavölker. 7Ond d Priaster ond d
Profeta ond s ganze Volk hent zuaghört,
mô dr Jeremia dia Wort em Herrgott
(JAHWE) saem Haus vôrtraga håt.
8Mô nå dr Jeremia mit saener Red fertig
gwea ischd ond ällas gsaed ghet håt, was
an JAHWE ghôeßa håt zom am Volk
ausrichta, hent an dia Priaster ond d
Profeta ond s Volk packt ond gsaed: Du
muaßt sterba! 9Wia kommst du drzua,
zom em Herrgott (JAHWE) saem
Nåma zom profezeia: Dem Haus dät s
ganga wia Schilo, ond dui Stadt dåhanna
dät zor Wüste wera, dass neamerd maeh
dren wohna könnt? Ond s ganze Volk
håt sich gega da Jeremia em Herrgott
(JAHWE) saem Haus vrsammlat. 10Ond
mô d Amtsleut von Juda des ghört hent,
send se vom Königspalast naufganga
ans Haus vom Herrgott (JAHWE),
ond se send am Aegang vom neua
Tôr von JAHWE nôgsessa. 11Ond dia
Priaster ond d Profeta hent zo dene
Amtsleut ond zom Volk gsaed: Der
Må dåhanna håt da Daot vrdeant, weil
r gega onser Stadt gweissagt håt, wian
r s mit eure aegene Ohra ghört hent!
12Nå håt dr Jeremia zo dene Amtsleut
ond zom ganza Volk gsprocha ond
gsaed: JAHWE håt me gschickt, zom
über des Haus då ond über dui Stadt
dåhanna ällas des zom profezeia, was
r ghört hent. 13Jetzt machat doch eure
Weg ond eure Tata guat ond horchat
auf d Stemm von JAHWE, euram Gott
(Eloheykem), dass sich's JAHWE reua
lässt wega dem Ohael, des môn r euch
åkündigt håt. 14Ond i, guckat, i ben
doch en eurer Gwalt, machat mit mr,
was euch guat ond recht dünkt. 15Bloß,
des sollat r wissa: Wann r mi ombrengat,
nå brengat r oschuldigs Bluat über euch
selber ond über de ganz Stadt ond auf
ihre Aewohner. JAHWE håt me nämlich
wirklich zo euch gschickt, zom euch älle
dia Wort en d Ohra saga. 16Nå hent dia
Amtsleut ond s ganze Volk gsaed: Der
Må dåhanna håt et da Daot vrdeant, der
håt nämlich tatsächlich em Nåma von
JAHWE, onseram Gott (Eloheynu) zo
ons gsprocha! 17Nå send no a paar von de
Älteste aus am Land aufgstanda ond hent
zor ganza Volksvrsammlong gsprocha:
18En dr Zeit vom König Hiskija von Juda
håt dr Micha von Moreschet profezeit
ond zom ganza Volk von Juda gsaed: So
spricht JAHWE Zebaot: Zion wird zom
Acker brachat, ond Jerusalem wird zom
Trümmerhaufa, ond dr Tempelberg
wird vom Wald überwucherat. 19Håt an
dr König Hiskija von Juda ond s Volk
von Juda vielleicht deswega ombråcht?

Håt mr då et a Ehrfucht vôr JAHWE
ghet ond am Herrgott (JAHWE) saen
Zôrn besänftigt, dass JAHWE sich des
Ohael håt reua lassa, môn r en åkündigt
ghet håt? Ond mir dätat so a graoßa
Schuld auf ons lada?

Zom Vrgleicha: *Vers 1-19:* • 7,1-15 • *Vers 5:* 25,4 • *Vers 6:* 7,12; 9,10 • *Vers 13:* 7,3 • *Vers 18:* Mi 3,12.

Dr Profet Urija wird ombråcht:
26 20-24

[20]Jetzt ischd då nômål a Må gwea, der
mô em Nåma von JAHWE gweissagt
håt, dr Urija, am Schemaja sae Soh, aus
Kirjat-Jearim. Ond der håt gega dui
Stadt dåhanna gweissagt ond über des
Land, genao so wia dr Jeremia. [21]Mô nå
dr König Jojakim ond saene Kriagsleut
ond d Amtsleut saene Wort ghört
hent, håt am dr König ans Leba wölla.
Des håt dr Urija ghört, ond r håt s mit
dr Angst zom doa kriagt ond r ischd
abghaoa nach Ägypten. [22]Nå håt dr
König Jojakim Männer nach Ägypten
gschickt. Da Elnatan, am Achbor saen
Soh ond no a paar Manna. [23]Dia hent da
Urija rausgholt aus Ägypten ond hent
an zom König Jojakim bråcht. Der håt
an mit am Schwert ombråcht ond saen
Leichnåm en d Gräber vom oefacha Volk
schmeißa lassa. [24]Aber dr Achikam, am
Schafan sae Soh håt da Jeremia gschützt,
ond mr håt an et am Volk ausglieferat,
des mô an ombrenga wölla håt.

S Joch von Babel: 27 1-22

27 Gega Åfang vom Jojakim, am
Soh vom Joschija, am König
von Juda saener Regierongszeit, ischd
des Wort von JAHWE an da Jeremia
erganga: [2]So håt JAHWE zo mr gsaed:
Mach dr aus Bänder ond Stanga a Joch
ond leg dr s auf da Nacka! [3]Ond nå
schickst d se zom König von Edom ond
zom König von Moab ond zom König
von de Ammoniter ond zom König
von Tyrus ond zom König von Sidon
durch dia Bota, mô zom König Zidkija,
am König von Juda, nach Jerusalem
komma send. [4]Gib en da Auftrag, se
solle ihre Herra ausrichta: So spricht
JAHWE Zebaot, dr Gott (Elohey) von
Israel: Des sollat ihr zo eure Herra saga:
[5]I selber ben s, der mo d Erde gschaffa
håt, ond da Menscha ond s Vieh, mô auf
am Erdboda durch mae graoßa Kraft
ond maen ausgstreckta Arm lebt, ond
i han s dene geba, mô en maene Aoga
rechtschaffa gwea send. [6]Ond jetzt gib i
älle dia Länder dåhanna maem Knecht,
am König Nebukadnezzar von Babel
en d Händ. Ao s Wild em Feld draußa
han e am geba, dass s am deant. [7]Ond
älle Volksstämm müaßat ehm ond saem
Soh ond saem Enkel deana, bis ao für
sae Land d Zeit kommt, dass se starke
Völker ond graoße König denstbar
werat. [8]Ond des Volk ond Königreich,
mô am König Nebukadnezzar von
Babel et deana will, ond saen Nacka et
onter s Joch vom König von Babel füaga
will, so a Volk will e hoemsuacha mit am
Schwert, mit Honger ond Pest, Spruch
von JAHWE, ond s schliaßlich en saene
Händ ausliefera. [9]Ond ihr, ihr därfat et
auf eure Profeta horcha ond auf dia, mô
euch wahrsagat ond euch ihre Traem
vrzählat, ond auf dia, mô euch Zaeche
deutat ond Zaoberei treibat ond zo
euch sagat: Ihr brauchat am König von
Babel et deana! [10]Dia lüagat nämlich,
wann se euch weissagat, ond se wöllat
euch von euram Boda weghan; i han
euch nämlich vrstoßa, dass r zgrond
gangat. [11]Ond der Volksstamm, der mô
saen Nacka onter s Joch vom König von
Babel füagt ond am deant, den lass e auf
saem Boda, Spruch von JAHWE, dass r
an åbaut ond r därf drauf bleiba! [12]Ond
zom König Zidkija von Juda han e s
Gleiche gsaed: Füagat euran Nacka am
Joch vom König von Babel ond deanat

am ond saem Volk, nå bleibat r am Leba. [13]Wårom willst d mitsamt daem Volk durch s Schwert, durch Honger ond Pest omkomma, wia s JAHWE dem Volk ådroht håt, des mo am König von Babel et deana will. [14]Horchat et auf dene Profeta ihr Gschwätz, dia mo zo euch sagat: Ihr brauchat am König von Babel et deana. Dia lüagat nämlich mit ihrer Weissagerei! [15]I han dia nämlich gar et gschickt, Spruch von JAHWE, dia weissagat nämlich falsch en maem Nåma; drom vrstoß i euch ond ihr müaßat zgrond ganga, ihr selber ond dia Profeta, mô euch weissagat! [16]Ond zo de Priaster ond zom ganza Volk han e gsaed: So spricht JAHWE: Horchat et auf d Reda von eure Profeta, dia mô euch weissagat: Guckat, dia ganze Gerätschafta vom Herrgott (JAHWE) saem Haus werat bald wieder von Babel zrück bråcht! S ischd ällas vrloga, was se euch weissagat! [17]Horchat et auf se! Deanat am König von Babel, nå bleibat r am Leba! Wårom soll mr denn dui Stadt dåhanna zom Trümmerhaufa macha? [18]Wann se tatsächlich Profeta send ond en s Wort von JAHWE geba ischd, nå sollat se doch JAHWE Zebaot dränga, dass dia Gerätschafta, mô no em Herrgott (JAHWE) saem Haus ond em Palast vom König von Juda übrig blieba send, et ao no von Jerusalem nach Babel bråcht werat. [19]Weil, so spricht JAHWE Zebaot über dia Säula ond übers Volk ond über dia Fahrgstell (vom Meer) ond über da Rest von dene Gerätschafta, mô no en dera Stadt dåhanna blieba send, [20]dia mô dr König Nebukadnezzar von Babel et mitgnomma håt, môn r da Jojachin, am Jojakim saen Soh, da König von Juda, von Jerusalem nach Babel vrschleppt håt mitsamt älle Fürsta von Juda ond Jerusalem. [21]Weil, so spricht JAHWE Zebaot, dr Gott (Elohey) von Israel, über dia Gerätschafta mô no em Herrgott (JAHWE) saem Haus ond em Palast vom König von Juda ond en Jerusalem blieba send: [22]Nach Babel sollat se bråcht wera ond sell bleiba bis an den Dag, môn e se hoemsuach, Spruch von JAHWE, ond i se wieder an den Ort dåhanna zrück komma lass.

Zom Vrgleicha: *Vers 2:* 28,10 • *Vers 5:* 32,17 • *Vers 9:* 14,13f • *Vers 14:* 14,14; 29,8f • *Vers 19:* 2Kö 25,13-17 • *Vers 22:* Esra 1,7-11.

Dr falsche Profet Hananja: 28 1-17

28 Ond s ischd om de gleich Zeit am Åfang von dr Regierongszeit vom Zidkija, am König von Juda, em fenfta Monat vom vierta Jåhr gwea, då håt dr Profet Hananja von Gibeon, dr Soh vom Assur, em Herrgott (JAHWE) saem Haus, en Gegawart von de Priaster ond vom ganza Volk zom Jeremia gsaed: [2]So spricht JAHWE Zebaot, dr Gott (Elohey) von Israel: I brich s Joch vom König von Babel ausanander! [3]Ennerhalb von zwôe Jåhr breng i älle Gerätschafta vom Herrgott (JAHWE) saem Haus zrück, dia mô dr König Nebukadnezzar von Babel von dem Ort dåhanna weggnomma ond nach Babel brenga lassa håt. [4]Ao da Jojachin, am Jojakim saen Soh, da König von Juda ond älle Vrschleppte aus Juda, mô nach Babel komma send, breng i wieder zrück an den Ort dåhanna, Spruch von JAHWE, i brich nämlich s Joch vom König von Babel ausanander! [5]Ond dr Profet Jeremia håt am Profeta Hananja zor Antwort geba ond en Gegawart von de Priaster ond am ganza Volk, des mô em Herrgott (JAHWE) saem Haus gstanda ischd, [6]also dr Profet Jeremia håt gsaed: Guat, solls dr Herrgott (JAHWE) so macha! JAHWE soll dae Wort wåhr wera lassa, mô da gweissagt håsch, ond dia Gerätschafta aus am Herrgott (JAHWE) saem Haus ond älle Vrbannte von Babel an den Ort dåhanna zrück brenga! [7]Aber hör des Wort, des môn e dir ond am ganza Volk en d Ohra sag: [8]Dia Profeta mô vôr mir ond vôr dir gwea send von Urzeita her, dia hent über viele Länder ond graoße Königreich gweissagt von Kriag, von Honger ond Pest. [9]Aber an Profeta, der mô von Frieda weissagt håt, kennt mr da drå, dass sae Wort aetrifft, ond nå wôeß mr, dass an JAHWE tatsächlich gschickt håt. [10]Nå håt dr Profet Hananja des Joch vom Jeremia saem Nacka gnomma ond s ausananderbrocha. [11]Ond dr Hananja håt vôr am ganza Volk gsaed: So spricht JAHWE: So nemm i en zwôe Jåhr s Joch vom König Nebukadnezzar von Babel älle Völker vom Nacka ond brich s ausananander. Nå ischd dr Profet Jeremia saen Weg ônganga.

[12]Ond s Wort von JAHWE ischd an da Jeremia erganga, nachdem dr Profet Hananja des Joch vom Nacka vom Profeta Jeremia ausananander brocha håt, ond håt gsaed: [13]Gang zom Hananja ond sag am: So spricht JAHWE: A Joch aus Holz håsch du ausananderbrocha; statt dem muaßt d jetzt oes aus Eise macha! [14]So spricht JAHWE Zebaot, dr Gott (Elohey) von Israel: A eiserns Joch leg i älle dene Völker auf da Nacka, dass se am König Nebukadnezzar von Babel deanat, ond se müaßat am deana! Ond ao s Wild em Feld draußa gib e am. [15]Ond dr Profet Jeremia håt zom Profeta Hananja gsaed: Horch her, Hananja! Di håt JAHWE et gschickt; aber du håsch des Volk dåhanna drzua vrführt, dass se sich auf Lugena vrlassat. [16]Drom, so spricht JAHWE: Guck, i schick de weg vom Erdboda; no en dem Jåhr bist du a Leich, weil da Aufruhr predigt håsch gega JAHWE)! [17]Ond dr Profet Hananja ischd em selbiga Jåhr em siebta Monat gstôrba.

Zom Vrgleicha: *Vers 9:* Dtn 18,21f • *Vers 10:* 27,2.

Dr Briaf an de Vrbannte: 29 1-23

29 Ond des ischd dr Wortlaut von dem Briaf, mô dr Profet Jeremia von Jerusalem aus an da Rest von de Älteste von de Vrbannte gschickt håt ond an d Priaster ond Profeta ond s ganze Volk, mô dr Nebukadnezzar von Jerusalem nach Babel vrschleppt håt. [2]Des ischd gwea, mô dr König Jojachin ond d Königin ond d Höfleng ond Amtsleut von Juda ond Jerusalem ond d Schmied ond d Schlosser von Jerusalem wegzoga send. [3]Am Elasa, am Soh vom Schafan, ond am Gemarja, am Hilkija saem Soh, dia mô dr Zidkija, dr König von Juda zom König Nebukadnezzar nach Babel gschickt håt, håt r den Briaf nach Babel mitgeba. Ond des ischd dren gstanda: [4]So spricht JAHWE Zebaot, dr Gott (Elohey) von Israel zo älle Vrschleppte, mô i von Jerusalem nach Babel brenga lassa han: [5]Bauat Häuser ond wohnat dren, pflanzat Gärta å ond essat ihre Frücht! [6]Nemmat Fraoa ond zeugat Söh ond Töchter! Ond nemmat für eure Söh Fraoa ond gebat eure Töchter an Männer, dass se Kender auf d Welt brengat, ond vrmehrat euch sell, dass r et weniger werat! [7]*Kümmerat euch oms s Wohl von dera Stadt, môn e euch nôgführt han, ond betat für se zom Herrgott (JAHWE), dene ihr Wohl ischd nämlich ao euer Wohl.* [8]So spricht JAHWE Zebaot, dr Gott (Elohey) von Israel: Lassat euch et täuscha von dene Profeta, mô bei euch send, ond von eure Wahrsager; horchat ao et auf dene ihre Traem; [9]dia vrzählat euch jå doch bloß lauter Lugena en maem Nåma. I han dia nämlich et gschickt, Spruch von JAHWE. [10]Weil, so spricht JAHWE: Erst wann siebzg Jåhr für Babel rom send, will e nach euch gucka. Nå will e mae Vrsprecha wåhr macha ond euch wieder an den Ort dåhanna zrück brenga. [11]*I wôeß nämlich, was e für Plän*

mit euch han, Spruch von JAHWE, Plän für an Frieda ond et zom Ohael, dass e euch a Zuakonft gib ond a Hoffnong!
12Ond wann r me åruafat ond zo mr betat, nå will e euch erhöra. 13Ond wann r me suachat, nå sollat r me ao fenda, ond wann r von ganzam Herza nach mr frågat, 14nå will e me von euch fenda lassa, Spruch von JAHWE, I wend euer Schicksal ond sammle euch aus älle Völker ond von älle Örter, môn e euch nôvrstoßa han, Spruch von JAHWE, ond laß euch zrück komma an den Ort, von dem, môn e euch vrschleppa lassa han. 15Wann r sagat, JAHWE håt ao en Babel Profeta für ons auftreta lassa, 16weil, so håt JAHWE zo dem König gsprocha, der mô auf am David saem Thron sitzt, ond zom ganza Volk, mô en dera Stadt då ischd, zo eure Brüader, mô et mit euch en d Vrbannong ganga send, 17So spricht JAHWE Zebaot: Guck, i schick s Schwert onter se, da Honger ond d Pest, ond i mach se wia dia schlechte Feiga, mô mr et essa kå. 18I vrfolg se mit Schwert ond Honger ond Pest, ond mach se zom Schreckbild für älle Königreich auf am Erdboda, zom Fluachwort ond zom Gspött ond zom Hohn von älle Völker, mô i sell nô vrstoßa han. 19Weil se et auf mae Wort ghorcht hent, Spruch von JAHWE, des môn e durch maene Knecht, d Profeta emmer wieder zo nen gschickt han, ond mô ihr et drauf ghört hent, Spruch von JAHWE. 20Aber ihr hörat jetzt s Wort von JAHWE, ihr Vrbannte älle, dia mô i von Jerusalem nach Babel gschickt han: 21So spricht JAHWE Zebaot, dr Gott (Elohey) von Israel, über da Ahab, da Soh vom Kolaja, ond über da Zidkija, da Soh vom Maaseja, dia mô euch en maem Nåma Lugena gweissagt hent: Guckat, i liefere se am König Nebukadnezzar von Babel aus, der lässt se vôr eure Aoga abschlachta. 22Nå nemmt mr ihran Nåma als Fluachwort für älle Vrbannte aus Juda en Babel ond saed: JAHWE soll de macha wia da Zidkija ond da Ahab, dia mô dr König von Babel em Feuer gröstat håt, 23weil se en Israel Schandtata beganga hent, ond weil se mit de Fraoa von ihre Nåchber Ehebruch trieba hent, ond weil se en maem Nåma Sacha gsaed hent, mô i se et ghôeßa han; des wôeß i ond ben Zeuge drfür, Spruch von JAHWE.

Zom Vrgleicha: *Vers 2:* 24,1; 2Kö 24,14f • *Vers 8:* 14,14 • *Vers 10:* 25,11-13 • *Vers 13-14:* Dtn 4,29 • *Vers 17-18:* 24,8-10 • *Vers 19:* 25,4.

Drohwort gega da Schemaja: 29 24-32

24Ond zom Schemaja aus Nehelam saesch d: 25So spricht JAHWE Zebaot, dr Gott (Elohey) von Israel: Für des, dass da en daem aegena Nåma Briaf ans Volk von Jerusalem ond an da Priaster Zefanja, da Soh vom Maaseja, ond an älle Priaster gschrieba ond behaoptat håsch: 26JAHWE håt me als Priaster aegsetzt an dr Stell vom Priaster Jojada, zom als Aufseher em Herrgott (JAHWE) saem Haus drauf achta, dass sich et a jeder Vrrückte als Priaster aufspiela kå, ond dass da an en da Block ond ens Halseise legst. 27Wia kommt s nå, dass da gega da Jeremia von Anatot et aegriffa håsch, der mô sich bei euch als Profet aufgspielt håt? 28Deswega håt r ao zo ons nach Babel gschickt ond ausrichta lassa: S daurat no lang! Bauat Häuser ond wohnat dren, ond pflanzat Gärta å ond essat ihre Frücht!
29Ond dr Priaster Zefanja håt ons den Briaf vom Profeta Jeremia vôrglesa. 30Nå ischd an da Jeremia s Wort von JAHWE erganga: 31Schick an älle Vrbannte dui Botschaft: So spricht JAHWE über da Schemaja aus Nehelam: Weil dr Schemaja für euch gweissagt håt, den mô i gar et gschickt han, ond euch so vrführt håt, dass r euch auf Lugena vrlassa hent,

[32]drom spricht JAHWE: Guck, i suach da Schemaja von Nehelam ond saene Nåchkomma hoem: Koener von de Saenige soll en dem Volk wohna bleiba ond des Glück seha, des mô i an maem Volk doa will, Spruch von JAHWE, weil r Aufruhr predigt håt gega JAHWE.

Zom Vrgleicha: *Vers 31:* 28,15 • *Vers 32:* 28,16.

D TROSTSCHRIFT: 30 1 – 31 40

D Rettong von Israel ond Juda: 30 1-11

30 Des Wort ischd an da Jeremia von JAHWE erganga: [2]So spricht JAHWE, dr Gott (Elohey) von Israel: Schreib ällas, was e dr gsaed han, en a Buach. [3]Guck, s kommat nämlich Zeita, Spruch von JAHWE, då will i s Schicksal von maem Volk Israel ond Juda wenda, Spruch von JAHWE. Nå laß e se zrückkomma en des Land, môn e ihre Vädr geba han, dass se s wieder en Besitz nemmat. [4]Ond des send dia Wort, mô dr Herrgott (JAHWE) über Israel ond Juda gsprocha håt.

[5]Jå, so spricht JAHWE: Angstgschrôe he'mr ghört ond Schrecka, bloß koe Frieda. [6]Frågat doch ond guckat, ob a Må schao amål a Kendle kriagt håt? Wårom muaß e nå dia tapfere Manna mit de Händ auf de Hüfta seha wia oena, mô a Kendle kriagt? Ond se laofat rom mit leichablasse Gsichter? [7]Gnad euch! Graoß ischd der Dag, so håt s no koen geba! a Naotzeit ischd des für da Jakob, aber r wird draus grettat! [8]An dem Dag gschiehts, Spruch von JAHWE Zebaot, då brich e des Joch auf saem Nacka ausananander; ond i vrreiß daene Fessla, ond s geit koe Knechtschaft maeh onter Fremde. [9]Nå deanat se JAHWE, ihram Gott (Eloheyhem), ond am David, ihram König, den mô i für se aufstanda laß. [10]Aber du, mae Knecht Jakob, brauchst koe Angst et han, Spruch von JAHWE, ond Israel braucht et muatlos sae! Weil, guck, i befrei de aus dr Ferne ond daene Nåchkomma aus dem Land, mô se gfanga send. Ond dr Jakob därf hoem komma ond en Ruha a sôrglos Leba han, ond nex soll an vrschrecka. [11]I ben nämlich mit dr, Spruch von JAHWE, zom de retta. I will nämlich älle dia Völker vrnichta, zo dene, môn e de vrstraet han. Bloß di will e et vrnichta, aber i stråf de nach am richtiga Maß, weil, ogstråft kon e de et drvo komma lassa.

Zom Vrgleicha: *Vers 3:* 29,14 • *Vers 7:* Zef 1,14f • *Vers 9:* 23,5 • *Vers 10:* 46,27f • *Vers 11:* 1,8.19; 10,24; 46,28.

Hôelong für d Wonda: 30 12-17

[12]So spricht JAHWE: Ohaelbar ischd dae Schada, ond tödlich ischd dae Wond! [13]Neamerd vrschafft dr dae Recht. Für dae Gschwür geits koe Hôelong. [14]Daene Fraend hent de älle vrgessa ond koener frågt maeh nach dr, weil i de wian a Faend gschlaga han mit grausame Züchtigonga, wega daener graoßa Schuld ond wega daene viele Sünda. [15]Was schreist d wega daem Schada ond wega daem ohaelbara Leida? Wega daener graoßa Schuld ond wega daene viele Sünda han dr i des ådao. [16]Drom sollat älle, mô di fressat, gfressa wera, ond älle, mô di onterdrückt hent, müaßat en d Gfangaschaft ganga! Ond dia, mô di ausgraeberat hent, werat selber zom Raobguat, ond daene Plünderer gib e selber dr Plünderong preis. [17]I laß Hôelong aufkomma bei dr, ond daene Wonda will e ao wieder vrhôela lassa, Spruch von JAHWE, weil mr di, Zion, „d Vrstoßena“ ghôeßa håt, ond weil

koener maeh nach dr gfrågt håt.

Zom Vrgleicha: *Vers 12:* 10,19; 14,17; 15,18 • *Vers 16:* 2,3; 8,16; 50,7 • *Vers 17:* 33,6.

D Wiederherstellong vom Volk:

30 18 – 31 1

18 So spricht JAHWE: Guckat, i will s Schicksal vom Jakob saene Zelt romdreha ond me über saene Wohnonga vrbarma. Ond d Stadt wird auf ihram Trümmerhaufa wieder aufbaut, ond dr Palast stôht nå wieder auf saem richtiga Platz. 19 Ond Lobliader ond Musik von Spielleut hört von sell. Ond i will se vrmehra, dass se nemme weniger werat. Ond i vrschaff en Ehr ond Åseha, dass se nemme so greng dåstandat. 20 Ond saene Söh sollat sae wia früher, ond sae Gemaende soll vôr mir gründat sae. Aber saene Onterdrücker will e älle hoemsuacha. 21 Sae Machthaber ond Herrscher kommt aus saener Mitte, ond i laß an näher komma, dass r vôr me nôtreta därf. Wer könnt sonst sae Herz vrpfända, dass r vôr mi nôtreta därf? Spruch von JAHWE!

22 Ond ihr sollat mae Volk sae, ond i selber will für euch als Gott (Elohim) dă sae! 23 Guck, a Sturm gôht mit ra Gluat von JAHWE aus, a Sturm, mô ällas mitreißt, fegt über d Köpf von de Frevler weg. 24 Am Herrgott (JAHWE) sae Zôrngluat hert et auf, bis r ällas dao håt, was r sich en saem Herza vôrgnomma håt. Am End von de Zeita werat r s erkenna.

31 En dera Zeit, Spruch von JAHWE, werd i då sae als Gott (Elohim) für älle Stämm von Israel, ond sia selber werat mir zom Volk.

Zom Vrgleicha: *Kap. 30 Vers 22:* 24,7; Lev 26,12; Dtn 26,17f • *Vers 23:* 23,19f • *Kap. 31 Vers 1:* 7,23; 11,4; 24,7; 30,22.

D Hoemkehr von älle Vrsprengte:

31 2-14

2 So spricht JAHWE: Gnade håt en dr Wüste a Volk gfonda, des mô drvokomma ischd vôr am Schwert. Israel gôht, zom sich beruhiga. 3 Von fern her ischd am JAHWE erschiena: Mit ewiger Liebe han i de möga! Drom han e de en Liebe an me zoga. 4 I bau de wieder auf, du wirst ganz neu aufbaut, Jungfrao Israel! Du därfst de wieder mit daene Handtrommla zaega ond em Raega mit dene auszieha, mô spielat. 5 Du därfst wieder Wengert ålega em Bergland von Samarien. Wer då ebbas åpflanzt, der därf ao saene Frücht geniaßa. 6 S kommt nämlich a Dag, då schreiat d Wächter auf de Berg von Efraim: Laß ons nach Zion ganga, zo JAHWE, onseram Gott (Eloheynu)! 7 Weil, so håt JAHWE gsprocha: Jublat am Jakob voler Fraed zua ond jauchzgat am Haopt von älle Völker! Vrkündigat, lobpreisat ond sagat: Rette, o JAHWE, dae Volk, da Rest von Israel! 8 Guckat, i laß se komma aus am Land em Norda ond sammle se von de Enda von dr Erde. Blende, Låhme, Schwangere ond Gebärende send då drbei, zsema mit dr graoßa Vrsammlong kommat se dåhanna her zruck. 9 Heulend werat se komma ond onter Fleha; i laß se an Wasserbächla ganga auf am grada Weg, mô se et strauchla werat, i ben nämlich dr Vadr von Israel, ond Efraim ischd mae Erstleng.

10 Horchat auf s Wort von JAHWE, ihr Stämm, ond vrkündigats bis en de fernste Küstaländer, ond sagat: Der, mô Israel ausanandergstraet håt, der sammlat s ao wieder ae ond hüatat s wian a Hirt sae Herde. 11 Dr Herrgott (JAHWE) håt nämlich da Jakob erlöst ond an befreit aus de Händ vom a Starka. 12 Ond se werat komma ond auf am Zion jubiliera ond strahla vôr Fraed über da Sega vom Herrgott (JAHWE), über s Korn ond da Wae ond s Öl ond über s Kloevieh ond s Vieh. Ond ihr Leba ischd wian a

guat mit Wasser vrsôrgter Garta, ond se brauchat nemme schmachta. [13]Nå fraeat sich d Mädla beim Raega, ond jonge Männer ond Greis mitanander send fröhlich, ond i will ihr Trauer en Wonne vrwandla. I will se trösta ond sich fraea lassa nach ihram Kummer. [14]Ond i will d Seela von de Priaster mit fett zfrieda macha, ond mae Volk soll satt wera von maem Sega, Spruch von JAHWE.

Zom Vrgleicha: *Vers 9:* 50,4.

Dr Trost durch s Hoemkomma: 31 15-22

[15]So spricht JAHWE: Horch! En Rama hört mr Klaga, d Rahel heult ganz bitterlich om ihre Kender ond will sich et trösta lassa, weil ihre Kender nemme då send. [16]So spricht JAHWE: Halt dae Stemm zrück vom Klaga ond daene Aoga von de Träna, Spruch von JAHWE, s geit nämlich an Loh für daene Bemühonga, Spruch von JAHWE, se därfat nämlich zrück komma aus am Land vom Faend. [17]S geit a Hoffnong für daene Nåchkomma, Spruch von JAHWE, daene Söh kommat zrück en ihr Hoemat. [18]I hör wohl, wia sich Efraim beklagt: Du håsch me züchtigt, ond i ben züchtig wôra wian a Kälble, des mô no et abgrichtat ischd! laß me zrück komma, dass e omkehra kå, weil du selber, JAHWE, bist doch mae Gott (Elohey). [19]Jå, nach maener Omkehr han e bereut; ond môn e zor Aesicht komma ben, klopf e mr selber an d Brust. I schäm me ond ben ganz vrzagt, weil e d Schand von maener Jugend traga muaß. [20]Ischd mir Efraim denn so a teurer Soh, oder sogar a sotter Wonnepfropfa? Weil, so oft e am ao droht han, i muaß emmer an an denka. S dreht mr s Herz em Leib rom, aber i muaß me über an vrbarma, Spruch von JAHWE! [21]Stell Markstoe für de auf! Mach dr Wegzaeche! Richte dae Herz auf dui Stråß, auf den Weg, mô da ganga bist! Kehr om, Jungfrao Israel, komm zrück en daene Städt dåhanna. [22]Wia lang willst d no hin ond her laofa, du abtrünniga Tochter? Dr Herrgott (JAHWE) schafft ebbas Neus auf dr Erde. A weiblichs Wesa omfängt an Må.

Zom Vrgleicha: *Vers 15:* Mt 2,18 • *Vers 20:* Hos 11,8.

D Segensvrhaeßong: 31 23-30

[23]So spricht JAHWE Zebaot, dr Gott (Elohey) von Israel: Wann i em Land Juda ond en saene Städt ihr Schicksal romdreht han, nå werat se wieder saga: Dr Herrgott (JAHWE) soll de segna, du Land dr Gerechtigkaet, du haeliger Berg! [24]Ond se werat älle dren wohna, Juda ond älle saene Städt mitanander, d Landleut ond d Nomada. [25]I gib nämlich de matte Seela zom Trenka ond laß dia, mô am vrschmachta send, satt wera. [26]Då drüber ben e aufgwacht, ond môn e guckt han, ischd des a ågnehmer Schlåf gwea. [27]Guckat, s werat Zeita komma, Spruch von JAHWE, då sä i über s Haus Israel ond übers Haus Juda a Saat von Menscha ond a Saat von Vieh. [28]Ond wian e über se gwacht han zom rausreißa ond areißa, zom hemacha ond vrderba ond waeh doa, so will e über se wacha zom pflanza ond aufbaua, Spruch von JAHWE! [29]En dene Däg werat se nemme saga: „D Vädr hent saure Trauba gessa, ond de Kender send d Zäh drvo stompf wôra“, [30]sondern a jeder muaß für sae aegena Schuld sterba; ond ama jeda, mô saure Trauba isst, sollat saene aegene Zäh stompf wora.

Zom Vrgleicha: *Vers 28:* 1,10; 24,6 • *Vers 29:* Ez 18,2.

Dr neue Bund: 31 31-34

[31]Guck, s kommat Zeita, Spruch von JAHWE, då schliaß i mit am Haus Israel ond mit am Haus Juda an neua

Bund. [32]Et wia der Bund gwea ischd, den môn e mit ihre Vädr gschlossa han, môn e se an dr Håd gnomma han, zom se aus am Land Ägypten raushola, den mô se selber brocha hent, obwohl i als ihr Herr bei nen gwea ben, Spruch von JAHWE. [33]Jå, des soll der Bund sae, den mô i mit am Haus Israel schliaßa will nach dera Zeit, Spruch von JAHWE: I gib maene Weisonga en ihr Ennersts nae, ond en ihr Herz schreib e s nae! ond i ben für se då als ihr Gott (Elohim), ond sia selber send mir a Volk! [34]Ond se müaßat anander nemme belehra ond saga: Erkennat JAHWE! weil nå älle mi erkennat, ågfanga beim Kloensta bis zom Graeßta, Spruch von JAHWE! Weil en i ihr Schuld vrzeih, ond an ihre Sünda nemme denka will.

Zom Vrgleicha: *Vers 31-34:* Hebr 8,8-12 • *Vers 33:* Hebr 10,16f; Jer 31,1 • *Vers 34:* 33,8; Rö 11,27.

S ovrgängliche Hael: 31 35-40

[35]So spricht JAHWE, der mô d Sonne zom Licht bestimmt håt für da Dag, ond da Mond ond d Stern als Licht bei Nacht, der mô s Meer aufbrausa lässt, dass saene Woga rauschat, JAHWE Zebaot ischd sae Nåma: [36]Wann dia Ordnonga dåhanna jemåls vrschwenda dätat vôr mir, Spruch von JAHWE, nå dätat ao d Nåchkomma von Israel aufhera, vôr mir a Volksstamm zom sae für älle Zeita. [37]So spricht JAHWE: Wa'mr da Hemmel von oba her ausgmessa könnt ond mr d Grondfesta von dr Erde erforscha könnt, nå dät i älle Nåchkomma von Israel vrwerfa wega dem, was se dao hent, Spruch von JAHWE. [38]Guckat, s kommat Zeita, Spruch von JAHWE, då wird d Stadt für da Herrgott (JAHWE) wieder aufbaut, vom Hananel saem Wohnturm bis zom Ecktôr. [39]Ond d Messschnur gôht weiter gradaus bis an da Hügel Gareb ond dreht nach Goa zua. [40]Ond s Leichatal ond von dr Fettäscha ond älle Äcker bis an da Bach Kidron bis ans Eck vom Rosstôr em Osta send für s Haeligtom für da Herrgott (JAHWE). Des wird nia maeh zrstört ond nia maeh agrissa für emmer.

Zom Vrgleicha: *Vers 35:* Gen 1,14-18 • *Vers 36:* 33,20.25f.

HAELSBOTSCHAFTA: 32 1 – 35 19

Dr Ackerkaof en dr Naotzeit: 32 1-44

32 Des Wort von JAHWE ischd an da Jeremia em zehnta Jåhr vom König Zidkija von Juda ond em achtzehnta Jåhr vom Nebukadnezzar erganga. [2]Selligsmål håt a Heer vom König von Babel Jerusalem belagerat. Dr Profet Jeremia ischd em Wachthof gfanga gwea, der mô beim Königspalast von Juda gwea ischd. [3]Sell håt an dr König Zidkija von Juda aegsperrt, als Grond håt r ågeba: Wia kommst du drzua zom weissaga: So spricht JAHWE: I gib dui Stadt dåhanna am König von Babel en d Händ, ond der nemmt se ae; [4]ond dr König Zidkija von Juda kommt vôr de Chaldäer ao et drvo, sondern r fällt am König von Babel en d Händ, dass r von Mund zo Mund ond Aog en Aog mit am redat. [5]Ond der lässt da Zidkija nach Babel ganga, ond då bleibt r, bis an i hoemsuach, Spruch von JAHWE; wann ihr gega d Chaldäer kämpfat, werat r et gwenna. [6]Ond dr Jeremia håt gsaed: A Wort von JAHWE ischd an me erganga: [7]Guck, dr Hanamel, dr Soh von daem Onkel Schallum, wird zo dr komma ond saga: Kaof dr maen Acker, der mô en Anatot leit; weil s dir nach am Aelösongsrecht zuastôht, zom an kaofa. [8]Ond dr Hanamel, maem Onkel sae Soh, ischd ao zo mr en da Wachthof komma, wia s dr Herrgott (JAHWE) zo mr gsaed håt, ond håt zo mr gsaed: Kaof doch maen Acker en Anatot em Land Benjamin! Dir stôht s nämlich nach am Besitzrecht ond nach am Aelösongsrecht zua. Kaof dr n! Då ischd mr klar gwea, dass des am Herrgott (JAHWE) sae Wort gwea ischd. [9]Ond i han am Hanamel, am Soh von maem Onkel den Acker en Anatot akaoft ond han am siebzeah Silberschekel drfür nôglegt [10]I han da Kaofbriaf gschriaba ond an vrsieglat, ond i han am vôr Zeuga des Silber nôgwoga. [11]Nå han e den vrsieglata Kaofbriaf gnomma ond den offena, [12]ond han an am Baruch übergeba, am Soh vom Nerija ond Enkel vom Machseja, en Gegawart vom Hanamel, am Soh von maem Onkel, ond vôr dene Zeuga, dia mô da Kaofbriaf onterschrieba hent, ond en Gegawart von älle Judäer, mô grad em Wachthof gwea send. [13]Ond i han am Baruch vôr dene ihre Aoga da Auftrag geba: [14]So spricht JAHWE Zebaot, dr Gott (Elohey) von Israel: Nemm dia Briaf, den vrsieglata Kaofbriaf ond den offena Briaf, ond leg se en an Tonkruag, dass se lang erhalta bleibat. [15]Weil, so spricht JAHWE Zebaot, dr Gott (Elohey) von Israel: S werat wieder Häuser, Äcker ond Wengert kaoft en dem Land dåhanna. [16]Ond i han zo JAHWE gfleht, môn e den Kaofbriaf am Baruch, am Nerija saem Soh übergeba ghet han ond gsaed: [17]Ach, mae Herr, JAHWE! guck, du håsch selber Hemmel ond Erde gschaffa mit daener graoßa Kraft ond daem ausgstreckta Arm; dir ischd doch nex omöglich. [18]Du bist über tausende gnädig gsonna, ond doch zahlst d de Vädr ihr Schuld an de Nåchkomma hoem, du, dr Graoße ond Gewaltige, JAHWE Zebaot ischd dae Nåma! [19]Graoß an Rat ond reich an Tata, daene Aoga seahnat ällas, was auf de Menschaweg gschieht, zom jedam nach saene Tata vrgelta, wian r s vrdeant håt. [20]Du håsch Zaeche ond Wonder dao em Land Ägypten bis an den Dag dåhanna, an Israel ond an dr ganza Menschhaet, ond håsch dr so an Nåma gmacht, wia mr s haet sieht. [21]Du håsch dae Volk Israel mit Zaeche ond Wonder ond mit starker Håd ond ausgstrecktam Arm ond graoße Schrecka aus am Land Ägypten rausgholt [22]ond en des Land dåhanna geba, wia da s ihre Vädr gschwora håsch, dass da s en geba willst, a Land, mô Milch ond Honig dren fliaßt. [23]Ond se send komma ond hent s en Besitz gnomma. Aber se hent et auf dae Stemm ghorcht ond hent et nach daene Weisonga glebt; ällas, was du se ågwiesa håsch, hent se et dao. Drom håsch du des ganze Oglück über se komma lassa. [24]Guck, d Belagerongswäll kommat schao bis an da Stadtrand her, zom d Stadt aenemma. Ond d Stadt ischd de Chaldäer en d Händ geba, dia mô gega se kämpfat; durch s Schwert, Honger ond d Pest; ällas, was du ådroht håsch ischd aetroffa, wia da siehst. [25]Ond nå saesch du, mae Herr, JAHWE, zo mir: Kaof dr den Acker om Silber ond nemm dr Zeuga drzua! Ond dui Stadt ischd de Chaldäer en d Händ geba! [26]Nå ischd s Wort von JAHWE an da Jeremia erganga ond håt gsaed: [27]Guck, i ben JAHWE, dr Gott (Elohey) von ällam was lebt! Sott mir vielleicht irgend ebbas omöglich sae? [28]Drom, so spricht JAHWE: Guck, i gib dui Stadt dåhanna de Chaldäer en d Händ ond en d Händ vom König Nebukadnezzar von Babel, ond der nemmt se ae. [29]Dia Chaldäer, mô gega dui Stadt kämpfat, kommat nae ond zündat d Stadt å ond facklat dia Häuser ab, mô mr auf de Dächer am Baal g'opferat ond für fremde Götter (Elohim) Trankopfer ausgossa håt, zom mi raeza. [30]D Israelita ond d Judäer hent schao emmer bloß des dao, was en maene Aoga baes ischd, von ihrer Jugend å. Jå, d Israelita hent me emmer bloß graezt mit ihre Machwerk aus ihre Händ, Spruch von JAHWE! [31]Jå, zo Zôrn ond Wuat håt mr dui Stadt dåhanna Ålaß geba von dem Dag å, mô se se baut hent, bis an da haetiga Dag, dass e se mr aus de Aoga schaff [32]wega dera ganza Schlechtigkaet von de Israelita ond Judäer, mit dene, mô se me graezt hent, sia selber, ihre König ond Amtsleut, ihre Priaster ond ihre Profeta, d Leut von Juda ond d Aewohner von Jerusalem. [33]Dia hent mr da Buckel nôgstreckt ond et s Gsicht. Ond obwohl i se emmer wieder belehrt han, hent se sich nex saga lassa ond hent ao koe Zucht ågnomma. [34]Dia hent ihre Scheusäler aufgstellt en dem Haus, über dem mae Nåma ausgruafa wôra ischd ond hent s vroraenigt. [35]Ond em Tal Ben-Hinnom hent se a Kulthöhe für da Baal baut ond hent ihre Kender durch s Feuer zom Moloch ganga lassa, was i nia von en vrlangt han, ond was mr gar nia en da Senn komma wär, dass se sotte Greueltata doa sottat, zom Juda zor Sünd vrlôeta. [36]Drom so spricht JAHWE, dr Gott (Elohey) von Israel, über dui Stadt, von dera mô ihr sagat, se sei durch s Schwert, durch Honger ond Pest am König von Babel preisgeba: [37]Guckat, i sammle se aus älle Länder, môn e se nôvrstoßa han en maem Zôrn ond Grimm ond en maener graoßa Enttäuschong, ond laß se zrück komma an den Ort dåhanna, ond i laß se sicher wohna. [38]Ond se werat mir zom Volk, ond i selber will für se då sae als ihr Gott (Elohim). [39]Ond i gib en a aenigs Herz ond an aeniga Weg: dass se äll Dag a Ehrfurcht vôr mr hent, für sia selber ond ihre Nåchkomma zom Hael. [40]I schliaß an ewiga Bund mit en, dass e me nia von en abwenda will, sondern en Guats doa will, ond d Ehrfurcht vôr mir leg e en ens Herz, dass se nemme von mr weichat. [41]S ischd mr a Fraed, en Guats zom doa, ond i pflanz se en des Land dåhanna ae en Treue, von ganzam Herza ond von ganzer Seel. [42]Weil, so spricht JAHWE: So, wian e über des Volk dåhanna des ganze graoße Ohael bråcht han, so will e ao des ganze Guate über se komma lassa, môn e en vrsprocha han. [43]Ond nå werat wieder Äcker kaoft en dem Land dåhanna, von dem, mô ihr selber sagat, des sei a Wüste, mô koe Mensch ond koe Vieh leba könnt, en de Händ von de Chaldäer. [44]Äcker soll mr wieder kaofa om Silber, d Kaofbriaf schreiba ond vrsiegla ond Zeuga drzua nemma em Land Benjamin ond em Omland von Jerusalem, en de Städt von Juda ond em Bergland, en de Städt en dr Niederong ond en de Städt vom Südland. Weil i ihr Schicksal omkehr, Spruch von JAHWE!“

Zom Vrgleicha: *Vers 2:* 2Kö 25,1f • *Vers 3-4:* 34,2f • *Vers 5:* 52,11 • *Vers 17:* 27,5 • *Vers 18:* Ex20,5f; 34,6f • *Vers 23:* Da 9,10-13 • *Vers 29:* 19,13• *Vers 32-33:* 2,26f • *Vers 34:* 7,30f; 19,5 • *Vers 8:* 18,16 • *Vers 38:* 31,1.33• *Vers 43:* 33,10; 32,25 • *Vers 44:* 29,14; 30,3; 33,7.

S neue Hael für Jerusalem ond Juda:

33 1-26

33 Ond s Wort von JAHWE ischd zom zwôeta Mål an da Jeremia erganga, während r no em Wachthof aegsperrt gwea ischd: [2]So spricht JAHWE, der mô ällas gmacht ond bildat håt, JAHWE ischd sae Nåma: [3]Ruaf me å, ond i gib dr Antwort, ond will dr graoße ond ofaßbare Sacha saga, von dene, mô du nex wôeßt. [4]Weil, so spricht JAHWE, dr Gott (Elohey) von Israel, über d Häuser von dera Stadt dåhanna ond über d Häuser von de König von Juda, mô mr agrissa håt für d Belagerongswäll ond Kriagsålaga,

5ond dia mr braucht håt em Kampf gega
d Chaldäer, ond zom se vol macha mit
Leicha von dene Menscha, mô i en maem
Zôrn ond Grimm gschlaga ond vôr dene
i mae Gsicht vrbôrga han wega ihre
Schandtata: 6Guck, i vrschaff dr Stadt
Haelong ond Lenderong, i will se gsond
macha ond en lauter Frieda ond Wåhrat
zuakomma lassa. 7I will s Schicksal von
Juda ond Jerusalem romdreha ond se
wieder aufbaua wia am Åfang. 8Ond i
will se raeniga von ihre Vrfehlonga, mit
dene, mô se sich gega me vrsündigt hent,
ond i will en ihre Sünda vrzeiha, mit
dene, mô se sich gega me vrsündigt ond
sich gega me aufgloehnt hent. 9Ond se
sollat mir zo ama Nåma dr Wonne ond
zom Ruhm ond zor Vrherrlichong wera
für älle Völker auf dr Erde, dia mô von
ällam Guata hörat, mô i an en doa will;
ond dia werat zittera ond beba wega
ällam dem Guata ond dem Hael, môn e
dene vrschaff. 10So spricht JAHWE: An
dem Ort dåhanna, von dem mô ihr sagat,
r sei vrödat ohne Mensch ond Vieh, en
de Städt von Juda ond en de Gassa von
Jerusalem, dia mô vrwüastat send ohne
Menscha ond ohne Vieh, 11då hört mr
wieder Jubel ond Jauchzga, da Jubel
vom Bräutigam ond von dr Braut, mö
sagat: Preisat JAHWE Zebaot; JAHWE
ischd fraendlich, ond sae Güate ischd
ewig! Ond von dene, mô ihr Dankopfer
ens Haus vom Herrgott (JAHWE)
brengat! I dreh nämlich s Schicksal von
dem Land rom, dass s wieder ischd wia
früher, Spruch von JAHWE!
12So spricht JAHWE Zebaot: An dem
Ort dåhanna, der mô vrödat ond ohne
Menscha ond Vieh ischd, ond en älle
saene Städt, geit s wieder Wôeda für
d Hirta, mô se ihre Herda lagara lassa
könnat. 13En de Städt em Bergland ond
en de Städt en dr Schefela ond en de Städt
vom Negeb ond em Land Benjamin ond
en dr Omgebong von Jerusalem ond en
de Städt von Juda ziagat wieder d Herda
vorbei onter de Händ von dene, mô se
zählat, Spruch von JAHWE.
14Guck, s kommat Zeita, Spruch von
JAHWE, då laß i maene Vrsprecha
ans Haus Israel ond ans Haus Juda
wåhr wera. 15En dene Däg ond en
dene Zeita laß i am David an gerechta
Sproß sprießa, ond der setzt sich für
Recht ond Gerechtigkaet ae em Land.
16En dene Däg wird Juda gholfa, ond
Jerusalem bleibt sicher; ond den Nåma
wird mr zon ra saga: JAHWE ischd
onser Gerechtigkaet! 17Weil, so håt
JAHWE gsprocha: Nia soll s am David
ama Nåchkomma fehla, der mô auf am
Thron vom Haus Israel sitzt. 18Ao de
levitische Priaster solls nia an oem fehla,
der mô vôr mir Brandopfer darbrengt
ond Speisopfer aufraocha lässt ond
Schlachtopfer vôrberaetat zo jeder Zeit.
19Ond s Wort von JAHWE ischd an da
Jeremia erganga: 20So spricht JAHWE:
So wenig wia ihr maen Bund mit am
Dag ond maen Bund mit dr Nacht
aufheba könnat, dass Dag ond Nacht
nemme zo ihrer Zeit komma könntat,
21so wenig wird ao mae Bund mit maem
Knecht David aufghoba, dass r koen
Nåchkomma maeh hätt, der mô auf saem
Thron regiera könnt, oder mae Bund
mit de Levita, de Priaster, dia mô maene
Diener send. 22So ozählig wia s Heer am
Hemmel, ond et messbar wia dr Såd am
Meer will i d Nåchkommaschaft von
maem Knecht David macha, ond von de
Levita, dia mô mir deanat.
23Ond s Wort von JAHWE ischd an da
Jeremia erganga: 24Häsch d et gseha, wia
d Leut schwätzat: Dia zwôe Gschlechter,
mô JAHWE auserwählt håt, dia håt r
wieder vrwôrfa! Ond wia se mae Volk
vrachtat, dass de s schao gar nemme als
a Volk åguckat? 25So spricht JAHWE:
So gwieß i Dag ond Nacht gschaffa
ond d Ordnonga für da Hemmel ond

d Erde festgsetzt han, 26so gwieß will
i ao s Gschlecht vom Jakob ond von
maem Knecht David et vrwerfa, dass
e aus saem Gschlecht koene Fürsta
maeh nemma dät über s Gschlecht vom
Abraham, vom Isaak ond vom Jakob.
I will nämlich ihr Schicksal romdreha
ond me über se vrbarma.

Zom Vrgleicha: *Vers 1:* 32,1f • *Vers 6:* 30,17 • *Vers 8:* 50,20 • *Vers 10:* 32,43 • *Vers 11:* 7,34; 25,10; Psd 106,1; 107,1 • *Vers 15:* 23,5f • *Vers 17:* 1Kö 2,4 • *Vers 20-21:* 31,35f.

S End vom Zidkija: 34 1-7

34 Des Wort von JAHWE ischd an
da Jeremia erganga, mô dr König
Nebukadnezzar von Babel mit saener
ganza Streitmacht, ond älle Königreich,
môn r onterwôrfa ghet håt, ond ihre
Völker gega Jerusalem ond älle Städt,
mô drzuaghert hent, Kriag gführt håt,
ond håt gsaed: 2So spricht JAHWE, dr
Gott (Elohey) von Israel: Gang zom
Zidkija, am König von Juda ond sag
am: So spricht JAHWE: Guck, i gib dui
Stadt dåhanna am König von Babel en
d Händ, ond der vrbrennt se em Feuer.
3Ond du selber kommst et drvo aus
saene Händ, sondern du wirst gfanga
gnomma ond en saene Händ ausglieferat;
du kriagst da König von Babel Aog en
Aog zom seha, ond der redat mit dr von
Mund zo Mund, ond nå kommst d nach
Babel. 4Aber hör dr vôrher s Wort von
JAHWE å, Zidkija, König von Juda!
So spricht JAHWE über di: Du muaßt
et durchs Schwert sterba! 5Em Frieda
därfst d sterba. Ond wia daene Vädr,
de frühere König, so zündat mr ao dir
zor Ehr Daotafeuer å ond klagt: Ach
Herr! So han e s beschlossa, Spruch von
JAHWE! 6Ond dr Profet Jeremia håt des
ällas am Zidkija, am König von Juda en
Jerusalem gsaed, 7mô s Heer vom König
von Babel schao vôr Jerusalem ond de
andere Städt en Juda gstanda ischd, mô
no übrig gwea send, nämlich Lachisch
ond Aseka, bloß dia Stadtfestonga send
en Juda no übrig blieba.

Zom Vrgleicha: *Vers 2-3:* 32,3f • *Vers 5:* 2Chr 16,14; Jer 22,18.

Dr Wortbruch an de Sklava: 34 8-22

8Des Wort von JAHWE ischd an da
Jeremia erganga, mô dr König Zidkija
mit am ganza Volk en Jerusalem an
Vrtrag gschlossa håt, dass a Freilassong
ausgruafa wera soll: 9dass a jeder saen
Sklava ond sae Sklavin, wann se Hebräer
send, freilassa soll, so, dass koener maeh
an Judäer, also saen (Stammas)-Bruader
als Sklava halta soll. 10Ond de Obere
hent gfolgt, ond ao dia vom Volk, mô
den Vrtrag mit onterschrieba hent, dass
a jeder saen Sklava ond sae Sklavin
freilassa soll, ond se nemme als Sklava
halta soll. Ond se hent gfolgt ond hent se
entlassa. 11Aber nå hent se sich auf oemål
anders bsonna ond hent ihre Sklava ond
Sklavinna, mô se entlassa hent, wieder
zrück gholt ond se zwonga, dass se
wieder Sklava ond Sklavinna sae müaßa
hent. 12Ond då ischd s Wort von JAHWE
an da Jeremia erganga, von JAHWE
her zom saga: 13So spricht JAHWE, dr
Gott (Elohey) von Israel: I selber han
an Bund gschlossa mit eure Vädr an
dem Dag, mô e se aus am Land Ägypten
aus am Sklavahaus rausgholt han, ond
zo nen gsaed: 14Wann sieba Jåhr rom
send, soll jeder saen hebräischa Bruader
frei lassa, der mô sich als Schuldsklave
vrkaoft håt zom am deana; sechs Jåhr
soll r dr deana, nå sollst d an frei lassa.
Aber eure Vädr hent mr et gfolgt, ond
mr koe Ohr glieha. 15Ond ihr hent euch
jetzt bekehrt ond hent haet des dao, was
en maene Aoga recht ischd ond hent d
Freilassong ausgruafa, a jeder für saen
Nächsta, ond r hent vôr mir an Vrtrag
gschlossa en dem Haus, über dem mae
Nåma ausgruafa ischd. 16Aber nå hent

r euch anders bsonna ond hent maen
Nåma entweiht: Jeder von euch håt saen
Sklava oder sae Sklavin, môn r als Freie
hent, ganga lassa, wieder zrückgholt
ond zwonga, wieder euer Sklave oder
euer Sklavin zom sae. [17]Drom, so spricht
JAHWE: Ihr selber hent et auf me
ghorcht ond a Freilassong ausgruafa für
euran Bruader ond für euran Nächsta.
Guckat, deswega ruaf i a Freilassong
für euch aus, Spruch von JAHWE, für s
Schwert, für d Pest ond für da Honger.
Ond i mach euch zom Schreckbild für
älle Königreich auf dr Erde. [18]Ond dia
Männer, mô maen Bund übertreta ond d
Wort von maem Bund et aeghalta hent,
den mô se mit mr gschnitta hent, endem
se des Kälble ausanander gschnitta hent
ond zwischa saene Stücker durchganga
send, [19]d Fürsta von Juda ond d Fürsta
von Jerusalem, d Amtsleut ond d Priaster
ond s ganze Volk vom Land, wer ao
emmer zwischa dene Stücker von dem
Kälble durchganga ischd, [20]dia gib e en
d Händ von ihre Faend ond en d Händ
von dene, mô en ans Leba wöllat. Ond
ihre Leicha sollat de Vögel am Hemmel
ond am Wild em Feld draußa zom Fraß
deana. [21]Ao da Zidkija, da König von
Juda, ond saene Fürsta gib e en d Händ
von ihre Faend ond en d Händ von
dene, mô en ans Leba wöllat, am König
von Babel saem Heer, des mo jetzt
grad von euch abzoga ischd. [22]Guck, i
befiehl, Spruch von JAHWE, ond breng
se wieder zrück vôr dui Stadt dåhanna,
dass se wieder gega se kämpfat ond se
aenemmat ond atacklat. Ond de andere
Stadt von Juda laß e zor Wüste wera, en
dera mô koe Mensch leba kå.

Zom Vrgleicha: *Vers 14:* Ex 21,2; Lev 25,41; Dtn 15,12 • *Vers 22:* 37,8f.

S Vorbild von de Rechabiter: 35 1-19

35 Des Wort von JAHWE ischd
an da Jeremia erganga en dr Zeit
vom Jojakim, am Joschija saem Soh,
am König von Juda: [2]Gang ens Haus
von de Rechabiter ond schwätz mit en
ond breng se em Herrgott (JAHWE)
sae Haus en oena von dene Halla. Nå
gibst d en Wae zom trenka. [3]Ond i han
da Jaasanja, am Jirmeja saen Soh ond
Enkel vom Habazzinja mitsamt saene
Brüader ond Söh, de ganz Familie
von de Rechabiter, gholt. [4]I han se em
Herrgott sae Haus komma lassa en d
Halle von de Söh vom Hanan, am Soh
vom Jigdalja, der ischd a Må von Gott
gwea, dui Halle ischd neba dr Halle
vom Schwellawächter Maaseja, am
Schallum saem saem Soh, glega. [5]Ond
i han de Söh vom Haus Rechab vole
Waekrüag ond Becher vôrgsetzt ond zo
nen gsaed: Trenkat no den Wae! [6]Aber
dia hent gsaed: Mir trenkat koen Wae;
onser Ahnherr Jonadab, am Rechab sae
Soh håt nämlich gsaed: Ihr sollat nia an
Wae trenka, ihr et ond eure Söh ao et!
[7]Ihr sollat ao koe Haus baua, koe Saat
bstella ond koen Wengert ålega, ond s
soll euch ao koener ghera; sondern ihr
sollat eurer Lebdag en Zelt leba, dass
r lang lebat en dem Land, môn r als
Fremdleng send. [8]Ond mir hent auf
d Stemm vom Jonadab, am Rechab
saem Soh, onseram Ahnherra ghorcht
ond hent dao, was ons der ghôeßa håt:
mir trenkat em Leba koen Wae et, mir
ond onsere Fraoa, onsere Söh ond
onsere Töchter; [9]mir bauat ao koene
Häuser, zom dren wohna, ond hent
koene Wengert ond koene Äcker, ond
Saatguat geits bei ons ao koes. [10]Mir
lebat en Zelt ond send folgsam ond
hent emmer ällas dao, was ons onser
Ahnherr Jonadab ghôeßa håt. [11]Aber
mô dr König Nebukadnezzar von Babel
gega s Land ågrückt ischd, då he'mr ons
gsaed: Komm, laß ons vôr am Heer von
de Chaldäer ond vôr am Heer von de
Aramäer hoem ganga nach Jerusalem,

ond då he'mr ons ågsiedelt. [12]Nå ischd a Wort von JAHWE an da Jeremia erganga, zom weitersaga: [13]So spricht JAHWE Zebaot, dr Gott (Elohey) von Israel: Gang ond sag de Männer von Juda ond de Aewohner von Jerusalem: Wöllat r euch et endlich ebbas saga lassa ond auf mae Wort horcha? Spruch von JAHWE! [14]Was am Jonadab, am Rechab saem Soh, saene Wort ågôht, mô der saene Söh ghôeßa håt, se solle koen Wae trenka! Dia send aeghalta wôra. Dia hent koen Wae tronka bis haet, weil se de Weisonga von ihram Ahnherra gfolgt hent. Ond i han euch emmer wieder zuagredat, ond ben s nia müad wôra, aber ihr hent et auf me ghört. [15]Emmer wieder han e maene Knecht, d Profeta zo euch gschickt zom euch saga: Kehrat doch om, a jeder von saem schlechta Weg ond besserat euch, ond laofat et andere Götter (Elohim) hentadrae zom dia vrehra! Ond ihr wohnat auf dem Boda, den mô i euch ond eure Vädr geba han! Aber ihr hent koe Ohr für me ghet ond hent et auf me ghorcht. [16]Am Jonadab saene Söh, d Enkel vom Rechab send zo de Åweisonga von ihram Ahnherra gstanda ond hent se aeghalta. Aber des Volk dåhanna håt no nia auf me ghört. [17]Drom, so spricht JAHWE Zebaot, dr Gott (Elohey) von Israel: Guckat, i breng über Juda ond älle Aewohner von Jerusalem des ganze Ohael, was e en ådroht han; i han zo nen gredat, aber se hent et ghört, i han se ågruafa, aber se hent mr koe Antwort geba. [18]Aber zor Familie von de Rechabiter håt dr Jeremia gsaed: So spricht JAHWE Zebaot, dr Gott (Elohey) von Israel: Weil ihr auf d Gebot von euram Vadr Jonadab ghorcht hent ond älle saene Åweisonga aeghalta ond ällas dao hent, was r euch ghôeßa håt, [19]drom so spricht JAHWE Zebaot, dr Gott (Elohey) von Israel: Am Jonadab, am Soh vom Rechab soll s nia ama Nåchkomma fehla, der mô vôr mir Denst laesta därf.

Zom Vrgleicha: *Vers 6:* 2Kö 10,15 • *Vers 15:* 25,4-7

D BERICHT VOM BARUCH: 36 1 – 45 5

D Vrbrennong von dr Buachroll: 36 1-32

36 Em vierta Jåhr vom Jojakim, am Joschija saem Soh, am König von Juda, ischd von JAHWE a Wort an da Jeremia erganga ond håt gsaed: [2]Nemm dr a Buachroll ond schreib älle dia Wort drauf, môn e zo dr gsaed han gega Jerusalem, gega Juda, ond gega älle Völker, von dem Dag å, mô i zo dr gredat han, seit dr Zeit vom Joschija bis auf da haetiga Dag. [3]Vielleicht nemmts s Haus Juda ernst ond se bsennat sich, wann se hörat, wiaviel Ohael en i ådoa will, dass se omkehrat von ihram schlechta Weg, ond en i ihr Schuld ond ihre Sünda vrzeiha kå! [4]Nå håt dr Jeremia da Baruch, am Nerija saen Soh, komma lassa, ond dr Baruch håt em Auftrag vom Jeremia ällas auf dui Buachroll gschrieba, was JAHWE gredat håt. [5]Ond dr Jeremia håt da Baruch ågwiesa ond gsaed: I ben aegsperrt ond kå drwega et ens Haus vom Herrgott (JAHWE) ganga. [6]Also gang du nae ond lies aus dera Roll, mô da en maem Auftrag gschrieba håsch, s Wort von JAHWE am Volk em Herrgott (JAHWE) saem Haus ama Fastdag vôr. Ao dene, mô aus ganz Juda ond saene Städt kommat, sollst d s vôrlesa. [7]Vielleicht senkat se nå mit Fleha vôr JAHWE nô ond kehrat om von ihram baesa Weg. Dr Zôrn ond d Gluat, wia JAHWE zom Volk gredat håt, ischd

nämlich graoß. [8]Ond dr Baruch, am
Nerija sae Soh, håt ällas so gmacht, wia
s dr Profet Jeremia zon am gsaed håt,
ond r håt aus dera Buachroll s Wort von
JAHWE em Herrgott (JAHWE) saem
Haus vôrglesa. [9]Des ischd nämlich em
fenfta Jåhr vom Jojakim, am Joschija
saem Soh, am König von Juda, em naenta
Monat gwea, dass mr en Jerusalem a Fasta
vôr JAHWE für s ganze Volk ausgruafa
håt, ao für dia, mô aus de Städt von Juda
raekomma send. [10]Då håt dr Baruch aus
dem Buach em Herrgott (JAHWE) saem
Haus, en dr Halle vom Gemarja, am
Staatsschreiber Schafan saem Soh, em
obera Hof vom Aegang zom JAHWE-
Tempel, am Jeremia saene Wort am
ganza Volk vôrglesa. [11]Mô nå dr Micha,
am Gemarja sae Soh ond Enkel vom
Schafan ällas ghört håt, was JAHWE en
dera Buachroll gsprocha håt, [12]ischd r
naganga en da Königspalast, en d Halle
vom Staatsschreiber. Då send grad älle
Fürsta en ra Sitzong beianander gwea:
dr Staatsschreiber Elischama, dr Delaja,
am Schemaja sae Soh, dr Elnatan, am
Achbor sae Soh, dr Gemarja, am Schafan
sae Soh, dr Zidkija, am Hananja sae Soh,
ond älle andere Fürsta. [13]Dene håt dr
Micha ällas gmeldat, was dr Baruch am
Volk aus dem Buach vôrglesa håt. [14]Nå
hent älle Fürsta da Jehudi, am Netanja
saen Soh ond Enkel vom Schelemja, der
mô a Soh vom Kusch gwea ischd, zom
Baruch gschickt ond am ausrichta lassa:
Nemm dui Schriftroll, aus dera mô da
am Volk vôrglesa håsch ond komm
drmit her. Ond dr Baruch, am Nerija
sae Soh, håt dui Roll gnomma ond ischd
drmit zo nen ganga. [15]Nå hent se zon am
gsaed: Sitz doch nô ond lies se ons vôr.
Ond dr Baruch håt s en vôrglesa. [16]Mô
se nå älles ghört hent, hent se anander
ganz vrschrocka åguckt ond gsaed: Des
müaßat mr obedengt ällas am König
melda. [17]Aber da Baruch hent se gfrågt:
Sag ons doch, wia håsch d denn des
ällas aufgschrieba. [18]Ond dr Baruch håt
en gsaed: Dr Jeremia selber håt mr des
Wort für Wort diktiert, ond i han se mit
Tenta en des Buach gschrieba. [19]Nå hent
dia Fürsta zom Baruch gsaed: Gangat
ond vrschlupfat, du ond dr Jeremia!
Neamerd därf wissa, môn r send. [20]Nå
send se zom König en da Vôrhof komma,
aber dui Buachroll hent se en dr Halle
vom Staatsschreiber Elischama glassa,
ond se hent am König ällas gmeldat.
[21]Nå håt dr König da Jehudi gschickt,
zom dui Buachroll hola, ond der håt se
gholt aus dr Halle vom Staatsschreiber
Elischama. Ond dr Jehudi håt se am
König ond saene Amtsleut vôrglesa. [22]S
ischd jå em naenta Monat gwea, drwega
ischd dr König em Wenterhaus gwea,
ond då håt ema Kohlabecka a Feuer
brennt. [23]Ond wann dr Jehudi drei oder
vier Spalta glesa ghet håt, nå håt se dr
König mit am Federmesser agschnitta
ond se ens Feuer auf dem Kohlabecka
gschmissa, bis de ganz Roll em Feuer
auf dem Kohlabecka vrbrennt gwea
ischd. [24]Neamerd ischd vrschrocka,
neamerd håt saene Gwändet vrrissa,
dr König et, ond ao koener von saene
Diener, dia mô ällas mitåghört hent.
[25]Ond ao mô dr Elnatan ond dr Delaja
ond dr Gemarja da König gmåhnt hent,
dass r dui Buachroll et vrbrenna soll, håt
r et auf se ghört. [26]Drfür håt dr König
am Jerachmeël, am Soh vom König
ond am Seraja, am Soh vom Asriël, ond
am Schelemja, am Soh vom Abdeël, da
Befehl geba, se solle da Schreiber Baruch
ond da Profeta Jeremia vrhafta; aber
dr Herrgott (JAHWE) håt se vrbörga.
[27]Ond nachdem dr König dui Schriftroll
mit dene Wort, mô dr Baruch nach am
Diktat vom Jeremia aufgschrieba ghet
håt, vrbrennt håt, ischd s Wort von
JAHWE an da Jeremia erganga, ond håt
gsaed: [28]Nemm dr wieder a andera Roll,

ond schreib wieder ällas drauf, was auf
dera Roll gstanda ischd, mô dr König
Jojakim von Juda vrbrennt håt. [29]Über
da Jojakim aber, da König von Juda
sollst d saga: So spricht JAHWE: Du
håsch dui Schriftroll vrbrennt ond gsaed:
Wie kommst du drzua zom schreiba:
Dr König von Babel dät komma ond
des Land hemacha ond Mensch ond
Vieh dren ausrotta? [30]Drom, so spricht
JAHWE über da Jojakim, da König von
Juda: Für den geit s koen Nåchkomma
maeh, der mô auf am Thron vom David
sitza därf, ond sae Leichnåm soll dåliega,
dr Hitz am Dag ond am Frost en dr
Nacht ausgsetzt. [31]Ond i will an ehm
selber ond an saene Nåchkomma ond
an saener Dienerschaft ihre Vrfehlonga
hoemsuacha; ond i laß über dia selber
ond über d Aewohner von Jerusalem
ond über d Männer von Juda des ganze
Ohael komma, môn e en ådroht han
ond mô se et ghört hent! [32]Nå håt dr
Jeremia a neua Roll gnomma ond se
am Schreiber Baruch geba, am Soh
vom Nerija. Der håt sich vom Jeremia
ällas diktiera lassa, was en dem Buach
drengstanda ischd, mô dr Jojakim, dr
König von Juda, vrbrennt håt, ond s
send no etlich Wort, mô so ähnlich gwea
send, drzua komma.

Zom Vrgleicha: *Vers 1:* 25,1 • *Vers 2:* 25,3 • *Vers 3:* 26,3 • *Vers 24:* 2Kö 22,11• *Vers 30:* 22,19.

D Botschaft an da König Zidkija: 37 1-10

37 Ond dr Zidkija, am Joschija sae
Soh, håt an dr Stell vom Jojakim,
am Soh vom Jojachin, als König regiert,
den mô dr König Nebukadnezzar von
Babel zom König über s Land Juda
aegsetzt håt. [2]Aber weders er no saene
Diener ond s Volk em Land hent auf dia
Wort ghorcht, mô JAHWE durch da
Profeta Jeremia gsprocha håt. [3]Dr König
Zidkija håt amål da Juchal, am Schelemja
saen Soh, ond da Priaster Zefanja, am
Maaseja saen Soh, zom Profeta Jeremia
gschickt ond am ausrichta lassa: Bet
doch für ons zo JAHWE, onseram
Gott (Eloheynu)! [4]Dr Jeremia håt
sich selligsmål no frei bewega könna
em Volk, då håt mr an no et aegsperrt
ghet. [5]Aus Ägypten ischd am Pharao
sae Streitmacht ågrückt. Ond mô des
d Chaldäer, dia mô Jerusalem belagerat
hent, ghört hent, send se abzoga
von Jerusalem. [6]Nå ischd s Wort von
JAHWE an da Profeta Jeremia erganga:
[7]So spricht JAHWE, dr Gott (Elohey)
von Israel: Des sollat ihr am König von
Juda zor Antwort geba, der mô euch
zo mir gschickt håt, zom me fråga, ond
saga: Guck, am Pharao sae Streitmacht,
mô euch helfa solla håt, ischd omkehrt
en sae Land Ägypten. [8]Nå kommat d
Chaldäer wieder ond kämpfat gega
dui Stadt dåhanna ond nemmat se ae
ond zündat se å. [9]So spricht JAHWE:
Täuschat euch et selber ond moenat: Dia
Chaldäer werat schao wieder abziaga
von ons. [10]Selbst wann ihr de ganz
Streitmacht von de Chaldäer schlaga
dätat, dia mô gega euch kämpfat, ond
s dätat a paar vrwondate Manna übrig
bleiba, a jeder en saem Zelt, dia dätat
wieder aufstanda ond dui Stadt dåhanna
em Feuer vrbrenna!

Zom Vrgleicha: *Vers 1:* 2Kö 24,17 • *Vers 8-9:* 34,21f.

Dr Profet em Gfängnis: 37 11-21

[11]Ond mô d Streitmacht von de
Chaldäer vôr am Heer vom Pharao vôr
Jerusalem abzoga gwea ischd, [12]håt sich
dr Jeremia von Jerusalem aufgmacht ens
Land Benjamin, zom dort sae Erbtôel
åtreta mitta em Volk. [13]Môn r aber ans
Benjamintôr komma ischd, ischd sell a
Wachoffizier gwea, Jirija håt r ghôeßa,
dr Soh vom Schelemja ond Enkel vom
Hananja. Der håt da Profeta Jeremia

åghalta ond behaoptat: Du willst zo de
Chaldäer überlaofa! [14]Ond dr Jeremia
håt gsaed: Des ischd gloga! I will et zo de
Chaldäer überlaofa! Aber der håt an gar
et åghört ond an festgnomma ond vôr d
Fürsta gführt. [15]Ond d Fürsta send narrat
wôra auf da Jeremia ond hent an gschlaga
ond ens Gfängnis bråcht ens Haus
vom Staatsschreiber Jonatan, då hent
se nämlich a Gfängnis dren aegrichtat.
[16]So ischd dr Jeremia ens Bronnahaus
komma en dia Gewölbe. Sell ischd dr
Jeremia zemlich lang blieba. [17]Nå håt
dr König Zidkija amål nach am schickt
ond an hola lassa, ond an en saem Haus
hehlenga gfrågt: Geit s vielleicht a Wort
von JAHWE? Ond dr Jeremia håt gsaed:
S geit oes! Ond r håt gsaed: Du wirst am
König von Babel ausglieferat! [18]Ond dr
Jeremia håt zom Zidkija gsaed: Was han
i dir, daene Diener ond daem Volk dao,
dass ihr me ens Gfängnis bråcht hent?
[19]Ond mô send eure Profeta, dia mô
euch gweissagt ond behaoptat hent: Dr
König von Babel kommt et über euch
ond euer Land dåhanna? [20]Ond jetzt hör
doch, mae Herr, o König! Laß de doch
bitta ond laß me et zrückbrenga ens
Haus vom Staatsschreiber Jonatan, dass
e sell et sterba muaß. [21]Nå håt dr König
Zidkija d Åweisong geba, dass mr da
Jeremia em Wachthof vrwahrt ond am
äll Dag a Fladabrot aus dr Bäckergass
geba håt, bis s ganze Brot en dr Stadt
gessa gwea ischd. So ischd dr Jeremia
em Wachthof blieba.

Zom Vrgleicha: *Vers 12:* 32,8f • *Vers 17:* 34,21 • *Vers 21:* 32,2

Dr Jeremia en dr Zisterne: 38 1-6

38 Dr Schefatja, am Mattan sae Soh,
dr Gedalja, am Paschhur sae Soh,
dr Juchal, am Schelemja sae Soh ond
dr Paschhur, am Malkija sae Soh, hent
ghört, was dr Jeremia zom ganza Volk
gsaed håt: [2]So spricht JAHWE: Wer en
dera Stadt dåhanna bleibt, der kommt
durch Schwert, Honger oder Pest om;
wer sich aber de Chaldäer ergibt, der
kommt drvo, der därf sae Leba als Beute
bhalta ond am Leba bleiba! [3]Weil, so
spricht JAHWE: Des ischd ganz sicher,
dass dui Stadt dåhanna en d Händ vom
König von Babel saener Streitmacht geba
wird, ond der nemmt se ae! [4]Nå hent dia
Amtsleut zom König gsaed: Der Må
ghert ombråcht, der nemmt doch dene
paar Manna, mô dr Stadt no blieba send,
ond am ganza Volk mit dem was r saed,
da letzta Rest von Muat. Der Mensch
will nämlich et da Frieda für des Volk
dåhanna, sonder s Ohael. [5]Ond dr König
Zidkija håt gsaed: Guckat, der ischd en
eure Händ! Gega dia håt nämlich et
amål dr König ebbas macha könna. [6]Nå
hent se da Jeremia gnomma ond an en
d Zisterne vom Makija, am König saem
Soh, gschmissa, mô em Wachthof gwea
ischd. Se hent an an Strick naglassa. Ond
en dera Zisterne ischd koe Wasser maeh
gwea, sondern bloß no Schlick, ond dr
Jeremia ischd em Schlick aegsonka.

Zom Vrgleicha: *Vers 2:* 21,9.

D Rettong durch an Kuschiter:
38 7-13

[7]Mô aber der Kuschiter, dr Ebed-Melech,
a Höfleng, der mô em Königspalast gwea
ischd, ghört håt, dass mr da Jeremia en
dui Zisterne gschmissa håt, dr König
ischd aber grad em Benjamintor gsessa,
[8]ischd r zom Palast nausganga ond håt
zom König gsaed: [9]Mae Herr, o König,
dia Männer hent ganz übel ghandelt
mit ällam, was se am Profeta Jeremia
ådao hent. Dia hent an en d Zisterne
naegschmissa, dass r då dren vôr Honger
stirbt. S ischd jå ao koe Brot maeh då en dr
Stadt. [10]Nå håt dr König dem Kuschiter
Ebed-Melech d Åweisong geba: Nemm
dreißg Männer mit ond ziagat da Profeta
Jeremia aus dera Zisterne rauf, bevôr

r stirbt. [11]Ond dr Ebed-Melech hât dia
Männer mit en da Palast nae gnomma
en da Raom onter dr Vôrratskammer,
då hent se alte Lappa ond Lompa von
atragene Sacha gholt ond se an Strick
zom Jeremia en d Zisterne naglassa,
[12]Ond der Kuschiter Ebed-Melech hât
zom Jeremia nagschria: Dua dr dia alte
Lompa von dene agrissene Klôeder
onter d Achselhöla wega de Strick,
des hât dr Jeremia dao. [13]Nå hent se da
Jeremia an dene Strick raufzoga aus dera
Zisterne. Nå ischd dr Jeremia von då å
em Wachthof blieba.

Zom Vrgleicha: *Vers 7:* 39,15-18.

De letzt Warnong an da König:
38 14-28

[14]Bald drauf hât dr König Zidkija da
Profeta Jeremia hola lassa zo ehm am
dritta Aegang am Herrgott (JAHWE)
saem Haus. Ond dr König hât zom
Jeremia gsaed: I will de nach ama Wort
fråga, ond vrschweig mr nex! [15]Ond dr
Jeremia hât zom Zidkija gsaed: Wann e dr
s sag, lässt me nå wirklich et ombrenga?
Ond wann e dr an Rat gib, hörst d jå
doch et auf me! [16]Ond dr König Zidkija
hât am Jeremia hehlenga gschwora: So
wåhr JAHWE lebt, der mô onser Leba
gschaffa hât, i laß de et ombrenga ond i
gib de ao dene Männer et en d Händ, mô
dr ans Leba wöllat. [17]Nå hât dr Jeremia
zom Zidkija gsaed: So spricht JAHWE
Zebaot, dr Gott (Elohey) von Israel:
Wann du nausgôhst zo de Heerführer
vom König von Babel, nå bleibt dae Seel
am Leba, ond dui Stadt dåhanna wird et
mit Feuer vrbrennt! Ond du därfst am
Leba bleiba, du ond dae Haus. [18]Wann
da aber et nausgôhst zo de Heerführer
vom König von Babel, nå fällt dui Stadt
dåhanna en d Händ von de Chaldäer,
ond dia zündat se å mit Feuer. Ond
du selber kommst en et drvo. [19]Nå hât
dr König Zidkija zom Jeremia gsaed: I
han Angst vôr dene Judäer, mô zo de
Chaldäer übergloffa send, dass se me
dene en d Händ geba dätat ond dia nå
ihran Muatwilla mit mr treibat. [20]Ond
dr Jeremia hât gsaed: Dia gebat de et
preis! Horch doch auf d Stemm von
JAHWE en dem, was dr i sag, nå gôht
dr s guat ond da bleibst am Leba. [21]Ond
wann da de waegerest zom nausganga,
nå gschieht des, was me JAHWE hât
seha lassa! [22]Guck, älle Fraoa, mô em
Palast vom König von Juda no übrig
gwea send, hât mr zo de Heerführer
vom König von Babel nausgführt, ond
dia hent gsaed:
Ôgschmiert hent de daene beste Fraend;
wann da em Schlick drenna steckst,
machat se sich älle drvo. [23]Ond daene
Fraoa ond daene Kender werat zo de
Chaldäer nausgführt, ond du selber
kommst ao et vôr en drvo, du wirst
vom König von Babel gfanga, ond dui
Stadt dåhanna wird vrbrennt em Feuer.
[24]Nå hât dr Zidkija zom Jeremia gsaed:
Von dem, was mir dåhanna gschwätzt
hent, därf neamerd ebbas vrfahra, sonst
muaßt d sterba. [25]Ond wann d Amtsleut
vrfahrat, dass i mit dr gschwätzt han,
ond se zo dr kommat ond zo dr sagat:
Vrzähl ons doch, was da mit am König
gschwätzt håsch, vrschweig ons nex,
sonst brengat mr de om! Ond was hât
dr König zo dir gsaed? [26]Nå saesch d
en: I han da König åbettlat, r soll me
bloß nemme ens Haus vom Jonatan
brenga lassa, dass e sell stirb. [27]Ond dia
Amtsleut send tatsächlich zom Jeremia
komma ond hent an gfrågt, ond der hât
en genao des gsaed, was an dr König
ågwiesa hât. Nå hent se an en Ruah
glassa; s hât jå neamerd ghört, was dia
gschwätzt hent. [28]So ischd dr Jeremia
em Wachthof blieba bis an den Dag, mô
Jerusalem aegnomma wôra ischd.

Zom Vrgleicha: *Vers 23:* 32,4; 34,3 • *Vers 28:* 37,21.

Jerusalem fällt: 39 1-10

39 Em naenta Jåhr vom König
Zidkija von Juda em zehnta
Monat ischd dr König Nebukadnezzar
von Babel mit saener ganza Streitmacht
ågrückt ond håt Jerusalem aekesslat.
[2]Em elfta Jåhr vom Zidkija, em vierta
Monat am naenta Dag, ischd en d Stadt
aebrocha wôra. [3]Ond älle Heerführer
vom König von Babel send komma ond
hent sich ens Mittlere Tôr gsetzt: dr
Nergal-Sarezer, dr Fürst von Sin-Magir,
dr Sar-Sechim, dr Großkämmerer, dr
Nergal-Sarezer ischd dr Großmagier
gwea, ond älle Heerführer vom König
von Babel. [4]Mô dr König Zidkija von
Juda ond saene Kriagsleut dia gseha
hent, send se abghaoa ond hent en dr
Nacht an Ausfall gmacht über da Weg
vom königlicha Garta ond durch s Tôr
zwischa de Maura naus en d Araba.
[5]Aber s Heer von de Chaldäer ischd en
nåchgjagt ond se hent da Zidkija aegholt
en dr Steppe vôr Jericho. Nå hent se n
gfanga gnomma ond hent an vôr da
König Nebukadnezzar von Babel nach
Ribla em Land Hamat bråcht, ond der
håt an vrurtôelt. [6]Dr König von Babel
håt en Ribla am Zidkija saene Söh vôr
dem saene Aoga abschlachta lassa. [7]Ond
da Zidkija håt r blenda lassa ond an en
eiserne Ketta glegt, zom an nach Babel
brenga. [8]Da Königspalast ond d Häuser
vom Volk hent d Chaldäer agfacklat ond
d Maura von Jerusalem hent se gschlôeft.
[9]Da Rest vom Volk, der mô en Jerusalem
no übrig blieba ischd, ond dia, mô zo
nen übergloffa send, ond da Rest von
de Handwerksleut håt dr Nebusaradan,
dr Oberst von dr Leibwach, nach Babel
bråcht. [10]Bloß von de kloene Leut, dia
mô nex ghet hent, håt dr Nebusaradan,
dr Oberst von dr Leibwach oene em
Land Juda glassa ond håt en Wengert
ond Äcker geba en sellam Dag.

Dr Jeremia wird befreit: 39 11-14

[11]Ond dr König Nebukadnezzar håt
am Nebusaradan, am Oberst von dr
Leibwach, weg'am Jeremia d Åweisong
geba ond gsaed: [12]Hol dr n! Achte guat
auf an, dass am nex Baes gschieht,
sondern dua oefach, was r zo dr saed!
[13]Nå håt dr Nebusaradan, dr Oberst
von dr Leibwach, da Nebusasban, da
Oberkämmerer, da Nergal-Sarezer,
da Obermagier, ond älle Heerführer
vom König von Babel, gschickt [14]ond
hent da Jeremia aus am Wachthof hola
lassa ond hent an am Gedalja; am Soh
vom Ahikam ond Enkel vom Schafan,
übergeba, zom an hoem lassa. Ond r
ischd mittla onter am Volk blieba.

Zom Vrgleicha: *Vers 12:* 40,4.

D Vrhaeßong für da Kuschiter:
39 15-18

[15]Mô dr Jeremia no em Wachthof
aegsperrt gwea ischd, håt r no a Wort
von JAHWE empfanga: [16]Gang ond sag
zom Ebed-Melech aus Kusch: So spricht
JAHWE Zebaot, dr Gott (Elohey) von
Israel: Guck, i laß jetzt mae Wort über
dui Stadt dåhanna en Erfüllong ganga
zom Ohael ond et zom Guata! Ond des
gschieht vôr daene Aoga. [17]Aber di will e
an dem Dag retta, Spruch von JAHWE,
dass da dene Männer, vôr dene mô da
Angst han muaßt et en d Händ fällst. [18]I
laß de drvokomma, dass da et durchs
Schwert omkommst, weil da mr vrtraut
håsch, Spruch von JAHWE.

Zom Vrgleicha: *Vers 15:* 38,7.13 • *Vers 16:* 21,10; 44,11.27 • *Vers 18:* 21,9; 38,2; 45,5.

Jeremia beim Statthalter Gedalja:
40 1-6

40 Des Wort ischd an da Jeremia
erganga, nachdem an dr
Nebusaradan, dr Oberst von dr
Leibwach, von Rama aus entlassa håt.
Der håt an nämlich hola lassa, ond r

ischd mit Handschella mittla onter de
Gfangene von Jerusalem ond von Juda
gwea, dia mô nach Babel onterwegs
gwea send. 2Dr Oberst von dr Leibwach
håt also da Jeremia hola lassa ond zon
am gsaed: JAHWE, dae Gott (Eloheyka)
håt des Ohael über den Ort dåhanna
åkündigt! 3Ond jetzt håt JAHWE
komma lassa, was r åkündigt håt, weil
ihr et auf sae Stemm ghört hent, so håt
sich des Wort an euch erfüllt. 4Ond
jetzt, guck, i befrei de haet von daene
Handschella! Wann dr s recht ischd, nå
komm mit mr nach Babel, ond i pass auf
de auf. Ond wann dr s et recht ischd,
mit mr nach Babel zom ganga, nå laß s
bleiba! Guck, s ganze Land stôht für de
offa; du kåsch nôganga, mô da nô willst
ond mô dr s gfällt. 5Wann dr s aber liaber
ischd zrück zom ganga, nå gang zrück
zom Gedalja, am Achikam saem Soh ond
Enkel vom Schafan, den mô dr König
von Babel als Statthalter über d Städt
von Juda aegsetzt håt, ond bleib bein
am mittla onter dem Volk, oder gang nô,
mô da Lust håsch. Ond dr Oberst von
dr Leibwach håt am Vrpflegong ond a
Gschenk geba ond an entlassa. 6So ischd
dr Jeremia zom Gedalja, am Soh vom
Ahikam, nach Mizpa komma ond ischd
bein am blieba mittla onter dem Volk,
des mô em Land no übrig gwea ischd.

Zom Vrgleicha: *Vers 6:* 39,14.

Dr Gedalja als Statthalter: 40 7-16

7Mô nå dia Heerführer, mô mit ihre Leut
em freia Feld gwea send, ghört hent,
dass dr König von Babel da Gedalja, am
Ahikam saen Soh, zom Statthalter über
s Land aegsetzt ond dass r am Männer
ond Fraoa ond Kender onterg'ordnat
håt von dene kloene Leut em Land,
dia mô et nach Babel vrschleppt wôra
send, 8send se zom Gedalja nach Mizpa
ganga, nämlich dr Jischmael, dr Soh vom
Netanja, dr Johanan ond dr Jonatan,
am Kareach saene Söh, dr Seraja, am
Tanhumet sae Soh, ond am Efai saene
Söh aus Netofa ond dr Jaasanja, dr
Soh vom Maachiter, mitsamt ihre Leut.
9Ond dr Gedalja, am Achikam sae Soh
ond Enkel vom Schafan, håt en ond ihre
Manna gschwora ond gsaed: Ihr brauchat
koe Angst et han, dene Chaldäer zom
deana! Bleibat em Land ond deanat am
König von Babel, nå gôht s euch guat!
10Guckat, i selber bleib ao en Mizpa als
euer Vrtreter vôr de Chaldäer, dia mô zo
ons kommat. Aber ihr, erntat no Wae,
Obst ond Öl, ond dent s en eure Krüag
ond bleibat en eure Städt, en dene môn
r euch ågsiedelt hent. 11Ond ao älle
Judäer, mô en Moab bei de Ammoniter
ond en Edom ond en älle dene Länder
wohnat, hent ghört, dass dr König von
Babel an Rest von Juda dåglassa håt,
ond dass r da Gedalja, am Achikam
saen Soh ond Enkel vom Schafan als
Statthalter über se aegsetzt håt. 12Nå
send älle Judäer aus dene Ortschafta,
mô se s nô vrschlaga håt zrück komma.
Ond se send ens Land Juda komma zom
Gedalja nach Mizpa. Ond se hent Wae
ond Obst gerntat en graoße Menga.
13Aber dr Johanan, am Kareach sae
Soh, ond älle Heerführer mô em freia
Feld gwea send, send zom Gedalja nach
Mizpa komma 14ond hent zon am gsaed:
Wôeßt du aegentlich, dass dr Baalis, dr
König von de Ammoniter, da Jischmael,
am Netanja saen Soh gschickt håt zom
de ombrenga lassa? Aber dr Gedalja,
am Ahikam sae Soh, håt s en et glaobt.
15Nå håt dr Johanan, am Kareach sae
Soh hehlenga mit am Gedalja en Mizpa
gschwätzt ond am gsaed: I gang nô ond
breng da Jischmael, am Netanja saen
Soh om, ohne dass des ebber merkt.
Wårom soll der di ombrenga; dass ganz
Juda, des mô sich om di vrsammlat håt
wieder vrstraet wird ond dr Rest von
Juda zgrond gôht? 16Aber dr Gedalja,

am Ahikam sae Soh håt am Johanan,
am Soh vom Kareach zor Antwort geba
ond gsaed: Des därfst d et doa; was du
über da Jischmael gsaed håsch, stemmt
nämlich et.

Zom Vrgleicha: *Vers 7-16:* 2Kö 25,22-24.

Dr Gedalja wird ombråcht: 41 1-15

41 Aber em siebta Monat ischd dr
Jischmael, am Netanja sae Soh
ond Enkel vom Elischamas, a Må aus
am königlicha Gschlecht ond oener
von de Mächtige vom König, ond
zeah Männer mit am, zom Gedalja, am
Ahikam saem Soh, nach Mizpa komma,
ond se hent sell mitanander gessa. 2Nå
ischd dr Jischmael, am Netanja sae Soh,
ond dia zeah Männer aufgstanda ond
hent da Gedalja, am Ahikam saen Soh
ond Enkel vom Schafan mit am Schwert
ombråcht. So håt r den Må ombråcht, den
mô dr König von Babel als Statthalter
em Land aegsetzt håt. 3Ond älle Judäer,
mô beim Gedalja en Mizpa gwea send,
ond dia Chaldäer, mô sell glebt hent,
dia Kriagsleut, håt dr Jischmael ao
ombråcht. 4Am zwôeta Dag, nachdem
dr Gedalja ombråcht wôra ischd, ond
des no neamerd gwißt håt, 5send Männer
komma aus Sichem ond aus Schilo ond
von Samaria, achtzg Mann mit gschorene
Bärt ond vrrissene Klôeder ond
aegritzte Wonda; dia hent Weihraoch
ond Opfergaba drbei ghet zom se ens
Haus vom Herrgott (JAHWE) brenga.
6Nå ischd en dr Jischmael, am Netanja
sae Soh, von Mizpa aus entgega ganga,
mô dia heulend auf dr Strâß drher
komma send. Môn r nå zo nen komma
ischd, håt r zo nen gsaed: Kommat no
rae zom Gedalja, am Ahikam saem Soh.
7Ond mô se en dr Stadtmitte åkomma
send, håt se dr Jischmael, am Netanja
sae Soh, abgschlachtat ond se mit saene
Männer en d Zisterne naegschmissa.
8Aber zeah von dene Männer hent zom
Jischmael gsaed: Laß ons et ombrenga,
mir hent nämlich no gehaeme Vôrrät
em Feld draußa, Wôeza, Gersta, Öl ond
Honig. Nå håt r von en abglassa ond
se et ombråcht wia ihre Brüader. 9Dui
Zisterne, mô dr Jischmael dia Leicha von
dene Männer naegschmissa håt, dia môn
r wega am Gedalja ombråcht håt, ischd
dui gwea, mô dr König Asa gmacht
håt em Kriag gega da König Bascha
von Israel. Ond dui håt dr Jischmael,
am Netanja sae Soh, mit dene Leicha
von dene Ombråchte gfüllt. 10Ond dr
Jischmael håt da ganza Rest vom Volk,
mô no en Mizpa gwea ischd, gfanga
weggführt; d Prinzessina ond s ganze
Volk, mô en Mizpa übrig blieba ischd,
ond älle, über dia mô dr Nebusaradan,
dr Oberst von dr Leibwach, da Gedalja,
da Soh vom Ahikam, aegsetzt ghet håt,
håt dr Jischmael, am Netanja sae Soh,
gfanga weggführt ond ischd abzoga
ond zo de Ammoniter nom ganga.
11Dr Johanan, am Kareach sae Soh,
ond älle Heerführer, mô bein am gwea
send, hent ghört, was dr Jischmael, am
Netanja sae Soh, für Otata dao håt, 12nå
send se mit ihre Leut auszoga, zom gega
da Jischmael, am Netanja saen Soh,
zom kämpfa, ond se hent an am graoßa
Wasser bei Gibeon troffa. 13Mô nå des
ganze Volk, mô beim Jischmael gwea
ischd, da Johanan, am Kareach saen
Soh, ond älle Heerführer bein am gseha
håt, hent se sich gfraet, 14ond des ganze
Volk, mô dr Jischmael von Mizpa gfanga
weggführt håt, ischd nå gega an gwea
ond se send zom Johanan, am Soh vom
Kareach, ganga. 15Aber dr Jischmael, am
Netanja sae Soh, håt mit acht Mann vôr
am Johanan abhaoa könna ond ischd zo
de Ammoniter gflüchtat.

Zom Vrgleicha: *Vers 1:* 25,1 • *Vers 2:* 25,3 • *Vers 3:* 26,3 • *Vers 24:* 2Kö 22,11• *Vers 30:* 22,19.

Zom Vrgleicha: *Vers 1:* 40,8 • *Vers 9:* 1Kö 15,16-24.

D Sammlong vom restlicha Volk:
41 16-18
[16]Nå håt dr Johanan, am Kareach sae
Soh, ond älle Heerführer, mô bein am
gwea send, den ganza Rest vom Volk
übernomma, den mô dr Jischmael, am
Netanja sae Soh, nach dr Ermordong
vom Gedalja, am Ahikam saem Soh, von
Mizpa gfanga weggführt håt, Männer,
Fraoa, Kender ond Höfleng, môn r
von Gibeon zrückbråcht håt. [17]Se send
abzoga ond hent en dr Herberge vom
Kimham bei Betlehem halt gmacht, zom
von sell aus nach Ägypten weiter ganga.
[18]So hent se vôr de Chaldäer drvokomma
wölla; vôr dene hent se nämlich Angst
ghet, weil dr Jischmael, am Netanja sae
Soh, da Gedalja, am Ahikam saen Soh,
den mô dr König von Babel über s Land
aegsetzt håt, ombråcht håt.

D Bitte om a Wort von Gott: 42 1-6
42 Nå send älle Heerführer ond dr
Johanan, am Kareach sae Soh
ond dr Asarja, am Haschaja sae Soh,
ond s ganze Volk, Kloene ond Graoße,
komma, [2]ond hent zom Profeta Jeremia
gsaed: Därfat mr de om ebbas bitta?
Bet für ons zo JAHWE, daem Gott
(Eloheyka), für den ganza Rest; von
ons send nämlich bloß no wenig übrig
blieba von viele, wia da selber siehst.
[3]JAHWE, dae Gott (Eloheyka), mög
ons wissa lassa, wehlan Weg mr ganga
ond was mr doa sollat. [4]Nå håt en dr
Profet Jeremia zor Antwort geba ond
gsaed: I hans ghört! Guckat, i will zo
JAHWE, euram Gott (Eloheykem),
beta, wian r s gsaed hent, ond ällas, was
euch JAHWE zor Antwort geit, will e
euch saga. Ond i will ao nex vrschweiga.
[5]Ond se hent selber gsaed: JAHWE soll
dr wahrhaftige ond zuavrlässige Zeuge
gega ons sae, wann mir ons et nach dem
Wort richtat, mit dem di JAHWE, dae
Gott (Eloheyka), zo ons schickt. [6]Sei s
guat oder schlemm, auf d Stemm von
JAHWE, onseram Gott (Eloheynu), zo
dem mô mir selber di schickat, wöllat
mir horcha, dass s ons guat gôht, weil
mr auf d Stemm von JAHWE, onseram
Gott (Eloheynu) horchat!

Warnong vor dr Auswanderong nach Ägypten: 42 7-18
[7]Zeah Dag später ischd s Wort von
JAHWE an da Jeremia erganga. [8]Nå
håt r da Johanan, am Kareach saen Soh
ond älle Heerführer, mô bein am gwea
send, ond s ganze Volk, kloe ond graoß,
zsemagruafa, [9]ond håt zo nen gsaed: So
spricht JAHWE, dr Gott (Elohey) von
Israel, zo dem mô ihr me gschickt hent,
zom am eure Bitta vôrtraga: [10]Wann
ihr en dem Land dåhanna bleibat, nå
will i euch aufbaua ond et areißa, ond
euch aepflanza ond et rausreißa, s reut
me nämlich des Ohael, môn e über
euch bråcht han. [11]Ihr brauchat vôr am
König von Babel koe Angst et han, hent
koe Angst maeh vôr am, Spruch von
JAHWE, i ben mit euch, zom euch retta
ond zom euch aus saene Händ reißa. [12]I
will euch Barmherzigkaet fenda lassa,
ond der wird sich ao über euch vrbarma
ond euch zrück komma lassa auf euran
aegena Boda. [13]Wann ihr aber moenat:
Mir wöllat et en dem Land dåhanna
bleiba! Ond ihr et auf d Stemm von
JAHWE, euram Gott (Eloheykem),
höra wöllat. [14]Ond wann r sagat: Noe,
mir gangat liaber nach Ägypten, då
müaßat mr weders an Kriag seha, no
Posaonaschall höra ond Honger leida,
då wöllat mr ons åsiedla! [15]Ond jetzt
horchat auf s Wort von JAHWE Zebaot,
am Gott (Elohey) von Israel: Wann ihr
wirklich nach Ägypten ganga wöllat
ond sell nô gangat zom då en dr Fremde
wohna, [16]nå wird des Schwert, vôr dem
mô ihr Angst hent, euch sell aehola em
Land Ägypten, ond dr Honger, der mô

euch z schaffa macht, wird euch nach
Ägypten vrfolga, ond ihr werat sell
sterba. 17Älle dia Männer, mô obedengt
nach Ägypten wöllat, zom sell als
Fremdleng leba, kommat om durchs
Schwert, durch Honger ond Pest. Ond
s wird koener drvokomma vôr dem
Ohael, des mô i selber über se breng.
18Weil, so spricht JAHWE Zebaot, dr
Gott (Elohey) von Israel: So, wia sich
mae Zôrn ond mae Grimm über d
Aewohner von Jerusalem entlada hât,
so wird sich mae Zôrngluat über euch
entlada, wann r nach Ägypten kommat.
Ond ihr werat zom Fluach ond zom
Schreckbild, ond zor Vrwünschong
ond zom Gspött, ond r werat den Ort
dåhanna nia maeh seha.

Zom Vrgleicha: *Vers 10:* 1,10 • *Vers 18:* 25,9.

D Drohong an de Vrstockte: 42 19-22

19So spricht JAHWE über da Rest
von Juda: Ihr sollat et nach Ägypten
ganga! Des müaßat r wissa: I bezeug
euch des haet, 20dass ihr euch selber en
d Irre lôetat, ihr hent me doch selber
zo JAHWE, euram Gott (Eloheykem)
gschickt ond gsaed: Bet für ons zo
JAHWE, onseram Gott (Eloheynu),
ond ällas, was JAHWE, onser Gott
(Eloheynu) saed, sollst du ons saga,
ond mir wöllat drnåch handla. 21I han
euch s haet weitergeba ond ihr hent et
auf d Stemm von JAHWE, euram Gott
(Eloheykem), ghorcht ond auf nex von
dem, was r mr für euch aufgeba hât.
22Aber jetzt müaßat r wissa: Ihr kommat
durchs Schwert, durch Honger ond Pest
om an dem Ort, môn r nôganga wöllat
zom sell wohna.

Dr Weg nach Ägypten: 43 1-7

43 Mô nå dr Jeremia am ganza Volk
ällas weitergeba ghet hât, was dr
Herrgott (JAHWE) gsaed hât, älle dia
Wort, mit dene mô an JAHWE, ihr
Gott (Eloheyhem) zo nen gschickt hât,
2nå hât dr Asarja, am Hoschaja sae Soh
ond dr Johanan, am Kareach sae Soh
ond älle dia frevelhafte Männer zom
Jeremia gsaed: Du lüagst! JAHWE,
onser Gott (Eloheynu) hât di et gschickt
zom ons saga: Ihr sollat et nach Ägypten
ganga zom sell wohna als Fremdleng!
3Sondern dr Baruch, am Nerija sae Soh
hât de gega ons ågstiftat zom ons de
Chaldäer en d Händ liefera, dass dia ons
ombrengat oder nach Babel vrschleppat.
4Dr Johanan, am Kareach sae Soh, ond
älle Heerführer ond s ganze Volk hent
also et auf d Stemm von JAHWE ghört,
dass se em Land Juda bleiba solle. 5Ond
dr Johanan, am Kareach sae Soh ond
älle Heerführer ond dr ganze Rest von
Juda, dia mô zrückkomma gwea send
aus älle Volksstämm, mô se nôvrschlaga
gwea send, zom em Land Juda wohna:
6Männer, Fraoa ond Kender, ond d
Prinzessenna ond älle dia Seela, mô
dr Nebusaradan, dr Oberst von dr
Leibwach, beim Gedalja, am Soh vom
Ahikam ond Enkel vom Schafan, glassa
hât, ond ao da Profeta Jeremia ond da
Baruch, am Nerija saen Soh, 7send nach
Ägypten ganga, weil se et auf d Stemm
von JAHWE ghorcht hent. Ond se send
bis nach Tachpanhes komma.

D Hoemsuachong en Ägypten: 43 8-13

8Ond en Tachpanhes ischd s Wort
von JAHWE an da Jeremia erganga
ond hât gsaed: 9Nemm vôr de Aoga
von jüdische Männer graoße Stoener
en d Händ ond grab se mit Speis ens
Bachstoepflaster am Aegang vom
Pharao saem Haus en Tachpanhes nac!
10Ond nå saesch d zo nen: So spricht
JAHWE Zebaot, dr Gott (Elohey) von
Israel: Guckat, i schick ond lass maen
Knecht Nebukadnezzar, da König von
Babel hola, ond i stell saen Thron auf
dene Stoe, mô i dåhanna vrgraba han,

ond der brôetat saen Thronteppich über
en aus. [11]Der kommt ond schlägt s Land
Ägypten. Was am Daot ghert, ghert am
Daot; wer für d Gfangaschaft bestimmt
ischd, gôht en d Gfangaschaft; ond wer
für s Schwert bestimmt ischd, der ghert
am Schwert. [12]Ond i lass mit Feuer de
Götter en Ägypten ihre Häuser åzünda.
Ond der vrbrennt se ond führt se weg,
ond duat s Land ablausa wian a Hirt sae
Gwand ablaust; nachdem gôht r fort wia
wann nex gwea wär. [13]Dia Spitzsäula em
Sonnatempel haot r zsema ond d Tempel
von de Ägypter ihre Götter zündat r å.

Zom Vrgleicha: *Vers 11:* 46,26; 15,2.

Warnong vor am Götzadenst: 44 1-14

44 Des Wort ischd an da Jeremia
erganga über älle Judäer, mô
em Land Ägypten gwohnt hent, ond
sich en Migdol ond en Tachpanhes, en
Memfis ond em Land Patros ågsiedelt
hent: So spricht JAHWE Zebaot, dr
Gott (Elohey) von Israel: [2]Ihr hent
selber des Ohael gseha, mô i über
Jerusalem ond über älle Städt von Juda
komma lassa han. Guckat, des send
haet ällas Trümmerhäufa, mô neamerd
maeh dren wohnt. [3]Des hent se ihrer
Boshaftigkaet zom vrdanka, mit dera
mô se mi graezt hent, endem se ganga
send zom fremde Götter (Elohim)
Opfer darbrenga ond en deana, dia mô
sia selber ond ihre Vädr et amål kennt
hent. [4]Ond i han emmer wieder maene
Knecht, d Profeta zo euch gschickt
zom euch saga: Machat doch et dauernd
sotte grauahafte Sacha, dia mô i absolut
et leida kå. [5]Aber dia hent et auf me
ghört ond koe Ohr für me ghet, dass se
omkehrt wärat von ihrer Boshaftigkaet,
mit ihrer Raecherei für de andere Götter
(Elohim). [6]Drom håt sich mae Zôrngluat
ond mae Grimm über de Städt von Juda
ond en de Gassa von Jerusalem entlada,
dass se zo Trümmerhäufa wôra send,
wia mr s haet sieht. [7]Ond jetzt spricht
JAHWE Zebaot, dr Gott (Elohey) von
Israel: Wårom dent ihr eure Seela selber
sotte Grausamkaeta å, dass r selber
eure Männer, Fraoa ond Kender aus
Juda ausrottat ond koen maeh übrig
lassat? [8]Ihr raezat mi zor Weißgluat
durch des, was r mit eure Händ årichtat,
wann r andere Götter (Elohim) Opfer
darbrengat en Ägypten, môn r nôganga
send, zom sell åsiedla. Ihr rottat euch
selber aus ond machat euch zom Fluach
ond zom Gspött onter älle Erdavölker.
[9]Hent r schao wieder ällas des Baese
vrgessa, was eure Vädr ond d König von
Juda ond ihre Fürsta, ihr selber ond eure
Fraoa em Land Juda ond en de Gassa von
Jerusalem ågstellt hent? [10]Ond se hent
bis auf da haetiga Dag koe Reue zaegt.
Dia hent koe Ehrfurcht ond führat ihran
Lebenswandel et nach maene Gebot ond
Satzonga, dia mô i ihre Vädr geba han.
[11]Drom, so spricht JAHWE Zebaot, dr
Gott (Elohey) von Israel: I wende mae
Gsicht gega euch zo euram Ohael: I will
ganz Juda ausrotta! [12]Ao da Rest von
Juda, der mô nach Ägypten ganga will,
zom sell en dr Fremde leba, dia nemm i
weg, ond i lass se älle aufgrieba wera em
Land Ägypten. Dia sollat falla durchs
Schwert ond durch da Honger, von kloe
bis graoß. Durch Schwert ond Honger
sollat se sterba, ond ihr Nåma soll zom
Fluachwort ond vom Entsetza wera ond
dr Vrfluachong ond Vrspottong deana.
[13]Dia, mô em Land Ägypten wohnat
suach i so hoem, wian e Jerusalem
hoemgsuacht han mit Schwert ond
Honger ond Pest, [14]dass von dem Rest
von Juda, der mô als Fremdleng em
Land Ägypten lebt, koener drvokommt
ond übrig bleibt, zom ens Land Juda
zrückkomma, mô se wieder nô wöllat;
bloß a paar Flüchtleng kommat wieder
zrück.

Zom Vrgleicha: *Vers 4:* 7,25; 25,4 • *Vers 9:* 7,17 •

Vers 11: 44,27; 21,10; 39,16 • *Vers 12:* 42,18• *Vers 30:* 42,17.

Dr offene Abfall: 44 15-19

[15]Nå hent älle dia Männer, mô gwißt
hent, dass ihre Fraoa andere Götter
(Elohim) Opfer darbråcht hent, ond
älle Fraoa, mô drbeigstanda send, recht
viele, ond ao s ganze Volk, mô em Land
Ägypten ond en Patros gwohnt hent, am
Jeremia zor Antwort geba ond gsaed:
[16]Du kåsch ons viel vrzähla em Nåma
von JAHWE, des entressiert ons gar et!
[17]Mir dent des, was mr selber für richtig
haltat: Mir brengat dr Hemmelskönigin
Opfer dar ond giaßat für se Trankopfer
aus, wia mr s emmer ghalta hent ond
onsere Vädr, onsere König ond Fürsta,
en de Städt von Juda ond en de Gassa
von Jerusalem. Då he'mr no gnuag
Brot ghet ond send glücklich ond froh
gwea. Ond von Ohael he'mr ao nex
gwißt. [18]Aber seit mr aufghert hent,
dass mr dr Hemmelskönigin Opfer
bråcht hent ond Trankopfer für se
auszomgiaßa, fehlt s ons an ällam, ond
mir werat durch s Schwert ond durch
Honger fertig gmacht. [19]Ond wann mir
dr Hemmelskönigin Raecheropfer ond
Trankopfer darbrengat, dent mir des nå
ohne da Willa von onsere Männer, dass
mr Kuacha bachat, mô ihr Bild drauf
ischd ond ra Trankopfer ausgiaßat?

Zom Vrgleicha: *Vers 17:* 7,18.

S Stråfgericht: 44 20-30

[20]Nå håt dr Jeremia zom ganza Volk,
zo de Männer ond Fraoa ond am ganza
Volk, dia môn am Antwort geba hent,
gsaed: [21]Send s et grad dia Raecheropfer,
mô ihr selber ond eure Vädr ond eure
König ond eure Amtsleut em Land,
en de Städt von Juda ond en de Gassa
von Jerusalem darbråcht hent, mô dr
Herrgott (JAHWE) drå denkt ond
dia am so ans Herz ganga send, [22]dass
s JAHWE nemme ausghalta håt mit
eure Otata ond greuliche Sacha, mô
ihr ågstellt hent. Wega dem ischd euer
Land zor Wüste, zom Schreckbild ond
zom Fluach wôra, mô neamerd maeh
lebt, wia s haet no ischd. [23]Weil ihr mit
eure Opfer gega JAHWE gsündigt
hent ond et auf d Stemm von JAHWE
ghorcht hent ond et nach saem Gsetz,
nach saene Satzonga ond Ordnonga
glebt hent, drom ischd des Ohael über
euch komma, wia mr s haet sieht. [24]Nå
håt dr Jeremia zom ganza Volk ond
bsonders zo de Fraoa gsaed: Horchat
auf s Wort von JAHWE ganz Juda,
ihr, mô en Ägypten send! [25]So spricht
JAHWE Zebaot, dr Gott (Elohey) von
Israel: Was ihr selber ond eure Fraoa
mit am Mund vrsprocha hent, des lassat
no eure Händ doa. Ihr hent gsaed: Mir
erfüllat onsere Gelübde, mô mr dr
Hemmelskönigin vrsprocha hent, dass
mr Opfer darbrengat ond Trankopfer
ausgiaßat! Haltat eure Gelübde no ae!
[26]Drom hörtat no s Wort von JAHWE,
ihr Judäer, mô em Land Ägypten lebat:
Guckat, i schwörs bei maem graoßa
Nåma, Spruch von JAHWE, dass koe
Judäer en ganz Ägypten maen Nåma en
da Mund nemma soll, ond saga: So wåhr
JAHWE, mae Herr, lebt! [27]Guck, i wach
über se zom Ohael, et zom Hael; älle
Männer aus Juda, mô en Ägypten send,
werat aufgrieba durchs Schwert ond
durch Honger, bis se ganz ausgrottat
send. [28]Bloß a paar, mô vôr am Schwert
drvokommat, werat aus am Land
Ägypten ens Land Juda zrückkomma;
aber des bloß ganz wenig. Nå wird dr
ganze Rest von Juda, der mô ens Land
Ägypten komma ischd, zom sell en dr
Fremde leba, erkenna, wem sae Wort
sich als Wåhrat rausstellt, maes oder
ihrs. [29]Ond des ischd s Zaeche für euch,
Spruch von JAHWE, dass e euch an
dem Ort dåhanna hoemsuach, dass r

erkennat, dass maene Drohwort gega euch wirklich wåhr werat: [30]So spricht JAHWE: Guck, i gib da Pharao Hofra, da König von Ägypten, saene Gegner en d Händ ond dene, môn am ans Leba wöllat, so wian e da Zidkija, da König von Juda, am König Nebukadnezzar von Babel en d Händ geba han, saem Faend, der môn am ans Leba wölla håt.

Zom Vrgleicha: *Vers 22:* 25,9; 49,13 • *Vers 27:* 1,11f; 43,11 • *Vers 30:* Ez 29,19.

A Wort von Gott an da Baruch: 45 1-5

45 Des ischd s Wort, des mô dr Profet Jeremia zom Baruch, am Nerija saem Soh gsaed håt, mô dr Baruch dia Wort då nach am Jeremia saem Diktat en des Buach dåhanna gschrieba håt, em vierta Jåhr vom Jojakim, am Joschija saem Soh, am König von Juda: [2]So spricht JAHWE, dr Gott (Elohey) von Israel, über di, Baruch: [3]Du håsch zo mr gsaed: Gnad mir, JAHWE håt no Kummer auf maen Schmerza glada! I ben müad vom Seufza ond han koe Ruah gfonda. [4]So sollst d zon am saga: So spricht JAHWE: Guck, was e baut han, des reiß e a, ond was e pflanzt han, reiß e raus! I selber bens, der mô ällas em Land ausrottat. [5]Ond du vrlangst ebbas Graoß für de selber? Vrlangs et! Weil, guck, i breng Ohael über ällas was lebt, Spruch von JAHWE; aber dir gib e dae Leba als Beute, mô da ao nô gôhst!

Zom Vrgleicha: *Vers 1:* 36,4 • *Vers 5:* 21,9; 39,18.

DROHREDA ÜBER D VÖLKER: 46 1 – 51 64

Aelaetong: 46 1

46 Des Wort von JAHWE über d Völker ischd an da Profeta Jeremia erganga:

Über Ägypten: 46 2-26

D Niederlage am Eufrat: 46 2-12

[2]Über Ägypten. Gega d Streitmacht vom Pharao Necho, am König von Ägypten, mô bei Kerkemisch am Eufrat gstanda ischd, des mô dr König Nebukadnezzar von Babel gschlaga håt. Des ischd em vierta Jåhr vom Jojakim, am Soh vom Joschija, am König von Juda gwea: [3]Rüstat euch mit ronde ond lange Schild ond tretat å zom Kampf! [4]Schirrat eure Rösser ond d Reiter sollat aufsteiga ond standat beraet mit Helm! Polierat eure Speer! Ziagat d Schuppapanzer å! [5]Was muaß e seha? Se send muatlos ond weichat zrück, ond ihre Vôrkämpfer send gschlaga ond abghaoa ond guckat et amål maeh zrück. Rengsrom s kalte Grausa. Spruch von JAHWE. [6]Dr Schnellste kå nemme flüchta, ond dr Vôrkämpfer kommt ao et drvo! Em Norda, am Eufrat send se gstrauchlat ond gfalla. [7]Wer ischd s, der mô aufsteigt wia dr Nil, wia d Ström wogat ihre Wasser auf. [8]Ägypten ischd ågstiega wia dr Strom, ond wia d Flüß bewegat sich saene Wasser hin ond her. Ond s spricht: I will steiga ond s Land überfluata ond d Städt vrnichta ond ihre Aewohner! [9]Greifat å, ihr Rösser ond rasat drher ihr Kampfwäga! Rückat aus ihr Vôrkämpfer von Kusch ond Put, mit Schild ausgrüstat! Ihr Luditer mit eure Bogaschütza! [10]Ond seller Dag ischd für da Herr JAHWE Zebaot dr Dag dr Rache, môn r sich an saene Widersacher rächt. Då frisst sich s Schwert satt ond wird bsoffa von ihram Bluat. Då hält dr Herr JAHWE Zebaot a Schlachtopfer em Land em Norda am Eufratstrom. [11]Steig nauf nach Gilead ond hol dr Balsamharz, Jongfrao, Tochter Ägypten!

12 D Völker hörat von daener Schand,
ond dae Gschrôe füllt d Erde; weil Held
an Held gfalla ischd, mitananander send se
gfalla.

Zom Vrgleicha: *Vers 2:* 2Kö 23,29 • *Vers 5:* 20,3 •
Vers 9: Ez 27,10; Nah 3,9 • *Vers 11:* 8,22.

D Eroberong von Ägypten: 46 13-26
13 Des Wort håt JAHWE zom Profeta
Jeremia gsprocha, mô dr König
Nebukadnezzar von Babel komma
ischd zom Ägypten aenemma:
14 Vrkündigat s en Ägypten ond meldats
en Migdol, ond vrkündigats en Memfis
ond en Tachpanhes! Sagat: Stell de, ond
halt de beraet! S Schwert frisst nämlich
schao rengs om de rom! 15 Wårom send
daene Starke omgfloga ond könnat
et standhalta? Weil se dr Herrgott
(JAHWE) nagstaoßa håt. 16 Viele send
durch EHN gfalla ond überananander
naegfalla. Ond se hent gsaed: Stand auf,
mir gangat zrück zo onseram Volk ond
en des Land, mô mr herkommat, vôr am
Schwert vom Onterdrücker! 17 Ond se
hent da Pharao, da König von Ägypten
„Viel Krach om nex" ghôeßa, „der mô
da Åschluß vrpaßt håt".
18 So wåhr i leb, Spruch vom König,
JAHWE Zebaot ischd sae Nåma: Wia
dr Tabor onter de Berg, ond wia dr
Karmel über am Meer ischd, so kommt
r! 19 Richt dae Wanderausrüstong her,
du seßhafta Tochter Ägypten! Memfis
wird nämlich am Erdboda gleichgmacht
ond menschaleer. 20 Wian a schöna jonga
Kuah ischd Ägypten! Breama kommat
von Norda, se kommat! 21 Ao ihre
Söldnertruppa lebat wia d Mastkälbla
em Land, aber ao dia drehat ab ond
haoat älle mitananander ab, ond hent et
standghalta, s kommt nämlich der Dag,
mô s Vrderba über se kommt ond se
hoemgsuacht werat. 22 Ihr Stemm ischd
wia s Zischla von ra Schlang, wann dia
mit Gwalt drherkommat ond mit Äxt
aefallat wia d Holzmacher. 23 Se haoat
ihran Wald om, Spruch von JAHWE,
des kå mr gar et ausforscha, weil dia
wia d Haeschrecka kommat, mr kå s
et zähla. 24 Z'schanda wird d Tochter
Ägypten, preisgeba an a Volk aus am
Norda. 25 So spricht JAHWE Zebaot, dr
Gott (Elohey) von Israel: Guckat, i ziag
da Amon von No ond da Pharao von
Ägypten ond saene Götter(Elohim),
saene König ond dia, mô sich auf da
Pharao vrlassat zor Rechaschaft. 26 I gib
se dene en d Händ, mô en ans Leba
wöllat ond am König Nebukadnezzar
von Babel, ond en d Händ von saene
Soldata. Aber nach dem ischd s wieder
bewohnt wia früher, Spruch von
JAHWE.

Zom Vrgleicha: *Vers 16:* 50,16 • *Vers 18:* 48,15 •
Vers 25-26: 43,11-13

Trost für Israel ond Drohonga gega d Philister: 46 27 – 47 7

A Trostwort für Jakob-Israel: 46 27-28
27 Aber du, mae Knecht Jakob, brauchst
koe Angst et han! Ond sei et muatlos,
Israel! Weil, guckat, i rett de aus ferne
Länder, daene Nåchkomma aus am
Land von ihrer Gfangaschaft. Jakob
kommt wieder hoem ond håt sae Ruah
ond braucht sich koene Sorga macha,
ond koener jagt am an Schrecka ae.
28 Du, mae Knecht Jakob, brauchst koe
Angst et han, Spruch von JAHWE, i ben
nämlich bei dr! i mach älle dene Völker,
môn e de nôvrstraet han, da Garaus.
Aber dir mach e et da Garaus, aber mit
Maßa muaß e de züchtiga, weil, ogstråft
kån e de et lassa.

Zom Vrgleicha: *Vers 27:* 30,10 • *Vers 28:* 30,11;
4,27; 10,24; 30,11.

Über d Philister: 47 1-7
47 Des Wort von JAHWE gega
d Philister ischd an da Profeta

Jeremia erganga bevôr dr Pharao Gaza
aegnomma håt. [2]So spricht JAHWE:
Guck, Wasser steigat von Norda her auf
ond werat zom reißenda Wildbach; se
überfluatat s Land ond ällas was dren
ischd, d Stadt ond dia, mô dren wohnat.
Ond d Menscha schreiat ond de ganz
Aewohnerschaft vom Land heult, [3]vôr
am Dröhna vom Huafgetrappel ond
von de Kampfwäga ihram Gerassel.
Då guckat sich d Vädr et nach ihre Söh
om, weil ihre Händ schlapp machat,
[4]wega dem Dag, der mô kommt, zom
d Philister vrnichta, ond de letzte
Helfer von Tyrus ond Sidon ausrotta.
Dr Herrgott (JAHWE) will nämlich
d Philister vrnichta ond da Rest von
dr Insel Kaftor. [5]Gaza håt mr a Glatze
gschert ond vrnichtat Aschkelon. Du
Rest em Tal, wia lang muaßt de no
en Trauer aeritza? [6]Gnad, o Schwert
von JAHWE, wia lang willst no koe
Ruah geba? Ziag de doch zrück en dae
Schaede, gib a Ruah ond bleib still! [7]Wia
solls denn still sae, mô s doch JAHWE
selber gega Aschkelon ond gega d Küste
vom Meer nôbstellt håt?

Zom Vrgleicha: *Vers 5:* 16,6; 48,37.

Über Moab: 48 1-47

D Zrstörong: 48 1-10

48 Über Moab: So spricht JAHWE
Zebaot, dr Gott (Elohey) von
Israel: Gnad dir, Nebo, des wird
vrwüastat; Kirjatajim ischd aegnomma.
D Hochburg wird hegmacht ond
gschlôeft. [2]Mit am Ruhm von Moab
ischd s aus, en Heschbon håt mr sich
sae Vrderba ausdenkt: Kommat ond
lassat ons Moab ausrotta, dass koe
Volk maeh då ischd! Ao du, Madmen
wirst zom Schweiga bråcht, s Schwert
ischd schao henter dr her! [3]Horch!
Gschrôe aus Hornajim: Gwalt, ällas
he! [4]Zrstört ischd Moab. Mr hört ihr
Gschrôe bis nach Zoar. [5]Jå, d Stôeg nach
Luhit kommat se heulend rauf. Jå, ond
am Abhang von Horonajim hört mr s
Gschrôe vom Zsammabruch: [6]Haoat
ab, rettat euer Leba! Ond ihr sollat sae
wia dr Wachholderstrauch en dr Wüste!
[7]Weil du dae Vrtraua en dae aegena
Tüchtigkaet ond en daen Reichtom
gsetzt håsch, wirst ao du aegnomma.
Ond Kemosch muaß en d Vrbannong
ganga mitsamt saene Priaster ond
Amtsleut. [8]Dr Vrwüster kommt über
jeda Stadt, då kommt koe Stadt drvo. S
Tal gôht zgrond ond de ganz Ebene wird
vrnichtat, wia s dr Herrgott (JAHWE)
gsaed håt. [9]Gebat Moab Flügel, dass
s drvofliaga kå, ond ihre Städt werat
zor Wüste, ond neamerd kå maeh dren
wohna. [10]Vrfluacht ischd jeder, mô am
Herrgott (JAHWE) sae Werk nåchlässig
duat, ond vrfluacht ischd a jeder, mô sae
Schwert vom Bluatvrgiaßa zrückhält.

Zom Vrgleicha: *Vers 4:* Jes 15,5.

Dr Vrwüster: 48 11-28

[11]A sorgafreis Leba håt Moab von saener
Jugend a ghet ond håt sich auf saene
Waehefa ausruha könna! Ond ischd nia
omgleert wôra von oem Kruag en da
andera – ond håt nia en d Vrbannong
ganga müaßa. Sae Gschmack ischd an
am blieba ond sae Duft håt sich nia
vränderat. [12]Drom kommat Däg, Spruch
von JAHWE, då schick i Küafer zo
nen, dia dent s omfülla ond ausleera
ond haoat ihre Krüag zsema. [13]Ond
Moab gôht an Kemosch zgrond, wia
s Haus Israel an Bet-El zgrond ganga
ischd, mô se sich so drauf vrlassa hent.
[14]Wia könnat ihr saga: Mir send Helda
ond Vôrkämpfer em Kampf? [15]Moab
wird vrwüastat ond saene Städt send
bald aegnomma, ond de Beste von
saene jonge Männer müaßat nasteiga
zor Schlachtbank, so spricht dr König,
JAHWE Zebaot ischd sae Nåma. [16]S

Vrhängnis von Moab kommt näher ond
sae Ohael kommt schnell drher. [17]Hent
Mitleid mit am, ihr, saene Nåchber, ond
älle, mô saen Nåma kennat. Sagat: Wia
ischd doch der starka Stab vrbrocha
ond des ruhmreiche Zepter! [18]Steig ra
von daem Ehrasitz ond sitz em Durst
nô, du Aewohnerschaft von dr Tochter
Dibon! Dr Vrwüster von Moab kommt
schao rauf gega de ond macht daene
Festonga he. [19]Stand an da Weg nô ond
halt Ausschao, du Aewohnerschaft von
Aroër! Fråg da Flüchtleng ond oena,
mô drvokomma ischd: Sag, was isch
passiert? [20]Moab ischd zgrond ganga,
jå, ällas ischd zsemabrocha. Klagat ond
schreiat! Meldat s am Arnon: Moab
ischd zrstört! [21]A Stråfgericht ischd übers
ebene Land komma, über Holon, Jahaz
ond Mefaat, [22]über Dibon, Nebo ond
Bet-Diplatajim, [23]über Kirjatajim, Bet-
Gamul ond Bet-Meon, [24]über Kerijot
ond Bozra ond über älle Städt em Land
Moab, de fernere ond dia en dr Nähe.
[25]Agschlaga ischd s Horn von Moab
ond sae Macht ischd brocha, Spruch
von JAHWE! [26]Machat s bsoffa, weil
s gega JAHWE graoßartig ågeba håt,
dass s naebätscht en des, was se kotzt
hent ond ao älle über se lachat. [27]Håsch
du et ao über Israel glacht? Håsch du
s vielleicht beim Stehla vrtwischt, mô
da über se gschwätzt ond de vôr lauter
Lacha gschüttlat håsch? [28]Vrlassat eure
Städt ond wohnat en Felsahöhla, ihr
Aewohner von Moab, machats wia
d Trauba, mô an de Überhäng en de
Schluchta nistat.

Zom Vrgleicha: *Vers 11:* Zef 1,12 • *Vers 15:* 46,18 • *Vers 26:* 48,42 • *Vers 27:* 2,26.

Dr Hochmuat kommt vôr am Fall: 48 29-39
[29]Mir hent vom Hochmuat en Moab
ghört, von saener Überheblichkaet
ond Haochfährigkaet ond saem Stolz
ond Hochmuat en saem Herza. [30]I
selber kenn saen Überschwang, Spruch
von JAHWE, ond sae oaufrichtigs
Gschwätz, was dia dent ischd et recht.
[31]Drom muaß i laut heula über Moab
ond über ganz Moab schreia, ond
seufza über dia Manna von Kir-Heres.
[32]No maeh als om Jaser heul e om di,
o Waestock von Sibma! Daene Ranka
hent bis ans Meer naglangt, bis ans Meer
von Jaser send se ganga. Über daene
Sommerfrücht ond über daen Herbst
send Plünderer hergfalla. [33]D Fraed ond
dr Jubel aus am Gartaland ond aus am
Land Moab send abhanda komma. Da
Wae aus de Kuafa han e aufhera lassa.
Koener tritt maeh d Kelter mit Jauchza.
[34]S Gschrôe von Heschbon ond Elale
drengt bis nach Jahaz, von Zoar bis
Hornajim ond Eglat-Schelischija klagat
se, weil s Wasser vrsiegt. [35]Ond i rotte
jedan aus, Spruch von JAHWE, der mô
an de Kulthöha Opfer ond Raochopfer
darbrengt für saene Götter (Elohim).
[36]Drom klengt mae Herz om Joab wia
d Klag mit Flöta, ond mae Herz klagt
om dia Manna von Kir-Heres, weil en
ällas vrlaora ganga ischd, was se sich
zsemagspart hent. [37]A Jeder Kopf wird
kahl gschôra ond jeder Bart gstutzt,
älle Händ send bluatig gritzt, ond om d
Lenda tragat se Trauergwänder (Säck).
[38]Auf älle Dächer von Moab ond auf älle
freie Plätz hört mr bloß no Klaga, weil
i Moab wia an Kruag zsemadepperat
han, den mô koener maeh wölla håt.
Spruch von JAHWE! [39]Ond wia des
brocha ischd! Heulat! Wia schändlich
ischd Moab abghaoa! So lacht ällas über
Moab ond s ischd zom Schreckbild für
sae ganza Omgebong wôra.

Zom Vrgleicha: *Vers 29:* Jes 16,6-12 • *Vers 34:* Jes 15,4 • *Vers 37:* 16,6; Jes 15,2f.

S oabwendbare Stråfgericht: 48 40-47
[40]So spricht JAHWE: Guck, wia

dr Adler fliagt r ond brôetat saene
Flügel aus über Moab. 41Burga ond
Bergfestonga werat aegnomma. Ond s
Herz von de Vôrkämpfer ischd an dem
Dag wia s Herz von ra Frao, mô grad
a Kendle kriagt. 42Vrnichtat wird Moab,
dass s koe Volk maeh ischd; weil sich's
gega JAHWE graoß gmacht håt. 43S
kalte Grausa ond Fallgruab ond Netz
über di, Aewohner von Moab, Spruch
von JAHWE! 44Der, mô vôr am Graua
flüchtat, fällt en d Gruab, ond der,
mô aus dr Gruab raussteigt, vrfangt
sich em Netz! I laß nämlich a Jåhr mit
Hoemsuachonga über Moab komma,
Spruch von JAHWE! 45Em Schatta von
Heschbon hent dia Halt gmacht, mô
vôr dr Gwalt gflüchtat send, aber von
Heschbon gôht a Feuer aus, a Flamm von
Sihon. Ond se frisst an dr Schläf (Eck)
von Moab ond am Schôetel vom Moab
saene Söh, dene Krawallbrüader. 46Gnad
dir, Moab! Aus ischd s mit dir, Volk
vom Kemosch! Daene Söh kommat en d
Gfangaschaft ond daene Töchter werat
en d Vrbannong vrschleppt. 47Aber am
End von dene Däg dreh i s Schicksal von
Moab wieder rom, Spruch von JAHWE.
So weit s Stråfgericht über Moab.

Zom Vrgleicha: *Vers 40:* 49,22 • *Vers 42:* 48,26 • *Vers 43:* Jes 24,17f • *Vers 45-46:* Num 21,28f • *Vers 47:* 49,6.39.

Über andere Nåchbervölker: 49 1-39

Über d Ammoniter: 49 1-6

49 Über d Ammoniter. So spricht
JAHWE: Geit s denn en Israel
koene Kender, oder geit s då koene
Erba? Wårom håt Milkom da Gad ond
sae Volk beerbt ond sich en saene Städt
ågsiedelt? 2Drom guckat, s kommat
Däg, Spruch von JAHWE, då laß i über
Rabbat-Ammon Kriagsgschrôe höra,
ond s wird zom Trümmerhaufa ond ihre
Städt en dr Omgebong werat åzonda ond
vrbrennt. Ond Israel erbt von dene, mô
se om ihr Erbtôel bråcht hent, Spruch
von JAHWE. 3Heul no, Heschbron! Ai
ischd schao he! Schreiat, ihr Töchter von
Rabat. Ziagat Trauergwänder å! Klagat
ond strôefat en de Hürda omanander, dr
Milkom gôht nämlich en d Vrbannong
mitsamt saene Amtsleut! 4Was geist so å
mit daene Täler, dass dae Tal Überfluß
håt, du abtrünniga Tochter, mô auf ihre
Vôrrät vrtraut ond saed: Wer soll schao
an mi nôkomma? 5Guck, i laß Schrecka
über de komma, Spruch von JAHWE
Zebaot, von älle Seita rengsrom, ond ihr
werat vrtrieba, a jeder für sich, ond då
ischd koener, mô d Flüchtleng sammlat.
6Dådrnåch will e s Schicksal von de
Ammoniter romdreha, Spruch von
JAHWE!

Zom Vrgleicha: *Vers 6:* 48,47.

Über Edom: 49 7-22

7Über Edom: So spricht JAHWE
Zebaot: Geit s denn koe Weishaet
maeh en Teman? De Vrständige
ischd dr Rat abhanda komma, ihr
Weishaet ischd vrkomma. 8Flüchtat!
Machat kehrt, vrschlupfat ganz tiaf,
ihr Aewohner von Dedan. I laß en dr
Zeit von dr Hoemsuachong s Vrderba
über da Esau komma. 9Wann dia zom
Traubalesa kommat geits nex maeh
zom afzgabergla; wann Dieb kommat
en dr Nacht, richtat dia an Schada å,
wian ens grad passt. 10I selber mach da
Esau blank, i deck älle saene Vrsteck
auf, dass r nergads maeh vrschlupfa kå.
Saene Nåchkomma werat vrnichtat, ao
saene Brüader ond Nåchber. 11Überlaß
mir daene Wôesa! I will se selber am
Leba erhalta ond daene Witwa, auf mi
könnat se sich vrlassa. 12Weil, so spricht
JAHWE: Guck, ao dia, mô s et vrdeant
hent, den Becher zom trenka, dia müaßat
an trenka, ond ausgrechnat du moenst,

du müaßtest ogstråft bleiba? Noe, du
kommst et ogstråft drvo, sondern du
muaßt trenka! [13]Des han e mr nämlich
gschwora, Spruch von JAHWE, dass
Bozra vrwüstat wird, zor Schand,
zor Wüste ond zom Fluach, ond älle
ihre Städt werat zo Trümmerhäufa für
emmer.
[14]A Botschaft von JAHWE han e ghört,
ond a Bote ischd zo de Völker gschickt:
Vrsammlat euch ond rückat zom Kampf
aus gega se! [15]Guck, i mach de nämlich
kloe onter de Völker ond vrachtat bei
de Menscha. [16]Dass de andere Angst vôr
dr hent, des håt dae Herz haochfährig
gmacht, als oener, mô en de Felsahöhla
lebt ond Berggipfel besetzt håt. Selbst
wann du dae Nest ganz oba baust wia
dr Adler, i laß de von sell abstürza,
Spruch von JAHWE! [17]Edom soll zor
Wüste wera. Ond an jeda friert s, mô
drüber weg wandert, ond spottat über
saene Schläg, mô s kriagt håt. [18]Wia
beim Ontergang von Sodom ond
Gomorra ond ihre Aewohner; Spruch
von JAHWE, so soll då neamerd maeh
dren wohna ond koe Mensch maeh leba.
[19]Guck, wia dr Löwe aus de Büsch am
Jordan rauskommt en de emmergreane
Aoa, so jag i se en oem Aogablick drvo.
Ond i setz dia ae, mô drfür auserwählt
send. Wer kå sich mit mir vrgleicha, ond
wer könnt mi zor Rechaschaft ziaga?
Ond mô ischd der Hirt, der mô vôr
mir standhält? [20]Drom horchat auf den
Ratschluß, mô dr Herrgott (JAHWE)
gfaßt håt über Edom ond auf saene Plän,
môn r mit de Aewohner von Teman
håt: Ihre Hirtabuaba werat vrschleppt!
Ihre Wôeda send über se entsetzt!
[21]Vôr ihram lauta Fall bebt d Erde. Ihr
Gschrôe hört mr bis ans Schilfmeer na.
[22]Guck, wia dr Adler aufsteigt ond fliagt
ond saene Schwenga ausbrôetat über
Bozra. Nå ischd an sellam Dag s Herz
von de Vôrkämpfer von Edom wia s
Herz von ra Frao, mô en de Weha leit.

Zom Vrgleicha: *Vers 7:* Obd 8f • *Vers 9:* Obd 5 • *Vers 10:* Obd 6 • *Vers 12:* 25,15-17 • *Vers 13:* 44,22 • *Vers 14-16:* Obd 1-4 • *Vers 17:* 19,8; 50,13 • *Vers 18:* 50,40; Jes 13,19f • *Vers 22:* 48,40f.

Über Damaskus: 49 23-27

[23]Über Damaskus: Hamat ond Arpad
ischd enttäuscht, weil se schlechta
Nåchrichta ghört hent. Vrzagt ischd
ihr Herz vôr lauter Kummer ond ischd
oruhig em Sôrgameer, ond will sich et
beruhiga. [24]Damaskus ischd schwach
wôra ond håt flüchta wölla; dr Schrecka
håts packt, Angst ond Weha hent se
packt wian a Frao, mô Muader wird.
[25]Wia ischd se doch vrlassa, dui berühmta
Stadt ond Burg von maener Wonne?
[26]Drom müaßat ihre jonge Männer falla
auf de Plätz ond älle Kriagsmanna werat
an dem Dag zom Schweiga brächt, so
spricht JAHWE Zebaot! [27]Ond i zünd
Feuer å an dr Mauer von Damaskus,
dass des am Ben-Hadad saene Paläst
frisst!

Zom Vrgleicha: *Vers 23:* Jes 57,20 • *Vers 26:* 50,30 • *Vers 27:* 17,27; Am 1,4.

Über de arabische Stämm: 49 28-33

[28]Über Kedar ond über dia Königreich
vom Hazor, dia mô dr König
Nebukadnezzar von Babel gschlaga håt:
So spricht JAHWE: Standat auf! Steigat
nauf gega Kedar, ond schlagat d Söh
vom Osta! [29]Nemmat en ällas weg: ihre
Zelt, ihr Kloevieh, ihre Zeltdecka ond
ihr ganz Hab ond Guat, ond ihre Kamel
sollats wegtraga. Ond se sollat über en
ausruafa: Nex wia Graua rengsrom!
[30]Flüchtat! Laofat schnell ond weit,
vrschlupfat ganz tiaf, ihr Aewohner von
Hazor, Spruch von JAHWE. Dr König
Nebukadnezzar von Babel håt nämlich
an Beschluß gega euch gfaßt ond an
Plån gega euch ausgheckt. [31]Standat auf!
Steigat nauf gega an Stamm, der mô

sôrglos lebt ond sich sicher fühlt, Spruch von JAHWE. Dia hent koene Türa ond koene Riegel, weil se ganz für sich lebat. [32]Ihre Kamel sollat zom Raob wera ond ihre graoße Herda zor Beute. Ond i will se en älle Wendrichtonga vrstraea, dia Leut mit ihre agschnittene Håår. Von älle Seita laß e s Vrhängnis über se komma, Spruch von JAHWE! [33]Hazor wird zor Wohnong für d Schakal, a Wüste für emmer. Neamerd kå sell wohna, koe Mensch dren leba.

Zom Vrgleicha: *Vers 29:* 6,25; 20,3; 46,5 • *Vers 30:* 49,8.20 • *Vers 32:* 25,23 • *Vers 33:* 9,10; 49,13.18; 50,3.

Über Elam: 49 34-39

[34]Des Wort von JAHWE ischd an da Profeta Jeremia gega Elam erganga am Åfang vom Zidkija, am König von Juda, saener Regierongszeit: [35]So spricht JAHWE Zebaot: Guck, i brich da Boga von Elam ausanander, sae stärksta Waff. [36]I laß über Elam vier Wend komma von de vier Enda vom Hemmel, ond vrstrae se en älle vier Wendrichtonga; nå geits koe Volk maeh, mô et oene von de Vrtriebene aus Elam nôkommat. [37]Ond i laß d Elamiter vôr ihre Faend vrzaga ond vôr dene, mô en ans Leba wöllat. Ond i laß Ohael über se komma, nämlich mae Zôrngluat, Spruch von JAHWE, ond i schick s Schwert henter en drae, bis se ausgrottat send. [38]Ond i stell maen Richterstuahl en Elam auf ond laß von dort aus König ond Fürsta onterganga, Spruch von JAHWE. [39]Ond am End von dr Zeit will e s Schicksal von Elam romdreha, Spruch von JAHWE.

Zom Vrgleicha: *Vers 35:* Jes 22,6 • *Vers 37:* 9,15 • *Vers 39:* 48,47; 49,6.

Über Babel: 50 1 – 51 64

50 Des Wort håt JAHWE über Babel, über s Land von de Chaldäer, durch da Profeta Jeremia gsprocha:

S End vom Exil: 50 2-7

[2]Vrkündigats onter de Völker ond lassat s höra, stellat a Banner auf! Lassat s höra ond vrhaemlichat nex, sagat: Babel ischd aegnomma! Bel ischd erledigt! Merodach ischd gstürzt! Saene Götterbilder send vrnichtat ond saene Götza zsemaghaoa! [3]Aus am Norda ischd a Volk gega Babel aufzoga, des macht ihr Land zor Wüste, ond neamerd hält sich maeh dren auf. Mensch ond Vieh send gflüchtat ond fortganga. [4]En dene Däg ond zo dera Zeit, Spruch von JAHWE, kommat d Söh von Israel ond d Söh von Juda mitanander hoem! Heulend wanderat se ond suachat JAHWE, ihran Gott (Eloheyhem). [5]Se frågat nach am Weg nach Zion, då guckat se nô. Komm, laß ons an JAHWE nôhanga mit ama ewiga Bund! Des sollat se nemme vrgessa. [6]A irrenda Herde ischd mae Volk gwea. Ihre Hirta hent se en d Irre glôetat ond en d Berg gschickt, von oem Berg zom andera hent se müaßa, dass se nemme gwißt hent, mô ihr Lager ischd. [7]Jeder mô se gfonda håt, håt se fressa därfa, ond ihre Faend hent gsaed: Et mir machat ons schuldig an dene, sondern sia selber hent sich an JAHWE vrsündigt, an dr Wôed von dr Gerechtigkaet ond Hoffnong, mô dr Herrgott (JAHWE) für ihre Vädr gwea ischd.

Zom Vrgleicha: *Vers 2:* 4,6; Jes 46,1 • *Vers 3:* 49,33; 9,9 • *Vers 4:* 31,9 • *Vers 5:* 32,40 • *Vers 6:* 50,17; 23,1 • *Vers 7:* 31,23.

Dr Entschaedongskampf: 50 8-20

[8]Flüchtat aus Babel ond aus am Land von de Chaldäer! Ond send wia d Lôethammel vor dr Herde! [9]Weil guck, i selber hetz gega Babel ond laß viele Volksstämm aus am Land em Norda årücka, ond dia stellat sich gega Babel auf. Von då aus wird s aegnomma. Ihre Pfeil send wia vo'ma siegreicha Helda, der mô et mit leere Händ zrück

kommt. [10]Ond Chaldäa wird zor fetta
Beute. Älle ihre Plünderer werat satt,
Spruch von JAHWE. [11]Fraeat euch no,
jå, ond jauchzgat, ihr, mô mae Aegatom
plünderat hent, jå, hopfat no wia d
Kälbla omanander ond wieherat wia d
Hengst. [12]Euer Muader gôht zgrond,
schäma muaß sich dui, mô euch auf d
Welt bråcht håt. Guckat doch, s End
von dr Völkerwelt ischd Wüste, Dürre
ond Vrsteppong. [13]Durch am Herrgott
(JAHWE) saen Zôrn wird s obewohnbar
ond ganz ond gar zor Wüste. A jeda,
mô en Babel vorbeikommt, schauderats
ond r spottat über saene Wonda. [14]Stellat
euch auf gega Babel rengsrom, ihr
Bogaschützа! Schiaßat auf se! Sparat
et an de Pfeil! Weil se gega JAHWE
gsündigt håt. [15]Machat rengsrom s
Kriagsgschrôe! Se håt sich ergeba;
gfalla send ihre Säula ond ihre Maura
werat gschlôeft. Des ischd am Herrgott
(JAHWE) sae Rache! Rächat euch an
Babel ond dent ra, was se euch ådao håt!
[16]Rottat dia aus, mô säat ond dia, mô en
dr Erntezeit mit dr Sichel schaffat! Vôr
am gwalttätiga Schwert wendat sich
jeder auf sae Volk zua, ond jeder haot
ab en sae Land. [17]A aufgschaechts Schåf
ischd Israel, Löwa hent s vrjagt. Zersta
håt s dr König von Assur gfressa, ond
zletzta håt dr König Nebukadnezzar
von Babel saene Boener agnagt.
[18]Drom, so spricht JAHWE Zebaot, dr
Gott (Elohey) von Israel: Guck, i suach
da König von Babel ond sae Land hoem,
wian e da König von Assur hoemgsuacht
han! [19]I breng Israel zo saene Wôeda
zrück, dass se auf am Karmel ond em
Baschan wôedat, ond em Bergland von
Efraim ond em Gilead satt werat. [20]En
dene Däg ond en dera Zeit, Spruch von
JAHWE, suacht mr nach dr Schuld von
Israel, aber se ischd nemme då; weil i
dene vrgeba will, môn e übrig laß.

Zom Vrgleicha: *Vers 8:* 51,6; Jes 48,20 • *Vers 13:* 19,8; 49,17; 51,37 • *Vers 15:* 50,28f • *Vers 16:* 46,16 • *Vers 20:* 33,8.

D totala Zrstörong: 50 21-32
[21]Tritt å gega Meratajim
(Doppelempörong), gang auf s Land ond
auf d Aewohner von Pekod los! Schlag
se zdaot! Rott se aus ond vollstreck da
Bann an en, Spruch von JAHWE, ond
dua ällas, was e de ågwiesa han! [22]Horch!
Kriagsgschrôe ischd em Land ond
ällas bricht zsema. [23]Wia ischd doch dr
Håmer von dr ganza Erde zsemaghaoa
ond ausananderbrocha! Wia ischd doch
Babel zom Schreckbild bei de Völker
wôra. [24]I han dr Schlenga ausglegt, Babel,
ond du bist ao naedappt ond håsch s et
amål gmerkt, mr håt de vrtwischt ond
packt, weil da mit JAHWE Händel
ågfanga håsch. [25]Dr Herrgott (JAHWE)
håt sae Rüstkammer aufgmacht ond d
Waffa von saem Zôrn rausgholt. S geit
nämlich ebbas zom doa für da Herra
JAHWE Zebaot em Land von de
Chaldäer. [26]Kommat nach Babel vom
End her! Brechat ihre Spôecher auf!
Schmeißat ällas auf oen Haufa, wia mr s
auf an Kornhaufa schmeißt, ond weihat
se dr Vrnichtong. Koe Rest soll übrig
bleiba. [27]Stechat älle ihre Farra ab! Älle
müaßat auf d Schlachtbank! Gnad dene,
weil dene ihr Dag ischd komma, d Zeit,
mô se hoemgsuacht werat. [28]Horch!
Flüchtleng send aus aus am Land Babel
drvokomma, dia vrkündigat en Zion
am Herrgott (JAHWE), onseram Gott
(Eloheynu) sae Rache, d Rache für saen
Tempel. [29]Bratat gega Babel Bogaschützа
auf! Stellat se rengsrom auf! Lassat koen
drvo komma! Vrgeltat en, was se dao
hent. Dia send nämlich gega JAHWE,
da Haeliga von Israel, übermüatig gwea.
[30]Drom müaßat ihre jonge Männer auf
de Plätz falla ond älle ihre Kriagsmanna
werat zom Schweiga bråcht an dem
Dag, Spruch von JAHWE! [31]Guck, jetzt

gang i auf di los, du Frecha, Spruch vom Herra, JAHWE Zebaot, jetzt ischd nämlich dae Dag komma, d Zeit, mô i de hoemsuach. 32 D Frechhaet strauchlat ond fällt, ond koener hilft ra auf. I zünd ihre Städt å, dass rengsrom ällas vrbrennt.

Zom Vrgleicha: *Vers 23:* 51,20 • *Vers 27:* 50,31 • *Vers 28:* 51,11 • *Vers 229:* 50,15 • *Vers 30:* 49,26 • *Vers 31:* 51,25 • *Vers 32:* 21,14.

D Befreiong von Israel: 50 33-46

33 So spricht JAHWE Zebaot: Onterdrückt send d Söh von Israel ond d Söh von Juda älle mitananander, ond dia, mô se vrschleppt hent, waegerat sich, se zom entlassa. 34 Aber ihr Erlöser ischd stark, JAHWE Zebaot ischd sae Nâma. Der führt ihr Sache zom Erfolg, dass s Land ruhig wird, aber oruhig für d Aewohner von Babel. 35 S Schwert über d Chaldäer, Spruch von JAHWE! ond über d Aewohner von Babel ond ihre Amtsleut ond ihre Weise! 36 S Schwert über ihre Schwätzer (Wahrsager), dia werat zo Narra! S Schwert über ihre Vôrkämpfer, dass se vrzagat. 37 S Schwert über saene Rösser ond Kampfwäga ond über des ganze Völkergemisch, mô bei nen wohnt, dass se zo Weiber werat! S Schwert ao über ihre Vôrrät, dass dia plünderat werat! 38 S Schwert über ihre Wasser, dass se austricknat! Des ischd nämlich a Land voler Götzabilder, ond mit ihre Schreckgstalta führat se sich auf wia de Wahnsennige. 39 Drom sollat Wildkatza ond Schakal dren hausa ond jonge Straußa, ond mr soll nemme dren åsiedla ond en Ewigkaet soll neamerd dren wohna. 40 Wia Gott (Elohim) Sodom ond Gomorra ond ihre Aewohner vrnichtat håt, Spruch von JAHWE, so soll sell neamerd wohna ond koe Mensch sich dren aufhalta.

41 Guck, a Volk kommt von Norda her, a graoß Volk ond viele König standat auf von älle Seita von dr Erde. 42 Boga ond Lanza hent se drbei, grausam ond gnadalos send se. Ihr Krach ischd wias Brausa vom Meer ond se reitat auf Rösser, Kriagsleut en voller Rüstong standat gega de, Tochter Babel. 43 Dr König von Babel håt s ghört, nå hent saene Händ schlapp gmacht; d Angst håt an packt, ond r zitterat, wian a Frao, mô a Kendle kriagt. 44 Guck, wian a Löwe, mô am Jordan aus de Büsch kommt auf d emmergreane Wôeda, so treib i se drvo ond setz maen Auserwählta sell ae. Wer will sich mit mir vrgleicha, ond wer könnt mi zor Rechaschaft ziaga? Ond mô ischd der Hirt, der mô mir standhalta könnt? 45 Drom horchat, was dr Herrgott (JAHWE) entschieda håt über Babel, ond was r sich über s Land von de Chaldäer für Gedanka gmacht håt: D Hirtabuaba werat weggschleppt! Ihre Wôeda werat über se vrschrecka. 46 Vom Gschrôe: Babel ischd gfalla! Bebt d Erde, ond ihr Klagegschrôe hört mr en älle Völker.

Zom Vrgleicha: *Vers 39:* Jes 13,20 • *Vers 40:* 49,18 • *Vers 41-43:* 6,22-24 • *Vers 44-46:* 4,7; 49,19-21.

S Stråfgericht: 51 1-14

51 So spricht JAHWE: Guck, i laß gega Babel ond gega d Aewohner von Chaldäa da Gôest vo'ma Vrderber aufstanda. 2 Ond i schick nach Babel Fremde, dass se s wôrflat ond ihr Land ausplünderat, dia send rengsrom am Dag vom Ohael. 3 Dr Bogaschütze soll saen Boga et spanna, ond der en saem Schuppapanzer soll et aufstanda. Ihr sollat ihre jonge Kämpfer et schona ond s ganze Heer dr Vrnichtong weiha. 4 De Gfallene liegat rom em Land von de Chaldäer, ond Gfallene en ihre Gassa. 5 Israel ond Juda send nämlich et vrlassa von ihram Gott (Elohim), von JAHWE Zebaot, aber dene (de Chaldäer) ihr Land ischd voler Schuld vôr am Haeliga

von Israel. [6]Flüchtat aus Babel ond jeder
soll sae Leba retta! Ihr sollat nämlich et
omkomma wega dene ihre Vrfehlonga.
Jetzt ischd nämlich d Zeit für am
Herrgott (JAHWE) sae Rache. Was
dia dao hent, des zahlt r en hoem. [7]A
goldener Becher ischd Babel en dr Hắd
von JAHWE gwea, de ganz Erde håt r
bsoffa gmacht. Von saem Wae hent d
Völker tronka ond hent sich wia vrruckt
aufgführt. [8]Urplötzlich ischd Babel
gfalla ond wird zsemaghaoa. Heulat
über se! Holat Balsam für sae Wond,
vielleicht kå mr s nômål hôela. [9]Mir hent
Babel hôela wölla; aber mr håt nex maeh
macha könna. Vrlassat se ond jeder soll
en sae Hoemat ganga! Sae Stråfgericht
langt bis an da Hemmel nauf, bis an d
Wolka.
[10]Dr Herrgott (JAHWE) håt onser Recht
ans Licht bråcht. Kommat ond lassat ons
en Zion vrkündiga, was JAHWE, onser
Gott (Eloheynu) dao håt. [11]Schleifat
eure Pfeil! Rüstat euch aus mit Schild!
JAHWE håt da Gôest von de König
von Medien aufghetzt. Sae Plan richtat
sich gega Babel zom se vrderba. Des
ischd d Rache von JAHWE, d Rache
für saen Tempel. [12]Stellat a Feldzaeche
auf zo de Maura von Babel! Machat d
Wacha stark ond stellat Wachtposta auf!
Machat an Henterhalt! Was dr Herrgott
(JAHWE) beschlossa håt, des duat r ao,
was r de Aewohner von Babel ådroht
håt, des passiert ao. [13]Du wohnst an viele
Wasser (Kanäl) ond bist reich an Schätz,
aber jetzt ischd dae End komma, dae
Maß ischd vol. [14]JAHWE Zebaot håt
bei saem Leba gschwora: Selbst wann
e de mit Menscha fülla dät soviel wia
d Haeschrecka, wird s Kampfgschroe
gega de ågstemmt.

Zom Vrgleicha: *Vers 2:* 15,7 • *Vers 5:* Jes 54,4 • *Vers 6:* 50,8.15 • *Vers 7:* 25,15 • *Vers 8:* Jes 21,9 • *Vers 11:* Jes 13,17; Jer 50,28 • *Vers 12:* 50,2.

Am Herrgott sae Größe: 51 15-19

[15]ER, der mô d Erde mit saener Kraft
gschaffa ond da Erdkraes gründat håt
durch sae Weishaet ond mit saener
Aesicht da Hemmel ausgspannt håt.
[16]Wann r donnerat ischd viel Wasser am
Hemmel, ond wann r d Wolkaschwada
aufkomma lässt von de Enda von dr
Erde, lässt r d Blitz mit am Rega komma
ond da Wend aus saener Vôrratskammer.
[17]Domm stôht jeder Mensch då, der mô
nex wôeß, ond schäma muaß sich jeder
Goldschmied für saene Götzabilder,
môn r gmacht håt; saene Bilder send
Lug ond Trug, dia könnat et amål
schnaufa. [18]A laos Lüftle send se, a
lächerlichs Glomp. En dr Zeit von ihrer
Hoemsuachong vrschwendat dia ganz.
[19]Aber so ischd der et, der mô am Jakob
sae Åtôel ischd! Weil der, mô s Weltall
gschaffa håt, der ischd s, mô (am Jakob)
saen Stamm zom Erbguat gmacht håt,
JAHWE Zebaot ischd sae Nåma.

Zom Vrgleicha: *Vers 15-19:* • 10,12-16 • *Vers 16:* 10,13; Ps 135,7.

Babel als Håmer: 51 20-26

[20]A Håmer bist du für mi gwea, a Waff
em Kriag. Durch di han i Völker gschlaga
ond Königreich zerstört. [21]Ond i han
durch di Rösser mitsamt ihre Reiter
ond Kampfwäga zsemaghaoa. Ond i
han durch di Wäga mitsamt de Fahrer
zsemaghaoa. [22]Mit dir han i Männer ond
Fraoa zsemaghaoa. Ond i han durch di
Greis ond Buaba zsemaghaoa. Ond i
han durch di jonge Männer ond jonge
Fraoa zsemaghaoa. [23]Ond i han durch di
Hirta mitsamt ihre Herda zsemaghaoa.
Ond i han durch di Baura mitsamt ihre
Gspann zsemaghaoa. Ond i han durch
di Stadthalter ond Vögt zsemaghaoa.
[24]Jetzt will e Babel ond de Aewohner
von Chaldäa älle Boshaeta hoemzahla,
mô se en Zion vôr eure Aoga dao hent,
Spruch von JAHWE. [25]Guck, i gang jetzt

an de, du Berg vom Vrderber, Spruch
von JAHWE, der mô de ganz Erde
vrdôrba hât, ond i will mae Hâd gega de
ausstrecka. Ond i will de über d Felsa
nawärgla ond mach de zom abrennta
Berg. 26Von dir holt mr koen Eckstoe
ond koen Stoe maeh für d Grondmaura,
sondern du bleibst für emmer a Wüste,
Spruch von JAHWE.

Zom Vrgleicha: *Vers 20:* 50,23 • *Vers 24:* 50,18.29 • *Vers 25:* 50,31.

D Strâf für d Schuld: 51 27-40

27Richtat a Feldzaeche auf! Stoßat ens
Widderhorn bei de Völker! Rüstat
Völker auf gega Babel! Ruafat se auf
gega d Königreich Ararat, Minni
ond Aschkenas! Stellat an Vogt über
se! Stellat a Reitermacht auf wia de
bôrstige Haeschrecka! 28Rüstat Völker
auf gega d König von Medien ond ihre
Statthalter ond älle ihre Vögt ond gega
s ganze Land von ihrer Herrschaft.
29Ond d Erde bebt ond zitterat, wann
am Herrgott (JAHWE) saene Plän gega
Babel wâhr werat ond d Landschaft von
Babel zor Wüste machat, mô neamerd
maeh wohnt. 30D Vôrkämpfer von Babel
hent aufghert mit kämpfa ond hockat en
ihre Felsanester. Ihr Heldakraft ischd
vrdôrrat, ond se send zo Weiber wôra.
Mr hât ihre Wohnonga åzonda ond
ihre Riegel ausananderbrocha. 31Läufer
begegnat anander ond Melder begegnat
Melder, mô am König von Babel
ausrichtat, dass sae Stadt aegnomma
ischd von älle Seita. 32Ond d Furta
seie besetzt ond dr Schilf en de Sümpf
ausbrennt. Ond dia Kriagsmanna send
muatlos. 33So hât JAHWE Zebaot, dr
Gott (Elohey) von Israel gsprocha: D
Tochter Babel ischd wian a Tenne en
dr Zeit, mô se festgstampft wird. No
a kloes Weile, nå ischd d Erntezeit für
se då. 34Nebukadnezzar, dr König von
Babel, hât me gfressa ond aufgrieba. Der
hât me abgstellt wia an leera Kruag. Der
hât me vrschlonga wian a Seeogeheuer
ond saen Ranza volgfressa mit maene
Leibspeisa ond me ausgspüalt. 35Dia
Gwalttata, mô mr mir ådao hât, sollat
über Babel komma! Sollat d Aewohner
von Zion saga, ond mae Bluat über d
Aewohner von Chaldäa! Soll Jerusalem
saga! 36Drom, so spricht JAHWE: Guck,
i selber führ daen Rechtsstreit, ond i
nemm Rache für de ond laß ihr Meer
austrickna ond ihre Quella vrsiega.
37Ond aus Babel wird a Stoehaufa, a
Höhle für Schakal, a Ort vom Schrecka
ond vom Spott, mô neamerd wohnt.
38Nå brüllat se wia jonge Löwa ond
knurrat wia Löwakätzla. 39Für ihr Gier
richte i a Gelage her ond mach se bsoffa,
dass se lustig werat ond nå für emmer
aeschlåfat ond nemme aufwachat,
Spruch von JAHWE. 40I führ se na wia
d Lämmer zom metzga wia d Schâfböck
ond d Lôethammel.

Zom Vrgleicha: *Vers 30:* 50,37; Jes 19,16; Nah 3,13 • *Vers 37:* 50,13 • *Vers 40:* 50,27.

D endgültiga Vrnichtong: 51 41-58

41Wia ischd doch Scheschach (Babel)
aegnomma wôra, a weltberühmta Stadt?
Wia ischd doch Babel zom Schreckbild
für älle Völker wôra? 42S Meer ischd
über Babel aufgstiega ond em Tosa von
dr Brandong überfluatat wôra. 43Saene
Städt send zor schauriga Öde wôra,
a vrdôrrats Land ond ällas vrsteppt,
a Land, mô neamerd maeh dren
wohna kå ond mô koe Mensch maeh
durch wanderat. 44Ond da Bel will e
hoemsuacha en Babel, ond i reiß am ällas
aus am Maul, was r en sich naegschlonga
hât. D Völker strömat ao nemme zon
am, ond d Mauer von Babel muaß falla.
45Gang raus von ihrer Mitte, mae Volk,
ond jeder soll sae Leba retta vôr dr
Zôrngluat von JAHWE. 46Euer Herz
soll et wôech wera ond hent koe Angst

et vôr dem Gschwätz, mô mr em Land
hört. Då wird en oem Jåhr so gschwätzt
ond em andera so, ond Gwaltätigkaet
herrscht em Land ond oe Herrscher
kommt nach am andera. [47]Drom guck, s
kommat Däg, då suach i d Götzabilder
von Babel ond em ganza Land hoem;
ond s ganze Land gôht zgrond, ond älle
saene Gfallene liegat em ganza Gebiet
omananander. [48]Ond über Babel jublat
Hemmel ond Erde ond ällas, was en
en dren ischd, weil von Norda her dr
Vrwüster über se kommt, Spruch von
JAHWE. [49]Ao Babel muaß falla für de
Gfallene von Israel ond für älle, mô für
Babel auf dr ganza Erde gfalla send. [50]Ihr,
mô vôr am Schwert drvokomma send,
gangat fort! Bleibat et standa! Denkat en
dr Ferne an JAHWE ond an Jerusalem!
[51]Mir müaßat ons schama weil mr
Spottreda åghört hent. D Scham deckt
onser Gsicht zua, weil Fremde über
s Haeligtom em Haus vom Herrgott
(JAHWE) komma send. [52]Drom guck,
s kommat Däg, Spruch von JAHWE,
då suach i ihre Götzabilder hoem, ond
en saem ganza Land hört mr s Stöhna
von de Vrwondate ond Gfallene. [53]Wann
Babel bis an da Hemmel naufsteigt ond
sich en ra ozuagänglicha Höhe ihr Macht
aufbaut, laß i oenaweg da Vrwüster über
se komma, Spruch von JAHWE.
[54]Mr hört s Wehgschrôe von Babel, ond
em Land von de Chaldäer bricht ällas
zsema. [55]Weil dr Herrgott (JAHWE)
Babel am Erdboda gleich macht ond
r macht a End mit saem lauta Krach.
Mögat ihre Woga brausa wia a groaßa
Wasser ond ihr Gschröe no so laut sae.
[56]Dr Vrwüster kommt über Babel, ond
ihre Vörkämpfer werat gfanga gnomma;
ihre Boga werat ausananader brocha,
a Gott (El) dr Rache ischd nämlich
JAHWE, ond der zahlt en ällas hoem.
[57]Ond i mach ihre Amtsleut ond ihre
Weise, ihre Statthalter ond Vögt ond
ihre Helda bsoffa, dass se für emmer
aeschlåfat ond nemme aufwachat,
Spruch vom König, JAHWE Zebaot
ischd sae Nåma. [58]So spricht JAHWE
Zebaot: De brôet Mauer von Babel
wird bis auf da Grond aegebnat ond
ihre haoche Tôrtürm werat åzonda ond
vrbrennt. So hent sich ganze Völker
omasonst Müah geba ond Nationa für s
Feuer. Des macht se müad.

Zom Vrgleicha: *Vers 43:* 2,6 • *Vers 53:* Jes 14,13 • *Vers 57:* 51,39 • *Vers 58:* Hab 2,13.

A gschichtlicher Nåchtrag: 51 59-64

[59]Des Wort, mô dr Profet Jeremia am
Seraja, am Soh vom Nerija ond Enkel
vom Machseja, mitgeba håt, mô der
mit am Zidkija, am König von Juda, em
vierta Jåhr von saener Regierongszeit
nach Babel ganga ischd; dr Seraja
ischd dr Quartiermôester gwea. [60]Dr
Jeremia håt des ganze Ohael, mô über
Babel komma soll, en ra Buachroll
aufgschrieba, nämlich älle dia Wort,
mô über Babel aufgschrieba send. [61]Dr
Jeremia håt zom Seraja gsaed: Wann da
nach Babel kommst, nå sieh zua, dass da
älle dia Wort dåhanna laut vôrlesa duast.
[62]Ond nå saesch d: JAHWE, du selber
häsch über den Ort dåhanna ådroht,
dass r vrnichtat wird ond dass nåchher
neamerd maeh dren wohnt, koe Mensch
ond koe Vieh, ond dass r zor Wüste
wird für emmer. [63]Ond wann da fertig
bist mit am Vôrlesa von dem Buach, nå
bendest d s auf an Stoe ond schmeißt
d s en da Eufrat nae. [64]Ond då saesch d
drzua: Grad so soll Babel vrsenka ond
nemme raufkomma wega dem Ohael,
des mô i über dui Stadt komma laß, dass
se vrgangat. Soweit am Jeremia saene
Wort.

Zom Vrgleicha: *Vers 60:* 50,1-51,58 • *Vers 62:* 51,26.

ÅHANG: D ZERSTÖRONG VON JERUSALEM: 52 1-30

Jerusalem wird aegnomma: 52 1-11

52 Dr Zidkija ischd oesazwanzg Jåhr
alt gwea môn r König wôra ischd,
ond r håt elf Jåhr lang en Jerusalem
regiert. Sae Muader håt Hamutal ghôeßa
ond ischd a Tochter vom Jirmeja aus
Libna gwea. [2]Der håt dao, was en de
Aoga vom Herrgott (JAHWE) baes
gwea ischd, genao wia sae Vadr Jojakim.
[3]Wega am Herrgott (JAHWE) saem
Zôrn ischd nämlich Jerusalem ond Juda
vôr Saem Gsicht vrwôrfa wôra.
Dr Zidkija håt sich aber gega da
König von Babel aufglehnt. [4]Ond em
naenta Jåhr von saener Regierongszeit,
em zehnta Monat, ischd dr König
Nebukadnezzar von Babel mit saener
Streitmacht ågrückt ond håt Jerusalem
belagerat. Ond se hent rengsrom an
Belagerongswall baut. [5]Bis ens elfte
Jåhr vom König Zidkija ischd d Stadt
belagerat wôra. [6]Em vierta Monat, am
naenta Dag, ischd dr Honger en dr
Stadt graoß gwea, ond s Landvolk håt
ao koe Brot maeh ghet, [7]då send Brescha
en d Stadtmaura brocha wôra. Ond d
Kriagsmanna send abghaoa ond aus dr
Stadt nausganga auf am Weg durchs Tôr
zwischa de Maura ond durch da Garta
vom König, ond d Chaldäer hent ihr
Lager rengs om d Stadt rom ghet, ond
se send en Richtong Araba gflüchtat.
[8]Aber s Heer von de Chaldäer ischd am
König nåchgjagt, ond se hent da Zidkija
en de Steppa von Jericho aegholt, ond
se hent sae ganza Streitmacht von am
abtrennt. [9]Nå hent se an gschnappt ond
an zom König von Babel nach Ribla
bråcht ens Land Hamat. Ond der håt
an vrurtôelt. [10]Dr König von Babel håt
am Zidkija saene Söh vôr saene Aoga en
Ribla abschlachta lassa ond älle saene
Amtsleut ao. [11]Ond da Zidkija håt r
blenda ond en Ketta lega lassa. Nå håt
an dr König nach Babel brenga lassa
ond sell ens Gfängnis dao bis zo dem
Dag, môn r gstôrba ischd.

Zom Vrgleicha: *Vers 1-11:* • 2Kö 24,18-25,7 • *Vers 11:* 32,5.

D Vrschleppong nach Babel: 52 12-30

[12]Em fenfta Monat am Zehnta Dag,
des ischd em naezehnta Jåhr vom
König Nebukadnezzar gwea, då isch
dr Nebusaradan, dr Oberst von dr
Leibwach, zom König von Babel nach
Jerusalem komma. [13]Ond r håt da
Tempel vom Herrgott (JAHWE) ond
da Königspalast åzonda ond älle Häuser
von Jerusalem. Älle graoße Häuser håt
r em Feuer vrbrennt. [14]Ond älle Maura
om Jerusalem rom hent d Soldata von de
Chaldäer gschlôeft, dia mô beim Oberst
von dr Leibwach gwea send. [15]Da Rest
von dr Bevölkerong, mô no en dr Stadt
blieba ischd, ond älle, mô zom König
von Babel übergloffa gwea send, ond de
letzte Handwerker håt dr Nebusaradan,
dr Oberst von dr Leibwach vrschleppa
lassa. [16]Bloß von de oefache Leut em
Land håt dr Nebusaradan, dr Oberst
von dr Leibwach an Tôel zrück glassa
als Wae- ond Ackerbaura.
[17]Ond dia Bronzesäula, mô zom Herrgott
(JAHWE) saem Haus ghert hent, ond
dia Fahrgstell ond s eiserne Meer, mô
em Haus vom Herrgott (JAHWE) gwea
ischd, hent se zsemaghaoa ond des ganze
Erz nach Babel gschafft. [18]Ond dia Häfa
ond Schaufla ond Dochtschera ond d
Sprenzkanna ond dia Schala ond älle
Gerätschafta aus Bronze, mit dene mr
da Denst dao håt, hent se mitgnomma.
[19]Ao dia Becka, d Raecherpfanna,
Sprenzschala, Leuchter, Schüssla ond
Becher, ällas, was aus Gold, ond ällas,
was aus Silber gwea ischd, håt dr Oberst
von dr Leibwach mitgnomma. [20]Dia

zwôe Säula, des Meer ond dia zwölf
Stier aus Bronze, mit dene Fahrgstell,
mô dr König Salomo håt macha lassa
für am Herrgott (JAHWE) sae Haus,
d Bronze von dene ganze Gerätschafta
håt mr gar et wiega könna. 21Dia Säula
send achtzeah Ella haoch gwea, ond
mit dr Schnur håt mr zwölf Ella an
Omfang gmessa, ond d Wandong ischd
vier Fenger dick gwea ond enna ischd
se hohl gwea. 22Oba ischd a Kapitell aus
Bronze gwea, fenf Ella haoch, mit ama
Flechtwerk ond Granatäpfel rengsrom,
ällas aus Bronze. Grad so ischd ao
de zwôet Säul gwea. 23Sechsanaenzig
Granatäpfel send frei dranna ghangt
an dem Flechtwerk, ensgesamt send
s aber hondert Granatäpfel rengsrom
gwea. 24Ond dr Oberst von dr Leibwach
håt da Seraja, da ersta Priaster ond da
Zefanja, da zwôeta Priaster, ond dia
drei Schwellahüater, gnomma; 25ond aus
dr Stadt håt r an Kämmerer, der mô d
Kriagsleut beaufsichtigt håt, ond sieba
Männer vom König saene Vrtraute,
mô mr no en dr Stadt gfonda håt, ond
da Schreiber vom Feldhaoptmann,
der mô s Landvolk für da Kriagsdenst
ausghoba håt, ond sechzg Mann aus
am Landvolk, mô no en dr Stadt gwea
send, 26dia håt dr Nebusaradan, dr
Oberst von dr Leibwach, mitgnomma
ond zom König von Babel nach Ribla
bråcht. 27Ond dr König von Babel håt
se en Ribla em Land Hamat ombrenga
lassa. So ischd Juda aus saem Land
en d Vrbannong gführt wôra. 28Des
ischd s Volk, mô dr Nebukadnezzar
en saem siebta Regierongsjåhr
vrschleppt håt: dreitausaddreiazwanzg
Leut aus Juda, 29em achtzehnta
Jåhr vom Nebukadnezzar håt dr
Nebusaradan, dr Oberst von dr
Leibwach, achthondertzwôeadreißg
Leut aus Jerusalem vrschleppt.
30Em dreiazwanzigsta Jåhr vom
Nebukadnezzar håt dr Nebusaradan,
dr Oberst von dr Leibwach,
siebahondertfenfavierzg Leut aus
Juda vrschleppt; em Ganza send des
viertausadsechshondert Seela gwea.

Zom Vrgleicha: *Vers 12-27:* • 2Kö 25,8-21 • *Vers 17:* 27,19-22.

Ausblick: D Begnadigong vom Jojachin: 52 31-34

31Ond em siebenadreißigsta Jåhr nach
dr Wegführong vom König Jojachin,
am König von Juda, em zwölfta Monat,
am fenfazwanzigsta Dag, håt dr Ewil-
Merodach, dr König von Babel, em
Jåhr von saener Thronbesteigong, da
König von Juda begnadigt ond an aus
am Gfängnis entlassa. 32Ond r ischd
fraendlich zon am gwea ond håt am
an Stuahl oberhalb von de Stüahl
von de andere König ågwiesa, mô
mit am en Babel gwea send. 33Saene
Gfängnisklôeder håt wechsla därfa ond
saener Lebdag an dr königlicha Tafel
essa därfa. 34Ond sae ständiger Onterhalt
ischd am vom König von Babel geba
wôra Dag für Dag, soviel r braucht håt,
bis an den Dag, môn r gstôrba ischd, sae
Leba lang.

Zom Vrgleicha: *Vers 31-34:* • 2Kö 25,27-30.

Klageliader

S ERSTE LIAD: 1 1-22

1 O Waedag, wia leit dui Stadt vrlassa
då, ond ischd doch so reich an Volk
gwea! Wian a Witwe ischd se wôra, mô
se doch so graoß gwea ischd onter de
Völker! D Fürstin über d Länder ischd
zor Sklavin wôra.
2 Se heult bitterlich en dr Nacht, ond
Träna send auf ihre Backa; ond koener
ischd då von ihre Fraend, mô se tröstat.
Älle ihre Fraend se ra otreu wôra ond
sogar zo Faend.
3 Ausgwandert ischd Juda vor Elend ond
hartam Frondenst, jetzt wohnt r bei
de Völker ond fendat koe Ruah. Ihre
Vrfolger hent se kriagt ond en d Enge
trieba.
4 D Weg nach Zion send vrödat, koener
kommt maeh zom Fest, ihre Stadttôr
hangat rom. Ihre Priaster seufzat, ihre
jonge Fraoa send vrgrämt ond bitter.
5 Ihre Widersacher hent d Oberhand
gwonna, ihre Faend send lustig; dr
Herrgott (JAHWE) håt nämlich s
Oglück über se bråcht wega ihre Sünda,
ihre Kenderla send en d Gfangaschaft
ganga vôr ihre Faend her.
6 Vrschwonda ischd aus dr Tochter Zion
ihr ganza Pracht; ihre Fürsta send wia
d Hirsch wôra, mô koe Wôed maeh
fendat. Ohne Kraft send se vôr ihre
Vrfolger herzoga.
7 Jerusalem denkt an d Däg von ihram
Elend, ond voler Bitterkaet an dia
Kostbarkaeta, mô früher en ra gwea
send. Mô ihr Volk en d Händ von ihre
Faend gfalla ischd håt ra koener gholfa.
Ihre Faend hent guckt ond drüber
glacht, wia se vrfalla ischd.
8 Jerusalem håt sich schwer vrsündigt,
drom ischd se zom Abscheu wôra vôr
älle, mô se vôrher vrehrt hent; vrachtat
hent se se, weil se ihr Blöße gseha hent.
Se seufzt ond kå sich selber nemme
ågucka.
9 Ihr Oraenhaet ischd an ihre Saem, weil
se et ans End denkt håt. Drom ischd se ao
ganz tiaf abgstürzt; ond neamerd tröstat
se. Guck doch, JAHWE, mae Elend, dr
Faend macht sich emmer brôeter!
10 Dr Bedränger streckt sae Håd aus nach
älle ihre Kostbarkaeta; se håt mitåseha
müaßa, wia Völker en ihr Haeligtom
aedronga send, von dene, mô du gsaed
håsch: Dia därfat et en dr Gemaende zo
dir komma!
11 Älle ihre Aewohner seufzat ond bettlat
om Brot. Ihre Kostbarkaeta hent se
hergeba für ebbas zom Essa, dass se am
Leba bleibat. Guck doch her, JAHWE,
wia i demüatigt wôra ben!
12 S ischd no gar et bis zo euch
durchdronga, ihr älle, mô dåhanna
vrbeilaofat! Guckat no her, mô geit
s no so an Schmerza, der mô so ischd
wia mae Schmerz, den mô JAHWE mir
ådao håt am Dag von saem Zôrn.
13 Von oba ra håt r Feuer en maene Boener
gschickt ond håt s naebrenna lassa. A
Netz håt r vôr maene Füaß ausglegt
ond håt me hentersche naegrissa. Fertig
gmacht håt r me, zo ama elenda Siach.
14 S Joch von maene Vrbrecha håt r mit
saene Händ festbonda, bis an maen
Hals send se mr ganga ond hent mae
ganza Kraft aufzehrt. Mae Herr håt me
dene en d Händ geba, gega dia mô i nex
ausrichta kå.
15 Älle maene Helda en maener Mitte håt
mae Herr vrwôrfa, ond a Fest gega me
ausruafa lassa zom maene jonge Männer
vrnichta. Mae Herr håt d Kelter treta
für d Jungfrao, d Tochter Juda.

[16]Dådrüber müaßat maene Aoga heula, maene Aoga vgangat vôr lauter Träna; weil dr Tröster ganz weit weg ischd von mr, der mô mae Seel wieder aufrichta könnt. Maene Kender vrschmachtat, weil dr Faend so überlega ischd.
[17]Zion brôetat ihre Händ aus, aber koener ischd då zom se trösta. JAHWE hât gega da Jakob sae ganza Omgebong als Faend aufbota; Bei dene ischd Jerusalem zom Schandflecka wôra.
[18]Gerecht ischd ER, JAHWE, i han saem Wort nämlich trotzt. Horchat her, ihr Völker älle, ond guckat auf maen Schmerz: Maene jonge Fraoa ond maene jonge Männer, älle send en d Gfangaschaft ganga!
[19]I han nach maene Fraend gschria, dia hent me älle em Stich glassa. Maene Priaster ond maene Älteste en dr Stadt send gstôrba, dia hent ebbas zom essa gsuacht, dass se am Leba bleiba könnte.
[20]Guck doch her, JAHWE, mir ischd s angst ond bang. En maem Bauch gärt s ond s Herz dreht mr s rom, weil i so trotzig gwea ben. Draußa hât me s Schwert entvölkert ond em Haus laurat dr Daot.
[21]Se hent ghört, wia i seufza dua, aber då ischd koener, mô me tröstat. Älle maene Faend hent vo'maem Oglück ghört ond hent sich gfract, dass du des über me håsch komma lassa. Lass den Dag komma, den mô da åkündigt håsch, dass s dene ao so gôht wia mir.
[22]Dene ihr Boshaftigkaet soll ao vor dae Gsicht komma, ond mach s mit dene so, wia da s mit mir gmacht håsch wega maene Sünda. I han nämlich viel zom seufza, ond mae Herz ischd ganz krank.

Zom Vrgleicha: *Vers 2:* 4,30; 30,14 • *Vers 3:* Dtn 28,65 • *Vers 4:* Jes 3,26; Jer 14,2 • *Vers 8:* Jer 13,22 • *Vers 10:* Dtn 23,3-5 • *Vers 13:* Ez 12,13 • *Vers 15:* Jes 63,3 • *Vers 18:* Dtn 28,41 • *Vers 20:Jer 4,19*; Dtn 32,25.

S ZWÔETE LIAD: 2 1-22

2 Ach, wia donkle Wolka leit dr Zôrn von maem Herra über dr Tochter Zion! Vom Hemmel hât r d Herrlichkaet von Israel auf d Erde gschmissa ond et an da Schemel von saene Füaß denkt am Dag von saem Zôrn.
[2]Gnadalos hât mae Herr zuagschlaga en älle Åsiedlonga vom Jakob ond en saener Wuat d Festonga von dr Tochter Juda agrissa. Auf da Boda ghaoa ond entweiht s Königreich ond saene Fürsta.
[3]En saener Zôrngluat hât r jedas Horn en Israel aghaoa ond sae Rechta zrückzoga vôr am Faend, ond hât en Jakob ghaust wian a Feuersturm, der mô rengsrom ällas wegfrisst.
[4]Saen Boga hât r gspannt wian a Faend, mit saener Rechta ischd r dågstanda wian a Widersacher ond hât ällas ombråcht, was schö zom ågucka gwea ischd. Em Zelt von dr Tochter Zion hât r sae Zôrngluat ausgleert wia Feuer.
[5]Mae Herr ischd wôra wian a Faend ond hât Israel gschlaga ond älle saene Paläst hegmacht ond saene Festonga zrstört ond über d Tochter Juda Jammer ond Laed bråcht.
[6]Sae Hütte hât r agrissa ond saen Festort vrnichtat; Vrgessa lassa hât JAHWE en Zion Festzeita ond Sabbatfeier, ond en saem Zôrn hât r König ond Priaster vrwôrfa.
[7]Vrschmäht hât mae Herr saen Altar ond sae Haeligtom entweiht, d Maura von de Paläst de Faend en d Händ ausglieferat. Em Haus von JAHWE hent se a Gschrôe vrführt wia früher bei de Festvrsammlonga.
[8]JAHWE hât d Absicht ghet, d Stadtmauer von dr Tochter Zion zom

prüafa ond omkehra zo JAHWE.
41 Mir wöllat onsere Herza zo Gott (El)
em Hemmel erheba.
42 Mir hent gfrevelt ond send trotzig
gwea, drom håsch du ons et vrzieha.
43 Du håsch de en daen Zôrn aeghüllt
ond ons vrfolgt, du håsch ons gnadalos
ombråcht.
44 Du håsch de en de Wolka vrsteckt, dass
onser Beta et durchdronga ischd.
45 Onter de Völker håsch du ons zom
letzta Dreck gmacht.
46 Onsere Faend hent sich s Maul über
ons vrrissa.
47 S Graua ond d Gruab send ons blieba,
Vrwüastong ond Vrderba.
48 Wia Wasserbäch laofts aos maene
Aoga weg'am Absturz von d Tochter
von maem Volk.
49 Ohne a End tränat maene Aoga ond
könnat sich et beruhiga,
50 bis dr Herrgott (JAHWE) vom
Hemmel raguckt ond me sieht.
51 Maene Aoga dent waeh wega de
Töchter von maener Stadt.
52 Wia auf an Vogel hent maene Faend
Jagd auf me gmacht ohne an Grond.
53 Mae Leba hent se en a Gruab nackeit
ond Stoener auf me gschmissa.
54 Wasser hent se mr über da Kopf gleert,
dass e denkt han: Jetzt ischd s aus mit
mr.
55 I han daen Nåma, JAHWE, ågruafa
aus dera Gruab raus.
56 Du håsch mae Stemm ghört; vrschliaß
et dae Ohr vôr maem Fleha!
57 Du bist en dr Nähe gwea, mô i de
ågruafa han. Du håsch gsaed: Brauchst
koe Angst et han!
58 Du håsch, o mae Herr, maen
Rechtsstreit gführt ond mae Leba
grettat!
59 Du, o JAHWE, håsch mae
Onterdrückong gseha, vrhilf mr doch
zo maem Recht!
60 Du håsch ihr Rachsucht gseha, mit
dera se ihre Plän gega me gschmiedat
hent.
61 Du håsch ihre Schmähonga ghört, o
JAHWE, älle ihre Plän gega me,
62 des Gschwätz von maene Widersacher
ond was dia de ganz Zeit gega me
ausgheckt hent.
63 Guck se doch å, ob dia standat oder
hockat, i ben emmer ihr Gspött.
64 Du wirst en s schao so vrgelta, wia se s
mit mir gmacht hent,
65 du wirst en schao d Vrstockthaet von
ihre Herza mit daem Fluach gega se
vrgelta.
66 Du wirst se schao mit daem Zôrn
vrfolga ond se vrnichta onter de
Hemmel, o JAHWE!

Zom Vrgleicha: *Vers 6:* Ps 143,2; Jes 59,10 • *Vers 8:* Ps 22,3 • *Vers 10:* Hos 13,8 • *Vers 13:* Ps 38,3 • *Vers 14:* Jer 20,7 • *Vers 15:* Rut 1,20; Ijob 9,18 • *Vers 20:* Ps 42,6 • *Vers 24:* Mi 7,7 • *Vers 31:Ps 94,14* • *Vers 32:* Jes 54,7 • *Vers 38:* Jes 45,7 • *Vers 48:* Jer 14,17 • *Vers 54:* Ps 69,2f; Jona 2,6 • *Vers 59:* Ps 9,5 • *Vers 60:* Ps 56,6 • *Vers 62:* Ps 38,13.

S VIERTE LIAD: 4 1-22

4 Ach, wia schwarz ischd s Gold wôra,
des pure! Nôgleert de haelige Stoe en
älle Stråßaecka!
2 Dia edle Kender von Zion, mit feinstam
Gold aufzomwiega, wia irdene Krüag
send se g'achtat.
3 Sogar d Schakal gebat ihre Jonge d Brust
ond saegat se, aber d Tochter vo'maem
Volk ischd grausam wôra wia d Straußa
en dr Wüste.
4 Am Saegleng ischd vôr lauter Durst d
Zong an da Gaoma nôbäbbt; d Kender
bettlat om a Brot, ond koener håt en
ebbas geba.

5Dia, mô früher de faenste Sacha gessa
hent, vrschmachtat auf de Stråßa; dia,
mô früher en Purpur klôedat gwea send,
vrkommat jetzt auf am Misthaufa.
6D Schuld von dr Tochter vo'maem
Volk ischd no graeßer wia d Sünd von
Sodom, des mô en oem Aogablick
onterganga ischd, ond koe Håd håt sich
für se gregt.
7Ihre Fürsta send raen gwea wia dr
Schnae, weißer wia d Milch, ihr Leib
rosig wia Koralla, wia Saphir ihr Gstalt.
8Jetzt seahnat se schwärzer aus als wia
dr Ruaß. Auf dr Stråß ond auf dr Gass
kennt dia koener maeh; ihr Haut ischd
vrronzlat ond hangt an de Boener rom,
vrtricknat wia s Holz.
9Dene, mô s Schwert troffa håt ischd s
besser ganga wia dene, mô dr Honger
ombråcht håt; dia send vrschmachtat,
weil en s Feld nex hergeba håt.
10D Händ von warmherzige Fraoa hent
ihre oegene Kender kocht; des ischd
ihr Essa gwea, mô d Tochter von maem
Volk zsemabrocha ischd.
11Dr Herrgott (JAHWE) håt saener
Zôrngluat freian Laof glassa. Ond en
Zion håt r a Feuer åzonda, des håt s bis
auf d Fondament aufgfressa.
12Des hätte d König von dr ganza Erde
et glaobt, ond ao älle Erdabewohner et,
dass a Aedrengleng oder a Faend zo de
Tôr von Jerusalem naekomma dät.
13Wega de Sünda von ihre Profeta ond
dr Schuld von ihre Priaster ischd des
passiert, dia mô s Bluat von de Gerechte
en ra vrgossa hent.
14Dia send wia Blende durch d Stråßa
dappt, mit bluatvrschmierte Klôeder,
dass mr s et ålanga könna håt.
15Weichat aus! A Oraener! Håt mr vôr
en gschria; langat an et å! Wann se so
omanander gschwankt send, håt mr
bei de andere Völker gsaed: dia sollat
nemme bei ons bleiba!
16JAHWE selber håt se vrstraet, der
will se nemme ågucka. S Åseha von de
Priaster hent se et g'achtat, ond ao de
Älteste håt mr et respektiert.
17Mô onsere Aoga nach Hilfe
gschmachtat hent, ischd des ganz
omsonst gwea. Auf onseram Ausguck
hent mr nach ama Volk gsuacht, aber
des håt ons et gholfa.
18Se hent ons auf Schritt ond Tritt
nåchgstellt, dass mr nemme naus könna
hent auf onsere Plätz. Onser End ischd
nåch då gwea, onsere Däg send vol gwea.
Jå, onser End ischd då gwea.
19Onsere Vrfolger send schneller gwea
wia d Adler am Hemmel. En de Berg
hent se ons gjagt ond ons en dr Wüste
apaßt.
20Onser Lebensodem, dr Gesalbte
von JAHWE, ischd gfanga en ihre
Fallgruaba, der, von dem mô mir gmoent
hent: En saem Schatta könnat mir leba
onter de Völker.
21Sei fröhlich ond frae de, du Tochter
Edom, du, mô em Land Uz wohnt. Ao
an di kommt no dr Becher; nå bist d
bsoffa ond machst de selber blutt.
22Dae Stråf ischd am End, Tochter Zion;
der führt de nemme en d Vrbannong.
ER håt an dae Schuld denkt, Tochter
Edom, daene Sünda håt r aufdeckt.

Zom Vrgleicha: *Vers 6:* Gen 19; Ez 16,48 • *Vers 10:* 2,20; Dtn 28,53-57; 2Kö 6,29 • *Vers 11:* Jer 7,20; Dtn 32,22 • *Vers 20:* 2Kö 25,5f • *Vers 21:* Gen 36,28.

S FENFTE LIAD: 5 1-22

5Denk doch drå, JAHWE, was mit
ons gscheha ischd! Guck her ond
sieh auf onser Schand!
2Onser Erbtôel ischd de Fremde

dr Gaest von dene Lebewesa en dene
Räder gwea ischd. 22Ond über ihre Köpf
ischd a Gewölbe gwea, des hât ausgseha
wia s blanke Eis ond ischd über ihre
Köpf nach oba zua ausbrôetat gwea.
23Onter dem Gewölbe send ihre Flügel
ausbrôetat gwea, oener am andera; ond
zwôe hent ihre Leiber zuadeckt. 24Ond
i han s Rauscha von ihre Flügel ghört,
wian a Wasserfall hât des grauscht, wia d
Stemm vom Allmächtiga wann se gloffa
send, wia dr Krach vo'ma Heerlager.
Aber wann se standa blieba send, hent
se ihre Flügel nahanga lassa. 25Ond von
oberhalb dem Gewölbe über ihre Köpf
hât s a Geräusch geba. Aber wann se
standa blieba send, hent se ihre Flügel
nahanga lassa.

26Ond oberhalb von dem Gewölbe
über ihre Köpf ischd ebbas gwea, des
mô ausgseha hât wia s blanke Eis, a
Thron, ond auf dem, was wian a Thron
ausgseha hât, ischd a Gstalt gwea, dui
hât wia a Mensch ausgseha. 27Ond i han
ebbas gseha, was wia polierta Bronze
ausgseha hât, wia Feuer, mô a Rand
drom rom ischd von dem, was ausgseha
hât wia saene Hüfta, nach oba; ond von
dem, was wia saene Hüfta ausgseha hât,
nach onta, han e ebbas gseha, des hât
wia Feuer om an rom ausgseha. 28Wian
a Regaboga, der mô ama Regadag en de
Wolka stôht, so hât des Licht rengsrom
glänzt. So hât sich d Herrlichkaet von
JAHWE zaegt. I han s gseha ond ben
auf mae Gsicht nôgfalla, ond i han d
Stemm von oem ghört, der mô ebbas
gredat hât.

Zom Vrgleicha: *Vers 4-28:* 10,8-17 • *Vers 11:* Jes 6,2 • *Vers 13:* Ex 19,18 • *Vers 15-17:* 10,9-13 • *Vers 18:* Offbg 4,8 • *Vers 19:* 10,16f • *Vers 22:* 10,1; Ex 24,10; Offbg 4,6 • *Vers 23:* Jes 6,2 • *Vers 24:* 10,5 • *Vers 26:* Offbg 4,2f; Ex 24,10; Ez 8,2; Offbg 1,13 • *Vers 28:* Gen 9,13-16; Ez 8,4; 10,4.18; 11,23; 43,4; 44,4.

D Aussendong vom Ezechiel:

2 1 – 3 15

2 Der hât zo mr gsaed: Menschasoh!
Stand auf daene Füaß nô, i will mit
dr reda! 2Ond môn r mit mr gredat hât,
ischd Gaest en me naekomma, ond i
ben auf maene Füaß nôgstanda. Ond i
han den ghört, mô mit mr gredat hât.
3Ond r hât zo mr gsaed: Menschasoh!
I will de zo de Söh von Israel schicka,
zo dene aufmümpfige Stämm, mô sich
gega mi aufgloehnt hent. Sia selber
ond ihre Vädr send von mr abgfalla bis
auf da haetiga Dag. 4Ond dia Söh send
hartherzig ond vrstockt em Herza. I
schick di zo nen, ond du sollst zo nen
saga: So spricht JAHWE, dr Herr:
5Ond ob se höra wöllat oder et, des
ischd nämlich a widerspenstigs Haus
– dia müaßat oenaweg erkenna, dass a
Profet en ihrer Mitte gwea ischd. 6Aber
du, Menschasoh, du brauchst koe Angst
vôr en han, ond vôr dem, was se sagat,
brauchst d ao koe Angst et han, weil
Nessla ond Dôrna om de rom send ond
du wohnst onter Skorpion. Vôr ihre
Reda brauchst koe Angst han ond vôr
en selber brauchst d et vrschrecka, des
ischd nämlich a ganz widerspenstigs
Haus. 7Du sollst en maene Wort saga,
ob se s höra wöllat oder et, dia send
nämlich arg widerspenstig.

8Ond du, Menschasoh, horch her, was
e dr sag: Sei mr et widerspenstig wia
des widerspenstige Haus. Mach s Maul
auf ond iß was e dr gib! 9Ond i han
aufguckt, ond guck, a Hâd ischd gega
me ausgstreckt gwea, en dera ischd a
Schriftroll gwea. 10Ond r hât se vôr mr
ausbrôetat, ond se ischd vôrna ond
henta volgschrieba gwea mit lauter
Klaga, Seufza ond Wehruaf.

3 Ond r hât zo mr gsaed: Menschasoh!
Iß was da vôr dr hâsch! Iß dui
Schriftroll ond gang ond red zom Haus
Israel! 2Nâ han e maen Mund aufgmacht,

ond ER håt me dui Schriftroll essa lassa.
[3]Ond r håt zo mr gsaed: Menschasoh!
Gib daem Leib zom Essa, mach daen
Bauch vol mit dera Roll, mô dr i gib!
Ond i han gessa ond se ischd en maem
Mund so süaß wia Honig gwea.
[4]Ond r håt zo mr gsaed: Menschasoh!
Gang jetzt ens Haus Israel ond red mit
en, was i dr sag. [5]Du wirst jå et zo ama
fremdsprâchiga Volk gschickt oder oem
mit ovrständliche Ausdrück, sondern
zom Haus Israel. [6]Ao et zo viele fremde
Völker, dia mô da et vrstanda dätest.
Wann e de zo sotte schicka dät, dia däte
sogar auf de höra. [7]Aber s Haus Israel
wird et auf de höra, weil dia gar et auf mi
höra wöllat; em Haus Israel håt nämlich
a jeder saen Dickschädel ond a vrstockts
Herz. [8]Guck, i mach dae Gsicht so hart
wia dene ihrs, ond daen Kopf so hart
wia dene ihran Dickschädel. [9]Hart wia
Diamant, härter als wia Kieselstoe, so
mach i daen Schädel. Du brauchst vôr
dene koe Angst et han ond ao et vôr en
vrschrecka, des ischd nämlich a recht
widerspenstigs Haus. [10]Ond r håt zo
mr gsaed: Menschasoh! Ällas, was e dr
sag, nemm dr s z Herza ond horch guat
zua mit daene Ohra! [11]Jetzt gôhst d zo
de Vrbannte von daem Volk, red mit
en ond sag en: So spricht JAHWE, mae
Herr: Ob se s höra wöllat oder et!
[12]Ond dr Gaest håt me wegghoba ond i
han henter mr a Geräusch ghört vo'ma
schwera Erdbeba, mô sich d Herrlichkaet
von JAHWE erhoba håt von saem Ort.
[13]Ond e Rauscha von dene Lebewesa
ihre Flügel, dia mô anander beruhrt
hent, ond s Gerassel von dene Räder
neber en, a ohaemlichs Dröhna. [14]Ond
dr Gaest håt me aufghoba ond me weg
gnomma. Ond môn e so åneganga ben,
ben ganz aufgregt gwea en mr drenna.
Ond am Herrgott (JAHWE) sae Håd
ischd schwer auf mr glega. [15]So ben e zo
dene Vrbannte nach Tel-Abib komma,
dia mô am Fluß Kebar gwohnt hent ond
ben nôghockt, sell ben e sieba Däg lang
bei nen ghockt wia vôr da Kopf ghaoa.

Zom Vrgleicha: *Kap. 2 Vers 1:* Dan 8,17; 10,11 • *Vers 5:* 2,7; 3,11.27; 33,33 • *Vers 6:* Jer 1,8.17 • *Vers 9:* Sach 5,2 • *Vers 10:* Offbg 5,1 • *Kap. 3 Vers 1:* Jer 15,16; Offbg 10,9 • *Vers 3:* Ps 119,103 • *Vers 5:* Jes 33,19 • *Vers 8-9:* Jes 50,7 • *Vers 9:* Jer 1,17f • *Vers 12:* 8,3; 11,1.24; 37,1.

Ezechiel als Wächter über Israel:
3 16-21

[16]Ond nach sieba Däg ischd s Wort von
JAHWE an me erganga ond håt gsaed:
[17]*Menschasoh! I han de als Wächter
bestimmt für s Haus Israel. Wann du
a Wort aus maem Mund hörst, nå sollst
d se von mir aus warna!* [18]Wann i zom
Frevler sag: Du muaßt sterba! Ond du
warnst en et ond saesch nex, zom den
Frevler von saem baesa Weg abbrenga,
dass r am Leba bleibt, nå muaß der
Frevler wega saener Schuld sterba, aber
sae Bluat forder e von dir ae! [19]Ond
wann du an Frevler gwarnt håsch ond
r ischd et von saem baesa Weg omkehrt,
nå muaß r sterba wega saener Schuld,
aber du håsch dae Seel grettat. [20]Ond
wann sich a Gerechter von saener
Rechtschaffahaet abkehrt ond Orecht
duat, laß an i strauchla ond r muaß
sterba wann an du et warnst; wega
saener Sünd muaß r sterba, ond saene
gerechte Tata werat am et ågrechnat, dia
môn r vôrher dao håt, ond sae Bluat will
e von dir aefordera! [21]Aber wann du den
Gerechta warnst, dass r nemme sündigt,
ond r sündigt et, nå bleibt r am Leba,
weil r sich håt warna lassa, aber du håsch
dae Seel grettat.

Zom Vrgleicha: *Vers 18:* Gen 9,5 • *Vers 20:* 18,24; 33,12f.

Dr Ezechiel soll stomm wera: 3 22-27

[22]Ond am Herrgott (JAHWE) sae Håd
ischd über me komma. Ond r håt zo

mr gsaed: Stand auf ond gang naus en
d Ebene, I will sell mit dr reda! 23Ond
i ben aufgstanda ond en d Ebene
nausganga, ond guck, då ischd am
Herrgott (JAHWE) sae Herrlichkaet
gstanda, so wian e se schao am Fluß
Kebar gseha han. Ond i ben auf mae
Gsicht nôgsonka. 24Nå ischd dr Gaest
en me naekomma ond håt me auf d
Füaß gstellt. Ond r håt mit mr gredat
ond gsaed: Komm, schliaß de en daem
Haus ae! 25Ond du Menschasoh, guck,
dia nemmat Strick ond bendat de,
dass da nemme naus ond onter d Leut
kåsch. 26Ond dae Zong laß e dr an da
Gaoma nôbäbba, dass da stomm wirst
ond nemme ihr Måhner sae kåsch, des
ischd nämlich a widerspenstigs Haus.
27Aber wann i mit dr red, nå mach e
daen Mund wieder auf ond du sollst
en saga: So spricht JAHWE, mae Herr:
Wer höra will soll höra, ond wer et höra
will soll s bleiba lassa; des ischd nämlich
a widerspenstigs Haus.

Zom Vrgleicha: *Vers 22:* 1,3; 8,1; 33,22; 37,1; 40,1 • *Vers 23:* 1,28 • *Vers 24:* 2,2 • *Vers 27:* 24,27; 33,22.

DROHSPRÜCH GEGA JUDA OND JERUSALEM: 4 1 – 24 27

Symbolische Handlonga: 4 1 – 5 17

D Belagerong von Jerusalem: 4 1-3

4 Du, Menschasoh, nemm an Bachstoe
ond leg an vôr de nô ond ritz a
Stadtbild nae, ond zwår Jerusalem. 2Ond
du sollst a Belagerong gega se aufstella
ond a Bollwerk gega se aufbaua ond
an Damm aufschütta ond a Heerlager
gega se aufstella ond Sturmböck rengs
om se rom aufstella. 3Ond du nemmst
für de selber a eiserna Pfann ond stellst
se zwischa di ond d Stadt als Mauer,
ond richte dae Gsicht gega se, dass se
belagerat ischd, ond du sollst se belagera!
Des ischd a Zaeche für s Haus Israel.

Zom Vrgleicha: *Vers 2:* 21,27; 26,8.

D Dauer von dr Belagerong: 4 4-8

4Ond du, lieg auf dae lenka Seite nô, ond
i leg d Schuld vom Haus Israel auf de
nauf. So viel Däg wia da so dåleist, so
lang traest d ihr Schuld. 5Ond i selber
leg für di fest: So viele Jåhr, wia ihr
Schuld daurat, so viel Däg sollst du d
Schuld vom Haus Israel traga, nämlich
dreihondertnaezg Däg. 6Wann dui Zeit
rom ischd, nå leist auf dae rechta Seite
ond traest d Schuld vom Haus Juda
vierzg Däg lang; für jedas Jåhr oen Dag
leg e dr auf. 7Ond nå richtest d dae Gsicht
ond daen blutta Arm auf d Belagerong
von Jerusalem ond profezeist gega da
d Stadt. 8Ond guck, i leg Strick om de
rom, dass da de et von oener Seite auf
de ander dreha kåsch, bis d Belagerong
vorbei ischd.

Zom Vrgleicha: *Vers 6:* Num 14,33f • *Vers 8:* 3,25.

Hongersnaot ond Oraenhaet: 4 9-17

9Du, nemm Wôeza ond Gersta, Bohna
ond Lensa, Hirsa ond Denkel; dua s en
an Trog ond mach dr Brot draus; so lang
da auf dr Seite leist, dreihondertnaezg
Däg sollst d drvo essa. 10Dae Brot
sollst abwiega, äll Dag zwanzg Schekel
Gwicht, äll Stond a bißle. 11Ao s
Trenkwasser sollst d abgmessa trenka, an
sechstel Kruag sollst d trenka, äll Stond
a bißle. 12Ond Brotkuacha aus Gersta
sollst d essa, den mô da auf Menschakot
bacha håsch vôr ihre Aoga drô. 13Ond dr
Herrgott (JAHWE) håt gsaed: So sollat
d Israelita ao oraen essa onter de Völker,
zo dene mô i se nôvrstoßa han. 14Nå han
i gsaed: Ach, mae Herr, JAHWE, guck
doch, i han me no nia vroraenigt, i han

no nia a Aas vo'ma grisscna Tier gessa
von maener Jugend å, ond bis haet ischd
no nia a oraens Flôesch en maen Mund
nae komma. [15]Nå håt r zo mr gsaed: Nå
erlaob e dr, dass da Kuahmist nemmst
statt Menschakot (als Brennmaterial), nå
bachst d dae Brot då drauf. [16]Ond r håt
zo mr gsaed: Menschasoh! Guck, I will
en Jerusalem da Stab vom Brot (Vôrrat)
ausananderbrecha, dass se ihr Brot
genao abwiega müaßat ond s mit Sôrga
essat, ond s Wasser ganz bhäb aetôela
ond mit Schmerza trenka müaßat. [17]Ond
dass se Mangel hent an Brot ond Wasser
ond vrschreckat, oener wie dr ander ond
wega ihrer Schuld vrschmachta sollat.

Zom Vrgleicha: *Vers 14:* Ex 22,30; Lev 17,15; 22,8; Apg 10,14 • *Vers 16:* Ps 105,16; Ez 12,18f • *Vers 17:* Lev 26,39.

D Vrnichtong: 5 1-4

5 Du, Menschasoh, nemm dr a scharfs
Schwert, ond des nemmst d als
Schermesser ond schneid dr drmit d
Håår ond daen Bart ab. Nå nemmst d
a Wååg mit zwôe Schala ond tôelst se
ae. [2]Oe Drittel vrbrennst d em Feuer
mittla en dr Stadt, wann d Belagerong
vorbei ischd. Oe Drittel vrhackst d mit
am Schwert rengsrom ond oe Drittel
vrstraest d en da Wend. I ziag s Schwert
henter en drae. [3]A paar drvo nemmst d
ond bendest se en da Zipfel von daem
Mantel. [4]Ond von dene nemmst d nômål
a paar ond schmeist se ens Feuer ond
vrbrennst se. Ond von dem gôht s Feuer
zom ganza Haus Israel.

Deutong von dene symbolische Handlonga: 5 5-17

[5]So spricht JAHWE, dr Herr: Des
ischd Jerusalem: En d Mitte von de
Volksstämm han e s gsetzt ond onter
ihre Länder. [6]Aber se håt maene Recht
trotzt ond maeh gfrevlat wia de andere
Völker ond gega maene Satzonga
maeh wia dene ihre Länder; maene
Rechtsvrordnonga hent se vrachtat ond
hent et nach maene Gsetz glebt. [7]Drom,
so spricht JAHWE, dr Herr: Weil ihr no
widerspenstiger send wia dia Völker om
euch rom, ond et nach maene Satzonga
glebt ond maene Gsetz et aeghalta hent
ond drfür nach de Rechtsvôrschrifta von
dene Völker om euch rom glebt hent,
[8]drom, so spricht JAHWE, dr Herr:
Jetzt gang i an de! I halt en daener Mitte
Gericht ab vôr de Aoga von de Völker.
[9]Ond i dua dr å, was e no nia ådao han
ond ao nia wieder doa will wega daene
Geueltata. [10]Nå werat Vädr ihre Kender
essa en daener Mitte ond Kender werat
ihre Vädr essa. Ond i halt a Stråfgericht
an dr ond vrstrae daene Rest en älle
Wend. [11]Drom, so wåhr i leb – Spruch
von JAHWE, maem Herra -, weil du
mae Haeligtom mit daene ganze Götza
ond daene Greueltata vroraenigt håsch,
scher i de kahl. Ond i han koe schonends
Aog auf de ond i han ao koe Mitleid mit
dr. [12]Oe Drittel von dir stirbt an dr Pest
ond durch da Honger; ond oe Drittel
fällt durchs Schwert rengs om de rom,
ond oe Drittel vrstrae e en älle Wend,
ond nå ziag e no s Schwert henter en
her. [13]So tobt sich mae Zôrn aus ond i
beruhige mae Wuat an en ond räch me.
Nå werat se erkenna, dass i, JAHWE,
gredat han en maem Eifer, wann e mae
Wuat an en ausglassa han. [14]Ond i mach
de zom Trümmerhaufa ond zor Schand
vôr älle Völker om de rom ond vôr de
Aoga von jedam, mô då vorbeikommt.
[15]Zo Hohn ond Spott, zor Warnong ond
zom Schreckbild wirst du für älle Völker
rengsrom, wann i maene Stråfgericht
vollstreck an dir en Zôrn ond Wuat
durch maene Züchtigonga. I, JAHWE,
han gsprocha!
[16]I schick euch schlemme Hongerpfeil,
dia mô zom Vrnichta bestimmt send
– i schiaß se ab zom euch vrderba – nå

breng e an emmer ärgera Honger über euch ond nemm eure Brotvôrrät weg. 17Ond i schick über euch Honger ond wilde Viecher, dass dia eure Kender raobat; ond Seucha ond Bluatvrgiaßa brôetat sich bei euch aus; ond nå breng e no s Schwert über euch. I, JAHWE, han gsprocha.

Zom Vrgleicha: *Vers 10:* Dtn 28,53-55; Lev 26,29 • *Vers 11:* 7,4; 8,18; 9,10; 24,14 • *Vers 12:* Offbg 6,8; Lev 26,33 • *Vers 13:* 16,42 • *Vers 14-15:* Dtn 28,37; Jer 22,5; 24,9 • *Vers 16:* 4,16 • *Vers 17:* 14,21.

Gerichtswort: 6 1 – 7 27

D Zerstörong von de Kultstätta: 6 1-14

6 Ond s Wort von JAHWE ischd an me erganga ond håt gsaed: 2Menschasoh! Richte dae Gsicht zo de Berg von Israel ond profezei en. 3Ond du sollst zo nen saga: Ihr Berg von Israel, hörat s Wort von JAHWE, am Herra: So spricht JAHWE, dr Herr, zo de Berg ond Hügel, zo de Schluchta ond Täler: Guckat, i selber laß über euch s Schwert komma zom eure Kulthöha he macha. 4Ond eure Altär werat vrwüastat ond eure Sonnasäula werat omgschmissa ond eure Gfallene schmeiß e vôr eure Götza nô. 5Ond d Leicha von de Israelita schmeiß e ihre Götza vôr d Füaß nô ond ihre Boener vrstrae e om eure Altär rom. 6En älle eure Wohngebiet sollat d Städt vrwüastat sae ond d Kulthöha vrödat wera, dass eure Altär vrwüastat send ond se für ihr Schuld aestanda müaßat, endem ihre Götza wegdao werat ond ihre Sonnasäula omgschmissa ond ihre Machwerk hegmacht werat. 7Ond de Gfallene liegat en eurer Mitte rom, dass r erkennat, dass i, JAHWE, dr Herr ben.

8Ond i laß oene übrig, mô vôr am Schwert drvokomma send onter dene Völker, mô ihr en dene ihre Länder vrstraet wôra send. 9Nå werat dia an me denka, mô vôr am Schwert drvokomma send bei dene Völker, zo dene mô se vrschleppt wôra send; i han nämlich ihr treulos Herz brocha, des mô von mr abgwicha ischd, ond ihra Aoga, mô so gierig nach ihre Götza guckt hent; nå werat se sich vôr sich selber ekla wega dem ganza Baesa, mô se an Greueltata dao hent. 10Ond se werat erkenna, dass i, JAHWE, dr Herr ben, ond en des Ohael et omsonst ådroht han.

11So håt JAHWE, mae Herr, gsprocha: Bätsch en d Händ ond stampf mit am Fuaß ond sag: O Waehdag, von wega eure Greueltata vom Haus Israel! Wega dene werat se durch s Schwert, durch Honger ond Pest omkomma. 12Der, mô en dr Ferne ischd, stirbt durch d Pest, ond der en dr Nähe fällt durch s Schwert. Der, mô übrig blieba ond vrschont wôra ischd, stirbt vôr Honger. So will e maen Zôrn an en auslassa. 13Nå werat se erkenna, dass i, JAHWE, dr Herr ben, wann ihre Gfallene zwischa de Altär von ihre Götza romliegat auf jeder Kulthöhe ond auf jedam Berggipfel, onter jedam graoßa Baom ond onter jeder schattiga Oech ond an jedam Ort, mô se ihre Götza duftige Raochopfer darbråcht hent. 14Nå streck i mae Håd gega se aus ond mach ihr Land zor Wüste, von dr Steppe en Diplat en älle ihre Siedlonga, nå werat se erkenna, dass i, JAHWE, dr Herr ben.

Zom Vrgleicha: *Vers 2:* 36,1 • *Vers 3:* Lev 26,30f • *Vers 5:* 2Kö 23,14 • *Vers 13:* 1Kö 14,23 • *Vers 14:* 2Kö 25,21.

D Åkündigong vom Gericht: 7 1-27

7 Ond s Wort von JAHWE ischd an me erganga ond håt gsaed: 2Du, Menschasoh, sag: So spricht JAHWE, mae Herr, zom Land Israel: S End isch då! s End ischd über älle vier Ecka von dr Erde komma. 3Jetzt kommt s End

über di! I laß maen Zôrn gega de los ond
richte de wega daem Wandel ond leg d
Stråf auf de wega daene Greueltata.
4Maene Aoga sollat et mitleidig auf de
gucka ond de et schona, sondern dr d
Stråf für daen Lebenswandel auflega.
Ond daene Greueltata sollat sich en
daener Mitte auswirka, ond du sollst
erkenna, dass i, JAHWE, dr Herr ben.
5So spricht JAHWE, mae Herr: Guck,
Oglück kommt über Oglück. 6S End
kommt! S End kommt über de! Guck,
des kommt! 7Jetzt ischd d Rôeh an dir,
Aewohner vom Land! D Zeit ischd då,
dr Dag ischd ganz nåch då: a Dag voler
Jåmer, då hört mr koen Jubel maeh en
de Berg. 8Jetzt laß e mae Zôrngluat über
de komma ond i laß mae Wuat an dr
naus. I richte de nach daem Weg ond
leg d Sträfa für daene Greueltata auf de.
9Maene Aoga guckat et schonend auf
de ond i han ao koe Mitleid; ond daene
Greueltata sollat sich en daener Mitte
auswirka, ond du sollst erkenna, dass i,
JAHWE, s ben, der mô zuaschlägt.
10Guck, des ischd dr Dag! Guck, der
kommt! S wird sichtbar, wia ällas
vrflochta ischd mitanander: dr Stecka
spriaßt auf ond dr Übermuat blühat.
11D Gwalttätigkaet håt sich zom
Frevelszepter ausgwachsa. Nex bleibt
von en übrig von ihrer Menge ond nex
von ihrer Pracht, ond mr hört et amål
maeh ebber klaga. 12D Zeit kommt ond
dr Dag ischd schao ganz nåch då. Der,
mô ebbas kaofa will, soll sich nå et fraea;
ond der, mô ebbas vrkaofa will, braucht
et traurig sae, d Zôrngluat kommt
nämlich über älle. 13Dr Vrkaofer kommt
nemme zom Vrkaofa zrück, ao wann
r no lebt; d Zôrngluat kommt nämlich
über älle, ond koener kå sae Leba
festhalta wega saener Vrschuldong.
14Se stoßat ens Horn ond rüstat auf!
Aber koener gôht en da Kampf, weil mae
Zôrngluat über dem ganza Getümmel
stôht. 15Draußa s Schwert ond drenna d
Pest ond dr Honger! Der, mô em freia
Feld draußa ischd, der stirbt durch s
Schwert, ond der en dr Stadt wird von
dr Pest ond vom Honger auszehrt.
16Ond wann von en oene en d Berg drvo
kommat, hausat se wia d Tauba en de
Schluchta, ond jeder ächzt onter saener
Schuld. 17Älle Händ werat schlapp ond
d Knia werat wôech wia Wasser. 18Nå
werat se Säck åziaga ond Schrecka ischd
om se rom, ond älle Gsichter schämat
sich ond älle scherat sich d Köpf kahl.
19Ihr Silber schmeißat se naus auf d
Gass ond ihr Gold wird en zo Dreck.
Ihr Silber ond ihr Gold kå se et retta
am Dag vom Herrgott (JAHWE) saem
Zôrn. Ihr Gier könnat se et drmit satt
macha ond en da Bauch kriagat se ao
nex, weil des ällas dr Ålaß fur ihr Schuld
wôra ischd. 20Ond aus maem kostbara
Schmuck hent se Greuelbilder gmacht,
ihre Scheusal draus gmacht, drom mach
an i für dia zom Dreck. 21Ond i gibs
de Fremde zor Beute ond de Frevler
em Land zom Plündera, dass an dia
entweihat. 22I guck dia nemme å. Ond
dia entweihat maen kostbara Besitz.
Raeber kommat über se ond entweihat
ällas. 23Richte Ketta nô, s Land ischd
nämlich voler Bluatschuld ond en dr
Stadt nex wia Gwalttätigkaeta! 24I laß
de Schlemmste von de Völker über se
komma, dass dia ihre Häuser nemmat. I
mach a End mit dr Haochfährigkaet von
ihre Mächtige ond laß ihre Haeligtümer
entweiha. 25Angst kommt über se, nå
suachat se da Frieda, aber des geit s koen.
26Oglück über Oglück kommt, ond oe
Hiobsbotschaft kommt auf de ander.
Ond se vrlangat nach Visiona von de
Profeta, von de Priaster geits ao koene
Åweisonga maeh ond koen Rat von
de Älteste. 27Dr König ischd en Trauer
ond dr Fürst ziagt s Entsetza å, am
Volk werat d Händ schlapp vôr lauter

Schrecka. Nach ihram Lebenswandel will en i vrgelta ond se nach ihre aegene Urtôel richta. Nå werat se erkenna, dass i, JAHWE, dr Herr ben.

Zom Vrgleicha: *Vers 2:* Offbg 7,1 • *Vers 4:* 5,11; 8,18; 9,10 • *Vers 12:* Jes 24,2 • *Vers 17:* Jes 13,7 • *Vers 18:* Am 8,10; Jer 48,37 • *Vers 19:* Zef 1,18 • *Vers 20:* 16,17; Hos 8,4.

Visiona: 8 1 – 11 25

Dr Profet wird nach Jerusalem entrückt: 8 1-4

8 Ond em sechsta Jåhr am fenfta Dag
em fenfta Monat – i ben grad en
maem Haus gsessa ond de Älteste von
Juda send vôr mr gsessa – ischd d Håd
von JAHWE, am Herra, auf me komma.
2Ond i han a Gstalt gseha, an Må, von de
Hüfta å abwärts ischds wia Feuer gwea,
ond von de Hüfta å aufwärts håt s wian
a heller Glanz ausgseha, wia s blanke
Kupfer. 3Der håt ebbas nausgstreckt,
was wian a Håd ausgseha håt ond håt
me an de Håår vo'maem Kopf packt,
ond dr Gaest håt me zwischa d Erde
ond da Hemmel aufghoba ond håt me
en ra göttlicha Vision nach Jerusalem
an da Aegang vom Tôr zom ennera
Vôrhof, Norda zua nôbråcht, mô
s Eifersuchtsbild stôht. 4Ond guck,
då ischd d Herrlichkaet vom Gott
(Elohey) von Israel gwea, so, wian e se
als Erschaenong en dr Ebene gseha ghet
han.

Zom Vrgleicha: *Vers 1:* 14,1; 20,1 • *Vers 2:* 1,26-28 • *Vers 3:* 3,12; Dan 14,36 • *Vers 4:* 1,28; 3,22f; 37,1f.

D Entweihong vom Tempel: 8 5-18

5Ond r håt zo mr gsaed: Menschasoh!
Richte daene Aoga Norda zua! Ond
i han aufguckt en Richtong Norda,
ond guck, nördlich vom Tôr ischd
dr Altar von dem Eifersuchtsbild am
Aegang gstanda. 6Nå håt r zo mr gsaed:
Menschasoh! Siehst d, was dia då
treibat? Graoße Greueltata duat s Haus
Israel dåhanna, ond wia se sich von
maem Haeligtom fern haltat. Aber da
wirst no graeßere Greueltata seha.
7Ond r håt me an da Aegang vom Vôrhof
gführt; ond i han nôguckt, nå ischd då a
Loch en dr Mauer gwea. 8Ond r håt zo
mr gsaed: Menschasoh! Druck de durch
d Mauer! Ond i han me durchdruckt ond
guck, nå ischd då a Aegang gwea. 9Ond
r håt zo mr gsaed: Komm ond guck dr
dia Greueltata å, mô dia dåhanna dent!
10Nå ben e naeganga ond han guckt: nå
send då Bilder gwea von Dracha ond
andere scheußliche Viecher. Ond dia
Götzabilder send älle aegmôeßlat gwea
en dr Mauer rengsrom. 11Vôr dene send
siebzg Männer von de Vürnehme aus am
Haus Israel gwea, ond mittla onter dene
ischd dr Jaasanja, dr Soh vom Schafan,
gstanda. Jeder håt sae Raecherpfann en
dr Håd ghet, ond dr Weihraochduft
ischd aufgstiega. 12Nå håt r zo mr gsaed:
Menschasoh! Håsch d jetzt gseha, was
de Obere vom Haus Israel em Donkla
treibat, endem sich jeder sae Götzabild
raussuacht? Dia sagat nämlich: JAHWE
sieht ons et! Dr Herrgott (JAHWE)
håt s Land vrlassa. 13Dådrnåch håt r zo
mr gsaed: Du wirst no graeßere Greuel
seha, mô dia dent.
14Ond r håt me an da Aegang vom
nördlicha Tôr am Herrgott (JAHWE)
saem Haus gführt. Ond guck, då send
Fraoa ghockt ond hent da Tammus
beklagt. 15Ond r håt zo mr gsaed: Håsch
d s gseha, Menschasoh? Aber du wirst
no graeßere Greuel seha, mô dia dent.
16Ond r håt me en da ennera Vôrhof
vom Herrgott (JAHWE) saem Tempel
gführt; ond guck am Aegang von dr
Tempelhalle zwischa dr Vôrhalle ond
am Altar send ogfähr fenfazwanzg
Männer gwea, dia hent dr Tempelhalle
von JAHWE da Buckel nôgstreckt

ond ihr Gsicht Osta zua gwendat ond d Sonne åbetat. [17]Nå håt r zo mr gsaed: Håsch d s gseha, Menschasoh? Langat s am Haus Juda emmer no et, dass se dia Greueltata dent, dass se s Land mit ihrer Gwalttätigkaet überziagat, müaßat se mi ao no åndauernd belaediga ond sich Zweig an d Nås nôheba? [18]Drom handle ao i em Zôrn. Maene Aoga werat se et schona ond I han ao koe Mitleid mit en. Ond wann se mr no so en d Ohra schreiat, i hör se et.

Zom Vrgleicha: *Vers 11:* Ex 24,1; Num 11,16 • *Vers 12:* 9,9 • *Vers 16:* 2Kö 23,5.11; Jer 8,2; Dtn 4,19 • *Vers 18:* 5,11; Jes 1,15.

D Stadt wird zrstört: 9 1 – 10 7

9 Ond r håt mr ganz laut en d Ohra gschria ond gsaed: S Stråfgericht ischd nåch herkomma, ond a jeder håt sae Abbruchwerkzeug en dr Håd. [2]Ond guck, sechs Männer send vom obera Tôr her komma, des mô Norda zua leit. Jeder håt sae Abbruchwerkzeug en dr Håd. Ond mittla onter dene ischd oener gwea ema Laenagwand ond mit Schreibzeug an dr Seite. Dia send komma ond hent sich am kupferna Altar aufgstellt. [3]Ond d Herrlichkaet vom Gott (Elohoy) von Israel håt sich von dem Kerub, auf dem se gwea ischd erhoba, an d Schwell vom Tempel. Ond r håt den Må em Laenagwand mit saem Schreibzeug an dr Seite hergruafa. [4]Ond dr Herrgott (JAHWE) håt zon am gsaed: Gang mittla durch d Stadt Jerusalem ond mach jedam a T auf d Stirn, mô stöhna ond achza muaß onter dene Greueltata, mô en ihrer Mitte passierat! [5]Ond zo de andere håt r vôr maene Ohra gsaed: Gangat henter am her durch d Stadt ond schlagat zua. Vrschonat neamerd mit de Aoga ond hent koe Mitleid mit en. [6]Greis ond jonge Männer, Jongfraoa, Kender ond Fraoa, brengat älle om zom se ausrotta. Aber dia, mô des T auf dr Stirn hent, sollat r et årega. An maem Haeligtom fangat r å! nå hent se bei dene alte Männer ågfanga, mô am Tempel romgstanda send. [7]Ond r håt zo nen gsaed: Machat da Tempel oraen ond schmeißat de Gfallene en d Höf! Ond nå gangat r naus ond machat en dr Stadt weiter. [8]Ond se hent zuagschlaga, ond i ben übrig blieba, nå ben e auf mae Gsicht nôgsonka ond han gschria ond gsaed: Ach JAHWE, mae Herr! Willst d en daem Zôrn voll da ganza Rest von Israel ond Jerusalem ausrotta? [9]Nå håt r zo mr gsaed: D Schuld vom Haus Israel ond vom Haus Juda ischd graoß, übermäßig graoß. S ganze Land ischd voler Bluattata. Ond d Stadt ischd voler Rechtsbruch, dia hent nämlich gmoent: Dr Herrgott (JAHWE) håt s Land vrlassa, drom sieht s JAHWE et! [10]Drom könnat ao maene Aoga et schona ond i kå koe Mitleid han. I laß en ihran Wandel auf s Haopt komma. [11]Ond guck, der Må en saem laenena Gwand ond mit am Schreibzeug an dr Seite håt an Bericht gmacht ond gsaed: I han älles dao, wia me s du ågwiesa håsch.

10 Ond i han aufguckt ond guck, an dem Gwölb über dene Keruba ischd ebbas gwea, des håt wian a Saphir ausgseha ond håt d Form vom a Thron ghet. [2]Nå håt r zo dem Må em Laenagwand gsaed: Gang zwischa dia Räder onter de Keruba ond hol zwôe Händ vol von dene glühende Kohla onter de Keruba ond strae se über d Stadt. Ond r ischd vôr maene Aoga naeganga. [3]Aber dia Keruba send auf dr südlicha Seite vom Tempel gstanda, mô der Må naeganga ischd, ond dui Wolk håt da ganza Tempelhof ausgfüllt. [4]Ond am Herrgott (JAHWE) sae Herrlichkaet håt sich vom Kerub an dr Schwell vom Tempel erhoba, ond s ganze Haus håt sich mit dera Wolk ausgfüllt ond dr Hof håt sich mit am Glanz vom Herrgott

(JAHWE) saener Herrlichkaet ausgfüllt.
5S Rauscha von de Keruba ihre Flügel
håt mr bis en da Vôrhof ghört wia d
Stemm vom El Schaddai (vom gewaltiga
Gott), wann r redat. 6Môn r dem Må
em laenena Gwand da Befehl geba håt:
Hol Feuer zwischa dene Räder onter de
Keruba vüre! Ischd r naeganga ond neba
oes von dene Räder nôgstanda. 7Nå håt
der Kerub sae Hâd nausgstreckt an des
Feuer, mô zwischa dene Keruba gwea
ischd ond håt ebbas drvo gnomma ond
dem Må em Laenagwand en d Händ
geba ond der ischd drmit naus ganga.

Zom Vrgleicha: *Kap. 9 Vers 2:* Offbg 1,13 • *Vers 3:* 1,28 • *Vers 4:* Offbg 7,2f; 9,4 • *Vers 8:* 11,13; Am 7,2f • *Vers 9:* 8,12 • *Vers 10:* 5,11 • *Kap 10 Vers 1:* 1,22 • *Vers 2:* Offbg 8,5 • *Vers 4:* 1,28; 40,34; 1Kö 8,10f; Jes 6,4.

Dr Thronwaga von Gott: 10 8-17

8Ond an dene Keruba håt mr onter
de Flügel ebbas gseha, mô wian a
Menschahâd ausgseha håt. 9Ond i han
noba dene Keruba vier Räder gseha, bei
jedam Kerub oe Rad. Dia Räder hent
gfonklat wia Chrysolith. 10Ond älle vier
hent gleich ausgseha, wia wann oe Rad
em andera dren wär. 11Dia hent en jeda
Richtong dreha könna ond hent beim
Laofa ihr Richtong et g'änderat. Dia
send emmer am vôrdera Rad nåchgloffa
ond hent ihr Richtong et g'änderat.
12Ond ihr ganzer Leib ond ihre Buckel
ond ihre Händ ond ihre Flügel, ond
dia Räder send voler Aoga gwea bei
älle vier. 13Wian e ghört han, send dia
Räder „Kraesende“ gruafa wôra. 14Jedas
håt vier Gsichter ghet. S erste ischd s
Gsicht vo'ma Kerub gwea, s zwôete
ischd a Menschagsicht gwea, s dritte a
Löwagsicht ond s vierte a Adlergsicht.
15Ond dia Keruba send aufgstanda, nå
han e gseha, dass des die vier Lebewesa
gwea send, môn e am Fluß Kebar gseha
han. 16Wann dia Keruba gloffa send, nå
send ao dia Räder neber en mitganga,
ond wann sich dia Keruba mit ihre
Flügel aufgschwonga hent vom Boda,
nå send dia Räder ao et von ihrer Seite
gwicha. 17Wann dia standabliaba send,
send dia (Räder) ao gstanda; ond wann
se abghoba hent, nå send se ao mit en
abghoba, weil dr Gaest von lebendige
Wesa en en gwea ischd.

Zom Vrgleicha: *Vers 8-17:* 1,4-28 • *Vers 12:* Offbg 4,8.

Dr Herr ziagt aus am Tempel aus:
10 18-22

18Ond d Herrlichkaet vom Herrgott
(JAHWE) ischd von dr Tempelschwell
wegganga ond ischd wieder über de
Keruba gstanda. 19Nå hent dia Keruba
mit de Flügel gschlaga ond hent von
dr Erde abghoba ond send vôr maene
Aoga abzoga, ond dia Räder send mit en
ganga. Aber am Aegang vom Osttôr vom
Herrgott (JAHWE) saem Haus send se
standa blieba. Ond d Herrlichkaet vom
Gott (Elohoy) von Israel ischd über en
gwea. 20Des send dia Lebewesa gwea,
mô i onter am Gott (Elohoy) von Israel
am Fluß Kebar gseha han. Ond i han
kapiert, dass des Keruba gwea send.
21Jedas von dene vier Lebewesa håt
vier Gsichter ghet. Ond jedas håt vier
Flügel ghet ond onter de Flügel zwôe
Menschahänd. 22Ond ihre Gsichter hent
so ausgseha wia dia Gsichter, môn e am
Fluß Kebar gseha han. Ond jeder ischd
en dui Richtong ganga, mô oes von
saene Gsichter nôguckt håt.

Zom Vrgleicha: *Vers 18:* 1,28; 43,8.

S Gericht über de führende Männer von Jerusalem: 11 1-13

11 Nå håt me dr Gaest aufghoba
ond me ans Osttôr vom Herrgott
(JAHWE) saem Haus bråcht, des mô
Osta zua leit. Ond am Tôraegang send
fenfazwanzg Männer gwea. En dene

ihrer Mitte han e da Jaasanja, am Asur
saen Soh ond da Pelatja, am Benaja saen
Soh gseha, dia mô s Volk gführt hent.
[2]Ond r håt zo mr gsaed: Menschasoh!
Des send dia Männer, dia mô frevelhaft
plant hent ond dera Stadt dåhanna baese
Ratschläg gebat, [3]ond mô sagat: En
nächster Zeit braucht mr koene Häuser
maeh baua. D Stadt ischd dr Hafa ond
mir send s Flôesch! [4]Drom profezei
über se, profezei en, Menschasoh! [5]Ond
dr Gaest von JAHWE ischd auf me
gfalla ond håt zo mr gsaed: So spricht
JAHWE: So hent ihr rausgschwätzt, ihr
vom Haus Israel. I wôeß guat, was ihr
em Senn hent. [6]Ihr hent viele ombråcht
en dera Stadt dåhanna, ond ihr hent
ihre Gassa mit Leicha gfüllt. [7]Drom, so
spricht JAHWE, mae Herr: Dia, mô
ihr en dr Stadt ombråcht hent, dia send
s Flôesch, ond sui ischd dr Hafa. Ond
euch führt mr fort aus ihrer Mitte. [8]Vôr
am Schwert hent r Angst, drom breng
i s Schwert über euch – Spruch von
JAHWE. [9]I Jag euch aus dr Stadt drvo
ond laß euch Fremde en d Händ falla.
Ond i vollstreckt s Gericht an euch.
[10]Onter am Schwert laß e euch falla.
An dr Grenz von Israel halt e Gericht
über euch, nå werat r erkenna, dass i,
JAHWE, dr Herr ben. [11]D Stadt laß e
et euran Hafa sae, ond grad so wenig
werat ihr ihr Flôesch dren sae; I richte
euch an dr Grenz von Israel. [12]Då drå
werat r erkenna, dass i JAHWE ben,
nach dem saene Satzonga ihr et glebt
hent, ond dem saene Rechtsvôrschrifta
ihr et aeghalta hent. Sondern ihr hent
euch nach dene Völker grichtat, mô om
euch rom gwea send.
[13]Ond während maener Weissagong
ischd dr Pelatja, am Benaja sae Soh
gstôrba. Ond i ben auf mae Gsicht
nôgsonka ond han ganz laut gschria:
O Waehdag, JAHWE, mae Herr, willst
ao no am Rest von Israel da Garaus
macha?

Zom Vrgleicha: *Vers 1:* 3,12 • *Vers 5:* 24,1-14 • *Vers 8:* 5,17; 6,3; 33,2 • *Vers 9:* 5,8.10.15 • *Vers 12:* 5,7 • *Vers 13:* 9,8.

D Erneuerong von Israel: 11 14-25
[14]Ond s Wort von JAHWE ischd an me
erganga ond håt gsaed: [15]Menschasoh!
Daene Brüader, daene Brüader aus dr
Vrbannong ond s ganze Haus Israel
ensgesamt, von dene, mô d Aewohner
von Jerusalem sagat: Bleibat no fern
von JAHWE! Ons ischd des Land
als Erbtôel geba wôra. [16]Drom sag: So
spricht JAHWE, dr Herr: Sicher han i
dia wegführa lassa onter d Völker, ond
gradso han e se ao vrstraea lassa en älle
Länder ond han en wenig Glegahaet für
a gottesdenstlichs Leba geba en dene
Länder, mô se nôkomma send.
[17]Drom sag: So spricht JAHWE, dr
Herr: I hol euch wieder zsamma ond
sammle euch ae en dene Länder, môn r
nôvrstraet wôra send. Ond i gib euch da
Boda von Israel. [18]Ond wann se wieder
då nôkommat, nå schaffat se älle ihre
Scheusal ond ihre Götza aus am Land.
[19]Ond i gib en a anders Herz ond an neua
Gaest en euer Ennersts; ond i nemm
des Herz aus Stoe aus ihram Leib ond
gib en drfür a Herz aus Flôesch, [20]dass
se en maene Satzonga gangat ond sich
nach maem Recht richtat ond drnåch
lebat. Ond se werat zo maem Volk ond i
will bei en bleiba als ihr Gott (Elohim).
[21]Aber dia, mô ihr Herz an ihre Scheusal
ond an ihre Götza hängat, dene laß i ihr
aeges Vrhalta auf da Kopf falla, Spruch
von JAHWE, maem Herra!
[22]Nå hent dia Keruba mit ihre Flügel
abghoba ond dia Räder send mit en
ganga. Ond d Herrlichkaet vom Gott
(Elohey) von Israel ischd über en gwea.
[23]Ond d Herrlichkaet von JAHWE ischd
aus dr Mitte von dr Stadt aufgstiega ond
ischd auf dem Berg, der mô östlich von

dr Stadt leit, standa blieba. 24Ond sae
Gaest håt me aufghoba ond håt me nach
Chaldäa zo dene Vrschleppte bråcht.
Ond des Bild, môn e en dera Vision
gseha han, håt sich vôr mr aufglöst. 25Nå
han e dene Vrschleppte ällas vrzählt,
was me dr Herrgott (JAHWE) håt seha
lassa ond was r gsaed håt.

Zom Vrgleicha: *Vers 16:* 6,8-10 • *Vers 17:* Jer 24,5f; 29,14 • *Vers 19:* 36,26; Jer 24,7 • *Vers 20:* 14,11; Jer 24,7 • *Vers 23:* 43,3 • *Vers 24:* 3,12.

No maeh symbolische Handlonga: 12 1-20

D Vrschleppong: 12 1-16

12 Ond s Wort von JAHWE ischd
an me erganga ond håt gsaed:
2Menschasoh! Du lebst mittla em
widerspenstiga Haus, dia hent Aoga
zom gucka, aber se sehat nex, ond se
hent Ohra zom Horcha, aber se hörat
nex, weil se a widerspenstiga Gsellschaft
send. 3Ond du, Menschasoh, pack daene
Sacha, wia wann da en d Vrbannong
ganga dätest ond wandere am Dag vôr
ihre Aoga von daener Ortschaft weg an
an andera Ort. Vielleicht sehat se s jå,
dia send nämlich a widerspenstigs Haus.
4Trag daene Sacha für d Wanderong am
hella Dag naus vôr ihre Aoga, wia oener,
der mô vrschleppt wird. Ond du selber
gôhst no am Åbad naus vôr ihre Aoga,
wia oener, der mô vrschleppt wird.
5Brich vôr ihre Aoga a Loch durch d
Mauer, ond durch des gôhst d naus. 6Vôr
ihre Aoga lädst dr ällas auf d Schulter.
Em Donkla brengst d ällas fort! Vrsteck
dae Gsicht henter ama Tuach, dass da s
Land nemme siehst, i han de nämlich
zom Wonderzaeche bestimmt für s
Haus Israel. 7Ond i han ällas dao, was
e ghôeßa wôra ben. Maene Sacha für d
Wanderong han e nausgschafft, mô s
no Dag gwea ischd, ond am Åbad han
e a Loch durch d Mauer brocha. Mô
s nå Nacht gwea ischd, han e ällas auf
d Schulter gnomma ond ben vôr ihre
Aoga nausganga.
8Ond s Wort von JAHWE ischd
môrgnads an me erganga ond håt gsaed:
9Menschasoh! Håt de s Haus Israel,
des widerspenstige Haus et gfrågt:
Was duast du då? 10Sag en: So spricht
JAHWE, mae Herr: Der Lastspruch
gilt am Fürsta von Jerusalem ond am
ganza Haus Israel, mô sell wohnt. 11Sag
en: I ben euer Wonderzaeche! So, wia
i s gmacht han, so gschieht s mit ehne:
En d Vrbannong müaßat se wandera
als Gfangene! 12Ond ihr Fürst muaß
saene Sacha em Donkla forttraga, ond
r muaß a Loch durch d Mauer brecha
ond då nausganga; sae Gsicht muaß r
ema Tuach vrstecka, dass r s Land et
sieht. 13Ond i brôete mae Netz über
am aus, dass r sich en maem Fanggarn
vrfangt, ond i laß an nach Babel brenga
ens Land von de Chaldäer, aber seha
därf r nex drvo, ond sell stirbt r nå.
14Ond älle, mô om an rom send, saene
Helfer ond saene Soldata vrstrae i en älle
Wendrichtonga ond schick en s Schwert
hentadrae. 15Nå werat se erkenna, dass i,
JAHWE, dr Herr ben, wann e se onter
d Völker vrtraet han. Ond i vrstrae se
en dia Länder. 16Aber i laß von en a paar
übrig vôr am Schwert, vôr am Honger
ond vôr dr Pest, dass se bei dene Völker,
mô se nôkomma send, ihre Greueltata
vrzähla könnat ond erkennat, dass i,
JAHWE, dr Herr ben.

Zom Vrgleicha: *Vers 2:* 2,5-7; Jer 5,21 • *Vers 6:* 24,24.27; Jes 8,18; 20,3 • *Vers 12:* 2Kö 25,4 • *Vers 13:* 17,20 • *Vers 15:* 20,23 • *Vers 16:* 6,8.

D Not von de Belagerte: 12 17-20

17Ond s Wort von JAHWE ischd an me
erganga ond håt gsaed: 18Menschasoh!
Du sollst dae Brot mit Beba essa ond dae
Wasser mit Zittera ond mit Sôrga trenka.
19Ond zom Volk sollst d saga: So spricht

JAHWE, mae Herr, zo de Aewohner
von Jerusalem ond zom Land Israel:
Ihr Brot sollat se mit Sôrga essa ond ihr
Wasser müaßat se voler Entsetza trenka;
ihr Land wird nämlich zor Wüste ond
von saem Reichtom bleibt nex übrig
wega dr Gwaltätigkaet von saene
Aewohner. [20]Ond de bewohnte Städt
werat vrwüastat ond s Land vrödat.
Nå werat r erkenna, dass i, JAHWE, dr
Herr ben.

Zom Vrgleicha: *Vers 19:* 4,16; 19,7.

Drohonga ond Måhnonga: 12 21 – 23 49

Gega d Vrächter von de Profeta: 12 21-28

[21]Ond s Wort von JAHWE ischd an me
erganga ond håt gsaed: [22]Menschasoh!
Was send des für Redensarta em Land
Israel, dia mô sagat: D Däg ziagat sich
emmer länger naus, d Profezeionga
gangat ganz onter! [23]Sag en drom: So
spricht JAHWE, mae Herr: I mach mit
dem Gschwätz a End, dass des en Israel
koener maeh saed. Sag en statt dem:
Dia Däg send ganz nåch då, mô dia
Profezeionga wåhr werat! [24]Em Haus
Israel geit s nämlich bald koene falsche
Visiona ond vrlogene Orakel maeh.
[25]Sondern i, JAHWE, red selber! Ond
was i sag, des gschieht ao, ond des ziagt
sich nemme weiter naus. No en eure
Däg, du widerspenstigs Haus, sag i mae
Sach ond dua s ao! Spruch von JAHWE,
am Herra.
[26]Ond s Wort von JAHWE ischd an me
erganga ond håt gsaed: [27]Menschasoh!
Guck, dia vom Haus Israel sagat: Dem
saene Visiona zielat auf a viel spätera
Zeit ond für dia profezeit r. [28]Drom
sag en: So spricht JAHWE, mae Herr:
Von dem, was i sag, lässt nex lang auf
sich warta. Was i sag, des gschieht ao
– Spruch von JAHWE, am Herra.

Zom Vrgleicha: *Vers 22:* 18,2; 2Petr 3,1-4 • *Vers 23:* Hab 2,3.

Gega de falsche Profeta: 13 1-23

13 Ond s Wort von JAHWE ischd
an me erganga ond håt gsaed:
[2]Menschasoh! Weissag gega dia Profeta
en Israel! Ond sag dene Profeta, mô
aus am aegena Bauch raus profezeiat:
Horchat, was euch JAHWE zom saga
håt: [3]So spricht JAHWE, mae Herr:
Gnad dene lächerliche Profeta, dia, mô
bloß ihre aegene Gedanka vrzapfat, ond
et amål ebbas gseha hent. [4]Wia d Füchs
en de Ruina send daene Profeta, Israel.
[5]Dia send et en d Brescha naegstanda
ond hent ao koe Mauer om s Haus Israel
baut, dass se am Herrgott (JAHWE)
saem Dag em Kampf hätte standhalta
konna. [6]Dia hent falsche Orakel gseha
ond vrloges Zeugs drhergschwätzt, mô
se gsaed hent: Spruch von JAHWE!
obwohl se dr Herrgott (JAHWE) gar
et gschickt håt. Ond nå erwartat dia ao
no, dass ER ihr Gschwätz wåhr macht.
[7]Ischd s et so, dass ihr Visiona vôrgauklat
ond vrlogene Orakel vrkündigt hent,
môn r gsaed hent: Spruch von JAHWE!
mô i doch gar nex gsaed han? [8]Drom
spricht JAHWE, mae Herr: Weil eure
Reda domms Zeugs send ond eure
Visiona vrloga send, gang i an euch!
Spruch von JAHWE, maem Herra. [9]Ond
i streck mae Håd aus gega dia Profeta,
mô Visiona vôrgauklat ond vrlogene
Orakel vrkündigat. Dia hent em Kraes
von maem Volk nex maeh vrlora, ond se
werat em Vrzaechnis vom Haus Israel
nemme gführt, ond ens Land Israel
sollat se nemme komma. Ond ihr werat
erkenna, dass JAHWE, mae Herr, euer
Herr ischd. [10]Dia führat nämlich mae
Volk en d Irre ond sagat: S ischd Frieda!
Aber s ischd koe Frieda. Ond wann a
Mauer aufgrichtat wird, nå schmierat dia
se vol. [11]Sag zo dene Mauervrschmierer,

dass se aehaglat; s kommt a Wolkabruch
ond Hagelschlag, ond a Sturm gôht los
ond schmeißt se om. [12]Ond wann se
aeghaglat ischd, saed mr nå et zo euch:
Mô ischd jetzt euer Schmiererei? [13]Drom
so spricht JAHWE, dr Herr: I laß en
maem Zôrn an Sturm losbrecha ond en
maener Wuat an Wolkabruch komma
ond Hagelschlag en maem Zôrn. [14]I
reiß dui Mauer a, mô ihr volgschmiert
hent ond schmeiß se auf da Boda, dass
ihr Fondament freiglegt wird. Dui fällt
ae ond ihr kommat dren om, nå werat r
erkenna, dass i, JAHWE, dr Herr ben. [15]I
laß mae ganza Wuat an dera Mauer naus
ond an dene, mô se volgschmiert hent.
Ond i sag euch: Dui Mauer ischd weg,
ond dia, mô se ågschmiert hent ao, [16]dia
Profeta von Israel, dia mô über Jerusalem
gweissagt hent ond Haelsvisiona ghet
hent, mô koene gwea send. Spruch von
JAHWE, maem Herra.
[17]Ond du, Menschasoh, richte dae
Gsicht gega dia Töchter von daem
Volk, mô sich profetisch geba hent en
ihre aegene Gedanka ond weissag gega
se! [18]Ond des saesch d en: So spricht
JAHWE, mae Herr: Gnad dene, mô
Zaoberbendena nähat für d Handglenk
ond Zaoberschleier en älle Größa für d
Seelafänger. Ihr fangat en maem Volk
Seela ae, ond Seela lent r am Leba,
wia s euch grad passt. [19]Ihr hent me en
maem Volk entweiht om a paar Händ
vol Gerstakörner ond a paar Bissa Brot,
ihr hent Menscha ombråcht, dia mô
et hätte sterba solla, zom Menscha am
Leba erhalta, dia mô et hätte leba solla,
durch eure Lüagereia vôr maem Volk,
des mô so gern auf Lugena hört. [20]Drom
so spricht JAHWE, mae Herr: Guckat,
i gang an eure Zaoberbendena, mit dene
mô ihr Menscha aefangat wia d Vögel.
Ond i reiß se euch aus de Ärm ond laß
dia Seela, mô ihr gjagt hent frei wia d
Vögel. [21]Ond eure Zaoberschleier vrreiß
i ond rette mae Volk aus eure Händ,
dass se nemme en eurer Gwalt send als
Jagdbeute, ond dass ihr erkennat, dass i,
JAHWE, dr Herr ben. [22]Weil ihr s Herz
vo'ma Rechtschaffena vrzagt gmacht
hent mit eurer Lüagerei, dem mô i
koen Kummer han macha wölla, ond d
Händ vom Frevler gstärkt hent, dass der
gmoent håt, er briecht et von saem baesa
Weg omkehra, dass r am Leba bleibt –
[23]drom därfat ihr koene falsche Visiona
maeh seha ond koe Wahrsagerei mae
treiba. I rette mae Volk aus eure Händ,
dass ihr erkennat, dass i, JAHWE, dr
Herr ben.

Zom Vrgleicha: *Vers 3:* Jer 14,14 • *Vers 5:* 22,30 • *Vers 6:* 22,28 • *Vers 9:* 14,9 • *Vers 10:* Jer 6,14 • *Vers 19:* 1Sa 9,7 • *Vers 22:* Jer 23,14.

Gega d Götzadiener: 14 1-11

14 Ond s send a paar von de Älteste
von Israel zo mr komma ond vôr
me nôgsessa. [2]Ond s Wort von JAHWE
ischd an me erganga ond håt gsaed:
[3]Menschasoh! Dia Männer dåhanna hent
ihre Götza en ihr Herz gschlossa, ond da
Åstoß für ihre Vrfehlonga hent se grad
vôr sich aufgstellt! Soll i mi von dene nå
ebbas fråga lassa? [4]Drom schwätz mit
en ond sag en: So spricht JAHWE, mae
Herr: Jeder vom Haus Israel, der mô
saene Götza ens Herz gschlossa ond den
Åstoß von saene Vrfehlonga vôr sich
aufstellt ond nå no zom Profeta kommt,
dem gib i, JAHWE, selber d Antwort
wega saene viele Götza, [5]zom dene aus
am Haus Israel ans Herz langa, mô sich
wega ihre Götza von mir abgwendat
hent. [6]Drom sag zom Haus Israel: So
spricht JAHWE, mae Herr: Kehrat om
ond wendat euch ab von eure Götza ond
von älle eure Greueltata! [7]Wann nämlich
ebber aus am Haus Israel oder ebber
von de Fremde, mô als Gast en Israel
lebat, sich von mir abwendat ond saene
Götza ens Herz schliaßt ond den Åstoß

von saene Vrfehlonga vôr sich aufstellt
ond zom Profeta kommt zom für sich
fråga lassa, dem gib i, JAHWE, selber d
Antwort. [8]I richte mae Gsicht gega den
ond stell an auf zom Zaeche ond zom
Sprichwort ond rotte an aus aus maem
Volk! Ond nă werat ihr erkenna, dass i,
JAHWE, dr Herr ben. [9]Ond der Profet,
mô sich vrlôcta lässt, ebbas zom saga,
den han i selber drzua vrlôetat, gega den
streck i mae Håd naus ond rotte an aus
von maem Volk Israel. [10]Dia sollat bôede
ihre Vrfehlonga traga, der, mô frågt, ond
dr Profet, [11]dass s Haus Israel nemme
von mir abirrt ond sich vroraenigt en
saener Abtrünnigkaet, ond se sollat mae
Volk sae ond i selber will für se då sae als
ihr Gott (Elohim)! Spruch von JAHWE,
maem Herra.

Zom Vrgleicha: *Vers 1:* 8,1; 20,1 • *Vers 9:* 1Kö 22,20-23; 13,9.

S gnadalose Gericht von Gott: 14 12-23

[12]Ond s Wort von JAHWE ischd an me
erganga ond håt gsaed: [13]Menschasoh!
Wann sich a Land gega mi vrsündigt en
Treulosigkaet, ond i nå mae Håd gega des
Land nausstreck ond am saene Vôrrät an
Brot wegnemm ond am Honger schick
ond vôr am Mensch ond Vieh ausrotte,
[14]ond en dem Land wärat bloß dia drei
Männer, dr Noah, dr Daniel ond dr
Ijob, nå däte bloß dia drei wega ihrer
Gerechtigkaet grettat wera; Spruch von
JAHWE, maem Herra. [15]Wann e wilde
Viecher em Land romschwôefa lassa
dät, dass dia s entvölkerat ond s dät zor
Wüste wera, mô sich neamerd durch
traut wega dene Viecher, [16]ond wann dia
drei Männer då dren wärat, so wåhr i
leb, Spruch von JAHWE, maem Herra,
dia könnte et amål ihre aegene Söh ond
Töchter retta. Bloß sia selber könnte
sich retta, aber s Land dät zor Wüste
wera. [17]Oder i dät s Schwert über des
Land komma lassa ond dät saga: Des
Schwert soll durch s Land rasa! Ond
i dät Mensch ond Vieh dren ausrotta,
[18]ond s wäre dia drei Männer sell, so
wåhr i leb, Spruch von JAHWE, maem
Herra, dia könnte et amål ihre aegene
Söh ond Töchter retta. Bloß sia selber
könnte sich retta. [19]Oder wann i d Pest
loslassa dät gega des Land ond maen
Zörn drüber ausleera dät, zom Mensch
ond Vieh ema Bluatbad onterganga
lassa, [20]ond bloß dr Noah, dr Daniel
ond dr Ijob wärat då dren, so wåhr i
leb, Spruch von JAHWE, maem Herra,
dia könnte et amål ihre aegene Söh ond
Töchter retta. Bloß sia selber könnte
sich retta wega ihrer Gerechtigkaet.
[21]So spricht JAHWE, dr Herr: Wann
i maene vier schlemmste Gericht, s
Schwert, da Honger ond wilde Viecher
ond d Pest schicka dät gega Jerusalem,
zom Mensch ond Vieh dren ausrotta,
[22]dätat en dr Stadt emmer no oene
vrschont bleiba ond übrig bleiba ond ihre
Söh ond ihre Töchter zo euch rausführa.
Wann se nå zo euch rauskommat ond
ihr sehat, was dia für an Lebenswandel
führat ond was se dent, nå könnat r euch
tröstа lassa wega dem Ohael, mô i über
Jerusalem ond über ällas, was i über se
komma lassa han. [23]Ond se tröstat euch,
wann r ihran Weg ond was se dao hent
sehat. Nå werat r ao erkenna dass i des
ällas et ohne Grond dao han, Spruch
von JAHWE, maem Herra.

Zom Vrgleicha: *Vers 12-23:* 18; 33,10-20 • *Vers 13:* 4,16 • *Vers 15:* Lev 26,22 • *Vers 21:* 5,17; Lev 26,16-25; Jer 15,3; Offbg 6,8.

Gega Jerusalem ond s nutzlose Rebholz: 15 1-8

15 Ond s Wort von JAHWE ischd
an me erganga ond håt gsaed:
[2]Menschasoh! Was håt s Holz vom
Rebstock de andere Strauchhölzer
vôraus, dia mô onter de Baem em Wald
wachsat?

aus ond nemmat daene Schmucksacha weg ond lassat de nackat ond blutt liega. [40]Nå ruafat se a Vrsammlong gega de zsema ond dent de stoeniga ond niedermetzla mit ihre Schwerter. [41]Daene Häuser vrbrennat se mit Feuer ond vollstreckat s Gericht an dr vôr de Aoga von viele Fraoa. So mach e mit daener Huralaofbahn a End; Huralohn zahlst d nå ao nemme. [42]Wann e maen Zôrn an dr gstillt han, nå hert ao mae Eifersucht gega de auf ond i ärgere me nemme. [43]Weil da nemme an dae Jugendzeit denkt håsch ond mi durch des ällas aufgregt håsch, laß e dr daen Lebenswandel auf da Kopf falla, Spruch von JAHWE, maem Gott. Håsch du außer daene Hurereia ao no andere Greueltata vrüabt?

[44]Guck, a jeder, mô a Sprichwort über de saga will, spottat ond saed: Wia d Muader – so d Tochter! [45]Du bist d Tochter von daener Muader, dui mô ihran Må ond ihre Kender vrachtat. Ond du bist d Schwester von daene Schwestera, dia mô ihre Männer ond ihre Kender vrachtat. Euer Muader ischd a Hetiterin ond euer Vadr a Amoriter. [46]Dae ältesta Schwester ischd Samaria mit ihre Töchter(städt), mô lenks von dr wohnt; ond dae jüngera Schwester ischd Sodom mit ihre Töchter(städt), mô rechts von dr wohnt. [47]Bist du et auf ihram Weg ganga ond håsch de gleiche Greueltata dao, ond s sogar no ärger trieba wia dia? [48]So wåhr i leb – Spruch von JAHWE, maem Herra – dae Schwester Sodom ond ihre Töchter hent s et so schlemm trieba wia du ond daene Töchter! [49]Guck, d Schuld von daener Schwester Sodom ischd gwea: dass se überheblich gwea ischd ond em Überfluß an Brot sôrglos ond en äller Ruah glebt håt mit ihre Töchter ond für de Arme ond Elende nex übrig ghet håt. [50]Ond se send haochfährig wôra ond hent s schandamäßig trieba vôr maene Aoga. Drom han e se vrstoßa, wia da selber gseha håsch. [51]Ond Samaria håt et amål halber so viel gsündigt wia du, ond du håsch maeh Schandtata vrüabt wia daene bôede Schwestera mitanander ond håsch so daene Schwestera gerecht ausseha lassa durch älle daene Schandtata, mô da vrüabt håsch. [52]Jetzt trag ao dae Schand, mit dera, mô da daener Schwester Entlastong vrschafft håsch durch daene Sünda, dia, mô schändlicher als wia de ihrige gwea send. Drom bhaltat se dir geganüber recht. Ond schäm de ao ond trag dae Schand, weil da dae Schwester gerecht ausseha lässt.

[53]Ond i will ihr Gfangaschaft wenda, s Vrhängnis von Sodom ond ihre Töchter ond s Vrhängnis von Samaria ond ihre Töchter, ond ao dae Schicksal will e mit dene zsamma romdreha, [54]dass du dae Schand traest ond de für ällas schäma muaßt, was da dao håsch, dene zom Trost. [55]Ond daene Schwestera Sodom ond ihre Töchter ond Samaria ond ihre Töchter sollat wieder sae wia früher. Ond ao daene Töchter sollat wieder sae wia früher. [56]Håsch du et dauernd hentarom über dae Schwester Sodom gschwätzt en dera Zeit, mô da emmer so ågeba håsch, [57]bevôr dae Schand aufdeckt wôra ischd? So schwätzat se jetzt rengsrom über di, älle daene Nåchberna, d Edomiterinna ond d Philisterinna, dia, mô de vrachtat. [58]Dae Treulosigkaet ond daene Schandtata håsch du selber zom traga, Spruch von JAHWE. maem Herra.

[59]So spricht JAHWE, mae Herr: I behandle de nach dem, was da dao håsch; du håsch maen Droheid vrachtat, mô da onseran Bund brocha håsch. [60]Aber i selber will an maen Bund mit dir denka, den môn e en daener Jugendzeit mit dr gschlossa han ond will an ewiga Bund mit dr aufrichta. [61]Du sollst drå denka, wia da de vrhalta håsch ond de schäma,

wann e daene ältere ond daene jüngere
Schwestera nemm ond se dir als Töchter
gib, aber et, weil du da Bund aeghalta
hättest. 62 Ond i selber richte an Bund
mit dr auf, nå wirst d erkenna, dass i,
JAHWE, dr Herr ben. 63 Dass du drå
denkst ond de schämst ond vôr lauter
Scham nia maeh s Maul aufmachst,
weil dr i ällas vrzeih, was da dao häsch,
Spruch von JAHWE, maem Herra.

Zom Vrgleicha: *Vers 3:* 16,45 • *Vers 8:* Rut 3,9 • *Vers 17:* Hos 8,4 • *Vers 20:* 20,26; 23,37; 2Kö 16,3; Jer 7,31; Dtn 12,31 • *Vers 28:* 23,12 • *Vers 38:* Lev 20,10 • *Vers 41:* 2Kö 25,9 • *Vers 43:* 9,10 • *Vers 45:* 16,3 • *Vers 51:* Jer 3,11 • *Vers 60:* 36,22; 37,26; Lev 26,45; Jer 31,31-34; Hos 2,17 • *Vers 63:* 36,31.

S Liad vom König saener Treulosigkaet:
17 1-24

17 Ond s Wort von JAHWE ischd
an me erganga ond håt gsaed:
2 Menschasoh! Sag am Haus Israel a
Rätsel ond a Beispiel!
3 Sag: So spricht JAHWE, mae Herr:
Dr graoße Adler mit graoße Flügel
ond lange Schwenga ond ama dichta,
bunta Gfieder ischd zom Libanon
komma ond håt da Gipfel von dr Zeder
weggnomma.
4 D Spitz vom Haoptschößleng håt r
agrissa ond håt an ens Land Kanaan
bråcht en a Händlerstadt ond an
aegsetzt.
5 Nå håt r Såma vom Land gnomma ond
an en an Acker gsät. Ama Bach, mô
reichlich Wasser ghet håt, håt r an en d
Uferböschong gsetzt,
6 ond r ischd gwachsa ond saene
Ranka send nieder gwachsa ond saene
Spriaßleng send en sae Richtong
gwachsa ond saene Wurzla hent sich
onter am ausbrôetat. Ond s ischd a
Rebstock draus wôra, der mô austrieba
ond Zweig gmacht håt.
7 Aber då ischd nômål a graoßer Adler
gwea mit starke Schwenga ond ama ganz
dichta Gfieder. Ond guck, dia Ranka
hent sich zmål zo dem ausgrichtat ond
d Wurzla, dass am der Wasser geba soll
ond nemme des Beet, môn r naepflanzt
gwea ischd.
8 Der ischd doch auf ama guata Boda
mit gnuag Wasser pflanzt gwea, zom
Laob bilda ond Frücht zom traga ond a
herrlicher Rebstock zom wera.
9 Sag: So spricht JAHWE, dr Herr:
Soll der gråta? Reißt der et dem saene
Wurzla raus mitsamt saener Frucht, dass
älle Schössleng vrdôrrat? Då braucht mr
et viel Kraft ond viele Leut drzua, zom
den mitsamt saene Wurzla rausreißa.
10 Ond guck, pflanzt ischd r guat – aber
ob r gråtat? Vrdôrrat der et, wann an dr
Ostwend åbläst? Auf dene Beet, môn r
naepflanzt ischd, vrdôrrat der.
11 Ond s Wort von JAHWE ischd an me
erganga ond håt gsaed:
12 Sag dem widerspenstiga Haus:
Kapierat ihr et, was des hôeßt? Sag en:
Guck, dr König von Babel ischd nach
Jerusalem komma ond håt ihran König
ond saene Fürsta mitgnomma ond nach
Babel bråcht.
13 Ond r håt an Sprößleng vom
Königsgschlecht gnomma ond an
Vrtrag mit am gmacht ond an mit ama
Eid vrpflichtat. Ond d Fürsta em Land
håt r mit fortgnomma,
14 dass s Königtom schö onta blieba ischd
ond koen Aufstand gega sae Bündnis
riskiera könna håt ond er d Macht
bhalta håt.
15 Aber der håt sich gega an aufglehnt
ond håt saene Bota nach Ägypten
gschickt, dass mr am viel Rösser ond
Kriagsvolk schicka soll. Ob des guat
gôht? Kommt oener drvo, der mô so
ebbas duat? Der håt an Vrtrag brocha,
soll der drvokomma?
16 So wåhr i leb, Spruch von JAHWE, am
Herra: Em Palast von dem König, der
mô an zom König gmacht håt ond dem

saen Eid, môn r vrachtet håt ond dem
sae Bündnis r brocha håt, mittla en Babel
soll r sterba! [17]Ond dr Pharao mit saener
graoßa Streitmacht ond saem Kriagsheer
hilft am et em Kampf ond r läßt ao koen
Sturmwall ond Belagerongswerk baua
zom viele Menscha ausrotta. [18]Er håt
saen Eid mißachtat ond sae Bündnis
brocha ond ao no d Håd drauf geba.
Ond weil r des ällas dao håt, kommt r
et drvo.

[19]Drom, so spricht JAHWE, dr Herr:
So wåhr i leb, maen Eid, den môn r
mißachtat håt, ond maen Bund, den
môn r brocha håt, laß e am auf saen
Kopf falla!

[20]Ond i brôete mae Netz über am aus,
dass r sich en maem Garn vrfangt, ond
i laß an nach Babel komma ond gang
sell mit am ens Gericht wega saener
Treulosigkaet gega mi.

[21]Ond môn r ao nôflüchtat en saene
Schwadrona, dia sollat durchs Schwert
falla, ond dia, mô übrig send, werat en
älle Wendrichtonga vrstraet, dass ihr
erkennat, dass i, JAHWE, gsprocha
han.

[22]So spricht JAHWE, dr Herr: Nå
nemm i selber vom hoha Gipfel von
dr Zeder an Trieb ond pflanz an ae. An
zarta Schößleng brich e weg ond pflanz
an auf an hoha ond erhabena Berg,

[23]ens Bergland von Israel pflanz e an,
dass r Laob ond Äst schiabt ond Frücht
brengt ond zo ra herrlicha Zeder wird,
mô Vögel dren ihre Nester bauat ond
ällas mögliche Federvieh em Schatta
von saene Zweig wohnt.

[24]Nå werat älle Baem em Feld erkenna,
dass i, JAHWE, dr Herr ben. I han
an hoha Baom nieder gmacht ond an
niedera Baom han e haoch gmacht. I
laß an greana Baom vrdôrra ond an
dörra Baom laß e blüha. I, JAHWE, han
gsprocha, ond i dua s ao!

Zom Vrgleicha: *Vers 20:* 32,3 • *Vers 22:* Jes 11,1; Ez 20,40; Dan 4,9; Mt 13,32.

Schuld ond Gerechtigkaet: 18 1-32

18 Ond s Wort von JAHWE ischd
an me erganga ond håt gsaed: [2]Was
soll der Spottvers, den mô ihr em Land
Israel romschwätzat: D Vädr essat räße
Trauba ond de Söh werat d Zäh stompf!
[3]So wåhr i leb, Spruch von JAHWE,
am Herra, den Spottvers soll von euch
en Israel koener maeh saga. [4]Guck, älle
Seela gherat mir! D Seel vom Vadr grad
so wia d Seel vom Soh, mir gherat se.
Dui Seel, mô sündigt soll sterba!

[5]Ischd oener rechtschaffa ond redlich
ond handelt recht, [6]ond duat et bei de
Opfermahlzeita auf de Berg mit, ond
guckt et auf zo de Götza vom Haus Israel,
ond saem Nächsta sae Frao et schändat,
ond et zo ra Frao gôht, wann se oraen
ischd, [7]ond neamerd onter Druck setzt,
ond saem Schuldner sae Pfand zrück geit,
nex mit Gwalt nemmt ond sae Brot mit
ama Hongriga tôelt, ond ama Nackata a
Gwand geit, [8]nex mit Zens vrleiht ond
koen Wucher treibt ond saene Händ
von Freveltata lässt, ond wahrhaftig
ond ehrlich urtôelt zwischa dene, mô
Streit hent, [9]en maene Satzonga lebt
ond maene Rechtsvôrschrifta aehält en
Wahrhaftigkaet ond Rechtschaffahaet,
nå soll r leba, Spruch von JAHWE, am
Herra.

[10]Wann der aber an Soh kriagt, der mô
gwalttätig ischd ond Bluat vrgiaßt oder
andere Sünda duat, [11]während er selber
nex von dene Sacha dao håt, aber der
Soh duat mit bei de Opfergelage en de
Berg, ond vroraenigt d Frao von saem
Nächsta, [12]ond de Arme ond Elende
naduckt, Raobgüater zsemaschärrat,
Pfänder et zrückgeit ond zo de Götza
aufguckt, der handlat abscheulich! [13]Om
Zens leiht r her ond treibt Wucher,
soll so oener am Leba bleiba? Der soll
et am Leba bleiba! Der håt älle dia

Greueltata dao, drom muaß r sterba!
Sae Bluatschuld soll auf an komma!
14Wann jetzt der Soh an Soh zeugt håt
ond der Soh sieht älle dia Sünda, mô
sae Vadr dao håt, der sieht s zwår, aber
r macht s am et nåch: 15R duat et mit
bei de Bergopfergelage ond r guckt et
auf zo de Götza vom Haus Israel, d
Frao von saem Nächsta vroraenigt r et,
16ond duckt ao neamerd na, vrlangt koe
Pfand ond stiehlt nex, mit am Hongriga
tôelt r sae Brot ond ama Nackata geit r
a Gwand, 17saene Händ hält r fern von
Orecht, r nemmt koen Zens ond treibt
koen Wucher, maene Rechtsvôrschrifta
ond Satzonga hält r ac, nå muaß der et
wega dr Schuld von saem Vadr sterba.
Der soll am Leba bleiba.
18Aber sae Vadr håt sterba müaßa, weil
r d Leut erpresst ond Raobguat an sich
bråcht håt ond onter saem Volk Sacha
gmacht håt, dia mô et guat gwea send,
guck, der håt wega saener aegena Schuld
sterba müaßa.
19Jetzt frågat ihr: Wårom muaß dr Soh
et d Schuld von saem Vadr mittraga?
– mô doch dr Soh rechtschaffa en
Gerechtigkaet en maene Satzonga glebt
håt – der muaß doch am Leba bleiba!
20Der, mô sündigt, der soll sterba! A
Soh soll et d Schuld von saem Vadr, ond
a Vadr soll et d Schuld von saem Soh
mittraga. Am Rechtschaffena kommt
sae Rechtschaffahaet z'guat, ond über
da Frevler kommt sae Frevel.
21Wann sich aber a Frevler von älle saene
Sünda, môn r dao håt, bekehrt, ond
maene Satzonga aehält ond en Recht
ond Gerechtigkaet lebt, nå soll r ao leba
ond et sterba. 22Älle saene Schandtata,
môn r dao håt, sollat vrgessa sae om dr
Gerechtigkaet willa, môn r duat, soll
r am Leba bleiba. 23Soll i vielleicht an
Gfalla drå fenda, wann a Frevler sterba
muaß? Spruch von JAHWE, am Herra,
ond et, dass der omkehrt von saem baesa
Weg, dass r am Leba bleibt?
24Aber wann a Rechtschaffener sich
von saener Rechtschaffahaet abwendat
ond frevlat ond älle Abscheulichkaeta
vrüabt, mô dr Frevler dao håt, soll
der am Leba bleiba? Dem werat saene
gerechte Tata von früher et ågrechnat.
Der muaß wega saener Treulosigkaet
ond wega saene Sünda, môn r dao håt
sterba. 25Ond ihr sagat: Was dr Herr
duat, ischd et richtig! Horchat doch her,
ihr vom Haus Israel! Ischd mae Weg
tatsächlich et richtig? Oder send des gar
eure Weg, mô et richtig send?
26Wann a Gerechter sae Gerechtigkaet
aufgibt ond Orecht duat, nå muaß r
sterba; wega dem Orecht, des môn
r duat, muaß r sterba. 27Ond wann a
Frevler saen frevelhafta Wandel aufgibt,
môn r dren glebt håt, ond sich an Recht
ond Gerechtigkaet hält, nå därf r am
Leba bleiba ond muaß et sterba.
28Wann r ällas aegseha håt, was r falsch
gmacht håt ond sich drvo abkehrt håt,
nå därf r am Leba bleiba ond muaß et
sterba. 29Aber em Haus Israel saed mr:
Am Herra sae Weg ischd et richtig! Soll
mae Weg tatsächlich et richtig sae, Haus
Israel? Noe, euer Weg ischd et richtig!
30Drom will i an jeda nach saem aegena
Weg richta, Haus Israel, Spruch von
JAHWE, am Herra! Kehrat ihr om
ond wendat euch ab von älle eure
Schandtata, dass des nemme dr Åstoß
zo eure Vrfehlonga wird. 31Schmeißat
älle eure Schandtata von euch weg,
môn r vrüabt hent. Schaffat euch a neus
Herz ond an neua Gaest! Wårom wöllat
r denn sterba, ihr vom Haus Israel? 32I
han doch koen Gfalla am Daot von oem,
mô sterba muaß, Spruch von JAHWE,
am Herra. Kehrat om, dass r am Leba
bleibat!

Zom Vrgleicha: *Vers 2:* Jer 31,29 • *Vers 6:* 22,9; Lev 18,19f • *Vers 7:* Dtn 24,10-13; Jes 58,7 • *Vers 13:* 33,4 • *Vers 19:* Ex 20,5 • *Vers 20:* 18,4; Dtn 24,16;

2Kö 14,6 • *Vers 22:* 33,16 • *Vers 23:* 18,13; 33,11; Hos 11,9; 1Tim 2,4 • *Vers 24:* 3,20 • *Vers 25:* 33,17 • *Vers 30:* 33,20; 7,19; 44,12 • *Vers 31:* 11,19; 36,26 • *Vers 32:* 33,11.

S Klageliad über da Fürsta von Israel: 19 1-14

19 Aber du, stemm du a Klageliad å
über da Fürsta von Israel
2ond sag: Wia ischd doch dae Muader a
Löwin gwea onter de Löwa! Dui ischd
mittla onter d Jonglöwa naeglega ond
håt ihre Jonge aufzoga.
3Oes von ihre Jonge håt se graoßzoga,
aus dem ischd a starker Löwe wôra,
der håt s Reißa glernt ond håt Menscha
gfressa.
4Nå håt mr ganze Volksstämm gega
an aufbota, en ra Fallgruab hent se
an gschnappt ond an am Håka nach
Ägypten bråcht.
5Mô se nå gseha håt, dass se omasonst
ausgharrt håt, ischd ihr Hoffnong
gschwonda ond se håt an andera von
ihre Jonge gnomma ond an starka Löwa
aus am gmacht.
6Der ischd onter de andere Löwa
romganga ond håt s Reißa glernt, ond r
håt Menscha gfressa.
7Ond r håt dene ihre Paläst ond ihre
Städt kenna glernt ond dia vrwüastat.
S Land ond ällas, was dren gwohnt håt,
ischd starr vôr Schreck wôra ond håt
Angst ghet vôr saem Gebrüll.
8Nå håt mr wieder ganze Volksstämm
gega an aufbota, rengsrom aus älle Gebiet.
Dia hent a Netz über an gschmissa ond
an en ra Fallgruab gschnappt.
9Ond se hent an am Håka en an Zwenger
naedao ond an zom König von Babel
bråcht, dass mr sae Brülla nemme ghört
håt en de Berg von Israel.
10Dae Muader ischd wian a Rebstock
gwea, ans Wasser nôpflanzt, ond håt
von dem viela Wasser viel Frücht ond
Ranka trieba.
11Ond kräftige Äst send an am gwachsa,
aus dem Holz send Herrscher gschnitzt,
haochgwachsa zwischa de Ranka, dass
mr an schao von weitams gseha håt.
12Aber nå håt mr an em Zôrn rausgrissa
ond auf da Boda gschmissa. Dr Ostwend
håt an ausdôrrat, ond saene Frücht håt
mr weggrissa ond vrdôrra lassa. Sae
starker Stamm ischd austricknat ond s
Feuer håt an gfressa.
13Jetzt håt mr an en d Wüste pflanzt, en
a dürrs ond durstigs Land.
14Ond Feuer ischd von de Zweig an dem
Stamm ausganga ond håt ihr Frucht
gfressa; ond koe starker Ast ischd maeh
an am blieba, koe Zepter für Herrscher.
A Klageliad ischd des, a Klageliad ischd
des wôra.

Zom Vrgleicha: *Vers 4:* 2Kö 23,31-34 • *Vers 9:* 2Kö 24,15 • *Vers 10:* 17,6 • *Vers 12:* Joh 15,6.

Viele Treulosigkaeta von Israel: 20 1-44

20 Em siebta Jåhr am zehnta Dag
vom fenfta Monat send etlich
von de Älteste von Israel komma, zom
da Herrgott (JAHWE) fråga. Ond se
send vôr me nôgsessa. 2Ond s Wort
von JAHWE ischd an me erganga ond
håt gsaed: 3Menschasoh! Schwätz mit
dene Älteste von Israel ond sag en:
So spricht JAHWE, dr Herr: Send r
komma, zom mi fråga? So wåhr i leb,
Spruch von JAHWE, am Herra, i laß
me von euch nex maeh fråga! 4Willst du
et s Gericht über se halta, Menschasoh,
willst du et s Gericht abhalta? Nå laß
se d Abscheulichkaeta von ihre Vädr
erkenna! 5Ond du sollst en saga: So
spricht JAHWE, dr Herr: An dem Dag,
mô i Israel auserwählt han, då han i
mae Håd (zom Schwur) aufghoba für d
Nåchkomma vom Haus Jakob ond han
me en offabart em Land Ägypten. Ond
i han mae Håd zo nen aufghoba ond
gschwora: I ben JAHWE, euer Gott
(Eloheykem)!

6 An dem Dag han i mae Håd aufghoba ond en gschwora, dass i se raushol aus am Land Ägypten en a Land, des môn e für se rausgsuacht han, mô Milch ond Honig fliaßt. A Schmuckstück onter de Länder. 7 Ond i han zo nen gsaed: Schmeißat älle Götza weg, mô euch vôr Aoga send, ond vroraenigat euch et an dene Götza von Ägypten. I ben JAHWE, euer Gott (Eloheykem)! 8 Aber dia hent sich mir widersetzt ond hent et auf me höra wölla. Koener håt saene Götza weggschmissa ond ao dia Götza von Ägypten hent se et zrück glassa. Nå han e drå denkt, dass e maen Zôrn über se ausleera möcht ond mae Wuat an en auslassa mittla em Land Ägypten. 9 Aber nå han e me anders bsonna wega maem Nåma, dass der et entweiht wird vôr de Aoga von dene andere Völker, bei dene, mô se glebt hent ond vôr dene i me offabart han, môn e se aus Ägypten rausgholt han.

10 I han se aus Ägypten rausführa lassa ond se en d Wüste komma lassa. 11 Ond i han en maene Satzonga geba ond mae Recht han e se erkenna lassa, an dia sich jeder Mensch halta soll, dass r am Leba bleibt. 12 Ond i han en maene Sabbat geba zom Zaeche, dass mr wôeß, dass i, JAHWE, s ben, der mô se haeligt. 13 Aber s Haus Israel ischd aufmüpfig gega me gwea en dr Wüste. Dia hent sich et an maene Satzonga ghalta ond maene Rechtsvôrschrifta hent se vrachtat, nach dene, mô jeder Mensch leba soll, dass r am Leba bleibt. Ond maene Sabbat hent se ao entweiht. Nå han e mr vôrgnomma, dass e maen Zôrn en dr Wüste über en ausleer, zom se aufreiba. 14 Aber i ben wega maem Nåma gnädig mit en omganga, dass e den et entweih vôr de Aoga von dene Volksstämm, mô gseha hent, wian e se aus Ägypten rausgholt han, 15 ond han selber mae Håd aufghoba (gschwora), dass e se et en des Land breng, môn e für se rausgsuacht han, mô Milch ond Honig fliaßt, des Schmuckstück onter de Länder. 16 Weil se maene Rechtsvôrschrifta vrachtat ond sich et an maene Satzonga ghalta ond maene Sabbat entweiht hent. Ond weil ihr Herz henter de Götza hergwea ischd. 17 Aber maene Aoga hent sich vrbarmt über se ond i han en en dr Wüste et ganz da Garaus gmacht.

18 Ond en dr Wüste han e zo ihre Söhn gsaed: Haltat euch et an d Satzonga von eure Vädr ond achtat et auf ihre Rechtsvôrschrifta! Vroraenigat euch et an ihre Götza! 19 I, JAHWE, ben euer Gott (Eloheykem)! Nach maene Satzonga sollat ihr leba ond auf maene Rechtsvôrschrifta achta! 20 Ond haeligat maene Sabbat, dass se a Zaeche send zwischa mir ond euch, dass mr wôeß, i, JAHWE, ben euer Gott (Eloheykem). 21 Aber ao d Söh send aufsässig gwea gega me. An maene Satzonga hent se sich et ghalta ond maene Rechtsvôrschrifta hent se vrachtat, dia mô a jeder Mensch aehalta soll, dass r am Leba bleibt. Maene Sabbat hent se entweiht, ond i han mr vôrgnomma, dass e mae Zôrngluat über en ausleer ond mae Wuat an en auslass en dr Wüste. 22 Aber i han nå doch mae Håd zrückzoga wega maem Nåma, dass e den et entweih vor de Aoga von dene Volksstämm, mô gseha hent, wian e se rausgholt han. 23 Aber i han mae Håd aufghoba (zom Schwöra) gega se en dr Wüste, dass e se en älle Völker ond Länder vrstrae, 24 weil se maene Rechtsvôrschrifta et aeghalta ond maene Satzonga vrwôrfa hent, ond weil se maene Sabbat entweiht hent ond mit de Aoga henter de Götza von ihre Vädr hergwea send. 25 Nå han e en ao Satzonga geba, mô et guat gwea send ond Rechtsvôrschrifta, mit dene se et hent leba könna. 26 I han se vroraeniga lassa durch ihre Opfergaba, mô se ihre

Erstgeborene durchs Feuer ganga lassa
hent; dådrmit han e se starr gmacht
(vor Entsetza), dass se erkennat, dass i,
JAHWE ihr Herr ben.
[27]Drom rede mit am Haus Israel,
Menschasoh! Ond des sollst d en saga:
So spricht JAHWE, der Herr: Eure
Vädr hent me ao dådrmit vrspottat,
dass se mr d Treue brocha hent! [28]I han
se en des Land komma lassa, des môn
e en zuagschwora han. Nå hent dia
ihre Schlachtopfer darbråcht sobald
se an höhera Hügel oder an graoßa
Baom gseha hent. Sell hent se zo maem
Vrdruß ihre Opfergaba darbråcht ond
Raecheropfer ond hent ihre Trankopfer
ausgossa. [29]Ond i han zo nen gsaed: Was
håt s mit dera Åhöhe auf sich, mô ihr
nôgangat? Drom hôeßt mr se Bama
(Kulthöhe) bis auf da haetiga Dag.
[30]Drom sag zom Haus Israel: So spricht
JAHWE, dr Herr: Wöllat ihr euch ao
vroraeniga durch den Weg, mô eure Vädr
ganga send, ond henter ihre Scheusäler
herhura? [31]Ond dådrmit, dass r eure
Opfergaba darbrengat ond eure Kender
durchs Feuer ganga lassat, vroraenigat
ihr euch für älle eure Götza bis auf da
haetiga Dag. Ond då soll i mi von euch
no ebbas fråga lassa, Haus Israel? So
wåhr i leb, Spruch von JAHWE, am
Herra, i laß me von euch nex maeh
fråga! [32]Ond gar nia soll gscheha, was ihr
euch en euram Gaest hent aefalla lassa,
wann r moenat: Mir send wia de andere
Völker ao ond en de andere Länder ond
deanat am Holz ond am Stoe. [33]So wåhr
i leb, Spruch von JAHWE, am Herra:
I will mit starker Håd ond erhobenam
Arm als König über euch herrscha ond
maen Zôrn über euch ausleera. [34]I will
euch aus de Völker rausführa ond euch
aus dene Länder aesammla, en dia mô
ihr vrsprengt wôra send, mit starker
Håd ond ausgstrecktam Arm ond
ausgossenam Zôrn. [35]I breng euch en
d Wüste von de Völker, då will e Aog
en Aog als Richter gega euch auftreta.
[36]So, wian e mit eure Vädr en dr Wüste
em Land Ägypten grechtat han, so
will e mit euch ao rechta, Spruch von
JAHWE, am Herra. [37]I laß euch onter
am Hirtastab durchganga (zähla) ond
breng euch onter d Vrpflichtong vom
Bund. [38]Ond i sondere de Aufmüpfige
ond dia, mô von mir abgfalla send
aus. Aus dem Land, mô se als Fremde
gwea send, hol e se raus, aber ens Land
von Israel kommat dia et nae, dass ihr
erkennat, dass i, JAHWE, dr Herr ben.
[39]Ond ihr, Haus Israel, so spricht
JAHWE, mae Herr: Gangat no zo eure
Götza ond deanat en! Aber später werat
r schao auf me höra ond maen haeliga
Nåma nemme mit eure Opfergaba
ond mit eure Götza schända. [40]Auf
maem haeliga Berg, auf am hoha Berg
von Israel, Spruch von JAHWE, am
Herra, då werat se me vrehra, s ganze
Haus Israel em Land. Då will e se
begnadiga ond eure Hebopfer ond eure
Erstlengsgaba ond Weihegaba von euch
aefordera. [41]Em Beschwichtigongsduft
will e euch begnadiga ond eure Opfer
ånemma. Wann e euch aus de Völker
raushol ond en dene Länder aesammle,
môn r nôvrstraet wôra send, will
e me vôr de Aoga von älle Völker
als dr Haelige erweisa. [42]Nå werat r
erkenna, dass i JAHWE, dr Herr ben,
wann i euch wieder auf da Erdboda
von Israel breng, den mô i eure Vädr
zuagschwora han. [43]Då werat r an euran
Lebenswandel ond eure Machaschafta
denka, mit dem r euch oraen gmacht
hent ond euch vôr euch selber ekla wega
dene Schandtata, môn r vrüabt hent.
[44]Nå werat r erkenna, dass i, JAHWE,
dr Herr ben, wann i wega maem Nåma
so mit euch omgang ond et nach euram
vrdôrbena Lebenswandel ond eure üble
Machaschafta, Haus Israel. Spruch von

JAHWE, am Herra.
Zom Vrgleicha: *Vers 1:* 8,1; 14,1.3 • *Vers 4:* 22,2; 23,36; 16,2 • *Vers 5:* Dtn 7,6 • *Vers 6:* Ex 3,8 • *Vers 7:* Jos 24,14.23 • *Vers 9:* 20,14; 36,21f • *Vers 11:* Lev 18,5 • *Vers 12:* Ex 31,13-17 • *Vers 13:* Ex 14,11 • *Vers 14:* 20,9; Ex 32,11f • *Vers 15:* Num14,28-30; Ps 95,11 • *Vers 22:* 20,14 • *Vers 26:* Lev 18,21 • *Vers 28:* 6,13; Dtn 12,2 • *Vers 32:* 1Sa 8,5 • *Vers 33:* Jer 21,5 • *Vers 35:* Hos 2,16; Num 14,22-38 • *Vers 37:* Lev 27,32; Jer 33,13 • *Vers 43:* 36,31f • *Vers 44:* 20,14.

S Beispiel vom Waldbrand: 21 1-5

21 Ond s Wort von JAHWE ischd
an me erganga ond håt gsaed:
[2]Menschasoh! Richte dae Gsicht nach
Süda ond weissag gega da Wald em
Südland. [3]Ond du sollst zom Wald em
Südland saga: Horch auf s Wort von
JAHWE: So spricht JAHWE, dr Herr:
Guck, i will en dir a Feuer åzünda, des
soll s ganze frische Holz ond s dürre
Holz en dr fressa. D Feuersgluat soll
et ausganga, dass älle Gsichter vom
Südland bis en da Norda von ra ågsengt
werat. [4]Nå wird ällas, was lebt, seha,
dass i, JAHWE, s åzonda han ond s et
ausganga laß. [5]Nå han e gsaed: Ach mae
Herr, JAHWE, dia sagat von mir: Der
saed doch ällas bloß mit Beispiel!
Zom Vrgleicha. *Vers 3.* Jer 21,14.

S Liad vom Herrgott saem Schwert: 21 6-22

[6]Ond s Wort von JAHWE ischd an me
erganga ond håt gsaed: [7]Menschasoh!
Richte dae Gsicht gega Jerusalem ond
predige gega ihr Haeiligtom ond weissag
gega s Land Israel! [8]Sag zom Land von
Israel: So spricht JAHWE: Guck, i
gang an de! I reiß mae Schwert aus dr
Schaede ond i rott de Gerechte mitsamt
de Gottlose en dr aus. [9]Weil i Gerechte
ond Gottlose ausrotte en dr, soll mae
Schwert aus dr Schaede fahra gega ällas,
was lebt vom Süda bis en da Norda,
[10]dass se erkennat, dass i, JAHWE,
mae Schwert aus saener Schaede zoga
han, ond dass des då nemme naegôht.
[11]Ond du, Menschasoh, stöhn! Mit
gschlagene Lenda ond tiaftraurig sollst
vôr ihre Aoga stöhna! [12]Ond wann se
de frågat: Wega was stöhnst d denn so?
nå sollst d en saga: Wega ra Botschaft,
wann dui aetrifft, vrzagt jedas Herz
ond älle Händ werat schlaff, koener
håt mach an Mumm, ond d Knia werat
wôech wia s Wasser. Guckat, s kommt
ällas ond s gschieht ao, Spruch von
JAHWE, am Herra. [13]Ond s Wort von
JAHWE ischd an me erganga ond håt
gsaed: [14]Menschasoh! Profezei! Ond
des sollst d saga: So spricht mae Herr:
Sag: A Schwert, a Schwert gschliffa ond
poliert!
[15]Zom Schlachta ischd s gschliffa, zom
wian a Blitz leuchta, ischd s poliert.
Oder sollat mr ons liaber über da Stecka
fraea, den mô du vrachtat håsch, Soh,
wia ällas, was aus Holz ischd.
[16]Ond r håt s zom Poliera geba, zom
packa mit dr Faust. Gschliffa ischd a
Schwert ond poliert, zom s am Henker
en d Håd geba.
[17]Schrei ond heul, Menschasoh! Des
gschieht nämlich ällas an maem Volk ond
an älle Fürsta von Israel. Am Schwert
send se preisgeba mitsamt maem Volk.
Drom schlag de an d Hüfta;
[18]d Prüafong ischd nämlich då, ond
was für oena! Wann du schao da Stecka
vrachtat håsch, nå kommt der ao et,
Spruch von JAHWE, am Herra.
[19]Ond du, Menschasoh, weissag ond
bätsch en d Händ, dass sich s Schwert
auf s Dreifache vrvielfältigt! A Schwert
vo'ma Gfallena ischd des, a graoß
Mordschwert, mô om sich rom haot.
[20]Dass ihr Herz vrzagt wird ond an ihre
Tôr han a Schlachtbank für s Schwert
nôgsetzt. O Waehdag, zom Blitza ischd
s gmacht ond poliert zom Schlachta.

[21]Sammle de! Schlag nach rechts ond schlag nach lenks, mô daene Schneida nôbestimmt send!
[22]Ond ao i selber will en d Händ bätscha ond maen Zôrn an en auslassa. I, JAHWE, han gsprocha.
Zom Vrgleicha: *Vers 12:* 7,17.

S Schwert vom König von Babel: 21 23-37
[23]Ond s Wort von JAHWE ischd an me erganga ond hât gsaed: [24]Ond du, Menschasoh, bestimmt dr zwôe Weg, auf dene mô s Schwert vom König von Babel komma soll. Bôede sollat von oem Land ausganga. Zo jeder Stadt stellst d an Wegzaeger am Åfang vom Weg auf. [25]Gib d Richtong å, von mô s Schwert über d Haoptstadt Rabbat-Ammon ond über Juda mit Jerusalem, dr ozuagänglicha komma soll. [26]Dr König von Babel stôht nämlich an dr Weggabel am Åfang von dene zwôe Weg; r lässt s Orakel entschaeda, r schüttlat Pfeil ond frågt saene Hausgötter ond guckt a Leber å. [27]En saener Rechta ischd s Los „Jerusalem“, zom Sturmböck aufstella ond s Maul aufmacha mit Mordgschrôe ond s Kriagsgschrôe åstemma lassa ond dia Sturmböck gega d Tôr aufstella ond an Belagerongswall aufschütta ond a Bollwerk baua. [28]Aber für dia (en Jerusalem) hât des ausgseha wian a falschs Orakel, dene hât mr doch drauf gschwora (mr dät se et ågreifa), aber der (dr König von Babel) packt se an ihrer Schuld ond fordert se ae. [29]Drom so spricht JAHWE, dr Herr: Ihr hent euer Schuld selber en Erennerong bråcht em Offabar werda von eure Schandtata, em Sichtbar macha von eure Sünda bei eure Machaschafta, deswega werat r mit dr Faust packt. [30]Ond du zuchtloser gwissaloser Fürst von Israel, für di ischd dr Dag komma, mô abgrechnat wird, d Zeit, mô du de hemmongslos vrschulda kåsch, ischd am End. [31]So spricht JAHWE, mae Herr: Weg mit daem Kopfbund, weg mit dr Kron! S Niedere wird aufgwertat ond was haoch ischd kommt na! [32]Trümmer, Trümmer, Trümmer mach e aus dr Stadt. Aber des passiert no et, erst wann der kommt, mô s Recht drzua hât, ond dem gib i s. [33]Ond du, Menschasoh, profezei ond sag: So spricht JAHWE, dr Herr, über d Ammoriter ond ihran Spott. Sag en: Schwert, Schwert, blankzoga zom Schlachta, poliert, dass s wia dr Blitz aeschlägt! [34]Während se dr falsche Visiona vrzählat ond de mit ihre Orakel ålüagat, mr dät de (s Schwert) an d Häls von dene Gottlose lega, mô am Daot gweiht send, für dia dr Dag komma ischd en dr Zeit, mô se am End von ihrer Vrschuldong åkomma send. [35]Steck s en d Schaede! Am dem Ort, mô da gschaffa wôra bist en dem Land, mô da herkommst, will e mit dr rechta. [36]Ond i giaß maen Zôrn über dr aus, s Feuer von maener Wuat laß e gega de åfacha, ond i gib de tierische Männer en d Händ, dia mô dae Vrderba schmiedat. [37]Du sollst am Feuer zom Fraß wera, dae Bluat soll mittla em Land fliaßa. Neamerd soll maeh an de denka. Weil i, JAHWE gsprocha han.
Zom Vrgleicha: *Vers 31:* Jes 40,4.

Åklag gega Jerusalem: 22 1-16
22 Ond s Wort von JAHWE ischd an me erganga ond hât gsaed: [2]Ond du, Menschasoh, willst du et s Urtôel sprecha, willst du et s Urtôel sprecha über dui Stadt, mô voler Bluattata ischd? also laß se ihre Schandtata erkenna, [3]endem da saesch: So spricht JAHWE, mae Herr: O Stadt, mô so viel Bluat vrgossa hât en ihrer Mitte, dass ihr vrhängnisvolla Zeit kommt, weil se sich Götza gmacht ond sich drmit vroraenigt hât. [4]Durch des viele Bluat, mô du vrgossa håsch, bist

d en schwera Schuld gråta; ond durch
dia Götza, mô da dr gmacht håsch, bist
d oraen wôra. Dådrmit håsch du daene
Däg (vom Gericht) selber herzoga
ond du bist ans End von daene Jährla
komma. Drom mach e de zom Hohn
vôr de Völker ond zom Gspött vôr älle
Länder. 5En dr Nähe ond en dr Ferne
vrspottat mr de wega daem schlechta
Ruaf ond weil da koe Ruah maeh håsch.
6Guck, d Fürsta von Israel, då ischd a
jeder bloß auf sae Macht aus, ond se
hent nex wia Bluatvrgiaßa em Kopf.
7Vadr ond Muader vrachtat mr en dir.
Fremde werat ausbeutat en daener
Mitte, ond d Wôesa ond d Witwa werat
naduckt. 8Maene Haeligtümer vrachtest
du ond maene Sabatfeiera entweihst
d. 9Du håsch Vrlaemder duldat, wega
dene mô Bluat vrgossa wôra ischd;
Opfermahlzeita werat bei dir auf de
Berg vråstaltat ond mr treibt Ozucht
en daener Mitte; 10Mr vrgreift sich an dr
Frao vom aegena Vadr ond håt Omgang
mit ra Frao en ihre oraene Däg. 11Då wird
Ozucht trieba mit dr Frao vom Nächsta;
ond mr vroraenigt sae Schwiegertochter
durch Ozucht, ond mr mißbraucht sae
Schwester (Halbschwester), d Tochter
von saem Vadr. 12Zom Bluatvrgiaßa lässt
mr sich bestecha; mr nemmt Zens ond
treibt Wucher ond ziagt saen Nächsta
über da Tisch mit Erpressonga. Ond
mi håsch d ganz vrgessa! Spruch von
JAHWE, am Herra.
13Ond guck, i bätsch en d Händ gega
daen Profit, mô da gmacht håsch, ond
gega daene Bluattata, mô en daener
Mitte passiert send. 14Hält dae Muat
stand, oder bleibat daene Händ stark
en dene Däg, mô i mit dr abrechne? I,
JAHWE, han gsprocha, ond i handle ao.
15Ond i vrspreng de onter d Völker ond
vrstrae de en älle Länder, ond i mach a
End mit daener Oraenhaet. 16Du håsch
de selber vôr de Aoga von de Völker
entweiht, ond du wirst erkenna, dass i,
JAHWE, dr Herr ben.

Zom Vrgleicha: *Vers 2:* 20,4; 23,36 • *Vers 4:* 5,14 • *Vers 7:* Ex 22,21f • *Vers 9:* 18,5-9 • *Vers 10:* Lev 18,20; 20,10• *Vers 11:* Lev 18,15; 20,12; 18,9; 20,17 • *Vers 12:* 10,1; Ex 22,24; Lev 25,36; Dtn 23,20 • *Vers 15:* Lev 26,33.

Dr Schmelzofa vom göttlicha Zôrn: 22 17-22

17Ond s Wort von JAHWE ischd an me
erganga ond håt gsaed: 18Menschasoh!
S Haus Israel ischd für mi zo Schlacka
wôra; dia send älle Erz ond Zinn ond
Eise ond Blei mittla em Ofa, Schlacka
von Silber send se wôra. 19Drom, so
spricht JAHWE, dr Herr: weil ihr
älle zo Schlacka wôra send, will i euch
mittla en Jerusalem vrsammla. 20Wia
mr Silber, Erz, Eise ond Blei en da Ofa
duat ond a Feuer dronter åmacht zom
s aeschmelza, so dua i euch zsema en
maem Zôrn ond en maener Wuat ond
setz euch nae ond laß euch schmelza.
21I dua euch älle mitanander nae ond
laß s Feuer vo'maem Zôrn gega euch
aufflamma, dass ihr dren schmelzat.
22Wia Silber em Ofa schmilzt, so werat
ihr ao dren gschmolza, dass ihr erkennat,
dass i, JAHWE, mae Zôrngluat über
euch ausgossa han.

Zom Vrgleicha: *Vers 18:* Jes 1,22-25; Jer 6,28.

Älle Schichta em Volk send vrdôrba: 22 23-31

23Ond s Wort von JAHWE ischd an me
erganga ond håt gsaed: 24Menschasoh!
Sag zo dem Land: Du bist a Land, mô et
graenigt ischd, ond ohne Rega am Dag
vom Zôrn.
25A Vrschwörong onter de Profeta ischd
en ihrer Mitte gscheha. Wia dr Löwe
brüllt ond sae Beute reißt, so hent se
d Menschaseela gfressa. Hab ond Guat
hent se an sich gnomma, ond emmer
maeh Witwa send s wôra en ihrer

Mitte. 26Ihre Priaster haltat sich et an
maene Weisonga ond entweihat maene
Haeligtümer. Zwischa Haeligkaet ond
am Profana machat se koen Onterschied
ond se belehrat nemme über Oraen
ond Raen, ond vôr maene Sabbatfeiera
hent se bôede Aoga zuadruckt ond
hent me so en ihrer Mitte entweiht.
27Ihre Amtsträger send ennerlich de
raenste Wölf, mô bloß auf Beute aus
send ond zom Bluat vrgiaßa. Dia richtat
Menschaleba zgrond, bloß dass se
orechtmäßig Profit macha könnat. 28Ond
ihre Profeta schlaemat omanander ond
schmierat ällas zua, endem se falsche
Visiona vrkündigat ond vrloges Zeugs
gweissagt ond gsaed hent: So spricht
JAHWE, mae Herr, obwohl JAHWE
gar et gsprocha håt.
29S Volk em Land erpresst ond stiehlt
was et niat- ond nagelfest ischd, ond
se duckat de Arme ond Elende na ond
gangat gwalttätig mit de Fremde om
gega jedas Recht. 30Nå han e oen oeziga
Må gsuacht, der mô a Mauer baut oder
vôr mir en d Bresche naestanda dät, dass
i s et vrderba muaß, aber i han koen
gfonda. 31Nå han e maen Zôrn über se
ausgossa ond han se mit am Feuer von
maener Wuat aufgrieba. Dene han e
ihran schandamäßiga Lebenswandel
aufs Haopt falla lassa, Spruch von
JAHWE, am Herra.

Zom Vrgleicha: *Vers 25:* Zef 3,3f • *Vers 28:* 13,3-10 • *Vers 31:* 9,10; 11,21; 16,43.

S Beispiel von de schamlose Schwestera Israel ond Juda: 23 1-49

23 Ond s Wort von JAHWE ischd
an me erganga ond håt gsaed:
2Menschasoh! Då send zwôe Fraoa
gwea, d Töchter von oener Muader.
3Dia hent en Ägypten romghurt. Schao
en ihrer Jugendzeit hent se romghurt.
Då håt mr ihre Brüst åglangt ond an
ihre Zitza romgspielt. 4De älter håt
Ohola (ihr aeges Zelt) ghôeßa ond
ihr Schwester Oholiba (mae Zelt en
ihra). I han se zo mr gnomma ond se
hent mr Söh ond Töchter auf d Welt
bråcht. Samaria håt Ohola ghôeßa ond
Jerusalem håt Oholiba ghôeßa. 5Ond d
Ohola håt Hurerei trieba, obwohl se mir
onterstanda ischd, ond se ischd gierig
gwea auf ihre Freier, d Assyrer, dia mô
näher komma send 6en Gwänder aus
blauam Purpur, Statthalter ond Vögt,
hübsche jonge Kerle send drbei gwea
ond Reiter mit ihre Rösser. 7Mit dene
håt se romghurt, mit älle aus dr Elite
von Assyrien. Ond bei älle, mô se gwea
ischd, håt se sich mit dene ihre Götza
vroraenigt. 8Aber ihre Hurereia von
Ägypten håt se et aufgeba, weil dia en
ihrer Jugendzeit bei nen glega send ond
se an de Brüst tätschlat ond an de Zitza
romgspielt ond ihr Henterlassaschaft
auf se ergossa hent. 9Drom han e se
preisgeba en d Händ von ihre Freier, en
d Gwalt von de Assyrer, auf dia se so
scharf gwea ischd. 10Dia hent ihr Scham
aufdeckt ond hent ra ihre Söh ond
Töchter weggnomma ond se selber hent
se mit am Schwert ombråcht, so ischd se
de Weiber zom warnenda Beispiel wôra.
Ond s Urtôel ischd an ra vollstreckt
wôra.
11Des håt ihr Schwester Oholiba wohl
gseha, aber dui håt s no schlemmer
trieba en ihrer Gaelhaet wia dui. 12Auf d
Asyrer ischd se genao so scharf gwea, auf
dia Statthalter ond Vögt, dia mô näher
komma send en ihre Prachtsgwänder,
auf dia Reiter ond auf dia hübsche,
jonge Kerle. 13I han gseha, wia se sich
vroraenigt håt. Dia hent s bôede gleich
arg trieba. 14Aber d Oholiba ischd no
weiter ganga mit ihre Hurereia. Mô
dui auf de Wänd dia Målereia von de
Chaldäer gseha håt, 15mit Lendaschürz
ond mit Turban auf de Köpf, hent
se ausgseha wia d Offizier. Ond älle

hent ausgseha wia d Babylonier, wia d
Chaldäer en dem Land, von dem se gwea
send. 16Mô se dia gseha håt, ischd se ganz
scharf auf se wôra ond håt Bota nach
Chaldäa gschickt. 17Ond dia Babylonier
send zon ra ganga auf s Huralager, ond
dia hent se mit ihrer Hurerei vroraenigt,
dass se durch dia oraen wôra ischd.; aber
nå hent se gnuag ghet von ra.
18So håt se ganz offa ihr Hurerei ausglebt
ond ihr Scham aufdeckt. Nå håt sich mae
Seel von ra entfremdat, so wia mae Seel
sich ao von ihrer Schwester entfremdat
håt. 19Aber dui håt no maeh romghurt;
ond se håt an ihr Jugendzeit denkt, mô
se em Land Ägypten romghurt håt.
20Ond se ischd ganz scharf auf ihre
Freier wôra, weil dia Schwänz ghet
hent wia d Esel ond Såmaergüß wia d
Hengst. 21So håsch du Sehnsucht ghet
nach dr Ozucht von daener Jugendzeit,
mô d Ägypter daene Brüst tätschlat ond
an daene Zitza romgspielt hent.
22Drom, Oholiba, so spricht JAHWE,
mae Herr: Guck, i will daene Freier
gega de aufstachla, von dene, mô sich
dae Seel entfremdat håt, dia laß e von
überall über de komma: 23D Babylonier
ond älle Chaldäer, d Männer von
Pekod, Schoa ond Koa, älle Assyrer,
de jonge Kerle wia d Statthalter ond
Befehlshaber ond älle Offizier ond
Soldata, ond älle Reiter. 24Dia sollat älle
über de komma mit Wäga ond Räder,
ond ganze Volkshäufa mit Kriagsgerät,
Schild ond Helm, dass se de aekesslat.
Dene leg i maen Rechtsfall vôr ond dia
sollat de nach ihram Recht vrurtôela.
25I richte maen Eifer gega de, ond dia
sollat grausam mit dr omganga: dia
sollat dr d Nås ond d Ohra aschneida,
ond daene Nåchkomma sollat durchs
Schwert falla; ond se sollat daene Söh
ond Töchter mitnemma ond daene
Nåchkomma em Feuer vrbrenna. 26Ond
se sollat dr d Klôeder ausziaga ond dr
daen Schmuck wegnemma. 27So mach e a
End mit daener Ozucht ond mit daener
Hurerei vom Land Ägypten, dass da då
gar nemme drauf guckst ond gar nemme
an Ägypten denkst.
28So spricht JAHWE, dr Herr: Guck,
i gib de dene en d Händ, mô da hassa
duast, en d Händ von dene, mô da
nex maeh wissa wölla håsch. 29Ond
dia gangat voler Hass mit dr om ond
nemmat dr ällas weg, was da dr erwôrba
håsch ond lassat de nackat ond blutt
liega. Ond se deckat dae Scham von
daene Hurereia ond von daener Ozucht
auf. 30Des dent se, weil da so schamlos
henter dene Völker hergwea bist ond de
mit dene ihre Götza vroraenigt håsch.
31Du bist da gleicha Weg ganga wia
dae Schwester, drom gib e dir ao ihran
Becher en d Hånd.
32So spricht JAHWE, mae Herr: Den
Becher von daener Schwester muaßt
du trenka, den tiafa ond weita, en den
mô viel naegôht. Ond du wirst zom
Glächter ond zom Gspött: Dui hält viel
aus, sagat se.
33Mit Sauferei ond Jåmer wirst d agfüllt.
A Becher mit Grausa ond Entsetza
ischd dr Becher von daener Schwester
Samaria.
34Ond du muaßt an austrenka ond
aussürfla, ond nå an saene Scherba naga
ond daene Brüst aufreißa. Währle, i
han gsprocha. Spruch von JAHWE, am
Herra.
35Drom, so spricht JAHWE, mae Herr:
Weil da me vrgessa ond mr da Buckel
nôgstreckt håsch, muaßt ao du d Folga
von daener Ozucht ond daener Hurerei
traga!
36Ond JAHWE håt zo mr gsprocha:
Menschasoh! Willst du et über d Ohola
ond d Oholiba s Gericht abhalta? nå
halt en ihre Schandtata vôr. 37Dia hent
Ehebruch trieba, ond se hent Bluat an
de Händ; ond mit ihre Götza hent se

Ehebruch trieba. Ond ihre Kender, dia mô se mir gebora hent, hent se dene zom Fraß geba. [38]Ond no maeh hent se mr ådao: Mae Haeligtom hent se vroraenigt an dem Dag ond maene Sabatfeiera entweiht. [39]Ond am gleicha Dag, mô se ihre Kender ihre Götza als Schlachtopfer darbråcht hent, send se ao no en mae Haeligtom komma ond hent s entweiht. Guck, so hent se s en maem Haus trieba.

[40]Ond sogar zo Männer, mo von ganz weit herkomma send, hent se Bota gschickt, ond dia send nå ao komma. Für dia håsch d extra badat ond daene Aoga gschminkt ond daen Schmuck åzoga. [41]Ond du bist auf ama Prunkbett gsessa, då ischd a Tisch drvôr gstanda ond då håsch d mae Raecherwerk ond mae Öl naufgstellt. [42]Ond laut ischd s zuaganga en dera Gsellschaft, mô so sôrglos om de romgwea ischd. Ond zo dera Menschamenge hent se Männer herbråcht, Zechkumpana aus dr Wüste, dia hent en Spanga an d Ärm nôgmacht ond en prächtige Diadem auf s Haopt gsetzt. [43]Aber i han zo dera durch ihr ehebrechischs Vrhalta em Gsicht zôechnata gsaed: Du kåsch dae Romhurerei oefach et lassa! [44]Aber dia send emmer zon ra naeganga, wia mr zon ra Hur gôht, so send se zor Ohola ond zor Oholiba naeganga, zo dene schamlose Weiber. [45]Aber gerechte Männer werat se richta nach am Recht für Ehebrecherinna ond nach am Recht für dia, mô Bluat vrgiaßat, des send Ehebrecherinna ond se hent Bluat an de Händ.

[46]So spricht JAHWE, mae Herr: Beruafat a Vrsammlong gega se ae ond gebat se dr Züchtigong preis ond dr Plünderong. [47]Ond d Vrsammlong soll se stoeniga ond se mit am Schwert ausananderhaoa. Ihre Söh ond Töchter soll mr ombrenga ond ihre Häuser vrbrenna. [48]So mach i mit dr Ozucht em Land a End, dass sich älle Fraoa warna lassat ond et ao so schamlos handlat wia ihr. [49]Mr soll euch für euer ozüchtigs Vrhalta stråfa. Ond dia Vrsündigonga mit eure Götza werat r traga müaßa. Nå werat r erkenna, dass i, JAHWE, dr Herr ben.

Zom Vrgleicha: *Vers 3:* 20,7f • *Vers 17:* 2Ko 20,12-19 • *Vers 32:* Jes 51,17 • *Vers 35:* Jer 2,32 • *Vers 36:* 20,4 • *Vers 37:* 16,20; Lev 18,21 • *Vers 45:* 16,38.40; Lev 20,10.

NO MAEH SYMBOLISCHE HANDLONGA: 24 1-27

D vrgeblicha Raenigong von dr Stadt: 24 1-14

24 Am zehnta Dag vom zehnta Monat em naenta Jåhr ischd s Wort von JAHWE an me erganga ond håt gsaed: [2]Menschasoh! Schreib dr s Datum von dem Dag, vom haetiga Dag auf! Grad am haetiga Dag ischd nämlich dr König von Babel gega Jerusalem ågrückt. [3]Ond trag dem widerspenstiga Haus a Beispiel vôr, ond sag en: So spricht JAHWE, mae Herr: Stell an Kessel auf! Stell an auf ond leer Wasser nae!

[4]Dua Flôeschbröckel nae, lauter guate Stücker, von dr Lende ond von dr Schulter, ond dua ausgsuachte Knocha drzua!

[5]Nemm bloß ausgsuachte Schåf! Ond beig Holzscheitla dronter ond laß ällas siada, ao dia Knocha sollat siada!

[6]Drom, so spricht JAHWE, mae Herr: O Waehdag über dui Stadt voler Bluattata, du rostiger Kessel, von dem, mô dr Rost et weggôht! Nemm oen Bröckel nach am andera raus; då wird koe Los drüber gwôrfa!

[7]Des Bluat, mô se vrgossa håt, ischd

emmer no en ihrer Mitte; auf da blanka
Felsa håt se s gossa, et auf da Boda håt
se s nôgleert, sonst wär s jå mit Staob
zuadeckt wôra.
8 Zom Zôrn aufflamma lassa ond Rache
zom üaba, laß i ihr aeges Bluat auf da
blanka Felsa giaßa, dass mr s et mit
Staob zuadecka kå.
9 Rache! So spricht JAHWE, dr Herr: O
Waehdag dera Stadt voler Bluattata! Ao
i mach an graoßa Holzstoß.
10 Mr soll no maeh Holzscheiter
naufbeiga ond s Feuer åzünda! Ond
wann s Flôesch gar ischd, soll mr d
Brüah agiaßa, dass d Knocha glühat!
11 Ond i stell an leer auf d Gluat, dass r
ausglühat ond sae Erz schmilzt ond ällas
vrgôht, was oraen an am ischd. 12 Aber då
ischd älla Müah omsonst, weil der Rost
ao em Feuer et weg gôht.
13 Wega daener Oraenhaet ond daem
Treubruch, ond du, mô de i han raeniga
wölla, bist d et raen wôra, drom sollst d
ao nemme raen wera, bis e maen Zôrn
an dr ausglassa han. 14 I, JAHWE, han
gsprocha! Des kommt, ond i dua s!
I laß et nåch ond i schon se ao et ond
han koe Erbarma mit en. Nach daem
Lebenswandel ond nach daene üble
Machaschafta richte i de! Spruch von
JAHWE, am Herra.

Zom Vrgleicha: *Vers 3-14:* 11,3-13 • *Vers 6:* 22,2 • *Vers 7:* Lev 17,13; Ijob 16,18 • *Vers 13:* 5,13 • *Vers 14:* 5,11.

D Zrstörong von dr Stadt: 24 15-27

15 Ond s Wort von JAHWE ischd an me
erganga ond håt gsaed: 16 Menschasoh!
Guck, i nemm dr d Lust von daene Aoga
durch an Schlag; aber du sollst et klaga
ond et heula ond koene Träna vrgiaßa.
17 Flenn halt, schweig ond sei still, für de
Daote sollst d koe Trauerfeier macha.
Setz daen Turban auf ond ziag daene
Sandala an daene Füaß; ond du sollst ao
dae Gsicht über am Bart et vrdecka ond
ao koe Trauerbrot essa.
18 I han am Môrga zom Volk gsprocha,
ond am Åbad ischd mae Frao gstôrba,
ond i han am Môrga dao, was e ghôeßa
wôra ben. 19 Nå hent d Leut zo mr
gsaed: Willst d ons et erklära, was des
zom bedeuta håt, was da då duast?
20 Ond i han zo nen gsaed: s Wort von
JAHWE ischd an me erganga ond håt
gsaed: 21 Sag am Haus Israel: So spricht
JAHWE, mae Herr: Guck, i entweih
mae Haeligtom, da Stolz von eurer
Macht, euer Aogawôed ond d Sehnsucht
von eurer Seel. Ond eure Söh ond eure
Töchter, môn r zrück glassa hent, dia
sollat durchs Schwert omkomma. 22 Nå
werat r doa, was i dao han: Über am
Bart werat r euer Gsicht et vrdecka
ond ao koe Trauerbrot essa. 23 Mit eure
Turban auf de Kopf ond Sandala an eure
Füaß werat ihr et traura ond et heula,
sondern wega eure Vrfehlonga vrganga
ond stöhna mitanander. 24 Dr Ezechiel
soll euch a Måhnzaeche sae. So, wia
der dao håt, so werat ihr ao doa, wann
s aetrifft; nå werat r erkenna, dass i,
JAHWE, dr Herr ben.
25 Ond du, Menschasoh, an dem Dag, mô
nen i ihr Zuaflucht nemm, ihr Wonne
ond ihr Pracht, ihr Aogawôed ond d
Sehnsucht von ihre Seela, ond en ihre
Söh ond ihre Töchter wegnemm, 26 an
dem Dag kommt oener, mô drvokomma
ischd ond meldat dr s. 27 An dem Dag, mo
der kommt, mô drvokomma ischd, wird
dir dr Mund aufdao, ond du wirst reda
ond nemme stomm bleiba; ond du wirst
en zom Zaeche, ond se werat erkenna,
dass i, JAHWE, dr Herr ben.

Zom Vrgleicha: *Vers 26:* 33,21 • *Vers 27:* 12,6.11.

DROHSPRÜCH GEGA D NÅCHBERVÖLKER: 25 1 – 32 32

Gega de omittelbare Nåchber von Israel: 25 1 – 28 26

Gega Ammon, Moab, Edom ond d Philister: 25 1-17

25 Ond s Wort von JAHWE ischd
an me erganga ond håt gsaed:
[2]Menschasoh! Richte dae Gsicht gega d
Ammoniter ond weissag über se. [3]Sag zo
de Ammoniter: Horchat auf s Wort von
JAHWE, am Herra: So spricht JAHWE,
mae Herr: Weil da „Ha, ha!“ glacht håsch,
mô mae Haeligtom entweiht wôra ischd,
ond über s Land Israel, mô s vrwüastat
wôra ischd, ond über s Haus Juda, mô se
en d Vrbannong ganga send, [4]drom gib e
di preis an dia Völker em Osta, dass se
ihre Zeltlager bei dr aufbauat ond ihre
Siedlonga en dr ålegat; dia sollat daene
Frücht essa ond dae Milch trenka. [5]Ond
i mach Rabba zor Kamelwôed, ond de
Ammoniter ihre Städt zo Lagerplätz für
d Schåf. Då drå werat r erkennat, dass i,
JAHWE, der Herr ben. [6]Weil, so spricht
JAHWE, mae Herr: Weil da en d Händ
bätscht ond mit de Füaß auf am Boda
romtramplat håsch voler Schadafraed
über s Land Israel, [7]drom streck i jetzt
mae Håd gega di naus, ond überlaß de
de Völker zor Beute, ond i rotte de aus
onter de Nationa ond laß de vrschwenda
von dr Landkart; i laß de zgrond ganga!
Ond nå wirst d erkenna, dass i, JAHWE,
dr Herr ben.
[8]So spricht JAHWE, dr Herr: Weil
Moab ond Seïr sagat: S Haus Juda
ischd wia älle Völker! [9]Drom guck,
i mach d Bergflanka von Moab auf,
ågfanga an saene Städt bis an sae End,
d Zierde vom Land, Bet-Jeschimot,
Baal-Meon ond Kirjatajim, [10]ond gib s
dene Völker em Osta, zom Land von
de Ammoniter drzua als Erbbesitz, dass
onter de Völker neamerd maeh von de
Ammoniter schwätzt, [11]ond i an Moab s
Stråfgericht vollstreck, dass se erkennat,
dass i, JAHWE, dr Herr ben.
[12]So spricht JAHWE, mae Herr: Weil
Edom am Haus Juda Rache g'üabt
ond schwera Schuld auf sich glada håt,
endem se sich so grausam an en grächt
hent, [13]drom, so spricht JAHWE, mae
Herr: streck i mae Håd über Edom naus
ond rotte Mensch ond Vieh dren aus
ond mach s zor Wüste; von Teman bis
Dedan sollat se durch s Schwert falla.
[14]Ond i leg mae Rache an Edom en d
Händ von maem Volk Israel, dass se
mit Edom nach maem Zôrn ond maener
Wuat omgangat, dass se erkennat, des
ischd mae Rache! Spruch von JAHWE,
maem Herra.
[15]So spricht JAHWE, mae Herr: Weil
d Philister rachsüchtig gwea send ond
sich voler Schadafraed grächt hent,
ond s (Juda) en ewiger Faendschaft
auszomrotta, [16]drom so spricht JAHWE,
mae Herr: streck i mae Håd über d
Philister naus ond rotte d Kereter aus
ond lass da Rest an dr Küste vom Meer
onterganga. [17]I räch me an dene ganz arg
mit Stråfa em Zôrn, dass se erkennat,
dass i, JAHWE, dr Herr ben, wann e
mae Vrgeltong über se komma laß.

Zom Vrgleicha: *Vers 1-7:* 21,33-37; Am 1,13-15; Jer 49,1-6 • *Vers 8-11:* Jes 15; Jer 48 • *Vers 12-14:* 35,1-15; Jer 49,7-22; Ps 137,7; Am 1,11f • *Vers 15-17:* Jer 47; Jes 14,29-32; Am 1,6-8; Zef 2,4-7.

Gega Tyrus: 26 1-21

26 Em elfta Jåhr am ersta Dag vom ?
Monat ischd s Wort von JAHWE
an me erganga ond håt gsaed:
[2]Menschasoh! Weil Tyrus über Jerusalem
gsaed håt: Ha! S Tôr zo de Völker ischd
aufbrocha; jetzt fällt s mir zua, i werd

reich, vrwüastat ischd se!
3Drom, so spricht JAHWE, mae Herr:
Guck, jetzt gang e an di, Tyrus! I will
viele Völker gega de raufführa, so wia s
Meer saene Wella åbranda lässt.
4Ond dia reißat d Maura von Tyrus ae
mitsamt de Wehrtürm. Ond i feg ihran
Ackerboda von en weg ond mach an
blanka Felsa draus.
5A Trockaplatz für d Fischernetz soll des
mittla em Meer wera! Weil i gsprocha
han, Spruch von JAHWE, am Herra,
ond se wird de Völker zom Raobguat.
6Ond ihre Töchter, mô em Feld draußa
send, werat durchs Schwert ombråcht.
Nå werat se erkenna, dass i, JAHWE, dr
Herr ben.
7Weil, so spricht JAHWE, mae Herr:
Guck, i laß da König Nebukadnezar
von Babel, da König von de König,
von Norda her uber Tyrus komma; mit
Rösser, Kampfwäga ond Reiter ond mit
ama riesa Heer.
8Daene Töchter, mô em Feld draußa
send, brengt der durchs Schwert om
ond lässt an Belagerongsdamm ond an
Sturmwall gega de aufschütta ond a
Schilddach baua.
9Ond dr Rammbock knallt gega daene
Maura ond Wehrtürm ond lässt se
aehagla mit Brecheise.
10Von dr Masse von saene Reiter wirst d
voler Staob. Vom Dröhna von de Rösser
ond de Räder von de Kampfwäga zitterat
daene Maura, wann dia durch daene Tôr
fegat, wia mr en a aegnommena Stadt
naefährt.
11Mit de Huaf von saene Rösser
stampft der daene Straßa zsemma. Dae
Volk brengt r mit am Schwert om,
ond daene mächtige Standsäula lässt r
omschmeißa.
12Ond se raobat dae Vrmöga ond
erbeutat daene Handelswara. Daene
Maura reißat se ae ond daene schönste
Häuser; daene Baustoe ond daene Bälka
schmeißat se mitsamt am Bauschutt ens
Wasser.
13Ond am Spektakel von daene Liader
mach i a End, ond daen Lautaklang soll
mr ao nemme höra.
14I mach de zom kahla Felsa; a Platz zom
d Netz trickna sollst d wera. Mr baut de
nia maeh auf, weil i, JAHWE, gsprocha
han. Spruch von JAHWE, am Herra.
15So spricht JAHWE, mae Herr zo
Tyrus: Ischd s et so, dass vom Krach
wann da fällst, beim Stöhna von de
Gfallene, beim Morda vom Schwert en
daener Mitte, d Insla bebat? 16Nå werat
älle Fürsta am Meer von ihre Thron
rasenka ond ihre Obergwänder ausziaga
ond ihre bunt gstickte Klôeder radoa.
En Angst müaßat se sich åziaga ond auf
da Boda hocka. Ond äll Aogablick bebat
se ond werat starr vor Entsetza vor dir.
17Ond se stemmat a Klageliad über
de å ond sagat zo dr: Wia bist d doch
zgrond ganga, du vielpriesena Stadt am
Meer, mô so mächtig gwea ischd auf am
Meer, du ond daene Aewohner, ond a
Schreckensherrschaft gführt håt über
älle (Nåchberstädt) ihre Aewohner.
18Jetzt bebat d Küstaländer am Dag
von daem Fall, ond d Insla em Meer
vrschreckat über daen Ontergang.
19Weil, so spricht JAHWE, mae Herr:
I mach de zor vrwüastata Stadt, wia
dia Städt, en dene, mô koener maeh
wohnt, wann e d Flut über de komma
laß ond de d Wassermassa zuadeckat,
20nå stoß e de zo dene, mô en d Gruab
nafahrat, zom Volk von dr Vôrzeit ond
laß de tiaf onter d Erde hocka, wia dia
Trümmerstädt aus dr Vôrzeit, mit dene,
mô en d Gruab nagfahra send, dass du
nia maeh bewohnt wirst ond nemme
aufstôhst em Land von de Lebendige.
21Zom Schreckbild mach e de, dass
nex maeh von dr då ischd. Ond wer
de suacht, fendat nex maeh von dr en
Ewigkaet. Spruch von JAHWE, am

Herra.

Zom Vrgleicha: *Vers 2:* Jes 23; Am 1,9f • *Vers 7:* 29,17-21; Jer 27,6 • *Vers 13:* Jes 24,8f; Jer 25,10 • *Vers 20:* 32,18 ; Jes 14,11.15.

D Daotaklag über Tyrus: 27 1-36

27 Ond s Wort von JAHWE ischd an me erganga ond håt gsaed:

2Ond du, Menschasoh! Stemm über Tyrus a Klageliad å.

3Ond sag zo Tyrus, dr Stadt am Meer, Handelsfrao onter de Völker ond an de Insla: So spricht JAHWE, mae Herr: Tyrus, du selber håsch gsaed: I ben a vollendata Schöhaet.

4Em Herza von de Meer liegat daene Gebiet, dia, mô de baut hent, hent dae Schöhaet vollkomma gmacht.

5Aus Zypressa vom Senir(gebirge) hent se älle daene Planka baut. Vom Libanon hent se Zedera gholt, zom daen Masta aufstella.

6Aus Ôecha vom Baschan hent se daene Ruader gmacht. Dae Deck ischd aus Elfaboe ond Zypressa von de Kittäerküsta.

7Buntgwirkte Laena send daene Segel gwea, an dene håt mr de kennt. Aus blauam ond raotam Purpur von de Küsta von Elischa send daene Decksplåna gwea.

8Aewohner von Sidon ond Arwad hent für de ruadera müaßa, ond de erfahrendste Seeleut send daene aegene Leut gwea, Tyrus, des send daene Schiffer gwea.

9Alte Männer von Gebal (Byblos) ond erfahrene Handwerker hent d Reperatura gmacht (Leck abdichtat). Älle Schiff auf am Meer ond ihre Mannschafta send bei dir gwea ond hent bei dir Wara omtauscht.

10Leut von Paras, von Lud ond Put, send en daener Mannschaft als Kämpfer gwea; ihre Schild ond Helm hent se bei dir aufghängt, ond dia hent dr s Åseha vrschafft.

11Männer von Arwad ond dae Streitmacht send rengsrom auf daene Maura gstanda, ond Gammaditer send auf daene Wehrtürm gwea. Ihre Rondschild hent se rengsrom an de Maura aufghängt ond so dae Schöhaet
vollkomma gmacht. 12Tarschisch ischd
dae Handelspartnerin gwea, weil bei
dir so viel Güater glagerat gwea send.
Mit Silber, Eise, Zinn ond Blei hent se
daene Wara zahlt. 13Jawan, Tubal ond
Meschech send daene Handelspartner
gwea. Mit Menschaseela (Sklava) ond
Kupfergerätschafta hent dia daene
Handelswara zahlt. 14Torgama håt
Rösser für d Reiter ond d Kampfwäga
ond Maultier für daene Wara geba.
15D Söh von Rhodos send daene
Handelspartner gwea. Von viele Insla
send Kaufleut en daem Denst gstanda.
Dia hent dr Elfaboe ond Ebaholz als
Tribut zahlt. 16Edom håt Handel mit dr
trieba, weil da so a graoßa Auswahl an
Wara ghet håsch. Für Türkis, Purpur
ond buntgwirkte Sacha ond Byssus ond
Perlmuschla ond Rubin, hent se daene
Wara aeghandelt. 17Juda ond s Land
Israel send daene Handelspartner gwea.
Wôeza, Backwerk, Honig ond Öl ond
Balsam hent se dr für daene Wara geba.
18Damaskus ischd dae Handelspartner
gwea, weil da so a graoßa Auswahl an
Wara ond so viele Güater ghet håsch. Dia
hent dr Wae aus Helbon ond Wolla aus
Zahar für daene Wara geba. 19Ond Dan
ond Jawan aus Usal hent vôrgfertigte
Eisetôel, Kassia ond Würzrohr als
Tauschwar åbota 20Dedan ischd dae
Handelspartner gwea en Klôeder, Decka
für d Reitsättel. 21Arabien ond älle
Fürsta von Kedar send daene Kaufleut
gwea. Dia hent mit Mastlämmer
ond Widder ond Gôesböck zahlt.
22Kaofleut von Scheba ond Rama send
daene Handelspartner gwea. De beste

Spezereia, Edelstoe ond Gold hent se
dr als Tauschwar åbota. 23Haran, Kanne
ond Eden, d Händler von Saba, Assur
ond ganz Medien hent Handel mit dr
trieba. 24Dia send daene Handelspartner
gwea en Prachtgwänder, en Mäntel aus
Purpur ond Buntgwirktam, en Teppich
ond Drehtam, festam Tauwerk für daen
Märkt.
25Schiff aus Tarschisch send daene
Karawana für daene Tauschwara gwea.
Ond du bist vol wôra ond schwer mittla
em Meer.
26Durch viele Wasser hent de daene
Ruaderknecht bråcht. Nå håt de dr
Ostwend mittla em Meer zsemaghaoa.
27Dae Reichtom ond daene Wara, daene
ganze Tauschwara, daene Seeleut ond
daene Steuerleut, dia Handwerker, mô
daene Schiff en Ordnong ghalta hent,
ond daene Händler, ond dae ganza
Streitmacht, älle, mô bei dr gwea send
en daener Mitte, dia vrsenkat älle em
Meer am Dag von daem Ontergang.
28Vom Schreia von daene Steuerleut
bebat d Küsta.
29D Steuermänner gangat älle ra von
de Schiff, d Matrosa ond d Steuerleut
bleibat auf am Land standa.
30Wega dir fangat se å, jamerlich zom
schreia, ond se straeat Staob auf ihre
Haepter ond wälzat sich en dr Äscha
31Ond se scherat sich a Glatze wega dir
ond ziagat Trauergwänder å, se heulat
mit vrbitterte Seela om de mit bittere
Klaga.
32Ond se stemmat en ihram Schmerza a
Klageliad über de å. Ond se klagat om
de: Wer håt sich mit Tyrus vrgleicha
könna, mittla em Meer?
33Mô daene Wara aus am Meer komma
send, då håsch du viele Völker satt
gmacht mit daene viele Güater, ond mit
daene Tauschwara håsch du König auf
dr ganza Erde reich gmacht.
34Jetzt liegst zsemaghaoa auf am
Meeresgrond, daene Tauschwara ond
ällas, was en dr dren gwea ischd.
35En älle Küstastädt ischd mr entsetzt
über de, ond ihre König schaurat s, ond
ihre Gsichter zitterat.
36D Handelsleut onter de Völker
zischlat über de. Zom Schreckgspenst
bist d wôra ond kommst nemme auf für
emmer ond ewig.

Zom Vrgleicha: *Vers 10:* 38,5 • *Vers 12:* Jes 23,1 • *Vers 13:* 32,26; 38,2 • *Vers 14:* 38,6 • *Vers 19:* Gen 10,27 • *Vers 21:* Gen 25,13 • *Vers 22:* Gen10,7 • *Vers 36:* 28,19.

Gega da Fürsta von Tyrus: 28 1-10

28 Ond s Wort von JAHWE ischd
an me erganga ond håt gsaed:
2Menschasoh! Sag zom Fürsta von
Tyrus: So spricht JAHWE, mae Herr:
Weil dae Herz emmer haecher oba naus
wölla håt ond du gsaed håsch: Gott (El),
des ben i! I wohn em Sitz von de Götter
(Elohim) mittla em Meer, aber du bist
a Mensch ond koe Gott (El). Ond dae
Herz gibt sich aus als Herz von Gott
(Elohim).
3Guck, du bist weise, vielleicht maeh
wia dr Daniel, koe Gehaemnis bleibt
dir vrbôrga. 4Durch dae Weishaet ond
dae Gschick håsch d dr a Vrmöga
gschaffa, ond Gold ond Silber en daene
Schatzkammera åghäuft. 5Durch dae
graoßa Weishaet ond daen Handel
håsch d dae Vrmöga wachsa lassa, nå
ischd dae Herz überheblich wôra wega
daem Reichtom.
6Drom, so spricht JAHWE, mae Herr:
Weil sich dae Herz als Herz von Gott
(Elohim) ausgeba håt, 7drom guck, i laß
Fremde auf de losganga, gwalttätige
Volksstämm, dass se ihre Schwerter gega
de rausreißat ond gega da Glanz von
daener Weishaet. Dia entweihat daen
Glanz. 8En d Gruab lassat se de nafahra
ond du stirbst en de Quala vo'ma
Gfallena mittla em Meer. 9Willst d nå

emmer no saga: I ben a Gott (Elohim)!
Wann dae Mörder vôr dr stôht? Mô da
doch bloß a Mensch bist ond koe Gott
(El), en de Händ von daem Mörder. [10]En
Todasquala von Obeschnittene stirbst
du durch fremde Händ. Währle, i han
gsprocha, Spruch von JAHWE.

Zom Vrgleicha: *Vers 2:* Gen 3,5; Jes 14,13f • *Vers 3:* 14,14; Dan 1,17 • *Vers 9:* Jes 31,3.

S Klageliad über da König von Tyrus: 28 11-19

[11]Ond s Wort von JAHWE ischd an me
erganga ond håt gsaed:
[12]Menschasoh! Stemm a Klageliad å
über da König von Tyrus, ond sag am:
So spricht JAHWE, mae Herr: Du
Urbild vo'ma Siegel voler Weishaet ond
vollkommener Schöhaet. [13]En Eden, am
Garta von Gott (Elohim) bist d gwea,
ällerloe kostbare Edelstoe send auf daem
Mantel gwea: Rubin, Topas ond Jaspis,
Chrysolith, Karneol ond Onix, Saphir,
Türkis ond Smaragd. Aus Gold send
daene Handpauka ond Flöta gwea; ällas
ischd an dem Dag gstiftat wôra, mô du
gschaffa wôra bist. [14]Als Kerub, der sae
Hohaet zuadeckt, han e de bstellt. Auf
am haeliga Berg von Gott (Elohim) bist
d gwea, mittadren en feurige Edelstoe.
[15]Dae Weg ischd vollkomma gwea von
dem Dag å, mô da gschaffa wôra bist,
bis Orecht en dr gfonda wôra ischd.
[16]So wia daene Handelsbeziehonga
gwachsa send, so ischd en dir dren d
Gwalttätigkaet gwachsa ond du håsch
emmer maeh gsündigt. Ond då han e de
vom Berg von Gott (Elohim) vrstoßa
ond de zgrond grichtat, du Kerub aus dr
Mitte von dene feurige Edelstoe. [17]Dae
Herz ischd überheblich wôra wega
daener Schöhaet, ond dae Weishaet håsch
d selber wega daem Glanz vrdôrba. I han
de auf da Boda schmeißa lassa vôr andere
König, dass dia sich über de fraeat. [18]Du
håsch durch daene viele Vrfehlonga ond
durch daen oredlicha Handel daene
Haeligtümer entweiht. Drom han e a
Feuer en dir ausbrecha lassa, des håt de
gfressa ond de zor Äscha gmacht auf dr
Erde vôr älle Aoga, mô de gseha hent.
[19]Älle daene Bekannte onter de Völker
send starr vôr Schrecka wega dir, du bist
zom Schreckbild wôra für emmer ond
ewig.

Zom Vrgleicha: *Vers 12:* 27,2 • *Vers 13:* 31,8f; Gen 2,8 • *Vers 14:* Gen 3,24; Jes 14,13; Ez 10,2 • *Vers 19:* 27,36.

Gega Sidon: 28 20-23

[20]Ond s Wort von JAHWE ischd an me
erganga ond håt gsaed: [21]Menschasoh!
Richte dae Gsicht gega Sidon ond
weissag über dui Stadt [22]ond sag: So
spricht JAHWE, mae Herr: Guck, i ben
gega de, Sidon, ond i will me vrherrlicha
en daener Mitte, dass se erkennat, dass
i, JAHWE, dr Herr ben, wann i an
dir Stråfgericht vollstreck ond me als
haelig erweis en dr. [23]I schick Pest ond
Bluatvrgiaßa en ihre Gassa, ond viele
fallat durch s Schwert en ihrer Mitte,
ond des haot om sich, dass se erkennat,
dass i, JAHWE, dr Herr ben.

Vrhaeßong für Israel: 28 24-26

[24]Ond am Haus Israel droht en
Zuakonft koe quälender Stachel ond
koe schmerzhafter Dôrn maeh aus
saener Omgebong, mô se vrspottat håt.
Nå werat se erkenna, dass i, JAHWE, dr
Herr ben.
[25]So spricht JAHWE, mae Herr: Wann e
s Haus Israel aesammle aus dene Völker,
môn e se nô vrstraet han, will e me an
en als haelig erweisa vôr de Aoga von
de andere Völker. Ond se sollat auf
ihram (aegena) Boda wohna, den, môn
e maem Knecht Jakob geba han. [26]Ond
då sollat se leba en Sicherhaet ond
Häuser baua ond Wengert ålega. Då
sollat se sicher wohna, wann i maene

Stråfgericht vollstreckt han an älle en
ihrer Omgebong, mô se vrspottat hent.
Nå werat se erkenna, dass i, JAHWE,
ihr Gott (Elohim) ben.

Zom Vrgleicha: *Vers 25:* 11,17; 20,34.41; 34,13; 36,24; 37,21.

GEGA DA PHARAO OND ÄGYPTEN: 29 1 – 32 32

S Gericht über da König ond sae Land: 29 1-16

29 Em zehnta Jåhr em zehnta Monat
am zwölfta Dag ischd s Wort
von JAHWE ischd an me erganga ond
håt gsaed: [2]Menschasoh! Richte dae
Gsicht gega da Pharao, da König von
Ägypten, ond weissag gega an ond
gega ganz Ägypten, [3]ond sag: So spricht
JAHWE, mae Herr: Guck, i gang an de,
Pharao, König von Ägypten, du graoß
Krokodil, des mô zwischa de Stromlaef
leit ond saed: Des ischd mae Strom, den
han i selber gschaffa!
[4]I hao dr Håka en daene Kinnlada ond
laß d Fischbruat en daene Stromlaef
an daene Schuppa nôhanga, nå laß e de
rausziaga aus daene Stromlaef mitsamt
dera Fischbruat, mô an daene Schuppa
hangt. [5]Nå schmeiß e de en d Wüste
naus mitsamt dr Fischbruat aus daene
Stromlaef. Auf s freie Feld laß e de
falla. Du wirst et hoemgholt ond du
wirst et beerdigt. Am Wild em Land
ond de Vögel onter am Hemmel gib e
de zom Fraß. [6]Nå werat älle Aewohner
von Ägypten erkenna, dass i, JAHWE,
dr Herr ben, weil du für s Haus Israel
bloß a Stütz aus Schilfrohr bist. [7]Wann
se de mit dr Håd ålangat, nå knickst d
ae ond stichst en en d Schulter. Ond
wann se sich auf de stützat, nå machst
se Hüftlåhm.
[8]Drom, so spricht JAHWE, mae Herr:
Guck, i laß s Schwert über de komma
ond rotte Mensch ond Vieh von dr aus.
[9]Ond s Land Ägypten soll zor Wüste
ond Öde wera. Ond nå werat se erkenna,
dass i, JAHWE, dr Herr ben. Weil du
gsaed håsch: Dr Strom ghert mir, den
han i selber gschaffa. [10]Drom gang i jetzt
an de ond an daene Stromlaef, ond i
mach s Land Ägypten zo Aenöda ond
zor Wüste, ågfanga en Migdol bis Syene
ond bis an d Grenz von Kusch. [11]Då
gôht koe Fuaß vo'ma Menscha ond koe
Fuaß vo'ma Tier maeh durch. Vierzg
Jåhr soll då neamerd maeh durchganga
ond neamerd dren wohna. [12]I mach s
Land Ägypten zor Wüste mittla zwischa
andere vrwüstate Länder, ond ihre
Städt werat vrödat mittla onter andere
vrödate Stadt en dr Wüste, vierzg Jåhr
lang. Ond d Ägypter vrstrae e unter de
andere Völker ond Länder.
[13]Weil, so spricht JAHWE, mae Herr:
Nach dene vierzg Jåhr sammle i d
Ägypter wieder ae aus dene Völker, mô
se nô vrstraet wôra send. [14]Nå dreh i s
Blättle für Ägypten wieder rom ond
breng se zrück ens Land Patros, en des
Land, mô se herkommat. Då sollat se
wieder a Königreich gründa, aber koe
bedeutends. [15]Weniger bedeutend solls
sae em Vrgleich mit andere Königreich,
dass s sich nemme über de andere Völker
aufspiela ond wichtig macha kå. [16]Für s
Haus Israel könnat dia koe Sicherhaet
maeh biata, ond se könnat Israel ao
nemme an sae Schuld måhna, dass se
sich an se gwendat hent. Ond se werat
erkenna, dass i, JAHWE, dr Herr ben.

Zom Vrgleicha: *Vers 2:* Jes 19; Jer 46 • *Vers 3:* 32,2 • *Vers 6:* 2Kö 18,21 • *Vers 10:* 30,6.

Am Nebukadnezar sae Sieg: 29 17-21

[17]Em siebenazwanzigsta Jåhr am ersta
Dag vom ersta Monat ischd s Wort von

JAHWE an me erganga ond håt gsaed:
[18]Menschasoh! Dr Nebukadnezar, dr
König von Babel, håt sae Heer schwer
schaffa lassa gega Tyrus. Jeder Kopf
ischd kahl wôra ond jeda Schulter
wondgschonda. Aber glohnt håt s
am Tyrus et ond ao saem Heer et für
sae Ärbat, môn r gega se glaestat håt.
[19]Drom, so spricht JAHWE, mae Herr:
Guck, i gib am Nebukadnezar, am
König von Babel, s Land Ägypten, dass
r dene ihran Reichtom fort traet ond se
ausraobt ond ausplünderat als Loh für
sae Heer. [20]Als Loh für sae Ärbat gib am
i s Land Ägypten, Spruch von JAHWE,
am Herra. [21]An dem Dag laß i am Haus
Israel a Horn (Macht geba) wachsa. Ond
du sollst daen Mund wieder aufmacha
en ihrer Mitte, dass se erkennat, dass i,
JAHWE, dr Herr ben.

Zom Vrgleicha: *Vers 19:* 30,10.24 • *Vers 21:* Ps 132,17.

S Gericht über Ägypten: 30 1-26

30 Ond s Wort von JAHWE ischd
an me erganga ond håt gsaed:
[2]Menschasoh! Weissag! Ond des sollst
d saga: So spricht JAHWE, mae Herr:
Klagat: O Wachdag! [3]Dr Dag ischd ganz
nåch då! Am Herrgott (JAHWE) sae Dag
ischd ganz nåch då! a Dag voler donkle
Wolka, d Stond für d Völker ischd då!
[4]A Schwert kommt über Ägypten, ond s
Zittera kommt über Kusch (Äthiopien),
wann de Gfallene en Ägypten romliegat,
ond en ihr Reichtom gnomma wird
ond ihre Grondfesta aegrissa werat.
[5]Kusch ond Put ond Lud ond s ganze
Völkergemisch, ond Kub ond d Söh von
dem Land, mit dem i an Bund gschlossa
han, älle sollat durchs Schwert falla. [6]So
spricht JAHWE: Ond s fallat älle, mô
Ägypten helfat; ond ihr Macht bricht
zsema. Von Migdol bis nach Syene fallat
se durchs Schwert. Spruch von JAHWE,
am Herra. [7]Ond s leit wüast då, mittla
onter vrwüastate Länder, ond saene
Städt mittla onter vrödate Städt. [8]Nå
werat se erkenna, dass i, JAHWE, dr
Herr ben, wann i Feuer an Ägypten leg,
ond se samt ihre Helfer ontergangat.
[9]An dem Dag gangat Bota von mir
auf Schiff nach Kusch, zom dene an
Schrecka aejaga en ihrer selbstsichera
Sôrglosigkaet. S Zittera kommt über
se am Dag von Ägypten, weil guck, s
kommt ällas so. [10]So spricht JAHWE,
mae Herr: I mach a End mit dr Pracht
von Ägypten durch d Händ vom
Nebukadnezar, am König von Babel!
[11]Er ond sae Heer, de gwalttätigste von
älle Volksstämm werat hergführt, zom s
Land vrderba. Dia reißat ihre Schwerter
raus gega Ägypten ond machat s Land
vol mit Gfallene. [12]I leg d Stromlaef
trocka ond vrkaof s Land an oguate
Menscha. Ond i vrwüaste s Land, ond
saen Reichtom gib e Fremde! I, JAHWE,
han gsprocha!
[13]So håt JAHWE, dr Herr, gsprocha: Nå
mach e d Götza fertig ond mach a End
mit de Widder von Nof, ond Fürsta solls
em Land Ägypten koene mach geba,
ond i breng Angst über s ganze Land
Ägypten. [14]I will Patros vrwüasta ond
Zoan åzünda. Ond an No vollstreck e s
Stråfgericht. [15]I giaß maen Zôrn aus über
Sin, s Bollwerk von Ägypten, ond laß d
Pracht von No onterganga. [16]I leg Feuer
an Ägypten, Syene soll zittera ond beba,
ond No wird aegnomma, ond Nof håt an
dem Dag ao saene Bedränger. [17]De jonge
Männer von Awen ond Pi-Beset fallat
durchs Schwert, ond sia selber gangat en
d Gfangaschaft. [18]Für Tachpanhes wird
s a schwarzer Dag, wann i sell d Zepter
von Ägypten ausanander brich, ond s
mit saener stolza Macht aus ond vorbei
ischd. Donkle Wolka ziagat sich über en
zsema, ond ihre Töchter müaßat en d
Vrbannong. [19]So vollstreck i an Ägypten
d Stråfgericht, dass se erkennat, dass i,

JAHWE, dr Herr ben.
20Ond em elfta Jåhr am siebta Dag vom ersta Monat ischd s Wort von JAHWE an me erganga ond håt gsaed: 21Menschasoh! I han am Pharao, am König von Ägypten, da Arm brocha; ond guck, neamerd håt an vrbonda, koe Mittale håt mr am geba ond koen Vrband gmacht, dass r wieder stark wera dat ond wieder a Schwert end Håd nemma könnt. 22Drom, so spricht JAHWE, mae Herr: Jetzt gang e an da Pharao, da König von Ägypten ond brich am d Ärm, da gsonda ond den, môn r schao brocha håt, dass am sae Schwert aus dr Håd fällt. 23Ond i vrstrae d Ägypter onter d Völker ond en älle Länder. 24Ond am König von Babel mach e da Arm stark ond gib am (am Parao) sae Schwert en d Håd. Aber am Pharao brich e d Ärm dass r stöhnt wian a Gfallener. 25Am König von Babel mach e da Arm stark ond am Pharao saene Ärm hangat kraftlos ra, dass se erkennat, dass i, JAHWE, dr Herr ben, wann i mae Schwert am König von Babel en d Händ gib ond er se nausstreckt gega Ägypten. 26Ond i vrstrae d Ägypter onter d Völker ond en älle Länder, dass se erkennat, dass i, JAHWE, dr Herr ben.

Zom Vrgleicha: *Vers 3:* Joel 1,15; Am 5,18; Zef 1,14 • *Vers 5:* Jer 46,9 • *Vers 6:* 29,10 • *Vers 10:* 29,10 • *Vers 11:* 28,7 • *Vers 12:* Jes 19,5 • *Vers 18:* Jer 43,9 • *Vers 23-24:* 29,19f.

S Beispiel vom Pharao, dem prächtiga Baom: 31 1-18

31 Ond em elfta Jåhr am ersta Dag vom dritta Monat ischd s Wort von JAHWE an me erganga ond håt gsaed: 2Menschasoh! Sag am Pharao, am König von Ägypten ond zo saem Volk: Mit wem dätest du dae Größe vrgleicha?
3Guck, i sieh a Zeder auf am Libanon mit schöne Äst, mô an guata Schatta gebat ond schö haoch gwachsa, ond zwischa de Wolka ischd ihr Gipfel gwea.
4Viel Wasser håt se graoß gmacht, a Quell håt se haoch treiba lassa, ond Bächla von dera Quell send rengs om se romgloffa, ond bloß no kloene Rennsal send zo de andere Baem em Feld nô gsickerat.
5Drom håt se älle andere Baem em Feld uberragt, ond se håt viel Zweig gschoba ond ihre Äst send ganz lang wôra von dem viela Wasser, mô ihre Wurzla nôglangt hent.
6En saene Äst hent sich älle mögliche Vögel aegnistat, dia mô am Hemmel romgfloga send. Ond onter saem Schutz håt viel Wild saene Jonge gwôrfa. Ond en saem Schatta hent graoße Völker glebt.
7Der ischd so schö gwea en saener Größe ond mit saene lange Äst, weil saene Wurzla gnuag Wasser ghet hent.
8Em Garta von Gott (Elohim) ischd koe vrgleichbara Zeder maeh gwea. Ao Zypressa ond Platana hent koene sotte Äst ghet. Koe Baom em Garta von Gott (Elohim) håt sich mit dr Schöhaet von dera Zeder vrgleicha könna.
9I han se so schö gschaffa mit ihrer riesiga Kron, dass em Garta von Gott (Elohim) älle andere Baem neidig auf se wôra send.
10Drom, so spricht JAHWE, mae Herr: Eba weil da so en Höhe gwachsa bist, bis dae Gipfel en d Wolka naegragt håt, ond dae Herz überheblich wôra ischd wega saener Höhe, 11gib se i am Stärksta onter de Volksstämm en d Händ, dass der mit ra omgôht nach ihrer Schlechtigkaet ond se vrtreibt. 12Ond Fremde haoat se om, de Gwalttätigste onter de Volksstämm ond schmeißat se auf d Berg, ond en älle Täler fallat ihre Zweig ond de abrochene Äst en älle Schluchta em Land. Ond aus saem Schatta send älle Völker em Land wegganga ond hent se oefach liega lassa.

13 Auf ihram gfällta Stamm hent sich
ällerloe Vögel vom Hemmel
niederglassa ond en saene Äst håt sich
mancherloe Wild vom Feld aegfonda,
14 dass koe Baom maeh am Wasser mit
saem Wuchs älle andere Baem überraga
ond mit saem Gipfel zwischa d Wolka
langa kå, ond de graoße von en stolz
dåstanda däte en ihrer Graeße, dia mô
am Wasser trenkat; weil älle send am
Daot bestimmt ond müaßat na en d
Onterwelt zo dene Menscha, mô en d
Gruab nagfahra send.
15 So spricht JAHWE, mae Herr: An dem
Dag, môn r ens Daotareich nagfahra
ischd, han e d Fluat om an trauera lassa
ond ihre Strömonga zrückghalta, dass
dr Wasserfluß ens Stocka gråta ischd. I
laß wega dem da Libanon trauera dass
jeder Baom wega dem en Ohnmach fällt.
16 Durch s Kracha von saem Sturz han e
d Völker beba lassa, môn e an nagstoßa
han ens Daotareich zo dene, mô en d
Gruab nagfahra send. Ond s hent sich en
dr Onterwelt älle Baem von Eden trösta
lassa, dia, mô d auserlesena Zierde vom
Libanon send, älle, mô von dem Wasser
tronka hent. 17 Dia send ao mit nagfahra
zo dene, mô mit am Schwert ombråcht
wôra send, s Gschlecht von dene, mô
mittla onter de Völker en saem Schatta
gwohnt hent.
18 Mit wem dätest du dae Größe ond
dae Herrlichkaet vrgleicha onter
de Baem von Eden? Ond du wirst
trotzdem mit de Baem von Eden en d
Onterwelt nagstürzt ond muaßt bei de
Obeschnittene liega, onter dene, mô mit
am Schwert ombråcht wôra send. Des
ischd dr Pharao mitsamt saem Hofstaat.
Spruch von JAHWE, am Herra.

Zom Vrgleicha: *Vers 9:* Gen 2,8 • *Vers 10:* Dan 5,20 • *Vers 16:* 32,17-32; 28,8.

S Klageliad über da Pharao, s gfangene Krokodil: 32 1-16

32 Ond em zwölfta Jåhr am ersta
Dag vom zwölfta Monat ischd
s Wort von JAHWE an me erganga
ond håt gsaed: 2 Menschasoh! Stemm a
Klageliad å über da Pharao, da König
von Ägypten, ond sag am: Du Löwe
onter de Volksstämm, du bist erledigt.
Du bist zwår wian a Krododil em Meer
(Nil) ond håsch en de Stromlaef s Wasser
aufgwuahlt ond mit daene Füaß håsch
Strömonga trüab gmacht.
3 So spricht JAHWE, mae Herr: I
schmeiß mae Netz über de mit ra
ganza Völkervrsammlong, dass de dia
rausziagat en maem Netz. 4 Nå schmeiß
e de auf da Boda em freia Feld draußa
ond laß d Vögel am Hemmel auf de
hocka ond s Wild em Land soll sich an
dr satt fressa. 5 I breng dae Flôesch en
d Berg ond füll d Täler mit daem Aas.
6 Dae Bluat laß e auf da Boda laofa bis an
d Berg nô. Ond daene Bäch werat drmit
gfüllt. 7 Ond i deck da Hemmel zua wann
du zgrond gôhst ond macht d Stern
duster. D Sonne laß e henter de Wolka
vrschwenda ond dr Mond soll ao nemme
leuchta. 8 Älle Hemmelslichter mach e
duster über dr ond laß a Finsternis über
dae Land komma, Spruch von JAHWE,
am Herra.
9 I laß viele Völker nåchdenklich wera,
wann e daen Ontergang de Völker en
andere Länder, dia mô du gar et kennst,
vôr Aoga führ. 10 Ond viele Völker mach
e ganz entsetzt wega dir ond laß se
schaudera, wann i mae Schwert vôr en
schweng. Ond se sollat emmer wieder
om ihr Leba banga am Dag von daem
Ontergang.
11 Weil, so spricht JAHWE, mae Herr: S
Schwert vom König von Babel kommt
über de! 12 Durch d Schwerter von dem
saene Helda soll dae ganzer Hofstaat
falla, des send de gwalttätigste von älle

Volksstämm. Dia vrwüastat d Pracht
von Ägypten ond sae Stolz kriagt an
gewaltiga Dämpfer. [13]Ond ihr Vieh laß e
von de Wôeda am Wasser vrschwenda,
dass koe Menschafuaß ond koe Huaf
vo'ma Tier des Wasser trüab macht. [14]Nå
laß e ihre Wasser ond ihre Flüß wieder
klar wera, ond ihre Flüß sollat wieder
nalaofa wia Öl, Spruch von JAHWE,
am Herra. [15]Wann i s Land Ägypten zor
Wüste mach ond s Land vrödat ischd
ond ällas, was dren ischd, weil i älle
saene Aewohner gschlaga han, nå werat
se erkenna, dass i, JAHWE, dr Herr ben.
[16]A Klageliad ischd des, ond d Töchter
von de Volksstämm sollat s senga. Auf
Ägypten ond sae ganza Pracht sollat se s
senga, Spruch von JAHWE, am Herra.

Zom Vgleicha. *Vers 2:* 29,3-5 • *Vers 3:* 12,13 • *Vers 7:* Jes 13,10 • *Vers 11:* 29,19

S Klageliad über da Pharao ond sae Gfolgschaft: 32 17-32

[17]Ond em zwölfta Jåhr am fufzehnta
Dag vom ersta Monat ischd s Wort
von JAHWE an me erganga ond håt
gsaed: [18]Menschasoh! Klag über d
Pracht von Ägypten ond laß an mit
de Töchter von mächtige Völker en d
Onterwelt nasteiga mit dene, mô en d
Gruab nagfahra send. [19]Wem håsch du
ebbas vôraus? Steig na ond bleib bei de
Obeschnittene liega! [20]Mittla onter dia,
mô durchs Schwert gfalla send, fallat se
nae zo ihre Helfer. [21]Nå werat d Åführer
von de Helda em Daotareich, ond saene
Helfer saga: Nagstiega send se, då liegat
se, de Obeschnittene wia de Gfallene
durchs Schwert.
[22]Då ischd Assur ond sae ganz Heer,
rengsrom send saene Gräber. Älle send
durchs Schwert gfalla. [23]Dem håt mr s
Grab em hentersta Tôel von dr Gruab
geba; ond rengs om sae Grab rom
leit sae Heer, lauter Gfallene, durchs
Schwert send se gfalla, dia mô früher
Schrecka vrbrôetat hent em Land von
de Lebendige.
[24]Ond sell ischd Elam mit saener Pracht,
rengsrom om sae Grab liegat Gfallene,
durchs Schwert gfalla ond obeschnitta
ens Daotareich nagfahra, dia mô früher
Schrecka vrbrôetat hent em Land
von de Lebendige. Jetzt müaßat se ihr
Schand traga mit dene, mô en d Gruab
nagfahra send. [25]Mittla onter Gfallene
hent se am a Lager geba mit saem
ganza Heer, rengsrom om sae Grab;
lauter Obeschnittene, durch s Schwert
omkomma. Weil dia Schrecka vrbrôetat
hent em Land von de Lebendige, müaßat
se jetzt ihr Schand traga mit dene, mô en
d Gruab nagfahra send. Mittla zwischa
de Gfallene håt mr se naeglegt.
[26]Sell leit Meschech ond Tubal mitsamt
ihre Leut rengs om ihr Grab rom:
lauter Obeschnittene, durch s Schwert
omkomma, dia mô Schrecka vrbrôetat
hent em Land von de Lebendige. [27]Ond
dia liegat et bei de gfallene Helda von
früher, dia mô mit ihre Waffa ens
Daotareich nagstiega send, ond dene
mr ihre Schwerter onter s Haopt glegt
ond ihre Schild auf ihre Boener glegt
håt; a Schrecka vôr dr Kraft von dene
Helda ischd nämlich auf am Land von
de Lebendige glega. [28]Ond ao du sollst
bei de Gfallene sterba, ond muaßt mittla
onter de Obeschnittene liega, dia mô
onter am Schwert gfalla send.
[29]Ond då leit Edom mit saene König ond
älle saene Fürsta, dia mô mr trotz ihrer
Heldakraft zo de Gfallene lega müaßa
håt, mô se bei de Obeschnittene send
ond bei dene, mô en d Gruab nagfahra
send.
[30]Sell send d Åführer aus am Norda,
ond älle Sidonier, mô mit de Gfallene
nagfahra send, ond ihr schrecklicha
Gwalt ischd zgrond ganga; ond se
liegat bei de Obeschnittene, mô mit am
Schwert ombråcht wôra send; ond se

müaßat ihr Schand traga bei dene, mô
en d Gruab nagfahra send.
[31]Dr Pharao wird se seha ond sich trösta
über da Vrlust von saem Heer. Vom
Schwert Gschlagene send dr Pharao
mitsamt saener Streitmacht! Spruch
von JAHWE, am Herra. [32]I han nämlich
maen Schrecka über s Land von de
Lebendige komma lassa ond r ischd
mittla onter de obeschnittene Gfallene
glegt wôra mitsamt saem Heer. Spruch
von JAHWE, am Herra.

Zom Vrgleicha: *Vers 18:* 31,16; Jes14,9-11 • *Vers 26:* 27,13; 38,2; 39,1 • *Vers 29:* 25,12-14 • *Vers 30:* 28,21-23.

S GERICHT OND S NEUE HAEL: 33 1 – 37 28

Dr Profet als Wächter: 33 1-9

33 Ond s Wort von JAHWE ischd
an me erganga ond håt gsaed:
[2]Menschasoh! Red mit de Kender von
maem Volk ond sag en: Wann i über a
Land s Schwert komma laß, ond des
Volk an Må aus saener Mitte nemmt ond
den zom Wächter bstellt, [3]ond der sieht,
dass a Schwert übers Land kommt, ond
der blåst ens Widderhorn, dass r s Volk
warnt, [4]ond s hört oener da Schall vom
Horn, aber r lässt sich et warna, ond s
Schwert kommt ond rafft an weg, nå soll
am sae Bluat aufs Haopt komma. [5]Da
Schall vom Horn håt der zwår ghört, aber
r håt sich et warna lassa, drom kommt
sae Bluat auf an. Ond der, mô sich håt
warna lassa, håt sae Leba grettat. [6]Ond
wann dr Wächter s Schwert komma
sieht ond et s Widderhorn blåst, so dass
s Volk et gwarnt wird, ond s kommt ao
bloß oe Menschaseel durchs Schwert
om, nå wird der (Wächter) zwår für sae
aegena Schuld weggrafft, aber i fordere
s Bluat von dem (mô omkomma ischd) von
dem Wächter.
[7]Ond du, Menschasoh, du bist s! I han di
zom Wächter über s Haus Israel bstellt!
Ond du hörst aus maem Mund a Wort
ond sollst se von mir aus warna. [8]Wann
i zo ma Frevler sag: Frevler, du muaßt
sterba! Ond du saesch am nex zom an
warna wega saem Wandel, nå stirbt der
Frevler wega saene Vrschuldonga, aber
sae Bluat fordere i aus daene Händ. [9]Aber
wann du an Frevler vrwarnt håsch wega
saem Wandel, dass r sich drvo bekehrt,
nå stirbt der wega saene Vrschuldonga,
aber du håsch dae Seel grettat.

Zom Vrgleicha: *Vers 4:* 18,13 • *Vers 7-9:* 3,17-21.

D Freihaet zor Omkehr: 33 10-20

[10]Ond du, Menschasoh, sag zom
Haus Israel: Ihr hent recht mit eurer
Behaoptong: Onser Abtrünnigkaet ond
onsere Sünda lastat schwer auf ons ond
mir gangat drå zgrond, wia könnat nå
mir no am Leba bleiba? [11]Sag en: So
wåhr i leb, Spruch von JAHWE, am
Herra: Des gfällt mir doch gar et, wann
a Frevler sterba muaß, aber wann a
Frevler omkehrt von saem baesa Weg
, dass r am Leba bleibt, des gfällt mir!
Kehrat om! Kehrat om von eure baese
Weg! Wöllat r denn obedengt sterba,
Haus Israel?
[12]Ond du, Menschasoh, sag de Kender
vo'maem Volk: D Gerechtigkaet
vo'ma Gerechta rettat an et an dem
Dag, môn r abfällt ond handelt wian a
Frevler, aber an dem Dag, môn r sich
abkehrt von saem Frevel, kommt r ao
et ens Strauchla. A Gerechter kå aber
trotz saener Gerechtigkaet et am Leba
bleiba, wann r sündigt. [13]Wann i ama
Gerechta sag: Du sollst leba! Ond der
vrläßt sich auf sae Gerechtigkaet ond
frevelt, nå wird am ällas, was r seither

en Gerechtigkaet dao håt, et ågrechnat;
wega saem Frevel muaß r sterba. [14]Ond
wann i zom Frevler sag: Du muaßt
sterba! Ond r kehrt sich ab von saene
Sünda ond lebt en Recht ond Redlichkaet
[15]ond geit zruck, was r ausglieha håt, ond
ersetzt, was r gstohla håt, ond gôht en
de Lebenssatzonga, ohne dass r wieder
frevlat, nå soll r leba ond muaß et sterba.
[16]Älle saene Sünda, môn r beganga håt,
werat am et ågrechnat. Weil r en Recht
ond Gerechtigkaet saen Weg gôht, soll
r leba! [17]Nå sagat d Söh von daem Volk:
Am Herra sae Vrhalta ischd et richtig!
Drweilst ischd s ihr Vrhalta, des mö et
richtig ischd! [18]Wann a Gerechter sich
von saem gerechta Weg abkehrt ond
frevelt, nå stirbt der ao drfür. [19]Ond
wann sich a Frevler von saem Frevel
abkehrt ond recht ond redlich handelt,
nå soll r ao dådrfür leba. [20]Ond ihr sagat:
Am Herra sae Vrhalta ischd et richtig!
Aber i richte euch, an jeda nach saem
Vrhalta, ihr, vom Haus Israel!

Zom Vrgleicha: *Vers 10:* 18,21-32 • *Vers 11:* 18,23.32; Jes 55,7; Joel 2,12f • *Vers 12:* 3,20 • *Vers 15:* 18,7; 20,11-13; 18,22 • *Vers 17:* 18,25.29 • *Vers 20:* 18,30.

D Botschaft vom Fall von Jerusalem: 33 21-22

[21]Am fenfta Dag vom zehnta Monat em
zwölfta Jåhr nach onserer Vrschleppong
ischd a Flüchtleng von Jerusalem zo mr
komma ond håt gsaed: D Stadt ischd
gfalla! [22]Ond am Herrgott (JAHWE)
sae Håd ischd auf me komma am
Åbad, bevôr der Flüchtleng komma
ischd. Aber am andera Môrga, mô der
Flüchtleng komma ischd, ischd mae
Mund aufgmacht wôra ond i ben nemme
stomm gwea.

Zom Vrgleicha: *Vers 21:* 2Kö 25,2-4 • *Vers 22:* 3,26f; 24,27.

D Erwartong von dene, mô et vrschleppt wôra send: 33 23-29

[23]Ond s Wort von JAHWE ischd an me
erganga ond håt gsaed: [24]Menschasoh!
Dia Aewohner von de Ruinastädt
dåhanna auf am Boda von Israel sagat: Dr
Abraham ischd bloß a oenzelner Mensch
gwea ond håt s Land zom Erbtôel
kriagt; ond mir send doch viele, ons
ischd doch des Land als Aegatom geba!
[25]Drom sag en: So spricht JAHWE, mae
Herr: Ihr essat s Opferflôesch mitsamt
am Bluat ond guckat auf zo eure Götza,
ond (oschuldigs) Bluat vrgiaßat ihr; ond
nå wöllat ihr s Land erba? [26]Ihr vrlassat
euch auf euer Schwert ond begangat
Schandtata, ond a jeder vroraenigt d
Frao von saem Nächsta; ond nå wöllat
ihr s Land erba? [27]Drom sag en: So
spricht JAHWE, mae Herr: So wåhr i
leb, dia, mô en de Ruina hausat, sollat
durchs Schwert omkomma, ond dia em
freia Feld draußa gib e am Wild zom
Fraß, ond dia en de Bergfestonga ond
en de Höhla sollat an dr Pest sterba.
[28]Ond i mach s Land zor Wüste ond
zom Schrecka, ond sae stolza Macht
ischd am End; ond s Bergland von
Israel wird vrödat, dass neamerd maeh
durchkommt. [29]Nå werat se erkenna,
dass i JAHWE, dr Herr ben, wann e
s Land zor Wüste ond zom Schrecka
gmacht han wega ihre Greueltata, mô se
dao hent.

Zom Vrgleicha: *Vers 24:* Jes 51,2 • *Vers 25:* Lev 17,10-14; 1Sa 14,32-34 • *Vers 26:* Lev 18,20; Ez 11,15.

De oaufrichtige Hörer: 33 30-33

[30]Ond du, Menschasoh, d Kender von
daem Volk schwätzat über de an de
Maura ond en de Türa von de Häuser,
ond oener saed zom andera: Kommat
doch ond horchat, was für a Wort vom
Herrgott (JAHWE) ausgôht! [31]Ond se
kommat zo dr ema Volksauflaof ond

hockat vôr de nô als mae Volk ond
horchat dr zua, aber se dent et was
da saesch. Dia hent nämlich nex wia
Lugena em Maul ond ihre Herza send
henter am Profit her. [32]Ond guck, du
bist für dia wian a Minnesänger mit
ra schöna Stemm ond mô guat auf dr
Harfe drzua spielt. Ond se hörat daene
Wort, aber se dent koen Stecka drnâch.
[33]Ond wann des kommt (dae Profezeiong)
– ond des kommt bestimmt – nå werat
se erkenna, dass a Profet en ihrer Mitte
gwea ischd.

Zom Vrgleicha: *Vers 33:* 2,5.

De schlechte Hirta: 34 1-10

34 Ond s Wort von JAHWE ischd
an me erganga ond håt gsaed:
[2]Menschasohn! Sag als Profet über d
Hirta von Israel! Red als Profet ond sag
en: So spricht JAHWE, dr Herr: Gnad
euch, ihr Hirta von Israel, mô bloß sich
selber auf a fetta Wôed führat! Ischd
des vielleicht et ihr Aufgab, d Herd zom
wôeda? [3]D Milch trenkat r ond mit dr
Wolla machat r euch Klôeder, de fette
Schåf dent r metzga; aber d Herde dent
r et wôeda. [4]Om s Schwache kümmerat
r euch et ond s Kranke dent r et gsond
macha, was vrwondat ischd, dent r et
vrbenda, de Vrirrte hent r et zrückgholt,
ond Vrlorene et amål gsuacht. Aber
des, was stark ischd, druckat r mit
Gwalt na. [5]Ond maene Schåf send
ausanandergloffa, weil sich koener von
de Hirta om s ågnomma håt, ond s Wild
håt se gfressa ond ausanandertrieba.
[6]Jetzt irrat se en de Berg omanander
ond en de Schluchta ond send em ganza
Land vrstraet, koener frågt nach en ond
koener suacht se. [7]Drom horchat her,
ihr Hirta, was euch dr Herr zom saga
håt: [8]So wåhr wia i leb, spricht JAHWE,
dr Herr: Weil maene Schåf zor Beute
ond am Wild zom Fraß wôra send,
weil se koen Hirta ghet hent, ond weil
maene Hirta et nach maene Schåf gfrågt
hent, ond bloß sich selber, aber d Schåf
et gwôedat hent, [9]drom horchat her, ihr
Hirta, auf s Wort von JAHWE! [10]Des
håt JAHWE, dr Herr gsaed: Guckat,
i gang an d Hirta, von dene ihre Händ
vrlang i mae Herde; ond i sôrg drfür,
dass dia mae Herde nemme wôedat. Dia
Hirta sollat sich nemme selber wôeda.
Dene reiß i maene Schåf aus am Racha,
dass dia dene nemme zom Fraß werat.

Zom Vrgleicha: *Vers 2:* Jer 23,1-4 • *Vers 4:* Sach 11,15f; Joh 10,11 • *Vers 5:* Sach 10,2; Mt 9,36 • *Vers 10:* Jer 23,2.

Dr guate Hirt: 34 11-22

[11]So spricht JAHWE, mae Herr: I guck
jetzt selber nach maene Schåf ond
kümmere me selber om se. [12]Wian a Hirt
saene Schåf suacht, mô bei a ma Gwitter
ausanandergloffa send ond sich om se
ånemmt, so will i me om maene Schåf
ånemma ond se von überall wieder
zsematreiba, mô se an dem donkla
Dag nôvrstraet wôra send. [13]I führ se
aus älle Völker raus ond hol se aus älle
Länder zsema ond breng se wieder en
ihr Land, då führ e se auf d Wôeda en
de Berg von Israel, en de Schluchta ond
en de Wohngebiet em Land. [14]I breng se
auf de beste Wôeda ond auf de höchste
Berg en Israel send ihre Alma. Då hent
se guate Fuaderplätz ond fette Wôeda
en de Berg von Israel. [15]I selber wôede
mae Herde ond i selber sôrg für s Lager,
Spruch von JAHWE, am Herra. [16]Was
vrlaoraganga ischd, suach e wieder,
ond was ausanandergloffa ischd, breng
e wieder zsema, was vrwondat ischd,
will e vrbenda, ond was schwach ischd
wieder aufpäppla; was fett ischd ond
stark, a bißle zrechtstutza. I wôed se älle
so, wia s recht ischd.
[17]Ond ihr, mae Herde, so spricht
JAHWE, mae Herr: Guckat, i will richta
zwischa Schåf ond Schåf (kloene Leut),

zwischa Widder ond Böck (Fürsta ond
Führer)! [18]Hât s euch et glangat, dass r auf
de beste Wôeda hent wôeda därfa? Hent
r obendengt da Rest von de Wôeda mit
eure Füaß zsematrampla müaßa? Hât
s euch et glangat, dass r a klars Wasser
hent trenka därfa, hent r da Rest mit
de Füaß aufruadla ond a trüaba Brüah
draus macha müaßa? [19]Ond mae Herde
hât des abwôeda könna, was ihr mit
eure Füaß zsematramplat hent ond dui
trüaba Brüah trenka därfa, mô ihr mit
eure Füaß (onaedigerweis) aufgruadlat
hent? [20]Drom, so spricht JAHWE, mae
Herr zo nen: I selber sôrg für Recht
zwischa de Mastschâf ond de magere
Schâf. [21]Weil ihr de Schwache mit eure
brôete Schultera auf d Seite gschoba
ond mit eure Hörner wegboxt ond an
da Rand drängt hent, [22]deswega komm i
maener Herde zor Hilfe ond sôrg drfür,
dass dia en Zuakonft neamerd maeh zor
Beute werat, ond i schaff Recht zwischa
Schâf ond Schâf.

Zom Vrgleicha: *Vers 11:* Jes 40,11; Joh 10,1-18; Lk 15,4 • *Vers 14:* Ps 23,2 • *Vers 17:* Mt 25,32.

S messianische Reich: 34 23-31
[23]Ond i bstell oen oenziga Hirta über
se, ond der soll se wôeda, nämlich
maen Knecht David, der soll se wôeda,
ond der soll für se då sae als ihr Hirte.
[24]Ond i, JAHWE, ben für se då als Gott
(Elohim), ond mae Knecht David ischd
als Fürst en ihrer Mitte. I, JAHWE, han
gsprocha!
[25]Ond i will an Friedensbund mit en
schliaßa. Ond i laß alles baese Wild em
Land ausrotta, dass se en dr Steppe sicher
leba ond ao en de Wälder schlâfa könnat.
[26]Ond i mach sia ond d Omgebong von
maem Berg zom Sega, ond i laß da
Rega zo saener Zeit rakomma, richtige
Segensgüss send des. [27]Nå geit dr Baom
em Feld draußa saene Frücht her, ond
dr Boda saen Ertrag. Se därfat sicher
sae auf ihram (aegena) Boda ond werat
erkenna, dass i, JAHWE, dr Herr ben,
wann i ihre Jochstanga brecha laß ond se
aus de Händ von ihre Ausbeuter rette.
[28]Ond en Zuakonft werat se nia maeh
zor Beute von andere Völker, ond koe
Raobtier em Land soll se maeh fressa.
Ond se werat en Sicherhaet wohna
ond koener därf en maeh an Schrecka
aejaga. [29]I richte a Pflanzong für ihran
Nåma ae, dass neamerd maeh vom
Honger weggrafft wird em Land, ond
se en Zuakonft nemme da Spott von
andere Völker leida müaßat. [30]Nå werat
se erkenna, dass i, JAHWE, ihr Gott
(Eloheyhem) ben ond dass sia mae Volk
send, Spruch von JAHWE, am Herra.
[31]Ond ihr send mae Herde, d Herde auf
maener Wôed. Menscha send r, ond i
ben euer Gott (Eloheykem). Spruch von
JAHWE, am Herra.

Zom Vrgleicha: *Vers 23-24:* 37,24; Ps 78,70; Jer 30,9; Hos 3,5; Joh 10,14-16 • *Vers 25:* 37,26; Lev 26,6; Hos 2,20 • *Vers 26:* Lev 26,4; Ps 84,7 • *Vers 27:* Ps 67,7 • *Vers 28:* Jer 30,10 • *Vers 29:* 36,30 • *Vers 30:* 11,20 • *Vers 31:* Ps 95,7; 100,3.

Dr Drohspruch gega Edom: 35 1-15
35 Ond s Wort von JAHWE ischd
an me erganga ond hât gsaed:
[2]Menschasoh! Richte dae Gsicht gega
s Bergland Seïr ond weissag gega s!
[3]Ond du sollst zon en saga: So spricht
JAHWE, mae Herr: Guck, i ben gega de,
Bergland Seïr, ond i streck mae Hâd gega
de naus ond gib de dr Vrwüastong ond
Vrödong preis. [4]Aus daene Städt mach e
Trummerhaufa ond du wirst zor Wüste.
Nå wirst d erkenna, dass i, JAHWE,
dr Herr ben. [5]Weil du schao emmer en
Faendschaft mit Israel glebt ond se ans
Schwert ausglieferat håsch en dr Zeit
von ihram Vrhängnis bis ans End von
ihre Stråfa, [6]drom, so wåhr i leb, Spruch
von JAHWE, am Herra, bluatig ischd
dae Schuld, ond Bluat soll de vrfolga.

Bluat ischd für di nex gwea, aber Bluat
soll de vrfolga! 7I mach s Bergland Seïr
zor Wüste ond zom Schrecka ond rotte
älle aus, mô då drauf omanader laofat.
8Ond i füll saene Berg mit Gfallene,
daene Hügel ond daene Schluchta ond
älle daene Bäch send voler Gfallene. 9Zor
Wüste mach e de für emmer, ond daene
Städt obewohnbar. Nå werat r erkenna,
dass i, JAHWE, dr Herr ben.
10Weil du gsaed håsch: Dia zwôe Völker
ond dia zwôe Länder müaßat mir ghera,
dia holat mr ons, obwohl då dr Herrgott
(JAHWE) ischd, 11drom, so wåhr i leb,
Spruch von JAHWE, am Herra, gang i
mit am gleicha Zôrn ond mit am gleicha
Eifer mit dir om, mit dem du en daem
blenda Hass gega dia vôrganga bist, ond
i zaeg dr, wer i ben, wann e de richte.
12Ond du sollst erkenna, dass i, JAHWE,
dr Herr ben. I han nämlich ghört, wia da
über s Bergland von Israel glästerat ond
gsaed håsch: Dia liegat jå ganz wüast
då, des ischd für ons a gfondes Fressa.
13A graoß Maul hent r gega me ghet
ond ovrschämte Reda gführt, des han i
selber ghört. 14So spricht JAHWE, mae
Herr: Weil da de so drüber gfraet håsch,
dass s Land zor Wüste wôra ischd, laß
e des jetzt über di komma. 15So wia du
de drüber gfraet håsch, dass s Erbtôel
vom Haus Israel vrwüastat wôra ischd,
so mach e s jetzt mit dir: S Bergland von
Seïr wird zor Wüste! Ond ganz Edom
drzua. Ond se werat erkenna, dass i,
JAHWE, dr Herr ben.

Zom Vrgleicha: *Vers 1-15:* 25,12-14 • *Vers 5:* Ps 137,7.

D Weissagong über d Berg von Israel:
36 1-15

36 Ond du, Menschasoh, weissag
gega d Berg von Israel! Ond des
sollst saga: Ihr Berg von Israel horchat
auf s Wort von JAHWE! 2So spricht
JAHWE, mae Herr: Weil dr Faend
über euch gsaed håt: He! Dia Berg send
jetzt für emmer onser Aegatom! 3Drom
weissag! Ond des saesch d en: So spricht
JAHWE, mae Herr: Weil von rengs om
euch rom a Schrecka ond Vrnichtong
über euch komma ischd, bis dr Überrest
von de Stämm (von Israel) aegnomma
wôra ischd; ond mr über euch gschwätzt
ond euch vôr de Völker vrlaemdat håt,
4drom, ihr Berg von Israel, horchat
auf s Wort von JAHWE, am Herra: So
spricht JAHWE, mae Herr, zo de Berg
ond zo de Hügel, zo de Bachlandschafta,
zo de Schluchta ond zo de vrwüastate
Ödflächa, zo de zrstörte ond vrlassene
Städt, dia mô zor Beute ond zom Gspött
von de Überrest von dene Volksstämm
om se rom wôra send, 5drom spricht
JAHWE, mae Herr: Sicher, i han en
maem Feuereifer gega da Überrest von
de Volksstämm gsprocha ond gega ganz
Edom, dia mô mae Land sich selber als
Erbtôel geba hent mit ra tiafa Fraed em
Herza ond hent s mit ra leidaschaftlicha
Seel entvölkert ond ausplünderat.
6Drom weissag über s Land Israel!
Ond du sollst en saga: Zo de Berg ond
Hügel, zo de Bachlandschafta ond zo
de Schluchta: So spricht JAHWE, mae
Herr: Guckat, i han en maem Eifer ond
en maem Zôrn gsprocha, weil ihr da
Spott von de Volksstämm traga müaßa
hent! 7Drom, so spricht JAHWE, mae
Herr: I selber han mae Håd aufghoba
(zom schwöra): Dia Volksstämm om
euch rom sollat ihran Spott selber traga
müaßa. 8Ond ihr, Berg von Israel, ihr
sollat eure Zweig wieder spriaßa lassa
ond euer Frucht traga für mae Volk
Israel. Des kommt nämlich bald wieder
zrück. 9Weil guck, i will me euch wieder
zuawenda, nå werat r wieder g'ackerat
ond aegsät. 10Ond i vrmehr wieder d
Menscha em ganza Haus Israel, dass ihre
Städt wieder bewohnt ond dia Trümmer
aufbaut werat. 11I vrmehr Menscha ond s

Vieh, ond se vrmehrat sich ond brengat
Frucht, ond i laß euch wieder bewohnt
sae wia früher. Ond i dua no maeh
Guats wia früher. Nå werat r erkenna,
dass i, JAHWE, dr Herr ben. 12Ond i
lass wieder Menscha auf euch romlaofa,
mae Volk Israel. Ond se nemmat de
wieder als ihr Aegatom ond du wirst
wieder ihr Erbtôel ond se nia maeh
kenderlos macha. 13So spricht JAHWE,
mae Herr: Weil se über euch gsaed
hent: Du Menschafressere, du håsch
daen aegena Volksstamm kenderlos
gmacht, 14du sollst en Zuakonft koene
Menscha maeh fressa ond daen aegena
Volksstamm nia maeh kenderlos macha,
Spruch von JAHWE, am Herra. 15Ond i
lass s en Zuakonft nemme zua, dass de
andere Völker vrhöhnat ond Nationa de
vrspottat, ond du sollst daen Volksstamm
en Zuakonft nemme strauchla lassa,
Spruch von JAHWE, am Herra.

Zom Vrgleicha: *Vers 1:* 6,2 • *Vers 2:* 25,3 • *Vers 5:* 35,15 • *Vers 10:* Ps 69,36.

D Vrghaeßong voma neua Leba:
36 16-38

16Ond s Wort von JAHWE ischd an me
erganga ond håt gsaed: 17Menschasoh!
Mô dia vom Haus Israel no auf ihram
aegena Boda glebt ond den durch ihr
Vrhalta ond durch ihre Otata vroraenigt
hent, wia d Oraenhaet vom Bluatfluß
ischd ihr Vrhalta gwea vôr mir, 18nå han
e maen Zôrn über se ausgossa wega dem
(oschuldiga) Bluat, mô se auf s Land
vrgossa ond s mit ihre Götza vroraenigt
hent. 19Ond i han se onter d Volksstämm
vrstraet, ond se send en älle Länder
vrsprengt wôra. Nach ihram Vrhalta
ond nach ihre Otata han e se gstråft.
20Ond mô se ao nôkomma send onter
dene Volksstämm, überall hent se maen
haeliga Nåma entweiht, weil mr von
en gsaed håt: Des ischd am Herrgott
(JAHWE) sae Volk, ond se hent aus
saem Land vrschwenda müaßa. 21Ond
mir ischd s lôed gwea om maen haeliga
Nåma, den mô se entweiht hent em
Haus Israel bei älle Volksstämm, mô se
nôkomma send.
22Drom sag zom Haus Israel: So spricht
JAHWE, mae Herr: Et wega euch greif
i ae, Haus Israel, sondern wega maem
haeliga Nåma, den mô ihr entweiht hent
bei älle Volksstämm, mô ihr nôkomma
send. 23Ond i haelige maen graoßa
Nåma, den mô ihr bei de Volksstämm
entweiht hent. Ond nå werat dia
Volksstämm erkenna, dass i, JAHWE,
dr Herr ben, Spruch von JAHWE,
maem Herra, wann i me an euch vôr
ihre Aoga als haelig erweis. 24I will euch
aus dene Volksstämm raushola ond
euch aesammla aus älle Länder, ond i
laß euch wieder auf euran Hoematboda
zrückkomma. 25Ond i will raens Wasser
über euch ausgiaßa, dass r raen werat
von älle eure Oraenhaeta, ond von älle
eure Götza will e euch ao raeniga. **26Ond
i gib euch a neus Herz ond an neua
Gaest en euer Ennersts. Ond des Herz
aus Stoe mach e euch aus am Leib raus
ond gib euch a Herz aus Flôesch.**
27Maen Gaest gib e en euch nae, ond
i mach, dass ihr euch nach maene
Satzonga richtat ond maene Gsetz
achtat ond drnåch dent. 28Ond i laß euch
en dem Land wohna, des môn e eure
Vädr geba han, ond ihr send mae Volk,
ond i ben als euer Gott für euch då. 29I
mach euch frei von älle Oraenhaeta, ond
ruaf am Korn ond laß s wachsa, ond
will koe Hongersnot maeh über euch
komma lassa. 30Ond i vrmehr d Frucht
vom Baom ond da Ertrag vom Acker,
dass ihr d Schand von ra Hongersnot
nemme auf euch nemma müaßat vôr de
Volksstämm. 31Nå werat r an euer baes
Vrhalta denka ond was r dao hent, was
gwieß et guat gwea ischd, ond s eklat
euch vôr euch selber wega eure Vrbrecha

ond eure Greueltata. [32]Des dua i et wega
euch, Spruch von JAHWE, am Herra,
des müaßat r fae wissa! Schämat euch,
dass r raot werat em Gsicht für euran
oguata Lebenswandel, Haus Israel!
[33]So spricht JAHWE, mae Herr: An
dem Dag, mô i euch von älle eure
Vrfehlonga raenige, mach e ao d Städt
wieder bewohnbar ond laß d Ruina
wieder aufbaua. [34]Ond s vrwüastate
Land wird wieder åbaut, nachdem s
so lang vrwüastat dåglega ischd vôr de
Aoga von dene, mô då vorbeiganga send.
[35]Ond se werat saga: Des vrwüastate
Land ischd wieder wôra wia dr Garta
Eden. Ond dia vrödate ond vrwüastate
Städt, mô ällas agrissa gwea ischd, send
wieder bewohnt ond befestigt. [36]Nå
werat dia Volksstämm, mô rengs om
euch rom no übrigblieba send, erkenna,
dass i, JAHWE, des wieder aufbaut han,
was agrissa gwea ischd ond des, was
vrwüastat gwea ischd, wieder åpflanzt
han. I, JAHWE, han gsprocha, ond i
dua e ao.
[37]So spricht JAHWE, mae Herr: I will
me vom Haus Israel bitta lassa, ao des
no für se zom doa: dass e se so zahlreich
an Menscha mach wian a Schåfherde.
So spricht JAHWE, mae Herr: [38]Wia d
Herde vom Haeligtom, wia a Herde von
Jerusalem en saene Festzeita, so sollat
dia vrödate Städt sae, vol mit ra Herde
von Menscha. Nå werat se erkenna, dass
i, JAHWE, dr Herr ben.

Zom Vrgleicha: *Vers 17:* Lev 15,19-27 • *Vers 19:* 11,16 • *Vers 20:* 20,39; Jes 52,5 • *Vers 21:* 20,9 • *Vers 22:* Jes 48,11; Ps 79,9; 106,8; 115,1; Jer 14,7 • *Vers 23:* Mt 6,9 • *Vers 24:* 11,17 • *Vers 25:* Ps 51,9; Sach 13,1; Jer 33,8 • *Vers 26:* 11,19f; 39,29 • *Vers 27:* 11,20; 37,24 • *Vers 30:* 34,29; Joel 2,19 • *Vers 31:* 16,61-63; 20,43 • *Vers 36:* Jer 1,10 • *Vers 38:* Mi 2,12.

D Vision von dr Auferweckong von Israel: 37 1-14

37 Am Herrgott (JAHWE) sae
Håd ischd auf me komma, ond
JAHWE håt me em Gaest nausgführt
ond me mittla en dr Ebene nôsitza lassa,
ond dui (Ebene) ischd voler Boener
gwea. [2]Ond r håt me an en vorbeiganga
lassa rengsrom, ond guck, des send
ganz viele gwea, mô en dera Talebene
romglega send, ganz austricknat
send se gwea. [3]Nå håt r zo mr gsaed:
Menschasoh! Ob dia Boener dåhanna
wohl wieder lebendig wera könnat?
Ond i han gsaed: O JAHWE, mae Herr!
Des wôeßt bloß du alloe! [4]Ond r håt
zo mr gsaed: Weissag über dia Boener
dåhanna! Ond des sollst d zo nen saga:
Ihr austricknate Boener, horchat auf s
Wort von JAHWE! [5]So spricht JAHWE,
mae Herr zo dene Boener: Guckat,
i breng da Lebensgaest en euch nae,
dass r lebat! [6]Ond i leg Sehna auf euch
ond laß Flôesch auf euch wachsa ond
überziag euch mit Haut ond i breng da
Lebensodem en euch nae, dass r lebat!
Nå werat r erkenna, dass i, JAHWE, dr
Herr ben. [7]Ond i han gweissagt, wian
e s ghôeßa wôra ben. Ond wian e am
Weissaga gwea ben, ischd a Rauscha
åganga, ond guck, s håt sich bewegt ond
dia Boener send ananander nôgruckt, oe
Boe ans ander. [8]Ond wian e nôguckt han,
då send Sehna auf en gwea ond Flôesch
ischd an se nôgwachsa. Ond se send mit
Haut überzoga wôra, aber a Leba ischd
no koes en en dren gwea. [9]Ond r håt zo
mr gsaed: Weissag zo dem Lebensgaest!
Vrkündige, Menschasoh! Ond sag zo
dem Lebensgaest: So spricht JAHWE,
mae Herr: Von de vier Wend komm her,
o Gaest, ond hauch dia Gfallene å, dass
se lebat! [10]Ond i han gweissagt, wian e s
ghôeßa wôra ben. Ond dr Lebensgaest
ischd en sae naekomma, ond se send
lebendig wôra. Ond se send auf ihre

Füaß nôgstanda, a riesa graoß Heer.
[11]Nå håt r zo mr gsaed: Menschasoh!
Dia Boener dåhanna, des ischd s ganze
Haus Israel! Guck, dia sagat: Ausdôrrat
send onsere Boener ond onser Hoffnong
ischd dahin, mir send vrlora! [12]Drom
weissag en! Ond des sollst d en saga:
So spricht JAHWE, mae Herr: Guckat,
i mach eure Gräber auf ond hol euch
raus aus eure Gräber, mae Volk, ond i
breng euch ens Land Israel. [13]Nå werat
r erkenna, dass i, JAHWE, dr Herr ben,
wann i eure Gräber aufmach ond euch
aus eure Gräber raushol, mae Volk!
[14]Ond i gib maen Gaest en euch nae, dass
r lebat, ond i setz euch wieder auf euran
Boda, dass r erkennat, dass i, JAHWE,
gsprocha han ond s ao dua. Spruch von
JAHWE.

Zom Vrgleicha: *Vers 1:* 1,3; 3,22 • *Vers 5:* Jes 26,19
• *Vers 10:* Gen 2,7; Ps 104,30 • *Vers 14:* 39,29.

D Wiedervraenigong von Israel ond Juda: 37 15-28

[15]Ond s Wort von JAHWE ischd an me
erganga ond håt gsaed: [16]Menschasoh,
nemm dr an Baomstamm ond schreib
drauf: Für Juda ond für d Israelita, saene
Vrbündate! Nå nemmst d an andera
Baomstamm ond då schreibst d drauf:
Für Josef, Baomstamm von Efraim ond
s ganze Haus Israel, saene Vrbündate!
[17]Nå brengst d se zo anander ond füagst
se zo ama oeziga Baomstamm zsema
en daener Hǻd. [18]Ond wann de d Leut
von daem Volk frågat: Was willst d ons
dådrmit saga, was soll des hôeßa? [19]Nå
saesch d zo nen: So spricht JAHWE,
mae Herr: Guckat, i nemm da Stamm
Josef, der mô en dr Hǻd von Efraim
ischd ond dia Stämm von Israel, mô
mit am vrbündat send, ond legs auf da
Stamm Juda ond mach se zo oem oeziga
Stamm, dass se oes werat en maener Hǻd.
[20]Ond du sollst auf dia Baumstämm mit
daener Hǻd vôr ihre Aoga drå schreiba.
[21]Ond sag zo nen: So spricht JAHWE,
mae Herr: Guckat, i hol d Söh von
Israel aus dene Volksstämm raus, zo
dene, mô se ganga send ond sammle
se rengsrom ae ond breng se en ihr
Land. [22]Ond i mach se zo oem oeziga
Volk em Land, en de Berg von Israel,
ond se sollat bloß oen König han; nå
sollat se nemme zwôe Völker sae ond
sich nemme en zwôe Königreich tôela.
[23]Ond se sollat sich nemme vroraeniga
durch ihre Götza ond ihre Scheusäler
ond durch ihre Abtrünnigkaeta. I mach
se frei von ihre Abweg, auf dene, mô se
sich vrfehlt hent ond mach se raen. Ond
se sollat mae Volk sae ond i will ihr Gott
(Elohim) sae. [24]Ond mae Knecht David
soll König sae über se. Ond se sollat
oen Hirta han für älle. Ond se sollat en
maene Rechtsordnonga leba ond maene
Vôrschrifta aehalta ond doa. [25]Ond se
sollat en dem Land leba, des mô i maem
Knecht Jakob geba han, mô ao eure
Vädr schao dren glebt hent. Dia ond
ihre Kender ond Kendskender sollat
auf ewig dren wohna. Ond mae Knecht
David soll ihr Fürst sae für emmer.
[26]Ond i schliaß an Friedensbund mit
en, des soll a Bund auf Dauer sae für se.
Ond i stell mae Haeligtom für emmer
en ihr Mitte. [27]Ond mae Wohnstatt soll
über en raga, ond i will für se då sae als
ihr Gott, ond sia selber sollat mae Volk
sae. [28]Nå werat älle Völker erkenna, dass
i, JAHWE, dr Herr ben, der mô Israel
haelig macht, wann sae Haeligtom en
ihrer Mitte stôht auf ewig.

Zom Vrgleicha: *Vers 21:* 34,13; 36,24 • *Vers 22:*
Jes 11,11.13; Ez 34,23 • *Vers 23:* 11,20 • *Vers 25:*
28,25 • *Vers 26:* Jes 54,10 • *Vers 27:* 43,7; 11,20;
Lev 26,11f • *Vers 28:* 36,23.

DR KAMPF VON GOTT GEGA GOG: 38 1 – 39 29

D Kriagsvôrberaetonga vom Gog: 38 1-16

38 Ond s Wort von JAHWE ischd an me erganga ond hât gsaed: 2Menschasoh! Richte dae Gsicht gega da Gog em Land Magog, auf da Fürsta von Meschech ond Tubal, ond weissag gega an! 3ond sag: So spricht JAHWE, mae Herr: Guck, i ben gega de, Gog, Fürst von Rosch, Meschech ond Tubal! 4I will de romreißa ond dr an Håka en daene Kinnbacka macha. Ond i führ de raus mitsamt daener ganza Streitmacht, Ross ond Reiter, älle en prächtige Gwänder, a graoß Heer mit Langschild ond Rondschild, ond älle mit Schwerter. 5Paras, Kusch ond Put send ao drbei, älle mit Schild ond Helm. 6Gomer mit saene Kriagsheer, s Haus Torgama vom äußersta Norda ond älle saene Kriagsheer, ond viele Völker mit dr. 7Rüste de ond beraet de vôr, du ond de ganz Streitmacht, mô sich om de gschart hât, du sollst für dia auf dr Huat sae. 8Nach ra langa Zeit wirst d nå aufbota, am End von de Jåhr kommst d en a Land, des mô vom Schwert wieder hergstellt ond aegsammlat aus viele Völker ischd, auf de Berg von Israel, dia mô amål lang vrödat gwea send. aus älle Völker send se herbråcht ond wohnat jetzt älle en Sicherhaet. 9Ond du sollst aufkomma wian a Owetter, wian a Wolk, zom s Land zuadecka, du ond älle daene Kriagsheer ond viele Völker mit dr.

10So spricht JAHWE, mae Herr: An dem Dag steigat en daem Herz arge Gedanka auf ond du denkst dr an baesa Plan aus. 11Ond du saesch: I will gega des offene Land naufganga ond über dia friedliche Leut herfalla, dia mô so sicher ond sôrglos lebat en Städt ohne Maura. Ond Tôr ond Riegel hent se ao et. 12Zom Beute macha ond se ausraoba ond dae Hâd gega neu ågsiedelte Öda richta ond gega a Volk, des mô aus älle Volksstämm wieder zsemagführt wôra ischd ond sich wieder Herda ond Güater gschaffa hât ond auf am Nabel von dr Welt wohnt. 13Scheba ond Dedan ond d Kaofleut von Tarschisch ond älle ihre jonge Kämpfer werat de fråga: Bist d komma zom Beute macha? Håsch d daene Schara zsemakomma lassa zom Raoba ond Silber ond Gold forttraga, ond d Herda wegtreiba ond a graoßa Beute macha?

14Drom weissag, Menschasoh! Ond sag zom Gog: So spricht JAHWE, mae Herr: Ischd s et so, dass du, wann mae Volk Israel en Sicherhaet wohnt, du des wôeßt, 15ond du nå komma willst von daem Ort em äußersta Norda, du ond viele Völker mit dr, Reiter auf Rösser, a riesiga Menge ond starka Streitmacht. 16Du rückst gega mae Volk Israel å wian a Wolk, mô s ganze Land zuadeckt. Am End von de Däg laß i de über mae Land komma, dass mi älle Völker kenna lernat, wann i me an dir als haelig zaeg vor ihre Aoga, Gog!

Zom Vrgleicha: *Vers 2:* 39,1; 27,13; 32,26 • *Vers 3:* 39,1; Gen 10,2 • *Vers 4:* 29,4 • *Vers 6:* 27,14 • *Vers 13:* 25,13 • *Vers 16:* Ex 14,4.

Dr Drohspruch gega da Gog: 38 17-23

17So spricht JAHWE, mae Herr: Du bist der, von dem mô i früher gsaed han durch maene Knecht, d Profeta en Israel, dia mô en dera Zeit emmer wieder gweissagt hent, dass i de gega se herführa dät. 18Aber an dem Dag, mô dr Gog über s Land Israel kommt, Spruch von JAHWE, am Herra, steigt dr Zôrn en mr auf. 19Ond en maem Eifer ond em Feuer vo'maem Zôrn sag e: An dem Dag kommt a graoß Erdbeba em

Land Israel. 20Ond vôr mir bebat d Fisch
em Meer ond d Vögel am Hemmel ond
ällas Wild em Feld ond ällas, was auf
am Boda romkriacht, ond älle Menscha,
mô auf am Erdboda romlaufat. Ond d
Berg brechat zsema, ond d Felsawänd
stürzat ae ond älle Maura fallat en sich
zsema. 21Nå ruaf i em ganza Bergland
zom Schwert auf, Spruch von JAHWE,
am Herra, ond jeder richtat sae Schwert
gega saen Bruader. 22Ond i gang mit
am ens Gericht mit Pest ond durch a
Bluatvrgiaßa ond Wolkabrüch. Stoe ond
Hagel, Feuer ond Schwefel laß e auf an
raregna ond auf sae Streitmacht ond älle
Völker, mô bein am send. 23Ond i erweis
me als graoß ond haelig ond gib me vôr
de Aoga von viele Völker zom erkenna.
Nå werat se erkenna, dass i, JAHWE, dr
Herr ben.

Zom Vrgleicha: *Vers 21:* Offbg 20,8.

Dr Ontergang vom Gog: 39 1-22

39 Ond du, Menschasoh, weissag
über da Gog! Ond des sollst d
saga: So spricht JAHWE, mae Herr:
I gang an de, Gog, Fürst von Rosch,
Meschech ond Tubal. 2I will de lôeta
ond de am Gängelband raufführa aus de
entferntsete Gebiet em Norda ond breng
de ens Bergland von Israel. 3Nå hao e dr
da Boga aus daener lenka Håd ond daene
Pfeil lass e dr aus rechta Håd falla. 4Em
Bergland von Israel laß e de omkomma,
di mit daener ganza Streitmacht ond mit
älle Völker, mô da drbei håsch, ond gib
se de Greifvögel ond ällam Raobwild
em Feld draußa zom Fraß. 5Du fällst em
freia Feld, wian i s gsaed han! Spruch
von JAHWE, am Herra.
6Ond i lass Feuer komma über Magog
ond dia Küstabewohner, mô so sicher
ond sôrglos lebat, dass se erkennat, dass
i, JAHWE, dr Herr ben. 7Ond maen
haeliga Nåma mach i en maem Volk
Israel offabar. Ond i lass nia maeh zua,
dass mae haeliger Nåma entweiht wird.
Nå werat älle Völker erkenna, dass
i, JAHWE, dr Haelige en Israel ben.
8Guck, des kommt ällas ond gschieht!
Spruch von JAHWE, am Herra, des
ischd der Dag, von dem, mô i gsprocha
han.
9Nå werat d Aewohner aus de Städt von
Israel nausganga ond d Waffa, Schild,
Boga ond Pfeil ond Lanzastiel åzünda
ond sieba Jåhr lang mit en haeza. 10Ond
se brauchat koe Holz aus am Feld
hoemtraga ond en de Wälder aholza,
sondern se vrfeuerat dene ihre Waffa.
Ond se plünderat ihre Plünderer aus
ond raobat von dene, mô sia ausgraobt
hent. Spruch von JAHWE, am Herra.
11An dem Dag gib i am Gog an Platz
für sae Grab en Israel, s Tal von de
Durchwanderer östlich vom Meer, dass
des a Hendernis ischd für dia, mô durch
wanderat. Sell vrgrabat se da Gog mit
saener ganza Streitmacht ond hôeßat
s: „Gogshaufaschlucht". 12Ond s Haus
Israel muaß sieba Monat lang Gräber
schaufla, zom s Land raeniga. 13S ganze
Volk em Land muaß helfa graba, ond
des vrschafft en a graoß Åseha an dem
Dag, mô i me vrherrliche, Spruch von
JAHWE, am Herra. 14Ond a ständiga
Mannschaft soll s Land durchkämma
ond dia beerdiga, mô no romliegat
auf am Boda, zom da Boda raeniga;
nach sieba Monat sollat se nômål ällas
durchkämma. 15Ond wann dia Männer,
mô durch s Land strôefat no a Leich
fendat, nå sollat se a Stoemal drneba
aufstella, bis se dia Daotagräber en dr
Gogshaufaschlucht beerdigt hent. 16Ond
ao a Stadt soll Hamona (Getümmel)
hôeßa. So soll mr s Land raeniga. 17Ond
du, Menschasoh, so spricht JAHWE,
mae Herr: Sag zom Gflügel von
jeder Art ond zo ällam Wild em Feld:
Sammlat euch ond kommat! Kommat
von überal her zo maem Schlachtopfer,

des mô i für euch schlachte! A graoß
Schlachtopfer em Bergland von Israel.
Ihr sollat s Flôesch fressa ond s Bluat
trenka. [18]S Flôesch von de Helda sollat
ihr fressa ond s Bluat von de Fürsta
em Land trenka. Widder ond Lämmer,
Böck ond Stier, Mastvieh aus Baschan
send se älle. [19]Fressat Fett, bis r satt send
ond trenkat Bluat bis r bsoffa send von
maem Schlachtopfer, des môn e für
euch gschlachtat han. [20]Ond ihr sollat
an maem Tisch satt wera von Rösser
ond Wagagspann, von Helda ond
Kriagsmanna! Spruch von JAHWE, am
Herra. [21]Ond i will mae Herrlichkaet
onter d Völker brenga, dass älle Völker
mae Gericht sehat, des mô i vollstreckt
ond mae Håd an se glegt han. [22]Nå werat
se erkenna, dass i, JAHWE, ihr Gott
(Eloheyhem) ben von dem Dag å ond
ao en Zuakonft.

Zom Vrgleicha: *Vers 1:* 38,2; 32,26; 38,3f • *Vers 9:* Ps 46,10 • *Vers 14:* Num 19,16; Dtn 21,23 • *Vers 17:* Offbg 19,17-19 • *Vers 21:* Ex 14,4.

D Wiederherstellong von Israel: 39 23-29

[23]Ond älle Völker sollat erkenna, dass
s Haus Israel en d Vrbannong ganga
müaßa håt, weil se treulos gwea send
gega mi, ond i deswega mae Gsicht vôr en
vrbôrga han ond se ihre Faend en d Händ
falla lassa han ond älle durchs Schwert
gfalla send. [24]Nach ihrer Oraenhaet ond
nach ihre Otata han e an en ghandelt
ond mae Gsicht vôr en vrbôrga. [25]Drom,
so spricht JAHWE, mae Herr: Jetzt will
e am Jakob sae Schicksal wenda ond
me über s ganze Haus Israel vrbarma
ond für maen haeliga Nåma eifera.
[26]Ond se sollat ihr Schand traga ond
ihr ganza Treulosigkaet mir geganüber,
wann se wieder sicher auf ihram Grond
ond Boda leba därfat ond se neamerd
maeh aufschrecka därf. [27]Wann i se aus
de Völker zrück hol ond en de Länder
von ihre Faend aesammle ond me an en
als dr Haelige erweis vôr de Aoga von
älle Völker. [28]Nå werat se erkenna, dass
i, JAHWE, ihr Gott (Eloheyhem) ben,
der mô se zo de andere Volksstämm
vrschleppa lassa ond jetzt wieder auf
ihran Grond ond Boda hoembrâcht håt,
ohne oen von en sell zrück z lassa. [29]Ond
i will en Zuakonft mae Gsicht nemme
vôr en vrberga, nachdem e maen Gaest
über s Haus Israel ausgossa han. Spruch
von JAHWE, am Herra.

Zom Vrgleicha: *Vers 25:* Ps 106,8 • *Vers 29:* Jes 54,8; Ez 36,26; Joel 3,1.

D VISION VOM NEUA ISRAEL: 40 1 – 48 35

Dr neue Tempel: 40 1 – 44 3

D Entrückong vom Profeta: 40 1-4

40 Em fenfazwanzigsta Jåhr nach
onserer Vrschleppong, am zehnta
Dag em Monat, em vierzehnta Jåhr nach
am Fall von dr Stadt, an grad dem Dag
ischd d Håd vom Herrgott (JAHWE)
über me komma ond håt me sell nô
brâcht. [2]En Visiona håt r me ens Land
Israel gführt ond me auf ama ganz
haocha Berg lagera lassa; auf dem ischd
mir geganüber Süda zua ebbas gwea
wia d Bauwerk von ra Stadt. [3]Sell håt
r me nôgführt. Ond guck, då ischd a
Må gwea, der håt ausgseha, wia wann r
aus Bronze wär, ond r håt a Schnur aus
Flachs ond a Messlatt en dr Håd ghet
ond ischd em Tôr gstanda. [4]Ond der Må
håt zo mr gsaed: Menschasoh! Guck mit
daene Aoga ond horch mit daene Ohra
ond achte auf ällas, was e dr zaeg; zo
dem bist d nämlich dåhanna herbrâcht
wôra, dass mr dr s zaegt. Ond vrzähl

ällas, was da siehst am Haus Israel.
Zom Vrgleicha: *Vers 1:* 1,3; 37,1.

Dr Tempel, saene Tôr ond Höf:
40 5 – 41 4
5 Ond guck, då ischd a Mauer gwea außa
om s Tempelhaus rengs rom. Ond der Må
håt a Messlatt von sechs Ella en dr Håd
ghet, aber d Ell ischd om a Hådbrôete
länger wia s normale Ellamåß gwea. Ond
r håt d Brôete von dera Mauer gmessa: oe
Ruat, ond d Höhe: oe Ruat. 6 Nå ischd r
ans Osttôr ganga ond ischd saene Stuafa
naufgstiega ond håt d Schwell vom Tôr
ausgmessa: oe Ruat en dr Brôete, ond
de ander: oe Ruat. 7 Ond d Nische: oe
Ruat en dr Länge ond oe Ruat en dr
Brôete; ond dr Zwischaraom von dene
Nischa: fenf Ella. Ond d Schwell vom
ennera Tôr neba dr Halle vom Tôr: oe
Ruat. 8 Nå håt r d Vôrhalle vom Tôrhaus
gmessa: oe Ruat. 9 Ond r håt d Vôrhalle
vom Tôr gmessa: acht Ella; ond saene
Widderpfeiler: zwôe Ella. Ond d Halle
vom Tôrbau ischd nach enna zua glega.
10 Von dene Nischa em Tôrhaus send
emmer zwôe anander geganüber glega,
auf jeder Seite drei, ond älle drei hent
de gleiche Maß ghet. 11 Nå håt r d Brôete
vom Tôraegang gmessa: zeah Ella en dr
Brôete. D Tiafe vom Tôr: dreizeah Ella.
12 Ond vôr dene Nischa ischd jeweils a
Abschrankong gwea: oe Ell auf dr oena
Seite, ond oe Ell auf dr andera Seite; dia
Nischa auf bôede Seita hent je sechs Ella
gmessa. 13 Nå håt r d Brôete vom Tôrhaus
vom Dachosatz von ra Nische bis zom
Dachåsatz von dr Nische geganüber
gmessa: fenfazwanzg Ella von Aegang
zo Aegang. 14 Des håt von Widderpfeiler
zo Widderpfeiler sechzg Ella ausgmacht
rengsrom om s Tôr. 15 Von dr vôrdera
Seite vom Tôraegang bis zor Tempelseite
von dr Vôrhalle vom Tôr enna send s
fufzg Ella gwea. 16 Ond zuene Fenster
send en dene Nischa rengsrom gwea
ond dia Pfeiler enna ond d Vôrhalla
hent ao rengsrom Fenster ghet. Ond am
Widderpfeiler send Palma gwea.
17 Nå håt r me en da äußera Vôrhof
komma lassa, ond guck, då send
Kammera åglegt gwea ond dr Hof ischd
pflasterat, ond rengs om des Stoepflaster
send dreißg Kammera åglegt gwea. 18 Des
Stoepflaster håt sich seitlich an dia Tôr
ågschlossa ond håt en dr Länge mit dr
Länge von dene Tôr genao gstemmt.
19 Nå håt r da Abstand von dr Ennaseite
vom Außatôr zor Außaseite zom
Ennatôr vrglicha: hondert Ella nach
Osta ond hondert Ella nach Norda.
20 Ond s Nordtôr, am äußera Vôrhof
zua, håt r ao en dr Länge ond en dr
Brôete ausgmessa. 21 Ond saene Nischa,
drei hüba ond drei drüba, ond saene
Pfeiler ond saene Vôrhalla hent de
gleiche Maß ghet wia s erste Tôr: fufzg
Ella en dr Länge ond fenfazwanzg Ella
en dr Brôete nach am üblicha Ellamåß.
22 Ond saene Fenster ond saene Vôrhalla
ond saene Palma hent de gleiche Måß
ghet wia s Osttôr. Då håt mr sieba
Stuafa naufsteiga müaßa, ond nå ischd
d Vôrhalle komma. 23 Ond s Tôr en da
Vôrhof ischd am Nordtôr gleich gwea
wia am Osttôr, ond r håt von Tôr zo
Tôr gmessa: hondert Ella.
24 Nå håt r me Süda zua ganga lassa. Ond
guck, ao em Süda ischd a Tôr gwea.
Ond r håt s ausgmessa, saene Pfeiler
ond saene Vorhalla, ällas håt de gleiche
Maß ghet wia de andere. 25 Ao d Fenster
en de Vôrhalla ond de andere Fenster
rengsrom, allas ischd gleich gwea:
ensgesamt fufzg Ella en dr Länge ond
fenfazwanzg Ella en dr Brôete. 26 Ond
sieba Stuafa håt mr nauf müaßa, ond nå
ischd d Vôrhalle komma, mit Palma an
de Pfeiler hüba ond drüba. 27 Ond zom
ennera Vôrhof ischd a Tôr nausganga
Süda zua, ond r håt von Tôr zo Tôr
gmessa: hondert Ella.

28Nå hât r me durch s Südtôr en da ennera
Vôrhof ganga lassa. Ond r hât s Südtôr
ausgmessa, des hât de gleiche Maß
ghet wia de andere. 29Ao saene Nischa,
saene Pfeiler ond saene Vôrhalla hent
de gleicha Maß ghet. Ond Fenster hât
s en saener Vôrhalle ghet wia de andere
rengsrom. Fufzg Ella en dr Länge ond
fenfazwanzg Ella en dr Brôete hâts
ghet.
30Ond Böga send rengsrom gwea,
fenfazwanzg Ella en dr Länge ond fenf
Ella brôet. 31Ond sae Vôrhalle ischd am
äußera Hof zua glega. Ond Palma send
an saene Pfeiler gwea ond sae Aufgang
hât acht Stuafa ghet.
32Nå hât r me zor Ostseite vom Ennahof
gführt ond hât s Tôr ausgmessa, des hât
ao de gleiche Maß ghet wia de andere.
33Saene Nischa ond saene Pfeiler ond
saene Halla hent ao de gleiche Maß ghet.
Ond Fenster send ao rengsrom dågwea
wia en de andere Tôrhalla. Fufzg Ella
en dr Länge ond fenfazwanzg Ella en
dr Brôete hâts ghet. 34Ond saene Halla
send am äußera Hof zua glega. Ond
Palma send an saene Pfeiler gwea ond
sae Aufgang hât acht Stuafa ghet.
35Nå hât r me zom Nordtôr gführt ond
hât s Tôr ausgmessa, des hât ao de gleiche
Maß ghet wia de andere. 36Saene Nischa
ond saene Pfeiler ond saene Halla hent
ao de gleiche Maß ghet. Ond Fenster
send ao rengsrom dågwea wia en de
andere Tôrhalla. Fufzg Ella en dr Länge
ond fenfazwanzg Ella en dr Brôete hâts
ghet. 37Ond saene Halla send am äußera
Hof zua glega. Ond Palma send an saene
Pfeiler gwea ond sae Aufgang hât acht
Stuafa ghet.
38Nå hât r me an da Aegang vom östlicha
Tôr gführt, mô se s Brandopfer agspüalt
hent. 39Ond en dr Vôrhalle von dem
Tôr send auf bôede Seita zwôe Tisch
gstanda, auf dene hât mr Brandopfer ond
Sündopfer ond Schuldopfer gmetzgat.
40Ond an dr Seite nach außa zua für
den, mô zom Aegang vom Nordtôr
naufsteigt, send zwôe Tisch gstanda ond
auf dr andera Seite von dr Vôrhalle, send
ao zwôe Tisch gstanda. 41Vier Tisch send
also an de Seitawänd vom Tôr gstanda
zom drauf metzga.
42Ond vier Tisch für d Brandopfer send
aus Quaderstoe gwea: anderthalb Ella
en dr Länge ond anderthalb Ella brôet
ond oe Ell haoch, zom d Gerätschafta
ablega, mit dene mr d Brandopfer ond
d Schlachtopfer gmetzgat hât. 43Ond
rengsrom send an de Wänd hådbrôete
Flôeschhåka gwea, ond auf de Tisch
ischd s Flôesch von de Opfergaba glega.
44Ond nach außa zua vom ennera Tôr
send em ennera Hof, der mô an dr
Seite vom Nordtôr leit, d Kammera
von de Sänger glega, ond ihr Front
hât nach Süda zaegt, ond oe Seite vom
Osttôr hât mit dr Frontseite nach
Norda zaegt. 45Ond r hât zo mr gsaed:
also dui Kammer, mô mit dr Front
nach Süda ausgrichtat ischd, ischd für
dia Priaster, mô Tempeldenst hent.
46Ond dui Kammer, mô nach Norda
ausgrichtat ischd, ghert dene Priaster,
mô grad da Altardenst hent. Des send
am Zadok saene Söh, dia mô als oezige
von de Levita zom Herrgott (JAHWE)
nôganga därfat, zom am deana.
47Nå hât r da Vôrhof ausgmessa: hondert
Ella em Quadrat. Ond dr Altar ischd vôr
am Tempelhaus gstanda. 48Nå hât r me
zor Vôrhalle vom Tempelhaus komma
lassa. Ond r hât en dr Vôrhalle an
Pfeiler gmessa: fenf Ella von hüba ond
fenf Ella von drüba. Ond s Tôr ischd
drei Ella hüba ond drei Ella drüba gwea.
49D Vôrhalle ischd zwanzg Ella lang ond
zwölf Ella brôet gwea. Ond am Aufgang
ischd auf jeder Seite a Pfeiler gwea.

41 Nå hât r me zor Tempelhalle
komma lassa. Ond r hât dia
Pfeiler ausgmessa, dia send auf jeder

Seite sechs Ella dick gwea. 2Ond dr
Aegang ischd zeah Ella brôet gwea,
ond d Seitawänd vom Aegang send auf
jeder Seite fenf Ella tiaf gwea. Ond r håt
sae Länge gmessa: vierzg Ella lang ond
zwanzg Ella brôet. 3Nå ischd r naegnaga
ond håt dia Pfeiler vom Aegang gmessa,
dia send zwôe Ella dick gwea ond dr
Aegang sechs Ella brôet ond d Seitawänd
vom Aegang je sieba Ella. 4Ond r håt d
Tempelhalle ausgmessa: zwanzg Ella en
dr Länge ond zwanzg Ella en dr Brôete
an dr Vôrderseite von dr Tempelhalle.
Nå håt r zo mr gsaed: Des ischd s
Allerhaeligste.

Zom Vrgleicha: *Kap 40 Vers 5 – Kap 42,20:* 1Kö 7 • *Kap 40 Vers 46:* 43,19; 44,15; 48,11; 1Chr 5,34-41; 1Kö 1,8.39.

D Nebagcbäude vom Tempel: 41 5-12

5Nå håt r d Mauer vom Tempelhaus
gmessa: sechs Ella; ond d Brôete vom
Seitabau: vier Ella rengsrom, rengs
oms Haus rom. 6D Seitakammera hent
sich ananander grôeht, je dreißg en
drei Stockwerk, ond an dr Wåd, mô
zom Haus ghert håt, send Ausssparonga
gwea für dia Seitakammera rengsrom
als Balkalager. Aber dia Balka send et
en dr Wåd vom Tempelhaus glega. 7Ond
s ischd nach oba emmer brôeter wôra,
ond dia Seitakammera send en jedam
Stock graeßer wôra, wia d Außawänd
von oem Stock zom nächsta emmer
graeßer wôra send rengsrom. Ond vom
ontersta Stock håt mr über da mittlera
enna em Haus naufsteiga könna en
da obera. 8Ond s Tempelhaus selber
håt de andere Bauwerk überragt. D
Fondament von de Seitakammera send
a Ruat haoch gwea, also sechs Ella. 9D
Außamauer zo de Seitakammera ischd
fenf Ella dick gwea, ond neba am Åbau
vom Tempelhaus ischd a freier Raom
blieba. 10Ond dr Zwischaraom von de
Kammera rengs oms Haus rom ischd
zwanzg Ella gwea. 11Ond dr Aegang
von de oenzelne Kammera ischd ens
Freie nausganga. Oe Aegang nach
Norda ond oe Aegang nach Süda. Ond
dr Zwischaraum zo de andere Bauwerk
håt rengsrom fenf Ella gmessa. 12Der
Bau, mô vôr dem aegfriedata Platz auf
dr Seite nach Westa gstanda ischd, håt
siebzg Ella en dr Brôete gmessa. Ond d
Mauer von dem Bau ischd fenf Ella dick
gwea, ond en dr Länge send s naezg Ella
gwea.

D Maß vom Tempel: 41 13-15a

13Nå håt r s Tempelhaus gmessa: hondert
Ella en dr Länge, ond dr aegfriedate Platz
ond dr andere Bau mit saene Maura, ao
hondert Ella en dr Länge. 14Ond en dr
Brôete von dr Fassad vom Tempelhaus
ond dr Aefriedong Osta zua håt r ao
hondert Ella gmessa. 15aOnd r håt d
Länge von dem Bau vôr dr Aefriedong
auf dr hentera Seite gmessa mitsamt
de Galeria auf bôede Seita: ao hondert
Ella.

S Ennere vom Tempel: 41 15b-26

15bOnd d Tempelhalle ond s Ennerste
ond d Vôrhalla em Hof: 16d Schwella ond
dia zuene Fenster, ond dia drei Galeria
rengsrom geganüber von dr Schwell
send mit Holz austäferat gwea rondrom,
ond vom Boda bis an d Fenster, ond dia
Fenster håt mr vrdonkla könna, 17ond bis
über da Aegang nauf em Haus dren ond
nach außa älle Wänd rengsrom enna ond
außa en Felder aetôelt, 18mô mr Keruba
ond Palma drauf gscha håt, ond zwår
zwischa de Kerub ischd a Palm gwea,
ond jeder Kerub håt zwôe Gsichter ghet.
19Ond zwår a Menschagsicht zor Palm
hüba ond a Löwagsicht zor Palm drüba.
So ischd s em ganza Haus rengsrom
gmacht gwea. 20Dia Keruba ond dia
Palma send vom Boda bis über da
Aegang an de Wänd von dr Tempelhalle

nôgmacht gwea. 21Dr Türarahma von dr
Tempelhalle ischd viereckad gwea. Ond
vôr am Haeligtom ischd ebbas gwea,
22des hât ausgseha wian a Altar aus
Holz, drei Ella haoch, zwôe Ella lang
ond zwôe Ella brôet; saene Ecka, sae
Sockel ond saene Wandonga send aus
Holz gwea. Ond r (der Må) hât zo mr
gsaed: Des ischd dr Tisch, der mô vôr
am Herrgott (JAHWE) stôht! 23Ond d
Tempelhalle hât zwôe Türaflügel ghet
ond ao s Haeligtom. 24Zwôe Flügel hent
dia Türa ghet, zwôe Flügel de oe Tür
ond zwôe Flügel de ander Tür. 25Ond an
dera Tür zor Tempelhalle send Keruba
ond Palma drå gwea, de gleiche wia
an de Wänd. Ond außa, am Aufgang
von dr Vôrderseite von dr Tempelhalle
ischd a Dächle aus Holz gwea. 26Ond
an de bôede Seitawänd en dr Vôrhalle
send zuene Fenster ond Palma hüba
ond drüba an de Seitawänd von dr
Tempelhalle ond am Tempelhaus außa
Vôrdächer.

Zom Vrgleicha: *Vers 22:* Ex 25,23-30; 40,22f.

D Kammera für d Priaster: 42 1-14

42 Nå hât r me en da äußera Vôrhof
Norda zua nausgführt. Ond r hât
me zo dene Kammera brâcht, mô en
dem (graoßa) Haus geganüber von dr
Aefriedong glega send, 2dr Länge nâch
hât des hondert Ella gmessa ond en
dr Brôete fufzg Ella. 3Geganüber von
dene zwanzg vom ennera Vôrhof, ond
geganüber vom Stoepflaster em äußera
Vôrhof send Galeria en drei Stockwerk
gwea. 4Ond vôr dene Kammera ischd
a zeah Ella brôeter Gang gwea. Enna
nae (en d Kammera) ischd dr Gang
oe Ell lang gwea. Ond ihre Türa send
Norda zua glega. 5De obere Kammera
send em Vrhältnis zo de mittlere ond
ontere Kammera kloener gwea wega
dene Galeria, de Obere no kloener wia
de mittlere. 6Dia send nämlich en drei
Stockwerk åglegt gwea ond hent koene
Pfeiler ghet wia dia em äußera Vôrhof.
Drom send se emmer a Stück weit
zrückzoga gwea von de ontere ond von
de mittlere. 7Nå ischd då no a Mauer
außerhalb von dene Kammera parallel zo
de Kammera zom äußera Vôrhof vrloffa;
an de Kammera entlang hât se fufzg Ella
gmessa. 8D Länge von dene Kammera
am äußera Vôrhof zua hât nämlich fufzg
Ella gmessa, so ischd dui Mauer bis zor
Vôrderseite von dr Tempelhalle hondert
Ella lang gwea. 9Onta ischd dr Zuagang
zo dene Kammera von Osta her gwea,
wa'mr vom äußera Vôrhof her komma
ischd, 10am Åfang von dr Mauer vom
Vôrhof. Süda zua send ao Kammera
glega geganüber von dr Aefriedong vom
Hof ond dem Haus.
11Vôr dene ischd a Gang gloffa. Dia
Kammera hent gleich ausgseha, de gleiche
Maß ond Aegäng, ond d Aerichtonga
send gleich gwea wia dia Kammera, mô
Norda zua glega send. 12Dr Zuagang
zo de Türa von de Kammera Süda zua
ischd am Åfang von dem Gang Osta zua
glega an dr Vôrderseite von dr Mauer.
13Ond r (der Må) hât zo mr gsaed: Dia
Kammera em Norda ond dia Kammera
em Süda, dia mô vôr dem aegfriedata Hof
liegat, send Kammera für s Haeligtom,
då sollat dia Priaster, mô zom Herrgott
(JAHWE) en d Nähe komma därfat,
dia hochhaeliga Gaba essa. Sell sollat se
dia hochhaelige Gaba, s Speisopfer ond
s Sündopfer ond s Schuldopfer nôlega;
der Ort ischd nämlich haelig. 14Wann
d Priaster då naegangat, nå därfat se
nemme en da äußera Vôrhof naus aus
am Haeligtom, sondern se sollat ihre
Denstgwänder sell ablega, dia send
nämlich gweiht. Ond se sollat ihre
andere Gwänder åziaga, wann se wieder
onters Volk gangat.

Zom Vrgleicha: *Vers 14:* 44,19.

D Maß vom Tempelbezirk: 42 15-20
15Môn r nå da Tempelbezirk em ennera
Tôel ausgmessa ghet hât, ischd r mit mr
zom Osttôr nausganga ond hât rengsrom
ällas ausgmessa. 16R hât d Ostseite mit dr
Meßruat nach am üblicha Maß gmessa:
fenfhondert Ella mit dr Meßruat nach
am üblicha Maß rengsrom. 17Nå hât r
Norda zua gmessa: fenfhondert Ella
mit dr Meßruat nach am üblicha Maß
rengsrom. 18Ond r hät Süda zua gmessa:
fenfhondert Ella mit dr Meßruat nach
am üblicha Maß rengsrom. 19Ond r hât
Westa zua gmessa: fenfhondert Ella
mit dr Meßruat nach am üblicha Maß
rengsrom. 20En älle vier Wendrichtonga
hât r da Tempelbezirk ausgmessa.
Ond rengsrom ischd a Mauer gwea:
fenfhondert Ruata en dr Länge ond
fenfhondert Ruata en dr Bröete, zom s
Haeligtom vom Profana abgrenza.

Dr Aezug von JAHWE en da Tempel:
43 1-12
43 Nå hât r me zom Osttor
gführt, 2ond guck, då ischd d
Herrlichkaet vom Gott (Elohey) von
Israel von Osta her komma. Ond sae
Stemm ischd gwea wia s Rauscha vo'ma
Wasserfall, ond d Erde hât von saener
Herrlichkaet aufgstrahlt. 3Ond dui
Erschaenong, môn e gseha han, ischd
de gleich Erschaenong gwea, môn e am
Fluß Kebar gseha han, môn r komma
ischd, zom d Stadt onterganga lassa. Nå
ben e auf mae Gsicht nôgsonka. 4Ond
d Herrlichkaet von JAHWE ischd em
Tempel aezoga durch des Tôr, mô Osta
zua leit.
5Ond dr Gaest hât me aufghoba ond me
en da ennera Vôrhof brâcht ond guck,
am Herrgott (JAHWE) sae Herrlichkaet
hât s Tempelhaus ausgfüllt. 6Nå han e
vom Tempelhaus her ebber ghört, der
mô zo mr gsprocha hât, während der
Må neba mr gstanda ischd. 7Ond r hât zo
mr gsaed: Menschasoh! Dåhanna ischd
dr Ort, mô mae Thron stôht ond maene
Füaß, dåhanna nemm i mae Wohnong
mittla onter de Israelita für emmer. Ond
s Haus Israel soll nia maeh maen haeliga
Nåma entweiha, weder sia no ihre König
mit ihrer Ozucht ond mit de Leicha
von ihre König auf ihre Kulthöha; 8dia
hent nämlich ihre Schwella neba maene
Schwella ond ihre Türapfosta neba
maene Türapfosta gstellt, so, dass bloß
no a Wäd ischd zwischa mir ond ehne.
So hent se maen haeliga Nåma entweiht
mit ihre Greueltata, mô se vrüabt hent,
wega dene i se onterganga lassa han en
maem Zôrn. 9Aber jetzt werat se ihr
Ozucht von mr fernhalta ond d Leicha
von ihre König, dass i für emmer en
ihrer Mitte wohna kå.
10Du, Menschasoh, beschreib am Haus
Israel da Tempel, dass se sich schämat
wega ihre Otata. Ond nå sollat se s
Tempelmodell ausmessa. 11Ond wann se
sich schämat wega ällam, was se dao hent,
nå zôechnest d de ganz Tempelålag mit
saene Aerichtonga ond saene Aus- ond
Aegäng ond saene Struktura ond saene
Gsetzmäßigkaeta auf vôr ihre Aoga.
Se sollat drauf achta, dass se älle saene
Struktura ond älle saene Ordnonga so
ausführat.
12Des ischd mae Åweisong für da Tempel.
Auf am Berggipfel soll sae ganza Ålag
sae, rengsrom oms Haeligtom. Guck,
des ischd d Ordnong für da Tempel.

Zom Vrgleicha: *Vers 2:* 1,28; Offbg 1,15 • *Vers 3:* Kap 8-11; 1,3 • *Vers 4:* Ex 40,34; 1Kö 8,10f • *Vers 7:* Ps 132,7f; Klgl; 2,1; Ez 37,26f.

Dr Altar em Ennahof ond d Altarweihe: 43 13-27
13Ond des send d Maß vom Altar en Ella,
d Ell oe Hådbrôet länger wian a normala
Ell grechnat: Sae Sockel oe Ell haoch ond
oe Ell brôet, ond an saem Rand ischd
rengsrom a Aufsatz oe Spann haoch. D

Höhe vom Altar: [14]Vom Sockel am Boda bis zom ontera Absatz zwôe Ella, ond en dr Brôete oe Ell; ond vom kloenera Absatz bis zom graoßa vier Ella, oe Ell brôet. [15]Dr Opferherd ischd vier Ella haoch gwea, ond vom Opferherd send d Hörner oba nausgstanda oe Ell. [16]Der Opferherd håt zwölf Ella en dr Länge gmessa ond zwölf Ella en dr Brôete, also quadratisch nach saene vier Seita. [17]Ond d Aefassong ischd vierzeah Ella en dr Länge ond vierzeah Ella en dr Brôete gwea an saene vier Seita. Onta rom ischd rengsrom a Aefassong gwea, a halba Ell brôet ond a Graba rengsrom, oe Ell brôet. Ond d Altarstuafa send nach Osta ausgrichtat gwea.

[18]Ond r håt zo mr gsaed: Menschasoh! So spricht JAHWE, mae Herr: Des send d Satzonga für da Altar an dem Dag, wann r aufgstellt ischd, dass mr Brandopfer drauf darbrengt ond Bluat drauf sprenzt. [19]Du sollst de levitische Priaster, de Nåchkomma vom Zadok, dia mô vôr me nôtreta därfat zom mr deana, Spruch von JAHWE, maem Herra, an jonga Farra zom Sündopfer geba. [20]Ond du sollst von saem Bluat ebbas nemma ond s an dia vier Hörner ond an dia vier Ecka von dr Aefassong ond rengsrom auf d Aefassong doa! So sollst d an entsündiga ond an entsühna. [21]Nå sollst d den Farra vom Sündopfer nemma ond an am drfür bestimmta Platz beim Tempel außerhalb vom Haeligtom vrbrenna. [22]Ond am zwôeta Dag sollst d an fehlerlosa Gôesbock herbrenga als Sündopfer ond da Altar drmit entsündiga, wia se an mit dem Farra entsündigt hent.

[23]Wann da mit dem Entsündigongsopfer fertig bist, sollst d an fehlerlosa Farra ond an fehlerlosa Schåfbock aus dr Herde herbrenga. [24]Ond dia sollst d herbrenga vor JAHWE. Ond dia Priaster sollat Salz über se straea ond se als Brandopfer aufraocha lassa am Herrgott (JAHWE) zor Ehr. [25]Sieba Däg lang sollst d jedan Dag an Bock als Sündopfer, ond an Farra ond an fehlerlosa Schåfbock aus dr Herde darbrenga. [26]Sieba Däg lang sollat se da Altar entsühna ond raeniga ond an so aeweiha. [27]Ond se sollat dia Däg zom End brenga (aehalta). Ond am achta Dag ond drnåch emmer wieder sollat d Priaster auf dem Altar eure Brandopfer ond eure Friedensopfer darbrenga, so han e an Gfalla an euch! Spruch von JAHWE, maem Herra.

Zom Vrgleicha: *Vers 13:* Ex 27,1-8; 1Kö 8,64 • *Vers 18:* Ex 29,36f • *Vers 19:* 40,46; 44,15.

S vrschlossene Tôr: 44 1-3

44 Nå håt r me zrückgführt ans äußere Tôr vom Haeligtom, des mô Osta zua ganga ischd, aber des ischd agschlossa gwea. [2]Ond dr Herrgott (JAHWE) håt zo mr gsaed: Des Tôr dåhanna soll gschlossa bleiba, des soll et aufgmacht wera, ond neamerd därf durch s naeganga, weil JAHWE, dr Gott (Elohey) von Israel, ischd durch des Tôr raekomma; dromm soll s gschlossa bleiba. [3]Bloß dr Fürst därf, weil r dr Fürst ischd, naesitza zor Opfermahlszeit vor JAHWE. Durch d Vôrhalle vom Tôr soll r raekomma ond auf am gleicha Weg wieder nausganga!

Zom Vrgleicha: *Vers 2:* Ps 24,7 • *Vers 3:* 46,2.

D Vorschrifta für da Kult ond d Auftoelong vom Land: 44 4 – 48 35

D Levita ond Priaster: 44 4-31

[4]Nå håt r me durchs Nordtôr an d Vorderseite vom Tempel gführt. Då han e gseha: D Herrlichkaet von JAHWE håt am Herrgott (JAHWE) sae Haus ausgfüllt. Nå ben e auf mae Gsicht nôgsonka. [5]Ond dr Herrgott (JAHWE) håt zo mr gsaed: Menschasoh! Achte auf dae Herz ond guck mit daene Aoga

ond horch mit daene Ohra auf ällas,
was e dr saga will wega de Satzonga
ond Ordnonga vom Tempel, ond pass
auf am Aegang vom Tempel ond an
älle Ausgäng, wer då raekommt. 6Ond
sag dem widerspenstiga Haus Israel: So
spricht JAHWE, mae Herr: Gnuag jetzt
mit eure Greueltata, Haus Israel! 7Ihr
hent Fremde raeglassa, mô obeschnitta
am Herza ond obeschnitta am Leib
send, dass se en maem Haeligtom
gwea send ond s entweiht hent, wann
ihr maene Opferspeisa, Fett ond Bluat
darbråcht hent. So hent r mit älle eure
Greueltata maen Bund brocha. 8Ond
ihr hent d Wach über mae Haeligtom et
wahrgnomma ond hent für euch andere
zor Wahrnehmong vom Denst en maem
Haeligtom bstellt.
9So spricht JAHWE, mae Herr: Koe
Fremder, mô obeschnitta ischd an
saem Herz ond an saem Leib, därf en
mae Haeligtom komma! Des gilt ao
für älle Fremde, mô en Israel wohnat.
10Sondern dia Levita, mô mr otreu wôra
send, mô d Israelita von mr abg'irrt
ond ihre Götza nåchgloffa send, dia
sollat ihr Schuld abbüaßa. 11Ond se
sollat en maem Haeligtom Denst laesta
als Aufsichtspersona an de Tôr vom
Tempel. Se sollat d Brandopfer ond d
Schlachtopfer mezga für s Volk ond de
Leut helfa ond für se då sae. 12Dådrfür,
dass se d Leut bedient hent bei ihre
Götzaopfer ond für s Haus Israel
zom Åstoß für ihr Vrschuldong wôra
send, han i mae Håd gega se aufghoba,
Spruch von JAHWE, maem Herra,
dass se ihr Schuld abbüaßa müaßat.
13Dia därfat nemme als Priaster vôr mi
nôtreta ond maene haelige Gerätschafta
ond hochhaelige Opfer ålanga, ond se
müaßat ihr Schand ond ihre Greueltata,
mô se vrüabt hent, abbüaßa. 14I setz
se ae als Diener vom Tempel, dass se
ällas doa müaßat, was s då zom doa
ond zom bsôrga geit (zor Erhaltong).
15Aber dia levitische Priaster, am Zadok
saene Nåchkomma, dia mô mr treu
deant hent en maem Haeligtom, mô d
Israelita von mr abg'irrt send, dia därfat
zo mr herkomma ond vôr me treta, mr
Fett ond Bluat darbrenga. Spruch von
JAHWE, maem Herra. 16Dia sollat en
mae Haeligtom komma ond an maen
Tisch treta zom mr deana ond maen
Denst vrrichta.
17Wann se nå durch d Tôr vom Ennera
Vôrhof raekommat, sollat se laenene
Gwänder åziaga ond koene Wollsacha
traga bei ihram Denst. En de Tôrhalla
ond em Haus 18sollat se Turban aus
Laena auf am Haopt traga, ond ihre
Hosa sollat aus Laena sae; se sollat nex
traga, was da Schwôeß treibt. 19Wann
se nå en da äußera Vôrhof zo de Leut
nausgangat, sollat se ihre Gwänder
ablega, en dene, mô se ihran Denst
vrsehat. Ond se sollat se en de Kammera
vom Haeligtom ablega. Ond se sollat
andere Sacha åziaga, dass se et s Volk
durch ihre Laenagwänder haeligat.
20Ond ihr Haopt sollat se et schera, aber
ao d Håår et lang rahanga lassa, sondern
ihre Håår zrechtstutza lassa. 21Koe
Priaster därf an Wae trenka, wann r en da
ennera Vôrhof nae will. 22A Witwe oder
a Vrstoßena därfat se et heirata, sondern
bloß jonge Fraoa vom Haus Israel; aber
a Priasterwitwe därfat se heirata.
23Se sollat mae Volk onterschôeda lehra
zwischa haelig ond profan, ond dass se
erkenna könnat zwischa oraen ond raen.
24Bei ma Rechtsstreit sollat se als Richter
nach maem Recht urtôela. Ond maene
Weisonga ond maene Bestimmonga
für älle Festzeita sollat se beachta ond
maene Sabbat haeliga. 25Zo ama Daota
sollat se et nôganga, weil se dådrvo
oraen werat. Bloß zo saem Vadr oder
saener Muader ond zo ama Soh oder ra
Tochter, zo saem Bruader oder saener

Schwester, mô no et vrheiratat ischd,
därf r nôganga ond sich vroraeniga.
[26]Ond nach saener Raenigong soll r
sieba Däg warta. [27]Ond an dem Dag,
môn r wieder ens Haeligtom, en da
ennera Vôrhof naegôht zom Kultdenst,
soll r sae Sündopfer beibrenga, Spruch
von JAHWE, am Herra. [28]Ond des soll
ihr Aegatom sae: I ben ihr Aegatom!
Ond Besitz sollat r en ao et geba, i
ben ihr Besitz. [29]S Speisopfer ond s
Sündopfer ond s Schuldopfer därfat se
essa ond ällas, was am Bann vrfalla ischd
en Israel, soll en ghera. [30]Ao s Beste
von de Erstleng von jeder Art ond älle
Hebopfer sollat de Priaster ghera. Ond
ihr sollat am Priaster s erste Schrotmehl
geba, dass Sega auf dae Haus kommt.
[31]Von Aas ond grissene Vögel oder Vieh
därfat d Priaster et essa.

Zom Vrgleicha: *Vers 7:* Jes 52,1; Jer 9,25 • *Vers 15:* 40,46 • *Vers 18:* Lev 6,33f; 16,4 • *Vers 19:* 46,20 • *Vers 20:* Lev 21,5; 19,27 • *Vers 21:* Lev 10,9 • *Vers 22:* Lev 21,7.13f • *Vers 23:* 22,26; Lev 10,10 • *Vers 24:* Dtn 17,8f • *Vers 25Lev 21,1-4* • *Vers 28:* Num 18,20-24; Dtn 18,1f • *Vers 29-30:* Ex 25,2; Num 15,20; Neh 10,38 • *Vers 31:* Lev 22,8.

D Auftôelong vom Kerngebiet: 45 1-8

45 Ond wann r s Land durchs Los
als Aegatom vrtôelat, sollat r a
Hebegabe am Herrgott (JAHWE) zor
Ehr ausheba. An haeliga Bezirk von
dem Land, fenfazwanzgtausad Ella en
dr Länge ond zeahtausad Ella en dr
Brôete; des sei haelig en saem ganza
Omfang. [2]Von dem send fenfhondert
Ella em Quadrat für s Haeligtom, ond
drzua rengsrom a Strôefa von fufzg Ella
als Freiraom. [3]Von dera Fläche sollst d
a Grondstück von fenfazwanzgtausad
Ella en dr Länge ond zeahtausad Ella
en dr Brôete abmessa, mô s Haeligtom
ond s Allerhaeligste standa soll. [4]Des
ischd dr haelige Bezirk em Land, für
dia Priaster, mô em Haeligtom Denst
laestat, dia mô näher treta därfat, zom
JAHWE bediena. Des ischd dr Platz für
ihre Häuser ond für s Haeligtom.
[5]Ond a Stück von fenfazwanzgtausad
Ella en dr Länge ond zeahtausad Ella
en dr Brôete soll für dia Levita sae, mô
als Tempeldiener då send, ond en als
Aegatom ghera, zom dren wohna. [6]Ond
dr Stadt sollat r a Stück von fenftausad
Ella en dr Brôete ond fenfazwanzgtausad
Ella en dr Länge zuatôela, entlang vom
haeliga Bezirk, ond des soll am ganza
Haus Israel ghera. [7]Ond am Fürsta soll
auf bôede Seita vom Haeligtom ond vom
Stadtgebiet, em Westa ond em Osta, a
Strôefa ghera. Des soll en dr Länge ond
Brôete sae wia dr Åtôel vo'ma Stamm
von dr Westgrenz bis zor Ostgrenz em
Land. [8]Des Gebiet soll sae Aegatom sae
en Israel, dass maene Fürsta mae Volk
en Zuakonft nemme mit Frondenst
plåga müaßat, ond s Land an s Haus
Israel nach saene Stämm vrtôelat.

Zom Vrgleicha: *Vers 1-8:* 48,8-20.

Måhnong an d Fürsta: 45 9-17

[9]So spricht JAHWE, mae Herr: Lent
s gnuag sae, ihr Fürsta von Israel!
Schaffat Gwalt ond Unterdruckong
ab, ond vrschaffat am Recht ond dr
Gerechtigkaet Geltong! Herat auf, eure
Schuldner aus maem Volk von ihram
Grond ond Boda zom vrtreiba! Spruch
von JAHWE, am Herra.
[10]Richtigs Gwicht ond richtigs Efa(maß)
ond Bat(maß) sollat r åwenda. [11]Efa ond
Bat sollat s gleiche Maß han: s Bat soll
da zehnta Tôel vom Homer fassa ond
ao s Efa da zehnta Tôel vom Homer;
nach am Homer soll sich s Maß richta.
[12]Ond dr Schekel soll zwanzg Gera
gelta. Zwanzg Schekel sollat zwanzg
Schekel sae ond fenfazwanzg Schekel
sollat fenfazwanzg Schekel ond fuzeah
sollat fufzeah sae.
[13]Ond des ischd s Hebopfer, mô ihr

aezieha sollat: A Sechstel Efa vom
Homer an Wôeza ond a Sechstel Efa
von jedam Homer Gersta. [14]Ond s Maß
für s Öl ischd s Bat. Ond für s Öl gilt
a Zehntel Bat vom Kor. Oe Kor fasst
zeah Bat. [15]Ond von jeder Herde mit
zwôehondert Stück oe Schåf, ond vom
Wasser von Israel für s Speisopfer ond für
s Brandopfer ond für s Friedensopfer, zor
Entsühnong, Spruch von JAHWE, am
Herra. [16]S ganze Volk soll dia Weihegaba
an da Fürsta abgeba. [17]Ond am Fürsta
sae Aufgab ischd s, dia Brandopfer ond
s Speisopfer ond s Trankopfer an de Fest
ond an de Neumond- ond Sabbatdäg für
s Haus Israel darzombrenga. Er selber
soll s Sündopfer ond s Speisopfer ond
s Brandopfer ond d Friedensopfermahl
darbrenga ond so s Haus Israel
entsühna.

Zom Vrgleicha: *Vers 9:* Jer 21,11f, 22,3f, Mi 3,1-3 • *Vers 10-11:* Lev 19,35f; Dtn 25,13-15 • *Vers 17:* Lev 1,3; 2,1; 3,1.

De graoße Fest: 45 18-25

[18]So spricht JAHWE, mae Herr: Am
ersta Dag vom ersta Monat sollst d an
fehlerlosa Farra darbrenga ond drmit s
Haeligtom entsündiga. [19]Ond dr Priaster
soll vom Bluat von dem Sündopfer
ebbas nemma ond an d Türapfosta vom
Tempelhaus ond an älle vier Ecka von dr
Altaraefassong ond an d Pfosta vom Tôr
em Ennahof streicha. [20]Ond s gleiche
duast d am ersta Dag vom siebta Monat
wega dene, mô sich aus Vrseha vrfehlt
hent oder aus Owissahaet. So sollat r da
Tempel entsündiga.
[21]Am vierzehnta Dag vom ersta Monat
sollat r s Passafest feiera, sieba Däg
lang. Då soll mr ogsäuerts Brot essa.
[22]Ond dr Fürst soll am selbiga Dag für
sich selber ond für s ganze Volk em
Land an Farra als Sündopfer darbrenga.
[23]Ond an dene sieba Festdäg soll r
als Brandopfer JAHWE zor Ehr je
sieba Farra als Brandopfer ond sieba
fehlerlose Schåfböck ond als Sündopfer
an Gôesbock darbrenga. [24]Als Speisopfer
oe Efa auf da Farra ond a Efa auf da
Schåfbock doa. Ond oe Hin Öl auf s
Efa. [25]Vom fufzehnta Dag em siebta
Monat å soll mr wieder sieba Däg lang
feiera ond s gleiche darbrenga: de gleiche
Sündopfer, de gleiche Brandopfer ond
de gleiche Speisopfer ond gloich viel
Öl.

Zom Vrgleicha: *Vers 20:* Lev 5,17f • *Vers 21:* Lev 23,5 • *Vers 22:* Lev 4,22 • *Vers 23-24:* Num 18,17-23 • *Vers 25:* Num 15,4-12; Lev 23,34; Ex 23,14.

D Opfer: 46 1-15

46 So spricht JAHWE, mae Herr: S
Osttôr vom ennera Vôrhof soll
an de sechs Werkdäg gschlossa bleiba;
aber am Sabbat ond an de Neumonddäg
soll s offa sae.
[2]Dr Fürst soll von außa durch d Halle
vom Tôrhaus naeganga und an dr
Schwell vom Tôr standa bleiba. Ond d
Priaster sollat sae Brandopfer ond saene
Friedensopfer darbrenga. Aber er soll
sich an dr Schwell vom Tôr niederwerfa
ond nå wieder nausganga, ond s Tôr soll
bis an da Åbad offa bleiba. [3]Ond s Volk
soll am Aegang von dem Tôr an de Sabbat
ond an de Neumond vôr JAHWE åbeta.
[4]Ond des Brandopfer, mô dr Fürst am
Herrgott (JAHWE) zor Ehr am Sabbat
darbrenga lässt, sollat sechs fehlerlose
Lämmer ond a fehlerloser Schåfbock
sae. [5]Ond als Speisopfer oe Efa (Mehl)
auf da Schåfbock ond auf d Lämmer, a
Speisopfer als Opfergab aus saene Händ.
Ond oe Hin Öl zom Efa. [6]Ond am Dag
vom Neumond: An fehlerlosa Farra
ond sechs fehlerlose Lämmer ond an
fehlerlosa Hammel. [7]Ond als Speisopfer
oe Efa auf den Farra ond oe Efa auf den
Hammel ond auf dia Lämmer, wian r s
halt kå, ond oe Hin Öl zom Efa.
[8]Wann dr Fürst durch d Vôrhalle vom

Tôrhaus raekommt, soll r auf am gleicha
Weg wieder nausganga. [9]Ond wann nå s
Volk an de Fest vôr JAHWE kommt,
nå sollat dia, mô durchs Nordtôr
raekommat zom Åbeta, durch s Südtôr
wieder nausganga, ond dia, mô durchs
Südtôr raekommat, sollat durchs
Nordtôr wieder nausganga; koener soll
durch des Tôr wieder nausganga, môn
r raekomma ischd, sondern durch des
nausganga, mô geganüber leit. [10]Bloß
dr Fürst soll durch des Tôr wieder
nausganga, môn r raekomma ischd.
[11]Ond an de Fest ond Feierdäg soll des
s Speisopfer sae: Oe Efa (Mehl) auf da
Farra ond oe Efa zom Hammel, aber
zo de Lämmer so viel, wian r geba kå,
ond je oe Hin Öl zo jedam Efa. [12]Ond
wann dr Fürst a freiwilliga Opfergab
als Brandopfer oder a freiwilligs
Friedensmahl JAHWE zor Ehr
darbrenga will, nå soll mr s Osttôr für
an aufmacha ond saene Brandopfer oder
saene Friedensmahl so darbrenga, wia
mr s am Sabbatdag duat, ond nå soll r
wieder nausganga. Ond wann r ganga
ischd, nå soll mr s Tôr wieder schliaßa.
[13]Ond du sollst äll Môrga am Herrgott
(JAHWE) zor Ehr a fehlerlos oejährigs
Lamm als Brandopfer darbrenga lassa.
[14]Ond als Speisopfer sollst d äll Môrga
a sechstel Efa (Mehl) ond a Drittel Hin
Öl drzua doa zom s Mehl netza, als
Weihegab JAHWE zor Ehr; des gilt als
Satzong für emmer. [15]So sollat d Priaster
äll Môrga des Lamm ond des Speisopfer
ond des Öl als a ständigs Brandopfer
darbrenga.

Zom Vrgleicha: *Vers 2:* 44,3 • *Vers 4:* Num 28,9f • *Vers 9:* Ex 29,38-42; Num 28,3.

S Erbland vom Fürsta: 46 16-18

[16]So spricht JAHWE, mae Herr: Wann
dr Fürst oem von saene Söh von saem
Erbtôel a Gschenk macht, nå soll s saene
Söh ghera als Aegatom vom Erbtôel.
[17]Ond wann r von saem Erbtôel oem
von saene Denstleut a Gschenk macht,
nå soll s am ghera bis zo dem Jåhr, môn r
freiglassa wird, ond nå soll s an da Fürsta
zrückfalla. Bloß bei saene Söh soll ihr
Erbguat bleiba. [18]Dr Fürst därf aber am
Volk nex von ihram Erbguat wegnemma
ond ebber von saem Aegatom vrtreiba.
Von saem aegena Erbguat soll r saene
Söh vrmacha, dass vom Volk neamerd
von saem Aegatom vrtrieba wird.

D Opferkücha vom Tempel: 46 19-24

[19]Nå hât r me durch da Seitaaegang vom
Tôrhaus zo de haelige Priasterkammera
gführt, dia mô Norda zua glega send, ond
guck, då ischd a Raom an dr Henterseite
Westa zua gwea. [20]Ond r hât zo mr
gsaed: En dem Raom kochat d Priaster
s Schuldopfer ond s Sündopfer, ond då
sollat se s Speisopfer bacha, von då tragat
se s naus en da äußera Vôrhof zom so s
Volk haeliga. [21]Nå hât r me nausgführt
en da äußera Vôrhof ond hât me älle
vier Ecka vom Hof abganga lassa, ond
guck, då ischd en jedam Eck vom Hof
nômål a Hof gwea. [22]En älle vier Ecka
vom Vôrhof send kloene Höfle gwea,
vierzg Ella long ond dreißg Ella brôet;
älle vier send gleich graoß gwea. [23]Ond
rengsrom ischd a Mäuerle gwea, ond
onta an dene Mäuerla send Kochstella
åglegt gwea. [24]Nå hât r zo mr gsaed: Des
send d Kücha für d Tempeldiener, zom
d Schlachtopfer vom Volk kocha.

D Tempelquell: 47 1-12

47 Nå hât r me wieder zrück gführt
an da Aegang vom Tempelhaus,
ond guck, då ischd Wasser onterhalb
von dr Schwell vom Tempelhaus Osta
zua rausgsprudlat. D Vôrderseite
vom Tempelhaus ischd jå nach Osta
ausgrichtat. Ond des Wasser ischd
onterhalb von dr rechta, südlicha
Seitawåd vom Tempelhaus nagloffa,

südlich vom Altar. [2]Nå håt r me zom
Nordtôr nausgführt ond håt me außa
rom laofa lassa ans äußere Tôr, des mô
Osta zua ausgrichtat gwea ischd. Ond
guck, då ischd Wasser aus dr rechta Seite
rausgloffa. [3]Ond der Må ischd Osta zua
nausganga mit ra Messschnur en dr Håd.
Ond r håt tausad Ella agmessa ond me
durch des Wasser laofa lassa, des ischd
mr bis an d Knöchel ganga. [4]Nå håt r
nômål tausad Ella gmessa ond me durch
s Wasser wata lassa, nå ischd mr s Wasser
bis an Knia ganga. Ond r håt wieder
tausad Ella gmessa ond me durchlaofa
lassa em Wasser ond des ischd mr bis an
d Hüfta ganga. [5]Ond r håt nômål tausad
Ella gmessa, ond då ischd s a Fluß gwea,
durch den han i nemme laofa könna, då
ischd s Wasser so haoch gstiega, dass mr
durchschwemma hätt müaßa, a Fluß,
må mr nemme durchlaofa könna håt.
[6]Ond r håt zo mr gsaed: Håsch d des
gseha, Menschasoh? Nå håt r me ans
Ufer von dem Fluß zrück gführt. [7]Môn
e nå auf am Retourweg gwea ben, han
e auf bôede Seita von dem Fluß an de
Ufer ganz viel Baem standa seha. [8]Nå
håt r zo mr gsaed: Des Wasser dåhanna
fliaßt en da östlicha Bezirk naus ond nå
en d Steppa na ond fliaßt em Westa ens
Meer (tote Meer), nå wird des Wasser
gsond. [9]Ond älle Lebewesa mô sich
an irgend ra Stell regat, mô dia zwôe
Flüß nôkommat, sollat leba. Ond s soll
a reicha Fischbruat dren geba mô dia
Gwässer nôkommat, ond ällas soll leba,
mô der Fluß ao nôkommt. [10]Ond Fischer
sollat auf am standa von En-Gedi bis
En-Eglajim. Ond då sollat Fangplätz
für ihre Fischnetz sae. Då solls Fisch
geba so viel wia em graoßa Meer. [11]Saene
Sümpf ond Teich aber werat et gsond,
dia send zom Salz gwenna bestimmt.
[12]Ond an dem Fluß sollat auf bôede
Ufer vrschiedene Baem wachsa mit
Frücht zom Essa; dene ihre Blätter
sollat et vrwelka ond ihre Frücht sollat
nia aufhera mit wachsa, dass se jedan
Monat frischs Obst brengat, weil saene
Wasser aus am Haeligtom rausfliaßat.
Dia Frücht deanat zor Nahrong ond
ihre Blätter als Haelmittel.

Zom Vrgleicha: *Vers 1:* Sach 14,8; Joel 4,18; Ps 46,5; Offbg 22,1.

D Landvrtôelong: 47,13 – 48,29
[13]So spricht JAHWE, mae Herr: Des
ischd d Grenz, ennerhalb von dera sollat
ihr onter de zwölf Stämm von Israel
s Land als Erbtôel auftôela; dr Stamm
Josef kriagt zwôe Åtôel. [14]Ond a jeder
von euch soll gleich viel als Erbtôel
kriaga, oener wia dr ander; des han i eure
Vädr gschwora, dass des Land dåhanna
euch als Erbguat zuafällt.
[15]Des ischd d Grenz vom Land auf
dr Nordseite: Vom graoßa Meer å
über Hethlon bis då nô, mô s nach
Hamat nae gôht, nach Zedad, [16]Berota,
Sibrajim, des mô zwisch'am Gebiet von
Damaskus ond am Gebiet von Hamat
leit, ond bis nach Hazar-Enan am Rand
von dr Grenzmark von Chawran.
[17]Ond dui Grenz soll vom Meer nach
Hazar-Enan vrlaofa, drbei soll s Gebiet
von Damaskus ond Zafon ond Hamat
Norda zua liega. [18]Ond d Ostseite vrlaoft
zwischa Chawran ond Damaskus ond
zwischa am Gilead ond am Land Israel.
Dr Jordan soll d Grenz sae Osta zua bis
zom Meer ond nach Tamar, des ischd d
Ostgrenz. [19]Ond Süda zua laoft d Grenz
von Tamar bis ans Haderwasser bei
Kadesch ond flusswärts am graoßa Meer
zua, des ischd d Südgrenz. [20]Ond em
Westa ischd s graoße Meer d Grenz bis
geganüber an da Zuagang nach Hamat.
Des ischd d Westgrenz.
[21]Des Land sollat r onter de Stämm von
Israel auftôela. [22]Ihr sollat s als Erbguat
auslosa onter euch ond dene Fremde,
mô bei euch lebat ond onter euch

Kender zeugt hent, dia sollat euch gelta
wia d Sprößleng von de Israelita. Mit
euch sollat se durch s Los a Aegatom
kriaga mittla onter de Stämm von Israel.
[23]En dem Stamm, mô der Fremde ischd,
sollat ihr am sae Erbguat geba! Spruch
von JAHWE, am Herra.

48 Ond des send d Nåma von de
Stämm: Em Norda vom Meer
å auf am Weg von Hetlon nach Lebo-
Hamat ond nach Hazar-Enan, s Gebiet
von Damaskus leit drbei nördlich
an dr Seite von Hamat, ond an dera
Grenz entlang von dr Ostseite bis zor
Westseite kriagt dr Stamm Dan saen
Åtôel. [2]Neba'm Gebiet von Dan, von dr
Ostseite bis zor Westseite kriagt Ascher
saen Åtôel; [3]Neba'm Gebiet von Ascher,
von dr Ostseite bis zor Westseite kriagt
Naftali saen Åtôel. [4]Neba'm Gebiet von
Naftali, von dr Ostseite bis zor Westseite
kriagt Manasse saen Åtôel. [5]Neba'm
Gebiet von Manasse, von dr Ostseite bis
zor Westseite kriagt Efraim saen Åtôel.
[6]Neba'm Gebiet von Efraim, von dr
Ostseite bis zor Westseite kriagt Ruben
saen Åtôel. [7]Neba'm Gebiet von Ruben,
von dr Ostseite bis zor Westseite kriagt
Juda saen Åtôel. [8]Neba'm Gebiet von
Juda, von dr Ostseite bis zor Westseite
leit des Land, mô ihr als Hebegab
abgeba sollat, fenfazwanzgstausad Ella
en dr Brôete ond so lang wia oener von
de Stammasåtôel von dr Ostseite bis
zor Westseite, ond mittla drenn soll s
Haeligtom sae.

[9]Des Land, mô ihr als Hebegab JAHWE
zor Ehr abgebat, soll fenfazwanzgtausad
Ella en dr Länge ond zeahtausad Elle en
dr Brôete han. [10]Ond des haelige Gebiet
soll so auftôelt wera: Für d Priaster:
Norda zua fenfazwanzgtausad Ella en
dr Länge, ond Westa zua zeahtausad
Ella en dr Brôete, zeahtausad Ella en dr
Brôete Osta zua ond fenfazwanzgtausad
Ella en dr Länge Süda zua, ond en dr
Mitte soll s Haeligtom vom Herrgott
(JAHWE) liega. [11]Für de gweihte
Priaster vom Zadok saene Nåchkomma,
dia mô mr deant hent ond et abg'irrt
send, mô d Israelita wia d Levita
abgfalla send, [12]dene soll s als bsonderer
Tôel von dem gweihta Gebiet em Land
ghera, als Hochhaeligs neba de Levita
ihram Gebiet; [13]Ond de Levita: Wia
de Priaster stôht dene a Gebiet von
fenfazwanzgtausad Ella en dr Länge
ond zeahtausad Ella en dr Brôete zua.
[14]Von dem Gebiet därf nex vrkaoft oder
tauscht wera, dass der beste Tôel em
Land et en andere Händ kommt, des
ischd nämlich am Herrgott (JAHWE)
gweihts Land.

[15]Ond dia fenftausad Ella, mô entlang
von dene fenfazwanzgtausad Ella no
übrig bleibat, send et haelig, dia gherat
dr Stadt als Siedlongs- ond Wôedegebiet,
ond d Stadt soll en dr Mitte liega. [16]Ond
des send ihre Maß: An dr Nordseite
viertausadfenfhondert Ella, an dr
Südseite viertausadfenfhondert Ella, an dr
Ostseite viertausadfenfhondert Ella ond
an dr Westseite viertausadfenfhondert
Ella. [17]Ond s Waedeland an dr Stadt
soll nach Norda zwôehondertfufzg
Ella, nach Süda zwôehondertfufzg Ella,
nach Osta zwôehondertfufzg Ella, nach
Westa zwôehondertfufzg Ella han. [18]Was
nå no übrig ischd entlang vom gweihta
Gebiet, zeahtausad Ella em Osta ond
zeahtausad Ella em Westa, von dem
sollat dia leba, mô en dr Stadt schaffat.
[19]Dia, mô en dr Stadt schaffat ond des
Stück åbaua därfat, sollat aus älle Stämm
von Israel sae.

[20]Des ganze abgsonderte Gebiet soll
fenfazwanzgtausad Ella lang ond
fenfazwanzgtausad Ella brôet sae. De
ganz Hebegab soll fenfazwanzgtausad
Ella em Quadrat sae, d Stadt mit
aegschlossa.

[21]Was übrig ischd, soll am Fürsta ghera:

auf bôede Seita vom haeliga Bezirk ond
vom Stadtbezirk außerhalb von dene
fenfazwanzgtausad Ella ostwärts bis
zor Ostgrenz ond außerhalb von dene
fenfazwanzgtausad Ella westwärts
bis an d Westgrenz, de Stammasåtôel
entsprechend, des soll am Fürsta
ghera. Ond d haeliga Hebegab ond s
Haeligtom vom Tempel soll en dr Mitte
liega. [22]Ond dr Besitz von de Levita ond
dr Besitz von dr Stadt sollat en dr Mitte
von dem Gebiet liega, des mô am Fürsta
ghert, zwischa dr Grenz von Juda ond
dr Grenz von Benjamin.
[23]Nå sollat de übrige Stämm komma:
Von dr Ostseite bis zor Westseite kriagt
Benjamin saen Åtôel. [24]Neba'm Gebiet
von Benjamin, von dr Ostseite bis zor
Westseite kriagt Simeon saen Åtôel.
[25]Neba'm Gebiet von Simeon, von
dr Ostseite bis zor Westseite kriagt
Issaschar saen Åtôel. [26]Neba'm Gebiet
von Issaschar, von dr Ostseite bis zor
Westseite kriagt Sebulon saen Åtôel.
[27]Neba'm Gebiet von Sebulon, von dr
Ostseite bis zor Westseite kriagt Gad
saen Åtôel. [28]Neba'm Gebiet von Gad,
auf dr Südseite soll d Grenz von Tamar
bis ans Haderwasser bei Kadesch,
am Bach entlang bis ans graoße Meer
ganga.
[29]Des ischd s Land, des mô ihr an d
Stämm Israel auftôela sollat durchs Los
als Erbtôel, ond des send ihre Åtôel.
Spruch von JAHWE, am Herra.

Zom Vrgleicha: *Kap. 47 Vers 15-20:* Num 34,1-12 • *Vers 19:* Num 20,13; 34,5 • *Vers 22:* Lev 19,33f • *Kap. 48 Vers 8-20:* 45,1-8 • *Vers 13:* Lev 25,32-34 • *Vers 15.* Offbg 21,12-17.

D haeliga Stadt: 48 30-35

[30]Ond des send d Ausgäng aus dr
Stadt: An dr Nordseite mit ihre
viertausadfenfhondert Ella Ausmaß
[31]drei Tôr: s erste Tôr für Ruben, s
zwôete für Juda, s dritte für Levi. Dia
Tôr sollat nämlich nach de zwölf Stämm
von Israel hôeßa. [32]An dr Ostseite mit
ihre viertausadfenfhondert Ella Ausmaß
drei Tôr: s erste Tôr für Josef, s zwôete
für Benjamin, s dritte für Dan. [33]An dr
Südseite mit ihre viertausadfenfhondert
Ella Ausmaß drei Tôr: s erste Tôr für
Simeon, s zwôete für Issaschar, s dritte
für Sebulon. [34]An dr Westseite mit ihre
viertausadfenfhondert Ella Ausmaß drei
Tôr: s erste Tôr für Gad, s zwôete für
Ascher, s dritte für Naftali. [35]Rengsrom
send s achtzehntausad Ella. Ond dr
Nåma von dr Stadt soll von jetzt å „Då
ischd JAHWE“ hôeßa.

Zom Vrgleicha: *Vers 35:* Offbg 21,3.

S Buach Daniel

DR DANIEL OND SAENE FRAEND AM HOF VON BABYLON: 1 1-21

1 Em dritta Jåhr vom König Jojakim von
Juda ischd dr König Nebukadnezar
von Babel gega Jerusalem ågrückt ond
håt s belagerat. 2Ond dr Herr håt am
(Nebukadnezar) da König Jojakim von
Juda ond an Tôel von de Gerätschafta
vom Haus von Gott (Elohim) en d
Händ falla lassa; der håt se vrschleppt
ens Land Schinar, en s Haus von saene
Götter (Elohayw), ond dia Gerätschafta
håt r en d Schatzkammer von saene
Götter (Elohayw) brenga lassa.

3Nå håt dr König saem Oberkämmerer
Aschpenas da Befehl geba, r soll a paar
von de Söh von Israel herbrenga, ond
zwår von de königliche Nåchkomma
ond von de Fürsta: 4Jonge Männer, an
dene s koen Makel håt, ond dia mô guat
aussehat ond a guata Ausbildong hent
ond über guate Kenntnis vrfüagat ond
für da Denst em Königspalast g'aegnat
send; dia soll r en dr Schrift ond Språch
von de Chaldäer onterrichta. 5Ond dr
König håt ågwiesa, was mr en äll Dag
geba soll von saem Essa ond von dem
Wae, den môn r selber tronka håt, so
solle se drei Jåhr lang ausbildat ond nå
en saen Denst übernomma wera.

6Onter dene send ao von de Judäer oene
gwea: dr Daniel, dr Hananja, dr Mischaël
ond dr Asarja. 7Ond dr Oberkämmerer
håt dene andere Nåma geba: da Daniel
håt r Beltschazzar ghôeßa, da Hananja
Schadrach, da Mischaël Meschach ond
da Asarja Abed-Nego.

8Aber dr Daniel håt sich vôrgnomma,
dass r sich mit am Essa ond am Wae
von dr königlicha Tafel et vroraeniga
wöll. Ond r håt da Oberkämmerer
drom beta, dass r sich et vroraeniga
muaß. 9Ond Gott (Elohim) håt am
Daniel Zuanaegong ond Aesicht beim
Oberkämmerer gschenkt. 10Allerdengs
håt der Oberkämmerer zom Daniel
gsaed: I fürcht me vôr maem Herra,
am König, der mô euch zuagwiesa håt,
was ihr essa ond trenka sollat, wann
der fendat, ihr dätat schlechter ausseha
wia de andere jonge Kerle en euram
Alter, nå dät i durch euer Schuld maen
Kopf vrliera. 11Nå håt dr Daniel zo dem
Aufseher, den mô dr Oberkämmerer für
da Daniel, da Hananja, da Mischaël ond
da Asarja aegsetzt håt, gsaed: 12Probier
s doch amål zeah Däg lang mit daene
Knecht aus, dass mr ons bloß pflanzlicha
Kost zom essa gibt ond Wasser trenka
lässt. 13Ond nå kåsch d onser Ausseha
mit dene jonge Männer vrgleicha, mô am
König saene Speisa essat! Ond nå kåsch
d mit daene Knecht vrfahra nach ihram
Ausseha! 14Ond der håt auf se ghört en
dera Åglegahaet ond håt s zeah Däg lang
mit en probiert. 15Am End von dene zeah
Däg håt sich's zaegt, dass dia besser ond
wohlvrsôrgter ausgseha hent wia älle
jonge Kerle, mô von dr königlicha Tafel
gessa hent. 16Nå håt der Aufseher ihr
Essa ond ihran Wae von ihre Gastmähler
wegtraga ond en bloß no pflanzlicha
Nahrong geba. 17Ond Gott (Elohim)
håt dene vier jonge Männer Wissa ond
Vrständnis en vielerlôe Schrifta ond
Wissaschafta gschenkt. Ond dr Daniel
håt ao no en älle möglichc Visiona ond
Traem Aesichta ghet.

18Mô nå ihr Ausbildongszeit rom
gwea ischd, mô dr König festgsetzt
ghet håt, send se vom Oberkämmerer
vôr da König Nebukadnezar bråcht
wôra. 19Ond mô dr König sich mit en
onterhalta håt, ischd r drvo überzeugt

gwea, dass dr Daniel, dr Hananja, dr
Mischaël ond dr Asarja älle andere
jonge Männer überlega seie; ond se send
en da königlicha Denst treta. 20Ond en
älle Fråga, mô s om wissaschaftliche
Aesichta ganga ischd, håt r sich von en
berata lassa, ond r håt se älle Gelehrte
ond Zaechadeuter en saem Königreich
zeah Mål überlega gfonda. 21So ischd dr
Daniel em königlicha Denst blieba bis
ens erste Jåhr vom König Kyrus.

Zom Vrglcicha: *Vers 1-2:* 2Chr 36,5-7 • *Vers 3:* 2Kö 20,18 • *Vers 8:* Lev 11,4-8; Est 4,17; Jer 35,6 • *Vers 9:* Gen 39,21 • *Vers 17:* Am 2,11; Gen 41,12.

AM NEBUKADNEZAR SAE TRAOM VON DE WELTREICH: 2 1-49

2 Em zwôeta Jåhr von saener
Regierongszeit håt dr Nebukadnezar
an Traom ghet, des håt an en saem
Gaest so oruhig gmacht, dass r nemme
Schlåfa håt könna. 2Nå håt dr König
de Gstudierte ond Zaechadeuter ond
Zaoberer ond Chaldäer komma lassa,
zom am saen Traom deuta. Ond se send
komma ond vôr am König gstanda. 3Nå
håt dr König zo nen gsaed: I han an
Traom ghet, ond mae Gaest ischd ganz
oruhig wôra, weil i den Traom gern
vrstanda dät. 4Nå hent dia Chaldäer
zom König auf aramäisch gsaed: O
König, du sollst ewig leba! Vrzähl daene
Knecht daen Traom, ond mir sagat dr,
was der bedeutat! 5Ond dr König håt
dene Chaldäer zor Antwort geba ond
gsaed: Mae Wort stôht fest, wann ihr
maen Traum et deuta könnat, na laß e
euch (en dr Luft) vrreissa, ond aus eure
Häuser laß e Misthäufa macha. 6Aber
wann r den Traom deuta könnat ond
mr s sagat, nå kriagat r reiche Gschenk
vo'mr ond Ehraämter! 7Nå hent se
nômål zon am gsaed: Dr König soll
doch saene Knecht den Traom vrzähla,
nå däte am dia schao sae Deutong saga.
8Aber dr König håt gsaed: Jetzt ben
e mr ganz sicher, dass ihr bloß Zeit
schenda wöllat, weil r seahnat, dass mae
Entschluß owiderruaflich ischd, 9dass s,
wann ihr maen Traom et deuta könnat,
bloß oe Urtôel über euch geit, drom
hent r mitanander ausgmacht, dass r
mr an vrlogena ond schlechta Spruch
vôrtraga wöllat, en dr Hoffnong, dass
sich d Zeita änderat. Also, nå vrzählat
mr den Traom, nå siehn e, dass r mr ao
sae Deutong saga könnat. 10Dia Chaldäer
hent nå zom König gsaed: Auf dr ganza
Welt geit s koen Menscha, der mô saga
könnt, was dr König vrlangt. Ond s geit
ao koen König, der kå so graoß ond
mächtig sae wian r will, der mô so ebbas
vo'ma Magier ond Zaoberer ond vo'ma
Chaldäer vrlängt hätt. 11Was dr König
vrlangt, ischd viel z schwierig, ond då
ischd ao koe anderer, mô am König a
Auslegong geba könnt außer de Götter,
dia mô et bei de Sterbliche wohnat. 12Des
håt da König so narrat gmacht, dass r da
Befehl geba håt, mr soll en Babel älle
Weise ombrenga.

13Mô der Befehl nausganga ischd, dass
de Weise ombråcht wera sollat, håt mr
ao da Daniel ond saene Fraend gsuacht
zom se ombrenga. 14Aber dr Daniel,
der mô sich em Recht auskennt håt
ond ao recht gscheit gwea ischd, ischd
zom Arjoch ganga, der mô als Oberst
von dr königlicha Leibwach schao
onterwegs gwea ischd, zom de Weise en
Babel ombrenga, ond håt an gfrågt: 15R
håt also âgfanga ond zom Arjoch, am
Oberst vom König, gsaed: Wârom håt
aegentlich dr König so an harta Befehl
geba? nå håt s dr Arjoch am Daniel
erklärt. 16Nå ischd dr Daniel zom König
naeganga ond håt da König beta, r soll
am a bißle Zeit lassa, dass r am König
den Traom deuta könnt. 17Nå ischd dr

Daniel schnell hoem ganga ond håt saene
Fraend, am Hananja, am Mischaël ond
am Asarja dui ganza Gschicht vrzählt,
18ond zo nen gsaed, se solle Gott (Elah)
em Hemmel om Erbarma bitta wega
dem Gehaemnis, dass dr Daniel mitsamt
saene Fraend ond älle andere Weise en
Babel et omkomma müaßt. 19Nå ischd
am Daniel des Gehaemnis en dr Nacht
en ra Vision offabart wôra. Dådrauf håt
dr Daniel Gott (Elaha) em Hemmel
priesa. 20Dr Daniel håt ågfanga ond
betat: Dr Nåma von Gott (Elaha) soll
gsegnat sae von Ewigkaet zo Ewigkaet,
weil r d Weishaet ond d Kraft håt!
21ER ischd s, mô d Zeita ond d Frista
bestimmt; ER setzt d König ab ond ER
setzt d König ae, ER gibt de Weise ihr
Weishaet ond Erkenntnis dene, mô a
Aesicht hent. 22ER ischd s, mô de tiafste
ond vrbôrgendste Sacha offabar macht
ond wôeß, was em Donkla gschieht,
ond bei dem s Licht wohnt.
23Dir, Gott (Elah) von maener Vädr, sag i
maen Dank ond preis de drfür, dass da mr
Weishaet ond Kraft geba håsch ond mr
des Wissa gschenkt håsch, môn e de drom
beta han! Du håsch ons des Gehaemnis
vom König wissa lassa. 24Dådrauf ischd
dr Daniel glei zom Arjoch ganga, den
mô dr König drmit beauftragt håt, de
Weise en Babel om zom brenga. R ischd
nae ond håt zon am gsaed: Breng bitte
de Weise en Babel et om! Führ me vôr
da König nae, nå will e am König saen
Traom deuta! 25Nå håt sich dr Arjoch
beeilt ond håt da Daniel vôr da König
naegführt ond zon am gsaed: Då han
e bei dene Vrbannte von Juda an Må
gfonda, der will am König saen Traom
deuta. 26Nå håt dr König zom Daniel,
der mô en Babel Beltschazzar ghôeßa
håt, gsaed: Bist du wirklich emstand,
dass da mir maen Traom ond sae
Deutong saga kåsch? 27Nå håt dr Daniel
ågfanga vôr am König ond gsaed: Des
Gehaemnis, nach dem dr König frågt,
könnat de Weise, Magier, Zaoberer ond
Sterndeuter am König et erklära. 28Aber
em Hemmel gibt s an Gott (Elah), der
kå älle Gehaemnis offabar macha. Der
håt da König Nebukadnezar wissa lassa,
was am End von älle Däg gschieht. Dae
Traom ond daene Visiona auf daem
Lager send so:
29Dir, o König, send auf daem Lager
Gedanka komma, was nach dr Zeit
kommt, ond der, mô älle Gehaemnis
offabar macha kå, håt di wissa lassa,
was då gschieht. 30Aber mir ischd des
Gehaemnis et offabart wôra, weil mae
Weishaet graeßer wär wia d Weishaet von
älle, mô då lebat, sondern dass dr König
dui Deutong vrfährt ond du d Gedanka
von daem Herza vrstôhst. 31Du, o König,
håsch em Traom a graoß Standbild gseha.
Des Standbild ischd graoß gwea ond sae
Glanz ischd owahrschaenlich gwea. Des
ischd vôr dr gstanda ond håt furchtbar
ausgseha. 32Dr Kopf von dem Standbild
ischd aus puram Gold gwea, sae Brust
ond d Ärm aus Silber, sae Bauch ond d
Hüfta aus Bronze. 33D Füaß send aus
Eise, ond d Füaß onta send zom Tôel
aus Eise ond zom Tôel aus Loehma.
34Du håsch gseha, wia sich a Stoe, ohne
dass ebber ebbas dao håt, glöst håt ond
dem Standbild saene Füaß aus Eise ond
Loehma zsemaghaoa håt. 35Nå ischd
auf oemål des Eise ond der Loehma, d
Bronze, s Silber ond s Gold wia d Sprae
auf dr Tenne wôra em Sommer, ond dr
Wend håt ällas wegblåsa, ond et amål a
Spur håt mr maeh drvo gfonda. Aber der
Stoe, der mô des Standbild zsemaghaoa
håt, ischd zo'ma graoßa Berg wôra ond
håt de ganz Erde ausgfüllt.
36Des ischd dr Traom gwea, ond jetzt
wöllat mr am König sae Deutong
saga. 37Du, o König, du bist dr König
von älle König, dir håt Gott (Elah) em
Hemmel s Königreich, d Macht ond d

Stärke ond d Ehr geba, [38]ond überall,
mô Menschakender wohnat, Wild em
Feld ond Vögel onter am Hemmel, håt
r s en daene Händ glegt ond de über
ällas herrscha lassa. Du bist des Haopt
aus Gold. [39]Nach dir kommt a anders
Reich, niederer als daes, ond a dritta
Königsherrschaft, des ischd d Bronze,
mô über d Erde herrscha wird. [40]Ond
nå kommt a vierta Königsherrschaft,
dui ischd hart wia Eise; Eise haot jå ällas
zsema, so haot se (dui Königsherrschaft)
ällas zsema. [41]Dia Füaß ond Zaeha
send, wia da gseha håsch, zom Tôel aus
Loehma vom Häfner ond zom Tôel
aus Eise gwea, ond des hôeßt: A tôelta
Königsherrschaft wird sae, dui håt ebbas
von dr Härte vom Eise, drom håsch d
des Eise mit Loehma gmischt gseha.
[42]Ond dass dia Zaeha von de Füaß zom
Tôel aus Eise ond zom Tôel aus Loehma
gwea send, des hôeßt: A Tôel von dera
Königsherrschaft ischd recht stark, ond
dr ander Tôel ischd brüchig. [43]Ond dass
da des Eise mit Loehma gmischt gseha
håsch, des hôeßt, dass se sich zwår
durch Heirata mitananader vrmischt
hent, dass des aber et hebt, so wia mr
Eise et mit Loehma mischa kå. [44]En dr
Zeit von dene König richtat dr Gott
(Elah) vom Hemmel a Königsherrschaft
auf, mô en Ewigkaet et ontergoht, ond
des Königreich wird koem andera Volk
überlassa. Des haot älle dia Königreich
zsema ond vrnichtat s, aber selber stôht
s en älle Ewigkaeta. [45]Da håsch jå selber
gseha, wia sich von dem Berg a Stoe
losgrissa håt, ohne dass a Mensch mit
saene Händ ebbas drå gmacht hätt, ond
des Eise, d Bronze, da Loehma, s Silber
ond s Gold zsemaghaoa håt. A graoßer
Gott (Elah) håt da König wissa lassa,
was nach dr Zeit gschieht, der Traom
ischd sicher ond sae Deutong ischd
zuavrlässig.
[46]Dådrauf ischd dr König Nebukadnezar
vôr am Daniel auf sae Gsicht gfalla
ond vôr am niedergsonka ond håt da
Befehl geba, mr soll am a Opfergab ond
Raecherwerk geba. [47]Nå håt dr König
ågfanga ond zom Daniel gsaed: Des
ischd wåhr, euer Gott (Elahakon) ischd
dr Gott (Elah) von älle Götter (Elohiyn)
ond dr Herr über älle König, der mô
älle Gehaemnis offabar macha kå, drom
håsch du ao des Gehaemnis dåhanna
offaba macha könna. [48]Dådrauf håt dr
König am Daniel an hoha Rang vrlieha
ond am viele reiche Gschenk gmacht;
ond r håt an zom Herra über de ganz
Provinz Babel ond zom Vôrstand über
älle Weise en Babel gmacht. [49]Ond dr
Daniel håt beim König drom beta, dass
r d Provinz Babel vom Hananja, am
Mischaël ond am Asarja vrwalta lassa
soll. Dr Daniel selber ischd am Hof
vom König blieba.

Zom Vrgleicha: *Vers 1:* Gen 40,8.16; 41 • *Vers 2:* Jes 47,12 • *Vers 20:* Neh 9,5; Ijob 12,13; Spr 2,6 • *Vers 22:* Ijob 12,22 • *Vers 28:* Gen 41,16 • *Vers 29:* Offbg 4,1 • *Vers 37:* Ez 26,7 • *Vers 38:* Jer 27,6 • *Vers 40:* 7,7 • *Vers 43:* 11,6 • *Vers 44:* 7,14.27; Jes 9,6; 1Kor 15,24 • *Vers 46:* Apg 14,13.18 • *Vers 47:* Dtn 10,17; Ps 50,1.

DREI JONGE MÄNNER EM FEUEROFA: 3 1-97

D Standhaftigkaet von dene drei Fraend: 3 1-23

3 Dr König Nebukadnezar håt a
Standbild aus Gold macha lassa,
sechzg Ella haoch ond sechs Ella brôet.
Des håt r en dr Ebene von Dura en dr
Provinz Babel aufstella lassa. [2]Ond
dr König Nebukadnezar håt Bota
gschickt ond d Satrapa (Provinzfürsta),
d Präfekta ond d Statthalter, d Berater
ond d Schatzmôester, de Rechtsgelehrte,
d Ordnongshüater ond älle Beamte

aus de Provinza komma lassa, zom
des Standbild aeweiha, mô dr König
Nebukadnezar aufstella lassa håt.
3Dådrauf hent sich älle vrsammlat: D
Satrapa (Provinzfürsta), d Präfekta
ond d Statthalter, d Berater ond d
Schatzmôester, de Rechtsgelehrte, d
Ordnongshüater ond älle Beamte
aus de Provinza, zom des Standbild
aeweiha, mô dr König Nebukadnezar
aufstella lassa håt. 4Nå håt dr Herold
mit ra ganz lauta Stemm vrkündigt:
An euch gôht dr Befehl für älle Völker,
Nationa ond Språcha: 5Wann ihr da
Klang von Hörner, von Rohrpfeifa,
Zittera, Harfa, Psalterion, Sackpfeifa
ond älle Arta von Sôetaspiel hörat,
nå müaßat r niedersenka ond dem
Standbild aus Gold huldiga, des mô dr
König Nebukadnezar aufstella lassa håt.
6Ond derjenige, mô et niedersenkt ond
am huldigt en dem Aogablick, der wird
en an brennenda Feuerofa gschmissa!
7Sobald nå d Zeit komma ischd, mô
älle Völker da Klang von Hörner, von
Rohrpfeifa, Zittera, Harfa, Psalterion,
Sackpfeifa ond älle Arta von Sôetaspiel
ghört hent, send älle Völker, Nationa
ond Språcha niedergsonka ond hent
dem goldena Standbild ghuldigt, des mô
dr König Nebukadnezar aufstella lassa
håt.
8Nå send glei a paar von de Chaldäer
zom König ganga ond hent dia Judäer
åzaegt. 9Dia hent ågfanga ond zom
König Nebukadnezar gsaed: O König,
du sollst ewig leba! 10Du, o König,
håsch doch selber da Befehl geba, dass
jeder Mensch, der mô da Klang von
Hörner, von Rohrpfeifa, Zittera, Harfa,
Psalterion, Sackpfeifa ond älle Arta
von Sôetaspiel hört, nôsenka ond dem
goldena Standbild huldiga muaß. 11Ond
derjenige, mô et niedersenkt ond am
huldigt en dem Aogablick, der wird
en an brennenda Feuerofa gschmissa!
12Då send a paar Judäer, dia mô du
aegsetzt håsch zor Vrwaltong von dr
Provinz Babel, nämlich dr Schadrach,
dr Meschach ond dr Abed-Nego. Dia
Männer scherat sich et om di, daene
Götter (Elahayik) vrehrat se ao et, ond
dem goldene Standbild, mô du aufstella
lassa håsch, huldigat se schao gar et. 13Nå
håt dr Nebukadnezar en saener Wuat da
Befehl geba, mr soll da Schadrach, da
Meschach ond da Abed-Nego vôrführa.
Nå håt mr dia Männer vôr da König
bråcht. 14Nå håt dr Nebukadnezar
ågfanga ond zo nen gsaed: Stemmt des,
Schadrach, Meschach ond Abed-Nego,
dass ihr maene Götter (Elahai) et vrehrat
ond ao dem goldena Standbild, mô i
aufstella lassa han, et huldigat? 15Also!
Wann r beraet send, sobald r da Klang
von Hörner, von Rohrpfeifa, Zittera,
Harfa, Psalterion, Sackpfeifa ond älle
Arta von Sôetaspiel hörat, nôzomsenka
ond dem goldena Standbild huldigat des
mô i han macha lassa, ischd s guat. Ond
wann r et aogablicklich huldigat, werat
r en an brennenda Feuerofa gschmissa!
Ond welcher Gott (Elah) könnt euch nå
aus maene Händ retta? 16Dr Schadrach,
dr Meschach ond dr Abed-Nego
hent am König zor Antwort geba: O
Nebukadnezar! Mir hent s gar et naedig,
dir ao bloß auf oe Wort Antwort zom
geba! 17Wann onser Gott (Elahana), den,
mô mir vrehrat, des will, nå kå der ons
aus daem brennenda Feuerofa ond aus
daene Händ retta, ond der wird ons ao
retta! 18Ond wann r s et duat, nå sollst
du, o König, wissa, dass mir daene
Götter (Elahayik) koe Ehr erweisat ond
ao dem Standbild, mô da aufstella lassa
håsch, et huldigat!
19Nå håt dr Nebukadnezar a Wuat kriagt
ond sae Gsicht ischd ganz narrat ågloffa
gega da Schadrach, da Meschach ond
da Abed-Nego. Ond r håt da Befehl
geba, mr soll den Ofa sieba Mål stärker

åhaeza wia sonst. [20]Nå håt r a paar von de stärkste Männer da Befehl geba, se solle da Schadrach, da Meschach ond da Abed-Nego fessla ond en den glühenda Feuerofa schmeißa. [21]Nå håt mr dia Männer en ihre Hosa, ihre Röck ond ihre Turban ond en ihre andere Klôeder gfesslat en den glühenda Feuerofa gschmissa. [22]Ond weil auf d Åweisong vom König der Ofa so übermäßig åghaezt wöra ischd, send dia Männer, mô da Schadrach, da Meschach ond da Abed-Nego oba nôbråcht hent, en dene Flamma omkomma. [23]Aber dia drei Männer, dr Schadrach, dr Meschach ond dr Abed-Nego, send gfesslat en den glühenda Feuerofa naegfalla.

Zom Vrgleicha: *Vers 4:* Offbg 7,9; 13,7 • *Vers 6:* Jer 29,21f • *Vers 10:* Offbg 13,15 • *Vers 15:* Ex 5,2; 2Kö 18,35; Jes 36,20 • *Vers 17:* Dtn 4,20; Ps 66,12; Jes 13,2 • *Vers 18:* Ex 20,3-5.

S Gebet vom Asarja: 3 24-50

[24]Auf des nô ischd dr König Nebukadnezar aus am Staona nemme rauskomma, r ischd aufgspronga ond håt ågfanga ond zo saene Minister gsaed: Hent mir et drei gfesslate Männer ens Feuer naegschmissa? Dia hent am König zor Antwort geba ond gsaed: Sicher, o König! [25]Nå håt r gsaed: Guck, i sieh aber vier Männer, mô frei em Feuerofa romlaofat, ond s geit koe Vrletzong an en, ond dr vierte sieht aus wian a Göttersoh! [26]Nå ischd dr Nebukadnezar ans Ofaloch nôganga ond håt ågfanga ond gsaed: Schadrach, Meschach ond Abed-Nego, ihr Diener vom ällerhöchsta Gott (Elaha): Tretat raus ond kommat her! Nå send se rauskomma, dr Schadrach, dr Meschach ond dr Abed-Nego, mittla aus am Feuer. [27]Ond s hent sich vrsammlat älle Satrapa (Provinzfürsta), d Präfekta ond d Statthalter, d Berater vom König, ond se hent gseha, dass des Feuer koe Macht ghet håt über da Leib von dene Männer, dass et amål ihre Håår ond ihre Mäntel ågsengt gwea send, ond dass se ao et brändalat hent. [28]Nå håt dr Nebukadnezar ågfanga ond gsaed: Lobpreis sei am Gott (Elahahown) vom Schadrach, vom Meschach ond vom Abed-Nego, der mô saen Engel gschickt ond saene Diener grettat håt, dia hent auf an vrtraut ond sich am königlicha Befehl widersetzt ond ihran Leib preisgeba drfür, dass se koem andere Gott (Elah) deana däte ond an åbeta, außer ihram Gott (Elahahown). [29]Ond von mir gôht jetzt dr Erlaß raus, dass jedas Volk, jeda Nation ond jeda Språch, wer ao emmer gega da Gott (Elahahown) vom Schadrach, vom Meschach ond vom Abed-Nego lästerat, der wird gviertôelt ond aus saem Haus wird a Misthaufa gmacht, weil s nämlich koen andera Gott (Elah) geit wia den, mô so retta kå. [30]Ond dr König håt da Schadrach, da Meschach ond da Abed-Nego wieder en ihre Ämter en dr Provinz Babel aegsetzt.

AM NEBUKADNEZAR SAE TRAOM VOM STOLZA BAOM: 3 31 4 31

[31]Dr König Nebukadnezar an älle Völker, Nationa ond Språcha auf dr ganza Erde: Euer Frieda soll wachsa! [32]Dia Zaeche ond Wonder, dia mô Gott (Elaha) an mr dao håt, will i bekannt macha. [33]Wia graoß send dia Zaeche ond wia gewaltig dia Wonder! *Sae Reich ischd a ewigs Reich, ond sae Herrschaft gôht über älle Generationa.*

4 I, dr Nebukadnezar han a glücklichs ond sorgalosas Leba gführt en maem Palast. [2]Nå han e an Traom ghet, ond der håt me vrschrecka lassa; dia Gedanka, môn e auf maem Lager ghet han, ond

dia Erschaenonga en maem Kopf hent
me gstört. [3]Drom han e an älle Weise
von Babel da Befehl geba, se solle mr
den Traom deuta. [4]Nå send d Zaoberer,
d Magier, d Chaldäer ond d Sterndeuter
komma, ond i han en den Traom vrzählt,
aber koener håt mr saga könna, was des
bedeutat. [5]Zom Schluß ischd dr Daniel
vôr me komma, der mô Beltschazzar
hôeßt wia mae Gott (Elahiy) ond der,
mô da Gaest von de haelige Götter
(Elahiyn) en sich håt. Dem han e maen
Traom vrzählt: [6]Beltschazzar, graoßer
Zaoberer, von dem i wôeß, dass dr Gaest
von de haelige Götter (Elahiyn) en dr
ischd ond dass für di koe Gehaemnis
vrbôrga ischd, guck, was e em Traom
gseha han ond sag mr, was des bedeutat!
[7]Was e em Kopf für Erschaenonga ghet
han auf maem Lager: I han an Baom
gseha, der ischd mittla auf dr Erde
gstanda, ond der ischd riesagraoß gwea.
[8]Der Baom ischd gwachsa ond stark
wôra, sae Gipfel ischd bis en da Hemmel
ganga ond mr håt an gseha bis ans End
von dr Erde. [9]Sae Laobwerk ischd schö
gwea ond r håt reichlich Frücht traga,
dass s für älle glangt håt. Onter saem
Schatta ischd ällas Wild vom Feld zom
fenda gwea; ond en saene Zweig hent d
Vögel gnistat, ond älle Lebewesa hent
ihr Nahrong von am kriagt. [10]Ond i han
a Erschaenong ghet auf maem Lager,
ond guck, a haeliger Wächter ischd
vom Hemmel ragstiega; [11]der håt mit
ra gewaltiga Stemm gruafa ond gsaed:
Haoat den Baom om ond hackat saene
Äst weg! Schüttlat sae Laob ra ond
vrstraeat saene Frücht! S Wild soll onter
am abhaoa ond d Vögel aus saene Zweig!
[12]Aber saen Stompa lassat r em Boda; der
soll mit ama Reng aus Eise ond Bronze
em Gras vom Feld liega bleiba ond mit
am Tao vom Hemmel ågfeuchtat wera
ond beim Wild ond em Gras ischd sae
Åtôel auf dr Erde. [13]S menschliche Herz
soll mr am nemma ond am a tierischs
Herz geba, ond sieba Zeita sollat über
an wegganga. [14]Dui Vrordnong gôht auf
da Beschluß von de Wächter ond durch
da Spruch von de Haelige ischd dui Sach
beschlossa, dass de Lebende erkennat:
Dr Höchste regiert über d Königreich
von de Menscha, ond kå se geba, wem
ER will, ond ER kå sogar da Niedrigsta
von de Menscha über se aesetza.
[15]Des ischd der Traom, den mô i, dr
König Nebukadnezar, ghet han; ond
du, Beltschazzar, sollst mr jetzt saga,
was des zom bedeuta håt! Älle Weise
en maem Reich hent mr nämlich et saga
könna, was des bedeutat. Aber du kåsch
des, weil en dir dr Gaest von de haelige
Götter (Elahiyn) ischd.
[16]Auf des nô ischd dr Daniel, der mô ao
Beltschazzar hôeßt zerst amål a Weile
ganz durchanander gwea, weil am ao
saene Gedanka Angst gmacht hent.
Aber nå håt dr König ågfanga ond gsaed:
Beltschazzar, laß de von dem Traom ond
von saener Bedeutong et durchanander
brenga! Nå håt dr Beltschazzar gsaed:
Mae Herr! Der Traom gilt dene, mô
de hassat; sae Deutong trifft daene
Widersacher! [17]Der Baom, den mô du
gseha håsch, der mô emmer graeßer ond
stärker wôra ond bis an da Hemmel
ganga ischd, dass mr an auf dr ganza
Erde gseha håt; [18]sae Laobwerk ischd
schö gwea ond r håt reichlich Frücht
traga, dass s für älle glangt håt. Onter
saem Schatta ischd ällas Wild vom Feld
zom fenda gwea; ond en saene Zweig
hent d Vögel gnistat. [19]Du, o König, bist
der Baom, du bist graoß ond stark, dae
Graeße ischd emmer weiter gwachsa ond
gôht bis an da Hemmel, ond dae Macht
bis ans End von dr Erde. [20]Ond dass dr
König an haeliga Wächter vom Hemmel
rasteiga seha håt, der mô gsaed håt:
Haoat den Baom om ond vrderbat an,
bloß da Stompa lassat r em Boda zrück

mit ama Reng aus Eise ond Bronze, em
Gras em Feld draußa; vom Tao aus am
Hemmel soll r ågfeuchtat wera ond saen
Åtôel han beim Wild em Feld draußa,
bis sieba Zeita über an wegganga send.
[21]Ond des ischd d Deutong, o König,
ond dr Beschluß vom Höchsta, der mô
über maen Herra, da König erganga
ischd: [22]Du wirst aus dr Gemaenschaft
von de Menscha ausgstoßa, beim Wild
em Feld draußa ischd dae Wohnong,
ond Gras ischd dae Nahrong wia bei de
Rendla, ond dr Tao vom Hemmel hält
de feucht. So gangat sieba Zeita über de
weg, bis du erkennst, dass dr Höchste d
Macht håt über de Menscha ihre Reich,
ond d Macht geba kå wem ER will.
[23]Ond dass mr gsaed håt, mr soll den
Stompa von dem Baom standa lassa,
bedeutat: Dae Reich bleibt dr erhalta,
sobald da ånerkennst, dass dr Hemmel
d Macht håt. [24]Drom, o König, mae Rat
mög guat für de sae: Mach daene Sünda
wieder guat durch Gerechtigkaet, ond
daene Missetata durch Barmherzigkaet
an de Elende; vielleicht ischd nå dae
Glück von Dauer!
[25]Des håt sich nå ällas erfüllt am König
Nebukadnezar. [26]Môn r nämlich
zwölf Monat später auf am Dach vom
königlicha Palast spaziera ganga ischd,
[27]håt dr König gsaed: Ischd des et des
graoße Babel, des mô i durch mae
gewaltiga Macht ond zom Ruhm von
maener Majestät als Herrschersitz
baut han? [28]Dr König ischd no et fertig
gwea mit saener Red, då ischd a Stemm
vom Hemmel ra komma: Dir, König
Nebukadnezar sei s gsaed: S Reich ischd
von dir weggnomma! [29]Ond du wirst
aus dr Gemaenschaft von de Menscha
ausgstoßa, beim Wild em Feld draußa
soll dae Wohnong sae, ond Gras ischd
dae Nahrong wia bei de Rendla, ond
dr Tao vom Hemmel hält de feucht.
So gangat sieba Zeita über de weg, bis
du erkennst, dass dr Höchste d Macht
håt über de Menscha ihre Reich, ond
d Macht geba kå wem ER will. No en
dr gleicha Stond håt sich des Wort am
Nebukadnezar erfüllt:
[30]R ischd von dr Gemaenschaft von de
Menscha ausgstoßa wôra, ond r håt Gras
essa müaßa wia d Rendla, ond vom Tao
aus am Hemmel ischd sae Leib feucht
ghalta wôra, bis saene Håår so lång
gwea send wia Adlerfedera ond saene
Nägel wia Vogelkralla.
[31]Am End von dene Däg han i,
Nebukadnezar, mit maene Aoga en da
Hemmel nauf guckt, ond mae Vrstand
ischd wieder zo mr zrück komma, ond
i han da Höchsta priesa ond den globt
ond vrherrlicht, mô ewig lebt; weil dem
sae Macht ischd a ewiga Macht, ond sae
Reich göht von oener Generation zor
nächsta Generation weiter. [32]Ond älle
Erdabewohner send vôr ehm wia gar
nex. Ond mit am Hemmelsheer ond mit
de Erdabewohner macht r was ER will.
Ond s geit neamerd, der mô en sae Håd
schlaga könnt ond zon am saga: Was
duast du då? [33]Gleichzeitig ischd mae
Vrstand wieder komma, ond zom Ruhm
von maem Königtom ischd ao mae
Pracht ond mae Majestät zo mr zrück
komma. Maene Minister ond maene
Fürsta hent me aufgsuacht, i ben wieder
über mae Reich aegsetzt wôra ond s
ischd mr no maeh Macht geba wôra.
[34]Jetzt lob ond preis i, Nebukadnezar,
da König vom Hemmel: Ällas, was
ER duat, ischd Wåhrat ond saene Weg
send Gerechtigkaet, ond dia, mô an
haochfähriga Lebenswandel führat, kå
ER jederzeit demüatiga.

Zom Vrgleicha: *Vers 1–5:* 2,1–3.10 • *Vers 5:* 2,28.47; 5,11 • *Vers 7:* Ez 31,3–11 • *Vers 10:* 7,9f; 10,13.21 • *Vers 14:* 2,21; Ijob 36,7-11 • *Vers 24:* Spr 9,17 • *Vers 27:* Spr 16,18 • *Vers 29:* 5,21 • *Vers 32:* Ijob 9,12; Jes 40,17 • *Vers 33:* Lk 1,52; 18,14.

AM BELSCHAZZAR SAE GASTMAHL: 5 1 – 6 1

5 Dr König Belschazzar håt für saene
Tausad Amtsträger a Gastmahl
vråstaltat, ond dia Tausad send drbei
gwea, môn r zemlich Wae tronka håt.
2Ond môn am dr Wae schao en da Kopf
gstiega ischd, håt r d Åweisong geba, mr
soll dia goldene ond silberne Kanna ond
Becher hola, mô sae Vadr Nebukadnezar
aus am Tempel en Jerusalem mitganga
lassa håt, dass dr König ond saene
Amtsleut, saene Gemahlinna ond
saene Nebafraoa draus trenka könne.
3Dådrauf håt mr dia goldene Kanna ond
Becher, mô se aus am Tempel von Gott
(Elaha) mitgnomma hent, bråcht. Ond
dr König ond saene Amtsleut, saene
Gemahlinna ond saene Nebafraoa hent
draus tronka. 4Se hent Wae tronka ond
hent ihre Götter (Elahey) aus Gold ond
Silber, Bronze ond Eise, Holz ond Stoe,
priesa.
5En dr selbiga Stond send Fenger von
ra Menschahåd vürekomma, dia hent
geganüber vom Leuchter auf d gweißlata
Wåd vom königlicha Palast gschrieba,
ond dr König håt dui Håd gseha, mô då
gschrieba håt. 6Nå ischd dr König ganz
blass wôra ond saene Gedanka hent an
ganz oruhig gmacht, saene Hüftglenk
send schwach wôra ond d Knia hent
am gschlotterat. 7Ond dr König håt
ganz laut gschria, mr soll ganz schnell d
Zaoberer, d Chaldäer ond d Sterndeuter
herbrenga. Nå håt dr König ågfanga
ond zo de Weise von Babel gsaed: Der
Mensch, mô dui Schrift lesa ond me sae
Deutong wissa lässt, der soll mit Pupur
klôedat ond a goldena (Amts)Kette om
da Hals kriaga ond als Dritter em Reich
herrscha!
8Dådrauf send älle Weise vom König
komma, aber se hent dui Schrift et lesa
ond am König et saga könna, was se
bedeutat. 9Nå håt dr König Belschazzar a
ganz graoßa Angst kriagt ond sae Gsicht
ischd emmer blasser wôra, ond saene
Amtsleut hent s ao mit dr Angst zom
doa kriagt. 10Mô nå d Königin(muader)
ghört håt, was dr König ond saene
Amtsleut gsaed hent, ischd se en da
Festsaal komma ond håt ågfanga ond
gsaed: O König, du sollst ewig leba!
Laß de durch daene Gedanka et irr
macha, du brauchst ao et blass wera!
11En daem Reich geit s an Må, der håt da
Gaest von de haelige Götter (Elahiyn)
en sich, bei dem håt mr schao en dr Zeit
von daem Vadr Vrstand ond Intelligenz
ond Weishaet gfonda, wia d Weishaet
von Götter (Elahiyn). Ond dr König
Nebukadnezar, dae Vadr, håt den zom
Obersta von de Schriftgelehrte, von de
Zaechedeuter, Chaldäer ond Sterndeuter
bstellt, o König. 12Weil a bsonderer
Gaest, Vrstand ond Scharfsenn zom
Traem auslega ond Rätsel lösa ond zom
Gehaemnis erklära bei sellam Daniel
gfonda wôra ischd, håt am dr König da
Nåma Beltschazzar geba. Laß doch den
Daniel komma, der soll dr d Deutong
geba!
13Nå håt mr da Daniel vôr da König
bråcht. Ond dr König håt ågfanga
ond zom Daniel gsaed: Du bist doch
der Daniel, oener von dene Gfangene
aus Juda, mô dr König, mae Vadr, aus
Juda mitbråcht håt. 14I han mr saga
lassa, en dir sei dr Gaest von de Götter
(Elahiyn), ond Erleuchtong, Scharfsenn
ond a bsondera Weishaet hätt mr bei
dir gfonda. 15Jetzt håt mr de Weise ond
d Wahrsager vôr me bråcht, dass se mr
dui Schrift dåhanna vôrlesa ond se deuta
solle, aber dia hent s et könna ond ao
koe Erklärong drfür ghet. 16Aber von
dir han e ghört, du könntest Deutonga
geba ond Gehaemnis erklära. Also,
wann du dui Schrift lesa ond me ihr

Bedeutong wissa lassa kåsch, nå därfst
d Purpur åziaga ond kriagst a goldena
(Amts)Kette om da Hals ond därfst als
Dritter em Reich herrscha!
17 Dådrauf håt dr Daniel am König zor
Antwort geba ond gsaed: Daene Gschenk
kåsch d bhalta ond daene Gaba ama
andera geba, aber dui Schrift will e lesa
ond da König sae Deutong wissa lassa.
18 Du, o König, Gott (Elaha), dr Höchste,
håt s Reich, d Macht ond d Würde ond
d Herrlichkaet am Nebukadnezar,
daem Vadr geba. 19 Ond vôr dera Macht,
mô ER am geba håt, hent älle Völker,
Nationa ond Språcha zitterat ond Angst
ghet. Der håt ombråcht wen r wölla
håt ond am Leba glassa wen r wölla
håt, aufgwertat, wen r wölla håt ond
nafahra lassa, wen r wölla håt. 20 Ond mô
sae Herz überheblich wôra ischd, ischd
r vom Thron von saem Reich ragholt
ond am sae Würde gnomma wôra.
21 Mr håt an aus dr Gemaenschaft von
de Menscha ausgstoßa ond sae Herz
am Herz vo'ma Tier gleichgmacht,
mit Wildesel håt r zsema gwohnt ond
sich mit Gras wia d Rendla ernährt,
ond vom Tao vom Hemmel ischd sae
Leib feucht ghalta wôra, bis r erkannt
håt, dass dr höchste Gott (Elaha) d
Macht håt über d Königreich en dr
Menschhaet ond se geit wem ER will.
22 Ond du, sae Soh Belschazzar, bist
et beschaeda blieba en daem Herz,
obwohl da des älles gwißt håsch. 23 Du
håsch de über da Herra em Hemmel
gstellt ond dia Kanna ond Becher aus
saem Haus herbrenga lassa, ond du ond
daene Amtsleut, daene Gemahlinna ond
Nebafraoa hent Wae draus tronka. Dia
goldene ond silberne, bronzene, eiserne,
hölzerne ond stoenerne Götter håsch d
priesa, dia mô et amål seha ond höra
könnat, aber dem Gott (Elaha), der mô
daen Odem en dr Håd håt ond dae ganz
Schicksal, dem håsch d koo Ehr geba!
24 Drom håt ER dui Håd gschickt ond
dui Schrift dåhanna nåschreiba lassa.
25 Dui Schrift, mô dåhanna stôht, hôeßt:
Mene mene tekel u-parsin. 26 Ond des
ischd d Deutong von dem Wort: Mene:
Gott (Elaha) håt dae Reich zählt ond
a End mit am gmacht! 27 Tekel: Du bist
auf dr Wååg gwoga ond z leicht gfonda
wôra! 28 Peres: Dae Reich wird tôelt ond
gôht an d Meder ond Perser!
29 Nå håt dr Belschazzar da Befehl geba,
dass mr da Daniel en Purpur klôeda ond
am a goldena (Amts)Kette om da Hals
lega soll. Ond r håt ausruafa lassa, dass
dr Daniel als Dritter em Reich herrscha
dät. 30 Aber en dr gleicha Nacht no
ischd dr Belschazzar, dr König von de
Chaldäer ombråcht wôra,
6 ond dr Meder Darius håt d
Konigherrschaft em Alter von
zwôeasechzg Jåhr übernomma.

Zom Vrgleicha: *Kap 5 Vers 2:* 1,2 • *Vers 4:* 2,35; Offbg 9,20 • *Vers 7:* 2,2.6.48; Gen 41,42f; Est 8,15 • *Vers 12:* 1,17 • *Vers 18:* 2,37 • *Vers 21:* 4,13.29 • *Vers 23:* Ijob 12,10; 34,21.

DR DANIEL EN DR LÖWAGRUAB: 6,2-29

2 Dr Darius håt s richtig gfonda, über s
Reich vrtôelt hondertzwanzg Satrapa
(Provinzfürsta) aezomsetza. 3 Über dia
håt r drei Oberamtsleut aegsetzt, von
dene ischd oener dr Daniel gwea, dass dia
Satrapa dene Rechaschaft gebat ond am
König koe Schada entstôht. 4 Dr Daniel
håt sich vôr de andere Oberamtsleut ond
dene Satrapa bsonders auszôechnat, weil
r an hervôrragenda Gaest ghet håt. Ond
dr König håt an schao über s ganze Reich
aesetza wölla. 5 Nå hent dia Oberamtsleut
ond d Satrapa an Grond gsuacht, zom
an wega saener Amtsführong åklaga.

Aber se hent koen Grond zor Åklag
gfonda ond am koen Fehler nåchweisa
könna, weil r zuavrlässig gwea ischd
ond mr am et de kloenst Nåchlässigkaet
nåchweisa könna håt. 6Nå hent dia
Männer gsaed: Dem kommat mr so et
bei, aber weg'am Gsetz von saem Gott
(Elaha) könnte mr ebbas gega an fenda.
7Auf des nô hent sich dia Oberamtsleut
ond d Satrapa beim König vrsammlat
ond hent zon am gsaed: Darius, o König,
du sollst ewig leba! 8Älle Oberamtsleut
em Reich, d Präfekta, Satrapa, Minister
ond Statthalter send sich oenig, dass
dr König an Erlaß rausgeba sott ond a
Vrbot en Kraft setza, dass a jeder, mô
ennerhalb von dreißg Däg von irgend
ama Gott (Elah) oder Menscha außer
von dir ebbas bittat, en d Löwagruab
gschmissa wera soll. 9Jetzt mög dr König
a sottigs Gebot erlassa ond a Schreiba
aufsetza! Des soll nach am Gsetz von
de Meder ond Perser vrfaßt sae, des
mr nia ändera ond des et ogültig wera
kå. 10Dementsprechend håt dr König
Darius a Schreiba aufsetza lassa ond des
Vrbot onterschrieba.

11Mô dr Daniel vrfahra håt, dass des
Rondschreiba onterschrieba ischd,
ischd r en sae Haus ganga, en saem
Obergemach send d Fenster en Richtong
Jerusalem offa gwea. Då ischd r drei Mål
am Dag nôkniat ond håt betat ond saem
Gott (Elaheh) für ällas dankt, wian r
s gwöhnt gwea ischd. 12Nå send dia
Männer oms Haus rom gschlicha ond
hent da Daniel beim Beta vôrgfonda
ond wian r saen Gott (Elaheh) ågfleht
håt. 13Nå send se natürlich glei zom
König gspronga ond hent an auf sae
Vrbot ågsprocha: Håsch du et a Vrbot
rausgeba, dass a jeder Mensch, der mô
von irgend ama Gott (Elah) oder Mensch
außer von dir ennerhalb von dreißg Däg
ebbas bittat, en d Löwagruab gschmissa
wera soll? Dr König håt en zor Antwort
geba: Dui Åweisong stôht fest ond
ischd nach am Gsetz von de Meder ond
Perser vrfaßt, des mr nia ändera ond des
et ogültig wera kå. 14Nå hent se ågfanga
ond vôr am König gsaed: Seller Daniel
von dene gfangene Judäer geit gar nex
auf di, o König, ond auf dae Vrbot,
des mô du erlassa håsch, der betat drei
Mål am Dag. 15Mô des dr König ghört
håt, ischd r ganz traurig wôra ond håt
überlegt, wian r da Daniel retta ond no
vôr am Sonnaontergang befreia könnt.
16Aber dia Männer send wieder zom
König gspronga ond hent zon am gsaed:
Denk drå, o König, dass des Gsetz von
de Meder ond Perser ischd, ond dass
jedas Gsetz ond Vrbot, mô dr König
erlässt et g'ändert wera kå. 17Nå håt
dr König da Befehl geba, dass mr da
Daniel herbrenga ond en d Löwagruab
schmeißa soll. Ond dr König håt zom
Daniel gsaed: Dae Gott (Elahak), den
mô du ständig vrehrst, der soll de retta!
18Ond mr håt an graoßa Stoe bråcht ond
vôr d Öffnong von dera Gruab glegt
ond dr König håt an mit saem Siegel
ond mit de Siegel von de Oberamtsleut
vrsieglat, dass mit am Daniel nex anders
gscheha könnt.

19Nå ischd dr König en saen Palast ganga
ond håt en dr Nacht gfastat ond ao von
saene Fraoa koena zo sich raeglassa,
aber r håt et schlåfa könna. 20Am andera
Môrga, mô s grad hell wôra ischd,
ischd dr König aufgstanda ond glei an
d Löwagruab ganga. 21Ond môn r näher
an d Gruab herkomma ischd, håt r mit
ra ganz trauriga Stemm nach am Daniel
gruafa ond gfrågt: Daniel, du Diener vom
lebendiga Gott (Elaha), håt de dae Gott
(Elahak), den mô du ständig vrehrst,
håt der de vôr de Löwa retta könna?
22Nå håt dr Daniel zom König gsaed: O
König, du sollst ewig leba! 23Mae Gott
(Elahiy) håt saen Bota gschickt ond der
håt de Löwa da Racha zuagschlossa,

dass mr dia nex hent ådoa könna, der håt me nämlich für oschuldig ghalta, ond ao dir geganüber, o König, han i nex baes dao. [24]Då ischd dr König arg froh gwea ond r håt da Daniel aus dr Gruab raufziaga lassa. So ischd dr Daniel aus dera Gruab rauskomma ond mr håt et da kloensta Kretzer an am gfonda, weil r auf saen Gott (Elaheh) vrtraut håt. [25]Nå håt dr König dia Männer komma lassa, mô da Daniel vrlaemdat hent, ond håt se mitsamt ihre Kender ond Fraoa en d Löwagruab schmeißa lassa, ond no bevôr se auf am Boda glandat send, send dia Löwa schao über se hergfalla ond hent en sämtliche Knocha zsemaknackt.

[26]Dådrauf håt dr König Darius an älle Völker, Nationa ond Språcha gschrieba: Euer Frieda soll wachsa! [27]Des ischd mae Åweisong: En maem ganza Reich soll mr vôr am Daniel saem Gott (Elaheh) a Ehrfurcht han ond vôr am zittera. Der ischd nämlich dr lebendige Gott (Elaha), ond der lebt en Ewigkaet. Sae Reich gôht gar nia onter ond sae Herrschaft nemmt koe End. [28]ER rettat ond befreit ond duat Zaeche ond Wonder em Hemmel ond auf dr Erde, ER håt da Daniel aus dr Gwalt von de Löwa grettat. [29]Aber am Daniel ischd s guat ganga em Reich vom Darius ond ao onter am Perserkönig Kyrus.

Zom Vrgleicha: *Vers 4:* 1,19f • *Vers 9:* Est 1,19 • *Vers 11:* 1Kö 8,48f • *Vers 13:* 3,10-12 • *Vers 17:* 3,15-18 • *Vers 21:* Ps 22,22 • *Vers 29:* 1,21.

AM DANIEL SAE VISION VON VIER LEBEWESA OND VOM MENSCHASOH: 7 1-28

7 Em ersta Jåhr vom König Belschazzar von Babel håt dr Daniel an Traom ghet, ond was r auf saem Lager vôr Aoga ghet håt, des håt r aufgschrieba, ond des håt r gseha: [2]I han a Gsicht ghet en dr Nacht, ond guck, dia vier Wend am Hemmel hent s graoße Meer aufgwuahlt. [3]Ond vier graoße Tier send aus am Meer rauf komma, jedas håt anders ausgseha. [4]S erste ischd wian a Löwe gwea ond håt Flügel ghet wian a Adler, nå han e gseha, wian am d Flügel rausgrissa wôra send, ond s ischd vom Boda aufghoba ond auf zwôe Füaß gstellt wôra wian a Mensch, ond a Menschaherz ischd am geba wôra. [5]Ond guck, s zwôete Tier håt wian a Bär ausgseha, des ischd bloß auf dr oena Seite aufgrichtat gwea ond håt drei Rippa em Maul zwischa de Zäh ghet; dem ischd gsaed wôra: Stand auf ond friß viel Flôesch! [6]Dådrnåch han e no a anders Tier gseha, des håt wian a Panther ausgseha ond håt vier Flügel von Vögel an de Seita ghet ond vier Köpf håt des Tier ghet, ond dem ischd Macht geba wôra. [7]Nach dene Nachtgsicht han e a vierts Tier gseha, des håt fürchterlich schrecklich ausgseha ond ohaemlich stark. Des håt riesige Zäh aus Eise ghet ond håt wild om sich gfressa ond zsemagmalmt ond vrmatscht, ond da Rest håt s mit de Füaß vrtrappt. Des håt sich von dene andere Tier onterschieda, weil s ao zeah Hörner ghet håt. [8]Môn e die Hörner åguckt han, ischd zwischa dene a kloeners Horn rausgwachsa, ond drei von de erste Hörner send von dem rausgrissa wôra; ond guck, an dem Horn send Aoga gwea wia Menschaaoga ond a Maul, des mô saumäßig ågeba håt. [9]I han guckt bis då Thron aufgstellt wôra send, ond a stoealter Greis ischd nôgsessa. Sae Gwand ischd weiß wia Schnae ond saene Hååг send wia raena Wolla gwea, sae Thron send Flamma ond saene Räder Feuergluat. [10]A Feuerstrom ischd von am ausganga tausad mål tausad hent an bedient ond zeahtausad mål zeahtausad send vôr am gstanda. S Gericht håt Platz gnomma ond Bücher send aufgmacht wôra. [11]Nå han e guckt wega dera graoßa Gosch mô des Horn ghet håt, ond han gseha, wia des Tier ombråcht ond sae Leib vrnichtat ond am Feuer übergeba wôra ischd. [12]De andere Tier ischd ao ihr Macht gnomma wôra, ond ihr Lebensdauer ischd auf Jåhr ond Dag bestimmt wôra.

[13]Nå han e emmer no Nachtgsichter ghet ond guck: En de Wolka am Hemmel ischd oener komma, wia a Soh vom Menscha, der ischd bis zo dem stoealta Greis komma ond mr håt an vôr an bråcht.

[14]Ond mr håt am Macht geba ond Ehr ond Königreich, ond älle Völker ond Nationa ond Språcha hent am dient. Sae Macht ischd ewig ond ovrgänglich, ond sae Reich gôht gar nia onter.

[15]Des håt me em Gaest arg mitgnomma, ond was i, dr Daniel, vôr Aoga ghet han, des håt mr richtig Angst gmacht. [16]Nå ben e zo oem nôganga, mô då drbeigstanda ischd ond han an gfrågt, ob r mr ebbas Gnauers über dia Sacha saga könnt; ond r håt mit mr gredat ond gsaed, was des zom bedeuta håt. [17]Dia vier graoße Tier bedeutat: Vier Königreich werat aufkomma von dr Erde. [18]Ond nå kriagat de Haelige vom Höchsta s Reich, ond dia hent nå des Reich als Aegatom auf ewig ond für älle Zeita! [19]Nå han e no ebbas Gnauers über des vierte Tier vrfahra wölla, des mô sich von de andere so onterschieda ond so fürchterlich ausgseha håt, des mô eiserne Zäh ond bronzene Klaoa ghet håt ond om sich gfressa ond ällas mit saene Füaß vrtrappt håt; [20]ond über dia zeah Hörner auf saem Kopf ond des andere, mô drzwischa raufgwachsa ischd ond vôr dem drei Hörner rausgfalla send, ond des Horn, mô Aoga ghet håt ond a graoßa Gosch ond graeßer ausgseha håt wia de andere. [21]I han des Horn gega de Haelige Kriag führa ond se überwältiga seha, [22]bis der stoealte Greis komma ischd ond s Gericht an de Haelige vom Höchsta übergeba wôra ischd ond d Zeit åbrocha ischd mô de Haelige s Reich kriagt hent. [23]Ond r håt gsaed: Des vierte Tier bedeutat a vierts Reich auf dr Erde, ond des onterschôedat sich von älle andere Reich; des will de ganz Erde fressa ond ällas zsematrappa ond he macha. [24]Ond dia zeah Hörner bedeutat: Aus dem Reich werat zeah König aufstanda, ond nach dene stôht a anderer auf; der ischd von de andere vrschieda ond onterwirft drei König von de vôrige. [25]Der führt graoße Reda gega da Höchsta ond de Haelige vom Höchsta will r plåga. Ond r will d Festzeita ond d Gsetz omändera, ond se send en saener Gwalt für oe Zeit ond zwôe Zeita ond a halba Zeit. [26]Nå kommt s Gericht zsema, nå wird dem König d Macht weggrissa ond endgültig vrnichtat. [27]*Ond s Königtom ond d Macht ond d Graeße über älle Königreich onter am ganza Hemmel wird am Volk von de Haelige vom Höchsta geba. Sae Reich ischd a ewigs Reich ond älle Mächt müaßat am deana ond folga.*

[28]Des ischd dr Schluß von dene Wort. I, dr Daniel, han mr viele Gedanka gmacht, dia hent me ganz durchanander bråcht, dass e ganz blôech wôra ben em Gsicht. Aber i han mr dia Wort em Herza aufghoba.

Zom Vrgleicha: *Vers 1:* 5,1 • *Vers 2:* Jes 17,12f • *Vers 3:* Offbg13,1f • *Vers 4:* Ez 1,6 • *Vers 9:* Ez 1,26; Offbg 4,2f • *Vers 10:* Offbg 5,11; Ps 69,29; Offbg 20,12 • *Vers 11:* Offbg 19,20 • *Vers 12:* 2,21 • *Vers 13:* Offbg 1,13; 14,14 • *Vers 14:* 2,44; Mt 24,30; 26,64 • *Vers 18:* 4,14 • *Vers 21:* Offbg 13,7 • *Vers 24:* Offbg 17,12 • *Vers 25:* 11,36; Offbg 13,5f • *Vers 28:* 8,18; 10,8.

AM DANIEL SAE VISION VOM SCHÅFBOCK OND GÔESBOCK: 8 1-27

8 Em dritta Jåhr vom König
Belschazzar saener Regierongszeit
han i, Daniel, a Erschaenong ghet, nach
dera Erschaenong, môn e am Åfang
ghet han. 2 I han a Erschaenong ghet,
ond während e se gscha han, ben e en dr
Burg Susa gwea, dui mô en dr Provinz
Elam leit, am Fluß Ulai. 3 Då han e mit
maene Aoga aufguckt ond i han gseha,
wian a Schåfbock am Fluß gstanda
ischd, ond der håt zwôe Hörner ghet.
Ond dia Hörner send zemlich haoch
gwea, aber s oene ischd haecher gwea
wia s ander, ond des haechere ischd
zletzta gwachsa. 4 I han gseha, wia der
Schåfbock nach Westa ond nach Norda
ond nach Süda gstoßa håt, vôr dem håt
koe anders Tier standhalta könna, ond
neamerd håt aus dem saener Gwalt
reissa könna, der håt grad dao, was r
wölla håt, ond håt sich graoß gmacht.
5 Ond i han s weiter beobachtat, ond
guck, nå ischd a Gôesbock komma
von Westa her über de ganz Erde, der
håt et amål da Boda berührt. Ond der
Gôesbock håt oe ganz åsehnlichs Horn
ghet zwischa saene Aoga. 6 Ond der
ischd bis zo dem Schåfbock mit saene
zwôe Hörner komma, der mô am Fluß
gstanda ischd, ond ischd auf an losganga
mit dr ganza Kraft, môn r en saener
Wuat ghet håt. 7 Ond i han gseha wian r
zo dem Schåfbock nôkomma ischd ond
den Schåfbock ganz wüatig ågriffa ond
am bôede Hörner abrocha håt. Ond
der Schåfbock håt koe Kraft maeh ghet
zom am standhalta. Nå håt r an auf da
Boda gschmissa ond an zsematramplat,
ond neamerd ischd då gwea zom den
Schåfbock aus saener Gwalt retta. 8 Ond
der Gôesbock ischd übermäßig graoß
wôra; aber grad, môn r am stärksta
gwea ischd, ischd am des graoße Horn
abrocha ond an saener Stell send am
vier åsehnliche Hörner gwachsa en jeda
Hemmelsrichtong oes. 9 Ond aus oem
von dene ischd a kloes Hörnle gwachsa,
des ischd emmer graeßer ond übermäßig
graoß wôra Süda zua ond Osta zua ond
gega d Pracht (s haelige Land). 10 Ond des
ischd bis ens Hemmelsheer nae gwachsa
ond håt a paar vom Heer ond von de Stern
auf d Erde ragschmissa ond se vrtrappt.
11 Bis zom Fürsta vom Hemmelsheer
håt sich der graoß gmacht ond håt am
s dägliche Opfer weggnomma ond sae
Haeligtom vrwüastat. 12 Ond s Heer (dr
Kultdenst) ischd auf a frevelhafta Art
über s dägliche Opfer aegsetzt ond d
Wåhrat auf da Boda gschmissa wôra;
ond solang s des dao håt, ischd am ällas
glonga.
13 Nå han e an Haeliga reda höra, ond
a anderer Haeliger håt den gfrågt,
mô gredat håt: Wia lang gilt dui
Erschaenong vom däglicha Opfer ond
vom wüasta Frevel ond vom preisgebena
Haeligtom? 14 Nå håt r zo mr gsaed:
Bis zwôetausaddreihondert Åbad ond
Môrga vrbei send, nå kriagt s Haeligtom
wieder sae Recht!
15 Mô i, dr Daniel, dui Erschaenong ghet
han ond mr Müah geba han, se zom
vrstanda, guck, då ischd oener vôr mr
gstanda, der håt ausgseha wia a Må.
16 Ond i han a Stemm vo'ma Menscha
ghört über am Ulai, ond dui håt gschria
ond gsaed: Gabriel! Erklär dem då dui
Erschaenong! 17 Ond r ischd neber me
nôgstanda. Aber i ben vrschrocka môn
r komma ischd ond ben auf mae Gsicht
nôgsonka. Ond r håt zo mr gsaed: Pass
auf, Menschasoh, bei dera Erschaenong
gôht s om d Endzeit! 18 Während r mit
mr gredat håt ben i ohnmächtig mit am
Gsicht auf am Boda glega. Nå håt r me
ågregt ond me wieder auf d Füaß gstellt.
19 Ond r håt zo mr gsaed: Guck, i lass

de wissa, was am End von dr Zôrnzeit
gschieht, bei dera Erschaenong gôht s
nämlich om d Endzeit! [20]Der Schâfbock
mit dene zwôe Hörner, den mô da gseha
håsch, des send d König von Medien
ond Persien. [21]Der Gôesbock ischd dr
König von Jawan (Griechaland). Ond
des graoße Horn zwischa saene Aoga
ischd dr erste König. [22]Ond dass an dr
Stell von dem oena Horn vier gwachsa
send, bedeutat: Aus oem Volk werat
vier Königreich, aber dia send lang
et so stark wia er. [23]Ond am End von
ihrer Herrschaft, wann se s Maß von
ihram Frevel volgmacht hent, stôht a
König auf, frech ond agschlaga. [24]Der
håt a ogeheura Macht ond richtat an
oglaoblicha Schada å, ond ällas, was r
duat, glengt am. Gewaltige brengt der
ens Vrderba ond a Volk von Haelige.
[25]Auf Grond von saener Schlauhaet
glengt am ao sae Betrug. Nå wird r en
saem Herza überheblich ond brengt über
viele oms Nomgucka s Vrderba. Sogar
gega da Fürsta stôht der auf; aber der
wird vrnichtat, ohne dass oener ebbas
drzua duat. [26]Ond dui Erschaenong von
de Åbad ond Môrga, mô dr zaegt wôra
ischd, des ischd d Wåhrat. Aber du
sollst dui Erschaenong für di bhalta, bis
sell nô vrgôht nämlich no viel Zeit.
[27]Auf des nô ben i, dr Daniel, ganz he
gwea ond ben a paar Däg krank em Bett
glega. Aber nå ben e wieder aufgstanda
ond han maen Denst beim König wieder
vrseha. Ond i han staona müaßa über
dui Erschaenong, aber vrstanda han e
se et.

Zom Vrgleicha: *Vers 1:* 7,1 • *Vers 8:* 7,8 • *Vers 9:* Sach 7,14 • *Vers 11:* 9,27; 11,31 • *Vers 13:* 12,6f; Sach 1,9f • *Vers 14:* 7,25 • *Vers 15:* 9,21 • *Vers 16:* Lk 1,19 • *Vers 17-18:* 10,15-19 • *Vers 18:* Offbg 1,17; Ez 2,1f • *Vers 23:* 11,21 • *Vers 24:* 7,18 • *Vers 26:* 12,4; Offbg 22,6.

D WEISSAGONG VON DE SIEBZG JÅHRWOCHA: 9 1-27

9 Em ersta Jåhr vom Darius, am Soh
vom Ahasveros (Xerxes) aus am
Gschlecht von de Meder, der mô zom
König über s Reich von de Chaldäer
gmacht wôra ischd, [2]en dem ersta Jåhr
von saener Herrschaft han i, Daniel, en
de Schrifta d Zahl von de Jåhr rausfenda
wölla, dia mô an da Profeta Jeremia als
Wort von JAHWE erganga send em
Blick auf d Zerstörong von Jerusalem:
S send siebzg Jåhr gwea. [3]Ond i han
me Gott (Elohim), maem Herra,
zuagwendat zom Beta ond Fleha mit
Fasta ond en Sack ond Asche. [4]Ond i
han zo JAHWE, maem Gott (Elohay)
betat ond a Bekenntnis abglegt ond
gsaed: Ach, mae Herr ond Gott (El), du
graoßer ond furchtbarer, der da Bund
ond sae Gnade mit dene ghalta håt, mô
an mögat ond saene Gebot aehaltat. [5]Mir
hent gsündigt ond send schuldig wôra,
gottlos se'mr gwea ond abgfalla, mir
send von daene Gebot ond Satzonga
abgwicha. [6]Mir hent ao daene Knecht,
de Profeta, koe Ghör gschenkt, dia mô
en daem Nåma zo onsere König ond
Fürsta ond zo onsere Vädr ond zom
ganza Volk em Land gredat hent. [7]Du,
Herr, bist em Recht, aber mir müaßat
ons schäma, wia mr haet sieht, älle
Männer von Juda ond älle Aewohner
von Jerusalem ond ganz Israel, dia en
dr Nähe ond dia en dr Ferne en älle
Länder, mô du se nôvrstoßa håsch wega
ihrer Treulosigkaet, mô se dir zaegt
hent. [8]JAHWE, ons stôht d Scham em
Gsicht vôr dir, mir ond onsere König
ond Fürsta ond onsere Vädr, weil mr
ons an dir vrsündigt hent. [9]Beim Herra,
onseram Gott (Eloheynu), aber ischd

Erbarma ond Vrgebong; mir send
nämlich widerspenstig gega an gwea,
[10]ond hent et auf d Stemm von JAHWE,
onseram Gott (Eloheynu), ghorcht, dass
mr nach dene Gsetz glebt hätte, mô ons
saene Diener, d Profeta, vôrglegt hent.
[11]Ganz Israel hât daene Gsetz übertreta
ond ischd von en abgwicha ond hât et
auf dae Stemm ghorcht. Drom ischd
der Fluach ond der Schwur über ons
komma, von dem em Gsetz vom Mose,
am Knecht von Gott (Elohim) gschrieba
stôht, weil mir gega an gsündigt hent.
[12]Ond ER hât des Wort wåhr gmacht,
des môn r gega ons ond onsere Richter
gsprocha hât, dass über ons a sottigs
Ohael komma dät, wia mr s no nia
gseha hätt onter am Hemmel, wia s nå
ao en Jerusalem passiert ischd. [13]So wia
s em Gsetz vom Mose gschrieba stôht,
so ischd des Ohael über ons komma.
Aber mir hent ons koe Müah geba, dass
mr JAHWE, onseran Gott (Eloheynu),
besänftigt ond von onsere Otata glassa
ond auf dae Wåhrat ghört hätte. [14]Drom
ischd JAHWE wachsam gwea ond
hât des ganze Ohael über ons komma
lassa; JAHWE, onser Gott (Eloheynu),
ischd nämlich gerecht bei ällam, was r
duat; aber mir send s gwea, mô et auf
sae Stemm ghorcht hent. [15]Ond jetzt,
Herr, onser Gott (Eloheynu), du håsch
dae Volk mit starker Hâd aus am Land
Ägypten rausgholt ond dr bis auf da
haetiga Dag an Nåma gmacht! Mir hent
gsündigt, mir hent ons gottlos vrhalta!
[16]O Herr, om daener Gerechtigkaet
willa, laß doch daen Zôrn ond dae
Wuat an daener Stadt Jerusalem ond an
daem haeliga Berg vorbeiganga! Wega
de Sünda ond Missetata von onsere
Vädr ischd Jerusalem ond dae Volk zor
Schand wôra für sae ganza Omgebong.
[17]Ond jetzt onser Gott (Eloheynu), hör
doch auf s Gebet von daem Knecht
ond laß dae Gsicht strahla über daem
zrstörta Haeligtom, daenatwilla, o
Herr. [18]Mae Gott (Elohay), leih mr dae
Ohr ond horch, mach daene Aoga auf
ond guck onsere Vrwüastonga ond
dui Stadt, über dera mô dae Nåma
ausgruafa wôra ischd; *et wega onserer
Gerechtigkaet brengat mir onsere Bitta
vôr dae Gsicht, sondern em Vrtraua
auf dae Graoßa Barmherzigkaet.* [19]Mae
Herr, erhör me! Mae Herr, vrzeih! Mae
Herr, pass auf ond handle! Zögere et,
mae Gott (Elohay), om daenatwilla, dae
Nåma ischd doch ausgruafa wôra über
dae Stadt ond über dae Volk!
[20]Ond während i no gredat ond betat
han ond maene Sünda ond d Sünda von
maem Volk Israel zuageba han, ond mit
Fleha für da haeliga Berg von maem
Gott (Elohay), vor JAHWE, maen
Gott (Elohay) brâcht han, [21]also môn e
no gredat han em Gebet, ischd der Mă
Gabriel, den môn e schao früher en ra
Erschaenong gseha han, ganz schnell
drhergfloga komma ond hât me berührt
om d Zeit vom Åbadopfer. [22]Ond r
ischd ganz aesichtig gwea, môn r mit mr
gredat hât, ond r hât gsaed: Daniel, i ben
gschickt wôra, zom dr Aesicht geba.
[23]Schao mô da âgfanga håsch mit daem
Fleha, ischd a Wort an me erganga, ond
i ben komma zom dr s saga; du bist
nämlich liab ond wert, achte also auf des
Wort ond merk dr dui Erschaenong:
[24]Siebzg (Jåhr)Wocha* send über
dae Volk ond über dae haeliga Stadt
bestimmt, bis dr Frevel vollendat ond s
Maß vol ischd mit Sünda ond d Schuld
gsühnt ond ewiga Gerechtigkaet brâcht
wird, bis Erschaenonga ond Weissagonga
bestätigt ond s ällerhaeligste Haeligtom
gsalbt ischd.
*jeda Jåhrwoch hât sieba Jåhr.
[25]Ond du sollst wissa ond vrstanda: Von
dera Zeit å, mô des Wort erganga ischd,
dass Jerusalem wieder zrückgführt ond
wieder aufbaut wera soll, bis wieder a

gsalbter Fürst erschaent, send sieba Wocha; ond zwôeasechzg Wocha baut mr s wieder auf mit Plätz ond Gräba, ond zwår en ra schwera Zeit. 26 Ond nach dene zwôeasechzg Wocha wird a Gsalbter ombråcht, ond koe Nåchfolger ischd für an då. Ond d Stadt ond s Haeligtom wird durch an Fürsta vrnichtat, aber nå kommt s End durch a Fluat, ond bis zom End ischd Kriag ond Vrwüastong, wia s beschlossa ischd. 27 Ond r macht a starks Bündnis mit Viele. A Woch ond a halba Woch lässt r koene Schlachtopfer ond Speisopfer zua. Ond auf am Altar von de Scheußlichkaeta stôht d Vrwüastong, bis d Vrnichtong über da Vrwüaster kommt, wia s beschlossa ischd.

Zom Vrgleicha: *Vers 1:* 6,1 • *Vers 2:* Jer 25,11f; 29,10 • *Vers 4-19:* 3,25ff; Neh 1,5-11 • *Vers 6:* Jer 7,25f • *Vers 7:* Esra 9,6-8 • *Vers 11:* Lev 26,14-39; Dtn 28,15-68 • *Vers 14:* Jer 1,12 • *Vers 15:* Dtn 6,21; Jer 32,20f • *Vers 16:* Ps 103,6 • *Vers 18:* 2Kö 19,16 • *Vers 24:* Jes 53,11; 1Chr 23,13; Ez 45,3; Ex 29,37 • *Vers 27:* 11,31; 12,11; Mt 24,15; Jes 10,22f.

DE LETZTE OFFABARONGA AN DA DANIEL: 10 1 – 12 13

10 Em dritta Jåhr vom König Kyrus von Persien ischd am Daniel, der mô ao Beltschazzar hôeßt, a Wort offabart wôra. Des Wort ischd d Wåhrat ond kündigt schwere Zeita å. Ond r håt auf des Wort g'achtat, ond durch a Erschaenong håt r s vrstanda. 2 Selligsmål han i, dr Daniel, drei Wocha trauert. 3 Guate Sacha han e et gessa, Flôesch ond Wae han e et en da Mund gnomma, ond gsalbt han e me ao et, bis dia drei Wocha rom gwea send. 4 Am vierazwanzigsta Dag vom ersta Monat ben e am Ufer vom graoßa Fluss gstanda, des ischd dr Tigris, 5 då han e aufguckt, ond guck, då ischd a Må vôr mr gstanda, der håt Laenagwänder åghet ond an goldena Gürtel om d Hüfta. 6 Sae Leib ischd gwea wia Chrysolith, ond sae Gsicht håt gstrahlt wian a Blitz, ond saene Aoga send wia brennende Fackla gwea, saene Ärm ond saene Füaß hent gfonklat wia polierta Bronze, ond sae Stemm håt klonga wia dr Krach von ra graoßa Volksmenge. 7 Ond i, dr Daniel, han dui Erschaenong alloe gseha, aber dia Männer, mô bei mr gwea send, hent dui Erschaenong et gseha, aber über dia ischd a graoßer Schrecka komma ond se send abghaoa ond vrschlupft. 8 Ond i ben alloe zrückblieba ond han dui graoßa Erschaenong gseha, nå hent me maene Kräft vrlassa ond i ben ganz blôech wôra ond han koe Kraft mae ghet. 9 Nå han e da Klang von saener Stemm ghört ond ben wia betaebt auf mae Gsicht auf da Boda gsonka. 10 Ond guck, a Håd håt me åglangt ond me gschüttlat ond mr auf d Knia ond auf d Händ gholfa. 11 Ond r håt zo mr gsaed: Daniel, du liaber Må, achte auf maene Wort, môn e dr sag, ond stand aufrecht nô, i ben nämlich jetzt zo dr gschickt wôra! Ond wian r no mit mr gredat håt, ben e ganz zittrig aufgstanda. 12 Nå håt r zo mr gsaed: Brauchst koe Angst et han, Daniel! Weil schao vom ersta Dag å, mô du mit daem Senn drauf aus gwea bist zom vrstanda ond de vôr daem Gott (Eloheyka) zom demüatiga, send daene Wort ghört wôra, ond deswega ben i komma. 13 Aber dr (Engel-)Fürst vom Königreich Persien ischd mr oesazwanzg Däg entgegagstanda, ond guck, dr Michael, oener von de oberste (Engel-)Fürsta håt mr gholfa. Drom håt mr mi bei de König von Persien nemme braucht. 14 Jetzt ben e komma zom dr erklära, was auf dae Volk zuakommt am End von de Zeita, weil ao dui

Erschaenong gôht auf dui Zeit!
[15]Ond während r dia Wort zo mr gsaed
håt, han i auf d Erde guckt ond nex
maeh gsaed. [16]Ond guck, a Gstalt, mô
ausgseha håt wia a Mensch håt maene
Lippa berührt. Nå han e maen Mund
aufgmacht ond han zo dem, mô vôr
mr gstanda ischd gsaed: Mae Herr, mô
i dui Erschaenong ghet han, ischd mr s
ganz schwendalig wôra ond i han koe
Kraft maeh ghet. [17]Wia könnt a Diener
von maem Herra mit maem Herra reda?
I han seither koe Kraft maeh ond dr
Schnaufer gôht mr schier aus. [18]Ond der,
mô wian a Mensch ausgseha håt, håt me
nômål berührt ond me gstärkt. [19]Ond r
håt gsaed: Han no koe Angst et, liaber
Må, Frieda sei mit dr! Sei stark ond sei
fest! Ond wian r so mit mr gredat håt, han
e me gstärkt gfühlt ond han gsaed: Mae
Herr mög reda, du håsch me nämlich
gstärkt! [20]Dådrauf håt r gsaed: Wôeßt
du, wårom i zo dr komma ben? I gang
jetzt wieder zrück ond kämpf mit am
(Engel-)Fürsta von Persien. Ond sobald
e mit dem fertig ben, kommt ao schao dr
(Engel-)Fürst von Jawan (Griechaland).
[21]Aber vôrher will e dr no saga, was em
Buach von dr Wåhrat gschrieba stôht.
Mir hilft nämlich koener so richtig gega
dia, außer euram Engelsfürsta Michael.

11 Ond ao i ben am em ersta Jåhr vom
Darius, dem Meder, beigstanda
ond han an gstärkt ond gschützt. [2]Ond
jetzt will e dr d Wåhrat saga. Guck,
en Persien kommat no drei König auf;
aber dr vierte brengt no an graeßera
Reichtom zsema wia älle mitanander.
Ond wann r durch saen Reichtom
mächtig wôra ischd, biatat der ällas auf
gega s Reich von Jawan (Griechaland).
[3]Nå tritt a heldahafter König auf, ond
der führt a gewaltiga Herrschaft ond
duat was r will. [4]Aber kaom ischd
r auftreta, nå bricht sae Königreich
ausanander ond wird auftôelt en älle vier
Hemmelsrichtonga. Aber s fällt et saene
Nåchkomma zua ond ischd ao nemme
so stark wia då, mô er no gherrscht
håt. Dem sae Königreich wird nämlich
aufgrieba ond andere zuatôelt. [5]Nå wird
dr König em Süda stärker; aber oener
von saene Fürsta wird no stärker ond
richtat a graoßa Herrschaft auf; [6]aber
nach a paar Jåhr vrbündat se sich, ond
a Tochter vom König em Süda kommt
zom König em Norda zom a guata
Beziehong herstella. Aber se kå am sae
Macht et erhalta ond ao sae Streitmacht
kå sich et halta, sondern se wird
preisgeba mitsamt dene, mô se bråcht
hent ond mit ihram Vadr ond dem, mô se
gstärkt håt en dene Zeita. [7]Ond nå tritt a
Sprößleng aus ihrer Wurzel an sae Stell;
ond der tritt gega s Heer å ond drengt
en d Festong vom König em Norda ae
ond gôht mit am om, wia s a Sieger duat.
[8]Sogar ihre Götter (Eloheyhem) mitsamt
ihre Gussbilder ond Gerätschafta, Silber
ond Gold brengt der als Beute mit nach
Ägypten; nå lässt r da König em Norda
a paar Jåhr en Ruah. [9]Ond der drengt
nå wieder ens Herrschaftsgebiet vom
König em Süda ae, muaß aber nå doch
wieder en sae Land zrück ganga.
[10]Aber saene Soh rüstat nå wieder auf
ond stellat a graoß Heer zsema mit viele
Streitkräft. Ond des kommt rae wia s
Hochwasser ond überfluatat ällas ond
drengt em zwôeta Gang bis zo saener
Festong vôr. [11]Des macht da König em
Süda arg narrat ond r rückt aus ond
kämpft gega da König vom Norda. Ond
obwohl der a graoß Heer aufgstellt
håt, fällt am der ganze Heerhaufa en
d Händ. [12]Mô des Heer gschlaga gwea
ischd, ischd sae Herz haochfährig wôra
ond r håt zeahtausende ombråcht, aber r
bleibt et überlega. [13]Dr König em Norda
stellt nämlich nômål an Heerhaufa
zsema, an viel graeßera wia der drvôr
ond kommt a paar Jåhr später mit ra

riesa Streitmacht ond ama graoßa Tross
drher. [14]En dene Zeita standat viele
gega da König vom Süda auf, ond ao
Gwalttätige aus daem Volk dent bei dem
Aufstand mit, dass sich d Profezeiong
erfüllt, aber dia kommat ens Strauchla.
[15]Nå kommt dr König vom Norda ond
lässt an Belagerongswall aufschütta
ond d Stadtfestonga aenemma. Aber
s Heer vom Süda kå et standhalta ond
ao saene Elitesoldata hent et gnuag
Kraft zom standhalta; [16]sondern der,
mô gega an årückt, duat, was am gfällt,
ond koener kå am standhalta. So fasst
r Fuaß ema prächtiga Land, ond saene
Händ brengat Vrnichtong. [17]Nå kommt
s am en da Senn, wian r dem sae Ganz
Reich en sae Gwalt brenga kå. R trifft
a Abmachong mit am ond geit am sae
Tochter zor Frao, zom s Vrderba über
an brenga. Aber des kommt et zstand
ond glengt am et. [18]Nå wendat r sich de
Küstaländer zua ond nemmt viele ae,
aber a Feldherr macht a End mit saene
Rausforderonga ond zahlt am ällas
hoem. [19]Nå gôht r auf d Festonga von
saem Land los, ond r strauchlat ond fällt
ond mr håt an nemme gfonda.
[20]An sae Stell tritt oener, mô ama
Fronvogt d Würde vom Königtom
überträgt, aber der wird nach a paar
Däg ombråcht, aber et aus Wuat ond
ao et durch an Kriag. [21]Ond an dem sae
Stell tritt a Vrachtater, für den ischd d
Königswürde et bestimmt, der ischd
raekomma, weil mr et aufpasst håt
ond håt d Herrschaft ganz henterlistig
an sich grissa. [22]Ganze Heer werat von
dem weggschwemmt ond gschlaga, ao
dr Fürst vom Bund (dr Hohepriaster),
[23]ond wer sich mit dem aeläßt, ischd
vrråta ond vrkaoft; der kommt oefach
drher ond reißt mit a paar Leut d Macht
an sich. [24]Der drengt ovrhofft en de
beste Landstrich von ra Provinz ae ond
duat, was et amål saene Vôrfahra dao
hent: Der plünderat ond vrtôelt andere
ihr Hab ond Guat an saene Leut, ond
r heckt Plän aus gega d Festonga, aber
bloß für a bestimmta Zeit. [25]Der biatat
sae ganza Kraft ond saen Muat auf gega
da König vom Süda, mit ama graoßa
Heer rückt r å. Ond dr König vom Süda
rüstat a graoß ond starks Heer für da
Kriag auf, aber r kå et standhalta, weil
mr a Vrschwörong gega an åzettlat
håt. [26]Saene aegene Tischgenossa hent
an zgrond grichtat, ond sae Heer wird
weggschwemmt ond viele fallat. [27]Ond
dia zwôe König heckat ebbas baes aus,
dia hockat an oem Tisch beianander
ond lügat anander å. Aber s glengt
en et, s End stôht nämlich no aus zor
festgsetzta Frist. [28]Dådrnåch gôht r
mit saem graoßa Tross wieder en sae
Land zrück, aber sae Herz richtat sich
gega da haeliga Bund, aber då fangt
r erst drmit å, wann r wieder en saem
Land ischd. [29]Ond nach ra bestimmta
Zeit fällt r wieder en da Süda ae, aber
då laoft s et so wia beim ersta Mål. [30]Då
greifat kittäische Schiff å, ond r kriagt
s mit dr Angst zom doa ond kehrt
om. Nå gôht r wieder en saener Wuat
gega da haeliga Bund vôr ond handlat
entsprechend ond beobachtat dia, mô
da haeliga Bund vrlassat. [31]Ond saene
Leut entweihat s Haeligtom, d Burg,
ond schaffat s dägliche Opfer ab ond
stellat s Greuelbild von dr Vrwüastong
auf. [32]Ond dia, mô am Bund frevlat,
macht r abspenstig mit saene vrlogene
Redensarta. Aber dia Leut, mô ihran
Gott (Elohayw) kennat, dia bleibat fest
ond handlat drnåch. [33]Ond de Weise em
Volk brengat viele wieder zor Aesicht;
aber a Zeitlang zwengt mr dia mit
Schwert ond Feuer, mit Gfangaschaft
ond Plünderong na. [34]Aber während se
vrfolgt werat, kommt en a kloena Hilfe
zua, ond viele schliaßat sich dene zom
Schaen å. [35]Von de Weise fallat a paar,

dass se gläuterat ond prüaft werat ond
sich raenigat bis zor Zeit vom End,
s daurat nämlich no a Weile bis zor
bestimmta Zeit.
36Dr König duat was r will, ond r ischd
überheblich ond spielt sich auf gega jedan
Gott (El), ond gega da Gott (El) über
älle Götter (Eliym) führt r oglaobliche
Reda, ond des glengt am ao no, aber
bloß bis zom End vom Fluach, weil des,
was beschlossa ischd, des kommt ao.
37Om d Götter (Elohey) von saene Vädr
schert der sich et ond kümmert sich ao
et om da Liableng von de Fraoa oder
sonst a Gotthaet (Elowah); der macht
sich über ällas graoß. 38Aber d Festonga
vrehrt der als Gotthaeta (Elowah), ond
a Gotthaet (Elowah), mô et amål saene
Vädr kennt hent, vrehrt r mit Gold ond
Silber ond mit Edelstoe. 39Ond r macht
Festonga zor Zuaflucht von ra fremda
Gotthaet (Elowah). Dia, môn am Honig
oms Maul schmierat, macht r graoß
ond lässt se herrscha über viele, ond als
Belohnong vrtôelt r en Land.
40Aber wann s End von dr Zeit då ischd,
geit s an Zsammastoß mit am König vom
Süda. Då kommt dr König vom Norda
mit Kampfwäga ond Reiter ond mit
viele Schiff gega an ågstürmt. Der drengt
en dia Länder ae ond überschwemmt se.
41Ond r drengt ens prächtige Land ae
ond viele kommat om. Aber dia kommat
vôr saener Gwalt drvo: Edom ond Moab
ond dr Haopttôel von de Ammoniter.
42Ond r streckt saene Händ ao no nach
andere Länder aus, ond s Land Ägypten
kommt et drvo, 43sondern r wird dr Herr
über älle Schätz aus Gold ond Silber
ond über älle Kostbarkaeta en Ägypten;
Libyer ond Kuschiter gherat zo saene
Gfolgsleut. 44Nå vrschrickt r über
Nåchrichta von Osta ond von Norda
ond r gôht mit ra graoßa Wuat fort zom
no so viel wia möglich hemacha. 45Ond
r schlägt saene palastartige Zelt zwischa
am Meer ond de Berg vom haeliga
Land auf. Då kommt r an sae End ond
neamerd ischd då, môn am hilft.

12 Aber en dera Zeit tritt dr Michael
auf, dr graoße (Engel)Fürst ond
stôht für d Kender von daem Volk ae.
Des wird a Zeit voler Drangsal, wia
s no koena geba håt seit s Völker geit,
bis auf dui Zeit; ond en eba dera Zeit
wird dae Volk grettat, a jeder, der mô
em Buach aegschrieba ischd. 2**Ond viele
von dene, mô em Erdastaob schlåfat,
wachat auf; de oene zom ewiga Leba,
ond de andere zor ewiga Schmach ond
Schand.** 3*Nå strahlat de Weise wia dr
Glanz vom Hemmelsgwölb, ond dia, mô
viele zor Gerechtigkaet gführt hent, wia
d Stern für emmer ond ewig.* 4Ond du,
Daniel, vrschliaß dia Wort ond vrsiegle
des Buach bis en d Endzeit, nå forschat
viele dren ond d Erkenntnis wächst.
5Ond i, dr Daniel, han guckt, nå send
då zwôe Engel gstanda, oener hüba am
Ufer vom Strom ond oener drüber am
Ufer vom Strom. 6Ond oener håt zo
dem Må, der mô Laenagwänder åghet
håt ond über am Wasser vom Strom
gstanda ischd, gsaed: Wann kommt
endlich s End von dem Oerklärbara?
7Nå han e den Må em Laenagwand, der
mô über am Wasser vom Strom gstanda
ischd, mit zom Hemmel aufghobene
Händ saga höra, wian r beim Leba vom
Ewiga gschwora håt: No oe Zeit ond
zwôe Zeita ond a halba Zeit; ond wann
der am End ischd, der mô s haelige
Volk he macht, nå gschieht des ällas. 8I
han des zwår ghört, aber vrstanda han
e s et, ond nå han e gsaed. Mae Herr,
was ischd nå s letzte von dem ällam?
9Aber der håt gsaed: Gang, Daniel!
Dia Wort bleibat nämlich vrschlossa
ond vrsieglat bis zor Endzeit! 10Viele
werat vrlesa, gläutert ond graenigt,
aber d Frevler bleibat Frevler, koe
Frevler wird s vrstanda, aber de Weise

kriagat d Aesicht. 11Ond von dera Zeit
å, mô s dägliche Opfer agschafft ond s
Greuelbild von dr Vrwüastong aufgstellt
wird, send s tausadzwôehondertnaezg
Däg. 12Wohl dem, der mô ausharrt ond
tausaddreihondertdreißg Däg erraecht!
13Du aber, Daniel gang am End zua,
ond nå ruahst, ond am End von de Däg
stôhst d auf zo daem Erbtôel!

Zom Vrgleicha: *Kap 10 Vers 5:* 8,15; Offbg 1,13-15; Ez 1,27f • *Vers 9:* 8,18 • *Vers 11:* 9,23 • *Vers 12:* Esra 8,21 • *Vers 13:* Sach 3,1f; Offbg 12,7 • *Vers 16:* 7,13; Jes 6,7; Jer 1,9 • *Vers 18:* 8,18 • *Vers 19:* Offbg 1,17 • *Kap 11 Vers 1:* 9,1 • *Vers 6:* 2,43 • *Vers 15:* 8,23-25 • *Vers 16:* 8,9 • *Vers 17:* 2,43 • *Vers 21:* 8,23f • *Vers 31:* 8,11f; 9,27; 12,11; Mt 24,15 • *Vers 33:* 12,3 • *Vers 36:* 7,8.25; 2Thess 2,4; Offbg 13,5f • *Vers 41:* 11,16; 8,9 • *Kap 12 Vers 1:* 10,13; Offbg 12,7; Mt 24,21 • *Vers 2:* Jes 66,24; Joh 5,29 • *Vers 3:* 11,33; Spr 4,18; Mt 13,43 • *Vers 4:* 8,26; Offbg 10,4 • *Vers 6:* Offbg 10,5f • *Vers 7:* 7,25 • *Vers 10:* 11,35 • *Vers 11-12:* 8,14.

S Buach Hosea

D ÜBERSCHRIFT: 1 1

1 Des ischd s Wort von JAHWE, mô an da Hosea, da Soh vom Beeri, en dera Zeit erganga ischd, mô dr Usija, dr Joram, dr Ahas ond dr Hiskija König von Juda gwea send, ond mô dr Jerobeam, am Joasch sae Soh, König von Israel gwea ischd.

AM HOSEA SAE EHE: 1 2 – 3 5

A symbolischa Botschaft von Gott: 1 2-9

2 Am Åfang, mô dr Herrgott (JAHWE) durch da Hosea gredat håt, då håt JAHWE zom Hosea gsaed: Gang ond nemm dr a Tempelhur zor Frao ond zeug Hurakender mit ra, weil sich s Land von JAHWE abgwendat håt ond zor Hur wôra ischd! 3 Ond r ischd ganga ond håt d Gomer, a Tochter vom Diblajim, zor Frao gnomma. Dui ischd en andere Omständ komma ond håt am an Bua auf d Welt bråcht. 4 Nå håt dr Herrgott (JAHWE) zon am gsaed: Hôeß an Jesreel; i will nämlich bald s Haus Jehu für saene Bluattata von Jesreel stråfa, ond nå mach i a End mit dr Königsherrschaft vom Haus Israel. 5 An dem Dag brich i da Boga von Israel en dr Jesreelebene ausananeder!
6 Ond se ischd nômål en andere Omständ komma ond håt am a Mädle auf d Welt bråcht. Ond r håt zon am gsaed: Dera gibsr d da Nåma Lo Ruhama (Gnadalosa); i will nämlich en Zuakonft am Haus Israel nemme gnädig sae, dass en i vrzeiha dät! 7 Aber am Haus Juda will e gnädig sae ond s retta durch JAHWE, ihran Gott (Eloheyhem). Aber i hilf en et mit Boga ond Schwert ond durch Kriag mit Ross ond Reiter!
8 Mô se nå d Lo-Ruhama agstillt håt, ischd se wieder en andere Omständ komma ond håt am an Bua auf d Welt bråcht. 9 Ond ER håt zon am gsaed: Dem gibst d da Nåma Lo-Ammi (Et mae Volk)! Ihr send nämlich et mae Volk, ond i ben et für euch då!

Zom Vrgleicha: *Vers 2:* 4,12; 9,1 • *Vers 4:* 2Kö 9,24-27; 10,11; 17,3-6.20-23,5; Am 7,9.11 • *Vers 6:* 2,1.3.6 • *Vers 7:* 2Kö 19,34; Ps 20,8; Spr 21,31; Jes 30,16; Mi 5,9 • *Vers 9:* 2,25; Ex 3,14.

D kommenda Rettong: 2 1-3

2 Irgendwann ischd d Zahl von de Israelita wia dr Såd am Meer, den mô mr et messa ond et zähla kå. Ond nå saed mr et: Lo-Ammi (Ihr send et mae Volk), sondern mr saed zo euch: Ihr send am lebendiga Gott (El) saene Kender.
2 Nå dent sich d Söh von Juda ond d Söh von Israel zsema ond gebat sich a gemaensams Oberhaopt ond kommat vom Land rauf, dr Dag von Jesreel ischd nämlich a graoßer Dag.
3 Sagat zo eure Brüader: Ammi (Mae Volk) ond zo eure Schwestera Ruhama (Erbarma).

Zom Vrgleicha: *Vers 1Gen 22,17*; 32,13; Joh 1,12; Rö 9,26 • *Vers 2:* Jes 11,12f; 49,22f; 50,4; Ez 37,16-24; Sach 10,6; Jer 3,18 • *Vers 3:* 1,6.9.

Dr Prozeß gega s treulose Israel: 2 4-17

4 Streitat mit eurer Muader, streitat! Des

ischd nämlich et mae Frao, ond i ben et
ihr Må. Dui soll von ihram Gsicht des
Hurazaeche wegmacha ond dia Mäler
vom Ehebruch zwischa ihre Brüst. [5]Sonst
ziag e se nackat aus ond stell se nô wia
am Dag von ihrer Geburt; ond i mach se
dr Wüste gleich, wia s vrdôrrate Land
mach e se ond laß se vrdursta. [6]Ond mit
ihre Kender gang e ao et gnädig om, weil
des Hurakender send. [7]Weil ihr Muader
romghurt håt, dui Frao, mô se auf d
Welt bråcht håt, ischd a Schand. Dui
håt sich nämlich gsaed: I gang zo maene
Freier, dia gebat mr mae Brot ond mae
Wasser, mae Wolla ond maen Flachs,
mae Öl ond was e zom Trenka brauch.
[8]Drom will ra i da Weg mit Dôrnahecka
vrbaua ond mit ra Mauer, dass se ihran
Weg nemme fendat.

[9]Ond wann se ihre Freier nåchlaoft ond
se et erraecht, nach en suacht ond se
et fendat, nå saed se: I gang wieder zo
maem ersta Må, bei dem han e s besser
ghet wia jetzt. [10]Aber se håt et kapiert,
dass i ra s Korn geba han ond da Most
ond s Olivaöl. Ond Silber ond Gold han
e ra ao emmer maeh geba, ond då hent
se a Baalsbild drvo gmacht. [11]Drom hol
i mae Korn zo saener Zeit ond maen
Most zo saener Zeit wieder zrück. Ond
i nemm ra mae Wolla ond maen Flachs
weg, mit dene se ihr Blöße håt zuadecka
wölla. [12]Ond i deck ihr Scham auf vôr
ihre Freier drå, ond neamerd kå se aus
maener Håd reißa.

[13]I mach ihram schamlosa Treiba a End,
ihre Fest, ihre Neumond ond ihram
Sabbat ond ihre andere Festlichkaeta. [14]I
laß ihran Rebstock ond ihran Ölbaom
vrdôrra, von dene, mô se moent: Des
send Gschenk von maene Freier. I mach
se zor Wildnis, s Wild em Feld soll se
kahl fressa. [15]So will e an ra dia Däg
vom Baal stråfa, an dene, mô se am Baal
Raecheropfer darbråcht hent, ond se håt
sich mit Ohrreng gschmückt ond mit
ihram Schmuck ond ischd henter ihre
Freier hergloffa, aber mi håt se vrgessa
– Spruch von JAHWE!

[16]Drom lock e se en d Wüste ond red
ra ens Gwissa. [17]Nå gib e ra sell ihre
Wengert ond mach s Tal Achor für se
zom Hoffnongstor. Ond se füagt sich
sell wia en ihrer Jugendzeit ond wia an
dem Dag, mô se von Ägypten rauf zoga
ischd.

Zom Vrgleicha: *Vers 5:* Jer 6,8; 9,11; Ez 16,22 • *Vers 6:* 1,6 • *Vers 7:* 1,2; Jer 2,25; 3,13 • *Vers 12:* Ez 16,37; Joh 10,29 *Vers 13:* Jes 1,13f; Am 5,21-23; 8,10 • *Vers 14:* Mi 1,7; Ps 80,13f; Jes 5,5f • *Vers 15:* 11,2; Ez 23,40-42 • *Vers 17:* Jes 65,10; Jer 2,2; Ez 16, 43.60.

Dr neue Bund: 2,18-25

[18]An dem Dag – Spruch von JAHWE
– saed se nå zo mr: Mae Må! Ond
nemme: Mae Baal! [19]Ond i schaff d
Nåma von dene Baal weg aus ihram
Mund, dass se nia maeh en ihram
Nåma ebbas saed. [20]Ond i schliaß für
se (Israel) an dem Dag an Bund mit am
Wild em Feld draußa ond mit de Vögel
am Hemmel, ond mit ällam, was auf
am Boda romkriacht; ond Boga ond
Schwert ond ällas Kriagsmaterial will e
vrbrecha ond se sicher em Land wohna
lassa. [21]Ond i vrtrau me dir å für emmer.
Ond i vrtrau me dir å en Redlichkaet
ond Gerechtigkaet ond en Güate ond
Liebe. [22]Ond i vrtrau me dir å en Treue
ond so, dass du JAHWE erkennst. [23]An
dem Dag - Spruch von JAHWE - will i
da Hemmel erhöra, ond dr Hemmel soll
d Erde erhöra. [24]Ond d Erde erhört s
Korn, da Most ond s Öl, ond dia erhörat
Jesreel. [25]Ond i will se mr en da Erdboda
aesäa ond gnädig sae mit Lo-Ruhama;
ond i sag zom Lo-Ammi: Du bist mae
Volk! Ond er saed: Mae Gott (Elohay)!

Zom Vrgleicha: *Vers 18:* Jes 54,5 • *Vers 19:* Sach 13,2 • *Vers 20:* Jes 11,6-8; Ez 34,25; Jes 2,4 • *Vers 22:* Jer 31,34 • *Vers 25:* 1,6.9; Rö 9,25; 1Petr 2,10.

D Wiederaufnåhm von dr treulosa Frao: 3 1-5

3 Nå håt JAHWE zo mr gsprocha: Gang nômål nô ond vrkehr mit ra Frao, mô an Liebhaber håt ond Ehebruch treibt. Dui sollst d so möga, wia JAHWE Israel måg, obwohl se sich andere Götter (Elohim) zuawendat ond Opferkuacha mit Zibeba mögat. 2Nå han e se om fufzeah Silberleng ond anderthalb Scheffel Gersta kaoft. 3I han zon ra gsaed: Du bleibst jetzt für a langa Zeit bei mr ohne romhura oder dass da ama andera Må ghera dätest, ond i komm ao et zo dr. 4D Israelita bleibat jetzt für a langa Zeit ohne König ond Fürsta, ohne Opfer ond Stoemal, ohne Efod ond ohne Terafim (Priaster ond Profeta). 5Nach dem werat d Söh von Israel wieder omkehra ond JAHWE, ihran Gott (Eloheyhem) suacha ond da David, ihran König. Ond se werat zittera, wann se zom Herrgott (JAHWE) kommat ond zo saem Sega am End von dr Zeit.

Zom Vrgleicha: *Vers 5:* Jer 30,9; Ez 34,24.

SCHULD OND RETTONG: 4 1 – 14 9

S Gericht über d Priaster: 4 1-10

4 Horchat auf s Wort von JAHWE, ihr Söh von Israel! Dr Herrgott (JAHWE) håt nämlich an Rechtsstreit mit de Aewohner von dem Land, weil koe Treue ond koe Liebe då ischd ond mr von Gott (Elohim) nex maeh wôeß em Land. 2Då wird gfluacht ond gloga ond gmordat ond gstohla ond Ehebruch brôetat sich aus, ond oe Bluattat kommt zor andera. 3Drom muaß d Erde trauera ond ällas vrkümmerat, was drauf lebt, an Wild em Feld ond Vögel am Hemmel ond ao d Fisch em Meer, ällas gôht zgrond. 4Då därf neamerd ebber vrklaga oder ebber zrechtweisa, dae Volk macht s doch grad so, wia daene Priaster! 5Ond du wirst strauchla bei Dag ond strauchla wird ao dr Priaster mit dr en dr Nacht; ond dae Muader laß e omkomma. 6Mae Volk kommt om, weil s koe Erkenntnis håt; Weil du selber d Erkenntnis vrwôrfa håsch, vrwirf i di em Priasteramt. Ond weil du d Weisonga von daem Gott (Eloheyka) vrgessa håsch, will i daene Kender ao vrgessa. 7Je maeh des wôra send, desto ärger hent se sich gega me vrsündigt, drom tausch i ihr Ehr en Schand om. 8Von dr Sünd von maem Volk lebat dia, ond auf ihre Vrfehlonga send se ganz gierig. 9Drom soll s am Priaster grad so ganga wia am Volk, i stråf an für saen Lebenswandel ond saene Tata laß e auf an selber zrück falla. 10Nå essat se zwår, aber se werat et satt. Se hurat rom, aber se vrmehrat sich et, weil se da Herrgott (JAHWE) vrlassa ond mit dr Hurerei weitergmacht hent.

Zom Vrgleicha: *Vers 1:* Jes 3,13-15; Mi 6,2 • *Vers 2:* Jer 7,9 • *Vers 3:* Jer 4,28; Zef 1,3 • *Vers 4:* Jer 5,4f • *Vers 6:* Mal 2,8 • *Vers 7:* Jer 2,11 • *Vers 10:* Mi 6,14.

D Sünd von Israel: 4 11-19

11Wae ond Most nemmat da Vrstand. 12Mae Volk frågt sae Holz (Götza) ond sae Stecka soll am Auskonft geba! Dr Ozuchtgôest håt se nämlich en d Irre glôctat, dass se ihram Gott (Eloheyhem) otreu wôra send. 13Auf de Berggipfel opferat se ond auf de Hügel brengat se Raecheropfer dar; onter Ôecha, Pappla ond Terebintha ischd s jå em Schatta so ågnehm. So treibat eure Töchter Hurerei ond eure Schwiegertöchter brechat d Ehe. 14Aber i will et eure

Töchter wega ihrer Hurerei stråfa ond
eure Schwiegertöchter, weil se d Ehe
brechat. Dia selber gangat nämlich mit
de Hura auf d Seite ond opferat mit
de Tempelhura, ond s Volk, mô des et
durchschaot, rutscht emmer weiter ab.
15Ao wann du a Hur bist, Israel, soll
sich doch wenigstens Juda et schuldig
macha! Gangat et nauf nach Gilgal,
gangat et nauf nach Bet-Awen ond
schwörat et: So wåhr JAHWE lebt!
16Israel ischd nämlich bockboenig gwea
wian a alta Kuah. Jetzt will se JAHWE
selber wôeda wia d Lämmer em weita
Feld. 17Efraim håt sich an d Götza bonda.
Laß an ganga. 18Wann en dr Wae en da
Kopf gstiega ischd, nå hurat se rom ond
gfallat sich en ihrer Schamlosigkaet. 19A
Sturmwend wicklat se en saene Flügel
ond se gangat zgrond über ihre Altär.

Zom Vrgleicha: *Vers 12:* Jer 2,27; Hos 1,2 • *Vers 13:* Dtn12,2 • *Vers 14:* Dtn 23,18 • *Vers 15:* 12,12; Am 4,4; 8,14 • *Vers 16:* Jer 31,18 • *Vers 17:* 6,4-6 • *Vers 18:* Am 2,8; 8,14 • *Vers 16:* Jer 31,18 • *Vers 17:* 6,4-6 • *Vers 18:* Am 2,8; 4,1 • *Vers 19:* Jer 4,11-13.

D Abrechnong mit de Führer ond mit am Volk: 5 1-7

5 Horchat her, ihr Priaster! Ond du,
Haus Israel, paß guat auf! Ond ihr
vom Königshaus, horchat her! Euch gilt
nämlich des Gericht. Ihr send nämlich a
Fall gwea für Mizpa ond a ausgspannts
Netz auf am Tabor, 2ond a tiafa Gruab en
Schittim. Aber i will se älle zrechtweisa.
3I kenn Efraim, ond Israel kå vôr mir et
vrschlupfa. Du håsch nämlich rumghurt
ond so håt sich Israel vroraenigt. 4Ihre
Tata lassat s et zua, dass se sich zo
ihram Gott (Eloheyhem) bekehrat,
weil dr Ozuchtgoest en en ischd, ond
der kennt da Herrgott (JAHWE) et.
5Ond dr aegene Hochmuat klagt Israel
å. Israel ond Efraim fallat wega ihrer
Vrschuldong. Ond Juda fällt mit en.
6Mit ihram Kloevieh ond mit ihram
Graoßvieh werat se ganga ond da
Herrgott (JAHWE) suacha, aber an
et fenda, der håt sich nämlich von en
zrückzoga. 7Gega JAHWE hent se sich
treulos vrhalta, weil se fremde Kender
(Mischleng) gebora hent. Jetzt soll se dr
Neumond fressa mitsamt ihre Åtôel.

D Schuld von de Bruaderstämm: 5 8-15

8Blåsat ens Widderhorn en Gibea,
en Rama en d Trompet! Schreiat en
Bet-Awen: Mr ischd henter dr her,
Benjamin! 9Efraim wird zor Wüste am
Dag von dr Züchtigong. En de Stämm
von Israel mach e s bekannt. 10D Fürsta
von Juda send wia d Markstoevrsetzer.
I giaß maen Zôrn wia Wasser über en
aus. 11Efraim ischd a Onterdrücker
ond a Rechtsbrecher, wann sich oener
an d Satzong ghalta håt. 12Aber i ben
für Efraim wian a Mott ond wia dr
Knochafraß für s Haus Juda. 13Ond mô
Efraim sae Krankat gmerkt håt ond
Juda sae Gschwür, ischd Efraim nach
Assur ganga ond Juda zom König Jareb.
Aber der kå euch et helfa ond euch von
euram Gschwür hôela. 14I ben nämlich
für Efraim wian a Löwe ond wian a
jonger Löwe für s Haus Juda, i reiß ond
gang drvo, i schlôef weg, ond koe Retter
ischd då. 15I gang weg, i gang wieder
zrück an maen Ort, bis se ihr Schuld
aesehat ond mi suachat en dr Naot ond
nach mr frågat.

Zom Vrgleicha: *Vers 8:* Jer 4,5; Joel 2,1 • *Vers 10:* Dtn 19,14; 27,17 • *Vers 12:* Hab 3,16 • *Vers 13:* 7,11; 8,9 • *Vers 14:* Jes 5,29 • *Vers 15:* Dtn 4,29; Jer 29,13; Am 5,4.

S Bußgebet vom Volk ond d Antwort von Gott: 6 1-6

6 Kommat ond laß ons zrück ganga zo
JAHWE! ER ischd s nämlich, mô ons
grissa håt, ond ER kå ons ao hôela. ER
vrwondat ond ER vrbendat. 2En zwôe

Däg lässt r ons wieder aufleba, ond am dritta Dag lässt r ons aufstanda, dass mr vôr am lebat. 3Laß ons lerna ond drnåch trachta, dass mr JAHWE erkennat. So sicher wia s Môrgagraoa ischd sae Komma, ond r kommt wia Regaschauer zo ons, wia dr Spätrega, der mô s Land giaßt. 4Was soll e mit dir doa, Efraim, was soll e mit dir doa, Juda, euer Liebe ischd wian a Wolk am Môrga ond wia dr Tao, der mô bald vrgôht. 5Drom schlag e drae durch d Profeta. I han se ombrâcht durch s Wort vo'maem Mund, dass mae Recht aufstrahlt wia s Licht. 6I will nämlich Liebe ond et Schlachtopfer, ond Erkenntnis von Gott (Elohim) statt Brandopfer.

Zom Vrgleicha: *Vers 3:* Dtn 11,14; Ps 72,6 • *Vers 4:* Jer 1,10 • *Vers 6:* 4,1-3; Am 5,21; Mi 6,8; Mt 9,13; 12,7.

S treulose Gottesvolk: 6 7 – 7 2

7Dia hent nach Menschaart da Bund übertreta; då hent se treulos gega me ghandelt. 8Gilead ischd a Stadt voler Vrbrecher, überall send Bluatspura. 9Ond wian a Raeberbande ischd a Bande von Priaster onterwegs, dia mordat bis nach Sichem na ond vrüabat ihre Schandtata. 10Em Haus Israel han e schauerliche Sacha gseha. En Efraim Ozucht, Israel håt sich vroraenigt. 11Ao für di, Juda ischd a Ernte festgsetzt, wann i s Schicksal von maem Volk romdreh.

7 Sobald i Israel gsond mach, wird d Schuld von Efraim aufdeckt ond d Schandtata von Samaria. Was dia dent ischd nex wia Lug ond Trug, ond dr Dieb bricht ae ond d Raeberbanda stroefat en de Gassa rom. 2Dia denkat et drå, dass i an ihre Boshaeta denk: Jetzt werat se von ihre aegene Tata vor mir omzenglat.

Zom Vrgleicha: *Kap 6 Vers 8:* 12,12 • *Vers 10:* 5,3 • *Kap 7 Vers 2:* Ps 90,8.

D Königsmacher ond Königsmörder: 7 3-7

3Mit ihrer Boshaftigkaet brengat se da König zom Lacha ond mit ihrer Schlaemerei gfallat se de Fürsta. 4Älle send Ehebrecher, wian a Bachofa, mo dr Bäcker aufghert håt mit schüra, wann r da Toeg knetat ond aufganga lässt. 5Am Dag von onseram König machat an d Fürsta krank mit am Feuer vom Wae. Er håt s selber en dr Håd, von wem r sich zom Nara halta lässt. 6Jå, wann se ihr Herz näher komma lassa hent wia an en Ofa, während se an apassat en dr Nacht, mo dr Bäcker no schlåft, brennt r wian a Feuerflamm. 7Älle glühat wia dr Ofa ond se brengat ihre Richter om. Älle ihre König send gfalla, ond et oener håt me ågruafa.

A vrfehlta Politik: 7 8-16

8Efraim lässt sich onter d Völker vrmischa. Efraim ischd wian a Fladabrot, des mo et romdreht wird. 9Fremde hent sae Kraft aufzehrt, ond der merkt s et. Ao saene Håår send schao grao wora ond r håt s et gmerkt. 10Sae aegener Hochmuat klagt Israel å, ond doch send se et zo JAHWE, ihram Gott (Eloheyhem) omkehrt, ond suacha dent se an ao et. 11Efraim ischd wian a harmlosa Taub wora, ohne Herz ond Vrstand. D Ägypter hent se hergruafa ond send nach Assur ganga. 12So wia se gangat, schmeiß i mae Fangnetz über se ond hol se ra, wia d Vögel am Hemmel. I will se zrechtweisa als Botschaft für ihr Gemaende. 13Gnad dene, weil se mr drvonglaffa send! Vrderba über se, weil se von mr abgfalla send! Ond i, i kaof se los ond dia vrzählat bloß Lugena über me. 14Dia schreiat et von Herza zo mir, sondern se heulat auf ihre Lager wega Korn ond Most, treibat sich rom ond send abgfalla von mir. 15Ond i, i han se züchtigt ond ihre Ärm stark gmacht, aber gega mi hent se nex wia Schlechtigkaeta em Senn. 16Se kehrat sich et zo mir ond send wian a schlapper Boga. Drom fallat ihre Fürsta durchs Schwert wega ihrer frecha Gosch ond werat em Land Ägypten zom Gspött.

Zom Vrgleicha: *Vers 10:* 5,5 • *Vers 12:* Ez 17,20 • *Vers 16:* Ps 78,57.

Zeit von dr Abrechnong: 8 1 – 9 6

8 Stoß ens Horn! Wia dr Adler kommmt s über am Herrgott (JAHWE) saen Tempel! Weil se maen Bund übertreta ond gega maene Weisonga aufgmuckt hent. 2Zo mir schreiat se: Mae Gott! Mir en Israel kennat de doch. 3Aber Israel vrwirft s Guate, solls dr Faend vrfolga! 4Dia hent König aegsetzt, aber dia send et von mir drfür vorgseha gwea, ond Fürsta, mo i et ånerkannt han. Aus ihram Silber ond ihram Gold hent se Götza macha lassa, dass s bald ausgrottat wird. 5Dae Stierkälble håt ER vrworfa, Samaria. Mae Zorn ischd gega se aufgflammt. Wia lang soll des no so ganga? Stråffreihaet vrtragat dia schaents et. 6Sicher, des (Stierkälble) stammt aus Israel, ond a Handwerker håt s gmacht, aber des ischd koe Gott (Elohim). Sicher ischd, dass aus dem Stierkälble en Samaria lauter Splitter werat! 7Wend hent se gsät, ond Sturm werat se ernta. Ihr Saat goht et auf, ond des bißle, was wächst, brengt koe Mehl, ond wann s doch no ebbas brenga dät, nå sollat s Fremde essa. 8Vrschlonga wird Israel. Jetzt send se onter de Völker wia a alter Hafa, den mo koener maeh will. 9Dia send nämlich nach Assur naufzoga – sogar a Wildesel bleibt für sich alloe – aber Efraim wirbt mit Liebasgschenk. 10Ao wann se bei de Völker werbat, i hol se jetzt zsema ond wann se sich ao no a Weile onter de Lasta vom König ond saene Fürsta drehat ond wendat. 11Ao wann Efraim emmer maeh Altär baut håt wega ihre Sünda, aber grad dia Ältärsend en zor Sünd gråta. 12I kå dene no so viel Weisonga aufschreiba, dia dätat s wia ebbas Fremds achtat. 13Als maene Opfergaba metzgat se Floesch ond se essat s. Aber JAHWE håt koen Gfalla an en. Jetzt denkt r an ihre Verfehlonga ond stråft ihre Sünda. Dia sollat wieder zrück nach Ägypten. 14Israel håt saen Schöpfer vrgessa ond sich Paläst baut; ond Juda håt Festonga baut; ond i will Feuer schicka gega saene Städt, des soll saene Paläst fressa.

9 Frae de no et, Israel, juble et wia de andere Völker, du håsch nämlich romghurt ond daen Gott (Eloheyka) vrlassa. Auf älle Dreschplätz ischd bei dir Huraloh üblich. 2Scheuer ond Kelter sollat se et ernähra, ond dr Wae soll se em Stich lassa. 3Em Herrgott (JAHWE) saem Land därfat se et bleiba, ond Efraim muaß zrück nach Ägypten. Ond en Assur müaßat se oraene Sacha essa. 4JAHWE zor Ehr därfat se koen Wae maeh als Opfer darbrenga, ond ihre Schlachtopfer send am ao et ägnehm. Ihr Brot ischd wia s Trauerbrot für se. Älle, mo drvo essat, vroraenigat sich. Dene ihr Brot ischd nämlich bloß für da aegena Honger, då därf nex drvo em Herrgott (JAHWE) sae Haus naekomma. 5Was wöllat r nå doa am Begegnongsdag ond am Festdag vom Herrgott (JAHWE)? 6Weil guck, dia gangat weg wega dr Vrwüastong (von ihram Land) – Ägypten sammlat se ae, ond Memphis beerdigt se. Ihre Kostbarkaeta aus Silber werat von Nessla überwucherat ond ihr Zelt vom Dôrnagstrüpp.

Zom Vrgleicha: *Kap 8 Vers 1:* 5,8 • *Vers 4:* 2,10 • *Vers 5:* 1Kö12,28-30 • *Vers 6:* Jes 40,18-20 • *Vers 7:* Spr 22,8 • *Vers 9:* 5,13; 7,11 • *Vers 13:* 6,6; Am 5,22 • *Vers 14:* Dtn 32,15.18; Am 2,5 • *Kap 9 Vers 3:* Ez 4,13 *Vers 4:* Dtn 26,14 • *Vers 6:* Jes 34,13.

D Vrfolgong vom Profeta: 9 7-9

7Jetzt kommat Däg, mô ällas ens rechte
Licht gsetzt wird! Jetzt kommat Däg,
mô abgrechnat wird! Des soll Israel
wissa. Als a Narr gilt dr Profet, ond
als vrruckt a Må mit Gaest. Wega
daene graoße Vrfchlonga ischd dui
Åfaendong. 8A Späher ischd bei maem
Gott (Elohay), Efraim, a Profet – d
Schlenga vom Vogelfänger send auf älle
saene Weg, sogar em Tempel von saem
Gott (Elohayw) send saene Widersacher.
9Ganz tiaf ennadren send se vrdôrba wia
en dr Zeit von Gibea. Drom denkt ER
an ihr Schuld ond zahlt en ihre Sünda
hoem.

Zom Vrgleicha: *Vers 7:* Am 3,2 • *Vers 9:* 10,9.

D Vrwerfong von Efraim: 9 10-17

10Wia Trauba en dr Wüste, so han i
Israel gfonda, wia frühe Frücht am
Feigabaom, so han i eure Vädr åguckt.
Aber dia send nach Baal-Pegor komma
ond hent sich dr Schand gweiht ond
send ganz abscheulich wôra wia ihr
Liableng. 11Efraim ischd wia dr Vogel,
sae Pracht fliagt drvo: koe Geburt maeh,
koe Muaderleib ond koe Empfängnis
maeh. 12Ao wann se ihre Kender
aufziagat mach i se kenderlos, dass se
emmer weniger Menscha werat. Jå,
Gnad ao dene, wann i von en weich!
13Efraim, môn e Tyrus zua guckt han,
ischd em guata Wôedeland åpflanzt
wôra. Jetzt muaß Efraim saene aegene
Kender zom Metzger führa. 14Gib en,
JAHWE, was da en geba willst! Gib en
an Muaderschoß mit Fehlgeburta ond
welke Brüst. 15Ihr ganza Boshaftigkaet
gschieht em Gilgal; sell han e se hassa
glernt. Wega ihre baese Tata will e se
aus maem Haus vrtreiba, i måg se ao
en Zuakonft nemme. Älle ihre Führer
send Rebella. 16Efraim ischd a Troffener,
saene Wurzla send vrdôrrat; dia
brengat koene Frücht maeh. Ao wann
se Kender kriagat, laß i d Liableng aus
ihram Muaderschoß sterba. 17Mae Gott
(Elohay) wird se vrwerfa, weil se et auf
an ghört hent; ond se sollat Flüchtleng
sae onter de Völker.

Zom Vrgleicha: *Vers 10:* Dtn 32,10 • *Vers 12:* Dtn 28,18; 32,25 • *Vers 15:* 4,15; 12,12; Jes 1,23 • *Vers 17:* Dtn 28,6f; Gen 4,14.

Dr Ontergang von Kult ond Königtom: 10 1-15

10 A üppiger Rebstock ischd Israel,
viel Frucht håt r ågsetzt: So viel
Frücht wian r bråcht håt, so viel håt r
Altär baut, je schöner s en saem Land
wôra ischd, om so schöner hent se d
Stoemäler gschmückt. 2Ihr Herz ischd
falsch; jetzt müaßat se s büaßa. ER
bricht ihre Altär ausanander ond haot
ihre Stoemäler zsema. 3Nä werat se saga:
Mir hent koen König maeh – weil se vôr
JAHWE koe Ehrfrucht hent. Ond der
König, was kå der schao für ons doa?
4Dia schwätzat drher: Vrwünschonga,
Falschhaet, Bündnis aeganga – dass
a Recht aufschiaßt wia s Giftkraut
em Feld draußa. 5Om s Stierkälble en
Bet-Awen bangat d Aewohner von
Samaria; jå, s Volk traurat drom. Mögat
dia Götzapriaster wega saener Pracht
jubiliera, aber dui wird am gnomma.
6Des Stierkälble wird nach Assur brächt
als Tribut für da König Jareb. Efraim
muaß sich schäma ond Israel gôht an
saem aegena Ratschlag zgrond. 7Samaria
wird vrnichtat; ihr König ischd wian a
agknickter Zweig auf am Wasser. 8Ond
dia Kulthöha von Israel, dia Sündaplätz
von Israel, werat vrnichtat. Nå werat se
zo de Berg saga: Deckat ons zua! Ond
zo de Hügel: Fallat auf ons! 9Seit de Däg
von Gibea å håsch du gsündigt, Israel.
Sell send se gega me aufgstanda. Soll se
deswega et wia auf am Hügel dr Kriag
aehola gega dia widerspenstige Söh, 10so
wia se s selber wöllat? I will se züchtiga

ond Völker gega se herhola ond se
gfanga nemma lassa wega ihrer dopplata
Schuld. 11Efraim ischd a guat åglernta
Kuah gwea ond håt gern droscha;
ond i han ra über ihran schöna Nacka
gstreichlat. I will Efraim åspanna zom
Juda romackera ond Grenzfurcha ziaga
für Jakob!
12*Säat bei euch Gerechtigkaet aus!
Erntat nach am Liebasgebot! Brechat
a neus Land auf, s ischd nämlich Zeit,
zom da Herrgott (JAHWE) suacha, dass
r kommt ond euch s Recht lehrt!* 13Aber
ihr hent Schlechtigkaet naeg'ackerat
ond Orecht g'erntat, ihr hent d Frücht
von eurer Romlüagerei gessa. Jå, ond du
håsch de auf dae Macht ond auf daene
viele Kriagsleut vrlassa, 14drom gôht dr
Krach vom Kampf los en daem Volk
ond daene Festonga werat vrwüastat,
wia dr Schalman em Kriag Bet-Arbeel
hegmacht håt, am Kampfdag, mô mr d
Muader über ihre Kender nôgschlachtat
håt. 15So mach e s mit euch, Bet-El, wega
eure Übeltata ond eurer Vrdôrbahaet.
Em Môrgagraoa wird dr König von
Israel stomm gmacht.

Zom Vrgleicha: *Vers 1:* Jes 5,1; Jer 2,21; Ez 19,10 • *Vers 3:* 3,4 • *Vers 4:* Am 6,12 • *Vers 5:* 4,15; 8,5 • *Vers 8:* 4,13; 9,6; Jes 2,10; Lk 23,30; Offbg 6,16 • *Vers 9:* 9,9 • *Vers 11:* 4,16 • *Vers 12:* Mi 6,8; Jer 4,3.

D Liebe von Gott: 11 1-11

11 Mô Israel no jong gwea ischd,
han e s möga; *ond aus Ägypten
han e maen Soh gruafa.* 2Ond wa'mr se
jetzt ruaft, gangat se weg; am Baal zor
Ehr brengat se Opfer dar ond vôr de
Götzabilder brengat se Raecheropfer
dar. 3I han am Efraim s Laofa glernt, môn
e an am Arm gführt han; aber dia hent
et erkannt, dass i s gwea ben, der mô
se ghoba håt. 4Mit menschliche Bänder
han e s an me zoga, mit Liebasbänder.
So ben e für se gwea wia oener, der
mô sae Kend an d Backa nôschnecklat
ond am zom essa geit. 5Nach Ägypten
muaß r zwår et, aber Assur soll sae
König sae, weil se sich gwaegerat hent,
sich zom bekehra. 6Ond s Schwert soll
en saene Städt romganga ond frisst
saene Orakelpriaster ond macht en da
Garaus wega ihre Ratschläg. 7Mae Volk
klammerat sich emmer no an sae Abkehr
von mir, ond wa'mr s auf d Kulthöhe
ruaft, nå wöllat se et mitanander
naufkomma. 8Wia könnt i de preisgeba,
o Efraim, ond di ausliefera, Israel? Wia
könnt i de preisgeba wia Adma, de
zuarichta wia Zebojim? Mir drehts s
Herz rom, mae ganzs Mitleid ischd en
mr aufgflammt. 9I will maem gluathôeßa
Zôrn et da Laof lassa ond Efraim nômål
aufreiba, *i ben nämlich Gott (El) ond
koe Mensch, haelig en daener Mitte, ond
et als Vrnichter.* 10Henter JAHWE sollat
se herziaga. R brüllt wian a Löwe, wann
ER selber brüllt, kommat d Söh zitternd
vom Meer her. 11Wia d Vögel zitterat se
drher von Ägypten, wia d Tauba aus am
Land Assur. Ond i lass se wieder en ihre
Häuser wohna – Spruch von JAHWE!

Zom Vrgleicha: *Vers 1:* Ex 4,22; Dtn 7,8 • *Vers 2:* Jer 9,13f • *Vers 3:* Dtn 1,31 • *Vers 5:* 8,13; 9,3 • *Vers 8:* 54,8; Jer 31,20 • *Vers 9:* Ez 18,23.32; Joel 2,27 • *Vers 10:* Jes 31,4.

S ozuavrlässige Volk: 12 1-15

12 Efraim håt me mit Falschhaet
ond s Haus Israel mit Henterlist
omgeba, während Juda no mit Gott
(El) ganga ischd ond mit am Haeliga no
zuavrlässig gwea ischd. 2Efraim hüatat da
Wend ond jagt de Oststürm nåch. Aber
äll Dag geits maeh Lug ond Trug ond
d Gwalttata nemmat ao zua. Ao send
se a Bündnis mit Assur aeganga ond se
brengat Öl nach Ägypten. 3Drom håt
JAHWE an Rechtsstreit mit Juda, ond
zwår zom am Jakob saen Weg ahnda
ond am nach saene Tata vrgelta. 4Em

Muaderleib håt der saen Bruader an dr
Fersa packt ond saen Bruader überlistat
ond als Må håt r mit Gott (Elohim)
kämpft. 5Ond r håt gega an Engel
kämpft ond an zwonga. Nå håt r gheult
ond bettlat oms Vrbarma. En Bet-El håt
r an gfonda ond mit am gredat.
6Ond JAHWE, Gott (Eloheу) Zebaot,
JAHWE ischd sae Ådenka. 7Ond du,
durch daen Gott (Eloheyka) därfst du
hoemkomma. Sei treu en Liebe ond
wahr s Recht ond harr emmer auf daen
Gott (Eloheyka).
8Kanaan håt en saener Håd a falscha
Wååg, d Leut zom bscheisa, des måg r.
9Ond Efraim håt gsaed: I ben reich wôra
ond han a Vrmöga gmacht. Nex von
dem, was e erwôrba han, ischd durch
Orecht zo mr komma. 10Ond i, JAHWE,
dae Gott (Eloheyka) von Ägypten her; i
laß de nômål en Zelt wohna wia früher!
11I han über d Profeta mit dr gsprocha
ond han se viele Visiona seha lassa.
Ond durch d Profeta han e Beispiel
vôrtraga lassa: 12Wann Gilead nex ischd,
aber se send bloß Lug ond Trug! Em
Gilgal metzgat se Stier – ao dene ihre
Altär sollat zo Stoehäufa wera em Feld
draußa! 13Dr Jakob ischd en d Gegend
von Aram abghaoa ond Israel håt om a
Frao deant ond om a Frao håt r d Schåf
ghüatat. 14Aber durch an Profeta håt dr
Herrgott (JAHWE) Israel raufgholt,
ond durch an Profeta send se gschützt
wôra. 15Efraim håt durch saene Bluattata
ganz bitter kränkt, drom lässt ER an sae
Bluatschuld büaßa ond am sae Schand
hoemzahla.

Zom Vrgleicha: *Vers 2:* 7,11; Jes 51,11 • *Vers 3:* 4,1 • *Vers 4:* Gen 25,26; 32,25-30 • *Vers 5:* Gen 28,10-19 • *Vers 8:* Am 8,5; Mi 6,11 • *Vers 9:* Lk 12,19; Offbg 3,17 • *Vers 10:* 13,4; Ex 20,2 • *Vers 11:* 6,5 • *Vers 12:* 6,8; 4,15; 9,15 • *Vers 13:* Gen 29 • *Vers 14:* Ex 3,7-10.

De letzt Abrechnong: 13 1 – 14 1

13 Wann Efraim ebbas gsaed håt,
hent älle zitterat; des håt a Gwicht
ghet en Israel. Aber s håt sich durch da
Baal vrschuldat ond ischd omkomma.
2Ond jetzt machat se grad so weiter
mit ihram Sündiga; se machat sich
Gíaßbilder aus ihram Silber, Götza nach
ihre Vôrstellonga, ällas a Machwerk von
Handwerker ond sagat: Dene müaßat r
Opfer darbrenga, Mencha sollat ihre
Kälbla küssa. 3Drom sollat se wera wia
d Wolka am Môrga ond wia dr Tao,
der mô glei wieder vrschwendat, wia d
Sprae, mô aus dr Tenne wegblåsa wird,
ond wia dr Raoch, der mô aus am Loch
rauskommt.
4Aber i ben JAHWE, dae Gott
(Eloheyka), schao von Ägypten her, ond
außer mir wirst du koen Gott (Elohim)
erkenna, ond an Retter geit s außer mir
ao koen. 5I selber han di erkannt en dr
Wüste, em gluathôeßa Land. 6Wia se ihr
Wôed ghet hent, send se satt wôra. Mô se
satt gwea send, send se übermüatig wôra
ond hent me vrgessa. 7Ond i ben wian a
Löwe für se wôra, wian a Panther pass
e s am Weg a. 8I fall se å wian a Bärin,
dera mô se de Jonge weggnomma hent,
ond vrreiß da Panzer von ihram Herz
ond friß se sell wian a Löwe. S Wild
em freia Feld reißt s voll ausanander. 9I
vrdirb de, Israel, du håsch de nämlich
gega daen Beistand gstellt. 10Mô ischd
denn dae König, dass der de retta könnt
en älle daene Städt? Ond daene Richter,
von dene mô da gsaed håsch: Gib ons an
König ond Fürsta? 11I gib dr an König
en maem Zôrn ond nemm dr n wieder
weg en maener Wuat. 12D Schuld von
Israel ischd zsemapackt ond sae Sünd
vrwahrt. 13Weha kommat für sae Geburt,
aber der Soh håt koen Vrstand, der
merkt et, wann s Zeit ischd, zom aus am
Muaderschoß rauskomma. 14Sott i dia
aus dr Gwalt von dr Onterwelt befreia?

Sott i se vom Daot erlösa? Daot, mô
send daene Seucha? Mô dae Stachel,
Onterwelt? A Mitleid han i koes maeh.
[15]R ischd zwår a Genosse von saene
Brüader ond r brengt Frucht. Aber
s kommt dr Ostwend vom Herrgott
(JAHWE) aus dr Wüste auf ond saene
Bronna tricknat aus ond saene Quella
vrsiegat, ond r plünderat saen ganza
Schatz mit älle Kostbarkaeta.

14 Samaria muaß sae Schuld
büaßa, weil se gega ihran Gott
(Eloheyha) aufbegehrt hent. Durchs
Schwert fallat se. Ihre Kender werat an
d Wåd nôghaoa ond ihre schwangere
Fraoa werat aufgschlitzt.

Zom Vrgleicha: *Kap. 13 Vers 2:* 1Kö 12,28.32 • *Vers 3:* 6,4; Jes 17,13; Zef 2,2 • *Vers 4:* 12,10; Ex 20,3; Dtn 5,7; Jes 43,11; 45,21 • *Vers 6:* Dtn 32,15 • *Vers 7:* 5,14 • *Vers 8:* 2Sa 17,8 • *Vers 10:* 1Sa 8,5.19f • *Vers 11:* 10,15; 1Sa 8,7.22 • *Vers 12:* Dtn 32,34f • *Vers 13:* Jes 26,17f; 37,3 • *Vers 14:* 6,2; 1Kor 15,55 • *Vers 15:* 12,2 • *Kap 14 Vers 1:* 10,14; 2Kö 15,16.

Omkehr ischd d Bedingong für d Rettong: 14 2-9

[2]Kehr om zo JAHWE, daem Gott
(Eloheyka)! Du bist nämlich bloß wega
daener aegena Schuld gfalla! [3]Nemmat
Wort (dr Reue) mit ond kehrat om zom
Herrgott (JAHWE)! Sagat zon am:
Nemm doch onser ganza Schuld von
ons ond sei ond gnädig ond laß s ons
wieder guat macha mit dr Frucht von
onsere Lippa. [4]Assur kå ons et retta. Mir
wöllat ao nemme auf Rösser reita ond
zom Machwerk von onsere Händ saga:
Onser Gott (Eloheynu)! Mô doch bloß
bei dir a Vrwôester Erbarma fendat. [5]I
will ihr Treulosigkaet hôela, i måg se
ganz freiwillig, weil sich mae Zôrn von
en abgwendat håt. [6]I will für Israel då sae
wia dr Tao. S soll wieder aufblüha wia d
Lilie ond Wurzla schlaga wia dr Wald
em Libanon. [7]Saene Schößleng sollat
sich ausbrôeta ond r soll sae Pracht
zaega wia dr Ölbaom ond saen Duft wia
dr Wald em Libanon. [8]Se werat wieder
komma ond en saem Schatta bleiba; se
werat Korn åbaua ond blüha wia dr
Rebstock, der mô an Ruaf håt wia dr
Wae em Libanon. [9]Efraim, was han i no
mit de Götza zom doa? I ben s, der mô
erhört ond nach am guckt. I ben wian
a üppiger Wacholder, an mir fendest d
dae Frucht.

Zom Vrgleicha: *Vers 2:* 5,5 • *Vers 4:* 7,11; Jes 35,1f • *Vers 7:* Ps 52,10 • *Vers 9:* 4,17; 2Kor 6,16.

NÅCHWORT: 14 10

[10]Wer weise ischd ond des kapiert, der
sieht ae ond vrstôht: Am Herrgott
(JAHWE) saene Weg send grad, ond
de Gerechte gangat auf en, ond de
Abtrünnige strauchlat auf en.

Zom Vrgleicha: *Vers 10:* Ps 107,43; Dtn 32,4.

S Buach Joël

ÜBERSCHRIFT: 1 1

1 Des ischd s Wort, mô an da Joël, da
Soh vom Petuël erganga ischd.

BUSSFEIER WEGA DE HAESCHRECKA: 1 2 – 2 27

D Haeschreckaplåg als Ålaß zor Buße:
1 2-20
2Horchat her, ihr Älteste, ond passat
auf, älle ihr Aewohner vom Land! Håt
s so ebbas schao amål geba en eure
Däg, oder en de Däg von eure Vädr?
3Vrzählats eure Kender, ond dia sollats
an ihre Kender weitersaga, ond dene
ihre Kender am folgenda Gschlecht.
4Was dr Nager übrig glassa håt, des
håt d Haeschreck gfressa, ond was
d Haeschreck übrig glassa håt, des
hent d Larva gfressa, ond was d Larva
übrig glassa hent, des håt dr Fresser
gfressa. 5Wachat auf, ihr Rauschkugla,
ond heulat; jåmerat no om da Wae, ihr
Schluckspecht, der ischd euch nämlich
vôr dr Gosch weggnomma. 6S ischd
nämlich a Volk gega mae Land aufzoga,
mächtig ond graoß an Zahl. Des håt Zäh
wian a Löwe, ond a Gebiß wian a Löwin.
7Des håt maen Rebstock hegmacht ond
maen Feigabaom zom Krüppel. Des håt
an agschält ond d Renda fortkeit, dass
saene Äst kahl dågstanda send. 8Klagat
no, wian a Jongfer em Trauergwand
om da Bräutigam aus ihrer Jugendzeit
klagt.
9Vrschwonda send Speis- ond
Trankopfer aus am Herrgott (JAHWE)
saem Haus; ond d Priaster, am Herrgott
(JAHWE) saene Diener trauerat. 10S
Feld ischd vrwüastat, ond dr Ackerboda
ischd traurig; jå, s Korn ischd vrdôrba,
dr Most austricknat ond s Öl vrsiegt.
11D Ackerbaura send enttäuscht ond d
Wengerter, se klagat om da Wôeza ond
om d Gersta, weil de ganz Ernt he ischd.
12D Reba send vrdôrrat ond d Feigabaem
vrwelkat, ao dr Granatäpfelbaom ond
d Palma, d Äpfelbaem ond älle Baem
em Feld draußa send vrtricknat. Jå,
vrdôrrat ischd ao d Fraed onter de
Menschakender.
13Machat euch fertig, ihr Priaster,
klagat ond heulat, ihr Diener am Altar!
Kommat, bleibat ao en dr Nacht em
Trauergwand, ihr Diener von maem
Gott (Elohey)! Weil am Haus von
euram Gott (Eloheykem) send Speis-
ond Trankopfer vrsagt. 14Weihat euch
zom Fasta! Ruafat a Festvrsammlong
aus! Vrsammlat de Älteste ond älle
Aewohner vom Land em Haus von
JAHWE, euram Gott (Eloheykem), ond
schreiat zo JAHWE: 15Gnad dem Dag!
Jå, dr Dag vom Herrgott (JAHWE)
ischd ganz nåch då, ond mit dr Wucht
vom Gewaltiga kommt r drher. 16Send
et älle Speisa vôr onsere Aoga weg
gnomma ond d Fraed ond dr Jubel vom
Haus von onseram Gott (Eloheynu)?
17Vrschromplat ischd dr Såma onter ihre
Schaufla. Vrödat send ihre Kornhäuser,
d Scheura baufällig, weil s Korn
vrdôrrat ischd. 18Wia schreit s Vieh, d
Renderherda send ganz durchanander,
weil se koe Wôed maeh fendat, sogar

d Schåfherda gangat zgrond. [19]Zo dir, JAHWE, ruaf e, weil Feuer en dr Steppe håt d Wôeda gfressa ond d Flamma hent älle Baem em Feld ågsengt. [20]Ao s Wild em Feld draußa lechzgat nach dir, weil älle Bächla austricknat send, ond s Feuer håt d Wôeda en dr Steppe gfressa.

Zom Vrgleicha: *Vers 4:* Dtn 28,38; Am 4,9; 7,1f; Ps 105,34f • *Vers 6:* Offbg 9,8 • *Vers 7:* Jes 5,1 • *Vers 12:* Jes 16,10; Jer 25,10; Am 4,7-9 • *Vers 14:* 2,15f • *Vers 15:* Jes 13,6;.Ez 30,2f.

Am Herra sae Dag: 2 1-11

2 Stoßat ens Widderhorn en Zion ond schlagat Krach auf maem Haeliga Berg! Älle, mô em Land wohnat, sollat zittera, weil am Herrgott (JAHWE) sae Dag ischd komma! R ischd ganz nåch då, [2]dr Dag dr Finsternis ond vom Donkel, dr Dag von Wolka ond Wolkadonkel. Wia d Môrgaraete brôetat sich über s Bergland a mächtiger ond zahlreicher Volksstamm aus, wia s en ewige Zeita koen geba håt, ond nach ehm koen geba wird bis en de fernste Gschlechter. [3]Vor dem frisst Feuer ond henter am vrsengt s a Flamm. Wia dr Garta Eden ischd s Land vor am, ond henter am Wüste ond Entsetza. Koener kommt vor am drvo. [4]Wia d Rösser seahnat se aus, ond so sprengat se ao. [5]Des hört sich å wias Gerassel von Kampfwäga wann se über d Berg hopfat, wia s Prassla vo'ma Strohfeuer, wian a mächtigs Heer, mo sich für da Kampf ausrüstat. [6]Vor dem wendat sich d Völker vor lauter Angst, ihre Gsichter send gluatig raot. [7]Wia d Helda stürmat se, wia d Kriagsmanna kletterat se auf d Maura; ond a jeder goht saen Weg, ond koener wechslat sae Båhn. [8]Koener schiabt da andere auf d Seit, jeder goht saen aegena Weg; ond zwischa de Wurfspeer brechat dia durch, ihre Roeha werat et durchbrocha. [9]Se stürmat d Stadt ond rennat gega d Maura å, se steigat en d Häuser nae, durch d Fenster kommat se rae wia dr Dieb. [10]D Erde bebt vor en ond dr Hemmel, d Sonne ond dr Mond werat donkel ond d Stern vrhebat ihran Glanz.

[11]Ond JAHWE lässt vor saem Heer sae Stemm höra; sae Heer ischd zahlreich, ond sae Heerlager ischd mächtig, mächtig ischd dr Vollstrecker von saem Wort. Am Herrgott (JAHWE) sae Dag ischd graoß ond furchtbar, wer soll vor am stand halta.

Zom Vrgleicha: *Vers 1:* Am 5,18.20; Zef 1,14 • *Vers 2:* Zef 1,15 • *Vers 3:* 1,19; Gen 2,8 • *Vers 4:* Offbg 9,7.9 • *Vers 6:* Jes 13,8; Nah 2,11 • *Vers 10:* 3,4; 4,15 • *Vers 11:* Nah 1,6; Mal 3,2.23.

Dr Aufruaf zor Buße: 2 12-17

[12]Aber ao jetzt no, Spruch von JAHWE, kehrat om zo mir von ganzam Herza ond mit Fasta ond mit Heula ond Klaga! [13]Vrreißat euer Herz ond et eure Gwänder! Ond kommat zrück zo JAHWE, euram Gott (Eloheykem); der ischd doch gnädig ond barmherzig, geduldig ond reich an Güate, ond r lässt sich s Ohael reua. [14]Wer woeß, vielleicht kehrt r om ond s reut an ond r lässt saen Sega henter sich. Speis- ond Trankopfer für JAHWE, euran Gott (Eloheykem). [15]Stoßat ens Widderhorn en Zion! Weihat a Fasta! Ruafat a Festvrsammlong aus! [16]Vrsammlat s Volk! Haeligat d Vrsammlong! Vrsammlat de Älteste, vrsammlat Kender ond Saegleng! Dr Bräutigam soll aus saener Kammer komma ond d Braut aus ihrer Brautkammer. [17]Zwischa dr Tempelhalle ond am Altar sollat d Priaster heula, am Herrgott (JAHWE) saene Diener, ond se sollat saga: Vrschon dae Volk, JAHWE, ond gib dae Erbtoel et zo Hohn ond Spott an d Haedavölker preis! Wårom soll mr onter de Haedavölker saga: Mo ischd denn ihr Gott (Eloheyhem)?

Zom Vrgleicha: *Vers 12:* Dtn 4,29 • *Vers 13:* Jes 58,5-7; Am 5,14f; Ex 34,6f • *Vers 14:* Jona 3,9 •

Vers 15: 2,1; 1,14 • *Vers 17:* Ex 32,11f; 1Makk 7,36-38; Ps 42,4.11; 79,10; Mi 7,10.

D Erhörong durch Gott: 2 18-27

[18]Ond am Herrgott (JAHWE) sae Eifer
ischd aufgwacht für sae Land, ond r håt
Mitleid mit saem Volk kriagt. [19]Ond
JAHWE håt zor Antwort geba ond zo
saem Volk gsaed: Guck, i schick euch s
Korn ond da Wae ond s Öl, dass r drå
satt werat; ond i mach euch nia maeh
zom Gspött für d Haedavölker. [20]Ond
den Faend aus am Norda treib e von
euch weg ond vrstoß an en a Land en
dr Wüste, sae Vôrhuat ens östliche
Meer ond sae Nåchhuat ens westliche
Meer. Sae Gstank steigt auf von am ond
sae Modermuff, weil r so graoß ågeba
håt. [21]Du brauchst koe Angst et han,
Ackerboda! Jubilier ond frae de, weil dr
Herrgott (JAHWE) håt ebbas Graoßs
dao!
[22]Ihr brauchat ao koe Angst maeh han, ihr
Wild em Feld draußa, en dr Wüste ond
en dr Steppe wachst wieder Gras, ond d
Baem tragat ao wieder, Feiga ond Reba
standat wieder em Saft. [23]Ond ihr Kender
von Zion, jauchzgat ond fraeat euch an
JAHWE, euram Gott (Eloheykem)!
Der håt euch nämlich Lehrer geba für
d Onterweisong en Gerechtigkaet, ond
r håt s regna lassa, da Früahrega ond da
Spätrega, so wia früher. [24]Nå werat eure
Tenna vol mit Korn, ond d Kuafa laofat
über vom Most ond Öl. [25]So will e euch
dia Jåhr von de Haeschreckaplåga, von
de Nager, Larva ond Fresser, maem
graoßa Heer, des môn e gega euch
gschickt han, wieder guat macha. [26]Ond
ihr könnat euch wieder satt essa, ond
r werat da Nåma von JAHWE, euram
Gott (Eloheykem), preisa für des, was r
an Wonder für euch dao håt. Mae Volk
soll nia maeh zschanda wera. [27]Ond ihr
sollat erkenna, dass i en eurer Mitte ben,
Israel, ond i, JAHWE, ben euer Gott
(Eloheykem), ond sonst koener. Ond
mae Volk soll nia maeh zschanda wera.

Zom Vrgleicha: *Vers 18:* Dtn 4,24 • *Vers 19:* Dtn 11,14 • *Vers 20:* Jes 34,3;.Am 4,10 • *Vers 23:* Dtn 11,14 • *Vers 25:* 1,4 • *Vers 27:* Jes 42,8.

S KOMMENDE HAEL: 3 1 – 4 21

D Ausgiaßong vom Gaest: 3 1-5

3 Ond dådrnåch will i maen Gaest
ausgiaßa auf älle Menscha, dass eure
Söh ond eure Töchter profezeiat, ond
eure Alte Träum hent, ond eure jonge
Männer Visiona hent. [2]Ond ao auf d
Knecht ond d Mägd will e en dene
Däg maen Gaest ausgiaßa. [3]Ond i gib
Wahrzaeche an da Hemmel ond auf dr
Erde: Bluat ond Feuer ond Raochsäula.
[4]D Sonne wird sich en Finsternis
vrwandla ond dr Mond en Bluat vôr am
Komma vom Herrgott (JAHWE) saem
graoßa ond furchtbara Dag. [5]Ond des
gschieht: A jeder, mô da Nåma JAHWE
åruaft, der wird grettat; auf am Berg
Zion ond en Jerusalem ischd nämlich d
Rettong vorhanda, so wia s dr Herrgott
(JAHWE) gsaed håt. Ond onter dene,
mô grettat send, ischd der, den mô dr
Herrgott (JAHWE) ruaft.

Zom Vrgleicha: *Vers 1:* Apg 2,17-21; Num 11,25-30 • *Vers 4:* Offbg 12,6 • *Vers 5:* Rö 10,13; Obd 17; Offbg 14,1.

S Gericht über d Völker: 4 1-21

4 Weil guckat, en dene Däg ond en dera
Zeit, mô i Juda ond Jerusalem zrück
komma laß, [2]vrsammle i älle Völker ond
führ se na ens Tal Joschafat. Ond i gang
sell mit en ens Gericht wega maem Volk
ond wega maem Erbtôel Israel, des mô

se onter d Völker vrstraet ond mae Land
auftôelt hent, 3ond weil se über mae Volk
s Los gwôrfa hent ond Buaba hergeba
hent als Huraloh, ond d Mädla hent se
om Wae vrkaoft ond nå gsoffa.
4Übrigens, was send ihr schao em
Vrgleich zo mir, Tyrus ond Sidon ond
älle Gebiet von de Philister? Wöllat
ihr mir vielleicht ebbas hoemzahla
oder Vrgeltong üaba? I laß euch eure
Vrgeltonga ganz schnell auf euer aeges
Haopt falla! 5Ihr hent mae Silber ond
mae Gold ond de schönste Kostbarkaeta
oefach gnomma ond en eure Paläst
bråcht. 6Ond d Söh von Juda ond
von Jerusalem hent r an d Jawaniter
(Griecha) vrkaoft, zom se aus ihrer
Hoemat vrtreiba. 7Guckat, i stöbere se
auf an jedam Ort, mô ihr se nô vrkaoft
hent, nå laß e eure aegene Tata auf euran
Kopf zrückfalla. 8Ond i vrkaof eure
Söh ond eure Töchter an d Kender von
Juda, ond dia vrkaofat euch an d Sabäer,
a Volk, mô ganz weit weg ischd. So håt
JAHWE gsprocha!
9Ruafat des ällas aus bei de Völker:
Weihat euch zom Kampf! Machat eure
Kriager kampfberaet! Se sollat älle
herkomma, älle Kriagsmanna sollat
naufganga! 10*Dent eure Pfluagschara
zo Schwerter omschmieda ond eure
Rebmesser zo Spiaß!* A Schwacher soll
sich selber saga: I ben a Held! 11Machat
nôra ond kommat anandernåch her, ihr
Volksstämm von rengsrom ond sammlat
euch! Führ du daene Kriager sell nô,
JAHWE!
12Dia Völker sollat sich älle rega ond
raufkomma ens Tal Joschafat. Sell will i
über älle Völker rengsrom Gericht halta.
13Legat d Sichel å, d Ernt ischd nämlich
reif! Kommat, tretat, d Kelter ischd
nämlich vol, d Kuafa laofat über, ihr
Boshaftigkaet ischd graoß. 14Krach ond
Gschrôe ischd em Tal dr Entschaedong,
am Herrgott (JAHWE) sae Dag ischd
nämlich ganz nåch då.
15D Sonne, dr Mond vrdonklat sich ond
d Stern vrlierat ihran Glanz, 16während
JAHWE von Zion her ond von
Jerusalem sae Stemm höra lässt, dass dr
Hemmel ond d Erde bebat. Aber für sae
Volk ischd JAHWE a Zuaflucht ond
a Burg für d Israelita. 17Nå erkennat r,
dass i, JAHWE, euer Gott (Eloheykem)
ben, der en Zion wohnt, auf am Berg
von maener Haeligkaet. Ond Jerusalem
wird zom Haeligtom, mô en Zuakonft
koene Fremde maeh durchgangat.
18An dem Dag gschieht des: D Berg
triafnat vom Traubasaft, ond d Hügel
fliaßat über von Milch, ond en älle
Bäch von Juda fliaßt Wasser. Ond vom
Herrgott (JAHWE) saem Haus gôht a
Quell aus ond wässerat s Tal Schittim.
19Ägypten wird zor Wüste, ond Edom
a öda Steppe wega dene Vrbrecha an de
Nåchkomma vom Juda, mô se en dene
ihram Land oschuldigs Bluat vrgossa
hent. 20Ond Juda bleibt für emmer
bewohnt ond Jerusalem von Generation
zo Generation. 21Ond i laß ihr Bluat
ogstråft, des môn e vôrher et ogstråft
lassa wölla han. Ond JAHWE wohnt
auf am Zion.

Zom Vrgleicha: *Vers 1:* Jer 29,14; Ez 16,53; Hos 6,11 • *Vers 2:* Offbg 16,16 • *Vers 4:* Am 1,6-10 • *Vers 6:* Ez 27,13 • *Vers 10:* Jes 2,4; Mi 4,3 • *Vers 13:* Jes 17,5; Offbg 14,14-20; Jes63,1-6 • *Vers 14:* Jes 17,12; Joel 4,2 • *Vers 15:* 2,10 • *Vers 16:* Jer 25,30; Am 1,2; Ps 46,2f • *Vers 17:* Ez 28,23 • *Vers 18:* Am 9,13; Jes 30,25; Ez 47,1-5 • *Vers 20:* Jer 17,25; Ez 37,25.

S Buach Amos

ÜBERSCHRIFT: 1 1

1 Des send d Reda vom Amos, der mô bei de Schåfzüchter von Tekoa gwea ischd, über des, was r en Visiona gseha håt über Israel en dr Zeit vom Usija, am König von Juda, ond vom Jerobeam, am Joasch saem Soh, am König von Israel, zwôe Jåhr vôr dem Erdbeba.

S GERICHT ÜBER D VÖLKER: 1 2 – 2 16

Über d Nåchbervölker: 1 2 – 2 3
[2]Ond r håt gsaed: JAHWE brüllt von
Zion her ond von Jerusalem lässt r sae
Stemm höra, dass de Hirta ihre Wôeda
vrwelkat ond dr Gipfel vom Karmel
vrdôrrat.
[3]So spricht JAHWE: Wega drei oder
vier Freveltata von Damaskus nemm i s
et zrück, aber weil se da Gilead mit am
eiserna Dreschschlitta zsemadroscha
hent, [4]schick i Feuer gega s Haus vom
Hasaël, des soll am Ben-Hadad saene
Paläst fressa. [5]Ond i brich d Riegel von
Damaskus auf ond rotte d Aewohner
von Bikat-Awen aus ond den, mô en
Bet-Eden s Szepter håt. Ond s Volk von
Aram muaß en d Vrbannong nach Kir,
spricht JAHWE.
[6]So spricht JAHWE: Wega drei oder vier
Freveltata von Gaza nemm i s et zrück,
aber weil se älle vrschleppt ond an Edom
ausglieferat hent, [7]schick i Feuer gega d
Mauer von Gaza, des soll ihre Paläst
fressa. [8]Ond i rotte d Aewohner von
Aschdod aus ond den, mô en Aschkelon
s Szepter håt, ond i richte mae Håd gega
Ekron, dass dr Rest von de Philister
ontergôht, spricht JAHWE, dr Herr.
[9]So spricht JAHWE: Wega drei oder vier
Freveltata von Tyrus nemm i s et zrück,
aber weil se älle vrschleppt ond an Edom
ausglieferat ond et an da Vrtrag mit ihre
Brüader denkt hent, [10]drom schick i
Feuer en d Maura von Tyrus, des soll
ihre Paläst fressa.
[11]So spricht JAHWE: Wega drei oder
vier Freveltata von Edom nemm i s et
zrück, aber weil se ihran Bruader mit am
Schwert vrfolgt ond ihr aeges Mitleid et
gelta lassa ond ihram Zôrn ond ihrer
Wuat koe End bota hent, [12]schick i
Feuer en d Maura von Teman, des soll d
Paläst von Bozra fressa.
[13]So spricht JAHWE: Wega drei oder
vier Freveltata von de Ammoniter
nemm i s et zrück, aber weil se en Gilead
schwangere Fraoa aufgschlitzt hent,
mô se ihr Gebiet ausweita wölla hent,
[14]drom schick i Feuer en d Maura von
Rabba, des soll ihre Paläst fressa, wann
s Kriagsgschrôe losgôht am Kampfdag
em Sturm.
[15]Ond ihr König muaß en d Vrbannong,
er ond saene Fürsta, spricht JAHWE.
2 So spricht JAHWE: Wega drei oder
vier Freveltata von de Moabiter
nemm i s et zrück, aber weil Moab am
König von Edom saene Boener zo Kalk
vrbrennt håt, [2]schick i Feuer en d Maura
von Moab, des soll d Paläst von Kerijot
fressa. Ond em Krach ond Kriagsgschrôe
ond em Hörnerschall stirbt Moab. [3]Ond
i rotte da Richter en ihrer Mitte aus
ond älle ihre Fürsta breng e mit am om,
spricht JAHWE.

Zom Vrgleicha: *Kap. 1 Vers 3-5:* Jes 17,1-3; Jer 49,

23-27 • *Vers 4:* 2Kö 10,32 • *Vers 5:* 2Kö,16,9 • *Vers 6:* 2Chron 21,16f; Zef 2,4-7 • *Vers 9-10:* Jes 23; Ez 26-28 • *Vers 11-12:* Jer 49,7-22; Ez 35 • *Vers 13-15:* Jer 49,1-6 • *Vers 13:* 2Kö 15,16 • *Kap. 2 Vers 1-3:Jes 15f*; Jer 48.

Über Juda ond Israel: 2 4-16

4 So spricht JAHWE: Wega drei oder
vier Freveltata von Juda nemm i s
et zrück, aber weil se am Herrgott
(JAHWE) saene Weisonga vrachtat ond
saene Satzonga et aeghalta ond sich von
ihre Götza, dene mô schao ihre Vädr
nâchgloffa send, vrführa lassa hent,
5 drom schick i Feuer gega Juda, des soll
d Paläst en Jerusalem fressa.
6 So spricht JAHWE: Wega drei oder vier
Freveltata von Israel nemm i s et zrück,
aber weil se da Rechtschaffena om Geld
vrkaoft hent ond an Arma wega ma
Päärle Sandala, 7 ond weil se de Kloene
en da Dreck tretat ond de Beschaedene
vom Weg schuckat, ond weil oener mit
saem Vadr zor gleicha Hur gôht ond se
so maen haeliga Nâma entweihat.
8 Auf vrpfändate Klôeder strackat se
neba jedan Altar nô ond saufat Wae
von de Strâfgelder em Haus von ihram
Gott (Eloheyhem). 9 Drbei han i d
Amoriter vôr en vrnichtat, dia mô so
graoß gwachsa send wia d Zedera ond
so stark wia d Ôecha; ond i han von oba
sae Frucht vrnichtat ond saene Wurzla
von onta. 10 Ond i, i han euch aus am
Land Ägypten raufkomma lassa ond
euch vierzg Jâhr en dr Wüste romlaofa
lassa, dass r s Land von de Amoriter
aenemma könnat. 11 Ond i han aus eure
Söh Profeta aufstanda lassa, ond a paar
von eure jonge Männer als Nasiräer
(Gott Gweihte). Ischd s vielleicht et so,
ihr Israelita? Spruch von JAHWE.
12 Ond ihr hent de Gweihte Wae zom
trenka geba ond zo de Profeta gsaed: Ihr
därfat et weissaga! 13 Guck, i laß s schwer
wera onter euch, wian a Dreschwaga
schwer ischd, der mô vol ischd mit
Garba. 14 Nâ kommt ao dr Schnellste
nemme drvo ond dr Starke reißt sae
Kraft et zsema ond ao dr Held kâ sae
Leba et retta, 15 ond dr Bogaschütze kâ et
standhalta. Dr Laefer kâ sich mit saene
Füaß et retta, ao dr Reiter kommt et drvo
mit am Leba. 16 Sogar dr stärkste Held
haot an dem Dag nackat ab – Spruch
von JAHWE.

Zom Vrgleicha: *Vers 4:* Jes 5,24; Hos 8,14 • *Vers 6:* Jes 3,15 • *Vers 7:* Dtn 27,20 • *Vers 9:* Dtn 7,1; Hos 9,16 • *Vers 10:* Dtn 2,7 • *Vers 11:* Dtn 18,18 • *Vers 12:* 7,12; Jes 30,10 • *Vers 13:* Num 16,30-33 • *Vers 14-16:* 9,1.

D ÅKLAGA GEGA D OBERSCHICHT EN ISRAEL: 3 1 – 6 14

D Erwählong von Israel ond sae Vrantwortong: 3 1-2

3 Horchat auf des Wort, mô JAHWE
gega euch gsprocha hât, ihr Söh von
Israel, gega euer ganz Gschlecht, des mô
i raufgholt han aus am Land Ägypten:
2 Bloß euch ganz alloe han i von älle
Volksstämm auf dr Erde auserwählt;
drom strâf i an euch ao für älle eure
Vrfehlonga.

Zom Vrgleicha: *Vers 2:* Dtn7,6.

Gott ond d Profeta: 3 3-8

3 Laofat ao zwôe mitanander, ohne
dass se anander vrkomma send? 4 Brüllt
vielleicht a Löwe em Wald wann r nex
zom reissa hât? Fangt a jonger Löwe a
z brülla, wann r nex gfanga hât? 5 Fällt
vielleicht a Vogel em Klappnetz auf da
Boda, wann koe Stellholz drâ ischd?
6 Oder blâst mr en dr Stadt ens Horn
ond d Leut däte et vrschrecka? Oder
passiert a Oglück en dr Stadt, des mô dr

Herrgott (JAHWE) et dao hätt? 7Mae
Herr, JAHWE, duat nämlich nex, was
r et vôrher saene Diener, de Profeta
offabart håt. 8Dr Löwe brüllt – wer
sott då koe Angst han? JAHWE, mae
Herr, håt gsprocha, wer muaß då et zom
Profeta wera?

Zom Vrgleicha: *Vers 6:* Joel 2,1.

S Gericht über Samaria: 3 9-15

9Lassat s höra über de Paläst en
Aschdod ond über de Paläst em Land
Ägypten ond sagat: Vrsammlat euch auf
de Berg von Samaria ond guckat euch
des oguate Treiba å ond wia se d Leut
nadruckat. 10Dia wissat gar nemme, wia
s Recht aussieht – Spruch von JAHWE
-, en dene ihre Paläst geit s bloß no
Gwalttätigkaet ond Orecht.
11Drom, so spricht JAHWE, mae Herr:
Dr Faend omzenglat s Land ond reißt
dae Macht von dr ond plünderat daene
Paläst aus.
12So spricht JAHWE: So wian a
Hirt ama Löwa no d Schenkel oder
Ohrläppla (vom a Schåf) aus am Maul
reißt, so reißat sich dia Israelita frei,
mô en Samaria lebat em Zipfel von
ihram Lotterbett. 13Horchat her ond
bezeugat s am Haus Jakob – Spruch
von maem Herra JAHWE Zebaot:
14An dem Dag, mô i mit Israel wega
saene Freveltata abrechne, då rechne i
ao mit de Altär en Bet-El ab, an dene
werat d Hörner wegghaoa, dass se auf
da Boda haglat. 15S Wenterhaus hao i
mitsamt am Sommerhaus zsema, ond d
Elfabeahäuser gangat mit viele andere
Häuser z'grond – Spruch von JAHWE!

Zom Vrgleicha: *Vers 9:* Zef 3,8 • *Vers 12:* 6,4 • *Vers 14:* 1Kö 12,32; 2Kö 23,15 • *Vers 15:* 1Kö 22,39.

D Onterdrückong von de Arme: 4 1-3

4 Horchat auf des Wort dåhanna,
ihr Küah vom Baschan auf de Berg
von Samaria, dia mô hilflose Leut
nadruckat ond de Arme ausbeutat,
ond zo ihre Herra sagat: Brengat s her,
dass mr trenkat! 2JAHWE, mae Herr,
håt bei saener Haeligkaet gschwora:
Guckat, s kommat Zeita über euch, då
ziagt mr euch an Håka weg ond eure
Nåchkomma an Angelhåka. 3Durch d
Löcher en dr Stadtmauer müaßat se
nausdrucka, a jeda vôr sich nô ond ihr
werat zom Hermon vrschleppt – Spruch
von JAHWE!

Omkehr – ond et a äußerlicher Kult: 4 4 – 5 9

4Kommat nach Bet-El ond frevlat! Nach
Gilgal, ond frevlat no maeh! Brengat
am Môrga eure Opfer dar ond nach
drei Däg euran Zehnta, 5ond lassat vom
Gsäuerta Dankopfer aufraocha! Ond
kündigat freiwillige Opfergaba å, lent
s höra! So mögat r s doch, ihr Söh von
Israel, spricht JAHWE, mae Herr!
6I han euch en älle eure Städt nex zom
Beißa geba ond Mangel an Brot en älle
eure Ortschafta, aber ihr send et zo mir
omkehrt – Spruch von JAHWE!
7Ond i han da Rega vôr euch zrückghalta
schao drei Monat vôr dr Ernt. Über
dr oena Stadt han e s regna lassa, über
dr andera et; oe Acker håt ebbas vom
Rega mitkriagt, dr ander et ond ischd
vrdôrrat. 8Nå send zwôe, drei Städt en a
andera gwankt zom Wasser trenka, aber
se hent et gnuag kriagt, aber ihr send et
zo mir omkehrt – Spruch von JAHWE!
9I han euch mit am Kornbrand gschlaga
ond mit am Gilb. Viele von eure Gärta
ond eure Wengert ond eure Feiga ond
Ölbaem håt dr Haeschreck agfressa,
aber ihr send et zo mir omkehrt – Spruch
von JAHWE!
10I Han d Pest zo euch gschickt auf am
Weg nach Ägypten. I han eure jonge
Männer mit am Schwert ombråcht ond
eure Rösser wegfanga lassa, ond da
Gstank von eure Lager en eure Nåsa

aufsteiga lassa, aber ihr send et zo mir
omkehrt – Spruch von JAHWE!
11I han a gewaltiga Zrstörong über euch
bråcht, wia s Gott (Elohim) en Sodom
ond Gomorra gmacht håt, ond ihr send
wian a Scheitle Holz aus am Feuer grissa
wôra, aber ihr send et zo mir omkehrt
– Spruch von JAHWE!
12Drom will e dr des ällas ådoa, Israel.
Ond weil e dr des ällas ådoa will, beraet
de guat drauf vôr, daemGott (Eloheyka)
zom begegna, Israel! 13Weil guck, der,
mô d Berg macht ond da Wend schafft
ond de Menscha åkündigt, was r em
Senn håt. ER macht d Môrgaraete ond
s Donkel ond gôht auf de Höha über d
Erde, Gott (Elohey), JAHWE Zebaot
ischd sae Nåma.
5 Horchat auf des Wort, ihr vom Haus
Israel, mô i über euch åstemm als
Klageliad: 2Se ischd gfalla ond stôht
nemme auf, d Jungfrao Israel; se ischd
auf ihran Boda gstoßa wôra ond koener
hebt se auf. 3Weil, so håt s JAHWE,
mae Herr gsaed: Von tausad Mann,
mô ausgrückt send, kommat hondert
zrück, ond mô hondert ausgrückt send,
kommat bloß zeah zrück für s Haus
Israel.
4So spricht JAHWE zom Haus Israel:
Suachat mi, dass r lebat! 5Ihr sollat et
nach Bet-El ganga, ond da Gilgal sollat
r ao et aufsuacha, ond nach Beer-Scheba
sollat r ao et nomganga! Dr Gilgal muaß
nämlich auswandera ond Bet-El gôht
onter. 6Suachat JAHWE, dass r lebat!
Sonst kommt r wian a Feuer über s Haus
Josef ond vrzehrt s, ond koener ischd
då für Bet-El, mô s löscht – 7für dia,
mô s Recht en Wermuat vrdrehat ond
d Gerechtigkaet auf da Boda keiat. 8ER
håt s Siebagestirn ond da Orion gmacht
ond kå da Môrga en Donkel romdreha
ond da Dag zor Nacht, ER ruaft s
Wasser em Meer ond leert s aus auf
dr Oberfläche von dr Erde – JAHWE
ischd sae Nåma.
9ER lässt s Vrderba über da Starka komma
ond über a Festong d Vrnichtong.

Zom Vrgleicha: *Kap. 4 Vers 4:* Hos 4,15; 12,12 • *Vers 6:* Lev 26,14-39 • *Vers 9:* Hag 2,17; Joel 1,4 • *Vers 10:* Ex 9,3 • *Vers 11:* Gen 19,24; Sach 3,2 • *Kap 5 Vers 5:* 4,4; 8,14 • *Vers 6:* 2,1.3.6 • *Vers 8:* Ijob 9,9; Am 9,6.

D Rechtsbeugong: 5 10-15

10Se hent an Hass auf den, mô em Tôr
urtôelt, ond vôr dem, mô d Wåhrat
saed, hent se an Abscheu, 11weil ihr auf
de Kloene romtramplat ond Abgaba
für s Korn von en nemmat. Ihr bauat
zwår Häuser aus Quaderstoe, aber ihr
werat et dren wohna; schöne Wengert
hent r åglegt, aber ihr werat ihran Wae
et trenka. 12I wôeß nämlich was ihr ällas
auf am Kerbholz hent ond wia graoß
eure Sünda send, ihr, dia môn r de
Rechtschaffene fertig machat ond euch
bestecha lassat ond da Arma em Tôr
naduckat. 13Drom hält a Gscheiter en
dera Zeit liaber s Maul, s ischd nämlich
a baesa Zeit. 14Suachat s Guate ond et
s Baese, dass r lebat! Ond JAHWE, dr
Gott (Elohey) Zebaot ischd mit euch,
wian r s gsaed hent. 15Hassat s Baese
ond mögat s Guate ond haltat s Recht
em Tôr aufrecht, vielleicht vrbarmt sich
JAHWE, dr Gott (Elohey) Zebaot über
da Rest vom Josef.

Zom Vrgleicha: *Vers 7:* 6,12 • *Vers 11:* Zef 1,13; Dtn 28,39.

Dr kommende Dag von Gott: 5 16-20

16Drom, so spricht JAHWE, dr Gott
(Elohey) Zebaot, mae Herr: Auf älle
Plätz soll mr d Klaga höra ond en de
Gassa soll mr saga: Gnad euch! Ond mr
soll da Ackerbaura zom Trauera hola
ond zom Klaga da Daotakläger. 17Ond
en älle Wengert soll mr klaga, wann i
durch gang, spricht JAHWE.
18Gnad dene, mô a Sehnsucht hent

nach am Herrgott (JAHWE) saem
Dag! Zo was ischd der Dag vom
Herrgott (JAHWE) für euch? Der ischd
Fensternis ond et Licht! 19Der ischd, wia
wann oener vôr ama Löwa drvokommt
ond a Bär fällt an å ond r kommt grad
no ens Haus nae ond hebt d Tür zua
ond nå beißt an a Schlang en d Håd.
20Ischd am Herrgott (JAHWE) sae Dag
Fensternis ond et Licht, donkel ond
ohne Lichtglanz?

Zom Vrgleicha: *Vers 18:* Joel 2,11.

Dr wahre Gottesdenst: 5 21-27

21I hass eure Fest ond vrachte se ond
kå eure Festvrsammlonga et schmecka.
22Wann ihr mir Brandopfer darbrengat
ond eure Gaba, des will i et, ond a
Friedensopfer mit eure Mastkälber guck
e gar et å. 23Schaff mr des Geplärre von
daene Liader vom Hals ond da Klang
von daene Harfa kån e ao nemme höra!
24*Aber s Recht soll sprudla wia s Wasser*
ond d Gerechtigkaet wian a Bach, der
mô nia vrsiegt.
25Hent ihr mir vielleicht Schlachtopfer
ond Opfergaba darbråcht en dene vierzg
Jåhr en dr Wüste? 26Oder hent r då da
(Gott) Sakkut als euran König vôr euch
hertraga müaßa ond da Kewan euran
Sterngott, eure selbergmachte Götza?
27Ond i führ euch en d Vrbannong no
über Damaskus naus, spricht JAHWE,
dr Gott (Elohey) Zebaot.

Zom Vrgleicha: *Vers 21:* Jes 1,11-14; Hos 8,13 • *Vers 25:* Jer 7,22f; Apg 7,42f • *Vers 27:* 2Kö 17,6; Am 4,13.

A leichtlebiga Oberschicht: 6 1-14

6 Gnad dene Sôrglose en Zion ond
dene, mô sich auf am Berg en
Samaria so sicher fühlat, de Vürnehme
vom Erstleng onter de Völker, vôr dia
mô s Volk Israel komma muaß. 2Gangat
nom nach Kalme ond guckat euch om,
ond gangat nach Hamat ond nach Gat
bei de Philister! Send ihr vielleicht
besser als wia dia Königreich dåhanna?
Oder ischd dene ihr Gebiet graeßer
wia euers? 3Ihr, mô moenat, dr baese
Dag sei no weit weg, grad ihr lassat
d Gsetzlosigkaet om sich greifa. 4Ihr
streckat auf Elfaboenester ond eure
Lotterbetta rom ond essat Lämmer aus
dr Herde ond Mastkälbla, 5ihr gröhlat
omanander zor Harfe ond denkat für
euch Liader zom Instrument aus wia dr
David, 6ond trenkat da Wae aus Krüag
ond salbat euch mit am faensta Öl, aber
dr Ontergang vom Josef entressiert euch
gar et. 7Drom müaßat se jetzt vôrnadraus
en d Vrbannong ganga, dass des Gschrôe
von dene Romstracker aufhert.
8JAHWE, mae Herr håt s gschwora
bei sich selber – Spruch von JAHWE
Zebaot: I han an Abscheu vôr am
Haochmuat von Jakob, ond saene Paläst
hass i ond i gib d Stadt preis mit ällam,
was dren ischd. 9Ond wann ema Haus
no zeah Männer übrig send, dia müaßat
ao sterba. 10Ond wann oener saen
Vrwandta aus am Haus nausschaffa will
zom an vrbrenna, ond r saed zo dem,
mô em hentersta Wenkel vom Haus
guckt: Ischd då no ebber? Ond der
saed: Då ischd nex maeh! Nå saed r: Sei
still! Dass mr et an da Nåma JAHWE
erennerat. 11Weil guck, dr Herrgott
(JAHWE) befiehlt ond mr haot s graoße
Haus en Trümmer, ond s kloene Haus
en Bröckala. 12Rennat d Rösser vielleicht
auf de Felsa, oder ackerat mr mit Küah,
dass ihr s Recht auf da Kopf stellat ond
aus dr Frucht von dr Rechtschaffahaet
Wermuat machat? 13Ihr fraeat euch über
(d Eroberong von) Lo-Dabar ond sagat.
Hent mir et aus aegener Kraft Karnajim
aegnomma? 14Sicher? Guck i laß gega s
Haus Israel a Volk aufstanda – Spruch
von JAHWE Zebaot – ond dia werat
euch drangsaliera vom Zuagang nach
Hamat å bis an da Bach en dr Araba.

Zom Vrgleicha: *Vers 1:* Lk 6,24 • *Vers 3:* 9,10; Ez 12,27 • *Vers 5:* Jes 5,12 • *Vers 8:* 4,2 • *Vers 10:* Hab 2,20; Sach 2,17 • *Vers 13:* Dtn 8,17.

D VISIONA OND A BIOGRAPHISCHER BERICHT: 7 1 – 9 6

De erst Vision: d Haeschreckaplåg: 7 1-3

7 Des håt me JAHWE, mae Herr, seha
lassa: Guck, a Haeschreckaschwarm
håt sich bildat, grad mô d Sommersaat
ågfanga håt mit aufganga, d Spätsaat
kommt nach dr Königsmahd. 2Ond mô
dia ågfanga hent zom s Gras vom Boda
wegfressa, han i gsaed: JAHWE, mae
Herr, vrzeih doch! Von was soll Jakob
leba, der ischd doch kloe? 3Nå håt s
da Herrgott (JAHWE) greut: S soll et
gscheha! Håt JAHWE gsaed.

Zom Vrgleicha: *Vers 1:* 4,9; Joel 1,4-7; Dtn 28,38.

De zwôet Vision: D Feuersgluat: 7 4-6

4Des håt me JAHWE, mae Herr, seha
lassa: Guck, JAHWE, mae Herr, håt
zom Stråfa Feuer aufgruafa, des håt da
graoßa Ozean gfressa ond sich en da
Ackerboda naegfressa. 5Nå han e gsaed:
JAHWE, mae Herr, hör doch auf drmit!
Was soll denn aus Jakob wera, der
ischd doch kloe? 6Nå håt s da Herrgott
(JAHWE) greut: S soll ao et gscheha!
Håt JAHWE gsaed.

Zom Vrgleicha: *Vers 4:* Joel 1,19f.

De dritt Vision: Dr Senkel: 7 7-9

7Des håt me JAHWE, mae Herr, seha
lassa: Guck, mae Herr ischd auf ra Mauer
gstanda mit ama Senkel en dr Håd. 8Ond
JAHWE håt zo mr gsaed: Was siehst
d, Amos? I han am zor Antwort geba:
An Senkel! Nå håt mae Herr gsaed:
Guck, i miß mae Volk mit am Senkel; i
laß am nex maeh durchganga. 9Ond dia
Kulthöha vom Isaak werat vrwüastat,
ond d Haeligtümer von Israel werat
hegmacht, ond gega s Haus Jerobeam
stand i mit am Schwert auf!

D Ausweisong vom Profeta: 7 10-17

10Nå håt dr Priaster Amazja von Bet-
El zom König Jerobeam von Israel
gschickt ond am ausrichta lassa: Dr
Amos zettlat mittla em Haus Israel an
Aufstand gega de å; dem sae Gschwätz
kå mr em Land nemme hörа. 11Dr Amos
håt nämlich gsaed: Dr Jerobeam stirbt
durch s Schwert, ond Israel muaß en d
Vrbannong ond von saem Hoematboda
auswandera! 12Ond zom Amos håt dr
Amazja gsaed: Vrschwend ond hao
ab nach Juda ond iss sell dae Brot, sell
kåsch d nô weissaga! 13Aber en Bet-El
håsch du nex maeh zom profezeia, des
ischd nämlich am König sae Haeligtom
ond sae Reichstempel.
14Dådrauf håt dr Amos zom Amazja
gsaed: I ben koe Profet ond ao
koe Profetaschüaler, sondern i ben
Viehzüchter ond züchte ao Feiga auf
Maulbeerfeigabaem. 15Aber JAHWE håt
me von maener Herde weggholt, ond
JAHWE håt zo mr gsaed: Gang ond
profezei maem Volk Israel: 16Ond horch
auf s Wort von JAHWE: Du saesch:
Gega Israel sollst du et weissaga ond et
gega s Haus Isaak profezeia!
17Drom – so spricht JAHWE: Dae Frao
soll en dr Stadt romhura, ond daene
Söh ond daene Töchter fallat durch s
Schwert, ond dae Grond ond Boda wird
mit dr Messschnur auftôelt. Aber du
selber sollst auf ama oraene Boda sterba;
ond Israel muaß auswandera von saem
Hoematboda.

Zom Vrgleicha: *Vers 11:* 5,27; 6,7; 9,4 • *Vers 12:* 1Sa 9,7 • *Vers 13:* 2,12 • *Vers 14:* 2Kö 2,3; Am 1,1; Ps 78,70f • *Vers 16:* 2,12; Mi 2,6 • *Vers 17:* 2Kö 17,2-6.

De viert Vision: Dr Obstkretta: 8 1-3

8 Des håt me JAHWE, mae Herr, seha
lassa: Guck, dă ischd a Kretta mit
Obst gwea. 2ER håt me gfrågt: Was siehst
d, Amos? Ond i han gsaed: An Kretta
mit reifam Obst! Nå håt dr Herrgott
(JAHWE) zo mr gsaed: Mae Volk Israel
ischd reif für s End, i laß am nex maeh
durchganga. 3An dem Dag werat se em
Palast Klagegsäng åstemma – Spruch
von JAHWE, maem Herra. Überall
liegat Leicha rom, oefach nôgschmissa.

Zom Vrgleicha: *Vers 2:* Offbg 14,15-19.

Gega d Ausbeutong: 8 4-14

4Send still! Horchat auf des, ihr, mô de
Schwache natrappat ond de Arme em
Land demüatigat. 5Ihr moenat: Wann
ischd dr Neumond vorbei? Dass mr
onser Korn vrkaofat, ond dr Sabbat,
dass mr s Kornhaus aufmachat ond s
Efamaß kloener ond s Schekelgwicht
graeßer machat ond d Leut bscheisat.
6Nå kaofat mr an Arma om Geld ond an
Bedürftiga om a Päärle Sandala, ond da
Abfall vom Korn vrkaofat mr ao.
7Dr Herrgott (JAHWE) håt beim Stolz
vom Jakob gschwora: Nia vrgiß i dene
ihre Schandtata! 8Muaß wega dem et d
Erde beba? Ond muaß då et a jeder, mô
auf dr Erde lebt, traurig sae? Soll se et
åsteiga wia dr Nil ond wieder absenka
wia de Strom vom Ägypta? 9An dem
Dag – Spruch von JAHWE, maem
Herra – då laß i d Sonne am hella Mittag
onterganga ond breng Fensternis über
d Erde am helllichta Dag. 10Ond i kehr
eure Fest om en Trauer ond eure Liader
en Klagegsäng. I ziag älle a Trauergwand
å ond scher älle Köpf a Glatze. I laß se
trauera, wia mr om an oeziga Soh traurat,
ond ihr End mach e zo'ma bittera Dag.
11*Guck, s kommat Däg – Spruch von
JAHWE, maem Herra – då schick i an
Honger ens Land, koen Honger nach
Brot ond ao koen Durst nach Wasser,
sondern zom am Herrgott (JAHWE) sae
Wort höra.*
12Nå schwankat se von Meer zo Meer
ond von Norda nach Osta, se strôefat
omanander ond suachat am Herrgott
(JAHWE) sae Wort ond fendat s et.
13An dem Dag werat de schönste jonge
Fraoa ohnmächtig ond de jonge Männer
vrschmachtat vôr lauter Durst. 14Dia,
mô bei dr Schuld (Götza) von Samaria
schwörat ond sagat: So wåhr dae Gott
(Eloheyka) lebt, Dan! Ond so wåhr dr
Weg (Schutzgott) nach Beer-Scheba lebt!
Dia sollat falla ond nemme aufstanda!

Zom Vrgleicha: *Vers 4:* 2,6-8 • *Vers 5:* Dtn 25,13; Mi 6,10f • *Vers 8:* 9,5 • *Vers 10:* Hos 2,13; Jes 3,24; Jer 6,26 • *Vers 13:* Sach 9,17.

De fenft Vision: Dr Ontergang vom Tempel ond vom Volk: 9 1-6

9 I han maen Herra am Altar standa
seha, ond r håt gsaed: Hao auf den
Knauf, dass d Balka zitterat ond laß en
ällas auf da Kopf hagla, älle mitanander
mitsamt ihrer Nåchkommaschaft breng
i mit am Schwert om – då soll mr koener
drvo komma, et oener. 2Wann se sich
en dr Onterwelt aenista wöllat, mae
Håd holt se sell raus, ond wann se en
da Hemmel naufsteiga wöllat, i hol se
von sell ra. 3Ond wann se auf am Gipfel
vom Karmel vrschlupfa däte, i fend se
[illegible] se. Ond wann se sich am
Grond vom Meer vrstecka däte, i schick
en a Schlang, mô se beißt. 4Ond wann se
vôr ihre Faend en d Gfangaschaft gangat,
nå gib i am Schwert da Befehl zom se
ombrenga. I han a Aog auf se, aber zom
Baesa, et zom Guata. 5Dr Herr, JAHWE
Zebaot, regt d Erde å ond se wankt,
ond älle, mô drauf wohnat send voler

Trauer, ond se steigt wia dr Nil ond
senkt zrück wia dr Strom von Ägypten.
6ER baut am Hemmel saene Stuafa ond
sae Gewölbe, auf dr Erde gründat r s,
ER ruaft s Wasser aus am Meer her ond
giaßt s aus auf dr Erde – JAHWE ischd
sae Nåma.

Zom Vrgleicha: *Vers 1:* 2,14-16 • *Vers 2:* Ps 139,7-12; Jer 23,23f • *Vers 5:* 8,8 • *Vers 6:* 5,8.

GERICHT OND HAEL: 9 7-15

Erwählong ond Gericht: 9 7-10

7Send ihr für mi et wia d Söh von de
Kuschita, ihr Israelita? Spruch von
JAHWE! Han i et Israel aus am Land
Ägypten raufgholt ond d Philister von
Kaftor ond d Aramäer von Kir? 8Guck,
d Auga von JAHWE, maem Herra, send
auf des sündige Königreich grichtat, ond
i will se vom Erdboda ausrotta. Aber
ganz will e s Haus Jakob et ausrotta
– Spruch von JAHWE! 9Weil guck, i
selber gib d Åweisong ond laß s Haus
Israel onter älle Völker durchreada,
wia mr mit am Reader durchseiht, ond
koe Stoele fällt auf da Boda. 10Durchs
Schwert sollat älle Sünder von maem
Volk sterba, dia mô sagat: Ons trifft
doch koe Ohael, des kommt et bis zo
ons durch.

Zom Vrgleicha: *Vers 8:* 3,12 • *Vers 10:* 6,1-6; Jes 28,15.

S Vrsprecha vom zuakünftiga Hael: 9 11-15

11An dem Dag will i am David sae
baufälliga Hütte wieder aufrichta, ond
maure ihre Riss wieder zua, ond laß
saene Trümmer wieder aufstanda, ond
bau ällas wieder auf wia en dr Vôrzeit.
12Dass se da Rest von Edom erbat ond
älle dia Volksstämm, über dene mô mae
Nåma ausgruafa wôra ischd – Spruch
von JAHWE, der mô des ällas schafft.
13Guck, s kommat Däg – Spruch von
JAHWE – då holt der, mô ackerat den,
mô erntat ae, ond der, mô d Kelter
tritt, den, mô s Saatguat nausstraet; då
triefnat d Berg vom Wae, ond an de
Hügel laoft s na. 14Då dreh i s Blättle für
mae Volk Israel wieder rom, dass se ihre
vrwüastate Städt wieder aufbauat ond
dren wohnat. Dass se Wengert ålegat
ond ihran Wae selber trenkat ond Gärta
ålegat ond ihre Frücht essat. 15Nå will i
se aepflanza en ihram Land, dass se nia
maeh rausgrissa werat aus ihram Boda,
den môn en i geba han, spricht JAHWE,
dae Gott (Eloheyka).

Zom Vrgleicha: *Vers 11:* Apg 15,16f • *Vers 12:* Num 24,18 • *Vers 13:* Lev 26,5 • *Vers 14:* 5,11.

S Buach Obadja

S GERICHT ÜBER EDOM: 1-15

[1]Vision vom Obadja. So spricht JAHWE,
dr Herr, über Edom: A Botschaft von
JAHWE he'mr ghört, ond a Bote wird
onter d Völker gschickt: Standat auf zom
Kampf (gega Edom)! [2]Guck, i mach de
kloe onter de Völker ond vrachtat!
[3]Dr Übermuat von daem Herza håt dr
ebbas vôrgmacht, weil da auf de Felsa
dae Wohnong baut håsch moenst du:
Wer kå me von då rahola?
[4]Ao wann du dae Nest då oba zwischa
de Stern håsch wia dr Adler, schmeiß i
di då na, Spruch von JAHWE.
[5]Wann Dieb zo dr komma send oder
Gwaltmenscha en dr Nacht, wia hent
de dia zom Schweiga bråcht? Hent dia
et gstohla, was se grad braucht hent?
Wann Wengerter bei dr aedronga send,
hent dr dia et gnuag zom afzgabergla
übrig glassa?
[6]Aber wia ischd dr Esau durchstöberat
wôra bis en de letzte Vrsteck!
[7]Bis an d Grenza hent se de trieba. Älle
daene Bundagenossa hent de täuscht,
daene Fraend hent de überwältigt.
Onter dae Brot legat se a Schleng für de.
A Aeseha geits bei dene et.
[8]An dem Dag, Spruch von JAHWE,
laß i de Weise von Edom vrschwenda,
ond de Aesichtige aus am Bergland vom
Esau.
[9]Ond daene Helda sollat vrzaga,
Teman, dass em Bergland vom Esau
älle ausgrottat werat durch Mord ond
Totschlag.
[10]Wega dr Gwalttat an daem Bruader
Jakob soll de Schand zuadecka ond du
wirst ausgrottat für emmer.
[11]An dem Dag, mô da drbeigstanda bist
ond Fremde sae Vrmöga mitgnomma
hent ond Ausländer en saene Stadttôr
aedronga send ond über Jerusalem s Los
gwôrfa hent, då bist ao du wia oener von
dene wôra.
[12]Aber du brauchst gar et schadafroh sae
über daem Bruader saen Schada, ond
du brauchst de ao et über da Ontergang
von Juda fraea, ond du sottest ao dae
Maul et so weit aufreißa an dem Dag,
mô d Naot kommt!
[13]Komm et ens Tôr von maem Volk
am Dag von ihram Vrhängnis! Guck et
schadafroh auf ihr Oglück am Dag von
ihram Vrhängnis, ond streck dae Håd
et nach ihram Vrmöga aus am Dag von
ihram Vrhängnis!
[14]Stand et an d Weggabel nô zom dia
ombrenga, mô auf dr Flucht send.
Ond du sollst ao dia, mô drvokomma
send, et ausliefera am Dag von ihram
Vrhängnis!
[15]Am Herrgott (JAHWE) sae Dag ischd
nämlich schao ganz nåch då für älle dia
Völker. Was du andere ådao håsch, des
duat mr dir å. Ällas fällt auf dae Haopt
zrück.

Zom Vrgleicha: *Vers 1b-4:* Jer 49,14-16 • *Vers 5:* Jer 49,9 • *Vers 6:* Jer 49,10 • *Vers 7:* Ps 41,10 • *Vers 8:* Jer 49,7 • *Vers 9:* Jer 49,22 • *Vers 10:* Joel 4,19, Am 1,11f • *Vers 11:* Ps 137,7.

S GERICHT ÜBER DE ANDERE VÖLKER: 16

[16]So, wia ihr auf maem Haeliga Berg
tronka hent, so müaßat älle Völker
emmer zua trenka, se müaßat trenka
ond schlucka, dass se send, als wärat se
no nia gwea.

Zom Vrgleicha: *Vers 16:* Klg 4,21.

D RETTONG VON ISRAEL: 17-21

17Aber auf am Berg Zion ischd d Rettong
då, ond r ischd (wieder) a Haeligtom,
ond s Haus Jakob übernemmt ihre
Erbgüater.
18Nå ischd s Haus Jakob wia Feuer, ond s
Haus Josef zor Flamm, ond s Haus Esau
zo Straoh. Ond se werats åzünda ond se
vrzehra. Nå soll koener drvokomma
vom Haus Esau; weil des håt JAHWE
gsprocha.
19Da Negeb nemmat se en Besitz, s
Bergland vom Esau, d Schefela ond s
Land von de Philister, ond se nemmat s
Gebiet vom Efraim ae ond s Gebiet von
Samarien, von Benjamin ond Gilead.
20Ond de Vrschleppte von Israel nemmat
älle Städt von de Kanaaniter bis nach
Sarepta ae; ond de Vrschleppte, mô en
Sefarad send, nemmat d Städt em Negeb
ae.
21Ond d Befreier werat auf da Berg Zion
naufganga zom Gericht abhalta übers
Bergland vom Esau. Ond JAHWE wird
als König herrscha.

Zom Vrgleicha: *Vers 1:* Jer 49,7-22; Ez 25,12-14; Am 1,11.12 • *Vers 11:* Ps 137,7; Klgl 4,21.22; Ez 35,5; Joel 3,19 • *Vers 16:* Jer 25,15.16 • *Vers 21:* Jes 24,23.

S Buach Jona

D BERUAFONG VOM JONA: 1 1-2

1 Ond s Wort von JAHWE ischd an da
Jona, am Amittai saen Soh, erganga:
2 Stand auf ond gang nach Ninive, en dui
graoßa Stadt, ond predige gega se! Dene
ihre Boshaftigkaeta send nämlich bis
vôr mi rauf dronga.

Zom Vrgleicha: *Vers 1:* 2Kö 14,25.

AM JONA SAE FLUCHT: 1 3-16

3 Dr Jona ischd zwår aufgstanda, aber r håt
nach Tarschisch abhaoa wölla, weit weg
von JAHWE. Ond r ischd naganga uf
Jafo ond håt sell a Schiff nach Tarschisch
gfonda. R håt s Fahrgeld zahlt ond ischd
zuagstiega, zom mit en nach Tarschisch
fahra, weit weg von JAHWE.
4 Aber JAHWE håt an mächtiga Sturm
auf s Meer komma lassa, dass des Schiff
en a schwera Seenot gråta ischd. 5 Nå hent
dia Seeleut Angst kriagt, ond a jeder håt
zo saene Götter (Elohim) gschria, ond
se hent älle mögliche Gerätschafta über
Bord gschmissa, zom s Schiff leichtera.
Ond dr Jona ischd en da ontersta Raom
vom Schiff naganga ond ischd nôglega
ond håt ganz fest gschlåfa. 6 Nå ischd
dr Kapitän zon am nôganga ond håt
zon am gsaed: Wia kåsch du dåhanna
schlåfa? Stand auf ond ruaf daen Gott
(Eloheyka) å! Vielleicht denkt der Gott
(Elohim) an ons, dass mr et ontergangat!
7 Nå hent se zo anander gsaed: Laß ons
losa, dass mr rausbrengat, wega wem
ons des Oglück trifft! Ond se hent s Los
zoga, ond s Los håt da Jona troffa. 8 Nå
hent se zon am gsaed: Sag ons doch amål,
wårom ons des Oglück trifft? Was für a
Ärbat håsch du ond môher kommst d?
Mô bist d drhoem ond von was für ama
Volk stammst d? 9 Ond r håt zo nen gsaed:
I ben a Hebräer, ond i vrehr JAHWE,
da Gott (Elohey) em Hemmel, der mô
s Meer ond s Festland gmacht håt. 10 Nå
hent dia Seeleut no maeh Angst kriagt
ond hent zon am gsaed: Was håsch d nå
dao? Dia Männer hent nämlich gwißt,
dass r vôr am Herrgott (JAHWE) auf dr
Flucht ischd, des håt r en schao vôrher
vrzählt ghet. 11 Ond se hent zon am
gsaed: Was sollat mr mit dr macha, dass
s Meer wieder ruhiger wird? S Meer
ischd nämlich emmer stürmischer wôra.
12 Dådrauf håt r zo nen gsaed: Nemmat
me ond schmeißat me ens Meer, nå
wird s Meer wieder ruhiger om euch
rom. S ischd mr nämlich klar wôra, dass
der riesige Sturm wega mir über euch
komma ischd! 13 Nå hent dia Männer
emmer stärker gruaderat ond s Schiff
wieder an Land brenga wölla, aber se
hent s et könna, weil s Meer emmer
stärker gega se åbrandat håt. 14 Nå hent
se zo JAHWE gschria: Ach, JAHWE!
laß ons doch et omkomma wega dem
Må dåhanna, ond breng et oschuldigs
Bluat auf ons! Weil du, JAHWE, håsch
doch dao, was da håsch doa wölla!
15 Dådrauf hent se da Jona gnomma ond
an ens Meer gschmissa, ond s Meer håt
aufghert mit brausa. 16 Nå hent s dia
Männer mit dr Angst zom doa kriagt,
ond voler Ehrfurcht vôr JAHWE hent
se a Schlachtopfer JAHWE zor Ehr
darbråcht ond Gelübde abglegt.

Zom Vrgleicha: *Vers 4:* Ps 107,23-30; Mk 4,37-41;
Apg 27,18 • *Vers 16:* Mk 4,41.

D RETTONG VOM PROFETA: 2 1-11

2 Dr Herrgott (JAHWE) håt aber an
graoßa Fisch rausgsuacht, zom da
Jona en sich nae schlenga, ond dr Jona
ischd drei Däg ond drei Nächt em
Bauch von dem Fisch drenna gwea. 2Nå
håt dr Jona em Bauch von dem Fisch
zo JAHWE, saem Gott (Elohayw),
betat. 3Ond r håt gsaed: En maener Not
han e zo JAHWE gruafa, ond ER håt
mr Antwort geba. Aus am Schoß von
dr Onterwelt han e om Hilfe gschria,
ond du håsch mae Stemm ghört. 4Du
håsch me en d Tiafe mittla ens Meer
naegschmissa, ond d Strömong håt me
mitgrissa, älle daene Woga ond Brecher
send über me naeganga. 5I han schao
denkt, i sei vor daene Aoga vrstoßa ond
dürft daen haeliga Tempel nia maeh
seha. 6D Wasser send mr schao ans
Leba ganga, d Fluat ischd om me rom
gwea, dr Tang ischd mr om da Hals
ghangt. 7Bis ans Fondament von de Berg
ben e nagsonka; ihre Riegel hent me
aegschlossa für emmer. Aber du håsch
me lebendig aus am Grab rauszoga, du,
JAHWE, mae Gott (Elohey)!
8Mô mae Seel en mr dren vrzagt ischd,
han e an JAHWE denkt. Ond mae
Gebet ischd zo dr dronga bis en daen
haeliga Tempel. 9Dia, mô nichtige Götza
vrehrat, werat betroga ond se gebat ihr
Gnade preis. 10Aber i will dr mit lauter
Stemm danka ond Opfer darbrenga. Was
e vrsprocha han, des will e ao aehalta! D
Hilfe ischd von JAHWE komma. 11Nå
håt dr Herrgott (JAHWE) den Fisch
ågwiesa, r soll da Jona ans Land speia.

Zom Vrgleicha: *Vers 3:* Ps 130,1; Klgl 3,55 • *Vers 4:* Ps 42,8 • *Vers 5:* Ps 31,23 • *Vers 6:* Ps 69,2f • *Vers 7:* 40,3; 30,4 • *Vers 8:* Ps 18,7 • *Vers 9:* Ps 31,7 • *Vers 10:* Ps 22,26; 116,17f

DR JONA EN NINIVE: 3 1-10

3 Ond s Wort von JAHWE ischd
a zwôets Mål an da Jona erganga:
2Stand auf ond gang nach Ninive, en dui
graoßa Stadt, ond richt ra dui Botschaft
aus, môn e dr no sag! 3Nå ischd dr Jona
aufgstanda ond ischd nach Ninive ganga,
wian am s dr Herrgott (JAHWE) gsaed
håt. Ninive ischd aber a riesagraoßa Stadt
gwea, då håt mr drei Däg braucht, bis mr
von oem End ans ander komma ischd.
4Ond dr Jona ischd oen Dag weit en d
Stadt naeganga, ond nå håt r ågfanga ond
vrkündigt: No vierzg Däg ond Ninive
gôht onter! 5Ond dia Leut von Ninive
hent an Gott (Elohim) glaobt ond hent
a Fasta ausgruafa ond Buaßgwänder
åzoga, ågfanga beim Graeßta bis zom
Kloensta. 6Des ischd bis zom König
von Ninive durchdronga. Der ischd
von saem Thron aufgstanda ond håt sae
Prachtgwand radao ond a Trauergwand
åzoga ond ischd en d Äscha naegsessa.
7Nå håt r en Ninive ausruafa lassa: Auf
Erlaß vom König ond saene Fürsta wird
folgendas bekannt geba: Mensch ond
Vieh, s Graoßvieh wia s Kloevieh, därf
nex essa, se sollat et wôeda ond et Wasser
trenka. 8Se sollat Säck (Trauerkloeder)
ådoa, dr Mensch ond s Vieh. Se sollat
laut Gott (Elohim) åruafa, ond jeder
soll sich von saem schlechta Wandel
bekehra, ond von dem Orecht, môn am
an de Händ bäbbt. 9Wer wôeß, vielleicht
reut s den Gott (Elohim) ond r lässt
von saem Zôrn ab, dass mr et zgrond
gangat! 10Ond Gott (Elohim) håt gseha,
dass se ihre baese Tata bereut ond sich
von ihram schlechta Wandel bekehrt
hent. Ond Gott (Elohim) håt des Ohael
greut, môn r en ådroht håt, ond r håt s

bleiba lassa.

Zom Vrgleicha: *Vers 5:* Mt 12,41; Lk 11,30.32 • *Vers 6:* Ez 26,16 • *Vers 9:* Jer 18,8; Joel 2,14; Am 5,15.

D BELEHRONG VOM PROFETA: 4 1-11

4 Aber des hât am Jona gar et gfalla,
ond r ischd narrat wôra [2]Ond r
hât zo JAHWE betat ond gsaed. Ach,
JAHWE! Han e mr des et glei denkt, môn
e no drhoem gwea ben en maem Land?
Wega dem han e doch nach Tarschisch
abhaoa wölla, *weil e gwißt han, dass du*
a gnädiger ond barmherziger Gott (El)
bist, den mô s Ohael reut. [3]Ond jetzt,
JAHWE, nemm doch mae Seel von
mr weg, s ischd nämlich besser, dass e
stirb, als dass e weiterleb. [4]Dådrauf hât
dr Herrgott (JAHWE) zon am gsaed:
Moenst d vielleicht, da hättest recht
drmit, wann da jetzt narrat bist?
[5]Nå ischd dr Jona zor Stadt nausganga
ond ischd östlich von dr Stadt nôghockt.
Sell hât r sich a Laobdächle gmacht
ond ischd en da Schatta ghockt ond
hât gwartat, was mit dr Stadt passiert.
[6]Nå hât Gott (Elohim) JAHWE an
Rizinusbusch über am Jona aufspriaßa
lassa, zom saem Kopf an Schatta geba
ond an von saener Wuat frei macha.
Ond dr Jona hât sich ganz arg über den
Rizinus gfraet. [7]Mô nå am andera Môrga
d Môrgaraete aufgstiega ischd, hât Gott
(Elohim) an Wurm gschickt, ond der
hât den Rizinusbusch gstocha, ond
der ischd vrdôrrat. [8]Ond mô d Sonne
aufganga ischd, hât Gott (Elohim) an
hoeßa Gluatwend von Osta her komma
lassa. D Sonn hât da Jona mächtig auf da
Kopf gstocha, dass r ohnmächtig wôra
ischd. Ond r hât sich gwünscht, dass
r sterba dät, ond r hât gsaed: S ischd
besser, wann e stirb, als dass e weiter leb.
[9]Nå hât Gott (Elohim) zom Jona gsaed:
Moenst d, du hättest a Recht zom narrat
sae wega dem Rizinus? Ond r hât gsaed:
Natürlich ben e narrat ond i wünsch
mr, dass e stirb! [10]Dådrauf hât JAHWE
gsaed: Dir ischd s lôed om den Rizinus,
mit dem mô du überhaopt koe Ärbat
ghet håsch ond den mô du et aufzoga
håsch, der mô über Nacht gwachsa ond
über Nacht aeganga ischd. [11]Ond i sott
dui graoßa Stadt Ninive et schona, en
dera mô über hondertzwanzgtausad
Menscha lebat, dia mô et rechts ond
lenks onterschôeda könnat – ond drzua
des viele Vieh?

Zom Vrgleicha: *Vers 2:* Ex 34,6; Joel 2,13 • *Vers 3:* 1Kö 19,4.

S Buach Micha

ÜBERSCHRIFT: 1 1

1 Des Wort von JAHWE ischd an
da Micha aus Moreschet erganga
en dr Zeit, mô dr Jotam, dr Ahas ond
dr Hiskija König von Juda gwea send,
des hât r en Visiona über Samaria ond
Jerusalem gseha.

DROHREDA: 1 2 – 3 12

Gega Samaria: 1 2-7
2 Horchat her, ihr Völker älle mitanander!
Horch auf, Erde, ond was drauf lebt!
JAHWE, dr Herr, tritt als Zeuge gega
euch auf, mae Herr, aus dr Tempelhalle
von saem Haeligtom!
3 Guckat, dr Herrgott (JAHWE) kommt
aus saem Haus ond gôht über d Höha
von dr Erde, 4 ond d Berg schmelzat
onter am weg ond d Täler spaltat sich
wia s Wachs vor am Feuer, wia wann
Wasser über an Hang nalaoft. 5 Wega am
Jakob saene Sünda gschieht des ällas
ond wega dr Schuld vom Haus Israel.
Was ischd am Jakob sae Sünd? Vielleicht
et Samaria? Ond wer hât d Kulthöha
en Juda zom vrantworta? Vielleicht et
Jerusalem? 6 Drom mach i Samaria zor
Ruine em Feld draußa, zor Pflanzong
von Wengert, ond i schmeiß ihre Stoener
ens Tal na, ond ihre Grondmaura leg e
blank. 7 Ond älle gschnitzte Bilder sollat
zsemaghaoa wera ond ihre Weihgaba
soll mr em Feuer vrbrenna, ond ihre
Götzabilder mach e am Erdboda gleich.
Mit Huraloh hât mr s zsemabrâcht, ond
zom Huraloh sollat se wieder wera.

Zom Vrgleicha: *Vers 2:* Ps 49,2 • *Vers 3:* Jes 26,21; Am 4,13 • *Vers 4:* Ps 97,5 *Vers 6:* 3,12.

Am Profeta sae Klag: 1 8-16
8 Då drüber muaß e klaga ond heula,
barfüaßig ond nackat will e romlaofa. I
fang å z heula wia d Schakal ond mach
a Klagegschrôe wia de jonge Straußa.
9 Weil dia Hieb, mô s troffa hât, dia kå
mr nemme hôela, dia gangat na bis uf
Juda, des gôht bis ans Tôr vo'maem
Volk, bis Jerusalem. 10 Vrzählats et en
Gat! Heulat et en Akko! Warglat em
Staob en Bet-Leafra! 11 Gangat vorbei
an dr Aewohnerschaft von Schafir, ihr
Schand leit offa då! D Aewohnerschaft
von Zaanan hât s et nauszoga. Dr
Trauerbrauch en Bet-Haezel lässt s
et zua, dass r sell Halt machat. 12 D
Aewohner von Marot wartat omasonst
auf ebbas Guats; s Oglück vom Herrgott
(JAHWE) ischd auf se rakomma ans
Tôr von Jerusalem. 13 Ihr Aewohner
von Lachisch, spannat eure Rösser vôr
d Wäga! Des ischd dr Åfang von dr
Tochter Zion ihrer Sünd, weil mr bei dir
da Frevel von Israel gfonda hât. 14 Drom
sollst du Mitgift geba an Moreschet-
Gat; d Häuser von Achsib werat für
d König von Israel zor Täuschong. 15 I
laß nômål an Eroberer zo dr Komma,
Aewohnerschaft von Marescha; bis
nach Adullam kommt r als Herrlichkaet
von Israel. 16 Mach dr a Glatze ond scher
daene Håår wega daene liabe Kenderla,
mach dae Glatze so breit wia dr Geier,
dia send nämlich von dr fortganga!

Zom Vrgleicha: *Vers 8:* 2Sa 15,30; Jes 20,2; *Vers 16:* Jer 7,29.

Gega de Reiche ihr Habgier: 2 1-11

2 Gnad dene, mô em Nest hockat ond
ihre Otata planat ond baese Sacha
ausheckat! Wann s nå Dag wird, nå dent
se s, se hent jå d Macht drzua. 2Ond se
send ganz gierig auf d Äcker ond reißat
s an sich, ond auf Häuser ond nemmat s
oefach weg. Se send gwalttätig gega da
Hausherra ond sae Hausgemaenschaft
ond sae Aegatom.
3Drom, so spricht JAHWE: Guckat i
denk mr ebbas aus gega dui Sippschaft
dåhanna, a Oglück, då könnat r da Hals
nemme aus dr Schleng ziaga, ond d Nås
werat r ao nemme so haoch traga. S
kommat nämlich baese Zeita auf euch
zua. 4An dem Dag sengt mr a Spottliadle
über euch ond mr hört euch klaga:
Mir send he, ällas ischd he! Da Åtôel
vo'maem Volk tauscht mr! Wia kå mr
mir des ådoa? An Abtrünnige håt mr
onsere Äcker vrtôelt! 5Drom wird ao
en dr Gemaende von JAHWE koener
då sae, der mô für di d Messschnur
em Los auswirft. (D.h. an Acker vrmißt).
6Lassat s Prediga bleiba! So schwätzat
se. Då ischd jedas Wort z viel, d Schand
därf et von en weicha. 7Du, Haus Jakob,
ischd dr Herrgott (JAHWE) vielleicht
ogeduldig wôra, oder håt der des gar
dao? Vrspricht mae Wort et dem ebbas
Guats, der mô ehrlich-redlich saen Weg
gôht? 8Was vôrher mae Volk gwea ischd,
stôht jetzt als Faend auf. Friedliche
Leut, mô vorbei laofat ond sich nex
baes denkat, reißat r da Mantel ra, ond
dene, mô von Kriag nex wissa wöllat.
9Fraoa aus maem Volk jagat ihr aus ihre
gmuatliche Hauser fort; ihre Kender
nemmat r für emmer maen Schmuck
weg. 10Standat auf ond gangat! Des ischd
für euch koe Ort maeh, mô ihr en Ruah
leba könnat. Wega eurer Oraenhaet
kommt s Vrderba über euch. 11Wann
sich oener nach am Wend dreht ond dr
ebbas vôrmacht von Wae ond andere
Rauschgetränk, des wär nå dr richtige
Profet für des Volk dåhanna?

Zom Vrgleicha: *Vers 1:* Ps 36,5 • *Vers 2:* Jes 5,8 • *Vers 3:* Am 5,13 • *Vers 6:* Jes 30,10 • *Vers 8:* Dtn 24,12 • *Vers 11:* Jer 5,31.

D Rettong von Israel: 2 12-13

12I will ganz Jakob vrsammla, ond da Rest
von Israel hoem hola ond zsemastella,
wian a Schåfherde em Pferch, wian a
Herde auf dr Wôed, a lauta Masse von
Menscha! 13Dr Vôrkämpfer steigt vôr en
her, se brechat durch s Tôr ond gangat
mit am naus. Ond ihr König gôht vôr
en her, ond dr Herrgott (JAHWE) an dr
Spitze.

Zom Vrgleicha: *Vers 12:* Jer 3,18; Ez 37, 15-28; 34,11-16 • *Vers 13:* Joh 14,4.

Gega d Rechtsbrecher: 3 1-4

3 Ond i han nå gsaed: Horchat her,
ihr Haepter von Jakob ond ihr
Fürsta vom Haus Israel! Ischd s et euer
Aufgab, dass r s Recht kennat? 2Aber ihr
hassat s Guate ond mögat s Orecht. Ihr
ziagat de Leut d Haut ra vom Flôesch
bis auf d Boener. 3Ond dia, mô s Flôesch
vo'maem Volk fressat ond en d Haut
razoga ond d Boener brocha ond für da
Kochhafa nôgrichtat hent wia s Flôesch
em Kessel, 4dia werat zom Herrgott
(JAHWE) schreia, aber der gibt en koe
Antwort. Der vrbirgt sae Gsicht vôr en
en dera Zeit wega ihre baese Tata.

Zom Vrgleicha: *Vers 1:* 3,9 • *Vers 2a:* Jes 5,20 • *Vers 4:* Jer 11,11; Dtn 31,17f.

Gega de habgierige Profeta: 3 5-8

5So spricht JAHWE gega dia Profeta,
mô mae Volk en d Irre lôetat ond wann
se ebbas zom beißa hent sagat: S ischd
Frieda! Ond dem, môn en nex ens Maul
steckt, da Haeliga Kriag erklärat. 6Drom
kommt d Nacht über euch, dass r koene
Visiona maeh hent, ond Vrfinsterong,
dass r nemme wahrsaga könnat! D

Sonne soll über dene Profeta onterganga
ond dr Dag soll über en schwarz wera!
7Ond schäma sollat sich dia Seher ond
schäma ao d Wahrsager ond ihran Bart
zuadecka, weil en Gott (Elohim) koe
Antwort maeh geit. 8Aber i drgega ben
voler Kraft ond Gaest von JAHWE, mit
Recht ond Muat, zom Jakob sae Schuld
ond Israel sae Sünd vôrhalta.

Gega korrupte Führer en Israel: 3 9-12

9Hörat no des, ihr Haepter vom Haus
Jakob ond ihr Herra em Haus Israel, dia
mô s Recht scheuat ond des, was grad
ischd, kromm machat: 10Ihr bauat Zion
mit Bluattata ond Jerusalem mit Orecht.
11Ihr send Richter ond lassat euch
bestecha, ond eure Priaster onterrichtat
gega Zahlonga, ond eure Priaster
wahrsagat om Geld ond beruafat sich
ao no auf JAHWE ond sagat: Ischd et
JAHWE en onserer Mitte? Über ons
kå koe Ohael komma! 12Drom wird
Zion wega euch zom Feld, des mô
romg'ackerat wird, ond Jerusalem wird
zom Trümmerhaufa ond dr Tempelberg
zom Bergwald.

Zom Vrgleicha: *Vers 9:* 3,1; Am 5,7 • *Vers 10:* Hab 2,12 • *Vers 11:* Jes 1,23 • *Vers 12:* Jer 26,18; Mi 1,6.

D VRHAESSONGA: 4 1 – 5 14

D Völkerwallfahrt zom Zion: 4 1-5

4 En de letzte Däg stôht dr Berg mit
am Herrgott (JAHWE) saem Haus
wieder fest gründat då als dr höchste
von de Berg ond erhaba über älle
Åhöha, ond Nationa strömat då nô.
2Viele Völker machat sich auf da Weg
ond sagat: Auf! Laß ons naufganga
zom Herrgott (JAHWE) saem Berg
ond zom Haus vom Jakob saem Gott
(Elohey)! Der soll ons saen Weg zaega,
dass mr auf saene Stôega laofat! Vom
Zion gôht nämlich d Weisong aus ond
am Herrgott (JAHWE) sae Wort von
Jerusalem. 3Ond ER richtat zwischa
viele Völker ond trifft Entschaedonga
über mächtige Volksstämm bis en de
fernste Länder. *Ond se schmiedat ihre*
Schwerter om zo Pfluagschara ond
ihre Speer zo Håba. Koe Volk richtat
maeh s Schwert gega a anders Volk ond
koener lernt maeh, wia mr Kriag führt.
4A Jeder hockt gmüatlich onter saem
Rebstock ond onter saem Feigabaom,
ond koener schrickt an auf. Des håt dr
Mund von JAHWE Zebaot vrsprocha.
5Måg jedas Volk nå em Nåma von saem
Gott (Elohaw) ganga, aber mir gangat
em Nåma von JAHWE, onseram Gott
(Eloheynu), auf emmer ond ewig.

Zom Vrgleicha: *Vers 1-4:* • Jes 2,2-4.

D Bedrohong ond Rettong von Zion: 4 6-13

6An sellam Dag – Spruch von JAHWE
– will i aufnemma, was homplat, ond dia
wieder zsemabrenga, môn e vrstoßa ond
en Übel ådao han. 7Was homplat mach e
zom Rest ond was weit entfernt ischd zo
ama mächtiga Volk. Ond JAHWE ischd
ihr König auf am Berg Zion von då å bis
en Ewigkaet. 8Ond du, Turm über dr
Herde, Felsahöhe von dr Tochter Zion,
bis zo dir kommt wieder d Herrschaft
von früher, d Königsherrschaft zor
Tochter Jerusalem. 9Ond jetzt? Wårom
schreist d so arg? Geit s bei dir koen
König? Geit s koen, der mô dr an Rat
geba könnt, dass de d Weha packt
hent wian a Frao, mô a Kendle kriagt?
10Zittere ond stöhn, Tochter Zion, wian
a Frao, mô a Kendle kriagt! Jetzt muaßt
d nämlich naus aus dr Stadt ond em freia
Feld draußa wohna. Ond du kommst bis

nach Babel, sell wirst d grettat, sell kaoft
de JAHWE los aus dr Gwalt von daene
Faend. [11]Jetzt sammlat sich no viele
Völker gega de ond sagat: Zion wird
entweiht, ond onsere Aoga sollat sich
drå wôeda! [12]Aber dia wissat nex vom
Herrgott (JAHWE) saene Gedanka ond
vrstandat saene Plan et, dass r se sammla
will wia s Straoh auf dr Tenne. [13]Stand
auf zom drescha, Tochter Zion! I mach
dae Horn zo Eise ond daene Huaf zo
Erz, dass da viele Völker vrnichtest ond
ihr Hab ond Guat durch da Bann am
Herrgott (JAHWE) weihst, ond ihran
Reichtom am Herra von dr ganza Erde.

Zom Vrgleicha: *Vers 6:* Ez 34,12-16; Zef 3,19 • *Vers 12:* Jes 55,8f.

Dr messianische Herrscher: 4 14 – 5 5

[14]Jetzt ritz de (als Trauerzaeche), Tochter
vom Ågriff, mr håt ons aegschlossa, mit
am Stecka haoat se de Richter von Israel
an d Backa nô.

**5 Aber du, Betlehem-Efrata, du bist
dr kloenste von de Stämm en Juda,
von dir kommt oener, mô Herrscher
en Israel ischd, ond sae Ursprong
leit en dr Vôrzeit, en de ewige Däg.**
[2]Drom geit r se preis bis zo dera Zeit,
bis d Gebärerin gebora håt. Nå kommt
dr Rest von saene Brüader zrück zo de
Kender von Israel. [3]Der tritt auf als Hirt
ond wôedat se en dr Kraft von JAHWE
en dr Hohaet vom Nåma JAHWE,
saem Gott (Elohaw). Ond se könnat
sicher wohna, weil r graoß wird bis an
d Enda von dr Erde. [4]Ond ER ischd nå
dr Friedal Wann d Assyrer en onser
Land aedrengat ond en onsere Paläst
naekommat, nå stellat mir gega dia sieba
Hirta ond acht Fürsta auf, [5]daß dia s
Land Assur mit am Schwert regierat, s
Land vom Nimrod mit dr blanka Waff.
So rettat r ons vôr de Assyrer, wann
dia onser Land überfallat ond en onser
Gebiet aedrengat.

Zom Vrgleicha: *Vers 1:* Jes 11,1 • *Vers 2:* Jes 7,14;.9,5.

Dr haelige Rest: 5 6-14

[6]Nå ischd dr Rest von Jakob onter de
Nationa wia dr Tao von JAHWE, wia
Regatropfa auf am Gras, mô vo'ma
Menscha nex erwartat ond nex von
Menschakender. [7]Ond dr Rest von Jakob
ischd nå onter de Völker mittla onter
viele Nationa wian a Löwe onter am
Wild em Wald, wian a jonger Löwe en
de Schåfherda, der mô em vorbeiganga
zuaschlägt ond reißt, ond neamerd kå
se retta. [8]Du hebst dae Håd gega daene
Faend, dass daene Gegner älle ausgrottat
werat.
[9]An sellam Dag – Spruch von JAHWE
– laß i daene Rösser ausrotta ond daene
Kampfwäga vrschwenda, [10]ond i radier
d Städt en daem Land aus ond schlôef
daene Festonga. [11]I mach d Zaobermittel
en daene Händ he, nå geits bei dir koene
Wahrsager maeh. [12]Ond i hao daene
Schnitzbilder ond Stoemäler zsema,
dass du nia maeh vor de Machwerk
von daene Händ åbetest. [13]Ond i reiß
dia Kultpffähl en daener Mitte raus
ond mach daene Städt he. [14]Ond i üb
en maener Zôrngluat Rache an dene
Volksstämm, mô et höra wöllat.

Zom Vrgleicha: *Vers 6:* Hos 14,6 • *Vers 9:* Sach 9,10 • *Vers 13:* Ex 23,24.

WEITERE DROHREDA: 6 1 – 7 7

Was dr Herr forderat: 6 1-8

6 Horchat her, was JAHWE saed:
Stand auf ond tritt å zom Rechtsstreit
mit mir, d Berg ond d Hügel sollat dae
Stemm höra! [2]Horchat her, ihr Berg, beim
Rechtsstreit vom Herrgott (JAHWE),

passat auf, ihr Grondfesta von dr Erde!
JAHWE führt nämlich an Rechtsstreit
mit saem Volk, mit Israel rechtat r. 3Mae
Volk, was han i dir dao, ond mit was han
i de belastat? Gib mr a Antwort! 4I han
de doch aus am Land Ägypten raufgholt
ond de aus am Sklavahaus freikaoft. Ond
i han da Mose, da Aaron ond d Mirjam
vôr dr hergschickt. 5Mae Volk, denk drå,
was dr Balak, dr König von Moab, em
Senn ghet håt, ond was am dr Bileam,
am Beor sae Soh für a Antwort geba håt;
wia da von Schittim bis nach Gilgal zoga
bist, zom am Herrgott (JAHWE) sae
gerechts Handla erkenna. 6Mit was soll
i vôr JAHWE nôtreta, ond me beuga
vôr am Gott (Elohey) en dr Höhe? Soll
e mit Brandopfer mit oejährige Kälber
vôr an nôtreta?
7Håt JAHWE an Gfalla an tausende
von Schåfböck, an zeahtausad Bäch von
Öl? Soll e maen Erstgeborena geba für
maene Vrfehlonga, mae Leibasfrucht
für maene Sünda?
8**ER håt dr gsaed, Mensch, was guat
ischd ond was dr Herrgott (JAHWE)
von dr vrlangt: Nex anders als
Gerechtigkaet üaba ond Liebe ond
Güate ond demüatig sae vôr daem
Gott** (Eloheyka).

Zom Vrgleicha: *Vers 1:* Jes 3,13-15; Hos 4,1-3 • *Vers 4:* Dtn 5,6; 1Sa 12,6 • *Vers 5:* Num 22-24; Mi 7,9 • *Vers 7:* Lev 18,21 • *Vers 8:* Am 5,21-26; Hos 2,21; 6,6.

Gerichtsred gega Jerusalem: 6 9-16

9Horchat her! JAHWE ruaft dr Stadt
zua, ond s ischd Weishaet, vôr saem
Nåma a Ehrfurcht zom han, Stamm,
ond wer ebbas zom saga håt! 10Geits då
emmer no a Haus vo'ma Frevler, vol mit
orechtam Guat ond mit dem vrfluachta
falscha Maß? 11Soll i vielleicht a falscha
Wååg ogstråft lassa ond den Beutel mit
de gfälschte Gwichtstoe? 12mit dene,
mô sich de Reiche d Tascha gfüllt hent?
Ond ihre Aewohner hent nex wia
Lug ond Trug em Maul. 13Drom fang i
å, i mach de krank ond schlag de ond
vrwüste de wega daener Sünd. 14Du isst,
aber ôd et; ond den Honger en dr dren,
kåsch du et vrdränga. Du schwängerst,
aber se kå nex rausbrenga. Ond was
oenaweg rauskommt, gib i am Schwert
preis. 15Du säst, aber ernta duast d nex.
Du willst Oliva pressa, aber du salbst
de et mit dem Öl, ond da Most, aber du
trenkst koen Wae. 16Ond mr hält sich
an d Satzonga vom Omri ond treibt
ällas, was em Haus Ahab üblich gwea
ischd ond richtat sich nach dene ihre
Ratschläg, drom mach e de zor Wüste
ond ihre Aewohner zom Gspött, ond
d Schand von maem Volk müaßat ihr
traga!

Zom Vrgleicha: *Vers 10:* Am 8,5 • *Vers 14:* Hos 4,10 • *Vers 15:* Dtn 28,30-33 • *Vers 16:* Ez 36,15; Hos 5,9; Zef 2,15.

Am Profeta sae Klag über sae Volk: 7 1-7

7Gnad mir! Mir goht s nämlich wia
nach dr Ernt, wia beim Afzgabergla
em Wengert: Koe Traub mach zom
essa, koena von de frühe Feiga, môn e
so an Gluschta drauf han. 2Vrschwonda
send de Fromme aus am Land, ond an
aufrichtiga ond ehrlicha Menscha geit s
ao et. Älle send bloß no auf Bluat aus
ond wia se anander schada könnat. 3Ihre
Händ send drauf aus, s Baese zom doa,
de oberste Beamte frågat nach Gschenk
ond d Richter vrlangat Geld, ond de
Graoße lassat sich von ihrer Habgier
lôeta ond vrdrehat s Recht grad wia
se s brauchat. 4Dr Beste von en ischd
wian a Distel, ond dr ehrlichste wian
a Dôrnaheck. Aber dr Dag von daene
Späher kommt, dae Hoemsuachong
kommt, nå send se älle baff. 5Ihr könnat
koem Nåchber maeh ebbas glaoba! Ond
trauat koem von eure Stammasfürsta!

Wann dr a Frao em Schoß leit, nå halt
s Maul. 6A Soh håt nämlich vôr saem
Vadr koe Achtong maeh ond a Tochter
ischd aufmüpfig gega ihr Muader, ond
a Söhnere gega ihr Schwiegermuader;
saene Hausleut send d Faend vo'ma Må.
7Aber i halt Ausguck nach JAHWE,
ond warte auf da Gott (Elohey) von
maem Hael. Mae Gott (Elohey) erhört
me nämlich.

Zom Vrgleicha: *Vers 2:* Ps 14,1-3; Jer 5,1 • *Vers 3:* Jer 4,22 • *Vers 6:* Mt 10,35f.

NEUE VRHAESSONGA: 7 8-20

D Zuavrsicht von Jerusalem: 7 8-10
8Mae Faendin, frae de no et über me,
i stand nämlich wieder auf, wann e
nôgfalla ben. Ond wann e em Donkla
hock, ischd JAHWE mae Licht! 9Am
Herrgott (JAHWE) saen Zôrn muaß e
traga, weil e me an am vrsündigt han,
bis r sich wieder om me ånemmt ond
maen Rechtsstreit für me ausficht ond
me wieder ans Licht rausführt ond
i sae Gerechtigkaet seha därf. 10Mae
Faendin därf zuagucka ond vôr Scham
en da Boda vrsenka, dui håt nämlich
zo mr gsaed: Mô ischd denn dae Gott
(Elohayik), JAHWE? Maene Aoga
därfat nå zuagucka, wann se wia dr
Dreck auf dr Gaß vrtrappt wird.

Zom Vrgleicha: *Vers 8:* Joh 8,12 • *Vers 9:* Jes 53,11 • *Vers 10:* Ps 42,4.11.

Dr Wiederaufbau von dr Stadt: 7 11-13
11Der Dag kommt gwieß, mô daene
Maura wieder aufbaut werat, an dem
Dag ruckat ao d Grenza wieder weiter
naus! 12An dem Dag kommat se zo dr
von Assur ond von de Städt en Ägypten,
ond vom Strom ond von Meer zo Meer
ond von Berg zo Berg. 13Aber d Erde
wird zor Wüste wega ihre Aewohner,
als Frucht von ihre Tata.

S Gebet von Jerusalem: 7 14-20
14Wôede dae Volk mit daem Stab, d Schåf
von daem Erbtôel, dia mô für sich alloe
em Waldgebiet mittla em fruchtbara Land
lebat. Dia sollat wieder am Baschan ond
em Gilead wôeda wia früher. 15Wia en
dene Däg, mô du aus Ägypten auszoga
bist, laß ons Wondertata seha. 16D Völker
sollat s seha ond zgrond ganga trotz
ihrer Tüchtigkaet, nå dent se d Håd
aufs Maul ond hebat sich d Ohra zua.
17Staob sollat se fressa wia d Schlanga,
mô auf am Boda romkriachat. Nå sollat
se se rauskomma aus ihre Festonga ond
schlottera vôr JAHWE, onseram Gott
(Eloheynu). Angst sollat se han ond a
Ehrfurcht vôr dir. 18Wer ischd a Gott
(El) wia du, der mô d Schuld vrgibt ond
über d Abtrünnigkaet weggôht beim
Rest von saem Erbguat? Der mô et für
emmer an saem Zôrn festhält, sondern
an Gfalla håt an dr Barmherzigkaet?
19ER wird sich wieder über ons vrbarma
ond onser Schuld natreta. Ond du
schmeißt älle ihre Sünda ens tiafste
Meer.
20Du zaegst dae Treue an Jakob, dae
Gnade an Abraham, wia da s onsere
Vädr gschwora håsch en d de Däg von
dr Vôrzeit.

Zom Vrgleicha: *Vers 14:* Ez 34,11-16; Ps 95,7; 23,1f • *Vers 18:* Jer 50,20 ;Ps 105,8 • *Vers 20:* Gen 22,16-18; 28,13-15; Ps 105,8f;.Lk 1,73.

S Buach Nahum

ÜBERSCHRIFT: 1 1

1 Lastspruch über Ninive. Buach von
dr profetischa Schao vom Nahum
aus Elkosch.

GOTT ISCHD MÄCHTIG EN GNADE OND GERICHT: 1 2-8

2 A eifernder ond vrgeltender Gott (El)
ischd JAHWE; a Vrgelter ischd JAHWE
ond Herr über da Zôrn; a Rächer ischd
JAHWE gega saene Faend ond r ischd
zôrnig gega saene Widersacher.
3 Viel Geduld håt dr Herrgott (JAHWE)
ond a graoßa Macht, ond r lässt koen
ogstråft. En Sturm ond Gwitter kommt
JAHWE drher, ond Wolka send dr
Staob vôr saene Füaß.
4 R droht am Meer ond legt s trocka ond
älle Ström lässt r vrlechna. Dr Baschan
ond dr Karmel send vrwelkt, ond ao d
Blüat vom Libanon ischd vrdôrrat.
5 D Berg bebat vôr am ond d Hügel
vrflachat, d Erde schiabt sich auf vôr
am ond s Festland mit ällam, was drauf
wohnt.
6 Vôr saem Grimm – wer kå då no bstao?
Ond wer hält no stand vôr saener
Zôrngluat? Sae Zôrngluat brôetat sich
aus wia Feuer, ond d Felsa schmelzat
vôr am.
7 Güatig ischd JAHWE, a Zuaflucht am
Dag von dr Drangsal. R kennt älle, mô
bein am Schutz suachat.
8 Ond wann d Fluat ällas mitreißt, macht
r ihre Faend da Garaus ond jagt saene
Faend ens Donkel.

Zom Vrgleicha: *Vers 2:* Dtn 4,24 • *Vers 3:* Ex 34,6f • *Vers 4:* Ex 14f; Ps 106,9; Jes 50,2;.51,10 *Vers 5:* Ps 69,9; 97,4f; Jer 4,24.

S GERICHT ÜBER NINIVE: 1 9 – 3 19

Ninive stellt sich omasonst gega Gott:
1 9 – 2 1
9 Was könnat ihr euch schao gega
JAHWE ausdenka? Der macht doch da
Garaus ond lässt d Drangsal et a zwôets
Mål aufkomma! 10 Ao wann dia no wia
s Dôrnagstrüpp vrwachsa ond em besta
Saft standat, werat se vom Feuer gfressa
wia s vrdôrrate Straoh!
11 Von dir ischd doch der ausganga, der
mô gega JAHWE s Baese ausgheckt ond
Vrderba plånt håt.
12 So spricht JAHWE: Ao wann dia
ovrsehrt ond recht zahlreich send, werat
se agschnitta ond s ischd aus mit en.
Ond wann e se demüatigt han, will e se
en Zuakonft nemme demüatiga.
13 Jetzt brich i s Joch über dr ausanander
ond laß daene Fessla fatza.
14 Ond JAHWE geit gega de d Åweisong:
En Zuakonft geits von daem Nåma
koene Nåchkomma maeh! Aus am
Haus von daene Götter (Eloheyka) reiß
e d Götza aus Holz ond Bronze raus.
I mach dae Grab, weil da leichtfertig
gwea bist!

2 Guck, auf de Berg Füaß von dene
Fraedabota, mô Frieda vrkündigat:

Feiere daene Fest, Juda! Lös daene
Gelübde ae! Dr Ohaelstifter kommt
nemme über dae Land, der ischd völlig
gschlaga!

Zom Vrgleicha: *Kap. 1 Vers 13:* Jes 9,3 • *Kap. 2 Vers 1:* Jes 40,9; 52,7-10.

D Zrstörong von dr Stadt: 2 2-14

[2]Gega di kommt oener rauf, der mô
de zsemahaot. Laß no dae Festong
bewacha! Stell Späher an d Weg nô!
Mach daene Lenda stark ond vrstärk
dae Macht!
[3]Dr Herrgott (JAHWE) håt d Hohaet
vom Jakob ond d Hohaet von Israel
wieder hergstellt; dia send nämlich ganz
vrwüastat ond ihre Reba håt mr zgrond
grichtat.
[4]Dr Schild von saene Helda leuchtat
raot, ond saene Kriagsmanna send
en Scharlach åzoga, dr Stahl von de
Kampfwäga glänzt feurig am Dag, môn
r s ausgrüstat håt, ond d Lanza werat
gschwonga.
[5]Durch d Gassa rasat d Kampfwäga
ond rennat über d Plätz; dia seahnat aus
wia Fackla, wia d Blitz, mô hin ond her
jagat.
[6]Er (dr König von Ninive) denkt an
saene Edle, aber dia haglat überanander
nae auf ihrer Fahrt; se sprengat zor
Stadtmauer, ond s Schutzdach ischd
schao aufgstellt.
[7]D Schleußatôr send schao aufgmacht
wôra, ond dr Palast kommt ens Wanka.
[8]Ond s wird festgstellt: Se (d Königin)
ischd entblößt ond weggführt wôra,
ond ihre Denstmägd hent gjämerat wia
gurrende Tauba, ond kloptat sich auf d
Brust.
[9]Ond Ninive ischd wian a Wasserteich
von früher, aus dem mô s Wasser
drvolaoft. Halt! Bleibat standa! Aber
koener dreht sich rom.
[10]Raobat Silber! Raobat Gold! Dui
Pracht ond dia Kostbarkaeta send då
ohne End.
[11]Leere ond Öde ond Vrwüastong, ond
s Herz vrzagt, ond d Knia fangat å z
schlottera, ond Krampf en de Lenda,
ond d Gsichter siedighôeß ond raot.
[12]Mô hausat d Löwa, ond mô spielat de
jonge Löwa? Mô nô ziagat sich d Löwa
mit ihre Jonge zrück, mô se neamerd
aufstöberat?
[13]Dr Löwe håt für saene Jonge gnuag
grissa ond für saene Löwinna gwürgt.
Mit Beute håt r saene Höhla gfüllt ond
saene Nester mit dem, was r grissa håt.
[14]Guck, i gang jetzt ao an de, Spruch
von JAHWE Zebaot, i laß daene
Kampfwäga em Raoch aufganga, ond
daene jonge Löwa soll s Schwert fressa!
Ond i laß daene Raobzüg von dr Erde
vrschwenda, ond von daene Bota hört
mr nex maeh.

Zom Vrgleicha: *Vers 14:* 3,5.

Wehruaf ond Klag: 3 1-7

3 Gnad dr Stadt voler Bluatvrgiaßa;
nex wia Luag ond Trug ischd se. Vol
mit Beute, s Raoba läßt mr då et bleiba.
[2]Horch! A Peitsch schnalzt! Horch!
Räder rasslat ond s Getrappel von Huaf
ond a Karra holperat drher!
[3]Rösser steigat auf onter ihre Reiter
ond Schwerter fonklat wia d Blitz ond
d Lanza; ond massahaft liegat Gfallene
ond Leicha omanander, überall stolperat
mr bloß no über Leicha.
[4]Ond ällas bloß wega dr Menge von
Hurerei von dera Hur, mô mit ihrer
Schöhaet a môesterhafta Zaobere
ischd, dui mô mit ihrer Hurerei ganze
Volksstamm ond Sippschafta mit ihre
Zaoberkünst vrkaoft håt.
[5]Guck, i gang jetzt an de, Spruch von
JAHWE Zebaot, i deck daene Schleppa
auf bis nauf ens Gsicht ond laß d Völker
dae Blöße seha ond Königreich dae
Schand.
[6]Ond i schmeiß Mist auf de ond i nemm

dr d Würde ond stell de als Schaostück
nô!
[7]Nå werat älle, mô de seahnat vôr dr
zrück schrecka ond saga: Ninive ischd
vrwüastat! Wer soll Mitleid mit ra han?
Mô soll mr oen hernemma, mô de
tröstat?

Zom Vrgleicha: *Vers 4:* Offbg 17 • *Vers 5:* 2,14; Jer 13,22-26.

Spott über Ninive: 3 8-19

[8]Bist du vielleicht besser wia No-Amon,
des mô an de Ström glega ischd mit
Wasser rengsrom, des mô als Schutzwall
s Meer ond als Mauer Wasser ghet håt?
[9]Kusch ischd mächtig gwea ond Ägypten
grenzalos, Put ond Libyen send daene
Helfer gwea.
[10]Ao dia hent en d Vrbannong müaßa
ond en d Gfangaschaft. Ao ihre Kender
hent se mit am Kopf an d Ecka en de
Gassa nôghaoa, ond über ihre Edle håt
mr s Los gwôrfa; ond ihre Fürsta håt mr
en Ketta glegt.
[11]Ao du wirst bsoffa ond ohnmächtig
sae ond a Zuaflucht suacha vôr daene
Faend.
[12]Älle daene Festonga send wia
Feigabaem mit frühe Feiga, wa'mr dia
schüttlat, nå fallat se oem, mô s essa will,
ens Maul.
[13]Guck, dae Kriagsvolk, zo Weiber send
se wôra. Für daene Faend stôht s Land
offa wian a Scheuratôr, daene Riegel håt
s Feuer gfressa.
[14]Schöpf dr Wasser für d Belagerong!
Vrstärk d Befestigonga! Komm rae en
da Schlick ond stampf da Loehma! Ond
heb d Form von de Bachstoe fest!
[15]Sell frisst de s Feuer, ond s Schwert rottat
de aus wian a Haeschreckaschwarm.
Vrmehrat euch wia d Haeschrecka,
dass r so zahlreich werat wia d
Wanderhaeschrecka.
[16]Du håsch daene Händler vrmehrt wia
d Stern am Hemmel; d Haeschrecka
strôefat ihr Haut ab ond fliagat drvo.
[17]Daene Wächter send wia d
Wanderhaeschrecka, ond daene
Amtsleut wian a Haeschreckaschwarm,
mô an d Mauer nôfliegat ama kalta Dag.
Wann d Sonn aufgôht, nå vrschwendat
se, ond koener wôeß, mô nô!
[18]Daene Hirta schlåfat, König von Assur;
daene Fürsta ruhat sich aus en de Lager.
Dae Volk ischd em ganza Bergland
vrstraet, ond koener sammlat s ae.
[19]Für daen Schada geits koe Hôelong,
ohaelbar ischd dae Wond. Älle, mô von
dr hörat, bätschat wega dir en d Händ.
Wer håt denn et ständig onter daene
Boshaftigkaeta leida müaßa?

Zom Vrgleicha: *Vers 8:* Jer 46,25 • *Vers 9:* Jer 46,9; Ez 30,5 • *Vers 10:* Ps 137,9; Hos 10,14; Joel 4,3 • *Vers 13:* Jes 19,16; Jer 51,30.

S Buach Habakuk

ÜBERSCHRIFT: 1 1

1 Des ischd dr Lastspruch, den mô dr Profet Habakuk gseha håt:

DR DIALOG VOM PROFETA MIT GOTT: 1 2 – 2 5

Am Profeta sae Klag: 1 2-4
2Wia lang schao, JAHWE, schrei i om
Hilfe, ond du hörst me et! I schrei zo dr:
Gwalt! Aber du hörst et!
3Zo was lässt du mi Orecht seha, ond du
guckst am Elend zua? Onterdrückong
ond Gwalt send vôr mr, ond Zwietracht
ond Streit!
4Drom kå s Gsetz nex ausrichta, ond s
Recht kommt et zor Geltong; D Frevler
omzenglat da Gerechta, ond so wird s
Recht vrdreht.

Zom Vrgleicha: *Vers 2:* Ijob 19,7 • *Vers 3:* Ps 55,10-12; Am 3,9f.

D Antwort von Gott: 1 5-11
5Guckat auf d Volksstämm ond guckat,
wonderat euch! I will nämlich ebbas
onternemma en eure Däg! Ihr dätat s et
glaoba, wann s euch oener vrzählt.
6Weil guckat, i hetz d Chaldäer auf,
des grausame ond wilde Volk, dass se
nausgangat en d Weita von dr Erde zom
für sich Städt aenemma, dia môn en et
gherat.
7Schrecklich ond furchtbar send dia.
Ond se bestimmat selber was ihr Recht
ischd ond was se zom beåsprucha hent.
8Saene Rösser send schneller als wia
Leoparda ond wilder wia d Wölf en dr
Steppe. Saene Reiter galoppierat stolz
drher. Ond dia Reiter kommat von weit
her; dia fliegat drher wia dr Adler, mô
sich auf saen Fraß stürzt.
9Dia kommat älle ond gangat ganz
gwalttätig vôr. Ihre Gsichter send
nach Osta ausgrichtat ond se sammlat
Gfangene ae wia da Såd am Meer.
10Über d König spottat se ond lachat
über d Prinza. Dia lachat ao über d
Festonga ond schüttat Erdwäll auf ond
nemmat se ae.
11Nå jagat se weiter wian a Wirbelwend.
Ond doch ischd r schuldig, weil r sae
Kraft zo saem Gott (Elohow) macht!

Zom Vrgleicha: *Vers 8:* Zef 3,3 • *Vers 11:* Jes 10,13.

Neua Klag vom Profeta: 1 12-17
12JAHWE, bist du et mae Gott (Elohay)
seit Urzeita, mae Haeliger? Mir wöllat
et sterba! JAHWE, du håsch se zo ama
Stråfgericht bstellt. Ond du, Felsa, zom
Züchtiga håsch d an vrordnat.
13Daene Aoga send z raen, als dass se
ebbas Baes ågucka könntat, ond dass
se zuagucka könntat, wann ebber quält
wird! Wårom guckst d nå d Vrräter å
ond schweigst, wann a Gwissaloser an
Gerechta ens Vrderba bringt?
14Du machat d Menscha wia d Fisch
em Meer, wia d Würm, mô koen Herra
hent.
15Am Angelhåka holt r se älle rauf ond
schlôeft se en saem Netz fort ond jublat
drüber ond fraet sich.
16Drom opferat r saem Garn ond brengt
saem Netz Raecheropfer dar. Weil r

durch dia an graoßa Reibach macht ond
a fetts Essa håt.
17Soll der denn emmer sae Netz leera
därfa ond gnadalos oe Volk nach am
andera ombrenga?

Zom Vrgleicha: *Vers 12:* Dtn 33,27; Ps 90,1f • *Vers 14:* Ez 29,4f.

D Antwort von Gott: 2 1-5

2I will auf maen Wachtposta
naufstanda auf am Festongswall, ond
ausspäha, zom gucka, was r mr saed ond
was e abwenda könnt auf mae aegena
Vrantwortong.
2Ond JAHWE håt mr zor Antwort geba
ond gsaed: Schreib auf was da siehst,
schreib s sauber auf die Tafla, dass mr s
guat lesa kå.
3Was da siehst, gschieht erst zor
festgsetzta Zeit; aber s will zom End
komma ond ischd koe Trugbild. Wann
sich s nauszögerat, nå warte trotzdem
drauf, des kommt nämlich, des kommt
ganz sicher ond bleibt et aus.
4Guck, vrmessa ischd sae Seel gwea, et
ehrlich. Aber a Gerechter wird durch
sae Treue leba!
5Ond ao wann dr Wae haemtückisch
ischd! A haochfähriger Må, der bleibt
et, ao wann r sae gierigs Maul aufsperrt
wia d Onterwelt ond et gnuag kriaga kå,
wia dr Daot ond et satt wird, ond wann
r älle Völker an sich ziagt ond d Nationa
om sich schart.

Zom Vrgleicha: *Vers 1:* Ez 33,4 • *Vers 3:* 2Petr 3,9 • *Vers 4:* Rö 1,17; Gal 3,11; Hebr 10,38.

S WEHGSCHRÔE: 2 6-20

Über da Habgieriga: 2 6-8

6Werat se et älle a Spottliadle über an
senga ond Sprüch über an klopfa? Ond
se werat saga: Gnad dem, mô zsemarafft,
was am et ghert, wia lang därf der des?
Ond andere pfända?
7Werat et auf oemål daene Glaebiger
aufstanda ond aufwacha ond de aufrüttla
ond du wirst en zor Beute?
8Weil du selber viele Völker ausplünderat
håsch, wirst du jetzt von dene Völker
ausplünderat, mô übrig blieba send,
wega de Bluattata an Menscha ond wega
de Gwalttata an Land ond Städt ond an
älle ihre Aewohner.

Zom Vrgleicha: *Vers 8:* Jes 33,1; Hab 2,17.

Über da Ausbeuter: 2 9-14

9Gnad dem, mô mit Orecht Profit
suacht für sae Haus, zom haoch droba
sae Nest baua, dass r vôr am Oglück
drvo kommt.
10Zor Schand für dae aeges Haus ischd
dae Ratschluß wôra, viele Völker
auszomrotta, dådrmit håsch d de an
daem aegena Leba vrsündigt.
11Dr Stoe en dr Wåd schreit, ond dr
Sparra aus am Holzwerk geit am
Antwort.
12Gnad dem, mô a Stadt mit Bluattata
baut ond a Festong auf Orecht gründat.
13Ischd s et so, dass JAHWE Zebaot
des wirkt, dass Völker sich Müah gebat
für s Feuer ond Nationa für nex müad
werat?
14D Erde wird voler Erkenntnis von dr
Herrlichkaet von JAHWE sae, wia s
Meer vol ischd mit Wasser.

Zom Vrgleicha: *Vers 9:* Obd 4 • *Vers 12:* Jer 22,13; Mi 3,10 • *Vers 14:* Jes 1,,9.

Über da Gwalttätiga: 2 15-17

15Gnad dem, der mô saen Mitmenscha
saen Zôrnbecher trenka lässt en dr
Absicht, an blos zom stella.
16Du bist satt an Schand, maeh wia an
Ehr. Trenk du ao ond stell de blos!
Om di kraest dr Becher vom Herrgott

(JAHWE) saener Rechta ond brengt
Schempf ond Schand auf dae Åseha.
17Daene Vrbrecha am Libanon lastat
schwer auf dr, ond was da mit de Tierla
gmacht håsch, ond wega daene Bluattata
an Menscha ond daene Gwalttata am
Land, an de Städt ond ihre Aewohner.

Zom Vrgleicha: *Vers 16:* Jes 51,17; Klgl 4,21 • *Vers 17:* 2,8.

Über da Götzadiener: 2 18-20

18Was hilft dr a Götzabild, des mô sae
Bildner gmacht håt, oder a Gussbild,
mô Lugena lehrt, dass der Bildhaoer då
ao no drauf vrtraut, was r selber gmacht
håt?
19Gnad dem, mô zom Holz saed: Wach
auf! Reg de! Ond zom stomma Stoe:
Stand auf! Zaeg de! Guck, ao wann der
en Silber oder Gold gfaßt ischd, håt der
koe Leba en sich.
20Aber JAHWE ischd em Tempel en
saem Haeligtom. Still soll de ganz Erde
dao vôr saener Herrlichkaet.

Zom Vrgleicha: *Vers 18-19:* Jes 44,9-20 • *Vers 20:* Ps 11,4; Sach 2,17.

AM HABAKUK SAE GEBET: 3 1-19

3 Am Profeta Habakuk sae Gebet,
nach dr Melodie von Schigjonot.
2JAHWE, i han dae Botschaft ghört, i
han a Ehrfurcht vôr dem, was du duast,
JAHWE. Laß an s mit dr Zeit vrleba, laß
an s mit dr Zeit wissa, ao en daem Zôrn
denkst du ans Erbarma.
3Gott (Elowa) kommt von Teman her,
ond dr Haelige vom Parangebirge.
(Sela!) Sae Hohaet deckt da Hemmel,
ond sae Ruhm füllt de ganz Erde.
4Ond a Leuchta, wia dr Lichtglanz ischd
s. Strahla gangat von saener Seite aus ond
des ischd d Hülle von saener Macht.
5D Pest gôht vôr am her, ond Seucha
folgat saene Fuaßstapfa.
6ER ischd aufgstanda, ond d Erde håt
bebt, r håt auf d Völker guckt, ond
dia hent zitterat. D Urberg berstat
ausanander, ond uralte Hügel vrsenkat,
des send saene Pfad von je her.
7D Zelt von Kuschan han e em Oglück
gseha, ond en Midian zitterat d
Zeltdecka.
8Ischd dae Grimm gega d Ström
aufgflammt, JAHWE, oder gar dae
Zôrn gega s Meer, dass du auf daene
Rösser ond Kampfwäga so siegreich
drherkommst?
9Dae Boga mög sich entblößa, daene
Schwür sollat Ruata vom Wort sae!
(Sela!) Zo Ström spaltest du d Erde.
10D Berg hent de gseha ond hent bebt.
Wassergüß send vorbeizoga, ond d
Urfluat håt ihr Stemm höra lassa ond
ihre Händ nausgstreckt.
11D Sonne ond dr Mond send en ihrer
Wohnong blieba. Vôr am Leuchta von
daene Pfeil vrgangat se ond em Blitz
von daem Speer.
12Em Grimm gôhst du über d Erde; em
Zôrn trittst d ganze Nationa zsema.
13Du bist auszoga, zom daem Volk
helfa ond daen Gsalbta zom retta. Du
håsch am Frevler s Dach über am Kopf
wegghaoa ond sae Fondament frei glegt
bis auf da blanka Felsa. (Sela!)
14Du håsch mit ihre aegene Pfeil a
Haupt von ihre Führer durchböhrt. Dia
send drhergstürmt ond hent me durch
ihr Fraedagschrôe ausanandersprenga
wölla, als dät s drom ganga, an Arma en
saem Vrsteck zom fressa.
15Då håsch du mit Riesawella ihre Rösser
en da Meerasgrond gstampft.
16I han s ghört ond mae Leib håt bebt.

I han den Krach ghört ond gschria.
Knochafäule kommt en maene Boener,
ond onter maem Schritt håt s zitterat.
I muaß ruhig sae ond auf da Dag dr
Drangsal warta, der mô über s Volk
raebricht.
17Dr Feigabaom blühat et ond an de
Reba geits nex zom Ernta, dr Ölbaom
brengt ao nex, ond d Kornfelder brengat
ons koe Nahrong. Vrschwonda ischd s
Kloevieh aus de Pferch ond d Rendla
aus de Ställ.
18Aber i selber därf me oenaweg fraea
en JAHWE, ond jubla über da Gott
(Elohey) von maem Hael.
19JAHWE ischd mae Herr, mae Kraft,
ond r macht maene Füaß so schnell
wia d Hirsch ond lässt me über d Höha
sprenga. Für da Chormaester. Zom
Sôetaspiel.

Zom Vrgleicha: *Vers 3:* Ps 18,8-10 • *Vers 8:* Ps 68,18; Jes 66,15 • *Vers 10:* Ps 77,17f • *Vers 14:* Ps 10,8-10 • *Vers 15:* Jes 43,16 • *Vers 17:* Jer 5,17 • *Vers 19:* Ps 18,34; Jes 58,14.

S Buach Zefanja

ÜBERSCHRIFT: 1 1

1 Des Wort von JAHWE ischd an da Zefanja erganga, da Soh vom Kuschi, ond Enkel vom Gedalja ond Urenkel vom Amarja ond Ur-Urenkel vom Hiskija, en dera Zeit, mô dr Joschija, am Amon sae Soh, König von Juda gwea ischd.

S GERICHT ÜBER JUDA OND D VÖLKER: 1 2 – 3 8

S Gericht über Juda: 1 2-13

2 I raff ällas weg, was auf am Erdboda ischd, Spruch von JAHWE!

3 I raff Menscha ond Vieh weg, i raff d Vögel onter am Hemmel ond d Fisch em Meer weg. I laß d Frevler strauchla ond rotte d Menscha auf am Erdboda aus, Spruch von JAHWE!

4 I streck mae Hǎd aus gega Juda ond gega älle Aewohner von Jerusalem ond i rotte d Rest vom Baalskult von dem Ort dåhanna aus, samt de Nâma von de Götzapriaster,

5 ond älle, mô sich auf de Dächer am Sternaheer onterwôrfa hent, ond älle, mô sich vor JAHWE niederwerfat, aber gleichzeitig bei ihram Moloch schwörat,

6 ond älle Abtrünnige von JAHWE, mô da Herrgott (JAHWE) et suachat ond et nach am frâgat.

7 Send still vôr am Herra, vôr JAHWE! Am Herrgott (JAHWE) sae Dag ischd nâch då! JAHWE hât nämlich a Schlachtopfer vôrberaetat ond saene gladene Gäst hât r (am Daot) gweiht.

8 Ond am Dag vom Herrgott (JAHWE) saem Schlachtopfer rechne i ab mit de Amtsleut ond mit de Söh vom König ond mit älle, mô haednische Gwänder å hent.

9 Ond i suach an dem Dag älle dia hoem, mô über d Schwell hopfat ond s Haus von ihram Herra mit Gwalt ond Luag ond Trug vol machat.

10 An dem Dag, Spruch von JAHWE, hört mr vom Fischtôr her a Gschrôe, ond aus dr zwôeta Stadt a lauts Geheule, ond von de Berg her an riesa Krach

11 Heulat no, ihr, mô em Mörser (Talkessel?) wohnat, s ganze Krämervolk ischd nämlich vrnichtat, ond d Geldwechsler send ausgrottat.

12 En dera Zeit will i Jerusalem absuacha mit Lichter ond dia Menscha hoemsuacha, mô auf ihrer Hefa ausruhat ond en ihram Herza moenat: Dr Herrgott (JAHWE) duat nex Guats ond r duat ao nex Baes!

13 Drom wird dene ihr Hab ond Guat zom Raobguat, ond ihre Häuser werat vrwüastat. Ond wann se Häuser bauat, nå werat se et dren wohna. Ond wann se Wengert ålegat, werat se ihran Wae et trenka.

Zom Vrgleicha: *Vers 4:* 2Kö 23,4-20 • *Vers 5:* Dtn 4,19; 2Kö 21,3-5; 1Kö 11,7.33 • *Vers 7:* Hab 2,20, Offbg 19,17 • *Vers 12:* Jer 48,11; Ps10,4; Jer 5,12 • *Vers 13:* Dtn 28,30-33; Am 5,11.

Dr graoße Dag von JAHWE: 1 14-18

14 Ganz nâch då ischd dr graoße Dag vom Herrgott (JAHWE), der kommt ganz schnell! Horch! Am Herrgott (JAHWE) sae Dag, bitter ischd r, då schreit sogar dr Kriagsheld.

15 A Dag vom Zôrn ischd der Dag, a Dag
voler Naot ond Bedrängnis, a Dag voler
Vrwüastong ond Vrödong, a donkler
Dag en dr Finsternis, a rabaschwarzer
Dag ond donkle Wolka.
16 A Dag mit am Gschmetter vom
Widderhorn ond mit Kriagsgschrôe
gega d Stadtfestonga mit ihre haoche
Zinna.
17 Ond i jag de Menscha Angst ae, dass
se romlaofat wia de Blende, weil se gega
JAHWE gsündigt hent. Ond ihr Bluat
wird nôgleert wia dr Staob ond ihr
Flôesch wia dr Mist.
18 Dia kå ihr Silber ond ihr Gold nemme
retta am Dag vom Herrgott (JAHWE)
saem Zôrn, wann von saem feuriga
Eifer de ganz Erde vrzehrt wird. Der
macht nämlich mit älle Erdabewohner a
schrecklichs End.

Zom Vrgleicha: *Vers 14-18:* Am 5,18-20 • *Vers 17:* Joel 2,1; Jer 9,21 • *Vers 18:* Ez 7,19.

Hoffnong nach dr Omkehr: 2 1-3

2 Reißat euch zsema ond sammlat
euch, du Volk, mô koe Scham maeh
kennt!
2 Bevôr wia d Sprae der Dag vrgôht ond
älle wegblåsa werat, bevôr am Herrgott
(JAHWE) sae Zôrngluat über euch
raebricht, bevôr dr Dag vom Herrgott
(JAHWE) saem Zôrngericht über euch
kommt.
3 Suachat JAHWE, ihr Demüatige älle
em Land, dia mô no nach saene Gebot
lebat! Suachat Gerechtigkaet, suachat
Demuat! Vielleicht werat r grettat am
Dag vom Herrgott (JAHWE) saem
Zôrngericht.

Zom Vrgleicha: *Vers 2:* Hos 13,3 • *Vers 3:* Am 5,4-6.

S Gericht über d Nåchbervölker: 2 4-15

4 Gaza ischd nå vrlassa ond Aschkelon
wird zor Wüste. En Aschdod vrtreibat
se am hella Mittag d Aewohner, ond
Ekron wird ausradiert.
5 Gnad dene, mô em Landstrich am Meer
wohnat, am Kretervolk! S Wort von
JAHWE richtat sich gega euch: Kanaan,
Philisterland, i will euch vrnichta, dass
koener von daene Aewohner übrig
bleibt.
6 Dr Landstrich am Meer wird zom
Waedeland ond zom Pfercha für s
Kloevieh gmacht.
7 Ond dr Landstrich am Meer fällt an da
Rest vom Haus Juda; dia sollat drauf
wôeda. En de Häuser von Aschkelon
sollat se am Åbad lagera. JAHWE,
ihr Gott (Eloheyhem) will se nämlich
wieder hoemsuacha ond ihr Schicksal
romdreha.
8 I han da Spott von de Moabiter ghört
ond de Ammoniter ihr Lästera gega
mae Volk, ond wia se sich gega sae Land
graoßdao hent.
9 Drom: So wåhr i leb, Spruch von
JAHWE Zebaot, am Gott (Elohey)
von Israel: Moab gôht s wia Sodom,
ond Ammon wia Gomorra: von Nessla
überwucherat, a Salzgruab ond a Wüste
für älle Zeita. Dr Rest von maem Volk
soll se ausplündera; ond dr Rest von
maem Stammvolk soll se beerba.
10 Des ischd d Stråf für ihran Haochmuat,
weil se gspottat hent ond sich graoß
aufgspielt hent gega s Volk von JAHWE
Zebaot!
11 Dr Herrgott (JAHWE) zaegt sich
furchbar gega se, wann r dia ganze
Götter von dr Erde vrschwenda lässt,
ond sich älle Menscha ehm onterwerfa
müaßat, jeder an saem Ort, ao älle
Insla.
12 Ao ihr Kuschiter werat durch mae
Schwert falla!
13 Ond r streckt sae Håd aus nach Norda
ond richtat Assur zgrond ond macht
Ninive zor Wüste, ällas wird dürr wia
d Wüste.

[14]Ond mittla dren wôedat Herda, älle Arta von Vieh vom Volk. Ao Pelikan ond Rohrdommla nistat en ihre Kapitell! Laut sengt s aus de Fenster. Vrwüastat ischd s an de Schwella, ond s Zedergetäfer ischd rausgrissa.
[15]Des ischd dui stolza Stadt, mô sich so sicher gfühlt håt, mô bei sich selber saed: I, ond sonst nex! Was ischd aus ra wôra? A Lager für s Wild! A jeder, mô då vorbeikommt, pfeift auf se ond wenkt ab.

Zom Vrgleicha: *Vers 4:* Am 1,6-8; Jer 47 • *Vers 5:* Ez 25,15-17 • *Vers 8-11:* Jes 15f; Jer 48,1-49,6; Ez 25,1-11; Am 1,13-2,3 • *Vers 9:* Gen 19,24f • *Vers 12:* Jes 18f • *Vers 13:* Jer 46 • *Vers 15:* Jes 47,8.10; Jer 18,16; 19,8.

S Gericht über Jerusalem: 3 1-8

3 Gnad dir, du widerspenstiga, du befleckta ond gwalttätiga Stadt!
[2]Höra duat se auf gar nex ond lässt sich von neamerd belehra; auf JAHWE vrtraut se et, ond zo ihram Gott (Elohey) kommt se et her.
[3]Ihre Fürsta send wia brüllende Löwa, ond ihre Richter wia d Wölf am Åbad, mô bis an da Môrga koen Knocha mach übrig lassat.
[4]Ihre Profeta send leichtfertige Männer voler Lug ond Trug. Ihre Priaster entweihat s Haelige ond vrdrehat d Gsetz.
[5]Aber JAHWE ischd gerecht en ihrer Mitte ond duat nex Orechts. Äll Môrga brengt r sae Recht ans Licht, nia lässt r s vrmissa. Aber dr Frevler kennt koe Scham.
[6]I han ganze Völker ausgrottat; ihre Zinna send gschlôeft, ihre Stråßa han e opassierbar gmacht, dass koener maeh durchganga könna håt. Ihre Städt send zrstört, menschaleer ond ohne Aewohner.
[7]I han mr denkt: Jetzt hent se sicher a Ehrfurcht vôr mr kriagt ond werat sich ebbas saga lassa, dass ihre Wohnort et vrnichtat werat, ond des et komma muaß, was en i ådroht han. Aber noe, dia hent weiter ganz eifrig ihre baese Schandtata dao.
[8]Drom wartat no, Spruch von JAHWE, auf den Dag, mô i für emmer (als Zeuge) aufstand! Des ischd nämlich mae Recht, Völker zom vrsammla ond Königreich auf zom biata, zom maen Grimm ond mae Zôrngluat über se zom leera. Em Feuer von maem Eifer wird nämlich de ganz Erde vrzehrt.

Zom Vrgleicha: *Vers 3-4:* Ez 22,25 • *Vers 4:* Jer 14,13; 23,11.16 • *Vers 5:* Dtn 32,4; Ps 101,8.

D Vrhaeßong für Jerusalem ond d Völker: 3 9-20

[9]Nå will i de Völker a ganz neua Språch geba, dass se älle da Nåma JAHWE åruafat zom am deana en Aenigkaet.
[10]Von jenseits de Ström von Kusch brengat mr maene Vrehrer d Gemaende von maene Vrstraete, ond brengat mr Opfer dar.
[11]An dem Dag brauchst du de nemme schäma für daene Otata, mit dene da gega me gsündigt håsch. Nå schaff i aus daener Mitte dia stolze Ågeber weg ond du bist nemme haochmüatig auf maem haeliga Berg.
[12]Ond i laß en dir a demüatigs ond kloes Volk übrig, des mô em Nåma JAHWE sae Zuaflucht suacht.
[13]Dr Rest von Israel duat nex Orechts maeh ond schwätzt ao et vrloga drher. Ond mr hört aus ihram Mund koe henterlistigs Gschwätz, sondern dia wôedat ond lagerat, ohne dass se von ebber aufgschreckt werat.
[14]Jubilier, Tochter Zion! Jauchzge, Israel! Frae de ond sei fröhlich von ganzam Herza, Tochter Jerusalem!
[15]Dr Herrgott (JAHWE) håt daene Stråfa weggnomma ond daen Faend fortgschafft, da König von Israel!

JAHWE ischd en daener Mitte, du
brauchst en Zuakonft koe Ohael maeh
fürchta.
16An dem Tag werat se zo Jerusalem
saga: Han mr koe Angst et, Zion! Daene
Händ sollat nemme schlapp macha!
17JAHWE, dae Gott (Elohyik) ischd
en daener Mitte, a Held, der zom Sieg
vrhilft. R fraet sich ganz arg über de. R
schweigt en saener Liebe (über daene
Sünda) ond fraet sich mit ama graoßa
Jubel über de.
18Wia ama Festdag nemm i s ganze Ohael
von dr weg!
19Guck, i mach mit dene a End, mô de
en dera Zeit quält hent, ond i will ällas
Schwache retta, ond was vrstraet ischd,
will e aesammla ond vor dr ganza Welt
zo Ruhm ond Ehra brenga.
20En dera Zeit will euch hoem brenga,
en dera Zeit will e euch aesammla; i
will euch bei älle Erdavölker zo Ruhm
ond Ehra brenga, wann i euer Schicksal
romdreh vôr eure Aoga, Spruch von
JAHWE.

Zom Vrgleicha: *Vers 9:* Mal 1,11 • *Vers 13:* Offbg 14,5 • *Vers 14:* Jes 12,6; Sach 2,14 • *Vers 17:* Jer 32,41 • *Vers 19:* Ez 34,16; Mi 4,6.

S Buach Haggai

DR AUFRUAF ZOM TEMPELBAU: 1 1-11

1 Em zwoeta Jåhr vom König Darius
ischd am ersta Dag vom sechsta
Monat s Wort von JAHWE durch
da Profeta Haggai an da Statthalter
von Juda, da Serubbabel, da Soh vom
Schealtiël, ond an da Hohepriaster
Jeschua, da Soh vom Jozadak, erganga:
2So spricht JAHWE Zebaot: Des Volk
dåhanna saed: Jetzt sei s no et Zeit,
zom da Tempel für JAHWE wieder
aufzombaua! 3Drom ischd s Wort von
JAHWE durch da Profeta Haggai
erganga zom saga: 4Ischd vielleicht für
euch d Zeit komma, dass ihr en täferate
Häuser wohnat, während dr Tempel
no en Trümmer leit? 5Ond jetzt spricht
JAHWE Zebaot: Überlegat euch amål,
wia s euch gôht! 6Ihr säat viel ond erntat
wenig. Ihr essat zwår, aber r werat et satt
ond trenkat, aber s langat et; ihr hent
zwår ebbas zom åziaga, aber s wird euch
et warm dren; ond wer om Loh schaffa
muaß, der schafft en an Geldbeutel mit
Löcher.
7So spricht JAHWE Zebaot: Seahnat r et,
wia s euch gôht? 8Gangat ens Bergland
ond schlagat Holz ae ond bauat da
Tempel, då hätt i a Fraed drå, ond des
ehrt me, Spruch von JAHWE. 9Ihr hent
mit viel grechnat ond doch bloß wenig
g'erntat, ond wann r s raebrengat ens
Haus, nå blås i s weg. Ond wårom wohl?
Spruch von JAHWE Zebaot: Weil mae
Haus no en Trümmer leit, während a
jeder von euch bloß am Bau von saem
aegena Haus nåchsauat. 10Drom vrhebt
dr Hemmel da Tao über euch ond d
Erde hält sich zrück mit ihram Ertrag.
11Ond i han a Dürre über s Land grüafa
ond über d Berg ond über s Korn ond
über da Most ond über s Öl ond über
ällas, was aus am Ackerboda wächst,
ond über d Menscha ond übers Vieh
ond ällas, was eure Händ schaffat.

Zom Vrgleicha: *Vers 1:* Sach 1,1; 3,1-9; 4,6-10 • *Vers 4:* Jer 22,14 • *Vers 6:* Hos 4,3 • *Vers 10:* Lev 26,19f.

DR NEUÅFANG: 1 12-15

12Ond dr Serubbabel, dr Soh vom
Schealtiël, ond dr Hohepriaster Jeschua,
dr Soh vom Jozadak, ond älle, mô vom
Volk no übrig blieba send, hent auf
d Stemm von JAHWE, ihrem Gott
(Eloheyhem) ghorcht, ond auf des, was
dr Profet Haggai gsaed håt, weil den
JAHWE, ihr Gott (Eloheyhem) gschickt
håt; ond s Volk håt vôr JAHWE a
graoßa Ehrfurcht ghet. 13Ond dr Haggai
håt als Bote vom Herrgott (JAHWE)
vollmächtig d Botschaft von JAHWE
am Volk weitergsaed: I ben mit euch!
Spruch von JAHWE! 14Ond JAHWE
håt da Gaest vom Serubbabel, am Soh
vom Schealtiël, ond vom Hohepriaster
Jeschua, da Soh vom Jozadak, ond da
Gaest von dene aus am Volk, mô no
übrig blieba send, aufgweckt, ond se
send komma ond hent d Ärbat am
Tempel von JAHWE Zebaot ågfanga.
15Des ischd am vierazwanzigsta Dag
vom sechsta Monat gwea, em zwôeta
Jåhr vom König Darius.

Zom Vrgleicha: *Vers 14:* Sach 4,6.

DR NEUE TEMPEL: 2 1-9

2 Em siebta Monat am oesazwanzigsta
Dag ischd s Wort von JAHWE
durch da Profeta Haggai erganga: 2Sag
doch am Serubbabel, am Soh vom
Schealtiël, am Statthalter von Juda; ond
am Hohepriaster Jeschua, am Soh vom
Jozadak, ond zom restlicha Volk: 3Wer
von euch, der mô übrig blieba ischd, håt
no des Tempelhaus dåhanna en saener
frühera Herrlichkaet gseha? Ond was
seahnat r jetzt? Sieht des en eure Aoga
et aus wia gar nex? 4Aber jetzt sei stark,
Serubbabel, Spruch von JAHWE, ond
sei stark, Hoherpriaster Jeschua, du Soh
vom Jozadak; sei stark du Volk vom
Land, Spruch von JAHWE Zebaot,
ond machat euch an d Ärbat, i ben
nämlich bei euch, Spruch von JAHWE
Zebaot, 5nach dem Wort, môn e mit
euch vraenbart han bei euram Auszug
aus Ägypten. Ond mae Gaest bleibt
bei euch, ihr sollat koe Angst han!
6Weil, so spricht JAHWE Zebaot: No a
kloes Weile, ond i laß d Hemmel ond d
Erde ond s Meer ond s Festland beba.
7Ond i laß älle Völker zittera, ond nå
kommat aus älle Völker d Kostbarkaeta
ond I füll des Tempelhaus dåhanna mit
Herrlichkaet! Spruch von JAHWE
Zebaot! 8*Mir ghert s Silber, ond mir ghert
s Gold, Spruch von JAHWE Zebaot!*
9D Herrlichkaet vom zuakünftiga
Tempelhaus ischd graeßer als de früher,
Spruch von JAHWE Zebaot. Ond an
dem Ort dåhanna gib i Frieda, Spruch
von JAHWE Zebaot.

Zom Vrgleicha: *Vers 3:* Esra 3,12 • *Vers 7:* Jes 60,5-7.

S NEUE HAEL: 2 10-19

10Ond am vierazwanzigsta Dag vom
naenta Monat em zwôeta Jåhr vom König
Darius ischd s Wort von JAHWE an
da Profeta Haggai erganga: 11So spricht
JAHWE Zebaot: Fråg doch d Priaster
om a Åweisong: 12Wann ebber gweihts
Flôesch em Zipfel von saem Gwand
traet ond r berührt mit dem Zipfel a
Brot oder a kochts Essa oder Wae oder
Öl oder sonst ebbas Essbars, dät s nå ao
haelig wera? Ond dia Priaster hent am
Antwort geba ond noe gsaed. 13Nå håt
dr Haggai gsaed: Wann aber oener, mô
sich an ra Leich vroraenigt hôt, irgend
ebbas von dene Sacha berührt, wird s
nå oraen? Ond d Priaster hent gsaed: Jå,
des wird oraen! 14Dådrauf håt dr Haggai
gsaed: Grad so ischd des Volk dåhanna
ond der Volksstamm då vôr maene
Aoga, Spruch von JAHWE, ond ällas,
was se mit ihre Händ ålangat ond was
se sell als Opfer darbrengat, ällas ischd
oraen! 15Aber jetzt, passat auf! Von dem
Dag å ond en Zuakonft: Bevôr mr am
Herrgott (JAHWE) saem Haus Stoe
auf Stoe gsetzt håt, 16wia ischd s euch då
ganga? Wer ischd då zo ama Kornhaufa
von zwanzg Efa komma, mô s bloß zeah
geba håt? Ischd mr en d Kelter komma
zom fufzg Maß schöpfa, nå send bloß
zwanzg dren gwea. 17I han euch mit
Kornbrand gschlaga ond mit am Gilb
ond mit Hagel, ond ällas, was r gschafft
hent mit eure Händ, weil r für min ex
übrig ghet hent, Spruch von JAHWE!
18Passat auf, was von haet å gschieht ond
en Zuakonft, vom vierazwanzigsta Dag
vom naenta Monat å, dem Dag, mô dr
Tempel für JAHWE gründat wôra ischd,
passat guat auf! 19Ob nå Saatguat en dr
Scheuer ischd, ond ob dr Waestock ond
dr Feigabaom ond dr Granatäpfelbaom
ond dr Ölbaom et traet! Von haet å
spend i Sega!

D VRHAESSONG AN DA DAVIDSSOH: 2 20-23

Zom Vrgleicha: *Vers 1:* Num 19,11-22 • *Vers 15:* Sach 8,9.12 • *Vers 17:* Am 4,6.

[20]Ond s Wort von JAHWE ischd zom
zwôcta Mål an da Haggai erganga am
vierazwanzigsta von dem Monat:
[21]Sag am Serubbabel, am Statthalter
von Juda: I will da Hemmel ond d Erde
beba lassa. [22]Ond i stürz da Thron von
Königreich ond schlag d Macht von de
Königreich von de Völker. I schmeiß
d Kampfwäga samt ihre Fahrer om
ond lass Rösser samt ihre Reiter auf
da Boda falla, jedan durchs Schwert
von saem Bruader. [23]An sellam Dag,
Spruch von JAHWE Zebaot, nemm e di
Serubbabel, Soh vom Schealtiël, maen
Knecht, Spruch von JAHWE, ond mach
de wia an Siegelreng, i han de nämlich
auserwählt, Spruch von JAHWE.

Zom Vrgleicha: *Vers 23:* Sach 6,12f; Jer 22,24.

S Buach Sacharja

DR ERSTE TÔEL: D VISIONA OND WORT VOM SACHARJA: 1 1 – 8 23

Dr Aufruaf zor Omkehr: 1 1-6

1 Em achta Monat em zwôeta Jåhr vom
Darius ischd s Wort von JAHWE an
da Profeta Sacharja, am Berechja saen
Soh ond Enkel vom Iddo, erganga: [2]Dr
Herrgott (JAHWE) håt an arga Zôrn auf
eure Vädr ghet. [3]Drom sollst d zo nen
saga: So spricht JAHWE Zebaot: Kehrat
om zo mir – Spruch von JAHWE – ond
i will zo euch zrück komma, spricht
JAHWE Zebaot. [4]Ihr sollat et so sae wia
eure Vädr, dene mô de frühere Profeta
vrkündigt hent: So spricht JAHWE
Zebaot: Kehrat doch om von eure baese
Weg ond eure baese Tata! [5]Mô send
jetzt eure Vädr? Ond dia Profeta, lebat
dia vielleicht ewig? [6]Maene Wort ond
was i beschlossa han ond durch maene
Knecht, d Profeta, vrkündiga lassa han,
håt des et eure Vädr erraecht? Ond dia
send omkehrt ond hent gsaed: So wia s
JAHWE Zebaot ausdenkt håt zom an
ons doa nach onsere Weg ond Tata, so
håt i s mit ons gmacht!

Zom Vrgleicha: *Vers 1:* Esra 5,1; Hag 1,1 • *Vers 3:* Mal 3,7; Jak 4,8.

De erst Vision: S Gericht über d Völker: 1 7-17

[7]Am vierazwanzigsta Dag em elfta
Monat – des ischd dr Monat Schebat – em
zwôeta Jåhr vom Darius, ischd s Wort
von JAHWE an da Profeta Sacharja, am
Berechja saen Soh ond Enkel vom Iddo,
erganga: [8]I han haet Nacht a Vision ghet:
I han an Må auf ama rotbraona Ross
sitza seha. Der håt zwischa de Myrta em
Schattagrond ghalta, ond henter am send
Rösser gstanda, rotbraone, fuchsraote
ond weiße. [9]Nå han e gfrågt: Was send
des für oene, mae Herr? Ond der Bote,
mô mit mr gschwätzt håt, der håt zo mr
gsaed: I will de s selber seha lassa, was s
mit dene auf sich håt! [10]Nå håt der Må,
der mô zwischa dene Myrta gstanda
ischd Antwort geba ond gsaed: Des
send dia, mô JAHWE gschickt håt, zom
em Erdaland romlaofa! [11]Ond dia hent
dem Bota vom Herrgott (JAHWE), der
mô zwischa dene Myrta gstanda ischd
Antwort geba ond gsaed: Mir send em
ganza Erdaland romgloffa ond guck, de
ganz Erde ischd ruhig ond still! [12]Ond der
Bote vom Herrgott (JAHWE) håt gsaed:
JAHWE Zebaot, wia lang willst d no
warta, bis da de vrbarmst mit Jerusalem
ond de Städt von Juda, mit dene, mô da
jetzt schao siebzg Jåhr vrzürnt bist? [13]Nå
håt JAHWE dem Bota, mô mit mr ganz
tröstlich gschwätzt håt, Antwort geba.
[14]Ond der Bote, mô mit mr gschwätzt
håt, der håt zo mr gsaed: Vrkündige: So
spricht JAHWE Zebaot: I setz me mit
ama graoßa Eifer für Jerusalem ond mit
ama graoßa Eifer für Zion ae. [15]Ond i
han an graoßa Zôrn über dia sôrglose
Völker, mô i bloß a bißle vrzürnt gwea
ben, då hent dia zom Baesa vrholfa.
[16]Drom, so spricht JAHWE: I will me
über Jerusalem vrbarma ond me en
wieder zuawenda; mae Haus wird en
Jerusalem wieder aufbaut – Spruch von
JAHWE Zebaot – ond d Messschnur
wird über Jerusalem gspannt. [17]Ond des
vrkündigst d ao no: So spricht JAHWE
Zebaot: Maene Städt sollat wieder vom
Wohlstand überlaofa, ond dr Herrgott
(JAHWE) will en Zuakonft Zion trösta
ond Jerusalem wieder auserwähla!

Zom Vrgleicha: *Vers 8:* 6,1-8 • *Vers 14:* 8,2 • *Vers*

16: 2,5-9 *Vers 17:* 2,16.

De Zwôet Vision: S Gericht über dia, mô Jerusalem zrstört hent: 2 1-4

2 Ond i han aufguckt ond vier Hörner
gseha. [2]I han den Bota, der mô mit
mr gschwätzt håt, gfrågt: Was soll des
hoeßa? Ond r hat zo mr gsaed: Des
send dia Hörner, mô Juda, Israel ond
Jerusalem vrstraet hent. [3]Nå håt me
JAHWE vier Schmied seha lassa. [4]Ond
i han gsaed: Zo was send dia komma,
was sollat dia doa? Ond r håt gsaed:
Dia Hörner hent Juda vrstraet, dass
sich koe Mensch maeh traut håt zom
aufgucka, jetzt send dia komma zom
se abschrecka, ond dene Volksstämm d
Hörner aschlaga, mô gega s Land Juda
aufgstanda send zom se vrstraea.

De dritt Vision: Jerusalem onter am Schutz von Gott: 2 5-9

[5]Ond môn e aufguckt han, guck, då
ischd a Må gwea, der håt a Messschnur
en dr Håd ghet. [6]I han an gfrågt: Mô
gôhst d nô? Ond der håt zo mr gsaed:
Zom Ausmessa nach Jerusalem, ond
gucka, wia graoß s en dr Länge ond
en dr Brôete wera soll. [7]Ond guck, nå
ischd der Bote, mô mit mr gschwätzt
håt, vôrtreta, ond a anderer Bote ischd
am entgegatreta, [8]zo dem håt r gsaed:
Laof ond sag dem jonga Må dåhanna:
Jerusalem soll a offena Stadt sae wega
dene viele Leut ond dem Vieh, mô då
dren wohnat. [9]Ond i selber – Spruch
von JAHWE – will a Mauer aus Feuer
rengsrom sae ond zor Herrlichkaet für
se en ihram Ennera.

Zom Vrgleicha: *Vers 5:* 1,16; Ez 40,3 • *Vers 8:* Ez 38,11 • *Vers 9:* 9,8; Ex 14,20.

Dr Aufruaf an de Vrbannte: 2 10-17

[10]Auf gôht s! Haoat ab aus am Land em
Norda! Spruch von JAHWE. I han euch
nämlich en älle vier Hemmelsrichtonga
vrstraet - Spruch von JAHWE. [11]Auf gôht
s! Rette de nach Zion, du Aewohnere en
dr Tochter Babel! [12]So spricht JAHWE
Zebaot, der mi mit Ehra ausgstattat zo
dene Völker gschickt håt, dia mô euch
ausbeutat hent, zom en saga: Der, mô
euch åtastat, der tastat maen Aogapfel
å! [13]Weil guckat, i hol mit maener Håd
gega se aus, dass se für ihre Knecht zor
Beute werat; ond nå werat r erkenna,
dass s JAHWE Zebaot ischd, der mô mi
gschickt håt.
[14]Jubilier ond frae de, Tochter Zion, i
komm nämlich ond wohn en daener
Mitte - Spruch von JAHWE. [15]Ond an
dem Dag werat sich viele Völker am
Herrgott (JAHWE) åschliaßa, ond se
werat mir zom Volk, ond i will en daener
Mitte wohna. Ond nå werat r erkenna,
dass s JAHWE Zebaot ischd, der mô
mi zo dir gschickt håt. [16]Ond JAHWE
nemmt Juda en Besitz als saen Åtôel auf
am Boda vom Haeligtom, ond nômål
wird Jerusalem auserwählt. [17]Ällas,
was lebt, soll still sae vôr JAHWE!
Weil ER aufbricht vom Ort von saem
Haeligtom!

Zom Vrgleicha: *Vers 16:* 1,17.

De viert Vision: Dr Priasterdenst en dr messianischa Zeit: 3 1-10

3 Nå håt r me da Hohepriaster Jeschua
seha lassa, der ischd vôr dem Bota
vom Herrgott (JAHWE) gstanda, ond
dr Satan ischd auf saener Rechta gstanda
zom an åklaga. [2]Ond JAHWE håt zom
Satan gsaed: JAHWE droht dr, Satan,
jå, JAHWE droht dr, der mô Jerusalem
auserwählt håt. Ischd der et a Scheitle
Holz, wia aus am Feuer grissa? [3]Dr
Jeschua håt nämlich dreckate Klôeder
åghet, môn r vôr dem Bota gstanda
ischd. [4]Ond der Bote håt ågfanga ond
zo dene, mô (als saene Diener)vôr
am gstanda send, gsaed: Ziagat am dia
dreckate Klôeder aus! Ond zom Jeschua

håt r gsaed: Guck, i han dae Schuld von
dr gnomma ond laß dr Festklôeder
ålega! 5Ond i han gsaed: Mr soll am an
frischa Turban aufs Haopt setza. Ond
mr håt am an frischaTurban aufs Haopt
gsetzt ond am frische Gwänder ådao,
ond der Bote vom Herrgott (JAHWE)
ischd drbei gstanda.
6Ond der Bote vom Herrgott (JAHWE)
håt am Jeschua vrsprocha: 7So spricht
JAHWE Zebaot: Wann du auf maene
Weg gôhst ond maene Denst ordentlich
vrsiehst, nå sollst du ao mae Haus
vrwalta ond maene Höf (Vôrhöf vom
Tempel) hüata, ond i gib dr da Zuatritt
zo maene Diener dåhanna. 8Horch her,
Hoherpriaster Jeschua, du ond daene
Fraend, ihr send Männer, mô sich bewährt
hent. Guck, i will nämlich maen Knecht
komma lassa, da Sprößleng. 9Guck, der
Stoe, den môn e vôr da Jeschua glegt
han, håt sieba Aoga (Blickflächa). Guck,
då gravier i a Inschrift nae – Spruch von
JAHWE Zebaot –ond i lösch d Schuld
von dem Land dåhanna an oem Dag!
10An sellam Dag – Spruch von JAHWE
Zebaot – ladat ihr anander ae (zom
feiera) onter ama Rebstock ond onter
am Feigabaom.

Zom Vrgleicha: *Vers 2:* Jud 9 • *Vers 8:* Jes 8,18; Sach 6,12; Jer 23,5; 33,15 • *Vers 9:* 4,10; Ex 28,9-11; 39,6f; Offbg 2,17.

De fenft Vision: Dr Hohepriaster ond dr Davissoh: 4 1-14

4 Ond der Bote, mô mit mr gschwätzt
håt, ischd nômål zrück komma ond
håt me gweckt, wia mr ebber aufweckt,
der mô schlåft, 2ond håt zo mr gsaed:
Was håsch d gseha? Ond I han gsaed:
I han an goldena Leuchter gseha,
obadrauf a Ölampel mit sieba Lampa
ond drzua sieba Röhrla für d Docht von
dene Lampa, mô oba drauf gwea send.
3Ond zwôe Ölbaem, oener rechts ond
oener lenks von dera Ölampel. 4Ond i
han dem Bota, mô mit mr gschwätzt håt,
Antwort geba ond zon am gsaed: Mae
Herr, was håt des zom bedeuta? 5Ond
der Bote, mô mit mr gschwätzt håt,
der håt zo mr gsaed: Wôeßt du des et?
Ond i han gsaed: Noe, mae Herr! 6Nå
håt r mr s erklärt ond gsaed: Des ischd
s Wort von JAHWE an da Serubbabel:
**Et durch Macht ond et durch Kraft,
sondern durch maen Gaest! Spricht
JAHWE Zebaot.**
7Wer bist du, graoßer Berg? Vôr am
Serubbabel wirst du zo Ebene, Der
bricht da Schlußstoe raus onter am
Jubelgschrôe: Gnade, Hael zon am!
8Nå ischd s Wort von JAHWE an me
erganga: 9Am Serubbabel saene Händ
hent da Grondstoe glegt zo dem Haus
dåhanna, ond saene Hand sollat s ao
fertigstella. Ond du sollst erkenna, dass
JAHWE Zebaot mi zo euch gschickt
håt. 10Wer ao emmer den Dag mit dem
kloena Åfang greng aegschätzt håt,
soll sich fraea, wann r den auserwählta
Stoe en de Händ vom Serubbabel sieht.
Des send am Herrgott (JAHWE) saene
sieba Aoga, mô auf dr ganza Erde
romstrôefat.
11Ond i han an gfrågt: Was håt s nå mit
dene zwôe Ölbaem lenks ond rechts
von dem Leuchter auf sich? 12Ond i han
an no a zwôets Mål gfrågt: Was hent dia
zwôe Ölbaomschößleng zom bedeuta,
mô aus dene zwôe goldene Röhrla
rauswachsat, mô s goldene Öl rauslaoft?
13Ond r håt zo mr gsaed: Wôeßt du
wirklich et, was dia bedeutat? I han am
zor Antwort geba: I han koe Åhnong,
mae Herr. 14Dådrauf håt r gsaed: Des
send dia zwôe Gsalbte, mô vôr am
Herra von dr ganza Erde standat.

Zom Vrgleicha: *Vers 2:* Ex 25,31-40 • *Vers 10:* 3,9; 2Chr 16,9 • *Vers 14:* Offbg 11,4.

De sechst Vision: D Ausrottong von de Dieb: 5 1-4

5 Ond môn e nômål aufguckt han,
guck, då han e a Schriftroll fliaga
seha. [2]Ond r håt me gfrågt: Was siehst
d? Ond i han gsaed: I sieh a Schriftroll
romfliaga, zwanzg Ella lång ond zeah
Ella broêt. [3]Ond r håt zo mr gsaed: Des
ischd dr Fluach, mô über s ganze Land
gôht. A jeder, mô gstohla håt, ischd
drwega stråffrei blieba ond a jeder,
mô falsch gschwora håt, ischd drwega
stråffrei blieba.
[4]I mach dem a End – Spruch von
JAHWE Zebaot – ond se (d Schriftroll mit
am Fluach) kommt über s Haus vom Dieb
ond übers Haus von dem, mô falsch
schwört en maem Nåma, ond bleibt
bein am en saem Haus ond vrnichtat an,
ond zwår mitsamt saem Holz ond saene
Stoe.

De siebt Vision: D Befreiong vom Baesa: 5 5-11

[5]Ond der Bote, mô mit mr gschwätzt
håt, ischd vôrtreta ond håt zo mr gsaed:
Guck amål wieder auf, was dåhanna
vürekommt! [6]Ond i han gfrågt: Was
ischd des? Dådrauf håt r gsaed: Des ischd
s Efamaß, mô då vürekommt. Ond i han
gsaed: Was håt s dådrmit auf sich? Nå
håt r gsaed: Des send ihre Vrfehlonga
em ganza Land! [7]Ond guck, a Deckel
aus Blei håt sich glupft ond a Frao ischd
mittla en dem Efamaß gsessa. [8]Nå håt
r gsaed: Des ischd d Boshaftigkaet. Nå
håt r se en des Efamaß naegschmissa
ond den Bleideckel naufdao ond an
Stoe naufglegt. [9]Ond môn e wieder
aufguckt han, guck, då send zwôe
Weiber vürekomma ond dr Wend håt en
ihre Flügel naeblåsa, dia hent nämlich
Flügel ghet wia d Störch, ond dia hent
des Efamaß zwischa Erde ond Hemmel
wegtraga. [10]Nå han e den Bota, der
mô mit mr gschwätzt håt, gfrågt: Mô
schlôefat dia des Efamaß nô? [11]Ond r håt
mr zor Antwort geba ond gsaed: Zom a
Haus für s baua em Land Schinear; ond
des wird baut ond nå wird s sell auf sae
Gstell gstellt.

Zom Vrgleicha: *Vers 11:* Gen 10,10; 11,2.

De acht Vision: S Gericht über d Faend: 6 1-8

6 Ond wieder han e aufguckt, ond
guck, vier Wäga send zwischa zwôe
Berg vürekomma, ond dia Berg send aus
Bronze gwea. [2]Am ersta Waga send raote
Rösser gwea, ond am zwôeta Waga send
scharze Rösser gwea. [3]Am dritta Waga
send weiße Rösser gwea ond am vierta
Waga scheckate Rösser, lauter starke
Rösser. [4]Ond i han den Bota, der mô mit
mr gschwätzt håt, gfrågt: Was håt s mit
dene auf sich, mae Herr? [5]Ond der Bote
håt zo mr gsaed: Des send dia vier Wend
vom Hemmel, dia fahrat aus, nachdem se
vôr am Herra über de ganz Welt gstanda
send. [6]Dia Rappa gangat ens Land em
Norda, ond dia Schemmel gangat en
da Westa, ond dia Schecka gangat ens
Land em Süda. [7]Ond dia starke Rösser
send vürekomma ond hent auf dr Erde
romstrôefa wölla, ond r håt gsaed: Auf!
Gangat auf dr Erde rom! Nå hent se d
Erde durchstrôeft. [8]Dådrnåch håt r mr
zuagruafa: Guck, dia mô ens Land em
Norda gangat, dia lassat maen Gaest em
Land em Norda!

Zom Vrgleicha: *Vers 2:* 1,8.

D Zaeche für d Haelszeit: 6 9-15

[9]Ond s Wort von JAHWE ischd an me
erganga ond håt gsaed: [10]Nemm a paar
von de Vrschleppte von Heldai, von
Tobija ond von Jedaja, dia mô von Babel
komma send, ond gang am gleicha Dag
ens Haus vom Joschija, am Soh vom
Zefanja! [11]Von dem nemmst d Silber ond
Gold ond machst a Kron draus, dui setzt
d am Hohapriaster Jeschua, am Soh vom

Jozadak, auf s Haopt! 12Ond nå saesch
d zon am: So spricht JAHWE Zebaot:
Guck, a Må, „Sproß“ ischd sae Nåma,
ond onter dem spriaßt s, ond der baut
den Tempel für JAHWE. 13Jå, der baut
da Tempel für JAHWE ond der trägt d
Würde ond sitzt auf saem Thron ond
regiert. Ond a Priaster ischd an saem
Thron als Berater, ond dia zwôe hent
Frieda mitanander. 14Ond d Kron soll
zom Ådenka an da Heldai, da Tobija,
Jedaja ond Hen, da Soh vom Zefanja,
em Herrgott (JAHWE) saem Tempel
aufbewahrt wera. 15Von weit her werat
se komma ond mitbaua am Tempel für
JAHWE. Ond ihr werat erkenna, dass
s JAHWE Zebaot ischd, der mô mi zo
euch gschickt håt. Des gschieht, wann
ihr bloß horchat auf d Stemm von
JAHWE, euram Gott (Eloheykem).

Zom Vrgleicha: *Vers 11:* 3,1-10 • *Vers 12:* 3,8.

S wahre Fasta: 7 1-14

7Ond em vierta Jåhr vom König
Darius ischd s Wort von JAHWE
an da Sacharja erganga, am vierta Dag
em naenta Monat, em Monat Kislew.
2Selligsmål håt Bet-El da Sarezer ond da
Regem-Melech mit ihre Leut gschickt,
zom da Zôrn vom Herrgott (JAHWE)
besänftiga, 3ond dene Priaster am
Tempel von JAHWE Zebaot ond saene
Profeta zom saga: Soll i emmer no em
fenfta Monat trauera ond fasta, wian e
s jetzt schao viele Jåhr ghalta han? 4Nå
ischd s Wort von JAHWE Zebaot an me
erganga: 5Sag am ganza Volk em Land
ond de Priaster: Wann ihr schao siebzg
Jåhr lang gfastat ond klagt hent em
fenfta ond em siebta Monat, ben nå i dr
Grond für des Fasta gwea? 6Ond wann
ihr essat ond trenkat, essat ond trenkat
ihr nå et für euch? 7Send des et dia Wort,
mô JAHWE durch d Profeta früher håt
vrkündiga lassa, mô mr en Jerusalem
ond en de Städt dromrom no sôrglos
håt leba könna, mô dr Negeb ond d
Schefela no bewohnt gwea send? 8Ond s
Wort von JAHWE ischd an da Sacharja
erganga: 9So spricht JAHWE Zebaot:
Haltat ehrlich ond wahrhaftig Gericht!
Ond übat Güate ond Barmherzigkaet
ananander! 10Witwa ond Wôesa, Fremde
ond Arme sollat r et onterdrücka! Ond
en eure Herza nex Oguats gega anander
aushecka! 11Aber dia hent sich gwaegerat
zom horcha ond send bockboenig gwea
ond hent sich d Ohra zuaghoba, dass se
nex maeh ghört hent. 12Ihr Herz hent
se hart gmacht wia Diamanta, dass se d
Åweisonga ond d Wort et höra müaßa
hent, môn en JAHWE Zebaot en dr
Kraft von saem Gaest durch de frühere
Profeta ausrichta lassa håt. Deswega
ischd dr graoße Zôrn von JAHWE
Zebaot über se komma. 13Ond wia
ER gruafa håt ond dia nex ghört hent,
so sollat dia ruafa ond i will nex höra,
spricht JAHWE Zebaot. 14I han se onter
älle Völker vrblåsa, dia mô se no gar et
kennt hent. Ond s Land ischd henter
en vrödat, dass neamerd maeh dren hin
ond her ganga ischd. Ond so hent se des
schöne Land zor Wüste gmacht.

Zom Vrgleicha: *Vers 9:* Mi 6,8 • *Vers 10:* Jer 7,5f •
Vers 11: Jes 48,4; *Jer 5,3.*

De zuakünftig Rettong: 8 1-23

8Ond s Wort von JAHWE Zebaot
ischd erganga ond håt gsaed: 2So
spricht JAHWE Zebaot: I setz me mit
ama graoßa Eifer für Zion ae, ond glüah
vôr Eifer für se. 3So spricht JAHWE: I
komm zrück nach Zion ond will wieder
mittla en Jerusalem wohna. Nå hôeßt mr
Jerusalem „Stadt dr Treue“, ond da Berg
von JAHWE Zebaot „Haeliger Berg“.
4So spricht JAHWE Zebaot: Emmer
no sollat alte Männer ond Fraoa auf de
Plätz en Jerusalem sitza därfa, jedas mit
saem Stock en dr Håd wega saem hoha
Alter. 5Ond d Plätz en dr Stadt werat

wieder voler Buaba ond Mädla, mô auf
ihre Plätz spielat. [6]So spricht JAHWE
Zebaot: Wann des en de Aoga vom Rest
vom Volk dåhanna omöglich schaent en
dene Däg, muaß des nå en maene Aoga
ao omöglich sae? Spruch von JAHWE
Zebaot.
[7]So spricht JAHWE Zebaot: Guck,
i will mae Volk retta aus am Land
vom Sonnaaufgang ond aus am Land
vom Sonnaontergang. [8]I laß se wieder
hoemkomma ond se sollat wieder mittla
en Jerusalem wohna ond mae Volk
sae, ond i will für se då sae als ihr Gott
(Elohim) en Treue ond Gerechtigkaet.
[9]So spricht JAHWE Zebaot: Eure Händ
mögat stark sae, wann r en dene Däg
dåhanna dia Wort aus am Mund von
de Profeta hörat wia an dem Dag, mô s
Haus für JAHWE Zebaot gründat wôra
ischd zom da Tempel baua! [10]Weil vôr
dera Zeit håt koe Mensch ond koe Tier
an Loh von saener Ärbat ghet. Ond für
dia, mô aus- ond aeganga send, håt s koen
Frieda geba vôr de Faend; ond i han d
Menscha aufananander losganga lassa, oen
gega da andera. [11]Aber jetzt ben e gega
da Rest vom Volk nemme so wia früher
– Spruch von JAHWE Zebaot, [12]sondern
Saat für da Friada ischd s. D Reba sollat
wieder ihr Frucht geba, ond d Erde
wieder ihran Ertrag, ond dr Hemmel
geit saen Tao. Des ällas will e am Rest
vom Volk z aega geba. [13]Ond so, wia
ihr a Fluach gwea send onter de Völker,
Haus Juda ond Haus Israel, so will e
euch retta, dass r a Sega werat. Hent
mr no koe Angst et! Eure Händ mögat
stark wera! [14]Weil, so spricht JAHWE
Zebaot: So, wian e plånt han, euch übel
mitzomspiela, mô me eure Vädr vrzürnt
hent, spricht JAHWE Zebaot, ond mi s
et greut håt, [15]so kehr i jetzt om ond plån
en dene Däg, Jerusalem ond am Haus
Juda Guats zom doa. Hent mr no koe
Angst et!
[16]Ond des sollat r doa: *Sagat anander
d Wåhrat! Mit dr Wåhrat ond mit am
Friedensrecht sollat r en eure Tôr richta!*
[17]Ond heckat nex Baes gega anander
aus en eure Herza! Ond duldat koene
Maenaed! Des ällas hass i nämlich,
Spruch von JAHWE.
[18]Ond s Wort von JAHWE Zebaot
ischd erganga ond håt gsaed: [19]So spricht
JAHWE Zebaot: S Fasta vom vom
vierta, s Fasta vom fenfta, s Fasta vom
siebta ond s Fasta vom zehnta Monat
werat für Juda zor Wonne ond zor
Fraed ond fröhliche Fest sae, wann r d
Wåhrat ond da Frieda gern hent.
[20]So spricht JAHWE Zebaot: Då
kommat nå Völker ond d Aewohner
von viele Städt. [21]Ond d Aewohner
von oener Stadt gangat zo de andere
ond sagat: Laß ons ganga ond JAHWE
åbeta ond en Jerusalem JAHWE Zebaot
suacha! I will ao nôganga! [22]Nå kommat
viele Nationa ond mächtige Völker nach
Jerusalem, zom JAHWE Zebaot suacha
ond JAHWE åbeta.
[23]So spricht JAHWE Zebaot: En dene
Däg werat zeah Männer aus de Völker
von älle Sprâcha da Zipfel von oem Må
aus Juda packa ond saga: Mir wöllat mit
euch ganga, mir hent nämlich ghört,
dass Gott (Elohim) mit euch ischd.

Zom Vrgleicha: *Vers 2:* 1,14 • *Vers 3:* Jes 1,21-26 • *Vers 4:* Jes 65,20; Jer 31,13 *Vers 6:* Ps 118,23 • *Vers 7:* Jes 11,11; 27,13; Jer 24,5-7 • *Vers 10:* Hag 2,15-19.

ZWÔETER TÔEL: VRHAESSONGA OND GERICHTSWORT AUS DR SPÄTERA ZEIT: 9 1 – 14 21

D Rettong vom a Rest von de Nåchbervölker: 9 1-8

9 Lastspruch: S Wort von JAHWE leit auf am Land Hadrach ond auf Damaskus. Dr Herrgott (JAHWE) håt nämlich a Aog auf d Menscha ond auf älle Stämm von Israel, [2]ond ao Hamat, des mô direkt drå grenzt, Tyrus ond Sidon, gscheit wia se send. [3]Tyrus håt sich a Festong baut, håt Silber aufghäuft wia Staob ond Gold wia Dreck en de Gassa. [4]Guckat, mae Herr wird se vrtreiba ond ihran Reichtom ens Meer schmeisa ond se (d Stadt) wird vom Feuer gfressa. [5]Aschkelon sieht s ond kriagt Angst, grad so ao Gaza, dia sollat nå zittera, ond Ekron, weil dene ihr Hoffnong z'schanda wôra ischd. Ond dr König von Gaza muaß vrschwenda, ond Aschkelon wird obewohnt sae. [6]A Mischleng hockt en Aschdod. Ond i brich da Hochmuat von de Philister. [7]I reiß am saene Bluatmähler aus am Maul ond saene gräuliche Speisopfer reiß e am zwischa de Zähn raus. Nå bleibt ao er für onseran Gott (Eloheynu) übrig ond wird wian a Stammasfürst en Juda, ond Ekron wia dr Jebusiter. [8]Ond i lagere vôr maem Haus als Wachtposta vôr dene, mô vorbei kommat ond zrück kommat, ond dass koener maeh durchkommt als Onterdrücker. I han s nämlich mit maene aegene Aoga gseha.

Zom Vrgleicha: *Vers 4:* 1Sa 2,7 • *Vers 5:* 10,11.

Dr kommende Friedenskönig: 9 9-17

[9]*Juble laut, Tochter Zion! Jauchzge, Tochter Jerusalem! Guck, dae König kommt zo dir, gerecht ond siegreich. Demüatig ischd r ond reitat auf ama Esel, auf ama jonga Esel, ama Hengstfohla von ra Eselsstuat.* [10]I vrnichte d Kampfwäga von Efraim ond d Rösser von Jerusalem, vrbrocha wird dr Kriagsboga. Ond ER vrkündigt da Frieda für d Völker, ond sae Herrschaft gôht von oem Meer zom andera ond vom Strom bis an d Enda von dr Erde.

[11]Ao daene Gfangene schick e weg'am Bluat von daem Bund aus dr Gruab, en dera mô koe Wasser maeh ischd, hoem. [12]Kommat zrück zor Festong, ihr Gfangene, mô no a Hoffnong hent! Ao haet gilt s: A dopplats Maß gib e dr zrück! [13]I han mr Juda als Boga gspannt ond mit Efraim da Köcher gfüllt, ond Zion, i ruaf daene Söh auf zom Kampf gega d Söh vom Jawan (Griechaland), ond i mach de zom Heldaschwert. [14]Ond JAHWE erschaent über en ond sae Pfeil fährt naus wia dr Blitz. Ond JAHWE, dr Herr stoßt ens Horn ond fährt drher wia dr Sturm aus am Süda. [15]JAHWE Zebaot wird en Schutz biata. Ond se tretat d Stoeschleuderer zsema. Ond se trenkat, se machat Krach wia beim Wae, ond se send vol wia d Opferschala, wia d Ecka vom Altar. [16]Ond JAHWE, ihr Gott (Eloheyhem) rettat an dem Dag sae Volk wian a Schåfherde, wia d Edelstoe an dr Kron glänzat dia auf saem Boda. [17]Was ischd sae Bests ond sae Schönsts? Jonge Männer lässt r gedeiha wia s Korn ond jonge Mädla wia da Wae.

Zom Vrgleicha: *Vers 9:* Zef 3,14; Mt 21,5 • *Vers 10:* Ps 72,8 • *Vers 11:* Jer 38,6.

Gott håt Erbarma nach am Gericht: 10 1 – 11 3

10 Bittat JAHWE om Rega en dr Zeit vom Ernterega! JAHWE macht Gwitterwolka ond geit Regagüss

drzua ond lässt s Greazeug spriaßa auf
am Feld.
2D Götza hent nämlich Lugena vrzählt,
ond d Wahrsager send Trugbilder
aufgsessa, eitle Traem hent se vrkündigt
ond an leera Trost gspendat. Drom hent
se aufbrecha müaßa wian a Schåfherde
ond leida, weil se koen Hirta ghet hent.
3Auf d Hirta han e an Zôrn kriagt, ond
d Lôethammel will e stråfa. JAHWE
Zebaot guckt nämlich nach saener Herde,
am Haus Juda, ond richtat se wieder
auf, ond macht se wian a Schlachtross,
des mô em Kampf zaegt, was en am
steckt. 4Aus dem (Juda) kommt a Zinne,
aus dem kommt a Zeltpfosta, aus dem
kommat Kriagsboga, aus dem kommat
älle Åführer. 5Ond des werat Helda,
mô en dr Schlacht ällas en da Dreck
stampfat en de Gassa, ond dia kämpfat,
weil JAHWE mit en ischd; ond d Reiter
gangat mitsamt ihre Rösser zgrond. 6S
Haus Juda will e stark macha ond s Haus
Josef befreia. I führ se zrück, weil e me
über se vrbarm. Nå send se wieder, wia
wann e se et vrstoßa hätt. I, JAHWE,
ben nämlich ihr Gott (Eloheyhem) ond
will en emmer Antwort geba. 7Efraim
soll sae wian a Held, ond se sollat sich
fraea wia beim Wae. Ond ihre Kender
sollat s scha ond sich fraea, ihr Herz soll
jubla über da Herrgott (JAHWE). 8I will
en pfeifa ond se sammla, i han se nämlich
ausglöst ond se sollat wieder so viel wera
wia se früher gwea send. 9I han se onter
d Völker gsät, dass se en dr Ferne an me
denkat ond mit ihre Kender auflebat
ond wieder hoem kommat. 10Ond i
breng se zrück aus am Land Ägypten,
ond von Assur sammle se wieder ae.
Nå breng e se ens Land Gilead ond auf
da Libanon, dass et gnuag Platz für se
då ischd. 11Ond wann se en ihrer Naot
durch s Meer gangat, schlägt ER d Wella
em Meer, dass s austricknat ond d Tiafe
vom Strom (Nil). Då wird dr Hochmuat
von Assur gstürzt, ond s Zepter von
Ägypten vrschwendat. 12Ond i stärk se
en JAHWE, en saem Nåma sollat se
ganga – Spruch von JAHWE!

11 Mach daene Tôr auf, Libanon! S
Feuer soll daene Zedern fressa!
2Heulat no, Zypressa! D Zeder ischd
nämlich gfalla, de Prächtige send
vrwüastat! Heulat, ihr Öecha vom
Baschan! Der odurchdrengliche Wald
ischd nämlich omgfalla. 3Horch, wia d
Hirta klagat, weil ihr prächtiga Wôed
hegmacht wôra ischd. Horch! Wia d
Löwa brüllat, weil dr Stolz vom Jordan
(s Strauchwerk) he ischd.

Zom Vrgleicha: *Kap. 10 Vers 2:* Mt 9,36 • *Vers 11:* Ex 14; Jes 11,15; 51,10 • *Vers 12:* Gen 5,24; 6,9; 17,1 • *Kap. 11 Vers 2:* Jes 2,11-13.

S Drohwort gega de schlechte Herrscher: 11 4-17

4So spricht JAHWE, mae Gott (Elohay):
Wôede d Herde mit de Schlachtschåf,
5dia mô ihre Kaefer metzgat, aber s et
büaßa müaßat. Ond ihre Vrkaefer sagat:
Lobpreis sei JAHWE! i ben reich wôra!
Ond ihre Hirta hent koe Erbarma mit en.
6I will me nämlich nemme vrbarma über
d Erdabewohner – Spruch von JAHWE.
Ond guck, i liefere jedan Menscha an
saen Nächsta aus ond an d Gwalt von
saem König, ond dia haoat s Land
zsema ond i rette se et aus ihrer Gwalt.
7I han d Herde von de Schlachtschåf
ghüatat, also de elendeste von dr Herde
ond i han zwôe Stecka gnomma, zom
oena han e „Fraendlichkaet“ gsaed ond
zom andera „Vrbendong“ ond han dia
Schåf ghüatat. 8Aber dia drei Hirta han
e en oem Monat vrschwenda lassa. Dia
send mr nämlich auf d Nerva ganga,
ond dia send ao auf mi narrat gwea.
9Nå han e zo nen gsaed: I han koe Lust,
euch zom hüata! Was sterba will, soll
sterba, ond was vrschlupfa will, soll
vrschlupfa; ond dr Rest soll s Flôesch

von saem Nåchber fressa! [10]Nå han e
maen Stecka „Fraendlichkaet“ gnomma
ond an ausanander brocha, zom maen
Bund auflösa, den môn e mit älle Völker
gschlossa han. [11]An dem Dag ischd r
aufglöst wôra. Nå hent dia Schåfhändler,
mô me beobachtat hent kapiert, dass des
a Wort von JAHWE gwea ischd. [12]Ond i
han zo nen gsaed: Wann s recht ischd en
eure Aoga, nå gebat mr maen Loh, ond
wann et, nå lassat s bleiba! Nå hent se mr
maen Loh geba, dreißg Silberleng. [13]Nå
håt dr Herrgott (JAHWE) zo mr gsaed:
Schmeiß an am Häfner nô, des ischd
jå ganz schö viel, was i dene wert ben!
Nå han e dia dreißg Silberleng gnomma
ond han se em Herrgott (JAHWE) saem
Haus am Häfner nôgschmissa. [14]Nå han
e ao maen zwôeta Stecka „Vrbendong“
ausanander brocha, zom d Bruaderschaft
zwischa Juda ond Israel ausanander
brecha. [15]Nå håt JAHWE zo mr gsaed:
Nemm nômål a Gerät vo'ma nexnutzigа
Hirta! [16]I laß nämlich an Hirta em
Land aufstanda, der suacht dia et, mô
vrschlupft send, s Jonge ond Brochene
hôelt r et, ond s Gsonde vrsôrgt der et.
Aber s Flôesch von de Gmästate ißt r
ond reißt ihre Klaoa raus. [17]Gnad maem
nexnutziga Hirta, der mô d Herde em
Stich lässt. S Schwert soll über saen Arm
komma ond auf sae rechts Aog. Sae Arm
soll ganz vrdôrra ond sae rechts Aog
soll blend wera.

Zom Vrgleicha: *Vers 4-17:* Ez 34 • *Vers 13:* Mt 27,9f.

Jerusalem en Bedrängnis ond d Rettong: 12 1 – 13 1

12 Lastspruch: S Wort von JAHWE
über Israel: So spricht JAHWE,
der mô d Hemmel ausspannt ond d
Erde gründat ond da Gaest em Ennera
vom Menscha gformt håt: [2]Guck, i
mach aus Jerusalem an Taomelkelch
für älle Völker rengsrom; des gilt ao für
Juda bei dr Belagerong von Jerusalem.
[3]An dem Dag mach i aus Jerusalem
an Laststoe für älle Völker; ond älle,
mô den auflada wöllat, sollat sich drå
vrlupfa. Ond älle Völker dent sich gega
Jerusalem zsema. [4]An dem Dag – Spruch
von JAHWE – breng i älle Rösser von
de Völker durchanander ond mach ihre
Reiter ganz irr. Aber über s Haus Juda
halt i maene Aoga offa, ond schlag älle
Rösser von de Völker mit Blendhaet.
[5]Nå sagat d Fürsta von Juda en ihre
Herza: A Stärkong send mr d Aewohner
von Jerusalem durch JAHWE Zebaot,
ihran Gott (Eloheyhem). [6]An dem
Dag mach i d Åführer von Juda wian a
Feuerbecka onter Holzbeiga, ond wian
a Fackel en de Garba. Ond dia fressat
rechts ond lenks älle Völker rengsrom,
ond Jerusalem bleibt ao en Zuakonft an
saem Platz, nämlich en Jerusalem. [7]Aber
JAHWE rettat d Zelt von Juda zersta,
dass s Haus David ond d Aewohner
von Jerusalem et so arg ågeba könnat
geganüber Juda. [8]An dem Dag will dr
Herrgott (JAHWE) saen Schild über
d Aewohner von Jerusalem heba, ond
der, mô strauchlat onter en an dem
Dag, ischd wia dr David; ond s Haus
David wia Gott (Elohim), wia a Bote
vom Herrgott (JAHWE) vôr en her.
[9]An dem Dag fang i å ond vrnichte
älle Völker, mô gega Jerusalem årücka
wöllat. [10]Ond über s Haus David ond
über d Aewohner von Jerusalem giaß i
maen Gaest dr Gnade ond vom Gebet
aus. **Ond se werat auf den gucka, mô
se durchbôhrt hent**. Ond se werat om
an klaga, wia mr oms oezige Kend klagt
ond bitterlich om an heula, wia mr om da
Erstgeborena bitterlich heult. [11]An dem
Dag wird d Trauer en Jerusalem graoß
sae wia bei dr Trauer om da Hadad-
Rimmon en dr Ebene von Megiddo.
[12]Ond s ganze Land wird klaga,
jeda Sippschaft bsonders für sich. D

Sippschaft vom Haus David für sich ond
ihre Fraoa bsonders. Ond d Sippschaft
vom Haus Natan für sich ond ihre Fraoa
bsonders. [13]D Sippschaft vom Haus Levi
für sich ond ihre Fraoa bsonders. D
Sippschaft vom Schimi für sich ond ihre
Fraoa bsonders. [14]Ond älle Sippschafta,
mô übrig blieba send, jeda Sippschaft
für sich ond ihre Fraoa bsonders.

13 An dem Dag gôht für s Haus
David ond für d Aewohner von
Jerusalem a Quell auf zor Raenigong
von ihre Sünda ond ihrer Oraenhaet.

Zom Vrgleicha: *Kap 12 Vers 2:* Jes 51,17-23; Jer 25,15-26 • *Vers 3:* 14,2 • *Vers 4:* Dtn 28,28 • *Vers 6:* Obd 18 • *Vers 10:* Ez 36,25-27; Joel 3,1; Joh 19,37; Offbg 1,7 • *Vers 11:* 2Kö 5,18.

D Vrnichtong von de Götza ond de falsche Profeta: 13 2-6

[2]Ond an dem Dag – Spruch von JAHWE
Zebaot – då radier i d Nåma von de
Götza en dem Land aus, dass an dia
koener maeh denkt. Ao d Profeta ond
da oraena Gôest schaff i weg aus dem
Land. [3]Ond wann nå no oener weissaga
duat, nå muaß sae Vadr ond sae Muader,
saene Eltern zon am saga: Du därfst et
am Leba bleiba, weil da em Nåma vom
Herrgott (JAHWE) Lugena vrbrôetat
häsch. Ond sae Vadr ond sae Muader,
saene Eltern müaßat an aufspiaßa für
sae Weissaga. [4]An dem Dag müaßat sich
d Profeta schäma für ihre Visiona ond
Profezeionga, mô se vrkündigt hent,
ond se ziagat ihran Prachtmantel nemme
å zom d Leut ålüaga. [5]Nå saed a jeder: I
ben koe Profet, i ben a oefacher Bauer,
für da Ackerbau håt mr mi kaoft von
maener Jugend å. [6]Ond wa'mr an frågt:
Mô kommat nå dia Narba auf daener
Brust her? Nå saed r: Weil mr me em
Haus von maener Fraendin vrhaoa håt.

Zom Vrgleicha: *Vers 2:* Mi 5,12; Jer 14,15 • *Vers 3:* Dtn 13,6 • *Vers 5:* Am 7,14.

D Läuterong vom haeliga Rest: 13 7-9

[7]Schwert, wach auf gega maen Hirta
ond gega den Må, maen Volksgenossa –
Spruch von JAHWE Zebaot. Schlag den
Hirta, dass d Schâf ausanander laofat!
Nå richte i mae Håd gega de Kloene.
[8]Em ganza Land – Spruch von JAHWE
– werat zwôe Drittel ausgrottat, dia
kommat om, ond oe Drittel drvo wird
übrig glassa. [9]Ond des Drittel laß i
durch s Feuer ganga ond i läutere se so,
wia mr Silber läuterat ond prüaf se so,
wia mr Gold prüaft. Dia sollat maen
Nåma åruafa ond i will en Anwort geba
ond en saga: Des ischd mae Volk! Ond s
Volk soll saga: JAHWE ischd mae Gott
(Elohay).

Zom Vrgleicha: *Vers 7:* Mt 26,31 • *Vers 9:* Ps 91,15.

Dr jüngste Dag: 14 1-21

14 Guck, s kommt a Dag für da
Herrgott (JAHWE), då wird dae
Beute vrtôelt en daener Mitte. [2]Ond i
vrsammle älle Völker zom Kampf gega
Jerusalem; ond d Stadt wird aegnomma
ond d Häuser werat plünderat ond d
Fraoa werat vrgewaltigt. Ond d Hälfte
von dr Stadt muaß naus en d Vrbannong,
aber dr Rest vom Volk en dr Stadt wird
et ausgrottat. [3]Aber nå gôht dr Herrgott
(JAHWE) en da Kampf gega dia Völker,
wia am Dag von dr Schlacht.
[4]Saene Füaß standat auf am Ölberg,
der mô östlich von Jerusalem leit; nå
spaltat sich dr Ölberg en dr Mitte
von Osta her nach Westa ond a tiafa
Schlucht entstôht. De oe Hälfte vom
Berg schiabt sich nach Norda zua ond
de ander Hälfte nach Suda zua. [5]Ond
ihr flüchtat ens Tal von maene Berg; des
Tal zwischa de Berg gôht jå bis Azal.
Ond ihr flüchtat so, wian r gflüchtat
send vôr dem Erdbeba en dr Zeit vom
Usija, am König von Juda. Ond nå
kommt JAHWE, mae Gott (Elohay)

ond älle Haelige mit am. 6An dem Dag wird s et hell, bloß Kält ond Frost. 7Nå geits bloß oen oenziga Dag – den kennt bloß JAHWE – et Dag ond et Nacht, då ischd s no am Åbad hell. 8An dem Dag fliaßt a lebendigs Wasser von Jerusalem raus, oe Hälfte fliaßt ens östliche Meer, ond de ander Hälfte fliaßt ens westliche Meer; des fliaßt em Sommer ond em Wenter. 9Nå wird JAHWE König sae über de ganz Erde; an dem Dag ischd JAHWE dr oezige ond sae Nåma ischd dr oezige. 10Ond s ganze Land von Geba bis nach Rimmon em Süda von Jerusalem vrwandlat sich en a Ebene. Aber Jerusalem ragt haoch auf ond bleibt an saenem Platz vom Benjamintôr bis ans erste Ecktôr ond vom Turm vom Hananel bis zo de Königskeltera. 11Ond se wohnat dren. S geit koen Bann maeh, mr kå en Jerusalem sicher leba.

12Ond des ischd dr Schlag, mit dem dr Herrgott (JAHWE) älle dia Völker stråfa will, mô sich gega Jerusalem zsemadao hent: Dia vrfaulat am Leib, während se no auf de Füaß standat, ond ihre Aoga lösat sich en de Aogahöhla auf, ond d Zong vrfault en em Maul. 13An dem Dag gôht a graoßa Vrwirrong vom Herrgott (JAHWE) onter en aus, dass a jeder d Håd von saem Kamerada packt ond oener sae Håd gega da andera nausstreckt. 14Ond ao Juda kämpft en Jerusalem, ond s ganze Vrmöga von de Völker rengsrom wird zsemagrafft: Gold ond Silber ond Gwänder an ganza Haufa. 15Gradso gôht der Schlag ao gega d Rösser, d Maultier, d Kamel, d Esel ond s ganze Vieh en dene Heerlager. 16Ond älle, mô übrig blieba send von dene Völker, mô gega Jerusalem zoga send, dia kommat Jåhr om Jåhr zom da König JAHWE Zebaot åbeta ond zom s Laobhüttafest feiera. 17Aber über dene, mô et raufkomma wöllat von de Volksstämm auf dr Erde nach Jerusalem, zom da König JAHWE Zebaot åbeta, wird s ao nemme regna. 18Ond wann s Volk von Ägypten et raufkommt ond herkommt, kommt ao über dia der Schlag, mit dem, mô dr Herrgott (JAHWE) dia Völker stråft, mô et s Laobhüttafest feiera wöllat. 19Des ischd nå d Stråf für Ägypten ond d Stråf für älle Völker, mô et naufgangat, zom s Laobhüttafest feiera.

20An dem Dag stôht auf de Schella von de Rösser: „Gweiht für JAHWE“, ond nå braucht mr d Kochhäfa em Herrgott (JAHWE) saem Haus wia dia Becka vôr am Altar. 21Ond jeder Kochhafa en Jerusalem ond en Juda ischd gweiht für JAHWE Zebaot. Ond älle, mô zom opfera kommat, nemmat se ond kochat dren. Ond von dem Dag å geit s em Haus von JAHWE Zebaot koen Händler maeh.

Zom Vrgleicha: *Vers 2:* 12,3; Lk 19,43; Offbg 19,19 • *Vers 3:* Jes 42,13; • *Vers 5:* Am 1,1 • *Vers 7:* Mk 13,32; • *Vers 8:* 13,1; Ez 47,1-8; Joel 4,18 • *Vers 9:* Offbg 11,15 • *Vers 10:* Jes 2,2; Jer 31,38 • *Vers 11:* Jer 33,16; Offbg 22,3 • *Vers 16:* Jes 66,23.

Maleachi

1 Ausspruch von JAHWE an Israel
durch da Maleachi.

S GERICHT ÜBER EDOM OND S HAEL FÜR ISRAEL: 1 2-5

2I måg euch, saed JAHWE, ond ihr
sagat: Wia mågat d ons? Ischd vielleicht
dr Esau et am Jakob sae Bruader? spricht
JAHWE, aber i han da Jakob möga 3ond
da Esau han e ghaßt. Drom han e saene
Berg kahl gmacht ond sae Erbtôel zor
Wüste für d Schakal.
4Wann Edom moent: Onser Land ischd
zwår vrwüastat wôra, aber mir bauat
dia Trümmer wieder auf! So spricht
JAHWE Zebaot: Wann se bauat, nå
reiß i s wieder a! Ond mr hôeßt se
»Frevelsland« ond »Volk, dem mô
JAHWE auf ewig zürnt«.
5Ihr werat s mit aegene Aoga seha ond r
werat saga: Graoß ischd JAHWE, weit
über d Grenza von Israel naus!

Zom Vrgleicha: *Vers 2:* Dtn 4,37; 7,7f; Hos 11,1 • *Vers 2-3:* Gen 25,23; Rö 9,13.

D ECHTA VREHRONG VOM HERRGOTT: 1 6-14

6A Sohn ehrt saen Vadr ond a Diener sae
Herrschaft. Wann i Vadr ben, mô bleibt
nå mae Ehr, ond wann e Herr ben, mô
ischd nå d Ehrfurcht, mô mr zuastôht,
spricht JAHWE Zebaot zo euch, ihr
Priaster ond Vrächter von maem Nåma.
Ond ihr frågat no: mit was vrachtat mir
denn daen Nåma?
7Ihr brengat auf maem Altar oraene
Speisa dar ond frågat no: mit was he'mr
se denn vroraenigt? Weil r sagat: Am
Herrgott (JAHWE) sae Tisch ischd et
so wichtig.
8Ond wann r a blends Tier als Opfer
darbrengat, ischd des vielleicht et
schlemm? ond wann r låhme ond
kranke Viecher opferat, ischd des
wirklich et schlemm? Biate des doch
amål daem Statthalter å, ob dr der guat
gsonna ischd ond de beförderat, spricht
JAHWE Zebaot.
9Probierat s doch, ob r Gott (El) gnädig
stemma könnat. Von euch ischd des
ausganga, kå r då oem von euch gnädig
gsonna sae? Spricht JAHWE Zebaot.
10Wann doch bloß oener von euch d
Tempeltüra zuaschliaßa dät, dass ihr
nemme omasoscht auf maem Altar
Feuer åmacha dätat. Ihr gfallat mr gar
et, spricht JAHWE Zebaot, ond a Opfer
will e ao koes von euch.
11Weil vom Sonnaaufgang bis zo ihram
Ontergang ischd mae Nåma graoß bei
de Völker, ond überall werat maem
Nåma Raecheropfer ond raene Opfer
darbråcht. Weil mae Nåma ischd graoß
bei de Völker, spricht JAHWE Zebaot.
12Aber ihr entweihat an, weil r sagat:
Am Herra sae Tisch ischd vrsaut, ond
saene Speisa send zom vrachta.
13Ihr sagat: des isch jå arg müahselig!
Ond vrachtat an, spricht JAHWE
Zebaot, ond brengat zsemagstohles,
låhms ond kranks Zeugs drher als Opfer.
Soll i des vielleicht von euch ånemma?
spricht JAHWE.
14Vrfluacht ischd der, mô schommlat
ond en saener Herde an Bock als Opfer

ausglobt håt ond nå saem Herra an Krüppel drherbrengt. I ben nämlich a graoßer König, spricht JAHWE Zebaot, mae Nåma ischd gfürchtat onter de Völker.

Zom Vrgleicha: *Vers 6:* Ex 20,12; Dtn 5,16; 32,6 • *Vers 8:* Lev 22,18-22 • *Vers 10:* Jer 6,20; Am 5,21.

DROHWORT GEGA D PRIASTER: 2 1-9

2 Ond jetzt, ihr Priaster, gilt euch des Wort:
2Wann r et horchat ond s euch z Herza nemmat, maem Nåma d Ehr zom geba, spricht JAHWE Zebaot, nå schick e an Fluach gega euch, ond mach eure Segnonga zo Fluach, ond zwår vrfluach e se deshalb, weil ihr euch nex z Herza nemmat.
3Guckat, i droh eurer Saat ond strae euch Mist ens Gsicht, da Mist von eure Festopfertier, ond euch traet mr drzua nô.
4Nå werat r kapiera, dass i euch des Gebot gschickt han, dass mae Bund mit Levi bleibt, spricht JAHWE Zebaot.
5Mae Bund mit am (Levi) ischd für den s Leba ond s Hael, des han e am geba, ond i han am Ehrfurcht geba, ond der håt a Ehrfurcht vôr mr ghet ond vôr maem Nåma a (haeliga) Scheu.
6Ehrlich send saene Weisonga gwea ond koe Falsch ischd am von de Lippa komma. Em Frieda ond aufrichtig ischd der mit mr ganga ond håt viele vo ma vrbrecherischa Weg wegbråcht.
7Am Priaster saene Lippa sollat sich an d Erkenntnis halta, von dem erwartat mr klare Weisonga, weil r Bot ischd von JAHWE Zebaot.
8Aber ihr send vom (grada) Weg abgwicha ond hent viele ens Strauchla bråcht mit eure Weisonga, ond hent da Bund mit de Levita vrdôrba, spricht JAHWE Zebaot.
9Drom mach e euch vôr am ganza Volk vrächtlich ond nieder, weil ihr gar koene (Priaster) send, mô sich an maene Weisonga haltat ond weil r parteiisch send.

Zom Vrgleicha: *Vers 2:* Dtn 28,15 • *Vers 6:* Dtn 21,5 • *Vers 7:* Hos 4,1-6 • *Vers 8:* Mt 23,13-15.

GEGA MISCHEHA OND SCHAEDONG: 2 10-16

10Hent mir vielleicht et älle oen Vadr? Håt ons et oe Gott gschaffa? Wårom könnat nå mir et gegaseitig treu sae ond gebat so da Bund von onsere Vädr preis?
11Juda håt d Treue brocha ond en Israel ond en Jerusalem passierat greuliche Sacha, Juda håt nämlich s Haeligtom von JAHWE entweiht, endem r d Tochter vo'ma fremda Gott (El) gheirat håt.
12Den Må, der mô des duat, läßt JAHWE ausrotta aus de Zelt vom Jakob, ob des oener ischd, mô Wach hält ond aufpaßt, oder oener mô no JAHWE Zebaot Opfergaba darbrengt.
13Ond zwôetens deckat r da Altar von JAHWE zua mit Träna, Geheul ond Geklage, weil r sich für eure Opfergaba gar nemme entressiert.
14Ond ihr frâgat no: wårom? Weil ER JAHWE Zeuge gwea ischd zwischa dir ond dera Frao, mô da en daener Jugend gheirat håsch ond dera mô du d Treue brocha håsch, obwohl se dae Frao ond

Lebensgefährtin ischd, mit dera mô du
an Bund für s Leba gschlossa håsch.
[15]Ond håt r se et als Aenhaet gschaffa,
als oen Leib, en dem oe Gaest wohnt?
Zo was wär nă dui Aenhaet? Doch zom
neus Leba hervôrbrenga. Drom hüat
daen Gaest, dass da dera Frao, mô da en
daener Jugend gheiratat hăsch, et otreu
wirst.
[16]I haß des nämlich, wa'mr sae Frao
entläßt, spricht JAHWE, dr Gott (Eloy)
von Israel, der, mô des duat, spricht
JAHWE Zebaot, der macht sae Gwand
dreckat mit Frevel. Drom hüatat euch
en euram Gaest, dass r et treulos werat.
Zom Vrgleicha: *Vers 10:* Eph 4,4-6 • *Vers 15:* Gen 2,24; Mt 5,31f; Eph 5, 24-32.

GOTT ERSCHAENT ZOM GERICHT: 2 17 – 3 12

[17]Ihr machat am Herrgott (JAHWE) viel
Omständ mit euram Gschwätz, ond ihr
frågat no: Mit was machat mr am denn
Omständ? Dådrmit, dass r sagat: a jeder,
mô baes ischd, ischd en de Aoga vom
Herrgott guat ond der gfällt am. Oder:
Mô bleibt denn euer Gott (Eloy) mit
saem Gericht?
3 Guckat, i schick euch maen Bota,
ond der soll da Weg vôr mr bahna.
Nå kommt der Herr, den mô ihr
suachat ganz plötzlich en saen Tempel,
ond der Bundesbote, den mô ihr euch
herwünschat, guckat, der kommt!
Spricht JAHWE Zebaot.
[2]Aber wer hält den Dag aus, an dem
môn r kommt, ond wer kå standhalta,
wann ER erschaent? Der ischd nämlich
wia s Feuer em Schmelzofa ond wia d
Laoge vom Walker.
[3]Ond r sitzt nå als Schmelzer ond
Raeniger von Silber, ond r raeniget
am Levi saene Söh ond läuterat se wia
Gold ond Silber, dass se am Herrgott
(JAHWE) Opfer darbrenga könnat en
wahrhaftiger Gerechtigkaet.
[4]Nå send am Herrgott (JAHWE) d
Opfergaba von Juda ond Jerusalem
wieder ågnehm, wia en de Däg von dr
Vôrzeit ond en frühere Zeita.
[5]I komm zon'ich zom Gericht ond
nå ben i gern Zeuge gega d Zaoberer
ond d Ehebrecher ond gega dia, mô
falsch schwörat, gega dia, mô de
Daglöhner ihran Loh druckat ond d
Witwa ond Wôesa ausnutzat, gega dia,
mô de Fremde nadruckat ond vôr mir
koe Ehrfurcht hent, spricht JAHWE
Zebaot.
[6]I, JAHWE, han me et gänderat, ond Ihr
Jakobssöh hent nia aufghert:
[7]Seit dr Zeit von eure Vädr send r von
maene Satzonga abgwicha ond hent
euch nia drå ghalta. Kehrat om zom mr,
nå wende i me euch wieder zua, spricht
JAHWE Zebaot. Aber ihr sagat: Von
was sollat mr ons denn bekehra?
[8]Därf vielleicht a Mensch Gott (Elohim)
henterganga, so wia ihr mi hentergangat?
Ond ihr frågat no: Mit was hent mir di
henterganga? – Am Zehnta ond an de
Hebegaba.
[9]Drom send r ao am Fluach vrfalla, ond
oenaweg hentergangat r me, ihr, s ganze
Volk.
[10]Brengat da ganza Zehnta en s Kornhaus,
dass gnuag Nahrong då ischd en maem
Haus. Stellat me nå auf d Prob drmit,
spricht JAHWE Zebaot, ob i für euch
et d Fenster am Hemmel auf mach ond
da Sega über euch ausgiaß, mach als wia
ihr brauchat.
[11]Ond i wehr für euch da Fresser
(Haeschrecka) ab, dass r euch nemme d
Frucht vom Acker he macht, ond dass dr
Waestock auf euram Feld et ofruchtbar
bleibt, spricht JAHWE Zebaot.
[12]Nå werat euch älle Völker glücklich

preisa, weil ihr e'ma guata Land send, spricht JAHWE Zebaot.

Zom Vrgleicha: *Vers 1:* Mt 11,10 • *Vers 2:* Joël 2,11; Am 5,18; Zef 1,4 • *Vers 3:* Jer 6,69 • *Vers 5:* Lev 19,13 • *Vers 6:* Num 23,19 • *Vers 7:* Sach 1,3 • *Vers 9:* Dtn 28,15 • *Vers 10:* Lev 27,30-33; Num 18,21-33; Dtn 14,22-29; 28,8.12 • *Vers 12:* Jes 61,9.

DR DAG DR GÖTTLICHA GERECHTIGKAET: 3 13-22

13 Ihr hent a recht frechs Maul gega me, spricht JAHWE, ond nå sagat r no: Was sollat mir gega di gsaed han?
14 Ihr sagat: S ischd omasoscht, dass mr Gott (Elohim) dient! Was håt mr drvo, wa'mr saene Åweisonga beachtat ond trüabselig vôr JAHWE Zebaot rom laoft?
15 Då lobat mr doch liaber de Frevelhafte: dene gôht s bestens ond se stellat Gott (Elohim) mit ihrer Liadrigkaet auf d Prob ond kommat sogar drmit durch.
16 Über des hent dia mitanander gschwätzt, mô a Ehrfurcht hent vôr JAHWE. Ond JAHWE håt då drauf g'achtat. Ond mr håt a Buach gschrieba zom Ådenka an älle, mô a Ehrfurcht vôr JAHWE hent ond saen Nåma achtat.
17 Dia werat mae bsonders Aegatom an dem Dag, mô i aegreif, spricht JAHWE Zebaot. Ond i werd mild mit en omganga, wia oener mit saem Soh mild omgoht, der mô am d Ehr geit.
18 Nå seahnat r da Onterschied zwischa ma Gerechta ond ama Frevler, zwischa oem, mô Gott (Elohim) vrehrt ond oem, der mô am et deant.
19 Weil guckat, s kommt dr Dag, der brennt wian a Ofa, ond älle, mô so frech send ond d Frevler send Straoh. Ond der Dag, mô kommt, zündat dia å, spricht JAHWE Zebaot, - dass von dene koe Wurzel oder a Zweigle übrig bleibt.
20 Aber für dia, mô a Ehrfurcht hent vôr maem Nåma, gôht d Sonne dr Gerechtigkaet auf ond d Haelong birgt sich onter ihre Flügel. Ond ihr gangat aus am Stall naus ond hopfat (vor Fraed) wia d Kälbla omanander.
21 Ond an dem Dag, mô i aegreif, trappat ihr d Frevler zsema, dass se zo Staob werat onter eure Fuaßsohla, spricht JAHWE Zebaot.
22 Denkat an d Weisong von maem Knecht Mose, dem han i am Horeb d Satzong ond d Rechtsvôrschrifta für ganz Israel geba.

Zom Vrgleicha: *Vers 14:* Ijob 21,14f; Jes 58,3 • *Vers 16:* Ex 32,32; Ps 69,29; Jes 4,3; Dan 7,10; 12,1 • *Vers 17:* Ps 103,13 • *Vers 20:* Lk 1,78; Joh 8,12.

DR VÔRBERAETER FÜR DA WEG: 3 23-24

23 Guckat, i schick euch da Profeta Elija, bevôr dr graoße ond furchtbare Dag von JAHWE kommt.
24 Ond der kehrt s Herz von de Vädr zo de Söh, ond s Herz von de Söh zo ihre Vädr, dass i et komma muaß, zom s Land mit am Bann schlaga.

Zom Vrgleicha: *Vers 24:* Sir 48,10f; Mak 9,11-13; Lk 1,117.

S Neue Testament

S Matthäus-Evangeliom

D VÖRGESCHICHTE: 1 1 - 2 23

Am Jesus sae Åhnatafel: 1 1-17

1 Dr Herr Jesus Christus stammt vom
König David ab ond der vom
Abraham. 2Dr Abraham ischd am Isaak
sae Vadr gwea, dr Isaak am Jakob saener
ond dr Jakob dr Vadr vom Juda ond
saene Brüader. 3Dr Juda håt zwôe Söh
ghet, da Perez ond da Serach, dene ihr
Muader håt Tamar ghôeßa. Dr Perez
ischd am Hezron sae Vadr gwea ond
der dr Vadr vom Ram. 4Am Ram sae
Soh ischd dr Amminadab gwea ond der
ischd dr Vadr vom Nachschon ond der
dr Vadr vom Salmon. 5Dr Salmon ischd
dr Vadr vom Boas gwea, ond dem sae
Muader håt Rahab ghôeßa. Dr Boas ond
d Rut send am Obed saene Eltern gwea
ond dr Obed am Isai sae Vadr, 6ond dem
sae Soh ischd dr König David gwea. Dr
Soh vom David, den môn r mit am Urija
saem Weib ghet håt, ischd dr Salomo
gwea. 7Dr Salomo ischd am Rehabeam sae Vadr
gwea, dem sae Soh håt Abija ghôeßa. 8Dr Soh
vom Abija ischd dr Asa, dem sae Soh
dr Joschafat, dem sae Soh dr Joram,
dem sae Soh dr Usija, 9dem sae Soh dr
Jotam, dem sae Soh dr Ahas ond dem
sae Soh dr Hiskija. 10Dr Hiskija ischd
dr Vadr vom Manasse ond der dr Vadr
vom Amon gwea, der ischd am Joschija
sae Vadr, ond 11dr Joschija ischd dr Vadr
vom Jojachin ond saene Brüader gwea.
Des ischd selligsmål gwea, mô se d Juda
nach Babylonien vrschlôeft hent. 12Nach
dr Babylonischa Gfangaschaft håt dr
Jojachin da Schealtiël kriagt, 13der ischd
dr Vadr vom Serubbabel gwea ond der
dr Vadr vom Abihud, der dr Vadr vom
Eljakim ond der dr Vadr vom Azor. 14Der
ischd am Zadok sae Vadr gwea, der dr
Vadr vom Achim ond der dr Vadr vom
Eliud. 15Der ischd am Eleasar sae Vadr
gwea ond der am Mattan saener ond der
wieder am Jakob sae Vadr. 16Am Jakob
sae Soh ischd dr Josef gwea, der mô dr
Maria ihr Må gwea ischd, dr Muader
vom Jesus, der mô Christus hôeßt.17Des
send emmer vierzeah Gschlechter vom
Abraham bis zom David, ond bis zur
babylonischa Gfangaschaft ond bis zom
Christus.

Zom Vrgleicha: *Vers 1-17:* Lk 3,23-38 • *Vers 2:* Gen 21,2f; 25,26; 29,32-30,24 • *Vers 3:* Gen 38,29f. • *Vers 3-6:* Rut 4,18-22 • *Vers 6:* 2 Sa 12,24 • *Vers 7-12:* 1 Chr 3,10-19 • *Vers 16:* Lk 1,27.

Jesus wird gebora: 1 18-25

18Mit am Jesus saera Geburt ischd s so
zuaganga: Sae Muader, d Maria ischd
mit am Josef vrlobt gwea. Aber no
bevôr se mitanander gschlåfa hent, håt
sich rausgstellt, dass d Maria en andere
Omständ gwea ischd, ond zwår durch
da Haeliga Gaest. 19Dr Josef ischd a
frommer Må gwea ond håt koe Schand
über se brenga wölla, wann r se åklagt
het. Nå håt r se wölla hehlenga vrlassa.
20Aber grad no, eh s z spät gwea ischd,
håt s am draemt, a Engel von Gott sei
zon am komma ond hätt gsaed: Josef,
du bischd a Nåchkömmling vom König
David, laß dae Maria et em Stich, nemm

Der Nachdruck des Neuen Testaments erfolgt mit freundlicher Genehmigung des Silberburg-Verlags, Tübingen se zo dr als dae Weib. Des Kendle, mô se kriagt, des håt dr Herrgott selber zeugt durch saen Gaest. [21]Se kriagt an Soh, den hoeßat r Jesus. Der macht amål sae ganzs Volk frei von saener Schuld! [22]Des ischd passiert, dass tatsächlich ao gschieht, was Gott durch da Profeta vorausgsaed håt: [23]*A oschuldigs Mädle kommt en andere Omstend ond kriagt an Soh, ond Immanuel hôeßt mr n!* Des hôeßt auf deutsch: *Gott stôht ons bei!* [24]Mô nå dr Josef aufgwacht ischd, håt r des dao, was der Engel zon am gsaed håt, ond håt d Maria als Weib zo sich gnomma. [25]Ond r håt et mit ra gschlåfa, bis der Bua då gwea ischd; den håt r Jesus ghôeßa.

Zom Vrgleicha: *Vers 18-20:* Lk 1,35 • *Vers* 21: Lk 1,31; 2,21 • *Vers 23:* Jes 7,14 G.

D Sterngucker: 1 1-12

2 Selligsmål ischd dr Herodes König gwea en Judäa, mô dr Jesus en Betlehem gebora ischd. Bald drauf send Sterngucker nach Jerusalem komma, dia send aus am Môrgaland gwea [2]ond hent gfrågt: Mô ischd der neugeborene König von de Juda? Mir hent vom Môrgaland aus saen Stern aufganga seha, ond jetzt wöllat mr am onser Aufwartong macha! [3]Mô des dr König Herodes ghört håt, ischd r en d Seel nae vrschrocka ond mit ehm ganz Jerusalem. [4]Nå håt r älle Priaster ond Gstudierte komma lassa ond dia gfrågt, ob sia wisse, mô dr Messias auf d Welt komma dät. [5]Dia hent des gwißt ond gsaed: En Betlehem en Judäa. Weil, so stôhts gschrieba beim Profeta: [6]*Du Betlehem em Land Juda! Du bist auf koen Fall de kloenst von dene Fürstastädt, weil nämlich von dir a Herrscher rauskommt, der mô amål mae Volk führt!* [7]Nå håt dr Herodes dia Sterngucker hentarom ausgfrågt, wann se denn den Stern s erst Mål gseha häbat, [8]ond håt se nach Betlehem gschickt ond en gsaed: Jetzt ganget no nô ond suachat des Kendle, ond wann r s gfonda hent, nå gebat r mr Bschôed, nå will i ao nôganga ond mae Aufwartong macha! [9]Mô se vom König komma send, hent se sich wieder auf da Weg gmacht. Ond der Stern, den mô se hent aufganga seha, der ischd vôr en herzoga. Ond då, mô des Kendle gwea ischd, då ischd r standablieba.

[10]Nô hent se sich ohaemlich gfraet [11]ond nå send se en des Haus naeganga ond hent des Kendle gfonda mit saener Muader, dr Maria. Ond se send nôkniat ond hent des Kendle åbetat. Nå hent se ihre Schatzkästla aufgmacht ond dem Kend de wertvollste Sacha gschenkt, Gold ond Weihrauch ond Myrrhe. [12]Ema Traom håt en dr Herrgott gsaed, se solle nemme beim Herodes vorbeiganga, drom send se en andera Weg hoemganga.

Zom Vrgleicha: *Vers 1:* Lk 2,4-7 • *Vers 2:* Num 24,17 • *Vers 4:* Joh 7,42 • *Vers 6:* Mi 5,13; 2 Sa 5,2.

D Flucht nach Ägypten: 2 13-17

[13]En dr nächsta Nacht håt s am Josef traemt, a Engel von Gott sag zon am: Stand auf, nemm des Kendle ond sae Muader ond haoat ab nach Ägypten! Sell bleibat r, bis e euch Bschôed gib. Dr Herodes will nämlich obedengt des Kendle ombrenga! [14]Nå ischd dr Josef mittla en dr Nacht en Richtong Ägypten abghaoa. [15]Sell send se blieba, bis dr Herodes gstôrba ischd. Då ischd wieder aufkomma, was dr Herrgott durch da Profeta schao lang håt saga lao: *Aus Ägypten han i maen Soh gruafa!*

Zom Vrgleicha: *Vers 15:* Hos. 11, 1.

Am Herodes sae Kendermord: 2 16-18

[16]Mô dr Herodes gmerkt håt, dass an dia Sterngucker henters Licht gführt hent, håt an a Sauwuat packt. Nå håt r saene Soldata nach Betlehem gschickt ond älle

Büabla bis zwôe Jåhr en Betlehem ond
dr ganza Gegend drom rom ombrenga
lassa. Des ischd ogfähr dui Zeit gwea,
môn r mit saem Ausfråga von dene
Sterngucker rausgfonda ghet håt. [17]So
ischd passiert, was dr Profet Jeremia
em vôraus gsaed håt: [18]*En Rama hört
mr a lauts Gschröe, a lauts Heula ond
Wehgschröe; d Rahel heult om ihre
Kender ond will sich et beruhiga lao,
weil älle daot send!*

Zom Vrgleicha: *Vers 18:* Jer 31,15.

Zrück von Ägypten: 2 19-23

[19]Mô nå dr Herodes gstôrba gwea ischd,
håt sich beim Josef en Ägypten wieder
der Engel von Gott gmeldat [20]ond zon
am gsaed: Stand auf, nemm des Kendle
ond sae Muader ond gang zrück nach
Israel; älle, mô dem Kendle ans Leba
wella hent, send gstôrba. [21]Nå ischd
r aufgstanda, håt sae Kend ond sae
Muader mitgnomma ond ischd nach
Israel ganga.
[22]Mô dr Josef nå ghört håt, dass jetzt
dr Soh vom Herodes, dr Archelaos,
König wôra sei, nå håt r sich et traut,
då nô zganga. E ma Traom ischd r nå
weitergwiesa wôra nach Galiläa [23]ond
håt sich en Nazaret niederglassa. Nå
ischd ao des wåhr wôra, was dr Profet
gsaed håt: *Mr hôeßt an Nazarener!*

Zom Vrgleicha: *Vers 23:* Lk 1,26; 2,39.51; Joh 1,46; Ri 13,5.7 G

S WIRKA VOM JESUS WIRD VÔRBERAETAT. 3 1 - 4 11

Johannes dr Taefer: 3 1-12

3 Selligsmål ischd dr Taefer Johannes
auftreta en dr Wüste von Judäa ond
håt predigt: [2]**»Euer Gsennong muaß
sich ändera, weil jetzat am Herrgott
sae Herrschaft åbricht!«**
[3]Der, dr Taefer Johannes, ischds nämlich,
von dem mô schao dr Profet Jesaja
gsprocha håt: *En dr Wüste schreit oener:
Richtat da Weg nô für da Herra ond
bauat am a grada Stråß!* [4]Dr Johannes håt
a Gwand aus Kamelhåår ond an lederna
Gürtl om da Leib ghet. Haeschrecka
håt r gessa ond wilda Honig. [5]Då send d
Leut von Jerusalem, von ganz Judäa ond
von dr Jordangegend zon am nausganga
[6]ond hent am ihre Sünda beichtat ond
sich von am taofa lao. [7]Môn r nå ao no
viele von de Pharisäer ond Sadduzaer
zor Taof håt komma seha, håt r zo nen
gsaed: Ihr Schlangabruat, wer saed denn
euch, dass dr Herrgott euch en saem
Zôrngericht drvokomma lassa dät?
[8]Dent zerst amål ebbas rechts, dass mr
ao sieht, dass r euer Gsennong g'änderat
hent. [9]Bildat euch doch et ae, r könntat
euch drmit rausreda, wann r sagat:
Onser Stammvadr ischd dr Abraham! I
sag euch: Dr Herrgott kå aus dene Stoe
dåhanna am Abraham Kender macha!
[10]Schao ischd d Axt de Baem an d Wurzel
glegt. A jeder Baum, der mô nex draet,
wird aghaoa ond ens Feuer gschmissa.
[11]I taof euch mit Wasser, dass r euran
Senn änderat; aber der, mô nach mir
kommt, der håt maeh Macht als wian i.
Für den ben i et amål guat gnuag, dass e
am d Schuah nôtrag. Der taoft euch mit
am Haeliga Gaest ond mit Feuer. [12]Der
håt d Wurfschaufel en dr Håd, dass r d
Sprae vom Wôeza schôedat. Da Wôeza
duat r en d Scheuer, aber d Sprae wird e
ma ewiga Feuer vrbrennt.

Zom Vrgleicha: *Vers 1-6:* II Mk 1,2-6; Lk 3,3-6 • *Vers* 7-10: Lk 3,7-9 • *Vers* 11-12: Mk 1,7f; Lk 3,15-17 • *Vers* 1-6: Joh 1,19-23 • *Vers* 2: Apg 13,24; 19,4 • *Vers* 3: Jes 40,3 G • *Vers* 4: 2 Kö 1,8 • *Vers* 7: 12,34; 23,33 • *Vers* 9: Joh 8,39; Rö 4,12 • *Vers* 10: 7,19 • *Vers* 11: Joh 1,15.24.25-28.30f.33; Apg 13,25; 1,5; 11,16 • *Vers* 12: 13,30.

Dr Jesus wird taoft: 3 13-17 (D Messiasweihe)

13 Selligsmål ischd dr Jesus von Galiläa ra an da Jordan komma, dass an dr Johannes taofa dät. 14 Aber der hât zerst et wölla ond gsaed: Aegentlich müßtest doch du mi taofa, ond nå kommst du zo mir? Aber dr Jesus hât gsaed: 15 Jetzt dua s halt, i muaß me ao drnoch richta, was recht ischd! Nå hât s dr Johannes zuaglassa.

16 Mô nå dr Jesus taoft gwea ischd, ischd r aus am Wasser rausgstiega; ond was moenst, dr Hemmel ischd aufganga, ond r hât gseha, wia dr Gaest von Gott wian a Taob auf an rontergschwebt ischd. 17 Ond a Stemm vom Hemmel ra hât mr ghört, dui hât gsaed: *Des ischd mae liaber Soh, an dem han i mae Fraed!*

Zom Vrgleicha: *Vers 13-17:* II Mk 1,9-11; Lk 3,21f • *Vers 13-17:* Joh 1,29-24 • *Vers 17:* Gen 22,2; Ps 2,7; Jes 42,1; Mt 12,18; 17,5; Mk 1,11; 9,7; Lk 3,22; 9,35.

D Vrsuachong: 4 1-11 (D Messiasprob)

4 Nå ischd dr Jesus vom Gaest en d Wüste gführt wôra, dass an dr Teufel hât auf d Prob stella könna. 2 Môn r vierzg Dag ond vierzg Nacht nex gessa ghet hât, hât r en arga Honger ghet. 3 Nå ischd dr Vrführer hentarom komma ond hât am aegflüsterat: Wann du am Herrgott sae Soh sae willst, nå sag doch zo dene Stoe dåhanna, se solle Brot wera! 4 Aber dr Jesus hât gsaed: En dr Bibel stôht gschrieba: *Dr Mensch lebt et bloß vom Brot, noe, noe, a jedas Wort, des mô dr Herrgott saed, då drvo kå mr leba.*

5 Då draufnô nemmt an dr Teufel mit en d haeliga Stadt ond stellt an auf d Tempelmauer nauf 6 ond saed zon am: Wann du am Herrgott sae Soh sae willst, nå hopf då na; stôhts et so gschrieba: *Er geit wega dir saene Engel da Befehl, se solle de auf de Händ traga, dass du daen Fuaß et an en Stoe nôhaost!* 7 Dr Jesus hât nå gsaed: s stôht aber ao då: *Du sollest da Herrgott et muatwillig auf d Prob stella.*

8 Nômål hât an dr Teufel mitgnomma, auf an ganz hoha Berg nauf ond zaegt am de ganz Welt ond ihr Pracht 9 ond saed zon am: Des gib i dir ällas, wann da vôr me nôkniest ond me åbeta duast!

10 Nå saed dr Jesus zon am: Gang zom Teufel, Satan! En dr Bibel stôht: *Du sollest da Herra, daen Gott, åbeta ond ehm alloe deana ond koem andera!* 11 Nå ischd dr Teufel ganga; ond Engel send komma ond send am Jesus beigstanda.

Zom Vrgleicha: *Vers 1-11:* II Mk 1,12f; Lk 4,1-3 • *Vers 2:* Ex 34,28 • *Vers 4:* Dtn 8,3 • *Vers 6:* Ps 91,11f • *Vers 7:* Dtn 6,16 • *Vers 10:* Dtn 5,9; 6,13.

DR JESUS WIRKT EN GALILÄA: 4 12 - 18 35

Dr Jesus fangt sae Werk å: 4 12-17

12 Mô dr Jesus gehört hât, dr Johannes sei aegsperrt wôra, hât r sich zrückzoga nach Galiläa. 13 Ond r ischd von Nazaret fortganga ond nach Kapernaum zoga, des ischd a Städtle am See Gennesaret em Stammesgebiet vom Sebulon ond Naftali, 14 nå ischd ao des wåhr wôra, was dr Profet Jesaja gsaed hât: 15 *Du Land vom Sebulon ond vom Naftali zom See nom ond über am Jordan drüba, du Galiläa mit daene Leut, mô nex vom Herrgott wissat.* 16 *Dia Menscha, mô em Donkla hockat, dia sollat a hells Licht seha; ond dia, mô em Land ond em Schatta vom Daot ghockt send, dene ischd a Licht aufganga.* 17 Von då å hot dr Jesus predigt: Änderat euer Gsennong, jetzt richtat dr Herrgott sae Herrschaft auf!

Zom Vrgleicha: *Vers 12-17:* II Mk 1,14f; Lk 4,14f • *Vers 12:* 14,3; Mk 6,17; Lk 3,20; Joh 3,24 • *Vers 13:*

Joh 2,12 • *Vers 15:* Jes 8,23; 9,1 • *Vers 16:* Lk 1,79 • *Vers 17:* 3,2; 4,23; 10,7; Lk 10,9.11.

De erste Jünger: 4 18-22

[18]Môn r am See von Galiläa spaziera
gloffa ischd, håt r zwôe Fischer gseha,
des send Bruader gwea, dr Simon, der
mô nåchher Petrus ghôeßa håt, ond dr
Andreas, dia hent grad ihre Netz ens
Wasser glassa. [19]Zo dene håt dr Jesus
gsaed: Kommat mit, i mach aus euch
Menschafischer! [20]Nå hent dia ällas
stracka lao ond send mit am ganga.
[21]Môn r weitergloffa ischd, håt r nômål
zwôe Brüader gseha, da Jakobus ond
da Johannes, dia send mit ihram Vadr
Zebedäus en ihram Boot ghockt ond
hent ihre Netz gflickt. Mô dr Jesus dene
gschria håt, [22]send se glei aus ihram Boot
rauskomma ond mit am ganga, ihran
Vadr hent se alloeglassa.

Zom Vrgleicha: *Vers 18-22:* II Mk 1,16-20; Lk 5,1-11; Joh 1,35-51 • *Vers 22:* 8,21f.

Lehra ond Hôela: 4 23-25

[23]Dr Jesus ischd nå en ganz Galiläa
omananderzoga. En de Synagoga håt r
Åsprocha ghalta ond d froha Botschaft
onter d Leut bråcht, jetzt dät dr
Herrgott sae Reich aufrichta. Ond Leut
håt r gsond gmacht von älle mögliche
Krankata ond Bresta. [24]Des ischd wian
a Steppafeuer en dr ganza Gegend
romganga bis nach Syria; ond se hent am
halt ällas drherbråcht, was krank gwea
ischd ond nemme laufa könna håt, sogar
Bsessene ond Mondsüchtige ond Låhme,
ond er håt se älle gsond gmacht. [25]Ond a
Onshaufa Leut send am nåchgloffa aus
Galiläa ond aus am Zeahstädtegebiet,
von Jerusalem ond Judäa ond von dr
andera Seit vom Jordan.

Zom Vrgleicha: *Vers* 23-25: II Mk 3,7-12; Lk 6,17.19 • *Vers* 23: 9,35; Mk 1,39; Lk 4,14f.44 • *Vers* 24: Mk 6,55f

D Bergpredigt:
D Red von dr wahra Gerechtigkaet: 5 1 - 7 29

5 Mô dr Jesus den Haufa Leut gseha
håt, ischd r auf en Berg naufgstiega
ond nôgsessa. Mô saene Jünger bein
am gwea send, [2]håt r ågfanga ond saene
Gedanka ausbroetat:

Zom Vrgleicha: *Vers 5,1-7,29:* Lk 6,20-49

D Seligpreisonga: 5 3-12

[3]Glückselig send dia, mô et moenat,
se hätte mit am Herrgott ebbas zom
vrrechna; dia därfat en da Hemmel.
[4]Glückselig send dia, mô nex z lachat
hent auf dera Welt; dia kriagat an starka
Trost.
[5]Glückselig send dia, mô et ällas mit
Gwalt durchsetza wöllat; dene ghört
amål de ganz Erde.
[6]Glückselig send dia, mô en Honger ond
en Durst hent nach dr Gerechtigkaet;
dia sollat ihr Recht kriaga.
[7]Glückselig send dia, mô barmherzig
mit de Leut omgangat; mit dene gôht
mr ao barmherzig om.
[8]Glückselig send dia, mô a oschuldigs
Gmüat hent; dia därfat amål da Herrgott
seha.
[9]Glückselig send dia, mô Frieda stiftat;
dia därfat sich Kender von onseram
Herrgott hôeßa.
[10]Glückselig send dia, mô Schwierigkaeta
hent, weil se für des aestandat, was
dr Herrgott will; dia därfat en da
Hemmel.
[11]Glückselig send ihr, wann se euch
nåchschreiat ond vrfolgat ond de
schlemmste Sacha über euch sagat wega
mir ond drwega lüagat.
[12]Fraeat euch ond send froh, weil r
en Loh kriagat em Hemmel. So send
se nämlich ao schao mit de Profeta
omgspronga.

Zom Vrgleicha: *Vers 3-12:* II Lk 6,20-26 • *Vers 3:* Jes 61,1 • *Vers 4:* Jes 61,2 • *Vers 5:* Ps 37,11 • *Vers*

7: 18,33 • *Vers 8:* Ps 24,3f • *Vers 10:* 1 Petr 3,14 • *Vers 11:* 10,22; Apg 5,41; 1 Petr 4,1 • *Vers 12:* 23,30; Hebr 11,32-38.

Salz ond Licht: 5 13-16

[13]Ihr send en dera Welt des, was s Salz en dr Supp ischd. Wann des Salz koen Gschmack hätt, mit was soll mr s nå salzig macha? Nå kå mr s bloß no nausschmeißa zom vrtrappa.
[14]Ihr send en dera Welt s Licht! A Stadt, mô auf ama Buckel droba leit, kåsch d et überseah. [15]A Licht zendt mr ao et å, zom s onder en Oemer stella, des stellt mr auf en Ständer nauf, nå hent s älle hell, dia mô em Haus send. [16]So muaß euer Licht leuchta vôr de Leut, dia müaßat seha, dass ihr et bloß an euch selber denkat, wann r ebbas duat, ond dådrfür euran Vadr em Hemmel lobat.«

Zom Vrgleicha: *Vers 13:* II Mk 9,50; Lk 14,34f • *Vers 14:* Eph 5,8; 1Thess 5,5 • *Vers 15:* Mk 4,21; Lk 8,16; 11,33.

Wia dr Jesus s Gsetz auslegt: 5 17-20

[17]Moenat bloß et, i sei komma, zom s Gsetz oder d Profeta azschaffa. I ben et komma zom aschaffa, i ben komma, dass e so leb, wia s Gsetz gmoent ischd. [18]I sag euch oes: Bis d Welt ontergôht, streicht mr koe oezigs i-Düpfale ond koe Komma vom Gsetz weg, bis ällas passiert ischd. [19]Wer s kloenste Gebot aufheba will ond des de Leut beibrengt, der stôht nåchher ganz kloe då em Hemmelreich. Wer aber des duat, was då stôht ond des ao de Leut beibrengt, der stôht ao guat då em Hemmelreich. [20]I sag euch: Wann ihr et besser dåstandet en puncto Gerechtigkeit als wia d Pharisäer ond de Gstudierte, nå kommat ihr ao et en da Hemmel.

Zom Vrgleicha: *Vers 18:* Lk 16,17.

Vom Morda ond Vrsöhna: 5 21-26

[21]Ihr wissat, was mr zo eure Alte gsaed håt: *Du sollest koen ombrenga!* Wer oen ombrengt, den soll mr vor s Gericht stella. [22]I sag euch aber: Schao wer auf saen Bruader a Wuat håt, sott vôr s Gericht gstellt wera. Ond wann oener zo saem Bruader saed: du Halbdackel, den sott mr glei vôr da Hoha Rat schlôefa. Wann aber oener saed: du bist am Teufel z liadrig, der ghört en d Höll. [23]Wann da a Opfer brenga willst am Altar, ond s fällt dr ae, dae Bruader håt ebbas gega de, [24]nå laß ällas liega ond gang zerst nô ond gib daem Bruader d Håd, ond nå kåsch d opfera. [25]Håsch d mit oem Händel, nå ischd s besser, wann d mit am oes wirst no auf am Weg ens Gericht, et dass de dr Richter von dr Polezei aekastla läßt. [26]I sag dr, då kommst erst raus, wann d da letzta Pfenneng zahlt håsch.

Zom Vrgleicha: *Vers 25-26:* II Lk 12,58f • *Vers 21:* Ex 20,13; Dtn 5,17 • *Vers 22:* 1 Joh 3,15 • *Vers 24:* Mk 11,25 26: 18,34.

Vom Ehebrecha: 5 27-30

[27]Ihr wissat, wia s em Gsetz drenna stôht: *Du sollst et ehebrecha!* [28]Aber i sag euch: A jeder mô a Weib mit de Aoga ausziagt, håt en saem Herza schao Ehebruch trieba. [29]Wann da dae rechts Aog et bei dr bhalta kåsch, nå reiß dr s raus ond schmeiß s fort. S ischd nämlich für di viel besser, s gôht oes von daene Gliedmaßa hops, denn dass dr ganz Kerle en d Höll gôht. [30]Ond wann de s en dr Håd jucka duat, wann da ebbas siehst, was dr et ghört, nå hack se a. S ischd besser für de, s gôht oes von daene Gliedmaßa flöta, denn dass dr ganz Kerle en d Höll gôht.

Zom Vrgleicha: *Vers 27:* Ex 20,14; Dtn 5,18 • *Vers 29:* 18,8; Mk 9,47 • *Vers 30:* 18,8; Mk 9,43.

Vom Schôeda: 5 31-32

[31]Ond nå hoeßt s no: *Wer sae Weib nausschmeißt, der soll ra a Urkunde druf geba.* [32]Aber i sag euch: A jeder,

mô sae Weib nausschmeißt, außer se
håt ebbas mit a ma andera, der brengt
se drzua, dass se d Ehe bricht. Ond
wer a Gschiedena heiratet, der ischd a
Ehebrecher.

Zom Vrgleicha: *Vers 32:* II Lk 16,18 • *Vers 31:* Dtn 24,1; Mt 19,7; Mk 10,3f 32: 19,9; Mk 10,11f; 1 Kor 7,10f. (Lev 18,6-18)

Vom Schwöra: 5 33-37

[33]Nå hent r ao ghört, dass zo de Alte
gsaed wôra ischd, *mr soll koen Maenaed*
laesta ond Gott soll mr saene Vrsprecha
halta. [34]I sag euch aber: Schwörat
überhaupt et, et auf da *Hemmel*, weil
des *am Herrgott sae Thron* ischd, [35]ao
et *auf d Erde*, weil *des sae Fuaßbänkle*
ischd, ao et auf Jerusalem, weil des *am*
graoßa König sae Stadt ischd. [36]Ao auf
daen Kopf sollst et schwöra; du kåsch
jå et amål a gotzigs Häärle schwarz oder
weiß macha.
[37]Euer Ja muaß a Ja sae ond euer Nein a
Nein. Nå wôeß a jeder, môn r drå ischd,
ällas andere ischd vom Übel.

Zom Vrgleicha: *Vers 33:* Lev 19,12; Mt 23,16-22 • *Vers 34:* Num 30,3; Jak 5,12 • *Vers 35:* Jes 66,1; Apg 7,49; Ps 48,3 37: 2 Kor 1,17; Jak 5,12.

Vom Vrgelta: 5 38-48

[38]Nå hoeßt s då no: *Aog om Aog ond Zåh*
om Zåh! [39]I sag euch aber: Wehrat euch
doch et emmer, wann euch oener amål
Orecht duat; wann dr oener an da Backa
nôhaot, nå heb am halt de ander Seit ao
nô, [40]ond wann de oener wega ma Kittel
vrklaga will, dem geist halt ao no daen
Mantel, [41]ond wann de oener plågt, da
sollest a Stückle mit am laofa, nå gôhst
halt nômål so weit mit am.
[42]Wann oener ebbas von dr will, nå gib
am s halt, ond wann r de åpompt, nå leih
am halt ebbas. [43]S hoeßt ao: Du sollest
daen Nächsta gern han ond daen Faend
hassa. [44]I sag euch: Hent ao eure Faend
gern ond standat ao für dia ae, mô euch
nåchstella dent. [45]Nå send ihr rechte
Söh von euram Vadr em Hemmel. Weil
der läßt sae Sonn ao über de Oguate
aufganga wia über de Guate, ond regna
läßt r s ao über de Rechte ond über de
Orechte. [46]Was soll denn des sae, wann
ihr bloß dia mögat, mô euch ao mögat,
was brengt des ae? Send r nå anders
als wia d Zöllner? [47]Ischd des vielleicht
ebbas Bsonders, wann r bloß zo eure
Brüader fraendlich send? Des send de
Gottlose ao. [48]Ihr sollat ohne Fehler sae,
so wia euer Vadr em Hemmel ao koene
Fehler håt.

Zom Vrgleicha: *Vers* 39-42: II Lk 6,29f • *Vers* 38: Ex 21,24 • *Vers* 39: Spr 20,22; 24,29; 1 Petr 3,9 • *Vers* 43-48: II Lk 6,27f.32-36 • *Vers* 43: Lev 19,18; Mt 22,39 • *Vers* 44: Rö 12,14.20 • *Vers* 48: Lev 19,2.

Vom Spenda: 6 1-4

6 Passat auf, dass r et bloß nå gerecht
send, wann s d Leut seahnat, sonst hent
r von euram Vadr em Hemmel nex mae
z kriagat. [2]Also wann da ebbas hergibst,
nå brauch d s jå et omananderschwätza
wia de Schaehaelige en dr Synagog ond
auf dr Gass. Dia wöllat bloß bsonders
ästemiert wera. I sag euch, dia hent schao
ällas kriagt. [3]Wann da ebbas spendiera
willst, nå dua s hehlenga, dass neamerd
ebbas drvo merkt, [4]ond dae Vadr sieht
då schao drenae, der vrgilt dr s nå.

Zom Vrgleicha: *Vers 1:* 23,5.

Vom Beta - s Onser Vadr: 6 5-15

[5]Wann r beta dent, nå dent s et wia de
Schaehaelige, dia standat en dr Synagog
gern vôrna nô ond auf dr Stråß an de
Ecka omanander, dass d Leut ao seha
sollat, wia fromm se send. I sag euch, dia
brauchat auf gar nex maeh warta. [6]Gang
du en dae Stüble zom Beta ond dreh
da Schlüssel rom. Då betest d zo daem
Vadr, mô s koener sieht, aber dae Vadr
sieht de ond gibt dr, was da brauchst.

[7]Ond wann r betat, nå schwätzat et onaedig omanander wia d Haeda, dia mô moenat, se däte beim Herrgott ebbas ausrichta, wann se wian a Wasserfall auf an naeschwätzat. [8]Ihr brauchat des et, weil euer Vadr wôeß, was r naedig hent, aeh dr s gsaed hent. [9]So dent r beta:
Onser Vadr em Hemmel, du bist haelig,
älle Menscha sollet dir d Ehr geba.
[10]Dae Königreich soll zo ons komma.
Was du willst, muaß gscheha em Hemmel ond auf dr Erde.
[11]Gib ons jedan Dag onser Brot, dass mr leba könnat,
[12]ond vrzeih ons, was mr dao hent ond was mr onterlassa hent,
so wia mir ao vrzeiha wöllat, wann an ons ebber schuldig wôra ischd.
[13]Breng ons et en d Vrsuachong, dass mr ebbas Orechts dent,
ond hilf ons, dass ons koe Übel hoemsuacht.
(Du alloe håsch d Macht ond d Gwalt ond s Åseha drzua.) Amen.
[14]Wann ihr nämlich de andere vrzeiha dent, was se euch ådao hent, nå vrzeiht euch dr Vadr em Hemmel ao. [15]Wann ihr aber et vrzeiha könnat, nå vrzeiht euch euer Vadr ao et was ihr dao hent.

Zom Vrgleicha: *Vers 6:* 2 Kö 4,33 • *Vers 9-13:* II Lk 11,2-4 • *Vers 14-15:* II Mk 11,25f • *Vers 8:* 6,32; Lk 12,30 • *Vers 12:* Sir 28,2 • *Vers 13:* Joh 17,15 • *Vers 14f:* Lk 6,37.

Vom Fasta: 6 16-18

[16]Wann r fasta dent, nå machat koe so a waehleidigs Gsicht nô wia de Schaehaelige, dia guckat, dass d Milch sauer wird, dass mr ao jå sieht, dass se fastat. I sag euch, des nützt dene gar nex. [17]Wann da fastest, nå wäsch dae Gsicht ond richt de ordentlich her, [18]dass des neamerd merkt als wia dae Vadr, der mô ao sieht, was da hehlenga duast, der vrgilt dr s ao.

Vom Reichtom: 6 19-21

[19]Sammlat euch koene Schätz å, dia mô d Motta ond dr Rost he machat ond mô mr stehla kå. [20]Sammlat liaber Schätz å em Hemmel, sotte Schätz macht koe Rost ond koe Mott he, ond stehla kå se ao koener. [21]Då, mô da ebbas håsch, då hangt ao dae Herz drå.

Licht ond Nacht: 6 22-24

[22]S Aog ischd wian a Licht vom ganza Leib. Wann da an klara Blick håsch, nå ischd dae ganzer Leib wian a Licht. [23]Wann da aber vrschlaga guckst, nå ischd s en dir drenna zappaduster. Ischd aber des Licht en dir drenna gar koe Licht, sondern donkel, nå ischd s en dr drenna kuahnacht. [24]Koener kå zwôe Herra deana; sonst dät r da oena åschmiera ond da andera möga, oder r macht beim oena sae Sach recht ond beim andera schlampad r. Ihr könnat et zo bôede stao: Zom Herrgott ond zom Mammon.

Onsere Sôrga: 6 25-34

[25]Drom sag i euch: Lent doch des Sôrga bleiba, om des, was r essa ond trenka wöllat, ao om des, was r auf da Leib brauchat! Ischd et s Leba maeh als wia s Essa ond dr Leib maeh als wia d Klôeder? [26]Guckat euch doch d Vögel å; dia dent nex naus ond brengat nex rae en d Scheuer, ond euer Vadr em Hemmel geit en grad gnuag z fressat. [27]Ihr send doch schliaßlich viel maeh als wia dia. Kå oener von euch vielleicht mit saener Sôrgerei sae Leba ao bloß om oen gotzige Dag länger macha? [28]Ond wårom machat ihr euch Sôrga om ebbas åzziagat? Guckat amål auf de Wiesa dia Bleamla å, wia dia wachsat! Dia schaffat et ond spennat et; [29]i sag euch oenaweg, dr Salomo ischd en saenera ganza Pracht et so azoga gwea wia a gotzigs Bleamle. [30]Wann aber dr Herrgott schao

d Gräsla auf de Wiesa so ausstaffiert,
mô dia doch bloß haet standa bleibat
ond môrga schao vrbrennt werat, duat r
des vielleicht mit euch et no viel maeh?
Ihr Pessimista! 31Drom machat doch et
dauernd rom: Was soll mr bloß essa ond
trenka oder åziaga? 32Des macht bloß
sotte z schaffa, dia mô et wissat, was
onser Herrgott kå; der wôeß schao lang,
dass ihr des älles brauchat. 33Machat
euch liaber Sôrga drom, wian r des doa
könnat, was er von euch vrlangt, ond
setzat euch für sae Recht ae, nå brauchat
r euch oms ander nemme kümmera.
34Drom machat euch koene Sôrga om
des, was môrga ischd, môrga gôht ao
rom; s langat doch, was r haet auf am
Buckel hent.

Zom Vrgleicha: *Vers 19-21:* II Lk 12,33f • *Vers 22-23:* II Lk11,34-36 • *Vers 24:* II Lk 16,13 • *Vers 25-33:* II Lk 12,22-31 • *Vers 19:* Jak 5,2f • *Vers 20:* 19,21; Mk 10,21; Lk 18,22 • *Vers 26:* 10,29-31; Lk 12,6f • *Vers 29:* 1 Kö 10,5 • *Vers 31:* Phil 4,6; 1 Petr 5,7 • *Vers 32:* 6,8.

Vom Richta: 7 1-5

7Dent neamerd vrurtoela, sonst
könntat r euram ôegena Urtôel
vrfalla. 2So wia ihr überanander urtôelat,
so duat mr euch vrurtôela, ond mit dera
Latt, mô ihr andere messat, mißt mr euch
ao. 3Gell, des siehst d ganz guat, wann
oener en Splitter em Aog drenn håt,
aber dass dr selber a Balka drennhangt,
des merkst et. 4Wia kåsch du zo oem
saga: Komm, i mach dr daen Splitter
aus am Aog!, mô da doch selber en
Balka em Aog håsch? 5Du schaehaeliger
Bruader, reiß dr zerst amål daen Balka
raus, ond nå kåsch d gucka, wia da am
andera saen Splitter rausbrengst. 6Ebbas
haeligs derfat r et de Säu nôschmeißa, dia
vrtrappats bloß ond gangat womöglich
no auf euch los ond vrreißat euch.

Zom Vrgleicha: *Vers 1-2:* II Mk 4,24f; Lk 6,37f. • *Vers 3-5:* II Lk 6,41f • *Vers 1-2:* Rö 3,1; 1 Kor 4,5.

Dr Herrgott schenkt ällas her: 7 7-11

7Wann r bitta dent, nå kriagat r, was r
brauchat! Wann r suachat, nå fendat r,
was euch guatduat; klopfat an saenera
Tür, nå macht r euch auf. 8A jeder mô
bittat, kriagt, was r braucht; a jeder mô
suacht, fendat, was am guat duat, ond a
jeder, mô åklopft, fendat a offena Tür.
9Dr wehl von euch dät vielleicht saem
Bua en Stoe en d Häd drucka, wann der
a Brot von am wöllt 10oder a Schlang
anstatt ama Fisch?
11Wann ihr lompige Leut eure Jonge
ebbas Guats doa könnat, was moenat
r, wiaviel maeh euch euer Vadr em
Hemmel Guats geba will, wann r an ao
bloß drom bitta dätat.

Zom Vrgleicha: *Vers 7-11:* II Lk 11,9-13 • *Vers 7:* 18,19; 21,22; Mk 11,24; Joh 14,13f; 15,7; 16,24; 1 Joh 5,14f.

A guata Regel: 7 12

12Ällas, was r wöllat, dass euch d Leut
doa sollat, des sottat r selber dene ao
doa, so ischd s Gsetz, ond so sagat s ao
d Profeta.

Zom Vrgleicha: *Vers 12:* II Lk 6,31 • *Vers 12:* 22,40; Rö 13,8-10; Gal 5,14.

Dr schmale ond dr broete Weg: 7 13-14

13Gangat nae durchs schmale Pförtle!
Weil s brôete Dôr ond de guat Sträß
gangat ens Vrderba, ond då marschierat
ao de maeste direkt en d Höll nae. 14Des
ischd a arg engs Pförtle ond a schmals
Wegle, des mô ens Leba gôht, då fendat
et viel nae.

Zom Vrgleicha: *Vers 13f:* 13,24.

Dr Baom ond was drauf wächst: 7 15-23

15Gent ao Obacht vôr falsche Profeta,
dia hent en Schåfspelz rom, enna drenn
send se aber de raenste Wölf! 16An dem,
was an en wächst, seahnat r, was des für
oene send. Kå mr ao von ra Dôrnaheck

Trauba zopfa oder Feiga von de Distla? 17So brengt a gsonder Baum ao a åständigs Obst, ond a fauler Baum brengt a wurmigs Glomp. 18A åständiger Baum kå koe mends Obst brenga, ond a liadriger Baum kå koe rechts Obst brenga. 19A jeder Baum, auf dem mô nex gscheids wächst, wird omghaoa ond vrbrennt. 20So könnat r dia Profeta ao an dem onterschôeda, was von en herwachsa duat. 21Et a jeder, mô mi en Herra hôeßt, kommt en da Hemmel, bloß dia, mô ao dent, was mae Vadr em Hemmel will.

22An sellem Dag kommt a mancher ond saed: Han i et an daener Stell profezeit ond Teufel austrieba ond Wonder dao? 23Ond nå sag i: I kenn euch et. Ihr dent jå nex wia Orecht; machat, dass r fortkommat.

Zom Vrgleicha: *Vers* 16-20: II Lk 6,43f • *Vers* 21: II Lk 6,46 • *Vers* 22: II Lk 13,25-27 • *Vers* 15: 24,11.24; 1 Joh 4,1; Joh 10,12 • *Vers* 16: Jak 3,12 • *Vers* 17f: 17,33 • *Vers* 19: 3,10; Lk 3,9; Mt 12,33 • *Vers* 21: Jak 1,22; 1 Joh,2,17 • *Vers* 23: 25,12; Ps 6,9 G.

Dr Schluß von dr Bergpredigt: 7 24-27

24A jeder, der mô hört, was i sag, ond des ao duat, der ischd wia a Må, der mô ao ebbas denkt, bevôr r ebbas duat. Der baut sae Häusle auf en Felsagrond. 25Nå ischd a Wolkabruch komma, ond s Bächle ischd übergloffa, ond dr Sturm håt drå grüttlat, aber des ischd et aeghaglat, weil s guat gründat gwea ischd. 26Ond a jeder, mô ghört håt, was i gsaed han, ond des et duat, der ischd deppad, weil r sae Haus en da Såd naesetzt. 27Mô s nå platschat håt ond dr Bach übergloffa ond a rechter Wend ganga ischd, nå ischd s aeghaglat, ond des håt en rechta Wetterer dao.

Zom Vrgleicha: *Vers 24-27:* II Lk 6,47-49.

Wia dui Red gwirkt håt: 7 28-29

28Mô dr Jesus fertig gwea ischd mit saenera Red, då send dia Leut richtig packt gwea von dem, was r gsaed håt; 29då håt mr gspürt: då ischd Kraft dren, ganz anderst als wia bei de Gstudierte.

Zom Vrgleicha: *Vers 28:* Mk 1,22f; Lk 4,32.

Was dr Messias dao håt: 8 1 - 9 34

A Aussätziger wird gsond: 8 1-4

8 Môn r nå da Berg nagstiega ischd, send am a Haufa Leut nåchgloffa. 2Nå ischd oener vôr an nôgsonka, der mô da Aussatz ghet håt, der håt gsaed: Herr, wann du bloß willst, nå kåsch du macha, dass mae Haut wieder ganz sauber wird. 3Nå håt r an åglangt mit saener Håd ond gsaed: I will s; werd sauber! Ond nå håsch d nex maeh von dem Aussatz gseha. 4Ond dr Jesus saed zon am: Sag s bloß koem, *jetzt gôhst d zom Priaster*, der soll de ågucka, ond nå opferest, wia dr s dr Mose gsaed håt, als a Zôeche für dia.

Zom Vrgleicha: *Vers 1-4:* II Mk 1,40-45; Lk 5,12-14 • *Vers 4:* 9,30; 12,16; Mk 7,36; Lev 13,49; 14,2-32; Lk 17,14.

Dr Haoptmann von Kapernaum: 8 5-13

5Môn r nå auf Kapernaum naekomma ischd, ischd a römischer Hauptmann zon am nôganga ond håt gsaed: 6Drhoemda leit mae Knecht em Bett ond låhmat, ond s duat am ällas waeh. 7Saed dr Jesus zon am: I komm glei ond mach an gsond.

8Dådrauf saed der Hauptmann: Herr, i ben s et wert, dass du onter mae Dach kommst, du brauchst doch bloß oe Wörtle saga, nå ischd der schao gsond! 9I ben ao bloß a Mensch, der mô oene über sich håt, ond onter mr han e Soldata; sag e zom oena: Gang!, nå gôht r; ond zom andera: Komm her!, nå kommt r; ond zo maem Knecht: Des duast d, nå duat r

s, då geit s gar nex anders. [10]Mô dr Jesus
des ghört hât, hât r sich gwonderat ond
zo dene, mô mit am ganga send, gsaed:
Tatsächlich, des muaß e euch schao saga:
So en graoßa Glaoba han e fae en Israel
no bei koem gfonda! [11]I sag euch aber: Då
werat viel komma vom Sonnaaufgang
ond vom Sonnaontergang ond mit am
Abraham ond am Isaak ond am Jakob
an da Tisch nôsitza em Hemmelreich.
[12]Ond dia, mô aegentlich vörgseha gwea
send fürs Reich von onseram Herrgott,
dia werat nausgschmissa en d Nacht. Då
werat se heula ond mit de Zäh kleppera.
[13]Ond nå hât r zo dem Hauptmann
gsaed: Gang no hoem, s ischd schao
passiert, was da glaobt håsch!

Zom Vrgleicha: *Vers 5-10.13* II Lk 7,1-10; Joh 4,46b-53 ? • *Vers 11-12* II Lk 13,28f • *Vers 12:* 13,12.50; 22,13; 24,51; 25,30; Lk 13,28.

Am Petrus sae Schwiegermuader: 8 14-17

[14]Mô dr Jesus nå zom Petrus ens Haus
naeganga ischd, hât r gseha, dass dem sae
Schwiegermuader a hitzigs Fiaber ghet
hât. [15]Nå hât r se ågregt, ond des Fiaber
ischd wia wegblåsa gwea, nå ischd se
glei aufgstanda ond hât am a Vespr
nôgrichtat. [16]Mô s nå Nacht wôra ischd,
hent se an ganza Haufa Bsessene zon
am brâcht, ond auf sae Wort nô send dia
Gôester vrschwonda, ond älle Kranke
hât r ao gsond gmacht, [17]dass ao wåhr
wôra ischd, was schao dr Jesaja gsaed
hât: *Onsere Bresta hât r fortgnomma
ond onsere Krankata!*

Zom Vrgleicha: *Vers 14-15:* II Mk 1,29-31; Lk 4,38f. • *Vers 16-17:* II Mk 1,32-34; Lk 4,40f • *Vers 17:* Jes 53,4.

Nåchfolga: 8 18-22

[18]Mô a Haufa Leut om da Jesus romgwea
send, hât r ågordnat, se (d Jünger) solle
nomfahra auf de ander Seit vom See.
[19]Ond a Gstudierter ischd komma ond
hât gsaed: Moester, i will mit dr ganga,
mô da ao nôgôhst. [20]Saed dr Jesus zo
dem Må: D Füchs hent en Bau, ond d
Vögel hent a Nest; aber dr Menschasoh
hât nex, môn r saen Kopf nôlega kå. [21]A
anderer von saene Jünger hât gsaed: Laß
me no vôrer naen Vadr beerdiga. [22]Då
saed dr Jesus druf: Gang her ond lass de
Daote ihre Daote selber beerdiga!

Zom Vrgleicha: *Vers 19-22:* II Lk 9,57-60 • *Vers 22:* 4,22; 9,9; 19,21; Mk 2,14; 8,34; 10,21; Lk 5,27; 9,23; 18,22; Joh 1,43; 21,19.22.

Dr Sturm: 8 23-27

[23]Nå ischd r mit saene Jünger en a Boot
naegstiega. [24]Nå hât s en Millionssturm
geba, ond d Wella send übers Boot
naeganga. Ond dr Jesus hât seelaruhig
gschlåfa. [25]Nå send se zon am nô ond
hent an wachgrüttlat ond gschria: Hilf
as doch, mir vrsaufat älle mitanander!
[26]Saed der doch zo dene: Was hent r
denn so a Angst, trauat r mr denn gar
nex zua? Nå ischd r aufgstanda ond
hât dem Wend ond am See droht, nå
ischd s auf oemål ganz still gwea. [27]Dia
Leut hent sich natürlich gwonderat ond
gsaed: Was ischd ao des für a Må, dass
dem sogar dr Wend ond d Wella folgat?

Zom Vrgleicha: *Vers 23-27:* II Mk 4,35-41; Lk 8,22-25 • *Vers 25:* 14,30 • *Vers 26:* 14,31f; Mk 6,51.

Dr Jesus macht zwôe Gaestaskranke gsond: 8 28-34

[28]Ond môn r auf dr andera Seit vom
See gwea ischd, ischd r en d Gegend
von Gadara komma. Då send am aus
de Grabhöhla zwôe ganz gfährliche
Männer entgegakomma, wega dene hât
sich sell neamerd vorbeitraut. [29]Dia hent
a Mordsgschröe ăgfanga ond gsaed: Was
hent mir mit dir zschaffa, du Soh vom
Herrgott? Bist d bloß komma, dass da
ons schao vôr dr Zeit plågest? [30]Et weit
von en ischd a Rudel Säu auf dr Woed

gwea. [31]Dia Dämona en dene Männer hent nå bettlat ond gsaed: Wann da ons nausjagst, nå laß ons en dia Säu naefahra! Ond dr Jesus håt gsaed: [32]Nå haoat ab! Ond dia Dämona send aus dene zwôe nausgfahra ond en dia Säu nae. Nå ischd s ganz Rudel über d Böschong na en da See naegsauat ond vrsoffa. [33]Dia Säuhirta send natürlich abghaoa ond send en d Stadt nae ganga ond hent überall vrzählt, was då passiert ischd. [34]Nå send dia Leut von Gadara zom Jesus nausganga ond hent zon am gsaed, r soll liaber von ihrer Gegend fortganga.

Zom Vrgleicha: *Vers 24-34:* II Mk 5,1-17; Lk 8,26-37 • *Vers 29:* Mk 1,24; 3,11; Lk 4,34.41; Joh 2,4.

Dr Jesus macht an Låhma gsond: 9 1-8

9 Ond dr Jesus ischd en a Boot naegstiega ond über da See nomgfahra nach Kapernaum. [2]Sell hent se am glei en Låhma drherbråcht auf a ma Bett. Mô dr Jesus gseha håt, was dia für en Glaoba ghet hent, håt r zo dem Låhma gsaed: Du brauchst koe Angst et han; dir send daene Sünda vrgeba. [3]Ond a paar von dene Gstudierte hent so en sich nachbruttlat: Des ischd a Lästerer! [4]Mô des dr Jesus gmerkt håt, håt r zo nen gsaed: Was gôht ao bloß en euch drenna vôr? [5]Was ischd oefacher zom saga: Dir send daene Sünda vrgeba! oder: Stand auf ond lauf omanander? [6]Aber dass r wissat, dass dr Menschasoh ao Sünda vrgeba kå, schao auf dr Erde – saed r zo dem Låhma: Stand auf, nemm dae Bett ond gang hoem! [7]Ond der ischd tatsächlich aufgstanda ond ischd hoemgloffa. [8]Mô des dia Leut älle gseha hent, send se en d Seel nae vrschrocka, aber nå hent se doch a Lobliad auf da Herrgott gsonga, weil der de Menscha so viel Macht geba håt.

Zom Vrgleicha: *Vers 1-8* II Mk 2,1-2; Lk 5,17-26 • *Vers 2:* Lk 7,48

Dr Matthäus wird ågruafa, ond s Essa mit de Zöllner: 9 9-13

[9]Mô nå dr Jesus weiterganga ischd, håt r en Må ema Zollhäusle sitza seha, der håt Matthäus ghôeßa. Zo dem håt r bloß gsaed: Komm, gang mit mr! Nå ischd der oefach aufgstanda ond mitganga. [10]Nå håt sich s so geba, dass dr Jesus beim Matthäus en s Haus aeglada gwea ischd, nå send viele Zöllner ond Sünder komma ond hent mit am Jesus ond saene Jünger gessa. [11]Mô des dia Pharisäer gseha hent, hent se glei am Jesus saene Jünger ågmault ond gsaed: Wia kå euer Moester mit sotte då an oen Tisch nôhocka? [12]Aber des håt r selber ghört ond zo nen gsaed: Gsonde brauchat koen Dokter, aber Kranke! [13]Denkat amål drüber nåch, was des hoeßt: *I will, dass ihr barmherzig send, des ischd viel wichtiger als wian a Opfer.* I ben et komma zom Gerechte ruafa, noe, i will d Sünder.

Zom Vrgleicha: *Vers 9-13:* II Mk 2,13-17; Lk 5,27-32 • *Vers 9:* 8,22 • 10: 11,19; Lk 15,1f; 19,7 • *Vers* 13: Hos 6,6; Mt 12,7; Lk 19,10.

Vom Fasta: 9 14-17

[14]Nå send a paar Jünger vom Johannes zom Jesus ond hent an gfrågt: Wia kommt ao des, dass mir ond d Pharisäer fasta dent ond daene Jünger fastet gar et? [15]Då druf håt dr Jesus gsaed: Ihr werat doch et moene, dass bei ra Haozich d Gäst mit saure Gsichter romhockat, wann dr Bräutigam no då ischd, des kommt no bald gnuag, dass dr Bräutigam von en fortgnomma wird, nå könnat se emmer no fasta. [16]S flickt jå ao koener a alts Gwand mit ma nuia Blätz, sonst vrreißt s glei nebadrå, ond s Loch ischd no graeßer als wia drvôr. [17]Mr duat ao et an Suser en alte Schläuch nae; sonst vrreißt s dia Schläuch, ond dr Wae sauat naus ond d Schläuch vrreckat. Mr duat doch en neua Wae ao en neue Schläuch

nae, nå gôht nex zgrond.

Zom Vrgleicha: *Vers 14-17* II Mk 2,18-22; Lk 5,33-38 • *Vers 14:* 11,18.

Am Jaïrus sae Töchterle wird vom Daot aufgweckt: 9 18-26

18Môn r des dene Leut grad no erklärt håt, ischd dr Synagogavôrstand komma ond vôr an nôkniat ond håt bettlat: Grad eba ischd mae Töchterle gstôrba; komm doch ond reg se å, nå kå se weiterleba. 19Ond dr Jesus ischd aufgstanda ond mitsamt saene Jünger mitganga.

20Ond a Frao, mô schao zwölf Jåhr Bluatonga ghet håt, håt von henta hehlenga a Zottel von saem Mantel åglangt. 21Dui håt sich nämlich denkt: Wann e ao bloß sae Gwand ålanga kå, nå wer i gsond. 22Aber dr Jesus håt des gmerkt ond håt sich romdreht ond se åguckt ond zon ra gsaed: Brauchst koe Angst et hao, Mädle, dae Glaoba håt dr gholfa. Von då å ischd dui Frao gsond gwea.

23Ond mô dr Jesus en dem Vôrstand sae Haus naekomma ischd ond då dia Flötaspieler ond dia Leut mit ihram Trauerklamaok gscha håt, håt r älle nausgjagt 24ond gsaed: Machat, dass r nauskommat; des Mädle ischd et gstôrba, des schlåft bloß. Nå hent dia glacht. 25Mô nå dia Leut älle draußa gwea send, ischd r naeganga ond håt se an dr Håd gnomma, ond des Mädle ischd tatsächlich aufgstanda. 26Des håt sich natürlich ganz schnell romgsprocha em Ländle.

Zom Vrgleicha: *Vers 18-26* II Mk 5,21-43; Lk 8,40-56 • *Vers 20f:* 14,36; Mk 6,56 • *Vers 22:* Mk 10,52; Lk 7,50; 17,19; 18,42; Apg 14,9 • *Vers 25:* Mk 1,31; 9,27.

Dr Jesus macht zwôe Blende ond en Stomma gsond: 9 27-33

27Mô dr Jesus nå weiterganga ischd, send am zwôe Blende nåchgloffa ond hent gschria: Håsch d denn gar koe Mitleid mit ons, du Soh vom David? 28Nå ischd r ens Haus naeganga ond dia Blende glei hentadrae. Ond dr Jesus håt zo nen gsaed: Glaobat ihr ao, dass i des überhaupt kå? Då drauf sagat dia: Jå, Herr, du kåsch des! 29Nå håt r saene Händ auf ihre Aoga glegt ond gsaed: Was r glaobat, des soll ao gscheha! 30Ond d Aoga send en aufganga. Ond dr Jesus håt s vrmåhnt ond gsaed: Vrzählats bloß et omanander, des braucht neamerd wissa.

31Aber dia hent a sotta Fraed ghet, dass se s Maul nemme hent halta könna, des ischd en dr ganza Gegend romganga.

32Dia Blende send no et ganz draußa gwea, nå hent se glei an Stomma zon am bråcht, der sei bsessa, hent se gmoent. 33Mô nå der Dämon ao austrieba gwea ischd, håt der Stomme richtig schwätza könna, ond des håt dia Leut ohaemlich gwonderat, ond se hent gsaed: So ebbas håt mr en Israel no et gseha. 34Aber dia Pharisäer hent behaoptat: Der kå bloß dia Dämona austreiba, weil am dr Fürst von de Dämona d Vollmacht drzua geit.

Zom Vrgleicha: *Vers 27-30:* 20,29-34; Mk 10,46-52; Lk 18,35-43 • *Vers 27:* 15,22 • *Vers 32-34:* II Lk 11,14f • *Vers 32-34:* 12,22-24 • *Vers 34:* 10,25; Mk 3,22.

D Aussendongsred: 9 35 - 11 1

Wia graoß d Ernt ischd: 9 35-38

35Ond dr Jesus ischd en älle Städt ond Dörfer omananderzoga. En de Synagoga håt r gsprocha ond vom Herrgott saem Reich predigt, des mô jetzt ålbrecha dät, ond älle mögliche Krankata ond Bresta håt r ghôelt. 36Môn r den graoßa Haufa Leut gseha håt, håt s an vrbarmt, weil dia fix ond fertig gwea send, *dia hent nemme könna, wia d Schåf, dene mô koener vôrnadraus laoft.* 37Nå håt r zo saene Jünger gsaed: S ischd a riesagraoßa Ernt, aber s send oefach zwenig Leut. 38Dem mô dui Ernt ghört, müaßat r saga, r soll ao Leut schicka, dia mô des älles schaffat.

Zom Vrgleicha: *Vers 35* II Mk 6,6; Lk 8,1 • *Vers 36* II Mk 6,34 • *Vers 37-38* II Lk 10,2 • *Vers 36:* 14,14; 15,32; Mk 8,2; Num 27,17; 1 Kö 22,17; Ez 34,5.

Zwölf Apostl: 10 1-4

10 Nå hât dr Jesus saene zwölf Jünger zsematrommelt ond hât en d Vollmacht geba zom Dämona austreiba ond älle Krankata ond Bresta gsond z macha. 2So hôeßat dia zwölf Apostel: Zerst kommt dr Simon, den mô mr als Petrus kennt, ond sae Bruader Andreas, nå dr Jakobus, am Zebedäus sae Soh, mit saem Bruader Johannes; 3nå dr Philippus ond dr Bartholomäus, dr Thomas ond dr Matthäus, der mô Zöllner gwea ischd, dr Jakobus, am Alphäus sae Soh, ond dr Thaddäus; 4dr Simon, der mô früher bei de Zelota gwea ischd, ond dr Judas Iskariot, der mô an nåchher vrråta hât.

Zom Vrgleicha: *Vers 1* II Mk 6,7; Lk 9,1. • *Vers 1-4* II Mk 3,13-19; Lk 6,12-16 • *Vers 2-4:* Joh 1,40-44; Apg 1,13.

Aussendong von de zwölf Apostl: 10 5-16

5Dia Zwölf håt dr Jesus nausgschickt ond en da Auftrag geba: Gangat et zo sotte, mô koene Juda send, ond gangat ao et en Samaria en d Dörfer nae; 6gangat liaber zo dene, mô nex mae zom vrliera hent en Israel! 7Wann r då nôgangat, nå därfat r prediga: S Hemmelreich ischd jetzt ganz nåch bein ich! 8Machat Kranke gsond, weckat Daote auf, machat Aussätzige gsond ond dent Dämona austreiba! Omasonst hent r s kriagt, ond omasonst gebat r s weiter. 9Nemmat koe Gold ond koe Silber å, et amål an Kupfernickel; 10nemmat koe Tasch mit auf da Weg, nex zom Omziah, koene Schuah, et amål en Stecka. Môn r ebbas schaffat, därfat r ao essa. 11Wann r en a Stadt oder a Dorf kommat, nå guckat, dass euch oener gern aufnemmt, bei dem bleibat r, bis r weitergangat. 12Wann r en a Haus naegangat, nå sagat: Grüaß Gott! 13Ond wann dia Leut euch aufnemmat, nå gôht mit euch dr Frieda nae. Nemmat se euch aber et auf, nå gôht dr Frieda mit euch weiter an dene vorbei. 14Ond wann se euch et amål åhörat, nå gangat r glei naus aus dem Haus oder von dera Stadt ond klopfat euch da Staob von de Füaß. 15I sag euch: Am Jüngsta Dag gôhts dene schlemmer als wia dene von Sodom ond Gomorra. 16I schick euch wia d Schåf mittla onder d Wölf nae. Då müaßat r schlau sae wia d Schlanga ond überhaopt et henterlistig, grad wian a Taub.

Zom Vrgleicha: *Vers 5-15:* II Mk 6,8-11; Lk 9, 2-5 • *Vers 5-15:* Lk 10,4-12 • *Vers 6:* 15,24 • *Vers 7:* 4,17 • *Vers 10:* 1 Kor 9,5-14; 1 Tim 5,18 • *Vers 14:* Apg 13,51 • *Vers 15:* Gen 19,23-29; Mt 11,24.

Vrfolgt wera ghert drzua: 10 17-39

17Gebat Obacht vor de Leut, dia brengat euch vôr da Kadi, ond en de Synagoga lent se euch auspeitscha. 18Sogar vôr Fürsta ond König dent se euch schlôefa wega mir, ond des ischd a Zeugnis vôr de Haeda ond gega dene ihr Orechtssystem. 19Vôr am Richter brauchat r gar koe Angst et han, wia oder was r saga sollat; was r nå sagat, des wird euch aegeba. 20Weil nå et ihr ebbas sagat, nå spricht dr Gaest von euram Vadr durch euch.

21Då lieferat oener saen Bruader am Henker ans Messer ond a Vadr sae Kend, ond d Kender zaegat de ôegene Eltern å, dass mr s ombrengt; 22ond a jeder duat euch hassa, weil ihr maen Nåma traga dent. Aber wann des oener durchstôht bis ans End, der ischd grettat. 23Wann se euch nåchstellat en ra Stadt, nå vrziagat euch en a andera. Weil des muaß e euch sage: Ihr kommat mit dene Städt en Israel

et durch, bis dr Menschasoh kommt. 24 A
Jünger stôht nia über saem Môester ond
ao a Knecht et über saem Herra. 25 Für
an Jünger langt s doch, wann r sae kå
wia sae Môester ond für an Knecht,
wann r sae kå wia sae Herr. Wann se da
Hausherra an Teufel hôeßat, nå hôeßat
se euch no ganz andere Sacha.
26 Hent koe Angst et vör en! S geit gar
nex, was et rauskommt von dem, was
mr jetzt no et wôeß; ond nex bleibt
vrbôrga, s kommt ällas ans Licht. 27 Was
i euch em Donkla sag, des sagat r weiter
em Licht; ond was mr euch ens Ohr
naeflüstera duat, des sagat r von de
Dächer ra. 28 Ond hent koe Angst et vôr
dene, dia mô euch da Leib he macha
könnat, dia mô aber d Seel et ombrenga
könnat, viel wichtiger ischd, dass r den
fürchta dent, der mô euch mit Leib ond
Seel en d Höll vrdamma kå. 29 Kå mr et
om faef Pfenneng zwôe Spatza kaufa?
Ond koe gotziger haglat auf da Boda
ra, wann s euer Vadr et zualäßt. 30 Ao
d Håår auf euram Kopf send zählt.
31 Drom brauchat r ao koe Angst et han!
Ihr send doch viel maeh wert als wian
a ganzer Flug Spatza. 32 Wann oener zo
mir stôht vôr de Leut, zo dem stand i
ao vôr maem Vadr em Hemmel. 33 Wann
mi aber oener et kenna will vôr de Leut,
den kenn i ao et, wann r vôr maem Vadr
stôht. 34 Moenat bloß et, i sei komma,
da Frieda en d Welt nae z brenga. Noe,
i ben et komma, da Frieda z brenga, i
breng s Schwert. 35 I breng d Menscha
ausanander, *d Vädr ond Söh, a Tochter
ond ihr Muader ond a Schwiegermuader
mit ihrer Söhnere.* 36 *Ond d Hausleut
vrfaendat sich mitananander.* 37 Wann
oener saen Vadr oder sae Muader maeh
måg als wia mi, den kån i et braucha;
ond wann oener saen Soh oder sae
Tochter maeh måg als wia mi, den kån
i et braucha. 38 Wann oener et sae Kreuz
nemmt ond mit mr gôht, den kån i et
braucha. 39 Wann oener am Leba hangt,
der vrliert s; ond wann oener wega mir
oms Leba kommt, der gwennt s.

Zom Vrgleicha: *Vers 16:* II Lk 10,3 • *Vers 17-22:* II 24,9-14; Mk 13,9-13; Lk 21,12-19 • *Vers 19-20:* II Lk 12,11f • *Vers 26-33:* II Lk 12,2-8 • *Vers 34-36:* II Lk 12,51-53 • *Vers 37-38:* II Lk 14,26f • *Vers 16:* Joh 10,12 ? *Vers 17:* Joh 16,1-4a • *Vers 21:* 10,35 • *Vers 22:* Joh 15,18; Mt 24,12 • *Vers 23:* 16,28 • *Vers 24:* Lk 6,40; Joh 13,16; 16,20 • *Vers 25:* 12,24.27; Mk 3,22; Lk 11,15.18f • *Vers 26:* Mk 4,22; Lk 8,17 • *Vers 28:* Jak 4,12 • *Vers 30:* Lk 21,18 • *Vers 33:* Mk 8,38; Lk 9,26 • *Vers 35:* 10,21; 7,6 • *Vers 37:* 19,29 • *Vers 38-39:* 16,24f; Mk 8,34f; Lk 9,23f; Joh 12,25f • *Vers 39:* Lk 17,33.

Was mr drvo håt: 10 40-42

40 Wann euch oener aufnemmt, der
nemmt mi auf; ond der mô mi aufnemmt,
der nemmt den auf, der mô mi gschickt
håt. 41 Wann oener en Profeta aufnemmt,
weil r wôeß, dass des a Profet ischd,
der kriagt da Loh vo ma Profeta; ond
wann oener an rechtschaffena Menscha
aufnemmt, der kriagt an gerechta Loh;
42 ond wann oener am Grengsta ao bloß
a Gläsle kalts Wasser geit, weil des a
Jünger ischd, i kå euch bloß saga: des
soll am et vrgessa sae.

Zom Vrgleicha: *Vers 42:* II Mk 9,41 • *Vers 40:* Lk 10,16; Joh 13,20

11 Mô dr Jesus saene Jünger ågwiesa ghet håt, was se doa sollat, ischd r weiterganga ond håt en de Städt glehrt ond predigt.

D Entschaedonga fangat å: 11 2 - 12 50

Dr Taefer läßt fråga: 11 2-6

2 Aber mô dr Johannes em Gfängnis ghört
håt, was dr Christus ällas duat, håt r am
von saene Jünger saga lassa: 3 Bist du der,
mô komma soll, oder müaßat mr auf an
andera warta? 4 Ond dr Jesus håt en druf

gsaed: Gangat no zom Johannes ond
vrzählat am, was r hörat ond seahnat:
5*Blende seahnat wieder, Låhme* könnat
laufa, Aussätzige werat gsond, ond *de
Arme wird s Evangeliom predigt!* 6Ond
glückselig ischd der zom preisa, der mô
sich et über mi ärgera duat.

Zom Vrgleicha: *Vers 2-6:* II Lk 7,18-23 • *Vers 2:* 14,3. • *Vers 3:* Joh 1,15.27; 3,31; 11,27 • *Vers 5:* Jes 26,19; 29,18; 35,5f; 61,1.

Wia dr Jesus über da Johannes denkt: 11 7-19

7Mô dia fortgwea send, håt dr Jesus
ågfanga vom Johannes zom reda
vôr dene viele Leut: Zo was send ihr
aegentlich naus en d Wüste ganga?
Hent r a Schilfröhrle seha wölla, des
mô vom Wend omananderschauklat?
8Oder zo was send r naus? Hent r oen
en Staatsklôeder seha wölla? Dia mô
Staatsklôeder åhent, dia fendat r bloß en
de Paläst!
9Oder zo was send r naus? Hent r en
Profeta gseha? Jå, i sag euch: Ihr hent
no viel maeh als wia en Profeta gseha.
10Der ischd s, von dem mô s hôeßt:
*I schick dr en Profeta vör dr her, der
soll dr da Weg nôrichta!* 11I sag euch:
Von älle, mô jemåls vo ma Weib auf d
Welt bråcht wôra send, ischd koener a
Graeßerer gwea als wia dr Johannes dr
Taefer. Ond oenaweg ischd dr Kloenst
em Hemmel graeßer als wia der. 12Aber
von dem Dag å, mô dr Johannes komma
ischd, bis jetzt, wöllat se mit Gwalt s
Hemmelreich macha, aber mit Gwalt
macht mr s he! 13Weil älle Profeta hent
bis zom Johannes älles vôrausgsaed;
14ond ob s euch gfällt oder et: Des ischd
dr Elia, der mô komma soll. 15Spitzat no
eure Ohra!
16Mit was soll i de haetige Leut vrgleicha?
Dia send wia d Kender, mô auf am
Märkt spiela dent. 17Nå schmeißat se
anander vôr: Duat mr Haozeiterles, nå
dent r et mit; spielt mr a Leich, nå dent
r ao et mit. 18Dr Johannes ischd komma,
der håt nex gessa ond tronka; nå sagat se:
Der håt en Dämona. 19Dr Menschasoh
ischd komma, der ißt ond trenkt; nå
sagat se: Der frißt ond sauft ond ischd
guat Fraend mit de Zöllner ond Sünder.
Aber d Weishaet håt mr gseha an dem,
was se dao hent.

Zom Vrgleicha: *Vers 7-19:* II Lk 7,24-35 • *Vers 10:* Mk 1,2; Lk 1,76; Ex 23,20; Mal 3,1 • *Vers 12f:* Lk 16,16 • *Vers 13:* 1 Petr 1,10 • *Vers 14:* 17,12; Mk 9,13 • *Vers 15:* 13,9.43; Mk 4,9.23; 7,16; Lk 8,8; 14,35 • *Vers 18:* 9,14 • *Vers 19:* 9,10f; Lk 5,30; 15,1f; 19,7.

Wer et will: 11 20-24

20Nå håt r ågfanga, dia Städt zom schelta,
môn r de maeste Wonder dao håt, weil se
oefach koe Buße dao hent: 21Passat bloß
auf, ihr en Chorazin ond en Betsaida!
Wann i en Sidon ond Tyrus des ällas
dao hätt, was e bei euch dao han, dia
hätte schao lang Buße dao en Sack ond
Äscha. 22I sag euch: Dia kommat am
Jüngsta Dag besser drvo als wian ihr.
23Ond du, Kapernaum, *moenst, du seiest
en da Hemmel naufghoba? Bis en d
Höll fährst du na.* Wäre en Sodom dia
Wonder passiert, wia bei euch, des dät
haet no standa. 24I sag euch: Em Jüngsta
Gericht gôht s dene von Sodom et so
dreckat wia dir.

Zom Vrgleicha: *Vers 20-24:* II Lk 10,12-25 • *Vers 21:* Joel 4,4f; Est 4,1 • *Vers 23:* Jes 14,13.15 • *Vers 24:* 10,15.

Dr Haeland: 11 25-30

25En dera Zeit håt dr Jesus ågfanga ond
gsaed: I ben so froh, Vadr, du Herr über
da Hemmel ond d Erde, dass du de
Oefältige zaegst, was de Gscheide ond
Vrstandesmenscha vrbôrga bleibt. 26Jå,

Vadr, so ischd s guat gwea vôr dir. [27]Ällas ischd mr von maem Vadr übertraga; ond neamerd kennt da Soh als wia bloß dr Vadr; ond neamerd kennt da Vadr als wia dr Soh ond wem der s zaega will. [28]Kommat no her, älle, môn r euch so viel Müah geba dent ond so viel zom traga hent; i will euch a Ruah geba. [29]Nemmat mae Joch auf euch ond lernat ebbas vo mr; wissat r, i ben a Gmüatsmensch ond en maem Herza dren demüatig; nå hent ihr ao euer Seelaruah. [30]Weil mae Joch druckt et ond mae Last ischd et so schwer.

Zom Vrgleicha: *Vers 25-27:* II Lk 10,21f • *Vers 25:* Jes 29,14 G • *Vers 27:* 28,18; Joh 3,35; 13,3; 10,15 • *Vers 28:* Jer 31,25 • *Vers 29:* Jer 6,16; Jes 28,12.

Jesus ond dr Sabbat: 12 1-8

12 Selligsmål ischd dr Jesus ama Sabbat übers Feld gloffa. Saene Jünger hent Honger ghet ond hent Ähra gropft ond Körner gessa. [2]Mô des d Pharisäer gseha hent, hent se glei zon am gsaed: Då guck no, was daene Jünger dent, des'schd fae am Sabbat vrbota. [3]Nå håt r zo nen gsaed: Hent r no et glesa, was dr David dao håt, môn r mit saene Manna Honger ghet håt? [4]Då ischd r en s Gotteshaus naeganga ond håt mit en dia Schaobrot gessa, dia môn r hätt et essa därfa ond saene Leut ao et, weil dia für d Priaster dågwea send. [5]Oder hent r et s Gsetz glesa, dass am Sabbat d Priaster da Sabbat et haeliga dent ond oenaweg koe Schuld et auf sich ladat? [6]I sag euch: Då gôht s om ebbas graeßers als wia om da Tempel. [7]Wann ihr gmerkt hättat, was des hôeßt: *Barmherzigkaet will i ond et Opfer,* na datat ihr et oschuldige Leut vrurtoela. [8]Dr Menschasoh ischd nämlich ao über da Sabbat dr Herr.

Zom Vrgleicha: *Vers* 1-8: II Mk2,23-28; Lk 6,1-5 • *Vers* 1: Dtn 23,26 • *Vers* 3: 1Sa 21,2-7 • *Vers* 4: Lev 24,5-9 • *Vers* 7: Hos 6,6; Mt 9,13.

Dr Jesus macht am Sabbat oem d Håd gsond: 12 9-14

[9]Môn r von sell weiterganga ischd ond en a Synagog naekomma ischd, [10]då ischd oener gwea, der håt sae Håd nemme rega könna. Nå hent dia gfrågt, ob mr am Sabbat ao ebber gsond macha darf, dass se ebbas gega an hattat hao könna. [11]Nå håt r zo nen gsaed: Wer von euch, der mô bloß oe Schåf håt, wann des ama Sabbat en a Loch naehagla dät, mô des et packa ond rausziaga dät? [12]Om wiaviel ischd nå a Mensch maeh wert als wian a Schåf? Nå därf mr ao am Sabbat ebbas Guats doa. [13]Nå saed r zo dem Menscha: Streck amål dae Håd naus! ond der håt se nausgstreckt ond ischd gsond wôra wia andere ao. [14]Nå send dia Pharisäer nausganga ond hent mitanander vrhechlat, wia se an am oauffälligsta vrschwenda lassa könnte.

Zom Vrgleicha: *Vers 9-14:* II Mk 3,1-6; Lk 6,6-11 • *Vers 9-14:* Lk 14,1-6 • *Vers 10:* Lk 13,16; Joh 5, 9f • *Vers 11:* II Lk 13,15; 14,5; Joh 5,9f • *Vers 14:* Mk 11,18; Lk 19,47; Joh 5,18.

Dr Jesus ischd am Herrgott sae Knecht: 12 15-21

[15]Mô des dr Jesus gmerkt håt, ischd r sell fortganga, ond viele send mitganga, ond er håt se älle gsond gmacht. [16]Ond r håt en ågeba, se solle jå nex von am romschwätza, [17]dass des gschieht, was dr Profet Jesaja gsaed håt: [18]*Guck, des ischd mae Knecht, den môn i mr rausgsuacht han, mae Liaber, der mô mir gfällt bis en d Seel nae. Auf den leg i maen Gaest, der duat de Haeda mae Recht ausrichta.* [19]*Der duat et zanka ond romschreia, von dem saener Stemm hörst nex auf dr Gass.* [20]*A omknickts Meerröhrle bricht der et ab, ond en Docht, der mô no glostat, druckt der et voll aus, bis r am Recht zom Sieg vrholfa håt.* [21]*Ond älle Völker dent ihr Hoffnong en den setza.*

Zom Vrgleicha: *Vers 15-16:* II Mk 3,7-12; Lk 6,17-19 • *Vers 18:* Jes 42,1-4; Mt 3,17.

Dr Jesus macht en Bessena gsond:
12 22-37

[22]Nå hent se an Bsessena zon am bråcht, der ischd blend ond taobstomm gwea, ond den håt r gsond gmacht, dass der wieder håt schwätza ond gucka könna. [23]Ond älle Leut hent gstaont ond gmoent: Des sei am End dr Davidssoh, auf den mô se schao lang warte. [24]Mô des d Pharisäer ghört hent, håt s glei ghôeßa: Des kå doch gar et anders sae, als dass der d Dämona mit am Oberteufel vrjagd! [25]Dr Jesus håt guat gmerkt, was dia denkat, und håt zo nen gsaed: A jedas Reich, des mô en sich selber ooes ischd, gôht da Bach na, ond koe Stadt ond koe Haus, mô mr bloß no mitananander händlat ond Krach håt, kå bstanda. [26]Ond wann oe Teufel da andera vrjagd, nå ischd r mit sich selber ooes, wia will r nå no herrscha? [27]Ond wann i mit am Oberteufel Dämona austreib, mit was dent s nå eure Söh? Dia werat euch schao saga, wia recht ihr hent. [28]Wann i aber mit am Gaest von Gott Dämona vrtreib, nå ischd zo euch am Herrgott sae Reich komma. [29]Oder kå vielleicht oener e ma Starka saem Haus aebrecha ond ällas ausraema, wann r et den Starka vôrher gfesslat ond åbonda håt? Nå kån r doch erst ällas klaua. [30]Oener, der mô et mit mr ischd, der ischd gega me! Ond wer et mit mr sammla duat, der vrstraet wieder, was schao beianander gwea ischd! [31]Drom sag e euch: A jeda Sünd ond ao s Lästera vrgibt dr Herrgott de Menscha; aber gega da Haeliga Gaest lästera, des vrgibt r et. [32]Wann oener gega da Menschasoh ebbas saed, des vrgibt r, aber gega da Haeliga Gaest ebbas saga, des wird et vrgeba, en dera Welt et ond ao et en dr andera. [33]Bist a guater Baum, nå brengst a guats Obst, bist a fauler Baum, nå brengst a fauls Obst. Was da für a Baum bist, des sieht mr an dem, was an dr wächst. [34]Ihr Schlangabruat, wia könnat ihr ebbas Guats saga, môn r enna drenna erdamend send? Mô s Herz voll ischd drvo, des sprudlat oem ao aus am Maul. [35]Aus ama guata Menscha kommt ao ebbas Guats raus, weil r em Herza drenna guat ischd; ond a baeser Mensch brengt bloß Liadrigkaeta aus sich raus, weil r em Herza dren erdamend ischd. [36]I sag euch bloß: D Menscha müaßat amål am Jüngsta Dag für a jedas oguate Wörtle Rechaschaft geba. [37]Aus dem, was da gsaed håsch, wirst amål dae Rechtfertigong erfahra; ond aus dem, was da gsaed håsch, kriagst dae Urtôel.

Zom Vrgleicha: *Vers 22-23:* II Lk 11,14 • *Vers 24-30:* II Mk 3,22-27; Lk 11,15.17-23 • *Vers 31-32:* II Mk 3,28-30; Lk 12,10 • *Vers 33-35:* II Lk 6,43-45 • *Vers 22-24:* 9,32-34 • *Vers 24:* 10,25 • *Vers 28:* Lk 17,21 • *Vers 29:* Jes 49,24 • *Vers 33:* 7,17f • *Vers 34:* 3,7.

Se wöllat en Beweis: 12 38-42

[38]Nå hent a paar von de Gstudierte ond von de Pharisäer gmoent: Möester, also då muaßt schao ebbas Bsonders doa, wa mr dr ebbas glaoba sollat. [39]Er aber håt zo nen gsaed: A lompiga Hurasippschaft will a Wonder seha, aber se kriagat koe Zoeche als wia des vom Jona, [40]*der mô drei Däg ond drei Nächt em Bauch vo ma Otier gwea ischd*, so ischd dr Menschasoh drei Däg ond drei Nächt onter am Boda. [41]Am Jüngsta Dag werat d Leut von Ninive euer Generatio åklaga; weil dia ihr Gsennong g'änderat hent auf am Jona sae Predigt nô. Vôr euch stôht a anderer als wia dr Jona. [42]Em Gericht stôht d Königin von Süda gega dui Generatio auf ond spricht Urtôel über se, weil sui, von wôeß dr Herr mô, komma ischd, zom am Salomo

sae Weishaet lerna. Aber a Graeßerer als
wia dr Salomo stôht dåhanna.

Zom Vrgleicha: *Vers 38-42:* II Mk 8,11f; Lk 11,16.29-32 • *Vers 38-40:* 16,1-4; Joh 6,30; 1 Kö 1,22 • *Vers 40:* Jona 2,1; Mt 27,63 • *Vers 41:* Jona 3,5 • *Vers 42:* 1 Kö 10,1-10.

Dr Rückfall: 12 43-45

43Wann a osauberer Gôest vo ma
Menscha ausgfahra ischd, nå straenat r
omanander ond wôeß et, môn r bleiba
soll, ond fendat nex. 44Nå saed r sich: I
gang wieder nô, môn e herkomm. Ond
wann r kommt, nå ischd ällas leer ond
sauber ond aufgraemt. 45Nå gôht r nô
ond brengt no sieba andere mit, dia mô
no ärger send als wia er selber ond se
druckat oefach nae ond wohnat sell.
Ond nåchher gôht s sellam Menscha no
schlemmer als wia drvôr. So gôhts ao
mit dera menda Generatio.

Zom Vrgleicha: *Vers 43-45:* II Lk 11,24-26 • *Vers 45:* 2Petr 2,20.

Am Jesus sae Vrwandtschaft: 12 46-50

46Wian r no zo de Leut gsprocha håt,
då send sae Muader ond saene Brüader
draußa gwea ond hent am ebbas saga
wölla. 47Nå håt r dem, môn am s gsaed
håt, 48zor Antwort geba: Wer ischd mae
Muader ond wer send maene Brüader?
49Nå håt r d Händ über saene Jünger
ausgstreckt ond gsaed: Guck, des send
mae Muader ond maene Brüader!
50Wer da Willa duat von maem Vadr em
Hemmel, der ischd für mi a Bruader
ond a Schwester ond a Muader.

Zom Vrgleicha: *Vers 46-50:* II Mk 3,31-35; Lk 8,19-21.

A Red über s Hemmelreich:
13 1-53

13 An sellam Dag ischd dr Jesus aus
am Haus ganga ond an da See
nôgsessa. 2Et lang, nå send a Haufa Leut
beinam gwea, dass r en a Boot naegsessa
ischd; ond d Leut send am Ufer gstanda.
3Ond er håt en sae Botschaft mit Beispiel
aus am Leba erklärt.

S Beispiel vom Sämå: 13 4-9

4Ond r håt gsaed: Guck, då ischd a
Bauer nausganga zom Säa. Ond em Säa
ischd am manchs auf da Weg gfloga,
des hent glei d Vögel gfressa. 5Manchs
ischd am ao auf da seichta Boda gfloga,
des ischd zwår schnell aufgschossa, weil
dr Boda warm gwea ischd, 6mô aber d
Sonn drufblecht håt, ischd s vrbrennt,
ond weil s koene rechte Wurzla ghet
håt, ischd s halt vrdôrrat. 7Ond en d
Distla ischd am ao ebbas naegfloga,
ond weil dia schneller gwachsa send,
hent se s vrstickt. 8Aber s maeste ischd
auf da guata Boda gfalla ond håt Frucht
bråcht, etlichs hondertfältig, etlichs
sechzigfältig ond etlichs dreißigfältig.
9Machat no eure Ohra auf ond horchat
guat zua.

Zom Vrgleicha: *Vers 1-9:* II Mk 4,1-9; Lk 8,4-8 • *Vers 9:* 11,15.

Was des bedeutat: 13 10-23

10Ond d Jünger hent von am wissa wölla,
wårom r ällas en Beispiel zo de Leut
saga dät. 11Dådrauf håt r en zor Antwort
geba: Euch lässt s dr Herrgott vrstanda,
was r mit dera Welt em Senn håt, aber
de andere vrstandat s et, dene bleibt s
vrbôrga. 12Wer ebbas håt, der kriagt no
drzua, dass r no mach wia gnuag håt;
wer aber nex håt, dem nemmt mr ao
no da Rest. 13Drom sag i mae Sach en
Beispiel, weil dia mit offene Aoga nex
seahnat ond mit gsonde Ohra nex hörat

ond nex vrstandat.
[14]An dene wird wåhr, was dr Jesaja profezeit håt: *Höra werat r ond nex vrstanda, ond seha dent r, aber erkenna dent r nex.* [15]*Weil s Herz von dem Volk vrstockt ischd ond ihre Ohra send schwerhörig wôra ond ihre Aoga hent se zuagmacht, dass se jå nex seahnat, ond mit de Ohra nex hörat, ond em Herza nex vrstandat, ond sich jå et bekehrat, dass i se hôela kå.*
[16]Glückselig send aber eure Aoga, weil se seahnat, ond eure Ohra , weil se hörat. [17]Des därfat r mr glaoba, viele Profeta ond rechtschaffene Leut hättat ebbas drom geba, wann se des gseha ond ghört hätte, was ihr, aber se hent s et gseha ond et ghört.

Zom Vrgleicha: *Vers* 10-17 II Mk 4,10-12; Lk 8,9f • *Vers* 16-17 II Lk 10,23f • *Vers* 12: 25,29; Mk 4,25; *Vers* Lk 8,18; 19,26 • *Vers* 14f: Jes 6,9f; Joh 12,40; Apg 28,26f • *Vers* 17: 1 Petr 1,10-12.

D Deutong von dem Beispiel: 13 18-23

[18]Passat auf, was des Beispiel vom Sämå bedeutat: [19]Jedas Mål, wann oener a Wort vom Reich Gottes hört ond des et ernst nemmt, kommt glei dr Teufel ond nemmt ganz schnell weg, was en sae Herz naegsät wôra ischd, so schnell, wia dia Vögel auf am Weg ällas wegpickat. [20]Bei dem aber, mô dr Såma auf da seichta Boda gsät ischd, bei dem wirkt s Wort wian a Straohfeuer, der fraet sich ohaemlich; [21]aber weil r koe tiafgründiga Wurzel håt ond bloß em Augablick begaesterat ischd, drom hebt an des Wort et, wann s drwega brenzlich wird, oder wa mr n drwega vrfolga duat, nå sprengt r ab. [22]Aber der, bei dem mô dr Såma en d Distla naegråta ischd, des ischd der, mô s Wort hört, aber saene Sôrga ond sae Äwel-no-maeh-Wölla, des vrstickt des Wort en saem Herza, ond s kå et wachsa ond ao koe Frucht et brenga. [23]Aber der, bei dem mô dr Såma auf en guata Boda gfalla ischd, des ischd oener, mô s Wort hört ond vrstôht; der brengt ao a Frucht en saem Leba, dr oe hondertfältig, dr ander sechzigfältig ond a anderer halt dreißigfältig.

Zom Vrgleicha: *Vers 18-23* II Mk 4,13-20; Lk 8,11-15 • *Vers 22:* 1Tim 6,9.

S Okraut em Wôeza: 13 24-30

[24]A anders Beispiel håt r en ao vrzählt: S Hemmelreich ischd wia bei ma Må, der mô en guata Såma auf saen Acker gsät håt. [25]En dr Nacht, mô d Leut älle gschlåfa hent, håt am sae Faend Okrautsåma en da Wôeza naegschmissa ond ischd drvogschlicha. [26]Wia d Saat aufganga ischd ond Frucht ågsetzt håt, håt mr ao s Okraut gseha. [27]Nå hent dia Knecht beim Baura gmoent: Håsch du et en ganz saubera Såma auf daen Acker dao? Môher kommt nå des viele Okraut? [28]Der håt druf gsaed: Des håt mr oener naekeit, der mô mr et guat gsonna ischd. Nå hent saene Knecht gsaed: Sollat mr s rausropfa? [29]Noe, håt r gsaed, sonst ropfat r mr bloß da Wôeza ao mit raus. [30]Lent s halt mitanander wachsa bis en d Ernt, nå will e zo de Mähder saga, se solle zerst s Okraut zematraga ond vrbrenna ond nå da Wôeza en d Schuira doa.

Zom Vrgleicha: *Vers 24-30:* 13,36-43 • *Vers 30:* 3,12.

S Senfkorn: 13 31-32a

[31]Nômål a Beispiel håt r en vrzählt: S Hemmelreich ischd wian a Senfkörnle, des mô oener en saen Acker gsät håt. [32]Des ischd s kloenst Såmakörnle, mô s geit; aber wann s aufgwachsa ischd, nå ischd s graeßer als wia älle Gwächs em Garta ond wird a richtiger *Baum, mô nå en de Äst Vögala aenista dent.*

Zom Vrgleicha: *Vers 31-32:* II Mk 4,30-32; Lk 13,18f • *Vers 31:* 17,20; Lk 17,6 • *Vers 32:* Dan 4,8f.18; Ez 17,23.

Dr Sauertôeg: 13 32b-35

Ond no a Beispiel håt r en gsaed: 33 S
Hemmelreich ischd wian a Sauertôeg,
den mô a Frao en drei Schüssla Mehl
naegschafft håt, bis dui Säure ganz
drenna gwea ischd. 34 So håt dr Jesus de
Leut ällas mit Beispiel bråcht, aegentlich
håt r gar nex ohne Beispiel 35 zo nen
gsaed, dass gschieht, was dr Profet
schao gsaed håt: *I will en Beispiel saga,
ond Sacha saga, mô no koener gsaed håt,
seit d Welt gschaffa wôra ischd.*

Zom Vrgleicha: *Vers 33* II Lk 13,20f • *Vers 33:* 1 Kor 5,6; Gal 5,9. 34 II Mk 4,33f • *Vers 35:* Ps 28,2.

Was des Beispiel vom Okraut bedeutat: 13 36-43

36 Nå håt dr Jesus dia Leut standa lao
ond ischd ens Haus naeganga. Ond
saene Jünger hent an gfrågt: Kåsch d
ons des Beispiel vom Okraut em Acker
et erklära? 37 Des håt r dao ond gsaed:
Der mô den guata Såma nausstraet, des
ischd dr Menschasoh. 38 Der Acker, des
ischd d Welt; dr guate Såma, des send
dia Menscha, mô ganz fest ans Reich
vom Herrgott glaobat; ond s Okraut
send dia, mô sich nach am Faend von
Gott richtat. 39 Der Faend, mô s Baese
en d Menschaherza naestraet, des ischd
dr Teufel. Ond d Ernt, des ischd s End
von dera Welt, ond dia Mähder, des
send am Herrgott saene Engel. 40 Wia
mr s Okraut zemarecht ond vrbrennt,
so gôht s am End von dr Welt zua: 41 Dr
Menschasoh schickt saene Engel, ond
dia sammlat aus saem Reich älle dia
raus, mô andere zom Schlechta vrloetat
hent, ond dia, mô selber dao hent,
was Gott vrbota håt. 42 Dia werat en an
feuriga Ofa gschmissa, då bleibt en bloß
no s Heula ond Zähknirscha. 43 Nå werat
dia, mô sich nåch am Willa von onseram
Herrgott grichtat hent, strahla wia d
Sonn. Wann r Ohra hent, nå horchat no
gnao nô!

Zom Vrgleicha: *Vers 36-43:* 13,24-30 • *Vers 40:* 3,10; 7,19; Joh 15,6 • *Vers 41:* 24,31f • *Vers 42:* 8,12 • *Vers 43:* Dan 12,3; Mt 11,15.

Dr Schatz em Acker ond d Perle: 13 44-46

44 S Hemmelreich ischd wia a Schatz, der
mô e ma Acker vrbôrga ischd, den håt
oener gfonda ond glei wieder vrgraba.
Nå ischd r en saener Fraed nôganga ond
håt Hab ond Guat vrkaoft, dass r den
Acker håt kaofa könna. 45 Ond ao wieder
ischd s Hemmelreich wian a Händler,
der mô schöne Perla suacht. 46 Môn r nå
a ganz a Bsondera gfonda ghet håt, håt
r Hab ond Guat vrkaoft ond dui oena
Perle kaoft.

s Beispiel vom Fischnerz: 13 47-50

47 Wann am Herrgott sae Reich kommt,
48 nå ischd des wia wa mr a Netz en
s Wasser schmeißt ond voler Fisch
rausziagt, nå hockat se nô ond vrklaubat
s, de guate Fisch kommat en an Kretta,
aber de liadrige keiat se fort. 49 So ischd s
am End ao: D Engel gangat ond dent de
baese Leut von de guate schôeda 50 ond
en da feuriga Ofa keia. Sell geit s bloß
no Heula ond Zähblecka.

Zom Vrgleicha: *Vers 50:* 8,12.

Dr Schluß von dr Red: 13,51-53

51 Hent r des ällas kapiert? håt se dr Jesus
gfrågt. Jå, hent se drauf gsaed. 52 Nå håt r
no drzuagsaed: Drom ischd a Gstudierter
en dr Bibel, der mô für s Hemmelreich
glernt håt wian a Hausherr, der mô aus
saem Schatzkastle emmer ebbas Neus
ond ebbas Alts raushola kå. 53 Môn r nå
dia Beispiel älle vrzählt ghet håt, ischd r
en sellera Gegend fortganga.

No maeh Tata ond Belehronga für d Jünger: 13 54 - 17 27

Dr Jesus en Nazaret: 13 54-58

54Ond môn r en sae Hoemat komma
ischd, hât r en dr Synagog gsprocha,
dass dia bloß no gstaont hent: Môher
kommt ao des, dass der so gscheit ischd,
ond dass der sotte Wonder vollbrenga
kå? 55Ischd des et onseram Zemmermå
sae Jonger? Ond sae Muader ischd doch
d Maria ond saene Brüader, dr Jakobus
ond dr Josef ond dr Simon ond dr Judas,
56ond send et ao saene Schwestera älle
bei ons? Môn r des bloß her hât? Ond
se hent sich über an g'ärgerat. Aber dr
Jesus hât zo nen gsaed: 57Drhoem gilt
dr Profet halt nex, ond erst recht et bei
de Saenige. 58Ond weil se am nex glaoba
wölla hent, hât r sell bloß a paar Wonder
dao.

Zom Vrgleicha: *Vers 54-58:* II Mk 6,1-6a; Lk 4,16-30 • *Vers 54:* Joh 7,15 • *Vers 55:* Joh 6,42 • *Vers 57:* Joh 4,44.

Am Herodes sae Urtoel über da Jesus 14 1-2

14 Selligsmål hât dr König Herodes
vom Jesus ebbas läuta höra ond
hât zo saene Leut gsaed: 2Des ischd ganz
gwieß dr Johannes dr Taefer, der ischd
von de Daote zrückkomma, drom kån r
ao bloß sotte Wonder doa.

Zom Vrgleicha: *Vers 1-2:* II Mk 6,14-16; Lk 9,7-9.

Dr Johannes wird köpft: 14 3-12

3Dr Herodes hât nämlich da Johannes
vrhafta ond fessla lassa ond en s
Gfängnis dao wega dr Herodias, des
ischd saem Bruader Philippus sae Weib
gwea. 4Dr Johannes hât nämlich zon am
gsaed: Ao wann du dr König bist, därfst
du daem Bruader sae Frao et heirata.
5R hätt an jå gern ombrenga lassa, aber
r hât doch s Volk gfürchtat, weil dia
gsaed hent: Des ischd a Profet. 6Aber
mô dr Herodes Geburtsdag gfeierat hât,
hât dera Herodias ihr Tochter vôr de
Gäst en Tanz nôglegt, ond des hât dem
Herodes so gfalla, 7dass r a gschwora
hât, se könn sich wünscha, was se wöll.
8Ond ihr Muader hât se ågstiftat, dass
se gsaed hât: Gib mr am Johannes saen
Kopf auf ra Schüssel.
9Des hât da Herodes mächtig gwurmt,
aber weil r s vôr älle Gäst gschwora
ghet hât, 10hât r da Henker ens Gfängnis
gschickt ond da Johannes köpfa lassa.
11Ond saen Kopf hât mr auf ra Schüssel
dem Mädle brâcht, ond dui hât an ihrer
Muader geba.
12Ond saene Jünger send komma ond
hent saen Leichnåm beerdigt, ond nå
send se zom Jesus ganga ond hent s dem
gsaed.

Zom Vrgleicha: *Vers 3-12:* II Mk 6,17-29; Lk 3,19f • *Vers 4:* Lev 18,16; 20,21 • *Vers 5:* 21,26.

Faeftausad werat satt: 14 13-21

13Mô des dr Jesus ghört hât, ischd r von
sell fortganga mit am Schiff ganz abseits.
Mô des d Leut ghört hent, send se am
von überall nåchgloffa. 14Em Aussteiga
hât r dia viele Leut gseha ond des hât
an vrbarmt, ond r hât en ihre Kranke
gsond gmacht.
15Am Åbad hent saene Jünger gsaed:
Dåhanna ischd s öd, ond spät ischd
s ao, sag doch dene Leut, se solle sich
en de Dörfer ebbas zom Essa kaufa.
16Nå hât dr Jesus zo nen gsaed: Dia
brauchat doch et fortganga. Gebat ihr
en doch ebbas z Essad! 17Aber dia hent
gsaed: Mir hent nex wia faef Brot ond
zwôe Fisch. Nå hât r gsaed: 18Brengat
mr s her! 19Ond dia Leut hât r ghôeßa,
se solle ens Gras nôhocka, nå hât r
dia faef Brotloeb ond dia zwôe Fisch
gnomma ond en da Hemmel naufguckt,
a Dankgebet gsprocha ond dia Brotlôeb
ausananderbrocha ond saene Jünger
geba, ond dia hent s an dia viele Leut

weiter vrtôelt. [20]Ond älle hent gessa ond
send satt wôra. Nå hent se zsemaklaubt,
was an Brocka romglega ischd, zwölf
Kretta voll. [21]Des send ogfähr faeftausad
Männer gwea, ond natürlich ao no Fraoa
ond Kender, mo då gessa hent.

Zom Vrgleicha: *Vers 13-21:* II Mk 6,31-44; Lk 9,10-17; Joh 6,1-13 • *Vers 13-21:* 15,32-39; Mk 8,1-10 • *Vers 14:* 9,36 • *Vers 19f:* 2 Ko 4,43f.

Dr Jesus lauft auf am Wasser: 14 22-33

[22]Nå håt r saene Jünger ghôeßa, se solle
am anandernåch auf de ander Seit mit
am Boot vôrausfahra, [23]bis r d Leut
vrabschiedat hätt. Ond mô d Leut
hoemganga gwea send, ischd r alloe auf
an Berg naufgstiega zom ganz alloe beta;
ao no am Åbad ischd r alloe då gwea.
[24]Aber des Boot ischd schao mittla auf
am See gwea, ond s ischd schwer durch
d Wella komma, weil en dr Wend grad
entgegagstanda ischd. [25]Gega Môrga
ischd r zo nen komma, r ischd auf am
Wasser gloffa. [26]Mô des dia Jünger gseha
hent, send se arg vrschrocka ond hent
gmoent, des sei a Gspenst, ond hent
gschria vôr lauter Angst. [27]Nå håt dr
Jesus gsaed: Send no ruhig ond hent mr
koe sotta Angst, i ben s doch! [28]Nå håt
dr Petrus gsaed: Wann du s echt bist, nå
hôeß mi zo dr komma auf am Wasser. Er
håt an ågwiesa: [29]Also, komm ommer!
ond dr Petrus ischd aus dem Boot naus
ond auf am Wasser auf da Jesus zuagloffa.
[30]Auf oemål håt r en Wendstoß auf sich
zuakomma seha, nå håt r s mit dr Angst
zom doa kriagt, ond môn r so langsam
weggsackt ischd, håt r gschria: Herr, hilf
mir! [31]Dr Jesus håt natürlich glei sae Hånd
zon am nomgstreckt ond hat an ghoba
ond zon am gsaed: Du håsch aber en
kloena Glaoba, wårom håsch d denn
sotte Zweifel? [32]Ond mô se en s Boot
naegstiega gwea send, ischd dr Wend
aegschlåfa. [33]Aber dia Jünger en dem
Boot send vôr am auf d Knia gfalla ond
hent gsaed: Du bist tatsächlich onseram
Herrgott sae Soh.

Zom Vrgleicha: *Vers 22-33:* II Mk 6,45-52; Joh 6,15-21 • *Vers 23:* Lk 6,12. 26: Lk 24,37 • *Vers 31:* 8,26 • *Vers 33:* 16,16; 27,54; Mk 15,39; Joh 1,49; 11,27.

Dr Jesus macht en Kranka gsond en Gennesaret: 14 34-36

[34]Ond mô se drüba gwea send, hent se
bei Gennesaret åglegt. [35]Ond mô an
dia Männer sell kennt hent, håt sich
des glei wieder en dr ganza Gegend
romgsprocha, ond mr håt am älle
Kranke bråcht, [36]ond se hent bittlat, se
wölle bloß en Zipfel von saem Gwand
ålanga. Ond älle, mô des dao hent, send
gsond wôra.

Zom Vrgleicha: *Vers 34-36:* II Mk 6,53-56 • *Vers 36:* 9,21; Mk 5,28; Lk 6,19; 8,44.

Menschasatzonga: 15 1-20

15 Kommat doch då von Jerusalem
a paar Pharisäer ond Gstudierte
zom Jesus ond sagat: [2]Wårom haltat
sich aegentlich daene Jünger et an d
Vôrschrifta von onsere Altvôrdere?
Wårom wäschat dia d Händ et vôr
am Essa? [3]Då drauf håt r zor Antwort
geba: Ond wårom dent ihr wega eure
Vôrschrifta onseram Herrgott saene
Gebot et aehalta? [4]Gott håt befohla:
*Du sollst daen Vadr ond dae Muader
en Ehra halta!* ond ao: *Wer über saen
Vadr oder sae Muader fluacha duat, der
soll mit am Daot gstråft wera.* [5]Aber ihr
sagat: Wer zo saem Vadr oder saener
Muader saed: Was dr von mir zuastanda
dår, des bekomm i als a Opfer für da
Tempel, [6]der braucht saen Vadr ond sae
Muader nemme vrhalta. So machat ihr
mit eure Vôrschrifta onseram Herrgott
saene Gebot ogültig. [7]Schao dr Jesaja håt
gwißt, wia schaehaelig ihr send, môn r
gsaed håt:

[8]*Mit dr Gosch gebat dia mr d Ehr, aber*

en ihram Herza send se ganz weit von mr fort. 9 *Ganz omasonst dent se me ehra, weil se de Leut Vôrschrifta beibrengat, mô se sich selber ausdenkt hent.*

10 Ond r håt d Leut hergwonka ond zonen gsaed: Horchat amål her ond begreifat, was e euch sag. 11 Et was mr ens Maul naeschiabt, vroraenigt da Menscha, aber des, was aus dr Gosch rauskommt, des macht da Menscha dreckat.

12 Nå send d Jünger komma ond hent am gsaed: Wôeßt d ao, dass d Pharisäer sich aufregat über des, was da grad gsaed håsch? 13 Er aber håt en zor Antwort geba: A jeda Pflanz, mô mae Vadr em Hemmel et selber pflanzt håt, wird rausgropft! 14 Lent se no, des send blende Blendaführer. Wann aber a Blender en Blenda führa will, nå haglat bôede en a Loch nae.

15 Nå håt dr Petrus gsaed, r soll en des Beispiel erklära. Nå håt r gsaed: 16 Hent ihr des no et kapiert? 17 Wissat ihr et, dass ällas, was mr ens Maul naeschiabt, en da Bauch gôht ond ganz natürlich abgôht? 18 Was aber aus dr Gosch rauskommt, des kommt aus am Herza, ond des vroraenigt da Menscha. 19 Weil aus am Herza kommat ganz schlemme Gedanka: Mord, Ehebruch, Ozucht, Stehla, falsche Åschuldigonga, lästerliche Redensarta. 20 Des send dia Sacha, mô da Menscha so richtig dreckat machat; aber wann oener mit ogwäschene Händ ebbas ißt, des vroraenigt an et.

Zom Vrgleicha: *Vers 1-20:* II Mk 7,1-23 • *Vers 2:* Lk 11,38; Kol 2,21f • *Vers 4:* Ex 20,12; 21,17; Dtn 5,16; Lev 29.9 • *Vers 8:* Jes 29,13 G • *Vers 14:* 23,16.24; Lk 6,39 • *Vers 19:* Rö 1,29-31; 1 Kor 5,10f; Gal 5,19-21; Eph 5,3-5; Kol 3,5; 1 Tim 1,9f; 2 Tim 3,2-4; 1 Petr 4,3.

Et bloß Juda hent an Glaoba: 15 21-28

21 Nå ischd dr Jesus von sell fortganga ond en d Gegend von Tyrus ond Sidon nom. 22 Ond a Frao, mô sell gwohnt håt, ischd nô zon am ond håt gschria: Han Erbarma mit mr, Herr, du Davidssoh! Mae Tochter ischd furchtbar plågat vo ma Dämona. 23 Aber dr Jesus håt gar nex zon ra gsaed. Ond saene Jünger hent gmoent: Dua doch ebbas, dui schreit as jå saumäßig nåch! 24 Då håt r zor Antwort geba: I ben bloß zo de vrlorene Schåf em Volk Israel gschickt wôra. 25 Nå ischd se vôr am auf d Knia gfalla ond håt bittlat ond bettlat: Herr, hilf mr doch! I woeß mr nemme z helfat. 26 Nå håt r zon ra gsaed: Des ischd et recht, wa mr de Kender s Brot nemmt ond de Hond nôschmeißt. Nå håt se druf gsaed: 27 Du håsch jå recht, Herr, aber d Hond lebat doch ao von dene Bröckala, mô bei ihre Herra onter da Tisch na fallat. 28 Nå håt ra dr Jesus zor Antwort geba: O Weib, du håsch schao an graoßa Glaoba; s soll dr gscheha, wia da willst! Ond von dera Stond å ischd ihr Tochter gsond gwea.

Zom Vrgleicha: *Vers 21-28:* II Mk 7,24-30 • *Vers 22:* 9,27 • *Vers 24:* 10,6.

Viele Kranke werat gsond: 15 29-31

29 Ond wia dr Jesus weiterganga ischd, ischd r ans Meer von Galiläa komma ond auf an Berg naufgstiega ond nôgsessa. 30 Ond wieder send a Haufa Leut komma mit Låhme, Krüppel, Blende, Stomme ond no viele andere, ond hent s am oefach vor d Füaß nôglegt. 31 Ond er håt se gsond gmacht. Dia Leut send aus am Staona nemme nauskomma, mô se gseha hent, wia Taobstomme hent wieder schwätza könna, Krüppel gsond gwea send ond Låhme hent könna romlaofa ond Blende wieder ebbas gseha hent; ond se hent ågfanga ond da Gott vom Volk Israel priesa.

Zom Vrgleicha: *Vers 29-31:* Mk 7,31-37.

Viertausad kriagat z Essad: 15 32-39

[32]Nå håt dr Jesus saene Jünger zsemagruafa ond en gsaed: Dia Leut dent mr ohaemlich lôed, jetzt hent dia s schao drei Däg bei mr ausghalta ond hent nex z Essad, ond i will se et hongrig hoemschicka, sonst könnt s passiera, dass oene onterwegs omfallat. [33]Nå hent d Jünger zon am gsaed: Mô sollat mr denn dåhanna en dr Wüste so viel Brot herbrenga zom soviel Leut füatera? Saed dr Jesus zo nen: [34]Wiaviel Brot hent r denn? - Sieba ond a paar Fischla! hent se gsaed. [35]Nå håt r d Leut ghôeßa, se solle auf da Boda nôhocka, [36]håt dia sieba Brotlôeb gnomma ond dia Fischla ond a Dankgebet gsprocha, håt s ausananderbrocha ond de Jünger geba, ond dia hent s an d Leut vrtôelt. [37]Ond älle hent gessa ond send satt wôra. Ond nå hent se no sieba Kretta voll Brocka zsemaklaubt. Dia mô då gessa hent, [38]des send viertausad Männer gwea ohne d Fraoa ond d Kender. [39]Ond môn r dia viele Leut gsegnat ond hoemgschickt ghet håt, ischd r mit am Boot en d Gegend von Magadan gfahra.

Zom Vrgleicha: *Vers 32-39:* II Mk 8,1-10 • *Vers 32-39:* 14,13-21; Mk 8,32-44; Lk 9,10-17; Joh 6,1-13.

Dr Jesus vrwaegerat a Zôeche: 16 1-4

16 Ond a paar Pharisäer ond Sadduzäer send zon am komma ond hent an auf d Prob stella wölla ond an beta, r soll se a Zôeche seha lassa vom Hemmel. [2]Då drauf håt r en zor Antwort geba: Am Åbad sagat r: [3]Môrga wird s schö, weil dr Hemmel raot ischd; ond môrgnads, wann dr Hemmel raot ischd, nå sagat r: S geit a Wetter. Wia dr Hemmel aussieht, des könnat r deuta, aber was grad d Stond gschlaga håt, des kapierat r et. [4]A lompigs ond agschlages Gschlecht will ebbas seha, aber s geit koe anders Zôeche als wia des vom Jona. Ond r håt se standa lao ond ischd weggloffa.

Zom Vrgleicha: *Vers 1-4:* II Mk 8,11-13 • *Vers 1:* 12,38f; Lk 11,16.29-32; Joh 6,30.

Dr Sauertôeg von de Pharisäer ond Sadduzäer: 16 5-12

[5]Ond mô d Jünger ans ander Ufer komma send, hent se vrgessa ghet, a Brot mitznemma. [6]Aber dr Jesus håt se gwarnt: Hüatat euch bloß vôr dene Pharisäer ond Sadduzäer ihram Sauertôeg! [7]Nå hent se bei sich nåchdenkt ond gmoent: Weil mr koe Brot mitgnomma hent? [8]Aber dr Jesus håt gmerkt, dass se sennierat ond håt zo nen gsaed: Was sennierat r denn omanander wega dem Brot? Ihr hent en kloena Glaoba. [9]Kapierat ihr emmer no et ond denkat r nemme an dia faef Brot bei faeftausad Leut ond wiaviel Kretta r nå zsemaklaubt hent? [10]Ond ao et an dia sieba Brot bei viertausad Leut ond was r då zsemaklaubt hent? [11]Vrstandat ihr denn et, dass i gar nex vom Brot gsaed han zo euch? Ihr sollat euch vôr dene Pharisäer ond Sadduzäer ihram Sauertôeg en acht nemma. [12]Nå ischd en a Lichtle aufganga, dass r et da Sauertôeg zom Bacha gmoent håt, ond dass r se gwarnt håt vôr dem, was dia Pharisäer ond Sadduzäer für Lehra vrbrôeta dent.

Zom Vrgleicha: *Vers 5-12:* II Mk 8,14-21 • *Vers 6:* Lk 12,1 • *Vers 8:* Mk 6,52 • *Vers 9:* 14,21; Mk 6,44f • *Vers 10:* 15,38; Mk 8,9.

Am Petrus sae Erleuchtong: 16 13-20

[13]Môn r nå en d Gegend von Cäsarea Philippi komma ischd, håt r saene Jünger gfrågt, was d Leut sage, wer r sei. [14]Nå hent se gsaed: De oene sagat, du seiest dr Johannes dr Taefer, ond de andere moenat, dr Elija ond no andere schwätzat vom Jeremia oder a ma andera Profeta. [15]Ond was moenat ihr, wer i sei? håt r s gfrågt. [16]Då håt am dr Simon Petrus zor Antwort geba: Du

bist dr Christus, onseram lebendiga
Gott sae richtiger Soh. [17]Nå håt dr Jesus
zon am gsaed: Simon, du Soh vom Jona,
du därfst de glückselig preisa; Flôesch
ond Bluat hent dir des et saga könna,
des håt di mae Vadr em Hemmel wissa
lassa. [18]Aber ao i sag dr ebbas: Du bist
dr Petrus, ond auf den Felsa will i mae
Kirch baua, ond koe Macht ond koe
Daot kå so stark sae, dass se ra ebbas åhao
könnte. [19]**I will dr da Schlüssel geba ens
Hemmelreich nae; ond was du en dera
Welt ausschliaßa duast, des soll ao em
Hemmel ausgschlossa sae, ond was du
en dera Welt freisprecha duast, des soll
ao em Hemmel freigsprocha sae.** [20]Nå
håt r saene Jünger ganz arg ans Herz
glegt, se solle jå neamerd saga, er sei dr
Messias.

Zom Vrgleicha: *Vers 13-20:* II Mk 8,27-30; Lk 9,18-21 • *Vers 14:* 14,2; Mk 6,14f; Lk 9,7f • *Vers 16:* 14,33; 27,54; Mk 15,39; Joh 1,49; 11,27 • *Vers 18:* Joh 1,42; Hiob 38,17; Spr 16,13; Jes 38,10 • *Vers 19:* 18,18; Joh 20,23; 21,15-17.

Dr Jesus saed zom ersta Mål sae Leida å: 16 21-23

[21]Von sell å håt dr Jesus ågfanga, saene
Jünger klar z macha, dass r nach
Jerusalem nauf muaß ond er von de
Älteste ond de oberste Priaster ond de
Gstudierte viel ausstanda müaß. Mr
dät an ombrenga, aber nach drei Däg
dät r wieder aufgweckt wera. [22]Nå håt
an dr Petrus auf d Seit gnomma ond am
vôrghalta ond gsaed: Gott vrhüat s, des
därf onter gar koene Omständ passiera.
[23]Nå håt r da Petrus oefach standa lao
ond zon am gsaed: Gang mr aus am
Weg, Satan! Du machst me bloß irr!
Du kåsch et denka wia onser Herrgott,
sondern bloß wian a Mensch.

Zom Vrgleicha: *Vers* 21-23: II Mk 8,31-33; Lk 9,22 • *Vers* 21: 17,22f; 20,18f; 26,2; Mk 9,31; 10,32-34; Lk 9,44; 18,31-33.

Am Jesus nåchfolga hôeßt, sae Kreuz traga: 16 24-28

[24]Nå håt dr Jesus zo saene Jünger gsaed:
Wann oener mit mr ganga will, der
muaß sich selber vrlaegna ond sae Kreuz
ånemma ond mir nåchlaofa. [25]Weil, wann
oener sae Leba en Sicherhaet brenga
will, der vrliert s; wann aber oener
wega mir oms Leba kommt, der fendat
s. [26]Was håsch d am End drvo, wann
da de ganz Welt gwennst ond drbei
s ewige Leba auf s Spiel setza duast?
Oder was kåsch d zom Tausch åbiata,
dass da dae Leba wieder gwennst?
[27]Weil dr Menschasoh kommt en dr
Herrlichkaet von saem Vadr mit saene
Engel, *ond nå wird abgrechnat, ond nå
kriagt a jeder, was r vrdeant håt.* [28]I sag
euch: Von dene, mô dåhanna standat,
send a paar, dia erfahrat et, was dr Daot
ischd, bis se da Menschasoh en saenera
Königsherrschaft hent komma seha.

Zom Vrgleicha: *Vers 24-28* II Mk 8,34- 9,1; Lk 9,23-27 • *Vers 24:* 10,38f; Lk 14,27 • *Vers 25:* 10,39; Lk 17,33; Joh 12,25 • *Vers 27:* Ps 62,13; 28,4 • *Vers 28:* 10,23; 24,34.

D Vrklärong: 17 1-9

17 Sechs Däg später nemmt dr Jesus
da Petrus ond da Johannes ond
da Jakobus mit auf an hoha Berg nauf.
[2]Auf oemål ischd dr Jesus vôr ihre
Aoga drå ganz omgwandlat gwea: Sae
Gsicht håt gleuchtat wia d Sonn, ond
saene Klôeder send weiß wôra wia a
ganz grells Licht. Ond jetzt guck: [3]Auf
oemål send dr Mose ond dr Elia bei nen
gstanda ond hent mit am gsprocha. [4]Dr
Petrus håt ågfanga ond zom Jesus gsaed:
Guat, dass mr då send. Wann du s willst,
nå bau e dåhanna drei Zelt auf, für di
oes ond für da Mose oes ond ao für da
Elija oes. [5]Ond wian r no gschwätzt håt,
guck, då ischd a ganz hella Wolk über en
aufzoga, ond aus dera Wolk raus håt a

Stemm gsaed: *Des ischd mae liaber Soh,*
der gfällt mr so, drom horchat guat no,
was der saed! [6]Mô des dia Jünger ghört
hent, send se auf ihr Gsicht nôgsonka
ond hent an Haedarespekt kriagt. [7]Ond
dr Jesus ischd zo nen ganga ond håt se
ågregt ond gsaed: Jetzt standat no auf
ond hent koe Angst et! [8]Mô se aber
aufguckt hent, hent se neamerd gseha
als wia da Jesus alloe.
[9]Mô se nå da Berg wieder na send, håt dr
Jesus zo nen gsaed: Sagat neamerd ebbas
von dem, was r gseha hent, bis dass dr
Menschasoh von de Daote aufgweckt
wôra ischd!

Zom Vrgleicha: *Vers 1-9:* II Mk 9,2-10; Lk 9,28-36 • *Vers 2:* 2Petr 1,16-18 • *Vers 5:* Ps 2,7; Jes 42,1; Dtn 18,15; Mt 3,17.

Dr Elija kommt wieder: 17 10-13

[10]Ond saene Jünger hent nå gfrågt:
Wårom sagat de Gstudierte, zerst müaß
dr Elija komma? [11]Då drauf håt r en
gsaed: Dr Elija kommt wohl ond biagt
älles wieder grad; [12]aber i sag euch: Dr
Elija ischd schao dågwea, ond koener håt
an kennt, aber dao hent se mit am, was se
wölla hent. So muaß ao dr Menschasoh
leida. [13]Nå hent se kapiert, dass r vom
Taefer Johannes gsprocha håt.

Zom Vrgleicha: *Vers 10-13:* II Mk 9,11-13 • *Vers 11:* Mal 3,23 G • *Vers 12:* 11,14 • *Vers 13:* Lk 1,17.

Dr Jesus macht a Kend gsond von saene Åfäll: 17 14-21

[14]Mô se nå wieder bei de Leut gwea send,
ischd a Må vôr am Jesus auf d Knia gfalla
[15]ond håt gsaed: Herr, erbarm de über
maen Bua, der ischd mondsüchtig ond
leidat furchtbar drå; manchmål fliagt r
ens Feuer oder ens Wasser nae. [16]Ond
i han an daene Jünger bråcht, aber dia
hent am et helfa könna. [17]Nå håt dr Jesus
gsaed: Ihr oglaebigs ond vrdrehts Volk,
wia lang muaß i bloß bein ich sae? Wia
lang soll i des aushalta? Brengat an her!
[18]Ond dr Jesus håt am droht ond der
Dämon ischd ausgfahra von am, ond
von dera Stond å ischd der Bua gsond
gwea. [19]Nå send dia Jünger zom Jesus
ganga ond hent alloe mit am gsprocha
ond gsaed: Wårom hent jetzt mir des
et könna? - [20]Weil ihr oefach zwenig
Vrtraua hent, håt r druf gsaed, ond des
muaß e euch ao no saga: Wann ihr en
Glaoba hent ao bloß wia a Senfkörnle
so graoß, nå könnat ihr zo dem Berg
dåhanna saga: Gang sell nom, nå duat
der des, ond euch ischd nex maeh
omöglich.
[21]*(Aber dui Art brengst et naus als wia
mit beta ond fasta.) *spätera Aefüagong

Zom Vrgleicha: *Vers 14-21:* II Mk 9,14-29; Lk 9,37-42 • *Vers 20:* 21,21; Mk 11,23; Lk 17,6.

De zwôet Åkündigong vom Leida: 17 22-23

[22]Mô se nå en Galiläa omananderzoga
send, håt dr Jesus zo nen gsaed: Dr
Menschasoh wird bald en Menschahänd
ausglieferat. [23]Dia brengat an om, ond
am dritta Dag wird r wieder aufgweckt.
Nå send se ganz niedergschlaga gwea.

Zom Vrgleicha: *Vers 22-23:* II Mk 9,30-32; Lk 9,43b-45 • *Vers 22:* 16,21; 20,18f.

Tempelsteuer: 17 24-27

[24]Mô se nach Kapernaum naekomma
send, send d Tempelsteueraetreiber zom
Petrus komma ond hent an gfrågt: Zahlt
euer Môester koe Tempelsteuer? Der
håt gsaed: [25]Wårom ao et? Ond môn r
ens Haus naekomma ischd, ischd am
dr Jesus zvôrkomma ond håt an gfrågt:
Was moenst, Simon, nemmat d König
von dera Erde da Zoll oder d Steura
von ihre Kender oder von de Fremde? -
[26]Von de Fremde natürlich, håt dr Petrus
gsaed. Nå brauchat de ôegene Kender
nex zahla, håt dr Jesus gsaed. [27]Aber

dass se sich et onaedig aufregat, gôhst
jetzat an da See na ond anglest a bißle.
Ond dr erst Fisch, den mô da fangst,
dem machst d s Maul auf, då ischd a
Geldstückle dren. Dådrmit zahlst d d
Steuer für ons bôede!

Zom Vrgleicha: *Vers 24:* Ex 30,13.

Über s Leba en dr Gemaende: 18 1-35

Wer ischd dr Graeßte: 18 1-5

18 Selligsmål send d Jünger zom
Jesus komma ond hent an gfrågt:
Wer ischd em Hemmel dr Graeßte? 2Nå
håt r a Kend vor se nôgstellt 3ond gsaed:
I kå euch bloß saga: Wann ihr et anderst
werat, so wia d Kender, nå kommat ihr
überhaopt et ens Hemmelreich nae.
4Bloß oener, der mô von sich selber so
wenig hermacht wia des Kend då, der
ischd dr Graeßt em Hemmelreich. 5Ond
oener, der mô a sottigs Kend en maem
Nåma bei sich aufnemmt, der nemmt mi
auf.

Zom Vrgleicha: *Vers 1-5:* II Mk 9,33-37; Lk 9,46-48 • *Vers 1:* Lk 22,24-26 • *Vers 3:* 19,14; Mk 10,15; Lk 18,17.

Vrführa ond vrachta von de Kloene rächt sich: 18 6-11

6Aber oem, der mô so en Kloena, mô
an mi glaobt, vrführa duat, däts besser
ganga, wa mr am en Mühlstoe om da
Hals hänga dät ond dät an em Meer
vrsäufa. 7Gnad dera Welt, mô d Leut
da Glaoba vrlierat. Vrführonga müaßat
zwår sae; aber Gnad dem Menscha, von
dem mô d Vrführong kommt! 8Wann
de dae Håd oder dae Fuaß vrführa
will, nå hao an ab ond schmeiß an fort.
Für di ischd s äwel no besser, wann da
vrstümmlat oder låhm ens ewige Leba
naegôhst, als wia wann da mit zwôe
Händ ond zwôe Füaß em ewiga Feuer
vrgôhst. 9Ond wann de dae Aog vrführa
möcht zom Sündiga, nå reiß s raus ond
kei s fort! Du bist besser drå, wann da
mit oem Aog ens ewige Leba ganga
därfst, als dass da mit bôede Aoga en d
Höll mit ihram Feuer gschmissa wirst.
10Guckat, dass r et oen von dene Kloene
vrächtlich machat, weil des sag e euch:
11Dene ihre Engel standat no ällamål vôr
maem Vadr em Hemmel.

Zom Vrgleicha: *Vers 6-9:* II 9,42-47; 17,1f • *Vers 8:* 5,30 • *Vers 9:* 5,29.

S Beispiel vom vrlorena Schåf: 18 12-14

12Was moenat ihr? Wann oener hondert
Schåf håt ond oes vrdlauft am, läßt r nå
et dia naenanaenzg en de Berg standa,
ond gôht r et ond guckt nåch dem, mô
vrdloffa ist? 13Ond wann r s fendat, nå
sag i euch, fraet r sich über des oene
maeh als wia über dia naenanaenzg,
môn am et vrdloffa gwea send. 14So will
euer Vadr em Hemmel ao et, dass oener
von dene Oefältige da Weg et fendat.

Zom Vrgleicha: *Vers 12-14:* II Lk 15,4-7 • *Vers 12:* Joh 10,11-15.

Wia mr en dr Gemaende vrfahra soll: 18 15-20

15Wann dae Bruader ebbas Orechts dao
håt, nå gang nô ond schwätz mit am
onter vier Aoga. Wann r auf de hört,
nå håsch d daen Bruader zrückgwonna.
16Will r et höra, nå nemm nômål oen
oder zwôe mit, weil s hôeßt jå, *a jeda
Sach soll auf zwôe oder drei Zeuga
beruha*. 17Wann r då ao et drauf höra
will, nå brengt mr s vôr d Gemaende !
Ond wann r ao auf d Gemaende et höra
will, nå kåsch d an wia an Haeda oder an

Zöllner achta. [18]I sag euch: **Was ihr auf dr Erda ausschliaßa dent, des ischd ao em Hemmel ausgschlossa, ond was ihr auf dr Erde freisprecha dent, des ischd ao em Hemmel freigsprocha.** [19]Ond nômål sag e euch: Wann zwôe von euch auf dera Erde oes werat, om was se bitta wöllat, des kriagat dia von maem Vadr em Hemmel. [20]Weil då mò zwòe oder drei beianander send en maem Nâma, då ben i ao drbei.

Zom Vrgleicha: *Vers 15:* Lev 19,17; Lk 17,3 • *Vers 16:* Dtn 19,15 • *Vers 18:* 16,19; Joh 20,23 • *Vers 19:* 7,7 • *Vers 20:* 28,20.

D Pflicht zom Vrzeiha: 18 21-22

[21]Nå ischd dr Petrus zom Jesus nôganga ond håt an gfrågt: Wia oft, Herr, muaß i des e ma Bruader vrzeiha, wann r mr ebbas orechts åduat? Langat sieba Mål? Saed dr Jesus zon am: I sag dr: [22]Et bloß *sieba* Mål, *siebzg Mål* sieba Mål?

Zom Vrgleicha: *Vers* 22: Gen 4,24; Lk 17,4.

S Beispiel vom obarmherziga Kerle: 18 23-35

[23]Drom ischd des mit am Hemmelreich wia mit ama König, der mô mit saene Beamte håt wölla abrechna. [24]Môn r ågfanga håt, hent se am oen drherbråcht, bei dem håt d Kass om Riesabeträg et gstemmt. [25]Ond weil r et håt zahla könna, håt der König d Åweisong geba, dass er ond sae Weib ond saene Kender ond ällas, was r ghet håt, vrkauft wera sott, dass d Kass wieder gstemmt hätt. [26]Nå ischd der Beamte vôr am auf d Knia gsonka ond håt bittlat ond bettlat: Laß mr doch a bißle Zeit, nå zahl e dr ällas zrück! [27]Nå håt s den König vrbarmt ond r håt an laufa lassa, ond saene Schulda håt r am ao no gschenkt. [28]Môn r nå nausganga ischd, håt r en Kollega troffa, der môn am a paar Mark schuldig gwea ischd, den håt r glei am Kraga packt ond am d Gurgel zuadruckt ond an ågschria: Wann willst mr endlich mae Geld zrückzahla? [29]Sae Kolleg håt an ao auf de Knia bittlat: Laß mr doch no a paar Dag Zeit, nå kriagst jå dae Geld. [30]Då håt der sich aber gar et drauf aeglassa ond håt an aesperra lassa, bis r zahlt hätt. [31]Mô des saene andere Kollega gseha hent, was då passiert ischd, nå hent dia nemme könna ond hent ihram Herra dui Sach vrzählt. [32]Nå håt an sae Herr nômål komma lassa ond håt zon am gsaed: Du bist doch a ganz baeser Mensch, i han dir dae ganza Schuld gstricha, weil da me so åbettlat håsch; [33]hättest du jetzat et ao könna barmherzig sae zo daem Kollega wian i? [34]Ond sae Herr håt en arga Zôrn kriagt ond håt an de Folterknecht ausglieferat, bis r ällas zahlt hätt, was r schuldig gwea ischd. [35]So macht s mae Vadr em Hemmel amål mit euch, wann ihr anander et vrgeba wöllat.

Zom Vrgleicha: *Vers 23:* 25,19 • *Vers 27:* Lk 7,42 • *Vers 35:* 6,15.

DR JESUS EN JUDÄA OND JERUSALEM. 19 1 – 25 46

Dr Weg nach Jerusalem: 19 1 – 20 34

19 **Dr Aufbruch noch Jerusalem:** 19 1-2

Mo nå dr Jesus sae Red ghalta ghet håt, ischd r von Galiläa aufbrocha über da Jordan nom nach Judäa. [2]Ond ohaemlich viel Leut send am nåchganga, ond er håt se sell gsond gmacht.

Zom Vrgleicha: *Vers 1-2:* II Mk 10,1; Lk 9,51.

Von dr Schoedong: 19 3-12

[3]Nå send Pharisäer komma ond hent an auf d Prob stella wölla ond hent gsaed: Därf mr des, dass mr sae Weib oefach fortschicka kå, wann oem ebbas et paßt? [4]Då drauf håt r gsaed: Hent ihr des no et glesa, dass dr Schöpfer d Menscha von Åfang å als Må ond Weib gschaffa håt [5]ond gsaed: *Drom vrläßt a Må Vadr ond Muader ond hangt an sae Weib nô, ond dia zwôe send oe Leib?* [6]Nå send s doch nemme zwôe, nå ischd s oe Leib. Ond was Gott zsemabråcht håt, des soll dr Mensch et schôeda. [7]Nå hent se gmoent: Wårom håt nå dr Mose em Gsetz d Erlaobnis geba zom an *Schaedebriaf* schreiba ond s Weib fortschicka? - Weil ihr so hartherzig send, [8]håt r nå gsaed, håt dr Mose d Erlaobnis geba, dass r eure Weiber fortschicka könnat; aber am Åfang ischd des et so gwea. [9]Drom sag i euch: Wer sae Weib fortschickt, außer wega Ozucht, ond a andera heiratat, der bricht sae Ehe. [10]Nå hent dia Jünger zon am gsaed: Wann dui Sach mit Må ond Weib so stôht, nå ischd s doch gscheiter, mr läßt s Heirata ganz bleiba. [11]Aber nå håt r gmoent: Et älle kapierat des, was i euch jetzat sag, des kapierat bloß dia, dene mô s geba ischd! [12]S geit nämlich oene, dia könnat wega ma Geburtsfehler koene Kender zeuga, ond s geit Kastrierte, dia mô von andere Menscha kastriert wôra send, ond s geit ao sotte, dia mô sich selber kastriert hent, dass se en da Hemmel kommat. Des soll vrstanda wer will.

Zom Vrgleicha: *Vers 3-9:* II Mk 10,2-12 • *Vers 4:* Gen 1,27 • *Vers 5:* Gen 2,24 • *Vers 7:* Dtn 24,1; Mt 5,31 • *Vers 9:* 5,32; Lk 16,18; 1 Kor 7,10f.

Dr Jesus segnat d Kender: 19 13-15

[13]Nå hent se Kender zon am bråcht, r soll en d Händ auflega ond für se beta. Nå hent dia Jünger gschempft. [14]Aber dr Jesus håt glei gsaed: Lent dia Kenderla no zo mr komma, ond wehrat en s et; weil dene ghört s Hemmelreich! [15]Ond môn r en d Händ aufglegt ghet håt, ischd r von sell fortganga.

Zom Vrgleicha: *Vers 13-15:* II Mk 10,13-16; Lk 18,15-17 • *Vers 14:* 18,3.

Dr reiche Jüngleng: 19 16-30

[16]Ond guck, nå ischd amål oener komma ond håt zon am gsaed: Môester, was muaß i no Guats doa, dass i s ewig Leba kriag? Zo dem håt r gsaed: [17]Wårom frågst du mi, was guat ischd? S geit bloß oen, mô guat ischd. Wann du ens ewig Leba willst, nå halt oefach saene Gebot ae! - [18]De wehle? saed der. Nå håt dr Jesus gsaed: *Du sollst koen ombrenga, du sollst et stehla, du sollst koe falschs Zeugnis geba.* [19]*Daen Vadr und dae Muader sollst ehra, ond daen Nächsta sollst möga wie de selber.* [20]Saed der Jüngleng: Des dur e doch schao ällas, was fehlt mr nå no? [21]Nå håt dr Jesus zon am gsaed: Wann da ganz vollkomma sae willst, nå gang ond vrkauf ällas, was da håsch, ond vrschenk s de arme Leut, nå håsch d en Schatz em Hemmel; ond nå kommst d ond gôhst mit mr! [22]Mô der des ghort håt, ischd r ganz gknickt gwea ond äneganga, weil r halt doch zemlich viel Sach ghet håt. [23]Nå håt dr Jesus zo saene Jünger gsaed: Des muaß e euch saga: a Reicher håt s schwer, dass r en da Hemmel nae kommt. [24]I sag euch nômål: Aender gôht a Kamel durchs Löchle von r a Nådel als wian a Reicher en s Hemmelreich. [25]Mô des dia Jünger ghört hent, send se ganz gschlaga gwea ond hent gfrågt: Ja wer kå nå überhaopt no selig wera?

[26]Nå håt dr Jesus oen nach am andera åguckt ond gsaed: Bei de Menscha gôht des omöglich, *aber bei Gott ischd ällas möglich.* [27]Nå håt dr Petrus zon am gsaed: Guck, mir hent doch ällas standa ond liega lassa ond send mit dr ganga,

was hent mir då aegentlich drvo? [28]Håt
am dr Jesus zor Antwort geba: Des kå
i euch zuasaga: Wann ällas neu wôra
ischd, wann dr Menschasoh auf am
Thron sitzt, nå sitzat ihr, mô mit mr
ganga send, ao auf zwölf Throna ond
richtat über dia zwölf Stämm von Israel.
[29]Ond a jeder, der mô Häuser oder
Brüader oder Schwestera oder Vadr,
Muader, Weib ond Kender ond saene
Äcker wega mir vrlassa håt, der kriagt
des vielfältig wieder ond s ewige Leba
drzua. [30]A mancher aber, der mô ganz
vôrna drå ischd, ischd nåchher dr Letzt,
ond dr Letzt ischd nåchher dr Erst.

Zom Vrgleicha: *Vers 16-30:* II Mk 10,17-31; Lk 18,18-30 • *Vers 18:* Ex 20,12-16; Dtn 5,16-20 • *Vers* • Lev 19,18 • *Vers 21:* 6,20; 8,22 • *Vers 26:* Gen 18,14; Hiob 42,2; Lk 1,37 • *Vers 28:* 25,31; Offb 3,21; Lk 22,30 20,16; Lk 13,30.

S Beispiel von de Arbaeter em Wengert: 20 1-16

20 Mit am Hemmelreich ischd des
so wia bei ama Wengerter, der mô
môrgnads ganz bald nausganga ischd,
zom Leut denga. [2]Mit dene ischd r oes
wôra om en Sechser für da Dag ond håt
se nausgschickt en da Wengert. [3]Am
naena rom håt r auf am Märkt a paar
Arbaetslose romstanda seha [4]ond zo
dene gsaed: Gangat no naus en maen
Wengert, i gib euch nå schao, was recht
ischd. [5]Nå send dia ganga. So håt r s
ao mittags am drei gmacht. [6]Ond zom
Schluß ischd r am faefa nômål ganga ond
håt no a paar gfonda ond zo dene gsaed:
Wårom schaffat ihr da ganza Dag nex?
- Weil ae neamerd donga håt, hent dia
gsaed. [7]Nå håt r zo nen gsaed: Nå gangat
no auße en maen Wengert! [8]Am Åbad
nå håt der Wengerter zo saem Vrwalter
gsaed: Hol dia Arbaeter ond zahl en da
Loh aus, fang aber bei de Letzte å bis
zo de Erste! [9]Nå send dia komma, mô
am faefa ågfanga hent, ond a jeder håt an
Sechser kriagt. [10]Mô nå dia dråkomma
send, mô zerst ågfanga hent, hent dia
gmoent, sia kriage maeh. [11]Aber se hent
ao bloß en Sechser kriagt. Des håt en
natürlich et passt, ond se hent nå gega da
Wengerter gmeckerat ond gsaed: [12]Dia,
mô zletzta komma send, hent bloß a
gotziga Stond gschafft ond du håsch
ons dia gleichgstellt, mô mir d Last ond
d Hitz da ganza Dag hent traga müaßa.
[13]Då druf håt r nå zo oem von dene
gsaed: Fraend, i dua dr doch et orecht.
Bist et mit mr oes wôra om en Sechser?
[14]Nemm, was dr ghert ond gang! I will
aber dem, mô zletzta komma ischd so
viel geba wia dir. [15]Oder kå i mit maem
Sach et doa wian i will? Oder guckst
drom so neidig, weil e so guatmüatig
ben? [16]So send de Erste de Letzte ond de
Letzte de Erste.

Zom Vrgleicha: *Vers 8:* Lev 19,13; Dtn 24,15 • *Vers 16:* 19,30; Mk 10,31; Lk 13,30.

Dr Jesus saed zom dritta Mål sae Leida å: 20 17-19

[17]Mô dr Jesus nach Jerusalem nauf wölla
håt, håt r vôrer nômål dia Zwölf uf d Seit
gnomma ond zo nen gsaed: [18]Guckat, mir
gangat jetzat nach Jerusalem nauf, ond
da Menschasoh duat mr de Hohepriaster
ond de Gstudierte ausliefera, ond dia
dent an zor Todasstråf vrurtoela, [19]ond
nå dent se n an d Haeda ausliefera, dass
an dia vrspotta ond gôeßla ond kreuziga
dent, ond am dritta Dag drnåch wird r
wieder aufgweckt.

Zom Vrgleicha: *Vers 17-19:* II Mk 10,32-34; Lk 18,31-34 • *Vers 18f:* 16,21; 17,22f • *Vers 19:* 27,63; 20,6, Lk 9,22, 24,7.46, Apg 10,40, 1 Kor 15,4.

Vom Herrscha ond Deana: 20 20-28

[20]Nå ischd d Muader vom Zebedäus
saene Söh mit dene komma ond ischd
vôr am Jesus auf d Knia gsonka ond håt
an gfrågt, ob se an ebbas bitta dürft. Nå
håt r zon ra gsaed: [21]Was willst denn?

Saed se: Vrsprich mr, dass maene zwôe Söh amål en daem Königreich lenks ond rechts von dir sitza därfat. [22]Håt dr Jesus zor Antwort geba: Ihr wissat gar et, was des hôeßt, was r då vo mr vrlangat. [23]Könnat ihr den Kelch trenka, den mô i trenka muaß? - Des könnat mir, hent se gmoent. Saed r zo nen: Maen Kelch, den trenkat ihr ao! Aber wer lenks ond rechts vo mr sitzt, des zom vrtôela stôht mir et zua, des reglat mae Vadr. [24]Mô des de andere Zeah ghört hent, send se über dia zwôe Brüader grantig wôra. [25]Dr Jesus aber håt s hergruafa ond zo nen gsaed: Ihr wissat doch, wia d Fürsta ihre Völker onter Druck setzat ond de Graoße ihr Gwalt ausnutzat. [26]Aber so soll des bei euch et sae, [27]wer von euch graoß sae will, der soll de andere deana. Ond wer von euch dr Erste sae will, der muaß für älle dr Knecht sae. [28]So wia dr Menschasoh ao et komma ischd, dass mr am deana muaß, der ischd komma zom deana ond dass r sae Leba opferat als a Pfand für viele.

Zom Vrgleicha: *Vers 20-23:* II Mk 10,35-40 • *Vers 24-28:* II Mk 10,41-45; Lk 22,24-2 • *Vers 22:* 26,39; Joh 18,11 • *Vers 26:* 23,11; Mk 9,35; Lk 9,48 • *Vers 28:* Jes 53,12; 1Tim 2,6.

Zwôe Blende werat gsond: 20 29-34

[29]Ond mô se en Jericho weiterganga send, send en viel Leut nåchgloffa. Ond guck, [30]då send zwôe Blende am Roe ghockt, mô dia ghört hent, dass dr Jesus då vorbeigôht, hent se gschria: Herr, du Soh vom David, han Erbarma mit ons! [31]Nå hent dia Leut zo nen gsaed, se solle d Gosch halta ond koe so a Gschrôe macha. Aber nå hent dia erst recht gschria: Herr, du Soh vom David, han Erbarma mit ons! [32]Nå ischd dr Jesus standablieba ond håt s gfrågt: Was wöllat r denn, was soll e euch denn doa? - [33]Dass onsere Aoga aufgangat; Herr, den Wonsch hättat mr halt. [34]Nå håt dr Jesus Erbarma mit en ghet ond håt ihre Aoga ågregt; nå hent se wieder gseha ond send mit am ganga.

Zom Vrgleicha: *Vers* 29-34: II Mk 10,46-52; Lk 18,35-43 • *Vers* 29-34: 9,27-30 • *Vers* 30: 15,22.

Dr Jesus setzt sich mit saene Gegner ausanander: 21 1 - 23 39

Dr Aezug en Jerusalem: 21 1-11

21 Mô se schao ganz nåch bei Jerusalem gwea send en Betfage am Ölberg, [2]håt dr Jesus zwôe von de Jünger vôrgschickt ond zo nen gsaed: Gangat vôraus en des Dorf nae, då fendat r a Eslsstuat, dui ischd åbonda ond a Fülle drbei; dui bendat r weg ond brengat bôede zo mr. [3]Ond wann ebber ebbas saed, nå sagat r bloß: Dr Herr braucht s! nå lent se euch ganga. [4]Des ischd passiert, dass gschieht, was schao dr Profet gsaed håt, der mô saed: [5]*Sagat dr Tochter Zion: Guck, då kommt dae König, sanft, ond r reitat auf ra Eslsstuat ond auf a ma Fülle.*
[6]Dia Jünger send nôganga ond hent dao, was en dr Jesus gsaed håt. [7]Dui Eslsstuat ond des Fülle hent se bråcht ond ihre Klôeder draufglegt, ond er ischd nå naufgsessa. [8]Viel Leut hent ihre Klôeder wia en Teppich auf da Weg nôglegt; ond andere hent Palmawedel von de Baem ragschnitta ond auf da Weg nôgstraet. [9]Dia viele Leut, mô vôr am ond henter am gloffa send, hent ganz laut *Hosianna* gschria, am Soh vom König David. *Lob ond Preis dem, mô då kommt em Nåma vom Herrgott! Hosianna en dr*

Höh! [10]Ond mô dr Jesus en Jerusalem aezoga ischd, [11]ischd de ganz Stadt aus am Häusle gwea, ond mr håt gsaed: Wer ischd ao des? Dia Leut hent nå gsaed: Des ischd dr Profet Jesus von Nazaret!

Zom Vrgleicha: *Vers 1-11:* II Mk 11,1-11; Joh 12,12-19 • *Vers 5:* Jes 62,11; Sach 9,9 • *Vers 9:* Ps 118,25f; Mt 23,39; Lk 13,35.

Dr Jesus em Tempel: 21 12-17

[12]Nå ischd dr Jesus en da Tempel naeganga ond håt älle, mô då Handel trieba hent, nausgjagt ond dene Geldwechsler ihre Tisch omgschmissa ond dene Taubahändler ihre Ständ [13]ond håt zo nen gsaed: En dr Bibel stôht gschrieba: *Mae Haus ischd a Haus zom Beta! Aber ihr machat a Raeberhöhle draus.* [14]Ond em Tempel send Blende ond Låhme zon am komma, ond er håt se gsond gmacht. [15]Mô dia Gstudierte ond d Hohepriaster gseha hent, was r für Wonder vollbråcht håt, ond dia Kender, mô em Tempel gschria hent: Hosianna am Soh vom König David! nå send se grantig wôra [16]ond hent zon am gsaed: Hörst d, was dia då sagat? Nå håt r zo nen gsaed: Ja hent ihr des no et glesa: *Aus am Mund von Kender ond Kendla håsch dr du dae Lob ågrichtat?* [17]Ond r håt se standa lassa ond ischd naus aus dr Stadt, nach Betanien, ond ischd sell über d Nacht blieba.

Zom Vrgleicha: *Vers* 12-17 II Mk 11,15-19; Lk 19,45-48; Joh 2,13-16 • *Vers* 13: Jes 56,7; Jer 7,11 • *Vers* 16: Ps 8,3.

Dr vrdôrrte Feigabaom: 21 18-22

[18]Môn r nå môrgnads wieder en d Stadt naeganga ischd, håt r Honger ghet. [19]Då ischd am Weg a Feigabaum gstanda, då ischd r nôganga ond håt nex drå gfonda als wia Blätter. Ond r håt zon am gsaed: Von dir kommt koe Frucht maeh auf ewig! Ond glei ischd der Feigabaum vrdôrrat. [20]Mô des dia Jünger gseha hent, hent se sich gwonderat ond gsaed: Wia ischd ao des zuaganga, dass der Feigabaum glei vrdôrrat ischd? [21]Dådrauf håt en dr Jesus zor Antwort geba: Des kå i euch saga: Wann ihr en Glaoba hent ond et zweiflat, nå dent ihr et bloß, was mit dem Feigabaum passiert ischd, nå könnat ihr zo dem Berg dåhanna saga: Lupf de ond laß de ens Meer falla! Nå passiert des. [22]Ond ällas, mô ihr em Glaoba drom beta dent, des kriagat r ao.

Zom Vrgleicha: *Vers 18-19:* II Mk 11,12-14 • *Vers 20-22:* II Mk 11,20-25 • *Vers 19:* Lk 13,6 • *Vers 21:* Lk 17,6 • *Vers 22:* 7,7.

Am Jesus sae Vollmacht: 21 23-27

[23]Ond môn r en da Tempel komma gwea ischd, send dia Hohepriaster ond de Älteste vom Volk zon am nôganga, môn r grad gsprocha håt, ond hent zon am gsaed: Aus was für a Vollmacht duast du des, ond wer håt dir überhaopt dui Vollmacht geba? Aber dr Jesus håt en zor Antwort geba: [24]I will euch ao ebbas fråga, ond wann r mr des sagat, nå sag i euch ao, en was für a Vollmacht i des dua! Môher ischd am Johannes sae Taof komma? Vom Hemmel oder von Menscha? Nå hent se senniert: [25]Sagat mr: Vom Hemmel, nå saed r: Wårom hent r am nå nex glaubt? [26]Wa mr aber sagat: Von Menscha, nå kommat ons d Leut aufs Dach, weil dia da Johannes für en Profeta haltat. [27]Nå hent se am Jesus zor Antwort geba: Mir wissat des et. Nå håt r zo nen gsaed: Nå sag i euch ao et, en was für a Vollmacht i des dua!

Zom Vrgleicha: *Vers 23-27:* II Mk 11,27-33; Lk 20,1-8 • *Vers* 26: 14,5.

S Beispiel von de ogleiche Söh: 21 28-32

[28]Was moenat r ao dådrzua? Då håt oener zwôe Söh ghet. Nå håt r zom oena gsaed: Gôhst d naus en da Wengert ond schaffst d ebbas! - [29]Jå, håt der gsaed, aber

ganga ischd r et. Nå håt r s zom andera ao gsaed, [30]der håt aber glei gsaed, er häb koe Lust. Nåchher håt s an aber greut, ond r ischd nå doch ganga. [31]Dr wehl von dene zwôe håt nå jetzt dao, was dr Vadr wölla håt? Nå hent se gsaed: Dr zwôete! Saed dr Jesus zo nen: Des sag e euch: D Zöllner ond d Hura gangat vôr euch ens Hemmelreich nae. [32]Weil dr Johannes ischd zo euch komma ond håt euch da rechta Weg zaegt, ond ihr hent am nex glaubt. D Zöllner ond d Hura aber hent am glaubt. Mô ihr des gseha hent, nå håt s euch et amål hentadrae lôed dao, dass r am wenigstens nå glaubt hättat.

Zom Vrgleicha: *Vers 31:* Lk 7,29f.

s Beispiel von de baese Wengerter:
21 33-46

[33]I sag euch no a Beispiel: A Grondbesitzer håt *en Wengert åglegt ond en Zao romzoga ond a Kelter ond an Wachturm baut;* des håt r ällas an Wengerter vrpachtet ond ischd fortzoga. [34]Om d Waeles rom håt r saene Knecht nôgschickt, se solle saene Trauba hola. [35]Nå hent dia Wengerter am oena recht da Ranza vrhaoa, da andera hent se zdaot gschlaga, ond da dritta hent se gstoenigt. [36]Nå håt r nômål ond no maeh Knecht gschickt, mit dene hent se s grad so gmacht. [37]Zletzt håt r nå saen Soh nôgschickt, weil r denkt håt: Maen Soh werat se doch respektiera. [38]Mô dia Wengerter den Soh gseha hent, hent se zoanander gsaed: Der erbt amål ällas, den brengat mr om, nå könnat mr ällas bhalta. [39]Ond se hent an packt ond zom Wengert nausdruckt ond an ombråcht. [40]Wann jetzat der Besitzer von dem Wengert kommt, was moenat r, was der mit dene Wengerter duat? [41]Nå hent se zon am gsaed: Der facklat et lang mit sotte üble Brüader ond schlaet se zdaot, ond da Wengert vrpachtet r an sotte, mô ao ihr Toel alieferat. [42]Nå håt dr Jesus zo nen gsaed: Ja hent ihr no et en dr Bibel glesa: *Der Stoe, mô d Maurer gmoent hent, se könne an et braucha, der ischd zom Eckstoe wôra. Dr Herrgott selber håt des Wonder vôr onsere Aoga drå dao?* [43]Drom sag e euch: S Gottesreich wird euch gnomma, nå kriagt s a anders Volk, des mô ao saene Frücht brengt.

[44]Ond wann oener uf den Stoe nofällt, der fährt ausanander; wann der aber auf oen nauffällt, den druckt r zsema.* (*Der Vers ischd später aegfüagt wora.)

[45]Dia Hohepriaster ond Pharisäer hent nå gmerkt, dass r mit dene Beispiel sia gmoent håt; [46]nå hätte se an schao gern vrhafta lassa, aber wega de Leut hent se sich et traut, weil an dia für en Profeta ghalta hent.

Zom Vrgleicha: *Vers 33-46:* II Mk 12,1-12; Lk 20,9-19 • *Vers 33:* Jes 5,1f G • *Vers 35:* 22,6 • *Vers 42:* Ps 118,22f G • *Vers 46:* 26,4f.

S Beispiel von dr Königshaozich:
22 1-14

22 Ond dr Jesus håt weitergmacht mit Beispiel ond gsaed: [2]Mit am Hemmelreich ischd s grad wia mit ama König, der mô saem Soh d Haozich ausrichtat. [3]Der håt saene Leut fortgschickt zom auf d Haozich lada, ond dia hent et komma wölla. [4]Nå håt r andere fortgschickt ond zo nen gsaed: Sagat zo de gladene Gäst: Guckat, i han a schöna Mahlzeit nôgrichtat, maene Ochsa ond s Mastvieh send gmetzgat, ond ällas ischd fertig; jetzat kommat no auf d Haozich. [5]Aber dia hent då gar et druf g'achtat ond send oefach weitergloffa, dr oe auf saen Acker, [6]dr ander an sae Gschäft, de übrige aber hent dia Haozichsbitter packt ond vrdöfflat ond ombråcht.

[7]Nå håt der König en graoßa Zôrn kriagt ond saene Soldata nômarschiera lassa zom dia Mörder ombrenga ond ihr Stadt åzenda. [8]Nå håt r zo saene Leut

gsaed: D Haozich ischd zwår ågrichtat, aber de Gladene send et würdig gwea. [9]Drom gangat an d Stråßaecka ond ladat uf d Haozich ae, wen r fendat. [10]Ond selle Knecht send naus auf d Stråß ond hent älles zsemabråcht, was se gfonda hent, Schlechte ond Rechte, ond dr Festsaal ischd voll gwea mit Gäst. [11]Mô nå der König nae ischd zom saene Gäst ågucka, nå håt r oen gseha, der mô koe Festgwand åghet håt. [12]Zo dem håt r gsaed: Du, Fraendle, wia bist denn du då raekomma ond håsch koe Festgwand å? Dr sell håt koe Wörtle saga könna. [13]Nå håt der König zo de Diener gsaed: Bendat am d Händ ond d Füaß zsema ond schmeißat an naus en d Nacht! Då ischd s graoß Heula ond Zähkleppera. [14]Weil s send viele aeglada, aber bloß a paar send auserwählt.

Zom Vrgleicha: *Vers* 1-10: II Lk 14,15-24 • *Vers* 6: 21,35 • *Vers* 13: 8,12.

Ob mr am Kaeser Steura zahla soll: 22 15-22

[15]Nå send dia Pharisäer ganga ond hent mitanander vrhechlat, wia se an mit saene ôegene Wort schnappa könnte. [16]Ond se hent ihre Studenta mit am Herodes saene Spitzel zon am gschickt, ond dia hent saga müaßa: Môester, mir wissat, dass du d Wåhrat saesch ond ons da Weg so zaegst, wia s dr Herrgott will, ond ao koe Blatt vôr s Maul nemmst. Weil du et auf d Leut guckst, sag ons jetzat: [17]Was moenst du? Därf mr des, am Kaeser Steura zahla, oder et?

[18]Mô aber dr Jesus gmerkt håt, wia hentrlistig dia gfrågt hent, håt r zo nen gsaed: Warom wollat ihr mi aegentlich raelega, ihr Schaehaelige? [19]Gebat amål en Steuerpfennig her! [20]Nå hent se en Sechser zaegt. Ond r håt se gfrågt: Wem sae Bild ischd des ond dui Schrift? - [21]Em Kaeser saes, hent se gsaed. Nå saed r zo nen: Nå gebat am Kaeser, was am Kaeser zuastôht, ond am Herrgott was am Herrgott zuastôht! [22]Mô se des ghört hent, hent se sich gwonderat ond nex maeh von am wölla ond send fortganga.

Zom Vrgleicha: *Vers 15-22:* II Mk 12,13-17; Lk 20,20-26.

Wia ischd nå des mit dr Auferstehong? 22 23-33

[23]Am gleicha Dag send no Sadduzäer zon am komma, dia mô behaoptat, s gäb koe Auferstehong et, ond hent an gfrågt: [24]Môester, dr Mose håt gsaed: *Wann oener stirbt ond koene Kender håt, nå soll sae Bruader dui Witwe heirata ond drfür sôrga, dass sae Bruader zo Nåchkomma kommt.* [25]Då send bei ons sieba Brüader gwea. Ond dr erst ischd glei nach dr Haozich gstôrba, ond weil r koene Kender ghet håt, håt r sae Weib saem Bruader henterlassa. [26]Grad so ischd s ao mit am zwôeta ond dritta ganga bis zom siebta. [27]Am End ischd ao des Weib gstôrba. [28]Em wehla von dene sieba ghert dui en dr Auferstehong nå als Weib? Schliaßlich hent se se jå älle ghet. Då håt dr Jesus zor Antwort geba: [29]Ihr send em Irrtom, weil r d Schrifta et kennat ond ao onseram Herrgott sae Kraft et. [30]Weil en dr Auferstehong geit s koe Heirata ond Vrheirata, weil dia wia d Engel em Hemmel send. [31]Was aber d Auferstehong von de Daote åbelangt, hent ihr et glesa, was ons von onseram Herrgott gsaed ischd, der mô saed: [32]I ben dr Gott vom Abraham ond dr Gott vom Isaak ond dr Gott vom Jakob? Der ischd koe Gott von Daote, bloß von Lebendige. [33]Mô des dia viele Leut ghört hent, hent se bloß no gstaont.

Zom Vrgleicha: *Vers 23-33:* II Mk 12,18-27; Lk 20,27-38 • *Vers 23:* Apg 23,8 • *Vers 24:* Dtn 25,5f; Gen 38,8 • *Vers 32:* Ex 3,6.

S wichtigste Gebot: 22 34-40

[34]Mô dia Pharisäer ghört hent, dass r dene Sadduzäer s Maul gstopft håt, send se älle sell nôganga; [35]ond oener, der mô sich bsonders guat auskennt håt en de Gsetz, håt an auf d Prob stella wölla ond gfrågt: [36]Môester, was moenst du, wehlas s wichtigst Gebot ischd em Gsetz? [37]Zo dem håt r gsaed: Du sollst daen Gott ganz en daem Herza, en daener Seel ond en daem ganza Denka dren han. [38]Des ischd s graeßte ond s erste Gebot. [39]S zwôete ischd aber grad so wichtig: Du sollst daen Mitmenscha genaoso möga, wia da de selber mågst. [40]An dene zwôe Gebot hangt s ganz Gsetz ond ao d Profeta.

Zom Vrgleicha: *Vers 34-40:* II Mk 12,28-31; Lk 10,25-28 • *Vers 37:* Dtn 6,5 • *Vers 39:* Lv 19,18; Mt 5,43; Rö 13,9; Gal 5,14 • *Vers 40:* 7,12.

Wem sae Soh ischd dr Messias?: 22 41-46

[41]Nå håt dr Jesus dia Pharisäer, mô då beianander gwea send, gfrågt: [42]Was moenat ihr vom Messias? Wem sae Soh ischd des? Sagat dia: Am David saener. [43]Nå saed r zo nen: Wårom håt nå dr David, mô dr Gaest von Gott en am gwea ischd, ehn en »Herra« ghôeßa, môn r gsaed håt: [44]Dr Herrgott håt zo maem Herra gsaed: Sitz an mae rechta Seit nô, bis dr i älle daene Faend onter daene Füaß leg? [45]Wann an dr David en Herra hôeßt, wia kå der nå sae Soh sae? [46]Nå håt koener maeh a Wörtle saga könna, ond s håt sich ao koener maeh traut, an ebbas z frågat.

Zom Vrgleicha: *Vers 41-45:* II Mk 12,35-37a; Lk 20,41-44 • *Vers 44:* Ps 110,1 • *Vers 46:* Mk 12,34; Lk 20,40.

Warnong vor de Gstudierte ond de Pharisäer: 23 1-39

23 Nå håt sich dr Jesus om dia viele Leut ågnomma [2]ond zo nen gsaed: Auf am Mose saem Stuahl hockat de Gstudierte ond d Pharisäer. [3]Älles, was dia euch sagat, des dent r; aber was se dent, des därfat r et nåchmacha, weil dia sagat s bloß, aber se dent s et. [4]Dia ladat de Menscha schwere Lasta auf da Buckel, ond selber machat se koen Fenger kromm, dass se ebbas dätat. [5]Ebbas Guats dent se bloß, wann s d Leut seahnat. Se machat recht brôete Gebetsreama rom ond extra lange Zottla an ihre Klôeder nô; [6]ama Festessa wöllat se emmer ganz oba nôhocka ond en dr Synagog ganz vôrna nô, ond [7]von älle wöllat se grüaßt wera auf am Märkt, ond d Leut sotte halt älle »Rabbi« zo nen saga. [8]Lassats no et zua, dass se Rabbi zon ich sagat; s ischd nämlich bloß oener euer Môester, ond ihr send älle Brüader. [9]Hôeßat ao koen »Vadr« en dera Welt, weil bloß oener euer Vadr ischd em Hemmel. [10]S soll euch ao koener en Lehrer hôeßa; ihr hent bloß oen Lehrer, da Messias. [11]Wann aber oener graeßer sae will als wia de andere, nå soll r euer Knecht wera. [12]Oener, mô sich selber graoß macha will, der kommt onta nå, ond wann oener selber na gôht, der kommt oba nô.

[13]O Waehdag euch, ihr Gsetzaslehrer ond Pharisäer, ihr Schaehaelige, dass ihr vôr de Menscha s Hemmelreich zuaschliaßat. Weil ihr kommat et nae, ond dia, mô naewöllat, dia lent r et nae. (14) [15] O Waehdag euch, ihr Gsetzaslehrer ond Pharisäer, ihr Schaehaelige, ihr fahrat em Meer ond en älle Länder omanander, dass r bloß oen gotziga zom Juda machat; ond wann r s wôra ischd, nå machat r en Höllasoh aus am, der mô nômål so schlemm ischd wian ihr. [16] O Waehdag euch, ihr blende Führer, mô de Leut weismachat: Beim Tempel schwöra, des gilt et; aber wa mr beim Gold vom Tempel schwöra dät, nå sei mr drå bonda. [17]Ihr Deppa ond

Blendgänger, was ischd denn graeßer,
s Gold oder dr Tempel, von dem mô s
Gold haelig wôra ischd? Ond: 18Wann
oener beim Altar schwöra dät, des dät
et gelta; wann aber oener bei dem Opfer
schwöra dät, des mô obadrauf leit, der
sei drå bonda.
19Ihr Blende, was ischd denn graeßer,
dr Altar oder s Opfer, 20des mô auf am
Altar haelig wird? 21Wann oener beim
Altar schwört, nå schwört r beim Altar
ond bei ällam was drauf ischd; 22ond
wann oener beim Tempel schwört, nå
schwört r beim Tempel ond bei dem,
mô dren wohnt. Ond wann oener beim
Hemmel schwört, nå schwört r bei
onseram Herrgott saem Thron ond bei
dem, mô drauf sitzt.
23O Waehdag euch, ihr Gsetzaslehrer ond
Pharisäer, ihr Schaehaelige, da Zehnta
gebat r vom Pfefferminz ond vom Ånis
ond vom Kemmich, ond de wichtige
Gsetz, dia lent r außer acht: s Recht
ond d Barmherzigkaet ond dass mr
treu ischd. Des sottat r doa ond s ander
et lassa. 24Ihr blende Führer, dia mô d
Mucka seihat, aber s Kamel vrschluckat.
25O Waehdag euch, ihr Gstudierte ond
Pharisäer, ihr Schaehaelige, von außa
machat r eure Becher ond Schüssla
sauber, aber enna drenna ischd lauter
zsemagstohles Zeugs. 26Du blender
Pharisäer, mach zersta des sauber, was
drenna ischd en daem Becher, nå wird
r ao von außa sauber. 27O Waehdag
euch, ihr Gsetzaslehrer ond Pharisäer,
ihr Schaehaelige, ihr send wia frisch
gweißlate Gräber, dia mô von außa schö
ausseahnat, aber enna drenna send se
voller alte Boener ond Lompagruscht.
28So seahnat ihr von außa vôr de Leut aus,
dass mr euch für gerecht halta könnt,
aber enna drenna send r schaehaelig,
ond s Gsetz dent r ao et achta.
29O Waehdag euch, ihr Gsetzaslehrer
ond Pharisäer, ihr Schaehaelige, dass
r de Profeta ihre Gräber bauat ond de
Gerechte ihre Grufta schmücka dent,
30ond nå sagat r: Wann mir selligsmål
glebt hätte, mir hätte ons an de Profeta
koe Bluatschuld aufglada. 31Dådrmit
gebat r selber zua, dass r d Söh send
von dene, mô d Profeta ombråcht hent.
32Machat no s Måß von eure Alte voll.
33Ihr Schlangabruat, wia wôllat r denn
vôr dr Höllaschtråf drvokomma? 34Guckat,
i schick euch Profeta ond weise Leut
ond Gsetzaslehrer; a paar brengat r om
ond naglat s ans Kreuz, ond a paar dent
r en eure Synagoga gôeßla ond gangat
en nåch von oener Stadt en de ander
ond lent s et en Ruah, 35dass euch ällas
Bluat, des mô jemåls auf dem Erdboda
von gerechte Menscha vrgossa wôra
ischd, auf da Kopf kommt, vom Abel
å, der mô a Gerechter gwea ischd, bis
zom Bluat vom Sacharja, am Berechja
saem Soh, den mô ihr zwischam Tempel
ond am Altar nôgmeichlat hent. 36Des
sag e euch: Des kommt ällas über des
Gschlecht.
37Jerusalem, Jerusalem, mô d Profeta
ombråcht werat ond mô dia gstoenigt
werat, mô dr Herrgott gschickt håt, wia
oft han i daene Kender zsemabrenga
wölla, wia a Henn ihre Heahla onter
ihre Flügel sammlat ond ihr hent pardu
et wölla. Guckat no! 38Euer Haus, des
vrkommt. 39Weil i sag euch: Ihr seahnat
mi jetzt nå nemme, bis r selber sagat:
*Gott sei Dank, der kommt em Auftrag
von onseram Herrgott.*

Zom Vrgleicha: *Vers 1-36:* II Mk 12,37b-40; Lk 20,45-47; 11,39-52 • *Vers 16-22:* II 5,34-37 37-39: II Lk 13,34f • *Vers 2:* Mal 2,7f • *Vers 5:* Ex 13,9; Num 15,38f • *Vers 6:* Lk 14,7 • *Vers 8:* Joh 13,13 • *Vers 11:* 20,26f; Mk 9,35; 10,43; Lk 9,48; 22,26 • *Vers 12:* Lk 14,11; 18,14 • *Vers 13:* Lk 11,52 • *Vers 16:* 5,34 • *Vers 23:* Lv 27,30; Lk 18,12 • *Vers 25:* Mk 7,4 • *Vers 27:* Apg 23,3 • *Vers 28:* Lk 16,15 • *Vers 30:* 5,12; Apg 7,52 • *Vers 33:* 3,7 • *Vers 34:* 1 Thess 2,15 • *Vers 35:* Gen 4,8.10; 2Chr 24,20-22 • *Vers*

38: Jer 12,7; 22,5; Ps 69,26 • *Vers 39:* Ps 118,26; Mt 21,9.

Über de letzte Sacha: 24 1 - 25 46

D Zerstörong vom Tempel wird ogsaed: 24 1-2

24 Ond dr Jesus ischd zom Tempel nausganga ond håt weiter wölla. Nå hent am saene Jünger d Tempelbauta zaega wölla. [2]Nå håt r aber zo nen gsaed: Seahnat ihr des et ällas? Des sag e euch: Dåhanna bleibt koe Stoe auf am andera, des machat se älles am Erdboda gleich.

Zom Vrgleicha: *Vers 1-2:* II Mk 13,1f; Lk 21,5f • *Vers 2:* Lk 19,44.

A Not fangt å: 24 3-14

[3]Môn r nå auf am Ölberg gsessa ischd, send saene Jünger alloe zon am komma ond hent gsaed: Sag ons doch, wann des passiert ond an was mr des sieht, dass du wiederkommst ond s mit dr Welt auf s End zuagôht. [4]Ond dr Jesus håt en zor Antwort geba ond gsaed: Passat guat auf, dass ich koener durchananander brengt! [5]Weil då viel kommat onter maem Nåma ond sagat: I ben dr Messias, ond machat viel Leut irr. [6]Ihr brauchat et vrschrecka, wann überall Kriag åfangat ond se bloß no von Kriag schwätzat, des muaß so komma, aber des ischd no et s End. [7]Weil då gôht nå oe Volk auf s ander los ond oe Land auf s ander, ond nå geit s Hongersnöt ond Erdbeba. [8]Des ischd aber erst dr Åfang vom End, wia d Weha bei ra Geburt. [9]Nå dent se euch ans Messer liefera ond euch ombrenga ond wega maem Nåma dent se euch hassa auf dr ganza Welt. [10]Ond nå fallat viele ab ond vrråtat anander ond hent en Haß aufananander. [11]Ond viele falsche Profeta tretat auf ond machat viele irr. [12]Ond weil mr de oefachste Gsetz nemme achta duat, hent de maeste ao koe Liebe maeh. [13]Wann aber oener bei dr Stang bleibt bis ans End, der ischd grettat. [14]Erst wann s Evangeliom vom Herrgott saem Reich auf dr ganza Welt bei älle Völker predigt wora ischd, erst nå kommt s End.«

Zom Vrgleicha: *Vers 3-14:* II Mk 13,3-13; Lk 21,7-19 • *Vers 6:* Dan 2,28 G • *Vers 7:* Jes 19,2 • *Vers 9-13:* 10,17-22; Joh 16,1-4 • *Vers 11:* 24,23 • *Vers 14:* 28,19.

D Not ischd am ärgsta: 24 15-28

[15]Wann r nå da *Grauahafta Vrwüster*, von dem mô dr Profet Daniel schreibt, wann r den em Haeligsta standa seahnat – wer des liest, der soll då bsonders drauf achta – [16]nå sollat dia von Judäa en d Berg vrschwenda; [17]der mô grad auf am Dach ischd, soll jå et naganga zom sae Hab ond Guat aus am Haus schaffa, [18]ond wann oener auf am Feld draußa ischd, därf r jå et hoem zom en Mantel hola. [19]Gnad dene Fraoa, mô grad en andere Omständ send oder grad stilla dent en selle Däg. [20]Dent drom beta, dass euer Flucht et en da Wenter oder auf an Sabbat trifft! [21]Weil was då passiert, *des ischd schlemmer als wia ällas, was von Åfang å gwea ischd ond was s ao nemme geit.* [22]Ond wann selle Däg et kürzer gmacht wera däte, nå kämt koe Mensch maeh drvo; aber dene zliab, mô sich Gott rausgsuacht håt, werat selle Däg kürzer gmacht. [23]Wann nå oener zon ich saed: Guck amål, då ischd dr Messias, oder sell, glaobats bloß et! [24]Weil då falsche Messias ond falsche Profeta drherkommat ond graoße Wonder nôbrengat, dass, wann s gôht, ao dia irr werat, mô rausgsuacht send. [25]Guckat no, i han s euch vôrher gsaed.

[26]Wa'mr zon ich saed: Guckat nô, r ischd draußa en dr Wüste, nå gangat et naus; guckat nô, r ischd en dr Stub drenna, nå glaobat s et. [27]Wia dr Blitz, der mô vom Osta bis en da Westa nomzuckt, so ischd s, wann dr Menschasoh wiederkommt.

28 Mô a Aas leit, då vrsammlat sich d
Geier.

Zom Vrgleicha: *Vers 15-28:* II Mk 13,14-23; Lk 21,20-24 • *Vers 15:* Dan 9,27; 11,31; 12,11; 1Makk 1,54 • *Vers 17:* Mk 13,15f; Lk 17,31 • *Vers 21:* Dan 12,1; Joel 2,2 ? 26: Lk 17,23 • *Vers 28:* Lk 17,37.

Dr Weltrichter kommt: 24 29-31

29 Aber glei nach dera schrecklicha
Zeit *verdunkelat sich d Sonn ond dr
Mond scheint nemme«,* »*ond d Stern
haglat vom Hemmel ra ond dia Kräft,
mô da Hemmel zsemahebat, gråtat
durchananander.* 30 Ond nå sieht mr s
Zôeche vom Menschasoh am Hemmel,
ond *älle Menscha schreiat vor lauter
Angst*, ond nå seahnat se »*da Menschasoh
auf de Wolka am Hemmel komma
mächtig ond herrlich.*« 31 Ond r schickt
saene Engel vôraus mit Posaunaschall,
*ond dia vrsammlat älle von älle
Hemmelsrichtonga*, môn r rausgsuacht
håt, von oem End bis ans ander.

Zom Vrgleicha: *Vers 29-31:* II Mk 13,24-27; Lk 21,25-28 • *Vers 29:* Jes 13,10; 34,4 G; Joel 2,10; Hab 2,6.21; 2Petr 3,10 • *Vers 30:* Sach 12,10.12; Dan 7,13; Mt 26,64; Mk 14,62; Offb 1,7 ? 31: Sach 2,10 G.

A Måhnong uf s End: 24 32-42

32 Vom Feigabaum könnat r des Beispiel
lerna: Wann saene Zweigla Saft treibat
ond d Blätter nausdruckat, nå merkt
mr, dass dr Sommer nemme weit ischd.
33 So sollat ihr ao merka, wann r des ällas
seahnat, dass r grad vôr dr Tür stôht.
34 Des sag e euch: Des Menschagschlecht
vrgôht et, bevôr des ällas passiert ischd.
35 Dr Hemmel ond d Erde vrgangat amål,
aber des, was i euch sag, des vrgôht
et. 36 Über da Dag ond d Stond wôeß
neamerd ebbas, et amål d Engel en de
Hemmel, bloß ganz alloe dr Vadr. 37 So
wia en de Däg vom Noach, so ischd ao s
Wiederkomma vom Menschasoh. 38 Wia
se nämlich en selle Däg vor dr Sintflut
gschmaust ond tronka hent, gheirat ond
vrheirat bis an den Dag nô, *mô dr Noach
en sae Arche naeganga ischd,* 39 ond des et
gmerkt hent, bis dass d Sintflut komma
ischd ond älle fortgrissa håt; So ischd
s, wann dr Menschasoh wiederkommt.
40 Nå send zwôe auf am Acker: Oener
wird ägnomma, ond dr ander muaß
zrückbleiba. 41 Zwöe drehat mitanander
d Mühle: Oena wird ågnomma, ond de
ander muaß zrückbleiba. 42 Drom passat
auf! Ihr könnat nia wissa, an wehlam
Dag euer Herr kommt.

Zom Vrgleicha: *Vers 32-36:* II Mk 13,28-32; Lk 21,29-33 • *Vers 37-42:* II Mk 13,35; Lk 17,26-36 • *Vers 34:* 16,28; Mk 9,1; Lk 9,27 • *Vers 37:* Gen 6,11-13; 7,7-23 • *Vers 38:* Gen 7,7 *Vers* 42: 25,13; Lk 21,36.

S Beispiel vom wachsama Hausherra: 24 43-44

43 Merkat euch des: Wann dr Hausherr
wüßt, wann dr Aebrecher kommt, nå
dät r Wach schiaba ond koen aebrecha
lao. 44 Drom sollat ao ihr auf am Posta
sae! Weil dr Menschasoh et kommt,
wann ihr s moenat.

Zom Vrgleicha: *Vers 43-44:* II Lk 12,39f • *Vers 43:* 1 Thess 5,2; 2Petr 3,10.

S Beispiel vom guata ond vom baesa Knecht: 24 45-51

45 Wer ischd nå der treue ond gscheite
Knecht, den mô sae Herr über s ganz
Gsend gstellt håt, dass ao a jeder
pünktlich sae Essa kriagt? 46 Dem Knecht
gôht s guat, der mô des grad duat, wann
sae Herr kommt! 47 I sag euch: Der stellt
an über sae ganz Hab ond Guat. 48 Wann
aber der baese Knecht en saem Herza
saed: Mae Herr bleibt no lang fort, 49 ond
fangt å, saene Kollega z haoa, aber mit
de Schluckspecht ißt ond trenkt, 50 dem
Knecht sae Herr kommt ama Dag, mô
der et drmit rechnat ond en r a Stond, mô
51 der et wôeß ond läßt an en Stück haoa,

ond geit am sae Tôel bei de Schaehaelige, mô Heula ond Zähkleppera ischd.

Zom Vrgleicha: *Vers 45-51:* II Lk 12,42-46 • *Vers 47:* 25,21.23 • *Vers 50:* 24,42.44 • *Vers 51:* 8,12.

S Beispiel von de Brautjongfera:

25 1-13

25 Nå kå mr s Hemmelreich mit zeah Brautjongfera vrgleicha, dia hent ihre Lampa gnomma ond send am Bräutigam entgegaganga. [2]Faef von dene Mädla send a bißle leichtsennig gwea ond faef send hell gwea. [3]De Leichtsennige hent zwår ihre Lampa, aber koe Öl mitgnomma. [4]De helle aber hent außer ihre Lampa ao no a Fläschle Öl mitgnomma. [5]Wia nå dr Bräutigam auf sich warta lassa håt, send se älle müad wôra ond aegschlåfa. [6]Mitta en dr Nacht aber ischd s Gschrôe åganga: Guckat, dr Bräutigam! Gangat naus ond am entgega! [7]Då send dia Mädla älle aufgwacht ond hent ihre Lampa hergrichtat. [8]Nå hent dia Leichtsennige zo de Helle gsaed: Gebat ons doch a bißle Öl, sonst gangat onsere Lampa aus! [9]Nå hent en dia Helle zor Antwort geba: Des langat für ons ond für euch nergads nô; gangat liaber zom Kaufmå ond holat oes! [10]Drweil dia gspronga send zom aekaofa, ischd dr Bräutigam komma; ond dia, mô sich fertig gmacht ghet hent, send mit am naeganga zor Haozich, ond d Tür håt mr agschlossa. [11]Später send ao de andere Brautjongfera komma ond hent gsaed: Herr, Herr, mach ons doch auf! [12]Der aber håt en zor Antwort geba ond gsaed: Des sag e euch: I kenn euch gar et! [13]Drom send auf am Posta! Weil ihr koen Dag ond koe Stond et wissa könnat.

Zom Vrgleicha: *Vers 1:* Lk 12,35f • *Vers* 11f: Lk 13,25-27 • *Vers 12:* 7,23 • *Vers 13:* 24,42.50; Mk 13,35f.

S Beispiel vom åvrtrauta Geld:

25 14-30

[14]Des ischd wia bei ma Må, der mô en s Ausland håt vrraesa wölla. Der håt saene Ågstellte zsemabstellt ond håt en sae Vrmöga åvrtraut. [15]Am oena håt r faef Talent geba, e ma andera zwôe ond am dritta oes, jedam halt des, was r hätt vrkrafta könna, ond ischd vrraest. [16]Der mô dia faef Talent kriagt håt, ischd glei ganga ond håt drmit ghandlat ond håt faef drzuagwonna. [17]Ond grad so der mit de zwôe, ao der håt zwôe drzuagwonna. [18]Aber der mô bloß oes kriagt håt, ischd nôganga ond håt a Loch en da Boda graba ond des Geld dren vrsteckt.

[19]A langa Zeit stôht s å, nå kommt der Herr von selle Ågstellte ond rechnat mit en ab. [20]Ond der mit dene faef Talent ischd komma ond håt no faef Talent drzuaglegt ond gsaed: Herr, du håsch mr faef Talent übergeba; guck, i han no faef Talent drzuagwonna. Sae Herr håt zon am gsaed: [21]So ischds recht, bist halt a guater ond zuavrlässiger Kerle, du bist über wenig treu gwea, i will de über viel aesetza; gang nae, dae Herr feierat a Fraedafest! [22]Ao der mit dene zwôe ischd komma ond håt gsaed: Herr, zwôe Talent håsch du mr geba; guck, i han no zwôe Talent drzuagwonna. Sae Herr håt zon am gsaed: [23]Guat so, bist halt a braver ond treuer Kerle, du bist über wenig treu gwea, i will de über viel aesetza; gang no nae zom Fraedafest von daem Herra! [24]Aber ao der, mô des oene Talent kriagt håt, ischd komma ond håt gsaed: Herr, i han de kennt, dass da a harter Mensch bist, dass da erntest, mô da et gsät håsch ond aesammlest, mô da et ausgstraet håsch; [25]ond i han s mit dr Angst zom doa kriagt, nå han e dae Talent halt em Boda vrsteckt. Guck, då håsch s wieder. [26]Sae Herr aber håt am zor Antwort geba ond gsaed: Du bist doch a baesartiger, a fauler Dagdiab,

håsch du gwißt, dass i ernta will, môn e et gsät han, ond sammla will, môn e nex ausgstraet han? [27]Nå hättest jå mae Geld wenigstens auf a Bank brenga könna ond i hätt mae Sach, môn e zrückkomma ben, mit Zaes aheba könna. [28]Drom nemmat am des Talent fort ond gebat s dem, der mô dia zeah Talent håt! [29]Weil a jeder, der mô ebbas håt, der kriagt no drzua, dass r em Überfluß håt; aber der mô nex håt, dem nemmt mr ao no des, was r håt. [30]Ond den nexnutziga Dagdiab schmeißat r naus en d Nacht! Sell ischd Heula ond Zähkleppera.

Zom Vrgleicha: *Vers 14-30:* II Lk 19,11-27 • *Vers 14:* Mk 13,34 • *Vers 19:* 18,23 • *Vers 21:* 24,45-47; Lk 16,10 • *Vers 23:* Lk 12,44 • *Vers 29:* 13,12; Mk 4,25; Lk 8,18; 19,26 • *Vers 30:* 8,12.

De graoß Schôedong: 25 31-46

[31]Wann aber dr Menschasoh en saener Herrlichkeit *kommt* ond älle *Engel mit am*, nå sitzt r auf da Thron von saener Herrlichkaet nô, [32]ond vôr am werat älle Völker vrsammlat, ond er duat se vonananander schôeda, wian a Hirt saene Schåf von de Böck schôeda duat. [33]Ond d Schåf stellt r auf sae rechta Seit ond d Böck auf de lenk. [34]Nå saed der König zo dene an saener rechta Seit: Kommat her, euch håt mae Vadr gsegnat, erbat des Reich, des mô für euch hergrichtat wôra ischd no vôr dr Grondlegong für dui Welt! [35]Weil i han Honger ghet, ond ihr hent mr ebbas zom essa geba; i han Durst ghet, ond ihr hent mr ebbas zom trenka geba; i ben fremd gwea, ond ihr hent me aufgnomma; nackat, [36]ond ihr hent mr Klôeder geba; i ben krank gwea, ond ihr hent me bsuacht; i ben em Gfängnis gwea, ond ihr send zo mr komma. [37]Nå sagat dia Gerechte: Herr, wann soll ao des gwea sae, dass mr di hongrig gseha hent, ond hätte dr ebbas zom essa geba? Oder dass da Durst ghet hättest,ond mir hätte dr ebbas zom trenka geba? [38]Wann he mir di gseha als en Fremda, ond hätte de aufgnomma? Oder nackat, ond hätte dr ebbas zom åziaga geba? [39]Wann hent mr di krank gseha, oder em Gfängnis, ond send zo dr komma?

[40]Nå geit en der König zor Antwort ond saed: Des sag e euch: Wann r so ebbas ao bloß oem von maene grengste Brüader dao hent, nå hent r s mir dao. [41]Nå saed r ao zo dene auf saener lenka Seit: Gangat mr aus de Aoga, ihr send vrfluacht ens ewige Feuer, des håt mae Vadr am Teufel ond saene Engel nôgrichtat. [42]Weil i han Honger ghet, ond ihr hent mr nex zom essa geba; i han Durst ghet, ond ihr hent mr nex zom trenka geba; [43]i ben fremd gwea, ond ihr hent me et aufgnomma; nackat, ond ihr hent mr nex zom åziaga geba; krank ond em Gfängnis, ond ihr hent me et bsuacht. [44]Nå sagat dia ao: Herr, wann he mir di hongrig oder durstig oder als en Fremda oder krank oder em Gfängnis gseha ond hent dr et gholfa? [45]Nå saed r zo nen: Des sag e euch: Wann r so ebbas oem von dene ganz Grenge et dao hent, nå hent r s mir ao et dao. [46]Ond dia gangat en d ewiga Stråf, de Gerechte aber ens ewige Leba.

Zom Vrgleicha: *Vers* 31: 16,27; Dtn 33,2 G; Mt 19,28; Offb 3,21 • *Vers* 32: Ez 34,17 • *Vers* 41: Offb 20,10 • *Vers* 46: Dan 12,2; Joh 5,29.

S LEIDA, STERBA OND D AUFERSTEHONG VOM HAELAND: 26 1 - 28 20

Dr Beschluß vom Hoha Rat: 26 1-5

26 Ond s ischd gscheha, mô dr Jesus mit saener Red am End gwea ischd, håt r zo saene Jünger gsaed: [2]Ihr wissat, dass en zwôe Däg s Passafest ischd; ond dr Menschasoh wird ausglieferat, dass r kreuzigt wird. [3]Nå hent sich d Hohepriaster ond d Älteste vom Volk em Palast vom Hohapriaster vrsammlat, der håt Kajaphas ghôeßa, [4]ond hent beråta, wia se da Jesus hehlenga vrhafta ond ombrenga könntat. [5]Se hent aber glei gsaed: Bloß et am Fest, sonst geit s en Aufruhr em Volk.

Zom Vrgleicha: *Vers 1-5:* II Mk 14,1f; Lk 22,1f; Joh 11,47-53 • *Vers 2:* 16,21 • *Vers 4f:* 21,46.

D Salbong en Betanien: 26 6-13

[6]Mô nå dr Jesus en Betanien beim aussätziga Simon gwea ischd, [7]ischd beim Essa auf oemål a Frao komma mit a ma Fläschle ganz kostbaram Salböl ond håt am des über s Haopt ausgossa. [8]Mô des saene Jünger gseha hent, send se narrat wôra ond hent gsaed: [9]Zo was soll ao dui Vrschwendong guat sae? Des hätt mr könna om en guata Batza vrkaofa ond de arme Leut helfa. [10]Mô des dr Jesus ghört håt, håt r zo nen gsaed: Jetzat machat mr doch dui Frao et traurig! Se håt doch ebbas Guats an mr dao. [11]Arme Leut hent r ällaweil bein ich, aber mi hent r et emmer. [12]Weil dass se mr des Salböl auf da Leib gossa håt, des håt se für mae Beerdigong dao. [13]Ond des sag e euch: Mô ao emmer mr en dera Welt s Evangeliom prediga duat, då saed mr ao drzua, was dui Frao an mir dao håt, zo ihram Ådenka.

Zom Vrgleicha: *Vers 6-13:* II Mk 14,3-9; Lk 7,36-50; Joh 12,1-8 • *Vers 11:* Dtn 15,11.

D Vôrberaetong zom Vrråt: 26 14-16

[14]Nå ischd oener von dene Zwölf, Judas Iskariot håt r ghôeßa, zo de Hohepriaster ganga [15]ond håt gsaed: Was gebat r mr, wann en euch vrråt? *Dreißig Silberleng hent se am åbota.* [16]Von då å håt r bloß no auf a gschickta Glegahaet passt, wian r an vrråta könnt.

Zom Vrgleicha: *Vers 14-16:* II Mk 14,10f; Lk 22,3-6 • *Vers 15:* Joh 11,57; 13,2; Sach 11,12.

S Passamahl wird vôrberaetat: 26 17-19

[17]Am ersta Dag von de ogsäuerte Brot send d Jünger zom Jesus komma ond hent gsaed: Mô sollat mr dr s Passamahl nôrichta zom Essa? [18]Nå håt r gsaed: Gangat en d Stadt zo dem ond dem, ond sagat zon am: Dr Môester läßt dr ausrichta: Mae Zeit ischd jetzat ganz nåch då; bei dir will e mit maene Jünger s Passamahl abhalta. [19]Ond dia Jünger hent dao, was en dr Jesus ågeba håt, ond hent s Passamahl nôgrichtat.

Zom Vrgleicha: *Vers 17-19:* II Mk 14,12-16; Lk 22,7-13 • *Vers 17:* Ex 12,14-20.

S Abendmahl: 26 20-29

[20]Am Åbad ischd r nå mit saene zwölf Jünger an da Tisch nôgsessa. [21]Ond wia se no gessa hent, saed r zmål: Des sag e euch: Oener von euch vrråtat me. [22]Då send se ganz gschlaga gwea, ond oener nach am andera håt zon am gsaed: Herr, am End doch et i?

[23]Då drauf håt r en zor Antwort geba ond gsaed: Der, mô grad mit mr d Håd aetonkt håt en dr Schüssel, der vrråtat me. [24]Dr Menschasoh gôht zwår saen Weg, wia s von am gschrieba stôht; aber Gnad dem Menscha, der mô des auf sich nemmt, dass r da Menschasoh vrråta duat! Für den Menscha wär s besser gwea, wann r glei gar et gebora

wôra wär. [25]Dr Judas aber, der mô an håt vrrôta wölla, håt am zor Antwort geba ond gsaed: Rabbi, ha i doch et? Saed r zon am: Du håsch s selber gsaed. [26]Mô se aber gessa hent, håt dr Jesus Brot gnomma, s Dankgebet gsprocha, des Brot ausananderbrocha, de Jünger geba ond gsaed: Nemmat, essat! Des Brot ischd mae Leib. [27]Nå håt r da Kelch gnomma, s Dankgebet gsprocha ond en da Kelch geba ond drzua gsaed: Trenkat älle drvo! [28]Des ischd *mae Bluat, mit dem wird dr neue Bund besieglat,* des wird vrgossa, dass viele ihre Sünda vrgeba werat. [29]I sag euch aber: Von jetzat å trenk i nemme von dem Gwächs vom Waestock bis an den Dag, mô e s mit euch wieder trenka kå em Reich von maem Vadr.

Zom Vrgleicha: • *Vers 20-29* II Mk 14,17-25; Lk 22,14-23 • *Vers 20-25* II Joh 13,2.21-30 • *Vers 26-28* II 1 Kor 11,23-25 • *Vers 24:* Ps 22,7f.16-18; Jes 53,8f • *Vers 27:* 1 Kor 10,16 • *Vers 28:* Ex 24,8; Jer 31,31; Hebr 7,22; 9,15.

Auf am Weg an da Ölberg: 26 30-35

[30]Ond mô se ihr Lobliad gsonga ghet hent, send se naus an da Ölberg. [31]Då saed dr Jesus zo nen: En dera Nacht werat r älle Åstoß a mr nemma; s stôht namlich gschrieba: I schlag da Hirta, ond d Schåfherd lauft ausanander! [32]Wann e aber wieder auferweckt ben, nå gang e euch vôraus nach Galiläa. [33]Nå håt am dr Petrus zor Antwort geba ond gsaed: Ond wann sich älle an dr staoßa däte, aber i niamåls. [34]Saed dr Jesus zon am: Paß auf, was e dr sag: No en dera Nacht, eh dr Gockel schreit, vrlaegnest du mi dreimål. - [35]Ond wann e mit dr sterba müaßt, saed dr Petrus, noe, vrråta dua i de gwieß et. S Gleiche hent ao de andere Jünger gsaed.

Zom Vrgleicha: *Vers 30-35:* II Mk 14,26-31 • *Vers 30:* Lk 22,39; Joh 18,1 • *Vers 31:* 26,56; Sach 13,7; Joh 16,32 • *Vers 32:* 28,7.16 • *Vers 34-35:* Lk 22,31-34; Joh 13,36-38 • *Vers 34:* 26,75.

Dr Haeland betat: 26 36-46

[36]Nå kommt dr Jesus mit en en a Ålag, Getsemani håt se ghôeßa, ond saed zo de Jünger: Sitzat a bißle då nô, dass e då drüba beta kå! [37]Ond r håt da Petrus ond am Zebedäus saene zwôe Söh mitgnomma, ond auf oemål ischd r ganz niedergschlaga gwea ond vrzagt. [38]Nå håt r zo nen gsaed: Bis en d Seel nae ben i traurig, i stand vor am Daot; bleibat doch då ond wachat mit mr! [39]Ond r ischd no a bißle weiterganga, ischd auf sae Gsicht nôgsonka ond håt betat: Vadr, ischd s möglich, dass der Kelch an mir vorbeigôht? Aber et wian i will, noe, wia du willst. [40]Ond môn r wieder zo de Jünger komma ischd, hent dia gschlåfa; ond r saed zom Petrus: Et amål oe Stond hent r s ausghalta, zom mit mr wacha? [41]Wachat ond dent beta, dass r et ågfochta werat! Dr Gaest ischd willig, aber dr Leib ischd schwach. [42]Nå ischd r zom zwôeta Mål nomganga ond håt betat: Vadr, wann der Kelch et an mr vorbeiganga kå, ohne dass an i trenka muaß, nå soll dae Willa gscheha! [43]Ond môn r komma ischd, hent se wieder gschlåfa, weil se so müad gwea send, dass se oefach d Aoga et hent könna offahalta. [44]Nå håt r s glassa ond ischd wieder nôganga ond håt zom dritta Mål mit de gleiche Wort betat. [45]Nå kommt r zo de Jünger ond saed zo nen: Schlåfat no weiter ond ruhat euch aus! Guck, jetzt ischd dui Stond komma, mô dr Menschasoh ausglieferat wird, de Sünder en d Händ. [46]Standat auf, geh mr! Guckat, der mô me vrråta will, ischd schao då!

Zom Vrgleicha: *Vers 36-36:* II Mk 14,32-42; Lk 22,39-46 • *Vers 37:* Hebr 5,7 • *Vers 38:* Ps 42,6.12; 43,5 • *Vers 39:* Joh 12,27; Mt 20,22; Joh 6,38; 18,11; Hebr 10,9 • *Vers 45:* Joh 2,4; 7,30; 8,20; 12,23; 13,1; 17,1.

D Gfanganåhm: 26 47-56

[47]Ond wian r no gsprocha håt, ischd dr Judas komma, oener von dene Zwölf, ond mit am a graoßa Schar mit Schwerter ond Stanga, von de Hohepriaster ond Älteste em Volk gschickt. [48]Der aber, môn an håt vrråta wölla, håt mit en ausgmacht ond gsaed: Dem môn e en Kuß gib, der ischd s, den müaßat r vrhafta. [49]Ond nå ischd r auf da Jesus zuaganga ond håt gsaed: Grüaß de, Rabbi!, ond håt am en Kuß geba. [50]Dr Jesus håt nå zon am gsaed: Fraend, was willst? Nå send se aber schao dågwea ond hent Hand an an glegt ond an vrhaftat. [51]Ond guck, oener von dene, mô beim Jesus gwea send, håt sae Schwert en d Håd gnomma ond håt nåch a ma Knecht vom Hohapriaster gschlaga ond håt am a Ohr wegghaoa. [52]Nå håt dr Jesus zon am gsaed: Dua dae Schwert weg, wer a Schwert ålangt, der kommt ao durch a Schwert om. [53]Oder moenst et, i könnt maen Vadr drom bitta, dass r mr maeh wia zwölf Legiona Engel schicka dät? [54]Wia soll nå gscheha, was en de Schrifta profezeit wôra ischd? Des muaß doch so komma! [55]En dera Stond håt dr Jesus zo dera Schar gsaed: Wia zom en Vrbrecher fanga kommat ihr drher, mit Schwerter ond Stanga, dass r me schnappat. I ben doch äll Dag em Tempel gsessa ond han maene Lehra vrbrôetat, då hent r me et gschnappt. [56]Des ischd aber ällas so passiert, dass des en Erfüllong ganga ischd, was d Profeta vorausgsaed hent. Nå hent an älle Jünger vrlassa ond send abghaoa.

Zom Vrgleicha: *Vers 47-56:* II Mk 14,43-50; Lk 22,47-53; Joh 18,3-12 • *Vers 53:* Lk 2,13 • *Vers 55:* Lk 19,47; Joh 18,20 • *Vers 56:* 26,31; Joh 16,32.

Vôr am Hoha Rat: 26 57-68

[57]Dia mô da Jesus vrhaftat hent, hent an abgführt zom Hohapriaster Kajaphas, då send ao de Gstudierte ond de Älteste schao gwea. [58]Dr Petrus ischd am von weitam nåchganga, bis nae en da Palast vom Hohapriaster. Ond r ischd naeganga ond zo de Knecht nôghockt zom gucka, wia des ao ausganga dät. [59]D Hohepriaster aber ond dr ganz Rat hent da Jesus mit falsche Aussaga belasta wölla, dass se hättat a Todasurtôel ausspreha könna, [60]aber des ischd et glonga, obwohl se en Haufa falsche Zeuga drherbråcht hent. Zletzta send zwôe drherkomma [61]ond hent gsaed: Der håt gsaed: I kå em Herrgott saen Tempel aeschmeißa ond en drei Däg wieder aufbaua! [62]Nå ischd dr Hohepriaster aufgstanda ond håt zon am gsaed: Saesch d denn gar nex zo dem, was dia då sagat? [63]Dr Jesus aber håt gschwiega. Nå håt dr Hohepriaster zon am gsaed: Schwör mr dåhanna beim lebendiga Gott ond sag ons, ob du dr Messias bist, dr Soh von Gott. [64]Då drauf håt am dr Jesus zor Antwort geba: Du håsch s gsaed. Jå, ond i sag euch: *Von jetzt å seahnat r da Menschasoh sitza als rechta Håd vom Allmächtiga ond wian r vom Hemmel wiederkommt auf de Wolka.* [65]Nå håt dr Hohepriaster sae Gwand vrrissa ond gschria: Hent r s ghört, wia der Gott glästerat håt? Was brauchat mr jetzt no Zeuga? [66]Was moenat ihr? - Der ghert ombråcht! hent dia gschria. [67]Nå hent se am ens Gsicht gspia ond an da Kopf nô ghaoa. Andere hent an gschlaga [68]ond ausglacht: Messias, sag ons doch, wer de ghaoa håt? Du wôeßt doch ällas.

Zom Vrgleicha: *Vers 57-68:* II Mk 14,53-65; Lk 22,54f.66-71; Joh 18,12-24 • *Vers 61:* 27,40; Joh 2,19; Apg 6,14 • *Vers 63:* Jes 53,7; Mt 16,16; Joh 10,24 • *Vers 64:* Dan 7,13; Ps 110,1; Mt 24,30; Mk 13,26; Lk 21,27 • *Vers 65:* Lev 24,16; Joh 19,7 • *Vers 67:* Jes 50,6.

Am Petrus sae schwacha Stond:
26 69-75

[69]Dr Petrus ischd so lang em Hof

draußa ghockt, nå ischd a Magd zon am nôganga ond hât gsaed: Du bist doch ao oener von dene, mô bei dem Jesus von Galiläa gwea send! 70R hât s aber vôr älle drå glaegnat ond gsaed: I wôeß gar et, was da moenst.

71Môn r nå naus ischd, hât an a andera gscha ond hât zo dene Leut, mô då romgstanda send, gsaed: Der dåhanna ischd ao bei dem Jesus von Nazaret gwea. 72Ond wieder hât r s glaegnat ond sogar gschwora: I kenn den Menscha et amål. 73Bald drauf send aber dia, mô då romgstanda send, zon am nôganga ond hent zon am gsaed: Klar gherst du drzua, des hört mr doch an daener Språch. 74Nå hât r ågfanga z fluacha ond z schwöra: Lent mr endlich mae Ruah, i sag euch doch, dass e den Menscha überhaopt et kenn. 75Nå hât a Gockel kräht. Nå hât r drå denkt, was dr Jesus zon am gsaed hât: No bevôr dr Gockel kräht, vrlaegnest du mi drei Mål. Nå ischd r nausganga ond hât ganz bitterlich gheult.

Zom Vrgleicha: *Vers 69-75:* II Mk 14,66-72, Lk 22,56-62; Joh 18,15-18.25-27 • *Vers 75:* 26,34.

Vor am Pilatus: 27 1-2

27 Ganz bald am andere Môrga hent d Hohepriaster ond d Älteste da Beschluß gfaßt, dr Jesus müaßt ombråcht wera. 2Nå hent se n fessla ond abführa lassa zom römischa Statthalter Pilatus.

Zom Vrgleicha: *Vers* 1-2: II Mk 15,1; Lk 23,1; Joph 18,28.

Am Judas sae End: 27 3-10

3Mô dr Judas, der mô an vrråta ghet hât, gseha hât, dass r vrurtôelt wôra ischd, hât s an greut, ond r hât dia dreißig Silberleng de Hohepriaster ond Älteste zrückbråcht ond zo nen gsaed: 4I han a graoßa Schuld auf me glada, weil i en oschuldiga Menscha an s Messer glieferat han. Aber dia hent gsaed: Des gôht ons nex maeh å, des ischd ganz alloe dae Sach! 5Nå hât r des Geld gnomma ond en da Tempel naekeit ond ischd fortganga ond hât sich aufghenkt. 6Dia Hohepriaster aber hent des Geld gnomma ond gsaed: Des ischd a Bluatgeld, des därf mr et en da Tempelschatz doa. 7Nă hent se beschlossa, dass se vom Töpfer en Acker kaufat ond en Ausländerfriedhof draus machat. 8Deshalb hôeßt der Acker haet no Bluatacker.

9So ischd gscheha, was dr Jeremia profezeit hât, môn r saed: *Ond se hent dia dreißg Silberleng gnomma, mô se den Vrkaofta drmit zahlt hent, wian an am Israel saene Söh aegschätzt hent, 10ond hent am Töpfer saen Acker drmit zahlt, wia s dr Herrgott ågeba hât.*

Zom Vrgleicha: *Vers 3:* Apg 1,16 19; Mt 26,15 ? 6: Dtn 23,19 • *Vers 9:* Sach 11,12f; Jer 18,2f; 32,8f; Ex 9,12 G.

Jesus vôr am Pilatus: 27 11-26

11Nă hent se da Jesus vôr da Statthalter gstellt, ond der hât an gfrågt: Bist du de Juda ihr König? Nå hât dr Jesus gsaed: Du saesch s! 12Ond môn an d Hohepriaster ond d Älteste åklagt hent, hât r koe Antwort geba. 13Nå hât dr Pilatus zon am gsaed: Hörst du aegentlich gar et, was dia då gega di drherbrengat? 14Aber dr Jesus hât gschwiega ond koe oenzigs Wörtle gsaed. Des hât da Statthalter natürlich gwonderat. 15Dr Statthalter hât d Gwohnat ghet, dass r a ma jeda Fest oen aus am Gfängnis rausglassa hât, den mô se hent raussuacha därfa. 16Dă hent se selligsmål en ganz übla Kerle ghet, der hât Barabbas ghôeßa. 17Mô se nå vrsammlat gwea send, hât dr Pilatus zo nen gsaed: Wehlan wöllat r, dass e freilaß, da Barabbas oder da Jesus, den mô mr da Messias hôeßt? 18Der hât nämlich guat gwißt, dass se an vôr lauter Neid ans Messer glieferat hent.

[19]Wia dr Pilatus no auf saem Richterstuahl
gsessa ischd, håt am sae Frao ausrichta
lassa: Du håsch mr fae nex zschaffat mit
dem Må, der ischd oschuldig. Wega dem
han e haet Nacht em Traom viel leida
müaßa.
[20]Drweilst hent d Hohepriaster ond
d Älteste d Leut aufghetzt, se solle da
Barabbas vrlanga ond für da Jesus d
Todassträf. [21]Nå håt dr Statthalter nômål
gfrågt: Wehlan von dene zwôe soll e
jetzat ganga lassa? Da Barabbas!, hent se
gsaed. Nå saed dr Pilatus zo nen: [22]Was
soll e nå mit dem Jesus macha, den mô
mr da Messias hôeßt? Då sagat älle: Ans
Kreuz mit am! Nå håt r gsaed: [23]Ja was
håt r denn baes dao? Nå hent se gschria
wia vrruckt: Ans Kreuz mit am! [24]Må
nå dr Pilatus gmerkt håt, dass allas nex
nützt, dass dia sogar en Mordstrubel
machat, håt r Wasser gnomma ond
sich vôr de Leut drå d Händ gwäscha
ond gsaed: I ben oschuldig am Bluat
von dem Oschuldiga, des gôht auf
euer Konto! [25]Ond s ganz Volk (mô
en dem Hof drenna gwea ischd) håt
gschria: Dem sae Bluat soll auf ons ond
onsere Kender komma! [26]Nå håt r en da
Barabbas laufa lassa. Da Jesus aber håt r
zerst auspeitscha lassa ond nå ågordnat,
dass mr n kreuziga soll.

Zom Vrgleicha: *Vers 11-26:* II Mk 15,2-15; Lk 23,2-5.13-25; Joh 18,29-19,1• *Vers 11:* 2,2; 27,29.37; Mk 15,18.26; Lk 23,37f; Joh 19,3.19.21 • *Vers 14:* Joh 19,9 • *Vers 21:* Apg 3,13f • *Vers 23:* Joh 19,14f.

D Soldata vrspottat da Jesus: 27 27-31a

[27]Nå hent d Soldata vom Statthalter da
Jesus en d Burg naegnomma ond de ganz
Mannschaft zsematrommlat. [28]Nå hent
se n auszoga ond am en raota Mantel
romghängt, [29]ond aus Dôrna hent se
a Kron gflochta ond am auf da Kopf
druckt. En Stecka hent se am en d Håd
geba, ond nå send se vôr am nôkniat
ond hent an vrspottat ond gsaed: Hael,
König von de Juda! [30]Ond ågspia hent
se n, ond den Stecka gnomma ond am
drmit auf da Kopf gschlaga. [31]Nåchher
hent se am da Mantel wieder ra dao ond
am saene Klôeder wieder åzoga.

Zom Vrgleicha: *Vers 27-31a:* II Mk 15,16-20a; Joh 19,2f • *Vers 28:* Lk 23,11 • *Vers 30:* Jes 50,6.

D Kreuzigong: 27 31b-44

Nå hent se an abgführt zom kreuziga.
[32]Onterwegs hent se an Må troffa von
Zyrene, Simon håt r ghôeßa; den hent
se zwonga, dass r am sae Kreuz håt
traga müaßa. [33]Ond mô se an den Platz
komma send, der mô Golgota hôeßt,
des bedeutat: Schädel, [34]*hent se am en
Wae geba,* der mô *mit Galla* gmischt
gwea ischd; môn r s vrsuacht ghet håt,
håt r s aber et trenka wölla. [35]Mô se n
aber kreuzigt ghet hent, *hent se saene
Kloeder onter sich vrtôelt ond drom
glost.* [36]Nåchher send se nôghockt ond
hent Wach ghalta bein am. [37]Ond über
saem Kopf hent se a Tafel nôgnaglat,
då ischd sae Vrbrecha draufgstanda:
Des ischd dr Jesus, de Juda ihr König.
[38]Nå send no zwôe Vrbrecher mit am
kreuzigt wôra, oener lenks ond dr ander
rechts von am. [39]Dia Leut aber, mô
vorbeigloffa send, *hent bloß da Kopf
gschüttlat* ond an vrspottat ond gsaed:
[40]Was, du willst da Tempel hemacha ond
en drei Däg aufbaua, nå hilf dr doch
selber, wann da dr Soh vom Herrgott
bist, ond steig ra von daem Kreuz.
[41]Grad so hent ao de Gstudierte ond d
Hohepriaster samt de Älteste gspottat
ond gsaed: [42]Andere håt r grettat, aber
sich selber kån r et retta. Wann r dr
König von Israel ischd, nå soll r doch
rasteiga von dem Kreuz, nå glaobat mr
an an. [43]*Der håt auf da Herrgott traut,
nå soll der am jetzat raushelfa, wann
r an måg.* Håt r et gsaed, er sei dr Soh
vom Herrgott? [44]Dia Vrbrecher, mô mit
am kreuzigt wôra send, hent koe Håår

anders rausgschwätzt.

Zom Vrgleicha: *Vers 31b-44:* II Mk 15,20b-32; Lk 23,26.33-43; Joh 19,16b-27 • *Vers 34:* Ps 69,22 • *Vers 35:* Ps 22,19 • *Vers 38:* Jes 53,12 • *Vers 39:* Ps 22,8 • *Vers 40:* 26,61; Joh 2,19 • *Vers 43:* Ps 22,9.

Dr Jesus stirbt: 27 45-56

[45]Von zwölfa mittags bis am drei ischd s
ganz donkel wôra em Land. [46]Gega drei
rom håt dr Jesus ganz laut nausgschria:
Eli, Eli, lema sabachtani? Des hôeßt: O
mae Gott, mae Gott, wårom håsch du
mi vrlassa? [47]Mô des a paar von dene
ghört hent, mô sell romgstanda send,
hent se gsaed: Der schreit am Elija.
[48]Nå ischd oener gspronga ond håt en
Schwamm mit Essig gfüllt ond auf ama
Stecka naufghebt, *dass r trenka könnt.*
[49]Nå hent de andere gschria: Halt, weg
drmit, jetzat wöllat mr seha, ob dr Elia
kommt ond an rettat! [50]Nå håt dr Jesus
nômål ganz laut gschria ond saen Gaest
aufgeba.
[51]Ond guck, dr Vôrhang em Tempel
ischd von oba bis ontanaus en zwôe
Tôel vrrissa, ond a schwers Erdbeba
håt d Felsa bersta lao, [52]ond d Grufta
send aufganga, ond viele Leiber von
Gstôrbene aus am Herrgott saem
Volk send aufgwacht; ond nach saener
Auferweckong [53]send se aus de Grufta
rauskomma ond en d haeliga Stadt
naeganga ond send viele begegnat.
[54]Mô aber der Hauptmann ond dia
Wachtmänner des Erdbeba gspürt hent
ond was då passiert ischd, hent se s doch
mit dr Angst zom doa kriagt, ond hent
gsaed: Der ischd tatsächlich dr Soh vom
Herrgott gwea. [55]Von weitams hent
etlich Fraoa zuaguckt, dia mô am Jesus
von Galiläa her nåchganga send, dass se
an bedient hätte; [56]då ischd ao d Maria
von Magdala, ond d Maria, d Muader
vom Jakobus ond vom Josef, ond d
Muader vom Zebedäus saene Söh drbei
gwea.

Zom Vrgleicha: *Vers 45-56:* II Mk 15,33-41; Lk 23,44-49; Joh 19,28-30 • *Vers 46:* Ps 22,2 • *Vers 48:* Ps 69,22 • *Vers 51:* Ex 26,31 • *Vers 54:* 16,16.

D Grablegong: 27 57-61

[57]Am Åbad ischd a reicher Må von
Arimathäa komma, Josef håt r ghôeßa,
der ischd ao a Jünger vom Jesus wôra
gwea. [58]Der ischd zom Pilatus ganga ond
håt om da Leib vom Jesus gfrågt. Nå håt
dr Pilatus ågordnat, an auszliefera. [59]Ond
dr Josef håt den Leichnåm gnomma, håt
an aegwicklat en a raena Laenwand,
[60]håt an en sae Gruft naeglegt, dui môn r
sich håt en da Felsa naehaoa lassa, håt en
graoßa Stoe vôr da Aegang nôgwarglat
ond ischd fortganga. [61]S ischd aber d
Maria von Magdala ond de ander Maria
då gwea, dia send geganüber von dem
Grab nôgsessa.

Zom Vrgleicha: *Vers 57-61:* II Mk 15,42-47; Lk 23,50-56; Joh 19,38-42 • *Vers 58:* Dtn 21,22f.

S Grab wird bewacht: 27 62-66

[62]Am andera Dag, der mô nach
am Rüstdag kommt, hent sich d
Hohepriaster ond d Pharisäer beim
Pilatus vrsammlat [63]ond gsaed: Herr,
mir hent drå denkt, dass seller Vrführer,
môn r no glebt håt, gsaed håt: Nach drei
Däg dät er aufgweckt wera. [64]Du muaßt
åordna, dass des Grab drei Däg et aus de
Aoga glassa wird, dass et saene Jünger
kommat, an stehlat ond zo de Leut
sagat, r sei von de Daote aufgweckt
wôra, ond de letzt Lomperei no graeßer
wird als wia de erst. [65]Dr Pilatus håt zo
nen gsaed: Ihr kriagat euer Wach; gangat
no no ond wachat, so guat r konnat!
[66]Nå send dia nôganga ond hent den
Stoe vrsieglat ond des Grab zsema mit
dera Wach em Aog bhalta.

Zom Vrgleicha: *Vers 62:* Joh 19,42 • *Vers 63:* 20,19; 20,40 • *Vers 64:* 28,13.

S Leere Grab: 28 1-8

28 Mô dr Sabbat rom gwea ischd, ond
de neu Woch ågfanga håt, send d
Maria von Magdala ond de ander Maria
nausganga, zom s Grab ågucka. [2]Zmål
ischd då a furchtbars Erdbeba gwea,
weil a Engel von Gott vom Hemmel
rakomma ischd. Der ischd an des Grab
nôganga, håt den Stoe omgschmissa ond
ischd drauf nôgsessa. [3]Der håt gleuchtat
wian a Blitz, ond a schnaeweiß Gwand
håt r åghet. [4]Dia Soldata send bis en d
Seel nae vrschrocka ond wia he gwea.
[5]Nå håt der Engel zo dene Fraoa gsaed:
Hent no koe Angst et; i wôeß jå, dass
r da Jesus suachat, der mô kreuzigt
wôra ischd. [6]Aber der ischd nemme då;
der ischd auferstanda, wian r s gsaed
håt. Kommat no her ond guckat, mô
r glega ischd; [7]ond nå gangat schnell
ond vrzählat s saene Jünger, dass r von
de Daote auferstanda ischd. Passat auf,
was i euch sag: Wann ihr nach Galiläa
gangat, nå treffat r an sell. [8]Ond nå send
se anandernåch zo dem Grab naus,
Angst hent se ghet ond doch ao a graoßa
Fraed ond send gspronga, dass se s de
Jünger vrzählat.

Zom Vrgleicha: *Vers 1-8:* II Mk 16,1-8; Lk 24,1-12; Joh 20,1-13 • *Vers 6:* 12,40; 16,21; 17,23; 20,19.

Dr Jesus erschaent de Fraoa: 28 9-10

[9]Onterwegs ischd auf oemål dr Jesus vôr
en gstanda ond håt gsaed: Grüaß euch
Gott! Aber dia send zon am nôganga
ond hent saene Füaß ågregt ond send
vôr am nôgsonka. [10]Ond dr Jesus håt zo
nen gsaed: R brauchat koe Angst et han;
gangat no ond sagat zo maene Brüader,
se solle nach Galiläa ganga, sell seahnat
se me.

Zom Vrgleicha: *Vers 9-10:* II Joh 20,14-18.

D Wacha werat bestocha: 28 11-15

[11]Drweilst se ganga send, guck, då
send a paar von dr Wach en d Stadt
nae ond hent de Hohepriaster nôtraga,
was passiert ischd. [12]Ond se hent sich
glei mit de Älteste vrsammlat ond Rat
ghalta, nå hent se dene Soldata viel Geld
geba [13]ond gsaed: Ihr sagat oefach: Saene
Jünger send nachts komma ond hent
an forttraga, solang mr gschlåfa hent.
[14]Ond wann s dr Statthalter vrfährt, nå
schwätzat mir schao mit am, då brauchat
r euch koene Sôrga drwega macha.
[15]Nå hent se des Geld gnomma ond dao,
wia se ågstiftat wora send. Ond des
Gschwätz håt sich bei de Juda vrbrôetat
bis auf da haetiga Dag.

Zom Vrgleicha: *Vers 13:* 27,64.

Dr Missionsbefehl: 28 16-20

[16]Dia elf Jünger aber send nach Galiläa
ganga auf den Berg, mô se dr Jesus
nôbstellt håt. [17]Ond mô se an gseha hent,
send se vôr am niedergfalla; aber a paar
hent oenaweg no Zweifel ghet. [18]Ond
dr Jesus ischd nô zo nen, håt mit en
gsprocha ond gsaed: Mir ischd de ganz
Macht übertraga em Hemmel ond auf dr
Erde. [19]Drom gangat naus ond machat
von älle Völker Jünger durch d Taof
auf da Nåma vom Vadr ond vom Soh
ond vom Haeliga Gaest, [20]ond brengat
en bei, se solle ällas aehalta, was i euch
ågeba han! Ond guckat: I ben bein ich
äll Dag, bis ans End von dera Welt.

Zom Vrgleicha: *Vers 19:* 24,14.

S Markus Evangeliom

D VÔRBERAETONGA FÜR S WIRKA VOM JESUS: 1 1-13

Dr Taefer Johannes: 1 1-8

1 Dr Åfang von dr froha Botschaft
vom Messias Jesus. [2]Wia s beim
Profeta Jesaja gschrieba stôht: *Guck, i
schick dr en Bota vôrnadraus, zom dr da
Weg båhna. [3]A Stemm hört mr schreia
en dr Wüste: Dent am Herra saen Weg
båhna ond machat am a guata Stråß!*
[4]So ischd dr Johannes dr Taefer en dr
Wüste auftreta ond håt predigt, mr
soll omdenka ond sich taofa lassa zor
Sündavrgebong. [5]Ond s ganz jüdische
Land ischd zon am naus ond ao d
Jerusalemer älle ond hent sich von am
em Jordan taofa lassa ond send zo ihre
Sünda gstanda. [6]Ond dr Johannes håt a
Gwand aus Kamelhåår åghet mit a ma
Ledergürtel rom ond Haeschrecka håt
r gessa ond wilda Honig. [7]Ond r håt
predigt: Dr Stärkere kommt henter mir,
då ben i et guat gnuag, dass e me buck
ond am d Sandala aufmach. [8]I han euch
mit Wasser taoft, aber der taoft euch mit
am haeliga Gaest.

Zom Vrgleicha: *Vers 1-8* II Mt 3,1-6.11; Lk 3,3-6.15f • *1-8:* Joh 1,19-28 • *1:* 15,39 • *2:* Mal 3,1; Ex 23,20; Mt 11,10; Lk 1,76; 7,27 • *3:* Jes 40,3G • *4:* Apg 13,24; 19,4.

Dr Jesus wird taoft: 1 9-11

[9]Om dui Zeit rom ischd dr Jesus von
Nazaret en Galiläa komma ond håt sich
em Jordan vom Johannes taofa lassa.
[10]Ond wian r vom Wasser rauskomma
ischd, håt r gseha, wia d Hemmel
aufganga send ond dr Gaest wian a Taub
auf an rakomma ischd; [11]ond a Stemm
ischd aus de Hemmel klonga: *Du bist
mae liaber Soh, an dir han i mae Fraed
gfonda.*

Zom Vrgleicha: *Vers 9-11* II Mt 3,13-17; Lk 3,21f • *9-11:* Joh 1,29-34 • *11:* Gen 22,2; Ps 2,7; Jes 42,1; Mt 3,17.

D Vrsuachong vom Jesus: 1 12-13

[12]Nå håt an dr Gaest glei en d Wüste
naustrieba. [13]Ond r ischd vierzg Däg
en dr Wüste gwea ond vom Satan uf
d Prob gstellt wôra, ond bei de wilde
Viecher ischd r gwea, ond Engel hent
am gholfa.

Zom Vrgleicha: *Vers 12-13* II Mt 4,1f.11; Lk 4,1f.

AM JESUS SAE WIRSAMKAET EN GALILÄA: 1 14 - 8 26

Dr Jesus tritt en Galiläa zom ersta Mål auf: 1 14-15

[14]Aber mô dr Johannes no em Gfängnis
gwea ischd, ischd dr Jesus nach Galiläa
komma ond håt s Evangeliom von Gott
predigt [15]ond gsaed: Jetzat ischd d Zeit
då, am Herrgott sae Herrschaft kommt,
änderat euer Gsennong ond glaobat ans
Evangeliom!

Zom Vrgleicha: *Vers 14-14* II Mt 4,12.17; Lk 4,14f.

De erste Jünger: 1 16-20

[16]Ond wian r am galiläischa See entlang
spaziert ischd, håt r da Simon ond da
Andreas gseha, am Simon saen Bruader,
wia se d Netz ausgworfa hent; des send
nämlich Fischer gwea. [17]Ond dr Jesus
håt zon en gsaed: Kommat her! Gangat
mit mr! I mach, dass ihr Menschafischer
werat. [18]Nå hent dia glei ihre Netz
liegalassa ond send mit am ganga.[19]Ond
môn r no a bißle weiterganga ischd, håt r

da Jakobus, em Zebedäus saen Soh, ond
saen Bruader Johannes gseha, wia se em
Boot d Netz gflickt hent, [20]ond glei håt
r en gschria. Ond se hent ihran Vadr
Zebedäus em Boot hocka lassa mitsamt
de Knecht ond send mit am ganga.

Zom Vrgleicha: *Vers 16-20* II Mt 4,18-22 • *16-20:* Lk 5,1-11; Joh 1,35-51.

Dr Jesus en dr Synagog von Kapernaum: 1 21-28

[21]Ond se send nae uf Kapernaum; ond r
ischd glei am Sabbat en d Synagog ganga
ond håt saene Lehra vrbrôetat. [22]Ond se
send ganz außer sich gwea über saene
Lehra; weil r halt vollmächtig gsprocha
håt ond et wia de Gstudierte. [23]Ond glei
ischd då a Må gwea mit a ma oraena
Gôest ond håt losplärrt [24]ond gschria:
Was he mir mit dir z schaffa, Jesus,
Nazarener? Bist d komma, zom as
hemacha? I kenn de ond wôeß, wer da
bist: Am Herrgott sae Haeliger. [25]Nå håt
an dr Jesus ågfahra ond gsaed: Sei still
ond fahr aus am raus! [26]Ond der oraene
Gôest håt an omanandergrissa ond
ganz laut gschria ond nå ischd r aus am
rausgfahra. [27]Nå hent älle en Schrecka
kriagt ond hent mitanander gschwatzt
ond gsaed: Was ischd ao des? A neua
Lehr mit Vollmacht? Sogar de oraene
Gôester geit der Befehl, ond dia folgat
am ao no? [28]Des ischd romganga em
ganza Galiläa wian a Stepparassler.

Zom Vrgleicha: *Vers 21-28* II Lk 4,31-37 • *21f:* Mt 7,28f • *24:* 5,7; Mt 8,29; Lk 8,28; Joh 2,4 • *27:* Mt 7,29.

Am Petrus sae Schwiegermuader: 1 29-31

[29]Ond mô se aus dr Synagog rauskomma
gwea send, send se glei ens Haus vom
Simon ond Andreas ganga mit am
Jakobus ond am Johannes. [30]Ond am
Simon sae Schwiagermuader ischd
krank glega ond håt Fiaber ghet, des
hent se am glei von ra gsaed. [31]Nå ischd
r nôganga ond håt ihr Håd gnomma
ond se aufghoba; ond des Fiaber ischd
wegganga, nå håt se en glei ebbas
nôgrichtat.

Zom Vrgleicha: *Vers 29-31* II Mt 8,14f; Lk 4,38f.

Kranke ond Bsessene werat gsond gmacht: 1 32-34

[32]Mô åbnads nå d Sonn schao vrschwonda
gwea ischd, hent se älle Kranke ond
Bsessene zon am bråcht. [33]Ond de ganz
Stadt ischd vor dr Tür draußa gstanda.
[34]Ond r håt viele gsond gmacht, mô an
älle mögliche Krankata glitta hent ond
håt viel Dämona austrieba, ond dia
Dämona håt r gar nex saga lassa, weil an
dia kennt hent.

Zom Vrgleicha: *Vers 32-34* II Mt 8,16; Lk 4,40f.

Dr Jesus gôht fort von Kapernaum: 1 35-39

[35]Ond môrgnads, mô s no Nacht gwea
ischd, ischd r aufgstanda ond nausganga
an a ruhigs Plätzle, då håt r betat. [36]Ond
dr Simon ischd am mitsamt de andere
nåchgspronga; [37]ond mô se n gfonda
hent, hent se zon am gsaed: Älle suachat
de! [38]Nå håt r zon en gsaed: Geh mr
oemats anders nô en d Nåchberschaft,
dass e ao en dene Märktflecka prediga
dua! Dådrzua ben e ausganga. [39]Ond
r ischd ganga ond håt en ganz Galiläa
en ihre Synagoga predigt ond Dämona
austrieba.

Zom Vrgleicha: *Vers 35-39* II Lk 4,42-44 • *39* II Mt 4,23 • *35:* Lk 5,16; 9,18.

A Aussätziger wird gsond: 1 40-45

[40]Nå kommt då a Aussätziger zon am,
senkt vôr am auf d Knia ond bettlat ond
saed zon am: Wann du bloß willst, nå
kåsch d me ao raeniga. [41] Nå håt s an
vrbarmt ond r håt sae Håd nach am
ausgstreckt ond an ågregt ond zon am
gsaed: I wills, werd raen! [42]Ond em

gleicha Aogablick ischd der Aussatz weg gwea, ond der ischd raen wôra. [43]Ond r hât an âgfahra ond an fortgschickt [44]ond zon am gsaed: Gang âne ond sag mr jå neamerd ebbas, *gang oefach zo de Priaster on laß de kontrolliera,* ond breng dae Opfer für dae Raenigong, wia s dr Mose âgeba hât, als a Zeugnis für dia. [45]Aber der ischd glei losganga ond hât dui Sach überall omanander vrzählt, nå hât r nergads mach offa en a Stadt nae kônna ond draußa bleiba müaßa an ruhige Plätzla, aber se send oenaweg von überallher zon am komma.

Zom Vrgleicha: *Vers 40-45* II Mt 8,2-4; Lk 5,12-16 • *43f:* 5,43 • *44:* Lev 13,49; 14,2-32; Lk 17,14.

A Låhmer wird ghôelt: 2 1-12

2 Ond mon r nåch a paar Däg wieder uf Kapernaum nae ischd, hât mr s glei ghört, dass r em Haus sei. [2]Ond glei ischd so a Auflaof gwea, dass et amål vôr dr Tür maeh Platz gwea ischd, ond er hât en s Wort gsaed. [3]Nå send oene komma ond hent en Låhma drherbrâcht, den hent vier Leut traga. [4]Ond weil se vôr lauter Leut et zon am durchkomma send, hent se oefach über am s Dach aufgmacht ond hent den Låhma mitsamt saem Bett naglassa. [5]Ond mô dr Jesus dene ihran Glaoba gseha hât, saed r zo dem Låhma: Kend, daene Sünda werat vrgeba. [6]Aber då send a paar Gstudierte romghockt ond hent en ihre Herza senniert: [7]Wia kommt der drzua zom so ebbas saga? Des ischd jå gotteslästerlich. Wer kå denn Sünda vrgeba außer am Herrgott ganz alloe? [8]Ond dr Jesus hât des en saem Gaest natürlich glei gmerkt, was dia sich ausdenkt hent, ond r saed zon en: Was raemat ihr euch då en eure Herza zsema? [9]Was ischd oefacher, dem Låhma saga: Vrgeba send daene Sünda, oder zom saga: Stand auf, nemm dae Bett ond laof omanander? [10]Aber dass r wissat, dass dr Menschasoh d Macht hât, ao auf dr Erde Sünda zom vrgeba, saed r zo dem Låhma: [11]I sag dr: stand auf, nemm dae Bett ond gang hoem en dae Haus! [12]Ond der ischd aufgstanda ond hât glei sae Bett gschnappt ond ischd vôr älle drå nausganga, so dass älle ganz aus am Häusle gwea send ond da Herrgott priesa hent ond gsaed: So ebbas he mr onsrer Lebdag no nia gseha.

Zom Vrgleicha: *Vers 1-12* II Mt 9,1-8; Lk 5,17-26.

Dr Jesus ißt mit Sünder: 2 13-17

[13]Ond r ischd wieder an da See nausganga; ond dr ganz Haufa ischd mit am ganga, ond er hât en saene Lehra ausbrôetat. [14]Ond so em Ånelaofa hât r da Levi, da Jonga vom Alphäus, an dr Zollbude hocka seha ond saed zon am: Gang mit mr! Ond der ischd aufgstanda ond mit am ganga. [15]Ond wian r en saem Haus am Tisch dranna leit, ond viel Zöllner ond Sünder send mit am Jesus ond saene Jünger am Tisch glega; des send nämlich viele gwea, mô mit am ganga send. [16]Ond mô dia Gstudierte von de Pharisäer gseha hent, dass der mit dene Sünder ond Zöllner ißt, hent se zo saene Jünger gsaed: Wia, mit Zöllner ond Sünder isst r? [17]Des hât dr Jesus ghört ond zo nen gsaed: Gsonde brauchat koen Dokter, aber dia mô leida müaßat; i ben et komma, zom Gerechte ruafa, sondern d Sünder.

Zom Vrgleicha: *Vers 13-17* II Mt 9,9-13; Lk 5,27-32 • *14:* Mt 8,22 • *15:* Lk 7,34; 19,7 • *16:* Mt 11,19; Lk 15,1f • *17:* Lk 19,10.

D Fråg nach am Fasta: 2 18-22

[18]Ond am Johannes saene Jünger ond d Pharisäer hent grad Fastdag ghet. Ond d Leut send komma ond hent zon am gsaed: Wårom dent am Johannes saene Jünger ond de Pharisäer ihre Jünger fasta, aber daene Jünger fastat et? [19]Nå hât dr Jesus zon en gsaed: Kå mr ao d Haozichsgäst fasta lassa solang dr

Bräutigam no bei nen ischd? Wann dr
Bräutigam no då ischd, könnat se et
fasta. [20]Aber s kommat no Däg, mô dr
Bräutigam von en fortgrissa wird, ond
nå fastat se - an sellam Dag. [21]S näht
doch ao koener en Blätz vo ma ogwalkta
Stoff auf a alts Klôed; sonst fatzt dr nui
Blätz vom alta ra ond s Loch ischd no
graeßer wia vôrer. [22]Ond koener duat en
Suser en alte Schläuch nae, sonst knallat
vom Wae dia Schläuch ond dr Wae ischd
he samt de Schläuch. Noe, en neua Wae
duat mr en neue Schläuch nae.

Zom Vrgleicha: *Vers 18-22* II Mt 9,14-17; Lk 5,33-38.

D Freihaet vom Gsetz: 2 23-28

[23]Nå håt sich s geba, dass r am Sabbat
durch d Felder ganga ischd; ond saene
Jünger hent em Ånelaofa Ähra gropft.
[24]Ond d Pharisäer hent zon am gsaed:
Guck doch, was dia dent, des'schd fae
am Sabbat vrbota! [25]Ond r saed zon
en: Gell, des hent r no nia glesa, was
dr David dao håt, môn r nex ghet håt
ond en Kohldampf gschoba håt, er ond
dia mô bein am gwea send, [26]wian r
naeganga ischd em Herrgott sae Haus,
mô dr Abjatar Hoherpriaster gwea ischd
ond dia Schaobrot gessa håt, mô doch
bloß d Priaster essa därfat, ond r håt s
ao dene geba, mô bein am gwea send?
[27]Ond r håt zon en gsaed: Dr Sabbat
ischd weg'am Menscha gschaffa ond
et dr Mensch weg'am Sabbat; [28]drom
ischd dr Menschasoh dr Herr ao über
da Sabbat.

Zom Vrgleicha: *Vers 23-28* II Mt 12,1-8; Lk 6,1-5 • *23:* Dtn 23,26 • *25:* 1Sa 21.2-7 • *26:* Lev 24,5-9.

Dr Jesus hôelt am Sabbat a steifa Håd: 3 1-6

3 Ond wieder ischd r en a Synagog
naeganga. Sell ischd a Mensch gwea
mit r a steifa Håd. [2]Ond se hent druf
paßt, ob r den am Sabbat hôela tät, dass
se an vrklaga könntat. [3]Nå håt r zo dem
Menscha mit saener steifa Håd gsaed:
Då, stand amål en d Mitte nô! [4]Ond zo
dene håt r gsaed: Därf mr am Sabbat
ebbas Guats doa oder ebbas Baes, a Leba
retta oder ombrenga? Aber dia hent d
Gosch ghalta. [5]Nå håt r s rengsrom ganz
zôrnig åguckt, ond arg traurig ischd r
gwea, weil dia em Herza ganz auf stur
gschalta hent, ond saed zo dem Menscha:
Streck amål dae Håd naus! Ond der
håt se nausgstreckt ond sae Håd ischd
wieder en Ordnong gwea. [6]Nå send dia
Pharisäer glei nausganga ond hent mit
de Herodianer gega an ausgmacht, dass
se an ombrenga wöllat.

Zom Vrgleicha: *Vers 1-6* II Mt 12,9-14; Lk 6,6-11 • *1-6:* Lk 14,1-6.

Dr Jesus macht viele Kranke gsond: 3 7-12

[7]Ond dr Jesus håt sich mit saene Jünger
an da See zrückzoga, ond a Haufa Leut
von Galiläa send am nåch, ond von Judäa
[8]ond von Jerusalem ond von Idumäa
ond von dr andera Seit vom Jordan ond
aus dr Gegend von Tyrus ond Sidon
send a Haufa Leut zon am komma, weil
se ghört hent, was r ällas dao håt. [9]Ond
r håt saene Jünger ågeba, se solle am a
Boot bsôrga wega de Leut, zom sich dia
a bißle vom Leib halta; [10]weil r håt viele
gsond gmacht, nå hent se halt nôdruckt
zon am, dia mô a Leida ghet hent, dass
r s årega tät. [11]Ond wann an de oraene
Gôester gseha hent, hent se sich vôr am
nôgschmissa ond hent gschria: Du bist
am Herrgott sae Soh! [12]Ond r håt
en droht, se solle an jå et offabara.

Zom Vrgleicha: *Vers 7-12* II Mt 4,23-25; 12,15f; Lk 6,17-19 • *11:* Mt 8,29; Lk 4,41.

Zwölf Apostl werat beruafa: 3 13-19

[13]Ond r steigt auf da Berg nauf ond ruaft
dia zo sich her, môn r selber wölla håt,

ond dia send zon am nô. [14]Ond r håt zwölf bestemmt, dia håt r Apostl ghôeßa, dass r s om sich rom hätt ond aussenda könnt zom Prediga [15]ond dass se Vollmacht hätte zom Dämona austreiba; [16]ond r håt dia Zwölf bestemmt: da Simon, dem håt r da Nåma Petrus geba [17]ond am Zebedäus saen (Soh) Jakobus ond da Johannes, em Jakobus saen Bruader ond håt s Boanerges ghôeßa, des bedeutat »Donnersöh«; [18]ond da Andreas ond da Philippus ond da Bartholomäus ond da Matthäus ond da Thomas ond am Alphäus saen (Soh) Jakobus, ond da Thaddäus ond da Simon, da Kananäer [19]ond da Judas Iskariot, der môn an vrråta håt.

Zom Vrgleicha: *Vers 13-19* II Mt 10,1-4; Lk 6,12-16 • *16-19:* Joh 1,40-44; Apg 1,13.

Am Jesus saene Ågherige: 3 20-21

[20]Ond r gôht en a Haus nae, ond schao wieder send a Haufa Leut då, dass se et amål ebbas essa könna hent. [21]Mô des de Saenige ghört hent, send se ganga ond hent an raushola wölla; weil se gsaed hent: Der ischd jå narrat!

Zom Vrgleicha: *Vers 21: Joh 7,5.*

Dr Jesus vrtaedigt sich: 3 22-30

[22]Ond dia Gstudierte mô (extra) von Jerusalem rakomma gwea send, hent gsaed: Der håt da Beelzebul - ond: Durch de Dämona ihran Herrscher treibt der d Dämona aus! [23]Ond er håt se hergruafa ond håt mit Beispiel zon en gsprocha: Wia kå dr Satan da Satan austreiba? [24]Ond wann a Reich mit sich selber ooes ischd, nå kå sich des Reich et halta; [25]ond wann a Haus en sich selber gspalta ischd, nå håt des Haus koen Bstand. [26]Ond wann dr Satan gega sich selber en Aufstand macht ond (mit sich selber) ooes ischd, nå kån r sich et halta, nå ischd s aus mit am. [27]Aber koener kå em Haus vo ma Starka aebrecha ond dem sae Sach raushola, wann r et vôrer den Starka gfesslat håt, nå kån r nämlich erst dem sae Haus ausraema. [28]Des sag e euch: De Menschakender wird ällas vrgeba, d Sünda ond Lästeronga, so viel se ao lästerat; [29]aber wer gega da haeliga Gaest lästerat, der håt für d Ewigkaet koe Vrgebong, der håt sich dr ewiga Sünd schuldig gmacht. [30]Weil dia gsaed hent: Der håt en osaubera Gôest.

Zom Vrgleicha: *Vers 22-30* II Mt 12,24-29.31f, Lk 11,15-22 • *28-29* II Lk 12,10 • *22:* Mt 9,34; 10,25 • *27:* Jes 49,24 • *30:* Joh 10,20.

Am Jesus sae wahra Vrwandtschaft: 3 31-35

[31]Nå send sae Muader ond saene Brüader komma ond draußa gstanda, dia hent nae gschickt, r soll rauskomma. [32]Ond a Haufa Leut send om an romghockt ond dia hent zon am gsaed: Guck, draußa frågat dae Muader ond daene Brüader ond daene Schwestera nach dr. [33]Ond r håt en zor Antwort geba ond saed: Mae Muader ond maene Brüader? [34] Nå håt r rengsrom älle ågucktt, mô em Kraes om an romghockt send ond saed: Guck no, mae Muader ond maene Brüader! [35]Wer des duat, was dr Herrgott will, der ischd für mi a Bruader ond a Schwester ond a Muader!

Zom Vrgleicha: *Vers 31-35* II Mt 12,46-50; Lk 8,19-21.

D Beispiel vom Herrgott saem Reich: 4 1-34

S Beispiel vom Sämå: 4 1-9

4 Ond r håt nômål ågfanga ond am See saene Lehra ausbrôetat, ond a riesa Haufa Leut hent an schier vrdruckt, deshalb ischd r en a Boot gstiega ond a Stückle em See draußa nôgsessa ond s Volk ischd am Ufer gstanda. [2]Ond r håt en saene Lehra mit Beispiel vrständlich

gmacht ond zon en gsaed: 3Horchat her! Guck, a Sämå ischd naus zom säa. 4Ond was ischd passiert? Beim Säa ischd am ebbas auf da Weg nausgfloga, ond glei send Vögel dågwea ond hent s wegpickt. 5Ond auf da Felsaboda ischd ao ebbas gfloga, mô bloß a ganz dünna Humusschicht drauf gwea ischd, des ischd glei aufganga; 6ond mô d Sonn drufblecht håt, ischd s vrbrennt, ond weils koene Wurzla håt schlaga könna, ischd s vrdôrrat. 7Ond en d Dôrna ischd ao ebbas nae, ond dia Dôrna send gwachsa ond hent s vrstickt, ond des håt koe Frucht bråcht. 8Ond s ander ischd auf da guata Boda gfalla ond håt Frucht ågsetzt, mô aufganga ischd ond gwachsa, dreißgfach, sechsg- ond sogar hondertfach. 9Ond r håt gsaed: Wer Ohra håt zom horcha, der soll no guat nôhorcha!

Zom Vrgleicha: *Vers 1-9* II Mt 13,1-9; Lk 8,4-8 • *9:* Mt 11,15.

Wårom dr Jesus Beispiel vrzählt:

4 10-12

10Môn r nå alloe gwea ischd, hent dia om an rom mit dene Zwölf nach dene Beispiel gfrågt. 11Nå håt r zon en gsaed: Euch ischd s doch geba, s Gehaemnis vom Herrgott saem Reich; aber dene draußa wird ällas mit Beispiel gsaed, 12dass *se zwår mit ihre Aoga gucka könnat, aber nex merkat, ond mit ihre Ohra höra, aber nex vrstanda könnat; dass se et omkehrat ond en vrgeba wird.*

Zom Vrgleicha: *Vers 10-12* II Mt 13,10-17; Lk 8,9f • *12:* Jes 6,9f; Joh 12,40; Apg 28,26f.

Was des Beispiel vom Sämå bedeutat:

4 13-20

13Nå håt r zon en gsaed: Ihr vrstandat des Beispiel et, wia wöllat r nå älle andere Beispiel begreifa? 14Der Sämå sät s Wort. 15Des auf am Weg send dia: Mô s Wort gsät wird ond se hörat s, kommt glei dr Satan ond nemmt des Wort weg, mô en s naegsät wôra ischd. 16Ond des send dia, mô auf da stoeniga Boda gsät wôra send, wann dia s Wort ghört hent, send dia glei Feuer ond Flamme, 17ond se hent koen Tiafgang, des send Aogablicksmenscha; wann s dene z brenzalig wird oder se kriagat weg am Wort Schwierigkaeta, nå fallat dia glei om. 18Ond andere werat en d Dôrna naegsät; des send dia, mô s Wort ghört hent, 19ond d Sôrga von dr Welt ond d Vrführong durch da Reichtom ond d Glusta auf ällas Mögliche druckat en s nae ond vrstickat s Wort, dass koe Frucht maeh wachsa kå. 20Ond dia mô auf da guata Boda gsät send, des send dia, mô s Wort hörat ond en sich aufnemmat ond Frucht brengat, dreißg-, sechzg- ond hondertfach.

Zom Vrgleicha: *Vers 13-20* II Mt 13,18-23; Lk 8,11-15 • *19:* 1Tim 6,9.

Vom rechta Hôra: 4 21-25

21Ond r håt zon en gsaed: Brengt mr ao a Lamp zom se onter en Oemer oder onter d Bettlad nastella? Kommt se et, zom auf en Ständer naufstella? 22Weil nex ischd vrbôrga, außer dass s aufdeckt wird, ond nex ischd a Gehaemnis wôra, außer dass s an da Dag kommt. 23Wann ebber Ohra håt zom Horcha, der soll no guat nôhorcha! 24Ond r håt zon en gsaed: Guckat zua, was r hörat! Des Maß, mit dem mô ihr messa dent, mit dem mißt mr euch ao zua, ond mr legt euch no ebbas drauf. 25Weil oener, mô ebbas håt, der kriagt no ebbas drzua, ond wer nex håt, dem wird ao des no weggnomma, was r håt.

Zom Vrgleicha: *Vers 21-25* II Lk 8,16-18 • *21:* Mt 5,15; Lk 11,33 • *22:* Mt 10,26; Lk 12,2 • *23:* Mt 11,15 • *24:* Mt 7,2; Lk 6,38 • *25:* Mt 13,12; 25,29; Lk 19,26.

S Beispiel vom stilla Wachsa: 4 26-29

[26]Ond r håt gsaed: Mit am Herrgott saem
Reich ischd des so, wia wann a Må da
Såma en da Boda schmeißt [27]ond schlåft
ond aufstôht Nacht ond Dag, ond dr
Såma spriaßt ond wird graoß, der wôeß
selber et wia. [28]Von alloe brengt dr Boda
sae Frucht, zerst da Halm, nå d Ähr ond
nå s ganz Korn en dr Ähr. [29]Wann s aber
d Frucht zualäßt, *schickt r glei d Sichel
nô, weil d Ernt då ischd.*

Zom Vrgleicha: *Vers 29:* Joel 4,13.

S Beispiel vom Senfkorn: 4 30-32

[30]Ond r håt gsaed: Mit was sollat mr
am Herrgott sae Reich vrgleicha, oder
mit was für a ma Beispiel vrständlich
macha? [31](Des ischd) wian a Senfkörnle,
wa mr des en da Boda naesät, des ischd
kloener als wia älle (andere) Såmakörner
auf dr Erde, [32]wann des gsät ischd ond
aufgôht, nå wird des graeßer als wia älle
Kräuter *ond treibt graoße Zweig, dass
en saem Schatta d Vögel am Hemmel
aenista könnat.*

Zom Vrgleicha: *Vers 30-32* II Mt 13,31f; Lk 13,18f • *32:* Da 4,8f.18; Ez 17,23.

Schlußbemerkong zo de Beispiel: 4 33-34

[33]Ond mit viele sotte Beispiel håt r en
s Wort bråcht, so wia se s hent höra
könna; [34]aber ohne Beispiel håt r nex zon
en gsaed, aber wann se onter sich gwea
send, håt r saene Jünger älles erklärt.

Zom Vrgleicha: *Vers 33-34* II Mt 13,34.

Was dr Jesus dao ond gsaed håt: 4 35 - 8 26

Dr Sturm auf am See: 4 35-41

[35]Mô s nå åbnads wôra ischd an sellam
Dag, håt r zon en gsaed: Fahrat mr nom
ans ander Ufer. [36]Ond se hent dia Leut
glassa ond wian r gwea ischd, hent se
an mitgnomma em Boot, ond andere
Boot send ao no drbeigwea. [37]Ond a
riesa Wendhos ischd aufkomma ond
Brecher send übers Boot naeganga,
dass s Boot schao ganz vollgschlaga
gwea ischd. [38]Ond då schlåft dr Jesus
henta em Heck (seelaruhig) auf a ma
Kisse. Und nå weckat an dia ond sagat:
Môester, des entressiert di wohl gar
et, wa mir zgrondgangat? [39]Nå ischd r
aufgstanda ond håt den Wend ågfahra
ond gsaed: Schweig ond sei still! Ond
der Wend ischd aegschlåfa ond s ischd
ganz wendstill wôra. [40]Nå håt r zon en
gsaed: Was send r denn so vrzagt? Hent
r emmer no koen Glaoba? [41]Ond se hent
a pånischa Angst kriagt ond zoanander
gsaed: Was ischd ao des für a Må, dass
dem sogar dr Wend ond dr See folga
dent?

Zom Vrgleicha: *Vers 35-41* II Mt 8,18.23-27; Lk 8,22-25 • *39:* 6,51.

Am Jesus sae Vollmacht über Dämona: 5 1-20

5 Nå send se an s ander Ufer vom See
komma, en de Gerasener ihr Gae.
[2]Ond kaom ischd r aus am Boot hussa
gwea, ischd am glei aus de Grufta a Må
entgegakomma mit a ma osaubera Gôest,
[3]der håt en de Grufta ghaust; ond et amål
mit ra Kette håt den oener fessla könna;
[4]den hent se schao oft an Händ ond Füaß
mit Ketta gfesslat, aber der håt jedasmål
an de Händ d Ketta ausanandergrissa
ond nå dia Ketta an de Füaß aufgrieba,
ond neamerd ischd stark gnuag gwea,
zom den zwenga; [5]ond de ganz Zeit
håt der Dag ond Nacht en de Grufta
ond en de Berg omanandergschria ond
sich mit Stoe selber ghaoa. [6]Mô der da
Jesus von weitams gseha håt, ischd r
drhergspronga ond håt sich vôr am
nôgschmissa [7]ond ganz laut gschria:
Was han i mit dir z schaffat, Jesus, du
Soh vom höchsta Gott? I beschwör de
beim Herrgott, plåg me et! [8]Weil r zon

am gsaed ghet håt: Fahr aus am raus, du
Gôest, du oraener, aus dem Menscha då!
[9]Ond r håt an gfrågt: Wia hôeßt d? Ond
r håt zon am gsaed: I hôeß Legion, mir
send nämlich viel! [10]Ond r håt an ganz
arg åbettlat, r soll s doch et aus am Land
jaga.
[11]Nå ischd aber grad sell am Hang
a graoß Ruadel Säu gwea ond hent
gfressa. [12]Ond se hent an åbettlat ond
gsaed: Schick as doch en dia Säu nae,
dass mr en dia naefahrat. [13]Des håt r en
erlaobt. Ond dia osaubere Gôester send
ausgfahra ond en dia Säu naegfahra, ond
des Ruadel ischd da Hang nagsauat en
da See nae, ogfähr zwôetausad, ond send
em See vrsoffa. [14]Ond ihre Hirta send
abghaoa ond hent des en dr Stadt ond
en de Höf gmeldat. Nå send se komma
zom gucka, was då passiert ischd. [15]Ond
wia se zom Jesus kommat, saehnat se
den Bsessena dåsitza, åzoga ond ganz
vrnenftig, da Legion, ond se hents mit
dr Angst zdoant kriagt. [16]Ond dia mô
s gseha hent, was mit dem Bsessena
passiert ischd ond mit dene Säu, hent
des (natürlich) vrzählt. [17]Nå hent se
an åbettlat, r soll doch aus ihram Gae
fortganga.
[18]Ond môn r wieder ens Boot naegstiega
ischd, håt an der, mô bsessa gwea ischd,
gfrågt, ob r et bei am bleiba könnt.
[19]Aber des håt r am et erlaobt ond zon
am gsaed: Gang no en dae Haus zo de
Daenige ond vrzähl en, was dr Herrgott
ällas für de dao håt ond sich über de
vrbarmt håt. [20]Ond r ischd fortganga ond
håt ågfanga em Gae om dia zeah Städt
rom z vrzähla, was dr Jesus ällas für an
dao håt, ond älle hent sich gwonderat.

Zom Vrgleicha: *Vers 1-20* II Mt 8,28-34; Lk 8,26-39 • *7:* 1,24; 3,11; Lk 4,34; Joh 2,4.

Am Jairus sae Töchterle wird aufgweckt ond a Frao von ihre Bluatonga ghoelt: 5 21-43

[21]Mô nå dr Jesus wieder em Boot ans
ander Ufer nomgfahra gwea ischd, hent
sich a Haufa Leut bein am vrsammlat,
ond r ischd am See gwea. [22]Nå kommt
oener von de Synagogavôrständ, dr
Jairus, ond wian r an sieht, senkt r am
vor d Füaß nô [23]ond bittat an vielmåls
ond saed: Mit maem Töchterle gôhts uf
s End zua, komm, leg ra d Händ auf,
dass se wieder gsond wird ond leba
kå! [24]Ond r ischd mit am ganga, ond a
Haufa Leut send mit ond hent an schier
vrdruckt.
[25]Ond a Frao, mô zwölf Johr lang
Bluatonga ghet håt [26]ond von viele
Doktr schao viel ausgstanda ond ihr
ganz Vrmöga ausgeba ghet håt, ohne
dass des besser wôra wär, em Gegatôel,
des‘schd emmer mender wôra, [27]dui
håt vom Jesus ghört ond håt sich en
dera Menge zon am nôdruckt ond von
henta sae Gwand åglangt; [28]weil se
sich gsaed håt: Wann e ao bloß saene
Klôeder berühr, nå wir e gsond. [29]Ond
glei håt dui Bluatong aufghert ond se
håt an ihram Leib gspürt, dass se von
dem Leida ghôelt ischd. [30]Dr Jesus håt
natürlich ao glei gmerkt, dass a Kraft
von am wegganga ischd ond r håt sich
romdreht en dr Masse ond gsaed: Wer
håt maene Klôeder ågregt? [31]Nå hent
saene Jünger zon am gsaed: Da siehst
doch, dass de d Leut schier vrdruckat, nå
saesch du: Wer håt me ågregt? [32]Nå håt r
om sich romguckt, weil r dui seha wölla
håt, mô des dao håt. [33]Aber dui Frao håt
Angst kriagt ond zitterat, weil se gwißt
håt, was an ra gscheha ischd, nå ischd se
komma ond vôr am nôgsonka ond håt
am de ganz Wåhrat gstanda. [34]Aber er
håt nå zon ra gsaed: Mädle, dae Glaoba
håt dr gholfa, gang no em Frieda ond
bleib gsond von daem Leida.

35 Wian r no spricht, kommat Leut vom Synagogavorstand ond sagat: Dae Mädle ischd gstôrba; was machst d am Môester no Omständ? 36 Aber dr Jesus håt so nebaher ghört, was dia gsaed hent ond saed zo dem Synagogavôrstand: Jetzat han amål koe Angst et, glaob halt (ganz oefach)! 37 Ond r håt neamerd mitglassa, bloß da Petrus ond da Jakobus ond da Johannes, da Bruader vom Jakobus. 38 Ond se kommat ens Haus von dem Synagogavôrstand nae ond r hört da Klamaok ond s Geheul ond s Geklage 39 ond gôht nae ond saed zo nen: Was schreiat r omanander ond heulat? Des Kend ischd et gstôrba, des schlåft bloß. 40 Ond dia hent an ausglacht.

Wian r älle nausgjagt håt, gôht r mit am Vadr ond dr Muader von dem Kend ond mit

saene Beglaeter nae zo dem Kend. 41 Ond r håt des Kend an d Håd gnomma ond zon ra gsaed: Talitha kum, des hôeßt uf deutsch: Mädle, i sag dr, stand auf! 42 Ond des Mädle ischd glei aufgstanda ond romglaofa; zwölf Jåhr alt ischd se gwea. Ond se send älle ganz aus am Häusle gwea vor lauter Entsetza.

43 Ond r håt en aeblaet, dass des jå neamerd vrfahra sott, ond r håt en ågeba, se solle ra ebbas z essad geba.

Zom Vrgleicha: *Vers 21-43* II Mt 9,18-26; Lk 8,40-56 • *28:* 6,56; Mt 14,36 • *34:* 10,52; Lk 7,50; 17,19; 18,42.

Dr Jesus kommt en Nazaret et å:

6 1-6a

6 Ond r ischd von sell fortganga ond en sae Hoemat komma, ond saene Jünger send mit am ganga. 2 Ond mô s nă Sabbat gwea ischd, håt r en dr Synagog ågfanga mit saene Lehra; ond de maeste, mô des ghört hent, hent drüber gstaont ond gsaed: Mô der des bloß her håt? Ond was für a Weishaet ischd des, mô dem geba ischd? Ond was der en saene Händ für a Macht håt, was då ällas gschieht? 3 Ischd des et dr Zemmermå, dr Maria ihr Soh ond dr Bruader vom Jakobus ond vom Joses ond vom Judas ond vom Simon? Ond send et ao no saene Schwestera bei ons dåhanna? Ond se hent Åstoß an am gnomma. 4 Ond dr Jesus håt zon en gsaed: Nergads gilt a Profet gar nex, bloß en saener Hoemat ond bei saener Vrwandtschaft ond em ôegena Haus. 5 Ond r håt sell nex bsonders doa könna, halt dass r a paar Kranke d Händ aufglegt ond se gsond gmacht håt. 6 Ond r håt sich über ihran Oglaoba gwonderat;

Zom Vrgleicha: *Vers 1 6a* II Mt 13,54 58; Lk 4,16 30 • *2:* Joh 7,15 • *3:* Joh 6,42 • *4:* Joh 4,44.

D Aussendong von de zwölf Apostl:

6 6b-13

nă håt r en de Dörfer rengsrom saene Lehra vrbrôetat. 7 Ond r håt dia Zwölf hergruafa ond ågfanga zom se aussenda, emmer selbander, ond r håt en d Vollmacht geba über oraene Gôester. 8 Ond r håt s ågwiesa, se solle nex mit auf da Weg nemma, bloß en Stecka, koe Brot, koen Rucksack, et amål Kloegeld, 9 bloß Sandala an de Füaß, ond: Ziagat koene zwôe Hemadr å! 10 Ond r håt zon en gsaed: Môn r en a Haus aekehra dent, då bleibat r, bis r von sell weitergangat! 11 Ond mô a Ortschaft euch et ånemma ond et auf euch höra will, da gangat r (oefach) weiter ond schärrat da Dreck onter eure Füaß weg (ond lent an liega) als a Zeugnis gega dia. 12 Ond se send ganga ond hent predigt, se (d Leut) solle ihr Gsennong ändera, 13 ond viel Dämona hent se austrieba ond Kranke mit Öl gsalbt ond gsond gmacht.

Zom Vrgleicha: *Vers 6b-13* II Mt 9,35; 10,1.5-14; Lk 9,1-6.

Was dr Herodes vom Jesus moent: 6 14-16

14 Ond dr König Herodes håt des mitkriagt, weil sae Nåma jå bekannt wôra ischd ond d Leut gsaed hent: Dr Taefer Johannes sei auferstanda ond drom häb r jetzat Wonderkräft. 15 Aber andere hent gsaed: Des ischd dr Elia; ond nômål andere hent gsaed: A Profet ischd des wia andere Profeta sonst ao. 16 Des håt dr Herodes ghört, nå håt r gsaed: Den môn i han köpfa lassa, dr Johannes, der ischd auferstanda.

Zom Vrgleicha: *Vers 14-16* II Mt 14,1f; Lk 9,7-9 • *14f:* Mt 16,14.

Dr Johannes wird köpft: 6 17-29

17 Dr Herodes håt nämlich selber Leut fortgschickt zom da Johannes vrhafta ond em Gfängnis fessla lassa wega dr Herodias, des ischd saem Bruader Philippus sae Weib gwea, weil r dui gheiratat håt. 18 Dr Johannes håt nämlich zom Herodes gsaed ghet: Du håsch koe Recht zom daem Bruader sae Weib hao! 19 Aber d Herodias håt et luck glassa ond håt an (obedengt) ombrenga lassa wölla, aber et könna, 20 weil dr Herodes da Johannes als en rechtschaffena ond haeliga Må kennt håt, ond r håt auf an aufpassa lassa, ond wann r an åghört håt, ischd r (jedas Mål) ganz vrlega gwea, aber r håt an oenaweg gern ghört. 21 Ond a ma gschickta Dag, mô dr Herodes an saem Geburtsdag a Festessa gmacht håt für saene Diplomata ond Kriagsherra ond de Vürnehmste von Galiläa, 22 ischd dr Herodias ihr Mädle raekomma ond håt en Tanz nôglegt; des håt am Herodes ond saene Gäst so gfalla, dass r zo dem Mädle gsaed håt: Därfst dr wünscha, was da willst, i gib dr s; 23 ond des håt r a sogar no gschwora: Du kriagst, was da willst, *bis zo maem halba Königreich.* 24 Nå ischd se naus ond håt ihr Muader gfrågt: Was soll e mr wünscha? Dui håt glei gsaed: Da Kopf vom Taefer Johannes. 25 Nå ischd se ganz hastig wieder nae zom König ond håt gsaed: I wünsch mr, dass da mr jetzat auf dr Stell da Kopf vom Taefer Johannes auf r a Platt servierst. 26 Des håt da König ganz traurig gmacht, aber weil r s vôr älle drå gschwora ghet håt, ischd r et Manns gnuag gwea zom se ablitza lassa. 27 Nå håt dr König auf dr Stell da Henker komma lassa ond am da Befehl geba, dass r am da Kopf vom Johannes brenga soll. Der ischd nôganga ond håt an em Gfängnis glei köpft 28 ond håt saen Kopf auf r a Platt drherbråcht ond håt an dem Mädle geba, ond des Mädle håt an saener Muader geba. 29 Mô des saene Jünger ghört hent, send se komma ond hent sae Leich mitgnomma ond en a Gruft naedao.

Zom Vrgleicha: *Vers 17-29* II Mt 14,3-12; Lk 3,19f • *18:* Lev 18,16; 20,21 • *23:* Est 5,3.6; 7,2.

D Jünger kommat zrück ond faeftausad werat satt: 6 30-44

30 Ond dia Apostl send wieder zom Jesus komma ond hent am vrzählt, was se ällas dao ond de Leut beibråcht hent. 31 Nå håt r zon en gsaed: Kommat amål mit, aber alloe, an a ruhigs Plätzle zom a bißle vrschnaufa. Då send nämlich viele komma ond ganga, dass se et amål Zeit ghet hent zom ebbas essa. 32 Ond se send mit a ma Boot an a ruhigs Plätzle gfahra, mô se onter sich gwea send. 33 Ond mr håt s wegfahra seha, ond viele hent s gmerkt ond aus dr ganza Gegend send se per pedes sell nôgloffa ond no vôr en då gwea.
34 Ond môn r ausgstiega ischd, håt r en Haufa Leut gseha, dia hent an vrbarmt, weil se *wia Schåf gwea send, dene mô koener vôrnadraus laoft;* ond r håt ågfanga ond über vrschiedene Sacha ganz ausführlich gsprocha. 35 Ond mô s nå schao später wôra ischd, send saene

Jünger zon am komma ond hent gsaed:
Då hussa ischd fae weit ond brôet nex
ond spät ischd s ao, [36]laß dia Leut doch
ganga, dass se en de Dörfer ond Höf
rengsrom ebbas zom Vespera kaofa
könnat! [37]Aber der håt en zor Antwort
geba ond gsaed: Gebat ihr en doch
ebbas zom Essa! Nå hent se zon am
gsaed: Sollat mir vielleicht ganga ond
om zwôchondert Denar a Brot kaofa
ond dene zom Essa geba? [38]Nå håt r
s gfrågt: Was hent r denn då an Brot?
Guckat zerst amål! Ond mô se guckt
ghet hent, sagat se: Faef, ond zwôe
Fisch. [39]Ond r håt en ågeba, se solle d
Leut en Gruppa em Gras nôhocka lassa.
[40]Nå send se en Gruppa zo hondert oder
zo fufzg nôghockt. [41]Nå håt r dia fenf
Brotflada ond dia zwôe Fisch gnomma
ond mit a ma Blick en da Hemmel
håt r da Sega gsprocha ond dia Flada
ausananderbrocha ond saene Jünger
geba zom austôela ond dia zwôe Fisch
håt r an älle austôelt. [42]Ond älle hent
gessa ond send satt wôra. [43]Nå hent se
no zwölf Krättla voll Bröckala aufghoba
ond ao no Fetza von de Fisch. [44]Ond des
send so om de faeftausad Må gwea, mô
des Brot gessa hent.

Zom Vrgleicha: *Vers 30-31* II Lk 9,10; 10,17 • *32-34* II Mt 14,13-21; Lk 9,10-17; Joh 6,1-13 • *32-44:* 8,1-10; Mt 15,32-39 • *34:* Mt 9,36; Num 27,7; 1Kö 22,17; Ez 34,5 • *41:* 8,19.

Dr Jesus laoft auf am Wasser: 6 45-52

[45]Nå håt r saene Jünger åtrieba, se solle
anandernåch ens Boot steiga ond auf de
ander Seit nach Betsaida vôrausfahra,
er dät solang dia Leut entlassa. [46]Ond
mön r s vrabschiedat ghet hät, ischd r
fortganga auf en Berg nauf zom Beta.
[47]Åbnads ischd nå des Boot schao mittla
auf am See gwea ond er no alloe am Ufer.
[48]Ond r håt gseha, wia dia sich gschonda
hent, weil se gega da Wend hent ruadera
müaßa. Om de viert Nachtwach rom
ischd r zon en komma, auf am Wasser
ischd r gloffa, ond håt an en vrbeilaofa
wölla. [49]Aber dia hent an auf am See
laofa seha ond hent gmoent, des sei
a Gspenst, ond se hent gschria; [50]dia
hent an nämlich älle gseha ond send
vrschrocka. Aber r håt se glei ågsprocha
ond zon en gsaed: Hent no koe Angst
et, i ben s doch! [51]Ond r ischd zon en ens
Boot nae, nå håt dr Wend nåchglassa, nå
send dia en d Seel nae vrschrocka; [52]dia
hent nämlich wega dem Brot gar nex
kapiert, weil se en ihre Herza hart gwea
send.

Zom Vrgleicha: *Vers 45-52* II Mt 14,22-33; Joh 6,16-21 • *46:* Lk 6,12 • *51:* 4,39 • *52:* 8,17.

Kranke werat gsond en Gennesaret:
6 53-56

[53]Ond mô se ans Land nomgfahra gwea
send, hent se en Gennesaret åglegt.
[54]Ond mô se aus am Boot ausgstiega
send, hent an d Leut glei kennt, [55]ond se
send en dr ganza Gegend romgspronga
ond hent ågfanga, Kranke auf ihre Better
omanander z schlôefa, überall då nô, mô
se grad ghört hent, dass r då sei. [56]Ond
môn r ao nô ischd, en Dörfer oder en
Städt oder ao en Höf, überall hent se de
Kranke auf da Märktplatz nôglegt ond
an beta, dass se ao bloß da Saom von
saem Gwand ålanga därfe; ond älle, mô
an ågregt hent, send gsond wôra.

Zom Vrgleicha: *Vers 53-56* II Mt 14,34-36 • *55:* Mt 4,24 • *56:* 5,28; Mt 14,36.

Was s mit am Gsetz auf sich håt: 7 1-23

7 Ond d Pharisäer ond a paar
Gstudierte, mô von Jerusalem
rakomma gwea send, hent sich bein am
troffa. [2]Dia hent a paar von saene Jünger
mit oraene, des hôeßt mit ogwäschene
Händ Brot essa seha, [3]weil d Pharisäer
ond älle Juda essad nämlich nex, wann
se et mit ra Håd voll Wasser d Händ
gwäscha hent, weil des so Tradition

ischd. 4Ond ao wann se vom Märkt hoem kommat, wann se sich et gwäscha hent, essad se nex; ond no viele andere Traditiona geits då, mô dia übernomma hent, Becher ond Krüag wäscha ond Kupferkessel ond Better. 5Ond dia Pharisäer ond dia Gstudierte hent an gfrågt: Wårom haltat sich daene Jünger et an onsere Traditiona ond essad ihr Brot mit ogwäschene Händ? 6Aber nå håt r zon en gsaed: Dr Jesaja håt schao recht über euch Schaehaelige profezeit, wia s gschrieba stôht (Jes.29,13): *Mit dr Gosch vrehrat dia mi schao, aber mit am Herza send se et drbei!* 7*Dass dia mi vrehrat ischd ganz omasonst, weil se aus ihre Menschagebot Lehra machat ond dia vrbrôeta dent.* 8Ihr weichat vom Herrgott saene Gebot ab ond haltat euch an d Traditiona. 9Ond r håt zon en gsaed: Ganz raffiniert machat ihr am Herrgott saene Gebot ogültig, bloß dass r eure Traditiona aehalta könnat. 10Dr Mose håt jå gsaed: *Daen Vadr ond dae Muader sollst en Ehra halta* ond: *Der mô saen Vadr oder sae Muader vrfluacha tuat, der soll mit am Tod gstråft wera!* 11Aber ihr sagat: Wann oener zo saem Vadr oder zo saener Muader saed: »Korban« des hôeßt: a Opfer ischd des, was dr vo'mr zuastôht - 12nå lassat ihr zua, dass der saen Vadr oder sae Muader nemme vrhalta muaß. 13So vrdrehat ihr am Herrgott sae Wort ond machat s mit eure Traditiona ogültig, ond so ähnlich machat ihr s mit viele Sacha.

14Ond r håt d Leut wieder hergwonka ond zon en gsaed: Horchat amål älle her ond kapierat, (was e euch sag)! 15Von außa kommt gar nex en da Menscha nae, was an vroraeniga könnt, aber was aus am Menscha rauskommt, des ischd s, was da Menscha (so richtig) dreckat macht. 17Ond môn r von de Leut weg en a Haus naeganga gwea ischd, hent an saene Jünger wega dem Beispiel gfrågt. 18Nå saed r zo dene: so, hent ihr des ao no et kapiert? Merkat ihr des et, des ällas, was von außa en da Menscha naekommt, kå an gar et vroraeniga, 19weil des et en sae Herz naegôht, des gôht en da Bauch ond von då en da Lokus. Was send nå no raene Speisa? 20Aber nå håt r gsaed: Des was aus de Menscha rauskommt, des macht da Menscha oraen; 21weil nämlich de baese Gedanka von enna, von de Menschaherza rauskommat: Ozüchtige Gedanka, Stehla, Mord, 22Nebanausganga, Habgier, Boshaftigkaeta, Henterlistigkaeta, Lotterleba, neidisch Gucka, lästerliche Redensarta, auf andere ragucka, Liadrigkaeta. 23Älle dia baese Sacha kommat von enna raus ond machat da Menscha dreckat.

Zom Vrgleicha: *Vers 1-23* II Mt 15,1-20 • *2:* Lk 11,38; Kol 2,21f • *4:* Mt 23,25 • *6:* Jes 29,13G • *10:* Ex 20,12; 21,17; Lev 20,9; Dtn 5,16.

Ao d Haeda hent an Glaoba: 7 24-30

24Nå ischd r von sell aufbrocha ond en d Gegend von Tyrus ganga. Ond r ischd en a Haus naeganga, håt aber et wölla, dass des ebber merkt, aber des ischd omöglich gwea; 25a Frao håt glei von am ghört, dera ihr Mädle håt en oraena Gôest ghet. Dui ischd komma ond am glei vor d Füaß nôgsonka; 26aber dui Frao ischd a Griechin gwea, gebürtig von Syrophönizien; ond se håt an åbettlat, r soll doch ihram Mädle den Dämona austreiba. 27Ond r håt zon r a gsaed: Laß zerst d Kenderla satt wera; des'schd nämlich et guat, wa mr de Kender s Brot wegnemmt ond de Hondla nôschmeißt. 28Dådruf håt se am zor Antwort geba ond gsaed: Freile, Herr, aber d Hondla lebat doch ao von de Kender ihre Brosama onter am Tisch. 29Ond r håt zon r a gsaed: Weil da des Wort gsaed håsch, därfst d ganga, der Dämon ischd schao ausgfahra von daem

Mädle. 30Ond mô se hoemkomma ischd,
ischd des Kend auf am Bett glega ond
der Dämon ischd ausgfahra gwea.

Zom Vrgleicha: *Vers 24-30* II Mt 15,21-28.

A Taobstommer wird ghôelt: 7 31-37

31Ond môn r wieder fortganga ischd
aus dr Gegend von Tyrus, ischd r über
Sidon an da galiläischa See komma,
mittla ens Gae von dr Dekapolis
(Zehnstädtegebiet). 32Ond se hent am
en Taobstomma drherbråcht, dass r
am d Händ auflega soll. 33Ond r håt an
vôr de Leut uf d Seit gnomma ond am
saene Fenger en d Ohra dao, ond mit
Spucke håt r sae Zong ågregt, 34ond mit
a ma Stoßseufzer en da Hemmel nauf
håt r zon am gsaed: Effata, was hôeßt:
Gang auf! 35Ond em Aogablick send
saene Ohra aufganga ond sae Zong håt
sich glöst, dass r richtig håt schwätza
könna. 36Ond r håt en da Befehl geba,
dass se jå neamerd ebbas saga solle; aber
des håt gar koen Wert ghet; je maehn
r des gsaed håt, omso ärger hent se s
weitergschwätzt.
37Ond ganz aus am Häusle send se gwea
ond hent gsaed: Ällas håt r guat gmacht,
de Taobe läßt r wieder ebbas höra, ond
dia, mô bloß lalla könnat, därfat wieder
richtig schwätza.

Zom Vrgleicha: *Vers 31-37:* Mt 15,29-31 • *33:* 8,23 • *37:* Jes 35,5.

Viertausad kriagat zom Essa: 8 1-10

8 Selligsmål send wieder a Haufa Leut
dågwea, ond mô se nex zom Essa
ghet hent, håt r d Jünger hergruafa ond
zon en gsaed: 2Dia Leut vrbarmat me; dia
haltat s jetzat schao drei Däg bei mr aus
ond hent nex zom Essa. 3Ond wann e s
nüachtern hoemschick, nå vrliegat se mr
onterwegs, ond en recht weita Weg hent
ao oene hergmacht. 4Nå hent am saene
Jünger zor Antwort geba: Môher willst
d denn dåhanna en dr Wüste des Brot
brenga, dass dia gnuag hent? 5Ond r håt
s gfrågt: Wiavl Brot hent r denn? Sieba,
hent se gsaed. 6Nå håt r d Leut ågwiesa,
se solle auf da Boda nôhocka; ond r håt
dia sieba Brot gnomma ond a Dankgebet
gsprocha, nå håt r s ausananderbrocha
ond saene Jünger geba zom an d Leut
austôela. 7A paar Fischla hent se ao no
ghet, dia håt r gsegnat ond ao austôela
lassa. 8Ond älle hent gessa ond send satt
wôra, nå hent se no sieba Krettla voller
Brösala zsemaklaubt.
9Des send ogfähr viertausad Leut gwea,
ond r håt s hoemgschickt.
10Nå ischd r glei mit saene Jünger ens
Boot gstiega ond en d Gegend von
Dalmanuta gfahra.

Zom Vrgleicha: *Vers 1-10* II Mt 15,32-39 • *1-10:* Mt 14,13-21; Mk 6,32-40; Lk 9,10-17; Joh 6,1-13 • *2:* Mt 9,36 • *6:* 8,20.

D Pharisäer wöllat ebbas seah: 8 11-13

11Ond d Pharisäer send rauskomma ond
hent mit am Händel ågfanga ond an auf
d Prob stella wölla ond a Zaeche vom
Hemmel von am vrlangt. 12Nå håt r en
saem Gaest en Seufzer dao ond gsaed:
Was, des Gschlecht dåhanna will a
Zaeche? Gar nia kriagt des Gschlecht a
Zaeche. 13Ond r håt s standa lassa ond
ischd wieder aegstiega ond abgfahra ans
ander Ufer.

Zom Vrgleicha: *Vers 11-13* II Mt 16,1-4 • *11:* Mt 12,38f; Lk 11,16.29; Joh 5,30; 1Kor 1,22.

A Warnong vôr de Pharisäer ond vôr am Herodes: 8 14-21

14Ond se hent vrgessa zom a Brot
mitnemma, bloß oe gotzigs Fladabrot
hent se em Boot drbeighet. 15Ond r
håt en ågeba ond gsaed: Gebat mr
bloß Obacht vôr de Pharisäer ihram
Sauertôeg ond vôr am Herodes saem
Sauertôeg! 16Ond se hent mitanander
romsenniert, weil se koe Brot ghet
hent. 17Ond des håt r gmerkt ond saed

zon en: Was sennierat r denn rom weil
r koe Brot hent? Vrstandat ihr no et,
ond kapierat ihr emmer no nex? Send
r so hartherzig? [18]*Aoga hent r em Kopf
ond seahnat nex ond Ohra hent r ond
hörat nex;* ond druf bsenna dent r euch
ao et, [19]môn e dia fenf Brotflada brocha
han für dia fenftausad, wiavl Krettla
voller Brösala ihr då zsemaklaubt hent?
Zwölf, hent se gsaed. [20]Ond dia sieba für
dia viertausad, wiavl Krettla voll hent r
då zsemaklaubt? Sagat se zon am: Sieba.
[21]Nå håt r zon en gsaed:
Ond ihr kapierat emmer no nex?

Zom Vrgleicha: *Vers 14-21* II Mt 16,5-12 • *15:* Lk 12,1 • *17:* 6,52 • *18:* Jer 5,21 • *19:* 6,41-44 • *20:* 8,6-9.

A Blender därf wieder scha: 8 22-26

[22]Ond wia se uf Betsaida naekommat,
brengat se am en Blenda ond dent an
bitta, r soll an årega. [23]Ond r håt den
Blenda an dr Håd gnomma ond zom
Dorf nausgführt, ond sell håt r am en d
Aoga gschpia ond am d Händ aufglegt
ond an gfrågt: Siehst d ebbas? [24]Ond
wian r aufguckt, håt r gsaed: I sieh d
Leut, wia wann Baem omananderlaofa
dätat. [25]Nå håt r am nômål d Händ auf
saene Aoga glegt, ond r håt ganz gnao
nôguckt ond an en Ordnong bråcht,
dass r ällas richtig scharf gseha håt.
[26]Ond r håt an hoemgschickt ond gsaed:
Gang aber ens Dorf et nae!

Zom Vrgleicha: *Vers 23:* 7,33; Joh 9,6.

AUF AM WEG NACH JERUSALEM: 8 27 - 10 52

Am Petrus sae Messiasbekenntnis: 8 27-30

[27]Ond dr Jesus ischd mit saene Jünger
fortganga en dia Dörfer om Cäsarea
Philippi rom; ond onterwegs håt r saene
Jünger gfrågt ond zon en gsaed: Was
sagat denn d Leut, wer i sei? [28]Nå hent
dia gsaed: Dr Taefer Johannes, moenat
de oene, ond andere moenat: Dr Elia,
ond wieder andere moenat, da seiest
oener von de andere Profeta. [29]Ond r
håt s gfrågt: Was sagat nå ihr, wer i sei?
Dådruf geit am dr Petrus zor Antwort
ond saed: Du bist dr Messias. [30]Ond r
håt s ganz streng vrmåhnt, se solle jå
neamerd ebbas von am saga.

Zom Vrgleicha: *Vers 27-30* II Mt 16,13-20; Lk 9,18-22 • *28:* 6,14 • *29:* Joh 11,27.

Dr Jesus kündigt zom ersta Mål sae Leida ond sae Auferstehong å: 8 31-33

[31]Ond r håt ågfanga mit saene Lehra, dass
des naedig sei, dass dr Menschasoh viel
leida müaßt, ond dass an de Älteste ond
d Hohepriaster ond ao de Gstudierte
vrwerfa däte ond an ombrenga lassa,
ond dass r drei Däg später wieder
auferstanda dät; [32]des håt r gradraus
so gsaed. Nå håt an dr Petrus uf d Seit
gnomma ond am Vôrhaltonga gmacht.
[33]Nå håt r sich aber romdreht ond saene
Jünger åguckt ond da Petrus åpfiffa ond
gsaed: Gang weg vo mr, du Satan, du
denkst nämlich et wia Gott, du denkst
wia d Menscha.

Zom Vrgleicha: *Vers 31-33* II Mt 16,21-23; Lk 9,22 • *31:* 9,31; 10,32-34.

Was Nåchfolga hôeßt: 8 34 - 9 1

[34]Ond r håt d Leut wieder mitsamt saene
Jünger hergruafa ond zon en gsaed: Wann
oener mit mr ganga will, der muaß sich
selber vrlaegna ond sae Kreuz ånemma
ond mir nåchlaofa. [35]Weil wann oener
sae Leba en Sicherhaet brenga will, der
vrliert s; ond wann oener wega mir ond
weg am Evangeliom oms Leba kommt,
der rettat s. [36]Was håt denn a Mensch
drvo, wann r de ganz Welt gwennt ond
drbei s ewige Leba aebüaßt? [37]Was soll
denn a Mensch zom Tausch für s ewige
Leba åbiata könna? [38]Weil, wer ao
emmer sich für mi ond für des, was i sag,

schämt, en dem lompiga Huragschlecht
dåhanna, für den schämt sich ao dr
Menschasoh, wann r en dr Herrlichkaet
von saem Vadr mit de haelige Engel
kommt.
9 Ond r håt zon en gsaed: I sag euch:
Dåhanna standat a paar, dia brauchat
da Tod et vrschmecka, bis se gseha hent,
wia s Reich vom Herrgott allmachtig
komma ischd.

Zom Vrgleicha: *Vers 8,34-9,1* II Mt 16,24-28; Lk 9,23-27 • *8,34:* Mt 10,38f; Lk 14,27; Mt 8,22 • *35:* Mt 10,39; Lk 17,33; Joh 12,25 • *38:* Mt 10,33 • *9,1:* Mt 10,23; 24,34.

D Vrklärong: 9 2-10

2Sechs Däg später nemmt dr Jesus
da Petrus ond da Jakobus ond da
Johannes ond håt se für sich alloe auf
en hoha Berg naufgführt. Ond r ischd
vor en drå vrwandlat wôra, 3ond saene
Klôeder hent so weiß glänzt, so a Weiß
brengt auf dr ganza Welt koe Walker et
nô. 4Nå ischd en dr Elia mit am Mose
erschiena ond hent sich mit am Jesus
onterhalta. 5Ond dr Petrus håt ågfanga
ond saed zom Jesus: Rabbi, dåhanna kå
mr s aushalta, ond mir bauat jetzat drei
Hüttena, oena für di ond für da Mose
ond für da Elia ao je oena. 6Der håt gar et
gwißt, was r saga soll, dia send nämlich
ganz durchananander gwea. 7Nå ischd a
Wolk komma ond håt s überschattat.
Ond se hent a Stemm aus dera Wolk
rausghört (mô gsaed håt): *Des ischd
mae liaber Soh, horchat guat auf an!*
8Ond auf oemål, mô se aufguckt hent,
hent se neamerd maeh gseha als wia da
Jesus ganz alloe bei en. 9Ond wia se da
Berg na send, håt r en da Befehl geba,
se solle jå neamerd ebbas drvo vrzähla,
was se gseha hent, bis dr Menschasoh
von de Daote auferstanda sei. 10Ond an
des Wort hent se sich ghalta, nå hent se
mitananander gschwätzt, was des mit dera
Auferstehong von de Daote wohl auf
sich häb.

Zom Vrgleicha: *Vers 2-10* II Mt 17,1-9; Lk 9,28-36 • *2-8:* 2Petr 1,16-18 • *7:* Ps 2,7; Jes 42,1; Dtn 18,15; Mt 3,17 • *9:* Mt 8,4.

Dr Elia ischd schao dågwea: 9 11-13

11Ond se hent an gfrågt: Wiaso sagat
nå de Gstudierte, zersta müaßt dr Elia
komma?
12Aber dådruf håt r zon en gsaed: Dr
Elia kommt zwår zersta ond *biagt ällas
wieder nô;* ond wia stôht s gschrieba
über da Menschasoh? Dass r viel leida
muaß ond dass r vrächtlich gmacht
wird. 13Aber des sag e euch: Dr Elia
ischd tatsächlich schao då gwea, ond se
hent mit am dao, was se wölla hent, wia
s über an gschrieba stôht.

Zom Vrgleicha: *Vers 11-13* II Mt 17,10-13 • *12:* Mal 3,23 G; Jes 52,13-53,12; Ps 22,2-20 • *13:* Mt 11,14.

Dr Jesus macht a Kend gsond von saene Åfäll: 9 14-29

14Ond mô se wieder bei de Jünger
gwea send, hent se an Haufa Leut om
s romstanda seha ond Gstudierte, mô
mit en gschwätzt hent. 15Ond môn an
dia Leut gseha hent, hent se älle gstaont,
ond se send glei herkomma ond hent
an grüaßt. 16Ond r håt se gfrågt: Was
schwätzat r denn mit dene? 17Ond oener
von dene Leut håt am zor Antwort geba:
Môester, i han maen Bua zo dr brächt,
der håt en sprachlosa Gôest; 18mô der an
packt, schmeißt r an uf d Welt nae, nå
schaemt r ond klepperat mit de Zäh ond
wird ganz stärrig; ond i han zo daene
Jünger gsaed, se solle an austreiba, aber
dia hent s et gschafft. 19Aber nå håt r
en zor Antwort geba ond gsaed: O ihr
oglaebigs Gschlecht, wia lang soll e no
bein ich sae? Wia lang soll e des no mit
euch aushalta? Brengat an amål her zo
mr! 20Ond se hent an zon am brächt.
Ond wian r an gseha håt, håt an der

Gôest omanandergrissa, ond r ischd auf da Boda gfalla ond håt gschaemt ond sich romgwonda. [21]Ond r håt saen Vadr gfrågt: Wia lang håt r des schao? Aber der håt gsaed: Schao von kloe å; [22]ond oft håt r an sogar ens Feuer ond ens Wasser gschmissa, zom an Ombrenga. Aber wann du ebbas kåsch, nå han Erbarma mit as ond hilf as! [23]Aber dr Jesus håt zon am gsaed: Wann da ebbas kåsch? Der mô glaobt kå ällas. [24]Nå håt der Vadr von dem Kend gschria ond gsaed: I glaob jå; hilf maem Oglaoba! [25]Mô nå dr Jesus gseha håt, dass des en Volksauflaof geba håt, håt r den oraena Goest åpfiffa ond zon am gsaed: Du sprachloser ond taober Gôest, i sag dr: Fahr aus am naus ond laß de nemme bein am blicka! [26]Nå håt r recht gschria ond an ganz arg omanandergrissa, aber r ischd doch ausgfahra; ond r ischd wia he dåglega, dass de maeste gsaed hent: Der ischd gstôrba. [27]Aber dr Jesus håt an an dr Hådgnomma ond an aufgrichtat, ond r ischd nôgstanda. [28]Ond môn r en a Haus nae ischd ond mit saene Jünger für sich gwea ischd, hent se an gfrågt: Wia kommt jetzat ao des, dass mir den et austreiba könna hent? [29]Nå håt r zon en gsaed: Dui Art kå mr mit nex austreiba als wia mit Beta.

Zom Vrgleicha: *Vers 14-29* II Mt 17,14-21; Lk 9,37-42.

Dr Jesus kündigt zom zwôeta Mål sae Leida å: 9 30-32

[30]Ond se send von sell fortganga ond durch Galiläa zoga, (aufghalta hent se sich nergads), ond r håt ao et wölla, dass des ebber vrfährt. [31]Weil r håt saene Jünger beibråcht ond zon en gsaed: Dr Menschasoh wird de Menscha en d Händ glieferat, ond dia brengat an om, ond wann r ombråcht ischd, nå stôht r nach drei Däg wieder auf. [32]Aber dia hent koe Wort vrstanda ond zom Fråga hent se sich ao et traut.

Zom Vrgleicha: *Vers 30-32* II Mt 17,22f; Lk 9,43b-45 • *30:* Lk 17,11 • *31:* 8,31; 10,33.

Wer ischd dr Graeßt?: 9 33-37

[33]Nå send se uf Kapernaum naekomma. Ond môn r em Haus drenna gwea ischd, håt r s gfrågt: Was hent r denn onterwegs vrhandlat? [34]Då hent se aber nex druf gsaed, weil se nämlich onterwegs mitananander drüber gschwätzt hent, wer dr Graeßte sei. [35]Nå ischd r nôghockt ond håt dia Zwölf hergruafa ond zon en gsaed: Wann oener dr Erste sae will, nå soll r dr Letzte von älle sae ond dr Knecht von älle. [36]Nå håt r a Kend gnomma ond mittla naegstellt ond en Arm naegnomma ond zon en gsaed: [37]Wer a sottiga Kend en maem Nåma aufnemmt, der nemmt mi auf; ond wer mi aufnemmt, der nemmt et mi auf, der nemmt den auf, der mô mi gschickt håt.

Zom Vrgleicha: *Vers 33-37* II Mt 18,1-5; Lk 9,46-48 • *34:* Lk 22,24-26 • *35:* 10,43; Mt 20,26f; Lk 22,26.

Fremde Wondertäter: 9 38-41

[38]Saed dr Johannes zon am: Môester, mir hent oen gseha, der håt mit daem Nåma Dämona austrieba, ond mir hent am s vrbiata wölla, weil r et zo ons ghert. [39]Aber dr Jesus håt gsaed: Vrbiatat s am et. S kå nämlich koener en maem Nåma a Wonder doa ond me nåchher ramacha. [40]Wann nämlich oener et gega ons ischd, nå ischd r für ons. [41]Weil wann euch oener en Becher Wasser zom Trenka geit, weil ihr zom Messias gherat, des sag e euch: des bleibt am et ovrgolta.

Zom Vrgleicha: *Vers 38-40* II Lk 9,49f • *41* II Mt 10,42.

Warnong vôr dr Vrführong: 9 42-48

[42]Ond wer ao bloß oen gotziga von dene Kloene, mô an mi Glaoba dent, zom Sündiga vrführt, für den wär s

besser, mr dät am en Mahlstoe von r a
Eselsmühle om da Hals hänga ond an
ens Meer schmeißa. 43Ond wann de dae
Håd zom Sündiga vrführt, nå hack se a!
S ischd besser, wann da als a Krüppel
ens Leba gôhst, wia wann da mit zwôe
Händ en d Höll gôhst, en s Feuer, mô
mr et löscha kå. (44) 45Ond wann de dae
Fuaß zom Sündiga vrführt, nå hack an
a! S ischd besser, wann da låhm ens Leba
gôhst, wia wann se de mit bôede Füaß
en d Höll schmeißat. (46) 47Ond wann de
dae Aog zom Sündiga vrführt, nå reiß s
raus! S ischd besser, wann da mit oem
Aog em Herrgott sae Reich naegôhst,
wia wann da zwôe Aoga håsch ond en d
Höll gschmissa wirst, *48mô ihr Wurm et
stirbt ond s Feuer nia ausgôht.*

Zom Vrgleicha: *Vers 42-48* II Mt 18,6-9; Lk 17,1f • *43:* Mt 5,30 • *47:* Mt 5,29 • *48:* Jes 66,24.

Vom Salz: 9 49-50

49Weil a jeder wird mit Feuer gsalza. 50Salz
ischd ebbas Guats; wann aber s Salz koe
Salzkraft maeh håt, wia wöllat r s nå
macha? Ihr müaßat s Salz en euch han
ond mitanander Frieda halta!

Zom Vrgleicha: *Vers 50* II Mt 5,13; Lk 14,34.

En Judäa: 10 1

10 Ond wian r von sell fortganga
ischd, kommt r über am Jordan
drüba uf Judäa nae; då ischd ao glei
wieder a Haufa Leut om an rom gwea,
ond wian r s gwöhnt gwea ischd, håt r
wieder saene Lehra ausbrôetat.

Zom Vrgleicha: *Vers 1* II Mt 19,1f; Lk 9,51.

Von dr Schôedong: 10 2-12

2Nå send Pharisäer drzuakomma ond
hent an auf d Prob gstellt ond an gfrågt:
Ischd des e ma Må erlaobt, dass r sae
Frao fortschickt? 3Aber dådruf håt r en
zor Antwort geba ond zon en gsaed:
Was håt ich denn dr Mose ågeba zom
doa? 4Aber dia hent gsaed: *Dr Mose håt
des zuaglassa, dass mr en Schaedebriaf
schreibt ond (sae Frao) fortschickt.* 5Nå
håt dr Jesus zon en gsaed: Weil ihr so
hartherzig send, håt r des so ens Gsetz
naegschrieba. 6Aber vom Åfang å, von
dr Schöpfong å, *håt se Gott als Må ond
als Frao gschaffa. 7Drom gôht a Må von
Vadr ond Muader fort ond hangt an sae
Frao nô, 8ond dia zwôe send nå oe Leib.
Nå send se nemme zwôe, nå send se oe
Leib.* 9Ond was Gott zsemadao håt, des
soll dr Mensch et schaeda.
10Ond drhoemda hent an d Jünger nômål
drnåch gfrågt. 11Ond r håt zon en gsaed:
Wann oener sae Frao fortschickt ond a
andera heiratat, bricht er sae Ehe. 12Ond
wann sui ihran Må fortschickt ond en
andera heiratat, nå bricht sui ihr Ehe.

Zom Vrgleicha: *Vers 2-9* II Mt 19,3-9 • *11* II Mt 5,32, Lk 16,18 • *4:* Dtn 24,1, Mt 5,31f • *6:* Gen 1,27 • *7:* Gen 2,24 • *11f:* 1Kor 7,10f.

Dr Jesus segnat d Kender: 10 13-16

13Nå hent se Kender zon am bråcht,
r soll s årega; aber dia Jünger hent s
ågoschat. 14Må des dr Jesus gseha håt,
ischd r grantig wôra ond håt zon en
gsaed: Jetzat lent doch dia Kenderla zo
mr komma ond dent s en et wehra; weil
dene ghert doch onseram Herrgott sae
Reich. 15Währle, des sag e euch: Wann
oener am Herrgott sae Reich et so
ånemmt wia a Kend, nå kommt r ao et
nae. 16Ond r håt s vrknuddlat ond en d
Händ aufglegt ond se gsegnat.

Zom Vrgleicha: *Vers 13-16* II Mt 19,13-15; Lk 18,15-17 • *15:* Mt 18,3.

Vom Reichtom ond vom Nåchfolga: 10 17-31

17Ond wian r sich wieder auf da Weg
gmacht håt, ischd oener drherkomma
ond vôr am auf d Knia gsonka ond håt
an gfrågt: Guater Môester, was muaß
e denn doa, dass e s ewige Leba kriag?
18Aber dr Jesus håt zon am gsaed: Was

hôeßt du me guat? Neamerd ischd
guat außer Gott. [19]Du kennst doch d
Gebot: *Du sollest koen ombrenga, et d
Ehe brecha, et stehla, neamerd ebbas
Falschs nåchsaga, nex raoba, Vadr ond
Muader ehra!* [20]Aber der håt zon am
gsaed: Môester, des duar e doch schao
ällas von kloe å.
[21]Aber dr Jesus håt an åguckt ond håt an
spüra lassa, dass r an måg ond håt zon
am gsaed: Oes fehlt dr no: Gang åne
ond vrkaof dae ganz Sach ond gibs her
für de Arme, nå håsch d en Schatz em
Hemmel, ond nå kommst ond gôhst mit
mr! [22]Des Wort håt am gar et paßt ond
r ischd ganz traurig åneganga; der håt
nämlich ganz schö Sach beiananderghet.
[23]Nå håt dr Jesus romguckt ond zo
saene Jünger gsaed: Wia schwer hent s
doch de Reiche mit am Herrgott saem
Reich, dass se då naekommat! [24]Aber
saene Jünger send schwer vrschrocka
wega saene Wort. Nå håt dr Jesus nômål
ågfanga ond zon en gsaed: O Kender,
des ischd fae gar et so oefach zom em
Herrgott sae Reich naekomma! [25]A
Kamel gôht leichter durchs Löchle von
ra Nådel durch, als wian a Reicher em
Herrgott sae Reich nae. [26]Nå send se
voll ganz aus am Häusle gråta ond hent
zoanander gsaed: Wer soll nå überhaopt
no grettat wera? [27]Nå håt s dr Jesus
åguckt ond gsaed: Bei de Menscha ischd
des omöglich, aber et bei Gott; weil *bei
Gott ischd ällas möglich.*
[28]Nå håt dr Petrus ågfanga ond zon
am gsaed: Guck, mir hent ällas standa
ond liega lassa ond send mit dr ganga.
[29]Saed dr Jesus: Währle, des sag e euch:
Då ischd koener, mô sae Haus, saene
Brüader oder Schwestera, sae Muader
oder saen Vadr oder saene Kender
oder saene Äcker wega mir ond wega
am Evangeliom vrläßt, [30]ohne dass
r hondertfach vrgolta kriaga dät en
dera Zeit Häuser ond Brüader ond
Schwestera ond Müader ond Kender
ond Äcker - onter Vrfolgonga - ond en
dera Welt, mô kommt, a ewigs Leba.
[31]Nå send viele (mô moenat, se seie) Erste,
(en Wirklichkaet) de Letzte, ond (dia mô
se gmoent hent, des seie de) Letzte, send de
Erste.

Zom Vrgleicha: *Vers 17-31* II Mt 19,16-30; Lk 18,18-30 • *18:* Dtn 6,4 • *19:* Ex 20,12-16; Dtn 5,16-20 • *21:* Mt 8,22 • *27:* Gen 18,14; Job 42,2; Lk 1,37 • *31:* Mt 20,16; Lk 13,30.

Dr Jesus kündigt zom dritta Mål sae Leida ond sae Auferweckong å:

10 32-34

[32]Nå send se aber auf am Weg gwea
nach Jerusalem nauf ond dr Jesus
ischd vôrnadraus gloffa, ond se send
vrschrocka (über des, was se ghört
hent), ond dia mô mitganga send, hent
s mit dr Angst z doant kriagt. Nå håt
r dia Zwölf nômål uf d Seit gnomma
ond ågfanga ond en gsaed, was am
passiera dät: [33]Guckat, mir gangat nach
Jerusalem nauf, sell wird dr Menschasoh
de Hohepriaster ond de Gstudierte
ausglieferat, ond dia dent an vrurtoela,
dass r sterba muaß ond se gebat an de
Haeda; [34]ond dia dent an vrspotta ond
åspeia ond gôeßla ond ombrenga, ond
nach drei Däg stôht r wieder auf.

Zom Vrgleicha: *Vers 32-34* II Mt 20,17-19; Lk 18,31-33 • *33f:* 8,31; 9,31 • *34:* 16,6.

Vom Herrscha ond vom Deana:

10 35-45

[35]Nå kommat dr Jakobus ond dr
Johannes zon am, am Zebedäus saene
Söh, ond sagat zon am: Môester, mir
wöllat de om en Gfalla bitta. [36]Saed r zon
en: Was wöllat r denn? Was soll e doa?
[37]Nå hent se zon am gsaed: Dass oener
rechts ond oener lenks neber dr nôsitza
därf en daener Herrlichkaet! [38]Aber dr
Jesus håt zon en gsaed: Ihr wissat gar
et, was r då vo mr vrlangat. Könnat

ihr den Becher austrenka, den môn i trenk? Oder mit maener Taof euch ao taofa lassa? [39]Nå hent se zon am, gsaed: Des könnat mir. Aber dr Jesus håt zon en gsaed: Den Becher môn i trenk, den trenkat ihr ao, ond dui Taof, mit dera mô mr mi taoft, mit dera taoft mr euch ao. [40]Aber wer lenks ond rechts vo'mr nösitza darf, des ischd et mae Sach, då kommat dia nô, für dia mô des schao nôgrichtat ischd.

[41]Mô des de andere Zeah ghört hent, send se grantig wôra weg am Jakobus ond am Johannes. [42]Ond wia s dr Jesus zo sich hergruafa håt, saed r zon en: Des wissat r doch, dass dia, mô sich als Herra aufspielat über d Völker, dass dia gwalttätig herrschat ond ihre Graoßkopfate ihr Macht mißbraucha dent gega s . [43]Bei euch ischd des aber et so; der mô bei euch graoß sae will, der soll de andere deana, [44]ond der mô dr Erst sae will bein ich, soll dr Knecht sae für älle; [45]weil, dr Menschasoh ischd ao et komma, zom sich bedeana lassa, der ischd zom Deana komma ond dass r sae Leba opferat als a Pfand für viele.

Zom Vrgleicha: *Vers 35-40* II Mt 20,20-23 • *41-45* II Mt 20,24-28; Lk 22,24-27 • *38f:* 14,36; Lk 12,50 • *43f:* 9,35; Mt 23,11 • *45:* Jes 53,10-12.

Dr Blende Bartimäus: 10 46-52

[46]Nå send se uf Jericho komma. Ond môn r wieder aus Jericho naus ischd mit saene Jünger ond a ma Haufa Leut, ischd am Timäus sae Soh, dr Bartimäus, a blender Bettler, am Roe ghockt. [47]Mô der ghört håt, des sei dr Jesus von Nazaret, håt der ågfanga mit schreia: Du Soh vom David, Jesus, häsch d koe Erbarma mit mr? [48]Nå hent an viele ågfahra, r soll doch sae vôrlauta Gosch halta; nå håt der no viel ärger gschria: Du Soh vom David, han doch Erbarma mit mr! [49]Nå ischd dr Jesus standablieba ond håt gsaed: Holat an her! Ond se holat den Blenda ond sagat zon am: Vrlier no da Muat et, stand auf, r schreit dr. [50]Nå håt r saen Mantel falla lassa ond ischd aufgspronga ond nex wia nô zom Jesus. [51]Ond dr Jesus håt ågfanga ond gsaed: Wia, was willst denn vo mr? Aber der Blende håt zon am gsaed: O Môester, dass e wieder ebbas gsieh! [52]Ond dr Jesus håt zon am gsaed: Gang no, dae Glaoba håt de grettat! Ond em Aogablick håt r wieder gseha, ond r ischd mit am ganga.

Zom Vrgleicha: *Vers 46-52* II Mt 20,29-34; Lk 18,35-43 • *46-52:* Mt 9,27-31 • *52:* 5,34; Mt 9,22; Lk 7,50; 8,48; 17,19.

AM JESUS SAENE LETZTE DÄG EN JERUSALEM: 11 1 - 13 37

Dr Jesus hält Aezug en Jerusalem: 11 1-11

11 Ond mô se schao ganz nåch bei Jerusalem gwea send, henter Bettage ond Betanien am Ölberg, håt r zwôe von saene Jünger gschickt [2]ond zon en gsaed: Gangat en den Flecka vôr ich nae, ond glei wann r naekommat, fendat r a åbondes Fülle, auf dem mô no nia oener ghockt ischd; des bendat r weg ond brengat s her! [3]Ond wann ebber zon ich saed: Was dent r denn då? Nå sagad r: Dr Herr braucht s, ond r schickt s ao glei wieder her. [4]Nå send se ganga ond hent (tatsächlich) a Fülle gfonda, des ischd draußa auf dr Sträß an a Haustür nôbonda gwea ond hent s wegbonda. [5]Ond a paar mô sell romgstanda send hent zon en gsaed: Was fällt euch ae, dass r des Fülle dåhanna wegbenda dent? [6]Nå hent se gsaed, was en dr Jesus ågeba håt, nå hent se s zuaglassa. [7]Ond se brengat des Fülle zom Jesus ond hent ihre Gwänder naufglegt ond r ischd naufgsessa. [8]Ond viele hent ihre Gwänder auf da Weg glegt ond andere hent greane Zweig gschnitta en de Felder. [9]Ond dia mô vôrnadraus send ond ao dia mô hentadraegloffa send, hent gschria: *Hosanna! Lob ond Preis sei dem, mô då kommt em Herra saem Nåma!* [10]Lob ond Preis am Reich von onseram Vadr David, des mô jetzat kommt! *Hosanna en dr Höh!* [11]Ond r ischd uf Jerusalem naekomma en da Templ, ond môn r rengsrom ällas ågucktghet håt, ischd r wieder ganga, weils schao recht spät gwea ischd, uf Betanien naus mit saene Zwölf.

Zom Vrgleicha: *Vers 1-11* II Mt 21,1-10; Lk 19,28-38; Joh 12,12-19 • *9:* Ps 118,25f; Mt 23,39; Lk 13,35.

Dr Feigabaom wird vrfluacht: 11 12-14

[12]Ond mô se am andera Dag fortganga gwea send von Betanien, håt r Honger ghet. [13]Ond r håt vo weitams en Feigabaom gseha, der mô Blätter ghet håt, ond r ischd nô ond håt guckt, ob ebbas drå wär. Ond môn r dranna gwea ischd, håt r nex wia Blätter drå gfonda, s ischd nämlich grad koe Feigazeit gwea. [14]Nå håt r ågfanga ond zon am gsaed: Nia maeh soll en Ewigkaet von dir ebber a Frucht essa! Ond des hent saene Jünger ghört.

Zom Vrgleicha: *Vers 12-14* II Mt 21,18f.

Dr Templ wird ausgmistat: 11 15-19

[15]Ond se kommat uf Jerusalem nae. Ond wian r en da Templ nae ischd, håt r ågfanga ond dia Vrkaefer ond Kaefer em Templ nausgjagt ond dia Wechsltisch omgschmissa ond de Taubavrkaefer ihre Ständ. [16]Ond r håt et zuaglassa, dass ebber a Gfäß durch da Templ traga hätt. [17]Ond r håt en beibråcht ond zon en gsaed: Stôht s et so gschrieba: *Mae Haus ischd a Haus zom Beta für älle Völker?* Aber ihr hent *a Raeberhöhle* draus gmacht.

[18]Ond d Oberpriaster ond de Gstudierte hent des ghört ond dia hent romsenniert, wia se an ombrenga könntat; dia hent an nämlich gfürchtat; weil d Leut ganz aus am Häusle gwea send wega saene Lehra. [19]Ond jedas Mål, wann s spät wôra ischd, send se aus dr Stadt nausganga.

Zom Vrgleicha: *Vers 15-19* II Mt 21,12f; Lk 19,45-48; Joh 2,13-16 • *17:* Jes 56,7; Jer 7,11 • *18:* 12,12; 14,1f.

Vom Glaoba: 11 20-25

[20]Ond mô se am andera Môrga vrbeiganga send, hent se gseha, dass der Feigabaom bis en d Wurzla na vrdôrrat gwea ischd. [21]Ond dr Petrus håt drå denkt ond zon am gsaed: Guck no, Rabbi, dae Feigabaom, den mô da vrfluacht håsch, der ischd dürr. [22]Ond dr Jesus håt en zor Antwort geba ond gsaed: Ihr müaßat an Gott glaoba! [23]Währle, des sag e euch: Wer zo dem Berg dåhanna saed: Lupf de ond laß de ens Meer falla! ond koen Zweifel håt en saem Herza dren ond drå glaobt, dass des passiert, was r saed, nå passiert des dem ao. [24]Drom sag e euch: Ällas môn r drom betat ond bitta dent, glaobat ao drå, dass r s schao kriagt hent, des kriagat r ao. [25]Ond wann r dåstandat ond beta dent, nå dent ao vrgeba, wann r ebbas gega oen hent, dass ao euer Vadr en de Hemmel droba euch vrgeba kå, was ihr dao hent!

Zom Vrgleicha: *Vers 20-25* II Mt 21,20-22; • *23:* Mt 17,20; Lk 17,6 • *24:* Mt 7,7 • *25:* Mt 6,14f; Lk 6,37.

Am Jesus sae Vollmacht: 11 27-33

[27]Ond se kommat wieder uf Jerusalem. Ond môn r em Templ romgloffa ischd, kommat d Oberpriaster ond de Gstudierte zon am ond de Älteste [28]ond hent zon am gsaed: Aus was für a Vollmacht duast du des? Oder wer håt dir d Vollmacht geba für des was du då

duast ? [29]Aber dr Jesus håt zon en gsaed: I stell euch bloß oe Fråg, ond ihr sollat mr a Antwort drauf geba; nå sag i euch ao, en was für a Vollmacht i des dua. [30]Ischd am Johannes sae Taof vom Hemmel gwea oder von Menscha? Gebat mr a Antwort! [31]Ond se hent mitanander romtuschlat ond gsaed: Sagat mr: Vom Hemmel, nå saed r: Wårom hent r am nå nex glaobt? [32]Oder solla mr saga: Von Menscha? - se hent nämlich s Volk gfürcht; weil nämlich älle da Johannes für en Profeta ghalta hent. [33]Ond se hent am Jesus zor Antwort geba ond gsaed: Mr wissat s et. Ond dr Jesus håt zon en gsaed: Nå sag e euch ao et, aus was für a Vollmacht i des dua.

Zom Vrgleicha: *Vers 27-33* II Mt 21,23-27; Lk 20,1-8.

S Beispiel von de baese Wengerter:
12 1-12

12 Ond r håt ågfanga zon en z reda mit Beispiel: Då håt a Må *en Wengert åglegt ond en Zao romgmacht ond a Kelter graba, a Türmle håt r ao naebaut,* den håt r an Wengerter vrpachtat ond ischd aus am Ländle ganga. [2]Mô s nå Zeit gwea ischd, håt r en Knecht nôgschickt zo dene Wengerter, zom saen Tôel an Trauba von dene Wengerter hola. [3]Ond dia hent an packt ond an vrdöfflat ond an mit leere Händ fortgschickt. [4]Ond r håt nômål en andera Knecht nôgschickt zon en, den hent se auf da Grend ghaoa ond an schwer vrmöblat. [5]Ond en andera håt r nôgschickt, den hent se ombråcht, ond viele andere, de oene hent se vrdroscha ond de andere hegmacht. [6]No oen håt r ghet, en Soh, den håt r ganz arg möga; den håt r z letzta zon en gschickt, weil r sich gsaed håt: Maen Soh werat se doch respektiera.[7]Aber selle Wengerter hent zoanander gsaed: Der kriagt amål ällas, auf gôht s, den machat mr kalt, nå ghert ällas ons. [8]Ond se hent an packt ond ombråcht ond aus am Wengert nausgschmissa. [9]Was duat nå der Herr von dem Wengert? Der kommt ond brengt dia Wengerter om ond geit saen Wengert andere. [10]Hent r denn des Bibelwort no et glesa: *Der Stoe, den mô d Bauleut auf d Seit dao hent, der ischd a Eckstoe wôra; [11]vom Herrgott selber ischd des gscheha ond en onsere Aoga a Wonder?* [12]Nå hent se an vrhafta wölla, drweilst hent se vôr de Leut Angst ghet; dia hent nämlich schao kapiert, dass r des Beispiel gega sia gsaed håt. Nå hent se an glassa ond send fortganga.

Zom Vrgleicha: *Vers 1-12* II Mt 21,33-46; Lk 20,9-19 • *1:* Jes 5,1f G • *6:* 1,11; 9,7 • *10:* Ps 118,22f G • *12:* 11,18; 14,1f.

Ob mr am Kaeser Steura zahla soll:
12 13-17

[13]Ond se hent a paar von de Pharisäer ond von de Herodianer zon am gschickt zom an fanga mit Fråga. [14]Ond wia se komma send, hent se zon am gsaed: Môester, mir wissat, dass du d Wåhrat saest ond koe Blatt vôr s Maul nemmst , du katzbucklest ao vôr neamerd ond zaegst am Herrgott saene Weg wia s wåhr ist. Därf mr am Kaeser Steura zahla oder därf mr des et? Sollat mr zahla oder sollat mr et? [15]Aber der håt gnao gwißt, wia schaehaelig dia send ond saed zon en: Was wöllat r me denn auf d Prob stella? Gebat mr en Denar, dass e guck! [16]Nå hent se oen drherbråcht. Ond r saed zon en: Wem sae Bild ischd des ond wem sae Aufschrift? Aber dia hent gsaed: Em Kaeser saes. [17]Aber dr Jesus håt zon en gsaed: Nå gebat am Kaeser ao was am zuastôht, ond Gott gebat r ao saen Tôel! Ond se hent sich arg über an gwonderat.

Zom Vrgleicha: *Vers 13-17* II Mt 22,15-22; Lk 20.20-26.

D Sadduzäer frågat nach dr Auferstehong: 12 18-27

[18]Ond s send Sadduzäer zon am komma, dia behaoptat, s gäbt koe Auferstehong, dia hent an gfrågt ond gsaed: Môester, dr Mose håt as gschrieba: [19]*Wann oem sae Bruader stirbt ond a Weib zruckläßt aber koe Kend, nå soll sae Bruader des Weib nemma ond drfür sôrga, dass sae Bruader Nåchwuchs kriagt.* [20]Jetzat send då sieba Brüader gwea, dr erste hat a Weib gnomma ond ischd gstôrba ohne Nåchwuchs; [21]ond dr zwôete håt se gnomma ond ischd gstôrba ond håt se ohne Kender zrückglassa; ond dr dritte gradso. [22]Ond äll Sieba hent koene Kender henterlassa. Z letzta ischd ao des Weib gstôrba. [23]En dr Auferstehong, wann se auferstanda dent, em wehla von dene ghert nå des Weib? Dia send doch älle mit ra vrheiratat gwea. [24]Saed dr Jesus zon en: Send r et då drå irr, weil r koe Schrift et kennat ond ao et wissat, was dr Herrgott für a Macht håt? [25]Wann se nämlich von de Daode aufstandat, nå geit s koe Heirata maeh ond s wird ao neamerd vrheiratat, nå send se wia d Engel en de Hemmel. [26]Was aber de Daode ågôht, dass se aufgweckt werat, hent r des et glesa em Buach vom Mose en dera Gschicht vom Dôrnabusch, wia då Gott zon am gsaed håt: *I ben dr Gott vom Abraham und dr Gott vom Isaak ond dr Gott vom Jakob*? [27]Der ischd et dr Herrgott von de Daode, noe, von de Lebendige. Ihr send total neba dr Kapp.

Zom Vrgleicha: *Vers 18-27* II Mt 22,23-33; Lk 20,27-38 • *18:* Apg 23,8 • *19:* Dtn 25,5f; Gen 38,8 • *26:* Ex 3,6.

S wichtigst Gebot: 12 28-34

[28]Nå ischd a Gstudierter drzuakomma, der håt ghört, wia se mitanander diskurriert hent, der håt ao gmerkt, wia guat r mit dene fertig wôra ischd ond håt an gfrågt: Was ischd nå s ällererst Gebot? [29]Nå håt am dr Jesus zor Antwort geba: *Horch her, Israel, außer Gott geit s koen Herra.* [30]*Ond du sollst daen Gott mit daem ganza Herza ond mit daener ganza Seel ond mit daem ganza Denka ond mit daener ganza Kraft liaber han als wia ällas andere.* [31]Ond des ischd s zwôet: *Du sollst daen Mitmenscha so möga, wia da de selber mågst.* A graeßers Gebot geit s nemme. [32]Nå håt der Gstudierte zon am gsaed: Guat Môester, wåhr ischd, was da gsaed håsch: S ischd bloß oener ond außer dem geit s koen andera [33]ond an möga mit am ganza Herza ond mit am ganza Vrstand ond mit dr ganza Kraft ond da Mitmenscha möga wia sich selber, des ischd maeh als wia älle Brandopfer ond (andere) Opfer. [34]Ond mô dr Jesus gseha håt, dass der mit saener Antwort ebbas denkt håt, saed r zon am: Du bist vom Herrgott saem Reich nemme weit weg. Nå håt sich koener maeh traut, zom an ebbas fråga.

Zom Vrgleicha: *Vers 28-34* II Mt 22,34-40; Lk 20,25-28 • *29f:* Dtn 6,4f • *31:* Lev 19,18 • *32:* Lk 20,39; Dtn 4,35; 6,4f • *33:* 1Sa 15,22 • *34:* Mt 22,46; Lk 20,40.

Wem sae Soh ischd dr Messias: 12 35-37a

[35]Ond dr Jesus håt ågfanga ond gsprocha ond em Templ saene Lehra ausbrôetat: Wia kommat de Gstudierte drzua zom saga, dr Messias sei am David sae Soh? [36]Dr David selber håt doch onter am Aefluß vom Haeliga Gaest gsaed: *Dr Herr håt zo maem Herra gsaed: Sitz an mae rechta Seit nô, bis e daene Faend (als Schemale) onter daene Füaß leg!* [37]Er selber, dr David, saed Herr zon am; en wiafern ischd r nå sae Soh?

Zom Vrgleicha: *Vers 35-37a* II Mt 22,41-45; Lk 20,41-44 • *36:* Ps 110,1.

Gega de Gstudierte: 12 37b-40
Ond a Haufa Leut hent am gern
zuaghorcht. [38]Ond r håt s belehrt
ond gsaed: Send auf dr Huat vôr
de Gstudierte, dia wöllat bloß en
lange Gwänder romlaofa ond auf de
Märktplätz bsonders ästemiert wera
[39]ond da Vôrsitz en de Synagoga ond de
vôrderste Plätz bei de Festessa wöllat
se ao. [40]Dia mô de Witwa ihre Häuser
vrfressat ond schaehaelig lang beta dent,
dia trifft s Gericht amåle bsonders hart.

Zom Vrgleicha: *Vers 37b-40* II Mt 23,1.5-7.14; Lk 20,46f • *38-39:* Lk 11,43.

S Opfer von r a Witwe: 12 41-44
[41]Ond r ischd gradnom vom Opferstock
nôgsessa und håt zuaguckt, wia d Leut
Geld en d Opferbüchs naegschmissa
hent. Ond viel Reiche hent ao viel
naegschmissa. [42]Ond a arma Witwe
ischd komma ond håt zwôe Lepta (halbe
Pfennig), des ischd a Kodrant (oen
Pfennig) naedao. [43]Nå håt r saene Jünger
zo sich hergruafa und zon en gsaed:
Währle, des sag e euch: Dui arma Witwe
dåhanna håt maeh en d Opferbüchs
naedao als wia älle andere. [44]Weil älle
hent von dem ebbas naedao, was se
übrig ghet hent; aber dui håt selber nex
ond oenaweg s Letzte naegschmissa,
was se no en dr Dasch ghet håt.

Zom Vrgleicha: *Vers 41-44* II Lk 21,1-4.

D Red von dr Endzeit: 13 1-37

D Ontergang vom Templ wird ågsaed: 13 1-2
13 Ond wian r aus am Templ
nausgôht, saed oener von saene
Jünger zon am:
Môester, guck dr amåle dia Stoe å ond
dia Bauwerk! [2]Ond dr Jesus håt zon
am gsaed: Siehst dia riesa Bauwerk? Då
bleibt koe Stoe auf am andera, der mô
et vrbricht.

Zom Vrgleicha: *Vers 1-2* II Mt 24,1f; Lk 21,5f • *2:* Lk 19,44.

D Naot fangt å: 13 3-13
[3]Ond wian r auf am Ölberg gsessa ischd,
geganüber vom Templ, håt an dr Petrus
ond dr Jakobus ond dr Johannes ond
dr Andreas für sich alloe gfrägt: [4]Sag
s ons, wann des passiert? Ond an was
mr sieht, dass des ällas zom End bråcht
wird? [5]Aber dr Jesus håt ågfanga ond
zon en gsaed: Guckat no, dass euch et
oener vrführa duat! [6]Då kommat no viel
en maem Nåma ond sagat: »I ben s«,
ond dia vrführat ao viel. [7]Wann r aber
ebbas hörat von Kriag ond dass mit
Kriag ebbas em Busch sei, nå lent euch
et en s Bockshorn jaga! Des muaß sae;
aber des ischd no et s End. [8]Då stôht
Volk gega Volk auf ond Königreich gega
Königreich, ganze Gegenda wacklat
von Erdbeba ond Hongersnöt kommat;
des ischd dr Åfang von de Geburtsweha
(vom Herrgott saem Reich).
[9]Aber ihr, gent Obacht! dia schlôefat
euch vôr d Gericht ond en de Synagoga
kriagat r Hieb, ond vor Statthalter
ond König dent se euch stella wega
mir, als a Belastongszeugnis gega dia.
[10]Ond bei älle Völker muaß zerst amål
s Evangeliom vrkündigt wera. [11]Ond
wann se euch abführat ond ausliefera
dent, nå machat euch et schao vôrher
Sôrga drom, was r saga sollat, nå sagat
r nämlich oefach des, was euch en dera
Stond aegeba wird. Weil des nå et euer
Red ischd, då spricht dr Haelige Gaest.
[12]Ond a Bruader lieferat saen Bruader
ans Messer ond a Vadr sae Kend, ond
Kender standat gega de oegene Eltera
auf ond brengats om. [13]Ond euch dent
älle hassa wega maem Nåma. Aber
der mô ausharra duat bis ans End, der
kommt durch.

Zom Vrgleicha: *Vers 3-13* II Mt 24,3-14; Lk 21,7-19 • *7:* Da 2,28 G • *8:* Jes 19,2 • *9-13:* Mt 10,17-22;

gôht saen Weg, wia von am gschrieba stôht; aber Gnad dem Menscha, der mô drfür sôrgt, dass dr Menschasoh ans Messer glieferat wird; für den wär s besser, wann r glei gar et auf d Welt komma wär. [22]Ond wia se gessa hent, håt r a Brot gnomma, da Sega gsprocha, des Brot ausananderbrocha ond en geba ond gsaed: Nemmat s, des ischd mae Leib. [23]Ond r håt da Becher gnomma ond a Dankgebet gsprocha ond en geba, ond älle hent draus tronka. [24]Ond r håt zon en gsaed: Des ischd mae Bluat, des wird für viele (als a) *Bundes(zaeche)* vrgossa. [25]Währle, i sag euch: Auf koen Fall trenk i nômål von dem Gwächs vom Waestock bis uf den Dag môn e s ganz neu trenka kå em Herrgott saem Reich.

Zom Vrgleicha: *Vers 17-25* II Mt 16,20-29; Lk 22,14-23 • *17-21* II Joh 13,2.21-• *22-24* II 1Kor 11,23f. • *18:* Ps 41,10 • *24:* Ex 24,8; Jes 53,11f; Jer 31,31; Hebr 7,22; 9,15.

Am Ölberg: 14 26-31

[26]Ond mô se ihr Lobliad gsonga ghet hent, send se naus an da Ölberg. [27]Ond dr Jesus saed zon en: Älle, wian r då send, nemmat Åstoß; s stôht nämlich gschrieba: *I schlag da Hirta z daot, ond d Schåf laofat ausananander.* [28]Aber wann e wieder auferstanda ben, nå gang e euch vôraus nach Galiläa. [29]Aber dr Petrus håt zon am gsaed: Ond wann ao älle an dr Åstoß nemma däte, aber i niamåls. [30]Saed dr Jesus zon am: Währle, des sag e dr: No haet Nacht, eh dr Gockel zwôe Mål kräht, håsch du mi drei Mål vrlaegnat. [31]Aber der håt ganz überzeugt von sich gsaed: Ond wann e mit dr sterba muaß, aber vrlaegna dua i de uf koen Fall. De andere hent des ao älle gsaed.

Zom Vrgleicha: *Vers 26-31* II Mt 26,30-35 • *26:* Lk 22,39; Joh 18,1 • *27:* Sach 13,7; Joh 16,32 • *30-31:* 14,72; Lk 22,31-34; Joh 13,36-38.

Getsemani: 14 32-42

[32]Ond se kommat en a Ålag, Getsemani hôeßt se, ond r saed zo saene Jünger: Sitzat dåhanna nô, bis e betat han! [33]Ond r nemmt da Petrus ond da Jakobus ond da Johannes mit ond nå ischd r en a furchtbara Angst gråta, [34]ond r saed zon en: Bis en d Seel nae ben i traurig, i stand vôr am Tod; bleibat då ond dent wacha! [35]Ond r ischd no a bißle weiterganga, nå ischd r auf da Boda gsonka ond håt betat, wann des doch möglich sei, dass dui Stond an am vrbei ganga dät, [36]ond r håt gsaed: Vadrle, mae Vadr, dir ischd doch ällas möglich, nemm doch den Kelch vo mr weg! Aber et wian i will, noe, wia du s willst. [37]Ond r kommt ond sieht, wia dia schlåfat ond saed zom Petrus: Simon, schlåfst d? Håsch s et amål oe Stond ausghalta zom wacha? [38]Wachat ond dent beta, dass r et en a Vrsuachong gråtat! Dr Gaest ischd zwår willig, aber dr Leib ischd schwach. [39]Ond r ischd wieder ganga ond håt mit de gleiche Wort betat. [40]Ond wieder hent se gschlåfa, môn r komma ischd; dene send nämlich oefach d Aoga zuagfalla, ond se hent ao et gwißt, was se am zor Antwort geba solle. [41]Ond r kommt zom dritta Mål ond saed zon en: Schlåfat ihr no weiter ond dent euch ausruah! Jetzat langt s. Jetzat ischd dui Stond komma; guckat no, dr Soh vom Menscha wird ausglieferat, de Sünder en d Händ. [42]Standat auf, gangat mr! Der mô me vrråta will, ischd schao då.

Zom Vrgleicha: *Vers 32-42* II Mt 26,36-46; Lk 22,39-46 • *34:* Ps 42,6.12; 43,5; Joh 12,27.

D Gfanganåhm: 14 43-52

[43]Ond glei, wian r no gsprocha håt, kommt dr Judas, oener von de Zwölf, ond mit am a ganza Schar mit Schwerter ond Prügel von de Oberpriaster ond de Gstudierte ond de Älteste. [44]Dr Vrräter håt aber mit en ausgmacht ghet ond zon

en gsaed: Der, dem môn e en Kuß gib, der ischd s; den schnappat r ond führat an ab. [45]Ond wian r komma ischd, ischd r glei auf an zuaganga ond håt »Rabbi« gsaed ond am en Kuß geba. [46]Aber dia hent glei nôglangt ond an packt. [47]Ond oener von dene, mô då romgstanda send, håt s Schwert rausgrissa ond a ma Tempelbolezista (Knecht vom Hohapriaster) a Ohr wegghaoa. [48]Ond dr Jesus håt ågfanga ond zon en gsaed: Wia gega en Terrorista send ihr ausgrückt, mit Schwerter ond Prügel, zom me vrhafta. [49]Schliaßlich han e doch äll Dag bein ich em Templ maene Lehra ausbrôetat, då hent r me et gschnappt. Aber des ischd so gscheha, dass d Schrifta erfüllt werat. [50]Nå hent an älle em Stich glassa ond send abghaoa. [51]Ond a jonger Kerle ischd mitganga, der håt bloß a Laetuach om sich romgwicklat ghet, den hent se schnappa wölla; [52]aber der håt des Laetuach fahra lassa ond ischd pudelnackat drvogsauat.

Zom Vrgleicha: *Vers 43-50* II Mt 26,47-56; Lk 22,47-53; Joh 18,3-12 • *49:* Lk 19,47; Joh 18,20 • *50:* Joh 16,32.

Vor am Hoha Rat: 14 53-65

[53]Ond se hent da Jesus abgführt zom Hohapriaster, ond älle Oberpriaster ond Gstudierte ond Älteste send mitganga. [54]Ond dr Petrus ischd am mit a ma gheriga Abstand nåchganga bis nae en da Palasthof vom Hohapriaster, ond r ischd zo de Denstleut ans Feuerle nôghockt ond håt sich gwärmt.

[55]Aber dia Oberpriaster ond dr ganz Gerichtsrat hent gega da Jesus en Grond gsuacht, zom an ombrenga, ond se hent nex gfonda. [56]Viele Zeuga hent nämlich falsche Aussaga gega an gmacht, aber dia Aussaga hent et zsemapaßt. [57]Nå send a paar aufgstanda ond hent falsche Zeugaaussaga gega an drherbråcht ond gsaed: [58]Mir hent den dåhanna saga höra: I brich den Tempel då ab, der mô mit Menschahänd gmacht ischd, ond en drei Däg bau i en andera, der mô et mit de Händ gmacht ischd. [59]Aber ao då hent ihre Aussaga et zsemapaßt. [60]Ond dr Hohepriaster ischd aufgstanda ond en d Mitte naegstanda ond håt da Jesus gfrågt ond gsaed: Gibst d gar koe Antwort auf des, was dia Zeuga dåhanna gega de aussagat? [61]Aber er håt gschwiega ond koe Antwort geba. Nå håt an dr Hohepriaster nômål gfrågt ond zon am gsaed: Du bist doch dr Messias, dr Soh vom Hochgelobta? [62]Aber dr Jesus håt gsaed: *Des ben i* ond *ihr seahnat jetzt da Menschasoh als rechta Hand vom Allmächtiga ond wian r vom Hemmel wiederkommt en de Wolka.* [63]Nå håt dr Hohepriaster sae Gwand vrrissa ond gsaed: Was brauchat mr jetzt no Zeuga? [64]Ihr hent doch älle dui Lästerong ghört, was moenat r? Aber dia hent an älle vrurtôelt: Schuldig! Tod! [65]Ond glei hent oene ågfanga ond an ågspia ond sae Gsicht zuadeckt ond mit de Fäust auf an naeghaoa ond zon am gsaed: Offabar doch wer de haot! Ao dia Denstleut hent an mit Hieb traktiert.

Zom Vrgleicha: *Vers 53-65* II Mt 26,57-68; Lk 22,54f.

Dr Petrus vrlaegnat saen Herra: 14 66-72

[66]Ond mô dr Petrus em Hof dronta gwea ischd, kommt oena vom Hohapriaster saene Mägd drher [67]ond sieht, wia sich dr Petrus wärmt, guckt an å ond saed: Du bist ao bei dem Nazarener gwea, bei dem Jesus! [68]Aber r håt glaegnat ond gsaed: I han koe Åhnong von was du schwätzt. Ond r ischd naus en d Vôrhalle, ond a Gockel håt kräht. [69]Ond dui Magd håt an gseha ond wieder ågfanga ond zo dene, mô då romgstanda send, gsaed: Der ghert ao zo dene! [70]Ond r håt s nômål glaegnat. Aber nach a ma Weile

hent dia, mô romgstanda send, wieder zom Petrus gsaed: Natürlich gherst du drzua! Bist jå ao a Galiläer! [71]Nå håt r aber romgfluacht ond gschwora: I kenn den Menscha überhaopt et, von dem môn r då schwätzat! [72]Ond glei druf håt a Gockel zom zwôeta Mål kräht. Nô ischd am Petrus wieder aegfalla, was dr Jesus zon am gsaed ghet håt: No eh dr Gockel zwôe Mål kräht, håsch du mi drei Mål vrlaegnat. Ond r håt ågfanga z heula.

Zom Vrgleicha: *Vers 66-72* II Mt 26,69-75; Lk 22,56-62; Joh 18,17.25-27 • *72:* 14,30.

Vor am Pilatus: 15 1-15

15 Ond glei am früah Môrga hent sich dia Oberpriaster mit de Älteste ond Gstudierte ond am ganza Hoha Rat beråta ond hent da Jesus gfesslat abgführt ond an da Pilatus überstellt. [2]Ond dr Pilatus håt an gfrågt: Du bist doch de Juda ihr König? Aber er håt am zor Antwort geba: Wia da saesch. [3]Ond dia Oberpriaster hent en haufa Zuigs drherbråcht gega an. [4]Nå håt an dr Pilatus nômål gfrågt: Gibst d denn gar koe Antwort? Guck doch, was dia ällas gega de drherbrengat! [5]Aber dr Jesus håt gar koe Antwort mae geba, des håt da Pilatus schao gwonderat.

[6]Aber an (jedam) Fest håt r en Gfangena freiglassa, den hent se (selber) raussuacha därfa. [7]Då ischd oener gwea, Barabbas håt r ghôeßa, der ischd mit andere Terrorista gschnappt wôra, mô se bei ma Aufstand oen ombråcht ghet hent. [8]Ond s Volk ischd naufganga ond se hent ågfanga ond vrlangt, r soll doa, wia s dr Brauch ischd. [9]Aber dr Pilatus håt en zor Antwort geba ond zon en gsaed: Wöllat r, dass e da Judakönig freilaß? [10]Der håt nämlich guat gmerkt, dass an dia Oberpriaster bloß vor Neid ans Messer glieferat hent. [11]Aber dia Oberpriaster hent d Leut aufghetzt, dass r en liaber da Barabbas freilassa soll. [12]Aber dr Pilatus håt en wieder zor Antwort geba ond gsaed: Was wöllat r nå, dass e mit dem doa soll, zo dem môn r Judakönig sagat? [13]Aber dia hent wieder gschria: Ans Kreuz mit am! [14]Aber dr Pilatus håt gsaed: Was håt r denn Baes dao? Aber dia hent no ärger gschria: Ans Kreuz mit am! [15]Dr Pilatus håt aber em Volk da Willa lassa wölla ond håt en da Barabbas freiglassa ond da Jesus håt r auspeitscha lassa ond freigeba zom Kreuziga.

Zom Vrgleicha: *Vers 1-15* II Mt 27,1f.11-26; Lk 22,66; 23,1-4.17-25; Joh 18,29-19,1 • *11:* Apg 3,13f • *12:* Joh 19,15.

Römische Soldata vrspottat da Judakönig: 15 16-20a

[16]Aber dia Soldata hent an en da Palast naegführt, ens Prätorium (Ennahof), ond de ganz Mannschaft zsematrommlat. [17]Nå hent se am en Purpurmantel åzoga ond a Kron aufgsetzt, mô se aus Dôrna gflochta ghet hent. [18]Ond se hent ågfanga an z grüaßa: Grüaß de, Judakönig! [19]ond nå hent se n auf da Kopf gschlaga mit a ma Röhrle ond an ågspia ond mit Kniabeuga send se vôr am nôgsonka. [20]Ond mô se an vrspottat ghet hent, hent se am den Purpurmantel auszoga ond am saene oegene Klôeder åzoga.

Zom Vrgleicha: *Vers 16-20a* II Mt 27,27-31a; Joh 19,2f • *17:* Lk 23,11.

D Kreuzigong: 15 20b-32

Ond se hent an nausgführt zom Kreuziga. [21]Ond se hent oen, der mô grad vrbeikomma ischd, zwonga zom sae Kreuz traga, des ischd dr Simon von Kyrene gwea, dr Vadr vom Alexander ond vom Rufus. [22]Ond se hent an auf da Golgota-Platz bråcht, des hôeßt auf Deutsch »Schädelplatz«. [23]Ond se hent am en Wae geba wölla, der mô mit Myrrhe vrsetzt gwea ischd (des ischd a Betaebongsmittel); aber r håt an et

gnomma. 24Ond se kreuzigat an, *ond*
saene Klôeder hent se onteranander
vrtôelt ond om jedan Tôel glost. 25s ischd
aber om de dritt Stond gwea, mô se an
kreuzigt hent. 26Ond auf ra Tafel isch
sae Vrbrecha gstanda: »Dr König von
de Juda«. 27Ond no zwôe Raeber hent
se mit am kreuzigt, oen rechts ond oen
lenks von am.
(28)...29Ond dia mô sell vrbeigloffa send,
hent an vrlästerat ond *mit de Köpf*
gschüttlat ond gsaed: He du, du brichst
da Templ a ond baust an en drei Däg
wieder, 30rett de doch selber ond steig
ra von daem Kreuz! 31Grad so hent ao
dia Oberpriaster mitanander gspottat
ond samt de Gstudierte zo anander
gsaed: Andere håt r grettat, aber für sich
selber kån r nex macha. 32Dr Messias,
dr König von Israel, soll doch jetzat
von saem Kreuz rasteiga, dass mr ebbas
seahnat ond Glaoba könnat! Ond dia
mô mit am kreuzigt wôra send, hent an
ao vrspottat.

Zom Vrgleicha: *Vers 21-32* II Mt 27,31b-44; Lk 23,26-38; Joh 19,16b-27 • *23:* Ps 69,22 • *24:* Ps 22,19; Joh 19,24 • *29:* Ps 22,8; Mk 14,58; Joh 2,19.

Dr Jesus stirbt: 15 33-41

33Ond en dr sechsta Stond ischd s em
ganza Land donkl wôra bis zor naenta
Stond. 34Ond en dr naenta Stond håt dr
Jesus ganz laut gschria: *Eloi, Eloi, lema*
sabachthani? Des hôeßt übersetzt: *O*
mae Gott! Mae Gott, wårom håsch du mi
vrlassa? 35Ond a paar, mô drbeigstanda
send, hent des ghört ond gsaed: Guck,
der schreit am Elia. 36Nå ischd oener
gspronga ond håt en Schwamm en da
Essig naedonkt ond an auf a Röhrle
gsteckt ond am *zom Trenka* nôghoba
ond gsaed: Halt, laß seha, ob dr Elia
kommt ond an raholt! 37Aber dr Jesus
håt laut aufgschria ond da Gaest aufgeba.
38 Ond da Vôrhang em Templ håt s en
zwôe Toel vrrissa von oba bis ganz na.
39Mô des der Centurio gseha håt, der mô
geganüber von am gstanda ischd, dass r
so saen Gaest ausghaucht håt, håt der
gsaed: Der Mensch ischd wahrhaftig am
Herrgott sae Soh gwea!
40A paar Fraoa hent ao von weitams
zuaguckt, d Maria von Magdala ischd
drbei gwea ond d Maria, d Muader vom
kloene Jakobus ond vom Joses, ond d
Salome, 41dia mô mit am ganga send ond
am gholfa hent, môn r en Galiläa gwea
ischd, ond no viele andere Fraoa, mô mit
am uf Jerusalem naufganga gwea send.

Zom Vrgleicha: *Vers 33-41* II Mt 27,45-56; Lk 23,44-49; Joh 19,28-30 • *34:* Ps 22,2 • *36:* Ps 69,22.

D Grablegong: 15 42-47

42Ond weils schao auf da Åbad zuaganga
ischd, s ischd jå dr Rüstdag gwea, des
ischd dr Dag vor am Sabbat,43ischd
dr Josef von Arimathäa komma, a
ågsehener Ratsherr, der mô selber ao auf
am Herrgott sae Reich gwartat håt, der
håt s riskiert ond ischd zom Pilatus nae
ond håt an om da Leib vom Jesus beta.
44Dr Pilatus håt sich aber gwonderat,
dass r schao daot wär ond håt den
Centurio komma lassa ond an gfrågt,
ob r schao lang gstôrba sei. 45Ond môn
r s von dem Centurio vrfahra ghet håt,
håt r am Josef den Leichnåm gschenkt.
46Der håt Laetüacher kaoft ond håt an
rontergholt ond håt an en dia Laetüacher
naegwicklat ond en a ausghaoena
Felsagruft naeglegt, nå håt r a Stoeplatt
vôr dui Grabkammer nôgwälzt. 47Aber
d Maria von Magdala ond d Maria (am
Joses sae Muader), hent zuaguckt, môn
r nôglegt wôra ischd.

Zom Vrgleicha: *Vers 42-47* II Mt 27,57-61; Lk 23,50-56; Joh 19,38-42.

Dr Engel em leera Grab: 16 1-8

16 Ond mô dr Sabbat rom gwea ischd, hent d Maria von Magdala ond d Maria, am Jakobus sae Muader ond d Salome ganz guate Duftöl kaoft zom nôganga ond an salba. [2]Ond en äller Früah am ersta Dag von dr Woch, kommat se an d Grabkammer, d Sonn ischd grad aufganga. [3]Ond se hent no zoanander gsaed: Wer duat as jetzat dui Stoeplatt weg vôr dera Grabkammer. [4]Ond wia se aufguckat, seahnat se, dass der Stoe auf d Seite gwälzt ischd; der ischd nämlich zemlich graoß gwea. [5]Nå send se en d Grabkammer nae ond hent an jonga Må rechts dranna sitza seha, der håt a langs, weiß Gwand åghet, ond se send ganz arg vrschrocka. [6]Aber der saed zon en: Vrschreckat no et! Ihr suachat da Jesus von Nazaret, da Gkreuzigta; der ischd auferstanda, r ischd ao et då; guckat no, an dera Stell dåhanna hent se an nôglegt ghet. [7]Aber gangat no ond sagat saene Jünger ond am Petrus: R gôht euch vôraus nach Galiläa; sell seahnat r an, wian r s zo euch gsaed håt. [8]Ond se send zo dem Grab naus ond drvogsauat; weil se vor lauter Angst zitterat hent wia Espalaob. Ond se hent neamerd ebbas drvo gsaed, weil se Angst ghet hent.

Zom Vrgleicha: *Vers 1-8* II Mt 28,1-8; Lk 24,1-12; Joh 20,1-13 • *6:* 10,34.

Dr Auferstandene erschaent - sae Hemmelfahrt: 16 9-20

Dr letzte Dôel vom Markusevangeliom, 16 9-20, fehlt en de Urschrifta ond ischd wahrschaenlich erst später drzuagschrieba wôra.

[9]Môn r am früha Môrga vom ersta Dag von dr Woch auferstanda gwea ischd, ischd r zersta dr Maria von Magdala erschiena, von dera håt r sieba Dämona austrieba ghet. [10]Dui ischd ganga ond håt s dene gsaed, mô bein am gwea send ond traurig gwea send ond gheult hent. [11]Mô dia ghört hent, r dät leba ond se häb an gseha, hent se s et glaobt. [12]Nåcher håt r sich en r a andera Gstalt zwôe offabart, mô onterwegs auf s Land gwea send. [13]Ond dia send ganga ond hent s de andere gsaed; aber dene hent se s ao et glaobt. [14]Später håt r sich no dene Elf selber offabart, mô se am Tisch drannaglega send, ond r håt mit en gschempft wega ihram Oglaoba ond weil se so hartherzig gwea send, weil se dene, mô an nach saener Auferweckong gseha hent, nex glaobt hent. [15]Ond r håt zo nen gsaed: Gangat naus en de ganz Welt ond dent älle Kreatura s Evangeliom prediga. [16]Wer des glaobt ond sich taofa läßt, der wird grettat; aber wer nex glaobt, der wird vrurtôelt. [17]Aber dia Zaeche, mô durch dia Glaebige nåchher gschehat, seahnat so aus: En maem Nåma treibat se Dämona aus, a ganz neua Språch sprechat dia; [18]Schlanga könnat dia en d Händ nemma ond wann se Gift trenkat, macht en s nex aus. De Kranke legat se d Händ auf ond dene gôht s wieder guat. [19]Mô dr Herr Jesus mit en gschprocha ghet håt, *ischd r en da Hemmel aufgnomma wôra ond ischd zom Herrgott auf de recht Seit nôgsessa.* [20]Aber dia send nô loszoga ond hent überall predigt. Ond dr Herr håt mitgwirkt ond håt dene ihr Wort mit Wondertata bestätigt.

Zom Vrgleicha: *Vers 9-20* II Mt 28,9f.16-20; Lk 24,13-51; Joh 20,11-23 • *9:* Lk 8,2 • *19:* Apg 1,9-11; 2Kö 2,3.11; Ps 110,1.

S Lukas-Evangeliom

S VORWORT: 1 1-4

1 Schao a mancher håt dia Gschichta vrzählt, mô dåhanna bei ons passiert send, 2wia s ons dia überlieferat hent, mô von Åfang â drbeigwea send ond ällas mit aegene Aoga gscha hent ond Diener mit am Wort send; 3so han i s ao für richtig ågseha, môn e doch ällas von vôrna bis henta ganz gnao nåchgforscht han, dass e dr Rôeh nåch ällas für de aufschreib, mae liaber Theophilus, 4dass da erkenna kåsch, wia zuavrlässig dia Sacha send, von dene mô da onterrichtat wôra bist.

D VÔRGSCHICHT: 1 5 - 2 52

D Geburt vom Johannes wird ågsaed: 1 5-25

5En dera Zeit, mô dr Herodes König gwea ischd en Judäa, ischd a Priaster gwea, der håt Zacharias ghôeßa ond der håt zom Abija saener Denstabtaelong ghört. Dem sae Weib ischd vom Aaron abgstammt ond håt Elisabeth ghôeßa. 6Dia hent bôede a rechtschaffes Leba gführt vôr am Herrgott ond hent sich an de Gebot ond Satzonga vom Herrgott et s Grengste z schulda komma lassa. 7Ond se hent koe Kend ghet, weil d Elisabeth koene Kender håt kriaga könna, ond bôede hent schao ihre Jährla auf am Buckel ghet. 8Nå håt sich s gea, mô dr Zacharias mit saener Abtaelong zom Priasterdenst drå gwea ischd vôr am Herrgott, 9ischd nach am Brauch von de Priaster s Los auf an gfalla zom s Raecheropfer darbrenga; ond r ischd em Herrgott saen Tempel naeganga. 10S ganz Volk ischd draußa gstanda ond håt betat en dr Stond vom Raecheropfer. 11Då ischd am a Engel von Gott erschiena ond der ischd rechts vom Raecheraltar gstanda. 12Dr Zacharias ischd natürlich vrschrocka, môn r an gseha håt, ond r håt Angst kriagt. 13Aber der Engel håt zon am gsaed: Brauchst koe Angst et han, Zacharias, weil dae Gebet, *des ischd erhört wôra ond dae Weib, d Elisabeth, dui kriagt en Bua ond dem gibst da Nåma Johannes.* 14Ond du bist voller Fraed ond Jubel ond viele fraeat sich drüber, wann r auf d Welt kommt. 15Des wird amål a Graoßer vor Gott; *Wae ond starke Sacha trenkt der amål et* ond dr Haelige Gaest ischd dem schao em Leib von saener Muader geba. 16Ond viele von de Söh von Israel brengt der amål zrück zo ihram Gott; 17der gôht vôr ehm her em Gaest ond en dr Kraft vom Elia, *dass r de Vädr ihre Herza zo de Kender zrückbrengt* ond dia mô et folga wöllat zo ra gerechta Gsennong, dass r am Herrgott a Volk zuarichtat, des mô guat vôrberaetat ischd. 18Ond dr Zacharias håt zo dem Engel gsaed: An was soll e des merka? I ben doch schao alt ond mae Frao håt ao a åsehnlichs Alter. 19Nå håt am der Engel zor Antwort geba ond gsaed: I ben dr Gabriel, der mô vôr Gott stôht, ond mi håt mr gschickt zom mit dr schwätza ond dr des zom saga, dass da de fraest. 20Ond guck, du bist jetzat stomm ond kåsch nemme schwätza bis an den Dag, mô des passiert, weil da auf mae Wort nex geba håsch ond et glaobt håsch, was wåhr wird zo saener Zeit. 21Ond s Volk draußa håt auf da Zacharias gwartat; ond se hent sich gwonderat, dass r so lang em Tempel blieba ischd. 22 Môn r nå aber rauskomma ischd, håt r nex zon en saga könna, ond se hent gmerkt, dass r em Tempel a Erschaenong ghet håt. Ond r håt en gwonka ond ischd stomm blieba.

23 Mô nå sae Denst rom gwea ischd, ischd r hoem ganga. 24 Ond nach dene Däg ischd d Elisabeth, sae Frao, en andere Omständ komma; ond se håt sich fenf Monat et naustraut ond håt gsaed: 25 So håt dr Herrgott an mr dao en dene Däg, môn r drauf guckt håt, dass r mr mae Schand vôr de Leut vo mr nemmt.

Zom Vrgleicha: *Vers 5:* 1.Chr 24,10 • *Vers 9:* Ex 30,7f • *Vers 13:* Gen 17,19f; Lk 1,60 • *Vers 15:* Num 6,3; Ri 13,4; Lk 7,33 • *Vers 17:* Mt 17,10-13; Mal 3,23f.

Am Jesus sae Geburt wird ågsaed: 1 26-38

26 Em sechsta Monat nå ischd dr Engel Gabriel en a Stadt en Galiläa gschickt wôra, mô Nazaret ghôeßa håt, 27 zo ra jonga Frao, ond dui ischd a ma Må vrsprocha gwea, der håt Josef ghôeßa ond ischd a Nåchkömmleng vom König David gwea; ond dui jonga Frao håt Maria ghôeßa. 28 Ond r ischd zon ra naekomma ond håt gsaed: Laß de grüaßa, du bist a begnadats Weib! Gott ischd mit dr. 29 Se ischd arg vrschrocka über des Wort ond se håt nåchgsonna, was ao des für a Gruaß sei. 30 Nå håt der Engel zon ra gsaed: Brauchst de et fürchta, Maria, weil du håsch Gnade gfonda beim Herrgott. 31 *Ond guck, du kommst en andere Omständ ond kriagst en Bua; ond dem gibst da Nåma* Jesus. 32 Der ischd amål graoß ond mr hôeßt an da Soh vom Höchsta ond dr Herrgott geit am da Thron von saem Vadr David, 33 ond r ischd dr König übers Haus vom Jakob auf ewig ond sae Königsherrschaft nemmt koe End. 34 Nå håt d Maria zo dem Engel gsaed: Wia soll ao des zuaganga, môn i vo ma Må no koe Åhnong han? 35 Ond der Engel håt ra zor Antwort geba ond gsaed: Dr Haelige Gaest kommt über de ond am Allerhöchsta sae Kraft läßt ihran Schatta auf de falla; drom hôeßt mr ao des Haelige, mô då zeugt wird, da Soh vom Herrgott. 36 Ond guck, d Elisabeth, dae Vrwandta, kriagt ao en Soh auf ihre alte Däg nô; se ischd em sechsta Monat, obwohl mr se ofruchtbar ghôeßa håt. 37 Weil, *koe Wort mô von Gott kommt, ischd ohne Kraft.* 38 D Maria aber håt gsaed: Guck, i ben am Herrgott sae Magd; dae Wort soll an mr gscheha! Ond der Engel håt sich von ra vrabschiedat.

Zom Vrgleicha: *Vers 27:* Mt 1,16 • *Vers 31:* Jes 7,14; Mt 1,21-23 • *Vers 32f:* 2.Sam 7,13; Jes 9,6 • *Vers 35:* Mt 1,18-20 • *Vers 37:* Gen 18,14,Ijob 42,2; Mt 19,26; Mk 1027; Lk 1827.

D Maria bsuacht d Elisabeth: 1 39-45

39 En dene Däg håt sich d Maria aufgmacht ond ischd en d Berg naufgwanderat en a Stadt en Judäa 40 ond ischd em Zacharias sae Haus naeganga ond håt d Elisabeth grüaßt. 41 Ond mô d Elisabeth dr Maria ihran Gruaß ghört håt, ischd des Kendle en ihram Leib dren ghopft, ond dr Haelige Gaest ischd über d Elisabeth komma 42 ond ganz laut håt se gsaed: Du bist gsegnat onter de Fraoa, ond gsegnat ischd d Frucht en daem Leib. 43 Wia kommt mr ao des zua, dass maem Herra sae Muader zo mr kommt? 44 Guck, mô dae Stemm mit daem Gruaß en maene Ohra dronga ischd, ischd des Kendle en maem Leib drenna vôr lauter Fraed ghopft. 45 Ond glückselig ischd dui, mô glaobt håt, dass ällas wåhr wird, was vom Herrgott zon r a gsaed wôra ischd.

S Magnificat: 1 46-56

46 Ond d Maria håt gsaed: *Mae Seel hebt da Herrgott über ällas naus,* 47 ond mae Gaest *fraet sich über da Herrgott - maen*

Haeland;
48*weil r mr s ågseha håt, wia nieder i,*
sae Magd, en Wirklichkaet ben; guck,
von jetzat å dent mi älle Generationa
glückselig preisa.
49Weil mr dr Allmächtige *ebbas osagbar*
Graoß håt zuakomma lassa, ond haelig
ischd sae Nåma.
50*Ond sae Barmherzigkaet göht von*
oener Generatio zor andera über älle,
mô Ehrfurcht vôr am hent.
51Mit saem Arm håt r Macht ausgüabt:
dia mô so selbstherrlich send en ihre
Herza, håt r wegblosa;
52*Graoßkopfate håt r von ihram*
Thron rontergholt ond kloene Leut
hochghoba.
53*Hongrige håt r mit Güater ausstaffiert*
ond Reiche leer ausganga lassa.
54*Om saen Knecht Israel håt r sich*
ognomma ond barmherzig denkt,
55*wian r gsaed håt zo onsere Vädr, zom*
Abraham ond saene Nåchkömmleng bis
en älla Ewigkaet.
56D Maria ischd nå no om de drei Monat
rom bein ra blieba ond ischd nå wieder
hoemganga.

Zom Vrgleicha: *Vers 42:* Jdt 13,18 • *Vers 46-55:* 1.Sam 2,1-10 • *Vers 47:* Hab 3,18 • *Vers 48:* 1.Sam1,11; Gen 30,13 • *Vers 49:* Dtn 10,21; Ps 111,9 • *Vers 50:* Ps 103,13.17 • *Vers 51:* Ps 89,11 • *Vers 52:* Ez 21,31; Ps 147,6; Ijob 5,11; 12,19 • *Vers 53:* Ps 107,9; 34,11 • *Vers 54:* Jes 41,8f; Ps 98,2 • *Vers 55:* Mi 7,20; 2. Sam 22,51; Gen 17,7

Dr Johannes kommt auf d Welt:

1 57-66

57Nå ischd dr Elisabeth ihr Zeit dågwea,
dass se ihr Kendle hätt krioga solla; ond
se håt a Büable auf d Welt bråcht. 58Ond
ihr Nåchberschaft ond d Vrwandtschaft
håt ghört, dass Gott sae Barmherzigkaet
graoß gmacht håt an ra, ond se hent sich
ganz arg mit ra gfraet. 59Ond s håt sich
gea, dass se am achta Dag komma send,
zom des Büable beschneida, ond se hent
an wia saen Vadr Zacharias hôeßa wölla.
60Aber sae Muader håt en zor Antwort
geba: Noe, Johannes muaß r hôeßa.
61Ond se hent zon ra gsaed: So hôeßt
doch en daener ganza Vrwandtschaft
koener. 62Ond se hent saem Vadr
gwonka, wia der an hôeßa wöll. 63Ond
r håt a Täfale von en vrlangt ond håt
drautgschrieba: Johannes hôeßt r. Nå
hent se sich älle gwonderat. 64Ond glei
håt r wieder schwätza könna, ond r håt
da Herrgott für ällas priesa. 65Ond de
ganz Nåchberschaft håt s mit dr Angst
zom doa kriagt, des ischd natürlich em
ganza Bergland von Judäa romganga.
66Ond älle, mô des ghört hent, dia hent
sich des z Herza gnomma ond gsaed:
Was wohl aus dem Kendle amåle wird?
Weil dr Herrgott håt an ganz en de
Händ ghet.

S Benedictus: 1 67-79

67Ond sae Vadr, dr Zacharias, ischd vom
Haeliga Gaest übergströmt ond håt
prophezeit:
68*Lob ond Preis onseram Herra, am*
Gott vom Israel; weil r sich om sae
Volk ågnomma håt ond a Erlösong für
s gschaffa
69ond *sae Hael mächtig für ons*
aufgrichtat håt em Haus von saem
Knecht David,
70wian r s schao früher håt saga lassa von
saene haelige Profeta:
71*Dass r ons retta will von onsere Faend*
ond ons et en de Händ von dene lassa
will, mô ons hassa dent,
72ond sich *barmherzig zaegt onsere*
Altvôrdere ond *an saen haeliga Bund*
denkt, 73*mön r am Abraham gschwora*
håt, dass r ons des schenka will,
74dass r ons aus de Händ von onsere
Faend erlöst ond mir am dienat, ohne
dass mr a Angst han müaßat,
75onser Lebdag en Haeligkaet ond
Gerechtigkaet vôr saene Aoga.

76Ond du, Büable, di hôeßt mr amål en
Profeta vom Ällerhöchsta; weil du am
Herra vôrnadraus gôhst *zom saen Weg*
vôrberaeta,
77ond saem Volk Erkenntnis übers Hael
gibst en dr Sündavrgebong,
78weil dr Herrgott Mitleid håt ond
barmherzig ischd, strahlt auf ons sae
Licht von oba ronter,
79dass s *dene aufgôht, mô em Donkla*
hockat ond en da Schatta vom Tod
naeleuchtat ond onsere Füaß auf da
Friedensweg lôetat.
80Ond des Büable ischd gwachsa ond
ischd stark wôra em Gaest. Ond r ischd
en dr Wüste blieba, bis r vôr am Volk
Israel auftreta ischd.

Zom Vrgleicha: *Vers 59:* Gen 17,12 • *Vers 60:* 1,13 • *Vers 68:* Ps 41,14; 72,18; 106,48; Lk 7,16; 24,21; Ps 111,9 • *Vers 69:* 1 Sam 2,10; Ps 18,3; 132,17 • *Vers 70:* Rö 1,2; Offb 10,7 • *Vers 71:* Ps 106,10 • *Vers 72:* Ps 105,8; 106,45; Ex 2.24; Lev 26,42 • *Vers 73:* Gen 22,16f; Jer 11,5; Mi 7,20 • *Vers 76:* 7,27; Mt11,10; Mk 1,2; Mal 3,1; Ex 23,20 • *Vers 78:* Jes 60,1f; Sach 6,12 G; Mal 3,20 • *Vers 79:* Jes 9,1; 42,7; Ps 107,10; Mt 4,16; Jes 59,8; Rö 3,17.

D Weihnachtsgschicht: 2 1 - 20

2 Also des ischd dåzmål passiert:
Dr Kaeser Augustus håt da Befehl
rausgeba, dass sich de ganz bewohnta
Erde (en Steuerlista) aetraga lassa müaßt.
2Des ischd de erst Aeschreibong gwea
ond ischd passiert, mô dr Quirinius
Statthalter gwea ischd en Syria dronta.
3Ond älle send ganga zom aeschreiba, a
jeder en sae Hoematstadt.
4Ao dr Josef ischd von dr Stadt Nazaret
en Galiläa naufganga nach Judäa uf
Bethlehem, en d Stadt vom David,
weil r aus am Haus vom David komma
ischd ond zo saem Gschlecht ghört
håt, 5zom sich mit saener Braut, dr
Maria, aeschreiba lassa, ond dui ischd
en andere Omständ gwea. 6Mô se sell
gwea send, ischd ihr Zeit komma, dass
se hätt niederkomma solla. 7Ond se håt
ihran ersta Soh kriagt ond håt an en
Wendla aegwicklat ond en a Fuaterkripp
naeglegt, weil se en dr Herberg sonst
koe Plätzle gfonda hent.
8Ond Hirta send en sellera Gegend auf
de Felder gwea ond hent Nachtwach
ghalta bei ihre Herda. 9Zo dene ischd
a Engel vom Herrgott nôganga, ond dr
Lichtglanz von Gott håt om se gstrahlt
ond se hent a ganz arga Angst kriagt.
10Ond der Engel håt zon en gsaed: Hent
no koe Angst et! Weil guckat no, i han
euch ebbas ganz Wichtigs zom saga:
A riesa Fraed für s ganz Volk; 11euch
ischd haet nämlich dr Haeland gebora,
des ischd dr Messias, dr Herr (Kyrios),
drüba en dr Stadt vom David. 12Ond
då kennat r n drå: r fendat a Kendle,
aegwicklat en Wendla, ond des leit en r
a Fuaterkripp. 13Ond auf oemål send bei
dem Engel d Menge von de hemmlische
Heerschara gwea, dia hent a Lobliad auf
da Herrgott gsonga ond gsaed: 14Am
Herrgott sei Ehr ond Frieda bei dene
Menscha, an dene mô Gott a Wohlgfalla
håt.
15Mô nå dia Engel wieder von en nauf
en da Hemmel gfahra gwea send, nå
hent dia Hirta zoanander gsaed: Auf
gôht s! Nom nach Bethlehem, dui Sach
guckat mr å, mô då passiert ischd ond
mô ons dr Herrgott håt wissa lao. 16Ond
se send anandernåch ganga ond hent d
Maria ond da Josef gfonda, ond des
Kendle ischd en dera Kripp drenglega.
17Mô se des gseha hent, hent se überall
romvrzählt, was en über des Kendle
gsaed wôra ischd. 18Ond älle, mô des
ghört hent, hent sich gwonderat über
des, was en dia Hirta vrzählt hent. 19D
Maria håt sich des ällas gmerkt ond en
ihram Herza dren bewegt. 20Ond dia
Hirta send wieder zrückganga ond hent
auf da Herrgott a Lobliad gsonga für
ällas, was se hent höra ond seha därfa,

wian en s gsaed wôra ischd.

Zom Vrgleicha: *Vers 4:* Joh 7,42 • *Vers 13:* Mt 26,53 • *Vers 14:* 19,38; Jes 57,19; Eph 2,17 • *Vers 19:* 2,51

Dr Jesus wird beschnitta ond em Tempel dargstellt: 2 21-28

[21]Ond mô acht Dag romgwea send, mo
mr an håt beschneida müaßa, då hent
se an Jesus ghôeßa, den Nåma håt der
Engel gsaed, no bevor r em Leib von
saener Muader empfanga gwea ischd.
[22]Ond mô d Maria nach am Gsetz vom
Mose wieder raen gwea ischd, hent se
an nach Jerusalem bråcht, zom an am
Herra darstella - [23]wia s em Gsetz vom
Herra gschrieba stôht: *Älle männliche*
Erstgeburta hôeßat am Herra gweiht!
[24]- ond zom a Opfer brenga, nach dr
Vôrschrift em Gsetz vom Herra: *a Pärle*
Turteltauba oder zwôe jonge Täubla.
[25]Ond guck, då ischd en Jerusalem a
Må gwea, Simeon håt r ghôeßa, ond des
ischd a gerechter ond a gottesfürchtiger
Må gwea, ond der håt auf den gwartet,
der mô am Volk Israel an festa Halt geba
könnt, ond dr Haelige Gaest ischd auf
am gwea. [26]Ond der håt vom Haeliga
Gaest s Vrsprecha ghet, dass r et sterba
tät, wann r et vôrher am Herra saen
Messias gseha hätt. [27]Der ischd komma
vom Haeliga Gaest åtrieba en da Tempel.
Ond mô dia Eltern des Jesuskendle
raebråcht hent, zom mit am doa, wia s
dr Brauch ischd nach am Gsetz, [28]nå håt
r s auf da Arm gnomma ond da Herrgott
priesa ond gsaed:

S nunc dimittis: 2 29-40

[29]Jetzat lässt d daen Knecht em Frieda
ganga, wia da s gsaed håsch, o Herr;
[30]weil maene Aoga hent *dae Hael*
seha därfa, [31] was du *vôr älle Völker*
vôrberaetat håsch, [32]*a Licht, dass d*
Haeda a Erleuchtong kriagat ond
zom dae Volk Israel preisa. [33]Ond sae
Vadr ond sae Muader hent sich drüber
gwonderat, was då von am gsaed wôra
ischd. [34]Ond dr Simeon håt se gsegnat
ond zor Maria, saener Muader gsaed:
Guck, der ischd aegsetzt zom Falla ond
zom Aufstanda von viele en Israel ond
zo a ma Zaeche, an dem mô Widerspruch
aufkommt [35]- ond ao dir selber bôhrt
sich a Schwert durch d Seel - dass aus
viele Herza d Gedanka aufdeckt werat.
[36]Ond då ischd a Profetin gwea, Hanna
håt se ghôeßa, des ischd a Tochter vom
Phanuel gwea, vom Stamm Asser, ond
stoealt. Sieba Jåhr håt se mit ihram Må
glebt ghet nach ihrer Haozich, [37]ond nå
ischd se a Witwe gwea mit vieradachzg
Jåhr; dui ischd et vom Tempel gwicha
ond håt Dag ond Nacht am Herrgott
dient mit Fasta ond Beta. [38]Ond grad
om dui Zeit rom ischd dui ao komma
ond håt da Herrgott priesa ond von am
gredat vor älle, mô auf d Erlösong von
Jerusalem gwartat hent. [39]Ond mô se
ällas dao ghet hent nach de Vôrschrifta,
send se wieder zrückganga nach Galiläa
en ihr Hoemat nach Nazaret. [40]Des
Kendle aber ischd gwachsa ond stark
wôra en dr Weishaet, ond d Gnade vom
Herrgott ischd auf am gwea.

Zom Vrgleicha: *Vers 21:* 1,31 • *Vers 22:* Lev 12; Num 18,15f • *Vers 23:* Ex 13,2.12 • *Vers 24:* Lev 12,8 • *Vers 30:* Jes 40,5 G • *Vers 31:* Jes 52,10 • *Vers 32:* Jes 49,6; 42,6; 46,13 • *Vers 34:* Jes 8,14.

Dr zwölfjährige Jesus em Tempel:
2 41-52

[41]Ond saene Eltern send jedas Jåhr am
Passafest nach Jerusalem ganga. [42]Ond
mô r zwölf Jåhr alt wôra ischd, send se
nach am Brauch zom Fest nauf. [43]Ond
mô dia Däg romgwea send, ischd der
Bua, dr Jesus, en Jerusalem blieba; ond
saene Eltern hent s et gwißt. [44]Dia hent
gmoent, r sei bei saene Kamerada ond
send schao en ganza Dag weit gwea ond
hent an gsuacht bei de Vrwandte ond

Bekannte. [45]Ond mô se an et gfonda hent,
send se wieder zrück nach Jerusalem
ond hent an gsuacht. [46]Nå håt sich s gea,
dass se an em Tempel gfonda hent, wian
r mittla onter de Lehrer ghockt ischd,
dene zuaghört ond se gfrågt håt. [47]Ond
älle môn an ghört hent, send aus am
Staona nemme nauskomma über saen
Vrstand ond was r en für Antworta
geba håt. [48]Mô se an gseha hent, send se
ganz außer sich gwea ond sae Muader
håt zon am gsaed: Bua, wårom håsch
ons des ådao? Guck, dae Vadr ond i, mir
send schao ganz krank vôr lauter Suacha
nach dr. [49]Nå håt r zon en gsaed: Wårom
suachat r me denn? Wissat ihr et, dass i
då nô gher, mô maem Vadr sae Aegatom
ischd? [50]Ond se hent des et vrstanda,
was r zon en gsaed håt. [51]Nå ischd r
mit en na ganga ond ischd uf Nazaret
komma ond håt sich ganz gfüagt. Ond
sae Muader håt des ällas en ihram Herza
bhalta. [52]Ond dr Jesus håt zuagnomma
en dr Weishaet, em Alter ond *Gott ischd
am gnädig gwea ond d Menscha hent an
möga.*

Zom Vrgleicha: *Vers 41:* Ex 23,14-17 • *Vers 42:* Ex12,15.18 • *Vers 51:* 2,19 • *Vers 52:* 1. Sam 2,16.

VÔRBERAETONGA FÜR AM JESUS SAE WIRKSAMKAET: 3 1 - 4 13

Dr Taefer Johannes: 3 1-20

3 Em fufzeahta Jåhr vom Kaeser
Tiberius saener Regierongszeit;
dr Pilatus ischd Statthalter von Judäa
gwea ond dr Herodes dr Gaofürst von
Galiläa, sae Bruader Philipp ischd dr
Gaofürst von Ituräa ond Trachonitis
gwea, ond dr Lysanias Gaofürst von
Abilene; [2]Dr Hannas ond dr Kajaphas
send Hohepriaster gwea. Då ischd en
dr Wüste am Herrgott sae Wort zom
Johannes komma, am Zacharias saem
Soh. [3]Ond der ischd en dr ganza Gegend
am Jordan romzoga ond håt vrkündigt,
mr soll sae Gsennong ändera ond sich
taofa lassa zor Sündavrgebong, [4]wia s
beim Profeta Jesaja gschrieba stôht:
En dr Wüste schreit oener: *Dent am
Herra saen Weg nôrichta! Machat saen
Weg grad! [5]Jeda Schlucht muaß aufgfüllt
wera ond a jeder Berg ond Buckel muaß
aegebnat wera, ond ällas was kromm
ischd soll grad hergrichtat wera, ond de
holprige sollat ebene Weg wera. [6]Ond
älle Menscha sollat am Herrgott sae
Hael seha.*
[7]Nå håt r zo dene viele Leut, mô
nauskomma send zom sich von am
taofa lao, gsaed: Ihr Schlangabruat, wer
håt euch denn gsaed, ihr däte vor am
zuakünftiga Zôrngericht drvokomma?
[8]Brengat Früccht aus euram Leba, an
dene mr sieht, dass r euer Gsennong
g'änderat hent. Ond fangat mr bloß
et drmit å, dass r sagat: »Onser Vadr
ischd dr Abraham!« I sag euch nämlich:
Gott kå am Abraham aus dene Stoener
dåhanna Kender aufwecka. [9]D Axt ischd
nämlich schao an de Baem ihre Wurzla
nôglegt. A jeder Baom, mô koe rechta
Frucht brengt, wird omghaoa ond en s
Feuer gschmissa.
[10]Nå hent an d Leut gfrågt: Ja was sollat
mr nå doa? [11]Dene håt r zor Antwort
geba: Wer zwôe Hemadr håt, soll oes
drvo oem geba, mô gar koes håt, ond
der mô gnuag zom Essa håt, soll s gradso
macha. [12]Ao vom Zoll send oene komma
zom sich taofa lassa, dia hent zon am
gsaed: Môester, was sollat nå mir doa?
[13]Zo dene håt r gsaed: Vrlangat et maeh
(von de Leut), als wia festglegt ischd. [14]S
hent an aber ao Soldata gfrågt: Ond was
sollat mir doa? Ond r håt zo nen gsaed:
Plågat neamerd ond dent koen erpressa
ond send mit euram Sold zfrieda.

[15]Weil s Volk nämlich gspannt gwea
ischd, hent se en sich drenna denkt, dr
Johannes sei sicher dr Messias. [16]Aber
dr Johannes håt zo älle gsaed: I taof
euch zwår mit Wasser, aber henter mir
kommt a Stärkerer als wian i, für den
ben i et amål guat gnuag, dass e am d
Reahma von saene Sandala aufmach; der
taoft euch nå mit am Haeliga Gaest ond
mit Feuer. [17]Der håt schao d Schipp en
dr Håd zom sae Tenne fega ond zom
da Wôeza en d Scheuer schippa, aber d
Sprae vrbrennt r e ma Feuer, mô koener
löscha kå.
[18]Mit viele andere Wort håt r de Leut
s Evangeliom vrkündigt. [19]Aber ao da
Gaofürsta Herodes håt r zrechtgwiesa
wega dr Herodias, des'schd saem
Bruader sae Frao gwea (ond dui håt
bein am glebt), ond wega saene andere
Schandtata, môn r sich håt z'schulda
komma lao. [20]Då ischd nå zo ällam no
drzuakomma, dass r da Johannes em
Gfängnis håt aeschliaßa lao.

Zom Vrgleicha: *Vers 3-6* II Mt 3,1-6; Mk 1,2-6 • *Vers 7-9* II Mt 3,7-10 • *Vers 15-17* II Mt 3,11f; Mk 1,7f • *Vers 19-20* II Mt 14,3f; Mk 6,17f • *Vers 3:* Joh 1,19-23; Apg 13,24; 19,4 • *Vers 4f:* Jes 40,3-5G • *Vers 9:* Mt 7,19 • *Vers 15:* Joh 1,24-28 • *Vers 16:* Apg 13,25.

Dr Jesus wird taoft: 3 21-22

[21]S ischd aber gscheha, mô s ganz
Volk ond ao dr Jesus taoft gwea ischd
ond (mitanander) betat hent, dass dr
Hemmel aufganga ischd [22]ond dr Haelige
Gaest en dr Gstalt von r a Taub auf an
rakomma ischd, ond a Stemm ischd aus
am Hemmel komma: *Du bist mae liaber
Soh, du gfallst mr.*

Zom Vrgleicha: *Vers 21-22* II Mt 3,13-17; Mk 1,9-11 • *Vers 21-22:* Joh 1,29-34 • *Vers 22:* Gen22,2; Ps 2,7; Jes 42,1 Mt 3,17.

Am Jesus sae Ahnatafel: 3 23-38

[23]Dr Jesus ischd om de dreißg Jåhr alt
gwea, môn r ågfanga håt. Wia mr gmoent
håt, ischd r a Soh vom Josef gwea.
Dem saene Ahna send dr Eli gwea, [24]dr
Mattat, dr Levi, dr Melchi, dr Jannai, dr
Josef, [25]dr Mattitja, dr Amos, dr Nahum,
dr Hesli, dr Naggai, [26]dr Mahat, dr
Mattitja, dr Schimi, dr Josech, dr Joda,
[27]dr Johanan, dr Resa, dr Serubbabel, dr
Schealtiel, dr Neri, [28]dr Melchi, dr Addi,
dr Kosam, dr Elmadam, dr Er, [29]dr
Joschua, dr Elieser, dr Jorim, dr Mattat,
dr Levi, [30]dr Simeon, dr Juda, dr Josef,
dr Jonam, dr Eljakim, [31]dr Melea, dr
Menna, dr Mattata, dr Nathan, dr David,
[32]dr Isai, dr Iobed, dr Boas, dr Salmon,
dr Nachschon, [33]dr Amminadab, dr
Admin, dr Arni, dr Hezron, dr Perez, dr
Juda, [34]dr Jakob, dr Isaak, dr Abraham,
dr Terach, dr Nahor, [35]dr Serug, dr
Regu, dr Peleg, dr Eber, dr Schelach,
[36]dr Kenan, dr Arpachschad, dr Sem, dr
Noah, dr Lamech, [37]dr Metuschelach,
dr Henoch, dr Jered, dr Mahalalel, dr
Kenan, [38]dr Enosch, dr Set, dr Adam,
den mô dr Herrgott gschaffa håt.

Zom Vrgleicha: *Vers 31-33:* Ruth 4,18-22 • *Vers 34-35:* Gen 11,10-26 • *Vers 36-38:* Gen 5.

D Messiasprob: 4 1-13

4 Dr Jesus ischd ganz vom Haeliga
Gaest erfüllt gwea, môn r aus dr
Jordangegend fortganga ischd. Nå håt
an dr Gaest en d Wüste gführt, [2]vierzg
Däg ischd r vom Teufel auf d Prob
gstellt wôra. En dera Zeit håt r gar nex
gessa, ond mô se vrbei gwea ischd, håt r
Honger ghet. [3]Nå håt dr Teufel zon am
gsaed: Wann du am Herrgott sae Soh bist,
nå gib dem Stoe dåhanna da Befehl, dass
r zo Brot wird! [4]Dådruf håt am dr Jesus
zor Antwort geba: S stôht gschrieba:
Dr Mensch lebt et alloe vom Brot. [5]Ond
môn r an (auf an Berg) naufgführt håt,
håt r am en oem Aogablick älle Reich
vom Erdkraes zaegt. [6]Ond dr Teufel håt
zon am gsaed: I gib dr de ganz Macht

ond ihr Herrlichkaet, dui ischd mir
nämlich übergeba, ond i gib se, wem i
will. [7]Wann du de also mir onterwirfst,
nå ghert dir ällas! [8]Ond dr Jesus håt am
zor Antwort geba: So stôht s gschrieba:
*Da Herra, daen Gott sollst åbeta, ond
ehm ganz alloe diena.* [9]R håt an aber
nach Jerusalem mitgnomma ond håt
an auf d Tempelzinne gstellt ond zon
am gsaed: Wann du am Herrgott sae
Soh bist, nå laß de då nafalla! [10]S stôht
nämlich gschrieba: *Weil r saene Engel
aufbota håt zom auf de aufpassa,* [11]ond:
*auf de Händ tragat de dia, dass da koen
Fuaß an en Stoe nôhaost.* [12]Ond dr Jesus
håt zon am gsaed: S hôeßt: *Du sollst
daen Gott et auf d Prob stella.* [13]Mô dia
Vrsuachonga nå vorbei gwea send, ischd
dr Teufel für a Zeit von am gwicha.

Zom Vrgleicha: *Vers 1-13* II Mt 4,1-11; Mk 1,12f • *Vers 4:* Dtn 8,3 • *Vers 8:* Dtn 5,9; 6,13 • *Vers 10:* Ps 91,11f • *Vers 12:* Dtn 6,16.

DR JESUS EN GALILÄA: 4 14 - 9 50

Sae erster Auftritt en Galiläa: 4 14-15

[14]Ond dr Jesus ischd von dr Gaestaskraft
erfüllt gwea ond nach Galiläa
zrückkomma. Des ischd glei en dr
ganza Gegend romganga. [15]Ond r håt
en de Synagoga saene Lehra ausbrôetat
ond älle hent an glaobt.

Zom Vrgleicha: *Vers 14-15* II Mt 4,12.17; Mk 1,14f
Zom Vrgleicha: *Vers 14:* 4,37; 5,15.

En Nazaret kommt r et å: 4 16-30

[16]Nå ischd r nach Nazaret komma,
môn r aufgwachsa ischd, ond wian r s
gwöhnt gwea ischd, ischd r am Sabbat
en d Synagog ganga, ond r ischd
aufgstanda zom Vôrlesa. [17]Ond se hent
am s Buach vom Profeta Jesaja geba;
môn r s aufgmacht håt, ischd r an dui
Stell komma, mô s hôeßt: [18]*Dr Gaest
vom Herra ischd auf mr, weil r me
gsalbt (auserwählt) håt zom de Arme
s Evangeliom vrkündiga. R håt me
gschickt, zom de Gfangene ihr Freihaet
åkündiga, ond de Blende, dass se wieder
seha könnat, ond de Ågschlagene en d
Freihaet zom schicka;* [19]*ond a Gnadajåhr
vom Herra auszomruafa.* [20]Ond mô des
Buch wieder aegrollt gwea ischd, håt r
s dem Synagogadiener geba ond ischd
nôgsessa. Ond älle Aoga en dr Synagog
hent ganz gspannt auf an guckt. [21]Nå
håt r gsaed: Haet ischd dui Schrift, wian
r s no en eure Ohra hent, en Erfüllong
ganga. [22]Ond älle hent am Beifall geba
ond hent sich drüber gwonderat, was
für a begnadater Redner des ischd ond
hent gsaed: Ischd des et am Josef sae
Soh? [23]Ond r håt en entgegaghalta:
Jetzat sagat r sicher des Sprichwort
zo mr: »Arzt, mach de selber gsond!«
Wann da en Kapernaum so graoßa Tata
vollbråcht håsch, wia mr ghört hent, nå
dua s doch ao då en daener Vadrstadt.
[24]Nå håt r gsaed: S ischd fae wåhr, dr
Profet gilt nergads ebbas em ôegena
Land. [25]Aber was wåhr ischd, sag e
euch: En Israel håt s viele Witwa geba
en dr Zeit vom Elija, mô dr Hemmel
für dreiahalb Jåhr vrschlossa gwea ischd
ond a graoßa Hongersnaot über s Land
komma ischd. [26]Aber dr Elija ischd zo
koenera von en gschickt wôra, bloß zo
ra Witwe en Sarepta en Sidonien. [27]Ond
en dr Zeit vom Profeta Elischa send en
Israel viele Ausätzige gwea. Aber außer
dem Syrer Naaman ischd koener ghôelt
wôra. [28]Mô se des ghört hent, send älle
narrat wôra en dr Synagog. [29]Dia send
aufgspronga ond hent da Jesus vôr d
Stadt naustrieba an da Steilhang, über
dem mô ihr Stadt baut gwea ischd, ond
hent an nastoßa wölla. [30]Aber der ischd

mittla durch se durch- ond fortganga.

Zom Vrgleicha: *Vers 16-30* II Mt 13,54-58; Mk 6,1-6a • *Vers 18:* Jes 61,1f; 29,18; 58,6 G • *Vers 22:* Joh 6,42 • *Vers 24:* Joh 4,44 • *Vers 25:* 1Kö 17,1-7; Jak 5,17 • *Vers 26:* 1Kö 17,8-16 • *Vers 27:* 2Kö 5,1-27

Dr Jesus macht an Bsessena gsond:

4 31-37

[31]Ond r ischd nakomma uf Kapernaum, des'schd a Stadt en Galiläa, ond r håt am Sabbat saene Lehra vrbrôetat. [32]Ond ällas håt gstaont über saene Lehra, weil sae Red ischd gwaltig gwea. [33]Ond en dr Synagog ischd oener gwea, der håt en osaubera Gôest ghet, ond der håt ganz laut gschria: [34]Halt! was hent mir mit dir zom schaffa, Jesus von Nazaret? Du willst ons bloß ens Vrderba stürza! I wôeß guat, wer du bist: Du bist am Herrgott sae Haeliger! [35]Ond dr Jesus håt am droht ond gsaed: Sei still ond fahr aus von am! Nå håt an der Dämon mittla en d Leut naegrissa ond ischd von am ausgfahra, aber s håt am nex dao. [36]Ond älle hent en Schrecka kriagt ond se hent mitananderr gschwätzt ond gsaed: Was ischd ao des für a Wort? Der befiehlt mit Vollmacht ond Gwalt dene osaubere Gôester ond dia fahrat naus. [37]Des håt sich natürlich en älle Flecka em ganza Ländle romgsprocha.

Zom Vrgleicha: *Vers 31-37* II Mk 1,21-28 • *Vers 32:* Mt 7,28f • *Vers 34:* 8,28; Mt 8,29; Mk 5,7; Joh 2,4 • *Vers 36:* Mt 7,29 • *Vers 37:* 4,14; 5,15.

Dr Jesus macht am Petrus sae Schwiegermuader gsond: 4 38-39

[38]Dr Jesus ischd aufgstanda ond zor Synagog naus ond em Simon sae Haus naeganga. Aber am Simon sae Schwiegermuader håt ganz arg Fiaber ghet, ond se hent an beta, dass r a helfa soll. [39]Ond wian r an dr Kopfnat gstanda ischd, håt r des Fiaber ågfaucht ond des'schd wia wegblåsa gwea. Nå ischd se glei aufgstanda ond håt a Vesper für s nôgstellt.

Zom Vrgleicha: *Vers 38-39* II Mt 8,14f; Mk 1,29-31.

Kranke ond Bsessene werat ghôelt:

4 40-41

[40]Mô d Sonn hentana ischd, hent d Leut ihre Kranke drherbråcht, dia hent älle mögliche Bresta ghet. Dr Jesus håt a ma jeda d Händ aufglegt ond an gsond gmacht. [41]Von viele send aber ao Dämona ausgfahra, dia hent gschria: Du bist am Herrgott sae Soh! Dia håt r glei åpfiffa ond s gar et schwätza lao, weil dia nämlich gwißt hent, dass r dr Messias ischd.

Zom Vrgleicha: *Vers 40-41* II Mt 8,16; Mk 1,32-34 • *Vers 41:* Mt 8,29; Mk 3,11.

Dr Jesus gôht fort von Kapernaum:

4 42-44

[42]Môrgnads ischd r nå naus en d Öde. Aber d Leut hent an gsuacht ond send bis zon am nôkomma ond hent an heba wölla, dass r et weg soll von en. [43]Nå håt r zo nen gsaed: I muaß ao de andere Städt s Evangeliom vom Herrgott saem Reich vrkündiga, dådrzua ben e nämlich gschickt wôra. [44]Ond r håt en de Synogoga von Judäa predigt.

Zom Vrgleicha: *Vers 42-44* II Mk 1,35-39.

Dr Petrus gôht mit: 5 1-11

5 Nå håt sich s gea, mô s Volk sich om an rom schier vrdruckt håt zom s Wort vom Herrgott höra, ond er ischd am See Gennesaret gstanda, [2]nå håt r zwöe Boot am Ufer liega seha; dia Fischer send aber ausgstiega gwea ond hent ihre Netz gwäscha. [3]Nå ischd r en oes von dene Boot naegstiega, des mô am Simon ghört håt ond håt an beta, r soll a bißle vom Land wegfahra. Nå ischd r nôgsessa ond håt vom Boot aus dera Volksmenge saene Lehra ausbrôetat.

4Môn r nå mit saener Red aufghört håt,
håt r zom Simon gsaed: Fahr naus ens
Tiafe ond lent eure Netz naus, dass r
ebbas fangat! 5Ond dr Simon håt am
zor Antwort geba ond gsaed: Môester,
de ganz Nacht he mr gschafft ond
nex gfanga; aber weil du s saesch, laß
e maene Netz nômål naus. 6Ond mô
se des dao hent, hent se a riesa Menge
Fisch gfanga; ond ihre Netz hent schao
ågfanga reißa. 7Ond se hent ihre Kollega
em andera Boot hergwonka, se solle
komma ond helfa ziaga. Ond se send
komma ond bôede Boot send voll wôra,
dass se schier gsonka send. 8Mô des dr
Simon Petrus gseha håt, ischd r am Jesus
vor d Füaß nôgsonka ond håt gsaed:
Gang naus vo mr, Herr, i ben a ganz
sündiger Mensch! 9Der ischd nämlich
bis en d Seel nae vrschrocka, ond de
andere ao, mô bein am gwea send, wega
dem Fang, mô se då mitanander gmacht
hent, 10dr Jakobus ond dr Johannes ao,
am Zebedäus saene Söh, dia mô am
Simon saene Gsella gwea send. Ond dr
Jesus håt zom Simon gsaed: Brauchst
koe Angst et han! Von jetzt å fangst mr
du Menscha. 11Nå hent se ihre Boot an
Land zoga, hent ällas liegalassa ond send
mit am ganga.

Zom Vrgleicha: *Vers 1-11:* Mt 4,18-22; Mk 1,16-20; Joh 1,35-51; 21,1-7.

A Aussätziger wird gsond: 5 12-16

12Mô dr Jesus nå en r a Stadt gwea ischd,
guck, då ischd a Må gwea, der ischd am
ganza Leib voler Aussatz gwea. Mô
der da Jesus gseha håt, ischd r vôr auf s
Gsicht nôgsonka ond håt an beta: Herr,
wann du s willst, kåsch me du wieder
raen macha. 13Ond r håt sae Håd nach
am ausgstreckt ond an åglangt ond
gsaed: I will s, werd raen! Ond der
Aussatz ischd weg gwea von am. 14Ond
r håt am ågeba, r soll jå neamerd ebbas
drvo vrzähla, sondern: Jetzat gôhst ond
meldest de bei de Priaster ond vrgiß
dae Opfer et, wia s vom Mose festglegt
ischd als Beweis für dae Raenigong.
15Aber des'schd romganga wia nex ond
emmer maeh Leut send komma zom an
åhöra ond sich von ihre Krankata gsond
macha lassa. 16Nå håt r sich aber en d
Öde zrückzoga zom Beta.

Zom Vrgleicha: *Vers 12-16* II Mt 8,2-4; Mk 1,40-45 • *Vers 14:* Lev 13,49; 14,2-32; Lk 17,14 • *Vers 15:* 4,14.37 • *Vers 16:* 9,18; Mk 1,35.

A Låhmer kå wieder laofa: 5 17-26

17Ond an oem von dene Däg, môn r
saene Lehra ausbrôetat håt, send ao
Pharisäer ond Gelehrte em Gsetz aus
de Dörfer von ganz Galiläa ond Judäa
ond von Jerusalem komma, ond am
Herrgott sae Kraft håt an gstärkt zom
Hôela. 18Ond guck, Männer hent an Må
auf r a Tragbahr drherbråcht, der ischd
låhm gwea, ond se hent an naetraga ond
vôr an nôlega wölla. 19Ond weil se vôr
leuter Leut et naekönna hent, send se
uf s Dach naufgstiega ond hent s adeckt
ond an mitsamt dr Tragbahr mittla
naeglassa, am Jesus direkt vôr d Füaß
nô. 20Ond wian r dene ihran Glaoba
gseha håt, saed r: Daene Sünda send dr
vrgeba, Mensch! 21Ond dia Gstudierte
ond Pharisäer hent sich überlegt ond
gsaed: Wer ischd des, mô so lästerlich
drherredat? Wer kå denn Sünda vrgeba
außer am Herrgott ganz alloe? 22Dr Jesus
håt aber guat gmerkt, was dia denkt hent
ond håt en zor Antwort geba: Was gôht
denn en euch drenna vôr? 23Was ischd
oefacher zom saga: »Dir send daene
Sünda vrgeba,« oder zom saga: »Stand
auf ond laof rom?« 24Dass r aber wissat,
dass dr Menschasoh auf dr Erde d
Vollmacht håt zom d Sünda vrgeba, håt
r zo dem Låhma gsaed: Ond dir sag e:
stand auf, nemm dae Tragbahr ond gang
hoem! 25Ond der ischd glei aufgstanda
vôr dene ihre Aoga drå ond håt sae

Tragbahr aufghoba, ischd hoemganga
ond håt da Herrgott priesa.26Nå send
älle ganz aus am Häusle gwea ond se
hent da Herrgott priesa ond a graoßa
Ehrfurcht håt s packt, dass se gsaed hent:
Des'schd doch oglaoblich, was mir haet
gseha hent.

Zom Vrgleicha: *Vers 17-26* II Mt 9,1-8; Mk 2,1-12 • *Vers 21:* 7,49.

Dr Levi wird beruafa: 5 27-32

27Môn r von sell weiterganga ischd, håt
r oen vom Zoll am Zollhäusle hocka
seha, Levi håt r ghôeßa, zo dem håt r
bloß gsaed: Komm mit mr! 28Der ischd
aufgstanda ond håt ällas stracka lao ond
ischd mit am ganga. 29Ond dr Levi håt en
saem Haus für da Jesus a riesa Festessa
vråstaltat, ond a Haufa Leut send då
gwea vom Zoll ond ao andere, mô mit am
Tisch glega send. 30Nå hent d Pharisäer
ond ihre Gstudierte romgmaulat ond
zo saene Jünger gsaed: Wia kommat ihr
drzua, dass r mit dene vom Zoll ond mit
andere Sünder essat ond trenkat? 31Ond
dr Jesus håt en zor Antwort geba ond
gsaed: Dia, mô gsond send, brauchat
koen Arzt, aber de Kranke. 32I ben et
komma zom Gerechte beruafa, sondern
Sünder, dass dia ihr Gsennong änderat.

Zom Vrgleicha: *Vers 27-32* II Mt 9,9-13; Mk 2,13-17 • *Vers 27:* Mt 8,22 • *Vers 29:* 15,1f; Mt 11,19 • *Vers 30:* 7,34; 19,7 • *Vers 32:* 19,10.

Fråga wega'm Fasta: 5 33-39

33Nå hent se zon am gsaed: Am Johannes
saene Jünger dent oft fasta ond viel
beta, wia dia von de Pharisäer ao, aber
de daene essat ond trenkat. 34Dr Jesus
håt druf gsaed: Könnat ihr vielleicht
d Haozichsgäst fasta lassa, solang dr
Bräutigam no bei nen ischd? 35S kommat
no gnuag Däg, wann en dr Bräutigam
gnomma wird, en dene Däg dent se nå
fasta.
36Nå håt r en no a Beispiel vrzählt: S reißt
doch ao koener en Blätz aus a ma neua
Gwand raus zom a alts flicka, der dät jå
et bloß s neue Gwand hemacha, des dät
uf s alte ao et passa. 37Ond koener duat
en Suser en alte Schläuch nae, sonst dät
der neue Wae dia alte Schläuch vrreissa
ond naussaua, ond d Schläuch vrreckat
ao. 38Sondern an neua Wae duat mr en
neue Schläuch nae. 39Ond neamerd, mô
an alta Wae tronka håt, will an neua,
weil r sich saed: Dr alt ischd besser.

Zom Vrgleicha: *Vers 33-38* II Mt 9,14-17; Mk 2,18-22

Ähraropfa am Sabbat: 6 1-5

6 A ma Sabbat ischd s gwea, då ischd r
durch d Äcker ganga, nå hent saene
Jünger Ähra gropft ond dia en de Händ
vrrieba zom d Körner essa. 2Nå hent a
paar von de Pharisäer gsaed: Was dent
ihr då, des ischd doch gar et erlaobt
am Sabbat? 3Ond dr Jesus håt en zor
Antwort geba: Hent r et glesa, was dr
David dao håt, môn r mit saene Manna
Honger ghet håt, 4wian r ens Haus vom
Herrgott naeganga ischd ond dia haelige
Brot gnomma håt, mô bloß d Priaster
essa därfat, ond se gessa ond saene
Manna ao drvo geba håt? 5Ond r håt
no drzua zo nen gsaed: Dr Menschasoh
ischd dr Herr über da Sabbat.

Zom Vrgleicha: *Vers 1-5* II Mt 12,1-8; Mk 2,23-28 • *Vers 1:* Dtn 23,26 • *Vers 3f:* 1Sa 21,2-7 • *Vers 4:* Lev 24,5-9.

A Må wird am Sabbat gsond gmacht: 6 6-11

6A ma andera Sabbat ischd r en d
Synagog naeganga ond håt saene Lehra
ausbrôetat. Då ischd a Må gwea, dem
sae rechta Håd ischd ganz vrdôrrat
gwea. 7De Gstudierte ond d Pharisäer
hent aber ganz gnao aufpaßt, ob r am
Sabbat hôela dät, dass se am en Strick
hätte draus dreha könna. 8Dr Jesus håt
des aber gspürt ond nå zo dem Må

mit dera vrdorrata Håd gsaed: Stand auf ond gang nom en d Mitte! Ond der ischd aufgstanda ond håt dao, was dr Jesus gsaed håt. [9]Nå håt dr Jesus zo dene gsaed: I fråg euch, därf mr des, am Sabbat Guats doa oder ebbas Baes doa, a Leba retta oder s vrnichta? [10]Nå håt r s älle dr Rôeh nåch åguckt ond zo dem Må gsaed: Streck dae Håd naus! Des håt der dao ond sae Håd ischd gsond gwea. [11]Nå hent se a Sauwuat kriagt ond hent mitananeder vrhechlat, was se gega da Jesus onternemma könnte.

Zom Vrgleicha: *Vers 6-11* II Mt 12,9-14; Mk 3,1-6 • *Vers 6-11:* 14,1-6.

Zwölf Apostl werat gwählt: 6 12-16

[12]En selle Däg ischd dr Jesus auf an Berg nauf zom Beta, ond r håt de ganz Nacht mit Beta zo Gott zuabråcht. [13]Mô s nå Dag wôra ischd, håt r saene Jünger hergruafa ond von dene zwölf rausgsuacht ond dia Apostl ghôeßa: [14]Da Simon, den môn r Petrus ghôeßa håt, ond da Andreas, dem saen Bruader, ond da Jakobus, da Johannes, da Philippus, da Bartholomäus, [15]ond da Matthäus, da Thomas ond da Jakobus, am Alpäus saen Soh, ond da Simon, den håt mr Zelota (Eiferer) ghôeßa, [16]ond da Judas, am Jakobus saen Soh, ond da Judas Iskariot, der mô nåcher dr Vrräter gwea ischd.

Zom Vrgleicha: *Vers 12-16* II Mt 10,1-4; Mk 3,13-19 • *Vers 12:* Mt 14,23; Mk 6,46 • *Vers 14-16:* Joh 1,40-44; Apg 1,13.

Dr Jesus macht älle Kranke gsond: 6 17-19

[17]Môn r wieder dronta gwea ischd, håt r an ebena Platz gfonda ond ischd då nôgstanda mit viele von saene Jünger ond a ma graoßa Haufa Leut von ganz Judäa ond Jerusalem ond vom Küstastrôefa om Tyrus ond Sidon rom. [18]Dia send älle komma, weil se an höra ond von am gsond gmacht wera wölla hent von ihre Krankata. Ao sotte send ghôelt wôra, mô von osaubere Gôester plågt wôra send. [19]Ond älle hent an ålanga wölla, weil a Kraft von am ausganga ischd, ond r håt se älle ghôelt.

Zom Vrgleicha: *Vers 17-19* II Mt 4,23-25; 12,15f; Mk 3,7-12 • *Vers 19:* 8,44; Mt 14,36.

D Bergpredigt: 6 20-49

Seligpreisonga ond Wehruaf: 6 20-26

[20]Nå håt r saene Jünger åguckt ond gsaed: Glückselig send ihr Arme, weil euch am Herrgott sae Reich ghert. [21]Glückselig send ihr, mô jetzat Honger leida müaßat; ihr werat amål satt sae. Glückselig send ihr, dene mô s jetzat zom Heula ischd, ihr kriagat ällan Grond zom Lacha. [22]Glückselig send ihr, wann d Menscha euch hassat ond euch vrstoßat ond euch schmähat ond abfällig von euch drherschwätzat ond euran guata Nåma durch da Dreck ziagat weg'am Menschasoh. [23]Fraeat euch ond tanzat an dem Dag, weil guckat no: euer Loh em Hemmel ischd omso graeßer. So hent s nämlich dene ihre Alte ao schao mit de Profeta gmacht.

[24]Aber Gnad euch, ihr Reiche! Ihr hent schao ällas kriagt! [25]Gnad euch, ihr jetzat Volgfressene! Ihr därfat Kohldampf schiaba. Gnad euch, mô moenat, sia könne jetzat guat lacha, euch wird s Lacha vrganga ond r kriagat ällan Grond zom Heula. [26]Gnad euch, wann euch älle Leut lobhudlat, des hent nämlich dene ihre Alte ao schao bei de falsche Profeta dao.

Zom Vrgleicha: 6,20-49: Mt 5 - 7 • *Vers 20-23* II Mt 5,3-12.

Vom Vrgelta ond von dr Liebe zo de Faend: 6 27-36

[27]Euch dåhanna, mô mr zuahorchat, sag e: Dent eure Faend möga, dent dene

ebbas Guats, mô euch hassat, [28]dent dia segna, mô euch vrfluachat ond betat für dia, môn ich plågat! [29]Oem mô de an da Backa nôhaot, hebst ao da andera nô, ond dem, mô dr daen Mantel wegnemmt, läßt ao dae Hemmad. [30]Gib jedam ebbas, mô de åbettlat, ond wann dr oener ebbas von daene Sacha wegnemmt, nå vrlang s et von am zrück. [31]Ond wian ihr s wöllat, dass d Leut mit euch omgangat, so sottat ihr s mit dene ao doa. [32]Ond wann ihr bloß dia mögat, mô euch ao mögat, was hent r nô drvo? Ao d Sünder mögat bloß dia, mô sia selber ao gern hent. [33]Ond wann ihr bloß dene ebbas Guats dent, mô sich bein ich revanchierat, was dent r nå für en Dank drfür erwarta? Des dent d Sünder ao. [34]Ond wann r bloß dene ebbas ausleihat, môn r moenat, dass r s wieder zrückkriagat, was hent r nå für en Dank? Ao d Sünder leihat, dass se s gleiche wiederkriagat. [35]Aber ihr sollat ao eure Faend möga ond en ebbas Guats doa, ond ao då ebbas vrleiha, môn r nex zrück erwarta könnat. Nå ischd euer Loh graoß ond ihr send Söh vom Ällerhöchsta, weil der nämlich güatig ischd ao zo de Odankbare ond Baese. [36]Send barmherzig, wia ao euer Vadr barmherzig ischd.

Zom Vrgleicha: *Vers 27-36* II Mt 5,38-48 • *Vers 31:* Mt7,12.

Vom Richta: 6 37-42

[37]Ond dent et da Richter spiela, nå spielt sich über euch ao neamerd als Richter auf; ond dent neamerd vrurtôela, nå vrurtöelt mr euch ao et. Dent d Schuld von eure Schuldner streicha, nå streicht mr eure Schulda ao. [38]Gebat ebbas her, ond ihr kriagat ao ebbas: a guat naedruckts, gschüttlat Maß, mô überlaoft, läßt euch Gott en da Schoß falla; weil des Maß mô ihr für andere hent, mit dem mißt mr euch ao zua.

[39]Nå håt r en no a Beispiel gsaed: Kå vielleicht a Blender an Blenda lôeta? Noe, dia haglat nämlich älle bôede en d Gruab nae. [40]A Schüaler ischd et maeh als wia sae Lehrer, wann r aber guat ausbildat ischd, nå ischd r so guat wia sae Lehrer. [41]Wårom siehst d aegentlich bloß da Splitter em Aog von daem Bruader, aber en Balka en daem aegena Aog merkst et? [42]Wia kåsch du zo daem Bruader saga: Komm, Bruader, i mach dr den Splitter aus am Aog raus, mô da doch den Balka en daem aegena Aog et amål merkst? Du schaehaeliger Blitz, ziag zerst amål da Balka aus daem ôegena Aog ond nå kåsch d ganz gnao zuagucka, wia mr daem Bruader den Splitter aus am Aog rausholt.

Zom Vrgleicha: *Vers 37-42* II Mt 7,1-5 • *Vers 37:* Mt 6,14f; Mk 11,25f • *Vers 38:* Mk 4,24 • *Vers 38:* Mt 15,14 • *Vers 40:* Mt 10,24f; Joh 13,16; 15,20.

Wia dr Baom, so d Frucht: 6 43-46

[43]S geit koen guata Baom, mô fauligs Obst brengt, ond andererseits brengt a fauliger Baom koe guats Obst. [44]An jeda Baom kennt mr an saener aegena Frucht; von Distla kå mr koene Feiga lesa ond vo ma Dôrnastrauch koene Trauba. [45]Dr guate Mensch holt aus dem guata Schatz en saem Herza s Guate raus. Ond dr Baese brengt bloß s Baese aus sich raus. Weil des, mô s Herz drvo vol ischd, des sprudlat aus am Mund raus. [46]Was hôeßat ihr me aegentlich: Herr, Herr, ond dent et, was e sag?

Zom Vrgleicha: *Vers 43-45* II Mt 7,16-21; 12,33-35.

S Haus auf am Felsagrond: 6 47-49

[47]A jeder, mô zo mr kommt ond maene Wort hört ond des ao duat, dem will e zaega, mit wem e den vrgleich: [48]Der ischd wian a Må, der mô a Haus baut ond ganz tiaf graba håt zom a Grondmauer ålega auf am Felsa. Mô nå a Hochwasser

komma ischd, håt sich dr Fluß an dem
Haus brocha ond ischd et stark gnuag
gwea zom des Haus ens Wackla brenga,
weil s guat gründat gwea ischd. [49]Wer
aber ghört ond et dao håt, was e gsaed
han, der ischd wian a Må, der mô sae
Haus ohne a Fondament baut håt, an
dem håt sich dr Fluß brocha ond s ischd
glei aeghaglat ond ällas ischd he gwea.
Zom Vrgleicha: *Vers 47-49* II Mt 7,24-27.

Was dr Jesus saed ond duat:
7 1 - 9 50

Dr Haoptmann von Kapernaum:
7 1-10

7 Mô dr Jesus mit saenera Red vôr
am Volk fertig gwea ischd, ischd r
nach Kapernaum naeganga. [2]Då ischd
a Haoptmann gwea, der håt an Diener
ghet, auf den håt r viel ghalta, der
ischd auf da Daot krank gwea. [3]Mô der
Haoptmann vom Jesus ghört håt, håt r
a paar vom Ältestarat von de Juda zon
am gschickt ond an bitta lassa, ob r et
komma könnt zom saen Diener retta.
[4]Mô dia beim Jesus gwea send, hent se
an ganz enständig beta ond gsaed: Der
håt s vrdeant, dass d am hilfst. [5]Der måg
nämlich onser Volk, ond r håt für ons a
Synagog baut. [6]Ond dr Jesus ischd mit
en ganga. Aber môn r schao nemme
weit von dem Haus weg gwea ischd, håt
der Haoptmann saene Fraend gschickt
ond am saga lao: Herr, mach doch koene
Omständ! I ben s doch gar et wert, dass
da onter mae Dach kommst. [7]Drom
han e me ao et für würdig ghalta, dass e
selber zo dr komm. Aber sag doch bloß
oe Wort, nå ischd mae Diener gsond.
[8]I ben doch ao bloß a Mensch, der mô
Befehl ausführa muaß, ond i han Soldata
onter mr, sag e zom oena: »Gang!« nå
gôht der; ond zo a ma andere: »Komm
her!« nå kommt r, ond zo maem Diener:
»Dua des!« nå duat r s. [9]Då håt sich dr
Jesus schao über an gwonderat, môn
r des ghört håt. Nå håt r sich zo dene
Leut romdreht, mô mit am ganga send
ond zo nen gsaed: An sotta graoßa
Glaoba han e no bei koem Israelita
gfonda. [10]Mô nå dia Männer, mô der
Haoptmann gschickt ghet håt, en sae
Haus zrückkomma send, hent se den
Diener gsond vôrgfonda.
Zom Vrgleicha: *Vers 1-10* II Mt 8,5-13; Joh 4,46-53.

Dr Jüngleng von Nain wird aufgweckt:
7 11-17

[11]Ond bald druf håt sich s gea, dass r
en a Stadt nae ischd ond dui håt Nain
ghôeßa; ond saene Jünger send mit am
ganga ond viel Leut. [12]Wian r aber fast
am Stadttôr gwea ischd, guck, då hent
se en Daota raustraga, des ischd dr oezig
Bua von saener Muader gwea, ra Witwe;
ond viel Leut von dr Stadt send bein ra
gwea. [13]Mô des dr Herr gseha håt, håt
s an vrbarmt ond r håt zon ra gsaed:
Brauchst et heula! [14]Ond r ischd nô ond
håt den Sarg åglangt; nå send dia Träger
standablieba. Ond r håt gsaed: Bua, i
sag dr, stand auf! [15]Ond der Daote ischd
aufghockt ond håt åfanga schwätza; *ond
r håt an saener Muader geba.* [16]Nå hent
se s älle mit dr Angst zom doa kriagt ond
se hent da Herrgott priesa ond gsaed: A
graoßer Profet ischd bei ons aufgstanda,
ond dr Herrgott håt sich om sae Volk
ågnomma. [17]Ond dui Red von am ischd
em ganza jüdischa Ländle ond en dr
ganza Gegend romganga.
Zom Vrgleicha: *Vers 15:* 1Kö 17,23 • *Vers 16:* 1,68.

Dr Johannes läßt fråga: 7 18-23

[18]Ond am Johannes saene Jünger hent
am des ällas vrzählt. Nå håt r zwôe von
saene Jünger komma lao, [19]dia håt r
zom Herra gschickt ond am saga lassa:
Bist du der, mô komma soll? Oder

sollat mr auf an andera warta? [20]Mô dia
Männer zon am komma send, hent se
gsaed: Dr Taefer Johannes håt ons zo
dr gschickt zom de fråga: Bist du der,
mô komma soll? Oder sollat mr auf an
andera warta? [21]En dera Zeit håt r grad
viele von ihre Krankata ond Leida ond
von baese Gôester gsond gmacht, ond
viele Blende håt r s gschenkt, dass se
wieder gseha hent. [22]Ond r håt en zor
Antwort geba: Gangat ond vrzählat am
Johannes, was r gseha ond ghört hent:
*Blende seahnat wieder, Låhme könnat
ômananderlaofa,* Aussätzige werat
raen, ond *Taobe hörat, Daote standat
auf ond de Arme därfat s Evangeliom
höra.* [23]Ond der ischd glückselig, mô
koen Åstoß a mr nemmt.

Zom Vrgleicha: *Vers 18-23* II Mt 11,2-6 • *Vers 22:* Jes 26,19; 29,18; 35,5f; 61,1.

Wia dr Jesus über da Taefer denkt:
7 24-35

[24]Mô nå am Johannes saene Bota ganga
gwea send, håt r ågfanga mit dene Leut
über da Johannes zom reda: Zo was
send r denn nausganga en d Wüste? Was
hent r då seha wölla? A Röhrle, mô vom
Wend hin- ond hergschauklat wird?
[25]Oder was hent r då draußa seha wölla?
An Menscha en schicke Klamotta? Dia
en schicke Klamotta, mô em Luxus lebat,
send en de Königspaläst. [26]Oder was
hent r denn då draußa seha wölla? An
Profeta? Jå, i sag euch, sogar an graeßera
als wia an Profeta hent r då gseha.
[27]Des ischd der, von dem s en dr Schrift
hôeßt: *Guck, i schick maen Bota vôr dr
her, der soll da Weg fur de nôrichta.* [28]I
sag euch: Von älle, mô jemåls von Fraoa
auf d Welt bråcht wôra send, ischd
koener graeßer als wia dr Johannes.
Aber dr Kloest em Herrgott saem
Reich ischd graeßer als wia der. [29]Ond
s ganz Volk, mô des ghört håt, ond dia
vom Zoll, hent am Herrgott recht geba
ond sich mit dr Taof vom Johannes
taofa lassa. [30]Aber d Pharisäer ond dia,
mô sich em Gsetz auskennat, hent am
Herrgott saen Ratschluß über sia selber
für ogültig erklärt, weil se sich et hent
von am taofa lassa.
[31]Mit wem soll e denn dia Leut von
dem Gschlecht dåhanna vrgleicha? Ond
wem send se gleich? [32]Dia send wia
Kender, mô auf am Märktplatz hockat
ond anander åschreiat: Mir hent Flöt
für euch gspielt ond ihr hent et tanzt;
mir hent an Trauergsang ågstemmt ond
ihr hent et gheult. [33]Dr Taefer Johannes
ischd nämlich komma, der håt koe
Brot gessa ond koen Wae tronka, ond
ihr sagat: Der håt en Dämona! [34]Dr
Menschasoh ischd komma, der ißt ond
trenkt; nå sagat ihr: Guck, der Mensch
ischd a Freßsack ond a Schluckspecht,
a Fraend von dene vom Zoll ond andere
Sünder. [35]Ond doch håt d Weishaet von
älle ihre Kender recht kriagt.

Zom Vrgleicha: *Vers 24-35* II Mt 11,7-19 • *Vers 27:* Ex 23,20; Mal 3,1; Lk 1,76; Mk 1,2 • *Vers 33:* 1,15 • *Vers 34:* 5,30; 15,1f; 19,7; Mt 9,10f

Dr Jesus wird von r a zweifelhafta Person gsalbt: 7 36-50

[36]A Pharisäer håt da Jesus zom Essa
aeglada. Ond r ischd en dem Pharisäer
sae Haus naeganga ond an da Tisch
nôglega. [37]Ond guck, a Weib von dr
Stadt, oena mô s mit de Gsetz et so gnao
gnomma håt, dui håt s gspannt, dass r
bei dem Pharisäer em Haus am Tisch
gwea ischd, nå håt se a volls Gläsle Salb
bråcht [38]ond ischd von henta an saene
Füaß nôkniat ond håt ghoult ond mit
Träna saene Füaß naßgmacht ond mit
ihre lange Håår atricknat. Nå håt se am
d Füaß küßt ond mit dera Salb aegrieba.
[39]Mô der Pharisäer, bei dem môn r
aeglada gwea ischd, des gseha håt, håt r
sich so saene Gedanka gmacht: Wann des
a Profet wär, nå wüßt der, wer des ischd

ond was für a Weib, mô an då ålangt, weil
dui nemmt s mit de Gsetz et so gnao.
40Ond dr Jesus håt ågfanga ond zon am
gsaed: Simon, i muaß dr ebbas saga. Der
håt druf gsaed: Sag s no, Môester! 41A
Wucherer håt zwôe Schuldner ghet. Dr
oe ischd am fenfhondert Denar schuldig
gwea, dr ander fufzg. 42Ond weil se et
hent zahla könna, håt r s bôede gschenkt.
Dr wehl von dene zwôe moenst, tät an
jetzat ärger möga? 43Dr Simon håt am
zor Antwort geba ond gsaed: I moe der,
dem môn r am maesta gschenkt håt.
Nå håt r zon am gsaed: Recht håsch d!
44Nå håt r sich zo dem Weib romdreht
ond zom Simon gsaed: Siehst des Weib
dåhanna? I ben zo dr ens Haus komma
ond du håsch mr et amål a Wasser für
d Füaß geba; aber dui håt maene Füaß
mit Träna naß gmacht ond mit ihre Håår
atricknat. 45En Kuß håsch mr ao koen
geba; aber dui håt et aufghert, seit se
dåhanna raekomma ischd ond küßt mr
d Füaß. 46Mit Öl håsch mr du et s Haopt
gsalbt, aber dui håt mr mit r a guata Salb
d Füaß aegrieba. 47Drom sag e dr: Dera
send viele Sünda vrgeba, weil se viel
Liebe geba håt; wann aber oem wenig
vrgeba wird, der kå ao et viel Liebe geba.
48Aber zo dem Weib håt r gsaed: Daene
Sünda send dr älle vrgeba. 49Nå hent dia
andere, mô am Tisch gwea send, en sich
naebruttlat: Wer ischd denn des, der
vrgibt sogar Sünda? 50Nå håt r zo dem
Weib gsaed: Dae Glaoba håt de grettat;
gang no em Frieda weiter!

Zom Vrgleicha: *Vers 36-50* II Mt 26,6-13; Mk 14,3-9; Joh 12,3-8 • *Vers 42:* Mt 18,27 • *Vers 49:* 5,21 • *Vers 50:* 8,48; 18,42; Mt 9,22; Mk 5,34; 10,52.

Ao Fraoa send mit am ganga: 8 1-3

8 Bald druf håt sich s gea, dass r durch
Städt ond Dörfer gwanderat ischd,
då håt r predigt ond s Evangeliom vom
Herrgott saem Reich vrbrôetat, ond
dia Zwölf send drbeigwea, 2ond a paar
Fraoa, dia mô von seelische ond leibliche
Krankata gsond wôra send: d Maria von
Magdala, wia se se ghôeßa hent, aus dera
send sieba Dämona ausgfahra, 3ond d
Johanna, em Chusa sae Weib, der mô a
Beamter vom Herodes gwea ischd, ond
d Susanna ond no viele andere, dia hent
mit ihram Vrmöga für se gsôrgt.

Zom Vrgleicha: *Vers 2:* 23,49; Mk 16,9 • *Vers 3:* 24,10.

S Beispiel vom Sämå: 8 4-8

4Mô nå aus älle Städt rengsrom a riesa
Volksmenge zsemakomma ischd, håt
r en a Beispiel vrzählt: 5Dr Sämå ischd
naus zom saen Såma nauskeia. Ond wian
r gsät håt, ischd am etlichs auf da Weg
gfloga ond vrtrappt wôra, ond d Vögel,
mô am Hemmel romgfloga send, hent s
gfressa. 6S ander ischd auf da Felsagrond
gfloga, des'schd zwår aufganga ond glei
wieder vrtricknat, weil då koe Feuchte
dren gwea ischd. 7Ond s ander wieder
ischd mittla en d Distla naegfloga, dia
Distla send mit aufganga ond hent s
vrstickt. 8Ond nômål s ander ischd auf
da guata Boda gfalla ond aufgwachsa
ond håt hondertfach Frucht bråcht. Des
håt r gsaed ond nausgruafa: Wer Ohra
håt zom Höra, soll guat nôhorcha!

Zom Vrgleicha: *Vers 4-8* II Mt 13,1-9; Mk 4,1-9 • *Vers 8:* Mt 11,15.

Dr Senn ond Zweck von dem Beispiel: 8 9-10

9Nå hent an saene Jünger gfrågt, was r
mit dem Beispiel saga will. 10Aber er håt
en gsaed: Euch ischd s doch geba, dass r
d Gehaemnis vom Herrgott saem Reich
erkennat, aber de andere muaß e s en
Beispiel saga, dass *se mit sehende Aoga
nex seahnat ond mit hörende Ohra nex
vrstandat.*

Zom Vrgleicha: *Vers 9-10* II Mt 13,10-17; Mk 4,10-12 • *Vers 10:* Jes 6,9; Joh 12,40; Apg 28,26.

Was des Beispiel vom Sämå bedeutat:
8 11-15

[11]Des ischd dr Senn von dem Beispiel: Dr Såma ischd am Herrgott sae Wort. [12]Aber dia auf am Weg send dia, mô s ghört hent, nå kommt dr Teufel ond nemmt s Wort aus ihre Herza raus, dass se et glaobat ond grettat werat. [13]Aber dia auf am Felsagrond send dia, mô s Wort begaesterat ånemmat, wann se s hörat, dia hent koe rechta Wurzel ond fallat ab, sobald s brenzalig wird. [14]Aber des, mô en d Distla naegfloga ischd, des send dia, mô s ghört hent, aber vör lauter Sôrga om ihran Reichtom ond durch ihr Leba em Überfluß, könnat dia koe Frucht austraga. [15]Aber des auf am guata Boda, des send dia, mô mit a ma aufrechta ond ehrlicha Herza s Wort ghört hent ond sich drå haltat ond Frucht brengat em Ausharra.

Zom Vrgleicha: *Vers 11-15* II Mt 13,18-23; Mk 4,13-20.

Vom richtiga Zuahöra: 8 16-18

[16]Koener deckt a Lamp, môn r åzonda håt, mit a ma Gfäß zua oder stellt se onter d Bettlad na. Sondern der stellt se auf an Leuchter nauf, dass dia, mô raekommat, mit dem Licht ebbas seahnat. [17]S ischd nämlich nex vrbôrga, was et offabar wird, ond s geit koe Gehaemnis, mô et bekannt wera ond an da Dag komma dät. [18]Gebat also Obacht, was r hörat! Wer nämlich ebbas håt, dem geit mr no drzua, ond wer nex håt, dem nemmt mr ao des, was r moent, dass r s hätt.

Zom Vrgleicha: *Vers 16-18* II Mk 4,11-25 • *Vers 16:* 11,33; Mt 5,15 • *Vers 17:* 12,2; Mt 10,26 • *Vers 18:* 19,26; Mt 13,12; 25,29.

Am Jesus sae wahra Vrwandtschaft:
8 19-21

[19]Nå ischd amål sae Muader ond saene Brüader zon am komma, ond se send wega dene viele Leut et zo nen durchkomma. [20]Nå hent am oene gsaed: Dae Muader ond daene Brüader standat draußa ond wöllat de seha. [21]Dene håt r zor Antwort geba: Mae Muader ond maene Brüader? Des send dia, mô am Herrgott sae Wort hörat ond drnåch lebat.

Zom Vrgleicha: *Vers 19-21* II Mt 12,46-50; Mk 3,31-35 • *Vers 21:* 11,28.

Dr Sturm: 8 22-25

[22]A ma schöna Dag ischd r en a Boot naegstiega mit saene Jünger ond håt zo nen gsaed: Laß ons ans ander Ufer vom See nomfahra! Ond se send abgfahra. [23]Wia se aber gseglat send, ischd r aegschlåfa. Nå ischd a Wendhos über da See gfegt ond s Boot ischd volgschlaga, des ischd richtig gfährlich wôra. [24]Nå send se zon am nô ond hent an aufgweckt ond gsaed: Môester, Môester, mir saufat ab! Aber er, wian r aufgwacht ischd, håt r den Wend ond dia Wasserwoga åpfiffa, ond dia hent aufghert ond s ischd ganz Wendstill wôra. [25]Nå håt r zo nen gsaed: Mô ischd denn euer Glaoba? Aber dia hent Angst ghet ond sich gwonderat ond gsaed: Wer ischd denn des, dass der sogar am Wend ond am Wasser befehla kå, ond dia folgat am?

Zom Vrgleicha: *Vers 22-25* II Mt 8,23-27; Mk 4,35-41.

En Gerasa wird a Bsessener ghôelt:
8 26-39

[26]Ond se send nagseglat ens Gae von de Gerasener, des'schd geganüber von Galiläa. [27]Môn r aber an Land ganga ischd, ischd am a Må aus dr Stadt vrkomma, der håt Dämona ghet; der håt schao lang koene Klôeder maeh åzoga ond ischd en koem Haus blieba, der håt en de Grabhöhla ghaust. [28]Mô der da Jesus gseha håt, håt r aufgschria ond håt sich vôr am auf da Boda gschmissa ond håt ganz laut gsaed: Was han i mit dir z

schaffat, Jesus, du Soh vom ällerhöchtsta
Gott? I bitt de: plåg me et! 29Dr Jesus håt
nämlich dem osaubera Gôest da Befehl
gea, dass r aus dem arma Menscha
ausfahra soll. Der håt an nämlich schao
lang packt ghet ond mr håt an mit Ketta
gfesslat an Händ ond Füaß; aber der håt
dia Ketta agrissa ond ischd von dene
Dämona en d Öde naustrieba wôra.
30Nå håt an dr Jesus gfrågt: Wia hôeßt
d denn? Aber der håt gsaed: Legion,
weil ganz viele Dämona en an naegfahra
gwea send. 31Ond se hent an beta, r soll
en jå et da Befehl geba, dass se en d
Onterwelt nafahra solle.
32Sell ischd aber a recht graoßa Säuherd
gwea, mô auf am Berg gwôedat hent,
nå hent se an beta, r soll en erlaoba,
dass se en dia Säu naefahrat, ond er håt
s en erlaobt. 33Ond dia Dämona send
aus dem Menscha naus ond en dia Säu
naegfahra, ond de ganz Herde ischd da
Hang nagsauat ond en da See nae ond
vrsoffa. 34Mô dia Hirta gseha hent, was
då passiert ischd, send se abghaoa ond
hent s en dr Stadt ond em ganza Ländle
romvrzählt. 35Nå send d Leut naus
zom gucka, was då passiert ischd. Ond
se send zom Jesus komma ond hent
den Menscha vôrgfonda, aus dem dia
Dämona ausgfahra send, der ischd åzoga
ond ganz vrnünftig gwea ond am Jesus
vôr d Füaß nôghockt, nå hent se s mit
dr Angst zom doa kriagt. 36Aber dia, mô
s gseha hent, wia der Besessene gsond
wôra ischd, hent en vrzählt, wia des
zuaganga ischd, mô der Bsessene gsond
wôra ischd. 37Ond dia ganze Leut aus dr
Gegend von Gerasa hent an beta, r soll
doch von en fortganga, weil se a ganz
graoßa Angst ghet hent. Aber dr Jesus
ischd nå wieder en a Boot naegstiega
ond zrückgfahra.
38Der Må aber, von dem mô dia Dämona
ausgfahra send, håt an beta, dass r bein
am bleiba därf. Aber dr Jesus håt an
fortgschickt ond zon am gsaed: 39Gang
wieder hoem en dae Haus ond vrzähl,
was Gott ällas für de dao håt. Ond r
ischd fortganga ond håt en dr ganza
Stadt vrzählt, was dr Jesus ällas für an
dao håt.

Zom Vrgleicha: *Vers 26-39* II Mt 8,28-34; Mk 5,1-20 • *Vers 28:* 4,34.41; Mk 1,24; 3,11; Joh 2,4.

Am Jairus sae Töchterle wird aufgweckt ond a Frao von ihre Bluatonga ghôelt: 8 40-56

40Mô dr Jesus nå zrückkomma ischd, håt
an s Volk willkomma ghôeßa, dia hent
nämlich schao älle auf an gwartat. 41Ond
guck, nå ischd a Må komma, Jairus håt
r ghôeßa, ond r ischd Synagogavôrstand
gwea, der ischd am Jesus vôr d Füaß
nôgsonka ond håt an beta, r soll doch
en sae Haus komma, 42weil sae oezigs
Töchterle, mit ogfähr zwölf Jåhr, schao
em Sterba glega ischd. Während r
nôganga ischd, hent sich d Leut om an
rom schier vrdruckt.
43Ond a Frao, mô schao zwölf Jåhr an
Bluatonga glitta håt, dui håt ihr ganzs
Vrmöga an d Ärzt nôghängt, aber
koener håt se hôela könna. 44Nå ischd se
von henta zon am nôdruckt ond håt da
Saom von saem Gwand åglangt, ond em
gleicha Aogablick ischd ihr Bluatong
gstanda. 45Ond dr Jesus håt gsaed: Wer
håt me åglangt? Mô älle noe gsaed hent,
saed dr Petrus: Môester, d Leut druckat
de doch schier zsema. 46Aber dr Jesus
håt gsaed: Ebber håt me åglangt, i han
nämlich gmerkt, dass a Kraft vo mr
wegganga ischd. 47Mô nå dui Frao gseha
håt, dass se et vrbôrga blieba sae kå, ischd
se komma, zitterat håt se am ganza Leib,
ond ischd am vôr d Füaß nôgsonka ond
håt vôr älle Leut drå vrzählt, wårom
se des dao håt ond wia se em gleicha
Aogablick gsond wôra ischd. 48Dr Jesus
håt nå zon r a gsaed: Mädle, dae Glaoba
håt de grettat, gang no em Frieda.
49Wian r no gredat håt, ischd oener vom

Synagogavôrstand saene Leut komma
ond håt gsaed: Dae Mädle ischd gstôrba,
mach am Môester koene Omständ
maeh. 50Aber dr Jesus håt des ghört
ond zon am gsaed: Jetzt han amål koe
Angst et, glaob halt ganz oefach, ond
se wird grettat. 51Môn r nå en des Haus
nae ischd, håt r neamerd mit naeglassa
außer am Petrus ond am Johannes ond
am Jakobus ond dem Mädle saen Vadr
ond sae Muader. 52Dia hent aber älle
gheult ond Trauer om se ghet. Aber dr
Jesus håt gsaed: Jetzt heulat amål et, se
ischd nämlich et gstôrba, se schlåft bloß.
53Ond dia hent an ausglacht, dia hent
nämlich gwißt, dass se gstôrba ischd.
54Aber r håt ihr Hånd gnomma ond se
ågruafa: Mädle, stand auf! 55Ond ihr
Lebensgaest ischd zrückkomma ond se
ischd glei aufgstanda, ond r hät en ågea,
se solle r a ebbas z essad gea. 56Ond ihre
Eltern send ganz außer sich gråta, aber r
håt en ans Herz glegt, dass se neamerd
ebbas drvo vrzähla solle.

Zom Vrgleicha: *Vers 40-56* II Mt 9,18-26; Mk 5,21-43 • *Vers 44:* 6,19; Mt 14,36 • *Vers 48:* 7,50; 17,19; 18,42; Mk 10,52.

Zwölf werat ausgschickt: 9 1-6

9 Nå håt r dia Zwölf zo sich hergruafa
ond håt en d Kraft ond d Vollmacht
über älle Dämona ond zom Krankata
hôela geba, 2ond r håt se gsendat zom
am Herrgott sae Reich vrkündiga ond
zom de Kranke gsond macha. 3Ond r
håt en gsaed: Nemmat nex mit auf da
Weg, koen Stecka ond koen Brotbeutel,
ao koe Brot ond koe Geld, no et amål
a zwôets Hemmad. 4Ond wann r en
a Haus naegangat, nå bleibat r, bis r
weitergangat. 5Wann ich aber d Leut en
r a Stadt et aufnemma wöllat, nå gangat
r aus dera Stadt naus ond schüttlat da
Staob von eure Füaß, als a Zeugnis gega
se. 6Nå send se loszoga von oem Dorf
ens ander ond hent überall s Evangeliom
vrkündigt ond Kranke gsond gmacht.

Zom Vrgleicha: *Vers 1-6* II Mt 10,1.5-14; Mk 6,7-13 • *Vers 1-6:* 10,1-12 • *Vers 3:* 22,35.

Am Herodes sae Urtôel über da Jesus: 9 7-9

7Mô dr Gaofürst Herodes allas ghört
håt, was då gscheha ischd, ischd r arg
en Vrlegahaet komma, weil a paar gsaed
hent, dr Johannes sei auferstanda von
de Daote. 8Andere wieder hent gmoent,
dr Elija sei erschiena, ond wieder
andere hent gsaed, dass oener von de
alte Profeta auferstanda sei. 9Aber dr
Herodes håt gsaed: Da Johannes han e
selber köpfa lassa. Wer ischd nå des, von
dem e sotte Sacha höra muaß? Ond r hät
an gern amål gseha.

Zom Vrgleicha: *Vers 7-9* II Mt 14,1f; Mk 6,14-16 • *Vers 7:* 9,19; Mt 16,14 • *Vers 9:* 23,8.

D Jünger kommat zrück. Faeftausad werat satt: 9 10-17

10Ond dia Apostl send zrückkomma
ond hent am Jesus vrzählt, was se ällas
dao hent. Nå håt r s uf d Seit gnomma
ond sich en d Gegend von Betsaida
mit en zrückzoga, dass r mit en alloe
gwea ischd. 11Aber dia Leut hent des
mitkriagt ond send am nåchganga. Nå
håt r s fraendlich grüaßt ond håt zo nen
über am Herrgott sae Reich gsprocha.
Ond dia, mô sae Hilfe braucht hent, håt
r gsond gmacht.
12Mô s nå auf da Åbad zuaganga ischd,
send dia Zwölf zon am nô ond hent
gsaed: Schick dia Leut fort, dass se en
dene Dörfer ond Höf en dr Gegend
aekehra könnat ond ebbas zom Essa
kriagat, dåhanna se mr nämlich en r a öda
Gegend. 13Nå håt r zo nen gsaed: Gebat
doch ihr en ebbas zom Essa! Aber dia
hent gsaed: S ischd et maeh då als wia
faef Brot ond zwôe Fisch. Då müaßtat
mr zersta ganga ond für dia ganze Leut
zom Essa aekaofa. 14Då send nämlich

ogfähr faeftausad Männer gwea. Nå håt r zo saene Jünger gsaed: Lent dia Leut en Gruppa zo fufzg zsemahocka! [15]Dia Jünger hent dao, was r se ågwiesa håt ond hent älle nôhocka lao. [16]Nå håt r dia faef Brot ond dia zwôe Fisch gnomma, en da Hemmel naufguckt ond da Sega gsprocha, ond r håt s ausananderbrocha ond s de Jünger geba zom Vrtôela. [17]Ond se hent gessa ond älle send satt wôra. Ond se hent zwölf Kretta von Rest zsemaklaubt.

Zom Vrgleicha: *Vers 10-17* II Mt 14,13-21; Mk 6,30-44; Joh 6, 1-13 • *Vers 10-17:* Mt 15,32-39; Mk 8,1-10.

Am Petrus sae Messiasbekenntnis. Dr Jesus kündigt zom ersta Mål sae Leida â: 9 18-22

[18]Ond môn r alloe für sich betat håt, send saene Jünger bein am gwea, ond r håt s gfrågt: Für wen haltat mi aegentlich d Leut? [19]Dia hent am zor Antwort gea: Für da Taefer Johannes, andere sagat dr Elija, ond nômål andere, dass oener von de alte Profeta auferstanda sei. [20]Aber er håt nå zo nen gsaed: Was moenat nå ihr, wer i sei? Nå håt dr Petrus gsaed: Du bist am Herrgott sae Messias! [21]Nå håt r en ganz aedrenglich vrbota des ebber zom saga, [22]ond gsaed: Dr Menschasoh muaß viel leida ond r muaß von de Älteste ond Oberpriaster ond von de Gstudierte vrwôrfa ond ombråcht wera ond am dritta Dag auferstanda.

Zom Vrgleicha: *Vers 18-22* II Mt 16,13-21; Mk 8,27-31 • *Vers 18:* 5,16; Mk 1,35 • *Vers 18:* 9,7f • *Vers 20:* Joh 11,27 • *Vers 22:* 9,44; 17,25; 18,31-33; 24,7; Mt 17,22f; 20,18; 26,2; Mk 9,31; 10,32-34.

Vom Nåchfolga ond sich selber vrlaegna: 9 23-27

[23]Ond zo älle håt r gsaed: Wann oener mit mr ganga will, nå soll r sich selber vrlaegna ond äll Dag sae Kreuz auf sich nemma ond mit mr ganga! [24]Wann nämlich oener sae Leba retta will, der vrliert s; wann aber oener wega mir sae Leba vrliert, der rettat s. [25]Was håt a Mensch für an Nutza drvo, wann r de ganz Welt gwonna håt, aber sich selber vrlaora håt oder an schwera Schada drvotraga håt? [26]Wann sich nämlich wega mir oener scheniert oder wega dem, was e sag, für den scheniert sich dr Menschasoh ao, wann r en saener Herrlichkaet ond en dr Herrlichkaet vom Vadr ond saene haelige Engel kommt. [27]I sags euch wahrhaftig: Dåhanna standat a paar, dia müaßat da Daot et schmecka, bis se am Herrgott sae Reich seahnat.

Zom Vrgleicha: *Vers 23-27* II Mt 16,24-28; Mk 8,34-9,1 • *Vers 23:* 14,27; Mt 10,38f; 8,22 • *Vers 24:* 17,33; Mt 10,39; 16,25; Joh 12,25 • *Vers 26:* Mt 10,33 • *Vers 27:* Mt 10,23; 24,34.

D Vrklärong: 9 28-36

[28]Ogfähr acht Däg nach dene Reda håt dr Jesus da Petrus, da Johannes ond da Jakobus uf d Seit gnomma ond ischd mit en auf an Berg naufgstiega zom Beta. [29]Ond während r betat håt, ischd sae Gsicht ganz anders wôra ond sae Gwand ischd strahlend weiß wôra. [30]Auf oemål hent zwôe Männer mit am gsprocha, dr Mose ond dr Elija, [31]dia send em Lichtglanz erschiena ond hent von saem Ausgang gsprocha, den r en Jerusalem erfülla muaß. [32]Aber dr Petrus ond dia, mô drbeigwea send, håt dr Schlåf packt; mô se aber aufgwacht send, hent se saen Lichtglanz ond dia zwôe Männer bein am standa seha. [33]Ond während dia sich von am vrabschiedat hent, håt dr Petrus zom Jesus gsaed: Môester, wia guat ischd s, dass mr då send. Mir bauat drei Zelt, dir oes ond oes am Mose ond oes am Elija. Der håt aber et gwißt, was r saed. [34]Ond wian r des no gsaed håt, ischd a Wolk komma ond håt s überschattat. Dia hents aber mit dr Angst zom doa

kriagt, mô se en dui Wolk naegråta send. [35]Ond a Stemm aus dera Wolk raus håt gsaed: *Des ischd mae auserwählter Soh, horchat auf an!* [36]Mô dui Stemm vrschwonda gwea ischd, ischd dr Jesus wieder alloe gwea. Ond se hent über des gschwiega, was se gseha hent ond selligsmål neamerd ebbas drvo vrzählt.

Zom Vrgleicha: *Vers 28-36* II Mt 17,1-9; Mk 9,2-8 • *Vers 28-36:* 2Petr 1,16-18 *Vers 35:* Ps 2,7; Dtn 18,15; Jes 42,1; Mat 3,17.

A bsessener Bua wird ghôelt: 9 37-43a

[37]Am andera Dag send se da Berg nagstiega, nå send en a Haufa Leut entgegakomma. [38]Ond guck, a Må aus dera Volksmenge håt da Jesus ågruafa ond gsaed: Môester, i bitt de, guck amål maen Bua å, i han bloß den. [39]Guck no, den packt zmål a Gôest, nå schreit r ond der reißt an omanander, ond Schaom håt r vôr am Maul, der läßt an et en Ruah, des macht den Bua ganz he. [40]I han s schao daene Jünger gsaed, dass se an austreiba solle, aber dia hent s et könna. [41]Aber dr Jesus håt am zor Antwort gea: O ihr oglaebigs ond vrdrehts Gschlecht, wia lang soll e no bein ich sae ond s mit euch aushalta? Breng daen Bua her! [42]Aber wian r herkomma ischd, håt an der Dämon packt ond an omanander grissa; aber dr Jesus håt den osaubera Goest åpfiffa ond den Bua gsond gmacht ond an saem Vadr zrückgeba. [43a]Ond älle send ganz aus am Häusle gwea über am Herrgott sae graoßa Macht.

Zom Vrgleicha: *Vers 37-43a* II Mt 17,14-21; Mk 9,14-29

Dr Jesus kündigt zom zwôeta Mål sae Leida ond sae Auferstehong å: 9 43b-45

[43b]Wia se sich aber älle no gwonderat hent über ällas, was r dao håt, håt r zo saene Jünger gsaed: [44]Bhaltat guat em Ohr, was e euch sag: Dr Menschasoh wird nämlich de Menscha en d Händ ausgliefcrat. [45]Aber d Jünger hent da Senn vom Jesus saene Wort et vrstanda, der ischd en vrbôrga blieba, ond se hent sich scheniert, zom an fråga.

Zom Vrgleicha: *Vers 43b-45* II Mt 17,22f; Mk 9,30-32 • *Vers 44:* 9,22; 12,25; 18,32 • *Vers 45:* 18,34.

De Jünger ihr Rangstreit: 9 46-48

[46]Nå ischd bei de Jünger d Fråg aufkomma, wer wohl dr Graeßt von en sei. [47]Aber dr Jesus håt gwißt, was en dene romganga ischd ond håt a Kend neber sich nôgstellt [48]ond zo non gsaed: Wer des Kend en maem Nåma aufnemmt, der nemmt mi auf, ond wer mi aufnemmt, der nemmt den auf, mô mi hergschickt håt. Dr Kloenst von euch ischd nämlich graoß.

Zom Vrgleicha: *Vers 46-48* II Mt 18,1-5; Mk 9,33-37 • *Vers 46:* 22,24-26.

Dr fremde Wondertäter: 9 49-50

[49]Nå håt dr Johannes gsaed: Mir hent gseha, wia oener en daem Nåma Dämona austrieba håt, ond mir hent an drå hendera wölla, weil r et mit ons zsema mit dr gôht. [50]Dr Jesus håt am zor Antwort geba: Dent an et hendera! Oener mô et gega euch ischd, der ischd auf eurer Seit.

Zom Vrgleicha: *Vers 49-50* II Mk 9,38-41

AUF AM WEG NACH JERUSALEM: 9 51 - 19 27

D Samariter gebat am koe Quartier: 9 51-56

[51]Nå håt sich s so gea, mô sae Zeit rom gwea ischd, dass r hätt aufghoba wera solla en da Hemmel, då håt r saen Blick bloß no uf Jerusalem grichtat, zom då någanga. [52]Ond r håt Bota vôrnadraus gschickt; ond dia send en a Dorf von de Samariter komma, zom a Quartier bsôrga. [53]Ond dia hent an

gar et aufgnomma, weil r en Richtong
Jerusalem onterwegs gwea ischd. 54Mô
des saene Jünger Jakobus ond Johannes
gseha hent, hent se gsaed: Herr, willst,
dass mr Feuer vom Hemmel
rafalla ond dia fressa hôeßat (wia s dr
Elia ao dao hât)? 55Dr Jesus aber hât se
zsammagstaucht. (*ond gsaed: Wissat
ihr denn et, von was für a ma Gaest ihr d
Kender send? 56Dr Menschasoh ischd et
komma, zom Menschaleba ens Vrderba
stürza, aber zom s retta.) Ond se send
en a anders Dorf ganga. *Des ischd erst
später überlieferat wôra.

Zom Vrgleicha: 51: Apg 1,9.

Vom Nâchfolga: 9 57-62

57Ond mô se weiterganga send, hât oener
zon am gsaed: I will mit dr ganga, mô
ao emmer da nô gôhst! 58Ond dr Jesus
hât zon am gsaed: D Füchs hent ihre
Höhla ond d Vögel ihr Nest, aber dr
Menschasoh hât gar nex, zom sae Haopt
nôlega. 59Ond zo a ma andera hât r
gsaed: Gang mit mr! Aber der hât gsaed:
Herr, erlaob mr, dass e zersta nôgang
ond maen Vadr beerdige. 60Nå hât dr
Jesus gsaed: Laß de Daote ihre Daote
vrgraba! Du aber gang, ond vrkünde am
Herrgott sae Reich! 61Nômål a anderer
hât gsaed: I will mit dr ganga, Herr, aber
laß me zerst no maene Leut drhoem Ade
saga! 62Aber dr Jesus hât zon am gsaed:
Oener, mô an Pfluag en d Håd nemmt
ond hentersche guckt, ischd otauglich
für am Herrgott sae Reich!

Zom Vrgleicha: *Vers 57-60* II Mt 8,18-22.

Zwôeasiebzg werat ausgsendat: 10 1-16

10 Nå hât dr Herr nômål
zwôeasiebzg andere aegsetzt
ond hât se ausgsendat emmer zwôe
ond zwôe vôr sich her en älle Städt ond
Dörfer, môn r selber hât nôwölla. 2 Ond
r hât zon en gsaed: S ischd a graoßa Ernt,
aber z wenig Arbaeter. Dent da Herra
von dera Ernt bitta, dass r Arbaeter en
sae Ernt schickt. 3Gangat nô! Guckat,
i schick euch wia d Lämmer mittla
onter d Wölf. 4Nemmat koen Beutel,
koe Tasch, koene Schuah mit, ond dent
neamerd grüaßa auf am Weg! 5Môn r
aber en a Haus naegangat, sagat r zerst
amål: Frieda mit dem Haus! 6Ond wann
sell a Friedenskend ischd, nå bleibt euer
Friedensgruaß auf am; wann aber et, nå
kommt r zo euch zrück. 7En dem Haus
bleibat r ond dent essa ond trenka, was r
von en kriagat; weil a Arbaeter saen Loh
wert ischd. Gangat et von oem Haus ens
ander. 8Ond wann r en a Stadt kommat
ond se euch aufnemmat, då essat r,
was se euch nôstellat, 9ond machat de
Kranke gsond, mô sell send ond sagat
en: Am Herrgott sae Reich ischd jetzat
ganz nâch bei euch! 10Môn r aber en a
Stadt kommat, mô se euch et aufnemma
dent, då gangat r auf ihre Strâßa naus
ond sagat: 11 Ao den Staob, der mô
von eurer Stadt an onsere Füaß bäbbt,
wischat mr weg ond schüttlat an auf
euch (als a Zaeche gega euch), aber des
sollat r wissa, dass s Reich von onseram
Herrgott ganz nâch då ischd. 12I sag
euch: An sellam Dag gôht s Sodom
besser als dera Stadt dåhanna.
13O Waehdag dir, Chorazin! O Waehdag
dir, Betsaida! Wann nämlich en Tyrus
ond en Sidon des gscheha wär, was bei
euch, dia hätte schao lang en Sack ond
Asche ihr Gsennong gänderat. 14Aber
Tyrus ond Sidon gôht s amål et so
dreckat em Gericht wia euch. 15Ond du,
*Kapernaum, moenst vielleicht, da dätest
en da Hemmel nufghoba wera? Noe, en
d Daotawelt gôhst du na!*
16Wer euch hört, der hört mi. Ond wer
euch et will, der will mi et; wer aber mi
et will, der will ao den et, der mô mi
hergschickt hât.

Zom Vrgleicha: *Vers 2* II Mt 9,37f • *Vers 13-15* II
Mt 11,20-24 • *Vers 1-12:* 9,1-6; Mt 10,7-16; Mk

6,8-11 • *Vers 4:* 22,35 • *Vers 9:* Mt 4,17 • *Vers 15:*
Jes 14,13.15 • *Vers 16:* Mt 10,40; Joh 13,20.

De Jünger ihr Loh: 10 17-20

17Aber dia Zwöeasiebzg send
zrückkomma ond hent sich gfraet
ond gsaed: Herr, ao Dämona hent dr
Kraft von daem Nåma folga müaßa.
18Nå håt r zon en gsaed: I han da Satan
vom Hemmel rafalla seha wia en Blitz.
19Guckat, i han euch d Macht geba, dass
r auf Schlanga ond Skorpion trappa
könnat, ond Macht über älla Gwalt vom
Faend; ond der kå euch gar nex åhao.
20Aber et dådrüber sottat r euch fraea,
dass euch d Gôester folga müaßat; fraeat
euch en dr Haoptsach dådrüber, dass
eure Nåma em Hemmel aufgschrieba
send!

Zom Vrgleicha: *Vers 17:* 9,10; Mk 6,30f • *Vers 19:*
Ps 91,13

Dr Jesus dankt saem Vadr: 10 21-22

21Grad en dera Stond håt dr Jesus em
Haeliga Gaest jubiliert ond gsaed: Vadr,
du Herr em Hemmel ond über d Erde,
i preis de, weil du des vôr de Weltweise
ond de Gscheite vrbôrga ond (drfür) de
Omündige offabar gmacht håsch. Jå -
o Vadr, so håt s dir gfalla. 22Ällas ischd
mir vo maem Vadr übergeba wôra, ond
koener wôeß, wer dr Soh ischd, außer
am Vadr, ond koener wôeß, wer dr Vadr
ischd, außer am Soh ond der, dem s dr
Soh offabara will.

Zom Vrgleicha: *Vers 21-22* II Mt 11,25-27 • *Vers
21:* Jes 29,14 G • *Vers 22:* Joh 10,15.

Dr Jesus preist d Jünger selig: 10 23-24

23Nå håt r sich wieder de Jünger
zuagwendat ond gsaed: Glückselig send
dia Aoga, mô des seha därfat was ihr
seahnat. 24I sag euch: Des hent schao
viele Profeta ond ao König seha wölla,
was ihr seha därfat, ond se hent s et
gseha, ond höra, was ihr höra därfat,
ond se hent s et ghört.

Zom Vrgleicha: *Vers 23-24* II Mt 13,16f • *Vers 24:*
1Petr 1,10-12.

S Beispiel vom barmherziga Samariter: 10 25-37

25Ond guck, nå ischd a Gstudierter
aufgstanda zom an auf d Prob stella,
ond der håt gsaed: Môester, was muaß
e doa, dass e s ewig Leba erb? 26Zo dem
håt r gsaed: Was stôht denn em Gsetz
gschrieba? Was liest d n då? 27Dådruf
håt r am zor Antwort geba: *Du sollst da
Herra, daen Gott möga mit daem ganza
Herza, mit daener ganza Seel, mit älle
Kräft* ond mit daem ganza Gmüat, *ond
daen Nächsta so wia de selber.* 28Er
aber håt zon am gsaed: Håsch de recht
Antwort geba; dua des, nå lebst! 29Nå
håt der sich vrtaediga wölla ond håt
zom Jesus gsaed: Ja wer ischd nå mae
Nächster?
30Nå håt am dr Jesus zor Antwort geba
ond gsaed: Då ischd a Mensch gwea, der
ischd von Jerusalem uf Jericho naganga
ond onter d Raeber gfalla; dia hent
an auszoga ond zsemaghaoa ond hent
sich drvogmacht ond an halba daot
liega lassa. 31Nå håt sich s so gea, dass a
Priaster de gleich Stråß nagloffa ischd;
mô der an gseha håt, ischd r vrbeiganga.
32Grad so ao a Levit: mô der an dui Stell
komma ischd ond an gseha håt, ischd r
vorbeiganga. 33Aber a Samaritaner, der
mô auf dr Durchrôes gwea ischd, ischd
då nôkomma; ond mô der an gseha håt,
håt r a Mitleid mit am ghet; 34ond r ischd
zon am ganga, håt Öl ond Wae auf saene
Wonda dao ond an vrbonda, nå håt r an
auf sae Tragtier naufglupft ond an en a
Herberge bråcht ond an pflegt. 35Am
andera Dag håt r zwôe Mark rauszoga
ond s dem Wirt geba ond gsaed: Pfleg
an no; ond wann da maeh Ausgaba
håsch, nå zahl e dr s, wann e wieder
vorbeikomm. 36Dr wehl von dene drei

ischd jetzat dem sae Nächster gwea, von dem, mô onter d Raeber gfalla ischd, was moest? [37]Nå håt r gmoent: Ha der mô barmherzig gwea ischd zon am. Nå håt dr Jesus zon am gsaed: Guat, nå gang ond mach s ao so!

Zom Vrgleicha: *Vers 25-28* II Mt 22,35-40; Mk 12, 28-31 • *Vers 25:* 18,18 • *Vers 27:* Dtn 6,5; Lv 19,18; Mt 5,43; Rö 13,9; Gal 15,14 • *Vers 28:* Lev 18,5 • *Vers 29:* Lev 19,16-18.

D Maria ond d Marta: 10 38-42

[38]Mô se nå weiterganga send, håt sich s so gea, dass r en an Flecka nae ischd; ond a Frao, mô Marta ghoeßa håt, håt an en ihram Haus aufgnomma. [39]Ond dui håt a Schwester ghet, Maria håt se gheißa, dui ischd am Herra vor d Füaß nôghockt ond håt bloß no zuaghorcht, was r gsaed håt. [40]Aber d Marta håt sich viel Gschäft gmacht mit am Bediena. Nå ischd se nôganga ond håt gsaed: Herr, merkst des et, dass mae Schwester mi ällas alloe doa läßt? Sag ra doch, dass se mr helfa soll! [41]Aber dr Herr håt ra zor Antwort geba ond gsaed: Marta, Marta, du machst dr viel z viel Gschäft. [42]Weniger dät ao langa; d Maria håt s Richtig rausgsuacht, des muaß mr a lassa!

Zom Vrgleicha: *Vers 38-42* II Joh 11,1; 12,1-3.

S Herragebet: 11 1-4

11 Môn r amål a ma ruhiga Plätzle betat håt, ischd oener von saene Jünger zon am, môn r aufghert håt ond håt zon am gsaed: Herr, breng ons doch s Beta bei, wia s dr Johannes saene Jünger ao beibråcht håt! [2]Nå håt r zo nen gsaed: Wann r beta dent, nå sagat: Vadr, dae Nåma ischd haelig. Dae Königreich soll komma. [3]Gib ons äll Dag des Brot, mô mr brauchat. [4]Ond vrzeih ons onsere Sünda, weil mir selber ao jedam vrzeiha wöllat, mô an ons schuldig wôra ischd. Ond breng ons et en d Vrsuachong!

Zom Vrgleicha: *Vers 1-4* II Mt 6,9-13.

A ovrschämter Fraend: 11 5-13

[5]Ond r håt zon en gsaed: Dr wehl von euch hätt en Fraend ond gengt zo dem mittla en dr Nacht ond tät zon am saga: Komm, Fraend, hilf mr gschwend mit drei Brotlôeb aus, [6]a Fraend vo mr ischd auf dr Durchrôes bei mr vrbeikomma ond i kån am nex åbiata; [7]ond dr sell tät bloß von enna rausschwätza ond saga: Mach mr koene Omständ! D Tür ischd schao zua ond maene Jonge send mit mr ens Bett ganga; i kå omöglich aufstao ond dr ebbas geba. [8]I sag euch: Wann r ao et dådrom aufstôht ond am ebbas geit, weil der sae Fraend ischd, aber wega dem saener Ovrschämthaet tät r aufstao ond am geba, was r braucht. [9]Ond i sag euch: Wann r bitta dent, nå geit mr euch ebbas; suachat, nå fendat r ond klopfat å, nå macht mr euch ao auf! [10]Weil a jeder, der mô bitta duat, kriagt ebbas; ond wann oener suacht, der fendat ebbas; ond wann oener åklopfa duat, dem macht mr ao auf. [11]Mô ischd a Vadr bein ich, der mô saem Bua, wann der en Fisch von am will, a Schlang statt dem Fisch gabt, [12]oder ao, wann r a Ôe will, am en Skorpion gäbt? [13]Wann jetzat ihr, môn r doch so lompig send, eure Jonge ebbas rechts geba könnat, om wiavl maeh tät dr Vadr em Hemmel da Haeliga Gaest dene geba, môn an drom bitta dent?

Zom Vrgleicha: *Vers 9-13* II Mt 7,7-11 • *Vers 9:* Mk 11,24; Joh 14,13f; 15,7; 16,24.

Dr Jesus hôelt an Bsessena ond vrtaedigt sich: 11 14-23

[14]Ond r håt en Dämona austrieba, der ischd stomm gwea. Mô der Dämon nå ausgfahra gwea ischd, håt der Stomme reda könna. Dia Leut hent sich natürlich älle gwonderat. [15]Aber a paar von en hent gsaed: Durch da Beelzebul, der

mô dr Herrscher über d Dämona ischd, treibt der dia Dämona aus. [16]Andere aber hent an auf d Prob stella wölla ond a Zaeche vom Hemmel von am vrlangt. [17]Aber der håt gnao gwißt, was dia em Senn hent ond zo nen gsaed: A jedas Reich, mô en sich gspalta ischd, gôht ae, ond oe Haus oms ander haglat ae. [18]Wann aber ao dr Satan mit sich selber em Zwiespalt ischd, wia kå nå sae Reich Bstand han? Ihr sagat jå schliaßlich, i dät mit am Beelzebul d Dämona austreiba. [19]Wann i mit am Beelzebul d Dämona austreib, durch wen treibat na eure Söh dia aus? Drom send dia amål eure Richter. [20]Wann aber i d Dämona mit am Herrgott saem Fenger austreib, nå ischd zo euch am Herrgott sae Reich komma. [21]Wann dr Starke mit Waffa über saen Hof wacht, ischd sae Hab ond Guat em Frieda (ovrsehrt). [22]Kommt aber a Stärkerer über an ond siegt über an, nå nemmt r am ao sae Rüstong weg, en dui môn r sae Vrtraua gsetzt håt, ond vrtôelt sae Beute. [23]Wer et mit r ischd, der ischd gega me, ond der mô et mit mr aesammlat, der vrstraet.

Zom Vrgleicha: *Vers 14-23* II Mt 12,22-30; Mk 3,22-27 • *Vers 14-15:* Mt 9,32-34 • *Vers 15:* Mt 10,25 *Vers 16:* 11,29-32; Mt 16,1-4; Mk 8,11-13; Joh 6,30; 1Kor 1,22 • *Vers 20:* Ex 8,15; Ps 8,4; Lk 17,21 • *Vers 21:* Jes 49,24.

Osaubere Gôester könnat zrückkomma: 11 24-26

[24]Wann a osauberer Gôest vo ma Menscha ausgfahra ischd, nå strôeft der durch Gegenda, mô s koe Wasser geit ond suacht ebbas, môn r bleiba kå ond fendat nex. Nå saed r sich: »I gang zrück en mae Haus, môn e herkomm.« [25]Nå kommt r ond fendat s frisch ausgfegt ond ausgschmückt. [26]Nå gôht r ond holt no sieba andere Gôester, mô no viel schlemmer send. Dia ziagat ae ond hausat sell, ond hentadrae ischd s no viel ärger mit dem Menscha als wia drvôr.

Zom Vrgleicha: *Vers 24-26* II Mt 12,43-45.

A andera Seligpreisong: 11 27-28

[27]Môn r des gsaed håt, saed a Frau aus dr Menge raus ganz laut zon am: Glückselig ischd der Leib, mô di traga håt ond dia Brüst, mô di gsaegt hent. [28]Aber er håt druf gsaed: Glückselig send dia, mô auf am Herrgott sae Wort horchat ond drnåch lebat.

Zom Vrgleicha: *Vers 28:* 8,21.

S Jonazaeche: 11 29-32

[29]Mô nå emmer maeh Leut drzuakomma send, håt r ågfanga ond gsaed: Dui Generatio ischd a baes Gschlecht. A Zaeche wöllat dia seha, aber a Zaeche geit s et außer am Zaeche vom Jona. [30]Wia nämlich dr Jona für d Leut von Ninive a Zaeche gwea ischd, so ischd s dr Menschasoh für dui Generatio. [31]D Königin aus am Süda tritt amål em Gericht mit de Männer von dem Gschlecht auf ond vrurtôelt se, weil se aus am hentersta End von dera Welt komma ischd, zom am Salomo sae Weishaet åhöra. Ond guck, dåhanna stôht oener, der ischd maeh als wia dr Salomo. [32]D Männer von Ninive standat em Gericht gega des Gschlecht auf ond vrurtôelat se; weil dia hent nach am Jona saener Predigt ihr Gsennong gänderat. Dåhanna stôht aber oener, der mô maeh ischd als wia dr Jona.

Zom Vrgleicha: *Vers 29-32* II Mt 12,38-42; Mk 8,11f • *Vers 29:* 11,16; Mt 16,1-4; Joh 6,30 • *Vers 31:* 1Kö 10,1-10 • *Vers 32:* Jona 3,5.

S Beispiel vom Licht: 11 33-36

[33]Neamerd zündt a Lamp å ond stellt se en da hentersta Wenkel oder stellt se onter an Oemer, sondern auf an Leuchter nauf, dass s dia, mô raekommat, hell hent. [34]S Licht vom Leib ischd dae Aog, wann dae Aog klar ischd, nå ischd dae

ganzer Leib hell; wann s aber baes ischd, nå stôht s ao om daen Leib zappaduster. 35Drom paß auf, ob des Licht en dr drenn et donkel ischd. 36Ischd nå dae ganzer Leib a Licht ond håt koen donkla Flecka, nå ischd r so hell, als dät de a Lamp åstrahla.

Zom Vrgleicha: *Vers 34-36* II Mt 6,22f • *Vers 33:* 8,16; Mt 5,15; Mk 4,21.

Gega d Pharisäer ond d Gstudierte: 11 37-54

37Nach dera Red håt an a Pharisäer zom Essa aeglada, ond r ischd mit naeganga ond an da Tisch nôglega. 38Aber der Pharisäer håt des gseha ond sich gwonderat, dass r sich vôr am Essa et d Händ gwäscha håt. 39Nå håt dr Herr zon am gsaed: Jetzat aber ihr Pharisäer, von außa machat ihr da Becher ond d Schüssel sauber, aber enna drenna send ihr voler Habgier ond Boshaftigkaet. 40Ihr Sempl, håt et der, mô s Äußere gschaffa håt ao s Ennere gschaffa? 41Gebat liaber des, was en de Schüssla drenn ischd, de Arme, guckat, nå ischd für euch ällas sauber.

42Aber Gnad euch Pharisäer, ihr gebat von de Minza da Zehnta ond von de andere Gwürz ond vom Gmüas, aber d Gerechtigkaet ond d Liebe zom Herrgott lent r außer Acht. Aber grad des wär naedig, s ander braucht mr drwega et lassa.

43Aber Gnad euch Pharisäer, Ihr wöllat en de Synagoga gern ganz vôrna nôhocka ond dass ich auf am Märktplatz älle bsonders grüaßat! 44Gnad euch, ihr send wia dia Gräber, von dene mô mr nex maeh sieht, mô d Leut drufrom dappat, ohne dass se s merkat.

45Dådruf håt oener, mô sich em Gsetz auskennt håt, zon am gsaed: Môester, wann da des saesch, belaedigst ao ons. 46Nå håt r druf gsaed: Ao euch, mô sich em Gsetz auskennat, Gnad euch. Ihr ladat de Mensch ozuamuatbare Lasta auf da Buckel, mô se kaom traga könnat, aber selber machat r koen Fenger kromm.

47Gnad euch! Ihr bauat Grabmäler für dia Profeta, mô eure Vädr ombråcht hent. 48Dådrmit gebat r zua, was eure Väder dao hent ond s gfällt euch sogar no, weil dia se zwår ombråcht hent, aber ihr bauat en (graoßartige) Denkmäler. 49Drom håt ao am Herrgott sae Weishaet gsaed: Zo dene schick e Profeta ond Apostl, ond dia brengat a paar drvo om ond vrfolgat s, 50dass s Bluat von älle Profeta, mô se vrgossa hent seit d Welt gschaffa wôra ischd, von dera Generatio aegforderat wird, 51vom Abel saem Bluat bis zom Bluat vom Zacharias, der mô zwischa am Altar ond am Tempelhaus ombråcht wôra ischd. Jå, des sag e euch: Von dera Generatio wird s aegforderat.

52Gnad euch, môn r euch em Gsetz auskennat! Ihr hent da Schlüssel zor Erkenntnis weggnomma. Selber send r et naekomma, ond dia, mô naewölla hent, hent r drå ghenderat.

53Môn r nå von sell nausganga ischd, hent dia Gstudierte ond d Pharisäer ågfanga ond an mit Fråga attackiert; 54ond se hent druf glaurat, wia se am en Strick hätte dreha könna aus dem, was r gsaed håt.

Zom Vrgleicha: *Vers 99-52* II Mt 23,1-36 • *Vers 38:* Mt 15,2; Mk 7,2; Kol 2,21f • *Vers 43:* 20,46; Mk 12,38f • *Vers 51:* Gen 4,8.10; 2Chr 24,20-22.

Warnong vôr dr Schaehaeligkaet von de Pharisäer: 12 1-3

12 En dr Zwischazeit send etlich tausad Menscha zsemakomma, dass se ananader uf d Füaß dappt send, nå håt r ågfanga ond zerst amål zo saene Jünger gsaed: Hüatat euch vôr de Pharisäer ihram Sauertôeg, des hôeßt vôr dene ihrer Schaehaeligkaet! 2S ischd nämlich nex vrbôrga, was et

aufdeckt wird, ond nex ischd vrbôrga, was et bekannt wird. [3]Drom wird amål älles, was ihr em Donkla gsaed hent em hella Licht ghört, ond was r anander hentarom en de Kämmerla en d Ohra gflüsterat hent, wird von de Dächer ragschria.

Zom Vrgleicha: *Vers 2-3* II Mt 10,26f • *Vers 1:* Mt 16,6; Mk 8,15 • *Vers 2:* Mk 1,22.

Mr muaß drzua standa: 12 4-12

[4]Aber euch, maene Fraend, sag e: Hent koe Angst et vôr dene, mô da Leib ombrenga könnat, aber sonst nex ausrichta könnat. [5]I will euch zaega, wen r fürchta müaßat. Fürchtat den, der mô, wann r tötat håt, ao no d Macht håt, en d Höll zom schmeißa. Jå, des sag e euch, den sollat r fürchta. [6]Vrkaoft mr et faef Spatza om a paar Pfenneng? Ond koener ischd beim Herrgott vrgessa. [7]Sogar d Håår auf euram Kopf send zählt. Hent no koe Angst et, ihr send doch maeh als wia viele Spatza. [8]I sag euch: A jeder, mô vôr de Menscha zo mr stôht, zo dem stôht dr Menschasoh ao vôr am Herrgott saene Engel. [9]Wer me aber vôr de Menscha vrlaegnat, der wird vôr am Herrgott saene Engel ao vrlaegnat. [10]Ond a ma jeda, mô gega da Menschasoh ebbas saed, wird s vrgeba. Aber dem, mô gega da Haeliga Gaest glästerat håt, wird s et vrgeba. [11]Wann se euch vôr d Synagoga ond vor d Herrscher ond d Machthaber schlôefat, nå machat euch koene Sôrga drom, wian r euch vrtaediga sollat oder was r saga sollat. [12]Dr Haelige Gaest gibt euch en dr gleicha Stond ae, was s zom saga geit.

Zom Vrgleicha: *Vers 4-12* II Mt 10,28-33 • *Vers 10* II Mt 12,32; Mk 3,29 • *Vers 11* II Mt 10,19; Mk 13,11 • *Vers 11f:* 21,12-15.

S Beispiel vom reicha Kornbaura: 12 13-21

[13]Nå håt oener von dene Leut zon am gsaed: Môester, gib maem Bruader å, r soll s Erb mit mr tôela! [14]Zo dem håt r aber gsaed: Menschenskind, wer håt denn mi als Richter oder als Erbtôeler über euch aegsetzt? [15]Dådruf håt r zon en gsaed: Guckat zua ond hüatat euch vôr dr Raffgier; weil neamerd lebt drvo, dass r viel Sach håt! [16]Nå håt r en a Beispiel vrzählt: s Feld vo ma Reicha håt en guata Ertrag bråcht. [17]Nå håt r bei sich denkt: Was dur e bloß, i han doch koen Platz für des viele Zuigs? [18]Ond r håt gsaed: Des duan e: I reiß maene Schuira a ond bau graeßere ond då dur e de ganz Frucht ond maene Sacha nae, [19]nå kån e zo maener Seel saga: Jetzat håt d Seel a Ruah, s ischd gnuag då auf Jåhr naus, iß, trenk ond frae de! [20]Aber dr Herrgott håt zon am gsaed: Du Sempl! No dui Nacht wird dae Seel von dr gforderat; was moenst, wer des kriagt, was da då nôgrichtat håsch? [21]So gôht s dem, der mô bloß für sich selber zsemarafft ond vôr am Herrgott et reich ischd.

Zom Vrgleicha: *Vers 14:* Ex 2,14.

Vom falscha ond rechta Sôrga: 12 22-32

[22]R håt aber zo saene Jünger gsaed: Drom sag e euch: Machat euch doch koene Sôrga drom, was r essa sollat, ond ao et om des, was r auf da Leib brauchat. [23]S Leba ischd nämlich maeh als wia s Essa ond d Klôeder. [24]Guckat d Raba å, dass dia et säat ond ao et ernta dent, dia hent et amål a Vôrratskammer ond ao koe Scheuer, ond doch macht s dr Herrgott satt; om wiaviel send ihr maeh wert als wia dia Vögel? [25]Kå oener von euch vielleicht mit saener Sôrgerei sae Leba ao bloß om a bißle länger macha? [26]Wann ihr no et amål des bißle könnat, was machat r euch nå Sôrga om s ander?

[27]Gucka d Lilia å, wia dia wachsat! Dia
rackerat sich et ab ond spenna dent se ao
et; aber des sag e euch: Ao dr Salomo håt
sich mit saener ganza Pracht et so åziaga
könna wia oena von dene. [28]Wann aber
dr Herrgott s Gras, mô haet wächst
ond môrga schao en da Ofa keit wird,
so ausstaffiert, om wiavl maeh nå euch,
ihr Pessimista? [29]Ao ihr sollat et drnåch
fråga, was r essa ond trenka sollat, ond
send mr doch et so oruhig. [30]Om des
ällas gôht s nämlich bei de Haedavölker;
aber euer Vadr em Hemmel wôeß, dass
ihr des brauchat. [31]Wann s euch aber
bloß om sae Reich gôht, nå geit r euch
s ander drzua. [32]Du, kloena Herde,
brauchst koe Angst han, euer Vadr håt s
guat gfonda, dass r euch s Reich geit.

Zom Vrgleicha: *Vers 22-31* II Mt 6,25-33

Dr wahre Schatz: 12 33-34

[33]Vrkaofat eure Güater ond gebat s de
Arme. Machat euch Geldbeutel, mô
et altersschwach werat, an Schatz em
Hemmel, der mô et weniger wird, mô
a Dieb et dranô kommt ond a Mott nex
hemacht. [34]Då mô euer Schatz ischd, då
ischd nämlich euer Herz.

Zom Vrgleicha: *Vers 33-34* II Mt 6,19-21 • *Vers 33:* Mt 19,21; Lk 18,22.

Wachsamkaet ond Treue send gfrågt: 12 35-48

[35]Eure Hüfta sollat an Gürtel åhan ond
eure Lampa brenna! [36]Ond ihr sollat
euch vrhalta wia Menscha, mô auf ihran
Herra wartat, der mô uf dr Haozich
ischd, dass r am glei aufmachat, wann r
zrückkommt ond åklopft. [37]Glückselig
send dia Knecht, mô dr Herr wach
vôrfendat, wann r kommt. Währle, des
sag e euch: Der ziagt en Schurz å ond
läßt dia an da Tisch nôsitza, nå bedient
r s dr Rôeh nåch. [38]Ond wann r erst
en dr zwôeta oder dritta Nachtwach
kommt - glückselig send se. [39]Denkat
drå: Wann dr Hausherr wissa dät, wann
dr Dieb aebricht, der däts et zualassa.
[40]Haltat ao ihr euch en Beraetschaft. Dr
Menschasoh kommt nämlich grad nå,
wann ihr et drmit rechnat.
[41]Nå håt dr Petrus gsaed: Herr, moenst
des Beispiel bloß em Blick auf ons oder
ao em Blick auf älle andere? [42]Dr Herr
håt am zor Antwort geba: Wer ischd nå
der zuavrlässige ond gscheite Vrwalter,
den dr Herr über sae Gsend aesetzt,
dass dia zor richtiga Zeit des zom essa
kriagat, was se brauchat? [43]Glückselig
ischd der Knecht, den mô dr Herr drbei
åtrifft, dass r des duat. [44]Wahrhaftig, des
sag e euch: den setz r ae über sae ganzs
Hab ond Guat. [45]Wann sich aber der
Knecht en saem Herza saed: Mae Herr
kommt no lang et, ond åfangt, dass r d
Knecht ond Mägd vrhaot; wann r sich
volfrißt ond bsauft, [46]nå kommt dr Herr
a ma Dag, mô der et drmit rechnat ond
en r a Stond, mô der et wôeß, nå vrropft
r n ond geit saen Åtoel de Oglaebige.
[47]Aber der Knecht, der mô wôeß, was
sae Herr will ond et drnåch handlat, der
kriagt viel Schläg. [48]Aber der, mô et wôeß,
was dr Herr will ond ebbas duat, was
Schläg vrdient, der kriagt wenig Schläg.
Von oem, dem mr viel geba håt, von
dem wird ao viel zrückgforderat, ond
von oem, mô viel åvrtraut wôra ischd,
wird amål ao omso maeh zrückvrlangt.

Zom Vrgleicha: *Vers 39-46* II Mt 24,43-51; Mk 13,33-37 • *Vers 35:* Mt 25,1 • *Vers 39:* 1Thess 5,2; 2Petr 3,10 • *Vers 44:* Mt 25,21.23.

Frieda ond Zwietracht: 12 49-53

[49]I ben komma, zom a Feuer auf d Erde
schmeißa, Wia wär i froh, wann s schao
zonda hätt. [50]Aber vôrer muaß e no taoft
wera mit r a Taof , ond wia ficht me des
å, bis s gscheha ischd. [51]Moenat ihr, i sei
komma zom Frieda auf d Erde brenga?
I sag euch: Noe, nex wia Zwietracht.
[52]Von jetzt å ischd s nämlich so: Faef Leut

en oem Haus lebat en Zwietracht, drei
mit zwôe ond zwôe mit drei, 53dr Vadr
mit am Soh ond dr Soh mit am Vadr, d
Muader mit dr Tochter ond d Tochter
mit dr Muader, d Schwiegermuader mit
ihrer Söhnere ond d Söhnere mit dr
Schwiegermuader.

Zom Vrgleicha: *Vers 49-53* II Mt 10,34-36 • *Vers 50:* Mk 10,38f • *Vers 53:* Mi 7,6.

Zeitzaeche: 12 54-57

54Nå hăt r no zo de Leut gsaed: Wann
r am Åbad zua Wolka aufziaga seahnat,
nå sagat r glei: s geit Rega! Ond s kommt
ao so. 55Ond wann a Südwend blåst, nå
sagat r: a Hitz geit s! Ond s kommt ao so.
56Ihr schaehaelige Blitz! Über s Ausseha
von dr Erde ond vom Hemmel könnat
ihr euch a Urtôel macha. Wărom könnat
r nå d Zeitzaeche et deuta? 57Wărom
merkat ihr et selber, was s gschlaga hât?

Zom Vrgleicha: *Vers 55:* Mt 16,2f.

Von dr Vrsöhnong: 12 58-59

58Gôhst mit daem Gegner vôr s Gricht,
nå guck, dass d mit am no auf am Weg
oes wirst. Der schlôeft de sonst vôr da
Richter, ond dr Richter überstellt de am
Büttl, ond dr Büttl brengt de en da Knast.
59I sag dr, då kommst erst raus, wann da
da letzta Pfenneng zahlt håsch.

Zom Vrgleicha: *Vers 58-59* II Mt 5,25f

Aufforderong zom Omkehra: 13 1-9

13 Selligsmål send a paar drbei gwea,
dia hent am von dene Galiläer
vrzählt, dene mô dr Pilatus ihr Bluat mit
ihre Opfer gmischt hât. 2Ond dr Jesus hât
en zor Antwort geba ond zon en gsaed:
Moenat ihr, dass dia Galiläer ärgere
Sünder gwea seie als wia alle (andere)
Galiläer, weil en des passiert ischd?
3Noe, des sag e euch, aber wann ihr et
euer Gsennong änderat, nå gôht s euch
genaoso an da Kraga. 4Selle achtzeah,
dia mô dr Turm (am Teich) von Siloah z
daotgschlaga hât, môn r aeghaglat ischd,
moenat ihr, dia hätte maeh Dreck am
Stecka ghet als wia älle (andere) Leut,
mô z Jerusalem wohnat? 5Noe, des sag e
euch, wann r et euer Gsennong änderat,
nå gôht s euch koe Håår anders. 6Ond
r hât en des Beispiel vrzählt: Då hât
oener en saem Wengert an Feigabaom
gsetzt, nå ischd r komma ond hât Feiga
an am gsuacht ond koene gfonda. 7Nå
hât r zo saem Wengerter gsaed: Guck,
schao drei Jăhr komme e jetzat ond will
Frücht seha an dem Feigabaom då, ond
nex ischd s drmit. Hao an om! Zo was
soll ao der no da Boda auslaoga? 8Aber
der Wengerter hât zon am gsaed: Herr,
laß an des Jăhr nômål standa, dass e om
an romschår ond an Mist nôdua, 9ond
wann r s nächst Jăhr ebbas brengt, nå
ischd s guat, wann et, nå kåsch d an
emmer no omhaoa.

Zom Vrgleicha: *Vers 6:* Mt 21,19.

A Frao wird am Sabbat gsond gmacht: 13 10-17

10Ond r hât am Sabbat en ra Synagog
glehrt. 11Ond guck, då ischd a Frao
gwea, dui hât schao achtzeah Jăhr en
Krankhaetsdämona ghet; ond se ischd
ganz kromm gwea ond hât gar nemme
grad nôstanda könna. 12Mô dr Jesus
dui gseha hât, hât r a gschria ond zon
r gsaed: Weib, du bist frei von daener
Krankat; 13ond r hât ra d Händ aufglegt
ond em gleicha Aogablick ischd se grad
gwea ond hât da Herrgott priesa. 14Aber
dr Synagogavôrstand ischd aegschnappt
gwea, weil dr Jesus am Sabbat ebber
gsond gmacht hât ond r hât zo de Leut
gsaed: Sechs Dag geits zom schaffa, an
dene könnat r komma zom euch hôela
lassa, aber et am Sabbat! 15Nå hât am
dr Herr zor Antwort geba ond gsaed:
Ihr schaehaelige Blitz, bendat et a jeder
von euch saen Ochsa oder saen Esel von
dr Fuaterkripp weg ond läßt an saufa?

gsaed: Jesus, Môester, han Erbarma mit as! [14]Ond môn r se gseha hât, hât r zon en gsaed: *Gangat ond lent euch von de Priaster ontersuacha!* Ond wia se so åneganga send, send se gsond wôra. [15]Oener von en, mô der gseha hât, dass r gsond wôra ischd, hât glei omdreht ond hât mit ra ganz lauta Stemm da Herrgott priesa [16]ond hât sich vôr am Jesus saene Füaß auf sae Gsicht nôfalla lassa ond sich bedankt. Ond des ischd a Samaritaner gwea. [17]Aber dr Jesus hât am zor Antwort geba ond gsaed: Send et dia Zeah raen wôra? Mô send nå dia Nae? [18]Håt s sonst koener naedig ghet zom omdreha ond am Herrgott d Ehr z geba als wia bloß der Fremde dåhanna? [19]Ond r hât zon am gsaed: Stand no auf ond gang; dae Glaoba hât dr gholfa.

Zom Vrgleicha: *Vers 11:* Mk 9,30 • *Vers 14:* Lev 13,49; 14,2-32; Lk 5,14 • *Vers 19:* 7,50; 8,48; 8,42; Mt 9,22; Mk 5,34; 10,52.

Wann am Herrgott sae Reich kommt: 17 20-21

[20]Môn an d Pharisäer gfrägt hent, wann am Herrgott sae Reich komma tät, hât r en zor Antwort geba ond gsaed: Am Herrgott sae Reich kommt et so, dass mr s beobachta könnt. [21]Mr kå ao et saga: Guck då oder sell! Weil guck, s Reich vom Herrgott ischd en eurer Mitte.

Zom Vrgleicha: *Vers 21:* 11,20; Mt 12,28.

Wia dr Menschasoh kommt: 17 22-37

[22]Ond r hât zo de Jünger gsaed: S kommat no Däg, môn r euch wünscha däte, dass r ao bloß oen Dag vom Menschasoh vrleba könntat, aber ihr vrlebat an et. [23]Nå werat se zon ich saga: Guck då! oder guck, sell ischd r! nå gangat bloß et nô ond laofat en ao et nåch. [24]Wia nämlich dr Blitz von oem End am Hemmel bis ans ander leuchtat, so kommt dr Menschasoh an saem Dag. [25]Zersta aber muaß r viel leida ond vrwôrfa wera von dem Gschlecht. [26]Ond wia s en de Däg vom Noah gwea ischd, so kommt s ao am Menschasoh saem Dag. [27] Då hent se gessa ond tronka, gheirat ond sich heira lao, bis an den Dag, mô dr *Noah en sae Arche naeganga* ischd ond d Sintflut komma ischd ond älle ombråcht håt. [28]So ischd s ao en de Däg vom Lot gwea: se hent gessa ond tronka, kaoft, vrkaoft, åpflanzt ond baut. [29]Aber an dem Dag, mô dr Lot von Sodom nausganga ischd, *håt s Feuer ond Schwefel vom Hemmel ragregnat* ond älle ombråcht. [30]So ischd s ao an dem Dag, mô sich dr Menschasoh offabart. [31]Wann an dem Dag oener auf am Dach ischd, der soll jå et na ens Haus zom saene Habseligkaeta hola, ond der, mô grad auf am Feld draußa ischd ao et. [32]Denkat ans Weib vom Lot! [33]Wer sae Leba für sich bhalta will, der vrliert s; aber der, mô s vrliert, der gwennt s. [34]I sag euch: Von zwôe, mô en dera Nacht auf oem Bett liegat, wird dr oene mitgnomma ond dr ander bleibt zrück. [35]Von zwôe Fraoa an dr gleicha Mühle wird de oe mitgnomma, aber de ander bleibt zrück. ([36]Zwôe schaffat auf am Acker, dr oene wird ågnomma, dr ander bleibt zrück.) [37]Nå hent se an gfrågt. Mô, Herr? Aber er håt zo nen gsaed: Mô a Leich leit, då vrsammlat sich ao d Geier.

Zom Vrgleicha: *Vers 22:* 21,7-36 • *Vers 23:* Mt 24,23-27; Mk 13,21 • *Vers 25:* 9,22.44; 18,32 • *Vers 26:* Gen 6,11-13; 7,7-23; Mt 24,37-39 • *Vers 27:* Gen 7,7; 2Petr 2,5 • *Vers 28:* Gen 18,20 • *Vers 29:* Gen 19,15.23f; 2Petr 2,7 • *Vers 31:* Mt 24,17f; Mk 13,15f • *Vers 33:* 9,24; Mt 10,39; 16,25; Mk 8,35; Joh 12,25 • *Vers 35:* Mt 24,41 • *Vers 37:* Mt 24,28.

S Beispiel vom ogerechta Richter: 18 1-8

18 R håt en aber a Beispiel gsaed, zom en zaega, dass se emmer beta ond et nåchlassa solle, [2]ond håt gsaed: En ra Stadt ischd a Richter gwea, der

håt da Herrgott et gfürcht, ond vôr
de Menscha håt der sich erst recht et
gscheut. [3]Ond a Witwe ischd en sellera
Stadt gwea, dui ischd am et von dr Datz
ganga ond håt emmer wieder zon am
gsaed: Schaff mr endlich mae Recht gega
maen Gegner! [4]Ond r håt lang et wölla;
aber nåcher håt r sich denkt: Wann
e ao da Herrgott et fürcht ond koen
Menscha scheu, [5]aber dera Witwe muaß
e zo ihram Recht vrhelfa, weil se mr s
Leba schwer macht, sonst kommt se am
End no ond langt mr oena. [6]Ond weiter
håt dr Herr gsaed: Horchat no, was der
ogerechte Richter saed! [7]Sott Gott dene,
môn r selber auserwählt håt, et ao ihr
Recht vrschaffa, mô se doch Dag ond
Nacht zon am schreia dent, ond sott r
s emmer weiter nausziaga? [8]I sag euch:
Der vrschafft dene ihr Recht schneller
als wian ihr moenat. Aber wann dr
Menschasoh kommt, was moenst,
fendat r nå auf dr Erde an Glaoba?

S Beispiel vom Pharisäer ond am Zöllner: 18 9-14

[9]R håt aber zo a paar, mô sich aebildat
hent, sia seie gerecht, ond auf de andere
naguckt hent, des Beispiel gsaed: [10]Zwôe
Menscha send en da Tempel nufganga
zom Beta, dr oe a Pharisäer ond dr
ander oener vom Zoll. [11]Der Pharisäer
ischd für sich alloe nôgstanda ond håt
so betat: Liaber Gott, i dank dr ao, dass
i et so ben wia de andere Leut, Raeber,
Spitzbuaba, Huraböck oder ao wia
seller Zöllner då. [12]I faste zwôe Mål en
dr Woch ond gib da Zehnta vo maem
ganza Vrdenst. [13]Der Zöllner aber ischd
von weitams dågstanda ond håt sich et
amål traut, en da Hemmel nauf zgucka,
noe, der håt sich selber an d Brust
klopft ond gsaed: O liaber Gott, i ben a
Sünder, sei mr gnädig! [14]Des sag e euch:
Der håt sae Rechtfertigong ghet, môn
r hoemganga ischd, dr ander et. Weil a
jeder, der mô sich selber naufdoa will,
wird nadao; ond wann oener sich selber
naduat, der wird naufdao.

Zom Vrgleicha: *Vers 12:* Mt 23,23 • *Vers 13:* Ps 51,3 • *Vers 14:* 14,11; Mt 23,12.

D Kender werat gsegnat: 18 15-17

[15]Nå hent se ao kloene Kender zon am
bråcht, dass r en d Händ auflega soll;
mô des saene Jünger gseha hent, hent se
dia Leut ågfahra. [16]Aber dr Jesus håt s zo
sich hergruafa ond gsaed: Lent doch dia
Kenderla zo mr komma ond dent s en et
wehra; dene, mô so send, ghert nämlich
am Herrgott sae Reich. [17]Währle, des
sag e euch: Wer am Herrgott sae Reich
et so ånemmt wian a Kend, der kommt
ao et nae.

Zom Vrgleicha: *Vers 15-17* II Mt 19,13-15; Mk 10,13-16 • *Vers 17:* Mt 18,3.

Reichtom ond Nåchfolga: 18 18-30

[18]Oener vom Vorstand håt an gfrågt:
Guater Môester, was muaß e doa, dass e
s ewige Leba kriag? [19]Aber dr Jesus håt
zon am gsaed: Was hôeßt du me guat?
Neamerd ischd guat außer oem, dr
Herrgott. [20]Da kennst doch saene Gebot:
*Brich dae Ehe et! Breng koen om! Stiehl
et! Mach koene falsche Zeugaaussaga!
Gib daem Vadr ond daener Muader d
Ehr!* [21]Nå håt r gsaed: Des han e ällas
aeghalta von Kloe å. [22]Mô des dr Jesus
ghört håt, saed r zon am: Aber oes fehlt
dr no: Vrkaof dae ganzs Sach ond vrtôelt
s an de Arme, nå håsch d an Schatz em
Hemmel, ond nå kommst d ond gôhst
mit mr. [23]Môn r des ghört håt, ischd r ganz
traurig wôra, der ischd nämlich zemlich
reich gwea. [24]Mô dr Jesus gseha håt,
wia traurig der wôra ischd, håt r gsaed:
Wia schwer hents doch de Reiche, dass
se em Herrgott sae Reich naekommat.
[25]Aender gôht a Kamel durch s Löchle
von r a Nådel, als dass a Reicher em
Herrgott sae Reich naekommt. [26]Nå

hent dia Leut, mô des ghört hent, gsaed: Ja wer kå nå überhaopt no grettat wera? 27Då håt r aber druf gsaed: Des, was bei de Menscha omöglich ischd, des ischd bei Gott wohl möglich.
28Nå håt dr Petrus gsaed: Guck, mir hent onser Hab ond Guat vrlassa ond send mit dr ganga. 29Nå håt r zo nen gsaed: Währle, des sag e euch: S geit koen, mô sae Haus, sae Frao, saene Brüader, oder saene Eltera oder Kender weg'am Herrgott saem Reich vrlassa håt, 30mô et uf älle Fäll wieder vielfältig zrückkriagt, schao en dera Zeit ond s ewige Leba en dr kommenda Welt.

Zom Vrgleicha: *Vers 18-30* II Mt 19,18-30; Mk 10,17-31 • *Vers 18:* 10,25 • *Vers 19:* Dtn 6,4 • *Vers 20:* Ex 20, 12-16; Dtn 5,16-20 • *Vers 22:* 12,33; Mt 8,22 • *Vers 27:* Gen 18,14; Iob 42,2; Lk 1,37.

Dr Haeland kündigt zom dritta Mål sae Leida ond sae Auferstehong å:

18 31-34

31Nå håt r dia Zwölf zo sich gnomma ond zo nen gsaed: Mir gangat jetzt nach Jerusalem nauf, ond nå vollendat sich ällas, was d Profeta über da Menschasoh gschrieba hent: 32Der wird an d Haeda ausgliefarat ond mr vrspottat an, ond r wird quält ond ågspia, 33ond wann se n auspeitscht hent, nå brengat se n om, ond am dritta Dag stôht r wieder auf. 34Aber dia hent nex drvo kapiert, des ischd en vrbôrga blieba ond se hent et begreifa könna, was r gsaed håt.

Zom Vrgleicha: *Vers 31-34* II Mt 20,17-19; Mk 10,32-34 • *Vers 32:* 9,22.44; 17,25 • *Vers 33:* 24,6f • *Vers 34:* 9,45.

A Blender wird ghôelt bei Jericho:

18 35-43

35Mô dr Jesus en d Gegend von Jericho komma ischd, hockt då a Blender am Weg ond bettlat. 36Wian r ghört håt, dass då a Haufa Leut vrbeiganga send, håt r gfrågt, was då los sei. 37Dia Leut hent am vrzählt, dr Jesus von Nazaret komm då vrbei. 38Nå håt r gschria: Jesus, du Soh vom David, han Erbarma mit mr! 39Dia, mô vôrnadraus gloffa send, hent an ågfahra: Kerle, halt doch dae vôrlauta Gosch! Aber der håt no viel lauter gschria: Soh vom David, han Erbarma mit mr! 40Nå ischd dr Jesus standablieba ond håt en ågea, se solle an herbrenga. Môn r nå dågwea ischd, håt an dr Jesus gfrågt: 41Was willst denn, was soll e dr doa? Nå håt r gsaed: Herr, dass e wieder gucka kå. 42Ond dr Jesus saed zon am: Du kåsch wieder gucka! Dae Glaoba håt dr gholfa! 43Ond glei håt r wieder gucka könna ond r ischd mitganga ond håt da Herrgott priesa. Ond dia viele Leut, mô drbeigwea send, hent da Herrgott priesa.

Zom Vrgleicha: *Vers 35-43* II Mt 20,29-34; Mk 10,46-52 • *Vers 35-43:* Mt 9,27-31 • *Vers 42:* 7,50; 8,48; Mt 9,22; Mk 5,34.

Dr Oberzöllner Zachäus: 19 1-10

19 Ond r ischd uf Jericho naekomma ond håt weiterganga möchta. 2Ond guck, då ischd a Må gwea, Zachäus håt r ghôeßa, der ischd Oberzöllner gwea ond zemlich reich. 3Der håt obedengt da Jesus seha wölla, wer des wohl sei, aber wega dene viele Leut håt r et könna, weil r recht kloe gwea ischd. 4Nå ischd r vôrnadraus gsauat ond auf en Maulbeerbaom naufkletterat, zom an seha; weil sell håt r vrbeikomma solla. 5Ond mô dr Jesus an dui Stell komma ischd, håt r naufguckt zon am ond håt gsaed: Zachäus, komm schnell ra! Bei dir en daem Haus muaß e nämlich haet bleiba. 6Ond r ischd ganz schnell ra kletterat ond håt an voller Fraed aufgnomma. 7Mô se des gseha hent, hent se älle romgoschat ond gsaed: Bei ma Sünder ischd der naeganga zom Übernachta. 8Dr Zachäus aber ischd vôr da Herra nôgstanda ond håt

gsaed: Guck, Herr, d Hälfte von ällam,
was e han, gib e (jetzat) de Arme ond
wann e oen ausgnomma han, dem gib
e s vierfach zruck. [9]Aber dr Jesus håt
zon am gsaed: Haet ischd dem Haus
dåhanna s Hael widerfahra, weil ao der
ischd doch a Soh vom Abraham. [10]Weil
dr Soh vom Menscha ischd komma zom
des, was vrlora ischd, suacha ond retta.

Zom Vrgleicha: *Vers 7:* 5,30: 7,34 • *Vers 10:* 5,32; Mt 9,13; Mk 2,17.

S Beispiel vom åvrtrauta Geld:
19 11-27

[11]Mô dia Leut des ällas ghört hent, håt
r en a Beispiel vrzählt, dia hent nämlich
gmoent, weil r schao zemlich nåch bei
Jerusalem gwea ischd, dass jetzat am
Herrgott sae Reich åbrecha dät. [12]R håt
also vrzählt: A Må vom Hochadel ischd
ganz weit en a Land zoga zom sell d
Königswürde en Empfang nemma ond
nå zrückzkomma. [13]Nå håt r zeah von
saene Ågstellte komma lassa ond håt
en zeah Mina geba ond gsaed: Schaffat
drmit, bis e komm! [14]D Aewohner von
saem Land hent aber an Haß auf an
ghet ond hent a Gsandtschaft henter
am hergschickt, dia hent ausgrichtat:
Mir wöllat den et als König über ons!
[15]Môn r nå zrückkomma ischd - mit dr
Königswürde - håt r da Befehl gea, dass
dia Ågstellte, dene môn r des Geld geba
håt, komma solle zom Bericht geba, wia
se gwirtschaftat hent. [16]Dr erste ischd
komma ond håt gsaed: Herr, dae Min
håt zeah Mina drzuabråcht. [17]Der Herr
håt zon am gsaed: Guat so, bist a braver
Kerle, weil da mr em Kloena treu gwea
bist, übertrag e dr Macht über zeah Städt!
[18]Nå ischd dr Zwôete komma ond saed:
Herr, dae Min håt faef drzuabråcht. [19]Zo
dem håt r ao gsaed: Ond di setz e über
faef Städt! [20]Ond dr Dritte ischd komma
ond saed: Guck, Herr, då ischd dae Geld,
i han s e ma Sacktüachle aufghoba! [21]I
han nämlich Angst vôr dr ghet, weil da
a strenger Må bist; du vrlangst, was da et
åglegt håsch, ond erntest, was da et gsät
håsch. [22]Zo dem saed r: Aus daem ôegena
Wort vrurtôel e de, du fauler Siach.
Schliaßlich håsch d gwißt, dass i streng
ben ond nemm, was e et åglegt han, ond
ernte, was e et gsät han. [23]Wårom håsch
nå dae Geld et auf a Bank dao? Nå hätt
e s mit Zaesa wieder abheba könna, môn
e zrückkomma ben? [24]Ond zo dene, mô
drbeigstanda send, håt r gsaed: Nemmat
am dui Min ond gebat se dem, mô zeah
Mina ghet håt. [25]Ond se hent zon am
gsaed: Herr, der håt doch schao zeah
Mina! [26]I sag euch: A jeder mô håt, kriagt
no drzua; wer aber et håt, dem wird ao
no des gnomma, was r håt. [27]Aber maene
Faend, dia mô et wölla hent, dass i ihr
König wir, dia brengat r her ond machat
s dåhanna vôr maene Aoga nieder!

Zom Vrgleicha: *Vers 11-27* II Mt 25,14-30 • *Vers 17:* 16,10; Mt 24,45-47; 25,21 • *Vers 26:* 8,18; Mt 13,12; Mk 4,25.

DE LETZTE DÄG EN JERUSALEM: 19 28 - 21 38

Ausanandersetzonga mit Gegner en Jerusalem: 19 28 - 21 4

Dr Haeland hält Aezug en Jerusalem:
19 28-40

[28]Nachdem r des gsaed håt, ischd r
weitergwanderat nach Jerusalem nauf.
[29]Ond môn r schao fast en Betfage
ond Betanien gwea ischd an dem Berg,
Ölberg hôeßt r, håt r zwôe von saene
Jünger vôrnadraus gschickt [30]ond gsaed:
Gangat nom en des Dorf sell drüba,
wann r naekommat, fendat r a Fohla
åbonda, auf dem ischd no nia a Mensch
gsessa, des bendat r weg ond brengat s
her. [31]Ond wann ich ebber frågt: Wårom

hent r s wegbonda? Nå sagat r: Dr Herr braucht s! [32]Mô se ganga send, hent se ällas so vôrgfonda, wian r s gsaed håt. [33]Aber mô se des Fohla wegbonda hent, håt dr Besitzer gsaed: Wårom bendat ihr des Fohla weg? [34]Aber dia hent gsaed: Dr Herr braucht s! [35]Ond se hent s am Jesus bråcht ond hent ihre Klôeder auf des Fohla glegt ond hent am Jesus naufgholfa. [36]Wian r nå weitergritta ischd, hent se ihre Gwänder auf am Weg ausbrôetat. [37]Môn r an da Abstieg vom Ölberg komma ischd, hent sich dia ganze Jünger gfraet ond da Herrgott ganz laut priesa wega dene Wondertata, mô se gseha hent. [38]Ond se hent gsonga: *Lobpreis sei dem, der mô kommt, dr König em Nåma vom Herra.* Em Hemmel Frieda ond Herrlichkaet en dr Höh! [39]Ond a paar von de Pharisäer hent am aus dr Menge raus zuagruafa: Môester, des muaßt daene Jünger vrwehra! [40]Dene håt r zor Antwort geba: Wann dia schweigat, nå fangat d Stoe å mit schreia!

Zom Vrgleicha: *Vers 28-40* II Mt 21,1-9; Mk 11,1-10; Joh 12,12-19 • *Vers 38:* Ps 118,26; Lk 2,14 • *Vers 40:* Hab 12,11.

D Zerstörong von Jerusalem wird åkündigt: 19 41-44

[41]Môn r näher an d Stadt nôkomma ischd ond dui Stadt gseha håt, håt r über se gflennt ond [42]gsaed: Hättest doch ao bloß an dem Dag gmerkt, was dr da Frieda brengt! Aber jetzt ischd s vôr daene Aoga vrbôrga. [43]S kommat nämlich Däg über de, mô daene Faend en Wall om de romgrabat ond de aekesslat ond von älle Seita auf de naegangat. [44]Ond se machat de am Erdboda gleich, di ond daene Kender en dr drenna, ond lent koen Stoe auf am andera; weil da dae Gnadazeit et wahrgnomma håsch.

Zom Vrgleicha: *Vers 44:* Ps 137,9; Lk 21,6; Mt 24,2; Mk 13,2.

Dr Tempel wird ausgfegt: 19 45-48

[45]Nå ischd r en da Tempel naeganga ond håt ågfanga, dia Vrkaefer nauszjagat, [46]ond håt zon en gsaed: S stôht gschrieba: *Mae Haus soll a Bethaus sae*, aber ihr hent *a Raeberhöhle* draus gmacht! [47]Ond r håt äll Dag saene Lehra ausbrôetat em Tempel. Aber d Oberpriaster ond de Gstudierte ond de andere Führer em Volk hent an Grond gsuacht, zom an ombrenga. [48]Aber se hent koen gfonda ond hent et gwißt, was se doa sollat, s ganz Volk ischd nämlich an am ghangt ond håt am zuaghorcht.

Zom Vrgleicha: *Vers 45-46* II Mt 21,12f; Mk 11,15-17; Joh 2,13-16 • *Vers 47-48:* II Mk 11,18 • *Vers 46:* Jes 56,7; Jer 7,11 • *Vers 47:* 21,37; Mt 26,55; Mk 14,49; Joh 18,20; Lk 20,19; 22,2.

Am Jesus sae Vollmacht: 20 1-8

20 An oem von dene Däg, môn r em Tempel saene Lehra ausbrôetat ond s Evangeliom predigt håt, send d Oberpriaster ond de Gstudierte mit de Älteste komma [2]ond hent zon am gsaed: Kåsch du ons saga, en was für a Vollmacht du des duast ond wer dir dui Vollmacht geba håt? [3]Nå håt r en zor Antwort geba: I hätt då ao a Fråg: Sagat ihr mr: [4]Ischd am Johannes sae Taof vom Hemmel gwea oder von Menscha? [5]Nå hent se mitanander überlegt: Sagat mr: Vom Hemmel, nå saed r: Wårom hent r am nå et glaobt? [6]Sagat mr aber: Von Menscha, nå werat mr vom ganza Volk gstoenigt; dia send nämlich drvo überzeugt, dass dr Johannes a Profet ischd. [7]Ond se hent am gsaed, sia wüßte s et, môher. [8]Nå håt dr Jesus gsaed: Nå sag i euch ao et, en was für a Vollmacht i des dua!

Zom Vrgleicha: *Vers 1-8* II Mt 21,23-27; Mk 11,27-33.

S Beispiel von de baese Wengerter: 20 9-19

[9]Nå håt r ågfanga ond de Leut des Beispiel
vrzählt: A Må håt en Wengert åglegt ond
an vrpachtat an Wengerter ond nå ischd r
für a langa Zeit ens Ausland ganga. [10]Mô
s nå soweit gwea ischd, håt r an Knecht
zo dene Wengerter gschickt, dass se am
saen Åtôel von dr Frucht vom Wengert
geba solle; aber dia Wengerter hent an
fortgschickt mit leere Händ ond an ao
no furchtbar vrdroscha. [11]Nå håt r an
andera Knecht nôgschickt, aber den
hent se ao vrmöblat ond belaedigt ond
mit leere Händ fortgschickt. [12]Ond r håt
no en dritta gschickt, ond den hent se ao
bluatig ghaoa ond nausgschmissa. [13]Nå
håt der Herr von dem Wengert gsaed:
Was soll e bloß no doa? I schick maen
liaba Soh; vielleicht hent se vôr dem an
Respekt. [14]Aber mô dia Wengerter den
gseha hent, hent se mitanander überlegt
ond gsaed: Der erbt amål ällas, laß ons
den ombrenga, nå fällt sae Erbguat ons
zua. [15]Ond se hent an zom Wengert
nausgschmissa ond an ombråcht. Was
duat nå der Herr von dem Wengert
mit dene? [16]Der kommt ond brengt dia
Wengerter om ond geit den Wengert
andere. Mô se des ghört hent, hent se
gsaed: Bloß et! [17]Aber dr Jesus håt s
ägucket ond zo nen gsaed: Was hôeßt nå
des, was gschrieba stôht: *Der Stoe, den
mô d Bauleut vrwôrfa hent, der ischd
zom Eckstoe wôra?* [18]A Jeder, mô auf
den Stoe nôfällt, der platzt ausanander;
ond der, auf den mô der Stoe naufhaglat,
der wird vrquetscht.

[19]Nå hätte an de Gstudierte ond d
Oberpriaster gern en dr gleicha Stond
vrhaftat; aber se hent Angst ghet vôr de
Leut, dia hent nämlich gmerkt, dass r
des Beispiel auf sia gmünzt håt.

Zom Vrgleicha: *Vers 9-19* II Mt 21,33-46; Mk 12,1-12 • *Vers 9:* Jes 5,1f G • *Vers 13:* 3,22 • *Vers 17:* Ps 118,22 • *Vers 19:* 19,47f; 22,2.

D Steuer für da Kaeser: 20 20-26

[20]Ond se hent an ganz gnao em Aog
bhalta ond Spitzel gschickt, dia mô
recht schaehaelig dao hent, als ob se
fromme Leut seie, dass se an an saem
Wort packa ond an d Obrigkaet ond an
da Statthalter ausliefera könnte. [21]Ond
se hent an gfrågt: Môester, mir wissat,
dass du s Richtige saesch ond de Leut
beibrengst ond et auf d Person guckst,
sondern en dr Wåhrat am Herrgott saen
Weg lehrst. [22]Ischd s ons erlaobt, dass mr
am Kaeser Steura zahlat oder et? [23]Der
håt aber guat gmerkt, wia henterlistig
dia send ond håt zo nen gsaed: [24]Zaegat
mr amål en Denar! Wem sae Bild ischd
då druf ond was für a Aufschrift? Aber
dia hent gsaed: Vom Kaeser! [25]Nå håt
r zo nen gsaed: Nå gebat am Kaeser,
was am Kaeser zuastôht, ond des, was
am Herrgott zuastôht, des gebat r am
Herrgott! [26]Ond se hent s halt et gschafft,
dass se an vôr de Leut drå hätte an saene
Wort packa könna. Sae Antwort håt se
schao en Vrlegahaet bråcht, nå hent se
liaber nex maeh gsaed.

Zom Vrgleicha: *Vers 20-26* II Mt 22,15-22; Mk 12,13-17 • *Vers 20:* 11,54.

D Sadduzäer frågat nach dr Auferstehong: 20 27-40

[27]Nå send a paar von de Sadduzäer
drzuakomma, dia laegnat, dass s a
Auferstehong geit, dia hent an gfrågt:
[28]Môester, dr Mose håt ons vôrgschrieba:
*Wann oem sae Bruader kenderlos stirbt,
der mô a Frao henterläßt, nå soll sae
Bruader dui Frao nemma ond saem
Bruader Nåchwuchs ôschaffa.* [29]Då
send aber sieba Brüader gwea, ond
dr erst, mô a Frao gnomma håt, ischd
kenderlos gstôrba; [30]ond dr zwôete
[31]ond dr dritte håt se gnomma, aber älle
sieba hent koene Kender henterlassa ond
send gstôrba. [32]Zguaterletzt ischd ao dui
Frao gstôrba. [33]Wem sae Frao ischd nå

des en dr Auferstehong? Schliaßlich hent se jå älle zor Frao ghet. [34]Ond dr Jesus håt zo nen gsaed: D Kender von dera Welt dent heirata ond lent sich heirata, [35]aber dia, mô für würdig ghalta werat, dass se de ander Welt erraechat ond d Auferstehong von de Daote, dia heiratat et ond lent sich ao et heirata; [36]Dia könnat jå ao nemme sterba; dia send wia d Engel, ond am Herrgott saene Kender send des, d Kender von dr Auferstehong. [37]Dass aber de Daote auferweckt werat, des håt schao dr Mose beim Dôrnastrauch ådeutat, môn r da Herrgott *da Gott vom Abraham, da Gott vom Isaak ond da Gott vom Jakob ghôeßa håt.* [38]Dr Herrgott ischd aber et dr Gott von de Daote, sondern von de Lebendige; für den send nämlich älle lebendig.

[39]Nå hent am a paar von de Gstudierte zor Antwort geba ond gsaed: Môester, guat håsch gsprocha! [40]Dia hent sich nämlich nemme traut, an ebbas zom fråga.

Zom Vrgleicha: *Vers 27-38* II Mt 22,23-33; Mk 12,18-27 • *Vers 27:* Apg 23,8 • *Vers 28:* Dtn 25,5f; Gen 38,8 • *Vers 37:* Ex 3,6 • *Vers 39:* Mk 12,32 • *Vers 40:* Mt 22,46; Mk 12,34

D Messiasfråg: 20 41-44

[41]Nå håt r zo nen gsaed: Wårom sagat se aegentlich, dr Messias sei a Soh vom David? [42]Er selber, dr David saed nämlich em Psalmabuach: *A Spruch vom Herrgott (Jahwe) für maen Herra: Sitz an mae rechta Seit nô, [43]bis e dr daene Faend zom Fuaßscheml gmacht han!* [44]Dr David hôeßt an also »Herr«; wia kån r nå sae Soh sae?

Zom Vrgleicha: *Vers 41-44* II Mt 22,41-45; Mk 12,35-37a • *Vers 42:* Ps 11,1.

Gega de Gstudierte: 20 45-47

[45]Nå håt r vôr älle Leut drå zo saene Jünger gsaed: [46]Hüatat euch vôr de Gstudierte, dia laofat gern en lange Gwänder omanander ond hent s gern, wa mr se auf am Märktplatz bsonders grüaßt ond ao da Vôrsitz en de Synagoga mögat se, ond bei de Festessa hockat se am gernsta auf d Ehraplätz nô. [47]Drbei brengat se d Witwa om ihre Häuser ond dent schaehaelig lang beta. Dia kriagat drfür amål an omso härtera Richterspruch.

Zom Vrgleicha: *Vers 45-47* II Mt 23,1.5-7.14; Mk 12,37b-40 • *Vers 46:* 11,43; 14,7.

Dr Witwe ihr Opfer: 21 1-4

21 Nå håt r zuaguckt, wia de Reiche ihre Opfergaba en da Opferkasta naedao hent. [2]Ond r håt gseha, wia a arma Witwe zwôe Pfennig nackcit håt, [3]nå håt r gsaed: Wahrhaftig, des sag e euch: Dui arma Witwe håt maeh naedao als wia älle andere. [4]De andere hent nämlich älle bloß aus ihram Überfluß ihre Gaba naedao, aber dui håt, obwohl se et amål s naedigst zom Leba håt, s Letzte hergeba.

Zom Vrgleicha: *Vers 1-4* II Mk 12,41-44

Von dr Endzeit: 21 5-36

D Zerstörong vom Tempel wird ågsaed: 21 5-6

[5]Mô a paar über da Tempel gschwätzt hent, was då für schöne Stoe ond Weihegschenk dranna seie, håt r gsaed: [6]S kommat Däg, då bleibt von dem, was r dåhanna seahnat, koe Stoe auf am andera, ällas wird agrissa.

Zom Vrgleicha: *Vers 5-6* II Mt 24,1f; Mk 13,1f • *Vers 6:* 19,44.

Dr Åfang von dr Not: 21 7-19

[7]Nå hent se an gfrågt: Môester, wann passiert des ond an wehle Åzaeche merkt mr des, dass s jetzat åfangt? [8]Aber er håt druf gsaed: Guckat, dass r et vrführt werat! Då kommat nämlich

viele en maem Nåma ond sagat: I ben
s! ond: D Zeit ischd reif! Gangat bloß
et mit en.
[9]Wann r aber ebbas von Kriag ond
von Aufständ hörat, nă brauchat r et
vrschrecka! S ischd nämlich *naedig*, dass
des zersta *gschieht*. Aber s End ischd no
et glei då. [10]Nå håt r zo nen gsaed: Nå
stôht Volk gega Volk ond Reich gega
Reich auf; [11]von graoße Erdbeba ond
von Hongrsnöt ond Seucha werat ganze
Gegenda hoemgsuacht ond s passierat
schreckliche Sacha ond am Hemmel
sieht mr graoße Zaeche.
[12]Aber no vôr dem ällam legat se d Händ
an euch ond vrfolgat euch ond lieferat
euch an d Synagoga aus ond schmeißat
euch ens Gfängnis. Ond r werat vor
König ond Statthalter gschlôeft wega
maem Nåma. [13]Des kå für euch zom
Martyriom (Zeugnis) wera. [14]Stellat
euch also em Herza drauf ae, dass r euch
et em vôraus überlegat, wian r euch
vrtaediga sollat. [15]I gib euch nämlich,
wann s soweit ischd, d Weishaet zom
Reda, dass dia, mô euch nåchstellat, et
drgega åkommat ond nex maeh druf
saga könnat. [16]Ihr werat sogar von de
ôegene Eltera ond Gschwister, von
Vrwandte ond Fraend nôdao, ond se
werat etlich von euch ombrenga. [17]Ond
euch hassat älle, weil r zo maem Nåma
standat. [18]Aber von euram Kopf gôht koe
Häärle vrlaora. [19]Durch euer standhafts
Ausharra kriagat ihr s ewige Leba.

Zom Vrgleicha: *Vers 7-19* II Mt 10,17-22; 24,3-14; Mk 13,3-13 • *Vers 9:* Da 2,28 G • *Vers 10:* Jes 19,2 • *Vers 12:* Joh 16,1-4; Lk 12,11f • *Vers 18:* Mt 10,30.

S End von Jerusalem: 21 20-24
[20]Wann r aber seahnat, dass Jerusalem
von Kriagsheer aekesslat ischd, nå
wissat r, dass bis zor Zerstörong nemme
lang daurat! [21]Nå sollat d Judäer en d
Berg flüchta; wer en dr Stadt ischd, soll
nex wia naus; ond dia, mô draußa send,
sollat jå et naeganga. [22]Des send nämlich
Gerechtigkaetsdäg, en dene mô sich
ällas erfüllt, was gschrieba stôht. [23]Gnad
dene, mô grad schwanger send oder
Kenderla stilla dent en dene Däg! Weil
då a graoßa Not über s Land kommt
ond a Zôrngericht über des Volk. [24]Ond
se kommat durch s Schwert om, ond
se werat gfangagnomma ond en älle
Länder vrschleppt. Ond *Jerusalem* wird
von de *Haedavölker vrtramplat*, bis de
Haeda ihr Zeit rom ischd.

Zom Vrgleicha: *Vers 20-24* II Mt 24,15-22; Mk 13,14-20 • *Vers 22:* Dtn 32,35 • *Vers 24:* Sach 12,3 G.

Wia dr Menschasoh kommt: 21 25-28
[25]Nå sieht mr Zaeche an dr Sonn ond am
Mond ond an de Stern, ond auf dr Erde
send d Menscha vrzweiflat, weil se gega
d Sturmfluata em Meer nex ausrichta
könnat. [26]Menscha sterbat vôr lauter
Angst ond weil se et wissat, was no ällas
auf se zuakommt auf dr Erde; weil då
d Naturgwalta durchanander gråtat.
[27]Ond nå seahnat se da *Menschasoh*
en r a Wolk komma mit Macht ond
Herrlichkaet. [28]Wann r aber des ällas
komma seahnat, nå richtat euch auf ond
guckat aufwärts, nå kommt nämlich
euer Erlösong näher.

Zom Vrgleicha: *Vers 25-28* II Mt 24,29-31; Mk 13,24-27 • *Vers 25:* Jes 13,10; 34,4 G; Joel 2,10 • *Vers 26:* Hag 2,6.21; 2Petr 3,10 • *Vers 27:* Da 7,13; Mt 26,64; Mk 14,62; Offbg 1,7.

Måhnonga em Blick auf s End:
21 29-36
[29]Ond r håt a Beispiel bråcht: Guckat
da Feigabaom ond älle Baem å: [30]Wann
se schao ausschlagat, nă seahnat r von
selber, dass dr Sommer nemme weit
ischd. [31]So sollat ihr ao merka, dass am
Herrgott sae Reich nemme weit ischd,
wann r seahnat, dass des ällas passiert.

[32]Währle, des sag e euch: Des Gschlecht vrgôht et, bis dass ällas gschieht. [33]Dr Hemmel ond d Erde vrgangat, aber maene Wort vrgangat et.

[34]Passat auf, dass eure Herza et abstompfat wega Räusch ond Saufereia ond weil r euch Sôrga machat om da Lebensonterhalt, ond nå der Dag ovrhofft über euch kommt [35]wian a Fallstrick. Der kommt nämlich über älle auf dr ganza Erde. [36]Send aber jederzeit wachsam ond betat, dass r d Kraft kriagat, zom drvoganga vôr dene ganze Eraegnis, mô då gschehat, ond dass r vôr da Menschasoh nôtreta könnat.

Zom Vrgleicha: *Vers 29-33* II Mt 24,32-35; Mk 13,28-32 • *Vers 32:* 9,27; Mt 16,28; Mk 9,1 • *Vers 36:* Mt 24,42; 25,13; Mk 13,35.

Dr Jesus lehrt em Tempel: 21 37-38

[37]So håt r dia Däg em Tempel zuabråcht ond saene Lehra ausbrôetat; aber nachts ischd r naus an da Ölberg ond håt då übernachtat. [38]Ond môrgnads schao ganz bald send d Leut zon am en da Tempel komma ond hent am zuaghorcht.

Zom Vrgleicha: *Vers 37:* 19,47; 22,53; 22,39.

AM JESUS SAE LEIDA OND SAE AUFERSTEHONG: 22 1 - 24 53

Dr Beschluß vom Hoha Rat: 22 1-2

22 S Fest, mô mr bloß ogsäuerts Brot gessa håt, Passa håt s ghôeßa, ischd emmer näher komma. [2]Ond d Oberpriaster ond de Gstudierte hent druf gsonna, wia se da Jesus ombrenga könnte, weil se s Volk gfürchtat hent.

Zom Vrgleicha: *Vers 1-2* II Mt 26,3-5; Mk 14,1f • *Vers 2:* 19,47f; 20,19.

Dr Judas vrråtat da Haeland: 22 3-6

[3]Aber dr Satan ischd en da Judas Iskariot naegfahra, oen von dene Zwölf. [4]Ond r ischd zo de Oberpriaster ond Haoptleut ganga ond håt mit dene ausgmacht, wian r da Jesus dene en d Händ spiela könnt. [5]Ond se hent sich d Händ grieba ond am Geld vrsprocha. [6]Nå håt r en zuagsaed ond auf a günstiga Glegahaet paßt, zom an ohne viel Zeuga aus am Volk ausliefera.

Zom Vrgleicha: *Vers 3-6* II Mt 26,14-16; Mk 14,10f.

D Vôrberaetong vom Passamahl: 22 7-13

[7]Nå ischd dr Dag vom ogsäuerta Brot komma, då håt mr s Passalamm metzga müaßa. [8]Ond r håt da Petrus ond da Johannes gschickt ond zo nen gsaed: Gangat ond richtat s Passamahl für ons nô, dass mr mitanander essa könnat. [9]Aber dia hent an gfrågt: Mô sollat mr dr s nôrichta? [10]Nå håt r zo nen gsaed: Guckat, wann r en d Stadt naegangat, nå vrkommt euch a Må mit a ma Kruag Wasser, dem gangat r nåch ond nå gangat r mit am en des Haus, môn r naegôht. [11]Ond zom Hausherr sagat r: Dr Môester läßt de fråga: Mô ischd a Raom, môn e mit maene Jünger s Passamahl essa kå? [12]Nå zaegt euch der an Saal em Obergschoß, mô Polster dren ausglegt send. Då richtat r s nô. [13]Ond se send ganga ond hent ällas so vôrgfonda, wian en s dr Jesus gsaed håt, ond se hent s Passamahl sell nôgrichtat.

Zom Vrgleicha: *Vers 7-13* II Mt 26,17-19; Mk 14,12-16 • *Vers 7:* Ex 12,14-20.

S Passa- oder Abendmahl: 22 14-23

[14]Mô s nå Zeit gwea ischd, send se an da Tisch nôglega, dr Jesus ond d Apostl. [15]Ond r håt zo nen gsaed: I han a ganz args Vrlanga drnåch ghet, dass e mit euch des Passamahl iß, bevôr e leida muaß. [16]Des sag e euch: Auf koen Fall iss i des maeh, bis sich s em Herrgott

saem Reich erfüllt. 17Nå hât r da Becher gnomma ond s Dankgebet gsprocha ond gsaed: Nemmat an ond tôelat an onter anander! 18I sag euch nämlich: Von jetzt å trenk i auf koen Fall maeh vom Waestock saem Gwächs, bis am Herrgott sae Reich kommt. 19Ond r hât an Brotflada gnomma ond dankt, nå hât r s ausananderbrocha ond en geba ond gsaed: Des ischd mae Leib, der wird für euch geba; denkat an me, wann r des dent! 20Gradso hât r ao da Becher gnomma ond gsaed: Der Kelch ischd dr *neue Bund* en maem Bluat, des mô für euch vrgossa wird. 21Aber guckat no, der, mô me vrråtat, ischd mit mr am Tisch. 22Dr Menschasoh muaß zwår den Weg ganga, der môn am bestimmt ischd, aber Gnad dem Menscha, durch den môn r vrråta wird. 23Ond se hent ågfanga ond mitanander drüber gschwätzt, wer des wohl sei, mô so ebbas duat.

Zom Vrgleicha: *Vers 14-23* II Mt 26,20-29; Mk 14,17-25 • *Vers 19-20* II 1Kor 11,23-25 • *Vers 21-23* II Joh 13,2.21-26 • *Vers 20:* Ex 24,8; Jer 31,31.

Dr Rangstreit: 22 24-30

24Nå hent se ågfanga ond mitanander ghändlat, wer von en wohl dr Graeßt sei. 25Nå hât dr Jesus gsaed: D König herrschat über ihre Völker ond ihre Machthaber lassat sich Wohltäter hôeßa. 26Des muaß bei euch anders sae, då soll dr Graeßt von euch sae wia dr Jüngst ond der mô d Lôetong hât soll sae wian a Diener. 27Wer ischd denn graeßer, der mô am Tisch leit oder der mô bedient? Vielleicht et der, mô am Tisch leit? Aber i ben en eurer Mitte wia der mô bedient.

28Aber ihr hent bei mr ausgharrt en älle maene Prüafonga. 29Ond d i vrmach euch s Königreich, wia s mir mae Vadr vrmacht hât, 30dass ihr an maem Tisch en maem Reich essa ond trenka ond auf Throna sitza ond dia zwölf Stämm vom Volk Israel richta sollat.

Zom Vrgleicha: *Vers 24-27* II Mt 20,24-28; Mk 10,41-45 • *Vers 24-26:* 9,46-48; Mt 18,1; Mk 9,33f • *Vers 26:* Joh 13,4f.12-17 • *Vers 30:* Mt 19,28.

Dr Haeland saed am Petrus sae Vrlaengong å: 22 31-34

31Simon, Simon, guck, dr Satan hât sich ausdonga, dass r euch durchsieba därf wia da Wôeza; 32aber i han für de betat, dass dae Glaoba et aufhert. Ond du, wann da amål omdenka glernt håsch, nå därfst daene Brüader Muat macha. 33Saed dr Petrus: Herr, i ben druf aegstellt, dass e mit dr ens Gfängnis gang ond ao en da Daot. 34Aber dr Jesus hât druf gsaed: I sag dr s, Petrus: Dr Gockel hât no et kräht, ond du håsch schao drei Mål glaegnat, dass da me kennst!

Zom Vrgleicha: *Vers 31-34* II Joh 13,36-38 • *Vers 32:* Mt 16,18; Joh 21,15-17 • *Vers 33-34:* Mt 26,34f; Mk 14,30f • *Vers 34:* 22,61.

Mr muaß sich entschaeda: 22 35-38

35Nå hât r zo nen gsaed: Môn e euch fortgschickt han ohne Geldbeutel ond Rucksack ond Sandala, hent r då vielleicht Not leida müaßa? Ond se hent gsaed: Noe, koener! 36Ond r saed zo nen: Aber jetzat soll a jeder, mô an Geldbeutel hât den nemma, ond ao an Rucksack, ond der mô koen hât, soll saen Mantel vrkaofa ond sich a Schwert kaofa. 37Weil, des sag e euch: Des, was gschrieba stôht, muaß sich an mir erfülla: *Onter de Gsetzlose ischd r grechnat wôra!* Des, was für mi bestimmt ischd, kommt zor Vollendong. 38Nå hent d Jünger gsaed: Herr, guck, zwôe Schwerter sond då! Aber er hât gsaed: Des langat!

Zom Vrgleicha: *Vers 35:* 9,2f; 10,4 • *Vers 37:* Jes 53,12; Joh 19,28.

Dr Haeland betat am Ölberg: 22 39-46

39Nå ischd r nausganga wian r s gwöhnt gwea ischd, an da Ölberg, ond saene

Jünger send mit am ganga. [40]Mô se sell gwea send, håt r zo nen gsaed: Betat, dass r et en a Vrsuachong naegråtat. [41]Nå ischd r en Stoewurf weit von en wegganga ond ischd auf d Knia gsonka ond håt betat: [42]Vadr, wann du s willst, nå kåsch du den Kelch vo mr wegnemma. Aber et was i will, sondern was du willst, soll gscheha. [43]Ond a Engel ischd vom Hemmel komma ond håt am Kraft geba. [44]Nå ischd r en a ganz arga Todasnot komma ond r håt ganz drenglich betat; sae Schwôeß ischd wia Bluatstropfa an am nagloffa ond auf da Boda tropft. [45]Nå ischd r aufgstanda vom Gebet ond zo saene Jünger nôganga ond dia send vor lauter Kummer aegschlåfa gwea, [46]ond r håt zo nen gsaed: Was schlåfat r denn, standat auf ond dent beta, dass r et en a Vrsuachong gråtat.

Zom Vrgleicha: *Vers 39-46* II Mt 26,30.36-46; Mk 14,26.32-42 • *Vers 39:* 31,37; Joh 18,1f • *Vers 42:* Mt 6,10; Joh 12,27f.

Dr Haeland wird gfangagnomma:

22 47-53

[47]Wian r no gredat håt, send a Haufa Männer komma ond der, mô Judas ghôeßa håt, oener von dene Zwölf, ischd vôrnadrausganga ond ischd zom Jesus nô ond håt am an Kuß geba. [48]Dr Jesus håt aber zon am gsaed: Judas, mit a ma Kuß vrråtest du da Menschasoh? [49]Mô saene Jünger gseha hent, was sich då zsemabraut, hent se gsaed: Herr, sollat mr draehaoa mit am Schwert? [50]Ond oener von en håt am Hohapriaster saem Knecht s rechte Ohr wegghaoa. [51]Då håt dr Jesus druf gsaed: Lent s gnuag sae drmit! Ond r håt des Ohr ågregt ond an ghôelt. [52]Nå håt dr Jesus zo dene Oberpriaster ond Haoptleut von dr Tempelgarde ond zo de Älteste, mô älle gega an aufmarschiert send, gsaed: Wia gega an Raeber send ihr aufmarschiert mit Schwerter ond Keula? [53]I ben doch äll Dag bein ich em Tempel gwea, då hent r euch et traut, zom d Händ gega me nausstrecka; aber des ischd euer graoßa Stond ond d Fensternis håt d Macht an sich gnomma.

Zom Vrgleicha: *Vers 47-53* II Mt 26,47-56; Mk 14,43-50; Joh 18,3-11 • *Vers 53:* 19,47; 21,37; Joh 18,20.

Am Petrus sae schwacha Stond:

22 54-62

[54]Nå hent se an festgnomma ond abgführt ond hent an em Hohapriaster sae Haus bråcht; aber dr Petrus ischd am von weitams nåchganga. [55]Ond se hent mittla em Hof a Feuerle åzonda ond send dromrom ghockt, ond dr Petrus ischd drzua nôghockt. [56]Nå håt an a Magd, mô ao am Feuer ghockt ischd, ganz gnao åguckt ond gsaed: Der då ischd ao bein am gwea. [57]Aber r håt s glaegnat ond gsaed: Frao, i kenn den gar et! [58]Bald druf håt an oener åguckt ond gsaed: Du gherst doch ao drzua! Aber dr Petrus håt gsaed: Mensch, i doch et! [59]Ogfähr a Stond später saed a anderer: Wahrhaftig, der då ischd ao bein am gwea; des ischd doch ao a Galiläer! [60]Aber dr Petrus håt wieder gsaed: Menschenskind, i han koe Åhnong was da moenst. Ond glei, wian r no gschwätzt håt, håt a Gockel kräht. [61]Nå håt sich dr Herr romdreht ond da Petrus åguckt. Nå ischd am Petrus am Herra sae Wort wieder aegfalla: Dr Gockel håt no et kräht, ond du håsch schao drei Mål glaegnat, dass da me kennst! [62]Ond r ischd nausganga ond håt ganz bitterlich gheult.

Zom Vrgleicha: *Vers 54-62* II Mt 26,67; Mk 14,65.

D Wächter vrspottat da Haeland:

22 63-65

[63]Ond dia Männer, mô auf da Jesus aufpassa müaßa hent, hent an vrspottat ond an gschlaga. [64]A Decke hent auf an gschmissa ond an gfrågt: Sag doch, wer

de ghaoa håt. 65Ond viele andere Sacha hent se mit am trieba ond an vrlästerat.

Zom Vrgleicha: *Vers 63-65* II Mt 26,20-29; Mk 14,17 25 • *Vers 19-20*

Vôr am Hoha Rat: 22 66-71

66Mô s nå Dag wôra ischd, håt sich dr Ältestarat vom Volk vrsammlat, d Oberpriaster ond Gstudierte ond hent an vôrführa lassa en ihram Hoha Rat, 67ond hent gsaed: Wann du dr Messias bist, nå sag s ons! Aber er håt zo nen gsaed: Wann i s euch sag, nå glaobat ihr s uf koen Fall; 68ond wann i euch fråg, nå gebat r koe Antwort. 69Von jetzt å *sitzt dr Menschasoh zor Rechta vom* allmächtiga *Gott*. 70Nå hent se gsaed: Nå bist du also am Herrgott sae Soh? Aber er håt zo nen gsaed: Des sagat ihr, dass i s ben! 71Aber dia hent glei gsaed: Was brauchat mr jetzat no maeh Zeuga, mr hent s doch selber ghört wian r s gsaed håt!

Zom Vrgleicha: *Vers 66-71* II Mt 27,1; 26,57.63-65; Mk 15,1; 14,53.61-64; Joh 18,19-24 • *Vers 67:* 9,29; Joh 10,24 • *Vers 69:* Da 7,13; Ps 110,1.

Dr Jesus wird an da Pilatus ausglieferat: 23 1-5

23 Nå ischd de ganz Vrsammlong aufgstanda ond se hent an abführa lassa zom Pilatus. 2Ond se hent ågfanga zom an vrklaga ond gsaed: Mir hent festgstellt, dass der då onser Volk aufwieglat ond saed, se solle am Kaeser koene Steura zahla, ond r behaoptat, er sei dr Messias, a König. 3Aber dr Pilatus håt an gfrågt: Also du bist de Juda ihr König? Dr Jesus håt am zor Antwort geba: Du saesch s! 4Aber dr Pilatus håt zo de Oberpriaster ond zo de Leut gsaed: An dem Menscha kå i koe Schuld fenda. 5Dia hent an aber emmer ärger drangsaliert ond behaoptat: Der wieglat s Volk auf ond vrbrôetat saene Lehra en ganz Judäa omanander, en Galiläa håt r ågfanga bis zo ons.

Zom Vrgleicha: *Vers 1-5* II Mt 27,2.11-14; Mk 15,1-5; Joh 18.28-38.

Vôr am Herodes: 23 6-12

6Mô dr Pilatus des ghört håt, håt r gfrågt, ob der Mensch a Galiläer sei. 7Ond môn r vrfahra håt, dass dr Jesus aus dem Gao sei, mô dr Herodes drfür zuaständig ischd, håt r an zom Herodes gschickt, der ischd en dene Däg ao grad en Jerusalem gwea. 8Aber dr Herodes håt sich gfraet, môn r da Jesus gseha håt, der håt an nämlich schao emmer gern amål seha wölla, weil r schao viel von am ghört håt ond druf ghofft håt, dass r selber amål zuagucka könnt, wian r a Zaeche duat. 9Dr Herodes håt da Jesus ganz viel gfrågt, aber dr Jesus håt am koe Antwort geba. 10D Oberpriaster ond de Gstudierte send aber drbeigstanda ond hent an ganz hart åklagt. 11Nå håt an dr Herodes mit saene Soldata vrächtlich gmacht ond vrspottat, ond se hent am a Prachtsgwand romghängt ond an zom Pilatus zrückgschickt. 12An dem Dag hent dr Herodes ond dr Pilatus Fraendschaft gschlossa, vôrher hent se nämlich Krach mitanander ghet.

Zom Vrgleicha: *Vers 8:* 9,9 • *Vers 11:* Mt 27,28; Mk 15,17.

D Vrhandlong vôr am Pilatus: 23 13-25

13Nå håt dr Pilatus d Oberpriaster ond d Åführer ond s Volk zsemagruafa 14ond håt zo nen gsaed: Ihr hent mr den Menscha då drherbråcht ond behaoptat, der sei a Volksaufwiegler, ond guckat, i han an öffentlich vôr euch vrnomma, aber i han an dem Menscha koen Beweis für eure Åklaga fenda könna; 15ao dr Herodes et, der håt an ons nämlich wieder zrückgschickt. Ond guckat, der håt nex dao, was da Daot vrdeant hätt. [16]I laß an halt auspeitscha ond nå ischd r frei. ([17]r håt en aber zo jedam Fest oen freilassa müaßa.) [18]Nå hent älle durchanandergschria: Der då muaß weg! Laß da Barabbas raus! [19]Der ischd nämlich wega ma Aufruhr en dr Stadt ond wega Mord em Gfängnis gwea. [20]Nå håt s dr Pilatus nômål probiert ond auf se aegredat, weil r da Jesus håt freilassa wölla. [21]Aber dia hent drgegagschria: Ans Kreuz mit am! Ans Kreuz mit am! [22]Nå håt r zom dritta Mål zo nen gsaed: Was håt r denn Baes dao? I han koe todaswürdiga Schuld an am gfonda; wann r auspeitscht ischd, laß e n laofa.! [23]Aber dia hent emmer lauter auf an naegschria, dass r n kreuziga lassa müaßt, ond se hent sich mit ihram Gschrôe durchgsetzt. [24]Ond dr Pilatus håt entschieda, dass gschieht, was dia wöllat. [25]Den, mô wega Aufruhr ond Mord em Gfängnis ghockt ischd, håt r freiglassa, weil se s so wölla hent. Aber da Jesus håt r preisgeba, weil se s so wölla hent.

Zom Vrgleicha: *Vers 18-25* II Mt 27,20-26; Mk 15,11-15; Joh 18,38-19,1 • *Vers 18:* Apg 3,13f • *Vers 24:* Joh 19,15.

D Kreuzigong: 23 26-43

[26]Mô se da Jesus nå abgführt hent, ischd oener vom Feld komma, Simon håt r ghôeßa ond von Kyrene ischd r gwea, dem hent se am Jesus sae Kreuz aufglada, ond r håt s am Jesus nåchtraga müaßa. [27]Ond a Haufa Leut send mitganga ond ao Fraoa, dia hent sich an d Brust klopft ond om an gheult. [28]Zo dene håt sich dr Jesus romdreht ond zo nen gsaed: Ihr Fraoa von Jerusalem, wega mir brauchat r et heula! Heulat liaber über euch selber ond über eure Kender! [29]Guckat, s kommat nämlich Zeita, då saed mr: Glückselig send de Ofruchtbare ond dia Leiber, mô nia gebora hent, ond dia Brüst, mô nia gstillt hent! [30]Nå fangat se ond sagat zo de Berg: *Fallat auf ons nae! Ond zo de Bückel: Deckat ons zua!* [31]Wann nämlich des am greana Holz passiert, was gschieht nå erst am trockena?

[32]Mit am Jesus send ao no zwôe Vrbrecher abgführt wôra zom Henka. [33]Mô se nå an da Schädelplatz komma send, hent se an kreuzigt ond dia Vrbrecher, da oene rechts von am ond da andera lenks von am. [34]Aber dr Jesus håt gsaed: Vadr, vrzeih en, dia wissat nämlich et, was se dent! *Nå hent se seine Klôeder vrtôelt ond drom glost.* [35]Ond d Leut send drbeigstanda *ond hent zuaguckt*. Aber de Obere hent an *vrspottat* ond gsaed: Andere håt r gholfa, nå soll r sich selber doch ao helfa, wann r am Herrgott sae auserwählter Messias ischd. [36]Ao d Soldata hent sich über an lustig gmacht, dia send herkomma ond hent am Essig bråcht [37]ond zon am gsaed: Wann du de Juda ihr König bist, nå rette de doch selber! [38]Über saem Kopf ischd a Täfale gwea, då ischd draufgstanda: Des ischd de Juda ihr König. [39]Oener von dene ghenkte Vrbrecher håt ao glästerat ond gsaed: Bist du et dr Messias? Nå hilf dr doch selber ond ons aô! [40]Nå håt am aber dr ander Vorwürf gmacht ond gsaed: Fürchtest du da Herrgott denn gar et, obwohl da am gleicha Urtôel vrfalla bist? [41]Ons trifft s gerechterweis, weil des, was mir dao hent, håt da Daot vrdeant; aber der då håt nex Orechts dao! [42]Nå håt r no gsaed: Jesus, denk an me, wann da en dae Reich kommst! [43]Ond dr Jesus håt zon am gsaed: Währle, des sag e dr: Haet no bist du mit mr em Paradies.

Zom Vrgleicha: *Vers 26-43* II Mt 27,31b-44; Mk 15,20b-32; Joh 19,16b-27.29 • *Vers 30:* Hos 10,8; Offbg 6,16 • *Vers 34:* Ps 22,19; Joh 19,24 • *Vers 35:* Ps 22,8.

Dr Haeland stirbt: 23 44-49

[44]Ogfähr om de sechst Stond ischd s

em ganza Land donkel wôra bis zor
neanta Stond, [45]weil a Sonnafinsternis
gwea ischd. Ond em Tempel håt s da
Vôrhang (vôr am Haeligtom) von oba
bis onta ausanandergrissa. [46]Ond dr
Jesus håt ganz laut gruafa: *Vadr, daene
Händ vrtrau i maen Gaest å!* Môn r des
gsaed ghet håt, ischd sae Gaest von am
gwicha.
[47]Mô der Zenturio des gseha håt, was
då gscheha ischd, håt r da Herrgott
priesa ond gsaed: Des ischd wirklich
a gerechter Mensch gwea. [48]Ond älle,
mô wega dem Schaospiel zsemagloffa
gwea send, hent des gseha, nå hent se
sich an d Brust klopft ond send ganz
nåchdenklich hoemganga.
[49]Aber älle saene *Bekannte send a Stückle
weiter gstanda*, ond dia Fraoa, mô schao
von Galiläa mit am ganga send, hent des
no gseha.

Zom Vrgleicha: *Vers 44-49* II Mt 27,45-56; Mk 15,33-41; Joh 19, 28-30 • *Vers 46:* Ps 31,6 • *Vers 49:* Ps 38,12; Lk 8,2f.

Dr Jesus kommt en a Felsagruft:
23 50-56

[50]Ond a Må, Josef håt r ghôeßa ond ischd
von Arimathäa gwea, r a jüdischa Stadt,
der ischd Ratsherr gwea ond a guater ond
gerechter Må. [51]Der håt auf am Herrgott
sae Reich gwartat, dene Beschlüss vom
Hoha Rat håt der et zuagstemmt ghet,
[52]der ischd zom Pilatus ganga ond håt an
om da Leichnåm vom Jesus beta. [53]Mô
se n vom Kreuz ragnomma ghet hent,
håt r an en a Laetuach aegwicklat ond en
a frisch ghaoena Felsagruft naeglegt, då
ischd no koener drenglega gwea. [54]Ond
s ischd grad dr Rüstdag gwea, kurz vôr
am Sabbat.
[55]Ond dia Fraoa, mô mit am von
Galiläa komma gwea send, hent dui
Grabkammer åguckt ond wia sae
Leib naeglegt wôra ischd. [56]Mô se nå
hoemkomma send, hent se Duftöl ond
Salba vôrberaetat. Ond da Sabbat hent
se aeghalta als Ruhedag, wia s vom
Gsetz vôrgschrieba ischd.

Zom Vrgleicha: *Vers 50-56* II Mt 27,57-61; Mk 15,42-47; Joh 19,38-42 • *Vers 54:* Dtn 21,23.

D Engelsbotschaft em leera Grab:
24 1-12

24 Am ersta Dag von dr Woch send
se schao en äller Frûah an s Grab
komma ond hent dia Duftöl mitbråcht,
mô se vôrberaetat ghet hent. [2]Aber
der Stoe vôr dera Grabkammer ischd
weggwarglat gwea; [3]ond mô se naeganga
send, hent se da Leib vom Herr Jesus
et vôrgfonda. [4]Ond wia se ganz ratlos
dågstanda send, guck, då send zwôe
Männer bei nen gstanda, dene ihre
Gwänder hent richtig gleuchtat. [5]Nå
hent se s aber mit dr Angst z doant kriagt
ond hent auf da Boda naguckt. Aber dia
Männer hent zo nen gsaed: Was suachat
r da Lebendiga bei de Daote? [6]Der
ischd et då, sondern r ischd auferstanda.
Wissat r no wian r s euch gsaed håt no
en Galiläa, [7]dass dr Menschasoh en d
Händ von sündige Menscha ausglieferat
wera muaß, dass r kreuzigt wird ond am
dritta Dag auferstanda dät. [8]Des hent se
no guat gwißt. [9]Mô se nå zrückkomma
send von dera Grabkammer, hent se des
dene Elf ond älle andere vrzählt. [10]Des
ischd aber d Maria von Magdala ond
d Johanna ond d Maria, am Jakobus
sae Muader gwea, mô des de Apostl
vrzählt hent. [11]Aber für dia ischd des
a leers Gschwätz gwea ond se hent
en s et glaobt. [12]Aber dr Petrus ischd
aufgstanda ond an dui Grabkammer
gspronga, ond môn r sich naebuckt håt,
sieht r dia Laenabenda alloe dåliega;
ond r ischd hoemganga ond håt bei sich
selber gstaont über des, was då passiert
ischd.

Zom Vrgleicha: *Vers 1-12* II Mt 28,1-8; Mk 16,1-8; Joh 20,1-13 • *Vers 7:* 9,22.44; 17,25; 18,32f; • *Vers*

10: 8,2f; Mk 16,9.

Dr Weg uf Emmaus: 24 13-35
[13]Ond guck, zwôe von en send an sellam
Dag en an Flecka ganga, von Jerusalem
so om de zwôe Stond, Emmaus håt
r ghôeßa. [14]Ond se hent mitanander
gschwätzt über dia ganze Gschichta.
[15]Ond s håt sich gea, solang se no
mitanander gschwätzt ond besprocha
hent, då ischd dr Jesus selber zon en
nôganga ond mit en ganga. [16]Ihre Aoga
aber send ghalta gwea, dass se n et
kennt hent. [17]R håt aber zon en gsaed:
Was vrhandlat ihr denn für Sacha
mitanander? Ond se hent ganz traurig
guckt ond send standa blieba. [18]Ond dr
oe, Kleopas håt der ghôeßa, håt am zor
Antwort geba ond gsaed: Sag amål, bist
du dr oezig Fremde en Jerusalem, der
mô et mitkriagt håt, was då en dene Däg
passiert ischd? [19]Ond r håt zon en gsaed:
Was denn? Nå hent dia zon am gsaed:
Ha des mit am Jesus von Nazaret, der
mô a Profet gwea ischd, was der gsaed
ond dao håt ischd mächtig gwea vôr am
Herrgott ond ao vôr de Leut, [20]ond wia
den onsere Hohepriaster ond onsere
Obere zor Todasstråf ausglieferat
ond an kreuzigt hent. [21]Aber mir
hent ghofft, dass des der sei, der mô s
Volk Israel erlösa dät. Aber bei ällam
ischd jetzat schao dr dritte Dag, seit
des passiert ischd. [22]Aber ao a paar
von onsere Fraoa hent as en Schrecka
aegjagd. Mô dia ganz bald môrgnads an
dera Gruft gwea send [23]ond saen Leib et
gfonda hent, send se komma ond hent
vrzählt, se hätte gar a Erschaenong ghet
von Engel, dia hätte gsaed, r dät leba.
[24]Ond a paar von de Onsrige send an d
Gruft ganga ond hent s so åtroffa, wia
s dia Fraoa gsaed hent, aber se hent
an selber et gseha. [25]Ond r håt zon en
gsaed: O ihr ovrständige Kerle, viel z
schwerfällig send eure Herza zom ällas
des glaoba, was d Profeta gsaed hent!
[26]Håt dr Messias et des ällas leida ond en
sae Herrlichkaet aeganga müaßa? [27]Ond
r håt beim Mose ågfanga ond bei älle
Profeta ond håt en älle Schrifta ausglegt
was von am handlat. [28]Ond se send en
d Nähe von dem Flecka komma, mô se
hent nôwölla ond r håt so dao, wia wann
r weiterwöllt. [29]Ond se hent am d Haut
radao ond gsaed: Bleib doch bein as,
weil s Åbad wera will ond dr Dag gôht
schao hentana! Ond r ischd naeganga
zom bein en bleiba. [30]Nå håt sichs gea,
môn r mit en am Tisch gsessa ischd, håt
r s Brot gnomma, a Dankgebet gsprocha
ond håt en s geba. [31]Nå send en d Aoga
aufganga ond se hent an kennt. Ond nå
ischd r vrschwonda gwea. [32]Ond se hent
zoanander gsaed: Håt et onser Herz
brennt en ons drenna, wian r auf am Weg
mit as gsprocha håt, wian r ons d Schrift
aufdao håt? [33]Ond standepede send se
aufgstanda ond omdreht uf Jerusalem
zruck ond hent dia Elf ond ihre Fraend
vrsammlat gfonda, [34]dia hent gsaed: Dr
Herr ischd tatsächlich auferweckt wôra
ond am Simon erschiena. [35]Ond sia
selber hent en vrzählt, was auf am Weg
passiert ischd ond wia se an kennt hent
am Brotbrecha.

Zom Vrgleicha: *Vers 13:* Mk 16,12 • *Vers 24:* Joh 20,3-10 • *Vers 34:* 1Kor 15,4f.

Dr Jesus erschaent de Jünger: 24 36-53
[36]Solang se aber no drvo gschwätzt hent,
ischd r selber en ihr Mitte treta ond håt
zon en gsaed: Friede sei mit euch!. [37]Nå
send se aber vrschrocka ond hent Angst
kriagt ond gmoent, se täte a Gspenst
seha. [38]Ond r håt zon en gsaed: Was send
r so vrschrocka, ond wårom kommat
Zweifl en eure Herza auf? [39]Guckat
maene Händ ond maene Füaß å, dass e s
selber ben! Langat me å ond guckat! A
Gôest håt et Flôesch ond Knocha, wian
r seahnat, dass i s han. [40]Môn r des gsaed

håt, håt r en d Händ ond d Füaß zaegt.
[41]Mô se des aber vôr lauter Fraed no et
glaoba könna hent ond sich gwonderat
hent, håt r zon en gsaed: Hent r ebbas
zom Essa då? [42]Nå hent se am a Stückle
vom a bråtena Fisch geba. [43]Ond r håt s
vôr en drå gessa.
[44]Aber nå håt r zon en gsaed: Des send
maene Wort, des han e zon ich gsaed,
môn e no bein ich gwea ben: Ällas
müaßt erfüllt wera, was em Mose saem
Gsetz ond en de Profeta ond Psalma
über me gschrieba stôht. [45]Nå håt r en da
Senn aufdao, dass se d Schrifta vrstanda
dätat, [46]ond håt zon en gsaed: So stôht
s gschrieba, dass dr Messias auf dui Art
leida ond am dritta Dag von de Daote
auferstanda tät [47]ond dass auf saen
Nåma nö Buße predigt wera soll bei älle
Völker zor Sundavrgebong, ägfanga en
Jerusalem. [48]Ihr send mr dådrfür Zeuga!
[49]Ond guckat, i schick auf euch ronter,
was mae Vadr vrsprocha håt; bleibat ihr
en dr Stadt, bis r ådao send mit dr Kraft
von oba!
[50]Nå håt r se nausgführt en d Gegend
von Betanien, ond r håt saene Händ
aufghoba ond se gsegnat, [51]Ond
während r se gsegnat håt, ischd r von
en vrschwonda ond en da Hemmel
naufghoba wôra. [52]Ond d Jünger send
vôr am nôgsonka ond hent an åbetat.
Nå send se mit r a ganz graoßa Fraed
nach Jerusalem zrückganga [53]ond se
send emmer em Tempel gwea ond hent
da Herrgott priesa.

Zom Vrgleicha: *Vers 36-53* II Mk 16,14-19; Joh 20,19-23 • *Vers 36:* 1Kor 15,5 • *Vers 37:* Mt 14,26 Zom • *Vers 41:* Joh 21,5.10 • *Vers 42:* Apg 10,41 • *Vers 44:* Mt 16,21; Joh 5,39.46 • *Vers 45:* Joh 20,9 • *Vers 48:* Apg 1,8 • *Vers 50:* Apg 1,9f.

S Johannes-Evangeliom

DR PROLOG: 1 1-18

S Wort ischd Mensch wôra: 1 1-18
1 Vôr ällam andera ischd Er gwea, s
Wort. Ond Er, s Wort, ischd bei Gott
gwea. Ond Gott ischd Er, s Wort. 2 Der
ischd bei Gott gwea, no bevôr ebbas
ågfanga håt. 3 Durch den ischd ällas wôra;
s geit gar nex, was ohne ehn wôra wär,
gar nex. 4 Der håt s Leba en sich ghet,
ond des Leba, des ischd für d Menscha a
Licht gwea. 5 Ond des Licht håt en ällas
Donkle naegleuchtat, ond des Donkle
håt nex drmit åfanga könna.
6 Nå ischd a Mensch auftreta, den håt
dr Herrgott gschickt; Johannes håt r
ghôeßa; 7 der ischd Zeuge, dass r zeuga
soll für des Licht ond dass drom älle
glaebig wera solle. 8 Er selber ischd
et des Licht gwea, aber zeuga håt r
solla für des Licht. 9 Der, s Wort, ischd
s wahrhaftige Licht, des mô jedan
Menscha erleuchtat, der ischd en d
Welt raekomma. 10 Em Kosmos ischd
r gwea, ond grad dui Welt, mô durch
ohn wôra ischd, grad dui Welt håt an
et kennt. 11 En sae Ôegatom ischd r
komma ond et amål de Ôegene hent
an aufgnomma. 12 Aber dia môn an
ågnomma hent, dene håt r s Recht
geba, dass se Kender vom Herrgott
wera könnat, dene halt, mô an saen
Nåma glaebig send: 13 dia mô et aus am
Bluat oder weil a Mensch oder a Må
des wölla håt då send, sondern weil dia
aus Gott zeugt send. 14 Ond Er, s Wort
- ischd a Mensch wôra aus Flôesch
ond Bluat, ond håt bei ons gwohnt.
Ond mir hent sae Herrlichkaet seha
därfa, a Herrlichkaet, so gnädig ond
barmherzig, wia s bloß dr oezig Soh
von saem Vadr hao kå.
15 Dr Johannes zeugt für an ond saed
s laut: Der ischd s, den han e gmoent,
môn e gsaed han: Der, mô nach mir
kommt, ischd schao vôr mir gwea;
16 weil der ällas håt, ond då drvo hent
mir alle kriagt, Gnade ond nômål
Gnade. 17 S Gsetz ischd durch da
Mose geba wôra, aber d Gnade ond
d Wåhrat send durch da Jesus, da
Messias gscheha. 18 No gar nia håt oener
da Herrgott gseha; dr oezige Soh, mô
selber Gott ischd ond bei saem Vadr
ischd, håt an offabar gmacht.

Zom Vrgleicha: *Vers 4:* 5,26; 8,12 • *Vers 12:* 1Joh 3,1f; Gal 3,26 • *Vers 13:* 3,6; 1Joh 5,18 • *Vers 14:* 1Joh 1,1-3 • *Vers 15:* 1,30; Mt 11,3 • *Vers 18:* Ex 33,18.20; 1Joh 4,12.20.

AM HAELAND SAE ÖFFENTLICHS WIRKA: 1 19 - 12 50

Am Jesus sae Person ond sae Auftrag werat näher beschrieba - wian r ågfanga håt: 1 19 - 4 34

Was dr Johannes über sich selber saed: 1 19-28
19 Ond des bezeugt dr Johannes, mô
d Juda von Jerusalem Priaster ond
Levita zon am gschickt hent zom an
fråga, wer er aegentlich sei. - 20 Då håt r
ganz klar ond deutlich gsaed ond koen
Zweifel drå aufkomma lassa: I ben et
dr Messias! 21 Ond se hent weitergfrågt:
Was nå? Bist d nå dr Elia? Noe, der
ben e ao et!, håt r gsaed. Aber dr Profet
bist? Noe, håt r en zor Antwort geba.
22 Nå hent se zon am gsaed: Wer bist
nå? Schließlich müaßat mr jå onsere

Auftraggeber a Antwort geba könna;
was saesch d denn selber über de?
[23]Nå håt r gsaed: I ben bloß d Stemm
von oem, mô en dr Wüste ausrichtat:
Machat da Weg grad für da Herra! wia
s dr Profet Jesaja gsaed håt. [24]Ond oene
send von de Pharisäer gschickt gwea,
[25]dia hent an gfrågt: Wårom taofst nă,
wann da et dr Messias bist ond ao et
dr Elia oder dr Profet? [26]Dene håt dr
Johannes zor Antwort geba: I taof mit
Wasser. Aber en eurer Ronde stôht
der, den mô ihr et kennat: [27]der mô
nach mir kommt; i ben s et amål wert,
dass e dem d Reahma aufmach an
saene Sandala. [28]Des ischd en Betanien
gwea, über am Jordan drüba, mô dr
Johannes taoft håt.

Zom Vrgleicha: *Vers 19:* 1,7.8.15; 5,31-38; 8,14 • *Vers 20:* 6,14, Mt 17,10-13 • *Vers 21:* Dtn 18,15.18 • *Vers 23:* Jes 40,3; Mt 3,3; Mk 1,3; Lk 3,4 • *Vers 24-28:* Mt 3,1-6.11f; Lk 3,3-6.15-17

Wia dr Johannes da Jesus åguckt:
1 29-34

[29]Am andera Dag sieht r da Jesus,
wian r zon am kommt ond saed:
Guckat, då ischd am Herrgott sae
Opferlamm, des mô dr ganza Welt
ihr Sünd wegnemmt! [30]Des ischd der,
von dem môn e gsaed han: Nach mir
kommt a Må, der ischd am Rang nåch
weit vôr mr, weil der schao lang vôr
mir då ischd. [31]I han den ao et kennt,
aber dass der en Israel offabar wird -
dådrom komm i ond taof mit Wasser.
[32]Ond dr Johannes håt weiter bezeugt
ond gsaed: I han da Gaest wian a Taub
vom Hemmel rakomma seah, ond der
ischd auf am blieba; [33]ond i han den et
kennt, aber der, mô me gschickt håt,
zom mit Wasser taofa, der håt zo mr
gsaed: Wann da oen siehst, auf den
mô dr Gaest rakommt ond ao auf am
bleiba siehst: Des ischd der, mô mit am
Haeliga Gaest taoft. [34]Des han i gseha
ond dådrfür ben i Zeuge: Des ischd am
Herrgott sae Soh.

Zom Vrgleicha: *Vers 29:* Jes 53,7; 1.Joh 3,5 • *Vers 30:* 1,15 • *Vers 32-34:* Mt 3,13-17; Mk 1,9-11; Lk 3,21f.

De erste Jünger: 1 35-51

[35]Am andera Dag ischd dr Johannes
wieder dågstanda mit zwôe von saene
Jünger, [36]ond r håt auf da Jesus guckt,
der mô ao drherkomma ischd ond
saed: Guck, des ischd am Herrgott sae
Opferlamm! [37]Des hent saene zwôe
Jünger ghört, nå send se mit am Jesus
ganga. [38]Mô sich dr Jesus romdreht ond
gseha håt, dass dia mit am gangat, saed
r zo nen: Was hent r denn zom suacha?
Nå hent die gsaed: Rabbi - des hôeßt
übersetzt: Lehrer - sag mô da wohnst?
[39]Saed r zon en: Kommat, nå seahnat
r s. Nå send se mit am ganga ond
hent gseha, môn r wohnt ond send an
sellam Dag bein am blieba; des ischd
so am Viera rom gwea. [40]Dr Andreas,
am Simon Petrus sae Bruader ischd
oener von dene zwôe gwea, mô des
vom Johannes ghört hent ond mit am
ganga send. [41]Der håt zerst da Simon
gfonda, saen ôegena Bruader ond saed
zon am: Mir hent da Messias gfonda
- des hôeßt übersetzt: dr Gesalbte.
[42]Ond r håt an zom Jesus mitgnomma.
Dr Jesus håt an åguckt ond zon am
gsaed: Du bist dr Simon, dr Soh vom
Johannes. Du hôeßt jetzat Kephas, des
übersetzt mr mit: Felsa. [43]Am andera
Dag håt r weiter wölla nach Galiläa
ond fendat da Philippus ond saed zon
am: Komm mit! [44]Dr Philippus ischd
aber von Betsaida gwea, mô ao dr
Andreas ond dr Petrus her gwea send.
[45]Nå håt dr Philippus da Natanael
troffa ond saed zon am: Mir hent
den gfonda, von dem mô dr Mose em
Gsetz ond d Profeta gschrieba hent:
da Jesus, am Josef von Nazaret saen

Soh. [46]Saed dr Natanael zon am: Kå aus Nazaret ao ebbas Rechts komma? Saed dr Philippus zon am: Komm halt ond guck selber! [47]Mô dr Jesus da Natanael håt komma seha, saed r über an: Guck no, a echter Israelit, der ischd et orecht. [48]Saed dr Natanael zon am: Môher kennst du mi? Geit am dr Jesus zor Antwort: I han de schao gseha onter dem Feigabaom no eh dr dr Philippus gschria håt. [49]Då druf saed dr Natanael: Rabbi, du bist am Herrgott sae Soh. Du bist dr König von Israel. [50]Nå håt dr Jesus zon am gsaed: Weil e zo dr gsaed han, i hätt de gseha onter dem Feigabaom, drom glaobst mr? Då wirst schao no graeßere Sacha seha als wia des. [51]Ond r saed zon am: Währle, des sag e euch: Da Hemmel werat ihr no offastanda seha ond am Herrgott saene Engel nauf ond raganga auf da Menschasoh.

Zom Vrgleicha: *Vers 36:* 1,29 • *Vers 40-51:* Mt 4,18-22; Mk 1,16-20; Lk 5,1-11 • *Vers 42:* Mt 16,18; Mk 3,16; Lk 6,14 • *Vers 43:* Mt 8,22 • *Vers 47:* Ps 32,2 • *Vers 49:* Mt 14,33; 16,16 • *Vers 51:* Gen 28,12; Mk 14,62.

D Haozich z Kana: 2 1-12

2 Drei Dag drnåch ischd a Haozich gwea z Kana en Galiläa, ond am Jesus sae Muader ischd sell gwea; [2]dr Jesus ischd aber mit saene Jünger ao zor Haozich aeglada wôra. [3]Ond mô nen dr Wae ausganga ischd, saed am Jesus sae Muader zon am: Du, dia hent koen Wae! [4]Saed dr Jesus zon ra: Weib, was gôht des mi ond di å? Mae Stond håt no et gschlaga. [5]Saed sae Muader zo de Diener: Dent bloß, was r zon ich saed. [6]Då send aber sechs Stoekrüag gstanda, wia s bei de Juda dr Brauch gwea ischd wega de Raenigongsvôrschrifta, mô en an jeda so om de hondert Liter naeganga send. [7]Saed dr Jesus zon en: Machat dia Krüag vol mit Wasser!, ond dia hent s gfüllt bis oba nô. [8]Ond r saed zon en: Schöpfat jetzat raus ond brengat s am Küchaschef! Des hent se dao. [9]Mô der Küchaschef des Wasser, mô Wae draus wôra ischd, vrsuacht håt - der håt jå et gwißt, mô der herkomma ischd, bloß dia Diener hent s gwißt, weil dia hent s jå rausgschöpft ghet - nå håt der Küchaschef am Bräutigam gschria [10]ond saed zon am: Aegentlich geit jå a jeder saene Gäst da guata Wae zerst, ond wann se schao åzonda send, da mendera; ond du håsch da guata Wae bis jetzat aufghoba. [11]Des håt dr Jesus dao - als Åfang von saene Zôeche - z Kana en Galiläa ond håt dådrmit sae Herrlichkaet offabar gmacht. Ond saene Jünger hent an an glaobt. [12]Nå ischd r nach Kapernaum naganga - mit saener Muader ond saene Brüader ond saene Jünger. Sell send se a paar Dag blieba.

Zom Vrgleicha: *Vers 11:* 1,14; 11,40.

Dr Templ wird ausgmistat: 2 13-25

[13]Ond s Passafest von de Juda ischd nemme weit gwea, ond dr Jesus ischd uf Jerusalem ganga. [14]Ond r håt em Templ dia Händler vôrgfonda, mô Rendviecher, Schåf ond Tauba vrkaoft hent ond dia Geldwechsler, [15]ond r håt aus Strick a Gôeßel gmacht ond älle aus am Templ nausgjagt, d Schåf ond d Rendviecher, ond de Geldwechsler håt r ihr Geld nagschmissa ond ihre Tisch omkeit, [16]ond zo de Taubahändler håt r gsaed: Schaffat mr des Zuigs då naus! Machat doch aus maem Vadr saem Haus koen Kaoflada! [17]Saene Jünger hent sich nå druf bsonna, dass gschrieba stôht: *Dr Eifer om mae Haus frißt me auf.* [18]Nå hent dia Juda ågfanga ond zon am gsaed: Mit was kåsch de du ausweisa, dass da des doa därfst? [19]Dådruf håt en dr Jesus zor Antwort geba: Reißat doch den Templ ae, i bau an en drei Däg wieder auf! [20]Nå hent dia Juda gsaed:

En sechsavierzg Jåhr ischd der Templ
baut wôra ond du willst an en drei Däg
wieder aufbaua? [21]Aber er håt jå mit dem
Templ saen Leib gmoent. [22]Môn r von de
Daote auferstanda gwea ischd, nå ischd
saene Jünger wieder aegfalla, dass r des
gsaed håt, ond se hent dr Schrift glaobt
ond ao dem, was dr Jesus gsaed håt.
[23]Môn r nå am Passafest en Jerusalem
gwea ischd, hent viele an an glaobt, weil
se gseha hent, was r für Zôeche dao håt.
[24]Aber dr Jesus selber håt sich dene et
åvrtraut, weil r älle kennt håt [25]ond
weil r koe Aufklärong über d Menscha
braucht håt, der håt nämlich selber
gwißt, was en de Leut drensteckt.

Zom Vrgleicha: *Vers 13-16:* Mt 21,10-17; Mk 11,15-19; Lk 19,45-48 • *Vers 17:* Ps 69,10 · 18: 4,48; 6,30 • *Vers 19:* Mt 26,61; 27,40; Mk 14,58; 15,29; Apg 6,14.

Dr Jesus ond dr Nikodemus: 3 1-13

3 Nå ischd då aber a Mensch gwea,
Nikodemus håt r ghôeßa, oener
von de Oberste von de Juda; [2]der ischd
en dr Nacht zon am komma ond håt
gsaed: Rabbi, mir wissat, dass du von
Gott komma bist als a Lehrer, weil
koener kå sotte Zôeche doa wia du,
wann Gott et mit am ischd. [3]Dr Jesus
håt am zor Antwort geba ond zon am
gsaed: Währle, des sag e dr: Wann oener
et nômål ganz neu gebora wird, sieht
der am Herrgott sae Reich et. [4]Saed dr
Nikodemus zon am: Wia soll ao des
zuaganga, dass a alter Mensch nômål auf
d Welt kommt? Kå der vielleicht nômål
en da Leib von saener Muader naeganga,
dass r nômål auf d Welt kommt? [5]Dr
Jesus håt am zor Antwort geba: Währle,
des sag e dr: Wann oener et aus Wasser
ond aus am Gaest gebora wird, kå der
nia en s Reich vom Herrgott naeganga.
[6]Was aus am Menscha gebora ischd, des
ischd menschlich, ond was aus am Gaest
gebora ischd, des ischd gaestlich. [7]Des
braucht de et wondera, wann e dr sag:
des muaß sae, dass r von oba her gebora
werat. [8]Dr Wend blåst môn r will, ond
da hörst, wian r pfeift, aber môn r
herkommt ond môn r nôgôht, des wôeßt
d et. So ischd a jeder, mô aus am Gaest
gebora ischd. [9]Nå håt am dr Nikodemus
zor Antwort geba ond zon am gsaed:
Wia soll des zuaganga? [10]Saed dr Jesus:
Du bist doch dr Lehrer en Israel ond
wôeßt des et? [11]Währle, wahrle, i sag dr
s: Was mr wissat, des sagat mr, ond was
mr gseha hent, des bezeugat mr; ond
ihr nemmat onser Zeugnis oenaweg et
å. [12]Wann ihr des et Glaobat, was i euch
über irdische Sacha sag, wia wöllat ihr
nå erst Glaoba, wann e euch ebbas über
da Hemmel vrzähl? [13]S ischd nämlich
koener en da Hemmel naufgfahra als
wia der, mô vom Hemmel rakomma
ischd, nämlich dr Menschasohn.

Zom Vrgleicha: *Vers 1:* 7,50; 19,39 • *Vers 5:* Ez 11,19; 36,25-27; Rö 8,9 • *Vers 6:* 1,13; Gen 6,3; Hi 34,14f • *Vers 8:* Pred 11,5 • *Vers 11:* 1.Joh 1,2.

S Ziel vom Jesus saener Sendong: 3 14-21

[14]Ond wia dr Mose en dr Wüste
dui Schlang aufghenkt håt (dass älle
grettat wôra send, mô auf dui Schlang
guckt hent), so muaß des sae, dass dr
Menschasoh erhöht wird, [15]dass a jeder,
mô glaobt, en ehm a ewigs Leba håt.
[16]**So arg håt dr Herrgott dera Welt
sae Liebe entgegabråcht, dass r saen
oeziga Soh für se hergeba håt, dass a
jeder, mô an den glaobt, s ewige Leba
håt ond et vrlora gôht.** [17]Dr Herrgott
håt saen Soh et en d Welt gschickt, zom
d Welt vrurtôela, noe, der will, dass d
Welt grettat wird durch an. [18]Oener mô
an den glaobt, der wird et vrurtôelt.
Aber der, mô et an an glaobt, der ischd
schao vrurtôelt, weil r et glaobt håt an
da Nåma vom oeziga Soh von Gott.
[19]Des ischd aber s Gericht, dass s Licht

en d Welt komma ischd, aber d Menscha hent sich für d Nacht entschieda, weil se lichtscheu send ond was se dent baes ischd. [20]A jeder, mô s Baese duat, håt en Hass auf s Licht, der will ao et en s Licht, sonst könnt jå rauskomma, was r em Donkla ällas treibt. [21]Aber der, mô sich nach dr Wåhrat richtat bei dem, was r duat, der kommt en s Licht, nå sieht mr, dass des was der duat, em Senn vom Herrgott ischd.

Zom Vrgleicha: *Vers 14:* 12,32.34; 19,37; Num 21,8f • *Vers 16:* 1.Joh 4,9f; Rö 5,8; 8,32 • *Vers 17:* 12,47f.

S letzte Zeugnis vom Johannes über da Jesus: 3 22-36

[22]Dådrnåch ischd dr Jesus mit saene Jünger nach Judäa, sell ischd r blieba ond håt taoft. [23]Dr Johannes håt aber ao no taoft en Änon, des ischd bei Salim, sell ischd viel Wasser gwea ond d Leut send nô zom sich taofa lassa. [24]Dr Johannes ischd nämlich no et em Gfängnis gwea. [25]Nå håt s a Ausanandersetzong geba vom Johannes saene Jünger mit a ma Juda wega dr Raenigong. [26]Ond se send zom Johannes komma ond hent zon am gsaed: Rabbi, der mô bei dr gwea ischd auf dr andera Seit vom Jordan, für den, mô du zeugt håsch, guck, der taoft ao ond älle gangat zon am. [27]Dr Johannes håt en druf zor Antwort geba ond gsaed: A Mensch kå gar nex nemma, wann am s et vom Hemmel geba ischd. [28]Ihr selber send maene Zeuga, dass e gsaed han: I ben et dr Messias, sondern dass e vôr am hergschickt sei. [29]Der mô d Braut håt, ischd dr Bräutigam; aber dr Fraend vom Bräutigam stôht drbei ond fraet sich, dass r am Bräutigam sae Stemm hört. Dui Fraed ischd jetzat bei mir wåhr wôra. [30]Dass der wächst, des ischd naedig, ond dass i weniger wir, ischd ao naedig.

[31]Der mô von oba her kommt, der stôht über älle; wer von dr Erde ischd, der stammt von dr Erde ond schwätzt von dr Erde. Der mô aus am Hemmel kommt stôht über älle. [32]Was r gseha ond ghört håt, då ischd r Zeuge drfür, ond oenaweg nemmt sae Zeugnis neamerd å. [33]Der mô sae Zeugnis ågnomma håt, der geit am Briaf ond Siegel druf, dass Gott wahrhaftig ischd. [34]Weil der, den mô dr Herrgott gschickt håt, der richtat ao am Herrgott sae Wort aus; weil Gott da Gaest ohne a Aeschränkong geit. [35]Dr Vadr måg saen Soh ond håt am ällas en d Händ geba. [36]Wer an da Soh glaobt, der håt s ewige Leba. Wer aber am Soh et folga will, der sieht ao s Leba et, sondern am Herrgott sae Zôrn bleibt auf am.

Zom Vrgleicha: *Vers 24:* Mt 14,3; Mk 6,17 • *Vers 27:* 19,11 • *Vers 31:* 3,13; 8,23 • *Vers 32:* 3,11 • *Vers 36:* 1.Joh 5,12.

Am Jakobsbronna: 4 1-26

4 Mô dr Jesus vrfahra håt, d Pharisäer hätte ghört, dr Jesus dät maeh Jünger macha ond taofa als wia dr Johannes - [2]dr Jesus selber håt zwår et taoft, aber saene Jünger - [3]ischd r fortganga von Judäa ond wieder zrück nach Galiläa. [4]Dådrzua håt r durch Samarien müaßa. [5]En Samarien ischd r en a Stadt komma, Sychar håt se ghôeßa, et weit von dem Grondstück, mô dr Jakob saem Soh, am Josef geba ghet håt. [6]Sell isch a Quell gwea, dr Jakobsbronna. Dr Jesus ischd müad gwea von dr Rôes ond ischd an den Bronna nôgsessa. Des ischd so om da Mittag rom gwea.

[7]Då kommt a Frao aus Samarien zom Wasser hola. Saed dr Jesus zon ra: Gib mr ebbas zom trenka! [8]Saene Jünger send nämlich en d Stadt ganga zom a Vesper aekaofa. [9]Nå saed dui samaritischa Frao zon am: Wia kommst du als a Jud drzua, von ra samaritischa Frao wia mir om ebbas zom trenka z bitta? Juda hent nämlich mit de Samaritaner koen

Omgang. [10]Dr Jesus håt ra zor Antwort geba: Wann du wüßtest, was dir dr Herrgott für a Gschenk macha will ond wer des ischd, mô zo dr saed: Gib mr ebbas zom trenka - nå hättest du ehn beta ond der hätt dr a lebendigs Wasser geba. [11]Saed dui Frao zon am: Herr, auf dr oena Seit håsch du et amål en Schöpfoemer ond andererseits ischd der Bronna dåhanna recht tiaf. Mô willst d nå a lebendigs Wasser hernemma? [12]Bist d vielleicht maeh als wia onser Vadr Jakob, der mô ons den Bronna dåhanna geba ond selber draus tronka håt ond saene Söh mitsamt ihre Viecher? [13]Dr Jesus håt ra dådrauf zor Antwort geba ond zon ra gsaed: A jeder mô von dem Wasser dåhanna trenkt, kriagt wieder en Durst; [14]wer aber von dem Wasser trenkt, môn am i geba will, der kriagt en Ewigkaet koen Durst maeh, weil des Wasser môn r von mir kriagt, des wirkt wian a Wassersprudl en am dren zom ewiga Leba. [15]Saed dui Frao: Herr, nå gib mr des Wasser, dass e koen Durst maeh kriag ond nemme dåher komma muaß zom Wasser hola. [16]Nå saed r zon ra: Gang ond hol daen Må ond breng an her. [17]Nå håt am dui Frao zor Antwort geba ond zon am gsaed: I han koen Må. Saed dr Jesus zon ra: Håsch jå recht wann da saesch: I han koen Må. [18]Weil da faef Männer ghet håsch, ond der mô jetzat bei dr ischd, ischd ao et dae Må; då håsch d schao d Wåhrat gsaed.

[19]Nå saed dui Frao zon am: Herr, i sieh dass du a Profet bist. [20]Onsere Vädr hent schao auf dem Berg dåhanna da Herrgott åbetat; ond ihr sagat, Jerusalem sei dr rechte Ort, mô mr da Herrgott åbeta muaß. [21]Saed dr Jesus zon ra: Glaob mr s no, Frao, s kommt amål a Stond, mô ihr weders auf dem Berg då ond ao et en Jerusalem da Vadr åbeta dent! [22]Ihr betat nämlich ebbas å, was r gar et kennat; mir wissat, was mr åbeta dent, weil nämlich s Hael von de Juda kommt. [23]Aber dui Stond kommt no ond ischd sogar schao då, mô de echte Åbeter da Vadr em Gaest ond wahrhaftig åbeta dent; sotte suacht dr Vadr nämlich, mô an so åbeta dent. [24]Dr Gaest ischd Gott, ond dia mô den åbeta wöllat, dia müaßat an em Gaest åbeta ond ganz wahrhaftig sae. [25]Saed dui Frao zon am: I wôeß, dass dr Messias kommt, den mô mr da Christus hôeßt; wann der kommt, der macht ons ällas klar. [26]Saed dr Jesus zon ra: I ben des, der mô mit dr redat.

Zom Vrgleicha: *Vers 3:* Mt 4,12; Mk 1,14; Lk 4,14 • *Vers 5:* Gen 33,18f; 48,22; Jos 24,32 • *Vers 8:* Lk 9,52f • *Vers 14:* Sir 24,21; Ps 36,10; Jes 58,11 • *Vers 22:* 2.Kö 17,29; Jes 2,3 • *Vers 25:* Dtn 18,18 · 26: 9,37.

En Samaria wird dr Jesus aufgnomma:

4 27-42

[27]En dem send saene Jünger komma ond hent sich gwonderat, dass r mit ra Frao gschwätzt håt, aber koener håt ebbas gsaed: Suachst d ebbas? Oder: Was geit s zom schwätza mit dera då? [28]Nå håt dui Frao ihran Kruag standa lassa ond ischd en d Stadt naegloffa ond saed zo de Leut: [29]Kommat schnell, då ischd a Må, der håt mr ällas auf da Kopf zua gsaed, was e dao han! Vielleicht ischd des gar dr Messias. [30]Nå send dia naus aus am Städtle ond zon am komma. [31]Drweilst hent an saene Jünger beta: Rabbi, komm, iß ebbas! [32]Aber er håt gsaed: I han ebbas zom Essa, mô ihr no koe Åhnong drvo hent. [33]Nå hent dia Jünger zo anander gsaed: Håt am vielleicht schao ebber a Vesper bråcht? [34]Saed r zon en: Mae Essa ischd des, dass e des dua, was me der ågwiesa håt, mô me gschickt håt ond sae ågfanges Werk fertig mach. [35]Sagat ihr et selber: No vier Monat, nå ischd d Ernt? Guckat, i sag euch: Machat d Aoga auf ond guckat d Felder å: dia send schao weiß zom Ernta. [36]Der mô schao

selber zeuga dät, nå wär mae Zeugnis et glaobwürdig; [32]für mi zeugt a anderer, ond i wôeß, dass dem sae Zeugnis über mi wåhr ischd. [33]Ihr hent zom Johannes gschickt, ond der håt für d Wåhrat zeugt; [34]aber i will koe Zeugnis vo ma Menscha, des sag e bloß, dass ihr grettat werat: [35]Der (dr Johannes) ischd a Licht gwea, mô hell brennt ond en Schae geba håt, aber ihr hent euch bloß a Weile en saem Licht sonna wölla. [36]I han aber a Zeugnis, mô no a ganz anders Gwicht håt als wia am Johannes saes, des was i doa därf em Nåma vo maem Vadr, grad dia Tata zeugat drfür, dass dr Vadr mi hergschickt håt. [37]Ond der Vadr mô mi hergschickt håt, der håt ao für me zeugt. Dem sae Stemm hent ihr no nia ghört, ond ao no nia sae Gstalt gseha, [38]sae Wort wohnt ao et en euch dren, weil r dem et Glaoba dent, den môn r hergschickt håt. [39]Ihr suachat en de Schrifta rom, weil r moenat, då hättat r s ewige Leba dren; ond grad dia zeugat doch für me. [40]Aber ihr wöllat jå gar et zo mr komma, dass r s Leba kriagat.

[41]I ben auf d Ehr von Menscha et ågwiesa; [42]aber ihr send anders ond i wôeß, dass en euch koe Liebe von Gott ischd. [43]I ben em Nåma vo maem Vadr herkomma ond ihr nemmat me et å. Wann aber oener en saem ôegena Nåma kommt, den nemmat r å. [44]Wia könnat ihr Glaoba, ehrakäsig wian r send, wann r am Herrgott, dem mô ganz alloe d Ehr zuastôht, sae Ehr et suachat. [45]Moenat doch et, i dät euch beim Vadr vrklaga; då ischd oener, môn ich vrklagt, dr Mose, en den môn r euer Hoffnong gsetzt hent. [46]Wann ihr nämlich am Mose glaoba däte, nå müßtat r aegentlich mir ao glaoba, weil der über mi schao gschrieba håt. [47]Wann ihr aber dem saene Schrifta et glaobat, wia wöllat r nå erst maem Wort glaoba?

Zom Vrgleicha: *Vers 20:* 3,35; 14,12 • *Vers 21:* 1.Sa 2,6; 2.Kö 5,7 • *Vers 22:* 5,27 • *Vers 24:* 3,18 • *Vers 26:* Mt 11,27 • *Vers 27:* Da 7,13f • *Vers 28f:* Da 12,2; Mt 16,27 • *Vers 30:* 4,34; 6,38 • *Vers 31:* 8,13f • *Vers 33:* 1,19-34; 18,37 • *Vers 35:* 1,8 • *Vers 36:* 10,25 • *Vers 41:* 1.Thess 2,6.

Faeftausad werat satt: 6 1-15

6 Nå ischd dr Jesus nom an s ander Ufer vom See Tiberias. [2]S send am a Haufa Leut nåchganga, weil se gseha hent, was r an dene Kranke dao håt. [3]Dr Jesus ischd aber auf da Berg nauf ganga ond ischd då mit saene Jünger nôgsessa. [4]S Passafest ischd ao nemme weit gwea, de Juda ihr Fest. [5]Mô nå dr Jesus aufguckt ond gseha håt, dass då so viel Leut zon am kommat, saed r zom Philippus: Mô kriagat mr jetzat Brot her, dass dia då essa könnat? [6]Des håt r aber bloß gsaed, zom an auf d Prob stella; r håt nämlich schao gwißt, was r doa will. [7]Dr Philippus håt am zor Antwort geba: Für zwôehondert Denar Brot langat für dia nergads nô, dass a jeder ao bloß a bißle kriaga dät. [8]Saed oener von saene Jünger, dr Andreas, am Simon Petrus sae Bruader zon am: [9]Då ischd a Bua, der håt faef Gerstabrot ond zwôe Fisch, aber was ischd des schao für so viele? [10]Saed dr Jesus: Lent dia Leut nohocka! An dem Platz håt s viel Gras geba. Nå send dia Männer nôghockt, so om de faeftausad. [11]Nå håt dr Jesus dia Brot gnomma ond s Dankgebet gsprocha ond håt s an dia Leut mo då ghockt send vrtôelt ond ao von dene Fisch, soviel wia se wölla hent. [12]Mô se nå satt gwea send, saed r zo saene Jünger: Klaubat dia übrige Bröckala zsema, dass nex omkommt! [13]Nå hent se zsemaklaubt, zwölf Kretta send vol wôra von dene fenf Gerstabrot, was übrigbliaba ischd von dene, mô gessa hent. [14]Mô dia Leut des Zôeche gseha hent, was r då dao håt, hent se gsaed: Der ischd währle dr Profet, der mô en d Welt komma soll. [15]Nå håt

dr Jesus gmerkt, dass dia komma wöllat
ond an packa, dass se an zom König
macha däte, nå ischd r hehlenga wieder
auf da Berg ganga, ganz alloe.

Zom Vrgleicha: *Vers 1-13:* Mt 14,13-21; Mk 6,31-44; Lk 9,10-17 • *Vers 1-13:* Mt 15,32-39; Mk 8,1-10 • *Vers 4:* 11,55 • *Vers 9:* 2.Kö 4,42f • *Vers 14:* Dtn 18,15.18.

Dr Jesus lauft auf am Wasser: 6 16-21

[16]Am Åbad nå send saene Jünger an da
See na ganga, [17]ond en a Boot naegstiega
ond hent über da See nomfahra wölla uf
Kapernaum, s ischd schao Nacht wôra
ond dr Jesus ischd no et bei nen gwea.
[18]Ond weil a starker Wend ganga ischd,
ischd dr See recht rauh wôra. [19]Mô se
ogfähr a Stond gruaderat ghet hent,
seahnat se uf oemål da Jesus auf sich
zuakomma auf am Wasser bis ans Boot
her; ond se hent s mit dr Angst zom doa
kriagt. [20]Aber er håt zo nen gsaed: I ben
s, r brauchat koe Angst et han. [21]Nå hent
se an ens Boot raenemma wölla; ond
glei ischd des Boot då gwea, mô se hent
nôfahra wölla.

Zom Vrgleicha: *Vers 16-21:* Mt 14,22-33; Mk 6,45-52.

Dr Jesus ischd s Lebensbrot: 6 22-59

[22]Am Dag drauf hent dia Leut, mô am
andera Ufer gstanda send gseha, dass
koe anders Boot dågwea ischd als wia
des oene, ond dass dr Jesus et zo saene
Jünger en s Boot naegstiega ischd ond
dia alloe abgfahra send. [23]Nå send no
andere Boot von Tiberias an den Platz
nôgfahra, mô se des Brot gessa ghet
hent - nachdem dr Herr s Dankgebet
gsprocha håt. [24]Wia nå dia Leut gseha
hent, dass dr Jesus nemme sell gwea
ischd ond ao saene Jünger et, send se en
ihr Boot naegstiega ond uf Kapernaum
gfahra, zom da Jesus suacha. [25]Ond mô
se n am andera Ufer vom See gfonda
hent, hent se zon am gsaed: Rabbi,
wann bist denn då her komma? [26]Nå håt
en dr Jesus zor Anwort geba ond gsaed:
Währle, währle, des sag e euch: Ihr
suachat mi et, weil r Zôeche gseha hent,
sondern weil r von dene Brot gessa hent
ond gnuag ghet hent. [27]Machat euch no
koe Ärbat om des Essa mô vrderba kå;
kümmerat euch liaber om a Essa en s
ewige Leba, des môn ich dr Menschasoh
geba will; dem håt sae Vadr, dr Herrgott,
Briaf ond Siegel druf geba. [28]Nå hent
se an gfrågt: Was sollat mr denn doa,
dass mr am Herrgott saene Werk dent?
[29]Nå håt en dr Jesus zor Antwort geba
ond gsaed: Des ischd am Herrgott sae
Werk, dass ihr an den glaobat, den mô er
selber hergschickt håt. [30]Nå hent se zon
am gsaed: Was duast denn für a Zôeche,
dass mr ebbas seahnat ond dr glaobat?
Was duast? [31]Onsere Vôrfahra hent en
dr Wüste s Manna gessa, wia s gschrieba
stôht: *Brot vom Hemmel håt r en zom
essa geba.* [32]Nå håt dr Jesus zon en gsaed:
Währle, währle, des sag e euch: Et dr
Mose håt euch des Brot aus am Hemmel
geba, noe, sondern mae Vadr geit euch s
wirkliche Brot aus am Hemmel. [33]Weil
am Herrgott sae Brot ischd der, mô aus
am Hemmel rakommt ond dr Welt Leba
geit. [34]Nå hent se zon am gsaed: Herr,
gib ons des Brot doch emmer! [35]Saed dr
Jesus zon en: I selber ben s Lebensbrot;
der mô zo mir kommt, der kriagt koen
Honger maeh, ond der mô an mi glaobt,
der kriagt ao koen Durst maeh.

[36]Aber i han s euch gsaed, dass ihr et
glaobat, obwohl r me gseha hent. [37]Ällas,
was mir dr Vadr geit, kommt ao zo mr,
ond i verstoß koen, mô zo mr kommt.
[38]Weil i et vom Hemmel rakomma ben
zom doa was i will, sondern des was
der will, mô me hergschickt håt. [39]Der
mô mi hergschickt håt, will aber, dass i
von ällam, was r mr geba håt, nex vrlier,
sondern dass e s aufweck am jüngsta
Dag. [40]Mae Vadr will nämlich, dass a

jeder, mô da Soh sieht ond an an glaobt,
s ewige Leba kriagt; ond i weck an auf
am jüngsta Dag. [41]Nå hent dia Juda an
am romgmaulat, weil r gsaed håt: I ben s
Brot, mô vom Hemmel rakomma ischd!
[42]Ond se hent gsaed: Ischd des et dr Jesus,
am Josef sae Soh? Dem saen Vadr ond
sae Muader kennat mr schliaßlich. Wia
kommt der drzua zom saga: I ben vom
Hemmel ragstiega? [43]Nå håt dr Jesus
ågfanga ond zon en gsaed: Maulat et
omanander! [44]Zo mir kå koener komma,
wann an dr Vadr, der mô mi hergschickt
håt et ziaga dät - ond i laß an auferstanda
am jüngsta Dag. [45]En de Profeta stôht
gschrieba: *Ond älle werat vom Herrgott
belehrt sae.* A jeder mô vom Vadr ghört
ond glernt håt, kommt zo mir. [46]Et dass
oener da Vadr gseha hätt! Bloß der mô
vom Herrgott herkommt, der håt da
Vadr gseha! [47]Währle, währle, des sag e
euch: Der mô glaobt, håt s ewige Leba.
[48]I ben s Lebensbrot. [49]Eure Vädr hent
en dr Wüste s Manna gessa ond send
gstôrba. [50]Des ischd a Brot, mo vom
Hemmel rakommt, dass mr drvo ißt
ond et stirbt. [51]I ben s lebendige Brot,
mô vom Hemmel rakomma ischd; wer
des Brot ißt, der lebt en Ewigkaet; ond
des Brot ischd mae Leib, den mô i opfere
für s Leba von dr Welt.

[52]Nå hent dia Juda onter sich gstritta
ond gsaed: Wia kå der ons saen Leib
zom essa geba? [53]Saed dr Jesus zon en:
Währle, währle, des sag e euch: Wann
ihr da Leib vom Menschasoh et essa
ond ao sae Bluat et trenka wöllat, nå
hent r ao koe Leba en euch dren. [54]Wer
maen Leib en sich aufnemmt ond mae
Bluat trenkt, der håt s ewige Leba ond
i laß an am jüngsta Dag auferstanda.
[55]Weil mae Leib ischd s wahre Essa ond
mae Bluat ischd s wahre Trenka. [56]Wer
maen Leib ißt ond mae Bluat trenkt, der
bleibt en mir ond i en ehm dren. [57]Wia
dr lebendige Vadr mi hergschickt håt
ond wian i durch da Vadr leb, so lebt
ao der, mô me en sich aufnemmt, durch
mi. [58]Des ischd a Brot mô vom Hemmel
rakomma ischd, et wia bei de Vädr, mô
gessa hent ond gstôrba send; der mô des
Brot ißt, der lebt en Ewigkaet. [59]Des
håt r en Kapernaum gsaed, môn r en dr
Synagog glehrt håt.

Zom Vrgleicha: *Vers 30:* Mt 16,1-4; Mk 8,11-13 • *Vers 31:* Ps 78,24; Ex 16,4 • *Vers 35:* Sir 24,21 • *Vers 37:* 4,34; 5,30; Mt 26,39; Mk 14,36; Lk 22,42 • *Vers 42:* Mt 13,54-57; Mk 6,1-6; Lk 4,16-30 • *Vers 45:* Jes 54,13; Jer 31,33f • *Vers 46:* 1,18 • *Vers 51:* 1,14 • *Vers 57:* 5,26.

Bei de Jünger geit s a Spaltong: 6 60-71

[60]Etlich von saene Jünger, mô se des ghört
hent, hent gsaed: Des'schd fae a harta
Red! Wer kå sich des åhöra? [61]Dr Jesus
håt des selber gmerkt, dass saene Jünger
då drå romgmaulat hent, ond håt zon en
gsaed: Gell, des regt euch auf? [62]Wia nå
erst, wann r da Menschasoh då nôganga
seahnat, môn r herkomma ischd? [63]Dr
Gaest macht lebendig; dr Leib taogt gar
nex. Maene Wort send Gaest ond send
Leba. [64]Aber a paar von euch glaobat et.
Dr Jesus håt nämlich von Åfang å gwißt,
wer von dene et glaoba kå ond ao wer an
vrråta dät. [65]Ond r håt gsaed: Drom han
e euch gsaed, dass zo mir koener komma
kå, wann am s dr Vadr et schenkt.

[66]Von sell å hent sich etlich von saene
Jünger von am abgwendat ond send
nemme mit am weiterganga. [67]Nå håt
dr Jesus dia Zwölf gfrågt: Wöllat ihr
ao fortganga? [68]Nå håt am dr Simon
Petrus zor Antwort geba: Herr, zo wem
sollat mr denn ganga? Du håsch s Wort
vom ewiga Leba; [69]ond mir glaobat
ond erkennat, dass du am Herrgott
sae Haeliger bist. [70]Dr Jesus håt en zor
Antwort geba: Han e et euch Zwölf
auserwählt? Ond oener von euch ischd a
Teufel. [71]Dådrmit håt r da Judas gmoent,
am Simon Iskariot saen Soh. Der håt an

nåcher vrråta - oener von dene Zwölf.

Zom Vrgleicha: *Vers 64:* 7,46 • *Vers 68-69:* Mt 16,16; Mk 8,29; Lk 9,20 • *Vers 70-71:* 13,18; Mt 26,14-16; Mk 14,10f; Lk 22,3-6.

Dr Jesus offabart sich auf am Laobhüttafest: 7 1-52

Dr Jesus ziagt sich zrück: 7 1-13

7 Nach dem ischd dr Jesus en Galiläa romzoga. En Judäa håt r et bleiba wölla, weil d Juda hent an ombrenga wölla. 2S ischd nemme weit gwea bis an s jüdische Laobhüttafest. 3Nå hent saene Brüader zon am gsaed: Gang fort von dåhanna ond vrziag de nach Judäa, dass daene Jünger ao seahnat, was du vollbrenga kåsch. 4Wann oener bekannt wera will, nå därf r sae Sach et hehlenga doa. Wann da des willst, nå muaßt schao vôr d Welt nôstanda!, 5s hent nämlich et amål saene Brüader an an glaobt. 6Saed dr Jesus zon en: Mae Zeit ischd no et komma; aber für euch ischd s emmer Zeit. 7**Auf euch håt d Welt koen Hass, aber mi hassat se, weil i dene zaeg, wia vrloga se send mit dem, was se dent.** 8Gangat ihr no nauf en s Fest; i gang et mit nauf en s Fest, weil mae Zeit no et so weit ischd. 9Des håt r zon en gsaed ond ischd en Galiläa blieba.

10Mô aber saene Brüader en s Fest nauf send, ischd r ao naufgstiega, hehlenga, ond r ischd et öffentlich auftreta. 11Nå hent an d Juda auf am Fest gsuacht ond gsaed: Mô ischd r denn? 12Ond bei de Leut håt s a omöglichs Geseiere geba. De oene hent gsaed: Der ischd schao en Ordnong. Noe, hent de andere gmoent, der vrführt d Leut. 13Aber koener håt sich offa ebbas zom saga traut, weil se Angst ghet hent vor de Juda.

Zom Vrgleicha: *Vers 1:* Mt 17,22; Mk 9,30 • *Vers 5:* Mk 3,21 • *Vers 6:* 2,4; 7,30; 8,20; Mt 26,18; Lk 4,13; 21,8; Apg 1,7 • *Vers 7:* 15,18f.

Dr Jesus tritt em Templ auf: 7 14-24

14Mô s Fest schao halba rom gwea ischd, ischd dr Jesus en da Templ nauf ond håt glehrt. 15Nå hent dia Juda gstaont ond gsaed: Wia kă der sich en de Schrifta auskenna, môn r des doch gar et studiert håt? 16Då håt dr Jesus druf gsaed: Maene Lehra stammat et von mir, sondern von dem, mô mi hergschickt håt. 17Wann oener dem saen Willa doa will, nå wird r schao merka, ob dia Lehra von Gott send oder ob i vo'mr selber aus ebbas sag. 18Wer em ôegena Nåma ebbas saed, der suacht sae ôegena Ehr. Wer aber den vrherrlicha will, der môn an hergschickt håt, der ischd ao ehrlich ond Orecht håt der et en sich. 19Håt et dr Mose euch s Gsetz geba? Ond doch folgt koener von euch am Gsetz. Wårom wöllat r me denn ombrenga? 20Gebat am dia Leut zor Antwort: Du håsch en Dämona. Wer will de denn ombrenga? 21Nå håt en dr Jesus zor Antwort geba ond gsaed: Bloß oe oezigs Werk han i dåhanna dao ond ihr älle mitanander wonderat euch då drüber. 22Dr Mose håt euch doch d Beschneidong et deshalb geba, dass se vom Mose ischd, sondern von de Altvôrdere - ond am Sabbat dent ihr en Menscha beschneida. 23Wann a Mensch am Sabbat beschnitta wird, nå wird doch dådrmit et am Mose sae Gsetz aufglöst. Wårom hent r nå a Wuat auf me, weil i am Sabbat en ganza Menscha gsond gmacht han? 24Dent doch et nach am Aogaschae urtôela, sondern urtôelat amåle ganz gerecht.

Zom Vrgleicha: *Vers 15:* Mt 13,54; Mk 6,2; Lk 4,16-30 • *Vers 18:* 8,50 • *Vers 20:* Mt 10,25; 12,24; Mk 3,21f; Lk 11,15.

Wer dr Jesus wohl ischd?: 7 25-36

25Nå hent a paar Jerusalemer gsaed: Des ischd doch der, den mô se ombrenga wöllat? 26Ond guck, der redat frei ond offa, ond koener saed ebbas zon am.

Sotte dia Obere tatsächlich drhenter
komma sae, dass des dr Messias
ischd? [27]Von dem då wissat mr, môn
r herkommt; wann aber dr Messias
kommt, kå koener wissa, von mô der
kommt. [28]Mô dr Jesus em Templ saene
Lehra ausbrôetat håt, håt r ganz laut
gsaed: Ihr kennat mi ond wissat, môn e
herkomm; aber i komm et von mir selber
aus, mi håt dr Wahrhaftige hergschickt,
ond den kennat ihr et. [29]I kenn an, weil i
von am ben ond weil ER mi hergschickt
håt. [30]Nå hent se an vrhafta wölla, aber
koener håt an åzlanga traut, weil sae
Stond no et gschlaga ghet håt. [31]Von
dene Leut send aber viele zom Glaoba
an an komma; dia hent sich gsaed: Ob
wohl dr Messias, wann r kommt, no
maeh Zôeche doa kå als wia der då?
[32]D Pharisäer hent nå mitkriagt, was d
Leut so hentarom über an gschwätzt
hent, nå hent d Oberpriaster ond d
Pharisäer d Templpolezei nôgschickt,
zom an vrhafta. [33]Nå håt dr Jesus gsaed:
I ben bloß no a Weile bein ich; nå gang
e fort zo dem, der mô me hergschickt
håt. [34]Ihr werat me suacha, aber et fenda,
mô i nô ben, då könnat ihr gar et nô.
[35]Nå hent dia Juda zoanander gsaed:
Mô will der ao nô, dass mir an et fenda
däte? Will r vielleicht en d Diaspora zo
de Griecha ond bei dene saene Lehra
vrbrôeta? [36]Was soll des hôeßa, was r då
gsaed håt: Ihr werat me suacha, aber et
fenda?, ond: Mô i nô ben, då könnat ihr
gar et nô?

Zom Vrgleicha: *Vers 25:* 5,18 • *Vers 27:* 6,42 • *Vers 28:* 8,55 • *Vers 29:* 6,46 • *Vers 33:* 8,21.

Em Hoha Rat geit s Streit wega'm Jesus: 7 37-52

[37]Am letzta graoßa Dag vom Fest ischd
dr Jesus dågstanda ond håt ganz laut
gsaed: Wer en Durst håt, der soll zo
mir komma ond trenka! [38]Der mô an
mi glaoba duat, so wia s d Schrift saed,
aus dem saener Persönlichkaet fliaßat
ganze Ström vom Lebenswasser. [39]Des
håt r aber über da Haeliga Gaest gsaed,
den mô älle dia kriaga sollat, mô an an
zom Glaoba komma send. Dr Haelige
Gaest ischd nämlich no et då gwea, weil
dr Jesus no et vrherrlicht wôra ischd.
[40]A paar von dene Leut mô am Jesus
saene Wort ghört hent, hent nå gsaed:
Des ischd tatsächlich dr Profet; [41]andere
hent gsaed: Des ischd dr Messias! Ond
wieder andere hent gsaed: Soll dr Messias
vielleicht aus Galiläa komma? [42]Saed
d Schrift et: *Aus dr Nåchkommaschaft
vom David ond aus Bethlehem, dem
Dorf, mô dr David gwea ischd, kommt
dr Messias.* [43]So ischd weg'am Jesus d
Moenong em Volk gspalta gwea. [44]A
paar von dene hent an nå vrhafta wölla;
aber koener håt an åzlanga traut.
[45]Mô nå dia Templpolezista wieder
zo de Oberpriaster ond Pharisäer
zrückkomma send, hent dia s gfrågt:
Wårom hent r an et herbråcht? [46]Dia
hent en zor Antwort geba: So håt no
gar nia a Mensch gsprocha. [47]Nå hent
en dia Pharisäer entgegaghalta: Send
ihr am End ao schao vrführt? [48]Ischd
vielleicht oener von de Obere an den
zom Glaoba komma oder a Pharisäer?
[49]Aber dia Leut - koe Åhnong hent
se vom Gsetz - vrfluacht sollat se sae!
[50]Saed dr Nikodemus, der mô vôrer
schao amåle zon am komma ond oener
von dene gwea ischd: [51]Duat vielleicht
onser Gsetz en Menscha vrurtôela,
bevôr mr an vrnomma ond ontersuacht
håt, was der duat? [52]Nå hent dia druf zon
am gsaed: Du bist wohl ao von Galiläa?
Lies doch selber, nå siehst d, dass von
Galiläa koe Profet aufstôht.

Zom Vrgleicha: *Vers 41:* Dtn 18,15.18 • *Vers 42:* 2.Sa 7,12-16; Mi 5,1; Mt 2,5; 22,42; Rö 1,3; 2.Tim 2,8 • *Vers 44:* 7,30 • *Vers 50:* 3,1 • *Vers 51:* Dtn 1,16f; 17,2-5.

Dr Jesus ond d Ehebrechere: 7 53 - 8 11

[53]Nå send se älle hoemganga.

8 Aber dr Jesus ischd auf da Ölberg ganga. [2]Ganz bald am andera Môrga ischd r wieder en da Templ ganga, ond älle send zon am nô. Ond r ischd nôgsessa ond håt glehrt. [3]Nå brengat dia Gstudierte ond d Pharisäer a Frao drher, dui ischd beim Ehebruch vrtwischt wôra, ond hent se mittla naegstellt [4]ond sagat zon am: Môester, dui Frao dåhanna ischd auf frischer Tat vrtwischt wôra, wia se nebanaus ganga ischd; [5]aber em Gsetz håt dr Mose ågordnat, dass mr sottige stoeniga soll. Jetzat - was saesch d ao dådrzua? [6]Des hent se aber bloß gsaed, zom an auf d Prob stella, dass se en Grond ghet hätte, zom an vrklaga. Aber dr Jesus håt sich nabeugt ond mit am Fenger uf am Boda romgmålt. [7]Mô se aber weiterbôhrt hent, håt r sich aufgrichtat ond zon en gsaed: Der von euch, mô no nia gsündigt håt, soll als erster en Stoe auf se schmeißa! [8]Ond r håt sich wieder buckt ond weitergmålt uf am Boda. [9]Mô se des ghört hent, ischd oener nåch am andera drvogschlicha, ågfanga bei de Älteste. Ond r ischd alloe dåblieba ond dui Frao ischd emmer no en dr Mitte gstanda. [10]Nå håt r sich wieder aufgrichtat ond zon ra gsaed: Frao, mô send dia bliaba? Håt de koener vrurtôelt? [11]Ond se håt gsaed: Koener, Herr! Nå håt dr Jesus zon ra gsaed: I vrurtôel de ao et! Gang no, von jetzat å sündigest halt nemme!

Zom Vrgleicha: *Vers 2:* Lk 21,38 • *Vers 5:* Dtn 22,22-24 • *Vers 6:* Jer 17,13 • *Vers 7:* Dtn 17,7, Mt 7,1; Lk 6,37.

Dr Jesus hot Streitgspräch mit de Juda: 8 12-59

Dr Jesus ischd s Licht en dera Welt: 8 12-20

[12]Ond nômål håt s dr Jesus ågsprocha ond zon en gsaed: I ben s Licht en dera Welt, der mô mit mir gôht, der laoft nia em Donkla, der håt nämlich s Lebenslicht en sich dren. [13]Nå hent d Pharisäer zon am gsaed: Des saesch du von dr selber; was da aber von dr selber saesch, des gilt et. [14]Dr Jesus håt en zor Antwort geba ond gsaed: Ao wann i des vo mr selber sag, nå ischd des d Wåhrat, weil i nämlich wôeß, môn e herkomm ond môn e nôgang; aber ihr wissat et, môn i herkomm oder môn e nôgang. [15]Ihr urtôelat ganz menschlich, i urtôel über gar koen. [16]Ond wann e doch Richter sae muaß, nå ischd mae Urtôel gerecht, weil i et alloe ben, sondern i ond dr Vadr, der mô mi hergschickt håt. [17]En euram Gsetz stôht ao, dass des wåhr ischd, wann zwôe Menscha s Gleiche bezeugat. [18]I zeug für mi selber, ond dr Vadr, der mô me hergschickt håt, ischd ao mae Zeuge. [19]Nå hent se zon am gsaed: Mô ischd nå dae Vadr? Geit en dr Jesus zor Antwort: Ihr kennat mi et ond maen Vadr erst recht et; wann ihr nämlich mi kenna däte, nå dätat r ao maen Vadr kenna. [20]Dia Wort håt r gsaed, môn r an dr Schatzkammer em Templ saene Lehra vrbrôetat håt. Aber s håt an koener vrhaftat; sae Stond ischd nämlich no et då gwea.

Zom Vrgleicha: *Vers 13:* 5,31f • *Vers 15:* 7,24 • *Vers 16:* 5,30; 8,29 • *Vers 17:* Dtn 17,6; 19,15 • *Vers 19:* 7,28; 14,7; 15,21 • *Vers 20:* 2,4; 7,30; 13,1.

A Warnong an dia, mô et Glaoba wöllat: 8 21-29

[21]Nå håt r nômål mit en gredat ond zon en gsaed: I gang fort ond ihr suachat nach mr ond ihr müaßat sterba en eurer Sündhaftigkaet; då mô i nôgang könnat ihr et mit nô. [22]Nå hent dia Juda gsaed: Will der sich vielleicht selber ombrenga, weil r saed: Mô i nôgang, då könnat ihr et mit nô? [23]Ond r håt zon en gsaed: Ihr send von dåhonta her, ond i komm von

droba her; **ihr send von dera Welt, i ben et von dera Welt.** [24]Drom han e euch gsaed, dass ihr en eurer Sündhaftigkaet sterba müaßat, jå, wann ihr et glaobat, dass i s (dr Messias) ben, nå sterbat r en eurer Sündhaftigkaet. [25]Nå hent se zon am gsaed: Du, sag amål, wer bist du aegentlich? Håt dr Jesus zon en gsaed: I möcht amål wissa, wårom e mit euch überhaopt no schwätz? [26]Über euch hätt e no viel zom saga ond ao zom richta; aber der, mô me gschickt håt, der ischd wahrhaftig. Ond des, was e von dem ghört han, des richt e en dr Welt aus. [27]Dia hent et kapiert, dass r vom Vadr zon en gredat håt. [28]Nå håt dr Jesus zon en gsaed: Wann r da Menschasoh erhöht hent, nå kapierat r endlich, dass i s (dr Messias) ben ond gar nex aus mir selber dua, sondern bloß des sag, was mr mae Vadr beibråcht håt. [29]Ond der mô me gschickt håt, ischd mit mr; der håt me no nia alloe glassa, weil i emmer bloß des dua, was ehm gfällt.

Zom Vrgleicha: *Vers 21:* 7,33f; 13,33 • *Vers 23:* 3,13.31; 17,14-16 • *Vers 24:* Jes 43,11; Joh 13,19 • *Vers 28:* 3,14; 12,32; 14,24 • *Vers 29:* 16,5.

De echt Freihaet: 8 30 47

[30]Môn r des gsaed håt, send viele zom Glaoba an an komma. [31]Nå håt dr Jesus zo dene Juda, mô zom Glaoba an an komma send, gsaed: **Wann ihr en maem Wort bleibat, nå send ihr maene echte Jünger, [32]ond ihr werat d Wåhrat erkenna ond d Wåhrat macht euch ganz frei.** [33]Dådruf hent se zon am gsaed: Mir send am Abraham saene Nåchkomma ond send no nia Sklava gwea bei ebber; wia kåsch du nå saga: Ihr sollat frei wera? [34]Nå håt en dr Jesus zor Antwort geba: Währle, währle, i sag euch: A jeder mô sündigt ischd a Sklav von dr Sünd (ganz ond gar abhängig). [35]Dr Sklav bleibt aber et uf emmer em Haus; dr Soh bleibt uf ewig. [36]Wann euch nå dr Soh ganz frei macht, nå send r richtig frei.

[37]I wôeß guat, dass ihr Nåchkomma vom Abraham send; aber ihr wöllat me ombrenga, weil r mae Wort en euch dren et wahr sae lassat. [38]Was i gseha han beim Vadr, des sag i; dent ihr also ao, was r vom Vadr ghört hent. [39]Dia hent am zor Antwort geba ond zon am gsaed: Onser Vadr ischd dr Abraham. Saed dr Jesus zon en: Wann ihr am Abraham saene Kender wärat, nå dätat r ao so handla wia dr Abraham. [40]Jetzat aber wöllat r me ombrenga, en Menscha, der euch d Wåhrat gsaed håt, so wian i s vom Herrgott ghört han; des hätt dr Abraham nia dao. [41]Ihr handlat grad wia euer Vadr. Nå hent se zon am gsaed: Mir stammat et aus a ma ozüchtiga Vrhältnis; mir hent oen Vadr, ond des ischd dr Herrgott. [42]Saed dr Jesus zon en: Wann dr Herrgott euer Vadr wär, nå dätat r mi ao möga, weil i ben vom Herrgott ausganga ond komma. I ben ao et em ôegena Entresse komma, sondern er håt me hergschickt. [43]Wårom vrstandat ihr et, was e euch sag? Weil r mae Wort gar et höra könnat. [44]Euer Vadr ischd nämlich dr Teufel, und ihr dent, was der will. Der ischd schao von Åfang å a Menschamörder ond no gar nia en dr Wåhrat gstanda, weil koe Körnle Wåhrat en am steckt. Wann r ebbas saed, nå lüagt r, ond des kommt von enna raus bein am; weil des ischd a Lugabeutel ond dr Vadr von de Lugena. [45]Aber mir glaobat r nex, weil i d Wåhrat sag. [46]Kå oener von euch mir ao bloß oe Sünd nåchsaga? Wann e aber d Wåhrat sag, wårom glaobat r mr nå et? [47]Wer aus Gott ischd, der hört ao, was Gott saed; aber ihr hörat sae Wort et, weil ihr gar et aus Gott send.

Zom Vrgleicha: *Vers 30:* 10,42; 12,11 • *Vers 31:* 14,21-23 • *Vers 34:* 1.Joh 3,8 • *Vers 42:* 1.Joh 5,1 • *Vers 44:* 1, Joh 3,8-15 • *Vers 46:* 1.Joh 3,5 • *Vers*

47: 1. Joh 4,6.

11,8.

Dr Jesus ischd vor am Abraham då gwea: 8 48-59

[48]Nå hent am dia Juda zor Antwort geba ond gsaed: He mr et recht, wa mr sagat, du seiest a Samaritaner ond håsch en Dämona? [49]Håt en dr Jesus zor Antwort geba: I han koen Dämona, sondern i gib maem Vadr d Ehr; aber ihr hent koen Respekt vôr mr. [50]Mir gôht s et om mae Ehr, aber då achtat schao oener drauf ond der urtôelt ao. [51]Währle, währle, des sag e euch: Wann oener mae Wort aehält, der sieht uf ewig koen Daot. [52]Nå hent dia Juda zon am gsaed: Jetzat ischd klar, dass du en Dämona håsch. Dr Abraham ischd gstôrba ond ao d Profeta, nå saesch du: Wann oener mae Wort aehält, der braucht en Ewigkaet koen Daot schmecka. [53]Bist du vielleicht graeßer als wia onser Vadr Abraham, der mô doch ao gstôrba ischd? Ond d Profeta send gstôrba. Für was hältst de du aegentlich? [54]Håt dr Jesus g'antwortat: Wann i selbstherrlich ben, nå ischd mae Ehr gar nex; aber s ischd mae Vadr mô mi ehrt, der, von dem môn ihr behaoptat: des ischd onser Gott. [55]Ond ihr hent an et kennt, aber i kenn an. Ond wann i saga dät: i kenn an et, nå wär i grad so a Lugabeutel wia ihr. Aber i kenn an, ond i halt ao sae Wort ae. [56]Euer Vadr Abraham ischd en Jubel ausbrocha, dass r maen Dag håt seha solla, ond r håt an gseha ond sich gfraet. [57]Då hent dia Juda druf gsaed: Du bist no et amål fufzg Jåhr alt ond håsch da Abraham gseha? [58]Saed dr Jesus zon en: Währle, währle, i sag euch: Bevôr dr Abraham då gwea ischd, ben i. [59]Nå hent se Stoener aufghoba zom auf an schmeißa. Dr Jesus aber ischd en Deckong ganga ond zom Templ nausganga.

Zom Vrgleicha: *Vers 48:* 7,20 • *Vers 50:* 7,18 • *Vers 53:* 4,12 • *Vers 56:* Gen 17,17 • *Vers 59:* 10,31.39; 11,8.

A Blender wird ghôelt ond d Juda streitat drüber: 9 1-42

Dr Jesus macht am Sabbat en Blendgeborena gsond: 9 1-12

9 Ond em Vorbeiganga håt r en Må gseha, der ischd von kloe å blend gwea. [2]Nå hent an saene Jünger gfrågt: Rabbi, håt jetzat der gsündigt oder saene Eltern, dass der von vôrnarae blend sae muaß? [3]Der ischd et schuldig ond saene Eltera ao et, håt en dr Jesus zor Antwort geba. Der ischd blend, dass an dem sich zaega soll, was dr Herrgott kå. [4]I muaß zaega, was der kå, der mô mi hergschickt håt, solang s Dag ischd; d Nacht kommt gwieß, mô koener maeh ebbas macha kå. [5]Solang wian i no en dr Welt ben, ben i s Licht von dera Welt. [6]Des håt r gsaed, nå håt r auf da Boda gspeizlat ond håt mit Spucke en Brei gmacht ond dem Blenda auf d Aoga gschmiert. [7]Nå håt r an ågwiesa: Jetzat gôhst ond wäscht de em Teich Schiloach (des hôeßt: Gsandter). Nå ischd r ganga ond håt sich gwäscha, ond mon r wiederkomma ischd, håt r gseha.

[8]Saene Nåchber ond dia, môn an vôrer gseha hent, môn r a Bettler gwea ischd, hent gsaed: Ischd des et der Bettler mô vôrer no dåhanna ghockt ischd? [9]A paar hent gsaed: Des ischd r. Andere hent gmoent: Noe, der sieht bloß so ähnlich aus. Aber er selber håt nå gsaed: Doch, i ben s! [10]Nå hent se an gfrågt: Ja wia ischd nå dee zuaganga, dass daene Aoga aufganga send? [11]Nå håt r en zor Antwort geba: Der Må, Jesus hôeßt r, håt en Brei ågmacht ond mr auf d Aoga gschmiert, nå håt r zo mr gsaed: Gang an da Schiloach ond wäsch de. Ond môn e nôganga ben ond me gwäscha han, han e uf oemål gseha. [12]Mô der nô sei, hent se wissa wölla. Des wôeß doch i et, håt

r gsaed.

Zom Vrgleicha: *Vers 5:* 8,12 • *Vers 7:* 2.Kö 5,10; Jes 8,6.

D Pharisäer greifat ae: 9 13-34

13Nå hent se den arma Kerle, mô vôrer blend gwea ischd, zo de Pharisäer gschlôeft. 14An sellam Dag ischd nämlich Sabbat gwea, mô dr Jesus den Brei gmacht ond saene Aoga aufganga lassa håt. 15Nå hent an ao no dia Pharisäer gfrågt, wia des zuaganga sei, dass r uf oemål ebbas seha dät. Der håt mr en Brei auf d Aoga gschmiert ond i han me gwäscha, jetzat siehn e. 16Nå hent von dene Pharisäer a paar gsaed: Der Må kå omöglich von Gott komma, wann r da Sabbat et aehält. Aber andere hent gmoent: Wia könnt ao a sündiger Mensch a sottigs Zôeche doa? Ond se hent sich regelrecht gspalta. 17Nå hent se den Blenda nômål gfrågt: Was moenst nå du selber drzua, dass dr der d Aoga aufdao håt? Aber der håt gsaed: Des ischd a Profet!

18Dia Juda hent des aber et Glaoba wölla, dass der überhaopt blend gwea sei ond jetzat seha könnt, bis se saene Eltera hergholt 19ond gfrågt hent: Des ischd doch euer Soh, ond ihr sagat, der sei blend uf d Welt komma? Wia kommt s nå uf oemål, dass der sieht? 20Nå hent en saene Eltern zor Antwort geba ond gsaed: Mir wissat zwår, dass des onser Soh ischd ond dass der blend uf d Welt komma ischd; 21wia des zuaganga ischd, dass der jetzat sieht, des wissat mir et; ond wer am d Aoga aufdao håt, des wissat mr ao et. Frågat an doch selber, der ischd doch alt gnuag, dass r für sich selber schwätza kå. 22Des hent saene Eltern gsaed, weil se vôr de Juda Angst ghet hent. Dia Juda hent nämlich schao a Vraebarong troffa ghet, dass a jeder, mô sich drzua bekenna dät, dass des dr Messias sei, aus dr Synagog nausgschmissa wird. 23Aus dem Grond hent saene Eltern gsaed: Der ischd alt gnuag, frågat an selber.

24Nå hent se den, mô blend gwea ischd, s zwôetmål komma lassa ond hent zon am gsaed: Sag vôr Gott d Wåhrat! Mir wissat, dass der Mensch a Sünder ischd. 25Nå håt en der zor Antwort geba: Ob des a Sünder ischd, des wôeß i et; i wôeß bloß oes, dass i blend gwea ben ond jetzat sieh. 26Nå hent se zon am gsaed: Was håt der mit dr ågstellt? Wia håt der daene Aoga aufgmacht? 27Des han e euch doch schao vrzählt, håt r druf gsaed, aber ihr hent schaents et zuaghorcht. Wårom wöllat r s nômål höra? Wöllat ihr am End ao saene Jünger wera? 28Ond se hent an ågmotzt ond zon am gsaed: Du bist dem sae Jünger, aber mir send am Mose saene Jünger. 29Mir wisset, dass dr Herrgott zom Mose gsprocha håt. Aber von dem Menscha dåhanna wissat mr et amål, mô der herkommt. 30Dådruf håt en der Må gsaed: Des ischd s jå grad, was mi wonderat, dass ihr et wissat, mô der herkommt, obwohl der mir d Aoga aufdao håt. 31Mir wissat doch, dass Gott en Sünder et åhört, aber wann oener gottesfürchtig ischd ond des duat, was dr Herrgott will, den hört r å. 32No gar nia håt mr des ghört, dass oener oem, mô blend uf d Welt komma ischd, hätt d Aoga aufdoa könna. 33Wann der et von Gott komma dät, nå hätt der ao nex macha könna. 34Dia hent am zor Antwort geba ond gsaed: Du bist doch schao ganz ond gar en Sünda uf d Welt komma ond willst ons belehra? Ond se hent an nausgschmissa.

Zom Vrgleicha: *Vers* 14: 5,9 • *Vers* 22: 7,13; 12,42; 16,2 • *Vers* 24: Jos 7,19; 2.Chr 30,8; Ps 66,2; 68,35; Jes 42,12 • *Vers* 29: 5,45f • *Vers* 34: Ps 51,7.

Dr Jesus offabart sich vôr dem, mô gsond wôra ischd: 9 35-41

35Dr Jesus håt mitkriagt, dass se den

Ghôelta nausgschmissa hent. Môn r an
wieder troffa håt, håt r an gfrågt: Glaobst
du an da Menschasoh? [36]Der Må håt zor
Antwort geba: Wer ischd des, Herr, dass
i ao an an Glaoba kå? [37]Saed dr Jesus
zon am: Sogar gseha håsch d an, ond der
mô mit dr redat, der ischd s. [38]Nå håt r
gschria: I glaob dr!, ond ischd vôr am
nôgsonka. [39]Dådruf håt dr Jesus gsaed: I
ben zom Gericht en d Welt komma, dass
dia, mô blend send seahnat - ond dia mô
seahnat blend werat. [40]Des hent a paar
von dene Pharisäer, mô beim Jesus gwea
send ghört ond hent an gfrågt: Send nå
mir vielleicht ao blend? [41]Dådruf håt dr
Jesus gsaed: Wann ihr blend wärat, nå
wärat r ao oschuldig. Aber ihr moenat,
ihr hätte da Durchblick, drom bleibt
euer Schuld bstanda.

Bilder vom Hirta ond de Schåf: 10 1-39

Dr Hirt ond saene Schäfla: 10 1-10

10 Währle, währle, des will e euch
saga: Oener mô en da Pferch et
zom Därle naegôht ond drfür oemats
anderst naesteigt, ischd a Dieb ond
Raeber. [2]Aber der, mô durchs Därle
naegôht, des ischd dene Schåf ihr Hirt.
[3]Dem macht dr Wächter auf, ond d Schåf
horchat auf sae Stemm. Saene ôegene
Schåf schreit der ond saed e ma jeda
saen Nåma ond führt se naus. [4]Wann
r nå älle saene Schäfla naustrieba håt,
gôht r vôrnadraus ond dia Schåf laofat
am nåch, weil se sae Stemm kennat. [5]Mit
a ma Fremda däte dia nia ganga; dia
sprongat drvo, weil se a fremda Stemm
et kennat. [6]Des Beispiel håt en dr Jesus
vrzählt; dia hent aber et vrstanda, was r
drmit håt saga wölla.
[7]Nå håt r weiters zo nen gsaed: Währle,
währle, des will e euch saga: I selber ben
s Därle zo de Schåf. [8]Älle mô vor mir
då gwea send, send Dieb ond Raeber;
aber d Schåf hent et uf s ghorcht. [9]I ben
s Därle, durch mi wann oener naegôht,
wird r grettat ond gôht nae ond naus ond
fendt a Wôed. [10]Dr Dieb kommt bloß
zom stehla, zom metzga ond hemacha;
aber i be komma, dass se Leba hent em
Überfluß.

Zom Vrgleicha: *Vers 6:* 16,25 • *Vers 7:* Ps 118,20 • *Vers 8:* Jer 23,1f • *Vers 9:* Jes 49,9f; Ez 34,12-15.

Dr guate Hirt ond dr Daglöhner: 10 11-21

[11]I be dr guate Hirt; dr guate Hirt setzt
sae Leba ae für d Schåf. [12]A Daglöhner
mô koe Hirt ischd, weil am d Schåf gar
et gherat, aber d Schåf bloß om s Geld
hüatat, der sauat drvo, wann r da Wolf
komma sieht; ond dr Wolf reißt s ond
jagd s ausanander, [13]weil ra Daglöhner
ischd ond am an de Schåf ao nex leit. [14]I
ben dr guate Hirt; i kenn de Maenige,
ond de Maenige kennat mi, [15]so wia mi
dr Vadr kennt ond i kenn da Vadr; ond
i gib mae Leba her für maene Schåf.
[16]I han ao no andere Schåf, dia send et
aus dem Pferch dåhanna, ao dia muaß
e lôeta; dia werat nå ao auf mae Stemm
horcha, **ond älle werat amål oe Herde
sae onter dr Lôetong von oem Hirta.**
[17]Weil i mae Leba hergib, dass e s wieder
kriag, drom måg mi dr Vadr. [18]Neamerd
kå mr s nemma, aber i gib s freiwillig her.
I han d Macht drzua, dass e s hergib, i
han aber ao d Macht, dass e mr s wieder
nemm. Den Auftrag han i vo maem
Vadr kriagt.
[19]Wega dera Red håt s bei de Juda nômål
a Spaltong geba. [20]Von dene hent viele
gsaed: Der håt en Dämona, der ischd jå
narrat. Wårom horchat r dem überhaopt
no zua? [21]Aber andere hent gsaed:
So redat a Bsessener et, kå vielleicht a
Bsessener a ma Blenda d Aoga aufdoa?

Zom Vrgleicha: *Vers 11:* Ez 34,11-22; Mt 18,12-14; Lk 15,3-7 • *Vers 15:* Mt 11,25-27; Lk 10,21f • *Vers 17:* 3,35 • *Vers 18:* 13,3 • *Vers 20:* 7,20; 8,48.52;

Mk 3,22.30.

Dr Streit auf dr Templweih: 10 22-39

22Em Wenter ischd nå Templweih en Jerusalem gwea, 23ond dr Jesus ischd em Templ romgloffa en dr Halle vom Salomo. 24Nå send d Juda om an romgstanda ond hent an gfrågt: Wia lang willst d ons aegentlich no nôhalta? Wann da dr Messias bist, nå sag s ons frei raus!
25Geit en dr Jesus zor Antwort: I han s euch doch gsaed, aber ihr glaobat mr jå nex. Des was i em Auftrag vo maem Vadr dua, zeugt doch für mi; 26aber ihr glaobat mr s et, weil ihr et zo maene Schåf gherat. 27Maene Schåf horchat auf mae Stemm; i kenn s ond se gangat mit mr. 28I gib en s ewige Leba. Dia gangat gar nia z grond, ond neamerd kå mr s aus de Händ reißa. 29Mae Vadr, der mô mr s geba håt, der ischd graeßer als wia ällas, am Vadr kå koener ebbas aus de Händ reißa. 30I ond dr Vadr send oes.
31Nå hent die Juda glei wieder Stoener aufghoba ond an stoeniga wölla. 32Saed dr Jesus zo nen: Viel guate Werk han i jetzat em Auftrag vo maem Vadr vôr eure Aoga drå dao, für was wöllat r me nå stoeniga? 33Dia Juda hent am zor Antwort geba: Wega ma guata Werk wöllat mir di et stoeniga, aber wega Lästerong. Du bist nämlich bloß a Mensch ond willst de selber zom Gott macha. 34Saed dr Jesus druf: Hôeßt s en euram Gsetz et: *I han gsaed, ihr seie Götter?* (Ps 82,6) 35Wann r dia Götter hôeßt, an dia mô des Wort grichtat gwea ischd, ond wann d Schrift et aufghoba wera kå, 36därfat nå ihr zo dem, den mô dr Vadr haelig gmacht ond en d Welt gschickt håt, saga: Du lästerest, weil i gsaed han, i sei dr Soh vom Herrgott? 37Wann e et em Auftrag vo maem Vadr ebbas vollbreng, nå glaobat r mr et. 38Aber wann e s dua, nå glaobat wenigstens dene Werk, wann r schao mir et glaoba wöllat. Nå werat r nämlich begreifa ond erkenna, dass en mir dr Vadr ischd ond i em Vadr. 39Nå hent se n wieder packa wölla, aber r ischd en wieder nausgschlupft.

Zom Vrgleicha: *Vers 25:* 5,36f • *Vers 28:* 6,39; 17,12 • *Vers 31:* 8,59 • *Vers 34:* Ps 82,6 • *Vers 38:* 14,10f; 17,21 • *Vers 39:* 8,59.

Dr Lazarus wird aufgweckt ond was des für Folga håt: 10 40 - 11 57

Dr Jesus östlich vom Jordan: 10 40-42

40Nå ischd r wieder auf de ander Seit vom Jordan nomganga, an den Platz, mô vôrer dr Johannes taoft håt; sell ischd r blieba. 41Ond a Haufa Leut send zon am komma ond hent gsaed: Dr Johannes håt zwår koe Zôeche dao, aber ällas was dr Johannes über den då gsaed håt, ischd wåhr. 42Ond viele send sell zom Glaoba an an komma.

Zom Vrgleicha: *Vers* 40: 1,28.

Dr Lazarus wird aufgweckt: 11 1-16

11 Aber då ischd oener krank gwea, dr Lazarus von Betanien, des ischd der Flecka, mô d Maria ond ihr Schwester, d Marta, gwohnt hent.
2D Maria, des ischd dui, mô da Herra mit Öl gsalbt ond saene Füaß mit ihre Håår atricknat håt; dene ihr Bruader, dr Lazarus, ischd krank gwea. 3Drom hent dia Schwestera ebber zon am gschickt ond am ausrichta lassa: Herr, guck, dae Fraend ischd krank wôra. 4Mô des dr Jesus ghört håt, saed r: Dui Krankat brengt et da Daot, aber d Herrlichkaet von Gott, dass dr Soh vom Herrgott vrherrlicht wird durch se. 5Dr Jesus håt nämlich d Marta ond ihr Schwester ond da Lazarus ganz arg möga. 6Môn r ghört håt, dr Lazarus sei krank wôra, ischd r no zwôe Däg an dem Platz blieba, môn r gwea ischd.
7Nå håt r zo saene Jünger gsaed: Auf, geh mr wieder nach Judäa nom! 8D Jünger

hent am zor Antwort geba: Rabbi, jetzat hent de dia Juda doch grad eba stoeniga wölla, ond nå gôhst d wieder sell nô? [9]Geit en dr Jesus zor Antwort: Hât dr Dag et zwölf Stond? Wann oener am Dag omananderlaoft, boxt r nergads nô, weil r s Licht sieht; [10]wann aber oener en dr Nacht omananderlaoft, haot r sich nô, weil koe Licht en am drenna ischd. [11]Des hât r zo nen gsaed. Nå drnåch saed r zo nen: Onser Fraend Lazarus ischd aegschlåfa; aber i gang jetzt, dass e an vom Schlåf aufweck. [12]Nå hent dia Jünger zon am gsaed: Herr, wann r aegschlåfa ischd, nå schlåft r sich gsond. [13]Dr Jesus hât aber drvo gsprocha, dass r gstôrba sei, aber d Jünger hent gmoent, r hätt vo ma normala Schlåf gredat. [14]Nå hât en dr Jesus gradraus gsaed: Dr Lazarus ischd gstôrba, [15]ond s fraet me für euch, dass e et då gwea ben; i will nämlich, dass ihr glaoba sollat. Aber jetzat gangat mr zon am. [16]Nå hât dr Thomas, dr Zwilleng, zo de andere Jünger gsaed: Nå gangat mr mit am, dass mr mit am sterbat!

Zom Vrgleicha: *Vers 1:* Lk 10,38-42 • *Vers 8:* 8,59; 10,31 • *Vers 16:* 14,5-8; 20,24-29.

D Auferweckong vom Lazarus ischd a Zacche: 11 17-44

[17]Mô dr Jesus nôkomma ischd, hât r da Lazarus schao da vierta Dag en dr Grabkammer vôrgfonda. [18]Betanien ischd aber ganz en dr Nähe von Jerusalem glega, ogfähr a guata halba Stond, [19]ond viele Juda send zor Marta ond zor Maria komma, zom en Trost geba wega ihram Bruader. [20]Mô d Marta mitkriagt hât, dass dr Jesus auf am Weg zo nen sei, ischd se am entgegaganga; aber d Maria ischd drhoemda blieba. [21]Nå hât d Marta zom Jesus gsaed: Herr, wann du dågwea wärest, nå wär mae Bruader et gstôrba. [22]Aber ao jetzat wôeß e, dass dir dr Herrgott ällas geit, môn an du drom bittest. [23]Saed dr Jesus zon ra: Dae Bruader stôht auf. [24]Saed d Marta zon am: I wôeß des, dass r auferstanda wird en dr Auferstehong am jüngsta Dag. [25]Saed dr Jesus zon ra: I ben d Auferstehong ond s Leba; der mô an mi glaobt, der lebt, ao wann r stirbt, [26]ond a jeder Lebendige, mô an mi glaobt, stirbt auf gar koen Fall auf ewig. Glaobst du des? [27]Saed se zon am: Jå, Herr, i ben drvo überzeugt, dass du dr Messias bist, am Herrgott sae Soh, der mô en d Welt komma soll!

[28]Drnåch ischd se fortganga ond hât d Maria gholt ond ra hehlenga gsaed: Dr Môester ischd då ond will de seha. [29]Mô dui des ghört hât, ischd se schnell aufgstanda ond zon am ganga. [30]Dr Jesus ischd aber no et en da Flecka naeganga gwea, der ischd no då gwea, môn an d Marta troffa ghet hât. [31]Mô dia Juda, mô bei ra em Haus gwea send zom se trösta, gseha hent, dass se schnell aufgstanda ond nausganga ischd, send se ra nåchganga, weil se gmoent hent, se wöll ans Grab ganga zom sell a bißle heula. [32]Mô d Maria zom Jesus komma ischd ond an gseha hât, ischd se am vor d Füaß nôgsonka ond hât zon am gsaed: Herr, wann du dågwea wärest, nå wär mae Bruader et gstôrba. [33]Mô dr Jesus gseha hât, wia se gheult hât ond wia ao dia Juda gheult hent, mô mit ra komma send, ischd r en sich dren ganz mitgnomma ond erschüttert gwea [34]ond hât s gfrågt: Mô hent r an nôglegt? Dia hent am zor Antwort geba: Komm ond guck no! [35]Nå hât dr Jesus ao gflennt. [36]Dia Juda hent nå gsaed: Guckat, der hât an schaents arg möga. [37]A paar von dene hent aber gmoent: Wann der dem Blenda d Aoga aufdao hât, hätt r nå et ao macha könna, dass der då et gstorba wär? [38]Nå hât s em Jesus drenna wieder kocht, ond r ischd an dui Grabkammer ganga, des ischd a Höhle gwea mit a ma graoßa Stoe drvôr.

[39]Saed dr Jesus: Dent amål den Stoe då weg! Dådruf saed d Marta, dem Vrstôrbena sae Schwester: Herr, der stenkt, der leit doch schao da vierta Dag då. [40]Saed dr Jesus zon r: Han e dr et gsaed: Wann da glaobst, nå siehst am Herrgott sae Herrlichkaet? [41]Nå hent se den Stoe wegdao. Dr Jesus aber håt saene Aoga aufghoba ond gsaed: Vadr, i dank dr, dass da me erhört håsch. [42]I han s gwißt, dass du me jederzeit erhörst; aber wega dene viele Leut mô då romstandat, han e s gsaed, dass se glaoba sollat, dass du mi hergschickt håsch. [43]Dådrnåch håt r ganz laut naegruafa: Lazarus, komm raus! [44]Nå ischd der Vrstôrbene rauskomma, d Füaß ond d Händ send no mit Bendena aegwicklat gwea, ond sae Gsicht ischd mit a ma Schwôeßtuach zuabonda gwea. Ond dr Jesus håt s ågwiesa: Machat am dia Bendena weg ond lent an ganga!

Zom Vrgleicha: *Vers 25:* 5,21.26 • *Vers 27:* 20,31; 6,69; Mt 16,16 • *Vers 37:* 9,1-41 • *Vers 41:* 12,27f; 17,1 • *Vers 42:* 17,8.21.23.25 • *Vers 44:* 19,40.

Dr Hohe Rat faßt da Beschluß: Dr Jesus muaß sterba: 11 45-53

[45]Viele von dene Juda, mô bei dr Maria gwea send ond mitkriagt hent, was dr Jesus dao håt, hent an an glaobt. [46]Aber a paar von dene send zo de Pharisäer ganga ond hent en vrzählt, was dr Jesus dao håt. [47]Nå hent d Oberpriaster ond d Pharisäer a Vrsammlong vom Hoha Rat aeberuafa ond gsaed: Was sollat mr macha? Der Mensch duat oe Zôeche om s ander. [48]Wa mr den no a Weile macha lassat, nå glaobat zletzta no älle an den. Nå kommat d Römer ond nemmat ons onser Haeligtom weg ond s Volk am End ao no. [49]Aber oener von dene, dr Kajaphas, der ischd en dem Jåhr grad dr Hohepriaster gwea, der håt zo nen gsaed: Ihr kapierat ao gar nex. [50]Ihr denkat et drå, dass des für euch viel besser ischd, dass oe Mensch für s Volk stirbt ond et s ganz Volk omkommt. [51]Des håt r aber et aus sich selber gsaed, des håt r gsaed, weil r en dem Jåhr dr Hohepriaster gwea ischd ond weissaga könna håt, dass dr Jesus für s Volk sterba soll. [52]Aber et bloß für s Volk soll r sterba, noe, ao zom älle Kender vom Herrgott, mô en dr ganza Welt vrstraet send, wieder zsemabrenga. [53]Von dem Dag å send se fest entschlossa gwea, dass se an ombrenga wöllat.

Zom Vrgleicha: *Vers* 47-53: Mt 26,3-5; Mk 14,1f; Lk 22,1f • *Vers* 50: 2.Sa 20,14-22; Jona 1,8-16 • *Vers* 52: 10,11.15f.

Dr Jesus vrziagt sich wieder: 11 54-57

[54]Dr Jesus ischd von då å nemme öffentlich bei de Juda auftreta ond r ischd fortganga von sell en d Gegend bei dr Wüste en an Flecka mit am Nåma Efraim. Då ischd r mit saene Jünger blieba. [55]S ischd aber nemme lang bis zom Passafest von de Juda gwea, ond viele send schao vôr am Passafest nauf nach Jerusalem ganga zom sich raeniga. [56]Nå hent se nach am Jesus gfrågt, ond dia, mô em Templ omanandergstanda send, hent gsaed: Was moenat r, der traut sich bestimmt et uf s Fest? [57]D Oberpriaster ond d Pharisäer hent ågordnat, dass a jeder mô vrfährt, môn r sei, an glei åzaega soll, dass se an vrhafta könnte.

Zom Vrgleicha: *Vers 55:* Num 9,6-13; 2.Chr 30,15-19; Joh 18,28.

Dr Jesus wird gsalbt en Betanien: 12 1-11

12 Dr Jesus ischd no sechs Däg vôr am Passafest nach Betanien komma, mô dr Lazarus gwea ischd, den môn r von de Daote aufgweckt håt. [2]Sell hent se a Festessa für an nôgrichtat; d Marta håt bedient, ond dr Lazarus ischd ao oener von dene gwea, mô mit am am

Tisch glega send. 3Nå håt d Maria a ganzs
Pfond vom echta, kostbarsta Nardaöl
gnomma ond håt am Jesus d Füaß drmit
gsalbt ond am d Füaß mit ihre Håår
atricknat, s ganz Haus håt nach dem
Salböl duftat. 4Dr Judas Iskariot, oener
von saene Jünger, der môn an håt vrrota
solla, håt då druf gsaed: 5Wårom ischd
des Salböl et om dreihondert Denar
vrkaoft wôra, zom de Arme helfa? 6Des
håt r aber et gsaed, weil r s mit de Arme
so guat gmoent hätt, noe, des'schd a
Dieb gwea, ond der håt als Kassawart
uf d Seit bråcht, was då naezahlt wôra
ischd. 7Nå håt dr Jesus gsaed: Laß se en
Ruah, des håt se auf da Dag vo maener
Beerdigong aufghoba. 8Arme hent r
nämlich äwel bein ich, aber mi hent r et
emmer.

9A Haufa Juda hent no mitkriagt, dass
dr Jesus sell gwea ischd, dia send et bloß
weg'am Jesus komma, dia hent ao da
Lazarus seha wölla, den môn r von de
Daote aufgweckt håt. 10D Oberpriaster
hent aber beschlossa, dass se ao da
Lazarus ombrenga wölle, 11weil viele
Juda wega dem nôganga send ond an da
Jesus glaobt hent.

Zom Vrgleicha: *Vers 1-8:* Mt 26,6-13; Mk 14,3-9 • *Vers 6:* 13,29. 8: Dtn 15,11.

Dr Aezug en Jerusalem: 12 12-19

12Am andera Dag håt dui Volksmasse,
mô zom Fest komma ischd, mitkriagt,
dr Jesus komm nach Jerusalem. 13Nå
hent se Palmawedel gholt ond send am
entgegaganga ond hent laut gschria:
*Hosanna! Lobpreis sei dem, der mô
kommt em Nåma vom Herrgott, dr
König von Israel!*
14Dr Jesus håt nå en jonga Esel gfonda,
auf den ischd r naufgsessa, wia s
gschrieba stôht: 15*Han koe Angst et,
Tochter Zion! Guck, dae König kommt
auf a ma Fohla von ra Eselsstuat.*
16Des hent saene Jünger zwår et glei
vrstanda, aber mô dr Jesus vrherrlicht
gwea ischd, hent se drå denkt, dass des
über an gschrieba stôht ond mr am so
entgegakomma ischd. 17Nå hent dia Leut,
mô bein am gwea send, bezeugt, dass sia
drbei gwea send, môn r da Lazarus aus
dr Grabkammer gruafa ond aufgweckt
håt von de Daote. 18Grad deswega send
am jå dia Leut entgegaganga, weil se des
ghört hent, dass r des Zeiche dao håt.
19Dia Pharisäer hent nå gsaed: R seahnat
jå, dass r nex ausrichtat; guckat doch, de
ganz Welt sprengt henter am drae.

Zom Vrgleicha: *Vers 12-19:* Mt 21,1-9; Mk 11,1-10; Lk 19,28-38 • *Vers 13:* Ps 118,25f • *Vers 15:* Jes 40,9; Sach 9,9.

Dr Abschluß vom Haeland saem öffentlicha Wirka: 12 20-36

20Ao a paar griechische Pilger send
drbeigwea, mô nauf send zor Åbetong
beim Fest. 21Dia send zom Philippus
ganga, der mô von Betsaida en Galiläa
gwea ischd ond hent an beta ond zon
am gsaed: Herr, mir däte gern da Jesus
seha. 22Dr Philippus ischd ganga ond
håt s am Andreas gsaed; nå send se
mitanander zom Jesus ganga ond hent
am s vôrtraga. 23Aber dr Jesus håt en
zor Antwort geba: Jetzat håt d Stond
gschlaga, dass dr Menschasohn vrherrlicht
wird. 24Währle, währle, des sag e euch:
Wann a Wôezakorn et en da Boda fällt
ond stirbt, nå bleibt s alloe; aber wann
s stirbt, nå brengts ao viel Frucht.
25Oener mô so am Leba hangt, dass am
des wichtiger ischd als ällas andere, der
vrliert s; aber oener mô wôeß, dass s no
ebbas wichtigers geit als wia sae Leba,
der bewahrt s für s ewige Leba. 26Wann
mr oener deana will, der soll mit mr
ganga! Ond då mô i ben, då ischd ao
mae Diener. Oener mô mir deant, der
kriagt sae Ehr vom Vadr.
27Jetzt ben i traurig bis en d Seel nae,
ond was soll e saga? Vadr, vrschon me

vôr dera Stond? Noe, grad deshalb ben
i doch en dui Stond komma. 28Vadr,
vrherrliche daen Nåma! Nå ischd a
Stemm vom Hemmel ra komma: I han
an schao vrherrlicht, ond i dua s nômål.
29Dia Leut mô drbeigstanda send ond
dui Stemm ghört hent, dia hent gmoent,
s häb donnerat. Andere hent gsaed: A
Engel håt mit am gsprocha. 30Nå håt dr
Jesus gsaed: Wega mir håt dui Stemm et
gsprocha, aber wega euch. 31Jetzat ischd
s Gericht då über d Welt; jetzat wird
dr Weltherrscher ausgstoßa. 32Aber mi
erhöht mr über d Erde, ond nå ziag i
älle zo mr. 33Des håt r gsaed zom ådeuta,
was für en Daot r leida muaß. 34Dia Leut
hent drgegaghalta: Aus am Gsetz he mr
ghört, dr Messias dät uf ewig bleiba, wia
kommst du nå drzua zom saga, dass des
naedig sei, dass dr Menschasoh erhöht
wird? Wer ischd denn der Menschasoh?
35Dådruf håt dr Jesus zo nen gsaed: No
a kloes Weile ischd s Licht bein ich.
Gangat euran Weg, solang s Licht då
ischd, dass euch d Nacht et überfällt.
Wer em Donkla onterwegs ischd, wôeß
et, môn r nôdappt. 36Glaobat an s Licht,
so lang wia s Licht då ischd, dass r
Lichtkender werat. Des håt dr Jesus
gsaed, nå håt r sich zrückzoga ond sich
nemme seha lassa.

Zom Vrgleicha: *Vers* 21: 1,44 • *Vers* 23: 7,30; 8,20; 13,1; 17,1 • *Vers* 25: Mt 10,39; 16,25; Mk 8,35; Lk 9,24; 17,33 • *Vers* 27: Mt 26,36-46; Mk 14,32-42; Lk 22,40-46 • *Vers* 28: 17,1 • *Vers* 31: 16,11 • *Vers* 32: 3,14; 8,28 • *Vers* 34: Jes 9,6; Ez 37,25; Ps 89,37; Lk 1,33.

Dr Oglaoba von de Juda: 12 37-43

37Obwohl dr Jesus so viele Zôeche dao
håt vôr ihre Aoga drå, hent se et an an
glaobt, 38dass sich am Profeta Jesaja
(53,1) sae Wort erfülla dät, mô der
vôrausgsaed håt: *Herr, wer håt onserer
Botschaft glaobt? Ond am Herrgott sae
Arm - wem ischd der offabart wôra?*
39Drom hent se et glaoba könna, weil dr
Jesaja (6,9+10) weiters gsaed håt: 40*Ihre
Aoga håt r blend gmacht ond ihre Herza
hart, dass se nex seahnat mit ihre Aoga
ond em Herza et zor Aesicht kommat
ond et omkehrat, dass i s hôela kå.* 41Des
håt dr Jesaja gsaed, weil r (am Jesus) sae
Herrlichkaet gseha håt, ond dådrvo håt
r gsprocha. 42Ond oenaweg send sogar
von de Obere viele zom Glaoba an an
komma; aber wega de Pharisäer send se
et offa drzua gstanda, dass mr s et aus dr
Synagog vrstoßa dät. 43Dene håt ihr Ehr
bei de Menscha nämlich maeh golta als
wia d Ehr beim Herrgott.

Zom Vrgleicha: *Vers 38:* Jes 53,1 G • *Vers 40:* Jes 6,9f; Mt 13,13; Mk 4,12; Lk 8,10 • *Vers 41:* Jes 6,1-4 • *Vers 42:* 3,1; 7,50f; 9,22; 16,2; 19,38f.

Mr muaß sich entschaeda: 12 44-50

44Aber dr Jesus håt ganz laut gsprocha:
Wer an mi glaobt, der glaobt et en erster
Linie an mi, der glaobt an den, der mô
mi hergschickt håt, 45ond wer mi sieht,
der sieht den, der mô mi hergschickt
håt. 46I ben s Licht, mô en d Welt komma
ischd, dass a jeder, mô an mi glaobt, et
em Donkla bleibt. 47Wer maene Wort
bloß haert, aber se et befolga duat, den
vrurtôel i et; i ben nämlich et komma,
zom d Welt vrurtôela, noe, i will se
retta. 48Der mô mi vrwirft ond maene
Wort et ånemma will, der håt schao saen
Richter: Des Wort, des môn i gsprocha
han, des vrurtôelt an am letzta Dag.
49Weil des, was i gsaed han, des han i et
aus mir selber gsprocha, noe, dr Vadr,
der mô mi hergschickt håt, der håt mr
ågeba, was e saga ond reda soll. 50Ond
des wôeß e, dass sae Auftrag s ewige
Leba ischd. Was e also sag, des sag e so,
wia s mr dr Vadr ågeba håt.

Zom Vrgleicha: *Vers 44f:* 5,36; 6,57;11,42; 17,8.21.23.25 • *Vers 46:* 1,9; 8,12; 9,5 • *Vers 47:* 3,17• *Vers 50:* 3,17; 17,3; Dtn 32,47f.

DR JESUS VRABSCHIEDAT SICH VON SAENE JÜNGER: 13 1 - 17 26

S Abschiedsmahl: 13 1 - 14 31

Dr Haeland wäscht saene Jünger d Füaß: 13 1-20

13 S ischd grad vôr am Passafest
gwea, då håt dr Jesus gwißt, dass
sae Stond komma ischd, môn r aus dera
Welt zo saem Vadr ganga dät. Drom
håt r de Saenige en dera Welt bis an s
End möga. [2]Ond beim Nachtessa håt
am Judas, am Simon Iskariot sae Soh,
dr Teufel schao en s Herz geba ghet,
dass r an vrråta soll. [3]Dr Jesus håt aber
gwißt, dass am dr Vadr ällas en d Händ
glegt håt ond dass r von Gott herkommt
ond jetzat zo Gott zrückganga dät.
[4]Zmål ischd r vom Essa aufgstanda ond
håt sae Gwand auszoga ond håt sich a
Laetuach rombonda. [5]Nå håt ra Wasser
en a Schüssel gleert ond ågfanga, saene
Jünger d Füaß z wäscha ond se mit dem
Laetuach atricknat, môn r sich rombonda
håt. [6]Wian r zom Simon Petrus kommt,
saed der zon am: Herr, du willst doch
mir et d Füaß wäscha? [7]Geit am dr Jesus
zor Antwort: Was i dua, des vrstôhst
du jetzat et; aber nåcher gôht dr schao
a Licht auf. [8]Saed dr Petrus zon am: Uf
koen Fall, gar nia sollst mr du d Füaß
wäscha! Dådruf håt dr Jesus gsaed:
Wann i de et wäscha därf, nå gherst d et
zo mr. [9]Saed dr Simon Petrus: Herr, nå
wäsch mr et bloß d Füaß, ao d Händ ond
da Kopf. [10]Saed dr Jesus zon am: Oener
mô grad badat håt, håt s et naedig zom
sich wäscha, außer halt no d Füaß. Ihr
send ao sauber, aber et a jeder. [11]Der håt
nämlich genao gwißt, wer an vrråta dät;
drom håt r ao gsaed: aber et a jeder.
[12]Môn r fertig gwea ischd mit am
Füaßwäscha, håt r sich åzoga ond ischd
wieder zo nen an da Tisch nôglega ond
håt s gfrågt: Vrstandat ihr überhaopt,
was i jetzat an euch dao han? [13]Ihr
hôeßat mi Môester ond Herr ond r hent
sogar recht drmit, weil i s nämlich ben.
[14]Wann jetzat i, dr Herr ond Môester
euch d Fuaß gwäscha han, nå send ihr
anander des ao schuldig, dass r anander
d Füaß wäschat. [15]I han euch a Beispiel
geba, dass ihr des ao so machat wian
i. [16]Währle, währle, des sag e euch: A
Knecht ischd et graeßer als wia sae
Herr, ond a Bot ischd et graeßer als wia
der, môn an gschickt håt. [17]Wann r des
wissat, nå send r glückselig, wann r s ao
dent.
[18]I sag des et von euch älle. I wôeß
genao, de wehle i für me rausgsuacht
han; aber des passiert, dass sich d Schrift
erfüllt: *Der mô mae Brot ißt, håt mr en
Tritt geba* (Ps 41,10). [19]Schao jetzat sag
e s euch, no eh s soweit ischd, dass ihr
s glaobat, wann s gscheha ischd, dass
i s ben. [20]Währle, währle, i sag euch:
Wer oen bei sich aufnemmt, den môn
i gschickt han, der nemmt mi auf; wer
aber mi aufnemmt, der nemmt den auf,
der mô mi hergschickt håt.

Zom Vrgleicha: *Vers 1:* 7,30; 8,20; 12,23 • *Vers 2:* Mt 26,14-16; Mk 14,10f; Lk 22,3-6 • *Vers 14:* Mt 20,28; Mk 10,45; Lk 22,26f • *Vers 16:* Mt 10,24; Lk 6,40 • *Vers 18:* Ps 41,10; Mt 26,21; Mk 14,18; Lk 22,21 • *Vers 20:* Mt 10,40; Lk 10,16.

Dr Jesus deckt da Vrråt auf: 13 21-30

[21]Môn r des gsaed ghet håt, ischd dr Jesus
bis en d Seel nae niedergschlaga gwea
ond håt gsaed: Währle, währle, des sag e
euch: Oener von euch vrråtat me. [22]Dia
Jünger send ganz durchanander gwea
ond hent anander åguckt, weil se et gwißt
hent, wen r moena dät. [23]Aber oener
von de Jünger ischd am Tisch neber am
glega; den håt dr Jesus bsonders möga.
[24]Dem håt dr Simon Petrus zuablenzlat,
r soll fråga, da wehla r moena dät. [25]Nå
håt sich der an da Jesus nôgloehnt ond

an gfrågt: Herr, wer duat des? [26]Dr Jesus
håt am zor Antwort geba: Dem môn
e da Bissa aetonk ond gib, der ischd s.
Nå håt r en Bissa Brot aetonkt ond am
Judas, am Soh vom Simon Iskariot geba.
[27]Mô dr Judas den Bissa gnomma ghet
håt, ischd dr Satan en an naegfahra. Dr
Jesus håt nå zon am gsaed: Was da doa
witt, des sottest glei doa. [28]Des håt von
dene koener kapiert, mô am Tisch glega
send, wårom r des gsaed håt. [29]Weil dr
Judas d Kass ghet håt, hent nämlich a
paar gmoent, dr Jesus wöll am saga, r
soll kaofa, was se für s Fest braucha däte,
oder r soll de Arme ebbas geba. [30]Mô dr
Judas den Bissa gnomma håt, ischd r
glei nausganga. S ischd aber Nacht gwea
draußa.

Zom Vrgleicha: *Vers* 21-30: Mt 26,21-25; Mk 14,18-21; Lk 22,21-23 • *Vers* 23: 19,26f; 20,3-10; 21,7.20-24 • *Vers* 27: Lk 22,3.

A neus Gebot: 13 31-35

[31]Mô dr Judas nå draußa gwea ischd,
håt dr Jesus gsaed: Jetzat ischd dr
Menschasoh vrherrlicht ond Gott selber
ischd en am vrherrlicht. [32]Wann Gott en
am vrherrlicht ischd, nå vrherrlicht an
Gott ao en sich, ond r vrherrlicht an
schao bald. [33]Maene Kender, i ben bloß
no a kloes Weile bein ich. Ihr werat me
suacha, ond was e schao zo de Juda
gsaed han, des sag e euch jetzat ao: Mô
i nôgang, då kommat ihr et nô. [34]I gib
euch a ganz neus Gebot: Mögat anander,
dass ihr anander so mögat, wian i euch
möga han! [35]An dem sollat älle merka,
dass ihr maene Jünger send, wann r
anander mögat.

Zom Vrgleicha: *Vers 31:* 7,39; 12,16.23.28; 17,1.4f • *Vers 33:* 7,33; 8,21 • *Vers 34:* 1.Joh 2,7-11; 4,7-21.

Dr Jesus saed am Petrus sae Vrlaegnong å: 13 36-38

[36]Saed dr Simon Petrus zon am: Herr,
mô willst denn nôganga? Geit am dr
Jesus zor Antwort: Môn i nôgang, då
kåsch du jetzat et mitganga. Aber später
kommst d mr nåch. [37]Nå håt dr Petrus
zon am gsaed: Herr, wårom kån i jetzat
et mit? I dät mae Leba für de hergeba.
[38]Dådruf håt dr Jesus gsaed: Du witt dae
Leba für me hergeba? Währle, währle,
des sag e dr: No bevôr dr Gockel kräht,
håsch du me dreimål vrlaegnat.

Zom Vrgleicha: *Vers 1: 36:* 21,18f • *Vers 37-38:* Mt 26,33-35; Mk 14,29-31; Lk 22,31-34.

Dr Weg zom Vadr: 14 1-14

14 Lent euch em Herza et irr macha.
Glaobat an Gott ond glaobat
an mi! [2]Em Haus vo maem Vadr geit
s grad gnuag Wohnonga. Hätt e no
zon ich gsaed, dass e ganga dät, zom a
Plätzle für euch nôrichta? [3]Ond wann e
gang ond richt a Plätzle für euch nô, nå
komm e ond hol euch zo mr, nå send r
ao då, môn i ben. [4]Ond môn i nôgang
- den Weg wissat r. [5]Saed dr Thomas zon
am: Herr, mir wissat doch et, mô du nô
gôhst; môher sollat mr nå da Weg wissa?
[6]Saed dr Jesus zon am: **I ben dr Weg, d
Wåhrat ond s Leba; zom Vadr kommt
koener, außer durch mi.** [7]Wann r mi
kennaglernt hent, nå kennat r ao maen
Vadr. Ond schao jetzat kennat r an ond
hent an gseha. [8]Nå håt dr Philippus zon
am gsaed: Herr, zaeg as doch da Vadr,
des langat ons. [9]Saed dr Jesus zon am:
O Philippus, jetzat ben e schao so lang
bein ich, ond du kennst me emmer no et.
Wann da mi ågucksт, nå siehst da Vadr!
Wia kåsch du nå saga: Zaeg ons da Vadr?
[10]Glaobst du des denn et, dass i em Vadr
ben ond dr Vadr en mir? Was i euch sag,
des sag e doch et aus mir selber; ond dr
Vadr, der mô en mir dren ischd, der duat
doch sae Werk. [11]Glaobat mr s doch, dass
i em Vadr ben ond dr Vadr en mir! wann
et, nå Glaobat mr s doch wega dem, was
e dua. [12]Währle, währle, i sag euch: Der
mô an mi glaobt, der kå de gleiche Werk

vollbrenga wian i, ond no ganz andere
Werk kå der doa, weil i nämlich zom
Vadr gang. 13Ond om was ao emmer
ihr bitta dent en maem Nåma, des dur
i, dass dr Vadr em Soh vrherrlicht wird.
14Ond wann r mi om ebbas bitta dent en
maem Nåma, des dur i ao.

Zom Vrgleicha: *Vers 2:* 12,26; 13,33; 1. Thess 4,16f; 2.Kor 5,1 • *Vers 5:* 11,16; 20,24 • *Vers 6:* Mt 11,27; Lk 10,22 • *Vers 9:* 17,21 • *Vers 11:* 10,38 • *Vers 13-14:* 15,7.16; 16,24f; Mt 7,7-11; Mk 11,24; Lk 11,9-13.

A Trost für d Jünger: 14 15-31

15Wann r me mögat, nå haltat r ao maene
Gebot ae. 16Ond i bitt da Vadr, dass der
euch en andera Beistand geit, der mô uf
ewig bein ich bleiba soll, 17da Gaest von
dr Wăhrat, den kriagt d Welt nämlich
et, weil se an et seha will ond ao et
kennt. Aber ihr kennat an, weil r bein
ich bleibt ond en euch ischd. 18I laß euch
doch et wia Wôesakender alloe då; i
komm wieder zon ich. 19Bloß no a kloes
Weile, ond d Welt sicht me nemme, aber
ihr seahnat me, weil i leb ond weil ihr
ao leba werat. 20An sellam Dag werat r
erkenna, dass i en maem Vadr ben ond
ihr en mir ond i en euch. 21Wer maene
Åordnonga håt ond se aehält, der måg
me; aber der mô mi måg, den måg ao
mae Vadr, ond i måg an ond offabar me
am. 22Saed dr Judas, et dr Iskariot zon
am: Herr, was ischd denn passiert, dass
da de ons offabara willst ond dr Welt et?
23Dådruf håt am dr Jesus zor Antwort
geba: Wann oener mi måg, nå bleibt r
ao an maem Wort, nå måg an mae Vadr
ond mir kommat zon am ond dent bein
am wohna.24Der mô mi et måg, der hält
sich ao et an maene Åweisonga; ond des
Wort môn ihr hörat, des stammt et vo
mir, des stammt vom Vadr, der mô mi
hergschickt håt.
25Des sag e euch, solang e no bein ich
ben. 26Aber dr Beistand, dr Haelige
Gaest, den mô dr Vadr en maem Nåma
schickt, der brengt euch nå ällas bei
ond erennerat euch an ällas, was e euch
gsaed han. 27Frieda laß e euch då, maen
Frieda gib e euch; et wia d Welt geit, gib
e euch. Euer Herz braucht et vrschrecka
ond ao et vrzaga! 28Ihr hent s ghört, dass
e zon ich gsaed han: I gang fort ond
komm wieder zo euch. Wann ihr me
möga dätat, nå hättat r euch gfraet, dass
e zom Vadr gang, weil dr Vadr ischd
graeßer als wian i. 29Ond jetzat han e s
euch gsaed, bevôr s gschieht, dass ihr,
wann s gschieht, zom Glaoba kommat.
30I kå euch jetzat nemme viel saga, weil
dr Weltherrscher kommt. Aber über mi
håt der koe Macht, 31aber d Welt soll
seha, dass i da Vadr måg ond des dua,
was mr dr Vadr ågeba håt. Standat auf,
dass mr dåhanna fortgangat.

Zom Vrgleicha: *Vers 16:* 14,26; 15,26; 16,7-14 • *Vers 17:* 20,22 • *Vers 20:* 10,38 • *Vers 23-24:* 1.Joh 3,23f • *Vers 26:* 14,16; 15,26; 16,7-14 • *Vers 27:* 20,19.21 • *Vers 30-31:* 12,31; Mk 14,41f; Lk 4,6.13; 22,3 31.40.46.

No andere Reda vom Jesus zo saene Jünger: 15 1 - 16 33

Jesus, dr Waestock: 15 1-17

15 I ben dr wahre Waestock, ond mae
Vadr ischd dr Wengerter. 2An jeda
Reba a'mr, mô nex draet, schneidt r weg,
ond an jeda Reba, mô ebbas draet, duat r
aussäubera, dass r maeh nôwachsa lassa
kå. 3Ihr send schao sauber weg'am Wort,
môn e euch gsaed han. 4Bleibat en mir,
nå bleib i ao en euch. Wian a Reba von
sich selber koe Frucht trage kå, wann r
et am Waestock drannableibt, so gôht s
mit euch, wann r et en mir bleibat. 5I ben
dr Waestock ond ihr d Reba, der mô en
mir bleibt ond en dem môn i bleib, der
draet viel Frücht; weil ihr nämlich ohne
mi nex doa könnat. 6Oener mô et en
mir bleibt, der wird weggschmissa wian

a Reba ond vrdorrat, ond mr klaubt s zsema ond schmeißt s ens Feuer ond vrbrennt s. [7]Wann ihr en mir bleibat ond maene Wort en euch bleibat, nå könnat r bitta om was r wöllat, des gschieht euch, (då könnat r ich druf vrlassa). [8]Durch des wird mae Vadr vrherrlicht, dass ihr viel Frücht tragat ond maene Jünger werat.

[9]Wia dr Vadr mi måg, so han i euch möga. Bleibat en maener Liebe! [10]Wann ihr maene Åordnonga aehaltat, nå bleibat r ao en maener Liebe, so wian i me an d Åweisonga vo maem Vadr ghalta han ond en saener Liebe bleib. [11]Des han e euch gsaed, dass ao mae Fraed en euch ischd ond dass euer Fraed vollkomma wird. [12]Des ischd mae (obersts) Gebot, dass ihr anander so mögat, wian i euch möga han. [13]A graeßera Liebe kå gar koener han, als wann oener sae Leba aesetzt für saene Fraend. [14]Ihr send maene Fraend, wann r dent, was i åordne. [15]I hôeß euch nemme Knecht, weil a Knecht wôeß et, was sae Herr duat. I han euch aber Fraend ghôeßa, weil e euch ällas weitergeba han, was e vo maem Vadr ghört han. [16]Ihr hent et mi auserwählt, sondern i han euch auserwählt ond drzua bestimmt, dass ihr hergangat ond viel Frücht brengat mô ao bleibat, dass, om was ao emmer ihr da Vadr bitta dent en maem Nåma, der euch des ao geit. [17]Des ordne i für euch å, dass r anander mögat.

Zom Vrgleicha: *Vers 1f:* Jes 5,1; Jer 2,21; Ps 80,9-18; Sir 24,17 • *Vers 3:* 13,10 • *Vers 6:* Ez 15,2-6 • *Vers 7:* 14,13; 15,16; Mt 7,7-11; Mk 11,24; Lk 11,9-13 • *Vers 9:* 1.Joh 3,16; 4,7-9.19 • *Vers 11:* 16,22-24; 17,13 • *Vers 12:* 13,24 • *Vers 13:* 1.Joh 3,16 • *Vers 15:* 17,26 • *Vers 16:* 13,18.

Dr Jesus kündigt Vrfolgonga für saene Jünger å: 15 18 -16 4a

[18]Wann d Welt en Hass auf euch håt, nå denkat drå, dass se mi vôr euch ghasst håt! [19]Wann ihr von dr Welt wärat, nå dät d Welt en euch sich selber möga. Aber weil ihr et aus dera Welt send ond i euch aus dera Welt auserwählt han, drom håt d Welt en Hass auf euch. [20]Denkat an mae Wort, môn e euch gsaed han: Dr Knecht ischd et graeßer als wia sae Herr. Hent se mi vrfolgt, nå vrfolgat se euch genaoso. Wann se sich an maene Wort ghalta hent, nå haltat se sich ao an euers. [21]Des älles dent se euch å wega maem Nåma, weil se den et kennat, der mô mi hergschickt håt. [22]Wann i et komma wär ond mit en gredat hätt, nå wäre dia ohne Sünd; aber so hent se koe Ausred maeh wega ihre Sünda. [23]Der mô auf mi en Hass håt, der hasst ao maen Vadr. [24]Hätt i bei dene et dia Werk vollbrårcht, zo dene mô no koe anderer emstand gwea ischd, nå ware dia ohne a Sünd. Aber so hent se s gseha ond hent oenaweg en Hass auf mi ond auf maen Vadr. [25]Des muaß halt so sae, dass sich erfüllt, was en ihram Gsetz gschrieba stôht: *Se hassat me, obwohl se koen Grond drzua hent!* [26]Wann nå aber der Beistand kommt, den môn ich i vom Vadr aus schick, dr Gaest von dr Wåhrat, der mô vom Vadr aus kommt, der zeugt nå für me; [27]ond ihr zeugat ao für me, weil ihr von Åfang å bei mr gwea send.

16 Des han e euch gsaed, dass s koene Mißvrständnis geit. [2]En dr Synagog machat se Ausgschlossene aus euch. **Jå, s kommt sogar so weit, dass a jeder, mô euch ombrengt, moent, r dät am Herrgott en Denst erweisa.** [3]Ond des dent se bloß, weil se da Vadr et kennaglernt hent ond mi ao et. [4]Des han e euch gsaed, dass wann dene ihr Stond kommt, ihr drå denkat, dass i euch et em Oklara glassa han.

Zom Vrgleicha: *Vers 15,18:* Mt 10,22; Mk 13,13; Lk 21,17 • *Vers 20:* 13,16; Mt 10,24; Lk 6,40 • *Vers 24:* 9,41 • *Vers 25:* Ps 35,19; 69,5 • *Vers 26:* 14,16.26; 16,7-14 • *Vers 27:* Apg 1,8.21f; 5,32 • *Vers 16,2:* 9,22; 12,42; Mt 10,17; Lk 21,12 • *Vers*

4a: Lk 22,53.

Dr Gaest als Beistand ond Lehrer: 16 4b-15

Des han e euch et glei am Åfang gsaed;
i ben jå bein ich gwea. [5]Aber jetzat gang
e zo dem, der mô me hergschickt håt,
ond koener von euch frågt me: Mô
gôhst d nô? [6]Aber weil e euch des gsaed
han, ischd euer Herz voller Trauer. [7]I
sag ich aber d Wåhrat: Für euch ischd
s guat, dass e gang. Wann e nämlich et
gang, nå kommt ao dr Beistand et zon
ich; wann e aber nôgang, nå schick en
euch. [8]Ond wann r kommt, nå deckt
der en dr Welt ällas auf, was Sünda, was
Gerechtigkaet ond Gericht ischd; [9]Sünd
ischd, dass se et an me glaobat; [10]en
puncto Gerechtigkaet, dass i zom Vadr
gang ond ihr me nemme seahnat; [11]en
puncto Gricht, dass dr Weltherrscher
vrurtôelt ischd. [12]I hätt euch no viel
zom saga, aber des könnat ihr jetzat gar
et vrkrafta. [13]Wann der aber kommt,
dr Gaest von dr Wåhrat, der lôctat
euch nå en de ganz Wåhrat nae. Der
spricht nämlich et aus sich selber raus,
sondern der saed, was r hört ond saed
ich nå, was auf euch zuakommt. [14]Der
vrherrlicht me, weil r von dem nemmt,
was mir ghört. [15]Ällas, was dr Vadr håt,
ghört mir; drom han e euch gsaed: dass
der vom Maeniga nemmt ond euch des
vrkündigt.

Zom Vrgleicha: *Vers 5:* 13,36; 14,2f • *Vers 7:* 14,16.26; 15,26 • *Vers 11:* 12,31; 14,30 • *Vers 13:* 20,22.

Am Jesus sae Red vom Ganga ond Wiederkomma: 16 16-24

[16]A kloes Weile, nå seahnat r me nemme;
ond nômål a Weile, ond r seahnat me. [17]Nå
hent a paar von saene Jünger zoanander
gsaed: Was soll des hôeßa, was r då
zon as saed: A kloes Weile, nå seahnat
r me nemme; ond nômål a Weile, ond
r seahnat me? Ond: I gang zom Vadr?
[18]So hent se s gsaed: Was soll des hôeßa,
was r saed: A kloes Weile? Mir wissat et,
was r moent. [19]Dr Jesus håt gmerkt, dass
se ebbas von am wöllat, ond håt zon en
gsaed: Sennierat r dådrå rom, dass e zon
ich gsaed han: A kloes Weile, nå seahnat
r me nemme; ond nômål a Weile, ond
r seahnat me? [20]Währle, währle, des
sag e euch: Ihr werat flenna ond klaga,
aber d Welt fraet sich; ihr werat traurig
sae, aber euer Kummer vrwandlat sich
en Fraed. [21]Wann a Frao niederkomma
soll, håt se Angst, weil ihr Stond då
ist; wann se aber ihr Kendle kriagt håt,
denkt se nemme an ihr Not, vôr lauter
Glück, dass a Mensch uf d Welt komma
ischd. [22]So hent ihr jetzat zwår ao Angst,
aber i sieh euch wieder ond euer Herz
fraet sich, ond euer Fraed kå euch gar
neamerd wegnemma.
[23]An sellam Dag frågat ihr mi nex maeh.
Währle, währle, i sag euch: Om was ao
emmer ihr bitta dent en maem Nåma,
des geit r euch. [24]Bis jetzat hent r en
maem Nåma no om nex beta; dent an
bitta, ond ihr kriagat so viel, dass euer
Fraed vollkomma ischd.

Zom Vrgleicha: *Vers 22:* 15,11; 17,13 • *Vers 23-24:* 14,13; 15,16; Mt 7,7-11; Mk 11,24; Lk 11,9-13.

Drangsal ond Frieda: 16 25-33

[25]Des han e euch mit Bilder gsaed; aber
s kommt no d Stond, môn e nemme en
Bilder zon ich red, sondern grad raus red
über maen Vadr. [26]An sellam Dag werat
r bitta en maem Nåma, ond i sag et, dass
i da Vadr für euch bitte; [27]dr Vadr mäg
euch nämlich selber, weil ihr mi mögat
ond weil r glaobt hent, dass i von Gott
ausganga ben. [28]Ausganga ben i vom
Vadr ond en d Welt komma; i vrlaß d
Welt wieder ond gang zom Vadr.
[29]Sagat saene Jünger: Guck, jetzat redest
offa ond nemme en Bilder. [30]Jetzat wissat
mr, dass du ällas wôeßt ond et naedig

håsch, dass de oener frågt. Drom glaobat
mr ao, dass da von Gott ausganga bist.
[31]Nå håt en dr Jesus zor Antwort geba:
Glaobat r s jetzt? [32]Guck, s kommt dui
Stond, ond se ischd sogar schao komma,
dass ihr ausananderlaufat, jeder zo sich
hoem, ond ihr mi alloe lassat. Aber i ben
et alloe, weil dr Vadr bei mr ischd. [33]Des
han e euch gsaed, dass r Frieda hent en
mir. **En dr Welt hent r Angst, aber
tröstat euch, i han d Welt überwonda.**

Zom Vrgleicha: *Vers 30:* 11,42; 17,8 • *Vers 32:* Sach 13,7; Mt 26,31f; Mk 14,27.

Am Jesus sae Abschiedsgebet: 17 1-26

Dr Jesus geit saem Vadr Rechaschaft: 17 1-8

17 So håt dr Jesus gsprocha, ond
wian r saene Aoga en da Hemmel
nauf grichtat håt, saed r: Vadr, d Stond
ischd komma; vrherrliche daen Soh, dass
dr Soh di vrherrlicha kå. [2]Wian am du
d Vollmacht über de ganz Menschhaet
geba håsch, dass r älle, môn am du
gschenkt håsch, s ewige Leba geit. [3]Des
ischd aber s ewige Leba, dass se di, da
oezig wahra Gott begreifat ond da Jesus
Christus, den mô du gschickt håsch. [4]I
han de auf dr Erde vrherrlicht, môn e
des Werk vollendat han, des mô du mr
ågeba håsch, dass e s doa soll. [5]Ond
jetzat, Vadr, vrherrliche du mi bei dir
mit dera Herrlichkaet, môn e ghet han
bei dir, bevôr d Welt dågwea ischd!
[6]I han daen Nåma dene Menscha offabart,
mô mr du aus dr Welt geba håsch. Des
send de daenige gwea, ond du håsch se
mir geba, ond dia hent sich an dae Wort
ganz fest ghalta. [7]Jetzat hent se vrstanda,
dass ällas, was du mir geba håsch, von
dir ischd. [8]Weil i dene daene Wort geba
han, hent dia s so ågnomma ond hent
wirklich begriffa, dass i von dir komma
ben, ond se send zom Glaoba komma,
dass du me hergschickt håsch.

Zom Vrgleicha: *Vers 1:* 7,39; 8,54; 11,4; 12,16.23.28; 13,31f; 14,13;15,8;16,14 • *Vers 2:* 3,15; 5,24; 6,40; 10,10.28 • *Vers 3:* 1.Joh 5,20; 1.Kor 8,6 • *Vers 5:* Joh 1,1f; 1.Joh 1,2; Phil 2,6; Hebr 1,3 • *Vers 6:* 17, 26. • *Vers 8:* 5,36; 6,57; 11,42; 17,25.

Fürbitta für d Jünger: 17 9-19

[9]I bitt de für se; für d Welt bitt e de et,
sondern für älle, mô du mr geba håsch;
weil dia gherat jå dir. [10]Ällas, was mir
ghert, ghert dir, ond was dir ghert, ghert
ao mir; en dene ben i vrherrlicht. [11]I
ben nemme en dr Welt, aber dia send
en dr Welt, ond i gang zo dir. Haeliger
Vadr, bewahr s en daem Nåma, dass
se oes send so wia mir. [12]Môn e bei
nen gwea ben, han i s en daem Nåma
bewahrt, den mô du mr geba håsch, ond
i han auf se aufpaßt, dass koener von en
vrlora ganga ischd, außer am Soh vom
Vrderba, dass gschieht, was en dr Schrift
stôht. [13]Aber jetzat gang e zo dr, ond des
sag e no en dr Welt, dass se mae Fraed
zor Vollendong brengat en sich. [14]I han
en dae Wort geba, ond dui Welt håt s
ghasst, weil se et von dera Welt send, so
wian i ao et von dera Welt ben. [15]I bitt de
et, dass da se von dera Welt wegnemmst,
sondern dass da s vôr am Baesa bewahra
duast. [16]Dia send et von dera Welt, so
wian i ao et von dera Welt ben. [17]Mach
se haelig en dr Wåhrat; dae Wort ischd
doch d Wåhrat. [18]So wia du mi en dui
Welt gschickt håsch, so han ao i dia en
d Welt naegschickt. [19]Ond i mach me
für dia haelig, dass dia en dr Wåhrat ao
haelig send.

Zom Vrgleicha: *Vers 12:* 10,28; Ps 41,10 • *Vers 13:* 15,11; 16,22 • *Vers 14:* 15,19 • *Vers 15:* Mt 6,13; 1.Joh 2,13f.

Fürbitta für älle, mô glaobat: 17 20-26

[20]Aber i bitt de et bloß für dia då, sondern
ao für älle dia, mô durch dene ihr Wort
an mi glaobat, [21]dass älle oes send, wia

du, Vadr, en mir ond i en dir, dass dia ao en ons send, dass d Welt glaobt, dass du mi hergschickt håsch. 22Ond i han en dui Herrlichkaet geba, mô mr du geba håsch, weil dia oes sae sollat, wia mir oes send, 23i en dene ond du en mir. Dia sollat vollendat sae en dr Aenhaet, dass d Welt begreift, dass du me hergschickt håsch ond se möga håsch, wia da mi mågst.

24Vadr, i möcht, dass älle mô mr du geba håsch, ao sell bei mr send, môn i ben, dass se mae Herrlichkaet seahnat, mô mr du geba håsch, weil da me schao vôr dr Grondlegong von dera Welt möga håsch. 25Gerechter Vadr, auf dr oena Seit håt di d Welt et vrstanda, aber i han de vrstanda, auf dr andera Seit hent dia kapiert, dass du me hergschickt håsch, 26ond i han en daen Nåma bekanntgmacht ond mach an weiter bekannt, dass dui Liebe, mit dera mô me du möga håsch, en dene ao dren ischd ond i en en.

Zom Vrgleicha: *Vers* 21: 10,30 • *Vers* 24: 12,26; 14,3 • *Vers* 26: 15,15.

DR JESUS WIRD ERHÖHT: 18 1 - 20 29

Am Jesus sae Leida: 18 1 - 19 42

D Vrhaftong: 18 1-11

18 Mô dr Jesus des gredat ghet håt, ischd r mit saene Jünger naus ganga, über a Bächle nom, Kidron hôeßt s, sell ischd a Garta gwea; en den ischd r mit saene Jünger nae. 2Dr Judas aber, der môn an vrråta håt, der håt den Platz ao kennt, weil sich dr Jesus sell öfters mit saene Jünger troffa håt. 3Dr Judas håt drweilst Soldata mitkriagt, ond von de Oberpriaster ond Pharisäer Templpolezei ond se send sell nô mit Laterna ond Fackla ond Waffa. 4Dr Jesus, der mô jå gnao gwißt håt, was auf an zuakommt, ischd nausganga ond håt s gfrågt: Wen suachat r denn? 5Se hent am zor Antwort geba: Da Jesus von Nazaret! Saed r zo nen: Des ben i! Dr Judas, der môn an vrråta håt ischd ao drbeigstanda. 6Môn r zo nen gsaed håt: Des ben i!, send se henterschc ganga ond nôghaglat. 7Nå håt r s nômål gfrågt: Wen suachat r denn? Da Jesus von Nazaret! hent se gsaed. 8Geit en dr Jesus zor Antwort: I han ich s doch gsaed, dass i des ben; wann r also mi suachat, nå lent dia då ganga! 9Dass sae Wort wåhr wôra ischd, môn r gsaed håt: Von dene mô mr du geba håsch, han i koen vrlora. 10Jetzat håt dr Simon Petrus a Schwert drbei ghet ond håt blankzoga ond a ma Templpolezista s recht Ohr wegghaoa, der håt Malchus ghôeßa. 11Nå håt dr Jesus zom Petrus gsaed: Komm, steck dae Schwert en d Schaede! Soll e vielleicht den Kelch, den mô mr mae Vadr geba håt, et trenka?

Zom Vrgleicha: *Vers 1-2:* Mt 26,30-36; Mk 14,26-32; Lk 22,39 • *Vers 3-11:* Mt 26,47-56; Mk 14,43-50; Lk 22,47-53 • *Vers 9:* 6,39; 10,28; 17,12 • *Vers 11:* 12,27; Mt 20,22.

S Vrhör vor am Hannas ond d Vrlaegnong vom Petrus: 18 12-27

12Dia Soldata ond ihr Oberst ond dia Templpolezista von de Juda hent nå da Jesus vrhaftat ond an gfesslat 13ond zerst am Hannas vôrgführt; des ischd nämlich am Kajaphas sae Schwiegervadr gwea, dr sell ischd en dem Jåhr dr Hohepriaster gwea. 14Dr Kajaphas håt dene Juda da Råt geba, dass s besser sei, dass oe Mensch für s Volk sterba dät.

15Dr Simon Petrus ond a anderer Jünger send am Jesus nåchganga. Der Jünger håt da Hohepriaster kennt ond ischd mit am Jesus bis nae en da Hof vom Hohepriaster saem Palast. 16Aber dr

Petrus ischd vôr dr Tür draußa gstanda.
Nå ischd der andere Jünger rauskomma,
der mô da Hohepriaster kennt hât, ond
hât mit dr Pförtnere gschwätzt ond hât
da Petrus mit naegnomma. [17]Nå hât dui
Pförtnere zom Petrus gsaed: Bist du et
ao a Jünger von dem Menscha då? Saed
r: Noe, des ben i et. [18]Dia Diener ond
Knecht hent a Kohlafeuerle ågmacht
ond send dromrom gstanda zom sich
gwärma, weil s recht kalt gwea ischd.
Dr Petrus ischd ao drbeigstanda ond hât
sich gwärmt.
[19]Dr Hohepriaster hât nå da Jesus über
saene Jünger ond saene Lehra ausfråga
wölla. [20]Dr Jesus hât am zor Antwort
geba: I han doch ganz offa vôr äller Welt
gsprocha; i han jederzeit en de Synogoga
ond em Templ maene Lehra vrtreta, mô
älle Juda zsemakommat, ond hentarom
han i gar nex gsaed. [21]Wårom frågst du
me aegentlich? Fråg doch dia, mô ghört
hent, was e zo nen gsaed han; dia wissat
ao was e gsaed han. [22]Môn r des gsaed
hât, ischd oener von dene Diener, mô
då romgstanda send, zon am nô ond
hât am oena an d Backa nôghaoa ond
zom Jesus gsaed: Sotte Antworta geist
du am Hohepriaster? [23]Dådruf hât dr
Jesus gsaed: Wann e ebbas orechts gsaed
han, nå breng da Beweis. Wann s aber
recht gwea ischd, was haost d me nå?
[24]Nachdem hât an dr Hannas gfesslat
zom Hohepriaster Kajaphas gschickt.
[25]Dr Simon Petrus ischd drweilst (an
dem Feuerle) gstanda ond hât sich
gwärmt. Nå hent se zon am gsaed: Bist
du et ao oener von dem då saene Jünger?
Aber der hât s glaegnat ond noe gsaed.
[26]Saed oener von dene Templpolezista,
a Vrwandter von dem, mô dr Petrus s
Ohr wegghaoa hât: Han i di et sell em
dem Garta bein am gseha? [27]Ond wieder
hât s dr Petrus glaegnat; ond glei drauf
hât dr Gockel kräht.

Zom Vrgleicha: *Vers 13:* Lk 3,2; Apg 4,6 • *Vers 14:* 11,50 • *Vers 15-27:* Mt 26,58.69-75; Mk 14,54.66-72; Lk 22,54-62 • *Vers 19-24:* Mt 26, 63-65; 27,1; Mk 14,61-64; 15,1; Lk 22,66-71.

Vôr am Pilatus: 18 28 -19 16a

[28]Vom Kajaphas hent se da Jesus em
Prätorium (Hof vom Pilatus saem
Palast) vôrgführt; s ischd schao ganz
bald am Môrga gwea; selber send
se aber et naeganga en s Prätorium,
dass se et oraen wera däte, sondern s
Passamahl essa könnte. [29]Nå ischd halt
dr Pilatus zo nen rauskomma ond saed:
Was hent r denn gega den Menscha
då vôrzbrengat? [30]Dia hent am zor
Antwort geba ond gsaed: Wann der et
ebbas Orechts dao hätt, nå hätte mr an
dir jå et herbråcht. [31]Saed dr Pilatus: Nå
nemmat an doch mit ond vrurtôelat an
nach euram Gsetz! Nå hent dia Juda
zon am gsaed: Mir hent koe Erlaobnis
zo ma Todasurtôel; [32]dass am Jesus sae
Wort wåhr wird, môn r gsaed hât zom
ådeuta, wian r sterba dät. [33]Nå ischd dr
Pilatus wieder en s Prätorium nae ond
hât da Jesus komma lassa ond an gfrågt:
Bist du de Juda ihr König? [34]Geit am dr
Jesus zor Antwort: Saesch d des von dir
aus oder hent des andere zo dr gsaed?
[35]Saed dr Pilatus: Ben i vielleicht a Jud?
Dae aeges Volk ond d Oberpriaster
hent de zo mr bråcht. Was håsch d denn
dao? [36]Geit am dr Jesus zor Antwort:
Mae Königreich ischd et von dera Welt.
Wann mae Reich von dera Welt wär, nå
däte maene Leut drom kämpfa, dass i
et an d Juda ausglieferat wôra wär; aber
mae Königreich ischd halt et von då.
[37]Saed dr Pilatus zon am: Also bist doch
a König? Geit am dr Jesus zor Antwort:
Du saesch s, dass i a König ben. Dådrfür
ben i gebora ond en d Welt komma, dass
e für d Wåhrat nôstand; a jeder mô aus
dr Wåhrat ischd, hört mae Stemm. [38]Saed
dr Pilatus: Was ischd schao d Wåhrat?
Ond môn r des gsaed hât, ischd r wieder

zo de Juda nausganga ond håt zo nen
gsaed: I fend an dem koe Orecht! [39]Ihr
send s doch gwöhnt, dass e euch am Passa
oen freilass; wöllat r also, dass e euch da
König von de Juda freilass? [40]Nå hent se
wieder gschria ond gsaed: Noe, et den,
sondern da Barrabas. Dr Barrabas ischd
aber a Stråßaraeber gwea.

Dr Jesus wird auspeitscht ond verspottet: 19 1-16a

19 Nå håt dr Pilatus da Jesus gnomma
ond auspeitscha lassa.[2]Ond
dia Soldata hent aus Dôrnaruata a
Kron gflochta ond hent se am auf da
Kopf druckt ond am a Purpurgwand
romghängt [3]ond send vor an nôgstanda
ond hent gsaed: Grüaß de, du Judakönig!
ond hent am an d Backa nôghaoa. [4]Nå
ischd dr Pilatus wieder naus ond saed zo
nen: Guckat her, i breng an euch raus,
kapierat doch endlich, dass i gar koen
Grond han zom den vrurtôela. [5]Dr
Jesus ischd nå ao rauskomma mit saener
Dôrnakron ond dem Purpurmantel.
Ond (dr Pilatus) saed zo nen: Då, guckat,
dr Mensch! [6]Môn an nå dia Oberpriaster
ond ihre Leut gseha hent, hent se gschria
ond gsaed: Kreuzige! Kreuzige! Saed
dr Pilatus zo nen: Nemmat ihr an ond
kreuzigat an selber! Weil i fend an dem
koen Grond drzua. [7]Nå hent am d Juda
zor Antwort geba: Mir hent schliaßlich
a Gsetz ond nach dem Gsetz ischd r
schuldig ond muaß sterba, weil r sich
selber zom Soh vom Herrgott gmacht
håt.
[8]Mô dr Pilatus des Wort ghört håt, håt r
s no maeh mit dr Angst zom doa kriagt,
[9]ond r ischd wieder nae ens Prätorium
ond saed zom Jesus: Môher kommst
du aegentlich? Aber dr Jesus håt am
koe Antwort geba. [10]Nå saed dr Pilatus
zon am: Mit mir redest et? Ischd dir
et klar, dass i d Vollmacht drzua han,
di freizlassa, ond ao d Vollmacht, di
zom kreuziga? [11]Geit am dr Jesus zor
Anwort: Du hättest über mi überhaopt
koe Vollmacht, wann se dr et von oba
geba wär. Drom håt der, mô me vrråta
håt, de graeßer Schuld. [12]Auf des nô hätt
an dr Pilatus gern freiglassa; aber dia
Juda hent gschria: Wann da den freiläßt,
nå bist d koe Fraend vom Kaeser, weil a
jeder, mô sich selber zom König macht,
widersetzt sich am Kaeser. [13]Dådrut håt
dr Pilatus da Jesus nausführa lassa ond
ischd auf da Richterstuahl nôgsessa a
ma Platz mit am Nåma Stoepflaster,
uf hebräisch Gabbata. [14]S ischd aber
dr Rüstdag gwea zom Passa, so om
de sechst Stond. Ond r saed zo de
Juda: Guckat, euer König! [15]Nå hent
se gschria: Weg mit am! Weg mit am!
Kreuzige an! Saed dr Pilatus zo nen: I
soll euran König kreuziga? Nå hent am
d Oberpriaster zor Antwort geba: Mir
hent außer am Kaeser koen König! [16]Nå
håt r en da Jesus ausglieferat, dass mr an
kreuziga dät.

Zom Vrgleicha: *Vers* 18,28-38a: Mt 27,2.11-26; Mk 15,1-15; Lk 23,1-7.13-15 • *Vers* 32: 3,14; 12,32f. *Vers* 33: 12,13; 19,15.19-22 • *Vers* 39-40: Mt 27,15-26; Mk 15,6-15; Lk 23,6-22 • *Vers* 19,1-7: Mt 27,27-31; Mk 15,16-20 • *Vers* 7: 5,18; 10,33-36; Lev 24,16 • *Vers* 9: 7,28; 8,42 • *Vers* 14: 19,31.42; Mt 26,17; Mk 14,12; Lk 22,7.

Dr Jesus wird kreuzigt ond stirbt: 19 16b-30

Ond dia hent da Jesus übernomma.
[17]Sae Kreuz håt r selber naustraga auf
da Schädelplatz, wia se drzua gsaed
hent, auf hebräisch hôeßt des Golgota.
[18]Då hent se an kreuzigt, ond mit am
no zwôe andere, hüba ond drüba, ond
en dr Mitte da Jesus. [19]Dr Pilatus håt
ao a Täfale macha lassa ond des oba am
Kreuz nôgmacht; då ischd drufgstanda:
Jesus, dr Nazarener, de Juda ihr König.
[20]Des Täfale hent viele Juda glesa, weil
der Platz, mô dr Jesus kreuzigt wôra

ischd, ischd et weit von dr Stadt weg
gwea. Ond des ischd uf hebräisch,
lataenisch ond griechisch drufgstanda.
[21]Nå hent dene Juda ihre Oberpriaster
zom Pilatus gsaed: Schreib doch et: De
Juda ihr König! sondern dass r gsaed
håt, er sei dr König von de Juda. [22]Dr
Pilatus håt en zor Antwort geba: Was e
gschrieba han, des han e gschrieba!

[23]Mô dia Soldata da Jesus ans Kreuz
gschlaga ghet hent, hent se saene Klôeder
gnomma ond vier Tôel draus gmacht,
für jedan Soldata oen. Ao saen Leibrock
hent se gnomma, der ischd ohne a Nåht
von oba å durchgwebt gwea. [24]Nå hent
se zoanander gsaed: Den vrtôelat mr et,
om den losat mr, wer an kriaga soll! dass
sich d Schrift erfülla soll, mô gschrieba
stôht: *Maene Klôeder hent se onter sich
auftôelt ond om mae Gwand hent se
glost*. So hents dia Soldata nå uf dr oena
Seit gmacht.

[25]Auf dr andera Seit vom Kreuz ischd
am Jesus sae Muader, d Maria, ond dera
ihr Schwester, am Klopas sae Frao, ond
d Maria von Magdala gstanda. [26]Må dr
Jesus nå sae Muader håt standa seha ond
saen Liablengsjünger drneba, saed r zo
saener Muader: Weib, guck, des ischd
dae Soh! [27]Ond dådruf saed r zo dem
Jünger: Guck, des ischd dae Muader!
Ond von dera Stond å håt se der Jünger
bei sich aufgnomma.

[28]Drnåch, dr Jesus håt gwißt, dass schao
ällas vollbråcht ischd ond dass sich
d Schrift erfüllt, saed r: I han Durst!
[29]Då ischd a Kruag vol Essig gstanda.
Nå hent se en Schwamm mit Essig auf
an Ysopstecka gsteckt ond am des an
da Mund nôghoba. [30]Mo dr Jesus von
dem Essig ebbas gnomma håt, saed r: S
ischd vollbråcht! Ond wian am s Haopt
ragsonka ischd, håt r da Gaest aufgeba.

Zom Vrgleicha: *Vers 16b-22:* Mt 27,31.33.37-38; Mk 15,20.22.25-27; Lk 23,33.38 • *Vers 20:* Hebr 13,12 • *Vers 23-24:* Mt 27,35; Mk 15,24; Lk 23,34 • *Vers 24:* Ps 22,19 • *Vers 25-27:* Mt 27,55f; Mk 15,40f; Lk 23,49 • *Vers 28-30:* Mt 27,48-50; Mk 15,36f; Lk 23,44-49 • *Vers 28f:* Ps 22,16; 69,22.

Dr Leichnåm wird ens Grab glegt:

19 31-42

[31]Weil s dr Rüstdag gwea ischd ond dia
Leiber hätte über da Sabbat et am Kreuz
bleiba solla, weil des a graoßer Sabbatdag
gwea ischd, hent d Juda da Pilatus beta,
dass mr ihre Schenkelknocha brecha
ond se vom Kreuz radoa sott. [32]Nå send
d Soldata komma ond hent am ersta d
Schenkelknocha agschlaga ond nå am
andera, der mô mitkreuzigt wôra ischd.
[33]Mô se aber zom Jesus komma send,
hent se gseha, dass der schao daot gwea
ischd, nå hent se saene Schenkelknocha
et brocha, [34]sondern oener von de
Soldata håt am saen Spiaß en d Seite
naegstocha, ond då ischd glei Bluat
ond Wasser rausgloffa. [35]Ond der mô
des gseha håt, der håt des bezeugt, ond
sae Zeugnis ischd wåhr; ond der wôeß,
dass r d Wåhrat saed, dass ihr des ao
glaobat. [36]Weil, des ischd gscheha, dass
sich d Schrift erfüllt: *Mr soll koe Boe an
am brecha.* [37]Ond a anders Schriftwort
saed: *Auf den werat se no gucka, mô se
durchbôhrt hent!*

[38]Dr Josef von Arimathäa ischd a
Åhänger vom Jesus gwea, aber hehlenga,
weil r Angst ghet håt vor de Juda. Der
håt da Pilatus gfrågt om da Leichnåm
vom Jesus, ob r den ranemma därf, ond
dr Pilatus håt am d Erlaobnis geba. Nå
ischd r komma ond håt da Leichnåm
ragholt. [39]Ond dr Nikodemus ischd ao
komma, der mô früher amål en dr Nacht
da Jesus bsuacht håt, der håt a Mischong
aus Myrrhe ond Aloe mitbråcht, so
om de hondert Pfond. [40]Dia hent da
Leichnåm vom Jesus gnomma ond hent
an mit Laenabenda ond mit dem guata
Duftöl aebonda, wia s bei de Juda zor
Beerdigong dr Brauch ischd. [41]Neber

dem Platz, môn r kreuzigt wôra ischd, ischd a Garta gwea, ond en dem Garta a ganz neue Grabkammer, mô no neamerd dren bestattat wôra ischd. [42]Då hent se wega dem jüdischa Rüstdag da Jesus (drweilst) naeglegt, weil dui Grabkammer halt grad en dr Nähe glega ischd.

Zom Vrgleicha: *Vers* 31: Ex 12,16; Dtn 21,23 • *Vers* 35: 21,24 • *Vers* 36: Ex 12,46; Ps 34,21 • *Vers* 37: Sach 12,10 • *Vers* 38-42: Mt 27,57-60; Mk 15,42-46; Lk 23;50-54 • *Vers* 39: 3,1-12; 7,50f • *Vers* 40: 11,44.

Ostern: 20 1-31

S leere Grab: 20 1-10

20 En dr Woch drauf, glei am ersta Dag, ischd d Maria von Magdala en äller Früah, mô s no nacht gwea ischd, an s Grab komma ond håt gseha, dass der Stoe von dera Grabkammer weggwea ischd. [2]Nå ischd se gspronga ond zom Simon Petrus ond zom Jesus saem Liablengsjünger komma ond saed zo nen: Dia hent da Herra aus dera Grabkammer wegtraga, ond mir wissat et, mô se 'n nôglegt hent. [3]Nå ischd dr Petrus ond der ander Jünger naus an dui Grabkammer; [4]dia send aber mitanander gspronga; ond der ander Jünger ischd schneller gwea als dr Petrus ond ischd zersta an dr Grabkammer gwea. [5]Ond wian r sich buckt håt, sieht r dia Laetüacher liega, aber naeganga ischd r et. [6]Nå ischd drweilst ao dr Simon Petrus dågwea, ond der ischd en d Grabkammer naeganga ond sieht dia Laetüacher liega [7]ond a Schwöeßtuach, mô auf saem Haopt gwea ischd, des ischd et bei de Laetüacher glega, sondern bsonders ond zsemagwicklat. [8]Nå ischd ao der ander Jünger nae, der mô zerst an dr Grabkammer gwea ischd, der håt des gseha ond håt glaobt. [9]Dia hent nämlich no koe Åhnong ghet von dr Schrift, mô stôht, dass r von de Daote auferstanda dät. [10]Nå send dia Jünger wieder hoemganga.

Zom Vrgleicha: *Vers* 1-10: Mt 28,1-8; Mk 16,1-8; Lk 24,1-11 • *Vers* 2: 13,23;19,26 • *Vers* 5-6: 19,40 • *Vers* 8-9: 2,22; Ps 16,8-11; Lk 24,25-27.44-46 • *Vers* 9: Apg 2,24-31; 13,32-37; 1.Kor 15,4.

Dr Jesus begegnat dr Maria von Magdala: 20 11-18

[11]D Maria aber ischd draußa vôr dr Grabkammer gstanda ond håt gheult. Ond wia se am Flenna gwea ischd, håt se sich nabuckt ond en d Grabkammer naeguckt. [12]Då sieht se zwôe Engel en weiße Gwänder sitza, oen beim Haopt ond oen bei de Füaß, mô dr Leichnåm vom Jesus glega gwea ischd. [13]Ond dia hent zon ra gsaed: Frao, wårom muaßt denn heula? Saed se zo nen: Maen Herra hent se forttraga, ond i wöeß et mô se 'n nôdao hent. [14]Wia se des gsaed håt dreht se sich rom ond sieht da Jesus standa, aber se håt et gwißt, dass des dr Jesus ischd. [15]Saed dr Jesus zon r: Frao, wårom heulst? Wen suachst denn? Nå håt se gmoent, des sei dr Gärtner ond saed zon am: Herr, wann an du forttraga håsch, nå sag mr, mô da 'n nôdao håsch, dass e 'n abhola kå. [16]Saed dr Jesus zon ra: Maria! Nå håt se sich zon am romdreht ond auf Hebräisch gsaed: Rabbuni!, des hôeßt Môester! [17]Nå håt dr Jesus gsaed: Halt me et lang auf. I ben nämlich no et zo maem Vadr aufgfahra: Jetzat gôhst d zo maene Brüader ond saeschd en. I fahr auf zo maem Vadr ond zo euram Vadr, zo maem Gott ond zo euram Gott. [18]Nå ischd d Maria von Magdala zo de Jünger ganga ond håt en vrkündigt: I han da Herra gseha. Ond se håt en ausgrichtat, was r ra ågeba håt.

Zom Vrgleicha: *Vers 11-18:* Mt 28,9f; Mk 16,9-11 • *Vers 16:* Mk 10,51.

D Jünger kriagat an Auftrag: 20 19-23

[19]Am gleicha Åbad no am ersta Dag
von dr Woch, mô dia Jünger vôr lauter
Angst vôr de Juda d Türa zuagschlossa
hent, ischd dr Jesus komma ond en ihr
Mitte treta ond håt zo nen gsaed: Frieda
mit euch! [20]Mit dene Wort håt r en saene
Händ zaegt ond sae Seite. Nå hent sich
d Jünger gfraet, dass se ihran Herra
gseha hent. [21]Nå håt dr Jesus nômål zo
nen gsaed: Frieda mit euch! Wia dr Vadr
mi gschickt håt, so schick i euch. [22]Ond
wian r des gsaed håt, haucht r se å ond
saed zo nen: **Empfangat da Haeliga
Gaest! [23]Dem mô ihr saene Sünda
vrgebat, dem send se vrgeba; ond
dene mo ihr d Vrgebong vrwaegera
müaßat, dene bleibt se vrwaegerat.**

Zom Vrgleicha: *Vers* 19-23: Mk 16,14-18; Lk 24,36-39 • *Vers* 22: 14,17.26; 15,26 • *Vers* 23: Mt 16,19.

Jesus ond dr Thomas: 20 24-29

[24]Dr Thomas, oener von dene zwölf,
Didymus (Zwilleng), håt mr n ghôeßa
ischd et bei nen gwea, mô dr Jesus
komma ischd. [25]Nå hent de andere
Jünger zon am gsaed: Mir hent da Herra
gseah! Nå håt r zo nen gsaed. Wann e
et selber dia Wondmäler von de Nägel
an saene Händ sieh ond maen Fenger
en dia Nägelmål naeleg ond mae Håd
en sae Seite lega kå, glaob i des auf koen
Fall. [26]Acht Däg später send d Jünger
wieder drenna gwea ond dr Thomas
ischd drbei gwea. Kommt dr Jesus, mô
d Türa zuagschlossa gwea send, tritt en
ihr Mitte ond saed: Frieda mit euch!
[27]Nå saed r zom Thomas: Gib daen
Fenger her ond guck maene Händ å ond
gib dae Håd her ond leg se en mae Seite,
ond sei et oglaebig, sondern glaebig!
[28]Dr Thomas håt am zor Antwort geba:
Mae Herr ond mae Gott! [29]Saed dr Jesus
zon am: Weil da me gseha håsch, glaobst
d. Aber glückselig send dia, mô nex
seahnat ond oenaweag glaobat!

Zom Vrgleicha: *Vers* 24: 11,16; 14,5; 21,2.

DR EPILOG: 20 30-31

[30]Dr Jesus håt zwår no viel ond andere
Zoeche dao, mô en dem Buach gar et
aufgschrieba send; [31]aber dia då send
gschrieba, dass ihr glaobat, dass dr Jesus
dr Messias ischd, dr Soh vom Herrgott,
ond dass ihr em Glaoba en saem Nåma
s Leba hent.

NÅCHSCHRIFT ZOM EVANGELIOM: 21 1-25

Dr Auferstandene am See Tiberias: 21 1-14

21 Nåchdem håt sich dr Jesus saene
Jünger wieder offabart am See
von Tiberias; ond des ischd so gwea: [2]Dr
Simon Petrus, dr Thomas, den mô se da
Zwilleng ghôeßa hent, dr Natanael von
Kana en Galiläa ond am Zebedäus saene
Söh ond nômål zwôe andere Jünger send
beianander gwea. [3]Saed dr Simon Petrus
zo nen: Ich gang ge fischa. Dia sagat zon
am: Mir gangat ao mit. Nå send se naus
ond ens Boot naegstiega. En dera Nacht
hent se aber nex gfanga. [4]S ischd nå
schao môrgnads gwea, då ischd dr Jesus
am Ufer gstanda; dia Jünger hent aber
et gwißt, dass des dr Jesus gwea ischd.
[5]Nå håt dr Jesus zo nen gsaed: Kender,
hent r nex auf s Brot zom essa? Noe!
hent se am zor Antwort geba. [6]Nå håt
r zo nen gsaed: Lent auf dr rechta Seit
vom Boot nômål s Netz naus, nå fendat
r ebbas. Des hent se dao, nå hent se s et
rausbråcht, so viel Fisch send då drenna
gwea. [7]Nå saed dr Liablengsjünger vom
Jesus zom Petrus: Du, des ischd dr Herr!
Mô dr Simon Petrus des ghört håt, dass
des dr Herr sei, håt r sae Obergwand

åzoga, der ischd nämlich nackad gwea, ond ischd en da See naeghopft. [8]Aber de andere Jünger send mit am Boot ao komma, dia send jå et weit vom Ufer weg gwea, so om de zwoehondert Ella, ond hent des Netz mit de Fisch nåchzoga. [9]Mô se nå ausgstiega send am Ufer, sehat se a Kohlafeuer ond Fisch drauf liega ond Brot. [10]Saed dr Jesus zo nen: Brengat amål a paar von dene Fisch, mô r grad gfanga hent! [11]Nå ischd dr Simon Petrus naufgstiega ond håt des Netz auf s Ufer zoga, des ischd vol gwea mit hondertdreiafufzg graoße Fisch; ond obwohl des so viel gwea send, ischd s Netz et vrrissa. [12]Saed dr Jesus zo nen: Kommat her ond langat zua! Von de Jünger hätt sich aber koener traut, zom an fråga: Du, wer bist du aegentlich? Dia hent nämlich schao gwißt, dass des dr Herr ischd. [13]Dr Jesus ischd nå komma ond håt des Brot gnomma ond en geba, ond da Fisch gradso. [14]Des ischd schao s dritt Mål gwea, dass sich dr Jesus saene Jünger offabart håt, seit r von de Daote auferstanda ischd.

Zom Vrgleicha: *Vers 2:* 11,16; 14,5; 20,24; 1,45f • *Vers 5:* Lk 24,41 • *Vers 6:* Lk 5,4-7 • *Vers 7:* 13,23; 19,26f; 20,2 • *Vers 14:* 20,19-23.26-29.

Dr Seelsorger Jesus: 21 15-23

[15]Mô se fertig gwea send mit essa, saed dr Jesus zom Simon Petrus: Simon, Soh vom Johannes, mågst du mi ärger als dia då? Saed der zon am: Jå, Herr, da wôeßt doch, dass e de måg. Saed dr Jesus: Paß auf maene Lämmer auf! [16]Nå saed r nômål, zom zwôeta Mål zon am: Simon, Soh vom Johannes, mågst du mi? Saed der zon am: Jå, Herr, da wôeßt doch, dass e de måg. Saed dr Jesus: Paß auf maene Schåf auf! [17]Nå saed r zom dritta Mål zon am: Simon, Soh vom Johannes, mågst du mi? Nå ischd dr Petrus ganz traurig wôra, weil an dr Jesus zom dritta Mål gfrågt håt: Mågst me? Ond r håt am zor Antwort geba: Herr, du wôeßt doch ällas; du wôeßt ao, dass e de måg. Saed dr Jesus zon am: Paß auf maene Schåf auf! [18]Währle, währle, des sag e dr: Mô da nå jong gwea bist, håsch de selber åzoga ond bist nôganga, mô du nôwölla håsch. Wann da aber alt wôra bist, nå streckst du daene Händ naus, ond a anderer ziagt de å ond führt de nô, mô du et nô willst. [19]Des håt dr Jesus gsaed zom ådeuta, mit was für a Todasart r Gott vrherrlicha dät. Nach dene Wort håt r zon am gsaed: Komm, gang mit mr!

[20]Dr Petrus håt henter sich guckt ond gseha, wia am Jesus sae Liablengsjünger mit am ganga ischd. Des ischd der Jünger gwea, der mô sich beim Abendmahl beim Jesus an d Brust nôgloehnt ond an gfrågt håt: Herr, drwelh ischd s, mô de vrråta duat? [21]Mô r den Jünger gseha håt, saed dr Petrus zom Jesus: Herr, was wird nå aus dem då? [22]Saed dr Jesus zon am: Wann i will, dass der dåbleibt bis e komm, was gôht des nå di å? Komm du aber mit mr! [23]Nå håt sich onter de Brüader d Moenong bildat: Der Jünger stirbt et. Aber dr Jesus håt zom Petrus et gsaed: Der stirbt et, sondern: Wann i will, dass der dåbleibt bis e komm, was gôht des nå di å?

Zom Vrgleicha: *Vers 15:* Mt 16,18; Lk 22,31f; 1.Petr 5,4 . *Vers 17:* 13,36-38; 18,17.25-27 . *Vers 19:* 11,22; Mt 8,22 . *Vers 20:* 13,25 . *Vers 22:* 21,19.

Schlußbemerkong: 21 24-25

[24]Des ischd der Jünger, der mô des ällas bezeuga kå ond der mo allas aufgschrieba håt; ond des wissat mr: Dem sae Zeugnis ischd wåhr. [25]S geit aber no viel, was dr Jesus ällas dao håt, wa mr des ällas oezecht aufschreiba wött, i glaob, dia Büacher däte gar et älle en d Welt naeganga.

Zom Vrgleicha: *Vers 24:* 19,35.

D Apostlgschicht

S VORWORT: 1 1-3

1 Da ersta Bericht han e dr gschrieba, liaber Theophilus, über ällas, was dr Jesus ågfanga håt mit Wirka ond mit Lehra [2]bis an den Dag nô, môn r (en da Hemmel) aufgnomma wôra ischd, aber z ersta håt r no saene Apostl, dia môn r sich rausgsuacht ghet håt, durch da Haeliga Gaest Åweisonga geba. [3]Ond dene håt r sich ao lebendig erwiesa nach saem Leida mit viele Beweis, der håt sich nämlich vierzg Däg lang (emmer wieder) seha lassa ond håt mit en übers Reich von onseram Herrgott gsprocha.

Zom Vrgleicha: *Vers 1:* Lk 1,1-4 • *Vers 2:* Lk 24,49; 1Tim 3,16; Lk 24,44-48; Joh 20,22 • *Vers 3:* 10,41; 13,31.

D KIRCH EN JERUSALEM: 1 4 - 8 3

De letzte Åweisonga vom Auferstandena: 1 4-8

[4]Ond mô se beianander gwea send, håt r en da Befehl geba, se solle von Jerusalem et fortganga ond auf des warta, was dr Vadr vrsprocha håt ond was r schao vo mr ghört hent (håt r gsaed). [5]Weil dr Johannes, der håt euch mit Wasser taoft, aber ihr werat mit am Haeliga Gaest taoft et lang nach dene Däg. [6]Nå hent an dia, mô då zsemakomma gwea send gfrågt: Herr, richtest d en dener Zeit s Reich Israel wieder auf? [7]Saed r zon en: Des stôht euch et zua, dass r d Zeit ond Stond wissat, mô dr Vadr für sae Macht festgsetzt håt. [8]Aber ihr kriagat Kraft, wann dr Haelige Gaest über euch kommt, ond nå send ihr maene Zeuga en Jerusalem ond Samaria ond bis ans End von dera Welt.

Zom Vrgleicha: *Vers 4:* Lk 24,49 • *Vers 5:* 11,16; Mt 3,11 • *Vers 8:* 2,1-13; 10,39; Mt 28,19; Mk 16,15; Lk 24,47f.

Am Jesus sae Hemmelfahrt: 1 9-11

[9]Ond môn r des gsaed ghet håt, hent se zuagucka könna, wian r aufghoba wôra ischd ond a Wolk håt an vor ihre Aoga drå weggnomma. [10]Ond mô se am no nåchguckt hent, wian r en da Hemmel naufgfahra ischd, guck, då send zwôe Männer en weiße Gwänder bei nen gstanda, [11]dia hent gsaed: He, ihr Galiläer dåhanna! Was standat r då rom ond guckat en da Hemmel nauf? Der Jesus, der mô von euch weg en da Hemmel aufgnomma wôra ischd, der kommt wieder, so wian an ihr en da Hemmel hent nauffahra seah.

Zom Vrgleicha: *Vers 9:* Mk 16,19; Lk 24,51; 1Tim 3,16; 1Petr 3,22 • *Vers 11:* Offbg 1,7.

D Gemaende betat:

1 12-14

[12]Nå send se retour uf Jerusalem von sellam Berg, der mô Ölberg hôeßt en dr Nähe von Jerusalem, en Sabbatweg weit. [13]Ond mô se naekomma send, send se ens Oberstüble nauf, mô se äls gwea send, dr Petrus ond dr Johannes, dr Philippus ond dr Thomas, dr Bartholomäus ond dr Matthäus, dr Jakobus, em Alpäus sae

Jonger, ond dr Simon, dr Eiferer ond
dr Judas, em Jakobus sae Jonger. [14]Dia
send emmer beianander gwea oemüatig
beim Beta mit de Fraoa ond dr Maria,
di Muader vom Jesus ond mit saene
Brüader.

Zom Vrgleicha: *Vers 13:* Lk 6,14-16 • *Vers 14:* Lk 23,49.

Dr Matthias wird nåchgwählt für da Judas: 1 15-26

[15]Ond en dene Däg ischd dr Petrus
mittla onter de Glaobensbrüader
auftreta ond håt gsaed - ond s send
ogfähr hondertzwanzg Leut beianander
gwea - : [16]Ihr Männer ond Brüader, des
Bibelwort håt sich erfülla müaßa, des
mô dr Haelige Gaest durch da Mund
vom David em Vôraus gsaed håt über
da Judas, der mô dene da Weg zaegt håt,
mô da Jesus gfanga gnomma hent. [17]Weil
der zo ons ghert håt ond mit ons des
Los von dem Amt kriagt håt.
[18]Seller (Judas) håt no von saem
ogerechta Loh en Acker kaoft ond
r ischd kopfübersche naghaglat ond
mittla ausanandergfatzt, dass saene
Kuttla rausghangt send. [19]Ond älle en
Jerusalem hent s vrfahra, drom hôeßt
seller Acker en ihrer Språch Hakeldama,
des hôeßt: »Bluatacker«. [20]Weil so stôht
s gschrieba em Psalter (Ps.69[26]; 109[8]):
*Sae Haus soll vrfalla, ond neamerd
soll dåsae zom dren wohna,* ond: *Sae
Bischofsamt soll a anderer kriaga.* [21]So
muaß jetzat oener von dene Männer,
mô dui ganza Zeit mitgmacht hent, mô
dr Herr Jesus bein as aus- ond aeganga
ischd, [22] von dr Taof vom Johannes å bis
an den Dåg, mon r von as weggnomma
wôra ischd - von dene muaß oener
mit ons für sae Auferstehong Zeuge
wera. [23]Ond se hent zwôe aufgstellt, da
Joseph, Barsabbas hent se n ghôeßa mit
am Beinåma Justus, ond da Matthias.
[24]Ond se hent betat ond gsaed: Herr, du
kennst doch e ma jeda sae Herz, zeig
as doch, da wehla von dene zwôe du
rausgsuacht håsch, [25]dass r den Denst
ond des Apostlamt kriagt, des mô dr
Judas abtreta håt zom då nôganga, môn
r nôghert. [26]Ond se hent oms glost, ond
s Los ischd auf da Matthias gfalla; ond r
ischd dene elf Apostl zuagordnat wôra.

Zom Vrgleicha: *Vers 16:* Lk 22,47 • *Vers 18:* Mt 27,3-10 • *Vers 20:* Ps 69,26; 109,8 • *Vers 21:* Joh 15,27 • *Vers 24:* 15,8 • *Vers 26:* 1Sa 14,41f; Spr 16,33.

S Wonder von Pfingsta: 2 1-13

2 Mô der Pfingstdag endlich då gwea
ischd, send se älle an oem Platz
beianandergwea. [2]Ond uf oemål håt s
vom Hemmel ra braust ond dao, wia
wann a Millionssturm durchs ganz
Haus fega dät, mô se ghockt send. [3]Ond
Zonga send en erschiena, dia hent sich
vrtôelt wia Feuer; ond ischd uf jedam
von dene drufgwea; [4]ond se send ganz
ausgfüllt wôra vom Haeliga Gaest ond
se hent ågfanga, en andere Språcha zom
sprecha, was en dr Gaest aegeba håt.
[5]En Jerusalem hent aber Juda gwohnt,
gottesfürchtige Männer, von überall her
von dr ganza Welt. [6]Mô nå des Brausa
gwea ischd, håt s en richtiga Auflaof
geba ond d Leut send ganz vrdreht gwea,
weil s a jeder en saener ôegena Språch
håt ebbas saga höra. [7]Då hent se älle
gstaont ond sich gwonderat ond gsaed:
Guckat no, send dia då, mô då ebbas
sagat et älle von Galiläa? [8]Wia kommt
nå des, dass a jeder von ons sae ôegena
Språch hort, en dui môn r naegebora
ischd: [9]Parther ond Meder ond Elamiter
ond sotte, mô en Mesopotamien ond
en Judäa, en Pontus ond Asien, [10]en
Phrygien ond Pamphilien, Ägypten ond
de letzte Zipfel von Libyen bei Kyrene
wohnat ond Ausländer von Rom, Juda
ond Judagenossa, [11]Kreter ond Araber;

mir hörat se en onserer Språch vom
Herrgott saene graoße Tata saga. [12]Se
hent aber älle gstaont ond et gwißt, was
se doa sollat ond hent zoanander gsaed:
Was soll ao des no wera? [13]Aber andere
hent romgspottat ond gsaed: Dia hent
wohl a Viertale zviel en dr Birn!

Zom Vrgleicha: *Vers 1:* 1,14; Lev 23,15-21 • *Vers 3:* Lk 3,16 • *Vers 4:* 4,31; 8,15.17; 10,44; 11,15; 15,8; 19,2.6 • *Vers 6:* 2,11; 10,46; 19,6; Mk 16,17; 1Kor 17,10.28.30; 14,1-39 • *Vers 12:* 1Kor 14,23.

Am Petrus sae Pfingstred:

2,14-36

[14]Nå ischd dr Petrus mit de andere Elf
auftreta ond håt s mit ra lauta Stemm
ågsprocha: Ihr jüdische Männer ond ihr
älle, mô en Jerusalem wohnat, des muaß
euch bekannt gmacht wera, ond horchat
ganz gnao nô, was e euch zom saga han!
[15]Weil dia dåhanna hent koen Dulo, wian
ihr moenat, - s ischd jå erst môrgnads
em naena - , [16]noe, dåhanna passiert grad
des, was dr Profet Joel em voraus gsaed
håt: [17]*Ond des gschieht en de letzte Däg,
saed dr Herrgott, då giaß i maen Gaest
aus auf älle Menscha, ond eure Söh ond
eure Töchter könnat weissaga, ond eure
jonge Männer hent Visiona, ond eure
Alte kriagat Traem.* [18]*Jå, ond ao über
maene Knecht ond Mägd giaß i en selle
Däg maen Gaest aus, ond dia könnat
weissaga.* [19]*Ond i dua Wonder am
Hemmel droba ond Zaeche onta auf dr
Erde, Bluat ond Feuer ond Raochdampf.*
[20]*D Sonn vrwandlat sich zor Nacht ond
dr Mond en Bluat, no bevôr dr graoß
ond herrlich Dag kommt.* [21]*Ond des
gschieht: A jeder, der mô am Herrgott
saen Nåma åruaft, der wird grettat.*
[22]Ihr Männer von Israel, horchat was e
sag: dr Jesus von Nazaret, a Må, den mô
Gott vôr euch dranna bestätigt håt mit
mächtige Tata ond Wonder ond Zaeche,
dia mô Gott selber durch an dao håt
mittla onter euch, wian r selber wissat,
[23]den håt Gott nach saem wohlüberlegta
Ratschluß ond Vôrsatz hergeba, aber
ihr hent an durch de Gsetzlose ans
Kreuz nagla lassa ond an ombråcht.
[24]Ond grad den håt Gott aufgweckt ond
d Todesweha aufglöst, weil des am Daot
jå gar et möglich gwea ischd, den zom
heba. [25]Weil dr David saed von am: *I
han da Herra emmer vôr mr gseha, der
ischd auf maener rechta Seit, nå kå i et
schwanka.* [26]*Drom håt sich mae Herz
gfraet ond drwega kån e mae Maul et
halta; ond i selber därf en dr Hoffnong
leba;* [27]*du läßt nämlich mae Seel et em
Totareich ond du läßt ao et zua, dass dae
Haeliger vrwesa muaß.* [28]*Du håsch me
wissa lassa, welche Weg ens Leba führat;
du geist mr älla Fraed vôr daem Gsicht
dranna.*
[29]Brüader, lassat me ganz offa über
onseran König ond Vadr David ebbas
saga: Der ischd gstôrba ond begraba
ond sae Grabmal ischd bei ons bis auf
den Dag. [30]Ond weil r a Profet gwea
ischd, håt r gwißt, dass am dr Herrgott
*gschwora håt, dass oener von saene
Nåchkomma auf saen Thron komma
soll.*
[31]Drom håt r em vôraus ebbas saga könna
über am Christus sae Auferstehong, *dass
der weder em Daotareich glassa wôra
ischd no håt vrwesa müaßa.* [32]Grad den
Jesus håt Gott aufgweckt, des könnat
mir älle bezeuga. [33]Jetzat ischd r an de
recht Seit vom Herrgott naufkomma
ond håt da Haeliga Gaest empfanga,
den môn r am schao lang vrsprocha ghet
håt, ond jetzat håt r des ausgossa, was
ihr dåhanna seahnat ond hörat. [34]Weil
et dr David selber ischd en d Hemmel
naufgfahra; der saed jå selber: *Dr Herr
håt zo maem Herra gsaed: Sitz auf mae
rechta Seit nô* [35]*bis e dr daene Faend als
Schemale vor d Füaß nôleg!* [36]So muaß
jetzat s ganz Haus Israel wissa, dass
Gott grad den Jesus, den mô ihr ans

Kreuz bråcht hent, zo ma Herra ond zom Christus gmacht håt.

Zom Vrgleicha: *Vers 17:* Joel 3,1-5 • *Vers 19:* 5,12 • *Vers 21:* Rö 10,13 • *Vers 22:* 10,38; Lk 24,19 • *Vers 23:* 1Thess 2,15 • *Vers 25:* Ps 16,8-11 G • *Vers 30:* Ps 132,11; 2Sa 7,12f • *Vers 31:* 13,35; Ps 16,10 • *Vers 34:* Ps 110,1.

Erste Bekehronga: 2 37-41

[37]Mô se des ghört hent, hôt s en en Stich ens Herz geba ond se hent zom Petrus ond zo de andere Apostl gsaed: Was sollat mr jetzat bloß macha, ihr Brüader? [38]Aber dr Petrus håt zon en gsaed: Änderat euer Gsennong ond a jeder von euch soll sich taofa lassa auf da Nåma Jesus Christus zor Sündavrgebong, nå kriagat r da Haeliga Gaest. [39]Weil euch gilt doch des Vrsprecha ond eure Jonge ond *älle mô weit weg send*, so viel dr Herrgott drzuaruaft. [40]Ond no mit andere Wort håt r bezeugt ond s vrmåhnt: Lent euch doch retta von dem vrdrehta Gschlecht! [41]Nå hent dia sich taofa lassa, mô saene Wort ågnomma hent, ond an sellam Dag send om de dreitausad Seela drzuakomma.

Zom Vrgleicha: *Vers 37:* Lk 3,10 • *Vers 38:* Lk 3,3 • *Vers 39:* Jes 57,19; Eph 2,17 • *Vers 40:* Dtn 32,5; Ps 78,8; Lk 9,41; Phil 2,15.

Wia de erste Christa zsammaglebt hent: 2 42-47

[42]Dia send aber ganz beharrlich en de Lehra von de Apostl blieba ond en dr Gemeinschaft ond em Brotbrecha ond mitanander Beta. [43]Ond a jeda Seel ischd ehrfürchtig wôra; ond viel Wonder ond Zaeche send durch d Apostl gschcha. [44]Ond älle, mô da Glaoba ågnomma hent, send beianander gwea ond hent ao ällas gemaensam ghet; [45]ond se hent von ihre Güater ond ihram Sach vrkaoft ond so vrtôelt, wia s naedig gwea ischd. [46]Ond se send äll Dag em Tempel gwea ond hent s Brot brocha en de Häuser omanander ond hent mitanander gessa ond sich gfraet ond send ganz ehrlich mitanander omganga. [47]Ond se hent da Herrgott priesa ond hent a guats Åseah ghet bei de Leut. Dr Herrgott håt aber äll Dag oene drzuadao, mô grettat wôra send.

Zom Vrgleicha: *Vers 43:* 5,12 • *Vers 44:* 4,32-35 • *Vers 46:* Lk 24,53.

Dr Petrus macht em Tempel an Låhma gsond: 3 1-11

3 Dr Petrus aber ond dr Johannes send om de naent Stond zor Betstond en da Tempel naufganga. [2]Nå hent se an Må drhertraga, der mô schao von kloe å låhm gwea ischd, den hent se äll Dag vôr d Tempeltür nôgsetzt, vôr d schöna Pforte, dass r von dene, mô en da Tempel naeganga send, a Almosa bettla dät. [3]Mô der da Petrus ond da Johannes gseha håt, mô se en da Tempel naewölla hent, håt r se om a Almosa åbettlat. [4]Aber dr Petrus håt an åguckt mit am Johannes ond gsaed: Guck as å! [5]Aber der håt s åguckt ond druf gwartat, dass r ebbas von en kriaga dät. [6]Nå håt dr Petrus gsaed: Silber ond Gold han e koes; was e aber han, des gib e dr: Em Nåma vom Jesus von Nazaret - stand auf ond lauf omanander! [7]Ond r håt an mit dr rechta Håd gnomma ond aufgrichtat. Ond glei send saene Füaß ond d Knöchel fest gwea, [8]ond r ischd aufgspronga ond nôgstanda ond omanandergloffa; ond r ischd mit en en da Tempel nae ond omanandergloffa ond romghopft ond håt da Herrgott priesa. [9]Ond älle Leut hent an romlaofa seha ond Gott preisa. [10]Se hent an ao kennt, dass des der gwea ischd, der mô wega Almosa vôr dr schöna Pforte ghockt ischd; ond se hent gstaont ond sich gwonderat wega dem, was mit am passiert ischd.

Zom Vrgleicha: *Vers 2-8:* 14,8-10.

Dr Petrus hält auf am Tempelplatz a Red: 3 12-26

[11]Mô nå der Låhme, der mô jetzat gsond
gwea ischd, sich zom Petrus ond zom
Johannes ghalta håt, send dia ganze
Leut zon en en d Halle vom Salomo
gloffa ond hent sich gwonderat. [12]Mô
des dr Petrus gseha håt, håt r zo dene
Leut gsaed: Ihr Männer von Israel, was
wonderat r euch denn über den då,
oder wårom guckat r ons å, als hätte
mir des mit onserer aegena Kraft oder
mit onserer Frömmigkaet gschafft, dass
der laofa kå? [13]Dr Gott vom Abraham
ond vom Isaak ond vom Jakob, onsere
Vädr ihr Gott håt saen Knecht Jesus
vrherrlicht, den mô ihr ausglieferat hent
ond am Pilatus ens Gsicht nae vrlaegnat
hent, mô der an mit saem Urtael håt
freisprecha wölla. [14]Aber ihr hent den
Haeliga ond Gerechta vrlaegnat ond
hent vrlangt, dass mr euch den Mörder
schenkt; [15]aber da Lebensfürsta hent r
ombråcht. Grad den håt Gott aufgweckt
von de Daote, des könnat mir bezeuga.
[16]Ond weil mir an saen Nåma glaobat,
dådrom håt sae Nåma den Må dåhanna,
den mô ihr seahnat ond kennat, stark
gmacht; ond der Glaoba, den môn r
en ons gwirkt håt, der håt den gsond
gmacht vôr eure Aoga drå. [17]Jetzat,
i wôeß, Brüader, dass r s genaoso en
eurer Owissahaet dao hent wia eure
Obere. [18]Dr Herrgott håt aber ällas,
was r schao vôrher von älle Profeta håt
ausrichta lassa, wia dr Messias leida soll,
nå ao erfüllt. [19]Änderat euer Gsennong
ond bekehrat euch, dass eure Sünda
ausglöscht werat, [20]ond erquickliche
Zeita vom Herrgott kommat ond r euch
den schickt, môn r als Messias für euch
schao vorher bestemmt håt: da Jesus;
[21]den muaß dr Hemmel aufnemma
bis dia Zeita då send, mô ällas des
wiederhergstellt ischd, was Gott von
saene haelige Profeta saga lassa håt,
dia môn r schao von Ewigkaet her
ausgschickt håt. [22]Dr Mose håt gsaed
(5. Mose 18[15].[19]): *So en Profeta wia mi
läßt euch dr Herrgott von eure Brüader
aufstanda; auf den horchat r ond dent,
was r saed.* [23]*Ond des gschieht: A jeda
Seel, mô et auf den Profeta horcha will,
wird ausgrottat aus am Volk.*
[24]Aber ao älle andere Profeta, ågfanga
beim Samuel ond so weiter, soviel ao
ebbas gsaed hent, älle hent se dia Däg
ågsaed. [25]Ihr send d Kender von de
Profeta ond von dem Bund, den mô Gott
mit eure Altvôrdere gmacht håt, môn r
zom Abraham gsaed håt (5. Mose 22[18]):
*Durch daene Nåchkomma sollat älle
Völker auf dr Erde gsegnat wera.* [26]Für
euch vor älle andere håt dr Herrgott
saen Knecht Jesus aufgweckt ond an zo
euch gschickt zom euch segna, dass sich
a jeder von seiner Liadrigkaet bekehrt.

Zom Vrgleicha: *Vers 11:* 5,12; Joh 10,23 • *Vers 13:* Ex 3,6.15; Jes 52,13; Lk 23,19-25 • *Vers 15:* 4,10; 5,31; Hebr 2,10 • *Vers 17:* 13,27; Lk 23,34; Joh 16,3; 1Tim 1,13 • *Vers 18:* Lk 18,31 • *Vers 19:* 2,38; Lk 3,3 • *Vers 20:* Mt 19,28 • *Vers 21:* Lk 21,27f • *Vers 22:* Dtn 18,15.18; Apg 7,37; Joh 1,21; 6,14 • *Vers 23:* Lev 23,29; Dtn 18,19 • *Vers 25:* Gen 12,3; 18,18; 22,18; 28,4, Gal 3,8.

Dr Petrus ond dr Johannes vôr am Hoha Rat: 4 1-22

4 Mô se no zo de Leut gsprocha
hent, send d Priaster ond dr
Tempelhaoptmann ond d Sadduzäer auf
se zuaganga, [2]dene håt s et paßt, dass dia
vor de Leut als Lehrer auftreta send ond
am Beispiel vom Jesus d Auferstehong
von de Daote erklärt hent. [3]Ond se hent
Hand an s glegt ond se über d Nacht
aeknastat. [4]Aber viele von dene, mô s
Wort ghört hent, send glaebig wôra; ond
de Männer ihr Zahl ischd auf faeftausad
ågstiega. [5]Am andera Môrga hent sich
nå ihre Obere ond Älteste vrsammlat
ond de Gstudierte en Jerusalem, [6]ao dr

Hohepriaster Hannas ond dr Kajaphas, dr Johannes ond dr Alexander ond älle mô von dr Hohepriasterssippschaft gwea send. [7]Ond dia hent s vôrführa lassa ond se gfrågt: Mit wehler Macht oder en was für a ma Nåma hent ihr des dao? [8]Dr Petrus, ganz onter am Haeliga Gaest ischd r gstanda, håt zon en gsaed: Ihr Oberste em Volk ond ihr Älteste! [9]Wann mir haet vrnomma werat wega dr Wohltat a ma kranka Menscha ond durch wen der gsond wôra sei, [10]nå sollat ihr ond s ganz Volk vrfahra: Em Nåma vom Jesus Christus von Nazaret, den mô ihr ans Kreuz bråcht hent ond den mô Gott von de Daote aufgweckt håt, durch den stôht der dåhanna gsond vôr euch. [11]*Des ischd der Baustoe, den mô ihr Bauleut vrachtat hent, ond der ischd a Eckstoe wora.* [12] **Hael ischd en koem andera, ao ischd de Menscha koe anderer Nåma geba, en dem mô se könntat selig wera.** [13]Mô se aber gseha hent, wia sicher dr Petrus ond dr Johannes gwea send, hent se sich gwonderat; se hent jå gmerkt, dass des ogstudierte ond a bißle obholfene Leut gwea send, ond se hent ao von en gwißt, dass se beim Jesus drbei gwea send; [14]ond weil se den Menscha, der mô von en ghôelt wôra ischd, hent bei nen standa seha, hent se erst recht nex maeh drgega saga könna. [15]Nå hent se s nausgschickt und mitanander vrhandlat ond gsaed: [16]Was sollat mr mit dene macha? Weil, dass durch dia ganz offasichtlich a Zaeche gscheha ischd, des wissat älle en Jerusalem, ond mir könnat s et laegna. [17]Aber dass des et weiter romgôht bei de Leut, machat mr a Strâfadrohong, wann se no oemål zo a ma Menscha ao bloß no oe Wörtle em Nåma von sellam Jesus saga dent. [18]Ond se hent se wieder raehola lassa ond en vrbota nômål s Grengste zom saga oder Lehra em Nåma vom Jesus vrbrôeta. [19]Dr Petrus ond dr Johannes hent en aber zor Antwort geba ond zon en gsaed: Ischd des ao richtig vôr Gott, auf euch maeh zom horcha als wia auf da Herrgott? Was moenat r? [20]Weil ons ischd des omöglich, dass mr des vrschweigat, was mir ghört ond gseha hent. [21]Nå hent se en nômål Sträfa ädroht ond hent se ganga lassa wega de Leut, weil se nex gfonda hent, mô se s drfür hättat stråfa könna; weil älle da Herrgott priesa hent wega dem, was då passiert ischd. [22]Der Mensch, an dem mô des Wonder gscheha ischd, dass r gsond wôra ischd, ischd schao vierzg Jåhr alt gwea.

Zom Vrgleicha: *Vers 2:* 23,8 • *Vers 6:* Lk 3,2 • *Vers 7:* Lk 20,2 f • *Vers 11:* Ps 118,22; Lk 20,17; Eph 2,20, 1Petr 2,4-8 • *Vers 12:* Mt 1,21; 1Kor 3,11 • *Vers 17:* 5,28 • *Vers 19:* 5,29-32.

D Gemaende betat om Freihaet von dr Angst: 4 23-31

[23]Mô se nå frei gwea send, hent se glei en dr Gemeinde ällas vrzählt, was dia Hohepriaster ond Älteste zon en gsaed hent. [24]Mô se des ghört hent, send se oes gwea ond hent mitanander da Herrgott ågruafa ond gsaed: *Herr, du håsch doch da Hemmel ond d Erde ond s Meer mit ällam was dren ischd gmacht,* [25]durch da Haeliga Gaest håsch du onsern Vadr David, daen Knecht, saga lassa (Ps. 21 [2]): *Wårom tobat d Haedavölker ond d Nationa denkat sich osennige Sacha aus?* [26]*Irdische König rottat sich zsema gega da Herrgott ond saen Messias.* [27]En Wirklichkaet hent sich aber en dera Stadt gega daen haeliga Knecht Jesus, *den mô du gsalbt håsch,* dr Herodes ond dr Pontius Pilatus mit de Haeda ond mit de Stamm von Israel *zsemagrottat*, [28]zom ällas des doa, was daene Händ ond dae Ratschluß em vôraus bestimmt håt, dass s so gscheha soll. [29]Ond jetzat, Herr, guck wia se drohat ond gib s, dass daene Knecht dae Wort en äller

Freimüatigkaet ausrichta dent. [30]Streck daene Händ aus, dass Hôelonga ond Zaeche ond Wonder gschehat durch da Nåma von daem haeliga Knecht Jesus. [31]Ond mô se fertig gwea send mit Beta, håt der Platz, mô se gwea send, bebt ond älle send mit am Haeliga Gaest erfüllt wôra ond hent ganz freimüatig s Wort vom Herrgott vrkündigt.

Zom Vrgleicha: *Vers 24:* Ps146,6; Ex 20,11 • *Vers 25:* Ps 2,1f • *Vers 27:* Ps 2,2; Lk 23,12f • *Vers 31:* 2,44f.

D Güatergemaenschaft en dr Urgemaende: 4 32-37

[32]Dia viele Glaebige send oe Herz ond oe Seel mitanander gwea; då håt ao koener gsaed, dass ebbas von saem Hab ond Guat ehm alloe ghera dät, se hent ällas mitanander ghet. [33]Ond mit r a graoßa Kraft hent dia Apostl am Herr Jesus sae Auferstehong bezeugt, ond a graoßa Gnade ischd bei älle gwea. [34]S håt ao koener Not leida müaßa; wann ebbas gfehlt håt, nå håt dr oe ond dr ander a Äckerle oder a Häusle vrkaoft ond håt s Geld drvo bråcht [35]ond de Apostl vôr d Füaß nôglegt; ond mr håt jedam austôelt, was r braucht håt. [36]Aber dr Joseph, den mô d Apostl Barnabas ghôeßa hent - des hôeßt auf deutsch: Sohn des Zuspruchs -, a Levit, von Zypern ischd r gebürtig gwea, [37]der håt en Acker ghet ond den vrkaoft ond s ganz Geld bråcht ond de Apostl vôr d Füaß nôglegt.

Zom Vrgleicha: *Vers 33:* 2,22-24 • *Vers 34:* Lk 12,33; Apg 2,44f • *Vers 36:* 9,27; 11,22.30; 12,25; 13-15; 1Kor 9,6; Gal 2,1.9.13; Kol 4,10.

Dr Ananias ond d Saphira:

5 1-11

5 A Må, Ananias håt r ghôeßa, samt saener Frao, håt a Güatle vrkaoft, [2]ond von dem Geld håt r ebbas uf d Seit dao ond sae Frao håt s ao gwißt, nå håt r en Tôel drvo bråcht ond vôr d Apostl nôglegt. [3]Dr Petrus aber håt gsaed: Ananias, wårom håsch des zuaglassa, dass dr Satan dae Herz håt aenemma könna, ond da Haeliga Gaest ålüaga ond von dem Geld von daem Güatle (ebbas) auf d Seit zom schaffa? [4]Da hättest s doch ao bhalta könna, mô dr s doch ghert håt. Ond mô s vrkaoft gwea ischd, ischd dr s ao no freigstanda, wiaviel da drvo hergeba willst. Wårom håsch denn en daem Herza so en Beschluß gfaßt? Du håsch et Menscha - du håsch Gott ågloga. [5]Mô dr Ananias des ghört håt, ischd r auf da Boda nôgfalla ond håt da Gaest aufgeba. Ond a graoßa Ehrfurcht ischd über älle komma, mô des ghört hent. [6]Nå send a paar jonge Männer aufgstanda ond hent an zuadeckt ond naustraga ond beerdigt.

[7]A Weile später, so om drei Stond, ischd sae Frao raekomma, dui håt no gar et gwißt, was passiert gwea ischd. [8]Dr Petrus håt se ågsprocha: Sag amål: Hent r des Stückle om so viel vrkaoft? Jå, für so viel, håt se gsaed. [9]Dr Petrus aber håt zon r a gsaed: Wia hent r euch bloß då dren aenig wera könna, dass r da Gaest vom Herra en Vrsuachong brengat? Guck, dia Füaß, mô daen Må naustraga ond beerdigt hent, dia standat vôr dr Tür draußa, dia tragat ao di naus. [10]Nå ischd se daot omgfalla.

Ond mô dia jonge Männer wieder raekomma send, hent se se daot vôrgfonda ond hent se glei naustraga ond neba ihram Må beerdigt. [11]Ond nå ischd über de ganz Gemeinde ond über älle, mô des ghört hent, a graoßa Ehrfurcht komma.

Zom Vrgleicha: *Vers 3:* Lk 22,3; Joh 13,2.

D Apostl dent viele Wonder:

5 12-16

[12]Durch d Händ von de Apostl send no onter de Leut viele Zaeche ond Wonder gscheha; ond se send älle en dr Halle

vom Salomo oemüatig beianandergwea.
[13]Von de andere håt sich aber koener
traut, en z nåch z komma, weil d Leut
a guata Moenong von en ghet hent. [14]S
send aber emmer maeh wôra, mô an
da Herra glaobt hent, a Haufa Männer
ond Fraoa send drzuakomma, [15]dass se
de Kranke sogar auf d Strâß naustraga
ond sell auf Better ond Tragbahra glegt
hent, dass wann dr Petrus komma dät,
ao bloß sae Schatta auf a paar von en
falla dät. [16]Ond ao viele aus dene Städt
om Jerusalem rom send komma ond
hent Kranke drherbrâcht ond sotte, mô
von osaubere Goester plågt wôra send;
ond älle send se gsond wôra.

Zom Vrgleicha: *Vers 12:* 2,43; Rö 15,19; 2Kor 12,12; Apg 3,11 • *Vers 15:* 19,12; Mk 6,56 • *Vers 16:* Lk 4,40.

D Apostl werat vrhaftat ond befreit:
5 17-21a

[17]Nå håt sich dr Hohepriaster ond sae
ganzer Troß, haoptsächlich d Sadduzäer
aufgmacht, ganz eifersüchtig send se
gwea [18]ond hent Hand an d Apostl glegt
ond s em Gfängnis aekastlat. [19]Aber en
dr Nacht ischd dr Engel vom Herrgott
komma ond håt en d Tür vom Gfängnis
aufgmacht ond se nausgführt ond håt
gsaed: [20]Gangat naus und tretat em
Tempel auf ond predigat älles über s
(neue) Leba! [21]Mô se des ghört hent,
send se gega Môrga en da Tempel ganga
ond hent ihre Lehra vrbrôetat.

Zom Vrgleicha: *Vers 17:* 4,1-3 • *Vers 19:* 27,7-10 • *Vers 20:* 13,26.

Dr Apostl vôr am Hoha Rat:
5 21b-42

Dr Hohepriaster ond sae Åhang send
komma ond hent da Hoha Rat ond älle
Alteste von Israel zsematrommlat ond
hent ens Gfängnis nach en gschickt.
[22]Mô nå dia Wachtmänner nôkomma
send, hent se em Gfängnis koen gfonda,
nå send se zrück ond hent gmeldat:
[23]Des Gfängnis ischd fest zuagschlossa
gwea ond d Wachtposta send vor dr Tür
gstanda, mô mr nôkomma send; aber mô
mr aufgmacht hent, ischd koener drenna
gwea. [24]Mô dr Tempelhaoptmann ond
dr Hohepriaster des ghört hent, send
se ganz vrlega wôra ond hent nemme
gwißt, was des no nôgeba soll. [25]Nå
ischd oener komma ond håt en gmeldat:
Guckat, dia Männer, môn r em Gfängnis
aegsperrt hent, standat em Tempel ond
dent d Leut onterweisa.
[26]Nå ischd dr Haoptmann mit saene
Wachtmänner nôganga ond håt se
hergholt, aber et mit Gwalt; weil sonst
hätte se Angst han müaßa, dass se von
de Leut gstoenigt wôra wärat. [27]Ond
se hent se brâcht ond vôr da Hoha Rat
gstellt. Ond dr Hohepriaster håt se
vrnomma [28]und gsaed: Hent mir euch et
streng vrbota, en dem Nåma Lehra zom
vrbrôeta, ond guck, was hent r dao?
Ganz Jerusalem ischd vol mit eurer
Lehr, ihr wöllat bloß dem Menscha sae
Bluat auf onsre Köpf brenga. [29]Aber
dr Petrus ond d Apostl hent am zor
Antwort geba ond gsaed: **Mr muaß
Gott maeh folga als wia de Menscha!**
[30]Dr Gott von onsere Altvôrdere håt da
Jesus aufgweckt, den mô ihr aus Holz
ghängt ond ombrâcht hent. [31]Den håt dr
Herrgott an sae rechta Seit erhoba zom
Fürsta ond Haeland, zom d Gsennong
von de Israelita ändera, dass en ihre
Sünda vrgeba wera könnat. [32]Ond mir
könnat des bezeuga ond dr Haelige
Gaest, den mô Gott dene geit, dia môn
am gehorsam send. [33]Mô se des aber
ghört hent, send se ganz empört gwea
ond hent mitanader vrhechlat, wia se s
ombrenga könnte.
[34]Nå ischd em Hoha Rat a Pharisäer
aufgstanda, Gamaliel håt r ghôeßa,
a hoch ågsehener Gsetzaslehrer em
ganza Volk, der håt ågordnat, dass dia

Männer a Weile naus solle; 35ond r håt
zon en gsaed: Ihr Männer von Israel!
Gebat guat Obacht, was r mit dene
Leut dent! 36Des ischd no gar et lang
her, mô dr Theudas auftreta ischd ond
sich für ebbas Bsonders ausgeba håt,
der håt en ganz schöna Åhang ghet,
so om de vierhondert Mann; der ischd
zdaotgschlaga wôra ond älle, mô mit
am ganga send, send vrsprengt ond
aufgrieba wôra. 37 Drnåch ischd dr Judas
aufgstanda mô se dui Volkszählong
gmacht hent ond håt ao a Portio Leut
zo ma Aufstand ågführt; ao der ischd
omkomma ond älle, mô drbei gwea
send, send vrstraet wora. 38Ond jetzat
sag e euch: Lent dia Leut en Ruah ond
lent s macha! Wann dene ihr Sach von
Menscha stammt, nå erledigt sich des
von selber; 39wann des aber von Gott
stammt, nå könnat ihr s et ombrenga,
wann r et als oene dåstanda wöllat, dia
mô gega Gott selber streita wöllat. Nå
hent se am Recht geba. 40Ond se hent d
Apostl raekomma ond auspeitscha lassa
ond en vrbota, em Nåma vom Jesus Reda
z halta, ond nå hent se s freiglassa. 41Ond
se send voler Fraed fortganga em Hoha
Rat, weil se würdig gwea send zom für
am Jesus saen Nåma Schand leida derfa.
42Ond se hent et aufghert mit am Lehra
ond Prediga, s Evangeliom vom Messias
Jesus - jedan Dag em Tempel ond en de
Häuser omanander.

Zom Vrgleicha: *Vers 26:* Lk 20,19 • *Vers 28:* Mt 27,25 • *Vers 29:* 4,19 • *Vers 30:* Dtn 21,22 G; Apg 2,23f • *Vers 31:* 2,38 • *Vers 32:* Lk 24,48; Joh 15,26f • *Vers 34:* 22,3 • *Vers 37:* Lk 2,2 • *Vers 40:* 22,19; 4,17 • *Vers 41:* Lk 6,22f; 1Petr 4,13 • *Vers 42:* 2,46; 5,20f.25; 8,35; 19,4f.

Neue Ämter werat gschaffa:

6 1-7

6 Mô des nå en sellera Zeit emmer
maeh Jünger wôra send, hent de
griechische Juda romgmault gega de
aehaemische, weil se dene ihre Witwa
schaents überseha hent bei dr täglicha
Vrsôrgong. 2Nå hent dia Zwölf de andere
Jünger zsemagruafa ond gsaed: Des
gôht jå et, dass mir weg'am diakonischa
Denst onseran Vrkündigongsauftrag
vrnåchlässigat. 3Brüader, guckat euch
om nach sieba Männer aus euram Kraes,
dia mô en guata Ruaf hent ond ao da
Haeliga Gaest ond Weishaet, dass mr
dia aesetzat en des Amt; 4dass mir ganz
beim Beta ond beim Prediga bleiba
könnat. 5Ond dui Red håt älle gfalla ond
se hent da Stephanus gwählt, an ganz
glaebiga Må ond mit am Haeliga Gaest,
ond da Philippus ond da Prochorus
ond da Nikanor ond da Timon ond
da Parmenas ond da Nikolaus, en
Judagenossa von Antiochia. 6Dia hent se
de Apostl vôrgstellt; dia hent für s betat
ond en d Händ aufglegt. 7Ond s Wort
vom Herrgott håt sich ausbrôetat ond
s send äll Dag maeh Christa wora en
Jerusalem. Ond ao von de Priaster send
viel em Glaoba gehorsam wôra.

Zom Vrgleicha: *Vers 1:* 4,34f • *Vers 3:* 1Tim 3,7f • *Vers 6:* 13,3; 14,23; 1Tim 4,14; 2Tim 1,6 • *Vers 7:* 19,20; 4,4.

Dr Stephanus wird åklagt:

6 8-15

8Dr Stephanus aber, a begnadater Må
voler Kraft, håt graoße Wonder ond
Zaeche dao bei de Leut. 9Nå send a
paar von dr Synagog von de Libertiner
ond de Cyrenäer ond de Alexandriner
ond von dene von Cilizien ond Asien
auftreta ond hent mit am Stephanus en
Disput ågfanga. 10Aber se send saener
Weishaet ond saem Gaest et gwachsa
gwea, wia der håt reda könna.
11Nå hent se a paar Männer ågstiftat
zom Aussaga: Mir hent ghört, wia der
gega da Mose ond gega Gott glästerat
håt. 12Ond se hent d Leut ond de Älteste
ond de Gstudierte gega an aufghetzt.

Nå hent se an oefach weggrissa ond vôr
da Hoha Rat gschlôeft. [13]Ond se hent
falsche Zeuga drherbråcht ond dia hent
ausgsaed: Der Kerle hert et auf mit saene
Schandreda gega onseran haeliga Tempel
ond gega s Gsetz. [14]Mir hent an selber
saga höra: Dr Jesus, der Nazarener, dät
da Tempel abreißa ond am Mose saene
Ordnonga abschaffa. [15]Ond älle, mô em
Hoha Rat gsessa send, hent an åguckt
ond gseha, dass sae Gsicht ausgseha håt
wia s Gsicht vo ma Engel.

Zom Vrgleicha: *Vers 10:* Lk 21,15 • *Vers 13:* Mt 26,59; Mk 14,55 • *Vers 14:* Mt 26,61; 27,40; Mk 14,58; 15,29; Joh 2,19.

Dr Stephanus vrtaedigt sich:

7 1-53

7 Nå håt an dr Hohepriaster gfrågt:
Stemmt des? [2]Nå håt r gsaed: Liabe
Brüader ond Vädr, horchat, was e sag!
Gott ischd en saener Herrlichkaet
onseram Vadr Abraham erschiena, môn
r no en Mesopotamien gwea ischd, no
bevôr r en Haran gwohnt håt,[3]ond r håt
zon am gsaed: *Ziag weg aus daem Land
ond von daener Vrwandtschaft ond
komm en des Land, mô i dr zaeg!* [4]Nå
ischd r fortzoga von de Chaldäer ihram
Land ond håt en Haran gwohnt. Ond
mô sae Vadr gstôrba gwea ischd, håt r
an omsiedla lassa en des Land dåhanna,
mô ihr jetzat wohna dent. [5]Ond r håt am
nex vrerbt vom Land, et amål en halba
Meter ond håt vrsprocha, *dass er des
kriagt ond saene Nåchkomma, dia mô
nach ehm kommat,* obwohl r no et amål
oe Kend ghet håt
[6]Dr Herrgott håt so gsaed: *Saene
Nåchkomma müaßat als Fremde e
ma fremda Land leba, ond se müaßat
Frondenst laesta ond werat nadruckt
ond plågt vierhondert Jåhr.* [7]Ond über
*des Volk, dem mô se deana müaßat, halt
i amål s Gericht,* håt dr Herrgott gsaed,
*ond drnåch ziagat se aus ond dent mir
dåhanna, an dem Ort deana.* [8]Ond r
håt en Bund mit am gschlossa mit dr
Beschneidong. So håt r da Isaak zeugt
ond nach acht Däg beschnitta, ond dr
Isaak da Jakob ond dr Jakob dia zwölf
Stammvädr. [9]Ond dia Stammvädr *send
eifersüchtig gwea* auf da Josef *ond hent
an nach Ägypten vrkaoft.* Ond Gott
ischd mit am gwea [10]ond håt an aus
saene Schwierigkaeta grettat ond håt
am *Gnade geba ond Weisbaet* vôr am
Pharao, am König von Ägypten, *ond
der håt an regiera lassa* en Ägypten
ond en saem ganza Haus. [11]Nå ischd
a Hongersnot über Ägypten komma
ond über Kanaan ond a arga Not, ond
onsere Vädr hent nex maeh zom Beißa
ghet. [12]Mô nå dr Jakob ghört håt, dass
s en Ägypten dronta Wôeza gäbt, håt
r z erst amål onsere Vädr nôgschickt.
[13]Ond beim zwôeta Mål håt sich dr Josef
saene Brüader offabart ond dr Pharao
håt mitkriagt, môn r herkomma ischd.
[14]Aber dr Josef håt s nôgschickt ond
saen Vadr Jakob zo sich komma lassa
ond de ganz Vrwandtschaft, fenfasiebzg
Leut. [15]Nå ischd dr Jakob uf Ägypten
nazoga ond sell gstôrba, er ond onsere
Vädr. [16]Ond dia håt mr nach Sichem
überführt ond en dera Gruft beigsetzt,
mô dr Abraham om a schöna Stang
Geld vom Hemor saene Söh en Sichem
kaoft ghet håt.
[17]Mô nå dui Zeit emmer näher komma
ischd, mô dr Herrgott am Abraham
vrsprocha ghet håt, ischd ao des Volk
emmer graeßer wôra ond håt sich
vrmehrt en Ägypten, [18]bis na a anderer
König aufkomma ischd en Ägypten, der
mô vom Josef nex maeh gwißt håt. [19]Dr
sell ischd ohaemlich henterlistig gega
onser Volk vôrganga ond håt onsere Vädr
übl mitgspielt, dass dia hent sogar ihre
kloene Kenderla aussetza müaßa, dass
se et hent überleba könna. [20]Selligsmål
ischd dr Mose uf d Welt komma, em

Herrgott saene Aoga ischd des a schöner
Bua gwea. Ond se hent an drei Monat
lang em Haus von saem Vadr aufzoga.
[21]Aber môn r ausgsetzt gwea ischd, håt
an am Pharao sae Töchterle (gfonda
ond aus am Wasser) raufhola lassa ond
an wia en (aegena) Soh erzoga. [22]Ond dr
Mose ischd en ällam onterrichtat wôra,
was mr en Ägypten gwißt håt; ond r
ischd a redegewandter ond tatkräftiger
Må wôra. [23]Môn r nå vierzga gwea
ischd, håt r sich überlegt, wian r mit
saene israelitische Brüader da Kontakt
hätt aufnemma könna. [24]Nå håt r oen
gseha, dem mô Orecht gscheah ischd,
nå håt r des abgwehrt ond håt des Opfer
grächt ond den Ägypter zdaot gschlaga.
[25]Ond r håt gmoent, so däte saene
Brüader vrstanda, dass dr Herrgott sia
durch ehn befreie wöllt; aber so hent dia
des et vrstanda. [26]Môn r nå am andera
Dag zon en komma ischd, hent grad
oene ghändlat ond r håt s vrmåhnt, se
solle doch friedlich mitanander sae ond
gsaed: Manna, ihr send doch Brüader;
was dent r anander nå so schandlich?
[27]Aber der, mô saen Nächsta grad so
ragmacht ghet håt, håt an weggstaoßa
ond gsaed: *Wer håt n di bstellt zom ons
beaufsichtiga ond zom richta? [28]Willst d
mi ao hemacha wia gerst den Ägypter?*
[29]Dådrufnô ischd dr Mose abghaoa ond
håt als a Fremder em Land Midian glebt
ond sell zwôe Buaba zeugt. [30]Vierzg
Jåhr später *ischd am en dr Wüste om da
Berg Sinai em Feuer vo ma Dôrnabusch,
der mô brennt håt, a Engel erschiena.*
[31]Über dui Erschaenong håt sich dr
Mose gwonderat. Ond môn r nô ischd
zom nåchgucka, håt r am Herrgott
sae Stemm ghört: *[32]I ben dr Gott von
daene Vädr, dr Gott vom Abraham ond
vom Isaak ond vom Jakob.* Nå håt dr
Mose s graoßa Zittera kriagt ond håt
sich nemme nôzgucka traut. [33]Aber
dr Herrgott håt zon am gsaed: *Dua
d Schuah ra von daene Füaß; weil der
Platz dåhanna, mô du druf stôhst, ischd
a haeliger Boda. [34]I han gseha, wia se
mae Volk en Ägypten plågat ond han ihr
Stöhna ghört ond be rakomma, zom se
befreia. Ond jetzat gôhsch d her, dass e
de uf Ägypten naschick!* [35]Ond grad den
Mose, den mo se aglehnt hent, mo se
gsaed hent: *Wer håt n di bstellt zom ons
beaufsichtiga ond zom richta?* Den håt
Gott als Åführer ond Befreier aegsetzt
onter am Beistand von dem Engel, der
môn am en dem Dôrnabusch erschiena
gwea ischd. [36]Der håt s rausgholt ond
håt Wonder dao ond Zaeche em Land
Ägypten ond em Rota Meer ond en dr
Wüste vierzg Jåhr. [37]Des ischd der Mose,
der mô zo de Israelita gsaed håt: *En
Profeta wia mi läßt Gott amål von eure
Brüader aufstanda.* [38]Der ischd s ao, der
mô en dr Gemaendesvrsammlong en dr
Wüste gwea ischd mit dem Engel, der
mô auf am Berg Sinai mit am gsprocha
håt ond (mit) onsere Vädr. Der håt
lebenswichtige Sprüch empfanga, dass r
s ons weitergeit. [39]Onsere Vädr hent am
et folga wölla, dia hent an weggstoßa
ond hent ihre Herza wieder Ägypten
zua gwendat. [40]Ond zom Aaron hent se
gsaed: *Mach ons Götter, dass dia vor ons
herziagat; weil der Mose då, der mô ons
aus am Land Ägypten rausgführt håt
- von dem wissat mr et amål, was am
passiert ischd.* [41]Ond se hent selligsmål
a Bullakälble gmacht ond hent dem
Götza ao no g'opferat ond sich drå
gfraet, was se mit ihre Händ nôbråcht
hent. [42]Dådruf håt sich Gott von en
abgwendat ond håt se losglassa, dass se
em Hemmelsheer deanat, wia s hôeßt
em Buach von de Profeta (Amos 5[25-27]):
*Hent ihr vom Haus Israel mir jemåls en
dene vierzg Jåhr Wüste a Opfer oder a
Schlachtvieh bråcht? [43] Aber em Moloch
sae Zelt hent r omanandertraga ond
em Gott Kewan sae Sternbild, ond dia*

Bilder, dia môn r euch selber gmacht
hent zom åbeta. I führ euch nå weg -
über Babylon naus.
44Onsere Vädr hent en dr Wüste s
haelige Zelt ghet, wia s der ågeba håt,
der mô mit am Mose gsprocha håt, dass
se s macha solle nach am Urbild, wian r
s gseha ghet håt. 45Ond des hent onsere
Vädr übernomma ond hent s mit am
Josua en des Land gnomma, des mô no
de Haeda ghert håt, dia mô Gott vôr de
Aoga von onsere Vädr vrtrieba håt bis
en d Zeit vom David nae. 46Ond der håt
bei Gott Gnade gfonda môn r drom beta
håt, dass r en Platz fendat zom a Haus
für da Gott vom Jakob nôbaua. 47Aber
dr Salomo håt am a Haus baut. 48Aber dr
Höchste wohnt et e ma Tempel, den mô
Menschahänd baut hent, wia saed doch
dr Profet (Jes.66): *49Dr Hemmel ischd*
mae Thron, ond d Erde ischd s Schemale
für maene Füaß. Was wöllat r mr denn
für a Haus baua? - saed dr Herrgott
- oder was wär des für a Platz für mi
zom Wohna? 50Hent am End et maene
Händ ällas gmacht? 51Ihr bockboenige
Brüader, beschnitta send r zwår, aber et
em Herza, ond eure Ohra send harthörig
ond am Haeliga Gaest send r genao so z
wider wia eure Alte. 52Wehlan Profeta
hent eure Alte denn et vrfolgt? Ond se
hent dia ombråcht mô vôrher åkündigt
hent, dass der Gerechte komma dät,
dem saene Vrräter ond Mörder mô
ihr jetzat wôra send. 53Ihr hent doch s
Gsetz kriagt wia s Engel ågwiesa hent,
aber ghalta hent r s et.

Zom Vrgleicha: *Vers 2:* Gen 11,31; 15,7 • *Vers 3:* Gen 12,1 • *Vers 5:* Dtn 2,5, Gen 12,7; 13,15; 17,8 *Vers 6:* Gen 15,13f • *Vers 7:* Ex 3,12 • *Vers 8:* Gen 21,4; 17,10 *Vers 9:* Gen 37,11.28; 39,2 • *Vers 10:* Gen 39,21; 41,37-44; Ps 105,21; Weish 10,14 • *Vers 11:* Gen 41,54 *Vers 12:* Gen 42,2.5 • *Vers 13:* Gen 45,3.16 • *Vers 14:* Gen 45,9-11; 46,27; Ex 1,5; Dtn 10,22 • *Vers 15:* Gen 46,1; 49,33 • *Vers 16:* Gen 23,16; 33,19; 50,13; • *Vers 17:* Ex 1,7-9.22 • *Vers 20:* Ex 2,2; Hebr 11,23 • *Vers 21:* Ex 2,3.5.10 • *Vers 23:* Ex 2,11 • *Vers 26:* Ex 2,13 • *Vers 27:* Ex 2,14 G • *Vers 29:* Ex 2,15.22 • *Vers 30:* Ex 3,2f • *Vers 32:* Ex 3,6 • *Vers 33:* Ex 3,5 • *Vers 34:* Ex 3,7f.10 • *Vers 35:* Ex 2,14 G • *Vers 36:* Ex 7,3.10; 14,21; Num 14,33 • *Vers 37:* Dtn 18,15; Apg 3,22; Joh 1,21; 6,14 • *Vers 38:* Ex 19,3; Gal 3,19; Ex 31,18; Dtn 9,10; 2Kor 3,3 • *Vers 40:* Ex 32,1 • *Vers 41:* Ex 32,4.6 • *Vers 42:* Am 5,25-27 • *Vers 44:* Ex 25,40 • *Vers 45:* Dtn 32,49; Jos 3,14; 18,1 • *Vers 46:* 2Sa 7,2; Ps 132,5 • *Vers 47:* 1Kö 6,1 • *Vers 49:* Jes 66,1f • *Vers 51:* Dtn 9,6 • *Vers 52:* 2Chr 36,16; Mt 23,34 • *Vers 53:* Ex 20,18.21; Dtn 5,2-5; Gal 3,19; Hebr 2,2.

Dr Stephanus wird gstoenigt:

7 54 - 8 1a

54Mô se des ghört hent, håt s en
saumäßig gstonka ond se hent vor Wuat
mit de Zäh knirscht. 55Aber er håt en da
Hemmel naufguckt, ganz vom Haeliga
Gaest ischd r erfüllt gwea ond håt Gott
gseha en saener Herrlichkaet ond dr
Jesus ischd auf am Herrgott saener
rechta Seit gstanda 56ond r håt gsaed:
Guckat no, i sieh da Hemmel offa ond
da Menschasoh, wian r auf dr rechta Seit
vom Herrgott stôht. 57Nå hent se gschria
wia vrruckt ond sich d Ohra zuaghoba
ond send mitanander auf an losganga,
58vôr d Stadt hent se n nausdruckt ond
an gstoenigt. Ond dia Zeuga hent ihre
Klôeder zo ma jonga Må nôglegt, der
håt Saulus ghôeßa. 59Ond se hent da
Stephanus gstoenigt; der håt zom Herra
gschria ond gsaed: Herr Jesus, nemm
bitte maen Gaest bei dr auf! 60Ond r
ischd auf saene Knia nôgsonka ond håt
ganz laut gschria: Herr, bitte, dua en dui
Sünd et årechna! Ond môn r des gsaed
ghet håt, ischd r aegschlåfa.
8 1aAm Saulus aber håt des gfalla, dass se
an ombråcht hent.

Zom Vrgleicha: *Vers 7,54:* 5,33 • *Vers 56:* Lk 22,69 • *Vers 59:* Lk 23,46 • *Vers 60:* Lk 23,34 • *Vers 8,1a:* 7,58; 22,20.

D Urgemaende wird vrfolgt ond ausanandergjagd: 8 1b-3

8 [1b]An sellam Dag håt a ganz arga Vrfolgong von dr Gemaende en Jerusalem ågfanga; nå send se ausananderganga auf s Land naus en Judäa ond Samarien, bloß d Apostl send dåblieba. [2]Ond da Stephanus hent a paar gottesfürchtige Männer beerdigt ond a graoßa Trauerfeier hent se für an gmacht. [3]Aber dr Saulus håt ganz wüast ghaust en dr Gemaende, der ischd en d Häuser nae ond håt Männer ond Fraoa fortgschlôeft ond ens Gfängnis dao.

Zom Vrgleicha: *Vers 1b:* 11,19 • *Vers 3:* 9,1; 22,4; 1Kor 15,9; Gal 1,13.

D KIRCH EN JUDÄA OND SAMARIEN: 8 4 - 12 23

Dr Philippus en Samarien: 8 4-13

[4]Nå send dia, mô vrstraet wora send, romzoga ond hent (überall) s Wort predigt. [5]Ond dr Philippus ischd en d Haoptstadt von Samarien nakomma ond håt sell vom Messias predigt. [6]Dia Leut hent älle mitanander des ågnomma, was dr Philippus gsaed håt, mô se ao no gseha hent, was der für Zaeche dao håt. [7]Weil då aus viele osaubere Gôester ausgfahra send mit a ma wüasta Gschrôe; ond viele, mô a Schlägle ghet hent ond Låhme send ghôelt wôra. [8]Nå håt s a riesa Fraed geba en sellera Stadt.

[9]En dera Stadt ischd ao a Må gwea, der håt s mit am Zaobera ghet ond håt dia Leut von Samarien für sich aegnomma, weil r sich für ebbas Bsonders ausgeba håt. [10]Auf den hent se älle viel ghalta, Kloene ond Graoße ond hent gsaed (weil r en des so aetrichterat ghet håt): Der ischd am Herrgott sae Kraft, dui hôeßt »de Graoß«. [11]Aber dia hent bloß ebbas auf an ghalta, weil r mit saene Zaoberkonststückla emmer wieder en Aedruck bei nen gschonda håt. [12]Mô se nå aber am Philippus saene Predigta vom Herrgott saem Reich ond vom Nåma Jesus, am Messias glaobt hent, hent sich Männer ond Fraoa taofa lassa. [13]Ao dr Simon håt da Glaoba ågnomma ond sich taofa lassa ond ischd de ganz Zeit beim Philippus blieba; ond weil r gseha håt, dass graoße Zaeche ond mächtige Tata gscheha send, ischd r außer sich gwea vôr lauter Staona.

Zom Vrgleicha: *Vers 5:* 6,5 • *Vers 7:* Mk 16,17 • *Vers 12:* 1,3; 19,8; 28,23.31.

Dr Petrus ond dr Johannes en Samarien: 8 14-25

[14]Mô nå d Apostl en Jerusalem ghört hent, dass se en Samarien am Herrgott sae Wort ågnomma hätte, hent se da Petrus ond da Johannes zon en gschickt. [15]Ond dia send nakomma ond hent für s betat, dass se ao da Haeliga Gaest kriaga solle. [16]Weil der ischd no auf koen von en gfalla gwea, aber taoft send se schao gwea auf da Nåma vom Herr Jesus. [17]Nå hent se d Händ auf se glegt, ond se hent da Haeliga Gaest empfanga.

[18]Mô des dr Simon gseha håt, dass vom Handauflega von de Apostl dr Gaest vrlieha wôra ischd, nå håt r en Geld åbota ond gsaed: [19]Gebat mir doch ao dui Macht, dass a jeder, dem môn i d Händ aufleg, da Haeliga Gaest kriagt! [20]Aber dr Petrus håt zon am gsaed: Du gôhst mitsamt daem Geld zom Teufel, wann da moenst, da könntest mit Geld des kaofa, was Gott bloß (frei) vrschenkt. [21]Du håsch koen Åtôel ond koe Årecht an dera Sach; weil dae Herz et aufrichtig ischd vôr Gott. [22]Ändere dae Gsennong ond nemm Abstand von daem Åsenna ond bitt da Herrgott drom, ob r dr dui Vrirrong vrzeiha kå. [23]I sieh doch, dass da hondsliadrig ond en daene aegene

Ogerechtigkaeta selber gfanga bischd.
[24]Aber dr Simon håt am zor Antwort
geba ond gsaed: Betat doch ihr für me zo
Gott, dass nex über me kommt von dem,
was r gsaed hent! [25]Mô se für s Wort vom
Herrgott zeugt ghet hent ond predigt,
send se wieder zrück uf Jerusalem zua
ond hent onterwegs en viele Dorfer von
de Samariter s Evangeliom predigt.

Zom Vrgleicha: *Vers 17:* 2,4; 4,31; 10,44–47; 15,8f; 19,2.6 • *Vers 21:* Eph 5,5.

Dr Schatzmôester von Äthiopien:

8 26-40

[26]A Engel vom Herrgott håt aber da
Philippus ågsprocha ond gsaed: Stand
auf ond gang Süda zua uf d Stråß mô
von Jerusalem uf Gaza nagôht; sell ischd
s ruhig. [27]Ond r håt sich aufgmacht ond
ischd nôganga. Ond guckat, då ischd
a Äthiopier gwea, a Hofbeamter ond
Kämmerer von dr äthiopischa Königin
Kandake, der håt d Schatzkammer
vrwaltat. Ond der ischd uf Jerusalem
komma gwea zom Åbeta. [28]Jetzat ischd
r wieder hoemzuas onterwegs gwea
ond r ischd auf saem Waga gfahra ond
håt em Profeta Jesaja glesa. [29]Dr Gaest
håt nå zom Philippus gsaed: Gang nom
ond bleib en dr Nähe von dem Waga!
[30]Nå ischd dr Philippus nôgloffa ond r
håt ghört, wian r da Profeta Jesaja glesa
håt. Ond r håt gsaed: Vrstôhst d ao, was
da dåhanna liest? [31]Saed der: Wia soll i
des könna, wann mr s koener erklärt?
Ond r håt da Philippus beta, r soll
doch raufsteiga ond zon am nôhocka.
[32]R ischd aber grad an dera Stell gwea
(Jes 53) mô s hôeßt: *Wian a Schäfle*
ischd r auf d Schlachtbank gführt wôra,
ond wian a Lämmle, des mô vôr saem
Scherer ruhig wird, so macht r saen
Mund ao et auf. [33]*En dr ällerontersta*
Erniedrigong ischd sae Urtôel aufghoba
wora. Wer kå saga, wiaviel Nåchkomma
(oder Nochfolger) der håt, weil sae Leba
von dr Erde weggnomma wird. [34]Nå håt
der Hofbeamte da Philippus gfrågt ond
gsaed: Sag amål, von wem saed n der
Profet des? Von sich selber oder vo ma
andera? [35]Nå håt dr Philippus predigt
ond an dera Bibelstell ågfanga ond am
d froha Botschaft vom Jesus vrkündigt.
[36]Mô se nå auf dem Weg weiter gfahra
send, ischd då a Wasser gwea. Ond der
Hofbeamte håt gsaed: Guck, då ischd
a Wasser; was kå mi drå hendera, dass
e taoft wir? [(37)]. [38]Ond r håt da Waga
halta lassa ond se send bôede en des
Wasser nagstiega, dr Philippus ond der
Hofbeamte, ond r håt an taoft. [39]Mô se
aber aus dem Wasser wieder raufgstiega
gwea send, håt dr Gaest vom Herrgott da
Philippus entrückt ond der Hofbeamte
håt an nemme gseha, weil r mit r a
ganz graoßa Fraed em Herza saen Weg
weiterzoga ischd. [40]Aber dr Philippus
håt sich en Aschdod wiedergfonda ond
r ischd omanander zoga ond håt en älle
Städt s Evangeliom predigt, bis r uf
Cäsarea komma ischd.

Zom Vrgleicha: *Vers 31:* Joh 16,13 • *Vers 32:* Jes 53,7 • *Vers 33:* Jes 53,8 G • *Vers 35:* 5,42; Lk 24,27 • *Vers 36:* 10,47 • *Vers 39:* 1Kö 18,12 • *Vers 40:* 21,8.

Am Saulus sae Bekehrong:

9 1-22

9 Dr Saulus aber ischd emmer no (ganz
fanatisch) mit Droha ond Morda
gega d Jünger vom Herra vôrganga ond
r ischd zom Hohepriaster ganga [2]ond
håt sich d Vollmacht ausstella lassa für d
Synagoga en Damaskus, dass r d Åhänger
von dera neua Glaubenslehrong, môn
r s fendat, fanga ond nach Jerusalem
abführa könnt, egal ob Männer oder
Fraoa. [3]Aber môn r no auf am Weg
gwea ischd ond schao bei Damaskus,
håt uf oemål a ganz hells Licht om an
rom gstrahlt, [4]ond r ischd auf da Boda
gfalla ond håt a Stemm ghört, mô zon

am gsaed håt: Saul, Saul, wårom vrfolgst du mi aegentlich? [5]Nå håt r gfrågt: Herr, wer bist du? Aber der håt gsaed: I ben dr Jesus, den mô du vrfolga duast. [6]Stand auf ond gang en d Stadt nae, då saed mr dr, was da zom doa håsch. [7]Aber saene Spiaßgsella hent nex mae saga könna, dia hent nämlich dui Stemm ghört, aber neamrd gseha. [8]Nå ischd dr Saulus vom Boda aufgstanda, ond môn r d Aoga aufgmacht håt, håt r nex maeh gseha. Nå hent se n an dr Håd uf Damaskus naegführt. [9]Ond r håt drei Dag nex gseha ond håt et gessa ond tronka.

[10]Då ischd aber en Damaskus a Jünger gwea, Ananias håt r ghôeßa, zo dem hot dr Herr en ra Vision gsaed: Ananias! Ond der håt zor Antwort geba: Guck, Herr, i ben då! [11]Nå håt dr Herr zon am gsaed: Jetzat gôhst d en d grada Gass vere ond frågst beim Judas em Haus nach a ma Må von Tarsus, der mô Saulus hôeßt. Weil guck, der betat jetzat, [12]ond r håt a Erschaenong ghet mit am Ananias, dass der zon am raekomma sei ond am d Händ aufglegt hätt, dass r wieder ebbas seha dät. [13]Dr Ananias håt am aber zor Antwort geba: Herr, von dem Må han e schao viel ghört, was der für schlemme Sacha gmacht håt mit daene Haelige en Jerusalem. [14]Ond dåhanna håt r von de Hohepriaster d Vollmacht, dass r älle gfanga nemma därf, mô daen Nåma åruafa dent. [15]Aber dr Herr håt zon am gsaed: Gang no nô, weil den han e mr rausgsuacht als a Werkzeug, zom maen Nåma vôr d Haeda ond vôr König ond vôr s Volk Israel traga. [16]Dem zaeg i, was r für maen Nåma no leida muaß.

[17]Nå ischd dr Ananias nom ond en des Haus naeganga. Ond r håt am d Händ aufglegt ond gsaed: Bruader Saul, der Herr, der mô dir auf am Weg dåher erschiena ischd, dr Jesus, der håt me jetzat zo dr gschickt, dass da wieder siehst ond mit am Haeliga Gaest erfüllt wirst. [18]Nå ischd am s wia Schuppa von de Aoga gfalla, ond r håt wieder gseha; ond r ischd aufgstanda ond håt sich taofa lassa. [19]Nå håt r ebbas gessa ond håt wieder Kraft kriagt. R ischd no a paar Dag bei de Jünger en Damaskus blieba [20]ond håt ao bald predigt en de Synagoga, dass dr Jesus am Herrgott sae Sohn sei.

[21]Aber älle mô des ghört hent, hent gstaont ond gsaed: Ischd des et der, mô en Jerusalem älle z grond grichtat håt, mô den Nåma åruafa dent, ond ischd r et herkomma, zom se abführa zo de Hohepriaster? [22]Dr Saulus ischd aber emmer no maeh mit Kraft erfüllt wôra ond r håt dia Juda, mô en Damaskus gwohnt hent, en Vrlegahaet bråcht mit saener Beweisführong, dass dr Jesus dr Christus sei.

Zom Vrgleicha: *Vers 1-22:* 22,5-16; 26,12-18 • *Vers 1:* 8,3; 1Kor 15,9; Gal 1,13 • *Vers 2:* 19,9.23; 22,4; 24,14.22 • *Vers 3:* 1Kor 9,1; 15,8; Gal 1,16 • *Vers 10:* 10,17; 16,9 • *Vers 11:* 21,39 • *Vers 14:* 1Kor 1,2; 2Tim 2,22 • *Vers 15:* 22,15; Rö 1,5; Gal 2,9; 1Kor 1,17; 2Kor 4,7 • *Vers 16:* Mt 10,22; Lk 21,12f; 2Kor 11,23-29 • *Vers 20:* Mt 14,33; 16,16; 27,54; Mk 15,39; Lk 1,32.35; 22,70; Joh 1,49; 11,27 • *Vers 22:* 18,28.

D Saulus haot ab aus Damaskus:

9 23-31

[23]A paar Dag später hent d Juda beschlossa, dass se an ombrenga wölltat. [24]Aber dr Saulus håt vrfahra, was dia vôr ghet hent. Dia hent jå sogar an d Stadttôr Dag ond Nacht Wacha nôgstellt, zom an ombrenga. [25]Nå hent an dia Jünger bei Nacht e ma Kretta durch a Mauerluck naglassa.

[26]Môn r nå aber uf Jerusalem komma gwea ischd, håt r sich de Jünger åschliaßa wölla; ond se hent Angst vôr am ghet, weil se et hent glaoba könna, dass r a Jünger wôra sei. [27]Aber dr Barnabas håt an bei sich aufgnomma ond håt an zo de

Apostl gführt ond en vrzählt, wian r auf
am Weg da Herra gseha häb ond dass r
zon am gsprocha håt ond wian r nå en
Damaskus ganz frei ond offa da Nåma
Jesus predigt hätt. 20Ond r ischd en
Jerusalem bei nen aus ond ae ganga ond
håt em Nåma vom Herra ganz freimüatig
predigt. 29R håt ao mit de griechische
Juda gschwätzt ond diskutiert; aber dia
hent am nåchgstellt, zom an ombrenga.
30Mô des dia Brüader vrfahra hent, send
se mit am uf Cäsarea naganga ond hent
an fortgschickt uf Tarsus. 31So håt d
Gemaende en ganz Judäa ond Samarien
em Frieda leba ond sich aufbaua könna,
ond se hent en dr Ehrfurcht vôr Gott
glebt; ond dr Haelige Gaest håt s gwirkt,
dass s emmer maeh wôra send.

Zom Vrgleicha: *Vers 24:* 2Kor 11,32f • *Vers 26:* Gal 1,18 • *Vers 27:* 4,36 • *Vers 30:* 11,25; Gal 1,21.

Haeda werat en d Kirch aufgnomma: 9 32 - 12 25

Dr Petrus en Lydda ond Joppe:

9 32-43

32Nå håt sich s geba, mô dr Petrus bei
älle omananderzoga ischd, dass r ao
zo de Haelige nôkomma ischd, mô
en Lydda gwohnt hent. 33Sell håt r
en Menscha gfonda, Aeneas håt der
ghôeßa, der ischd schao acht Jåhr låhm
em Bett glega. 34Ond dr Petrus håt zon
am gsaed: Aeneas, dr Messias Jesus
macht di gsond; stand auf ond mach
dae Bett! Ond der ischd glei aufgstanda.
35Ond älle Aewohner z Lydda ond en dr
Scharonebene hent an gseha ond hent
sich zom Herra bekehrt.
36Ond en Joppe ischd a Jüngerin gwea,
Tabita hät se ghôeßa, des hôeßt uf
deutsch: Reh. Dui håt viel Guats dao
ond hergschenkt. 37Ond dui ischd
grad selligsmål arg krank wôra ond
gstôrba. Nå hent se se gwäscha ond en
a Oberstüble glegt. 38Weil aber Lydda
et weit von Joppe weg ischd, hent dia
Jünger glei zwôe Männer zom Petrus
gschickt, mô se ghört hent, dass r sell
sei ond dia hent an bitta lassa: Komm
ganz schnell zon as rom! 39Nå ischd dr
Petrus aufgstanda ond mit en ganga.
Môn r nå sell gwea ischd, hent se an
en des Oberstüble naufgführt; ond älle
Witwa send zon am nö ond hent am dia
viele Onterklôeder ond Gwänder, mô
des Rehle gnäht håt, mô se no glebt hät,
zaegt. 40Nå håt s dr Petrus älle nausganga
hôeßa ond ischd nôkniat ond håt betat,
nå håt r sich zo dera Leich romdreht ond
zon r gsaed: Tabitha, stand auf! Nå håt se
d Aoga aufgmacht ond mô se da Petrus
gseha håt, ischd se nôghockt. 41Nå håt r
a d Hånd geba ond r a aufgholfa. Nå håt
r de Haelige ond dia Witwa gruafa ond
håt se lebendig vôr se nôgstellt. 42Des
håt sich en ganz Joppe romgsprocha,
ond viele send zom Glaoba komma an
da Herra. 43R ischd nå no a ganza Zeit
en Joppe blieba beim Simon, der ischd
Gerber gwea.

Zom Vrgleicha: *Vers 40:* Mk 5,40f • *Vers 43:* 10,6.

Dr Haoptmann Cornelius:

10 1-8

10 Då ischd en Cäsarea a Må
gwea, Cornelius hät r ghôeßa,
der ischd Hauptmann gwea bei dr
italischa Kohorte, 2der ischd fromm
ond gottesfürchtig gwea mitsamt saener
Familie, fürs jüdische Volk håt r emmer
Almosa geba ond r håt ao emmer zom
Herrgott betat. 3Der håt a Vision ghet
so om de naent Stond am Dag, ond r håt
ganz deutlich gseha, wia a Engel vom
Herrgott zon am naekomma ischd ond
an ågsprocha hät: Cornelius! 4Môn r an
åguckt håt, ischd r vrschrocka ond hät
gfrågt: Was ischd, Herr? Der håt am
zor Antwort geba: Daene Gebet ond
daene Almosa send als Opfer vor Gott
åkomma, ond r håt drå denkt. 5Ond

jetzat schickst a paar Mann uf Joppe
ond läßt da Simon hola, zo dem mô se
ao Petrus sagat! [6]Der ischd auf Bsuach
då beim Gerber Simon, dem sae Haus
stôht am Meer dronta. [7]Mô no der Engel,
der mô mit am gsprocha håt, fortganga
gwea ischd, håt r zwôe von saene Sklava
ond en fromma Soldata, der mô emmer
bein am gwea ischd, komma lassa [8]ond
håt en ällas vrzählt, ond nå håt r s uf
Joppe gschickt.

Zom Vrgleicha: *Vers 6:* 9,43.

Dr Petrus hot a Vision en Joppe:

10 9-23a

[9]Am andera Dag, mô dia onterwegs
gwea send ond uf d Stadt zuakomma
send, ischd dr Petrus so om de sechst
Stond auf s Dach nauf ganga zom Beta.
[10]Nå håt r Honger kriagt ond ebbas essa
wölla. Aber solang dia no drbei gwea
send zom ebbas nôrichta, ischd r en
Ekstase gråta. [11]Ond sieht da Hemmel
ganz offa ond ebbas wia a ganz graoß
Laetuach rakomma, an de vier Zipfel
raglassa auf da Boda; [12]ond då send älle
mögliche vierfüaßige ond Kriachtier
von dr Erde ond Vögel vom Hemmel
drengwea. [13]Ond a Stemm håt zon am
gsaed: Stand auf, Petrus, metzge ond
iß! [14]Aber dr Petrus håt gsaed: Bloß et,
Herr, i han mae Lebdag no nia ebbas
Vrbotes ond Oraens gessa. [15]Ond dui
Stemm håt nômål zon am gsprocha: Was
Gott für raen erklärt håt, des kåsch du
et gemaen macha! [16]Ond des ischd drei
Mål passiert; ond nå ischd des Laetuach
wieder en da Hemmel naufzoga wôra.
[17]Mô aber dr Petrus no gar et gwißt håt,
was r dådrmit åfanga soll ond was dui
Vision bedeuta könnt, guckat, då send
dia drei Mann komma, mô dr Cornelius
gschickt håt, em Simon sae Haus hent
se von de Leut erfahra, dia send vôr dr
Tür gstanda [18]ond hent naegschria ond
gfrågt, ob dr Simon då sei, der mô ao
Petrus hôeßa dät, ob der no auf Bsuach
då sei. [19]Ond solang dr Petrus no über
sae Vision nåchdenkt håt, håt dr Gaest
gsprocha: Guck, drei Männer suachat
de, [20]auf gôhts, steig na ond brauchst
koene Bedenka hao, gang no mit en; dia
han i nämlich gschickt. [21]Nå ischd dr
Petrus zo dene Männer nagstiega ond
håt gsaed: Guckat, i ben s, den môn r
suachat! Wega was send r denn komma?
[22]Nå hent dia gsaed: Dr Haoptmann
Cornelius ischd a rechtschaffener ond
gottesfürchtiger Må, der håt ao en guata
Ruaf beim ganza jüdischa Volk, ond der
håt vo ma haeliga Engel d Åweisong
kriagt, dass r di en sae Haus aelada soll
zom horcha, was du zom saga hättest.
[23a]Nå håt r s raeglassa ond s übernachta
lassa.

Zom Vrgleicha: *Vers 9:* 11,5-11 • *Vers 14:* Lev 11; Ez 4,14 • *Vers 15:* Mk 7,15.19; Gal 2,12 • *Vers 19:* 13,2; 15,28

Dr Kornelius wird taoft:

10 23b-48

[23b]Am andera Dag håt r sich nå
aufgmacht ond ischd mit en ganga ond a
paar von de Brüader von Joppe send mit
am ganga. [24]Ond am Dag drauf ischd r uf
Cäsarea komma. Dr Cornelius håt schao
auf s gwartat ond håt sae Vrwandtschaft
ond saene beste Fraend ao aeglada.
[25]Ond mô dr Petrus naekomma ischd,
ischd am dr Cornelius entgega ganga
ond am vôr d Füaß nôgsonka ond håt
am huldiga wölla. [26]Aber dr Petrus håt
an aufgrichtat ond gsaed: Stand no auf, i
ben doch ao bloß a Mensch. [27]Ond wia
se no mitanander gschwätzt hent, ischd
r naekomma, ond des ischd a richtiga
Vrsammlong gwea. [28]Ond r håt zon en
gsaed: Des wissat r doch, dass sich des
für en Juda et ghört, mit a ma Fremda
fraendschaftlich zom vrkehra oder
sich aelada z lassa, aber Gott håt mr
klargmacht, dass i koen Menscha oraen

hôeßa därf oder meida. [29]Drom ben e ao ohne Widerred komma, mô mr nach mr gschickt håt. Aber jetzat will e doch wissa, wårom r me hent hola lassa?

[30]Ond dr Cornelius håt gsaed: Vor drei Däg, grad om dui Zeit, han e so om de naent Stond rom e maem Haus betat. Ond guck, a Må ischd vôr mr gstanda e ma ganz glänziga Gwand [31]ond håt zo mr gsaed: Cornelius, dae Gebet ischd erhört ond Gott håt an daene Almosa denkt. [32]Schick ebber uf Joppe ond laß da Simon, den mô mr ao Petrus hôeßt, herruafa; der ischd em Haus vom Gerber Simon, am Meer dronta auf Bsuach då. [33]Ond glei han e nach dr gschickt ond s ischd guat, dass da komma bist. Ond jetzat send mr älle då vôr Gott, dass mr horchat, was dr Gott auftraga håt.

[34]Nå håt dr Petrus ågfanga ond gsaed: **Jetzat begreif e des wahrhaftig, dass Gott koene Onterschied macht zwischa de Menscha.** [35]Sae Liebe gilt älle Menscha, egal von welcham Volk se kommat, wann se bloß nach saem Willa frågat ond drnåch lebat. [36]Am Volk Israel håt r ausrichta lassa, dass r Frieda gstiftat håt durch da Messias Jesus ond dass der dr Herr sei über älle. [37]Ihr wissat doch, was en ganz Judäa passiert ischd mô dr Johannes d Taof predigt håt, [38]wia Gott da Jesus von Nazaret mit am Haeliga Gaest ond mit Kraft gsalbt håt; der ischd durchs Ländle zoga ond håt de Leut gholfa ond älle dia gsond gmacht, mô dr Teufel en dr Gwalt ghet håt, weil Gott bein am gwea ischd. [39]Ond mir könnat bezeuga, was r ällas dao håt em jüdischa Land ond ao en Jerusalem. Zletzta hent se n an a Holz någhängt ond an ombråcht.[40]Aber Gott håt an wieder aufgweckt am dritta Dag ond håt an erschaena lassa, [41]zwår et vôr älle Leut, aber vôr ons, môn r vôrher erwählt håt als Zeuga, mir hent mit am gessa ond tronka nach saener Auferstehong von de Daote. [42]Ond r håt ons d Åweisong geba, dass mr vôr älle Leut prediga ond bezeuga sollat, dass er vom Herrgott aegsetzt wôra ischd als Richter über de Lebendige ond de Daote. [43]Für den zeugat älle Profeta, dass a jeder, der mô an saen Nåma glaobt, saene Sünda vrgeba kriagt. [44]Ond solang dr Petrus no predigt håt, ischd dr Haelige Gaest auf älle ronterkomma, mô saener Predigt zughorcht hent. [45]Ond dia Judachrista, mô mit am Petrus komma gwea send, hent des et fassa könna, dass ao auf d Haeda dr Haelige Gaest als a Gschenk ausgossa wôra ischd; [46]weil se hent jå ghört, wia dia ao en Zonga reda könna hent ond wia se Gott priesa hent.

Nå håt dr Petrus ågfanga: [47]Kå mr dene s Wasser vrwehra, dass se taoft werat, mô se doch grad so wia mir da Haeliga Gaest kriagt hent? [48]Ond r håt ågordnat, dass mr s taoft auf da Nåma vom Messias Jesus. Nå hent se an drom beta, r soll a paar Dag dåbleiba.

Zom Vrgleicha: *Vers 26:* 14,15; Offbg 19,10 • *Vers 28:* 11,3; Gal 2,12 • *Vers 34:* Dtn 10,17; Rö 2,11.14; 1Petr 1,17 • *Vers 35:* Rö 2,14; Joh 9,31; 10,16 • *Vers 36:* Jes 52,7; 1Kor 12,3; Phil 1,10f • *Vers 37:* Lk 4,44 • *Vers 38:* Jes 61,1; Lk 3,22; 4,18f; Jes 7,14; Mt 1,23 • *Vers 39:* Dtn 21,22; Gal 3,13 • *Vers 40f:* 1,3; 20,19; 1Kor 15,4-7 • *Vers 41:* Lk 24,41-43 • *Vers 42:* 17,31; Rö 14,9; 2Tim 4,1; 1Petr 4,5 • *Vers 43:* Jes 53,5f; Jer 31,34; Da 9,24 • *Vers 44:* 2,4.

Dr Petrus en Jerusalem:

11 1-18

11 Nå hent dia Apostl ond dia Brüader von Judäa ghört, dass ao Haeda am Herrgott sae Wort agnomma hent. [2]Ond mô dr Petrus uf Jerusalem komma ischd, hent dia Judachrista Händel mit am ågfanga [3]ond gsaed: Zo Haeda bist d an da Tisch nôghockt ond håsch mit en gessa! [4]Aber dr Petrus håt ågfanga ond en ällas dr Rôeh nåch vrzählt ond gsaed: [5]I ben z Joppe dronta

gwea ond han betat; ond en maener
Ekstase han e a Vision ghet, då ischd
ebbas wia a graoß s Laetuach an saene
vier Zipfel vom Hemmel raglassa wôra
bis vôr me nô. [6]Ond môn e nôguckt
han, han e lauter vierfüaßige Viecher
ond wilde ond Kriachtier ond Vögel
vom Hemmel gseha. [7]Ond a Stemm han
e ao ghört zo mr saga: Stand auf, Petrus,
metzge ond iß! [8]Dådruf han e gsaed:
Bloß et, Herr, ebbas Oraens oder ebbas
Gemaens ischd mr no nia en da Mund
komma. [9]Aber dui Stemm vom Hemmel
ra håt nômål ågfanga: Was Gott als raen
erklärt, des därfst du et für gemaen
halta! [10]Ond des ischd drei Mål so gwea;
nå ischd ällas wieder en da Hemmel
naufzoga wôra. [11]Ond guckat, glei druf
send drei Mann vôr am Haus gstanda,
mô mr dren gwea send; dia håt mr von
Cäsarea zo mr gschickt. [12]Nå håt me dr
Gaest ågwiesa, dass e mit en ganga soll
ond koene Onterschied macha. Ond dia
sechs Brüader send ao mit mr ganga, ond
mr send zo dem Må en s Haus nae. [13]Der
håt as nå gsaed, er häb gseha, wia a Engel
en saem Haus gstanda sei ond gsaed
häb: Schick uf Joppe ond laß da Simon
komma, der mô ao Petrus hôeßt, [14]der
håt dr ebbas zom saga, was di ond dae
ganza Familie rettat. [15]Môn e nå ågfanga
han mit prediga, ischd dr Haelige Gaest
auf se gfalla grad so, wia bei ons am
Åfang. [16]Nå han e drå denka müaßa, wia
dr Herr zon as gsaed håt: *Dr Johannes
håt mit Wasser taoft, aber ihr werat mit
am Haeliga Gaest taoft.* [17]Wann jetzat
Gott dene s Gleiche gschenkt håt wia
ons ao, mô mir da Glaoba an da Herr
Jesus Christus ågnomma hent: wer ben
nå i gwea, dass i des hätt am Herrgott
vrwehra könna? [18]Mô se des ghört
hent, send se ruhig gwea ond se hent da
Herrgott priesa ond gsaed: Nå håt Gott
ao de Haeda d Möglichkaet geba, dass
se omkehrat zom Leba.

Zom Vrgleicha: *Vers 3:* 10,28; Gal 2,12 • *Vers 15:* 2,3f • *Vers 16:* 1,5; Lk 3,16 • *Vers 18:* 14,27.

De erste Christa en Antiochia:

1119-26

[19]Aber dia mô vrstraet wôra send wega
dera Vrfolgong, mô wega'm Stephanus
ågfanga håt, send bis uf Phönizien ond
Cypern ond Antiochia zoga, ond se
hent s Wort bloß de Juda predigt ond
sonst neamrd. [20]Aber a paar von dene
send Männer von Cypern ond Cyrene
gwea, mô dia uf Antiochia komma send,
hent se ao de Griecha s Evangeliom
vom Herr Jesus predigt. [21]Ond Gott
ischd mit en gwea ond viel hent sich
bekehrt ond da Glaoba ågnomma an da
Herra. [22]Des håt mr en dr Gemaende
en Jerusalem vrfahra; nå hent se da
Barnabas gschickt, r soll uf Antiochia
ganga. [23]Ond môn r nôkomma ischd
ond gseha håt, wia gnädig Gott ischd,
håt r sich gfraet. Ond r håt en Muat
gmacht, dass se ganz fest em Glaoba
bleiba solle ond beim Herra ausharra;
[24]der ischd nämlich a ganz patender Må
gwea, voler Gaest ond Glaoba. Ond viel
Leut send für da Herra gwonna wôra.
[25]R ischd aber nå fortganga uf Tarsus
zom da Saulus bsuacha. [26] Ond môn r n
gfonda ghet håt, håt r an mitbråcht nach
Antiochia. Nå håt sich s so geba, dass
se sogar a ganz Jåhr en dr Gemaende
zsemakomma send ond viele Leut ihre
Lehra ghört hent. Ond en Antiochia
håt mr s erst Mål d Jünger »Christa«
ghôeßa.

Zom Vrgleicha: *Vers 19:* 8,1-4 • *Vers 22:* 4,36 • *Vers 25: 9,30* • *Vers 26:* 1,30; 12,25; 13,2; Gal 2,1.13; Apg 26,28; 1Petr 4,16.

A christlichs Hilfsprogramm:

11 27-30

[27]Selligsmål send von Jerusalem Profeta
uf Antiochia rakomma. [28]Ond oener
von dene, mô Agabus ghôeßa håt,

ischd auftreta ond hât durch da Gaest
vôrausgsaed, dass a graoßa Hongersnot
über de ganz Welt komma dät, (dui
ischd ao gwea en dr Zeit vom Kaeser
Claudius). 29Nå hent dia Jünger
ausgmacht, dass a jeder so wian r s halt
kå, dene Brüader en Judäa a klaene
Onterstützong zuakomma lassa dät;
30ond des hent se ao dao ond hent s am
Barnabas ond am Saulus mitgeba zo de
Älteste.

Zom Vrgleicha: *Vers 28:* 21,10f • *Vers 29:* Rö 15,26; 1Kor 16,1; 2Kor 9,2.12; Gal 2,10.

Dr Jakobus wird enthaoptat ond dr Petrus vrhaftat: 12 1-5

12 Om dui Zeit rom hât dr König
Herodes a paar von dr Gemaende
aesperra ond mißhandla lassa. 2So hât
r ao am Johannes saen Bruader, da
Jakobus enthaopta lassa. 3Ond môn r
gseha hât, dass des de Juda gfällt, hât r
ao no da Petrus gfanga gnomma, ond
zwår grad beim Passafest.
4Nå hât r an ens Gfängnis gsetzt ond
vier Wacha aetôelt mit je vier Soldata
zom auf an aufpassa, weil r nach am
Fest an Schaoprozeß hât vråstalta wölla.
5Solang dr Petrus em Gfängnis ghockt
ischd, hât d Gemaende ganz enbrünstig
für an zo Gott betat.

Zom Vrgleicha: *Vers 5:* Jak 5,16.

Dr Petrus wird befreit: 12 6-19a

6En dr Nacht, bevôr dr Herodes am da
Prozeß hât macha wölla, hât dr Petrus
zwischa zwôe Soldata gschlåfa, mit zwôe
Ketta ischd r gfesslat gwea, ond vor dr
Tür send ao no Wacha gstanda. 7Ond
guckat, am Herrgott sae Engel ischd
rackomma, ond en dem Raom ischd s
ganz hell wôra. Der hât am Petrus en
Puffer en d Seit geba ond hât an gweckt
ond gsaed: Stand schnell auf! Ond dia
Ketta send am von de Händ gfalla. 8Ond
der Engel hât zon am gsaed: Mach daen
Gürtel zua ond ziag daene Sandala å!
Des hât r dao. Ond r hât zon am gsaed:
Nemm daen Mantel ond komm! 9Ond r
ischd am hentadrea nausganga ond r hât
gar et gmerkt, dass sich des tatsächlich
zuatraga hât, was då mit dem Engel
passiert ischd, der hât nämlich gmoent,
r häb traemt. 10Drweilst send se durch
de erst ond de zwôet Wach durchganga
ond se send an des eiserne Tôr komma,
mô s nausganga ischd en d Stadt, ond des
ischd von a selber aufganga. Ond se send
nausganga ond a Gass weiter ond nå hât
sich der Engel von am vrabschiedat.
11Då ischd nå dr Petrus erst richtig zo
sich komma ond hât gsaed: Jetzat ischd
mr klar wôra, dass dr Herrgott saen
Engel gschickt hât, zom mi aus de Klaoa
vom Herodes retta ond ao von dem, was
d Juda hent mit mr doa wölla. 12Ond
môn r sich bsonna ghet hât, ischd r en
dr Maria ihr Haus ganga, em Johannes
Markus saener Muader, mô sich viele
zom Beta vrsammlat ghet hent. 13Môn
r am Hoftôr åklopft hât, ischd a Magd
rauskomma zom aufmacha, Rhode
hât se ghôeßa. 14Mô dui da Petrus an
dr Stemm kennt hât, hât se vôr lauter
Fraed s Tôr et aufgmacht ond ischd
naegsauat ond hât en gmeldat, dr Petrus
stand vôr am Tôr. 15Aber dia hent gsaed:
Du spennst! Aber dui hât Stoe ond Boe
gschwora dass r s sei. Nå hent se gsaed:
Des ischd sae Engel! 16Aber dr Petrus
hât klopft ond klopft, ond mô se endlich
aufgmacht ond an gseha hent, send se
ganz aus am Häusle gwea vôr Fraed ond
Schreck. 17Aber er hât en gwonka, se
solle ruhig sae, ond hât en vrzählt, wia
an dr Herrgott aus am Gfängnis gholt
hât, ond gsaed: Sagat s am Jakobus ond
de andere Brüader. Nå ischd r naus ond
oemats anders nôganga. 18Mô s nå Dag
wôra ischd, hât s bei dene Wachtsoldata
a baes Durchanander geba, was mit am

Petrus wohl passiert sei. [19a]Mô nå dr
Herodes da Petrus håt hola lassa wölla
ond se an et gfonda hent, håt r dia
Wacha vrhört ond da Befehl geba zom
se abführa.

Zom Vrgleicha: *Vers 7:* 5,19 • *Vers 12:* 12,25; 13,5.13; 15,37 • *Vers 18:* 5,22f.

Am Herodes Agrippa sae End: 12 19b-23

[19b]Nå ischd r fort von Judäa ond uf
Cäsarea nazoga ond sell a Weile blieba.
[20]Auf dia Aewohner von Tyrus ond
Sidon håt r aber a Wuat ghet. Nå send
se mitanander zon am komma, ond
mô se da Kammerherra vom König,
da Blastus, überredat ghet hent, dass
r a Wörtle für s aelega dat, hent se om
Frieda bettlat, weil ihr Land vom König
saem Land mit Lebensmittel vrsorgt
wôra ischd. [21]A ma festglegta Dag hôt
nå dr Herodes sae Königsgwand åzoga
ond ischd auf d Tribüne naufgsessa ond
håt a Red an s nôghalta. [22]Aber s Volk
håt am Beifall geba ond am zuagschria:
Des ischd d Stemm vo ma Gott ond et
vo ma Menscha! [23]Nå håt an aber auf
dr Stell a Engel vom Herrgott gschlaga,
weil r am Herrgott et d Ehr geba håt.
Ond Würm hent an aufgfressa ond r
ischd gstôrba.

Dr Barnabas ond dr Saulus kommat wieder nach Antiochia: 12 24-25

[24]Ond s Wort vom Herrgott ischd
gwachsa ond håt sich ausbrôetat. [25]Aber
dr Barnabas ond dr Saulus send von
Jerusalem zrückkomma, mô se dia
Spenda abglieferat ghet hent. Ond se
hent da Johannes Markus mitgnomma.

Zom Vrgleicha: *Vers 24:* 6,7.

D KIRCH BEI DE HAEDAVÖLKER: 13 1 - 28 31

Dr Barnabas ond dr Saulus werat ausgsendat: 13 1-3

13 En dr Gemaende en Antiochia
send Profera gwea ond Lehrer:
dr Barnabas ond dr Simeon, den mô mr
Niger ghôeßa håt, ond dr Lucius von
Cyrene ond dr Manahan, a Jugendfraend
vom Landesfürsta Herodes. [2]Mô se nå
Gottesdenst ghalta hent ond gfastat,
håt dr Haelige Gaest gsaed: Dent mr da
Barnabas ond da Saulus bsonders, dass
se des dent, zo was i s rausgsuacht han.
[3]Nå hent se gfastat ond betat ond en d
Händ aufglegt ond se vrabschiedat.

Zom Vrgleicha: *Vers 1:* Rö 16,21 • *Vers 2:* 1Kor 9,6 • *Vers 3:* 6,6; 14,23; 1Tim 4,14; 2Tim 1,6.

Am Paulus sae ersta Missionsraes: 13 4 - 14 28

Von Antiochia über Zypern bis Perge: 13 4-13

[4]Dia send nå ganga, wia s dr Haelige
Gaest gschickt håt, uf Seleucia na ond
von sell mit am Schiff nach Cypern.
[5]Ond mô se uf Salamis komma send,
hent se en de Juda ihre Synagoga s Wort
vom Herrgott predigt; da Johannes hent
se ao als Hilf bei sich ghet. [6]Mô se nå
durch de ganz Insel gwanderat gwea
send bis uf Paphos, hent se en jüdischa
Zaoberer gfonda, en falscha Profeta,
Barjesus håt r ghôeßa, [7]der ischd bei
de Leut vom Statthalter Sergius Paulus
gwea, a ma Må mit viel Aesicht. Der
håt da Barnabas ond da Saulus zo sich
komma lassa ond håt am Herrgott
sae Wort von en höra wölla. [8]Aber
dr Zaoberer Elymas (des ischd dem
sae Künstlernåma gwea ond bedeutat
dr Magier) ischd en entgegatreta ond
håt da Statthalter vom Glaoba abhalta
wölla. [9]Aber dr Saulus, der mô ao
Paulus hôeßt, håt an åguckt, ganz erfüllt

ischd r gwea vom Haeliga Gaest, [10]ond hât gsaed: O du Teufelsbrâta, voler Henterlist ond Lomperei, du Faend von jeder Gerechtigkact! Herst et auf, am Herrgott auf saene grade Weg en d Quere z komma? [11]Ond jetzat guck no, Gott läßt de blend wera, dass da d Sonn nemme siehst a ganza Zeit lang. Em gleicha Aogablick ischd s donkel om an wôra ond Nacht, ond r ischd omanandertappt ond hât Leut gsuacht zom an führa. [12]Nå ischd der Statthalter glaebig wôra, môn r gseha hât, was passiert ischd; ond r ischd aus am Staona nemme nauskomma über d Lehra vom Herrgott.

[13]Nå ischd dr Paulus ond saene Fraend von Paphos fortgseglat ond uf Perge en Pamphylien komma. Nå ischd dr Johannes von en wegganga ond wieder omdreht uf Jerusalem.

Zom Vrgleicha: *Vers 5:* 12,12.25 • *Vers 13:* 13,5.

Wia dr Barnabas ond dr Paulus en Antiochia en Pisidien gwirkt hent:

13 14-52

[14]Aber sia selber send von Perge weiter bis uf Antiochia en Pisidien; ond se send am Sabbat en d Synagog ganga ond nôghockt. [15]Mô nå aus am Gsetz ond aus de Profeta vôrglesa gwea ischd, hent se dia Synagogavorständ fråga lassa, ob se ebbas zom saga hätte, nå solle se s no doa.

[16]Nå ischd dr Paulus aufgstanda ond hât d Håd naufgstreckt ond gsaed: Ihr Männer von Israel ond älle mô Gott fürchta dent, horchat her! [17]Dr Gott vom Volk Israel hât onsere Väter erwählt ond des Volk graoß gmacht, solang se en Ägypten dronta gwea send, *ond mit saem starka Arm hât r se von sell rausgholt.* [18]*Ond ogfähr vierzg Jåhr hât r s en dr Wüste mit en ausghalta,* [19]*ond hât sieba Völker em Land Kanaan ausgrottat ond en dene ihr Land geba als a Erbtôel.* [20]Ond nåchher hât r en ogfähr vierhondertfufzg Jåhr Richter geba bis auf da Samuel, der mô a Profet gwea ischd. [21]Ond von då å hent se obedengt en König wölla, ond Gott hât en da Saul geba, am Kis saen Soh, en Må vom Stamm Benjamin, vierzg Jåhr lang. [22]Ond môn r den vrstoßa ghet hât, hât r en da David als König aegsetzt, ond für den hât r sich sogar vrbürgt ond gsaed: *I han da David, am Isai saen Soh, als en Må erfonda, der mô so richtig nach maem Herza ischd, ond der mô ao duat, was am i sag.* [23]Aus dem saene Nåchkomma hât Gott für s Volk Israel als Haeland da Jesus komma lassa, wian r s vrsprocha hât, [24]nachdem dr Johannes vôr saem Auftreta em ganza Volk predigt hât, dass mr sich taofa lassa ond sae Gsennong ändera sott. [25]Aber dr Johannes hât et lang, bevôr r gstôrba ischd gsaed: I ben et der, mô ihr me drfür haltat; aber guckat, nach mir kommt oener, bei dem wär i et amål würdig, dass e am saene Schuah aufbenda därf.

[26]Ihr Brüader, Nåchkomma vom Abraham, ond dia, mô Gott fürchta dent, zo ons ischd des Haelswort komma. [27]Weil älle dia, mô en Jerusalem wohnat, ond ihre Oberste hent an et kennt, ond dådrmit hent se ao de Profeta ihre Stemma, dia mô mr a ma jeda Sabbat vôrliest, durch ihr Urtôel wåhrgmacht; [28]ond obwohl se überhaopt koen Grond bein am gfonda hent für a Todasurtôel, hent se beim Pilatus durchdruckt, dass r an hât ombrenga lassa. [29]Mô se nå ällas dao ghet hent, was von am gschrieba stôht, hent se an vom Holz rontergholt ond an en a Gruft naeglegt. [30]Aber Gott hât an von de Daote aufgweckt. [31]Ond r hât sich etlich Däg bei dene seha lassa, mô mit am von Galiläa nach Jerusalem nufganga gwea send, ond dia könnat des jetzat vôr am ganza Volk bezeuga. [32]Ond mir därfat euch dui

froha Botschaft ausrichta, môn r schao de Altvôrdere vrsprocha håt, [33]dass Gott des Vrsprecha an ons, dene ihre Nåchkomma, wåhrgmacht håt, môn r da Jesus håt auftreta lassa, wia s em zwôeta Psalm gschrieba stôht: *Mae Soh bist d, haet han e de zeugt.* [34]Dass r an aber von de Daote aufgweckt håt ond r et håt vrwesa müaßa, håt r so gsaed: *Euch will e geba, was e am David hoch ond haelig vrsprocha han.* (Jes. 55[35]) Drom saed r ao an r a andera Stell: *Du läßt s et zua, dass dae Haeliger vrwesa muaß.* [36]Weil mô dr David selligsmål nach am Herrgott saem Willa saener Generatio dient ghet håt, ischd r zo saene Vädr ganga ond ischd vrwest; [37]Aber den mô Gott aufgweckt håt, der håt koe Vrwesong gseha. [38]Lent euch des also saga, ihr Brüader, dass euch durch da Jesus d Vrgebong von eure Sünda åbota wird; ond en ällam, môn r am Mose saem Gsetz hent et gerecht wera könna, [39]wird a jeder gerecht gsprocha, wann r an da Jesus glaobt. [40]Guckat no, dass des et über euch kommt, was en de Profeta gsaed ischd: [41]*Guckat no, ihr Vrächter, wonderat euch ond gangat zgrond! Weil i en eure Däg ebbas tua, was ihr gwieß et glaoba könnat, wann euch des oener vrzählt.*

[42]Mô se aber nausganga send, hent d Leut drom beta, se solle doch am nächsta Sabbat dia Sacha nômål durchnemma. [43]Mô nå d Vrsammlong en dr Synagog sich vrlaufa ghet håt, send viele Juda ond ao fromme Proselita, dia mô Gott d Ehr geba hent, am Paulus ond am Barnabas nåchganga. Dia hent no weiter zo nen gsprocha ond en ans Herz glegt, se solle doch ao an dem bleiba, was en Gott en saener Gnade gschenkt håt.

[44]Am nächsta Sabbat aber ischd fast de ganz Stadt dågwea, zom s Wort vom Herrgott höra. [45]Mô nå dia Juda dia viele Leut gseha hent, send se ganz neidig wôra ond hent dauernd drgegagschwätzt, wann dr Paulus ebbas gsaed håt ond glästerat. [46]Aber dr Paulus ond dr Barnabas hent frei ond gradraus gsaed: Euch håt mr am Herrgott sae Wort zersta saga müaßa; aber weil ihr s abweisa dent ond euch selber et für würdig haltat für s ewige Leba, guckat no, nå geh'mr halt zo de Haeda. [47]Weil so håt s ons Gott ogeba: *I han de für d Haeda als a Licht aegsetzt, dass du s Hael bist bis ens letzt Eckle von dera Welt.*

[48]Mô des dia Haeda ghört hent, hent se sich ganz arg gfraet ond hent am Herrgott sae Wort priesa, ond älle dia send glaebig wôra, mô fürs ewige Leba bestimmt gwea send. [49]Ond am Herrgott sae Wort håt sich em ganza Ländle ausbrôetat. [50]Aber dia Juda hent dia vornehme Proselitafraoa ond de vornehmste Herra en dr Stadt aufghetzt ond gega da Paulus ond da Barnabas a Vrfolgong åzettlat ond se aus ihrer Gegend fortgjagt. [51]Aber dia hent da Staob von ihre Füaß gschüttlat ond send uf Ikonion ganga. [52]Ond dia Jünger hent sich ganz arg gfraet ond send vom Haeliga Gaest erfüllt wôra.

Zom Vrgleicha: *Vers 14:* 15,21; Lk 4,16f • *Vers 17:* Ex 6,1.6 • *Vers 18:* Ex 16,35; Num 14,34; Dtn 1,31; 7,1 • *Vers 21:* 1Sa 8,5; 10,21.24 • *Vers 22:* Ps 89,21; 1Sa 13,14; Jes 44,28 • *Vers 23:* 2Sa 7,12; Jes 11,1 • *Vers 24:* Lk 3,3 • *Vers 25:* Lk 3,16 • *Vers 27:* 3,17; Lk 23,34; Joh 16,3; 1Tim 1,13 • *Vers 28:* Lk 23,4.15-25 • *Vers 32:* Rö 1,4 • *Vers 33:* Ps 2,7 • *Vers 34:* Jes 55,3 G • *Vers 35:* Ps 16,10; Apg 2,27.31 • *Vers 38:* 10,43; Hebr 9,9; 10,1-4 • *Vers 39:* Rö 10,4 • *Vers 41:* Hab 1,5 • *Vers 46:* 3,26; Mt 10,6; Rö 1,6; Apg 18,6 • *Vers 47:* Jes 42,6; 49,6 • *Vers 49:* 2Thess 3,1 • *Vers 50:* 14,5.19; 1Thess 2,15f; 2Tim 3,11 • *Vers 51:* Mt 10,14; Lk 9,5.

En Ikonion, Lystra ond Derbe:

14 1-20

14 En Ikonium ischd s aber grad so passiert, dass se ao en d Synagog von de Juda nae send ond so predigt hent, dass a ganza Menge Juda ond ao Griecha glaebig wôra send. 2Aber dia Juda mô et glaebig wôra send, hent a Oruah gmacht ond de Aehaemische gega dia Brüader aufghetzt. 3Dia send aber oenaweg lang sell blieba ond hent frei ond offa em Vrtraua auf Gott predigt, ond der håt sae Wort von dr Gnade bestätigt ond håt durch ihre Händ Zaeche ond Wonder gscheha lassa. 4Nå håt s en dr Stadt a Spaltong geba, de oene hent zo de Juda ghalta ond de andere zo de Apostl. 5Mô nå zletzta d Juda ond d Haeda sich mit de Obere von dr Stadt zsemadao hent zom s plåga ond stoeniga, 6hent se s gmerkt ond send abghaoa en d Städt von Lykaonien, Lystra ond Derbe ond en d selliga Gegend, 7ond hent s Evangeliom predigt.

8Då ischd en Lystra a Må gwea, der håt en de Füaß oefach koe Kraft ghet, von kloe å ischd r låhm gwea ond håt bloß nôsitza könna. 9Der håt da Paulus prediga höra; ond mô an der ågucket håt, håt r gspürt, dass der drå glaobt, dass r gsond wera könnt, 10ond håt ganz laut gsaed: Stand grad nô auf daene Füaß! Ond der ischd aufgspronga ond omanandergloffa. 11Ond mô dia Leut gseha hent, was dr Paulus dao håt, hent se a Gschroe ågfanga ond uf lykaonisch gschria: D Götter send wia Menscha wôra ond zon as rakomma! 12Ond da Barnabas hent se Zeus ghôeßa ond da Paulus Hermes, weil der s Wort gführt håt. 13Ond dr Priaster vom ZeusTempel vôr dr Stadt draußa håt Ochsa ond Kränz ans Stadttor bråcht ond håt mit dr Bevölkerong Opfer brenga wölla. 14Mô des d Apostl Barnabas ond Paulus ghört hent, hent se Riss en ihre Klôeder naegmacht ond send naus ond mittla en d Leut naegspronga ond hent ganz laut gschria: 15Ihr Leut, was dent r denn då? Mir send doch genao so Menscha wia ihr ond predigat euch s Evangeliom, dass r euch bekchra sollat von dem nexnutziga Zuigs då zom lebendiga Gott, *der mô da Hemmel gmacht håt ond d Erde ond s Meer ond ällas was då drenna ischd*, 16der håt en de frühere Zeita älle Haedavölker ihre ôegene Weg laofa lassa; 17ond oenaweg håt r zaegt, dass r s guat mit euch moent ond håt s vom Hemmel raregna lassa ond r håt fruchtbare Zeita gschenkt ond z essad geba ond en eure Herza Fraed. 18Ond obwohl se des ällas gsaed hent, håt sich s Volk schier et drvo abbrenga lassa, zom en opfera. 19Von Antiochia ond Ikonion send aber Juda romkomma; dia hent d Leut auf ihr Seit bråcht ond da Paulus gstoenigt ond an vôr d Stadt nausgschlôeft, weil se gmoent hent, r dät nemme leba. 20Mô aber dia Jünger om an romgstanda send, ischd r aufgstanda ond en d Stadt naeganga. Ond am andera Dag ischd r mit am Barnabas fortganga uf Derbe.

Zom Vrgleicha: *Vers 2:* 13,45 • *Vers 5:* 13,50; 2Tim 3,11 • *Vers 6:* Mt 10,23 • *Vers 8-10:* 3,1-10 • *Vers 15:* 10,26; Jak 5,17; Ex 20,11; Ps 146,6; Jes 37,16; Jer 32,17 • *Vers 17:* 17,24-28; Rö 1,19f • *Vers 19:* 2Kor 11,25; 2Tim 3,11.

Zrück nach Syrien:

14 21-28

21Ond mô se seller Stadt s Evangeliom predigt ond zemlich viel zo Jünger gmacht ghet hent, send se zruck uf Lystra, uf Ikonion ond uf Antiochia 22ond hent de Jünger d Seela stark gmacht ond hent en guat zuagredat, se solle em Glaoba ausharra ond hent ao gsaed: Mir müaßat no durch viel Schwierigkaeta ond Åfechtonga bis mr em Herrgott saem Reich send! 23Ond se hent en en jeder Gemaende Älteste aegsetzt, mit dene hent se betat ond gfastat ond hent s dem Herra åbefohla, an den mô se glaoba glernt hent. [24]Ond se send durch Pisidien gwanderat ond en Pamphylien [25]hent se z Perge s Wort predigt ond send uf Attalia naganga, [26]ond von sell send se per Schiff uf Antiochia, mô se ihr Raes ågfanga hent ond mô se dr Gnade vom Herrgott åbefohla wôra send für dui Aufgab, mô jetzat erledigt gwea ischd. [27]Mô se aber nôkomma send ond d Gemaende vrsammlat gwea ischd, hent se vrzählt, was dr Herrgott ällas durch s dao håt ond wian r de Haeda d Tür zom Glaoba aufgmacht hätt. [28]Se send aber no a ganza Zeit bei de Jünger sell blieba.

Zom Vrgleicha: *Vers 22:* 11,23; 1Thess 3,2f • *Vers 23:* 20,28 • *Vers 25:* 8,4; 10,36.44; 11,19; 16,6 • *Vers 26:* 13,1f • *Vers 27:* 1Kor 16,9.

S Apostlkonzil en Jerusalem: 15 1-5

D Streitfrog: 15 1-5

15 Nå send a Paar von Judäa rakomma ond hent dia Brüader lehra wölla: Wann r euch et beschneida lassat, wia s dr Mose ågordnat håt, nå werat r et selig. [2]Mô aber dr Paulus ond dr Barnabas et schlecht mit en ananandergråta send, ischd ågordnat wôra, dr Paulus ond dr Barnabas ond no a paar andere solle uf Jerusalem ond en dera Åglegahaet zo de Apostl ond Älteste ganga. [3]Dia send no von dr Gemaende beglaetat wôra ond durch Phönizien ond Samarien gwanderat ond hent vrzählt, wia sich d Haeda bekehrt hent, ond dia Brüader hent sich älle ganz arg gfraet. [4]Ond mô se uf Jerusalem komma gwea send, håt mr s von dr Gemaende, von de Apostl ond de Älteste empfanga ond se hent en Bericht geba, was dr Herrgott älles durch sia dao håt. [5]Nå send aber von de Pharisäer ihrer Partei oene auftreta, dia send ao glaebig wôra gwea, ond dia hent gsaed: Dia müaßat ao beschnitta wera ond mr muaß en åordna, dass se s Gsetz vom Mose aehalta müaßat.

Zom Vrgleicha: *Vers 1:* 15,24; Gal 1,7; 5,10 • *Vers 2:* Gal 2,1.

D Vrsammlong von de Apostl ond Älteste mit dr Gemaende: 15 6-21

[6]Nå send d Apostl ond de Älteste zsemakomma ond hent dui Sach beråta. [7]Mô se nå lang gnuag gstritta ghet hent, ischd dr Petrus aufgstanda ond håt zon en gsaed: Brüader, ihr wissat doch, dass Gott schao lang bei euch festglegt håt, dass durch maen Mund d Haeda s Wort vom Evangeliom höra ond zom Glaoba komma sollat. [8]Ond Gott kennt doch d Herza ond håt für s zeugt ond håt dene genaoso da Haeliga Gaest geba wia ons ao, [9]ond håt gar koen Onterschied gmacht zwischa ons ond dene, môn r zerst amål durch da Glaoba ihre Herza graenigt håt. [10]Wårom wöllat ihr jetzat Gott auf d Prob stella ond dene Jünger a Joch en d Anka drucka, des mô schao onsere Vädr et ond no viel weniger mir selber hent traga könna? [11]Mir glaobat doch älle drå, dass mr durch d Gnade von onseram Herr Jesus grettat werat, wia dia ao. [12]Nå send älle ruhig gwea ond hent zuaghorcht wia dr Paulus ond dr Barnabas vrzählt hent, was für graoße Zaeche ond Wonder Gott durch sia dao håt bei de Haeda.

[13]Mô se aber still gwea send, håt dr Jakobus ågfanga: Liabe Brüader, horchat her! [14]Dr Simeon håt vrzählt, wia Gott zom ersta Mål mit Bedacht aus de Haedavölker a Volk für saen Nåma gwonna håt. [15]Ond des stemmt überae mit de Profetawort mô s hôeßt (Amos 9): [16]*Nach dem dreh i me wieder rom zo nen ond bau em David sae aegfallena*

Hütte wieder auf, ond was drå heganga
ischd, des bau i wieder auf ond sia selber
richt e ao auf, 17*dass dia Menscha, mô*
übrigblieba send, da Herrgott suachat,
ond älle Haeda, über dene mô mae
Nåma ausgruafa wird, so saed s dr Herr,
ond der tuat des ao,
18was mr schao ewig wôeß.
19Deshalb moen i, mr sott dene, mô sich
von de Haedavölker zo Gott bekehrat,
koene Schwierigkaeta macha, 20s langat,
wa mr en vôrschreibt, dass se mit de
Götza nex mae z schaffat hent, weil des
oen vroraenigt ond ao d Ozucht, ond
dass se koe Flôesch essa sollat mô et
ausbluatat ischd ond koe Bluat. 21Weil
dr Mose håt schao emmer en älle Städt
saene Prediger, mô saene Gsetz en de
Synagoga an jedam Sabbat vôrlesa dent.

Zom Vrgleicha: *Vers 8:* 10,44; 11,15 • *Vers 9:* 10,34f • *Vers 10:* Mt 23,4; Gal 3,10; 5,1 • *Vers 11:* Gal 2,16; Eph 2,4-10 • *Vers 13:* 21,18; Gal 2,9 • *Vers 16:* Am 9,11f G; Jer 12,15 • *Vers 18:* Jes 45,21 • *Vers 20:* 15,29; 21,25; Lev 18,6-18.

Was d Vrsammlong beschlossa håt: 15 22-29

22Nå hent s d Apostl ond d Älteste ond
mit en de ganz Gemaende guat gfonda,
wa mr a paar Männer von en raussuacha
ond mit am Paulus ond am Barnabas uf
Antiochia schicka dät, da Judas mit am
Zuanåma Barsabbas ond dr Silas, des send
führende Männer gwea bei de Brüader,
23durch dia hent se a Schreiba gschickt,
ond då ischd drennagstanda: D Apostl
ond Älteste, (eure) Brüader, wünschat
de Brüader en Antiochia ond Syrien
ond Cilicien s Hael. 24Mir hent nämlich
ghört, dass a paar von de Onsrige, dia
mô überhaopt koen Auftrag drzua ghet
hent, euch mit ihram Gschwätz aufgregt
ond eure Seela durchananderbråcht
hent. 25Drom he mr oestemmig da
Beschluß gfaßt, gstandene Männer raus
zom suacha ond dia zo euch z schicka
mit onseram liaba Barnabas ond Paulus,
26dia Männer hent schao ihr Leba aufs
Spiel gsetzt für da Nåma von onseram
Herr Jesus. 27Mr schickat also da Judas
ond da Silas, dia sagat euch mündlich
genao s Gleiche. 28Dr Haelige Gaest ond
mir haltat s nämlich für richtig, dass mr
euch koene weitere Lasta auflega soll
als wia bloß de wichtigste Sacha: 29Essat
koe Flôesch von Viecher, mô mr für
d Götzaopfer gmetzgat håt ond koe
Bluat ond koe Flôesch mô et ausbluatat
ischd, ond treibat koe Ozucht; wann r
då drauf achta dent, nå solls euch guat
ganga. Lebat wohl!

Zom Vrgleicha: *Vers 24:* 15,1; Gal 1,7; 5,10 • *Vers 28:* Mt 23,4; 1Kor 8,1.

D Beschlüss werat an d Gemaende en Antiochia weitergeba: 15 30-35

30Mô mr s nå entlassa ghet håt, send se
uf Antiochia nakomma. Sell hent se d
Gemaende vrsammlat ond en den Briaf
übergeba. 31Mô se den glesa ghet hent,
send se froh gwea über den Zuaspruch.
32Ond dr Judas ond dr Silas send jå selber
ao Profeta gwea, ond dia hent mit dene
Brüader viel gsprocha ond hent en Muat
gmacht. 33Mô se no a Weile sell blieba
gwea send, hent se dia Brüader em
Frieda wieder zo dene ganga lassa, mô
s zon en gschickt ghet hent. (34). 35Aber
dr Paulus ond dr Barnabas hent sich en
Antiochia aufghalta ond hent sell ihre
Lehra vrbrôetat ond predigt mit etlich
andere s Wort vom Herrgott.

Zom Vrgleicha: *Vers 32:* 11,27; 13,1.

Am Paulus sae zwôeta Missionsraes: 15 35- 18 22

Dr Paulus ond dr Barnabas gangat ausananander: 15 36-41

36A paar Dag später saed dr Paulus zom
Barnabas: Wöllat mr et wieder ganga
ond en jeder Stadt, mô mr s Wort vom

Herrgott predigt hent gucka, wia s dene
Brüader ao gôht? 37Aber dr Barnabas
håt ao da Johannes Markus mitnemma
wölla. 38Dr Paulus aber håt gmoent, des
sei et richtig, oen mitznemma, der mô
en Pamphylien von en wegganga sei
anstatt mit en an d Ärbat z ganga. 39Ond
se send so hart ananandergråta, dass se
sich trennt hent ond dr Barnabas da
Markus mitgnomma håt ond uf Cypern
fortgfahra ischd. 40Aber dr Paulus håt da
Silas rausgsuacht ond ischd fortganga,
ond d Brüader hent s dr Gnade vom
Herrgott åbefohla. 41R ischd nå durch
Syrien ond Cilicien gwanderat ond håt
dene Gemaenda Muat zuagsprocha.

Zom Vrgleicha: *Vers 37:* 12,12.25 • *Vers 38:* 13,13; Kol 4,10 • *Vers 41:* 9,30; 11,25; Gal 1,21.

Dr Paulus en Lykaonien:
16 1-5

16 Nå ischd r ao uf Derbe ond uf
Lystra komma. Ond guckat,
sell ischd a Jünger gwea, Timotheus
håt r ghôeßa, sae Muader ischd a
glaebiga Jüdin gwea, aber sae Vadr
ischd a Grieche gwea. 2Ond der håt
bei de Brüader en Lystra ond Ikonion
en guata Ruaf ghet. 3Då sella hätt dr
Paulus gern mitgnomma, ond r håt an
gnomma ond wega de Juda beschnitta,
weil dia älle gwißt hent, dass sae Vadr
a Grieche gwea ischd. 4Mô se nå durch
dia Städt gwanderat send, håt mr en dia
Åweisonga mitgeba, mô d Apostl ond
Älteste en Jerusalem beschlossa ghet
hent, dass se sich dådrnåch hent richta
könna. 5Då send dia Gemaenda em
Glaoba emmer stärker wôra ond hent
äll Dag maeh zuagnomma en dr Zahl.

Zom Vrgleicha: *Vers 1:* 17,14; Rö 16,21; Phil 2,19; 1Kor 4,17; 2Tim 1,5 • *Vers 4:* 15,23-29.

Durch Kleinasien bis nach Troas:
16 6-10

6Se send nå durch Phrygien ond Galatien
gwanderat, weil s dr Haelige Gaest
vrwehrt håt, dass se en Asien s Wort
predigat. 7Mô se nå aber bis uf Mysien
komma gwea send, hent se probiert
zom nach Bithynien raesa; aber dr
Gaest vom Jesus håt s en et zuaglassa.
8Nå hent se Mysien liega lassa ond send
drå vorbei uf Troas nakomma. 9Ond en
dr Nacht håt dr Paulus a Vision ghet: A
mazedonischer Må ischd dågstanda ond
håt an beta ond gsaed: Komm rom nach
Mazedonien ond hilf ons! 10Môn r nå
dui Vision ghet håt, he mr glei probiert,
dass mr nach Mazedonien raesa könntat,
weil mr ons denkt hent, dass Gott selber
ons den Wenk geba håt, dass mr dene s
Evangeliom prediga sollat.

Zom Vrgleicha: *Vers 6:* 18,23.

Dr Paulus wirkt en Philippi:
16 11-40

11Nå se'mr en Troas abgseglat ond en
ra grada Fahrt direkt uf Samothrake
komma, ond am andera Dag uf Neapolis,
12von sell se'mr uf Philippi komma,
des'schd a Stadt em ersta Bezirk von
Mazedonien, a römischa Kolonie. En
sellera Stadt se'mr zerst amål a paar Däg
blieba. 13Ond am Sabbat se'mr naus vôr
d Stadt an en Fluß, mô mr en jüdischa
Gebetsplatz vrmuatat hent, ond send
nôgsessa ond hent mit dene Fraoa,
mô sell zsemakomma send, a bißle
gschwätzt. 14Ond a Frao, Lydia håt se
ghôeßa, dui håt da Herrgott gfürcht ond
håt mit Purpur ghandlat ond ischd von
Thyatira gwea, dui håt zuaghorcht ond
drauf g'achtat, was dr Paulus gsaed håt.
15Mô se nå mitsamt ihre Leut taoft wôra
ischd, håt se s beta: Wann r moenat, dass
i jetzat richtig an da Herra glaob, nå
kommat doch en mae Haus ond bleibat
då. Ond se håt as richtig gnötat.
16S håt sich aber geba, wia mr an den Platz
send, mô mr betat håt, ischd as a Sklavin
vrkomma, mô en Wahrsagegôest ghet

håt, dui håt ihrer Herrschaft mit ihrer
Wahrsagerei an Haufa Geld aebråcht.
17Dui ischd am Paulus ond ons nåchgloffa
ond håt gschria: Dia Menscha dåhanna
send am allerhöchsta Gott saene Knecht
ond dia vrkündat euch da Weg ens Hael.
18Des håt se etlich Däg lang dao. Aber
dr Paulus håt des gwurmt ond r håt sich
romdreht ond zo dem Gôest gsaed: Em
Nåma vom Messias Jesus gib dr i da
Befehl, dass da von ra ausfährst! Ond en
dr gleicha Stond ischd r ao ausgfahra.
19Mô nå ihre Herrschafta gmerkt hent,
dass mit dera nex mae zom hola gwea
ischd, hent se da Paulus ond da Silas
gschnappt ond s auf da Märkt vôr de
Obere gschlôeft 20ond hent se bei de
Stadtrichter vôrgführt ond gsaed: Dia
Leut dåhanna brengat de ganz Stadt
durchanander, des send Juda 21ond
wöllat dåhanna Bräuch aeführa, mô mir
et ånemma ond ao et aehalta därfat, weil
mir Römer send. 22Ond d Leut send älle
gega s gwea; ond dia Stadtrichter hent
en d Klôeder vom Leib reißa lassa ond
ågordnat, dass mr s gôeßla soll.

Dr Paulus ond dr Silas em Knast:

16 23-40
23Ond mô se n a Menge Schläg geba
ghet hent, håt mr s aeknastat ond am
Gfängniswärter da Befehl geba, dass r
s bsonders guat vrwahra soll. 24Auf den
Befehl nô håt der s en s ennere Gfängnis
dao ond håt en ao no d Füaß en da
Holzblock naegspannt. 25Mittla en dr
Nacht håt aber dr Paulus ond dr Silas
betat ond se hent ågfanga mit Lobliader
senga auf da Herrgott; ond de andere
Gfangene hent en zuaghorcht.
26Uf oemål ischd då a Millionserdbeba
losganga, dass s ganz Gfängnis bis en
da Grond na gwacklat håt; nå send
glei älle Türa aufgspronga ond älle
ihre Ketta send weggfalla. 27Mô der
Gfängniswärter nå aufgwacht ischd ond
gseha håt, dass em Gfängnis älle Türa
offa send, håt r sae Schwert rausgrissa
ond sich naeschmeißa wölla, weil r
gmoent håt, de Gfangene seie abghaoa.
28Aber dr Paulus håt ganz laut gsaed:
Dua dr nex å, mir send nämlich älle
då. 29Nå håt r a Licht vrlangt ond ischd
naegsauat ond håt sich vôr da Paulus
ond da Silas auf da Boda gschmissa, am
ganza Leib håt r zitterat wia Espalaob.
30Ond r håt s nausgführt ond gsaed:
Liabe Herra, was muaß e bloß doa, dass
e grettat wir? 31Aber dia hent gsaed: Du
muaßt an da Herr Jesus glaoba, nå wirst
grettat mitsamt daene Leut! 32Nå hent
se am s Wort vom Herrgott vrkündigt
mitsamt älle mô en saem Haus gwea
send. 33Ond r håt s en dr gleicha Stond
no en dr Nacht bei sich aufgnomma
ond håt en ihre Streama ausgwäscha
von dene Hieb; ond r håt sich glei taofa
lassa ond älle de Saenige ao. 34Ond r håt
s en sae Haus nufgführt ond håt en a
Essa nôgstellt ond sich mit saene Leut
ohaemlich gfraet, weil r da Glaoba an
Gott gfonda håt.
35Mô s nå Dag wôra ischd, hent dia
Stadtrichter ihre Amtsbüttel nôgschickt
mit dr Åweisong: Lent dia Leut raus!
36Der Gfängniswärter håt am Paulus
des ausgrichtat: D Stadtrichter hent
hergschickt, dass e euch nauslassa soll.
Jetzat kommat no raus ond gangat em
Frieda! 37Aber dr Paulus håt zon en
gsaed: Dia hent ons, obwohl mir Römer
send, en äller Öffentlichkaet schlaga
ond en da Knast schmeißa lassa, ohne
dass se a Urtôel ghet hent; ond jetzat
wöllat se ons hehlenga abschiaba?
Des kommt doch gar et en Fråg! Dia
sollat gfälligst selber komma ond ons
nausführa! 38Dia Amtsbüttel hent des
de Stadtrichter gmeldat. Nå ischd s dene
siadighôeß wôra, mô se ghört hent, dia
seie Römer, 39ond se send komma ond
hent en fladdiert ond se nausgführt ond

hent s beta, se solle doch von dr Stadt fortganga. 40Mô se aber aus am Knast draußa gwea send, send se zor Lydia en s Haus ganga; ond mô se dia Brüader gseha hent ond dene Muat gmacht hent, send se fortganga.

Zom Vrgleicha: *Vers 17:* Mk 1,24-26.34 • *Vers 22:* 2Kor 11,25; Phil 1,30; 1Thess 2,2 • *Vers 30:* 2,37; Joh 6,28 • *Vers 31:* 11,14; Joh 6,29 • *Vers 37:* 22,25.29.

Dr Paulus en Thessalonich ond en Beröa: 17 1-15

17 Mô se nå durch Amphipolis ond Apollonia gwanderat gwea send ond uf Thessalonich naekomma send, ischd sell a Synagog von de Juda gwea. 2Ond wian r s gwohnt gwea ischd, håt r dia bsuacht ond håt an drei Sabbat mit en gsprocha an Hand von de Schrifta, 3ond håt en vrständlich macha wölla, dass dr Messias håt leida ond von de Daote auferstanda müaßa ond dass seller Jesus, den mô i - so håt r gsaed - euch vrkündiga dua, dr Messias ischd. 4Ond a paar hent sich überzeuga lassa ond hent sich am Paulus ond am Silas ågschlossa, ond ao a ganza Menge von de griechische Proselyta ond et wenig von de vôrnehmste Fraoa.

5Nå send dia Juda eifersüchtig wôra ond hent a paar üble Dagdiab von dem Lompagsendel, des mô auf am Märkt omanander glongerat ischd, mitgnomma ond en riesa Lebdag gmacht en dr Stadt, ond se hent vôr am Jason saem Haus omananderlamentiert ond se (da Paulus ond da Silas) vôr d Volksvrsammlong stella wölla. 6Mô se s aber et gfonda hent, hent se da Jason ond no a paar Brüader vor d Stadtrichter gschlôeft ond gschria: Dia då, mô de ganz Welt vrruckt gmacht hent, send ao då her komma; 7dene håt dr Jason en Onterschlupf geba. Ond dia älle mitanander send gega d Gsetz vom Kaeser, dia sagat nämlich, a anderer sei dr König, dr Jesus. 8So hent dia d Bevölkerong ond d Stadtrichter ond älle, mô des ghört hent, en Aufregong brächt. 9Ond erst mô dr Jason ond de andere bürgt hent, håt mr s laofalassa.

10Dia Brüader hent aber no en dr gleicha Nacht da Paulus ond da Silas uf Beröa gschickt. Ond mô se sell nôkomma send, send se en d Synagog von de Juda ganga. 11Dia send et so ofraendlich gwea wia dia en Thessalonich, ond se hent s Wort gern ågnomma ond se hent jedan Dag en dr Schrift ganz gnao gforscht, ob sich ällas ao so vrhält. 12So hent viele ågfanga z glaoba, ond zwår et wenig von de ågsehenste Fraoa ond Männer. 13Mô aber dia Juda en Thessalonich vrfahra hent, dass dr Paulus ao en Beröa am Herrgott sae Wort vrkündigt, send se ao sell nôkomma ond hent Oruah en dr Bevölkerong vrbrôetat ond d Leut schalu gmacht. 14Nå hent dia Brüader da Paulus glei weitergschickt, r soll ans Meer naganga; aber dr Silas ond dr Timotheus send dåblieba. 15Aber dia, mô da Paulus beglaetat hent, send bis uf Athen mit am ganga. Nå send se zrück ond hent am Silas ond am Timotheus da Auftrag brächt, se solle so bald wia möglich zon am komma.

Zom Vrgleicha: *Vers 1:* 1Thess 2,2 • *Vers 3:* Lk 24,26f.45f • *Vers 5:* Rö 16,21 • *Vers 7:* Lk 23,2; Joh 19,12 • *Vers 11:* Joh 5,39 • *Vers 13:* 1Thess 2,14-16 • *Vers 15:* 1Thess 3,1.

Dr Paulus en Athen:

17 16-34

16Solang dr Paulus aber en Athen auf s gwartat håt, ischd a haeliger Zôrn en am gwachsa, wian r de ganz Stadt voler Götzabilder gseha håt. 17Nå håt r en dr Synagog mit de Juda ond mit dene griechische Proselyta gsprocha ond auf am Märkt äll Dag mit dene Leut, mô grad då gwea send. 18A paar Philosopha, Epikureer ond Stoiker hent

mit am romzerft; ond etlich hent gsaed:
Was vrzapft n der Schwätzer dåhanna?
Andere aber: Des'schd wohl oener mô
fremde Götter predigt! weil r halt s
Evangeliom vom Jesus predigt håt ond
von dr Auferstehong. [19]Ond se hent
an am Ärmle gschnappt ond an auf da
Areopag gführt ond gsaed: Könntat mr
fraendlicherweis von dr erfahra, was des
für neue Lehra send, mô da vrtrittst?
[20]Du brengst nämlich schao komische
Sacha drher; drom wöllat mr jetzat
wissa, was des bedeuta soll. [21]D Athener
ond ao de Fremde, mô sell gwea send,
hent nämlich nex anders em Kopf ghet,
als dass se ebbas Neus zom Vrzähla
hätte oder zom Höra.
[22]Nå ischd dr Paulus mittla en da
Areopag naegstanda ond håt gsaed: Ihr
Männer von Athen, i merk, dass ihr
vor de Götter en graoßa Respekt hent.
[23]Môn e nämlich romgloffa ben ond eure
Haeligtümer åguckt han, ischd då ao a
Altar gstanda, ond då han e druf glesa:
AM OBEKANNTA GOTT. Jetzat
vrkünd i euch, was ihr vrehra dent ohne
dass r s wissat. [24]Dr Herrgott, der mô
de ganz Welt gschaffa håt ond ällas was
drenna ischd, dr Herr em Hemmel ond
auf dr Erde, der wohnt et en Tempel, mô
mit Händ gmacht send, [25]ond der läßt
sich ao et von Menschahänd bediena,
als ob r no ebbas braucha dät, môn r
doch älle s Leba ond da Schnaufer ond
ällas geit. [26]Ond r håt von oem gotziga
Menscha de ganz Menschhaet gmacht,
dass se auf am ganza Erdboda wohnat
ond håt von vôrnarae festglegt, wia
lang ond mô se wohna solle, [27]dass se
da Herrgott suacha sollat, ob se ebbas
von am spüra ond an fenda möchtat,
môn r doch gar et weit weg ischd vo
ma jeda von ons. [28]Weil mir lebat ond
webat ond send doch en am! Wia des ao
von eure Dichter oene gsaed hent: Von
dem stammat mir ab! [29]Wa mir aber vom
Herrgott abstamma dent, nå könnat mr
doch et moena, d Gotthaet sei wia dia
Bilder aus Gold, Silber oder Stoe, mô
des doch Bilder send, Kunstwerk, mô
sich Menscha ausdenkt hent. [30]Zwår
håt dr Herrgott drüber weg gseha, dass
r des a ganza Zeit et gwißt hent; aber
jetzat läßt r euch ausrichta, dass älle
überall ihr Gsennong ändera müaßat,
[31]weil r schao en Dag festgsetzt håt,
*môn r da ganza Erdkraes richta duat
mit Gerechtigkaet* durch oen Må, den
mô er selber drzua bestimmt håt. Ond
so, dass a jeder des håt seha könna, håt r
an dådrmit beglaobigt, dass r an von de
Daote aufgweckt håt.
[32]Mô se des von dr Auferstehong von
de Daote ghört hent, hent de oene
romgspottat ond de andere hent gsaed:
Dådruber wollat mr a anders Mål nômål
ebbas von dr hora. [33]So ischd dr Paulus
von en fortganga. [34]Aber a paar Männer
send doch mit am ganga ond send
glaebig wôra; dr Dionysius ischd oener
drvo gwea, der ischd Mitglied gwea vom
Areopag, ond ao a Frao, mô Damaris
ghôeßa håt ond no andere.

Zom Vrgleicha: *Vers 18:* 1Kor 1,22 • *Vers 24-28:* Rö 1,19f • *Vers 25:* Ps 50,10-13 • *Vers 26:* Dtn 32,8; Job 12,23 • *Vers 27f:* Jes 55,6; Jer 29,12-14; Weish 13,6; Ps 145,8; Jer 23,24; Ps 139; Rö 11,36; 1Kor 8,6; Kol 1,16f • *Vers 31:* Ps 96,13; 98,9 • *Vers 32:* 1Kor 1,23.

Dr Paulus en Korinth:
18 1-17

18 Nå ischd r von Athen fortganga
ond uf Korinth komma. [2]Ond r
håt en Judachrista gfonda, der ischd von
Pontus gebürtig gwea ond håt Aquila
ghôeßa; der ischd no et lang mit saener
Frao, dr Priscilla, von Italien herkomma
gwea, weil dr (Kaeser) Claudius åg'ordnat
håt, dass älle Juda aus Rom vrschwenda
müaße. Dia håt r bsuacht, [3]ond weil r
da gleicha Beruf ghet håot, ischd r bein

en blieba ond håt sell gschafft; des send
nämlich Zeltmacher gwea. [4]Ond r håt
jedan Sabbat en dr Synagog gsprocha
ond Juda ond Griecha überzeuga wölla.
[5]Mô nå dr Silas ond dr Timotheus von
Macedonien herkomma send, håt sich
dr Paulus ganz aufs Wortvrkündiga
konzentriert ond håt de Juda bezeugt,
dass dr Jesus dr Messias sei. [6]Mô se aber
widersprocha ond romglästerat hent,
håt r saene Klôeder ausgschüttlat ond
zon en gsaed: Euer Bluat auf eure Köpf!
I han mae Pflicht dao, von jetzat å gang
i zo de Haeda!
[7]Ond r ischd sell wegganga ond ischd ens
Haus vo ma Må komma, der håt Titius
Justus ghôeßa ond ischd gottesfürchtig
gwea, dem sae Haus ischd direkt an dr
Synagog drå gwea. [8]Aber dr Crispus,
dr Synagogavôrstand, ischd mit saener
ganza Familie ond saem Gsend glaebig
wôra an da Herra, ond ao viele Leut von
Korinth, mô zuaghorcht hent, hent da
Glaoba ågnomma ond sich taofa lassa.
[9]Aber dr Herr håt nachts e ma Gsicht
zom Paulus gsprocha: Brauchst de et
fürchta, sag dae Sach ond vrschweig
nex! [10]I ben mit dr, ond s soll sich koener
onterstanda di åzlanga; i han nämlich
en dera Stadt no viel Leut! [11]Nå ischd
r anderthalb Jåhr sell blieba ond håt s
onterwiesa em Wort vom Herrgott.
[12]Mô aber dr Gallio Statthalter en Achaja
gwea ischd, send dia Juda mitananader
gega da Paulus auftreta ond hent an
vôr da Richterstuahl bråcht ond gsaed:
[13]Der schwätzt an d Leut nô, se solle
da Herrgott vrehra, aber gega s Gsetz!
[14]Mô nå dr Paulus ebbas saga håt wölla,
håt dr Gallio zo de Juda gsaed: Wann
s om irgend a Vrbrecha oder sonst a
Schandtat ganga dät, ihr Juda, nå dät e
euch jå åhöra, wia s recht ischd. [15]Wann
s aber Streitereia send über eure Lehra
ond über Nåma ond om eure Gsetz gôht,
då müaßat r selber gucka, wian r drmit
zrecht kommat; då will i et Richter sae
drüber. [16]Ond r håt s vom Richterstuahl
fortgschickt. [17]Nå hent se da Sosthenes
packt, da Synagogavôrstand, ond hent
an vôr am Richterstuahl vrhaoa; ond
dr Gallio håt sich überhaopt et drom
gschert.

Zom Vrgleicha: *Vers 1:* 18,18.26 • *Vers 2:* Rö 16,3; 1Kor 16,19; 2Tim 4,19 • *Vers 3:* 1Kor 4,12; 9,12 • *Vers 6:* Mt 27,24f • *Vers 8:* 1Kor 1,14 • *Vers 10:* 1Kor 2,3; 2Kor 10,10 • *Vers 14:* 25,18-20; Joh 18,31 • *Vers 17:* 1Kor 1,1.

Dr Paulus raest über Ephesus zrück nach Antiochia: 18 18-22

[18]Aber dr Paulus ischd no a ganza Weile
sell blieba; nå håt r sich von de Brüader
vrabschiedat ond ischd en Richtong
Syrien abgfahra, ond d Priscilla ond
dr Aquila send mit am ganga. Aber
zersta håt r sich en Kenchreä a Glatze
schneida lassa, wega ma Gelübde. [19]Nå
send se uf Ephesus komma, då håt r dia
zwôe zrückglassa. Aber er selber ischd
en d Synagog naeganga ond håt zo de
Juda gsprocha. [20]Mô se an aber beta
hent, r soll doch länger dåbleiba, håt r
s könna et zuasaga. [21]Nå håt r sich von
en vrabschiedat ond gsaed: Wann s Gott
will, nå komm e wieder zon ich zrück!
Nå ischd r von Ephesus abgseglat. [22]Ond
môn r en Cäsarea an Land ganga ond uf
Jerusalem nuf ischd, håt r d Gemaende
gschwend grüaßt ond ischd nå na uf
Antiochia.

Zom Vrgleicha: *Vers 18:* Rö 16,1 • *Vers 21:* Rö 1,10; 1Kor 4,19; Jak 4,15.

Am Paulus sae dritta Missionsraes: 18 23 - 21 17

[23]Ond môn r a Weile sell blieba gwea
ischd, håt r s wieder packt ond ischd
nachananander durch Galatien ond durch
Phrygien gwanderat ond håt älle Jünger
Muat gmacht.

Dr Apollos en Ephesus:

18 24-28

[24]Nå ischd aber a Jud uf Ephesus komma, Apollos håt der ghôeßa ond ischd von Alexandrien gwea, der ischd a guater Redner gwea ond håt sich hervorragend en de Schrifta auskennt. [25]Der ischd en dr christlicha Lehr onterwiesa gwea ond håt so richtig feurig vôr lauter Gaest gsprocha ond ao über da Jesus ällas richtig gsaed, aber r håt bloß am Johannes sae Taof kennt. [26]Ond r håt ågfanga ond ischd frei ond offa en dr Synagog auftreta. Mô an aber d Priscilla ond dr Aquila ghört hent, hent se an zo sich gnomma ond hent am da Weg vom Herrgott no a bißle gnauer ausglegt. [27]Môn r aber uf Achaja nom wölla håt, hent am dia Brüader zuagsprocha ond hent do Jünger gschrieba, se solle an ao guat aufnema. Ond môn r åkomma ischd, håt r dene, mô da Glaoba ågnomma ghet hent, durch d Gnade a ganz großa Hilf sae därfa; [28]weil der håt mit dr Bibel en dr Håd dia Juda en aller Öffentlichkaet widerlegt ond aus dr Schrift bewiesa, dass dr Jesus dr Messias ischd.

Zom Vrgleicha: *Vers 24:* 1Kor 1,12; 3,4-6 • *Vers 25:* 19,3f • *Vers 28:* 9,22; 17,3; 18,5.

Dr Paulus begegnat Jünger vom Johannes: 19 1-7

19 Nå håt sich s so geba, dass solang dr Apollos en Korinth gwea ischd, dr Paulus en de höher glegene Gegenda romgwanderat ischd ond uf Ephesus komma ischd ond då a paar Jünger gfonda håt. [2]Zo dene håt r gsaed: Hent ihr no da Haeliga Gaest kriagt, môn r glaebig wôra send? Dådruf hent am dia zor Antwort geba: Noe, vo ma Haeliga Gaest hent mir no et amål ebbas ghört. [3]Ond r håt s gfrågt: Auf was send r no taoft wôra? Aber dia hent gsaed: Auf d Taof vom Johannes. [4]Nå håt dr Paulus gsaed: Dr Johannes håt taoft, dass d Menscha ihr Gsennong ändera sollat, ond r håt de Leut gsaed, se solle an den glaoba, der mô nach ehm kämt, ond des hôeßt: an da Jesus. [5]Mô se des ghört hent, hent se sich taofa lassa auf da Nåma vom Herr Jesus. [6]Ond mô nen dr Paulus d Händ aufglegt ghet håt, ischd dr Haelige Gaest auf se komma ond se hent en Zonga reda könna ond weissaga. [7]Ällas en Ällam send des so om de zwölf Mann gwea.

Zom Vrgleicha: *Vers 1:* 1Kor 16,8 • *Vers 3:* Mt 3,11; Lk 3,16 • *Vers 6:* 8,17.

Dr Paulus wirkt en Ephesus:

19 8-10

[8]R ischd aber en d Synagog ganga ond ischd drei Monat lang frei ond offa auftreta ond håt vom Herrgott saem Reich predigt ond håt s drvo überzeugt. [9]Mô aber a paar sich vrschlossa ond sich et überzeuga lassa wölla hent, ond ao no über dui neua Lehr herzoga hent, håt r sich von en trennt ond ischd mit de Jünger en da Lehrsaal vom Tyrannus ganga. [10]Zwôe Jåhr ischd des so ganga, dass älle Bewohner von dr Provinz Asien am Herrgott sae Wort hent höra könna, Juda wia Griecha.

Zom Vrgleicha: *Vers 9:* 18,6; Tit 3,10f; 2Joh 10.

Dr Paulus wirkt Wonder en Ephesus:

19 11-20

[11]Ond ganz außergwöhnliche Tata håt dr Herrgott durch am Paulus saene Händ gscheha lassa. [12]Dia Leut hent sogar saene Halstüacher ond andere Tüacher, môn r auf am Leib ghet håt, zo de Kranke bråcht ond dia Krankata send von en gwicha ond baese Gôester send ausgfahra. [13]Aber ao a paar von dene jüdische Gôesteraustreiber, mô då romzoga send, hent da Nåma vom Herr Jesus über sotte ausgsprocha, mô baese Goester ghet hent ond hent gsaed: I beschwör euch bei dem Jesus,

den mô dr Paulus predigt. [14]Aber des send sieba Söh gwea vo ma jüdischa Hohapriaster, mô Skevas ghôeßa håt, mô des dao hent. [15]Aber der baese Gôest håt en zor Antwort geba ond gsaed: Da Jesus kenn e, ond vom Paulus wôeß e ao ebbas; aber wer send nå ihr? [16]Ond der Mensch mit dem baesa Goest ischd auf s losganga ond håt älle zwonga ond håt s so zuagrichtat, dass se pudelnackat ond voler Schmarra aus sellam Haus nausgsauat send. [17]Des håt sich natürlich en ganz Ephesus romgsprocha, bei Juda ond bei de Griecha; ond se hent en graoßa Respekt kriagt, ond da Nâma vom Herr Jesus hent se et gnuag loba könna. [18]Ond viele, mô da Glaoba ågnomma hent, send komma ond hent offa ihre Otata vrzählt, mô se dao ghet hent ond send drzua gstanda. [19]Aber viele hent s ao mit okkulte Sacha z doant ghet; dia hent ihre Zaoberbüacher drherbråcht ond vôr älle drå vrbrennt; ond se hent amål zsemagrechnat, was dia wert gwea send ond send auf etwa fufzgtausad Drachma komma. [20]So håt sich s Wort vom Herrgott ausbrôetat mit Macht ond håt sich als emmer stärker rausgstellt

Zom Vrgleicha: *Vers 12:* 5,15 • *Vers 13:* Lk 9,49 • *Vers 15:* Mk 1,34; Lk 4,41 • *Vers 17:* 5,5.11; 19,27f • *Vers 20:* 6,7; 12,24.

Dr Demetrius macht an Aufruhr:

19 21-40

[21]Mô des nå abgschlossa gwea ischd, håt sich dr Paulus em Gaest vôrgnomma, durch Mazedonien ond Achaja z wandera ond uf Jerusalem z raesa, ond r håt gsaed: Wann e sell gwea ben, nå muaß e ao Rom no seha. [22]Ond r håt zwôe von saene Ghilfa nach Mazedonien gschickt, da Timotheus ond da Erastus; aber er selber ischd no a Weile en Asien blieba. [23]Selligsmål ischd aber koe schlechta Aufregong aufkomma wega dene neue Lehra. [24]Då ischd nämlich oener gwea, Demetrius håt r ghôeßa ond Silberschmid ischd r gwea, der håt silberne ArtemisTempela gmacht, ond då håt r mit saene kunstgewerbliche Handwerker et schlecht drå vrdient. [25]Nå håt r dia mitsamt ihre Arbaeter vrsammlat ond gsaed: Männer, ihr wissat, dass mir von dem Gschäft et schlecht lebat. [26]Ond ihr seahnat ond hörat, dass der Paulus då et bloß en Ephesus auf d Leut naeschwätzt ond abspenstig macht, noe, ao en fast ganz Asien saed der, was mit de Händ gmacht sei, des seie koene Götter. [27]Aber s gôht et bloß drom, dass onser Gschäft vrdôrba wird, noe, ao dr Tempel von onserer graoßa Göttin Artemis kommt då ens Wackla ond en Zuakonft achtat neamerd mach ihr Majestät, mô dera doch ganz Asien ond de ganz Welt ihr Vrehrong brengt. [28]Mô se des ghört hent, send se ganz außer sich gråta ond hent gschria: Graoß ischd d Artemis von de Epheser! [29]Ond de ganz Stadt ischd durchananander gråta; ond se hent mitanander s Theater gstürmt ond hent da Gajus ond da Aristarchus mitgnomma, am Paulus saene Raesebgleiter von Mazedonien. [30]Mô aber dr Paulus onter s Volk ganga wölla håt, hent s am d Jünger et zuaglassa. [31]Aber ao a paar Vorständ von Asien, dia môn am guat gsonna gwea send, hent zon am gschickt ond am saga lassa, r soll sich et em Theater seha lassa. [32]Sell hent de oene so gschria, ond de andere so, ond ällas ischd durchananander gwea, weil de maeste gar et gwißt hent, zo was se aegentlich zsemakomma send. [33]Nå hent a paar von dr Menge da Alexander gholt ond den von de Juda vere gschickt. Dr Alexander håt nå mit dr Håd gwonka, se solle ruhig sae ond håt sich vôr de Leut vrtaediga wölla. [34]Mô se aber gmerkt hent, dass des a Jud ischd, hent dia losglegt ond fast zwôe Stond lang

gschria: Graoß ischd d Artemis von
de Epheser! 35Nå håt dr Stadtschreiber
sich bei de Leut a Ruah vrschafft ond
gsaed: Männer von Ephesus, mô geit s
ao oen Menscha, der mô et wüßt, dass d
Stadt Ephesus dr graoßa Artemis ihran
Tempel hüatat ond ihr Bild, des mô vom
Hemmel ragfalla ischd? 36Ond weil des
obestreitbar ischd, könnat r ganz ruhig
sae ond nex Voreiligs doa. 37Weil, dia
Männer hent ihr herbråcht, des send
koene Tempelraeber, ond onser Göttin
dent se ao et lästera. 38Ond wann dr
Demetrius ond saene Kunsthandwerker
en Schadaersatz wöllat, nå geit s jå
emmer no a Gericht ond en Statthalter;
då sollat se gfälligst klaga! 39Aber wann
ihr no weiter ebbas wöllat, nå wird des
en ra ordentlicha Volksvrsammlong
erledigt. 40S kommt nämlich sae, dass mr
wega dem, was haet passiert ischd, wega
Aufruhr vrklagt werat, weil s für dui
Aufregong überhaopt koen Grond geit.
Nå håt r d Leut hoemgschickt.

Zom Vrgleicha: *Vers 21:* 23,11; Rö 1,10.13; 15,23-25; 1Kor 16,6 • *Vers 22:* Rö 16,21-23 • *Vers 23:* 2Kor 1,8 • *Vers 26:* 17,29 • *Vers 28:* 1Kor 15,32; 2Kor 1,8 • *Vers 29:* 20,4; 27,2.

Dr Paulus en Mazedonien ond Griechenland: 20 1-6

20 Mô sich der Trubel nå vrzoga
ghet håt, håt dr Paulus dia Jünger
komma lassa ond håt en Zuaspruch
geba; nå håt r sich vrabschiedat ond
ischd fortganga zom nach Mazedonien
raesa. 2Môn r aber sella Gegend
durchwanderat ghet håt ond viele
Predigta ghalta ghet håt, ischd r nach
Hellas komma. 3Sell ischd r drei Monat
blieba. Môn r aber mit am Schiff nach
Syrien håt fahra wölla, hent an d Juda
apaßt, nå ischd r liaber wieder über
Mazedonien zrück. 4Aber dr Sopater
ischd mit am ganga, a Soh vom Pyrrhus
von Beröa, ond von Thessalonich dr
Aristarchus ond dr Sekundus, ond dr
Gajus von Derbe ond dr Timotheus,
ond von Asien dr Tychikus ond dr
Trophimus. 5Dia send vôrausganga ond
hent en Troas auf as gwartat. 6Aber mir
send nach de Däg vom ogsäuerta Brot
von Philippi abgseglat ond send en fenf
Däg zom en uf Troas komma, sell se'mr
a Woch blieba.

Zom Vrgleicha: *Vers 1:* 2Kor 2,13 • *Vers 5:* 16,8 • *Vers 6:* 2Kor 2,12.

Dr Eutichus fällt zom Fenster naus ond wird wieder aufgweckt: 20 7-12

7Mô mr ons am ersta Dag von dr Woch
vrsammlat ghet hent, zom mitanander
s Brot brecha, håt dr Paulus gsprocha,
weil r am andera Dag håt abraesa wölla,
nå håt r halt bis nach de Zwölfa en dr
Nacht predigt. 8Ond en dera Kammer
auf dr Bühne, mô mr vrsammlat gwea
send, håt s zemlich viel Lampa ghet.
9Ond a jonger Kerle, Eutychus håt r
ghôeßa, der ischd auf am Fenstersemsa
ghockt ond sell aegschlåfa, weil dr
Paulus so lang predigt håt ond ischd
vom dritta Stock naghaglat, ond mô mr
n aufghoba håt, ischd r daot gwea. 10Nå
ischd dr Paulus na ond auf an naufglega
ond håt saene Ärm om an romgschlonga
ond gsaed: Send no ruhig, der lebt no.
11Nå ischd r nauf ond håt s Brot brocha
ond gessa; ond r håt no lang gsprocha
bis s Dag wôra ischd, nå ischd r ganga.
12Aber den jonga Kerle hent se lebendig
raebråcht, des ischd koe schlechter Trost
gwea für se.

Zom Vrgleicha: *Vers 7:* 1Kor 16,2, Offbg 1,10 • *Vers 10:* 1Kö 17,21

Dr Paulus raest uf Milet: 20 13-16

13Aber mir send vôrausganga auf s Schiff
ond send uf Assus gfahra, zom sell da
Paulus mitnemma; so håt r s ågordnat
ghet, weil er selber håt laofa wölla. 14Mô

mr an nå en Assus troffa hent, he‘mr n an Bord gnomma ond send uf Mytilene komma.[15]Ond von sell se’mr am andera Dag auf dr Höhe von Chios gwea; am andera Dag he mr en Samos åglegt ond wieder en Dag später se’mr uf Milet komma. [16]Dr Paulus håt sich nämlich vôrgnomma ghet, dass r an Ephesus vrbeifahra dät, weil r sonst en Asien z viel Zeit vrlora hätt; r håt s nämlich a bißle pressant ghet, weil r z Pfengsta gern en Jerusalem gwea wär.

Dr Paulus hält de Älteste von Ephesus en Milet a Abschiedsred:

20 17-38

[17]Von Milet aus håt r uf Ephesus gschickt ond håt de Älteste von dr Gemaende romhola lassa. [18]Mô se nå då gwea send, håt r zon en gsaed: Gell ihr wissat, wian i mi vom ersta Dag å, môn e euer Gae en Asien betreta han, vrhalta han, [19]wian e am Herrgott dient han en äller Demut ond onter Träna ond Åfechtonga, môn e durch de Juda ihre Vrfolgonga han aushalta müaßa.

[20]In han vôr euch nex zrückghalta von dem, was mr wissa muaß, dass e euch des et predigt oder beibråcht hätt en äller Offahaot ond en de Häuser omanander, [21]ond han vôr de Juda ond vôr de Griecha bezeugt, dass mr zom Herrgott omkehra ond an da Herr Jesus Christus glaoba muaß. [22]Ond guckat, jetzat dur e, was mr dr Haelige Gaest ågeit ond gang uf Jerusalem, aber was mr sell passiert, des wôeß e no et.[23](I wôeß) bloß, dass mr dr Haelige Gaest en jeder Stadt deutlicher macht, dass Ketta ond sonst nex Guats auf me warta dent. [24]Aber mae Leba ischd mr et so wichtig, wann e no maen Weg macha ond den Denst ausführa kå, den môn e vom Herr Jesus kriagt han: d froha Botschaft von dr Gnade von onseram Gott zom bezeuga. [25]Ond guckat, jetzat wôeß i, dass ihr mae Gsicht nemme seahnat, ihr älle, bei dene môn i romzoga ben ond s Reich predigt han. [26]Drom gib i euch haet s Zeugnis, dass auf mi von koem a Bluat komma kå. [27]Weil i han euch da ganza Ratschluß vom Herrgott predigt ond han nex zrückghalta. [28]Jetzat passat auf euch selber auf ond auf de ganz Herde, en dera môn ich dr Haelige Gaest als Bischöf aegsetzt håt, zom am Herrgott sae Herde wôeda, môn r mit saem ôegena Bluat erwôrba håt. [29]I wôeß gnao, wann i fortgang, nå kommat bissige Wölf zon ich, ond dia dent d Herd et schona; [30]ao von eure aegene Leut tretat då oene auf ond schwätzat vrkehrts Zeugs drher, zom von de Jünger oene vôr ihran Karra spanna. [31]Drom passat auf ond denkat drå, dass i drei Jåhr Dag ond Nacht et aufghört han, me om en jeda mit Träna (en de Aoga) zom kümmera. [32]Ond jetzat befiehl e euch Gott å ond saem Wort von dr Gnade, des mô d Kraft håt zom euch aufbaua ond euch s Erbtôel zom geba samt älle, mô haelig wôra send. [33]Silber oder Gold oder Klôeder han i von koem wölla; [34]ihr wissat selber, dass i für maen Onterhalt ond für maene Mitarbaeter mit maene ôegene Händ gsôrgt han. [35]En ällam han e euch zaegt, dass mr so schaffa ond sich no om de Schwache ånemma ond am Herr Jesus sae Wort denka muaß, môn r gsaed håt: *Ebbas hergeba ischd seliger als nemma.*

[36]Ond môn r des gsaed ghet håt, ischd r mit älle nôkniat ond håt betat. [37]Nå hent älle ganz laut mit Heula ågfanga ond send am Paulus om da Hals gfalla ond hent an küßt, [38]am ärgsta traurig send se gwea, weil r gsaed håt, dass se sae Gsicht nemme seha dätat. Nå hent se n ans Schiff beglaetat.

Zom Vrgleicha: *Vers 21:* 13,6-40; 14,15; 17,1-4.10-13.16-34; 18,5-11; 19,8-10 • *Vers 23:* 9,16; 21,4.11 • *Vers 24:* 21,13; 2Tim 4,7; Lk 4,18-21 • *Vers 25:* Lk 9,2; 10,9 • *Vers 26:* 18,6 • *Vers 28:* 14,23; 1Kor 12,28; Eph 4,11; Tit 1,5; 2Tim 1,6; 1Tim 4,14-16;

1Petr 5,2 • *Vers 29:* Mt 7,15; Lk 10,3; Joh 10,12 • *Vers 30:* Gal 4,17 • *Vers 31:* Mk 13,35.37; 2Kor 2,4; 11,28; 1Thess 2, • *Vers 32:* 1Thess 2,13 • *Vers 33:* Mt 10,8; 1Kor 9,12; 1Sa 12,3 • *Vers 34:* 18,3; 1Kor 4,12; 9,12; 1Thess 2,9; 2Thess 3,7 9; Phil 4,9 • *Vers 36:* 21,5 • *Vers 37:* Rö 16,16; 1Kor 16,20; 1Petr 5,14.

Von Milet über Cäsarea nach Jerusalem: 21 1-17

21 Mô mr ons nå regelrecht von en
losgrissa ghet hent ond abgfahra
gwea send, se'mr auf am grada Weg uf
Kos komma, am andera Dag uf Rhodos
ond von då uf Patara. [2]Nå he mr a Schiff
gfonda, des mô nach Phönizien gfahra
ischd, då se'mr aegstiega ond abgfahra.
[3]Mô mr nå Cypern gsichtat hent, he mr
s lenks liega lassa ond send nach Syrien
weitergfahra ond en Tyrus glandat, weil
sell håt s Schiff d Ladong löscha müaßa.
[4]Mô mr d Jünger gfonda ghet hent, se'mr
sell sieba Dag blieba. Ond dia hent am
Paulus durch da Gaest gsaed, r sott et uf
Jerusalem ganga.
[5]Mô nå dia Däg romgwea send, mô mr
hent bleiba wölla, se'mr fortganga ond
weitergraest. Ond dia send älle mit ihre
Fraoa ond Kenderla bis vôr d Stadt naus
mit ond hent ons beglaetat. Ond am
Strand se'mr nôkniat ond hent betat, [6]nå
he mr Abschied gnomma vonananeder
ond send ens Schiff naegstiega ond dia
send wieder hoemganga.
[7]Am End von onserer Seefahrt se'mr
von Tyrus nach Ptolemai komma, sell
he mr d Brüader grüaßt ond send en
Dag bein en blieba. [8]Am andera Dag
se'mr fortganga ond uf Cäsarea komma
ond send zom Evangelista Philippus
hoemganga, des ischd oener von dene
Sieba (Almosapfleger) gwea, bei dem
se'mr blieba. [9] Der håt vier Töchter ghet,
älle ledig, mit profetische Begabonga.
[10]Mô mr a paar Dag dågwea send, ischd
von Judäa a Profet rakomma, Agabus håt
r ghôeßa. [11]Ond der ischd zon as komma
ond håt sich mit am Paulus saem Gürtel
d Füaß ond d Händ zsemabonda ond
håt gsaed: Des saed dr Haelige Gaest:
„Der Må, dem mô der Gürtel dåhanna
ghert, den dent en Jerusalem d Juda
grad so benda ond de Haeda en d Händ
liefera." [12]Mô mr des ghört hent, hent
mir ond dia von sellam Flecka gsaed, r
soll doch et nach Jerusalem nufganga.
[13]Aber dr Paulus håt zor Antwort geba:
Was dent r denn, dass r so heulat, des
bricht mr no s Herz? I ben beraet, dass e
me en Jerusalem et bloß benda laß, noe,
ao zom Sterba für da Nåma vom Herr
Jesus. [14]Môn r sich nå et håt rombrenga
lassa, se'mr ruhig gwea ond hent gsaed:
Nå soll am Herra sae Willa gscheha!
[15]Mô dia Däg nå rom gwea send, he mr
as fertig gmacht ond send uf Jerusalem
gwanderat. [16]Von de Jünger en Cäsarea
send ao a paar mit ond dia hent ons
zo ma alta Jünger von Cypern, der håt
Mnason ghôeßa, nôbråcht, dass mr
bei dem bleiba solle. [17]Mô mr nå en
Jerusalem åkomma send, hent as dia
Brüader voler Fraed aufgnomma.

Zom Vrgleicha: *Vers 4:* 20,23 • *Vers 5:* 20,36 • *Vers 8:* 8,40 • *Vers 9:* 2,17 • *Vers 10:* 11, • *Vers 11:* Rö 15,31.

Dr Paulus beim Jakobus ond sae Gelübde: 21 18-26

[18]Am andera Dag ischd dr Paulus mit
as zom Jakobus ganga, ond älle Älteste
send ao nôkomma. [19]Ond môn r s grüaßt
ghet håt, håt r en ällas ganz gnao vrzählt,
was Gott bei de Haeda durch saen Denst
ausgrichtat håt. [20]Môn r fertig gwea
ischd, hent se Gott priesa ond zon am
gsaed: Bruader, da siehst, wiaviel tausad
Juda da Glaoba ågnomma hent, ond älle
haltat sich oenaweg streng ans Gsetz.
[21]Dene ischd aber von dr vrzählt wôra,
du dätest älle Juda, mô en Haedavölker
lebat, vom Mose abspenstig macha,

weil da saga dätest, se solle ihre Kender
nemme beschneida lassa ond sich ao
nemme an de alte Bräuch halta. [22]Wia
stôhts nå jetzat? Auf älle Fäll hent se
mitkriagt, dass da komma bist.
[23]Jetzat duast d, was mr dr sagat! Bei de
Onsrige send vier Mann, mô a Gelübde
auf sich gnomma hent; [24]dia nemmst mit
dr zo de Weiha ond übernemmst d Kosta
zom en d Köpf schera lassa. Nå seahnat
se älle, dass nex drå ischd an dem, was
über de gschwätzt wôra ischd ond dass
da ao nach am Gsetz lebst. [25]Was aber
dia ăgöht, mô von de Haeda da Glaoba
ågnomma hent, då he mr bschlossa
ond ågordnat, se solle aufpassa wega m
Götzaopferflôesch ond koe Bluat ond
ao koe Flôesch von Viecher essa, mô et
vôrschriftsmäßig gmetzgat seie ond koe
Bluatschand treiba.
[26]Nå hât dr Paulus dia Männer
mitgnomma ond ischd am andera Dag
nach de Raenigongzeremonia mit en en
da Tempel ganga ond hât åkündigt, dass
d Weiha rom seie, wann für en jeda a
Opfer bråcht wôra sei.

Zom Vrgleicha: *Vers 18:* 15,13; Gal 1,19 • *Vers 21:* 18,13; Gal 3,25 • *Vers 24:* 1Kor 9,19-23; 10,32f • *Vers 25:* 15,20.29 • *Vers 26:* Num 6,1-20; 1Kor 9,20.

Dr Paulus wird vrhaftat:

21 27-40

[27]Mô nå dia sieba Däg beinåh romgwea
send, hent an Juda aus Asien em
Tempel gseha ond glei d Leut gega an
aufghetzt ond an packt [28]ond gschria:
Ihr israelitische Männer, helfat ons!
Des ischd der Mensch, mô überall gega
onser Volk ond s Gsetz ond gega den
haeliga Ort dåhanna Lehra vrbrôetat.
Ond drzuanô hât r ao no Griecha en
da Tempel raebråcht ond den haeliga
Ort entweiht. [29]Dia hent nämlich drvôr
da Trophimus von Ephesus mit am en
dr Stadt gseha; nå hent se gmoent, dr
Paulus hätt an mit en da Tempel bråcht.
[30]Ond de ganz Stadt ischd aufgregt gwea
ond s hât en riesa Auflauf geba; nå hent
se da Paulus packt ond zom Tempel
nausgschlôeft. Ond d Tôr send glei
zuagmacht wôra.
[31]Nå hent se an ombrenga wölla, aber
nå ischd am Oberst von de (römische)
Kohorta gmeldat wôra, ganz Jerusalem
sei en Aufruhr gråta. [32]Der ischd nå
glei em Laufschritt mit Soldata ond
Haoptleut na zon en ond ischd en
entgegatreta. Mô se aber den Oberst ond
saene Soldata gscha hent, hent se nemme
auf da Paulus naegschlaga. [33]Nå ischd
der Oberst nô ond hât an festnemma
lassa ond da Befehl geba, dass mr n mit
zwôe Ketta fessla soll, nå hât r an gfrågt,
wer r sei ond was r dao häb. [34]Aus dr
Volksmenge raus hent de oene des
gschria ond de andere sell. Ond weil r
wega dem Gschrôe nex rausbråcht hât,
môn r ebbas drmit hätt åfanga könna,
hât r an en d Kasern abführa lassa.
[35]Ond mô se an d Staffla komma send,
hent an d Soldata traga müaßa, weil d
Leut so nåchdruckt hent. [36]Weil de
ganz Volksmenge hât nåchdruckt ond
gschria: Weg mit dem!
[37]Ond mô se da Paulus hent en d Kasern
naeführa solla, hât r zo dem Oberst
gsaed: Därf e ebbas zo dr saga? Saed der:
Gell, du kåsch Griechisch? [38]Du bist
also et der Ägypter, der mô neulich dia
viertausad Messerstecher aufgwieglat
ond en d Wüste nausgführt hât? (en a
Trainingslager) [39]Nå hât dr Paulus gsaed:
I ben a Jud von Tarsus en Cilicien, Bürger
von ra et ganz obedeutenda Stadt. I bitt
de drom, dass da mr d Erlaobnis geisch,
dass e zo dene Leut dåhanna ebbas saga
därf. [40]Môn r am s erlaobt hât, ischd dr
Paulus auf d Staffel nausgstanda ond hât
de Leut mit dr Håd gwonka; mô s nå
ruhig gwea ischd, hât r s auf Hebräisch
ågsprocha ond gsaed:

Zom Vrgleicha: *Vers 28:* 6,13; 18,13 • *Vers 29:* 20,4; 2Tim 4,20 • *Vers 33:* 20.23; 21,11 • *Vers 39:* 9,11.

Am Paulus sae Red ans Volk:
22 1-21

22 Ihr Männer, Brüader ond Vädr,
horchat her, was e zo maener
Vrtaedigong euch zom saga han! [2]Mô
se aber ghört hent, dass r auf Hebräisch
zo nen gsprocha håt, send se no ruhiger
wôra. Ond r håt gsaed: [3]I ben a Jud, z
Tarsus en Cilicien gebora, aber dåhanna,
en dera Stadt ben i erzoga wôra, beim
Gamaliel han i s Gsetz glernt ganz gnao
nach de Vôrschrifta von onsere Vädr,
ond i ben grad so eifrig für Gott aetreta
wia ihr haet. [4]Ond i han dui neua Lehr
auf da Daot vrfolgt ond han Männer
ond Fraoa gfesslat en d Gfängnis
bråcht, [5]des kå dr Hohepriaster ond
dr ganz Ältestarat bezeuga. Von dene
han e übrigens d Vollmachta ghet an
d Brüader, dass e ao dia en Damaskus
schnappa ond gfesslat uf Jerusalem
hätt brenga solla, dass mr se hätt stråfa
könna. [6]Môn e aber so onezogglat ond
schao kurz vor Damaskus gwea ben, då
håt mittagnads auf oe Mål a ganz hells
Licht om me romgstrahlt. [7]Mi håt s
omghaoa ond môn e auf am Boda glega
ben, han e a Stemm ghört, ond dui håt
zo mr gsaed: *Saul, Saul, wärom vrfolgst
du mi aegentlich?* [8]I han am zor Antwort
geba: *Herr, wer bist du?* Ond der håt zo
mr gsaed: *I ben dr Jesus von Nazaret,
den mô du vrfolga duast.* [9]Dia mô bei
mr gwea send, hent zwår des Licht
gseha, aber dui Stemm von dem, der mô
mit mr gsprocha håt, hent se et ghört.
[10]Ond i han gsaed: *Herr, was soll e denn
doa?* Nå håt dr Herr zo mr gsaed: *Stand
auf ond gang uf Damaskus nae, sell
werat se dr schao saga, was da zom doa
håsch.* [11]Weil i aber von dem Lichtglanz
so blendat gwea ben, dass e nex maeh
gseha han, hent me dia, mô bei mr gwea
send an dr Håd gnomma ond so ben e uf
Damaskus naekomma.
[12]A frommer Må, Ananias håt r ghôeßa,
der håt streng nach am Gsetz glebt ond
håt a guats Åseha ghet bei älle Juda,
mô sell gwohnt hent, [13]der ischd zo mr
komma ond vôr me nôtreta ond håt zo
mr gsaed: *Bruader Saul, guck me å!* ond
von Stond å han e wieder gseha. [14]Ond
r håt zo mr gsaed: *Dr Gott von onsere
Vädr håt di drzua bestimmt, dass da saen
Willa erkennst ond zom da Gerechta
(vom Herrgott) seha ond dass da aus
saem Mund a Wort hörst.* [15]*Weil du sollst
für an zeuga vôr älle Menscha, was da
gseha ond ghört håsch.* [16]*Ond jetzat, auf
was wartest d no? Stand auf, laß de taofa
ond daene Sünda wegwäscha, wann da
saen Nåma ågruafa håsch!*
[17]Môn e aber nach Jerusalem
zrückkomma gwea ben ond em Tempel
betat han, ben e en Ekstase gråta [18]ond
han an gseha, wian r zo mr gsaed håt:
*Mach nôra ond vrschwend schlaenigst
von Jerusalem, weil dia von dir niamåls
a Zeugnis über mi ånemmat.* [19]*Ond i
han gsaed: Herr, dia wissat doch selber,
dass i älle mô an di glaobt hent, von
oener Synagog zor andera han vrhafta
ond schlaga lassa;* [20]*ond mô s Bluat
vom Stephanus vrgossa wôra ischd,
der mô dae Zeuge gwea ischd, då ben
i drbeigstanda ond han me gfraet ond
auf dene ihre Klôeder aufpaßt, mô an
ombråcht hent.* [21]Ond r håt zo mr gsaed:
*Gang no, i will de nämlich weit fort zo
de Haeda schicka.*

Zom Vrgleicha: *Vers 1:* 7,2; 13,26 • *Vers 3-21:* 9,1-29; 26,9-23; 5,34; 2Kor 11,22; Phil 3,5; Rö 10,2; Gal 1,14 • *Vers 4:* 8,3 • *Vers 17:* 9,26; Gal 1,18f • *Vers 19:* 22,4 • *Vers 20:* 7,58; 8,1 • *Vers 21:* 9,15; 13,2; 26,16-18; Rö 1,5; Gal 2,7.

Dr Paulus vrlangt sae Recht als römischer Bürger: 22 22-29
[22]Bis då nô hent se am zuaghorcht. Aber

am Statthalter den Briaf geba hent, hent
se am ao da Paulus vôrgführt. [34]Môn r
aber glesa ond an gfrågt håt, môn r denn
her sei, ond môn r vrfahra håt, dass r
von Cilicien sei, [35]håt r gsaed: I vrhör de,
sobald ao daene Vrkläger då send. Ond
r håt ågordnat, dass mr an em Herodes
saem Palast bewacha soll.

Zom Vrgleicha: *Vers 27:* 21,33; 22,25 • *Vers 28:* 22,30 • *Vers 29:* 18,14f • *Vers 35:* 22,3.

Dr Paulus vor am Statthalter Felix:

24 1-27

24 Faef Dag später ischd dr
Hohepriaster Ananias mit a paar
Älteste ond a ma Rechtsåwalt, Tertullus
håt der ghôeßa, rakomma, ond se hent
da Paulus beim Statthalter åzaegt. [2]Mô
der nå dågwea ischd, håt dr Tertullus
mit saener Åklag ågfanga ond gsaed:
Dass mir em Frieda leba könnat, he'mr
dir zom vrdanka, ond weil du de om
ällas kümmerst, ischd ao schao manchs
besser wôra. [3]Des nemmat mr dankbar
von dr å, hochågsehener Felix. [4]Mir
wöllat de aber gar et lang aufhalta,
drom möcht e de bitta, sei so güatig
ond horch me gschwend å. [5]Den Må
dåhanna hent mir nämlich als a Pestbeul
kennaglernt, des ischd a Revoluzer bei
älle Juda en dr Welt. A Åführer von dr
Nazoräersekte ischd r, [6]ond da Tempel
håt r ao entweiha wölla, drom he mr
n ao festgnomma ond nach onseram
Gsetz aburtôela wölla - [7]aber dr Oberst
Lysias ischd drzuakomma ond håt an
mit Gwalt ons aus de Händ grissa ond
abführa lassa [8]ond håt saene Vrkläger
da Befehl geba, dass se zo dir komma
müaße - wann d an jetzat vrhörst, kåsch
dr selber a Bild drvo macha, wega was
an mir vrklagt hent. [9]Aber ao dia Juda
hent sich ågschlossa ond gsaed, dass des
so sei.
[10]Ond dr Paulus håt druf gsaed, môn am
dr Statthalter gwonka håt, dass r ebbas
saga soll: Weil e wôeß, dass du schao
etlich Jåhr en dem Volk dåhanna Richter
bist, han e koe Angst zom mae Sach
vrtaediga. [11]Da kåsch de drvo überzeuga,
dass des no et länger wia zwölf Däg her
ischd, dass i nach Jerusalem nufkomma
ben zom beta. [12]Ond dia hent mi en
koem Tempel ond en koener Synagog
ond ao et en dr Stadt drbei vrtwischt,
dass i mit oem Händel ghet oder en
Auflaof åzettlat hätt. [13]Ond des, wårom
se me jetzat vrklagat, des könnat se
ao et beweisa.[14]Aber des gib e dr zua,
dass e nach dera Lehr, mô dia a Sekte
hôeßat, am Gott von onsere Vädr dien
ond an ällas glaob, was em Gsetz ond
en de Profeta gschrieba stôht. [15]Drbei
hoff i auf da Herrgott, ond dia selber
jă ao, dass amål a Auferstehong von
de Gerechte wia ao von de Ogerechte
kommt. [16]Drom gib e mr ao de graeßt
Müah, dass e a saubers Gwissa han vôr
Gott ond ao vôr de Menscha. [17]Nach
etlich Jåhr ben e wieder nach Jerusalem
zrückkomma ond han maem Volk
Almosa mitbråcht, ond zom opfera.
[18]Dådrbei hent se me gfonda, wian e
me em Tempel gweiht han ond et e ma
Auflauf ond et e ma Trubel; [19]a paar Juda
von Asien aber sotte jetzat dåsae ond me
vôr dir vrklaga, wann se ebbas gega me
hätte. [20]Oder dia sollat doch selber saga,
wehle Vrbrecha se bei mr gfonda hent,
môn e vôr am Hoha Rat gstanda ben; [21]s
oezig ischd a Wort, môn e nausgschria
han, môn e onter en gstanda ben: Wega
dr Daotaauferstehong stand i haet vôr
euram Gricht.
[22]Aber dr Felix håt ihr Sach vrschoba,
weil r ganz guat Bschôed gwißt håt
über dui Lehr ond håt gsaed: Wann
dr Oberst Lysias wieder rakommt, nå
wird euer Sach entschieda. [23]Ond r
håt dem Haoptmann da Befehl geba,
r soll da Paulus gfanga halta, aber
mit Erleichteronga; ond r soll s ao et

vrwehra, wann am ebber ebbas bsôrga
will.
24A paar Dag später ischd dr Felix mit
saener Frao, dr Drusilla, komma, dui
ischd a Jüdin gwea, ond håt da Paulus hola
lassa ond håt an åghört über da Glaoba
an da Messias Jesus. 25Môn r aber über
d Gerechtigkaet ond d Enthaltsamkaet
ond über s zuakünftige Gericht gsprocha
håt, ischd s am Felix ganz anderst wôra
ond håt am zor Antwort geba: Für haet
langat s, gang no, wann e wieder Zeit
han, nå laß e de wieder komma! 26R håt
aber ao gmoent, dr Paulus dät am a Geld
geba, drom håt r an no öfters komma
lassa ond mit am gschwätzt. 27Mô aber
zwôe Jåhr romgwea send, håt dr Felix
als Nåchfolger da Porcius Festus kriagt;
ond weil r de Juda en Gfalla håt doa
wölla, håt dr Felix da Paulus gfanga
dåglassa.

Zom Vrgleicha: *Vers 5:* 17,6 • *Vers 11:* 21,17 • *Vers 14:* 9,2 • *Vers 15:* Da 12,2; 2Makk 7,9; Joh 5,28f • *Vers 16:* 23,1 • *Vers 17:* Rö 15,25f; Gal 2,10 • *Vers 18:* 21,27 • *Vers 21:* 23,6 • *Vers 22:* 23,26 • *Vers 23:* 27,3 • *Vers 27:* 25,9.

Dr Paulus vor am Statthalter Festus:
25 1-12

25 Mô dr Festus nå em Ländle
åkomma gwea ischd ond en
Cäsarea, ischd r glei drei Dag später nach
Jerusalem nuf. 2Ond d Hohepriaster ond
de Vürnehmste von de Juda hent glei
weg am Paulus bein am vôrgsprocha.
Ond se hent auf an naegschwätzt ond
sich als Gnade ausdonga, 3r soll an
doch uf Jerusalem hola lassa; dia hent
am nämlich wieder a Fall stella wölla
zom an onterwegs ombrenga. 4Nå håt
dr Festus zor Antwort geba, dr Paulus
däa weiter en Cäsarea em Arrest bleiba
ond er selber komm ao bald wieder sell
nô. 5Nå könnat jå dia, mô bein ich ebbas
zom Saga hent, mit na ond an vrklaga,
wann ebbas Orechts an dem Må ischd,
håt r gsaed.
6Aber r ischd et länger wia acht oder
zeah Däg bein en blieba ond ischd nå
wieder uf Cäsarea na, ond am andera
Dag ischd r auf da Richterstuahl gsessa
ond håt da Paulus vôrführa lassa. 7Môn
r nå komma ischd, send dia Juda, dia
mô von Jerusalem rakomma gwea send,
glei om an romgstanda ond hent en
Haufa schwere Åschuldigonga gega an
vôrbrächt, mô se hent gar et beweisa
könna, 8während dr Paulus sich vrtaedigt
håt ond gsaed: Weder gega s Gsetz von
de Juda, no gega da Tempel, no gega da
Kaeser han i ebbas vrbrocha.
9Aber dr Festus håt bei de Juda liab
Kend macha wölla ond håt am Paulus
zor Antwort geba: Willst d et nach
Jerusalem nufganga ond de sell wega
dene Sacha vôr mir richta lassa? 10Aber
dr Paulus håt gsaed: I stand vôr am
Kaeser saen Richterstuahl nô; då muaß
Recht gsprocha wera. Du wôeßt ganz
gnao, dass i de Juda nex Orechts ådao
han. 11Wann e em Orecht ben ond ebbas
dao han, was da Daod vrdient, nå will e
me et waegera zom sterba. Wann aber
nex drå ischd an dem, was dia gega me
vôrbrengat, nå kå me ao neamerd en dene
ihre Händ falla lassa. I leg Beruafong
ae an da Kaeser. 12Nå håt dr Festus mit
saene Rechtsberater gsprocha ond gsaed:
An da Kaeser håsch Beruafong aeglegt;
zom Kaeser sollst ao ganga.

Zom Vrgleicha: *Vers 3:* 23,15 • *Vers 9:* 24,27.

Dr Festus ond dr Agrippa II:
25 13 - 26 32

13Nåch a paar Däg ischd dr König
Agrippa ond (sae Schwester)
Berenice nach Cäsarea komma, zo ma
Åtrittsbsuach. 14Ond a paar Däg später
håt dr Festus am König am Paulus sae
Åglegahaet vôrtraga ond gsaed: Dr Felix
håt mr den Må dåhanna henterlassa,
15wega dem hent glei en Jerusalem d

Hohepriaster ond de Älteste von de
Juda bei mr vôrgsprocha, môn e droba
gwea ben, ond se hent glei vrlangt, dass
r vrurtôelt wera müaßt. 16Ond i han en
zor Antwort geba, bei de Römer sei
des et dr Brauch, dass mr en Menscha
ausliefera dät, eh der Åklagte saene
Kläger Aog en Aog geganüberstôht
ond a Glegahaet kriaga dät, sich gega d
Åschuldigonga zom vrtaediga. 17Mô se
mit herkomma gwea send, ben e glei am
andera Dag auf da Richterstuahl gsessa
ond han den Må vôrführa lassa. 18Ond
mô saene Åkläger auftreta send, hent
se koe gotzīga schlemma Sach gega an
vôrbråcht, wian e hätt denka könna.
19Dia hent halt ihre Streitereia wega
ihrer Religion gega an vôrbråcht ond
wega ma gwissa Jesus, der mô gstôrba
sei ond von dem mô dr Paulus sag, r däa
leba. 20Môn e mr nå bei dr Vrhandlong
et z helfat gwißt han wega dene Sacha,
han e an gfrågt, ob r et uf Jerusalem ond
sich sell drwega richta lassa wöll. 21Aber
dr Paulus håt sich drgega beschwert
ond gsaed, r wöll vor da Kaeser, nå
han e ågordnat, dass r em Arrest bleiba
muaß, bis mr an zom Kaeser schicka
kå. 22Dådruf håt dr Agrippa zom Festus
gsaed: Den Menscha möcht e mr selber
ao amål åhöra. Môrga därfst an åhöra,
håt r gsaed. 23Am andera Dag ischd nå
dr Agrippa ond d Berenice mit ama riesa
Staat drherkomma, ond se send mit am
Oberst ond de vürnehmste Männer von
dr Stadt en da Saal nae, ond dr Festus håt
da Befehl geba zom da Paulus vôrführa.
24Nå håt dr Festus gsaed: König
Agrippa, ond ihr Männer älle, wian r
då send, des ischd der, wega dem mô
mr s ganz Judavolk en Jerusalem ond
ao hia d Haut ra dent, weil se dauernd
schreiat, der dürft nemme leba. 25Aber
i han rausgfonda, dass der gar nex dao
håt, was da Daod vrdiena dät; aber
weil der selber Beruafong an da Kaeser
aeglegt håt, han e mr vôrgnomma, dass
e an nôschick. 26I wôeß aber gar et, was
e maem Herra schreiba soll wega dem.
Drom han e an euch ond haoptsächlich
dir, König Agrippa, vôrführa lassa. 27Weil
i kå jå et guat en Gfangena nôschicka
ond et saga wega was.

26 Aber dr Agrippa håt zom
Paulus gsaed: Du därfst jetzat
dae Sach saga. Nå håt dr Paulus d Håd
nausgstreckt ond ågfanga zom sich
vrtaediga: 2I ben froh, König Agrippa,
dass e me haet vor dir dåhanna vrtaediga
därf wega dene Åklaga von de Juda,
3weil du kennst de jå en de jüdische
Bräuch bsonders guat aus ond en dene
Streitfråga; drom därf e de bitta, dass da
a bißle Geduld mit mr håsch, bis e ällas
gsaed han. 4Mae Lebenswandel von kloe
å, den mô i en maem Volk gführt han
ond en Jerusalem, ischd bekannt bei älle
Juda, 5mô mi von früher kennat. Wann
se no wötte, könntat se bezeuga, dass
i nach de strengste Regla von onserer
Religion glebt han als a Pharisäer. 6Ond
jetzat stand i vôr am Gericht wega dr
Hoffnong auf dia Vrsprecha, mô Gott
onsere Vädr gmacht håt. 7Dass des
en Erfüllong gôht, då hoffat doch dia
zwölf Stämm von onseram Volk drauf,
wann se Dag ond Nacht am Herrgott
deanat. Wega dera Hoffnong, o König,
werd i von de Juda ågschuldigt! 8Wårom
hält mr des bei euch no für omöglich,
dass Gott Daote aufweckt. 9I han selber
ao gmoent, i müaßt me gega da Nåma
vom Jesus von Nazaret faendselig
vrhalta. 10Ond des han e ao dao en
Jerusalem, ond viele von dene Haelige
han e ens Gfängnis bråcht, môn e mr
von de Hohepriaster d Vollmacht drzua
han geba lassa, ond wanns drom ganga
ischd zom se ombrenga, nå han i drfür
gstemmt. 11Ond en älle Synagoga han
e s mit Stråfa zom lästera (vom Nåma
Jesus) zwonga ond em Wahn vo maem

Übereifer han e s gjagt, sogar bis en
auswärtige Städt.
12Ond môn e dådrbei mit dr Vollmacht
ond dr Genehmigong von de
Hohepriaster uf Damaskus komma
ben, 13han e am hella Dag auf am Weg
a Licht gseha, o König, des ischd heller
gwea als wia d Sonn, ond des håt mi
ond maene Helfer richtig omstrahlt.
14Då håt s ons oefach omghaoa ond mr
send auf da Boda nôgfalla, ond i han a
Stemm ghört, dui håt uf Hebräisch zo
mr gsaed: „Saul, Saul, wårom vrfolgst d
me aegentlich? s wird schwer für de sae,
gega da Treiberstachel nauszomhaoa.“
15Ond i han gsaed: Herr, wer bist d denn?
Nå håt dr Herr zo mr gsaed: „I ben dr
Jesus, den mô du vrfolga duast. 16Jetzat
stand no wieder auf daene Füaß nô, weil
dådrwega ben e dr erschiena, dass e de
als Diener ond Zeuge bstell von dem,
was da gseha håsch ond ao für des, was e
dr no zaega will. 17Ond i will de retta vôr
dem Volk dåhanna ond vor de Haeda,
zo dene mô i de nôschick, 18zom en d
Aoga aufmacha, dass se sich bekehrat
von dr Donkelhaet zom Licht ond von
dr Gwalt vom Satan zom Herrgott, dass
en durch da Glaoba an mi ihre Sünda
vrgeba werat ond se a Erbtôel kriagat
bei dene, mô durch ihran Glaoba an mi
haelig wôra send.“
19Deshalb, König Agrippa, ben i dera
Erschaenong vom Hemmel et ofolgsam
gwea, 20ond i han dene en Damaskus
ond en Jerusalem zersta ond en ganz
Judäa ond de Haeda vrkündigt, dass se
ihr Gsennong ändera müaßat ond sich
zom Herrgott bekehra solle, ond se
solle so handla, dass mr merkt, dass ihr
Gsennong anderst wôra ischd. 21Wega
dene Tatsacha he'me d Juda em Tempel
vrhaftat ond me ombrenga wölla. 22Aber
weil mr Gott beigstanda ischd bis auf
den Dag nô, ben i Zeuge vôr graoße ond
kloene Leut ond sag drbei nex anders
als wia des, was schao d Profeta ond dr
Mose gsaed hent, dass des passiera dät:
23dass dr Messias zom Leida bestimmt
sei, ond dass r als dr Erste auferstanda
dät von de Daote ond s Licht vrkündiga
dät em (auserwählta) Volk ond ao de
Haeda.
24Môn r sich aber dådrmit vrtaedigt håt,
håt dr Festus ganz laut gsaed: Paulus,
di håt s! Dae viela Studiererei brengt
de no om da Vrstand. 25Aber dr Paulus
håt gsaed: Mi håt s gar et, ehrwürdiger
Festus! I vrkünd bloß d Wåhrat ond
da gsonda Menschavrstand. 26Weil dia
Sacha wôeß dr König ao, zo dem sag i
des ao frei ond offa; des kå e nämlich et
glaoba, dass am dådrvo ebbas vrbôrga
blieba wär; des ischd jå et en irgend ama
Wenkel passiert. 27Glaobst du, König
Agrippa, was d Profeta sagat? I wôeß,
dass du des glaobst. 28Aber dr Agrippa
håt zom Paulus gsaed: Wann da no
a Weile so sprichst, nå brengst d me
no drzua, dass e me als Christ ausgib.
29Aber dr Paulus håt gsaed: I dät mr
vom Herrgott wünscha, seis bald oder
später, dass et bloß du, noe ao älle mô
me haet hörat, sotte wera dätat wia i
ben, natürlich ohne dia Fessla.
30Ond dr König ischd aufgstanda ond
dr Statthalter ond d Berenice ond dia
mô ao dågsessa send. 31Ond mô se sich
zrückzoga ghet hent, hent se mitanander
gschwätzt ond gsaed: Der Mensch håt
nex vrbrocha, was da Daod oder Fessla
vrdient hätt. 32Aber dr Agrippa håt zom
Festus gsaed: Den Menscha hätt mr
könna laofa lassa, wann r et Beruafong
an da Kaeser aeglegt hätt.

Zom Vrgleicha: *Vers 25,19:* 18,15 • *Vers 26,4:* Gal 1,14; Phil 3,5f • *Vers 5:* 23,6 • *Vers 6:* 28,20 • *Vers 9-20:* 9,1-29; 22,3-21 • *Vers 16:* Ez 2,1.3; 2Kor 2,1; Gal 1,15f • *Vers 18:* Jes 35,5; 42,7.16; 61,1; Apg 20,32; Kol 1,13 • *Vers 21:* 21,30f • *Vers 23:* Lk 24,26.44-47; 1Kor 15,20; Kol 1,18 • *Vers 28:* 11,26; 1Petr 4,16 • *Vers 32:* 25,11.

Dr Paulus raest nach Rom: 27 1-12

27Mô des nå a beschlossena Sach
gwea ischd, dass mir nach Italien
fahra solle, hent se da Paulus ond no a
paar Gfangene a ma Haoptmann von dr
kaeserlicha Kohorte übergeba, der håt
Julius ghôeßa. 2Mir send aber en a Schiff
aegstiega von Adramytium, des hätt solla
an dr Küste von Asien entlangsegla ond
dia Häfa sell ålaofa. Nå se'mr abgfahra,
dr Aristarchus ischd ao drbeigwea, a
Mazedonier von Thessalonich. 3Ond
am andera Dag se'mr en Sidon aeglaofa;
ond dr Julius ischd arg fraendlich zom
Paulus gwea ond håt am sogar erlaobt,
dass r zo saene Fraend håt könna zom
sich wieder herrichta lassa. 4Von sell
å se'mr weitergfahra ond send em
Wendschatta von Cypern gfahra, weil
as dr Wend entgegagstanda ischd, 5ond
send em Meer an dr Küste naufkreuzt
von Cilicien über Pamphylien uf Myra
en Lycien. 6Sell håt der Haoptmann a
alexandrinischs Schiff gfonda, des mô
nach Italien gfahra ischd, ond sell håt
r as an Bord bråcht. 7Nå ischd s aber
etlich Däg gar et recht nôra ganga ond
mit Ach ond Krach se'mr uf d Höhe
von Knidus komma, nå håts dr Wend
et zuaglassa dass mr åglegt hätte, nå
se'mr bei Salmone en Kreta onter Land
weitergseglat. 8Ond mr send schier et an
dera Küste vorbeikomma, nå se'mr an a
Städtle komma, des håt Kaloi Limenes
(Schöne Häfa) ghôeßa, ganz en dr Nähe
von Lasäa.

9Weil des aber schao zemlich lang daurat
håt ond s Segla schao recht gfährlich
gwea ischd, ond d Fastazeit ischd ao
schao rom gwea, håt en dr Paulus
zuagredat 10ond gsaed: Leut, i sieh des
vôr mr, dui Fahrt gôht et guat aus, då
gôht et bloß d Ladong ond s Schiff
drauf, ao onser Leba ischd en Gfahr.
11Aber der Haoptmann håt maeh auf
des geba, was dr Steuermann ond dr
Kapitän gsaed håt, als auf da Paulus.
12Ond weil der Hafa zom Überwentera
et guat gwea ischd, håt d Mehrhaet
beschlossa, dass mr weiterfährt, ob mr
vielleicht no nach Phönix komma dät,
des ischd a Hafa uf Kreta ond offa uf
Südwesta ond Nordwesta zua, ond sell
überwentera könnt.

Zom Vrgleicha: *Vers 1:* 25,12 • *Vers 2:* 19,29; 20,4 • *Vers 3:* 24,23; 28,2.16.

Dr Sturm: 27 13-26

13Ond weil a leichter Südwestwend
aegsetzt håt, hent se gmoent, se könne
ihran Plan guat ausführa, ond se hent d
Anker glichtat ond send no nächer an
dr Küste von Kreta entlanggfahra. 14Des
håt aber et lang daurat, nå ischd von
dera Insl a Wendhos ragfegt, Eurakylon
saed mr sell drzua. 15Mô s aber des Schiff
romgrissa håt, håt mr s nemme em Wend
halta könna, nå hent se s gsteckt ond hent
sich treiba lassa. 16Mô se aber an dr Insl
Kauda vorbeitrieba send, hent se grad
no s Beiboot heba könna. 17Se hent s no
raufzoga ond zor Vorsicht Sôeler om s
Schiff rombonda, ond vôr lauter Angst,
se könne en d Syrte abtrieba wera, hent
se da Schleppanker nausglassa ond sich
so treiba lassa. 18Aber weil as dr Sturm
arg zuagsetzt håt, hent se am andera
Dag ebbas von dr Ladong über Bord
gschmissa. 19Ond am dritta Dag hent se
sogar selber d Ausrüstong über Bord
gschmissa. 20Mô aber etlich Däg koe
Sonn ond koe Stern gschaent håt ond a
furchtbars Owetter gwüatat håt, ischd
onser Hoffnong gschwonda, dass mr
durchkämte.

21Ond weil mr schao lang nex maeh håt
essa könna, ischd dr Paulus mittla onter s
treta ond håt gsaed: S wår zwår gscheiter
gwea, wann r auf me ghört hättat ond
en Kreta et fortgfahra wärat, nå hätt mr
sich den Schada ond dia Strapaza spara
könna. 22Ond jetzat sag e euch, lent da

Muat et senka, weil koe gotziger von euch kommt oms Leba; bloß s Schiff gôht drauf. 23Haet Nacht ischd nämlich a Engel zo mr komma vom Herrgott, dem môn i gher ond dean 24ond håt gsaed: Brauchst koe Angst han, Paulus, du muaßt vôr da Kaeser treta; ond guck, Gott håt dr älle gschenkt, mô mit dr fahrat. 25Drom lassat da Muat et senka, Manna! Weil i am Herrgott vrtrau, dass r s so komma läßt, wia s zo mr gsaed wôra ischd. 26Aber auf irgend a Insl müaßat mr aufbromma.

Zom Vrgleicha: *Vers 24:* 23,11 • *Vers 26:* 28,1.

Dr Schiffbruch: 27 27-44

27Mô nå de vierzeaht Nacht komma ischd, seit mr uf dr Adria romtrieba send, hent mittla en dr Nacht dia Seeleut gspürt, dass se auf s Land zuatreibat. 28Ond se hent s Lot ausgworfa ond zwanzg Klafter gmessa, a Stückle weiter hent se wieder gmessa, nå send s bloß no fufzeah Klafter gwea. 29Ond weil se Angst ghet hent, mr könnt oemads auf d Klippa komma, hent se vom Achterschiff vier Anker ausbråcht ond hent sich gwünscht, dass s Môrga wera dät. 30Mô aber d Matrosa vom Schiff hent abhaoa wölla ond gsaed hent, se wölle ao em Vorschiff d Anker ausbrenga, 31håt dr Paulus zom Haoptmann ond zo de Soldata gsaed: Wann dia då et em Schiff bleibat, nå werat ihr et grettat. 32Nå hent dia Soldata d Tao kappt ond s Beiboot ens Meer falla lassa. 33Mô s nå endlich Dag wôra ischd, håt dr Paulus älle aufgmonterat zom ebbes essa ond håt gsaed: Haet ischd dr vierzeaht Dag môn r wartat ond nex gessa hent. 34Drom sag e euch: Essat ebbas, des brauchat r naetig für euer Rettong; koem von euch gôht ao bloß oe Häärle vrlora vom Kopf.

35Ond môn r des gsaed ond a Brot gnomma ghet håt, håt r am Herrgott vôr älle drå dankt, des Brot brocha ond ågfanga mit essa. 36Nå hent älle wieder Kurasch kriagt ond hent ao ebbas gessa. 37Mir send aber auf dem Schiff em Ganza zwôehondertsechsasiebzg Seela gwea. 38Mô nå älle satt gwea send, hent se s Schiff gleichterat ond s Korn ens Meer gschmissa.

39Mô s aber voll Dag wôra ischd, hent se s Land et gseha, aber a Bucht hent se gscha mit ama flacha Strand, ond då hent se s Schiff aufbromma lassa wölla, wann s ganga dät. 40Ond se hent d Anker kappt ond em Meer glassa ond hent gleichzeitig d Steuerruader losbonda; nå hent se s Vôrsegel aufghißt ond hent mit am Wend auf da Strand zuaghalta. 41Ond mô se auf a Sandbank gråta send, hent se s Schiff aufbromma lassa, ond s Vorschiff håt sich ganz fest naebohrt ond ischd festgsessa, aber s Achterschiff ischd von de Wella am Ausananderbrecha gwea. 42Nå hent dia Soldata de Gfangene ombrenga wölla, dass koener drvoschwemma könnt. 43Aber der Haoptmann håt da Paulus durchbrenga wölla, drom håt r s en gwehrt ond da Befehl geba, dass älle mô schwemma könnte zersta ens Meer hopfa ond an Land solle 44ond de andere nå zom Tôel auf Britter ond andere Trümmer vom Schiff. Ond so ischd s komma, dass älle durchkomma send an Land.

Zom Vrgleicha: *Vers 34:* Lk 12,7 • *Vers 35:* Joh 6,11; Lk 22,19; 1Tim 4,4 • *Vers 31:* 2Kor 11,25.

Auf dr Insl Malta: 28 1-10

28 Mô mr nå älle en Sicherhaet gwea send, he mr vrfahra, dass des d Insl Malta sei. 2Ond dia Aehaemische sell send arg fraendlich gwea, dia hent glei a Feuerle gmacht ond as hergholt, weils saumäßig gregnat håt ond kalt ischd s ao gwea. 3Mô aber dr Paulus en Haufa Reis zsemagrafft ond ens Feuer gschmissa håt, ischd wega dr Hitz a Schlang

außergfahra ond håt sich an saener Håd
festbissa. [4]Mô aber dia Leut dui Schlang
hent rahanga seha von saener Håd, hent
se zoanander gsaed: Des muaß a Mörder
sae, weil den d Rachegöttin et leba lassa
will, obwohl r grad erst aus am Meer
grettat wôra ischd. [5]Aber der håt nå des
Viech ens Feuer naegschlenkerat ond
s ischd am gar nex passiert. [6]Aber dia
hent no druf paßt, dass r blao ålaofa ond
mit oem Schlag daot omfalla dät. Mô
se nå lang gnuag gwartat ghet hent ond
weiters nex gscheha ischd, hent se sich
anders bsonna ond gsaed, r sei a Gott.
[7]En sellera Gegend aber håt dr Chef
von dera Insl, Publius håt r ghôeßa, a
Landguat ghet; der håt as aufgnomma
ond drei Däg fraendlich bewirtat. [8]Am
Publius sae Vadr aber håt Fiaber ghet
ond Ruhr. Nå ischd dr Paulus zon
am nae ond håt betat ond am d Händ
aufglegt ond an gsond gmacht. [9]Nå send
natürlich de andere Kranke von dr Insl
ao komma ond send ghôelt wôra. [10]Ond
se hent as älla Ehr ådao, ond mô mr
wieder abgfahra send, hent se ons ällas
mitgeba, was mr braucht hent.

Zom Vrgleicha: *Vers 5:* Mk 16,18; Lk 10,19 • *Vers 6:* 14,11.

D Raes nach Rom: 28 11-15

[11]Drei Monat später se'mr wieder en See
gstocha mit ama Schiff von Alexandria,
des håt auf dr Insl überwenterat ghet,
då send als Gallionsfigura d Zwilleng
(Schutzpatron von dr Schiffahrt)
drågwea. [12]Nå se'mr en Syrakus glandat
ond sell drei Däg blieba. [13]Ond von sell
se'mr em Boga romgseglat uf Regum.
Ond weil am andera Dag a Südwend
aufkomma ischd, he'mr bloß zwôe Dag
uf Puteoli braucht. [14]Då he mr Brüader
gfonda ond dia hent ons aeglada zom
a Woch bleiba. Ond so se'mr nach
Rom komma. [15]Von sell hent Brüader
vrfahra, dass mr kommat ond send
ons entgegakomma bis Forum Appii
ond Tres Tabernae. Mô dr Paulus dia
gseha håt, håt r am Herrgott dankt ond
wieder Muat kriagt. [16]Aber mô mr uf
Rom naekomma gwea send, håt mr am
Paulus erlaobt, dass r a Wohnong håt
nemma könna mit dem Soldata, der mô
auf an aufpaßt håt.

Dr Paulus en Rom: 28 16-31

[17]Drei Däg später håt dr Paulus de
Vürnehmste von de Juda zsammaruafa
lassa. Mô se nå beianandergwea send,
håt r zo nen gsaed: Brüader, i han gar
nex dao gega s Volk oder de Vädr
ihre Bräuch, ond trotzdem håt mr me
gfangagnomma ond en Jerusalem an d
Römer ausglieferat. [18]Aber dia hent me
nach am Vrhör laofalassa wölla, weil
se nex gfonda hent bei mr, was für a
Todesurtôel glangt hätt.[19]Weil aber dia
Juda widersprocha hent, ischd mr nex
anders übrigblieba, als dass e me auf da
Kaeser beruafa han. Aber et dass i mae
Volk vrklaga wöllt. [20]Aus dem Grond
han i euch aeglada zom euch seha ond
mit euch zom reda; weil für d Hoffnong
von Israel trag i dui Kette dåhanna. [21]Nå
hent se zon am gsaed: Ons håt neamerd
gschrieba von Judäa ond s ischd ao
koener von de Brüader komma zom
sich über de beschwera oder ao bloß
ebbas zom saga. [22]Mir wöllat aber von
dir selber daene Åsichta höra, weil von
dera Sekte wissat mr, dass ra überall
widersprocha wird.
[23]Nå hent se mit am an Dag ausgmacht
ond send mit no a paar von en zon
am ens Quartier komma. Nå håt r en
s Reich vom Herrgott erklärt anhand
vom Mose saem Gsetz ond de Profeta
ond r håt s probiert, dass r se vom Jesus
hätt überzeuga könna vom Môrga bis
åbnads. [24]Ond de oene hent sich von am
überzeuga lassa, aber de andere hent s et
glaobt. [25]Se send sich aber et oes wôra

ond send ganga, mô dr Paulus gsaed hât:
Dr Haelige Gaest hât Recht ghet, môn
r durch da Profeta Jesaja eure Vädr hât
saga lassa:
26*Gang zo dem Volk ond sag en: Mit de
Obra sollat ihr höra, aber nex vrstanda,
ond vôr Aoga han, aber nex seha.*
27*Weil dem Volk sae Herz vrstockt ischd
ond ihre Obra harthörig wôra send,
ond ihre Aoga hent se zuagmacht, dass
se nex sehat mit de Aoga ond mit de
Obra nex hörat ond mit am Herza nex
vrstandat ond sich bekehrat ond i se
gsond mach.*
28Drom gib e euch jetzat bekannt, dass
de Haedavölker des Hael gschickt wird;
ond dia gebat am Ghör.
29Môn r des gsaed ghet hât, send dia
Juda fortganga ond hent saumäßig
mitanander gstritta. 30Dr Paulus ischd
aber zwôe Jåhr en ra aegena Wohnong
blieba ond hât jedan aufgnomma, mô
zon am komma ischd, 31ond r hât s
Reich vom Herrgott predigt ond vom
Herr Jesus glehrt ganz frei ond offa
ohne Oständ.

Zom Vrgleicha: *Vers 16:* 17,3 • *Vers 20:* 26,6f • *Vers 23:* 13,16-25; 17,2f.11f; Lk 24,44; Joh 1,45; 5,45f; 1Petr 1,10-12 • *Vers 26:* Jes 6,9f G; Mt 13,14; Mk 4,12; Lk 8,10; Joh 12,40 • *Vers 28:* Ps 67,3; 98,3; Apg 18,6; Lk 3,6 • *Vers 31:* 1,3; 28,23; Rö 1,15.

Römerbriaf

ABSENDER OND GRUASS: 1 1-7

1 Paulus, Denstmann vom Messias
Jesus, als Apostl beruafa ond zor
Vrkündigong vom Herrgott saener
Haelsbotschaft auserwählt, [2]dui môn
r schao lang von saene Profeta håt
åkündiga lassa en haelige Schrifta: [3]Von
saem Soh, der mô komma ischd als
Abkömmleng vom David. [4]Der ischd
en dr Kraft vom Haeliga Gaest aegsetzt
wôra zom Soh von Gott seit saener
Auferstehong von de Daote: Jesus, dr
Messias, onser Herr.
[5]Durch den hent mir d Gnade ond
s Apostlamt empfanga, dass mr en
saem Nåma älle Haedavölker zom
Glaubensgehorsam führat; [6]då gherat
ihr ao drzua, ihr send vom Messias Jesus
beruafa onter saem Nåma:
[7]An älle en Rom, mô dr Herrgott måg,
de beruafene Haelige: Gnade sei mit
euch ond dr Frieda von Gott, onseram
Vadr, ond am Herr Jesus, am Messias.

Zom Vrgleicha: *Vers 1:* Gal 1,15; Apg 13,2; 26,16f • *Vers 3:* 9,5; 2Tim 2,8 • *Vers 4:* Apg 13,33; 1Tim 3,16 • *Vers 5:* 15,15-19; Apg 9,15; Gal 2,7.9.

A DANKGEBET OND S THEMA VOM BRIAF: 1 8 - 17

[8]Zerst amål will e maem Gott Dank
saga durch da Messias Jesus für euch
älle, weil von euram Glaoba en dr ganza
Welt d Red ischd. [9]Weil - Gott, dem
môn i en maem Gaest Denst laeste en
dr Vrkündigong von dr Haelsbotschaft
von saem Soh, der ischd mae Zeuge,
dass i ohne Onterlaß an euch denk,
[10]jederzeit drom bet, ob s et vielleicht
amål glenga könnt, dass e zo euch
komm, wann er s will. [11]I han nämlich
a Vrlanga drnåch, dass e euch sieh, dass
e an euch ebbas von dem weitergeba
kå, was i von Gott gschenkt kriagt
han, dass r gstärkt werat. [12]Oder besser
gsaed: dass i ao tröstat wir bei euch,
wa mr onsere Glaobenserfahronga
onteranander austauscha könnat. [13]Des
müaßat r nämlich wissa, liabe Brüader,
dass i mr schao oft vôrgnomma han,
dass e zo euch komm. Aber bis uf da
haetiga Dag ischd mr emmer ebbas
drzwischa komma; dass e bei euch
ao, wia bei de andere Haedavölker
fruchtbar wirka könnt. [14]De Griecha
ond de Nichtgriecha, de Weise ond de
Ovrständige fühl i me vrpflichtat; [15]so
leit mr viel dro, dass e euch en Rom ao s
Evangeliom vrkündiga kå.
[16]**I schenier me weg'am Evangeliom et;
des ischd nämlich a Kraft von Gott, mô
an jeda rettat, mô glaobt.** Zersta d Juda,
aber d Griecha gradso. [17]Em Evangeliom
wird nämlich a Gerechtigkaet offabart,
mô vôr Gott gilt: dui kommt aus am
Glaoba zom Vrtraua, so wia s en dr
Schrift stôht: *Der mô aus am Glaoba
gerecht ischd, der lebt!*

Zom Vrgleicha: *Vers 8:* 16,19; 1Thess 1,8 • *Vers 9:* Phil 1,8 • *Vers 10:* 15,23; Apg 19,21 • *Vers 11:* 1Thess 2,17; 3,10 • *Vers 13:* 15,22 • *Vers 15:* Apg 28,30f • *Vers 16:* 1Kor 1,18.24; 2,4 • *Vers 17:* 3,21f; Hab 2,4; Gal 3,11; Hebr 10,38

WIA D MENSCHA GRETTAT WERAT: 1 18 - 8 39

Sünd ond Vrlorasae: 1 18 - 3 20

Gott ischd zörnig über de Menscha ihr Ogerechtigkaet: 1 18 - 32

18 Am Herrgott sae Zôrn offabart sich vom Hemmel ra über de Menscha ihr Gottlosigkaet ond Ogerechtigkaet, dia mô d Wåhrat mit ihram Orecht nadruckat, 19 weil des, was Gott will, des kå mr jå erkenna, weil des offabart ischd onter dene, Gott selber håt en s jå offabar gmacht. 20 Des was an am osichtbar ischd, seit dr Erschaffong von dr Welt, des kå mr doch an saene Schöpfongswerk seha: Sae ewiga Macht ond Gotthaet. Drom geit s für dia gar koe Entschuldigong, 21 weil dia jå - obwohl se da Herrgott erkannt hent - hent se am et als Gott d Ehr geba oder am Danke gsaed, sondern hent sich an nexnutzige Sacha vrlora en ihre Gedanka ond en ihram ovrständiga Herz ischd s emmer donkler wôra. 22 Dia moenat, se seie Weise, ond hent sich selber zo Narra gmacht, 23 ond se hent am Herrgott sae ovrgänglicha Herrlichkaet vrtauscht mit am Bild ond dr Gstalt von vrgängliche Menscha ond Vögel ond Vierfüaßler ond Würm. 24 Drom håt se dr Herrgott ihre ôegene Laster ond ihram osaubera Treiba überlassa, so dass se ihre Leiber gegaseitig gschändat hent, 25 dia, mô am Herrgott sae Wåhrat mit dr Luge tauscht hent ond s Gschöpf åbetat ond vrehrt hent statt da Schöpfer, dem mô dr Lobpreis ghert en Ewigkaet, des ischd doch wåhr! 26 Drom håt se Gott ihre schändliche Leidaschafta überlassa; weil ao ihre Fraoa hent da natürlicha Vrkehr vrtauscht mit a ma widernatürlicha. 27 Ond genaoso hent ao d Männer da natürlicha Vrkehr mit dr Frao vrlassa ond send ganz gierig aufanander wôra, dass Männer mit Männer schamlos Ozucht mitanander trieba hent ond an sich selber da entsprechenda Loh für ihran Irrweg kriagt hent. 28 Ond weil se sich gwaegerat hent, da Herrgott åzomerkenna, håt Gott se en a ganz vrwerflicha Gsennong ausglieferat, dass se ällas dent, was sich et ghert: 29 Voler Ogerechtigkaet, Schlechtigkaet, Habgier, Boshaet, voler Neid, Mordlust, Händelsucht, Arglist, Niedertracht, Ohrablåser, 30 Vrlaemder, Gottashasser, Frevler, Haochfährige, Prahlhansel, Erfender von Boshaftigkaeta, ofolgsam gega d Eltera, 31 ohne Vrstand, treulos, lieblos, ohne Mitleid. 32 Dia kennat zwår am Herrgott sae Recht, ond se wissat, dass dia, mô so aegstellt send, da Daot vrdeant hent. Aber dia dent des et bloß selber, dia hent ao no ihr Fraed an dene, mô s ao so treibat.

Zom Vrgleicha: *Vers 18:* 2,5.8f; Jes 66,15 • *Vers 19:* Apg 14,17; 17,24-28 • *Vers 20:* Weish 13,1-9; Sir 17,8f • *Vers 21:* Eph 4,17f • *Vers 22:* 1Kor 1,19-21 • *Vers 23:* Ps 106,20; Dtn 4,15-19; Weish 12,24 • *Vers 27:* 1Kor 6,9; Lev 19,22 • *Vers 29:* Gal 5,19-21; 2Tim 3,2-5

Dr Mensch stôht vôr Gott: 2 1 - 11

2 Drom geit s für di gar koe Entschuldigong, Mensch, wann da urtôelst; mit daem Urtôel über andere vrurtôelst d de selber, weil du, der mô da Richter markiera will, s gleiche selber ao duast. 2 Mir wissat aber, dass am Herrgott sae Richterspruch an dr Wåhrat ausgrichtat ischd über dia, mô des dent. 3 Moenst d vielleicht, du dätest vôr am Herrgott saem Richterspruch drvokomma, wann da de andere, mô des dent, vrurtôelst, mô da doch selber s gleiche duast? 4 Oder: Hältst so wenig von saener überreicha Güate ond Geduld ond Guatmüatigkaet, ond **wôeßt d et, dass am Herrgott sae Güate de drzua brenga will, dass da**

dae Gsennong änderest? [5]Aber weil da bockboenig bist, ond du em Herza gar et drå denkst, dae Gsennong zom ändera, sammlat sich bei dir dr Zôrn gega de selber å auf da Dag vom Zôrn ond von dr Offabarong vom Herrgott saem gerechta Richta. [6]Der vrgilt a ma jeda so, wian r s vrdeant håt: [7]dene mô ganz beharrlich Guats dent ond nach dr Herrlichkaet, nach dr Ehr ond dr Ovrgänglichkaet strebat, geit r s ewige Leba; [8]aber de Ôeganützige, mô et dr Wåhrat folgat ond aus dr Ogerechtigkaet no ihran Nutza hent, trifft sae Zôrn ond Wuat. [9]Drangsal ond Angst kommt über a jeda Menschaseel, mô baes handlat, zerst über d Juda, aber über d Griecha genaoso. [10]Herrlichkaet ond Ehr ond Frieda für dia, mô Guats dent, am Juda zerst, aber ao am Griecha; [11]Gott urtôelt ohne dass r d Person åguckt.

Zom Vrgleicha: *Vers 1:* Mt 7,2 • *Vers 4:* 2Petr 3,9 • *Vers 5:* Offbg 6,17 • *Vers 6:* Ps 62,13; Mt 16,27 • *Vers 10:* 1,16; 3,9 • *Vers 11:* Apg 10,34; 1Petr 1,17

D Haeda ond s Gsetz: 2 12 - 16

[12]Älle, ao dia mô koe Gsetz ghet ond gsündigt hent, gangat ao vrlora ohne (a Bedeutong vom) Gsetz, ond älle mô onter am Gsetz gsündigt hent, werat durch s Gsetz vrurtôelt. [13]Vôr Gott send nämlich dia et gerecht, mô s Gsetz bloß hörat, sondern dia, mô sich nach am Gsetz richtat, dia werat gerecht gsprocha. [14]Weil dia Völker, mô s Gsetz gar et hent, wann se von Natur aus des dent, was em Gsetz stôht, nå hent dia des Gsetz en sich selber dren. [15]Dådrmit zaegat se, dass des Gsetz en ihre Herza naegschrieba ischd, ond dådrfür ischd ao ihr Gwissa Zeuge, weil ao ihre Gedanka sich gegaseitig åklagat ond vrtaedigat - [16]an dem Dag, mô Gott - so wian e s euch en dr Vrkündigong vom Evangeliom gsaed han - durch da Messias Jesus ao über des urtôelt, was en de Menscha vrbôrga ischd.

Zom Vrgleicha: *Vers 12:* 3,19 • *Vers 13:* Mt 7,21; Jak 1,22.25 • *Vers 14:* Apg 10,35 • *Vers 16:* 1Kor 4,5; 2Kor 5,10.

D Juda ond s Gsetz: 2 17 - 29

[17]Wann da aber saesch, da seiest a Jud, ond de auf s Gsetz vrläßt, ond ågeist mit daem Gott, [18]ond da wôeßt, was r will ond wôeßt, auf was s åkommt, weil da des aus am Gsetz glernt håsch, [19]ond bischd drvo überzeugt, dass da für de Blende a Wegweiser bist, ond a Licht für dia, mô em Donkla hockat, [20]a Erzieher von Ovrständige ond a Lehrer für Omündige, oener, für den mô em Gsetz d Erkenntnis ond d Wåhrat Gstalt ågnomma hent. [21]Du willst andere so belehra, aber selber belehrst de et? Du predigst de andere: Du sollst et stehla! Aber selber stiehlst? [22]Du saesch, mr soll d Ehe et brecha, ond selber brichst d Ehe? Du vrachtest d Götzabilder ond räuberest ihre Tempel aus? [23]Du bist stolz auf dae Gsetz ond machst am Herrgott a Schand weil da s Gsetz et aehälst. [24]*Wega euch wird nämlich am Herrgott sae Nåma en da Dreck zoga,* wia s gschrieba stôht.

[25]D Beschneidong nützt dr ebbas, wann da s Gsetz aehältst; handlest aber gega s Gsetz, nå ischd dae Beschnittahaet zo ra Obeschnittahaet wôra. [26]Wann nå a Obeschnittener so lebt, wia s nach am Gsetz recht ischd, gilt der nå et (vor Gott) wian a Beschnittener? [27]Ond der mô von Natur aus et beschnitta ischd, aber nach am Gsetz lebt, der urtôelt amål über di, ao wann da de an da Buachstaba klammerest ond an dae Beschneidong, ond doch gega s Gsetz handlest. [28]Weil des koe richtiger Jud ischd, der mô s bloß nach außa ischd, ond des ischd koe richtiga Beschneidong, mô mr bloß am Leib sieht; [29] a richtiger Jud ischd oener, mô des ao en saem Herza ischd,

ond a richtiga Beschneidung gschieht
am Herza em Gaest, ond et nach am
Buachstaba. So oener kriagt sae Lob et
von Menscha, sondern von Gott.

Zom Vrgleicha: *Vers 17:* Phil 3,4-6; Jes 48,1f • *Vers 19:* Mt 15,14; Lk 6,39 • *Vers 21:* Mt 23,3f • *Vers 24:* Jes 52,5 G; Ez 36,20 • *Vers 25:* 1Kor 7,19; Gal 5,3 • *Vers 26:* Gal 5,6 • *Vers 28:* 9.6 • *Vers 29:* Dtn 30,6; Phil 3,2f.

Am Herrgott sae ovrbrüchlicha Treue:
3 1-20

3 Was håt nå dr Jud de andere vôraus?
Ond was nützt am d Beschneidong?
2A ganza Menge, des stôht fest! Zerst
amål: dass dene am Herrgott sae Wort
åvrtraut wôra ischd. 3Was ischd nå, wann
a paar otreu wôra send? Wird durch
dene ihr Otreue am Herrgott sae Treue
vielleicht aufghoba? 4Auf gar koen Fall!
Gott muaß sich emmer als wahrhaftig
zaega, ond dr Mensch als a Lugabeutel,
wia s gschrieba stôht: *Dae Wort muaß
doch recht bhalta ond du muaßt sauber
dåstanda em Gricht.*. 5Wann jetzat
aber onser ganza Ogerechtigkaet am
Herrgott sae Gerechtigkaet rausstellt?
Was soll mr nå saga? Ischd Gott vielleicht
ogerecht, wann r sae Zôrngericht über
ons komma läßt? I sag des jetzat ganz
menschlich. 6Niamåls! Wia könnt nå
Gott no d Welt richta? 7Wann sich aber
am Herrgott sae Wåhrat durch mae
Lüagerei als no graeßer rausstellt ond
so Gott vrherrlicht wird, wårom wir
i nå als Sünder vrurtôelt? 8Ond gilt nå
des - was se ons onterstellat - wann se
behaoptat, mir däte saga: Mr soll s Baese
doa, dass s Guate komma dät? De selle
werat mit recht vrdammt.
9Was soll mr nå saga? Se mir Juda em
Vortôel? Überhaopt et! Weil, des he
mr jå schao gsaed, dass d Juda ond ao
d Griecha älle mitanander von dr Sünd
beherrscht werat, 10wia s gschrieba
stôht: *s geit koen, mô gerecht ischd, et
amål oen;* 11*Baes send se ond vrdôrba;
ond koener duat ebbas Guats. Koener
håt so viel Vrstand, dass r nach am
Herrgott frägt.* 12*dia send älle abtrennig
ond vrkomma; då duat koener ebbas
Guats, et amål a goziger.* 13*A Gosch hent
se wian a Grab, ond schmierat de Leut
Honig oms Maul. A offes Grab ischd
ihr Gosch - Dia zünglat omanander
wia d Schlanga, ond ihr Gift vrspritzat
se wian a Otter.* 14*Von dene hörst d nex
wia fluacha ond Gehässigkaeta.* 15*Dia
könnat s et vrsprenga, dass se zom
Bluatvrgiaßa kommat,* 16*auf ihre Weg
henterlassat se Vrwüastong ond Elend,*
17*ond da Friedensweg kennat se et.* 18*En
dene ihre Aoga geit s koe Ehrfurcht vor
Gott.*
19Aber des wissat mr: Was em Gsetz
gschrieba stôht, des ischd dene gsaed,
mô onter am Gsetz lebat, nå ischd jedam
s Maul gstopft ond s ischd klar, de ganz
Welt ischd vôr Gott schuldig. 20Vôr
Gott wird koener wega saene guate
Werk gerecht gsprocha; weil mr durch s
Gsetz bloß saene Sünda erkenna kå.

Zom Vrgleicha: *Vers 2:* 9,4 • *Vers 3:* 9,6; 11,1.29 • *Vers 4:* Ps 116,11; 51,6 • *Vers 5:* 9,14 • *Vers 7:* 6,1 • *Vers 9:* 1,16; 2,9f; 11,32 • *Vers 10:* Koh 7,20; Ps 14,1-3 • *Vers 13:* Ps 5,10 G; 140,4 • *Vers 14:* Ps 10,7 G • *Vers 15:* Jes 59,7f; Spr 1,16 • *Vers 18:* Ps 36,2 • *Vers 19:* 7,7 • *Vers 20:* Ps 143,2 G; Gal 2,16; 3,21f.

D Gerechtigkaet ond s neue Leba: 3 21 - 8 39

S Kreuz vom Haeland ischd d Grondlag von dr neua Gerechtigkaet:
3 21 - 31

21Jetzt ischd aber ohne s Gsetz am
Herrgott sae Gerechtigkaet offabar
wôra, då send s Gsetz selber ond d
Profeta Zeuge drfür: 22ond zwår a
Gerechtigkaet von Gott, mô durch da
Glaoba an da Messias Jesus kommt
- für älle, mô glaobat. Weil, då geit s

koen Onterschied; [23]s hent nämlich älle gsündigt ond hent drwega koen Åtôel am Herrgott saener Herrlichkaet. [24]Gerecht gsprocha werat se aber, ond zwår bloß als Gschenk von saener Gnade, en dr Kraft vom Messias Jesus saener Erlösong. [25]Den håt Gott ganz offa als a Sühnopfer vôrgstellt, dass mr em Glaoba an d Vrsöhnong durch sae Bluat gerecht wird; dådrmit håt r sae Gerechtigkaet zaegt, dass r dia Sünda, mô vôrher gscheha send, ogstråft glassa håt. [26]Ond dass Gott Geduld håt ond gerecht ischd, des zaegt r ons ao, weil r jedan gerecht spricht, mô em Glaoba an da Jesus lebt.

[27]Mô bleibt nå dr Ruhm? Der ischd ausgschlossa. Durch was für a Gsetz? Durch s Gsetz von de guate Werk? Noe, durch s Gsetz vom Glaoba. [28]Mir send nämlich drvo überzeugt, dass dr Mensch durch da Glaoba gerecht wird, ond des ischd von de guate Werk ganz oabhängig. [29]Ischd Gott vielleicht bloß de Juda ihr Gott? Ischd r s et ao von de Haedavölker? Jå, ao von de Haedavölker, [30]weil Gott jå oener ischd, der mô de Beschnittene aus ihram Glaoba ond de Obeschnittene durch da Glaoba gerecht spricht. [31]Dent mir jetzat durch da Glaoba s Gsetz außer Kraft setza? Der Gedanka leit mr fern! Em Gegatôel, mir haltat s Gsetz aufrecht.

Zom Vrgleicha: *Vers 21:* 1,17 • *Vers 22:* Phil 3,9 • *Vers 24:* Eph 2,8; Tit 3,7 • *Vers 25:* Lev 6,12-15 • *Vers 27:* 8,2 • *Vers 28:* Gal 2,16 • *Vers 29:* 10,12; 9,24 • *Vers 30:* Dtn 6,4; Rö 4,11f • *Vers 31:* 6,15; Mt 5,17.

Dr Glaoba ischd d Gerechtigkaet:

4 1-25

4 Was soll mr nå vom Abraham, von onseram leiblicha Stammvadr saga, was der erraecht håt? [2]Wann nämlich dr Abraham wega saene guate Werk gerecht gsprocha ischd, nå håt r zwår en Ruhm, aber et von Gott. [3]Weil, wia hôeßt s en dr Schrift? *Ond dr Abraham håt am Herrgott (Jahwe) glaobt, ond des håt r am ågrechnat als Gerechtigkaet!* [4]Dem, mô guate Werk duat, wird sae Loh et nach dr Gnade ågrechnat, sondern weil mr am s schuldig ischd; [5]aber dem, mô koene guate Werk duat, sondern an den glaobt, der mô Gottlose gerecht spricht, dem wird sae Glaoba als Gerechtigkaet ågrechnat. [6]Schao dr David spricht dem Menscha d Glückseligkaet zua, dem mô dr Herrgott sae Gerechtigkaet årechnat ohne guate Werk: [7]*Glückselig ischd der, dem mô sae Frevel vrgeba ischd, ond dem mô saene Vrfehlonga zuadeckt wôra send!* [8]*Glücklich ischd der Må, dem mô dr Herrgott (Jahwe) koe Vrschulda årechnat.* [9]Gilt jetzat dui Åweisong bloß für Beschnittene oder ao für Obeschnittene? Schliaßlich sagat mir jå, dass am Abraham sae Glaoba als Gerechtigkaet ågrechnat wôra ischd. [10]Wia ischd r am nå ågrechnat wôra? Môn r beschnitta gwea ischd oder schao vôr saener Beschneidong? Et môn r beschnitta gwea ischd, sondern môn r no et beschnitta gwea ischd. [11]Mit dr Beschneidong håt r Briaf ond Siegel drauf kriagt, dass r aus saem Glaoba gerecht gsprocha ischd als Obeschnittener, weil r dr Vadr von älle Obeschnittene ischd, dene mô ao ihr Glaoba als Gerechtigkaet ågrechnat wird. [12]Ond r ischd ao dr Vadr von dene Beschnittene, dia mô et bloß beschnitta send ond em Glaoba ihran Weg gangat, en dem Glaoba, den mô ao dr Abraham schao vôr saener Beschneidong ghet håt.

[13]Am Abraham ond saene Nåchkomma ischd nämlich et s Erbtôel von dr ganza Welt vrsprocha wôra weg'am Gsetz, sondern wega dr Gerechtigkaet aus am Glaoba. [14]Wann nämlich d Gsetzasmenscha d Erba send, nå ischd dr Glaoba leer ond s Vrsprecha ischd

gegastandslos wôra. 15S Gsetz löst
nämlich da Zôrn aus; aber mô koe Gsetz
ischd, geit s ao nex zom Übertreta.
16Drom gilt: „aus am Glaoba“, dass
des (ovrdient) durch d Gnade gschieht;
nå ischd des Vrsprecha für de ganz
Nåchkommaschaft gsicherat, et bloß für
dia onter am Gsetz, sondern ao für dia,
mô am Abraham saen Glaoba hent, weil
der doch dr Vadr von älle ischd. 17Wia
s (Gen 17,5) gschrieba stôht: *i mach de
zom Vadr von viele Völker* - dem håt r
glaobt, der mô Daote lebendig macht
ond des, was s no gar et geit, durch sae
Wort entstanda läßt. 18Då, mô s nex
maeh zom hoffa geba håt, ischd dem
sae Hoffnong et abhanda komma ond
r håt s glaobt, dass r dr Vadr von viele
Völker wera dät, nach dem Vrsprecha:
So soll dae Såma sae! 19Ond r ischd ao
et schwach wôra em Glaoba, môn r
saen Leib åguckt håt, der mô schao nex
maeh zweg bråcht håt, môn r schao
beinåh hondert gwea ischd, ond auf dr
Sara ihran agstorbena Schoß. 20Aber am
Herrgott saem Vrsprecha håt der koen
Zweifel ghet, dass r oglaebig wôra wär,
sae Glaoba ischd emmer stärker wôra
ond håt dådrmit Gott d Ehr geba 21ond
ischd sich saener Sach emmer sicherer
wôra, dass Gott des, was r vrspricht, ao
halta kå. 22Drom ischd am ao sae Glaoba
als Gerechtigkaet ågrechnat wôra. (Gen
15,6) 23Des ischd am aber et wega ehm
alloe ågrechnat wôra, 24sondern ao wega
ons, des soll nämlich ao ons ågrechnat
wera, weil mir an den glaobat, der mô
onseran Herr Jesus aufgweckt håt, 25der
mô für onsere Vrfehlonga ausglieferat
wôra ischd ond aufgweckt, dass r ons
gerechtsprecha kå.

Zom Vrgleicha: *Vers 2:* Jak 2,21-24 • *Vers 3:* Gen 15,6; Gal 3,6; Jak 2,23 • *Vers 7:* Ps 32,1f • *Vers 9:* Gen 15,6 • *Vers 11:* Gen 17,10f; Gal 3,7 • *Vers 12:* Mt 3,9 • *Vers 13:* Gen 12,7; 18,18; 12,16-18 • *Vers 15:* 3,20; 5,13; 7,8.10 • *Vers 16:* Gal 3,7-9 • *Vers 17:* Gen 17,5; Hebr 11,19 • *Vers 18:* Gen 15,5 • *Vers 19:* Gen 17,17; Hebr 11,11 • *Vers 21:* Gen 18,14; Lk 1,37 • *Vers 22:* Gen 15,6 • *Vers 24: 10,9* • *Vers 25:* Jes 53,4f.12.

D Hoffnong von dene, mô glaobat:

5 1 - 11

5 Als sotte, mô durch ihran Glaoba
gerechtgsprocha send, hent mir
Friedn mit Gott durch onseran Herra
Jesus, da Messias. 2Durch den hie mr ao
da Zuagang zo dera Gnade kriagt, mô
jetzat d Grondlag ischd für onser Leba,
ond mr send stolz drauf, dass mr auf am
Herrgott sae Herrlichkaet hoffa därfat.
3Aber no stolzer se mr dådrauf, was mr
durchstanda müaßat; weil des wissat mr,
dass mr en dr Drangsal s Ausharra lernt,
4em Ausharra aber kå mr sich bewähra,
ond då dren wächst d Hoffnong. 5En
dr Hoffnong aber gôht mr et zgrond,
weil Gott sae Liebe en onsere Herza
naegossa håt durch da Haeliga Gaest,
den môn r ons gschenkt håt. 6Schao
mô mir no gottlos gwea send, ischd dr
Messias selligsmål für ons gstôrba. 7Für
an Gerechta stirbt jå wohl kaom oener,
aber vielleicht setzt oener sae Leba für an
guata Menscha auf s Spiel. 8Gott beweist
sae Liebe zo ons aber dådrmit, dass dr
Messias für ons håt sterba müaßa, mô
mir no Sünder gwea send. 9Also no viel
maeh, mô mr jetzat gerechtgsprocha
send durch sae Bluat, werat mir grettat
vôr am Herrgott saem Gericht. 10Se’mr
nämlich als Faend mit Gott vrsöhnt wôra
durch da Daot von saem Soh, nå rettat r
ons doch om so maeh als Vrsöhnte durch
sae Leba. 11Aber et bloß des! Mir send
stolz auf Gott durch onseran Herra, da
Messias Jesus, durch den mô mr jetzt d
Vrsöhnong kriagt hent.

Zom Vrgleicha: *Vers 2:* Eph 3,12 • *Vers 3:* Jak 1,2f; 1Petr 4,13 • *Vers 5:* Ps 22,6 • *Vers 6:* 1Petr 3,18 • *Vers 8:* Joh 3,16; 1Joh 4,10 • *Vers 9:* 1Thess 1,10 • *Vers 10:* 2Kor 5,18 • *Vers 11:*

1Kor 1,30f.

Dr alt ond dr neu Adam: 5 12 - 21

[12]Drom: Wia durch oen Menscha d Sünd en d Welt raekomma ischd ond mit dr Sünd dr Daot, so send ao älle Menscha vom Daot ågsteckt wôra, weil älle gsündigt hent. [13]Weil: **Bis zom Gsetz ischd zwår d Sünd en dr Welt gwea, aber d Sünd wird et ågrechnat, wann koe Gsetz då ischd.** [14]Aber oenaweg håt dr Daot gherrscht vom Adam bis zom Mose, ao über dia, mô et gsündigt hent wia dr Adam, der ischd nämlich s Gegabild von dem, mô kommt. [15]Aber mit dr Übertretong ischd s et so wia mit dr Gnade; wann nämlich wega dr Übertretong von dem oena dia Viele gstôrba send, om wiaviel maeh wirkt sich nå am Herrgott sae Gnade ond s Gnadagschenk von dem oena Menscha, am Messias Jesus, auf dia Viele aus. [16]Aber et wia s durch den oena wôra ischd, der mô gsündigt håt ischd s mit dem Gschenk, weil dr Richterspruch über den oena håt zor Vrurtôelong gführt, aber d Gnadagab aus viele Übertretonga zor Gerechtsprechong. [17]Wann nämlich wega dr Übertretong von dem oena dr Daot an d Macht komma ischd - wega dem oena - om wiaviel maeh werat nå dia em Leba herrscha, mô a Übermaß an Gnade ond d Gerechtigkaet gschenkt kriagt hent durch den oena, da Messias Jesus. [18]Nå ischd s so: Wia dui oena Vrfehlong für älle Menscha zor Vrurtôelong gführt håt, so kommt durch dem Oena sae gerechta Tat für älle Menscha d Rechtfertigong von ihram Leba. [19]Ond so wia durch da Ogehorsam von dem oena dia Viele zo Sünder wôra send, so werat ao dia Viele durch da Gehorsam von dem oena gerechtgsprocha. [20]Nå ischd s Gsetz drzuakomma, dass d Übertretonga no zuagnomma hent. Mô aber d Übertretong zuagnomma håt, då ischd d Kraft von dr Gnade em Überfluß raekomma. [21]Weil, so wia d Sünd gherrscht håt durch da Daot, so herrscht ao d Gnade durch d Gerechtigkaet zom ewiga Leba, durch da Herr Jesus, da Messias.

Zom Vrgleicha: *Vers 12:* Gen 2,17; 3,1-19 • *Vers 13:* 4,15 • *Vers 15:* 1Kor 15,21f • *Vers 20:* 7,7.13; Gal 3,19 • *Vers 21:* 6,23.

D Taof ond s neue Leba: 6 1 - 14

6 Was soll mr nå saga? Sollat mr en dr Sünd (Trennong von Gott) bleiba, dass d Gnade zuanemma soll? [2]Auf gar koen Fall. Schliaßlich se mr doch für d Sünd gstôrba, was soll mr nå no dren leba? [3]Oder wissat ihr et, dass mir älle, mô auf da Messias Jesus taoft wôra send, en saen Daot naetaoft send? [4]Mitbeerdigt se mr mit ehm en saen Daot nae, dass, so wia dr Messias auferstanda ischd von de Daote durch d Herrlichkaet vom Vadr, dass mir ao so em neua Leba onseran Wandel führat. [5]Wa mr am nämlich en saem Daot gleichgstellt send, nå se mr s ao en dr Auferstehong. [6]Des he mr vrstanda: Dass onser alter Mensch mitkreuzigt wôra ischd, dass dr Sündaleib oschädlich gmacht wird, ond mir dr Sünd koen Denst maeh laestat. [7]Der mô gstôrba ischd, ischd jå von dr Sünd gerechtgsprocha. [8]Wa mr aber mit am Messias gstôrba send, nå glaobat mir ao, dass mr mit am lebat. [9]Schliaßlich wissat mr jå, dass dr Messias auferstanda ischd ond nemme stirbt; dr Daot håt koe Macht maeh über an. [10]Was saen Daot ågôht: **der ischd oe für ällemål für d Sünd gstôrba; aber sae Leba, des gilt bloß no am Herrgott.** [11]So sollat ao ihr euch für Menscha halta, mô für d Sünd daot send ond bloß no für Gott lebat durch da Messias Jesus!

[12]Lent also d Sünd en euram Leib koe Macht maeh über euch kriaga, dass r euch von saem oguata Vrlanga

beherrscha lent. [13]Ond haltat eure Gliedmaßa et dr Sünd als Waffa für d Ogerechtigkaet zor Vrfüagong, sondern haltat euch zor Vrfügong für Gott als Menscha, mô aus am Daot ens Leba auferstanda send, ond eure Gliedmaßa als Waffa für d Gerechtigkaet. [14]D Sünd kå euch nemme beherrscha, weil ihr nemme onter dr Herrschaft vom Gsetz standat, sondern onter dr Gnade.

Zom Vrgleicha: *Vers 1:* 5,20 • *Vers 3:* Gal 3,27 • *Vers 4:* Kol 2,12 • *Vers 5:* Phil 3,10f; 2Tim 2,11 • *Vers 6:* Gal 5,24; 6,14; Eph 4,22f • *Vers 9:* Apg 2,27; 13,35 • *Vers 10:* Hebr 9,26; 1Petr 3,18 • *Vers 12:* Gen 4,7 • *Vers 13:* 6,19; 12,1 • *Vers 14:* Gal 5,18.

D Christa lebat en dr Freihaet von dr Sünd: 6 15 - 23

[15]Soll des jetzt hôeßa, dass mir kräftig sündiga sollat, weil mr nemme onter am Gsetz, sondern onter dr Gnade standat? Überthaopt et! [16]Ischd euch et klar, dass ihr dem, môn r euch als Sklava åbiatat, ao zom Gehorsam vrpflichtat? Dem mô ihr Gehorsam laestat, dem saene Sklava send r ao. Entweder send r dr Sünd ihre Sklava, des führt en da Daot, oder r laestat euran Gehorsam für d Gerechtigkaet. [17]Gott sei Dank send ihr Sklava von dr Sünd gwea, ond send jetzat von ganzam Herza gehorsam dera Lehr, môn r euch drfür hent vrpflichta lassa. [18]Ihr send von dr Sünd befreit wôra ond hent euch dr Gerechtigkaet vrpflichtat. [19]I sag s ganz menschlich, weil r stellaweis no schwach send: So wia ihr euch zor Vrfüagong gstellt hent für a osaubers Treiba ond für d Gsetzlosigkaet, so stellat r euch jetzt en da Denst von dr Gerechtigkaet, nå wird euer Leba haelig. [20]Môn r no em Denst von dr Sünd gstanda send, då send r von dr Gerechtigkaet frei gwea. [21]Ond was ischd drbei rauskomma? Sacha, für dia môn r euch jetzat schäma müaßat, weil dia en da Daot führat. [22]Aber jetzat, môn r frei send von dr Sünd, send r Gott denstbar wôra, ond euer Leba ischd fruchtbar wôra ond haelig, ond des führt en s ewige Leba. [23]Weil: **Dr Loh von dr Sünd ischd dr Daot, aber d Gnadagab von Gott ischd s ewge Leba, durch da Messias Jesus, der mô onser Herr ischd.**

Zom Vrgleicha: *Vers 15:* 6,1f • *Vers 16:* 2Petr 2,19; Joh 8,34-36 • *Vers 17:* Joh 8,32-36 • *Vers 18:* 1Petr 2,24 • *Vers 21:* 8,6 • *Vers 23:* 5,12.21; Jak 1,15.

Frei vom Gsetz für da Messias: 7 1 - 6

7 Brüader, wissat ihr des et - schliaßlich red e jå mit oene, mô sich em Gsetz auskennat - dass s Gsetz bloß so lang über da Menscha herrscha kå, wian r lebt? [2]A vrheiratata Frao ischd an ihran Må durch s Gsetz bonda, solang der lebt; wann der Må aber stirbt, nå ischd se durch s Gsetz nemme an den Må bonda. [3]Drom guckt mr se als Ehebrechere å, wann se sich mit a ma andera Må aeläßt, solang ihr Må no lebt. Stirbt der Må aber, nå ischd se frei vom Gsetz ond se ischd koe Ehebrechere, wann se sich a ma andera Må gibt. [4]So send ihr, maene Brüader, für s Gsetz gstôrba durch da Leib vom Messias ond gherat jetzat a ma andera: dem, mô von de Daote auferstanda ischd, dass onser Leba fruchtbar ischd für Gott. [5]Mô mr nämlich no von onserer menschlicha Natur beherrscht gwea send, då hent sich onsere Leidaschafta so ausgwirkt, dass se für da Daot fruchtbar gwea send, weil se vom Gsetz ågstachlat gwea send. [6]Jetzat aber se mr frei vom Gsetz: Mir send gstôrba für des, was ons ghoba håt; dådrmit deanat mir jetzat en a ma ganz neua Gaest ond et wia vôrher nach am Buachstaba.

Zom Vrgleicha: *Vers 2:* 1Kor 7,39 • *Vers 4:* 6,4 • *Vers 5:* 6,21 • *Vers 6:* 6,7; 2Kor 3,6

Dr Mensch onter am Gsetz: 7 7 - 25
[7]Was soll mr dådrzua saga? Soll des
hôeßa, s Gsetz sei d Sünd? Auf gar koen
Fall! Aber: Ohne s Gsetz wüßt i jå gar et,
was Sünd ischd; ond was Glusta hôeßt,
dät e ao et wissa, wann mr s Gsetz et
saga dät: Du sollst et glustig sae! [8]D
Sünd håt jå durch s Gsetz erst da Åstoß
kriagt ond me auf ällas glustig gmacht;
ohne Gsetz ischd d Sünd nämlich daot.
[9]I han früher nex vom Gsetz gwißt, nå
ischd s Gsetz komma ond d Sünd ischd
aufglebt; [10]aber i ben gstôrba, ond des
Gsetz, mô mr hätt s Leba brenga solla,
des håt mr da Daot bråcht. [11]Mô d Sünd
nämlich durch s Gsetz a Ågriffsfläche
gfonda håt, håt se me henterganga ond
durch s Gsetz ombråcht. [12]S Gsetz ischd
nämlich an sich haelig, ond d Gebot
send haelig ond gerecht ond guat. [13]Håt
nå s Guate mir da Daot aebråcht? Auf
gar koen Fall. Sondern d Sünd håt mir
durch s Guate da Daot bråcht, dass se
als Sünd überhaopt en Erschaenong tritt
ond sich durch s Gsetz en ihram ganza
Ausmaß als Sünd rausstellt.
[14]Mir wissat jå, dass s Gsetz gaestlich
ischd; aber i ben von maener menschlicha
Natur bestimmt ond des hôeßt: an
d Sünd vrkaoft. [15]I wôeß jå selber et,
was e dua. I dua nämlich et des, was e
aegentlich will, sondern des, was mr
total zwider ischd, des duan e. [16]Wann
e aber grad des dua, was e et will, nå
gib e doch zua, dass s Gsetz guat ischd.
[17]Nå ben s aber nemme i, mô ebbas duat,
sondern d Sünd, mô en mr dren ischd.
[18]I wôeß jå, dass en mir dren von maener
menschlicha Natur her nex Guats ischd.
Dr guate Willa ischd jå då, aber ich kå
s oefach et omsetza. [19]I dua nämlich
et s Guate, môn e aegentlich dua will,
sondern s Baese, ond des will e doch
gar et, ond trotzdem duan e s. [20]Wann
e aber des dua, was e gar et will, nå ben
des nemme i, sondern dui Sünd, mô en
mr dren ischd. [21]Des ischd nå für mi
wian a Gsetz: I will s Guate doa, ond nå
ischd s baes. [22]Ennerlich frae e me jå am
Herrgott saem Gsetz ond sag jå drzua; [23]i
sieh aber a ganz anders Gsetz en maene
Gliedmaßa, des leit em Streit mit am
Gsetz von maener Vrnonft ond macht
me zom Gfangena vom Sündagsetz,
des mô en maene Gliedmaßa ischd. [24]I
oglückseliger Mensch! Wer soll mi ao
retta aus dem Leib, der mô am Daot
vrfalla ischd. [25]Gott sei Dank durch da
Messias Jesus, onseran Herra! Also ben
i i selber ond dien mit maener Vrnonft
am Herrgott saem Gsetz, aber mae
menschlicha Natur am Sündagsetz.

Zom Vrgleicha: *Vers 7:* 3,20; 5,13; Ex 20,17; Dtn 5,21 • *Vers 8:* Jak 1,14f • *Vers 10:* Lev 18,5; Gal 3,12 • *Vers 12:* 1Tim 1,8 • *Vers 13:* 15,20; 1Kor 15,56 • *Vers 14:* Ps 51,7 • *Vers 15:* Gal 5,17 • *Vers 18:* Gen 6,5; 8,21; Phil 2,13 • *Vers 20:* Gal 2,20 • *Vers 24:* 8,10 • *Vers 25:* 1Kor 15,57.

S Christaleba em Gaest: 8 1-17
8 Für dia, mô mit am Messias Jesus oes
send, geit s koe Vrurtôelong. [2]Weil
s Gsetz vom Lebensgaest em Messias
Jesus macht de frei vom Sündagsetz ond
vom Daot. [3]S Gsetz håt des et gschafft,
weil s wega dr irdisch-menschlicha
Gsennong koe Kraft ghet håt. Drom
håt Gott saen Soh gschickt, der ischd
de Menscha gleich wôra wega dr Sünd,
an dem håt Gott über d Sünd s Urtôel
vollstreckt. [4]Drom kå en onseram Leba
dui Gerechtigkaet gscheha, mô s Gsetz
von ons vrlangt, ond zwår bloß wa mr
ons vom Herrgott saem Gaest lôeta lassat
ond nemme von dr irdisch-menschlicha
Gsennong. [5]Wer sich nämlich von saener
irdisch-menschlicha Gsennong lôeta
läßt, der duat bloß des, was am grad en
da Senn kommt; aber wa mr sich vom
Gaest lôeta läßt, nå duat mr ao des, was
dr Gaest will. [6]D irdisch-menschlicha
Gsennong brengt nämlich da Daot, aber

dr Gaest will s Leba ond da Frieda. [7]D
irdisch-menschlicha Gsennong ischd de
pur Faendschaft gega Gott, weil se sich
am Herrgott saem Gsetz et füaga will,
då ischd se nämlich gar et fähig drzua.
[8]Drom könnat dia mit ihrer irdisch-
menschlicha Gsennong ao Gott et gfalla.
[9]Aber ihr lassat euch jå et von dr irdisch-
menschlicha Gsennong lôeta, weil dr
Gaest von Gott en euch wohnt. Wann
nämlich oener da Gaest vom Messias et
håt, der ghert ao et zon am. [10]Wann aber
dr Messias en euch lebt, nå ischd dr Leib
zwår daot wega dr Sünd, aber dr Gaest
ischd Leba, wega dr Gerechtigkaet.
[11]Wann aber dr Gaest von dem en euch
wohnt, der mô da Jesus von de Daote
aufgweckt håt, nå weckt der, mô da
Messias wieder aufgweckt håt, ao eure
sterbliche Leiber wieder auf durch saen
Gaest, der mô en euch dren wohnt.
[12]Liabe Brüader, mir send also et onserer
menschlicha Natur vrpflichtat, dass mr
ons von onserer irdisch-menschlicha
Gsennong lôeta lassa müaßte. [13]Wann r
euch nämlich von dr menschlicha Natur
lôeta lassat, nå müaßat r sterba. Wann
r euch aber vom Gaest lôeta lassat ond
en dera Kraft euer menschlicha Natur
en da Griff kriagat, nå därfat r ao leba.
[14]Weil älle, mô sich vom Herrgott saem
Gaest lôeta lassat, send ao saene Kender.
[15]Ihr hent nämlich koe Sklavagsennong
kriagt, dass r wieder Angst han müaßte,
sondern sae Gaest håt euch zo saene
Kender gmacht, der läßt ons saga: Onser
liaber Vadr! [16]Ond genao der Gaest
ischd Zeuge drfür, dass mir am Herrgott
saene Kender send. [17]Wa mr aber Kender
send, nå se mr ao Erba am Herrgott
saene Erba ond Miterba vom Messias,
wa mr nämlich mit am leida dent, dass
mr nå ao an saener Herrlichkaet onsern
Åtôel kriagat.

Zom Vrgleicha: *Vers 1:* 10,4 • *Vers 2:* 2Kor 3,17 • *Vers 3:* 2Kor 5,21; Gal 4,4; Phil 2,7; Hebr 2,17 • *Vers 4:* Gal 5,16.25 • *Vers 6:* 6,21 • *Vers 7:* Jak 4,4 • *Vers 9:* 1Kor 3,16 • *Vers 10:* Gal 2,20; Phil 1,21 • *Vers 11:* 6,4; 2Kor 4,14 • *Vers 13:* Gal 6,8; Eph 4,22-24 • *Vers 14:* Gal 5,18 • *Vers 15:* Gal 4,4-6 • *Vers 17:* 4,7; 2Tim 2,11f; 1Petr 4,13; Offbg 21,7.

D Hoffnong auf d Welterlösong:

8 18-30

[18]I moen halt, dass des, was mir en
onserer Zeit leida müaßat, gar nex ischd
em Vrgleich mit dera Herrlichkaet, mô
an ons no offabar wera soll. [19]S wartat
nämlich de ganz Schöpfong auf s offabar
wera vom Herrgott saene Söhn. [20]Weil
d Schöpfong ischd dr Vrgänglichkaet
onterworfa, zwår et freiwillig, sondern
weil der s so wölla håt, mô se onterworfa
håt, en dr Hoffnong, [21]dass ao de ganz
Schöpfong amål frei gmacht wird von
dr Sklaverei en dr Vrgänglichkaet, frei
zo dera Herrlichkaet, mô bloß am
Herrgott saene Kender hent. [22]Mir
wissat nämlich, dass de ganz Schöpfong
bis auf da haetiga Dag seufzt ond Angst
hôt. [23]Aber et bloß dia, ao mir selber
seufzat ennerlich, obwohl mr doch als d
Erstlengsgab da Gaest kriagt hent, ond
mr wartat drauf, dass mit dr Erlösong
von onseram Leib ao offabar wird, dass
mir am Herrgott saene Kender send.
[24]Mir send zwår schao grettat, erst en
dr Hoffnong. Aber a Hoffnong mô mr
sieht, dass se erfüllt ischd, ischd jå koe
Hoffnong maeh. Weil was oener sieht,
braucht r jå nemme hoffa. [25]Wa mr aber
auf ebbas hoffat, was mr et seahnat, nå
harrat mr geduldig aus. [26]So kümmerat
sich ao dr Gaest om onser Schwachhaet.
Mir wissat jå gar et richtig, om was mr
aegentlich beta sollat; aber dr Gaest
selber stôht für ons ae ond bittat so
für ons, wia mir s gar et könnat. [27]Ond
Gott, der mô rausfendat, was en onsere
Herza vôr sich gôht, der wôeß ao, was dr
Gaest em Senn håt: der stôht nämlich so
für dia ae, mô zon am gherat, wia s vôr

Gott recht ischd. [28]Mir wissat nämlich,
dass dene, mô Gott mögat, ällas zom
Guata vrhilft, bei dene, mô nach saener
Planong beruafa send. [29]Weil dia, môn r
rausgsuacht håt, dia håt r ao em Voraus
drzua bestimmt, dass se en s Bild von
saem Soh naegestaltat werat, dass se
send wia er, dass r dr Erstgeborene
von saene Brüader ischd. [30]Dia, môn r
em Voraus rausgsuacht håt, dia håt r ao
beruafa, ond dia, môn r beruafa håt, dia
håt r ao gerecht gsprocha; Ond dia, môn
r gerecht gsprocha håt, dene håt r ao an
Åtoel geba von saener Herrlichkaet.

Zom Vrgleicha: *Vers 18:* 2Kor 4,17 • *Vers 19:* Kol 3,4; 1Joh 3,2 • *Vers 20:* Gen 3,17-19 • *Vers 21:* 2Petr 3,13 • *Vers 23:* 2Kor 5,2-5 • *Vers 24:* 2Kor 5,7; Hebr 11,1 • *Vers 25:* 2Kor 4,18; Gal 5,5 • *Vers 28:* Eph 1,11 • *Vers 29:* Phil 3,21; Kol 1,18 • *Vers 30:* 2Thess 2,13f.

Glaoba macht sicher: 8 31-39

[31]Was soll mr dådrzua ao saga? Wann
Gott mit ons ischd, wer soll as nå no
ebbas åhao könna? [32]Der håt et amål
saen aegena Soh gschont, sondern für
ons älle hergeba - schenkt r ons mit dem
et ällas? [33]Wer soll am Herrgott saene
Auserwählte no åklaga? Gott selber
spricht se doch gerecht. [34]Wer könnt
se vrurtôela? Dr Messias Jesus ischd
der, mô gstôrba ischd, no maeh, der
mô auferstanda ischd, der ischd ao auf
am Herrgott saener rechta Seit ond der
stôht für ons ae. [35]Was kå ons mit am
Messias saener Liebe ausananderbrenga?
Not oder Angst oder Vrfolgong oder
Honger oder Enbehronga oder Gfahr
oder Schwert? [36]Wia s gschrieba stôht:
*Wega dir se mr da ganza Dag am Daot
ausgsetzt; mr guckt ons å als ob mir
Schlachtschåf wäre.* [37]Aber des ällas
überwendat mir durch den, der mô ons
möga håt. [38]Weil, des wôeß e gwieß: dass
weders dr Daot no s Leba, weders Engel
no donkle Mächt, weders s Gegawärtige
no s Zuakünftige no Naturgwalta aus
[39]dr Höhe oder aus dr Tiafe no irgend
a anders Gschöpf ons schôeda kå vom
Herrgott saener Liebe, mô em Messias
Jesus ischd, en onseram Herra.

Zom Vrgleicha: *Vers 32:* Joh 3,16 • *Vers 33:* Jes 50,8 • *Vers 34:* 4,25; Hebr 7,25; 1Joh 2,1 • *Vers 36:* Ps 44,23 • *Vers 37:* 1Joh 5,4 • *Vers 38:* Eph 1,21; 6,12; Kol 2,15; 1Petr 3,22.

D ENTGÜLTIGA RETTONG VON ISRAEL: 9 1 - 11 36

Dr Paulus ond Israel: 9 1-5

9 I sag d Wåhrat ond wôeß me oes mit
am Messias, i lüag et. Mae Gwissa
ischd Zeuge em Haeliga Gaest: [2]dass
i ganz arg traurig ben ond en maem
Herza ständig Schmerza spür. [3]I wöllt
gern vrfluacht ond selber weg sae vom
Messias statt maener Brüader, mô de
gleich Abstammong hent wian i. [4]Des
send Israelita, mô ao d Kendschaft hent,
d Herrlichkaet, d Bundassatzonga, dene
ischd s Gsetz geba, dr Gottesdenst ond
d Vrsprecha. [5]Dia hent d Väder, ond von
dene stammt ao dr Messias ab, der mô
über ällam stôht - dem sei dr Lobpreis
en älle Ewigkaeta! Amen.

Zom Vrgleicha: *Vers 4:* Ex 4,22; 40,34; Rö 3,2; Eph 2,12 • *Vers 5:* 1,3; 1Kor 15,28.

D Erwählong durch Gott bleibt: 9 6-13

[6]Jetzt ischd s aber et so, dass am Herrgott
sae Wort nemme gelta dät. S send
nämlich et älle, mô aus Israel stammat,
ao wahre Israelita. [7]Ao et, weil se vom
Abraham abstammat, send deshalb älle
Kender, sondern s hôeßt jå: *Bloß am
Isaak saene Nåchkomma hôeßat ao
daene Nåchkomma.* [8]Des hôeßt: Et de

leibliche Nåchkomma send am Herrgott
saene Kender, sondern dia Kender, mô
vrsprocha send, geltat als Nåchkomma.
[9]Des Vrsprecha håt nämlich ghôeßa:
*Über s Jåhr komm e wieder zo dr om
dui Zeit, nå håt dae Weib, d Sara an
Bua.* [10]So ischd s aber et bloß bei dr Sara
gwea, sondern ao bei dr Rebekka: Dui
ischd bloß von oem schwanger gwea,
von onseram Vadr Isaak. [11]Dera ihre
Kender send no et gebora gwea ond
hent weders ebbas Guats no ebbas Baes
dao, dass aber am Herrgott sae freia
Auswahl ond d Vôrherbestimmong
gilt, [12]oabhängig von dem, was se dent,
sondern alloe abhängig von dem, mô
beruaft, ischd r a gsaed wôra: *dr Ältere
ischd amål am Jüngera sae Knecht.* [13]En
dr Schrift stôht nämlich: *Da Jakob han
e möga, da Esau aber ghaßt.*

Zom Vrgleicha: *Vers 6:* 3,1-4; 11,29; 2,28 • *Vers 7:* Gen 21,12; Mt 3,9 • *Vers 8:* Gal 3,7; 4,28 • *Vers 9:* Gen 18,10 • *Vers 11:* 15,5f • *Vers 12:* Gen 25,23 • *Vers 13:* Mal 1,2f

D Freihaet ond am Herrgott sae Erbarma: 9 14-19

[14]Was soll mr då bloß saga? Soll des
vielleicht hôeßa, Gott sei ogerecht?
Auf gar koen Fall. [15]Zom Mose saed r
nämlich: *I begnadige, wem i gnädig sae
will, ond i will me vrbarma, zo wem e
barmherzig ben.* [16]Also kommt s et druf
å, was a Mensch will ond nach was r
strebt, sondern auf s Erbarma von Gott.
[17]En dr Schrift wird zom Pharao gsaed:
*I han de aber am Leba glassa, dass da
mae Macht zom spüra kriagst, ond dass
mae Nåma auf dr ganza Erde bekannt
wird.* [18]R vrbarmt sich also, zo wem r
will, ond r macht hartherzig wen r will.
[19]Nå hältst mr jetzat drgega: Ja wårom
vrlangt r nå Rechaschaft von oem, wa
mr gega saen Willa doch nex ausrichta
kå? [20]O Mensch, wer bist du aegentlich,
dass da moenst, da könntest mit Gott
rechta? Saed vielleicht a Bild ao zo saem
Môester: Wårom håsch d me so gmacht?
[21]Håt et dr Häfner d Gwalt über da
Loehma? Kå der et aus am gleicha
Loehmbolla a prächtiga Schüssel oder
an oschaenbara Gsälzhafa macha? [22]Was
ischd nå, wann Gott saen Zôrn ond sae
Macht offabara will, ond dia Schüssla
für da Zôrn, môn r für d Vrnichtong
gschaffa håt, ond mit viel Geduld traga
håt, [23]zom gleichzeitig da Reichtom von
saener Herrlichkaet an dene Schüssla
für s Erbarma sichtbar zom macha, môn
r vôrher für d Herrlichkaet gmacht håt.
[24]Als sotte (Schüssla für s Erbarma) håt
r ao ons beruafa, et bloß aus de Juda,
sondern ao aus de Haedavölker.
[25]Wian r s ao em Hoseabuach saed: *I hôeß
dia mae Volk, mô et mae Volk send, ond
dui, mô mr et mäg, mae Liaba.* [26]*Ond
då, mô mr en gsaed håt: ihr send et mae
Volk, då hôeßt mr s: Am Herrgott saene
Kender.*
[27]Ond dr Jesaja saed über Israel: *ond
wann d Israelita so ozählig wäre wia dr
Såd am Meer - s wird bloß dr Rest grettat.*
[28]*Dr Herrgott läßt sae Wort gscheha auf
dr Erde, ond r macht s kurz.*
[29]Ond wia s dr Jesaja ao vôrausgsaed
håt: *Wann dr Herr Zebaot ons et a
Nåchkommaschaft übrig glassa hätt,
mir wäre genaoso wôra wia Sodom ond
Gomorra.*

Zom Vrgleicha: *Vers 15:* Ex 33,19 • *Vers 16:* Eph 2,8 • *Vers 17:* Ex 9,16 • *Vers 18:* 11,30-32; Ex 7,3 • *Vers 20:* Jes 29,16; 45,9; Weish 12,12 • *Vers 21:* Jer 18,6; 2Tim 2,20 • *Vers 22:* 2,4 • *Vers 23:* 8,29 • *Vers 24:* 1,16; 3,29 • *Vers 25:* Hos 2,25; 1Petr 2,10 • *Vers 26:* Hos 2,1 • *Vers 27:* Jes 10,22f G; Rö 11,5 • *Vers 29:* Jes 1,9 G

De Israelita ihr falscher Eifer: 9 30 - 10 4

[30]Was soll des hôeßa? Haedavölker, mô
gar et nach dr Gerechtigkaet gstrebt hent,
send gerecht gsprocha wôra aufgrond

von ihram Glaoba. 31Aber Israel, mô nach am Gsetz von dr Gerechtigkaet gstrebt håt, ischd gar et en s Gsetz aedronga. 32Ond wårom? Weil se et aus ihram Glaoba, sondern durch ihre Werk gerecht hent wera wölla; drom send se am Stolperstoe gstrauchlat, 33so wia s gschrieba stôht: *Guck, i richte en Zion an Stoe auf , an dem kommt mr en s Stolpera, an Felsa, an dem haot s oem om. Wer an den glaobt, der gôht et zgrond.*

10 Brüader, des ischd mae Herzenswunsch ond des bitt e Gott, dass r dia retta soll. 2Des kån e bezeuga, dass se an Eifer für Gott hent, aber s fehlt en halt an dr richtiga Erkenntnis. 3Dia hent gar et kapiert, om was s beim Herrgott saener Gerechtigkaet gôht. Drom wöllat se durch ihr aegena Gerechtigkaet vôr Gott bstao ond merkat gar et, wia se sich dådrmit gega d Gerechtigkaet von Gott aufloehnat. 4Mit am Messias ischd nämlich s Gsetz an s Ziel komma: Drom wird a jeder gerechtgsprocha, mô an da Messias glaobt.

Zom Vrgleicha: *Vers 9,30:* 10,20 • *Vers 31:* 10,2f; 11,7 • *Vers 32:* 1Kor 1,23 • *Vers 33:* Jes 8,14; 28,16; Mt 21,42; 1Petr 2,6-8 • *Vers 10,1:* 9,1.3 • *Vers 2:* Apg 22,3 • *Vers 4:* Gal 3,24.

Zor Gerechtigkaet gilt für älle dr gleiche Weg: 10 5-15

5Dr Mose schreibt nämlich: *S Gsetz brengt dem s Leba, mô saene Forderonga erfüllt.* 6D Gerechtigkaet aus am Glaoba saed aber: *Sag et en dr dren: Wer kå en da Hemmel naufsteiga zom da Messias rahola?* 7*Oder: Wer kå nasteiga en da Abgrond zom da Messias von de Daote raufhola?* 8Was saed se no? Ganz nåch ischd s Wort bei dr, en daem Mund ond en daem Herza; des ischd s Wort vom Glaoba, des mô mir ausrichtat. 9Wann da nämlich mit daem Mund bekenna duast: Jesus ischd dr Herr! ond en daem Herza glaobst, dass Gott an von de Daote aufgweckt håt, nå bist d grettat. 10Wer nämlich mit am Herza glaobt, der wird gerecht gsprocha, ond wer zo saem Glaoba stôht, der wird grettat. 11Des saed nämlich d Schrift: *Wer an den glaobt, der gôht et zgrond!* 12Då geit s koen Onterschied zwischa Juda ond Griecha: Älle hent se da gleicha Herra, ond aus saem Reichtom schenkt r älle, mô an åruafa dent. 13Weil a jeder, mô da Nåma vom Herrgott åruaft, wird grettat. 14Wia sollat se aber oen åruafa, an den se gar et glaobat? Wia sollat se aber an oen glaoba, von dem se no nia ebbas ghört hent? Wia sollat se aber höra, wann koener då ischd, mô d Botschaft ausrichtat? 15Wia sollat se aber d Botschaft ausrichta, wann se et da Auftrag drzua kriagt hent? Wia s gschrieba stôht: *Des ischd doch a Fraed, wa mr dia komma sieht, mô a guata Botschaft brengat!*

Zom Vrgleicha: *Vers 5:* Lev 18,5; Gal 3,12 • *Vers 6:* Dtn 9,4; 30,12-14; Ps 107,26; Bar 3,29 • *Vers 8:* Dtn 30,14 • *Vers 9:* 1Kor 12,3 • *Vers 11:* Jes 28,16; Rö 9,33 • *Vers 12:* 1,16; Gal 3,28; Kol 3,1 • *Vers 13:* Joel 3,5 • *Vers 15:* Jes 52,7.

Israel ischd et folgsam: 10 16-21

16Aber et älle hent am Evangeliom gfolgt. Schao dr Jesaja håt gsaed: *Herr, wer glaobt denn an onser Botschaft?* 17Also: **Dr Glaoba kommt aus dr Botschaft, aber d Botschaft kommt aus am Wort vom Messias.** 18Aber, so muaß e fråga: Hent dia vielleicht dui Botschaft no gar et ghört? Freile hent se s ghört! Über de ganz Erde ischd ihr Stemm ganga ond ihr Wort ischd en de letzte Wenkl dronga. 19Håt nå Israel dui Botschaft gar et vrstanda? So muaß e me fråga. Zerst håt dr Mose gsaed: *I mach euch no eifersüchtig auf a Volk, des mô gar koe Volk ischd, ond auf a Volk, mô koen*

Vrstand håt, mach e euch narrat. [20]Ond
dr Jesaja riskiert sogar zom saga: *I han
me fenda lassa von dene, mô me gar
et gsuacht hent; i han me dene offabar
gmacht, mô gar et nach mr gfrågt hent.*
[21]Über Israel aber saed r: *Da ganza Dag
han e maene Händ nausgstreckt nach a
ma ofolgsama ond bocksboeniga Volk.*

Zom Vrgleicha: *Vers 16:* Jes 53,1 • *Vers 17:* Joh 17,20 • *Vers 18:* Ps 19,5 • *Vers 19:* Dtn 32,21 G; Rö 11,11 • *Vers 20:* Jes 65,1 • *Vers 21:* Jes 65,2.

Dr Rest von Israel ond a vrirrts Volk: 11 1-12

11 Nå fråg i me: Håt Gott sae Volk
vrstoßa? Auf gar koen Fall! I ben
nämlich ao a Israelit, aus am Abraham
saene Nåchkomma, vom Stamm
Benjamin. [2]Gott håt aber sae Volk et
vrstoßa, des mô n i vôrher auserwählt
håt. Oder wissat ihr et, was d Schrift
vom Elia saed, wia der da Herrgott
gega d Israelita åruaft ond saed: [3]*Herr,
dia hent daene Profeta ombråcht,
daene Altär hent se agrissa, ond i ben
alloe übrigblieba, ond mir wöllat se
ao an s Leba.* [4]Aber was håt am Gott
zor Antwort geba? *I han siebatausad
Mann übrigglassa, dia mô vôr am Baal
et en d Knia ganga send.* [5]So geit s ao
jetzt an Rest von sotte, mô aus Gnade
auserwählt send. [6]Aus Gnade, ond et
weil se mit guate Werk ebbas vrdeant
hätte; sonst wär jå d Gnade koe Gnade
maeh. [7]Des hôeßt: Was Israel ågstrebt
håt, des hent se et gschafft, aber de
Auserwählte hent s gschafft. De andere
send hartherzig wôra, [8]wia s gschrieba
stôht: *Gott håt en da Gaest vrblendat,
Aoga, dass se nex seahnat, ond Ohra mô
nex horat, bis uf da haetiga Dag.* [9]Ond
dr David saed: *ihr Opfertisch soll en zor
Schleng ond zom Fangnetz ond zor Fall
wera ond zor Stråf.* [10]*Ihre Aoga sollat
blend wera, dass se nex maeh seahnat.
Dr Buckel soll en kromm wera für älle
Zeita.*
[11]Nå fråg i: Send dia vielleicht gstrauchlat,
dass se nôhagla solle? Auf gar koen Fall.
Sondern durch dene ihr Vrfehlong ischd
für d Haedavölker d Rettong gschcha -
zom dene ihran Eifer åstachla. [12]Wann
aber dene ihr Fehltritt dr Reichtom für d
Welt ischd ond ihr Vrsaga d Haedavölker
reich macht, wiaviel maeh nå, wann dia
älle zom Glaoba kommat?

Zom Vrgleicha: *Vers 1:* Phil 3,5; 2Kor 11,22 • *Vers 2:* Ps 94,14 • *Vers 3:* 1Kö 19,10-14 • *Vers 4:* 1Kö 19,18 • *Vers 5:* 9,27 • *Vers 6:* 4,4 • *Vers 8:* Jes 29,10; Dtn 29,3; Mt 13,13; Apg 28,26f • *Vers 9:* Ps 69,23f G • *Vers 11:* 10,19.

S Bild vom Ölbaom: 11 13-24

[13]Euch Haedavölker aber sag e: Grad weil
i a Haedaapostl ben, preis i maen Denst,
[14]weil: em Gehaema hoff e, dass e maene
Landsleut eifersüchtig macha könnt,
zom wenigstens a paar retta. [15]Wann
nämlich schao dene ihr Vrwerfong für
d Welt d Vrsöhnong bråcht håt, nå kå
doch, wann se ågnomma werat, des nex
anders sae, als wia s Leba aus am Daot,
oder? [16]Wann aber s Erstlengsbrot haelig
ischd, nå ao dr Tôeg; ond wann d Wurzel
haelig ischd, nå ao d Zweigla. [17]Wann
aber a paar Zweig rausbrocha wôra
send, du aber als a wilder Ölbaomzweig
en da vredelta Ölbaom naepfropft ond
dådrmit ågschlossa bist an d Kraft
von saener Wurzel, [18]nå guck et auf de
andere Zweig ra. Wann da s aber duast,
nå muaßt d wissa: Et du traest d Wurzel,
sondern d Wurzel traet di. [19]Nå saesch
d: Dia Zweig håt mr doch rausbrocha,
dass i aepfropft wir. [20]Sicher, dia håt mr
rausbrocha wega ihram Oglaoba, aber
du stôhst doch fest en daem Glaoba.
Sei also et überheblich, sondern han a
Ehrfurcht. [21]Wann nämlich Gott dia
natürliche Zweig et vrschont håt, nå
kå s guat sae, dass r di ao et vrschont.
[22]Erkenn also am Herrgott sae Güate

ond sae Strenge! D Strenge gega dia, mô
gfalla send; gega di aber am Herrgott sae
Güate, wann da bei dr Güate bleibst,
sonst haot mr di ao raus. 23So werat
nämlich ao dia, wann se et en ihram
Oglaoba bleibat, wieder aepfropft; Gott
håt då nämlich d Macht drzua, dass r se
wieder aepfropft. 24Wann du nämlich aus
am wilda Ölbaum rausghaoa ond gega
d Natur en an edla Ölbaom aepfropft
wôra bist, om wiaviel maeh werat nå de
natürliche Zweig en da aegena Ölbaom
aepfropft.

Zom Vrgleicha: *Vers 13:* 1,5 • *Vers 20:* 1Kor 10,12 • *Vers 22:* Joh 15,2.4.

Ganz Israel wird grettat: 11 25-36

25I will euch et em Oklara lassa über des,
was Gott mit Israel no vôr håt, Brüader:
A graoßer Tôel von Israel ischd em Herza
dren vrhärtat, bis älle Haedavölker s
Hael widerfahra ischd. 26Nå wird ganz
Israel grettat, wia s gschrieba stôht: *Dr
Retter kommt aus Zion, der duat ällas,
was gottlos ischd, vom Jakob weg.* 27*Des
ischd von mir aus gseha dr Bund, wann
e ihre Sünda wegnemm.*
28Em Blick auf s Evangeliom send
se wega euch Faend, aber em Blick
auf d Erwählong send se Geliebte
wega de Vädr. 29Weil, d Gnadagaba
ond d Beruafong durch Gott send
owiderruaflich. 30So wia ihr früher am
Herrgott et gfolgt hent, jetzt aber sae
Erbarma gschenkt kriagt hent wega
dene ihram Ogehorsam, 31so send dia
wega dem Erbarma, mô ihr gfonda
hent, ofolgsam wôra, dass sia jetzat ao s
Erbarma fendat. 32Gott håt nämlich älle
mitanander en da Ogehorsam aebezoga,
dass r sich über älle vrbarmt.
33**O Abgrond vom Reichtom, sowohl
von dr Weishaet wia ao von dr
Erkenntnis von Gott! Saene Urtôel
kå mr et ergründa ond saene Weg
ausdenka.** 34Wer håt jemåls am Herra
saen Senn erkannt? Oder wer ischd
sae Ratgeber gwea? 35Oder wer håt am
zerst ebbas geba, was mr am zrückgeba
müaßt? 36Weil: **Aus ehm, ond durch
ehn, ond auf ehn zua ischd ällas
ausgrichtat. Dem sei d Ehr en älle
Ewigkaeta. Amen.**

Zom Vrgleicha: *Vers 25:* Lk 21,24 • *Vers 26:* Jes 59,20f G • *Vers 27:* Jer 31,33f; Jes 27,9 G • *Vers 28:* 15,8; 1Thess 2,15f • *Vers 29:* 9,6; Num 23,19 • *Vers 32:* 1,19; Gal 3,22 • *Vers 33:* Iob 11,7f; Ps 139,17 • *Vers 34:* Jes 40,13; 1Kor 2,16 • *Vers 35:* Jes 40,14 G; Iob 41,3 • *Vers 36:* 1Kor 8,6; Kol 1,16f

S LEBA VON DENE, MÔ GLAOBAT: 12 1 - 15 13

D Gemaende ond ihre Denst: 12 1-8

12 I will euch Muat macha, liabe
Brüader, em Blick auf am Herrgott
sae Erbarma, dass r euch selber als a
lebendigs ond haeligs Opfer darbrengat,
mô Gott gfällt, des ischd für euch dr
wahre Gottasdenst. 2Dent euer Wesa
et dr Welt åpassa, sondern lent euch
ommodla durch a ganz neua Gsennong,
dass r selber feststella könnat, was Gott
will, was guat ischd, was am gfällt ond
was vollkomma ischd.
3I sag s en dr Kraft von dr Gnade, mo
mir gschenkt ischd, a ma jeda von euch:
Schätzat euch et haecher ae als wian
ich s zuakommt, sondern send auf d
Bsonnahaet aus, jeder so, wian am Gott
s Maß von saem Glaoba zuatôelt håt.
4Weil: So wia mir an oem Leib viele
Gliedmaßa hent, aber et älle Gliedmaßa
de gleich Aufgab hent, 5so send mir,
dia viele oe oeziger Leib em Messias,
als oezelne se mr aber Gliedmaßa,
dia mô zsemagherat. 6So he mir ganz

vrschiedene Begabonga, je nach dr Gnade, mô ons gschenkt ischd. Laß ons dia ao åwenda, ob des a profetischa Red ischd, s muaß halt em richtiga Vrhältnis zom Glaoba sae. [7]Håt oener d Begabong zom Diena, nå soll r ao diena. Ischd oener begabt zom andere ebbas Beibrenga, der soll Lehrer sae; [8]kå oener guat trösta oder vrmåhna, der soll ao trösta oder vrmåhna. Gibt oener ebbas her, nå soll r s ohne Hentergedanka doa. A Vôrstand soll sich eifrig aesetza. Ischd oener barmherzig, nå soll r sae Fraed drå han.

Zom Vrgleicha: *Vers 1:* 6,13 • *Vers 2:* Eph 4,17.22f; 1Thess 5,21 • *Vers 3:* 2Kor 10,13 • *Vers 4:* 1Kor 12,12.27f; Eph 1,23 • *Vers 6-8:* 1Kor 12,4.8-11 • *Vers 7:* 1Petr 4,10f • *Vers 8:* 2Kor 9,7.

Leba em Gaest: 12 9-21

[9]Euer Liebe soll et schaehaelig sae. S Baese soll euch zwider sae, drfür haltat r euch an s Guate. [10]Send offa füranander en r a brüaderlicha Liebe, ond ästemierat anander, då dren sottat r anander überbiata. [11]Dent em Eifer et nåchlassa, lent euch vom Gaest åzenda, dass r am Herrgott dienat. [12]Fraeat euch en dr Hoffnong, haltat stand en dr Bedrängnis ond harrat aus em Beta. [13]Helfat de Haelige, wann s Not ischd, ond send emmer gastfrei. [14]Dent dia segna, mô euch vrfolgat, segnat, aber vrfluachat neamerd. [15]Fraeat ich mit dene, mô fröhlich send ond send traurig mit dene, mô en Grond hent zom heula. [16]Send euch oes en de Zielvôrstellonga; denkat et obanaus ond bleibat auf am Teppich ond haltat euch et für gscheiter wian r send. [17]Dent neamerd ebbas Baes mit am Baesa vrgelta, sondern achtat drauf, dass r bei älle Menscha gerecht ond guat send. [18]Sofern s möglich ischd ond an euch leit, lebat mit älle Menscha em Frieda. [19]Dent euch et selber rächa, liabe Leut, sondern überlassat s am Herrgott saem Zôrn. S stôht nämlich gschrieba: *D Rache ischd mae Sach, i will selber vrgelta!* saed dr Herr. [20]No mach: *Wann dae Faend Honger håt, nå gib am z essad. Håt r an Durst, nå gib am z trenkad. Wann da des duast, nå sammlest am feurige Kohla auf s Haopt.* [21]Laß de et vom Baesa onterkriaga, sondern herre s Baese durch s Guate.

Zom Vrgleicha: *Vers 9:* 2Kor 6,6 • *Vers 10:* Phil 2,3 • *Vers 12:* 5,2f; Kol 4,2 • *Vers 13:* 1Petr 4,9; Hebr 13,2 • *Vers 14:* Lk 6,27f • *Vers 15:* 1Kor 12,26 • *Vers 16:* 15,5; Phil 2,2f; Spr 3,7 • *Vers 17:* 1Thess 5,15; 1Petr 3,9; Spr 3,4 G • *Vers 18:* Hebr 12,14 • *Vers 19:* Dtn 32,35.41 • *Vers 20:* Spr 25,21f; Mt 5,44.

Dr Christ ond dr Staat: 13 1-7

13 A jeder soll sich de staatliche Gwalta onterordna. S geit nämlich koe staatlicha Gwalt, mô et von Gott aegsetzt wär, älle send von Gott aegsetzt. [2]Wer sich drom dr staatlicha Gwalt widersetzt, der stellt sich gega am Herrgott saene Åweisonga, ond wer sich dem widersetzt, vrfällt am Gericht. [3]Vôr dr Regierong braucht mr jå koe Angst hao, wa mr Guats duat, bloß wa mr ebbas Baes duat. Wann da also ohne Angst vör dr staatlicha Macht leba willst, nå dua halt Guats, nå wirst sogar no globt von en. [4]Dui dient nämlich Gott zo daem Besta. Duast d aber ebbas Baes, nå därfst d se wohl fürchta. S Richtschwert håt se nämlich et omasoscht; ond weil se am Herrgott sae Magd ischd, vollstreckt se s Urtôel an dem, mô s Baese duat. [5]Drom ischd s naedig, dass mr sich onterordnat, et bloß wega dr Straf, sondern ao wega am Gwissa. [6]Wega dem muaß mr ao Steura zahla, dia dent des em Auftrag von Gott, dass dr Staat saene Aufgaba nåchkomma kå. [7]Gebat a ma jeda, was am zuastôht, am Steuerbeamta d Steuer ond am Zollbeamta da Zoll. Da Respekt

dem, mô dr Respekt zuastôht - ond d
Ehr, wem d Ehr zuastôht.

Zom Vrgleicha: *Vers 1:* 1Petr 2,13f; Tit 3,1 • *Vers 5:* 1Petr 2,19 • *Vers 7:* Mt 22,21.

D Grondlag ischd d Liebe: 13 8-14

8Bleibat neamerd ebbas schuldig; bloß
alloe d Liebe send r anander emmer
schuldig. Wer da andera måg, duat s
ganz Gsetz. 9Dia ganze Gebot: *Du
sollst dae Ehe et brecha, du sollst koen
ombrenga, du sollst et stehla, du sollst
et glustig sae;* ond älle andere Gebot
send en dem oena Satz zsemagfaßt: *Du
sollst daen Mitmenscha möga, wia da
de selber mågst.* 10D Liebe duat jå a ma
Mitmenscha nex baes å; d Liebe ischd
nämlich d Erfüllong vom Gsetz.
11Denkat drå, en was für a Zeit mir lebat:
s ischd höchsta Zeit zom aufstanda vom
Schlåf, onser Rettong ischd nämlich
nächer als wia selligsmål, mô mr ågfanga
hent mit am Glaoba. 12D Nacht ischd
fast rom, aber dr Dag ischd nächer
komma: Schmeißat mr ällas fort, was
em Donkla saen Platz håt, ond ons
drfür d Waffa vom Licht en d Händ
nemma. 13Laß ons åständig leba wia am
Dag, et mit Fress- ond Saufgelage, et en
Sexorgia ond Ozucht, et en Zank ond
Streit, 14sondern ziagat onseran Herra,
da Messias Jesus, wian a Gwand å, ond
guckat et bloß, wian r euer menschlicha
Natur zfriedastella könnat.

Zom Vrgleicha: *Vers 8:* Joh 13,34 • *Vers 9:* Ex 20,13-17; Dtn 5,17-21; Mt 22,39f; Gal 5,14; Lev 19,18 • *Vers 10:* 1Kor 13,4 • *Vers 11:* Eph 5,14.16; 1Thess 5,5f • *Vers 12:* Eph 6,11.13; 1Thess 5,8 • *Vers 13:* Mt 24,49; Lk 21,34 • *Vers 14:* Gal 3,27; Eph 4,24.

„Starke“ ond „Schwache“ en dr Gemaende: 14 1-23

14 Nemmat den ao å, der mô em
Glaoba schwach ischd, ohne
Streitereia über dem saene Åsichta. 2Am
oena macht s nex aus, ällas zom essa,
dr ander ischd schwach ond moent, r
dürft bloß Gmüas essa. 3Wer Flôesch
ißt, soll et auf den ragucka, mô koes
ißt; ond der mô koes ißt, soll sich koe
Urtôel åmaßa über den mô s ißt. Weil
Gott da andera doch ao ågnomma håt.
4Wer bist du aegentlich, dass da über
an Diener vo ma andera urtôela därfst?
Der stôht oder fällt doch em Urtôel von
saem Herra. Der stôht aber, weil sae
Herr d Macht håt, zom an fest nôstella.
5Dr oe macht en Onterschied zwischa
de Feierdäg, dr ander guckt älle gleich
å, ohne Onterschied. S sott halt a jeder
zo saener Überzeugong standa. 6Wer an
bestimmta Dag bsonders feierat, der soll
s am Herrgott zor Ehr doa. Ond der mô
Flôesch ißt, der duat s ao am Herrgott
zor Ehr, weil r Gott dankbar ischd. Der
mô koe Flôesch ißt, der vrzichtat ao
am Herrgott zor Ehr, weil der Gott ao
dankbar ischd. 7S lebt nämlich koener
für sich selber ond koener stirbt für
sich selber: 8sei s, dass mr lebat, nå lebat
mr am Herra; sei s, dass mr sterbat,
nå sterbat mr am Herra. Ob mr also
lebat oder ob mr sterbat, mir gherat am
Herra. 9Für des ischd nämlich dr Messias
gstôrba ond wieder lebendig wôra, dass
r dr Herr ischd über de Daote ond über
de Lebendige. 10Wia kommst d nå drzua,
dass da daen Bruader vrurtôelst? Oder
du, wårom guckst auf daen Bruader ra?
Mir älle mitanander müaßat amål vôr
am Herrgott saem Richterstuahl åtreta.
11So stôht s nämlich gschrieba: *So wåhr
i leb, spricht dr Herr, vôr mir muaß a
jeder en d Knia ganga, ond jeda Zong
wird da Herrgott preisa.* 12Also muaß ao
a jeder von ons für sich selber vôr am
Herrgott Rechaschaft geba.
13Dent mr also nemme überananander
urtôela, sondern haltat mr ons an dui
Regel: Am Bruader koen Ålaß geba,
dass r sich ärgera muaß. 14I wôeß me

nämlich då dren ganz oes mit am Herr
Jesus, dass an sich nex oraen ischd. Bloß
der, mô moent, s sei ebbas oraen, für
den wird s oraen. [15]Wann aber wega
ebbas, was du ißt, dae Bruader (en
saem Glaoba) vrosichert wird, nå bist
du nemme auf am Weg von dr Liebe.
Richte den et zgrond (en saem Glaoba)
für den mô dr Messias gstôrba ischd.
[16]Gebat euch Müah drom, dass s Guate
(von euram Glaoba) et vrschwätzt wird.
[17]Am Herrgott sae Reich ischd et bloß
Essa ond Trenka, sondern Gerechtigkaet
ond Frieda ond Fraed em Haeliga Gaest;
[18]weil der, mô då dren für da Christus
schafft, der gfällt Gott guat ond r wird
von de Leut ästemiert. [19]Drom haltat mr
ons liaber an des, was am Frieda ond
am gegaseitiga Aufbau dient. [20]Reiß et
wega a ma Essa des ae, was Gott gwirkt
håt. Sicher, s ischd zwår ällas raen, aber
s gôht oem halt et guat, wann r ebbas
ißt ond a schlechts Gwissa drbei håt.
[21]Besser ischd s, wa mr koe Flôesch ißt
ond koen Wae trenkt ond überhaopt
nex duat, mô dae Bruader Åstoß drå
nemmt. [22]Was du für an Glaoba håsch,
den håsch du für de selber vôr Gott.
Glückselig ischd der, mô mit dem, was r
duat, mit Gott em Raena ischd ond sich
drom ao nex vôrhalta muaß. [23]Wer aber
Zweifel håt, wann r ißt, ischd schao am
Urtôel vrfalla, weil r et aus am Glaoba
handlat. Ällas nämlich, was et aus am
Glaoba gschieht, ischd Sünd.

Zom Vrgleicha: *Vers 1-23:* 1Kor 8,1-13 • *Vers 1:* 15,1; 1Kor 9,22 • *Vers 2:* 1Kor 10,25 • *Vers 3:* Kol 2,16 • *Vers 4:* Jak 4,11f • *Vers 5:* Gal 4,10 • *Vers 6:* 1Tim 4,4f • *Vers 7:* 2Kor 5,15; Gal 2,19 • *Vers 8:* 6,11; 1Thess 5,10 • *Vers 9:* Apg 10,42 • *Vers 10:* Mt 7,1; 2Kor 5,10 • *Vers 11:* Jes 49,18; 45,23 G; Phil 2,10f • *Vers 14:* Mt 15,11; Tit 1,15 • *Vers 17:* Gal 4,20; Mt 6,33 • *Vers 19:* 12,18; 5,2 • *Vers 23:* 14,14.

Aufforderong zor Aentracht en dr Gemaende: 15 1-13

15 Mir Starke send s aber de weniger
Starke schuldig, dass mr dene ihre
Schwächa tragat ond et nach am aegena
Gusto lebat. [2]A jeder soll saem Nächsta
mit Rücksicht begegna ond drauf aus
sae, dass mr guat mit am auskommt
ond am helfa, dass r em Glaoba aufbaut
wird. [3]Dr Messias håt jå ao et für sich
selber glebt, sondern so, wia s gschrieba
stôht: *Dia Belaedigonga von dene, mô di*
belaedigt hent, hent mi troffa. [4]Ond ällas,
was früher gschrieba wôra ischd, ischd
für ons gschrieba wôra zor Belehrong,
dass mir durch d Geduld ond durch
da Trost aus de Schrifta a Hoffnong
hent. [5]Aber der Gott, dem sae Wesa
mô Geduld ischd ond Trost, soll euch
schenka, dass r en dr Gsennong vom
Messias Jesus mitanander omgangat,
[6]dass r mitanander wia aus oem Mund
da Gott ond Vadr von onseram Herra,
am Messias Jesus, preisa könnat.
[7]Drom nemmat anander å, wia euch
dr Messias Jesus ågnomma håt, am
Herrgott zor Ehr. [8]Des sag e nämlich:
Dr Messias ischd wega dr Wåhrat von
Gott zom Diener für de Beschnittene
wôra, dass r dia Vrsprecha, mô de
Vädr gmacht wôra send, bestätigt håt.
[9]Dass aber d Haedavölker Gott für sae
Barmherzigkaet preisat, wia s gschrieba
stôht: *Drwega will i de preisa onter*
de Haedavölker, ond daem Nåma a
Lobliad senga. [10]Ond weiter hôeßt s:
Fraeat euch, ihr Haedavölker mit saem
Volk! [11]Ond no weiter: *Lobat Gott, älle*
Haedavölker! Loba sollat an älle Völker!
[12]Ond dr Jesaja saed: *Aus dr Wurzel vom*
Isai kommt a Sprößleng, der stôht auf
ond herrscht über d Haedavölker. Der
ischd d Hoffnong von älle Haedavölker.
[13]Der Gott, mô Hoffnong gibt, soll euch
Fraed schenka ond Frieda em Glaoba,
dass r en Überfluß hent en dr Hoffnong

durch d Kraft vom Haeliga Gaest.

Zom Vrgleicha: *Vers 1:* 14,1f • *Vers 2:* 14,19 • *Vers 3:* Ps 69,10 • *Vers 4:* 1Kor 10,11; 2Tim 3,16 • *Vers 5:* 12,16; Phil 2,2; 4,2 • *Vers 7:* 14,1 • *Vers 8:* 11,29f; Mt 15,24 • *Vers 9:* Ps 18,50 Zom Vrgleicha: *Vers 12:* Gen 2,17; 3,1-19 • *Vers 10:* Dtn 32,43 G Zom Vrgleicha: *Vers 12:* Gen 2,17; 3,1-19 • *Vers 11:* Ps 117,1 • *Vers 12:* Jes 11,1.10 G; Offbg 5,5 • *Vers 13:* 5,1f.

DR SCHLUSS VOM BRIAF: 15 14 - 16 27

Am Paulus saene Raeseplän: 15 14-29

[14]I ben drvo überzeugt, maene Brüader, dass ihr voler Güate send ond ao reiche Erkenntnis hent, dass r anander selber da Weg weisa könnat. [15]Zom Tôel han e euch recht deutlich gschrieba, dass r euch zrück erennera sollat, des han e aufgrond von dr Gnade dao, mô mr Gott gschenkt håt, [16]weil e a Diener vom Messias Jesus ben ond für d Haedavölker s Evangeliom vrwalta därf wian a Priaster. Dia Haedavölker sollat nämlich a Opfer wera, des mô Gott gfällt, haelig durch da Haeliga Gaest.

[17]Dass i so stolz sae kå auf maen Denst vôr Gott, han e alloe am Messias Jesus zom vrdanka. [18]I dät s gar et riskiera, ebbas zom saga von dem, was i dao han, wann et dr Messias durch mi gwirkt hatt, dass Menscha aus de Haedavölker zom Glaoba komma send. Er håt durch des gwirkt, was i gsaed ond dao han, [19]en dr Kraft von Zaeche ond Wonder, en dr Kraft vom Herrgott saem Gaest. So han i von Jerusalem aus em weita Omfeld bis nach Illyrien überall s Evangeliom vom Messias ausrichta könna. [20]Dådrbei han e aber grondsätzlich drauf g'achtat, dass e s Evangeliom et då vrkündat han, mô schao oener da Messias kennt håt, weil e et auf a ma Fondament han baua wölla, des mô a anderer glegt håt. [21]S hôeßt nämlich en dr Schrift: *Dia sollat seha, dene mô no nex über an vrkündigt wôra ischd, ond dia, mô no nex von am ghört hent, sollat an vrstanda.*

[22]Durch des ben e ao emmer vrhenderat gwea, dass e zo euch hätt komma könna. [23]Aber jetzt ben e fertig en dera Gegend. Außerdem wär e schao seit viele Jåhr gern amål zo euch komma. [24]Wann e nach Spanien fahr, nå hoff e, dass e euch auf dr Durchraes sieh ond von euch für d Weiterraes ausgrüstat wir, wann e a Weile bein ich blieba ben ond me mit euch gfraet han. [25]Aber jetzat raes e zerst nach Jerusalem, zom bei de Haelige sell diena. [26]En Mazedonien ond en Achaja hent se nämlich für de Arme en Jerusalem am Sammlong ghalta. [27]Des hent se guat gfonda, weil se moenat, se seie bei dene en dr Schuld, weil se von dene ihre gaestliche Gaba an Åtôel kriagt hent, obwohl se koene Juda send. Nå möchtat se zom Ausgleich dene a bißle mit materielle Gaba helfa. [28]Wann des nå greglat ischd ond i dene ordnongsgemäß dia Spenda aglieferat han, nå will e euch bsuacha ond nå nach Spanien weiterraesa. [29]I wôeß aber, dass wann e zo euch komm, nå komm e mit am ganza Sega vom Messias.

Zom Vrgleicha: *Vers 14:* Phil 1,9 • *Vers 15:* 1,5 • *Vers 16:* 11,13 • *Vers 18:* 2Kor 3,5 • *Vers 19:* 2Kor 12,12 • *Vers 21:* Jes 52,15 • *Vers 22:* 1,13 • *Vers 23:* 1,10f • *Vers 25:* Apg 19,21; 24,17 • *Vers 26:* Apg 11,29; 1Kor 16,1; 2Kor 9,2.12 • *Vers 27:* 1Kor 9,11 • *Vers 29:* 1,11.

Aufforderong zor Fürbitte: 15 30-33

[30]I bitt euch aber, Brüader, em Nåma von onseram Herra, am Messias Jesus ond bei dr Liebe vom Gaest, dass r mr Beistand laestat em Beta zo Gott, [31]dass

e vôr de Widerspenstige en Judäa grettat wir ond mae Denst von de Haelige en Jerusalem dankbar ågnomma wird, [32]ond dass e, wann s Gott will, voler Fraed zo euch komma ond a Weile ausruha kå.

[33]Dr Friedensgott sei mit euch älle. Amen.

Zom Vrgleicha: *Vers 30:* 2Kor 1,11; Phil 1,27; Eph 6,18f • *Vers 31:* Apg 21,10f • *Vers 32:* 1,10 • *Vers 33:* 16,20; 1Thess 5,23; 2Thess 3,16.

Grüaß ond Vrmåhnonga: 16 1-24

16 I möcht euch aber d Schwester Phöbe ans Herz lega, dui dient ao dr Gemaende en Kenchreä, [2]dass r se aufnemmat em Herra, wia s für de Haelige würdig ischd, ond r a helfat, bei was se euch ao braucht. Dui håt nämlich viele gholfa, mir selber ao. [3]Grüaßat d Priska ond da Aquila, maene Helfer em Messias Jesus; [4]dia hent für mae Leba ihran aegena Hals nôghoba, drom ben et bloß i dene dankbar, sondern älle Gemaenda von de Haedachrista, [5]ond d Gemaende en ihram aegena Haus. Grüaßat mr maen liaba Epänetus, des ischd dr Erstleng von Asien für da Messias. [6]Grüaßat d Maria, dui håt sich für euch viel Müah geba. [7]Grüaßat da Andronikus ond da Junias, maene Stammasgenossa, mô mit mr em Gfängnis gwea send, des send hervorragende Apostl ond send schao vôr mir zom Messias gstanda. [8]Grüaßat mr maen em Messias liaba Ampliatus. [9]Grüaßat da Urbanus, maen Mitarbaeter em Messias, ond maen liaba Stachys. [10]Grüaßat da Apelles, der håt sich am Messias würdig zaegt. Grüaßat am Aristobul saene Leut. [11]Grüaßat da Herodion vo maem Volk, grüaßat am Narzissus saene Leut, mô en dr Gsennong vom Herra lebat. [12]Grüaßat d Tryphäna ond d Tryphosa, mô sich für da Herra Müah gebat. Grüaßat mae liaba Persis, mô sich so viel Müah geba håt em Herra. [13]Grüaßat da Rufus, den håt dr Herr auserwählt; grüaßat sae Muader, dui ischd ao für mi wian a Muader gwea. [14]Grüaßat da Asynkritus, da Phlegon, da Hermes, da Patrobas, da Hermas ond dia Brüader, mô bei nen send. [15]Grüaßat da Philologus ond d Julia, da Nereus ond sae Schwester, ond da Olympas ond älle Haelige bei nen. [16]Grüaßat anander mit am haeliga Kuß. Älle Gemaenda vom Messias lent ich grüaßa.

[17]Des will e euch mitgeba, liabe Brüader, hent mr acht auf dia, mô Zwietracht säat ond em Widerspruch zo dem standat, was ihr glernt hent. Gangat en aus am Weg. [18]De selle deanat et onseram Herra, am Messias Jesus, sondern ihram Bauch. Mit ihrer Schöschwätzerei ond ihre aalglatte Reda führat se de oefache Gmüater henter s Licht. [19]Wia ihr em Gaest vom Evangeliom lebat, des håt sich romgsprocha bei älle, i frae me für euch. Ond i möcht ao gern, dass ihr d Weishaet kriagat ond fähig send zom Guata ond mit am Baesa nex zom doa hent. [20]S daurat nemme lang, bis dr Friedensgott da Satan zsematritt ond euch onter d Füaß legt. Am Herr Jesus sae Gnade soll mit euch sae!

[21]Grüaßa lassat ao dr Timotheus, mae Mitarbaeter, ond dr Luzius, dr Jason ond dr Sosipater, maene Landsleut. [22]I grüaß euch ao em Herra, i, dr Tertius, der mô den Briaf gschrieba håt. [23]Ao dr Gaius läßt grüaßa, mae Hausherr ond de ganz Gemaende. Nå läßt no dr Erastus grüaßa, dr Stadtkämmerer ond dr Bruader Quartus. [[24] Am Herr Jesus sae Gnade soll mit euch sae!] fehlt bei de älteste Textzeuga.

Zom Vrgleicha: *Vers 1:* Apg 18,18 • *Vers 3:* Apg 18,2 • *Vers 5:* 1Kor 16,19; Kol 4,15; Phlm 2 • *Vers 16:* 1Kor 16,20; 2Kor 13,12; 1Thess 5,26; 1Petr 5,14 • *Vers 17:* Tit 3,10 • *Vers 18:* Phil 3,18f; Kol 2,4 • *Vers 19:* 1,8; 1Kor 14,20 • *Vers 20:* 15,33; Gen

3,15 • *Vers 21:* Apg 16,1f; 13,1; 17,5f; 20,4; Phil 2,19 • *Vers 23:* 1Kor 1,14; 2Tim 4,20; Apg 19,22 • *Vers 24:* 2Thess 3,18; 1Kor 16,23.

Lobpreis zom Abschluß: 16 25-27

25 Aber dem, der mô euch Kraft geba
kå, wian e s euch ausgrichtat han em
Evangeliom ond en dr Predigt vom
Messias Jesus vrkündigt han ond
s Gehaemnis, des seit ewige Zeita
vrschwiega wôra ischd,
26 jetzt aber durch
profetische Schrifta auf d Åweisong
vom ewiga Gott offabar gmacht wôra
ischd, dass älle Völker zom Glaoba
gführt werat,
27 dem oena, weisa Gott,
durch da Messias Jesus: Dem sei d Ehr
en älle Ewigkaeta! Amen.

Zom Vrgleicha: *Vers 25:* 1Kor 2,7; Eph 1,9; Kol 1,26 • *Vers 26:* Eph 3,4f.9; 1Petr 1,20; Rö 1,5 • *Vers 27:* 11,36; 1Tim 1,17.

Dr erste Briaf vom Paulus an d Korinther

Acgangsgruaß: 1 1-3

1 Paulus, weil Gott des so will, beruafa zom Apostl vom Messias Jesus ond dr Bruader Sosthenes [2]an d Gemaende von Gott en Korinth, an dia mô sich hent haeliga lassa em Messias Jesus, de beruafene Haelige, mit älle, mô da Nâma von onseram Herra Jesus Christus åruafa dent, mô emmer se ao send, bei sich ond bei ons. [3]Gnade sei mit euch ond dr Frieda von Gott, onseram Vadr ond am Herr Jesus Christus.

Zom Vrgleicha: *Vers 1:* Apg 18,17; • *Vers 2:* 6,11

Dank an Gott: 1 4-9

[4]I dank maem Gott zo jeder Zeit em Blick auf euch für dui Gnade, mô Gott euch geba håt em Messias Jesus, [5]dass r en am reich wôra send en äller Vrnonft ond en dr Erkenntnis. [6]S Zeugnis vom Messias ischd bei euch so gfestigt wôra, [7]dass bei euch koe Gnadagab fehlt, solang r auf de letzt Offabarong von onseram Herra, am Messias Jesus wartat. [8]Der will euch ao ennerlich fest macha bis ans End, dass r am Dag von onseram Herra, am Messias Jesus, ohne Tadel dåstandat. [9]Gott ischd nämlich treu, durch den mô ihr beruafa wôra send zor Gemaenschaft mit saem Soh Jesus, am Messias, der mô onser Herr ischd.

Zom Vrgleicha: *Vers 5: 2Kor 8,7* • *Vers 6:* Apg 18,5; *Vers 7:* 2Thess 1,7 • *Vers 8:* 1Thess 3,13 • *Vers 9:* 10,13.

SPALTONGA EN DR GEMAENDE: 1 10 - 4 21

Måhnong zor Aenhaet: 1 10-17

[10]Also des muaß e euch saga, Brüader, em Nâma vom Messias Jesus, dass ihr älle oe Åsicht vrtreta sottat ond koene Spaltonga dulda; handlat en oem Senn ond nach oener Moenong. [11]Dia Leut von dr Chloë hent mr nämlich von euch vrzählt, bei euch dät s Streitereia geba. [12]I moen dådrmit, dass dr oene von euch saed: I halt zom Paulus, dr ander: I zom Apollos, ond wieder a anderer: I zom Kephas oder zom Messias. [13]Ischd dr Messias vielleicht vrtôelt? Ischd vielleicht dr Paulus für euch kreuzigt wôra, oder send r auf am Paulus saen Nâma taoft wôra? [14]I dank maem Gott, dass e außer am Krispus ond am Gaius koen von euch taoft han. [15]Nå kå wenigstens koener saga, r sei auf maen Nâma taoft wôra. [16]Allerdengs han e ao no d Familie vom Stephanas taoft, aber sonst wüßt e koen maeh, den môn e no taoft hätt. [17]Dr Messias håt mi nämlich et zom Taofa gschickt, sondern zom s Evangeliom vrkündiga, ond zwår et mit haochgstochene Reda, dass am Messias sae Kreuz et om sae Kraft bråcht wird.

Zom Vrgleicha: *Vers 10:* 11,18; Rö 15.5; • *Vers 12:* 3,3f; Apg 18,24 • *Vers 14:* Apg 18,8; Rö 16,23 • *Vers 16:* 16,15.17 • *Vers 17:* Apg 9,15.

D Botschaft vom Kreuz: 1 18-31

[18]S Wort vom Kreuz ischd nämlich für dia, mô vrlora gangat, a Torhaet, aber für ons, mô grettat werat, ischd des a Kraft, mô von Gott kommt. [19]s stôht nämlich gschrieba: *I richte de Weise ihr Weishaet zgrond. Ond da Vrstand von de Gscheite stell e ens Abseits.*

[20]Mô ischd denn a Weiser? Mô a Gstudierter? Mô oener, mô s Wort führa kå en dera Welt? Håt Gott et d Weishaet von dera Welt bloßgstellt als Torhaet? [21]Weil nämlich d Weltweishaet

d Zuakonft, ällas ghert euch, [23]aber ihr gherat am Messias, dr Messias aber ischd von Gott.

4 Mr soll ons als Diener vom Messias ågucka ond als Vrwalter vom Herrgott saene Gehaemnis. [2]Von de Vrwalter vrlangt mr, dass sich s am End rausstellt, dass se treu send. [3]Mir macht des gar nex aus, wann ihr me zor Rechaschaft ziaga wöllat oder a menschlichs Gericht; i maß mr ao selber koe Urtôel über me å. [4]I wüßt et, dass e ebbas Orechts dao hätt, aber drom ben e no lang et freigsprocha - dr Herr selber vrlangt nämlich Rechaschaft vo mr. [5]Dent also et vôr dr Zeit richta; wartat liaber, bis dr Herr kommt, der kå nämlich ao des ans Licht brenga, was em Donkla leit. Der deckt ao auf, wia s oener gmoent håt en saem Herza dren. Ond nå kriagt a jeder sae Lob von Gott.

[6]Maene Brüader, des han e jetzt wega euch auf mi ond da Apollos omgmünzt, dass ihr an ons des grondsätzlich lernat: Et über des naus, was en dr Schrift stôht, dass koener sich für da oena gega da andera aufblåst. [7]Wer bevorzugt denn di? Ond was håsch du, was da et vôrher kriagt hättest? Wann da s aber kriagt håsch, wårom duast nå so, als hättest s schao ghet? [8]Ihr send schao satt ond reich wôra; ohne ons send r an d Macht komma; wärat r doch an d Macht komma, dass ao mir mit euch herrscha könnte.

[9]I moen nämlich, Gott håt ons Apostl auf da letzta Platz gwiesa wia sotte, mô zom Daot vrurtôelt send. Mir send nämlich a Schaospiel wôra für d Welt, für Engel ond Menscha. [10]Mir standat då wia Deppa weg'am Messias, ihr drgega send gscheite Leut em Messias; mir send schwach, aber ihr stark; ihr hent s Åseha, mir aber send ehrlos. [11]Bis zor Stond hent mir Honger ond Durst ond send nackad ond werat vrhaoa ond hent koe Hoemat. [12]Mir gebat ons Müah ond schaffat mit de ôegene Händ, wa mr ons schempft, nå gebat mir da Sega, mr vrfolgt ons, aber mir harrat aus, [13]wann se ons vrlästerat, gebat mir guate Wort; zo Sündaböck se mr wôra für d Welt, dr letzt Dreck bis jetzat.

[14]I schreib euch des et, zom euch bloßstella, sondern dass e euch als maene liabe Kenderla vrmåhna dua. [15]Wann ihr nämlich ozählig viel Schualmôester hättat em Oessae mit am Messias, nå hättat r no lang koene Vädr, i ben nämlich em Messias Jesus durch s Evangeliom euer Vadr wôra. [16]I will euch drom Muat macha, dass ihr mir s nåchmacha sollat.

Zom Vrgleicha: *Vers 3,3:* 1,12; • *Vers 9:* Mt 13,3-9; Eph 2,20 • *Vers 10:* 15,10; Rö 15,20 • *Vers 11:* Eph 2,20; 1Petr 2,4-6; • Apg 4,11f • *Vers 13:* 4,5; 2Thess 1,7f • *Vers 15:* Jud 23 • *Vers 16:* 6,19; 2Kor 6,16; Eph 2,21f • *Vers 18:* 4,10 • *Vers 19:* Job 5,13; 1Kor 1,20; Rö 1,22 • *Vers 20:* Ps 94,11 G • *Vers 22:* 1,12; Rö 8,38 • *Vers 4,1:* 3,5; Kol 1,25f; 1Petr 4,10 • *Vers 2:* Lk 12,42 • *Vers 3:* 9,3 • *Vers 5:* Rö 2,16 • *Vers 6:* Rö 12,3 • *Vers 8:* Offbg 3,21 • *Vers 9:* 2Kor 4,11 • *Vers 11:* 2Kor 11,27 • *Vers 12:* 9,12; Apg 18,3; 20,33f • *Vers 13:* Apg 22,22 • *Vers 15:* Gal 4,19; Phil 2,22; Phlm 10 • *Vers 16:* 11,1; Phil 4,9.

Dr Paulus meldat saen Bsuach å:

4 17-21

[17]Drom han e da Timotheus zo euch gschickt, des ischd mae liaber ond treuer Soh em Herra, der soll euch an maene Åweisonga vom Messias Jesus erinnera, wian e s en jedera Gemaende gib. [18]A paar von euch, mô gmoent hent, i dät et selber zo euch komma, hent sich zwår arg wichtig gmacht. [19]I komm aber bald zo euch, wann s dr Herr will. Nå prüaf e dia Wichtigmacher et auf des, was se sagat, sondern auf ihr Kraft. [20]Am Herrgott sae Reich håt saen Bstand et em Reda, sondern en dr Kraft. [21]Was

wöllat r denn: Soll e mit am Stecka zo
euch komma oder en dr Liebe ond em
Gaest von dr Sanftmuat?

Zom Vrgleicha: *Vers 17:* 16,10; Apg 16,1; 19,22 • *Vers 19:* 16,5-7; 2Kor 13,1-10 • *Vers 20:* 2,4 • *Vers 21:* 2Kor 13,10.

OGUATE SACHA EN DR GEMAENDE: 5 1 - 6 20

Bluatschand: 5 1 13

5 Überhaopt hört mr, dass bei euch
Ozucht trieba wird, ond zwâr a
Ozucht, mô no et amål bei de Haeda
vôrkommt, dass oener d Frao von saem
Vadr håt. 2Nå kommat ihr euch no recht
wichtig vôr, anstatt dass r traurig wärat
ond den ausschliaßat, mô des dao håt.
3I maenerseits ben zwâr leiblich et då,
aber em Gaest ben e då ond han mr mae
Urtôel über den, mô des dao håt, schao
bildat, wia wann e persönlich då wär:
4Wann ihr em Nåma von onseram Herra
Jesus vrsammlat send ond mae Gaest mit
dr Kraft vom Herr Jesus, 5dass mr den
Menscha am Satan übergebat, zom sae
irdisch-menschlicha Gsennong vrderba,
dass wenigstens sae Gaest grettat wird
am Herra saem Dag.
6Euer Aebildong ischd et guat. Wissat
ihr et, dass a kloes bißle Sauertôeg da
ganza Tôeg sauer macht? 7Fegat den alta
Sauertôeg ganz naus, dass r a neuer Tôeg
werat; ihr send doch schao a ogsäuerts
Brot, weil onser Passalamm ischd schao
gschlachtat, dr Messias. 8Nå laß ons
feiera, et mit am alta Sauertôeg, ond et
mit am Sauertôeg von dr Boshaftigkaet
ond Liadrigkaet, sondern mit ogsäuerte
Brot, mit dr Raenhaet ond mit dr
Wåhrat.
9I han euch en maem Briaf ågwiesa, dass r
mit Ozüchtige koen Omgang han sollat.
10Då han e et de Ozüchtige von dr ganza
Welt drmit gmoent oder de Habgierige
ond Raeber ond Götzaobeter; sonst
müßtat r jå auswandera aus dera Welt.
11Jetzt han e aber schriftlich d Åweisong
geba, dass r koen Omgang hent mit oem,
der mô sich Bruader hôeßa läßt ond
drbei ozüchtig ischd oder habgierig, a
Götzaôbeter oder a Schandmaul oder
a Schluckspecht oder a Raeber ischd,
mit so oem därfat r et amål an oen Tisch
nôhocka. 12Wia kämt i denn drzua, dia
draußa zom vrurtôela? Hent ihr dia
von drenna et zom richta? 13Dia draußa
richtat dr Herrgott ao. Schaffat ihr da
Baesa von euch selber weg.

Zom Vrgleicha: *Vers 1:* Lev 18,7f; 20,11; Dtn 27,20 • *Vers 3:* Kol 2,5 • *Vers 4:* Mt 18,20 • *Vers 5:* 1Tim 1,20; 1Petr 4,6 • *Vers 6:* Gal 5,9 • *Vers 7:* Ex 12,15.19; 13,7; 1Petr 1,19; Ex 12,21 • *Vers 8:* Ex 12,15-20 • *Vers 9:* 2Petr 2,2.14.19; Jud 23 • *Vers 10:* 1Tim 6,3-10; 1Joh 5,19 • *Vers 11:* 6,9f; 2Thess 3,6; Kol 4,5 • *Vers 13:* Dtn 17,7; 19,19.

Rechtshändel onter Christa: 6 1-11

6 Brengt des oener fertig, dass r saen
Streit mit a ma andera vôr am Gericht
von de Ogerechte austraet ond et vor de
Haelige? 2Oder wissat ihr et, dass de
Haeliga amål d Welt richta werat? Ond
wann amål durch euch d Welt grichtat
wird, send r nå et guat gnuag für de
kloenere Sacha? 3Wissat ihr et, dass
mir amål sogar über Engel richta dent,
geschweige denn über de alldägliche
Sacha? 4Wia könnat ihr nå dia, mô
koe Åseha hent en dr Gemaende, en
alldägliche Fråga entschaeda lassa? 5I
sag s zo eurer Schand. Geit s bei euch
koen Vrständiga, der zwischa Brüader
schlichta kå? 6Noe, liaber gôht oe
Bruader gega da andera vôr s Gericht
von de Oglaebige? 7Ischd et des schao
a Armuatszeugnis, dass ihr mitanander
prozessierat? Wårom steckat r et
liaber amål a Orecht ae? Wårom lent r
euch liaber ausnemma? 8Aber ihr dent

orecht ond nemmat eure Brüader aus.
[9]Oder wissat ihr et, dass de Ogerechte
am Herrgott sae Reich et erba därfat?
Machat euch nex vôr! Weders Ozüchtige,
no Götzaåbeter, weders Ehebrecher, no
Kenderschänder, no Schwule, [10]no Dieb,
no Habgierige, koene Schluckspecht,
koene Schandmäuler, koene Raeber
erbat am Herrgott sae Reich. [11]Ond sotte
send a paar von euch gwea; aber ihr hent
euch wäscha lassa, aber ihr send haelig
wôra, aber ihr send gerechtgsprocha
wôra durch da Nâma vom Herr Jesus,
am Messias, ond durch da Gaest von
onseram Gott.

Zom Vrgleicha: *Vers 2:* Dan 7,22; Lk 22,30; Offbg 20,4 • *Vers 3:* 2Petr 2,4; Jud 6 • *Vers 5:* 4,14 • *Vers 7:* Mt 5,39f; 1Thess 5,15; 1Petr 3,9 • *Vers 9:* 15,50; Gal 5,19-21; Eph 5,5; Offbg 21,8; 22,15 • *Vers 11:* Rö 6,6-11; Tit 3,4-7; 1Petr 3,21; 1Joh 2,12; Hebr 9,14; 10,22.

D Christlicha Freihaet: 6 12-20

[12]S ischd mr zwår ällas erlaobt - aber s
ischd et ällas nützlich für me. S ischd
mr ällas erlaobt, aber i laß me von nex
beherrscha. [13]S Essa ischd für da Bauch
då ond dr Bauch für s Essa. Aber Gott
macht amål mit bôedam a End. Aber dr
Leib ischd et für d Ozucht då, sondern
für da Herra, ond dr Herr für da
Leib. [14]Gott håt da Herra auferweckt;
der weckt mit saener Macht ao ons
auf. [15]Wissat ihr et, dass eure Leiber
Gliedmaßa vom Messias send? Soll
e jetzt am Messias saene Gliedmaßa
nemma ond Huraglieder draus macha?
Bloß et. [16]Oder wissat ihr et, dass oener,
mô sich mit r a Hur aeläßt, mit dera oe
Leib wird? S hôeßt doch: *Dia Zwôe
send nå oe Leib.* [17]Wer sich drgega an
da Herra bendat, der ischd oe Gaest mit
am. [18]Haltat euch von dr Ozucht fern!
A jeda andera Sünd, mô a Mensch duat,
ischd außerhalb von saem Leib, aber
der, mô Ozucht treibt, sündigt gega saen
aegena Leib.[19]Oder wissat ihr et, dass
euer Leib a Templ vom Haeliga Gaest
ischd, der mô en euch dren ischd, ond
den hent ihr von Gott, drom gherat ihr
et euch selber. [20]Ihr send nämlich om an
hoha Preis kaoft wôra; preisat also Gott
mit euram Leib.

Zom Vrgleicha: *Vers 12:* 10,23 • *Vers 13:* Mt 15,17; 1Thess 4,3-5 • *Vers 14:* 15,20f; Rö 8,11; 2Kor 4,14 • *Vers 15:* 12,12.27; Rö 12,5 • *Vers 16:* Gen 2,24 • *Vers 17:* 2Kor 3,17 • *Vers 19:* 3,16; Rö 8,11.15 • *Vers 20:* 7,23; 1Petr 1,18f

STANDASORDNONGA EN DR GEMAENDE: 7 1-40

D christlicha Ehe: 7 1-7

7 Auf des, was r me en euram Briaf
gfrågt hent, will e Antwort geba: Für
an Må ischd s besser, wann r a Frao gar
et ålangt; [2]Aber zom d Ozucht vrmeida,
soll a jeder sae ôegena Frao ond jeda
ihran ôegena Må han. [3]Dr Frao soll ihr
Må de schuldig Pflicht doa, aber d Frao
ihram Må ao. [4]D Frao vrfüagt et über da
aegena Leib, sondern ihr Må; ao dr Må
vrfüagt et über saen aegena Leib, sondern
d Frao. [5]Vrwaegerat euch anander et, sei
s, dass r euch oes werat für a bestimmta
Zeit, dass r frei send für s Gebet. Nå
kommat r wieder zsema, dass euch dr
Satan et en Vrsuachong brengt wega
euram Trieb. [6]Des stand e euch zua, des
ischd koe Befehl. [7]S wär mr liaber, wann
älle ovrheiratat wäre wian i; aber a jeder
håt a aegena Gnadagab von Gott, dr oe
so ond dr ander so.

Zom Vrgleicha: *Vers 1:* Mt 19,10; 1Tim 4,3 • *Vers 2:* 1Thess 4,3f • *Vers 3:* Eph 5,21-29 • *Vers 7:* Mt 19,12.

Ehe mit Haeda, Schaedong: 7 8-16
[8]De Ovrheiratate ond Vrwitwate sag
e aber: s ischd besser für se, wann se
so bleibat wian i. [9]Wann se aber et
enthaltsam leba könnat, sollat se heirata!
S ischd nämlich besser zom heirata
als vom Trieb vrzehrt wera. [10]Aber de
Vrheiratate gib et i, sondern dr Herr d
Åweisong: A Frao soll sich von ihram
Må et trenna. [11]Håt se sich aber doch
trennt, nå soll se ovrheiratat bleiba oder
sich mit ihram Må wieder vrsöhna! Ond
dass a Må sae Frao et fortschickt. [12]De
andere sag i, et dr Herr: Håt a Bruader
a oglaebiga Frao ond dui ischd drmit
aevrstanda, dass se bein am wohnt, nå
soll r se et fortschicka. [13]Ond a Frao, mô
an oglaebiga Må håt ond der ischd drmit
aevrstanda, dass r bei ra wohnt, soll den
Må et fortschicka. [14]Der oglaebige Må
ischd nämlich durch sae Frao haelig,
ond haelig ischd a oglaebiga Frao durch
da Bruader; sonst wärat jå eure Kender
oraen, jetzt send se aber haelig. [15]Wann
sich aber dr oglaebige Partner trenna
will, nå soll r sich trenna. Der Bruader
oder dui Schwester ischd en dem Fall
et wian a Sklav bonda; Gott håt euch
zo a ma Leba em Frieda beruafa. [16]Was
wôeßt denn du, Frao, ob da daen Må
rettest? Oder was wôeßt du, Må, ob da
dae Frao rettest?

Zom Vrgleicha: *Vers 9:* 1Tim 5,14 • *Vers 10:* Mt 5,32; 19,4-6 • *Vers 16:* 1Petr 3,1f.

D Beruafong von Gott ond dr Stand von de Beruafene: 7 17-24
[17]Ansonsta soll a jeder so leba, wian am
s dr Herr zuatôelt håt. Wia d Bruafong
von Gott oen troffa hot, so soll r
weiterganga. Des ischd mae Åweisong
für älle Gemaenda. [18]Ischd oener als
Beschnittener beruafa wôra, der soll so
bleiba. Ischd oener als Obeschnittener
beruafa wôra, der soll sich et beschneida
lassa. [19]S kommt et drauf å, ob mr
beschnitta ischd oder et, sondern dass
mr am Herrgott saene Gebot aehält.
[20]Wia d Bruafong von Gott oen troffa
håt, so soll r weiterganga. [21]Wann da als
a Sklave beruafa wôra bist, mach dr nex
draus. Aber wann da freikomma kåsch,
nä mach om so mach draus (aus daener
Freihaet). [22]Wird nämlich der, mô als a
Sklav vom Herra beruafa wôra ischd,
freiglassa, nå ischd r a Freiglassener em
Herra. Ond der, mô als a Freiglassener
beruafa wôra ischd, ischd a Sklav
vom Messias. [23]Ihr send om an hoha
Preis kaoft wôra, werat also koene
Menschaknecht maeh. [24]Brüader, a jeder
soll vôr Gott en dem Stand bleiba, en
dem môn an d Beruafong von Gott
troffa håt.

Zom Vrgleicha: *Vers 17:* 7,20.24 • *Vers 18:* Gal 5,1f • *Vers 19:* Gal 5,6; 6,15; Rö 2,25f • *Vers 21:* Eph 6,5f; Phlm 16 • *Vers 23:* 6,20.

Ehe ond Ehelosigkaet: 7 25-38
[25]Was aber de Ledige ågôht, han e vom
Herra koe Åweisong. Mae Moenong
sag e aber als oener, mô vom Herra s
Erbarma gschenkt kriagt håt, dass e
vrtrauenswürdig ben. [26]I moen also, dass
s wega dera Not, mô bei ons åstôht, guat
ischd für da Menscha, dass mr so ischd.
[27]Bist d an a Frao bonda, nä probier
et, zom se loswera. Bist d et bonda, nå
suach ao koe Frao. [28]Håsch d aber doch
gheiratat, des ischd koe Sünd. Ond
wann a jonga Frao heiratat, nå ischd des
ao koe Sünd. Sotte Leut hent natürlich
ao ihr Not, dem entgangat se et, i will
euch halt drvôr vrschona. [29]I sag euch,
Brüader: Mir hent et viel Zeit. Drom soll
der, mô a Frao håt, sich so vrhalta, als
hätt r koena, [30]der mô heula muaß, wia
oener, mô et heula braucht, der mô sich
fraet, wia oener, mô sich et fraea kå, ond
dia, mô kaofa könnat wia dia, mô nex
bhalta därfat, [31]der, mô sich d weltliche
Errongaschafta z Nutza macht, als dät

r s et nutza; weil dui Weltgstalt gôht
vorbei.
[32]I dät mr wünscha, dass ihr euch koene
Sôrga macha brauchat. A Lediger kå
sich om des kümmera, was dr Herr will
ond so am Herra gfalla. [33]Aber der, mô
vrheiratat ischd, macht sich Sôrga om
weltliche Sacha, der muaß jå saener Frao
gfalla, [34]so ischd r auftôelt. Ond a lediga
Frao ond a Jongfer kümmerat sich om
des, was dr Herr will, so ischd se haelig
an Leib ond Gaest. Aber a Vrheiratata
macht sich Sôrga om weltliche Sacha,
dui muaß jå ihram Må gfalla. [35]Des sag
e aber zo euram Nutza: et weil e euch
Handschella ålega will, sondern dass
dr Åstand ond s Ausharra beim Herra
gwahrt bleibt.
[36]Wann aber oener moent, r dät saener
jonga Frao orecht, wann sae Vrlanga
zon r a z stark sei, nå soll r doa, was sae
muaß. Des ischd koe Sünd, dia sollat
heirata. [37]Ischd aber oener fest en saem
Herza, weil r sich em Griff håt ond
sich beherrscha kå ond beschlossa håt,
dass r sae jonga Frao et ålanga will, der
duat guat drå. [38]Heiratat oener sae jonga
Frao, der macht s recht, aber wer se et
heiratat, der macht s besser.

Zom Vrgleicha: *Vers 25:* Mt 19,12; 2Kor 8,10 • *Vers 26:* 7,29; 10,11 • *Vers 29:* Rö 13,11; 1Petr 4,7; 1Joh 2,16f • *Vers 33:* Lk 14,20.

Wiederheirat, wann dr Må gstôrba ischd: 7 39-40

[39]A Frao ischd bonda, so lang ihr Må
lebt, aber wann r gstôrba ischd, nå ischd
se frei ond kå heirata wen se will; bloß
sott des em Aevrständnis mit am Herra
gscheha. [40]Glücklicher ischd se aber,
maener Moenong nåch, wann se so
bleibt - i moen, dass e ao da Gaest von
Gott han.

Zom Vrgleicha: *Vers 39:* Rö 7,2.

HAEDNISCHE OPFER, CHRISTLICHE SAKRAMENT, CHRISTLICHER GOTTESDENST: 8 1 - 11 34

D Christa ihr Freihaet: 8 1-13

8 Was s Götzaopferflôesch ågôht:
då he mr älle a Erkenntnis. D
Erkenntnis duat recht wichtig, aber d
Liebe baut auf. [2]Wann oener moent,
r hätt von ebbas Erkenntnis, der håt
no gar et kapiert, was s zom erkenna
gilt. [3]Wer da Herrgott måg, der ischd
von am erkannt. [4]Was aber s Essa von
Opferflôesch ågôht, då wissat mr, dass
s koene Götza geit en dr Welt ond koen
Gott außer dem oena. [5]Ond wann s em
Hemmel oder auf dr Erde sogenannte
Götter geit - ond wia sotte Götter ond
Herra führat sich jå viele auf; [6]aber mir
hent bloß oen Gott, da Vadr, von dem
kommt ällas ond mir lebat auf an zua.
Ond s geit bloß oen Herra, Jesus, da
Messias, durch den mô ällas ischd, ond
mir send ao durch ehn.
[7]Aber et älle hent dui Erkenntnis.
Etlich, mô von ihre Götza ennerlich
et wegkommat, essat s Flôesch nå als
a Götzaopferflôesch; ond so wird ihr
schwachs Gwissa vrosicherat. [8]Was mr
essat, des spielt en onseram Vrhältnis
zo Gott koe Roll, des brengt ons koen
Nåchtôel ond koen Vortôel. [9]Bloß
müaßat r aufpassa, dass euer Freihaet de
Schwache et zom Åstoß wird. [10]Wann
de nämlich oener em Götzatempel beim
Essa sieht, weil dir des nex ausmacht,
vrlôetest d nå den mit saem schwacha
Gwissa et, dass r ao Götzaopferflôesch
ißt? [11]Nå gôht der Schwache an daener
Erkenntnis zgrond, der Bruader, für
den dr Messias gstôrba ischd. [12]Wann
ihr euch so an de Brüader vrsündigat

ond ihr schwachs Gwissa vrletzat, nå
sündigat ihr gega da Messias. [13]Wann
also a Essa maem Bruader zom Åstoß
wird, nå iss e auf gar koen Fall maeh a
Flôesch, dass e maen Bruader et zom
Sündiga vrführ.

Zom Vrgleicha: *Vers 1-13:* Rö 14,1-23; Apg 15,29 • *Vers 2:* Gal 6,3 • *Vers 3:* 13,12; Gal 4,9 • *Vers 4:* 10,19f • *Vers 6:* Rö 11,36; Kol 1,16f • *Vers 7:* 10,27f • *Vers 9:* Gal 5,13.

Dr Paulus gibt a Beispiel: 9 1-27

9 Ben i et a freier Mensch? Ben i koe
Apostl? Han i et onseran Herr
Jesus gseha? Ond send ihr et mae Werk
em Herra? [2]Wann i für de andere koe
Apostl ben, nå ben e s doch wenigstens
für euch; ihr send doch s Siegel für
mae Apostlamt em Herra. [3]Ihr send
mae Ausweis geganüber dene, mô
sich åmaßat, dass se über mi urtôela
könnte. [4]He' mir vielleicht et s Recht
auf Essa ond Trenka? [5]Därfat mir et ao a
Glaobensschwester als Frao mitnemma
wia de andere Apostl ond am Herra
saene Brüader ond dr Kephas? [6]Soll bloß
i ond dr Barnabas drauf vrzichta, dass
mr et (für da ôegena Onterhalt) schaffa
muaß? [7]Wer gôht denn en da Kriag ond
zahlt selber saen aegena Sold? Wer legt
an Wengert å ond will et drvo leba?
Oder wer hüatat a Vieherd ond will koe
Milch drvo trenka? [8]Ischd des vo mir
jetzt bloß menschlich gsprocha oder
stôht des et ao em Gsetz? [9]Em Gsetz
vom Mose stôhts nämlich gschrieba: *A
ma Ochsa, mô am Drescha ischd, soll mr
s Maul et zuabenda.* Gôht s am Herrgott
am End om d Ochsa, [10]Oder saed r des
ganz alloe wega ons? Wega ons stôht
des nämlich gschrieba, dass oener mô
ackerat, aufgrond von dr Hoffnong
ackera soll, ond der mô drischt aufgrond
von dr Hoffnong, dass r ao saen Åtôel
kriagt, môn am zuastôht. [11]Wann mir
bei euch gaestlicha Gaba gsät hent,
ischd des nå ebbas Bsonders, wa mir
von euch des ernta därfat, was mr zom
Leba braucht? [12]Wann andere s Recht
(auf da Onterhalt) für sich en Åspruch
nemmat, he' mir des et no viel maeh?
Aber mir hent des Recht et en Åspruch
gnomma, sondern mir nemmat ällas auf
ons, dass mr et für s Evangeliom vom
Messias a Hendernis send. [13]Wissat ihr
et, dass dia, mô de haelige Denst laestat,
vom Haeligtom lebat? Ond dass dia, mô
Altardenst hent, ihran Tôel vom Altar
kriagat? [14]So håt s dr Herr ao ågordnat,
dass dia, mô s Evangeliom vrkündigat,
ao vom Evangeliom leba sollat. [15]Aber
i han koena von dene Möglichkaeta
für mi en Åspruch gnomma. I schreib
des aber et, dass mr s mit mir so halta
soll; für mi wär s nämlich besser, wann
e sterba dät, als dass mr oener maen
Ruhm ramacha könnt. [16]Wann i nämlich
s Evangeliom predige, nå ischd des für
mi koe Ruhm; des muaß i ganz oefach;
Gnad mir, wann es s Evangeliom et
vrkündiga dät. [17]Wann e des nämlich
freiwillig dua, nå han e an Åspruch auf
an Loh. Wann e s aber ofreiwillig dua,
nå ischd mr a Haushalteramt åvrtraut
wôra. [18]Was han e also drvo? Dass i als
Vrkündiger vom Evangeliom dui froha
Botschaft kostalos mach ond auf mae
Recht am Evangeliom vrzichte.

[19]Ond weil e von neamerd abhängig ben,
han e me älle zom Sklava gmacht, dass e
doch emmer maeh gwenna kå. [20]So han
e me de Juda geganüber als a Jud vrhalta,
dass e Juda gwenna kå; dene geganüber,
mô onter am Gsetz lebat, han e me nach
am Gsetz vrhalta, obwohl e et onter am
Gsetz stand, dass e dia gwenna kå, mô
onter am Gsetz lebat. [21]Dene geganüber,
mô koe Gsetz hent, han e me so vrhalta,
wia wann i ao koe Gsetz hätt, obwohl i
et ohne am Herrgott sae Gsetz ben, ond
am Gsetz vom Messias onterwôrfa ben,
dass e ao dia gwenna kå, mô koe Gsetz

hent. 22I ben für de Schwache schwach wôra, dass e de Schwache gwenna kå; älle ben e ällas wôra, dass e auf jedam sae Art wenigstens a paar retta kå. 23Des duan e ällas für s Evangeliom, dass e an dem maen Åtoel kriag, was s Evangeliom vrspricht.

24Wissat ihr et, dass dia, mô em Stadion beim Laof mitdent, dass dia zwår älle sprengat, aber bloß oener holt da Kampfpreis. Sprengat so, dass ihr an holat! 25Aber a jeder Wettkämpfer lebt en ällam ganz enthaltsam, dia, dass se an vrgänglicha Kranz gwennat, aber mir kriagat an ovrgänglicha. 26I für mi laof et wia oener, der mô ens Blaoe naesauat; i kämpf mit dr Faust ao et wia oener, mô Löcher en d Luft haot, 27sondern i trainier maen Leib uf s Härteste, dass e et selber en a oguats Licht komm, môn e doch für de andere a Wegweiser gwea ben.

Zom Vrgleicha: *Vers 1:* 15,8f; Gal 5,1.13 • *Vers 2:* 4,15 • *Vers 3:* 4,3f • *Vers 4:* 914 • *Vers 5:* Mt 8,14 • *Vers 6:* Apg 13,2 • *Vers 7:* 2Thess 3,9; 2Tim 2,4.6 • *Vers 9:* Dtn 25,4; 1Tim 5,18 • *Vers 11:* Rö 15,27 • *Vers 12:* 2Kor 11,7-9; Apg 20,33f • *Vers 13:* Num 18,8.21; Dtn 18,1-3 • *Vers 14:* Mt 10,10; Gal 6,6 • *Vers 19:* 10,33; Mt 20,26f • *Vers 20:* Apg 16,3; 21,20-26; Gal 4,12 • *Vers 21:* Gal 6,2 • *Vers 22:* Rö 15,1; 2Kor 11,29 • *Vers 25:* Phil 3,14; 2Tim 2,4f; 4,7f; 1Petr 5,4 • *Vers 27:* Rö 13,14.

S warnende Beispiel vom Volk Israel:
10 1-13

10 I will euch, Brüader, et em Oklara drüber lassa, dass onsere Vädr älle onter dera Wolk gwea send; älle send durch s Meer durchganga; 2ond älle send auf da Mose taoft wôra en dera Wolk ond em Meer. 3Älle hent de gleich gaestlich Nahrong kriagt, 4ond älle hent s gleiche tronka, was en Gott mit saem Gaest geba håt; dia hent nämlich aus dem gaestlicha Felsa tronka, der mô mit en ganga ischd, ond der Felsa ischd dr Messias gwea. 5De maeste von dene hent aber Gott et gfalla, dia håt r nämlich en dr Wüste omkomma lassa. 6Dia Sacha send als a warnends Beispiel für ons passiert, dass mir ons et von dr Gier auf s Baese beherrscha lent wia dia. 7Werat ao koene Götzadiener, wia a paar von dene, wia mr s lesa kå: *Dådrnåch send se nôghockt zom Essa ond Trenka, nå send se aufgstanda ond hent ihran Spaß ghet.* 8Laß ons ao koe Ozucht treiba, wia etlich von dene Ozucht trieba hent, då send an oem Dag dreiazwanzgtausad omkomma. 9Mir wöllat ao da Messias et auf d Prob stella, wia s etlich von dene dao hent ond drfür von de Schlanga ombrâcht wôra send. 10Maulat ao et omananda, wia etlich von dene gmaulat hent ond drfür vom Vrderber ombrâcht wôra send. 11Des ischd an dene passiert als a Beispiel, ond des ischd aufgschrieba wôra für ons zor Warnong, für dia, mô ans End von dera Weltzeit komma send. 12Oener mô moent, er dät ganz fest dåstanda, soll aufpassa, dass r et fällt. 13Bis jetzt hent euch bloß menschliche Vrsuachonga troffa; aber Gott ischd treu, der läßt et zua, dass ihr en eurer Leidensfähigkaet überforderat werat. Der macht so a End mit dr Vrsuachong, dass r s ao aushalta könnat.

Zom Vrgleicha: *Vers 1:* Ex 13,21; 14,22; Ps 78,13f; Rö 1,13 • *Vers 3:* Ex 16,4.35; Ps 78,24f • *Vers 4:* Ex 17,6; Num 20,7-11; Ps 78,15f • *Vers 5:* Num 14,16 • *Vers 6:* Num 11,3.34 • *Vers 7:* Ex 32,6 • *Vers 8:* Num 25,1.9 • *Vers 9:* Num 21,5f • *Vers 10:* Ex 16,2f; Num 14,2.36f; 17,6-14 • *Vers 11:* 7,29; Rö 15,4; 1Petr 4,7 • *Vers 12:* Rö 11,20 • *Vers 13:* 1,8f; 2Thess 3,3; Jak 1,13f.

S Abendmahl ond dr Götzadenst:
10 14 - 11 1

14Wega dem, liabe Brüader, dent da Götzadenst vrmeida. 15I schwätz doch mit vrnünftige Leut, machat euch selber a Urtôel über des, was e sag. 16Dr

Segenskelch, über dem mô mir da Sega
sprechat, ischd der et d Gemaenschaft
mit am Bluat vom Messias? Des Brot,
mô mir mitanander brechat, ischd des
et d Gemaenschaft mit am Leib vom
Messias? [17]Des ischd oe Brot, drom
send mir älle mitanander oe Leib, weil
mir älle onseran Åtôel hent an dem oena
Brot. [18]Guckat auf s irdische Israel, hent
dia, mô bei dr Opfermahlzeit mitessad,
et ihran Åtôel am Altar? [19]Was will e
dådrmit saga? Dass Götzaopferflôesch
ebbas sei oder a Götzabild? [20]Noe, aber
des was sell gopferat wird, des wird et
Gott gopferat, sondern de Dämona.
I will aber et, dass ihr euch då drauf
aelassat. [21]Ihr könnat et am Herra saen
Kelch trenka ond da Kelch von de
Dämona. Ihr könnat ao et am Herra
saen Tisch nôsitza ond an da Tisch von
de Dämona. [22]Oder wöllat mr da Herra
eifersüchtig macha? Send mir vielleicht
stärker als wia er?
[23]S ischd ällas erlaobt, aber s ischd et ällas
guat für ons. Ällas ischd erlaobt, aber et
ällas baut ons auf. [24]Denkat et bloß an
euch selber, sondern ao an de andere.
[25]Ällas, was auf am Floeschmärkt åbota
wird, könnat r essa, då brauchat r euch ao
koe Gwissa draus macha. [26]*Am Herrgott
ghert d Erde mit ällam drom ond drå.*
[27]Wann euch a Oglaebiger aeladat ond
ihr då nôganga wöllat, nå essat, was
mr euch nôstellt ond machat euch koe
Gwissa draus. [28]Saed aber oener: Des
ischd a Götzaopferflôesch, nå essat
r nex drvo aus Rücksicht auf den, mô
euch drauf aufmerksam gmacht håt, ond
auf s Gwissa. [29]I moen dem andera sae
Gwissa ond et mae ôeges. Wårom soll
denn mae Freihaet vo ma andera saem
Gwissa abhängig sae? [30]Wann i dankbar
mitessa därf, wårom soll e nå gschempft
wera für ebbas, môn e dankbar drfür
ben. [31]Ob r also essat oder trenkat oder
ebbas anders dent, nå dent s am Herrgott
zor Ehr. [32]Gebat weders de Juda, no
de Griecha no am Herrgott saener
Gemaende an Ålaß, dass se euch ebbas
nåchsaga könnte. [33]So wian i selber ao
älle entgegakomm, et zo maem Nutza,
sondern für älle zom Nutza, dass se
grettat wera könnat. [1]Machat mr s nåch,
so wian i s am Messias nåchmach.

Zom Vrgleicha: *Vers 14:* 1Joh 5,21 • *Vers 17:* Apg 2,42; 1Kor 12,27; Rö 12,5 • *Vers 18:* Lev 7,6.15f; Dtn 18,1-4 • *Vers 19:* 8,4 • *Vers 20:* Ps 106,37 • *Vers 21:* 2Kor 6,15; Mal 1,7.12 • *Vers 22:* Dtn 32,21 • *Vers 23:* 6,12; • *Vers 24:* Rö 15,2; Phil 2,4 • *Vers 25:* Rö 14,2-10; • *Vers 26:* Ps 24,1 • *Vers 28:* 8,7 • *Vers 30:* Rö 14,6; 1Tim 4,3f • *Vers 31:* Kol 3,17 • *Vers 32:* Rö 14,13 • *Vers 11,1:* 4,16; Phil 3,17; 4,9.

D Fraoa em Gottesdenst: 11 2-16

11 [2]I muaß euch aber loba, weil r
en ällam an me denkat ond euch
an d Überlieferonga haltat, wian e s
euch bråcht han. [3]I will aber, dass ihr
wissat: Dr Messias ischd s Haopt vom
Må, dr Må ischd s Haopt von dr Frao
ond Gott ischd s Haopt vom Messias.
[4]Wann a Må betat oder profetisch redat
ond drbei ebbas auf am Kopf håt, macht
r saem Haopt a Schand. [5]Aber jeda Frao
mô betat oder profetisch redat ond nex
auf am Kopf håt, macht ihram Haopt
a Schand. Nå onterschôedat se sich
et von oenera, mô kahlgschôra ischd.
[6]Wann also a Frao nex auf am Kopf
håt, nå soll se sich doch glei d Håår
aschneida lao. Ischd s aber für a Frao a
Schand, wann se sich d Håår aschneida
oder sich kahlschera läßt, nå soll se ao
ihr Haopt zuadecka. [7]Dr Må därf sae
Haopt et zuadecka, weil r a Abbild ond
a Abglanz vom Herrgott ischd; d Frao
aber ischd dr Abglanz vom Må. [8]Dr Må
kommt nämlich et von dr Frao, sondern
d Frao vom Må. [9]Dr Må ischd ao et für
d Frao gschaffa wôra, sondern d Frao
für da Må. [10]Drom soll a Frao a Zaeche
für ihr Vollmacht auf am Haopt traga

wega de Engel. [11]Aber em Herra geit s weders d Frao ohne da Må, no da Må ohne d Frao. [12]Weil so wia d Frao vom Må stammt, so kommt dr Må durch d Frao auf d Welt; aber ällas kommt von Gott.

[13]Machat euch selber a Urtôel. Ghert sich des, dass a Frao ohne ebbas auf am Kopf zo Gott betat? [14]Ond lernat r et selber von dr Natur, dass s oenerseits für an Må a Schand ischd, wann r lange Håår håt, [15]andererseits ischd s für a Frao a Ehr, wann se lange Håår håt, weil d Håår send r a wian a Omhang geba. [16]Wann aber oener moent, er müaß dådrüber grechtla, nå soll r drå denka, dass des für ons koe Thema ischd, ao en dr Gemaende vom Herrgott et.

Zom Vrgleicha: *Vers 2:* 2Thess 2,15 • *Vers 3:* 3,23; Gen 3,16; Eph 5,23 • *Vers 7:* Gen 1,27 • *Vers 8:* Gen 2,22f; 1Tim 2,13 • *Vers 9:* Gen 2,18; 6,2.

Wia mr s Abendmahl feiera soll:

11 17-34

[17]Des weis e euch å, loba kån e s et, dass ihr et zo euram Nutza, sondern zom Schada zsemakommat. [18]Erstens muaß e höra, dass s bei euch Spaltonga geit, wann r en dr Gemaende zsemakommat, ond zom Tôel glaob e s ao. [19]S muaß jå Parteia geba, dass mr ao sieht, auf wen mr sich vrlassa kå. [20]Wann ihr also am gleicha Ort zsemakommat, nå ischd des koe Herramahl maeh. [21]Då ißt a jeder glei des, was r selber mitbråcht håt zom Essa, ond dr oe håt Honger, während dr ander bsoffa ischd. [22]Könnat ihr et drhoem essa ond trenka? Müaßat ihr d Gemaende von Gott so wenig achta, dass dia sich schäma müaßat, mô nex hent? Was soll e bloß dådrzua saga? Soll e euch ao no drfür loba? Für des kå e euch beim besta Willa et loba.

[23]I han s vom Herra gschenkt kriagt, was e euch überlieferat han: Dr Herr Jesus håt en dera Nacht, môn r ausglieferat wôra ischd, a Brot gnomma, [24]ond håt s Dankgebet gsprocha, nå håt r s ausananderbrocha ond gsaed: Des ischd mae Leib für euch, des dent r zo maem Ådenka. [25]Gradso ao da Becher nach am Essa, saed r: Der Kelch ischd dr neue Bund en maem Bluat; des dent r, so oft r draus trenkat, zo maem Ådenka. [26]So oft r nämlich des Brot essat ond den Kelch trenkat, vrkündigat ihr am Herra sae Sterba, bis r kommt.

[27]Wer also des Brot ißt ond den Kelch trenkt en r a owürdiga Art ond Weis, der macht sich schuldig am Leib ond am Bluat vom Herra. [28]Drom soll sich a jeder selber vôrher prüafa, ond nå soll r von dem Brot essa ond aus dem Becher trenka. [29]Wer nämlich dådrvo ißt ond trenkt ond et drå denkt, dass des am Herra sae Leib ischd ond koe gwöhnlichs Essa, der ißt ond trenkt sich selber s Gericht. [30]Drwega send bei euch ao so viele schwach ond krank, ond gar et so wenig send schao gstôrba. [31]Wa mr nämlich mit ons selber en s Gericht ganga däte, nå däte mr et vrurtôelt wera. [32]Aber wann ons jetzat dr Herr richta duat, nå will r ons zrechtweisa, dass mr et mit dr Welt am Urtôel vrfallat. [33]Wann r also zom Essa zsemakommat, maene Brüader, nå wartat aufananander. [34]Wann oener Honger håt, nå soll r drhoem essa, dass r et zom Gericht zsemakommat. No maeh Åweisonga gib e euch, wann e komm.

Zom Vrgleicha: *Vers 18:* 1,10-12; 3,3f • *Vers 22:* Jak 2,5f • *Vers 23:* 15,3; Mt 26,26-28; Mk 14,22-24; Lk 22,19f • *Vers 25:* Jer 31,31; Lk 22,20 • *Vers 26:* Mt 26,29; Mk 14,25; Lk 22,16-18 • *Vers 31:* Hebr 12,5f • *Vers 34:* 16,5.

D GAESTASGABA OND S LEBA VON DE CHRISTA: 12 1 - 14 40

Oe Gaest ond viele Gaba: 12 1-11

12 Was aber d Gaestasgaba ålangt,
Brüader, will e euch et em Oklara
lassa. 2Ihr wissat no guat, wia s euch
emmer wieder zo de stomme Götza
nôzoga håt, môn r no Haeda gwea send.
3Drom sag e euch: Nia dät oener, mô em
Gaest von Gott redat, saga: Jesus soll
vrfluacht sae! Ond koener kå saga: Jesus
ischd dr Herr! Wann et aus am Haeliga
Gaest.
4S geit aber Onterschied bei de
Gnadagaba, aber bloß oen Gaest. 5Ond
s geit onterschiedliche Denstlaestonga,
aber bloß oen ond da selba Herra. 6Ond
s geit onterschiedliche Kraftwirkonga,
aber oen ond da selba Gott, der mô
ällas en älle wirkt. 7Aber a ma jeda
wird d Offabarong vom Gaest zom
gemaensama Nutza geba. 8Am oena wird
also durch da Gaest d Begabong geba,
dass r d Weishaet von Gott vrmittla kå,
am andera s Wort von dr Erkenntnis aus
am gleicha Gaest. 9A ma andera wieder
wird dr Glaoba gschenkt em gleicha
Gaest, a anderer kriagt d Gnadagab, dass
r Hôela kå en dem oena Gaest, 10wieder
a anderer kriagt a Wirkongskraft, dass
r mächtig auftreta kå, a anderer kriagt
a profetischa Redegab, a anderer kå
d Gaester onterschôeda, a anderer kå
Zongareda, a anderer kå Zongareda
auslega. 11Aber des ällas wirkt der oene
ond selbe Gaest, der tôelt s a ma jeda
zua wia er will.

Zom Vrgleicha: *Vers 1:* 14,1 • *Vers 2:* Gal 4,8 • *Vers 3:* 1Joh 4,2f; Rö 10,9 • *Vers 4:* Rö 12,6; Eph 4,4 • *Vers 6:* 8,6; Eph 4,6 • *Vers 7:* 14,26 • *Vers 11:* 7,7; Rö 12,3; Eph 4,7-12; 1Petr 4,10.

Oe Leib ond viele Gliedmaßa: 12 12-31a

12So wia a Leib oe Aenhaet ischd,
obwohl der viele Gliedmaßa håt, aber
älle Gliedmaßa mitanander, obwohl
des viele send, oen Leib ausmachat: So
ischd des ao mit am Christus. 13Durch
oen Gaest send mir en dr Daof zo oem
Leib wôra: Juda, Griecha, Sklava ond
Freie - älle hent den oena Gaest trenka
därfa. 14Dr Leib ischd jå et bloß oes von
de Gliedmaßa, sondern viele.
15Wann dr Fuaß saga dät: I ben koe Håd,
drom gher i et zom Leib!, nå ghert der
oenaweg zom Leib. 16Ond wann s Ohr
saed: Weil i koe Aog ben, gher i et zom
Leib!, nå ghert des oenaweg zom Leib.
17Wann nämlich dr ganz Leib bloß a
Aog wär, mô dät nå s Gehör bleiba?
Wann r bloß a Gehör wär, mit was
wöttest nå schmecka? 18Jetzat håt aber
Gott a jedas von de Gliedmaßa so en
da Leib naebaut, wia ER s für richtig
gfonda håt. 19Wäre älle mitanander bloß
oe Glied, mô wär nå dr Leib? 20So geit
s zwår viele Gliedmaßa ond doch bloß
oen Leib. 21S Aog kå et zor Håd saga:
Auf di ben i fae et ågwiesa. Dr Kopf kå
et zo de Füaß saga: I brauch euch et.
22Em Gegatôel: Grad dia Gliedmaßa,
mô mr moent, se seie et so wichtig, dia
send bsonders notwendig, 23ond dia, mô
mr ons schenierat, dene messat mr maeh
Ehr zua, ond auf onsere oåständige
Gließmaßa gangat mr mit no maeh
Åstand zua, 24aber dia mô bsonders
åständig send, brauchat des et. Aber
Gott håt da Leib so zsemabaut, dass
r dem Glied, mô em Nåchtôel ischd,
a graeßera Ehr geba håt, 25dass s em
Leib koan Händel geit, sondern älle
Gliedmaßa gleich viel füranander sôrga
solle.
26Drom, wann s oem Glied et guat gôht,
nå leidat älle andere Gliedmaßa ao mit;
wann oes von de Gliedmaßa bsonders
g'ehrt wird, nå fraeat sich älle andere
mit am. 27Aber **ihr send am Christus**

sae Leib, ond a jeder ischd då drå oes von de Gliedmaßa.

[28]Ond de oene håt Gott en dr Gemaende aegsetzt, erstens als Apostl, zwôetens als Profeta, drittens als Lehrer, nå Wonderkräft, nå Gnadagaba zom Kranke hôela, Hilfelaestonga, Laetongsaufgaba, Arta von Zongareda.
[29]Send am End vielleicht älle Apostl? Vielleicht Profeta? Vielleicht Lehrer? Hent vielleicht älle Wonderkräft?
[30]Vielleicht Gnadagaba zom Kranke hôela? Vielleicht zom Zongareda? Vielleicht älle zom Auslega? [31]Eiferat doch om de graeßere Gnadagaba! Ond i zaeg euch no an Weg, der mô über ällas nausgôht.

Zom Vrgleicha: *Vers 12:* 10,17; Rö 12,4f • *Vers 13:* Gal 3,28 • *Vers 26:* Rö 12,15 • *Vers 27:* Rö 12,5; Eph 5,30 • *Vers 28:* 12,8-10; Eph 4,11f • *Vers 31a:* 14,1

D Liebe goht über ällas: 13 1-13

13 Wann e en de Språcha von de Menscha reda könnt ond sogar en de Engel ihrer Språch, aber koe Liebe hätt, nå wär e wia a bleches Geschäpper oder dr Krach von r a Pauk. [2]Ond wann e profetisch reda könnt ond älle Gehaemnis wüßt ond über ällas d Erkenntnis hätt, ond wann e an Glaoba hätt zom Berg vrsetza, aber koe Liebe han, nå wär e gar nex.
[3]Ond wann e mae Hab ond Guat de Arme spendiera dät ond maen Leib schmachta lass, dass e drmit ågeba könnt, aber koe Liebe hätt, nå dät mr des gar nex nütza.
[4]D Liebe ischd langmüatig, güatig ischd d Liebe, et eifersüchtig, d Liebe geit et å ond blåst sich ao et auf.
[5]Se ischd et oåständig ond et auf ihran Vortôel aus, se läßt sich et provoziera ond traet s Baese et nåch.
[6]Se ischd et schadafroh, wann s ogerecht zuagôht, aber se håt a Fraed an dr Wåhrat.
[7]Se hält ällas aus, glaobt ällas, hofft ällas ond duldat ällas.
[8]D Liebe hert gar nia auf. Ob des aber profetische Reda send, dia nemmat a End; oder ob des Zongareda send, dia herat auf; ob des Erkenntnis send, dia vrgangat ao.
[9]Mir erkennat nämlich bloß tôelweis ond ao onser profetischs Reda dreht sich bloß om Stückla vom Ganza.
[10]Wann aber s Vollkommene kommt, nå ischd s Stückwerk passe.
[11]Môn e no a Kend gwea ben, han e rausgschwätzt wian a Kend ond denkt wian a Kend. Môn e aber erwachsa wôra ben, han e d Kendereia an mr agstellt.
[12]Mir seahnat jetzat durch an Spiagel ällas wian a Rätsel, aber nå Aog en Aog. Jetzat erkenn i s bloß stücklesweis, aber nå erkenn e ällas, so wian i ao erkannt wôra ben.
[13]Jetzat aber bleibat dr Glaoba, d Hoffnong ond d Liebe, dia drei; s Graeßte von dene ischd aber d Liebe.

Zom Vrgleicha: *Vers 1:* 14,6-8 • *Vers 2:* 14,3.5; Mt 7,22; 17,20; 21,22; Mk 11,23 • *Vers 3:* Mt 19,21 • *Vers 4:* Rö 13,8-10 • *Vers 6:* Rö 12,9 • *Vers 7:* Spr 10,12 • *Vers 13:* Hebr 10,22-24; Kol 3,14.

Profetischa Red ond Zongared: 14 1-25

14 Trachtat en erster Linie nach dr Liebe, aber strebat ao eifrig nach Gaestasgaba, haoptsächlich dass r profetisch reda könnat. [2]Weil der, mô en Zonga redat, der redat et mit Menscha, sondern mit Gott; den vrstôht nämlich koener. Em Gaest redat der gehaemnisvolle Sacha. [3]Aber der, mô profetisch redat, der spricht zo Menscha, des baut dia auf, vrmåhnt se ond geit en Zuaspruch. [4]Wer en Zonga redat, der baut sich selber auf; aber der, mô profetisch redat, der baut d Gemaende auf. [5]I dät mr wünscha, dass ihr älle en Zonga reda könntat, aber no viel maeh,

dass r profetisch reda könntat. Der, mô
profetisch redat, ischd nämlich graeßer
als wia der, mô en Zonga redat, außer
r könnt sae Red ao auslega, dass d
Gemaende aufbaut wird.
6Jetzat aber, Brüader, was dät s euch
nützа, wann e zo euch komma ond en
fremde Zonga zo euch reda dät, aber
koe Offabarong, koe Erkenntnis, koe
Weissagong oder Lehr für euch hätt?
7Wann a Instroment für sich alloe, ob
des a Flöt ischd oder a Zither, koen ganz
ôegena Ton von sich geba dät, nå wüßt
mr jå et, ob jetzat a Flöt oder a Zither
spielt. 8Ond wann a Trompet koen
deutlicha Ton von sich geit, nå greift
ao koener zo de Waffa. 9So ischd s ao
bei euch, wann ihr et klar ond deutlich
redat, wia soll nå oener vrstanda, was
r sagat? Nå könnat r grad so guat an a
Wåd nôschwätza. 10S geit zom Beispiel
ohaemlich viele Språcha en dera Welt,
ond koena ischd so, dass se et vrstanda
wära dät. 11Wann e also a Språch et kå,
nå ben e für den, mô redat, a Ausländer
ond der Redner ischd für mi a Ausländer.
12So ischd s ao mit euch, môn r doch
so auf d Gaestasgaba aus send, strebat
drnåch, dass r von dene gnuag hent, mô
zom Aufbau von dr Gemaende naedig
send.
13Drom soll oener, mô zongareda kå,
drom beta, dass r s ao auslega kå. 14Wann
e nämlich en Zonga bete, nå betat zwår
mae Gaest, aber mae Vrstand ischd
fruchtlos. 15Was lernat mr dådraus?
I will et bloß mit maem Gaest beta,
sondern ao mit maem Vrstand. I will
mit am Gaest senga, I will aber ao mit
maem Vrstand drbei sae. 16Wann da
nämlich bloß em Gaest da Lobpreis
sprichst, wia soll nå oener, der mô koe
Åhnong håt, Amen saga zo daem Dank?
Der wôeß jå gar et, was da saesch. 17Du
saesch dae Dankgebet zwår guat, aber
der andere wird et drvo aufbaut. 18I
dank maem Gott, dass i maeh en Zonga
rede, als ihr älle mitanander. 19Aber en dr
Gemaendevrsammlong will e liaber faef
Wörtla mit maem Vrstand saga, dass e
ao andere onterweisa kå, als zeahtausad
Wörter en andere Zonga.
20Brüader, send doch koene Kender em
Denka, en dr Boshaftigkaet könnat r
omündig bleiba, aber em Denka sollat
r reif sae. 21Em Gsetz stôht gschrieba:
Durch Leut, mô anders ond en andere
Språcha sprechat, will i zo dem Volk
reda, aber ao so werat dia et auf me
horcha, spricht dr Herr. 22So send dia
Zongareda et zo ma Zaeche für de
Glaebige då, sondern für de Oglaebige.
Profetische Reda send aber koe Zaeche
für de Oglaebige, sondern für dia, mô
glaobat. 23Wann nå de ganz Gemaende
an oem Ort zsemakommt ond älle redat
en Zonga, ond Oglaebige kommat rae
oder oene mô koe Åhnong hent, sagat
dia no et, ihr däte spenna? 24Wann aber
älle profetisch redat ond s kommt a
Oglaebiger oder oener mô koe Åhnong
håt rae, nå redat am älle en s Gwissa,
ond machat sich a Urtôel von am. 25Was
en saem Herza vor sich gôht, wird
aufdeckt ond der *senkt auf sae Gsicht*
nonter ond betat zo Gott ond saed: *Bei*
euch ischd tatsächlich dr Herrgott.

Zom Vrgleicha: *Vers 1:* 12,10 • *Vers 5:* Num 11,29 • *Vers 16:* 2Kor 1,20; 1Chr 16,36; Neh 8,6 • *Vers 20:* Rö 16,19; Eph 4,14 • *Vers 21:* Jes 28,11f • *Vers 23:* Apg 2,12f • *Vers 25:* Jes 45,14; Sach 8,23.

Aenhaet ond Ordnong em Gottesdenst: 14,26-40

26Wia soll mr s also halta, Brüader?
Wann r zsemakommat kå sich jeder
aebrenga, mit a ma Psalm, mit ra Lehr,
mit ra Offabarong, mir ra Zongared, mit
dr Auslegong; ällas soll euch aufbaua.
27Ond wann oener mit Zongareda
kommt, des sollat höchstens zwôe oder
drei sae, ond zwår dr Rôeh nåch, ond

oener soll s auslega. 28Ischd aber koe Ausleger då, nå soll r en dr Gemaende schweiga; der soll nå für sich selber ond für Gott reda. 29Von de Profeta sollat ao zwôe oder drei reda, ond de andere sollat sich a Moenong bilda. 30Wann aber oem, mô dåsitzt, a Offabarong gschenkt wird, nå soll dr erste ruhig sae. 31Ihr könnat nämlich älle, oener nach am andera, profetisch reda, dass älle ebbas lernat ond vrmåhnt werat. 32Dr profetische Gaest ischd de Profeta ontergordnat; 33bei Gott herrscht nämlich et d Oordnong, sondern dr Frieda.

Wia s en älle Gemaenda von de Haelige dr Brauch ischd, 34sollat d Fraoa en de Gemaendevrsammlonga schweiga; dene wird s nämlich et erlaobt zom reda, sondern dia sollat sich onterordna, wia s ao s Gsetz vrlangt. 35Wann se aber ebbas lerna wöllat, nå sollat se drhoem ihre aegene Männer fråga. Für a Frao ghert sich s et, dass se en dr Gemaendevrsammlong redat. 36Oder ischd von euch am Herrgott sae Wort ausganga? Oder ischd s bloß bis zo euch alloe durchdronga?

37Wann oener moent, er sei a Profet oder a bsonders Gaestbegabter, nå soll r gelta lassa, dass des, was i euch schreib, am Herra sae Åweisong ischd. 38Läßt des oener et gelta, nå läßt mr n ao et gelta. 39Brüader, strebat also eifrig nach dr profetischa Redegab. Ond s Zongareda dent r et vrwehra! 40S soll aber ällas åständig ond würdig zuaganga.

Zom Vrgleicha: *Vers 26:* 12,8-10; Eph 4,12 • *Vers 29:* 1Thess 5,19-21 • *Vers 33:* Rö 15,33 • *Vers 34:* 11,16; Gen 3,16; 1Tim 2,11f • *Vers 35:* Eph 5,22 • *Vers 39:* 14,1.5 • *Vers 40:* Kol 2,5.

AM HAELAND SAE AUFERWECKONG, OND AO D CHRISTA WERAT AUFERWECKT: 15 1-58

D Auferweckong vom Messias: 15 1-34

15 I will euch, Brüader, ans Evangeliom erennera, des môn e euch vrkündigt han, ond des môn r ao ågnomma hent ond zo dem ihr standat, 2durch des, mô ihr ao grettat werat, wann r euch drå haltat en dem Senn, wian e s euch vrkündigt han. Oder hent r nex denkt, môn r da Glaoba ågnomma hent? 3I han euch nämlich en erster Linie des weitergeba, was i ao gschenkt kriagt han; dass dr Messias für onsere Sünda gstôrba ischd - wia s en dr Schrift stôht. 4Ond dass r beerdigt wôra ischd ond am dritta Dag auferweckt wôra ischd - wia s en dr Schrift stôht. 5Ond dass r am Kephas erschiena ischd ond nå älle zwölf. 6Nå ischd r über faefhondert Brüader auf oemål erschiena, von dene lebat no de maeste, a paar send gestôrba. 7Nå ischd r am Jakobus erschiena, nå älle Apostl; 8zletzta von älle, sozsagat als ra ozeitiga Geburt ao mir. 9I ben nämlich dr grengste von de Apostl, ond ben s ao gar et wert, dass mr me an Apostl hôeßt, weil i zerst am Herrgott saener Gemaende nåchgstellt han. 10Aber durch am Herrgott sae Gnade ben i, was e ben. Ond sae Gnade ischd et omsonst gwea, sondern maeh als wia älle andere han i me ens Zeug glegt; aber et i, sondern am Herrgott sae Gnade mit mr. 11Ob jetzat also i oder a anderer - mir vrkündigat s Evangeliom - ond so send r glaebig wôra.

12Wann aber vom Messias vrkündigt wird, dass r von de Daote auferstanda ischd, wia könnat nå etlich von euch saga, s gäb koe Auferstehong von de Daote? 13Wann s aber koe Daotaauferstehong geit, nå ischd ao dr Messias et auferstanda. 14Ischd aber dr Messias et auferstanda,

nå ischd onser ganza Vrkündigong hohl,
ond euer Glaoba ischd grad so hohl.
[15]Nå dät mr ons ao für falsche Zeuga
von Gott halta, weil mr gega Gott zeugt
hätte, dass er da Messias auferweckt
hätt, den môn r gar et auferweckt håt,
weil s gar koe Auferstehong von de
Daote geit. [16]Wann nämlich de Daote et
auferstandat, nå ischd dr Messias ao et
auferstanda; [17]wann aber dr Messias et
auferstanda ischd, nå ischd euer Glaoba
gar nex; ond ihr steckat no en eure
Sünda dren. [18]Ond dia, mô em Glaoba
an da Messias gstôrba send, gangat ao
vrlora. [19]Wann mir bloß en dem Leba
onsere Hoffnonga en da Messias gsetzt
hent, nå kå mr mit ons bloß no Mitleid
han, ond zwår no maeh als wia mit älle
andere Menscha.
[20]Jetzt ischd dr Messias aber von de
Daote auferstanda als dr Erste von älle,
mô gstôrba send. [21]Weil nämlich durch
oen Menscha dr Daot komma ischd,
kommt d Auferstehong ao durch oen
Menscha. [22]Wia nämlich em Adam älle
sterba müaßat, so werat em Messias älle
lebendig gmacht. [23]Des håt sae aegena
Ordnong: der Erst ischd dr Messias, nå
kommat dia, mô zom Messias gherat,
wann r wiederkommt. [24]Nå kommt s
End, wann r jeda irdischa Herrschaft,
Macht ond Gwalt vrnichtat håt ond s
Reich saem Gott ond Vadr übergibt.
[25]Der muaß nämlich d Vrantwortong
traga, *bis r älle saene Faend onter de
Füaß håt*. [26]Als letzter Faend wird dr
Daot vrnichtat. [27]Weil *der håt ällas onter
saene Füaß onterwôrfa*. Wann r aber
moid, dass älles onterwôrfa sei, nå ischd
klar, dass der, môn am ällas onterwôrfa
håt, ausgnomma ischd. [28]Wann am aber
ällas onterworfa ischd, nå onterwirft
sich dr Soh ao dem, der môn am ällas
onterwôrfa håt, dass Gott ällas en ällam
ischd.
[29]Was dent nå dia, mô sich (stellvertretend)
für de Daote taofa lent, wann de Daote
gar et auferstandat? Wårom lent se sich
für dia nå no taofa? [30]Ond wårom send
mir en jeder Stond Gfahra ausgsetzt?
[31]Äll Dag stirb i, Brüader, bei dem
Ruhm, den mô i wega euch bei onseram
Herr Jesus, am Messias han. [32]Was
hätt e nå drvo, wann e en Ephesus
wian a gwöhnlicher Mensch mit wilde
Viecher kämpft han? Wann de Daote et
auferstandat, *nå laß ons essa ond trenka,
weil mr môrga sowiaso sterba müaßat.*
[33]Machat euch nex vôr! A schlechter
Omgang vrdirbt guate Sitta. [34]Werat
rechtschaffa nüachtern ond sündigat
et! A paar von euch hent nämlich koe
Åhnong von Gott, des sag e zo eurer
Schand.

Zom Vrgleicha: *Vers 1:* 1,11 • *Vers 3:* 11,23; Jes 53,4f; Rö 4,25; 1Petr 2,24 • *Vers 4:* Hos 6,2 • *Vers 5:* Lk 24,34.36 • *Vers 8:* 9,1; Apg 9,3-5 • *Vers 9:* Apg 8,1-3; 9,1-3; Gal 1,13; 1Tim 1,15; Eph 3,8 • *Vers 10:* 3,10; 2Kor 11,23; 1Tim 1,14 • *Vers 11:* 3,5 • *Vers 12:* 2Tim 2,18 • *Vers 18:* 1Thess 4,14 • *Vers 20:* Apg 26,23; Kol 1,18 • *Vers 21:* Gen 3,17-19; Rö 5,12.18 • *Vers 23:* 1Thess 4,15f • *Vers 25:* Ps 110,1 • *Vers 26:* Offbg 20,14; 21,4 • *Vers 27:* Ps 8,7; Hebr 2,8 • *Vers 28:* 8,6; Rö 11,36 • *Vers 30:* Rö 8,36 • *Vers 31:* 2Kor 4,10f • *Vers 32:* Jes 22,13; Apg 19,29f; 20,3; 2Kor 1,8 • *Vers 34:* 6,5; 1Thess 5,6-8.

A neuer Leib bei dr Auferstehong:
15 35-58

[35]Aber då saed nå sicher oener: Wia
werat denn de Daote auferweckt, ond
was für en Leib hent se no? [36]So a
domma Fråg. Was da naus säst, des wird
et lebendig, wann s et vôrher stirbt.
[37]Ond was du säst, des ischd et d Gstalt
von dem, was da säst, sondern a blutts
Såmakörnle, zom Beispiel vom Wôeza
oder vo ma andera Gwächs. [38]Aber Gott
gibt am d Gstalt, so wia ER s wölla håt,
ond zwår jedam Såma sae aegena Gstalt.
[39]So sieht ao jedas Lebewesa anders aus.
Dr Mensch sieht anders aus als wia s

Vieh, oder wia d Vögel, oder d Fisch. [40]So geits ao hemmlische Gstalta ond irdische Gstalta, aber de hemmlische hent a andera Schöhaet als wia de irdische. [41]D Sonn glänzt anderst als wia dr Mond ond der wieder anderst als wia d Stern. Weil ao d Stern sich durch ihran Glanz onterschôedat.

[42]So ischd s ao mit dr Auferstehong von de Daote. Gsät wird en dr Vrgänglichkaet, ond auferstanda wird en dr Ovrgänglichkaet. [43]Gsät wird en dr Ehrlosigkaet, ond auferstanda wird en dr Herrlichkaet. Gsät wird en dr Schwachhaet, aber auferstanda wird en dr Kraft. [44]Gsät wird a irdischer Leib ond auferstanda duat a gaestlicher Leib. Wann s an irdischa Leib geit, nå geit s ao an gaestlicha. [45]So stôht s ao gschrieba: *Adam, dr erste Mensch ischd zo a ma lebendiga Wesa wôra*, dr letzte Adam zo a ma lebendig machenda Gaest. [46]Aber et s Gaestliche ischd zersta dågwea, sondern s Irdische, ond nå erst s Gaestliche. [47]Dr *erste Mensch stammt aus dr Erde* ond ischd *Erde*, dr zwôete Mensch ischd vom Hemmel. [48]Wia der aus dr Erde ischd, so send ao de Irdische, ond wia der vom Hemmel ischd, so send ao dia, mô mit am gangat. [49]Ond so, wia mr s Bild vom Irdischa an ons ghet hent, so se mr jetzt a Abbild vom Hemmlischa. [50]Dådrmit will e saga, Brüader: Flôesch ond Bluat könnat am Herrgott sae Reich et erba, so wia ao d Vrweslichkaet d Ovrweslichkaet et erba kå.

[51]Guckat, i will euch a Gehaemnis aufdoa: Mir werat sicher et älle sterba, aber mir werat älle vrwandlat, [52]em Nu, em Bruchtôel vo ma Aogablick, beim letzta Posaonaton. Då schallt nämlich a Posaon, nå standat de Daote auf, ovrgänglich, ond mir werat vrwandlat. [53]Zerst muaß des Vrwesliche d Ovrweslichkaet åziaga ond d Sterblichkaet muaß d Osterblichkaet åziaga. [54]Wann aber des Vrgängliche d Ovrgänglichkaet åziagt ond s Sterbliche d Osterblichkaet, nå wird des wåhr, was gschrieba stôht: *Vrschlonga ischd dr Daot em Sieg.* [55]*Daot, mô ischd dae Sieg? Daot, mô ischd dae Stachel?*

[56]Aber am Daot sae Stachel ischd d Sünd, aber d Sünd håt ihr Kraft aus am Gsetz. [57]Aber Gott sei Dank, dass r ons da Sieg geba håt durch da Messias Jesus, onseran Herra. [58]Drom liabe Brüader, werat standhaft ond ennerlich fest, dent eifrig mit am Herra saem Werk, weil r jå wissat, dass r et omsonst beim Herra schaffat.

Zom Vrgleicha: *Vers 37:* Joh 12,24 • *Vers 38:* Gen 1,11 • *Vers 43:* Phil 3,20f; Kol 3,4 • *Vers 45:* Gen 2,7 • *Vers 47:* Gen 2,7 • *Vers 49:* Gen 5,3; Rö 8,28 • *Vers 50:* Joh 3,5f • *Vers 51:* 1Thess 4,15-17 • *Vers 52:* Mt 24,31 • *Vers 53:* 2Kor 5,4 • *Vers 54:* Jes 25,8 • *Vers 55:* Hos 13,4 G • *Vers 56:* Rö 5,12f; 7,7-9.13 • *Vers 2:* Gal 6,14 • *Vers 57:* Rö 7,25 • *Vers 58:* 16,13.

DR SCHLUSS VOM BRIAF: 16 1 - 24

D Sammlong für Jerusalem: 16 1-4

16 Was d Geldsammlong für de Haelige ågôht: machat s so, wian e s für d Gemaenda en Galatien ågordnat han. [2]Wann a jeder von euch an jedam ersta Dag von dr Woch ebbas auf d Seit duat ond des sammlat, was am jå et waeh duat, nå braucht mr koe Extrasammlong macha, wann e komm. [3]Wann e aber åkomma ben, nå schick e dia von euch, mô euer Vrtraua hent, mit Briaf ond eure Gaba nach Jerusalem. [4]Wann sich s aber lohnt, dass i selber ao nôraes, nå sollat se mit mir raesa.

Zom Vrgleicha: *Vers 1:* Apg 11,29; Rö 15,26; 2Kor 8,4; 9,1; Gal 2,10 • *Vers 2:* Apg 20,7; Offbg 1,10 • *Vers 3:* 2Kor 8,16-19.

Am Apostl saene Plän: 16 5-12

[5]I komm aber zo euch, wann e en
Mazedonien durch ben; Mazedonien
mach e nämlich grad durch. [6]Bei euch
aber bleib e länger, vielleicht sogar
über da Wenter, nå könnat r me überall
nôbeglaeta, môn e nô raes. [7]I will euch
desmål et bloß auf dr Durchraes seha;
i hoff, dass e a Weile bei euch bleiba kå,
wann s der Herr will. [8]En Ephesus bleib
e nå bis Pfingsta; [9]då ischd mr nämlich
a Tür weit aufgmacht wôra für mae
Wirksamkaet, ond Widersacher send då
ao viele.
[10]Wann dr Timotheus kommt, nå achtat
drauf, dass r koe Angst han muaß bei
euch, weil der, wian i, em Denst vom
Herra stôht. [11]Koener soll an greng
aeschätza. Beglaetat an liaber em Frieda,
dass r zo mr kommt; i warte nämlich
auf an mit de Brüader. [12]Was aber da
Bruader Apollos ågôht: den han e ganz
drenglich beta, dass r mit de Brüader zo
euch komma soll. Der håt aber pardu
jetzat et komma wölla; wann sich aber a
guata Glegahaet fendat, kommt r.

Zom Vrgleicha: *Vers 5:* Apg 19,21; 20,2f; 2Kor 1,16 • *Vers 8:* Apg 19,1.10 • *Vers 9:* Apg 14,27 • *Vers 10:* 4,17; Phil 2,19f • *Vers 11:* 1Tim 4,12 • *Vers 12:* 3,5f.

Letzte Vrmåhnonga ond Grüass: 16 13-24

[13]Send mr wachsam, standat fest em
Glaoba, mannhaft ond werat stark!
[14]Lent allas en dr Liebe gscheha. [15]I
will euch Muat macha - ihr kennat am
Stephanas sae Haus, dass des am Achaias
sae Erstlengsfrucht ischd ond dass se sich
em Denst für de Haelige aegsetzt hent,
[16]ordnat en euch onter, ao ihre Helfer
ond Mitarbaeter. [17]I frae me aber, dass
dr Stephanas ond dr Fortunatus ond
dr Achaikus då send, dia send a guater
Ersatz für euch. [18]Dia hent maen Gaest
aufgfrischt ond da eura. Lent s also et an
dr Ånerkennong fehla.
[19]D Gemaenda aus Asien lent euch
grüaßa. Grüaßa laßt euch ao em Herra
d Aquila ond d Priska mit dr ganza
Gemaende en ihram Haus. [20]Ao älle
Brüader lent euch grüaßa. Grüaßat
anander mit am haeliga Kuß!
[21]I, dr Paulus schreib maen Gruaß
aegahändig. [22]Wann oener da Herra et
måg, der soll vrfluacht sae. Marana tha
(Onser Herr kommt). [23]Onseram Herr
Jesus sae Gnade sei mit euch! [24]Mae
Liebe ischd mit euch älle em Messias
Jesus.

Zom Vrgleicha: *Vers 13:* 15,58; Eph 6,10; Ps 31,25 G; Jos 1,7 • *Vers 14:* Kol 3,14 • *Vers 15:* 1,16; Rö 16,5 • *Vers 18:* 1Thess 5,12f • *Vers 19:* Offbg 1,4.11; Apg 18,2 • *Vers 20:* Rö 16,16 • *Vers 21:* 2Thess 3,17; Kol 4,18 • *Vers 22:* Gal 1,8f • *Vers 23:* Rö 16,24.

Dr zwôete Briaf an d Korinther

ÅSCHRIFT OND GRUASS: 1 1-2

1 Paulus, weil s Gott so will, Apostl vom Messias Jesus, ond dr Bruader Timotheus an d Gemaende von Gott, mô en Korinth ischd, samt älle Haelige, mô en ganz Achaja send: [2]Gnade soll mit euch sae ond dr Frieda von Gott, onseram Vadr ond am Herr Jesus, am Messias.

Zom Vrgleicha: *Vers 1:* 1Kor 1,1f; 16,10; Phil 1,1.

LEIDA OND TROST VOM APOSTL: 1 3-11

[3]Lobpreis sei Gott, am Vadr vom Messias Jesus, onseram Herra, dr Vadr vom Erbarma ond Gott von ällam Trost. [4]Der macht ons Muat en äller Drangsal, dass mir dene, mô ao en irgend r a Drangsal send, genaoso Muat macha könnat, wia Gott ons Muat macht. [5]So überreich, wia nämlich am Messias saene Leida bei ons då send, so ischd durch da Messias ao dr Trost für ons då. [6]Wann mir en dr Drangsal send, nå gschieht des für euch, dass euch Muat gmacht wird ond dass r grettat werat. Wann mir tröstat werat, nå gschieht des ao zo euram Trost, der wirkt sich aus, wann ihr geduldig de gleiche Leida tragat wia mir. [7]Onser Hoffnong für euch stôht felsafest, weil mr wissat, dass so, wian r euran Åtôel am Leida hent, so hent r n ao am Trost. [8]Mir wöllat euch ao et em Oklara lassa über onser Drangsal, mô mr en Asien ghet hent, då se mr übermäßig belastat wôra über onsere Kräft, dass mr sogar schier am Leba vrzweiflat send. [9]En Gedanka he mr sogar s Todasurtôel über ons gsprocha, dass mr onser Vrtraua et en ons selber setza wölla hent, sondern auf den Gott, der mô de Daote aufweckt. [10]Der håt ons aus dera lebensgfährlicha Lag rausgrissa ond rettat ons ao (en Zuakonft). Auf den he mr onser Hoffnong gsetzt, dass r ons ao en Zuakonft rettat. [11]Helfat aber ao ihr gemaensam ons mit euram Fürbittgebet, dass viele Menscha sich bedanka könnat für dia Gnadagaba, mô ons gschenkt wora send.

Zom Vrgleicha: *Vers 3:* Eph 1,3; 1Petr 1,3; Rö 15,5 • *Vers 4:* 7,6 • *Vers 5:* 4,10f; Kol 1,24 • *Vers 6:* 4,12.15 • *Vers 8:* Apg 19,23; 1Kor 15,32 • *Vers 9:* Rö 4,17 • *Vers 11:* Rö 15,30; 2Kor 4,14.

MISSVRSTÄNDNIS MÜASSAT KLÄRT WERA: 1 12 - 2 11

Dr Apostl ischd zuavrlässig: 1 12-14

[12]Des ischd nämlich onser Ruhm - ond då zeugt ao onser Gwissa drfür, dass mir en dr Guatmüatigkaet ond Lauterkaet von Gott ond et en menschlicher Weishaet, sondern em Herrgott saener Gnade en dera Welt onseran Lebenswandel gführt hent, bsonders bei euch. [13]Mir schreibat euch ao nex anders als wia des, was ihr zom Lesa kriagat ond ao vrstandat; i hoff bloß, dass r wirklich ällas vrstandat. [14]Ihr hent jå ao tôelweis vrstanda, dass ihr am Dag vom Herr Jesus auf ons stolz sae könnat, wia mir auf euch.

Zom Vrgleicha: *Vers 12:* 2,17; Apg 23,1; 1Kor 2,13 • *Vers 14:* 3,2f; Phil 2,16.

Dr Paulus ändert saen Raeseplan: 1 15 - 2 4

[15]En dera Zuavrsicht han e zerst amål

zo euch komma wölla, dass r en zwôeta
Gnadaerweis kriaga däte, [16]ond bei euch
durchraesa nach Mazedonien, ond wann
e von Mazedonien zrückkomm zo euch,
ond von euch nach Judäa beglaetat wera
dät. [17]Ben e då vielleicht leichtsennig
gwea, môn e des wölla han? Oder send
maene Plän so menschlich wia andere,
dass mae Ja ao a Naen sae kă? [18]Gott
ischd mae Zeuge, dass a Ja von mir et
gleichzeitig a Naen ischd. [19]Weil am
Herrgott sae Soh, dr Messias Jesus, der
mô durch ons bei euch vrkündigt wôra
ischd, durch mi ond da Silvanus ond da
Timotheus, ischd et Ja ond Naen gwea,
sondern en dem ischd s Ja vrwirklicht.
[20]Was Gott nämlich ällas vrsprocha håt,
em Jesus ischd s Ja. Drom sagat mr en
ehm ao s Amen (so soll s sae), Gott zor
Ehr durch ons. [21]Aber der, mô ons mit
euch em Messias festgmacht ond ons
gsalbt håt, ischd Gott, [22]der håt ons ao
mit saem Siegel prägt ond da Gaest als
Pfand geba.
[23]I ruaf aber Gott als Zeuge å für mae
Seel, dass e euch vrschona will ond
drwega nemme nach Korinth komma
ben. [24]Et dass mir d Herra wäre über
euran Glaoba, sondern mir send
Mitarbaeter an eurer Fraed; em Glaoba
standat r doch.

2 I han aber für mi da Beschluß gfasst,
dass e et nômål zo euch komm,
zom euch traurig macha. [2]Wann i euch
nämlich traurig mach, wer könnt nå mi
wieder fröhlich macha? Vielleicht der,
den môn i traurig gmacht han? [3]Ond i
han des gschrieba, dass e me et aufrega
muaß über dia, môn e me aegentlich
fraea sott, ond i vrtrau drauf, dass mae
Fraed ao d Fraed von euch älle ischd. [4]I
han euch nämlich en r a graoßa ennera
Naot ond onter viel Träna gschrieba,
weil e et wôeß, wian e s saga soll, dass
r et traurig sae müaßat, sondern spürat,
wia arg e euch måg.

Zom Vrgleicha: *Vers 1,15:* Rö 15,29 • *Vers 16:* 1Kor 16,5f • *Vers 17:* Jak 5,12; Mt 5,37 • *Vers 18:* 1Kor 1,9 • *Vers 19:* 1Thess 1,1; Apg 18,5 • *Vers 20:* Offbg 3,14; 1Kor 14,16 • *Vers 21:* 1Joh 2,27 • *Vers 22:* 5,5; Eph 1,13f • *Vers 23:* Rö 1,9; 2Kor 12,20f • *Vers 24:* 4,5; 1Petr 5,3 • *Vers 2,1:* 12,21; 1Kor 4,21 • *Vers 3:* 13,10 • *Vers 4:* 7,8; Apg 20,31.

Måhnong zor Milde: 2 5-11

[5]Wann aber oener an Ålaß geba håt
zom traurig sae, nå håt der et mi traurig
gmacht, sondern, dass e et zviel sag,
tôelweis euch älle. [6]Fur denjeniga soll
dui Stråf langa, môn am d Mehrhaet
aufbrommt håt, [7]so dass ihr em
Gegatôel jetzat vrzeiha ond dem Muat
macha sollat, sonst könnt der an saener
übergraoßa Traurigkaet zgrond ganga.
[8]Grad deswega möchte e euch bitta, dass
r an dem d Liebe walta lent. [9]Wega dem
han e euch gschrieba, weil e rausfenda
will, ob ihr euch ao bewährat ond en
ällam folgsam send. [10]Wann ihr oem
vrzeihat, dem vrzeih i ao. I han nämlich
ao, wann s ebbas zom vrzeiha geba håt,
wega euch vrzieha vôr am Messias saem
Gsicht, [11]dass mr et vom Satan überlistat
werat, was der denkt, des wissat mr
nämlich.

Zom Vrgleicha: *Vers 6:* 7,11f • *Vers 7:* Kol 3,13

D HERRLICHKAET OND D NAOT VOM APOSTLAMT: 2 12 - 5 10

D Vrkündigong vom Apostl als Sieg vom Messias: 2 12-17

[12]Môn e nach Troas komma ben zom
s Evangeliom vom Messias vrkündiga
ond dr Herr mr a Tür aufgmacht håt,
[13]ben e ganz oruhig wôra, weil e maen
Bruader Titus et vôrgfonda han. Nå han
e Abschied gnomma ond ben weiter
nach Mazedonien.
[14]Aber Gott sei Dank, der mô ons em

Zelt send, standat mr onter am Druck ond stöhnat drwega, weil mr s nämlich et ausziaga wöllat, sondern s Neue drüberziaga wöllat, dass s Sterbliche an ons so vom Leba vrschlonga wird. [5]Aber der, mô ons dådrfür vôrberaetat håt, ischd Gott, ond der håt ons da Gaest als Pfand drfür geba. [6]Mir send also ganz zuavrsichtlich, weil mr wissat: Solang mr onser Hoemat no em Leib hent, se'mr ao no fern von dr Hoemat em Herra; [7]mir machat onseran Weg jå em Glaoba ond et en dem, was mr seahnat. [8]Mir send aber ganz zuavrsichtlich ond s dät ons gfalla, wa mr aus dem Leib auswandera könnte, dass mr ganz drhoem wäre beim Herra. [9]Deswega setzat mr onseran ganza Ehrgeiz drae, dass mr am gfallat, ob mr en dr Hoemat send oder en dr Fremde. [10]**Mir müaßat nämlich amål älle vôr am Messias saem Richterstuahl offabar wera, dass a jeder da Loh kriagt für sae irdischs Leba, ob des guat ischd oder baes.**

Zom Vrgleicha: *Vers 1:* 2Petr 1,13f; • *Vers 2:* Rö 8,23 • *Vers 4:* 1Kor 15,53 • *Vers 5:* 1,22; Eph 1,13f • *Vers 6:* Hebr 13,14 • *Vers 7:* Rö 8,24; 1Petr 1,8 • *Vers 8:* Phil 1,23 • *Vers 10:* Rö 14,10; 1Kor 4,5.

DR APOSTL MUASS SICH EM DENST BEWÄHRA: 5 11 - 6 10

Dr Vrsöhnongsdenst: 5 11-21

[11]Weil mir wissat, dass mr vôr am Herra a Ehrfurcht han muaß, probierat mir überall, dass mr d Leut überredat, aber Gott kennt ons. I han aber d Hoffnong, dass i ao en euram Gwissa offabar wôra ben. [12]Mir wöllat ons nemme selber bei euch empfehla, sondern mir wöllat euch a Glegahaet geba, dass ihr mit ons ågeba könnat, dass r dene ebbas entgegasetza könnat, mô d Menscha bloß nach Außerlichkaeta beurtöelat ond et nach dem, was se en sich drenna hent. [13]Sei s nämlich, dass mr außer ons gråta send, nå für Gott; sei s, dass mr bei Vrstand send, nå für euch. [14]Am Messias sae Liebe hebt ons zsema, weil des onser Maßstab ischd: Weil oener für älle gstôrba ischd, send älle gstôrba. [15]Ond er ischd für älle gstôrba, dass de Lebendige nemme bloß für sich selber lebat, sondern für den, mô für se gstôrba ond auferstanda ischd. [16]Drom schätzat mir jetzt koen maeh nach menschliche Maßstäb ae; wa mr ao da Messias zersta so aegschätzt hent, aber jetzt nemme. [17]**Wann nämlich oener oes ischd mit am Messias, nå ischd der ganz neu gschaffa: Sae alts Wesa ischd vrganga, guck, ebbas ganz Neus ischd entstanda.** [18]Des kommt aber ällas von Gott, weil der ons durch da Messias mit sich selber vrsöhnt håt ond ons da Vrsöhnongsdenst auftraga håt. [19]Gott ischd s nämlich gwea, mô durch da Messias de ganz Welt mit sich vrsöhnt ond en ihre Vrfehlonga et ågrechnat håt ond so s Wort von dr Vrsöhnong en ons åglegt håt. [20]Für da Messias send mir also Botschafter, so wia Gott durch ons mahnt, so bittat mir am Jesus saener Stell: Lent euch doch mit Gott vrsöhna! [21]Der, mô d Sünd gar et kennt håt, den håt r für ons zor Sünd gmacht, dass mir (em Messias) zor Gerechtigkaet werat.

Zom Vrgleicha: *Vers 11:* 4,2 • *Vers 12:* 3,1f; 10,12f • *Vers 14:* Rö 6,3f; 7,4; 8,31f • *Vers 15:* Rö 14,7f; Gal 2,20 • *Vers 16:* Rö 1,3; 9,5 • *Vers 17:* Rö 6,4; Gal 6,15; Offbg 21,5 • *Vers 18:* Rö 5,10 • *Vers 19:* Rö 3,24f; Kol 1,19f • *Vers 20:* Mt 10,40; Lk 10,16 • *Vers 21:* Rö 8,3f; Gal 3,13; 1Petr 2,24.

D Bewährong em Apostlamt: 6 1-10

6 Als Mitarbaeter vrmåhnat mr euch, dass r et omasost am Herrgott sae Gnade ågnomma hent. [2]r saed jå: *Zor Gnadazeit han e de erhört, ond an dem Dag, mô da grettat wôra bist, han e dr* *gholfa. Guck, jetzt ischd d Gnadazeit; jetzt ischd dr Dag, mô da grettat wirst!* [3]Mir gebat bei gar neamerd en Åstoß, dass onser Amt et en Vrruaf kommt, [4]sondern en ällam zaegat mir ons als am Herrgott saene Diener durch onser Standhaftigkaet ond Geduld en Trüabsal, en Not ond Angst, [5]bei Hieb, en Gfängnis, en Aufruhr, en Müahsala ond en schlåflose Nächt, en Fasta, [6]en Raenhaet, en Erkenntnis, en Langmüatigkaet, en Güate, em Haeliga Gaest, en ehrlicher Liebe, [7]em wahrhaftiga Reda, em Herrgott saener Kraft; durch gerechte Waffa lenks ond rechts, [8]en Ehr ond Schand, en baese Afterreda ond en Lob; (mr stellt ons nô) als Vrführer ond (mr send doch) Wahrhaftige, [9]mr vrkennt ons ond oenaweg ôerkennt mr ons; mir send wia Sterbende, ond guck, mr lebat als sotte, mô züchtigt werat, ond doch et ombrächt; [10]mr druckt ons na, ond doch se mr emmer frohlich; mir send arm, aber mir machat viele reich; mir hent nex ond hent doch ällas.

Zom Vrgleicha: *Vers 2:* Jes 49,8 • *Vers 4-10:* 4,8-10; 11,23-29; 1Kor 4,11-13 • *Vers 6:* Gal 5,22f • *Vers 7:* Rö 13,12 • *Vers 9:* Ps 118,17f • *Vers 10:* 8.9; Phil 4,12f.

D VRSÖHNONG MIT DE KORINTHER: 6 11 - 7 16

Werbong ond Måhnong: 6 11 - 7 4

[11]Mir hent bei euch s Maul aufgmacht, ihr Korinther, ond ao onser Herz ischd weit aufganga; [12]von ons håt euch koener aeg'engt, ihr selber send en eure Herza eng wôra. [13]Aber en dr gleicha Gsennong schwätz e mit euch wia mit maene Kender: machat eure Herza doch ao auf. [14]Lent euch et von Oglaebige vôr dene ihran Karra spanna. Was hent denn d Gerechtigkaet ond d Gsetzlosigkaet mitanander zom doa? Oder s Licht mit dr Finsternis? [15]Ond was für an Gleichklang geits zwischa am Messias ond am Beliar? Oder was für en Åtôel håt a Glaebiger a ma Oglaebiga? [16]Ond wia vrtraet sich dr Tempel vom Herrgott mit Götzabilder? Mir send doch dr Tempel vom lebendiga Gott, wia s dr Herrgott gsaed håt: *I will bei nen wohna ond mit en ganga ond ihr Gott sae, ond sia sollat maene Volk sae.* [17]*Drom gangat von en weg ond gangat ganz für euch ond langat nex oraens å, nå nemm e euch å,* saed dr Herr, [18]*ond i will euer Vadr sae, ond ihr sollat maene Söh ond Töchter sae, spricht dr Herr, dr Herrscher über de ganz Schöpfong.*

7 Also dia Vrsprecha he'mr, maene Liabe. Drom lent ons raeniga von älle osaubere Aeflüß von dr irdisch-menschlicha Gsennong am Leib ond ao em Gaest ond en Ehrfurcht nach dr vollkommena Haeligong streba.

[2]Gebat ons a Plätzle en eure Herza. Mir hent doch neamerd orecht dao, neamerd an Schada ågrichtat ond neamerd über da Tisch zoga. [3]I sag des et, weil e euch vrurtôela wöllt; i han s doch vôrher schao gsaed, dass mir euch em Herza tragat, mir send mit euch vrbonda zom Mitsterba ond Mitleba. [4]I vrtrau euch ganz ond ben stolz auf euch. I ben tröstat ond voler Fraed, obwohl e arg en Bedrängnis ben.

Zom Vrgleicha: *Vers 6,11:* Ps 119,32; • *Vers 14:* Dtn 22,10; Eph5,7.11 • *Vers 15:* 1Kor 10,21 • *Vers 16:* Lev 26,11f; Jer 31,33; 32,38; Ez 37,27; 1Kor 3,16 • *Vers 17:* Jes 52,11; Jer 51,45; Offbg 18,4; Zef 3,20 G • *Vers 18:* 2Sa 7,14; 31,9; Jes 43,6; Am 3,13 G • *Vers 7,1:* 1Joh 3,3 • *Vers 2:* 12,17 • *Vers 3:* 6,11f.9.

Dr Titus wird gschickt: 7 5-16

[5]Mô mr nämlich nach Mazedonien komma send, he'mr koe Ruah ghet, sondern mir hent viel Schwierigkaeta

ghet - von außa se'mr ågfaendat wôra ond von enna he'mr Ängst ausgstanda. 6 Aber der Gott, mô de Niedergschlagene Trost geit, der håt ao ons tröstat, weil dr Titus komma ischd. 7 Aber et bloß weil der komma ischd, sondern ao durch den Trost, mô der bei euch kriagt håt, des håt r ons vrzählt, ao von eurer Sehnsucht ond euram Klaga ond euram Eifer om mi, des håt me no ärger gfraet. 8 Wann e euch ao traurig gmacht han mit maem Briaf, des duat mr et lôed. Wa'mr s ao a Weile lôed dao håt - i sieh jå, dass r euch wenigstens a bißle traurig gmacht håt. 9 Jetzat frae e me et då drüber, dass r traurig gwea send, sondern dass euch dui Traurigkaet zor Bsennong bråcht håt ond zom Omdenka. Dui Traurigkaet håt nämlich Gott so wölla, et dass r durch ons an Schada ghet hättat. 10 A Traurigkaet, mô Gott so will, wirkt nämlich a Omdenka zom Hael, ond des braucht koen reua; aber a weltlicha Traurigkaet wirkt zom Daot. 11 Weil guck: Wia viel håt doch dui Traurigkaet, mô Gott bei euch wölla håt, zweg bråcht an Eifer, wia aufrichtig send eure Entschuldigonga gwea bis zom Owilla, an Ehrfurcht ond Sehnsucht, an Åstrengonga ond Stråfa. En ällam hent r bewiesa, dass r en dr Sach ehrlich send. 12 Also, wann e euch ao gschrieba han, aber et wega dem, mô Orecht dao håt ond ao et wega dem, mô ogerecht behandlat wôra ischd, sondern deswega, dass vôr Gott offabar wird, wia ihr euch wega ons Müah gebat. 13 Deswega send mir tröstat, aber zo ällam Trost nô he'mr ons ao no über da Titus gfraet, weil der em Gaest bei euch ganz neue Kräft gfonda håt. 14 Wann e nämlich bei dem a bißle mit euch ågeba han, nå brauch e me jetzat et schäma. Ganz em Gegatôel, ällas was e von euch zom Titus gsaed han, håt sich als wåhr rausgstellt, wia ao des ällas wåhr ischd, was mir euch vrkündigt hent. 15 Ond r ischd euch von Herza zuagnaegt, wann r drå denkt, wian an ihr voller Angst ond Zittera, aber em Gehorsam aufgnomma hent. 16 I frae me, dass e me ganz auf euch vrlassa kå.

Zom Vrgleicha: *Vers 5:* 2,13; 4,8 • *Vers 6:* 1,3f • *Vers 7:* 1Thess 3,6f • *Vers 8:* 2,4 • *Vers 11:* 2,6f • *Vers 12:* 2,9 • *Vers 15:* Phil 2,12.

AUFRUAF ZOR SAMMLONG FÜR JERUSALEM: 8 1-24

D Christa en Mazedonien send Vôrbilder: 8 1-5

8 Mir wöllat euch vrzähla, ihr Brüader, was für a Gnade Gott de Gemaenda en Mazedonien erwiesa håt. 2 Dia send zwår arg auf d Prob gstellt wôra durch a graoßa Not, aber ihr Fraed ischd übergraoß wôra durch ihr oefacha Güate, mô se bewiesa hent. 3 Dia hent nach ihram Vrmöga, i bezeug des, ond über ihr Vrmöga, ganz freiwillig gspendat, 4 ihr ganza Überredongskunst hent se aufbråcht ond ons beta, dass se ao an dr Ehr ihran Åtôel möchtat ond mithelfa därfat bei dr Haeligahilfe. 5 Dia hent et bloß gspendat, wia mr denkt hent, sondern sich selber hent se ao geba, zerst am Herra ond ao ons, wia s Gott wölla håt.

Zom Vrgleicha: *Vers 1:* 9,1f; Rö 15,26 • *Vers 4:* Apg 11,29.

D Sammlong en Korinth wird abgschlossa: 8 6-15

6 Dådrauf he'mr da Titus ågwiesa, dass r den Liebesdenst, môn r bei euch ågfanga håt, ao abschliaßa soll. 7 Aber so, wia ihr en ällam überreich send, em Glaoba, em Reda ond en dr Erkenntnis, em Eifer ond en dr Liebe, mô von ons her en euch dren ischd, so sollat ihr ao en dem Liebesdenst überreich sae ond

mitmacha. [8]I sag des et als Åweisong,
sondern dass ihr euch am Eifer von
andere messa lassat, wia echt euer
Liebe ischd. [9]Ihr wissat doch ao, was dr
Messias Jesus euch für a Gnade erwiesa
hât, môn r für euch arm wôra ischd,
obwohl r reich ischd, dass ihr durch sae
Armuat reich gmacht werat. [10]I sag euch
ao mae Moenong en dem Punkt, des
nützt euch zom ebbas doa, was r schao
vôrigs Jåhr ålanga wölla hent. [11]Jetzat
dent halt, was r euch vôrgnomma hent
ond brengat s zom Abschluß nach dem,
was r hent. [12]Wann nämlich oener da
Willa drzua hât, nå ischd sae Spende
hoch willkomma nach dem, was oener
hât ond et nach dem, was r et hât. [13]S gôht
jå et då drom, dass s andere besser gôht
ond ihr drfür darba müaßat, sondern om
an Ausgleich. [14]Em Aogablick könnat
ihr mit euram Überfluß dene deana,
mô Mangel leida müaßat, dass dia s ao,
wann se s em Überfluß hent, euram
Mangel zguat komma lao könnat, so
gleicht sich s nå wieder aus. [15]So wia s
gschrieba stôht: *Dass koener zviel ond
koener zwenig ghet hât, halt so viel, wia
a jeder braucht hât.*

Zom Vrgleicha: *Vers 6:* 12,18 • *Vers 7:* 1Kor 1,5; 16,1-3 • *Vers 9:* Phil 2,6f • *Vers 10:* 9,2 • *Vers 12:* Spr 3,27f • *Vers 15:* Ex 16,18.

De Mitarbaeter ihr Eifer ond Aesatz:
8 16-24

[16]Gott sei Dank, dass r am Titus da
gleicha Eifer für euch ens Herz glegt
hât. [17]Der hât sich et zwôemål bitta lassa,
ond voler Eifer ischd r glei freiwillig zo
euch aufbrocha. [18]Mir hent aber mit am
Titus ao den Bruader gschickt, dem se en
älle Gemaenda s höchste Lob ausstellat
en dr Vrkündigong vom Evangeliom.
[19]Aber et bloß des, der ischd ao von
de Gemaenda gwählt wôra für ons als
Raesebeglaeter, zom des Liebeswerk
von ons organisiera, am Herrgott zor
Ehr ond zo onserer Onterstützong.
[20]Bei dem graoßa Spendaaufkomma
möchtat mir ao jedan Vrdacht vrmeida.
[21]S ischd ons nämlich wichtig, dass
s et bloß vôr Gott *mit rechte Denga*
zuagôht, *sondern ao vôr de Menscha.*
[22]Aber mir hent onseran Bruader mit en
gschickt, der sich en Vielam bewährt hât
ond der jetzt no viel eifriger ischd, weil r
a graoßs Vrtraua zo euch hât.
[23]Was da Titus ågôht: Des ischd mae
Mitstreiter ond em Blick auf euch mae
Mitarbeiter. Onsere andere Brüader
send Sendbota von de Gemaenda, am
Messias saener Herrlichkaet. [24]Brengat
also da Beweis für euer Liebe dene
geganüber ond zaegat, dass mr euch
et z Orecht so rausgstellt hent vôr de
Gemaenda.

Zom Vrgleicha: *Vers 18:* 12,18 • *Vers 21:* Spr 3,4 G • *Vers 24:* 7,14f

A NEUER AUFRUAF ZO RA SAMMLONG FÜR JERUSALEM:
9 1-15

D Empfehlong für de Beauftragte:
9 1-5

9 Über s Hilfswerk für de Haelige
brauch e euch jå nex schreiba. [2]I
wôeß jå, dass r drzua beraet send ond
i stell des bei de Mazedonier ao raus
ond sag en, dass Achaja sich schao seit
vôrigs Jåhr drauf aegstellt hât, ond euer
Eifer hât de andere an Åsporn geba.
[3]I han aber d Brüader gschickt, dass
onser Ågeba mit euch en dem Punkt
et zo a ma leera Gschwätz wird ond
dass ihr drauf aegstellt send. [4]Et dass,
wann Mazedonier mitkommat, ihr et

vôrberaetat send ond euch blamierat.
5Drom han e s für naedig ghalta, dene
Brüader Muat z macha, dass se vôrher
zo euch raesat ond em Vôraus dia
vrsprochene Spenda aesammlat ond
nôrichtat als a Segensgabe ond et als a
vrzwonges Opfer.

Zom Vrgleicha: *Vers 1:* 8,4 • *Vers 2:* 8,11 • *Vers 3:* 8,22.24

Dr Sega von dr Gebefraedigkaet: 9 6-15

6Denkat drå: *Wer kärglich sät, der erntat*
ao kärglich, ond wer mit vole Händ sät,
der erntat da vola Sega. 7A jeder soll
geba, was r sich em Herza vôrgnomma
håt, et schlecht aufglegt oder vrzwonga
- *an fröhlicha Geber* måg dr Herrgott.
8Gott kå jeda Gnade zom Überfluß
brenga für euch, dass ihr jederzeit a
guats Auskomma hent ond überreich
send ond drzuano überall Guats doa
könnat, 9wia s gschrieba stôht: *Reichlich*
håt r de Arme geba; sae Gerechtigkaet
stôht auf ewig.
10*Der, mô am Sämå da Såma geit*
ond Brot zom Essa, der geit ao euch
Saatguat ond läßt *d Frücht von eurer*
Gerechtigkaet aufganga. 11Ihr werat
en ällam reich gmacht, zom ohne
Hentergedanka weiterschenka, dådurch
werat durch ons andere zom Dank an
Gott vrålasst. 12Durch den Liebesdenst
wird et bloß de Haelige ihr Mangel
gstillt, sondern der wirkt weiter e ma
überschwenglicha Dank an Gott. 13Weil
sich der Liebesdenst bewährt håt, preisat
se Gott, weil ihr euram Bekenntnis zom
Evangeliom vom Messias entsprechend
aus ehrlicham Herza mitgmacht hent
für sia ond für älle. 14Ond em Gebet für
euch send se em Blick auf d überreicha
Gnade mit euch vrbonda. 15Am Herrgott
sei Dank für sae osagbars Gschenk.

Zom Vrgleicha: *Vers 6:* Spr 11,24 • *Vers 7:* Spr 22,8 G • *Vers 9:* Ps 112,9 • *Vers 10:* Jes 55,10; Hos 10,12 G • *Vers 11:* 4,15; 8,7 • *Vers 12:* 8,14.

DR PAULUS WEIST ÅGRIFF GEGA SICH ZRÜCK: 10 1-18

De Gegner ihre Vorwürf: 10 1-11

10 I selber, dr Paulus, vrmåhn euch bei
dr Sanftmuat ond Fraendlichkaet
vom Messias, der demüatig auftritt,
wann r vôr euch stôht, von weitams
aber recht muatig ischd; 2i bitt euch
aber drom, helfat mr, dass e et energisch
auftreta muaß gega gewisse Leut, wian
e mr s vôrgnomma han, dia mô moenat,
mir seie wia d Weltmenscha. 3Mir lebat
zwår no en dera Welt, aber mir kämpfat
et mit weltlicha Waffa. 4Dia Waffa, mit
dene mô mir en da Kampf gangat, send et
menschlich, sondern dia send von Gott
ond könnat dia Bollwerk en de Köpf
ond Gedankagebäude vrnichta, 5ond
jedas selbstherrliche Gedankagebäude
mô sich gega d Erkenntnis von Gott
aufblåst. Ond jedas aegawillige Denka
führat mir gfanga en da Gehorsam
geganüber am Messias. 6Mr send ao
beract, jedan Ogehorsam zom stråfa,
wann euer Gehorsam vollendat ischd.
7Guckat, was r vôr Aoga hent. Wann sich
oener sicher ischd, dass r am Messias
ghert, nå soll r drå denka, dass mir grad
so am Messias gherat wia er. 8Ond wann
i me no a bißle ärger auf mae Vollmacht
stütz, mô dr Herr geba håt, zom euch
aufbaua ond et zom euch hemacha, nå
brauch i då koene Hemmonga han. 9I
will ao et da Aedruck erwecka, als wöllt
i euch en Schrecka aejaga mit maene
Briaf. 10So sagat se nämlich: Briaf kå der
gewaltige schreiba, aber wann r då ischd,
nå ischd r schwach ond saene Reda send
armselig. 11Wer des moent, der soll sich
oes merka: Wa mr då send, könnat mir

grad so nôstanda wia en onsere Briaf
von weitams.

Zom Vrgleicha: *Vers 1:* 10,10; 11,6; 1Kor 2,3 • *Vers 2:* 1Kor 4,21; 2Kor 1,17 • *Vers 4:* Rö 13,12; Eph 6,11-13 • *Vers 5:* Jes 2,12-17 • *Vers 7:* 1Kor 1,12 • *Vers 8:* 12,6; 13,10 • *Vers 10:* 10,1; 11,6 • *Vers 11:* 13,2.

Am Apostl sae Überzeugong: 10 12-18

[12]Mir maßat ons nämlich et å, dass mr
ons gleichstellat oder vrgleichat mit
sotte Leut, mô sich selber empfehlat.
Aber dia haltat sich en ihrer Dommhaet
selber für s „Maß aller Dinge“. [13]Aber
mir wöllat ons et maßlos rühma,
sondern so wia s ons zuakommt nach
dem Maß, mô Gott ons zuagmessa håt,
so, dass mr bis zo euch durchkomma
send. [14]Mir gangat jå et über onsere
Grenza naus, als ob mr no et bei euch
gwea wäre, schliaßlich send mir zersta
mit dr froha Botschaft vom Messias bei
euch gwea. [15]Mir gebat also et maßlos
å ond steckat ons fremde Federa an da
Huat; mir hent aber d Hoffnong, dass
mr bei euch ao nach dem Maß ågseha
send, des ons zuagmessa ischd, wann
euer Glaoba gwachsa ischd: [16]Dass mir
s Evangeliom über euer Gebiet naus
vrkündigat. Mir dem, was andere nach
ihram Maß glaestat hent, wollat mir et
ågeba. [17]*Wer sich ebbas zguat halta will,
der soll sich zguat halta, dass r da Herra
kennt.* [18]Et der, mô sich selber empfiehlt,
ischd tüchtig, sondern der, den mô dr
Herr empfiehlt.

Zom Vrgleicha: *Vers 12:* 3,1 • *Vers 13:* Rö 12,3 • *Vers 15:* Rö 15,20.24 • *Vers 17:* Jes 9,22f; 1Kor 1,31 • *Vers 18:* 1Kor 4,5.

AM PAULUS SAENE LAESTONGA: 11 1 - 12 13

Dr Paulus ond de falsche Apostl: 11 1-15

11 Wann r doch bloß ao a bißle
Ovrstand vom mr vrtraga däte,
aber ihr vrtragat me jå. [2]Mae ganzer
Eifer, den mô i von Gott han, gilt bloß
euch. I han euch wian a raena Jungfrao
mit oem Må vrlobt, môn e euch zom
Messias bråcht han. [3]Aber i fürcht, dass,
wia dui Schlang auf ihr henterlistiga Art
d Eva henter s Licht gführt håt, dass so
ao eure Gedanka vrdôrba werat ond sich
von dr Oefalt ond dr saubera Gsennong
am Messias geganüber abbrenga lassat.
[4]Euch macht s schaenbar gar nex aus,
wann oener drherkommt ond an Jesus
vrkündigt, den mô mir euch et vrkündigt
hent. Oder wann sich a anderer Gaest
bei euch brôetmacht als der, den môn r
von ons empfanga hent, oder a anders
Evangeliom als des, môn r ågnomma
hent. [5]I moen aber, dass i me vôr dene
Überapostl et vrstecka brauch. [6]I måg
zwår koe übermäßig guater Redner
sae, an dr Erkenntnis fehlt mr s aber
et, ond dui hent mr euch älle ond ganz
weitergeba. [7]Oder han e me vrsündigt,
môn e me selber erniedrigt han zom
euch naufbrenga, ond euch s Evangeliom
vom Herrgott vrkündigt ond nex drfür
vrlangt han? [8]Andere Gemaenda han e s
weggnomma ond an Loh für da Denst
bei euch von en vrlangt. [9]Ond môn e bei
euch gwea ben ond mr s an ällam gfehlt
håt, då ben i neamerd zor Last gfalla,
weil des, was mr gfehlt håt, des hent mr
d Brüader aus Mazedonien mitbråcht.
S ischd mr emmer wichtig gwea, dass e
koem von euch zor Last gfalla ben, ond
des will e ao weiter so halta. [10]So gwiß
am Messias sae Wåhrat en mr dren
ischd, den Ruhm kå mir en dr Gegend
von Achaja koener nemma. [11]Wårom?
Måg i euch vielleicht et? Dr Herrgott
wôeß s.
[12]Was e dua, des duan e ao weiter: dass

e dene jeda Glegahaet nemm, mô sich
auf onsere Kosta a bsonders Åseha
vrschaffa wöllat, oder gar so dåstanda
wöllat wia mir. [13]De selle send nämlich
falsche Apostl, oehrliche Kerle, mô sich
als Apostl vom Messias ausgebat. [14]Des
ischd ao gar koe Wonder, schliaßlich
geit sich ao dr Satan als a Lichtgstalt
aus. [15]Nå ischd s ao nex Bsonders, wann
ao saene Knecht sich als Knecht von dr
Gerechtigkaet ausgebat; aber dene ihr
End richtat sich nach dem, was se dao
hent.

Zom Vrgleicha: *Vers 1:* 11,16-18 • *Vers 2:* Eph 5,26f • *Vers 3:* Gen 3,4.13 • *Vers 4:* Gal 1,6-9 • *Vers 5:* 11,13; 12,11 • *Vers 6:* 10,10; 1Kor 2,1f.13 • *Vers 7:* 1Kor 9,12f • *Vers 8:* Phil 4,10.15 • *Vers 9:* 12,13 • *Vers 10:* 1Kor 9,15 • *Vers 12:* 2,17; Phil 3,2 • *Vers 13:* Offbg 2,2 • *Vers 15:* Phil 3,19; 2Tim 4,14.

D »Narrared«: 11 16 - 12 13

Am Paulus sae Leida ond wian r sich Müah geit: 11 16-33

[16]Ond nômål sag e s euch: s soll me
koener für an Åhnongslosa halta. Wann
aber doch, nå nemmat me wenigstens
als an Åhnongslosa å, dass e ao a bißle
ågeba kå. [17]Was e då sag, des ischd et
em Senn vom Herra, sondern en dr
Åhnongslosigkaet von oem, der mô auf
sae Åhnongslosigkaet ao no stolz ischd.
[18]Weil viele auf a ganz menschlicha
Art ågebat, will i ao amål ågeba. [19]Ihr
vrtragat euch jå guat mit de Narra, ihr
Obergscheite. [20]Euch macht des jå gar
nex aus, wann euch oener vrsklavt,
wann euch oener ausbeutat, euch
aesperrt, sich als Herrscher aufspielt
ond euch ens Gsicht haot. [21]Zo maener
Schand gib e zua, wia mr jå sieht, dass
mr dådrzua z schwach gwea send. Wann
aber oener mit ebbas ågeit - en maener
Åhnongslosigkaet kå i ao ågeba.
[22]Hebräer send dia? - I ao! Israelita
send dia? - I ao! Am Abraham saene
Nåchkomma send dia? - I ao!
[23]Am Messias saene Diener send dia?
Åhnongslos, wian e ben, sag e s: I viel
maeh als wia dia; i han mr viel maeh
Müah geba, ben öfters em Gfängnis
gwea, han öfters Hieb kriagt, ond
oft han e am Daot en d Aoga gucka
müaßa. [24]Von Juda han e vier Mål vierzg
Hieb weniger oen kriagt, [25]dreimål
ben e auspeitscht wôra, oemål hent se
me sogar gstoenigt, dreimål han e an
Schiffbruch mitmacha müaßa, a ganza
Nacht ond an Dag ben e em Meer
trieba. [26]I ben oft graest en de Gfahra
von Flüß, en Gfahra durch Raeber, en
Gfahra durch s ôegene Volk, en Gfahra
durch Haeda, en Gfahra en dr Stadt, en
Gfahra en dr Wüste, en Gfahra auf am
Meer, en Gfahra bei falsche Brüader.
[27]En Müahsal ond Schwierigkaeta,
oft en schlåflose Nächt, en Honger
ond Durst, em Fasta oft, en Kälte ond
Blöße. [28]Abgseha von de andere Sacha,
môn e gar nex drvo saga will, äll Dag
der Ådrang bei mr ond d Sôrga om älle
Gemaenda. [29]Wer ischd denn schwach,
ond i wär et mit am schwach? Wer fällt
om, ond mir dät s et en dr Seel brenna?
[30]Wann s naedig ischd, dass mr ågeit, nå
will e mit maener Schwachhaet ågeba.
[31]Dr Gott ond Vadr vom Herr Jesus
wôeß, dass i et lüag, Lob ond Preis sei
am en Ewigkaet.
[32]En Damaskus håt dr Statthalter vom
König Aretas d Stadt von de Damaszener
bewacha lassa, zom me vrhafta; [33]nå
hent se me durch a Fenster e ma Kretta
an dr Mauer naglassa, so ben vôr am
drvokomma.

Zom Vrgleicha: *Vers 16:* 11,1; 12,6 • *Vers 18:* Phil 3,4 • *Vers 19:* 1Kor 4,10 • *Vers 22:* Apg 22,3; Rö 11,1; Phil 3,5 • *Vers 23:* 1Kor 4,1; 15,10 • *Vers 24:* Dtn 25,3 • *Vers 25:* Apg 16,22; 14,19; 27,41-43 • *Vers 27:* 6,4f; 1Kor 4,11; 1Thess 2,9 • *Vers 28:* Apg 20,31 • *Vers 29:* 1Kor 9,22 • *Vers 30:* 12,5.9f • *Vers 32:* Apg 9,24f.

Am Herrgott sae Gnade ond am Paulus sae Schwachhaet: 12 1-13

12 S ischd naedig, dass mr ågeit;
s nützt zwår neamerd ebbas,
aber i will oenaweg ebbas saga zo
Erschaenonga ond Offabaronga vom
Herra. [2]I kenn oen, der ischd ganz oes
mit am Messias, vôr vierzeah Jåhr, ob
em Leib, i wôeß s et, ob außerhalb vom
Leib, des wôeß e ao et, Gott wôeß s,
då ischd der bis en da dritta Hemmel
gruckt wôra. [3]Ond i wôeß, dass der
Mensch, ob mit am Leib oder ohne da
Leib, i wôeß s et - Gott wôeß s, [4]dass
der en s Paradies gruckt wôra ischd
ond då osagbare Wort ghört håt, dia
mô koe Mensch saga därf. [5]Em Blick
auf den will e me rühma, aber selber
will e et ågeba, höchstens mit maene
Schwachhaeta. [6]Wann e nämlich ågeba
wöllt, wär e oenaweg koe Depp, weil e
jå d Wåhrat saga dät. I schenk mr s aber,
dass et ebber auf da Gedanka kommt,
maeh en mr zom seha ond höra als was
e ben. [7]Ond dass mr dia oezigartige
Offabaronga et en da Kopf steigat, ischd
mr a Stachel ens Flôesch druckt wôra, a
Engel vom Satan haot me mit de Fäust,
dass e et überheblich wir. [8]Wega dem han
e schao drei Mål da Herra ågruafa, dass
r me en Ruah lassa soll. [9]Ond ER håt
zo mr gsaed: *Mae Gnade ischd gnuag
für di; d Kraft kommt nämlich en dr
Schwachhaet zom Ziel.* Ganz gern gib e
nå mit maene Schwachhaeta å, dass am
Messias sae Kraft zo mr kommt. [10]Drom
kå i ja saga zo maener Ohnmacht, zo
Mißhandlonga, zo Notlaga, Vrfolgonga
ond Drangsal für da Messias; wann e
nämlich schwach ben, nå ben e stark.
[11]Jetzt ben i zom Narra wôra, ihr hent
me drzua zwonga. Aegentlich hättat
ihr me rausstella solla. Schliaßlich
stand i jå dene Überapostl en nex nåch,
obwohl i nex Bsonders ben. [12]Was an
Apostl auszôechnat, ischd bei euch jå
ällas gscheha, en äller Geduld, durch
Zaeche, Wonder ond vollmächtige Tata.
[13]Mô send ihr em Vrgleich zo andere
Gemaenda z kurz komma, außer dass
e selber euch et zor Last gfalla ben?
Vrzeihat mr s, wann des für euch a
Orecht ischd.

Zom Vrgleicha: *Vers 1:* Apg 26,16; Gal 2,2 • *Vers 5:* 11,30 • *Vers 6:* 10,8 • *Vers 7:* Num 33,55; Ez 28,24 • *Vers 8:* Mt 26,44 • *Vers 9:* Jes 40,29; Phil 4,13 • *Vers 10:* 6,9f • *Vers 11:* 11,1.5.16 • *Vers 12:* Apg 5,12; Rö 15,19 • *Vers 13:* 11,7-9.

A NEUER BSUACH WIRD ÅKÜNDIGT: 12 14 - 13 10

Am Paulus saene Sôrga ond was r vôr håt: 12 14-18

[14]Guckat, zom dritta Mål han e me fertig
gmacht zom zo euch komma, ond i fall
euch ao desmål et zor Last. I suach jå
et euer Geld, sondern euch. Schliaßlich
sollat jå amål et d Eltern von de Kender
ebbas erba, sondern d Kender von de
Eltern. [15]I will gern ällas aufbrenga
ond me aufopfera für eure Seela. Wann
i euch so arg måg, soll mr mi drwega
weniger möga? [16]Also guat! I ben euch
zwår et zor Last gfalla, aber han i euch
deswega auf a henterlistiga Art gfanga?
[17]Oder han e euch über da Tisch zoga
durch oen, môn e zo euch gschickt han?
[18]I han da Titus beta, dass r euch bsuacht
ond han den Bruader mitgschickt; håt
euch vielleicht dr Titus übervortôelt?
Send mir et em gleicha Gaest gwea ond
en de gleicha Spura gloffa?

Zom Vrgleicha: *Vers 14:* 13,1 • *Vers 18:* Phil 2,17; 1Thess 2,8 • *Vers 17:* 7,2 • *Vers 18:* 8,16-18.

Am Paulus saene Sôrga: 12 19-21

[19]Ihr denkat wahrschaenlich schao lang,
mir wötte ons vôr euch vrtaediga. Aber
mir redat vôr Gott ond send drbei oes

mit am Messias; ond des Ganze, zom euch aufbaua, maene Liabe. [20]I fürcht nämlich, dass e euch, wann e komm, et so vôrfend, wian e mr s wünscha dät, ond dass ihr mi so fendat, wian ihr s euch et wünschat, sondern s geit Händel, Eifersüchtaleia, Wuatausbrüch, Ehrakäsigkaeta, Vrlaemdonga, Hentaromgschwätz, Aufblåsahaeta ond Krach; [21]dass me Gott, wann e wieder zo euch komma ben, nômål vôr euch demütigt, ond i traurig sae muaß über viele, mô vôrher schao gsündigt hent ond ihr Gsennong emmer no et gänderat hent, en Punkto osaubere Gschäft ond Ozucht ond Ausschwôefonga, ond was se so trieba hent.

Zom Vrgleicha: *Vers 19:* 2,17 • *Vers 20:* 10,2 • *Vers 21:* 13,2.

Dr Paulus als Seelsôrger: 13 1-10

13 Jetzt komm e zom dritta Mål zo euch. *Auf dem, was zwôe oder drei Zeuga aussagat, wird ällas entschieda.* [2]I han s em Vôraus gsaed ond i sag s nômål, wian e s schao gsaed han, môn e s zwôete Mål bei euch gwea ben, dene, mô sich schao früher vrsündigt hent ond alle andere ao, dass e s nachste Mål, wann e komm, koen maeh schon. [3]Ihr wöllat jå en Beweis drfür, dass dr Messias en mir redat, der mô geganüber euch et schwach ischd, sondern mächtig bei euch wirkt. [4]Der ischd zwår en saener Schwachhaet kreuzigt wôra, aber r lebt aus dr Kraft von Gott. Mir send jå ao schwach en am, aber mir lebat mit am aus am Herrgott saener Kraft, des wird sich euch geganüber erweisa.

[5]Frågat euch doch selber, ob r em Glaoba standat, prüafat euch selber. Oder merkat ihr des et selber, dass Jesus, dr Messias en euch ischd? Wann et, nå dät s jå mit euram Glaoba et stemma. [6]I hoff aber, dass ihr kapierat, dass mir et vrsagt hent. [7]Mir betat aber zom Herrgott, dass ihr nex Orechts dent, aber et dass mir als oene dåstandat, mô em Recht send, sondern so, dass ihr s Guate dent ond mir als oene dåstandat, mô sich g'irrt hent. [8]Mir könnat nämlich gega d Wåhrat nex ausrichta, sondern bloß für d Wåhrat. [9]Mir fraeat ons ao, wann mir schwach send ond ihr stark. Dådrom betat mir ao, dass ihr wieder zrecht bråcht werat. [10]Des schreib e euch ällas, solang e no weit weg ben von euch, dass e, wann e då ben, et ganz streng mit euch omganga muaß en dr Kraft von dr Vollmacht, mô mr dr Herr geba håt, aber zom Aufbaua, et zom Areissa.

Zom Vrgleicha: *Vers 1:* 12,14; Dtn 19,15; Mt 18,16; 1Tim 5,19 • *Vers 2:* 12,21 • *Vers 3:* Rö 15,18f • *Vers 4:* 1Kor 1,24f.27 • *Vers 5:* 1Kor 11,28; Rö 8,8f • *Vers 10:* 2,3; 10,4.8.11.

SCHLUSSWORT OND SEGA: 13 11-13

[11]Jetzat, Brüader, fraeat euch, lent euch zrechtbrenga, lent euch Muat macha ond send mr gleich gsonna ond gangat friedlich mitanander om. Ond dr Herrgott ischd mit saener Liebe ond mit saem Frieda ao mit euch. [12]Grüaßat anander mit am haeliga Kuß! Älle Haelige lent euch ao grüaßa. [13]D Gnade vom Herr Jesus, am Messias, ond am Herrgott sae Liebe ond d Gemaenschaft vom Haeliga Gaest sei mit euch älle!

Zom Vrgleicha: *Vers 11:* Phil 4,4; Rö 12,16; 15,5.33; Phil 2,2 • *Vers 12:* Rö 16,16; 1Kor 16,20; 1Thess 5,26 • *Vers 13:* Gal 6,18; Joh 14,16f; Rö 8,26f.

Am Paulus sae Briaf an d Gemaenda en Galatien

ADRESS OND GRUASS: 1 1-5

1 Vom Paulus, als Apostl acgsetzt, et
von Menscha, ao et von oem Menscha,
sondern durch da Messias Jesus ond
Gott, saen Vadr, der mô an von de
Daote aufgweckt håt, [2]ond älle Brüader,
mô bei mr send, an de Gemaenda en
Galatien: [3]Gnade ond Frieda sei mit
euch von Gott, onseram Vadr ond am
Herra Jesus, am Messias. [4]Der håt sich
selber für onsere Sünda g'opferat, zom
ons retta aus dr gegawärtiga, baesa
Welt, wia s onser Gott ond Vadr wölla
håt, [5]dem sei d Ehr en älle Ewigkaeta.
Amen.

Zom Vrgleicha: *Vers 1:* 1,11f; Rö 1,1 • *Vers 2:* 1Kor 16,1 • *Vers 4:* 2,20; Eph 5,2; 1Tim 2,6; 1Joh 5,19 • *Vers 5:* Rö 16,27; 2Tim 4,18.

DR GROND FÜR DEN BRIAF: 1 6-9

[6]S wonderat me schao, dass ihr so schnell
abspenstig werat von dem, der mô euch
durch am Messias sae Gnade beruafa
håt, zo a ma andera Evangeliom, [7]mô s
gar et geit, sondern s geit a paar Leut,
mô euch durchananderbrengat ond
s Evangeliom vom Messias vrdrehat.
[8]Aber ao wann mir selber oder sogar a
Engel vom Hemmel euch s Evangeliom
anderst vrkündiga sotte als wia mir s
euch vrkündigt hent, nå soll r vrfluacht
sae! [9]Was e vôrig gsaed han, sag e jetzat
nômål: Wann euch oener s Evangeliom
anderst vrkündigt als wia ihr s kriagt
hent, der soll vrfluacht sae!

Zom Vrgleicha: *Vers 6:* 5,8 • *Vers 7:* 2Kor 11,4; Gal 5,10; Apg 15,1.24 • *Vers 8:* 1Kor 16,22.

AM PAULUS SAE APOSTLAMT: 1 10 - 2 10

Wia dr Paulus zom Apostl beruafa wôra ischd: 1 10-24

[10]Om was gôht mr s denn jetzt? Om d
Åerkennong von de Menscha oder om
Gott? Oder möcht i de Leut gfalla?
Wann i de Menscha gfalla wött, nå
wär i koe Mitarbaeter vom Messias.
[11]Des will e aber klarstella, Brüader, des
Evangeliom, mô i euch vrkündigt han,
ischd et von menschlicher Art. [12]I han
des ao et vo ma Menscha kriagt oder
glernt, sondern durch a Offabarong
vom Messias Jesus. [13]Ihr hent jå ghört,
wia i früher als a gsetzastreuer Juda
glebt han ond omäßig am Herrgott sae
Gemaende vrfolgt han, i han se sogar
ausrotta wölla. [14]En maem Eifer für d
Satzonga von onsere Vädr han i viele
von maene Altersgenossa no übertroffa.
[15]Mô aber Gott, der mô me *schao em
Leib von maener Muader* auserwählt
ond durch sae Gnade beruafa håt, [16]zom
saen Soh en mir dren offabara, dass an
i als Evangeliom bei de Haedavölker
vrkündige, då han i me et mit Flôesch
ond Bluat berata. [17]Ond nach Jerusalem
ben e ao et naufganga zo dene, mô schao
vôr mir Apostl gwea send, sondern
i ben nach Arabien ganga ond nå
wieder nach Damaskus zrückkomma.
[18]Drei Jåhr später ben e nach Jerusalem
naufganga, zom da Kephas kennalerna,
bei dem ben e fufzeah Däg blieba. [19]An
andera Apostel han e et gseha, außer
am Jakobus, da Bruader von onseram
Herra. [20]Aber was e schreib, guck, i sag s

vôr Gott, dass e et lüag. [21]Nå ben e en de
syrische ond zilizische Gebiet gwea. [22]D
Christagemaenda en Judäa hent me aber
persönlich et kennt. [23]Dia hent bloß vo
mr ghört: Der, mô ons früher vrfolgt
håt, der vrkündigt ons jetzt den Glaoba,
môn r vôrher håt ausrotta wölla. [24]Ond
em Blick auf mi hent se Gott priesa.

Zom Vrgleicha: *Vers 10:* 1Thess 2,4• *Vers 11:* 1,1 • *Vers 13:* Phil 3,5; Apg 8,3; 9,1; 1Kor 15,9 • *Vers 14:* Apg 26,4f • *Vers 15:* Jes 49,1 • *Vers 16:* Rö 1,5; 1Kor 15,10; Apg 9,3-5 • *Vers 18:* Apg 9,26-28; Joh 1,42 • *Vers 19:* 2,9; Mt 13,55 • *Vers 20:* Rö 9,1.

S Apostlkonzil en Jerusalem: 2 1-10

2 Vierzeah Jåhr später ben e nå
wieder nauf nach Jerusalem mit am
Barnabas, da Titus han e ao mitgnomma.
[2]Dr Grond drfür ischd a Offabarong
gwea. Nå han e mit en drüber gsprocha,
wia i s Evangeliom bei de Haedavölker
vrkündige, bsonders mit dene, mô a
bsonders Åseha hent, et dass e ens Leere
laof oder gloffa wär. [3]Aber dia hent et
amål drauf bestanda, dass dr Titus, der
mô bei mr ischd ond a Grieche ischd,
sich beschneida lassa müaßt. [4]Då hent
sich nämlich a paar falsche Brüader
mit naedruckt ond nebanaegschlicha,
zom ons nåchspioniera, was mir für a
Freihaet hätte em Messias Jesus, dass
se ons nadrucka könnte; [5]vôr dene
se mir et gwicha ond hent en koe
Stond nåchgeba, dass d Wåhrat vom
Evangeliom bei euch bleibt. [6]Aber von
dene, mô ebbas geltat - was dia früher
gwea send, gôht me nex å; Gott guckt
et auf d Persönlichkaet vo ma Menscha
- jedafalls he mr dia, mô ebbas geltat,
koene Auflaga gmacht. [7]Em Gegatôel,
dia hent gseha, dass mir s Evangeliom
für d Nichtjuda åvrtraut ischd, wia am
Petrus für d Juda. [8]Weil der, mô em
Petrus saem Apostlamt gwirkt håt bei
de Juda, der håt ao en mir gwirkt bei
de Haedavölker. [9]Ond weil se erkannt
hent, dass mir dui Gnade gschenkt
ischd, hent dr Jakobus ond dr Kephas
ond dr Johannes, dia mô als tragende
Säula geltat, mir ond am Barnabas da
Handschlag für d Gemaenschaft geba,
dass mir zo de Haedavölker ganga sollat
ond dia zo de Juda. [10]Bloß solle mr ao an
ihre Arme denka, des han e jå ao eifrig
dao.

Zom Vrgleicha: *Vers 1:* Apg 15,2 • *Vers 2:* Phil 2,16 • *Vers 4:* 5,1 • *Vers 6:* Dtn 10,17; Rö 2,11 • *Vers 7:* 1,15f; Apg 22,21; Rö 1,5 • *Vers 10:* Apg 11,29f; 1Kor 16,1-4; 2Kor 8,9.

D GERECHTIGKAET KOMMT AUS AM GLAOBA: 2 11 - 4 7

Gsetz oder Glaoba: 2 11-21

[11]Mô aber dr Kephas nach Antiochien
komma ischd, han am i ens Gsicht nae
gsaed, dass r sich et richtig vrhalta håt.
[12]Bevôr nämlich a paar vom Jakobus
saene Leut komma send, håt r mit de
Haedachrista zsamma gessa, aber mô
dia nå komma send, håt r sich zrückzoga
ond sich abgsonderat, weil r vôr dene
Judachrista Angst ghet håt. [13]Ao de
andere Juda hent dene schaehaelig ebbas
vôrgmacht, dass sich ao dr Barnabas en
ihr schaehaeligs Wesa håt naeziaga lassa.
[14]Aber môn e gseha han, dass des, was
dia dao hent, sich et mit dr Wåhrat vom
Evangeliom vraenbara läßt, han e vôr
älle drå zom Kephas gsaed: Wann du
de als Jud wia d Haeda vrhälst ond et
wia d Juda, wer geit dir nå s Recht, von
de Haeda zom vrlanga, dass se jüdisch
lebat? [15]Mir send von Natur aus Juda
ond et Sünder aus de Haedavölker; [16]mir
wissat aber, dass dr Mensch et aus saene
Tata nach am Gsetz gerecht gsprocha
wird, sondern durch saen Glaoba an da
Messias Jesus. Drom hent mir doch da

Glaoba an da Messias Jesus ågnomma, dass mr aufgrond vom Glaoba an da Messias gerecht gsprocha werat ond et aufgrond von onsere Tata nach am Gsetz. Aufgrond von de Tata nach am Gsetz *wird koe menschlichs Wesa gerecht gsprocha.* [17]Wann aber mir, dia mr doch em Messias gerecht gsprocha wera wöllat, ons als Sünder rausstellat, machat mir nå et da Messias zom Sündaknecht? Des därf doch et sae! [18]Wann e natürlich des, was e omkeit han, wieder aufbau, nå stell e me doch selber wieder als Übertreter nô. [19]I ben nämlich durchs Gsetz für s Gsetz gstôrba, dass e bloß no für Gott leb. I ben mit am Messias kreuzigt wôra; [20]I leb, aber nemme i, en mir dren lebt dr Messias. Was e jetzt leb als Mensch, des leb e em Glaoba an da Soh von Gott, der mô me måg ond sich selber für mi g'opferat håt. [21]I schmeiß doch am Herrgott sae Gnade et fort; wann nämlich d Gerechtigkaet durch s Gsetz kommt, nå ischd dr Messias omsonst gstôrba.

Zom Vrgleicha: *Vers 11:* Joh 1,42 • *Vers 12:* Apg 10,15.28; 11,3 • *Vers 16:* 3,11; Rö 3,20.28; 4,5; 11,6; Ps 143,2 G • *Vers 19:* Rö 6,10; 7,6; Gal 6,14 • *Vers 20:* Rö 8,9f; Kol 3,4; Gal 1,4.

D Gerechtigkaet aus am Glaoba: 3 1-5

3 O ihr ovrständige Galater, wer håt euch bloß vrhext, euch ischd doch dr Messias vôr Aoga gmålt wôra als dr Gkreuzigte? [2]Des will e bloß von euch wissa: Hent ihr da Gaest aufgrond von eure Tata nach am Gsetz kriagt oder durch d Predigt vom Glaoba? [3]So ovrnünftig send ihr? Ågfanga hent r mit am Gaest, ond jetzt wöllat r s en ra irdisch-menschlicha Gsennong vollenda? [4]Hent ihr ebbas so Graoß für nex ond wieder nex erfahra? I kå s et fassa dass ällas omsonst gwea sae soll. [5]Der, mô euch da Gaest darbiatat ond Wondertata gwirkt håt, duat der des aufgrond von de Tata nach am Gsetz oder aufgrond von dr Predigt vom Glaoba?

Zom Vrgleicha: *Vers 1:* 5,7 • *Vers 2:* 2,16.

Dr Glaoba vom Abraham als Vorbild: 3 6-18

[6]*Wia dr Abraham am Herrgott glaobt håt, ond des ischd am als Gerechtigkaet ågrechnat wôra.* [7]Då drå seahnat r doch, dass bloß dia, mô aus am Glaoba lebat, am Abraham saene Nåchkomma send. [8]Weil aber d Schrift des vôrausgseha håt, dass Gott d Völkerwelt aufgrond vom Glaoba gerechtspricht, håt se als Evangeliom am Abraham vrkündigt: *En dir sollat sich älle Gschlechter auf am ganza Erdboda da Sega geba!* [9]Drom werat dia, mô aus am Glaoba lebat, wia dr Abraham gsegnat. [10]Weil älle, mô aus de Tata nach am Gsetz lebat, dia send ao onter am Fluach. S stôht nämlich gschrieba: *Vrfluacht ischd a jeder, mô et bei ällam bleibt, was em Gsetzbuach vôrgschrieba ischd.* [11]Dass aber durchs Gsetz neamerd gerecht gsprocha wird bei Gott, ischd offakondig; weil: *Der, mô aus am Glaoba gerecht ischd, der lebt.* [12]S Gsetz håt aber mit am Glaoba nex zom doa, sondern der, *mô d Gebot vom Gsetz aehält, der lebt durch des.* [13]Dr Messias håt ons aber freikaoft von dem Fluach, mô auf am Gsetz leit, endem r sich für ons zom Fluach gmacht håt, s stôht nämlich gschrieba: *Vrfluacht ischd a jeder, mô am Holz hangt* - [14]dass de Haedavölker dr Sega vom Abraham durch da Messias gschenkt wird, ond mir da vrsprochena Gaest kriagat durch da Glaoba.

[15]Brüader, i wills ganz menschlich saga: koener erklärt doch a rechtskräftigs Testament vo ma Menscha für ogültig oder hängt då no a Klausel nô. [16]Am Abraham ond saem Nåchkomma send d Vrhaeßonga zuagsprocha wôra. S hôeßt

et: *de Nåchkomma* - also viele, sondern oem: *ond daem Nåchkomma*, des ischd dr Messias. [17]I moen: A Testament, mô Gott vôrher rechtskräftig gmacht håt, des macht a Gsetz, des mô vierhondertdreißg Jåhr später komma ischd, et ogültig, so dass d Vrhaeßong aufghoba wär. [18]Wann nämlich s Erbtôel aus am Gsetz kommt, nå kommt s nemme aus dr Vrhaeßong. Aber dr Herrgott håt s Erbtôel am Abraham durch a Vrhaeßong gschenkt.

Zom Vrgleicha: *Vers 6:* Gen 15,6; Rö 4,3 • *Vers 7:* Rö 4,11f • *Vers 8:* Gen 12,3; 18,18; Apg 3,25 • *Vers 9:* Rö 4,16 • *Vers 10:* Dtn 27,26; Jak 2,10 • *Vers 11:* 2,16; Hab 2,4; Rö 1,17 • *Vers 12:* Lev 18,5; Rö 10,5 • *Vers 13:* Rö 8,3; 2Kor 5,21; Dtn 21,23 • *Vers 14:* Jes 44,3; Joel 3,1f • *Vers 15:* Hebr 9,16 • *Vers 16:* Gen 22,17 • *Vers 17:* Ex 12,40 • *Vers 18:* Rö 4,13; 11,6.

D haelsgeschichtlicha Stellong vom Gsetz: 3 19-25

[19]Zo was braucht mr nå s Gsetz? Wega de Übertretonga ischd s drzuakomma, bis der Nåchkömmleng kommt, dem mô d Vrhaeßong gilt, durch Engel ågordnat durch an Vrmittler. [20]Aber dr Vrmittler vrtritt et bloß oen oenziga - aber Gott ischd oener. [21]Ischd nå s Gsetz gega am Herrgott saene Vrhaeßonga? Auf gar koen Fall. Wann nämlich a Gsetz geba wôra wär, des mô lebendig macha könnt, nå wär ao d Gerechtigkaet aus am Gsetz. [22]Aber d Schrift håt ällas onter d Sünd aegschlossa, dass d Vrhaeßong aus am Glaoba an da Messias Jesus dene geba wird, mô glaobat. [23]Eh aber dr Glaoba komma ischd, send mir onter am Gsetz aegsperrt gwea, aegschlossa auf den Glaoba nô, der mô offabart håt wera solla. [24]So ischd s Gsetz onser Lehrmôester gwea bis dr Messias komma ischd, dass mir aufgrond vom Glaoba gerechtgsprocha werat. [25]Seit dr Glaoba då ischd, standat mir nemme onter dem Lehrmôester.

Zom Vrgleicha: *Vers 19:* Rö 5,20; 7,7.13; Hebr 2,2; Apg 7,38.53 • *Vers 20:* Dtn 6,4 • *Vers 21:* Rö 8,2-4 • *Vers 22:* Rö 3,9; 11,32 • *Vers 23:* 4,3 • *Vers 24:* Rö 10,4.

Dr Glaoba ond am Herrgott saene Kender: 3 26 - 4 7

[26]Ihr älle send durch da Glaoba am Herrgott saene Kender durch da Messias Jesus. [27]Weil ihr älle, mô auf da Messias taoft wôra send, hent da Messias åzoga. [28]Då gilt weders Jud no Grieche, et Sklav oder Freier, et Må oder Frao, ihr send nämlich älle mitanander oener em Messias Jesus. [29]Wann r aber zom Messias gherat, nå send r am Abraham saene Nåchkömmleng ond dådrmit nach dr Vrhaeßong ao Erba.

4 Dådrmit will e saga: Solang dr Erbe no et mündig ischd, onterschôedat r sich en nex vo ma Sklava, obwohl r dr Herr ischd von ällam; [2]sondern der stôht onter Kuratel ond Vrwalter solang, wia s dr Vadr festglegt håt. [3]So ischd s ao bei ons gwea, solang mr no et mündig gwea send, se mr onter de Naturgwalta vrsklavt gwea. [4]Mô aber s Zeitmaß voll gwea ischd, håt Gott saen Soh gschickt, von r a Frao gebora ond am Gsetz onterstellt, [5]dass r dia freikaoft, mô am Gsetz onterstellt send, ond mir d Kendschaft empfangat. **[6]Weil ihr jetzt Kender send, håt Gott da Gaest von saem Soh en onsere Herza gschickt, der ruaft: Baba, liabs Vadrle! [7]Drom bist du jetzt koe Sklav maeh, sondern a Kend, bist aber a Kend, nå erbst ao bei Gott.**

Zom Vrgleicha: *Vers 3,26:* 4,5.7; Rö 8,17 • *Vers 27:* Rö 13,14 • *Vers 28:* Rö 10,12; 1Kor 12,13; Kol 3,11 • *Vers 29:* 3,7.14.18; Rö 9,7 • *Vers 4,3:* 3,23; Kol 2,20 • *Vers 4:* Mk 1,15 • *Vers 5:* 3,13 • *Vers 6:* 3,26; Rö 8,15 • *Vers 7:* 3,29; Rö 8,16f.

DE CHRISTALEUT IHR FREIHAET: 4 8 - 6 10

Warnong vor am Rückfall en d Sklaverei: 4 8-20

8Aber selligsmål, môn r Gott no et
kennt hent, send r Sklava von dene
Götter gwea, mô en Wirklichkaet gar
koene send. 9Wöllat r nå jetzt, môn
r Gott kennaglernt hent, oder besser
gsaed: dia mô von Gott erkannt send -
wöllat wieder omdreha zo de schwache
ond armselige Elementer ond wieder
dene ihre Sklava sae? 10Ihr haltat euch
an bestimmte Däg ond Monat ond
Festzeita ond Jåhr; 11i fürcht, dass e mr
om euch omsonst Müah geba han.
12I bitt euch, Brüader, haltat s doch so
wia i, i ben doch ao so wôra wia ihr.
Ihr hent mr ao koe Orecht ådao. 13Ihr
wissat aber, dass i schwach gwea ben
ond krank, môn e bei euch zom ersta
Mål s Evangeliom vrkündigt han; 14ond
obwohl mae Krankat für euch koe
schöner Åblick gwea sae muaß, hent r
me et vrachtat oder vôr mr gspeuzgat.
Ihr hent me aufgnomma wia an Engel,
wia da Messias Jesus selber. 15Mô ischd
bloß euer Begaesterong blieba? I zeug
für euch, dass r, wann r könna hättat,
euch d Aoga rausgrissa hättat ond se mir
geba. 16Ben e jetzt euer Faend wôra, bloß
weil e euch d Wåhrat sag? 17Dia werbat
om euch auf a oguata Art ond wöllat
euch ausschliaßa (von dr Gemaenschaft
mit mir), dass ihr euch wieder om sia
Müah gebat. 18S wär aber guat, wann r
om euch em guata Senn emmer werba
lassa dätat, ond et bloß, wann e bei euch
ben. 19Maene Kenderla, om euch leid e
nômål Geburtsweha, bis dr Messias en
euch Gstalt ånemmt. 20I wött, i wär jetzt
bei euch, dass e ema andera Ton no mit
euch reda könnt, i wôeß mr wega euch
nämlich nemme z helfat.

Zom Vrgleicha: *Vers 8:* 1Kor 8,4; 12,2 • *Vers 9:* 1Thess 4,5; Kol 2,20; Gal 3,29; Rö 8,16f • *Vers 17:* 1,7; 6,12; Apg 20,30 • *Vers 19:* 1Kor 4,15.

S Schriftzeugnis: 4 21-31

21Sagat mr amål, grad ihr, môn r moenat
r hättat euch am Gsetz onterstellt, hörat
ihr denn gar et auf s Gsetz? 22S stôht
nämlich gschrieba, dass dr Abraham
zwôe Söh ghet håt, da oena von dr
Magd, da andera von dr Freia. 23Aber
der von dr Magd ischd ganz natürlich
zeugt wôra, dr andere von dr Freia aber
en dr Kraft von dr Vrhaeßong. 24Des
ischd bildlich gsprocha, dia zwôe Fraoa
bedeutat nämlich zwôe Ordnonga vom
Herrgott: De oe vom Berg Sinai, dui
mô zor Sklaverei gebiert, ond des ischd
d Hagar. 25Hagar stôht nämlich für da
Berg Sinai en Arabien, des entspricht
am jetziga Jerusalem, weil se mit ihre
Kender en dr Sklaverei lebt. 26Aber des
Jerusalem, mô droba ischd, des ischd
de Frei, ond des ischd onser Muader.
27S stôht nämlich gschrieba: *Frae de, du
Ofruchtbara, mô koene Kender kriagt;
brich en Jubel aus, schrei laut, du, mô
koene Weha ghet håt! Weil dui, mô
alloe blieba ischd, håt viel maeh Kender
als wia dui, mô da Må håt.* 28Ihr aber,
Brüader, ihr send so wia dr Isaak, dr
Vrhaeßong ihre Kender. 29Aber grad so
wia selligsmål der, mô ganz natürlich
zeugt wôra ischd, den vrfolgt håt, mô
durch da Gaest zeugt ischd, so ischd s
jetzt ao. 30Ond was saed d Schrift? *Jag
d Magd ond ihran Bua naus! Auf gar
koen Fall erbt nämlich dr Magd ihr Bua
mit am Soh von dr Freia.* 31Des ischd dr
Grond, maene Brüader, dass mir et dr
Sklavin ihre Kender send, sondern dr
Freia ihre.

Zom Vrgleicha: *Vers 22:* Gen 16,15; 21,2f • *Vers 23:* Gen 17,16; Rö 4,19f; 9,7-9 • *Vers 24:* Ex 19,20 • *Vers 25:* Gen 16,1 • *Vers 26:* Hebr 12,22; Offbg 21,2 • *Vers 27:* Jes 54,1 • *Vers 30:* Gen 21,10.

Freihaet oder Sklaverei: 5 1-12

5 Für d Freihaet håt ons dr Messias frei
gmacht; drom standat fest nô ond
lent euch koe Sklavajoch maeh auflada!
2Guckat amål her, was i, dr Paulus euch
sag: Wann ihr euch beschneida lassat, nå
nützt euch dr Messias gar nex. 3I sag s
nômål a ma jeda, der mô sich beschneida
läßt, dass r nå vrpflichtat ischd, dass r
s ganze Gsetz aehält. 4Ihr send vom
Messias ganz weg, wann r durch s Gsetz
gerechtgsprocha wera wöllat, ond aus dr
Gnade rausgfalla. 5Aber mir wartat auf
d Erfüllong von onserer Hoffnong auf
d Gerechtigkaet aufgrond vom Glaoba.
6Em Messias Jesus kommt s nämlich et
drauf å, ob mr beschnitta ischd oder et,
sondern dådrauf, dass mr an Glaoba
håt, der mô en dr Liebe wirksam wird.
7Ihr send doch guat gloffa, wer håt
euch drå ghenderat, dass r dr Wåhrat
folgat? 8Der, mô euch beruafa håt, håt
euch dådrzua et vrlôetat. 9A kloes bißle
Sauertôeg macht da ganza Tôeg sauer.
10I vrtrau euch em Herra, dass ihr koe
andera Gsennong hent, aber der, mô
euch durchananderbråcht håt, der wird
sae Urtôel traga müaßa, wer emmer des
ao sae mäg. 11Aber i, Brüader, wann i no
d Beschneidong predige, wårom wir e
nå vrfolgt? Dådrmit wär jå s Ärgernis
vom Kreuz erledigt. 12Sollat se sich doch
ällas wegschneida lassa, dia mô euch
aufhetzat.

Zom Vrgleicha: *Vers 1:* 2,4; 5,5.9; Joh 8,32.36 • *Vers 2:* 2,21 • *Vers 3:* 3,10; Rö 2,25; Jak 2,10 • *Vers 5:* Rö 8,23.25 • *Vers 6:* 3,28; 6,15; 1Kor 7,19 • *Vers 8:* 1,6 • *Vers 9:* 1Kor 5,6 • *Vers 10:* 1,7 • *Vers 11:* 6,12.14; 1Kor 1,23.

D Liebe ischd a Frucht vom Gaest:
5 13-26

13Aber ihr, liabe Brüader, ihr send zur
Freihaet beruafa; jetzat guckat, dass r
et dr irdisch-menschlicha Gsennong
an Vorwand lieferat, sondern helfat
anander en dr Liebe. 14S ganze Gsetz
ischd nämlich en oem Wort erfüllt: *Du
sollst daen Mitmenscha so möga, wia da
de selber mågst.* 15Wann r aber anander
beißat ond fressat, nå gebat Obacht, dass
r anander et aufreibat. 16Drom sag e euch:
Führat euran Wandel em Gaest ond lent
dr irdisch-menschlicha Gsennong koen
Spielraom. 17D irdisch-menschlicha
Gsennong richtat sich nämlich gega
da Gaest ond dr Gaest gega s irdisch-
menschliche; dia hent Streit mitanander,
so, dass ihr gar et des doa könnat, was
r aegentlich wöllat. 18Wann r euch aber
vom Gaest lôeta lassat, nå send r ao am
Gsetz et onterstellt.
19Was bei dr irdisch-menschlicha
Gsennong rauskommt, des sieht mr:
Ozucht, Oraenhaet, Ausschwôefong,
20Götzadenst, Zauberei, Faendschaft,
Streit, Eifersucht, Wuatausbrüch,
Ôeganutz, Händel, Parteionga, 21Neid,
Saufereia, Fressorgia ond sotte Laster;
dådrvo han e schao em vôraus gsaed
ond i sag s nômål, sotte erbat amål am
Herrgott sae Reich et.
22Aber d Frücht vom Gaest send
Liebe, Fraed, Frieda, Geduld,
Fraendlichkaet, Güate, Treue,
23Sanftmuat, Enthaltsamkaet; gega des
ällas ischd s Gsetz ao et. 24Aber dia, mô
zom Messias Jesus gherat, dia hent ihr
irdisch-menschlicha Gsennong kreuzigt
mit ihre Leidaschafta ond ihrer Gier.
25Wann mir aus am Gaest lebat, nå laß
ons ao onseran Wandel nach am Gaest
führa. 26Laß ons et ehrakäsig sae oder
anander rausfordera ond ao koen Neid
aufananander han.

Zom Vrgleicha: *Vers 13:* 1Kor 8,9; 1Petr 2,16 • *Vers 14:* Rö 13,9; Lev 19,18; Mt 22,39f • *Vers 16:* 5,25; Rö 8,5 • *Vers 17:* Rö 7,15.23; 8,6 • *Vers 18:* Rö 6,14; 8,14 • *Vers 19:* 2Kor 12,10; 1Kor 1,10f • *Vers 20:* 1Kor 6,9f; Kol 3,5f; Offbg 22,15 • *Vers 22:* Eph 5,9; 2Kor 6,6 • *Vers 23:* 2Petr 1,6; 1Tim 1,9 • *Vers 24:* 2,19; Rö 6,6; 8,9 • *Vers 25:* 5,16; Rö 8,4f •

Vers 26: Phil 2,3.

S Gsetz vom Messias: 6 1-10

6 Bruader, wann sich oener zo ra
Übertretong vrsteigt, nå brengat ihr,
de Gaestbegabte, den mit Sanftmuat
wieder zrecht; pass aber auf de selber ao
auf, dass da et en Vrsuachong kommst.
[2]**Tragat anander d Lasta, so dent r
am Messias sae Gsetz erfülla.** [3]Wann
nämlich oener moent, er sei ebbas
bsonders, obwohl r nex ischd, der macht
sich selber ebbas vôr. [4]Aber a jeder soll
des, was r duat, bsonders gnao ågucka,
nå håt r da Grond für saen Ruhm en
sich selber ond et em Blick auf andere.
[5]S håt nämlich a jeder sae ôeges Päckle
zom traga.
[6]Der, mô em Wort onterrichtat wird,
soll saem Lehrer ebbas von saene
Güater drfür geba. [7]Irrat euch bloß et!
Gott läßt koen Spott mit sich treiba.
Was dr Mensch sät, des erntat r ao. [8]Wer
em Vrtraua auf sae irdisch menschlicha
Gsennong sät, der erntat von saener
irdisch-menschlicha Gsennong s
Vrderba, aber der mô em Vrtraua auf da
Gaest sät, der erntat vom Gaest s ewige
Leba. [9]Aber zom s Guate doa, lass ons
et müad wera! Mir därfat nämlich zor
vôrher bestimmta Zeit ernta, wa mr et
nåchlassat. [10]Drom lass ons älle Menscha
Guats doa, solang mr Zeit drzua hent,
bsonders aber dene, mô em Glaoba
onsere Genossa send.

Zom Vrgleicha: *Vers 1:* Mt 18,15; Jak 5,19; 1Kor 10,12 • *Vers 2:* Kol 1,13; Rö 8,2; 1Kor 9,21 • *Vers 3f:* 1Kor 8,2; 2Kor 12,11 • *Vers 5:* Rö 14,12 • *Vers 6:* 1Kor 9,11.14 • *Vers 8:* Rö 8,6.13 • *Vers 9:* 2Thess 3,13; Hebr 12,1.3.

SCHLUSSWORT OND SEGA: 6 11-18

[11]Guckat, mit was für graoße Buachstaba
i euch aegahändig gschrieba han. [12]Dia,
mô ågseha sae wöllat en ihrer irdisch-
menschlicha Gsennong, dia wöllat euch
rombrenga, dass r euch beschneida lassa
sollat, bloß dass se weg'am Kreuz vom
Messias et vrfolgt werat. [13]Et amål dia,
mô sich beschneida lent, haltat sich
ans Gsetz, dia wöllat bloß, dass ihr
euch beschneida lent, dass se mit euch
ågeba könnat. [14]Aber mir leit s fern,
dass e ågib. I will außer am Kreuz von
onseram Herra Jesus, am Messias, nex
rühma, durch des ischd mir nämlich d
Welt kreuzigt ond i dr Welt. [15]S kommt
nämlich et drauf å, ob oener beschnitta
ischd oder et beschnitta, sondern alloe
dådrauf, dass r a neua Schöpfong ischd.
[16]Ond älle, mô sich an den Maßstab
haltat - Frieda soll über se komma ond
Barmherzigkaet, ond über am Herrgott
sae Israel.
[17]En Zuakonft soll mr koener maeh
Schwierigkaeta macha. I trag nämlich
am Jesus saene Malzaeche an maem
Leib.
[18]D Gnade von onseram Herr Jesus, am
Messias, sei mit euram Gaest, Brüader.
Amen.

Zom Vrgleicha: *Vers 11:* 1Kor 16,21 • *Vers 12:* 5,2.11 • *Vers 14:* 2,19; 1Kor 2,2 • *Vers 15:* 5,6; 1Kor 7,19; 2Kor 5,17 • *Vers 16:* Ps 125,4f • *Vers 17:* 2Kor 4,10 • *Vers 18:* Phil 4,23; 2Tim 4,22; Phlm 25

Am Paulus sae Briaf an d Gemaende en Ephesus

ADRESS OND GRUASS: 1 1-2

1 Paulus, am Messias Jesus sae Apostl, weil s Gott so wölla håt, an de Haelige en Ephesus, mô an da Messias Jesus glaobat. 2 Gnade sei mit euch ond dr Frieda von Gott, onseram Vadr ond vom Herr Jesus, am Messias.

Zom Vrgleicha: *Vers 1:* Kol 1,1f.

DR GÖTTLICHE HAELSPLAN: 1 3 - 2 22

Lobliad auf da göttlicha Haelsplan: 1 3-14

3 Lobpreis sei am Gott ond Vadr von onseram Herra Jesus, am Messias: Der håt ons gsegnat mit ällam erdenklicha gaestlicha Sega aus dr Hemmelswelt durch da Messias. 4 Em Messias håt r ons auserwählt no eh dr Grond für d Welt glegt wôra ischd, dass mir haelig ond ohne Tadel vôr Gott lebat, en saener Liebe. 5 R håt ons em vôraus drzua bestimmt, dass r ons als saene Kender ånemmt durch da Messias Jesus, so håt r s wölla ond so håt s am gfalla, 6 zom Lobpreis von saener herrlicha Gnade, môn r ons en saem über ällas liaba Soh gschenkt håt.

7 Durch s Bluat von saem Soh hent mir d Erlösong, ond d Sünda werat ons vrgeba, so reich ischd sae Gnade, 8 dui môn r überreich über ons ausgossa håt en äller Weishaet ond Aesicht. 9 Gott håt ons nämlich s Gehaemnis wissa lassa, was r sich vôrgnomma håt zom doa, wian r s beschlossa håt, 10 wann s Zeitmaß voll ischd, dass em Messias ällas auf oen Punkt bråcht wird, was em Hemmel ond auf der Erde ischd.

11 Durch da Messias send mir ao auserwählt wôra, em vôraus bestimmt nach am Vôrsatz von dem, der mô ällas wirkt nach am Ratschluß von dem, was r will. 12 Ond des will r, dass mir, dia mô schao vôrher en da Messias ihr Hoffnong gsetzt hent, a Lobpreis send von saener Herrlichkaet. 13 En dem send ao ihr, mô d Wåhrat en saem Wort ghört hent, s Evangeliom von eurer Rettong, en dem send ao ihr glaebig wôra ond durch da Haeliga Gaest, der mô euch vrsprocha gwea ischd, hent r Briaf ond Siegel drauf kriagt (dass r am Herrgott saene Kender send). 14 Dr Haelige Gaest ischd nämlich s Pfand auf onser Erbtôel, für d Erlösong, mô aus ons sae Aegatom macht, zum Lobpreis von saener Herrlichkaet.

Zom Vrgleicha: *Vers 3:* 2Kor 1,3 • *Vers 7:* Kol 1,14 • *Vers 10:* Kol 1,20 • *Vers 14:* 2Kor 1,22.

Gebet om d Aesicht, was dr Messias ischd: 1 15-23

15 Drwega han i, môn e von euram Glaoba an da Herr Jesus ghört han ond wie liab ihr zo älle Haelige send, 16 nemme aufghert mit danka ond bei maem Beta an euch zom denka. 17 Am Messias Jesus, onseram Herra sae Gott, dr Vadr en dr Herrlichkaet, soll euch mit saem Gaest Weishaet ond Offabarong geba, dass r d Aesicht kriagat von am. 18 Erleuchtate Aoga von eure Herza soll r euch schenka, dass r d Aesicht kriagat, zo was für a Hoffnong ihr beruafa send ond was für an Reichtom d Herrlichkaet von saem Erbtôel de Haelige schenkt, 19 ond wia überragend graoß sich sae Macht auswirkt an ons,

mô glaobat, durch d Entfaltong von
saener Kraft ond Stärke. [20]Dui Kraft
håt r am Messias wirksam wera lassa,
môn r an von de Daote aufgweckt ond
an en dr Hemmelswelt *an sae Rechta*
gsetzt håt, [21]haoch über älle Obrigkaeta
ond Gwalta ond Machthaber ond
Herrscher ond über jedan Nåma, der
mô et bloß en dera Welt, sondern ao en
zukünftiga gnannt wird. [22]Ond *ällas håt
r untergordnat onter saene Fiaß* ond an
als Haopt über ällas en dr Gemaende
aegsetzt. [23]D Gemaende ischd nämlich
sae Leib, d Fülle von dem, der mô ällas
en älle ausfüllt.

Zom Vrgleicha: *Vers 15/16:* Kol 1,3f.9 • *Vers 20:* Ps 110,1 • *Vers 21:* Kol 1,16 • *Vers 22:* Ps 8,7; Hebr 8,6; Kol 1,18

S neue Leba aus dr Gnade: 2 1-10

2 Ao ihr send daot gwea wega eure
Übertretonga ond Sünda, [2]wia ihr
früher glebt hent, so wia s en dr Welt
üblich ischd ond em Machtbereich
von dem, der mô über da Luftraom
herrscht ond em Zeitgaest, von dem,
mô sich de Ogehorsame lôeta lassat.
[3]Zo dene hent mir älle ao amål ghert
ond hent s irdisch-menschliche Wesa
uber ons herrscha lassa, mir hent
irdisch-menschliche Wünsch ghet ond
irdisch-menschlich denkt ond send
von Natur aus Zôrnigel gwea wia de
andere ao. [4]Aber dr Herrgott, der mô
reich ischd an Barmherzigkaet, wega
saener graoßa Liebe, môn r zo ons håt,
[5]obwohl mir am Daot vrfalla gwea send
wega onsere Übertretonga, der håt ons
mit am Messias lebendig gmacht. Ganz
ovrdient send ihr grettat. [6]Ond r håt ons
mit aufgweckt ond mit nôgsetzt en dr
Hemmelswelt zom Messias, [7]zom en dr
Zuakonft da überwältigenda Reichtom
von saener Gnade durch sae Güate gega
ons em Messias Jesus onter Beweis zom
stella. [8]Ganz ovrdient send ihr nämlich
grettat durch da Glaoba; ond den hent
r et aus euch selber, den håt Gott euch
gschenkt, [9]ao et, weil r so viel Guats
dao hättat, dass sich då bloß koener
ebbas aebildat. [10]Mir send nämlich
sae Neuschöpfong, gschaffa durch da
Messias Jesus, zom des Guate doa, was
Gott schao lang vôrberaetat håt, ond då
dren onseran Lebenswandel zom führa.

Zom Vrgleicha: *Vers 1:* Kol 2,13 • *Vers 6:* Kol 3,1 • *Vers 9:* 1Kor 1,29.

Juda ond Haedachrista send em Messias oe Aenhaet: 2 11-22

[11]Denkat also drå, dass ihr früher zo
de Haedavölker ghert hent ond dia
euch Obeschnittene ghôeßa hent, mô
selber bloß äußerlich beschnitta send.
[12]Selligsmål send ihr ohne da Messias
gwea ond vom jüdischa Gemaenwesa
ausgschlossa, Fremdleng send r gwea
ond hent an de Bundesschlüss koen
Åtôel ghet ond an de Vrhaeßonga, ihr
hent koe Hoffnong ghet ond send ohne
Gott en dr Welt dågstanda. [13]Aber jetzt
send ihr, mô früher ganz weit weg
gwea send, em Messias Jesus - durch s
Bluat vom Messias drbei. [14]Dr Messias
ischd nämlich onser Frieda, weil r dia
bôede Tôel (Juda ond Haeda) zo oener
Aenhaet gmacht ond dui Trennwand,
den faendschaftlicha Zaun durch saen
Leib agrissa håt. [15]Der håt s Gsetz mit
saene Satzonga ond Gebot überwonda,
dass r dia zwôe en sich zo oem neua
Menscha schafft, endem r Frieda gstiftat
håt. [16]Ond r håt dia bôede en oem Leib
(Gemaende) mit Gott vrsöhnt durch
s Kreuz, môn r durch s Kreuz mit dr
Faendschaft a End gmacht håt. [17]Ond r
ischd komma ond håt Frieda vrkündigt
für euch, dia mô weit weg send, ond
Frieda für dia, mô drbei send. [18]Durch
da Messias hent mir nämlich bôede
(Juda ond Haeda) en oem Gaest da
Zuagang zom Vadr. [19]Drom send ihr

jetzt koene Fremde maeh ond sotte, mô koe Bürgerrecht hent, sondern ihr send Mitbürger von de Haelige ond am Herrgott saene Hausgenossa, [20]auf am Grond von de Apostl ond Profeta baut, ond dådrbei ischd dr Messias Jesus selber dr Eckstoe, [21]en dem mô dr ganze Bau zsemagfüagt wird ond zo a ma Haeliga Tempel em Herra wächst. [22]Då werat ao ihr mit naebaut zo ra Wohnong für Gott em Gaest.

Zom Vrgleicha: *Vers 13:* 2,17 • *Vers 14:* Kol 1,20.22 • *Vers 17:* Jes 57,19; Lk 2,14 • *Vers 21:* 1Petr 2,5.

DR APOSTL OND D GEMAENDE: 3 1-21

Dr Paulus ischd dr Apostl für d Haedavölker: 3 1-13

3 Drom ben i, dr Paulus, am Messias Jesus sae Gfangener für euch Haedavölker. [2]Des hent r jå ghört, dass Gott mir d Vrwaltong vom Gnadawerk für euch åvrtraut håt, [3]dass mir durch a Offabarong des Gehaemnis, môn e vôrher kurz beschrieba han, vrmittlat wôra ischd. [4]Wann r des lesat, nå kriagat r an Begriff von maene Aesichta ens Gehaemnis vom Messias, [5]des mô en andere Generationa de Menscha et bekanntgmacht wôra ischd, wia s jetzt saene haelige Apostl ond Profeta durch da Gaest offabart wôra ischd: [6]dass nämlich d Haedavölker Miterba send ond zom gleicha Leib gherat ond ao da gleicha Åtôel hent an dr Vrhaeßong em Messias durch s Evangeliom. [7]Am Herrgott sae Gnade håt mr s gschenkt, dass i em Denst vom Evangeliom standa därf ond sae Kraft en mir wirksam wora ischd. [8]Mir, am ällergrengsta von älle Haelige ischd dui Gnade gschenkt wôra, dass i de Haedavölker am Messias saen ovrgleichlicha Reichtom als Evangeliom vrkündiga därf, [9]ond älle klar z macha, wia Gott saen gehaemnisvolla Ratschluß durchführt, der mô seit Ewigkaeta en Gott vrbôrga ischd, der mô ällas gschaffa håt. [10]Jetzt soll nämlich de hemmlische Mächt ond Gwalta durch d Gemaende am Herrgott sae vielfältiga Weishaet vrkündigt wera [11]nach am ewiga Vôrsatz, den môn r em Messias Jesus, onseram Herra, durchzoga håt. [12]En dem hent mir s Zuatraua ond da Zuagang em Vrtraua durch da Glaoba an da Messias Jesus. [13]Drom han e a Bitt an euch: Vrzagat et wega dem, was e für euch durchstanda muaß, fur euch ischd des nämlich a Ehr.

Zom Vrgleicha: *Vers 1:* 4,1; Phil 1,7; Kol 4,18; Phlm 1,9 • *Vers 3:* 1,9f • *Vers 7:* Kol 1,25 • *Vers 8:* 1Kor 15,9; Gal 1,16.

Dr Paulus betat für d Gemaende: 3 14-21

[14]Drom gang i en d Knia vor am Vadr, [15]von dem mô jedas Gschlecht em Hemmel ond auf dr Erde saen Nåma håt, [16]ond bitt an, dass r euch aus am Reichtom von saener Herrlichkaet stärkt mit dr Kraft von saem Gaest am ennera Mensch a. [17]Durch da Glaoba soll dr Messias en eure Herza wohna, dass r en dr Liebe aegwurzlat ond fest gründat send, [18]dass r emstand send, mit älle Haelige zom vrstanda, was d Länge ond d Brôete ond d Höhe ond d Tiafe ischd, [19]ond dass r kapierat, dass am Messias sae Liebe älle Erkenntnis übersteigt, ond dass ihr mit am ganza Ausmaß vom Herrgott saem Wesa erfüllt werat.

[20]Aber dem, mô über ällas naus no viel maeh doa kå als wia des, was mir bitta oder ons vôrstella könnat, durch sae Kraft, mô en ons wirkt, [21]dem sei d Ehr en dr Gemaende ond em Messias Jesus

für älle Generationa en älle Ewigkaeta. Amen

Zom Vrgleicha: *Vers 20f:* Rö 16,25-27.

A PAAR ÅWEISONGA: 4 1 - 6 20

A Aufruaf zor Aenigkaet: 4 1-6

4 Nå möchte e euch Muat macha, i ben
jä am Herra sae Gfangener, dass r
euer Leba so führat, wia sich s ghert für
dia, mô beruafa send, 2en äller Demuat
ond Sanftmüatigkaet. Hent Geduld
mitanander ond vrtragat euch en dr
Liebe. 3Strengat euch å, dass r d Aenhaet
em Gaest wahrat durch s Friedensband.
4Oe Leib ond oe Gaest, wia ihr ao
beruafa wôra send zo oener Hoffnong
aufgrond von eurer Beruafong. 5**Oe
Herr, oe Glaoba, oe Taof,** 6**oe Gott ond
Vadr von älle, der mô über älle ond
durch älle ond en älle ischd.**

Zom Vrgleicha: *Vers 2:* Kol 3,12 • *Vers 4:* Rö 12,5; 1Kor 12,12f.

D Gnadagaba zom Aufbau von dr Gemaende: 4 7-16

7Aber a ma jeda oenzelna von ons
ischd d Gnade geba wôra en dem
Maß, wian am s dr Messias gschenkt
håt. 8Drom hôeßt s: *r ischd uf d Höhe
naufgstiega ond håt d Gfangaschaft
gfangagnomma, ond håt de Menscha
Gaba austôelt.* 9Aber des Wort: *r ischd
uf d Höhe naufgstiega* hôeßt doch nex
anders, als dass r ao nagstiega ischd en
de ontere Bereich von dr Erde. 10Der, mô
nagstiega ischd, ischd ao der, mô haoch
naufgstiega ischd über älle Hemmel,
dass r s Weltall ausfüllt. 11Ond der håt
de oene als Apostl aegsetzt, de andere
als Profeta, de andere als Evangelista,
de andere als Hirta ond Lehrer, 12zom
de Haelige ausrüsta für ihran Denst,
dass am Messias sae Leib aufbaut wird,
13bis mir älle zor Aenhaet em Glaoba
ond zor Erkenntnis über am Herrgott
saen Soh kommat, zor Reife von a ma
vollkommena Menscha, ond ganz em
Messias sae Wesa naewachsat. 14Dass mr
nemme send wia Omündige, mô sich
von de Wella hin- ond hertreiba lassat
ond sich von jedam Lüftle von andere
Lehra beaeflussa lent von Menscha,
mô nex Guats em Senn hent ond mit
ihrer henterlistiga Art bloß zom Irrtom
vrlôeta wöllat. 15Mir wöllat liaber en
dr Liebe wahrhaftig sae ond en ällam
an dem naufwachsa, der mô s Haopt
ischd, am Messias. 16Von dem aus wird
nämlich dr ganze Leib zsemagfüagt ond
gfestigt durch d Bänder ond Glenk, so
håt jedas von de Gliedmaßa saen Åtôel
am Wachsa vom Leib, ond der baut sich
selber auf en dr Liebe.

Zom Vrgleicha: *Vers 8:* Ps 68,19 • *Vers 11:* 1Kor 12,28 • *Vers 13:* Kol 1,28 • *Vers 14:* Jak 1,6 • *Vers 15:* 1Kor 11,3 • *Vers 17:* Kol 2,19.

Dr alte ond dr neue Mensch: 4 17-24

17Also des sag e euch ond zeug drfür em
Herra, dass r euran Lebenswandel nemme
so führa därfat wia d Haedavölker en
ihram oberflächlicha Denka. 18Dene ihr
Denka ischd ganz em Donkla ond am
wahra Leba aus Gott fremd ond weil se
en ihrer Owissahaet ao ganz hartherzig
wôra send. 19Dia send agstompft ond
vrwahrlost ond machat aus lauter
Habgier de schamloseste Sacha.
20Aber ihr hent da Messias et so
kennaglernt, 21ihr hent doch von am
ghört ond send onterrichtat wôra, wia
d Wåhrat em Jesus ischd. 22Dass ihr
nämlich em Blick auf euran frühera
Lebenswandel da alta Menscha, der mô
sich mit saener trüagerischa Gier selber

zgrond richtat, ablega sollat. [23]Dent
euran Senn ganz neu am Gaest ausrichta,
[24]ond ziagat da neua Menscha å, *der mô
nach am Herrgott saem Bild gschaffa
ischd* en Gerechtigkaet ond Haeligkaet.

Zom Vrgleicha: *Vers 22:* Kol 3,9 • *Vers 24:* Gen 1,26; Kol 3,10.

D Pflichta gega da Nächsta: 4 25 - 5 2

[25]Drom herat auf mit lüaga *ond sagat
d Wåhrat, a jeder mit saem Nächsta*,
schliaßlich send mr jå als Glieder
mitanander vrbonda. [26]*Send r narrat
aufanander, nå lent d Gäul et mit euch
durchganga,* ond **lassat d Sonn et
onterganga über eurer Wuat**. [27]Gebat
am Teufel koe Glegahaet en euch dren.
[28]Håt oener seither gstohla, nå soll r
jetzt nemme stehla, sondern sich Müah
geba ond ebbas schaffa, dass r mit saene
aegene Händ s Guate wirkt ond dem
ebbas geba kå, der mô nex håt. [29]Machat
koe oguats Gschwätz, sagat liaber bloß
ebbas, wann s a ma andera hilft ond an
aufrichtat, dass der, mô s hört, an Sega
drvo håt. [30]Ond machat am Herrgott
saen Haeliga Gaest et traurig, durch
den môn r s Siegel kriagt hent auf den
Dag, mô d Erlösong kommt. [31]De ganz
Vrbitterong ond Wuat ond Zôrn ond
Gschrôe ond lästerliche Redensarta samt
dr Boshaftigkaet hent bei euch nex zom
suacha. [32]Gangat güatig ond barmherzig
mitanander om, ond vrgebat anander,
wia Gott em Messias euch vrgeba håt.

5 Nå folgat halt am Beispiel vom
Herrgott als saene liabe Kenderla,
[2]ond mögat anander, wia dr Messias
euch möga håt ond sae Leba für ons
als a Opfergab darbråcht håt, mô Gott
gfalla håt.

Zom Vrgleicha: *Vers 4,25:* Sach 8,16 • *Vers 26:* Ps 4,5 G • *Vers 31:* Kol 3,8.

Aus dr Nacht en s Licht: 5 3-20

[3]Von Ozucht ond Schamlosigkaeta
oder Habsucht soll bei euch et amål d
Red sae, wia sich s für Haelige ghert.
[4]Ao Osittlichkaeta ond saudomms
Gschwätz oder dreckate Witz passat
et zo euch, sondern a dankbars Wesa.
[5]Des müaßat r nämlich wissa, dass a
zuchtloser, schamloser oder habgieriger
Mensch - was soviel ischd wian a
Götzaknecht - em Herrgott ond em
Messias saem Reich koe Erbtôel håt. [6]S
soll euch bloß koener ebbas vôrmacha
mit a ma leera Gschwätz. Wega dene
Sacha kommt nämlich dr Zôrn von Gott
über de Ogehorsame. [7]Werat bloß et
dene ihre Kumpana. [8]Ihr send nämlich
früher d Nacht selber gwea, aber jetzt
send r Licht em Herra. **Führat euran
Lebenswandel als Lichtkender** - [9]d
Frucht vom Licht ischd nämlich lauter
Güate ond Gerechtigkaet ond Wåhrat.
[10]Prüafat, was am Herra gfällt, [11]ond
hent mr nex zom doa mit dem, was
em Donkla Oguats gschieht, sondern
deckat s auf. [12]Was von dene nämlich
hentarom ågstellt wird, då muaß mr
sich schäma, zom des ao no saga. [13]Aber
ällas, was aufdeckt wird, ischd em Licht
offabar; [14]weil ällas, was offabar wird,
ischd Licht. Drom hoeßt s: Wach auf,
du Schlåfhaub, ond stand auf von de
Daote, nå gôht dr dr Messias als a Licht
auf.

[15]Guckat also, dass r euran Lebenswandel
gstaltat als Weise, ond et als Tora, [16]ond
nutzat d Zeit aus, weil mr baese Däg
hent. [17]Drom send mr et ovrständig,
sondern fendat raus, was dr Herr will.
[18]Ond saufat euch et vol mit Wae, des
macht oen bloß liadrig, sondern werat
vol mit am Haeliga Gaest. [19]Onterhaltat
anander mit Psalma ond Lobliader ond
sengat gaestliche Liader; sengat ond
spielat en eure Herza am Herra. [20]Sagat
zo jederzeit Dank für ällas em Nåma
von onseram Herra Jesus, am Messias
ond am Gott-Vadr.

Zom Vrgleicha: *Vers 3:* Mt 15,19 • *Vers 5:* 1Kor 6,9f • *Vers 9:* Gal 5,22 • *Vers 14:* Jes 60,1-3 • *Vers 18:* Spr 23,31 G • *Vers 19:* Ps 33,2f; Kol 3,16.

D christlicha Hausordnong: 5 21 - 6 9
21Dent euch anander onterordna en dr
Ehrfurcht vor am Messias. 22Ihr Fraoa,
dent euch eure Männer onterordna
wia am Herra. 23Dr Må ischd nämlich s
Haopt von dr Frao, so wia dr Messias s
Haopt von dr Gemaende ischd, weil r
dr Erlöser von saem Leib ischd. 24Ond
so, wia sich d Gemaende am Messias
onterordnat, so sollat s d Fraoa ihr
Männer geganüber ao en ällam halta.
25Ihr Männer, mögat eure Fraoa, so wia
dr Messias d Gemaende måg ond sich
selber für se g'opferat håt, 26zom se haelig
macha ond se raeniga em Wasserbad em
Zsammahang mit am Wort. 27So will r
nämlich d Gemaende vor sich standa
seha, ohne an Flecka oder a Ronzel oder
en andera Fehler, haelig ond ohne Tadel.
28So send d Männer vrpflichtat, dass se
ihre Fraoa so mögat wia ihran aegena
Leib. Der, mô sae Frao måg, der måg
ao sich selber. 29S håt doch no gar nia
oener saen aegena Leib ghasst, sondern
der gibt am ällas, was r braucht, so, wia
dr Messias dr Gemaende. 30Mir send
nämlich Glieder an oem Leib. 31*Drom
vrläßt a Må saen Vadr ond sae Muader
ond bendat sich an sae Frao, nå send dia
zwôe oe Leib*. 32Des ischd a wonderbars
Gehaemnis; i deute s aber auf da Messias
ond auf d Gemaende. 33Des gilt ao für
an jeda von euch, a jeder soll sae Frao
so möga, wian r sich selber måg, aber d
Frao soll am Må d Ehr geba.

6 Ihr Kender, folgat eure Eltern, wia
s am Herra gfällt, des ischd nämlich
recht. 2*Gib daem Vadr ond daener
Muader d Ehr*, des ischd s erste Gebot,
mô ao a Vrhaeßong druf leit: 3*Dass dr s
guat gôht ond du lang auf dr Erde lebst*.
4Ond ihr Vädr, machat eure Kender et
wüatig, sondern ziagat se auf en dr Zucht
ond nach de Åweisonga vom Herra. 5Ihr
Sklava, folgat eure irdische Herra mir
Ehrfurcht ond Beba mit a ma oefältiga
Herz, wia wann s dr Messias wär. 6Et
mit Kriacherei wia sotte, mô bloß bei de
Menscha guat ågseha sae wöllat, sondern
als am Messias saene Sklava, dia mô
von Herza dent, was dr Herrgott will.
7Laestat euran Denst guatwillig, so, als
dätat r am Herrgott deana ond et a ma
Menscha. 8Ihr wissat doch, dass a jeder,
mô ebbas Guats duat, des vom Herra
vrgolta kriagt, ob des jetzt a Sklav ischd
oder a Freier. 9Ond ihr Herra, des gilt
andersrom ao für euch, dass ihr euch
eure Sklava geganüber ao so vrhaltat,
onterlassat eure Drohonga. Ihr wissat s
jå, dass dene ihr Herr ond euer Herr dr
gleiche ischd em Hemmel, ond bei dem
geit s koe Åseha von Persona.

Zom Vrgleicha: *Vers 5,21-6,9:* Kol 3,18-4,1 • *Vers 23:* 1Kor 11,3 • *Vers 25:* 1Tim 2,6 • *Vers 30:* Rö 12,5 • *Vers 31:* Gen 2,24 • *Vers 6,2:* Ex 20,12 • *Vers 3:* Dtn 5,16 • *Vers 5:* 1Tim 6,1f; Tit 2,9f; 1Petr 2,18.

A Kampfaufruaf: 6 10-20
10Schliaßlich: Werat stark em Herra ond
en dr Kraft von saener Stärke. 11Ziagat
am Herrgott sae ganza Waffarüstong
å, dass r am Teufel saene henterlistige
Åschläg standhalta könnat. 12En dem
Kampf gôht s nämlich et gega Bluat ond
Flôesch, sondern gega donkle Mächt,
gega Gwalta ond Weltherrscher en dera
donkla Welt, gega baese Gôester en dr
Hemmelswelt. 13Drom nemmat de ganz
Waffarustong von Gott, dass r am baesa
Dag standhalta ond ällas vollbrenga
könnat.
14Bleibat mr also standhaft ond dent
an Gürtel aus dr Wåhrat om eure
Hüfta rom, ond *als Panzer ziagat r d
Gerechtigkaet å*, 15ond als Schuah an de
Füaß d Beraetschaft zom s Evangeliom

vom Frieda vrkündiga. [16]Zo ällam nemmat r da Glaobensschild, mit dem könnat r am Baesa saene Feuerpfeil löscha. [17]S Hael ischd euer Schutzhelm ond dr Gaest euer Schwert, des ischd am Herrgott sae Wort, des nemmat r. [18]Lent mr et nåch mit Beta ond Fleha em Gaest, ond bleibat wachsam ond beharrlich en dr Fürbitte für älle Haelige [19]ond ao für mi, dass mr emmer s richtige Wort geba wird, wann e ebbas sag ond i freimüatig s Gehaemnis vom Evangeliom vrkündiga kå, [20]für des mô i dr Botschafter ben em Gfängnis, dass e då ao d Botschaft frei saga kå, wia s naedig ischd.

Zom Vrgleicha: *Vers 12:* 1,21; 2,2 • *Vers 13:* Weish 5,17-21; Rö 13,12 • *Vers 14:* Jes 11,5; 59,17 • *Vers 15:* Jes 52,7 • *Vers 17:* Jes 49,2 • *Vers 19:* Apg 4,29.

SCHLUSSWORT OND SEGA: 6 21-24

[21]Dass r aber ao wissat, wia s mir gôht ond was e dua, des vrzählt euch nå mae liaber Bruader ond treue Helfer em Denst für da Herra, dr Tychikus. [22]Den han e extra zo euch gschickt, dass r vrfahrat, wia s om ons stôht ond dass r euch Muat macha soll. [23]Frieda de Brüader ond Liebe samt am Glaoba, von Gott, am Vadr ond am Herr Jesus, am Messias. [24]D Gnade sei mit älle, mô onseran Herr Jesus, da Messias mögat en Ovrgänglichkaet.

Zom Vrgleicha: *Vers 21:* Kol 4,7f.

Am Paulus sae Briaf an d Gemaende en Philippi

ADRESS OND GRUASS: 1 1-2

1 Paulus ond Timotheus, am Messias
Jesus saene Knecht, an älle Haelige
em Messias Jesus, mô en Philippi send
mit ihre Bischöf ond Diakon: 2Gnade
ond Frieda von Gott, onseram Vadr,
ond am Herra Jesus, am Messias, soll
mit euch sae!

Zom Vrgleicha: *Vers 1:* 2Kor 1,1 • *Vers 2:* Rö 1,7f.

DR APOSTL OND SAE EVANGELIOM: 1 3-26

Dank ond Fürbitta: 1 3-11

3I ben maem Gott jedas Mål dankbar,
wann e an euch denk, 4ond des duan e
jedas Mål, wann e für euch bet, ond i
frae me, 5weil ihr euch vom ersta Dag å
mit aegsetzt hent für s Evangeliom bis
jetzt. 6Ond i ben dr festa Zuaversicht,
dass der, mô en euch des guate Werk
ågfanga håt, des ao bis an da Dag vom
Messias Jesus vollendat. 7S ischd doch
et maeh wia recht ond billig, dass i so
über euch älle denk, weil e euch doch
en s Herz gschlossa han, ond ihr an
maener Gnade Åtoel hent, en maener
Gfangaschaft wia ao bei dr Vrtaedigong
ond Festigong vom Evangeliom. 8Gott
ischd mae Zeuge drfür, was i für a
Sehnsucht han nach euch älle em Messias
Jesus saener herzlicha Liebe. 9Drom
bet e ao, dass euer Liebe emmer reicher
wird an Erkenntnis ond Aesichta, 10dass
r prüafat, auf was s wirklich åkommt,
ond ganz ehrlich dåstandat am Messias
saem Dag ond koen Åstoß gebat, 11als
sotte, mô reich send an dera Frucht von
dr Gerechtigkaet, mô durch da Messias
Jesus gwirkt wird, am Herrgott zor
Herrlichkaet ond zom Lob.

Zom Vrgleicha: *Vers 8:* Rö 1,9.

Durch am Paulus sae Gfangaschaft wird s Evangeliom onterstützt: 1 12-26

12Des därfat r aber wissa, dass ällas,
was mit mir passiert ischd, gholfa håt,
dass s Evangeliom onterstützt wôra
ischd, 13weil em ganza Prätorium ond
bei älle andere håt sich s romgsprocha,
dass i weg'am Messias em Gfängnis
ben. 14Ond de maeste Brüader hent
durch mae Gfangaschaft Muat kriagt
em Glaoba an da Herra, ond riskierat
s omso maeh, ohne Angst s Wort zom
saga. 15A paar vrkündigat da Messias
zwår aus Neid ond weil se händelsüchtig
send, aber ao oene en r a guata Absicht:
16De oene aus Liebe, weil se wissat, dass
i zor Vrtaedigong vom Evangeliom
aegsetzt wôra ben, 17de andere, weil se
händelsüchtig send, dia vrkündigat da
Messias aus Ôegasucht, weil se mr sogar
em Gfängnis no Schwierigkaeta macha
wöllat. 18Aber was soll s? Ehrlich oder
et ehrlich, d Haoptsach ischd doch,
dass dr Messias vrkündigt wird, ond då
drüber frae e me.
Jå, i frae me ao en Zuakonft; 19i wôeß
nämlich, *dass des für mi omschlägt
zor Rettong,* ond zwår durch eure
Fürbitta ond weil me am Messias Jesus
sae Gaest onterstützt. 20Des ischd mae
ganzs Harra ond mae Hoffnong, dass e
en koem Stück enttäuscht wir, sondern
freimüatig wia emmer, so ao jetzat, dr
Messias an mir graoß gmacht wird,
sei s, dass e weiterleba därf, sei s, dass
e sterba muaß. 21Für mi ischd s Leba
nämlich dr Messias ond durch s Sterba

gwenn e ällas. [22]Wann aber s Weiterleba für mi a Frucht von dem ischd, was e gschafft han, nå wôeß e et, was e mr raussuacha soll. [23]S fällt mr nämlich bôedes arg schwer: am liabsta dät e ganga, dass e beim Messias wär, des wär s Beste. [24]Aber wega euch ischd s viel wichtiger dass e am Leba bleib. [25]Ond em Vrtraua auf des wôeß e, dass e am Leba bleib ond bei euch älle sae kå zo eurer Onterstützong ond zor Fraed em Glaoba; [26]dass r so richtig mit mr ågeba könnat, weil s dr Messias Jesus gschenkt håt, dass i wieder zo euch zrückkomma kå.

Zom Vrgleicha: *Vers 19:* Job 13,15 G • *Vers 23:* 2Kor 5,8..

A PAAR MÅHNONGA: 1 27 - 2 18

Dr Paulus måhnt zor Aetracht: 1 27 - 2 4

[27]Führat euer Leba so, wia s am Evangeliom vom Messias würdig ischd, dass e, ob e komm ond euch sieh, oder dass e wegbleib, von euch höra därf, dass ihr fest send en dem oena Gaest ond wia oe Må für da Glaoba ans Evangeliom kämpfat. [28]Dass r euch durch gar nex von de Widersacher aeschüchtera lent, des ischd nämlich für dia a Zaeche von Gott, dass sia ens Vrderba gangat, aber ihr grettat werat. [29]Euch ischd s nämlich gschenkt, dass r et bloß an da Messias glaobat, sondern ao für an leidat; [30]des ischd nämlich dr gleiche Kampf, den môn r bei mir gseha hent ond wian r s jetzt ghört hent.

2 Wann r aber em Messias Muat gmacht kriagat, wann r an Zuaspruch kriagat aus Liebe, a Gemaenschaft em Gaest, wann r d Erfahrong vo ma herzlicha Erbarma macha därfat, [2]nå machat mae Fraed dådrmit vollkomma, dass r en oem Senn denkat, en dr gleicha Liebe vrbonda, ôemüatig ond aeträchtig send. [3]Dass nex aus Händelsucht gschieht oder aus Ehrakäsigkaet, sondern dass r demüatig anander haecher achtat wia euch selber. [4]A jeder soll et bloß auf sich selber aufpassa, sondern ao auf de andere.

Am Messias sae Beispiel: 2 5-11

[5]Send mr onteranander so gsonna, wia sich s ghert als Christa: [6]Dr Messias ischd gwea wia Gott, aber r ischd et als Gott auftreta, [7]ond r håt nex von sich hergmacht sondern r ischd als Knecht auftreta, als Mensch. Ond als Mensch håt mr n ao åguckt. [8]So håt r sich selber nadao ond ischd gehorsam wôra bis zom Daot, sogar bis zom Daot am Kreuz. [9]Drom håt an Gott über älle Maßa naufghoba ond am den Nåma gschenkt, der mô über jedam Nåma stôht, [10]dass *em Jesusnåma a jeder en d Knia gôht,* em Hemmel ond auf dr Erde ond onter dr Erde, [11]ond *a jeda Zong s Bekenntnis ablegt: Jesus ischd dr Messias ond dr Herr!* am Gott-Vadr zor Ehr.

Zom Vrgleicha: *Vers 10:* Jes 45,23.

Dr Apostl macht sich Sôrga om s Hael von dr Gemaende: 2 12-18

[12]Also, liabe Brüader, ihr send jå emmer gehorsam gwea, ond zwår et bloß, môn e bei euch gwea ben, jetzt, môn e et bei euch ben, gilt s no viel maeh, dass r gehorsam send ond euch om euer Rettong Müah gebat. [13]S ischd nämlich Gott, der mô bôedas en euch wirkt, dass r s wöllat ond ao, dass r s so schaffat, wia er s will. [14]Dent ällas ohne Maula ond Aber, [15]dass r ohne an Tadel ond ehrlich dåstandat *als am Herrgott saene*

Kender ohne a Mäkale mittla dren en
dera *vrdrehta ond vrkehrta Generatio*
ond wia d Stern über dr Welt strahlat.
16Haltat euch an s Lebenswort, für mi
als Pluspunkt auf am Messias saen Dag,
dass i et en s Blaoe naegloffa ben ond
me et omsonst plägt han. 17Aber wann
e ao g'opferat wir beim Opfer- ond
Priasterdenst für euran Glaoba, fraet
me des ond i frae me mit euch. 18Gradso
sollat ao ihr euch fraea, fraeat euch ao
mit mir.

Zom Vrgleicha: *Vers 15:* Dtn 32,5 • *Vers 16:* Jes 65,23 G; 49,4 • *Vers 18:* 3,1.

AM PAULUS SAENE PLÄN: 2 19-30

19I hoff aber em Vrtraua auf da Herra
Jesus, dass e euch da Timotheus bald
schicka kå, dass e ao wieder Muat kriag,
wann e hör, wia s om euch stôht. 20I han
jå koen, der mô de gleich Gsennong hät
ond sich ohne Hentergedanka om euch
ånemma dät. 21Älle suachat se nämlich
ihran Vortôel ond et am Messias Jesus
saen. 22Dass der (dr Timotheus) sae
Prob bstanda håt, des wissat r, dass r
wian a Kend mit saem Vadr, mit mir
gschafft håt für s Evangeliom. 23I hoff,
dass e den bald schicka kå, sobald e
vrfahr, wia s mit mir weitergôht. 24Aber
i han ao s Vrtraua en da Herra, dass e
selber bald komma kå.
25I denk, s ischd ao naedig gwea, dass
e da Epaphroditus, maen Bruader ond
Mitarbaeter ond Mitkämpfer, aber
euran Gsandta ond Helfer en maener
Not, zo euch gschickt han. 26Der håt
euch älle obedengt seha wölla ond håt
koe Ruah maeh ghet, weil ihr ghört hent,
dass r krank gwea ischd. 27Der ischd
tatsächlich krank gwea auf da Daot,
aber Gott håt sich über an vrbarmt, ao
wega mir, dass i et bloß no Kummer
über Kummer hätt. 28Om so eiliger
han e s ghet, dass e n euch schick, dass
r euch fraeat, wann r an seahnat, ond
i a bißle weniger Kummer han. 29Jetzt
nemmat an em Herra (saem Nåma) auf
ond fraeat euch, sotte Männer müaßat r
en Ehra halta. 30Der håt nämlich für am
Messias sae Werk am Daot ens Gsicht
gucka müaßa ond sae Leba riskiert,
môn r ausglicha håt, was an euram
Denst für mi no gfehlt håt.

Zom Vrgleicha: *Vers 19:* Apg 16,1.

S CHRISTALEBA OND AM PAULUS SAE VORBILD: 3 1 - 4 9

Standhaftigkaet em Glaoba: 3 1-6

3 Übrigens, maene Brüader, fraeat
euch em Herra. S macht mr nex
aus, dass e euch des emmer wieder
schreib, aber ihr kriagat durch des a
Sicherhaet. 2Guckat euch dia Hond å,
guckat euch dia baese Arbaeter å, ond
guckat euch dia Vrschnittene å! 3Mir
send nämlich de Beschnittene, weil
mir em Gaest Gott deanat ond auf da
Messias Jesus stolz send ond ons et auf
onser irdisch-menschlicha Gsennong
vrlassat. 4Obwohl i ao auf mae irdisch-
menschlicha Gsennong setza könnt.
Wann a anderer moent, er könn auf
saene menschliche Qualitäta baua - des
könnt i no viel maeh: 5Mit acht Däg
håt mr mi beschnitta; i gher zom Volk
Israel ond ben vom Stamm Benjamin;
a Hebräer von Hebräer; als Pharisäer
6han e nach am Gsetz glebt ond ganz
fanatisch dr Kirch nächgstellt, ond
i han mr nex zschulda komma lassa
en Punkto Gerechtigkaet, wia s vom
Gsetz vôrgschrieba ischd.

Zom Vrgleicha: *Vers 1:* 2,18; 4,4 • *Vers 4f:* 2Kor

11,18.22.

D Sehnsucht nach dr ganza Gemaenschaft mit am Messias: 3 7-21

[7]Aber des, môn e drvo profitiert
han, håt mr em Blick auf da Messias
gschadat. [8]Wirklich, i guck sogar ällas
als Vrlust å, weil d Erkenntnis vom
Messias Jesus, der mô mae Herr ischd,
ällas andere übersteigt. Für den han
i des ällas aufgeba ond halt des für en
Mist, dass e bloß da Messias gwenn
[9]ond me en dem fenda därf. Nå han i
et mae aegena Gerechtigkaet, mô em
Gsetz ihran Grond håt, sondern dui, mô
durch da Glaoba an da Messias kommt:
Dui Gerechtigkaet von Gott, mô em
Glaoba ihr Fondament håt, [10]dass mr
an erkennt, ond dui Kraft, mô en saener
Auferstehong steckt ond em Åtôel an
saem Leida, ond i von saem Daot prägt
wir, [11]dass e vielleicht zor Auferstehong
von de Daote durchdrenga därf.
[12]Et dass e s schao packt hätt oder
schao vollkomma wär, aber i spreng
hentadrae vielleicht pack e s no, weil
dr Messias Jesus mi doch ao packt håt.
[13]Brüader, i schätz me selber et so ae,
dass e s schao packt hätt; aber oes dua
e doch: Was henter mr leit, des vrgiss
e, drfür streck e me nach dem aus, was
vôr mr leit. [14]I konzentrier me ganz auf
s Ziel, dr Kampfpreis ischd d Beruafong
nach oba, mô mr ganz oes ischd mit am
Messias Jesus.
[15]Mir älle, dia mô vollkomma send,
wöllat so gsonna sae. Ond wann ihr då
anders drüber denkat, nå offabart euch
des Gott ao. [16]Bloß, lent ons en dem
leba, was mr schao erraecht hent.
[17]Machat mr s nåch, Brüader, ond
achtat auf dia, mô nach dem Vôrbild
lebat, mô se an ons hent. [18]Weil viele,
von dene môn e euch oft ebbas gsaed
han, aber jetzat sag e s mit Träna en de
Aoga, dia lebat als Faend vom Messias
saem Kreuz. [19]Dene ihr End ischd s
Vrderba, dene ihr Gott ischd ihr Bauch,
ond dene ihr Ehr ischd ihr Schand, dia
send ganz irdisch gsonna. [20]Aber onser
Hoemat ischd dr Hemmel. Von dort
wartat mir ao auf da Messias, da Herra
Jesus als Retter, [21]der mô amål onseran
armseliga Leib vrwandlat, dass r so
wird wia sae vrherrlichter Leib, durch
dui Kraft, mit dera môn r sich ällas
onterordna kå.

Zom Vrgleicha: *Vers 9:* Rö 1,17; 3,21 • *Vers 10:* Rö 6,3-5 • *Vers 17:* 1Kor 11,1 • *Vers 19:* Rö 16,18; Hebr 12,22.

Christliche Grondaestellonga: 4 1-9

4 Drom, maene liabe Brüader, nach
dene, môn e a Sehnsucht han, ihr
send mae Fraed ond mae Ehrakranz:
Bleibat mr standhaft em Herra, ihr
Liabe.
[2]D Euodia ond d Syntyche måhn e em
Herra zor Aenigkaet. [3]Jå, ao di bitt e,
mae guater Kamerad, nemm de om se
å. Dia hent mit mr für s Evangeliom
kämpft, dr Klemens ischd ao drbei
gwea ond de andere Mitarbaeter, dene
ihre Nåma standat em Lebensbuach.
[4]Fraeat euch jederzeit em Herra! Nômål
sag e s: Fraeat euch! [5]Euer Güate soll
sich bei älle Menscha romsprecha.
Dr Herr ischd schao ganz nåch då.
[6]Machat euch koene Sôrga, sondern
brengat em Gebet mit Fleha ond mit
Danksagong älle eure Bitta vor Gott.
[7]Ond dr Frieda von Gott, der mô ällan
Vrstand weit übersteigt, soll eure Herza
ond eure Gedanka em Messias Jesus
bewahra. [8]Em Übriga, Brüader, ällas
was wåhr ischd, ällas, was ehrbar, ällas,
was gerecht, ällas, was raen, ällas, was
liebenswert, ällas, was sich guat åhört,
wann s irgend a Tugend ischd oder
lobenswert, då send mr drauf aus. [9]Was
r ao glernt ond übernomma hent, ond
was r ghört hent ond an mr gseha hent,

des dent r. Nå ischd dr Friedensgott
mit euch.

Zom Vrgleicha: *Vers 3:* Ps 69,29; Offbg 3,5 • *Vers 4:* 3,1 • *Vers 5:* 1Kor 7,29; 1Petr 4,7 • *Vers 9:* Rö 15,33.

AM APOSTL SAE DANK: 4 10-20

10I han me aber ganz arg em Herra
gfraet, dass r wieder ågfanga hent, für
me zom sorga, ihr hent zwår emmer
drå denkt, aber koe Glegahaet drzua
ghet. 11Des sag e et, weil mr s an ebbas
fehla dät. I han s nämlich glernt, mit
dem auszomkomma, was e han. 12I kå
mit wenig leba ond ao em Überfluß. I
han ällas durchgmacht ond kå satt sae
oder hongera, em Überfluß leba ond
em Mangel. 13I kå ällas durch den, der
mô me stark macht. 14Aber r hent guat
drå dao, dass r Åtôel gnomma hent an
maener Drangsal. 15Ihr Philipper wissat
aber ao, dass e am Åfang, môn e s
Evangeliom vrkündigt han, môn e von
Mazedonien fortganga ben, mit koener
Gemaende a Gemaenschaft auf dr Basis
von Geba ond Nemma ghet han, außer
mit euch. 16Ond môn e en Thessalonich
gwea ben ond ao sonst no etlich Mål
hent r mr ebbas gschickt ond mr
gholfa. 17Et dass i auf Gschenk aus wär,
sondern i suach dia Frücht em Glaoba,
mô bei euch wachsat ond mô euch amål
guatgschrieba werat. 18I han ällas kriagt
ond han s jetzat em Überfluß. I han
grad gnuag, seit e vom Epaphroditus
ällas von euch kriagt han. An schöna
Duft, a Opfer, mô am Herrgott gfällt.
19Mae Gott aber hilft euch amål aus
euram Mangel raus mit saem Reichtom
an Herrlichkaet em Messias Jesus.
20Onseram Gott ond Vadr sei d Ehr en
älle Ewigkaeta. Amen.

Zom Vrgleicha: *Vers 20:* Rö 16,27.

GRUASS OND SEGENSWUNSCH: 4 21-23

21Grüaßat an jeda Haeliga em Messias
Jesus. Ao dia Brüader, mô bei mr
send, lent euch grüaßa. 22Grüaßa lent
euch älle Haelige, bsonders dia aus
am Kaeserhaus. 23Am Herra Jesus,
am Messias sae Gnade sei mit euram
Gaest!

Dr Kolosserbriaf

ADRESS OND GRUASS: 1 1-2

1 Paulus, am Messias Jesus sae Apostl, weil s Gott so wölla håt, ond dr Timotheus, dr Bruader, [2]an de haelige ond glaebige Brüader em Messias z Kolossä: Gnade sei mit euch ond dr Frieda von Gott, onseram Vadr.

Zom Vrgleicha: *Vers 1:* Eph 1,1 • *Vers 2:* Rö 1,7.

AM HERRGOTT SAE HAELSPLÅN: 1 3-23

Dr Dank für d Gemaende: 1 3-8

[3]Mir send Gott dankbar, am Vadr von onseram Herra Jesus, am Messias, emmer, wa mr für euch betat. [4]Mir hent nämlich ghört von euram Glaoba an da Messias Jesus ond von eurer Liebe zo älle Haelige [5]wega dr Hoffnong, mô em Hemmel für euch aufghoba ischd. Von dera hent ihr schao vôrher em Evangeliom ghört, was d Wåhrat em Wort ischd, [6]mô zo euch komma ischd - wia s en dr ganza Welt Frucht brengt ond wächst, wia bei euch - von dem Dag å, môn r s ghört hent ond am Herrgott sae Gnade kennaglernt hent en dr Wåhrat. [7]So hent r s glernt vom Epaphras, onseram liaba Mitarbaeter, der mô für euch a ganz treuer Diener vom Messias ischd. [8]Der håt ons ao vrzählt, was dr Gaest bei euch für a Liebe gwirkt håt.

Zom Vrgleicha: *Vers 3:* Eph 1,15f • *Vers 7:* Phlm 23.

Fürbitta für d Gemaende: 1 9-11

[9]Drom lent mir et nåch, für euch zom beta von dem Dag å, mô mr s ghört hent, dass ihr bis ens Letzte erkennat, was ER will en äller Weishaet ond gaestlicha Aesicht. [10]Ihr sollat nämlich euran Lebenswandel so führa, wia s am Herra würdig ischd ond wian am s ao en ällam gfällt, ond dass r mit eure guate Tata Frucht brengat ond mr sieht, wia euer Erkenntnis wächst. [11]Dass r Kraft kriagat aus dr Macht von saener Herrlichkaet ond viel Geduld ond Ausdauer.

Zom Vrgleicha: *Vers 9:* Eph 1,1-17.

Dr Messias ischd am Herrgott sae Ebabild: 1 12-20

[12]Fraeat euch ond send am Vadr dankbar, dass r euch fähig gmacht håt für euran Åtôel an dr Erbschaft von de Haelige em Licht. [13]Der håt ons aus dr donkla Macht rausgrissa ond en s Reich von saem liaba Soh vrsetzt. [14]En saem Soh he mir d Erlösong ond d Vrgebong von onsere Sünda. [15]Der ischd ao s Ebabild vom osichtbara Gott und dr Erstgeborene von dr ganza Schöpfong. [16]En dem ischd nämlich ällas gschaffa wôra em Hemmel ond auf dr Erde, was mr sieht ond was mr et sieht, Thron ond Herrschafta, Mächt ond Gwalta; **ällas ischd durch ehn ond auf ehn nô gschaffa.** [17]Ond der ischd vôr ällam ond ällas håt en ehm saen Bstand. [18]Ond der ischd s Haopt vom Leib, von dr Gemaende. Der ischd dr Uråfang, dr Erstgeborene von de Daote, dass r en ällam ao dr Erste ischd. [19]Gott håt s nämlich guat gfonda, en saener ganza Fülle en am zom Wohna, [20]ond durch ehn ällas mit sich selber zom vrsöhna, sei s auf dr Erde, sei s em Hemmel, er håt Frieda gmacht durch sae Bluat am Kreuz.

Zom Vrgleicha: *Vers 14:* Eph 1,7 • *Vers 15:* 2Kor

4,4 • *Vers 16:* Eph 1,21 • *Vers 18:* Eph 1,22f • *Vers 20:* Eph 1,10.

Aufruaf an d Gemaende: 1 21-23

21Ao euch, môn am früher fremd
geganüber gstanda send ond a faendlicha
Gsennong gher hent, was mr an eure
bacse Tata gseha håt, 22håt r jetzar
vrsöhnt en saem sterblicha Leib durch
da Daot, ond euch haelig, ohne Tadel
ond obscholta vôr sich nôgstellt; 23wann
ihr bloß beim Glaoba bleibat, ganz fest
aegründat ond euch koe bißle von dr
Hoffnong vom Evangeliom, môn r ghört
hent, wegrucka lent. Des Evangeliom,
mô en dr ganza Schöpfong onter am
Hemmel vrkündigt wird, ond von dem
i, dr Paulus, a Diener wöra ben.

Zom Vrgleicha: *Vers 21:* Eph 2,14-16.

DR APOSTL OND D GEMAENDE: 1 24 - 2 23

Am Paulus sae Leida ond Schaffa em Denst vom Messias: 1 24-29

24Jetzt frae e me, dass e für euch leida
därf. Ond stellvrtretend lass e an mr
gscheha, was am Messias saem Leida für
saen Leib, d Gemaende no gfehlt håt.
25I ben ihr Diener wöra, weil mr Gott
da Auftrag drzua geba håt, euch sae
Wort en dr ganza Fülle zom prediga -
26des Gehaemnis, mô von dr Ewigkaet
her ond vôr älle Generationa vrbôrga
gwea ischd - aber jetzt ischd s saene
Haelige offabart wôra. 27Dene håt Gott
bekanntmacha wölla, was dr Reichtom
von dem Gehaemnis onter de Völker
ischd: Dr Messias ischd bei euch, d
Hoffnong auf d Herrlichkaet. 28Den
vrkündigat mir ond vrmåhnat jedan
Menscha ond lehrat jedan Menscha en
äller Weishaet, dass mr an jeda Menscha
em Messias vollkomma vôr Gott stella
könnat. 29Dådrfür schend i me ond
kämpf en dr Kraft von dem, der mô en
mir wirkt.

Zom Vrgleicha: *Vers 26:* Rö 16,25f; 1Kor 2,7; Eph 3,3.9 • *Vers 28:* Eph 4,13.

Dr Gemaende ihr Glaoba: 2 1-7

2 Des müaßat r nämlich wissa, was
für an riesa Kampf i für euch ond ao
für dia en Laodicea durchstanda muaß
ond ao für dia, mô me no nia persönlich
gseha hent. 2Dass ihre Herza gstärkt
ond zsemaghalta werat en dr Liebe ond
se zor volla Gewißhaet ond Aesicht ens
Gehaemnis von Gott kommat, des ischd
dr Messias. 3En dem send älle Schätz an
Weishaet ond Erkenntnis vrbôrga. 4Des
sag e, dass euch neamerd mit saener
Überredongskonst täuscht. 5Wann e
ao leiblich et bei euch ben, em Gaest
ben e doch bei euch ond frae me, dass
e euer Ordnong seha därf ond wia fest
ihr em Glaoba an da Messias standat.
6So, wian r da Messias Jesus als euran
Herra ågnomma hent, so führat r ao
euran Lebenswandel en am. 7Bleibat fest
en am vrwurzlat ond lent euch aufbaua
ond festiga em Glaoba, wian r s glernt
hent, ond bleibat mr dankbar.

Zom Vrgleicha: *Vers 3:* Jes 45,3; Spr 2,2f • *Vers 7:* Eph 2,20; 3,17.

Warnong vor Irrlehrer: 2 8-23

8Passat auf, dass euch neamerd fangt
mit saener Philosophie ond mit leere
Vrsprechonga, mô auf Menschalehra
gründat send ond auf d Lehra von de
Elementarkräft ond et auf da Messias.
9Em Messias wohnt nämlich ganz alloe
am Herrgott sae Fülle leibhaftig. 10Ond
ihr send ao mit ra ausgfüllt durch da
Messias, der mô s Haopt ischd von ra
jeda Macht ond Gwalt. 11En dem hent
ihr a Beschneidong kriagt, mô et mit
Menschahänd gschieht, sondern em

Ablega von dr irdisch-menschlicha Gsennong en dr Beschneidong durch da Messias. [12]Mit dem send r en dr Taof beerdigt wôra, ond mit dem send r ao aufgweckt wôra durch da Glaoba an d Kraft von Gott, der mô da Messias von de Daote aufgweckt hât. [13]Ihr send daot gwea wega eure Sünda ond weil euer irdisch-menschlicha Gsennong no et beschnitta gwea ischd. Aber jetzt hât r euch lebendig gmacht mit am Messias, môn r ons älle Übertretonga vrgeba hât. [14]Da Schuldschae gega ons hât r vrrissa, mô wega de Satzonga gega ons gsprocha hât ond hât an gnomma ond ans Kreuz gnaglat. [15]Gott hât d Herrschafta entmachtat ond en dr Öffentlichkaet bloßgstellt ond em Messias saem Triumphzug vôrgführt.

[16]S därf euch neamerd vrutôela weg'am Essa oder Trenka oder em Blick auf a Fest, sei s dr Neumond oder dr Sabbat. [17]Des ällas ischd bloß a Schatta von dem, was en dr Zuakonft leit, was zählt ischd dr Messias. [18]Neamerd därf euch da Siegaspreis absprecha, der mô schaehaelig demüatig duat ond sich selber gfällt en saener Engelsvrehrong em Blick auf des, was r gseha häb bei saener Aeweihong ond sich ohne Grond aufblâst en saener irdisch-menschlicha Gsennong. [19]Der hält sich et ans Haopt, von dem aus, mô dr ganze Leib durch d Glenk ond Bänder gstützt ond zsemaghalta wird ond durch s Wirka von Gott wächst. [20]Wann ihr mit am Messias gstôrba send, weg von de Weltelement, was lent r euch nå no Satzonga diktiera, wia wann r no en dr Welt leba dätat? [21]Lang nex å, probiers et, berühr s et amål! [22]Des wird doch ällas durch da Vrzehr vrnichtat. *Menschliche Gebot ond Lehra* send des. [23]Des hört sich zwår nach Weishaet å, ischd aber a selbergmachter Gottesdenst ond a schaehaeliga Demuat, wa mr zo saem Leib gnadalos hart ischd. Des brengt aber koe Ehr ae, sondern befriedigt bloß de ôege irdisch-menschlicha Gsennong.

Zom Vrgleicha: *Vers 12:* Rö 6,4 • *Vers 13:* Eph 2,1.5 • *Vers 15:* Eph 1,21 • *Vers 17:* Hebr 8,5; 10,1 • *Vers 19:* Eph 2,22; 4,16 • *Vers 22:* Jes 29,13 G.

MÅHNONGA AN DE TAOFTE: 3 1 - 4 6

Dr alte ond dr neue Mensch: 3 1-17

3 Wann ihr mit am Messias aufgweckt wôra send, nå suachat des, was droba ischd, mô dr Messias ischd ond *an dr rechta Seit vom Herrgott sitzt.* [2]Richtat euch nach oba aus ond et nach am Irdischa. [3]Ihr send nämlich gstôrba ond euer Leba ischd mit am Messias en Gott vrbôrga. [4]Wann dr Messias, der mô onser Leba ischd, offabar wird, nå werat ihr ao mit am offabar en dr Herrlichkaet.

[5]Lent also dia erdahaftige Gliedmaßa absterba: Ozucht, Oraenhaet, Leidaschaft, baesa Gier ond Habsucht, des ischd nämlich a Götzadenst; [6]wega dene Laster kommt am Herrgott sae Zôrn über de ofolgsame Kender. [7]Bei dene send ihr ao gwea, môn r no dia Laster ghet hent. [8]Aber dent jetzat des ällas weg: Zôrn, Wuat, Boshaftigkaet, Lästerong ond oåständigs Gschwätz soll euch nemme über d Lippa komma. [9]Lüagat anander et å, môn r doch da alta Menscha mit saem Zeugs auszoga [10]ond da neue, der mô sich ständig zor Erkenntnis nach am Bild vom Schöpfer erneuerat, åzoga hent. [11]Då geits koen Griecha oder Juda maeh, Beschnittene oder Obeschnittene, Fremde, Skytha, Sklava oder Freie, sondern ällas ond en älle ischd dr Messias. [12]Ziagat als sotte,

mô von Gott auserwählte Haelige ond
Geliebte send, a herzlichs Erbarma
å, Güate, Demuat, Sanftmüatigkaet,
Geduld, 13vrtragat anander ond vrzeihat
anander, wann oener gega an andera an
Grond håt, zom sich beschwera. Wia
dr Herr euch vrzieha håt, so sollat ihr
ao vrzeiha. 14Aber zo ällam d Liebe, dui
ischd namlich s Band, d Vollkommahaet.
15Ond am Messias sae Frieda soll eure
Herza regiera, dådrzua send r nämlich
beruafa en oem Leib. Ond send mr
dankbar. 16Am Messias sae Wort soll bei
euch vielfältig wohna, en äller Weishaet
sollat r anander belehra und anander
Muat macha mit Psalma, mit Lobliader
ond gaestliche Liader. Lassat d Gnade
wirka ond sengat en eure Herza für
Gott. 17Ond ällas, was r dent en Wort
ond Tat, des dent r em Nåma vom Herr
Jesus, ond dankat am Gott-Vadr durch
da Messias.

Zom Vrgleicha: *Vers 1:* Eph 2,6; Ps 110,1 • *Vers 5:* Mt 15,19; Rö 1,29f; Gal 5,19f • *Vers 8:* Eph 4,31 • *Vers 9:* Eph 4,22-24 • *Vers 10:* Gen 1,26f • *Vers 11:* Gal 3,28 • *Vers 12:* Eph 4,32 • *Vers 14:* Eph 4,3f • *Vers 15:* Rö 12,5 • *Vers 16:* Eph 5,19.

D christlicha Haustafel: 3 18 - 4 1

18Ihr Fraoa, dent euch de Männer
onterordna, wia sichs ziemt em Herra.
19Ihr Männer, hent eure Fraoa liab ond
send et bitter gega s. 20Ihr Kender, folgat
eure Eltern en ällam, des gfällt nämlich
am Herra. 21Ihr Vädr, nervat eure Kender
et, sonst könnte se da Muat vrliera. 22Ihr
Sklava, folgat de irdische Herra en ällam,
et mit Kriacherei wia sotte, mô bloß
de Menscha gfalla wöllat, sondern em
Herza oefältig en dr Ehrfurcht vor am
Herra. 23Was r dent, des dent von Herza,
wia wann r s für da Herra dätat ond et
für Menscha. 24Ihr wissat nämlich, dass r
vom Herra s hemmlische Erbtôel drfür
kriagat. Dienat am Messias ond Herra.
25Der mô Orecht duat, kriagt des, was
sae Orecht vrdient, ond då geit s koe
Åseha von dr Person.

4 Ihr Herra, lent eure Sklava was recht
ond billig ischd, r wissat jå, dass ihr
ao an Herra hent em Hemmel.

Zom Vrgleicha: *Vers 3,18-4,1:* Eph 5,22-6,9; 1Petr 2,18f • *Vers 3,25:* Rö 2,11.

Måhnonga an älle: 4 2-6

2Bleibat standhaft ond wachsam em
Beta ond em Danka. 3Betat ao für ons,
dass Gott ons a Tür aufmacht für s Wort
ond mir s Gehaemnis vom Messias
weitersaga könnat, wega dem ben e jå
ao em Gfängnis, 4dass e s so saga kå,
wia s naedig ischd. 5Vrhaltat euch mit
Weishaet dene geganüber, mô draußa
send ond nutzat d Zeit aus. 6Euer Reda
soll emmer fraendlich sae, aber mit Salz
gwürzt, dass r bei jedam wissat, was r
am für a Antwort gebat.

DR BRIAFSCHLUSS OND PERSÖNLICHE MITTAELONGA OND GRÜASS: 4 7-18

7Wia s mir gôht, des vrzählt euch dr
Tychikus, der liabe Bruader ond treue
Diener ond Mitarbaeter em Herra.
8Den han e grad deswega zo euch
gschickt, dass r vrfahrat, wia s ons gôht
ond dass r eure Herza Muat macht. 9Da
Onesimus schick e ao mit, den treua ond
liaba Bruader, der kommt jå von euch.
Dia vrzählat euch ällas, was dåhanna
passiert.
10Grüaßa lent euch ao dr Aristarch,
der hockt mit mr em Gfängnis, ond dr
Markus, am Barnabas sae Vetter, wega
dem hent r jå schao Åweisonga kriagt,
dass r an aufnemmat, wann r zo euch
kommt, 11ond dr Jesus, den hôeßt mr

ao Justus, des send de oenzige von de
Juda, mô maene Mitarbaeter wôra send
für am Herrgott sae Reich, des ischd
mr a graoßer Trost. 12S grüaßt ao dr
Epaphras, oener von euch, a Diener
vom Messias Jesus, der mô zo jeder
Zeit für euch em Gebet aestôht, dass
ihr vollkomma dåstandat ond ganz von
dem ausgfüllt send, was Gott will. 13Des
kôn e bezeuga, dass der viel für euch
duat ond für dia en Laodizea ond für
dia en Hierapolis. 14Grüaßa läßt euch ao
dr Lukas, dr Dokter, der liabe, ond dr
Demas.
15Grüaßat dia Brüader, mô en Laodizea
wohnat ond d Nympha ond d Gemaende,
mô sich en ihram Haus vrsammlat.
16Ond wann der Briaf bei euch vôrglesa
wôra ischd, nå sôrgat drfür, dass r ao en
dr Gemaende von Laodizea glesa wird,
ond den von Laodizea sollat ihr ao lesa.
17Ond sagat am Archippus: Guck, dass
da den Denst, den mô da übernomma
håsch em Herra saem Auftrag, ao richtig
ausfüllst.
18Der Gruaß ischd ôegahändig von mir,
vom Paulus, denkat an maene Fessla. D
Gnade sei mit euch!

Zom Vrgleicha: *Vers 7:* Eph 6,21f • *Vers 9:* Phlm 10 • *Vers 12:* 1,7 • *Vers 14:* 2Tim 4,11 • *Vers 18:* 1Kor 16,21; Eph 3,1.

Dr erste Briaf an d Thessalonicher

ÅSCHRIFT OND GRUASS: 1 1

1 Dr Paulus ond dr Silvanus ond dr Timotheus an d Gemaende von de Thessalonicher en Gott, am Vadr, ond am Herr Jesus, am Messias: Gnade sei mit euch ond Frieda.

Zom Vrgleicha: *Vers 1:* 2Thess 1,1.

DR APOSTL OND D GEMAENDE: 1 2 - 3 13

D Thessalonicher send vôrbildlich für d Haedachrista: 1 2-10

[2]Mir dankat Gott jederzeit em Blick auf euch älle ond denkat en onsere Gebet an euch ohne Onterlaß, [3]mir denkat drå, wia ihr em Glaoba handlat ond euch en dr Liebe viel Müah gebat ond en dr Hoffnong auf da Herr Jesus, da Messias harrat, vôr Gott, onseram Vadr. [4]Liaber Brüader, mir wissat, dass ihr von Gott auserwählt send. [5]Onser Vrkündigong vom Evangeliom ischd bei euch et bloß durch Reda gscheha, sondern ao en dr Kraft ond em Haeliga Gaest ond en ra graoßa Überzeugong. Ihr wissat jå ao, wia mir ons vrhalta hent, dass mr euch hent gwenna könna. [6]Ond ihr hent s ons ond am Herra nåchgmacht ond hent s Wort ågnomma, obwohl r drwega graoße Schwierigkaeta ghet hent, mit dr Fraed aus am Haeliga Gaest. [7]So send r a Vôrbild wôra für älle Gläubige en Mazedonien ond en Achaia. [8]Von euch ischd nämlich am Herra sae Wort ausganga, ond zwår et bloß en Mazedonien ond Achaia, sondern en älle Ortschafta ischd euer Glaoba an Gott nausdronga, so, dass mir gar nex drzua hent saga braucha. [9]Ond se vrzählat ons von selber, wia mir bei euch aufgnomma wôra send ond wia ihr euch zom Herrgott bekehrt hent, weg von de Götzabilder, dass r am lebendiga ond wahra Gott deanat [10]ond auf saen Soh wartat aus dr Hemmelswelt, den môn r von de Daote aufgweckt håt, da Jesus, der mô ons vôr am kommenda Zôrngericht rettat.

Zom Vrgleicha: *Vers 2:* 2Thess 1,3 • *Vers 4:* 2Thess 5,13 • *Vers 7:* Phil 3,17 • *Vers 9:* Apg 14,15; Joh 17,3 • *Vers 10:* Apg 17,31; Tit 2,13.

A Rückblick auf s erste Wirka vom Apostl: 2 1-12

2 Des wissat r jå selber, liabe Brüader, wian e bei euch åkomma ben, des ischd et ens Leere ganga. [2]Mir hent drvôr en Philippi leida müaßa ond mr håt ons ao mißhandlat, wian r jå wissat, he'mr en onseram Gott da Muat gfaßt, zom bei euch am Herrgott sae Evangeliom vrkündiga e'ma harta Renga. [3]Onser Vrkündigong håt nex mit Irrwitz ond ra olautera Gsennong zom doa oder dass se arglistig wär. [4]Mir dent des, weil Gott ons für taoglich gfonda ond ons d Vrkündigong vom Evangeliom åvrtraut håt. Drom redat mir et zom de Menscha gfalla, sondern Gott, der mô ao onsere *Herza prüaft.* [5]Mir hent nia ebber Honig oms Maul gschmiert, wian r wissat, ond mr hent ao nia an Vôrwand gsuacht, zom ons bereichera - Gott ischd onser Zeuge. [6]Ao he'mr bei de Leut koe Ehr gsuacht, weders bei euch no bei andere. [7]Obwohl mir zwår onser Gwicht als Apostl hätte aesetza könna, se'mr ganz fraendlich ond beschaeda bei euch auftreta: Wian a Muader, mô ihre Kenderla pflegt, [8]so a liebevolla Gsennong he'mr euch geganüber ghegt ond hent euch et bloß s Evangeliom von

Gott vrkündigt, sondern euch ao an Aeblick geba en onser aeges Seelaleba, weil mr euch ganz arg möga hent. [9]Ihr denkat doch no drå, Brüader, wia mir Dag ond Nacht gschafft hent, dass mr jå neamerd von euch zor Last gfalla send, ond so he'mr ao s Evangeliom von Gott bei euch vrkündigt. [10]Ihr send mr Zeuga ond Gott, wia haelig, gerecht ond ohne Tadel mir ons euch Glaobende geganüber vrhalta hent. [11]Mir hent ao, wian r wissat, jedam oenzelna von euch, wian a Vadr saene Kender, [12]Muat gmacht, vrmåhnt ond ganz drenglich aufgforderat, dass ihr euran Lebenswandel so führa sollat, wia s würdig ischd für den Gott, der mô euch beruafa håt en sae Reich ond sae Herrlichkaet.

Zom Vrgleicha: *Vers 4:* Jer 11,20 • *Vers 9:* Apg 20,34; 1Kor 4,12; 9,12-18 • *Vers 11:* 1Kor 4,15 • *Vers 12:* Eph 4,1; Phil 1,27; 2Thess 1,5; 1Petr 5,10.

Wia d Gemaende s Evangeliom aufgnomma håt: 2 13-16

[13]Drom send mir Gott ao de ganz Zeit dankbar drfür, dass ihr onser Predigt als von Gott ågnomma hent ond et als Menschawort, als des, was s en dr Wåhrat ischd, als des Wort von Gott, mô en euch, dia mô glaobat, wirkt. [14]Ihr, Brüader send nämlich am Beispiel vom Herrgott saene Gemaenda en Judäa gfolgt, dia mô em Messias Jesus send, weil r s gleiche durchmacha müaßa hent von de ôegene Landsleut wia dia von de Juda. [15]Dia hent da Herr Jesus ombråcht ond ao d Profeta, ond ons hent se nåchgstellt - ond, des gfällt Gott gar et ond ischd ausgsprocha faendselig gega älle Menscha - [16]dass se ons drå henderat, de Haedavölker zom prediga, dass dia grettat werat. Dådrmit *machat se ihr Sündamaß* vol für älle Zeita. Aber dr Zôrn ischd schao über s komma mit voler Wucht.

Zom Vrgleicha: *Vers 13:* Hebr 4,2; Gal 1,11f; 2Thess 2,13f • *Vers 15:* Mt 23,31f; Apg 2,23; 7,52; Rö 11,28 • *Vers 16:* Mt 23,13; Gen 15,16; Da 8,23.

Dr vrhenderate Bsuach: 2 17-20

[17]Aber mir, Brüader, a Weile weg von euch, aus de Aoga zwår, aber et aus de Herza, he'mr ons omso maeh Müah geba, euch wieder en d Aoga gucka z könna. Voler Sehnsucht, dass mr euch wieder seahnat. [18]Mir hent obedengt zon ich komma wölla, i, dr Paulus ao amål ond nômål, aber dr Satan håt s vrhenderat. [19]Wer ischd denn onser Hoffnong ond Fraed, onser Ehrakranz, wann et ao ihr - vor onseram Herra Jesus, wann r kommt? [20]Jå, ihr send onser Ehr ond onser Fraed.

Dr Timotheus wird gschickt: 3 1-5

3 Mô mr s nå nemme ausghalta hent, he'mr gfonda, s wär besser, mr däte alloe en Athen bleiba, [2]ond hent da Timotheus gschickt, onseran Bruader ond Mitarbaeter vom Herrgott en dr Vrkündigong vom Messias saener froha Botschaft, zom euran Glaoba stärka ond euch Muat macha, [3]dass neamerd ens Wanka kommt en dene Schwierigkaeta. Ihr wissat jå selber, dass mir für des då send. [4]Schao mô mr no bei euch gwea send, he'mr s euch vôrausgsaed, dass mr Problem kriagat, wia s nå ao komma ischd, des wissat r. [5]Drom han e, weil e s nemme ausghalta han, da Timotheus zo euch gschickt, zom horcha, wias om euran Glaoba stôht. Ob dr Vrsuacher euch håt stolpera lassa ond onser Müah omsonst gwea wär.

Zom Vrgleicha: *Vers 1:* Apg 17,14f • *Vers 3:* 2Tim 3,12; 2Thess 1,4.

Dr Apostl fraet sich über d Gemaende: 3 6-10

[6]Jetzat ischd aber grad dr Timotheus von euch zrückkomma ond håt ons guate Nåchrichta von euram Glaoba

ond eurer Liebe bråcht, ond dass ihr
ao emmer gern an ons denkat ond ons
gern wieder amål seha dätat, so wia mir
euch. 7Des håt ons tröstat em Blick auf
euch, Brüader, en onserer ganza Not
ond onsere Schwierigkaeta, durch euran
Glaoba. 8Des gibt ons Lebenskraft, dass
mr wissat, ihr standat fest em Herra.
9Mir könnat Gott gar et gnuag danka
wega euch, für de ganz Fraed, mô mr
wega euch vôr Gott hent. 10Dag ond
Nacht betat mir ganz arg drom, dass
mr euch wieder seha därfat ond euram
Glaoba weiter zom helfa, dass r ao des
kriagat, was euch no fehlt.

Zom Vrgleicha: *Vers 6:* Apg 18,5 • *Vers 7:* 2Thess 1,4.

Am Apostel sac Sega: 3 11-13

11Er selber, onser Gott ond Vadr, ond
onser Herr Jesus, mög ons da Weg zo
euch freimacha! 12Euch aber soll dr Herr
wachsa lassa ond euch überreich macha
en dr Liebe zoanander ond zo älle, wia
ao mir euch mögat: 13Dass eure Herza
gfestigt werat, dass se ohne Tadel send
en Haeligkaet vôr onseram Gott ond
Vadr, wann onser Herr Jesus kommt
mit älle saene Haelige. Amen.

Zom Vrgleicha: *Vers 13:* 5,23; 2Thess 1,7.10.

ÅWEISONGA FÜR S CHRISTLICHE LEBA: 4 1 - 5 22

Aufforderong zor Haeligong: 4 1-12:

4 Brüader, außerdem he mr a Bitt an
euch ond a Vrmåhnong em Herra
Jesus: Ihr hent s jå von ons glernt, wian r
leba müaßat, dass r am Herrgott gfallat,
ond ihr lebat jå ao so, dass r emmer no
Fortschritt machat. 2Ihr wissat jå, was
für Åweisonga mir euch geba hent durch
da Herr Jesus. 3Was Gott von euch will
ischd euer Haeligong, des hôeßt, dass
r d Ozucht vrmeida dent, 4dass a jeder
von euch lernt, mit saener Frao haelig
ond ehrbar omzganga, 5et en ra gieriga
Leidaschaft wia *d Haeda, mô von Gott
nex wissat.* 6S soll ao koener dia Grenza
übertreta, môn am s Recht setzt ond
saen Bruader über da Tisch ziaga en
gschäftliche Sacha; weil Gott nämlich
ällas Orecht rächt, wia mr s euch schao
früher gsaed hent. 7Gott håt ons nämlich
et zo a ma oraena Leba berufa, sondern
no a ma haeliga Lebenswandel. 8Wer des
vrschmäht, der vrschmäht et irgend an
Menscha, sondern Gott, der mô euch ao
saen Haeliga Gaest geba håt.
9Über d Bruaderliebe brauch e euch jå
et schreiba, des hent r selber von Gott
glernt, dass mr anander måg. 10Ihr dent
s jå ao älle Brüader en ganz Mazedonien
geganüber, ond mir wöllat euch
Muat macha, dass r dådren no weiter
Fortschritt machat. 11Ond setzat euer
ganza Ehr drae, dass r a ruhigs Leba
führat ond für euch selber sôrgat ond
schaffat mit eure aegene Händ, wia mr s
euch ågwiesa hent, 12dass ihr an åständiga
Lebenswandel führat vor dene draußa
ond auf neamerd ågwiesa send.

Zom Vrgleicha: *Vers 5:* Jer 10,25; Ps 79,6 • *Vers 6:* Ps 94,1 • *Vers 7:* 2Thess 2,13f • *Vers 8:* Ez 36,27; 37,14.

De Christa ihr Hoffnong: 4 13-18

13Mir wöllat euch aber et em Oklara
lassa, Brüader, was dia ålangt, mô gstôrba
send, dass ihr et traurig sae müaßat wia
de andere, mô koe Hoffnong hent.
14Wann mir nämlich glaobat, dass dr
Jesus gstôrba ond auferstanda ischd, nå
wird Gott ao dia, mô aegschlåfa send,
durch da Jesus mitführa. 15Weil des sagat
mir nach a ma Wort vom Herra selber,
dass mir, de Lebendige, mô übrigbleibat
bis dr Herr kommt, dene nex vôraus
hent, mô aegschlåfa send. 16Dr Herr
kommt nämlich selber, wann dr Befehl

då ischd durch d Stemm vom Erzengel ond durch Posaonaschall von Gott, vom Hemmel ronter, ond de Daote em Messias standat zerst auf, [17]ond nå mir, de Lebende, dia, mô übrigblieba send, werat mit dene gleichzeitig entrückt en de Wolka am Herra entgega en dr Luft, dass mr für emmer beim Herra send. [18]Sprechat anander Muat zua mit dene Wort.

Zom Vrgleicha: *Vers 13-17:* 2Thess 2,1-12 • *Vers 14:* 1Kor 15,2f.20f • *Vers 15:* 1Kor 15,23.51f; Joh 17,24.

Aufforderong zor Wachsamkaet auf da Dag vom Herra: 5 1-11

5 Was Zeita ond Stonda ågôht, Brüader, ischd s et naedig, dass mr euch schreibt. [2]Ihr wissat jå selber ganz gnao, dass am Herra sae Dag so kommt wian a Dieb en dr Nacht. [3]Wann d Leut sagat: S ischd jå Frieda ond mir send sicher - , grad nå kommt s Vrderba über s wia d Weha über a Schwangera, ond koener kommt drvo. [4]Aber ihr, Brüader, ihr tappat et em Donkla, dass euch der Dag wian a Dieb überrascha könnt. [5]Ihr send nämlich älle Lichtkender ond Söh vom Dag. Mir gherat et dr Nacht ond et dr Finsternis. [6]Drom laß ons ao et schlåfa wia de andere, sondern laß ons wachsam ond nüachtern sae. [7]Wer nämlich schlåft, der schlåft bei Nacht, ond de Bsoffene send nachts bsoffa. [8]Aber mir, mô am Dag gherat, wöllat nüachtern sae, åzoga mit am *Glaobenspanzer* ond mit dr Liebe, ond *als Helm* d Hoffnong auf onser Rettong. [9]Gott håt ons nämlich et für s Zôrngericht bestimmt, sondern dådrzua, dass mr *s Hael* kriagat durch onseran Herra Jesus, da Messias, [10]der mô für ons gstôrba ischd, dass mir, ob mr grad wach send oder schlåfat, mit ehm zsema lebat. [11]Drom machat anander Muat ond dent anander aufbaua, wian r s jå ao dent.

Zom Vrgleicha: *Vers 2:* Mt 24,43; Lk 12,39; 2Petr 3,10; Offbg 3,3; 16,15 • *Vers 3:* Mt 24,38f; Lk 21,34f • *Vers 6:* Rö 13,11f • *Vers 8:* Jes 59,17; Weish 5,18f; Eph 6,14-17 • *Vers 9:* 2Thess 2,14 • *Vers 10:* 4,14; Rö 14,8f.

Åweisonga für s Leba en dr Gemaende: 5 12-22

[12]Oe Bitt hättat mr no an euch, Brüader: Dent dia achta, mô sich om euch Müah gebat ond euch em Herra lôetat ond euch Muat machat. [13]Gebat en d Ehr en dr Liebe für des, was se dent. Send friedlich mitanander. [14]Mir vrmåhnat euch, Brüader: Dent dia zrechtweisa, mô et ordentlich send, machat dene Muat, mô ängstlich send ond nemmat euch om de Schwache å, hent mit älle Geduld. [15]Passat auf, dass koener ebbas Baes mit am Baesa vrgilt, sondern strebat emmer nach am Guata zo anander ond zo älle. [16]Fraeat euch zo jeder Zeit. [17]Betat ohne Onterlaß. [18]Send dankbar en ällam. Des will nämlich Gott em Messias Jesus für euch. [19]Dent da Gaest et vrsticka. [20]Profetische Reda sottat r et vrachta. [21]Prüafat ällas ond bhaltat des, was guat ischd.

[22]Von ällam, was baes aussieht, haltat euch fern.

Zom Vrgleicha: *Vers 13:* 1Kor 16,15f • *Vers 15:* Spr 20,22; Rö 12,17; 1Petr 3,9 • *Vers 17:* Lk 18,1; Rö 12,12; Eph 6,18; Kol 4,2 • *Vers 21:* 1Joh 4,1 • *Vers 22:* Job 1,1.8; 2,3.

DR SCHLUSS VOM BRIAF: SEGA OND GRUASS: 5 23-28

[23]Dr Friedensgott soll euch durch ond durch haeliga ond euran Gaest, euer Seel ond euran Leib ovrsehrt bewahra, dass ihr ohne Tadel dåstandat, wann onser Herr Jesus, dr Messias kommt.

[24]Der, mô euch beruaft, ischd treu, der

duat s ao.
25 Brüader, betat ao für ons.
26 Grüaßat älle Brüader mit am haeliga Kuß.
27 I beschwör euch beim Herra, dass der Briaf älle Brüader vôrglesa wird.
28 D Gnade von onseram Herra Jesus, am Messias, sei mit euch!

Zom Vrgleicha: *Vers 24:* 1Kor 1,9; 2Thess 3,3 • *Vers 25:* 2Thess 3,1 • *Vers 26:* Rö 16,16 • *Vers 27:* Kol 4,16.

Dr zwôete Briaf an d Thessalonicher

ÅSCHRIFT OND GRUASS: 1 1-2

1 Dr Paulus, dr Silvanus ond dr Timotheus an d Gemaende en Thessalonich, mô en Gott, onseram Vadr ond em Herra Jesus, am Messias, ischd. [2]Gnade sei mit euch ond Frieda von Gott, onseram Vadr ond am Herra Jesus, am Messias.

Zom Vrgleicha: *Vers 1:* 1Thess 1,1 • *Vers 2:* Rö 1,7.

DR APOSTL MACHT SICH SÔRGA OM D GEMAENDE: 1 3-12

Dr Gemaende ihre Schwierigkaeta ond am Herrgott sae gerechts Gericht: 1 3-10

[3]Dank se'mr am Herrgott schuldig em Blick auf euch, Brüader, wia s recht ischd. Weil euer Glaoba ganz stark wächst ond d Liebe onter anander bei älle zuanemmt. [4]Voler Stolz vrzählat mir en de Gemaenda vom Herrgott, von euram geduldiga Ausharra ond euram Glaoba en älle eure Vrfolgonga ond Schwierigkaeta, môn r aushaltat. [5]Des ischd a Zaeche für am Herrgott sae gerechts Richta, dass ihr für würdig befonda wera sollat für am Herrgott sae Reich, môn r jetzat no drfür leidat. [6]Vôr Gott ischd s nämlich gerecht, dass dia, mô euch drangsalierat, ao drangsaliert werat. [7]Ond euch, mô drangsaliert werat, Ruah zom schenka mit ons zsema, wann sich dr Herr Jesus vom Hemmel her mit saene mächtige Engel offabart [8]en Feuerflamma. Nå vrgilt r dene, mô Gott et kennat ond dene, mô am Evangeliom von onseram Herra Jesus et folgat. [9]Als Stråf kriagat dia mit am ewiga Vrderba hoemzahlt, *am Herra aus de Aoga ond weg von dr Herrlichkaet von saener Macht.* [10]Wann r kommt an saem Dag, dass r onter saene Haelige vrherrlicht wird ond an älle dia bewondera därfat, mô zom Glaoba komma send, weil onser Zeugnis an euch glaobt wôra ischd.

Zom Vrgleicha: *Vers 3:* 1Thess 1,2 • *Vers 4:* Mk 4,17 • *Vers 5-10:* Rö 2,6-11 • *Vers 5:* Phil 1,28 • *Vers 7:* 1Thess 3,13; 4,16 • *Vers 8:* Ex 3,2; Jes 66,4.15; Jer 10,25; Ps 79,6 • *Vers 9:* Jes 2,10.19.21 • *Vers 10:* Jes 2,11.17; Ps 89,8.

Am Apostl sae Fürbitte: 1 11-12

[11]Ond då betat mr äll Dag drom: Dass onser Gott euch würdig macha soll für euer Beruafong ond ällan guata Willa zor Güate ond s Glaobenswerk en saener Kraft vollendat. [12]Nå wird dr Nåma von onseram Herra Jesus en euch vrherrlicht, ond ihr em Herra Jesus, nach dr Gnade von Gott ond vom Herra Jesus, am Messias.

Zom Vrgleicha: *Vers 12:* Jes 24,15; Mal 1,11.

D CHRISTLICHA HOFFNONG OND AM HERRA SAE DAG: 2 1-17

D Åzaeche für d Endzeit: 2 1-11

2 Mr bittat euch aber, Brüader, em Blick auf s Komma von onseram Herra Jesus, am Messias ond onser Zsammaführong mit am drom, [2]dass ihr euch et so schnell ens Wanka oder ens Bockshorn jaga ond vrschrecka lassat, weders durch Weissagong, no durch a Wort oder an Briaf, der mô ågeblich von ons sei, dass am Herra sae Dag schao då sei. [3]S soll euch bloß koener täuscha auf irgend a Art ond Weis.

Zersta kommt nämlich dr Abfall ond
dr gsetzlose Mensch wird entlarvt, dr
Soh vom Vrderba, [4]dr Widersacher, der
mô überheblich ischd über ällas, was
Gott hôeßt oder Gott vrehrt. Der hockt
sogar em Herrgott saen Tempel nae
ond saed, er sei Gott. [5]Wissat r nemme,
dass e euch des gsaed han, môn e no
bei euch gwea ben? [6]Ond jetzt wissat r,
was an no aufhält, bis r zo saener Zeit
offabart wird. [7]S Gehaemnis von dr
Gsetzlosigkaet ischd schao am Werk,
jetzat muaß bloß no der, mô s aufhält,
wegdao wera. [8]Nå wird sich s zaega,
wer dr Gsetzlose ischd, den mô dr Herr
Jesus *mit am Hauch aus saem Mund
ombrengt* ond durch sae Erschaenong
vrnichtat wann r kommt. [9]Dr Gsetzlose
tritt aber auf en dr Macht vom Satan
ond kå älle mögliche Wonder doa ond
vrlogene Zaeche [10]ond mit ällerhand
Blendwerk über d Ogerechtigkaet
täuscht r dia, mô vrlora gangat, weil se d
Liebe zor Wåhrat et ågnomma hent, dass
se grettat wôra wäre. [11]Drom schickt
en Gott Kräft, mô da Irrtom bewirkat,
dass se dr Luge glaobat, [12]ond dass älle
vrurtôelt werat mô dr Wåhrat et glaobt
hent, sondern a Fraed ghet hent an dr
Ogerechtigkaet.

Zom Vrgleicha: *Vers 1-12:* 1Thess 4,13-17 • *Vers 2:* 2,15; 3,17 • *Vers 3:* 1Tim 4,1; 1Joh 2,18; 4,3 • *Vers 4:* Da 11,36; Ez 28,2 • *Vers 8:* Jes 11,4; Job 4,9; Offbg 19,15 • *Vers 9:* Mt 24,24 • *Vers 11:* Rö 1,28; 2Tim 4,4.

De Glaebige wird Muat gmacht: 2 13-15

[13]Mir send am Herrgott äll Dag Dank
schuldig em Blick auf euch, em Herra
liabe Brüader, weil Gott euch als
Erstlengsfrucht auserwählt håt: zor
Rettong aufgrond dr Haeligong durch
da Gaest ond aufgrond vom Glaoba
an d Wåhrat. [14]Dådrzua håt r euch
beruafa durch onser Vrkündigong vom
Evangeliom. Ihr sollat nämlich onseram
Herra Jesus, am Messias, sae Herrlichkaet
erlanga. [15]Bleibat standhaft, Brüader,
ond haltat euch an d Überlieferonga,
en dene mr euch onterwiesa hent, sei s
mündlich oder durch an Briaf von ons.

Zom Vrgleicha: *Vers 13:* 1Thess 1,2; 2,13; Dtn 33,12 • *Vers 14:* 1Thess 4,7; 5,9 • *Vers 15:* 1Kor 11,2; 2Thess 3,6.

Am Apostl sae Sega: 2 16-17

[16]Er aber, onser Herr Jesus, dr Messias,
ond Gott, onser Vadr, der ons sae Liebe
schenkt ond ons an ewiga Trost ond
a guata Hoffnong geba håt en saener
Gnade, [17]der soll eure Herza Muat
macha ond se stärka en älle guata Werk
ond Wort.

Zom Vrgleicha: *Vers 16f:* 1Thess 3,11-13.

ÅWEISONGA AN D GEMAENDE: 3 1-15

Dr Apostl braucht dr Gemaende ihr Fürbitte: 3 1-5

3 Em übriga, Brüader, betat für ons,
dass am Herra sae Wort laoft ond
priesa wird, so wia bei euch [2]ond dass
mir grettat werat vôr de üble ond baese
Menscha. Dr Glaoba ischd nämlich et
jedermanns Sach. [3]Aber dr Herr ischd
treu, der stärkt euch ond bewahrt euch
vor am Baesa. [4]Mir vrtrauat aber em
Herra drauf, dass ihr euch an onsere
Åweisonga ao en Zuakonft haltat. [5]Dr
Herr soll aber eure Herza ganz auf d
Liebe zo Gott ond auf s geduldiga Warta
auf da Messias ausrichta.

Zom Vrgleicha: *Vers 1:* Kol 4,3; 1Thess 5,25 • *Vers 3:* 1Kor 10,13; 1Thess 5,24.

D Faulenzer werat zrechtgwiesa: 3 6-12

[6]Liabe Brüader, mir befehlat euch em Nåma von onseram Herra Jesus, am Messias, dass r euch fernhaltat von jedam Bruader, der mô a Lotterleba führt ond et nach dr Überlieferong lebt, môn r von ons kriagt hent. [7]Ihr wissat jå selber, wia wichtig des ischd, dass r onseram Beispiel folgat, weil mir et liaderlich glebt hent bei euch [8]ond ons et amål von ebber Brot hent schenka lassa, sondern müahselig ons ågstrengt ond Dag ond Nacht gschafft hent, dass mr jå neamerd von euch zor Last gfalla send. [9]Et dass mr då et s Recht drzua ghet hätte, sondern weil mr euch a Beispiel hent geba wölla, dass ihr s ons nåchmachat. [10]Schao mô mr no bei euch gwea send, he'mr euch aeblaet: Wer et schaffa will, soll ao nex essa! [11]Mir hent nämlich ghört, dass a paar von euch a Lotterleba führat ond nex schaffa wöllat ond bloß omanander longerat. [12]Dene gebat mr d Åweisong ond dent s vrmåhna em Herra Jesus, am Messias, dass se ruhig schaffa ond ihr oeges Brot essa sollat.

Zom Vrgleicha: *Vers 6:* 1Thess 5,14 • *Vers 7:* 1Kor 11,1 • *Vers 8:* 1Kor 4,12; 1Thess 2,9 • *Vers 9:* Mt 10,10; 1Kor 9,6.14; Phil 13,17 • *Vers 12:* 1Thess 4,11.

Måhnong an älle: 3 13-15

[13]Aber ihr, Brüader, werat mr et müad zom Guats doa. [14]Wann aber ebber onsere Åweisonga en dem Briaf et folga will, den merkat r euch ond gangat am aus am Weg, dass r sich schämt. [15]Als an Faend brauchat r an et ågucka, sondern dent an zrechtweisa als an Bruader.

Zom Vrgleicha: *Vers 14:* 1Kor 5,9.11 • *Vers 15:* Mt 18,15-17.

DR SCHLUSS VOM BRIAF: 3 16-18

[16]Dr Friedensherr soll euch saen Frieda zo jeder Zeit ond auf jeda Art ond Weis geba. Dr Herr sei mit euch älle. [17]Da Gruaß schreib i, dr Paulus, aegahändig. Des ischd mae Zaeche en jedam Briaf; so schreib i. [18]D Gnade von onseram Herra Jesus, am Messias, sei mit euch älle!

Zom Vrgleicha: *Vers 16:* Rö 15,33 • *Vers 17:* 1Kor 16,21 • *Vers 18:* Rö 16,24.

Dr erste Briaf an da Timotheus

ÅSCHRIFT OND GRUASS: 1 1-2

1 Paulus, Apostl vom Messias Jesus
durch da Auftrag von Gott, der mô
onser Retter ischd, ond am Messias
Jesus, der mô onser Hoffnong ischd,
[2]an da Timotheus, saen echta Soh em
Glaoba: Gnade, Barmherzigkaet ond
Frieda von Gott, am Vadr, ond vom
Messias Jesus, onseram Herra.

Zom Vrgleicha: *Vers 1:* 2,3; 4,10; Tit 1,3; 2,10; 3,4.

GRONDLEGENDE AUSSAGA: 1 3-20

D Aufgab von dr Glaobensonterweisong: 1 3-7

[3]Môn e nach Mazedonien abgraest
ben, han e dr Muat gmacht, dass da
en Ephesus bleibst ond gewisse Leut
vrbiatest, falsche Lehra zom vrbrôeta
[4]ond et auf Fabuliererei zom achta ond
auf endlose Gschlechtsregister, dia bloß
maeh zo Spekulationa beitragat, statt
sich em Glaoba an da Haelsplan von
Gott zom halta. [5]Aber s Endziel von dr
Onterweisong ischd d Liebe aus a ma
raena Herza ond a ma guata Gwissa ond
a Glaoba ohne Schaehaeligkaet. [6]Von
dene Aegaschafta hent etlich Abstand
gnomma ond sich am leera Geschwafel
zuagwendat. [7]Nå wöllat se Gsetzaslehrer
sae, drbei hent se koen blassa Schemmer
von dem, was se drherschwätzat ond
von dem, mô se felsafest Behaoptonga
aufstellat.

Zom Vrgleicha: *Vers 3:* Apg 20,1 • *Vers 4:* 4,7; Tit 1,14 • *Vers 5:* Gal 5,14.

D Bedeutong vom Gsetz: 1 8-11

[8]Des wissat mr. Dass s Gsetz guat ischd,
wa'mr s so åwendat, wia s gmoent ischd.
[9]Mr muaß sich em Klara drüber sae, dass
s Gsetz et für an Gerechta aegsetzt wôra
ischd, sondern für Gsetzlose ond sotte,
mô sich et aeordna wöllat, für Gottlose
ond Sünder, für Ohaelige ond Oraene,
für Vadrmörder ond Muadermörder,
Daotschläger, [10]Ozüchtige, sotte, mô mit
Männer Vrkehr hent, Menschahändler,
Lugabeutel, Maenaedige ond ällam, was
dr gsonda Lehr zwider ischd, [11]nach am
Evangeliom von dr Herrlichkaet vom
seliga Gott, des mr mir åvrtraut håt.

Zom Vrgleicha: *Vers 8:* Rö 7,12.16 • *Vers 10:* 4,6; 6,3.

Dank für d Beruafong zom Apostl: 1 12 - 17

[12]I ben dem dankbar, mô me gstärkt
håt: Dr Messias Jesus, onser Herr, dass
r me als treu ågseha ond en saen Denst
gnomma håt, [13]obwohl an i früher
vrlästerat han ond a Menschajäger ond
a Gwaltmensch gwea ben. Aber i han
Barmherzigkaet gschenkt kriagt, weil
e en maem Oglaoba et gwißt han, was
e årichte. [14]Aber a überreichs Maß an
Gnade von onseram Herra ischd dågwea
ond håt mr da Glaoba ond d Liebe em
Messias Jesus gschenkt. [15]Dem Wort
kå mr traua ond s ao ånemma: dass dr
Messias Jesus en d Welt komma ischd,
zom d Sünder retta, von dene, mô i dr
erste ben. [16]Aber grad wega dem han i
sae Barmherzigkaet gschenkt kriagt,
dass dr Messias Jesus an mir als am
ersta sae Geduld håt zaega könna, zom
Vôrbild für älle dia, mô an an glaoba

sollat, dass se s ewige Leba gwennat.
17Am König über älle Weltzeita, der mô
et vrgänglich ischd wia mir, den mô mr
et sieht, der mô aber ganz alloe Gott
ischd: Ehr ond älle Herrlichkaeta bis en
d Ewigkaet. Amen

Zom Vrgleicha: *Vers 13f:* 1Kor 15,9f; Gal 1,13-16 • *Vers 15:* Lk 19,10 • *Vers 16:* 1Kor 15,10; Eph 3,1.7-9; Kol 1,24f • *Vers 17:* Rö 16,27; Offbg 4,11; 7,12.

Am Timotheus sae Vrantwortong: 1 18-20

18Des Gebot vrtrau e dir å, mae Soh
Timotheus, aufgrond von schao
früher über di ergangene profetische
Botschafta, dass da en ihrer Kraft an
guata Kampf führst 19em Glaoba ond a
saubers Gwissa bhälst, då hent a paar et
drauf ghört ond send drwega mit ihram
Glaoba gstrandat. 20Zo dene gherat dr
Hymenäus ond dr Alexander, dia môn e
am Satan übergeba han, dass se züchtigt
werat, bis se nemme lästerat.

Zom Vrgleicha: *Vers 18:* 4,14 • *Vers 20:* 2Tim 2,17; 4,14; 1Kor 5,5.

DE RECHT ORDNONG EN DE GEMAENDA: 2 1 - 6 19

Gebet für älle Menscha: 2 1-7

2 Z ällererst, vôr ällam andera,
will e dr Muat macha zom Bitta,
Beta, Fürbitta ond Danksaga für älle
Menscha, 2für d Machthaber ond älle,
mô en obrigkaetliche Stellonga send,
dass mir a ruhigs ond stills Leba führa
könnat en äller Frömmigkaet ond
Ehrbarkaet. 3Des ischd guat ond würdig
vor Gott, onseram Retter, 4der will
doch (nex anders), als dass älle Menscha
grettat werat ond d Wåhrat erkennat:
5Dass nämlich bloß oe Gott ischd,
ond oe Vrmittler zwischa Gott ond de
Menscha, nämlich dr Mensch Jesus, dr
Messias, 6der mô sich selber für älle als
Lösgeld hergeba håt, als Zeugnis die dia
Zeita, mô drfür bestimmt send. 7Für des
ben i als Vrkündiger ond Apostl aegsetzt
wôra - i sag d Wåhrat ond lüag et - als
Lehrer für d Haedavölker em Glaoba
ond en dr Wåhrat.

Zom Vrgleicha: *Vers 3:* 1,1; 4,10; Tit 1,3; 2,10; 3,4 • *Vers 6:* Mt 20,28; Mk 10,45; Gal 1,4; Tit 2,14 • *Vers 7:* Gal 2,7; Eph 3,1; Kol 1,25-29.

Männer ond Fraoa: 2 8-15

8I möcht gern, dass d Männer überall
betat ond haelige Händ aufhebat (zom
Sega), ohne Zôrn ond ohne Bedenka.
9Ond ao dass d Fraoa en ehrbare
Gwänder mit Åstand ond Senn für
Scham sich åziagat, et aufdonnerat en
dr Håårtracht, mit Gold oder Perla
oder aufwendige Klôeder. 10Sondern
wia s sich ziemt für dia Fraoa, mô en
dr Ehrfurcht vôr Gott lebat mit guate
Tata. 11A Frao soll en dr Stille lerna en
äller Onterordnong. 12Dass a Frao lehrt,
erlaob i et, ao et, dass se über da Må
herrscht, dui soll still sae. 13Dr Adam
ischd nämlich zersta gschaffa wôra, ond
nå d Eva. 14Ond dr Adam ischd et vrführt
wôra, aber d Frao håt sich vrführa lassa
ond s Gebot übertreta. 15Se wird aber
grettat durch s Kenderkriaga, wann se
em Glaoba ond en dr Liebe bleibt en
Haeligkaet ond Sittsamkaet.

Zom Vrgleicha: *Vers 8:* 1Petr 3,7 • *Vers 9:* 1Petr 3,1-4 • *Vers 11:* 1Kor 14,33-35 • *Vers 13:* Gen 2,7.22 • *Vers 14:* Gen 3,13.

Dr Bischof: 3 1-7

3 Des Wort ischd wåhr: Wann oener
a Bischofsamt åstrebt, der langt
nach ra graoßa Aufgab. 2Dr Bischof
muaß obescholta sae, dr Må von oener
Frao, nüachtern, bsonna, ehrbar,

gastfraendlich ond a Gschick han
zom Lehra. 3Koe Säufer, et gwalttätig,
sondern fraendlich, et händelsüchtig, et
geldgierig. 4Sae aeges Haus soll r guat
em Griff han, mit saene Kender soll r
würdig omganga en äller Ehrbarkaet -
5wann oener nämlich et amål sae aeges
Haus em Griff håt, wia soll der für am
Herrgott sae Gemaende sôrga könna?
6Des soll ao koe Neubekehrter sae, des
könnt dem en da Kopf steiga ond r dät
am Teufel saem Gericht vrfalla. 7Der
muaß ao bei dene, mô draußa standat an
guata Ruaf han, dass r et durch a übls
Gschwätz en de Schlenga vom Teufel
hanga bleibt.

Zom Vrgleicha: *Vers 1-7:* Tit 1,6f • *Vers 2:* 1Petr 5,3.

D Diakon: 3 8-13

8Ao d Diakon müaßat grad so ehrbar
sae, et doppelzüngig, et am Alkohol
vrfalla, ond ao et henter am Geld her.
9Dia sollat sich mit a ma saubera Gwissa
ans Gehaemnis vom Glaoba halta.
10Ao dia soll mr vôrher gnao ågucka,
ond bloß wann se obscholta send,
sollat se den Denst übernemma. 11Ao
dene ihre Fraoa müaßat ehrbar sae, et
hentarom, treu ond nüachtern ond en
ällam vrtrauenswürdig. 12Diakon sollat
bloß oe Frao han, ihre Kender ond de
ôegene Häuser guat vôrstanda. 13Weil
dia, mô ihr Amt als Diakon guat gführt
hent, gwennat a guata Stellong ond
viel Zuatraua em Glaoba an da Messias
Jesus.

D Gemaende ischd s Fondament von dr Wåhrat: 3 14-16

14I schreib dr des en dr Hoffnong, dass
e bald zo dr komm. 15Aber wann sich s
nausziagt, dass da wôeßt, wia mr sich
em Haus vom Herrgott vrhält, was jå
am lebendiga Gott sae Gemaende ischd,
d Säul ond d Grondfeste von dr Wåhrat.
16Ond gewaltig ischd - wia allgemaen
zuagstanda wird - s Gehaemnis von
dr Gottesvrehrong: Der (dr Messias
Jesus) ischd offabart wôra en saem
Menschsaen, als gerecht erwiesa em
Gaest, de Engel erschiena, r ischd onter
de Haedavölker vrkündigt wôra, r ischd
en dr Welt glaobt wôra ond r ischd en d
Herrlichkaet aufgnomma wôra.

Falsche Aestellonga: 4 1-5

4 Dr Gaest saed aber ausdrücklich: En
spätere Zeita däte etlich vom Glaoba
abfalla, weil se auf Irrgôester ond auf
Lehra von Dämona horchat, 2aufgrond
von schaehaelige Lugabeutel, dia mô ihr
Brandmal schao em ôegena Gwissa hent.
3Dia vrbiatat s Heirata ond vrlangat,
dass mr auf bestimmte Speisa vrzichta
muaß, dia mô doch Gott gschaffa håt,
dass dia, mô em Glaoba lebat ond dia,
mô d Wåhrat erkannt hent, se dankbar
ånemmat. 4Schliaßlich ischd doch
ällas guat, was Gott gschaffa håt ond
nex ischd vrwerflich an dem, was mr
dankbar ånemma kå. 5Des wird nämlich
durch am Herrgott sae Wort ond durch
s Gebet haelig.

Zom Vrgleicha: *Vers 1:* 2Tim 3,1; 2Petr 3,3; 1Joh 2,18 • *Vers 3:* 1Kor 7,1; Kol 2,21 • *Vers 4:* Gen 1,31.

De recht Wertordnong: 4 6-11

6Wann da des de Brüader klar machst, nå
bist d a guater Diener vom Messias Jesus,
der mô von dem Glaobenswort ond dera
guata Lehr lebt, mô da dren blieba bist.
7Weis dia ohaelige ond altweibermäßige
Fabuliererereia ganz entschieda ab. Aber
üab de en dr Frömmigkaet. 8Leibliche
Enthaltsamkaetsüabonga nützat nämlich
wenig, aber d Frömmigkaet ischd für
ällas guat ond håt ao d Vrhaeßong für
s jetzige ond für s zukünftige Leba. 9S
Wort ischd glaobwürdig ond s ischd s
wert, dass älle s ånemmat. 10Dådrfür
schaffat ond kämpfat mir, weil mr onser

Hoffnong en da lebendiga Gott gsetzt hent, der mô dr Retter von älle Menscha ischd, am maesta von dene, mô glaobat. [11]Des ordnest å ond so lehrst.

Zom Vrgleicha: *Vers 6:* 1,10; 6,3; 2Tim 4,3; Tit 1,9 • *Vers 7:* 1,4; Tit 1,14 • *Vers 10:* 1,1; 2,3; Tit 1,3; 2,10; 3,4.

Åweisonga für da Timotheus: 4 12 - 5 2

[12]Neamerd soll de et ernst nemma, weil da no jong bist. Sei de Glaebige a Vôrbild en dem, was da saesch ond duast, en dr Liebe, em Glaoba, en ra saubera Gsennong. [13]Lies en fleißig aus dr Bibel vôr, bis e komm, mach en Muat ond belehr se. [14]Vrgiß et dia Gnadagaba en dr, mô dr geba wôra send durch profetische Wort onter dr Handauflegong vom Ältestarat. [15]Laß des dae Haoptsorg sae ond leb dren, dass älle seahnat, was da für Fortschritt machst. [16]Paß auf de selber auf ond auf d Lehr. Bleib drbei. Wann da des duast, nå rettest de et bloß selber, sondern ao dia, mô de hörat.

5 An ältera Må därfst et hart åfahra, sondern mach am Muat wia a ma Vadr, de jüngere wia a ma Bruader, [2]ältere Fraoa wia Müader, jüngere wia Schwestera, mit ällam Åstand.

Zom Vrgleicha: *Vers 4,14:* 2Tim 1,6; Apg 14,23.

Dr Witwastand ond saene Aufgaba: 5 3-16

[3]De Witwa gib d Ehr, wann s echte Witwa send. [4]Håt aber a Witwe Kender oder Enkala, nå sollat dia zersta lerna, de ôege Familie gerecht zom behandla ond ihran Dank an d Eltern ond Graoßeltern abzgelta (dene da Onterhalt z geba); des gfällt nämlich am Herrgott. [5]Aber a echta Witwe, mô alloe dåstôht, håt ihr ganza Hoffnong en Gott gsetzt ond bleibt bei de Fürbitta ond Gebet Dag ond Nacht. [6]Oena mô aber a Lotterleba führt, ischd lebendig schao daot. [7]Des ordnest å, dia solle so leba, dass mr en nex nåchsaga kå. [8]Wann aber oener für de Saenige ond vor ällam für saene Hausgenossa et vôrsôrgt, der håt saen Glaoba vrlaegnat ond ischd no schlemmer als wian a Oglaebiger.

[9]A Witwe soll bloß en d Liste aufgnomma wera, wann se et jünger ischd als sechzg Jåhr ond bloß oe Mål vrheiratat gwea ischd, [10]an guata Ruaf håt, Kender aufzoga håt ond wann se ihr Gastfraendschaft onter Beweis gstellt ond de Haelige d Füaß gwäscha håt, wann se Notleidende gholfa ond ao sonst Guats dao håt. [11]Aber jüngere Witwa duast d abweisa. Wann dia nämlich leidaschaftlich wôra send, nå standat se em Widerspruch zom Messias ond wöllat wieder heirata, [12]ond mr saed en nåch, dass se ihr ersta Treue brocha hent. [13]Außerdem werat se faul ond laofat en de Häuser rom, aber et bloß faul, sondern nå schwätzat se ao omanander, send nåsaweis ond schwätzat domms Zeugs raus. [14]S wär mr also recht, wann de jüngere Witwa wieder heiratat, Kender kriagat ond ihran Haushalt führat, dass se am Widersacher koe Glegahaet biatat zo üble Afterreda. [15]S hent sich nämlich schao a paar abspenstig macha lao ond gangat am Satan nåch. [16]Wann a glaebiga Frao Witwa en dr Vrwandtschaft håt, soll se dia onterstütza, dass se dr Gemaende et zor Last fallat, nå kå d Gemaende nämlich de echte Witwa helfa.

De Älteste: 5 17-22

[17]Dia Älteste, mô ihr Amt guat vrsehat, soll mr ao dr dopplata Ehr (Loh) für wert achta, am maesta dia, mô sich bsonders Müah gebat bei dr Vrkündigong ond en dr Lehr. [18]S hôeßt jå en dr Schrift: *A ma Ochsa mô drischt, soll mr s Maul et zuabenda;* ond: *A jeder Arbaeter håt Åspruch auf saen Loh.*

[19]Nemm gega an Ältesta koe Klag å, *wann et mendestens zwôe oder drei Zeuga gega an aussagat.* [20]Läßt sich oener ebbas zschulda komma, nå weis an vôr älle zrecht, dass ao de andere Respekt kriagat. [21]I sag dr s, dua des, om Gottas ond am Messias Jesus ond älle auserwählte Engel Willa, ohne jedas Vorurtôel ond laß de et von Naegong oder Abnaegong lôeta. [22]Leg koem glei d Händ auf ond laß de et en anderleuts Fehlvrhalta naeziaga. Bleib sauber.

Zom Vrgleicha: *Vers 17:* 1Petr 5,1-5 • *Vers 18:* Dtn 25,4; Mt 10,10; Lk 10,7; 1Kor 9,12-14 • *Vers 19:* Dtn 19,15; Mt 18,16.

Vrschiedene Åweisonga: 5 23-25

[23]Trenk et s pure Wasser, dua ao en Schucker Wae nae wega daem Maga ond daene andere Krankata. [24]D Sünda von a paar Leut send jå ganz offasichtlich ond gangat vôraus ens Gericht, bei andere kommt s henterdrae raus. [25]So send ao guate Werk ganz offasichtlich, ond dia, mô mr no et sieht, bleibat et em Vrbôrgena.

A Wort an d Sklava: 6 1-2a

6 Älle, dia mô onter am Sklavajoch send, dia sollat ihre Herra äller Ehra wert halta, dass am Herrgott sae Nåma ond d (christlicha) Lehr et en Vrruaf kommat. [2a]Aber dia, mô Glaebige als Herra hent, sollat dia et für grenger halta, weil des Brüader send, sondern en no besser deana, weil se glaobat ond mr se måg ond se sich Müah geba, dass se Guats dent.

Zom Vrgleicha: *Vers 1:* Tit 2,9f; 1Petr 2,18.

Warnong vôr dr Habgier ond vôr Irrlehra: 6 2b-10

[2b]Des lehrst d ond mach en Muat drzua. [3]Wann ebber andere Sacha vrbrôetat ond sich et an s gsonde Wort von onseram Herra Jesus, am Messias hält, ond dera Lehr, mô onserer Frömmigkaet entspricht, [4]der ischd aufblåsa ond vrstôht nex ond ischd krank vôr Händelsucht ond Ausanandersetzonga. Aus denc kommt dr Neid, Händel, Lästeronga, baese Vrdächtigonga, [5] dauernde Reibereia von Leut, dia an vrsauta Vrstand hent ond mô von dr Wåhrat vrlassa send ond moenat, mr könn mit dr Frömmigkaet Profit macha. [6]D Frömmigkaet ischd aber wohl a graoßer Gewinn, wa'mr mit dem zfrieda ischd, was mr håt; [7] mir hent nämlich nex en d Welt rae bråcht - ond mir nemmat ao nex mit naus. [8]He'mr aber zom Essa ond zom Åziaga, nå solls ons langa. [9]Aber dia, mô obedengt reich wera wöllat, kommat en Vrsuachong ond vrstrickat sich en ihrer ovrnünftiga ond schädlicha Gier, mô d Menscha bloß ens Vrderba ond en da Ontergang vrsenka läßt. [10]D Wurzel von älle Übel ischd d Habgier, dera send etlich vrfalla ond vom Glaoba abgirrt ond hent sich selber graoße Schmerza zuagfüagt.

Zom Vrgleicha: *Vers 3:* 1,10; 4,6; 2Tim 1,13; 4,3; Tit 1,9; 2,1.10 • *Vers 7:* Job 1,21; Koh 5,14.

Aufforderong an da Timotheus: 6 11-16

[11]Du aber, Mann Gottes, des laß bleiba! Streb nach dr Gerechtigkaet, Frömmigkaet, Glaoba, Liebe, Geduld ond Sanftmüatigkaet. [12]Kämpf da guata Glaobenskampf, greif dr s ewige Leba, zo dem bist d beruafa ond für des håsch d a guats Bekenntnis abglegt vôr viele Zeuga. [13]I gib dr vôr Gott, der mô ällas lebendig macht ond vôr am Messias Jesus, der mô vôr am Pontius Pilatus für s guate Bekenntnis zeugt håt, d Åweisong, [14]dass du daen Auftrag ausführst, ohne Flecka ond ohne dass dr oener ebbas nåchsaga kå, bis onser Herr Jesus, dr Messias erschaent. [15]Den zaegt ons zo saener Zeit dr selige ond

oenzige Herrscher, dr König über älle König ond Herr über älle Herra, [16]der mô ganz alloe d Osterblichkaet håt ond en a ma ozuagänglicha Licht wohnt, den no koe Mensch gseha håt ond ao et seha kå; dem sei d Ehr ond d ewiga Macht. Amen.

Zom Vrgleicha: *Vers 11:* 2Tim 2,22 • *Vers 12:* 2Tim 4,7 • *Vers 16:* Ps 104,2; 33,20.

Seelsorg an de Reiche: 6 17-19

[17]Dene, mô reich send en onserer Welt gibst å, se solle et haochfährig sae ond ihr Hoffnong et en ihran Reichtom setza, weil der recht osicher ischd, sondern en den Gott, der mô ons von ällam maeh gibt als wia mir brauchat. [18]Se solle Guats doa, dass se reich werat an guate Werk ond freigiebig sae ond mit andere tôela. [19]Se solle sich an guata Grondstock für d Zuakonft ålega, dass se nach am wirklicha Leba greifat.

Zom Vrgleicha: *Vers 19:* Mt 6,20; 19,21; Lk 12,33.

DR SCHLUSS VOM BRIAF: MÅHNONG OND GRUASS: 6 20-21

[20]O Timotheus, bewahr dr, was dr åvrtraut ischd. Gang ällam ohaeliga ond hohla Gschwätz ond de Streitereia von dr vrlogena sogenannta „Erkenntnis“ aus am Weg, [21]mô sich a paar drzua bekennat, mô em Blick auf da Glaoba auf da Holzweg gråta send. D Gnade sei mit euch.

Dr zwôete Briaf an da Timotheus

ÅSCHRIFT OND GRUASS: 1 1-2

1 Paulus, Apostl vom Messias Jesus,
weil s Gott so wölla håt nach dr
Lebensvrhaeßong em Messias Jesus, [2]an
da Timotheus, saen liaba Soh: Gnade,
Barmherzigkaet, Frieda von Gott, am
Vadr, ond am Messias Jesus, onseram
Herra.

AM TIMOTHEUS WIRD MUAT GMACHT: 1 3-18

Dr Paulus dankt Gott: 1 3-5

[3]I dank am Herrgott, dem schao maene
Ahna mit a ma saubera Gwissa dient
hent wian i, ond i her et auf, dass e
Dag ond Nacht an de denk en maene
Gebet. [4]Wann e an daene Träna denk -
i dät de so gern amål wieder seha, dass
e me so richtig fraea könnt. [5]I denk ao
gern an den Glaoba, der mô ohne jeda
Schaehaeligkaet ischd, den mô zerst dae
Großmuader Lois ond ao dae Muader
Eunike ghet håt; aber i ben drvo
überzeugt, dass du den ao håsch.

Zom Vrgleicha: *Vers 5:* Apg 16,1f.

Aufforderong an da Timotheus:
1 6-14

[6]Aus dem Grond will e de drå erennera,
dass da dia Gnadagaba von Gott, dia
mô en dr send durch d Auflegong von
maene Händ, åfacha sollst. [7]Gott håt
ons nämlich koen Gaest geba, der mô
ons faeg macht, sondern oen der ons
Kraft geit ond Liebe, ond ons bsonna
sae läßt. [8]Da håsch also gar koen Grond,
zom de schäma, wann da zo onseram
Herra stôhst, ao für mi brauchst de et
schäma, weil i wega ehm em Gfängnis
hock, nemm oefach mit mir s Leida
für s Evangeliom auf de, då geit ons
nämlich dr Herrgott d Kraft drzua.
[9]Der håt ons grettat ond mit ra haeliga
Beruafong en saen Denst gstellt, et weil
mir so viel Guats dao hätte, sondern
nach saener aegena schao lang vôrher
troffena Entschaedong ond Gnade,
mô ons schao vôr oendlich lange Zeita
em Messias Jesus gschenkt wôra ischd.
[10]Des ischd ons aber erst jetzt offabart
wôra mit am Komma von onseram
Retter, am Messias Jesus. Der håt am
Daot d Macht gnomma ond für ons s
Licht vom ovrgänglicha Leba aufleuchta
lassa durch s Evangeliom, [11]für des ben
i aegsetzt als Vrkündiger, Apostl ond
Lehrer. [12]Drwega muaß i des ao leida.
Aber i schäm me et drfür. I wôeß jå, en
wen i mae Vrtraua gsetzt han, ond i ben
drvo überzeugt, dass der ao d Macht
håt, des mir åvrtraute Guat bis auf den
Dag zom bewahra. [13]Halt de an dui
gsonda Lehr, mô da vo mr ghört håsch,
em Glaoba ond en dr Liebe em Messias
Jesus. [14]Bewahr dr des kostbare Guat,
mô dr åvrtraut ischd durch da Haeliga
Gaest, der mô en ons wohnt.

Zom Vrgleicha: *Vers 6:* 1Tim 4,14; Apg 14,23 • *Vers 8:* Rö 1,16 • *Vers 9:* Tit 3,5 • *Vers 10:* Tit 1,4; 2,13; 3,6; 2Petr 1,1.11 • *Vers 13:* 4,4; 1Tim 1,10; 4,6; 6,3; Tit 1,9; 2,1.10.

Wia d Gegner ond d Fraend vom Paulus sich vrhaltat: 1 15-18

[15]Da wôeßt doch, dass älle en Asien me
lenks liega lassat, ao dr Phygelus ond dr
Hermogenes. [16]Dr Herr mög dr Familie
vom Onesiphorus barmherzig sae, der
håt me nämlich oft aufbaut ond r håt

sich wega maener Kette et gschämt.
[17]Der ischd nach Rom komma ond håt
me eifrig gsuacht, bis r me gfonda håt.
[18]Dr Herr mög ams schenka, dass r an
sellam Dag Barmherzigkaet fendat.
Ond was r en Ephesus ällas glaestat håt,
des wôeßt du am Besta.

SEELSORGERLICHE ÅWEISONGA FÜR DA TIMOTHEUS: 2 1 - 4 8

Oaeganütziger Denst für da Messias: 2 1-13

2 Du also, mae Soh, sei stark en dr
Gnade - em Messias Jesus. [2]Ond
was da vo mr ghört håsch vôr viele
Zeuga, des vrtraust d glaobwürdige
Menscha å, dia mô fähig send, andere
zom belehra. [3]Harr aus em Leida mit mr
als a guater Soldat vom Messias Jesus.
[4]Oener mô ens Feld gôht, läßt sich et
en alldägliche Gschäfter vrwickla, dass
r saem Kriagsherra gfällt. [5]Wann oener
ao an Wettkampf mitmacht, nå kriagt
der koen Siegerkranz, wann r et nach de
Regla kämpft håt. [6]A Bauer, der mô sich
gschonda håt muaß als erster saen Åtôel
an de Frücht kriaga. [7]Denk drå, was e
dr sag. Dr Herr gibt dr no d Aesicht en
ällas.

[8]Bhalt en daem Denka emmer, dass
dr Messias Jesus, der mô aus dr
Nåchkommaschaft vom David stammt,
von de Daote auferstanda ischd, des ischd
mae Botschaft. [9]Wega dem Evangeliom
muaß i leida, sogar bis zom Gfängnis,
wian a Vrbrecher. Aber am Herrgott
sae Wort ischd et gfanga, [10]Drom halt
i ällas aus, ao wega de Auserwählte,
dass dia ao ihran Åtôel an dr Rettong
em Messias Jesus kriagat ond an dr
ewiga Herrlichkaet. [11]Des Wort ischd
glaobwürdig: Wann mir mit am Messias
gstôrba send, nå därfat mr ao mit am
Messias leba; [12]wa'mr geduldig standhaft
bleibat, nå därfat mr ao mit am herrscha;
wa'mr an vrlaegnat, nå vrlaegnat r ons
ao; [13]send mir otreu, nå bleibt er treu,
weil r sich selber et vrlaegna kå.

Zom Vrgleicha: *Vers 6:* 1Kor 9,7.10 • *Vers 8:* Rö 1,3; 1Kor 15,4 • *Vers 10:* Kol 1,24 • *Vers 11:* Rö 6,8 • *Vers 12:* Mt 10,33 • *Vers 13:* Rö 3,3f.

Wia mr sich de Irrlehrer geganüber vrhalta soll: 2 14-26

[14]Erennere se drå ond schwör en s vôr
Gott, se solle koene Wortklaubereia
vråstalta, des brengt überhaopt nex,
höchstens de Zuahörer s Vrderba. [15]Gib
dr Müah, dass da de bei Gott als a
Arbaeter bewährst, der mô koen Grond
håt zom sich schäma, weil r s Wort von dr
Wåhrat gradraus ond richtig ausrichtat.
[16]Am gottlosa ond leere Gschwätz gôhst
d mr aus am Weg; sotte Leut rutschat
emmer maeh en ihr Gottlosigkaet nae,
[17]ond ihr Wort frisst emmer weiter wian
a Krebsgschwür. So oener ischd ao dr
Hymenäus ond dr Philetus, [18]dia send
von dr Wåhrat agwicha ond bhaoptat,
d Auferstehong sei schao gscheha ond
brengat dådrmit bei manche da Glaoba
ens Strauchla. [19]Aber s Fondament vom
Herrgott stôht felsafest ond håt des
Siegel: *Dr Herr kennt de Saenige*, ond:
Abstand zor Ogerechtigkaet soll a jeder
halta, mô am Herra saen Nåma saed. [20]E
ma graoßa Haus geits et bloß Gfäß aus
Gold oder Silber, sondern ao aus Holz
ond aus Letta, ond zwår werat de oene
für festliche Åläß ond de andere für d
alldägliche Sacha braucht. [21]Wann sich
also oener von dene Leut fernghalta håt,
nå ischd r a Gfäß zor Ehr, a ghaeligts,
mô dr Herr braucha kå ond taogt für
jedas guate Werk.

[22]Laß jugendliche Begehrlichkaeta fahra,
streb drfür nach dr Gerechtigkaet, nach
am Glaoba, dr Liebe, am Frieda, zsamma

mit dene, mô da Herra mit a ma saubera
Herza åruafa dent. [23]Aber auf dia törichte
ond onaedige Streitfråga gôhst d mr gar et
ae, da wôeßt jå, dass dia bloß zo Händel
führat. [24]A Mitarbaeter vom Herra håt
s et naedig, dass r sich romstreitat, der
soll fraendlich sae zo älle, gschickt sae
em Lehra ond e Baese geduldig aushalta
ond [25]de Widerspenstige mit Milde
erzieha. Vielleicht schenkt en Gott a
Omdenka, dass se d Wåhrat erkennat
[26]ond sich wieder bsennat ond so aus
am Teufel saene Schlenga rauskommat,
der mô se gfanga ond onter saen Willa
bråcht håt.

Zom Vrgleicha: *Vers 16:* 1Tim 4,7; Tit 1,14 • *Vers 17:* 1Tim 1,20 • *Vers 18:* 1Kor 15,12 • *Vers 19:* Num 16,5 G; Jes 26,13 • *Vers 22:* 1Tim 6,11.

Wia s de Leut gôht en dr Endzeit: 3 1-9

3 Des muaßt d wissa: En de letzte Däg
hent se schwere Zeita. [2]Då send d
Leut nämlich ôegasüchtig, geldgierig,
ågeberisch, haochfährig, lästerlich,
folgat ihre Eltern et, odankbar,
ohaelig; [3]liablos, ovrsöhnlich, brengat
anander ens Gschwätz, könnat sich et
beherrscha, send gwalttätig, vom Guata
haltat se nex, [4]vrråtat anander ond send
voler Vörurtôel, send überheblich ond
aender vrgnüagongssüchtig als dass
se da Herrgott mögat. [5]Nach außa
send dia zwår fromm, aber då ischd
koe Kraft dren; dia hälst d dr vom
Leib. [6]Des send nämlich dia, mô en
d Häuser naeschleichat ond då nach
Fraoa suachat, mô Schuld auf sich glada
hent ond von ihrer Gier triebe werat,
[7]Fraoa, mô emmer lerna wöllat, aber
doch nia zor Erkenntnis von dr Wåhrat
komma könnat. [8]Wia sich dr Jannes ond
dr Jambres am Mose widersetzt hent,
so standat dia Leut ao gega d Wåhrat.
Dene ihr Vrstand ischd total vrdôrba,
em Glaoba hent dia sich no nia bewährt.
[9]Aber dia kommat dådrmit et weiter,
weil a jeder sieht, dass dia nex em Hirn
hent, wia s de selle ao passiert ischd.

Zom Vrgleicha: *Vers 1:* 1Tim 4,1 • *Vers 5:* Tit 1,16 • *Vers 6:* 2Petr 2,14 • *Vers 7:* 1Tim 2,4; Tit 1,1.

Am Timotheus sae Aufgab: 3 10-17

[10]Aber du håsch di dean an maene Lehra ghalta
ond då drå, wian i glebt han, mae Streba,
maen Glaoba, mae Ausdauer, mae Liebe
ond mae Geduld, [11]en maene Vrfolgonga
ond Leida, dene môn e ausgsetzt gwea
ben en Antiochia, en Ikonion ond Lystra.
Was han e då aushalta müaßa! Ond aus
ällam håt me dr Herr grettat. [12]Ond
älle, mô mit am Messias Jesus a fromms
Leba führa wöllat, werat nå ao vrfolgt.
[13]Aber baese Leut ond Schwendler
grätat emmer tiafer ens Oguate nae, dia
vrführat andere ond sich selber machat
se ao ebbas vôr. [14]Aber du bleibst mr
en dem, was da glernt ond em Glaoba
ågnomma håsch, då wôeßt d, von wem
da s glernt håsch. [15]Ond weil da von kloe
å de haelige Schrifta kennst, könnat dr
dia d Weishaet schenka, dass da grettat
wirst durch da Glaoba an da Messias
Jesus. [16]A jeda Schrift, mô Gott aegeba
håt ischd dr ao nützlich zor Belehrong,
zom s Baese überführa, zor Besserong
ond zor Erziehong en dr Gerechtigkaet,
[17]dass am Herrgott sae Mensch voll
ausbildat ischd ond ausgrüstat für jedan
guata Auftrag.

Zom Vrgleicha: *Vers 11:* Apg 13,50; 14,5.19; 2Kor 11,22-33; Eph 3,1; Kol 1,24 • *Vers 14:* 2Petr 1,20; Jud 3.

Dr Aufruaf zo a ma muatiga Aesatz: 4 1-8

4 I beschwör de vôr Gott ond am
Messias Jesus, der mô über de
Lebende ond über de Daote urtôelt,
ond bei saener Erschaenong ond bei
saem Reich: [2]Vrkündige s Wort, sei
emmer då, ob s dene paßt oder et, weis

se zrecht, red en ens Gwissa, vrmåhn s
ond belehr s ständig ond geduldig. [3]S
kommt nämlich a Zeit, mô se d gsonda
Lehr et aushaltat, sondern sich an Haufa
Lehrer åschaffat, dia mô nen Honig oms
Maul schmierat. [4]Auf dr oena Seit stellat
se d Ohra auf Durchzug, wanns om d
Wåhrat gôht. Andererseits wendat se
sich de Fabulierereia zua. [5]Aber du sei
mr nüachtern en ällam, halte s Leida
aus, erfüll daen Auftrag als Vrkündiger
vom Evangeliom. [6]I wir nämlich schao
g'opferat, ond s ischd Zeit, dass e Ade
sag. [7]Da guata Kampf han e kämpft,
maen Laof zom End bråcht ond d Treue
ghalta. [8]Für d Zuakonft ischd für mi dr
Gerechtigkaetskranz aufghoba, den gibt
mr dr Herr an sellam Dag, dr gerechte
Richter, aber et bloß mir, sondern älle,
mô sae Erschaenong mögat.

Zom Vrgleicha: *Vers 1:* 2Petr 1,12; Jud 17 • *Vers 3:* 1Tim 4,1; 1,10; 4,6; 6,3; Tit 1,9; 2,1.10 • *Vers 4:* 1Tim 1,4 • *Vers 6:* Phil 2,17 • *Vers 7:* 1Tim 6,12; Phil 3,14; 2Petr 1,14.

PERSÖNLICHE AUFTRÄG: 4 9-18

[9]Mach nôra, dass da bald zo mr kommst.
[10]Dr Demas håt me nämlich em Stich
glassa, weil am de jetzig Welt wichtiger
ischd ond ischd nach Thessalonich
graest; dr Kreszens ischd nach Galatien
ganga ond dr Titus nach Dalmatien.
[11]Bloß dr Lukas ischd no bei mr. Breng
ao da Markus mit, der kå mr nämlich
nützlich sae. [12]Aber da Tychikus han
e nach Ephesus gschickt. [13]Brengst
mr ao den Mantel mit, den môn e en
Troas beim Karpus glassa han ond dia
Büacher, bsonders dia Pergamentrolla.
[14]Dr Alexander, dr Schmied, håt mr viel
Baes ådao, *dr Herr vrgilt am s nå wian r
s vrdient håt.* [15]Nemm de vôr dem bloß
en acht! Der håt sich nämlich ganz arg
onserer Lehr widersetzt. [16]Bei maener
ersta Gerichtsvrhandlong ischd mr
koener beigstanda, dia hent me älle em
Stich glassa; s soll en et ågrechnat wera.
[17]Aber dr Herr ischd mr beigstanda
ond håt mr Kraft geba, dass durch mi
d Vrkündigong gschieht ond älle Völker
se höra könna hent, ond *i ben am Löwa
aus am Racha grissa wôra.* [18]Dr Herr
bewahrt me vôr jedam baesa Åschlag
ond rettat me en sae himmlischs Reich;
dem sei d Ehr en älle Ewigkaeta. Amen.

Zom Vrgleicha: *Vers 12:* Eph 6,21 • *Vers 14:* 1Tim 1,20; Ps 62,13; 28,4 • *Vers 16:* Phil 1,5-18 • *Vers 17:* Ps 22,22; Da 6,21.28.

DR SCHLUSS VOM BRIAF, GRUASS OND SEGA: 4 19-22

[19]Grüaß d Priska ond d Aquila ond d
Familie vom Onesiphorus vo mr. [20]Dr
Erastus ischd en Korinth blieba, aber
da Trophimus han e en Milet glassa,
weil r krank ischd. [21]Beeil de ond komm
no vôr am Wenter. Dr Eubulus ond dr
Pudens ond dr Linus ond d Klaudia ond
älle Brüader lassat de grüaßa.
[22]Dr Herr sei mit daem Gaest! D Gnade
sei mit euch!

Dr Briaf an da Titus

ÅSCHRIFT OND GRUASS: 1 1-4

1 Paulus, am Herrgott sae Knecht ond
Apostl vom Messias Jesus nach dem,
was dia glaobat, mô von Gott auserwählt
send, ond ihrer Erkenntnis von dr
Wåhrat, mô a Leba en dr Frömmigkact
wirkt; 2en dr Hoffnong auf s ewige
Leba, des mô dr wahrhaftige Gott schao
vor Urzeita vrsprocha håt. 3Offabart håt
r aber zo de vôrgsehene Zeita sae Wort
durch d Vrkündigong, mô mir åvrtraut
wôra ischd nach am Auftrag von Gott,
onseram Retter. 4An da Titus, saen echta
Soh em gemaensama Glaoba: Gnade
ond Frieda von Gott, am Vadr, ond am
Messias Jesus, onseram Retter.

Zom Vrgleicha: *Vers 1:* 1Tim 2,4; 2Tim 3,7 • *Vers 3:* 1Tim 2,6; 6,15; Tit 2,10; 4,10; 1Tim 1,1; 2,3; 3,4 • *Vers 4:* 2,13; 3,6; 2Tim 1,10; 2Petr 1,1.11; 3,18.

AM TITUS SAENE AUFGABA: 1 5 - 3 11

Aesetzong von Vôrständ: 1 5-9
5Wega dem han e de en Kreta glassa,
dass da des no en Ordnong brengst,
was no gfehlt håt ond en jeder Stadt
Älteste aesetza duast, wian e dr s
ågeba han. 6So oener soll obescholta
sae, bloß oe Frao han ond glaebige
Kender, et dass mr am nåchsaed, r dät
an liaderlicha Lebenswandel führa oder
r könnt sich et aeordna. 7A Bischof
muaß obscholda sae als a Hausvrwalter
von Gott, et aegamächtig, et jähzornig,
koe Alkoholiker, koe Schläger ond et
habgierig, 8sondern gastfraendlich, gern
Guats doa, bsonna, gerecht, fromm,
beherrscht. 9Der muaß sich selber an de
wahre Lehra halta, nå ischd r ao fähig, em
Senn von de gsonde Lehra d Leut zom
vrmåhna ond dia, mô widersprechat
zom überführa.

Zom Vrgleicha: *Vers 5:* Apg 14,23; 1Tim 3,2-4 • *Vers 6:* Apg 20,17.28; 1Petr 5,2f • *Vers 9:* 2,1.10; 1Tim 1,10; 4,6; 6,3; 2Tim 1,13; 4,3.

D Irrlehrer: 1 10-16
10S geit nämlich viele, mô sich et aeordna
wöllat ond domms Zeugs drherschwätzat
ond Vrführer, bsonders dia, mô aus am
Judatom kommat. 11Dene muaß mr s
Maul stopfa, dia brengat nämlich ganze
Familia durchanander ond vrbrôetat
Sacha, mô überhaopt koen Wert hent
aus lauter Habgier. 12Von dene håt oener,
mô selber dene ihr Profet gwea ischd,
gsaed: D Kreter seie emmer Lugabeutel,
baese Viecher ond faule Säck. 13Des
ischd wåhr. Aus dem Grond därfst d dia
ganz hart zrechtweisa, dass ihr Glaoba
wieder gsond wird 14ond dia jüdische
Fabuliereiea gar nemme beachtat ond
dia Åweisonga von Leut, mô s mit dr
Wåhrat et so gnao nemmat. 15Ällas ischd
raen für den, mô raen ischd en saem
Herza. Aber dene, mô Flecka auf dr
West hent ond de Oglaebige ischd gar
nex raen, weil dia nämlich Flecka hent
en ihram Vrstand wia ao em Gwissa.
16Dia behaoptat, se däte Gott kenna,
aber mit dem, was se dent, vrlaegnat se
an. Des send ogehorsame Kotzbrocka,
mô mr ao nex braucha kå.

Zom Vrgleicha: *Vers 14:* 1Tim 1,4; 4,7; 2Tim 2,16 • *Vers 15:* Mt 15,11; Mk 7,15 • *Vers 16:* 2Tim 3,5.

Åweisonga für oenzelne Stänð: 2 1-10
2 Aber du vrkündigst mr, was dr
gsonda Lehr entspricht. 2Sag de
ältere Männer, se solle nüachtern sae,

Dr Briaf an da Philemon

ÅSCHRIFT OND GRUASS: 1-3

1Paulus, a Gfangener vom Messias
Jesus, ond dr Bruader Timotheus, an
da liaba Mitarbaeter Philemon, 2ond
an d Schwester Aphia ond an onseran
Mitstreiter Archippus ond an d
Gemaende en daem Haus: 3Gnade sei
mit euch ond Frieda von Gott, onseram
Vadr ond am Herra Jesus, am Messias.

Zom Vrgleicha: *Vers 2:* Kol 4,17 • *Vers 3:* Rö 1,7.

AM PAULUS SAE DANKGEBET: 4-7

4I dank maem Gott jedas Mål, wann e
beim Beta an de denk. 5I hör von daem
Glaoba an da Herr Jesus ond ond von
daener Liebe zo älle Haelige. 6S wär
schö, wann onser gemaensamer Glaoba
sich auswirka dät en dr Erkenntnis von
ällam Guata en ons dren ond des di
näher zom Messias brengt. 7S håt mr
nämlich a graoßa Fraed gmacht ond
me aufbaut, dass durch di, mae Bruader
ond durch dae Liebe de Haelige richtig
aufgmonterat wôra send.

DR PAULUS LEGT FÜR DA ONESIMUS A WORT AE: 8-20

8Drwega, obwohl e durch da Messias d
Freihaet hätt, dass e dr äordna konnt,
was da zom doa håsch, 9aber om dr
Liebe willa han e a Bitt an de als des, was
e als dr Paulus ben: a alter Må, aber ao
a Gfangener vom Messias Jesus: 10I bitt
de für maen Soh Onesimus, für den i em
Gfängnis a Vadr wôra ben. 11Mit dem
håsch d jå früher nex åfanga könna, aber
jetzt ischd der für di ond für mi recht
nützlich. 12I schick dr n wieder zrück,
des ischd so wia mae aeges Herz. 13I hätt
an jå gern bei mr bhalta, dass r mr statt
daener helfa dät, solang i wega maener
Vrkündigong vom Evangeliom em Knast
hock. 14Aber ohne dae Aevrständnis
han e nex doa wölla, dass dae guata
Tat et aufzwonga ischd, sondern aus
daem freia Willa gschieht. 15Vielleicht
ischd r jå bloß deshalb für a Weile von
dr trennt wôra, dass da n für emmer
bhalta kåsch, 16ond zwår nemme als an
Sklava, sondern als viel maeh, nämlich
als an liaba Bruader, bsonders für mi,
om wiaviel maeh aber für di sowohl als
Mensch als ao vôr am Herra. 17Wann
da also mi als daen Fraend åguckst, nå
nemm an auf, wia wann i s wär. 18Wann
r dr aber an Schada ågrichtat håt, nå
schreibs auf mae Rechnong. 19I, dr
Paulus schreib des aegahändig: i zahl dr
s; dass e dr et saga muaß, dass du selber
mir des schuldig bist. 20Jå, Bruader, i
möcht me gern über de fraea em Herra;
sei maener Seel a Labsal, schliaßlich
gherat mr jå bôede zom Messias.

Zom Vrgleicha: *Vers 10:* 1Kor 4,15; Kol 4,9 • *Vers 16:* 1Kor 7,22 • *Vers 19:* 1Kor 16,21.

GRUASS OND SEGA: 21-25

[21]I schreib dr em Vrtraua en daen
Gehorsam, weil e wôeß, dass du no viel
maeh duast, als wian e dr gsaed han.
[22]Kåsch d mr ao glei s Gastzemmer
nôrichta, i hoff nämlich, dass s euch
durch eure Gebet gschenkt wird ond i
zo euch komma därf. [23]Dr Epaphras läßt
de grüaßa, der mô ao weg'am Messias
Jesus mit mr em Gfängnis ischd [24]ond dr
Markus, dr Aristarch, dr Demas ond dr
Lukas, maene Mitarbaeter. [25]D Gnade
vom Herr Jesus, am Messias sei mit
euram Gaest.

Zom Vrgleicha: *Vers 23:* Kol 4,7-14 • *Vers 25:* Gal 6,18

Dr erste Petrusbriaf

ÅSCHRIFT OND GRUASS: 1 1-2

1 Petrus, am Messias Jesus sae Apostl:
An dia, mô als Fremde lebat ond en
Pontus, Galatien, Kappadozien, Asien
ond Bithynien vrstraet send, 2dia mô dr
Gottvadr vôrherbestimmt ond durch da
Gaest zom Gehorsam ghaeligt håt durch
am Messias Jesus sae Bluat, Gnade sei
mit euch ond dr Frieda soll emmer maeh
wera bei euch.

Zom Vrgleicha: *Vers 1:* Jak 1,1 • *Vers 2:* Hebr 12,24.

ZIEL OND WEG VOM GLAOBA: 1 3 - 2 10

S Ziel vom Glaoba: 1 3-12

3Lobpreis sei am Gott ond Vadr von
onseram Herra, am Messias Jesus, der
mô ons en saener graoßa Barmherzigkaet
wiedergebora håt zom ra lebendiga
Hoffnong durch am Messias Jesus sae
Auferstehong von de Daote: 4zo ama
Erbtôel, des mô ovrgänglich ond ohne
Flecka ond ovrwelklich em Hemmel
für euch aufghoba wird. 5Ihr send em
Herrgott saener Kraft durch da Glaoba
bewahrt wôra zor Rettong, ond dui
ischd vårberaetat, dass se en dr letzta
Zeit offabart wird. 6Nå fraeat r euch, ao
wann r jetzat no, wann s naedig ischd,
durch vrschiedaartige Vrsuachonga
leida müaßat. 7So wird festgstellt, dass
euer Glaoba echt ischd ond kostbarer
als vrgänglichs Gold, des mô ao em
Feuer prüaft wird, zom Lob ond
zor Herrlichkaet ond zor Ehr bei dr
Offabarong vom Messias Jesus. 8Den
mögat r, obwohl r an et gseha hent; an
den glaobat r, obwohl r an jetzt ao et
seahnat ond jublat am zua en ra osagbara
ond mit Herrlichkaet erfüllta Fraed. 9So
kommat r ans Ziel von euram Glaoba:
d Rettong von de Seela. 10Em Blick auf
dui Rettong hent schao d Profeta eifrig
gsuacht ond gforscht, dia mô von dera
Gnade gsprocha hent, mô für euch
bestimmt ischd. 11Dia hent rausgfonda,
wehla Zeit des ischd ond wia dui Zeit
ischd, auf dui mô dr Gaest vom Messias
em vôraus nôgwiesa håt für d Leida vom
Messias ond d Herrlichkaeta drnåch.
12Dene ischd ao offabart wôra, dass se et
sich selber, sondern euch dienat mit dem,
was jetzt vrkündigt wôra ischd durch
dia, mô euch s Evangeliom predigt hent
durch da Haeliga Gaest, der mô vom
Hemmel ragschickt wôra ischd, ond mô
ao d Engel gern naegucka däte.

Zom Vrgleicha: *Vers 3:* Eph 1,3 • *Vers 6f:* Jak 1,2-4 • *Vers 11:* Da 12,6-13; Ps 22; Jes 53; Hab 2,3.

Dr Weg zom Glaoba: 1 13-25

13Drom schnallat da Gürtel rom ond
machat euch en Gedanka fertig, send
nüachtern ond setzat euer Hoffnong
en nex anders als wia en dui Gnade,
mô euch bråcht wird en dr Offabarong
vom Messias Jesus. 14Zaegat euch als
folgsame Kender, ond lent euch et von
alte Glusta von früher lôeta, môn r no
koe Wissa ghet hent. 15So wia der, mô
euch beruafa håt, haelig ischd, so soll
euer Lebenswandel ao haelig wera,
16s stôht nämlich gschrieba: *Ihr sollat*
haelig sae, weil i haelig ben. 17Ond wann
r den als Vadr åruafa dent, der mô ohne
Åseha von ra Person urtôelt nach dem,
was oener dao håt, nå führat ao euran
Lebenswandel en dr Ehrfurcht, solang r
en dr Fremde lebat. 18Schliaßlich wissat
r jå, dass r *et mit vrgänglicham Silber*

ond Gold freikaoft wôra send aus euram
nexnutziga Lebenswandel, môn r von
eure Vädr übernomma hent, [19]sondern
mit am kostbara Bluat vom Messias als
Opferlamm ohne Tadel ond Flecka.
[20]Der ischd em Vôraus rausgsuacht,
schao vôr dr Grondlegong von dr Welt,
ond em Blick auf euch am End von de
Zeita offabart wôra. [21]Durch den send
ihr zom Glaoba komma an Gott, der mô
an von de Daote aufgweckt ond am sae
Herrlichkaet geba hât. Drom ischd euer
Glaoba ond euer Hoffnong auf Gott
ausgrichtat. [22]Weil r dr Wåhrat gfolgt
hent, send eure Seela haelig wôra en ra
ehrlicha Bruaderliebe ond könnat en dr
Liebe zo anander ausharra. [23]Ihr send jå
et aus a ma vrderblicha Såma, sondern
aus a ma ovrgänglicha wiedergebora
wôra, nämlich durch s lebendige ond
bleibende Wort vom Herrgott. [24]*Ällas
Lebendige ischd nämlich wia Gras, ond
sae ganza Herrlichkaet wia a Bleamle
em Gras; s Gras vrdôrrat ond s Bleamle
fällt ab;* [25]*aber am Herrgott sae Wort
bleibt en älle Ewigkaeta.* Des ischd aber
genao des Wort, mô euch als Evangeliom
vrkündigt wôra ischd.

Zom Vrgleicha: *Vers 14:* Eph 4,17-22 • *Vers 16:* Lev 19,2 • *Vers 17:* Mt 6,9; Lk 11,2; Gal 4,6; Rö 8,15; Mt 5,48; Lk 6,36 • *Vers 18:* Jes 52,3 • *Vers 19:* Joh 1,26; Offbg 5,6.9 • *Vers 24:* Jes 40,6-8 G.

Dr Messias Jesus ischd dr lebendige Stoe: 2 1-10

2 Lent also älle Boshaftigkaeta
bleiba ond älle Falschhaeta ond
Schachaeligkaeta ond Mißgonst ond
Hentaromgschwätz. [2]Nemmat wia
neugeborene Kenderla d gaestiga ond
pura Milch en euch auf, dass r wachsat
ond stark werat zom Hael, [3]wann r s
*vrschmeckt hent, wia güatig dr Herr
ischd.* [4]Zo dem müaßat r komma, der
ischd nämlich der lebendige Stoe,
den mô d Menscha zwår als otaoglich
vrwôrfa hent, aber Gott hât an *als
kostbar ågseha ond auserwählt.* [5]Ond
an ihn selber, lent euch als lebendige
Stoe aufbaua zo ma gaestlicha Haus, zo
ra haeliga Priasterschaft, zom gaestliche
Opfer darbrenga, mô Gott ågnehm
send durch da Messias Jesus. [6]So stôht
s doch en dr Schrift: *Guck, i leg en Zion
an auserwählta ond kostbara Eckstoe,
der, mô an den glaobt, gôht et z Grond.*
[7]Euch ghert also d Ehr, mô glaobat.
Aber für dia, mô et glaobat, *ischd der
Stoe, de mô d Bauleut vrwôrfa hent,
zom Eckstoe wôra,* [8]*a Stoe, mô mr sich
gherig drå stoßa kå ond a Felsa, mô se
drå stolperat.* Dia, mô sich då drå stoßat,
folgat am Wort et, dådrzua send se jå ao
bestimmt. [9]Aber ihr send *a auserwählts
Gschlecht, a königlicha Priasterschaft, a
haeligs Volk, des Volk, mô Gott z ôega
wôra ischd, dass ihr dem saene graoße
Tata vrkündigat,* der mô euch aus dr
Finsternis rausgruafa hât en sae herrlichs
Licht. [10]Früher send *ihr et sae Volk* gwea,
aber jetzt send r am Herrgott sae Volk.
Vôrher hât s für euch *koe Erbarma geba*,
jetzt ischd euch *d Barmherzigkaet (von
Gott) gschenkt.*

Zom Vrgleicha: *Vers 3:* Ps 34,9 • *Vers 4:* Jes 28,16 G • *Vers 6:* Jes 28,16 G • *Vers 7:* Ps 118,22; Apg 4,11; Jes 8,14 • *Vers 9:* Ex 19,5f G, 23,22G; Jes 43,20f • *Vers 10:* Hos 1,6.9; 2,3.25.

S CHRISTLICHE LEBA EN DR FAMILIE OND EN DR GSELLSCHAFT: 2 11 - 4 11

Dr Christ em Staat: 2 11-17

[11]Maene Liabe, ihr send jå Fremdleng ond
Gäst en dera Welt, drom möchte e euch
Muat macha, dass r euch von irdisch-
menschliche Wesensarta fernhaltat, dia
send nämlich em Streit gega s Leba.

12Führat an guata Lebenswandel onter
de Haedavölker, dass dia, mô euch als
Übeltäter vrschreiat, euran guata Wandel
beobachta ond sich bsenna könnat ond
nå da Herrgott preisat an dem Dag, mô
mr hoemgsuacht werat.
13Dent euch am Herra zliab en de
menschliche Ordnonga füaga, sei s am
Kaeser, der mô drüber stôht, 14sei s de
Statthalter, dia môn r gschickt hât zom
d Übeltäter stråfa ond dia zom loba, mô
s vrdient hent. 15Gott will nämlich, dass
ihr Guats dent ond dådrmit dia zom
Schweiga brengat, mô koe Åhnong hent
ond ovrnünftig send - 16als Freie ond
et als sotte, mô d Freihaet als Mäntale
für ihr Boshaftigkaet hent, sondern wia
am Herrgott saene Diener. 17Gebat älle
Menscha d Ehr, gangat mitanander mit
Liebe en dr Bruaderschaft om, hent
a Ehrfurcht vôr Gott ond gebat am
Kaeser d Ehr.

Zom Vrgleicha: *Vers 11:* Ps 39,13; 119,19 • *Vers 13-17:* Rö 13,1-7; Tit 3,1 • *Vers 7:* Spr 24,21; Rö 12,10.

D Sklava als Nåchfolger vom Messias: 2 18-25

18Ihr Sklava, dent euch en dr Ehrfurcht de
Herra füaga, et bloß dene, mô guat ond
fraendlich send, sondern ao de oguate.
19Des ischd nämlich a Gnade, wann
oener nadecklat ond ogerecht behandelt
wird, weil r sich en saem Gwissa vor
Gott vrantwortlich wôeß. 20Wär des
vielleicht ebbas Bsonders, wann r
Hieb kriagat, weil r ebbas Orechts dao
hent ond des aushaltat? Aber wann r
Guats dent ond leida müaßat ond des
aushaltat, des ischd Gnade bei Gott.
21Dådrzua send r nämlich beruafa. Dr
Messias hât für euch leida müaßa ond
hât euch dådrmit a Beispiel geba, dass
ihr en saene Spura gangat. 22*Der hât koe
Sünd dao ond aus saem Mund ischd koe
falschs Wort komma.* 23**Môn r gscholta
wôra ischd, hât r koe Widerwort geba,
môn r hât leida müaßa, hât r neamerd
droht, der hât ällas dem überlassa,
mô gerecht urtôelt.** 24Der hât onsere
Sünda mit saem Leib auf s Holz traga,
dass mir - für d Sünda gstôrba - für d
Gerechtigkaet lebat. *Durch saene Wonda
send ihr ghôelt* wôra. 25Ihr send nämlich
wia d Schåf omanander g'irrt, aber jetzt
send r zrückkomma zo dem, mô eure
Seela hüatat ond auf euch aufpaßt.

Zom Vrgleicha: *Vers 18:* Kol 3,22f; Tit 2,9f • *Vers 21:* Mk 8,34; Lk 9,23; Mt 10,25; Phil 2,5 • *Vers 22:* Jes 53,9 • *Vers 24:* Jes 53,11f • *Vers 24-25:* Jes 53,5f.

Fraoa ond Männer en dr Ehe: 3 1-7

3 Grad so ao d Fraoa, dent euch eure
aegene Männer onterordna, dass ao
dia (Männer), mô et am Wort folgat,
durch da Lebenswandel von de Fraoa
gwonna werat, ao ohne s Wort, 2wann
se euran Lebenswandel en dr Ehrfurcht
seahnat. 3Euer Schmuck soll et bloß
äußerlich sae mit schicke Frisura ond sich
mit Goldschmuck volhänga oder teure
Klôeder, 4sondern was dr Mensch en
saem Herz vrbôrga hât em ovrgänglicha
Schmuck, vo ma sanfta ond stilla Gaest,
der ischd vôr Gott kostbar. 5So hent
sich früher de haelige Fraoa gschmückt,
dia mô am Herrgott vrtraut hent ond
sich ihre ôegene Männer ontergordnat.
6So wia d Sara am Abraham gfolgt ond
an ihran Herra ghôeßa hât; dera ihre
Kender send ihr, wann r Guats dent ond
euch von nex ond neamerd aeschüchtera
lassat.
7Ao ihr Männer, nemmat Rücksicht auf
s schwächere Gschlecht ond gebat de
Fraoa d Ehr, weil dia jå ao d Gnade vom
Leba erbat, dass euer Beta et omsonst
ischd.

Zom Vrgleicha: *Vers 1:* Tit 2,3-5 • *Vers 6:* Gen 18,12; Spr 3,25 • *Vers 7:* Eph 5,25.28.

Aufruaf zom aeträchtiga Zsammaleba:

3 8-12

[8]Send mr älle gleich gsonna, vrsetzat euch enanander nae en dr brüaderlicha Liebe, gangat barmherzig mitanander om ond send demüatig. [9]Ebbas Baes dent r et mit Baesam vrgelta oder Schempfwort mit Schempfwort, sondern em Gegatôel, mit a ma Segenswort, schliaßlich send r doch beruafa, dass r da Sega erba dent. [10]*Wer mocht gern guat leba ond glücklich sae? Der soll sae Gosch halta ond koe falschs Zuigs drherschwätza über andere.* [11]*Halt de fern von Boshaftigkaeta ond dua ebbas Guats, suach da Frieda ond streb drnåch!* [12]*Am Jahwe saene Aoga achtat gnao auf de Gerechte ond saene Ohra hörat, wann se schreiat. Am Herrgott (Jahwe) sae Gsicht stôht gega d Sünder.*

Zom Vrgleicha: *Vers 8:* Rö 12,5; Eph 4,2f • *Vers 10-12:* Ps 34,13-17.

Wia mr sich en dr Welt vrhalta soll:

3 13 - 4 11

[13]Wer soll euch schao ebbas Baes ådoa, wann ihr euch eifrig om s Guate kümmerat? [14]Wann r aber für d Gerechtigkaet leida müaßat, nå send r selig. *Angst brauchat r euch von neamerd aejaga lassa ond lent euch et irr macha.* [15]Dent da Messias *als euran Herra haeliga* em Herza ond send emmer beraet zom Auskonft geba, wann ebber von euch wissa will, was s mit eurer Hoffnong auf sich håt. [16]Des dent r aber sanftmüatig ond en dr Ehrfurcht ond mit guatam Gwissa, dass dia sich schäma müaßat, mô euch schlecht machat ond vrlaemdat, weil euer guater Lebenswandel em Sinn vom Messias anders aussieht. [17]Wann s dr Herrgott so füagt, nå ischd s besser, dass mr für s Guate leida muß als für s Baese.

[18]Dr Messias håt nämlich ao oemål wega de Sünda leida müaßa, dr Gerechte für de Ogerechte, dass r euch zo Gott håt brenga könna, am Leib nåch zwår ombråcht, aber nach am Gaest lebendig gmacht. [19]En dem (Gaest) håt r ao dene Gôester em Gfängnis s Hael vrkündigt, [20]mô früher et gfolgt hent, mô Gott em Noah saene Däg geduldig gwartat håt, während dr Noah d Arche baut håt, en dui mô sich a paar, des hôeßt acht Seela, naegrettat hent vôr am Wasser. [21]So rettat euch - em Bild gsprocha - d Taof. Då wird jå et bloß dr Dreck vom Leib gwäscha, sondern des ischd a Bitte zom Herrgott om a guats Gwissa durch am Messias Jesus sae Auferstehong. [22]Der (Jesus) ischd zor Rechta vom Herrgott seit r en da Hemmel ganga ischd, aber vôrher send am d Engel ond Gwalta ond d Macht onterstellt wôra.

4 Weil also dr Messias en saener irdischa Gstalt leida müaßa håt, sollat ao ihr euch auf de gleich Gsennong aestella. Weil der, mô als Mensch glitta håt, für den ischd ao d Sünd erledigt. [2]Dass r en dera Zeit, mô euch no bleibt, nemme nach menschliche Begierda lebat, sondern so, wia s dr Herrgott will. [3]Schliaßlich hent r jå lang gnuag auf haednischa Art glebt en gierige Ausschwôefonga, Sauf- ond Fressorgia, Zechereia ond frevelhaftam Götzadenst. [4]Jetzt send se aegschnappt ond lästerat, weil ihr euch nemme en den liaderlicha Strudel naereißa lassat. [5]Aber dia müaßat ao Rechaschaft ablega vôr dem, mô bereit stôht, de Lebendige ond de Daote zom richta. [6]Dådrzua ischd nämlich ao de Daote s Evangeliom vrkündigt wôra, dass se zwår auf menschlicha Art vrutôelt werat, aber wia Gott lebat nach am Gaest.

[7]S End ischd nemme weit. Send mr bsonna ond nüachtern zom Beta. [8]Vôr ällam: standat en dr Liebe zoanander, *weil d Liebe a Menge Sünda zudeckt.* [9]Send gastfrei zoanander ohne z murra. [10]Send anander dienlich, a jeder mit dera Gnadagab, môn r kriagt håt, als

guate Haushalter vom Herrgott saener
vielfältiga Gnade. [11]Wann oener redat,
nå soll r s als Wort von Gott saga. Ischd
oener Diakon, nå soll r s aus dera Kraft
sae, môn r von Gott håt, dass en ällam
Gott vrherrlicht wird durch da Messias
Jesus, der mô d Herrlichkaet ond d
Macht håt en älle Ewigkaeta. Amen.

Zom Vrgleicha: *Vers 3,14:* Mt 5,10f; Jes 8,12f • *Vers 18:* Rö 6,10; Eph 2,18; Hebr 2,27f; 10,10; Rö 1,4 • *Vers 20:* Gen 6,8-7,7; 2Petr 2,4f • *Vers 22:* Eph 1,20f • *Vers 4,1:* Rö 6,10; Gal 5,24 • *Vers 3:* Eph 2,2f; Tit 3,3 • *Vers 5:* Apg 10,42; 2Tim 4,1 • *Vers 7:* Rö 13,11f; 1Kor 7,29 • *Vers 8:* Spr 10,12; Jak 5,20 • *Vers 10:* Rö 12,6-8; 1Kor 12,11 • *Vers 11:* Jud 25.

MÅHNONGA ZOM ABSCHLUSS: 4 12 - 5 11

Vom Ausharra en dr Prüafong: 4 12-19

[12]Liabe Brüader, wonderat euch et
drüber, was für a Gluathitz (Hass)
drhentersstôht, wann euch ebbas
Außergwöhnlichs passiert, zom euch
auf d Prob stella als ob des ebbas
bsonders wär. [13]Fraeat euch liaber, dass
r am Messias saem Leida Åtôel nemma
därfat, dass r ao bei dr Offabarong von
saener Herrlichkaet drbei send ond euch
fraea ond jubiliera könnat. [14]Wa'mr euch
weg'am Messias saem Nåma schempft,
därfat r euch selig preisa, *weil dr Gaest
vom Herrgott saener Herrlichkaet auf
euch leit.* [15]Koener von euch soll leida
müaßa, weil r a Mörder oder a Dieb
oder a Übeltäter oder oener ischd, mô
sae Nås en anderer Leut Åglegahaeta
naesteckt. [16]Muaß r aber leida, weil r a
Christ ischd, nå braucht r sich et schäma,
sondern r macht am Herrgott Ehr mit
dem Nåma. [17]Jetzt ischd nämlich d Zeit
komma, mô s Gericht am Herrgott
saem Haus åfangt. Wann s aber zerst
bei ons åfangt, wia sieht s am End nå
mit dene aus, mô am Evangeliom von
Gott et gehorsam gwea send? *[18]Ond
wann s schao dr Gerechte schwer håt,
dass r grettat wird, mô bleibt nå erst dr
Gottlose ond Sünder?* [19]Drom sollat ao
dia, mô leida müaßat, weils dr Herrgott
so will, ihre Seela dem treua Schöpfer
åvrtraua endem se Guats dent.

Zom Vrgleicha: *Vers 13:* Apg 5,41 • *Vers 14:* Mt 5,11f; Jes 11,2 • *Vers 18:* Spr 11,31 G.

Hirt ond Herde: 5 1-11

5 Eure Älteste will e Muat macha als
Mitältester ond Zeuge vom Messias
saene Leida, der mô ao saen Åtôel håt
an dr Herrlichkaet, mô no offabart
wird: [2]Wôedat am Herrgott sae Herde
bei euch. Passat guat druf auf, et
zwongenermaßa, sondern freiwillig wia
s Gott will; ao et aus Habgier, sondern
gern. [3]Et als Herra über eure Gemaenda,
sondern als Vôrbilder für euer Herde.
[4]Wann nå dr Erzhirte erschaent, nå
kriagat r da ovrwelklicha Kranz von dr
Herrlichkaet.
[5]En dem Senn ao ihr Jüngere, dent euch
de Älteste onterordna. Aber des gilt
für älle: dass r en Demuat mitanander
omgangat. *Dr Herrgott stôht nämlich
gega de Haochfährige, aber de
Demüatige geit r Gnade.*
[6]Füagat euch demüatig onter am
Herrgott sae gewaltiga Håd, dass r euch
zor rechta Zeit erhöht. *[7]Euer ganza
Sôrgalast därfat r auf am ablada,* dem
gôht s nämlich ganz om euch. [8]Send
mr nüachtern ond passat auf! Euer
Widersacher, dr Teufel gôht nämlich
rom wian a brüllender Löwe ond
guckt, ob r oen fressa kå. [9]Dem laestat r
Widerstand em festa Glaoba, r wissat jå,
dass de gleiche Leida dr Bruaderschaft
auf dr ganza Welt aufglegt werat. [10]Aber
dr über ällas gnädige Gott, der mô euch
durch da Messias Jesus beruafa håt en
sae ewiga Herrlichkaet, duat euch nach

ra kurza Leidenszeit selber vollkomma
aufrichta, stark ond fest macha. [11]Der
håt d Macht en älle Ewigkaeta. Amen.

Zom Vrgleicha: *Vers 2:* Apg 20,28 • *Vers 3:* Phil 3,17; Tit 2,7 • *Vers 5:* Spr 3,34 G; Jak 4,6 • *Vers 7:* Ps 55,23 • *Vers 8:* Ps 22,14 • *Vers 9:* Jak 4,7 • *Vers 10:* 1Thess 2,12.

DR SCHLUSS VOM BRIAF: GRÜASS OND SEGENSWÜNSCH: 5,12-14

[12]Durch da Silvanus, den mön i für an
treua Bruader halt, han e euch kurz
gschrieba, zor Ermuatigong ond zom
Zeugnis, dass des am Herrgott sae wahra
Gnade ischd, en dera sollat ihr bleiba. [13]S
grüaßat euch ao dia Gemaenda, mô von
Babylon mit auserwählt wôra send ond
dr Markus, mae Soh. [14]Grüaßat anander
mit am Liebaskuss! Frieda sei mit euch
älle, mô em Messias oes send.

Zom Vrgleicha: *Vers 12:* Apg 15,22; 16,19; 17,4; 18,5; 2Kor 1,19; 1Thess 1,1; 2Thess 1,1 • *Vers 13:* Apg 12,12.25; 15,37.39; Kol 4,10; 2Tim 4,11; Phlm 24.

Dr zwôete Petrusbriaf

ÅSCHRIFT OND GRUASS: 1 1-2

1 Simon Petrus, Knecht ond Apostl
vom Messias Jesus, an dia, mô durch
d Gerechtigkaet von onseram Gott
ond Retter Jesus, am Messias, da gleich
wertvolla Glaoba kriagt hent wia mir:
[2]Gnade sei mit euch ond dr Friada soll
sich emmer weiter vrmehra durch d
Erkenntnis von Gott ond vom Messias
Jesus, onseram Herra.

Zom Vrgleicha: *Vers 1:* 1Petr 1,1 • *Vers 2:* Jud 2

D ÜBERLIEFERTA WÅHRAT: 1 3-21

Glaoba ond Leba: 1 3-11

[3]Ällas håt ons sae göttlicha Macht
gschenkt, was onseram Leba em Glaoba
dienlich ischd, en dr Erkenntnis von
dem, mô ons beruafa håt durch sae
aegena Herrlichkaet ond Kraft. [4]Durch
dia send ons ao de kostbarste ond
graeßte Vrhaeßonga gschenkt wôra,
dass ihr durch dia Åtôel kriagat an dr
göttlicha Natur ond von dr vrderblicha
Gier en dera Welt wegkommat. [5]Brengat
grad deswega euran ganza Eifer auf ond
beweisat en euram Glaoba Tugend, ond
en dr Tugend d Erkenntnis, [6]ond en dr
Erkenntnis d Selbstbeherrschong, ond
en dr Selbstbeherrschong d Geduld,
ond en dr Geduld d Frömmigkaet, [7]ond
en dr Frömmigkaet d Bruaderliebe, ond
en dr Bruaderliebe d Liebe. [8]Wann des
ällas bei euch då ischd ond maeh wird,
nå läßt euch des et faul ond ofruchtbar
wera für d Erkenntnis von onseram
Herra Jesus, am Messias. [9]Wem des aber
fehlt, der ischd blend ond kurzsichtig
ond håt vrgessa, dass r von saene frühere
Sünda graenigt wôra ischd. [10]Drwega,
Brüader, gebat euch omso maeh Müah,
dass r euer Beruafong ond Erwählong
fest machat. Wann r des nämlich dent,
nå kommat r ao nia ens Strauchla. [11]So
hent r ao emmer an Zuagang ens ewige
Reich von onseram Herra ond Retter
Jesus, am Messias.

Zom Vrgleicha: *Vers 3:* Eph 1.3; Tit 1,2f; Joh 17,3 • *Vers 4:* Eph 1,18f • *Vers 5:* 1Tim 6,3; Tit 2,11-13 • *Vers 7:* 1Joh 3,17f • *Vers 11:* 2Tim 4,18; Tit 2,13.

De Apostl ond Profeta ihr Zeugnis: 1 12-21

[12]Drom will e euch en Zuakonft emmer
wieder an dia Sacha erennera, obwohl
ihr des wissat ond en dr vôrhandena
Wåhrat gfestigt send. [13]I halt s aber für
richtig, euch drå z erennera, solang e no
en dera Hütte leb, dass e euch wach halt.
[14]I wôeß nämlich, dass mae Hütte bald
abrocha wird, wia me s onser Herr, dr
Messias Jesus, håt wissa lassa. [15]Ond i
will ao drfür sôrga, dass r nach maem
Abgang jederzeit fähig send, dia Sacha
en dr Erennerong zom bhalta. [16]Mir
send nämlich et selber ausdenkte Fabla
nåchgloffa, mô mr euch d Kraft ond s
Komma vom Messias Jesus, onseram
Herra, vrkündigt hent, sondern mir send
Aogazeuga gwea von saener Majestät.
[17]Der håt nämlich von Gottvadr d Ehr
ond d Herrlichkaet kriagt, mô a Stemm
von dr erhabena Herrlichkaet zon am
gsprocha håt: Des ischd mae liaber Soh,
der gfällt mr. [18]Ond dui Stemm vom
Hemmel ra, dui hent mir ghört, mô
mr mit am auf am haeliga Berg gwea
send. [19]So hent mir s profetische Wort
no sicherer, ond ihr dent guat drå, dass
r drauf achtat als auf a Licht, des mô a
ma donkla Platz leuchtat, bis der Dag
åbricht, mô dr Môrgastern en eure

Herza aufgôht. [20]Ond des müaßat r zersta wissa, dass koe Weissagong en dr Schrift ôegamächtig ausglegt wera därf. [21]S ischd nämlich niamåls a Weissagong durch da Willa vo ma Menscha gscheha, sondern Menscha, mô vom Haeliga Gaest drzua åtrieba wôra send, hent von Gott her zo de Menscha gsprocha.

Zom Vrgleicha: *Vers 12:* Jud 5 • *Vers 13:* Joh 21,18f; 2Kor 5,1; 2Tim 4,5 • *Vers 17:* Mt 17,5; Mk 9,7; Lk 9,35 • *Vers 19:* Rö 13,12 • *Vers 21:* 2Tim 3,16; 1Petr 1,11.

WARNONG VOR DE IRRLEHRER: 2 1-22

Falsche Lehrer tretat auf: 2 1-3

2 S send aber ao falsche Profeta auftreta em Volk, so wia s ao bei euch Irrlehrer geba wird, dia mô hentarom vrderbliche Irrlehra aeführat ond sogar den Herra vrlaegnat, der mô se freikaoft håt. Aber dia gangat bald zgrond. [2]Dene laofat ao viele nåch en ihr ausschwôefigs Leba, wega dene kommt dr Weg von dr Wåhrat ens Gschwätz. [3]En ihrer Habgier wöllat se euch ao no mit ihram vrlogena Gschwätz ausbeuta. Aber s Urtôel läßt von jeher et lang auf sich warta ond ihr Vrderba ischd ao et aegschlåfa.

Zom Vrgleicha: *Vers 1-2:* Jud 3-16.

Auf d Irrlehrer wartat s Gericht: 2 4-10a

[4]Gott håt nämlich sogar dia Engel, mô gsündigt hent, et gschont, sondern en de donkelste Höhla en dr Höll aegsperrt, zom se fürs Gericht dåbhalta. [5]Ond de alt Welt håt r et gschont, bloß mit no sieba andere da Noah, der mô d Gerechtigkaet vrkündigt håt, dia håt r bewahrt, môn r d Sintflut über de Gottlose ihr Welt raebrecha lassa håt. [6]Ond d Städt Sodom ond Gomorra håt r aeg'äscherat ond zom Ontergang vrurtôelt ond a Zôeche drmit gsetzt für zuakünftige Gottlose. [7]Ond da gerechta Lot, der mô arg håt leida müaßa onter de Gottlose en ihram ausschwôefiga Lebenswandel, håt r ao grettat. [8]Was der Gerechte nämlich, der mô bei dene gwohnt håt, äll Dag an Ogsetzlichkaeta håt mitågucka müaßa, des håt dui arma Seel schao arg plågt. [9]Dr Herr kå de Fromme schao aus dr Vrsuachong retta, aber de Ogerechte werat aufbewahrt für da Dag vom Gericht, [10a]bsonders aber dia, mô auf irdisch-menschlicha Art lebat en r a osaubera Gier, ond koen Herra über sich duldat.

Zom Vrgleicha: *Vers 4:* Jud 6; 1Petr 3,19f • *Vers 6:* Gen 19,24f; Jud 7 • *Vers 7:* Gen 19,1-16.

De Irrlehrer ihr Weg: 2 10b-22

[10b]Frech ond åmaßend, wia se send, scheuat dia sich et, über überirdische Mächt zom lästera, [11]mô doch d Engel, dia mô viel maeh Kraft ond Stärke hent, gega dia koe Vrurtôelong beim Herra vôrbrengat. [12]Aber dia, mô wia s ovrnünftige Vieh send, des mô von Natur aus drzua gebora ischd, dass s gfanga wird ond omkommt, dia lästerat über Sacha, von dene mô se koe Åhnong hent. Aber dia gangat an ihrer (ôegena) Vrdôrbahaet zgrond. [13]Für ihr Orecht kriagat dia ihran Loh als Orecht. Des haltat dia für d Fraed, wann se da ganza Dag romschwelgat, dreckate Schandflecka send des, mô en ihre vrführerische Machaschafta schwelgat, wann se mit euch schmausat. [14]Dia hent bloß Aoga für a Weibsbild ond guckat gierig, mô se sündiga ond haltlose Seela vrführa könnat. Ihr Herz håt Üabong en dr Habgier - Vrfluachte send des. [15]Da grada Weg hent se vrlassa ond gangat en d Irre, am Bileam saen Weg send se ganga, am Beor saem Jonga, der mô bloß auf ogerechta Loh ausgwea ischd. [16]Aber

dr sell ischd für sae Gsetzlosigkaet vo ma stomma Lasttier zrechtgwiesa wôra, des håt mit ra menschlicha Stemm gredat ond dem Profeta saen Ovrstand bremst. [17]Sottige send Quella ohne Wasser ond Nebelfetza, mô dr Sturm omananderjagd, dia send für de donkelst Finsternis bestimmt. [18]Dia schwätzat gschwolla drher ond sagat aber nex aus, so vrführat se mit ihre gierige Ausschwôefonga dia, mô grad von dene wegkomma send, mô em Irrtom lebat. [19]Dene vrsprechat se d Freihaet, obwohl se selber Sklava vom Vrderba send. Wann nämlich oener (em Kampf) oem onterlega ischd, nå ischd r dem sae Sklave. [20]Wann se durch d Erkenntnis von onseram Herra ond Haeland Jesus, am Messias, von dera Welt ihram Dreck drvokomma send, sich aber wieder dren vrwickla lent, nå stôht s om dia nåchher ärger wia drvôr. [21]Für dia wär s nämlich besser gwea, se hätte da gerechta Weg gar nia kennaglernt, wia den kennaglernt z han ond sich nå von de haelige Satzonga, mô se kriagt hent, wieder abzomwenda. [22]Bei dene wird s Sprichwort wåhr: *Dr Hond frißt wieder, was r gspia håt*, ond: *A frischgwäschene Sau kommt ond warglat em Dreck.*

Zom Vrgleicha: *Vers 16:* Num 22,28f • *Vers 20:* Mt 12,45 • *Vers 22:* Spr 26,11.

DR MESSIAS KOMMT, DÅ WARTAT ÄLLE DRAUF: 3 1-16

Dass dr Messias kommt ischd sicher: 3 1-7

3 Liabe Brüader, der ischd schao dr zwôete Briaf, môn e euch schreib. En bôede will e euer Erinnerong wachruafa an s klare Denka: [2]Dass r an des denkat, was de haelige Profeta em Vôraus gsaed hent ond an d Gebot vom Herra ond Haeland, mô euch eure Apostl überlieferat hent. [3]Des müaßat r zersta wissa, dass en de letzte Däg Spötter kommat mit ihram Spott, dia mô sich bloß von ihrer Gier lôeta lent [4]ond sagat: Mô bleibt denn sae Komma, môn r vrsprocha håt? Seit d Vädr aegschlåfa send, bleibt ällas beim Alta seit am Åfang von dr Schöpfong. [5]Dene, mô des behaoptat, bleibt nämlich vrbôrga, dass d Hemmel von alters her gwea send ond d Erde aus Wasser ond durch Wasser entstanda ischd durch am Herrgott sae Wort. [6]Durch des ischd d Welt selligsmål vom Wasser überfluatat wôra ond zgrond ganga. [7]Aber dr jetzig Hemmel ond de jetzig Erde send durchs gleiche Wort für s Feuer aufgspart ond aufghoba für da Gerichtsdag ond s Vrderba von de gottlose Menscha.

Zom Vrgleicha: *Vers 1:* 1Pwetr 1,1 • *Vers 2:* Jud 17 • *Vers 3:* Jud 18 • *Vers 5:* Gen 1,3-31; Gen 7,10-24.

S Komma vom Messias ziagt sich naus: 3 8-13

[8]Aber des oene darf euch et vrbôrga bleiba, liabe Brüader: **Dass beim Herra oe Dag ischd wia tausad Jåhr ond tausad Jåhr wia** oe **Dag.** [9]Dr Herr hält sich mit saener Vrhaeßong et zrück, dass r s nausziaga wött, wia oene von ra Vrzögerong schwätzat, sondern der ischd langmüatig mit euch, weil r et will, dass oene zgrond gangat, sondern älle ihr Gsennong änderat.

[10]Am Herra sae Dag kommt nämlich wian a Dieb, an dem vrgangat d Hemmel mit Geprassel, d Element werat von dr Gluathitz gfressa ond lösat sich auf ond von dr Erde mit ällam was drauf ischd, fendat mr nex maeh. [11]Wann sich ällas so auflöst, ischd s naedig, dass ihr mit a ma haeliga ond fromma Lebenswandel dåstandat, [12]ond auf s Komma vom Herrgott saem Dag

wartat ond s beschlaenigat, an dem d Hemmel åzonda werat ond d Element sich auflösat en dr Gluathitz. [13]Aber mir wartat auf *an neua Hemmel ond a neua Erde,* wian r s vrsprocha hät, en dene d Gerechtigkaet wohnt.

Zom Vrgleicha: *Vers 8:* Ps 90,4 • *Vers 9:* 1Tim 2,4 • *Vers 10:* Mt 24,43; 1Thess 5,2 • *Vers 13:* Jes 65,17; 66,22; Offbg 21,1.

S Zeugnis von de Paulusbriaf: 3 14-16

[14]Drom, liabe Brüader, so lang r dådrauf wartat, gebat euch eifrig Müah, dass r ohne Flecka ond Tadel ond em Frieda von am åtroffa werat. [15]Ond send mr drvo überzeugt, dass onseram Herra sae Geduld euer Rettong ischd. Wia s euch ao onser Bruader Paulus en saener Weishaet, môn am gschenkt wôra ischd, gschrieba håt. [16]Wia en älle saene Briaf håt r dådrüber gredat, en dene ischd zwår manchs schwer vrständlich, de Owissende ond Haltlose vrdrehat des, wia ao de andere Schrifta - zo ihram aegena Vrderba.

DR SCHLUSS VOM BRIAF: SEGA OND LOBPREIS: 3 17-18

[17]Ihr aber, liabe Brüader, mô des em Vôraus wissat: Hüatet euch, dass r et von de Gsetzlose ihram Irrglaoba mitgrissa werat ond aus eurer aegena Festigkaet rausfallat. [18]Wachsat aber en dr Gnade ond Erkenntnis von onseram Herra ond Haeland Jesus, am Messias. Dem sei Ehr, jetzat ond auf da Dag von dr Ewigkaet! Amen.

Zom Vrgleicha: *Vers 18:* Jud 25; 1Petr 4,11.

Dr erste Johannesbriaf

S LEBENSWORT: 1 1-4

1 Was von Åfang å gwea ischd, was mir
ghört hent, was mr gseha hent mit
onsere Aoga, was mr åguckt ond mit de
Händ åglangt hent, was s Lebenswort
ågôht, [2]ond zwår: S Leba ischd offabart
wôra, ond mir hent gseha ond bezeugat
ond vrkündigat euch s ewige Leba,
des mô beim Vadr gwea ischd ond ons
offabart wôra ischd. [3]Was mir gseha ond
ghört hent, des vrkündigat mr euch ao,
dass ihr mit ons Gemaenschaft hent.
Ond onser Gemaenschaft ischd ao
mit am Vadr ond saem Soh Jesus, am
Messias. [4]Des schreibat mr euch, dass
onser Fraed vollkomma ischd.

Zom Vrgleicha: *Vers 1:* Joh 1,1-5.14 • *Vers 3:* 1,7; Joh 178,20f; 1Kor 1,9 • *Vers 4:* Joh 15,11; 16,20.22.24; 17,13; Joh 12.

S LEBA EN DR GEMAENSCHAFT MIT GOTT: 1 5 - 2 17

Am Herrgott sae Wesa: 1 5-7

[5]Ond des ischd d Botschaft, mô mr von
am ghört hent ond euch vrkündigat:
Gott ischd Licht ond koe Finsternis
ischd en am. [6]Wann mir sagat, mr hätte
Gemaenschaft mit am, ond doch en dr
Finsternis onseran Wandel führat, nå
lüagat mr ond dent et d Wåhrat. [7]Führat
mr onseran Wandel aber em Licht,
so wia er em Licht ischd, nå he'mr ao
Gemaenschaft mitanander ond s Bluat
von saem Soh Jesus raenigt ons von älle
Sünda.

Zom Vrgleicha: *Vers 5:* 3,11; Da 2,22; Joh 8,12; Jak 1,17 • *Vers 6:* 2,4.11; Joh 3,20f • *Vers 7:* Joh 8,12; 12,35f; Hebr 9,14.22.

Christamensch ond d Sünd: 1 8 - 2 2

[8]Wa'mr sagat, mr hätte koe Sünd, nå
machat mr ons selber ebbas vôr ond d
Wåhrat ischd et en ons. [9]Wa'mr onsere
Sünda bekennat, nå ischd r treu ond
gerecht, dass r ons d Sünda vrgibt ond
ons von älle Ogerechtigkaeta raenigt.
[10]Wa'mr sagat, mr hätte et gsündigt, nå
machat mr an zom Lugabeutel ond sae
Wort ischd et en ons.
2 Maene Kender, des schreib e euch,
dass r et sündigat. Ond wann ebber
sündigt, nå he'mr beim Vadr an Helfer,
Jesus, da Messias, da Gerechta. [2]Ond
der ischd d Vrsöhnong (en Person) für
onsere Sünda, aber et bloß für de onsere,
sondern ao für dia von dr ganza Welt.

Zom Vrgleicha: *Vers 1,9:* Ex 34,6f; Dtn 32,4 • *Vers 10:* Spr 28,13 • *Vers 2,1:* Joh 14,16f; 15,26; 17,12; Rö 8,34; Hebr 7,25 • *Vers 2:* 4,10.

De wåhr Erkenntnis von Gott: 2 3-6

[3]Ond dådrå erkennat mr, dass mir da
Messias erkannt hent: wa'mr saene
Satzonga aehaltat. [4]Der mô saed: I
han an erkannt, ond saene Satzonga et
aehält, ischd a Lugabeutel ond d Wåhrat
ischd et en am. [5]Der mô sich aber an sae
Wort hält, en dem ischd am Herrgott
sae Liebe glaobwürdig vollendat. Dådrå
erkennat mir, dass mr mit am oes send.
[6]Der mô behaoptat, r dät en am (Gott)
bleiba, der ischd ao vrpflichtat selber so
zom leba wia er (dr Jesus).

Zom Vrgleicha: *Vers 4:* 1,6 • *Vers 5:* 5,3; Joh 14,21.23 • *Vers 6:* Joh 13,41f.

A neus Gebot: 2 7-11

[7]Liabe Brüader, i schreib euch doch koe
neus Gebot, sondern a alts, des môn
r von Åfang å ghet hent. S alte Gebot

ischd des Wort, môn r ghört hent.
[8]Andererseits schreib e euch a neus
Gebot, ebbas, mô wåhr ischd en ehm
ond en euch, weil nämlich d Finsteris
vrgôht ond s wahre Licht schaent schao.
[9]Der, mô behaoptat, r sei em Licht, aber
saen Bruader hasst, der ischd emmer no
en dr Finsternis. [10]Der, mô saen Bruader
måg, der bleibt ao em Licht, ond an
dem ischd koe Mäkale. [11]Aber der, mô
saen Bruader hasst, der ischd en dr
Finsternis ond der führt saen Wandel
en dr Finsternis, der wôeß ao et, môn
r nôdappt, weil d Finsternis saene Aoga
blend gmacht håt.

Zom Vrgleicha: *Vers 8:* Joh 13,34; Rö 13,12 • *Vers 9:* 4,20 • *Vers 10:* Joph 11,9 • *Vers 11:* Joh 19,10; 12,35.

Christ ond Welt: 2 12-17

[12]I schreib euch, Kender, dass durch
saen Nåma eure Sünda vrgeba send.
[13]I schreib euch Vädr, dass ihr den
erkannt hent, der mô von Åfang å då
ischd. I schreib euch jonge Männer,
dass r über da Baesa gsiegt hent. [14]I han
euch Kender gschrieba, dass r da Vadr
erkannt hent. I han euch Vädr gschrieba,
dass r den erkannt hent, mô von Åfang å
dågwea ischd. I han euch jonge Männer
gschrieba, dass r stark send ond am
Herrgott sae Wort en euch bleibt ond
ihr über da Baesa gsiegt hent.
[15]Vrliebat euch et en d Welt ond en des,
was d Welt zom biata håt. Wann oener
en d Welt vrliebt ischd, en dem ischd d
Liebe zom Vadr et. [16]Weil ällas, was en dr
Welt ischd, leiblicha Gier ond s gierige
Gucka ond d Ågeberei mit dem, was mr
håt, des ischd ällas et vom Vadr, sondern
von dr Welt. [17] D Welt vrgôht, mitsamt
ihrer Lebensgier, aber der, mô duat, was
Gott will, der bleibt en Ewigkaet.

Zom Vrgleicha: *Vers 15:* Joh 5,42 • *Vers 16:* Spr 27,20.

D GLAOBENSBEWÄHRONG: 2 18 - 3 24

Wia mr sich gega Irrlehrer wehrt: 2 18-27

[18]Maene Kender, de letzt Stond håt
gschlaga, ond wian r ghört hent, dass dr
Antichrist kommt, so send ao jetzt viele
falsche Messias auftreta. Dådrå erkennat
mr, dass de letzt Stond gschlaga håt. [19]Dia
send von de Onsrige ausganga, aber se
hent nia zo ons ghert, wann se nämlich
oene von ons wäre, nå wärat se ao bei
ons blieba. Aber so håt s rauskomma
müaßa, dass dia älle koene von de
Onsrige send. [20]Aber ihr send gsalbt
wôra vom Haeliga ond wissat, om was
s gôht. [21]I han euch et gschrieba, weil ihr
d Wåhrat et kenna dätat, sondern weil r
se kennat ond wissat, dass aus dr Wåhrat
koe Luge komma kå.
[22]Wer ischd denn dr Lugabeutel, wann
et der, mô laegnat, dass Jesus dr Messias
ischd. Des ischd dr Antichrist, der mô
da Vadr ond da Soh vrlaegnat. [23]A jeder,
mô da Soh laegnat, håt ao da Vadr et.
Wer sich zom Soh bekennt, der håt ao
da Vadr. [24]Aber ihr: Was r von Åfang
å ghört hent, des soll en euch bleiba.
Wann nämlich des en euch bleibt, was r
von Åfang å ghört hent, nå bleibat r ao
em Soh ond em Vadr. [25]Ond des ischd d
Vrhaeßong, môn r ons vrsprocha håt: S
ewige Leba.
[26]Des han e euch wega dene gschrieba,
mô euch irr macha wöllat. [27]Aber ihr:
Dui Salbong, môn r von ehm kriagt
hent, bleibt en euch, ond ihr brauchat
euch von neamerd belehra lassa. Sondern
so wia sae Salbong (durch da Haeliga
Gaest) euch über ällas belehrt, so ischd
s ao wåhr ond koe Luge. Ond wia se s
euch beibrächt håt, då bleibat r drbei.

Zom Vrgleicha: *Vers 18:* 1Tim 4,1; 2Thess 2,3f • *Vers 20:* 2,27; 2Kor 1,21 • *Vers 23:* 4,15; Joh 5,23; 12,44f; 14,6f • *Vers 25:* Joh 5,24; 6,40; 17,2 • *Vers 27:* Joh 14,26; 16,13.

Måhnong zor Treue: 2 28-29

[28]Ond jetzt, Kender, bleibat en am,
dass mr a froha Zuavrsicht hent wann r
offabart wird ond ons et schäma müaßat
vôr am, wann r kommt. [29]Wann r wissat,
dass r gerecht ischd, nå erkennat ao, dass
a jeder Gerechte aus ehm zeugt ischd.

D Gotteskendschaft ischd a Gschenk: 3 1-10

3 Guckat, was für a graoßa Liebe ons
dr Vadr geba håt, dass mir ons Kender
vom Herrgott hôeßa därfat! Ond des
se'mr ao. D Welt erkennt ons et, weil
se Gott et erkennt. [2]Maene Liabe, jetzt
se'mr am Herrgott saene Kender, ond s
ischd no gar et offabart wôra, was mr
amål send. Mir wissat aber, dass, wann
ER offabart wird, nå send mir am gleich,
weil mr an nå ao seahnat, wian r ischd.
[3]Ond a jeder, der mô dui Hoffnong en
an setzt, der weiht sich Gott, so wia ER
ao gweiht ischd
[4]A jeder, mô sündigt, handlat ao
gsetzlos, d Sünd ischd nämlich d
Gsetzlosigkaet. [5]Ond ihr wissat, dass der
(dr Jesus) erschiena ischd, zom d Sünda
wegnemma, ond en ehm selber ischd
koe Sünd. [6]A jeder, mô en am bleibt,
sündigt et; ond a jeder, mô sündigt,
håt an no et gseha ond ao et erkannt.
[7]Kender, neamerd soll euch vrführa!
Der mô gerecht handlat, der ischd ao
gerecht wia er. [8]Der, mô sündigt, ischd
vom Teufel, weil dr Teufel von Åfang
å sündigt. **Am Herrgott sae Soh ischd
komma, zom am Teufel saene Werk
vrnichta.** [9]A jeder, mô aus Gott zeugt
ischd, sündigt et, weil sae Lebenskaem
en am bleibt; der kå gar et sündiga, weil
r aus Gott zeugt ischd. [10]An dem kennt
mr am Herrgott saene Kender ond am
Teufel saene Kender: A jeder, mô et
gerecht handlat, ischd et aus Gott, ond
ao der et, mô saen Bruader et måg.

Zom Vrgleicha: *Vers 1:* Joh 1,21f; Rö 8,14-17; Eph 1,5 • *Vers 2:* Kol 3,4; 1Kor 13,12 • *Vers 5:* Joh 1,29; Hebr 7,26 • *Vers 8:* 3,12; Gen 3,15; Joh 8,34.44.

Måhnong zor Bruaderliebe: 3 11-18

[11]Dui Botschaft hent r nämlich von Åfang
å ghört, dass mir anander möga sollat.
[12]Et wia dr Kain, der mô aus am Baesa
gwea ischd ond saen Bruader ombråcht
håt. Ond wårom håt r an ombråcht?
Weil saene Werk oguat gwea send, aber
dia von saem Bruader gerecht.
[13]Wonderat euch et, Brüader, dass d Welt
an Hass auf euch håt. [14]Mir wissat, dass
mir aus am Daot ens Leba nomganga
send, weil mr d Brüader mögat. Der,
mô koe Liebe håt, der bleibt em Daot.
[15]A jeder, mô saen Bruader hasst, ischd
a Menschamörder, ond des wissat r,
dass a Menschamörder koe ewigs Leba
bleibend en sich håt. [16]An dem he'mr
d Liebe erkannt, dass er (dr Jesus) sae
Leba für ons aegsetzt håt. Des ischd ao
onser Pflicht, onser Leba für d Brüader
aezomsetza. [17]Wann aber oener en
dera Welt Vrmöga håt ond sieht, wia
sae Bruader darba muaß ond schliaßt
sae Herz vôr am zua, wia soll nå am
Herrgott sae Liebe en dem bleiba?
[18]Kender, lass ons von dr Liebe et bloß
schwätza, sondern se en Tata omsetza
ond en d Wåhrat.

Zom Vrgleicha: *Vers 11:* 1,5; 2,7; Joh 13,34 • *Vers 12:* Gen 4,8 • *Vers 13:* Joh 15,18-21 • *Vers 14:* Joh 5,24; 11,26 • *Vers 15:* Mt 5,21-26; Joh 8,44 • *Vers 16:* Joh 13,1; 15,12f • *Vers 17:* 4,20; Jak 2,15f • *Vers 18:* Jak 1,25; 2,12.15-17.

D Zuavrsicht vom Herrgott saene Kender: 3 19-24

[19]Ond an dem erkennat mr, dass mr aus
dr Wåhrat send, ond könnat vôr am

onser Herz beruhiga. [20]Wann onser ôeges
Herz ons åklagt, nå ischd Gott graeßer
als onser Herz ond r wôeß, wia mr ällas
gmoent hent. [21]Maene Liabe, wann
ons onser Herz et vrklagt, nå he'mr d
Zuavrsicht zom Herrgott. [22]Ond mô mr
drom bitta dent, des kriagat mr von am,
weil mr saene Sarzonga aehaltat ond des
dent, was am gfällt.
[23]Ond des ischd sae Gebot, dass mr an da
Nåma von saem Soh Jesus, am Messias,
glaoba ond anander möga sollat, so
wian r s ons ågwiesa håt. [24]Ond der, mô
saene Åweisong befolgt, der bleibt en
Jesus, ond dr Jesus en ehm. Ond an dem
kennat mr, dass r en ons bleibt: an dem
Gaest, den môn r ons geba håt.

Zom Vrgleicha: *Vers 22:* Joh 14,13f; 15,7; 16,23f.26 • *Vers 23:* Joh 13,34; 15,12.17 • *Vers 24:* Joh 14,21-23.

DR GLAOBA ALS WEG EN S LEBA: 4 1 - 5 12

Warnong vôr falsche Profeta: 4 1-6

4 Maene Liabe, glaobat et jedam Gaest,
sondern prüafat d Gaester, ob se aus
Gott send, s send nämlich viele falsche
Profeta onterwegs en dr Welt. [2]Dådrå
kennat r da Gaest von Gott: Jeder Gaest,
mô bekennt, dass dr Messias Jesus als
Mensch komma ischd, der ischd aus
Gott. [3]Ond jeder Gaest, mô da Jesus
et bekennt, ischd ao et aus Gott. Des
ischd dr Gaest vom Antichrist, von dem
r schao ghört hent, dass r komma dät,
der ischd jetzt schao en dr Welt. [4]Ihr,
Kender, send aus Gott ond hent über se
(dia falsche Profeta) gsiegt, weil der, mô
en euch dren ischd, der ischd graeßer
als wia der, mô en dr Welt ischd. [5]Dia
(de falsche Profeta) send aus dr Welt ond
schwätzat wia d Welt, drom horcht ao d
Welt auf se. [6]Mir send aus Gott, ond der,
mô Gott kennt, der hört auf ons. Ond
der, mô et aus Gott ischd, der hört ao et
auf ons. An dem kennat mr da Gaest von
dr Wåhrat ond da Gaest vom Irrtom.

Zom Vrgleicha: *Vers 1:* 1Kor 12,10; 1Thess 5,21 • *Vers 2:* 1Kor 12,3 • *Vers 3:* 2,18.22; 2Joh 7 • *Vers 6:* Joh 8,47; 14,17; 15,26; 16,13.

En dr Liebe vollendat sich dr Glaoba: 4 7-16a

[7]Maene Liabe, laß ons anander gern han,
weil d Liebe doch aus Gott ischd, ond
a jeder, mô Liebe en sich håt, ischd aus
Gott. Ond a jeder, mô Liebe en sich
håt, ischd aus Gott zeugt ond kennt
Gott. [8]Ond der, mô koe Liebe en sich
håt, der kennt Gott no et, weil Gott d
Liebe (en Person) ischd. [9]Am Herrgott
sae Liebe zo ons ischd dådren offabart
wôra, dass Gott saen oenziga Soh, der
mô am gebora wôra ischd, en d Welt
gschickt håt, dass mir durch den lebat.
[10]**Des ischd d Liebe, et dass mir Gott
möga hent, sondern er håt ons möga
ond saen Sohn gschickt als Sühnopfer
für onsere Sünda.** [11]Maene Liabe, wann
Gott ons so möga håt, nå send mir s
anander ao schuldig, dass mr ons mögat.
[12]Da Herrgott håt no koener gseha,
wann mir anander mögat, nå bleibt Gott
en ons ond sae Liebe vollendat sich en
ons. [13]An dem kennat mr, dass mr en am
bleibat ond er en ons, ond dass r ons von
saem Gaest geba håt. [14]Ond mir hent
gseha ond zeugat drfür, dass dr Vadr da
Soh gschickt håt als Retter für d Welt.
[15]Der, mô bekennt, dass dr Jesus am
Herrgott sae Soh ischd, en dem bleibt
Gott ond er en Gott. [16a]Ond mir hent
am Herrgott sae Liebe zo ons erkannt
ond glaobat drå.

Zom Vrgleicha: *Vers 7:* 4,16 • *Vers 9:* Joh 3,16; Rö 3,25; 5,8 • *Vers 12:* Joh 1,18; 5,37; 6,46 • *Vers 14:* Joh 4,42.

Dr zwôete Johannesbriaf

ÅSCHRIFT OND GRUASS: 1-3

[1]Dr Älteste an d auserwähltа Herrin ond an ihre Kender, dia môn e en dr Wåhrat måg, ond et bloß i alloe, sondern ao älle, mô d Wåhrat erkannt hent, [2]om dr Wåhrat willa, mô en ons bleibt ond bei ons ischd en älle Ewigkaeta. [3]Ao d Gnade, d Barmherzigkaet ond am Gottvadr sae Frieda, ond vom Messias Jesus, am Soh vom Vadr en dr Wåhrat ond en dr Liebe.

Zom Vrgleicha: *Vers 1:* 3Joh1 • *Vers 2:* Joh 14,17.

LEBA EN DR WÅHRAT: 4-6

[4]I han me ganz arg gfraet, dass e bei daene Kender oene gfonda han, mô ihran Lebenswandel en dr Wåhrat führat nach de Gebot, mô mr vom Vadr kriagt hent. [5]Ond jetzt, Herrin, han e a Bitt an de - et dass e dr a neus Gebot schreiba wött, sondern des, mô mr schao emmer von Åfang å ghet hent - dass mr anander mögat. [6]Ond des ischd d Liebe: dass mr nach saene Åweisonga lebat. Ond des ischd s Gebot: dass r en dr Liebe euran Lebenswandel führat.

Zom Vrgleicha: *Vers 4:* 3Joh 3 • *Vers 5:* 1Joh 2,7-11 • *Vers 6:* Joh 14,21; 1Joh 5,3.

GEGA D IRRLEHRER: 7-11

[7]S send nämlich viele Vrführer en d Welt nausganga, dia mô et drfür zeugat, dass dr Messias Jesus als Mensch komma ischd - so oener ischd dr Vrführer ond dr Antichrist. [8]Passat auf, dass euch des et vrlora gôht, mô mir drom gschafft hent, sondern dass r da volla Loh drfür kriagat. [9]A jeder, mô über des nausgôht ond et en de Lehra vom Messias bleibt, håt ao Gott et. Der, mô bei de Lehra bleibt, der håt bôede, da Vadr ond da Soh. [10]Wann ebber zo euch kommt ond dui Lehr et brengt, den lent r glei gar et ens Haus rae, ond grüaßa brauchat r an ao et. [11]Wann r den nämlich grüaßat, hent r schao Åtôel an dem saene Lompereia.

Zom Vrgleicha: *Vers 7:* 1Joh 2,18.22; 4,2f • *Vers 9:* 1Joh 2,23f.

GRÜASS ZOM SCHLUSS: 12-13

[12]I hätt euch no viel zom schreiba, aber des will e et mit Papier ond Tenta doa, i hoff nämlich, dass e bald zo euch komma ond euch des mündlich saga kå, dass mr ao a rechta Fraed mitanander hent. [13]Grüaßa lent de ao d Kender von daener auserwählta Schwester.

Zom Vrgleicha: *Vers 12:* 3Joh 13f.

Dr dritte Johannesbriaf

ÅSCHRIFT OND GRUASS: 1-4

1 Dr Älteste an da liaba Gaius, den môn e
en dr Wåhrat måg.
2 Mae Liaber, i wünsch dr, dass dr s guat
gôht ond da gsond bist ond ao dae Seel
gsond bleibt. 3 I han me nämlich ganz arg
gfraet, mô Brüader komma send ond mr
von daener Treue zor Wåhrat vrzählt
hent ond wia du daen Lebenswandel
en dr Wåhrat führst. 4 Für mi geits koe
graeßera Fraed als dass e hör, wia maene
Kender en dr Wåhrat lebat.

Zom Vrgleicha. *Vers 1:* 2Joh 1.

ONTERSTÜTZONG FÜR D MISSIONAR: 5-8

5 Mae liaber Bruader, des ischd recht,
was da duast an de Brüader, drzua no
an sotte, mô da gar et kennst. 6 Dia hent
vôr dr Gemaende drå vrzählt, wia liab
du zo nen gwea bist ond da duast guat
drå, wann da se für ihr weitera Raes
so ausstaffierst, wia s für Gott würdig
ischd. 7 Dia send nämlich für saen Nåma
auszoga ond hent von de Haeda nex
ågnomma. 8 Drom ischd s ao onser
Pflicht, sotte Leut aufznemma, dass mr
Mitarbaeter werat für d Wåhrat.

DR DIOTREPHES WIRD ZRECHTGWIESA: 9-10

9 I han dr Gemaende ebbas gschrieba;
aber dr Diotrephes will emmer dr erste
sae ond nemmt von ons nex å. 10 Drom
will e, wann e komm, Klartext reda
ond saga, was der duat. Der schwätzt
hentarom ond vrlaemdat ons mit baese
Åschuldigonga. Aber dådrmit ischd der
no et zfrieda, selber nemmt r d Brüader
et auf ond dia, mô s wöllat, henderat
r drå ond schmeisst se sogar aus dr
Gemaende naus.

DR DEMETRIUS WIRD EMPFOHLA: 11-12

11 Liaber Bruader, mach des Baese et
nåch, sondern s Guate. Der, mô Guats
duat, der ischd aus Gott; ond der, mô
s Baese duat, håt von Gott no nex
gseha. 12 Am Demetrius hent älle a guats
Zeugnis ausgstellt ond sogar d Wåhrat
selber. Ond ao mir selber könnat an
bloß empfehla, ond da wôeßt, dass
onser Zeugnis wåhr ischd.

Zom Vrgleicha: *Vers 11:* 1Joh 2,3; 3,6.10 • *Vers 12:* Joh 19,35; 21,24.

GRÜASS OND DR SCHLUSS VOM BRIAF: 13-15

13 I hätt dr no viel zom schreiba, aber i
will s et mit Tenta ond am Schreibrohr
doa. 14 I hoff aber, dass e de bald sieh, nå
könnat mr ällas mündlich besprecha.
15 Frieda sei mit dr! D Fraend lassat de
ao grüaßa. Ond grüaß mr d Fraend
persönlich.

Zom Vrgleicha: *Vers 13f:* 2Joh 12.

An d Hebräer

EM SOH SEND D VRHAESSONGA VOM HERRGOTT ERFÜLLT: 1 1 - 4 13

Dr Soh ond d Engel: 1 1-14

1 Ganz oft ond auf viele Arta håt en alte Zeita Gott zo de Vädr durch d Profeta gredat. 2En dr Endzeit von dene Däg håt r durch da Soh zo ons gsprocha, den môn r als Erba aegsetzt håt vom Weltall, durch den håt r ao d Welta gschaffa. 3Der ischd dr Abglanz von dr Herrlichkaet ond en dem ischd am Herrgott sae Wesa ausprägt, der traet s Weltall durch sae allmächtigs Wort ond r håt d Raenigong von älle Sünda gschaffa ond sich nå *auf d Rechta* von dr Erhabahaet en de Höha *gsetzt* 4ond r ischd om so viel mächtiger wôra als wia d Engel, om wiaviel vorzüglicher sae Nåma, den môn r g'erbt håt, vôr dene ihram Nåma ischd. 5Zo wehlam Engel hätt Gott jemåls gsaed:

Du bist mae Soh, haet han e de zeugt?

Ond nômål: *I will für an sae Vadr sae ond er ischd für mi mae Soh?*

6Wann r aber da Erstgeborena wieder en d Welt aeführt, saed r:

Am Herrgott saene Engel sollat am älle huldiga.

7Auf dr oena Seit saed r em Blick auf d Engel: *Der, mô saene Engel zo Wend macht ond saene Diener zor Feuerflamm,*

8auf dr andera Seit saed r em Blick auf da Soh:

Dae Thron, o Gott, stôht en älle Ewigkaeta! Ond:

Dr Stab von dr Gerechtigkaet (Richterstab?) *ischd s Zepter von daem Reich.*

9*Du mågst d Gerechtigkaet ond håsch an Haß auf s Orecht.* 10Ond:

Du, Herr, håsch vôr de Zeita d Erde gründat ond d Hemmel send s Werk von daene Händ.

11*Dia vrgangat, aber du bleibst; ond älle werat alt wian a Gwand,*

12*ond wian en Mantel rollst du se zsema, dia wechslat mr wia d Klôeder. Aber du bleibst der, mô da bist, ond daene Jåhr herat et auf.*

13Ond zo wehlam Engel håt r jemåls gsaed: *Sitz dåhanna auf mae rechta Seit nô, bis e daene Faend zom Schemel für daene Füaß mach?*

14Send des et ällas bloß denstbare Gaester, mô gschickt wôra send zo dene, mô s Hael erba sollat?

Zom Vrgleicha: *Vers 3:* 2Kor 3,18; Kol 1,15; Joh 1,3; Kol 1,17; Ps 110,1 • *Vers 4:* Phil 2,9 • *Vers 5:* Ps 2,7; 2Sa 7,14 • *Vers 6:* Dtn 32,43 G; Ps 97,7 G • *Vers 7:* Ps 104,4 G • *Vers 8:* Ps 45,7f G • *Vers 10:* Ps 102,26-28 • *Vers 13:* Ps 110,1.

Gott zeugt für saen Soh: 2 1-4

2 Drom ischd s naedig, dass mr omso maeh Obacht gebat auf des, was mr ghört hent, dass mr et am Ziel vorbei treibat. 2Wann nämlich schao des (als Gsetz) golta håt, was durch d Engel gsaed wôra ischd ond jeda Übertretong ond jedas et Befolga gerecht gstråft wôra ischd, 3wia wöllat mr nå drvo komma, wa'mr a sotta graoßa Rettong mißachtat, mô ihran Åfang en dr Vrkündigong durch da Herra gnomma håt ond dui mô von dene bestätigt wôra ischd, mô drauf g'achtat hent. 4Ao Gott selber håt durch Zaeche ond Wonder ond vrschiedene mächtige Tata ond durch d Zuatôelong vom Haeliga Gaest nach saem Willa drfür zeugt.

Zom Vrgleicha: *Vers 4:* 2Kor 12,12.

D Erniedrigong ond Erhöhong vom Soh: 2 5-18

[5]Gott hât nämlich et de Engel de künftig Welt onterworfa, von dera d Red ischd. [6]Irgendwo hât aber oener gsaed. *Was ischd doch dr Mensch, dass du an an denkst ond a Kend vom Menscha, dass du de drom ånemmst? [7]Bloß a kloes bißle grenger als wia Engel håsch d an gmacht mit Ehr ond Åscha håsch d am a Kron aufgsetzt. Über ällas håsch d an zom Herra gmacht, was du mit daene Händ gschaffa håsch, [8]ällas håsch d am onter d Füaß glegt.* (Ps 8,5-7)

Môn r am ällas onter d Füaß glegt hât, ischd nämlich nex ausgnomma gwea drvo, was am et onterstanda wär. Des seahnat mir bloß no et, dass am ällas ontergordnat ischd. [9]Aber en dem, der mô *bloß a kloes bißle grenger als wia Engel gmacht* ischd, sehat mir da Jesus, weil der wega saem Leida ond saem Daot *mit Ehr ond Åscha* gkrönt wôra ischd. Des hât Gott nämlich so wölla, dass dr Jesus da Daot hât schmecka müaßa, für an jeda durch sae Gnade.

[10]So hât sich s für den ghert, für den, mô s Weltall ond durch den, mô s Weltall gschaffa wôra ischd ond der, mô viele zor Herrlichkaet gführt hât, da Urheber von dene ihram Hael, durch Leida zom vollenda.

[11]Weil der, mô haelig macht ond dia, mô haelig gmacht werat, stammat älle von oem ab; drom ischd des für den ao koe Schand, wann r se saene Brüader hôeßt [12]ond saed: *Vrkündiga will e daen Nåma maene Brüader ond di preisa mittla en dr Gemaende.*

[13]Ond zom andera: *I will mae Vrtraua en an setza.*

Ond ao no:

Guck, dă ben e ond dia Kender, mô mr dr Herrgott geba hât.

[14]Weil aber d Kender ihran Åtôel kriagt hent an Flôesch ond Bluat, hât ER (dr Jesus) ao auf a ähnlicha Art ond Weis an dene Aegaschafta Åtôel kriagt, dass r durch saen Daot den oschädlich macht, der mô d Macht hât über da Daot, sprich: da Teufel, [15]ond dia zom befreia, mô durch ihr Angst vôr am Sterba ihr Leba lang vrsklavt gwea send. [16]Om d Engel nemmt der sich jå et å, sondern *om d Năchkomma vom Abraham nemmt r sich å.* [17]Drom hât r en ällam *de Brüader* gleich wera muaßa, dass r barmherzig wird ond a treuer Hohepriaster em Vrhältnis zom Herrgott ond für d Sünda von saem Volk gradstôht. [18]Der kå nämlich bloß en dem, was r selber glitta hât ond môn r en Vrsuachong gråta ischd, dene helfa, mô ao en dr Vrsuachong standat.

Zom Vrgleicha: *Vers 6-8:* Ps 8,5-7 G • *Vers 10:* Apg 3,15 • *Vers 12:* Ps 22,23 • *Vers 13:* Jes 8,17; 2Sa 22,3; Jes 8,18 G • *Vers 16:* Jes 41,8f G • *Vers 17:* Ps 22,23 • *Vers 18:* 4,15; Mt 4,1-11; Lk 4,1-13.

Dr Messias ischd maeh als wia dr Mose: 3 1-6

3 Drom ihr haelige Brüader, ihr, mô an dr hemmlischa Beruafong ihran Åtôel hent, guckat auf da Apostl ond Hohapriaster, dem mô onser Bekenntnis gilt, da Jesus. [2]Der ischd dem, mô an aegsetzt hât, genao so *treu* wia dr *Mose en saem ganza Haus.* [3]Der (dr Jesus) ischd ra graeßera Herrlichkaet für wert g'achtat wôra als wia dr Mose, so wia der, mô a Haus baut hât a graeßera Ehr hât als wia s Haus selber. [4]Weil a jedas Haus wird von ebber baut, aber der, mô ällas baut hât, ischd Gott. [5]*Dr Mose ist zwâr treu gwea en saem ganza Haus als Diener* ond Zeuge für des, was mô hât gredat wera solla. [6]Dr Messias aber als Soh ischd *treu* über sae aeges Haus, ond *dem sae Haus send mir*, wa'mr s Zuatraua fest hebat ond des, mô mr stolz drauf send en dr Hoffnong.

Zom Vrgleicha: *Vers 2:* Num 12,7 G • *Vers 5:*

Num 12,7 G.

Am Herrgott sae Wort als Gericht: 3
7-19
7Wia saed doch dr Haelige Gaest:
Haet ischd s Zeit zom erkenna, was ER
duat! Wann r doch bloß sae Stemm höra
dätat! 8*Dent doch et eure Herza vrhärta,*
wia selligsmål en Meriba, wia an sellam
Dag en Massa en dr Wüste, 9*må eure*
Vädr gmoent hent, se müaße me auf d
Prob stella, obwohl se gseha hent, was
i dao han.
10*Vierzg Jåhr lang håt mr s graust vôr*
dera Sippschaft, i ond han mr gsaed: Des
Volk kå doch et ganz bacha sae, wann
dia maen Weg emmer no et kapiert
hent.
11*Drom han e mr em Zôrn gschwora:*
Dia solle bei mir koe Ruah et fenda.
12Brüader, guckat, dass koener von
euch a baes ond oglaebigs Herz håt ond
mr oener vom lebendiga Gott abfällt.
13Vrmahnat anander äll Dag, solang wia
s no *haet* hôeßt, dass koener hartherzig
wird durch d Vrführong zor Sünd. 14Da
Åtôel am Messias kriagat mr nämlich
bloß, wa'mr bis ans End durchhaltat
ond en dr Zuavrsicht bleibat, mô mr
von Åfang å ghet hent. 15Wann s hôeßt:
Wann r doch bloß sae Stemm höra
dätat! Dent doch et eure Herza vrhärta,
wia selligsmål en Meriba. 16Wer send
denn dia gwea, mô ghört hent ond
aufbegehrt? Send des et älle dia gwea,
mô mit am Mose von Ägypten raus
send? 17*Ond über de wehle håt r sich*
vierzg Jåhr ärgera müaßa? Send des et
dia gwea, mô sich vrsündigt hent ond
dene ihre Boener en dr Wüste liegat?
18Ond de wehle håt r gschwora, *dass se*
auf gar koen Fall en sae Ruah aeganga
därfat, wann et dene, mô et gfolgt hent?
19Då drå seahnat mr doch, dass dia wega
ihram Oglaoba *et naekomma send.*

Zom Vrgleicha: *Vers 7-11:* Ps 95,7-11 • *Vers 15:* Ps
95,7f • *Vers 17:* Num 14,29.

Am Herrgott sae Wort ischd a Vrsprecha: 4 1-13

4 Laß also des onser Sôrg sae, dass
ebber von euch zrückbleiba könnt,
solang des Vrsprecha no ausstôht, *dass*
mir en sae Ruah aeganga därfat. 2Ons
ischd nämlich s gleiche Evangeliom
vrkündigt wôra wia dene (de Israelita),
aber dene håt s nex gnützt, weil se s
Wort zwår ghört, aber et mit am Glaoba
vrbonda hent. 3Mir, dia mô glaebig wôra
send, kommat nämlich en dui Ruah nae,
wian r s gsaed håt: *Drom han e mr em*
Zôrn gschwora: Dia solle bei mir koe
Ruah et fenda, (Ps 95,11) obwohl ällas
seit dr Grondlegong von dr Welt fertig
gwea ischd. 4D Schrift saed nämlich
oemats über da siebta Dag des: *Dr*
Herrgott håt am siebta Dag ausgruaht
von saene ganze Werk; 5ond an dera
Stell weiter: *Dia solle bei mir koe Ruah*
et fenda.
6Sbleibt also drbei, dass a paar naekommat
ond dia, dene mô s Evangeliom zersta
vrkündigt wôra ischd, et naekommat
wega ihram Ogehorsam. 7Drom setzt r
nômål an Dag fest: *Haet* - ond r spricht
nach so r a langa Zeit durch da David:
Haet ischd s Zeit zom erkenna, was
ER duat! Wann r doch bloß sae Stemm
höra dätat! Dent doch et eure Herza
vrhärta.
8Wann s nämlich dr Josua schao zor
Ruah bråcht hätt, nå dät r (Gott) et vo
ma andera Dag drnåch reda. 9Also bleibt
am Herrgott saem Volk a Sabbatruah
übrig. 10Weil der, mô naekommt en sae
Ruah, der kå ao wia dr Herrgott von
saem Schaffa ausruah. 11Gebat mr ons
also Müah, *en sella Ruah naezkomma*,
dass et oener durch s gleiche Beispiel
vom Ogehorsam omfällt.
12**Am Herrgott sae Wort ischd nämlich**
lebendig ond wirksam ond schärfer

**als wian a zwôeschneidigs Schwert,
des drengt durch bis zor Trennong
von Seel ond Gaest, von Glenk bis ens
Mark ond s ischd fähig, zom urtôela
über s Denka ond über des, was en de
Herza romgôht.** [13]Vôr dem bleibt koe
Gschöpf vrbôrga, då leit ällas nackat
ond blutt vor dem saene Aoga, dem mô
mir Rechaschaft schuldig send.

Zom Vrgleicha: *Vers 1:* Ps 95,11 • *Vers 3:* Ps 95,11 • *Vers 4:* Gen 2,2 G • *Vers 5:* Ps 95,11 • *Vers 7:* Ps 95,7f • *Vers 10:* Ps 95,11; Gen 2,2 G • *Vers 12:* Weish 18,15f.

DR MESSIAS ISCHD DR WAHRE HOHEPRIASTER EM NEUA BUND: 4 14 - 10 18

S Amt vom Hohapriaster: 4 14 - 5 10

[14]Mir hent also an graoßa Hohapriaster,
der håt älle Hemmel durchschritta, da
Jesus, am Herrgott saen Soh, drom laß
ons fest em Bekenntnis bleiba. [15]Mir
hent jå koen Hohapriaster, der koe
Vrständnis hätt für onsere Schwachhaeta,
sondern oen, der mô genaoso wia mir de
Vrsuachonga ausgsetzt gwea ischd, aber
eba et gsündigt håt. [16]Laß ons also mit a
ma herzlicha Zuatraua zom Gnadathron
nôganga, dass mr Barmherzigkaet ond
Gnade fendat ond ons nå rechtzeitig
gholfa wird.

5 A jeder Hohepriaster, mô von
Menscha kommt, wird für d Menscha
aegsetzt für s Vrhältnis zom Herrgott,
dass r Gaba ond Opfer darbrengt für d
Sünda. [2]Der muaß Vrständnis aufbrenga
für dia, mô nex wissat ond für dia, mô
em Irrtom gfanga send, weil r selber jå
ao saene Schwächa håt. [3]Drom muaß
der für sich selber gradso Sündopfer
darbrenga wia für s Volk. [4]Ond selber kå
sich koener dui Würde nemma, sondern
der wird von Gott drzua beruafa, wia dr
Aaron. [5]So håt sich ao dr Messias et selber
d Würde vom Hohepriasteramt vrlieha,
sondern der, mô zon am gredat håt: *Du
bist mae Soh, i selber han de haet zeugt!*
[6]Wian r ao an ra andera Stell saed: *Du
bist a Priaster auf emmer, genao so wia
dr Melchisedek!* [7]Der håt en dene Däg,
môn r als Mensch auf dr Erde glebt håt,
onter Träna betat ond laut den ågfleht,
môn an hätt retta könna vom Daot.
Ond r ischd wega saener Ehrfurcht vôr
Gott ao erhört wôra. [8]Obwohl r dr Soh
ischd, håt r durch des, was r håt leida
müaßa, da Gehorsam glernt [9]ond môn
r vollendat gwea ischd, ischd r für älle,
môn am gehorsam send, dr Urheber
vom ewiga Hael wôra, [10]ond vom
Herrgott *a Priaster auf emmer genao so
wia dr Melchisedek* ghôeßa wôra.

Zom Vrgleicha: *Vers 4,15:* Mt 4,1-11 • *Vers 16:* 10,22 • *Vers 5,3:* Lev 9,7 • *Vers 5:* Ps 2,7 • *Vers 6:* Ps 110,4 • *Vers 7:* Mt 26,37f; Mk 14,33f • *Vers 8:* Phil 2,8 • *Vers 9:* Jes 45,17 G • *Vers 10:* Ps 110,4.

D Gemaende ischd schwach: 5 11 - 6 12

[11]Då hätte mr no viel drzua zom
saga, aber des ischd schwierig euch
vrständlich z macha, weil ihr tollaohrat
wôra send. [12]Aegentlich müaßtat ihr en
dera Zeit schao lang Lehrer sae, aber ihr
brauchat emmer no ebber, mô euch d
Grondbegriff vom Herrgott saem Wort
beibrengt. Flaschakender send r wôra,
weil r ebbas Fests no et beißa könnat.
[13]Schliaßlich ischd a jeder ofähig, mô
no Milch braucht, zom d Red von dr
Gerechtigkaet vrstanda, weil r ischd
wian a Kend. [14]Aber dia, mô erwachsa
send, brauchat a festa Nahrong, dene
ihr Senn ischd drå gwöhnt zom Guat
ond Baes onterschôeda.

6 Drom le'mr amål d Grondbegriff
vom Messias saene Lehra beiseit ond
befassat ons mit dr Lehr für Erwachsene,

ohne dass mr nômål d Grondlaga durchnemma müaßat: vom Omdenka weg von de daote Werk ond mit am Glaoba an Gott, [2]de Lehra von dr Taof, vom Händauflega ond dr Auferstehong von de Daote ond am ewiga Gericht. [3]Des de'mr ao nå, wann s Gott zualäßt.

[4]S ischd nämlich et möglich, dia mô schao amål erleuchtat wôra send ond de hemmlischa Gaba vrschmeckt ond an Åtoel am Haeliga Gaest kriagt hent, [5]dia, mô s guate Wort vom Herrgott ond dia Kräft von dr zuakünftiga Welt kennaglernt hent [6]ond nå oenaweg abgfalla send, dass mr dia nômål zor Omkehr brengt, weil dia am Herrgott saen Soh für sich selber nômål kreuziga dent ond so zom Gspött machat. [7]Wann dr Ackerboda den Rega, mô emmer wieder auf an ronterfällt, tronka ond Nutzpflanza für dia bråcht håt, mô an grad wega dem åbaut hent, nå kriagt r saen Åtôel am Sega von Gott. [8]Brengt r aber bloß Dôrna ond Distla, nå taogt r nex ond stôht onter am Fluach ond wird am End vrbronnt.

[9]Em Blick auf euch, liabe Brüader, se'mr drvo überzeugt, dass s om euch besser stôht ond ihr euran Åtôel am Hael hent, ao wa'mr so gredat hent. [10]Gott ischd nämlich et so ogerecht, dass r vrgessa dät, was ihr schao Guats dao hent ond euer Liebe, môn r für saen Nåma onter Beweis gstellt hent, môn r für de Haelige dågwea send ond emmer no dåsend. [11]Mir möchtat aber, dass a jeder von euch da gleicha Eifer an da Dag legt bis sich d Hoffnong am Ziel ganz erfüllt, [12]dass ihr mr et faul werat, sondern dene nåcheiferat, mô durch ihran Glaoba ond ihr Geduld Erba send von de Vrhaeßonga.

Zom Vrgleicha: *Vers 5,12-14:* 1Kor 3,1-3 • *Vers 6,7:* Gen 1,11f • *Vers 8:* Gen 3,17f.

A zuavrlässiga Vrhaeßong: 6 13-20

[13]Mô Gott nämlich am Abraham d Vrhaeßong geba håt, ischd koe Graeßerer dågwea, bei dem môn r hätt schwöra könna, drom håt r bei sich selber gschwora, [14]ond gsaed: *I will de segna - ond daene Nåchkomma ozählig macha* [15]ond so håt r durch sae geduldigs Ausharra d Vrhaeßong gschenkt kriagt. [16]D Menscha schwörat nämlich bei a ma Graeßera, dass neamerd maeh ebbas gega se saga kå. [17]Drom håt sich Gott mit a ma Eid vrbürgt, weil r ganz klar håt zaega wölla, dass sae Ratschluß et ens Wanka kommt dådrüber, wer d Vrhaeßong erbt. [18]So sotte mir ao durch zwôe owandelbare Tatsacha, bei dene, mô Gott omöglich gloga håt, an starka Trost han, weil mr onser Zuaflucht dådrae gsetzt hent, dass mr ons an dui Hoffnong klammerat, mô ons åbota wôra ischd. [19]Dui Hoffnong hent mir wia an festa ond sichera Anker für onsere Seela, *der mô bis henter da Vôrhang (vom Haeligtom) naelangt,* [20]då isch dr Jesus für ons als Vôrlaefer naeganga, weil r *a Priaster auf emmer, genao so wia dr Melchisedek* wôra ischd.

Zom Vrgleicha: *Vers 13:* Gen 22,16 • *Vers 14:* Gen 22,17 • *Vers 19:* Lev 16,2.12 • *Vers 20:* Ps 110,4.

Dr Messias ond d Priaster vom alta Bund: 7 1 - 8 13

Dr Melchisedek ond d Levita: 7 1-10

7 *Seller Melchisedek, König von Salem ond Priaster von Gott, am Allerhöchsta, ischd am Abraham entgegaganga, môn r von saem Schlag gega dia König zrückkomma ischd ond håt an gsegnat.* [2]Ond dr Abraham *håt am da Zehnta von ällam geba*; oenerseits hôeßt dem sae Nåma übersetzt: König dr Gerechtigkaet, ond andererseits ao: *König von Salem,* des hôeßt:

Friedenskönig. [3]Der håt koen Vadr ond
koe Muader ond ao koen Stammbaom,
mr wôeß koen Geburtsdag ond koen
Dag, môn r gstôrba ischd, mr kån an
als a Abbild vom Herrgott saem Soh
ågucka, so bleibt r a *Priaster für emmer.*
[4]Guckat no, wia graoß der ischd, dem
mô sogar dr Stammvadr Abraham *da
Zehnta* von de Erstleng geba håt. [5]Zwår
hent ao dia vom Levi saene Söh, mô s
Priasteramt übernomma hent, s Recht,
zom *da Zehnta* aefordera vom Volk, des
hôeßt von ihre Brüader, obwohl dia vom
Abraham abstammat. [6]Aber der, mô sae
Abstammong et von en herlôetat, håt
vom Abraham *da Zehnta* gnomma ond
den gsegnat, der mô d Vrhaeßong håt.
[7]Ohne Zweifel wird aber dr Grengere
vom Haechera gsegnat. [8]En dem Fall
kriagat sterbliche Menscha da Zehnta,
aber sell oener, für den mô zeugt wird,
dass r lebt. [9]So ischd ao dr Levi, der mô
s Recht auf da Zehnta ghet håt, vom
Abraham mit am Zehnta belegt wôra,
[10]weil der no bei saem Vadr en de Lenda
gwea ischd, *môn r am Melchisedek
begegnat ischd.*

Zom Vrgleicha: *Vers 1:* Gen 14,17-20 • *Vers 3:* Ps 110,4 • *Vers 4:* Gen 14,20 • *Vers 5:* Num 18,21 • *Vers 10:* Gen 14,17.

Dr Messias ond d Levita: 7 11-24

[11]Wär also d Vollendong durch s
levitische Priastertom komma, aufgrond
von dem håt doch s Volk s Gsetzt
kriagt, zo was wär s nå no naedig, dass
a anderer *nach dr Art vom Melchisedek
als Priaster aegsetzt* ond et nach dr
Ordnong vom Aaron vôrgschlaga wird?
[12]Wann nämlich s Priastertom vränderat
wird, na muaß mr ao s Gsetz ändera.
[13]Weil der, von dem des gsaed wird, ghert
zo ma andera Stamm, ond von dem håt
no koener ebbas mit am Altar zom doa
ghet. [14]S ischd jå ganz offasichtlich, dass
onser Herr aus am Stamm Juda komma
ischd, ond von dem Stamm håt dr Mose
em Blick auf Priaster nex gsaed.
[15]Ond no viel deutlicher wird des, wann
no a anderer Priaster aegsetzt ond mit
am Melchisedek gleichgstellt wird, [16]der
mô des et nach am Gsetz vo'ma irdisch-menschlicha
Gebot wôra ischd, sondern
aus dr Kraft vom ozrstörbara Leba.
[17]S wird nämlich bezeugt: *Du bist a
Priaster auf emmer, genao so wia dr
Melchisedek!* [18]Dådrmit ischd s frühere
Gsetz aufghoba, weil s schwach gwea
ischd ond nex taogt håt. [19]Durch
s Gsetz ischd nämlich gar nex zor
Vollendong komma, dådrfür wird a
bessera Hoffnong aegführt, dui brengt
ons Gott näher. [20]Des gschieht et ohne
an Eid, de andere send nämlich ohne
an Eid Priaster wôra. [21]Aber der ischd
Priaster wôra durch an Eid von dem,
der mo zon am gsaed håt: *Dr Herrgott
(Jahwe) håt gschwora, ond s reut an et:
Du bist a Priaster auf emmer.*
[22]So ischd dr Jesus zom Bürga für an
viel bessera Bund wôra. [23]Von dene
send nachananderr no viele Priaster
wôra, weil s dr Daot drå henderat zom
bleiba. [24]Aber dem sae Priastertom ischd
owandelbar, weil r *bis en d Ewigkaet*
bleibt.

Zom Vrgleicha: *Vers 11:* Ps 110,4 • *Vers 17:* Ps 110,4 • *Vers 21:* Ps 110,4 • *Vers 24:* Ps 110,4.

Dr Messias ischd dr vollkommene Priaster: 7 25-28

[25]Drom kån r ao bis ans End dia retta,
mô durch ehn zo Gott kommat, weil er
für emmer lebt ond für dia aetreta kå.
[26]A sotter Hohepriaster ischd für ons
naedig, der mô haelig ond frei von ällem
Baesa, oschuldig ond abgsondert von
de Sünder ond haecher ischd als wia dr
Hemmel. [27]Der mô s et äll Dag naedig håt,
zerst amål für saene aegene Sünda Opfer
darzombrenga, wia d Hohepriaster, ond
nå erst für s Volk, des håt r nämlich oe

für älle Mål dao, môn r sich selber (als Opfer) darbråcht håt. [28]s Gsetz macht nämlich Menscha zo Hohepriaster, mô ihre Schwachhaeta hent; Aber des Wort, mô onter Eid erst nach am Gsetz gsaed wôra ischd, setzt *da Soh ae*, der mô *für d Ewigkaet* vollendat ischd.

Zom Vrgleicha: *Vers 27:* Lev 16,6.15 • *Vers 28:* Ps 2,7; 110,4.

Dr Messias stôht für da neua Bund: 8 1-13

8 D Haoptsach von dem, was zom saga ischd: Mir hent an Hohepriaster, der mô *auf dr rechta Seite* von dr hemmlischa Majestät *Platz gnomma* håt, [2]als Diener am Haeligtom ond *am wåhra Zelt, mô dr Herr aufgrichtat håt* ond et a Mensch. [3]A jeder Hohepriaster wird nämlich aegsetzt zom Gaba ond Opfer darbrenga, ond drom ischd s naedig, dass ao der ebbas håt zom Darbrenga. [4]Wann r jetzt auf dr Erde wär, nå wär r et amål a Priaster, weil dia jå schao då send, mô nach am Gsetz d Gaba darbrengat. [5]Denn ihr Denst ischd bloß a Beispiel ond Schatta für hemmlische Sacha, wia jå dr Mose ao, môn r s Zelt håt vollenda wölla, d Åweisong kriagt håt: *Sieh zua, dass da ällas so machst, wia da s auf am Berg gseha håsch.* [6]Aber jetzt håt r a viel wichtigers Amt kriagt, en dem Maß, wian r ao dr Mittler vo ma bessera Bund ischd, der mô aufgrond von bessere Vrhaeßonga gsetzlich aegrichtat wôra ischd.

[7]Wär nämlich dr erste Bund tadellos gwea, nå briecht mr für an zwôeta koen Platz. [8]Gott spricht nämlich an Tadel über se aus, wann r saed: *Guck, s kommat Zeita, då will e mit am Haus Israel an neua Bund aufrichta,* [9]*et wia den Bund, môn e mit ihre Vädr gmacht han an dem Dag, môn e s an dr Hād gnomma han, zom se aus am Land Ägypten nauslôeta; dia hent sich nämlich et an maen Bund ghalta ond i han me nemme om s kümmerat,* spricht dr Herr. [10]*Des ischd nämlich der Bund, den môn e mit am Haus Israel nach selle Däg schliaßa will,* spricht dr Herr: *I will maene Gsetz dene en da Senn lega ond en ens Herz schreiba, ond i will ihr Gott sae, ond dia sollat mae Volk sae.* [11]*Nå will ao koener maeh saen Mitbürger ond a jeder saen Bruader belehra wölla ond saga: Erkenn da Herra! Nå kennat mi nämlich älle vom Kloensta bis zom Graeßta bei nen,* [12]*weil i nämlich gnädig ben geganüber dene ihre Ogerechtigkaeta ond an ihre Sünda will e gar nemme denka.*

[13]Endem r nämlich vo ma neua Bund spricht, håt r da alta für vraltat erklärt. Was aber alt ond greisahaft wôra ischd, des ischd am Ontergang gweiht.

Zom Vrgleicha: *Vers 1:* Ps 110,1 • *Vers 2:* Num 24,6 G • *Vers 5:* Kol 2,17; Ex 25,40 • *Vers 8-12:* Jer 31,31-34 G.

Dr Messias ond d Priaster vom Alta Bund: 9 1 - 10 18

Dr Opferdenst em Alta Bund: 9 1 10

9 Dr erste Bund håt zwår ao a Kultordnong ond s irdische Haeligtom ghet. [2]A Zelt ischd nämlich aufbaut wôra, då ischd em vôrdera Tôel dr Leuchter ond dr Tisch mit de aufglegte Schaobrot, was s Haelige ghôeßa wird. [3]Ond henter am zwôeta Vôrhang a Zelt, des ischd s Ällerhaeligste gwea, [4]då ischd a goldener Raecheraltar gstanda ond d Truhe mit de Gsetzasvôrschrifta, mô rengsrom mit Gold vrklôedat gwea ischd, då ischd der goldene Kruag mit dem Manna dren gwea ond am Aaron sae Stab, der mô wieder austrieba håt ond d Gsetzastafla. [5]Obadrüber d Keruba als Symbol für d Gegawart vom Herrgott, dia hent d Sühneplatt überschattat, aber då brauchat mr jetzt et em Oenzelna

drauf aeganga.
[6]So ischd des ällas aegrichtat, ens
vôrdere Zelt gangat d Priaster emmer
nae, zom ihran Kultdenst vrrichta,
[7]ens zwôete Zelt gôht oemål em Jåhr
dr Hohepriaster alloe nae, aber et ohne
des Bluat, môn r für de aegene ond für
d Vrfehlonga vom Volk darbrengt. [8]Mit
dem zaegt dr Haelige Gaest å, dass dr
Weg ens Haeligtom no et offabart wôra
ischd, solang s vôrdere Zelt saen Bestand
håt. [9]Des ischd nämlich a Beispiel für de
gegawärtig Zeit, nachdem werat Gaba
ond Opfer darbråcht, dia könnat aber
den, der mô da Kultdenst vrrichtat,
em Gwissa et vollkomma macha. [10]Då
gôht s bloß om Speisevôrschrifta ond
Getränkeordnonga ond vrschiedene
Waschonga ond irdisch-menschliche
Satzonga, dia mô bis zor Zeit von dr
richtiga Ordnong auferlegt wôra send.

Zom Vrgleicha: *Vers 1f:* Ex 25,23.30f • *Vers 3:* Ex 26,33 • *Vers 4:* Ex 16,33; Num 17,25 • *Vers 7:* Ex 30,10.

Am Messias sae aenmaligs Opfer:

9 11-28

[11]Dr Messias ischd aber als a Hohepriaster
über de zuakünftige Güater komma
durch des graeßere ond vollkommenere
Zelt, des mô et mit Menschahänd gmacht
wôra ischd ond et von dera Schöpfong,
[12]ao et durch s Bluat von Böck ond
Kälbla, sondern durch sae aeges Bluat
ischd r oe für ällemål naeganga en s
Haelige ond håt so a ewiga Erlösong
gwonna. [13]Wann nämlich schao s Bluat
von Böck ond Stier ond d Äscha von r
a jonga Kuah dia, mô oraen wôra send
haeligt, wa mr se drmit ågsprenzt, dass
se durch des raen werat, [14]om wiaviel
maeh raenigt s Bluat vom Messias onser
Gwissa von daote Werk, mô der sich
doch selber durch da ewiga Gaest ohne
Tadel vôr Gott darbråcht håt, dass mir
am lebendiga Gott diena könnat.
[15]Ond deswega ischd r dr Mittler vo ma
neua Bund, weil sae Daot gscheha ischd
zor Erlösong von de Übertretonga en dr
Zeit vom ersta Bund ond de Beruafene d
Vrhaeßong vom ewiga Erbtôel kriagat.
[16]Mô nämlich a Testament ischd,
muaß nåchgwiesa wera, dass der, mô s
Testament vrfüagt håt, ao gstôrba ischd.
[17]A Testament gilt erst em Todasfall,
solang der, mô s vrfüagt håt no lebt, gilts
nämlich no et. [18]Drom ischd ao dr erste
Bund et ohne Bluat gstiftat wôra. [19]Mô
nämlich älle Åweisonga vom Mose saem
Gsetz am ganza Volk vrkündigt gwea
send, håt dr Mose s Bluat von Kälber
ond Böck gnomma mit Wasser ond håt
mit r a scharlachraota Wolla ond Ysop
(an Wedel gmacht) ond s Gsetzbuach
selber ond s ganz Volk drmit ågsprenzt
[20]ond gsaed: *Guckat her, des ischd s Bluat
von dem Bund, den mô dr Gott Jahwe
mit euch gschlossa håt.* [21]Ao s ganze Zelt
ond älle Kultgegaständ håt r mit dem
Bluat ågsprenzt. [22]Ond fast ällas wird
nach am Gsetz mit Bluat graenigt, ond
ohne Bluatvrgiaßa gibt s koe Vrgebong.
[23]S ischd also naedig, dass dia Abbilder
von hemmlische Sacha durch dia Mittel
graenigt werat, aber de hemmlische
Sacha selber durch bessere Opfer als
wia dia. [24]Dr Messias ischd nämlich et
en a Haeligtom naeganga, des mô mit
Menschahänd gmacht ischd ond bloß
a Abbild ischd vom wahra Haeligtom,
sondern en da Hemmel selber, zom
vôr am Herrgott saem Gsicht für ons
aezomtreta. [25]Ao et, zom sich selber
emmer wieder als Opfer darbrenga,
so wia dr Hohepriaster äll Jåhr mit
fremdam Bluat ens Haeligtom naegåht.
[26]Sonst hätt r oft leida müaßa seit dr
Grondlegong von dr Welt; jetzt aber
ischd r oemål am End von de Zeita
offabar wôra, zom durch sae Opfer
d Sünd aufheba. [27]Ond wia s für d
Menscha bestimmt ischd, a oezigs Mål

zom sterba, ond nå s Gericht, [28]so ischd ao dr Messias a oezigs Mål darbråcht wôra zom d Sünda von viele auf sich nemma. A zwôets Mål kommt r et wega dr Sünd, sondern zom dia retta, mô auf an wartat.

Zom Vrgleicha: *Vers 11:* 4,14 • *Vers 13:* Num 19,9.17 • *Vers 15:* 7,22 • *Vers 19:* Ex 24,3-8; Lev 14,4; Num 19,6 • *Vers 20:* Ex 24,8 • *Vers 22:* Lev 17,11 • *Vers 28:* Jes 53,12.

D endgültiga Vrsöhnong mit Gott:
10 1-18

10 S Gsetz håt nämlich bloß da Schatta von de zuakünftige Wert ond et s Bild selber von dene Sacha, drom kå s ao durch dia emmer gleiche Opfer, mô darbråcht werat, dia et vollkomma macha, mô vôr Gott tretat. [2]Hätt mr sonst et aufghert mit am Darbrenga (von Opfer), wann dia, mô da Kultdenst laestat, oe für älle Mål raen wôra wäre, weil dia nå gar koe Sündabewußtsaen maeh hätte? [3]Aber durch dia (Opfer) werat se jedas Jåhr an ihre Sünda erennerat. [4]S Blut von Stier ond Böck kå nämlich omöglich d Sünda wegnemma. [5]drom håt r (dr Messias) gsaed, môn r en d Welt raekomma ischd:

Schlachtopfer ond Opfergaba håsch d et wölla, aber d Ohra håsch mr aufgmacht. [6]*Brand- ond Sündopfer håsch d et vrlangt!*

[7]*Nå han e gsaed: Guck, i komm! Em Buach stôht vo mr gschrieba, was e zom doa han: Was du willst, mae Gott, des han e gern, ond daene Åweisonga trag e em Herza.*

[8]Zersta håt r gsaed: *Schlachtopfer ond Opfergaba, Brand- ond Sündopfer håsch d et wölla, ond se gfallat dr ao et,* obwohl doch s Gsetz dia vôrschreibt. [9]Aber nå håt r gsaed: *Guck, i komm! Was du willst, des will e doa.* R hebt also s erste auf, und setzt s zwôete en Kraft. [10]*Aufgrond von dem Willa send mir oe für ällemål ghaeligt durch d Opferdarbrengong vom Messias Jesus saem Leib.*

[11]Jeder Priaster stôht då ond duat äll Dag saen Kultdenst ond brengt emmer wieder de gleiche Opfer dar, obwohl dia niamåls d Sünda vollständig wegnemma könnat. [12]Aber der (dr Messias) håt oe Opfer darbråcht ond *für emmer auf dr rechta Seit vom Herrgott Platz gnomma* [13]*ond wartat seither drauf, bis saene Faend für saene Füaß zom Schemel gmacht werat;* [14]weil r durch oe Opfer dia, mô haelig gmacht werat, zor Vollendong bråcht håt. [15]Då ischd ao dr Haelige Gaest Zeuge drfür, môn r saed:

[16]*Des ischd nämlich der Bund, den môn e mit en nach selle Däg schliaßa will, spricht dr Herr:*

I will maene Gsetz dene en da Senn lega ond en ens Herz schreiba, [17]*ond an dene ihre Ogerechtigkaeta ond an ihre Sünda will e gar nemme denka.*

[18]Mô dia aber vrgeba send, braucht s ao koe Opfer maeh.

Zom Vrgleicha: *Vers 1:* 8,5 • *Vers 5-7:* Ps 40,7-9 G • *Vers 10:* 2,11; 9,28 • *Vers 12:* Ps 110,1 • *Vers 16:* Jer 31,33 G • *Vers 17:* Jer 31,34 G.

DR GLAOBENSWEG: 10 19 - 13 19

S Bekenntnis zor Hoffnong: 10 19-25

[19]Brüader, mir hent also s Recht auf da freia Zuatritt en s Haeligtom durch s Bluat vom Jesus, [20]den neua ond lebendiga Weg håt r ons aufdao durch da Vôrhang, des hôeßt, durch s Opfer von saem Leib. [21]Jetzt, mô mr an graoßa Priaster hent über am Herrgott sae Haus, [22]laß ons nôganga mit a ma aufrichtiga Herza ond en dr

volla Glaobensüberzeugong, em Herza
graenigt vom baesa Gwissa ond am Leib
gwäscha mit klaram Wasser. 23Laß ons
ans Bekenntnis von dr Hoffnong halta
ond et wanka. Der ischd nämlich treu,
mô d Vrhaeßong geba håt. 24Ond laß
ons aufanander aufpassa ond anander
åhalta zor Liebe ond zom Guats doa,
25ond et onsere Vrsammlonga schwänza,
wia des bei etlich zor Gwohnat wôra
ischd, sondern Muat macha drzua, ond
des omso maeh, wian r seahnat, dass dr
graoße Dag näher kommt.

Zom Vrgleicha: *Vers 21:* Sach 6,11f; Hebr 3,6 • *Vers 22:* 9,14.

Warnong vôr am Abfalla: 10 26-31

26Wann mir nämlich vôrsätzlich
sündigat, obwohl mr d Erkenntnis von
dr Wålhat gschenkt kriagt hent, bleibt
ons koe anders Opfer mach übrig für d
Sünda, 27sondern bloß no a schrecklichs
Warta auf s Gericht *ond an Feuereifer,
der mô d Widersacher vrnichta will.*
28Wann ebber s Gsetz vom Mose et
aehält, der stirbt gnadalos *aufgrond von
de Aussaga von zwôe oder drei Zeuga.*
29A wiaviel härtera Stråf vrdient der, mô
da Soh vom Herrgott mit Füaß tritt ond
s Bluat vom Bund für nex achtat, durch
des môn r haelig gmacht wôra ischd ond
da Gnadagaest vrspottat, was moenat r?
30Mr kennat doch den, mô gsaed håt: *D
Rache ischd mae Sach, vrgelta will i!*,
ond zom andera: *Dr Herr richtat sae
Volk selber!* 31Furchtbar ischd s, am
lebendiga Gott en d Händ zom falla.

Zom Vrgleicha: *Vers 26:* 6,4-8 • *Vers 273:* Jes 26,11 • *Vers 28:* Dtn 17,6 • *Vers 29:* Ex 24,8 • *Vers 30:* Dtn 32,35f.

Måhnong zom Ausharra: 10 32-39

32Denkat drå, wia s früher gwea
ischd, nach dem euch d Erleuchtong
komma ischd, wian r då so manchan
Leidenskampf durchgstanda hent, 33mô
se euch zom Tôel gschändat ond plågt
hent, ond auf dr andera Seit hent se euch
mit Vrräter auf oe Stuaf gstellt. 34Ihr
hent mit de Gfangene s Leida tôelt ond
hent euch no drüber gfraet, mô se euch
Hab ond Guat gstohla hent, weil r gwißt
hent, dass euch viel wertvollere Güater
gherat, mô en bleibenda Wert hent.
35**Lent also euer Zuavrsicht et fahra,
weil dui en graoßa Loh en sich håt.**
36Was ihr naedig hent ischd Ausdauer,
dass r doa könnat was dr Herrgott will
ond nå ao kriagat, was r euch vrsprocha
håt. 37*Bloß no a kloes Weile, nå kommt
der, mô komma soll, ond då läßt der sich
et viel Zeit.* 38*Mae Gerechter aber lebt
durch saen Glaoba, wann r aber faeg
ausweicht, des gfällt mr gar et.* 39**Mir
send koene sotte, mô weichat wanns
druf åkommt ond drwega en s Vrderba
gangat, noe, mir send oene mô glaobat
ond dådren s Leba gwennat!**

Zom Vrgleicha: *Vers 34:* 13,3 • *Vers 37:* Jes 26,20; Hab 2,3 G • *Vers 38:* Hab 2,4 G.

De Vädr ihr Glaoba: 11 1 - 12 3

D Urvädr: 11 1-7

11 Dr Glaoba ischd a festa Zuavrsicht
auf des, was mr hofft ond a
Überzeugtsae von dem, was mr et sieht.
2Wega dem (Glaoba) hent d Vôrfahra
a guats Zeugnis ausgstellt kriagt. 3Auf
Grond vom Glaoba erkennat mir, dass
d Weltzeita durch am Herrgott sae
Wort gschaffa wôra send ond so aus
Osichtbaram des entstanda ischd, was
mr sieht.
4Durch saen Glaoba håt dr Abel a bessers
Opfer am Herrgott darbråcht als wia
dr Kain, durch des håt r ao s Zeugnis
ausgstellt kriagt, r sei a Gerechter, weil
r bei saem Opfer a Zeugnis für Gott
abglegt håt ond durch saen Glaoba redat
dr Abel emmer no, obwohl r gstôrba
ischd.

ond da Muat vrlierat r ao et.

Zom Vrgleicha: *Vers 11,23:* Ex 2,2 • *Vers 24:* Ex 2,11f • *Vers 26:* Ps 69,10; 89,51f; Hebr 12,2; 13,13 • *Vers 27:* Ex 2,15 • *Vers 28:* Ex 12,11.13.22f • *Vers 29:* Ex 14,21-31 • *Vers 30:* Jos 6,1-21 • *Vers 31:* Jos 2,11f; 6,17.22-25 • *Vers 33:* Da 6,23 • *Vers 34:* Da 3,23-25 • *Vers 35:* 2Makk 6,18-7,42 • *Vers 37:* 2Chr 24,21 • *Vers 38:* 1Sa 13,6 • *Vers 12,1:* 1Kor 9,24 • *Vers 2:* 2,10; Ps 110,1.

Zom Schluß a paar Måhnonga: 12 4 - 13 19

Dia, mô Gott måg, stellt r onter Kuratel: 12 4-13

4Ihr hent em Kampf gega d Sünd no et
bis auf s Bluat widerstanda. 5Ond r hent
ao vrgessa, was zo euch als Söh zom
euch Muat macha gsaed wôra ischd:
Mae Soh, schätz am Herra sae Erziehong
et z greng ae ond vrzag mr et, wann da
von am zrechtgwiesa wirst.
6*Wen r nämlich måg, den ziagt r ao, ond*
jedan, môn r als Soh ånemmt, haot r
(wann s naedig ischd).
7Haltat s aus, wann r züchtigt werat.
Gott hält euch als saene Kender. Ond
wehler Bua håt von saem Vadr nia oena
hentadrauf kriagt? 8Dätat r et züchtigt
wera, wia s älle gôht, nå wärat r ao
koene richtige Kender, sondern Bastard.
9Außerdem: En onsere leibliche Vädr
he'mr strenge Erzieher ghet, ond vôr
dene he'mr Respekt. Sollat mr ons nå
onseram gaestlicha Vadr et onterordna
ond durch des leba? 10De selle hent ons
für a kurza Zeit nach ihram Guatdünka
zoga, aber er zo dem was für ons guat
ond nützlich ischd, dass mr an Åtôel
kriagat an saener Haeligkaet. 11A jeda
Züchtigong ischd zwår em Aogablich
et zom Fraea, sondern zom traurig sae,
aber für später wirkt se bei dem, mo
dren güabt ischd, als Frücht da Frieda
ond d Gerechtigkaet.
12*Drom reißat euch zsema, lassat d Ärm*
nemme rahanga ond standat auf eure
wôeche Knia nô, 13*ond machat mit eure*
Füaß grade Schritt, dass dr lommaliche
(Fuaß) et vrstaucht wird, sondern
wieder fest.

Zom Vrgleicha: *Vers 5:* Spr 3,11f G • *Vers 73:* Ps 73,14f • *Vers 9:* Num 16,22; 27,16 • *Vers 12:* Jes 35,3; Job 4,3f • *Vers 13:* Spr 4,26 G.

Warnong vôr am Leichtsenn: 12 14-17

14*Strebat eifrig nach am Frieda* mit älle
ond nach dr Haeligong, ohne des sieht
nämlich koener da Herra. 15Passat ao auf,
dass älle mitkommat ond koener vom
Herrgott saener Gnade abfällt, ond *dass*
ao koe bittera Wurzel aufwächst ond
Ofrieda stiftat ond viele vrgiftat. 16Dass
mr koener zuchtlos ischd oder gottlos
wia dr *Esau,* der mô für a oezigs Essa sae
Erstgeburtsrecht vrkaoft håt. 17R wissat
jå, dass r hentadrae vrwôrfa wôra ischd,
môn r da Sega wölla håt; zom Omdenka
håt s nämlich bei dem nemme glangat,
obwohl r des onter Träna wölla håt.

Zom Vrgleicha: *Vers 14:* Ps 34,15 • *Vers 15:* Dtn 29,17 G • *Vers 16:* Gen 25,33f • *Vers 17:* Gen 27,30-40.

De richtig Ehrfurcht vor Gott: 12 18-29

18Ihr send nämlich et an an Berg komma,
den mr ålanga kå ond *von dem Flamma*
nausschlagat ond ens Gwitter ond
donkle Sturmwolka 19*ond Posaonaschall*
ond Stemmagewirr, mô dia drom beta
hent, mô s ghört hent, dass et ao no
an sia a Wort grichtat wera soll. 20Dia
hent s nämlich et ausghalta, was då
ågordnat wôra ischd: *Ao wann a Tier da*
Berg berührt, soll mr s stoeniga. 21Ond
so furchtbar ischd dui Erschaenong
gwea, dass dr Mose gsaed håt: I ben en
d Seel nae vrschrocka ond han zitterat
(wia Espalaob). 22Sondern ihr send auf
da Berg Zion komma ond en d Stadt

vom lebendiga Gott, am hemmlischa
Jerusalem, zo a paar zeahtausad Engel,
zor Festvrsammlong [23]ond Gemaende
von Erstgeborene, mô en de Hemmel
aufgschrieba send, ond zo Gott, am
Richter über älle ond de Gaester von de
vollendate Gerechte [24]ond am Mittler
vom neua Bund, Jesus, ond zom Bluat
von dr Besprengong, des mô besser
spricht als des vom Abel.
[25]Guckat, dass r den et abweisat, der
mô redat. Wann nämlich schao dia et
drvokomma send, mô den abgwiesa
hent, mô auf dr Erde de göttliche
Åweisonga vrkündigt håt, wiaviel maeh
nå mir, wa'mr den abweisat, mô vom
Hemmel her redat. [26]Dem sae Stemm
håt selligsmål d Erde beba lassa, aber
jetzt håt r vrsprocha ond gsaed: *I lass s
nômål beba, aber et bloß auf dr Erde,
sondern ao em Hemmel.* [27]Des *nômål*
deutat drauf nô, dass ällas, was bebt -
weils gschaffa ischd - vrwandlat wird,
dass des, was oerschütterlich feststôht,
bleibt. [28]Laß ons drom, weil mir a
oerschütterlichs Reich kriagat, Gott aus
Dankbarkaet so diena, wian am s gfällt
en äller Scheu ond Ehrfurcht. [29]Onser
Gott ischd nämlich a Feuer, mô ällas
vrzehrt.

Zom Vrgleicha: *Vers 18f:* Ex 19,16-19; Dtn 4,11 • *Vers 19:* Ex 20,19 • *Vers 20:* Ex 19,13 • *Vers 21:* Dtn 9,19 • *Vers 22:* Gal 4,26 • *Vers 24:* 9,15; Gen 4,10 • *Vers 26:* Hag 2,6 G • *Vers 29:* Dtn 4,24; Jes 33,14.

Aufforderong zo a ma echta Christaleba: 13 1-19

13 Bleibat mr en dr brüaderlicha Liebe.
[2]Vrgessat et d Gastfraendschaft!
Då hent nämlich oene Engel als Gäst
aufgnomma, ohne dass se s gwißt hent.
[3]Denkat ao an de Gfangene wia an
Mitgfangene, an dia, mô mißhandelt
werat, wia wann r selber leiblich drbei
wärat. [4]Haltat eure Eha en Ehra ond
s Ehebett sauber; weil Zuchtlose ond
Ehebrecher richtat dr Herrgott. [5]Euer
Lebenswandel soll et von dr Geldgier
bestimmt sae, send zfrieda mit dem, was
r hent. Schliaßlich håt r (Gott) jå selber
gsaed: *I laß de et em Stich ond i gib de
ao et auf.* [6]Drom könnat mr tapfer sae
ond saga: *Dr Herrgott ischd mae Helfer,
drom brauch i koe Angst han, was soll a
Mensch mir doa könna?*
[7]Denkat an dia, mô euch lôetat ond euch
am Herrgott sae Wort vrkundigt hent,
guckat euch gnao å, wia s dene am End
von ihram Leba gôht ond machat s ao so
mit euram Glaoba wia dia. [8]**Jesus ischd dr
Messias gestern ond haet ond drselbig
ao en älle Ewigkaeta.** [9]Lent euch et von
älle mögliche ond fremdartige Lehra
mitreißa. S ischd nämlich guat, dass
durch d Gnade onser Herz fest wird
ond et durch Speisevorschrifta, mô no
koener an Nutza drvo ghet håt.
[10]Mir hent an Altar, von dem därfat dia
et essa, mô em Zelt Kultdenst laestat.
[11]Dia Körper von dene Viecher, *mô ihr
Bluat für s Sündopfer hergeba müaßat,
des mô dr Hohepriaster darbrengt,
werat außerhalb vom Lager vrbrennt.*
[12]Drwega håt ao dr Jesus draußa vôr dr
Stadt leida müaßa, dass r durch sae aeges
Bluat s Volk haeligt. [13]Drom *laß ons
nausganga vôr s Lager* zon am ond sae
Schmach mittraga. [14]Mir hent dåhanna
nämlich koe bleibenda Stadt, sondern
mir suachat de zuakünftig.
[15]Durch ehn laß ons also *jederzeit a Lob-
ond Dankopfer darbrenga*, nämlich *a
Frucht von sotte Lippa*, mô saen Nåma
preisat. [16]Vrgessat et Guats zom doa
ond mit andere zom tôela, sotte Opfer
gfallat Gott nämlich. [17]Folgat dene,
mô euch lôetat ond belehrat ond send
en füagsam, weil dia auf eure Seela
aufpassat ond dådrfür Rechaschaft
ablega müaßat, dass se des mit Fraed
doa könnat ond et mit Seufza, des wär

nämlich für euch zom Schada. [18]Betat für ons. Mir send überzeugt, dass mr a guats Gwissa han könnat, weil mr ons en ällam richtig vrhalta wöllat. [19]Omso drenglicher mach e euch Muat, dass r des dent, dass e euch recht bald wieder zrückgeba wir.

Zom Vrgleicha: *Vers 2:* Gen 18,3; 19,2f • *Vers 3:* 10,34 • *Vers 4:* 1Kor 5,11; 7,2-4; Eph 5,5 • *Vers 5:* 1Tim 6,3-10; Dtn 31,6.8; Jos 1,5 • *Vers 6:* Ps 118,6 G • *Vers 9:* Kol 2,21; 1Tim 1,6f; 4,3; 2Tim 2,14-16; Hebr 9,10 • *Vers 11:* Lev 16,27 • *Vers 12:* Mt 27,33; Joh 19,17 • *Vers 15:* Ps 50,14.23; Hos 14,3 • *Vers 17:* Apg 20,28-31; 1Kor 16,16; 1Petr 5,5 • *Vers 18:* Rö 15,30 • *Vers 19:* Apg 12,5; Rö 15,30.

DR SCHLUSS VOM BRIAF: SEGA OND GRUASS: 13 20-25

[20]Dr Friedensgott aber, der mô *da graoßa Hirta von de Schåf*, onseran Herra Jesus, *durch s Bluat vo'ma ewiga Bund von de Daote raufgführt håt*, [21]der soll euch vôrberaeta en ällam Guata, dass r saen Willa dent ond r en ons des wirkt, was am gfällt durch da Messias Jesus, dem sei d Ehr en älle Ewigkaeta. Amen.

[22]I bitt euch aber, liabe Brüader, lent euch a Wort gfalla, mit dem r gmåhnt werat. I han euch jå ao bloß ganz kurz gschrieba. [23]Des sollat r wissa, dass onser Bruader Timotheus frei glassa wôra ischd; sobald r då ischd, komm e mit am zo euch. [24]Grüaßat älle Gemaendevôrständ ond älle Haelige. Grüaßa lent euch ao dia von Italien. [25]D Gnade sei mit euch älle.

Zom Vrgleicha: *Vers 20:* Jes 63,11; Sach 9,11; 1Petr 5,4; Jes 55,3 • *Vers 21:* Rö ,16,27.

Dr Jakobusbriaf

ÅSCHRIFT OND GRUASS: 1 1

1 Dr Jakobus, am Herrgott ond am
Herra Jesus, am Messias, sae Knecht,
grüaßt dia zwölf Stämm, mô vrstraet
send.

Zom Vrgleicha: *Vers 1:* 1Petr 1,1

DR SENN VON DR VRSUACHONG: 1 2-18

2Fraeat euch, liabe Brüader, wann r
en vrschiedene Vrsuachonga gråtat,
3då erkennat r drbei, dass euer Glaoba
Geduld wirkt, wann r auf d Prob gstellt
wird. 4D Geduld soll zom vollkommena
Werk wera, dass ihr vollkomma
dåstandat ond koe Mangel an euch
ischd.
5Fehlt s aber oem von euch an dr
Weishaet, nå soll r beim Herrgott
drom bitta, der gibt älle gern ond ohne
Hentergedanka, nå wird s am geba. 6R
soll aber em Glaoba drom bitta ond et
zweifla. Weil oener, mô zweiflat, der
ischd wian a Wasserwog em Meer, mô
vom Wend omanandertrieba wird. 7So
oener soll bloß et moena, r dät vom
Herra ebbas kriaga, 8ond zwiespältig,
wian r ischd, ischd r ozuavrlässig en
ällam.
9A Bruader em niedera Stand soll sich
saener hoha Menschawürde rühma,
10aber dr Reiche en saener Niedrigkaet,
weil r wian a Bleamle em Gras vrgôht.
11D Sonn gôht auf mit ihrer Gluathitz
ond tricknat s Gras aus, ond sae Blom
fällt ab ond aus ischd s mit ihrer
Schôhaet. So vrgôht au dr Reiche auf
saene Weg.
12Glückselig ischd der Må, der mô d
Vrsuachong geduldig aushält, wann
der sich nämlich bewährt håt, kriagt
r da Kranz vom ewiga Leba, den
mô Gott dene vrsprocha håt, mô an
mögat. 13Koener, mô en a Vrsuachong
naegråtat, soll bchaopta, Gott hätt an
en d Vrsuachong bråcht. Gott kå mr
nämlich et zom Baesa vrsuacha, ond er
selber vrsuacht ao neamerd. 14A jeder
wird von saener aegena Gier vrsuacht,
mitgrissa ond vrlockt. 15Wann d Gier nå
aufgnomma håt, brengt se d Sünd uf d
Welt, ischd d Sünd nå reif wôra, brengt
se da Daot.
16Dass r euch bloß et irrat, liabe
Brüader! 17A jeda guata Gab ond a jedas
vollkommene Gschenk ischd von oba
her ond kommt vom Vadr saem Licht,
bei dem geit s koe Vränderong oder an
Wechsel en s Donkle nae. 18Weil er s so
wölla håt, send mir durch s Wort von
dr Wåhrat (neu) gebora wôra, dass mr d
Erstleng von saene Gschöpf send.

Zom Vrgleicha: *Vers 3:* 1Petr 1,7 • *Vers 6:* Mt 7,7; 21,21 • *Vers 10:* Jes 40,6f; 1Petr 1,24 • *Vers 12:* Weish 5,16; 1Petr 5,4; Offbg 2,10 • *Vers 13:* Sir 15,11 • *Vers 17:* Mt 7,11 • *Vers 18:* 1Petr 1,23.

MÅHNONGA OND WARNONGA: 1 19 - 5 12

S richtige Höra vom Wort: 1 19-27
19Des sottat r wissa, liabe Brüader:
A jeder Mensch soll schnell sae em
Zuahöra, reda soll r et so schnell, ond

mit am Zôrn soll r sich viel Zeit lassa. [20]Em Zôrn duat dr Mensch nämlich et des, was vôr Gott gerecht ischd. [21]Drom gebat älle osaubere Gedanka ond Boshaftigkaeta auf ond nemmat mit Sanftmuat des Wort å, mô euch aepflanzt wôra ischd ond des mô eure Seela retta kå.

[22]Dent mr s Wort en Tata omsetza, wann r s nämlich bloß hörat, lüagat r euch selber å. [23]Wann ebber nämlich s Wort bloß hört ond et duat, der ischd wian a Mensch, mô em Spiagl sae Gsicht åguckt [24]ond schao em Wegganga wieder vrgessa håt, wian r aussieht. [25]Aber der, mô richtig naeguckt ens vollkommene Gestz von dr Freihaet ond sich naevrtiaft ond sich drå hält, der ischd et bloß a vrgeßlicher Hörer wôra, sondern oener, mô s guate Werk duat, der ischd glückselig en dem, was r duat.

[26]Wann ebber moent, r sei fromm ond ehrfürchtig vôr Gott, aber sae Zong et en dr Gwalt håt, der lüagt sich selber ebbas vôr ond sae Gottesdenst ischd omsonst. [27]A raener ond fleckaloser Gottesdenst vôr Gott, am Vadr, ischd des: Wôesa ond Witwa bsuacha ond ihr Not lendera, ond sich vôr dr Welt sauber halta.

Zom Vrgleicha: *Vers 19:* Sir 5,11 • *Vers 21:* 1Petr 2,1 • *Vers 23:* Mt 7,24.25 • *Vers 25:* Ps 19,8; Rö 8,2.

Wia mr sich gerecht gega jedan vrhalta soll: 2 1-13

2 Maene Brüader, euer Glaoba an onseran Herra Jesus, da Messias, der mô vrherrlicht wôra ischd, soll nex mit Vetterleswirtschaft zom doa han. [2]Wann nämlich en euer Vrsammlong oener raekommt mit goldene Reng an de Fenger ond nach dr neuesta Mode åzoga, ond a Armer, mô sich des et laesta kå ond drwega saene dreckate Arbaetsklamotta åhåt, [3]ond ihr guckat bloß auf den, mô guat åzoga ischd ond sagat zon am: Mach dr s dåhanna bequem, ond zo dem Arma: Stand sell henta nô oder hock då auf mae Schemale nô. [4]Send r nå et onteranander en Widersprüch naegråta ond Richter mit oguate Gedanka? [5]Horchat her, liabe Brüader! Håt Gott et grad de Arme en dera Welt, dia mô aber reich send em Glaoba, als Erba für sae Reich auserwählt, des môn r dene vrsprocha håt, mô an mögat? [6]Aber ihr hent dem Arma sae Ehr gnomma. Send s et grad de Reiche, mô gwalttätig mit euch omgangat ond euch vor d Richter schlôefat? [7]Ond send s et grad dia, mô den guata Nåma vrlästerat, der mô über euch ausgruafa wôra ischd?

[8]Wann r euch aber an s königliche Gsetz haltat: *Du sollst duen Mitmenscha so möga wia de selber,* nå machat r s recht. [9]Wann r aber a Vetterleswirtschaft treibat, des ischd a Sünd, ond s Gsetz überführt euch als Übertreter. [10]Wer nämlich s ganze Gsetz aehält, aber sich gega oe Gebot vrfehlt, der ischd an älle Gebot schuldig. [11]Weil der, mô gsaed håt: *Du sollst dae Ehe et brecha,* der håt ao gsaed: *Du sollst et morda.* Wann da also dae Ehe et brichst, aber ebber ombrengst, nå bist d a Gsetzasübertreter. [12]Drom redat ond handlat so wia dia, mô nach am Gsetz von dr Freihaet grichtat werat. [13]S Gsetz gôht nämlich erbarmongslos mit dem om, mô obarmherzig gwea ischd; aber d Barmherzigaet triomphiert über s Gericht.

Zom Vrgleicha: *Vers 5:* Mt 5,3f; 1Kor 1,26f • *Vers 8:* Lev 19,18 • *Vers 11:* Ex 20,13f.

Glaoba ond doa: 2 14-26

[14]Was nützt des, maene Brüader, wann oener behaoptat, er sei glaebig, aber nex aufzweisat håt an guate Werk? Kå an sae Glaoba nå retta? [15]Wann a Bruader oder a Schwester nex zom åziaga håt ond et amål des håt, was r für da Dag zom

Essa braucht [16]ond oener von euch saed zo nen: Gangat no em Frieda, ziagat euch warm å ond dent euch satt essa, aber gibt am et, was dr Leib braucht, was håt nå des für an Nutza? [17]So ischd s ao mit am Glaoba, wann der koene guate Werk aufweisa kå, nå ischd r für sich selber daot. [18]Saed aber oener: Du håsch an Glaoba ond i han guate Werk aufzomweisa. Zo dem sag e: Zaeg mir daen Glaoba ohne daene Werk, nå zaeg dr i aus maene Werk maen Glaoba. [19]Du glaobst, s gäb bloß oen Gott, då håsch d schao recht drmit, des glaobat d Dämona ao ond zitterat wia Espalaob. [20]Willst d aber et aeseha, å du Hohlkopf, dass dr Glaoba ohne Werk überhaopt nex bewegt? [21]Ischd et onser Vadr Abraham grad wega saene Werk gerecht gsprocha wôra, *weil r saen Bua, da Isaak auf da Altar glegt håt zom an opfera?* [22]Da siehst doch, dass dr Glaoba mit saene Werk oes gwea ischd ond so ischd aus saem Werk dr Glaoba vollendat wôra. [23]So håt sich d Schrift erfüllt, mô s hôeßt: *Ond dr Abraham håt am Herrgott (Jahwe) glaobt, ond des håt r am ågrechnat als Gerechtigkaet.* Ond r ischd *a Fraend vom Herrgott* ghôeßa wôra. [24]R seahnat also: Dr Mensch wird aufgrond von saene Werk gerecht gsprocha ond et bloß alloe wega saem Glaoba. [25]Oder ao d Rahab, a Hur, ischd dui et ao aufgrond von ihre Werk gerecht gsprocha wôra, weil se dia Sendbota bei sich aufgnomma ond auf a ma andera Weg nausglassa håt? [26]So wia nämlich dr Leib ohne da Gaest daot ischd, so ischd ao dr Glaoba ohne Werk daot.

Zom Vrgleicha: *Vers 19:* Dtn 6,4 • *Vers 21:* Rö 4,1; Gen 22,9 • *Vers 23:* Gen 15,6; Jes 41,8.

Dr Zong ihr Gwalt: 3 1-12

3 Liabe Brüader, s wär et guat, wann zviel Lehrer sae wötte, des müaßat r nämlich wissa, dass bei ons Lehrer amål strengere Maßstäb åglegt werat. [2]Mit dem, was mir dent, se mr ao oft drneba. Wann aber oem niamåls a falschs Wörtle rausrutscht, nå ischd des a vollkommener Mensch, weil der sich ganz en dr Gwalt håt. [3]Guck, de Gäul de mr s Zaomzeug ens Maul ond zwengat s, dass se folga müaßat, so lôetat mir da ganza Gaul. [4]Oder guckat d Schiff å, so graoß wia se send ond von starke Wend åtrieba werat, dia loetat mr ao mit a ma kloena Ruader då nô, mô dr Kapitän nô will. [5]So ischd ao onser Zong a kloes Glied, ond kå doch ebbas Graoß årichta. Guck, a ganz kloes Feuerle, des kå da graeßta Wald åzenda. [6]Ond a Zong ischd a Feuer, d Ogerechtigkaet von dr ganza Welt håt dui en sich. So ischd onser Zong onter onsere Gliedmaßa, dui vrsaut da ganza Leib ond zündat onser ganzs Leba å mit am Feuer aus dr Höll. [7]Dr Mensch håt zwår en dr Natur draußa älle Tierla, d Vögel, d Schlanga ond d Fisch bändiga könna; [8]aber sae Zong kå koe Mensch bändiga, dui geit koe Ruah ond ischd a richtiga Giftspritz. [9]Mit dera preisat mir Gott, onseran Vadr, ond mit dera vrfluachat mir Menscha, *dia mô doch nach am Herrgott saem Ebabild gmacht send.* [10]Aus am gleicha Mund kommt Sega ond Fluacha, ond des, maene Brüader, des därf oefach et sae. [11]S kommt doch ao et aus oem Bronnaloch süaß ond salzigs Wasser. [12]Ond, liabe Brüader, draet vielleicht a Feigabaom Oliva oder a Waestock Feiga? Also kå ao a salziga Quell koe Süaßwasser geba.

Zom Vrgleicha: *Vers 9:* Gen 1,26f

D Weishaet von oha: 3 13-18

[13]Wer von euch håt Weishaet ond Vrstand? Der soll saene Werk durch an guata Lebenswandel en r a milda Weishaet zaega. [14]Wann aber eure Herza von bitterer Eifersucht ond Händelsucht ågfressa send, nå gebat

bloß et å ond vrdrehat ao no d Wåhrat. 15Des ischd nämlich koe Weishaet, mô von oba kommt, sondern a ganz ond gar irdischa, oguata ond teuflischa. 16Weil då, mô Eifersucht ond Händelsüchteleia send, då ischd koe Ordnong, aber lauter oguats Zuigs. 17Aber d Weishaet, mô von oba kommt, ischd erstens ehrlich, nå friedlich, fraendlich ond läßt sich ebbas saga, se ischd barmherzig ond duat guate Werk, håt koene Vôrurtôel ond duat et schaehaelig. 18D Frucht von dr Gerechtigkaet wird aber em Frieda gsät für dia, mô sich für da Frieda aesetzat.

Zom Vrgleicha: *Vers 15:* 1,5.17 • *Vers 18:* Hebr 12,11.

Warnong vor am Ofrieda: 4 1-12

4 Mô kommat denn dia Kriag ond dia Streitereia bei euch her? Doch bloß von då, weil en euch selber d Leidaschafta gega anander streitat. 2Ihr send gierig auf ebbas, was r nia kriagat; mörderisch ond eifersüchtig wian r send, erraechat r gar nex. Ihr kämpfat ond führat Kriag ond gwennat nex drmit, weil r et „bitte" saga könnat. 3Ond wann r „bitte" sagat, nå kriagat r ao nex, weil r baese Absichta drbei hent ond s bloß für eure Lompereia zom Fenster nausschmeißa wöllat. 4**Ihr treulosa Bagasch, ischd euch et klar, dass d Fraendschaft mit dr Welt Faendschaft gega Gott ischd?** Wer sich dr Welt åbiederat, der macht sich selber Gott zom Faend. 5Oder moenat ihr, d Schrift sag omsonst: Eifersüchtig paßt r auf den Gaest auf, den môn r en ons håt wohna lassa, 6ond geit doch a no graeßera Gnade? Drom hôeßt s doch grad: *Gott widerstôht de Haochfährige, aber de Demüatige schenkt r Gnade.* 7Füagat euch also en d Ordnonga vom Herrgott ae. Standat fest nô gega da Teufel, nå haot r vôr euch ab. 8Suachat am Herrgott sae Nähe, nå kommt r euch ao näher. Wäschat euch d Händ, ihr Sünder, ond dent eure Herza haeliga, ihr Zwiespältige. 9Zaegat euer Elend en Trauer ond heulat über euch selber! Euer Lacherei soll sich en Trauer vrwandla ond euer Schadafraed en Schwermuat. 10Demüatigat euch vôr am Herra, nå hilft r euch wieder nauf.

11Dent anander nex Baes nåchsaga, Brüader. Der, mô saem Bruader ebbas Baes nåchsaed oder saen Bruader vrurtôelt, der saed am Gsetz ebbas Baes nåch ond vrurtôelt s Gsetz. Wann da aber s Gsetz vrurtôelst, nå handlest d et nach am Gsetz, sondern spielst de als sae Richter auf. 12S ischd bloß oener dr Gsetzgeber ond Richter, nämlich der, mô retta ond vrderba kå. Wer bist nå du, dass da dr rausnemmst, daen Nächsta zom vrurtôela?

Zom Vrgleicha: *Vers 6:* Spr 3,34 G; 1Petr 5,5 • *Vers 7:* 1Petr 5,8f • *Vers 9:* Lk 6,25 • *Vers 10:* 1Petr 5,6.

Warnong vor dr Überheblichkaet: 4 13-17

13Jetzat amål zo euch, mô sagat: Haet oder môrga geh mr en dui oder sella Stadt ond handlat då a Jåhr ond machat Profit - 14drbei wissat r no et amål, wia s môrga om euch stôht. A Raochwölkle send r, des mô mr bloß a kloes Weile sieht ond nå ischd s weg. 15Anstatt dass r sagat: Wann s dr Herr will, nå lebat mr ond dent des oder sell. 16Aber ihr gebat å en euram Übermuat, ond dui ganza Ågeberei ischd a baesa Sach. 17Wer wôeß, môn r Guats doa kå ond duat s et, der sündigt.

Warnong an de Reiche: 5 1-6

5 Jetzat zo euch Reiche: Jåmerat ond heulat über des Elend, mô über euch kommt. 2Euer Reichtom ischd faulig ond eure Klôeder von de Motta vrfressa. 3Euer Gold ond Silber ischd vrrostat, ond ihr Rost ischd a Zeugnis gega euch ond wird euer Flôesch fressa wia s Feuer. Ihr hent bis en de letzte Däg Schätz zsemagrafft. 4Guckat no, dr Loh von dene Arbaeter, mô eure Äcker ag'erntat hent, om den môn r dia nå bråcht hent, der Loh schreit zom Hemmel ond s Gschrôe von dene mô gschafft hent, drengt am Herr Zebaoth en d Ohra. 5Ihr hent auf dr Erde a Leba en Saus ond Braus glebt ond euch beim Schlachtfest volgfressa. 6Da Gerechta hent r vrurtôelt ond ombrâcht, ond der stellt sich et gega euch.

Zom Vrgleicha: *Vers 2f:* Mt 6,19 • *Vers 5:* Jer 12,3; 25,34.

Måhnong zom Ausharra: 5 7-11

7Jetzat hent mr Geduld, bis dr Herr kommt. Guck, dr Bauer muaß ao warta, bis d Erde ihr kostbara Frucht brengt, der wartat geduldig, bis em Früahleng ond em Herbst dr Rega fällt. 8Send ihr ao geduldig ond machat eure Herza stark, dr Herr kommt nämlich bald. 9Stöhnat et gega anander, dass r et vrurtôelt werat! Guckat, dr Richter stôht schao vôr dr Tür. 10Nemmat euch d Profeta zom Vôrbild, wia dia geduldig ihr Leida traga ond drbei em Herra saem Nåma gredat hent. 11Guck, mir preisat dia glückselig, mô geduldig ausgharrt hent. Ihr hent vom Hiob saener Geduld ghört ond wia s dr Herr håt ausganga lassa, ond wia s am Herra lôed dao håt ond wia barmherzig r ischd.

Zom Vrgleicha: *Vers 9:* Mt 7,1f; Mk 13,29 • *Vers 11:* Job 42,10-17; Ps 103,8; 116,5.

Warnong vôr am Schwöra: 5 12

12Vôr ällam, liabe Brüader, schwörat nia, weders beim Hemmel, no bei dr Erde oder sonst an Eid. Euer Ja muaß a Ja sae ond euer Nein a Nein, dass r et am Gricht vrfallat.

Zom Vrgleicha: *Vers 12:* Mt 5,34-37.

D MACHT VOM VRTRAUENSVOLLA GEBET: 5 13-18

13Wann s oem von euch schlecht gôht, nå soll r beta! Goht s oem guat, nå soll r Lobliader senga! 14Ischd oener von euch krank, nå soll r de Älteste von dr Gemaende ruafa lassa, dia sollat über am beta ond an em Nåma vom Herra mit Öl salba. 15Ond a glaebigs Gebet macht den Kranka gsond ond dr Herr läßt an wieder aufstanda; ond wann r gsündigt håt, wird am vrgeba. 16Dent also anander eure Sünda beichta ond betat für anander, dass r gsond werat. S Gebet vo'ma Gerechta kå viel ausrichta. 17Dr Elija ischd a Mensch gwea wia mir, der håt betat, dass s et regna soll, ond s håt drei Jåhr ond sechs Monat et gregnat. 18Môn r wieder betat håt, nå håt s dr Hemmel regna lassa ond d Erde håt wieder Frucht spriaßa lassa.

Zom Vrgleicha: *Vers 17f:* 1Kö 17-18; Lk 4,25.

D VRANTWORTONG FÜR AN BRUADER, DER MÔ EN GFAHR ISCHD: 5 19-20

19Maene Brüader, wann oener von euch von dr Wåhrat abirrt ond ebber brengt an drzua, dass r wieder auf da rechta Weg kommt, 20nå därf r wissa, dass der, mô an Sünder von saem Irrweg abbrengt, der rettat dem sae Seel vom Daot ond deckt a Menge von Sünda zua.

Zom Vrgleicha: *Vers 20:* Spr 10,12; 1Petr 4,8.

Dr Judasbriaf

ÅSCHRIFT OND GRUASS: 1-2

[1]Judas, am Messias Jesus sae Knecht ond Bruader vom Jakobus, an dia Beruafene, mô dr Gottvadr måg ond mô für da Messias Jesus bestimmt send: [2]Barmherzigkaet für euch, ond Frieda ond Liebe sollat emmer maeh bei euch wera.

Zom Vrgleicha: *Vers 1:* Jak 1,1 • *Vers 2:* 2Petr 1,2.

WARNONG VÔR IRRLEHRER: 3-16

Falsche Lehrer tretat auf: 3-4

[3]Liabe Brüader, s ischd mr arg wichtig, dass e euch viel über onser Rettong schreib, aber s ischd ao naedig, euch Muat z macha, dass r kämpfat für euran Glaoba, der mô euch von de Haelige oe für älle Mål überlieferat wôra ischd. [4]Då hent sich nämlich a paar Leut aegschlicha, mô schao lang auf dr Liste für s Gericht standat: Gottlose, mô onseram Gott sae Gnade en Ausschwôefonga vrdrehat ond onseran oenziga Herra, da Messias Jesus vrlaegnat.

Zom Vrgleicha: *Vers 3-16:* 2Petr 2,1-22 • *Vers 3:* 1Tim 1,18 • *Vers 4:* Gal 2,4.

De Irrlehrer droht s Gericht: 5-7

[5]I will euch aber drå erennera, obwohl r des jå ällas wissat, dass dr Herr zom oena s Volk aus am Land Ägypten grettat håt, zom andera aber dia ombråcht håt, mô et glaobt hent. [6]Ond dia Engel, mô sich ihr Herrscherwürde et bewahrt hent ond ihre aegene Häuser vrlassa hent, dia håt r für s Gericht am graoßa Dag mit ewige Fessla dronta em Donkla vrwahrt. [7]Wia Sodom ond Gomorra ond dia Städt rengsrom, mô genau so wia dia Ozucht trieba hent, sogar mit Viecher, so send dia ao a Beispiel für de ewige Feuerstråfa.

Zom Vrgleicha: *Vers 5:* 2Petr 1,12 • *Vers 6:* Gen 6,1-4 • *Vers 7:* Henochbuch 6,1-7; 10,4-6; Gen 19,4-11.23-25.

De Irrlehrer ihr Weg: 8-16

[8]So send ao dia Traomtänzer, dia machat sich selber dreckat, se duldat koe Autorität über sich ond lästerat sogar d Herrlichkaeta. [9]Aber dr Erzengel Michael, mô der mit am Teufel gstritta ond an heftiga Wortwechsel ghet håt wega am Leichnåm vom Mose, håt r sich et traut, da Teufel zom vrdamma, sondern r håt bloß gsaed: *Dr Herr soll de stråfa!* [10]Aber dia lästerat auf dr oena Seit über ällas, was se et kennat, ond andererseits, was se auf a natürlicha Art vrstandat wia s ovrnünftige Vieh, då gangat se drå zgrond. [11]Gnad dene; dia send nämlich am Kain saen Weg ganga ond en ihrer Habgier hent se sich en da Irrsenn vom Bileam naereißa lassa ond send em Korach saem Aufruhr omkomma. [12]Des send Schandflecka bei eure Liebesmahl ond dia hent ao koene Hemmonga, zom sich bei euch durchfressa. Dia wôedat sich selber, wia Wolka, mô koen Rega brengat ond vom Wend omanandergfetzt werat, wia agstorbene Baem em Spätherbst ohne Wurzla ond ohne Frücht. [13]Des send wilde Brecher em Meer, mô ihre aegene Schandtata aufschaema lent oder Irrlichterstern, für dia mô de donkelst Finsternis bestimmt ischd.

[14]Über dia håt schao dr Henoch profezeit - dr siebte vom Adam å - môn r gsaed håt: Då, guck, dr Herr kommt mit saene zeahtausende von Haelige, [15]zom über

älle s Gericht halta ond a jeda Seel für ihr Gottlosigkaet zom stråfa ond ihre gottlose Tata, mô se dao hent ond für ihr frecha Gosch, mô se gega an ghet hent als gottlose Sünder. [16]Des send Querköpf, mô mit sich selber ozfrieda send ond lebat, wian en s grad en da Senn kommt, a graoßa Gosch hent se, aber nex drhenter. Wann se sich an Nutza drvo vrsprechat, schlupfat se de Obere henta nae.

Zom Vrgleicha: *Vers 9:* Sach 3,2 • *Vers 11:* Gen 4,3-8; Num 22-24 • *Vers 14:* Henochbuch 1,9.

MÅHNONG ZOR TREUE OND ZOR VRANTWORTONG FÜR SCHWACHE: 17-23

[17]Aber ihr, liabe Brüader, denkat an de Apostl vom Messias ihr Wort, was se euch em vôraus gsaed hent: [18]Am End von dr Zeit geit s Spötter, mô sich von ihrer gottlosa Gier lôeta lent. [19]Des send dia, mô Spaltonga vrursachat, weil se da Gaest vom Herrgott et hent.

[20]Aber ihr, liabe Brüader, gründat euch auf euran hochhaeliga Glaoba ond betat em Haeliga Gaest. [21]Bewahrat euch em Herrgott saener Liebe ond wartat auf onseram Herr Jesus, am Messias, sae Barmherzigkaet zom ewiga Leba. [22]Hent Mitleid mit dene, mô Zweifel hent. [23]De andere dent r retta, reißat se aus am Feuer. Hent Erbarma mit de andere voler Ehrfurcht ond hassat ao des Gwand, mô vo ma Sünder traga wôra ischd.

Zom Vrgleicha: *Vers 17:* 2Petr 3,2 • *Vers 18:* 2Petr 3,3 • *Vers 20:* Kol 2,7 • *Vers 23:* Am 4,11; Sach 3,2.

DR SCHLUSS VOM BRIAF: 24-25

[24]Aber dem, der mô euch vôr am Strauchla bewahra kå ond euch vôr sae Herrlichkaet nôstella kå als Otadelige mit Jubel: [25]am alloeniga Gott, onseram Retter durch das Messias Jesus, onseran Herra, sei Ehr, Majestät, Macht ond Gwalt vôr äller Zeit ond jetzt ond en älle Ewigkaeta! Amen.

Zom Vrgleicha: *Vers 24:* Rö 16,27 • *Vers 25:* 2Petr 3,18.

Am Johannes sae Offabarong

S VORWORT: 1 1-3

1 Offabarong vom Messias Jesus, môn am Gott geba håt, dass r saene Knecht *zaegt*, was *bald passiert*. Ond r håt s saem Knecht Johannes zaegt, zo dem håt r nämlich an Engel gschickt. [2]Der ischd Zeuge für am Herrgott sae Wort ond für am Messias Jesus sae Zeugnis: für ällas, was r gseha håt. [3]Glückselig ischd der, mô vôrliest ond dia, mô auf dia profetische Reda hörat ond des en sich bewahrat, was då dren gschrieba ischd; d Zeit ischd nemme weit.

Zom Vrgleicha: *Vers 1:* Dan 2,28f • *Vers 3:* 14,13; 16,15; 19,9; 20,5; 22,7.14.

DR ÅFANG VOM BRIAF: 1 4-8

[4]Dr Johannes an dia sieba Gemaenda en Asien: D Gnade ond dr Frieda soll mit euch sae, von dem, mô *schao emmer gwea ischd* ond dem, mô kommt ond von de sieba Gaester vôr saem Thron, [5]ond vom Messias Jesus, *dem treua Zeuga, am Erstgeborena von de Daote ond Herrscher über älle König auf dr ganza Erde*. Dem, der mô ons måg ond *ons erlöst håt von onsere Sünda* durch sae Bluat; [6]ond der, mô ons zo ama Königreich gmacht håt, zo *Priaster* für Gott, saen Vadr, dem ghert älla Ehr ond d Macht en älle Ewigkaeta. Amen. [7]*Guck, der kommt mit de Wolka* ond a jedas Aog *sieht an*, *ond dia, môn an durchbôhrt hent. Ond an d Brust klopfa dent sich* älle Volksstämm auf dr Erde. Amen. [8]I ben s Alpha ond s Omega, saed Gott, der, mô ischd ond der, mô schao emmer gwea ischd ond der, mô kommt, dr Allmächtige.

Zom Vrgleicha: *Vers 4:* 1Kor 16,19; Ex 3,14 G • *Vers 5:* Ps 89,38.28; 130,8 • *Vers 6:* 5,10; Ex 19,6; Jes 61,6 • *Vers 7:* Da 7,13; Sach 12,10 • *Vers 8:* Ex 1,14 G.

D SENDSCHREIBA AN D SIEBA GEMAENDA: 1 9 - 3 22

Dr Johannes kriagt an Auftrag: 1 9-20

[9]I, dr Johannes, euer Bruader ond Mittaelhaber en dr Drangsal ond en dr Königsherrschaft ond em geduldiga Ausharra beim Jesus, ben auf dr Insel Patmos gwea weg'am Herrgott saem Wort ond am Zeugnis vom Jesus. [10]Am Herradag håt me dr Gaest packt ond e han henter mr a ganz lauta Stemm ghört wia an Posaonaton. [11]Dui håt gsaed: Schreib ällas, was da siehst en a Buach ond schick s an dia sieba Gemaenda: nach Ephesus, nach Smyrna nach Pergamon, nach Thyatira, nach Sardes, nach Philadelphia ond nach Laodizea.

[12]Nå han e me romdreht, zom dui Stemm ågucka, mô mit mr gredat håt; ond wian e me romdreh, han e sieba goldene Leuchter gseha, [13]ond mittla onter dene Leuchter oen, der håt wian a Mensch ausgseha ond håt a Gwand åghet, mô bis an d Füaß naganga ischd, ond om d Brust håt r an goldena Gürtel ghet. [14]Aber sae Haopt ond *saene Håår send weiß gwea wia Wolla, wia Schnae, ond saene Aoga wian a Feuerflamm* [15]*ond saene Füaß hent glänzt wia Golderz,* mô e ma Schmelzofa glühend gmacht wôra ischd. *Ond sae Stemm håt grauscht wian a Wasserfall.* [16]En saener Rechta håt ra Siebagstirn ghoba ond aus saem Mund ischd a zwôeschneidigs

Schwert rausgfahra ond sae Gsicht håt
gstrahlt wia d Sonn en ihrer Kraft.
[17]Môn e den gseha han, ben e omgfalla
wia daot, vor saene Füaß nô. Aber er håt
sae Rechta auf me glegt ond gsaed: *Jetzt
han amål koe Angst et! I ben dr Erste
ond dr Letzte* [18]ond dr Lebendige, i ben
daot gwea ond guck, lebendig ben e bis
en älle Ewigkaeta, ond i han d Schlüssel
vom Daot ond vom Daotareich.
[19]Schreib jetzat, *was da gseha håsch ond
was ischd ond was drnåch no gschieht.*
[20]S Gehaemnis von dem Siebagstirn,
mô da en maener Rechta gseha håsch,
ond dia sieba goldene Leuchter: Dia
sieba Stern send d Engel von dene sieba
Gemaenda ond dia Leuchter send dia
sieba Gemaenda.

Zom Vrgleicha: *Vers 10:* Apg 20,7; 1Kor 16,2 • *Vers 11:* 1Kor 16,19; Offbg 2,1-7.8-11.12-17.18-29; 3,1-6.7-13.14-22 • *Vers 13:* Da 7,13; Ez 9,2.11 G; Da 10,5 • *Vers 14:* Da 7,9; 10,6 • *Vers 15:* Ez 1,24; 43,2 • *Vers 16:* 2,1; Ri 5,31 • *Vers 17:* Jes 44,2.6; Offbg 2,8; 22,13 • *Vers 18:* Hos 13,14 • *Vers 19:* Da 2,29.

An d Gemaende en Ephesus: 2 1-7

2 Am Engel von dr Gemaende
Ephesus schreibst: Des saed der, mô
s Siebagstirn en saener Rechta håt ond
mittla onter de sieba Leuchter wandlat:
[2]I wôeß om daene Tata ond dae Müah
ond dae Ausdauer, ond dass da oguate
Sacha et aushalta kåsch. Du håsch
dia auf d Prob gstellt, mô sich Apostl
hôeßat, aber koene send ond håsch se als
Lugabeutel offabart. [3]Geduldig håsch
ausgharrt ond wega maem Nåma viel
aushalta müaßa, ond bist et müad wôra.
[4]Aber des han e gega de, dass da nemme
en dr ersta Lieba blieba bist. [5]Denk amål
drüber nåch, von was da abgfalla bist.
Denk wieder om ond handle wieder
so wia früher. Wann et, nå komm e zo
dr ond stell daen Leuchter von saem
Platz weg, wann da dae Gsennong et
änderest. [6]Aber des halt e dr zguat:
dass da an Hass håsch auf des, was d
Nikolaita dent, des hass i nämlich ao.
[7]Wer a Ohr håt, soll horcha, was dr
Gaest de Gemaenda saga will. Wer siegt,
den laß i *vom Lebensbaom* essa, *der mô
em Herrgott saem Paradies stôht.*

Zom Vrgleicha: *Vers 1:* 1,16; • *Vers 2:* 2Kor 11,13 • *Vers 4:* 1Tim 5,12 • *Vers 7:* 2,11.17.29; 3,6.13.22; Mt 11,15; Gen 2,9; Ez 31,8; Offbg 22,2.14.19.

An d Gemaende en Smyrna: 2 8-11

[8]Ond am Engel von dr Gemaende
Smyrna schreibst d: Des saed dr *Erste
ond dr Letzte,* der mô daot gwea ond
wieder lebendig wôra ischd: [9]I kenn dae
Drangsal ond dae Armuat - ond doch
bist d reich - ond ao wia dia über de
lästerat, mô sich Juda hôeßat, aber en
Wirklichkaet koene send, sondern am
Satan sae Synagog send se! [10]Brauchst
koe Angst et han vôr dem, was da leida
sollst. Guck, dr Teufel will a paar von
euch en s Gfängnis doa, *zom euch auf
d Prob stella.* Nå hent r *zeah Dag lang*
Drangsal. Wann da treu bist bis en da
Daot, nå gib e dr d Kron vom ewiga
Leba. [11]Wer a Ohr håt, soll horcha, was
dr Gaest de Gemaenda saga will. Der
mô siegt, håt auf koen Fall en Schada
durch da zwôeta Daot.

Zom Vrgleicha: *Vers 8:* Jes 44,6; Offbg 1,17 • *Vers 9:* 3,9 • *Vers 10:* 1,12.14; Jak 1,12 • *Vers 11:* 2,7.

An d Gemaende en Pergamon: 2 12-17

[12]Ond am Engel von dr Gemaende
Pergamon schreibst: Des saed der, mô s
zwôeschneidige, scharfe Schwert håt: [13]I
wôeß, mô da wohnst: Då, mô am Satan
sae Thron stôht. Aber du hältst de fest
an maem Nåma ond vrlaegnest et da
Glaoba an mi, ao et en dene Däg, mô
dr Antipas, mae treuer Zeuge bei euch
ombråcht wôra ischd, då, mô dr Satan
wohnt. [14]Aber ebbas han e doch gega
de: Bei dir geit s Leut, mô am Bileam
saene Lehra festhaltat, der håt am Balak

beibråcht, *wian r d Israelita håt könna*
vrführa zom Götzaopferflôesch essa
ond Ozucht zom treiba. [15]So geit s ao
no oene bei dr, mô an de Lehra von de
Nikolaita gradso festhaltat. [16]Ändere
also dae Gsennong! Wann et, nå komm
e bald zo dr ond fang an Kriag å mit en,
mit am Schwert aus maem Mund. [17]Wer
a Ohr håt, soll horcha, was dr Gaest de
Gemaenda saga will. Wer siegt, dem gib
i vom vrbôrgena Manna. Ond i gib am
an weißa Stoe. Ond auf dem Stoe stôht
a neuer Nåma gschrieba, ond den kennt
koener außer dem, der môn an kriagt.

Zom Vrgleicha: *Vers 14:* Num 31,16; 25,1f G • *Vers 17:* 2,7; Ps 78,24; Jes 62,2.

An d Gemaende en Thyatira: 2 18-29

[18]Ond am Engel von dr Gemaende
Thyatira schreibst: Des saed am
Herrgott sae Soh, *de mô Aoga håt wia*
Feuerflamma, ond saene Füaß send wia
Golderz: [19]I kenn daene Tata ond dae
Liebe ond daen Glaoba ond daen Denst
ond dae geduldigs Ausharra ond daene
letzte Werk, dia mô no graeßer send als
wia de erste. [20]Aber des han e gega de,
dass da zualäßst, wia des Weib Isebel,
mô sich selber a Profetin hôeßt, ond
lehrt *ond maene Diener zor Ozucht*
vrlôetat ond zom Götzaopferflôesch essa.
[21]I han ra Zeit glassa zom omdenka, aber
se will oefach et ihr Gsennong ändera
ond von ihrer Ozucht lassa. [22]Guck,
i leg se auf s Krankabett, ond dia, mô
mit ra ehebrecherisch vrkehrat, breng
e en ganz graoße Schwierigkaeta, wann
se ihr Gsennong et änderat. [23]Ond ihre
Kender breng e durch schwere Krankata
om. Nå werat älle Gemaenda erkenna,
dass i der ben, der mô älle *auf Herz ond*
Niera prüaft, ond i gib euch, a ma jeda
nach saene Werk. [24]Aber euch sag e,
euch, mô übrig send en Thyatira, mô dia
Lehra et mitmachat ond „am Satan sae
Tiafe et erkennat“, wia dia sagat; euch
leg e koe andera Last auf. [25]Aber was r
hent, des hebat ganz fest, bis e komm.
[26]Ond der, mô siegt ond bei maene
Werk ausharrt bis ans End, *dem gib i*
Vollmacht über d Völker. [27]*Ond r soll se*
wôeda mit am eiserna Zepter ond se wia
irdene Häfa zsemakeia; [28]so, wian i ao d
Macht kriagt han vo maem Vadr, ond i
gib am da Môrgastern. [29]Wer a Ohr håt,
soll horcha, was dr Gaest de Gemaenda
saga will.

Zom Vrgleicha: *Vers 18:* Da 10,5f • *Vers 20:* Num 31,16; 25,1f G • *Vers 23:* Ps 7,10; Jer 11,20; Ps 62,13; Spr 24,12 • *Vers 26-27:* Ps 2,8f G • *Vers 29:* 2,7.

An d Gemaende en Sardes: 3 1-6

3 Am Engel von dr Gemaende
Sardes schreibst: Des saed der, mô
am Herrgott saene sieba Gaester håt
ond s Siebagstirn: I kenn daene Tata:
Am Nåma nåch lebst d zwår, aber da
bist daot. [2]Wach auf ond stärk, was
übrigblieba ischd ond schao am sterba
ischd! Daene Werk han e nämlich vôr
maem Gott no gar et vollkomma ågucka
könna. [3]Also denk drå, was da kriagt
ond ghört håsch, då hältst de drå ond
ändere wieder dae Gsennong. Wann da
aber et aufwachst, nå komm e wian a
Dieb, ond nå wôeßt et, en wehler Stond
e über de komm. [4]Aber du håsch a paar
Leut en Sardes, dia mô ihre Klôeder
et fleckat gmacht hent. Dia därfat mit
mir en weiße Gwänder ganga, weil se
s würdig send. [5]Der, mô siegt wird mit
weiße Gwänder åzoga ond *i radier saen*
Nåma gar nia aus am Lebensbuach
raus, ond zo dem stand e ao vôr maem
Vadr ond saene Engel. [6]Wer a Ohr håt,
soll horcha, was dr Gaest de Gemaenda
saga will.

Zom Vrgleicha: *Vers 5:* Ex 32,32f; Ps 69,29; Da 12,1; Offbg 13,8; 17,8; 20,12.15; 21,27 • *Vers 6:* 2,7.

An d Gemaende en Philadelphia:
3 7-13
[7]Am Engel von dr Gemaende
Philadelphia schreibst: Des saed dr
Haelige ond Wahrhaftige, *der mô*
am David saen Schlüssl håt: Wann
der aufmacht, kå koener zuaschliaßa
- ond wann r zuaschliaßt, kå koener
aufmacha. [8]I kenn daene Tata: Guck,
i han vor dr a offena Tür geba, dui kå
koener zuamacha. Du håsch zwår bloß
a kloena Kraft, ond doch håsch d an
maem Wort festghalta ond maen Nåma
et vrlaegnat.
[9]Guck, i breng aus dr Synagog vom
Satan oene drzua, von dene, mô sich
Juda hôeßat, aber koene send, sondern
se lüagat - guck, i breng se drzua, *dass*
se kommat ond dr vor d Füaß nôsenkat
ond erkennat, dass i de måg. [10]Weil da de
an mae Wort vom geduldiga Ausharra
ghalta håsch, will e di ao bewahra vôr
dera Stond, mô d Vrsuachong über de
ganz bewohnt Erde kommt zom älle
Erdabewohner auf d Prob stella. [11]I
komm bald! Halt de ganz fest an des,
was da håsch, dass dr neamerd daen
Kranz wegnemmt.
[12]Den, mô siegt, mach i zo ra Säul em
Tempel vo'maem Gott, ond der soll
nia maeh nausganga, ond i schreib da
Nåma vo'maem Gott auf an ond *da*
Nåma von maem Gott saener Stadt,
vom neua Jerusalem, des mô vom
Hemmel rakommt von maem Gott ond
maen *neua Nåma.* [13]Wer a Ohr håt, soll
horcha, was dr Gaest de Gemaenda saga
will.

Zom Vrgleicha: *Vers 7:* Jes 22,22 • *Vers 9:* 2,9; Jes 60,14; 43,4 • *Vers 12:* Ez 48,35; Jes 62,2 • *Vers 13:* 2,7.

An d Gemaende en Laodizea: 3 14-22
[14]Am Engel von dr Gemaende Laodizea
schreibst: Des saed dr Amen, *dr treue*
ond wahrhaftige Zeuge, dr Åfang *vom*
Herrgott saener Schöpfong: [15]I kenn
daene Tata: Du bist et kalt ond et hôeß.
Wann da doch kalt wärest oder hôeß!
[16]Aber weil da laowarm bist ond et hôeß
oder kalt, spei e de aus vo maem Mund.
[17]Weil da saesch: *I ben reich ond emmer*
reicher wôra, mir fehlt s an gar nex
- ond merkst et, wia elend da bist ond
bemitleidenswert ond arm ond blend
ond nackat; [18]i gib dr da Rat: Kaof Gold
vo mr, mô em Feuer gläuterat ischd, dass
da reich wirst ond weiße Klöeder, dass
da de åziagst ond et nackad dåstôhst
ond de schäma muaßt, ond Aogasalb,
zom daene Aoga aesalba, dass da siehst.
[19]Älle, môn e måg, weis e zrecht ond
ziag se. Sei also eifrig ond ändere dae
Gsennong.
[20]Guck, i stand an dr Tür ond klopf
å; wann ebber mae Stemm hört ond d
Tür aufmacht, zom dem gang e nae ond
iß mit am ond der mit mir. [21]Der, mô
siegt, därf mit mr auf maen Thron sitza,
so, wia i ao Sieger wôra ben ond mit
maem Vadr auf saen Thron sitz. [22]Wer
a Ohr håt, soll horcha, was dr Gaest de
Gemaenda saga will.

Zom Vrgleicha: *Vers 14:* Ps 89,38; Spr 14,5 • *Vers 15:* Spr 8,22 G • *Vers 17:* Hos 12,9 • *Vers 19:* Spr 3,12 • *Vers 21:* Mt 19,28; 25,31; Lk 22,30; 1Kor 4,8 • *Vers 22:* 2,7.

D SCHAO VOM HEMMEL: 4 1 - 5 14

Vor am Herrgott saem Thron: 4 1-11
4 Nach dem han e a offena Tür em
Hemmel gseha. Ond de erst Stemm,
môn e ghört han wian a Posaon mit
mr reda, håt gsaed: *Komm då rauf,*
nå zaeg e dr, was drnåch gscheha soll.
[2]Ond glei ben e em Gaest gwea. Ond
guck, a Thron ischd aufgstellt gwea em

Hemmel, ond *auf dem Thron ischd oener*
gsessa. 3Ond der mô då gsessa ischd,
håt ausgseha wian a Jaspisstoe ond a
Karnoel. *Ond a Regaboga ischd om den*
Thron romganga, der håt ausgseha wian
a Smaragd.
4Ond rengs om den Thron rom han e
vierazwanzg Thron gseha ond auf dene
Thron send vierazwanzg Älteste gsessa,
die hent weiße Gwänder åghet ond auf
ihre Häupter hent se goldene Krona
ghet.
5Ond von dem Thron gangat *Blitz aus*
ond Stemma ond Donner. Vôr dem
Thron brennat sieba Fackla, des send dia
sieba Gaester von Gott. 6Ond vôr dem
Thron ischd ebbas gwea wian a Meer
aus Glas, wia Kristall. Ond en dr Mitte
von dem Thron ond em Kraes om den
Thron send *vier Wesa gwea, vôrna ond*
henta voler Aoga. 7Ond des erste Wesa
ischd wian *a Löw*, ond s zwôete Wesa
ischd wian a *Stierkälble*, ond s dritte
Wesa håt a Gsicht ghet wian *a Mensch*,
ond s vierte Wesa sieht aus wian *a Adler*
mô fliagt. 8Ond von dene vier Wesa håt
a jedas *sechs Flügel*, dia send rengsrom
ond enna voler Aoga, dia hent koe
Ruah, Dag ond Nacht sagat se: *Haelig,*
haelig, haelig ischd dr Herr, Gott, dr
Allmächtige, der gwea ischd, der då
ischd ond der mô kommt! 9Ond jedas
Mål, wann dia Wesa Lobpreis ond Ehr
ond Dank darbråcht hent *dem, mô auf*
dem Thron sitzt, am Lebendiga en älle
Ewigkaeta, 10nå fallat dia vierazwanzg
Älteste vôr *dem, mô auf am Thron*
sitzt nieder ond betat *den Lebendiga en*
älle Ewigkaeta å, ond legat ihre Krona
vôr den Thron nô ond sagat drbei:
11Herr, onser Gott, du bist würdig,
zom d Herrlichkaet ond d Ehr ond d
Macht zom empfanga, weil du s Weltall
gschaffa håsch, durch d Kraft von daem
Willa ischd ällas gschaffa.

Zom Vrgleicha: *Vers 1:* Ex 19,16.24; Da 3,29 • *Vers 3:* Jes 6,1; Ez 1,26-28 • *Vers 5:* Ex 19,16 G; Sach 4,2; Ez 1,13 • *Vers 6:* Ez 1,22; 1,5.18 • *Vers 7:* Ez 1,10 • *Vers 8:* Jes 6,2; Ez 1,18 G; Jes 6,3; Ex 3,14 G • *Vers 9:* Jes 6,1; Da 6,27; 12,7.

S vrsieglate Buach ond s Lamm: 5 1-14

5 Ond i han en dr Rechta von *dem, mô*
auf dem Thron sitzt a Schriftroll gseha,
dui ischd enna ond außa volgschrieba
ond mit sieba Siegel *vrsieglat*. 2Ond i
han an starka Engel gseha, der håt mit ra
ganz lauta Stemm vrkündigt: Wer ischd
würdig zom des Buach aufmacha ond
saene Siegel aufbrecha? 3Ond neamerd
em Hemmel oder auf dr Erde oder onter
dr Erde håt des Buach aufmacha könna,
geschweige denn naegucka. 4Ond i han
ganz arg gheult, weil neamerd würdig
gwea isch zom des Buach aufmacha
ond en s naegucka.
5Ond oener von dene Älteste saed zo mr:
Heul et! Guck, *dr Löwe aus am Stamm*
Juda håt gsiegt, *dr Sprößleng aus am*
David saener Wurzel, der kå des Buach
ond saene sieba Siegel aufmacha.
6Ond i han zwischa dem Thron ond
dene vier Wesa mittla onter dene Älteste
a Lamm standa seha *wia gschlachtat*, des
håt sieba Horner ond *sieba Aoga*, des
send dia sieba Gaester von Gott, *dia mô*
über de ganz Erde gschickt werat. 7Des
ischd komma ond håt dui Schriftroll aus
dr Rechta von dem gnomma, *mô auf*
dem Thron sitzt.
8Ond mô s des Buach gnomma håt,
send dia vier Wesa ond dia vierazwanzg
Älteste vôr dem Lamm nôgsonka, jeder
håt a Harfe ond goldene Schala vol
mit *Raecherwerk*, des send de Haelige
ihre Gebet, 9ond se hent *a neus Liad*
gsonga ond gsaed: Du bist würdig zom
des Buach nemma ond saene Siegel
aufzmacha, weil du gschlachtat wôra bist
ond Menscha für Gott freikaoft håsch
mit daem Bluat aus älle Volksstämm
ond aus jeder Språch ond jedam Volk,

aus älle Nationa ond Völkerschafta.
[10]Du håsch se für onseran Gott zo a ma
Königreich ond *zo Priaster* gmacht; dass
se König send auf dr Erde.
[11]Ond i han gseha ond d Stemm von
viele Engel ghört rengs om den Thron
rom ond dia Wesa ond de Älteste. An
dr Zahl send des *Myriada von Myriada
ond Tausende von Tausende gwea*, [12]dia
hent ganz laut gsaed: Des *gschlachtate
Lamm* ischd würdig, dass s d Macht
ond da Reichtom ond d Weishaet ond d
Kraft ond d Ehr ond d Herrlichkaet ond
s Lob ånemmt.
[13]Ond a jedas Gschöpf, mô em Hemmel
ond auf dr Erde ond onter dr Erde ond
auf am Meer, ond ällas, was då dren lebt,
han e saga höra: Dem, *mô auf am Thron
sitzt* ond dem Lamm ghert s Lob ond d
Ehr ond d Herrlichkaet ond d Macht en
älle Ewigkaeta.
[14]Ond dia vier Wesa hent gsaed: Amen.
Ond dia Älteste send nôgsonka ond
hent åbetat.

Zom Vrgleicha: *Vers 1:* Jes 6,1; Ez 2,9f; Jes 29,11 • *Vers 5:* Gen 49,9; Jes 11,10 • *Vers 6:* Jes 53,7; Sach 4,10 • *Vers 7:* Jes 6,1 • *Vers 8:* Ps 141,2 • *Vers 9:* Ps 33,3 • *Vers 10:* 1,6; Ex 19,6; Jes 61,6 • *Vers 11:* Da 7,10 • *Vers 12:* Jes 53,7 • *Vers 13:* Jes 6,1.

DIA SIEBA SIEGEL OND SIEBA POSAONA: 6 1 - 11 19

De erste sechs Siegel: 6 1-17

6 Nå han e gseha, wia des Lamm s erste
von dene sieba Siegel aufgmacht håt,
ond oes von dene vier Wesa håt wia mit
ra Donnerstemm gsaed: Komm! [2]Nå
han e *a weißs Ross* gseha; ond der, mô
då droba gsessa ischd, håt en Boga ghet,
dem håt mr a Kron geba, nå ischd r als
Sieger auszoga zom Siega.
[3]Ond mo s s zwôete Siegel aufgmacht
håt, han e s zwôete Wesa saga höra:
Komm! [4]Ond nå ischd a anders *Ross*
rauskomma, *a feuerraots*, ond dem,
mô då droba gsessa ischd, håt mr d
Vollmacht geba, dass r da Frieda von dr
Erde wegnemmt ond dass se anander
abschlachtat, dådrzua håt mr am a graoß
Schwert geba.
[5]Mô s Lamm s dritte Siegel aufgmacht
håt, han e s dritte Wesa saga höra:
Komm! Ond nå han e *a schwarzs Ross*
gseha, ond der, mô då droba gsessa
ischd, håt a Wååg en saener Håd ghet.
[6]Ond i han ebbas wian a Stemm mittla
onter dene vier Wesa saga höra: A Maß
Wôeza für oen Denar ond drei Maß
Gersta für oen Denar, aber am Öl ond
am Wae richtest koen Schada å.
[7]Ond mô s s vierte Siegel aufgmacht håt,
han e d Stemm vom vierta Wesa saga
höra: Komm! [8]Ond guck, då han e an
Falba gseha, ond der, mô då droba gsessa
ischd, dem sae Nåma ischd: *Dr Daot*,
ond *s Daotareich* ischd mit am komma;
dene ischd d Vollmacht geba wôra, zom
da vierta Tôel von dr Erde ombrenga
mit am Schwert ond mit Honger ond
tödliche Krankata ond durch wilde
Viecher von dr Erde.
[9]Mô s Lamm s fünfte Siegel aufgmacht
håt, han e onterhalb vom Altar d Seela
von dene gseha, mô weg'am Herrgott
saem Wort agschlachtat wôra send
ond weil se als Zeuga treu blieba send.
[10]Dia hent ganz laut gschria ond gsaed:
Haeliger ond wahrhaftiger Herr, *wia
lang no willst d et richta ond onseram
Bluat Recht vrschaffa* gega dia, mô auf
dr Erde wohnat? [11]Nå håt mr a ma jeda
von on a weiß Gwand geba ond en gsaed,
se solle no a Weile ruhig sae, bis ao ihre
Mitknecht ond Brüader vollzählig seie,
dia mô no ombråcht werat wia sia.
[12]Ond i han gseha, mô s Lamm s sechste
Siegel aufgmacht håt, ischd a ganz args
Erdbeba losganga, ond d Sonn håt sich

schwarz vrdonklat wia wa mr en Sack aus Håår drüber ghängt hätt, ond dr ganz Mond ischd bluatraot wôra, [13]*ond d Stern send vom Hemmel auf d Erde raghaglat, wia wann a Feigabaom saene Feiga rapratzla läßt,* wann r vo ma starka Wend gschüttlat wird. [14]Ond *da Hemmel* håt s wegzoga *wia wa mr a Schriftroll zsemarollt*. Ond a jeder Berg ond jeda Insl ischd von ihram Platz weggruckt. [15]*Ond d König von dr Erde ond de Vürnehme* ond d Herra ond de Reiche ond de Starke ond a jeder Sklav ond Freie *ischd en de Höhla ond Felsa en de Berg vrschlupft.* [16]*Ond se sagat zo de Berg ond zo de Felsa: Fallat über ons rae* ond vrsteckat ons vôr dem saem Gsicht, mô auf dem Thron sitzt ond vôr dem Lamm saem Zôrn, [17]*weil dr graoße Dag vom Zôrngericht komma ischd, wer kå då fest standa bleiba?*

Zom Vrgleicha: *Vers 2:* Sach 1,8; 6,3.6 • *Vers 4:* Sach 1,8; 6,2 • *Vers 5:* Sach 6,2.6 • *Vers 8:* Hos 13,14; Jer 14,12; 15,3; Ez 5,12.17; 14,21 • *Vers 10:* Sach 1,12; Ps 79,5; Dtn 32,43; 2Kö 9,7 • *Vers 12:* Jes 13,10; 50,3 G; Ez 32,8; Joel 3,4 • *Vers 13:* Jes 34,4 G • *Vers 14:* Jes 34,4 • *Vers 15:* Ps 2,2; Jes 24,21; 2,10.19 • *Vers 16:* Hos 10,8; Jes 6,1 • *Vers 17:* Joel 2,11; Nah 1,6; Rö 2,5.

Am Herrgott saene Diener werat zôechnat: 7 1-17

7 Nach dem han e vier Engel gseha, dia standat *an de vier Ecka von dr Erde* ond hebat *dia vier Wend* von dr Erde, dass koe Lüftle gôht auf dr Erde oder auf am Meer, no et amål a ma Baom. [2]Ond i han an andera Engel raufkomma seha vom Sonnaaufgang, der håt s Siegel vom lebendiga Gott, ond der håt dene vier Engel ganz laut gschria, dia mô d Vollmacht ghet hent zom auf dr Erde ond em Meer Schada årichta, [3]ond en gsaed: Richtat koen Schada å auf dr Erde ond em Meer oder an de Baem, bis mr onseram Gott saene Diener auf ihre Stirna mit am Siegel zôechnat hent! [4]Ond i han ghört wiaviele mit am Siegel zôechnat wôra send: Hondertvieravierzgtausad, mô mit am Siegel zôechnat wôra send aus älle Stämm von de Israelita: [5]Aus am Stamm Juda zwölftausad mit am Siegel Zôechnate, aus am Stamm Ruben zwölftausad, aus am Stamm Gad zwölftausad, [6]aus am Stamm Ascher zwölftausad, aus am Stamm Naftali zwölftausad, aus am Stamm Manasse zwölftausad, [7]aus am Stamm Simeon zwölftausad, aus am Stamm Levi zwölftausad, aus am Stamm Issaschar zwölftausad, [8]aus am Stamm Sebulon zwölftausad, aus am Stamm Josef zwölftausad ond aus am Stamm Benjamin zwölftausad mit am Siegel Zôechnate.

[9]Nach dem han e a riesa Masse Leut gseha, dia håt neamerd maeh zähla könna, *aus älle Völkerschafta* ond Stämm ond *Nationa ond Språcha*, dia send vôr dem Thron gstanda ond vôr dem Lamm, weiße Gwänder hent se å ond Palmawedel en de Händ; [10]dia schreiat ganz laut ond sagat: D Rettong leit *bei onseram Herrgott, der mô auf am Thron sitzt* ond beim Lamm. [11]Ond älle Engel send em Kraes om da Thron gstanda ond de Älteste ond dia vier Wesa ond send auf ihr Gsicht nôgsonka vôr dem Thron ond hent Gott åbetat [12]ond gsaed: Amen. Dr Lobpreis ond d Herrlichkaet ond d Weishaet ond dr Dank ond d Ehr ond d Macht ond d Kraft onseram Gott en älle Ewigkaeta. Amen.

[13]Ond oener von de Älteste håt me gfrågt: Dia då mit dene weiße Gwänder: was send des für oene ond mô kommat dia her? [14]Ond i han zon am gsaed: Mae Herr, du wôeßt s doch. Nå håt r zo mr gsaed: Des send dia, mô aus dr graoßa *Drangsal* kommat, ond dia hent *ihre Gwänder gwäscha* ond se weiß gmacht

em Lamm saem *Bluat*. [15]Drom send se vôr am Herrgott saem Thron ond därfat am deana Dag ond Nacht en saem Tempel, ond *der, mô auf am Thron sitzt,* wohnt über en. [16]*Dia hent koen Honger maeh ond koen Durst, ond d Sonn sticht se nemme oder d Hitz*, [17]weil des Lamm en dr Mitte vom Thron *wôedat se ond lôetat se zo de Quella vom Lebenswasser, ond Gott selber wischt en älle Träna aus ihre Aoga.*

Zom Vrgleicha: *Vers 1:* Ez 7,2, 37,9 • *Vers 3:* Ez 9,4.6 • *Vers 10:* Jes 6,1 • *Vers 14:* Da 12,1; Gen 49,11 • *Vers 15:* Jes 6,1 • *Vers 16:* Jes 49,10 • *Vers 17:* Ez 34,23; Ps 23,2; Jer 2,13; Jes 25,8.

S siebte Siegel: 8 1-5

8 Mô des Lamm nå s siebte Siegel aufgmacht håt, ischd s em Hemmel ganz still wôra, ogfähr a halba Stond lang. [2]Ond i han dia sieba Engel gseha, mô vôr Gott standat, dene send sieba Posaona geba wôra. [3]Ond a anderer Engel ischd komma ond an da Altar nôgstanda, der håt a goldena Raecherpfann ghet, ond dem håt mr ganz viel *Raecherwerk* geba, dass r s für d Gebet von älle Haelige auf da goldena Altar vôr dem Thron legt (vôr Gott darbrengt). [4]*Ond der Weihraoch* ischd mit de Gebet von de Haelige aus dem Engel saener Håd vôr Gott aufgstiega. [5]Nå håt der Engel *dui Raecherpfann gnomma ond mit Feuer vom Altar gfüllt* ond s auf d Erde nagschmissa, des håt *Donnerschläg ond Grolla ond Blitz* geba ond a Erdbeba.

Zom Vrgleicha: *Vers 3:* Ps 141,2 • *Vers 5:* Lev 16,12; Ex 19,16 G.

De erste vier Posaona: 8 6-13

[6]Nå hent sich dia sieba Engel fertiggmacht zom dia sieba Posaona blåsa. [7]Ond dr erst Engel håt sae Posaon blåsa: Nå håt s Hagel ond Feuer geba, gmischt mit Bluat auf d Erde nagschmissa, ond a Drittel von dr Erde ischd vrbrennt, ond a Drittel von älle Baem ischd vrbrennt ond ällas Greazeug.

[8]Ond dr zwôet Engel håt d Posaon blåsa: Nå ischd ebbas en s Meer gschmissa wôra, was wian a graoßer Berg ausgseha håt, der mô brennt, ond a Drittel vom Meer ischd zo *Bluat* wôra. [9]Ond a Drittel von älle Lebewesa em Meer ischd acganga ond a Drittel von älle Schiff ischd onterganga.

[10]Ond dr dritt Engel håt d Posaon blåsa: Nå ischd a Graoßer Stern vom Hemmel raghaglat, der håt brennt wian a Fackel, der ischd auf a Drittel von älle Flüß ond von älle Wasserquella gfalla. [11]Ond der Stern hôeßt: „Dr Wermuat“. Nå ischd a Drittel von älle Wasser zo Wermuat wôra ond viele Leut send durch dia Wasser gstôrba, weil se bitter wôra send.

[12]Ond dr viert Engel håt d Posaon blåsa: Nå håt s a Drittel von dr Sonn, a Drittel vom Mond ond a Drittel von de Stern troffa, dass a Drittel drvo nemme gleuchtat håt ond dr Dag om a Drittel donkler wôra ischd ond d Nacht ao.

[13]Ond i han gseha ond ghört wia a Adler haoch am Hemmel gfloga ischd ond ganz laut gsaed håt: O Waehdag euch! Älle mô auf dr Erde wohnat! S kommat nômål drei Engel, mô ihre Posaona blåsat!

Zom Vrgleicha: *Vers 7:* Ex 9,23-25; Ez 38,22; Joel 3,3 • *Vers 8:* Jer 51,25 G; Ex 7,20f • *Vers 10:* Jes 14,12.

De fenft Posaon: 9 1-12:

9 Ond dr fenft Engel håt d Posaon blåsa: Nå han e an Stern gseha, der ischd vom Hemmel raghaglat ond dem isch dr Schlüssel für da Schacht, der mô en da Abgrond gôht, geba wôra. [2]Ond r håt den Schacht en da Abgrond aufgmacht ond då håt s *rausgraochat* aus dem *Schacht wia aus a ma graoßa*

Ofa. D *Sonn håt s ganz vrdonklat von dem Rauch* ond d Luft von dem Qualm aus dem Schacht.

[3]Ond aus dem Raoch send *Haeschrecka rauskomma auf d Erde* ond dene ischd a Vollmacht geba wôra wia de Skorpion von dr Erde. [4]Dene ischd ågeba wôra, *dass se em Gras ond em Greazeug* koen Schada årichta solle ond ao et an de Baem, sondern bloß an dene Menscha, mô koe Siegel von Gott *auf dr Stirn* hent. [5]Ond se hent für faef Monat d Vollmacht kriagt, et zom d Menscha ombrenga, sondern zom se plåga, ond des håt so arg waeh dao, wia wann a Skorpion an Menscha sticht.

[6]En selle Däg werat d Menscha *da Daot suacha* ond an et fenda, ond se werat sterba wölla, aber dr Daot weicht von en. [7]*Ond dia Haeschrecka seahnat aus wia Schlachtrösser* ond auf ihre Köpf ischd ebbas gwea wia Kränz aus Gold ond ihre Gsichter send wia Menschagsichter gwea. [8]Håår hent se ghet wia Fraoahåår ond Zäh wia d Löwa. [9]Ond Panzer hent se ghet wia aus Eise ond mit ihre Flügel hent se *an Krach gmacht wia wann viele Rösser mit Wäge drherrasslat en da Kriag.* [10]Ond Schwänz hent se wia d Skorpion ond Stachla, ond en ihre Schwänz hent se d Kraft, zom de Menscha faef Monat lang Schada zufüaga. [11]Über sich hent se da Engel vom Abgrond; auf hebräisch hôeßt der Abaddon ond auf griechisch Apollyon.

[12]S erste „o Waehdag“ ischd vrbei - aber guck, s kommat nômål zwôe hentadrae.

Zom Vrgleicha: *Vers 1:* 12,4; Mt 24,29; Mk 13,25 • *Vers 2:* Ex 19,18; Gen 19,28; Joel 2,10 • *Vers 3:* Ex 10,12 • *Vers 4:* Ex 10,15; Ez 9,4 • *Vers 6:* Iob 3,21 • *Vers 7:* Joel 2,4f • *Vers 8:* Joel 1,6 • *Vers 9:* Joel 2,5.

De sechst Posaon: 9 13-21

[13]Ond dr sechste Engel håt d Posaon blåsa: Nå han e a Stemm ghört aus dene vier Hörner von dem goldena Altar vôr Gott, [14]dui håt zo dem sechsta Engel mit dera Posaon gsaed: Laß dia vier Engel los, mô *am graoßa Fluß Eufrat* gfesslat send! [15]Ond dia vier Engel, dia mô sich drauf vôrberaetat hent für dui Stond an dem Dag en dem Monat ond en dem Jåhr, dass se da dritta Tôel von de Menscha ombrengat, send losglassa wôra. [16]Ond d Zahl von dene Reitertruppa send zwôe Myriada von Myriada gwea, dui Zahl han e ghört.

[17]Ond so han e en dem Gsicht dia Rösser gseha ond dia mô drauf gsessa send, dia hent feuerraote ond blaoe ond schwefelgelbe Rüstonga ghet, ond dia Köpf von dene Rösser send wia Löwaköpf gwea. Ond aus ihre Mäuler kommt Feuer ond Raoch ond Schwefel raus. [18]Durch dia drei Plåga ischd a Drittel von de Menscha omkomma von dem Feuer ond dem Raoch ond dem Schwefel, mô aus dene ihre Mäuler rauskomma ischd. [19]D Macht von dene Rösser ischd nämlich en ihram Maul ond en ihre Schwänz; dia Schwänz send nämlich wia Schlanga mit Köpf, ond mit dene richtat se da Schada å.

[20]Aber dia Menscha, mô et omkomma send durch dia Plåga, hent et drå denkt zom ihr Gsennong ändera, dass se aufghert hätte mit am Åbeta *von ihre Dämona ond Götzabilder aus Gold ond Silber, aus Kupfer ond Stoe ond Holz, dia mô nex seahnat ond nex hörat ond et amål laofa könnat.* [21]Ao von ihrer Morderei hent se et glassa ond ao et von ihrer Zaoberei ond Hurerei ond ihrer Klaoerei.

Zom Vrgleicha: *Vers 14:* Gen 15,18 • *Vers 17:* 8,1f • *Vers 20:* Jes 17,8; 2,8.20; Ps 106,37; Da 5,4.23; Ps 115,4-7; 135,15-17.

D Engel ond des kloene Buach: 10 1-11

10 Ond i han an andera starka Engel vom Hemmel rakomma seha, a

Wolk håt r åghet ond dr Regaboga ischd
auf saem Haopt gwea, ond sae Gsicht
ischd wia d Sonn ond saene Füaß wia
Feuersäula, 2ond en saener Hȧd håt ra
offes Büachle ghet. Ond saen rechta
Fuaß håt r auf s Meer gsetzt ond da
lenka auf s Land. 3Ond der håt ganz *laut
gschria, wian a Löw*. Ond môn r gschria
håt, send d sieba Donner losganga. 4Ond
mô dia sieba Donner gredat ghet hent,
han e schreiba wölla; nå han e a Stemm
aus am Hemmel saga höra: *Vrsiegle*, was
dia sieba Donner gsaed hent *ond schreib
s et auf.*
5Ond der Engel, den môn e auf am Meer
ond auf am Land han standa seha, *håt
sae Rechta haochghoba gega da Hemmel*
6*ond håt gschwora beim Lebendiga en
älle Ewigkaeta, der mô da Hemmel ond
ällas, was dren ischd gschaffa håt ond
d Erde mit ällam, was drauf ischd ond
s Meer mit ällam dren*, dass s koe Zeit
maeh geit. 7Weil en dene Däg, wann dr
siebte Engel sae Stemm erhebt ond sae
Posaon blåst, nå ischd s Gehaemnis von
Gott vollendat, wian r s saene Knecht,
de Profeta vrkündigt håt.
8Nå håt dui Stemm, môn e aus am
Hemmel ghört han, nômål mit mr gredat
ond gsaed: Gang ond nemm des offene
Büachle en dr Hȧd von dem Engel, der
mô auf am Meer ond auf am Land stôht.
9Ond i ben zo dem Engel nôganga ond
han zon am gsaed: Gib mr des *Büachle*.
*Ond der saed zo mr: Nemms ond schleng
s en de nae!* En daem Maga leit dr s bitter
dren, aber en daem Mund ischd *des süaß
wia Honig*. 10Ond i han des Büachle dem
Engel aus dr Hȧd gnomma ond han s en
mi naugschlonga, ond en maem Mund
ischd des süaß gwea wia Honig. Ond
môn e s gessa ghet han, ischd mr s bitter
em Maga glega. 11Nå håt mr no gsaed:
Du muaßt nômål propfetisch reda über
Völker ond Nationa ond Språcha ond
viele König.

Zom Vrgleicha: *Vers 3:* Am 3,8 • *Vers 4:* Da 12,4.9 • *Vers 5-6:* Da 12,7; Gen 14,22.19; Neh 9,6 • *Vers 9:* Ez 2,8; 3,1-3 • *Vers 11:* Jer 1,10; Da 3,4; 7,14.

D Tempelvrmessong: 11 1-2

11 Nå ischd mr a Rohr geba wôra
als Meßlatt, ond ebber håt gsaed:
„Stand auf ond miß am Herrgott saen
Tempel aus ond da Altar ond dia, mô
dren åbeta dent. 2Da äußera Hof lässt d
weg, den brauchst d et messa, weil der *de
Haeda* preisgeba ischd; nå tramplat dia
zwôeavierzg Monat lang en dr haeliga
Stadt omanander.

Zom Vrgleicha: *Vers 1:* Ez 40,3 • *Vers 2:* Sach 12,3 G; Jes 63,18.

Zwôe Zeuga: 11 3-14

3Ond i gib maene zwôe Zeuga d Vollmacht
zom tausadzwôehondertsechzg Däg als
Profeta reda en Rupfagwänder. 4Des
send dia *zwôe Ölbaem ond dia zwôe
Leuchter, mô vôr am Herra über de
ganz Erde standat.* 5Wann dene oener
ebbas doa will, *nå kommt aus dene
ihram Mund Feuer ond fegt ihre Faend
weg;* ond wann en oener an Schada ådoa
will, nå muaß r auf dui Art ombråcht
wera. 6Dia hent d Vollmacht zom da
Hemmel zuaschliaßa, dass en dera Zeit,
mô se als Profeta auftretat, *koe Rega* s
Land åfeuchtat. Ond d Vollmacht hent
*se ao über d Gwässer zom se en Bluat
vrwandla ond d Erde mit älle mögliche
Plåga hoemsuacha*, so oft se wöllat.
7Ond wann se nå ihran Auftrag ausgführt
hent, *nå fangt des Tier*, mô aus am
Abgrond raufkommt *mit en an Kriag å
ond siegt über s ond brengt s om.* 8Ond
ihr Leich leit auf dr Stråß en dr graoßa
Stadt, dui mô em gaestlicha Senn Sodom
hôeßt ond Ägypten, mô ao ihr Herr
an s Kreuz gnaglat wôra ischd. 9Ond
Menscha aus de Völker ond Stämm
ond Språcha ond Nationa seahnat ihre
Leicha dreiahalb Däg lang romliega ond

lent s et zua, dass mr dia Leicha en a
Grab legt. [10]Ond d Erdabewohner fraeat
sich über dia Leicha, send fröhlich ond
schickat anander Gschenker, weil dia
zwôe Profeta d Erdabewohner plågt
hent. [11]Aber nach dreiahalb Däg *ischd*
dr Lebensgaest vom Herrgott wieder en
dia naekomma ond se send wieder auf
ihre Füaß nôgstanda, nå ischd Angst ond
Schrecka über älle komma, mô se gseha
hent. [12]Ond se hent a mächtiga Stemm
vom Hemmel ra ruafa höra, mô zo nen
gsaed håt: *Kommat rauf, dåhanna her!*
Ond se send naufgstiega en da Hemmel
en dera Wolk. Ond ihre Faend hent s
gseha. [13]Ond en dr gleicha Stond *håt s*
a schwers Erdbeba geba, ond a Zehntel
von dr Stadt *ischd zsemaghaglat*, ond bei
dem Erdbeba send siebatausad Menscha
omkomma. Dr Rest håts mit dr Angst
zom doa kriagt ond se hent am Herrgott
em Hemmel d Ehr geba. [14]S zwôete „o
Waehdag“ ischd vrbei; guck, s dritte „o
Waehdag“ kommt ao bald.

Zom Vrgleicha: *Vers 4:* Sach 4,3.11-14 • *Vers 5:* 2Kö 1,10; 2Sa 22,9 • *Vers 6:* 1Kö 17,1; Ex 17,17; 1Sa 4,8 • *Vers 7:* Da 7,3.7.21 • *Vers 11:* Ez 37,5.10; Gen 15,12 • *Vers 12:* Ex 19,24; 2Kö 2,11 • *Vers 13:* Ez 38,19f.

De siebt Posaon: 11 15-19

[15]Dr siebte Engel håt sae Posaon blåsa:
Ond em Hemmel hent gewaltige Stemma
ågfanga ond gsaed: D Herrschaft über
de ganz Welt håt *von jetzt å onser Herr*
ond sae Messias, ond der herrscht *en*
älle Ewigkaeta. [16]Ond dia vierazwanzg
Älteste mô vôr Gott sitzat auf ihre Thron,
senkat auf ihr Gsicht nô ond betat da
Herrgott å, [17]ond sagat: Mir dankat dr,
Herr, onser Gott, du Allmächtiger, du
bist ond bist gwea, dass du dae graoßa
Macht *ond d Herrschaft åtreta håsch.*
[18]Ond d Völker hent an Zôrn kriagt;
aber nå ischd dae Zôrn komma ond dui
Zeit, mô de Daote vôr am Gricht standat
ond dass da daene Knecht da Loh geist,
de Profeta ond de Haelige ond dene,
mô a Ehrfurcht hent vor daem Nåma,
de Kloene ond de Graoße ond dass du
dia vrdirbst, mô d Erde so vrderbat.
[19]Ond am Herrgott sae Tempel em
Hemmel ischd aufgmacht wôra, *nå håt*
mr d Truhe mit de Gsetzasvôrschrifta en
saem Tempel gseha; ond *s håt blitzt* ond
Stemma håt mr ghört ond *Donner* ond
a Erdbeba håt s geba ond an *schwera*
Hagelschlag.

Zom Vrgleicha: *Vers 15:* Ps 2,2; Da 7,14.27; Sach 14,9 • *Vers 17:* Ex 3,14 G; Ps 99,1 • *Vers 18:* Ps 2,1.5; 115,13 • *Vers 19:* 1Kö 8,1.6; Ex 19,16 G; 9,24.

AM SATAN SAE KAMPF GEGA AM HERRGOTT SAE VOLK: 12 1 - 14 5

D Frao ond dr Dracha: 12 1-6

12 Nå ischd a gewaltigs Zôeche am
Hemmel aufkomma: A Frao, mô
d Sonn als Gwand åghet håt, ond dr
Mond ischd onter ihre Füaß ond auf
ihram Haopt håt se Kron aus zwölf
Stern. [2]Dui ischd en andere Omständ
ond schreit en de Weha ond vôr
Schmerza bei dr Geburt.
[3]Nå ischd a anders Zôeche am Hemmel
aufkomma, ond guck, a riesa Dracha,
Feuerraot, mit sieba Köpf ond *zeah*
Hörner ond auf saene sieba Köpf håt r
Diadem, [4]ond mit saem Schwanz *fegt*
der a Drittel von de Stern am Hemmel
weg ond håt se auf d Erde gschmissa.
Ond der Dracha stôht vôr dera Frao,
dui mô grad en dr Niederkunft ischd,
dass r ihr Kendle auffrißt, sobald s då
ischd. [5]*Ond se håt a Büable kriagt, an*
Soh, der soll amål über älle *Völker mit*
am eiserna Zepter herrscha. Ond ihr

Kendle ischd zo Gott ond zo saem
Thron entrückt wôra. [6]Ond dui Frao
ischd en d Wüste gflüchtat, môn ra dr
Herrgott a Zuaflucht gschaffa håt, då
kriagt se, was se zom Leba braucht,
tausadzwôehondertsechzg Däg lang.

Zom Vrgleicha: *Vers 2:* Jes 66,7; Mi 4,10 • *Vers 3:* Da 7,7 • *Vers 4:* Da 8,10; Offbg 9,1; Mi 5,2 • *Vers 5:* Jes 66,7; Ps 2,9 G.

Dr Dracha wird gsturzt: 12 7-12

[7]Nå ischd em Hemmel a Kampf
losganga: Dr *Michael* ond saene Engel
hent gega den Dracha *kämpft*. Ond der
Dracha håt mit saene Engel den Kriag
gführt, [8]aber dia send et stark gnuag
gwea, nå håt s für den koen Platz maeh
ghet em Hemmel. [9]Der graoße Dracha
ischd nausgschmissa wôra, dui *alta
Schlang, mô Teufel ond Satan* hôeßt, der
mô de ganz Menschhaet vrführt håt, auf
d Erde ischd r nagschmissa wôra ond
saene Engel send am nåchgschmissa
wôra. [10]Ond nå han e a ganz lauta
Stemm em Hemmel saga höra: Jetzt
ischd d Rettong ond d Macht ond d
Herrschaft von onseram Gott komma
ond d Vollmacht von saem Messias,
weil dr Åkläger von onsere Brüader,
der mô dia vôr onseram Gott Dag ond
Nacht åklagt håt, nagschmissa wôra
ischd. [11]Se hent über an gsiegt mit dr
Kraft vom Lamm saem Bluat ond mit
dr Kraft von ihram Zeugniswort, ond
send et an ihram Leba ghangt bis en da
Daot. [12]*Drwega därfat r euch fraea, ihr
Hemmel* ond ihr, mô dren wohnat. O
Waehdag dr Erde ond am Meer, weil
dr Teufel zon ich nagstiega ischd mit ra
[illegible], weil r wôôß, dass r kaom no
Zeit håt.

Zom Vrgleicha: *Vers 7:* Da 10,13.20 • *Vers 8:* Da 2,35 • *Vers 9:* Gen 3,1.14; Sach 3,1; Iob 1,6 • *Vers 12:* Jes 44,23.

Dr Drachakampf gega d Frao: 12 13-18

[13]Mô der Dracha kapiert håt, dass r auf d
Erde naeghaoa wôra ischd, ischd r dera
Frao nåchgjagd, mô des Büable auf d
Welt brâcht håt. [14]Nå håt dui Frao dia
zwôe Flügel kriagt vom graoßa Adler,
dass se en d Wüste håt fliaga könna, sell
nô, mô se ihr Essa kriagt håt, *oe Zeit
ond zwôe Zeita ond nômål d Hälfte von
ra Zeit*, ond mô se dui Schlang nemme
gseha håt. [15]Ond dui Schlang håt aus
ihram Racha henter dera Frao Wasser
hergspia wian an Fluß ond håt se drmit
fortspüala wölla. [16]Aber d Erde håt dera
Frao gholfa ond håt ihr Maul aufgmacht
ond den Fluß weggsoffa, den mô der
Dracha aus saem Maul nausgspia håt.
[17]Ond der Dracha håt a Wuat kriagt auf
dui Frao ond ischd fortganga, zom gega
ihr Nåchkommaschaft Kriag åfanga,
mit dene, mô am Herrgott saene Gebot
aehaltat ond am Zeugnis vom Jesus treu
bleibat. [18]Ond nå ischd r ans Ufer vom
Meer nôgstanda.

Zom Vrgleicha: *Vers 14:* Da 7,25; 12,7.

Dia zwoe Otier: 13 1-18

13 Nå han e aus am Meer *a Tier
raufkomma seha, des håt zeah
Hörner* ond sieba Köpf, ond auf
saene Hörner zeah Diadem ond auf
saene Köpf gotteslästerliche Nåma.
[2]Ond *des Tier*, môn e gseha han, *ischd
wian a Panther gwea* ond saene Füaß
wia *Bäratatza* ond *sae Maul wian a
Löwamaul*. Ond der Dracha håt am sae
Kraft geba ond saen Thron ond a graoßa
Vollmacht. [3]Ond i han oen von saene
Köpf gseha, vrwondat auf da Daot, aber
sae schwera Vrwondong ischd vrhôelt.
Ond älla Welt håt sich gwonderat ond
ischd dem Tier nåchgloffa. [4]Ond se
hent den Dracha åbetat, weil r dem Tier
d Vollmacht geba håt ond se hent des
Tier åbetat ond gsaed: Wer will sich mit
dem Tier vrgleicha, ond wer kå gega des

kämpfa?
[5]Ond s ischd am a Maul zuagstanda
wôra, *zom sich wichtigmacha ond
lästerlich rausschwätza,* zom des doa
håt s zwôeavierzg Monat kriagt. [6]Ond
s håt sae Maul aufgrissa ond gega Gott
glästerat ond gega sae Wohnong ond
gega älle, mô em Hemmel wohnat. [7]Ond
s ischd am erlaobt *wôra zom kämpfa
gega de Haelige ond zom siega über se.*
Ond nå håt r ao no d Vollmacht kriagt
über älle Volksstämm ond über jedas
Volk ond älle Språcha ond Nationa.
[8]Älle Erdabewohner senkat vôr an nô:
älle dia, dene mô ihr Nåma *et gschrieba
stôht em Lebensbuach* vom gschlachtata
Lamm seit dr Grondlegong von dr Welt.
[9]Wer a Ohr håt, soll horcha! [10]*Wann
oener ens Gfängnis soll, nå gôht r ens
Gfängnis. Wann oener mit am Schwert
ombråcht wera soll, nå wird r mit am
Schwert ombråcht.* Då ischd s geduldige
Ausharra ond de Haelige ihr Glaoba
gfrågt.
[11]Ond i han a anders Tier aus dr Erde
raufkomma seha, ond des håt zwôe
Hörner ghet wian a Lamm, aber
gschwätzt håt s wian a Dracha. [12]Des håt
de ganz Macht vom ersta Tier ausgüabt
vôr am drå. Ond des sôrgt drfür, dass
älle Erdabewohner des erste Tier
åbeta dent, des mô von saener tödlicha
Vrwondong ghôelt wôra ischd. [13]Ond
des duat graoße Zôeche ond läßt sogar
Feuer vom Hemmel raregna auf d Erde
vôr de Menscha drå. [14]Ond s vrführt d
Erdabewohner durch dia Zôeche, mô
s vôr de Aoga von dem Tier håt doa
därfa, ond geit de Erdabewohner å, se
solle a Standbild von dem Tier macha,
des mô mit am Schwert vrwondat ond
wieder lebendig wôra ischd. [15]Ond s håt
d Vollmacht kriagt, dem Standbild von
dem Tier an Lebensgaest zom geba, dass
des Standbild von dem Tier schwätza kå
ond macha kå, dass älle, mô *des Standbild
von dem Tier et åbeta dent*, ombråcht
werat. [16]Ond s sôrgt drfür, dass älle, de
Kloene ond de Graoße ond de Reiche
ond de Arme ond de Freie ond d Sklava,
dass se sich a Malzaeche auf ihr rechta
Håd oder auf ihr Stirn machat [17]ond
dass neamerd kaofa oder vrkaofa kå als
wia bloß der, mô des Malzaeche håt,
nämlich da Nåma von dem Tier oder d
Zahl von saem Nåma.
[18]Då ischd Weishaet naedig. Wer
Vrstand håt, soll dem Tier sae Zahl
ausrechna. Des håt nämlich d Zahl vo
ma Menscha; ond dem sae Zahl ischd
sechshondertsechsasechzg.

Zom Vrgleicha: *Vers 1:* Da 7,3.7 • *Vers 2:* Da 7,4-6 • *Vers 5:* Da 7,8.25 • *Vers 7:* Da 7,21 • *Vers 8:* Da 12,1; Ps 69,29; Jes 53,57; Offbg 3,5 • *Vers 10:* Jer 15,2; 43,11 • *Vers 15:* Da 3,5f.

S Lamm ond de Saenige: 14 1-5

14 Ond môn e wieder aufguckt han,
då han e s Lamm auf am Berg
Zion standa seha, ond bein am send
hondertvieravierzgtausad gwea, mô älle
saen Nåma ond da Nåma von saem Vadr
auf ihrer Stirn gschrieba standa hent.
[2]Nå han e aus am Hemmel a Stemm
ghört *wia s Rauscha vo ma Wasserfall*
ond a gewaltigs Donnergrolla. Ond dui
Stemm, môn e ghört han, håt klonga,
wia wann Harfaspieler sengat ond
drzua spielat. [3]Ond se sengat a neus
Liad vor dem Thron ond vôr dene vier
Wesa ond de Älteste. Ond neamerd
håt des Liad lerna könna als wia bloß
dia Hondertvieravierzgtausad, mô von
dr Erde freikaoft send. [4]Des send dia,
mô sich et mit Fraoa aeglassa hent ond
jungfraelich blieba send. Dia gangat mit
am Lamm, mô emmer s ao nôgôht. Dia
send aus älle Menscha freikaoft wôra als
Erstleng für Gott ond für s Lamm. [5]Weil
en dene ihram Mund håsch d koe vrloges
Wort ghört, dia send ohne Tadel.

Zom Vrgleicha: *Vers 1:* Ez 9,4 • *Vers 2:* Ez 1,24;

43,2 • *Vers 3:* Ps 33,3; Jes 42,10 • *Vers 5:* Jes 53,9; Zef 3,13.

S GERICHT: 14 6 - 20 15

S Gericht wird åkündigt: 14 6-13

[6]Nå han e an andera Engel haoch am
Hemmel fliaga scha, der håt a ewigs
Evangeliom zom vrkündiga ghet
an älle Erdabewohner ond an jedan
Volksstamm, an jedas Volk, an jeda
Språch ond an jeda Nation. [7]Der håt
ganz laut ausgruafa: Hent a Ehrfurcht
vôr Gott ond gebat am d Ehr. Jetzt
ischd nämlich d Stond komma, mô s
Gericht ghalta wird. Betat den å, *der mô*
da Hemmel ond d Erde gschaffa håt ond
s Meer ond älle Wasserquella.
[8]Ond a anderer Engel, a zwôeter, ischd
hentadrae komma ond håt gsaed: *Gfalla*
ischd se, gfalla ischd se, de graoß Stadt
Babylon, weil se älle Völker mit am
Zôrnwae von ihrer Hurerei *bsoffa*
gmacht håt.
[9]Ond a anderer Engel, a dritter ischd en
henterdrae komma ond håt ganz laut
gsaed: Wer des Tier oder sae Standbild
åbetat ond s Malzaecha auf saener Stirn
oder an saener Håd ånemmt, [10]der trenkt
amål *da Wae vom Herrgott saem Zôrn,*
der ischd ogmischt aegschenkt em Becher
von saem Zôrn. Ond der wird mit *Feuer*
ond Schwefel plågt vôr de haelige Engel
ond vôr am Lamm. [11]Ond *dr Qualm*
von dene ihrer Plåg *steigt auf en älle*
Ewigkaeta ond dia, mô s Tier ond sae
Standbild åbetat ond s Malzaeche von
saem Nåma ånemmat, hent Dag ond
Nacht koe Ruah.
[12]Då ischd de Haelige ihr geduldigs
Ausharra naedig, dia mô sich an d
Gebot von Gott ond an da Glaoba an
Jesus haltat. [13]Ond i han a Stemm vom
Hemmel ra zo mr saga höra: Schreib!
Glückselig send dia Daote, mô em Herra
sterbat von jetzt å. Jå, saed dr Gaest, dia
sollat ausruah von ihrer Müahsal! Was
se dao hent, gôht nämlich mit en.

Zom Vrgleicha: *Vers 7:* Ex 20,11 • *Vers 8:* Jes 21,9; Da 4,27; Jer 51,7f • *Vers 10:* Jes 51,17.22; Ps 75,9 G; Jer 25,15; Gen 19,24 • *Vers 11:* Jes 34,9f • *Vers 13:* 1,3.

D Ernt ond d Waeles: 14 14-20

[14]Nå han e a weißa Wolk gseha, ond auf
dera *Wolk* sitzt oener, der *sieht wian a*
Menschasoh aus. Auf saem Haopt håt
ra goldena Kron ond en saener Håd a
scharfa Sichel. [15]Ond a anderer Engel
ischd aus am Tempel rauskomma ond håt
dem, mô auf dera Wolk sitzt, ganz laut
zuagruafa: *Schick dae Sichel ond ernte,* d
Stond zom Ernta ischd nämlich komma,
weil d Ernt auf dr Erde ischd trocka.
[16]Ond der, mô auf dera Wolk sitzt, håt
sae Sichel über d Erde gschmissa, ond d
Erde ischd agerntat wôra.
[17]Ond a anderer Engel ischd aus am
Tempel em Hemmel komma, der håt ao
a scharfa Sichel ghet. [18]Ond a anderer
Engel ischd vom Altar rauskomma,
der håt d Macht über s Feuer, ond der
håt dem mit dr scharfa Sichel ganz laut
zuagruafa: *Schick* dae *scharfa Sichel* ond
schneid am Waestock von dr Erde d
Trauba weg, saene Beera *send nämlich*
reif! [19]Nå håt der Engel sae Sichel über
d Erde gschmissa ond da Waestock von
dr Erde agerntat ond dia Trauba en de
graoß Kelter vom Herrgott saem Zôrn
gleert. [20]*Dui Kelter ischd draußa vôr*
dr Stadt treta wôra, ond aus dr Kelter
ischd s Bluat rausgloffa bis an de Rösser
ihre Zügel tausadsechshondert Stadia
weit naus.

Zom Vrgleicha: *Vers 14:* Da 7,13 • *Vers 15:* Joel 4,13 • *Vers 18:* Joel 4,13 • *Vers 20:* Joel 4,13; Jes

63,3.

De sieba letzte Plåga werat åkündigt: 15 1-8

15 Nå han e a anders Zaeche am Hemmel gseha, graoß ond wonderbar: Sieba Engel hent sieba Plåga ghet, de letzte, weil mit dene am Herrgott sae Zôrn zom End kommt. 2Nå han e ebbas gseha, wian a Meer aus Glas ond Feuer. Ond dia, mô über des Tier ond sae Standbild gsiegt hent ond über d Zahl von saem Nåma, standat auf dem Meer aus Glas ond hent Harfa von Gott. 3Ond dia sengat s Liad vom Mose, am Herrgott saem Knecht, ond s Liad vom Lamm ond sagat:

Graoß ond wonderbar ischd ällas, was du duast, Herr, du allmächtiger Gott.

Gerecht ond wahrhaftig send daene Weg, du König von de Völker.

4Wer sott vôr dir koe Ehrfurcht han ond *et daen Nåma* preisa?

Du alloe bist nämlich haelig, weil älle Völker kommat ond vôr dir åbetat, ond weil daene gerechte Tata offabart wôra send.

5Nå han e gseha, wia dr Tempel aufgmacht wôra ischd, *s Offabarongszelt* em Hemmel, 6då send dia *sieba* Engel mit de *sieba Plåga* aus am Tempel rauskomma, *weiße Laenagwänder hent se åghet* ond *om d Brust goldene Gürtel.* 7Ond oes von dene vier Wesa håt dene Engel sieba goldene Schala geba, dia send vol gwea mit am Zôrn vom Herrgott, der mô lebt en älle Ewigkaeta. 8*Ond dr ganz Tempel ischd voler Raoch gwea vom Herrgott saener Herrlichkaet ond von saener Macht. Ond neamerd håt en da Tempel naekönna, bis dia sieba Plåga* von dene sieba Engel an s Ziel komma send.

Zom Vrgleicha: *Vers 1:* Lev 26,21 G • *Vers 3:* Ex 15,1; 14,31; 15,11; Ps 92,5f; 111,2; 139,14; Dtn 32,4 • *Vers 4:* Ps 145,1; 99,3; 86,9 • *Vers 5:* Ex 40,34 G • *Vers 6:* Lev 26,21 G; Da 10,5; Ez 9,2.11 G • *Vers 8:* Ex 40,34f; 1Kö 8,10; Jes 6,4; Lev 26,21.

Dia sieba Engel mit de Zôrnschala: 16 1-21

16 Nå han e a lauta Stemm aus am Tempel zo dene sieba Engel saga höra: Gangat ond *leerat dia sieba Zôrnschala von Gott auf d Erde!* 2Ond dr erste ischd ganga ond håt sae Schal auf d Erde gleert; *nå ischd a graoß ond args Gschwür an dene Menscha entstanda,* mô a Malzaeche von dem Tier an sich ghet ond sae Standbild åbetat hent.

3Nå håt dr zwôete Engel sae Schal ens Meer gleert; *des ischd zo Bluat* wôra wia vo ma Daota, ond ällas, was lebt em Meer ischd *gstôrba.*

4Ond dr dritte Engel håt sae Schal en d Flüß ond en d Quella naegleert; nå send se zo Bluat wôra. 5Nå han e da Engel, der mô d Vollmacht über d Gwässer håt, saga höra: *Du bist gerecht,* du, der mô då ischd ond schao emmer dågwea ischd, du *Haeliger,* dass da dae Urtôel so gsprocha håsch. 6*Dia hent nämlich s Bluat* von Haelige ond von Profeta *vrgossa, ond Bluat håsch d se trenka lassa*, des send se wert. 7Nå han e da Altar saga höra: Jå, *Herr*, Gott, du Allmächtiger, *wahrhaftig ond gerecht send daene Gericht.*

8Ond dr vierte Engel håt sae Schal über dr Sonne ausgleert; nå ischd ra Macht geba wôra, zom d Menscha mit Feuer åsenga. 9Ond d Menscha send ågsengt wôra von dera Gluathitz, ond se hent am Herrgott saen Nåma glästerat, mô der doch dr Herr ischd über dia Plåga, anstatt dass se sich bsonna ond am d Ehr geba hätte.

10Ond dr Fenfte håt sae Schal dem Tier auf saen Thron nôgleert; *nå ischd sae Reich vrdonklat wôra* ond d Leut hent sich d Zonga vrbissa vôr lauter Angst ond Schmerza, 11ond se hent da Herrgott em Hemmel vrfluacht wega ihre Quala ond

ihre Gschwür ond hent ihr Gsennong et gänderat ond ihr Handlongsweis.
[12]Nå håt dr sechste Engel sae Schal *über am graoßa Strom, am Eufrat, ausgleert; nå ischd sae Wasser austricknat*, dass für d König aus am Osta dr Weg offa gwea ischd. [13]Nå han e aus am Maul von dem Dracha ond aus am Maul von dem Tier ond aus am Maul vom falscha Profeta drei osaubere Gôester rauskomma seha wia Krotta; [14]des send nämlich Gôester von Dämona, dia dent Wonderzaeche ond gangat naus zo de Herrscher en dr ganza Welt, zom dia zsematrommla für da Kriag am graoßa Dag vom allmächtiga Gott. [15]Guck, i komm wian a Dieb. Glückselig ischd der, mô wach ischd ond auf saene Klôeder aufpasst, dass r et nackad drherkommt ond mr sae Schand sieht. [16]Ond dia Gôester hent dia Herrscher zsemakomma lassa a ma Ort, der hôeßt auf Hebräisch Harmagedon.
[17]Nå håt dr siebte Engel sae Schal en d Luft ausgleert; *nå håt aus am Tempel vom Thron her a ganz lauta Stemm* gsaed: S ischd gscheha! [18]Ond s *håt blitzt ond donnerat* ond a Erbeba ischd losganga, *wia s no koes geba håt* seit Menscha auf dr Erde lebat, a sottigs, gewaltigs Erdbeba. [19]Ond de graoß Stadt ischd en drei Tôel ausananderkracht, ond d Städt von de Völker send aeghaglat. Ond *Babylon, dr Graoßa*, am Herrgott ischd se wieder aegfalla, *dass ra dr Becher von saem Zôrnwae geba wôra ischd.* [20]Ond jeda Insl ischd vrschwonda ond Berg håt s ao koene maeh geba. [21]Ond *gewaltige Hagelbrocka* send vom Hemmel ra auf d Menscha gfalla, wia Zentnergschoß, aber d Menscha hent lästerlich gfluacht gega Gott wega dem Hagel, weil dui Plåg millionisch ischd.

Zom Vrgleicha: *Vers 1:* Jes 66,6; Zef 3,8 • *Vers 2:* Dtn 28,35; Ex 9,9f • *Vers 3:* Ex 7,17f • *Vers 4:* Ex 7,19 • *Vers 5:* Ps 119,137; Ex 3,14 G; Dtn 32,4 G • *Vers 6:* Ps 79,3; Jes 49,26 G • *Vers 7:* Ps 19,10 • *Vers 10:* Ex 10,21f • *Vers 12:* Gen 15,18; Dtn 1,7; Jer 50,38; Jes 41,2.25 • *Vers 14:* Ex 8,3 • *Vers 15:* 1,3; Mt 24,37-44; Lk 12,35-40 • *Vers 17:* Jes 66,6 • *Vers 18:* Ex 19,16; Da 12,1 • *Vers 19:* Da 4,27; Jes 51,17.22; Jer 25,15 • *Vers 21:* Ex 9,22-26.

D Hur Babylon: 17 1-18

17 Nå ischd oener von dene sieba Engel, mô dia sieba Schala ghet hent, zo mr komma ond håt zo mr gsaed: Komm her, nå zaeg e dr s Gericht über de graoß Hur, *mô an viele Gwässer hockt*, [2]mit dera hent *d König von dr Erde* romghurt ond d Erdabewohner send ganz bsoffa gwea vom Wae von dera ihrer Ozucht. [3]Nå håt r me em Gaest en d Wüste nausgführt. Ond i han a Frao auf a ma scharlachraota *Tier* hocka seha, des ischd vol gwea mit lästerliche Nåma ond håt sieba Köpf ond *zeah Hörner* ghet. [4]Ond dui Frao håt a Purpurgwand ond a Scharlachgwand åghet, ond Schmuck aus Gold ond Edelstoe ond Perla, en dr Håd håt se an *goldena Becher* ghet voler Oflätigkaeta ond Sauereia von ihrer Ozucht. [5]An ihrer Stirn stôht a gehaemnisvoller Nåma gschrieba: *Babylon, de Graoß*, d Muader von de Hura ond älle Sauereia auf dr Erde. [6]Ond i han gseha, dass dui Frao ganz bsoffa gwea ischd vom Bluat von de Haelige ond vom Bluat vom Jesus saene Zeuga. Môn e dui gseha han, han e staona müaßa.
[7]Nå håt der Engel zo mr gsaed: Was wonderest de denn? I sag dr s Gehaemnis von dera Frao ond von dem Tier, mô se draet mit dene sieba Köpf ond zeah Hörner. [8]Des Tier, mô da gseha håsch, ischd amål gwea ond ischd jetzt et, aber s kommt wieder aus am Abgrond rauf ond gôht en s Vrderba. Nå wonderat sich älle Erdabewohner, dene mô ihr Nåma *et gschrieba stôht em Lebensbuach* seit dr Grondlegong von dr Welt, wann se des Tier seahnat, dass s gwea ischd ond

Halleluja! D Rettong ond d Herrlichkaet
ond d Macht håt onser Gott, [2]*weil dem
saene Richtersprüch send wahrhaftig
ond gerecht;* sae Urtôel håt r gsprocha
über de graoß Hur, dui mô mit ihrer
Hurerei de ganz Erde vrdôrba håt, *ond
r håt s Bluat von saene Knecht,* mô an
ihre Händ bäbbt, *an ra grächt.*
[3]Ond zom zwôeta Mål hent se
„Halleluja!“ gsaed, ond: *dr Raoch von
ra steigt auf en älle Ewigkaeta.*
[4]Ond dia vierazwanzg Älteste ond dia
vier Wesa send vôr Gott nogsonka *vôr
saem Thron* ond hent an åbetat ond
gsaed:
Amen. Halleluja!
[5]Ond vom Thron her håt a Stemm
gsaed: *Lobat onseran Gott, älle saene
Knecht ond älle, mô a Ehrfurcht vôr am
hent, Kloene ond Graoße!* [6] Nå han e
ebbas wia a lauta Stemm von ganz viele
Menscha ond ebbas *wia s Rauscha vo
ma Wasserfall* ond wia Donnergrolla
saga höra:
Halleluja! *Dr Herr, onser Gott, dr
Allmächtige håt d Macht übernomma.*
[7]*Laß ons fröhlich sae ond jubiliera*
ond laß ons ehm d Ehr geba, weil d
Haochzich vom Lamm komma ischd
ond sae Frao håt sich vôrberaetat [8]ond
sich mit faener Laewand, strahlend raen
åziaga därfa! Dui faena Laewand, des
send nämlich de Haelige ihre gerechte
Tata.
[9]Ond r saed zo mr: Schreib! Glückselig
send dia, mô zom Haochzichsmahl
vom Lamm glada send. Ond r saed zo
mr: Des send am Herrgott saene Wort,
dia send wahrhaftig. [10]Ond i ben am vôr
d Füaß nôgsonka ond han an åbetat.
Nå håt r gsaed: Dua s et! I ben bloß dr
Mitknecht von dir ond daene Brüader,
dia mô sich an s Zeugnis vom Jesus
haltat; Gott muaßt d åbeta! Weil am
Jesus sae Zeugnis ischd dr Gaest von de
Profeta.

Zom Vrgleicha: *Vers 2:* Ps 19,10; 2Kö 9,7 • *Vers 3:* Jes 34,10 • *Vers 4:* Jes 6,1 • *Vers 5:* Ps 134,1; 115,13 • *Vers 6:* Ez 1,24; 43,2; Ps 93,1; Da 7,14 • *Vers 7:* Ps 118,24 • *Vers 8:* Ps 45,14f • *Vers 9:* 1,3 • *Vers 10:* 22,9.

Dr Sieg über s Tier ond saen Profeta:

19 11-21

[11]*Nå han e da Hemmel offastanda seha,*
ond guck, a weiß Ross, ond der, mô
drauf sitzt, hôeßt: „Dr Treue ond dr
Wahrhaftige“, *ond mit Gerechtigkaet
urtôelt der* ond führt Kriag. [12]Aber
saene Aoga send wia Feuerflamma ond
auf saem Haopt send viele Diadem,
der håt an Nåma gschrieba, den mô
außer ehm selber koener kennt. [13]Ond
r håt an Mantel å, der ischd ens Bluat
aetonkt, sae Nåma ischd: „Am Herrgott
sae Wort.“ [14]D Hemmelsheer send mit
am gritta auf weiße Rösser, dia hent älle
Gwänder åghet aus faenam raenweißa
Laena. [15]*Ond aus saem Mund kommt
a scharfs Schwert,* då schlägt r d Völker
drmit ond *der wôedats mit am eiserna
Zepter; ond der tritt dui Kelter* vom
Zôrnwae vom allmächtiga Gott saem
Zôrn. [16]Ond auf saem Gwand ond auf
saener Hufta stôht a Nåma: *König über
älle König* ond *Herr über älle Herra.*
[17]Nå han e an Engel en dr Sonn standa
seah, der håt mit ra ganz lauta Stemm zo
älle Vögel gsaed, mô haoch am Hemmel
gfloga send: *Kommat her, vrsammlat
euch zom graoßa Mahl vom Herrgott,*
[18]*dass r s Flôesch* von König ond s
Flôesch von Kriagsherra ond s Flôesch
von *Starke* ond s Flôesch von *Rösser* ond
s Flôesch *von dene, mô drauf hockat*
ond s Flôesch von älle Freie ond ao von
Sklava ond Kloene ond Graoße fressat.
[19]Nå han e des Tier ond dia *König von
dr Erde* ond ihre Heerschara vrsammlat
gseha, zom Kriag führa gega den, mô auf
dem Ross sitzt ond sae Heer. [20]Nå ischd
des Tier packt wôra ond mit am ao dr

falsche Profet, der mô vôr saene Aoga
dia Wonderzaeche dao håt, mit dene
môn r dia vrführt håt, mô dem Tier sae
Malzaeche ågnomma ond sae Standbild
åbetat hent. Dia zwôe send lebendig
en da Feuersee naegschmissa wôra, der
mô mit Schwefel brennt. [21]Ond dr Rest
ischd mit dem Schwert ombråcht wôra,
mô dem aus am Mund rauskommt, der
mô auf dem Ross sitzt. *Ond älle Vögel
send satt wôra von dene ihram Flôesch*

Zom Vrgleicha: *Vers 11:* Ez 1,1; Ps 96,13 • *Vers 12:* Da 10,6 • *Vers 13:* Jes 63,1f • *Vers 15:* 11,4; 49,2; Ps 2,9 G; Jes 63,3 • *Vers 16:* Da 2,47; Dtn 10,17 • *Vers 17:* Ez 39,4.17-20 • *Vers 19:* Ps 2,2 • *Vers 20:* Da 7,11; Jes 30,33 • *Vers 21:* Ez 39,17.20.

S tausadjährige Reich: 20 1-6

20 Nå han e an Engel vom Hemmel
rakomma seha, der håt da Schlüssel
en da Abgrond ond a schwera Kette en
dr Håd ghet. [2]Der håt den Dracha packt,
dui alta *Schlang*, mô dr *Teufel ond dr
Satan* ischd, ond håt an gfesslat uf tausad
Jåhr. [3]Nå håt r an en da Abgrond nakeit
ond über am zuagschlossa ond vrsieglat,
dass r d Völker nemme vrführa kå, bis
dia tausad Jåhr rom send. Drnåch muaß
r nômål a Weile freiglassa wera.
[4]*Nå han e Thron gseha, ond dene, mô
då naufgsessa send, ischd s Gericht
übergeba wôra.* Nå han e d Seela von
dene gseha, mô weg'am Zeugnis vom
Jesus ond weg'am Herrgott saem Wort
enthaoptat wôra send. Dia hent ao des
Tier ond sae Standbild et åbetat ond ao
s Malzaeche et auf dr Stirn ond auf ihrer
Håd ågnomma. Ond se send wieder
lebendig wôra ond hent mit am Messias
für dia tausad Jåhr gherrscht. [5]De übrige
Daote send et lebendig wôra, bis dia
tausad Jåhr rom gwea send.
Des ischd de erst Auferstehong. [6]Selig
ond haelig ischd a jeder, mô an dr ersta
Auferstehong Åtôel håt. Über dia håt
dr zwôete Daot koe Macht, sondern dia
werat *Priaster vom Herrgott* ond vom
Messias ond mit dem dia tausad Jåhr
regiera.

Zom Vrgleicha: *Vers 2:* Gen 3,1; Sach 3,1; Iob 1,6 • *Vers 4:* Da 7,9.22 G; 1Kor 6,2 • *Vers 6:* 1,3; Jes 61,6.

Dr Endsieg über da Satan: 20 7-10

[7]Ond wann nå dia tausad Jåhr rom
send, wird dr Satan aus saem Gfängnis
rausglassa, [8]ond der gôht glei los, zom
d Völker vrführa an de vier Ecka von
dr Erde, da Gog ond da Magog, zom
dia zsematrommla für da Kriag, dia
send zahllos wia dr Såd am Meer. [9]Dia
send ausgschwärmt über *de ganz Weite
von dr Erde* ond hent de Haelige ihr
Lager omzenglat ond ihr Stadt, mô
se so mögat. *Aber nå ischd Feuer vom
Hemmel ragfalla ond håt se aufgfressa.*
[10]Ond dr Teufel, der mô se vrführt håt,
ischd *en da Feuer- ond Schwefelsee*
naekeit wôra, mô ao des Tier ond dr
falsche Profet ischd, då werat se plågt
Dag ond Nacht bis en älle Ewigkaeta.

Zom Vrgleicha: *Vers 8:* Ez 38,6; Jes 11,12; Ez 7,2; 38,2 • *Vers 9:* Hab 1,6 G; Ps 87,2; 2Kö 1,10; Ez 39,6 • *Vers 10:* Ez 38,22.

S Gericht über älle Daote: 20 11-15

[11]Nå han e an graoßa, weißa *Thron*
gseha, *ond den mô då draufgsessa ischd,
vôr dem saem Gsicht ischd de ganz
Erde gflüchtat, ond s håt koen Platz
maeh für se geba.* [12]Ond i han dia Daote
gseha, de graoße ond de kloene, wia se
vôr dem Thron standat, *ond Büacher
send aufgmacht* wôra; ond nômål a
Buach ischd aufgmacht wôra, *des ischd
s Lebensbuach.* Ond dia Daote send
nach dem, was en dene Buacher *über
ihre Tata* gstanda ischd, beurtôelt wôra.
[13]Ond s Meer håt saene Daote rausgeba,
ond dr Daot ond s Daotareich hent
ihre Daote rausgeba, ond a jeder ischd
nach saene Tata beurtôelt wôra. [14]*Ond*

dr Daot ond s Daotareich send en da Feuersee naekeit wôra. Des ischd dr zwôete Daot, dr Feuersee. 15Ond *wer et em Lebensbuach aegschrieba stôht,* ischd en da Feuersee naekeit wôra.

Zom Vrgleicha: *Vers 11:* Jes 6,1; Ps 114,3.7; Da 2,35 • *Vers 12:* Da 7,10; Ps 69,29; Offbg 3,5; Ps 28,4 • *Vers 13:* Hos 13,14; Ps 28,4 • *Vers 14:* Hos 13,14; Jes 25,8 G; 1Kor 15,26 • *Vers 15:* Ex 32,32f; Da 12,1; Ps 69,29; Offbg 3,5.

AM HERRGOTT SAE NEUA WELT: 21 1 - 22 5

Gott wohnt bei de Menscha: 21 1-8

21 Ond i han *an neua Hemmel ond a neua Erde gseha.* Dr erste Hemmel ond de erst Erde send nämlich vrganga, ond s Meer ischd ao nemme. 2Ond *d haeliga Stadt, s neue Jerusalem,* han e ronterkomma seha vom Hemmel, von Gott her, ausgstattat *wian a Braut, mô sich für ihran Må gschmückt håt.* 3Nå han e a lauta Stemm von dem Thron her saga höra: *Guck, am Herrgott sae Wohnong* bei de Menscha. *Der wohnt bei nen ond dia send saene Völker ond er selber, dr Herrgott, ischd bei nen als ihr Gott.* 4*Ond der wischt en älle Träna aus ihre Aoga,* ond da Daot geits nemme, *ao koe Trauer, koene Klaga* ond koen Schmerza geits maeh, s Erste ischd nämlich vrganga.

5*Ond der, mô auf dem Thron sitzt,* håt gsaed: *Guck no, ich mach ällas ganz neu!* Ond: Schreib, weil dia Wort send glaobwürdig ond wåhr! 6Ond r håt zo mr gsaed: Se send en Erfüllong ganga! I ben s Alpha ond s Omega, dr Åfang ond s Ziel. *I will den, mô an Durst håt, aus dr Quell vom Lebenswasser ganz omsonst trenka lassa.* 7Der, mô siegt, erbt amål des, dass i sae Gott ben ond er mae Soh ischd. 8Aber d Faegleng ond de Treulose, ond dia, mô Dreck am Stecka hent, ond d Mörder ond Zuchtlose ond d Zaoberer ond Götzaknecht ond älle Lugabeutel hent ihran Tôel em *Feuer- ond Schwefelsee,* was dr zwôete Daot ischd.

Zom Vrgleicha: *Vers 1:* Jes 65,17; 66,22 • *Vers 2:* Jes 52,1; Gal 4,26; Hebr 12,22; Jes 61,10 • *Vers 3:* Lev 26,11f; Ez 37,27; Sach 2,14; 8,18 • *Vers 4:* Jes 25,8; 1Kor 15,26; Jes 35,10 • *Vers 5:* Jes 6,1; 43,19 G; 2Kor 5,17 • *Vers 6:* Jes 55,1; Sach 14,8 • *Vers 7:* Rö 8,17; 2Sa 7,14 • *Vers 8:* 22,15; Mt 15,59; Ez 38,22.

S neue Jerusalem: 21 9 - 22 5

9Nå ischd oener komma von dene sieba Engel mit dene sieba Schala, mô vol send mit de *sieba letzte Plåga* ond håt mit mr gredat ond gsaed: Komm her, nå zaeg e dr d Braut, am Lamm sae Frao. 10*Nå håt r me em Gaest auf an ganz graoßa ond haocha Berg naufgführt ond håt mr d haeliga Stadt Jerusalem zaegt,* wia se vom Hemmel ra, von Gott her komma ischd, 11ausgfüllt mit dr Herrlichkaet vom Herrgott; ihr Licht håt glänzt wian a ganz wertvoller Edelstoe, wian a kristallklarer Jaspis. 12A Mauer håt se, graoß ond haoch ond zwölf *Stadttôr,* ond auf dene Stadttôr send zwölf Engel, ond *då standat d Nåma von de zwölf Stämm von Israel drauf.* 13*Em Osta send drei Stadttôr ond em Norda send drei Stadttôr ond em Süda send drei Stadttôr ond em Westa send drei Stadttôr.* 14Ond d Stadtmauer håt zwölf Grondstoe, auf dene standat d Nåma vom Lamm saene zwölf Apostl.

15Ond der Engel, mô mit mr gredat håt, håt als *Meßlatt* a goldes Rohr ghet, zom d Stadt ond ihre Stadttor ond d Stadtmauer vrmessa. 16Dui Stadt ischd *quadratisch* åglegt, so lang wia brôet. Nå håt r d Stadt mit dr Meßlatt ausgmessa,

zwölftausad Stadia lang, brôet ond
haoch. 17*Nå håt r d Stadtmauer
gmessa:* hondertvieravierzg Ella nach
Menschamaß, des ischd ao s Engelsmaß.
18Ond ihr Mauer ischd aus Jaspis, ond d
Stadt aus puram Gold ond glasklar. 19D
Grondstoe von dr Stadtmauer send mit
älle mögliche Edelstoe vrziert: Dr erste
Grondstoe ischd a Jaspis, dr zwôete
a Saphir, dr dritte a Chalzedon, dr
vierte a Smaragd, 20dr fufte a Sardonix,
dr sechste a Karneol, dr siebte a
Chrysolith, dr achte a Beryll, dr naente
a Topas, dr zehnte a Chrysopras, dr elfte
a Hyazinth, dr zwölfte a Amethyst.
21Ond dia zwölf Stadttôr send aus zwölf
Perla, jedas oenzelne Stadttôr ischd aus
oener Perle. Ond d Stråß en dera Stadt
ischd aus puram Gold ond glasklar.

22An Tempel han e koen en dr Stadt
gseha, weil dr Herr, dr allmächtige Gott
ihr Tempel ischd ond s Lamm. 23Ond
dui Stadt *braucht ao koe Sonne ond
koen Mond, dass se ra schaenat;* weil
*am Herrgott sae Herrlichkaet håt se hell
gmacht,* ond ihr Leuchte ischd s Lamm.
24*Ond d Völker wandlat en ihram Licht;
ond d König von dr ganza Erde brengat
ihr Herrlichkaet en se rae.* 25*Ond ihre
Stadttôr werat am Dag nia gschlossa,*
weil a Nacht geit s då koena maeh;
26*Ond d Völker brengat ihr Pracht ond
ihre Kostbarkaeta en se rae.* 27*Aber nex
Osaubers kommt då rae,* oder oener, mô
Grausamkaeta dao håt oder lüagt; *bloß
dia, mô ens Lebensbuach* vom Lamm
aegschrieba send.

22 Ond r håt mr *an Strom zaegt, s
Lebenswasser,* kristallklar *gôht
der* vom Herrgott saem Thron ond
vom Lamm saem Thron *aus.* 2En dr
Mitte von dr Stråß en dr Stadt ond auf
bôede Seita vom dem Strom standat
Lebensbaem, dia brengat zwölf Mål
Frücht, jedan Monat, ond d Blätter von
dene Baem machat d Völker gsond. 3Då
geits ao nex maeh, was vrfluacht ischd.
Ond am Herrgott sae Thron ond dr
Thron vom Lamm stôht en dr Stadt,
ond saene Knecht deanat am, 4ond *dia
därfat sae Gsicht seha,* ond sae Nåma
stôht auf ihre Stirna. 5Ond Nacht wird s
nemme ond von Lampa brauchat se koe
Licht maeh oder von dr Sonn, weil Gott
über en strahlt, ond se regierat *en älle
Ewigkaeta.*

Zom Vrgleicha: *Vers 21,9:* Lev 26,21 G • *Vers 10:* Ez 40,2; Jes 52,1 • *Vers 11:* Jes 60,1f • *Vers 12:* 48,31; Ex 28,21 • *Vers 13:* Ez 48,31-35 • *Vers 15:* Ez 40,3.5 • *Vers 16:* Ez 43,16 • *Vers 17:* Ez 40,5 • *Vers 18:* Jes 54,11f • *Vers 19f:* Ez 28,13 G • *Vers 23:* Jes 60,1.19 • *Vers 24:* Jes 60,3.11; Ps 72,10 • *Vers 25:* Sach 14,7 • *Vers 27:* Jes 52,1; 4,3; Da 12,1; Ps 69,29; Offbg 3,5 • *Vers 22,1:* Gen 2,10; Sach 14,8 • *Vers 2:* Ez 47,12; Gen 2,9 • *Vers 3:* Sach 14,11 • *Vers 4:* Ps 17,15 • *Vers 5:* Jes 60,19; Da 7,18.27.

S ZEUGNIS OND ABSCHLIASSENDE MåHNONGA VOM SEHER: 22 6-21

6Ond der Engel håt zo mr gsaed: Dia
Wort send glaobwürdig ond wåhr, ond
dr Herr, dr Gott von de Gaeschter von de
Profeta, håt saen Engel gschickt zom
saene Knecht zaega, *was bald gschieht.*
7*Guck, i komm* bald. Glückselig ischd a
jeder, mô sich an d Weissagonga en dem
Buach hält!

8Ond i, dr Johannes, han des ghört ond
gseha. Ond môn e des ällas ghört ond
gseha han, ben e dem Engel, der mô mr
s zaegt håt, vôr d Füaß nôgsonka ond
han åbetat. 9Ond der saed zo mr: Dua
net, i ben ao bloß a Knecht wia du ond
daene Brüader, d Profeta, ond dia, mô
sich an d Wort en dem Buach haltat;
Gott muaßt d åbeta!

10Ond r saed zo mr: *Vrsiegle* d
Weissagonga von dem Buach et! Dui
Zeit ischd nämlich ganz nåch då. 11*Der*

mô Orecht duat, soll weiter Orecht
doa, ond der mô Dreck am Stecka håt,
soll sich weiter dreckat macha, ond dr
Gerechte soll weiter gerecht sae, ond dr
Haelige soll sich weiter haeliga.
12 *Guck, i komm* bald, ond *da Loh breng*
e mit, zom an jeda nach saene Tata
auszahla. 13 *I ben s Alpha ond s Omega,*
dr Erste ond dr Letzte, dr Åfang ond s
Ziel.
14 Glückselig send dia, mô ihre Klôeder
wäschat, dass se ihran Åtôel am
Lebensbaom kriagat ond durch d
Stadttôr en dui Stadt naeganga könnat.
15 Draußa send d Hond ond d Zaoberer
ond de Zuchtlose ond d Mörder ond d
Götzaknecht ond a jeder, mô Lugena
måg ond ao lüagt.
16 I, dr Jesus, han maen Engel gschickt,
zom euch des bezeuga en de Gemaenda.
I ben d Wurzel ond dr Stamm vom
David, dr strahlende Môrgastern.
17 Ond dr Gaest ond d Braut sagat:
Komm! Ond der, mô s hört, soll saga:
Komm! *Ond der, mô Durst håt, soll*
komma, ond wer will, soll s Lebenswasser
omsonst nemma.
18 I bezeug a ma jeda, mô dia Weissagonga
en dem Buach hört: Wann *då oener ebbas*
drzuaduat, den stråft dr Herrgott mit
dene Plåga, *mô en dem Buach gschrieba*
standat. 19 Ond wann oener *ebbas*
wegnemmt von dene Weissagonga von
dem Buach, dem nemmt dr Herrgott
saen Åtôel *am Lebensbaom* weg ond
an dr haeliga Stadt, mô en dem Buach
beschrieba werat.
20 Der, mô des bezeugt, saed: Jå, i komm
bald.
Amen, komm, Herr Jesus!
21 Am Herr Jesus sae Gnade soll mit euch
älle sae!

Zom Vrgleicha: *Vers 6:* Da 2,28 • *Vers 7:* Sach 2,14; Offbg 1,3; 22,12.20 • *Vers 9:* 19,10 • *Vers 10:* Da 12,4.9 • *Vers 11:* Da 12,10 • *Vers 12:* Sach 2,14; Jes 40,10 G; Ps 28,4 • *Vers 13:* Jes 44,6; Offbg 1,17 • *Vers 14:* 1,3; Gen 2,9; 3,22 • *Vers 15:* 21,8; Mt 15,19 • *Vers 16:* Jes 11,1.10; Num 24,17 • *Vers 17:* Jes 55,1; Sach 14,8 • *Vers 18:* Dtn 4,2; 13,1; 29,20 • *Vers 19:* Dtn 4,2; Gen 2,9; 3,22 • *Vers 20:* 3,11; 22,7.12; 1Kor 16,22 • *Vers 21:* Hebr 13,25.

Zum Autor

Für Rudolf Paul, Jahrgang 1933, ist die vorliegende schwäbische Bibelübersetzung ein Lebenswerk. Gut ein Vierteljahrhundert arbeitete der evangelische Pfarrer i.R. daran – »in jeder freien Stunde«, betont er.

Zwei Dinge kommen dabei für ihn zusammen: Die Liebe zum Wort Gottes und die Liebe zum schwäbischen Dialekt. »Wir dürfen die Mundart nicht allein der Spaßfraktion überlassen. Das Schwäbische verdient es, mit ernsthaften Dingen bedacht zu werden.« So wie Luther mit seiner Bibelübersetzung die deutsche Sprache nachhaltig prägte, hofft er mit seiner Arbeit dem Schwäbischen zu nutzen.

Dafür hat er sein eigenes Schreibsystem entwickelt, das wie die Orthografie des Standarddeutschen keine strenge und anstrengende Lautschrift ist. Der Lesefluss ist das oberste Kriterium. Erprobt hat Rudolf Paul das in unzähligen Mundartgottesdiensten im ganzen Land, in denen er Psalmen und Gebete in verschiedenen Schreibweisen als Textblätter an die Gemeinden verteilte: »In der vorliegenden Form können die Leute am flüssigsten mitlesen.« Die ans Standarddeutsche angelehnte Schreibweise erlaubt dem Dialektsprecher außerdem, sein eigenes Lokalkolorit einzubringen und nicht am Kirchheimer Zungenschlag des Übersetzers zu kleben.

Das gibt dem schwäbischen Bibeltext eine Unmittelbarkeit und Lebensnähe, die für Rudolf Paul das wichtigste Ziel seiner Arbeit ist. Seiner Übersetzung liegt der hebräische und griechische Urtext der Heiligen Schrift zugrunde - alles andere wäre die Übersetzung einer Übersetzung und somit eine doppelte Fehlerquelle. »Es reicht, wenn meine eigenen Fehler drin sind», schmunzelt Paul.

Dieses Vorgehen führt in vielen Details zu Formulierungen, die von den gängigen deutschen Bibelübersetzungen abweichen: wenn etwa im bekannten Psalmenwort nicht von »Stecken und Stab«, sondern von »Stecka ond Prügel« die Rede ist oder Jesus sich nicht als »Anfang und Ende«, sondern als »Afang ond Ziel« bezeichnet. Wenn im Römerbrief von »fleischlicher Gesinnung« die Rede ist, übersetzt Paul »irdisch menschliche Gesinnung« und revidiert so die lange übliche sexistische Deutung.

Der vorliegende Band steckt voll von solchen Überraschungen, die ihre Grundlage im Urtext der Bibel haben und Rudolf Pauls Arbeit ihre immense theologische Bedeutung verleihen.

Seine früheren Veröffentlichungen – die bisher publizierten Teilübersetzungen aus der Bibel verkauften sich ca. 20.000-mal – werden von vielen Bibellesern als Kommentar genutzt und von Fachleuten als fundierte und inspirierende Quelle geschätzt.

Das liegt auch daran, dass durch Pauls bodenständige schwäbische Sprache der Bibeltext eine Lebensechtheit und Aktualität gewinnt, die mitunter frappiert. Bei seinen Lesungen von biblischen Geschichten hört er häufig von Zuhörern: »Das ist, als ob man selber dabei wäre.«

So hofft Rudolf Paul, dass seine Übersetzung nicht in erster Linie nach sprachlichen Kriterien beurteilt werde, sondern nach dem neuen Zugang zur Heiligen Schrift, den sie eröffnet.

Inhaltsverzeichnis

Seite

Inhaltsverzeichnis

Merkvers

Geschichtsbücher:
In des alten Bundes Schriften merke dir an erster Stell: Mose Josua und Richter, Rut und zwei von Samuel, zwei der Könige Chronik, Esra, Nehemia, Ester mit.

Lehrbücher:
Hiob, Psalmen, dann die Sprüche, Prediger und Hohes Lied.

Prophetische Bücher:
Jesaja, Jeremia, Ezechiel, Daniel, dann Hosea, Joel, Amos, Obadja, Jonas Fehl, Micha, welchem Nahum folget, Habakuk, Zephania, nebst Haggai, Sacharja und zuletzt Malachia.

Geschichtsbücher:
In dem Neuen stehn Matthäus, Markus, Lukas und Johann, samt den Taten der Apostel unter allen vorne an.

Lehrbücher:
Dann die Römer, zwei Korinther, Galater und Epheser, die Philipper und Kolosser, beide Thessalonicher. An Timotheus und Titus, an Philemon, Petrus zwei, drei Johannes, die Hebräer, Jakobs, Judas Briaf dabei.

Prophetisches Buch:
Endlich schließt die Offenbarung das gesamte Bibelbuch, Mensch gebrauche, was du liesest, dir zum Segen, nicht zum Fluch.

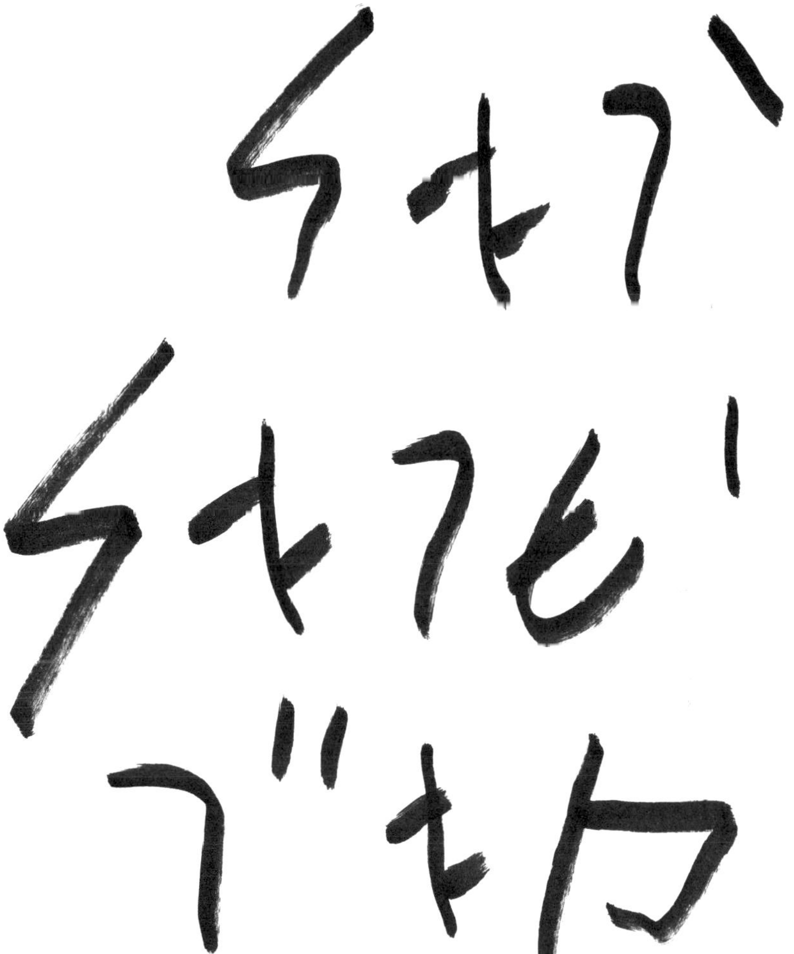

DIE REISEN DES APOSTEL PAULUS
Maßstab 1 : 12 000 000
0 100 200
Kilometer
Erste Reise
Zweite Reise
Dritte Reise
Reise nach Rom
unter 0
0 bis 200
200 bis 500
500 bis 1000
1000 bis 2000
2000 bis 3000
über 3000
Die Zahlen geben die Höhen in Meter an
MITTELMEER
Italien
Rom
Tres Tabernae
Forum Appii
Puteoli
Sizilien
Rhegion
Syrakus
Malta
Dalmatien
Illyrien
Thrazien
Mazedonien
Epirus
Nikopolis
Thessalonich
Beröa
Philippi
Amphipolis
Apollonia
Samothrake
Griechenland
Korinth
Kenchreä
Kreta
Kauda
Salmone?
Guthafen
Troas
Assos
Lesbos
Mitylene
Chios
Samos
Patmos
Kos
Knidos
Rhodos
Patara
Myra
Lyzien
Karien
Milet
Ephesus
Smyrna
Sardes
Pergamon
Thyatira
Adramyttion
Mysien
Philadelphia
Hierapolis
Laodizea
Kolossä
Asia
Phrygien
Bithynien
Pontus
Sinope
Galatien
Galatia
Ankyra
Pessinus
Tavium
Kappadozien
Lykaonien
Ikonion
Lystra
Derbe
Antiochia
Pisidien
Pamphylien
Perge
Attalia
Kilikien
Tarsus
Seleuzia
Nikopolis
Euphrat
Zypern
Salamis
Paphos
Syrien
Palmyra
Damaskus
Phönizien
Sidon
Tyrus
Ptolemaïs
See Genezareth
Cäsarea
Antipatris
Jerusalem
Totes Meer
Arabien
Petra
Ägypten
Alexandria
Saïs
Heliopolis
Memphis
Nil
Kyrene
Kyrenaika
Libyen
Große Syrte